קִצּוּר שֻׁלְחָן עָרוּךְ

מְנֻקָּד

לגאון רבינו

רבי שלמה גאנצפריד

זצ"ל

מאונגוואר

ידוע כי אין בר בלי תבן, כך אין ספר בלי טעויות, ועוד יודע אני כי דל ועני אני, **ואין עני אלא בדעה**. לכן מבקש אני בכל לשון של בקשה אם יש לכל אחד שאלות, הערות, הארות, תיקונים, נא לשלוח ל - **simchatchaim@yahoo.com** והשתדל לענות, ולתקן את הצריך תיקון.

להשיג ספר זה או ספרים אחרים לאינפורמציה
simchatchaim@yahoo.com

מהדורה ראשונה תשפ"ד 2023

תוכן הספר

רבי שלמה בן יוסף גאנצפריד
זצוקלה"ה

רבי שלמה בן יוסף גאנצפריד (תקס"ד, 1804 – כ"ח בתמוז תרמ"ו, 31 ביולי 1886) היה פוסק הלכה וראש בית דין באונגוואר. מחבר הספר "קיצור שולחן ערוך".

נולד בעיר אונגוואר שבהונגריה [כיום אוז'הורוד שבאוקראינה]. שם אביו: יוסף. שם אימו: בילה. נקרא על שם סבו, רבי שלמה, שהיה דיין בעיר. רוב ימיו שימש כאב בית דין בעירו, וחיבר ספרי הלכה חשובים. ספרו הראשון הוא 'קסת הסופר', ספר יסוד בהלכות כתיבת סת"ם, שהחת"ם סופר המליץ עליו כספר חובה לסופרי סת"ם.

בעיקר התפרסם בזכות ספר **קיצור שולחן ערוך**, הכולל את רוב ההלכות המעשיות, רובן מחלק "אורח חיים" ומיעוטן משאר חלקי השולחן ערוך, בהשמטת הלכות שלא נחוצות לכל אדם, ובתוספת דברי מוסר ודרך ארץ.

מהדורות נדפסו בחיי המחבר, ובחלקן הוסיף הערות ותיקונים. מאז, נדפס הספר עשרות פעמים. ספר קיצור שולחן ערוך נחשב לספר ההלכה הנפוץ ביותר בקהילות אשכנז [עד להתפשטות הספר משנה ברורה], בעיקר אצל פשוטי העם, אולם גם תלמידי חכמים התחשבו בדעתו, כתבו עליו פירושים או הוסיפו עליו את דבריהם. הוא תורגם לשפות רבות, ובארץ ישראל נוספו לו מהדורות שונות של הלכות המצוות התלויות בארץ. הרב מרדכי אליהו זצ"ל חיבר גם הוא הערות על הספר לספרדים ולאשכנזים כאחד.

הרב שלמה גאנצפריד נפטר בכ"ח בתמוז תרמ"ו ונקבר בעירו. קברו משמש מוקד עלייה לרגל עבור יהודים הבאים לבקר באזור.

הותיר אחריו ארבעה בנים וארבע בנות. חתנו הוא הרב שלמה זלמן בראדי, דיין באונגוואר, וראשון תומכי הציונות מקרב רבני הונגריה. בין נכדיו: הרב יחזקאל בנעט, רבה של וואראהל ובעל שו"ת "משיב טעם", והרב ד"ר חיים ברודי, רבה של העיר פראג ומחשובי חוקרי השירה בימי הביניים.

סימן א - דיני השכמת הבקר ובו ז' סעיפים:

סעיף א' שִׁוִּיתִי ה' לְנֶגְדִּי תָמִיד, הוּא כְּלָל גָּדוֹל בַּתּוֹרָה וּבְמַעֲלוֹת הַצַּדִּיקִים אֲשֶׁר הוֹלְכִים לִפְנֵי הָאֱלֹהִים. כִּי אֵין יְשִׁיבַת הָאָדָם תְּנוּעָתוֹ וַעֲסָקָיו וְהוּא לְבַדּוֹ בְּבֵיתוֹ, כְּמוֹ יְשִׁיבָתוֹ וּתְנוּעָתוֹ וַעֲסָקָיו כַּאֲשֶׁר הוּא לִפְנֵי מֶלֶךְ גָּדוֹל. וְכֵן אֵין דִּבּוּרוֹ וְהַרְחָבַת פִּיו בִּהְיוֹתוֹ עִם אַנְשֵׁי בֵיתוֹ וּקְרוֹבָיו, כְּמוֹ בִּהְיוֹתוֹ בְּמוֹשַׁב הַמֶּלֶךְ, כִּי אָז מַשְׁגִּיחַ בְּוַדַּאי עַל כָּל תְּנוּעוֹתָיו וְדִבּוּרָיו שֶׁיִּהְיוּ מְתֻקָּנִים כָּרָאוּי. כָּל שֶׁכֵּן כַּאֲשֶׁר יָשִׂים הָאָדָם אֶל לִבּוֹ כִּי הַמֶּלֶךְ הַגָּדוֹל הַקָּדוֹשׁ בָּרוּךְ הוּא אֲשֶׁר מְלֹא כָל הָאָרֶץ כְּבוֹדוֹ עוֹמֵד עָלָיו וְרוֹאֶה בְּמַעֲשָׂיו, כְּמוֹ שֶׁנֶּאֱמַר, אִם יִסָּתֵר אִישׁ בַּמִּסְתָּרִים וַאֲנִי לֹא אֶרְאֶנּוּ נְאֻם ה', הֲלוֹא אֶת הַשָּׁמַיִם וְאֶת הָאָרֶץ אֲנִי מָלֵא, בְּוַדַּאי מִיָּד תַּגִּיעַ אֵלָיו הַיִּרְאָה וְהַהַכְנָעָה מִפַּחַד הַשֵּׁם יִתְבָּרַךְ וְיֵבוֹשׁ מִמֶּנּוּ (אוֹרַח חַיִּים סָעִיף א).

סעיף ב' וְגַם בְּשָׁכְבוֹ עַל מִשְׁכָּבוֹ, יֵדַע לִפְנֵי מִי הוּא שׁוֹכֵב. וּמִיָּד כְּשֶׁיֵּעוֹר מִשְּׁנָתוֹ יִזְכֹּר חַסְדֵי ה', יִתְבָּרַךְ שְׁמוֹ אֲשֶׁר עָשָׂה עִמּוֹ שֶׁהֶחֱזִיר לוֹ אֶת נִשְׁמָתוֹ אֲשֶׁר הִפְקִידָהּ אֶצְלוֹ עֲיֵפָה, וְהֶחֱזִירָהּ לוֹ חֲדָשָׁה וּרְגוּעָה כְּדֵי לַעֲבֹד עֲבוֹדָתוֹ יִתְבָּרַךְ שְׁמוֹ בְּכָל יְכָלְתּוֹ וּלְשָׁרְתוֹ כָּל הַיּוֹם, כִּי זֶה כָּל הָאָדָם, כְּמוֹ שֶׁאָמַר הַכָּתוּב, חֲדָשִׁים לַבְּקָרִים רַבָּה אֱמוּנָתֶךָ, פֵּרוּשׁ, בְּכָל בֹּקֶר נַעֲשֶׂה הָאָדָם בְּרִיָּה חֲדָשָׁה. וְיוֹדֶה בְּכָל בֹּקֶר לְהַשֵּׁם יִתְבָּרַךְ שְׁמוֹ עַל זֹאת. וּבְעוֹדוֹ עַל מִשְׁכָּבוֹ, יֹאמַר, מוֹדֶה אֲנִי לְפָנֶיךָ מֶלֶךְ חַי וְקַיָּם שֶׁהֶחֱזַרְתָּ בִּי נִשְׁמָתִי בְּחֶמְלָה, רַבָּה אֱמוּנָתֶךָ (וְאַף עַל פִּי שֶׁעֲדַיִן אֵין יָדָיו נְקִיּוֹת, יָכוֹל לוֹמַר זֹאת, כֵּיוָן שֶׁאֵין בּוֹ שֵׁם). וְיַפְסִיק מְעַט בֵּין תֵּבַת בְּחֶמְלָה לְתֵבַת רַבָּה (שם ובמגן אברהם ויד אפרים סוֹף סִימָן ד).

סעיף ג' יְהוּדָה בֶּן תֵּימָא אוֹמֵר, הֱוֵי עַז כַּנָּמֵר וְקַל כַּנֶּשֶׁר, רָץ כַּצְּבִי וְגִבּוֹר כָּאֲרִי לַעֲשׂוֹת רְצוֹן אָבִיךָ שֶׁבַּשָּׁמַיִם. עַז כַּנָּמֵר, פֵּרוּשׁוֹ שֶׁלֹּא יִתְבַּיֵּשׁ מִפְּנֵי בְּנֵי אָדָם הַמַּלְעִיגִים עָלָיו בַּעֲבוֹדַת ה' יִתְבָּרַךְ שְׁמוֹ. קַל כַּנֶּשֶׁר, כְּנֶגֶד רְאוּת הָעַיִן. לוֹמַר שֶׁתְּהֵא קַל לַעֲצֹם עֵינֶיךָ מֵרְאוֹת בְּרָע, כִּי הוּא הַתְחָלַת הָעֲבֵרָה, הָעַיִן רוֹאָה, וְהַלֵּב חוֹמֵד, וּכְלֵי מַעֲשֶׂה גּוֹמְרִים. רָץ כַּצְּבִי, כְּנֶגֶד הָרַגְלַיִם, שֶׁרַגְלֶיךָ לַטּוֹב יָרוּצוּ. וְגִבּוֹר כָּאֲרִי, כְּנֶגֶד הַלֵּב, כִּי הַגְּבוּרָה בַּעֲבוֹדַת הַבּוֹרֵא יִתְבָּרַךְ, הִיא בַּלֵּב. וְאָמַר שֶׁתְּחַזֵּק לִבְּךָ בַּעֲבוֹדָתוֹ וְתִתְגַּבֵּר עַל הַיֵּצֶר לְנַצְּחוֹ כְּגִבּוֹר הַמִּתְגַּבֵּר עַל שׂוֹנְאוֹ לְנַצְּחוֹ וּלְהַפִּילוֹ לָאָרֶץ (אוֹרַח חַיִּים סִימָן א).

סעיף ד' לָכֵן צָרִיךְ הָאָדָם לְהִתְגַּבֵּר כַּאֲרִי, וּמִיָּד כְּשֶׁיֵּעוֹר מִשְּׁנָתוֹ (וְאָמַר מוֹדֶה אֲנִי וְכוּ'), יָקוּם בִּזְרִיזוּת לַעֲבוֹדַת הַבּוֹרֵא יִתְבָּרַךְ וְיִתְעַלֶּה קֹדֶם שֶׁיִּתְגַּבֵּר עָלָיו הַיֵּצֶר הָרַע בְּטַעֲנוֹת וְתוֹאֲנוֹת לְבַל יָקוּם. וְיִתְחַכֵּם עָלָיו לְהַשִּׁיאוֹ בַּחֹרֶף, אֵיךְ תָּקוּם עַתָּה בַּבֹּקֶר הַשְׁכֵּם וְהַקֹּר גָּדוֹל. וּבַקַּיִץ יַשִּׁיאֶנּוּ, אֵיךְ תָּקוּם מִמִּטָּתְךָ וַעֲדַיִן לֹא שָׂבַעְתָּ מִשְּׁנָתֶךָ. אוֹ בְּטַעֲנוֹת אֲחֵרוֹת וְכַדּוֹמֶה. כִּי הַיֵּצֶר הָרַע הוּא יוֹדֵעַ הֵיטֵב לָצוּד בְּנֵי אָדָם בְּמַהֲמוֹרוֹת בַּל יָקוּם. וְלָכֵן כָּל בַּעַל נֶפֶשׁ הַיָּרֵא וְחָרֵד לִדְבַר ה', צָרִיךְ לְהִתְגַּבֵּר עָלָיו וְלֹא יִשְׁמַע לוֹ. וְאַף אִם יִכְבַּד עָלָיו הַדָּבָר מִפְּנֵי כְבֵדוּת הַגּוּף וְעַצְלוּתוֹ, יָשִׂים מְגַמָּתוֹ רְצוֹן מֶלֶךְ מַלְכֵי הַמְּלָכִים

הַקָּדוֹשׁ בָּרוּךְ הוּא. וְיָשִׂים אֶל לִבּוֹ כִּי אִם הָיָה קוֹרֵא אוֹתוֹ אֵיזֶה אָדָם לְאֵיזֶה עֵסֶק שֶׁיַּרְוִיחַ בּוֹ מָמוֹן אוֹ לִגְבּוֹת חוֹבוֹ, אוֹ שֶׁהָיָה קוֹרֵא אוֹתוֹ שֶׁיַּצִּיל אֶת מָמוֹנוֹ מִן הַהֶפְסֵד, כְּגוֹן אִם נָפְלָה דְלֵקָה בָּעִיר וְכַדּוֹמֶה, בְּוַדַּאי הָיָה זָרִיז לָקוּם מִיָּד מִפְּנֵי אַהֲבַת מָמוֹנוֹ וְלֹא הָיָה מִתְרַשֵּׁל. וְכֵן אִם צָרִיךְ לָלֶכֶת לַעֲבוֹדַת הַמֶּלֶךְ, הָיָה קָם בִּזְרִיזוּת וְלֹא הָיָה מִתְרַשֵּׁל, פֶּן יַעֲלִילוּ עָלָיו אוֹ כְּדֵי לִמְצֹא חֵן בְּעֵינֵי הַמֶּלֶךְ. עַל אַחַת כַּמָּה וְכַמָּה לַעֲבוֹדַת מֶלֶךְ מַלְכֵי הַמְּלָכִים הַקָּדוֹשׁ בָּרוּךְ הוּא, שֶׁיֵּשׁ לוֹ לְהִזָּהֵר לָקוּם בִּמְהִירוּת וּבִזְרִיזוּת. וְהַמַּרְגִּיל אֶת עַצְמוֹ בַּדֶּרֶךְ הַזֶּה אַרְבַּע אוֹ חָמֵשׁ פְּעָמִים, לֹא יִכְבַּד עָלָיו אַחַר כָּךְ. וְהַבָּא לִטַּהֵר, מְסַיְּעִין לוֹ (סדר היום וסדור דֶּרֶךְ הַחַיִּים).

סעיף ה' אִם אֶפְשָׁר לוֹ לְהַשְׁכִּים וְלָקוּם בַּחֲצוֹת הַלַּיְלָה לַעֲרֹךְ אָז תִּקּוּן חֲצוֹת, מַה טּוֹב, כְּמוֹ שֶׁנֶּאֱמַר, קוּמִי רֹנִּי בַלַּיְלָה לְרֹאשׁ אַשְׁמוּרוֹת וְגוֹ'. וּכְמוֹ שֶׁהַקָּדוֹשׁ בָּרוּךְ הוּא מְקוֹנֵן בָּעֵת הַהִיא, שֶׁנֶּאֱמַר, ה' מִמָּרוֹם יִשְׁאָג וּמִמְּעוֹן קָדְשׁוֹ יִתֵּן קוֹלוֹ שָׁאֹג יִשְׁאַג עַל נָוֵהוּ, וְאוֹמֵר, אוֹי לְבָנִים שֶׁבַּעֲוֹנוֹתֵיהֶם הֶחֱרַבְתִּי אֶת בֵּיתִי וְשָׂרַפְתִּי אֶת הֵיכָלִי וְהִגְלֵיתִים לְבֵין הָאֻמּוֹת. וְאִם אִי אֶפְשָׁר לוֹ לָקוּם בַּחֲצוֹת, יִתְגַּבֵּר עַל כָּל פָּנִים לָקוּם קֹדֶם עֲלוֹת הַשַּׁחַר. וּכְמוֹ שֶׁאָמַר דָּוִד הַמֶּלֶךְ עָלָיו הַשָּׁלוֹם, אָעִירָה שָּׁחַר, אֲנִי מְעוֹרֵר אֶת הַשַּׁחַר וְאֵין הַשַּׁחַר מְעוֹרֵר אוֹתִי. וְגַם לְאַחַר חֲצוֹת הַלַּיְלָה, יָכוֹל לַעֲרֹךְ תִּקּוּן חֲצוֹת, וְאַחַר כָּךְ יַעֲסֹק בַּתּוֹרָה אִישׁ אִישׁ כְּפִי יְכָלְתּוֹ. וְשִׁעוּר מִשְׁנָיוֹת קוֹדֵם לְכָל דָּבָר (וְעַל יְדֵי זֶה זוֹכֶה לִנְשָׁמָה, מִשְׁנָה אוֹתִיּוֹת נְשָׁמָה). וְאִם אֵינוֹ בַר הָכִי, יַעֲסֹק בִּתְהִלִּים וּמַעֲמָדוֹת וְסִפְרֵי מוּסָר. וְטוֹב מְעַט בְּכַוָּנָה, מֵהַרְבּוֹת בְּלֹא כַוָּנָה. תָּנָא רַבִּי חִיָּא, כָּל הָעוֹסֵק בַּתּוֹרָה בַּלַּיְלָה, שְׁכִינָה כְּנֶגְדּוֹ, שֶׁנֶּאֱמַר, קוּמִי רֹנִּי בַלַּיְלָה לְרֹאשׁ אַשְׁמוּרוֹת שִׁפְכִי כַמַּיִם לִבֵּךְ נֹכַח פְּנֵי ה'. פֵּרוּשׁ, שֶׁהַשְּׁכִינָה הִיא אָז כְּנֶגְדֵּךְ. עוֹד אָמְרוּ רַבּוֹתֵינוּ זִכְרוֹנָם לִבְרָכָה, שֶׁכָּל הָעוֹסֵק בַּתּוֹרָה בַּלַּיְלָה, נִקְרָא עֶבֶד ה', כְּמוֹ שֶׁכָּתוּב, כָּל עַבְדֵי ה' הָעוֹמְדִים בְּבֵית ה' בַּלֵּילוֹת (וְעַיֵּן לְקַמָּן סִימָן עא). וּבַלֵּילוֹת הַקְּצָרִים שֶׁאִי אֶפְשָׁר לוֹ לְהַשְׁכִּים כָּל כָּךְ, לְכָל הַפָּחוֹת יִתְאַמֵּץ לָקוּם בְּעוֹד שֶׁיִּהְיֶה לוֹ זְמַן לְהָכִין אֶת עַצְמוֹ לָלֶכֶת לְבֵית הַכְּנֶסֶת לְהִתְפַּלֵּל עִם הַצִּבּוּר (אוֹרַח חַיִּים סִימָן א').

סעיף ו' מִזְמוֹרֵי תְהִלִּים וְכֵן שְׁאָר פָּרָשִׁיּוֹת מִתּוֹרָה נְבִיאִים וּכְתוּבִים שֶׁאֵינָם שְׁגוּרִים בְּפִי הַכֹּל, אָסוּר לְאָמְרָם בְּעַל פֶּה. אֲפִלּוּ מִי שֶׁהוּא יוֹדֵעַ לְאָמְרָם בְּעַל פֶּה, יֵשׁ לוֹ לְהִזָּהֵר שֶׁלֹּא לְאָמְרָם בְּעַל פֶּה. וְסוּמָא מֻתָּר (סִימָן מ"ט).

סעיף ז' יֵשׁ לִמְחוֹת בְּיַד הָאוֹמְרִים תְּחִנּוֹת שֶׁבַּמַּעֲמָדוֹת שֶׁמְּסַיְּמִים, בָּרוּךְ אַתָּה ה' שׁוֹמֵעַ תְּפִלָּה, אֶלָּא יֵשׁ לוֹמַר, בָּרוּךְ שׁוֹמֵעַ תְּפִלָּה, בְּלֹא שֵׁם (טו"ז סוֹף סִימָן קל"א).

סימן ב - הלכות נטילת ידים שחרית ובו ט' סעיפים:

סעיף א' לְפִי שֶׁהָאָדָם כַּאֲשֶׁר קָם מִמִּטָּתוֹ שַׁחֲרִית הוּא כְּמוֹ בְרִיָּה חֲדָשָׁה לַעֲבוֹדַת הַבּוֹרֵא יִתְבָּרַךְ שְׁמוֹ, לָכֵן צָרִיךְ לְהִתְקַדֵּשׁ וְלִטֹּל יָדָיו מִן הַכְּלִי, כְּמוֹ כֹּהֵן שֶׁהָיָה מְקַדֵּשׁ יָדָיו בְּכָל יוֹם מִן הַכִּיּוֹר קֹדֶם עֲבוֹדָתוֹ. וְסָמַךְ לִנְטִילָה

זוֹ מִן הַמִּקְרָא, שֶׁנֶּאֱמַר, אֶרְחַץ בְּנִקָּיוֹן כַּפָּי וַאֲסוֹבְבָה אֶת מִזְבַּחֲךָ ה' לַשְׁמִיעַ בְּקוֹל תּוֹדָה וְגוֹ'. וְעוֹד יֵשׁ טַעַם לִנְטִילָה זֹאת, לְפִי שֶׁבִּשְׁעַת שֵׁנָה שֶׁנִּסְתַּלְּקָה מִמֶּנּוּ נִשְׁמָתוֹ הַקְּדוֹשָׁה בָּא רוּחַ הַטֻּמְאָה וְשׁוֹרָה עַל גּוּפוֹ. וּכְשֶׁנֵּעוֹר מִשְּׁנָתוֹ, מִסְתַּלֵּק רוּחַ הַטֻּמְאָה מִכָּל גּוּפוֹ חוּץ מִן אֶצְבְּעוֹתָיו שֶׁאֵינוֹ עוֹבֵר מֵעֲלֵיהֶן עַד שֶׁשּׁוֹפֵךְ עֲלֵיהֶן שָׁלֹשׁ פְּעָמִים מַיִם בְּסֵרוּגִים. וְאָסוּר לֵילֵךְ אַרְבַּע אַמּוֹת בְּלִי נְטִילַת יָדַיִם אִם לֹא לְצֹרֶךְ גָּדוֹל מְאֹד (סִימָן ד').

סעיף ב' יִלְבַּשׁ מַלְבּוּשׁ הָרִאשׁוֹן אֶת הַטַּלִּית קָטָן, שֶׁלֹּא יֵלֵךְ אַרְבַּע אַמּוֹת בְּלִי צִיצִית. וּלְפִי שֶׁעֲדַיִן אֵין יָדָיו נְקִיּוֹת, לֹא יְבָרֵךְ עָלָיו (סִימָן ח').

סעיף ג' נְטִילַת יָדַיִם שַׁחֲרִית הִיא בְּדֶרֶךְ זֶה. נוֹטֵל אֶת הַכְּלִי בְּיַד יְמִינוֹ וְנוֹתְנוֹ לִשְׂמֹאלוֹ, וְשׁוֹפֵךְ תְּחִלָּה עַל יַד יָמִין, וְאַחַר כָּךְ נוֹטֵל אֶת הַכְּלִי בִּימִינוֹ וְשׁוֹפֵךְ עַל יַד שְׂמֹאל. וְכֵן יַעֲשֶׂה שָׁלֹשׁ פְּעָמִים. וְטוֹב לִטְלָן עַד פֶּרֶק הַזְּרוֹעַ. אַךְ בִּשְׁעַת הַדְּחָק, דַּי עַד קִשְׁרֵי אֶצְבְּעוֹתָיו. וְרוֹחֵץ פָּנָיו לִכְבוֹד יוֹצְרוֹ, שֶׁנֶּאֱמַר, כִּי בְּצֶלֶם אֱלֹהִים עָשָׂה אֶת הָאָדָם. וְגַם יִרְחַץ פִּיו מִפְּנֵי הָרִירִים שֶׁבְּתוֹכוֹ, שֶׁצָּרִיךְ לְהַזְכִּיר אֶת הַשֵּׁם הַגָּדוֹל בִּקְדֻשָּׁה וּבְטָהֳרָה. וְאַחַר כָּךְ מְנַגֵּב יָדָיו. וְיִזָּהֵר לְנַגֵּב פָּנָיו יָפֶה.

סעיף ד' צָרִיךְ לִטֹּל יָדָיו דַּוְקָא לְתוֹךְ כְּלִי. וְאָסוּר לֵהָנוֹת מִמֵּי הַנְּטִילָה, מִפְּנֵי שֶׁרוּחַ רָעָה שׁוֹרָה עֲלֵיהֶם, וְיִשְׁפְּכֵם בְּמָקוֹם שֶׁאֵין בְּנֵי אָדָם הוֹלְכִים.

סעיף ה' לֹא יִגַּע קֹדֶם נְטִילָה לֹא בַּפֶּה, וְלֹא בַחֹטֶם, וְלֹא בָעֵינַיִם, וְלֹא בָאָזְנַיִם, וְלֹא בְּפִי הַטַּבַּעַת, וְלֹא בָאֲכָלִים, וְלֹא בְמְקוֹם הַקָּזָה, מִפְּנֵי שֶׁרוּחַ רָעָה הַשּׁוֹרָה עַל הַיָּדַיִם קֹדֶם נְטִילָה, מַזֶּקֶת לִדְבָרִים אֵלּוּ.

סעיף ו' טוֹב לְהַקְפִּיד בִּנְטִילַת יָדַיִם שַׁחֲרִית בִּכְלִי וּבְמַיִם וּבְכֹחַ גַּבְרָא כְּמוֹ בִּנְטִילַת יָדַיִם לִסְעוּדָה (סִימָן מ'). אַךְ בִּשְׁעַת הַדְּחָק שֶׁאֵין לוֹ מַיִם כָּרָאוּי וְהוּא רוֹצֶה לְהִתְפַּלֵּל, יָכוֹל לִטֹּל יָדָיו מִתּוֹךְ כָּל דָּבָר וּבְכָל מִינֵי מַיִם וּבְלֹא כֹחַ גַּבְרָא, וְיָכוֹל לְבָרֵךְ עַל נְטִילַת יָדַיִם. וְאִם יֵשׁ לְפָנָיו נָהָר, טוֹב יוֹתֵר שֶׁיִּטְבֹּל בּוֹ יָדָיו שָׁלֹשׁ פְּעָמִים אוֹ אֲפִלּוּ בְּשֶׁלֶג. אֲבָל אִם אֵין לוֹ מַיִם כְּלָל, יְקַנֵּחַ יָדָיו בְּאֵיזֶה דָּבָר וִיבָרֵךְ עַל נְקִיּוּת יָדַיִם, וְדַי לוֹ לִתְפִלָּה. וְלִכְשֶׁיִּזְדַּמֵּן לוֹ אַחַר כָּךְ מַיִם וְכֵלִים הָרְאוּיִים, יִטֹּל יָדָיו עוֹד הַפַּעַם כָּרָאוּי. אֲבָל לֹא יְבָרֵךְ עוֹד.

סעיף ז' כְּתִיב, בָּרְכִי נַפְשִׁי אֶת ה' וְכָל קְרָבַי אֶת שֵׁם קָדְשׁוֹ. וְכֵיוָן שֶׁצָּרִיךְ הָאָדָם לְבָרֵךְ אֶת הַשֵּׁם בְּכָל קְרָבָיו, אָסוּר לְבָרֵךְ עַד שֶׁיְּנַקֶּה אֶת הַקְּרָבַיִם מִצּוֹאָה וּמֵי רַגְלַיִם. וּבַבֹּקֶר בְּקוּמוֹ מִסְתָּמָא הוּא צָרִיךְ לַעֲשׂוֹת צְרָכָיו אוֹ לְכָל הַפָּחוֹת לְהַשְׁתִּין, עַל כֵּן לֹא יְבָרֵךְ בִּרְכַּת עַל נְטִילַת יָדַיִם בִּשְׁעַת נְטִילָה עַד לְאַחַר שֶׁיְּנַקֶּה אֶת עַצְמוֹ, וְיִרְחַץ יָדָיו עוֹד פַּעַם אַחַת וְאָז יְבָרֵךְ עַל נְטִילַת יָדַיִם וַאֲשֶׁר יָצַר וּבִרְכַּת הַתּוֹרָה אֱלֹהַי נְשָׁמָה וְכוּ'.

סעיף ח' אִם הִשְׁכִּים וְנָטַל יָדָיו בְּעוֹד לַיְלָה כְּדִינוֹ וְהָיָה עֵר עַד אוֹר הַיּוֹם, אוֹ שֶׁהָיָה יָשֵׁן אַחַר כָּךְ שֵׁנִית בְּעוֹד לַיְלָה, וְכֵן הַיָּשֵׁן בַּיּוֹם שִׁתִּין נִשְׁמִין (שֶׁהוּא לְעֵרֶךְ חֲצִי שָׁעָה), וְכֵן הַנֵּעוֹר כָּל הַלַּיְלָה [וְלֹא יָשַׁן שִׁתִּין נִשְׁמִין], בְּכָל

אֵלּוּ יֵשׁ סָפֵק אִם צְרִיכִים נְטִילַת יָדַיִם אוֹ לֹא. לָכֵן יִטֹּל יָדָיו שָׁלֹשׁ פְּעָמִים בְּסֵרוּגִים כִּדְלְעֵיל סָעִיף ג', אֲבָל לֹא יְבָרֵךְ עֲלֵיהֶם.

סעיף ט' אֵלּוּ דְבָרִים צְרִיכִין נְטִילַת יָדַיִם בַּמַּיִם, הַקָּם מִן הַמִּטָּה, וְהַיּוֹצֵא מִבֵּית הַכִּסֵּא, וּמִבֵּית הַמֶּרְחָץ, וְהַנּוֹטֵל צִפָּרְנָיו, וְהַמְגַלֵּחַ שְׂעָרוֹתָיו, וְהַחוֹלֵץ מִנְעָלָיו, וְהַמְשַׁמֵּשׁ מִטָּתוֹ, וְהַנּוֹגֵעַ בְּכִנָּה, וְהַמְּפַלֶּה אֶת בְּגָדָיו אֲפִלּוּ לֹא נָגַע בְּכִנָּה, וְהַחוֹפֵף רֹאשׁוֹ, וְהַנּוֹגֵעַ בְּגוּפוֹ בִּמְקוֹמוֹת הַמְּכֻסִּים, וְהַיּוֹצֵא מִבֵּית הַקְּבָרוֹת, וְהַמְלַוֶּה אֶת הַמֵּת אוֹ שֶׁנִּכְנַס בְּאֹהֶל הַמֵּת, וְהַמַּקִּיז דָּם (סִימָן ד').

סימן ג - דין לבישת בגדיו והלוכו ובו ח' סעיפים:

סעיף א' כְּתִיב, וְהַצְנֵעַ לֶכֶת עִם אֱלֹהֶיךָ. לְפִיכָךְ צָרִיךְ הָאָדָם לִהְיוֹת צָנוּעַ בְּכָל אָרְחוֹתָיו. וְלָכֵן כְּשֶׁלּוֹבֵשׁ אוֹ פּוֹשֵׁט אֶת חֲלוּקוֹ אוֹ שְׁאָר בֶּגֶד שֶׁעַל בְּשָׂרוֹ, יְדַקְדֵּק מְאֹד שֶׁלֹּא לְגַלּוֹת אֶת גּוּפוֹ, אֶלָּא יַלְבִּישׁוֹ וְיַפְשִׁיטוֹ כְּשֶׁהוּא שׁוֹכֵב עַל מִשְׁכָּבוֹ מְכֻסֶּה. וְאַל יֹאמַר הִנְנִי בְּחַדְרֵי חֲדָרִים וּבַחֲשֵׁכָה מִי רוֹאֵנִי, כִּי הַקָּדוֹשׁ בָּרוּךְ הוּא מְלֹא כָל הָאָרֶץ כְּבוֹדוֹ, וְכַחֲשֵׁכָה כָּאוֹרָה לְפָנָיו יִתְבָּרַךְ שְׁמוֹ. וְהַצְּנִיעוּת וְהַבּשֶׁת, מְבִיאוֹת אֶת הָאָדָם לִידֵי הַכְנָעָה לְפָנָיו יִתְבָּרַךְ שְׁמוֹ (סִימָן ב').

סעיף ב' אֵין הוֹלְכִין בְּחֻקּוֹת הַגּוֹיִים, וְלֹא מִתְדַּמִּים לָהֶם, לֹא בְּמַלְבּוּשׁ וְלֹא בְשֵׂעָר וְכַיּוֹצֵא בָהֶם, שֶׁנֶּאֱמַר, וְלֹא תֵלְכוּ בְּחֻקּוֹת הַגּוֹי. וְנֶאֱמַר, בְּחֻקּוֹתֵיהֶם לֹא תֵלֵכוּ. וְנֶאֱמַר, הִשָּׁמֶר לְךָ פֶּן תִּנָּקֵשׁ אַחֲרֵיהֶם. לֹא יִלְבַּשׁ מַלְבּוּשׁ הַמְיֻחָד לָהֶם לְשׁוּם גֵּאוּת וְהוּא מַלְבּוּשׁ שָׂרִים, וּלְדֻגְמָא הָא דְּאָמְרִינַן בַּגְּמָרָא, דְּאָסוּר לְיִשְׂרָאֵל לְהִתְדַּמּוֹת לָהֶם אֲפִלּוּ בִּרְצוּעוֹת הַמִּנְעָל. שֶׁאִם הָיָה דַרְכָּם לִקְשֹׁר כָּךְ וְדֶרֶךְ יִשְׂרָאֵל בְּעִנְיָן אַחֵר אוֹ שֶׁהָיָה מִנְהָגָם לִהְיוֹת לָהֶם רְצוּעוֹת אֲדֻמּוֹת וְשֶׁל יִשְׂרָאֵל שְׁחוֹרוֹת מִשּׁוּם דְּצֶבַע שָׁחוֹר מוֹרֶה עַל עֲנָוָה וְשִׁפְלוּת וּצְנִיעוּת, אָסוּר לְיִשְׂרָאֵל לְשַׁנּוֹת. וּמִזֶּה יִלְמַד כָּל אָדָם לְפִי מְקוֹמוֹ וְשַׁעְתּוֹ, שֶׁהַמַּלְבּוּשׁ הֶעָשׂוּי לְיוֹהֲרָא וּפְרִיצוּת לֹא יַעֲשֶׂה הַיִּשְׂרָאֵל כֵּן, אֶלָּא מַלְבּוּשָׁיו יִהְיוּ עֲשׂוּיִים בְּעִנְיָן הַמּוֹרֶה עַל הַכְנָעָה וּצְנִיעוּת. הָכֵי אָמְרִינַן בְּסִפְרֵי, שֶׁלֹּא תֹאמַר הוֹאִיל וְהֵן יוֹצְאִין בְּאַרְגָּמָן אַף אֲנִי אֵצֵא בְּאַרְגָּמָן, הוֹאִיל וְהֵן יוֹצְאִין בְּקוּלְסִין (פֵּרוּשׁ, כְּלֵי זַיִן) אַף אֲנִי אֵצֵא בְּקוּלְסִין, שֶׁדְּבָרִים הַלָּלוּ דִּבְרֵי שַׁחַץ וְגַאֲוָה הֵם, וְלֹא כָאֵלֶּה חֵלֶק יַעֲקֹב, אֶלָּא דַּרְכָּם לִהְיוֹת צְנוּעִים וַעֲנָוִים, וְלֹא לִפְנוֹת אֶל רְהָבִים. וְכֵן כָּל דָּבָר שֶׁנָּהֲגוּ לְמִנְהָג וּלְחֹק דְּאִכָּא לְמֵיחַשׁ שֶׁיֵּשׁ בּוֹ שֶׁמֶץ עֲבוֹדָה זָרָה, לֹא יַעֲשֶׂה הַיִּשְׂרָאֵל כֵּן. וְכֵן לֹא יְגַלַּח וְלֹא יְגַדֵּל שַׂעֲרוֹת רֹאשׁוֹ כְּמוֹהֶם, אֶלָּא יְהֵא מֻבְדָּל מֵהֶם בְּמַלְבּוּשָׁיו וּבְדִבּוּרוֹ וּבִשְׁאָר מַעֲשָׂיו כְּמוֹ שֶׁהוּא מֻבְדָּל מֵהֶם בְּמַדָּעוֹ וּבְדֵעוֹתָיו. וְכֵן הוּא אוֹמֵר, וָאַבְדִּיל אֶתְכֶם מִן הָעַמִּים.

סעיף ג' לֹא יִלְבַּשׁ בְּגָדִים יְקָרִים כִּי דָבָר זֶה מֵבִיא אֶת הָאָדָם לִידֵי גַאֲוָה, וְלֹא בְגָדִים פְּחוּתִים מְאֹד אוֹ מְלֻכְלָכִים, שֶׁלֹּא יִתְבַּזֶּה בְּעֵינֵי הַבְּרִיּוֹת, אֶלָּא יִהְיוּ לוֹ בְּגָדִים מְמֻצָּעִים וּנְקִיִּים (רמב"ם פ"ה מהלכות דעות). לְעוֹלָם יִמְכֹּר אָדָם אֲפִלּוּ קוֹרוֹת בֵּיתוֹ וְיִקַּח מִנְעָלִים לְרַגְלָיו (אוֹרַח חַיִּים סִימָן ב).

סעיף ד' לְפִי שֶׁמָּצִינוּ שֶׁהַיָּמִין הִיא חֲשׁוּבָה בַּתּוֹרָה לְעִנְיַן עֲבוֹדָה וּלְעִנְיַן בֹּהֶן יָד וּבֹהֶן רֶגֶל שֶׁל מִלּוּאִים וְשֶׁל מְצֹרָע וּלְעִנְיַן מִצְוַת חֲלִיצָה, לָכֵן בִּלְבִישָׁה וְכֵן בִּשְׁאָר דְּבָרִים לְעוֹלָם יַקְדִּים שֶׁל יָמִין לְשֶׁל שְׂמֹאל. וּבַחֲלִיצַת הַמִּנְעָלִים וּשְׁאָר בְּגָדִים, יַחֲלוֹץ שֶׁל שְׂמֹאל תְּחִלָּה (שֶׁזֶּהוּ כְּבוֹדָהּ שֶׁל יָמִין). וְאַךְ לְעִנְיַן קְשִׁירָה, הַשְּׂמֹאל חָשׁוּב יוֹתֵר, מִפְּנֵי שֶׁקּוֹשְׁרִים עָלָיו אֶת הַתְּפִלִּין. וְלָכֵן כְּשֶׁצָּרִיךְ לִקְשֹׁר יִקְשֹׁר שֶׁל שְׂמֹאל תְּחִלָּה, כְּגוֹן מִנְעָלִים שֶׁיֵּשׁ בָּהֶם קְשִׁירָה, נוֹעֵל שֶׁל יָמִין וְאֵינוֹ קוֹשְׁרוֹ, וְנוֹעֵל אֶת שֶׁל שְׂמֹאל וְקוֹשְׁרוֹ, וְאַחַר כָּךְ קוֹשֵׁר שֶׁל יָמִין. וְכֵן בִּשְׁאָר בְּגָדִים.

סעיף ה' יִזָּהֵר מִלִּלְבּוֹשׁ שְׁנֵי בְגָדִים בְּיַחַד, מִשּׁוּם דְּקָשֶׁה לְשִׁכְחָה.

סעיף ו' אָסוּר לֵילֵךְ אַרְבַּע אַמּוֹת אוֹ לְהוֹצִיא מִפִּיו דָּבָר שֶׁבִּקְדֻשָּׁה בְּגִלּוּי הָרֹאשׁ. וְגַם הַקְּטַנִּים צְרִיכִים לְהַרְגִּילָן לְכַסּוֹת רֹאשָׁן, כִּי הֵיכִי דְּתֶהֱוֵי עֲלַיְהוּ אֵימְתָא דִשְׁמַיָּא. כִּדְמָצִינוּ בְּרַב נַחְמָן בַּר יִצְחָק. אִמֵּהּ דְּרַב נַחְמָן בַּר יִצְחָק אָמְרוּ לַהּ כַּלְדָּאֵי (חוֹזִים בַּכּוֹכָבִים), בְּרֵיךְ גַּנְבָא הָוֵה, לָא שְׁבַקְתֵּהּ גִּלּוּיֵי רֵישָׁא. אָמְרָה לֵהּ, כַּסֵּי רֵישָׁךְ כִּי הֵיכִי דְּתֶהֱוֵי עֲלָךְ אֵימְתָא דִשְׁמַיָּא וְכוּ' (שַׁבָּת דף קנ"ו ע"ב).

סעיף ז' אָסוּר לֵילֵךְ בְּקוֹמָה זְקוּפָה וְגָרוֹן נָטוּי, כָּעִנְיָן שֶׁנֶּאֱמַר, וַתֵּלַכְנָה נְטוּיוֹת גָּרוֹן וְגוֹ' (אוֹרַח חַיִּים שָׁם). וּמִכָּל מָקוֹם לֹא יָכוֹף רֹאשׁוֹ יוֹתֵר מִדַּאי, אֶלָּא בְּמִדָּה בֵּינוֹנִית, בִּכְדֵי שֶׁיִּרְאֶה אֶת הַבָּא כְּנֶגֶד פָּנָיו וְגַם יִרְאֶה מִדְרַךְ כַּף רַגְלוֹ (הר"י בספר היראה). גַּם מִמַּהֲלָכוֹ שֶׁל אָדָם נִכָּר אִם חָכָם וּבַעַל דֵּעָה הוּא אוֹ שׁוֹטֶה וְסָכָל. וְכֵן אָמַר שְׁלֹמֹה בְּחָכְמָתוֹ, וְגַם בַּדֶּרֶךְ כְּשֶׁהַסָּכָל הֹלֵךְ לִבּוֹ חָסֵר, וְאָמַר לַכֹּל סָכָל הוּא הוּא. מוֹדִיעַ לַכֹּל עַל עַצְמוֹ שֶׁהוּא סָכָל (רמב"ם שָׁם).

סעיף ח' יֵשׁ לְנָהֵר שֶׁלֹּא יֵלֵךְ אִישׁ בֵּין שְׁתֵּי נָשִׁים, וְלֹא בֵּין שְׁנֵי כְלָבִים אוֹ שְׁנֵי חֲזִירִים. וְכֵן לֹא יַנִּיחוּ הָאֲנָשִׁים שֶׁתֵּלֵךְ בֵּינֵיהֶם אִשָּׁה אוֹ כֶלֶב אוֹ חֲזִיר (פסחים קיא).

סימן ד - הנהגת בית הכסא ודיני ברכת אשר יצר ובו ו' סעיפים:

סעיף א' יַרְגִּיל אֶת עַצְמוֹ לִפְנוֹת עֶרֶב וָבֹקֶר שֶׁהוּא זְרִיזוּת וּנְקִיּוּת. אִם אֵינוֹ יָכוֹל לִפְנוֹת, יֵלֵךְ אַרְבַּע אַמּוֹת וְיֵשֵׁב עַד שֶׁיִּפָּנֶה, אוֹ יַסִּיחַ דַּעְתּוֹ מִדְּבָרִים אֲחֵרִים. הַמַּשְׁהֶה נְקָבָיו, עוֹבֵר מִשּׁוּם בַּל תְּשַׁקְּצוּ. וְאִם מַשְׁהֶה מִלְּהַטִּיל מַיִם בְּעֵת צָרְכּוֹ, עוֹבֵר גַּם מִשּׁוּם לֹא יִהְיֶה בְךָ עָקָר (סִימָן ב' ג').

סעיף ב' יְהֵא צָנוּעַ בְּבֵית הַכִּסֵּא. לֹא יְגַלֶּה אֶת עַצְמוֹ, עַד שֶׁיֵּשֵׁב. וְגַם אָז יְצַמְצֵם שֶׁלֹּא לְגַלּוֹת רַק מַה שֶּׁמֻּכְרָח לוֹ לְגַלּוֹת, שֶׁלֹּא לְטַנֵּף אֶת בְּגָדָיו. וְיִזָּהֵר בָּזֶה גַּם בַּלַּיְלָה כְּמוֹ בַּיּוֹם. אִם נִפְנֶה בְּמָקוֹם מְגֻלֶּה שֶׁאֵין שָׁם מְחִיצוֹת, יְכַוֵּן שֶׁיְּהֵא פָּנָיו לְדָרוֹם וַאֲחוֹרָיו לַצָּפוֹן אוֹ אִפְּכָא. אֲבָל בֵּין מִזְרָח לַמַּעֲרָב, אָסוּר. וְאִם יֵשׁ מְחִיצָה, יָכוֹל לִפְנוֹת בְּכָל עִנְיָן אִם אֲחוֹרָיו לְצַד הַמְּחִיצָה. וּלְהַשְׁתִּין, מֻתָּר בְּכָל עִנְיָן. לֹא יִפָּנֶה בִּפְנֵי שׁוּם אָדָם. וַאֲפִלּוּ בִּפְנֵי נָכְרִי, אָסוּר. אֲבָל לְהַשְׁתִּין, מֻתָּר אֲפִלּוּ בַּיּוֹם בִּפְנֵי רַבִּים אִם צָרִיךְ לְכָךְ, מִשּׁוּם דְּאִכָּא סַכָּנָה אִם יַעֲצֹר אֶת עַצְמוֹ. וּמִכָּל מָקוֹם יֵשׁ לוֹ לְהִסְתַּלֵּק

לִצְדָדִים.

סעיף ג' לֹא יִפָּנֶה בַּעֲמִידָה. וְלֹא יֶאֱנֹס לִדְחֹק עַצְמוֹ יוֹתֵר מִדַּאי, שֶׁלֹּא יִנָּתֵק שִׁנֵּי הַכַּרְכַּשְׁתָּא. וְלֹא יְמַהֵר לָצֵאת מִבֵּית הַכִּסֵּא, עַד אֲשֶׁר בָּרוּר לוֹ שֶׁאֵינוֹ צָרִיךְ עוֹד. וּכְשֶׁמַּטִּיל מַיִם בַּעֲמִידָה, יַשְׁגִּיחַ שֶׁלֹּא יִנָּתְזוּ עַל מִנְעָלָיו וּבְגָדָיו. וְיִזָּהֵר מְאֹד שֶׁלֹּא לֶאֱחֹז בְּיָדָיו בְּמִילָתוֹ (וְעַיֵּן לְקַמָּן סִימָן קנ"א) (סִימָן ג').

סעיף ד' בְּבֵית הַכִּסֵּא אָסוּר לְהַרְהֵר בְּדִבְרֵי תוֹרָה (כְּדִלְקַמָּן סִימָן ה' ס"ב). לָכֵן בִּהְיוֹתוֹ שָׁמָּה, טוֹב שֶׁיְּהַרְהֵר בַּעֲסָקָיו וּבְחֶשְׁבּוֹנוֹתָיו, שֶׁלֹּא יָבֹא לִידֵי הִרְהוּר תּוֹרָה אוֹ הִרְהוּר עֲבֵרָה חַס וְשָׁלוֹם. וּבְשַׁבָּת שֶׁאֵין לְהַרְהֵר בַּעֲסָקָיו, יְהַרְהֵר בִּדְבָרִים נִפְלָאִים שֶׁרָאָה וְשָׁמַע וְכַדּוֹמֶה (סִימָן פ"ה).

סעיף ה' יִזָּהֵר לְקַנֵּחַ אֶת עַצְמוֹ יָפֶה. כִּי, אִם יֵשׁ לוֹ אֲפִלּוּ מַשֶּׁהוּ צוֹאָה בְּפִי הַטַּבַּעַת, אָסוּר לוֹ לוֹמַר שׁוּם דָּבָר שֶׁבִּקְדֻשָּׁה (כְּדִלְקַמָּן סִימָן ה' סָעִיף ג). לֹא יְקַנֵּחַ בְּיַד יָמִין, מִפְּנֵי שֶׁקּוֹשֵׁר בָּהּ הַתְּפִלִּין. וּמֵהַאי טַעְמָא אֵין לְקַנֵּחַ בְּאֶצְבַּע אֶמְצָעִית שֶׁל שְׂמֹאל שֶׁכּוֹרֵךְ עָלֶיהָ הָרְצוּעָה שֶׁל תְּפִלִּין. וְאִטֵּר יָד, יְקַנֵּחַ בִּשְׂמֹאל דִּידֵהּ שֶׁהִיא יָמִין שֶׁל כָּל אָדָם.

סעיף ו' בְּכָל פַּעַם שֶׁנִּפְנֶה אוֹ שֶׁמַּטִּיל מַיִם וַאֲפִלּוּ רַק טִפָּה אַחַת, יִרְחַץ יָדָיו בַּמַּיִם וִיבָרֵךְ בִּרְכַּת אֲשֶׁר יָצַר. אִם הֵטִיל מַיִם אוֹ נִפְנָה וְשָׁכַח מִלְּבָרֵךְ אֲשֶׁר יָצַר, וְאַחַר כָּךְ שׁוּב הֵטִיל מַיִם אוֹ נִפְנָה וְנִזְכַּר שֶׁבָּרִאשׁוֹנָה לֹא בֵּרַךְ, אֵינוֹ צָרִיךְ לְבָרֵךְ רַק פַּעַם אֶחָת. וּמִי שֶׁשּׁוֹתֶה סַם הַמְשַׁלְשֵׁל וְיוֹדֵעַ שֶׁיִּצְטָרֵךְ לִפְנוֹת כַּמָּה פְּעָמִים, לֹא יְבָרֵךְ עַד לְאַחַר הַגְּמָר (סִימָן ז').

סימן ה - נקיון המקום לדבר שבקדשה ובו י"ז סעיפים:

סעיף א' כְּתִיב, וְכִסִּיתָ אֶת צֵאָתֶךָ כִּי ה' אֱלֹהֶיךָ מִתְהַלֵּךְ בְּקֶרֶב מַחֲנֶיךָ וְגוֹ', וְהָיָה מַחֲנֶיךָ קָדוֹשׁ וְלֹא יִרְאֶה בְךָ עֶרְוַת דָּבָר וְגוֹ', מִכָּאן לָמְדוּ רַבּוֹתֵינוּ זִכְרוֹנָם לִבְרָכָה, שֶׁבְּכָל מָקוֹם אֲשֶׁר ה' אֱלֹהֵינוּ מִתְהַלֵּךְ עִמָּנוּ, דְּהַיְנוּ כְּשֶׁאָנוּ עוֹסְקִים בְּדָבָר שֶׁבִּקְדֻשָּׁה, כְּגוֹן קְרִיאַת שְׁמַע, תְּפִלָּה, תּוֹרָה וְכַדּוֹמֶה, צָרִיךְ לִהְיוֹת הַמַּחֲנֶה קָדוֹשׁ, שֶׁלֹּא תְהֵא צוֹאָה מְגֻלָּה שָׁם, וְשֶׁלֹּא יֵרָאֶה דְּבַר עֶרְוָה כְּנֶגֶד פָּנָיו שֶׁל אָדָם הַקּוֹרֵא אוֹ מִתְפַּלֵּל (סִימָן ע"ד).

סעיף ב' וַאֲפִלּוּ לְהַרְהֵר בְּדִבְרֵי קְדֻשָּׁה בְּמָקוֹם צוֹאָה אוֹ מֵי רַגְלַיִם אוֹ כָּל דָּבָר שֶׁהוּא מַסְרִיחַ, אָסוּר, עַד שֶׁיְּכַסֶּה אוֹתוֹ, כְּמוֹ שֶׁנֶּאֱמַר, וְכִסִּית אֶת צֵאָתֶךָ. אוֹ שֶׁיַּטִּיל לְתוֹךְ מֵי רַגְלַיִם שֶׁל פַּעַם אַחַת רְבִיעִית מַיִם, לָא שְׁנָא שֶׁהָיוּ הֵם בִּכְלִי תְחִלָּה וְנוֹתֵן עֲלֵיהֶם מַיִם, וּבֵין אִם הָיוּ הַמַּיִם בִּכְלִי תְחִלָּה (וְאִם הָיוּ מֵי הָרַגְלַיִם בַּעֲבִיט הַמְיֻחָד לָהֶם, לָא מַהֲנֵי לְהוּ מַיִם כְּדִלְקַמָּן סָעִיף יג). וּלְמֵי רַגְלַיִם שֶׁל שְׁתֵּי פְעָמִים, צְרִיכִים שְׁתֵּי רְבִיעִיּוֹת מָיִם. וְכֵן לְעוֹלָם. וַאֲפִלּוּ אִם נִבְלְעוּ מֵי הָרַגְלַיִם בְּקַרְקַע אוֹ בְּבֶגֶד, כָּל שֶׁיֵּשׁ שָׁם עֲדַיִן קְצָת לַחְלוּחִית מֵהֶם, צָרִיךְ לִשְׁפֹּךְ שָׁם מָיִם.

סעיף ג' אִם יֵשׁ צוֹאָה עַל בְּשָׂרוֹ, אַף עַל פִּי שֶׁמְּכֻסָּה בִבְגָדָיו, אָסוּר בְּדִבְרֵי קְדֻשָּׁה, שֶׁנֶּאֱמַר, כָּל עַצְמוֹתַי תֹּאמַרְנָה, ה' מִי כָמוֹךָ. בָּעִינָן שֶׁיִּהְיוּ כֻּלָּם נְקִיִּים. וְיֵשׁ מְקִילִין בָּזֶה, אֲבָל

הַנָּכוֹן לְהַחְמִיר. וְאִם יֵשׁ לוֹ אֲפִלּוּ מְעַט צוֹאָה בְּפִי הַטַּבַּעַת, אַף עַל פִּי שֶׁהִיא מְכֻסָּה, לְכֻלֵּי עָלְמָא לָא מַהֲנֵי, מִפְּנֵי שֶׁבִּמְקוֹמָהּ זֻהֲמָתָהּ מְרֻבָּה (מִי שֶׁיֵּשׁ לוֹ חֳלִי הַטְּחוֹרִים, עַיֵּן מָגֵן אַבְרָהָם סִימָן ע"ו סָעִיף קָטָן ח' שֶׁהֵבִיא תְּשׁוּבַת הָרַדְבַּ"ז בָּזֶה וְהִיא בְּחֵלֶק ג' סִימָן שט"ו. וּבְסוֹף דִּבְרֵי הַמָּגֵן אַבְרָהָם שֶׁכָּתַב, וְאֵין לוֹ תַּקָּנָה, הוּא טָעוּת סוֹפֵר, וְצָרִיךְ לִהְיוֹת, וְאֵינוֹ צָרִיךְ תַּקָּנָה. עַיֵּן יַד אֶפְרַיִם. וְעַיֵּן לְקַמָּן סִימָן קס"ה סָעִיף י').

סעיף ד' צְרִיכִין לִזָּהֵר שֶׁבְּכָל מָקוֹם שֶׁיֵּשׁ לְהִסְתַּפֵּק שֶׁמָּא יֵשׁ שָׁם צוֹאָה אוֹ מֵי רַגְלַיִם, לֹא יֹאמַר שָׁם שׁוּם דָּבָר שֶׁבִּקְדֻשָּׁה עַד שֶׁיִּבְדֹּק אֶת הַמָּקוֹם (סִימָן ע"ו). וְאֵין לְהִתְפַּלֵּל בְּבַיִת אִם בַּעֲלִיָּה יֵשׁ מָקוֹם מְטֻנָּף (פרמ"ג סִימָן קנ"ד משבצות-זהב סָעִיף קָטָן א').

סעיף ה' תִּינוֹק שֶׁאֲחֵרִים בְּיָמָיו יְכוֹלִים לֶאֱכֹל כַּזַּיִת מִינֵי דָגָן אֲפִלּוּ עַל יְדֵי תַבְשִׁיל בִּכְדֵי שֶׁגָּדוֹל אוֹכֵל שִׁעוּר פְּרָס (וְכָתַב בַּסֵּפֶר מִגְדּוֹל עֹז לְהַגָּאוֹן מוֹרֵנוּ הָרַב יַעְבֵּ"ץ ז"ל, דְּהַיְנוּ כְּשֶׁנַּעֲשָׂה בֶּן שָׁנָה), מַרְחִיקִין מִצּוֹאָתוֹ וּמִמֵּי רַגְלָיו. וְטוֹב וְיָשָׁר לְהַרְחִיק גַּם מִצּוֹאַת קָטָן בֶּן שְׁמוֹנָה יָמִים.

סעיף ו' צוֹאַת אָדָם, אַף עַל פִּי שֶׁאֵין לָהּ רֵיחַ רָע, וְכֵן צוֹאַת חָתוּל וּנְמִיָּה וְצוֹאַת תַּרְנְגוֹל אֲדוֹמִי (תַּרְנְגוֹל הֹדּוּ (אינדיק) מַרְחִיקִים מֵהֶן. וּשְׁאָר צוֹאָה שֶׁל בְּהֵמָה חַיָּה וָעוֹף, מִסְתָּמָא אֵינָהּ מַסְרַחַת וְאֵין צְרִיכִים לְהַרְחִיק מֵהֶן. אֲבָל אִם מַסְרַחַת וְכֵן נְבֵלָה הַמַּסְרַחַת וְכָל דָּבָר הַמַּסְרִיחַ מֵחֲמַת עִפּוּשׁ, וְכֵן לוּל שֶׁל תַּרְנְגוֹלִים, מַרְחִיקִים מֵהֶם. וְכֵן מַרְחִיקִים מִמַּיִם סְרוּחִים. וּמֵי מִשְׁרָה שֶׁשּׁוֹרִים בָּהֶם פִּשְׁתָּן אוֹ קַנְבּוּס, סְתָמָם מַסְרִיחִים וּצְרִיכִים לְהַרְחִיק מֵהֶם כְּמוֹ מִן הַצּוֹאָה.

סעיף ז' צוֹאָה יְבֵשָׁה כָּל כָּךְ שֶׁהִיא נִפְרֶכֶת עַל יְדֵי גְלִילָה, הֲרֵי הִיא כֶּעָפָר. וְהוּא שֶׁלֹּא יְהֵא בָהּ רֵיחַ רָע. אֲבָל אִם נִקְרְשָׁה מֵחֲמַת הַקֹּר, כֵּיוָן שֶׁיְּכוֹלָה לַחֲזֹר לְקַדְמוּתָהּ בִּזְמַן הַחֹם, עֲדַיִן שֵׁם צוֹאָה עָלֶיהָ. וְצוֹאָה שֶׁנִּתְכַּסְּתָה בְשֶׁלֶג, חָשׁוּב כִּסּוּי.

סעיף ח' עַד כַּמָּה מַרְחִיקִים. הָיְתָה הַצּוֹאָה מֵאֲחוֹרָיו, צָרִיךְ לְהַרְחִיק מִמָּקוֹם שֶׁכָּלָה הָרֵיחַ אַרְבַּע אַמּוֹת. וַאֲפִלּוּ אִם הוּא אֵינוֹ מֵרִיחַ, צָרִיךְ לְהַרְחִיק שִׁעוּר זֶה כְּאִלּוּ הָיָה מֵרִיחַ, וְאִם הַצּוֹאָה אֵינָהּ מַסְרַחַת, דַּי אִם מַרְחִיק מִמֶּנָּה אַרְבַּע אַמּוֹת. וְאִם הַצּוֹאָה מִלְּפָנָיו, צָרִיךְ לְהַרְחִיק כִּמְלֹא עֵינָיו. וַאֲפִלּוּ בַּלַּיְלָה, צָרִיךְ לְהַרְחִיק כְּשִׁעוּר שֶׁהָיָה יָכוֹל לִרְאוֹתָהּ בַּיּוֹם. וְאִם הִיא מִן הַצְּדָדִים, יֵשׁ לְהַחְמִיר כְּאִלּוּ הָיְתָה בְּפָנָיו. וְיַטֶּה אֶת עַצְמוֹ כְּדֵי שֶׁתְּהֵא לַאֲחוֹרָיו (ע"ט פ"א).

סעיף ט' בַּיִת שֶׁמִּתְפַּלְּלִים בּוֹ בְּצִבּוּר וְנִמְצְאָה שָׁם צוֹאָה, אַף עַל פִּי שֶׁהִיא אֲחוֹרֵי הַשְּׁלִיחַ צִבּוּר וּרְחוֹקָה מִמֶּנּוּ יוֹתֵר מֵאַרְבַּע אַמּוֹת מִמָּקוֹם שֶׁכָּלָה הָרֵיחַ, מִכָּל מָקוֹם צָרִיךְ הוּא לִשְׁתּוֹק וּלְהַמְתִּין עַד שֶׁיּוֹצִיאוּהָ אוֹ יְכַסּוּהָ, מִפְּנֵי שֶׁאִי אֶפְשָׁר שֶׁלֹּא תְהֵא לְאֶחָד מִן הַצִּבּוּר תּוֹךְ אַרְבַּע אַמּוֹת מִמָּקוֹם שֶׁכָּלָה הָרֵיחַ, וְאָסוּר לוֹ לִשְׁמֹעַ וּלְכַוֵּן לְמַה שֶּׁאוֹמֵר הַשְּׁלִיחַ צִבּוּר (ע"ט).

סעיף י' מִי שֶׁהִתְפַּלֵּל וּמָצָא אַחַר כָּךְ שֶׁיֵּשׁ שָׁם צוֹאָה, אִם הַמָּקוֹם הַהוּא הָיָה רָאוּי לְהִסְתַּפֵּק בּוֹ שֶׁמָּא יֵשׁ שָׁם

צוֹאָה וְהוּא פָּשַׁע וְלֹא בָדַק, כֵּיוָן שֶׁתְּפִלַּת שְׁמוֹנֶה עֶשְׂרֵה הִיא בִמְקוֹם קָרְבָּן, הָוֵה לֵהּ זֶבַח רְשָׁעִים תּוֹעֵבָה, וְצָרִיךְ לַחֲזוֹר וּלְהִתְפַּלֵּל שְׁמוֹנֶה עֶשְׂרֵה. וְכֵן קְרִיאַת שְׁמַע שֶׁהִיא מִדְּאוֹרַיְתָא וְאֵין בָּהּ חֲשַׁשׁ בְּרָכָה לְבַטָּלָה, חוֹזֵר וְקוֹרֵא, אֲבָל בְּלֹא הַבְּרָכוֹת. וְכֵן שְׁאָר בְּרָכוֹת שֶׁאָמַר שָׁם, וַאֲפִלּוּ בִרְכַּת הַמָּזוֹן, אֵינוֹ חוֹזֵר וּמְבָרֵךְ. וְאִם הַמָּקוֹם רָאוּי לְהִסְתַּפֵּק בְּצוֹאָה, שֶׁאָז לֹא פָּשַׁע, אֲפִלּוּ בִתְפִלָּה יוֹצֵא בְדִיעֲבַד. וְאִם נִמְצְאוּ מֵי רַגְלַיִם, אֲפִלּוּ הַמָּקוֹם רָאוּי לְהִסְתַּפֵּק יוֹצֵא בְדִיעֲבַד גַּם בִּתְפִלָּה (סִימָן ע"ו קפ"ה ובנ"א).

סעיף יא' יָצָא מִמֶּנּוּ רֵיחַ מִלְּמַטָּה, אָסוּר בְּדָבָר שֶׁבִּקְדֻשָּׁה עַד שֶׁיִּכְלֶה הָרֵיחַ. וְאִם יָצָא מֵחֲבֵרוֹ, גַּם כֵּן צָרִיךְ לְהַמְתִּין. רַק אִם הוּא עוֹסֵק בְּלִמּוּד תּוֹרָה. אֵינוֹ צָרִיךְ לְהַמְתִּין בִּשְׁבִיל רֵיחַ שֶׁיָּצָא מֵחֲבֵרוֹ (ע"ו).

סעיף יב' בֵּית הַכִּסֵּא, אַף עַל פִּי שֶׁיֵּשׁ לוֹ מְחִיצוֹת וְאֵין בּוֹ צוֹאָה, צְרִיכִים לְהַרְחִיק מִמֶּנּוּ. וְלָכֵן סַפְסָל הֶעָשׂוּי עִם נֶקֶב שֶׁמַּעֲמִידִים תַּחְתָּיו גְּרַף לִפְנוֹת עָלָיו, אַף עַל פִּי שֶׁהוֹצִיאוּ אֶת הַגְּרַף וְכִסּוּ אֶת הַנֶּקֶב בְּדַף, מִכָּל מָקוֹם יֵשׁ לַסַּפְסָל הַזֶּה דִּין בֵּית הַכִּסֵּא, וּצְרִיכִים לְהוֹצִיאוֹ מִן הַבַּיִת אוֹ לְכַסּוֹתוֹ כֻּלּוֹ. אַךְ אִם הוּא כִּסֵּא הַמְיֻחָד לִישִׁיבָה וּמְכֻסֶּה בְּכַר לֵישֵׁב עָלָיו וְרַק לְעֵת הַצֹּרֶךְ מְסִירִים אֶת הַכַּר וְנִפְנִים שָׁם וְשׁוּב מַחֲזִירִים עָלָיו אֶת הַכַּר, בָּזֶה יֵשׁ לְהָקֵל.

סעיף יג' גְּרַף שֶׁל רְעִי וַעֲבִיט שֶׁל מֵי רַגְלַיִם, אִם הֵם שֶׁל חֶרֶס אוֹ שֶׁל עֵץ, דִּינָם כְּבֵית הַכִּסֵּא. וְאַף עַל פִּי שֶׁהֵם נְקִיִּים וְאֵין לָהֶם רֵיחַ רַע, וַאֲפִלּוּ נָתַן לְתוֹכָם מַיִם אוֹ שֶׁכְּפָאָם עַל פִּיהֶם, לָא מַהֲנֵי. וַאֲפִלּוּ נְתָנָם תַּחַת הַמִּטָּה, לָא מַהֲנֵי (דְּמִטּוֹת שֶׁלָּנוּ אֵינָן חוֹצְצוֹת), אֶלָּא צָרִיךְ לְהוֹצִיאָם מִן הַבַּיִת אוֹ לְכַסּוֹתָם. וְאִם הֵם שֶׁל מַתֶּכֶת אוֹ זְכוּכִית, אִם הֵם רְחוּצִים יָפֶה וְאֵין בָּהֶם רֵיחַ רַע, אֵין צְרִיכִים לְהַרְחִיק מֵהֶם. פִּי חֲזִיר, כֵּיוָן שֶׁדַּרְכּוֹ לְנַקֵּר בַּצּוֹאָה, דִּינוֹ כִּגְרַף שֶׁל רְעִי. וַאֲפִלּוּ עוֹלֶה מִן הַנָּהָר, אֵין הָרְחִיצָה מוֹעֶלֶת לוֹ (ע"ו פ"ז).

סעיף יד' בְּבֵית הַמֶּרְחָץ גַּם כֵּן אָסוּר לְדַבֵּר אוֹ לְהַרְהֵר בְּשׁוּם דָּבָר שֶׁבִּקְדֻשָּׁה וְאָסוּר לְהַזְכִּיר שֵׁמוֹת הַמְיֻחָדִים לְהַקָּדוֹשׁ בָּרוּךְ הוּא אֲפִלּוּ בִּלְשׁוֹן חֹל (כְּגוֹן, גָּאט בִּלְשׁוֹן אַשְׁכְּנַז, וְכַיּוֹצֵא בָזֶה בִּשְׁאָר לְשׁוֹנוֹת) בְּבֵית הַמֶּרְחָץ אוֹ בִמְבוֹאוֹת הַמְטֻנָּפִים. וְכֵן אָסוּר לִתֵּן שָׁם שָׁלוֹם לַחֲבֵרוֹ, כִּי שָׁלוֹם הוּא שְׁמוֹ שֶׁל הַקָּדוֹשׁ בָּרוּךְ הוּא, שֶׁנֶּאֱמַר, וַיִּקְרָא לוֹ ה' שָׁלוֹם. וְאָדָם שֶׁשְּׁמוֹ שָׁלוֹם, יֵשׁ אוֹסְרִים לִקְרוֹתוֹ שָׁם בִּשְׁמוֹ, וְיֵשׁ מַתִּירִים כֵּיוָן שֶׁאֵינוֹ מְכַוֵּן עַל עִנְיַן הַשָּׁלוֹם אֶלָּא לְהַזְכָּרַת שְׁמוֹ שֶׁל אוֹתוֹ אָדָם. וְכֵן נוֹהֲגִים לְהָקֵל. וִירֵא שָׁמַיִם, יֵשׁ לוֹ לְהַחְמִיר (פ"ד פ"ה).

סעיף טו' אָסוּר לְדַבֵּר דִּבְרֵי תוֹרָה וּקְדֻשָּׁה נֶגֶד עֶרְוָה, בֵּין שֶׁל אַחֵר. וַאֲפִלּוּ שֶׁל קָטָן וּקְטַנָּה (רַק לְצֹרֶךְ מִצְוַת מִילָה, מֻתָּר לְבָרֵךְ נֶגֶד עֶרְוַת הַתִּינוֹק). וַאֲפִלּוּ אִם עוֹצֵם עֵינָיו שֶׁלֹּא לִרְאוֹת אֶת הָעֶרְוָה, לָא מַהֲנֵי, כֵּיוָן שֶׁהִיא נֶגְדּוֹ, אֶלָּא יַטֶּה פָּנָיו וְגוּפוֹ מִכְּנֶגְדָּהּ.

סעיף טז' גּוּף הָאִשָּׁה, כָּל מָקוֹם שֶׁדַּרְכָּהּ לְהִתְכַּסּוֹת, אִם נִתְגַּלָּה שָׁם

שִׂעוּר טֶפַח, וְכֵן שְׂעָרוֹת שֶׁלֹּא אִשָּׁה נְשׂוּאָה אֲשֶׁר דַּרְכָּהּ לְכַסּוֹתָן, אִם נִתְגַּלָּה קְצָת מֵהֶן, חָשׁוּב כְּמוֹ עֶרְוָה לְגַבֵּי אִישׁ. וְאֵין חִלּוּק בֵּין שֶׁהִיא אִשְׁתּוֹ אוֹ אִשָּׁה אַחֶרֶת. אֲבָל לְגַבֵּי אִשָּׁה, לָא חָשִׁיבֵי כְּמוֹ עֶרְוָה. קוֹל זֶמֶר שֶׁל אִשָּׁה, חָשׁוּב גַּם כֵּן כְּמוֹ עֶרְוָה. וּמִכָּל מָקוֹם בִּשְׁעַת הַדְּחָק שֶׁהוּא שׁוֹמֵעַ נָשִׁים מְזַמְּרוֹת וְאִי אֶפְשָׁר לוֹ לִמְחוֹת, לֹא יִתְבַּטֵּל מִשּׁוּם זֶה מִקְּרִיאַת שְׁמַע וּתְפִלָּה וְתוֹרָה, אֶלָּא יִתְאַמֵּץ לְכַוֵּן כָּל לִבּוֹ לְהַקְּדֻשָּׁה שֶׁהוּא עוֹסֵק בָּהּ, וְלֹא יִתֵּן לֵב עֲלֵיהֶן (ע"ה).

סעיף יז' אִם לִבּוֹ רוֹאֶה אֶת הָעֶרְוָה שֶׁלּוֹ, אַף עַל פִּי שֶׁהָעֶרְוָה הִיא מְכֻסָּה, כְּגוֹן שֶׁהוּא לָבוּשׁ בְּחָלוּק, גַּם כֵּן אָסוּר לוֹ לוֹמַר כָּל דָּבָר שֶׁבִּקְדֻשָּׁה, אֶלָּא צָרִיךְ לִהְיוֹת לָבוּשׁ בְּמִכְנָסַיִם שֶׁהֵם מְדֻבָּקִים עַל גּוּפוֹ, אוֹ שֶׁיֶּאֱזֹר בְּאֵזוֹר, אוֹ יַנִּיחַ זְרוֹעוֹתָיו עַל הֶחָלוּק כְּדֵי לְהַפְסִיק בֵּין לִבּוֹ לְעֶרְוָתוֹ. וְאִשָּׁה אֵינָהּ צְרִיכָה לְזֹאת.

סימן ו - קצת דיני ברכות ודיני ברוך הוא וברוך שמו ואמן ובו י"א סעיפים:

סעיף א' קֹדֶם שֶׁיְּבָרֵךְ אֵיזוֹ בְרָכָה צָרִיךְ הוּא לָדַעַת אֵיזוֹ בְרָכָה שֶׁהוּא צָרִיךְ לְבָרֵךְ, כְּדֵי שֶׁבְּשָׁעָה שֶׁהוּא מַזְכִּיר אֶת הַשֵּׁם יִתְבָּרֵךְ שֶׁהוּא עִקַּר הַבְּרָכָה, יֵדַע מַה שֶּׁיְּסַיֵּם. וְאָסוּר לַעֲשׂוֹת שׁוּם דָּבָר בְּשָׁעָה שֶׁהוּא מְבָרֵךְ. וְלֹא יְבָרֵךְ בִּמְהִירוּת, אֶלָּא יְכַוֵּן פֵּרוּשׁ הַמִּלּוֹת (סִימָן ה' לצ"א ובחיי"א). וְזֶה לְשׁוֹן סֵפֶר חֲסִידִים, כְּשֶׁהוּא נוֹטֵל יָדָיו אוֹ שֶׁמְּבָרֵךְ עַל הַפֵּרוֹת אוֹ עַל הַמִּצְוֹת הַשְּׁגוּרוֹת בְּפִי כָּל אָדָם, יְכַוֵּן לִבּוֹ לְבָרֵךְ בְּשֵׁם בּוֹרְאוֹ אֲשֶׁר הִפְלִיא חַסְדּוֹ עִמּוֹ וְנָתַן לוֹ הַפֵּרוֹת אוֹ הַלֶּחֶם לֵהָנוֹת מֵהֶם וְצִוָּהוּ עַל הַמִּצְוָה, וְלֹא יַעֲשֶׂה כְּאָדָם הָעוֹשֶׂה דָּבָר בְּמִנְהָג וּמוֹצִיא דְּבָרִים מִפִּיו בְּלֹא הֶגְיוֹן הַלֵּב. וְעַל דָּבָר זֶה חָרָה אַף ה' וְשָׁלַח לָנוּ בְּיַד יְשַׁעְיָהוּ וְאָמַר, יַעַן כִּי נִגַּשׁ הָעָם הַזֶּה בְּפִיו וּבִשְׂפָתָיו כִּבְּדוּנִי וְלִבּוֹ רִחַק מִמֶּנִּי וַתְּהִי יִרְאָתָם אֹתִי מִצְוַת אֲנָשִׁים מְלֻמָּדָה. אָמַר הַקָּדוֹשׁ בָּרוּךְ הוּא לִישַׁעְיָה, רְאֵה מַעֲשֵׂה בָנַי כִּי אֵינוֹ אֶלָּא לְפָנִים, וּמַחֲזִיקִים בּוֹ כְּאָדָם שֶׁמַּחֲזִיק וְנוֹהֵג מִנְהַג אֲבוֹתָיו בְּיָדוֹ, בָּאִים בְּבֵיתִי וּמִתְפַּלְּלִים לְפָנַי תְּפִילּוֹת הַקְּבוּעוֹת כְּמִנְהַג אֲבוֹתֵיהֶם לֹא בְלֵב שָׁלֵם. הֵם מְנַקִּים אֶת יְדֵיהֶם וּמְבָרְכִים עַל נְטִילַת יָדַיִם וּבוֹצְעִים וּמְבָרְכִים בִּרְכַּת הַמּוֹצִיא, שׁוֹתִים וּמְבָרְכִים כְּמוֹ שֶׁהַדָּבָר שָׁגוּר בְּפִיהֶם, אַף בָּעֵת שֶׁהֵם מְבָרְכִים אֵינָם מִתְכַּוְּנִים לְבָרְכֵנִי. לָכֵן עַל כֵּן חָרָה אַפּוֹ וְנִשְׁבַּע בִּשְׁמוֹ הַגָּדוֹל לְאַבֵּד חָכְמַת חֲכָמָיו הַיּוֹדְעִים אוֹתוֹ וּמְבָרְכִים אוֹתוֹ בְּמִנְהָג וְלֹא בְּכַוָּנָה, דִּכְתִיב בַּתְרֵהּ, לָכֵן הִנְנִי יוֹסִף גו', וְאָבְדָה חָכְמַת חֲכָמָיו גו', לְפִיכָךְ הִזְהִירוּ חֲכָמִים עַל הַדָּבָר וְאָמְרוּ, עֲשֵׂה דְבָרִים לְשֵׁם פּוֹעֲלָם וְכוּ', עַד כָּאן לְשׁוֹנוֹ, וְרָאוּי לְאָדָם שֶׁיַּרְגִּיל אֶת עַצְמוֹ לוֹמַר הַבְּרָכוֹת בְּקוֹל רָם, כִּי הַקּוֹל מְעוֹרֵר אֶת הַכַּוָּנָה (של"ה).

סעיף ב' כְּשֶׁהוּא מְבָרֵךְ, יְהֵא פִּיו נָקִי מִן הָרֹק, וְגַם שְׁאָר דָּבָר לֹא יְהֵא בְּתוֹךְ פִּיו, שֶׁנֶּאֱמַר, יִמָּלֵא פִי תְּהִלָּתֶךָ.

סעיף ג' אָסוּר לְהוֹצִיא שֵׁם שָׁמַיִם לְבַטָּלָה. וְכָל הַמּוֹצִיא שֵׁם שָׁמַיִם לְבַטָּלָה, עוֹבֵר עַל מִצְוַת עֲשֵׂה, דִּכְתִיב, אֶת ה' אֱלֹהֶיךָ תִּירָא, וּכְתִיב, אִם לֹא תִשְׁמוֹר וְגוֹ', לְיִרְאָה אֶת הַשֵּׁם

הַנִּכְבָּד וְהַנּוֹרָא. וְזֶהוּ מִכְּלַל הַיִּרְאָה שֶׁלֹּא לְהַזְכִּיר שְׁמוֹ הַגָּדוֹל כִּי אִם בְּדֶרֶךְ שֶׁבַח וּבְרָכָה בְּמַה שֶּׁהוּא מְחֻיָּב אוֹ בְּדֶרֶךְ לִמּוּד, וְיִירָא וְיִזְדַּעְזְעוּ אֵבָרָיו בְּשָׁעָה שֶׁהוּא מַזְכִּיר אֶת הַשֵּׁם יִתְבָּרַךְ שְׁמוֹ, אֲבָל לֹא לְהוֹצִיאוֹ חַס וְשָׁלוֹם לְבַטָּלָה. וְלֹא שֵׁם הַמְיֻחָד בִּלְבָד, אֶלָּא כָּל הַשֵּׁמוֹת הַמְיֻחָדִים לִשְׁמוֹ יִתְבָּרַךְ. וְלֹא לְבַד בִּלְשׁוֹן הַקֹּדֶשׁ אָסוּר, אֶלָּא אֲפִלּוּ בְּכָל לָשׁוֹן, אָסוּר. וְהַמְקַלֵּל אֶת חֲבֵרוֹ אוֹ אֶת עַצְמוֹ בִּשְׁמוֹ יִתְבָּרַךְ אוֹ בְּכִנּוּי (כִּנּוּי הוּא מַה שֶּׁמְּשַׁבְּחִין בּוֹ הַקָּדוֹשׁ בָּרוּךְ הוּא, כְּמוֹ הַגָּדוֹל, הַגִּבּוֹר, וְהַנּוֹרָא, הַנֶּאֱמָן, הָאַדִּיר וְהֶחָזָק, וְהָאַמִּיץ, הָעִזּוּז, חַנּוּן וְרַחוּם, קַנָּא, אֶרֶךְ אַפַּיִם, וְרַב חֶסֶד), בְּכָל לָשׁוֹן, חַיָּב מַלְקוּת. וּבַעֲוֹנוֹתֵינוּ הָרַבִּים רֹב הֲמוֹנֵי עַם אֵינָם נִזְהָרִים וְאוֹמְרִים בִּלְשׁוֹן אַשְׁכְּנַז, גָּאט זָאל אִיהם שְׁטְרָאפִין וְכַדּוֹמֶה, וְעוֹבְרִים בָּזֶה עַל לָאו שֶׁל תּוֹרָה. וְאִם קִלֵּל בְּלֹא שֵׁם וּבְלֹא כִנּוּי אוֹ שֶׁהָיְתָה הַקְּלָלָה בָּאָה מִכְּלַל הַדְּבָרִים, כְּגוֹן שֶׁאָמַר, אַל יְהִי פְּלוֹנִי בָּרוּךְ לַה' וְכַדּוֹמֶה, אַף עַל פִּי שֶׁאֵינוֹ חַיָּב מַלְקוּת, אִסּוּרָא מִיהוּ אִכָּא (חוה"מ סִימָן כז). וְכֵן אָסוּר לִכְתֹּב בְּשׁוּם מִכְתָּב שְׁמוֹ יִתְבָּרַךְ בְּכָל לָשׁוֹן. וְרַבִּים טוֹעִים וְכוֹתְבִים שְׁמוֹ יִתְבָּרַךְ בִּלְשׁוֹן אַשְׁכְּנַז, אוֹ שֶׁכּוֹתְבִים תֵּבַת אַדְיֶע, וְהוּא לְשׁוֹן צָרְפַת, וּבֵאוּרוֹ, עִם ה', וְהוּא אִסּוּר גָּמוּר, כִּי לְאַחַר זְמַן יִתְגַּלְגֵּל הַמִּכְתָּב בָּאַשְׁפָּה, וְדָבָר זֶה גּוֹרֵם עֲנִיּוּת בְּיִשְׂרָאֵל מַה שֶּׁשֵּׁם שָׁמַיִם מָצוּי, וּמִכָּל שֶׁכֵּן בְּבִזָּיוֹן חַס וְשָׁלוֹם, וּצְרִיכִים הִתְחַכְּמוּת וְהִתְאַמְּצוּת לְבַטֵּל זֹאת (אוֹרִים שָׁם). כְּשֶׁבָּא לוֹ רֹק בְּתוֹךְ פִּיו, יָרוֹק תְּחִלָּה וְאַחַר כָּךְ יֹאמַר אֶת הַשֵּׁם, וְלֹא שֶׁיֹּאמַר אֶת הַשֵּׁם וְאַחַר כָּךְ יָרוֹק. וְכֵן כְּשֶׁמְּנַשֵּׁק אֶת הַסֵּפֶר, יָרוֹק תְּחִלָּה וְלֹא אַחַר כָּךְ. כְּשֶׁרוֹצֶה לְהַזְכִּיר אֶת הַשֵּׁם, יֹאמַר תֵּבַת הַשֵּׁם, וְלֹא כְּמוֹ שֶׁטּוֹעִים הֶהָמוֹן וְאוֹמְרִים אֲדוֹשֵׁם, כִּי אֵין זֶה דֶּרֶךְ כָּבוֹד שֶׁל מַעְלָה.

סעיף ד' צְרִיכִים לִזָּהֵר שֶׁלֹּא לְבָרֵךְ חַס וְשָׁלוֹם בְּרָכָה לְבַטָּלָה, אוֹ לִגְרֹם לְעַצְמוֹ לְבָרֵךְ בְּרָכָה שֶׁאֵינָהּ צְרִיכָה. וְאִם נִכְשַׁל וּבֵרֵךְ בְּרָכָה לְבַטָּלָה, וְכֵן בְּעִנְיָן אַחֵר אִם נִכְשַׁל וְהוֹצִיא שֵׁם שָׁמַיִם לְבַטָּלָה, יֹאמַר אַחֲרֶיהָ, בָּרוּךְ שֵׁם כְּבוֹד מַלְכוּתוֹ לְעוֹלָם וָעֶד. וְאִם מִיָּד לְאַחַר שֶׁהִזְכִּיר אֶת הַשֵּׁם נִזְכַּר שֶׁאֵינוֹ צָרִיךְ לְבָרֵךְ, יְסַיֵּם, לַמְּדֵנִי חֻקֶּיךָ, שֶׁזֶּהוּ פָּסוּק שָׁלֵם, וַהֲוֵי כְּמוֹ לִמּוּד וְלֹא לְבַטָּלָה. וְאִם הִתְחִיל גַּם תֵּבַת אֱלֹהֵינוּ וְנִזְכַּר מִיָּד לְאַחַר שֶׁאָמַר אֱלֹהֵי וְלֹא גָמַר לוֹמַר נוּ, יְסַיֵּם וְיֹאמַר, יִשְׂרָאֵל אָבִינוּ מֵעוֹלָם וְעַד עוֹלָם (שֶׁזֶּהוּ גַּם כֵּן לְשׁוֹן הַפָּסוּק בְּדִבְרֵי הַיָּמִים א כט). וּמִכָּל מָקוֹם יֹאמַר גַּם בָּזֶה, בָּרוּךְ שֵׁם כְּבוֹד מַלְכוּתוֹ לְעוֹלָם וָעֶד (צל"ח ברכות דף לח).

סעיף ה' בֵּרֵךְ עַל הַמַּיִם וְשָׁמַע שֶׁיֵּשׁ מֵת בַּשְּׁכוּנָה וְהַמִּנְהָג הוּא לִשְׁפֹּךְ הַמַּיִם שֶׁבִּשְׁכוּנַת הַמֵּת (כִּדְלְקַמָּן סִימָן קצד) מִפְּנֵי הַסַּכָּנָה מִכָּל מָקוֹם כֵּיוָן שֶׁבֵּרֵךְ יִשְׁתֶּה מְעַט שֶׁלֹּא תְהֵא בִרְכָתוֹ לְבַטָּלָה. וְאַל יִדְאַג מִפְּנֵי הַסַּכָּנָה, כִּי שׁוֹמֵר מִצְוָה לֹא יֵדַע דָּבָר רָע (עַיֵּן לְקַמָּן סִימָן קט ס"ט). וּלְאַחַר שֶׁשָּׁתָה מְעַט, יִשְׁפֹּךְ הַשְּׁאָר (ר"ו).

סעיף ו' כָּל הַבְּרָכוֹת (חוּץ מִבִּרְכַּת הַמָּזוֹן שֶׁיִּתְבָּאֵר אי"ה בְּסִימָן מד סָעִיף יא) אִם נִסְתַּפֵּק בָּהֶן אִם אֲמָרָן אוֹ לֹא אֲמָרָן אֵינוֹ חוֹזֵר וּמְבָרֵךְ (סִימָן רט).

סעיף ז' חַיָּב אָדָם לְבָרֵךְ בְּכָל יוֹם

מֵאָה בְרָכוֹת לְפָחוֹת. וְדָוִד הַמֶּלֶךְ תִּקֵּן זֹאת. רֶמֶז לַדָּבָר, וּנְאֻם הַגֶּבֶר הֻקַם עָל. עָל בְּגִימַטְרִיָּא ק'. וְסֶמֶךְ מִן הַתּוֹרָה, וְעַתָּה יִשְׂרָאֵל מָה ה' אֱלֹהֶיךָ שֹׁאֵל מֵעִמָּךְ כִּי אִם לְיִרְאָה אֶת ה' וְגוֹ', אַל תִּקְרֵי מָה אֶלָּא מֵאָה, הֵן מֵאָה בְרָכוֹת שֶׁהֵן לְיִרְאָה אֶת ה' וּלְאַהֲבָה אוֹתוֹ וּלְזָכְרוֹ תָמִיד עַל יְדֵי הַבְּרָכוֹת שֶׁמְּבָרְכִים. הַקְּלָלוֹת שֶׁבְּמִשְׁנֵה תוֹרָה הֵן צ"ח, וּכְתִיב, גַּם כָּל חֳלִי וְכָל מַכָּה, הֲרֵי ק'. וְק' בְּרָכוֹת שֶׁאָנוּ מְבָרְכִים בְּכָל יוֹם מְגִנּוֹת עָלֵינוּ לְהִנָּצֵל מֵהֶן. וּבְשַׁבָּת וְיוֹם טוֹב וְכֵן בְּתַעֲנִית שֶׁחָסֵר מִן מֵאָה בְרָכוֹת, מַשְׁלִימִים בְּמַה שֶּׁמְּכַוְּנִים לְבִרְכוֹת הַשְּׁלִיחַ צִבּוּר בַּחֲזָרַת הַתְּפִלּוֹת וּבִרְכוֹת הַקּוֹרְאִים בַּתּוֹרָה וְהַמַּפְטִירִים וְעוֹנִים אַחֲרֵיהֶם אָמֵן, וְגַם בְּבִרְכוֹת הַכֹּהֲנִים (סִימָן מו).

סעיף ח' כָּל בְּרָכָה שֶׁאָדָם שׁוֹמֵעַ מֵחֲבֵרוֹ, כְּשֶׁשּׁוֹמֵעַ אָמְרוֹ, בָּרוּךְ אַתָּה ה', הוּא אוֹמֵר, בָּרוּךְ הוּא וּבָרוּךְ שְׁמוֹ. וּכְשֶׁגּוֹמֵר אֶת הַבְּרָכָה, צָרִיךְ לוֹמַר אָמֵן. וּפֵרוּשׁ אָמֵן הוּא אֱמֶת. וִיכַוֵּן בְּלִבּוֹ, אֱמֶת הִיא הַבְּרָכָה שֶׁבֵּרַךְ הַמְבָרֵךְ וַאֲנִי מַאֲמִין בָּזֶה וּבִבְרָכוֹת שֶׁיֵּשׁ בָּהֶן גַּם כֵּן תְּפִלָּה, כְּגוֹן בְּבִרְכוֹת שְׁמוֹנֶה עֶשְׂרֵה מִן אַתָּה חוֹנֵן עַד הַמַּחֲזִיר שְׁכִינָתוֹ לְצִיּוֹן, וּבְבִרְכַּת שִׂים שָׁלוֹם, יְכַוֵּן בַּאֲמִירַת אָמֵן לִשְׁנֵי דְּבָרִים, אֱמֶת הִיא הַבְּרָכָה, וִיהִי רָצוֹן שֶׁיֵּאָמְנוּ הַדְּבָרִים בִּמְהֵרָה. וּבְקַדִּישׁ שֶׁאֵינוֹ אֶלָּא תְפִלָּה עַל הֶעָתִיד, יְכַוֵּן רַק לְבַקָּשָׁה שֶׁיֵּאָמֵן הַדָּבָר בִּמְהֵרָה.

סעיף ט' אִם הַשּׁוֹמֵעַ הוּא עוֹמֵד בְּמָקוֹם שֶׁאָסוּר לוֹ לְהַפְסִיק, לֹא יֹאמַר בָּרוּךְ הוּא וּבָרוּךְ שְׁמוֹ. וְכֵן אִם הוּא שׁוֹמֵעַ בְּרָכָה שֶׁגַּם הוּא צָרִיךְ לָצֵאת בִּבְרָכָה זֹאת שֶׁתְּהֵא נֶחְשֶׁבֶת לוֹ כְּאִלּוּ אֲמָרָהּ בְּעַצְמוֹ, כְּגוֹן בִּרְכוֹת הַשּׁוֹפָר וּבִרְכוֹת הַמְּגִלָּה, לֹא יֹאמַר, בָּרוּךְ הוּא וּבָרוּךְ שְׁמוֹ, מִשּׁוּם דְּזֶה הָוֵי הֶפְסֵק בְּאֶמְצַע הַבְּרָכָה (דָּגוּל מֵרְבָבָה סִימָן קכד). וּלְעִנְיַן עֲנִיַּת אָמֵן אִם הוּא עוֹמֵד בְּמָקוֹם שֶׁאֵינוֹ רַשַּׁאי לְהַפְסִיק, יְבֹאַר אִם יִרְצֶה הַשֵּׁם לְקַמָּן בִּמְקוֹמוֹ (בְּסִימָן יד וּבְסִימָן טז).

סעיף י' צָרִיךְ לִזָּהֵר מְאֹד שֶׁיֹּאמַר תֵּבַת אָמֵן כְּתִקּוּנוֹ, שֶׁלֹּא יַחֲטֹף הָאָלֶף וְלֹא יַבְלִיעַ הַנּוּ"ן. גַּם יִזָּהֵר מְאֹד שֶׁלֹּא יַעֲנֶה אָמֵן קֹדֶם שֶׁסִּיֵּם הַמְבָרֵךְ כָּל הַבְּרָכָה, כִּי זֶהוּ אָמֵן חֲטוּפָה. וְגַם לֹא יְאַחֵר מִלַּעֲנוֹת אָמֵן שֶׁזֶּהוּ אָמֵן יְתוֹמָה, אֶלָּא תֵּכֶף כְּשֶׁמְּסַיֵּם הַמְבָרֵךְ אֶת הַבְּרָכָה, יַעֲנֶה אָמֵן. וְלֹא יַגְבִּיהַּ קוֹלוֹ יוֹתֵר מִן הַמְבָרֵךְ, שֶׁנֶּאֱמַר, גַּדְּלוּ לַה' אִתִּי וּנְרוֹמְמָה שְׁמוֹ יַחְדָּו (קכד).

סעיף יא' אֵין עוֹנִים אָמֵן עַל בִּרְכַּת עַצְמוֹ (מִלְּבַד בְּבִרְכַּת הַמָּזוֹן לְאַחַר בּוֹנֵה יְרוּשָׁלָיִם). וַאֲפִלּוּ מְסַיֵּם בְּרָכָה אַחַת בְּשָׁוֶה עִם הַשְּׁלִיחַ צִבּוּר, לֹא יַעֲנֶה. אֲבָל אִם הוּא בֵרַךְ בְּרָכָה אַחֶרֶת וְהַשְּׁלִיחַ צִבּוּר בְּרָכָה וְסִיְּמוּ בְּשָׁוֶה, עוֹנֶה אָמֵן עַל בִּרְכַּת הַשְּׁלִיחַ צִבּוּר. וְאִם סִיֵּם בִּרְכַּת יִשְׁתַּבַּח אוֹ בִּרְכַּת שׁוֹמֵר עַמּוֹ יִשְׂרָאֵל לָעַד אוֹ בִּרְכַּת יְהַלְלוּךָ שֶׁלְּאַחַר הַלֵּל בְּשָׁוֶה עִם הַשְּׁלִיחַ צִבּוּר, עוֹנֶה גַּם כֵּן אָמֵן (כֵּיוָן דְּהַרְבֵּה פּוֹסְקִים סְבִירֵי לְהוּ דַּאֲפִלּוּ לְאַחַר עַצְמוֹ עוֹנֶה בְּאֵלּוּ אָמֵן) (נ"א).

סימן ז - הלכות ברכות השחר ובו ח' סעיפים:

סעיף א' אַחַר לַעֲסֹק בְּדִבְרֵי תוֹרָה, יֵשׁ מַחֲלֹקֶת הַפּוֹסְקִים אִם הַשּׁוֹמֵעַ יַעֲנֶה אָמֵן אוֹ לֹא. יֵשׁ אוֹמְרִים שֶׁאֵין

כָּאן סִיּוּם הַבְּרָכָה אֶלָּא וְהַעֲרֶב נָא וְכוּ' גַּם כֵּן נִמְשָׁךְ לְמַעְלָה, וְהַכֹּל הִיא בְּרָכָה אֶחָת. וְעַל כֵּן אֵין לַעֲנוֹת אָמֵן. וְיֵשׁ אוֹמְרִים, דְּכָאן הוּא סִיּוּם הַבְּרָכָה. וְהַעֲרֶב נָא, הִיא בְּרָכָה אַחֶרֶת, וּצְרִיכִים לַעֲנוֹת אָמֵן. וְלָכֵן הַמְבָרֵךְ יֵשׁ לוֹ לוֹמַר בְּרָכָה זֹאת בְּלַחַשׁ, שֶׁלֹּא יִשְׁמַע חֲבֵרוֹ וְיָבֹא לִידֵי סְפֵקָא.

סעיף ב' בִּרְכַּת הַנּוֹתֵן לַשֶּׂכְוִי בִינָה וְכוּ', לֹא יְבָרֵךְ עַד שֶׁיָּאִיר הַיּוֹם.

סעיף ג' בִּרְכַּת פּוֹקֵחַ עִוְרִים, יָכוֹל גַּם סוּמָא לְבָרֵךְ, שֶׁיֵּשׁ לוֹ הֲנָאָה שֶׁאֲחֵרִים מַרְאִים לוֹ אֶת הַדֶּרֶךְ. [אִם קָדַם וּבֵרַךְ זוֹקֵף כְּפוּפִים קֹדֶם שֶׁבֵּרַךְ מַתִּיר אֲסוּרִים, שׁוּב לֹא יְבָרֵךְ מַתִּיר אֲסוּרִים, שֶׁכְּבָר נִכְלַל בְּזוֹקֵף כְּפוּפִים, שֶׁבִּכְלַל זְקִיפַת הַקּוֹמָה הִיא הַתָּרַת הָאֵבָרִים] (רז"ש סִימָן מ"ו סָעִיף ה').

סעיף ד' אַחַר הַמַּעֲבִיר שֵׁנָה מֵעֵינַי וּתְנוּמָה מֵעַפְעַפָּי, אֵין עוֹנִין אָמֵן, כִּי אֵין כָּאן סִיּוּם בְּרָכָה, אֶלָּא וִיהִי רָצוֹן וְכוּ', שַׁיָּךְ גַּם כֵּן לִבְרָכָה זֹאת. וְסִיּוּם הַבְּרָכָה הוּא, הַגּוֹמֵל חֲסָדִים טוֹבִים לְעַמּוֹ יִשְׂרָאֵל.

סעיף ה' הַנֵּעוֹר כָּל הַלַּיְלָה מְבָרֵךְ בַּבֹּקֶר כָּל בִּרְכוֹת הַשַּׁחַר, חוּץ מִבִּרְכַּת עַל נְטִילַת יָדַיִם שֶׁאֵינוֹ מְבָרֵךְ. וּבִרְכַּת אֱלֹהַי נְשָׁמָה וְהַמַּעֲבִיר שֵׁנָה וְכֵן בִּרְכוֹת הַתּוֹרָה, יֵשׁ סָפֵק אִם יְבָרֵךְ אוֹ לֹא, וּלְכָךְ יֵשׁ לוֹ לְהַדֵּר לִשְׁמֹעַ אוֹתָן מִפִּי אֲחֵרִים וְלַעֲנוֹת אָמֵן (וְעַיֵּן לְעֵיל סִימָן ו' סָעִיף ט).

סעיף ו' כָּל בִּרְכוֹת הַשַּׁחַר אִם לֹא אֲמָרָן קֹדֶם שֶׁיִּתְפַּלֵּל, יָכוֹל לְאָמְרָן לְאַחַר הַתְּפִלָּה חוּץ מִבִּרְכַּת עַל נְטִילַת יָדַיִם (מִכֵּיוָן שֶׁיֵּשׁ אוֹמְרִים דִּנְטִילַת יָדַיִם שַׁחֲרִית נִתְקְנָה מִשּׁוּם הַתְּפִלָּה, אִם כֵּן לְאַחַר שֶׁהִתְפַּלֵּל אֵין עוֹד מָקוֹם לִבְרָכָה זֹאת), וְחוּץ מִבִּרְכַּת אֱלֹהַי נְשָׁמָה (שֶׁכְּבָר יָצָא בְּבִרְכַּת מְחַיֵּה הַמֵּתִים).

סעיף ז' וּבִרְכוֹת הַתּוֹרָה אִם לֹא אֲמָרָן קֹדֶם הַתְּפִלָּה, נֶחְלְקוּ הַפּוֹסְקִים אִם יֹאמְרָן לְאַחַר הַתְּפִלָּה אוֹ לֹא. יֵשׁ אוֹמְרִים שֶׁלֹּא יֹאמְרָן, מִשּׁוּם דִּכְבָר נִפְטַר בְּאַהֲבָה רַבָּה (אוֹ אַהֲבַת עוֹלָם), שֶׁיֵּשׁ בִּבְרָכָה זֹאת גַּם כֵּן מֵעֵין בִּרְכַּת הַתּוֹרָה, וְתֵן בְּלִבֵּנוּ בִּינָה לְהָבִין וּלְהַשְׂכִּיל לִשְׁמֹעַ לִלְמֹד וּלְלַמֵּד וְכוּ'. וְיֵשׁ אוֹמְרִים, דְּאֵין בִּרְכַּת אַהֲבָה רַבָּה פּוֹטֶרֶת מִבִּרְכוֹת הַתּוֹרָה, אֶלָּא אִם לוֹמֵד לְאַחַר הַתְּפִלָּה מִיָּד בְּלִי הֶפְסֵק. לָכֵן לְכַתְּחִלָּה צְרִיכִים לִזָּהֵר לְבָרֵךְ בִּרְכוֹת הַתּוֹרָה קֹדֶם הַתְּפִלָּה. וּבְדִיעֲבַד אִם שָׁכַח לְבָרֵךְ קֹדֶם הַתְּפִלָּה, יִלְמֹד אֵיזֶה דָּבָר מִיָּד אַחַר הַתְּפִלָּה. וְאִם גַּם זֹאת שָׁכַח, אֲזַי מִסְּפֵקָא גַּם כֵּן אֵינוֹ צָרִיךְ לְבָרֵךְ עוֹד בִּרְכַּת הַתּוֹרָה (מ"ו מ"ז ב"ב).

סעיף ח' אִם קְרָאוּהוּ לַעֲלוֹת לַתּוֹרָה קֹדֶם שֶׁבֵּרַךְ בִּרְכוֹת הַתּוֹרָה, אִם אֶפְשָׁר לוֹ לְבָרֵךְ קֹדֶם, כָּל בִּרְכוֹת הַתּוֹרָה, וְגַם לוֹמַר לְכָל הַפָּחוֹת פָּסוּק אֶחָד כְּגוֹן יְבָרֶכְךָ וְגוֹ', יַעֲשֶׂה כֵּן וְאַחַר כָּךְ יַעֲלֶה לַתּוֹרָה וִיבָרֵךְ. וְאִם אִי אֶפְשָׁר לוֹ לַעֲשׂוֹת כֵּן, יַעֲלֶה כָּךְ לַתּוֹרָה. וְכֵיוָן שֶׁבֵּרַךְ אֲשֶׁר בָּחַר בָּנוּ וְכוּ', לֹא יֹאמַר אַחַר כָּךְ, רַק בִּרְכַּת אֲשֶׁר קִדְּשָׁנוּ וְכוּ' וְהַעֲרֶב נָא וְכוּ' עַד לְעַמּוֹ יִשְׂרָאֵל, וְיֹאמַר יְבָרֶכְךָ וְכוּ' (חיי אדם).

סימן ח - דברים האסורים משהאיר היום עד לאחר שיתפלל ובו ו' סעיפים:

סעיף א' מִשֶּׁעָלָה עַמּוּד הַשַּׁחַר שֶׁהוּא אוֹר הַנּוֹצֵץ מִן הַשֶּׁמֶשׁ בְּמִזְרָח, כֵּיוָן שֶׁאָז לְאָדָם לְהַתְחִיל בִּמְלָאכָה אוֹ לְהִתְעַסֵּק בַּעֲסָקָיו אוֹ לֵילֵךְ בַּדֶּרֶךְ קֹדֶם שֶׁיִּתְפַּלֵּל, שֶׁנֶּאֱמַר, צֶדֶק לְפָנָיו יְהַלֵּךְ וְיָשֵׂם לְדֶרֶךְ פְּעָמָיו. צֶדֶק, זוֹ תְּפִלָּה שֶׁמַּצְדִּיק לְבוֹרְאוֹ וַהֲדַר וְיָשֵׂם פְּעָמָיו לְדַרְכֵי חֶפְצוֹ (סִימָן ע' פ"ט).

סעיף ב' וְאָסוּר לוֹ לֶאֱכֹל אוֹ לִשְׁתּוֹת, שֶׁנֶּאֱמַר, לֹא תֹאכְלוּ עַל הַדָּם, לֹא תֹאכְלוּ קֹדֶם שֶׁתִּתְפַּלְּלוּ עַל דִּמְכֶם. וְכָל הָאוֹכֵל אוֹ שׁוֹתֶה וְאַחַר כָּךְ מִתְפַּלֵּל, עָלָיו הַכָּתוּב אוֹמֵר, וְאֹתִי הִשְׁלַכְתָּ אַחֲרֵי גַוֶּךָ, אַל תִּקְרֵי גַוֶּךָ אֶלָּא גֵאֶךָ, אָמַר הַקָּדוֹשׁ בָּרוּךְ הוּא, לְאַחַר שֶׁנִּתְגָּאָה זֶה, קִבֵּל עָלָיו מַלְכוּת שָׁמַיִם. וַאֲפִלּוּ לִשְׁתּוֹת קַאפֶע אוֹ טֵה עִם צוּקֶר (סֻכָּר) וְחָלָב, אָסוּר. וְאִישׁ זָקֵן וְחָלוּשׁ שֶׁאֵינוֹ יָכוֹל לַעֲמֹד עַל נַפְשׁוֹ עַד עֵת יְצִיאַת הַצִּבּוּר מִבֵּית הַכְּנֶסֶת, בִּפְרָט בְּשַׁבָּתוֹת וְיָמִים טוֹבִים שֶׁמַּאֲרִיכִים הַרְבֵּה, יוֹתֵר טוֹב לְהַתִּיר לוֹ לְהִתְפַּלֵּל שַׁחֲרִית בְּבֵיתוֹ בְּנַחַת וִיקַדֵּשׁ וְיֹאכַל אֵיזֶה דָּבָר (עַיֵּן לְקַמָּן סִימָן עז סְעִיף טו), וְאַחַר כָּךְ יֵלֵךְ לְבֵית הַכְּנֶסֶת וִיכַוֵּן לִבּוֹ עִם הַצִּבּוּר בִּתְפִלַּת שַׁחֲרִית וְיִתְפַּלֵּל אַחַר כָּךְ עִמָּהֶם מוּסָף, וְלֹא שֶׁיִּשְׁתֶּה קַאפֶע עִם צוּקֶר (סֻכָּר) וְכַדּוֹמֶה בְּלֹא קַבָּלַת עֹל מַלְכוּת שָׁמַיִם תְּחִלָּה (באר היטב סימן פט בשם לקט הקמח). אַךְ לְצֹרֶךְ רְפוּאָה, מֻתָּר לֶאֱכֹל וְלִשְׁתּוֹת קֹדֶם הַתְּפִלָּה, שֶׁאֵין בָּזֶה מִשּׁוּם גֵּאוּת. וְכֵן אִם אֵין בּוֹ יְכֹלֶת לְכַוֵּן דַּעְתּוֹ בַּתְּפִלָּה בְּלִי אֲכִילָה וּשְׁתִיָּה, אִם יִרְצֶה יָכוֹל לֶאֱכֹל וְלִשְׁתּוֹת קֹדֶם הַתְּפִלָּה.

סעיף ג' יֵשׁ אוֹמְרִים, שֶׁאֲפִלּוּ אִם קָם בַּחֲצוֹת הַלַּיְלָה אָסוּר לוֹ לִטְעֹם קֹדֶם שֶׁיִּתְפַּלֵּל, וְכֵן נָכוֹן לְהַחְמִיר. אַךְ אִם חָלַשׁ לִבּוֹ, מֻתָּר לוֹ לֶאֱכֹל וְלִשְׁתּוֹת אֵיזֶה דָּבָר לְחַזֵּק גּוּפוֹ לַתּוֹרָה.

סעיף ד' מַיִם וְכֵן טֵה אוֹ קַאפֶע בְּלֹא צוּקֶר (סֻכָּר) וּבְלֹא חָלָב, מֻתָּר לִשְׁתּוֹת קֹדֶם הַתְּפִלָּה אַף לְאַחַר שֶׁעָלָה עַמּוּד הַשַּׁחַר, כִּי אֵין בְּאֵלּוּ מִשּׁוּם גֵּאוּת. וַאֲפִלּוּ בְּשַׁבָּת וְיוֹם טוֹב שֶׁחַיָּב בְּקִדּוּשׁ, מֻתָּר לִשְׁתּוֹת דְּבָרִים אֵלּוּ קֹדֶם הַתְּפִלָּה וְאֵין הַקִּדּוּשׁ מְעַכְּבוֹ, כֵּיוָן שֶׁקֹּדֶם הַתְּפִלָּה עֲדַיִן לֹא הִגִּיעַ זְמַן קִדּוּשׁ, דְּאֵין קִדּוּשׁ אֶלָּא בִּמְקוֹם סְעוּדָה, דְּהַיְנוּ סָמוּךְ לַאֲכִילָה, וַהֲרֵי אִי אֶפְשָׁר לוֹ לֶאֱכֹל קֹדֶם תְּפִלַּת הַשַּׁחַר.

סעיף ה' אָסוּר לְהַקְדִּים לְפֶתַח חֲבֵרוֹ לְקַבֵּל פָּנָיו וְלִתֵּן לוֹ שָׁלוֹם, וַאֲפִלּוּ לוֹמַר לוֹ צַפְרָא דְּמָרָא טָב (בל"א, גוּטֶען מָארְגֶען), שֶׁנֶּאֱמַר, חִדְלוּ לָכֶם מִן הָאָדָם אֲשֶׁר נְשָׁמָה בְּאַפּוֹ כִּי בַמֶּה נֶחְשָׁב הוּא. כְּלוֹמַר, בַּמֶּה חֲשַׁבְתּוֹ לָזֶה שֶׁהִקְדַּמְתָּ כְּבוֹדוֹ לִכְבוֹדִי. וְאִם פְּגָעוֹ דֶּרֶךְ מִקְרֶה מִצַּד הַדִּין מֻתָּר לִתֵּן לוֹ שָׁלוֹם, אַךְ נָכוֹן לְשַׁנּוֹת בִּלְשׁוֹנוֹ, כְּדֵי שֶׁיִּתֵּן לֵב שֶׁהוּא אָסוּר לְהִתְעַכֵּב בִּדְבָרִים אֲחֵרִים עַד שֶׁיִּתְפַּלֵּל.

סעיף ו' אֲפִלּוּ לִלְמֹד, אָסוּר לוֹ לְהַתְחִיל מִשֶּׁעָלָה עַמּוּד הַשַּׁחַר. אַךְ מִי שֶׁהוּא רָגִיל לֵילֵךְ לְבֵית הַכְּנֶסֶת וְאֵין לָחוּשׁ שֶׁיַּעֲבֹר הַזְּמַן, מֻתָּר לוֹ. וְכֵן מִי שֶׁהוּא לוֹמֵד עִם אֲחֵרִים וְאִם לֹא יִלְמְדוּ עַתָּה יִתְבַּטְּלוּ מִלִּמּוּדָם, מֻתָּר לִלְמֹד עִמָּהֶם, כִּי זְכוּת הָרַבִּים דָּבָר גָּדוֹל הוּא. וּבִלְבַד שֶׁיַּשְׁגִּיחוּ שֶׁלֹּא

לַעֲבֹר זְמַן הַתְּפִלָּה (פ"ט).

סימן ט - הלכות ציצית ובו כ"א סעיפים:

סעיף א' גְּדוֹלָה מִצְוַת צִיצִית, שֶׁהֲרֵי הַכָּתוּב שְׁקָלָהּ וְתָלָה בָהּ כָּל הַמִּצְוֹת כֻּלָּן, שֶׁנֶּאֱמַר, וּרְאִיתֶם אוֹתוֹ וּזְכַרְתֶּם אֶת כָּל מִצְוֹת ה'. צִיצִית בְּגִימַטְרִיָּא ת"ר (עַיֵּן טוּר). שְׁמוֹנָה חוּטִים וַחֲמִשָּׁה קְשָׁרִים, הֲרֵי תַּרְיַ"ג. לָכֵן צָרִיךְ כָּל אִישׁ לִהְיוֹת נִזְהָר שֶׁיִּהְיֶה לוֹ טַלִּית קָטָן שֶׁיְּהֵא מְלֻבָּשׁ בּוֹ כָּל הַיּוֹם. וְיִהְיֶה שֶׁל צֶמֶר רְחֵלִים לָבָן וְגָדוֹל כְּשִׁעוּר, דְּהַיְנוּ שְׁלשָׁה רִבְעֵי אַמָּה בְּאֹרֶךְ וַחֲצִי אַמָּה בְּרֹחַב. וְיֵשׁ אוֹמְרִים, אַמָּה עַל אַמָּה. וְאוֹתָם שֶׁעוֹשִׂים אֶת הַטַּלִּית קָטָן תָּפוּר מִן הַצְּדָדִים, צְרִיכִים לִזָּהֵר שֶׁיִּהְיֶה מִכָּל צַד רֹב הַנִּרְאֶה לָעֵינַיִם, וַאֲפִלּוּ עַל יְדֵי קְרָסִים לֹא יְחֻבַּר. גַּם יְהֵא כָּל אָדָם נִזְהָר שֶׁיִּהְיֶה לוֹ טַלִּית גָּדוֹל בְּצִיצִית שֶׁיִּתְעַטֵּף בּוֹ בִּשְׁעַת תְּפִלָּה. וִיהַדֵּר שֶׁיִּהְיֶה לוֹ טַלִּית נָאֶה. וְכֵן כָּל הַמִּצְוֹת צָרִיךְ לַעֲשׂוֹתָן בְּהִדּוּר בְּכָל מַה דְּאֶפְשָׁר, דִּכְתִיב, זֶה אֵלִי וְאַנְוֵהוּ, וְדָרְשִׁינָן, הִתְנָאֶה לְפָנָיו בְּמִצְוֹת וִידַקְדֵּק לִקְנוֹת צִיצִית מֵאִישׁ נֶאֱמָן שֶׁיִּהְיֶה בָטוּחַ שֶׁנַּעֲשׂוּ בִטְוִיָּה וּבִשְׁזִירָה בְּפֵרוּשׁ לִשְׁמָן וּכְמִצְוָתָן. וְתִהְיֶינָה אֲרֻכּוֹת כְּשִׁעוּר (סִימָן טו כ"ד).

סעיף ב' מִי שֶׁאִי אֶפְשָׁר לוֹ אֶלָּא בְטַלִּית שֶׁל פִּשְׁתָּן שֶׁאִי אֶפְשָׁר לוֹ לַעֲשׂוֹת בּוֹ צִיצִית שֶׁל צֶמֶר מִשּׁוּם אִסּוּר שַׁעַטְנֵז, יֵשׁ מִי שֶׁאוֹמֵר, דְּיַעֲשֶׂה כְּנָפוֹת שֶׁל עוֹר וּבָהֶן צִיצִית שֶׁל צֶמֶר. וְיֵשׁ חוֹלְקִים עָלָיו שֶׁלֹּא לַעֲשׂוֹת כֵּן (עַיֵּן שע"ת סוֹף סִימָן ט').

סעיף ג' הַנֶּקֶב שֶׁמַּכְנִיסִים בּוֹ אֶת הַצִּיצָה לֹא יִהְיֶה רָחוֹק מִשְּׂפַת הַבֶּגֶד הֵן בְּאֹרֶךְ הֵן בְּרֹחַב יוֹתֵר מִן שְׁלשָׁה אֲגוּדָלִים. (יֵשׁ אוֹמְרִים שֶׁאֲגוּדָלִים אֵלּוּ מוֹדְדִים בְּמָקוֹם הַקָּצָר שֶׁבָּאֲגוּדָל, דְּהַיְנוּ בְּרֹאשׁוֹ. וְנָכוֹן לְהַחְמִיר כֵּן, עַיֵּן שַׁעֲרֵי תְשׁוּבָה), כִּי לְמַעְלָה מִשְּׁלשָׁה אֲגוּדָלִים, לָא מִקְרֵי כְּנַף הַבֶּגֶד, אֶלָּא בֶּגֶד. וְאִם עָשָׂה אֶת הַנֶּקֶב לְמַעְלָה מִשְּׁלשָׁה אֲגוּדָלִים אַף עַל פִּי שֶׁכְּשֶׁקּוֹשֵׁר אֶת הַצִּיצָה מוֹשֵׁךְ אֶת הַקֶּשֶׁר וּמַקְמִיט מִן הַטַּלִּית עַד שֶׁבָּא הַנֶּקֶב לְמַטָּה, מִכָּל מָקוֹם פָּסוּל. וְאִם לְאַחַר שֶׁתָּלָה אֶת הַצִּיצָה בְּנֶקֶב שֶׁהוּא לְמַעְלָה מִן הַשִּׁעוּר חָתַךְ בַּנֶּקֶב כְּדֵי שֶׁתִּתָּלֶה הַצִּיצָה לְמַטָּה מִשְּׁלשָׁה, פָּסוּל מִשּׁוּם תַּעֲשֶׂה וְלֹא מִן הֶעָשׂוּי (כִּדְלְקַמָּן סָעִיף ו'). וְגַם לֹא יְהֵא הַנֶּקֶב קָרוֹב לִשְׂפַת הַבֶּגֶד בֵּין בְּאֹרֶךְ בֵּין בְּרֹחַב פָּחוֹת מִכְּשִׁעוּר שֶׁיֵּשׁ מִן הַקֶּשֶׁר הָאֶמְצָעִי שֶׁל אֲגוּדָל עַד סוֹף הַצִּפֹּרֶן, כִּי לְמַטָּה מִזֶּה גַּם כֵּן לָא מִקְרֵי כָּנָף אֶלָּא תַּחַת הַכָּנָף. וְאִם הָיָה הַנֶּקֶב רָחוֹק כְּשִׁעוּר אֶלָּא שֶׁעַל יְדֵי מְשִׁיכַת הַקֶּשֶׁר נִקְמְטָה שְׂפַת הַטַּלִּית וְאֵין בָּהּ כְּשִׁעוּר, מִכָּל מָקוֹם כָּשֵׁר. וְהַחוּטִים שֶׁהֵם בִּשְׂפַת הַטַּלִּית וְאֵינָם אֲרוּגִים, יֵשׁ סָפֵק אִם נִמְדָּדִים לְשִׁעוּר זֶה אוֹ לֹא. עַל כֵּן צְרִיכִים לַחְתְּכָם מִשָּׁם קֹדֶם קְשִׁירַת הַצִּיצִית (עַיֵּן לְקַמָּן סָעִיף ו'). בְּטַלִּית קָטָן נוֹהֲגִים קְצָת לַעֲשׂוֹת שְׁנֵי נְקָבִים זֶה אֵצֶל זֶה כְּמוֹ צֵירֵי וּמַכְנִיסִים בִּשְׁנֵיהֶם אֶת הַצִּיצִית וְהֵן תְּלוּיוֹת עַל הַטַּלִּית מִבַּחוּץ.

סעיף ד' אִם בִּשְׁעַת קְשִׁירַת הַצִּיצִית הָיָה הַנֶּקֶב רָחוֹק כְּשִׁעוּר וְאַחַר כָּךְ נִקְרַע קְצָת הַנֶּקֶב אוֹ שְׂפַת הַטַּלִּית עַד שֶׁהַצִּיצָה הִיא בְּפָחוֹת מִשִּׁעוּר הָרָחוֹק מֵהַקָּצֶה, לֹא נִפְסְלָה בְּכָךְ, כִּי לֹא

הַקְפִּידָה הַתּוֹרָה שֶׁלֹּא תְהֵא הַצִּיצָה תַּחַת הַכָּנָף אֶלָּא בִשְׁעַת עֲשִׂיָּה, שֶׁנֶּאֱמַר, וְעָשׂוּ לָהֶם צִיצִת עַל כַּנְפֵי בִגְדֵיהֶם וְגוֹ'. וּמִכָּל מָקוֹם לְכַתְּחִלָּה טוֹב לַעֲשׂוֹת אִמְרָא סְבִיב הַנֶּקֶב (וְעַיֵּן לְקַמָּן סָעִיף י"ז), וְכֵן בִּשְׂפַת הַטַּלִּית שֶׁלֹּא יִפְחַת מִשִּׁעוּר קֶשֶׁר אֲגוּדָל.

סעיף ה' נוֹהֲגִים לַעֲשׂוֹת בַּצִּיצִית חֲמִשָּׁה קְשָׁרִים כְּפוּלִים שֶׁיֵּשׁ בֵּינֵיהֶם אַרְבַּע חֻלְיוֹת, דְּהַיְנוּ שֶׁמַּכְנִיס אֶת הָאַרְבָּעָה חוּטִים בְּתוֹךְ הַנֶּקֶב וְקוֹשְׁרָם בִּשְׁנֵי קְשָׁרִים וְכוֹרֵךְ בַּחוּט הָאָרֹךְ הַנִּקְרָא שַׁמָּשׁ שֶׁבַע כְּרִיכוֹת וְחוֹזֵר וְקוֹשֵׁר שְׁנֵי קְשָׁרִים וְשׁוּב כּוֹרֵךְ שְׁמוֹנֶה כְרִיכוֹת וְקוֹשֵׁר שְׁנֵי קְשָׁרִים וְכוֹרֵךְ אַחַת עֶשְׂרֵה כְּרִיכוֹת וְקוֹשֵׁר שְׁנֵי קְשָׁרִים וְכוֹרֵךְ שְׁלֹשׁ עֶשְׂרֵה כְּרִיכוֹת וְקוֹשֵׁר שְׁנֵי קְשָׁרִים. וּמֵהְיוֹת כִּי נוֹי צִיצִית הוּא שֶׁיִּהְיוּ כָּל הַחֻלְיוֹת שָׁווֹת בְּאָרְכָּן, לָכֵן בַּחֻלְיָה הָרִאשׁוֹנָה שֶׁהַכְּרִיכוֹת מֻעָטוֹת, יַרְחִיקָן זוֹ מִזּוֹ. וּבַחֻלְיָה שְׁנִיָּה, יַקְרִיבֵן קְצָת יוֹתֵר. וְכֵן בַּשְּׁלִישִׁית וּבָרְבִיעִית. וְשִׁעוּר כָּל אֹרֶךְ הַצִּיצָה, דְּהַיְנוּ מִן הַקֶּשֶׁר הָרִאשׁוֹן עַד קְצֵה הַחוּטִים, צָרִיךְ לִהְיוֹת לְכָל הַפָּחוֹת שְׁנֵים עָשָׂר אֲגוּדָלִים. וְהַנּוֹי הוּא שֶׁיִּהְיוּ כָּל הַחֻלְיוֹת בְּיַחַד שְׁלִישׁ וְהַחוּטִים הַתְּלוּיִים שְׁנֵי שְׁלִישִׁים, עַל כֵּן יְדַקְדֵּק שֶׁתְּהֵא כָּל חֻלְיָה כְּרֹחַב אֲגוּדָל, וְיִהְיוּ כָּל הַחֻלְיוֹת אַרְבָּעָה אֲגוּדָלִים וְהַחוּטִים הַתְּלוּיִים שְׁמוֹנָה אֲגוּדָלִים. וְאִם הֵם אֲרֻכִּים יוֹתֵר, יַעֲשֶׂה הַחֻלְיוֹת גַּם כֵּן קְצָת אֲרֻכּוֹת יוֹתֵר. טוֹב לְדַקְדֵּק לַעֲשׂוֹת כָּל הַקְּשָׁרִים בְּאַרְבָּעָה חוּטִים שֶׁמִּצַּד זֶה עִם אַרְבָּעָה חוּטִים שֶׁמִּצַּד זֶה, שֶׁיְּהֵא כָּל חוּט חָלוּק חֶצְיוֹ לְכָאן וְחֶצְיוֹ לְכָאן (עַיֵּן לְקַמָּן סִימָן יא סָעִיף י"ג).

סעיף ו' אִם לֹא פָּסַק אֶת הַחוּטִים זֶה מִזֶּה אֶלָּא שֶׁלָּקַח חוּט אֶחָד אָרֹךְ מְאֹד וּכְפָלוֹ לְאַרְבָּעָה וְכָךְ הִכְנִיסָם בְּתוֹךְ הַנֶּקֶב וּקְשָׁרָם וְאַחַר כָּךְ פְּסָקָם, פָּסוּל, מִשּׁוּם דִּכְתִיב, גְּדִלִים תַּעֲשֶׂה לָּךְ, וְדָרְשִׁינָן, תַּעֲשֶׂה וְלֹא מִן הֶעָשׂוּי. פֵּרוּשׁ, דִּבְעִינָן שֶׁיִּהְיוּ הַצִּיצִית בִּשְׁעַת עֲשִׂיָּתָן עַל הַבֶּגֶד כַּהֲלָכָה וְלֹא שֶׁיִּהְיוּ נַעֲשׂוֹת בִּפְסוּל וְאַחַר כָּךְ יִכָּשְׁרוּ עַל יְדֵי מַעֲשֶׂה שֶׁנִּמְצְאוּ עֲשׂוּיוֹת כָּרָאוּי, דְּזֶהוּ פָּסוּל. וְכֵן אִם הָיְתָה הַצִּיצָה עֲשׂוּיָה כְתִקּוּנָהּ עַל בֶּגֶד אַחֵר וְנִקְרַע הַבֶּגֶד וְרוֹצֶה לָתֵת אֶת הַצִּיצָה כָּךְ בְּבֶגֶד אַחֵר אוֹ אֲפִלּוּ בְּבֶגֶד זֶה, כְּגוֹן שֶׁנִּפְסַק הַטַּלִּית מִן הַנֶּקֶב עַד סוֹפוֹ וְנָפְלָה הַצִּיצָה וְרוֹצֶה לְהַחֲזִירָהּ לִמְקוֹמָהּ וְלִתְפֹּר אֶת הַטַּלִּית עַד הַנֶּקֶב, זֶהוּ גַּם כֵּן פָּסוּל מִשּׁוּם תַּעֲשֶׂה וְלֹא מִן הֶעָשׂוּי. וְכֵן אִם קָשַׁר אֶת הַצִּיצִית בְּשָׁעָה שֶׁהָיָה טַלִּית זֶה פָּטוּר מִצִּיצִית, כְּגוֹן שֶׁהָיָה רֻבּוֹ תָּפוּר (עַיֵּן לְעֵיל סָעִיף א) וְאַחַר כָּךְ הִתִּיר מִן הַתְּפִירוֹת עַד שֶׁרֻבּוֹ פָּתוּחַ וְחַיָּב בְּצִיצִית, אִם יִשָּׁאֲרוּ הַצִּיצִית כְּמוֹ שֶׁהֵן, גַּם כֵּן פְּסוּלוֹת מִשּׁוּם תַּעֲשֶׂה וְלֹא מִן הֶעָשׂוּי, אֶלָּא צָרִיךְ לְהַתִּיר אֶת הַצִּיצִית וְלַחֲזֹר וּלְקָשְׁרָן כַּהֲלָכָה. וְכֵן כָּל כַּיּוֹצֵא בָזֶה (י' י"א ט"ו).

סעיף ז' קֹדֶם שֶׁיִּתְעַטֵּף בַּטַּלִּית יִבְדֹּק אֶת הַצִּיצִית אִם הֵן כְּשֵׁרוֹת. וְצָרִיךְ לִבְדֹּק גַּם אֶת הַחוּטִים שֶׁהֵן בְּתוֹךְ הַנֶּקֶב וְאֶת הַכְּרִיכוֹת וְגַם יַפְרִיד אֶת הַחוּטִים שֶׁלֹּא יִהְיוּ מְהֻדָּקִים זֶה בָזֶה. וְאִם נִשְׁתַּהָה לָבֹא לְבֵית הַכְּנֶסֶת שֶׁבְּעוֹד שֶׁיַּפְרִיד אֶת הַצִּיצִית וְיִבְדְּקֵן, יִתְבַּטֵּל מִלְּהִתְפַּלֵּל עִם הַצִּבּוּר, אֵינוֹ צָרִיךְ לְבָדְקָן וּלְהַפְרִידָן (סִימָן ח).

סעיף ח' כָּל הַמִּצְוֹת, מְבָרֵךְ עֲלֵיהֶן

עוֹבֵר לַעֲשִׂיָּתָן, פֵּרוּשׁ, קֹדֶם הָעֲשִׂיָּה. וּלְאַחַר הַבְּרָכָה, תֵּכֶף וּמִיָּד צָרִיךְ לַעֲשׂוֹת אֶת הַמִּצְוָה בְּלִי הֶפְסֵק. לָכֵן אוֹחֵז אֶת הַטַּלִּית בִּשְׁתֵּי יָדָיו וִיכַוֵּן שֶׁצִּוָּנוּ הַקָּדוֹשׁ בָּרוּךְ הוּא לְהִתְעַטֵּף בְּצִיצִית כְּדֵי שֶׁנִּזְכֹּר אֶת כָּל מִצְוֹתָיו לַעֲשׂוֹתָן, שֶׁנֶּאֱמַר, וּרְאִיתֶם אֹתוֹ וּזְכַרְתֶּם אֶת כָּל מִצְוֹת ה'. וִיבָרֵךְ מְעֻמָּד, לְהִתְעַטֵּף בְּצִיצִית (הַבֵּית בְּפַתַּח) וְיִעַטֵּף מִיָּד אֶת רֹאשׁוֹ עַד לְמַטָּה מִפִּיו, וְאַחַר כָּךְ יַעֲלֶה הַכְּנָפוֹת עַל צַוָּארוֹ וְיִתְעַטֵּף כַּעֲטִיפַת הַיִּשְׁמְעֵאלִים, וְיַעֲמֹד כָּךְ כְּדֵי הִלּוּךְ אַרְבַּע אַמּוֹת וְיֹאמַר הַפְּסוּקִים, מַה יָּקָר וְגוֹ', וְאַחַר כָּךְ יָכוֹל לְהָסִירוֹ מֵעַל רֹאשׁוֹ. וְנָכוֹן שֶׁלֹּא לִגְרֹר אֶת הַצִּיצִית עַל הָאָרֶץ, מִשּׁוּם בִּזּוּי מִצְוָה. לָכֵן יַגְבִּיהֵן. וְיָכוֹל לְתָחְבָן תּוֹךְ הַחֲגוֹרָה (סִימָן ח' כ"א).

סעיף ט' אֵין מְבָרְכִים עַל הַצִּיצִית אֶלָּא בַּיּוֹם וְלֹא בַּלַּיְלָה. וּלְכַתְּחִלָּה יִזָּהֵר שֶׁלֹּא יְבָרֵךְ עֲלֵיהֶם עַד שֶׁיִּהְיֶה כָּל כָּךְ אוֹר שֶׁיַּכִּיר בֵּין תְּכֵלֶת לְלָבָן. וְאִם לָבַשׁ אֶת הַטַּלִּית קָטָן בְּעוֹד לַיְלָה וְלֹא בֵרַךְ עָלָיו אוֹ שֶׁלְּבָשׁוֹ בְּעוֹד שֶׁלֹּא הָיוּ יָדָיו נְקִיּוֹת וְלָכֵן לֹא בֵרַךְ עָלָיו, אֲזַי כְּשֶׁהוּא מְבָרֵךְ עַל הַטַּלִּית גָּדוֹל, יְכַוֵּן בִּבְרָכָה זוֹ גַּם עַל הַטַּלִּית קָטָן. וּמִי שֶׁאֵין לוֹ טַלִּית גָּדוֹל אִם לוֹבֵשׁ אֶת הַטַּלִּית קָטָן בַּיּוֹם וְיָדָיו נְקִיּוֹת, יְבָרֵךְ עָלָיו, עַל מִצְוַת צִיצִית (הַוָּאו בְּפַתַּח). וְאִם לוֹבְשׁוֹ כְּשֶׁאֵינוֹ יָכוֹל לְבָרֵךְ עָלָיו, אֲזַי אַחַר כָּךְ כְּשֶׁהוּא יוֹם וְיָדָיו נְקִיּוֹת, יִקַּח אֶת הַצִּיצִית בְּיָדָיו וִיבָרֵךְ, עַל מִצְוַת צִיצִית. וְאִם יָשֵׁן בְּטַלִּית קָטָן, לֹא יְבָרֵךְ עָלָיו אַחַר כָּךְ כְּלָל. אַךְ כְּשֶׁמְּבָרֵךְ עַל טַלִּית גָּדוֹל, יְכַוֵּן לְפָטְרוֹ (סִימָן ח' י"ח).

סעיף י' הַפּוֹשֵׁט טַלִּיתוֹ וְדַעְתּוֹ לַחֲזֹר וּלְלָבְשׁוֹ מִיָּד, אֲפִלּוּ הָלַךְ לְבֵית הַכִּסֵּא, כְּשֶׁחוֹזֵר וְלוֹבְשׁוֹ, לֹא יְבָרֵךְ עָלָיו (כֵּיוָן שֶׁמִּצַּד הַדִּין מֻתָּר לָלֶכֶת בּוֹ לְבֵית הַכִּסֵּא, לָכֵן לָא הָוֵי הֶפְסֵק). אֲבָל אִם הָיְתָה דַּעְתּוֹ שֶׁלֹּא לְלָבְשׁוֹ מִיָּד וְנִמְלַךְ וְחָזַר וּלְבָשׁוֹ, צָרִיךְ לְבָרֵךְ עָלָיו. וְאִם נָפַל טַלִּיתוֹ מִמֶּנּוּ שֶׁלֹּא בְּמִתְכַּוֵּן, אִם מִקְצָתוֹ נִשְׁאַר עַל גּוּפוֹ אַף עַל פִּי שֶׁרֻבּוֹ נָפַל כֵּיוָן שֶׁנִּשְׁאַר עָלָיו קְצָת מִן הַמִּצְוָה, אֵינוֹ צָרִיךְ לַחֲזֹר וּלְבָרֵךְ כְּשֶׁמְּתַקְּנוֹ עָלָיו. אֲבָל אִם לֹא נִשְׁאַר כְּלוּם עַל גּוּפוֹ, אַף עַל פִּי שֶׁאוֹחֲזוֹ בְּיָדוֹ, כֵּיוָן דְּלֹא נִשְׁאַר מֵהַמִּצְוָה עַל גּוּפוֹ, דְּהָא אֵין הַמִּצְוָה לֶאֱחֹז אֶת הַטַּלִּית בְּיָדוֹ אֶלָּא לְהִתְעַטֵּף בּוֹ גּוּפוֹ, לָכֵן צָרִיךְ לְבָרֵךְ כְּשֶׁחוֹזֵר וְלוֹבְשׁוֹ. וְאִם אֵרַע לוֹ כֵּן בִּתְפִלָּתוֹ בְּמָקוֹם שֶׁאֵינוֹ רַשַּׁאי לְהַפְסִיק, לֹא יְבָרֵךְ אָז, אֶלָּא יַמְתִּין עַד שֶׁיּוּכַל לְבָרֵךְ וְאוֹחֵז אֶת הַצִּיצִית בְּיָדוֹ וּמְבָרֵךְ (סִימָן ח').

סעיף יא' מֻתָּר לִטֹּל טַלִּית שֶׁל חֲבֵרוֹ בְּאַקְרַאי בְּעָלְמָא גַּם שֶׁלֹּא מִדַּעְתּוֹ לְהִתְפַּלֵּל בּוֹ וּלְבָרֵךְ עָלָיו, מִשּׁוּם דְּמִסְתָמָא נִיחָא לֵהּ לֶאֱנָשׁ דְּלֶעְבַּד מִצְוָה בְּמָמוֹנֵהּ בְּמָקוֹם שֶׁאֵין חֶסְרוֹן כִּיס. אֲבָל לֹא יוֹצִיאוֹ מִן הַבַּיִת שֶׁמֻּנָּח שָׁם, כִּי אוּלַי חֲבֵרוֹ מַקְפִּיד עַל זֶה. וְאִם הָיָה הַטַּלִּית מְקֻפָּל, יַחֲזֹר וִיקַפְּלוֹ. וּבְשַׁבָּת לֹא יְקַפְּלוֹ, דְּכֵיוָן שֶׁאֵין מְקַפְּלוֹ מִשּׁוּם אִסּוּר שַׁבָּת, חֲבֵרוֹ מוֹחֵל לוֹ. וְהַשּׁוֹאֵל מֵחֲבֵרוֹ טַלִּית רַק לַעֲלוֹת בּוֹ לַתּוֹרָה, יֵשׁ סָפֵק אִם לְבָרֵךְ עָלָיו. עַל כֵּן יִתְכַּוֵּן שֶׁאֵינוֹ רוֹצֶה לִקְנוֹתוֹ, וְאָז לְכֻלֵּי עָלְמָא אֵינוֹ צָרִיךְ לְבָרֵךְ. אֲבָל עַל טַלִּית הַקָּהָל אֲפִלּוּ אֵינוֹ נוֹטְלוֹ רַק לַעֲלוֹת לַתּוֹרָה, צָרִיךְ לְבָרֵךְ עָלָיו, דַּהֲוֵי כְּשֶׁלּוֹ (י"ד).

סעיף יב' סְתָם צֶמֶר הָאָמוּר בַּתּוֹרָה וּבַפּוֹסְקִים, הוּא צֶמֶר רְחֵלִים וְאֵילִים. וְטַלִּית שֶׁהַשְּׁתִי הוּא שֶׁל צֶמֶר וְהָעֵרֶב הוּא שֶׁל צֶמֶר גֶּפֶן אוֹ מֶשִׁי וְכַדּוֹמֶה אוֹ לְהֵפוּךְ שֶׁהָעֵרֶב הוּא שֶׁל צֶמֶר וְהַשְּׁתִי הוּא מִמִּין אַחֵר, יְרֵא שָׁמַיִם לֹא יְבָרֵךְ עַל טַלִּית כָּזֶה, מִשּׁוּם דְּיֵשׁ אוֹמְרִים דְּגַם צִיצִית שֶׁל צֶמֶר אֵינָן פּוֹטְרִין רַק בֶּגֶד שֶׁהוּא מִמִּינָן. וְכֵן טַלִּית שֶׁל מֶשִׁי וְהַצִּיצִית הֵן שֶׁל צֶמֶר, לֹא יְבָרֵךְ עָלָיו, אֶלָּא יְבָרֵךְ תְּחִלָּה עַל טַלִּית שֶׁל צֶמֶר וְיִתְעַטֵּף בּוֹ וְאַחַר כָּךְ יְסִירוֹ וְיִתְעַטֵּף בָּזֶה. אַךְ אִם גַּם הַצִּיצִית הֵן שֶׁל מֶשִׁי, יְכוֹלִין לְבָרֵךְ עָלָיו. (וְלָא שְׁכִיחֵי בִּמְדִינָתֵנוּ צִיצִית שֶׁל מֶשִׁי דְּהָא צִיצִית בְּעֵינָן טְוִיָּה לִשְׁמָהּ). וְאִם מִקְצָת צִיצִית שֶׁל מֶשִׁי וּמִקְצָתָן שֶׁל צֶמֶר, גָּרוּעַ טְפֵי, וְאֵין לַעֲשׂוֹת כֵּן (סִימָן ט).

סעיף יג' צִיצָה שֶׁנִּפְסַק מִמֶּנָּה חוּט מֵאַרְבַּעַת הַחוּטִין (שֶׁהֵן כְּפוּלִים לִשְׁמוֹנָה) וְנִשְׁאַר מִמֶּנּוּ כְּדֵי עֲנִיבָה, דְּהַיְנוּ אַרְבָּעָה אֲגוּדָלִין (עַיֵּן חַיֵּי אָדָם), אוֹ אִם נִפְסְקוּ שְׁנַיִם וְנִשְׁאַר מִכָּל אֶחָד אַרְבָּעָה אֲגוּדָלִין, וּשְׁנֵי חוּטִין הֵן שְׁלֵמִים כַּשִּׁעוּר, כְּשֵׁרָה. אֲבָל אִם נִפְסְקוּ שְׁלֹשָׁה חוּטִין, אֲפִלּוּ נִשְׁאַר מִכָּל אֶחָד אַרְבָּעָה אֲגוּדָלִין וְהַחוּט הָרְבִיעִי הוּא שָׁלֵם, אוֹ שֶׁנִּפְסַק אֲפִלּוּ רַק חוּט אֶחָד וְלֹא נִשְׁאַר מִמֶּנּוּ אַרְבָּעָה אֲגוּדָלִין, אַף עַל פִּי שֶׁשְּׁלֹשָׁה חוּטִין הֵן שְׁלֵמִים, מִכָּל מָקוֹם פְּסוּלָה (אִם לֹא בִּשְׁעַת הַדְּחָק). וְלָכֵן אִם נִפְסַק חוּט אֶחָד מִן הַשְּׁמוֹנָה חוּטִין הַתְּלוּיִין, אֲפִלּוּ נִפְסַק לְגַמְרֵי עַד הַחֻלְיוֹת פְּשִׁיטָא דִּכְשֵׁרָה, כֵּיוָן שֶׁחוּט זֶה אֵינוֹ רַק חֲצִי חוּט וַהֲרֵי יֵשׁ עֲדַיִן בְּחֶצְיוֹ הַשֵּׁנִי כְּדֵי עֲנִיבָה וְיוֹתֵר. וְאִם נִפְסְקוּ שְׁנֵי חוּטִין וְלֹא נִשְׁאַר מֵהֶן בְּכָל אֶחָד אַרְבָּעָה אֲגוּדָלִין, אִם יֵשׁ לָחוּשׁ שֶׁמָּא שְׁנֵי חוּטִין אֵלּוּ הֵן חוּט אֶחָד, אִם כֵּן הַצִּיצָה פְּסוּלָה. אֲבָל אִם הוּא בָּטוּחַ שֶׁהֵן מִשְּׁנֵי חוּטִין, כְּגוֹן שֶׁבִּשְׁעַת קְשִׁירָתָן דִּקְדֵּק לִקְשֹׁר תָּמִיד אַרְבָּעָה רָאשִׁים שֶׁבְּצַד זֶה עִם הָאַרְבָּעָה רָאשִׁים שֶׁבְּצַד זֶה (כְּמוֹ שֶׁכָּתַבְתִּי סוֹף סָעִיף ה) וְעַתָּה נִפְסְקוּ שְׁנֵי רָאשִׁים מִצַּד אֶחָד שֶׁל הַקֶּשֶׁר, אִם כֵּן הֲרֵי הֵן בְּוַדַּאי מִשְּׁנֵי חוּטִין. וְכֵיוָן שֶׁיֵּשׁ בְּכָל חוּט עֲדַיִן שִׁעוּר אֲגוּדָלִין וְיוֹתֵר בְּצַד הַשֵּׁנִי שֶׁל הַקֶּשֶׁר וּשְׁנֵי הַחוּטִין הֵן שְׁלֵמִים, הֲרֵי הַצִּיצָה כְּשֵׁרָה. אִם נִפְסַק חוּט אֶחָד בְּמָקוֹם שֶׁהֵן תְּלוּיִם בַּנֶּקֶב, פְּסוּלָה. זֶה שֶׁאָמַרְנוּ שֶׁאִם נִפְסַק חוּט אֶחָד וְנִשְׁאַר מִמֶּנּוּ כְּדֵי עֲנִיבָה כְּשֵׁרָה, זֶהוּ דַּוְקָא אִם בִּשְׁעַת עֲשִׂיָּה הָיוּ כָּל הַחוּטִין אֲרֻכִּין כַּשִּׁעוּר אֶלָּא שֶׁאַחַר כָּךְ נִפְסְקוּ. אֲבָל אִם בִּשְׁעַת עֲשִׂיָּה הָיָה אֲפִלּוּ רַק חוּט אֶחָד קָצָר רַק מַשֶּׁהוּ מִן הַשִּׁעוּר, פְּסוּלָה.

סעיף יד' חוּטֵי הַצִּיצִית צְרִיכִין לִהְיוֹת שְׁזוּרִין. וְאִם אֵיזֶה חוּט נִפְרַד מִשְּׁזִירָתוֹ, אֲזַי כָּל הַפָּרוּד נֶחְשָׁב כְּאִלּוּ נִקְצַץ וְאֵינוֹ (סִימָן י"א).

סעיף טו' טַלִּית שֶׁיֵּשׁ בּוֹ צִיצִית וְנֶחֱלַק לִשְׁנֵי חֲלָקִים, כְּמוֹ שֶׁהוּא שָׁכִיחַ בְּהַרְבֵּה טַלִּיתִים שֶׁלָּנוּ שֶׁהֵם מְחֻבָּרִים מִשְּׁנֵי חֲלָקִים, וְלִפְעָמִים מַפְרִידִין אוֹתוֹ כְּדֵי לְכַבְּסוֹ אוֹ לְתַקְּנוֹ וְאַחַר כָּךְ חוֹזְרִין וּמְחַבְּרִין אוֹתָן בִּתְפִירָה, כֵּיוָן דְּמִסְתָמָא יֵשׁ בְּכָל חֵלֶק כְּדֵי לְהִתְעַטֵּף בּוֹ, עַל כֵּן דַּי אִם יִטֹּל שְׁתֵּי הַצִּיצִית מֵאֵיזֶה חֵלֶק שֶׁיִּרְצֶה. וּלְאַחַר שֶׁיְּחַבֵּר אֶת הַטַּלִּית, יַחֲזֹר וְיִקְשְׁרֵם. אֲבָל אִם אֵין בְּכָל חֵלֶק בִּפְנֵי עַצְמוֹ כְּדֵי לְהִתְעַטֵּף בּוֹ, צָרִיךְ לְהָסִיר כָּל הַצִּיצִית (מִשּׁוּם שֶׁכְּשֶׁנִּתְפָּרְדוּ הַחֲלָקִים, נִפְטַר כָּל חֵלֶק מִצִּיצִית.

וּלְאַחַר שֶׁשּׁוּב נִתְחַבְּרוּ וְנִתְחַיֵּב בְּצִיצִית, אִם יִשָּׁאֲרוּ בוֹ הָרִאשׁוֹנוֹת, פָּסוּל מִשּׁוּם תַּעֲשֶׂה וְלֹא מִן הֶעָשׂוּי כִּדְלְעֵיל סָעִיף ו). וְאִם בְּחֵלֶק אֶחָד יֵשׁ בּוֹ כְּדֵי עִטּוּף וּבְחֵלֶק אֶחָד אֵין בּוֹ כְּדֵי עִטּוּף, יָסִיר אֶת הַצִּיצִית מֵחֵלֶק זֶה שֶׁאֵין בּוֹ כְּדֵי עִטּוּף.

סעיף טז' אִם נֶחְתַּךְ אוֹ נִקְרַע הַכָּנָף וְנִפְרַד לְגַמְרֵי מִן הַטַּלִּית וְאֵין בַּחֲתִיכָה זוֹ שְׁלֹשָׁה גוּדָלִין עַל שְׁלֹשָׁה גוּדָלִין, יֵשׁ אוֹמְרִים שֶׁחֲתִיכָה זוֹ אֲפִלּוּ לְאַחַר שֶׁתְּפָרָהּ הֵיטֵב אֶל הַטַּלִּית, פְּסוּלָה מִלְּהַטִּיל בָּהּ צִיצִית, דְּכֵיוָן שֶׁאֵין בָּהּ שְׁלֹשָׁה גוּדָלִין עַל שְׁלֹשָׁה גוּדָלִין, אֵין עָלֶיהָ שֵׁם בֶּגֶד. וַאֲפִלּוּ נִתְחַבְּרָה עִם הַטַּלִּית, נֶחְשֶׁבָה כִּפְרוּדָה. וְיֵשׁ לְהַחְמִיר כֵּן. אֲבָל אִם אֵינוֹ נִפְרָד לְגַמְרֵי מֵהַטַּלִּית, כֵּיוָן שֶׁנִּשְׁאַר מְחֻבָּר מְעַט, מוֹעֶלֶת הַתְּפִירָה שֶׁיְּהֵא נֶחְשָׁב בִּכְלַל הַטַּלִּית. וְהַצִּיצִית שֶׁיַּטִּיל בּוֹ אַחַר הַתְּפִירָה, כְּשֵׁרוֹת. וְנוֹהֲגִין לִתְפֹּר חֲתִיכַת בֶּגֶד בְּכַנְפֵי הַטַּלִּית, מִשּׁוּם דִּבְהַרְבֵּה בְּגָדִים אֲפִלּוּ חֲדָשִׁים, יֵשׁ בָּהֶן חֲתִיכוֹת מְחֻבָּרוֹת שֶׁאֵין בָּהֶן שְׁלֹשָׁה גוּדָלִין עַל שְׁלֹשָׁה גוּדָלִין, לָכֵן נוֹתְנִים בִּמְקוֹם הַטָּלַת הַצִּיצִית, חֲתִיכָה שֶׁל שְׁלֹשָׁה גוּדָלִין עַל שְׁלֹשָׁה גוּדָלִין.

סעיף יז' יֵשׁ אוֹמְרִים שֶׁבְּכָל הַשֶּׁטַח שֶׁל הַכָּנָף שֶׁרָאוּי לְהַטִּיל אֶת הַצִּיצָה, דְּהַיְנוּ מִמְּלֹא קֶשֶׁר גּוּדָל מִשְּׂפַת הַטַּלִּית עַד שְׁלֹשָׁה גוּדָלִין, לֹא יִהְיֶה שָׁם שׁוּם תֶּפֶר אֲפִלּוּ מַשֶּׁהוּ בְּחוּט שֶׁהָיָה רָאוּי לַעֲשׂוֹת מֵחוּטִין כָּאֵלּוּ צִיצִית לְטַלִּית זֶה, כְּגוֹן אִם הַטַּלִּית שֶׁל פִּשְׁתָּן, לֹא יִתְפֹּר שָׁם בְּחוּטֵי פִּשְׁתָּן רַק בְּחוּטֵי מֶשִׁי וְכַדּוֹמֶה. וְאִם הַטַּלִּית שֶׁל מֶשִׁי, לֹא יִתְפְּרֶנּוּ בְּחוּטֵי מֶשִׁי. וְאִם הַטַּלִּית שֶׁל צֶמֶר, לֹא יִתְפְּרֶנּוּ בְּחוּטֵי צֶמֶר, אֶלָּא בְּשֶׁל מֶשִׁי וְכַדּוֹמֶה. וְיֵשׁ לְהַחְמִיר בָּזֶה גַּם בָּאִמְרָא שֶׁעוֹשִׂין סְבִיב הַנֶּקֶב לְחַזְּקוֹ. וְכָל זֹאת אֵינוֹ רַק בְּחוּט לָבָן. אֲבָל בְּחוּט צָבוּעַ, אֵין לָחוּשׁ (סִימָן ט"ו).

סעיף יח' אִם רוֹצֶה לְהָסִיר צִיצִית מִן הַטַּלִּית כְּדֵי לִתְלוֹת בּוֹ צִיצִית אֲחֵרוֹת יוֹתֵר יָפוֹת אוֹ מִפְּנֵי שֶׁנִּפְסַק אֶחָד מִן הַחוּטִין וְרוֹצֶה לִתְלוֹת שְׁלֵמוֹת אַף עַל פִּי שֶׁגַּם הָרִאשׁוֹנוֹת עֲדַיִן כְּשֵׁרוֹת, מִכָּל מָקוֹם מֻתָּר, כֵּיוָן שֶׁאֵינוֹ מְבַטֵּל אֶת הַטַּלִּית מִן הַצִּיצִית וְאַדְּרַבָּה יִתְלֶה בוֹ צִיצִית יוֹתֵר יָפוֹת. וִיהֵא נִזְהָר שֶׁלֹּא יַשְׁלִיךְ אֶת הָרִאשׁוֹנוֹת לְמָקוֹם בִּזָּיוֹן (סִימָן ט"ו כ"א).

סעיף יט' וַאֲפִלּוּ צִיצִית שֶׁנִּפְסְלוּ וְהֱסִירָן מִן הַטַּלִּית, לֹא יִזְרְקֵם לְאַשְׁפָּה, מִשּׁוּם בִּזּוּי מִצְוָה. וְיֵשׁ מְדַקְדְּקִין לְגָנְזָם בְּסֵפֶר וְלַעֲשׂוֹת מֵהֶן סִימָן בְּסֵפֶר, מִשּׁוּם דְּאִתְעֲבִיד בְּהוּ מִצְוָה חֲדָא זִמְנָא, לִתְעֲבִיד בְּהוּ מִצְוָה אַחֲרִיתָא. וְגַם הַטַּלִּית שֶׁנִּתְיַשֵּׁן וְאֵינוֹ לוֹבְשׁוֹ עוֹד לְמִצְוָה, לֹא יַעֲשֶׂה בוֹ תַּשְׁמִישׁ מְגֻנֶּה (סִימָן כא).

סעיף כ' אִם בָּא בְּשַׁבָּת לְבֵית הַכְּנֶסֶת וּמָצָא שֶׁנִּפְסְלָה צִיצָה מִן הַטַּלִּית וְאֵינוֹ מוֹצֵא לִשְׁאֹל טַלִּית אַחֵר וְהוּא מִתְבַּיֵּשׁ לָשֶׁבֶת בְּלֹא טַלִּית, אֲזַי כֵּיוָן שֶׁאִי אֶפְשָׁר לוֹ הַיּוֹם לִקְשֹׁר צִיצָה אַחֶרֶת, לָכֵן מִשּׁוּם כְּבוֹד הַבְּרִיּוֹת, מֻתָּר לוֹ לִלְבּוֹשׁ אֶת הַטַּלִּית כָּךְ וְלֹא יְבָרֵךְ עָלָיו. בַּמֶּה דְּבָרִים אֲמוּרִים, כְּשֶׁלֹּא נוֹדַע לוֹ קֹדֶם שַׁבָּת שֶׁנִּפְסְלָה. אֲבָל אִם יָדַע קֹדֶם שַׁבָּת שֶׁנִּפְסְלָה, אָסוּר לְלָבְשׁוֹ, דְּהָיָה לוֹ לְתַקֵּן מֵאֶתְמוֹל (יג).

סעיף כא' הַלּוֹבֵשׁ בֶּגֶד שֶׁהוּא חַיָּב בְּצִיצִית בְּלֹא צִיצִית, הֲרֵי זֶה בִּטֵּל מִצְוַת עֲשֵׂה. וּצְרִיכִין לְהַשְׁגִּיחַ בִּקְצָת בְּגָדִים הָעֲשׂוּיִין בְּאֹפֶן שֶׁיֵּשׁ לָהֶם אַרְבַּע כְּנָפוֹת, צְרִיכִין לַחְתּוֹךְ קֶרֶן אֶחָד שֶׁיְּהֵא עָגֹל. אֲבָל אִם כָּפַל אֶת הַקֶּרֶן וּתְפָרוֹ בְּעִנְיָן שֶׁנִּרְאֶה עָגֹל, לָא מַהֲנֵי, דְּכָל כַּמָּה שֶׁלֹּא חֲתָכוֹ עֲדַיִן, מִכְּלַל הַבֶּגֶד הוּא. וְגָדוֹל עֹנֶשׁ הַמְבַטֵּל מִצְוַת צִיצִית. וְהַזָּהִיר בְּמִצְוַת צִיצִית, זוֹכֶה וְרוֹאֶה פְּנֵי הַשְּׁכִינָה (ח' י' כד).

סימן י - הלכות תפלין ובו כ"ו סעיפים:

סעיף א' מִצְוַת תְּפִלִּין הִיא גַם כֵּן מִצְוָה יְקָרָה מְאֹד, שֶׁכָּל הַתּוֹרָה הוּקְשָׁה לִתְפִלִּין, שֶׁנֶּאֱמַר, לְמַעַן תִּהְיֶה תּוֹרַת ה' בְּפִיךָ. וּמִי שֶׁאֵינוֹ מֵנִיחַ תְּפִלִּין, הֲרֵי הוּא בִּכְלַל פּוֹשְׁעֵי יִשְׂרָאֵל בְּגוּפָן. וּמִי שֶׁמֵּנִיחַ תְּפִלִּין פְּסוּלִין, לֹא בִלְבַד שֶׁאֵינוֹ מְקַיֵּם אֶת הַמִּצְוָה, אֶלָּא שֶׁמְּבָרֵךְ כַּמָּה וְכַמָּה בְּרָכוֹת לְבַטָּלָה שֶׁהוּא עָוֹן גָּדוֹל. וְלָכֵן יְדַקְדֵּק לִקְנוֹת תְּפִלִּין מִסּוֹפֵר מֻמְחֶה וִירֵא שָׁמַיִם, וְכֵן רְצוּעוֹת יִקְנֶה מֵאִישׁ נֶאֱמָן שֶׁהוּא בָטוּחַ שֶׁנִּתְעַבְּדוּ לִשְׁמָהּ מֵעוֹרוֹת טְהוֹרוֹת. וּבַעֲוֹנוֹתֵינוּ הָרַבִּים, רַבָּה הַמִּכְשֵׁלָה בְּמַה שֶּׁקּוֹנִים תְּפִלִּין וּרְצוּעוֹת מִמָּאן דְּהוּא לְפִי שֶׁמּוֹכְרָם בְּזוֹל, וְהֵם פְּסוּלִים. וְכָל יְרֵא שָׁמַיִם יִתֵּן אֶל לִבּוֹ, אִם עַל מַלְבּוּשָׁיו וְכֵלָיו הוּא מְהַדֵּר שֶׁיִּהְיוּ כְתִקּוּנָן, מִכָּל שֶׁכֵּן בְּחֶפְצֵי ה' יִתְבָּרַךְ שְׁמוֹ, שֶׁלֹּא יְצַמְצֵם וְיָחוּס עַל הַכֶּסֶף אֶלָּא יְהַדֵּר לִקְנוֹת אוֹתָן בְּוַדַּאי כְּשֵׁרִים אַף שֶׁמְּחִירָם רָב, וְיַשְׁגִּיחַ עֲלֵיהֶם שֶׁיִּהְיוּ מְתֻקָּנִין וּשְׁחוֹרִים הַבָּתִּים וְהָרְצוּעוֹת. וְיֵשׁ לִמְשֹׁחַ הָרְצוּעוֹת תָּדִיר בְּשֶׁמֶן שֶׁיִּהְיוּ שְׁחוֹרִים (וְלֹא יִמְשָׁחֵם בְּשֶׁמֶן דָּג הַנִּקְרָא פִישְׁטְרָאן כִּי הוּא מִדָּג טָמֵא). וְאִם נִתְקַלְקְלוּ הַתְּפִלִּין אֲפִלּוּ רַק בְּמִקְצָת אוֹ שֶׁנִּפְסְקוּ הַתְּפִירוֹת, יַעֲשֶׂה מִיָּד שְׁאֵלַת חָכָם אִם הֵם כְּשֵׁרִים וּבְיוֹתֵר יֵשׁ לְדַקְדֵּק עַל הַקְּרָנוֹת וּבִפְרָט בְּשֶׁל רֹאשׁ שֶׁהוּא שָׁכִיחַ מְאֹד שֶׁמִּשְׁתַּחֲקוֹת וְנַעֲשׂוּ שָׁם נְקָבִים וְנִפְסָלוּ. וְכֵן שָׁכִיחַ מְאֹד שֶׁמֵּחֲמַת שֶׁנִּתְיַשְּׁנוּ הַתְּפִלִּין, נִפְרַד קְצָת מֵהָעוֹר הָעֶלְיוֹן שֶׁל רֹאשׁ וְנִפְסַל. וּצְרִיכִין לְהַשְׁגִּיחַ עַל כָּל זֶה בִּמְאֹד. וְכָל הַזָּהִיר בְּמִצְוַת תְּפִלִּין לִנְהֹג בָּהֶם קְדֻשָּׁה שֶׁלֹּא לְדַבֵּר בָּהֶם דִּבְרֵי הֲבָלִים וְשִׂיחַת חֻלִּין, מַאֲרִיךְ יָמִים וּמֻבְטָח שֶׁהוּא בֶּן עוֹלָם הַבָּא, שֶׁנֶּאֱמַר, ה' עֲלֵיהֶם (שֶׁנּוֹשְׂאִין עֲלֵיהֶם שֵׁם ה' בִּתְפִלִּין) יִחְיוּ, וּלְכָל בָּהֶן חַיֵּי רוּחִי, וְתַחֲלִימֵנִי וְהַחֲיֵינִי. תְּפִלִּין הוּא לְשׁוֹן פְּלִילָה וְהוֹכָחָה (וְלָכֵן הַלָּמֶ"ד דְגוּשָׁה לְמַלֹּאת חֶסְרוֹן הַשְּׁנִיָּה), כִּי הַתְּפִלִּין הֵן עֵדוּת וְהוֹכָחָה שֶׁהַשְּׁכִינָה שׁוֹרָה עָלֵינוּ, כְּמוֹ שֶׁאָמַר הַכָּתוּב, וְרָאוּ כָּל עַמֵּי הָאָרֶץ כִּי שֵׁם ה' נִקְרָא עָלֶיךָ וְגוֹ', וְדָרְשׁוּ רַבּוֹתֵינוּ זִכְרוֹנָם לִבְרָכָה אֵלּוּ תְּפִלִּין שֶׁבָּרֹאשׁ שֶׁיֵּשׁ בָּהּ שִׁי"ן מֵהַשֵּׁם שַׁדַּי. וְלָכֵן אֵין לְכַסּוֹת תְּפִלִּין שֶׁל רֹאשׁ לְגַמְרֵי עִם הַטַּלִּית.

סעיף ב' זְמַן הַנָּחָתָן בַּבֹּקֶר, מִשֶּׁיִּרְאֶה אֶת חֲבֵרוֹ הָרָגִיל עִמּוֹ קְצָת בְּרִחוּק אַרְבַּע אַמּוֹת וְיַכִּירֶנּוּ. אַחַר שֶׁלָּבַשׁ אֶת הַטַּלִּית, מֵנִיחַ אֶת הַתְּפִלִּין. וְהָא דְּמַקְדִּימִין אֶת הַצִּיצִית לִתְפִלִּין, מִשּׁוּם דְּמִצְוַת צִיצִית תְּדִירָה יוֹתֵר, שֶׁנּוֹהֶגֶת בֵּין בַּחֹל בֵּין בַּשַּׁבָּת וְיוֹם טוֹב, וּמִצְוַת תְּפִלִּין אֵינָהּ נוֹהֶגֶת אֶלָּא בַחֹל, וְקַיְמָא לָן, תָּדִיר וְשֶׁאֵינוֹ תָדִיר, תָּדִיר קוֹדֵם. וְאִם פָּגַע תְּחִלָּה בִּתְפִלִּין, אַף עַל פִּי שֶׁהֵן בְּתוֹךְ כִּיסָן, צָרִיךְ לְהַנִּיחָן תְּחִלָּה וְאַחַר כָּךְ יִתְעַטֵּף בַּטַּלִּית (כָּתוּב בְּחַיֵּי

אָדָם), מִשּׁוּם דְּאֵין מַעֲבִירִין עַל הַמִּצְוֹת, דִּכְתִיב, וּשְׁמַרְתֶּם אֶת הַמַּצּוֹת, קְרֵי בֵהּ, אֶת הַמִּצְוֹת, מִצְוָה שֶׁבָּאָה לְיָדְךָ אַל תַּחְמִיצֶנָּה (כ"ה ל').

סעיף ג'

כְּתִיב וְהָיָה לְאוֹת עַל יָדְכָה (בְּפָרָשַׁת וְהָיָה כִּי יְבִיאֲךָ), מִדִּכְתִיב יָדְכָה בְּהֵ"א דָּרְשׁוּ רַבּוֹתֵינוּ זִכְרוֹנָם לִבְרָכָה, דְּהַיְנוּ יָד כֵּהָה זוֹ שְׂמֹאל שֶׁהִיא תָּשָׁה וְכֵהָה. וְיַנִּיחָהּ שָׁם בְּמָקוֹם שֶׁהַבָּשָׂר הוּא גָבוֹהַּ, שֶׁנֶּאֱמַר, וְשַׂמְתֶּם אֶת דְּבָרַי אֵלֶּה עַל לְבַבְכֶם, שֶׁתְּהֵא שִׂימָה כְּנֶגֶד הַלֵּב, וְלָכֵן יַנִּיחָהּ שָׁמָּה וְיַטֶּה אוֹתָהּ מְעַט לְצַד הַגּוּף, שֶׁכְּשֶׁיָּכוֹף הַזְּרוֹעַ לְמַטָּה, תִּהְיֶה כְּנֶגֶד לִבּוֹ. וְהָא דִּכְתִיב בִּתְפִלִּין שֶׁל רֹאשׁ בֵּין עֵינֶיךָ, קִבְּלוּ רַבּוֹתֵינוּ זִכְרוֹנָם לִבְרָכָה, שֶׁאֵין זֹאת בֵּין עֵינֶיךָ מַמָּשׁ, אֶלָּא כְּנֶגֶד בֵּין עֵינֶיךָ, וּמְקוֹמָהּ הוּא מִמָּקוֹם שֶׁהַשְּׂעָרוֹת מַתְחִילִין לִצְמֹחַ וְנִמְשָׁךְ מְקוֹמָהּ לְמַעְלָה עַד סוֹף הַמָּקוֹם שֶׁמּוֹחוֹ שֶׁל תִּינוֹק רוֹפֵס, דְּהַיְנוּ שֶׁקָּצֶה הַתִּתּוֹרָא שֶׁלְּמַטָּה לֹא תְהֵא לְמַטָּה מִמָּקוֹם הַתְחָלַת צְמִיחַת הַשְּׂעָרוֹת, וּקְצֵה הַמַּעְבַּרְתָּא שֶׁלְּמַעְלָה, לֹא תְהֵא לְמַעְלָה מִמָּקוֹם שֶׁמֹּחוֹ שֶׁל תִּינוֹק רוֹפֵס. וְצָרִיךְ לִזָּהֵר מְאֹד שֶׁתְּהֵא מֻנַּחַת בִּמְקוֹמָהּ הָרָאוּי. וְאִם מֵנִיחַ אֲפִלּוּ מִקְצָתָהּ עַל הַמֵּצַח בְּמָקוֹם שֶׁאֵין שְׂעָרוֹת גְּדֵלוֹת אוֹ אֲפִלּוּ הֱנִיחָהּ כֻּלָּהּ בְּמָקוֹם שֵׂעָר אֶלָּא שֶׁהִיא מִן הַצַּד וְלֹא כְּנֶגֶד בֵּין הָעֵינַיִם, לֹא עָשָׂה אֶת הַמִּצְוָה וּבֵרַךְ לְבַטָּלָה. וְהַקֶּשֶׁר יְהֵא מֻנָּח כְּנֶגְדּוֹ מֵאֲחוֹרֵי הָרֹאשׁ לְמַעְלָה בְּגֹבַהּ הָעֹרֶף שֶׁהוּא סוֹף הַגֻּלְגֹּלֶת בְּמָקוֹם שֵׂעָר שֶׁהוּא כְּנֶגֶד הַפָּנִים וְלֹא יַטֶּה לְכָאן אוֹ לְכָאן. וּצְרִיכָה שֶׁתְּהֵא מְהֻדֶּקֶת בְּרֹאשׁוֹ. וְהִנֵּה כְּשֶׁהַבַּיִת עִם הַמַּעְבַּרְתָּא רְחָבִים, קָשֶׁה שֶׁתְּהֵא מְהֻדֶּקֶת כָּרָאוּי, וּצְרִיכִין לִזָּהֵר בָּזֶה מְאֹד (כ"ז).

סעיף ד' מַנִּיחִין אֶת הַתְּפִלִּין מְעֻמָּד. לֹא יְנַעֵר אֶת הַתְּפִלִּין מִן הַתִּיק, מִשּׁוּם בִּזּוּי מִצְוָה, אֶלָּא יִקָּחֵם בְּיָדוֹ, מֵנִיחַ תְּחִלָּה שֶׁל יָד. וְקֹדֶם שֶׁמְּהַדֵּק אֶת הַקֶּשֶׁר, מְבָרֵךְ לְהָנִיחַ תְּפִלִּין (הַהֵ"א בְּקָמַץ וְהַלָּמֶ"ד שֶׁל תְּפִלִּין דְּגוּשָׁה), וּמְהַדֵּק אֶת הַקֶּשֶׁר וְעוֹשֶׂה שֶׁבַע כְּרִיכוֹת עַל יָדוֹ וְאַחַר כָּךְ מֵנִיחַ תֵּכֶף שֶׁל רֹאשׁ. וְקֹדֶם שֶׁמְּהַדְּקָהּ עַל רֹאשׁוֹ, מְבָרֵךְ עַל מִצְוַת תְּפִלִּין (הַוָּא"ו בְּפַתַּח), וּמְהַדְּקָהּ עַל רֹאשׁוֹ וְאוֹמֵר, בָּרוּךְ שֵׁם כְּבוֹד מַלְכוּתוֹ לְעוֹלָם וָעֶד (עַיֵּן פרי מגדים). וְהַטַּעַם שֶׁצָּרִיךְ לוֹמַר בָּרוּךְ שֵׁם כְּבוֹד מַלְכוּתוֹ לְעוֹלָם וָעֶד, הוּא מִפְּנֵי שֶׁיֵּשׁ סָפֵק בִּבְרָכָה זֹאת (ע"ל סִימָן ו' סָעִיף ד). וּמִפְּנֵי שֶׁיֵּשׁ סָפֵק בִּבְרָכָה זֹאת, לָכֵן יֵשׁ גַּם כֵּן סָפֵק אִם הַשּׁוֹמֵעַ יַעֲנֶה אָמֵן אוֹ לֹא (פרמ"ג). עַל כֵּן נִרְאֶה לִי כִּי טוֹב לְבָרֵךְ בְּרָכָה זֹאת בְּלַחַשׁ. לְאַחַר שֶׁהֵנִיחַ שֶׁל רֹאשׁ, עוֹשֶׂה בִרְצוּעָה שֶׁל יָד, שָׁלֹשׁ כְּרִיכוֹת עַל הָאֶצְבַּע הָאֶמְצָעִית, אַחַת בְּפֶרֶק הָאֶמְצָעִי, וּשְׁתַּיִם בְּפֶרֶק הַתַּחְתּוֹן (כ"ה כ"ז כ"ח).

סעיף ה' אֲפִלּוּ אִם אֵרַע לוֹ שֶׁהוֹצִיא מִן הַכִּיס שֶׁל רֹאשׁ תְּחִלָּה, צָרִיךְ לְהַעֲבִיר עַל הַמִּצְוָה וְיַנִּיחָהּ מִתּוֹךְ יָדוֹ וִיכַסֶּה אוֹתָהּ בְּאֵיזֶה דָבָר, וְיָנִיחַ תְּחִלָּה שֶׁל יָד. דְּכֵיוָן דִּקְדִימַת שֶׁל יָד לְשֶׁל רֹאשׁ הוּא מִן הַתּוֹרָה, שֶׁנֶּאֱמַר, וּקְשַׁרְתֶּם לְאוֹת עַל יָדֶךָ וְהָיוּ לְטֹטָפֹת בֵּין עֵינֶיךָ לְפִיכָךְ אֵין מַשְׁגִּיחִין עַל הַעֲבָרַת הַמִּצְוָה בָּזֶה (כ"ה).

סעיף ו' לֹא יְהֵא דָבָר חוֹצֵץ בֵּין

תְּפִלִּין לִבְשָׂרוֹ, לֹא שְׁנָא שֶׁל יָד, לֹא שְׁנָא שֶׁל רֹאשׁ, וּשְׂעָרוֹת קְצָרוֹת לֹא הָוְיָן חֲצִיצָה, שֶׁדַּרְכָּן בְּכָךְ. אֲבָל אוֹתָן הַמְגַדְּלִין בְּלוֹרִיּוֹת, מִלְּבַד שֶׁהוּא דֶרֶךְ שַׁחַץ וְגַאֲוָה וְיֵשׁ בָּזֶה אִסּוּר (עַיֵּן סִימָן ג' סָעִיף ב), יֵשׁ עוֹד אִסּוּר מִשּׁוּם הֲנָחַת תְּפִלִּין, דְּכֵיוָן שֶׁגְּדוֹלִים הַרְבֵּה, הָוְיָן חֲצִיצָה.

סעיף ז' יִזָּהֵר בִּתְפִלָּה שֶׁל יָד שֶׁלֹּא יָזִיז הַקֶּשֶׁר מִן הַבַּיִת (וְגַם כְּשֶׁהֵן בְּתוֹךְ כִּיסָן צְרִיכִין לִזָּהֵר בָּזֶה). וְהַיּוּ"ד שֶׁל הַקֶּשֶׁר תִּהְיֶה לְצַד הַלֵּב. הַמַּעְבַּרְתָּא אֲשֶׁר בָּהּ הָרְצוּעָה תִּהְיֶה לְצַד מַעְלָה וְהַבַּיִת לְצַד מַטָּה. וּבִשְׁעַת הַדְּחָק כְּגוֹן אִטֵּר שֶׁהוּא מֵנִיחַ בְּיָמִין וְעַתָּה אֵין לוֹ תְּפִלִּין אֶלָּא שֶׁאוֹלִין מִמִּי שֶׁמֵּנִיחַ בִּשְׂמֹאל (וְכֵן אִפְכָא) וְאֵינוֹ יָכוֹל לְשַׁנּוֹת אֶת הַקֶּשֶׁר, וְאִם כֵּן אִם יַנִּיחַ תְּפִלִּין בְּאֹפֶן זֶה, הַמַּעְבַּרְתָּא לְצַד מַעְלָה וְהַבַּיִת לְצַד מַטָּה, תִּהְיֶה הַיּוּ"ד עִם הַקֶּשֶׁר לְצַד חוּץ. עַל כֵּן יַהֲפֹךְ וְיַנִּיחֵהוּ שֶׁהַמַּעְבַּרְתָּא תִּהְיֶה לְצַד מַטָּה וְהַבַּיִת לְצַד מַעְלָה, כְּדֵי שֶׁתִּהְיֶה הַיּוּ"ד וְהַקֶּשֶׁר לְצַד הַלֵּב (כ"ז).

סעיף ח' אָסוּר לְהַפְסִיק בְּשִׂיחָה בֵּין שֶׁל יָד לְשֶׁל רֹאשׁ. וַאֲפִלּוּ לִרְמֹז בְּעֵינָיו וּלְקָרֵץ בְּאֶצְבְּעוֹתָיו, אָסוּר, שֶׁנֶּאֱמַר וְהָיָה לְךָ לְאוֹת עַל יָדְךָ וּלְזִכָּרוֹן בֵּין עֵינֶיךָ, צָרִיךְ זְכִירָה, שֶׁיִּהְיֶה תֵּכֶף תְּפִלָּה שֶׁל רֹאשׁ לְשֶׁל יָד, כְּדֵי שֶׁתִּהְיֶה הֲוָיָה אַחַת לִשְׁתֵּיהֶן. וַאֲפִלּוּ אִם שׁוֹמֵעַ קַדִּישׁ אוֹ קְדֻשָּׁה, לֹא יַפְסִיק אֶלָּא יִשְׁתֹּק וִיכַוֵּן לְמַה שֶּׁאוֹמְרִים הַקָּהָל. אַךְ אִם שׁוֹמֵעַ שֶׁאֶחָד בֵּרֵךְ בִּרְכַּת לְהָנִיחַ תְּפִלִּין, יָכוֹל לַעֲנוֹת אָמֵן, שֶׁהֲרֵי אָמֵן הוּא הָאֲמָנַת הַדְּבָרִים שֶׁהוּא מַאֲמִין בְּמִצְוַת תְּפִלִּין, וַהֲוֵי כְּמוֹ הֲוָיָה אַחַת. בִּתְפִלִּין דְּרַבֵּנוּ תָּם גַּם כֵּן אָסוּר לְהַפְסִיק בֵּין שֶׁל יָד לְשֶׁל רֹאשׁ. אַךְ לְקַדִּישׁ וְלִקְדֻשָּׁה, יָכוֹל לְהַפְסִיק.

סעיף ט' אִם טָעָה וְהִפְסִיק, יְמַשְׁמֵשׁ בְּשֶׁל יָד וִיבָרֵךְ שֵׁנִית לְהָנִיחַ תְּפִלִּין, וִיחַזֵּק אֶת הַקֶּשֶׁר וְאַחַר כָּךְ יַנִּיחַ שֶׁל רֹאשׁ וִיבָרֵךְ עָלֶיהָ. וְאִם הִפְסִיק לְצֹרֶךְ הַתְּפִלִּין, אֵינוֹ צָרִיךְ לְבָרֵךְ שֵׁנִית עַל שֶׁל יָד.

סעיף י' יְכַוֵּן בַּהֲנָחַת תְּפִלִּין שֶׁצִּוָּנוּ הַקָּדוֹשׁ בָּרוּךְ הוּא לְהָנִיחַ תְּפִלִּין שֶׁיֵּשׁ בָּהֶם אַרְבַּע פָּרָשִׁיּוֹת שֶׁכָּתוּב בָּהֶן יִחוּד שְׁמוֹ יִתְבָּרַךְ וִיצִיאַת מִצְרַיִם, עַל הַזְּרוֹעַ כְּנֶגֶד הַלֵּב וְעַל הָרֹאשׁ כְּנֶגֶד הַמֹּחַ, כְּדֵי שֶׁנִּזְכֹּר תָּמִיד נִסִּים וְנִפְלָאוֹת שֶׁעָשָׂה עִמָּנוּ, שֶׁהֵם מוֹרִים עַל יִחוּדוֹ וַאֲשֶׁר לוֹ הַכֹּחַ וְהַמֶּמְשָׁלָה בָּעֶלְיוֹנִים וּבַתַּחְתּוֹנִים לַעֲשׂוֹת כִּרְצוֹנוֹ. וִישַׁעְבֵּד לוֹ אֶת הַנְּשָׁמָה שֶׁהִיא בַמֹּחַ וְגַם הַלֵּב שֶׁהוּא עִקַּר הַתַּאֲווֹת וְהַמַּחֲשָׁבוֹת, וּבָזֶה יִזְכֹּר אֶת הַבּוֹרֵא וְיִמְעִיט הֲנָאוֹתָיו, וִיקַיֵּם וְלֹא תָתוּרוּ אַחֲרֵי לְבַבְכֶם וְאַחֲרֵי עֵינֵיכֶם. וְלָכֵן כְּתִיב בִּתְפִלִּין, בֵּין עֵינֶיךָ (כ"ה).

סעיף יא' תְּפִלִּין שֶׁל יָד וְשֶׁל רֹאשׁ, שְׁתֵּי מִצְוֹת הֵן וְאֵינָן מְעַכְּבוֹת זוֹ אֶת זוֹ. שֶׁאִם אֵין לוֹ אֶלָּא אַחַת אוֹ שֶׁמֵּחֲמַת אֵיזֶה אֹנֶס אֵינוֹ יָכוֹל לְהָנִיחַ אֶלָּא אַחַת, מֵנִיחַ אֶחָת. אִם מֵנִיחַ שֶׁל יָד, מְבָרֵךְ לְהָנִיחַ תְּפִלִּין לְבַד. וְאִם מֵנִיחַ שֶׁל רֹאשׁ, מְבָרֵךְ עָלֶיהָ לְהָנִיחַ תְּפִלִּין וְגַם עַל מִצְוַת תְּפִלִּין, וְאוֹמֵר, בָּרוּךְ שֵׁם כְּבוֹד מַלְכוּתוֹ לְעוֹלָם וָעֶד (כ"ו).

סעיף יב' אִטֵּר גָּמוּר אֲפִלּוּ נַעֲשָׂה אִטֵּר מֵחֲמַת שֶׁהִרְגִּיל אֶת עַצְמוֹ כֵּן, מִכָּל מָקוֹם יָנִיחַ בְּיָמִין שֶׁל כָּל אָדָם

שֶׁהִיא שְׂמֹאלוֹ. וְאִם עוֹשֶׂה כָּל מְלָאכָה בְּיָמִין רַק שֶׁכּוֹתֵב בִּשְׂמֹאל אוֹ בְּהִפּוּךְ, הַיָּד שֶׁכּוֹתֵב בָּהּ הִיא חֲשׁוּבָה יָמִין וְיָנִיחַ הַתְּפִלָּה בְּיָדוֹ הַשְּׁנִיָּה. וְאִם שׁוֹלֵט בִּשְׁתֵּי יָדָיו, מֵנִיחַ בִּשְׂמֹאל שֶׁל כָּל אָדָם. וְכֵן אִם לֹא נוֹלַד אִטֵּר כְּלָל אֶלָּא שֶׁלְּאַחַר כָּךְ הִרְגִּיל אֶת עַצְמוֹ לִכְתֹּב בִּשְׂמֹאל וְעוֹשֶׂה כָּל מְלַאכְתּוֹ בִּימִינוֹ, מֵנִיחַ בִּשְׂמֹאל שֶׁל כָּל אָדָם (כ"ז).

סעיף יג' שִׁעוּר רֹחַב הָרְצוּעוֹת בֵּין שֶׁל רֹאשׁ בֵּין שֶׁל יָד, לֹא פָּחוֹת מֵאֹרֶךְ שְׂעוֹרָה. וְשִׁעוּר אָרְכָּן שֶׁל רֹאשׁ מִיָּמִין וּמִשְּׂמֹאל, עַד הַטַּבּוּר אוֹ לְמַעְלָה מִמֶּנּוּ מְעַט. וְיֵשׁ אוֹמְרִים, דְּשֶׁל צַד יָמִין תַּגִּיעַ עַד הַמִּילָה (שֶׁמּוּשָׁא רַבָּה) וְכֵן נָכוֹן לְהַחְמִיר לְכַתְּחִלָּה. וְשֶׁל יָד, כְּדֵי שֶׁיְּהַדְּקָהּ וְיַעֲשֶׂה בָּהּ שֶׁבַע כְּרִיכוֹת עַל הַזְּרוֹעַ וְשָׁלֹשׁ כְּרִיכוֹת עַל הָאֶצְבַּע וִיחַזְּקָהּ. וְאִם נִפְסְקָה הָרְצוּעָה בֵּין שֶׁל רֹאשׁ בֵּין שֶׁל יָד, יַעֲשֶׂה שְׁאֵלָה.

סעיף יד' יִזָּהֵר שֶׁיִּהְיוּ הָרְצוּעוֹת בְּצַד הַשָּׁחוֹר לַחוּץ. וְאִם אֵרַע לוֹ שֶׁנִּתְהַפְּכָה הָרְצוּעָה שֶׁסְּבִיב רֹאשׁוֹ אוֹ סְבִיב זְרוֹעוֹ בְּצַד הַלָּבָן לַחוּץ, יִתְעַנֶּה אוֹ יִפְדֶּה בִּצְדָקָה. וְכֵן אִם נָפְלוּ לוֹ הַתְּפִלִּין לָאָרֶץ בְּלֹא נַרְתִּיקָן, יֵשׁ לוֹ גַּם כֵּן לְהִתְעַנּוֹת. אֲבָל אִם נָפְלוּ בְּנַרְתִּיקָן, אֵינוֹ צָרִיךְ לְהִתְעַנּוֹת אֶלָּא יִתֵּן אֵיזֶה דָּבָר לִצְדָקָה (ר"ס כז מ מד).

סעיף טו' אִם הֵסִיר אֶת הַתְּפִלִּין מִפְּנֵי שֶׁצָּרִיךְ לָלֶכֶת לְבֵית הַכִּסֵּא, כְּשֶׁחוֹזֵר צָרִיךְ לַחֲזֹר וּלְבָרֵךְ עֲלֵיהֶן. וְאִם עוֹמֵד בְּבִרְכוֹת שֶׁל קְרִיאַת שְׁמַע, דְּהַיְנוּ מִן בִּרְכַּת יוֹצֵר אוֹר וּלְהַלָּן, לֹא יַפְסִיק בְּבִרְכוֹת שֶׁעַל הַתְּפִלִּין אֶלָּא יַנִּיחֵן בְּלֹא בְרָכוֹת, וּלְאַחַר תְּפִלַּת שְׁמוֹנֶה עֶשְׂרֵה יְמַשְׁמֵשׁ בָּהֶם וִיבָרֵךְ עֲלֵיהֶן (רסכ"ה וְעַיֵּן סכ"ו).

סעיף טז' כָּל זְמַן שֶׁהַתְּפִלִּין עָלָיו, לֹא יַסִּיחַ דַּעְתּוֹ מֵהֶן כְּלָל, חוּץ מִבִּשְׁעַת תְּפִלַּת שְׁמוֹנֶה עֶשְׂרֵה וְתַלְמוּד תּוֹרָה. אָסוּר לֶאֱכֹל בָּהֶן סְעוּדַת קֶבַע. אֲבָל אֲכִילַת אַרְעַי, מֻתָּר לֶאֱכֹל בָּהֶן. וְלִישֹׁן אֲפִלּוּ שְׁנַת אַרְעַי אָסוּר בָּהֶן (כ"ח ממ"ד).

סעיף יז' חַיָּב אָדָם לְמַשְׁמֵשׁ בַּתְּפִלִּין בְּכָל שָׁעָה וְשָׁעָה שֶׁנִּזְכָּר בָּהֶם, שֶׁעַל יְדֵי זֶה לֹא יָבוֹא לִידֵי הֶסַּח הַדַּעַת גָּמוּר. וִימַשְׁמֵשׁ תְּחִלָּה בְּשֶׁל יָד, וְאַחַר כָּךְ בְּשֶׁל רֹאשׁ. וּמִנְהָג יָפֶה לְמַשְׁמֵשׁ בָּהֶן כְּשֶׁמַּזְכִּיר מִצְוָתָן בִּקְרִיאַת שְׁמַע. כְּשֶׁאוֹמֵר וּקְשַׁרְתָּם לְאוֹת עַל יָדֶךָ, מְמַשְׁמֵשׁ בְּשֶׁל יָד וְנוֹשֵׁק. וּכְשֶׁאוֹמֵר וְהָיוּ לְטֹטָפֹת בֵּין עֵינֶיךָ, מְמַשְׁמֵשׁ בְּשֶׁל רֹאשׁ וְנוֹשֵׁק (כ"ח).

סעיף יח' מַעֲלִין בַּקֹּדֶשׁ וְלֹא מוֹרִידִין. וּתְפִלָּה שֶׁל רֹאשׁ, קְדֻשָּׁתָהּ גְּדוֹלָה מִשֶּׁל יָד, לְפִי שֶׁיֵּשׁ בָּהּ אַרְבָּעָה בָתִּים וְגַם הַשִּׁי"ן. וְלָכֵן רְצוּעָה שֶׁהָיְתָה בְשֶׁל רֹאשׁ, אָסוּר לַעֲשׂוֹתָהּ לְשֶׁל יָד. אֲבָל מִשֶּׁל יָד, מֻתָּר לַעֲשׂוֹתָהּ לְשֶׁל רֹאשׁ. וְכֵן רְצוּעָה שֶׁל יָד שֶׁנִּפְסְקָה לְמַעְלָה אֵצֶל הַקֶּשֶׁר וְרוֹצֶה לְהָפְכָהּ שֶׁיַּעֲשֶׂה עַתָּה הַקֶּשֶׁר בַּקָּצֶה הָאַחֲרוֹן, אָסוּר, אֶלָּא צָרִיךְ לַעֲשׂוֹת הַקֶּשֶׁר בְּהַקָּצֶה שֶׁנִּפְסְקָה שָׁם (עַיֵּן בשערי תשובה). וְכֵן בִּרְצוּעָה שֶׁל רֹאשׁ, אָסוּר לַהֲפֹךְ מַה שֶּׁהָיָה בְּתוֹךְ הַקֶּשֶׁר שֶׁיִּהְיֶה חוּץ לַקֶּשֶׁר. כִּיס שֶׁעֲשָׂאוֹ לְהַחֲזִיק בּוֹ תְּפִלִּין וְגַם הֶחֱזִיקָן בּוֹ, שׁוּב אָסוּר לְהִשְׁתַּמֵּשׁ בְּכִיס זֶה דָּבָר שֶׁל חֻלִּין (מ"ב).

סעיף יט' אֵין לַחֲלֹץ אֶת הַתְּפִלִּין

עַד אַחַר קְדֻשַּׁת וּבָא לְצִיּוֹן כְּשֶׁאוֹמֵר יְהִי רָצוֹן שֶׁנִּשְׁמֹר חֻקֶּיךָ (עַיֵּן א"ר). וּבִמְקוֹם שֶׁנּוֹהֲגִין שֶׁבְּיוֹם קְרִיאַת סֵפֶר תּוֹרָה אֵין מַחֲזִירִין אֶת הַסֵּפֶר תּוֹרָה עַד אַחַר קְדֻשַּׁת וּבָא לְצִיּוֹן, אֵין חוֹלְצִין אֶת הַתְּפִלִּין עַד שֶׁיַּחֲזִירוּ אֶת הַסֵּפֶר תּוֹרָה לְהֵיכָל. סִימָן לַדָּבָר, וַיַּעֲבֹר מַלְכָּם לִפְנֵיהֶם וַה' בְּרֹאשָׁם. וּבְיוֹם שֶׁיֵּשׁ מִילָה, אֵין לַחֲלֹץ עַד אַחַר הַמִּילָה. בְּרֹאשׁ חֹדֶשׁ חוֹלְצִין קֹדֶם תְּפִלַּת מוּסָף. בְּחֹל הַמּוֹעֵד סֻכּוֹת, כֻּלָּם חוֹלְצִין קֹדֶם הַלֵּל. וּבְחֹל הַמּוֹעֵד פֶּסַח, הַצִּבּוּר חוֹלְצִין קֹדֶם הַלֵּל, וְהַשְּׁלִיחַ צִבּוּר אַחַר הַלֵּל (כ"ה).

סעיף כ' חוֹלְצִין מְעֻמָּד. מֵסִיר אֶת הַכְּרִיכוֹת מִן הָאֶצְבַּע וּשְׁתַּיִם אוֹ שָׁלֹשׁ כְּרִיכוֹת מֵהַזְּרוֹעַ. וְחוֹלֵץ תְּחִלָּה שֶׁל רֹאשׁ וְאַחַר כָּךְ חוֹלֵץ שֶׁל יָד, מִשּׁוּם דִּכְתִיב, וְהָיוּ לְטֹטָפֹת בֵּין עֵינֶיךָ, וּמִדִּכְתִיב וְהָיוּ לְשׁוֹן רַבִּים, דָּרְשׁוּ רַבּוֹתֵינוּ זִכְרוֹנָם לִבְרָכָה, כָּל זְמַן שֶׁבֵּין עֵינֶיךָ יִהְיוּ שְׁתַּיִם וְלָכֵן מַנִּיחִין תְּחִלָּה שֶׁל יָד וְחוֹלְצִין תְּחִלָּה שֶׁל רֹאשׁ, שֶׁכָּל זְמַן שֶׁיֵּשׁ עָלָיו שֶׁל רֹאשׁ, תִּהְיֶה עָלָיו גַּם שֶׁל יָד. וְיֵשׁ לַחֲלֹץ שֶׁל רֹאשׁ בְּיַד שְׂמֹאל שֶׁהִיא יַד כֵּהָה כְּדֵי לְהַרְאוֹת שֶׁקָּשָׁה עָלָיו חֲלִיצָתָן, מִפְּנֵי שֶׁהַמִּצְוָה הִיא שֶׁיִּהְיוּ עָלָיו תְּפִלִּין כָּל הַיּוֹם, אֶלָּא שֶׁמִּפְּנֵי שֶׁאֵין לָנוּ גּוּף נָקִי, חוֹלְצִין מִיָּד לְאַחַר הַתְּפִלָּה. וְלֹא יַחֲלֹץ אֶת הַתְּפִלִּין לֹא בִּפְנֵי סֵפֶר תּוֹרָה וְלֹא בִּפְנֵי רַבּוֹ אֶלָּא יְסַלֵּק עַצְמוֹ לִצְדָדִים מִנְהַג חֲכָמִים לְנַשֵּׁק אֶת הַתְּפִלִּין בִּשְׁעַת הֲנָּחָתָן וּבִשְׁעַת חֲלִיצָתָן. אֵין לְהָסִיר אֶת הַטַּלִּית עַד לְאַחַר חֲלִיצַת הַתְּפִלִּין (כ"ה ס"ח).

סעיף כא' יַנִּיחַ אֶת הַתְּפִלִּין בְּתוֹךְ הַכִּיס שֶׁלָּהֶן, בְּאֹפֶן שֶׁיֵּדַע לְמָחָר לְהוֹצִיא תְּחִלָּה שֶׁל יָד. אֲבָל לֹא יַנִּיחַ שֶׁל יָד עַל שֶׁל רֹאשׁ, כֵּיוָן דְּשֶׁל רֹאשׁ קְדֻשָּׁתוֹ גְּדוֹלָה מִשֶּׁל יָד, אֶלָּא יַנִּיחֵם זוֹ אֵצֶל זוֹ, וְיַנִּיחַ הַכִּיס עִם הַתְּפִלִּין בְּתוֹךְ כִּיס הַטַּלִּית לְמַטָּה וְהַטַּלִּית לְמַעְלָה, כְּדֵי שֶׁיִּפְגַּע בַּטַּלִּית תְּחִלָּה (כ"ה כ"ח).

סעיף כב' מִי שֶׁאֵין לוֹ תְּפִלִּין וְהַצִּבּוּר מִתְפַּלְּלִין, מוּטָב שֶׁיִּתְעַכֵּב עַד לְאַחַר תְּפִלַּת הַצִּבּוּר לִשְׁאֹל לוֹ תְּפִלִּין מֵאַחֵר, כְּדֵי שֶׁיִּקְרָא קְרִיאַת שְׁמַע וְיִתְפַּלֵּל שְׁמוֹנֶה עֶשְׂרֵה בִּתְפִלִּין, מִמַּה שֶׁיִּתְפַּלֵּל עִם הַצִּבּוּר בְּלֹא תְּפִלִּין. אֲבָל מִי שֶׁמִּתְיָרֵא שֶׁמָּא יַעֲבֹר זְמַן קְרִיאַת שְׁמַע עַד שֶׁיִּמְצָא תְּפִלִּין, קוֹרֵא קְרִיאַת שְׁמַע בְּלֹא תְּפִלִּין. וְאִם מִתְיָרֵא. שֶׁמָּא יַעֲבֹר גַּם זְמַן תְּפִלָּה, מִתְפַּלֵּל גַּם כֵּן, וּכְשֶׁיִּמְצָא אַחַר כָּךְ תְּפִלִּין, יָנִיחֵן בִּבְרָכוֹת וְיֹאמַר בָּהֶם אֵיזֶה מִזְמוֹר אוֹ יִתְפַּלֵּל בָּהֶם מִנְחָה (וְעַיֵּן לְקַמָּן סִימָן יד סָעִיף ח). אֲבָל לַיְלָה לָאו זְמַן תְּפִלִּין הוּא, וְאָסוּר לְהַנִּיחָן בַּלַּיְלָה. מֻתָּר לִקַּח תְּפִלִּין שֶׁל חֲבֵרוֹ גַּם שֶׁלֹּא בִידִיעָתוֹ לְהַנִּיחָן וּלְבָרֵךְ עֲלֵיהֶן, כְּמוֹ שֶׁכָּתַבְתִּי בְּסִימָן שֶׁלְּפְנֵי זֶה סָעִיף י"א לְעִנְיַן טַלִּית (י"ד ל' ס"ו).

סעיף כג' תְּפִלִּין צְרִיכִין גּוּף נָקִי. וּצְרִיכִין לִזָּהֵר שֶׁלֹּא לְהָפִיחַ בָּהֶם (וְעַיֵּן לְעֵיל סִימָן יב ס"ד). חוֹלֶה מֵעַיִם אֲפִלּוּ אֵין לוֹ צַעַר, פָּטוּר מִן הַתְּפִלִּין, מִפְּנֵי שֶׁאֵינוֹ יָכוֹל לִשְׁמֹר אֶת עַצְמוֹ בִּנְקִיּוּת כָּרָאוּי. וְאִם נִרְאֶה לוֹ שֶׁיָּכוֹל לִהְיוֹת בְּגוּף נָקִי בִּשְׁעַת קְרִיאַת שְׁמַע וּתְפִלַּת שְׁמוֹנֶה עֶשְׂרֵה, יַנִּיחֵם אָז. אֲבָל שְׁאָר חוֹלֶה, אִם מִצְטַעֵר בְּחָלְיוֹ וְאֵין דַּעְתּוֹ מְיֻשֶּׁבֶת עָלָיו מִפְּנֵי צַעֲרוֹ, פָּטוּר, מִפְּנֵי שֶׁאָסוּר לְהַסִּיחַ דַּעְתּוֹ מֵהֶן. וְאִם לָאו, חַיָּב (סִימָן לח).

סעיף כד' קָטָן הַיּוֹדֵעַ לִשְׁמֹר תְּפִלִּין שֶׁלֹּא יָפִיחַ בָּהֶן וְשֶׁלֹּא יִישַׁן בָּהֶן, אָבִיו חַיָּב לִקְנוֹת לוֹ תְּפִלִּין שֶׁיָּנִיחֵן. וְעַכְשָׁו נִתְפַּשֵּׁט הַמִּנְהָג שֶׁמַּתְחִיל הַקָּטָן לְהָנִיחַ תְּפִלִּין שְׁנַיִם אוֹ שְׁלֹשָׁה חֳדָשִׁים קֹדֶם שֶׁנַּעֲשָׂה בֶּן שְׁלֹשׁ עֶשְׂרֵה שָׁנָה (לז).

סעיף כה' בְּעִנְיַן הֲנָחַת תְּפִלִּין בְּחֹל הַמּוֹעֵד, יֵשׁ מַחֲלֹקֶת הַפּוֹסְקִים וְחִלּוּקֵי מִנְהָגִים. יֵשׁ מְקוֹמוֹת שֶׁאָחֲזוּ כְּדַעַת הַפּוֹסְקִים שֶׁלֹּא לְהָנִיחָן. וְיֵשׁ מְקוֹמוֹת נוֹהֲגִין כְּדַעַת הַפּוֹסְקִים לְהָנִיחָן אֶלָּא שֶׁאֵין מְבָרְכִין עֲלֵיהֶם בְּקוֹל רָם בְּבֵית הַכְּנֶסֶת כְּמוֹ שְׁאָר יְמוֹת הַשָּׁנָה. וְיֵשׁ נוֹהֲגִין לְהָנִיחָן בְּלֹא בְרָכוֹת (וְיֵשׁ לְכַוֵּן שֶׁאִם חֹל הַמּוֹעֵד לָאו זְמַן תְּפִלִּין תִּהְיֶינָה כִּרְצוּעוֹת בְּעָלְמָא, פרמ"ג). וְאַף עַל פִּי שֶׁאֵינוֹ מְבָרֵךְ, מִכָּל מָקוֹם אָסוּר לְהַפְסִיק בֵּין שֶׁל יָד לְשֶׁל רֹאשׁ. אַךְ לְקַדִּישׁ וְלִקְדֻשָּׁה פּוֹסֵק (סִימָן כה לא). וּצְרִיכִין לִזָּהֵר שֶׁהַמִּתְפַּלְּלִים בְּבֵית כְּנֶסֶת אֶחָד, לֹא יִהְיוּ קְצָת מְנִיחִין וּקְצָת אֵין מְנִיחִין (כֵּן נִרְאֶה דְּבָזֶה וַדַּאי אִכָּא מִשּׁוּם לֹא תִתְגּוֹדְדוּ).

סעיף כו' תְּפִלִּין שֶׁהֻחְזְקוּ בְּכַשְׁרוּת, מִן הַדִּין כָּל זְמַן שֶׁהַבַּיִת שָׁלֵם, גַּם הַפָּרָשִׁיּוֹת הֲרֵי הֵן בְּחֶזְקָתָן וְאֵינָן צְרִיכִין בְּדִיקָה. וּמִכָּל מָקוֹם נָכוֹן לְבָדְקָן, מִפְּנֵי שֶׁלִּפְעָמִים מִתְקַלְקְלִין מִן הַזֵּעָה. וְאִם אֵינוֹ מֵנִיחַ אוֹתָן אֶלָּא לִפְרָקִים, צְרִיכִין בְּדִיקָה שְׁתֵּי פְעָמִים בְּכָל שֶׁבַע שָׁנִים, כִּי יֵשׁ לָחוּשׁ שֶׁמָּא נִתְעַפְּשׁוּ. וְכֵן אִם נִקְרַע הַבַּיִת, צְרִיכִין גַּם הַפָּרָשִׁיּוֹת בְּדִיקָה. וְכֵן אִם נָשְׁרוּ בְּמַיִם. וּמִכָּל מָקוֹם אִם אֵין לוֹ מִי שֶׁיּוֹדֵעַ לְבָדְקָן וְלַחֲזֹר לְתָפְרָן, יָנִיחֵן כָּךְ בְּלֹא בְדִיקָה, שֶׁלֹּא יִתְבַּטֵּל מִמִּצְוַת תְּפִלִּין (סִימָן לט), אֲבָל לֹא יְבָרֵךְ עֲלֵיהֶם (פרי מגדים).

סימן יא - הלכות מזוזה ובו כ"ה סעיפים:

סעיף א' מִצְוַת עֲשֵׂה לִקְבֹּעַ מְזוּזָה בְּכָל פֶּתַח. וַאֲפִלּוּ יֵשׁ לוֹ כַּמָּה חֲדָרִים וּלְכָל חֶדֶר כַּמָּה פְתָחִים הָעֲשׂוּיִים לִכְנִיסָה וִיצִיאָה, אַף עַל פִּי שֶׁהוּא רָגִיל רַק בְּאֶחָד מֵהֶם, מִכָּל מָקוֹם כֻּלָּם חַיָּבִים בִּמְזוּזָה. וַאֲפִלּוּ אִם נִתְמַעֲטוּ הַדִּיּוּרִים וְאֵינוֹ צָרִיךְ עַתָּה רַק לְפֶתַח אֶחָד, מִכָּל מָקוֹם כֻּלָּם חַיָּבִים. אַךְ אִם יֵשׁ אֵיזֶה פֶּתַח שֶׁאֵינוֹ עָשׂוּי אֶלָּא לְהַכְנִיס דֶּרֶךְ שָׁם אֵיזֶה מַשָּׂא לִפְרָקִים וְיֵשׁ שָׁם פֶּתַח אַחֵר לִכְנִיסָה וִיצִיאָה, אֲזַי הַפֶּתַח הֶעָשׂוּי רַק לְהַכְנִיס מַשָּׂאוֹת, פָּטוּר (יו"ד סִימָן רפה רפו).

סעיף ב' גַּם שַׁעֲרֵי חֲצֵרוֹת וּמְבוֹאוֹת וַעֲיָרוֹת וּמְדִינוֹת, חַיָּבִין בִּמְזוּזָה, שֶׁנֶּאֱמַר, וּבִשְׁעָרֶיךָ (וְעַיֵּן לְקַמָּן סְעִיף טז) (שם).

סעיף ג' צָרִיךְ לִקְבְעָהּ בִּימִין הַנִּכְנָס. וְאִם קְבָעָהּ בִּשְׂמֹאל, פְּסוּלָה, וְצָרִיךְ לַהֲסִירָהּ וְלִקְבְעָהּ בַּיָּמִין וִיבָרֵךְ עָלֶיהָ. וְאֵין חִלּוּק בָּזֶה בֵּין אִטֵּר לְאֵינוֹ אִטֵּר (רפט).

סעיף ד' שְׁנֵי בָתִּים אֲשֶׁר לְכָל אֶחָד יֵשׁ פֶּתַח לִרְשׁוּת הָרַבִּים אוֹ לֶחָצֵר, וּבִמְחִיצָה אֲשֶׁר בֵּינֵיהֶם יֵשׁ גַּם לְכָל אֶחָד פֶּתַח לִרְשׁוּת הָרַבִּים אוֹ לֶחָצֵר, וּבִמְחִיצָה אֲשֶׁר בֵּינֵיהֶם יֵשׁ גַּם כֵּן פֶּתַח, וְהַשְׁתָּא יֵשׁ לְהִסְתַּפֵּק בְּפֶתַח זֶה בְּאֵיזֶה צַד יִתֵּן אֶת הַמְּזוּזָה אָזְלִינַן בָּזֶה בָּתַר הֶכֵּר צִיר. פֵּרוּשׁ, בְּמָקוֹם שֶׁנַּעֲשִׂים הַצִּירִים לְהַדֶּלֶת שֶׁהַדֶּלֶת נִפְתַּחַת לְתוֹכוֹ, זֶהוּ עִקַּר הַבַּיִת, וְנוֹתְנִים אֶת הַמְּזוּזָה בְּצַד הַיָּמִין שֶׁנִּכְנָסִים לְתוֹכוֹ.

וְדַוְקָא כְּשֶׁשְּׁנֵי הַבָּתִּים שָׁוִים בְּתַשְׁמִישָׁם. אֲבָל אִם אֶחָד הוּא עִקַּר תַּשְׁמִישׁוֹ, בָּזֶה לֹא אָזְלִינַן בָּתַר הֶכֵּר צִיר, אֶלָּא לְעוֹלָם נוֹתְנִין אֶת הַמְּזוּזָה בְּצַד הַיָּמִין שֶׁנִּכְנָסִים לְהַבַּיִת אֲשֶׁר עִקַּר תַּשְׁמִישׁוֹ שָׁם, אֲפִלּוּ הַדֶּלֶת נִפְתַּחַת לְתוֹךְ הַשֵּׁנִי.

סעיף ה' מְקוֹמָהּ מִתְּחִלַּת שְׁלִישׁ הָעֶלְיוֹן שֶׁל גֹּבַהּ הַשַּׁעַר. קְבָעָהּ לְמַעְלָה מִזֶּה, כְּשֵׁרָה, וְהוּא שֶׁיַּרְחִיקֶנָּה מִן הַמַּשְׁקוֹף טֶפַח. קְבָעָהּ לְמַטָּה מִשְּׁלִישׁ הָעֶלְיוֹן, צָרִיךְ לַהֲסִירָהּ וּלְקָבְעָהּ כָּרָאוּי וּבִבְרָכָה. וְאִם קְבָעָהּ בְּטֶפַח הָעֶלְיוֹן, יְסִירֶהָ גַּם כֵּן וְיִקְבְּעֶהָ כָּרָאוּי, אֲבָל לֹא יְבָרֵךְ. וְיֵשׁ לְקָבְעָהּ בְּטֶפַח הַסָּמוּךְ לַחוּץ. וְאִם שִׁנָּה בָּזֶה, אֵינוֹ מְעַכֵּב (רפ"ט).

סעיף ו' כֵּיצַד קוֹבְעָהּ, כּוֹרְכָהּ מִסּוֹפָהּ לְרֹאשָׁהּ, דְּהַיְנוּ מֵאֶחָד כְּלַפֵּי שְׁמַע, וּמַנִּיחָהּ בִּשְׁפוֹפֶרֶת אוֹ בִּשְׁאָר דָּבָר וְקוֹבְעָהּ בְּמַסְמְרוֹת בִּמְזוּזַת הַפֶּתַח בַּאֲלַכְסוֹן. וִיהֵא רֹאשָׁהּ דְּהַיְנוּ שְׁמַע כְּנֶגֶד הַבַּיִת וְשִׁטָּה הָאַחֲרוֹנָה לְצַד חוּץ. וְאִם מְזוּזַת הַפֶּתַח אֵינָהּ רְחָבָה, יִקְבְּעֶנָּה זְקוּפָה, וְזֶה טוֹב יוֹתֵר מִלְּתִתָּהּ אֲחוֹרֵי הַדֶּלֶת. אִם לֹא קְבָעָהּ אֶלָּא תְּלָאָהּ, פְּסוּלָה. וְלָכֵן צָרִיךְ לִזָּהֵר לְמַסְמְרָהּ לְמַעְלָה וְגַם לְמַטָּה שֶׁלֹּא תְהֵא תְלוּיָה.

סעיף ז' קֹדֶם שֶׁקּוֹבְעָהּ, יְבָרֵךְ אֲשֶׁר קִדְּשָׁנוּ בְּמִצְוֹתָיו וְצִוָּנוּ לִקְבֹּעַ מְזוּזָה. וְאִם קוֹבֵעַ כַּמָּה מְזוּזוֹת, דַּי בִּבְרָכָה אַחַת לְכֻלָּן. אִם נָפְלָה הַמְּזוּזָה מֵעַצְמָהּ וְחוֹזֵר וְקוֹבְעָהּ, צָרִיךְ גַּם כֵּן לְבָרֵךְ, אֲבָל אִם הוּא הֱסִירָהּ כְּדֵי לְבָדְקָהּ, יֵשׁ לְהִסְתַּפֵּק אִם צָרִיךְ לְבָרֵךְ (סִימָן רפ"ט ופתחי תשובה).

סעיף ח' בִּקְצָת שְׁעָרִים יֵשׁ פֶּתַח קָטָן אֵצֶל הַשַּׁעַר הַגָּדוֹל, וְדֶרֶךְ הַפֶּתַח הַקָּטָן יוֹצְאִים וְנִכְנָסִים, וְהַשַּׁעַר אֵינוֹ נִפְתָּח רַק לִפְרָקִים. וְכֵיוָן שֶׁהֵם שְׁנֵי פְתָחִים וּבֵינֵיהֶם עַמּוּד רֹחַב טֶפַח, חַיָּבִין בִּשְׁתֵּי מְזוּזוֹת (רפ"ו).

סעיף ט' בְּמָקוֹם שֶׁיֵּשׁ לָחוּשׁ שֶׁמָּא יִגְנְבוּ אוֹתָהּ, אִם אֶפְשָׁר לוֹ יַחְפֹּר חֲפִירָה בִּמְזוּזַת הַבַּיִת וְיַנִּיחֶנָּה שָׁמָּה. אֲבָל לֹא יַעֲמִיק לַחְפֹּר טֶפַח, כִּי שָׁם לֹא הָוֵי עַל מְזֻזוֹת בֵּיתֶךָ, רַק תּוֹךְ מְזוּזָה וּפְסוּלָה, עוֹד צָרִיךְ לִזָּהֵר שֶׁיְּהֵא עַל כָּל פָּנִים נִכָּר מְקוֹם הַמְּזוּזָה. וְאִם אִי אֶפְשָׁר לוֹ לַחְפֹּר בְּתוֹךְ מְזוּזַת הַבַּיִת, יֵשׁ לִסְמֹךְ בִּשְׁעַת הַדְּחָק לְקָבְעָהּ בִּפְנִים אֲחוֹרֵי הַדֶּלֶת, וְדַוְקָא בִּמְזוּזָה עַצְמָהּ וְלֹא בַּכֹּתֶל (עַיֵּן חכ"א וב"א). וְלֹא יַרְחִיקָהּ מֵחֲלַל הַפֶּתַח טֶפַח, כִּי אָז פְּסוּלָה (רפ"ט).

סעיף י' אֵין הַבַּיִת חַיָּב בִּמְזוּזָה אֶלָּא אִם כֵּן יֵשׁ בּוֹ אַרְבַּע אַמּוֹת עַל אַרְבַּע אַמּוֹת. וְאִם אֵין בּוֹ אַרְבַּע אַמּוֹת עַל אַרְבַּע אַמּוֹת אֲבָל יֵשׁ בּוֹ כְּדֵי לְרַבֵּעַ אַרְבַּע אַמּוֹת עַל אַרְבַּע אַמּוֹת, כְּגוֹן שֶׁאָרְכּוֹ יָתֵר עַל רָחְבּוֹ אוֹ שֶׁהוּא עָגֹל, יֵשׁ אוֹמְרִים דְּחַיָּב, וְיֵשׁ אוֹמְרִים דְּפָטוּר (רפ"ו).

סעיף יא' אֵין הַפֶּתַח חַיָּב בִּמְזוּזָה אֶלָּא אִם יֵשׁ לוֹ שְׁתֵּי מְזוּזוֹת (פְּפאָסְטֶען טִיר שְׁטָאק) גְּבוֹהוֹת לְכָל הַפָּחוֹת עֲשָׂרָה טְפָחִים וּמַשְׁקוֹף עַל גַּבֵּיהֶן. וַאֲפִלּוּ אֵין הַמְּזוּזוֹת מֵעֵצִים אוֹ מֵאֲבָנִים אֲחֵרִים רַק שֶׁכּוֹתְלֵי הַבִּנְיָן בְּעַצְמוֹ הֵם הַמְּזוּזוֹת וַעֲלֵיהֶן תִּקְרָה, גַּם כֵּן חַיָּב, וְאִם אֵין לַבַּיִת אֶלָּא מְזוּזָה אַחַת, כְּגוֹן שֶׁמִּצַּד הָאֶחָד עוֹבֵר הַכֹּתֶל לְהַלָּן, כָּזֶה, אִם הִיא מִצַּד

שְׂמֹאל, פְּטוּרָה. וְאִם הִיא מִצַּד יָמִין, יֵשׁ סָפֵק אִם חַיֶּבֶת אוֹ לֹא. וְיֵשׁ לִקְבְּעָהּ בְּלֹא בְרָכָה, אוֹ שֶׁיִּקְבְּעֶהָ לְאַחַר שֶׁיִּקְבַּע בְּפֶתַח הַמְחֻיָּב, וִיבָרֵךְ וְיִפְטֹר גַּם אֶת זֹאת. וְכֵן בְּכָל מָקוֹם שֶׁיֵּשׁ סָפֵק, יַעֲשֶׂה כֵּן.

סעיף יב' יֵשׁ לוֹ שְׁתֵּי מְזוּזוֹת וְאֵין לוֹ מַשְׁקוֹף אֶלָּא שֶׁיֵּשׁ עֲלֵיהֶן כִּפָּה כְּמִין קֶשֶׁת אוֹ אֲפִלּוּ גַם מְזוּזוֹת אֵין לוֹ אֶלָּא שֶׁהַכִּפָּה מִתְעַגֶּלֶת מִן הָאָרֶץ, אִם יֵשׁ בְּגָבְהָהּ עֲשָׂרָה טְפָחִים רֹחַב אַרְבָּעָה טְפָחִים, חַיָּב (עַיֵּן ט"ז). וְאוֹתָן הַחֲנוּיוֹת שֶׁעוֹשִׂין מְזוּזָה אַחַת מִן הַקַּרְקַע עַד הַמַּשְׁקוֹף וּמְזוּזָה אַחַת שֶׁאֵינָהּ מַגִּיעָה עַד הַמַּשְׁקוֹף רַק שֶׁכּוֹנְסִין אֶת הַכֹּתֶל לְעֵרֶךְ אַמָּה אוֹ יוֹתֵר [כָּזֶה], אִם הַמְּזוּזָה שֶׁהִיא גְּבוֹהָה עַד הַמַּשְׁקוֹף הִיא מִימִין הַכְּנִיסָה, נוֹתֵן אֶת הַמְּזוּזָה בְּאוֹתָהּ הַמְּזוּזָה. וְאִם הַמְּזוּזָה הַקְּטַנָּה הִיא מִימִין הַנִּכְנָס, אִם הִיא גְּבוֹהָה עֲשָׂרָה טְפָחִים, נוֹתֵן אֶת הַמְּזוּזָה בָּהּ. וְאִם אֵינָהּ גְּבוֹהָה עֲשָׂרָה טְפָחִים, נוֹתְנָהּ בַּמָּקוֹם הָרָחָב (סִימָן רפ"ז ובסד"ה).

סעיף יג' יֵשׁ אוֹמְרִים דַּאֲפִלּוּ אֵין דְּלָתוֹת לַפֶּתַח, חַיָּב בִּמְזוּזָה. וְיֵשׁ אוֹמְרִים דִּבְעֵינַן דַּוְקָא דֶּלֶת. וְלָכֵן לֹא יִקְבַּע אֶת הַמְּזוּזָה עַד שֶׁיִּתְלֶה מִקֹּדֶם אֶת הַדֶּלֶת. וְלֹא יִקְבַּע אוֹתָהּ תְּחִלָּה וְאַחַר כָּךְ יִתְלֶה אֶת הַדֶּלֶת, מִשּׁוּם דִּבְעֵינַן תַּעֲשֶׂה וְלֹא מִן הֶעָשׂוּי (עַיֵּן לְעֵיל סִימָן ט' סָעִיף ו').

סעיף יד' בַּיִת שֶׁאֵינוֹ עָשׂוּי לְדִירָה בִּקְבִיעוּת, פָּטוּר. לְפִיכָךְ סֻכַּת הֶחָג בֶּחָג, פָּטוּר (וְעַיֵּן לְקַמָּן סִימָן קל"ד סָעִיף ח'). וְכֵן אוֹתָן חֲנֻיּוֹת שֶׁעוֹשִׂין בְּיוֹמָא דְשׁוּקָא לִימֵי מֶשֶׁךְ הַיָּרִיד וְאַחַר כָּךְ מְפָרְקִין אוֹתָן אוֹ שֶׁנִּשְׁאָרִים בְּלִי שׁוּם תַּשְׁמִישׁ, פְּטוּרִין. אֲבָל הַחֲנֻיּוֹת הַקְּבוּעוֹת בִּסְחוֹרָה, חַיָּבוֹת בִּמְזוּזָה.

סעיף טו' אַכְסַדְרָה שֶׁיֵּשׁ לָהּ שָׁלֹשׁ מְחִיצוֹת וְתִקְרָה עַל גַּבֵּיהֶן וּפְרוּצָה בָּרְבִיעִית, אַף עַל פִּי שֶׁיֵּשׁ לָהּ שָׁם שְׁתֵּי פַּצִּימִין כְּמוֹ צוּרַת הַפֶּתַח, פְּטוּרָה מִמְּזוּזָה, מִפְּנֵי שֶׁהַפַּצִּימִין לֹא נַעֲשׂוּ מִשּׁוּם מְזוּזוֹת אֶלָּא כְּדֵי לְהַעֲמִיד הַתִּקְרָה. אֲבָל אִם יֵשׁ לָהּ מְחִיצָה גַּם בְּרוּחַ רְבִיעִית, אַף עַל פִּי שֶׁהַמְּחִיצוֹת נְמוּכוֹת וְאֵינָן מַגִּיעוֹת עַד הַתִּקְרָה, וְאַף עַל פִּי שֶׁהֵן עֲשׂוּיוֹת חַלּוֹנוֹת חַלּוֹנוֹת, חַיֶּבֶת.

סעיף טז' בֵּית שַׁעַר, וְהוּא בַּיִת קָטָן שֶׁאֵצֶל שַׁעַר הֶחָצֵר שֶׁהַשּׁוֹמֵר יוֹשֵׁב שָׁם, וּמִרְפֶּסֶת (גָּאנִיג) שֶׁהִיא דֶּרֶךְ לַעֲלוֹת בָּהּ לַעֲלִיָּה, וְהַגִּנָּה וְהַדִּיר, פְּטוּרִין מִמְּזוּזָה, כֵּיוָן שֶׁאֵין עֲשׂוּיִין לְדִירָה וְאִם יֵשׁ בַּיִת הַחַיָּב בִּמְזוּזָה פָּתוּחַ לְאֶחָד מֵאֵלּוּ אוֹ לְאַכְסַדְרָה, חַיָּבִים אַף בְּפֶתַח שֶׁנִּכְנָסִים לָהֶם מֵרְשׁוּת הָרַבִּים, וְלָכֵן שַׁעֲרֵי חֲצֵרוֹת וְשַׁעֲרֵי מְבוֹאוֹת וְשַׁעֲרֵי מְדִינוֹת וַעֲיָרוֹת כֻּלָּם חַיָּבִים בִּמְזוּזָה כֵּיוָן שֶׁבָּתִּים הַחַיָּבִים בִּמְזוּזָה פְּתוּחִים לְתוֹכָן. אֲפִלּוּ עֲשָׂרָה בָּתִּים זֶה פָּתוּחַ לָזֶה וְזֶה פָּתוּחַ לָזֶה (אֲפִלּוּ תִּשְׁעָה הַחִיצוֹנִים הֵם בְּגַוְנָא דִּפְטוּרִים) אִם הַפְּנִימִי חַיָּב בִּמְזוּזָה כֻּלָּם חַיָּבִים. וְלָכֵן שַׁעַר הַפָּתוּחַ מִן הַגִּנָּה לֶחָצֵר, חַיָּב בִּמְזוּזָה (רמב"ם). וְיֵשׁ אוֹמְרִים דְּבֵית שַׁעַר וּמִרְפֶּסֶת, חַיָּבִים אֲפִלּוּ אֵין בַּיִת פָּתוּחַ לָהֶם. וְיֵשׁ לִקְבְּעָהּ בְּלֹא בְרָכָה.

סעיף יז' בֵּית הַמֶּרְחָץ וּבֵרְסְקִי וּבֵית הַטְּבִילָה פְּטוּרִין, מִפְּנֵי שֶׁאֵינָם לְדִירַת

כָּבוֹד. אֲבָל רֶפֶת בָּקָר וְחֶדֶר שֶׁמְּגַדְּלִים בּוֹ עוֹפוֹת וּבֵית הַתֶּבֶן וְהָעֵצִים וְאוֹצְרוֹת שֶׁל יַיִן אוֹ שֶׁל שְׁאָר מַשְׁקִין, אִם יֵשׁ לָהֶם שִׁעוּר בַּיִת, חַיָּבִים. וְיֵשׁ פּוֹטְרִים.

סעיף יח' בְּמָקוֹם שֶׁתִּינוֹקוֹת מְצוּיִים אוֹ שֶׁלִּפְעָמִים רוֹחֲצִין שָׁם אוֹ שֶׁמַּשְׁתִּינִים שָׁם, יְכַסֶּה אֶת הַמְּזוּזָה. וְדַוְקָא בְּהִזְדַּמְּנוּת דֶּרֶךְ אַרְעַי, סוֹמְכִים עַל הַכִּסּוּי. אֲבָל לִקְבֹּעַ שָׁם תַּשְׁמִישׁ בִּזָּיוֹן לְהַעֲמִיד שָׁם כְּלִי לְשׁוֹפְכִין, אֵין לִסְמֹךְ עַל הַכִּסּוּי.

סעיף יט' בַּיִת וְכֵן חָצֵר שֶׁגַּם גּוֹי דָּר שָׁם, פָּטוּר (רפ"ו).

סעיף כ' מַרְתֵּף (קֶעלֶר) שֶׁהַמְּזוּזוֹת עִם הַפֶּתַח שׁוֹכְבִים בָּאָרֶץ, פָּטוּר, דְּלֹא נִקְרָא מְזוּזָה אֶלָּא כְּשֶׁעוֹמֶדֶת (נודע ביהודה תנינא סִימָן קפ"ד).

סעיף כא' הַשּׂוֹכֵר בַּיִת בְּחוּצָה לָאָרֶץ, פָּטוּר מִמְּזוּזָה שְׁלֹשִׁים יוֹם, דְּלָא הָוֵי דִּירַת קֶבַע.

סעיף כב' הַיּוֹצֵא מִן הַבַּיִת וְיִשְׂרָאֵל אַחֵר נִכְנָס לָדוּר שָׁם, לֹא יִטֹּל הָרִאשׁוֹן אֶת הַמְּזוּזוֹת אֶלָּא יַנִּיחֵן וְהַשֵּׁנִי יְשַׁלֵּם לוֹ עֲבוּרָן (רצ"א).

סעיף כג' חַיָּב אָדָם לְהִזָּהֵר מְאֹד בְּמִצְוַת מְזוּזָה מִפְּנֵי שֶׁהִיא חוֹבַת הַכֹּל תָּמִיד. וְכָל זְמַן שֶׁיִּכָּנֵס וְיֵצֵא, יִפְגַּע בְּיִחוּד הַשֵּׁם, שְׁמוֹ שֶׁל הַקָּדוֹשׁ בָּרוּךְ הוּא, וְיִזְכֹּר אַהֲבָתוֹ וְיֵעוֹר מִשְּׁנָתוֹ וּשְׁגִיּוֹתָיו בְּהַבְלֵי הַזְּמַן, וְיֵדַע כִּי אֵין דָּבָר הָעוֹמֵד לָעוֹלָם וּלְעוֹלְמֵי עוֹלָמִים אֶלָּא יְדִיעַת צוּר הָעוֹלָם, וּמִיָּד הוּא חוֹזֵר לְדַעְתּוֹ וְהוֹלֵךְ בְּדַרְכֵי מֵישָׁרִים.

אָמְרוּ רַבּוֹתֵינוּ זִכְרוֹנָם לִבְרָכָה, כֹּל מִי שֶׁיֵּשׁ לוֹ תְּפִלִּין בְּרֹאשׁוֹ וּבִזְרוֹעוֹ וְצִיצִית בְּבִגְדוֹ וּמְזוּזָה בְּפִתְחוֹ, מֻחְזָק הוּא שֶׁלֹּא יֶחֱטָא, שֶׁהֲרֵי יֵשׁ לוֹ מַזְכִּירִין רַבִּים וְהֵן הֵן הַמַּלְאָכִים שֶׁמַּצִּילִין אוֹתוֹ מִלַּחֲטֹא, שֶׁנֶּאֱמַר, חוֹנֶה מַלְאַךְ ה' סָבִיב לִירֵאָיו וַיְחַלְּצֵם. עוֹד אָמְרוּ רַבּוֹתֵינוּ זִכְרוֹנָם לִבְרָכָה, בַּעֲוֹן מְזוּזָה, בָּנָיו וּבְנוֹתָיו מֵתִים קְטַנִּים. וְכָל הַזָּהִיר בִּמְזוּזָה יַאֲרִיכוּ יָמָיו, שֶׁנֶּאֱמַר לְמַעַן יִרְבּוּ יְמֵיכֶם וִימֵי בְנֵיכֶם (סִימָן רפ"ה ובטור וברמב"ם).

סעיף כד' וּלְפִי שֶׁהַמְּזוּזָה הִיא לְהַזְכִּיר יִחוּד שְׁמוֹ יִתְבָּרַךְ, לָכֵן כְּשֶׁיֵּצֵא מִפֶּתַח בֵּיתוֹ וְכֵן כְּשֶׁנִּכְנָס יְנַשֵּׁק אוֹתָהּ. אֲבָל לֹא יַנִּיחַ אֶת הַיָּד עַל הַמְּזוּזָה עַצְמָהּ אֶלָּא יִזָּהֵר שֶׁיִּהְיֶה זְכוּכִית עַל הַשֵּׁם (תשובת רבינו עקיבא איגר זצ"ל סִימָן ב"א ע"ש. עַיֵּן בספרי קה"ס מה"ת חקירה י"ט). וּכְשֶׁיּוֹצֵא מִבֵּיתוֹ וּמַנִּיחַ יָדוֹ עַל הַמְּזוּזָה יֹאמַר, ה' שׁוֹמְרִי ה' צִלִּי עַל יַד יְמִינִי, ה' יִשְׁמָר צֵאתִי וּבוֹאִי מֵעַתָּה וְעַד עוֹלָם.

סעיף כה' מְזוּזַת הַיָּחִיד נִבְדֶּקֶת בְּשֶׁבַע שָׁנִים, וְשֶׁל רַבִּים (שֶׁאֵין לְהַטְרִיחַ עֲלֵיהֶם) נִבְדֶּקֶת שְׁתֵּי פְעָמִים בַּיּוֹבֵל (עַיֵּן רא"ש הלכות תפילין) (רצ"א).

סימן יב - הכנת הגוף לתפלה ומקומות שראוי להתפלל שם ובו ט"ו סעיפים:

סעיף א'

כְּתִיב, הִכּוֹן לִקְרַאת אֱלֹהֶיךָ יִשְׂרָאֵל, פֵּרוּשׁ שֶׁיָּכִין אֶת עַצְמוֹ לִפְנֵי הַשֵּׁם יִתְבָּרַךְ, שֶׁיַּלְבִּישׁ אֶת עַצְמוֹ בְּמַלְבּוּשֵׁי

כָּבוֹד כְּשֶׁהוֹלֵךְ לְהִתְפַּלֵּל כְּמִי שֶׁהוֹלֵךְ לִפְנֵי שַׂר נִכְבָּד. וַאֲפִלּוּ אִם מִתְפַּלֵּל בְּבֵיתוֹ בִּיחִידוּת יַלְבִּישׁ אֶת עַצְמוֹ כָּרָאוּי. וּבִמְקוֹמוֹת שֶׁנּוֹהֲגִין לֵילֵךְ בַּחֲגוֹרָה, אָסוּר לְהִתְפַּלֵּל עַד שֶׁיַּחְגֹּר אֶת עַצְמוֹ.

סעיף ב' טוֹב לִתֵּן צְדָקָה קֹדֶם הַתְּפִלָּה, שֶׁנֶּאֱמַר אֲנִי בְּצֶדֶק אֶחֱזֶה פָּנֶיךָ. גַּם יְקַבֵּל עָלָיו קֹדֶם כָּל תְּפִלָּה מִצְוַת וְאָהַבְתָּ לְרֵעֲךָ כָּמוֹךָ, וִיכַוֵּן לֶאֱהֹב אֶת כָּל אֶחָד מִיִּשְׂרָאֵל כְּנַפְשׁוֹ, כִּי אִם חַס וְשָׁלוֹם יֵשׁ פֵּרוּד לְבָבוֹת יִשְׂרָאֵל לְמַטָּה אֲזַי גַּם לְמַעְלָה אֵין הִתְאַחֲדוּת אֲבָל הִתְאַחֲדוּת בְּגוּפֵיהֶם שֶׁלְּמַטָּה גּוֹרֵם הִתְאַחֲדוּת וּדְבֵקוּת נַפְשׁוֹתֵיהֶם לְמַעְלָה, וְעַל יְדֵי זֶה גַּם תְּפִלּוֹתֵיהֶם מִתְאַחֲדוֹת. וְאָז בִּהְיוֹת תְּפִלּוֹתֵיהֶם כְּלוּלוֹת יַחַד, הִיא רְצוּיָה לְפָנָיו יִתְבָּרַךְ שְׁמוֹ (סִימָן צ"ב ובסידור).

סעיף ג' כְּתִיב, שְׁמֹר רַגְלֶיךָ כַּאֲשֶׁר תֵּלֵךְ אֶל בֵּית הָאֱלֹהִים, וְדָרְשׁוּ רַבּוֹתֵינוּ זִכְרוֹנָם לִבְרָכָה, דְּרַגְלֶיךָ הַיְנוּ הַנְּקָבִים שֶׁאֵצֶל הָרַגְלַיִם. וְלָכֵן צָרִיךְ לִבְדֹּק אֶת עַצְמוֹ קֹדֶם הַתְּפִלָּה אִם אֵינוֹ צָרִיךְ לַעֲשׂוֹת צְרָכָיו. וְאִם מַרְגִּישׁ עַצְמוֹ אֲפִלּוּ קְצָת הַרְגָּשָׁה לִצְרָכָיו, אָסוּר לוֹ לְהִתְפַּלֵּל. וַאֲפִלּוּ בְּדִבְרֵי תוֹרָה אָסוּר כָּל זְמַן שֶׁגּוּפוֹ מְשֻׁקָּץ עַד שֶׁיְּנַקֶּה אֶת עַצְמוֹ. וּבְדִיעֲבַד אִם הִתְפַּלֵּל כְּשֶׁהוּא נִצְרָךְ לִנְקָבָיו, אִם הוּא מְשַׁעֵר בְּעַצְמוֹ שֶׁהָיָה יָכוֹל לְהַעֲמִיד אֶת עַצְמוֹ שִׁעוּר הִלּוּךְ פַּרְסָה (שָׁעָה וָחֹמֶשׁ), תְּפִלָּתוֹ תְּפִלָּה. וְאִם לָאו, אֲפִלּוּ בְּדִיעֲבַד אִם הִתְפַּלֵּל, תְּפִלָּתוֹ תוֹעֵבָה וְצָרִיךְ לַחֲזֹר וּלְהִתְפַּלֵּל. וְיֵשׁ אוֹמְרִים שֶׁאִם יָכוֹל לְהַעֲמִיד אֶת עַצְמוֹ שִׁעוּר פַּרְסָה, אֲפִלּוּ לְכַתְּחִלָּה מֻתָּר לוֹ לְהִתְפַּלֵּל. וְיֵשׁ לִסְמֹךְ עַל זֶה אִם הוּא בְּעִנְיָן שֶׁבְּעוֹד שֶׁיִּפָּנֶה יַעֲבֹר זְמַן תְּפִלָּה. וְעַיֵּן לְקַמָּן סִימָן י"ח סָעִיף ט"ז (סִימָּן צ"ב).

סעיף ד' מִי שֶׁבָּרִי לוֹ שֶׁאֵינוֹ יָכוֹל לַעֲמֹד עַל עַצְמוֹ מִלְּהָפִיחַ עַד שֶׁיִּגְמֹר קְרִיאַת שְׁמַע וּתְפִלָּה, מוּטָב שֶׁיַּעֲבֹר זְמַן קְרִיאַת שְׁמַע וּתְפִלָּה מִמַּה שֶׁיִּתְפַּלֵּל בְּלֹא גוּף נָקִי. וְאִם עָבַר זְמַן תְּפִלָּה, אָנוּס הוּא (וּמַשְׁלִים אַחַר כָּךְ כִּדְלְקַמָּן סִימָן כ"א). וְאִם יֵרָאֶה לוֹ שֶׁיָּכוֹל לַעֲמֹד עַל עַצְמוֹ בִּשְׁעַת קְרִיאַת שְׁמַע, יַנִּיחַ תְּפִלִּין בֵּין הַבּוֹחֵר בְּעַמּוֹ יִשְׂרָאֵל בְּאַהֲבָה לִקְרִיאַת שְׁמַע וּמְבָרֵךְ עֲלֵיהֶן (וְעַיֵּן פרמ"ג סִימָן פ').

סעיף ה' צָרִיךְ לִרְחֹץ אֶת יָדָיו בַּמַּיִם עַד הַפֶּרֶק (רמב"ם) קֹדֶם הַתְּפִלָּה. וְלָכֵן אַף עַל פִּי שֶׁרָחַץ אֶת יָדָיו בַּבֹּקֶר (כדלעיל סִימָן ב'), אִם נָגַע אַחַר כָּךְ בְּיָדָיו בְּאֵיזֶה מָקוֹם מְטֻנָּף דְּהַיְנוּ בִּמְקוֹמוֹת הַמְּכֻסִּים בָּאָדָם שֶׁיֵּשׁ שָׁם מִלְמוּלֵי זֵעָה אוֹ שֶׁחִכֵּךְ בְּרֹאשׁוֹ אוֹ שֶׁלֹּא רְחָצָן בַּבֹּקֶר עַד הַפֶּרֶק, צָרִיךְ לַחֲזֹר וּלְרָחֳצָן קֹדֶם הַתְּפִלָּה. וְאִם אֵין לוֹ מַיִם, צָרִיךְ לַחֲזֹר אַחֲרֵיהֶם לָלֶכֶת לְפָנָיו אַרְבָּעָה מִילִין אוֹ לְאַחֲרָיו מִיל. וְאִם מִתְיָרֵא שֶׁמִּתּוֹךְ כָּךְ יַעֲבֹר זְמַן תְּפִלָּה, מְנַקֶּה יָדָיו בִּצְרוֹר אוֹ בֶּעָפָר אוֹ בְּכָל מִדֵּי דִּמְנַקֵּי וּמִתְפַּלֵּל, דִּכְתִיב, אֶרְחַץ בְּנִקָּיוֹן כַּפָּי וְגוֹ', אֶרְחַץ בַּמַּיִם אִם אֶפְשָׁר. וְאִם לָאו, בְּנִקָּיוֹן, בְּכָל מִדֵּי דִּמְנַקֵּי.

סעיף ו' וְאִם רָחַץ יָדָיו בַּבֹּקֶר כָּרָאוּי וְאֵין יָדוּעַ לוֹ שֶׁנִּתְלַכְלְכוּ יָדָיו בְּאֵיזֶה דָבָר, מִכָּל מָקוֹם כֵּיוָן שֶׁהִסִּיחַ דַּעְתּוֹ בֵּינְתַיִם, וַאֲפִלּוּ לָמַד בֵּינְתַיִם גַּם כֵּן הֲוֵי הֶסַּח הַדַּעַת, וְצָרִיךְ גַּם כֵּן לְרָחְצָם

בַּמַּיִם לְצֹרֶךְ תְּפִלָּה. אַךְ בָּזֶה אֵינוֹ צָרִיךְ לַחֲזֹר אַחַר הַמַּיִם דַּוְקָא. שֶׁאִם אֵין לוֹ מַיִם מְזֻמָּנִים, וּבְאִם יַחֲזֹר עֲלֵיהֶם יְאַחֵר תְּפִלַּת הַצִּבּוּר, לֹא יַחֲזֹר עֲלֵיהֶם אֶלָּא מְנַקֶּה יָדָיו בְּכָל מִדֵּי דִמְנַקֵּי וּמִתְפַּלֵּל עִם הַצִּבּוּר (עַיֵּן באר היטב סִימָן רל"ג סָעִיף קטן ז) (צ"ב רל"ג).

סעיף ז' יִשְׁתַּדֵּל וְיִתְאַמֵּץ לְהִתְפַּלֵּל עִם הַצִּבּוּר, דִּכְתִיב, וַאֲנִי תְפִלָּתִי לְךָ ה' עֵת רָצוֹן. אֵימָתַי עֵת רָצוֹן, בְּשָׁעָה שֶׁהַצִּבּוּר מִתְפַּלְּלִין. וּכְתִיב, כֹּה אָמַר ה' בְּעֵת רָצוֹן עֲנִיתִיךָ. וְאֵין הַקָּדוֹשׁ בָּרוּךְ הוּא מוֹאֵס בִּתְפִלָּתָן שֶׁל רַבִּים. וַאֲפִלּוּ יֵשׁ בָּהֶם חוֹטְאִים, דִּכְתִיב, הֶן אֵל כַּבִּיר (פֵּרוּשׁ, רַבִּים) וְלֹא יִמְאָס. וּכְתִיב, פָּדָה בְשָׁלוֹם נַפְשִׁי מִקֲּרָב לִי כִּי בְרַבִּים הָיוּ עִמָּדִי (נ"ב צ').

סעיף ח' הַהוֹלֵךְ בַּדֶּרֶךְ וְהִגִּיעַ לְמָקוֹם שֶׁהוּא רוֹצֶה לָלוּן שָׁם, אִם יֵשׁ לְפָנָיו עַד אַרְבָּעָה מִילִין מָקוֹם שֶׁמִּתְפַּלְלִין בְּצִבּוּר, אִם יוּכַל לָבוֹא שָׁמָּה בְּעוֹד יוֹם שֶׁלֹּא יִצְטָרֵךְ לָלֶכֶת יְחִידִי בַּלַּיְלָה, צָרִיךְ לֵילֵךְ אַרְבָּעָה מִילִין לְפָנָיו כְּדֵי שֶׁיִּתְפַּלֵּל בְּצִבּוּר. וּלְאַחֲרָיו צָרִיךְ לַחֲזֹר מִיל כְּדֵי לְהִתְפַּלֵּל בְּצִבּוּר. וּמִכָּל שֶׁכֵּן שֶׁלֹּא יֵלֵךְ מִמָּקוֹם שֶׁמִּתְפַּלְלִין שָׁם בְּצִבּוּר אִם יָכוֹל לָבוֹא לִמְחוֹז חֶפְצוֹ בְּעוֹד יוֹם.

סעיף ט' מִצְוָה גְדוֹלָה לְהִתְפַּלֵּל בְּבֵית הַכְּנֶסֶת אוֹ בְּבֵית הַמִּדְרָשׁ שֶׁהֵם מְקוֹמוֹת מְקֻדָּשִׁים, וַאֲפִלּוּ אִם לִפְעָמִים מִתְבַּטֵּל, שֶׁאֵין שָׁם מִנְיָן, מִכָּל מִצְוָה לְהִתְפַּלֵּל שָׁם בִּיחִידוּת, כֵּיוָן שֶׁהֵן מְקוֹמוֹת מְקֻדָּשִׁים. וּמִי שֶׁדַּרְכּוֹ לִלְמֹד בְּבֵית הַמִּדְרָשׁ, יִתְפַּלֵּל גַּם כֵּן שָׁמָּה בַּעֲשָׂרָה אַף עַל פִּי שֶׁיֵּשׁ בְּעִירוֹ גַּם בֵּית הַכְּנֶסֶת. אֲבָל מִי שֶׁאֵין דַּרְכּוֹ לִלְמֹד בְּבֵית הַמִּדְרָשׁ, יִתְפַּלֵּל בְּבֵית הַכְּנֶסֶת שֶׁיֵּשׁ בּוֹ רֹב עָם, וּבְרָב עָם הַדְרַת מֶלֶךְ. וְאִם יֵשׁ בְּעִירוֹ שְׁנֵי בָתֵּי כְנֵסִיּוֹת, יֵלֵךְ לְהָרָחוֹק, שֶׁיִּהְיֶה לוֹ שְׂכַר פְּסִיעוֹת. אָמַר רַבִּי יְהוֹשֻׁעַ בֶּן לֵוִי, לְעוֹלָם יַשְׁכִּים אָדָם לְבֵית הַכְּנֶסֶת כְּדֵי שֶׁיִּמָּנֶה עִם עֲשָׂרָה הָרִאשׁוֹנִים, שֶׁאֲפִלּוּ מֵאָה בָּאִים אַחֲרָיו, נוֹטֵל שְׂכַר כְּנֶגֶד כֻּלָּם. עוֹד אָמְרוּ רַבּוֹתֵינוּ זִכְרוֹנָם לִבְרָכָה, כָּל מִי שֶׁהוֹלֵךְ שַׁחֲרִית וְעַרְבִית לְבֵית הַכְּנֶסֶת אוֹ לְבֵית הַמִּדְרָשׁ בִּזְמַן הָרָאוּי, וּמִתְאַחֵר שָׁם כָּרָאוּי, וּמִתְנַהֵג שָׁם בִּקְדֻשָּׁה כָּרָאוּי, זוֹכֶה לַאֲרִיכוּת יָמִים, דִּכְתִיב, אַשְׁרֵי אָדָם שֹׁמֵעַ לִי לִשְׁקֹד עַל דַּלְתֹתַי יוֹם יוֹם לִשְׁמֹר מְזוּזֹת פְּתָחָי. וּכְתִיב בַּתְרֵהּ, כִּי מֹצְאִי מָצָא חַיִּים.

סעיף י' יֵשׁ לוֹ לָאָדָם לִקְבֹּעַ לוֹ בֵּית הַכְּנֶסֶת אוֹ בֵּית הַמִּדְרָשׁ שֶׁיִּתְפַּלֵּל שָׁם בִּקְבִיעוּת, וְגַם יִקְבַּע לוֹ שָׁם מָקוֹם מְיֻחָד לִתְפִלָּתוֹ. וְכָל תּוֹךְ אַרְבַּע אַמּוֹת, כְּחַד מָקוֹם חָשׁוּב. וְטוֹב אִם יָכוֹל לִקְבֹּעַ לוֹ מָקוֹם אֵצֶל הַקִּיר, כְּדִמְצִינוּ בְחִזְקִיָּה הַמֶּלֶךְ, דִּכְתִיב, וַיַּסֵּב חִזְקִיָּהוּ פָּנָיו אֶל הַקִּיר וְגוֹ'. וְלֹא יַעֲמֹד וְלֹא יֵשֵׁב בִּתְפִלָּה אֵצֶל רָשָׁע. וּכְשֶׁמִּתְפַּלֵּל בְּבֵיתוֹ, יִקְבַּע לוֹ גַּם כֵּן מָקוֹם שֶׁלֹּא יְבַלְבְּלוּהוּ בְּנֵי בֵיתוֹ (צ).

סעיף יא' מִצְוָה לָרוּץ כְּשֶׁהוֹלֵךְ לְבֵית הַכְּנֶסֶת אוֹ לְבֵית הַמִּדְרָשׁ אוֹ לִשְׁאָר מִצְוֹת, שֶׁנֶּאֱמַר נִרְדְּפָה לָדַעַת אֶת ה'. וּכְתִיב, דֶּרֶךְ מִצְוֹתֶיךָ אָרוּץ. וְלָכֵן אֲפִלּוּ בְּשַׁבָּת מֻתָּר לָרוּץ לִדְבַר מִצְוָה, אֲבָל בְּתוֹךְ בֵּית הַכְּנֶסֶת וּבְתוֹךְ בֵּית הַמִּדְרָשׁ, אָסוּר לָרוּץ וּבְבוֹאוֹ לִפְנֵי הַפֶּתַח, יִשְׁהֶה מְעַט שֶׁלֹּא יִכָּנֵס בְּפֶתַע פִּתְאֹם, וְיִרְתַּע וְיִפְחַד מֵהֲדַר גְּאוֹנוֹ

יִתְבָּרַךְ שְׁמוֹ, וְיֹאמַר הַפָּסוּק וַאֲנִי בְּרֹב חַסְדְּךָ וְגוֹ', שֶׁהוּא כְּמוֹ נְטִילַת רְשׁוּת, וְאַחַר כָּךְ יִכָּנֵס וְיֵלֵךְ בְּאֵימָה וּבְיִרְאָה כְּהוֹלֵךְ לִפְנֵי מֶלֶךְ. בִּקְהִלּוֹת שֶׁיֵּשׁ לַיְּהוּדִים רְחוֹבוֹת בִּפְנֵי עַצְמָן, מִצְוָה לְהִתְעַטֵּף בְּצִיצִית וּלְהָנִיחַ תְּפִלִּין בְּבֵיתוֹ, וְיֵלֵךְ כָּךְ לְבֵית הַכְּנֶסֶת וּבִמְקוֹם שֶׁדָּרִים בֵּין הָאֻמּוֹת אוֹ שֶׁצָּרִיךְ לַעֲבֹר דֶּרֶךְ מְבוֹאוֹת מְטֻנָּפוֹת, יֵשׁ לְהִתְעַטֵּף בְּצִיצִית וּלְהָנִיחַ תְּפִלִּין בַּפְּרוֹזְדוֹר שֶׁל בֵּית הַכְּנֶסֶת, כִּי הוּא עִנְיָן גָּדוֹל לִכָּנֵס לְבֵית הַכְּנֶסֶת מְעֻטָּף בְּצִיצִית וּמֻכְתָּר בִּתְפִלִּין (צ' ובסידור).

סעיף יב' אִם מֵחֲמַת אֵיזֶה אֹנֶס אֵינוֹ יָכוֹל לֵילֵךְ לְבֵית הַכְּנֶסֶת אוֹ לְבֵית הַמִּדְרָשׁ, וַאֲפִלּוּ לִשְׁאָר מִנְיָן קָבוּעַ יֵשׁ לוֹ אֵיזֶה מְנִיעָה מְלָלֶכֶת, יִתְאַמֵּץ לְקַבֵּץ עֲשָׂרָה אֲנָשִׁים שֶׁיִּתְפַּלֵּל עַל כָּל פָּנִים בְּבֵיתוֹ בְּצִבּוּר. וְאִם אִי אֶפְשָׁר לוֹ, יִתְפַּלֵּל עַל כָּל פָּנִים בְּשָׁעָה שֶׁהַצִּבּוּר מִתְפַּלְּלִין, שֶׁאָז הִיא עֵת רָצוֹן. וְכֵן מִי שֶׁהוּא דָּר בְּמָקוֹם שֶׁאֵין שָׁם מִנְיָן, יִתְפַּלֵּל בְּשָׁעָה שֶׁהַצִּבּוּר מִתְפַּלְּלִין בַּעֲיָרוֹת. אַךְ אִם צָרִיךְ לִלְמֹד אוֹ לַעֲסֹק בִּמְלַאכְתּוֹ הַנְּחוּצָה לוֹ, וְנִתְבָּאֵר לְעֵיל סִימָן ח' דְּאָסוּר לְהַתְחִיל קֹדֶם הַתְּפִלָּה, עַל כֵּן יָכוֹל לְהַקְדִּים עַצְמוֹ וּלְהִתְפַּלֵּל תֵּכֶף מִשֶּׁתָּנֵץ הַחַמָּה.

סעיף יג' וְכֵן מִי שֶׁחָלַשׁ לִבּוֹ, וְקָשֶׁה עָלָיו לְהַמְתִּין מִלֶּאֱכֹל עַד לְאַחַר גְּמַר תְּפִלַּת הַצִּבּוּר, מֻתָּר לוֹ לְהַקְדִּים תְּפִלָּתוֹ בְּבֵיתוֹ כְּדֵי לֶאֱכֹל מִיָּד (כדלעיל סִימָן ח' סָעִיף ב'). וְדַוְקָא בְּבֵיתוֹ מֻתָּר לוֹ לְהַקְדִּים תְּפִלָּתוֹ לִתְפִלַּת הַצִּבּוּר. וַאֲפִלּוּ אִם רוֹצֶה לָצֵאת חוּץ לְבֵית הַכְּנֶסֶת לְהִתְפַּלֵּל קֹדֶם הַצִּבּוּר, אָסוּר, אֶלָּא אִם כֵּן רוֹאֶה שֶׁהַצִּבּוּר מִתְאַחֲרִין מִלְּהִתְפַּלֵּל, יִתְפַּלֵּל הוּא בִּפְנֵי עַצְמוֹ כְּדֵי שֶׁלֹּא יַעֲבֹר הַזְּמַן. וְכֵן אִם הוּא חוֹלֶה אוֹ שֶׁיֵּשׁ לוֹ אֹנֶס אַחֵר, מֻתָּר לְהַקְדִּים תְּפִלָּתוֹ אֲפִלּוּ בְּבֵית הַכְּנֶסֶת. וְיוֹתֵר טוֹב שֶׁיֵּלֵךְ לְבֵיתוֹ לְהִתְפַּלֵּל (צ').

סעיף יד' יֵשׁ אוֹמְרִים שֶׁאִם הִתְפַּלְלוּ צִבּוּר בְּבֵית הַכְּנֶסֶת וְאַחַר כָּךְ בָּאוּ צִבּוּר אַחֵר לְהִתְפַּלֵּל שָׁם, אֵין לִשְׁלִיחַ צִבּוּר הַשֵּׁנִי לַעֲמֹד בַּמָּקוֹם שֶׁעָמַד הָרִאשׁוֹן, מִשּׁוּם דַּהֲוֵי גְּנַאי לָהָרִאשׁוֹנִים, אִם לֹא שֶׁכְּבָר יָצְאוּ הָרִאשׁוֹנִים מִבֵּית הַכְּנֶסֶת. וְאִם הָרִאשׁוֹנִים הוֹצִיאוּ סֵפֶר תּוֹרָה וְקָרְאוּ בוֹ, אֵין לָהָאַחֲרוֹנִים לְהוֹצִיא שֵׁנִית סֵפֶר תּוֹרָה לִקְרוֹת בְּאוֹתוֹ בֵּית הַכְּנֶסֶת. אֲבָל בְּהַרְבֵּה קְהִלּוֹת אֵין מַקְפִּידִין בְּאֵלּוּ דְּבָרִים, וְהַכֹּל כְּמִנְהַג הַקְּהִלָּה (מג"א סִימָן ס"ט ובר"י שָׁם וסִימָן קמ"ד).

סעיף טו' כּוֹפִין בְּנֵי הָעִיר זֶה אֶת זֶה לִבְנוֹת בֵּית הַכְּנֶסֶת אוֹ בֵּית הַמִּדְרָשׁ וְלִקְנוֹת סְפָרִים לִלְמֹד בָּהֶם. וּבְמָקוֹם שֶׁאֵין מִנְיָן תָּמִיד, כּוֹפִין זֶה אֶת זֶה בִּקְנָסוֹת שֶׁיָּבוֹאוּ תָמִיד לַמִּנְיָן, שֶׁלֹּא יִתְבַּטֵּל הַתָּמִיד. וַאֲפִלּוּ הַלּוֹמְדִים שֶׁעַל יְדֵי זֶה יִתְבַּטְּלוּ מִלִּמּוּדָם, כּוֹפִין אוֹתָם שֶׁיָּבֹאוּ לַמִּנְיָן, דִּזְמַן תּוֹרָה לְחוּד וּזְמַן תְּפִלָּה לְחוּד.

סימן יג - דיני קדשת בית הכנסת ובית המדרש ובו ה' סעיפים:

סעיף א' קְדֻשַּׁת בֵּית הַכְּנֶסֶת וּבֵית הַמִּדְרָשׁ גְּדוֹלָה מְאֹד, וּמֻזְהָרִים עֲלֵיהֶם לִירָא מִמִּי שֶׁהוּא שׁוֹכֵן בָּהֶם יִתְבָּרַךְ שְׁמוֹ, כְּדִכְתִיב, וּמִקְדָּשִׁי תִּירָאוּ. וּבֵית

הַכְּנֶסֶת וּבֵית הַמִּדְרָשׁ נִקְרָאִים גַּם כֵּן מִקְדָּשׁ, כִּדְכְתִיב, וָאֱהִי לָהֶם לְמִקְדָּשׁ מְעַט, וְדָרְשִׁינַן אֵלּוּ בָּתֵּי כְנֵסִיּוֹת וּבָתֵּי מִדְרָשׁוֹת. וְלָכֵן אָסוּר לְדַבֵּר בָּהֶם דְּבָרִים בְּטֵלִים. וְאֵין מְחַשְּׁבִין בָּהֶם חֶשְׁבּוֹנוֹת אֶלָּא שֶׁל מִצְוָה. כְּגוֹן קֻפָּה שֶׁל צְדָקָה וְכַדּוֹמֶה. וְנוֹהֲגִין בָּהֶם כָּבוֹד לְכַבְּדָם וּלְרַבְּצָם, וּמַדְלִיקִין בָּהֶם נֵרוֹת לְכָבוֹד. אֵין לְנַשֵּׁק בָּהֶם בָּנָיו הַקְּטַנִּים, שֶׁאֵינוֹ רָאוּי לְהַרְאוֹת שָׁם אַהֲבָה אַחֶרֶת זוּלַת אַהֲבַת הַשֵּׁם יִתְבָּרֵךְ שְׁמוֹ (צ"ח קנ"א).

סעיף ב' קֹדֶם שֶׁיִּכָּנֵס לְתוֹכָם, יְקַנֵּחַ אֶת הַטִּיט מֵעַל רַגְלָיו, וְיַשְׁגִּיחַ שֶׁלֹּא יְהֵא עָלָיו וְלֹא עַל בְּגָדָיו שׁוּם לִכְלוּךְ. מֻתָּר לִירֹק בָּהֶם, אַךְ יְשַׁפְשֵׁף תֵּכֶף בְּרַגְלָיו.

סעיף ג' אֵין נִכְנָסִין בָּהֶם לֹא בַחַמָּה מִפְּנֵי הַחַמָּה, וְלֹא בַגְּשָׁמִים מִפְּנֵי הַגְּשָׁמִים. וְאִם צָרִיךְ לִכָּנֵס לִקְרוֹא אֶת חֲבֵרוֹ, יִכָּנֵס וְיִקְרָא שָׁם אֵיזֶה פְּסוּקִים אוֹ אֵיזֶה מִשְׁנָה אוֹ יֹאמַר אֵיזֶה תְּפִלָּה, אוֹ שֶׁיִּשְׁמַע מֵאֲחֵרִים אֵיזֶה לִמּוּד, אוֹ לְכָל הַפָּחוֹת יֵשֵׁב שָׁם מְעַט, כִּי גַם הַיְשִׁיבָה בָהֶם הִיא מִצְוָה, וְאַחַר כָּךְ יִקְרָא אֶת חֲבֵרוֹ (קנ"א).

סעיף ד' אָסוּר לֶאֱכֹל אוֹ לִשְׁתּוֹת אוֹ לִישֹׁן בָּהֶם אֲפִלּוּ שְׁנַת עֲרַאי. וּלְצֹרֶךְ מִצְוָה כְּגוֹן בְּלֵיל יוֹם הַכִּפּוּרִים מֻתָּר לִישֹׁן, אַךְ יִתְרַחֵק מִן אֲרוֹן הַקֹּדֶשׁ. וְכֵן לֶאֱכֹל שָׁם לְצֹרֶךְ מִצְוָה, סְעוּדָה שֶׁאֵין בָּהּ שִׁכְרוּת וְלֹא קַלּוּת רֹאשׁ, מֻתָּר. וְכֵן אוֹתָם אֲנָשִׁים שֶׁלּוֹמְדִים שָׁם בִּקְבִיעוּת, מֻתָּרִים לֶאֱכֹל וְלִישֹׁן שָׁם אֲפִלּוּ שְׁנַת קֶבַע, שֶׁלֹּא יִתְבַּטְּלוּ מִלִּמּוּדָם (סִימָן קנ"א תרי"ט וביו"ד סִימָן רמ"ו).

סעיף ה' כְּשֶׁבּוֹנִין בֵּית הַכְּנֶסֶת, צְרִיכִין לְהוֹרָאוֹת תַּלְמִיד חָכָם, אֵיךְ וּבְאֵיזֶה עִנְיָן לִבְנוֹתוֹ.

סימן יד - דיני פסוקי דזמרה ובו ח' סעיפים:

סעיף א' מִן הוֹדוּ עַד לְאַחַר הַשִּׁירָה הֵמָּה פְּסוּקֵי דְזִמְרָה. וּבָרוּךְ שֶׁאָמַר הִיא בְּרָכָה שֶׁלְּפָנֵיהֶם, וְיִשְׁתַּבַּח הִיא בְּרָכָה שֶׁלְּאַחֲרֵיהֶם מִשֶּׁהִתְחִיל בָּרוּךְ שֶׁאָמַר עַד לְאַחַר גְּמַר הַתְּפִלָּה, אָסוּר לְהַפְסִיק בְּדִבּוּר אֲפִלּוּ בִּלְשׁוֹן הַקֹּדֶשׁ (וְכֵן בְּכָל מָקוֹם שֶׁאָסוּר לְהַפְסִיק, אָסוּר אֲפִלּוּ בִּלְשׁוֹן הַקֹּדֶשׁ). אַךְ לְעִנְיַן הֶפְסֵק לִדְבַר מִצְוָה, יֵשׁ חִלּוּק בֵּין פְּסוּקֵי דְזִמְרָה וּבִרְכוֹתֶיהָ, לִקְרִיאַת שְׁמַע וּבִרְכוֹתֶיהָ. בִּפְסוּקֵי דְזִמְרָה, אֲפִלּוּ בְּאֶמְצַע בָּרוּךְ שֶׁאָמַר וּבְאֶמְצַע יִשְׁתַּבַּח, אִם שׁוֹמֵעַ אֵיזֶה בְּרָכָה, מֻתָּר לוֹ לַעֲנוֹת אָמֵן. וְכֵן אִם שׁוֹמֵעַ שֶׁהַקָּהָל אוֹמְרִים קְרִיאַת שְׁמַע, אוֹמֵר עִמָּהֶם פָּסוּק שְׁמַע יִשְׂרָאֵל וְגוֹ'. וּמִכָּל שֶׁכֵּן לְקַדִּישׁ וְלִקְדֻשָּׁה וּלְבָרְכוּ דְּמֻתָּר לוֹ לְהַפְסִיק וְלַעֲנוֹת עִם הַקָּהָל. וּמִכָּל מָקוֹם אִם אֶפְשָׁר לוֹ לְכַוֵּן, שֶׁיַּפְסִיק לְאֵלּוּ בִּמְקוֹם הֶפְסֵק, כְּגוֹן מִזְּמוֹר לְמִזְמוֹר, אוֹ לְכָל הַפָּחוֹת בֵּין פָּסוּק לְפָסוּק, יַעֲשֶׂה כֵּן. וּבָרוּךְ הוּא וּבָרוּךְ שְׁמוֹ לֹא יֹאמַר תּוֹךְ פְּסוּקֵי דְזִמְרָה, אֲפִלּוּ בִּמְקוֹם הֶפְסֵק (כֵּיוָן שֶׁאֵינוֹ נִזְכָּר בַּגְּמָרָא). וְכֵן הַנֻּסָּח יִתְבָּרֵךְ וְיִשְׁתַּבַּח וְכוּ' שֶׁאוֹמְרִים כְּשֶׁהַחַזָּן מְנַגֵּן בָּרְכוּ, לֹא יֹאמַר, כֵּיוָן שֶׁאֵינוֹ אֶלָּא מִנְהָג. וְכֵן אִם עָשָׂה צְרָכָיו וְרוֹחֵץ יָדָיו, נִרְאֶה לִי דְּלֹא יֹאמַר בִּרְכַּת אֲשֶׁר יָצַר, כֵּיוָן שֶׁיָּכוֹל לְאָמְרָהּ אַחַר כָּךְ (וְעַיֵּן לְקַמָּן סָעִיף ח'. וְדִינֵי הֶפְסֵק בִּקְרִיאַת שְׁמַע וּבִרְכוֹתֶיהָ, יְבֹאַר אי"ה בְּסִימָן ט"ז) (נא סה סו קכד).

סעיף ב' יֹאחַז שְׁתֵּי הַצִּיצִיּוֹת שֶׁלְּפָנָיו וְיֹאמַר בָּרוּךְ שֶׁאָמַר בַּעֲמִידָה, וּבְתַשְׁלוּם מְהֻלָּל בַּתִּשְׁבָּחוֹת יְנַשְּׁקֵן וְיַנִּיחֵן. וְיֹאמַר כָּל פְּסוּקֵי דְזִמְרָה בְּנַחַת וּבִנְעִימָה וְלֹא בִּמְרוּצָה, וִידַקְדֵּק בְּכָל הַתֵּבוֹת כְּאִלּוּ הָיָה מוֹנֶה מָעוֹת, וִיכַוֵּן פֵּרוּשׁ הַמִּלּוֹת. וּמִכָּל שֶׁכֵּן בְּפָסוּק פּוֹתֵחַ אֶת יָדֶךָ וְגוֹ', שֶׁצָּרִיךְ לְאָמְרוֹ בְּכַוָּנָה גְדוֹלָה, שֶׁיְּכַוֵּן פֵּרוּשׁ הַמִּלּוֹת וְיִתְפַּלֵּל בְּמַחְשַׁבְתּוֹ עַל מְזוֹנוֹתָיו וְעַל מְזוֹנוֹת כָּל יִשְׂרָאֵל. וְאִם לֹא כִוֵּן בּוֹ כְּלָל, אֲפִלּוּ בְּדִיעֲבַד צָרִיךְ לַחֲזֹר וּלְאָמְרוֹ בְּכַוָּנָה. בֵּין אֱלִילִים וּבֵין וַה' שָׁמַיִם עָשָׂה, צָרִיךְ לְהַפְסִיק קְצָת, שֶׁלֹּא יְהֵא נִרְאֶה כְּחוֹזֵר לְמַעְלָה (נ"א).

סעיף ג' יִזָּהֵר שֶׁלֹּא לִגַּע בִּשְׁעַת פְּסוּקֵי דְזִמְרָה וּמִכָּל שֶׁכֵּן עַד גְּמַר הַתְּפִלָּה בִּמְקוֹמוֹת הַמְכֻסִּין בְּגוּפוֹ, אוֹ בְּרֹאשׁוֹ בְּמָקוֹם הַמְכֻסֶּה. וְכֵן בְּצוֹאַת הַחֹטֶם וּבְצוֹאַת הָאֹזֶן אָסוּר לִגַּע כִּי אִם עַל יְדֵי מִטְפַּחַת. וְאִם נָגַע בְּיָדוֹ, יֵשׁ לִרְחֹץ יָדוֹ בְּמַיִם. וְאִם הוּא בִּשְׁעַת תְּפִלָּה וְאִי אֶפְשָׁר לוֹ לָזוּז וּלְבַקֵּשׁ מַיִם, דַּי לוֹ בְּנִקָּיוֹן צְרוֹר אוֹ חוֹכֵךְ יָדוֹ בַּכֹּתֶל וְכַדּוֹמֶה (צ"ב צ"ז).

סעיף ד' מִזְמוֹר לְתוֹדָה אוֹמְרִים בַּעֲמִידָה וּבְשִׂמְחָה, שֶׁהוּא בִּמְקוֹם קָרְבַּן תּוֹדָה. וְכֵן מִן וַיְבָרֶךְ דָּוִיד עַד אַתָּה הוּא ה' הָאֱלֹהִים, יֹאמַר בַּעֲמִידָה. וְכֵן הַשִּׁירָה יֹאמַר בַּעֲמִידָה בְּכַוָּנָה וּבְשִׂמְחָה. וְכֵן בְּבִרְכַּת יִשְׁתַּבַּח יַעֲמֹד (סִימָן א' נ"א נ"ג).

סעיף ה' בְּשַׁבָּת וּבְיוֹם טוֹב אֵין אוֹמְרִים מִזְמוֹר לְתוֹדָה, מִפְּנֵי שֶׁקָּרְבַּן תּוֹדָה בָּא בִּנְדָבָה, וְאֵין מְבִיאִים נְדָרִים וּנְדָבוֹת בְּשַׁבָּת וּבְיוֹם טוֹב. גַּם אֵין אוֹמְרִים אוֹתוֹ בְּחֹל הַמּוֹעֵד פֶּסַח, מִפְּנֵי שֶׁאֵין קָרְבַּן תּוֹדָה בָּא אָז, לְפִי שֶׁעִם הַתּוֹדָה צְרִיכִין לְהָבִיא עֲשָׂרָה לַחְמֵי חָמֵץ. וְלֹא בְּעֶרֶב פֶּסַח כִּי שֶׁמָּא לֹא יוּכְלוּ לְאָכְלָם עַד זְמַן אִסּוּר חָמֵץ וְיִצְטָרְכוּ לְשָׂרְפָן. וְלֹא בְּעֶרֶב יוֹם הַכִּפּוּרִים, מִפְּנֵי שֶׁמְּמַעֵט זְמַן אֲכִילָתָם וּמֵבִיא קָדָשִׁים לִידֵי פְסוּל (נ"א).

סעיף ו' אִם אֵחַר מִלָּבוֹא לְבֵית הַכְּנֶסֶת עַד לְאַחַר שֶׁהִתְחִילוּ הַצִּבּוּר לְהִתְפַּלֵּל, וְאִם יִתְפַּלֵּל כַּסֵּדֶר לֹא יַגִּיעַ לְהִתְפַּלֵּל תְּפִלַּת שְׁמוֹנֶה עֶשְׂרֵה עִמָּהֶם, וְהָעִקָּר הוּא שֶׁיִּתְפַּלֵּל שְׁמוֹנֶה עֶשְׂרֵה עִם הַצִּבּוּר, עַל כֵּן יָכוֹל לְדַלֵּג כַּאֲשֶׁר יִתְבָּאֵר. אַךְ בִּרְכַּת עַל נְטִילַת יָדַיִם וּבִרְכוֹת הַתּוֹרָה וּבִרְכַּת אֱלֹהַי נְשָׁמָה, לְעוֹלָם צָרִיךְ לוֹמַר קֹדֶם הַתְּפִלָּה (כְּמוֹ שֶׁכָּתוּב בְּסִימָן ז'). וְעַל כֵּן אִם לֹא אֲמָרָן בְּבֵיתוֹ, צָרִיךְ לְאָמְרָן בְּבֵית הַכְּנֶסֶת, וַאֲפִלּוּ אִם עַל יְדֵי זֶה יִתְאַחֵר מִלְּהִתְפַּלֵּל עִם הַצִּבּוּר. וְגַם קְרִיאַת שְׁמַע עִם הַבְּרָכוֹת בְּשַׁחֲרִית, צָרִיךְ לוֹמַר דַּוְקָא קֹדֶם שְׁמוֹנֶה עֶשְׂרֵה, דְּהַיְנוּ שֶׁיַּתְחִיל בִּרְכַּת יוֹצֵר אוֹר וְיִתְפַּלֵּל כַּסֵּדֶר עַד אַחַר שְׁמוֹנֶה עֶשְׂרֵה בְּלִי שׁוּם הֶפְסֵק (כְּדֵי לְהַסְמִיךְ גְּאֻלָּה לִתְפִלָּה. דְּהַיְנוּ גָּאַל יִשְׂרָאֵל לִשְׁמוֹנֶה עֶשְׂרֵה), אֲבָל שְׁאָר הַבְּרָכוֹת וְכָל הַסֵּדֶר וּפְסוּקֵי דְזִמְרָה (בְּלִי בִּרְכַּת בָּרוּךְ שֶׁאָמַר וְיִשְׁתַּבַּח) יָכוֹל לְאָמְרָם גַּם לְאַחַר הַתְּפִלָּה.

סעיף ז' וְלָכֵן לְאַחַר שֶׁאָמַר שָׁלֹשׁ בְּרָכוֹת הַנִּזְכָּרוֹת לְעֵיל וְהִנִּיחַ טַלִּית וּתְפִלִּין, אִם הוּא רוֹאֶה כִּי אֵין לוֹ עוֹד זְמַן שֶׁיּוּכַל לְהַגִּיעַ לְהִתְפַּלֵּל שְׁמוֹנֶה עֶשְׂרֵה עִם הַצִּבּוּר, אֶלָּא כְּשֶׁיְּדַלֵּג וְיַתְחִיל בְּבִרְכַּת יוֹצֵר אוֹר, אֲזַי יַתְחִיל שָׁם. וְאִם יֵשׁ לוֹ זְמַן לוֹמַר גַּם בָּרוּךְ שֶׁאָמַר וּתְהִלָּה לְדָוִד עַד סוֹפוֹ, דְּהַיְנוּ

שֵׁם קָדְשׁוֹ לְעוֹלָם וָעֶד וְיִשְׁתַּבַּח, יֹאמְרֵם. יֵשׁ לוֹ זְמַן יוֹתֵר, יֹאמַר גַּם הַלְלוּיָהּ הַלְלוּ אֵל בְּקָדְשׁוֹ עַד כֹּל הַנְּשָׁמָה תְּהַלֵּל יָהּ הַלְלוּיָהּ. יֵשׁ לוֹ עוֹד זְמַן יוֹתֵר, יֹאמַר גַּם הַלְלוּיָהּ הַלְלוּ אֶת ה' מִן הַשָּׁמַיִם וְגוֹ'. יֵשׁ לוֹ עוֹד זְמַן יוֹתֵר, יֹאמַר גַּם שְׁאָר הַלְלוּיָהּ. יֵשׁ לוֹ עוֹד זְמַן יוֹתֵר, יֹאמַר גַּם וַיְבָרֶךְ דָּוִיד עַד לְשֵׁם תִּפְאַרְתֶּךָ. וְאִם יֵשׁ לוֹ עוֹד זְמַן יוֹתֵר, יֹאמַר גַּם הוֹדוּ עַד וְהוּא רַחוּם, וִידַלֵּג עַד וְהוּא רַחוּם שֶׁקֹּדֶם אַשְׁרֵי וְשָׁם יַתְחִיל. וְהַמִּזְמוֹרִים שֶׁמּוֹסִפִין בְּשַׁבָּת וּבְיוֹם טוֹב, אִם אֵין לוֹ זְמַן לְאָמְרָם, אֲזַי כָּל הַמִּזְמוֹרִים וְהַפְּסוּקִים שֶׁאוֹמְרִים אוֹתָן בְּכָל יוֹם, לָהֶם הַקְדִימָה. וְאִם יֵשׁ לוֹ זְמַן לוֹמַר קְצָת גַּם מֵאֵלּוּ שֶׁמּוֹסִיפִים נִרְאֶה לִי, דִּבְשַׁבָּת וּבְיוֹם הַכִּפּוּרִים, מִזְמוֹר שִׁיר לְיוֹם הַשַּׁבָּת וְהַלֵּל הַגָּדוֹל (שֶׁהוּא הוֹדוּ לַה' כִּי טוֹב וְגוֹ), לָהֶם הַקְדִימָה. וּבִשְׁאָר יוֹם טוֹב, לְהַלֵּל הַגָּדוֹל לְבַד, הַקְדִימָה. וְאַחַר כָּךְ הַמִּזְמוֹר לַמְנַצֵּחַ, לְדָוִד בְּשַׁנּוֹתוֹ, תְּפִלָּה לְמֹשֶׁה. וְכָל אֵלּוּ הַמִּזְמוֹרִים וְהַפְּסוּקִים יֹאמְרֵם קֹדֶם יִשְׁתַּבַּח, וּלְאַחַר גְּמַר הַתְּפִלָּה יַשְׁלִים כָּל מַה שֶּׁדִּלֵּג, רַק בָּרוּךְ שֶׁאָמַר וְיִשְׁתַּבַּח אֵין אוֹמְרִים לְאַחַר הַתְּפִלָּה. וְאִם רוֹאֶה שֶׁאֲפִלּוּ אִם יַתְחִיל בְּבִרְכַּת יוֹצֵר אוֹר לֹא יוּכַל לְהִתְפַּלֵּל שְׁמוֹנֶה עֶשְׂרֵה עִם הַצִּבּוּר אֶלָּא אִם כֵּן יְמַהֵר, טוֹב לוֹ יוֹתֵר לְהִתְפַּלֵּל בִּפְנֵי עַצְמוֹ כְּסֵדֶר בִּמְתִינוּת וּבְכַוָּנָה (ס"כ סָעִיף יא ויב) (נב רפא).

סעיף ח' אִם בָּא לְבֵית הַכְּנֶסֶת וְהַצִּבּוּר מַתְחִילִין לְהִתְפַּלֵּל פְּסוּקֵי דְזִמְרָה וְאֵין לוֹ טַלִּית וּתְפִלִּין וְהוּא מְצַפֶּה שֶׁיּוּבְאוּ לוֹ, יָכוֹל לְהִתְפַּלֵּל גַּם כֵּן פְּסוּקֵי דְזִמְרָה, וּכְשֶׁיּוּבְאוּ לוֹ טַלִּית וּתְפִלִּין, יַנִּיחֵם לְאַחַר יִשְׁתַּבַּח, קֹדֶם בִּרְכַּת יוֹצֵר אוֹר, וִיבָרֵךְ עֲלֵיהֶם. וְאִם מִתְיָרֵא שֶׁבְּעוֹד שֶׁיַּנִּיחֵם יִתְעַכֵּב מִלְּהִתְפַּלֵּל שְׁמוֹנֶה עֶשְׂרֵה עִם הַצִּבּוּר, יְדַלֵּג מִן וְהוּא רַחוּם שֶׁבְּהוֹדוּ עַד וְהוּא רַחוּם שֶׁקֹּדֶם אַשְׁרֵי, אוֹ מִן וַיּוֹשַׁע עַד יִשְׁתַּבַּח, וְלֹא יֹאמַר רַק מִזְמוֹרִים הָעִקָּרִיִּים כְּמוֹ שֶׁכָּתוּב לְעֵיל, כְּדֵי שֶׁיְּהֵא לוֹ פְּנַאי לְהַנִּיחָם לְאַחַר שֶׁהוּא אָמַר יִשְׁתַּבַּח קֹדֶם שֶׁיֹּאמַר הַשְּׁלִיחַ צִבּוּר הַקַּדִּישׁ (וְעַיֵּן לְעֵיל סִימָן י' סָעִיף כ"ג) (נ"ב נ"ג ס"ו).

סימן טו - דיני קדיש וברכו וצרוף עשרה ואם יצאו מקצתן ודין השליח צבור ובו י"ג סעיפים:

סעיף א' אַחַר יִשְׁתַּבַּח, אוֹמֵר הַשְּׁלִיחַ צִבּוּר חֲצִי קַדִּישׁ. אֵין אוֹמְרִים קַדִּישׁ וּבָרְכוּ וּקְדֻשָּׁה וְאֵין קוֹרִין בַּתּוֹרָה אֶלָּא בַּעֲשָׂרָה אֲנָשִׁים גְּדוֹלִים. וְאִם לֹא הָיוּ עֲשָׂרָה בְּשָׁעָה שֶׁאָמְרוּ יִשְׁתַּבַּח אֶלָּא שֶׁנִּשְׁלְמוּ אַחַר כָּךְ, לֹא יֹאמַר הַשְּׁלִיחַ צִבּוּר קַדִּישׁ, כִּי אֵין אוֹמְרִים קַדִּישׁ אֶלָּא אַחַר דָּבָר שֶׁנֶּאֱמַר בַּעֲשָׂרָה. וְלָכֵן יַמְתִּינוּ מִלּוֹמַר יִשְׁתַּבַּח עַד שֶׁיָּבוֹאוּ עֲשָׂרָה. וִיכוֹלִין לְהַמְתִּין עַד קָרוֹב לַחֲצִי שָׁעָה, וְיוֹתֵר לֹא יַמְתִּינוּ, אֶלָּא יֹאמְרוּ יִשְׁתַּבַּח וְיַמְתִּינוּ. וּכְשֶׁיָּבוֹאוּ עֲשָׂרָה, יֹאמְרוּ תְּחִלָּה אֵיזֶה פְּסוּקִים וְאַחֲרֵיהֶם יֹאמַר הַשְּׁלִיחַ צִבּוּר חֲצִי קַדִּישׁ (נ"ג נ"ה ס"ט רל"ד).

סעיף ב' גָּדוֹל, הַיְנוּ שֶׁעָבְרוּ לוֹ שְׁלֹשׁ עֶשְׂרֵה שָׁנָה וְנִכְנַס לִשְׁנַת י"ד, (וְסוֹמְכִין עַל הַחֲזָקָה דְּמִסְתָמָא הֵבִיא ב' שְׂעָרוֹת) כְּגוֹן שֶׁנּוֹלַד בְּרֹאשׁ חוֹדֶשׁ נִיסָן, אֵינוֹ נַעֲשֶׂה גָּדוֹל עַד רֹאשׁ חוֹדֶשׁ דְּהַיְינוּ בִּתְחִלַּת הַלַּיְלָה שֶׁל רֹאשׁ חוֹדֶשׁ נִיסָן לְאַחַר י"ג שָׁנִים נַעֲשֶׂה גָּדוֹל עַד אֲדָר שֵׁנִי, אֲבָל אִם נוֹלַד

בְּשָׁנָה מְעֻבֶּרֶת בַּאֲדָר רִאשׁוֹן, נַעֲשָׂה גָּדוֹל גַּם כֵּן בַּאֲדָר רִאשׁוֹן, וְאִם כְּשֶׁנּוֹלַד הָיְתָה שָׁנָה מְעֻבֶּרֶת, וּכְשֶׁנַּעֲשָׂה גָּדוֹל הִיא שָׁנָה פְּשׁוּטָה, בֵּין שֶׁנּוֹלַד בַּאֲדָר רִאשׁוֹן, בֵּין שֶׁנּוֹלַד בַּאֲדָר שֵׁנִי, נַעֲשָׂה גָּדוֹל בְּיוֹם זֶה בַּאֲדָר שֶׁל עַתָּה וְנִמְצָא, כִּי לִפְעָמִים נַעַר שֶׁנּוֹלַד קוֹדֶם לַחֲבֵרוֹ, יִתְאַחֵר יוֹתֵר לִהְיוֹת גָּדוֹל, מֵחֲבֵרוֹ שֶׁנּוֹלַד אַחֲרָיו, כְּגוֹן שֶׁנּוֹלְדוּ בְּשָׁנָה מְעֻבֶּרֶת, זֶה בְּכ' לַאֲדָר רִאשׁוֹן וְזֶה בְּי' לַאֲדָר שֵׁנִי וְהַשָּׁנָה אֲשֶׁר נַעֲשִׂים גְּדוֹלִים, הִיא שָׁנָה פְּשׁוּטָה.

סעיף ג' צְרִיכִין לִזָּהֵר, שֶׁלֹּא לִמְנוֹת אֶת הָאֲנָשִׁים לְגֻלְגְּלוֹתָם לֵידַע אִם יֵשׁ מִנְיָן, כִּי אָסוּר לִמְנוֹת אֶת יִשְׂרָאֵל לְגֻלְגְּלוֹתָם, אֲפִלּוּ לִדְבַר מִצְוָה דִּכְתִיב וַיְשַׁמַּע שָׁאוּל אֶת הָעָם וַיִּפְקְדֵם בַּטְּלָאִים (פר"ח) וְנוֹהֲגִין לִמְנוֹתָם בַּאֲמִירַת הַפָּסוּק הוֹשִׁיעָה אֶת עַמֶּךָ וְגוֹ' שֶׁיֵּשׁ בּוֹ עֲשָׂרָה תֵּבוֹת.

סעיף ד' צְרִיכִין שֶׁיִּהְיוּ כָּל הָעֲשָׂרָה בְּמָקוֹם אֶחָד, וְהַשְּׁלִיחַ צִבּוּר עִמָּהֶם, אֲבָל אִם מִקְצָתָם בְּחֶדֶר זֶה וּמִקְצָתָם בְּחֶדֶר אַחֵר, אֵינָם מִצְטָרְפִין, אַף עַל פִּי שֶׁהַפֶּתַח פָּתוּחַ בֵּינֵיהֶם, וַאֲפִלּוּ אִם הָרֹב הֵמָּה בְּבֵית הַכְּנֶסֶת, וְהַמּוּעָט בָּעֲזָרָה שֶׁלִּפְנֵי בֵּית הַכְּנֶסֶת, אֵינָם נִגְרָרִים אַחַר הָרֹב לְהִצְטָרֵף עִמָּהֶם וַאֲפִלּוּ הָעוֹמְדִים עַל הָאַסְקֻפָּה בְּתוֹךְ הַפֶּתַח מִן הָאֲגַף וְלַחוּץ. דְּהַיְנוּ, כְּשֶׁסּוֹגְרִין אֶת הַדֶּלֶת, נִמְצָא מָקוֹם זֶה לַחוּץ, אַף עַל פִּי שֶׁעַתָּה הַפֶּתַח פָּתוּחַ, מִכָּל מָקוֹם נִדּוֹן כְּלַחוּץ, וְכָל זֹאת לְעִנְיַן צֵרוּף לַעֲשָׂרָה אֲבָל אִם הָיוּ כָּאן עֲשָׂרָה, וְאוֹמְרִים קַדִּישׁ אוֹ בָּרְכוּ אוֹ קְדֻשָּׁה, אֲזַי כָּל הַשּׁוֹמֵעַ קוֹלָם, יָכוֹל לַעֲנוֹת עִמָּהֶם, אֲפִלּוּ כַּמָּה בָּתִּים מַפְסִיקִים בֵּינֵיהֶם, כִּי אֲפִלּוּ מְחִיצָה שֶׁל בַּרְזֶל, אֵינָהּ מַפְסֶקֶת בֵּין יִשְׂרָאֵל לַאֲבִיהֶם שֶׁבַּשָּׁמַיִם, וּבִלְבַד שֶׁלֹּא תְּהֵא שָׁם צוֹאָה אוֹ עֲבוֹדַת גִּלּוּלִים. (נ"ה) תֵּבַת יִתְבָּרַךְ, וְאַחַר כָּךְ יִשְׁמַע מִן

סעיף ה' צָרִיךְ לִזָּהֵר מְאֹד, לִשְׁמֹעַ הַקַּדִּישׁ וְלַעֲנוֹת אַחֲרָיו בְּכַוָּנָה, וּמִכָּל שֶׁכֵּן בְּאָמֵן יְהֵא שְׁמֵיהּ רַבָּא, שֶׁצָּרִיךְ לְכַוֵּן הֵיטֵב, שֶׁכָּל הָעוֹנֶה אָמֵן יְהֵא שְׁמֵיהּ רַבָּא בְּכָל כֹּחוֹ וְכַוָּנָתוֹ, קוֹרְעִין לוֹ גְּזַר דִּינוֹ שֶׁל שִׁבְעִים שָׁנָה, וְיֵשׁ לַעֲנוֹת אוֹתוֹ בְּקוֹל רָם, שֶׁבְּקוֹל זֶה שׁוֹבֵר כָּל הַמְקַטְרְגִים, וּמְבַטֵּל כָּל גְּזֵרוֹת קָשׁוֹת, וּמִכָּל מָקוֹם לֹא יִתֵּן קוֹלוֹת גְּדוֹלוֹת, שֶׁלֹּא יִתְלוֹצְצוּ עָלָיו בְּנֵי אָדָם וְיִגְרֹם לָהֶם חֵטְא. אוֹמְרִים אָמֵן יְהֵא שְׁמֵיהּ רַבָּא וְכוּ' עִם הַשְּׁלִיחַ צִבּוּר וְיֹאמַר אָמֵן.

סעיף ו' יֵשׁ אוֹמְרִים שֶׁאֵין צְרִיכִין לַעֲמֹד בְּקַדִּישׁ, אַךְ כָּל קַדִּישׁ שֶׁתְּפָסוּ בַּעֲמִידָה, כְּגוֹן אַחַר הַלֵּל, יֵשׁ לַעֲמֹד עוֹד בּוֹ, עַד לְאַחַר אָמֵן יְהֵא שְׁמֵיהּ רַבָּא. וְיֵשׁ אוֹמְרִים שֶׁיֵּשׁ לַעֲמֹד תָּמִיד, לְקַדִּישׁ וְלִשְׁאָר דָּבָר שֶׁבִּקְדֻשָּׁה, דְּיֵשׁ לִלְמֹד בְּקַל וָחֹמֶר מֵעֶגְלוֹן מֶלֶךְ מוֹאָב, דִּכְתִיב וְאֵהוּד בָּא אֵלָיו וְגוֹ' וַיֹּאמֶר אֵהוּד דְּבַר אֱלֹהִים לִי אֵלֶיךָ וַיָּקָם מֵעַל הַכִּסֵּא, וּמָה עֶגְלוֹן מֶלֶךְ מוֹאָב שֶׁהָיָה עוֹבֵד כּוֹכָבִים קָם לִדְבַר ה', כָּל שֶׁכֵּן אֲנַחְנוּ עַמּוֹ, וְכֵן יֵשׁ לְהַחְמִיר. (נ"ו)

סעיף ז' אִם אֵין ט' שׁוֹמְעִין לְהַשְּׁלִיחַ צִבּוּר, לֹא יֹאמַר כְּלָל קַדִּישׁ, כִּי כָּל דָּבָר שֶׁבִּקְדֻשָּׁה אֵין אוֹמְרִים בְּפָחוֹת מֵעֲשָׂרָה דְּהַיְנוּ אֶחָד אוֹמֵר וְתִשְׁעָה שׁוֹמְעִים, וּמִכָּל מָקוֹם, אִם אֶחָד מֵהָעֲשָׂרָה מִתְפַּלֵּל תְּפִלַּת שְׁמוֹנֶה

עֲשָׂרָה, אַף עַל פִּי שֶׁאֵינוֹ יָכוֹל לַעֲנוֹת עִמָּהֶם מִצְטָרֵף וְהוּא הַדִּין לְב' וְג' וְד', כָּל שֶׁנִּשְׁאָר הָרֹב שֶׁעוֹנִין, אֵין הַמִּעוּט מְעַכֶּבֶת, אֲבָל אִם אֶחָד מֵהֶן יָשֵׁן, צְרִיכִין לַהֲקִיצוֹ, כִּי הַיָּשֵׁן אֵינוֹ מִצְטָרֵף לַעֲשָׂרָה. (נ"ו)

סעיף ח' לְאַחַר שֶׁאָמַר הַשְּׁלִיחַ צִבּוּר חֲצִי קַדִּישׁ, אוֹמֵר בְּקוֹל רָם בָּרְכוּ אֶת ה' הַמְבֹרָךְ, וְהַצִּבּוּר עוֹנִין בָּרוּךְ ה' הַמְבֹרָךְ לְעוֹלָם וָעֶד, וְהַשְּׁלִיחַ צִבּוּר חוֹזֵר וְאוֹמֵר גַּם כֵּן בָּרוּךְ ה' הַמְבֹרָךְ לְעוֹלָם וָעֶד, שֶׁלֹּא יוֹצִיא אֶת עַצְמוֹ מִן הַכְּלָל, שֶׁאוֹמֵר לָהֶם בָּרְכוּ, וְהוּא אֵינוֹ מְבָרֵךְ. יֵשׁ נוֹהֲגִין לַעֲנוֹת אַחַר הַשְּׁלִיחַ צִבּוּר אָמֵן, אֲבָל הַשְּׁלִיחַ צִבּוּר לֹא יַעֲנֶה אַחַר אֲמִירַת הַקָּהָל. אִם הַשְּׁלִיחַ צִבּוּר מַאֲרִיךְ בְּנִגּוּן בְּבָרְכוּ, אוֹמְרִים הַקָּהָל יִתְבָּרַךְ וְכוּ' וְאֵין לְאָמְרוֹ אֶלָּא בְּשָׁעָה שֶׁהוּא מְנַגֵּן, אֲבָל כְּשֶׁאוֹמֵר הַתֵּבוֹת, לֹא יֹאמְרוּ כְּלוּם, אֶלָּא יִשְׁמְעוּ מַה שֶּׁהוּא אוֹמֵר. אַף מִי שֶׁלֹּא שָׁמַע מִן הַשְּׁלִיחַ צִבּוּר שֶׁאָמַר בָּרְכוּ אֶלָּא שׁוֹמֵעַ שֶׁהַצִּבּוּר עוֹנִין בָּרוּךְ וְכוּ' יָכוֹל גַּם הוּא לַעֲנוֹת עִמָּהֶם. (עַיֵּן א"ר קלט סק"ט) (נז קכד קלט קצב).

סעיף ט' הַקְּדֻשָּׁה שֶׁבְּיוֹצֵר יֵשׁ לְהַדֵּר לְאָמְרָהּ בְּצִבּוּר, וְאִם אִי אֶפְשָׁר אוֹמְרָהּ גַּם בְּיְחִידוּת. (נ"ט)

סעיף י' אִם אֵין בְּבֵית הַכְּנֶסֶת רַק מִנְיָן מְצֻמְצָם, אָסוּר לְכָל אֶחָד מֵהֶם לָצֵאת, וְעַל הַיּוֹצֵא נֶאֱמַר וְעוֹזְבֵי ה' יִכְלוּ. אֲבָל אִם יִשָּׁאֲרוּ עֲשָׂרָה, יְכוֹלִים הַיְתֵרִים לָצֵאת, אִם כְּבָר שָׁמְעוּ בָּרְכוּ, וּקְדֻשָּׁה וְהַקַּדִּישִׁים עַד לְאַחַר עָלֵינוּ. וּבְדִיעֲבַד אִם לֹא נִשְׁאֲרוּ עֲשָׂרָה, יְכוֹלִין לִגְמֹר גַּם בְּלֹא עֲשָׂרָה (רַק שֶׁיִּהְיוּ רֹב מִנְיָן) אֶת הָעִנְיָן שֶׁהִתְחִילוּ בַּעֲשָׂרָה, וְאִם הִתְחִיל הַשְּׁלִיחַ צִבּוּר לַחֲזֹר אֶת הַתְּפִלָּה, גּוֹמֵר הַחֲזָרַת כָּל הַתְּפִלָּה וְאוֹמְרִים קְדֻשָּׁה, וְגַם אוֹמֵר אֱלֹהֵינוּ וֵאלֹהֵי אֲבוֹתֵינוּ בָּרְכֵנוּ בִּבְרָכָה וְכוּ', אֲבָל אֵין הַכֹּהֲנִים נוֹשְׂאִין אֶת כַּפֵּיהֶם, וְגַם אֵין אוֹמְרִים קַדִּישׁ לְאַחַר הַשְּׁמוֹנֶה עֶשְׂרֵה, כִּי הֵמָּה עִנְיָנִים אֲחֵרִים (כָּךְ כָּתַב הַפְּרִי חָדָשׁ וְעוֹד מֵהָאַחֲרוֹנִים ז"ל) וְאִם הִתְחִילוּ לִקְרֹת בַּתּוֹרָה בַּעֲשָׂרָה, וְיָצְאוּ מִקְצָתָן, גּוֹמְרִין אֶת הַקְּרִיאָה, אֲבָל אֵין מוֹסִיפִין, וְגַם אֵין קוֹרִין לְמַפְטִיר, אֶלָּא הָאַחֲרוֹן שֶׁבְּמִנְיַן הַקְּרוּאִים, קוֹרֵא אֶת הַהַפְטָרָה בְּלֹא בְּרָכוֹת. (נ"ה קמ"ג)

סעיף יא' הַשְּׁלִיחַ צִבּוּר צָרִיךְ שֶׁיִּהְיֶה הָגוּן, שֶׁנֶּאֱמַר נָתְנָה עָלַי בְּקוֹלָהּ עַל כֵּן שְׂנֵאתִיהָ, וְאָמְרוּ רז"ל זֶה שְׁלִיחַ צִבּוּר שֶׁאֵינוֹ הָגוּן וְיוֹרֵד לִפְנֵי הַתֵּיבָה, וְאֵיזֶה הָגוּן, זֶה שֶׁהוּא רֵיקָן מֵעֲבֵרוֹת, וּפִרְקוֹ נָאֶה, פֵּרוּשׁ, שֶׁלֹּא יָצָא עָלָיו שֵׁם רַע אֲפִלּוּ בְּיַלְדוּתוֹ, וְשֶׁהוּא עָנָו וּמְרֻצֶּה לַקָּהָל, שֶׁיַּסְכִּימוּ לִתְפִלָּתוֹ, וְיֵשׁ לוֹ נְעִימָה וְקוֹל עָרֵב, שֶׁמּוֹשֵׁךְ הַלֵּב, וְרָגִיל לִקְרֹת בַּתּוֹרָה נְבִיאִים וּכְתוּבִים, כְּדֵי שֶׁיִּהְיוּ הַפְּסוּקִים שֶׁבַּתְּפִלָּה סְדוּרִים בְּפִיו, וְאִם אֵין מוֹצְאִין מִי שֶׁיִּהְיוּ בוֹ כָּל הַמִּדּוֹת הַלָּלוּ, יִבְחֲרוּ אֶת הַטּוֹב שֶׁבָּהֶם בְּחָכְמָה וּבְמַעֲשִׂים טוֹבִים.

סעיף יב' אֵין לְאָדָם לְהִתְפַּלֵּל לִפְנֵי הַתֵּבָה שֶׁלֹּא בִּרְצוֹן הַקָּהָל וְכָל מִי שֶׁהִתְפַּלֵּל שֶׁלֹּא בִּרְשׁוּת, מֵחֲמַת אַלָּמוּת וְגַאֲוּת, אֵין עוֹנִין אָמֵן אַחַר בִּרְכוֹתָיו, שֶׁנֶּאֱמַר וּבוֹצֵעַ בֵּרֵךְ נִאֵץ ה'.

סעיף יג' אֵין מְמַנִּין לִשְׁלִיחַ צִבּוּר קָבוּעַ אֶלָּא מִי שֶׁנִּתְמַלֵּא זְקָנוֹ, אֲבָל

בְּאַקְרָאֵי בְּעָלְמָא, כָּל שֶׁהוּא בֶּן י"ג שָׁנָה וְיוֹם אֶחָד, יָכוֹל לֵירֵד לִפְנֵי הַתֵּבָה.

סימן טז - דיני הפסקות בברכות קריאת שמע ובקריאת שמע ובו ה' סעיפים:

סעיף א' קְרִיאַת שְׁמַע וּשְׁלֹשׁ בִּרְכוֹתֶיהָ שֶׁהֵן: יוֹצֵר אוֹר, אַהֲבָה רַבָּה, אֱמֶת וְיַצִּיב, (וְכֵן בְּמַעֲרִיב קְרִיאַת שְׁמַע וּבִרְכוֹתֶיהָ) הֵן חֲמוּרִים יוֹתֵר מִפְּסוּקֵי דְזִמְרָה, וְהֵן נֶחְלָקִים לִפְרָקִים, וְאֵלּוּ הֵן בֵּין הַפְּרָקִים, בֵּין יוֹצֵר הַמְּאוֹרוֹת לְאַהֲבָה רַבָּה, בֵּין הַבּוֹחֵר בְּעַמּוֹ יִשְׂרָאֵל בְּאַהֲבָה, לִשְׁמַע יִשְׂרָאֵל, בֵּין וּבִשְׁעָרֶיךָ לִוְהָיָה אִם שָׁמֹעַ, בֵּין עַל הָאָרֶץ לְוַיֹּאמֶר.

סעיף ב' בֵּין הַפְּרָקִים מֻתָּר לוֹמַר אָמֵן, עַל כָּל בְּרָכָה שֶׁהוּא שׁוֹמֵעַ, וּמִכָּל שֶׁכֵּן דְּמֻתָּר לַעֲנוֹת לִקְדֻשָּׁה וּלְקַדִּישׁ וּלְבָרְכוּ, אֲבָל בָּרוּךְ הוּא וּבָרוּךְ שְׁמוֹ לֹא יֹאמַר וְגַם אִם שׁוֹמֵעַ שֶׁהַקָּהָל אוֹמְרִים קְרִיאַת שְׁמַע. לֹא יֹאמַר עִמָּהֶם אֶת הַפָּסוּק שְׁמַע יִשְׂרָאֵל, אֶלָּא יֹאמַר מַה שֶּׁהוּא אוֹמֵר בְּקוֹל רָם כְּדֶרֶךְ שֶׁאוֹמְרִים הַקָּהָל שְׁמַע יִשְׂרָאֵל, שֶׁיְּהֵא נִרְאֶה כְּאִלּוּ קוֹרֵא עִמָּהֶם. (ס"ה ס"ו ופרמ"ג סִימָן נ"א ומג"א סִימָן רל"ו)

סעיף ג' בְּאֶמְצַע הַפֶּרֶק, אֵינוֹ עוֹנֶה אָמֵן רַק אַחַר בִּרְכַּת הָאֵל הַקָּדוֹשׁ, וְאַחַר בִּרְכַּת שׁוֹמֵעַ תְּפִלָּה, וּבְקַדִּישׁ יֹאמַר: אָמֵן יְהֵא שְׁמֵיהּ רַבָּא מְבָרַךְ לְעָלַם וּלְעָלְמֵי עָלְמַיָּא, וּכְשֶׁאוֹמֵר הַשְּׁלִיחַ צִבּוּר דַּאֲמִירָן בְּעָלְמָא וְאִמְרוּ אָמֵן, יֹאמַר גַּם כֵּן אָמֵן, וּשְׁאָר אָמֵנִים שֶׁבְּקַדִּישׁ לֹא יַעֲנֶה, שֶׁאֵינָם מֵעִקַּר הַקַּדִּישׁ, וּבִקְדֻשָּׁה יִשְׁתֹּק וְיִשְׁמַע מֵהַשְּׁלִיחַ צִבּוּר, וְיֹאמַר עִם הַקָּהָל קָדוֹשׁ, קָדוֹשׁ, קָדוֹשׁ ה' צְבָאוֹת מְלֹא כָל הָאָרֶץ כְּבוֹדוֹ, וְיִשְׁתֹּק וְיֹאמַר עִם הַקָּהָל בָּרוּךְ כְּבוֹד ה' מִמְּקוֹמוֹ, וְיוֹתֵר לֹא יֹאמַר, שֶׁאֵינוֹ מֵעִקַּר הַקְּדֻשָּׁה, וְאִם שׁוֹמֵעַ בָּרְכוּ, בֵּין בָּרְכוּ, בֵּין מִן הַשְּׁלִיחַ צִבּוּר בֵּין מִן הָעוֹלֶה לַתּוֹרָה, עוֹנֶה בָּרוּךְ ה' הַמְבֹרָךְ לְעוֹלָם וָעֶד וְגַם אָמֵן, שֶׁאַחַר בִּרְכוֹת הָעוֹלֶה, וְאִם הַקָּהָל אוֹמְרִים מוֹדִים, יִשְׁחֶה גַּם כֵּן. וְיֹאמַר מוֹדִים אֲנַחְנוּ לָךְ וְלֹא יוֹתֵר, וְאִם שׁוֹמֵעַ קוֹל רַעַם יֵשׁ אוֹמְרִים דְּמֻתָּר לוֹ גַּם כֵּן לְהַפְסִיק וּלְבָרֵךְ וְיֵשׁ אוֹמְרִים דְּלֹא יַפְסִיק בָּזֶה. (בכור שור).

סעיף ד' אֵלּוּ הַהֶפְסֵקוֹת שֶׁאָמַרְנוּ שֶׁמֻּתָּר לְהַפְסִיק בְּאֶמְצַע הַפֶּרֶק, אִם הוּא בַּבְּרָכוֹת, יְכַוֵּן שֶׁיְּהֵא הַהֶפְסֵק הֵיכָא דְּסָלֵיק עִנְיָנָא, וְאִם הוּא בִּקְרִיאַת שְׁמַע, יְכַוֵּן שֶׁיְּהֵא הַהֶפְסֵק בֵּין פָּסוּק לְפָסוּק, וְאִם אִי אֶפְשָׁר מֻתָּר לוֹ לְהַפְסִיק אֲפִלּוּ בְּאֶמְצַע הַפָּסוּק, וְיַתְחִיל אַחַר כָּךְ מִתְּחִלַּת הַפָּסוּק.

סעיף ה' מַה שֶּׁאָמַרְנוּ שֶׁמֻּתָּר לְהַפְסִיק בְּאֶמְצַע הַפֶּרֶק לִדְבָרִים שֶׁאָמַרְנוּ, אֵינוֹ הַדִּין בַּפָּסוּק שְׁמַע יִשְׂרָאֵל וּבָרוּךְ שֵׁם כְּבוֹד מַלְכוּתוֹ לְעוֹלָם וָעֶד, כִּי בָּהֶם אָסוּר לְהַפְסִיק בְּכָל עִנְיָן, וַאֲפִלּוּ הַמֶּלֶךְ שׁוֹאֵל בִּשְׁלוֹמוֹ לֹא יַפְסִיק לַהֲשִׁיבוֹ, וּבֵין אֲנִי ה' אֱלֹהֵיכֶם לֶאֱמֶת וְיַצִּיב גַּם כֵּן לֹא יַפְסִיק כְּלָל מִשּׁוּם דִּכְתִיב בִּקְרָא ה' אֱלֹהִים אֱמֶת לְכָךְ אֵין מַפְסִיקִין בֵּין אֱלֹהֵיכֶם לֶאֱמֶת, וְנָכוֹן לִזָּהֵר שֶׁלֹּא לְהַפְסִיק, עַד לְאַחַר שֶׁאָמַר, גַּם תֵּבַת וְיַצִּיב, (לְפִי שֶׁגַּם הוּא לְשׁוֹן אֱמֶת) וְאַחַר כָּךְ יָכוֹל לְהַפְסִיק, כְּמוֹ בְּמָקוֹם אַחֵר בְּאֶמְצַע פֶּרֶק (דִּין לִשְׁאֹל בִּשְׁלוֹם וּלְהָשִׁיב

שָׁלוֹם, בַּזְּמַן הַזֶּה אֵין מַקְפִּידִין, וְאֵין לְהַפְסִיק בָּזֶה אֲפִלּוּ בֵּין הַפְּרָקִים (סִימָן ס"ו).

סימן יז - הלכות קריאת שמע ובו י' סעיפים:

סעיף א' הַתְחָלַת זְמַן קְרִיאַת שְׁמַע שֶׁל שַׁחֲרִית, הוּא כְּמוֹ זְמַן תְּפִלִּין, וְנִמְשַׁךְ זְמַנָּהּ עַד רְבִיעִית הַיּוֹם, בֵּין שֶׁהַיּוֹם אָרֹךְ בֵּין שֶׁהוּא קָצָר, וְנֶחְשָׁב הַיּוֹם מִן עֲלוֹת עַד צֵאת הַכּוֹכָבִים, וּמִצְוָה מִן הַמֻּבְחָר לִקְרֹת כַּוָּתִיקִים, (הַמְחַבְּבִים אֶת הַמִּצְוֹת) שֶׁהָיוּ מְכַוְּנִים לִקְרֹתָהּ מְעַט קוֹדֶם הָנֵץ הַחַמָּה כְּדֵי שֶׁיְּסַיֵּם קְרִיאַת שְׁמַע וּבִרְכוֹתֶיהָ עִם הָנֵץ הַחַמָּה, וְיִסְמֹךְ לָהּ הַתְּפִלָּה, וּמִי שֶׁיּוּכַל לְכַוֵּן לַעֲשׂוֹת כֵּן שְׂכָרוֹ מְרֻבֶּה מְאֹד, וְעַל כָּל פָּנִים צְרִיכִין לִזָּהֵר מְאֹד, שֶׁלֹּא לְאַחֵר הַזְּמַן מֵרְבִיעִית הַיּוֹם, וּבִפְרָט בִּימוֹת הַקַּיִץ, כְּשֶׁהַיּוֹם אָרֹךְ בִּמְדִינָתֵנוּ, לִפְעָמִים סוֹף הַזְּמַן הוּא קוֹדֶם "זִיבֶּען אוּהֶר", וּמִכָּל מָקוֹם בְּדִיעֲבַד אִם עָבַר הַזְּמַן, מֻתָּר לִקְרֹת קְרִיאַת שְׁמַע עִם בִּרְכוֹתֶיהָ עַד שְׁלִישׁ הַיּוֹם, אֲבָל לְאַחַר שְׁלִישׁ הַיּוֹם, אָסוּר לוֹמַר הַבְּרָכוֹת אֶלָּא אוֹמֵר קְרִיאַת שְׁמַע לְבַד וַאֲפִלּוּ כָּל הַיּוֹם (וְיֵשׁ אוֹמְרִים דְּגַם הַבְּרָכוֹת יָכוֹל לוֹמַר כָּל הַיּוֹם פר"ח). (נ"ח).

סעיף ב' מֻתָּר לִקְרֹת קְרִיאַת שְׁמַע, בֵּין יוֹשֵׁב בֵּין עוֹמֵד, וְאִם הָיָה יוֹשֵׁב אָסוּר לְהַחְמִיר וְלַעֲמֹד, אֲבָל אָסוּר לִקְרֹת כְּשֶׁהוּא שׁוֹכֵב, וְאִם הוּא שׁוֹכֵב כְּבָר יַטֶּה אֶת עַצְמוֹ עַל צִדּוֹ מַמָּשׁ וְיִקְרָא, וְאִם הוּא חוֹלֶה קְצָת וְקָשֶׁה לוֹ לִשְׁכַּב עַל צִדּוֹ מַמָּשׁ, מִכָּל מָקוֹם מְחֻיָּב לְהַטּוֹת אֶת עַצְמוֹ קְצָת עַל צִדּוֹ. (ס"ג).

סעיף ג' קוֹדֶם שֶׁיַּתְחִיל, יְכַוֵּן לָצֵאת מִצְוַת קְרִיאַת שְׁמַע שֶׁצִּוָּנוּ הַקָּדוֹשׁ בָּרוּךְ הוּא, וּבְאָמְרוֹ שְׁמַע יִשְׂרָאֵל יְכַוֵּן אֶת הַפֵּרוּשׁ: שְׁמַע יִשְׂרָאֵל, כִּי ה' שֶׁהוּא אֱלֹהֵינוּ הוּא ה' אֶחָד, יָחִיד וּמְיֻחָד בַּשָּׁמַיִם וּבָאָרֶץ, וְיַאֲרִיךְ "בַּחֵי"ת" שֶׁל אֶחָד, כְּדֵי שֶׁיַּמְלִיךְ הַקָּדוֹשׁ בָּרוּךְ הוּא בַּשָּׁמַיִם וּבָאָרֶץ, וּבְדָּלֶת יַאֲרִיךְ קְצָת גַּם כֵּן שִׁעוּר, שֶׁיַּחְשֹׁב שֶׁהַקָּדוֹשׁ בָּרוּךְ הוּא, הוּא יָחִיד בְּעוֹלָמוֹ וּמוֹשֵׁל בְּד' רוּחוֹת הָעוֹלָם וְלֹא יַאֲרִיךְ יוֹתֵר מִשִּׁעוּר זֶה, וִידַקְדֵּק שֶׁלֹּא יְקַלְקֵל קְרִיאַת הַתֵּבָה אֶחָד עַל יְדֵי מַה שֶּׁמַּאֲרִיךְ בּוֹ קְצָת, כִּי קְצָת מֵהֶהָמוֹן עַם מְקַלְקְלִין, יֵשׁ אוֹמְרִים "אֶחָאָד", וְיֵשׁ אוֹמְרִים "אֶחָדֶע" וּמוּטָב שֶׁלֹּא לְהַאֲרִיךְ מִלְּהַאֲרִיךְ וּלְקַלְקֵל. נוֹהֲגִין לוֹמַר "שְׁמַע יִשְׂרָאֵל" בְּקוֹל רָם לְעוֹרֵר הַכַּוָּנָה, וּמְשִׂימִין יַד יָמִין עַל הָעֵינַיִם, לְאַחַר שֶׁאוֹמְרִים אֶחָד, שׁוֹהִין קְצָת וְאוֹמְרִים בָּרוּךְ שֵׁם כְּבוֹד מַלְכוּתוֹ לְעוֹלָם וָעֶד בְּלַחַשׁ (חוּץ מִבְּיוֹם הַכִּפּוּרִים) וּצְרִיכִין לְכַוֵּן בּוֹ גַּם כֵּן פֵּרוּשׁ הַמִּלּוֹת.

סעיף ד' שׁוֹהֶה מְעַט וְאוֹמֵר וְאָהַבְתָּ וְגוֹ', וְכֵן בֵּין פָּרָשָׁה זוֹ לְפָרָשַׁת וְהָיָה אִם שָׁמֹעַ יַפְסִיק מְעַט, וְכֵן קוֹדֶם וַיֹּאמֶר, יַפְסִיק מְעַט, וִיכַוֵּן בפ' וַיֹּאמֶר, לְקַיֵּם מִצְוַת עֲשֵׂה זְכִירַת יְצִיאַת מִצְרַיִם. (סִימָן א וּבְחַיֵּי אָדָם)

סעיף ה' צָרִיךְ לִקְרֹת קְרִיאַת שְׁמַע בְּדִקְדּוּק גָּדוֹל מִתּוֹךְ סִדּוּר מְדֻיָּק הֵיטֵב, וְיַשְׁמִיעַ לְאָזְנָיו מַה שֶּׁהוּא מוֹצִיא מִפִּיו, וְיַשְׁגִּיחַ שֶׁלֹּא יֹאמַר דָּגוּשׁ בִּמְקוֹם רָפֶה, אוֹ רָפֶה בִּמְקוֹם דָּגוּשׁ, וְיַפְסִיק קְצָת בְּכָל מָקוֹם שֶׁנִּרְשַׁם קַו כָּזֶה |. וְגַם בִּפְסוּקֵי דְּזִמְרָה, צָרִיךְ

לְדַקְדֵּק בְּכָל זֶה, וְיַטְעִים יָפֶה הָעַיִן שֶׁל תֵּבַת נִשְׁבַּע, שֶׁלֹּא יְהֵא נִשְׁמָע כְּאִלּוּ אָמַר נִשְׁבָּה "בְּה"א", וְכֵן בְּזַיִ"ן שֶׁל תִּזְכְּרוּ, וְשֶׁל וּזְכַרְתֶּם, יְדַקְדֵּק הֵיטֵב שֶׁלֹּא יְהֵא נִשְׁמָע כְּאִלּוּ אָמַר "בְּשִׂי"ן". (ס"א ס"ב).

סעיף ו' הַקּוֹרֵא קְרִיאַת שְׁמַע, לֹא יִרְמֹז בְּעֵינָיו, וְלֹא יִקְרֹץ בִּשְׂפָתָיו, וְלֹא יַרְאֶה בְּאֶצְבְּעוֹתָיו, אַךְ לְצֹרֶךְ מִצְוָה מֻתָּר לִרְמֹז בְּפָרָשָׁה שְׁנִיָּה. (ס"ג)

סעיף ז' קוֹדֶם קְרִיאַת שְׁמַע כְּשֶׁאוֹמֵר וַהֲבִיאֵנוּ וְכוּ' נוֹטֵל אֶת הַצִּיצִית בְּיָדוֹ, וְאוֹחֲזָן בִּשְׁעַת קְרִיאַת שְׁמַע בְּיַד שְׂמֹאל בֵּין קְמִיצָה לְזֶרֶת כְּנֶגֶד לִבּוֹ, וּכְשֶׁמַּגִּיעַ לְוַיֹּאמֶר שֶׁהִיא פָּרָשַׁת צִיצִית, אוֹחֲזָן גַּם בִּימִינוֹ, וּכְשֶׁאוֹמֵר וּרְאִיתֶם אוֹתוֹ, נוֹתְנָם עַל הָעֵינַיִם, וּמִסְתַּכֵּל בָּהֶם וְנוֹשְׁקָן. וְנוֹהֲגִין שֶׁבְּכָל פַּעַם שֶׁאוֹמֵר תֵּבַת צִיצִית, נוֹשְׁקָן, וְאוֹחֲזָן עַד וְנֶחֱמָדִים לָעַד, שֶׁאָז נוֹשְׁקָן וּמַנִּיחָן מִיָּדָיו. (ס"ד).

סעיף ח' בְּאָמְרוֹ אֲנִי ה' אֱלֹהֵיכֶם, יֹאמַר מִיָּד גַּם תֵּבַת אֱמֶת, שֶׁלֹּא לְהַפְסִיק בֵּינֵיהֶם, וְגַם הַשְּׁלִיחַ צִבּוּר אוֹמֵר כֵּן וְחוֹזֵר וְאוֹמֵר ה' אֱלֹהֵיכֶם אֱמֶת וִיכַוֵּן כָּל אֶחָד לִשְׁמֹעַ ג' תֵּבוֹת אֵלּוּ מִפִּי הַשְּׁלִיחַ צִבּוּר, כִּי בְּאֵלּוּ ג' תֵּבוֹת, נִשְׁלָמוּ רמ"ח תֵּבוֹת בִּקְרִיאַת שְׁמַע, כְּנֶגֶד רמ"ח אֵבָרִים שֶׁבָּאָדָם, וּמַתְחִילִין אַחַר כָּךְ וְיַצִּיב. אֲבָל אָסוּר לוֹמַר עוֹד הַפַּעַם אֱמֶת וּמִי שֶׁמִּתְפַּלֵּל בִּיחִידוּת, יֹאמַר קוֹדֶם קְרִיאַת שְׁמַע, אֵל מֶלֶךְ נֶאֱמָן. לְהַשְׁלִים בְּג' תֵּבוֹת אֵלּוּ מִנְיַן רמ"ח.

סעיף ט' אִם הִפְסִיק בְּאֶמְצַע קְרִיאַת שְׁמַע (דְּהַיְנוּ מִן שְׁמַע יִשְׂרָאֵל עַד עַל הָאָרֶץ) מֵחֲמַת אֹנֶס, שֶׁהָיָה מֻכְרָח לְהַפְסִיק, כְּגוֹן שֶׁהָיָה צָרִיךְ לָצֵאת לַעֲשׂוֹת צְרָכָיו, אוֹ שֶׁנִּמְצָא צוֹאָה בַּבַּיִת, אִם שָׁהָה מֶשֶׁךְ זְמַן, שֶׁהָיָה הוּא יָכוֹל לוֹמַר כָּל קְרִיאַת שְׁמַע, צָרִיךְ לַחֲזֹר לִתְחִלַּת קְרִיאַת שְׁמַע. (סִימָן ס"ה ובפרמ"ג)

סעיף י' קָרָא קְרִיאַת שְׁמַע וְנִכְנַס לְבֵית הַכְּנֶסֶת, וּמָצָא צִבּוּר שֶׁקּוֹרִין קְרִיאַת שְׁמַע, צָרִיךְ לִקְרֹת עִמָּהֶם כָּל קְרִיאַת שְׁמַע, שֶׁלֹּא יֵרָאֶה כְּאִלּוּ אֵינוֹ רוֹצֶה לְקַבֵּל עֹל מַלְכוּת שָׁמַיִם עִם חֲבֵרָיו, וִיקַבֵּל שָׂכָר כְּקוֹרֵא בַּתּוֹרָה, וְהוּא הַדִּין אִם הוּא בְּבֵית הַכְּנֶסֶת, וְאוֹמֵר דִּבְרֵי תַּחֲנוּנִים, אוֹ פְּסוּקִים בְּמָקוֹם שֶׁרַשַּׁאי לְהַפְסִיק (וְאִם עוֹמֵד בְּמָקוֹם שֶׁאֵינוֹ רַשַּׁאי נִתְבָּאֵר לְעֵיל) וְאִם הוּא עֲדַיִן לֹא קָרָא קְרִיאַת שְׁמַע, קוֹרֵא גַּם כֵּן עִם הַצִּבּוּר, אֲבָל צָרִיךְ שֶׁיִּתְכַּוֵּן שֶׁלֹּא לָצֵאת יְדֵי חוֹבָתוֹ, כְּדֵי שֶׁיִּקְרָא אַחַר כָּךְ עִם הַבְּרָכוֹת, וְכֵן שְׁאָר דְּבָרִים שֶׁהַצִּבּוּר אוֹמְרִים, כְּגוֹן תְּהִלָּה לְדָוִד, וְעָלֵינוּ, וְכַדּוֹמֶה וַאֲפִלּוּ פִּיּוּטִים אוֹמֵר עִמָּהֶם, וְאַל יִפְרֹשׁ אֶת עַצְמוֹ מִן הַצִּבּוּר.

סימן יח - הלכות תפלת שמנה עשרה. ובו כ"ב סעיפים:

סעיף א' זְמַן תְּפִלַּת הַשַּׁחַר מִצְוָתָהּ שֶׁיַּתְחִיל עִם הָנֵץ הַחַמָּה, כְּדִכְתִיב יִירָאוּךָ עִם שָׁמֶשׁ, וּבְדִיעֲבַד אִם הִתְפַּלֵּל לְאַחַר שֶׁעָלָה עַמּוּד הַשַּׁחַר יָצָא, וְנִמְשָׁךְ זְמַנָּהּ עַד שְׁלִישׁ הַיּוֹם, וְאָסוּר לְהִתְאַחֵר יוֹתֵר וּמִכָּל מָקוֹם בְּדִיעֲבַד, אִם עָבַר וְהִתְאַחֵר יוֹתֵר, אֲפִלּוּ בְּמֵזִיד יָכוֹל לְהִתְפַּלֵּל עַד חֲצוֹת הַיּוֹם אַף עַל פִּי שֶׁאֵין לוֹ שְׂכַר תְּפִלָּה בִּזְמַנָּהּ, שְׂכַר כִּתְפִלָּה מִיהוּ אִכָּא. עָבַר

בְּמֵזִיד עַד חֲצוֹת הַיּוֹם וְלֹא הִתְפַּלֵּל, אֵין לוֹ עוֹד תַּשְׁלוּמִין, וְעָלָיו נֶאֱמַר מְעֻוָּת לֹא יוּכַל לִתְקֹן, וְאִם שָׁגַג אוֹ נֶאֱנַס יְבֹאַר בְּסִימָן (פ"ט).

סעיף ב' כְּשֶׁמַּגִּיעַ לִתְהִלּוֹת לְאֵל עֶלְיוֹן, יַעֲמֹד וְיָכִין אֶת עַצְמוֹ לִתְפִלַּת שְׁמֹנֶה עֶשְׂרֵה, וְיָסִיר כִּיחוֹ וְנִיעוֹ, וְכָל דָּבָר הַמְבַלְבֵּל אֶת מַחְשַׁבְתּוֹ, וְיֵלֵךְ ג' פְּסִיעוֹת לְאַחֲרָיו, וְיֹאמַר תְּהִלּוֹת לְאֵל עֶלְיוֹן, וְכוּ' עַד גָּאַל יִשְׂרָאֵל, וְאָז יַחֲזֹר לְפָנָיו ג' פְּסִיעוֹת, דֶּרֶךְ קָרוֹב וְהַגָּשָׁה לַמֶּלֶךְ. לֹא יַפְסִיק בֵּין גָּאַל יִשְׂרָאֵל לִשְׁמֹנֶה עֶשְׂרֵה, אֲפִלּוּ לְקַדִּישׁ וּקְדֻשָּׁה וּבָרְכוּ, מִפְּנֵי שֶׁצָּרִיךְ לְהַסְמִיךְ גְּאֻלָּה לִתְפִלָּה, וְטוֹב שֶׁיְּצַמְצֵם לִגְמֹר בִּרְכַּת גָּאַל יִשְׂרָאֵל, עִם הַשְּׁלִיחַ צִבּוּר בְּשָׁוֶה, כִּי אִם יִגְמֹר הוּא תְּחִלָּה, וְאַחַר כָּךְ הַשְּׁלִיחַ צִבּוּר, יֵשׁ סָפֵק אִם יַעֲנֶה אָמֵן עַל בִּרְכַּת הַשְּׁלִיחַ צִבּוּר אוֹ לֹא. אֲבָל כְּשֶׁהוּא גַּם כֵּן גּוֹמֵר אֶת הַבְּרָכָה, וַדַּאי אֵין צָרִיךְ לַעֲנוֹת אָמֵן, דְּאֵין עוֹנִין אָמֵן עַל בִּרְכַּת עַצְמוֹ (וְעַיֵּן לעיל סִימָן ו' סָעִיף י"א). וּבְמַעֲרִיב כֵּיוָן שֶׁאֵין הַבְּרָכָה שֶׁלִּפְנֵי הַשְּׁמֹנֶה עֶשְׂרֵה מְסַיֶּמֶת בְּגָאַל יִשְׂרָאֵל, מֻתָּר לְהַפְסִיק, כְּמוֹ בִּשְׁאָר מָקוֹם בֵּין פֶּרֶק לְפֶרֶק, קוֹדֶם הַשְּׁמוֹנֶה עֶשְׂרֵה אוֹמֵר הַפָּסוּק ה' שְׂפָתַי תִּפְתָּח וְגוֹ', וְאֵינוֹ הֶפְסֵק, כִּי הוּא שַׁיָּךְ לְהַתְּפִלָּה. אֲבָל הַפָּסוּק כִּי שֵׁם ה' אֶקְרָא וְגוֹ' לֹא יֹאמַר, כִּי אִם בְּמוּסָף וּבְמִנְחָה יֹאמְרוֹ, קוֹדֶם ה' שְׂפָתַי תִּפְתָּח. (סִימָן ס"ו צ"ב צ"ה קי"א ובסד"ה)

סעיף ג' הַמִּתְפַּלֵּל צָרִיךְ שֶׁיֵּדַע, שֶׁהַשְּׁכִינָה כְּנֶגְדּוֹ, כְּמוֹ שֶׁנֶּאֱמַר שִׁפְכִי כַמַּיִם לִבֵּךְ נֹכַח פְּנֵי ה' וְיָעִיר הַכַּוָּנָה וְיָסִיר כָּל הַמַּחְשָׁבוֹת הַטּוֹרְדוֹת אוֹתוֹ, עַד שֶׁתִּשָּׁאֵר מַחְשַׁבְתּוֹ וְכַוָּנָתוֹ זַכָּה בִּתְפִלָּתוֹ, וְיַחְשֹׁב כִּי אִלּוּ הָיָה מְדַבֵּר לִפְנֵי מֶלֶךְ בָּשָׂר וָדָם, בְּוַדַּאי הָיָה מְסַדֵּר דְּבָרָיו, וּמְכַוֵּן בָּהֶם יָפֶה, לְבַל יִכָּשֵׁל, קַל וָחֹמֶר לִפְנֵי מֶלֶךְ מַלְכֵי הַמְּלָכִים הַקָּדוֹשׁ בָּרוּךְ הוּא, שֶׁצָּרִיךְ לְכַוֵּן לְפָנָיו אֶת מַחְשַׁבְתּוֹ, כִּי לְפָנָיו יִתְבָּרַךְ שְׁמוֹ, הַמַּחְשָׁבָה כְּמוֹ דִּבּוּר, וְכָל הַמַּחְשָׁבוֹת הוּא חוֹקֵר, וְקוֹדֶם הַתְּפִלָּה יַחְשֹׁב מְרוֹמְמוּת הָאֵל יִתְבָּרַךְ שְׁמוֹ וּשְׁפְלוּת הָאָדָם, וְיָסִיר כָּל תַּעֲנוּגֵי אָדָם מִלִּבּוֹ.

סעיף ד' הַמִּתְפַּלֵּל צָרִיךְ שֶׁיְּכַוֵּן בְּלִבּוֹ פֵּרוּשׁ הַמִּלּוֹת שֶׁהוּא מוֹצִיא בִּשְׂפָתָיו, שֶׁנֶּאֱמַר תָּכִין לִבָּם, תַּקְשִׁיב אָזְנֶךָ וּכְבָר נִדְפְּסוּ הַרְבֵּה סִדּוּרִים, עִם פֵּרוּשׁ אַשְׁכְּנַז, וְיָכוֹל כָּל אָדָם לִלְמֹד וּלְהָבִין מַה שֶּׁהוּא מִתְפַּלֵּל, וְאִם אֵינוֹ יָכוֹל לְכַוֵּן פֵּרוּשׁ הַמִּלּוֹת, לְכָל הַפָּחוֹת צָרִיךְ שֶׁיַּחְשֹׁב בִּשְׁעַת הַתְּפִלָּה בִּדְבָרִים הַמַּכְנִיעִים אֶת הַלֵּב, וּמְכַוְּנִים אֶת לִבּוֹ לְאָבִיו שֶׁבַּשָּׁמַיִם, וְאִם תָּבֹא לוֹ מַחֲשָׁבָה זָרָה בְּתוֹךְ הַתְּפִלָּה יִשְׁתֹּק וְיַמְתִּין עַד שֶׁתִּתְבַּטֵּל הַמַּחֲשָׁבָה.

סעיף ה' יְכַוֵּן רַגְלָיו זוֹ אֵצֶל זוֹ, כְּאִלּוּ אֵינָן אֶלָּא אַחַת, לְהִדָּמוֹת לְמַלְאָכִים שֶׁנֶּאֱמַר וְרַגְלֵיהֶם רֶגֶל יְשָׁרָה, כְּלוֹמַר רַגְלֵיהֶם נִרְאוֹת כְּרֶגֶל אַחַת וְיָכוֹף רֹאשׁוֹ מְעַט לְמַטָּה, וְיִסְגֹּר עֵינָיו שֶׁלֹּא יִסְתַּכֵּל בְּשׁוּם דָּבָר, וְאִם מִתְפַּלֵּל מִתּוֹךְ סִדּוּר לֹא יָסִיר עֵינָיו מִן הַסִּדּוּר, וְיַנִּיחַ יָדָיו עַל לִבּוֹ, יְמִינוֹ עַל שְׂמֹאלוֹ וְיִתְפַּלֵּל בְּלֵב שָׁלֵם, בְּאֵימָה וּבְיִרְאָה וּבְהַכְנָעָה, כְּעָנִי הָעוֹמֵד בַּפֶּתַח, וְיוֹצִיא אֶת הַמִּלּוֹת מִפִּיו בְּכַוָּנָה, וּבְדִקְדּוּק, וְיִתְפַּלֵּל כָּל אֶחָד כְּפִי הַנֻּסְחָא שֶׁלּוֹ הֵן אַשְׁכְּנַז הֵן סְפָרַד, וְכַדּוֹמֶה כֻּלָּם יְסוֹדָתָם בְּהַרְרֵי קֹדֶשׁ, אֲבָל אַל יְעָרֵב תֵּבוֹת מִנֻּסְחָא לְנֻסְחָא כִּי כָּל נֻסְחָא

תְּבוֹתֶיהָ מְנוּיוֹת וּסְפוּרוֹת, עַל פִּי סוֹדוֹת גְּדוֹלִים, וְאֵין לְהוֹסִיף אוֹ לִגְרֹעַ. (ס"ח צ"א צ"ה צ"ח).

סעיף ו' יִזָּהֵר לְהִתְפַּלֵּל בְּלַחַשׁ, רַק שֶׁהוּא בְּעַצְמוֹ יִשְׁמַע, מַה שֶּׁהוּא אוֹמֵר, וַחֲבֵרוֹ שֶׁבִּסְמוּךְ לוֹ, לֹא יִשְׁמַע קוֹלוֹ, כְּמוֹ שֶׁנֶּאֱמַר בְּחַנָּה, רַק שְׂפָתֶיהָ נָעוֹת וְקוֹלָהּ לֹא יִשָּׁמֵעַ. (ק"א).

סעיף ז' לֹא יִסְמֹךְ עַצְמוֹ עַל שׁוּם דָּבָר, אֲפִלּוּ סְמִיכָה כָּל דְּהִיא. וְאִם הוּא חוֹלֶה קְצָת, יָכוֹל לְהִתְפַּלֵּל אֲפִלּוּ יוֹשֵׁב אוֹ שׁוֹכֵב, וְהוּא שֶׁיָּכוֹל לְכַוֵּן דַּעְתּוֹ. וְאִם אִי אֶפְשָׁר לוֹ לְהִתְפַּלֵּל בְּפִיו, מִכָּל מָקוֹם יְהַרְהֵר בְּלִבּוֹ. (צ"ד).

סעיף ח' לֹא יֹאחַז בְּיָדוֹ בִּשְׁעַת תְּפִלַּת שְׁמֹנֶה עֶשְׂרֵה, רַק הַסִּדּוּר אוֹ הַמַּחֲזוֹר אִם צָרִיךְ לוֹ. וְיֵשׁ לוֹ לִרְשֹׁם תְּחִלָּה אֶת הַמְּקוֹמוֹת, שֶׁהוּא צָרִיךְ לְהִתְפַּלֵּל בְּסִדּוּר וּבְמַחֲזוֹר, שֶׁלֹּא יִצְטָרֵךְ לְחַפֵּשׂ בְּאֶמְצַע תְּפִלָּתוֹ. לֹא יִהְיֶה דָּבָר חוֹצֵץ בֵּינוֹ לְבֵין הַקִּיר שֶׁנֶּאֱמַר וַיַּסֵּב חִזְקִיָּהוּ פָּנָיו אֶל הַקִּיר וַיִּתְפַּלֵּל. וְלֹא מִקְרֵי חֲצִיצָה אֶלָּא דָּבָר שֶׁגָּבְהוֹ יו"ד טְפָחִים, וְרָחָב ד' טְפָחִים, אֲבָל דָּבָר קָטָן לֹא חָשִׁיב הֶפְסֵק, וַאֲפִלּוּ דָּבָר גָּדוֹל אִם הוּא דָּבָר קָבוּעַ, כְּגוֹן אָרוֹן וְתֵבָה לֹא חָשִׁיב הֶפְסֵק, וְאָדָם נָמֵי אֵינוֹ חוֹצֵץ, וּבִשְׁעַת הַדְּחָק בְּכָל עִנְיָן אֵין לְהַקְפִּיד, כֵּיוָן שֶׁסּוֹגֵר עֵינָיו אוֹ מִתְפַּלֵּל מִתּוֹךְ הַסִּדּוּר, שֶׁלֹּא תִתְבַּטֵּל כַּוָּנָתוֹ. וְכֵן לֹא יִתְפַּלֵּל כְּנֶגֶד אֵיזֶה צִיּוּר, וְאִם יִקְרֶה לוֹ לְהִתְפַּלֵּל כְּנֶגֶד בֶּגֶד, אוֹ כֹּתֶל מְצֻיָּר יִסְגֹּר עֵינָיו, וּכְנֶגֶד מַרְאָה אָסוּר לְהִתְפַּלֵּל, אֲפִלּוּ בְּעֵינַיִם סְגוּרוֹת. לֹא יִתְפַּלֵּל בְּמָקוֹם פָּרוּץ כְּגוֹן, בַּשָּׂדֶה, מִפְּנֵי שֶׁכְּשֶׁהוּא בְּמָקוֹם צְנִיעוּת, חָלָה עָלָיו אֵימַת הַמֶּלֶךְ, וְלִבּוֹ נִשְׁבָּר וְנִכְנָע. וְאִם הוּא בַּדֶּרֶךְ מֻתָּר לוֹ לְהִתְפַּלֵּל בַּשָּׂדֶה. וְאִם אֶפְשָׁר לוֹ, יִתְפַּלֵּל בֵּין הָאִילָנוֹת.

סעיף ט' לֹא יְגַהֵק וְלֹא יְפַהֵק (גְּהוּק, הַיְנוּ מַה שֶּׁלִּפְעָמִים אָדָם מוֹצִיא מִגּוּפוֹ לְפִיו, נְפִיחָה מֵחֲמַת שָׂבְעוֹ כְּרֵיחַ הַמַּאֲכָל שֶׁאָכַל, וְיֵשׁ אוֹמְרִים דְּהַיְנוּ שֶׁפּוֹשֵׁט גּוּפוֹ וּזְרוֹעוֹתָיו מֵחֲמַת כֹּבֶד, וּפִהוּק הַיְנוּ שֶׁפּוֹתֵחַ מַלְקוֹחָיו, כְּאָדָם שֶׁרוֹצֶה לִישֹׁן, אוֹ שֶׁעָמַד מִשֵּׁינָה) וְאִם נִצְטָרֵךְ לְכָךְ מֵחֲמַת אֹנֶס, יַנִּיחַ יָדָיו עַל פִּיו, שֶׁלֹּא יִתְרָאֶה פְּתִיחָתוֹ, וְכֵן אָסוּר לוֹ לָרֹק, וְאִם בָּא לוֹ רֹק לְתוֹךְ פִּיו, וּמִצְטַעֵר בּוֹ הַרְבֵּה עַד שֶׁנִּטְרָד מִתְּפִלָּתוֹ, מַבְלִיעוֹ לְתוֹךְ מִטְפַּחַת אוֹ בֶּגֶד. וְאִם מָאוּס לוֹ, יַטֶּה לִשְׂמֹאלוֹ וְיָרֹק לַאֲחוֹרָיו. וְאִם אִי אֶפְשָׁר לַאֲחוֹרָיו, יָרֹק לִשְׂמֹאלוֹ, וְאִם אִי אֶפְשָׁר לִשְׂמֹאלוֹ יָרֹק לִימִינוֹ, וְאִם כִּנָּה עוֹקַצְתּוֹ, יְמַשְׁמֵשׁ בִּבְגָדָיו לַהֲסִירָהּ, שֶׁלֹּא תִתְבַּטֵּל כַּוָּנָתוֹ. אֲבָל לֹא יְסִירֶהָ בְּיָדוֹ. אִם נִשְׁמַט הַטַּלִּית מֵעָלָיו, יָכוֹל לְהַחֲזִירוֹ אֲפִלּוּ נָפַל רֻבּוֹ. אֲבָל אִם נָפַל כֻּלּוֹ, אֵינוֹ רַשַּׁאי לְהִתְעַטֵּף בּוֹ מִשּׁוּם דַּהֲוֵי הֶפְסֵק. וְאִם נָפַל סֵפֶר לְפָנָיו עַל הָאָרֶץ, וּמִתּוֹךְ זֶה מִתְבַּלְבֵּל מִכַּוָּנָתוֹ מֻתָּר לְהַגְבִּיהַּ בֵּין בְּרָכָה לִבְרָכָה. כָּל הַדְּבָרִים הָאֲסוּרִים בְּתוֹךְ תְּפִלַּת שְׁמֹנֶה עֶשְׂרֵה, אֲסוּרִים עַד לְאַחַר שֶׁיִּפְסַע הַפְּסִיעוֹת, (אַךְ לְעִנְיַן הֶפְסֵק יֵשׁ חִלּוּק, כְּמוֹ שֶׁאֶכְתֹּב בְּסָעִיף י"ד) (צ"ו צ"ז)

סעיף י' צָרִיךְ לַעֲמֹד בְּפָנָיו לְצַד אֶרֶץ יִשְׂרָאֵל, שֶׁנֶּאֱמַר וְהִתְפַּלְלוּ אֵלֶיךָ דֶּרֶךְ אַרְצָם, וִיכַוֵּן גַּם כְּנֶגֶד יְרוּשָׁלַיִם וּכְנֶגֶד הַמִּקְדָּשׁ וּכְנֶגֶד בֵּית קָדְשֵׁי הַקֳּדָשִׁים. וְלָכֵן אָנוּ בִּמְדִינָתֵנוּ שֶׁיּוֹשְׁבִים בְּמַעֲרָבָהּ שֶׁל אֶרֶץ יִשְׂרָאֵל, צְרִיכִין

לַעֲמֹד בְּפָנִים לְצַד מִזְרָח, (לֹא לְמִזְרָח מַמָּשׁ אֶלָּא לְצַד קֶרֶן מִזְרָחִית דְּרוֹמִית. עַיֵּן ט"ז ומג"א בשם הלבוש), וְהַיּוֹשְׁבִים בִּצְפוֹן שֶׁל אֶרֶץ יִשְׂרָאֵל, פְּנֵיהֶם לַדָּרוֹם. וְהַיּוֹשְׁבִים בַּמִּזְרָח פְּנֵיהֶם לַמַּעֲרָב. וְהַיּוֹשְׁבִים בַּדָּרוֹם פְּנֵיהֶם לַצָּפוֹן. נִמְצָא כָּל יִשְׂרָאֵל פּוֹנִים בִּתְפִילּוֹתֵיהֶם לְמָקוֹם אֶחָד, דְּהַיְינוּ נֶגֶד יְרוּשָׁלַיִם וּבֵית קָדְשֵׁי קָדָשִׁים, שֶׁשָּׁם שַׁעֲרֵי הַשָּׁמַיִם, שֶׁכָּל הַתְּפִלּוֹת עוֹלוֹת דֶּרֶךְ שָׁם. וְלָכֵן נִקְרָא בֵּית הַמִּקְדָּשׁ תַּלְפִּיּוֹת, כְּמוֹ שֶׁכָּתוּב, כְּמִגְדַּל דָּוִד צַוָּארֵךְ בָּנוּי לְתַלְפִּיּוֹת, תֵּל שֶׁכָּל פִּיּוֹת פּוֹנִים אֵלָיו. אִם מִתְפַּלֵּל בְּמָקוֹם שֶׁאֵינוֹ יָכוֹל לְכַוֵּן לְצַד שֶׁכְּנֶגֶד אֶרֶץ יִשְׂרָאֵל, יְכַוֵּן לִבּוֹ לְאָבִיו שֶׁבַּשָּׁמַיִם, שֶׁנֶּאֱמַר וְהִתְפַּלְלוּ אֶל ה'. וְאִם עָמַד כְּנֶגֶד צָפוֹן אוֹ דָּרוֹם, וְנִזְכַּר בְּאֶמְצַע שְׁמֹנֶה עֶשְׂרֵה שֶׁאֵינוֹ עוֹמֵד כָּרָאוּי לֹא יַעֲקֹר רַגְלָיו, אֶלָּא יַטֶּה פָּנָיו לַמִּזְרָח, וְאִם אִי אֶפְשָׁר לוֹ, אוֹ שֶׁהוּא עוֹמֵד בַּמַּעֲרָב, יִגְמֹר תְּפִלָּתוֹ כָּךְ וִיכַוֵּן לִבּוֹ לְבֵית קָדְשֵׁי קָדָשִׁים, וְלֹא יַעֲקֹר רַגְלָיו, וְכֵן אִם הוּא מִתְפַּלֵּל בְּמָקוֹם שֶׁיֵּשׁ צוּרוֹת בַּמִּזְרָח, יִתְפַּלֵּל לְצַד אַחֵר אַף שֶׁאֵינוֹ מִזְרָח. (סִימָן צ"ד)

סעיף יא' צָרִיךְ לִכְרֹעַ וּלְהִשְׁתַּחֲווֹת ד' פְּעָמִים בִּשְׁמֹנֶה עֶשְׂרֵה, בִּתְחִלַּת בְּרָכָה הָרִאשׁוֹנָה וּבְסוֹפָהּ, וּבְבִרְכַּת מוֹדִים בִּתְחִלָּתָהּ וּבְסוֹפָהּ, כְּשֶׁאוֹמֵר בָּרוּךְ כּוֹרֵעַ בְּבִרְכָּיו, וּכְשֶׁאוֹמֵר אַתָּה מִשְׁתַּחֲוֶה כָּל כָּךְ עַד שֶׁהַקְּשָׁרִים שֶׁל חֻלְיוֹת הַשִּׁדְרָה בּוֹלְטִים וְגַם רֹאשׁוֹ יָכוֹף, וְקוֹדֶם שֶׁאָמַר אֶת הַשֵּׁם זוֹקֵף בְּנַחַת (עַל שֵׁם שֶׁנֶּאֱמַר ה' זוֹקֵף כְּפוּפִים), וְכֵן בְּמוֹדִים כּוֹרֵעַ וּמִשְׁתַּחֲוֶה. וְקוֹדֶם שֶׁאוֹמֵר אֶת הַשֵּׁם זוֹקֵף. לֹא יִשְׁתַּחֲוֶה יוֹתֵר מִדַּאי, דְּהַיְינוּ עַד שֶׁיִּהְיֶה פִּיו כְּנֶגֶד הַחֲגוֹר, כִּי זֶהוּ דֶּרֶךְ יוֹהֲרָא. וְזָקֵן וְחוֹלֶה שֶׁמִּצְטַעֵר בִּכְרִיעָה כֵּיוָן שֶׁהִרְכִּין רֹאשׁוֹ דַּיּוֹ. אָסוּר לְהוֹסִיף הִשְׁתַּחֲוָיוֹת בְּיֶתֶר הַבְּרָכוֹת לֹא בִּתְחִלָּתָן וְלֹא בְּסוֹפָן. (קי"ג).

סעיף יב' לְאַחַר הַשְּׁמוֹנֶה עֶשְׂרֵה אוֹמְרִים אֱלֹהַי נְצֹר וְכוּ'. וְקוֹדֶם עוֹשֶׂה שָׁלוֹם וְכוּ' כּוֹרֵעַ וּפוֹסֵעַ כָּךְ שָׁלֹשׁ פְּסִיעוֹת, כְּעֶבֶד הַנִּפְטָר מֵרַבּוֹ. הַפְּסִיעוֹת יִהְיוּ בֵּינוֹנִיּוֹת, וּלְכָל הַפָּחוֹת כְּדֵי שֶׁיִּתֵּן אֲגוּדָל בְּצַד עָקֵב. וְלֹא יִפְסַע פְּסִיעוֹת גַּסּוֹת וְלֹא יִפְסַע יוֹתֵר מִג' פְּסִיעוֹת. פּוֹסֵעַ תְּחִלָּה בְּרֶגֶל שְׂמֹאל וְאַחַר כָּךְ בְּרֶגֶל יָמִין, וְשׁוּב פּוֹסֵעַ בְּרֶגֶל שְׂמֹאל. וְעוֹדֵהוּ בִּכְרִיעָה, הוֹפֵךְ פָּנָיו לִשְׂמֹאלוֹ, שֶׁהוּא יְמִין הַשְּׁכִינָה שֶׁהִיא כְּנֶגְדּוֹ בִּשְׁעַת הַתְּפִלָּה, וּבְצֵאתוֹ מִן הַתְּפִלָּה אוֹמֵר עוֹשֶׂה שָׁלוֹם בִּמְרוֹמָיו וְהוֹפֵךְ פָּנָיו לִימִינוֹ שֶׁהוּא שְׂמֹאל הַשְּׁכִינָה. וְאוֹמֵר הוּא יַעֲשֶׂה שָׁלוֹם עָלֵינוּ, וְאַחַר כָּךְ מִשְׁתַּחֲוֶה לְפָנָיו וְאוֹמֵר וְעַל כָּל יִשְׂרָאֵל וְאִמְרוּ אָמֵן. אַחַר כָּךְ זוֹקֵף וְאוֹמֵר יְהִי רָצוֹן וְכוּ' שֶׁיִּבָּנֶה בֵּית הַמִּקְדָּשׁ וְכוּ' כִּי הַתְּפִלָּה הִיא בִּמְקוֹם הָעֲבוֹדָה. וְלָכֵן אָנוּ מִתְפַּלְּלִים עַל בִּנְיַן בֵּית הַמִּקְדָּשׁ שֶׁנּוּכַל לַעֲשׂוֹת אֶת הָעֲבוֹדָה מַמָּשׁ בִּמְהֵרָה בְּיָמֵינוּ. וְהַטַּעַם שֶׁפּוֹסְעִין תְּחִלָּה בְּרֶגֶל שְׂמֹאל, לְפִי שֶׁדֶּרֶךְ הֲלִיכוֹת הָאָדָם הוּא לַעֲקֹר רֶגֶל יָמִין תְּחִלָּה, וְלָכֵן עוֹקֵר כָּאן שְׂמֹאל תְּחִלָּה, לְהַרְאוֹת כְּאִלּוּ כָּבֵד עָלָיו לִפָּטֵר מִלִּפְנֵי הַמָּקוֹם בָּרוּךְ הוּא. וְלָכֵן אִטֵּר רֶגֶל עוֹקֵר תְּחִלָּה שְׂמֹאלוֹ שֶׁהוּא יְמִין כָּל אָדָם.

סעיף יג' בְּמָקוֹם שֶׁכָּלוּ הַפְּסִיעוֹת, יַעֲמֹד בְּרַגְלַיִם מְכֻוָּנוֹת כְּמוֹ בַּתְּפִלָּה, וְלֹא יַחֲזִיר פָּנָיו לַמַּעֲרָב, וְלֹא יַחֲזֹר

לִמְקוֹמוֹ עַד שֶׁיַּגִּיעַ הַשְּׁלִיחַ צִבּוּר לִקְדֻשָּׁה. וְכֵן כְּשֶׁמִּתְפַּלֵּל בִּיחִידוּת יַעֲמֹד כְּשִׁעוּר זֶה, וְאִם הַמָּקוֹם צַר וְדָחוּק וְכֵן כְּשֶׁאוֹמְרִים פִּיּוּטִים, חוֹזֵר כְּשֶׁמַּתְחִיל הַשְּׁלִיחַ צִבּוּר הַתְּפִלָּה. (קכ"ג).

סעיף יד' בִּתְפִלַּת שְׁמוֹנֶה עֶשְׂרֵה, לֹא יִרְמֹז בְּעֵינָיו, וְלֹא יִקְרֹץ בִּשְׂפָתָיו, וְלֹא יַרְאֶה בְּאֶצְבְּעוֹתָיו וְאֵינוֹ פּוֹסֵק אֲפִלּוּ לְקַדִּישׁ וּקְדֻשָּׁה וּבָרְכוּ, אֶלָּא יִשְׁתֹּק וִיכַוֵּן לְמַה שֶּׁאוֹמְרִים הַשְּׁלִיחַ צִבּוּר וְהַצִּבּוּר וְיֵחָשֵׁב לוֹ כְּעוֹנֶה לְעִנְיָן זֶה שֶׁיּוֹצֵא, וּמִכָּל מָקוֹם לֹא נֶחְשָׁב לְהֶפְסֵק. אֲבָל בִּתְפִלַּת אֱלֹהַי נְצֹר מֻתָּר לְהַפְסִיק לִדְבָרִים שֶׁמַּפְסִיקִין בְּאֶמְצַע פֶּרֶק שֶׁל בִּרְכוֹת קְרִיאַת שְׁמַע וּקְרִיאַת שְׁמַע. לְעֵיל סִימָן ט"ז. וּמִכָּל מָקוֹם, אִם אֶפְשָׁר לוֹ יֹאמַר תְּחִלָּה יִהְיוּ לְרָצוֹן וְגוֹ', וְאִם אֶפְשָׁר עוֹד יִפְסַע גַּם כֵּן ג' פְּסִיעוֹת. (ק"ד כק"ב)

סעיף טו' וְיֵשׁ נוֹהֲגִין לוֹמַר מִיָּד לְאַחַר הַמְבָרֵךְ אֶת עַמּוֹ יִשְׂרָאֵל בַּשָּׁלוֹם, אֶת הַפָּסוּק יִהְיוּ לְרָצוֹן וְגוֹ' וְאוֹמְרִים אֱלֹהַי נְצֹר וּפַעַם שֵׁנִית יִהְיוּ לְרָצוֹן וְגוֹ' וְכֵן נָכוֹן לַעֲשׂוֹת. וְנִרְאֶה לִי דִּבְעִנְיָן זֶה מֻתָּרִין לְהַפְסִיק בִּתְפִלַּת אֱלֹהַי נְצֹר לַעֲנוֹת כָּל אָמֵן. יֵשׁ אוֹמְרִים דְּקוֹדֶם שֶׁאוֹמֵר אֶת הַפָּסוּק יִהְיוּ לְרָצוֹן טוֹב לוֹמַר פָּסוּק אֶחָד מִן הַתּוֹרָה אוֹ מִנְּבִיאִים אוֹ מִכְּתוּבִים, הַמַּתְחִיל בְּאוֹת כְּהַתְחָלַת שְׁמוֹ וּמְסַיֵּם בְּאוֹת כְּמוֹ סִיּוּם שְׁמוֹ (אליהו רבא בשם כ"י) וְנִרְאֶה לִי דְּהָאוֹמֵר יִהְיוּ לְרָצוֹן שְׁנֵי פְּעָמִים, לֹא יֹאמְרוֹ אֶלָּא קוֹדֶם יִהְיוּ לְרָצוֹן הַשֵּׁנִי. (סִימָן קכ"ב).

סעיף טז' כְּבָר נִתְבָּאֵר בְּסִימָן יב' סָעִיף ג' דְּאִם מַרְגִּישׁ בְּעַצְמוֹ אֲפִלּוּ קְצָת הַרְגָּשָׁה לִצְרָכָיו אָסוּר לוֹ לְהִתְפַּלֵּל עַד שֶׁיְּנַקֶּה אֶת עַצְמוֹ. וּמִכָּל שֶׁכֵּן לִתְפִלַּת שְׁמוֹנֶה עֶשְׂרֵה, שֶׁאָסוּר לוֹ לַעֲמֹד לְהִתְפַּלֵּל כְּשֶׁהוּא מַרְגִּישׁ קְצָת לִצְרָכָיו, עַד שֶׁיְּנַקֶּה אֶת עַצְמוֹ. וְאוּלָם אִם מִתְּחִלָּה לֹא הִרְגִּישׁ כְּלָל וְאַחַר כָּךְ בְּאֶמְצַע תְּפִלַּת שְׁמוֹנֶה עֶשְׂרֵה הִרְגִּישׁ, שֶׁהוּא צָרִיךְ לִצְרָכָיו, בֵּין לִגְדוֹלִים בֵּין לִקְטַנִּים יַעֲצֹר אֶת עַצְמוֹ עַד שֶׁיִּגְמֹר הַשְּׁמוֹנֶה עֶשְׂרֵה וְלֹא יַפְסִיק אֲפִלּוּ אִם הַהַרְגָּשָׁה הִיא גְּדוֹלָה, מִכָּל מָקוֹם, יַעֲצֹר אֶת עַצְמוֹ כָּל זְמַן שֶׁיָּכוֹל, וְלֹא יַפְסִיק לָצֵאת בְּאֶמְצַע שְׁמוֹנֶה עֶשְׂרֵה עַד לְאַחַר שֶׁסִּיֵּם הַמְבָרֵךְ אֶת עַמּוֹ יִשְׂרָאֵל בַּשָּׁלוֹם. (צ"ב).

סעיף יז' הִרְגִּישׁ שֶׁיֵּצֵא מִמֶּנּוּ רוּחַ מִלְּמַטָּה, וְאִי אֶפְשָׁר לוֹ לַעֲצֹר, אִם מִתְפַּלֵּל בְּבֵיתוֹ, הוֹלֵךְ לַאֲחוֹרָיו ד' אַמּוֹת אוֹ לִצְדָדִין וּמוֹצִיא הָרוּחַ וּמַמְתִּין עַד שֶׁיִּכְלֶה הָרֵיחַ, וְחוֹזֵר לִמְקוֹמוֹ וְאוֹמֵר: רִבּוֹן הָעוֹלָמִים יְצַרְתָּנוּ נְקָבִים נְקָבִים חֲלוּלִים חֲלוּלִים גָּלוּי וְיָדוּעַ לְפָנֶיךָ חֶרְפָּתֵנוּ וּכְלִמָּתֵנוּ, חֶרְפָּה וּכְלִמָּה בְּחַיֵּינוּ, רִמָּה וְתוֹלֵעָה בְּמוֹתֵנוּ, וְגוֹמֵר תְּפִלָּתוֹ. וְאִם יָצָא מִמֶּנּוּ הָרוּחַ בִּמְקוֹמוֹ לְאָנְסוֹ, וְכֵן אִם יִתְפַּלֵּל בַּצִּבּוּר שֶׁיִּתְבַּיֵּשׁ אִם יִתְרַחֵק לַאֲחוֹרָיו אֵינוֹ צָרִיךְ לְהַרְחִיק אֶת עַצְמוֹ, וְגַם לֹא יֹאמַר הָרִבּוֹן, אֶלָּא יַמְתִּין עַד שֶׁיִּכְלֶה הָרֵיחַ וְגוֹמֵר תְּפִלָּתוֹ (סִימָן ק"ג)

סעיף יח' אָסוּר לֵישֵׁב בְּתוֹךְ ד' אַמּוֹת שֶׁל הַמִּתְפַּלֵּל תְּפִלַּת שְׁמוֹנֶה עֶשְׂרֵה, בֵּין מִלְּפָנָיו בֵּין לְאַחֲרָיו בֵּין מִן הַצְּדָדִין. וְאִם הַיּוֹשֵׁב עוֹסֵק גַּם כֵּן בְּמַה דְּשַׁיָּךְ לְסֵדֶר הַתְּפִלָּה מֻתָּר. וְיֵשׁ מְקִלִּין, דַּאֲפִלּוּ אֵינוֹ עוֹסֵק בְּעִנְיְנֵי תְּפִלָּה, אֶלָּא שֶׁלּוֹמֵד תּוֹרָה בְּפִיו אֵינוֹ צָרִיךְ

לְהִתְרַחֵק. וְהַיָּרֵא דְּבַר ה' לֹא יֵשֵׁב לִפְנֵי הַמִּתְפַּלֵּל תְּפִלַּת שְׁמוֹנֶה עֶשְׂרֵה כִּמְלֹא עֵינָיו, אֲפִלּוּ אוֹמֵר קְרִיאַת שְׁמַע. אֲבָל לַאֲחֹרָיו וְלַצְּדָדִין אֵין לְהַקְפִּיד. וְלַעֲמֹד מֻתָּר בְּכָל עִנְיָן אֲפִלּוּ לְפָנָיו.

סעיף יט' אִם זֶה הַיּוֹשֵׁב הוּא אָדָם חָלוּשׁ אֵין לְמַחוֹת בּוֹ.

סעיף כ' אִם זֶה הַיּוֹשֵׁב יָשַׁב קוֹדֶם וְאַחַר כָּךְ בָּא זֶה וְעָמַד לְהִתְפַּלֵּל מִצִּדּוֹ אוֹ מִלְּפָנָיו שֶׁנִּמְצָא זֶה הַיּוֹשֵׁב לַאֲחֹרָיו אֵין צָרִיךְ לַעֲמֹד, כֵּיוָן שֶׁזֶּה בָּא בִּגְבוּלוֹ. אֲבָל עָמַד לְהִתְפַּלֵּל לַאֲחֹרָיו שֶׁנִּמְצָא הַיּוֹשֵׁב לְפָנָיו יֵשׁ לוֹ לִזָּהֵר וְלַעֲמֹד. וְכָל זֶה כְּשֶׁמִּתְפַּלֵּל בְּבֵיתוֹ. אֲבָל אִם מִתְפַּלֵּל בְּבֵית הַמְיֻחָד לְמִנְיָן קָבוּעַ, וּמִכָּל שֶׁכֵּן בְּבֵית הַכְּנֶסֶת הַמְיֻחָד לְכָל אֶחָד לְהִתְפַּלֵּל שָׁם, אֲפִלּוּ יָשַׁב הוּא קֹדֶם צָרִיךְ לַעֲמֹד, כֵּיוָן שֶׁהַמָּקוֹם מְיֻחָד לִתְפִלָּה לְכָל אִישׁ.

סעיף כא' אָסוּר לַעֲבֹר בְּתוֹךְ ד' אַמּוֹת לִפְנֵי הַמִּתְפַּלֵּל תְּפִלַּת שְׁמוֹנֶה עֶשְׂרֵה. וְלָכֵן אִם אֶחָד הִתְפַּלֵּל וְגָמַר תְּפִלָּתוֹ, וְאֶחָד עוֹמֵד לַאֲחֹרָיו וּמִתְפַּלֵּל וַעֲדַיִן לֹא גָמַר, אַל יַפְסִיעַ זֶה שֶׁלְּפָנָיו אֶת הַפְּסִיעוֹת, שֶׁנִּמְצָא כְּעוֹבֵר לִפְנֵי הַמִּתְפַּלֵּל. וְלַעֲבֹר מִן הַצְּדָדִין וּמִכָּל שֶׁכֵּן לַאֲחֹרָיו מֻתָּר. (ק"ב).

סעיף כב' שִׁכּוֹר אִם אֵינוֹ יָכוֹל לְדַבֵּר לִפְנֵי אָדָם גָּדוֹל וְנִכְבָּד אָסוּר לְהִתְפַּלֵּל. וְאִם עָבַר וְהִתְפַּלֵּל תְּפִלָּתוֹ תּוֹעֵבָה, וְצָרִיךְ לַחְזֹר וּלְהִתְפַּלֵּל כְּשֶׁיָּסוּר יֵינוֹ מֵעָלָיו, וְאִם עָבַר זְמַן תְּפִלָּה, מַשְׁלִים אוֹתָהּ בַּתְּפִלָּה שֶׁלְּאַחֲרֶיהָ כְּדִין שׁוֹגֵג וְאָנוּס לְקַמָּן סִימָן כ"א. (צ"ט). (דִּין תְּפִילָה בְּאִשָּׁה נִדָּה, עַיֵּן לְקַמָּן סוֹף סִימָן קנ"ג).

סימן יט - דיני משיב הרוח, טל ומטר, יעלה ויבא ועננו ובו י"ד סעיפים:

סעיף א' בַּחֹרֶף אוֹמְרִים מַשִּׁיב הָרוּחַ וּמוֹרִיד הַגֶּשֶׁם. וּמַתְחִילִין בְּמוּסָף שֶׁל שְׁמִינִי עֲצֶרֶת, וְהַשַּׁמָּשׁ מַכְרִיז מִקּוֹדֶם מַשִּׁיב הָרוּחַ וּמוֹרִיד הַגֶּשֶׁם. וְאִם לֹא הִכְרִיז אֵין אוֹמְרִים אוֹתוֹ אָז בִּתְפִלַּת הַמּוּסָף שֶׁבְּלַחַשׁ. וְחוֹלֶה שֶׁמִּתְפַּלֵּל בִּיחִידוּת בְּבֵיתוֹ, וְכֵן בְּנֵי הַכְּפָרִים שֶׁאֵין לָהֶם מִנְיָן, יַמְתִּינוּ בִּתְפִלַּת מוּסָף עַד הַשָּׁעָה שֶׁבְּוַדַּאי הִתְפַּלְּלוּ בָּעֲיָרוֹת מוּסָף, וְאָז יִתְפַּלְּלוּ גַּם הֵמָּה מוּסָף וְיֹאמְרוּהוּ. וְאוֹמְרִים אוֹתוֹ עַד מוּסָף יוֹם א' שֶׁל פֶּסַח, דְּהַיְנוּ שֶׁהַצִּבּוּר גַּם הַשְּׁלִיחַ צִבּוּר אוֹמְרִים אוֹתוֹ עוֹד בִּתְפִלַּת הַלַּחַשׁ. וּבַחֲזָרַת תְּפִלַּת הַשְּׁלִיחַ צִבּוּר פּוֹסֵק מִלְּאָמְרוֹ. וְשׁוּב גַּם הַצִּבּוּר אֵין אוֹמְרִים בְּמִנְחָה, כֵּיוָן שֶׁכְּבָר שָׁמְעוּ מֵהַשְּׁלִיחַ צִבּוּר שֶׁפָּסַק מִלְּאָמְרוֹ. וּמִי שֶׁמִּתְפַּלֵּל בִּיחִידוּת, יַקְדִּים לְהִתְפַּלֵּל אָז תְּפִלַּת הַמּוּסָף בִּכְדֵי שֶׁעֲדַיִן לֹא פָּסַק הַשְּׁלִיחַ צִבּוּר מִלְּאָמְרוֹ בָּעֲיָרוֹת כִּי מִי שֶׁהוּא מִתְפַּלֵּל לְאַחַר שֶׁכְּבָר פָּסַק הַשְּׁלִיחַ צִבּוּר לְאָמְרוֹ בְּמוּסָף, אֵינוֹ אוֹמְרוֹ עוֹד. יֵשׁ מְקוֹמוֹת שֶׁאוֹמְרִים בַּקַּיִץ מַשִּׁיב הָרוּחַ וּמוֹרִיד הַטָּל, וְיַכְרִיז כֵּן הַשַּׁמָּשׁ קוֹדֶם מוּסָף יוֹם רִאשׁוֹן שֶׁל פֶּסַח, וְאָז מַתְחִילִין לוֹמַר כֵּן גַּם בְּלַחַשׁ בְּמוּסָף וּפוֹסְקִין מִלּוֹמַר מוֹרִיד הַגֶּשֶׁם.

סעיף ב' טָעָה וְלֹא אָמַר מַשִּׁיב הָרוּחַ וּמוֹרִיד הַגֶּשֶׁם, אִם נִזְכַּר קוֹדֶם שֶׁאָמַר הַבְּרָכָה מְחַיֵּה הַמֵּתִים אוֹמֵר בְּמָקוֹם שֶׁנִּזְכַּר רַק שֶׁלֹּא יְהֵא בְּאֶמְצַע עִנְיָן,

כְּגוֹן אִם נִזְכַּר לְאַחַר שֶׁאָמַר וּמְקַיֵּם אֱמוּנָתוֹ, אוֹמֵר גַּם כֵּן לִישֵׁנֵי עָפָר, וְאוֹמֵר מַשִּׁיב הָרוּחַ וְכוּ' מִי כָמוֹךָ וְכוּ' וְאִם רוֹצֶה יָכוֹל לוֹמַר לְגַמְרֵי מַשִּׁיב הָרוּחַ וּמוֹרִיד הַגֶּשֶׁם מְכַלְכֵּל חַיִּים וְכוּ', אֲבָל אִם לֹא נִזְכַּר עַד לְאַחַר שֶׁסִּיֵּם הַבְּרָכָה מְחַיֵּה הַמֵּתִים צָרִיךְ לַחֲזֹר לְרֹאשׁ תְּפִלַּת שְׁמֹנֶה עֶשְׂרֵה (וְלֹא סַגֵּי שֶׁיַּתְחִיל אַתָּה גִּבּוֹר כִּי ג' בְּרָכוֹת הָרִאשׁוֹנוֹת כַּחֲדָא חֲשִׁיבֵי לְעִנְיָן זֶה, שֶׁאִם סִיֵּם הַבְּרָכָה שֶׁלֹּא כַּהֹגֶן צָרִיךְ לַחֲזֹר לְרֹאשׁ הַתְּפִלָּה) (סִימָן קי"ד) טָעָה בְּמַעֲרִיב שֶׁל פֶּסַח אוֹ בְּשַׁחֲרִית אוֹ בְּמוּסָף וְלֹא אֲמָרוֹ, אֵין צָרִיךְ לַחֲזוֹר.

סעיף ג' יֵשׁ מְקוֹמוֹת, שֶׁאוֹמְרִים בַּקַּיִץ מַשִּׁיב הָרוּחַ וּמוֹרִיד הַטָּל. אִם טָעָה וְאָמַר כֵּן גַּם בַּחֹרֶף, אִם לֹא נִזְכַּר עַד לְאַחַר שֶׁאָמַר בָּרוּךְ אַתָּה ה', גּוֹמֵר הַבְּרָכָה מְחַיֵּה הַמֵּתִים, וְאֵין צָרִיךְ לַחֲזֹר בִּשְׁבִיל הַזְכָּרַת גֶּשֶׁם, כֵּיוָן שֶׁכְּבָר זָכַר טָל. וְאַף אִם נִזְכַּר מִקּוֹדֶם שֶׁאָמַר אֶת הַשֵּׁם אוֹמֵר בִּמְקוֹם דְּסָלְקָא עִנְיָנָא מוֹרִיד הַגֶּשֶׁם.

סעיף ד' אִם טָעָה בַּקַּיִץ וְאָמַר מַשִּׁיב הָרוּחַ וּמוֹרִיד הַגֶּשֶׁם, אִם נִזְכַּר קוֹדֶם שֶׁאָמַר הַבְּרָכָה מְחַיֵּה הַמֵּתִים, חוֹזֵר וּמַתְחִיל אַתָּה גִּבּוֹר וְכוּ' (וְאֵין זֹאת מִדִּין חֲזָרָה, אֶלָּא כְּדֵי שֶׁתְּהֵא הַבְּרָכָה נִכֶּרֶת שֶׁאֵינוֹ אוֹמֵר בָּהּ מַשִּׁיב הָרוּחַ וּמוֹרִיד הַגֶּשֶׁם). אֲבָל אִם לֹא נִזְכַּר עַד לְאַחַר שֶׁסִּיֵּם מְחַיֵּה הַמֵּתִים חוֹזֵר לְרֹאשׁ הַתְּפִלָּה. אִם לֹא אָמַר רַק מַשִּׁיב הָרוּחַ וְלֹא אָמַר מוֹרִיד הַגֶּשֶׁם, אֵינוֹ מַזִּיק כְּלָל וְאוֹמֵר מְכַלְכֵּל חַיִּים וְכוּ'. אִם טָעָה בְּמַעֲרִיב אוֹ בְּשַׁחֲרִית שֶׁל שְׁמִינִי עֲצֶרֶת וַאֲמָרוֹ, אֵין צָרִיךְ לַחֲזֹר לְרֹאשׁ (קי"ד).

סעיף ה' מַתְחִילִין לוֹמַר טַל וּמָטָר, בִּתְפִלַּת עַרְבִית שֶׁל יוֹם שִׁשִּׁים לְאַחַר תְּקוּפַת תִּשְׁרֵי וְהוּא בְּיוֹם ד' אוֹ בְּיוֹם ה' לְחֹדֶשׁ דֶּעְצֶעמְבֶּער, וְאוֹמְרִים עַד פֶּסַח.

סעיף ו' אִם טָעָה וְלֹא אָמַר טַל וּמָטָר, אִם נִזְכַּר קוֹדֶם שֶׁסִּיֵּם הַבְּרָכָה מְבָרֵךְ הַשָּׁנִים, אוֹמֵר שָׁם וְתֵן טַל וּמָטָר לִבְרָכָה עַל פְּנֵי הָאֲדָמָה וְשַׂבְּעֵנוּ וְכוּ' וְחוֹתֵם כָּרָאוּי. וְאִם לֹא נִזְכַּר עַד לְאַחַר שֶׁחָתַם הַבְּרָכָה מִתְפַּלֵּל לְהַלָּן. וּבְתוֹךְ בִּרְכַּת שְׁמַע קוֹלֵנוּ אַחַר רֵיקָם אַל תְּשִׁיבֵנוּ, אוֹמֵר וְתֵן טַל וּמָטָר לִבְרָכָה כִּי אַתָּה שׁוֹמֵעַ וְכוּ' וַאֲפִלּוּ אִם לֹא נִזְכַּר אָז רַק אַחַר שֶׁאָמַר בָּרוּךְ אַתָּה, כָּל שֶׁלֹּא אָמַר עֲדַיִן אֶת הַשֵּׁם, יָכוֹל לוֹמַר וְתֵן טַל וּמָטָר לִבְרָכָה כִּי אַתָּה שׁוֹמֵעַ וְכוּ' אֲבָל לֹא נִזְכַּר עַד לְאַחַר שֶׁסִּיֵּם הַבְּרָכָה שׁוֹמֵעַ תְּפִלָּה, חוֹזֵר וּמַתְחִיל בָּרֵךְ עָלֵינוּ וְכוּ' וְאִם לֹא נִזְכַּר עַד לְאַחַר שֶׁאָמַר אֶת הַפָּסוּק יִהְיוּ לְרָצוֹן וְגוֹ', חוֹזֵר לְרֹאשׁ הַתְּפִלָּה.

סעיף ז' טָעָה בַּקַּיִץ וְאָמַר טַל וּמָטָר, חוֹזֵר וּמַתְחִיל בָּרֵךְ עָלֵינוּ, וְאִם לֹא נִזְכַּר עַד לְאַחַר שֶׁאָמַר אֶת הַפָּסוּק יִהְיוּ לְרָצוֹן, חוֹזֵר לְרֹאשׁ הַתְּפִלָּה. (קי"ז)

סעיף ח' אִם נִסְתַּפֵּק לוֹ אִם אָמַר מַשִּׁיב הָרוּחַ אוֹ לֹא אָמַר, אִם הוּא לְאַחַר ל' יוֹם שֶׁכְּבָר הִתְפַּלֵּל תִּשְׁעִים פְּעָמִים כָּרָאוּי, חֶזְקָתוֹ שֶׁגַּם עַתָּה הִתְפַּלֵּל כְּהֶרְגֵּל שֶׁלּוֹ כָּרָאוּי. אֲבָל בְּתוֹךְ שְׁלֹשִׁים יוֹם צָרִיךְ לַחֲזֹר וּלְהִתְפַּלֵּל. וְכֵן בְּטַל וּמָטָר אִם מִסְתַּפֵּק לוֹ לְאַחַר שֶׁכְּבָר הִתְפַּלֵּל תִּשְׁעִים תְּפִלּוֹת כָּרָאוּי מוֹקְמִינָן אַחַזַּקְתֵּיהּ שֶׁגַּם עַתָּה הִתְפַּלֵּל כָּרָאוּי, וְקֹדֶם לָכֵן

צָרִיךְ לַחֲזֹר וּלְהִתְפַּלֵּל. (קי"ד)

סעיף ט' טָעָה בְּמַעֲרִיב לֵיל רִאשׁוֹן שֶׁל פֶּסַח, וְהִתְפַּלֵּל תְּפִלַּת שְׁמֹנֶה עֶשְׂרֵה שֶׁל חֹל, וְנִזְכַּר לְאַחַר שֶׁהִתְחִיל בָּרֵךְ עָלֵינוּ שֶׁהַדִּין הוּא שֶׁצָּרִיךְ לְסַיֵּם כָּל אוֹתָהּ בְּרָכָה (כְּמוֹ שֶׁאֶכְתֹּב לְקַמָּן סִימָן ע"ו) אֵינוֹ אוֹמֵר טַל וּמָטָר כֵּיוָן שֶׁגַּם הַצִּבּוּר אֵינָם אוֹמְרִים, וְאִם חָלָה הַשְּׁאֵלָה (הוּא יוֹם הַתְחָלָה לִשְׁאֹל טַל וּמָטָר) בְּיוֹם שַׁבָּת, וְטָעָה וְהִתְפַּלֵּל שֶׁל חֹל וְהִתְחִיל בָּרֵךְ עָלֵינוּ, גַּם כֵּן אֵינוֹ אוֹמֵר טַל וּמָטָר, כֵּיוָן שֶׁהַצִּבּוּר עֲדַיִן לֹא הִתְחִילוּ, וְהַיָּחִיד נִגְרָר אַחַר הַצִּבּוּר. (קי"ז)

סעיף י' שָׁכַח יַעֲלֶה וְיָבֹא בְּרֹאשׁ חֹדֶשׁ בְּשַׁחֲרִית אוֹ בְּמִנְחָה, וּבְחֹל הַמּוֹעֵד, בֵּין בְּשַׁחֲרִית בֵּין בְּמִנְחָה בֵּין בְּמַעֲרִיב, אִם נִזְכַּר קוֹדֶם שֶׁאָמַר יִהְיוּ לְרָצוֹן, חוֹזֵר וּמַתְחִיל רְצֵה, וַאֲפִלּוּ אִם נִזְכַּר קוֹדֶם שֶׁהִתְחִיל מוֹדִים, כֵּיוָן שֶׁסִּיֵּם בִּרְכַּת הַמַּחֲזִיר שְׁכִינָתוֹ לְצִיּוֹן, צָרִיךְ לְהַתְחִיל רְצֵה (כְּמוֹ שֶׁכָּתַבְתִּי בְּמַשִּׁיב הָרוּחַ) אַךְ אִם נִזְכַּר קוֹדֶם בִּרְכַּת הַמַּחֲזִיר שְׁכִינָתוֹ לְצִיּוֹן, אוֹמְרוֹ שָׁם וּמְסַיֵּם וְתֶחֱזֶינָה עֵינֵינוּ וְכוּ', וְאִם לֹא נִזְכַּר עַד לְאַחַר יִהְיוּ לְרָצוֹן וְגוֹ', חוֹזֵר לְרֹאשׁ הַתְּפִלָּה. וּבְרֹאשׁ חֹדֶשׁ שָׁכַח יַעֲלֶה וְיָבֹא בְּמַעֲרִיב, בֵּין שֶׁרֹאשׁ חֹדֶשׁ הוּא ב' יָמִים, בֵּין שֶׁאֵינוֹ אֶלָּא יוֹם א', כֵּיוָן שֶׁאָמַר בָּרוּךְ אַתָּה ה' וְהִזְכִּיר אֶת הַשֵּׁם, שׁוּב אֵינוֹ חוֹזֵר, אֶלָּא מְסַיֵּם הַמַּחֲזִיר שְׁכִינָתוֹ לְצִיּוֹן וְגוֹמֵר תְּפִלָּתוֹ. וְהַטַּעַם בָּזֶה מִפְּנֵי שֶׁלֹּא הָיוּ מְקַדְּשִׁין אֶת הַחֹדֶשׁ בַּלַּיְלָה. (תכ"ב ת"צ)

סעיף יא' שָׁכַח בְּרֹאשׁ חֹדֶשׁ אוֹ בְּחֹל הַמּוֹעֵד יַעֲלֶה וְיָבֹא בְּשַׁחֲרִית, אַף עַל פִּי שֶׁלֹּא נִזְכַּר עַד לְאַחַר שֶׁהִתְפַּלֵּל מוּסָף, (שֶׁכְּבָר זָכַר שֶׁל רֹאשׁ חֹדֶשׁ וְשֶׁל חֹל הַמּוֹעֵד) מִכָּל מָקוֹם, צָרִיךְ לַחֲזֹר וּלְהִתְפַּלֵּל שַׁחֲרִית, וְאִם עָבַר זְמַנָּהּ יַשְׁלִימֶנָּה בִּתְפִלַּת הַמִּנְחָה. (עַיֵּן שערי תשובה סִימָן ק"ח סקי"ב) כִּדְלְקַמָּן כ"א סָעִיף ד'. לְקַמָּן סִימָן כ' סָעִיף י'.

סעיף יב' בְּכָל מָקוֹם שֶׁהוּא צָרִיךְ לַחֲזֹר וּלְהִתְפַּלֵּל, צָרִיךְ לְהַמְתִּין כְּדֵי הִלּוּךְ ד' אַמּוֹת.

סעיף יג' שְׁלִיחַ צִבּוּר שֶׁטָּעָה בִּתְפִלַּת הַלַּחַשׁ, אֵינוֹ חוֹזֵר וּמִתְפַּלֵּל שֵׁנִית מִפְּנֵי טֹרַח הַצִּבּוּר, אֶלָּא סוֹמֵךְ עַל הַתְּפִלָּה שֶׁיִּתְפַּלֵּל בְּקוֹל רָם, (וְלָכֵן לְאַחַר חֲזָרַת הַתְּפִלָּה יֹאמַר אֱלֹהַי נְצֹר וְכוּ' וְיִפְסִיעַ ג' פְּסִיעוֹת) אַךְ אִם טָעָה בג' בְּרָכוֹת רִאשׁוֹנוֹת וְנִזְכַּר קוֹדֶם שֶׁהִשְׁלִים תְּפִלָּתוֹ, בְּעִנְיָן שֶׁלֹּא יְהֵא בַּחֲזָרָתוֹ טֹרַח הַצִּבּוּר, יַחֲזֹר (קכ"ג קכ"ו).

סעיף יד' בְּיוֹם הַתַּעֲנִית בֵּין בְּתַעֲנִית צִבּוּר בֵּין בְּתַעֲנִית יָחִיד, אוֹמְרִים בִּתְפִלַּת הַמִּנְחָה בְּבִרְכַּת שְׁמַע קוֹלֵנוּ, עֲנֵנוּ, וּכְשֶׁמַּגִּיעַ לִבְכָל עֵת צָרָה וְצוּקָה יְסַיֵּם כִּי אַתָּה שׁוֹמֵעַ וְכוּ'. וְאִם שָׁכַח מִלּוֹמַר עֲנֵנוּ, אִם לֹא נִזְכַּר עַד לְאַחַר שֶׁאָמַר אֶת הַשֵּׁם מִבִּרְכַּת שׁוֹמֵעַ תְּפִלָּה, אֵינוֹ חוֹזֵר וְאוֹמְרוֹ, אֶלָּא לְאַחַר שֶׁגָּמַר כָּל הַתְּפִלָּה, לְאַחַר אֱלֹהַי נְצֹר קוֹדֶם שֶׁיַּעֲקֹר רַגְלָיו, אוֹמְרוֹ עַד בְּכָל עֵת צָרָה וְצוּקָה וּמְסַיֵּם יִהְיוּ לְרָצוֹן וְכוּ', וְאִם לֹא נִזְכַּר עַד לְאַחַר שֶׁעָקַר רַגְלָיו, אֵינוֹ אוֹמְרוֹ עוֹד כְּלָל (תקס"ה).

סימן כ - דין חזרת תפלת השליח צבור. ובו י"ב סעיפים:

סעיף א' כְּשֶׁפּוֹסֵעַ הַשְּׁלִיחַ צִבּוּר מִתְּפִלָּה שֶׁבְּלַחַשׁ, עוֹמֵד בִּמְקוֹמוֹ כְּשִׁעוּר הִלּוּךְ ד' אַמּוֹת וְחוֹזֵר לִמְקוֹמוֹ וְאוֹמֵר בְּלַחַשׁ ה' שְׂפָתַי תִּפְתָּח וְגוֹ' וּמַתְחִיל בְּקוֹל בָּרוּךְ אַתָּה וְכוּ' וְכָל אֶחָד יִזָּהֵר לִשְׁתֹּק אָז וְלִשְׁמֹעַ הֵיטֵב, וּלְכַוֵּן לְמַה שֶּׁהוּא אוֹמֵר, וְלוֹמַר בָּרוּךְ הוּא, וּבָרוּךְ שְׁמוֹ וְאָמֵן עַל כָּל בְּרָכָה כָּרָאוּי. וַאֲפִלּוּ לִלְמֹד אָסוּר בְּשָׁעָה שֶׁהַשְּׁלִיחַ צִבּוּר חוֹזֵר הַתְּפִלָּה, וְאֵין צָרִיךְ לוֹמַר שֶׁצְּרִיכִין לִזָּהֵר מִשִּׂיחָה בְּטֵלָה. וּמִי שֶׁנָּקֵל לוֹ, יֵשׁ לוֹ לַעֲמֹד כְּמוֹ שֶׁהוּא בְּעַצְמוֹ מִתְפַּלֵּל שְׁמֹנֶה עֶשְׂרֵה אוֹ בְּעֵינַיִם עֲצוּמוֹת, אוֹ לִרְאוֹת תּוֹךְ הַסִּדּוּר מַה שֶּׁאָמַר הַשְּׁלִיחַ צִבּוּר (קי"א קכ"ג קכ"ד). קְצָת נוֹהֲגִין שֶׁלְּאַחַר קְדֻשָּׁה חוֹלְצִין תְּפִלִּין שֶׁל רַשִׁ"י וּמַנִּיחִין תְּפִלִּין דְּרַבֵּנוּ תָּם. וְעוֹשִׂין שֶׁלֹּא כַדִּין. (עַיֵּן פְּרִי מגדים סִימָן ל"ד משבצות סָעִיף קטן ב).

סעיף ב' בַּחֲזָרַת תְּפִלַּת הַשְּׁלִיחַ צִבּוּר, כֵּיוָן שֶׁהַשְּׁלִיחַ צִבּוּר כְּבָר הִתְפַּלֵּל בִּפְנֵי עַצְמוֹ בְּלַחַשׁ, וְאֵינוֹ חוֹזֵר אֶת הַתְּפִלָּה רַק בִּשְׁבִיל הַשּׁוֹמְעִים, לָכֵן צְרִיכִין שֶׁיִּהְיוּ דַּוְקָא תִּשְׁעָה שׁוֹמְעִין וְעוֹנִין, שֶׁלֹּא תִּהְיֶינָה בִּרְכוֹתָיו לְבַטָּלָה (וְלָא דָּמֵי לְמַה שֶּׁכָּתוּב בְּסִימָן ט"ו סָעִיף ז'). וְלָכֵן כְּשֶׁיֵּשׁ מִנְיָן מְצֻמְצָם, צְרִיכִין לְהַשְׁגִּיחַ שֶׁלֹּא יַתְחִיל הַשְּׁלִיחַ צִבּוּר חֲזָרַת הַתְּפִלָּה עַד שֶׁיִּגְמְרוּ כֻּלָּן תְּפִלּוֹתֵיהֶן שֶׁיּוּכְלוּ לַעֲנוֹת. (קכ"ד)

סעיף ג' הַשְּׁלִיחַ צִבּוּר צָרִיךְ לִזָּהֵר, כְּשֶׁהוּא מְסַיֵּם בְּרָכָה אַחַת, שֶׁלֹּא לְהַתְחִיל בְּרָכָה שְׁנִיָּה, עַד לְאַחַר שֶׁאָמְרוּ רֹב הַצִּבּוּר אָמֵן. וְאִם הִתְחִיל תֵּכֶף בְּרָכָה אַחֶרֶת, כְּגוֹן, שֶׁסִּיֵּם מָגֵן אַבְרָהָם וְהִתְחִיל מִיָּד אַתָּה גִּבּוֹר, אֲזַי כֵּיוָן שֶׁהִתְחִיל לוֹמַר, אַתָּה גִּבּוֹר, שׁוּב אֵין אוֹמְרִים אָמֵן, וְעֹנֶשׁ בִּטּוּל אָמֵן, אָז הוּא עָלָיו.

סעיף ד' בִּקְדֻשָּׁה, יִזָּהֵר כָּל אֶחָד לְכַוֵּן רַגְלָיו, שֶׁיִּהְיוּ שְׁתֵּיהֶן בְּיַחַד, כְּאִלּוּ הָיוּ רֶגֶל אַחַת (כְּמוֹ שֶׁכָּתוּב וְרַגְלֵיהֶם רֶגֶל יְשָׁרָה) וּכְשֶׁאוֹמְרִים קָדוֹשׁ, קָדוֹשׁ, קָדוֹשׁ, וְכֵן בָּרוּךְ וְיִמְלֹךְ, מְרִים גּוּפוֹ וַעֲקֵבוֹ לְמַעְלָה. וְנוֹהֲגִין לָשֵׂא הָעֵינַיִם לַמָּרוֹם, וְטוֹב שֶׁתִּהְיֶינָה סְגוּרוֹת (קכ"ה).

סעיף ה' כְּשֶׁמַּגִּיעַ הַשְּׁלִיחַ צִבּוּר לְמוֹדִים, מִשְׁתַּחֲוִים כָּל הַקָּהָל וְאוֹמְרִים מוֹדִים דְּרַבָּנָן, כֻּלּוֹ בְּהִשְׁתַּחֲוָיָה, וּמִי שֶׁהוּא עוֹמֵד בִּתְפִלַּת שְׁמֹנֶה עֶשְׂרֵה וְשׁוֹמֵעַ שֶׁהַשְּׁלִיחַ צִבּוּר הִגִּיעַ לְמוֹדִים, אִם הוּא עוֹמֵד בְּאֶמְצַע בְּרָכָה, מִשְׁתַּחֲוֶה גַּם כֵּן. אֲבָל אִם עוֹמֵד בִּתְחִלַּת בְּרָכָה. אוֹ בְּסוֹף בְּרָכָה, לֹא יִשְׁתַּחֲוֶה. מִשּׁוּם דְּאָסוּר לְהוֹסִיף הִשְׁתַּחֲוָיוֹת, בִּתְחִלַּת בְּרָכָה אוֹ בְּסוֹף בְּרָכָה, עַל אוֹתָן שֶׁאָמְרוּ רַבּוֹתֵינוּ זִכְרוֹנָם לִבְרָכָה, כִּדְלְעֵיל סִימָן י"ח סָעִיף י"א (ק"ט קכ"ז).

סעיף ו' קוֹדֶם שֶׁאוֹמֵר הַשְּׁלִיחַ צִבּוּר שִׂים שָׁלוֹם, אוֹמֵר אֱלֹהֵינוּ וֵאלֹהֵי אֲבוֹתֵינוּ. בָּרְכֵנוּ וְכוּ', וּכְשֶׁאוֹמֵר "וְיִשְׁמְרֶךָ" אוֹמְרִים הַקָּהָל כֵּן יְהִי רָצוֹן וְלֹא יֹאמְרוּ אָמֵן. וְכֵן כְּשֶׁאוֹמֵר וִיחֻנֶּךָּ וְשָׁלוֹם. וְאֵין אוֹמְרִים אוֹתוֹ רַק בְּשַׁחֲרִית וּבְמוּסָף, וְלֹא בְּמִנְחָה. רַק בְּתַעֲנִית צִבּוּר, שֶׁאוֹמְרִים גַּם בְּמִנְחָה שִׂים שָׁלוֹם, אָז אוֹמֵר הַשְּׁלִיחַ צִבּוּר גַּם אֱלֹהֵינוּ וֵאלֹהֵי אֲבוֹתֵינוּ. וְאֵין אוֹמְרִים אוֹתוֹ בְּבֵית אָבֵל, וְלֹא בְּתִשְׁעָה בְּאָב בְּשַׁחֲרִית (קכ"א קכ"ז).

סעיף ז' לְאַחַר שֶׁגָּמַר הַשְּׁלִיחַ צִבּוּר

הַתְּפִלָּה, יֹאמַר בְּלַחַשׁ יִהְיוּ לְרָצוֹן וְגוֹ' אֲבָל לִפְסֹעַ ג' פְּסִיעוֹת אֵינוֹ צָרִיךְ שֶׁסּוֹמֵךְ עַל הַפְּסִיעוֹת שֶׁבְּסוֹף הַקַּדִּישׁ שָׁלֵם. (קכ"ג).

סעיף ח' בְּתַעֲנִית צִבּוּר וְיֵשׁ בְּבֵית הַכְּנֶסֶת עֲשָׂרָה שֶׁמִּתְעַנִּים וּמַשְׁלִימִים, אוֹמֵר הַשְּׁלִיחַ צִבּוּר בְּשַׁחֲרִית וּבְמִנְחָה עֲנֵנוּ קֹדֶם רְפָאֵנוּ. וְאִם טָעָה וְלֹא אֲמָרוֹ, אִם נִזְכַּר קוֹדֶם שֶׁאָמַר אֶת הַשֵּׁם, מִן הַבְּרָכָה רוֹפֵא חוֹלֵי, חוֹזֵר וְאוֹמֵר עֲנֵנוּ וּרְפָאֵנוּ. אֲבָל לֹא נִזְכַּר עַד לְאַחַר שֶׁאָמַר אֶת הַשֵּׁם, גּוֹמֵר הַבְּרָכָה רוֹפֵא חוֹלֵי עַמּוֹ יִשְׂרָאֵל, וְאוֹמֵר עֲנֵנוּ בְּתוֹךְ בִּרְכַּת שׁוֹמֵעַ תְּפִלָּה, וְחוֹתֵם שׁוֹמֵעַ תְּפִלָּה כְּמוֹ יָחִיד. וְאִם שָׁכְחוּ גַּם שָׁם, אוֹמְרוֹ לְאַחַר סִיּוּם הַתְּפִלָּה בְּלֹא חֲתִימָה.

סעיף ט' אֵין אוֹמְרִים תְּפִלַּת שְׁמֹנֶה עֶשְׂרֵה בְּקוֹל, אֶלָּא אִם כֵּן יֵשׁ לְכָל הַפָּחוֹת שִׁשָּׁה אֲנָשִׁים, שֶׁהֵם רֹב מִנְיָן שֶׁהִתְפַּלְּלוּ עַתָּה. אֲבָל אִם אֵין שִׁשָּׁה אֲנָשִׁים שֶׁהִתְפַּלְּלוּ עַתָּה, אֵין אוֹמְרִים כָּל הַשְּׁמֹנֶה עֶשְׂרֵה בְּקוֹל, אֶלָּא אֶחָד אוֹמֵר עַד הָאֵל הַקָּדוֹשׁ בְּקוֹל, וְאוֹמְרִים קְדֻשָּׁה וְגוֹמֵר תְּפִלָּתוֹ בְּלַחַשׁ. (ס"ט)

סעיף י' כָּל מָקוֹם שֶׁהַיָּחִיד אִם טָעָה חוֹזֵר וּמִתְפַּלֵּל, כְּמוֹ כֵן הַשְּׁלִיחַ צִבּוּר בַּחֲזָרַת הַתְּפִלָּה, אִם טָעָה חוֹזֵר וּמִתְפַּלֵּל חוּץ מִשַּׁחֲרִית שֶׁל רֹאשׁ חֹדֶשׁ וְחֹל הַמּוֹעֵד. שֶׁאִם שָׁכַח וְלֹא אָמַר יַעֲלֶה וְיָבֹא וְלֹא נִזְכַּר עַד שֶׁהִשְׁלִים תְּפִלָּתוֹ, אֵין מַחֲזִירִין אוֹתוֹ, כִּי מִשּׁוּם טֹרַח הַצִּבּוּר, סָמְכִינַן עַל מַה שֶּׁיַּזְכִּיר בִּתְפִלַּת הַמּוּסָף, אֲבָל אִם נִזְכַּר קוֹדֶם שֶׁהִשְׁלִים תְּפִלָּתוֹ, חוֹזֵר לִרְצֵה וְאֵין בָּזֶה טֹרַח הַצִּבּוּר (קכ"ו).

סעיף יא' חִיּוּב עַל הָאָדָם לוֹמַר קְדֻשָּׁה עִם הַצִּבּוּר, וְגַם אָמֵן שֶׁלְּאַחַר הָאֵל הַקָּדוֹשׁ, וְשֶׁלְּאַחַר שׁוֹמֵעַ תְּפִלָּה, הוּא גַּם כֵּן חִיּוּב כְּמוֹ קְדֻשָּׁה. וְכֵן הַקַּדִּישִׁים שֶׁאוֹמֵר הַשְּׁלִיחַ צִבּוּר, חִיּוּב הוּא לַעֲנוֹת עֲלֵיהֶם. וְכֵן בְּמוֹדִים הוּא חִיּוּב לִשְׁחוֹת עִם הַצִּבּוּר. וְלָכֵן אִם נִתְאַחֵר לָבֹא לְבֵית הַכְּנֶסֶת, בְּאֹפֶן שֶׁאֵינוֹ יָכוֹל לְהִתְפַּלֵּל עִם הַצִּבּוּר. וְהוּא מֻכְרָח לְהִתְפַּלֵּל בְּיְחִידוּת, אִם אֵין הַשָּׁעָה עוֹבֶרֶת, צָרִיךְ לְהַשְׁגִּיחַ שֶׁלֹּא יִתְפַּלֵּל שְׁמֹנֶה עֶשְׂרֵה, בְּשָׁעָה שֶׁיַּפְסִיד מִלַּעֲנוֹת אֶחָד מִדְּבָרִים אֵלּוּ אֶלָּא יַמְתִּין עַד שֶׁיַּעֲנֶה, וְאַחַר כָּךְ יִתְפַּלֵּל שְׁמֹנֶה עֶשְׂרֵה. אֲבָל אַל יַמְתִּין בֵּין גָּאַל יִשְׂרָאֵל לִתְפִלַּת שְׁמֹנֶה עֶשְׂרֵה, דְּהָא צָרִיךְ לְהַסְמִיךְ גְּאֻלָּה לִתְפִלָּה, וְאָסוּר לְהַפְסִיק בֵּינֵיהֶם, אֶלָּא יַמְתִּין קוֹדֶם שִׁירָה חֲדָשָׁה (וע"ש סִימָן ס"ט סָעִיף ז').

סעיף יב' יָחִיד הָעוֹמֵד בִּתְפִלַּת שְׁמֹנֶה עֶשְׂרֵה, וּכְשֶׁהוּא מְסַיֵּם מְחַיֵּה הַמֵּתִים, אוֹמְרִים הַצִּבּוּר קְדֻשַּׁת וּבָא לְצִיּוֹן, אוֹ קְדֻשַּׁת יוֹצֵר, אֵינוֹ אוֹמֵר עִמָּהֶם קָדוֹשׁ, לְפִי שֶׁאֵין הַקְּדֻשּׁוֹת שָׁווֹת, אֲבָל אִם הַצִּבּוּר אוֹמְרִים קְדֻשַּׁת מוּסָף, אַף עַל פִּי שֶׁהוּא מִתְפַּלֵּל שַׁחֲרִית, עוֹנֶה עִמָּהֶם קָדוֹשׁ וְכוּ', וְכֵן בְּהִפּוּךְ דִּקְדֻשַּׁת שַׁחֲרִית וּקְדֻשַּׁת מוּסָף שָׁווֹת הֵן (ק"ט).

סימן כא - דין מי שלא התפלל האיך ישלימנה ובו י' סעיפים:

סעיף א' כְּבָר נִתְבָּאֵר בְּסִימָן י"ח שֶׁאִם עָבַר זְמַן תְּפִלָּה בְּמֵזִיד, אֵין לוֹ תַּשְׁלוּמִין אֲבָל אִם מֵחֲמַת שְׁגָגָה אוֹ אֹנֶס לֹא הִתְפַּלֵּל, אוֹ שֶׁטָּעָה בִּתְפִלָּתוֹ בְּדָבָר שֶׁצָּרִיךְ לַחֲזוֹר וּלְהִתְפַּלֵּל יָכוֹל

לְהַשְׁלִימָהּ לְאַחַר תְּפִלָּה הַסְּמוּכָה לָהּ, וְצָרִיךְ שֶׁיִּתְפַּלֵּל דַּוְקָא תְּפִלָּה שֶׁהִיא זְמַנָּהּ, וְאַחַר כָּךְ תְּפִלַּת הַתַּשְׁלוּמִין, דְּהַיְנוּ אִם לֹא הִתְפַּלֵּל שַׁחֲרִית, אֲזַי כְּשֶׁיַּגִּיעַ זְמַן תְּפִלַּת מִנְחָה, יִתְפַּלֵּל מִתְּחִלָּה, תְּפִלָּה לְשֵׁם מִנְחָה וְאוֹמֵר תַּחֲנוּן, וְאַחַר כָּךְ מִיָּד אוֹמֵר אַשְׁרֵי, וּמִתְפַּלֵּל עוֹד שְׁמֹנֶה עֶשְׂרֵה בִּשְׁבִיל שַׁחֲרִית. וְאִם לֹא הִתְפַּלֵּל מִנְחָה, אֲזַי יִתְפַּלֵּל תְּחִלָּה עַרְבִית, וְיִשְׁהֶה רַק כְּדֵי הִלּוּךְ ד' אַמּוֹת וְאֵינוֹ אוֹמֵר אַשְׁרֵי אֶלָּא מִיָּד יִתְפַּלֵּל תְּפִלַּת שְׁמֹנֶה עֶשְׂרֵה בִּשְׁבִיל מִנְחָה, וְאִם לֹא הִתְפַּלֵּל עַרְבִית, אֲזַי לְאַחַר תְּפִלַּת שַׁחֲרִית, יֹאמַר תַּחֲנוּן וְאַשְׁרֵי, וְיִתְפַּלֵּל תְּפִלַּת שְׁמֹנֶה עֶשְׂרֵה לְשֵׁם עַרְבִית וְאַחַר כָּךְ יֹאמַר לַמְנַצֵּחַ וּבָא לְצִיּוֹן וְכוּ', וְאָסוּר לוֹ לֶאֱכֹל עַד שֶׁיִּתְפַּלֵּל גַּם תְּפִלָּה זוֹ, שֶׁהִיא לְשֵׁם עַרְבִית.

סעיף ב' אִם לֹא הִתְפַּלֵּל, בְּעוֹד שֶׁהָיָה לוֹ שָׁהוּת לְהִתְפַּלֵּל, מִפְּנֵי שֶׁהָיָה חוֹשֵׁב, שֶׁעֲדַיִן יִשָּׁאֵר לוֹ זְמַן, אַחַר שֶׁיִּגְמֹר אוֹתוֹ עֵסֶק שֶׁהוּא מִתְעַסֵּק בּוֹ, וּבֵין כָּךְ וָכָךְ עָבְרָה לוֹ הַשָּׁעָה, וְכֵן מִי שֶׁהָיָה טָרוּד לְצֹרֶךְ מָמוֹנוֹ, שֶׁלֹּא יָבֹא לִידֵי הֶפְסֵד, וְעַל יְדֵי כֵן הִפְסִיד זְמַן הַתְּפִלָּה, אַף עַל גַּב דְּאָסוּר לְהַעֲבִיר זְמַן תְּפִלָּה מִשּׁוּם הֶפְסֵד מָמוֹן מִכָּל מָקוֹם מִקְרֵי אֹנֶס, וְיֵשׁ לוֹ תַּשְׁלוּמִין. וְכֵן אִם מֵחֲמַת שִׁכְרוּת לֹא הָיָה רָאוּי לְהִתְפַּלֵּל, נֶחְשָׁב גַּם כֵּן כְּאֹנֶס אַף עַל פִּי שֶׁהִתְחִיל בְּאִסּוּר לִשְׁתּוֹת, כְּשֶׁהִגִּיעַ זְמַן תְּפִלָּה.

ג כסלו

סעיף ג' אֵין תַּשְׁלוּמִין לִתְפִלָּה, אֶלָּא בַּתְּפִלָּה הַסְּמוּכָה לָהּ. אֲבָל אִם נִתְאַחֵר יוֹתֵר, אֵין לָהּ עוֹד תַּשְׁלוּמִין כְּגוֹן אִם לֹא הִתְפַּלֵּל לֹא שַׁחֲרִית וְלֹא מִנְחָה, אֲזַי מִנְחָה, יֵשׁ לָהּ תַּשְׁלוּמִין, לְאַחַר עַרְבִית הַסְּמוּכָה לָהּ, אֲבָל שַׁחֲרִית אֵין לָהּ תַּשְׁלוּמִין, כֵּיוָן שֶׁעָבַר שְׁתֵּי זְמַנֵּי תְּפִלּוֹת שֶׁלֹּא הִתְפַּלֵּל, לֹא בִּזְמַנָּהּ וְלֹא בִּזְמַן מִנְחָה.

סעיף ד' אַךְ בְּיוֹם שֶׁיֵּשׁ בּוֹ מוּסָף, אִם לֹא הִתְפַּלֵּל שַׁחֲרִית, יָכוֹל לְהַשְׁלִימָהּ לְאַחַר מִנְחָה, (דְּכֵיוָן דִּזְמַן תְּפִלַּת מוּסָף, בְּדִיעֲבַד עַד הַלַּיְלָה, כְּמוֹ מִנְחָה אִם כֵּן לֹא עָבַר שְׁתֵּי זְמַנֵּי תְּפִלּוֹת) וּלְאַחַר תְּפִלַּת מוּסָף, אֵינוֹ יָכוֹל לְהַשְׁלִים תְּפִלַּת שַׁחֲרִית, (דְּכֵיוָן שֶׁמַּזְכִּיר בָּהּ קָרְבַּן מוּסָף, אֵינָהּ רְאוּיָה שֶׁתַּעֲלֶה לִתְפִלַּת שַׁחֲרִית. פְּרִי מְגָדִים סִימָן ק"ח, אַבְרָהָם סָעִיף קָטָן ו'). אַךְ עִם עֲדַיִן לֹא עָבַר זְמַן תְּפִלַּת שַׁחֲרִית, יָכוֹל לְהִתְפַּלֵּל שַׁחֲרִית, אַף עַל פִּי שֶׁכְּבָר הִתְפַּלֵּל מוּסָף.

סעיף ה' אֵין תַּשְׁלוּמִין לִתְפִלָּה שֶׁהִפְסִיד, אֶלָּא בִּזְמַן תְּפִלָּה הַסְּמוּכָה לָהּ. אֲבָל לֹא בְּשָׁעָה שֶׁאֵינָהּ זְמַן תְּפִלָּה, כְּגוֹן אִם שָׁהָה הַרְבֵּה, אַחַר שֶׁהִתְפַּלֵּל הַתְּפִלָּה שֶׁהִיא חוֹבַת שָׁעָה, אֵינוֹ יָכוֹל לְהִתְפַּלֵּל עוֹד, תַּשְׁלוּמֵי תְּפִלָּה שֶׁהִפְסִיד, לְפִי שֶׁלֹּא תִקְּנוּ תַּשְׁלוּמִין לִתְפִלָּה שֶׁהִפְסִיד, אֶלָּא בִּזְמַן שֶׁהוּא עוֹסֵק בַּתְּפִלָּה שֶׁהִיא חוֹבַת שָׁעָה, שֶׁאָז כֵּיוָן שֶׁהוּא עוֹסֵק בַּתְּפִלָּה שֶׁהִיא חוֹבַת שָׁעָה, שֶׁאָז כֵּיוָן שֶׁהוּא עוֹסֵק בִּתְפִלָּה. הוּא מַשְׁלִים גַּם כֵּן מַה שֶּׁחָסֵר (ק"ח).

סעיף ו' תְּפִלַּת הַתַּשְׁלוּמִין שֶׁהוּא מִתְפַּלֵּל, חַיָּב לְהִתְפַּלֵּל, כְּמוֹ שֶׁהוּא מִתְפַּלֵּל אָז תְּפִלַּת הַחוֹבָה, כְּגוֹן אִם לֹא הִתְפַּלֵּל מִנְחָה בְּעֶרֶב שַׁבָּת, מִתְפַּלֵּל עַרְבִית שְׁתַּיִם שֶׁל שַׁבָּת, אַף עַל פִּי שֶׁהַשְּׁנִיָּה בָּאָה לְתַשְׁלוּם תְּפִלַּת חֹל,

מִכָּל מָקוֹם, כֵּיוָן שֶׁעַתָּה הוּא שַׁבָּת, מִתְפַּלֵּל שֶׁל שַׁבָּת. וְאִם הִתְפַּלֵּל שֶׁל חֹל, חוֹזֵר וּמִתְפַּלֵּל, וְכֵן בְּעֶרֶב רֹאשׁ חֹדֶשׁ אִם לֹא הִתְפַּלֵּל מִנְחָה מִתְפַּלֵּל עַרְבִית שְׁתַּיִם, וְאוֹמֵר בִּשְׁתֵּיהֶן יַעֲלֶה וְיָבֹא. וְאִם לֹא הִתְפַּלֵּל עַרְבִית בְּרֹאשׁ חֹדֶשׁ, שֶׁמִּתְפַּלֵּל שַׁחֲרִית שְׁתַּיִם, אִם שָׁכַח יַעֲלֶה וְיָבֹא אֲפִלּוּ בַּשְּׁנִיָּה חוֹזֵר וּמִתְפַּלֵּל, (אַף עַל גַּב דְּתַשְׁלוּמִין הַלַּיְלָה הִיא, וְאָז לֹא הָיָה חוֹזֵר, מִכָּל מָקוֹם הַשְׁתָּא יְמָמָא הוּא), וּבְשַׁבָּת אִם לֹא הִתְפַּלֵּל מִנְחָה, מִתְפַּלֵּל עַרְבִית גַּם כֵּן שְׁתַּיִם שֶׁל חֹל, אֶלָּא שֶׁיֵּשׁ חִלּוּק בְּאַתָּה חוֹנַנְתָּנוּ. בָּרִאשׁוֹנָה אוֹמֵר אַתָּה חוֹנַנְתָּנוּ, וּבַשְּׁנִיָּה אֵינוֹ אוֹמְרוֹ. וְהַטַּעַם בָּזֶה, כֵּיוָן שֶׁאַתָּה חוֹנַנְתָּנוּ הוּא כְּמוֹ הַבְדָּלָה, וְאֵין מַבְדִּילִין ב' פְּעָמִים בַּתְּפִלָּה, וְהוּא הַדִּין לְהֵפֶךְ, אִם שָׁכַח עַרְבִית בְּמוֹצָאֵי שַׁבָּת. מִתְפַּלֵּל שַׁחֲרִית שְׁתַּיִם, וְאוֹמֵר בִּתְפִלַּת הַתַּשְׁלוּמִין אַתָּה חוֹנַנְתָּנוּ, לְפִי שֶׁמֵּעִקַּר הַתַּקָּנָה, צָרִיךְ לְהַבְדִּיל בַּתְּפִלָּה (ק"ח רצ"ד).

סעיף ז' טָעָה בְּרֹאשׁ חֹדֶשׁ בְּמִנְחָה, וְלֹא אָמַר יַעֲלֶה וְיָבֹא, וּלְמָחָר אֵינוֹ רֹאשׁ חֹדֶשׁ, אִם כֵּן אַף אִם יִתְפַּלֵּל עַרְבִית שְׁתַּיִם, לֹא יַרְוִיחַ כְּלוּם, שֶׁהֲרֵי אֵינוֹ יָכוֹל לוֹמַר עוֹד יַעֲלֶה וְיָבֹא, וּבְלֹא יַעֲלֶה וְיָבֹא, הֲרֵי כְּבָר הִתְפַּלֵּל עַל כֵּן אֵינוֹ מִתְפַּלֵּל כְּלָל לְתַשְׁלוּמִין.

סעיף ח' תְּפִלַּת מוּסָף, אַף עַל פִּי שֶׁזְּמַנָּהּ כָּל הַיּוֹם, וְאִם כֵּן הֲוֵי מַעֲרִיב תְּפִלָּה הַסְּמוּכָה לָהּ, מִכָּל מָקוֹם אֵין לָהּ תַּשְׁלוּמִין בַּלַּיְלָה, מִשּׁוּם דִּתְפִלַּת מוּסָף נִתְקְנָה מִשּׁוּם וּנְשַׁלְּמָה פָרִים שְׂפָתֵינוּ וְכֵיוָן שֶׁעָבַר זְמַנּוֹ בָּטֵל קָרְבָּנוֹ.

סעיף ט' מִי שֶׁהוּא צָרִיךְ לְהִתְפַּלֵּל שַׁחֲרִית שְׁתַּיִם, אוֹ מִנְחָה שְׁתַּיִם, אִם הוּא שְׁלִיחַ צִבּוּר, יוֹצֵא בְּמַה שֶּׁהוּא חוֹזֵר אֶת הַתְּפִלָּה בְּקוֹל רָם.

סעיף י' מִי שֶׁנִּסְתַּפֵּק לוֹ אִם הִתְפַּלֵּל אוֹ לֹא, בַּזְּמַן הַזֶּה (שֶׁאֵין מִתְפַּלְּלִין בִּנְדָבָה), אֵינוֹ חוֹזֵר וּמִתְפַּלֵּל (סִימָן ק"ז ק"ח).

סימן כב - דיני תחנון ובו י' סעיפים:

סעיף א' לְאַחַר הַשְּׁמֹנֶה עֶשְׂרֵה, אוֹמְרִים תַּחֲנוּן בִּנְפִילַת אַפַּיִם, וְאֵין לְדַבֵּר שִׂיחַת חֻלִּין, בֵּין שְׁמֹנֶה עֶשְׂרֵה לְתַחֲנוּן.

סעיף ב' בְּשַׁחֲרִית, כֵּיוָן שֶׁיֵּשׁ תְּפִלִּין בִּשְׂמֹאלוֹ, נוֹטִין עַל צַד יָמִין, מִשּׁוּם כְּבוֹד הַתְּפִלִּין, וּבְמִנְחָה, נוֹטִין עַל צַד שְׂמֹאל.

סעיף ג' נְפִילַת אַפַּיִם יֵשׁ לִהְיוֹת מְיֻשָּׁב, אַךְ בִּשְׁעַת הַדְּחָק יוּכַל לִהְיוֹת גַּם מְעֻמָּד. לְאַחַר תַּחֲנוּן אוֹמְרִים וַאֲנַחְנוּ לֹא נֵדַע, וְיֵשׁ לְאָמְרוֹ בִּישִׁיבָה, וְאַחַר כָּךְ עוֹמְדִין וְאוֹמְרִים מַה נַּעֲשֶׂה וְכוּ'.

סעיף ד' אֵין נְפִילַת אַפַּיִם כִּי אִם בְּמָקוֹם שֶׁיֵּשׁ שָׁם סֵפֶר תּוֹרָה, אֲבָל בְּמָקוֹם שֶׁאֵין שָׁם סֵפֶר תּוֹרָה אַף עַל פִּי שֶׁיֵּשׁ שָׁם שְׁאָר סִפְרֵי קֹדֶשׁ, אֵין נוֹפְלִין עַל פְּנֵיהֶם, אֶלָּא אוֹמְרִים אֶת הַמִּזְמוֹר בְּלִי נְפִילַת אַפַּיִם. וּכְשֶׁמִּתְפַּלְּלִים בְּעֶזְרַת בֵּית הַכְּנֶסֶת, וּפֶתַח בֵּית הַכְּנֶסֶת פָּתוּחַ, נֶחְשָׁב כְּאִלּוּ הָיָה שָׁם סֵפֶר תּוֹרָה.

סעיף ה' כְּשֶׁמִּתְפַּלְּלִין בְּבֵית אָבֵל, אוֹ בְּבֵית הַמֵּת אַף עַל פִּי שֶׁאֵין שָׁם אָבֵל, אֵין אוֹמְרִים תַּחֲנוּן ז' יְמֵי אֲבֵלוּת אֲפִלּוּ בְּמִנְחָה שֶׁל יוֹם ז'. וְנוֹהֲגִין שֶׁגַּם בְּשׁוּבָם לְבֵיתָם אֵינָם אוֹמְרִים. וְאִם יֵשׁ אָבֵל בְּבֵית הַכְּנֶסֶת, אֵין הַצִּבּוּר נִגְרָרִין אַחֲרָיו, וְאוֹמְרִים תַּחֲנוּן, אֶלָּא שֶׁהָאָבֵל אֵינוֹ אוֹמֵר.

סעיף ו' אֵין אוֹמְרִים תַּחֲנוּן בְּבֵית הַכְּנֶסֶת שֶׁיֵּשׁ שָׁם מִילָה, אוֹ שֶׁהַבַּעַל בְּרִית אוֹ הַסַּנְדָּק, אוֹ הַמּוֹהֵל מִתְפַּלְּלִים שָׁם, אַף שֶׁהַמִּילָה תְּהֵא בְּבֵית אַחֵר. וְאִם מִתְפַּלְּלִין מִנְחָה, בְּבֵית הַתִּינוֹק קוֹדֶם סְעֻדַּת הַבְּרִית, אוֹ בְּאֶמְצַע הַסְּעֻדָּה, גַּם כֵּן אֵין אוֹמְרִים. אֲבָל אִם מִתְפַּלְּלִים לְאַחַר בִּרְכַּת הַמָּזוֹן, אוֹמְרִים. אַךְ הַבַּעַל בְּרִית וְהַסַּנְדָּק וְהַמּוֹהֵל לֹא יֹאמְרוּ אַף לְאַחַר בִּרְכַּת הַמָּזוֹן, מִשּׁוּם דְּיוֹם טוֹב שֶׁלָּהֶם הוּא.

סעיף ז' וְכֵן אֵין אוֹמְרִים, בְּבֵית הַכְּנֶסֶת שֶׁיֵּשׁ שָׁם חָתָן, כָּל שִׁבְעַת יְמֵי מִשְׁתֶּה שֶׁלּוֹ, אִם הֶחָתָן הוּא בָּחוּר אוֹ הַכַּלָּה בְּתוּלָה. אֲבָל אַלְמָן שֶׁנָּשָׂא אַלְמָנָה, אֵין לוֹ רַק שְׁלֹשָׁה יָמִים וְאַחַר כָּךְ אוֹמְרִים. וּבְיוֹם הַחֻפָּה בְּשַׁחֲרִית אוֹמְרִים, וּבְמִנְחָה שֶׁהוּא סָמוּךְ לַחֻפָּה אֵין אוֹמְרִים (קל"א).

סעיף ח' אֵין אוֹמְרִים תַּחֲנוּן לֹא בְּרֹאשׁ חֹדֶשׁ וְלֹא בַּחֲמִשָּׁה עָשָׂר בְּאָב, וְלֹא בַּחֲמִשָּׁה עָשָׂר בִּשְׁבָט וְלֹא בַּחֲנֻכָּה וְלֹא בְּפוּרִים גָּדוֹל ב' יָמִים, וְלֹא בְּפוּרִים קָטָן ב' יָמִים, וְלֹא בַּל"ג בָּעֹמֶר, וְלֹא בְּכָל חֹדֶשׁ נִיסָן, וְלֹא בְּתִשְׁעָה בְּאָב, וְלֹא בַּיָּמִים שֶׁבֵּין יוֹם כִּפּוּר לְסֻכּוֹת, וְלֹא מֵרֹאשׁ חֹדֶשׁ סִיוָן עַד לְאַחַר אִסְרוּ חַג דְּשָׁבוּעוֹת וְלֹא בְּאִסְרוּ חַג דְּסֻכּוֹת, בְּכָל אֵלּוּ אֵין אוֹמְרִים בְּמִנְחָה שֶׁלִּפְנֵיהֶם, אֲבָל בְּעֶרֶב רֹאשׁ הַשָּׁנָה וּבְעֶרֶב יוֹם הַכִּפּוּרִים אוֹמְרִים בַּמִּנְחָה שֶׁלִּפְנֵיהֶם. וּבְעֶרֶב רֹאשׁ הַשָּׁנָה אוֹמְרִים גַּם בִּסְלִיחוֹת רַק לְאַחַר כָּךְ אֵין אוֹמְרִים.

סעיף ט' בְּשֵׁנִי וּבַחֲמִישִׁי לְפִי שֶׁהֵם יְמֵי רָצוֹן, כִּי בְּאַרְבָּעִים יוֹם שֶׁל קַבָּלַת לוּחוֹת שְׁנִיּוֹת, עָלָה מֹשֶׁה רַבֵּנוּ בְּיוֹם ה', וְיָרַד בְּיוֹם ב', לָכֵן מַרְבִּים בָּהֶם תַּחֲנוּנִים, וְאוֹמְרִים קוֹדֶם תַּחֲנוּן, וְהוּא רַחוּם, וְאוֹמְרִים אוֹתוֹ מְעֻמָּד, וְצָרִיךְ לְאָמְרוֹ בְּכַוָּנָה, וּבְמְתִינוּת, דֶּרֶךְ תַּחֲנוּנִים. וּבְיָמִים שֶׁאֵין אוֹמְרִים תַּחֲנוּן אֵין אוֹמְרִים אוֹתוֹ.

סעיף י' לְאַחַר תַּחֲנוּן אוֹמְרִים חֲצִי קַדִּישׁ. וּבְשֵׁנִי וּבַחֲמִישִׁי אוֹמְרִים, אֵל אֶרֶךְ אַפַּיִם [מְעֻמָּד]. וְעַיֵּן לְקַמָּן סִימָן כ"ה סָעִיף ב', מָתַי אֵין אוֹמְרִים אוֹתוֹ (שם ובעט"ז מ' קל"ב).

סימן כג - קצת דיני קריאת ספר תורה. ובו ל' סעיפים:

סעיף א' כְּשֶׁמּוֹצִיאִין אֶת הַסֵּפֶר תּוֹרָה מִן אֲרוֹן הַקֹּדֶשׁ, וְנוֹשְׂאִין אוֹתוֹ אֶל הַתֵּבָה, שֶׁקּוֹרִין בּוֹ שָׁם, נוֹשְׂאִין אוֹתוֹ דֶּרֶךְ צָפוֹן, שֶׁהוּא לִימִין הַנּוֹשֵׂא, וּכְשֶׁמַּחֲזִירִין אוֹתוֹ אֶל הָאָרוֹן הַקֹּדֶשׁ, נוֹשְׂאִין אוֹתוֹ דֶּרֶךְ דָּרוֹם, וּצְרִיכִין לְהַחֲזִיק אֶת הַסֵּפֶר תּוֹרָה בְּיַד יָמִין, וּמִצְוָה עַל כָּל אָדָם שֶׁהַסֵּפֶר תּוֹרָה עוֹבֵר לְפָנָיו, שֶׁיְּלַוּוּ אוֹתוֹ עַד אֶל הַתֵּבָה.

סעיף ב' הָעוֹלֶה לַתּוֹרָה, יֵשׁ לוֹ לְהִתְעַטֵּף בְּטַלִּית מְצֻיֶּצֶת, וְעוֹלֶה בְּדֶרֶךְ קְצָרָה לוֹ, וְיוֹרֵד בְּדֶרֶךְ אֲרֻכָּה.

וְאִם שְׁנֵי הַדְּרָכִים שָׁוִים, עוֹלֶה בְּדֶרֶךְ הַיָּמִין, וְיוֹרֵד בַּדֶּרֶךְ הַשֵּׁנִי. וְנוֹהֲגִין שֶׁהוּא מַמְתִּין, עַד שֶׁהָעוֹלֶה אַחֲרָיו אָמַר הַבְּרָכָה הָאַחֲרוֹנָה, וְיוֹרֵד בֵּין גַּבְרָא לְגַבְרָא (סִימָן י"ד קמ"א).

סעיף ג' פּוֹתֵחַ אֶת סֵפֶר הַתּוֹרָה, וְרוֹאֶה בְּאֵיזֶה מָקוֹם יִקְרָא וְאוֹחֲזוֹ כָּךְ פָּתוּחַ בִּשְׁתֵּי יָדָיו, וְסוֹגֵר עֵינָיו, וְאוֹמֵר בָּרְכוּ אֶת ה' הַמְבֹרָךְ, וְיֵשׁ לוֹ לוֹמַר בְּקוֹל כְּדֵי שֶׁיִּשְׁמְעוּ כָּל הַקָּהָל. וְהֵם עוֹנִין בָּרוּךְ ה' הַמְבֹרָךְ לְעוֹלָם וָעֶד, וְאִם לֹא שָׁמְעוּ הַצִּבּוּר אֶת הַמְבָרֵךְ, אַף עַל פִּי שֶׁשָּׁמְעוּ שֶׁהַשְּׁלִיחַ צִבּוּר עוֹנֶה, לֹא יַעֲנֶה עִמּוֹ. אֶלָּא לְאַחַר שֶׁסִּיֵּם הַשְּׁלִיחַ צִבּוּר, עוֹנִין אַחֲרָיו אָמֵן, לְאַחַר שֶׁעָנוּ הַקָּהָל בָּרוּךְ ה' הַמְבֹרָךְ לְעוֹלָם וָעֶד, חוֹזֵר הָעוֹלֶה וְאוֹמֵר גַּם כֵּן בָּרוּךְ ה' הַמְבֹרָךְ לְעוֹלָם וָעֶד (עַיֵּן לְעֵיל סִימָן ט"ו סָעִיף ח), וּמְבָרֵךְ הַבְּרָכָה אֲשֶׁר בָּחַר וְכוּ', וְעוֹנִין הַקָּהָל אָמֵן, וּמְסַלֵּק אֶת יָדוֹ הַשְּׂמָאלִית, וְאוֹחֵז אֶת סֵפֶר הַתּוֹרָה בִּשְׁעַת הַקְּרִיאָה רַק בִּימִינוֹ. הַקּוֹרֵא קוֹרֵא, וְהוּא קוֹרֵא עִמּוֹ בְּלַחַשׁ. וְאֵין הַקּוֹרֵא רַשַּׁאי לִקְרֹת, עַד שֶׁיִּכְלֶה אָמֵן מִפִּי הַצִּבּוּר. וְכָל הַקָּהָל יְכַוְּנוּ דַּעְתָּם לִשְׁמֹעַ הֵיטֵב קְרִיאַת הַתּוֹרָה. לְאַחַר הַקְּרִיאָה חוֹזֵר הָעוֹלֶה וְאוֹחֲזוֹ גַּם בִּשְׂמֹאלוֹ, וְגוֹלְלוֹ וּמְבָרֵךְ בְּרָכָה אַחֲרוֹנָה.

סעיף ד' אָסוּר לֶאֱחֹז אֶת סֵפֶר הַתּוֹרָה בְּעַצְמוֹ עָרֹם, אֶלָּא יֹאחֲזוֹ עַל יְדֵי הַטַּלִּית, אוֹ יֹאחֲזוֹ בְּעַמּוּדָיו. וְיֵשׁ מַחְמִירִין, שֶׁגַּם בְּעַמּוּדִים אֵין אוֹחֲזִין עָרֹם עַל יְדֵי הַטַּלִּית (קמ"ז).

סעיף ה' הָעוֹלֶה וְגַם הַקּוֹרֵא צְרִיכִין לַעֲמֹד. וַאֲפִלּוּ רַק לִסְמֹךְ עַל שׁוּם דָּבָר אָסוּר. מִשּׁוּם דִּצְרִיכִין לַעֲמֹד בְּאֵימָה, דִּכְשֵׁם שֶׁנִּתְּנָה הַתּוֹרָה בְּאֵימָה כָּךְ אָנוּ צְרִיכִין לִנְהֹג בָּהּ בְּאֵימָה. וְאַךְ מִי שֶׁהוּא אָדָם חָלוּשׁ יָכוֹל לִסְמֹךְ קְצָת סְמִיכָה כָּל דְּהוּ.

סעיף ו' בְּשָׁעָה שֶׁהָעוֹלֶה אוֹמֵר בָּרְכוּ, וְהַקָּהָל אוֹמְרִים בָּרוּךְ ה' הַמְבֹרָךְ לְעוֹלָם וָעֶד, צְרִיכִין כָּל הַצִּבּוּר לַעֲמֹד, אֲבָל בְּשָׁעָה שֶׁאוֹמֵר הַבְּרָכָה אֲשֶׁר בָּחַר בָּנוּ, וְכֵן בִּשְׁעַת הַקְּרִיאָה, וּבִשְׁעַת בְּרָכָה אַחֲרוֹנָה, אֵין חִיּוּב שֶׁיַּעַמְדוּ הַקָּהָל אֶלָּא הַמְדַקְדְּקִין בְּמִצְוֹת, מַחְמִירִין עַל עַצְמָם וְעוֹמְדִין וְכֵן נָכוֹן. אֲבָל בֵּין גַּבְרָא לְגַבְרָא אֵין לְהַחְמִיר כְּלָל. (קמ"ו)

סעיף ז' אִם הַקּוֹרֵא בְּעַצְמוֹ, הוּא עוֹלֶה לַתּוֹרָה, צָרִיךְ שֶׁיַּעֲמֹד אַחֵר אֶצְלוֹ, שֶׁכְּשֵׁם שֶׁנִּתְּנָה הַתּוֹרָה עַל יְדֵי סַרְסוּר (מֹשֶׁה רַבֵּנוּ עָלָיו הַשָּׁלוֹם), כָּךְ אָנוּ צְרִיכִין לִנְהֹג בָּהּ עַל יְדֵי סַרְסוּר (קמ"א).

סעיף ח' כֵּיוָן שֶׁהִתְחִיל הַקּוֹרֵא לִקְרֹת, אָסוּר לְכָל הַקָּהָל לְדַבֵּר, אֲפִלּוּ בְּדִבְרֵי תּוֹרָה, וַאֲפִלּוּ בֵּין גַּבְרָא לְגַבְרָא, וְאָסוּר לָצֵאת מִבֵּית הַכְּנֶסֶת בְּשָׁעָה שֶׁקּוֹרִין בַּתּוֹרָה, אֲבָל בֵּין גַּבְרָא לְגַבְרָא שֶׁסֵּפֶר הַתּוֹרָה מְגֻלָּל, יָכוֹל לָצֵאת לְצֹרֶךְ גָּדוֹל.

סעיף ט' כְּשֶׁיֵּשׁ כֹּהֵן בְּבֵית הַכְּנֶסֶת צְרִיכִין לִקְרֹת אוֹתוֹ תְּחִלָּה, וַאֲפִלּוּ אִם הוּא עַם הָאָרֶץ אֶלָּא שֶׁהוּא אָדָם כָּשֵׁר, הוּא קוֹדֵם אֲפִלּוּ לְתַלְמִיד חָכָם, וַאֲפִלּוּ אִם הַכֹּהֵן רוֹצֶה לִמְחֹל לֹא מַהֲנֵי. וְאַחַר הַכֹּהֵן קוֹרִין לֵוִי, וְאִם אֵין שָׁם לֵוִי, קוֹרִין אֶת הַכֹּהֵן אֲשֶׁר עָלָה בִּמְקוֹמוֹ, וְאוֹמְרִים: בִּמְקוֹם לֵוִי, וְאִם אֵין כֹּהֵן

בְּבֵית הַכְּנֶסֶת, קוֹרִין בִּמְקוֹמוֹ לֵוִי אוֹ יִשְׂרָאֵל, וְיֵשׁ לִקְרֹת אֶת הַיּוֹתֵר גָּדוֹל בַּתּוֹרָה שֶׁנִּמְצָא שָׁם (עַיֵּן מג"א סקל"ה סק"ז), וְאוֹמְרִים: אִם אֵין כָּאן כֹּהֵן, לֵוִי בִּמְקוֹם כֹּהֵן, אוֹ יִשְׂרָאֵל בִּמְקוֹם כֹּהֵן. וְאִם קָרְאוּ יִשְׂרָאֵל בִּמְקוֹם כֹּהֵן, אֵין קוֹרִין אַחֲרָיו לֵוִי. יִשּׁוּב שֶׁכֻּלָּם כֹּהֲנִים אוֹ לְוִיִּם, יַעֲשׂוּ שְׁאֵלַת חָכָם אֵיךְ יִתְנַהֲגוּ.

סעיף י' אִם הַכֹּהֵן עוֹמֵד בִּקְרִיאַת שְׁמַע, אוֹ בְּבִרְכוֹת קְרִיאַת שְׁמַע, וּמִכָּל שֶׁכֵּן אִם עוֹמֵד בִּתְפִלַּת שְׁמֹנֶה עֶשְׂרֵה, אֲפִלּוּ אֵין שָׁם כֹּהֵן אַחֵר, אֵין קוֹרִין אוֹתוֹ, וְאֵין צְרִיכִין לְהַמְתִּין עָלָיו, מִשּׁוּם טִרְחָא דְּצִבּוּרָא, אֶלָּא קוֹרִין לֵוִי אוֹ יִשְׂרָאֵל, וְאֵין אוֹמְרִים: אִם אֵין כָּאן כֹּהֵן, אֶלָּא אוֹמְרִים: לֵוִי אוֹ יִשְׂרָאֵל בִּמְקוֹם כֹּהֵן. וּבְדִיעֲבַד אִם קְרָאוּהוּ, אִם עוֹמֵד בִּקְרִיאַת שְׁמַע אוֹ בְּבִרְכוֹתֶיהָ, עוֹלֶה וּמְבָרֵךְ אֶת הַבְּרָכָה, אֲבָל לֹא יִקְרָא עִם הַקּוֹרֵא אֶלָּא יִשְׁמַע, וּמִכָּל מָקוֹם, אִם אֶפְשָׁר לוֹ, יֵשׁ לוֹ לִגְמֹר אֶת הָעִנְיָן שֶׁהוּא עוֹמֵד בּוֹ, לְהֵיכָא דְּסָלִיק עִנְיָנָא, קוֹדֶם שֶׁהוּא עוֹלֶה. וְאִם עוֹמֵד בִּתְפִלַּת שְׁמֹנֶה עֶשְׂרֵה, אֲפִלּוּ קְרָאוּהוּ לֹא יַעֲלֶה. וְכֵן בֵּין גְּאֻלָּה לִתְפִלָּה לֹא יַעֲלֶה. וּבִתְפִלַּת אֱלֹהַי נְצֹר וְכוּ' יַעֲלֶה, וְאִם הוּא עוֹמֵד בִּפְסוּקֵי דְּזִמְרָה, אִם אֵין שָׁם כֹּהֵן אַחֵר, אֲפִלּוּ לְכַתְּחִלָּה קוֹרִין אוֹתוֹ, אַךְ לֹא יִקְרָא עִם הַקּוֹרֵא. אֲבָל אִם יֵשׁ שָׁם אַחֵר, אֵין קוֹרִין אוֹתוֹ לְכַתְּחִלָּה, וְכֵן הַדִּין בְּלֵוִי.

סעיף יא' אִם קָרְאוּ לְכֹהֵן אוֹ לְלֵוִי וְאֵינָם שָׁם, לֹא יִקְרְאוּ לְאַחֵר בִּשְׁמוֹ, שֶׁלֹּא יֹאמְרוּ עַל הָרִאשׁוֹן שֶׁהוּא פָּגוּם, אֶלָּא יֹאמְרוּ לְהָאַחֵר: עֲלֵה אַתָּה, וְיַעֲלֶה, אֲבָל בְּנוֹ יְכוֹלִין לִקְרֹא בִּשְׁמוֹ, שֶׁאֵין בָּזֶה פְּגַם לְאָבִיו, שֶׁהֲרֵי אִם הָאָב הָיָה פָּגוּם, גַּם הַבֵּן הָיָה פָּגוּם, וְכֵן אִם הַכֹּהֵן אוֹ הַלֵּוִי אֵינָם יְכוֹלִים לַעֲלֹת מִפְּנֵי שֶׁעוֹמְדִים בַּתְּפִלָּה, יְכוֹלִין לִקְרֹא בִּשְׁמוֹ, שֶׁהֲרֵי הַכֹּל רוֹאִים שֶׁאֵינוֹ עוֹלֶה מִפְּנֵי שֶׁאֵינוֹ רַשַּׁאי, וְאִם קָרְאוּ לְיִשְׂרָאֵל וְאֵינוֹ שָׁם, יְכוֹלִין לִקְרֹא לְאַחֵר בִּשְׁמוֹ, כִּי בְּיִשְׂרָאֵל לֹא שַׁיָּךְ פְּגָם, וְכֵן אִם קָרְאוּ לְכֹהֵן אוֹ לְלֵוִי לְאַחֲרוֹן אוֹ לְמַפְטִיר, בְּשַׁבָּת וְיוֹם טוֹב, וְאֵינָם שָׁם, יְכוֹלִין לִקְרֹא לְאַחֵר בַּשֵּׁם.

סעיף יב' אִם לֹא הָיָה כֹּהֵן בְּבֵית הַכְּנֶסֶת, אוֹ שֶׁהָיָה אֶלָּא שֶׁלֹּא יָדְעוּ מִמֶּנּוּ, וְקָרְאוּ לְיִשְׂרָאֵל בִּמְקוֹמוֹ, וְעָלָה, אֲפִלּוּ אִם אָמַר בָּרְכוּ אֶת ה' הַמְבֹרָךְ, אֶלָּא שֶׁלֹּא פָּתַח עֲדַיִן אֶת הַבְּרָכָה אֲשֶׁר בָּחַר בָּנוּ, וּבָא הַכֹּהֵן אוֹ שֶׁנִּזְכְּרוּ שֶׁיֶּשְׁנוֹ, קוֹרִין אֶת הַכֹּהֵן וְעוֹלֶה, וְאוֹמֵר גַּם הוּא בָּרְכוּ וְכוּ', וְהַיִּשְׂרָאֵל כְּדֵי שֶׁלֹּא יִתְבַּיֵּשׁ, יַעֲמֹד שָׁם עַד לְאַחַר שֶׁיִּקְרָא הַכֹּהֵן וְהַלֵּוִי וְאָז יִקְרָאוּהוּ. אֲבָל אִם כְּבָר אָמַר הַיִּשְׂרָאֵל אֶת הַשֵּׁם, מִן הַבְּרָכָה, שֶׁאָמַר בָּרוּךְ אַתָּה ה' שׁוּב, אֵינוֹ עוֹלֶה הַכֹּהֵן, וְכֵן הַדִּין אִם קָרְאוּ לְלֵוִי בִּמְקוֹם כֹּהֵן וּבָא הַכֹּהֵן קוֹדֶם שֶׁאָמַר הַלֵּוִי בָּרוּךְ אַתָּה ה', עוֹלֶה הַכֹּהֵן, וְהַלֵּוִי מַמְתִּין וְקוֹרְאִין אוֹתוֹ אַחֲרָיו. וְכֵן הַדִּין אִם לֹא הָיָה לֵוִי, אוֹ שֶׁלֹּא יָדְעוּ מִמֶּנּוּ, וְקָרְאוּ אֶת הַכֹּהֵן גַּם בִּמְקוֹם לֵוִי, וְאַחַר כָּךְ בָּא הַלֵּוִי, קוֹדֶם שֶׁאָמַר הַכֹּהֵן בָּרוּךְ אַתָּה ה' קוֹרִין אֶת הַלֵּוִי וְעוֹלֶה. (שם)

סעיף יג' אֵין קוֹרִין שְׁנֵי אַחִים זֶה אַחַר זֶה, בֵּין שֶׁהֵם מִן הָאָב בֵּין מִן הָאֵם. וְכֵן הָאָב עִם בְּנוֹ אוֹ בֶּן בְּנוֹ, אֵין קוֹרִין זֶה אַחַר זֶה מִשּׁוּם עֵינָא בִּישָׁא.

וַאֲפִלּוּ הֵם אוֹמְרִים שֶׁאֵינָן מַקְפִּידִין. וַאֲפִלּוּ הָאֶחָד הוּא אַחֲרוֹן וְהַשֵּׁנִי מַפְטִיר. וְדַוְקָא בְּשַׁבָּת שֶׁאֵין מוֹצִיאִין סֵפֶר תּוֹרָה אַחֵר לְמַפְטִיר. אֲבָל כְּשֶׁמּוֹצִיאִין סֵפֶר תּוֹרָה אַחֵר לְמַפְטִיר מֻתָּר. וְכֵן אִם הַמַּפְטִיר אֵינוֹ בַּר מִצְוָה מֻתָּר. וּבְכָל אֵלּוּ אִם קְרָאוּהוּ וּכְבָר עָלָה לֹא יֵרֵד. וּבִשְׁנֵי אַחִים רַק מִן הָאֵם וְהָאָב אִם בֶּן בְּנוֹ אִם קְרָאוּהוּ, אֲפִלּוּ עֲדַיִן לֹא עָלָה יַעֲלֶה. וּבִמְקוֹם הַצֹּרֶךְ יֵשׁ לְהַתִּיר בְּאֵלּוּ אֲפִלּוּ לְכַתְּחִלָּה לִקְרָאָם זֶה אַחַר זֶה. (סִימָן קמ"א וסד"ה)

סעיף יד' מִי שֶׁעָלָה לַתּוֹרָה בְּבֵית הַכְּנֶסֶת אֶחָד, וְאַחַר כָּךְ נִזְדַּמֵּן לְבֵית כְּנֶסֶת אַחֶרֶת וּקְרָאוּהוּ גַּם כֵּן אֲפִלּוּ לְפָרָשָׁה שֶׁכְּבָר עָלָה לָהּ, עוֹלֶה שֵׁנִית וּמְבָרֵךְ אֶת הַבְּרָכוֹת (מגן אברהם סִימָן רפ"ב סָעִיף קטן ט"ו).

סעיף טו' בְּתַעֲנִית צִבּוּר כְּשֶׁקּוֹרִין וַיְחַל, אֵין קוֹרִין לַעֲלוֹת לַתּוֹרָה אֶלָּא לְמִי שֶׁמִּתְעַנֶּה. וְאִם אֵין כָּאן כֹּהֵן אַחֵר אֶלָּא זֶה שֶׁאֵינוֹ מִתְעַנֶּה, אוֹ שֶׁאֵין בְּדַעְתּוֹ לְהַשְׁלִים, קוֹרִין לְיִשְׂרָאֵל אוֹ לְלֵוִי בִּמְקוֹמוֹ. וְטוֹב שֶׁיֵּצֵא הַכֹּהֵן מִבֵּית הַכְּנֶסֶת וְאִם יֵשׁ כֹּהֵן אַחֵר אֵינוֹ צָרִיךְ לָצֵאת, אֶלָּא יוֹדִיעַ שֶׁלֹּא יִקְרָאוּהוּ. וְאִם יִקְרָאוּהוּ לֹא יַעֲלֶה. וְאִם הוּא בְּשֵׁנִי וּבַחֲמִישִׁי, אַף עַל פִּי שֶׁקּוֹרִין וַיְחַל, מִכָּל מָקוֹם, כֵּיוָן שֶׁעַתָּה הוּא זְמַן קְרִיאַת הַתּוֹרָה, לָכֵן בְּדִיעֲבַד אִם לֹא יָצָא מִבֵּית הַכְּנֶסֶת וּקְרָאוּהוּ יַעֲלֶה.

סעיף טז' וְכֵן מִי שֶׁדָּר בְּאֶרֶץ יִשְׂרָאֵל, שֶׁשָּׁם עוֹשִׂין יוֹם טוֹב רַק יוֹם אֶחָד (מִלְּבַד רֹאשׁ הַשָּׁנָה), וּבָא לְחוּץ לָאָרֶץ, וְהָיָה בְּבֵית הַכְּנֶסֶת בְּיוֹם שֵׁנִי שֶׁל יוֹם טוֹב, אֵין לִקְרֹת אוֹתוֹ לַעֲלוֹת לַתּוֹרָה, וְהַדִּין כְּמוֹ שֶׁכָּתַבְתִּי בַּסְּעִיף הַקּוֹדֵם.

סעיף יז' סוּמָא נוֹהֲגִין לִקְרֹתוֹ. וְאַף עַל פִּי דִּדְבָרִים שֶׁבִּכְתָב אָסוּר לִקְרֹתָן בְּעַל פֶּה, מִכָּל מָקוֹם, בַּזְּמַן הַזֶּה, כֵּיוָן שֶׁהַקּוֹרֵא קוֹרֵא לְפָנָיו מֻתָּר. וְנוֹהֲגִין שֶׁאֵין מְדַקְדְּקִין אִם הוּא תַּלְמִיד חָכָם אוֹ עַם הָאָרֶץ דְּמִסְתָּמָא יָכוֹל לִקְרֹת עִם הַקּוֹרֵא.

סעיף יח' אִם הֶרְאוּ לְהָעוֹלֶה הַמָּקוֹם שֶׁיִּקְרָא, וּבֵרֵךְ, וְאַחַר כָּךְ נִזְכְּרוּ שֶׁאֵין זֶה הַמָּקוֹם, אֶלָּא שֶׁבְּמָקוֹם אַחֵר צְרִיכִין לִקְרֹת, בֵּין שֶׁכְּבָר הִתְחִילוּ לִקְרֹת, בֵּין שֶׁעֲדַיִן לֹא הִתְחִילוּ, אִם הַמָּקוֹם שֶׁצְּרִיכִין לִקְרֹת הָיָה גַּם כֵּן גָּלוּי לְפָנָיו, אֲפִלּוּ הוּא בְּעַמּוּד אַחֵר, וּלְאַחַר הַמָּקוֹם שֶׁהֶרְאוּ לוֹ, אֵין צָרִיךְ לְבָרֵךְ שֵׁנִית מִשּׁוּם דְּדַעְתּוֹ הָיָה עַל הַמָּקוֹם שֶׁבֵּרֵךְ וְעַל מַה שֶּׁנִּגְלָה לְפָנָיו. אֲבָל אִם לֹא הָיָה הַמָּקוֹם גָּלוּי לְפָנָיו, אֶלָּא שֶׁצָּרִיךְ לִגְלֹל אֶת הַסֵּפֶר, אוֹ אֲפִלּוּ הָיָה הַמָּקוֹם נִגְלֶה לְפָנָיו, אֶלָּא שֶׁהוּא קוֹדֵם לְהַמָּקוֹם שֶׁהֶרְאוּ לוֹ, צָרִיךְ לְבָרֵךְ שֵׁנִית הַבְּרָכָה, אֲשֶׁר בָּחַר בָּנוּ. אֲבָל בָּרְכוּ לֹא יֹאמַר שֵׁנִית, וְיֹאמַר תְּחִלָּה בָּרוּךְ שֵׁם כְּבוֹד מַלְכוּתוֹ לְעוֹלָם וָעֶד, עַל הַבְּרָכָה הָרִאשׁוֹנָה, שֶׁבֵּרֵךְ לְבַטָּלָה. וְאִם עֲדַיִן לֹא אָמַר אֶלָּא בָּרוּךְ אַתָּה ה', יְסַיֵּם לַמְּדֵנִי חֻקֶּיךָ. וְאִם הַמָּקוֹם שֶׁהוּא צָרִיךְ לִקְרֹת הוּא לְמַעְלָה מִמָּקוֹם שֶׁהֶרְאוּ לוֹ, אֲבָל הוּא סָמוּךְ, בְּאֹפֶן שֶׁיְּכוֹלִין לִקְרֹת לוֹ גַּם ג' פְּסוּקִים מִמָּקוֹם שֶׁבֵּרֵךְ וּלְהַלָּן, שֶׁהַכֹּל הוּא בְּפָרָשַׁת הַיּוֹם יַעֲשׂוּ כֵן, וְלֹא יְבָרֵךְ שֵׁנִית. (ק"מ)

סעיף יט' צָרִיךְ כָּל הָעוֹלֶה לִקְרֹת לְכָל הַפָּחוֹת ג' פְּסוּקִים. וּבִשְׁנֵי

וּבַחֲמִשִּׁי, וְכֵן בְּשַׁבָּת בְּמִנְחָה, צְרִיכִין לִקְרֹת לְכֻלָּם, לְכָל הַפָּחוֹת עֲשָׂרָה פְּסוּקִים. וְיֵשׁ לִקְרֹת לְהַשְּׁלִישִׁי ד' פְּסוּקִים וּבְדִיעֲבַד אִם צְרִיכִין לִקְרֹת לְכֻלָּם, לְכָל הַפָּחוֹת עֲשָׂרָה פְּסוּקִים, וְיֵשׁ לִקְרֹת לְהַשְּׁלִישִׁי ד' פְּסוּקִים. וּבְדִיעֲבַד אִם לֹא קָרְאוּ לְכֻלָּם אֶלָּא ט' פְּסוּקִים, שְׁלֹשָׁה לְכָל אֶחָד, יָצְאוּ, וּבְפוּרִים שֶׁאֵין קוֹרִין לְכֻלָּם אֶלָּא ט' פְּסוּקִים זֶהוּ, מִשּׁוּם דְּסָלִיק עִנְיָנָא. (קל"ז)

סעיף כ' הַקּוֹרֵא בַּתּוֹרָה, לֹא יְסַיֵּם בְּמָקוֹם שֶׁלֹּא יִשָּׁאֵר מִשָּׁם עַד הַפָּרָשָׁה, דְּהַיְנוּ, פְּתוּחָה אוֹ סְתוּמָה ג' פְּסוּקִים לְכָל הַפָּחוֹת. וְאִם כְּבָר בֵּרַךְ לְאַחַר שֶׁסִּיֵּם בְּפָחוֹת מִג' פְּסוּקִים סָמוּךְ לַפָּרָשָׁה, הַקּוֹרֵא אַחֲרָיו, אֵינוֹ צָרִיךְ לְהַתְחִיל מִפָּסוּק שֶׁלְּפָנָיו, רַק יַתְחִיל מִמָּקוֹם שֶׁפָּסַק הָרִאשׁוֹן, וְיִקְרָא עִמּוֹ עוֹד ג' פְּסוּקִים בְּפָרָשָׁה שְׁנִיָּה. וּפָרָשָׁה שֶׁאֵין בָּהּ אֶלָּא שְׁנֵי פְּסוּקִים, מֻתָּר לְהַפְסִיק שָׁם. אִם יֵשׁ פִּסְקָא בְּאֶמְצַע פָּסוּק, כְּגוֹן בִּתְחִלַּת פָּרָשַׁת פִּנְחָס מֻתָּר לְסַיֵּם אֲפִלּוּ בַּפָּסוּק הַסָּמוּךְ לָהּ.

סעיף כא' וְכֵן לֹא יַתְחִיל בְּפָחוֹת מִג' פְּסוּקִים לְאַחַר הַתְחָלַת הַפָּרָשָׁה, וְלָכֵן זֶה שֶׁלְּפָנָיו, לֹא יְסַיֵּם בְּפָחוֹת מִג' פְּסוּקִים, לְאַחַר הַתְחָלַת הַפָּרָשָׁה.

סעיף כב' יְכַוֵּן לְהַתְחִיל תָּמִיד בְּדָבָר טוֹב לְיִשְׂרָאֵל וּלְסַיֵּם בְּדָבָר טוֹב לְיִשְׂרָאֵל וְכֵן לֹא יְסַיֵּם בְּמִי שֶׁעָשָׂה מַעֲשֶׂה רַע (קל"ח).

סעיף כג' אִם קָרְאוּ לְאֶחָד רַק ב' פְּסוּקִים, וּבֵרַךְ בְּרָכָה אַחֲרוֹנָה צָרִיךְ לַחֲזֹר וְלִקְרֹת, וִיבָרֵךְ בְּרָכָה לְפָנֶיהָ וּלְאַחֲרֶיהָ. וְכֵיוָן שֶׁלְּאַחַר בְּרָכָה אַחֲרוֹנָה, הֲוֵי הֶסֵּחַ הַדַּעַת, עַל כֵּן צָרִיךְ לְהַתְחִיל גַּם בָּרְכוּ וְיִקְרָא ב' פְּסוּקִים שֶׁקָּרָא תְּחִלָּה, וְעוֹד פָּסוּק אֶחָד עִמּוֹ, וְאִם קָרָה זֹאת בַּשְּׁלִישִׁי, צְרִיכִין לִקְרֹת עוֹד ב' פְּסוּקִים, שֶׁיִּהְיוּ כֻּלָּם ד' פְּסוּקִים. וְאִם קָרָה זֹאת בְּכֹהֵן שֶׁלֹּא קָרָא רַק ב' פְּסוּקִים, וּכְבָר קָרְאוּ אַחֲרָיו לֵוִי, וְנִזְכְּרוּ אַחַר כָּךְ, אֲזַי הַדִּין כֵּן הוּא, אִם הַלֵּוִי עֲדַיִן לֹא בֵּרֵךְ בְּרָכָה רִאשׁוֹנָה, וְאַף שֶׁאָמַר בָּרְכוּ לֹא הֲוֵי הַתְחָלַת הַבְּרָכָה, וְלָכֵן יַחֲזֹר הַכֹּהֵן וְיִקְרָא ג' פְּסוּקִים בִּבְרָכוֹת, כְּמוֹ שֶׁכָּתַבְתִּי, וְהַלֵּוִי יַמְתִּין וְיִקְרָא אַחַר כָּךְ. אֲבָל אִם כְּבָר בֵּרֵךְ הַלֵּוִי, אָז יִקְרְאוּ עִם הַלֵּוִי מִמָּקוֹם שֶׁפָּסַק הַכֹּהֵן. (שֶׁאִם יִקְרְאוּ לְהַלֵּוִי מַה שֶּׁקָּרְאוּ לְהַכֹּהֵן, יִהְיֶה פְּגַם לְהַכֹּהֲנִים אֲשֶׁר הֵמָּה שָׁמָּה, כִּי יֹאמְרוּ שֶׁהַלֵּוִי הִתְחִיל לִקְרֹת בַּתּוֹרָה). וְאַחַר הַלֵּוִי יִקְרְאוּ שְׁנֵי יִשְׂרְאֵלִים שֶׁיִּהְיוּ שְׁלֹשָׁה קְרוּאִים, וְהַכֹּהֵן אֵינוֹ מִן הַמִּנְיָן, כֵּיוָן שֶׁלֹּא קָרָא רַק ב' פְּסוּקִים. וְאִם קָרָה כֵּן בְּלֵוִי, שֶׁלֹּא קָרָא רַק ב' פְּסוּקִים, וְהַיִּשְׂרָאֵל כְּבָר בֵּרֵךְ יִקְרְאוּ לְהַיִּשְׂרָאֵל אֵלּוּ ב' פְּסוּקִים שֶׁקָּרָא הַלֵּוִי, וְעוֹד פָּסוּק אֶחָד וְיִקְרְאוּ עוֹד יִשְׂרָאֵל אֶחָד לְתַשְׁלוּם ג' קְרוּאִים. וְאִם לֹא הָיָה כֹּהֵן בְּבֵית הַכְּנֶסֶת, וְקָרְאוּ יִשְׂרָאֵל בִּמְקוֹמוֹ, וְאֵרַע כֵּן שֶׁלֹּא קָרְאוּ לוֹ אֶלָּא שְׁנֵי פְּסוּקִים, וְלֹא נִזְכְּרוּ עַד לְאַחַר שֶׁקָּרְאוּ יִשְׂרָאֵל שֵׁנִי, וּבֵרַךְ, אֲזַי יַתְחִיל הַיִּשְׂרָאֵל הַשֵּׁנִי מִתְּחִלַּת הַסִּדְרָה, וְהַיִּשְׂרָאֵל הָרִאשׁוֹן יַמְתִּין וְיִקְרָא אַחֲרָיו, וְאַחֲרָיו יִקְרְאוּ עוֹד לְיִשְׂרָאֵל.

סעיף כד' קָטָן יִהְיֶה הַקּוֹרֵא, וְגַם אֵינוֹ עוֹלֶה לַתּוֹרָה. סִימָן ע"ט סָעִיף ט'.

סעיף כה' לְאַחַר קְרִיאַת הַתּוֹרָה אוֹמְרִים חֲצִי קַדִּישׁ, וּמַגְבִּיהִין אֶת

סֵפֶר הַתּוֹרָה. הַמַּגְבִּיהַּ פּוֹתֵחַ אֶת סֵפֶר הַתּוֹרָה שֶׁיִּהְיוּ שְׁלשָׁה עַמּוּדִים מִן הַכְּתָב גָּלוּי, וּמַרְאֵהוּ לִימִינוֹ וְלִשְׂמֹאלוֹ, לְפָנָיו וּלְאַחֲרָיו, כִּי מִצְוָה עַל כָּל הָאֲנָשִׁים לִרְאוֹת אֶת הַכְּתָב וְאוֹמְרִים וְזֹאת הַתּוֹרָה וְכוּ', וְגוֹלְלִין אֶת הַסֵּפֶר. וּמִצְוָה לְגוֹלְלוֹ שֶׁיְּהֵא הַתֶּפֶר בְּאֶמְצַע שְׁתֵּי הַגְּלִילוֹת, וְיִגְלְלוֹ, עַד שֶׁיְּהֵא הַתֶּפֶר הַסָּמוּךְ בְּאֶמְצַע. אִם הַתֶּפֶר שֶׁלְּפָנָיו יוֹתֵר סָמוּךְ, יִגְלְלוֹ לְשָׁם, וְאִם הַתֶּפֶר שֶׁלְּאַחֲרָיו יוֹתֵר סָמוּךְ, יִגְלְלוֹ לְשָׁם, דִּלְמַעֵט בִּגְלִילָה עָדִיף, מִשּׁוּם כְּבוֹד סֵפֶר תּוֹרָה (קל"ד קמ"ז רפ"ב)

סעיף כו' בְּכָל עֵת שֶׁקּוֹרִין בַּתּוֹרָה, אוֹמְרִים אַחַר כָּךְ חֲצִי קַדִּישׁ, לְבַד מִמִּנְחָה בְּשַׁבָּת, וּבְמִנְחָה בְּתַעֲנִית, שֶׁסּוֹמְכִין עַל הַקַּדִּישׁ, שֶׁאוֹמְרִים לִפְנֵי תְּפִלַּת שְׁמֹנֶה עֶשְׂרֵה.

סעיף כז' בְּשֵׁנִי וּבַחֲמִישִׁי אוֹמֵר הַשְּׁלִיחַ צִבּוּר לְאַחַר הַגְבָּהַת הַתּוֹרָה, יְהִי רָצוֹן וְכוּ', וּצְרִיכִין הַצִּבּוּר לִשְׁמֹעַ וְלַעֲנוֹת אָמֵן. וּכְשֶׁאֵין אוֹמְרִים תַּחֲנוּן, אֵין אוֹמְרִים יְהִי רָצוֹן.

סעיף כח' אַחַר כָּךְ מַכְנִיסִין אֶת סֵפֶר הַתּוֹרָה לַאֲרוֹן הַקֹּדֶשׁ, וּמִצְוָה עַל כָּל אָדָם, שֶׁסֵּפֶר הַתּוֹרָה עוֹבֵר לְפָנָיו, וְכֵן הַמַּגְבִּיהַּ וְהַגּוֹלֵל, שֶׁיְּלַוּוּ אוֹתוֹ עַד לִפְנֵי אֲרוֹן הַקֹּדֶשׁ.

סעיף כט' בְּמָקוֹם שֶׁאֵין סֵפֶר תּוֹרָה קוֹרֵא אֶחָד מִתּוֹךְ חֻמָּשׁ בְּקוֹל רָם, וְהַצִּבּוּר יִשְׁמְעוּ, שֶׁלֹּא תִשְׁתַּכַּח תּוֹרַת קְרִיאָה.

סעיף ל' עֲשָׂרָה שֶׁמִּתְפַּלְּלִים וְאֵין לָהֶם סֵפֶר תּוֹרָה לִקְרוֹת, אֵין מְבִיאִים לָהֶם סֵפֶר תּוֹרָה לְצֹרֶךְ הַקְּרִיאָה אֲפִלּוּ אִם הֵם חֲבוּשִׁים בְּבֵית הָאֲסוּרִים, וַאֲפִלּוּ בְּרֹאשׁ הַשָּׁנָה וְיוֹם הַכִּפּוּרִים. אַךְ אִם מְכִינִים יוֹם אוֹ יוֹמַיִם מִקּוֹדֶם, אָרוֹן אוֹ תֵּבָה, שֶׁעוֹשִׂין מָקוֹם קָבוּעַ לְסֵפֶר תּוֹרָה מֻתָּר. וּלְצֹרֶךְ אָדָם חָשׁוּב וְהוּא חוֹלֶה, מֻתָּר לְהָבִיא גַּם לְצֹרֶךְ הַקְּרִיאָה לְבַד. וְיֵשׁ אוֹמְרִים דִּלְאָדָם חָשׁוּב אֲפִלּוּ אֵינוֹ חוֹלֶה, וּלְחוֹלֶה אֲפִלּוּ אֵינוֹ אָדָם חָשׁוּב מֻתָּר. וְיֵשׁ לְהָקֵל בְּשַׁבָּת פָּרָשַׁת זָכוֹר, וּפָרָשַׁת פָּרָה, מִפְּנֵי שֶׁיֵּשׁ אוֹמְרִים שֶׁהֵן דְּאוֹרַיְתָא. (עַיֵּן לְקַמָּן סִימָן ק"מ) (סִימָן קל"ה)

סימן כד - דין אם נמצא טעות ופסול בספר תורה ובו י"ב סעיפים:

סעיף א' אִם נִמְצָא בְּסֵפֶר תּוֹרָה פְּסוּל מֵחֲמַת טָעוּת, אִם הוּא טָעוּת גָּמוּר, אֵין קוֹרִין בּוֹ, וּצְרִיכִין סֵפֶר תּוֹרָה אַחֵר (וְעַיֵּן לְקַמָּן סִימָן ע"ט סָעִיף י'). אֵיזֶהוּ טָעוּת גָּמוּר כְּגוֹן יָתֵר אוֹ חָסֵר, אוֹ נִתְחַלֵּף אֲפִלּוּ אוֹת אַחַת וְעַל יְדֵי זֶה מִשְׁתַּנֶּה הַקְּרִיאָה כְּמוֹ תּוֹמִים תְּאוֹמִים, מִגְרְשֵׁיהֶן מִגְרְשֵׁיהֶם. וְאַף עַל פִּי שֶׁהַפֵּרוּשׁ הוּא שָׁוֶה, מִכָּל מָקוֹם, כֵּיוָן שֶׁהַקְּרִיאָה אֵינָהּ שָׁוָה, הָוֵי טָעוּת גָּמוּר. וְכֵן אִם הַטָּעוּת הוּא בְּעִנְיָן, שֶׁיְּכוֹלִין לִקְרוֹתוֹ כְּמוֹ שֶׁהָיָה צָרִיךְ לִכָּתֵב, אֶלָּא שֶׁכָּתַב, בְּעִנְיָן שֶׁמִּשְׁתַּנֶּה הַפֵּרוּשׁ עַל יְדֵי זֶה, כְּגוֹן בְּפָרָשַׁת תְּרוּמָה, אַמָּה וָחֵצִי רָחְבּוֹ, אִם בִּמְקוֹם רָחְבּוֹ נִמְצָא כָּתוּב רָחְבָּה בְּהֵ"א אַף עַל פִּי שֶׁיְּכוֹלִין לִקְרוֹת אֶת הַבֵּי"ת בְּחוֹלָם, מִכָּל מָקוֹם, כֵּיוָן שֶׁכְּמוֹ שֶׁהוּא כָּתוּב, הָוֵי טָעוּת שֶׁמִּשְׁתַּנֶּה הַפֵּרוּשׁ, הָוֵי גַּם כֵּן טָעוּת גָּמוּר. אֲבָל אִם הַטָּעוּת הוּא בְּעִנְיָן שֶׁאֵינוֹ מִשְׁתַּנֶּה, לֹא הַקְּרִיאָה וְלֹא

הַפֵּרוּשׁ, כְּגוֹן, בְּמָקוֹם שֶׁצָּרִיךְ לִהְיוֹת אֲבוֹתָם בְּוא"ו אַחַר הַבֵּי"ת, נִמְצָא בְּלֹא וא"ו, אוֹ בְּהִפּוּךְ, וְכֵן אִם בְּמָקוֹם שֶׁצָּרִיךְ לִהְיוֹת מָלֵא יו"ד שִׁמּוּשִׁית כְּגוֹן אֲבוֹתֵיכֶם, נִמְצָא חָסֵר יו"ד אוֹ בְּהֶפֶךְ וְכֵן כָּל כַּיּוֹצֵא בָּזֶה, אֵין מוֹצִיאִין סֵפֶר תּוֹרָה אַחֵר (לְפִי שֶׁאֵין סִפְרֵי תּוֹרָה שֶׁלָּנוּ מְדֻיָּקִים כָּל כָּךְ שֶׁנֹּאמַר שֶׁהָאַחֵר יִהְיֶה יוֹתֵר כָּשֵׁר), אֲבָל אִם חֲסֵרָה יו"ד שָׁרְשִׁית כְּגוֹן, מַה לְּךָ הָגָר אַל תִּירְאִי, כְּתִיב תְּרְאִי בְּלֹא יו"ד אַחַר הַתָּי"ו, אוֹ אַל תִּירָא אַבְרָם, כְּתִיב תְּרָא, צְרִיכִין לְהוֹצִיא סֵפֶר תּוֹרָה אַחֵר (עַיֵּן שערי אפרים שער ו' סָעִיף יו"ד ובפתחי שערים שָׁם) (קמ"ג).

סעיף ב' נִמְצָא תֵּבָה אַחַת חֲלוּקָה, עַד שֶׁנִּרְאֵית כִּשְׁתַּיִם, אוֹ שֶׁנִּתְקָרְבוּ שְׁתֵּי תֵבוֹת, וְנִרְאוֹת כְּאַחַת, אוֹ שֶׁנִּמְצָא תֵבָה יְתֵרָה, בֵּין שֶׁהִיא תֵּבָה זָרָה, שֶׁאֵין כָּאן מְקוֹמָהּ כְּלָל, בֵּין שֶׁנִּכְתְּבָה תֵבָה אַחַת כְּפוּלָה (עַיֵּן בספר קסת הסופר מהדורה תנינא לשכת הסופר סִימָן ד' סָעִיף קטן ז), וְכֵן אִם נִמְצָא שִׁנּוּי בְּצוּרוֹת הַפָּרָשִׁיּוֹת, כְּגוֹן פְּתוּחָה בְּמָקוֹם סְתוּמָה אוֹ סְתוּמָה בְּמָקוֹם פְּתוּחָה, אוֹ הֶפְסֵק פָּרָשָׁה בְּמָקוֹם שֶׁאֵינוֹ צָרִיךְ אוֹ בְּמָקוֹם שֶׁצָּרִיךְ לִהְיוֹת הֶפְסֵק פָּרָשָׁה וְאֵינוֹ כָּל אֵלּוּ פְּסוּלִים גְּמוּרִים, וּצְרִיכִין לְהוֹצִיא סֵפֶר תּוֹרָה אַחֵר.

סעיף ג' נִמְצָא שֶׁנִּדְבַּק אוֹת לְאוֹת, אִם נִרְאֶה שֶׁנִּדְבַּק לְאַחַר הַכְּתִיבָה, כָּשֵׁר, כֹּל שֶׁלֹּא נִשְׁתַּנּוּ צוּרוֹת הָאוֹתִיּוֹת. אֲבָל אִם נִרְאֶה שֶׁנִּדְבַּק כֵּן בִּשְׁעַת כְּתִיבָה, אֲזַי יֵשׁ חִלּוּק, שֶׁאִם נִדְבַּק כֵּן קוֹדֶם שֶׁנִּגְמַר הָאוֹת, כְּגוֹן, נוּ"ן פְּשׁוּטָה שֶׁנִּדְבְּקָה בְּאֶמְצָעִיתָהּ בְּרֶגֶל תָּי"ו וְכַדּוֹמֶה פָּסוּל, אֶלָּא שֶׁבְּחֹל יְכוֹלִין לִגְרוֹד שָׁם לְהַפְרִידָם. אֲבָל אִם הַדִּבּוּק נַעֲשָׂה בִּגְמַר הָאוֹת, יֵשׁ לְהַכְשִׁיר, וְאֵין צְרִיכִין לְהוֹצִיא סֵפֶר תּוֹרָה אַחֵר.

סעיף ד' נִמְצָא אוֹת שֶׁהִפְסִיד צוּרָתוֹ, בֵּין שֶׁהָיָה מִתְּחִלַּת הַכְּתִיבָה, בֵּין שֶׁנַּעֲשָׂה אַחַר כָּךְ עַל יְדֵי נֶקֶב פָּסוּל. אֲבָל אִם נִמְצָא נֶקֶב תּוֹךְ אוֹת, אוֹ מִחוּץ לָאוֹת וְהָאוֹת בְּצוּרָתוֹ, אֶלָּא שֶׁאֵינוֹ מֻקָּף גְּוִיל וְנִכָּר שֶׁהַנֶּקֶב נַעֲשָׂה לְאַחַר הַכְּתִיבָה כָּשֵׁר, כֵּיוָן דְּבִשְׁעַת הַכְּתִיבָה הָיָה מֻקָּף גְּוִיל. אִם קָפְצָה הַדְּיוֹ מֵאֵיזֶה אוֹת וְאֵינוֹ שָׁחוֹר כָּרָאוּי פָּסוּל.

סעיף ה' אִם יֵשׁ סָפֵק בְּאֵיזֶה אוֹת, שֶׁמָּא אֵין צוּרָתָהּ עָלֶיהָ, מַרְאִין לְתִינוֹק, שֶׁאֵינוֹ לֹא חָכָם וְלֹא טִפֵּשׁ (הַיְנוּ שֶׁאֵינוֹ מֵבִין אֶת הָעִנְיָן, אֲבָל יוֹדֵעַ וּמֵבִין אֶת הָאוֹתִיּוֹת) אִם קוֹרֵא כָּרָאוּי, כְּשֵׁרָה. וְאִם לָאו פְּסוּלָה. וְאִם הַתִּינוֹקוֹת מְחֻלָּקִין, הוֹלְכִין אַחַר הָרֹב (לדוד אמת). וְדַוְקָא כְּשֶׁאָנוּ מְסֻפָּקִין מוֹעִיל הַתִּינוֹק, מִשּׁוּם דְּאָז לֹא הֲוֵי רַק גִּלּוּי מִלְּתָא בְּעָלְמָא. אֲבָל אִם אָנוּ רוֹאִים שֶׁאֵין הָאוֹת כְּהִלְכָתָהּ, וְכֵן אִם נִפְסְקוּ יוּדֵ"י הָאָלֶ"ף, אוֹ יוּדֵ"י הָעַיִ"ן וְהַשִּׁי"ן וְרַגְלֵי הַתָּיו וְכַדּוֹמֶה פָּסוּל, אַף עַל פִּי שֶׁהַתִּינוֹק קוֹרֵא אוֹתוֹ, כֵּיוָן שֶׁעֵינֵינוּ רוֹאוֹת שֶׁאֵין הָאוֹת כְּתִקּוּנָהּ.

סעיף ו' כְּשֶׁמַּרְאִין לְתִינוֹק, אֵין צְרִיכִין לְכַסּוֹת לוֹ הָאוֹתִיּוֹת שֶׁלְּאַחֲרָיו. אֲבָל הָאוֹתִיּוֹת שֶׁלְּפָנָיו נוֹהֲגִין לְכַסּוֹת. וְאִם נִפְסַק אֵיזֶה אוֹת בְּנֶקֶב, וְנִשְׁאַר מִקְצָתוֹ גַּם מִן הַנֶּקֶב וּלְמַטָּה, וְאָנוּ מְסֻפָּקִים אִם יֵשׁ בָּאוֹת עַד הַנֶּקֶב כְּשִׁעוּר, צְרִיכִין לְכַסּוֹת

הַחֵלֶק שֶׁלְּמַטָּה מִן הַנֶּקֶב, כִּי הַתִּינוֹק יְצָרְפוֹ וּבֶאֱמֶת אֵין לוֹ צֵרוּף (ט"ז אוֹרַח חַיִּים סִימָן ל"ב סָעִיף קָטָן י'). וְכֵן אִם קָפְצָה הַדְּיוֹ מִמִּקְצָת אוֹת, וְנִשְׁאַר שָׁם אֵיזֶה רֹשֶׁם צְרִיכִין לְכַסּוֹתוֹ, שֶׁלֹּא יְצָרְפוֹ הַתִּינוֹק (פרי מגדים סִימָן ל"ב).

סעיף ז' כְּשֶׁנִּמְצָא פְּסוּל שֶׁצְּרִיכִין לְהוֹצִיא סֵפֶר תּוֹרָה אַחֵר, אִם נִמְצָא בֵּין גַּבְרָא לְגַבְרָא, מוֹצִיאִין סֵפֶר תּוֹרָה אַחֵר, וּמַתְחִילִין מִמָּקוֹם שֶׁפָּסְקוּ, וּמַשְׁלִימִין מִנְיַן הַקְּרוּאִים, וְהָעוֹלִין כְּבָר בַּסֵּפֶר תּוֹרָה הַפָּסוּל עוֹלִין לְמִנְיַן הַקְּרוּאִים. וְאִם הוּא בְּשַׁבָּת אִם אֶפְשָׁר לִקְרוֹת בְּסֵפֶר תּוֹרָה הַשֵּׁנִי ז' קְרוּאִים יַעֲשׂוּ כֵּן (לָחוּשׁ לְדַעַת הַגְּאוֹנִים, דִּסְבִירָא לְהוּ דְּמַה שֶּׁקָּרְאוּ בְּסֵפֶר תּוֹרָה הַפָּסוּל, אֵינוֹ עוֹלֶה לָהֶם), דְּהָא נוֹהֲגִין בְּלָאו הָכִי לְהוֹסִיף הַרְבֵּה קְרוּאִים.

סעיף ח' וְאִם נִמְצָא הַפְּסוּל בְּאֶמְצַע הַקְּרִיאָה, בָּזֶה יֵשׁ חִלּוּקֵי דֵּעוֹת וּמִנְהָגִים, וְכָל מָקוֹם יַחֲזִיק מִנְהָגוֹ, וּבְמָקוֹם שֶׁאֵין מִנְהָג קָבוּעַ, נִרְאֶה לִי דְּיֵשׁ לַעֲשׂוֹת כְּמוֹ שֶׁכָּתוּב בַּשֻּׁלְחָן עָרוּךְ, שֶׁלֹּא לְבָרֵךְ עַל סֵפֶר תּוֹרָה הַפָּסוּל, אֶלָּא מַפְסִיקִין מִיָּד, וּמוֹצִיאִין סֵפֶר תּוֹרָה אַחֵר, וּמַתְחִילִין מִמָּקוֹם שֶׁפָּסְקוּ. וְאִם הִפְסִיקוּ בְּאֶמְצַע פָּסוּק נִרְאֶה לִי דְּיַתְחִילוּ מִתְּחִלַּת הַפָּסוּק. וְגוֹמְרִין אֶת הַפָּרָשָׁה, (וְנִרְאֶה דְּיִקְרָא לוֹ בְּסֵפֶר תּוֹרָה הַכָּשֵׁר לְכָל הַפָּחוֹת ג' פְּסוּקִים. וְאִם אֵין עוֹד ג' פְּסוּקִים עַד תַּשְׁלוּם הַסִּדְרָה יַתְחִילוּ לְמַפְרֵעַ קְצָת) וּמְבָרֵךְ בְּרָכָה אַחֲרוֹנָה. אֲבָל בְּרָכָה רִאשׁוֹנָה אֵינוֹ מְבָרֵךְ, דְּעָלְתָה לוֹ הַבְּרָכָה שֶׁבֵּרַךְ עַל הַסֵּפֶר תּוֹרָה הַפָּסוּל (וּפָשׁוּט דְּאִם יְכוֹלִין לִקְרוֹת שִׁבְעָה קְרוּאִים בְּסֵפֶר תּוֹרָה הַכָּשֵׁר, יַעֲשׂוּ כֵן כְּמוֹ שֶׁכָּתַבְתִּי בַּסָּעִיף שֶׁלִּפְנֵי זֶה). וְהוּא הַדִּין אֲפִלּוּ אִם לֹא הִתְחִילוּ לִקְרוֹת כְּלָל לָזֶה הָעוֹלֶה, שֶׁנִּמְצָא הַפְּסוּל מִיָּד לְאַחַר הַבְּרָכָה, גַּם כֵּן מוֹצִיאִין סֵפֶר תּוֹרָה אַחֵר וְאֵינוֹ מְבָרֵךְ עוֹד בְּרָכָה רִאשׁוֹנָה. וְאֵין לַחֲלֹק בֵּין קְרִיאָה הָאַחֲרוֹנָה, לִשְׁאָר קְרִיאָה בְּעִנְיָן זֶה. בַּמַּפְטִיר, עַיֵּן לְקַמָּן סִימָן ע"ח סָעִיף ח'.

סעיף ט' נִמְצָא פְּסוּל בְּסֵפֶר תּוֹרָה וְאֵין שָׁם סֵפֶר תּוֹרָה אַחֵר, מַשְׁלִימִין בּוֹ מִנְיַן הַקְּרוּאִים בְּלֹא בְּרָכוֹת. וְעַיֵּן לְקַמָּן סִימָן ע"ח סָעִיף ח', וְסִימָן ע"ט סָעִיף י'.

סעיף י' יֵשׁ אוֹמְרִים שֶׁאִם נִמְצָא פְּסוּל בְּסֵפֶר תּוֹרָה בְּחֻמָּשׁ אֶחָד, מֻתָּרִין לִקְרֹת בּוֹ בְּחֻמָּשׁ אַחֵר, כְּגוֹן, אִם הַפְּסוּל הוּא בְּסֵפֶר בְּרֵאשִׁית, מֻתָּרִין לִקְרוֹת בּוֹ בִּבְרָכוֹת בְּסֵפֶר שְׁמוֹת. וְיֵשׁ לִסְמֹךְ עַל זֶה בִּשְׁעַת הַדְּחַק כְּשֶׁלֹּא הָיָה בְּאֶפְשָׁרִי לְתַקְּנוֹ, אוֹ שֶׁנִּמְצָא בְּשַׁבָּת אוֹ יוֹם טוֹב. וּמִכָּל מָקוֹם, בְּשַׁבָּת בְּמִנְחָה, אֵין לְהוֹצִיאוֹ כֵּיוָן שֶׁאָז אֵין הַקְּרִיאָה חוֹבָה כָּל כָּךְ, דְּלָא נִתְקְנָה אֶלָּא מִשּׁוּם אוֹתָן שֶׁאֵינָם בָּאִים בַּשֵּׁנִי וּבַחֲמִישִׁי לְבֵית הַכְּנֶסֶת (קמ"ג).

סעיף יא' אִם נִקְרְעָה הַתְּפִירָה שֶׁבֵּין שְׁתֵּי יְרִיעוֹת, אִם נִשְׁאַר הָרֹב תָּפוּר קוֹרִין בּוֹ. וְאִם לָאו מוֹצִיאִין סֵפֶר תּוֹרָה אַחֵר. וְאִם אֵין סֵפֶר תּוֹרָה אַחֵר, אִם הַקֶּרַע הוּא בָּזֶה הַחֻמָּשׁ שֶׁצְּרִיכִין לִקְרֹת בּוֹ, אֵין קוֹרִין בּוֹ אֶלָּא אִם כֵּן נִשְׁאֲרוּ לְכָל הַפָּחוֹת ה' תְּפִירוֹת. אֲבָל אִם הַקֶּרַע הוּא בְּחֻמָּשׁ אַחֵר קוֹרִין בּוֹ אַף עַל פִּי שֶׁלֹּא נִשְׁאֲרוּ רַק ב'

תְּפִירוֹת. (נקודות הכסף סימן רעה ובספר בני יונה) (יו"ד סִימָן רע"א).

סעיף יב' נִמְצָא שַׁעֲוָה אוֹ חֵלֶב שֶׁנָּטַף עַל אוֹת אוֹ תֵּבָה, אִם הוּא בְּחֹל יָסִירוֹ. וְאִם הוּא בַּשַּׁבָּת אוֹ יוֹם טוֹב, אִם נִרְאִין הָאוֹתִיּוֹת יִקְרְאוּ בּוֹ כָּךְ. אֲבָל אִם מְכַסִּין כָּל כָּךְ עַד שֶׁאֵינָן נִרְאִין, אִם בְּמָקוֹם שֶׁאֵין צְרִיכִין לִקְרוֹת שָׁם, יְכוֹלִין לִקְרוֹת בּוֹ בִּבְרָכוֹת. אֲבָל אִם הוּא בְּמָקוֹם שֶׁצְּרִיכִין לִקְרוֹת, וְאָסוּר לִקְרוֹת אֲפִלּוּ תֵּבָה אַחַת שֶׁלֹּא מִן הַכְּתָב עַל כֵּן אִם בְּאֶפְשָׁרִי לְהָסִיר אֶת הַשַּׁעֲוָה אוֹ הַחֵלֶב כִּלְאַחַר יָד, דְּהַיְנוּ שֶׁנִּתְיַבֵּשׁ הֵיטֵב, וְיַכְפִּיל אֶת הַגְּוִיל שֶׁעַל יְדֵי זֶה יִפֹּל, יַעֲשׂוּ כֵן, וּבְאִם לָאו אֵין קוֹרִין בּוֹ (עַיֵּן פרמ"ג משבצות סִימָן קמ"ג ובאה"ט שָׁם סָעִיף קָטָן ט'). כְּשֶׁמְּסִירִין בְּחֹל אֶת הַשַּׁעֲוָה וְהַחֵלֶב, אִם הוּא עַל הַשֵּׁם יַשְׁגִּיחוּ שֶׁלֹּא יָבֹא חַס וְשָׁלוֹם לִמְחִיקַת הָאוֹתִיּוֹת, אֶלָּא יְחַמְּמוּ מִבַּחוּץ שֶׁיֵּלֵךְ הַשַּׁעֲוָה אוֹ הַחֵלֶב.

סימן כה - דיני אשרי ובא לציון עד גמר התפלה ובו ח' סעיפים:

סעיף א' אוֹמְרִים אַשְׁרֵי וּתְהִלָּה לְדָוִד וְגוֹ', וּצְרִיכִין לְכַוֵּן בּוֹ הֵיטֵב, וּבִפְרָט בְּפָסוּק פּוֹתֵחַ אֶת יָדֶךָ וְגוֹ' יְכַוֵּן אֶת לִבּוֹ מְאֹד. (כְּמוֹ שֶׁכָּתַבְתִּי לְעֵיל סִימָן י"ד ב' עַיֵּן שָׁם) (סִימָן נ"א קל"ב).

סעיף ב' אַחַר כָּךְ אוֹמְרִים לַמְנַצֵּחַ, וְאֵלּוּ יָמִים שֶׁאֵין אוֹמְרִים אוֹתוֹ: רֹאשׁ חֹדֶשׁ, חֲנֻכָּה, וּפוּרִים, וְהוּא הַדִּין בְּשָׁנָה מְעֻבֶּרֶת בְּיוֹם י"ד וט"ו שֶׁבַּאֲדָר רִאשׁוֹן, עֶרֶב פֶּסַח, וְעֶרֶב יוֹם הַכִּפּוּרִים, תִּשְׁעָה בְּאָב. גַּם אֵין אוֹמְרִים אוֹתוֹ בְּבֵית הָאָבֵל, וּבְיוֹם שֶׁאֵין אוֹמְרִים לַמְנַצֵּחַ, גַּם אֵל אֶרֶךְ אַפַּיִם אֵין אוֹמְרִים.

סעיף ג' אוֹמְרִים קְדֻשַּׁת וּבָא לְצִיּוֹן עִם הַתַּרְגּוּם. וְצָרִיךְ לִזָּהֵר מְאֹד לְאָמְרָהּ בְּכַוָּנָה. וְהַתַּרְגּוּם יֵשׁ לְאָמְרוֹ בְּלַחַשׁ. [בְּבֵית הָאָבֵל מְדַלְּגִין הַפָּסוּק וַאֲנִי זֹאת בְּרִיתִי וְגוֹ'] (הוספה זו נמצאת הוצאת "זיס" למברג תרמ"א, אשר נדפסה תחת השגחתו של המחבר זצ"ל.)

סעיף ד' אָסוּר לְאָדָם לָצֵאת מִבֵּית הַכְּנֶסֶת קֹדֶם קְדֻשָּׁה זוֹ.

סעיף ה' יֵשׁ לְהַדֵּר לְאָמְרָהּ עִם הַצִּבּוּר. וְלָכֵן אִם בָּא לְבֵית הַכְּנֶסֶת בְּשָׁעָה שֶׁהַצִּבּוּר אוֹמְרִים אוֹתָהּ יֹאמְרָהּ עִמָּהֶם אַף קֹדֶם תְּפִלָּתוֹ. וְהוּא הַדִּין דְּיָכוֹל לְאָמְרָהּ קֹדֶם שְׁנֵי הַפְּסוּקִים דְּהַיְנוּ וּבָא לְצִיּוֹן וְגוֹ' וַאֲנִי זֹאת בְּרִיתִי וְגוֹ', וְאַחַר כָּךְ יֹאמַר פְּסוּקִים אֵלּוּ, וּמִכָּל שֶׁכֵּן שֶׁיָּכוֹל לְדַלֵּג אַשְׁרֵי וְלַמְנַצֵּחַ, כְּדֵי שֶׁיֹּאמַר קְדֻשָּׁה זוֹ עִם הַצִּבּוּר, וְאַחַר כָּךְ יֹאמַר מַה שֶּׁדִּלֵּג.

סעיף ו' וְאוֹמְרִים עָלֵינוּ לְשַׁבֵּחַ וְכוּ' וּצְרִיכִין לְאָמְרוֹ בְּאֵימָה וּבְיִרְאָה. וִיהוֹשֻׁעַ תִּקְּנוֹ בְּשָׁעָה שֶׁכָּבַשׁ אֶת יְרִיחוֹ. וְאַחַר כָּךְ אוֹמְרִים מִזְמוֹר שֶׁל יוֹם, וּשְׁאָר מִזְמוֹרִים בְּכָל מָקוֹם וּמָקוֹם כְּפִי מִנְהָגוֹ.

סעיף ז' כְּשֶׁיּוֹצֵא מִבֵּית הַכְּנֶסֶת, אוֹמֵר הַפָּסוּק, ה' נְחֵנִי וְגוֹ' וּמִשְׁתַּחֲוֶה מוּל אֲרוֹן הַקֹּדֶשׁ, כְּתַלְמִיד הַנִּפְטָר מֵרַבּוֹ. כְּשֶׁיֵּצֵא מִבֵּית הַכְּנֶסֶת לֹא יֵצֵא וַאֲחוֹרָיו לָאָרוֹן הַקֹּדֶשׁ, אֶלָּא יְצַדֵּד. וְכֵן בִּירִידָתוֹ מִן הַתֵּבָה (קל"ב).

סעיף ח' כְּשֶׁיֵּצֵא מִבֵּית הַכְּנֶסֶת אָסוּר לָרוּץ אוֹ לִפְסֹעַ פְּסִיעָה גַּסָּה, לְפִי שֶׁמַּרְאֶה עַצְמוֹ שֶׁעִכּוּב בֵּית הַכְּנֶסֶת דּוֹמֶה עָלָיו לְמַשָּׂא. בַּמֶּה דְּבָרִים אֲמוּרִים כְּשֶׁהוֹלֵךְ לַעֲסָקָיו. אֲבָל אִם הוֹלֵךְ מִבֵּית הַכְּנֶסֶת לְבֵית הַמִּדְרָשׁ מִצְוָה לָרוּץ. (סִימָן צ').

סימן כו - דיני קדיש יתום ובו כ"ב סעיפים:

סעיף א' נִמְצְאוּ בַּמִּדְרָשִׁים הַרְבֵּה מַעֲשִׂיּוֹת, כִּי עַל יְדֵי שֶׁהַבֵּן אוֹמֵר קַדִּישׁ בִּשְׁבִיל אָבִיו אוֹ אִמּוֹ, נִצּוֹלִים מִן הַדִּין. עַל כֵּן נוֹהֲגִין לוֹמַר קַדִּישׁ. וְכֵן לַעֲלוֹת לַמַּפְטִיר וּלְהִתְפַּלֵּל לִפְנֵי הַתֵּבָה, וּבִפְרָט בְּמוֹצָאֵי שַׁבָּתוֹת, שֶׁהוּא הַזְּמַן שֶׁחוֹזְרוֹת הַנְּשָׁמוֹת לַגֵּיהִנֹּם, וְכֵן בְּכָל עַרְבִית שֶׁאָז תִּגְבֹּרֶת הַדִּין. וְיֵשׁ בְּעִנְיַן הַקַּדִּישִׁים כַּמָּה חִלּוּקֵי דִינִים עַל פִּי הַמִּנְהָגִים.

סעיף ב' בְּתוֹךְ שִׁבְעָה, בֵּין שֶׁהוּא קָטָן בֵּין גָּדוֹל, בֵּין תּוֹשָׁב בֵּין אוֹרֵחַ, יֵשׁ לוֹ כָּל הַקַּדִּישִׁים, וְדוֹחֶה כָּל הָאֲבֵלִים. וַאֲפִלּוּ פָּגַע הָרֶגֶל תּוֹךְ שִׁבְעָה הַמְבַטֵּל גְּזֵרַת שִׁבְעָה, וְכֵן לְאַחַר שִׁבְעָה שֶׁמְּבַטֵּל גְּזֵרַת שְׁלֹשִׁים, לְעִנְיַן קַדִּישׁ אֵינוֹ מְבַטֵּל. וְכֵן לֹא אַמְרִינָן לְעִנְיַן קַדִּישׁ מִקְצָת הַיּוֹם כְּכֻלּוֹ. וַאֲפִלּוּ בְּמִנְחָה שֶׁל יוֹם הַשְּׁבִיעִי, יֵשׁ לוֹ כָּל הַקַּדִּישִׁים, וּמוֹנִין שִׁבְעָה וּשְׁלֹשִׁים מִיּוֹם הַקְּבוּרָה. וְאַף עַל פִּי שֶׁהָאָבֵל לֹא שָׁמַע מִיָּד, וְנוֹהֵג אַחַר כָּךְ שִׁבְעָה יְמֵי אֵבֶל. מִכָּל מָקוֹם, לְעִנְיַן קַדִּישׁ אֵין לוֹ דִּין שִׁבְעָה. וְכֵן אִם מֵת בָּרֶגֶל מוֹנִין לְעִנְיַן קַדִּישׁ מִיּוֹם הַקְּבוּרָה.

סעיף ג' אִם יֵשׁ בְּבֵית הַכְּנֶסֶת גַּם יָאהרְצַיְיט (פי' יום השנה לפטירת אביו או אמו). אֲזַי אִם הַבֵּן שִׁבְעָה הוּא קָטָן, שֶׁהוֹלֵךְ כָּל יְמֵי הַשִּׁבְעָה לְבֵית הַכְּנֶסֶת, יֵשׁ לְהַיָּאהרְצַיְיט קַדִּישׁ אֶחָד. וְאִם יֵשׁ הַרְבֵּה יָאהרְצַיְיט, יֵשׁ לְכָל אֶחָד קַדִּישׁ אֶחָד. וַאֲפִלּוּ אִם הַקָּטָן שֶׁהוּא בֶּן ז' יִדָּחֶה לְגַמְרֵי. וְאִם יֵשׁ בֶּן שְׁלֹשִׁים, יֵשׁ לוֹ גַּם כֵּן קַדִּישׁ אֶחָד. אֲבָל אִם יֵשׁ הַרְבֵּה בְּנֵי שְׁלֹשִׁים, אֵין הַקָּטָן בֶּן שִׁבְעָה נִדְחֶה מֵחֲמָתָן לְגַמְרֵי. וְאִם הוּא גָּדוֹל, שֶׁאֵינוֹ הוֹלֵךְ כָּל הַשִּׁבְעָה לְבֵית הַכְּנֶסֶת אַף עַל פִּי שֶׁמִּתְפַּלֵּל בְּבֵיתוֹ בְּמִנְיָן, מִכָּל מָקוֹם, כְּשֶׁבָּא בְּשַׁבָּת לְבֵית הַכְּנֶסֶת אוֹמֵר כָּל הַקַּדִּישִׁים. וְאִם יֵשׁ שָׁם יָאהרְצַיְיט, אוֹמֵר גַּם כֵּן כָּל הַקַּדִּישִׁים, מִלְּבַד קַדִּישׁ אֶחָד יָטִילוּ עָלָיו גּוֹרָל. וְאַף כְּשֶׁנִּתְבַּטֵּל מִמֶּנּוּ הַשִּׁבְעָה עַל יְדֵי רֶגֶל, אוֹ שֶׁמֵּת אָבִיו בָּרֶגֶל, אֲזַי יֵשׁ לוֹ דִּין קָטָן, כֵּיוָן שֶׁיָּכוֹל לֵילֵךְ לְבֵית הַכְּנֶסֶת בְּכָל יוֹם.

סעיף ד' בֶּן ז' קָטָן, וּבֶן ז' גָּדוֹל בְּשַׁבָּת כְּשֶׁבָּא לְבֵית הַכְּנֶסֶת, שָׁוִים בְּקַדִּישִׁים, וְאִם יֵשׁ גַּם יָאהרְצַיְיט, הוּא נִדְחֶה מֵחֲמַת הַגָּדוֹל. וְלָכֵן יֵשׁ לְהַגָּדוֹל קַדִּישׁ אֶחָד יוֹתֵר מִן הַקָּטָן, דְּהַיְנוּ הַקַּדִּישׁ שֶׁהָיָה צָרִיךְ הַקָּטָן לָתֵת לְהַיָּאהרְצַיְיט.

סעיף ה' יָאהרְצַיְיט וְכֵן בֶּן שְׁלֹשִׁים, קוֹדְמִין לִשְׁאָר אֲבֵלִים שֶׁהֵם בְּתוֹךְ הַשָּׁנָה. וּמִכָּל מָקוֹם יֵשׁ לָהֶם לָתֵת גַּם לָהֶם אֵיזֶה קַדִּישִׁים. וְיֵשׁ לִנְהֹג שֶׁקַּדִּישׁ דְּרַבָּנָן, וְגַם הַקַּדִּישׁ שֶׁלְּאַחַר עָלֵינוּ, יִהְיֶה לְהַיָּאהרְצַיְיט אוֹ לְבֶן ל', וּשְׁאָר הַקַּדִּישִׁים לִשְׁאָר הָאֲבֵלִים, אִם יֶשְׁנָם כְּמִנְיַן הַקַּדִּישִׁים.

סעיף ו' יָאהרְצַיְיט וּבֶן שְׁלֹשִׁים הֵיכָא דְּאִכָּא רַוְחָא (פ' כשיש אפשרות), בֶּן שְׁלֹשִׁים קֹדֶם, וְאֵין לְהַיָּאהרְצַיְיט רַק

קַדִּישׁ אֶחָד. וְאִם יֵשׁ הַרְבֵּה יָאהרְצַייְט יֵשׁ לְכָל אֶחָד קַדִּישׁ אֶחָד, וְאַף עַל פִּי שֶׁהַבֶּן שְׁלֹשִׁים יִדָּחֶה לְגַמְרֵי, מִשּׁוּם שֶׁהוּא יֹאמַר לְמָחָר. וְהַיָּאהרְצַייְט אִם לֹא יֹאמַר הַיּוֹם, עָבַר זְמַנּוֹ.

סעיף ז' אִם יֵשׁ שְׁנֵי אֲבֵלִים שָׁוִים יַטִּילוּ גוֹרָל בֵּינֵיהֶם, וּמִי שֶׁעָלָה לוֹ הַגּוֹרָל לוֹמַר עַרְבִית, יֵשׁ לַשֵּׁנִי כְּנֶגֶד זֶה קַדִּישׁ אֶחָד שַׁחֲרִית בְּלֹא גוֹרָל. וְעַל הַקַּדִּישׁ הַג' יַטִּילוּ גוֹרָל. וְכֵן אִם יֶשְׁנָם הַרְבֵּה, גַּם כֵּן מַטִּילִין גּוֹרָל. וּמִי שֶׁעָלָה לוֹ הַגּוֹרָל, לֹא יָבֹא עוֹד בְּתוֹךְ הַגּוֹרָל עַד שֶׁיֹּאמְרוּ כֻּלָּם.

סעיף ח' הַתּוֹשָׁב קוֹדֵם לָאוֹרֵחַ (אִם אֵינוֹ תּוֹךְ שִׁבְעָה) יָאהרְצַייְט תּוֹשָׁב וְיָאהרְצַייְט אוֹרֵחַ אֵין לְהָאוֹרֵחַ כְּלוּם. בֶּן שְׁלֹשִׁים תּוֹשָׁב, אוֹ תּוֹךְ הַשָּׁנָה תּוֹשָׁב וְיָאהרְצַייְט אוֹרֵחַ, יֵשׁ לְהָאוֹרֵחַ קַדִּישׁ אֶחָד. וְאִם יֵשׁ יָאהרְצַייְט תּוֹשָׁב, וּבֶן שְׁלֹשִׁים תּוֹשָׁב, וְיָאהרְצַייְט אוֹרֵחַ, יֵשׁ גַּם כֵּן לְהָאוֹרֵחַ קַדִּישׁ אֶחָד, וְאֵינוֹ יָכוֹל יָאהרְצַייְט הַתּוֹשָׁב לוֹמַר לוֹ: אֲנִי קוֹדֵם, כִּי יֹאמַר: לָאו מִדִּידָךְ קָשָׁקִילְנָא, אֶלָּא מִבֶּן שְׁלֹשִׁים. וְיֹאמַר הַיָּאהרְצַייְט תּוֹשָׁב קַדִּישׁ רִאשׁוֹן, וְיָאהרְצַייְט אוֹרֵחַ קַדִּישׁ ב', וּבֶן שְׁלֹשִׁים קַדִּישׁ ג'.

סעיף ט' אוֹרֵחַ בֶּן שְׁלֹשִׁים וְתוֹשָׁב תּוֹךְ הַשָּׁנָה שָׁוִים.

סעיף י' יָאהרְצַייְט תּוֹשָׁב וּבֶן שְׁלֹשִׁים אוֹרֵחַ, יֹאמַר הַתּוֹשָׁב קַדִּישׁ רִאשׁוֹן וְשֵׁנִי, וְהָאוֹרֵחַ הַשְּׁלִישִׁי.

סעיף יא' אוֹרֵחַ בְּתוֹךְ הַשָּׁנָה, יֵשׁ לוֹ קַדִּישׁ א' בְּתוֹךְ אֲבֵלִים תּוֹשָׁבִים בְּתוֹךְ הַשָּׁנָה.

סעיף יב' תּוֹשָׁב נִקְרָא לְעִנְיָן זֶה, כָּל שֶׁיֵּשׁ לוֹ כָּאן דִּירַת קֶבַע, אַף עַל פִּי שֶׁאֵינוֹ פּוֹרֵעַ מַס, אוֹ שֶׁהוּא פּוֹרֵעַ כָּאן מַס, אַף עַל פִּי שֶׁאֵינוֹ דָּר כָּאן. וּמִי שֶׁבָּא לְכָאן מִמָּקוֹם אַחֵר, לוֹמַר קַדִּישׁ אַחַר אָבִיו וְאִמּוֹ שֶׁהָיוּ דָּרִים כָּאן, אַף עַל פִּי שֶׁהֵמָּה הָיוּ תוֹשָׁבִים כָּאן, מִכָּל מָקוֹם, כֵּיוָן שֶׁהַבֵּן הַזֶּה אֵינוֹ דָּר כָּאן וְאֵינוֹ פּוֹרֵעַ כָּאן מַס, אֵין לוֹ דִּין תּוֹשָׁב. בַּעַל הַבַּיִת שֶׁמַּחְזִיק מְלַמֵּד אוֹ מְשָׁרֵת, אִם הֵם פְּנוּיִים נִקְרָאִים כָּאן תּוֹשָׁבִים. אֲבָל אִם יֵשׁ לָהֶם נָשִׁים בְּמָקוֹם אַחֵר, הֲרֵי הֵן כָּאן כְּאוֹרְחִים. וְהַלּוֹמֵד בִּישִׁיבָה, וְכֵן מְלַמֵּד הַמֻּשְׂכָּר לְכַמָּה בַּעֲלֵי בָתִּים, אַף עַל פִּי שֶׁיֵּשׁ לָהֶם נָשִׁים בְּמָקוֹם אַחֵר, דִּינָם כָּאן כְּתוֹשָׁבִים. הַמְגַדֵּל יָתוֹם בְּבֵיתוֹ אֲפִלּוּ בְּשָׂכָר, אִם אֵין לוֹ לֹא אָב וְלֹא אֵם, יֵשׁ לוֹ כָּאן דִּין תּוֹשָׁב. אֲבָל אִם יֵשׁ לוֹ אָב אוֹ אֵם בְּמָקוֹם אַחֵר, אֲפִלּוּ מְגַדְּלוֹ בְּתוֹרַת צְדָקָה, יֵשׁ לוֹ דִּין אוֹרֵחַ.

סעיף יג' מִי שֶׁמִּתְפַּלֵּל בְּבֵית הַכְּנֶסֶת אוֹ בְּבֵית הַמִּדְרָשׁ תָּמִיד, אִם בָּא לוֹמַר קַדִּישׁ בְּבֵית כְּנֶסֶת אַחֵר, הָאֲבֵלִים שֶׁבְּשָׁם יְכוֹלִין לִדְחוֹתוֹ וַאֲפִלּוּ הוּא תּוֹךְ שִׁבְעָה, דְּגָרַע מֵהָאוֹרֵחַ, כִּי הָאוֹרֵחַ אֵין לוֹ מָקוֹם לְהִתְפַּלֵּל וְלוֹמַר קַדִּישׁ, וְזֶה יֵשׁ לוֹ.

סעיף יד' מִי שֶׁיָּכוֹל וְרָאוּי לְהִתְפַּלֵּל לִפְנֵי הַתֵּבָה, יִתְפַּלֵּל, וּמוֹעִיל יוֹתֵר מִקַּדִּישׁ יָתוֹם, שֶׁלֹּא נִתְקַן אֶלָּא לִקְטַנִּים. וּמִי שֶׁאֵינוֹ יָכוֹל לְהִתְפַּלֵּל כָּל הַתְּפִלָּה, יִתְפַּלֵּל מִן אַשְׁרֵי וּבָא לְצִיּוֹן וּלְהַלָּן. וּמִי שֶׁיֵּשׁ לוֹ זְכוּת יוֹתֵר בְּקַדִּישִׁים, כְּגוֹן, בֶּן ז' וְל', יֵשׁ לוֹ גַּם כֵּן זְכוּת יוֹתֵר בְּעִנְיַן הַתְּפִלָּה. נוֹהֲגִין שֶׁאֵין אָבֵל מִתְפַּלֵּל לִפְנֵי הַתֵּבָה בְּשַׁבָּת וְיוֹם טוֹב. אַךְ אִם גַּם קֹדֶם הָאֲבֵלוּת,

הָיָה דַּרְכּוֹ לְהִתְפַּלֵּל בְּשַׁבָּת וְיוֹם טוֹב, גַּם בִּזְמַן הָאֲבֵלוּת יִתְפַּלֵּל. (שַׁעֲרֵי תְּשׁוּבָה בְּשֵׁם תְּשׁוּבַת מֵאִיר נְתִיבִים סִימָן פ', וְעַיֵּן לְקַמָּן סִימָן קכ"ח סָעִיף ח')

סעיף טו' שְׁנַיִם שֶׁשָּׁוִים בְּדִין קַדִּישׁ, וּשְׁנֵיהֶם יְכוֹלִים לְהִתְפַּלֵּל לִפְנֵי הַתֵּבָה, וּמְרֻצִּים בְּשָׁוֶה לַקָּהָל, יַטִּילוּ גּוֹרָל, שֶׁהָאֶחָד יִתְפַּלֵּל עַד אַשְׁרֵי וּבָא לְצִיּוֹן, וְהַשֵּׁנִי יִתְפַּלֵּל אַשְׁרֵי וּבָא לְצִיּוֹן. וְאִם אֶחָד אֵינוֹ יָכוֹל לְהִתְפַּלֵּל לִפְנֵי הַתֵּבָה, אוֹ שֶׁאֵינוֹ מְרֻצֶּה לַקָּהָל, וְהִתְפַּלֵּל הַשֵּׁנִי, לֹא הִפְסִיד זֶה שֶׁהִתְפַּלֵּל זְכוּתוֹ בְּקַדִּישִׁים, וּמִכָּל מָקוֹם יֵשׁ לוֹ לְוַתֵּר, לְהַנִּיחַ הַקַּדִּישׁ לְמִי שֶׁלֹּא הִתְפַּלֵּל, וּמִכָּל שֶׁכֵּן לִקְטַנִּים.

סעיף טז' מִי שֶׁהוּא אָבֵל עַל אָבִיו, וְגַם עַל אִמּוֹ, מִכָּל מָקוֹם, אֵין לוֹ זְכוּת יוֹתֵר בִּתְפִלּוֹת וְקַדִּישִׁים מִשְּׁאָר אָבֵל, מִשּׁוּם דְּזִכָּרוֹן אֶחָד עוֹלֶה לְכָאן וּלְכָאן. (כנ"י) ועַיֵּן נוב"ה סִימָן ה.

סעיף יז' נוֹהֲגִין שֶׁאֵין אוֹמְרִים קַדִּישׁ רַק י"א חֳדָשִׁים, שֶׁלֹּא לְהַחֲזִיק אָבִיו וְאִמּוֹ כִּרְשָׁעִים, דְּמִשְׁפַּט שֶׁל רְשָׁעִים הוּא י"ב חֹדֶשׁ. שֶׁאִם מֵת דֶּרֶךְ מָשָׁל, יו"ד שְׁבָט, פּוֹסֵק לוֹמַר ט' טֵבֵת, וביו"ד טֵבֵת לֹא יֹאמַר דְּהָא הָוֵי יוֹם א' בְּחֹדֶשׁ י"ב, וְיוֹם א' בַּחֹדֶשׁ חָשׁוּב חֹדֶשׁ, וַהֲוֵי כְּאִלּוּ אָמַר י"ב חֹדֶשׁ. וּלְעִנְיָן זֶה מוֹנִים מִיּוֹם הַקְּבוּרָה, לֹא מִיּוֹם הַמִּיתָה. שֶׁאִם נִקְבַּר י"א שְׁבָט, אֲזַי פּוֹסֵק ביו"ד טֵבֵת, כִּי הַמִּשְׁפָּט אֵינוֹ מַתְחִיל עַד לְאַחַר הַקְּבוּרָה (פרמ"ג בספר נועם מגדים). וְאִם הָיְתָה שָׁנָה מְעֻבֶּרֶת, פּוֹסֵק ט', (אוֹ י') כִּסְלֵו. וְיוֹם זֶה שֶׁהוּא פּוֹסֵק בּוֹ, יֵשׁ לוֹ כָּל הַקַּדִּישִׁים. רַק לְיָאהרְצַיְיט שֶׁיַּךְ קַדִּישׁ א'. וְכֵן לְבֶן שְׁלֹשִׁים. וְאִם יֵשׁ כַּמָּה יָאהרְצַיְיט, אוֹ בְּנֵי שְׁלֹשִׁים, נִדְחֶה הוּא מִפְּנֵיהֶם לְגַמְרֵי. מִי שֶׁיּוֹדֵעַ בְּאָבִיו וְאִמּוֹ שֶׁהָיוּ רְשָׁעִים מֵאוֹתָן שֶׁנִּדּוֹנִין י"ב חֹדֶשׁ, רָאוּי וּמְחֻיָּב שֶׁיֹּאמַר קַדִּישׁ י"ב חֹדֶשׁ.

סעיף יח' כְּשֶׁיֵּשׁ הַרְבֵּה אֲבֵלִים, רַחֲמָנָא לִצְּלַן, אֲזַי כְּדֵי שֶׁלֹּא יָבֹאוּ לִידֵי קְטָטוֹת וּמְרִיבוֹת, נוֹהֲגִין בְּהַרְבֵּה מְקוֹמוֹת, שֶׁאוֹמְרִים ב' אוֹ ג' בְּיַחַד.

סעיף יט' אִם אֵין בְּבֵית הַכְּנֶסֶת אָבֵל עַל אָבִיו וְאִמּוֹ, יֹאמַר אוֹתוֹ קַדִּישׁ מִי שֶׁאֵין לוֹ אָב וָאֵם, בְּעַד כָּל מֵתֵי יִשְׂרָאֵל. וְיֵשׁ מְקוֹמוֹת שֶׁנָּהֲגוּ, שֶׁשְּׁאָר קְרוֹבִים אוֹמְרִים קַדִּישׁ עַל קְרוֹבֵיהֶם, כְּשֶׁאֵין אֲבֵלִים עַל אֲבִיהֶם וְאִמָּם. וְגַם כְּשֶׁיֵּשׁ אֲבֵלִים עַל אֲבִיהֶם וְאִמָּם, אִם יֵשׁ מִי שֶׁרוֹצֶה לוֹמַר קַדִּישׁ אַחַר אֲבִי זְקֵנוֹ, אוֹאֵם זְקֵנָתוֹ, שֶׁמֵּתוּ בְּלֹא בָּנִים, אוֹ אַחַר בְּנוֹ, אוֹ בִּתּוֹ שֶׁמֵּתוּ בְּלֹא בָּנִים, יַנִּיחוּ לוֹ הָאֲבֵלִים לוֹמַר קַדִּישׁ אֶחָד, לְאַחַר שֶׁהֵם אָמְרוּ כָּל אֶחָד. וְיֵשׁ מְקוֹמוֹת שֶׁנָּהֲגוּ, שֶׁגַּם שְׁאָר קְרוֹבִים אוֹמְרִים קַדִּישׁ, אֲפִלּוּ בְּמָקוֹם שֶׁיֵּשׁ אֲבֵלִים עַל אָב וָאֵם, אֶלָּא שֶׁעוֹשִׂים פְּשָׁרָה בֵּינֵיהֶם, שֶׁאֵין אוֹמְרִים כָּל כָּךְ קַדִּישִׁים, כְּמוֹ הָאֲבֵלִים עַל אָב וָאֵם, וְהוֹלְכִים בְּכָל זֶה אַחַר הַמִּנְהָג, וּבִלְבַד שֶׁיְּהֵא מִנְהָג קָבוּעַ בָּעִיר.

סעיף כ' הַבַּת אֵין לָהּ לוֹמַר קַדִּישׁ בְּבֵית הַכְּנֶסֶת, אַךְ יֵשׁ אוֹמְרִים שֶׁאִם רוֹצִים לַעֲשׂוֹת מִנְיָן בְּבֵיתָהּ שֶׁתֹּאמַר שָׁם הָרְשׁוּת בְּיָדָם (כנ"י), וְיֵשׁ אוֹמְרִים דְּגַם זֹאת אֵין לַעֲשׂוֹת (חוות יאיר סִימָן רכ"ב).

סעיף כא' מִי שֶׁהָיָה לוֹ יָאהרְצַיְיט,

וְלֹא [הָיָה] יָכוֹל לוֹמַר קַדִּישׁ, כְּגוֹן, שֶׁהָיָה בַּדֶּרֶךְ, אוֹ שֶׁלֹּא הִגִּיעַ לוֹ קַדִּישׁ, יָכוֹל לוֹמַר קַדִּישׁ בִּתְפִלַּת עַרְבִית שֶׁלְּאַחַר הַיָּאהרְצַיְיט.

סעיף כב' אַף עַל פִּי שֶׁאֲמִירַת הַקַּדִּישׁ וְהַתְּפִלּוֹת מוֹעִילוֹת לְהָאָבוֹת, מִכָּל מָקוֹם, אֵין אֵלּוּ הָעִקָּר אֶלָּא הָעִקָּר הוּא שֶׁהַבָּנִים יֵלְכוּ בְּאֹרַח מִישׁוֹר, כִּי בָזֶה מְזַכִּים אֶת הָאָבוֹת. הָכֵי אִיתָא בְּזוֹהַר הַקָּדוֹשׁ (סוֹף פָּרָשַׁת בְּחֻקֹּתַי), בֵּן יְכַבֵּד אָב, כְּמָה דְּאַתְּ אָמַר, כַּבֵּד אֶת אָבִיךָ וְאֶת אִמֶּךָ, וְאוֹקְמוּהָ בְּמֵיכְלָא וּמִשְׁתְּיָא. וּבְכֹלָּא, הַאי בְּחַיּוֹי דְּאִתְחַיַּיב בֵּיהּ. בָּתַר דְּמִית, אִי תֵּימָא הָא פָּטוּר הוּא, לָאו הָכֵי דְּאַף עַל גַּב דְּמִית אִתְחַיַּיב בִּיקָרֵיהּ יַתִּיר, דִּכְתִיב כַּבֵּד אֶת אָבִיךָ. דְּאִי הַהוּא בְּרָא אָזִיל בְּאֹרַח תַּקְלָא, וַדַּאי מְבַזֶּה לַאֲבוּי הוּא, וַדַּאי עָבִיד לֵיהּ קְלָנָא. וְאִי הַהוּא בְּרָא אָזִיל בְּאֹרַח מִישׁוֹר, וְתַקִּין עוֹבָדוֹי וַדַּאי דָּא אוֹקִיר לַאֲבוּי, אוֹקִיר לֵיהּ בְּהַאי עָלְמָא גַּבֵּי בְּנֵי נָשָׁא, אוֹקִיר לֵיהּ בְּהַהוּא עָלְמָא גַּבֵּי קֻדְשָׁא בְּרִיךְ הוּא. וְקֻדְשָׁא בְּרִיךְ הוּא חָיִיס עֲלֵהּ, וְאוֹתִיב לֵיהּ בְּכֻרְסְיָא דִיקָרֵיהּ וַדַּאי וְכוּ' עַד כָּאן לְשׁוֹנוֹ. וְיֵשׁ לוֹ לְאָדָם לְצַוּוֹת אֶת בָּנָיו לְהַחֲזִיק בְּאֵיזֶה מִצְוָה, וְאִם מְקַיְּמִין נֶחְשָׁב יוֹתֵר מִן הַקַּדִּישׁ, וְהוּא תַּקָּנָה טוֹבָה גַּם לְמִי שֶׁאֵין לוֹ בָּנִים אֶלָּא בָּנוֹת.

סימן כז - הלכות תלמוד תורה ובו ה' סעיפים:

סעיף א' אַחַר הַתְּפִלָּה יִקְבַּע עֵת לִלְמוֹד תּוֹרָה. וְצָרִיךְ שֶׁאוֹתוֹ הָעֵת יִהְיֶה קָבוּעַ, שֶׁלֹּא יַעֲבִירֶנּוּ אַף אִם סָבוּר לְהַרְוִיחַ הַרְבֵּה. וְאִם צָרִיךְ לַעֲשׂוֹת אֵיזֶה דָּבָר נָחוּץ מְאֹד, יִלְמַד מִקֹּדֶם לְכָל הַפָּחוֹת פָּסוּק אֶחָד אוֹ הֲלָכָה אַחַת, וְיַעֲשֶׂה מַה שֶּׁנָּחוּץ לוֹ, וְאַחַר כָּךְ יַשְׁלִים חֻקּוֹ. וּבִקְצָת קְהִלּוֹת קְדוֹשׁוֹת נִתְיַסְּדוּ חֲבֵרוֹת קְדוֹשׁוֹת, לִלְמֹד תּוֹרָה בָּרַבִּים מִיָּד לְאַחַר הַתְּפִלָּה. וְיֵשׁ לְכָל יְרֵא שָׁמַיִם לְהִתְחַבֵּר אֲלֵיהֶם (אוֹרַח חַיִּים סִימָן קנ"ה).

סעיף ב' כָּל אִישׁ יִשְׂרָאֵל חַיָּב לִלְמֹד תּוֹרָה, בֵּין עָנִי בֵּין עָשִׁיר, בֵּין שָׁלֵם בְּגוּפוֹ בֵּין בַּעַל יִסּוּרִין, בֵּין בָּחוּר בֵּין זָקֵן גָּדוֹל. אֲפִלּוּ עָנִי הַמְחַזֵּיר עַל הַפְּתָחִים, חַיָּב לִקְבֹּעַ לוֹ זְמַן לְתַלְמוּד תּוֹרָה בַּיּוֹם וּבַלַּיְלָה, שֶׁנֶּאֱמַר וְהָגִיתָ בּוֹ יוֹמָם וָלַיְלָה. וּמִי שֶׁאֵינוֹ יוֹדֵעַ כְּלָל לִלְמֹד, אוֹ שֶׁאִי אֶפְשָׁר לוֹ מֵחֲמַת רֹב הַטְּרָדוֹת, יְסַפֵּק לַאֲחֵרִים הַלּוֹמְדִים, וְתֵחָשֵׁב לוֹ כְּאִלּוּ לוֹמֵד בְּעַצְמוֹ, כְּמוֹ שֶׁדָּרְשׁוּ רַבּוֹתֵינוּ זִכְרוֹנָם לִבְרָכָה בַּפָּסוּק שְׂמַח זְבוּלֻן בְּצֵאתֶךָ וְיִשָּׂשכָר בְּאֹהָלֶיךָ, זְבוּלֻן וְיִשָּׂשכָר עָשׂוּ שֻׁתָּפוּת. זְבוּלֻן עָסַק בִּסְחוֹרָה וְסִפֵּק לְיִשָּׂשכָר פַּרְנָסָתוֹ, שֶׁיִּהְיֶה לוֹ פְּנַאי לַעֲסֹק בַּתּוֹרָה. לְפִיכָךְ הִקְדִּים הַפָּסוּק זְבוּלֻן לְיִשָּׂשכָר, מִפְּנֵי שֶׁתּוֹרָתוֹ שֶׁל יִשָּׂשכָר עַל יְדֵי זְבוּלֻן הָיְתָה. וְכֵן מָצִינוּ בְּמִשְׁנָה (זבחים פ"א), שִׁמְעוֹן אֲחִי עֲזַרְיָה אוֹמֵר וְכוּ', וְנִקְרָא שִׁמְעוֹן עַל שֵׁם אָחִיו עֲזַרְיָה, לְפִי שֶׁעֲזַרְיָה עָסַק בְּפְּרַקְמַטְיָא, וְהָיָה מְסַפֵּק צָרְכֵי שִׁמְעוֹן אָחִיו, שֶׁהָיָה עוֹסֵק בַּתּוֹרָה, וְהִתְנוּ בֵּינֵיהֶם, שֶׁיְּהֵא חֵלֶק לַעֲזַרְיָה, בִּשְׂכַר לִמּוּדוֹ שֶׁל שִׁמְעוֹן. וְעַל כָּל פָּנִים יִתְאַמֵּץ כָּל אָדָם לִלְמֹד, אֲפִלּוּ רַק מְעַט, בְּכָל יוֹם וּבְכָל לַיְלָה.

סעיף ג' מִי שֶׁאֵינוֹ יָכוֹל לַעֲשׂוֹת תּוֹרָתוֹ קֶבַע, אֶלָּא שֶׁהוּא קוֹבֵעַ עִתִּים לַתּוֹרָה, יַעֲסֹק בָּעִתִּים הַלָּלוּ שֶׁהוּא

קוֹבֵעַ, לִלְמֹד הַהֲלָכוֹת הַשְּׁכִיחוֹת, הַנִּצְרָכוֹת לָדַעַת לְכָל אִישׁ יִשְׂרָאֵל, וְגַם בָּאַגָּדוֹת וּמִדְרָשִׁים וְסִפְרֵי מוּסָר אֲשֶׁר יְסוֹדָתָם בְּהַרְרֵי קֹדֶשׁ. מִמִּדְרְשֵׁי רַבּוֹתֵינוּ זִכְרוֹנָם לִבְרָכָה שֶׁהֵם מוֹעִילִים לְהַחֲלִישׁ כֹּחַ הַיֵּצֶר הָרָע. וְאַשְׁרֵי מִי שֶׁיֵּשׁ לוֹ חֹק קָבוּעַ וְלֹא יַעֲבֹר, לִלְמֹד בְּסֵפֶר "חֹק לְיִשְׂרָאֵל" דְּבַר יוֹם בְּיוֹמוֹ, וְכָל הַמּוֹסִיף, מוֹסִיפִין לוֹ טוֹבָה מִן הַשָּׁמַיִם. (יו"ד סִימָן רמ"ו)

סעיף ד' כְּשֶׁהוּא לוֹמֵד וְצָרִיךְ לָצֵאת לַחוּץ, אַל יַנִּיחַ אֶת הַסֵּפֶר פָּתוּחַ, כִּי עַל יְדֵי זֶה מְשַׁכֵּחַ תַּלְמוּדוֹ. (שפתי כהן יורה דעה סִימָן רע"ז)

סעיף ה' צָרִיךְ לִזָּהֵר, בְּכָל מַה שֶּׁהוּא לוֹמֵד, לְהוֹצִיאוֹ בִּשְׂפָתָיו וּלְהַשְׁמִיעַ לְאָזְנָיו. שֶׁנֶּאֱמַר לֹא יָמוּשׁ סֵפֶר הַתּוֹרָה הַזֶּה מִפִּיךָ, וְהָגִיתָ בּוֹ וְגוֹ'. וּמִי שֶׁמּוֹצִיא בִּשְׂפָתָיו, אַף עַל פִּי שֶׁאֵינוֹ מֵבִין, קִיֵּם מִצְוַת וּלְמַדְתֶּם וְלָכֵן כָּל עַם הָאָרֶץ מְבָרֵךְ בִּרְכַּת הַתּוֹרָה בַּשַּׁחַר, לִפְנֵי הַפְּסוּקִים, וְכֵן כְּשֶׁעוֹלֶה לְסֵפֶר תּוֹרָה. וְכָל הָעוֹסֵק בַּתּוֹרָה, וְאֵינוֹ יָכוֹל לְהָבִין, מֵחֲמַת קֹצֶר דַּעְתּוֹ, יִזְכֶּה לַהֲבִינָהּ בָּעוֹלָם הַבָּא. (רז"ש הל' ת"ת)

סימן כח - הלכות ספר תורה ושאר ספרי קדש ובו י"ג סעיפים:

סעיף א' מִצְוַת עֲשֵׂה, עַל כָּל אִישׁ מִיִּשְׂרָאֵל לִכְתֹּב לוֹ סֵפֶר תּוֹרָה, שֶׁנֶּאֱמַר, וְעַתָּה כִּתְבוּ לָכֶם אֶת הַשִּׁירָה הַזֹּאת, וְקִבְּלוּ חֲכָמֵינוּ זִכְרוֹנָם לִבְרָכָה פֵּרוּשׁוֹ לִכְתֹּב אֶת כָּל הַתּוֹרָה שֶׁיֵּשׁ בָּהּ הַשִּׁירָה, וַאֲפִלּוּ יָרַשׁ סֵפֶר תּוֹרָה מֵאָבִיו, מִצְוָה לִכְתֹּב מִשֶּׁלּוֹ. שָׂכַר לוֹ סוֹפֵר לִכְתֹּב לוֹ סֵפֶר תּוֹרָה, אוֹ שֶׁקְּנָאוֹ, וְהָיָה בוֹ טָעוּת וְהִגִּיהוֹ, הֲרֵי זֶה כְּאִלּוּ כְּתָבוֹ. וְאָסוּר לִמְכֹּר סֵפֶר תּוֹרָה. אַךְ בִּשְׁעַת דֹּחַק גָּדוֹל, יַעֲשֶׂה שְׁאֵלַת חָכָם (יו"ד סִימָן ע"ר ובאורח חַיִּים סִימָן קנ"ג).

סעיף ב' וְכֵן מִצְוָה עַל כָּל אִישׁ, לִקְנוֹת שְׁאָר סִפְרֵי קֹדֶשׁ שֶׁלּוֹמְדִים מִתּוֹכָן, כְּגוֹן מִקְרָא מִשְׁנָה, גְּמָרָא וּפוֹסְקִים, שֶׁיִּלְמֹד מִתּוֹכָן, וְגַם יַשְׁאִילָן לַאֲחֵרִים. וּמִי שֶׁאֵין יָדוֹ מַשֶּׂגֶת, לִקְנוֹת לוֹ סֵפֶר תּוֹרָה וְגַם שְׁאָר סִפְרֵי לִמּוּד, אֲזַי הַסְּפָרִים שֶׁהֵן לְצֹרֶךְ לִמּוּד, הֵן קוֹדְמִין. אָמְרוּ רַבּוֹתֵינוּ זִכְרוֹנָם לִבְרָכָה, וְצִדְקָתוֹ עוֹמֶדֶת לָעַד, זֶה הַכּוֹתֵב (וְהוּא הַדִּין הַקּוֹנֶה) סְפָרִים וּמַשְׁאִילָן לַאֲחֵרִים (יו"ד ע"ר כתוב' ד' ג').

סעיף ג' חַיָּב אָדָם לִנְהֹג כָּבוֹד גָּדוֹל בְּסֵפֶר תּוֹרָה. וּמִצְוָה לְיַחֵד לוֹ מָקוֹם, וּלְכַבֵּד אֶת הַמָּקוֹם הַהוּא וּלְהַדְּרוֹ בְּיוֹתֵר. וְלֹא יָרֹק כְּנֶגֶד סֵפֶר תּוֹרָה, וְלֹא יֶאֱחֹז סֵפֶר תּוֹרָה בְּלֹא מִטְפַּחַת. הָרוֹאֶה אֶת הַנּוֹשֵׂא סֵפֶר תּוֹרָה, צָרִיךְ לַעֲמֹד לְפָנָיו, עַד שֶׁיַּכְנִיס אֶת סֵפֶר הַתּוֹרָה לִמְקוֹמוֹ, אוֹ עַד שֶׁאֵינוֹ רוֹאֵהוּ עוֹד. וּבְבֵית הַכְּנֶסֶת בְּשָׁעָה שֶׁמּוֹצִיאִין וּמַכְנִיסִין אֶת הַסֵּפֶר תּוֹרָה, מִצְוָה לְכָל מִי שֶׁעוֹבֶרֶת לְפָנָיו, לְלַוּוֹתָהּ עַד מְקוֹמָהּ, וְכֵן הַמַּגְבִּיהַּ וְהַגּוֹלֵל, יֵלְכוּ לְלַוּוֹתָהּ (יו"ד רפב אורח חַיִּים קמט).

סעיף ד' אֲפִלּוּ שְׁאָר סִפְרֵי קֹדֶשׁ אִם מֻנָּחִים עַל סַפְסָל, אָסוּר לֵישֵׁב עַל סַפְסָל זֶה, אֶלָּא אִם הַסְּפָרִים מֻנָּחִים, עַל אֵיזֶה דָּבָר שֶׁגָּבוֹהַּ לְכָל הַפָּחוֹת טֶפַח, וּמִכָּל שֶׁכֵּן דְּאָסוּר לְהַנִּיחַ סְפָרִים עַל גַּבֵּי קַרְקַע. לֹא יַנִּיחַ אָדָם

סֵפֶר עַל בִּרְכָּיו, וּשְׁנֵי אַצִּילֵי, יָדָיו עָלָיו. בִּשְׁעַת הַדְּחָק מֻתָּר לֵישֵׁב עַל גַּבֵּי תֵבָה שֶׁיֵּשׁ בָּהּ שְׁאָר סִפְרֵי קֹדֶשׁ. אֲבָל אִם יֵשׁ בָּהּ סֵפֶר תּוֹרָה אָסוּר. מַנִּיחִים חֻמָּשִׁים עַל גַּבֵּי נְבִיאִים וכְתוּבִים, וְכֵן כְּתוּבִים עַל גַּבֵּי נְבִיאִים, וּנְבִיאִים עַל גַּבֵּי כְּתוּבִים. אֲבָל אֵין מַנִּיחִין נְבִיאִים וּכְתוּבִים, עַל גַּבֵּי חֻמָּשִׁים.

סעיף ה' סֵפֶר תּוֹרָה שֶׁבָּלָה, גּוֹנְזִין אוֹתוֹ. וְכֵן שְׁאָר סְפָרִים וְכִתְבֵי קֹדֶשׁ וְתַשְׁמִישֵׁי קְדֻשָּׁה. וְאָסוּר לְשָׂרְפָן (עַיֵּן שו"ע אוֹרַח חַיִּים סִימָן קנ"ד).

סעיף ו' אֵין זוֹרְקִין כִּתְבֵי קֹדֶשׁ, וַאֲפִלּוּ הֲלָכוֹת וַאֲגָדוֹת, וְאָסוּר לַהֲפֹךְ אוֹתָן עַל פְּנֵיהֶם. וְאִם מְצָאָן הֲפוּכִין צָרִיךְ לְהַנִּיחָן כָּרָאוּי (יו"ד סִימָן רפ"ב).

סעיף ז' אֵין לְהַשְׁתִּין מַיִם בִּפְנֵי סְפָרִים, וּלְעֵת הַצֹּרֶךְ, עַל כָּל פָּנִים יִהְיוּ מֻנָּחִים גְּבוֹהִים עֲשָׂרָה טְפָחִים (כלל ל"א).

סעיף ח' אֵין לַעֲשׂוֹת מַפּוֹת וּמְעִילִים לְדָבָר שֶׁבִּקְדֻשָּׁה, מִדָּבָר שֶׁנִּשְׁתַּמֵּשׁ בּוֹ הֶדְיוֹט. וּבְדִיעֲבַד שֶׁכְּבָר נַעֲשׂוּ מֻתָּר. אֲבָל מִדָּבָר שֶׁנִּשְׁתַּמֵּשׁ בּוֹ לַעֲבוֹדַת אֱלִילִים, אֲפִלּוּ בְּדִיעֲבַד אָסוּר (אוֹרַח חַיִּים סִימָן קמ"ז קנ"ג קנ"ד).

סעיף ט' אָסוּר לְהִשְׁתַּמֵּשׁ בְּסֵפֶר לַהֲנָאָתוֹ, כְּגוֹן לְהַעֲמִידוֹ לְהָגֵן מִפְּנֵי הַחַמָּה, אוֹ כְּדֵי שֶׁלֹּא יִרְאֶה חֲבֵרוֹ מַה שֶּׁהוּא עוֹשֶׂה. אֲבָל אִם הַשֶּׁמֶשׁ זוֹרַחַת עַל הַסֵּפֶר שֶׁהוּא לוֹמֵד בּוֹ, מֻתָּר לְהָגֵן בְּסֵפֶר אַחֵר כֵּיוָן שֶׁאֵינוֹ עוֹשֶׂה לַהֲנָאָתוֹ. וְכֵן לְהַנִּיחַ סֵפֶר תַּחַת סֵפֶר שֶׁהָיָה לוֹמֵד בּוֹ, כְּדֵי לְהַגְבִּיהוֹ לְצֹרֶךְ הַלִּמּוּד, יֵשׁ לְהַתִּיר. אֲבָל אֵין לְהַנִּיחַ סֵפֶר בְּתוֹךְ סֵפֶר אַחֵר, שֶׁלֹּא יִצְטָרֵךְ לְחַפֵּשׂ אַחַר כָּךְ מְקוֹם לִמּוּדוֹ. לֹא יְשַׂרְטֵט אֵיזֶה קֻנְטְרֵס עַל הַסֵּפֶר, לְפִי שֶׁאֵין קְדֻשָּׁה בְּקֻנְטְרֵס, עַד שֶׁיִּכָּתְבוּ בּוֹ. וְכֵן לֹא יַנִּיחַ נְיָר וְכַדּוֹמֶה בְּסֵפֶר, לְמִשְׁמֶרֶת (מ"א סִימָן קנ"ד פת"ש ביו"ד ס"ס רפ"ב)

סעיף י' הַמְאַבֵּד כִּתְבֵי קֹדֶשׁ, עוֹבֵר בְּלָאו דְּלֹא תַעֲשׂוּן כֵּן לַה' אֱלֹהֵיכֶם. וּצְרִיכִין לִמְחוֹת בְּכוֹרְכֵי סְפָרִים, שֶׁמְּדַבְּקִין בְּתוֹךְ הַלּוּחוֹת כִּתְבֵי קֹדֶשׁ. גַּם צְרִיכִין לִזָּהֵר מְאֹד, כְּשֶׁנּוֹתְנִים סְפָרִים קְדוֹשִׁים יְשָׁנִים, לְאֻמָּן אֵינוֹ יְהוּדִי לְכָרְכָם מֵחָדָשׁ, שֶׁיִּקְחוּ מֵהֶם אֶת הַלּוּחוֹת הַיְשָׁנוֹת לְהַצְנִיעָם, שֶׁלֹּא יִתְּנֵם הָאֻמָּן לְסֵפֶר חֹל.

סעיף יא' אֵין לוֹקְחִין סֵפֶר תּוֹרָה תְּפִלִּין וּמְזוּזוֹת מִן הָאֵינוֹ יְהוּדִי, בְּיוֹתֵר מִכְּדֵי דְּמֵיהֶן, כְּדֵי שֶׁלֹּא לְהַרְגִּילָן לְגָנְבָן וּלְגָזְלָן. אֲבָל בִּכְדֵי דְּמֵיהֶם חַיָּבִים לִקְנוֹת, (אֲפִלּוּ בְּמָקוֹם שֶׁצְּרִיכִין גְּנִיזָה) וְאִם הָאֵינוֹ יְהוּדִי מְבַקֵּשׁ הַרְבֵּה, צָרִיךְ לַעֲסֹק וּלְדַבֵּר עִמּוֹ בְּדִבְרֵי רִצּוּי, אוּלַי יִשְׁוֶה עִמּוֹ בִּכְדֵי דָּמָיו. וְאִם עוֹמֵד בְּדַעְתּוֹ, אָז מַנִּיחָן בְּיָדוֹ (ט"ז). וְאֵין לְבַקֵּשׁ מִן הָאֵינוֹ יְהוּדִי שֶׁיִּתְּנֵם בְּזוֹל יוֹתֵר מִדַּאי, פֶּן יִכְעַס וְיַשְׁלִיכֵם לִמְקוֹם אִבּוּד.

סעיף יב' אִם נָפַל סֵפֶר תּוֹרָה מִיָּדוֹ, אֲפִלּוּ בְּנַרְתִּיקוֹ, צָרִיךְ לְהִתְעַנּוֹת. וְנוֹהֲגִים שֶׁגַּם הָרוֹאִים מִתְעַנִּים.

סעיף יג' אָסוּר לִכְתֹּב פָּסוּק בְּלִי שִׂרְטוּט (עַיֵּן מָגֵן אַבְרָהָם סִימָן ל"ב סָעִיף קָטָן ז'). יֵשׁ אוֹמְרִים, דְּאָסוּר

לִכְתֹּב דִּבְרֵי חֹל בִּכְתָב אַשּׁוּרִית שֶׁכּוֹתְבִין בּוֹ הַתּוֹרָה.

סימן כט - מדות שירגיל בהם האדם את עצמו ובו כ"א סעיפים:

סעיף א' הָאֲנָשִׁים חֲלוּקִים הֵם בְּדֵעוֹתֵיהֶם (פֵּרוּשׁ בְּטִבְעֵיהֶם), יֵשׁ אָדָם שֶׁהוּא בַּעַל חֵמָה כּוֹעֵס תָּמִיד, וְיֵשׁ שֶׁדַּעְתּוֹ מְיֻשֶּׁבֶת עָלָיו, וְאֵינוֹ כּוֹעֵס כְּלָל, אוֹ שֶׁהוּא כּוֹעֵס פַּעַם אַחַת בְּהַרְבֵּה שָׁנִים. יֵשׁ אָדָם שֶׁהוּא גְּבַהּ לֵב בְּיוֹתֵר, וְיֵשׁ שֶׁהוּא שְׁפַל רוּחַ בְּיוֹתֵר. יֵשׁ שֶׁהוּא בַּעַל תַּאֲוָה, שֶׁלֹּא תִּשְׂבַּע נַפְשׁוֹ מֵהֲלֹךְ בְּתַאֲוָה, וְיֵשׁ שֶׁהוּא לֵב טָהוֹר מְאֹד, וְלֹא יִתְאַוֶּה אֲפִלּוּ לִדְבָרִים מְעַטִּים שֶׁהַגּוּף צָרִיךְ לָהֶם. יֵשׁ בַּעַל נֶפֶשׁ רְחָבָה, שֶׁלֹּא תִּשְׂבַּע נַפְשׁוֹ מִכָּל מָמוֹן שֶׁבָּעוֹלָם, כְּעִנְיַן שֶׁנֶּאֱמַר אֹהֵב כֶּסֶף לֹא יִשְׂבַּע כֶּסֶף, וְיֵשׁ שֶׁהוּא מְקַצֵּר נַפְשׁוֹ, וְדַי לוֹ אֲפִלּוּ דָּבָר מוּעָט, שֶׁלֹּא יַסְפִּיק לוֹ וְלֹא יִרְדֹּף לְהַשִּׂיג דֵּי צָרְכּוֹ. יֵשׁ שֶׁהוּא מְסַגֵּף עַצְמוֹ בָּרָעָב. וְקוֹבֵץ עַל יָדוֹ, וּמַה שֶּׁהוּא אוֹכֵל מִשֶּׁלּוֹ אוֹכְלוֹ בְּצַעַר. וְיֵשׁ שֶׁהוּא מְפַזֵּר כָּל מָמוֹנוֹ, וְכֵן בְּכָל הַמִּדּוֹת וְהַדֵּעוֹת, כְּגוֹן מְהוֹלָל וְאוֹנֵן כִּילַי וְשׁוֹעַ אַכְזָר וְרַחְמָן רַךְ לֵבָב וְאַמִּיץ לֵבָב וְכַיּוֹצֵא בָּהֶן.

סעיף ב' הַדֶּרֶךְ הַטּוֹב וְהַיָּשָׁר הוּא, שֶׁיַּרְגִּיל הָאָדָם אֶת עַצְמוֹ לָלֶכֶת בְּדֶרֶךְ אֶמְצָעִי, לֹא יִתְאַוֶּה אֶלָּא לִדְבָרִים שֶׁהַגּוּף צָרִיךְ לָהֶן, וְאִי אֶפְשָׁר לִחְיוֹת זוּלָתָן, כְּעִנְיַן שֶׁנֶּאֱמַר צַדִּיק אֹכֵל לְשֹׂבַע נַפְשׁוֹ. וְכֵן לֹא יְהֵא עָמֵל בַּעֲסָקָיו, אֶלָּא לְהַשִּׂיג דָּבָר שֶׁצָּרִיךְ לוֹ לְחַיֵּי שָׁעָה, כְּעִנְיַן שֶׁנֶּאֱמַר טוֹב מְעַט לַצַּדִּיק. וְלֹא יִקְפֹּץ יָדָיו בְּיוֹתֵר וְגַם לֹא יְפַזֵּר מָמוֹנוֹ אֶלָּא יִתֵּן צְדָקָה כְּפִי מַסַּת יָדוֹ וּמַלְוֶה כָּרָאוּי לְמִי שֶׁצָּרִיךְ. וְלֹא יְהֵא מְהוֹלָל וְשׂוֹחֵק, וְלֹא עָצֵב וְאוֹנֵן, אֶלָּא שָׂמֵחַ כָּל יָמָיו בְּנַחַת, בְּסֵבֶר פָּנִים יָפוֹת. וְכֵן בִּשְׁאָר רֹב הַמִּדּוֹת, מִי שֶׁהוֹלֵךְ בַּדֶּרֶךְ הָאֶמְצָעִי נִקְרָא חָכָם. (רמב"ם הלכות דעות פ"א)

סעיף ג' הַגַּאֲוָה הִיא מִדָּה רָעָה מְאֹד, וְאָסוּר לָאָדָם לִנְהֹג בָּהּ אֲפִלּוּ בִּמְעַט, אֶלָּא יַרְגִּיל אֶת עַצְמוֹ לִהְיוֹת שְׁפַל רוּחַ, כְּמוֹ שֶׁצִּוּוּ חֲכָמֵינוּ זִכְרוֹנָם לִבְרָכָה, מְאֹד מְאֹד הֱוֵי שְׁפַל רוּחַ, וְאֵיךְ תַּרְגִּיל אֶת עַצְמְךָ לִהְיוֹת עָנָיו וּשְׁפַל רוּחַ כָּל דְּבָרֶיךָ יִהְיוּ בְּנַחַת, רֹאשְׁךָ כָּפוּף עֵינֶיךָ יַבִּיטוּ לְמַטָּה וְלִבְּךָ לְמַעְלָה. וְכָל אָדָם יְהֵא חָשׁוּב בְּעֵינֶיךָ שֶׁהוּא גָּדוֹל מִמְּךָ. אִם הוּא תַּלְמִיד חָכָם יוֹתֵר מִמְּךָ, הֲרֵי אַתָּה מְחֻיָּב לְכַבְּדוֹ. וְכֵן אִם הוּא עָשִׁיר מִמְּךָ, גַּם כֵּן אַתָּה מְחֻיָּב לְכַבְּדוֹ, כִּדְמָצִינוּ רַבִּי הָיָה מְכַבֵּד עֲשִׁירִים. וְתַחְשֹׁב בִּהְיוֹת כִּי הַשֵּׁם יִתְבָּרַךְ נָתַן לוֹ עֹשֶׁר, מִסְתָּמָא רָאוּי הוּא לְכָךְ. וְאִם הוּא קָטָן מִמְּךָ בְּחָכְמָה אוֹ בְּעֹשֶׁר, תַּחְשֹׁב כִּי הוּא יוֹתֵר צַדִּיק מִמְּךָ, כִּי הוּא אִם עוֹבֵר אֵיזֶה עֲבֵרָה, נֶחְשָׁב כְּשׁוֹגֵג וְאָנוּס, וְאַתָּה אִם עָבַרְתָּ עֲבֵרָה אַתָּה מֵזִיד. אִם כֹּה תַּחְשֹׁב תָּמִיד, לֹא תּוּכַל לְהִתְגָּאוֹת וְטוֹב לָךְ.

סעיף ד' וְכֵן הַכַּעַס הִיא מִדָּה רָעָה מְאֹד וְרָאוּי לָאָדָם לְהִתְרַחֵק מִמֶּנָּה מְאֹד. וְיַרְגִּיל אֶת עַצְמוֹ שֶׁלֹּא יִכְעֹס אֲפִלּוּ עַל דָּבָר שֶׁרָאוּי לִכְעֹס. וְאִם צָרִיךְ לְהָטִיל אֵימָה עַל בָּנָיו וּבְנֵי בֵּיתוֹ יֵרָאֶה עַצְמוֹ בִּפְנֵיהֶם שֶׁהוּא כּוֹעֵס כְּדֵי לְיַסְּרָם, וּתְהֵא דַּעְתּוֹ מְיֻשֶּׁבֶת בֵּינוֹ לְבֵין עַצְמוֹ. אָמַר לֵיהּ אֵלִיָּהוּ לְרַב יְהוּדָה אֲחוּהּ דְּרַב סַלָּא חֲסִידָא, לֹא תִרְתַּח וְלֹא תֶחְטֵי (לֹא תִכְעַס, שֶׁמִּתּוֹךְ הַכַּעַס אַתָּה בָּא לִידֵי חֵטְא) לֹא תִרְוֵי (לֹא תִשְׁתַּכֵּר בְּיַיִן) וְלֹא תֶחְטֵי. עוֹד

אָמְרוּ רַבּוֹתֵינוּ זִכְרוֹנָם לִבְרָכָה כָּל הַכּוֹעֵס כְּאִלּוּ עוֹבֵד עֲבוֹדַת אֱלִילִים, וְכָל מִינֵי גֵיהִנֹּם שׁוֹלְטִין בּוֹ, שֶׁנֶּאֱמַר וְהָסֵר כַּעַס מִלִּבֶּךָ, וְהַעֲבֵר רָעָה מִבְּשָׂרֶךָ וְאֵין רָעָה אֶלָּא גֵּהִינֹּם, שֶׁנֶּאֱמַר וְגַם רָשָׁע לְיוֹם רָעָה. בַּעֲלֵי כַעַס אֵין חַיֵּיהֶם חַיִּים, לְפִיכָךְ צִוּוּ לְהִתְרַחֵק מִן הַכַּעַס, עַד שֶׁיַּנְהִיג עַצְמוֹ שֶׁלֹּא יַרְגִּישׁ אֲפִלּוּ לִדְבָרִים הַמַּכְעִיסִים. וְזוֹ הִיא דֶּרֶךְ הַטּוֹבָה וְדֶרֶךְ צַדִּיקִים, שֶׁהֵם עֲלוּבִין וְאֵינָם עוֹלְבִין, שׁוֹמְעִין חֶרְפָּתָם וְאֵינָן מְשִׁיבִין, עוֹשִׂין מֵאַהֲבָה וּשְׂמֵחִים בְּיִסּוּרִים, עֲלֵיהֶם הַכָּתוּב אוֹמֵר וְאוֹהֲבָיו כְּצֵאת הַשֶּׁמֶשׁ בִּגְבוּרָתוֹ.

סעיף ה' לְעוֹלָם יַרְבֶּה אָדָם בִּשְׁתִיקָה, וְלֹא יְדַבֵּר אוֹ בְּדִבְרֵי תוֹרָה, אוֹ בִּדְבָרִים שֶׁהוּא צָרִיךְ לְחַיֵּי גוּפוֹ. וַאֲפִלּוּ בְּמַה שֶּׁצָּרִיךְ לְצָרְכֵי גוּפוֹ, לֹא יַרְבֶּה דְּבָרִים. וּכְבָר אָמְרוּ רַבּוֹתֵינוּ זִכְרוֹנָם לִבְרָכָה כָּל הַמַּרְבֶּה דְּבָרִים מֵבִיא חֵטְא. וְאָמְרוּ לֹא מָצָאתִי לַגּוּף טוֹב מִשְּׁתִיקָה. וְאָמַר רָבָא מַאי דִּכְתִיב מָוֶת וְחַיִּים בְּיַד לָשׁוֹן. דִּבְעֵי חַיִּים בִּלְשָׁנָהּ יעסוק בדברי תּוֹרָה דִּבְעֵי מָוֶת בִּלִּישָׁנָהּ (יעסוק בדברי שטות).

סעיף ו' לֹא יְהֵא אָדָם בַּעַל שְׂחוֹק וּמְהַתְלוֹת, וְלֹא עָצֵב וְאוֹנֵן אֶלָּא שָׂמֵחַ. כָּךְ אָמְרוּ זִכְרוֹנָם לִבְרָכָה שְׂחוֹק וְקַלּוּת רֹאשׁ, מַרְגִּילִין אֶת הָאָדָם לְעֶרְוָה, וְכֵן לֹא יְהֵא בַּעַל נֶפֶשׁ רְחָבָה, נִבְהָל לְהוֹן, וְלֹא עָצֵב וּבָטֵל מִמְּלָאכָה, אֶלָּא בַּעַל עַיִן טוֹבָה, מְמַעֵט בְּעֵסֶק, וְעוֹסֵק בַּתּוֹרָה. וְאוֹתוֹ הַמְּעַט שֶׁהוּא חֶלְקוֹ יִשְׂמַח בּוֹ. כָּךְ אָמְרוּ זִכְרוֹנָם לִבְרָכָה הַקִּנְאָה וְהַתַּאֲוָה וְהַכָּבוֹד. מוֹצִיאִין אֶת הָאָדָם מִן הָעוֹלָם וְצָרִיךְ הָאָדָם לְהִתְרַחֵק מֵהֶן (רמב"ם פ"ב).

סעיף ז' שֶׁמָּא יֹאמַר הָאָדָם הוֹאִיל וְהַקִּנְאָה וְהַתַּאֲוָה וְהַכָּבוֹד וְכַיּוֹצֵא בָּהֶם, דֶּרֶךְ רָעָה הֵן, שֶׁמּוֹצִיאִין אֶת הָאָדָם מִן הָעוֹלָם, אֶפְרוֹשׁ מֵהֶן בְּיוֹתֵר, וְאֶתְרַחֵק לְצַד הָאַחֲרוֹן, עַד שֶׁלֹּא יֹאכַל בָּשָׂר, וְלֹא יִשְׁתֶּה יַיִן, וְלֹא יִשָּׂא אִשָּׁה, וְלֹא יֵשֵׁב בְּדִירָה נָאָה, וְלֹא יִלְבַּשׁ מַלְבּוּשׁ נָאֶה, אֶלָּא יִלְבַּשׁ שַׂק וְכַדּוֹמֶה, גַּם זֶה דֶּרֶךְ רָעָה הִיא, וְאָסוּר הוּא לֵילֵךְ בָּהּ. הַמְהַלֵּךְ בְּדֶרֶךְ זוֹ נִקְרָא חוֹטֵא, שֶׁהֲרֵי כְּתִיב בְּנָזִיר, וְכִפֶּר עָלָיו מֵאֲשֶׁר חָטָא עַל הַנֶּפֶשׁ, וְאָמְרוּ רַבּוֹתֵינוּ זִכְרוֹנָם לִבְרָכָה וּמָה אִם נָזִיר שֶׁלֹּא פֵּרַשׁ אֶת עַצְמוֹ אֶלָּא מִן הַיַּיִן צָרִיךְ כַּפָּרָה. הַמּוֹנֵעַ אֶת עַצְמוֹ מִכָּל דָּבָר וְדָבָר, עַל אַחַת כַּמָּה וְכַמָּה. לְפִיכָךְ צִוּוּ רַבּוֹתֵינוּ זִכְרוֹנָם לִבְרָכָה שֶׁלֹּא יִמְנַע הָאָדָם, אֶלָּא מִן הַדְּבָרִים שֶׁהַתּוֹרָה אָסְרָה לָנוּ, וְלֹא יֶאֱסֹר עַל עַצְמוֹ בִּנְדָרִים וּבִשְׁבוּעוֹת דְּבָרִים הַמֻּתָּרִים. כָּךְ אָמְרוּ זִכְרוֹנָם לִבְרָכָה לֹא דַּיֶּךָ מַה שֶּׁאָסְרָה תוֹרָה, אֶלָּא שֶׁאַתָּה אוֹסֵר עָלֶיךָ דְּבָרִים הַמֻּתָּרִים. וְאָסְרוּ רַבּוֹתֵינוּ זִכְרוֹנָם לִבְרָכָה לְסַגֵּף אֶת עַצְמוֹ בְּתַעֲנִית יוֹתֵר מִן הָרָאוּי. וְעַל כָּל הַדְּבָרִים הָאֵלּוּ וְכַיּוֹצֵא בָּהֶן, אָמַר שְׁלֹמֹה הַמֶּלֶךְ עָלָיו הַשָּׁלוֹם אַל תְּהִי צַדִּיק הַרְבֵּה, וְאַל תִּתְחַכַּם יוֹתֵר, לָמָּה תִּשּׁוֹמֵם. וְאָמַר פַּלֵּס מַעְגַּל רַגְלֶךָ וְכָל דְּרָכֶיךָ יִכֹּנוּ.

סעיף ח' כְּבָר כָּתַבְנוּ (בְּסִימָן א' סָעִיף ג') מַאֲמַר יְהוּדָה בֶּן תֵּימָא הֱוֵי עַז כַּנָּמֵר כו' שֶׁלֹּא יִתְבַּיֵּשׁ מִפְּנֵי בְּנֵי אָדָם הַמַּלְעִיגִים עָלָיו בַּעֲבוֹדַת הַבּוֹרֵא יִתְבָּרַךְ שְׁמוֹ, אֲבָל מִכָּל מָקוֹם, לֹא יַעֲנֶה אוֹתָם דִּבְרֵי עַזּוּת, שֶׁלֹּא יִקְנֶה קִנְיָן בְּנַפְשׁוֹ לִהְיוֹת עַז פָּנִים, אֲפִלּוּ שֶׁלֹּא בִּמְקוֹם עֲבוֹדָתוֹ יִתְבָּרַךְ שְׁמוֹ. (אוֹרַח חַיִּים סִימָן א').

סעיף ט' וְכֵן אֵין לְהִתְקוֹטֵט בִּשְׁבִיל אֵיזֶה מִצְוָה כְּגוֹן, לְהִתְפַּלֵּל לִפְנֵי הַתֵּבָה, אוֹ לַעֲלוֹת לַתּוֹרָה וְכַדּוֹמֶה, כִּדְמָצִינוּ בְּלֶחֶם הַפָּנִים, אַף שֶׁהוּא מִצְוָה לְאָכְלוֹ, שָׁנִינוּ הַצְּנוּעִים מוֹשְׁכִים יְדֵיהֶם וְהַגַּרְגְּרָין חוֹטְפִין וְאוֹכְלִין. (אוֹרַח חַיִּים סִימָן נ"ג)

סעיף י' טֶבַע הָאָדָם הוּא, לִהְיוֹת נִמְשָׁךְ בְּמַעֲשָׂיו, אַחַר רֵעָיו וַחֲבֵרָיו וְאַנְשֵׁי מְקוֹמוֹ, לְפִיכָךְ צָרִיךְ הָאָדָם לְהִתְחַבֵּר לַצַּדִּיקִים, וְלֵישֵׁב אֵצֶל הַחֲכָמִים תָּמִיד, כְּדֵי שֶׁיִּלְמַד מִמַּעֲשֵׂיהֶם. וְיִתְרַחֵק מִן הָרְשָׁעִים הַהוֹלְכִים בַּחֹשֶׁךְ, כְּדֵי שֶׁלֹּא יִלְמַד מִמַּעֲשֵׂיהֶם. אָמַר שְׁלֹמֹה הַמֶּלֶךְ עָלָיו הַשָּׁלוֹם הוֹלֵךְ אֶת חֲכָמִים יֶחְכָּם, וְרוֹעֶה כְסִילִים יֵרוֹעַ. וְאוֹמֵר אַשְׁרֵי הָאִישׁ וְגוֹ'. וְאִם הוּא דָר בְּעִיר שֶׁמִּנְהִיגֶיהָ רָעִים, וְאֵין אֲנָשֶׁיהָ, הוֹלְכִים בְּדֶרֶךְ יְשָׁרָה, יֵלֵךְ מִשָּׁם לָדוּר בְּעִיר שֶׁאֲנָשֶׁיהָ צַדִּיקִים וְנוֹהֲגִים בְּדֶרֶךְ טוֹבִים.

סעיף יא' מִצְוַת עֲשֵׂה לְהִדַּבֵּק בְּתַלְמִידֵי חֲכָמִים כְּדֵי לִלְמֹד מִמַּעֲשֵׂיהֶם, כְּעִנְיָן שֶׁנֶּאֱמַר וּבוֹ תִדְבָּק. וְכִי אֶפְשָׁר לְאָדָם לְהִדָּבֵק בַּשְּׁכִינָה, אֶלָּא כָּךְ פֵּרְשׁוּ רַבּוֹתֵינוּ זִכְרוֹנָם לִבְרָכָה הִדַּבֵּק בְּתַלְמִידֵי חֲכָמִים. לְפִיכָךְ צָרִיךְ הָאָדָם לְהִשְׁתַּדֵּל שֶׁיִּשָּׂא בַּת תַּלְמִיד חָכָם וְיַשִּׂיא בִּתּוֹ לְתַלְמִיד חָכָם. וְלֶאֱכֹל וְלִשְׁתּוֹת עִם תַּלְמִידֵי חֲכָמִים, וְלַעֲשׂוֹת פְּרַקְמַטְיָא לְתַלְמִיד חָכָם, וּלְהִתְחַבֵּר אֲלֵיהֶם בְּכָל מִינֵי חִבּוּר, שֶׁנֶּאֱמַר וּלְדָבְקָה בוֹ. וְכֵן צִוּוּ רַבּוֹתֵינוּ זִכְרוֹנָם לִבְרָכָה וְאָמְרוּ, וֶהֱוֵי מִתְאַבֵּק בַּעֲפַר רַגְלֵיהֶם וְשׁוֹתֶה בַצָּמָא אֶת דִּבְרֵיהֶם.

סעיף יב' מִצְוָה עַל כָּל אָדָם, לֶאֱהֹב אֶת כָּל אֶחָד וְאֶחָד מִיִּשְׂרָאֵל כְּגוּפוֹ, שֶׁנֶּאֱמַר וְאָהַבְתָּ לְרֵעֲךָ כָּמוֹךָ לְפִיכָךְ צָרִיךְ לְסַפֵּר בְּשִׁבְחוֹ (וְעַיֵּן לְקַמָּן סִימָן ל' סָעִיף ד), וְלָחוּס עַל מָמוֹנוֹ, כְּמוֹ שֶׁהוּא חָס עַל מָמוֹן שֶׁלּוֹ, וְרוֹצֶה בִּכְבוֹד עַצְמוֹ. וְהַמִּתְכַּבֵּד בִּקְלוֹן חֲבֵרוֹ, [אַף עַל פִּי שֶׁאֵין חֲבֵרוֹ עוֹמֵד שָׁם, וְלֹא הִגִּיעַ לוֹ בֹּשֶׁת, וְלֹא בִּיְּשׁוֹ אֶלָּא עֵרֵךְ מַעֲשָׂיו הַטּוֹבִים וְחָכְמָתוֹ, לְמוּל מַעֲשֵׂה חֲבֵרוֹ, אוֹ חָכְמָתוֹ, כְּדֵי שֶׁיֵּרָאֶה מִכְּלָלוֹ, שֶׁהוּא מְכֻבָּד וַחֲבֵרוֹ בָּזוּי], אֵין לוֹ חֵלֶק לָעוֹלָם הַבָּא [עַד שֶׁיָּשׁוּב בִּתְשׁוּבָה שְׁלֵמָה] (רמב"ם הל' תשובה פ"ד ה"ד).

סעיף יג' כָּל הַשּׂוֹנֵא אֶחָד מִיִּשְׂרָאֵל בְּלִבּוֹ, עוֹבֵר בְּלֹא תַעֲשֶׂה שֶׁנֶּאֱמַר לֹא תִשְׂנָא אֶת אָחִיךָ בִּלְבָבֶךָ (עַיֵּן לְקַמָּן סִימָן קפ"ט סָעִיף ה'). וְאִם חָטָא אִישׁ כְּנֶגְדּוֹ, לֹא יִשְׂטְמֶנּוּ וְיִשְׁתֹּק, כְּמוֹ שֶׁנֶּאֱמַר בָּרְשָׁעִים וְלֹא דִבֶּר אַבְשָׁלוֹם עִם אַמְנוֹן לְמֵרַע וְעַד טוֹב, כִּי שָׂנֵא אַבְשָׁלוֹם אֶת אַמְנוֹן, אֶלָּא מִצְוָה עָלָיו לְהוֹדִיעוֹ וְלוֹמַר: לָמָּה עָשִׂיתָ לִי כָּךְ וְכָךְ, וְלָמָּה חָטָאתָ לִי בְּדָבָר זֶה? שֶׁנֶּאֱמַר הוֹכֵחַ תּוֹכִיחַ אֶת עֲמִיתֶךָ. וְאִם חָזַר וּבִקֵּשׁ מִמֶּנּוּ לִמְחֹל לוֹ, צָרִיךְ לִמְחֹל לוֹ, וְלֹא יְהֵא אַכְזָרִי, שֶׁנֶּאֱמַר וַיִּתְפַּלֵּל אַבְרָהָם אֶל הָאֱלֹהִים (שירפא את אבימלך) (רמב"ם פ"ו), בְּאָבוֹת דְּרַבִּי נָתָן (סוֹף פֶּרֶק ט"ז) וְשִׂנְאַת הַבְּרִיּוֹת כֵּיצַד. מְלַמֵּד שֶׁלֹּא יְכַוֵּן אָדָם לוֹמַר: אֱהֹב אֶת הַחֲכָמִים, וּשְׂנָא אֶת הַתַּלְמִידִים, אֱהֹב אֶת הַתַּלְמִידִים, וּשְׂנָא אֶת עַמֵּי הָאָרֶץ, אֶלָּא אֱהַב אֶת כֻּלָּם וּשְׂנָא אֶת הָאֶפִּיקוֹרְסִים, וְהַמַּסִּיתִים וְהַמַּדִּיחִים וְכֵן הַמָּסוֹרוֹת. וְכֵן דָּוִד אָמַר מְשַׂנְאֶיךָ ה', אֶשְׂנָא וּבִתְקוֹמְמֶיךָ אֶתְקוֹטָט, תַּכְלִית שִׂנְאָה

וְאַלְמָנוֹת, שֶׁלֹּא יְדַבֵּר אֲלֵיהֶם אֶלָּא רַכּוֹת, וְיִנְהַג בָּהֶן מִנְהַג כָּבוֹד. וְלֹא יַכְאִיבֵם אֲפִלּוּ בִּדְבָרִים, מִפְּנֵי שֶׁנַּפְשָׁן שְׁפָלָה מְאֹד, וְרוּחָן נְמוּכָה, אַף עַל פִּי שֶׁהֵן בַּעֲלֵי מָמוֹן. אֲפִלּוּ אַלְמְנָתוֹ שֶׁל מֶלֶךְ, ויתומיו מֻזְהָרִים אָנוּ עֲלֵיהֶן, שֶׁנֶּאֱמַר כָּל אַלְמָנָה וְיָתוֹם לֹא תְעַנּוּן. בְּרִית כָּרַת לָהֶם מִי שֶׁאָמַר וְהָיָה הָעוֹלָם, שֶׁכָּל זְמַן שֶׁהֵן צוֹעֲקִין, מֵחֲמַת הֶחָמָס שֶׁנַּעֲשָׂה לָהֶם הֵם נַעֲנִים שֶׁנֶּאֱמַר כִּי אִם צָעֹק יִצְעַק אֵלַי, שָׁמֹעַ אֶשְׁמַע צַעֲקָתוֹ. בַּמֶּה דְּבָרִים אֲמוּרִים שֶׁעִנָּה אוֹתָן לְצֹרֶךְ עַצְמוֹ. אֲבָל עִנָּה אוֹתָם הָרַב, כְּדֵי לְלַמְּדָם תּוֹרָה אוֹ אֻמָּנוּת, אוֹ לְהוֹלִיכָן בְּדֶרֶךְ יְשָׁרָה הֲרֵי זֶה מֻתָּר. וּמִכָּל מָקוֹם יַשְׁגִּיחַ לְנַהֲלָם בְּנַחַת וּבְרַחֲמִים גְּדוֹלִים, שֶׁנֶּאֱמַר כִּי ה' יָרִיב רִיבָם אֶחָד יָתוֹם מֵאָב וְאֶחָד יָתוֹם מֵאֵם, וְעַד אֵימָתַי נִקְרָאִים יְתוֹמִים לְעִנְיָן זֶה. עַד שֶׁיִּהְיוּ יְכוֹלִים לַעֲשׂוֹת כָּל צָרְכֵיהֶם בְּעַצְמָם, כִּשְׁאָר כָּל הַגְּדוֹלִים.

סעיף כ' צָרִיךְ הָאָדָם לִזָּהֵר, שֶׁלֹּא לַעֲשׂוֹת אֵיזֶה דָּבָר, שֶׁיְּכוֹלִין לַחְשֹׁד אוֹתוֹ שֶׁעָשָׂה דְּבַר עֲבֵרָה, (אַף עַל פִּי שֶׁאֵינוֹ עוֹשֶׂה) כִּדְמָצִינוּ שֶׁהַכֹּהֵן הַתּוֹרֵם אֶת הַלִּשְׁכָּה לֹא הָיָה נִכְנָס בְּבֶגֶד הֶעָשׂוּי. בְּעִנְיָן שֶׁיְּכוֹלִין לְהַטְמִין בּוֹ אֵיזֶה דָּבָר, לְפִי שֶׁצָּרִיךְ הָאָדָם לָצֵאת יְדֵי הַבְּרִיּוֹת כְּדֶרֶךְ שֶׁהוּא צָרִיךְ לָצֵאת יְדֵי הַמָּקוֹם בָּרוּךְ הוּא שֶׁנֶּאֱמַר, וִהְיִיתֶם נְקִיִּים מֵה' וּמִיִּשְׂרָאֵל. וְאוֹמֵר וּמְצָא חֵן וְשֵׂכֶל טוֹב בְּעֵינֵי אֱלֹהִים וְאָדָם.

סעיף כא' מִדַּת חֲסִידוּת שֶׁלֹּא לְקַבֵּל מַתָּנָה, רַק לִבְטֹחַ בַּה' שֶׁיִּתֵּן לוֹ דֵּי מַחְסוֹרוֹ, שֶׁנֶּאֱמַר וְשׂוֹנֵא מַתָּנוֹת יִחְיֶה.

סימן ל - אסור רכילות, לשון הרע, נקימה ונטירה, ובו ט' סעיפים:

סעיף א' כְּתִיב לֹא תֵלֵךְ רָכִיל בְּעַמֶּךָ, אֵיזֶהוּ רָכִיל, זֶה שֶׁטּוֹעֵן דְּבָרִים, וְהוֹלֵךְ מִזֶּה לָזֶה, וְאוֹמֵר: כָּךְ אָמַר פְּלוֹנִי, כָּךְ וְכָךְ שָׁמַעְתִּי עַל פְּלוֹנִי, אַף עַל פִּי שֶׁהוּא אֱמֶת וְגַם אֵין בּוֹ גְּנוּת הֲרֵי זֶה עוֹבֵר בְּלָאו, וְהוּא עָוֹן גָּדוֹל, וְגוֹרֵם לַהֲרֹג נְפָשׁוֹת מִיִּשְׂרָאֵל, לְכָךְ נִסְמַךְ לוֹ, וְלֹא תַעֲמֹד עַל דַּם רֵעֶךָ. צֵא וּלְמַד מֶה אֵרַע לְדוֹאֵג הָאֲדוֹמִי, שֶׁאָמַר לְשָׁאוּל כִּי אֲחִימֶלֶךְ נָתַן לְדָוִד צֵדָה וְחֶרֶב. אַף עַל פִּי שֶׁהַדָּבָר הָיָה אֱמֶת. וְגַם לֹא הָוֵי גְּנוּת לַאֲחִימֶלֶךְ, שֶׁהֲרֵי לֹא עָשָׂה בָּזֶה שׁוּם מַעֲשֶׂה רַע, וְגַם אִם שָׁאוּל בְּעַצְמוֹ הָיָה שׁוֹאֵל לַאֲחִימֶלֶךְ, הָיָה אוֹמֵר לוֹ מַה שֶּׁעָשָׂה, כִּי לֹא נִתְכַּוֵּן לַחְטֹא בָּזֶה נֶגֶד שָׁאוּל, עִם כָּל זֶה גָּרַם הָרְכִילוּת שֶׁל דּוֹאֵג, שֶׁנֶּהֶרְגוּ כַּמָּה כֹּהֲנִים (רמב"ם וכסף משנה הל' דעות פרק ז').

סעיף ב' יֵשׁ עָוֹן גָּדוֹל מִזֶּה עַד מְאֹד, וְהוּא בִּכְלָל לָאו זֶה, וְהוּא לָשׁוֹן הָרָע. וְהוּא הַמְסַפֵּר בִּגְנוּת חֲבֵרוֹ אַף עַל פִּי שֶׁאוֹמֵר אֱמֶת. אֲבָל הָאוֹמֵר שֶׁקֶר, נִקְרָא מוֹצִיא שֵׁם רַע עַל חֲבֵרוֹ. אֲבָל בַּעַל לָשׁוֹן הָרָע, זֶה שֶׁיּוֹשֵׁב וְאוֹמֵר: כָּךְ וְכָךְ עָשָׂה פְּלוֹנִי, כָּךְ וְכָךְ הָיוּ אֲבוֹתָיו, כָּךְ וְכַךְ שָׁמַעְתִּי עָלָיו, וְאוֹמֵר דְּבָרִים שֶׁל גְּנַאי. עַל זֶה אָמַר הַכָּתוּב יַכְרֵת ה' כָּל שִׂפְתֵי חֲלָקוֹת לָשׁוֹן מְדַבֶּרֶת גְּדוֹלוֹת. הַמְקַבֵּל לָשׁוֹן הָרָע הוּא גָּרוּעַ יוֹתֵר מִן הָאוֹמְרוֹ, וְלֹא נֶחְתַּם גְּזַר דִּין עַל אֲבוֹתֵינוּ בַּמִּדְבָּר אֶלָּא עַל לָשׁוֹן הָרָע בִּלְבָד (רמב"ם פרק ז').

סעיף ג' עַד הֵיכָן לָשׁוֹן הָרָע. שָׁאַל

אֶחָד לַחֲבֵרוֹ, אָנָה אֶמְצָא אֵשׁ. וְאָמַר לוֹ: הֵיכָן נִמְצָא אֵשׁ, בְּבֵית פְּלוֹנִי, שֶׁיֵּשׁ לוֹ הַרְבֵּה בָּשָׂר וְדָגִים, וּמְבַשְּׁלִים שָׁם תָּמִיד (ערכין דף ט"ו ע"ב הגהות מיימוני מ"א ומחצית השקל סִימָן קנ"ו).

סעיף ד' וְיֵשׁ דְּבָרִים שֶׁהֵם אֲבַק לָשׁוֹן הָרָע. כֵּיצַד. אָמַר שִׁתְקוּ מִפְּלוֹנִי, אֵינִי רוֹצֶה לְהוֹדִיעַ מָה אֵירַע וּמֶה הָיָה, וְכַיּוֹצֵא בִּדְבָרִים אֵלּוּ. וְכֵן הַמְסַפֵּר בְּטוֹבוֹת חֲבֵרוֹ בִּפְנֵי שׂוֹנְאָיו, הֲרֵי זֶה אֲבַק לָשׁוֹן הָרָע, שֶׁזֶּה גּוֹרֵם לָהֶם שֶׁיְּסַפְּרוּ בִּגְנוּתוֹ. וְעַל זֶה הָעִנְיָן אָמַר שְׁלֹמֹה מְבָרֵךְ רֵעֵהוּ בְּקוֹל גָּדוֹל, בַּבֹּקֶר הַשְׁכֵּם קְלָלָה תֵּחָשֶׁב לוֹ, שֶׁמִּתּוֹךְ טוֹבָתוֹ בָּא לִידֵי רָעָתוֹ. וְכֵן הַמְסַפֵּר לָשׁוֹן הָרָע דֶּרֶךְ שְׂחוֹק וְדֶרֶךְ קַלּוּת רֹאשׁ, כְּמוֹ שֶׁאֵינוֹ מְדַבֵּר בְּשִׂנְאָה, הוּא שֶׁשְּׁלֹמֹה אָמַר בְּחָכְמָתוֹ כְּמִתְלַהְלֵהַּ הַיּוֹרֶה זִיקִים חִצִּים וָמָוֶת וְאוֹמֵר הֲלֹא מְשַׂחֵק אָנִי. וְכֵן הַמְסַפֵּר לָשׁוֹן הָרָע, בִּרְמָאוּת, שֶׁעוֹשֶׂה עַצְמוֹ כְּאִלּוּ מְסַפֵּר רַק לְפִי תֻּמּוֹ, וְאֵינוֹ יוֹדֵעַ שֶׁזֶּהוּ לָשׁוֹן הָרָע, וּכְשֶׁגּוֹעֲרִין בּוֹ, אוֹמֵר, אֵינִי יוֹדֵעַ שֶׁזֶּהוּ לָשׁוֹן הָרָע, אוֹ שֶׁאֵלּוּ מַעֲשָׂיו שֶׁל פְּלוֹנִי.

סעיף ה' אֶחָד הַמְסַפֵּר לָשׁוֹן הָרָע בִּפְנֵי חֲבֵרוֹ אוֹ שֶׁלֹּא בְּפָנָיו, וְהַמְסַפֵּר דְּבָרִים שֶׁגּוֹרְמִים, אִם נִשְׁמְעוּ אִישׁ מִפִּי אִישׁ, לְהַזִּיק חֲבֵרוֹ בְּגוּפוֹ אוֹ בְּמָמוֹנוֹ. וַאֲפִלּוּ לְהָצֵר לוֹ אוֹ לְהַפְחִידוֹ, הֲרֵי זֶה לָשׁוֹן הָרָע. וְאִם כְּבָר נֶאֶמְרוּ הַדְּבָרִים בִּפְנֵי שְׁלֹשָׁה, מִסְתָמָא כְּבָר נִתְפַּרְסֵם הַדָּבָר. וְאִם סִפֵּר הַדָּבָר אֶחָד מִן הַשְּׁלֹשָׁה פַּעַם אַחֶרֶת, אֵין בּוֹ מִשּׁוּם לָשׁוֹן הָרָע, וְהוּא שֶׁלֹּא יִתְכַּוֵּן לְהַעֲבִיר הַקּוֹל וּלְגַלּוֹתוֹ יוֹתֵר. מַה תַּקָּנָתוֹ שֶׁל אָדָם שֶׁלֹּא יָבֹא לִידֵי לָשׁוֹן הָרָע. אִם תַּלְמִיד חָכָם הוּא, יַעֲסֹק בַּתּוֹרָה, וְאִם עַם הָאָרֶץ הוּא, יַשְׁפִּיל דַּעְתּוֹ (רמב"ם וגמרא שָׁם)

סעיף ו' אָמַר ר' יִרְמְיָה בַּר אַבָּא, אַרְבָּעָה כִּתּוֹת אֵין מְקַבְּלוֹת פְּנֵי שְׁכִינָה, כַּת לֵצִים, וְכַת חֲנֵפִים וְכַת שַׁקְרָנִים וְכַת מְסַפְּרֵי לָשׁוֹן הָרָע. כַּת לֵצִים, דִּכְתִיב מָשַׁךְ יָדוֹ אֶת לוֹצְצִים (פֵּרֵשׁ רש"י מָשַׁךְ יָדוֹ הַקָּדוֹשׁ בָּרוּךְ הוּא מִהְיוֹת אֶת לוֹצְצִים). כַּת חֲנֵפִים דִּכְתִיב, כִּי לֹא לְפָנָיו חָנֵף יָבֹא. כַּת שַׁקְרָנִים דִּכְתִיב דּוֹבֵר שְׁקָרִים לֹא יִכּוֹן לְנֶגֶד עֵינָי. כַּת מְסַפְּרֵי לָשׁוֹן הָרָע דִּכְתִיב כִּי לֹא אֵל חָפֵץ רֶשַׁע אַתָּה לֹא יְגֻרְךָ רָע (וּפֵרֵשׁ רש"י, לֹא יָגוּר עִמְּךָ רָע, וְגַבֵּי מְסַפְּרֵי לָשׁוֹן הָרָע כְּתִיב, דִּכְתִיב בְּהַהוּא פַּרְשָׁתָא כִּי אֵין בְּפִיהוּ נְכוֹנָה וְגוֹ') צַדִּיק אַתָּה ה', לֹא יָגוּר בִּמְגוּרְךָ רָע (סוטה פרק ז) וְאָמְרוּ רַבּוֹתֵינוּ זִכְרוֹנָם לִבְרָכָה כָּל לֵיצָנוּתָא אֲסִירָא בַּר מִלֵּיצָנוּתָא דַּעֲבוֹדַת אֱלִילִים דִּכְתִיב וַיְהִי בַצָּהֳרַיִם וַיְהַתֵּל בָּהֶם אֵלִיָּהוּ וְגוֹ'.

סעיף ז' הַנּוֹקֵם מֵחֲבֵרוֹ עוֹבֵר בְּלֹא תַעֲשֶׂה שֶׁנֶּאֱמַר לֹא תִקּוֹם. וְכֵיצַד הִיא הַנְּקִימָה. אָמַר לַחֲבֵרוֹ. הַשְׁאִילֵנִי קַרְדֻּמְּךָ, אָמַר לוֹ: אֵינִי מַשְׁאִילְךָ. לְמָחָר הָיָה חֲבֵרוֹ צָרִיךְ לִשְׁאֹל מִמֶּנּוּ. אָמַר לוֹ חֲבֵרוֹ, הַשְׁאִילֵנִי קַרְדֻּמְּךָ. אָמַר לוֹ, אֵינִי מַשְׁאִילְךָ כְּמוֹ שֶׁאַתָּה לֹא הִשְׁאַלְתָּנִי כַּאֲשֶׁר שָׁאַלְתִּי מִמְּךָ, הֲרֵי זֶה נוֹקֵם וְעוֹבֵר בְּלָאו. אֶלָּא כְּשֶׁיָּבֹא לוֹ לִשְׁאֹל, יִתֵּן בְּלֵב שָׁלֵם, וְלֹא יִגְמֹל לוֹ כַּאֲשֶׁר גְּמָלוֹ, אֶלָּא רָאוּי לוֹ לְאָדָם לִהְיוֹת מַעֲבִיר עַל מִדּוֹתָיו, עַל כָּל דִּבְרֵי הָעוֹלָם, שֶׁאֵצֶל הַמְּבִינִים הַכֹּל דִּבְרֵי הֶבֶל וַהֲבַאי, וְאֵינָן כְּדַאי לִנְקֹם עֲלֵיהֶם. וְכֵן אָמַר דָּוִד הַמֶּלֶךְ

עָלָיו הַשָּׁלוֹם, אִם גָּמַלְתִּי שׁוֹלְמִי רָע וָאֲחַלְּצָה וְגוֹ' (אִסּוּר קְלָלָה כָּתַבְנוּ בְּסִימָן ו' סָעִיף ג').

סעיף ח' אִם תִּרְצֶה לְהִנָּקֵם מֵאוֹיִבְךָ. תּוֹסִיף מַעֲלוֹת טוֹבוֹת וְתֵלֵךְ בְּדַרְכֵי יְשָׁרִים, וּבָזֶה מִמֵּילָא תִּנָּקֵם מִשּׂוֹנַאֲיךָ, כִּי הוּא יִצְטַעֵר עַל מִדּוֹתֶיךָ, וְיִתְאַבֵּל בְּשָׁמְעוֹ שִׁמְךָ הַטּוֹב. אֲבָל אִם תַּעֲשֶׂה מַעֲשִׂים מְכֹעָרִים, אָז יִשְׂמַח שׂוֹנַאֲךָ עַל קְלוֹנְךָ וְחֶרְפָּתְךָ, וְהִנֵּה הוּא מִתְנַקֵּם בְּךָ.

סעיף ט' כָּל הַנּוֹטֵר לְאֶחָד מִיִּשְׂרָאֵל. עוֹבֵר בְּלֹא תַעֲשֶׂה שֶׁנֶּאֱמַר וְלֹא תִטֹּר אֶת בְּנֵי עַמֶּךָ. כֵּיצַד הִיא הַנְּטִירָה. רְאוּבֵן שֶׁאָמַר לְשִׁמְעוֹן: הַשְׁאִילֵנִי דָּבָר פְּלוֹנִי, וְלֹא רָצָה שִׁמְעוֹן. לְיָמִים בָּא שִׁמְעוֹן לִשְׁאֹל אֵיזֶה חֵפֶץ מֵרְאוּבֵן, וְאָמַר לוֹ רְאוּבֵן: הֵא לְךָ, הֲרֵינִי מַשְׁאִילְךָ וְאֵינִי כְּמוֹתְךָ, לֹא אֲשַׁלֵּם לְךָ כְּמַעֲשֶׂיךָ. הָעוֹשֶׂה כָּזֶה, עוֹבֵר בְּלֹא תִטֹּר, אֶלָּא יִמְחֶה הַדָּבָר מִלִּבּוֹ, וְלֹא יִזְכְּרֶנּוּ כְּלָל. וְזוֹ הִיא הַדֵּעָה הַנְּכוֹנָה שֶׁאֶפְשָׁר שֶׁיִּתְקַיֵּם בָּהּ יִשּׁוּב הָאָרֶץ, וּמַשָּׂאָם וּמַתָּנָם שֶׁל בְּנֵי אָדָם זֶה עִם זֶה (רמב"ם שָׁם).

סימן לא - שכל כונות האדם יהיו לשם שמים. ובו ז' סעיפים:

סעיף א' אָמְרוּ רַבּוֹתֵינוּ זִכְרוֹנָם לִבְרָכָה אֵיזוֹהִי פָּרָשָׁה קְטַנָּה שֶׁכָּל גּוּפֵי תוֹרָה תְּלוּיִין בָּהּ. בְּכָל דְּרָכֶיךָ דָעֵהוּ. פֵּרוּשׁ שֶׁאֲפִלּוּ בִּדְרָכֶיךָ שֶׁאַתָּה עוֹשֶׂה לְצֹרֶךְ גּוּפְךָ, דַּע אֶת ה', וְנַעֲשֶׂה אֶת הַדְּבָרִים לִשְׁמוֹ יִתְבָּרֵךְ. כְּגוֹן, הָאֲכִילָה, וְהַשְּׁתִיָּה וְהַהֲלִיכָה, וְהַיְשִׁיבָה, וְהַשְּׁכִיבָה, הַקִּימָה, וְהַתַּשְׁמִישׁ וְהַשִּׂיחָה, כָּל צָרְכֵי גוּפְךָ, יִהְיוּ כֻּלָּם לַעֲבוֹדַת בּוֹרַאֲךָ, אוֹ לְדָבָר הַגּוֹרֵם לַעֲבוֹדָתוֹ.

סעיף ב' אֲכִילָה וּשְׁתִיָּה, כֵּיצַד. אֵין צָרִיךְ לוֹמַר שֶׁלֹּא יֹאכַל וְיִשְׁתֶּה דְּבָרִים הָאֲסוּרִים, חַס וְשָׁלוֹם אֶלָּא גַּם בִּדְבָרִים הַמֻּתָּרִים, וְהָיָה צָמֵא וְרָעֵב, אִם אָכַל וְשָׁתָה לַהֲנָאָתוֹ, אֵינוֹ מְשֻׁבָּח, אֶלָּא יִתְכַּוֵּן בַּאֲכִילָתוֹ וּשְׁתִיָּתוֹ, שֶׁיִּהְיֶה לוֹ כֹּחַ לַעֲבוֹדַת הַבּוֹרֵא. לְפִיכָךְ לֹא יֹאכַל כָּל שֶׁהַחֵךְ מִתְאַוֶּה לוֹ, כְּכֶלֶב וַחֲמוֹר אֶלָּא יֹאכַל דְּבָרִים הַמּוֹעִילִים וְטוֹבִים לִבְרִיאוּת הַגּוּף. וְיֵשׁ אַנְשֵׁי מַעֲשֶׂה, שֶׁקֹּדֶם אֲכִילָה אוֹמְרִים: הִנְנִי רוֹצֶה לֶאֱכֹל וְלִשְׁתּוֹת, כְּדֵי שֶׁאֶהְיֶה בָּרִיא וְחָזָק לַעֲבוֹדַת הַבּוֹרֵא יִתְבָּרַךְ שְׁמוֹ.

סעיף ג' הַיְשִׁיבָה וְהַקִּימָה וְהַהֲלִיכָה כֵּיצַד. אֵין צָרִיךְ לוֹמַר שֶׁלֹּא יֵשֵׁב בְּמוֹשַׁב לֵצִים, וְשֶׁלֹּא לַעֲמֹד בְּדֶרֶךְ חַטָּאִים, וְשֶׁלֹּא לֵילֵךְ בַּעֲצַת רְשָׁעִים. אֶלָּא אֲפִלּוּ לֵישֵׁב בְּסוֹד יְשָׁרִים, וְלַעֲמֹד בִּמְקוֹם צַדִּיקִים, וְלֵילֵךְ בַּעֲצַת תְּמִימִים, אִם עָשָׂה לַהֲנָאַת עַצְמוֹ, לְהַשְׁלִים חֶפְצוֹ וְתַאֲוָתוֹ, אֵין זֶה מְשֻׁבָּח, אֶלָּא יַעֲשֶׂה לְשֵׁם שָׁמַיִם. וּמִכָּל מָקוֹם, גַּם אִם אִי אֶפְשָׁר לוֹ לְכַוֵּן לְשֵׁם שָׁמַיִם דַּוְקָא, אַל יִמְנַע אֶת עַצְמוֹ מִדְּבָרִים אֵלוּ, כִּי מִתּוֹךְ שֶׁלֹּא לִשְׁמָהּ יָבֹא לִשְׁמָהּ.

סעיף ד' שְׁכִיבָה, כֵּיצַד. אֵין צָרִיךְ לוֹמַר בִּזְמַן שֶׁיָּכוֹל לַעֲסֹק בַּתּוֹרָה וּבְמִצְוֹת, אִם מִתְגָּרֶה בְּשֵׁינָה לְעַנֵּג אֶת עַצְמוֹ, שֶׁאֵינוֹ רָאוּי לַעֲשׂוֹת כֵּן, אֶלָּא אֲפִלּוּ בִּזְמַן שֶׁהוּא יָגֵעַ, וְצָרִיךְ לִישֹׁן כְּדֵי לָנוּחַ מִיגִיעָתוֹ, אִם עָשָׂה לַהֲנָאַת גּוּפוֹ אֵינוֹ מְשֻׁבָּח, אֶלָּא יִתְכַּוֵּן לָתֵת שֵׁנָה לְעֵינָיו, וּלְגוּפוֹ מְנוּחָה לְצֹרֶךְ

בְּרִיאַת גּוּפוֹ, וְשֶׁלֹּא תִּטָּרֵף דַּעְתּוֹ בַּתּוֹרָה, מֵחֲמַת מְנִיעַת הַשֵּׁנָה.

סעיף ה' תַּשְׁמִישׁ, כֵּיצַד. אֵין צָרִיךְ לוֹמַר שֶׁלֹּא יַעֲבֹר עֲבֵרָה, חַס וְשָׁלוֹם, אֶלָּא אֲפִלּוּ בְּעוֹנָה הָאֲמוּרָה בַּתּוֹרָה, אִם עָשָׂה לַהֲנָאַת גּוּפוֹ, אוֹ לְהַשְׁלִים תַּאֲוָתוֹ, הֲרֵי זֶה מְגֻנֶּה. וַאֲפִלּוּ אִם נִתְכַּוֵּן כְּדֵי שֶׁיִּהְיוּ לוֹ בָּנִים, שֶׁיְּשַׁמְּשׁוּ אוֹתוֹ וִימַלְּאוּ מְקוֹמוֹ, אֵינוֹ מְשֻׁבָּח. אֶלָּא יִתְכַּוֵּן שֶׁיִּהְיוּ לוֹ בָּנִים לַעֲבוֹדַת בּוֹרְאוֹ אוֹ שֶׁיִּתְכַּוֵּן לְהַבְרוֹת אֶת גּוּפוֹ, וּלְקַיֵּם מִצְוַת עוֹנָה כְּאָדָם הַפּוֹרֵעַ אֶת חוֹבוֹ.

סעיף ו' הַשִּׂיחָה כֵּיצַד. אֵין צָרִיךְ לוֹמַר לְסַפֵּר לְשׁוֹן הָרַע אוֹ רְכִילוּת וְלֵיצָנוּת וְנִבְלוּת פֶּה, חַס וְשָׁלוֹם, אֶלָּא אֲפִלּוּ לְסַפֵּר בְּדִבְרֵי חֲכָמִים, צָרִיךְ שֶׁתְּהֵא כַּוָּנָתוֹ לַעֲבוֹדַת הַבּוֹרֵא, לְדָבָר הַמֵּבִיא לַעֲבוֹדָתוֹ.

סעיף ז' וְכֵן כְּשֶׁהוּא עוֹסֵק בְּמַשָּׂא וּמַתָּן, אוֹ בִּמְלָאכָה לְהִשְׂתַּכֵּר בָּהּ, לֹא יְהֵא בְלִבּוֹ לְקַבֵּץ מָמוֹן בִּלְבַד, אֶלָּא יַעֲשֶׂה כְּדֵי שֶׁיִּהְיֶה לוֹ לְפַרְנֵס בְּנֵי בֵיתוֹ, וְלָתֵת צְדָקָה וּלְגַדֵּל בָּנָיו לְתַלְמוּד תּוֹרָה. כְּלָלוֹ שֶׁל דָּבָר, חַיָּב אָדָם לָשׂוּם עֵינָיו וְלִבּוֹ עַל דְּרָכָיו, וְלִשְׁקֹל כָּל מַעֲשָׂיו בְּמֹאזְנֵי שִׂכְלוֹ. וּכְשֶׁרוֹאֶה דָבָר שֶׁיָּבֹא לִידֵי עֲבוֹדַת הַבּוֹרֵא יִתְעַלֶּה יַעֲשֵׂהוּ, וְאִם לָאו לֹא יַעֲשֵׂהוּ. וּמִי שֶׁנּוֹהֵג כֵּן, נִמְצָא עוֹבֵד אֶת בּוֹרְאוֹ כָּל יָמָיו, אֲפִלּוּ בִּשְׁעַת שִׁבְתּוֹ וְקוּמוֹ וְהִלּוּכוֹ וּבִשְׁעַת מַשָּׂאוֹ וּמַתָּנוֹ, וַאֲפִלּוּ בַּאֲכִילָתוֹ וּשְׁתִיָּתוֹ אֲפִלּוּ בְּתַשְׁמִישׁוֹ וּבְכָל צְרָכָיו. וְעַל עִנְיָן זֶה צִוּוּ רַבּוֹתֵינוּ זִכְרוֹנָם לִבְרָכָה וְאָמְרוּ וְכָל מַעֲשֶׂיךָ יִהְיוּ לְשֵׁם שָׁמַיִם. וּבְדֶרֶךְ הַזֶּה זָקַף רַבֵּנוּ הַקָּדוֹשׁ אֶצְבְּעוֹתָיו לְמַעְלָה בִּשְׁעַת מִיתָתוֹ וְאָמַר, גָּלוּי וְיָדוּעַ לְפָנֶיךָ שֶׁלֹּא נֶהֱנֵיתִי מֵהֶם אֶלָּא לְשֵׁם שָׁמַיִם (אורח חַיִּים סִימָן רל"א ורמב"ם פרק ג).

סימן לב - שמירת הגוף על פי הטבע ובו כ"ז סעיפים:

סעיף א' הוֹאִיל וֶהֱיוֹת הַגּוּף בָּרִיא וְשָׁלֵם מִדַּרְכֵי הַשֵּׁם הוּא, שֶׁהֲרֵי אִי אֶפְשָׁר שֶׁיָּבִין אוֹ יֵדַע דָּבָר מִידִיעַת הַבּוֹרֵא וְהוּא חוֹלֶה, לְפִיכָךְ צָרִיךְ הָאָדָם לְהַרְחִיק אֶת עַצְמוֹ מִדְּבָרִים הַמְאַבְּדִין אֶת הַגּוּף, וּלְהַנְהִיג אֶת עַצְמוֹ בִּדְבָרִים הַמַּבְרִין וְהַמַּחֲלִימִים אֶת הַגּוּף. וְכֵן הוּא אוֹמֵר, וְנִשְׁמַרְתֶּם מְאֹד לְנַפְשׁוֹתֵיכֶם.

סעיף ב' הַבּוֹרֵא בָּרוּךְ הוּא וּבָרוּךְ שְׁמוֹ, בָּרָא אֶת הָאָדָם (וְכֵן כָּל בַּעֲלֵי חַיִּים) וְנָתַן בּוֹ חֹם טִבְעִי, וְזֶהוּ הַחִיּוּת שֶׁל הָאָדָם. שֶׁאִם יִכְבֶּה הָאֵשׁ הַטִּבְעִי, אֶפֶס חִיּוּתוֹ. וְהַחְזָקַת הַחֹם הַזֶּה הִיא עַל יְדֵי הַמַּאֲכָל אֲשֶׁר הָאָדָם אוֹכֵל, כְּמוֹ הָאֵשׁ הַבּוֹעֵר שֶׁאִם לֹא יוֹסִיפוּ עָלָיו תָּמִיד עֵצִים, יִכְבֶּה לְגַמְרֵי. כֵּן הָאָדָם אִם לֹא יֹאכַל, יִכְבֶּה הָאֵשׁ אֲשֶׁר בְּתוֹכוֹ וְיָמוּת. הַמַּאֲכָל נִטְחָן בֵּין הַשִּׁנַּיִם וּמִתְעָרֵב עִם מִיץ הָרֹק וְיִתַּךְ, וּמִשָּׁם יוֹרֵד לָאִצְטוֹמְכָא וְנִטְחָן גַּם שָׁם, וּמִתְעָרֵב עִם הַמִּיצִים, מִיץ הָאִצְטוֹמְכָא וּמִיץ הַמָּרָה, וְיִתַּךְ וְיִתְבַּשֵּׁל מֵהַחֹם וְהַמִּיצִים וּמִתְעַכֵּל. הַבָּרוּר שֶׁבּוֹ, מִמֶּנּוּ נִזּוֹנִים כָּל הָאֵבָרִים וּמְקַיֵּם חִיּוּת הָאָדָם. וְהַפְּסֹלֶת שֶׁהִיא הַמּוֹתָרוֹת, נִדְחֶה לַחוּץ. וְעַל זֶה אָנוּ אוֹמְרִים בְּבִרְכַּת אֲשֶׁר יָצַר (לְפֵרוּשׁ אֶחָד), וּמַפְלִיא לַעֲשׂוֹת, שֶׁנָּתַן הַקָּדוֹשׁ בָּרוּךְ הוּא אֶת הַטֶּבַע בָּאָדָם לִבְרוֹר אֶת טוּב הַמַּאֲכָל, וְכָל אֵבֶר מוֹשֵׁךְ אֵלָיו

שְׂנֵאתִים, לְאוֹיְבִים הָיוּ לִי, הֲלֹא הוּא אוֹמֵר, וְאָהַבְתָּ לְרֵעֲךָ כָּמוֹךָ אֲנִי ה', מַה טַּעַם, כִּי אֲנִי בְּרָאתִיו. וְאִם עוֹשֶׂה מַעֲשֶׂה עַמְּךָ, אַתָּה אוֹהֲבוֹ. וְאִם לָאו אִי אַתָּה אוֹהֲבוֹ.

סעיף יד' אָסוּר לְאָדָם לְבַקֵּשׁ דִּין מִן הַשָּׁמַיִם עַל חֲבֵרוֹ שֶׁעָשָׂה לוֹ רָעָה. וְדַוְקָא בִּדְאִית לֵיהּ דַּיָּנָא בְּאַרְעָא. וְכָל הַצּוֹעֵק עַל חֲבֵרוֹ (שיענש מן השמים), הוּא נֶעֱנָשׁ תְּחִלָּה. וְיֵשׁ אוֹמְרִים דַּאֲפִלּוּ לֵית לֵיהּ דַּיָּנָא בְּאַרְעָא, אָסוּר לִצְעֹק עָלָיו, אֶלָּא אִם כֵּן הוֹדִיעוֹ תְּחִלָּה (חו"מ סִימָן תכ"ב).

סעיף טו' הָרוֹאֶה אֶת חֲבֵרוֹ שֶׁחָטָא, אוֹ שֶׁהָלַךְ בְּדֶרֶךְ לֹא טוֹב מִצְוָה לְהַחְזִירוֹ לְמוּטָב, וּלְהוֹדִיעוֹ שֶׁהוּא חוֹטֵא בְּמַעֲשָׂיו הָרָעִים, שֶׁנֶּאֱמַר הוֹכֵחַ תּוֹכִיחַ אֶת עֲמִיתֶךָ. וְהַמּוֹכִיחַ אֶת חֲבֵרוֹ, בֵּין בִּדְבָרִים שֶׁבֵּינוֹ לְבֵינוֹ בֵּין בִּדְבָרִים שֶׁבֵּינוֹ לְבֵין הַמָּקוֹם, צָרִיךְ לְהוֹכִיחוֹ בֵּינוֹ לְבֵין עַצְמוֹ, וִידַבֵּר לוֹ בְּנַחַת וּבְלָשׁוֹן רַכָּה, וְיוֹדִיעוֹ שֶׁאֵינוֹ אוֹמֵר לוֹ, אֶלָּא לְטוֹבָתוֹ, לַהֲבִיאוֹ לְחַיֵּי עוֹלָם הַבָּא. וְכָל שֶׁאֶפְשָׁר בְּיָדוֹ לִמְחוֹת, וְאֵינוֹ מוֹחֶה, הוּא נִתְפָּס בְּעָוֹן זֶה, כֵּיוָן שֶׁהָיָה אֶפְשָׁר לוֹ לִמְחוֹת (רמב"ם פ"ו).

סעיף טז' בַּמֶּה דְּבָרִים אֲמוּרִים כְּשֶׁהוּא מְדַמֶּה שֶׁיִּשְׁמַע לוֹ. אֲבָל אִם יוֹדֵעַ בּוֹ שֶׁלֹּא יִשְׁמַע לוֹ, אָסוּר לְהוֹכִיחוֹ, דְּאָמַר רַבִּי אִילְעָא מִשּׁוּם רַבִּי אֶלְעָזָר בְּרַבִּי שִׁמְעוֹן, כְּשֵׁם שֶׁמִּצְוָה עַל אָדָם לוֹמַר דָּבָר הַנִּשְׁמָע כָּךְ מִצְוָה עַל אָדָם, שֶׁלֹּא לוֹמַר דָּבָר שֶׁאֵינוֹ נִשְׁמָע. רַבִּי אַבָּא אוֹמֵר חוֹבָה שֶׁנֶּאֱמַר אַל תּוֹכַח לֵץ פֶּן יִשְׂנָאֶךָּ, הוֹכַח לְחָכָם וְיֶאֱהָבֶךָּ. (יבמות דף ס"ה ע"ב) (אוֹרַח חַיִּים סִימָן תר"ח)

סעיף יז' אָסוּר לְאָדָם לְבַיֵּשׁ אֶת חֲבֵרוֹ, בֵּין בְּדִבּוּר בֵּין בְּמַעֲשֶׂה, וְכָל שֶׁכֵּן בָּרַבִּים. וְאָמְרוּ זִכְרוֹנָם לִבְרָכָה הַמַּלְבִּין פְּנֵי חֲבֵרוֹ בָּרַבִּים, אֵין לוֹ חֵלֶק לָעוֹלָם הַבָּא. עוֹד אָמְרוּ זִכְרוֹנָם לִבְרָכָה נוֹחַ לְאָדָם לְהַפִּיל אֶת עַצְמוֹ לְכִבְשַׁן הָאֵשׁ, וְאַל יַלְבִּין פְּנֵי חֲבֵרוֹ בָּרַבִּים, שֶׁנֶּאֱמַר הִיא מוּצֵאת. וְהִיא שָׁלְחָה אֶל חָמִיהָ לֵאמֹר, לְאִישׁ אֲשֶׁר אֵלֶּה לּוֹ, אָנֹכִי הָרָה. וְלֹא אָמְרָה לוֹ בְּפֵרוּשׁ אֶלָּא בִּרְמָז. אִם יוֹדֶה יוֹדֶה, וְאִם לָאו, לֹא תְפַרְסְמוֹ. לְפִיכָךְ צָרִיךְ הָאָדָם לְהִזָּהֵר מְאֹד, שֶׁלֹּא לְבַיֵּשׁ אֶת חֲבֵרוֹ בָּרַבִּים, בֵּין קָטָן בֵּין גָּדוֹל, וְלֹא יִקְרָא אוֹתוֹ בְּשֵׁם שֶׁהוּא בּוֹשׁ, וְלֹא יְסַפֵּר לְפָנָיו דָּבָר שֶׁהוּא בּוֹשׁ מִמֶּנּוּ. וְאִם חָטָא כְּנֶגְדּוֹ וְהוּא צָרִיךְ לְהוֹכִיחוֹ, לֹא יַכְלִימֶנּוּ, שֶׁנֶּאֱמַר וְלֹא תִשָּׂא עָלָיו חֵטְא. בַּמֶּה דְּבָרִים אֲמוּרִים בִּדְבָרִים שֶׁבֵּין אָדָם לַחֲבֵרוֹ. אֲבָל בְּדִבְרֵי שָׁמַיִם, אִם לֹא חָזַר כְּשֶׁהוֹכִיחוֹ בַּסֵּתֶר, מַכְלִימִין אוֹתוֹ בָּרַבִּים, וּמְפַרְסְמִים חֶטְאוֹ, וּמְחָרְפִים אוֹתוֹ בְּפָנָיו, וּמְבַזִּין וּמְקַלְּלִין אוֹתוֹ, עַד שֶׁיַּחְזֹר לְמוּטָב, כְּמוֹ שֶׁעָשׂוּ, כָּל הַנְּבִיאִים בְּיִשְׂרָאֵל, וְאֵין בּוֹ מִשּׁוּם אוֹנָאַת דְּבָרִים, שֶׁנֶּאֱמַר וְלֹא תוֹנוּ. אִישׁ אֶת עֲמִיתוֹ וּפֵרְשׁוּ רַבּוֹתֵינוּ זִכְרוֹנָם לִבְרָכָה עֲמִיתוֹ, עַם שֶׁאִתְּךָ בַּתּוֹרָה וּבְמִצְווֹת הִזְהִירָה הַתּוֹרָה עַל אוֹנָאָתוֹ, וְלֹא עַל הָעוֹבֵר עֲלֵיהֶן, וְלֹא חָזַר בּוֹ, לְאַחַר שֶׁהוֹכִיחוּהוּ בְּסֵתֶר וּבְלָשׁוֹן רַכָּה.

סעיף יח' מִי שֶׁחָטָא חֲבֵרוֹ כְּנֶגְדּוֹ, וְלֹא רָצָה לְהוֹכִיחוֹ, וְלֹא לְדַבֵּר לוֹ כְּלוּם וּמָחַל לוֹ בְּלִבּוֹ, וְלֹא שְׂטָמוֹ וְלֹא הוֹכִיחוֹ, הֲרֵי זֶה מִדַּת חֲסִידוּת. לֹא הִקְפִּידָה הַתּוֹרָה אֶלָּא עַל הַמַּשְׂטֵמָה.

סעיף יט' חַיָּב אָדָם לְהִזָּהֵר בִּיתוֹמִים

מְזוֹנוֹ הָרָאוּי לוֹ, וְהַפְּסֹלֶת נִדְחָה לַחוּץ. שֶׁאִם נִשְׁאָר הַפְּסֹלֶת בְּתוֹכוֹ, יִתְעַפֵּשׁ וְיָבֹא לִידֵי חֳלָיִים, רַחֲמָנָא לִצְּלָן. וְלָכֵן רֹב בְּרִיאוּת הַגּוּף וְחֻלְשָׁתוֹ, תָּלוּי בְּעִכּוּל הַמַּאֲכָל. אִם מִתְעַכֵּל בְּדֶרֶךְ קַל וָטוֹב, אָז הָאָדָם בָּרִיא. אֲבָל אִם מִתְקַלְקֵל הָעִכּוּל. אָז נֶחֱלַשׁ הָאָדָם וְיָכוֹל לָבֹא לִידֵי סַכָּנָה, חַס וְשָׁלוֹם.

סעיף ג' הָעִכּוּל הַטּוֹב הוּא, אִם הַמַּאֲכָל אֵינֶנּוּ רַב, וְשֶׁיְּהֵא קַל לְהִתְעַכֵּל. שֶׁאִם אָכַל הָאָדָם הַרְבֵּה וְהָאִצְטוֹמְכָא מָלֵא, אָז קָשֶׁה הָעִכּוּל, כִּי הָאִצְטוֹמְכָא אֵינוֹ יָכוֹל אָז לְהִתְפַּשֵּׁט וּלְהִתְכַּוֵּץ כָּרָאוּי בְּטִבְעוֹ וְלִטְחוֹן אֶת הַמַּאֲכָל כָּרָאוּי. וּכְמוֹ הָאֵשׁ, שֶׁאִם יַרְבּוּ עָלָיו עֵצִים יוֹתֵר מִדַּאי, אֵינוֹ בּוֹעֵר יָפֶה, כְּמוֹכֵן הַמַּאֲכָל בָּאִצְטוֹמְכָא. וְלָכֵן הָאָדָם אֲשֶׁר רוֹצֶה לִשְׁמוֹר בְּרִיאוּת גּוּפוֹ, צָרִיךְ לִזָּהֵר שֶׁלֹּא לֶאֱכוֹל, רַק כְּשִׁעוּר בֵּינוֹנִי לְפִי מֶזֶג גּוּפוֹ, לֹא מְעַט וְלֹא כָל שָׂבְעוֹ. וְרֹב הֶחֳלָאִים הַבָּאִים עַל הָאָדָם, אֵינָם אֶלָּא אוֹ מִפְּנֵי מַאֲכָלִים רָעִים, אוֹ מִפְּנֵי שֶׁהוּא מְמַלֵּא בִּטְנוֹ וְאוֹכֵל אֲכִילָה גַּסָּה אֲפִילוּ מִמַּאֲכָלִים טוֹבִים. הוּא שֶׁשְּׁלֹמֹה אָמַר בְּחָכְמָתוֹ, שֹׁמֵר פִּיו וּלְשׁוֹנוֹ שֹׁמֵר מִצָּרוֹת נַפְשׁוֹ. כְּלוֹמַר, שׁוֹמֵר פִּיו מִלֶּאֱכוֹל מַאֲכָל רַע אוֹ מִלִּשְׂבֹּעַ, וּלְשׁוֹנוֹ מִלְּדַבֵּר אֶלָּא בִּצְרָכָיו. וְאָמַר הֶחָכָם, הָאוֹכֵל דָּבָר מְעַט מִדְּבָרִים הַמַּזִּיקִים, אֵינוֹ מַזִּיק לוֹ כְּמוֹ הָאוֹכֵל הַרְבֵּה מִדְּבָרִים הַטּוֹבִים.

סעיף ד' הָאָדָם בִּנְעוּרָיו כֹּחַ הָעִכּוּל שֶׁלּוֹ חָזָק, וְעַל כֵּן צָרִיךְ מָזוֹן תָּדִיר יוֹתֵר מִן הָאִישׁ אֲשֶׁר הוּא בְּאֶמְצַע יָמָיו. וְהַזָּקֵן לַחֲלִישׁוּת כֹּחוֹ צָרִיךְ שֶׁיִּהְיֶה מַאֲכָלוֹ קַל, וּמְעַט בִּכְמוּת וְהַרְבֵּה בְּאֵיכוּת לְהַחֲזָקַת כֹּחוֹ.

סעיף ה' בִּימֵי הַחֹם נֶחֱלָשִׁים כְּלֵי הָעִכּוּל מִן הַחֹם. וְעַל כֵּן רָאוּי שֶׁיִּהְיֶה שִׁעוּר הָאֲכִילָה בִּימֵי הַחֹם פָּחוֹת מִבִּימֵי הַקֹּר. וְשִׁעֲרוּ חַכְמֵי הָרוֹפְאִים לֶאֱכוֹל בִּימוֹת הַחַמָּה רַק שְׁנֵי שְׁלִישִׁים מִמַּה שֶׁהוּא אוֹכֵל בִּימוֹת הַגְּשָׁמִים.

סעיף ו' כְּלָל גָּדוֹל בְּדַרְכֵי הָרְפוּאָה, שֶׁקֹּדֶם הָאֲכִילָה יִיגַע בַּהֲלִיכָה אוֹ בַּעֲבוֹדָה עַד שֶׁיִּתְחַמֵּם גּוּפוֹ אַחַר כָּךְ יֹאכַל. וְזֶה שֶׁנֶּאֱמַר, בְּזֵעַת אַפֶּיךָ תֹּאכַל לֶחֶם. וְנֶאֱמַר, וְלֶחֶם עַצְלוּת לֹא תֹאכֵל. וְיַתִּיר חֲגוֹרָתוֹ קֹדֶם אֲכִילָה, (וְסִימָנָא, וְאֶקְחָה פַּת לֶחֶם, אֶקְחָה רָאשֵׁי תֵּבוֹת לְמַפְרֵעַ, הַתֵּר חֲגוֹרָה קֹדֶם אֲכִילָה. פַּת לֶחֶם רָאשֵׁי תֵּבוֹת, פֶּן תָּבֹא לִידֵי חֳלִי מֵעַיִם) וּבִשְׁעַת הָאֲכִילָה, יֵשֵׁב בִּמְקוֹמוֹ אוֹ מֵסֵב עַל שְׂמֹאלוֹ. וְאַחַר הָאֲכִילָה לֹא יִתְנוֹעֵעַ הַרְבֵּה, כִּי עַל יְדֵי זֶה יֵרֵד הַמַּאֲכָל מִן הָאִצְטוֹמְכָא טֶרֶם שֶׁיִּתְעַכֵּל וְיַזִּיק לוֹ, אֶלָּא יֵלֵךְ מְעַט וְיָנוּחַ. וְלֹא יְטַיֵּל וְלֹא יְיַגֵּעַ אֶת עַצְמוֹ לְאַחַר הָאֲכִילָה. וְלֹא יִישַׁן אַחַר הָאֲכִילָה עַד שְׁתֵּי שָׁעוֹת, שֶׁלֹּא יַעֲלוּ הָעֲשָׁנִים לַמֹּחַ וְיַזִּיקוּהוּ. וְכֵן הַמֶּרְחָץ וְהַהַקָּזָה וְהַמִּשְׁגָּל, אֵינָם טוֹבִים לְאַחַר הָאֲכִילָה.

סעיף ז' בְּנֵי הָאָדָם אֵינָם שָׁוִים בְּמִזְגָּם. יֵשׁ מִי שֶׁמִּזְגוֹ חַם, וְיֵשׁ מִי שֶׁמִּזְגוֹ קַר, וְיֵשׁ מִי שֶׁמִּזְגוֹ מְמֻצָּע. וְהַמַּאֲכָלִים גַּם כֵּן מְשֻׁנִּים. וּמִי שֶׁמִּזְגוֹ מְמֻצָּע יֹאכַל מַאֲכָלִים שֶׁהֵם גַּם כֵּן מְמֻצָּעִים. אֲבָל מִי שֶׁאֵין מִזְגוֹ מְמֻצָּע, צָרִיךְ שֶׁיֹּאכַל מַאֲכָלִים שֶׁהֵם קְצָת הֵפֶךְ מִזְגוֹ. מִי שֶׁמִּזְגוֹ חַם, לֹא יֹאכַל דְּבָרִים חַמִּים, כְּמוֹ תַּבְלִין וּבְשָׂמִים, אֶלָּא יֹאכַל מַאֲכָלִים שֶׁהֵם קְצָת קָרִים וַחֲמוּצִים. וּמִי שֶׁמִּזְגוֹ קַר, יֹאכַל מַאֲכָלִים שֶׁהֵם קְצָת חַמִּים. וְכֵן יִשְׁתַּנֶּה

הַמַּאֲכָל לְפִי הַזְּמַן וּלְפִי הַמָּקוֹם. בִּימוֹת הַחַמָּה יֹאכַל מַאֲכָלִים קָרִים, כְּמוֹ בְּשַׂר כְּבָשִׂים וּגְדָיִים רַכִּים וְאֶפְרוֹחֵי תַרְנְגֹלֶת, וְגַם קְצָת מַאֲכָלִים חֲמוּצִים. וּבִימֵי הַקֹּר, מַאֲכָלִים חַמִּים. וְכֵן בִּמְדִינָה קָרָה, מַאֲכָלִים חַמִּים. וּבִמְדִינָה חַמָּה, מַאֲכָלִים קָרִים.

סעיף ח' הַמַּאֲכָל הַמְּמֻצָּע הוּא לֶחֶם חִטָּה, וְלֹא סֹלֶת מַמָּשׁ, כִּי הַסֹּלֶת מִתְאַחֵר מִלְּהִתְעַכֵּל, אַךְ יִהְיֶה בּוֹ גַּם קְצָת מֵהַמֻּרְסָן וִיהֵא נִתְחַמֵּץ בְּמִצּוּעַ וּבוֹ מֶלַח וּמַאֲפֵה תַנּוּר. וְיֶתֶר הַמַּאֲכָלִים שֶׁנַּעֲשׂוּ מֵהַחִטָּה, אֵינָם טוֹבִים. מִמִּינֵי הַבָּשָׂר, הַטּוֹב הוּא כֶּבֶשׂ בֶּן שְׁנָתוֹ, וְכֵן הַגְּדָיִים הַיּוֹנְקִים. אַךְ כָּל מִינֵי בְּנֵי מֵעַיִם וְגַם הָרֹאשׁ, הֵמָּה לֹא טוֹבִים. הָעִזִּים וְהַפָּרָה הַזְּקֵנָה וְהַגְּבִינָה הַיְשָׁנָה, הֵמָּה מַאֲכָלִים רָעִים וַעֲבִים. כָּל בְּשַׂר עוֹף, קַל לְהִתְעַכֵּל יוֹתֵר מִבְּשַׂר בְּהֵמָה. וְהַטּוֹב שֶׁבָּעוֹפוֹת הַתַּרְנְגֹלֶת. אָמְרוּ הָרוֹפְאִים, כִּי הַמַּאֲכָל שֶׁהָאָדָם רָגִיל בּוֹ, אֵינוֹ מַזִּיק לוֹ, וַאֲפִלּוּ הוּא מַאֲכָל רָע, כִּי הַהֶרְגֵּל נַעֲשֶׂה טֶבַע, וּבִלְבַד שֶׁלֹּא יְמַלֵּא בּוֹ כְּרֵסוֹ.

סעיף ט' אֵין לֶאֱכוֹל לֵב בְּהֵמָה אוֹ עוֹף, מִשּׁוּם דְּקָשֶׁה לְשִׁכְחָה. וְכֵן לֹא יֹאכַל מִמָּקוֹם שֶׁאָכַל עַכְבָּר אוֹ חָתוּל, דְּגַם כֵּן קָשֶׁה לְשִׁכְחָה. (הוֹרָיוֹת יג).

סעיף י' זְמַן הָאֲכִילָה הוּא כְּשֶׁיִּתְאַוֶּה לֶאֱכוֹל תַּאֲוָה אֲמִתִּית לֹא זָרָה. וּלְהַבְדִּיל בֵּין תַּאֲוָה אֲמִתִּית לְתַאֲוָה זָרָה הִיא זֹאת. הָרִאשׁוֹנָה נִקְרֵאת רָעָב (הוּנְגֶּער) כִּי הָאִצְטוֹמְכָא רֵיק. וְהַשְּׁנִיָּה הִיא כְּשֶׁמִּתְאַוֶּה מַאֲכָל מְיֻחָד וְנִקְרֵאת תֵּאָבוֹן (אַפֶּטִיט) וּבְדֶרֶךְ כְּלָל, הָאָדָם הַבָּרִיא וְהֶחָזָק, יֹאכַל שְׁתֵּי פְּעָמִים בַּיּוֹם. וַחֲלָשִׁים וּזְקֵנִים יֵשׁ לָהֶם לֶאֱכוֹל אַךְ מְעַט בְּפַעַם אֶחָת. וְיֹאכְלוּ כָּךְ הַרְבֵּה פְּעָמִים בַּיּוֹם, כִּי רִבּוּי הַמַּאֲכָל יַחֲלִישׁ אֶת הָאִצְטוֹמְכָא. וְהָרוֹצֶה לִשְׁמוֹר בְּרִיאוּתוֹ, לֹא יֹאכַל עַד שֶׁיִּהְיֶה הָאִצְטוֹמְכָא רֵיק מִן הַמַּאֲכָל הַקּוֹדֵם. וּסְתָם עִכּוּל בִּבְנֵי אָדָם הַבְּרִיאִים הָאוֹכְלִים מַאֲכָלִים מְמֻצָּעִים וּמִתְעַכְּלִים בְּדֶרֶךְ הַמִּצּוּעַ, הוּא לְשֵׁשׁ שָׁעוֹת. וְטוֹב לְהַשְׁמִיט סְעוּדָה אַחַת בְּשָׁבוּעַ, כְּדֵי שֶׁיִּשְׁבּוֹת הָאִצְטוֹמְכָא מֵעֲבוֹדָתוֹ וְיִתְחַזֵּק כֹּחַ עִכּוּלוֹ. וְנִרְאֶה כִּי הַשְׁמָטָה זֹאת, טוֹב שֶׁתְּהֵא בְּעֶרֶב שַׁבָּת.

סעיף יא' טוֹב לְהַרְגִּיל אֶת עַצְמוֹ לֶאֱכוֹל פַּת בְּשַׁחֲרִית (עַיֵּן מסכת ב"מ דף קז ע"ב).

סעיף יב' הָרוֹצֶה לֶאֱכוֹל כַּמָּה מִינֵי מַאֲכָלִים, יַקְדִּים לֶאֱכוֹל תְּחִלָּה אֶת הַמְשַׁלְשֵׁל, וְלֹא יְעָרְבֵם עִם הַמָּזוֹן, אֶלָּא שׁוֹהֶה מְעַט בֵּינֵיהֶם. וְכֵן יַקְדִּים אֶת הַמַּאֲכָל הַקַּל שֶׁהוּא נוֹחַ לְהִתְעַכֵּל, כְּגוֹן בְּשַׂר עוֹף קוֹדֵם לִבְשַׂר בְּהֵמָה, בְּשַׂר בְּהֵמָה דַקָּה קוֹדֵם לִבְשַׂר בְּהֵמָה גַסָּה. וּדְבָרִים שֶׁמְּאַמְּצִין אֶת בְּנֵי מֵעַיִם יֹאכַל מִיָּד לְאַחַר הָאֲכִילָה, וְאַל יֹאכַל מֵהֶם הַרְבֵּה.

סעיף יג' מֵהְיוֹת כִּי הַתְחָלַת הָעִכּוּל הוּא בַּפֶּה, עַל יְדֵי טְחִינַת הַשִּׁנַּיִם וְהִתְעָרְבוּת עִם מִיץ הָרֹק, לָכֵן לֹא יִבְלַע שׁוּם מַאֲכָל בְּלִי לְעִיסָה, כִּי אָז תִּכְבַּד הָעִכּוּל בָּאִצְטוֹמְכָא לְבַדּוֹ.

סעיף יד' כְּבָר אָמַרְנוּ (בְּסָעִיף ז') כִּי בְּנֵי אָדָם אֵינָם שָׁוִים בְּמִזְגָּם. וְיֵשׁ לְכָל אִישׁ לִבְחוֹר עַל פִּי רוֹפְאִים בַּמַּאֲכָלִים הַטּוֹבִים לְפִי מִזְגוֹ וּמְקוֹמוֹ וְשַׁעְתּוֹ.

וּבְדֶרֶךְ כְּלָל, הִנֵּה הָרוֹפְאִים הַקַּדְמוֹנִים חִלְּקוּ אֶת הַמַּאֲכָלִים בְּמַדְרֵגוֹת שׁוֹנוֹת. יֵשׁ מַאֲכָלִים שֶׁהֵם רָעִים בְּיוֹתֵר עַד מְאֹד, וְרָאוּי לָאָדָם שֶׁלֹּא לְאָכְלָן לְעוֹלָם, כְּגוֹן הַדָּגִים הַגְּדוֹלִים הַמְּלוּחִים הַיְשָׁנִים, וְהַגְּבִינָה הַמְּלוּחָה הַיְשָׁנָה, וְהַכְּמֵהִין וּפִטְרִיּוֹת, וְהַבָּשָׂר הַמָּלוּחַ הַיָּשָׁן, וְיַיִן מִגִּתּוֹ, וְהַתַּבְשִׁיל שֶׁשָּׁהָה עַד שֶׁנָּדַף רֵיחוֹ. וְכֵן כָּל מַאֲכָל שֶׁרֵיחוֹ רַע אוֹ מַר בְּיוֹתֵר, הֲרֵי הוּא לַגּוּף כְּמוֹ סַם הַמָּוֶת. וְיֵשׁ מַאֲכָלִים שֶׁהֵם רָעִים, אֲבָל אֵינָם כְּמוֹ הָרִאשׁוֹנִים לָרֹעַ, לְפִיכָךְ רָאוּי לָאָדָם שֶׁלֹּא לֶאֱכוֹל מֵהֶם אֶלָּא מְעַט אַחַר יָמִים הַרְבֵּה, וְלֹא יַרְגִּיל אֶת עַצְמוֹ לִהְיוֹת מְזוֹנוֹ מֵהֶם אוֹ לְאָכְלָם עִם מְזוֹנוֹ תָּמִיד, כְּגוֹן דָּגִים גְּדוֹלִים וּגְבִינָה, וְחָלָב שֶׁשָּׁהָה אַחַר שֶׁנֶּחֱלַב עֶשְׂרִים וְאַרְבַּע שָׁעוֹת, וּבְשַׂר שְׁוָרִים גְּדוֹלִים וּתְיָשִׁים גְּדוֹלִים, וְלֶחֶם שְׂעוֹרִים וְלֶחֶם מַצּוֹת, וְהַכְּרוּב וְהֶחָצִיר וְהַבְּצָלִים וְהַשּׁוּמִים וְהַחַרְדָּל וְהַצְּנוֹן, כָּל אֵלּוּ מַאֲכָלִים רָעִים הֵם. וְאֵין רָאוּי לָאָדָם לֶאֱכוֹל מֵאֵלּוּ אֶלָּא מְעַט עַד מְאֹד וּבִימוֹת הַגְּשָׁמִים. אֲבָל בִּימוֹת הַחַמָּה, לֹא יֹאכַל מֵהֶם כְּלָל.

סעיף טו' וְיֵשׁ מַאֲכָלִים שֶׁהֵם רָעִים וְאֵינָם כְּמוֹ אֵלּוּ. וְהֵם, כְּמוֹ עוֹף הַמַּיִם (אַנְז וּבַרְנָז), וּבְנֵי יוֹנָה הַקְּטַנִּים, וּתְמָרִים, וְלֶחֶם שֶׁנִּלּוֹשׁ בְּשֶׁמֶן, וְהַסֹּלֶת שֶׁנִּפּוּ אוֹתָהּ כָּל צָרְכָּהּ עַד שֶׁלֹּא נִשְׁאַר בָּהּ רֵיחַ מֻרְסָן, אֵין רָאוּי לְהַרְבּוֹת בְּמַאֲכָלוֹת אֵלֶּה.

סעיף טז' לְעוֹלָם יִמְנַע הָאָדָם אֶת עַצְמוֹ מִפֵּרוֹת הָאִילָנוֹת, וְלֹא יַרְבֶּה לֶאֱכוֹל מֵהֶם, אֲפִלּוּ יְבֵשִׁים, וּמִכָּל שֶׁכֵּן רְטֻבִּים. אֲבָל קֹדֶם שֶׁיִּתְבַּשְּׁלוּ בָּאִילָן כָּל צָרְכָּן, הֲרֵי הֵן כַּחֲרָבוֹת לַגּוּף. וְכֵן הֶחָרוּבִים, רָעִים לְעוֹלָם. וְכָל הַפֵּרוֹת הַחֲמוּצִים, רָעִים וְאֵין אוֹכְלִין מֵהֶן אֶלָּא מְעַט בִּימוֹת הַחַמָּה וּבִמְקוֹמוֹת הַחַמִּים. וְהַתְּאֵנִים וְהָעֲנָבִים וְהָרִמּוֹנִים (עַיֵּן ברמב"ם פֶּרֶק ד', וּכְפִי הַנִּרְאֶה דְּטָעוּת סוֹפֵר יֵשׁ כָּאן וְצָרִיךְ לוֹמַר שְׁקֵדִים בִּמְקוֹם רִמּוֹנִים) לְעוֹלָם טוֹבִים, בֵּין רְטֻבִּים בֵּין יְבֵשִׁים, וְאוֹכֵל אָדָם מֵהֶם כָּל צָרְכּוֹ. וּמִכָּל מָקוֹם לֹא יַתְמִיד בַּאֲכִילָתָם, אַף עַל פִּי שֶׁהֵם טוֹבִים מִכָּל פְּרִי הָאִילָנוֹת.

סעיף יז' בְּעִנְיַן הַשְּׁתִיָּה, הַמַּיִם הֵם הַמַּשְׁקִים הַטִּבְעִים לָאָדָם וּבְרִיאִים לַגּוּף. אִם הֵם זַכִּים וּצְלוּלִים, מוֹעִילִים שֶׁשּׁוֹמְרִים הָרְטִיבוּת שֶׁבַּגּוּף וּמְמַהֲרִים לְהוֹצִיא אֶת הַפְּסֹלֶת. כְּשֶׁיִּשְׁתֶּה מַיִם, יִבְחַר אֶת הַקָּרִים, שֶׁהֵם מְרַוִּים הַצִּמָּאוֹן וּמְטִיבִים אֶת הָעִכּוּל יוֹתֵר מֵ אֵלּוּ שֶׁאֵינָם קָרִים. אַךְ לֹא יִהְיוּ קָרִים מְאֹד, שֶׁהֵם מְכַבִּים אֶת הַחֹם הַטִּבְעִי. וּמִכָּל שֶׁכֵּן כְּשֶׁהָאָדָם הוּא עָיֵף וְיָגֵעַ, יִזָּהֵר מְאֹד שֶׁלֹּא לִשְׁתּוֹת מַיִם קָרִים, כִּי אָז חֵלֶב הַלֵּב נִתְחַמֵּם וְהוּא מְ הֻתָּךְ מֵחֲמַת הָעֲיֵפוּת וְהַיְגִיעָה וְהַמַּיִם הַקָּרִים יַזִּיקוּ לוֹ עַד שֶׁיּוּכַל לָבֹא לִידֵי סַכָּנָה, חַס וְשָׁלוֹם. וְאַף כִּי הַמַּיִם טוֹבִים לִבְרִיאוּת הַגּוּף, מִכָּל מָקוֹם לֹא יִשְׁתֶּה מֵהֶם הַרְבֵּה. אֵין לִשְׁתּוֹת מַיִם קֹדֶם הָאֲכִילָה, לְפִי שֶׁיִּתְקָרֵר הָאִצְטוֹמְכָא וְלֹא יְעַכֵּל אֶת הַמָּזוֹן כָּרָאוּי. וְגַם בְּתוֹךְ אֲכִילָתוֹ לֹא יִשְׁתֶּה רַק מְעַט מַיִם מָזוּג בְּיַיִן. וְרַק כְּשֶׁהַמַּאֲכָל מַתְחִיל לְהִתְעַכֵּל, אָז יִשְׁתֶּה שִׁעוּר בֵּינוֹנִי. וְכֵן אֵין לִשְׁתּוֹת מַיִם בְּצֵאתוֹ מִן הַמֶּרְחָץ, שֶׁלֹּא יִתְקָרֵר הַכָּבֵד, וּמִכָּל שֶׁכֵּן שֶׁלֹּא יִשְׁתֶּה בַּמֶּרְחָץ. וְכֵן לֹא יִשְׁתֶּה אוֹתָם תֵּכֶף אַחַר הַמִּשְׁגָּל, לְפִי שֶׁאָז הַחֹם הַטִּבְעִי הוּא חָלוּשׁ וְיִהְיֶה גּוֹרֵם שֶׁיִּתְקָרְרוּ

הָאֵבָרִים.

סעיף יח' הַיַּיִן מַחֲזִיק הַחֹם הַטִּבְעִי, וּמֵטִיב אֶת הָעִכּוּל, וּמוֹצִיא אֶת הַמּוֹתָרוֹת, וְעוֹזֵר לִבְרִיאוּת הַגּוּף כְּשֶׁיִּשְׁתֶּה מֵהֶם שִׁעוּר בֵּנוֹנִי. מִי שֶׁמֹּחוֹ חָלוּשׁ יִזָּהֵר מִן הַיַּיִן, שֶׁמּוֹסִיף עַל חֲלִישׁוּתוֹ וּמְמַלֵּא אֶת הָרֹאשׁ עֲשָׁנִים. הַיַּיִן יָפֶה לִזְקֵנִים וּמַזִּיק לִנְעָרִים, לְפִי שֶׁמְּעוֹרֵר הַחֹם הַטִּבְעִי, וְהוּא כְּמוֹסִיף אֵשׁ עַל אֵשׁ. וְיֵשׁ לִזָּהֵר מִן הַיַּיִן עַד עֶשְׂרִים וְאַחַת שָׁנָה. אֵין רָאוּי לִשְׁתּוֹת יַיִן קֹדֶם אֲכִילָה אֶלָּא מְעַט, כְּדֵי לִפְתֹּחַ בְּנֵי הַמֵּעַיִם, וְלֹא בְּעֵת רְעָבוֹן, וְלֹא אַחַר מֶרְחָץ וְזֵעָה, וְלֹא אַחַר עָמָל וִיגִיעָה. וּבְתוֹךְ הָאֲכִילָה לֹא יִשְׁתֶּה אֶלָּא מְעַט.

סעיף יט' לְעוֹלָם לֹא יֹאכַל אָדָם אֶלָּא כְּשֶׁהוּא רָעֵב, וְלֹא יִשְׁתֶּה אֶלָּא כְּשֶׁהוּא צָמֵא, וְאַל יַשְׁהֶה נְקָבָיו אֲפִלּוּ רֶגַע אֶחָד, וְלֹא יֹאכַל עַד שֶׁיִּבְדֹּק אֶת עַצְמוֹ יָפֶה יָפֶה, שֶׁמָּא צָרִיךְ לִנְקָבָיו.

סעיף כ' לְעוֹלָם יִשְׁתַּדֵּל אָדָם שֶׁיִּהְיוּ מֵעָיו רְפוּיִים כָּל יָמָיו, וְיִהְיֶה קָרוֹב לְשִׁלְשׁוּל מְעָט. וְזֶהוּ כְּלָל גָּדוֹל בָּרְפוּאָה, כָּל זְמַן שֶׁהָרְעִי נִמְנַע אוֹ יָצָא בְּקוֹשִׁי, חֳלָאִים רָעִים בָּאִים. וְלָכֵן כְּשֶׁרוֹאֶה אָדָם שֶׁמֵּעָיו נֶחְלָשׁוּ וְאֵין בָּהֶם כֹּחַ הַדּוֹחֶה, יִדְרוֹשׁ בָּרוֹפְאִים לְהַגִּיד לוֹ בַּמֶּה יְרַפֶּה אוֹתָם, אִישׁ אִישׁ לְפִי מִזְגּוֹ וּלְפִי יָמָיו.

סעיף כא' הַיְגִיעָה בְּדֶרֶךְ מְמֻצַּעַת, טוֹבָה לִבְרִיאוּת הַגּוּף (וְעַיֵּן לְעֵיל סָעִיף ו) אֲבָל הַיְגִיעָה הַגְּדוֹלָה וְכֵן הַמְּנוּחָה, מַזִּיקִין לַגּוּף. בִּזְמַן הַחֹם אֵין לְהִתְיַגֵּעַ רַק מְעַט וּבִזְמַן הַקֹּר צָרִיךְ יוֹתֵר. הָאָדָם הַשָּׁמֵן צָרִיךְ שֶׁיִּתְיַגֵּעַ יוֹתֵר מִן הָאָדָם הַכָּחוּשׁ.

סעיף כב' הָרוֹצֶה לִשְׁמוֹר אֶת הַבְּרִיאוּת, צָרִיךְ לָדַעַת הַתְּנוּעוֹת הַנַּפְשִׁיּוֹת וְלִזָּהֵר מֵהֶן. וְהֵן, כְּמוֹ הַשִּׂמְחָה וְהַדְּאָגָה וְהַכַּעַס וְהַפַּחַד, שֶׁהֵן פּוֹעֲלוֹת בַּנֶּפֶשׁ. וְצָרִיךְ הַמַּשְׂכִּיל שֶׁיְּהֵא שָׂמֵחַ בְּחֶלְקוֹ כָּל יְמֵי הֶבְלוֹ, וְלֹא יִדְאַג עַל עוֹלָם שֶׁאֵינוֹ שֶׁלּוֹ, וְלֹא יְבַקֵּשׁ יִתְרוֹנוֹת, וְיִהְיֶה בְּטוֹב לֵבָב וּבְשִׂמְחָה הַמְּמֻצַּעַת, כִּי הִיא סִבָּה לְגַדֵּל הַחֹם הַטִּבְעִי, וּלְעַכֵּל הַמַּאֲכָל, וְלִדְחוֹת הַמּוֹתָרוֹת, וּלְחַזֵּק אוֹר הָעֵינַיִם וְכָל הַהַרְגָּשׁוֹת, וְגַם יִתְחַזֵּק כֹּחַ הַשֵּׂכֶל. וְאָמְנָם לֹא לְהַרְבּוֹת הַשִּׂמְחָה בְּמַאֲכָל וּבְמִשְׁתֶּה כְּמוֹ הַסְּכָלִים, כִּי בְּרֹב הַשִּׂמְחָה יֵצֵא הַחֲמִימוּת לְשֶׁטַח הַגּוּף, וְיִתַּךְ הַחֹם הַטִּבְעִי, וְיִתְקָרֵר הַלֵּב פִּתְאוֹם, וְיָמוּת בְּלֹא עִתּוֹ בְּפֶתַע. וּבִפְרָט יִקְרֶה זֹאת לַאֲנָשִׁים שְׁמֵנִים בְּגוּפָם, לְפִי שֶׁהַחֹם הַטִּבְעִי בְּגוּפָם מְעַט, לְפִי שֶׁעוֹרְקֵיהֶם צָרִים וּמְרוּצַת הַדָּם שֶׁהוּא מְקוֹר הַחֹם הִיא לְאַט. הַדְּאָגָה הִיא הֵפוּךְ הַשִּׂמְחָה, וְגַם הִיא מַזֶּקֶת, לְפִי שֶׁמְּקָרֶרֶת אֶת הַגּוּף, וְיִתְקַבֵּץ הַחֹם הַטִּבְעִי אֶל הַלֵּב וִיבִיאֵהוּ אֶל הַמָּוֶת. הַכַּעַס מְעוֹרֵר חֲמִימוּת הַגּוּף עַד שֶׁיּוֹלִיד מִין מִמִּינֵי הַקַּדַּחַת. הַפַּחַד יוֹלִיד בְּגוּף קְרִירוּת, וְלָכֵן יִקְרֶה לַמְפַחֵד, רְעָדָה. וּכְשֶׁתִּתְרַבֶּה הַקְּרִירוּת, אוּלַי יָמוּת. וּמִכָּל שֶׁכֵּן שֶׁצָּרִיךְ לִזָּהֵר שֶׁלֹּא יֹאכַל כְּשֶׁהוּא בְּכַעַס אוֹ בְּפַחַד אוֹ בִּדְאָגָה, אֶלָּא כְּשֶׁהוּא בְּשִׂמְחָה מְמֻצַּעַת.

סעיף כג' הַשֵּׁנָה הַמְּמֻצַּעַת טוֹבָה לִבְרִיאוּת הַגּוּף, לְפִי שֶׁיִּתְעַכֵּל מְזוֹנוֹ וְיָנוּחוּ הַחוּשִׁים. וְאִם יִקְרֶה לוֹ מֵחֲמַת חֹלִי שֶׁאֵינוֹ יָכוֹל לִישֹׁן, צָרִיךְ שֶׁיֹּאכַל דְּבָרִים הַמְּבִיאִים אֶת הַשֵּׁנָה. אֲבָל

רִבּוּי הַשֵּׁנָה, מַזֶּקֶת, לְפִי שֶׁיִּתְמַלֵּא הָרֹאשׁ מֵהָאֵדִים, כִּי יִרְבֶּה הֶעָשָׁן הָעוֹלֶה מִן הַבֶּטֶן אֶל הַמֹּחַ, וִימַלֵּא הָרֹאשׁ עָשָׁן וְיַזִּיק לַגּוּף הֶזֵּק גָּדוֹל. כְּמוֹ שֶׁיֵּשׁ לוֹ לָאָדָם לִזָּהֵר שֶׁלֹּא יִישַׁן תֵּכֶף אַחַר הָאֲכִילָה, כֵּן יֵשׁ לוֹ לִזָּהֵר שֶׁלֹּא יִישַׁן כְּשֶׁהוּא רָעֵב. כִּי כְּשֶׁאֵין מָזוֹן בַּגּוּף, יִפְעַל הַחֲמִימוּת בַּמּוֹתָרוֹת וְיִתְיַלֵּד מִמֶּנּוּ עָשָׁן נִפְסָד וְיַעֲלֶה לַמֹּחַ. כְּשֶׁיִּישַׁן, יִהְיוּ מְרַאֲשׁוֹתָיו גְּבוֹהִים, לְפִי שֶׁיַּעֲזוֹר שֶׁיֵּרֵד הַמַּאֲכָל מִפִּי הָאִצְטוֹמְכָא וְיִתְמַעֲטוּ הָעֲשָׁנִים הָעוֹלִים לַמֹּחַ. הַשֵּׁנָה הַטִּבְעִית הִיא בַּלָּיְלָה. וּשְׁנַת הַיּוֹם מַזֶּקֶת, וְאֵינָהּ טוֹבָה אֶלָּא לְאוֹתָן שֶׁהֻרְגְּלוּ בָּהּ (עַיֵּן עוֹד בְּסֵדֶר הַשֵּׁנָה בְּסִימָן עא).

סעיף כד' דֶּרֶךְ הָרְחִיצָה, שֶׁיִּכָּנֵס אָדָם לַמֶּרְחָץ מִשִּׁבְעָה יָמִים לְשִׁבְעָה יָמִים. לֹא יִכָּנֵס לַמֶּרְחָץ לֹא כְּשֶׁהוּא רָעֵב, וְלֹא כְּשֶׁהוּא שָׂבֵעַ, אֶלָּא כְּשֶׁיַּתְחִיל הַמָּזוֹן לְהִתְעַכֵּל. וְיִרְחַץ גּוּפוֹ בְּחַמִּין וְאַחַר כָּךְ בְּפוֹשְׁרִין וְאַחַר כָּךְ בְּפוֹשְׁרִין מִן הַפּוֹשְׁרִין עַד שֶׁיִּרְחַץ בְּצוֹנֵן. כְּשֶׁיֵּצֵא מִן הַמֶּרְחָץ, יִלְבַּשׁ בְּגָדָיו וִיכַסֶּה רֹאשׁוֹ הֵיטֵב, שֶׁלֹּא תִשְׁלוֹט בּוֹ רוּחַ קָרָה. וַאֲפִלּוּ בִּימוֹת הַחַמָּה צָרִיךְ לְהִזָּהֵר בָּזֶה. וְיִשְׁהֶה לְאַחַר שֶׁיֵּצֵא עַד שֶׁתִּתְיַשֵּׁב נַפְשׁוֹ וְיָנוּחַ גּוּפוֹ וְתָסוּר הַחֲמִימוּת, וְאַחַר כָּךְ יֹאכַל. וְאִם יִישַׁן מְעַט כְּשֶׁיֵּצֵא מִן הַמֶּרְחָץ קֹדֶם אֲכִילָה, הֲרֵי זֶה יָפֶה מְאֹד.

סעיף כה' לְעוֹלָם יִשְׁתַּדֵּל אָדָם לָדוּר בְּמָקוֹם שֶׁהָאֲוִיר זַךְ וְנָקִי, בְּמָקוֹם גָּבוֹהַּ וּבְבִנְיָן רָחָב. וְאִם אֶפְשָׁר, לֹא יָדוּר בַּקַּיִץ בְּמָקוֹם פָּתוּחַ לְצַד צָפוֹן, וְלֹא לְצַד מִזְרָח, וְשֶׁלֹּא יִהְיֶה שָׁם שׁוּם דָּבָר מְעֻפָּשׁ. וְטוֹב מְאֹד לְנַקּוֹת אֲוִיר הַבַּיִת תָּדִיר בְּרֵיחוֹת טוֹבִים וּבַעֲשָׁנִים מוֹעִילִים.

סעיף כו' הָאֲוִיר הַטּוֹב לִבְרִיאוּת הַגּוּף הוּא, שֶׁיְּהֵא מְמֻזָּג שָׁוֶה. מְמֻצָּע בֵּין הַקֹּר וְהַחֹם. וְלָכֵן יִזָּהֵר כָּל אָדָם, שֶׁלֹּא יְחַמֵּם אֶת בֵּיתוֹ הַרְבֵּה בִּימוֹת הַחֹרֶף כְּדֶרֶךְ אֲנָשִׁים בְּלִי דַעַת, כִּי עַל יְדֵי רֹב הַחֲמִימוּת, הַרְבֵּה חֳלָאִים בָּאִים, רַחֲמָנָא לִצְלַן, אֶלָּא יְחַמְּמוֹ בְּאֹפֶן אֲשֶׁר לֹא יַרְגִּישׁ שׁוּם קְרִירוּת, וְלֹא יֵחַם לוֹ בְּיוֹתֵר.

סעיף כז' לִשְׁמוֹר חוּשׁ הָרְאִיָּה, יִזָּהֵר מִדְּבָרִים אֵלּוּ, לֹא יָבֹא בְּחִפָּזוֹן בְּפַעַם אַחַת מִמָּקוֹם חֹשֶׁךְ לְאוֹר גָּדוֹל. וְאִם צָרִיךְ לִכָּנֵס מִמָּקוֹם חֹשֶׁךְ לְמָקוֹם אוֹר, יִפְתַּח אֶת הַדֶּלֶת מְעַט וְיִסְתַּכֵּל בְּאוֹתוֹ אוֹר מְעַט אֵיזֶה רְגָעִים, וְאַחַר כָּךְ יִפְתַּח יוֹתֵר וְיִסְתַּכֵּל גַּם כֵּן בְּאוֹתוֹ אוֹר אֵיזֶה רְגָעִים, וְאַחַר כָּךְ יִפְתַּח כֻּלָּהּ. וְכֵן יַעֲשֶׂה גַּם בְּבוֹאוֹ מִמָּקוֹם אוֹר לְמָקוֹם חֹשֶׁךְ, כִּי הַתְּמוּרָה מֵאוֹר לְחֹשֶׁךְ אוֹ מֵחֹשֶׁךְ לְאוֹר בְּלִי מְמֻצָּע, מַזִּיק לָרְאִיָּה. וְלָכֵן, ה' יִתְבָּרַךְ שְׁמוֹ, בְּרַחֲמָיו בָּרָא אֶת הָעוֹלָם בְּעִנְיָן זֶה, שֶׁהַשֶּׁמֶשׁ זוֹרַחַת עַל הָאָרֶץ מְעַט מְעַט, וְלֹא בְּפַעַם אַחַת, וְכֵן שׁוֹקַעַת מְעַט מְעַט. וְעַל זֶה אָנוּ מְבָרְכִין, הַמֵּאִיר לָאָרֶץ וְלַדָּרִים עָלֶיהָ בְּרַחֲמִים, שֶׁמֵּאִיר לָנוּ בְּרַחֲמִים מְעַט מְעַט, וְלֹא בְּפַעַם אַחַת פִּתְאוֹם. אוֹר הַחוֹזֵר מִן הַשֶּׁמֶשׁ, פֵּרוּשׁ שֶׁהַשֶּׁמֶשׁ זוֹרַחַת עַל אֵיזֶה מָקוֹם וּמִשָּׁם בָּא הָאוֹר, אוֹר זֶה מַזִּיק לָעֵינַיִם. לָכֵן יִזָּהֵר מִלָּדוּר בְּבַיִת אֲשֶׁר כָּל הַחַלּוֹנוֹת רַק מִצַּד צָפוֹן, כִּי הַשֶּׁמֶשׁ אֵינָהּ בָּאָה לְצַד צָפוֹן, וְכָל הָאוֹר אֲשֶׁר שָׁמָּה הוּא רַק אוֹר הַחוֹזֵר. וְכֵן אֲפִלּוּ אִם הַחַלּוֹנוֹת הֵמָּה לְצַד מִזְרָח אוֹ דָרוֹם אוֹ מַעֲרָב, אִם אֵין הַשָּׁמַיִם נִרְאִין מִתּוֹךְ הַחַלּוֹנוֹת, כְּגוֹן

שֶׁיֵּשׁ כְּנֶגְדָּן חוֹמוֹת גְּבוֹהוֹת, הֲרֵי גַּם כֵּן הָאוֹר הַבָּא הוּא רַק אוֹר הַחוֹזֵר. יִזָּהֵר מִלַּעֲסֹק בִּכְתִיבָה, אוֹ לִקְרוֹת בַּסֵּפֶר, אוֹ לַעֲשׂוֹת כָּל מְלָאכָה דַקָּה בְּאוֹר בֵּין הַשְּׁמָשׁוֹת. וְכֵן בְּעֶצֶם הַיּוֹם כַּאֲשֶׁר הַשֶּׁמֶשׁ בְּתָקְפָּהּ. וְכֵן לֹא יַרְבֶּה בִּכְתִיבָה אוֹ לִקְרוֹת בַּסֵּפֶר בְּאוֹתִיּוֹת קְטַנּוֹת וּבְכָל מְלָאכָה דַקָּה לְאוֹר הַנֵּר בַּלַּיְלָה. הַהִסְתַּכְּלוּת הַרְבֵּה בְּצֶבַע לָבָן גַּם כֵּן מַזִּיקָה לָעֵינַיִם. וְלָכֵן מַרְאֵה הַשָּׁמַיִם כְּמַרְאֵה הַתְּכֵלֶת, לֹא לָבָן, כְּדֵי שֶׁלֹּא יַזִּיק לָעֵינַיִם. וְכֵן הַהִסְתַּכְּלוּת הַרְבֵּה בְּמַרְאֶה אָדוֹם צַח וְכֵן בָּאֵשׁ, מַזִּיקָה גַּם כֵּן. הֶעָשָׁן וְרֵיחַ גָּפְרִית, מַזִּיקִין גַּם כֵּן. וְכֵן אָבָק דַּק אוֹ רוּחַ הַבָּא לְנֶגֶד הָעֵינַיִם, וְכֵן הֲלִיכָה מְרֻבָּה וּפְסִיעָה גַּסָּה, וּבְכִיָּה מְרֻבָּה, כְּמוֹ שֶׁאָמַר הַכָּתוּב, כָּלוּ בַדְּמָעוֹת עֵינַי. וְהַקָּשֶׁה מִכֻּלָּן הוּא רֹב הַמִּשְׁגָּל. אֲבָל מִצְוַת ה' בָּרָה מְאִירַת עֵינָיִם (רמב"ם).

סימן לג - דברים האסורים משום סכנה ובו י"ד סעיפים:

סעיף א' אָסוּר לֶאֱכֹל דָּג עִם בָּשָׂר, וַאֲפִלּוּ עִם שֻׁמַּן עוֹפוֹת, מִפְּנֵי הַסַּכָּנָה. וְאֵין לִצְלוֹת בָּשָׂר עִם דָּג בְּתַנּוּר אֶחָד, כְּשֶׁהוּא תַנּוּר קָטָן, אֶלָּא כְּשֶׁאֶחָד מֵהֶם מְכֻסֶּה. אֲבָל בַּתַּנּוּרִים שֶׁלָּנוּ שֶׁהֵם גְּדוֹלִים אֵין לָחוּשׁ.

סעיף ב' כְּשֶׁאוֹכֵל דָּגִים וְאַחַר כָּךְ בָּשָׂר אוֹ לְהֵפֶךְ, יֵשׁ לֶאֱכֹל בֵּינֵיהֶם קְצָת פַּת, וְלִשְׁתּוֹת אֵיזֶה מַשְׁקֶה, דַּהֲוֵי קִנּוּחַ וַהֲדָחָה.

סעיף ג' צָרִיךְ לִזָּהֵר מִזֵּעַת אָדָם, שֶׁכָּל זֵעַת אָדָם הוּא סַם הַמָּוֶת, חוּץ מִזֵּעַת הַפָּנִים. וְלָכֵן יִזָּהֵר שֶׁלֹּא יִתֵּן מַאֲכָל בֵּין בְּגָדָיו לִבְשָׂרוֹ מִפְּנֵי הַזֵּעָה. וְכֵן לֹא יִתֵּן מָעוֹת לְתוֹךְ פִּיו, שֶׁמָּא יֵשׁ עֲלֵיהֶם מְעַט זֵעָה, וְעוֹד שֶׁיַּד הַכֹּל מְמַשְׁמְשִׁין בָּהֶן, וְיֵשׁ מֵהֶם חוֹלִים (יורה דעה סימן קט"ז)

סעיף ד' צָרִיךְ כָּל אָדָם לִזָּהֵר תָּמִיד כְּשֶׁמֵּרִיחַ רֵיחַ אֵיזֶה מַאֲכָל, יַפְלִיט כָּל הָרֹק שֶׁבְּפִיו וְלֹא יִבְלָעֶנּוּ, כִּי אִם בּוֹלְעוֹ, יוּכַל לָבֹא לִידֵי סַכָּנָה, חַס וְשָׁלוֹם (כתובו' סא:)

סעיף ה' יֵשׁ לִזָּהֵר שֶׁלֹּא לִשְׁתּוֹת מַשְׁקִים שֶׁנִּתְגַּלּוּ.

סעיף ו' אָסוּר לִתֵּן דְּבַר מַאֲכָל אוֹ מַשְׁקִים תַּחַת הַמִּטָּה, אֲפִלּוּ הֵם מְכֻסִּים, מִפְּנֵי שֶׁרוּחַ רָעָה שׁוֹרָה עֲלֵיהֶם. וּבִכְפָרִים, יֵשׁ מַחֲזִיקִים תַּפּוּחֵי אֲדָמָה וּשְׁאָר מַאֲכָלִים תַּחַת הַמִּטּוֹת, וְיֵשׁ לְהַזְהִירָם עַל זֶה.

סעיף ז' וְכֵן יִזָּהֵר מִכָּל דְּבָרִים הַמְּבִיאִים לִידֵי סַכָּנָה, כִּי סַכַּנְתָּא חֲמִירָא מֵאִסּוּרָא. וְיֵשׁ לָחוּשׁ יוֹתֵר לִסְפֵק סַכָּנָה מִלִּסְפֵק אִסּוּר. וְלָכֵן אָסוּר לֵילֵךְ בְּכָל מְקוֹם סַכָּנָה, כְּגוֹן, תַּחַת קִיר נָטוּי, וְעַל גֶּשֶׁר רָעוּעַ, וְלֹא יֵצֵא יְחִידִי בַּלַּיְלָה, וְלֹא יִישַׁן יְחִידִי בְּחֶדֶר בַּלַּיְלָה. וְכֵן אָסְרוּ לִשְׁתּוֹת מַיִם מִן הַנְּהָרוֹת בַּלַּיְלָה, אוֹ לְהַנִּיחַ פִּיו עַל קִלּוּחַ הַמַּיִם לִשְׁתּוֹת, שֶׁמָּא יִבְלַע אֵיזֶה דָּבָר הַמַּזִּיק (יו"ד קטן חו"מ תכז).

סעיף ח' נוֹהֲגִין שֶׁבִּשְׁעַת הַתְּקוּפָה מַנִּיחִין קְצָת בַּרְזֶל עַל כָּל הַמַּשְׁקִים וּמַאֲכָלִים. וְעַל הַמְבֻשָּׁלִים אוֹ כְבוּשִׁים אוֹ מְלוּחִים אֵין צְרִיכִין.

סעיף ט' אָסוּר לֶאֱכֹל מַאֲכָלִים

וּמַשְׁקִים שֶׁנַּפְשׁוֹ שֶׁל אָדָם קָצָה בָּהֶם, אוֹ מִתּוֹךְ כֵּלִים מְאוּסִים שֶׁנַּפְשׁוֹ שֶׁל אָדָם קָצָה בָּהֶם, וְכֵן לֹא יֹאכַל בְּיָדַיִם מְזֹהָמוֹת. שֶׁכָּל אֵלּוּ הֵם בִּכְלַל אַל תְּשַׁקְּצוּ אֶת נַפְשֹׁתֵיכֶם. וַאֲפִלּוּ יֹאמַר שֶׁאֵין נַפְשׁוֹ קָצָה בָּהֶם, בָּטְלָה דַּעְתּוֹ אֵצֶל כָּל אָדָם.

סעיף י' בְּהֵמָה אוֹ עוֹף שֶׁהָיוּ מְסֻכָּנִים וְנִשְׁחֲטוּ, אַף עַל פִּי שֶׁהֻתְּרוּ בִּשְׁחִיטָה, הַמְדַקְדְּקִים מַחְמִירִים עַל עַצְמָם שֶׁלֹּא לְאָכְלָם.

סעיף יא' אָסוּר לָקֹץ אִילָן מַאֲכָל הָעוֹשֶׂה פֵּרוֹת, (אִילָן זַיִת שֶׁהוּא עוֹשֶׂה רֹבַע הַקַּב זֵיתִים, וְדֶקֶל הָעוֹשֶׂה קַב תְּמָרִים, בבא קמא צ"א) וְהִיא סַכָּנָה. וְאִם הוּא סָמוּךְ לְאִילָנוֹת אֲחֵרוֹת שֶׁחֲשׁוּבִים יוֹתֵר מִמֶּנּוּ וְהוּא מַכְחִישׁ אוֹתָם, וְכֵן אִם צָרִיךְ לִמְקוֹמוֹ, מֻתָּר לְקָצְצוֹ (יורה דעה סִימָן קט"ז)

סעיף יב' הַחוֹשֵׁשׁ בִּמְעָיו, יֵשׁ עוֹשִׂין לִרְפוּאָה שֶׁמַּעֲמִידִין עַל בִּטְנוֹ כְּלִי שֶׁיֵּשׁ בּוֹ מַיִם חַמִּים, וְאָסוּר לַעֲשׂוֹת כֵּן מִפְּנֵי הַסַּכָּנָה (אוֹרַח חַיִּים סִימָן שכ"ו).

סעיף יג' אָסוּר לַעֲבֹר בְּנַחַל שֶׁמֵּימָיו רוֹדְפִין, אִם הַמַּיִם מַגִּיעִים לְמַעְלָה מִמָּתְנַיִם, מִשּׁוּם סַכָּנָה, שֶׁלֹּא יִשְׁטְפוּהוּ הַמַּיִם (יומא דף ע"ז ע"ב)

סעיף יד' אָסוּר לְהוֹצִיא מִפִּיו דְּבַר פֻּרְעָנוּת עַל אָדָם מִיִּשְׂרָאֵל, אֲפִלּוּ לוֹמַר, אִלּוּ הָיָה פְּלוֹנִי קַיָּם הָיָה בָּא לְכָאן, כִּי בְּרִית כְּרוּתָה לַשְּׂפָתַיִם. וְאֵין לַעֲשׂוֹת מוֹרָא לְתִינוֹק בְּדָבָר טָמֵא, כְּגוֹן לוֹמַר: חָתוּל אוֹ כֶּלֶב יִקָּחֵהוּ. וְכֵן בְּכָל כַּיּוֹצֵא בְּאֵלּוּ, צָרִיךְ לִזָּהֵר מְאֹד מֵהֶרְגֵּל הַלָּשׁוֹן (וְעַיֵּן לְקַמָּן סִימָן ר"ז סָעִיף ג').

סימן לד - הלכות צדקה ובו ט"ז סעיפים:

סעיף א' מִצְוַת עֲשֵׂה לִתֵּן צְדָקָה לַעֲנִיֵּי יִשְׂרָאֵל, שֶׁנֶּאֱמַר פָּתֹחַ תִּפְתַּח אֶת יָדְךָ לוֹ. וְנֶאֱמַר, וְחֵי אָחִיךָ עִמָּךְ. וְכָל הָרוֹאֶה עָנִי מְבַקֵּשׁ וְהֶעֱלִים עֵינוֹ מִמֶּנּוּ וְלֹא נָתַן לוֹ צְדָקָה, עוֹבֵר בְּלֹא תַעֲשֶׂה, שֶׁנֶּאֱמַר, לֹא תְאַמֵּץ אֶת לְבָבְךָ וְלֹא תִקְפֹּץ אֶת יָדְךָ מֵאָחִיךָ הָאֶבְיוֹן. הַצְּדָקָה הִיא סִימָן לְזֶרַע אַבְרָהָם אָבִינוּ, שֶׁנֶּאֱמַר, כִּי יְדַעְתִּיו לְמַעַן אֲשֶׁר יְצַוֶּה אֶת בָּנָיו וְגוֹ' לַעֲשׂוֹת צְדָקָה. וְאֵין כִּסֵּא יִשְׂרָאֵל מִתְכּוֹנֵן וְדָת הָאֱמֶת עוֹמֶדֶת אֶלָּא בִּצְדָקָה, שֶׁנֶּאֱמַר בִּצְדָקָה תִּכּוֹנָנִי. וְגָדוֹל הָעוֹשֶׂה צְדָקָה יוֹתֵר מִכָּל הַקָּרְבָּנוֹת, שֶׁנֶּאֱמַר עֹשֶׂה צְדָקָה וּמִשְׁפָּט, נִבְחָר לַה' מִזָּבַח. וְאֵין יִשְׂרָאֵל נִגְאָלִין אֶלָּא בִּצְדָקָה, שֶׁנֶּאֱמַר צִיּוֹן בְּמִשְׁפָּט תִּפָּדֶה וְשָׁבֶיהָ בִּצְדָקָה. לְעוֹלָם אֵין אָדָם מַעֲנִי מִן הַצְּדָקָה, וְאֵין דָּבָר רַע וְלֹא הֶזֵּק בָּא בִּשְׁבִיל הַצְּדָקָה, שֶׁנֶּאֱמַר, וְהָיָה מַעֲשֵׂה הַצְּדָקָה שָׁלוֹם. כָּל הַמְרַחֵם, מְרַחֲמִין עָלָיו, שֶׁנֶּאֱמַר, וְנָתַן לְךָ רַחֲמִים וְרִחַמְךָ וְהִרְבֶּךָ. וְכָל מִי שֶׁהוּא אַכְזָרִי, יֵשׁ לָחוּשׁ לְיִחוּסוֹ. וְהַקָּדוֹשׁ בָּרוּךְ הוּא קָרוֹב לְשַׁוְעַת עֲנִיִּים, שֶׁנֶּאֱמַר וְצַעֲקַת עֲנִיִּים יִשְׁמָע. לְפִיכָךְ צָרִיךְ לְהִזָּהֵר בְּצַעֲקָתָם, שֶׁהֲרֵי בְּרִית כְּרוּתָה לָהֶם, שֶׁנֶּאֱמַר, וְהָיָה כִּי יִצְעַק אֵלַי וְשָׁמַעְתִּי כִּי חַנּוּן אָנִי, וְאָמְרוּ בִּירוּשַׁלְמִי תַּרְעָא דְּלָא תִפְתַּח לַעֲנִיָּא תִּפָּתַח לְאַסְיָא. וְיִתֵּן הָאָדָם אֶל לִבּוֹ, שֶׁהוּא מְבַקֵּשׁ כָּל שָׁעָה פַּרְנָסָתוֹ מֵהַקָּדוֹשׁ בָּרוּךְ הוּא. וּכְמוֹ שֶׁהוּא מְבַקֵּשׁ מֵהַקָּדוֹשׁ בָּרוּךְ הוּא יִשְׁמַע שַׁוְעָתוֹ וּתְפִלָּתוֹ, כָּךְ יִשְׁמַע

הוּא שׁוֹעַת הָעֲנִיִּים. גַּם יִתֵּן הָאָדָם אֶל לִבּוֹ כִּי גַּלְגַּל הוּא הַחוֹזֵר בָּעוֹלָם, וְסוֹף שֶׁיָּבֹא הוּא אוֹ בְּנוֹ אוֹ בֶּן בְּנוֹ לְקַבֵּל צְדָקָה. וְאַל יַעֲלֶה עַל לִבּוֹ לוֹמַר: אֵיךְ אֲחַסֵּר מָמוֹנִי לִתְּנוֹ לַעֲנִיִּים, כִּי יֵשׁ לוֹ לָדַעַת שֶׁאֵין הַמָּמוֹן שֶׁלּוֹ, אֶלָּא פִּקָּדוֹן לַעֲשׂוֹת בּוֹ רְצוֹן הַמַּפְקִיד, וְזֶה חֶלְקוֹ מִכָּל עֲמָלוֹ בָּעוֹלָם הַזֶּה, כְּדִכְתִיב וְהָלַךְ לְפָנֶיךָ צִדְקֶךָ. וְהַצְּדָקָה דּוֹחָה גְּזֵרוֹת רָעוֹת וּמוֹסֶפֶת חַיִּים (יורה דעה סִימָן רמ"ז, שַׁבָּת דף קנ"א, ביצה דף ל"ב).

סעיף ב' כָּל אָדָם חַיָּב לִתֵּן צְדָקָה כְּפִי הַשָּׂגַת יָדוֹ. וַאֲפִלּוּ עָנִי הַמִּתְפַּרְנֵס מִן הַצְּדָקָה, וּכְגוֹן שֶׁיֵּשׁ לוֹ מְעַט מָמוֹן שֶׁלּוֹ, וְאֵינוֹ נוֹשֵׂא וְנוֹתֵן בָּהֶם, דְּמֻתָּר לוֹ לִטֹּל מִן הַצְּדָקָה. כֵּיוָן שֶׁאֵין לוֹ קֶרֶן כְּדֵי לְהִתְפַּרְנֵס מִן הָרֶוַח, מִכָּל מָקוֹם, כֵּיוָן שֶׁיֵּשׁ לוֹ בַּמֶּה לְהִתְפַּרְנֵס, חַיָּב לִתֵּן צְדָקָה מִמַּה שֶּׁיִּתְּנוּ לוֹ. וַאֲפִלּוּ אֵינוֹ יָכוֹל לִתֵּן אֶלָּא דָּבָר מֻעָט, אַל יִמְנַע עַצְמוֹ, כִּי הַמְּעַט מִשֶּׁלּוֹ חָשׁוּב כְּמוֹ הַרְבֵּה מִן הֶעָשִׁיר. וְכֵן אָמְרוּ רַבּוֹתֵינוּ זִכְרוֹנָם לִבְרָכָה נֶאֱמַר בְּעוֹלַת בְּהֵמָה, אִשֵּׁה רֵיחַ נִיחוֹחַ, וּבְעוֹלַת עוֹף אִשֵּׁה רֵיחַ נִיחוֹחַ, וּבְמִנְחָה אִשֵּׁה רֵיחַ נִיחוֹחַ, לוֹמַר לְךָ, אֶחָד הַמַּרְבֶּה וְאֶחָד הַמַּמְעִיט וּבִלְבַד שֶׁיְּכַוֵּן לִבּוֹ לְאָבִיו שֶׁבַּשָּׁמַיִם. אֲבָל כָּל שֶׁאֵין לוֹ אֶלָּא דֵּי פַּרְנָסָתוֹ, אֵינוֹ חַיָּב לִתֵּן צְדָקָה דְּפַרְנָסַת עַצְמוֹ קוֹדֶמֶת לְכָל אָדָם (סִימָן רמ"ח רנ"א רנ"ג ומשנה סוף מנחות).

סעיף ג' כַּמָּה נוֹתְנִים לֶעָנִי. דֵּי מַחְסוֹרוֹ אֲשֶׁר יֶחְסַר לוֹ. וְהַיְנוּ בֶּעָנִי שֶׁמְּקַבֵּל בַּחֲשַׁאי, מְחֻיָּבִים אַנְשֵׁי הָעִיר לִתֵּן לוֹ כָּל מַחְסוֹרוֹ כַּאֲשֶׁר הָיָה רָגִיל מִקֹּדֶם שֶׁהֶעֱנִי. אֲבָל עָנִי הַמַּחֲזִיר עַל הַפְּתָחִים, נוֹתְנִים לוֹ מַתָּנָה מֻעֶטֶת לְפִי עֶרְכּוֹ. וּלְכָל הַפָּחוֹת יִתְּנוּ לוֹ בְּכָל עִיר לֶחֶם וּמָזוֹן שֶׁשִּׁעוּר ב' סְעֻדּוֹת וּמָקוֹם לָלוּן. מְפַרְנְסִין וּמַלְבִּישִׁין עֲנִיֵּי עוֹבְדֵי אֱלִילִים עִם עֲנִיֵּי יִשְׂרָאֵל, מִפְּנֵי דַּרְכֵי שָׁלוֹם (ר"נ רנ"א).

סעיף ד' כַּמָּה יִתֵּן הָאָדָם צְדָקָה. שָׁנָה רִאשׁוֹנָה הַמַּעֲשֵׂר מִן הַקֶּרֶן. מִכָּאן וְאֵילָךְ יִתֵּן מַעֲשֵׂר מִן הָרֶוַח שֶׁהִרְוִיחַ כָּל שָׁנָה, [חוּץ מִצָּרְכֵי בֵּיתוֹ], זוֹ הִיא מִדָּה בֵּינוֹנִית. וּמִצְוָה מִן הַמֻּבְחָר שֶׁיִּתֵּן חֹמֶשׁ שָׁנָה רִאשׁוֹנָה מִן הַקֶּרֶן, וְאַחַר כָּךְ כָּל שָׁנָה חֹמֶשׁ מִן הָרֶוַח. וְאַל יְבַזְבֵּז אָדָם יוֹתֵר מִן הַחֹמֶשׁ, כְּדֵי שֶׁלֹּא יִצְטָרֵךְ הוּא אַחַר כָּךְ לַבְּרִיּוֹת. וְדַוְקָא כָּל יְמֵי חַיָּיו. אֲבָל בִּשְׁעַת מוֹת, יָכוֹל אָדָם לִתֵּן עַד שְׁלִישׁ רְכוּשׁוֹ צְדָקָה. אֵין לַעֲשׂוֹת מִמַּעֲשַׂר שֶׁלּוֹ דְּבַר מִצְוָה, כְּגוֹן נֵרוֹת לְבֵית הַכְּנֶסֶת אוֹ שְׁאָר דְּבָרִים לְמִצְוָה, רַק יִתְּנוּהוּ לַעֲנִיִּים. וְאִם נִזְדַּמְּנָה לוֹ מִצְוָה לִהְיוֹת בַּעַל בְּרִית, אוֹ לְהַכְנִיס חָתָן וְכַלָּה עֲנִיִּים לַחֻפָּה וְכַדּוֹמֶה וְכֵן לִקְנוֹת סְפָרִים לִלְמֹד בָּהֶם, וּלְהַשְׁאִילָן לַאֲחֵרִים לִלְמוֹד בָּהֶם, אִם לֹא הָיָה יְכֹלֶת בְּיָדוֹ, וְלֹא הָיָה עוֹשֶׂה אוֹתָהּ מִצְוָה מִמָּמוֹן שֶׁלּוֹ, יָכוֹל לַעֲשׂוֹת מִמַּעֲשֵׂר. אִם קוֹנֶה סְפָרִים מִמְּעוֹת מַעֲשֵׂר, צָרִיךְ לִזָּהֵר לְהַשְׁאִילָן לַאֲחֵרִים, אִם לֹא כַּאֲשֶׁר הוּא צָרִיךְ לָהֶם, אֲזַי הוּא קוֹדֵם. וְגַם יִזָּהֵר לִכְתּוֹב עֲלֵיהֶם שֶׁהֵם מִמְּעוֹת מַעֲשֵׂר, לְמַעַן לֹא יַחְזִיקוּ בָּהֶם בָּנָיו אַחֲרָיו (סִימָן רמ"ח).

סעיף ה' הָרוֹצֶה לִזְכּוֹת לְעַצְמוֹ, יָכוֹף אֶת יִצְרוֹ הָרַע, וְיַרְחִיב יָדוֹ, וְכָל דָּבָר שֶׁהוּא לְשֵׁם שָׁמַיִם יִהְיֶה מֵהַטּוֹב וְהַיָּפֶה. אִם בָּנָה בֵּית תְּפִלָּה, יִהְיֶה נָאֶה מִבֵּית יְשִׁיבָתוֹ. הֶאֱכִיל רָעֵב, יַאֲכִילֵהוּ

מֵהַטּוֹב וּמֵהַמָּתוֹק שֶׁבְּשֻׁלְחָנוֹ. כִּסָּה עָרֹם, יְכַסֵּהוּ מֵהַיָּפֶה שֶׁבִּכְסוּתוֹ. הִקְדִּישׁ דָּבָר, יַקְדִּישׁ מֵהַיָּפֶה שֶׁבִּנְכָסָיו. וְכֵן הוּא אוֹמֵר כָּל חֵלֶב לַה' (סִימָן רמ"ח).

סעיף ו' הַנּוֹתֵן לְבָנָיו וּבְנוֹתָיו הַגְּדוֹלִים שֶׁאֵינוֹ חַיָּב בִּמְזוֹנוֹתֵיהֶם (שֶׁהֵם יוֹתֵר מִבְּנֵי שֵׁשׁ שָׁנִים), כְּדֵי לְלַמֵּד אֶת הַבָּנִים תּוֹרָה, וּלְהַנְהִיג אֶת הַבָּנוֹת בְּדֶרֶךְ יְשָׁרָה, וְכֵן הַנּוֹתֵן מַתָּנוֹת לְאָבִיו (שֶׁאֵינוֹ יָכוֹל לְפַרְנְסוֹ, רַק מִמָּעוֹת צְדָקָה שֶׁלּוֹ), וְהֵם צְרִיכִים לְכָךְ, הֲרֵי זֶה בִּכְלַל צְדָקָה. וְלֹא עוֹד אֶלָּא שֶׁצָּרִיךְ לְהַקְדִּימוֹ לַאֲחֵרִים. וַאֲפִלּוּ אֵינוֹ בְּנוֹ וְלֹא אָבִיו אֶלָּא קְרוֹבוֹ, הוּא קוֹדֵם לְכָל אָדָם. וַעֲנִיֵּי בֵיתוֹ קוֹדְמִין לַעֲנִיֵּי עִירוֹ, וַעֲנִיֵּי עִירוֹ קוֹדְמִין לַעֲנִיֵּי עִיר אַחֶרֶת, שֶׁנֶּאֱמַר לְאָחִיךָ לַעֲנִיֶּךָ וּלְאֶבְיֹנְךָ בְּאַרְצֶךָ. אֲבָל גַּבַּאי צְדָקָה הַמְחַלֵּק אֶת הַצְּדָקָה, צָרִיךְ לִזָּהֵר שֶׁלֹּא יַרְבֶּה לִקְרוֹבָיו יוֹתֵר מִלִּשְׁאָר עֲנִיִּים (רנ"א רנ"ז).

סעיף ז' כָּל הַנּוֹתֵן צְדָקָה לֶעָנִי בְּסֵבֶר פָּנִים רָעוֹת וּפָנִים כְּבוּשׁוֹת בַּקַּרְקַע. אֲפִלּוּ נָתַן לוֹ אֶלֶף זְהוּבִים, אִבֵּד זְכוּתוֹ וְהִפְסִידָהּ, וְעוֹבֵר עַל וְלֹא יֵרַע לְבָבְךָ וְגוֹ'. אֶלָּא צָרִיךְ לִתֵּן לוֹ בְּסֵבֶר פָּנִים יָפוֹת וּבְשִׂמְחָה, וּמִתְאוֹנֵן עִמּוֹ עַל צָרָתוֹ, כְּמוֹ שֶׁאָמַר אִיּוֹב אִם לֹא בָכִיתִי לִקְשֵׁה יוֹם, עָגְמָה נַפְשִׁי לָאֶבְיוֹן. וִידַבֵּר לוֹ דִּבְרֵי תַנְחוּמִים, שֶׁנֶּאֱמַר, וְלֵב אַלְמָנָה אַרְנִין.

סעיף ח' אָסוּר לְהַחְזִיר אֶת הֶעָנִי שֶׁשָּׁאַל רֵיקָם. וַאֲפִלּוּ אַתָּה נוֹתֵן לוֹ גְּרוֹגֶרֶת אַחַת, שֶׁנֶּאֱמַר, אַל יָשֹׁב דַּךְ נִכְלָם. וְאִם אֵין בְּיָדְךָ כְּלוּם מַה לִתֵּן לוֹ, פַּיְּסֵהוּ בִּדְבָרִים. וְאָסוּר לִגְעֹר בֶּעָנִי אוֹ לְהַגְבִּיהַּ קוֹלוֹ עָלָיו בִּצְעָקָה, מִפְּנֵי שֶׁלִּבּוֹ נִשְׁבָּר וְנִדְכֶּה, וַהֲרֵי הוּא אוֹמֵר לֵב נִשְׁבָּר וְנִדְכֶּה אֱלֹהִים לֹא תִבְזֶה. וְאוֹי לוֹ לְמִי שֶׁהִכְלִים אֶת הֶעָנִי, אֶלָּא יִהְיֶה לוֹ כְּמוֹ אָב, בֵּין בְּרַחֲמִים בֵּין בִּדְבָרִים שֶׁנֶּאֱמַר, אָב אָנֹכִי לָאֶבְיוֹנִים.

סעיף ט' הַצְּדָקָה הֲרֵי הִיא בִּכְלַל הַנְּדָרִים (וְעַיֵּן לְקַמָּן סִימָן ס"ז סָעִיף ג') לְפִיכָךְ הָאוֹמֵר, הֲרֵי עָלַי סֶלַע לִצְדָקָה אוֹ הֲרֵי סֶלַע זוֹ צְדָקָה, חַיָּב לִתְּנָהּ לַעֲנִיִּים מִיָּד. וְאִם אֵחַר עוֹבֵר בְּבַל תְּאַחֵר, כֵּיוָן שֶׁיָּכוֹל לִתְּנָהּ מִיָּד. וְאִם אֵין עֲנִיִּים מְצוּיִים לוֹ, מַפְרִישׁ וּמַנִּיחַ עַד שֶׁיִּמְצָא עֲנִיִּים. וְאִם נָדַר בְּבֵית הַכְּנֶסֶת צְדָקָה שֶׁנּוֹתְנִים לִידֵי הַגַּבַּאי, אֵינוֹ עוֹבֵר עַד שֶׁיִּתְבַּע אוֹתוֹ הַגַּבַּאי וְאָז עוֹבֵר עָלֶיהָ מִיָּד, וְאִם לֹא כְּשֶׁיּוֹדֵעַ שֶׁהַגַּבַּאי אֵינוֹ צָרִיךְ כָּעֵת הַמָּעוֹת, אֶלָּא שֶׁיַּנִּיחוּ אֶצְלוֹ.

סעיף י' מִי שֶׁאָמַר: אֶתֵּן סֶלַע צְדָקָה לִפְלוֹנִי, אֵינוֹ עוֹבֵר עַד שֶׁיָּבֹא אוֹתוֹ עָנִי. וְיָכוֹל כָּל אָדָם לְהַפְרִישׁ מָעוֹת לִצְדָקָה, שֶׁיִּהְיוּ מֻנָּחִים אֶצְלוֹ לְחַלְּקָם בִּמְעַט מְעַט, כְּמוֹ שֶׁיֵּרָאֶה לוֹ (רנ"ז).

סעיף יא' הַכּוֹפֶה אֲחֵרִים שֶׁיִּתְּנוּ צְדָקָה וּמְעַשֶּׂה אוֹתָן, שְׂכָרוֹ גָּדוֹל מִשְּׂכַר הַנּוֹתֵן, שֶׁנֶּאֱמַר וְהָיָה מַעֲשֵׂה הַצְּדָקָה שָׁלוֹם. וְעַל גַּבָּאֵי צְדָקָה וְכַיּוֹצֵא בָּהֶם שֶׁגּוֹבִים אֶת הַצְּדָקָה, נֶאֱמַר וּמַצְדִּיקֵי הָרַבִּים כַּכּוֹכָבִים. וְגַבָּאֵי צְדָקָה שֶׁהָעֲנִיִּים מְחָרְפִים אוֹתוֹ, אֵין לוֹ לָחוּשׁ. כִּי עַל יְדֵי זֶה, זְכוּתוֹ יוֹתֵר גָּדוֹל.

סעיף יב' הַמַּעֲלָה הַגְּדוֹלָה שֶׁאֵין לְמַעְלָה הֵימֶנָּה בְּמַעֲלוֹת הַצְּדָקָה, הִיא

הַמַּחֲזִיק בְּיַד יִשְׂרָאֵל הַמָּךְ וּמָטָה יָדוֹ, קֹדֶם שֶׁהֶעֱנִי לְגַמְרֵי, שֶׁיִּתֵּן לוֹ מַתָּנָה הֲגוּנָה בְּדֶרֶךְ כָּבוֹד, אוֹ שֶׁיַּלְוֶהוּ מָעוֹת, אוֹ יַעֲשֶׂה עִמּוֹ שֻׁתָּפוּת, אוֹ יַמְצִיא לוֹ אֵיזֶה עֵסֶק אוֹ מְלָאכָה כְּדֵי לְחַזֵּק יָדוֹ, עַד שֶׁלֹּא יִצְטָרֵךְ לַבְּרִיּוֹת. וְעַל זֶה נֶאֱמַר, וְהֶחֱזַקְתָּ בּוֹ. כְּלוֹמַר הַחֲזֵק בּוֹ עַד שֶׁלֹּא יִפּוֹל.

סעיף יג' יֵשׁ לִזָּהֵר לִתֵּן הַצְּדָקָה בְּהֶסְתֵּר בְּכָל מַה שֶּׁאֶפְשָׁר. וְאִם אֶפְשָׁר לִתְּנָהּ בְּאֹפֶן שֶׁהוּא בְּעַצְמוֹ אֵינוֹ יוֹדֵעַ לְמִי נוֹתְנָהּ, וְגַם הֶעָנִי אֵינוֹ יוֹדֵעַ מִמִּי קִבְּלָהּ טוֹב מְאֹד. וְעַל כָּל פָּנִים לֹא יִתְפָּאֵר הָאָדָם בִּצְדָקָה שֶׁהוּא נוֹתֵן. אַךְ אִם מַקְדִּישׁ אֵיזֶה דָּבָר לִצְדָקָה, מֻתָּר לוֹ שֶׁיִּכָּתֵב שְׁמוֹ עָלָיו, שֶׁיְּהֵא לוֹ לְזִכָּרוֹן. וְרָאוּי לַעֲשׂוֹת כֵּן (רמ"ט).

סעיף יד' בְּיוֹתֵר צְרִיכִין לְהַשְׁגִּיחַ עַל תַּלְמִיד חָכָם עָנִי לָתֵת לוֹ לְפִי כְּבוֹדוֹ. וְאִם אֵינוֹ רוֹצֶה לְקַבֵּל, מִתְעַסְּקִין לִסְחֹר לוֹ סְחוֹרָה, שֶׁמּוֹכְרִים לוֹ סְחוֹרָה בְּזוֹל וְקוֹנִים מִמֶּנּוּ סְחוֹרָתוֹ בְּיֹקֶר. וְאִם יוֹדֵעַ לְהִתְעַסֵּק בִּפְּרַקְמַטְיָא, מַלְוִין לוֹ מָעוֹת לִסְחוֹר בָּהֶם. וְאָמְרוּ רַבּוֹתֵינוּ זִכְרוֹנָם לִבְרָכָה, כָּל הַמֵּטִיל מְלַאי לְתַלְמִיד חָכָם, זוֹכֶה וְיוֹשֵׁב בִּישִׁיבָה שֶׁל מַעְלָה. וְאָמְרוּ, כָּל הַנְּבִיאִים לֹא נִתְנַבְּאוּ אֶלָּא לְעוֹשֶׂה פְּרַקְמַטְיָא לְתַלְמִיד חָכָם וּמַשִּׂיא בִּתּוֹ לְתַלְמִיד חָכָם.

סעיף טו' לְעוֹלָם יַרְחִיק אָדָם אֶת עַצְמוֹ מִן הַצְּדָקָה, וִיגַלְגֵּל עַצְמוֹ בְּצַעַר, שֶׁלֹּא יִצְטָרֵךְ לַבְּרִיּוֹת. וְכֵן צִוּוּ חֲכָמֵינוּ זִכְרוֹנָם לִבְרָכָה, עֲשֵׂה שַׁבַּתְּךָ חֹל וְאַל תִּצְטָרֵךְ לַבְּרִיּוֹת. וַאֲפִלּוּ הָיָה חָכָם מְכֻבָּד וְהֶעֱנִי, יַעֲסֹק בְּאֻמָּנוּת וַאֲפִלּוּ בְּאֻמָּנוּת מְנֻוֶּלֶת, וְאַל יִצְטָרֵךְ לַבְּרִיּוֹת.

סעיף טז' כָּל מִי שֶׁאֵינוֹ צָרִיךְ לִטּוֹל מֵהַצְּדָקָה, וּמְרַמֶּה אֶת הַבְּרִיּוֹת וְנוֹטֵל, אֵינוֹ מֵת עַד שֶׁיִּצְטָרֵךְ לַבְּרִיּוֹת. וְכָל מִי שֶׁצָּרִיךְ לִטּוֹל, וְאֵינוֹ יָכוֹל לִחְיוֹת אֶלָּא אִם כֵּן יִטּוֹל, כְּגוֹן זָקֵן אוֹ חוֹלֶה אוֹ בַּעַל יִסּוּרִין, וּמֵגִיס דַּעְתּוֹ וְאֵינוֹ נוֹטֵל, הֲרֵי זֶה שׁוֹפֵךְ דָּמִים וּמִתְחַיֵּב בְּנַפְשׁוֹ, וְאֵין לוֹ בְּצַעֲרוֹ אֶלָּא עֲוֹנוֹת וַחֲטָאִים. וְכָל מִי שֶׁצָּרִיךְ לִטּוֹל וּמְצַעֵר עַצְמוֹ, וְדוֹחֵק אֶת הַשָּׁעָה וְחַי חַיֵּי צַעַר, כְּדֵי שֶׁלֹּא יַטְרִיחַ עַל הַצִּבּוּר, אֵינוֹ מֵת עַד שֶׁיְּפַרְנֵס אֲחֵרִים, וְעָלָיו הַכָּתוּב אוֹמֵר, בָּרוּךְ הַגֶּבֶר אֲשֶׁר יִבְטַח בַּה' וְגוֹ' (רנ"ה).

סימן לה - הלכות חלה ובו ט' סעיפים:

סעיף א' עִסָּה מֵחֲמֵשֶׁת מִינֵי דָּגָן חַיֶּבֶת בְּחַלָּה. קֹדֶם שֶׁמַּפְרִישִׁין הַחַלָּה מְבָרְכִין, בָּרוּךְ אַתָּה ה' אֱלֹהֵינוּ מֶלֶךְ הָעוֹלָם אֲשֶׁר קִדְּשָׁנוּ בְּמִצְוֹתָיו וְצִוָּנוּ לְהַפְרִישׁ חַלָּה. וְנוֹטְלִין כַּזַּיִת מִן הָעִסָּה וְשׂוֹרְפִין אוֹתָהּ בָּאֵשׁ. וְהַמִּנְהָג לְשָׂרְפָהּ בַּתַּנּוּר שֶׁיֹּאפוּ שָׁם אֶת הַלֶּחֶם (שכ"ב שכ"ד שכ"ח).

סעיף ב' כַּמָּה שִׁעוּר הָעִסָּה שֶׁיִּתְחַיֵּב בְּחַלָּה. כָּל שֶׁנַּעֲשָׂה מֵחֲמֵשֶׁת רְבָעִים קֶמַח, וְהֵם כְּמוֹ מ"ג בֵּיצִים וְחֹמֶשׁ בֵּיצָה (וְעַיֵּן בִּכְלָלִים אֵיךְ מוֹדְדִין) (שכ"ד).

סעיף ג' הַמַּצּוֹת שֶׁאוֹפִין לְפֶסַח, אַף עַל פִּי שֶׁבְּכָל עִסָּה בִּפְנֵי עַצְמָהּ לֹא הָיָה שִׁעוּר חַלָּה, מִכָּל מָקוֹם כֵּיוָן שֶׁמַּנִּיחִין אוֹתָן לְתוֹךְ כְּלִי אֶחָד, הַכְּלִי מְצָרְפָן וְחַיָּבִין בְּחַלָּה. וּצְרִיכִין לְהַשְׁגִּיחַ

שֶׁיִּהְיוּ כָּל הַמַּצּוֹת מֻנָּחוֹת בְּתוֹךְ הַכְּלִי. וְאַף עַל פִּי שֶׁקְּצָת מִן הַמַּצָּה בְּתוֹךְ הַכְּלִי, וּקְצָתָהּ בּוֹלֶטֶת חוּץ לַכְּלִי, גַּם כֵּן מִצְטָרְפוֹת. אֲבָל אִם מַצּוֹת שְׁלֵמוֹת מֻנָּחוֹת רַק לְמַעְלָה וְלֹא בְּתוֹךְ הַכְּלִי, אֵינָן מִצְטָרְפוֹת. וַאֲפִלּוּ כִּסָּה אוֹתָן בְּמַפָּה, לֹא מַהֲנֵי. אֲבָל אִם מַנִּיחַ הַמַּצּוֹת בְּסָדִין, וּמְכַסֶּה אוֹתָן גַּם כֵּן עִם הַסָּדִין, נֶחְשָׁב הַסָּדִין כְּמוֹ כְּלִי וּמְצָרְפָן, וְאַף שֶׁבְּאֶמְצַע מְגֻלִּין. רַק יִזָּהֵר שֶׁלֹּא תֵּצֵא מַצָּה שְׁלֵמָה חוּץ לַכִּסּוּי (שכה ובד"ה ופרמ"ג באורח חַיִּים תנ"ז)

סעיף ד' שְׂאוֹר שֶׁנּוֹטְלִין מִן הָעִסָּה, כְּדֵי לְחַמֵּץ בּוֹ עִסָּה אַחֶרֶת, צְרִיכִין לִקַּח קֹדֶם שֶׁמַּפְרִישִׁין הַחַלָּה. אֲבָל שְׂאוֹר שֶׁנּוֹטְלִין לְחַמֵּץ בּוֹ מַשְׁקֶה שֶׁקּוֹרִין חֲמִיצָה, צְרִיכִין לִקַּח לְאַחַר שֶׁהִפְרִישׁוּ חַלָּה.

סעיף ה' לְאַחַר פֶּסַח שֶׁלּוֹקְחִין שְׂאוֹר מֵאֵינוֹ יְהוּדִי לְחַמֵּץ בּוֹ הָעִסָּה, צְרִיכִין לִזָּהֵר לְהַפְרִישׁ חַלָּה יוֹתֵר גְּדוֹלָה מִמַּה שֶּׁהָיָה הַשְּׂאוֹר (שכ"ד).

סעיף ו' הָעוֹשֶׂה עִסָּה כְּדֵי לְבַשְּׁלָהּ אוֹ לְטַגְּנָהּ מַפְרִישִׁין מִמֶּנָּה חַלָּה בְּלֹא בְּרָכָה. וְאִם עוֹשִׂין לֶאֱפוֹת קְצָת מִמֶּנָּה, אֲפִלּוּ דָּבָר מוּעָט, מַפְרִישִׁין מִמֶּנָּה חַלָּה בִּבְרָכָה.

סעיף ז' אִם הָעִסָּה נִלּוֹשָׁה בְּבֵיצִים אוֹ בִּשְׁאָר מֵי פֵּרוֹת, יֵשׁ בָּהּ כַּמָּה סְפֵקוֹת. וְלָכֵן צָרִיךְ לְעָרֵב בָּעִסָּה קְצָת מַיִם אוֹ חָלָב אוֹ דְּבַשׁ דְּבוֹרִים אוֹ יַיִן אוֹ שֶׁמֶן זַיִת, דְּאָז מַפְרִישִׁין מִמֶּנָּה חַלָּה בִּבְרָכָה (שכ"ט).

סעיף ח' מִצְוַת הַפְרָשַׁת חַלָּה שַׁיֶּכֶת לְהָאִשָּׁה בַּעֲלַת הַבַּיִת. אַךְ אִם הָאִשָּׁה אֵינָהּ בְּבֵיתָהּ, וְיֵשׁ לָחוּשׁ כִּי עַד שֶׁתָּבֹא תִּתְקַלְקֵל הָעִסָּה, אָז יְכוֹלָה גַּם הַמְשָׁרֶתֶת אוֹ אָדָם אַחֵר לְהַפְרִישׁ (שכ"ח)

סעיף ט' שָׁכַח לְהַפְרִישׁ חַלָּה בְּעֶרֶב שַׁבָּת, בְּחוּצָה לָאָרֶץ אוֹכְלִין בְּשַׁבָּת וּמַנִּיחִין חֲתִיכָה אַחַת וּמַפְרִישִׁין מִמֶּנָּה חַלָּה בְּמוֹצָאֵי שַׁבָּת. וְצָרִיךְ שֶׁתְּהֵא חֲתִיכָה כְּדֵי לְהַפְרִישׁ מִמֶּנָּה חַלָּה, וְיִשָּׁאֵר מִמֶּנָּה עוֹד חֻלִּין, דִּבְעִינַן שֶׁיִּהְיוּ שְׁיָרֶיהָ נִכָּרִין. וְעֶרֶב פֶּסַח שֶׁחָל לִהְיוֹת בְּשַׁבָּת, וְשָׁכְחוּ לְהַפְרִישׁ חַלָּה מִן הַחַלּוֹת שֶׁאָפוּ לִכְבוֹד שַׁבָּת, יֵשׁ בָּזֶה מְבוּכָה גְּדוֹלָה, עַל כֵּן צָרִיךְ כָּל אִישׁ לְהִזָּהֵר בְּעֶרֶב שַׁבָּת וּלְהַזְכִּיר עַל הַפְרָשַׁת חַלָּה (וְעַיֵּן לְקַמָּן סוֹף סִימָן קט"ו).

סימן לו - הלכות מליחה ובו כח' סעיפים:

סעיף א' קֹדֶם שֶׁמּוֹלְחִין אֶת הַבָּשָׂר, צְרִיכִין לְהָדִיחַ אוֹתוֹ יָפֶה יָפֶה בְּמַיִם. שׁוֹרִין אוֹתוֹ בְּמַיִם לְעֵרֶךְ חֲצִי שָׁעָה. וְצָרִיךְ שֶׁהַמַּיִם יְכַסּוּ כָּל הַבָּשָׂר. בְּמָקוֹם שֶׁיֵּשׁ דָּם בְּעַיִן עַל הַבָּשָׂר, צְרִיכִין לְשַׁפְשְׁפוֹ, בְּמֵי הַשְּׁרִיָּה וּלְהָסִירוֹ. וְכֵן בְּעוֹפוֹת צְרִיכִין לְשַׁפְשֵׁף הֵיטֵב בִּמְקוֹם הַשְּׁחִיטָה. וְכֵן מִבִּפְנִים בְּמָקוֹם שֶׁיֵּשׁ דָּם בְּעַיִן. וְלִפְעָמִים נִמְצָא בַּבָּשָׂר אוֹ בָּעוֹף מָקוֹם שֶׁנִּצְרַר בּוֹ דָּם מֵחֲמַת מַכָּה, צְרִיכִין לַחְתֹּךְ הַמָּקוֹם הַזֶּה וּלְהָסִירוֹ קֹדֶם הַשְּׁרִיָּה. כְּשֶׁהַמַּיִם קָרִים מְאֹד, יַנִּיחֵם תְּחִלָּה בְּמָקוֹם חַם קְצָת לְהָפִיג צִינָּתָן, קֹדֶם שֶׁשּׁוֹרִין בָּהֶן אֶת הַבָּשָׂר, כִּי מֵחֲמַת הַקְּרִירוּת שֶׁבַּמַּיִם, יִתְקַשֶּׁה הַבָּשָׂר וְלֹא יֵצֵא אַחַר כָּךְ הַדָּם

בַּמְּלִיחָה (ב"י) (יו"ד סז סט).

סעיף ב' אִם שָׁכְחוּ וְנִשְׁרָה הַבָּשָׂר בַּמַּיִם מֵעֵת לְעֵת, הַבָּשָׂר וְגַם הַכְּלִי אָסוּר. וְכָבֵד שֶׁנִּשְׁרָה בְּמַיִם מֵעֵת לְעֵת, יַעֲשֶׂה שְׁאֵלַת חָכָם (סִימָן סט וְעַיֵּן בחכמ"א כלל לד).

סעיף ג' בְּעֶרֶב שַׁבָּת שֶׁאֵין לוֹ פְּנַאי, אוֹ בְּעִנְיָן אַחֵר שֶׁהַשָּׁעָה דְּחוּקָה, דַּי לְשַׁפְשֵׁף הֵיטֵב אֶת הַבָּשָׂר בַּמַּיִם, וְיִשְׁרֶה אַךְ מְעַט בַּמַּיִם. וּכְשֶׁאֵין אַדְמוּמִית בַּמַּיִם יְכוֹלִין לִמְלוֹחַ אוֹתוֹ (חכמת אדם כלל ל').

סעיף ד' אִם לְאַחַר הַשְּׁרִיָּה חָתְכוּ חֲתִיכָה אַחַת לִשְׁתַּיִם, צְרִיכִין לְהָדִיחַ הֵיטֵב מְקוֹם הֶחָתָךְ, מִפְּנֵי הַדָּם שֶׁיֶּשְׁנוֹ שָׁם.

סעיף ה' בָּשָׂר שֶׁנִּקְרַשׁ מֵחֲמַת הַקֹּר, צְרִיכִין לְהַשְׁגִּיחַ שֶׁיִּפָּשֵׁר, אֲבָל לֹא יַנִּיחוּהוּ אֵצֶל תַּנּוּר שֶׁהֻסָּק. וּבִשְׁעַת הַדְּחָק יְכוֹלִין לְשָׁרוֹתוֹ בְּמַיִם פּוֹשְׁרִין (סח סט ובחכמ"א).

סעיף ו' הַכְּלִי הַמְיֻחָד לִשְׁרִיַּת בָּשָׂר, אֵין לְהִשְׁתַּמֵּשׁ בּוֹ דָּבָר אַחֵר שֶׁל מַאֲכָל.

סעיף ז' לְאַחַר שֶׁנִּשְׁרָה הַבָּשָׂר צְרִיכִין לְהָטִיף מִמֶּנּוּ הַמַּיִם, כְּדֵי שֶׁלֹּא יִמַּס הַמֶּלַח מִן הַמַּיִם וְלֹא יוֹצִיא אֶת הַדָּם. וּצְרִיכִין לְהַשְׁגִּיחַ שֶׁלֹּא יִתְיַבֵּשׁ הַבָּשָׂר לְגַמְרֵי, בִּכְדֵי שֶׁלֹּא יִפּוֹל הַמֶּלַח מֵעָלָיו.

סעיף ח' הַמֶּלַח לֹא יְהֵא דַּק מְאֹד כְּקֶמַח, דְּאִם כֵּן נָמֵס מִיָּד עַל הַבָּשָׂר וְאֵינוֹ מוֹצִיא דָּם. וְגַם לֹא יְהֵא גַּס מְאֹד, שֶׁמָּא יִפֹּל מֵעַל הַבָּשָׂר, אֶלָּא יְהֵא בֵּינוֹנִי כְּמוֹ הַמֶּלַח שֶׁנַּעֲשָׂה עַל יְדֵי בִּשּׁוּל, וִיהֵא יָבֵשׁ שֶׁיִּתְפַּזֵּר הֵיטֵב.

סעיף ט' צְרִיכִין לְפַזֵּר הַמֶּלַח עַל הַבָּשָׂר בְּכָל הַצְּדָדִין, שֶׁלֹּא יִשָּׁאֵר שׁוּם מָקוֹם בְּלִי מֶלַח. וְלָכֵן הָעוֹפוֹת צְרִיכִין לִפְתֹּחַ אוֹתָן הֵיטֵב, כְּדֵי שֶׁיּוּכַל לְמָלְחָן הֵיטֵב גַּם מִבִּפְנִים (סִימָן ס"ט).

סעיף י' הַבָּשָׂר בְּמִלְחוֹ צָרִיךְ לְהַנִּיחַ בְּמָקוֹם שֶׁיּוּכַל הַדָּם לָזוּב מִמֶּנּוּ הֵיטֵב, וְלָכֵן לֹא יַעֲמִיד אֶת הַסַּל עִם הַבָּשָׂר עַל גַּבֵּי קַרְקַע כִּי לֹא יוּכַל הַדָּם לָזוּב הֵיטֵב. וַאֲפִלּוּ לְאַחַר שֶׁכְּבָר שָׁהָה הַבָּשָׂר בְּמִלְחוֹ שִׁעוּר מְלִיחָה קֹדֶם הֲדָחָה, לֹא יִתְּנֵהוּ בְּמָקוֹם שֶׁאֵין הַדָּם יָכוֹל לָזוּב הֵיטֵב. וּכְשֶׁמּוֹלְחִין עַל גַּבֵּי דַּף צְרִיכִין לְהַנִּיחוֹ בְּשִׁפּוּעַ, כְּדֵי שֶׁיָּזוּב הֵיטֵב, וְשֶׁלֹּא יִהְיֶה בּוֹ גּוּמָא שֶׁיִּתְקַבֵּץ בּוֹ צִיר. וְהַמּוֹלֵחַ עוֹפוֹת אוֹ דֹּפֶן שְׁלֵמָה שֶׁיֵּשׁ לוֹ תּוֹךְ וּבֵית קִבּוּל, צָרִיךְ לַהֲפֹךְ צַד הֶחָלָל לְמַטָּה, כְּדֵי שֶׁיּוּכַל הַדָּם לָזוּב הֵיטֵב.

סעיף יא' יְהֵא הַבָּשָׂר מֻנָּח בְּמִלְחוֹ שִׁעוּר שָׁעָה, וּבִשְׁעַת הַדְּחָק דַּי כ"ד מִנּוּטִין (רְגָעִים) סִימָן ס"ט ובאורח חַיִּים סִימָן תנ"ט.

סעיף יב' לְאַחַר שֶׁהָיָה הַבָּשָׂר מֻנָּח בְּמִלְחוֹ כְּשִׁעוּרוֹ, יְנַפֵּץ מִמֶּנּוּ הַמֶּלַח הֵיטֵב, וּמְדִיחִין אוֹתוֹ ג' פְּעָמִים בְּמַיִם הֵיטֵב הֵיטֵב. וְאִשָּׁה יִרְאַת ה', יֵשׁ לָהּ לְהַשְׁגִּיחַ בְּעַצְמָהּ עַל הֲדָחַת הַבָּשָׂר, כִּי לִפְעָמִים הַמְשָׁרֶתֶת אֲשֶׁר בְּכָתֵף תִּשָּׂא אֶת הַמַּיִם, תְּצַמְצֵם, וִיכוֹלִין לָבוֹא, חַס וְשָׁלוֹם לְאִסּוּר דָּם. וּצְרִיכִין לִזָּהֵר שֶׁלֹּא לְהַנִּיחַ אֶת הַבָּשָׂר בְּתוֹךְ כְּלִי בְּלִי מַיִם קֹדֶם שֶׁהוּדַח (סִימָן ס"ט).

סעיף יג'
צְרִיכִין לִזָּהֵר בְּעוֹפוֹת לְהָסִיר אֶת הָרֹאשׁ קֹדֶם הַשְּׁרִיָּה. וְאִם נִמְלַח הָעוֹף עִם הָרֹאשׁ, יַעֲשֶׂה שְׁאֵלַת חָכָם. וְכֵן צְרִיכִין לִזָּהֵר בָּזֶה בִּבְהֵמָה (סִימָן כ"ב וס"ה)

סעיף יד' בָּשָׂר שֶׁלֹּא נִמְלַח עֲדַיִן, לֹא יַנִּיחוּ אוֹתוֹ בְּמָקוֹם שֶׁלִּפְעָמִים יֵשׁ שָׁם מֶלַח. וְיֵשׁ לְיַחֵד כְּלִי לְבָשָׂר לְחוּד, שֶׁלֹּא לְהַנִּיחַ בִּכְלִי זֶה יְרָקוֹת אוֹ פֵּרוֹת, וְכַיּוֹצֵא בּוֹ דְּבָרִים שֶׁדַּרְכָּן לֶאֱכֹל בְּלֹא הֲדָחָה, כִּי דָּם מִן הַבָּשָׂר נִדְבָּק בַּכְּלִי וּמִן הַכְּלִי נִדְבָּק בָּהֶם (סִימָן ס"ט).

סעיף טו' הָרֹאשׁ צְרִיכִין לַחְתְּכוֹ קֹדֶם שְׁרִיָּה, וְלִקַּח אֶת הַמֹּחַ וְלִקְרוֹעַ אֶת הַקְּרוּם שֶׁעָלָיו, וְלִשְׁרוֹתוֹ וּלְמָלְחוֹ בִּפְנֵי עַצְמוֹ. וְאֶת הָרֹאשׁ צְרִיכִין לְמָלְחוֹ מִבִּפְנִים וּמִבַּחוּץ. וִיכוֹלִים לְמָלְחוֹ גַּם עַל הַשְּׂעָרוֹת.

סעיף טז' עֲצָמוֹת שֶׁיֵּשׁ בָּהֶן מֹחַ, אִם עֲדַיִן הֵן דְּבוּקוֹת בַּבָּשָׂר, מוֹלְחָן עִם הַבָּשָׂר בְּיַחַד כְּמוֹ שֶׁהֵן. אֲבָל אִם נִפְרְדוּ מִן הַבָּשָׂר, יִמְלְחֵם בִּפְנֵי עַצְמָן, וְלֹא יָנוּחוּ בְּמִלְחָן אֵצֶל הַבָּשָׂר (ע"א).

סעיף יז' רַגְלֵי בְּהֵמוֹת, צְרִיכִין לַחְתֹּךְ רָאשֵׁי הַטְּלָפַיִם קֹדֶם הַשְּׁרִיָּה, לְמַעַן יוּכַל הַדָּם לָזוּב מֵהֶן. וּצְרִיכִין לְהַנִּיחַ אוֹתָן בְּאֹפֶן שֶׁיּוּכַל הַדָּם לָזוּב. וִיכוֹלִין לְמָלְחוֹ גַּם עַל הַשְּׂעָרוֹת (ס"ח וע"א).

סעיף יח' הַלֵּב צְרִיכִין לִקְרֹעַ קֹדֶם הַשְּׁרִיָּה, שֶׁיֵּצֵא הַדָּם מִמֶּנּוּ (ע"ב).

סעיף יט' הָרֵאָה נוֹהֲגִין גַּם כֵּן לַחְתְּכָהּ וְלִפְתֹּחַ הַקְּנוֹקְנוֹת הַגְּדוֹלוֹת שֶׁבָּהּ קֹדֶם הַשְּׁרִיָּה.

סעיף כ' הַכָּבֵד יֵשׁ בּוֹ הַרְבֵּה דָּם. לְפִיכָךְ אֵין לוֹ תַּקָּנָה לְבַשְּׁלוֹ עַל יְדֵי מְלִיחָה, אֶלָּא צְרִיכִין לִצְלוֹתוֹ עַל הָאֵשׁ. אֲבָל צְרִיכִין מִקֹּדֶם לַחְתְּכוֹ הֵיטֵב, וּלְהַנִּיחוֹ בַּחִתּוּכוֹ עַל הָאֵשׁ, לְמַעַן יִשְׁאַב הָאֵשׁ הֵיטֵב כָּל הַדָּם שֶׁבּוֹ. וּמְדִיחִין אוֹתוֹ קוֹדֶם שֶׁמַּנִּיחִין אוֹתוֹ עַל הָאֵשׁ, וּכְשֶׁמֻּנָּח עַל הָאֵשׁ מוֹלְחִין אוֹתוֹ שָׁם קְצָת, וְצוֹלִין אוֹתוֹ עַד שֶׁיְּהֵא רָאוּי לַאֲכִילָה, וְאַחַר כָּךְ מְדִיחִין אוֹתוֹ יָפֶה מִן הַדָּם שֶׁפָּלַט. וְיֵשׁ לִזָּהֵר לַהֲדִיחוֹ ג' פְּעָמִים וְאַחַר כָּךְ יְכוֹלִין לְבַשְּׁלוֹ.

סעיף כא' צְרִיכִין לִזָּהֵר לִצְלוֹתוֹ דַּוְקָא עַל הָאֵשׁ וְלֹא בְּתַנּוּר גָּרוּף. וְכֵן לֹא יִכְרְכוּ אוֹתוֹ בִּנְיָר לִצְלוֹתוֹ כָּךְ, וַאֲפִלּוּ בִּנְיָר גָּרוּעַ (פְּלִיס פַּאפִּיר) (עַיֵּן סֵפֶר פִּתְחֵי תְשׁוּבָה).

סעיף כב' אֲבָל אֵין לִמְלוֹחַ כָּבֵד קֹדֶם צְלִיָּה כְּדֶרֶךְ שֶׁמּוֹלְחִין בָּשָׂר. וּמִכָּל שֶׁכֵּן שֶׁאֵין לִמְלוֹחַ כָּבֵד עִם בָּשָׂר בְּיַחַד.

סעיף כג' הַטְּחוֹל דִּינוֹ כִּשְׁאָר בָּשָׂר, רַק צְרִיכִין לְהָסִיר מִמֶּנּוּ קֹדֶם שְׁרִיָּה אֶת הַקְּרוּם שֶׁעָלָיו, שֶׁאָסוּר מִשּׁוּם חֵלֶב. גַּם צְרִיכִין לְנַקְּרוֹ, מִשּׁוּם הַגִּידִין. נוֹטֵל רֹאשׁ הַגִּיד וּמוֹשֵׁךְ אוֹתוֹ וְנִמְשָׁכִין עִמּוֹ ג' חוּטִין שֶׁבְּתוֹכוֹ, וְצָרִיךְ לִזָּהֵר שֶׁלֹּא יִפָּסֵק שׁוּם חוּט. וְאִם נִפְסַק, צָרִיךְ לְשָׁרֵשׁ אַחֲרָיו (סִימָן ס"ד ע"ד).

סעיף כד' הַחַלְחֹלֶת וּשְׁאָר מֵעַיִם, מוֹלְחִין בְּצַד הַחִיצוֹן שֶׁהַשֻּׁמָּן דָּבוּק שָׁם. (ע"ה).

סעיף כה' קֵבָה שֶׁל עֵגֶל שֶׁנִּמְצָא בָּהּ חָלָב, שׁוֹפְכִין אֶת הֶחָלָב קוֹדֶם שְׁרִיָּה,

וַהֲרֵי הִיא כִּשְׁאָר בָּשָׂר.

סעיף כו' בֵּיצִים שֶׁנִּמְצְאוּ בְּתוֹךְ עוֹפוֹת, בֵּין שֶׁהֵם קְטַנִּים מְאֹד בֵּין שֶׁנִּגְמְרוּ לְגַמְרֵי עִם קְלִיפָּתָן, צְרִיכִין שְׁרִיָּה וּמְלִיחָה וַהֲדָחָה. אֲבָל לֹא יִמְלְחֵן אֵצֶל הַבָּשָׂר, אֶלָּא יַנִּיחֵן בְּמָקוֹם שֶׁלֹּא יָזוּב עֲלֵיהֶן הַדָּם מִן הַבָּשָׂר. וּבֵיצִים אֵלּוּ, אֲפִלּוּ נִגְמְרוּ לְגַמְרֵי, אָסוּר לְאָכְלָן בְּחָלָב (ע"ה פ"ז).

סעיף כז' בָּשָׂר שֶׁשָּׁהָה ג' יָמִים מֵעֵת לְעֵת (קוֹדֶם מְלִיחָה) אָסוּר לְבַשּׁוּל אֶלָּא אִם כֵּן נִשְׁרָה בֵּינְתַיִם.

סעיף כח' נוֹהֲגִין בְּעוֹפוֹת שֶׁלְּאַחַר שֶׁהֵסִירוּ הַנּוֹצוֹת, מְהַבְהֲבִים אוֹתָן בָּאוּר לְהָסִיר אֶת הַנִּשְׁאָר. וּצְרִיכִין לִזָּהֵר שֶׁלֹּא לְהַבְהֲבָן כִּי אִם בְּשַׁלְהֶבֶת שֶׁל קַשׁ וְתֶבֶן, וְלֹא יַעֲשׂוּ שַׁלְהֶבֶת גְּדוֹלָה וְיִזָּהֲרוּ לְהוֹלִיךְ הָעוֹפוֹת אָנֶה וָאָנָה לְבַל יִתְחַמְּמוּ (ס"ח).

סימן לז - הלכות טבילת כלים ובו יג' סעיפים:

סעיף א' הַלּוֹקֵחַ כֵּלִים הַשַּׁיָּכִים לִסְעוּדָה מֵעוֹבֵד כּוֹכָבִים, אֲפִלּוּ הֵם כֵּלִים חֲדָשִׁים, אִם הֵם שֶׁל מִינֵי מַתֶּכֶת אוֹ זְכוּכִית, אָסוּר לְהִשְׁתַּמֵּשׁ בָּהֶן שׁוּם תַּשְׁמִישׁ אֲפִלּוּ בְּצוֹנֵן, עַד שֶׁטּוֹבְלִין אוֹתָן בְּמַעְיָן אוֹ בְּמִקְוֶה, בְּמָקוֹם שֶׁכָּשֵׁר לִטְבִילַת אִשָּׁה נִדָּה, כְּדֵי שֶׁיֵּצְאוּ מִטֻּמְאָתוֹ שֶׁל עוֹבֵד כּוֹכָבִים לִקְדֻשָּׁתוֹ שֶׁל יִשְׂרָאֵל. וְקֹדֶם הַטְּבִילָה, מְבָרְכִין עַל כְּלִי אֶחָד, אֲשֶׁר קִדְּשָׁנוּ בְּמִצְוֹתָיו וְצִוָּנוּ עַל טְבִילַת כֶּלִי. וְעַל שְׁנַיִם אוֹ יוֹתֵר, מְבָרְכִין, אֲשֶׁר קִדְּשָׁנוּ בְּמִצְוֹתָיו וְצִוָּנוּ עַל טְבִילַת כֵּלִים (יו"ד סימן קכ קכא).

סעיף ב' כֵּיוָן שֶׁהַכֵּלִים צְרִיכִין טְבִילָה דַּוְקָא בְּמָקוֹם שֶׁכָּשֵׁר לִטְבִילַת נָשִׁים, לָכֵן צְרִיכִין לִזָּהֵר שֶׁלֹּא לְהַטְבִּילָן בַּנְּהָרוֹת בְּשָׁעָה שֶׁהֵן גְּדוֹלִים מִגְּשָׁמִים וְהַפְשָׁרַת שְׁלָגִים, וְזֶה שָׁכִיחַ מְאֹד קוֹדֶם פֶּסַח שֶׁהַנְּהָרוֹת גְּדוֹלִים וּמַטְבִּילִין שָׁם כֵּלִים, וְאֵינוֹ נָכוֹן, עַיֵּן לְקַמָּן סִימָן סִימָן קס"ב (סִימָן ק"כ ר"א).

סעיף ג' כְּלֵי עֵץ אֵינָן צְרִיכִין טְבִילָה. וְאִם יֵשׁ עֲלֵיהֶם חֲשׁוּקֵי בַּרְזֶל, צְרִיכִין טְבִילָה בְּלֹא בְּרָכָה. כְּלֵי חֶרֶס גַּם כֵּן אֵינָן צְרִיכִין טְבִילָה. וְאִם מְצֻפִּין מִבִּפְנִים בְּאֵבֶר (שֶׁקּוֹרִין גְּלֶעזִירְט) צְרִיכִין טְבִילָה בְּלֹא בְּרָכָה. וְכֵן כְּלֵי חַרְסִינָה (פּוֹרְצְלַיין) (ק"כ).

סעיף ד' אִם הוּא כְּלִי יָשָׁן שֶׁנִּשְׁתַּמֵּשׁ בּוֹ הָעוֹבֵד כּוֹכָבִים בְּאֹפֶן שֶׁצָּרִיךְ הֶכְשֵׁר בְּהַגְעָלָה אוֹ לִבּוּן, צְרִיכִין לְהַכְשִׁירוֹ מִקֹּדֶם וְאַחַר כָּךְ לְהַטְבִּילוֹ (קכ"א)

סעיף ה' אִם שׁוֹאֵל אוֹ שׂוֹכֵר כְּלִי מֵעוֹבֵד כּוֹכָבִים אֵינוֹ צָרִיךְ טְבִילָה. וְאִם שׁוֹאֵל אוֹ שׂוֹכֵר כֵּלִים מֵחֶנְוָנֵי יִשְׂרָאֵל צְרִיכִין טְבִילָה בְּלֹא בְּרָכָה, וְהַחֶנְוָנִי יוֹדִיעַ זֹאת לְמִי שֶׁיִּקְנֵם אַחַר כָּךְ שֶׁלֹּא יַטְבִּילֵם שֵׁנִית בִּבְרָכָה (טורי זהב).

סעיף ו' יִשְׂרָאֵל הַמַּחֲזִיק בֵּית יְצִיקָה (שֶׁקּוֹרִין הוּטֶע), וְהַפּוֹעֲלִים הֵם אֵינָם יְהוּדִים, הַכֵּלִים שֶׁנַּעֲשִׂים שָׁמָּה, צְרִיכִין טְבִילָה בְּלֹא בְּרָכָה.

סעיף ז' יִשְׂרָאֵל שֶׁנָּתַן כֶּסֶף אוֹ שְׁאָר מִינֵי מַתֶּכֶת לְאֻמָּן עוֹבֵד כּוֹכָבִים

שֶׁיַּעֲשֶׂה לוֹ כְּלִי, אוֹ שֶׁיְּתַקֵּן לוֹ כְּלִי שֶׁהָיָה נָקוּב וְלֹא הָיָה מַחֲזִיק רְבִיעִית, צָרִיךְ גַּם כֵּן טְבִילָה בְּלֹא בְּרָכָה.

סעיף ח' אֵינוֹ צָרִיךְ טְבִילָה אֶלָּא כְּלִי שֶׁמִּשְׁתַּמְּשִׁים בּוֹ לְמַאֲכָל שֶׁהוּא רָאוּי לְאָכְלוֹ מִיָּד, בְּלִי שׁוּם תִּקּוּן אַחֵר, אֲבָל הַבַּרְזִלִּים שֶׁמְּתַקְּנִין בָּהֶם אֶת הַמַּצּוֹת, וְשֶׁחוֹתְכִין בָּהֶם אֶת הָעִסָּה, וְהַמַּחַט שֶׁתּוֹפְרִין בָּהּ מְלִיְתָא (צואר עוף ממולא), וְכַיּוֹצֵא בָּהֶן, אֵינָן צְרִיכִין טְבִילָה, אֲבָל סַכִּין שֶׁל שְׁחִיטָה, וְסַכִּין שֶׁמַּפְשִׁיטִין בּוֹ, כֵּיוָן שֶׁאֶפְשָׁר לְהִשְׁתַּמֵּשׁ בְּסַכִּין זֶה לְמַאֲכָל שֶׁנִּגְמַר, וְכֵן טַסִּים (בְּלֶעכִין) שֶׁמַּנִּיחִים עֲלֵיהֶם מַצּוֹת, צְרִיכִין טְבִילָה בְּלֹא בְּרָכָה. וּדְרִיפּוּס (שָׁלֹשׁ רַגְלַיִם) שֶׁמַּעֲמִידִין עָלָיו אֶת הַקְּדֵרָה, כֵּיוָן שֶׁאֵין הַמַּאֲכָל בְּעַצְמוֹ נוֹגֵעַ בּוֹ אֵינוֹ צָרִיךְ טְבִילָה. אֲבָל שַׁפּוּד שֶׁל מַתֶּכֶת שֶׁצּוֹלִין עָלָיו בָּשָׂר, צָרִיךְ טְבִילָה בִּבְרָכָה. יֵשׁ אוֹמְרִים, דִּכְלֵי זְכוּכִית גְּדוֹלִים (כְּגוֹן בַּקְבּוּקִים), שֶׁאֵין שׁוֹתִין מִתּוֹכָן, רַק שֶׁמַּחֲזִיקִין בָּהֶן אֶת הַמַּשְׁקָאוֹת לְעָרוֹת מֵהֶן לְתוֹךְ הַכּוֹסוֹת, לֹא חֲשִׁיבֵי כְּלֵי סְעוּדָה וְאֵינָן צְרִיכִין טְבִילָה. וְיֵשׁ אוֹמְרִים, דִּצְרִיכִין טְבִילָה (יד אפרים), וְיֵשׁ לְהַטְבִּילָן בְּלֹא בְּרָכָה.

סעיף ט' רֵחַיִם שֶׁל פִּלְפְּלִין צְרִיכִין טְבִילָה מִשּׁוּם הַמַּתֶּכֶת. אֲבָל הַתַּחְתּוֹן שֶׁמְּקַבֵּל אֶת הַתַּבְלִין, כֵּיוָן שֶׁהוּא שֶׁל עֵץ, אֵין צָרִיךְ טְבִילָה (ק"כ). וְרֵחַיִם שֶׁל קָפֶה (קאווע) יֵשׁ לְטַבֵּל בְּלֹא בְּרָכָה (עַיֵּן פתחי תשובה)

סעיף י' צְרִיכִין לְהַשְׁגִּיחַ קֹדֶם הַטְּבִילָה שֶׁיְּהֵא הַכְּלִי נָקִי, וְלֹא יְהֵא עָלָיו שׁוּם לִכְלוּךְ אוֹ חֲלוּדָה (אַךְ רֹשֶׁם חֲלוּדָה אוֹ שַׁחֲרוּרִית בְּעָלְמָא, שֶׁדַּרְכּוֹ בְּכָךְ וְאֵין מַקְפִּידִין עָלָיו, אֵינוֹ מַזִּיק) וּצְרִיכִין לְהַטְבִּיל כָּל הַכְּלִי בְּבַת אַחַת, שֶׁיְּהֵא כֻּלּוֹ בַּמַּיִם. וּכְלִי שֶׁיֵּשׁ לוֹ יָד, צָרִיךְ לִהְיוֹת עִם הַיָּד בְּבַת אַחַת כֻּלּוֹ בַּמַּיִם. וְהָאָדָם הַמַּטְבִּיל וְאוֹחֵז הַכְּלִי בְּיָדוֹ, צָרִיךְ לְהַטְבִּיל מִתְּחִלָּה יָדוֹ בְּמָקוֹם שֶׁהוּא מַטְבִּיל. וְלֹא יֶאֱחוֹז אֶת הַכְּלִי בְּכֹחַ בְּדִבּוּק בֵּינוֹנִי. וְאִם מַטְבִּילִין עַל יְדֵי שֶׁקּוֹשְׁרִין אֶת הַכְּלִי בְּחֶבֶל כְּגוֹן שֶׁמַּטְבִּילִין בִּבְאֵר, צְרִיכִין לְהַשְׁגִּיחַ שֶׁיִּהְיֶה הַקֶּשֶׁר רָפוּי שֶׁיּוּכְלוּ הַמַּיִם לָבֹא בְּכָל מְקוֹם הַכְּלִי.

סעיף יא' אִם מַטְבִּיל כֵּלִים שֶׁפִּיהֶם צַר, צָרִיךְ לְהַשְׁגִּיחַ שֶׁיִּהְיוּ בַּמַּיִם עַד שֶׁיִּתְמַלְּאוּ מַיִם, כִּי צְרִיכִין שֶׁיָּבֹאוּ הַמַּיִם עַל הַכְּלִי מִבִּפְנִים וּמִבַּחוּץ (ק"כ ר"ב).

סעיף יב' קָטָן וּקְטַנָּה (עַיֵּן לְקַמָּן סִימָן ס"ז סָעִיף ט) אֵינָן נֶאֱמָנִין עַל טְבִילַת כֵּלִים (ק"כ).

סעיף יג' אָסוּר לְהַטְבִּיל כְּלִי בְּשַׁבָּת וְיוֹם טוֹב, וְאִם שָׁכַח לְהַטְבִּילוֹ מִקֹּדֶם, יִתְּנֵהוּ לְנָכְרִי בְּמַתָּנָה וְיַחֲזֹר וְיִשְׁאָלֶנּוּ מִמֶּנּוּ (עַיֵּן טורי זהב סָעִיף קטן י"ח) וְאִם הוּא כְּלִי שֶׁרָאוּי לְהָבִיא בּוֹ מַיִם בְּמָקוֹם שֶׁמֻּתָּר לְטַלְטֵל, יִשְׁאַב בּוֹ מַיִם וְיָבִיא לְבֵיתוֹ, דְּלֹא מִחֲזֵי כְּמַטְבִּיל, וְלֹא יְבָרֵךְ עָלָיו. (אוֹרַח חַיִּים סִימָן שכ"ג יו"ד סִימָן ק"כ).

סימן לח - הלכות פת ובשולי עובד כוכבים וחלב עובד כוכבים ובו ט"ו סעיפים:

סעיף א' אָסְרוּ חֲכָמִים לֶאֱכֹל פַּת שֶׁל עוֹבֵד כּוֹכָבִים. וְיֵשׁ מְקוֹמוֹת שֶׁמְּקִילִין וְלוֹקְחִין פַּת מִנַּחְתּוֹם עוֹבֵד כּוֹכָבִים

בְּמָקוֹם שֶׁאֵין שָׁם נַחְתּוֹם יִשְׂרָאֵל, אוֹ אֲפִלּוּ יֵשׁ, אֶלָּא שֶׁאֵין הַפַּת יָפָה כְּמוֹ זֶה. אֲבָל בְּפַת שֶׁל בַּעַל הַבַּיִת עוֹבֵד כּוֹכָבִים, לֹא הָיוּ מְקִלִּין. אַךְ בִּשְׁעַת הַדְּחָק, וּמִי שֶׁהוּא בַּדֶּרֶךְ, אִם יָכוֹל לְהַשִּׂיג פַּת כָּשֵׁר, צָרִיךְ לְהַמְתִּין עַד פַּרְסָה. וְלֹא מִקְרֵי פַּת בַּעַל הַבַּיִת, אֶלָּא אִם עֲשָׂאוֹ בִּשְׁבִיל בְּנֵי בֵּיתוֹ. אֲבָל אִם עֲשָׂאוֹ לִמְכּוֹר מִקְרֵי נַחְתּוֹם, אַף עַל פִּי שֶׁאֵין דַּרְכּוֹ בְּכָךְ. וְכֵן נַחְתּוֹם שֶׁעֲשָׂאוֹ לִבְנֵי בֵּיתוֹ, מִקְרֵי בַּעַל הַבַּיִת. וְיֵשׁ מִי שֶׁאוֹמֵר, דִּבְמָקוֹם שֶׁאֵין נַחְתּוֹם מָצוּי, מֻתָּר אֲפִלּוּ בְּפַת שֶׁל בַּעַל הַבַּיִת, וְאֵינוֹ צָרִיךְ לְהַמְתִּין עַל פַּת כָּשֵׁר. וְכֵן נוֹהֲגִין.

סעיף ב' אִם יִשְׂרָאֵל הִשְׁלִיךְ אֲפִלּוּ רַק עֵץ אֶחָד לְתוֹךְ הַתַּנּוּר בְּהֶסֵּקוֹ, מֻתָּר הַפַּת וְלֹא הָוֵי פַּת עוֹבֵד כּוֹכָבִים.

סעיף ג' לֹא אָסְרוּ פַּת שֶׁל עוֹבֵד כּוֹכָבִים, אֶלָּא שֶׁל חֲמִשָּׁה מִינֵי דָּגָן. אֲבָל פַּת קִטְנִיּוֹת (טענגרא קוקריטץ מאלייע) אֵינוֹ בִּכְלַל פַּת, וְגַם אֵינוֹ אָסוּר מִשּׁוּם בִּשּׁוּלֵי עוֹבֵד כּוֹכָבִים, דְּהָא אֵינוֹ עוֹלֶה עַל שֻׁלְחַן מְלָכִים.

סעיף ד' פַּת שֶׁפָּנָיו טוּחִים בְּבֵיצִים, אָסוּר מִשּׁוּם הַבֵּיצִים שֶׁעָלָיו, דַּהֲווּ לְהוּ בִּשּׁוּלֵי נָכְרִי. וְאוֹתָן רְקִיקִים שֶׁנֶּאֱפִים עַל בַּרְזֶל וְיֵשׁ לָחוּשׁ שֶׁנִּמְשַׁח הַבַּרְזֶל בְּאֵיזֶה שֻׁמָּן, אֲסוּרִים בְּכָל עִנְיָן מִשּׁוּם בְּלִיעַת אִסּוּר (יו"ד סִימָן קי"ב).

סעיף ה' פַּת יִשְׂרָאֵל שֶׁאֲפָאוֹ עוֹבֵד כּוֹכָבִים, גָּרַע מִפַּת עוֹבֵד כּוֹכָבִים, וְאָסוּר מִשּׁוּם בִּשּׁוּלֵי עוֹבֵד כּוֹכָבִים אִם לֹא הִכְשִׁיר אֶת הַתַּנּוּר בְּהַשְׁלָכַת עֵץ. וּצְרִיכִין לִזָּהֵר בָּזֶה כְּשֶׁשּׁוֹלְחִין לֶאֱפוֹת אוֹ לִצְלוֹת אֵצֶל נַחְתּוֹם עוֹבֵד כּוֹכָבִים, שֶׁהַיִּשְׂרָאֵל יַשְׁלִיךְ עֵץ לְתוֹךְ הַתַּנּוּר, אוֹ שֶׁיַּנִּיחַ הַיִּשְׂרָאֵל אֶת הַפַּת אוֹ אֶת הַמַּחֲבַת לְתוֹךְ הַתַּנּוּר (וְעַיֵּן לְקַמָּן רֵישׁ סִימָן ע"ב) (קיב קיג).

סעיף ו' דָּבָר שֶׁאֵינוֹ נֶאֱכָל כְּמוֹ שֶׁהוּא חַי וְגַם עוֹלֶה עַל שֻׁלְחַן מְלָכִים לְלַפֵּת בּוֹ אֶת הַפַּת אוֹ לְפַרְפֶּרֶת, שֶׁבִּשְּׁלוֹ אוֹ צְלָאוֹ עוֹבֵד כּוֹכָבִים, אֲפִלּוּ בִּכְלֵי יִשְׂרָאֵל וּבְבֵית יִשְׂרָאֵל, אָסוּר מִשּׁוּם בִּשּׁוּלֵי עוֹבֵד כּוֹכָבִים. אֲבָל דָּבָר שֶׁהוּא נֶאֱכָל כְּמוֹ שֶׁהוּא חַי, אוֹ שֶׁהוּא דָּבָר שֶׁאֵינוֹ חָשׁוּב וְאֵינוֹ עוֹלֶה עַל שֻׁלְחַן מְלָכִים, אֵין בּוֹ מִשּׁוּם בִּשּׁוּלֵי עוֹבֵד כּוֹכָבִים, וְאֵין לָחוּשׁ לַכֵּלִים דִּסְתָם כֵּלִים אֵינָן בְּנֵי יוֹמָן.

סעיף ז' שִׁפְחָה עוֹבֶדֶת כּוֹכָבִים בְּבֵית יִשְׂרָאֵל הַמְבַשֶּׁלֶת בִּשְׁבִיל הַיִּשְׂרְאֵלִים, נוֹהֲגִין לְהָקֵל מִפְּנֵי שֶׁאִי אֶפְשָׁר שֶׁלֹּא יְחַתֶּה אֶחָד מִבְּנֵי הַבַּיִת בָּאֵשׁ.

סעיף ח' אֲבָל אִם הִיא מְבַשֶּׁלֶת בִּשְׁבִיל עַצְמָהּ לְבַדָּהּ, אֵין רְגִילוּת שֶׁיְּחַתֶּה יִשְׂרָאֵל, וְאֶפְשָׁר דְּלָא מַהֲנֵי בָּזֶה חִתּוּי, דְּגָרַע מֵאִלּוּ מְבַשֶּׁלֶת בִּשְׁבִיל יִשְׂרָאֵל, וְלָכֵן אִם בִּשְּׁלָה דְּבָרִים שֶׁיֵּשׁ בָּהֶם מִשּׁוּם בִּשּׁוּלֵי עוֹבֵד כּוֹכָבִים, לֹא לְבַד הַתַּבְשִׁיל אָסוּר, אֶלָּא גַּם הַקְּדֵרָה נֶאֶסְרָה לְבַשֵּׁל בָּהּ לְכַתְּחִלָּה. וּבְדִיעֲבַד יַעֲשֶׂה שְׁאֵלַת חָכָם.

סעיף ט' עוֹבֵד כּוֹכָבִים שֶׁבִּשֵּׁל בְּשַׁבָּת בִּשְׁבִיל חוֹלֶה, הַתַּבְשִׁיל אָסוּר בְּמוֹצָאֵי שַׁבָּת, אֲפִלּוּ לְהַחוֹלֶה אִם אֶפְשָׁר בְּתַבְשִׁיל אַחֵר (עַיֵּן פר"ח יו"ד סוֹף סִימָן קי"ג), וּבְכֵלִים יֵשׁ לְהַתִּיר

אַחַר מְעַט לְעֵת.

סעיף י' בֵּיצָה אַף עַל פִּי שֶׁרְאוּיָה לְגָמְעָהּ חַיָּה, מִכָּל מָקוֹם, כֵּיוָן דְּזֶה הֲוֵי רַק אֲכִילָה עַל יְדֵי הַדְּחַק, אִם בִּשְּׁלָהּ הָעוֹבֵד כּוֹכָבִים, אֲסוּרָה, וְכֵן כָּל כַּיּוֹצֵא בָּזֶה.

סעיף יא' פֵּרוֹת שֶׁלֹּא נִתְבַּשְּׁלוּ בְּאִילָן כָּל צָרְכָּן, וְאֵינָן נֶאֱכָלִין חַיִּין, אֶלָּא עַל יְדֵי הַדְּחָק. שֶׁהֲמָּנִים מְטַגְּנִים אוֹתָן בְּסוּכָּר, אֲסוּרִין מִשּׁוּם בִּשּׁוּלֵי עוֹבֵד כּוֹכָבִים (קי"ג).

סעיף יב' שֵׁכָר שֶׁל תְּבוּאָה וְשֶׁל דְּבַשׁ, נוֹהֲגִין בּוֹ הֶתֵּר לִשְׁתּוֹתוֹ אֲפִלּוּ בְּבַיִת שֶׁמּוֹכְרִין אוֹתוֹ הָעוֹבְדֵי כּוֹכָבִים, וְאֵין בּוֹ מִשּׁוּם בִּשּׁוּלֵי עוֹבֵד כּוֹכָבִים, דְּהַתְּבוּאָה בְּטֵלָה בַּמַּיִם, רַק שֶׁצְּרִיכִין לַחְקוֹר אִם אֵין מַעֲמִידִין אוֹתָן בְּשִׁמְרֵי יַיִן. וּבְמָקוֹם שֶׁיִּשְׂרְאֵלִים מְזַלְזְלִין וּמְקִלִּין בְּיַיִן שֶׁל עוֹבֵד כּוֹכָבִים, יֵשׁ לְבַעַל נֶפֶשׁ לְהַחְמִיר עַל עַצְמוֹ גַּם בְּשֵׁכָר. וּבְעִנְיַן שְׁתִיַּת קַאפֶע (בְּלִי חָלָב, דְּעִם חָלָב וַדַּאי אָסוּר) וְכֵן שֶׁאקָאלַאד וְטֵה אֵצֶל עוֹבֵד כּוֹכָבִים, שׁוֹמֵר נַפְשׁוֹ יַרְחִיק אֶת עַצְמוֹ (פת"ש סִימָן קי"ד בשם חכמ"א) וְיֵשׁ מַתִּירִין לִשְׁתּוֹת דֶּרֶךְ אֲרָעִי. אֲבָל דֶּרֶךְ קְבִיעוּת אָסוּר (קי"ד).

סעיף יג' חָלָב שֶׁחֲלָבוֹ עוֹבֵד כּוֹכָבִים וְאֵין יִשְׂרָאֵל רוֹאֵהוּ, אָסוּר אֲפִלּוּ לַעֲשׂוֹת מִמֶּנָּה גְּבִינָה. וּלְכַתְּחִלָּה צָרִיךְ הַיִּשְׂרָאֵל לִהְיוֹת בִּתְחִלַּת הַחֲלִיבָה, וְיִרְאֶה שֶׁהַכְּלִי הוּא נָקִי. וְנָהֲגוּ לְהַחְמִיר שֶׁלֹּא יַחְלוֹב לְתוֹךְ הַכְּלִי שֶׁדַּרְכּוֹ שֶׁל הָעוֹבֵד כּוֹכָבִים לַחֲלוֹב לְתוֹכוֹ. וּשְׁפָחוֹת שֶׁחוֹלְבוֹת הַבְּהֵמוֹת בְּבֵית יִשְׂרָאֵל אוֹ בְּדִיר שֶׁלָּהֶם, כָּל מָקוֹם שֶׁאֵין בֵּית עוֹבֵד כּוֹכָבִים מַפְסִיק וְאֵין לָחוּשׁ לִבְהֵמָה טְמֵאָה, מֻתָּר אֲפִלּוּ לְכַתְּחִלָּה לְהַנִּיחָן לַחֲלוֹב. אֲבָל אִם בֵּית עוֹבֵד כּוֹכָבִים מַפְסִיק, צָרִיךְ שֶׁיְּהֵא שָׁם יִשְׂרָאֵל. וַאֲפִלּוּ קָטָן אוֹ קְטַנָּה בְּנֵי ט' שָׁנָה סָגֵי.

סעיף יד' גְּבִינוֹת הָעוֹבֵד כּוֹכָבִים אֲסוּרוֹת. וְאִם הַיִּשְׂרָאֵל רוֹאֶה הַחֲלִיבָה וַעֲשִׂיַּת הַגְּבִינוֹת, אִם הַגְּבִינוֹת בִּשְׁעַת עֲשִׂיָּתָן הֵן שֶׁל יִשְׂרָאֵל מֻתָּרוֹת. אֲבָל אִם הַגְּבִינוֹת בִּשְׁעַת עֲשִׂיָּתָן הֵן שֶׁל עוֹבֵד כּוֹכָבִים אֲסוּרוֹת.

סעיף טו' הַחֶמְאָה תַּלְיָא בְּמִנְהַג הַמְּקוֹמוֹת. יֵשׁ מְקוֹמוֹת שֶׁאֵין אוֹכְלִין חֶמְאָה שֶׁל עוֹבֵד כּוֹכָבִים, וְיֵשׁ מְקוֹמוֹת שֶׁאוֹכְלִין אוֹתָהּ. וּמִי שֶׁהוֹלֵךְ מִמָּקוֹם שֶׁאֵין אוֹכְלִין אוֹתָהּ לְמָקוֹם שֶׁאוֹכְלִין אוֹתָהּ, אַף עַל פִּי שֶׁדַּעְתּוֹ לַחֲזוֹר לִמְקוֹמוֹ. אוֹכֵל שָׁם עִמָּהֶם. וְהַהוֹלֵךְ מִמָּקוֹם שֶׁאוֹכְלִין אוֹתָהּ לְמָקוֹם שֶׁאֵין אוֹכְלִין אוֹתָהּ, אָסוּר לְאָכְלָהּ שָׁם. (כָּעֵת נִשְׁמַע שֶׁמְּזַיְּפִין אֶת הַחֶמְאָה בְּשֶׁמֶן חֲזִיר, עַל כֵּן שׁוֹמֵר נַפְשׁוֹ יִרְחָק).

סימן לט - דין מי שרוצה לאכל או לשתות קדם הסעודה ובו ג' סעיפים:

סעיף א'
הָרוֹצֶה לֶאֱכֹל קֹדֶם נְטִילַת יָדַיִם דְּבָרִים, שֶׁיֹּאכַל מִמִּינִים אֵלּוּ גַּם בְּתוֹךְ הַסְּעוּדָה, בֵּין שֶׁהֵם דְּבָרִים שֶׁצְּרִיכִין לְבָרֵךְ עֲלֵיהֶם תּוֹךְ הַסְּעוּדָה, כְּגוֹן פֵּרוֹת, בֵּין שֶׁהֵם דְּבָרִים שֶׁאֵין צְרִיכִין לְבָרֵךְ עֲלֵיהֶם תּוֹךְ הַסְּעוּדָה, כְּגוֹן מִינֵי לְפָתָן וּמִינֵי קִטְנִיּוֹת וְתַפּוּחֵי אֲדָמָה,

וְכֵן אִם רוֹצֶה לִשְׁתּוֹת אֵיזֶה מַשְׁקֶה (חוּץ מִן הַיַּיִן), קֹדֶם נְטִילַת יָדַיִם, וְגַם בְּתוֹךְ הַסְּעוּדָה יִשְׁתֶּה, יֵשׁ בָּזֶה מַחְלֹקֶת הַפּוֹסְקִים, אִם הַדְּבָרִים שֶׁאָכַל אוֹ שָׁתָה קֹדֶם נְטִילַת יָדַיִם, נִפְטָרִים בְּבִרְכַּת הַמָּזוֹן, כְּמוֹ שֶׁנִּפְטָרִים אֵלּוּ שֶׁאָכַל בְּתוֹךְ הַסְּעוּדָה, אוֹ שֶׁאֵלּוּ שֶׁאֲכָלָן קֹדֶם נְטִילַת יָדַיִם אֵינָן נִפְטָרִים בְּבִרְכַּת הַמָּזוֹן. וְלָכֵן יֵשׁ לִמְנֹעַ מִזֶּה וְלֹא יֹאכַל וְלֹא יִשְׁתֶּה מֵהֶם רַק קֹדֶם הַסְּעוּדָה וִיבָרֵךְ בְּרָכָה אַחֲרוֹנָה, וְלֹא יֹאכַל וְלֹא יִשְׁתֶּה מֵהֶם בְּתוֹךְ הַסְּעוּדָה. וְאִם לֹא בֵּרֵךְ תְּחִלָּה בְּרָכָה אַחֲרוֹנָה, יְבָרֵךְ בְּתוֹךְ הַסְּעוּדָה אוֹ אֲפִלּוּ לְאַחַר בִּרְכַּת הַמָּזוֹן. וְאִם אָכַל אוֹ שָׁתָה מִמִּינִים אֵלּוּ. גַּם בְּתוֹךְ הַסְּעוּדָה. יְהַדֵּר אַחַר בִּרְכַּת הַמָּזוֹן לֶאֱכוֹל אוֹ לִשְׁתּוֹת אֵיזֶה דָּבָר וּלְבָרֵךְ בְּרָכָה אַחֲרוֹנָה, לִפְטֹר גַּם מַה שֶּׁאָכַל אוֹ שָׁתָה קוֹדֶם נְטִילַת יָדַיִם.

סעיף ב' אִם רוֹצֶה לִשְׁתּוֹת יַיִן קֹדֶם נְטִילַת יָדַיִם. אֲפִלּוּ לֹא יִשְׁתֶּה יַיִן בְּתוֹךְ הַסְּעוּדָה, מִכָּל מָקוֹם, יֵשׁ אוֹמְרִים כֵּיוָן שֶׁהַיַּיִן בָּא לִפְתֹּחַ בְּנֵי הַמֵּעַיִם, וּלְהַמְשִׁיךְ תַּאֲוַת הָאֲכִילָה, אִם כֵּן הֵם בִּכְלַל הַסְּעוּדָה וְנִפְטָר בְּבִרְכַּת הַמָּזוֹן. וְיֵשׁ אוֹמְרִים דַּאֲפִלּוּ אִם שׁוֹתֶה יַיִן גַּם בְּתוֹךְ הַסְּעוּדָה, מִכָּל מָקוֹם, אֵין הַיַּיִן שֶׁלִּפְנֵי הַמָּזוֹן נִפְטָר בְּבִרְכַּת הַמָּזוֹן. וְלָכֵן יֵשׁ לִמְנוֹעַ מִלִּשְׁתּוֹת קֹדֶם נְטִילַת יָדַיִם, אֶלָּא אִם כֵּן יִשְׁתֶּה כּוֹס יַיִן גַּם לְאַחַר בִּרְכַּת הַמָּזוֹן, שֶׁיְּבָרֵךְ אַחֲרָיו עַל הַגֶּפֶן, וְיִפְטוֹר גַּם מַה שֶּׁשָּׁתָה קֹדֶם נְטִילַת יָדַיִם. וְאִם רוֹצֶה לִשְׁתּוֹת יַיִן שָׂרָף קֹדֶם הַסְּעוּדָה בֵּין שֶׁיִּשְׁתֶּה גַּם בְּתוֹךְ הַסְּעוּדָה בֵּין לֹא יִשְׁתֶּה, יִזָּהֵר לֹא לִשְׁתּוֹת קֹדֶם הַסְּעוּדָה רַק פָּחוֹת מִכַּזַּיִת. אֲבָל אִם שָׁתָה כַּזַּיִת אוֹ יוֹתֵר, נָפַל לִידֵי סָפֵק בְּרָכָה אַחֲרוֹנָה.

סעיף ג' אִם רוֹצֶה לֶאֱכוֹל קֹדֶם נְטִילַת יָדַיִם מִינֵי מְזוֹנוֹת, כְּגוֹן עוּגַת דְּבַשׁ, עוּגַת בֵּיצִים וְכַדּוֹמֶה, שֶׁבְּרָכָה אַחֲרוֹנָה שֶׁלָּהֶם הִיא עַל הַמִּחְיָה, בֵּין שֶׁיֹּאכַל מֵהֶם גַּם בְּתוֹךְ הַסְּעוּדָה בֵּין שֶׁלֹּא יֹאכַל מֵהֶם בְּתוֹךְ הַסְּעוּדָה, מִכָּל מָקוֹם הֵן נִפְטָרִים בְּבִרְכַּת הַמָּזוֹן (כִּי בִּרְכַּת הַמָּזוֹן פּוֹטֶרֶת בִּרְכַּת עַל הַמִּחְיָה), וּבִלְבַד שֶׁלֹּא יַפְסִיק הַרְבֵּה בֵּין אֲכִילָה זוֹ לִנְטִילַת יָדַיִם. אֲבָל אִם צָרִיךְ לְהַפְסִיק הַרְבֵּה, צָרִיךְ לְבָרֵךְ תְּחִלָּה בִּרְכַּת עַל הַמִּחְיָה עַל מַה שֶּׁאָכַל, וַאֲפִלּוּ יֹאכַל מִמִּינִים אֵלּוּ גַּם בְּתוֹךְ הַסְּעוּדָה (עַיֵּן חַיֵּי אָדָם כלל מ"א).

סימן מ - הלכות נטילת ידים לסעודה ובו כ"א סעיפים:

סעיף א' הָרוֹצֶה לֶאֱכֹל פַּת שֶׁמְּבָרְכִין עָלָיו הַמּוֹצִיא, צָרִיךְ לִטּוֹל יָדָיו מִקֹּדֶם. אִם הַפַּת גָּדוֹל כַּבֵּיצָה מְבָרֵךְ עַל הַנְּטִילָה. וּבְפָחוֹת מִזֶּה, אֵין מְבָרְכִין עַל הַנְּטִילָה.

סעיף ב' נְטִילַת יָדַיִם צָרִיךְ לִהְיוֹת דַּוְקָא מִן הַכְּלִי. וְצָרִיךְ שֶׁיִּהְיֶה הַכְּלִי שָׁלֵם בְּלִי שׁוּם נֶקֶב אוֹ סֶדֶק מְפֻלָּשׁ. וְגַם לְמַעְלָה יִהְיֶה שָׁוֶה בְּלִי שׁוּם חָרִיץ אוֹ בְּלִיטָה. וְאוֹתָן קַנְקַנִּים שֶׁיֵּשׁ לָהֶם כְּמִין מַרְזֵב בּוֹלֵט בְּגֹבַהּ מִשְּׂפַת הַכְּלִי, שֶׁיּוֹצְקִין מִמֶּנּוּ דֶּרֶךְ שָׁם, אֵין נוֹטְלִין מִמֶּנּוּ לְיָדַיִם דֶּרֶךְ שָׁם, כִּי אֵין לוֹ דִּין כְּלִי, כֵּיוָן שֶׁאֵינוֹ מַחֲזִיק שָׁם מַשְׁקִים, אֶלָּא צְרִיכִין לִטּוֹל דֶּרֶךְ שְׂפַת הַכְּלִי מָקוֹם שֶׁמַּחֲזִיק מַשְׁקִין.

סעיף ג' כְּלִי שֶׁאֵינוֹ יָכוֹל לַעֲמֹד אֶלָּא עַל יְדֵי סְמִיכָה, אִם מִתְּחִלָּתוֹ נַעֲשָׂה כָּךְ לְהִשְׁתַּמֵּשׁ בּוֹ עַל יְדֵי סְמִיכָה יֵשׁ לוֹ דִּין

כְּלִי. אֲבָל אִם לֹא נַעֲשָׂה לְהִשְׁתַּמֵּשׁ בּוֹ כָּךְ, כְּגוֹן, כִּסּוּי כְּלִי, אֵין נוֹטְלִין מִמֶּנּוּ. וְיֵשׁ בָּזֶה כַּמָּה חִלּוּקֵי דִּינִים בְּשֻׁלְחָן עָרוּךְ.

סעיף ד' שִׁעוּר הַמַּיִם קָשֶׁה לְשַׁעֵר בְּצִמְצוּם, וּצְרִיכִין לִשְׁפּוֹךְ עַל כָּל יָד מַיִם בְּשֶׁפַע, דְּאָמַר רַב חִסְדָּא, אֲנָא מַשַּׁאי מְלֹא חָפְנֵי מַיָּא וְיָהֲבֵי לִי מְלֹא חָפְנֵי טִיבוּתָא. וְנוֹטְלִין תְּחִלָּה יַד יָמִין וְאַחַר כָּךְ יַד שְׂמֹאל (כִּדְלְעֵיל סִימָן ב' סָעִיף ג'), וְיָבֹאוּ הַמַּיִם עַל כָּל הַיָּד דְּהַיְנוּ עַד הַקָּנֶה שֶׁל זְרוֹעַ וְלֹא יִשָּׁאֵר מָקוֹם בְּלִי מַיִם. וְעַל כֵּן יַפְרִיד קְצָת הָאֶצְבָּעוֹת וְיַגְבִּיהֵן קְצָת כְּלַפֵּי מַעְלָה, בִּכְדֵי שֶׁיַּגִּיעוּ הַמַּיִם בְּכָל אֹרֶךְ הָאֶצְבָּעוֹת וּבְרֹאשָׁן וּבְרָחְבָּן סָבִיב, וְיָבֹאוּ הַמַּיִם בִּשְׁפִיכָה אַחַת, וְלָכֵן אֵין לִטֹּל יָדָיו מִכְּלִי שֶׁפִּיו צַר וְאֵין הַמַּיִם יוֹרְדִין בְּבַת אַחַת. וְנָכוֹן לִשְׁפֹּךְ עַל כָּל יָד ב' פְּעָמִים.

סעיף ה' לְאַחַר שֶׁנָּטַל שְׁתֵּי יָדָיו, יְשַׁפְשְׁפֵן בְּיַחַד וְיַגְבִּיהֵן נֶגֶד רֹאשׁוֹ, כְּמוֹ שֶׁאָמַר הַכָּתוּב, שְׂאוּ יְדֵיכֶם וְגוֹ'. וְקֹדֶם שֶׁמְּנַגֵּבָן יְבָרֵךְ אֲשֶׁר קִדְּשָׁנוּ בְּמִצְוֹתָיו וְצִוָּנוּ עַל נְטִילַת יָדָיִם (וְאַף עַל גַּב דְּכָל הַמִּצְוֹת מְבָרֵךְ עֲלֵיהֶם קֹדֶם עֲשִׂיָּתָן כִּדְלְעֵיל סִימָן ט' סָעִיף ח', מִכָּל מָקוֹם בִּנְטִילַת יָדַיִם, כֵּיוָן שֶׁלִּפְעָמִים אֵין יָדָיו נְקִיּוֹת קֹדֶם נְטִילָה, לָכֵן תִּקְּנוּ בְּכָל נְטִילַת יָדַיִם לְבָרֵךְ אַחַר הַנְּטִילָה, וְעוֹד דְּגַם נִגּוּב הַיָּדַיִם הוּא מִן הַמִּצְוָה) וּמִי שֶׁנּוֹהֵג לִשְׁפֹּךְ עַל כָּל יָד ב' פְּעָמִים, יִשְׁפֹּךְ תְּחִלָּה עַל כָּל יָד פַּעַם אַחַת וִישַׁפְשְׁפֵן וִיבָרֵךְ וְאַחַר כָּךְ יִשְׁפּוֹךְ פַּעַם שֵׁנִית עַל כָּל יָד. וְיִזָּהֵר לְנַגֵּב יָדָיו יָפֶה. וְלֹא יְנַגְּבֵם בַּחֲלוּקוֹ, מִשּׁוּם דְּקָשֶׁה לְשִׁכְחָה.

סעיף ו' אִם לְאַחַר שֶׁשָּׁפַךְ הַמַּיִם עַל יָדוֹ אַחַת, נָגַע שָׁם בְּיָדוֹ הַשְּׁנִיָּה, אוֹ אָדָם אַחֵר נָגַע שָׁם, אֲזַי נִטְמְאוּ הַמַּיִם שֶׁעַל יָדוֹ, וְצָרִיךְ לְנַגְּבָן וְלִטּוֹל פַּעַם שֵׁנִית. אַךְ אִם אֵרַע לוֹ כֵּן לְאַחַר שֶׁכְּבָר בֵּרַךְ לֹא יְבָרֵךְ שֵׁנִית.

סעיף ז' מִי שֶׁאֵין לוֹ כְּלִי, יָכוֹל לִטְבּוֹל יָדָיו בְּנָהָר אוֹ בְּמִקְוֶה הַכְּשֵׁרָה לִטְבִילַת נָשִׁים (וְעַיֵּן לְקַמָּן סִימָן קס"ב דִּין הַנְּהָרוֹת), אוֹ בְּמַעְיָן אֲפִלּוּ אֵין בּוֹ מ' סְאָה, רַק שֶׁמִּתְכַּסּוֹת בּוֹ יָדָיו בְּפַעַם אַחַת, וּמְבָרֵךְ גַּם כֵּן עַל נְטִילַת יָדַיִם. וּבִשְׁעַת הַדְּחָק יָכוֹל לִטְבֹּל יָדָיו גַּם בַּשֶּׁלֶג. אִם יֵשׁ עַל פְּנֵי הָאָרֶץ הַרְבֵּה כְּמוֹ שִׁעוּר מִקְוֶה (קנ"ס ק"ס). וְאִם צָרִיךְ לִטּוֹל יָדָיו מִתּוֹךְ מַשְׁאֵבָה, יַנִּיחַ יָדוֹ הָאַחַת סָמוּךְ לָאָרֶץ, וּבְיָדוֹ הַשְּׁנִיָּה יִמְשֹׁךְ לְהָבִיא עָלָיו אֶת הַמַּיִם, וְאַחַר כָּךְ יַחֲלִיף יָדָיו, אוֹ שֶׁחֲבֵרוֹ יִמְשֹׁךְ לוֹ. אֲבָל אִם הַיָּדַיִם גְּבוֹהוֹת מִן הָאָרֶץ לֹא עָלְתָה לוֹ נְטִילָה (ס' דה"ח ע"ש).

סעיף ח' מַיִם שֶׁנִּשְׁתַּנּוּ מַרְאֵיהֶן, בֵּין מֵחֲמַת מְקוֹמָם, בֵּין מֵחֲמַת אֵיזֶה דָּבָר שֶׁנָּפַל לְתוֹכָן פְּסוּלִין לִנְטִילַת יָדַיִם. אֲבָל אִם נִשְׁתַּנּוּ מֵחֲמַת עַצְמָן כְּשֵׁרִים. מַיִם שֶׁנַּעֲשְׂתָה בָּהֶם מְלָאכָה, כְּגוֹן שֶׁהוּדְחוּ בָּהֶם כֵּלִים, אוֹ שֶׁשָּׁרוּ בָּהֶם יְרָקוֹת, אוֹ שֶׁנָּתְנוּ בָהֶם כֵּלִים עִם מַשְׁקִים לְצַנְּנָן, אוֹ שֶׁמָּדַד בָּהֶן מִדּוֹת, גַּם כֵּן פְּסוּלִין. וְיֵשׁ פּוֹסְלִין גַּם מַיִם שֶׁנִּמְאֲסוּ, כְּגוֹן שֶׁשָּׁתָה מֵהֶם כֶּלֶב אוֹ חֲזִיר וְכַדּוֹמֶה, מִשּׁוּם דְּנַעֲשׂוּ כְּשׁוֹפְכִין. וְיֵשׁ לָחוּשׁ לְדִבְרֵיהֶם.

סעיף ט' מִי שֶׁלֹּא נָטַל יָדָיו וְנָגַע בַּמַּיִם, לֹא נִטְמְאוּ הַמָּיִם. וְלָכֵן הַיּוֹצֵא

מִבֵּית הַכִּסֵּא, יָכוֹל לִשְׁאוֹב מַיִם בְּחָפְנָיו מִן הֶחָבִית לִרְחוֹץ יָדָיו, וְהַנִּשְׁאָרִים כְּשֵׁרִים לִנְטִילַת יָדַיִם. אֲבָל אִם שֶׁכְשֵׁךְ יָדָיו בְּתוֹךְ הֶחָבִית לְנַקּוֹתָן, וַאֲפִלּוּ טָבַל בּוֹ רַק אֶצְבָּעוֹ הַקְּטַנָּה לְנַקּוֹתָהּ, נִפְסְלוּ כָּל הַמַּיִם מִפְּנֵי שֶׁנַּעֲשְׂתָה בָּהֶם מְלָאכָה.

סעיף י' מַיִם מְלוּחִים, סְרוּחִים, מָרִים אוֹ עֲכוּרִים, אִם אֵין רְאוּיִין לִשְׁתִיַּת כֶּלֶב, פְּסוּלִים לִנְטִילַת יָדַיִם (ק"ס).

סעיף יא' קֹדֶם הַנְּטִילָה צְרִיכִין לְהַשְׁגִּיחַ עַל הַיָּדַיִם שֶׁיִּהְיוּ נְקִיּוֹת בְּלִי שׁוּם חֲצִיצָה. וּמִי שֶׁצִּפָּרְנֵי אֶצְבְּעוֹתָיו גְּדוֹלוֹת, צָרִיךְ לְדַקְדֵּק לְנַקּוֹתָן, שֶׁלֹּא יְהֵא בְּתַחְתֵּיהֶן טִיט וְצוֹאָה, מִשּׁוּם דַּהֲוֵי חֲצִיצָה. וְכֵן צָרִיךְ לְהָסִיר הַטַּבַּעַת, שֶׁלֹּא תִּהְיֶה חֲצִיצָה.

סעיף יב' מִי שֶׁיָּדָיו צְבוּעוֹת, אִם אֵין שָׁם מַמָּשׁוּת הַצֶּבַע כִּי אִם חֲזוּתָא בְּעָלְמָא, לֹא הֲוֵי חֲצִיצָה. אֲבָל אִם יֵשׁ עֲלֵיהֶם מַמָּשׁוּת הַצֶּבַע, אֲפִלּוּ רַק מְעַט, הֲוֵי חֲצִיצָה. אַךְ אִם הוּא אֻמָּן בְּכָךְ, דְּהַיְנוּ שֶׁהוּא צַבָּע, וְכֵן מִי שֶׁהוּא טַבָּח וְיָדָיו מְלֻכְלָכוֹת מִדָּם, אוֹ שֶׁהוּא סוֹפֵר וְאֶצְבְּעוֹתָיו מְלֻכְלָכוֹת מִדְּיוֹ, וְהוּא רָגִיל בְּכָךְ, וְכֹל בַּעֲלֵי אֻמָּנוּת זֹאת אֵין מַקְפִּידִין בְּכָךְ, לֹא הֲוֵי חֲצִיצָה, אֶלָּא אִם כֵּן הוּא בְּרֹב הַיָּד. וְכֵן מִי שֶׁיֵּשׁ לוֹ מַכָּה עַל יָדוֹ וַעֲלֶיהָ רְטִיָּה שֶׁמִּצְטַעֵר לַהֲסִירָהּ, לֹא הֲוֵי חֲצִיצָה (וְעַיֵּן עוֹד בְּסִימָן קס"א דִּינֵי חֲצִיצָה בִּטְבִילַת נָשִׁים, וְהוּא הַדִּין לִנְטִילַת יָדַיִם) (קסא).

סעיף יג' הַמַּיִם צְרִיכִים שֶׁיָּבֹאוּ עַל הַיָּדַיִם מִכֹּחַ גַּבְרָא. אֲבָל אִם הַמַּיִם בָּאִים מֵאֲלֵיהֶם, לֹא הֲוֵי נְטִילָה. וְחָבִית שֶׁיֵּשׁ בָּהּ בַּרְזָא וְהֵסִיר אֶת הַבַּרְזָא, אֲזַי הַמַּיִם הַבָּאִים בְּכֹחַ הָרִאשׁוֹן, דְּהַיְנוּ קִלּוּחַ הָרִאשׁוֹן לְבַדּוֹ, נֶחְשָׁב מִכֹּחַ גַּבְרָא. אֲבָל הַמַּיִם הַבָּאִים אַחַר כָּךְ, אֵינָם נֶחְשָׁבִים מִכֹּחַ גַּבְרָא, אֶלָּא כְּאִלּוּ בָּאוּ מֵאֲלֵיהֶם. וְלָכֵן מִי שֶׁהוּא רוֹצֶה לִטּוֹל אֶת יָדָיו דֶּרֶךְ הַבַּרְזָא, צָרִיךְ לֵידַע שֶׁבְּקִלּוּחַ הָרִאשׁוֹן תִּתְכַּסֶּה כָּל הַיָּד, וְיִסְתּוֹם אֶת הַבַּרְזָא וְיַחֲזוֹר וְיִפְתְּחֵהוּ לִשְׁפִיכָה שְׁנִיָּה. וּמִי שֶׁאֵינוֹ יוֹדֵעַ לְשַׁעֵר, אֵין לוֹ לִטּוֹל יָדָיו בְּדֶרֶךְ זֶה, וּמִכָּל שֶׁכֵּן שֶׁאֵין לִטֹּל יָדָיו מִן הַכִּיּוֹר שֶׁיֵּשׁ לוֹ בַּרְזָא קָטָן וְהַקִּלּוּחַ הוּא דַּק.

סעיף יד' אָסוּר לֶאֱכוֹל בְּלֹא נְטִילָה, אֲפִלּוּ אִם רוֹצֶה לִכְרֹךְ יָדָיו בְּמַפָּה. וְאִם הוּא בַּדֶּרֶךְ וְאֵין לוֹ מַיִם, אִם יוֹדֵעַ כִּי בְּעוֹד דֶּרֶךְ ד' מִילִין לְפָנָיו אוֹ מִיל לְאַחֲרָיו יִמְצָא מַיִם, מְחֻיָּב לָלֶכֶת לְפָנָיו ד' מִילִין, אוֹ לַחֲזוֹר לְאַחֲרָיו מִיל לִטּוֹל יָדָיו לַאֲכִילָה. אֲבָל אִם גַּם שָׁמָּה לֹא יִמְצָא מַיִם, אוֹ שֶׁהוּא עִם חֲבוּרָה וּמִתְיָרֵא לְהִפָּרֵד מֵהֶם, וְכֵן מִי שֶׁיֵּשׁ לוֹ שְׁאָר אֹנֶס שֶׁאֵינוֹ יָכוֹל לִטּוֹל יָדָיו, יִכְרוֹךְ יָדָיו בְּמַפָּה אוֹ יִלְבַּשׁ בָּתֵּי יָדַיִם (כְּפָפוֹת) [האנדשוהה] וְיֹאכַל כָּךְ (קס"ג).

סעיף טו' הָעוֹשֶׂה צְרָכָיו קֹדֶם אֲכִילָה, שֶׁהוּא צָרִיךְ לִטּוֹל יָדָיו לְבִרְכַּת אֲשֶׁר יָצַר וְגַם צָרִיךְ לִטּוֹל יָדָיו לִסְעוּדָה יֵשׁ בָּזֶה כַּמָּה סְפֵקוֹת. עַל כֵּן הַנָּכוֹן שֶׁיִּטּוֹל תְּחִלָּה יָדָיו שֶׁלֹּא כְּדִין נְטִילַת יָדַיִם לִסְעוּדָה, דְּהַיְנוּ שֶׁיִּשְׁפֹּךְ רַק מְעַט מַיִם לְחָפְנוֹ אַחַת, וִישַׁפְשֵׁף שְׁתֵּי יָדָיו בְּמַיִם אֵלּוּ וִינַגְּבֵם הֵיטֵב וִיבָרֵךְ אֲשֶׁר יָצַר, וְאַחַר כָּךְ יִטּוֹל יָדָיו כְּדִין נְטִילַת יָדַיִם לִסְעוּדָה וִיבָרֵךְ עַל נְטִילַת יָדַיִם (קסה).

סעיף טז' מִי שֶׁבְּאֶמְצַע סְעוּדָּה נָגַע בְּגוּפוֹ בִּמְקוֹמוֹת הַמְכֻסִּים, אוֹ שֶׁחִכֵּךְ בְּרֹאשׁוֹ, אוֹ שֶׁהִשְׁתִּין מַיִם, צָרִיךְ לִטּוֹל יָדָיו פַּעַם שֵׁנִית, אֲבָל לֹא יְבָרֵךְ עֲלֵיהֶן. וְכֵן אֲפִלּוּ אִם עָשָׂה צְרָכָיו וְנוֹטֵל יָדָיו בְּאֶמְצַע הַסְּעוּדָּה, אֵינוֹ צָרִיךְ לְבָרֵךְ עַל נְטִילַת יָדַיִם.

סעיף יז' הָאוֹכֵל דָּבָר שֶׁטִּבּוּלוֹ בְּמַשְׁקֶה, אוֹ שֶׁבָּא מַשְׁקֶה עַל הַמַּאֲכָל וַעֲדַיִן הוּא לַח מִן הַמַּשְׁקֶה, אַף עַל פִּי שֶׁהוּא אֵינוֹ נוֹגֵעַ בִּמְקוֹם הַמַּשְׁקֶה, מִכָּל מָקוֹם צָרִיךְ לִטּוֹל יָדָיו תְּחִלָּה, רַק לֹא יְבָרֵךְ עַל נְטִילַת יָדַיִם. וְהַרְבֵּה מְקִלִּין בְּדָבָר זֶה. אֲבָל כָּל יְרֵא שָׁמַיִם יֵשׁ לוֹ לְהַחְמִיר עַל עַצְמוֹ.

סעיף יח' מַשְׁקִים לְעִנְיָן זֶה הֵמָּה שִׁבְעָה, וְאֵלּוּ הֵן: יַיִן, וְכֵן חֹמֶץ מִיַּיִן, דְּבַשׁ דְּבוֹרִים, שֶׁמֶן זַיִת, חָלָב, וּבִכְלַל זֶה גַּם מֵי חָלָב, טַל, דָּם שֶׁל בְּהֵמָה חַיָּה וָעוֹף (וְהַיְנוּ כְּשֶׁאוֹכְלוֹ לִרְפוּאָה) מַיִם. וְסִימָנָם יָ"ד שַׁחַ"ט דָּ"ם. אֲבָל שְׁאָר מֵי פֵּרוֹת, אֲפִלּוּ בְּמָקוֹם שֶׁרְגִילִין לַעֲשׂוֹת מַשְׁקִים לִשְׁתִיָּה מִסְּחִיטַת אֵיזֶה פֵּרוֹת, אֵין לָהֶם דִּין מַשְׁקֶה לְעִנְיָן זֶה.

סעיף יט' פֵּרוֹת שֶׁמְּרֻקָּחִין בְּסֻכָּר אֵין צְרִיכִין נְטִילַת יָדַיִם, כִּי הַסֻּכָּר לֹא הָוֵי מַשְׁקֶה, וְגַם הַלַּחְלוּחִית שֶׁיָּצָא מִן הַפֵּרוֹת לֹא הָוֵי מַשְׁקֶה, שֶׁהוּא מֵי פֵּרוֹת. אֲבָל אִם מְרֻקָּחִין בִּדְבַשׁ, אִם נִקְרַשׁ הַדְּבַשׁ הֵיטֵב אֲזַי יָצָא מִכְּלַל מַשְׁקֶה וְנַעֲשָׂה אֹכֶל, וְאֵינָן צְרִיכִין נְטִילַת יָדַיִם. אֲבָל אִם לֹא נִקְרְשׁוּ הֵיטֵב, אֶלָּא נִתְעַבּוּ מְעַט וַעֲדַיִן הֵם נִגָּרִים, צְרִיכִין נְטִילַת יָדַיִם. וְכֵן חֶמְאָה שֶׁהִיא בִּכְלַל הֶחָלָב, אִם הִיא קְרוּשָׁה, אֵינָהּ מַשְׁקֶה רַק אֹכֶל. אֲבָל אִם הִיא נְמוֹחָה, הֲרֵי הִיא מַשְׁקֶה.

סעיף כ' דְּבָרִים שֶׁדַּרְכָּן לְאָכְלָן בְּלֹא כַּף וּמַזְלֵג, אֲפִלּוּ הוּא אוֹכֵל עַל יְדֵי כַּף אוֹ מַזְלֵג, צָרִיךְ נְטִילַת יָדַיִם. אֲבָל דָּבָר שֶׁאֵין דַּרְכּוֹ לֶאֱכוֹל רַק עַל יְדֵי כַּף, כְּגוֹן לְבִיבוֹת וְכַיּוֹצֵא בָּזֶה, וְכֵן פֵּרוֹת מְרֻקָּחִין בִּדְבַשׁ בְּמָקוֹם שֶׁאֵין דַּרְכָּן לְאָכְלָן רַק עַל יְדֵי כַּף אוֹ מַזְלֵג, אֵינָן צְרִיכִין נְטִילַת יָדַיִם (קנ"ח).

סעיף כא' מֶלַח שֶׁנַּעֲשָׂה מִמַּיִם, הָוֵי בִּכְלַל מַיִם (כִּי הַמַּיִם אַף עַל פִּי שֶׁנִּקְרְשׁוּ, לֹא יָצָא מִכְּלַל מַשְׁקֶה). וְלָכֵן הַטּוֹבֵל צְנוֹן וְכַדּוֹמֶה בְּמֶלַח זֶה צָרִיךְ נְטִילַת יָדַיִם. יַיִן שָׂרָף שֶׁנַּעֲשָׂה מִתְּבוּאַת אוֹ מִפֵּרוֹת אֵינוֹ מַשְׁקֶה לְעִנְיָן זֶה, דְּלֹא הָוֵי זֵעָה מִן הַתְּבוּאָה וּמִן הַפֵּרוֹת וְאַף עַל פִּי שֶׁיֵּשׁ בּוֹ גַּם מַיִם וּמָזוּג גַּם כֵּן בְּמַיִם מִכָּל מָקוֹם הֵם הַמּוּעוּט. וְלָכֵן הַטּוֹבֵל בּוֹ אֵיזֶה דָּבָר וְאוֹכְלוֹ אֵין צָרִיךְ נְטִילַת יָדַיִם, אֲבָל יַיִן שָׂרָף שֶׁנַּעֲשָׂה מִן הַחַרְצַנִּים וְהַזַּגִּים אוֹ מִן הַשְּׁמָרִים שֶׁל יַיִן, נִרְאֶה דַּהֲוֵי מַשְׁקֶה.

סימן מא - הלכות בציעת הפת וברכת המוציא ובו י' סעיפים:

סעיף א'

עַל לֶחֶם גָּמוּר שֶׁהוּא מֵחֲמֵשֶׁת מִינֵי דָּגָן מְבָרְכִין לְפָנָיו הַמּוֹצִיא, וּלְאַחֲרָיו בִּרְכַּת הַמָּזוֹן. (דִּין פַּת הַבָּאָה בְּכִסָּנִין יְבוֹאַר בְּסִימָן מ"ח) (קס"ז ר"ח).

סעיף ב' יֵשׁ לִזָּהֵר שֶׁלֹּא לְהַפְסִיק בֵּין נְטִילַת יָדַיִם לְהַמּוֹצִיא, אֲבָל מֻתָּר לוֹ לַעֲנוֹת אָמֵן עַל אֵיזֶה בְּרָכָה שֶׁהוּא שׁוֹמֵעַ. וּשְׁהִיָּה כְּדֵי הִלּוּךְ כ"ב אַמּוֹת, אוֹ מִבַּיִת לְבַיִת, אֲפִלּוּ הִלּוּךְ מְעַט, וְכֵן

אִם דָּבָר מָה שֶׁאֵינוֹ לְצָרְכֵי הַסְּעוּדָּה מִקְרֵי הֶפְסֵק. וּבְדִיעֲבַד אִם הִפְסִיק לֵית לָן בָּהּ, וּבִלְבַד שֶׁלֹּא עָשָׂה אֵיזֶה מַעֲשֶׂה בֵּינְתַיִם, אוֹ שֶׁהִפְלִיג בִּדְבָרִים, דְּאָז הֲוֵי הֶסַּח הַדַּעַת וְצָרִיךְ נְטִילָה שֵׁנִית.

סעיף ג' בּוֹצֵעַ הַפַּת בְּמָקוֹם הַמֻּבְחָר שֶׁבּוֹ, מִפְּנֵי כְּבוֹד הַבְּרָכָה. וְהַמֻּבְחָר הוּא מָקוֹם הַקָּשֶׁה, שֶׁשָּׁם נֶאֱפָה הֵיטֵב, וְהוּא הַמָּקוֹם שֶׁכְּנֶגֶד הַמִּתְבַּקֵּעַ, כִּי בְּמָקוֹם שֶׁמַּתְחִיל לֶאֱפוֹת נִדְחֶקֶת הָעִסָּה עַד שֶׁמִּתְבַּקֵּעַ הַצַּד שֶׁכְּנֶגְדּוֹ. אַךְ זָקֵן שֶׁקָּשֶׁה לוֹ לֶאֱכֹל פַּת קָשָׁה, יִבְצַע בְּמָקוֹם הָרַךְ. וּמִהְיוֹת כִּי אֵין לְהַפְסִיק בִּשְׁהִיַּת הַחִתּוּךְ בֵּין בִּרְכַּת הַמּוֹצִיא לַאֲכִילָה, עַל כֵּן חוֹתֵךְ מְעַט סְבִיב הַפַּת כְּעֵין טַבַּעַת, בְּעִנְיָן שֶׁאִם יֶאֱחוֹז בַּפְּרוּסָה, תַּעֲלֶה כָּל הַכִּכָּר עִמָּהּ. שֶׁאִם לֹא כֵן חָשִׁיב כִּפְרוּסָה, וַאֲנַן בָּעֵינַן שֶׁיְּבָרֵךְ בִּרְכַּת הַמּוֹצִיא בְּעוֹד שֶׁהַפַּת שְׁלֵמָה, וְיַנִּיחֶנָּה מְחֻבֶּרֶת לַפַּת וִיבָרֵךְ בִּרְכַּת הַמּוֹצִיא, וְאַחַר שֶׁסִּיֵּם הַבְּרָכָה יַפְרִידֶנָּה, כְּדֵי שֶׁתִּכְלֶה הַבְּרָכָה בְּעוֹד שֶׁהַפַּת שָׁלֵם. וְכֵן כְּשֶׁבּוֹצֵעַ מִכִּכָּר שֶׁאֵינָהּ שְׁלֵמָה, לֹא יַחְתֹּךְ לְגַמְרֵי קֹדֶם הַבְּרָכָה, כְּדֵי שֶׁתְּהֵא בִּשְׁעַת הַבְּרָכָה יוֹתֵר גְּדוֹלָה. וּבְשַׁבָּת לֹא יַחְתֹּךְ כְּלָל בַּכִּכָּר עַד אַחַר הַבְּרָכָה, כְּדֵי שֶׁיִּהְיוּ הַכִּכָּרוֹת שְׁלֵמוֹת מַמָּשׁ (עַיֵּן לְקַמָּן סִימָן ע"ז סָעִיף י"ז) וְגַם בְּחֹל אִם הִיא עֻגָה דַּקָּה, יְבָרֵךְ קֹדֶם הַבְּצִיעָה, כֵּיוָן שֶׁאֵין שְׁהִיָּה בִּשְׁבִירָה.

סעיף ד' לֹא יִבְצַע פְּרוּסָה קְטַנָּה, מִפְּנֵי שֶׁנִּרְאָה כְּצַר עַיִן. וְלֹא פְּרוּסָה יוֹתֵר מִכַּבֵּיצָה, לְפִי שֶׁנִּרְאֶה כְּרַעַבְתָּן. וְדַוְקָא כְּשֶׁאוֹכֵל לְבַדּוֹ. אֲבָל אִם אוֹכֵל עִם הַרְבֵּה בְּנֵי אָדָם וְצָרִיךְ לִתֵּן מִן הַפְּרוּסָה לְכָל אֶחָד כַּזַּיִת, מֻתָּר לִבְצוֹעַ כְּפִי מַה שֶּׁצָּרִיךְ לוֹ. וּבְשַׁבָּת אֲפִלּוּ אִם אוֹכֵל לְבַדּוֹ, מֻתָּר לִבְצוֹעַ כְּפִי מַה שֶּׁצָּרִיךְ לְכָל הַסְּעוּדָה, מִפְּנֵי כְּבוֹד הַשַּׁבָּת, לְהַרְאוֹת חֲבִיבַת סְעוּדַת שַׁבָּת שֶׁחָפֵץ לֶאֱכֹל בָּהּ הַרְבֵּה. יֵשׁ לֶאֱכֹל אֶת הַפְּרוּסָה שֶׁבָּצַע עָלֶיהָ קֹדֶם שֶׁיֹּאכַל פַּת אַחֶרֶת, וְהוּא מִשּׁוּם חִבּוּב מִצְוָה, כֵּיוָן שֶׁבֵּרַךְ עָלֶיהָ. וְטוֹב לִזָּהֵר שֶׁלֹּא יִתֵּן מִמֶּנָּה לְנָכְרִי אוֹ לִבְהֵמָה וָעוֹף.

סעיף ה' קֹדֶם שֶׁיְּבָרֵךְ יִתֵּן שְׁתֵּי יָדָיו עַל הַפַּת, שֶׁיֵּשׁ בָּהֶן י' אֶצְבָּעוֹת כְּנֶגֶד י' מִצְוֹת הַתְּלוּיוֹת בַּפַּת: לֹא תַחֲרוֹשׁ בְּשׁוֹר וּבַחֲמוֹר, כִּלְאַיִם, לֶקֶט, שִׁכְחָה, פֵּאָה לֹא תַחְסוֹם, תְּרוּמָה, מַעֲשֵׂר רִאשׁוֹן, מַעֲשֵׂר שֵׁנִי, חַלָּה. וְלָכֵן יֵשׁ י' תֵּבוֹת בְּבִרְכַּת הַמּוֹצִיא וְי' תֵּבוֹת בַּפָּסוּק עֵינֵי כֹל אֵלֶיךָ יְשַׂבֵּרוּ, וְי' תֵּבוֹת בַּפָּסוּק אֶרֶץ חִטָּה וּשְׂעוֹרָה, וְי' תֵּבוֹת בַּפָּסוּק וְיִתֶּן לְךָ. וּכְשֶׁיֹּאמַר אֶת הַשֵּׁם, יַגְבִּיהַּ אֶת הַלֶּחֶם. וּבְשַׁבָּת יַגְבִּיהַּ שְׁתֵּיהֶן. וִיבָרֵךְ בְּכַוָּנָה, וִידַקְדֵּק לְהוֹצִיא הֵיטֵב אֶת הַה"א שֶׁל הַמּוֹצִיא. וְיִתֵּן רֶוַח קְצָת בֵּין תֵּבַת לֶחֶם לְתֵבַת מִן, שֶׁלֹּא לְהַבְלִיעַ אֶת הַמֵּ"ם. וּלְאַחַר הַבְּרָכָה יֹאכַל מִיָּד כִּי אָסוּר לְהַפְסִיק בֵּין הַבְּרָכָה לִתְחִלַּת הָאֲכִילָה אֲפִלּוּ לַעֲנִיַּת אָמֵן. וְיֵשׁ לֶאֱכֹל כַּזַּיִת בְּלִי הֶפְסֵק (וְעַיֵּן לְקַמָּן סִימָן נ' סָעִיף ה).

סעיף ו' מִצְוָה לְהָבִיא עַל הַשֻּׁלְחָן מֶלַח קֹדֶם שֶׁיִּבְצַע, וְיִטְבֹּל פְּרוּסַת הַמּוֹצִיא בְּמֶלַח, לְפִי שֶׁהַשֻּׁלְחָן דּוֹמֶה לְמִזְבֵּחַ (עַיֵּן לְקַמָּן סִימָן מ"ד סָעִיף ד'), וְהָאֲכִילָה לְקָרְבָּן, וְנֶאֱמַר, עַל כָּל קָרְבָּנְךָ תַּקְרִיב מֶלַח. וּלְפִי שֶׁהַשֻּׁלְחָן דּוֹמֶה לְמִזְבֵּחַ, טוֹב לִזָּהֵר שֶׁלֹּא לַהֲרוֹג עָלָיו כִּנָּה.

סעיף ז' אִם מְחַלֵּק פְּרוּסוֹת הַמּוֹצִיא

לְהַמְסֻבִּין, לֹא יִזְרְקֶן, דְּאָסוּר לִזְרוֹק אֶת הַפַּת, וְגַם לֹא יִתְּנֶנָּה לְתוֹךְ יָדוֹ, אֶלָּא יַנִּיחֶנָּה לְפָנָיו (קס"ז).

סעיף ח' מִצְוָה לִבְצֹעַ עַל הַפַּת הַחֲשׁוּבָה יוֹתֵר. וְלָכֵן אִם יֵשׁ לְפָנָיו חֲתִיכַת פַּת וּפַת שְׁלֵמָה, וְדַעְתּוֹ לֶאֱכֹל תּוֹךְ הַסְּעוּדָה מִשְּׁתֵּיהֶן, וּשְׁתֵּיהֶן מִמִּין אֶחָד, אַף עַל פִּי שֶׁהַפַּת הַשְּׁלֵמָה הִיא קְטַנָּה יוֹתֵר מִן הַחֲתִיכָה, וְגַם אֵינָהּ נְקִיָּה כְּמוֹ הַחֲתִיכָה, מִכָּל מָקוֹם יִבְצַע עַל הַשְּׁלֵמָה שֶׁהִיא חֲשׁוּבָה יוֹתֵר. אֲבָל אִם אֵינָן מִמִּין אֶחָד, אֶלָּא שֶׁהַשְּׁלֵמָה מִמִּין גָּרוּעַ, כְּגוֹן, שֶׁהַשְּׁלֵמָה הִיא פַּת כֻּסְּמִין, וְהַחֲתִיכָה הִיא פַּת חִטִּים, אֲפִלּוּ הִיא קְטַנָּה, מְבָרֵךְ עַל שֶׁל חִטִּים. וְאִם הַשְּׁלֵמָה הִיא שֶׁל שְׂעוֹרִים, אַף עַל פִּי שֶׁהִיא גְּרוּעָה מֵחִטִּין, מִכָּל מָקוֹם, כֵּיוָן שֶׁגַּם שְׂעוֹרָה נִזְכְּרָה בְּפֵרוּשׁ בַּפָּסוּק, וְגַם הִיא שְׁלֵמָה, לָכֵן יְרֵא שָׁמַיִם יֵשׁ לַחֲלוֹק כָּבוֹד גַּם לָזוֹ שֶׁל שְׂעוֹרִים וּשְׁלֵמָה. וְכֵיצַד עוֹשֶׂה, מַנִּיחַ אֶת הַחֲתִיכָה תַּחַת הַשְּׁלֵמָה וּבוֹצֵעַ מִשְּׁתֵּיהֶן יַחַד. אִם שְׁתֵּיהֶן שְׁלֵמוֹת אוֹ שְׁתֵּיהֶן חֲתוּכוֹת וּשְׁתֵּיהֶן מִמִּין אֶחָד, יְבָרֵךְ עַל הַנָּקִי יוֹתֵר. וְאִם שְׁתֵּיהֶן שָׁווֹת בִּנְקִיּוּת יְבָרֵךְ עַל הַיּוֹתֵר גְּדוֹלָה.

סעיף ט' אִם יֵשׁ לְפָנָיו פַּת יִשְׂרָאֵל וּפַת עוֹבֵד כּוֹכָבִים וְאֵינוֹ נִזְהָר מִפַּת עוֹבֵד כּוֹכָבִים, אִם שְׁתֵּיהֶן שְׁלֵמוֹת אוֹ שְׁתֵּיהֶן פְּרוּסוֹת וְגַם שָׁווֹת בְּגַדְלוּת וְהֵם מִמִּין אֶחָד, יְבָרֵךְ עַל פַּת יִשְׂרָאֵל. וְאִם זוֹ שֶׁל יִשְׂרָאֵל אֵינָהּ נָקִי כְּמוֹ שֶׁל עוֹבֵד כּוֹכָבִים, יְבָרֵךְ עַל אֵיזֶה מֵהֶן שֶׁיִּרְצֶה. וְאִם בַּעַל הַבַּיִת נִזְהָר מִפַּת עוֹבֵד כּוֹכָבִים, אֶלָּא שֶׁהוּבָא בִּשְׁבִיל אוֹרֵחַ, יֵשׁ לְסַלְּקָהּ מִן הַשֻּׁלְחָן עַד לְאַחַר בִּרְכַּת הַמּוֹצִיא.

סעיף י' כָּל דִּין קְדִימַת הֶחָשׁוּב, אֵינוֹ אֶלָּא אִם בְּדַעְתּוֹ לֶאֱכוֹל בְּתוֹךְ הַסְּעוּדָה מִשְּׁתֵּיהֶן. אֲבָל אִם אֵין דַּעְתּוֹ לֶאֱכֹל בְּתוֹךְ הַסְּעוּדָה רַק מִפַּת אַחַת, יִבְצַע עַל זוֹ שֶׁהוּא רוֹצֶה לֶאֱכוֹל, וְאֵין מַשְׁגִּיחִין בָּזֶה עַל הַחֲשִׁיבוּת.

סימן מב - הלכות סעודה ובו כ"ג סעיפים:

סעיף א' מִי שֶׁיֵּשׁ לוֹ בְּהֵמוֹת אוֹ עוֹפוֹת שֶׁמְּזוֹנוֹתֵיהֶן עָלָיו, אָסוּר לוֹ לֶאֱכוֹל כְּלוּם עַד שֶׁיִּתֵּן לָהֶם מַאֲכָל, דִּכְתִיב וְנָתַתִּי עֵשֶׂב בְּשָׂדְךָ לִבְהֶמְתֶּךָ וְאָכַלְתָּ וְשָׂבָעְתָּ, הִקְדִּימָה הַתּוֹרָה מַאֲכַל בְּהֵמָה לְמַאֲכַל הָאָדָם. וְלִשְׁתִיָּה, הָאָדָם קוֹדֵם, דִּכְתִיב שְׁתֵה וְגַם גְּמַלֶּיךָ אַשְׁקֶה. וְכֵן כְּתִיב וְהִשְׁקִיתָ אֶת הָעֵדָה וְאֶת בְּעִירָם.

סעיף ב' לֹא יֹאכַל אָדָם וְלֹא יִשְׁתֶּה דֶּרֶךְ רַעַבְתָנוּת. לֹא יֹאכַל מְעֻמָּד וְלֹא יִשְׁתֶּה מְעֻמָּד. וִיהֵא שֻׁלְחָנוֹ נָקִי וּמְכֻסֶּה יָפֶה, אֲפִלּוּ אֵין לוֹ לֶאֱכוֹל רַק דָּבָר שֶׁאֵינוֹ חָשׁוּב. לֹא יֶאֱחוֹז פְּרוּסָה גְּדוֹלָה כְּבֵיצָה וְיֹאכַל מִמֶּנָּה. וְלֹא יֶאֱחוֹז הַמַּאֲכָל בְּיָדוֹ אַחַת וְיִתְלוֹשׁ מִמֶּנּוּ בְּיָדוֹ הַשֵּׁנִית. לֹא יִשְׁתֶּה כּוֹס יַיִן בְּפַעַם אֶחָת. וְאִם שָׁתָה, הֲרֵי זֶה גַּרְגְּרָן. בִּשְׁתֵּי פְּעָמִים, זֶהוּ דֶּרֶךְ אֶרֶץ. וּבְשָׁלֹשׁ פְּעָמִים, הֲרֵי זֶה מִגַּסֵּי הָרוּחַ. אִם לֹא כְּשֶׁהוּא כּוֹס גָּדוֹל בְּיוֹתֵר, יָכוֹל לִשְׁתּוֹתוֹ אֲפִלּוּ בְּכַמָּה פְּעָמִים. וְכֵן כּוֹס קָטָן מְאֹד, יָכוֹל לִשְׁתּוֹתוֹ בְּפַעַם אֶחָת (סִימָן ק"ע ובטור סִימָן קס"א).

סעיף ג'

לֹא יָשׁוּךְ פְּרוּסָה וְיַנִּיחֶנָּה עַל גַּבֵּי הַשֻּׁלְחָן, אוֹ יִתְּנֶנָּה לַחֲבֵרוֹ אוֹ לְתוֹךְ הַקְּעָרָה, כִּי שֶׁמָּא הוּא מָאוּס לַחֲבֵרוֹ.

וְלֹא יִשְׁתֶּה מִכּוֹס וְיִתֵּן לַחֲבֵרוֹ לִשְׁתּוֹת הַמּוֹתָר, כִּי יֵשׁ לְכָל אָדָם לִזָּהֵר שֶׁלֹּא לִשְׁתּוֹת מִשְּׁיוּרֵי כּוֹס שֶׁשָּׁתָה חֲבֵרוֹ, וְזֶה שֶׁמָּא מֵחֲמַת הַבּוּשָׁה יִשְׁתֶּה בְּעַל כָּרְחוֹ.

סעיף ד' לֹא יְהֵא אָדָם קַפְּדָן בִּסְעוּדָּתוֹ, כִּי הָאוֹרְחִים וּבְנֵי הַבַּיִת מִתְבַּיְּשִׁים אָז לֶאֱכוֹל, כִּי חוֹשְׁבִים פֶּן מִתְרַגֵּז וּמַקְפִּיד עַל אֲכִילָתָן.

סעיף ה' אֵין מְשִׂיחִין בִּסְעוּדָּה אֲפִלּוּ בְּדִבְרֵי תּוֹרָה, מִפְּנֵי הַסַּכָּנָה, שֶׁמָּא יַקְדִּים קָנֶה לְוֶשֶׁט, וַאֲפִלּוּ מִי שֶׁנִּתְעַטֵּשׁ, אָסוּר לוֹמַר לוֹ אָסוּתָא. אֲבָל שֶׁלֹּא בִּשְׁעַת אֲכִילָה, מִצְוָה לוֹמַר עַל הַשֻּׁלְחָן דִּבְרֵי תּוֹרָה. וְיֵשׁ לִזָּהֵר בָּזֶה מְאֹד. וּמִנְהָג טוֹב לוֹמַר אַחַר אֲכִילַת פְּרוּסַת הַמּוֹצִיא, מִזְמוֹר לְדָוִד ה' רוֹעִי לֹא אֶחְסַר, שֶׁהוּא תּוֹרָה וְגַם תְּפִלָּה עַל מְזוֹנוֹתָיו. וּלְאַחַר גְּמַר הַסְּעוּדָּה נוֹהֲגִין לוֹמַר בַּחֹל, עַל נַהֲרוֹת בָּבֶל וְגוֹ'. וּבְשַׁבָּת וְיוֹם טוֹב וְכָל הַיָּמִים שֶׁאֵין אוֹמְרִים בָּהֶם תַּחֲנוּן, אוֹמְרִים שִׁיר הַמַּעֲלוֹת בְּשׁוּב ה' וְגוֹ'. וּכְשֶׁלּוֹמֵד עַל הַשֻּׁלְחָן מִתּוֹךְ הַסֵּפֶר, צָרִיךְ לְהַשְׁגִּיחַ מְאֹד, כִּי שָׁכִיחַ לִהְיוֹת בִּסְפָרִים תּוֹלָעִים קְטַנִּים וְיוּכַל לָבֹא לִידֵי אִסּוּר, חַס וְשָׁלוֹם.

סעיף ו' שְׁנַיִם שֶׁיּוֹשְׁבִין עַל הַשֻּׁלְחָן, אֲפִלּוּ כָּל אֶחָד קְעָרָה שֶׁלּוֹ לְפָנָיו, אוֹ בְּמִינֵי פֵּרוֹת שֶׁיֵּשׁ לְכָל אֶחָד חֶלְקוֹ לְפָנָיו, מִכָּל מָקוֹם הַגָּדוֹל פּוֹשֵׁט יָדוֹ תְּחִלָּה. וְהַשּׁוֹלֵחַ יָדוֹ בִּפְנֵי מִי שֶׁגָּדוֹל מִמֶּנּוּ, הֲרֵי זֶה גַּרְגְּרָן.

סעיף ז' שְׁנַיִם שֶׁאוֹכְלִים מִתּוֹךְ קְעָרָה אַחַת וְהִפְסִיק אֶחָד מִלֶּאֱכוֹל כְּדֵי לִשְׁתּוֹת, אוֹ לַעֲשׂוֹת אֵיזֶה דָּבָר קָטָן, דֶּרֶךְ אֶרֶץ הוּא שֶׁגַּם הַשֵּׁנִי יַמְתִּין עָלָיו. אֲבָל אִם הֵמָּה שְׁלֹשָׁה, אֵין הַשְּׁנַיִם פּוֹסְקִין בִּשְׁבִיל הָאֶחָד.

סעיף ח' עוֹשֶׂה אָדָם צְרָכָיו בַּפַּת. וְהָנֵי מִלֵּי, דְּלָא מִמְאִיס בֵּהּ. אֲבָל מִדֵּי דְּמִמְאִס בֵּהּ לֹא. הִלְכָּךְ אֵין סוֹמְכִין בּוֹ אֶת הַקְּעָרָה אִם הִיא מְלֵאָה דָּבָר, שֶׁאִם יִפֹּל עַל הַפַּת יִמָּאֵס. וּכְשֶׁאוֹכְלִין אֵיזֶה תַּבְשִׁיל עִם חֲתִיכוֹת פַּת, וְהַפַּת הוּא לוֹ בִּמְקוֹם כַּף, צָרִיךְ לִזָּהֵר לֶאֱכוֹל בְּכָל פַּעַם קְצָת מִן הַפַּת, וְהַנִּשְׁאָר לוֹ מִן הַפַּת גַּם כֵּן יֹאכַל אוֹתוֹ אַחַר כָּךְ.

סעיף ט' אָסוּר לִזְרוֹק פַּת אֲפִלּוּ בְּמָקוֹם שֶׁאֵינוֹ נִמְאָס, כִּי הַזְּרִיקָה הִיא בִּזָּיוֹן. וּשְׁאָר מִינֵי אוֹכְלִים, אִם נִמְאָסִין עַל יְדֵי הַזְּרִיקָה, אָסוּר לְזָרְקָן. אֲבָל אִם אֵינָן נִמְאָסִין, כְּגוֹן אֱגוֹזִים וְכַדּוֹמֶה, מֻתָּר. לֹא יֵשֵׁב עַל שַׂק שֶׁיֵּשׁ בּוֹ פֵּרוֹת, שֶׁנִּמְאָסִים עַל יְדֵי כָּךְ. אֵין נוֹטְלִין אֶת הַיָּדַיִם בְּיַיִן אוֹ בִּשְׁאָר מַשְׁקֶה, מִשּׁוּם בִּזָּיוֹן. כְּשֶׁרוֹאֶה אֵיזֶה אֹכֶל מֻנָּח עַל הָאָרֶץ, צָרִיךְ לְהַגְבִּיהוֹ. מַאֲכָל שֶׁהוּא רָאוּי לְאָדָם, אֵין מַאֲכִילִין אוֹתוֹ לִבְהֵמָה, מִשּׁוּם בִּזּוּי אֳכָלִין.

סעיף י' אִם צָרִיךְ לַעֲשׂוֹת אֵיזֶה רְפוּאָה בַּפַּת אוֹ בִּשְׁאָר דְּבַר מַאֲכָל, אַף עַל פִּי שֶׁנִּמְאָס בְּכָךְ, מֻתָּר.

סעיף יא' יִזָּהֵר מְאֹד בְּפֵרוּרִין שֶׁלֹּא יִזְרְקֵם, שֶׁקָּשָׁה לַעֲנִיּוּת, אֶלָּא יְקַבְּצֵם וְיִתְּנֵם לָעוֹפוֹת.

סעיף יב' הַשּׁוֹתֶה מַיִם, לֹא יִשְׁתֶּה בִּפְנֵי רַבִּים, אֶלָּא יַהֲפֹךְ פָּנָיו. וּבִשְׁאָר מַשְׁקִין, אֵין צָרִיךְ לַהֲפוֹךְ פָּנָיו.

סעיף יג' אֵין מִסְתַּכְּלִין בִּפְנֵי הָאוֹכֵל

וְהַשּׁוֹתֶה, וְלֹא בְּחֶלְקוֹ שֶׁלְּפָנָיו, כְּדֵי שֶׁלֹּא לְבַיְשׁוֹ.

סעיף יד' כָּל מַאֲכָל וּמַשְׁקֶה שֶׁמְּבִיאִין לִפְנֵי הָאָדָם שֶׁיֵּשׁ לוֹ רֵיחַ וְהָאָדָם תָּאֵב לוֹ, צָרִיךְ לִתֵּן מִמֶּנּוּ מִיָּד דָּבָר מְעַט לְהַמְשַׁמֵּשׁ, לְפִי שֶׁמַּזִּיק לְאָדָם שֶׁרוֹאֶה לְפָנָיו מַאֲכָל שֶׁהוּא מִתְאַוֶּה לוֹ, וְאֵינוֹ אוֹכֵל מִמֶּנּוּ.

סעיף טו' לֹא יִתֵּן אָדָם לֶאֱכוֹל אֶלָּא לְמִי שֶׁיּוֹדֵעַ בּוֹ שֶׁיִּטּוֹל יָדָיו וִיבָרֵךְ (קס"ט).

סעיף טז' אִשָּׁה שֶׁאֵין בַּעְלָהּ עִמָּהּ, אֵין לָהּ לִשְׁתּוֹת יַיִן. וְאִם הִיא בְּמָקוֹם אַחֵר שֶׁלֹּא בְּבֵיתָהּ, אֲפִלּוּ אִם בַּעְלָהּ עִמָּהּ, אֲסוּרָה לִשְׁתּוֹת. וְהוּא הַדִּין שְׁאָר מַשְׁקִין הַמְשַׁכְּרִים. וְאִם הִיא רְגִילָה לִשְׁתּוֹת יַיִן בִּפְנֵי בַּעְלָהּ, מֻתֶּרֶת לִשְׁתּוֹת מְעַט שֶׁלֹּא בִּפְנֵי בַּעְלָהּ.

סעיף יז' אָסוּר לְאוֹרְחִים לִטּוֹל כְּלוּם מִמַּה שֶּׁלִּפְנֵיהֶם לִתֵּן בְּיַד בְּנוֹ אוֹ בִתּוֹ שֶׁל בַּעַל הַבַּיִת, כִּי שֶׁמָּא אֵין לְבַעַל הַבַּיִת יוֹתֵר מִמַּה שֶּׁהֵבִיא לִפְנֵיהֶם, וְיִתְבַּיֵּשׁ שֶׁלֹּא יִהְיֶה לָהֶם דַּי. אֲבָל אִם יֵשׁ עַל הַשֻּׁלְחָן מוּכָן הַרְבֵּה, מֻתָּר.

סעיף יח' הַנִּכְנָס לְבַיִת, לֹא יֹאמַר: תְּנוּ לִי לֶאֱכוֹל, עַד שֶׁיֹּאמְרוּ לוֹ הֵם (ק"ע). אָסוּר לֶאֱכוֹל מִסְּעוּדָה שֶׁאֵינָהּ מַסְפֶּקֶת לִבְעָלֶיהָ, שֶׁזֶּהוּ אֲבַק גָּזֵל, אַף עַל פִּי שֶׁהַבַּעַל הַבַּיִת מַזְמִינוֹ לֶאֱכֹל עִמּוֹ, וְהוּא עָוֹן גָּדוֹל וּמִן הַדְּבָרִים שֶׁקָּשֶׁה לָשׁוּב עֲלֵיהֶם.

סעיף יט' אָסוּר לָצֵאת מִמְּקוֹמוֹ קֹדֶם שֶׁיְּבָרֵךְ בִּרְכַּת הַמָּזוֹן, וַאֲפִלּוּ לָלֶכֶת בְּאֶמְצַע הַסְּעוּדָה לְחֶדֶר אַחֵר לִגְמוֹר שָׁם סְעוּדָתוֹ אוֹ שֶׁיַּחֲזוֹר אַחַר כָּךְ לְכָאן לִגְמוֹר סְעוּדָתוֹ. וַאֲפִלּוּ לָלֶכֶת רַק חוּץ לְפִתְחוֹ וְלַחֲזוֹר אַחַר כָּךְ לְכָאן לִגְמוֹר סְעוּדָתוֹ, יֵשׁ לִזָּהֵר מִזֶּה. עָבַר וְיָצָא, בֵּין שֶׁהוּא גּוֹמֵר סְעוּדָתוֹ בַּמָּקוֹם שֶׁהוּא שָׁם, בֵּין שֶׁהוּא חוֹזֵר לְכָאן לִגְמֹר סְעוּדָתוֹ, אֵינוֹ צָרִיךְ לַחֲזוֹר וּלְבָרֵךְ הַמּוֹצִיא, דְּכֵיוָן שֶׁקָּבַע סְעוּדָתוֹ עַל הַפַּת, אַף עַל פִּי שֶׁשִּׁנָּה מְקוֹמוֹ, מִכָּל מָקוֹם נֶחְשָׁב הַכֹּל לִסְעוּדָה אַחַת, רַק שֶׁיִּזָּהֵר לֶאֱכוֹל לְכָל הַפָּחוֹת כַּזַּיִת פַּת בַּמָּקוֹם שֶׁיְּבָרֵךְ בִּרְכַּת הַמָּזוֹן, אֲבָל בִּשְׁאָר דְּבָרִים (שֶׁאֵינָם פַּת) אֵינוֹ כֵן.

סעיף כ' אִם אוֹכְלִין בַּחֲבוּרָה וְיָצְאוּ קְצָת מֵהֶם עַל דַּעַת שֶׁיַּחְזְרוּ לְכָאן, כֵּיוָן שֶׁנִּשְׁאַר אֲפִלּוּ רַק אֶחָד מֵהֶן כָּאן בִּמְקוֹמוֹ, לֹא נִתְבַּטְּלָה הַקְּבִיעוּת. וּכְשֶׁחוֹזְרִין, לִקְבִיעוּתָן, חוֹזְרִין וְלֹא הָוֵי הֶפְסֵק.

סעיף כא' אִם בִּשְׁעַת בִּרְכַּת הַמּוֹצִיא הָיְתָה דַּעְתּוֹ לָלֶכֶת אַחַר כָּךְ לְבַיִת אַחֵר לִגְמֹר שָׁם סְעוּדָתוֹ וּלְבָרֵךְ שָׁם בִּרְכַּת הַמָּזוֹן, נוֹהֲגִין לְהַתִּיר. וְצָרִיךְ לִזָּהֵר לֶאֱכוֹל גַּם שָׁם לְכָל הַפָּחוֹת כַּזַּיִת פַּת. וְאֵין לַעֲשׂוֹת כֵּן אֶלָּא לְעֵת הַצֹּרֶךְ לִסְעוּדַת מִצְוָה.

סעיף כב' הַמִּתְפַּלֵּל בְּתוֹךְ הַסְּעוּדָה, כְּשֶׁחוֹזֵר לֶאֱכוֹל, אֵינוֹ צָרִיךְ לְבָרֵךְ עוֹד הַמּוֹצִיא. וְכֵן אִם יָשַׁן בְּתוֹךְ הַסְּעוּדָה שְׁנַת אֲרָעִי, אַף עַל פִּי שֶׁנִּמְשַׁךְ אֵיזֶה זְמָן לֹא מִקְרֵי הֶפְסֵק. וְכֵן אִם הִפְסִיק בִּשְׁאָר דִּבְרֵי רְשׁוּת, כְּגוֹן שֶׁהֻצְרַךְ לִנְקָבָיו וְכַיּוֹצֵא בָּזֶה. וּמִכָּל מָקוֹם בְּכָל אֵלּוּ בָּעֵי נְטִילַת יָדַיִם מֵחָדָשׁ, מִשּׁוּם דַּהֲוֵי הֶסַּח הַדַּעַת, אֶלָּא אִם כֵּן שָׁמַר יָדָיו. אַךְ לֹא יְבָרֵךְ עַל הַנְּטִילָה, כִּי מִשּׁוּם הֶסַּח הַדַּעַת אֵין מְבָרְכִין עַל

הַנְּטִילָה (סִימָן ק"ע קע"ח ובסד"ה).

סעיף כג' מִשֶּׁגָּמַר סְעוּדָּתוֹ וְנָתַן דַּעְתּוֹ לְבָרֵךְ בִּרְכַּת הַמָּזוֹן, אִם חוֹזֵר וְרוֹצֶה לֶאֱכוֹל אוֹ לִשְׁתּוֹת, יֵשׁ בָּזֶה הַרְבֵּה חִלּוּקֵי דִּינִים לְעִנְיַן הַבְּרָכוֹת. עַל כֵּן יֵשׁ לִמְנוֹעַ מִזֶּה, אֶלָּא מִיָּד כְּשֶׁנָּתַן דַּעְתּוֹ לְבָרֵךְ בִּרְכַּת הַמָּזוֹן, יְבָרֵךְ בִּרְכַּת הַמָּזוֹן (קע"ט).

סימן מג - הלכות ברכות לדברים שאוכלים ושותים בתוך הסעודה ובו ז' סעיפים:

סעיף א' כָּל מַה שֶּׁאוֹכְלִים בְּתוֹךְ הַסְּעֻדָּה, מִדְּבָרִים שֶׁרְגִילִים לְאָכְלָם בְּתוֹךְ הַסְּעוּדָּה לְשֹׂבַע, כְּגוֹן בָּשָׂר, דָּגִים, מִינֵי לִפְתָּן, דַּיְסָא וּמִינֵי לְבִיבוֹת, אֲפִלּוּ דְּבָרִים שֶׁאוֹכְלִים בְּלֹא לֶחֶם, כֻּלָּם אֵינָם צְרִיכִין בְּרָכָה לֹא לִפְנֵיהֶם וְלֹא לְאַחֲרֵיהֶם, שֶׁכֵּיוָן שֶׁאוֹכְלִין אוֹתָן לְשֹׂבַע, הֲרֵי הֵן בִּכְלַל הַסְּעוּדָּה, וְכָל הַסְּעוּדָּה נִגְרֶרֶת אַחַר הַלֶּחֶם שֶׁהוּא עִקַּר חַיֵּי הָאָדָם. וְלָכֵן כֻּלָּן נִפְטָרִין בְּבִרְכַּת הַמּוֹצִיא וּבְבִרְכַּת הַמָּזוֹן. וַאֲפִלּוּ אִם נִשְׁלְחוּ לוֹ מִבָּתִּים אֲחֵרִים, אֵינוֹ צָרִיךְ לְבָרֵךְ עֲלֵיהֶם, דִּסְתָמָא דַּעַת הָאָדָם עַל כָּל מַה שֶּׁיָּבִיאוּ לוֹ.

סעיף ב' וְכֵן אֵינוֹ צָרִיךְ לְבָרֵךְ עַל כָּל מִינֵי מַשְׁקִין, שֶׁהַמַּשְׁקִין גַּם כֵּן בִּכְלַל הַסְּעוּדָּה הֵן, שֶׁאֵין דֶּרֶךְ אֲכִילָה בְּלֹא שְׁתִיָּה, חוּץ מֵעַל הַיַּיִן, לְפִי שֶׁהַיַּיִן הוּא דָּבָר חָשׁוּב (שֶׁבְּכַמָּה מְקוֹמוֹת מְחֻיָּבִים לְבָרֵךְ עָלָיו, אַף עַל פִּי שֶׁאֵינוֹ צָרִיךְ לִשְׁתּוֹת, כְּגוֹן קִדּוּשׁ וְהַבְדָּלָה), צְרִיכִין לְבָרֵךְ עָלָיו גַּם בְּתוֹךְ הַסְּעוּדָּה. וְאִם בֵּרֵךְ עַל הַיַּיִן קֹדֶם נְטִילַת יָדַיִם וְהָיָה דַּעְתּוֹ לִשְׁתּוֹת גַּם בְּתוֹךְ הַסְּעוּדָּה, אוֹ שֶׁהוּא רָגִיל בְּכָךְ לִשְׁתּוֹת יַיִן בְּתוֹךְ הַסְּעֻדָּה, אֵין צָרִיךְ לְבָרֵךְ עָלָיו שֵׁנִית, כִּי נִפְטַר בִּבְרָכָה שֶׁבֵּרֵךְ לִפְנֵי הַסְּעוּדָּה (וְעַיֵּן לְעֵיל סִימָן ל"ט סָעִיף ב'). וְיַיִן שָׂרָף בִּמְדִינָתֵנוּ דְּאֵין דֶּרֶךְ לִשְׁתּוֹתוֹ תָּמִיד בְּתוֹךְ הַסְּעוּדָּה, הֲוֵי סָפֵק אִם הוּא בִּכְלַל הַסְּעוּדָּה אוֹ לֹא, וְלָכֵן אִם דַּעְתּוֹ לִשְׁתּוֹת יַיִן שָׂרָף בְּתוֹךְ הַסְּעוּדָּה יִשְׁתֶּה מְעַט קֹדֶם נְטִילַת יָדַיִם, דְּהַיְנוּ פָּחוֹת מִכְּזַיִת וִיבָרֵךְ עָלָיו וִיכַוֵּן לִפְטֹר גַּם מַה שֶּׁיִּשְׁתֶּה בְּתוֹךְ הַסְּעוּדָּה. וְאִם לֹא עָשָׂה כֵּן יְבָרֵךְ מִתְּחִלָּה עַל קְצָת סֻכָּר וְיִפְטוֹר גַּם אֶת הַיַּיִן שָׂרוּף. וְיֵשׁ נוֹהֲגִין לִטְבּוֹל מְעַט פַּת בְּתוֹכוֹ, אֲבָל יֵשׁ מְפַקְפְּקִין עַל זֶה.

סעיף ג' אִם רוֹצֶה לֶאֱכֹל בְּתוֹךְ הַסְּעוּדָּה פֵּרוֹת בְּלֹא פַּת, כֵּיוָן שֶׁאֵין הַפֵּרוֹת מֵעִקַּר הַסְּעוּדָּה, לָכֵן אֲפִלּוּ אִם הָיוּ מֻנָּחִין עַל הַשֻּׁלְחָן קֹדֶם בִּרְכַּת הַמּוֹצִיא, מִכָּל מָקוֹם אֵינָן נִפְטָרִין בְּבִרְכַּת הַמּוֹצִיא וְצָרִיךְ לְבָרֵךְ עֲלֵיהֶם בְּרָכָה רִאשׁוֹנָה. אֲבָל בְּרָכָה אַחֲרוֹנָה אֵינָן צְרִיכִין כִּי נִפְטָרִין בְּבִרְכַּת הַמָּזוֹן. וְאִם אֵינוֹ רוֹצֶה לֶאֱכֹל הַפֵּרוֹת רַק עִם פַּת, אֵינוֹ צָרִיךְ לְבָרֵךְ עֲלֵיהֶם כִּי הֵם טְפֵלִים לְהַפַּת. וְאִם רוֹצֶה לֶאֱכוֹל קְצָתָן עִם פַּת וּקְצָתָן בְּלֹא פַּת, צָרִיךְ לִזָּהֵר לֶאֱכוֹל תְּחִלָּה בְּלֹא פַּת וִיבָרֵךְ עֲלֵיהֶם, וְאַחַר כָּךְ יָכוֹל לְאָכְלָן גַּם עִם הַפַּת. אֲבָל אִם יֹאכַל תְּחִלָּה עִם פַּת וְאַחַר כָּךְ יֹאכַל בְּלֹא פַּת, אִכָּא סְפֵקָא בִּבְרָכָה. וְיֵשׁ שֶׁרְגִילִין לֶאֱכֹל בֵּין מַאֲכָל לְמַאֲכָל אֵיזֶה דָּבָר שֶׁמַּמְשִׁיךְ תַּאֲוַת הָאֲכִילָה, כְּגוֹן זַיִת מָלוּחַ לִימוֹנִים מְלוּחִים, צְנוֹן וְכַדּוֹמֶה, זֶהוּ נִקְרָא מֵחֲמַת הַסְּעוּדָּה, כֵּיוָן שֶׁעַל יְדֵי כֵן הוּא יֹאכַל יוֹתֵר. וְלָכֵן אֵין צָרִיךְ לְבָרֵךְ עָלָיו שֶׁהַפַּת פּוֹטְרוֹ (עַיֵּן מ"א ס' קעד סקי"א).

סעיף ד' אִם קוֹבֵעַ עִקַּר סְעוּדָּתוֹ עַל הַפֵּרוֹת שֶׁיֹּאכְלֵם עִם הַפַּת, כֵּיוָן שֶׁהֵם עִקַּר הַסְּעֻדָּה, נִפְטָרִים בְּבִרְכַּת הַמּוֹצִיא, אֲפִלּוּ לֹא הָיוּ אָז עַל הַשֻּׁלְחָן, רַק צָרִיךְ שֶׁתְּחִלַּת אֲכִילַת הַפֵּרוֹת יִהְיֶה עִם הַפַּת, וְאַחַר כָּךְ גַּם מַה שֶּׁיֹּאכַל בְּלֹא פַּת, אֵינוֹ צָרִיךְ לְבָרֵךְ עֲלֵיהֶם (קע"ז).

סעיף ה' פֵּרוֹת הַמְבֻשָּׁלִין לְצָרְכֵי הַסְּעוּדָה, כְּמוֹ שֶׁרְגִילִין לְבַשֵּׁל קְנוּחַ סְעוּדָה (צוּ שְׁפַּייז) בֵּין עִם בָּשָׂר בֵּין בְּלֹא בָשָׂר, יֵשׁ לֶאֱכֹל מֵהֶם בַּתְּחִלָּה וּבַסּוֹף קְצָת עִם פַּת, וּבְאֶמְצַע יָכוֹל לֶאֱכֹל מֵהֶן גַּם בְּלֹא פַּת, וְאֵין צְרִיכִין בְּרָכָה (עַיֵּן חי"א ומ"א ס' קעז).

סעיף ו' מַעֲשֵׂה אוֹפֶה, כְּגוֹן עוּגַת סֻכָּר עוּגַת שְׁקֵדִים וְכַדּוֹמֶה, אִם אוֹכֵל מֵהֶן מֵחֲמַת רְעָבוֹן כְּדֵי לִשְׂבֹּעַ מֵהֶן, אֵינוֹ צָרִיךְ לְבָרֵךְ עֲלֵיהֶן. אֲבָל אִם אוֹכֵל מֵהֶן רַק לְתַעֲנוּג, יֵשׁ סָפֵק בִּבְרָכָה. וְעַל כֵּן רָאוּי לָאָדָם לְכַוֵּן בִּשְׁעַת בִּרְכַּת הַמּוֹצִיא, לִפְטוֹר כָּל מַה שֶּׁיֹּאכַל מִמִּינִים אֵלּוּ (סִימָן קס"ח עַיֵּן שָׁם).

סעיף ז' אִם לְאַחַר גְּמַר הַסְּעוּדָה קֹדֶם בִּרְכַּת הַמָּזוֹן שׁוֹתֶה קָאפֶע כְּדֵי לְעַכֵּל הַמָּזוֹן שֶׁאָכַל, צָרִיךְ לְבָרֵךְ עָלָיו בְּרָכָה רִאשׁוֹנָה, כִּי מַה שֶּׁהוּא בָּא לְעַכֵּל אֵינוֹ נֶחְשָׁב מִצָּרְכֵי הַסְּעוּדָה. וּמִכָּל מָקוֹם טוֹב לְבָרֵךְ עַל מְעַט סֻכָּר בִּרְכַּת שֶׁהַכֹּל לִפְטוֹר אֶת הַקָּפֶה (עַיֵּן חַיֵּי אָדָם ומגן אברהם סִימָן קע"ד).

סימן מד - הלכות מים אחרונים וברכת המזון ובו י"ח סעיפים:

סעיף א' בְּדִין מַיִם אַחֲרוֹנִים, הַרְבֵּה מְקִלִּים, אֲבָל נָכוֹן לְכָל יְרֵא שָׁמַיִם לִזָּהֵר בָּהֶם. וְאֵין צְרִיכִין לִטּוֹל אֶלָּא עַד פֶּרֶק שֵׁנִי מִן הָאֶצְבָּעוֹת, וְיַשְׁפִּיל יָדָיו קֹדֶם שֶׁמְּנַגְּבָן. וְהַמְבָרֵךְ הוּא נוֹטֵל בָּרִאשׁוֹנָה.

סעיף ב' אֵין נוֹטְלִין עַל גַּבֵּי קַרְקַע בְּמָקוֹם שֶׁבְּנֵי אָדָם הוֹלְכִין, מִפְּנֵי שֶׁרוּחַ רָעָה שׁוֹרָה עַל מַיִם אֵלּוּ, אֶלָּא יִטּוֹל לְתוֹךְ כְּלִי אוֹ תַּחַת הַשֻּׁלְחָן, וּמְנַגֵּב יָדָיו וְאַחַר כָּךְ מְבָרֵךְ בִּרְכַּת הַמָּזוֹן, וְלֹא יַפְסִיק בֵּין הַנְּטִילָה לְבִרְכַּת הַמָּזוֹן (קפא).

סעיף ג' אֵין לְהָסִיר הַמַּפָּה וְהַלֶּחֶם עַד לְאַחַר בִּרְכַּת הַמָּזוֹן, שֶׁיְּהֵא פַּת מֻנַּחַת עַל הַשֻּׁלְחָן בִּשְׁעַת בִּרְכַּת הַמָּזוֹן, לְהַרְאוֹת כִּי יֵשׁ שֶׁפַע מֵאֵת ה' יִתְבָּרַךְ שְׁמוֹ לֶאֱכֹל וּלְהוֹתִיר, כְּמוֹ שֶׁאָמַר אֱלִישָׁע לִמְשָׁרְתוֹ, כִּי כֹה אָמַר ה' אָכֹל וְהוֹתֵר. וְעוֹד מִשּׁוּם דְּהַבְּרָכָה אֵינָהּ שׁוֹרָה עַל דָּבָר רֵיק, אֶלָּא כְּשֶׁיֵּשׁ שָׁם אֵיזֶה דָּבָר, כְּמוֹ שֶׁאָמַר אֱלִישָׁע לְאֵשֶׁת עוֹבַדְיָה, מַה יֵּשׁ לָךְ בַּבָּיִת.

סעיף ד' נוֹהֲגִין לְהָסִיר אֶת הַסַּכִּינִים מֵעַל הַשֻּׁלְחָן קֹדֶם בִּרְכַּת הַמָּזוֹן אוֹ לְכַסּוֹתָן, כִּי הַשֻּׁלְחָן דּוֹמֶה לְמִזְבֵּחַ, וּבַמִּזְבֵּחַ נֶאֱמַר, לֹא תָנִיף עֲלֵיהֶם בַּרְזֶל, לְפִי שֶׁהַבַּרְזֶל מְקַצֵּר יָמָיו שֶׁל אָדָם, וְהַמִּזְבֵּחַ מַאֲרִיךְ יְמֵי הָאָדָם, וְאֵינוֹ בַּדִּין שֶׁיּוּנַף הַמְקַצֵּר עַל הַמַּאֲרִיךְ. וְגַם הַשֻּׁלְחָן מַאֲרִיךְ יָמָיו שֶׁל אָדָם וּמְכַפֵּר עֲוֹנוֹתָיו בְּהַכְנָסַת אוֹרְחִים, שֶׁגָּדוֹל כֹּחָהּ שֶׁל לְגִימָה שֶׁמַּשְׁרָה שְׁכִינָה. וְנָהֲגוּ בְּהַרְבֵּה מְקוֹמוֹת שֶׁלֹּא לְכַסּוֹתָן בְּשַׁבָּת וְיוֹם טוֹב כִּי בַּחֹל מְכַסִּין אוֹתָן מִפְּנֵי שֶׁהֵן כֹּחוֹ שֶׁל עֵשָׂו, וּבְשַׁבָּת וְיוֹם טוֹב אֵין שָׂטָן וְאֵין פֶּגַע רָע, וּמִנְהָג שֶׁל

יִשְׂרָאֵל תּוֹרָה הִיא (ק"פ).

סעיף ה' אֲפִלּוּ לֹא אָכַל רַק כַּזַּיִת פַּת, צָרִיךְ לְבָרֵךְ בִּרְכַּת הַמָּזוֹן (קפ"ד).

סעיף ו' לֹא יְבָרֵךְ מְעֻמָּד, וְלֹא מְהַלֵּךְ, אֶלָּא מְיֻשָּׁב. וַאֲפִלּוּ הָיָה הוֹלֵךְ בְּתוֹךְ בֵּיתוֹ כְּשֶׁאָכַל, אוֹ שֶׁהָיָה עוֹמֵד אוֹ שֶׁהָיָה מֵסֵב, כְּשֶׁצָּרִיךְ לְבָרֵךְ צָרִיךְ לֵישֵׁב, כְּדֵי לְכַוֵּן דַּעְתּוֹ בְּיוֹתֵר. וְגַם לֹא יְהֵא מֵסֵב, שֶׁהוּא דֶּרֶךְ גַּאֲוָה, אֶלָּא יֵשֵׁב, וְיִלְבַּשׁ מַלְבּוּשׁ הָעֶלְיוֹן, וְגַם יַנִּיחַ הַכּוֹבַע בְּרֹאשׁוֹ, שֶׁיְּהֵא מוֹרָא שָׁמַיִם עָלָיו, וִיעוֹרֵר הַכַּוָּנָה וִיבָרֵךְ בְּאֵימָה וּבְיִרְאָה, וְלֹא יַעֲשֶׂה שׁוּם דָּבָר בְּשָׁעָה שֶׁהוּא מְבָרֵךְ (קפט).

סעיף ז' נוֹהֲגִין שֶׁהַשּׁוֹמְעִים עוֹנִין אָמֵן לְאַחַר הָרַחֲמָן שֶׁבְּבִרְכַּת הַמָּזוֹן, מִשּׁוּם דְּאִיתָא בַּמִּדְרָשׁ, כְּשֶׁשּׁוֹמֵעַ אֶחָד מִתְפַּלֵּל דָּבָר אוֹ מְבָרֵךְ לְיִשְׂרָאֵל אֲפִלּוּ בְּלֹא הַזְכָּרַת הַשֵּׁם, חַיָּב לַעֲנוֹת אָמֵן (קפ"ט).

סעיף ח' עָבַר וְשָׁהָה מִלְּבָרֵךְ בִּרְכַּת הַמָּזוֹן עַד שִׁעוּר עִכּוּל, דְּהַיְנוּ שֶׁמַּתְחִיל לִהְיוֹת רָעֵב, אֵין לוֹ עוֹד תַּקָּנָה לְבָרֵךְ. יֵשׁ אוֹמְרִים, דְּשִׁעוּר עִכּוּל הוּא שָׁעָה וָחֹמֶשׁ. וּמִכָּל מָקוֹם בִּסְעוּדוֹת גְּדוֹלוֹת לִפְעָמִים יוֹשְׁבִים בֵּין הָאֲכִילָה לְבִרְכַּת הַמָּזוֹן יוֹתֵר מִזְּמַן זֶה, וְהַיְנוּ מִפְּנֵי שֶׁגַּם בֵּינְתַיִם עוֹסְקִים בִּשְׁתִיָּה וּפַרְפְּרָאוֹת. וּמִכָּל מָקוֹם הַנָּכוֹן שֶׁלֹּא לִשְׁהוֹת הַרְבֵּה.

סעיף ט' עָבַר וְיָצָא מִמְּקוֹמוֹ קֹדֶם בִּרְכַּת הַמָּזוֹן, אִם יֵשׁ לוֹ בַּמָּקוֹם שֶׁהוּא שָׁם, קְצָת פַּת, יֹאכַל שָׁם וְאֵין צָרִיךְ לְבָרֵךְ עָלָיו בִּרְכַּת הַמּוֹצִיא (כְּמוֹ שֶׁכָּתַבְתִּי בְּסִימָן מ"ב סָעִיף י"ט) וִיבָרֵךְ אַחַר כָּךְ בִּרְכַּת הַמָּזוֹן שָׁם. וְאִם אֵין לוֹ שָׁם פַּת כְּלָל, צָרִיךְ לַחֲזוֹר לִמְקוֹמוֹ לְבָרֵךְ. וְאִם הוּא רָחוֹק כָּל כָּךְ שֶׁיֵּשׁ לָחוּשׁ שֶׁעַד שֶׁיַּחֲזוֹר לִמְקוֹמוֹ יִשְׁהֶה שִׁעוּר עִכּוּל יְבָרֵךְ בַּמָּקוֹם שֶׁהוּא שָׁם (קפ"ד).

סעיף י' בְּשַׁבָּת שֶׁחָל בּוֹ רֹאשׁ חֹדֶשׁ אוֹ יוֹם טוֹב אוֹ חֹל הַמּוֹעֵד, אוֹמְרִים תְּחִלָּה רְצֵה, וְאַחַר כָּךְ יַעֲלֶה וְיָבֹא, מִפְּנֵי שֶׁהַשַּׁבָּת תָּדִיר וּמְקֻדָּשׁ יוֹתֵר מֵהֶם (קפ"ח).

סעיף יא' מִי שֶׁשָּׁכַח וְנִסְתַּפֵּק לוֹ אִם בֵּרַךְ בִּרְכַּת הַמָּזוֹן אוֹ לֹא, אִם הוּא שָׂבֵעַ (דְּאָז בִּרְכַּת הַמָּזוֹן דְּאוֹרַיְתָא), צָרִיךְ לְבָרֵךְ פַּעַם שֵׁנִית. וְכֵן אִם נִרְדַּם בְּשֵׁנָה בְּאֶמְצַע בִּרְכַּת הַמָּזוֹן, וּכְשֶׁהֵקִיץ אֵינוֹ יוֹדֵעַ הֵיכָן פָּסַק, צָרִיךְ לַחֲזוֹר לְרֹאשׁ בִּרְכַּת הַמָּזוֹן. וְאִשָּׁה שֶׁנִּסְתַּפְּקָה אִם בֵּרְכָה אוֹ לֹא, אֵינָהּ צְרִיכָה לְבָרֵךְ פַּעַם שֵׁנִית.

סעיף יב' טָעָה בְּשַׁבָּת וְלֹא אָמַר רְצֵה, אוֹ בְּיוֹם טוֹב וְלֹא אָמַר יַעֲלֶה וְיָבֹא, אִם נִזְכַּר קֹדֶם שֶׁהִזְכִּיר אֶת הַשֵּׁם מִן הַבְּרָכָה שֶׁל בָּרוּךְ אַתָּה ה' בּוֹנֵה בְּרַחֲמָיו יְרוּשָׁלָיִם, אוֹמֵר שָׁם רְצֵה אוֹ יַעֲלֶה וְיָבֹא, וְאַחַר כָּךְ וּבְנֵה וְכוּ'. אֲבָל אִם לֹא נִזְכַּר עַד לְאַחַר שֶׁהִזְכִּיר אֶת הַשֵּׁם, מְסַיֵּם אֶת הַבְּרָכָה בּוֹנֵה בְּרַחֲמָיו יְרוּשָׁלָיִם אָמֵן, וְאוֹמֵר שָׁם בְּשַׁבָּת בָּרוּךְ אַתָּה ה' אֱלֹקֵינוּ מֶלֶךְ הָעוֹלָם אֲשֶׁר נָתַן שַׁבָּתוֹת לִמְנוּחָה לְעַמּוֹ יִשְׂרָאֵל בְּאַהֲבָה לְאוֹת וְלִבְרִית בָּרוּךְ אַתָּה ה' מְקַדֵּשׁ הַשַּׁבָּת. וּבְיוֹם טוֹב אוֹמֵר שָׁם בָּרוּךְ אַתָּה ה' אֱלֹקֵינוּ מֶלֶךְ הָעוֹלָם אֲשֶׁר נָתַן יָמִים טוֹבִים לְעַמּוֹ יִשְׂרָאֵל לְשָׂשׂוֹן וּלְשִׂמְחָה אֶת יוֹם חַג (פְּלוֹנִי) הַזֶּה, בָּרוּךְ אַתָּה ה' מְקַדֵּשׁ

יִשְׂרָאֵל וְהַזְּמַנִּים. וְאִם חָל יוֹם טוֹב בְּשַׁבָּת וְשָׁכַח רְצֵה וְגַם יַעֲלֶה וְיָבֹא, אוֹמֵר בָּרוּךְ אַתָּה ה' אֱלֹקֵינוּ מֶלֶךְ הָעוֹלָם, אֲשֶׁר נָתַן שַׁבָּתוֹת לִמְנוּחָה לְעַמּוֹ יִשְׂרָאֵל בְּאַהֲבָה לְאוֹת וְלִבְרִית, וְיָמִים טוֹבִים לְשָׂשׂוֹן וּלְשִׂמְחָה אֶת יוֹם חַג (פְּלוֹנִי) הַזֶּה, בָּרוּךְ אַתָּה ה', מְקַדֵּשׁ הַשַּׁבָּת וְיִשְׂרָאֵל וְהַזְּמַנִּים. וְאִם אָמַר רְצֵה וְלֹא אָמַר יַעֲלֶה וְיָבֹא, אוֹמֵר כְּמוֹ בְּיוֹם טוֹב בִּלְבָד. וְאִם אָמַר יַעֲלֶה וְיָבֹא וְלֹא רְצֵה, אוֹמֵר כְּמוֹ בְּשַׁבָּת בִּלְבָד.

סעיף יג' אִם לֹא נִזְכַּר עַד לְאַחַר שֶׁהִתְחִיל הַבְּרָכָה שֶׁלְּאַחֲרֶיהָ, שֶׁהִיא, בָּרוּךְ אַתָּה ה' אֱלֹקֵינוּ מֶלֶךְ הָעוֹלָם, הָאֵל אָבִינוּ וְכוּ', אֲפִלּוּ לֹא אָמַר רַק תֵּבַת בָּרוּךְ בִּלְבַד (בְּשֻׁלְחָן עָרוּךְ שֶׁל הַתַּנְיָא) שׁוּב אֵין לוֹ תַּקָּנָה בְּבִרְכַּת אֲשֶׁר נָתַן. וְלָכֵן אִם הוּא בִּשְׁתֵּי סְעוּדוֹת הָרִאשׁוֹנוֹת, חוֹזֵר לְרֹאשׁ בִּרְכַּת הַמָּזוֹן, וּכְשֶׁלֹּא אָמַר עֲדַיִן רַק בָּרוּךְ אַתָּה ה' יְסַיֵּם, לַמְּדֵנִי חֻקֶּיךָ, כְּדֵי שֶׁלֹּא יְהֵא לְבַטָּלָה, וְאַחַר כָּךְ חוֹזֵר לְרֹאשׁ בִּרְכַּת הַמָּזוֹן. אֲבָל בִּסְעוּדָה שְׁלִישִׁית, שֶׁאֲפִלּוּ בְּשַׁבָּת אֵינוֹ מְחֻיָּב לֶאֱכוֹל פַּת דַּוְקָא, וּמִכָּל שֶׁכֵּן בְּיוֹם טוֹב, וּבִרְכַּת הַמָּזוֹן אֵינוֹ חוֹבַת הַיּוֹם עָלָיו, לָכֵן אֵינוֹ חוֹזֵר לְרֹאשׁ אֶלָּא גּוֹמֵר כָּךְ בִּרְכַּת הַמָּזוֹן. אֲבָל אִם נִזְכַּר בְּמָקוֹם שֶׁיָּכוֹל לְתַקֵּן בְּבִרְכַּת אֲשֶׁר נָתַן וְכוּ', מְחֻיָּב לְתַקֵּן אֲפִלּוּ בְּכַמָּה סְעוּדוֹת שֶׁאָכַל.

סעיף יד' טָעָה בְּרֹאשׁ חֹדֶשׁ וְלֹא אָמַר יַעֲלֶה וְיָבֹא, אוֹמֵר בָּרוּךְ אַתָּה ה' אֱלֹקֵינוּ מֶלֶךְ הָעוֹלָם אֲשֶׁר נָתַן רָאשֵׁי חֳדָשִׁים לְעַמּוֹ יִשְׂרָאֵל לְזִכָּרוֹן, וְאֵינוֹ חוֹתֵם (וְאֵין חִלּוּק בָּזֶה בֵּין בַּיּוֹם בֵּין בַּלַּיְלָה) וּבְחֹל הַמּוֹעֵד אִם לֹא אָמַר יַעֲלֶה וְיָבֹא יֹאמַר בָּרוּךְ אַתָּה ה' אֱלֹקֵינוּ מֶלֶךְ הָעוֹלָם אֲשֶׁר נָתַן מוֹעֲדִים לְעַמּוֹ יִשְׂרָאֵל לְשָׂשׂוֹן וּלְשִׂמְחָה אֶת יוֹם חַג (פְּלוֹנִי) הַזֶּה, בָּרוּךְ אַתָּה ה' מְקַדֵּשׁ יִשְׂרָאֵל וְהַזְּמַנִּים. וּבְרֹאשׁ הַשָּׁנָה אוֹמֵר, בָּרוּךְ אַתָּה ה' אֱלֹקֵינוּ מֶלֶךְ הָעוֹלָם אֲשֶׁר נָתַן יָמִים טוֹבִים לְעַמּוֹ יִשְׂרָאֵל אֶת יוֹם הַזִּכָּרוֹן הַזֶּה, בָּרוּךְ אַתָּה ה' מְקַדֵּשׁ יִשְׂרָאֵל וְיוֹם הַזִּכָּרוֹן. וְאִם לֹא נִזְכַּר עַד לְאַחַר שֶׁהִתְחִיל הַבְּרָכָה שֶׁלְּאַחֲרֶיהָ אֵינוֹ חוֹזֵר לְרֹאשׁ מִשּׁוּם דִּבְרֹאשׁ חֹדֶשׁ וּבְחֹל הַמּוֹעֵד אֵינוֹ מְחֻיָּב לֶאֱכֹל פַּת דַּוְקָא.

סעיף טו' רֹאשׁ חֹדֶשׁ שֶׁחָל בְּשַׁבָּת וְשָׁכַח רְצֵה וְגַם יַעֲלֶה וְיָבֹא, וְנִזְכַּר וְאוֹמֵר, בָּרוּךְ אַתָּה ה' אֱלֹקֵינוּ מֶלֶךְ הָעוֹלָם, אֲשֶׁר נָתַן, כּוֹלֵל גַּם רֹאשׁ חֹדֶשׁ, בֵּין בַּפְּתִיחָה בֵּין בַּחֲתִימָה, וְאוֹמֵר אֲשֶׁר נָתַן שַׁבָּתוֹת לִמְנוּחָה לְעַמּוֹ יִשְׂרָאֵל בְּאַהֲבָה לְאוֹת וְלִבְרִית, וְרָאשֵׁי חֳדָשִׁים לְזִכָּרוֹן, בָּרוּךְ אַתָּה ה' מְקַדֵּשׁ הַשַּׁבָּת וְיִשְׂרָאֵל וְרָאשֵׁי חֳדָשִׁים. אַף עַל פִּי שֶׁבְּרֹאשׁ חֹדֶשׁ לְבַד אֵינוֹ חוֹתֵם, הָכָא כֵּיוָן שֶׁהוּא חוֹתֵם בִּשְׁבִיל שַׁבָּת מַזְכִּיר גַּם רֹאשׁ חֹדֶשׁ. אִם אָמַר רְצֵה וְלֹא אָמַר יַעֲלֶה וְיָבֹא, וְלֹא נִזְכַּר עַד לְאַחַר שֶׁהִתְחִיל הַבְּרָכָה שֶׁלְּאַחֲרֶיהָ, אֵינוֹ חוֹזֵר לְרֹאשׁ, דְּהָא שֶׁל שַׁבָּת אָמַר, וּבִשְׁבִיל רֹאשׁ חֹדֶשׁ אֵינוֹ חוֹזֵר. וְאִם אָמַר יַעֲלֶה וְיָבֹא וְלֹא אָמַר רְצֵה, וְהוּא חוֹזֵר לְרֹאשׁ, צָרִיךְ לוֹמַר גַּם יַעֲלֶה וְיָבֹא. וְהוּא הַדִּין לְחֹל הַמּוֹעֵד וְרֹאשׁ הַשָּׁנָה.

סעיף טז' בַּחֲנֻכָּה וּבְפוּרִים אִם שָׁכַח לוֹמַר עַל הַנִּסִּים, וְלֹא נִזְכַּר עַד לְאַחַר שֶׁאָמַר אֶת הַשֵּׁם מֵחֲתִימַת הַבְּרָכָה, שֶׁאָמַר, בָּרוּךְ אַתָּה ה', אֵינוֹ חוֹזֵר. אַךְ

בְּתוֹךְ הָרַחֲמָן יֹאמַר, הָרַחֲמָן הוּא יַעֲשֶׂה לָנוּ נִסִּים וְנִפְלָאוֹת, כְּמוֹ שֶׁעָשָׂה לַאֲבוֹתֵינוּ בַּיָּמִים הָהֵם בַּזְּמַן הַזֶּה בִּימֵי מַתִּתְיָהוּ וְכוּ', בִּימֵי מָרְדְּכַי וְכוּ' (קפ"ז).

סעיף יז' הָיָה אוֹכֵל בַּשַּׁבָּת וְחָשְׁכָה לוֹ, כֵּיוָן שֶׁעֲדַיִן הוּא לֹא הִתְפַּלֵּל עַרְבִית, אוֹמֵר רְצֵה, וְכֵן בְּיוֹם טוֹב, וְרֹאשׁ חֹדֶשׁ וַחֲנֻכָּה וּפוּרִים, כֵּיוָן שֶׁהַתְחָלַת הַסְּעוּדָה הָיְתָה בַּיּוֹם, צָרִיךְ לְהַזְכִּיר מֵעִנְיַן הַיּוֹם, אַף עַל פִּי שֶׁמְּבָרֵךְ בַּלַּיְלָה. וְאִם אָכַל שֶׁהַתְחָלַת הַסְּעוּדָה הָיְתָה בַּיּוֹם, צָרִיךְ לְהַזְכִּיר מֵעִנְיַן הַיּוֹם, אַף עַל פִּי שֶׁמְּבָרֵךְ בַּלַּיְלָה. וְאִם אָכַל בְּעֶרֶב רֹאשׁ חֹדֶשׁ וְנִמְשְׁכָה סְעוּדָתוֹ גַּם תּוֹךְ הַלַּיְלָה, וְאָכַל גַּם בַּלַּיְלָה כַּזַּיִת פַּת, וּלְמָחָר הוּא רֹאשׁ חֹדֶשׁ, אוֹמֵר רְצֵה וְגַם יַעֲלֶה וְיָבֹא. וְכֵן בַּחֲנֻכָּה וּפוּרִים. וְיֵשׁ חוֹלְקִין, מִשּׁוּם דַּהֲוֵי כִּתְרֵתֵּי דְּסַתְרֵי. עַל כֵּן יֵשׁ לִמְנוֹעַ שֶׁלֹּא לֶאֱכוֹל אָז בַּלַּיְלָה (קפ"ח).

סעיף יח' אִם יֵשׁ עוֹבֵד כּוֹכָבִים בַּבַּיִת כְּשֶׁמְּבָרֵךְ בִּרְכַּת הַמָּזוֹן, יֹאמַר אוֹתָנוּ בְּנֵי בְּרִית כֻּלָּנוּ יַחַד.

סימן מה - הלכות ברכת הזמון ובו כ"ג סעיפים:

סעיף א' שְׁלֹשָׁה שֶׁאָכְלוּ בְּיַחַד צְרִיכִין לְבָרֵךְ בְּזִמּוּן, וּמִצְוָה שֶׁיְּבָרְכוּ עַל הַכּוֹס. אִם אֶפְשָׁר, צְרִיכִין לְהַדֵּר שֶׁיִּהְיֶה כּוֹס יַיִן. וְאִם אִי אֶפְשָׁר בְּיַיִן, יִהְיֶה שֵׁכָר אוֹ יַיִן דְּבַשׁ (מעד) אוֹ יַיִן שָׂרָף כְּשֶׁהוּא חֲמַר מְדִינָה, דְּהַיְנוּ שֶׁאֵין יַיִן גָּדֵל שָׁם כְּדֶרֶךְ יוֹם מִן הָעִיר, וְעַל כֵּן הוּא בְּיֹקֶר, וּרְגִילִים לִשְׁתּוֹת מַשְׁקִים אֵלּוּ בִּמְקוֹם יַיִן. וְיֵשׁ אוֹמְרִים, דְּבִרְכַּת הַמָּזוֹן אֲפִלּוּ בְּיָחִיד טְעוּנָה כּוֹס. וְנוֹהֲגִין הַמְדַקְדְּקִים כְּשֶׁמְּבָרְכִין בְּיָחִיד, שֶׁלֹּא לֶאֱחוֹז הַכּוֹס בַּיָּד, רַק מַנִּיחִין אוֹתוֹ עַל הַשֻּׁלְחָן לִפְנֵיהֶם.

סעיף ב' מוֹזְגִים אֶת הַכּוֹס תְּחִלָּה, וְאַחַר כָּךְ נוֹטְלִין לַיָּדַיִם (קפ"א).

סעיף ג' יַיִן שֶׁשָּׁתוּ מִמֶּנּוּ, כָּל הַנִּשְׁאָר בִּכְלִי נַעֲשָׂה פָּגוּם, וּפָסוּל לְבִרְכַּת הַמָּזוֹן עַד שֶׁיְּתַקְּנוֹ, דְּהַיְנוּ שֶׁנּוֹתֵן לְתוֹכוֹ קְצָת יַיִן אוֹ קְצָת מַיִם שֶׁאֵינָם פְּגוּמִים, וְכֵיוָן שֶׁצָּרִיךְ לְמַלֹּאת אֶת הַכּוֹס לְשֵׁם בְּרָכָה, לָכֵן אִם הַכּוֹס פָּגוּם וְהוּא מְתַקְּנוֹ, צָרִיךְ לְשָׁפְכוֹ לְתוֹךְ קַנְקַן, וּמִתּוֹךְ הַקַּנְקַן לְתוֹךְ הַכּוֹס לְשֵׁם בְּרָכָה.

סעיף ד' הַכּוֹס שֶׁמְּבָרְכִין עָלָיו צָרִיךְ שֶׁיְּהֵא שָׁלֵם. וַאֲפִלּוּ נִשְׁבַּר רַק הַבָּסִיס שֶׁל מַטָּה, פָּסוּל. וַאֲפִלּוּ פְּגִימָה כָּל שֶׁהִיא בִּשְׂפַת הַכְּלִי, אוֹ שֶׁנִּסְדַּק, פָּסוּל. וְטָעוּן הֲדָחָה מִבִּפְנִים וּשְׁטִיפָה מִבַּחוּץ, אוֹ מְקַנְּחוֹ יָפֶה שֶׁיְּהֵא נָקִי, וְשׁוֹפֵךְ מִן הַקַּנְקַן לְתוֹכוֹ לְשֵׁם בְּרָכָה, וִיהֵא מָלֵא, וְהַמְבָרֵךְ מְקַבְּלוֹ בִּשְׁתֵּי יָדָיו (לְהַרְאוֹת חֲבִיבוּת הַכּוֹס, שֶׁהוּא חוֹשֵׁק לְקַבְּלוֹ בְּכָל כֹּחוֹ) וּכְדִכְתִיב שְׂאוּ יְדֵיכֶם קֹדֶשׁ וּבָרְכוּ אֶת ה'. וּמֵסִיר אַחַר כָּךְ יָדוֹ הַשְּׂמָאלִית וְאוֹחֲזוֹ לְבַדָּהּ, בְּלִי סִיּוּעַ הַשְּׂמָאלִית (שֶׁלֹּא יְהֵא נִרְאֶה כְּמַשָּׂא עָלָיו). וְנוֹתֵן עֵינָיו בּוֹ כְּדֵי שֶׁלֹּא יַסִּיחַ דַּעְתּוֹ מִמֶּנּוּ. וּמַחְזִיקוֹ לְמַעְלָה מִן הַשֻּׁלְחָן טֶפַח, דִּכְתִיב כּוֹס יְשׁוּעוֹת אֶשָּׂא, וּבְשֵׁם ה' אֶקְרָא. וְאִטֵּר יָד יֹאחֲזוֹ בְּיָמִין דִּידֵיהּ, שֶׁהוּא שְׂמֹאל שֶׁל כָּל אָדָם. וְיֵשׁ לְהָסִיר מִן הַשֻּׁלְחָן הַכֵּלִים הָרֵיקִים (קפ"ג)

סעיף ה' אִם בְּנֵי הַמְסִבָּה שָׁוִים בְּמַעֲלָה, וְיֵשׁ בֵּינֵיהֶם כֹּהֵן, מִצְוָה לְכַבְּדוֹ בְּבִרְכַּת הַמָּזוֹן, שֶׁנֶּאֱמַר וְקִדַּשְׁתּוֹ. אֲבָל אִם יֵשׁ בֵּינֵיהֶם אָדָם גָּדוֹל וְחָשׁוּב, יְבָרֵךְ הוּא. וְנוֹהֲגִין לָתֵת לְאָבֵל לְבָרֵךְ. וְדַוְקָא כְּשֶׁשָּׁוִים בְּמַעֲלָה. וְרָאוּי לְכַבֵּד בְּבִרְכַּת הַמָּזוֹן לְמִי שֶׁהוּא טוֹב עַיִן, שׂוֹנֵא בֶּצַע וְגוֹמֵל חֶסֶד בְּמָמוֹנוֹ, שֶׁנֶּאֱמַר, טוֹב עַיִן הוּא יְבֹרָךְ אַל תִּקְרֵי יְבֹרָךְ אֶלָּא יְבָרֵךְ (קפ"ג ר"א)

סעיף ו' הַמְבָרֵךְ יֹאמַר מִתְּחִלָּה, הַב לָן וּנְבָרֵךְ, כִּי כָּל מִלֵּי דִקְדֻשָּׁה בָּעֵי הַזְמָנָה (אוֹ יֹאמַר בלע"ז, בלשון אשכנז, "רַבּוֹתַי מִיר וֶועלֶען בֶּענְטְשֶׁען) וְהַמְסֻבִּין עוֹנִין, יְהִי שֵׁם ה' מְבֹרָךְ מֵעַתָּה וְעַד עוֹלָם. וְאַחַר כָּךְ אוֹמֵר הַמְבָרֵךְ, בִּרְשׁוּת וְכוּ', נְבָרֵךְ שֶׁאָכַלְנוּ וְכוּ', וְהַמְסֻבִּין אוֹמְרִים, בָּרוּךְ שֶׁאָכַלְנוּ מִשֶּׁלּוֹ וְכוּ'. וְחוֹזֵר הַמְבָרֵךְ וְאוֹמֵר גַּם הוּא, בָּרוּךְ שֶׁאָכַלְנוּ וְכוּ'. וְנוֹהֲגִין בִּקְצָת מְקוֹמוֹת שֶׁלְּאַחַר שֶׁסִּיֵּם הַמְבָרֵךְ וּבְטוּבוֹ חָיִינוּ עוֹנִין הַמְסֻבִּין אָמֵן. וּבִקְצָת מְקוֹמוֹת לֹא נָהֲגוּ לוֹמַר אָמֵן. גַּם יֵשׁ מִנְהָגִים שׁוֹנִים בְּעִנְיַן אֲמִירַת בָּרוּךְ הוּא וּבָרוּךְ שְׁמוֹ. יֵשׁ נוֹהֲגִין שֶׁהַמְבָרֵךְ אוֹמְרוֹ כְּשֶׁמְּזַמְּנִין רַק בִּשְׁלֹשָׁה. וְיֵשׁ אוֹמְרִים, שֶׁאֵין לְאָמְרוֹ אֶלָּא כְּשֶׁמְּזַמְּנִין בַּעֲשָׂרָה, שֶׁמַּזְכִּיר אֶת הַשֵּׁם, אָז יֹאמְרוֹ. וְכֵן יֵשׁ לִנְהוֹג. וְהַמְסֻבִּין לֹא יֹאמְרוּהוּ. וּמִכָּל שֶׁכֵּן מִי שֶׁמְּבָרֵךְ בִּרְכַּת הַמָּזוֹן בְּלֹא זִמּוּן שֶׁלֹּא יֹאמְרוֹ.

סעיף ז' הַמְבָרֵךְ יְבָרֵךְ בְּקוֹל, וְהַמְסֻבִּין יֹאמְרוּ עִמּוֹ מִלָּה בְמִלָּה בְּלַחַשׁ. וּבְסוֹף כָּל בְּרָכָה יַקְדִּימוּ לְסַיֵּם קֹדֶם לְהַמְבָרֵךְ, כְּדֵי שֶׁיַּעֲנוּ אָמֵן עַל בִּרְכָתוֹ (קפ"ג).

סעיף ח' אַחַר בִּרְכַּת הַמָּזוֹן מְבָרֵךְ עַל הַכּוֹס שֶׁבֵּרַךְ עָלָיו, וְשׁוֹתֶה שִׁעוּר רְבִיעִית כְּדֵי שֶׁיּוּכַל לְבָרֵךְ בְּרָכָה אַחֲרוֹנָה. אִם הַכּוֹסוֹת שֶׁל הַמְסֻבִּין הֵן פְּגוּמוֹת, צָרִיךְ הַמְבָרֵךְ לִתֵּן מִכּוֹסוֹ מְעַט לְתוֹךְ כּוֹסוֹת שֶׁלָּהֶם אַחַר שֶׁבֵּרַךְ בּוֹרֵא פְּרִי הַגָּפֶן קֹדֶם שֶׁיִּשְׁתֶּה הוּא, כְּדֵי שֶׁיִּבָּרְכוּ גַּם הֵם עַל כּוֹסוֹת שֶׁאֵינָן פְּגוּמוֹת. וְכֵן אִם כּוֹסוֹת שֶׁלָּהֶן רֵיקָנוֹת, נוֹתֵן לְתוֹכָן מְעַט מִכּוֹס שֶׁל בְּרָכָה, וְלֹא יִטְעֲמוּ עַד שֶׁיִּטְעוֹם הַמְבָרֵךְ. אֲבָל אִם יֵשׁ לָהֶן כּוֹסוֹת בִּפְנֵי עַצְמָן וְאֵינָן פְּגוּמוֹת, אֵין הַמְבָרֵךְ צָרִיךְ לִתֵּן לָהֶם מִכּוֹס שֶׁלּוֹ, וִיכוֹלִין לִטְעֹם קֹדֶם שֶׁיִּטְעוֹם הוּא, וְכֵן נָכוֹן, וְטוֹב אִם אֶפְשָׁר שֶׁיִּהְיֶה לְכָל אֶחָד כּוֹס מָלֵא.

סעיף ט' אִם הַמְבָרֵךְ אֵינוֹ רוֹצֶה לִשְׁתּוֹת יֵשׁ אוֹמְרִים דְּיָכוֹל לִתֵּן לְאִישׁ אַחֵר מִן הַמְסֻבִּין שֶׁיְּבָרֵךְ בּוֹרֵא פְּרִי הַגָּפֶן, וְיִשְׁתֶּה שִׁעוּר רְבִיעִית וִיבָרֵךְ בְּרָכָה אַחֲרוֹנָה. וְיֵשׁ אוֹמְרִים דְּאֵין לַעֲשׂוֹת כֵּן, אֶלָּא דַּוְקָא הַמְבָרֵךְ בְּזִמּוּן הוּא יְבָרֵךְ עַל הַכּוֹס, וְכֵן נָכוֹן לַעֲשׂוֹת (ק"צ).

סעיף י' שְׁנַיִם שֶׁאָכְלוּ בְּיַחַד, מִצְוָה לָהֶם לְבַקֵּשׁ שְׁלִישִׁי שֶׁיִּצְטָרֵף עִמָּהֶם לְזִמּוּן, וַאֲפִלּוּ אִם בָּא הַשְּׁלִישִׁי לְאַחַר שֶׁהַשְּׁנַיִם כְּבָר גָּמְרוּ מִלֶּאֱכוֹל. אֶלָּא שֶׁאִם הָיוּ מְבִיאִין לָהֶם עוֹד אֵיזֶה דָּבָר לְקִנּוּחַ סְעוּדָה הָיוּ אוֹכְלִין, מִצְוָה עֲלֵיהֶם לְצָרֵף אֶת הַשְּׁלִישִׁי לְזִמּוּן, דְּהַיְנוּ שֶׁיִּתְּנוּ לוֹ לֶאֱכוֹל כַּזַּיִת שֶׁיִּתְחַיֵּב בִּבְרָכָה אַחֲרוֹנָה וְיִצְטָרֵף עִמָּהֶם. יֵשׁ אוֹמְרִים, דִּבְעִינָן דַּוְקָא פַּת. וְיֵשׁ אוֹמְרִים, דְּסַגֵּי גַּם בִּשְׁאָר מִינֵי דָגָן. וְיֵשׁ אוֹמְרִים, דַּאֲפִלּוּ פֵּרוֹת אוֹ יְרָקוֹת סַגֵּי. וְיֵשׁ אוֹמְרִים עוֹד, דַּאֲפִלּוּ אֵינוֹ

אוֹכֵל, רַק שׁוֹתֶה רְבִיעִית מֵאֵיזֶה מַשְׁקֶה, חוּץ מִן הַמַּיִם, מִצְטָרֵף, וְכֵן נוֹהֲגִין. וְאַף עַל פִּי שֶׁלֹּא אָכַל אֶלָּא שָׁתָה, יָכוֹל לוֹמַר, שֶׁאָכַלְנוּ, כִּי שְׁתִיָּה בִּכְלַל אֲכִילָה. וּלְאַחַר שֶׁסִּיְּמוּ הַזָּן אֶת הַכֹּל, אָז יְבָרֵךְ הוּא בְּרָכָה אַחֲרוֹנָה עַל מַה שֶּׁאָכַל אוֹ שָׁתָה. וְאִם בָּא הַשְּׁלִישִׁי לְאַחַר שֶׁכְּבָר נָטְלוּ יְדֵיהֶם בְּמַיִם אַחֲרוֹנִים, שׁוּב אֵינוֹ מִצְטָרֵף עִמָּהֶם.

סעיף יא' שְׁלשָׁה שֶׁאָכְלוּ בְּיַחַד, כֵּיוָן שֶׁנִּתְחַיְּבוּ בְּזִמּוּן, אֵינָם רַשָּׁאִים לֵחָלֵק. וְכֵן אַרְבָּעָה אוֹ חֲמִשָּׁה, אֲפִלּוּ אֶחָד מֵהֶם אֵינוֹ רַשַּׁאי לְבָרֵךְ בִּפְנֵי עַצְמוֹ, שֶׁכֻּלָּם נִתְחַיְּבוּ בְּזִמּוּן. אֲבָל אִם הֵם שִׁשָּׁה אוֹ יוֹתֵר עַד עֲשָׂרָה, יְכוֹלִין לֵחָלֵק, שֶׁיִּשָּׁאֵר זִמּוּן לְכָל חֲבוּרָה (קצ"ג).

סעיף יב' אִם הֵם עֲשָׂרָה, נִתְחַיְּבוּ לְבָרֵךְ בְּשֵׁם דְּהַיְנוּ שֶׁהַמְבָרֵךְ אוֹמֵר, נְבָרֵךְ אֱלֹקֵינוּ שֶׁאָכַלְנוּ מִשֶּׁלּוֹ וְכוּ' וְלֹא יֹאמַר נְבָרֵךְ לֵאלֹהֵינוּ, וְהַמְסֻבִּים אוֹמְרִים בָּרוּךְ אֱלֹהֵינוּ שֶׁאָכַלְנוּ מִשֶּׁלּוֹ וְכוּ'. וְכֵיוָן שֶׁנִּתְחַיְּבוּ לְבָרֵךְ בְּשֵׁם, אֲסוּרִים לֵחָלֵק, אֶלָּא אִם כֵּן הֵם עֶשְׂרִים אוֹ יוֹתֵר, אָז מֻתָּרִין לֵחָלֵק, שֶׁיִּשָּׁאֵר לְכָל חֲבוּרָה זִמּוּן בְּשֵׁם.

סעיף יג' אִם טָעָה הַמְזַמֵּן בַּעֲשָׂרָה וְגַם הָעוֹנִים וְלֹא הִזְכִּירוּ אֶת הַשֵּׁם בְּבִרְכַּת הַזִּמּוּן, אֵינָם יְכוֹלִים לַחֲזֹר וּלְזַמֵּן בְּשֵׁם, כֵּיוָן שֶׁכְּבָר יָצְאוּ יְדֵי חוֹבַת זִמּוּן, אֶלָּא שֶׁבִּטְּלוּ מִצְוַת הַזְכָּרַת הַשֵּׁם, וּמְעֻוָּת שֶׁלֹּא יוּכַל לִתְקוֹן הוּא. אֲבָל אִם הָעוֹנִים עֲדַיִן לֹא עָנוּ אַחֲרָיו, כֵּיוָן שֶׁעֲדַיִן לֹא נִתְקַיְּמָה מִצְוַת זִמּוּן, יַחֲזוֹר הַמְבָרֵךְ וִיזַמֵּן בַּשֵּׁם (קצ"ב).

סעיף יד' אִם שִׁבְעָה אָכְלוּ פַּת, וּשְׁלשָׁה אָכְלוּ פֵּרוֹת אוֹ שָׁתוּ מַשְׁקִין, בְּעִנְיָן שֶׁחַיָּבִין בִּבְרָכָה אַחֲרוֹנָה, יְכוֹלִין לְזַמֵּן בַּשֵּׁם. (בְּכָאן כֻּלֵּי עָלְמָא מוֹדוּ דְּסַגֵּי בְּפֵרוֹת וּבְמַשְׁקֶה) וּמִצְוָה לְהַדֵּר אַחַר עֲשָׂרָה לְבָרֵךְ בְּשֵׁם. אֲבָל אִם רַק שִׁשָּׁה אָכְלוּ פַּת אֵינָם יְכוֹלִים לְזַמֵּן בַּשֵּׁם, דְּרֻבָּא דְּמִנְכַּר בְּעִינָן (קצ"ג קצ"ז).

סעיף טו' כָּל שֶׁאָכְלוּ בְּיַחַד, אֲפִלּוּ לֹא אָכְלוּ כָּל הַסְּעוּדָה בְּיַחַד, אֶלָּא שֶׁיָּשְׁבוּ לֶאֱכֹל וּבֵרְכוּ בִּרְכַּת הַמּוֹצִיא, אֲפִלּוּ כָּל אֶחָד אוֹכֵל מִכִּכָּר שֶׁלּוֹ, כֵּיוָן שֶׁנִּקְבְּעוּ יַחַד, בֵּין בִּשְׁלשָׁה בֵּין בַּעֲשָׂרָה אֵינָן רַשָּׁאִין לֵחָלֵק. וַאֲפִלּוּ אֶחָד רוֹצֶה לִגְמֹר סְעוּדָּתוֹ קֹדֶם שֶׁיִּגְמְרוּ הָאֲחֵרִים, אֵינָן רַשָּׁאִין לֵחָלֵק. אֲבָל אִם לֹא קָבְעוּ עַצְמָם בִּתְחִלַּת הַסְּעוּדָה, אֶלָּא שֶׁלְּאַחַר שֶׁשְּׁנַיִם כְּבָר אָכְלוּ, אֲפִלּוּ לֹא אָכְלוּ עֲדַיִן רַק כַּזַּיִת וּבָא הַשְּׁלִישִׁי וְקָבַע עִמָּהֶם, אִם גָּמַר סְעוּדָּתוֹ עִמָּהֶם, חַיָּבִים בְּזִמּוּן. אֲבָל אִם רָצָה לִגְמֹר סְעוּדָּתוֹ קֹדֶם לָהֶן, כֵּיוָן שֶׁלֹּא הִתְחִיל עִמָּהֶם וְגַם לֹא גָּמַר עִמָּהֶם, רַשַּׁאי לֵחָלֵק וּלְבָרֵךְ בִּפְנֵי עַצְמוֹ. וּמִכָּל מָקוֹם מִצְוָה הוּא לְהַמְתִּין שֶׁיְּבָרְכוּ בְּזִמּוּן. אִם הוּא אָנֵס אוֹ מִתְיָרֵא מֵהֶפְסֵד, אֲפִלּוּ קָבַע עַצְמוֹ עִמָּהֶם בִּתְחִלָּה, מֻתָּר לִגְמֹר סְעוּדָּתוֹ קֹדֶם לָהֶם, וּלְבָרֵךְ בִּפְנֵי עַצְמוֹ. אֲבָל אִם אֵין הַדָּבָר נָחוּץ, צָרִיךְ לְהַחְמִיר (קצ"ג ר').

סעיף טז' שְׁלשָׁה שֶׁאָכְלוּ בְּיַחַד וְשָׁכַח אֶחָד מֵהֶם וּבֵרַךְ בִּרְכַּת הַמָּזוֹן בִּפְנֵי עַצְמוֹ, יְכוֹלִין לְזַמֵּן לְאַחַר שֶׁגָּמַר זֶה בִּרְכַּת הַמָּזוֹן. וְיַעֲנֶה גַּם הוּא, בָּרוּךְ שֶׁאָכַלְנוּ מִשֶּׁלּוֹ וְכוּ'. אֲבָל אִם זֶה נִצְטָרֵף לְזִמּוּן עִם שְׁנַיִם אֲחֵרִים, שׁוּב אֵינוֹ יָכוֹל לְהִצְטָרֵף לְזִמּוּן עִם אֵלּוּ.

וְאִם שְׁנַיִם בֵּרְכוּ, אֲפִלּוּ בִּפְנֵי עַצְמָן, בָּטֵל זִמּוּן (קצ"ד).

סעיף יז' שְׁלֹשָׁה שֶׁאָכְלוּ, וּשְׁנַיִם גָּמְרוּ סְעוּדָּתָן וְרוֹצִים לְבָרֵךְ, וְאֶחָד עֲדַיִן לֹא גָּמַר סְעוּדָּתוֹ וְאֵינוֹ רוֹצֶה לְבָרֵךְ, צָרִיךְ הוּא לְהַפְסִיק מִסְּעוּדָּתוֹ, כְּדֵי שֶׁיְּבָרְכוּ בְּזִמּוּן וְיַעֲנֶה גַּם הוּא עִמָּהֶם וְיוֹצֵא יְדֵי זִמּוּן. וְיַמְתִּין עַד שֶׁסִּיֵּם הַמְבָרֵךְ הַזָּן אֶת הַכֹּל, וְאַחַר כָּךְ יָכוֹל לֶאֱכֹל, וְאֵין צָרִיךְ לְבָרֵךְ בְּרָכָה רִאשׁוֹנָה, כֵּיוָן שֶׁדַּעְתּוֹ הָיָה לֶאֱכֹל עוֹד. וּכְשֶׁיִּגְמֹר סְעוּדָּתוֹ יְבָרֵךְ בִּרְכַּת הַמָּזוֹן. אֲבָל שְׁנַיִם, אֵינָן צְרִיכִין לְהַפְסִיק בִּשְׁבִיל אֶחָד, אֶלָּא אִם יִרְצוּ לַעֲשׂוֹת לוֹ לִכְבוֹדוֹ לִפְנִים מִשּׁוּרַת הַדִּין. וַעֲשָׂרָה שֶׁאָכְלוּ בְּיַחַד, צְרִיכִין אַרְבָּעָה לְהַפְסִיק בִּשְׁבִיל שִׁשָּׁה שֶׁהֵם הָרֹב. וְאֵינָן צְרִיכִין לְהַמְתִּין, רַק עַד שֶׁאָמְרוּ בָּרוּךְ אֱלֹהֵינוּ וְכוּ'. וּלְאַחַר שֶׁגָּמְרוּ הֵם סְעֻדָּתָן, יְזַמְּנוּ לְעַצְמָן בְּלִי הַזְכָּרַת הַשֵּׁם (סִימָן ר').

סעיף יח' בִּסְעוּדּוֹת גְּדוֹלוֹת שֶׁהַרְבֵּה מְסֻבִּין שָׁם, יֵשׁ לִבְחֹר שֶׁיְּבָרֵךְ מִי שֶׁקּוֹלוֹ חָזָק, כְּדֵי שֶׁיִּשְׁמְעוּ כָּל הַמְסֻבִּין מִן הַמְבָרֵךְ לְכָל הַפָּחוֹת עַד הַזָּן אֶת הַכֹּל. וְאִם אִי אֶפְשָׁר בְּכָךְ, יְבָרְכוּ בַּחֲבוּרוֹת שֶׁל עֲשָׂרָה עֲשָׂרָה.

סעיף יט' שְׁתֵּי חֲבוּרוֹת שֶׁאוֹכְלִין בְּבַיִת אֶחָד אוֹ בִּשְׁנֵי בָּתִּים, אִם מִקְצָתָן רוֹאִין אֵלּוּ אֶת אֵלּוּ, מִצְטָרְפוֹת לְזִמּוּן. וְאִם לָאו, אֵלּוּ מְזַמְּנִין לְעַצְמָן, וְאֵלּוּ מְזַמְּנִין לְעַצְמָן. וְאִם יֵשׁ שַׁמָּשׁ אֶחָד לִשְׁתֵּיהֶן, הוּא מְצָרְפָן, וּכְגוֹן שֶׁנִּכְנְסוּ מִתְּחִלָּה עַל דַּעַת לְהִצְטָרֵף יַחַד. וְכָל הֵיכָא שֶׁמִּצְטָרְפוֹת, צְרִיכִין שֶׁיִּשְׁמְעוּ כֻּלָּן מִן הַמְבָרֵךְ לְכָל הַפָּחוֹת עַד הַזָּן אֶת הַכֹּל (קצ"ה).

סעיף כ' מִי שֶׁהוּא אֵצֶל הַמְבָרְכִים בְּזִמּוּן, וְהוּא לֹא אָכַל וְלֹא שָׁתָה עִמָּהֶם, כְּשֶׁהוּא שׁוֹמֵעַ שֶׁהַמְבָרֵךְ אוֹמֵר, נְבָרֵךְ שֶׁאָכַלְנוּ מִשֶּׁלּוֹ עוֹנֶה הוּא: בָּרוּךְ וּמְבֹרָךְ שְׁמוֹ תָּמִיד לְעוֹלָם וָעֶד. וְאִם מְזַמְּנִין בַּעֲשָׂרָה, וְאוֹמֵר הַמְבָרֵךְ נְבָרֵךְ אֱלֹהֵינוּ וְכוּ' עוֹנֶה גַּם הוּא, בָּרוּךְ אֱלֹהֵינוּ וּמְבֹרָךְ שְׁמוֹ תָּמִיד לְעוֹלָם וָעֶד. וְאִם בָּא לְאַחַר שֶׁכְּבָר אָמַר הַמְבָרֵךְ נְבָרֵךְ וְכוּ' וְשׁוֹמֵעַ שֶׁהָעוֹנִים אוֹמְרִים בָּרוּךְ שֶׁאָכַלְנוּ וְכוּ' אוֹ בָּרוּךְ אֱלֹהֵינוּ שֶׁאָכַלְנוּ וְכוּ', עוֹנֶה אַחֲרֵיהֶם אָמֵן (קצ"ח).

סעיף כא' שְׁלֹשָׁה שֶׁאָכְלוּ כָּל אֶחָד מִכִּכָּר שֶׁלּוֹ, וְאֶחָד מֵהֶם אָכַל פַּת עוֹבֵד כּוֹכָבִים, וּשְׁנַיִם נִזְהָרִים מִפַּת עוֹבֵד כּוֹכָבִים, מִכָּל מָקוֹם מִצְטָרְפִין לְזִמּוּן וִיבָרֵךְ זֶה שֶׁאָכַל פַּת עוֹבֵד כּוֹכָבִים, שֶׁהוּא יָכוֹל לֶאֱכוֹל גַּם עִם הָאֲחֵרִים. וְכֵן אִם אֶחָד אוֹכֵל מַאַכְלֵי חָלָב, וּשְׁנַיִם מַאַכְלֵי בָשָׂר, מִצְטָרְפִין, וִיבָרֵךְ זֶה שֶׁאָכַל מַאַכְלֵי חָלָב, שֶׁהוּא יָכוֹל לֶאֱכוֹל גַּם עִם הָאֲחֵרִים. אַךְ אִם זֶה שֶׁאוֹכֵל מַאַכְלֵי חָלָב אֵינוֹ שׁוֹתֶה יַיִן, אוֹ שֶׁאֵין כָּאן אֶלָּא שֵׁכָר שֶׁהוּא חָדָשׁ, וְהוּא נִזְהָר מֵחָדָשׁ, מוּטָב שֶׁיְּבָרֵךְ זֶה שֶׁאָכַל בָּשָׂר, בְּכוֹס, מִלְּבָרֵךְ בְּלֹא כוֹס. וְאִם אֶחָד אָכַל גְּבִינָה קָשָׁה וּשְׁנַיִם בָּשָׂר, יֵשׁ אוֹמְרִים דְּאֵינָן מִצְטָרְפִין. וְיֵשׁ אוֹמְרִים, דְּמִכָּל מָקוֹם מִצְטָרְפִין, כֵּיוָן שֶׁיְּכוֹלִין לֶאֱכוֹל מִלֶּחֶם אֶחָד, וְיֵשׁ לְהָקֵל (סִימָן קצ"ו ובחיי"א).

סעיף כב' נָשִׁים שֶׁאָכְלוּ עִם אֲנָשִׁים שֶׁנִּתְחַיְּבוּ בְּזִמּוּן, נִתְחַיְּבוּ גַּם הֵנָּה וּצְרִיכוֹת לִשְׁמֹעַ בִּרְכַּת הַזִּמּוּן. קָטָן נוֹהֲגִין שֶׁאֵין מִצְטָרֵף לְזִמּוּן, עַד שֶׁהוּא בֶּן י"ג שָׁנָה וְיוֹם אֶחָד, אָז מִצְטָרֵף וְיָכוֹל לְבָרֵךְ גַּם הוּא בְּזִמּוּן אַף עַל פִּי

שֶׁלֹּא נִבְדַּק אִם הֵבִיא שְׁתֵּי שְׂעָרוֹת.

סעיף כג' מִי שֶׁאֵינוֹ קוֹרֵא קְרִיאַת שְׁמַע שַׁחֲרִית וְעַרְבִית, אוֹ שֶׁהוּא עוֹבֵר עֲבֵרוֹת בְּפַרְהֶסְיָא, אֵינוֹ מִצְטָרֵף לְזִמּוּן. גֵּר גָּמוּר מִצְטָרֵף לְזִמּוּן, וְגַם הוּא יָכוֹל לְבָרֵךְ וְלוֹמַר, עַל שֶׁהִנְחַלְתָּ לַאֲבוֹתֵינוּ, דִּכְתִיב בְּאַבְרָהָם כִּי אַב הֲמוֹן גּוֹיִם נְתַתִּיךָ. וְדָרְשִׁינָן, לְשֶׁעָבַר הָיָה אָב לַאֲרָם, מִכָּאן וְאֵילָךְ לְכָל הַגּוֹיִם (קצ"ט).

סימן מו - הלכות מאכלות אסורות ובו מ"ו סעיפים:

סעיף א' דָּם הַנִּמְצָא בְּבֵיצִים, אָסוּר, וְלִפְעָמִים כָּל הַבֵּיצָה אֲסוּרָה. וְלָכֵן כְּשֶׁעוֹשִׂים מַאֲכָל עִם בֵּיצִים יֵשׁ לִבְדֹּק אוֹתָן.

סעיף ב' דַּם דָּגִים מֻתָּר. אַךְ אִם קִבְּצוֹ בִּכְלִי, אָסוּר, מִפְּנֵי מַרְאִית הָעַיִן. לְפִיכָךְ אִם נִכָּר שֶׁהוּא מִדָּגִים כְּגוֹן שֶׁיֵּשׁ בּוֹ קַשְׂקַשִּׂים, מֻתָּר.

סעיף ג' אִם נָשַׁךְ כִּכָּר וְכַדּוֹמֶה וְיָצָא דָּם מִשִּׁנָּיו עַל גַּבֵּי הַכִּכָּר, צָרִיךְ לַחְתֹּךְ מְקוֹם הַדָּם וּלְזָרְקוֹ. אֲבָל הַדָּם שֶׁבֵּין הַשִּׁנַּיִם מוֹצְצוֹ בְּחֹל, כֵּיוָן שֶׁלֹּא פֵּרַשׁ (וְלֹא בְּשַׁבָּת, כְּמוֹ שֶׁאֶכְתֹּב לְקַמָּן סְסִימָן פ' סָעִיף נ"ד) (יו"ד סִימָן ס"ו).

סעיף ד' לִפְעָמִים נִמְצָא דָּם בְּתוֹךְ הֶחָלָב, שֶׁהַדָּם יָצָא עִם הֶחָלָב מִדַּדֵּי הַבְּהֵמָה, וּצְרִיכִין לַעֲשׂוֹת בָּזֶה שְׁאֵלַת חָכָם.

סעיף ה' בָּשָׂר בְּחָלָב אָסוּר בַּאֲכִילָה וּבְבִשּׁוּל וּבַהֲנָאָה, וְלָכֵן אִם נֶאֱסַר אֵיזֶה דָּבָר מִתַּעֲרֹבֶת בָּשָׂר בְּחָלָב, צְרִיכִין לַעֲשׂוֹת שְׁאֵלָה מַה לַּעֲשׂוֹת בּוֹ, כִּי לִפְעָמִים נֶאֱסָר גַּם בַּהֲנָאָה, וְלִפְעָמִים אֵינוֹ נֶאֱסָר בַּהֲנָאָה (פ"ז).

סעיף ו' שְׁנֵי יִשְׂרְאֵלִים הַמַּכִּירִים זֶה אֶת זֶה, אֲפִלּוּ הֵם מַקְפִּידִים זֶה עַל זֶה, אָסוּר לָהֶם לֶאֱכֹל עַל שֻׁלְחָן אֶחָד זֶה בָּשָׂר וְזֶה מַאֲכַל חָלָב, עַד שֶׁיַּעֲשׂוּ אֵיזֶה הֶכֵּר, כְּגוֹן, שֶׁיֹּאכַל כָּל אֶחָד עַל מַפָּה שֶׁלּוֹ, אוֹ שֶׁיַּנִּיחוּ עַל הַשֻּׁלְחָן בֵּין הַמַּאֲכָלִים אֵיזֶה דָּבָר שֶׁאֵין דַּרְכּוֹ לִהְיוֹת שָׁם. וְיִהְיוּ זְהִירִים שֶׁלֹּא לִשְׁתּוֹת מִכְּלִי אֶחָד, מִפְּנֵי שֶׁהַמַּאֲכָל נִדְבָּק בַּכְּלִי.

סעיף ז' וְכָל שֶׁכֵּן שֶׁצְּרִיכִין לִזָּהֵר שֶׁלֹּא לֶאֱכוֹל מִכִּכָּר אֶחָד עִם בָּשָׂר וְעִם חָלָב. וְכֵן נוֹהֲגִין לְיַחֵד כֵּלִים לְמֶלַח, אֶחָד לְמַאַכְלֵי בָּשָׂר וְאֶחָד לְמַאַכְלֵי חָלָב, כִּי לִפְעָמִים טוֹבְלִים בְּמֶלַח וְנִשְׁאָרִים שִׁיּוּרֵי מַאֲכָל בַּמֶּלַח.

סעיף ח' נוֹהֲגִין לִרְשֹׁם אֶת הַסַּכִּין הַמְיֻחָד לְמַאַכְלֵי חָלָב, וְכֵן כָּל כְּלֵי חָלָב שֶׁלֹּא יָבֹאוּ לִידֵי חִלּוּף.

סעיף ט' אָכַל בָּשָׂר אוֹ אֲפִלּוּ רַק תַּבְשִׁיל שֶׁל בָּשָׂר, לֹא יֹאכַל מַאַכְלֵי חָלָב עַד שֶׁיִּשְׁהֶה שֵׁשׁ שָׁעוֹת. וְהַלּוֹעֵס לְתִינוֹק, צָרִיךְ גַּם כֵּן לְהַמְתִּין. וְאַף עַל פִּי שֶׁשָּׁהָה כַּשִּׁעוּר, אִם מָצָא בָּשָׂר בֵּין הַשִּׁנַּיִם, צָרִיךְ לַהֲסִירוֹ. אֲבָל אֵינוֹ צָרִיךְ לְהַמְתִּין אַחַר כָּךְ, רַק יְקַנֵּחַ אֶת פִּיו וִידִיחוֹ, דְּהַיְנוּ שֶׁיֹּאכַל מְעַט פַּת וִיקַנֵּחַ בּוֹ פִּיו, וְגַם מְדִיחוֹ בְּמַיִם אוֹ בִּשְׁאָר מַשְׁקֶה.

סעיף י' אִם לֹא הָיָה בַּתַּבְשִׁיל לֹא בָּשָׂר וְלֹא שֻׁמָּן שֶׁל בָּשָׂר, אֶלָּא

שֶׁנִּתְבַּשֵּׁל בִּקְדֵרָה שֶׁל בָּשָׂר, אֲפִלּוּ לֹא הָיְתָה מוּדַּחַת יָפֶה, מֻתָּר לֶאֱכֹל אַחֲרָיו [מַאַכְלֵי] חָלָב.

סעיף יא' אָכַל גְּבִינָה, מֻתָּר לֶאֱכוֹל אַחֲרֶיהָ בָּשָׂר מִיָּד בִּסְעוּדָה אַחֶרֶת, וּבִלְבַד שֶׁיִּבְדֹּק יָדָיו אִם אֵין שׁוּם דָּבָר מֵהַגְּבִינָה נִדְבָּק בָּהֶם, אוֹ יִרְחֲצֵם בְּמַיִם, וְגַם יְנַקֵּר שִׁנָּיו וְיָדִיחַ פִּיו. וְאִם הָיְתָה הַגְּבִינָה קָשָׁה, דְּהַיְנוּ שֶׁהֶעֶמְדָה בְּקֵבָה, וִישָׁנָה שִׁשָּׁה חֳדָשִׁים אוֹ שֶׁהִיא מְתֻלַּעַת, אִם רוֹצֶה לֶאֱכוֹל אַחַר כָּךְ מַאַכְלֵי בָּשָׂר, צָרִיךְ גַּם כֵּן לְהַמְתִּין שֵׁשׁ שָׁעוֹת.

סעיף יב' מִי שֶׁאָכַל גְּבִינָה וְרוֹצֶה לֶאֱכוֹל בָּשָׂר, צָרִיךְ לְבַעֵר מֵעַל הַשֻּׁלְחָן שִׁיּוּרֵי פַּת שֶׁאָכַל עִם הַגְּבִינָה. וְאָסוּר לֶאֱכוֹל גְּבִינָה עַל מַפָּה שֶׁאָכְלוּ בָּשָׂר. וְכֵן לְהֵפוּךְ. גַּם אָסוּר לַחְתֹּךְ בְּסַכִּין שֶׁל בָּשָׂר פַּת לְאָכְלוֹ עִם גְּבִינָה. וְכֵן לְהֵפוּךְ, וַאֲפִלּוּ אִם הַסַּכִּין נָקִי. וּבִשְׁעַת הַדְּחָק כְּגוֹן שֶׁהוּא בַּדֶּרֶךְ, מֻתָּר לוֹ לַחְתּוֹךְ בְּסַכִּין שֶׁל בָּשָׂר כְּשֶׁהוּא נָקִי וּמְקֻנָּח הֵיטֵב הֵיטֵב לֶאֱכוֹל עִם גְּבִינָה וְכֵן בְּהֵפּוּךְ (פ"ט)

סעיף יג' אִם חָתַךְ בְּסַכִּין שֶׁל בָּשָׂר בְּצָלִים, אוֹ שְׁאָר דָּבָר חָרִיף וּנְתָנָם לְמַאֲכַל חָלָב אוֹ בְּהֵפּוּךְ, צָרִיךְ לַעֲשׂוֹת שְׁאֵלַת חָכָם (צ"ו).

סעיף יד' הָעוֹשֶׂה תַּבְשִׁיל מִבָּשָׂר, בַּחֲלַב שְׁקֵדִים, צָרִיךְ לְהַנִּיחַ בְּתוֹכוֹ שְׁקֵדִים, מִפְּנֵי מַרְאִית הָעַיִן.

סעיף טו' נוֹהֲגִין שֶׁלֹּא לְהַגְעִיל כְּלֵי חָלָב לְהִשְׁתַּמֵּשׁ בּוֹ בְּבָשָׂר אוֹ אִפְכָא.

סעיף טז' יַיִן וּבָשָׂר וַחֲתִיכַת דָּג שֶׁאֵין בּוֹ סִימָן, שֶׁמַּפְקִידִין אוֹ שׁוֹלְחִין בְּיַד עוֹבֵד כּוֹכָבִים, וּמִכָּל שֶׁכֵּן בְּיַד יִשְׂרָאֵל חָשׁוּד, צָרִיךְ שְׁנֵי חוֹתָמוֹת. אֲבָל יַיִן מְבֻשָּׁל, וְכֵן הַחֹמֶץ שֶׁל יַיִן וְחָלָב וּפַת וּגְבִינָה, סַגֵּי בְּחוֹתָם אֶחָד.

סעיף יז' אִם שׁוֹלֵחַ אוֹ מַפְקִיד אֵיזֶה דָּבָר בַּשַּׂק, צָרִיךְ שֶׁיִּהְיוּ הַתְּפִירוֹת מִבִּפְנִים וּלְקָשְׁרוֹ וּלְחָתְמוֹ.

סעיף יח' אִם אֵרַע שֶׁשָּׁלַח עַל יְדֵי עוֹבֵד כּוֹכָבִים בְּהֵמָה אוֹ עוֹף שְׁחוּטִים אוֹ שְׁאָר דָּבָר בְּלֹא חוֹתָם, יַעֲשֶׂה שְׁאֵלַת חָכָם.

סעיף יט' גְּבִינוֹת וּשְׁאָר דְּבָרִים שֶׁהֵם בְּיַד עוֹבֵד כּוֹכָבִים, אַף עַל פִּי שֶׁהֵם בְּחוֹתָם אוֹ בִּדְפוּס שֶׁהֵם כְּשֵׁרִים, כָּל שֶׁלֹּא יָדַעְנוּ מִי חֲתָמָן, אֲסוּרִין.

סעיף כ' יֵשׁ לִזָּהֵר שֶׁלֹּא לְבַשֵּׁל אוֹ לִצְלוֹת יִשְׂרָאֵל וְעוֹבֵד כּוֹכָבִים שְׁתֵּי קְדֵרוֹת זוֹ אֵצֶל זוֹ, זֶה בָּשָׂר כָּשֵׁר וְזֶה בְּשַׂר טְרֵפָה, אִם הַקְּדֵרוֹת אוֹ הַמַּחֲבַתּוֹת מְגֻלּוֹת. וְכֵן יֵשׁ לִזָּהֵר שֶׁלֹּא לְהַנִּיחַ הַקְּדֵרוֹת אֵצֶל הַשְּׁפָחוֹת כְּשֶׁאֵין יִשְׂרָאֵל בַּבַּיִת וְאֵינוֹ יוֹצֵא וְנִכְנָס.

סעיף כא' מִי שֶׁאֵין מַכִּירִין אוֹתוֹ שֶׁהוּא מֻחְזָק בְּכַשְׁרוּת, אָסוּר לִקְנוֹת מִמֶּנּוּ יַיִן אוֹ שְׁאָר דְּבָרִים שֶׁיֵּשׁ לָחוּשׁ בָּהֶם לְאִסּוּר. מִיהוּ אִם נִתְאָרַח אֶצְלוֹ, אוֹכֵל עִמּוֹ כֹּל שֶׁלֹּא נוֹדַע לוֹ שֶׁהוּא חָשׁוּד (קי"ט).

סעיף כב' יֵשׁ לִזָּהֵר מִלְּהַנִּיחַ בְּבֵית עוֹבֵד כּוֹכָבִים כְּלִי שֶׁיֵּשׁ לָחוּשׁ שֶׁמָּא נִשְׁתַּמֵּשׁ בּוֹ. וַאֲפִלּוּ נְתָנוֹ לְאֻמָּן לְתַקְּנוֹ,

אִם יֵשׁ לָחוּשׁ שֶׁמָּא נִשְׁתַּמֵּשׁ בּוֹ, יַעֲשֶׂה שְׁאֵלַת חָכָם (קכב).

סעיף כג' לִפְעָמִים לוֹקְחִין עוֹף כָּפוּת וּמַשְׁלִיכִין אוֹתוֹ אַרְצָה, וְאַחַר כָּךְ שׁוֹחֲטִין אוֹתוֹ, וְהוּא אִסּוּר גָּמוּר, כִּי בְּהֵמָה אוֹ עוֹף שֶׁנָּפַל, אֵין לוֹ הֶתֵּר עַד שֶׁרוֹאִין אַחַר כָּךְ שֶׁהָלַךְ אַרְבַּע אַמּוֹת הִלּוּךְ יָפֶה. וְגַם בִּכְבָשִׂים וּבַעֲגָלִים צְרִיכִין לִזָּהֵר בָּזֶה מְאֹד (נ"ח).

סעיף כד' בִּימֵי הַקַּיִץ שָׁכִיחַ מְאֹד בְּבַר אַוָּזִים, שֶׁנִּמְצָאוֹת בּוּעוֹת קְטַנּוֹת, כְּמִין יַבֶּלֶת (ווארצלען) בִּבְנֵי מֵעַיִם, וְהַרְבֵּה נִטְרָפוֹת עַל יְדֵי כָּךְ, עַל כֵּן צְרִיכִין לִזָּהֵר מְאֹד לִבְדֹּק הַבְּנֵי מֵעַיִם, וּכְשֶׁנִּמְצָא בּוּעוֹת קְטַנּוֹת יַעֲשֶׂה שְׁאֵלַת חָכָם (מ"ו).

סעיף כה' אֵין לָשִׁין עִסָּה בְּחָלָב, שֶׁמָּא יֹאכַל הַפַּת עִם הַבָּשָׂר. וְאִם לָשׁ, כָּל הַפַּת אֲסוּרָה אֲפִלּוּ לְאָכְלָהּ לְבַדָּהּ, גְּזֵרָה שֶׁמָּא יֹאכְלָהּ עִם בָּשָׂר. וְאִם הָיָה דָּבָר מֻעָט כְּדֵי אֲכִילַת פַּעַם אַחַת, אוֹ שֶׁשִּׁנָּה צוּרַת הַפַּת שֶׁיְּהֵא נִכָּר שֶׁלֹּא לְאָכְלָהּ עִם בָּשָׂר, מֻתָּר. וְכֵן הַדִּין אִם לָשׁ עִסָּה עִם שֻׁמָּן שֶׁל בָּשָׂר. וְאֵין לֶאֱפוֹת שׁוּם פַּת עִם צְפִיחִית (פלאדין) אוֹ פַּשְׁטִידָא בְּתַנּוּר, דְּחַיְשִׁינָן שֶׁמָּא יָזוּב מִן הַחֶמְאָה אוֹ מִן הַשֻּׁמָּן תַּחַת הַפַּת. וְאִם זָב תַּחְתֶּיהָ, דִּינָהּ כְּאִלּוּ נִלּוֹשׁ עִמָּהּ, דְּאָסוּר לְאָכְלָהּ אֲפִלּוּ לְבַדָּהּ (צ"ז).

סעיף כו' פַּת שֶׁאֲפָאָהּ עִם הַצְּלִי בְּתַנּוּר אֶחָד, אִם הָיָה הַתַּנּוּר סָתוּם וְהַצְּלִי מְגֻלֶּה, אֲסוּרָה הַפַּת לְאָכְלָהּ בְּחָלָב. אֲבָל אִם הַצְּלִי הָיָה מְכֻסֶּה אוֹ שֶׁהָיָה הַתַּנּוּר פָּתוּחַ, וְהוּא תַנּוּר גָּדוֹל כְּתַנּוּרִים שֶׁלָּנוּ, מֻתָּר. וּמִכָּל מָקוֹם לְכַתְּחִלָּה יֵשׁ לִזָּהֵר שֶׁלֹּא לִצְלוֹת בָּשָׂר בְּתַנּוּר שֶׁאוֹפִין בּוֹ פַּת, דְּחַיְשִׁינָן שֶׁמָּא יָזוּב הַשֻּׁמָּן תַּחַת הַפַּת. וַאֲפִלּוּ הַצְּלִי הוּא בְּמַחֲבַת, יֵשׁ לָחוּשׁ (צ"ז ק"ח).

סעיף כז' תַּנּוּר שֶׁזָּב בְּקַרְקַע שֶׁלּוֹ שֻׁמָּן אוֹ חָלָב, צָרִיךְ הֶסֵּק כַּדִּין, עַד שֶׁיֵּלְכוּ הַגֶּחָלִים עַל פְּנֵי כֻלּוֹ וְיִתְלַבֵּן (סִימָן צז קכא ובחכ"א ומ"א באורח חַיִּים סִימָן תסא).

סעיף כח' תַּרְנְגוֹלִים מְסֹרָסִים נוֹהֲגִים לְאָכְלָם, מִשּׁוּם דְּסוֹמְכִין דְּמִסְתָמָא הָעוֹבֵד כּוֹכָבִים הַמְסָרֵס הוּא אֻמָּן וּבָקִי בַּדָּבָר, שֶׁלֹּא יַעֲשֶׂה בִּתְפִירָה אֵיזֶה רְעוּתָא, בִּבְנֵי מֵעַיִם (וְעַיֵּן לְקַמָּן סִימָן קצ"א סָעִיף ו'). אֲבָל אִם נִמְצָא בָּהֶן אֵיזֶה רֵעוּתָא, אֲפִלּוּ רַק שֶׁאֵינָן מֻנָּחִין כָּרָאוּי הֵן אֲסוּרִין.

סעיף כט' בִּקְצָת מְקוֹמוֹת נוֹהֲגִין הָעוֹבְדֵי כּוֹכָבִים הַמְפַטְּמִין אַוָּזוֹת לְמָכְרָן לְיִשְׂרְאֵלִים, שֶׁדּוֹקְרִין אוֹתָן תַּחַת כַּנְפֵיהֶם בְּמַחַט וְכַדּוֹמֶה, כְּדֵי שֶׁיִּתְנַפַּח הַבָּשָׂר וְיִתְרָאוּ שְׁמֵנוֹת, וְיֵשׁ בָּזֶה גַּם כֵּן שְׁאֵלַת חָכָם אִם הֵן כְּשֵׁרוֹת אוֹ לֹא (עַיֵּן שו"ת אמרי אש יו"ד סִימָן כ"ד). וְכֵן בְּהֵמָה אֲשֶׁר לִפְעָמִים מֵחֲמַת רֹב אֲכִילָה מִסְתַּכֶּנֶת, וּרְפוּאָתָהּ שֶׁדּוֹקְרִין אוֹתָהּ בְּמַרְצֵעַ נֶגֶד הַכָּרֵס, יֵשׁ בָּזֶה גַּם כֵּן שְׁאֵלַת חָכָם אִם הִיא כְּשֵׁרָה (עַיֵּן שו"ת אמרי אש יו"ד סִימָן ע"ה).

סעיף ל' נוֹהֲגִין לַעֲשׂוֹת פֵּרוֹת מְרֻקָּחִין, שֶׁנּוֹתְנִים אֶת הַפֵּרוֹת תּוֹךְ צְלוֹחִית, וּמְכַסִּין וְקוֹשְׁרִין אֶת פִּיהָ בִּשְׁלְפּוּחִית בְּהֵמָה, וְכָךְ מַעֲמִידִין אוֹתָהּ לְתוֹךְ תַּנּוּר חַם שֶׁיִּתְרַקְּחוּ הַפֵּרוֹת, צְרִיכִין לִזָּהֵר שֶׁיְּהֵא

הַשַּׁלְפּוּחִית מִבְּהֵמָה כְּשֵׁרָה, וְהִכְשִׁרָהּ גַּם בִּמְלִיחָה וַהֲדָחָה כָּרָאוּי.

סעיף לא' בְּאֵרוֹת וּנְהָרוֹת שֶׁמַּחְזִיקִין שֶׁיֵּשׁ בְּמֵימֵיהֶם תּוֹלָעִים, אָסוּר לִשְׁתּוֹתָן עַד שֶׁיְּסַנְּנוּ אוֹתָן. וַאֲפִלּוּ בְּדִיעֲבַד אִם בִּשֵּׁל בְּאוֹתָן מַיִם יֵשׁ לֶאֱסֹר (עַיֵּן חכ"א). וְכֵן אָסוּר לִשְׁרוֹת בְּמַיִם אֵלּוּ בָּשָׂר אוֹ לְהָדִיחַ בָּהֶם דְּבַר מַאֲכָל, כִּי הַתּוֹלָעִים נִדְבָּקִים בַּמַּאֲכָל.

סעיף לב' כְּשֶׁמְּסַנְּנִין אֶת הַמַּיִם, צְרִיכִין לִזָּהֵר לְסַנְּנָן דֶּרֶךְ מַפָּה, שֶׁלֹּא יִהְיֶה בְּאֶפְשָׁרִי לַעֲבוֹר אֲפִלּוּ תּוֹלָע דַּק שֶׁבְּדַקִּין.

סעיף לג' חֹמֶץ שֶׁהִתְלִיעַ אָסוּר עַל יְדֵי סִינּוּן, כִּי תּוֹלָע דַּק שֶׁבְּדַקִּין שֶׁנִּתְהַוָּה בְּחֹמֶץ, עוֹבֵר דֶּרֶךְ כָּל מַפָּה, וְהַסִּנּוּן גָּרוּעַ גְּרוּעָה וְיוֹתֵר טוֹב שֶׁלֹּא לְסַנְּנוֹ, כִּי הַתּוֹלָע הַמִּתְהַוֶּה בְּמַשְׁקִין שֶׁבְּכֵלִים, אֵינוֹ נֶאֱסַר כָּל זְמַן שֶׁלֹּא פָּרַשׁ, וְעַל יְדֵי הַסִּנּוּן אִכָּא לְמֵיחַשׁ שֶׁמָּא יִפְרוֹשׁ עַל הַמְסַנֶּנֶת וְאַחַר כָּךְ יַחֲזוֹר. וְהַמֻּבְחָר לְהַרְתִּיחַ תְּחִלָּה אֶת הַחֹמֶץ וּלְסַנְּנוֹ אַחַר כָּךְ דְּמֵאַחַר שֶׁהַתּוֹלָע מֵת עַל יְדֵי הַרְתִּיחָה, שׁוּב לֹא יַעֲבוֹר בְּסִנּוּן (חכמת אדם כלל ל"ח).

סעיף לד' תּוֹלָעִים הַגְּדֵלִים בַּפֵּרוֹת בְּעוֹדָם בִּמְחֻבָּר, אֲסוּרִין, אַף עַל פִּי שֶׁלֹּא פָּרְשׁוּ מִמָּקוֹם לְמָקוֹם, וְלִפְעָמִים נִמְצָא בַּפְּרִי וְכֵן בְּפוּלִים וְקִטְנִיּוֹת כְּמִין נְקֻדָּה שְׁחוֹרָה, וְהוּא מָקוֹם שֶׁהִתְחִיל הַתּוֹלָע לְהִתְרַקֵּם, וְצָרִיךְ לִטְּלָהּ מִשָּׁם בְּעֹמֶק, דַּאֲסוּרָה כְּמוֹ הַתּוֹלַעַת עַצְמָהּ.

סעיף לה' כָּל פְּרִי שֶׁדַּרְכּוֹ לְהַתְלִיעַ בְּעוֹדוֹ מְחֻבָּר, אִם עָבְרוּ עָלָיו שְׁנֵים עָשָׂר חֹדֶשׁ מִשֶּׁנִּתְלַשׁ, מֻתָּר, כִּי כָּל בִּרְיָה שֶׁאֵין בָּהּ עֶצֶם, אֵינָהּ מִתְקַיֶּמֶת שְׁנֵים עָשָׂר חֹדֶשׁ, וּכְבָר נַעֲשְׂתָה כְּעַפְרָא בְּעָלְמָא. וּמִשּׁוּם חֲשַׁשׁ שֶׁמָּא הִתְלִיעוּ בְּתָלוּשׁ, צְרִיכִין לְבָדְקָן וּלְהַשְׁלִיךְ הַתּוֹלָעִים וְהַיַּבְחוּשִׁין שֶׁנִּמְצְאוּ בַּחוּץ, וְאַחַר כָּךְ יִתְּנֵם לְמַיִם צוֹנְנִים וִיעָרְבֵם יָפֶה יָפֶה, וְיַעֲלוּ הַתּוֹלָעִים וְהַמְנֻקָּבִים לְמַעְלָה וְיַשְׁלִיכֵם, וְאַחַר כָּךְ יִתְּנֵם בְּמַיִם רוֹתְחִין, שֶׁאִם נִשְׁאֲרָה בָּהֶם תּוֹלַעַת יָמוּת מִיָּד וְלֹא תִּפְרֹשׁ. וְאֵין לִסְמֹךְ עַל זֶה רַק בְּקִטְנִיּוֹת וַעֲדָשִׁים וְכַדּוֹמֶה, וְדַוְקָא לְאַחַר שְׁנֵים עָשָׂר חֹדֶשׁ.

סעיף לו' כָּל הַפֵּרוֹת שֶׁצְּרִיכִין בְּדִיקָה, צָרִיךְ לִפְתֹּחַ כָּל אֶחָד וְאֶחָד, וּלְהַשְׁלִיךְ אֶת הַגַּרְעִינִין לְמַעַן יוּכַל לְבָדְקָן יָפֶה יָפֶה. וּצְרִיכִין לִזָּהֵר בָּזֶה מְאֹד כְּשֶׁמְּרַקְּחִין פֵּרוֹת בִּדְבַשׁ וְסֻכָּר, וְכֵן כְּשֶׁעוֹשִׂין רִבָּה. וְלֹא מְהַנֵּי מַה שֶׁבָּדַק מִקְּצָתָן. וַאֲפִלּוּ בָּדַק אֶת הָרֹב לֹא מְהַנֵּי, אֶלָּא צָרִיךְ לִבְדֹּק כָּל פְּרִי וָפֶרִי.

סעיף לז' לִפְעָמִים נִמְצָא בַּקֶּמַח וְכַיּוֹצֵא בּוֹ תּוֹלָעִים גְּדוֹלִים, וְסַגֵּי כְּשֶׁמְּנַפֶּה אוֹתוֹ בְּנָפָה, שֶׁאֵין הַתּוֹלָעִים עוֹבְרִים. אֲבָל אִם נִמְצְאוּ בּוֹ תּוֹלָעִים קְטַנִּים (מילבן) לֹא מְהַנֵּי הַנָּפָה. וּמִי שֶׁיֵּשׁ לוֹ חִטִּין מְתֻלָּעִין, יַעֲשֶׂה שְׁאֵלַת חָכָם אֵיךְ יִטְחָנֵם.

סעיף לח' כָּל דָּבָר שֶׁהִתְלִיעַ, וְהוּא דָּבָר שֶׁאֵין הַדֶּרֶךְ לְבָדְקוֹ מִתּוֹלָעִים, אָסוּר לְמָכְרוֹ לְעוֹבֵד כּוֹכָבִים כְּשֶׁיֵּשׁ לָחוּשׁ שֶׁמָּא יַחֲזֹר וְיִמְכְּרֶנּוּ לְיִשְׂרָאֵל. וּמֻתָּר לַעֲשׂוֹת מִמֶּנּוּ יֵין שָׂרָף, וְלֹא חַיְשִׁינָן שֶׁמָּא יָבֹא בּוֹ לִידֵי תַּקָּלָה

לְאָכְלוֹ כָּךְ, וּבִלְבַד שֶׁלֹּא יַשְׁהֶנּוּ זְמַן רָב.

סעיף לט' הַרְבֵּה מִינֵי יְרָקוֹת שֶׁמֻּחְזָקִין בְּתוֹלָעִים. וְיֵשׁ שֶׁמֻּחְזָקִין בְּתוֹלָעִים קְטַנִּים (מילבן). וּמַה שֶּׁהַנָּשִׁים אוֹמְרוֹת שֶׁמְּהַבְהֲבִין אֶת הַיָּרָק בָּאֵשׁ, אֵינוֹ מוֹעִיל. וְיֵשׁ מִינֵי פֵּרוֹת וְכֵן מִינֵי יְרָקוֹת שֶׁמֻּחְזָקִין כָּל כָּךְ בְּתוֹלָעִים עַד שֶׁכִּמְעַט אִי אֶפְשָׁר לְבָדְקָן, וְרָאוּי לְכָל יְרֵא שָׁמַיִם שֶׁלֹּא לְאָכְלָן כְּלָל. וְיֵשׁ מִינֵי פֵּרוֹת שֶׁהַגַּרְעִינִין מֻחְזָקִים בְּתוֹלָעִים וְאָסוּר לְאָכְלָן.

סעיף מ' בָּאֱגוֹזִים שְׁכִיחִים מְאֹד תּוֹלָעִים קְטַנִּים וְהַמִּבְחָן לָזֶה, כְּשֶׁלּוֹקְחִין אֶת הָאֹכֶל מִתּוֹךְ הַקְּלִפָּה וּמַכִּין בַּקְּלִפָּה עַל אֵיזֶה מָקוֹם חַם קְצָת, יוֹצְאִין הַתּוֹלָעִים שֶׁנִּשְׁאֲרוּ בְּתוֹךְ הַקְּלִיפָּה, וּצְרִיכִין לִזָּהֵר בָּזֶה מְאֹד.

סעיף מא' לִפְעָמִים נִמְצָא בְּפֵרוֹת מְרֻקָּחִים בִּדְבַשׁ וְסֻכָּר, שֶׁיֵּשׁ לְמַעְלָה סְבִיב הַכְּלִי תּוֹלָעִים קְטַנִּים. יְנַקּוּ אוֹתוֹ הֵיטֵב, וְיִקְחוּ קְצָת גַּם מִן הַמַּאֲכָל עַד שֶׁיְּהֵא בָּרוּר שֶׁלֹּא נִשְׁאַר בְּתוֹךְ הַמַּאֲכָל.

סעיף מב' חָתַךְ פְּרִי אוֹ צְנוֹן בְּסַכִּין וְחָתַךְ גַּם הַתּוֹלַעַת שֶׁהָיְתָה בָּהֶם, יְקַנֵּחַ אֶת הַסַּכִּין הֵיטֵב, וְגַם מִן הַצְּנוֹן אוֹ מִן הַפְּרִי יִקְלֹף קְצָת בִּמְקוֹם הַחֲתָךְ (ט"ז צו וחכ"א).

סעיף מג' בְּתוֹךְ הַדָּגִים נִמְצָאוּ לִפְעָמִים תּוֹלָעִים בַּמֹּחַ אוֹ בַּכָּבֵד אוֹ בַּמֵּעַיִם אוֹ בַּפֶּה אוֹ בָּאָזְנַיִם וּבִפְרָט בְּדָג נִקְרָא זְאֵב הַמַּיִם (העכט) יֵשׁ בּוֹ תּוֹלָעִים דַּקִּים וַאֲרֻכִּים, וּבִמְקוֹם הַשְּׁכִיחַ צְרִיכִין בְּדִיקָה, וְכֵן בְּדָג מָלוּחַ (הערינג) שָׁכִיחַ בְּתוֹךְ הֶחָלָב תּוֹלָעִים דַּקִּים וּצְרִיכִין בְּדִיקָה. וְיֵשׁ מְקוֹמוֹת שֶׁיֵּשׁ עַל הַדָּגִים מִבַּחוּץ אֵצֶל הַסְּנַפִּירִין וְגַם עַל הַסְּנַפִּירִין וּבְתוֹךְ הַפֶּה וַאֲחוֹרֵי הָאָזְנַיִם, שְׁרָצִים קְטַנִּים מְאֹד, וְהֵם עֲגֻלִּים כַּעֲדָשָׁה, וּצְרִיכִין לִבְדֹּק שָׁם וּלְגָרְרָן הֵיטֵב.

סעיף מד' תּוֹלָעִים הַנִּמְצָאִים בַּגְּבִינָה אִם אֵינָן נִמְאָסִין עָלָיו, מֻתָּרִין כָּל זְמַן שֶׁלֹּא פָּרְשׁוּ לְגַמְרֵי.

סעיף מה' הַרְבֵּה אַזְהָרוֹת הִזְהִירָה הַתּוֹרָה בִּשְׁרָצִים, וְעוֹבְרִין עֲלֵיהֶן בְּכַמָּה לָאוִין, וּמְטַמְּאִין אֶת הַנֶּפֶשׁ כְּדִכְתִיב וְנִטְמֵתֶם בָּם. וְלָכֵן צָרִיךְ הָאָדָם לִזָּהֵר בִּמְאֹד מְאֹד שֶׁלֹּא יִכָּשֵׁל בָּהֶם.

סעיף מו' הַשּׁוֹאֵל לְמוֹרֶה הוֹרָאָה אֵיזֶה שְׁאֵלָה וַאֲסָרוֹ, אָסוּר לוֹ לִשְׁאוֹל עוֹד לְמוֹרֶה הוֹרָאָה אַחֵר, אֶלָּא כֵּן הוֹדִיעוֹ שֶׁכְּבָר הוֹרָה הָרִאשׁוֹן לְאִסּוּר (ס' רמב).

סימן מז - הלכות סתם יינם והכשר הכלים ממנו ובו כ"ב סעיפים:

סעיף א' סְתָם יֵינָם בִּזְמַן הַזֶּה, וְכֵן מַגַּע עוֹבֵד כּוֹכָבִים בְּיַיִן שֶׁלָּנוּ, יֵשׁ אוֹמְרִים, דְּאֵינוֹ אָסוּר רַק בִּשְׁתִיָּה וְלֹא בַּהֲנָאָה. וְלָכֵן מֻתָּר לְיִשְׂרָאֵל לִגְבּוֹת בְּחוֹבוֹ סְתָם יֵינָם, מִפְּנֵי דַּהֲוֵי כְּמַצִּיל מִיָּדֵיהֶם. וְהוּא הַדִּין בִּשְׁאָר הֶפְסֵד, כְּגוֹן אִם עָבַר וְקָנָה. אֲבָל לְכַתְּחִלָּה אָסוּר לִקְנוֹת כְּדֵי לְהִשְׂתַּכֵּר בּוֹ. וְיֵשׁ מְקִלִּין גַּם בָּזֶה וְטוֹב לְהַחְמִיר.

סעיף ב' מֻתָּר לַעֲשׂוֹת מֶרְחָץ מִסְּתָם יֵינָם אֲפִלּוּ לְחוֹלֶה שֶׁאֵין בּוֹ סַכָּנָה (קנ"ה).

סעיף ג' יַיִן כָּשֵׁר שֶׁנִּתְבַּשֵּׁל, דְּהַיְנוּ שֶׁהִרְתִּיחַ וְנִתְמַעֵט מִמִּדָּתוֹ עַל יְדֵי הַרְתִּיחָה, אִם נָגַע בּוֹ עוֹבֵד כּוֹכָבִים, מֻתָּר אֲפִלּוּ בִּשְׁתִיָּה. אֲבָל יַיִן שֶׁנּוֹתְנִין לְתוֹכוֹ לַעֲנָה (ווערמוטה), כֹּל שֶׁשֵּׁם יַיִן עָלָיו וְלֹא נִתְבַּשֵּׁל נֶאֱסָר.

סעיף ד' תַּבְשִׁיל שֶׁיַּיִן מְעֹרָב בּוֹ וְאֵינוֹ נִכָּר, אֲפִלּוּ עֲדַיִן לֹא הִרְתִּיחַ, אֵינוֹ נֶאֱסָר בְּמַגַּע עוֹבֵד כּוֹכָבִים.

סעיף ה' יַיִן מָזוּג אִם יֵשׁ בּוֹ שִׁשָּׁה חֲלָקִים מַיִם, בָּטֵל הַיַּיִן. וְאֵינוֹ נֶאֱסָר בְּמַגַּע עוֹבֵד כּוֹכָבִים. אֲבָל יֵין צִמּוּקִים, דְּהַיְנוּ שֶׁנָּתַן מַיִם עַל הַצִּמּוּקִים, הֲרֵי זֶה כְּיַיִן גָּמוּר (ע"ל ססנ"ג).

סעיף ו' הַתֶּמֶד, דְּהַיְנוּ מַיִם שֶׁנּוֹתְנִים עַל הַחַרְצַנִּים אוֹ עַל הַשְּׁמָרִים, כָּל שֶׁהוּא מְשֻׁבָּח לִשְׁתִיָּה, אֵין לְהַתִּירוֹ אִם נָגַע בּוֹ עוֹבֵד כּוֹכָבִים.

סעיף ז' עֲנָבִים דְּרוּכוֹת בְּגִיגִית, כֵּיוָן שֶׁנִּמְשָׁךְ מִמֶּנּוּ יַיִן אֲפִלּוּ מְעַט, אוֹ שֶׁשָּׁאַב מִמֶּנּוּ יַיִן בִּכְלִי, נִקְרָא הַכֹּל יַיִן וְנֶאֱסָר בְּמַגַּע עוֹבֵד כּוֹכָבִים, אֲפִלּוּ לֹא נָגַע אֶלָּא בַּחַרְצַנִּים וּבַזָּגִים. וְלָכֵן גִּיגִיּוֹת עֲנָבִים דְּרוּכוֹת עוֹמְדוֹת בְּבֵית עוֹבֵד כּוֹכָבִים יֵשׁ לֶאֱסוֹר, שֶׁמָּא הִמְשִׁיךְ מִמֶּנָּה. וְאָסוּר לִדְרֹךְ עַל יְדֵי עוֹבֵד כּוֹכָבִים, אֲפִלּוּ בְּגִיגִית פְּקוּקָה.

סעיף ח' יֵשׁ לְהִזָּהֵר מִלְּהוֹצִיא אֶת הַחַרְצַנִּים וְהַזָּגִים מִן הַגִּתּוֹת עַל יְדֵי עוֹבֵד כּוֹכָבִים, אֲפִלּוּ לְאַחַר שֶׁהוֹצִיאוּ מֵהֶם יַיִן רִאשׁוֹן וְשֵׁנִי, כִּי שֶׁמָּא יֵשׁ עֲלֵיהֶם עוֹד טוֹפַח יַיִן (קכ"ג).

סעיף ט' עוֹבֵד כּוֹכָבִים שֶׁשָּׁפַךְ מַיִם לְתוֹךְ הַיַּיִן, אִם נִתְכַּוֵּן לְמָזְגוֹ, אָסוּר בִּשְׁתִיָּה. וְאִם לֹא נִתְכַּוֵּן לְמָזְגוֹ, וַאֲפִלּוּ הוּא סָפֵק, מֻתָּר (קכ"ה).

סעיף י' חֹמֶץ יַיִן שֶׁנַּעֲשָׂה מִיַּיִן כָּשֵׁר, אִם הוּא חָזָק כָּל כָּךְ שֶׁמְּבַעְבֵּעַ כְּשֶׁשּׁוֹפְכִין אוֹתוֹ עַל הָאָרֶץ, שׁוּב אֵינוֹ נֶאֱסָר בְּמַגַּע עוֹבֵד כּוֹכָבִים. אֲבָל אִם נַעֲשָׂה מִסְּתָם יֵינָם, לְעוֹלָם הוּא בְּאִסּוּרוֹ.

סעיף יא' וְכֵן יַיִן שָׂרָף שֶׁנַּעֲשָׂה מִסְּתָם יֵינָם, וְכֵן מֵהַחַרְצַנִּים וְהַזָּגִים וְהַשְּׁמָרִים, הֲרֵי הוּא כְּיַיִן עַצְמוֹ. אֲבָל הַנַּעֲשָׂה מִיַּיִן כָּשֵׁר אָז לְאַחַר שֶׁנַּעֲשָׂה יַיִן שָׂרָף אֵין מַגַּע עוֹבֵד כּוֹכָבִים אוֹסַרְתּוֹ.

סעיף יב' מֶלַח שֶׁל יַיִן (וויינְשְׁטֵיין) (טַרְטַר) נִתְפַּשֵּׁט הַמִּנְהָג לְהַתִּיר, כֵּיוָן שֶׁאֵין בּוֹ הֲנָאָה לְחֵךְ (סִימָן קכ"ג ובחכמת אדם).

סעיף יג' מַגַּע עוֹבֵד כּוֹכָבִים עַל יְדֵי דָּבָר אַחֵר, וְכֵן הַבָּא מִכֹּחוֹ, יַעֲשֶׂה שְׁאֵלַת חָכָם (קכד קכה).

סעיף יד' הַשּׁוֹלֵחַ יַיִן עַל יְדֵי עוֹבֵד כּוֹכָבִים, צָרִיךְ לְהַשְׁגִּיחַ הֵיטֵב בְּכָל מָקוֹם שֶׁיֵּשׁ בַּרְזָא אוֹ מְגוּפָה לַחְתּוֹם בִּשְׁנֵי חוֹתָמוֹת (ק"ל).

סעיף טו' יִשְׂרָאֵל שֶׁעוֹשֶׂה יֵינוֹ שֶׁל עוֹבֵד כּוֹכָבִים בְּהֶכְשֵׁר כְּדֵי לְמָכְרוֹ אַחַר כָּךְ לְיִשְׂרְאֵלִים, יֵשׁ בָּזֶה כַּמָּה חִלּוּקֵי דִּינִים, וְלִפְעָמִים אֲפִלּוּ שְׁנֵי

חוֹתָמוֹת וְגַם מַפְתֵּחַ לֹא מַהֲנֵי. וְצָרִיךְ לִשְׁאֹל לְמוֹרֶה הוֹרָאָה כְּדַת מַה לַּעֲשׂוֹת, וְשׁוֹמֵר נַפְשׁוֹ יִרְחַק מִיַּיִן כָּזֶה.

סעיף טז' כֵּלִים שֶׁל סְתָם יֵינָם, אִם הֵם כֵּלִים שֶׁאֵין הַדֶּרֶךְ לְהַחֲזִיק בָּהֶם יַיִן אֶלָּא זְמַן קָצָר, וְגַם לֹא הָיָה בָּהֶם הַיַּיִן מֵעֵת לְעֵת, בֵּין שֶׁהֵם שֶׁל עוֹר בֵּין שֶׁהֵם שֶׁל עֵץ וְשֶׁל זְכוּכִית וְשֶׁל אֶבֶן וְשֶׁל מַתֶּכֶת, אִם אֵינָם מְזֻפָּתִין, מְדִיחָן הֵיטֵב בְּמַיִם שָׁלֹשׁ פְּעָמִים וּמֻתָּרִים. וְאִם הֵם מְזֻפָּתִין, יֵשׁ לָהֶם דִּין אַחֵר. וְכֵן כְּלֵי חֶרֶס יֵשׁ לָהֶם דִּין אַחֵר.

סעיף יז' כֵּלִים הָעֲשׂוּיִים לְהַכְנִיס בָּהֶם יַיִן לְקִיּוּם, דְּהַיְנוּ שֶׁמְּיַחֲדִין אוֹתָן לְהַחֲזִיק בָּהֶם יַיִן לְכָל הַפָּחוֹת שְׁלֹשָׁה יָמִים, אַף עַל פִּי שֶׁהַכְּלִי הוּא שֶׁל יִשְׂרָאֵל, וְהָעוֹבֵד כּוֹכָבִים הֶחְזִיק בּוֹ אֶת הַיַּיִן רַק זְמַן מֻעָט, מִכָּל מָקוֹם צָרִיךְ הֶכְשֵׁר עַל יְדֵי עֵרוּי דְּהַיְנוּ מְמַלְּאִים אֶת הַכְּלִי מַיִם עַל כָּל גְּדוֹתָיו, וְיַעֲמֹד כָּךְ לְכָל הַפָּחוֹת עֶשְׂרִים וְאַרְבַּע שָׁעוֹת, מֵעֵת לְעֵת, וְאַחַר כָּךְ שׁוֹפֵךְ אֶת הַמַּיִם וְנוֹתֵן בּוֹ מַיִם שְׁנִיִּים, וְיַעֲמֹד כָּךְ לְכָל הַפָּחוֹת מֵעֵת לְעֵת, וְכֵן עוֹשֶׂה פַּעַם שְׁלִישִׁית. וְאֵין צְרִיכִין שֶׁיִּהְיוּ הַשְּׁלֹשָׁה מֵעֵת לְעֵת דַּוְקָא רְצוּפִין. וְאִם עָמְדוּ בּוֹ הַמַּיִם כַּמָּה יָמִים וְלֹא שְׁפָכָם, לֹא עָלָה לוֹ אֶלָּא לְמֵעֵת לְעֵת אֶחָד. יֵשׁ אוֹמְרִים, דְּאִם הַיַּיִן הָיָה בּוֹ מֵעֵת לְעֵת, לֹא מִתְכַּשֵּׁר בְּעֵרוּי, מִשּׁוּם דִּכְבוּשׁ כִּמְבֻשָּׁל וּבָעֵי הַגְעָלָה. וּבִמְקוֹם שֶׁאֵין צֹרֶךְ גָּדוֹל, יֵשׁ לְהַחְמִיר כֵּן.

סעיף יח' כְּלֵי זְכוּכִית כֵּיוָן שֶׁהֵם חֲלָקִים וְקָשִׁים, אַף עַל פִּי שֶׁמַּכְנִיסִין בָּהֶם יַיִן לְקִיּוּם, סַגֵּי לְהוּ בַּהֲדָחָה שָׁלֹשׁ פְּעָמִים.

סעיף יט' כְּלִי שֶׁהָיָה בּוֹ יַיִן שֶׁלָּנוּ וְעֵרוּ אֶת הַיַּיִן, וּבְעוֹד שֶׁהָיָה הַכְּלִי טוֹפֵחַ עַל מְנָת לְהַטְפִּיחַ נָגַע שָׁם עוֹבֵד כּוֹכָבִים סַגֵּי לָהּ בַּהֲדָחָה שָׁלֹשׁ פְּעָמִים, אַף עַל פִּי שֶׁהוּא כְּלִי שֶׁמַּכְנִיסִין בּוֹ לְקִיּוּם.

סעיף כ' הָא דְּמַהֲנֵי הֲדָחָה אוֹ עֵרוּי, זֶהוּ כְּשֶׁלֹּא נִשְׁתַּמֵּשׁ בּוֹ יַיִן רַק בְּצוֹנֵן. אֲבָל אִם נִשְׁתַּמֵּשׁ בּוֹ בְּחַמִּין, צָרִיךְ הַגְעָלָה כְּמוֹ מִשְּׁאָר אִסּוּרִין.

סעיף כא' כְּלֵי הַגַּת אַף עַל פִּי שֶׁאֵין מַכְנִיסִין בָּהֶם יַיִן לְקִיּוּם, כֵּיוָן שֶׁמִּשְׁתַּמְּשִׁין בָּהֶם יַיִן בְּשֶׁפַע, חֲמִירֵי, וּצְרִיכִין שְׁאֵלַת חָכָם אֵיךְ לְהַכְשִׁירָן.

סעיף כב' כָּל הַכֵּלִים שֶׁנִּתְיַשְּׁנוּ שְׁנֵים עָשָׂר חֹדֶשׁ, מֻתָּרִים, כִּי בְּוַדַּאי כָּלָה כָּל לַחְלוּחִית יַיִן שֶׁבָּהֶם. וַאֲפִלּוּ נָתַן לְתוֹכָן מַיִם תּוֹךְ שְׁנֵים עָשָׂר חֹדֶשׁ, אֵין בְּכָךְ כְּלוּם.

סימן מח - דיני ברכות על מאכלים מחמשת מיני דגן, ובו י' סעיפים:

סעיף א' לֶחֶם שֶׁהוּא מֵחֲמֵשֶׁת מִינֵי דָּגָן אֶלָּא שֶׁהוּא פַּת הַבָּאָה בְּכִיסְנִין, אִם אוֹכֵל מִמֶּנּוּ פָּחוֹת מִשִּׁעוּר קְבִיעַת סְעוּדָה, אֵינוֹ צָרִיךְ נְטִילַת יָדַיִם, וְאֵין מְבָרְכִין עָלָיו הַמּוֹצִיא אֶלָּא בּוֹרֵא מִינֵי מְזוֹנוֹת וּלְאַחֲרָיו עַל הַמִּחְיָה. אֲבָל אִם אוֹכֵל מִמֶּנּוּ שִׁעוּר קְבִיעַת סְעוּדָה, אֲזַי דִּינוֹ כְּלֶחֶם גָּמוּר וְצָרִיךְ נְטִילַת יָדַיִם וּמְבָרְכִין עָלָיו הַמּוֹצִיא וּלְאַחֲרָיו בִּרְכַּת הַמָּזוֹן (אֹרַח חַיִּים סִימָן קנ"ח קס"ח).

סעיף ב' מַהוּ פַּת הַבָּאָה בְּכִיסְנִין. יֵשׁ אוֹמְרִים שֶׁהִיא פַּת שֶׁנַּעֲשֵׂית כְּמִין

כִּיסִים, מְמֻלָּאָה בְּפֵרוֹת אוֹ בְּבָשָׂר אוֹ בִּגְבִינָה (עַיֵּן אה"ע) וְכַיּוֹצֵא בָּהֶן, וְכֵן כְּשֶׁנַּעֲשֵׂית כְּמוֹ צַפִּיחִית (פלאדין). וְיֵשׁ אוֹמְרִים שֶׁהִיא פַּת שֶׁנִּלּוֹשָׁה בְּשֶׁמֶן אוֹ בִּשְׁמָן אוֹ בִּדְבַשׁ אוֹ בְּחָלָב אוֹ בְּבֵיצִים אוֹ בִּשְׁאָר מֵי פֵּרוֹת, אֲפִלּוּ עֵרַב בּוֹ גַּם מַיִם, אֶלָּא שֶׁהֵם הַמּוּעָט וַאֲנַן נַקְטִינַן כְּדִבְרֵי שְׁנֵיהֶם לְהָקֵל, וּמַחְזִיקִין אֵלּוּ לְפַת הַבָּאָה בְּכִיסָנִין.

סעיף ג' שִׁעוּר קְבִיעַת סְעוּדָה לָאו בְּדִידֵיהּ מְשַׁעֲרִינַן אֶלָּא בְּרֹב בְּנֵי אָדָם כַּמָּה שֶׁרְגִילִין לֶאֱכוֹל בִּסְעוּדַּת צָהֳרַיִם אוֹ בִּסְעוּדַּת עֶרֶב לִשְׂבּוֹעַ. אִם הוּא אוֹכֵל כְּשִׁעוּר זֶה אַף עַל פִּי שֶׁהוּא אֵינוֹ שָׂבֵעַ, מִכָּל מָקוֹם דִּינוֹ כְּמוֹ לֶחֶם. וְאִם אָכַל פַּת זֹה עִם לִפְתָּן, מְשַׁעֲרִין גַּם כֵּן, אִם אֲחֵרִים הָיוּ אוֹכְלִין אוֹתָהּ בְּלִפְתָּן הָיוּ שְׂבֵעִים. וְאִם אָכַל בְּלֹא לִפְתָּן שִׁעוּר קָטָן וְהוּא שָׂבֵעַ, וַאֲחֵרִים אִם הָיוּ אוֹכְלִין כָּךְ לֹא הָיוּ שְׂבֵעִים, אֶלָּא שֶׁאִם הָיוּ אוֹכְלִין אוֹתָהּ עִם לִפְתָּן הָיוּ שְׂבֵעִים, הָוֵי לֵיהּ גַּם כֵּן דִּין לֶחֶם.

סעיף ד' אִם מִתְּחִלָּה הָיָה בְּדַעְתּוֹ לֶאֱכוֹל רַק מְעַט, וּבֵרַךְ בּוֹרֵא מִינֵי מְזוֹנוֹת, וְאַחַר כָּךְ נִמְלַךְ לֶאֱכוֹל שִׁעוּר קְבִיעַת סְעוּדָה, אִם בָּזֶה שֶׁהוּא רוֹצֶה לֶאֱכֹל עוֹד אֵין בּוֹ שִׁעוּר קְבִיעַת סְעוּדָה אֶלָּא בְּצֵרוּף מַה שֶּׁאָכַל קֹדֶם, אוֹכֵל כָּךְ וּמְבָרֵךְ אַחַר כָּךְ בִּרְכַּת הַמָּזוֹן. אֲבָל אִם בָּזֶה שֶׁהוּא רוֹצֶה לֶאֱכוֹל עוֹד יֵשׁ בּוֹ שִׁעוּר קְבִיעַת סְעוּדָה, צָרִיךְ לִטּוֹל יָדָיו וּלְבָרֵךְ בִּרְכַּת הַמּוֹצִיא עַל מַה שֶּׁהוּא רוֹצֶה לֶאֱכוֹל. אֲבָל בִּרְכַּת עַל הַמִּחְיָה אֵין צָרִיךְ לְבָרֵךְ עַל מַה שֶּׁאָכַל, לְפִי שֶׁיִּצְטָרֵף עִם מַה שֶּׁיֹּאכַל וְיִפָּטֵר בְּבִרְכַּת הַמָּזוֹן.

סעיף ה' עִסָּה שֶׁנִּלּוֹשָׁה בְּמַיִם וּבְלִילָתָהּ רַכָּה, אִם אֲפָאָהּ בְּתַנּוּר אוֹ אֲפִלּוּ בְּאִלְפָּס בְּלֹא מַשְׁקֶה, וַאֲפִלּוּ מָשַׁח אֶת הָאִלְפָּס בְּשֶׁמֶן, שֶׁלֹּא תִשָּׂרֵף הָעִסָּה, זֶה לֹא חָשׁוּב מַשְׁקֶה, וְדִינָהּ כְּמוֹ לֶחֶם גָּמוּר, וַאֲפִלּוּ אוֹכֵל מִמֶּנּוּ רַק כַּזַּיִת, צָרִיךְ נְטִילַת יָדַיִם וְהַמּוֹצִיא וּבִרְכַּת הַמָּזוֹן. וְאִם טִגְּנָהּ בְּמַשְׁקֶה, לָאו לֶחֶם הוּא, אֲפִלּוּ אוֹכֵל מִמֶּנָּה כְּדֵי שְׂבִיעָה. וְכֵן אוֹתָן רְקִיקִין שֶׁהֵן דַּקִּין מְאֹד שֶׁאוֹפִין בִּדְפוּס בֵּין שְׁנֵי בַּרְזִלִּין, אֵין לָהֶם דִּין לֶחֶם. וַאֲפִלּוּ אוֹכֵל מֵהֶם כְּדֵי שְׂבִיעָה, מְבָרֵךְ רַק בּוֹרֵא מִינֵי מְזוֹנוֹת, וּלְאַחֲרָיו עַל הַמִּחְיָה. וְלִפְעָמִים עוֹשִׂין עִסָּה רַכָּה מְאֹד, דְּהַיְנוּ שֶׁנּוֹתְנִים קֶמַח וּמַיִם בִּקְדֵרָה, וּמְעָרְבִין אוֹתָם בְּכַף וְשׁוֹפְכִין אוֹתָהּ עַל עֲלֵי יְרָקוֹת וְנֶאֱפֵית בְּתַנּוּר עַל הֶעָלִים, אָז יֵשׁ לוֹ דִּין פַּת הַבָּאָה בְּכִיסָנִין.

סעיף ו' עִסָּה שֶׁנִּתְבַּשְּׁלָה וְאַחַר כָּךְ נֶאֶפְתָה, כְּגוֹן כְּעָכִים (בייגיל) וְכַדּוֹמֶה, לֶחֶם גָּמוּר הוּא. וְדַוְקָא כְּשֶׁנֶּאֶפְתָה הֵיטֵב (עַיֵּן פרמ"ג סִימָן קס"ח סָעִיף א סקל"ט).

סעיף ז' לֶחֶם גָּמוּר שֶׁבִּשְּׁלוֹ אוֹ טִגְּנוֹ בְּחֶמְאָה וְכַדּוֹמֶה, אֲפִלּוּ הֶעֱבִיר מִמֶּנּוּ תֹּאַר לֶחֶם, כְּגוֹן, שֶׁטְּחוֹ בְּבֵיצִים, אִם יֵשׁ בַּפְּרוּסָה כַּזַּיִת, כָּל דִּין לֶחֶם עָלָיו. וְאִם אֵין בְּכָל פְּרוּסָה כַּזַּיִת, אַף עַל פִּי שֶׁעַל יְדֵי הַבִּשּׁוּל נִפָּחוּ וְיֵשׁ בְּכָל פְּרוּסָה כַּזַּיִת, אוֹ שֶׁנִּדְבַּק עַל יְדֵי הַבִּשּׁוּל וְנַעֲשָׂה גּוּשׁ גָּדוֹל, וַאֲפִלּוּ יֵשׁ עֲלֵיהֶם תֹּאַר לֶחֶם, מִכָּל מָקוֹם אֵין לוֹ דִּין לֶחֶם וּמְבָרְכִן עָלָיו רַק בּוֹרֵא מִינֵי מְזוֹנוֹת, וּלְאַחֲרָיו עַל הַמִּחְיָה, וַאֲפִלּוּ אָכַל כְּדֵי שְׂבִיעָה. וְאִם לֹא בִּשְּׁלָן אֶלָּא שֶׁעֵרָה עֲלֵיהֶם רֹטֶב רוֹתֵחַ, הָוֵי סְפֵק בְּרָכָה, מִשּׁוּם דִּמְסַפְּקָא לָן, אִי עֵרוּי חָשׁוּב בִּשּׁוּל לְעִנְיָן זֶה אוֹ לֹא. וְאֵין

לֶאֱכוֹל זֹאת אֶלָּא בְּתוֹךְ הַסְּעוּדָה, וְאִם לֹא בִשְּׁלָן אֶלָּא שְׁרָאָן בְּמַשְׁקִים אוֹ בְּמָרָק וְכַדּוֹמֶה, וְאֵין בַּפְּרוּסוֹת כַּזַּיִת, בָּזֶה תָּלוּי אִם יֵשׁ בָּהֶן תֹּאַר לֶחֶם אוֹ לֹא, שֶׁאִם יֵשׁ לָהֶן תֹּאַר לֶחֶם הֲוֵי לְהוּ דִּין לֶחֶם גָּמוּר. וְאִם אֵין לָהֶם תֹּאַר לֶחֶם, אֵין לָהֶם דִּין לֶחֶם. וַאֲפִלּוּ אָכַל כְּדֵי שְׂבִיעָה, מְבָרֵךְ רַק בּוֹרֵא מִינֵי מְזוֹנוֹת, וּלְאַחֲרָיו עַל הַמִּחְיָה. אִם נִשְׁתַּנָּה מַרְאֵה הַמַּשְׁקִין מֵחֲמַת הַפְּרוּסוֹת, בְּיָדוּעַ שֶׁנֶּאֱבַד מֵהֶם תֹּאַר לֶחֶם. וְכֵן אִם נִשְׁרוּ בְּיַיִן אָדֹם אֵין לָהֶם עוֹד תֹּאַר לֶחֶם.

סעיף ח' עִסָּה שֶׁנִּלּוֹשָׁה אֲפִלּוּ בְּמַיִם לְבַד וּבִשְּׁלָהּ, מְבָרֵךְ עָלָיו בּוֹרֵא מִינֵי מְזוֹנוֹת, וּלְאַחֲרֶיהָ עַל הַמִּחְיָה, אֲפִלּוּ אָכַל שִׁעוּר שְׂבִיעָה. וְכֵן גְּרִיסִין (גרויפען) שֶׁנַּעֲשִׂין מֵחֲמֵשֶׁת מִינֵי דָּגָן וּבִשְּׁלָן, מְבָרְכִין עֲלֵיהֶן גַּם כֵּן בּוֹרֵא מִינֵי מְזוֹנוֹת, וּלְאַחֲרֵיהֶן עַל הַמִּחְיָה, אֲפִלּוּ אָכַל שִׁעוּר שְׂבִיעָה. וְאִם אוֹכְלָן עִם הַמָּרָק, וְכֵן מַאַכְלֵי עִסָּה שֶׁאוֹכְלִין עִם הַמָּרָק אוֹ עִם הֶחָלָב שֶׁנִּתְבַּשְּׁלוּ בָּהּ, אֵין צְרִיכִין לְבָרֵךְ עַל הַמָּרָק וְהֶחָלָב, כִּי הֵמָּה טְפֵלִים וּבְטֵלִים לְגַבֵּיהֶן. אֲבָל אִם בִּשֵּׁל רַק מְעַט לְבִיבוֹת אוֹ גְּרִיסִין, וְעִקַּר כַּוָּנָתוֹ רַק בִּשְׁבִיל הָרֹטֶב אוֹ הֶחָלָב, בְּעִנְיָן זֶה אֵינָן בְּטֵלִין וּמְבָרֵךְ עֲלֵיהֶן שֶׁהַכֹּל. וְאַף עַל פִּי שֶׁאוֹכֵל גַּם הַלְּבִיבוֹת וְהַגְּרִיסִין, אֵין הָרֹטֶב וְהֶחָלָב בְּטֵלִין כֵּיוָן שֶׁהֵן הָעִקָּר. וּמִכָּל מָקוֹם כְּדֵי לַעֲשׂוֹת עַל צַד הַיּוֹתֵר טוֹב, רָאוּי לְבָרֵךְ תְּחִלָּה שֶׁהַכֹּל עַל הָרֹטֶב אוֹ עַל הֶחָלָב לְבַד וְלִשְׁתּוֹת קְצָת, וְאַחַר כָּךְ יְבָרֵךְ עַל הַלְּבִיבוֹת אוֹ הַגְּרִיסִין, בּוֹרֵא מִינֵי מְזוֹנוֹת (עַיֵּן מחה"ש סִימָן רה סק"ו) שֶׁגַּם הֵמָּה אֵינָן טְפֵלוֹת אַף עַל פִּי שֶׁאֵין הַכַּוָּנָה בִּשְׁבִילָן, לְפִי שֶׁמִּין דָּגָן הוּא חָשׁוּב, וְאֵינוֹ נַעֲשֶׂה טָפֵל לְהַפְסִיד בִּרְכָתוֹ, כָּל שֶׁבָּא לִתֵּן טַעַם בַּקְּדֵרָה (קסח רב רה רח).

סעיף ט' מַאֲכָלִים שֶׁעוֹשִׂים מִמַּצָּה כְּתוּשָׁה אוֹ מִלֶּחֶם מְפֹרָר, כְּגוֹן כֻּפְתָּאוֹת וּלְבִיבוֹת (קנעדעל, קרעמזיל), שֶׁמְּעָרְבִים אוֹתָן בְּשֻׁמָּן וּבֵיצִים וְחָלָב, וְגוֹבְלִין וּמְבַשְּׁלִין אוֹ מְטַגְּנִין אוֹתָן, מְבָרְכִין עֲלֵיהֶן בּוֹרֵא מִינֵי מְזוֹנוֹת וּלְאַחֲרֵיהֶן עַל הַמִּחְיָה.

סעיף י' דְּבָרִים מִמִּינֵי דָּגָן שֶׁבִּשְּׁלָן עִם שְׁאָר מִינִים, כְּמוֹ שֶׁהוּא הַדֶּרֶךְ שֶׁמְּבַשְּׁלִין פֵּרוּרֵי עִסָּה (פְּתִיתִין) (פערפל) עִם פּוֹלִין אוֹ קִטְנִיּוֹת, (אֲפוּנָה) וַאֲפִלּוּ מִין אֶחָד הוּא הָרֹב, מִכָּל מָקוֹם, כֵּיוָן שֶׁכָּל אֶחָד מֻבְדָּל בִּפְנֵי עַצְמוֹ, צָרִיךְ לְבָרֵךְ שְׁתֵּי בְּרָכוֹת, דְּהַיְנוּ שֶׁמְּבָרֵךְ תְּחִלָּה עַל קְצָת פֵּרוּרֵי עִסָּה בּוֹרֵא מִינֵי מְזוֹנוֹת וְאוֹכְלָן, וְאַחַר כָּךְ מְבָרֵךְ עַל קְצָת פּוֹלִין בּוֹרֵא פְּרִי הָאֲדָמָה וְאוֹכְלָן, וְאַחַר כָּךְ אוֹכְלָן בְּיַחַד, וְהָרֹטֶב הוּא טָפֵל וְאֵין צָרִיךְ לְבָרֵךְ עָלֶיהָ (וְעוֹד שֶׁהֲרֵי נִפְטְרָה בְּבִרְכַּת בּוֹרֵא פְּרִי הָאֲדָמָה, כִּדְלְקַמָּן סִימָן נ"ד סָעִיף ב'). אֲבָל אִם נִתְמַעֲכוּ וְנִתְעָרְבוּ יַחַד, כְּגוֹן, מַאֲכָל שֶׁעוֹשִׂין שֶׁמְּעָרְבִין קֶמַח וּבֵיצִים וּגְבִינָה וּמְטַגְּנִים אוֹ מְבַשְּׁלִים אוֹתוֹ, אַף עַל פִּי שֶׁהַקֶּמַח הוּא הַמֻּעָט, מִכָּל מָקוֹם כֵּיוָן שֶׁהוּא מֵחֲמֵשֶׁת מִינֵי דָּגָן, הוּא חָשׁוּב וּמְבָרְכִין עָלָיו בּוֹרֵא מִינֵי מְזוֹנוֹת, וְאַחֲרָיו עַל הַמִּחְיָה. וְאָמְנָם דַּוְקָא כְּשֶׁנּוֹתְנִים אֶת הַקֶּמַח בִּשְׁבִיל שֶׁיִּתֵּן טַעַם. אֲבָל אִם לוֹקְחִין רַק מְעַט קֶמַח לְדֶבֶק בְּעָלְמָא, כְּמוֹ שֶׁהוּא הַדֶּרֶךְ שֶׁמְּתַקְּנִין מִינֵי לְפָתָן בִּמְעַט קֶמַח, וְכֵן אוֹפִין מַעֲשֵׂה אוֹפֶה מִשְּׁקֵדִים וְסֻכָּר וּבֵיצִים, וְנוֹתְנִים בּוֹ רַק מְעַט קֶמַח

לְדָבֵק בְּעָלְמָא, אָז בָּטֵל הַקֶּמַח וְאֵין מְבָרְכִין רַק עַל הָעִקָּר. וְכֵן רֹטֶב שֶׁמְּבַשְּׁלִין וּמְתַקְּנִין אוֹתָהּ עִם קְצָת קֶמַח קָלוּי וּמְטֻגָּן בְּחֶמְאָה, אֵין מְבָרְכִין עַל הָרֹטֶב כִּי אִם שֶׁהַכֹּל. אֲבָל אִם הוּא בּוֹרֵר אֶת הַפֵּרוּרִים הַמְטֻגָּנִים וְאוֹכְלָן בִּפְנֵי עַצְמָן, צָרִיךְ לְבָרֵךְ עֲלֵיהֶם בּוֹרֵא מִינֵי מְזוֹנוֹת. וְאִם אוֹכֵל מֵהֶם כַּזַּיִת, צָרִיךְ לְבָרֵךְ אַחֲרֵיהֶן עַל הַמִּחְיָה (ר"ד ר"ה ר"ח).

סימן מט - דיני ברכת היין וברכת הטוב והמטיב ובו ט"ז סעיפים:

סעיף א' עַל הַיַּיִן מְבָרְכִין בּוֹרֵא פְּרִי הַגָּפֶן, וּלְאַחֲרָיו עַל הַגֶּפֶן וְכוּ'. וְאֵין חִלּוּק בְּיַיִן, אֲפִלּוּ הוּא עֲדַיִן תּוֹסֵס, וַאֲפִלּוּ זָב מֵעַצְמוֹ, וַאֲפִלּוּ יַיִן מְבֻשָּׁל אוֹ קוֹנְדִּיטִין, דְּהַיְנוּ שֶׁנָּתְנוּ לְתוֹכוֹ דְּבַשׁ וּבְשָׂמִים אוֹ לַעֲנָה שֶׁהוּא מַר, אֲפִלּוּ הַיַּיִן מֵרִיחַ כְּחֹמֶץ, כֵּיוָן שֶׁיֵּשׁ לוֹ טַעַם יַיִן הָוֵי יַיִן לְעִנְיַן בְּרָכָה. אֲבָל אִם נִתְחַמֵּץ בְּעִנְיָן שֶׁיֵּשׁ בְּנֵי אָדָם שֶׁנִּמְנָעִין לִשְׁתּוֹתוֹ מִפְּנֵי חֲמִיצוּתוֹ, יֵשׁ סָפֵק בְּבִרְכָתוֹ (וְאַף שֶׁיָּכוֹל לְבָרֵךְ בִּתְחִלָּתוֹ שֶׁהַכֹּל, עֲדַיִן יֵשׁ סָפֵק בִּבְרָכָה אַחֲרוֹנָה). וְלָכֵן אֵין לִשְׁתּוֹתוֹ אֶלָּא אִם כֵּן יְבָרֵךְ תְּחִלָּה עַל יַיִן טוֹב (דִּין יַיִן צִמּוּקִים עַיֵּן לְקַמָּן סוֹף סִימָן נ"ג).

סעיף ב' הַחַרְצַנִּים שֶׁהוֹצִיאוּ מֵהֶם הַיַּיִן רַק עַל יְדֵי דְּרִיכָה וְלֹא נֶעֶצְרוּ בְּבֵית הַבַּד, אִם נָתְנוּ עֲלֵיהֶם מַיִם, אֲפִלּוּ לֹא מָצְאוּ יוֹתֵר מִמַּה שֶּׁנָּתְנוּ, אוֹ אֲפִלּוּ מָצְאוּ פָּחוֹת, מִכָּל מָקוֹם אִם טַעְמוֹ יַיִן מְבָרְכִין עָלָיו בּוֹרֵא פְּרִי הַגָּפֶן. אֲבָל אִם נֶעֶצְרוּ הַחַרְצַנִּים בְּבֵית הַבַּד וְאַחַר כָּךְ נָתְנוּ עֲלֵיהֶם מַיִם אוֹ שֶׁנָּתְנוּ מַיִם עַל שְׁמָרֵי יַיִן, אֵינוֹ אֶלָּא כְּמַיִם.

סעיף ג' יַיִן שֶׁנִּתְעָרֵב בְּמַיִם, אִם אֵין בַּיַּיִן אֶלָּא אֶחָד מִשִּׁשָּׁה חֲלָקִים שֶׁבַּמַּיִם, וַדַּאי בָּטֵל הַיַּיִן וְאֵינוֹ רַק כְּמַיִם. וְאִם יֵשׁ בּוֹ יַיִן יוֹתֵר, אִם דֶּרֶךְ אַנְשֵׁי הַמָּקוֹם לִמְזֹג אוֹתוֹ כָּל כָּךְ וְלִשְׁתּוֹתוֹ בִּמְקוֹם יַיִן, מְבָרֵךְ עָלָיו בּוֹרֵא פְּרִי הַגָּפֶן וּלְאַחֲרָיו עַל הַגֶּפֶן. וְאִם לֹא, בְּטֵלָה דַּעְתּוֹ (ר"ד).

סעיף ד' כְּשֵׁם שֶׁהַפַּת אִם קָבַע עָלָיו פּוֹטֵר כָּל מִינֵי מַאֲכָל, כָּךְ הַיַּיִן אִם קוֹבֵעַ עַצְמוֹ לִשְׁתּוֹת יַיִן, פּוֹטֵר שְׁאָר מַשְׁקִין מִבְּרָכָה רִאשׁוֹנָה וּמִבְּרָכָה אַחֲרוֹנָה. וְדַוְקָא אִם הַמַּשְׁקִין הָיוּ עוֹמְדִין לְפָנָיו בְּשָׁעָה שֶׁבֵּרַךְ עַל הַיַּיִן אוֹ שֶׁהָיָה עַל כָּל פָּנִים בְּדַעְתּוֹ לִשְׁתּוֹת אוֹתָן מַשְׁקִים. אֲבָל אִם לֹא הָיָה לְפָנָיו וְלֹא הָיְתָה דַּעְתּוֹ עֲלֵיהֶן, הָוֵי סָפֵק אִם צָרִיךְ לְבָרֵךְ עֲלֵיהֶן אוֹ לֹא. עַל כֵּן, יִמְנַע אֶת עַצְמוֹ מֵהֶם עַד לְאַחַר שֶׁיְּבָרֵךְ בְּרָכָה אַחֲרוֹנָה עַל הַיַּיִן, אוֹ שֶׁיְּבָרֵךְ עַל אֵיזֶה דְּבַר מַאֲכָל שֶׁהַכֹּל וִיכַוֵּן לִפְטוֹר גַּם אֶת הַמַּשְׁקִין.

סעיף ה' אִם לֹא קָבַע אֶת עַצְמוֹ לִשְׁתּוֹת יַיִן, אֶלָּא שֶׁתָה דֶּרֶךְ אֲרָעִי, וְגַם לֹא הָיְתָה דַּעְתּוֹ לִשְׁתּוֹת מַשְׁקִים אֲחֵרִים, אָז וַדַּאי צָרִיךְ לְבָרֵךְ בְּרָכָה רִאשׁוֹנָה עַל מַשְׁקִים אֲחֵרִים, אֶלָּא דְּאִכַּתִּי אִכָּא סָפֵק בִּבְרָכָה אַחֲרוֹנָה אִם נִפְטְרָה בְּבִרְכַּת עַל הַגֶּפֶן שֶׁיְּבָרֵךְ עַל הַיַּיִן אוֹ לֹא. עַל כֵּן יֵשׁ לֶאֱכוֹל אֵיזֶה פְּרִי שֶׁיְּבָרֵךְ אַחֲרָיו בּוֹרֵא נְפָשׁוֹת רַבּוֹת לִפְטוֹר גַּם אֶת הַמַּשְׁקִין.

סעיף ו' הַמְקַדֵּשׁ עַל הַיַּיִן וְדַעְתּוֹ לִשְׁתּוֹת יַיִן שָׂרָף אוֹ קָאפֶע, יֵשׁ סָפֵק אִם נִפְטְרוּ בִּבְרָכָה שֶׁעַל הַיַּיִן אוֹ לֹא עַל כֵּן יֵשׁ לוֹ לְכַוֵּן שֶׁלֹּא לְפָטְרָם. וְאַף עַל פִּי כֵן יְבָרֵךְ עַל

מְעַט סֵכֶר שֶׁהַכֹּל לִפְטוֹר גַּם אֶת הַמַּשְׁקִין.

סעיף ז' כְּשֶׁמְּבָרֵךְ עַל הַיַּיִן בְּתוֹךְ הַסְּעוּדָה, וְיֵשׁ שָׁם גַּם אֲנָשִׁים אֲחֵרִים, יֹאמַר: סַבְרֵי רַבּוֹתַי, רְצוֹנוֹ לוֹמַר, תְּנוּ דַּעְתְּכֶם לִשְׁמֹעַ, כְּדֵי שֶׁיַּפְסִיקוּ מֵאֲכִילָתָן לִשְׁמֹעַ הַבְּרָכָה.

סעיף ח' שָׁתוּ מִיַּיִן אֶחָד, בֵּין בְּתוֹךְ הַסְּעוּדָה בֵּין שֶׁלֹּא בְּתוֹךְ הַסְּעוּדָה וְהֵבִיאוּ לָהֶם יַיִן אַחֵר, אֵינוֹ מְבָרֵךְ עָלָיו בּוֹרֵא פְּרִי הַגָּפֶן, כֵּיוָן שֶׁלֹּא נִמְלַךְ וְלֹא אַסַּח דַּעְתֵּהּ מִיַּיִן, אֲבָל מְבָרֵךְ עָלָיו הַטּוֹב וְהַמֵּטִיב. וְכֵן אִם הֵבִיאוּ לָהֶם עוֹד יַיִן שְׁלִישִׁי, מְבָרְכִין גַּם כֵּן עָלָיו הַטּוֹב וְהַמֵּטִיב. וְכֵן עַל הַרְבֵּה (מֵעֻבְדָּא דְּרַבִּי עַל כָּל חָבִית וְחָבִית שֶׁהָיָה פּוֹתֵחַ הָיָה מְבָרֵךְ הַטּוֹב וְהַמֵּטִיב) (יְרוּשַׁלְמִי ברכות סוף פרק כיצד מברכין).

סעיף ט' וְאִם הָיָה נִמְלַךְ מַמָּשׁ בְּאֹפֶן שֶׁצָּרִיךְ לְבָרֵךְ שֵׁנִית בּוֹרֵא פְּרִי הַגָּפֶן (עַיֵּן לְקַמָּן סִימָן נ"ז), מְבָרֵךְ תְּחִלָּה הַטּוֹב וְהַמֵּטִיב וְאַחַר כָּךְ בּוֹרֵא פְּרִי הַגָּפֶן.

סעיף י' הָא דִּמְבָרְכִין הַטּוֹב וְהַמֵּטִיב, דַּוְקָא בִּסְתָם, שֶׁאֵינוֹ יָדוּעַ שֶׁהַשֵּׁנִי גָּרוּעַ מִן הָרִאשׁוֹן, אַף עַל פִּי שֶׁאֵינוֹ יָדוּעַ אִם מְשֻׁבָּח מִן הָרִאשׁוֹן. אֲבָל אִם יָדוּעַ שֶׁהוּא גָּרוּעַ מִן הָרִאשׁוֹן, אֵין מְבָרְכִין עָלָיו. אַךְ כְּשֶׁהוּא בָּרִיא לַגּוּף יוֹתֵר מִן הָרִאשׁוֹן, אַף עַל פִּי שֶׁהוּא גָּרוּעַ בַּטַּעַם, מְבָרְכִין עָלָיו הַטּוֹב וְהַמֵּטִיב.

סעיף יא' אֲפִלּוּ הָיָה לָהֶם מִתְּחִלָּה שְׁתֵּי יֵינוֹת, אֶלָּא שֶׁלֹּא הָיָה לְפָנָיו יַחַד כְּשֶׁבֵּרַךְ בּוֹרֵא פְּרִי הַגָּפֶן, מְבָרֵךְ עַל הַשֵּׁנִי הַמְשֻׁבָּח הַטּוֹב וְהַמֵּטִיב. אֲבָל אִם הָיוּ שְׁנֵיהֶן לְפָנָיו עַל הַשֻּׁלְחָן, אֵינוֹ מְבָרֵךְ הַטּוֹב וְהַמֵּטִיב, אֶלָּא בּוֹרֵא פְּרִי הַגָּפֶן מְבָרֵךְ עַל הַמְשֻׁבָּח לִפְטוֹר גַּם אֶת הַגָּרוּעַ.

סעיף יב' אֵין מְבָרְכִין הַטּוֹב וְהַמֵּטִיב אֶלָּא אִם יֵשׁ עוֹד מִן הַיַּיִן הָרִאשׁוֹן וְרוֹצִים לִשְׁתּוֹת אֶת הַשֵּׁנִי מִשּׁוּם שִׁנּוּי יַיִן. אֲבָל אִם מֵחֲמַת שֶׁהַיַּיִן הָרִאשׁוֹן כָּלָה מְבִיאִין אֶת הַשֵּׁנִי, אֵין מְבָרְכִין עָלָיו.

סעיף יג' אֵין מְבָרְכִין הַטּוֹב וְהַמֵּטִיב אֶלָּא כְּשֶׁיֵּשׁ אַחֵר עִמּוֹ שֶׁהוּא שׁוֹתֶה גַּם כֵּן מִשְּׁתֵּי הַיֵּינוֹת. דְּהָכִי מַשְׁמַע, הַטּוֹב לוֹ וְהַמֵּטִיב, לַחֲבֵרוֹ. וְהוּא הַדִּין אִם אִשְׁתּוֹ וּבָנָיו עִמּוֹ. אֲבָל אִם הוּא יְחִידִי, אֵינוֹ מְבָרֵךְ.

סעיף יד' הָאוֹרֵחַ שֶׁמֵּסֵב אֵצֶל בַּעַל הַבַּיִת, אִם בַּעַל הַבַּיִת נוֹתֵן אֶת הַקַּנְקַן עַל הַשֻּׁלְחָן שֶׁיִּשְׁתֶּה מִי שֶׁיִּרְצֶה, כְּמוֹ שֶׁעוֹשִׂין בִּסְעוּדּוֹת גְּדוֹלוֹת, אִם כֵּן, הַיַּיִן הוּא כְּמוֹ בְּשֻׁתָּפוּת וּמְבָרְכִין הַטּוֹב וְהַמֵּטִיב. אֲבָל אִם הַבַּעַל הַבַּיִת נוֹתֵן לְכָל אֶחָד כּוֹסוֹ, אֵין מְבָרְכִין הַטּוֹב וְהַמֵּטִיב, כֵּיוָן שֶׁאֵין לָהֶם שֻׁתָּפוּת בְּיַיִן. וַאֲפִלּוּ הַבַּעַל הַבַּיִת אֵינוֹ מְבָרֵךְ (קע"ה).

סעיף טו' אֶחָד יָכוֹל לְבָרֵךְ לְהוֹצִיא אֶת כֻּלָּם, וְיֹאמַר תְּחִלָּה: סַבְרֵי וְכוּ' שֶׁיִּתְּנוּ לֵב לִשְׁמֹעַ וְיַעֲנוּ אָמֵן שֶׁיֵּצְאוּ בְּבִרְכָתוֹ. וְדַוְקָא כְּשֶׁיֵּשׁ לְכָל אֶחָד כּוֹסוֹ לְפָנָיו שֶׁיִּטְעֹם מִיָּד, שֶׁלֹּא יְהֵא הֶפְסֵק בֵּין הַבְּרָכָה לִשְׁתִיָּה.

סעיף טז' אִם מְבָרֵךְ בִּרְכַּת הַמָּזוֹן עַל

כּוֹס יַיִן אַחֵר, אֵינוֹ צָרִיךְ לְבָרֵךְ עָלָיו הַטּוֹב וְהַמֵּטִיב, שֶׁהוּא יוֹצֵא בְּמַה שֶּׁאָמַר בְּבִרְכַּת הַמָּזוֹן הַטּוֹב וְהַמֵּטִיב (קע"ה).

סימן נ - כללים בברכה ראשונה מברכת הנהנין ובו ט"ז סעיפים:

סעיף א' כְּתִיב לַה' הָאָרֶץ וּמְלוֹאָהּ, שֶׁהַכֹּל הוּא כְּמוֹ הֶקְדֵּשׁ, וּכְמוֹ שֶׁאָסוּר לֵהָנוֹת מִן הַהֶקְדֵּשׁ עַד לְאַחַר הַפִּדְיוֹן, וְהַנֶּהֱנֶה מִן הַהֶקְדֵּשׁ בְּלֹא פִּדְיוֹן מָעַל, כְּמוֹ כֵן אָסוּר לֵהָנוֹת מִן הָעוֹלָם הַזֶּה בְּלֹא בְּרָכָה, וְהַבְּרָכָה הוּא הַפִּדְיוֹן. וְהַנֶּהֱנֶה בְּלֹא בְּרָכָה, כְּאִלּוּ מָעַל בְּקָדְשֵׁי ה' יִתְבָּרֵךְ שְׁמוֹ. וְאֵין שִׁעוּר לִבְרָכָה רִאשׁוֹנָה, שֶׁאֲפִלּוּ אוֹכֵל אוֹ שׁוֹתֶה כָּל שֶׁהוּא, חַיָּב לְבָרֵךְ בְּרָכָה רִאשׁוֹנָה.

סעיף ב' אַף עַל פִּי שֶׁבְּדִיעֲבַד אִם טָעָה וּבֵרֵךְ שֶׁהַכֹּל עַל כָּל דָּבָר, אֲפִלּוּ עַל פַּת אוֹ יַיִן יָצָא (כִּדְלְקַמָּן סִימָן נ"ו), לְכַתְּחִלָּה אָסוּר לַעֲשׂוֹת כֵּן, אֶלָּא צָרִיךְ לִלְמֹד לְהָבִין אֵיזֶה בְּרָכָה יְבָרֵךְ עַל כָּל מִין וּמִין. וְאַף בְּדָבָר שֶׁאִי אֶפְשָׁר לְבָרֵר מֵאֵיזֶה מִין הוּא, אוֹ שֶׁנִּסְתַּפְּקוּ הַפּוֹסְקִים וְאִי אֶפְשָׁר לְהַכְרִיעַ, אָז יוֹצְאִין בְּבִרְכַּת שֶׁהַכֹּל. וְאִם הוּא דָּבָר שֶׁיָּכוֹל לְפָטְרוֹ בְּתוֹךְ הַסְּעוּדָה עָדִיף טְפֵי.

סעיף ג' הַדָּבָר שֶׁמְּבָרְכִין לְאָכְלוֹ אוֹ לִשְׁתּוֹתוֹ אוֹ לְהָרִיחַ בּוֹ אוֹ לַעֲשׂוֹת בּוֹ מִצְוָה, צָרִיךְ שֶׁיִּקַּח אוֹתוֹ קֹדֶם הַבְּרָכָה בְּיַד יְמִינוֹ, וִיכַוֵּן אֵיזֶה בְּרָכָה הוּא צָרִיךְ לְבָרֵךְ עָלָיו, כְּדֵי שֶׁכְּשֶׁיַּזְכִּיר אֶת הַשֵּׁם שֶׁהוּא עִקַּר הַבְּרָכָה, יֵדַע מַה שֶּׁיְּסַיֵּם וִיבָרֵךְ. וְאִם לֹא אֲחָזוֹ כְּלָל, אֶלָּא שֶׁהָיָה לְפָנָיו כְּשֶׁבֵּרֵךְ עָלָיו, יָצָא. אֲבָל אִם לֹא הָיָה לְפָנָיו כְּלָל כְּשֶׁבֵּרֵךְ, אֶלָּא שֶׁהֵבִיאוּ לוֹ אַחַר כָּךְ, אַף עַל פִּי שֶׁבִּשְׁעַת הַבְּרָכָה הָיְתָה דַּעְתּוֹ עָלָיו, לֹא יָצָא וְצָרִיךְ לְבָרֵךְ שֵׁנִית.

סעיף ד' נָטַל בְּיָדוֹ פְּרִי לְאָכְלוֹ וּבֵרֵךְ עָלָיו וְנָפַל מִיָּדוֹ וְנֶאֱבַד אוֹ נִמְאַס עַד שֶׁאֵינוֹ רָאוּי לַאֲכִילָה, וְכֵן אִם בֵּרֵךְ עַל כּוֹס מַשְׁקֶה וְנִשְׁפַּךְ הַכּוֹס, אִם יֵשׁ לְפָנָיו עוֹד מִמִּין זֶה וְגַם דַּעְתּוֹ הָיְתָה לֶאֱכוֹל אוֹ לִשְׁתּוֹת יוֹתֵר מִמַּה שֶּׁלָּקַח בְּיָדוֹ, וְאִם כֵּן הָיְתָה הַבְּרָכָה גַּם עַל הַנִּשְׁאָר, וְאֵינוֹ צָרִיךְ לְבָרֵךְ שֵׁנִית. אֲבָל בִּסְתָם, לֹא חָלָה הַבְּרָכָה, רַק עַל מַה שֶּׁהָיָה בְּיָדוֹ, וְצָרִיךְ לְבָרֵךְ שֵׁנִית. וְכֵן אֲפִלּוּ אִם הָיְתָה דַּעְתּוֹ לֶאֱכוֹל אוֹ לִשְׁתּוֹת יוֹתֵר, אֶלָּא שֶׁלֹּא הָיָה לְפָנָיו בִּשְׁעַת הַבְּרָכָה, וְהוּבָא לוֹ עַתָּה, צָרִיךְ לְבָרֵךְ שֵׁנִית, אֲפִלּוּ בְּעִנְיָן שֶׁאִם הָיָה אוֹכֵל אוֹ שׁוֹתֶה אֶת הָרִאשׁוֹן, לֹא הָיָה צָרִיךְ לְבָרֵךְ עַל זֶה שֶׁהוּבָא לוֹ, הָכָא שָׁאנֵי.

סעיף ה' צָרִיךְ שֶׁלֹּא יַפְסִיק יוֹתֵר מִכְּדֵי דִבּוּר בֵּין הַבְּרָכָה לַאֲכִילָה. וַאֲפִלּוּ בִּשְׁעַת לְעִיסָה, אָסוּר לְהַפְסִיק עַד שֶׁיִּבְלַע, (דְּהָא עַל הַלְּעִיסָה אֵינוֹ צָרִיךְ בְּרָכָה כִּדְלְקַמָּן סָעִיף ז'). וְאִם הִפְסִיק בְּדִבּוּר בֵּין הַבְּרָכָה לַאֲכִילָה שֶׁלֹּא מֵעִנְיַן הָאֲכִילָה, צָרִיךְ לַחֲזוֹר וּלְבָרֵךְ. אֲבָל אִם שָׁהָה בִּשְׁתִיקָה, אֵינוֹ צָרִיךְ לַחֲזוֹר וּלְבָרֵךְ. וּשְׁהִיָּה שֶׁהִיא לְצֹרֶךְ הָאֲכִילָה, לֹא חָשִׁיב הֶפְסֵק כְּלָל. וְלָכֵן כְּשֶׁרוֹצֶה לֶאֱכוֹל פְּרִי גָּדוֹל וְלַחְתּוֹךְ מִמֶּנּוּ חֲתִיכוֹת, יְבָרֵךְ כְּשֶׁהַפְּרִי שָׁלֵם, מִשּׁוּם דְּמִצְוָה לְבָרֵךְ עַל הַשָּׁלֵם, וְהַשְּׁהִיָּה לֹא הָוֵי הֶפְסֵק, מִשּׁוּם שֶׁהוּא לְצֹרֶךְ הָאֲכִילָה. אַךְ כְּשֶׁרוֹצֶה לֶאֱכֹל אֵיזֶה פְּרִי וְאֵין לוֹ יוֹתֵר, וְיֵשׁ לָחוּשׁ שֶׁמָּא פְּרִי זֶה מְתֻלָּע שֶׁאֵינוֹ רָאוּי

לַאֲכִילָה, יִפְתָּחֵנּוּ וְיִבְדְּקֵנּוּ קֹדֶם הַבְּרָכָה (ר"ב ר"ו).

סעיף ו' הַשּׁוֹתֶה מַיִם וְשׁוֹפֵךְ מְעַט קֹדֶם שְׁתִיָּתוֹ מִשּׁוּם חֲשַׁשׁ מַיִם הָרָעִים, יִשְׁפֹּךְ קֹדֶם שֶׁיַּתְחִיל לְבָרֵךְ וְלֹא אַחַר הַבְּרָכָה, מִשּׁוּם בִּזָּיוֹן הַבְּרָכָה (ר"ו).

סעיף ז' הַטּוֹעֵם אֶת הַתַּבְשִׁיל אִם צָרִיךְ מֶלַח וְכַיּוֹצֵא בּוֹ וּפוֹלֵט, אֵינוֹ צָרִיךְ לְבָרֵךְ. אֲבָל אִם בּוֹלֵעַ, יֵשׁ סָפֵק, אִם צָרִיךְ לְבָרֵךְ כֵּיוָן שֶׁהוּא בּוֹלֵעַ אוֹ אֵינוֹ צָרִיךְ לְבָרֵךְ כֵּיוָן שֶׁאֵין כַּוָּנָתוֹ לַאֲכִילָה, וְלָכֵן יִזָּהֵר שֶׁיְּכַוֵּן לֵהָנוֹת מִמֶּנּוּ בְּתוֹרַת אֲכִילָה וִיבָרֵךְ עָלָיו וְיִבְלַע (ר"י).

סעיף ח' הָאוֹכֵל אוֹ שׁוֹתֶה לִרְפוּאָה, אִם הוּא דָּבָר מְטֹעָם וְנֶהֱנֶה מִמֶּנּוּ, מְבָרֵךְ עָלָיו לְפָנָיו וּלְאַחֲרָיו בְּרָכָה הָרְאוּיָה לוֹ, וַאֲפִלּוּ הוּא דְּבַר אִסּוּר, כֵּיוָן שֶׁהַתּוֹרָה הִתִּירָה לוֹ עַתָּה, צָרִיךְ הוּא לְבָרֵךְ עָלָיו. וְאִם הוּא דָּבָר מַר, שֶׁאֵינוֹ נֶהֱנֶה מִמֶּנּוּ, אֵינוֹ מְבָרֵךְ עָלָיו. הַשּׁוֹתֶה בֵּיצָה חַיָּה לְצַחְצֵחַ קוֹלוֹ, אַף שֶׁאֵינוֹ נֶהֱנֶה מִטַּעְמוֹ, נֶהֱנֶה הוּא מִמְּזוֹנָהּ, דְּמֵיזָן זַיִן וּמְבָרֵךְ עָלֶיהָ.

סעיף ט'

נִכְנַס לוֹ דָּבָר בִּגְרוֹנוֹ וְשׁוֹתֶה מַשְׁקִין אוֹ אוֹכֵל חֲתִיכַת פַּת לְבָלְעוֹ אוֹ שְׁאָר דָּבָר שֶׁנֶּהֱנֶה מִמֶּנּוּ, צָרִיךְ לְבָרֵךְ עָלָיו לְפָנָיו וּלְאַחֲרָיו. אֲבָל אִם שׁוֹתֶה מַיִם שֶׁלֹּא לִצְמָאוֹ, אֶלָּא כְּדֵי לְהַבְלִיעַ מַה שֶּׁנִּכְנַס לוֹ בִּגְרוֹנוֹ, אוֹ לְצֹרֶךְ אַחֵר, לֹא יְבָרֵךְ, לְפִי שֶׁאֵין הֲנָאָה לָאָדָם בִּשְׁתִיַּת הַמַּיִם אֶלָּא כְּשֶׁהוּא שׁוֹתֶה לִצְמָאוֹ.

סעיף י' שָׁכַח וְהִכְנִיס אוֹכְלִין לְתוֹךְ פִּיו בְּלֹא בְּרָכָה, אִם הוּא דָּבָר שֶׁאַף אִם יַפְלִיטוֹ לֹא יְהֵא נִמְאָס, יַפְלִיטוֹ לְתוֹךְ יָדוֹ וִיבָרֵךְ עָלָיו. וְלֹא יְבָרֵךְ עָלָיו בְּעוֹדוֹ בְּפִיו, מִשּׁוּם דִּכְתִיב יִמָּלֵא פִי תְּהִלָּתֶךָ. וְאִם הוּא דָּבָר שֶׁאִם יַפְלִיטוֹ יְהֵא נִמְאָס, כֵּיוָן דְּאָסוּר לְאַבֵּד אוֹכְלִין, מְסַלְּקוֹ בְּפִיו לְצַד אֶחָד וּמְבָרֵךְ עָלָיו. וְאִם אֵרַע לוֹ כֵּן בְּמַשְׁקִין, שֶׁאִי אֶפְשָׁר לוֹ לְסַלְּקָן לְצַד אֶחָד, אָזַי אִם יֵשׁ לוֹ עוֹד מַשְׁקִין, יִפְלֹט אֵלּוּ לְאִבּוּד. וְאִם אֵין לוֹ יוֹתֵר וְהוּא דָּחוּק עַל זֶה הַמְּעַט שֶׁבְּתוֹךְ פִּיו, בּוֹלְעָן וִיבָרֵךְ אַחַר כָּךְ בְּרָכָה רִאשׁוֹנָה (דְּכֵיוָן דְּנִזְכַּר בְּעוֹדוֹ בְּפִיו, דּוֹמֶה קְצָת לְעוֹבֵר לַעֲשִׂיָּתוֹ), אֲבָל בְּרָכָה אַחֲרוֹנָה לֹא יְבָרֵךְ. אַךְ אִם הוּא יַיִן וְשָׁתָה רְבִיעִית, יְבָרֵךְ גַּם בְּרָכָה אַחֲרוֹנָה (קע"ב).

סעיף יא' הָיוּ לְפָנָיו שְׁנֵי מִינִים שֶׁבִּרְכוֹתֵיהֶם שָׁווֹת, כְּגוֹן אֱגוֹז וְתַפּוּחַ, שֶׁיָּכוֹל לְבָרֵךְ עַל אֶחָד וְלִפְטוֹר גַּם הַשֵּׁנִי, חַיָּב לַעֲשׂוֹת כֵּן, וְאָסוּר לוֹ לְבָרֵךְ עַל אֶחָד בְּכַוָּנָה שֶׁלֹּא לִפְטוֹר אֶת הַשֵּׁנִי כְּדֵי לְבָרֵךְ גַּם עָלָיו בִּפְנֵי עַצְמוֹ, מִשּׁוּם דְּאָסוּר לִגְרֹם בְּרָכָה שֶׁאֵינָהּ צְרִיכָה. וִיבָרֵךְ עַל הַיּוֹתֵר חָשׁוּב (כִּדְלְקַמָּן סִימָן נ"ה) וְנִפְטָר הַשֵּׁנִי, אַף עַל פִּי שֶׁלֹּא הָיְתָה כַּוָּנָתוֹ לְפָטְרוֹ. אֲבָל אִם בֵּרַךְ עַל זֶה שֶׁאֵינוֹ חָשׁוּב, אֵינוֹ נִפְטָר הֶחָשׁוּב אֶלָּא אִם כֵּן הָיָה דַּעְתּוֹ לְפָטְרוֹ. אֲבָל אִם בֵּרֵךְ בִּסְתָם, צָרִיךְ לַחֲזוֹר וּלְבָרֵךְ עַל הֶחָשׁוּב, דְּאֵינוֹ בַּדִּין שֶׁיִּפְטוֹר שֶׁאֵינוֹ חָשׁוּב לֶחָשׁוּב דֶּרֶךְ גְּרָרָא (רי"א רט"ו).

סעיף יב' אֲבָל אִם הֵם שְׁנֵי מִינִים, כְּגוֹן פְּרִי הָעֵץ וּפְרִי הָאֲדָמָה אוֹ דָּבָר שֶׁבִּרְכָתוֹ שֶׁהַכֹּל, אַף עַל גַּב דִּבְדִיעֲבַד

אִם בֵּרֵךְ עַל כֻּלָּם שֶׁהַכֹּל, אוֹ שֶׁבֵּרֵךְ עַל פְּרִי הָעֵץ בּוֹרֵא פְּרִי הָאֲדָמָה יָצָא, מִכָּל מָקוֹם, לְכַתְּחִלָּה אָסוּר לַעֲשׂוֹת כֵּן, אֶלָּא יְבָרֵךְ עַל כָּל אֶחָד וְאֶחָד בְּרָכָה הַמְיֻחֶדֶת לוֹ, וּבִרְכַּת בּוֹרֵא פְּרִי הָעֵץ קוֹדֶמֶת (עַיֵּן לְקַמָּן סִימָן נ"ה סָעִיף ד'). וַאֲפִלּוּ יֵשׁ לְפָנָיו יַיִן וַעֲנָבִים, וְרוֹצֶה לִשְׁתּוֹת יַיִן קֹדֶם וּמְבָרֵךְ בּוֹרֵא פְּרִי הַגָּפֶן, אַף עַל פִּי שֶׁאִם הוּא מִתְכַּוֵּן לִפְטוֹר בִּבְרָכָה זוֹ גַּם הָעֲנָבִים יָכוֹל לְפָטְרָן, מִכָּל מָקוֹם לְכַתְּחִלָּה לֹא יַעֲשֶׂה כֵּן, אֶלָּא יְכַוֵּן שֶׁלֹּא לִפְטוֹר אֶת הָעֲנָבִים, כְּדֵי לְבָרֵךְ גַּם עֲלֵיהֶם בְּרָכָה הַמְתֻקֶּנֶת, שֶׁהִיא בּוֹרֵא פְּרִי הָעֵץ.

סעיף יג' בְּכָל הַדְּבָרִים, חוּץ מִן הַפַּת (שֶׁנִּתְבָּאֵר דִּינוֹ בְּסִימָן מ"ב סָעִיף י"ט, כ', כ"א) אִם שִׁנָּה מְקוֹמוֹ, אַף עַל פִּי שֶׁלֹּא הֵסִיחַ דַּעְתּוֹ, נֶחְשָׁב כְּמוֹ הֶסַּח הַדַּעַת, וְלָכֵן מִי שֶׁאוֹכֵל אוֹ שׁוֹתֶה בְּחֶדֶר אֶחָד וְאַחַר כָּךְ הוֹלֵךְ לְחֶדֶר אַחֵר לִגְמוֹר שָׁם אֲכִילָתוֹ וּשְׁתִיָּתוֹ, אֲפִלּוּ מִמִּין הָרִאשׁוֹן. וַאֲפִלּוּ אוֹחֵז בְּיָדוֹ אֶת הַמַּאֲכָל אוֹ הַמַּשְׁקֶה וְנוֹשְׂאוֹ אֶל הַחֶדֶר הָאַחֵר, מִכָּל מָקוֹם צָרִיךְ לְבָרֵךְ עָלָיו שָׁם מֵחָדָשׁ בְּרָכָה רִאשׁוֹנָה. אֲבָל בְּרָכָה אַחֲרוֹנָה עַל מַה שֶּׁאָכַל תְּחִלָּה, אֵינוֹ צָרִיךְ, כִּי הַבְּרָכָה שֶׁיְּבָרֵךְ בַּסּוֹף, תַּעֲלֶה לִשְׁנֵיהֶם.

סעיף יד' וְכֵן אִם הָלַךְ לַחוּץ וְאַחַר כָּךְ חוֹזֵר לִמְקוֹמוֹ לִגְמֹר אֲכִילָתוֹ, צָרִיךְ לְבָרֵךְ מֵחָדָשׁ בְּרָכָה רִאשׁוֹנָה. בַּמֶּה דְּבָרִים אֲמוּרִים, כְּשֶׁהוּא אוֹכֵל לְבַדּוֹ, אוֹ כְּשֶׁהוּא אוֹכֵל עִם אֲחֵרִים וְכֻלָּם שִׁנּוּ אֶת מְקוֹמָם. אֲבָל אִם אֶחָד נִשְׁאַר עַל מְקוֹמוֹ, אֲזַי גַּם אֵלּוּ שֶׁהָלְכוּ, כֵּיוָן שֶׁדַּעְתָּם לַחֲזוֹר לְכָאן אֶל זֶה שֶׁנִּשְׁאַר כָּאן, וְלִגְמוֹר כָּאן אֲכִילָתָן, לָכֵן כְּשֶׁחוֹזְרִין וְאוֹכְלִין אוֹ שׁוֹתִין, אֵינָן צְרִיכִין לְבָרֵךְ מֵחָדָשׁ, דְּכֵיוָן שֶׁנִּשְׁאַר כָּאן אֶחָד, לֹא נִתְבַּטְּלָה הַקְּבִיעוּת, וְכֻלָּם חוֹזְרִין לִקְבִיעוּתָן, וְנֶחְשָׁב הַכֹּל כִּסְעוּדָה אַחַת.

סעיף טו' בְּחֶדֶר אֶחָד מִפִּנָּה לְפִנָּה, אַף עַל פִּי שֶׁהַחֶדֶר גָּדוֹל מְאֹד, לֹא הֲוֵי שִׁנּוּי מָקוֹם.

סעיף טז' אִם אוֹכֵל פֵּרוֹת בְּגַן שֶׁהוּא מֻקָּף מְחִצּוֹת וּבֵרֵךְ עַל פֵּרוֹת מֵאִילָן אֶחָד עַל דַּעַת לֶאֱכֹל גַּם מֵאִילָנוֹת אֲחֵרִים, יָכוֹל לֶאֱכוֹל גַּם מֵאִילָנוֹת אֲחֵרִים אַף עַל פִּי שֶׁאֵינוֹ רוֹאֶה מְקוֹמוֹ, כָּל שֶׁלֹּא הֵסִיחַ דַּעְתּוֹ, וְאֵין צָרִיךְ לְבָרֵךְ שֵׁנִית. אֲבָל אִם אֵין הַגַּן מֻקָּף מְחִצּוֹת, וּמִכָּל שֶׁכֵּן מִגַּן זֶה לְגַן אַחֵר, לֹא מַהֲנֵי דַּעְתּוֹ.

סימן נא - כללים בברכה אחרונה ובו ט"ו סעיפים:

סעיף א' עַל פֵּרוֹת הָאִילָן חוּץ מִשִּׁבְעַת הַמִּינִים (כִּדְלְקַמָּן סָעִיף ז) וְעַל כָּל פֵּרוֹת הָאֲדָמָה וִירָקוֹת, וְכָל דָּבָר שֶׁאֵין גִּדּוּלוֹ מִן הָאָרֶץ, מְבָרֵךְ לְאַחֲרֵיהֶם בּוֹרֵא נְפָשׁוֹת וְכוּ', וַאֲפִלּוּ אָכַל וְשָׁתָה נִפְטָר בִּבְרָכָה אַחַת (ר"ז).

סעיף ב' בְּרָכָה אַחֲרוֹנָה וְכֵן בִּרְכַּת הַמָּזוֹן אֵין מְבָרְכִין אֶלָּא אִם כֵּן אָכַל כַּשִּׁעוּר, דְּהַיְנוּ כַּזַּיִת. אֲבָל עַל פָּחוֹת מִכַּשִּׁעוּר, אֵינוֹ צָרִיךְ בְּרָכָה אַחֲרוֹנָה. וְעַל מַשְׁקִין, יֵשׁ אוֹמְרִים, דְּאֵינוֹ חַיָּב בִּבְרָכָה אַחֲרוֹנָה אֶלָּא אִם כֵּן שָׁתָה רְבִיעִית. וְיֵשׁ אוֹמְרִים, דְּגַם עַל מַשְׁקִין אִם שָׁתָה כַּזַּיִת, חַיָּב בִּבְרָכָה אַחֲרוֹנָה, וְלָכֵן לָצֵאת מִידֵי סְפֵקָא, יֵשׁ לִזָּהֵר שֶׁלֹּא לִשְׁתּוֹת אֶלָּא פָּחוֹת מִכַּזַּיִת

אוֹ רְבִיעִית. וְאֵין חִלּוּק בֵּין יַיִן שָׂרָף לִשְׁאָר מַשְׁקִין (ק"צ ר"י)

סעיף ג' דָּבָר שֶׁהוּא כִּבְרִיָּתוֹ, דְּהַיְנוּ, אֱגוֹז אֶחָד אוֹ שְׁאָר פְּרִי, וַאֲפִלּוּ קְטַנִּית אַחַת, יֵשׁ אוֹמְרִים, אַף עַל פִּי שֶׁאֵין בּוֹ כַּזַּיִת, מִכָּל מָקוֹם כֵּיוָן שֶׁהוּא פְּרִי שָׁלֵם, מְבָרְכִין אַחֲרָיו בְּרָכָה אַחֲרוֹנָה. וְיֵשׁ חוֹלְקִין. וְלָכֵן לָצֵאת מִידֵי סָפֵק, אֵין לֶאֱכֹל פָּחוֹת מִכַּזַּיִת. וְאִם נִתְחַלֵּק הַדָּבָר קֹדֶם הָאֲכִילָה, בָּטֵל מִמֶּנּוּ חֲשִׁיבוּתֵיהּ, וּלְכֻלֵּי עָלְמָא אֵין מְבָרְכִין עָלָיו בְּרָכָה אַחֲרוֹנָה בְּפָחוֹת מִכַּזַּיִת.

סעיף ד' כָּל הָאֳכָלִין מִצְטָרְפִין לְכַזַּיִת. וְאִם אָכַל כַּחֲצִי זַיִת מִדָּבָר שֶׁמְּבָרְכִין אַחֲרָיו בּוֹרֵא נְפָשׁוֹת רַבּוֹת, וְכַחֲצִי זַיִת מִדָּבָר שֶׁמְּבָרְכִין עָלָיו בְּרָכָה מֵעֵין שָׁלֹשׁ, אוֹ אֲפִלּוּ כַּחֲצִי זַיִת פַּת, מְבָרֵךְ לְאַחֲרֵיהֶן בּוֹרֵא נְפָשׁוֹת רַבּוֹת. וְנִרְאֶה לִי, דְּהוּא הַדִּין אִם אָכַל כַּחֲצִי זַיִת מִפֵּרוֹת שֶׁמְּבָרְכִין לְאַחֲרֵיהֶן עַל הָעֵץ, וְכַחֲצִי זַיִת מִמִּין שֶׁמְּבָרְכִין לְאַחֲרָיו עַל הַמִּחְיָה אוֹ כַּחֲצִי זַיִת פַּת (דְּהַשְׁתָּא אֵין כָּאן שׁוּם מִין שֶׁבְּרָכָה אַחֲרוֹנָה שֶׁלּוֹ בּוֹרֵא נְפָשׁוֹת רַבּוֹת) מִכָּל מָקוֹם מְבָרֵךְ לְאַחֲרֵיהֶן בּוֹרֵא נְפָשׁוֹת רַבּוֹת (עַיֵּן מַחֲצִית הַשֶּׁקֶל סִימָן ר"י סָעִיף קָטָן א'). וְאִם אָכַל כַּחֲצִי זַיִת מִמִּין שֶׁמְּבָרְכִין לְאַחֲרָיו עַל הַמִּחְיָה וְכַחֲצִי זַיִת פַּת, מְבָרֵךְ לְאַחֲרֵיהֶן עַל הַמִּחְיָה. וּשְׁתִיָּה עִם אֲכִילָה אֵין מִצְטָרְפִין.

סעיף ה' אָכַל כַּחֲצִי זַיִת וְשָׁהָה, וְחָזַר וְאָכַל כַּחֲצִי זַיִת, אִם מִתְּחִלַּת הָאֲכִילָה הָרִאשׁוֹנָה עַד סוֹף הָאֲכִילָה לֹא הָיָה זְמַן יוֹתֵר, כִּי אִם כְּדֵי אֲכִילַת פְּרָס, מִצְטָרְפוֹת שְׁתֵּי הָאֲכִילוֹת וּמְבָרֵךְ בְּרָכָה אַחֲרוֹנָה. אֲבָל אִם שָׁהָה יוֹתֵר, אֵין מִצְטָרְפוֹת. וּבִשְׁתִיָּה, אֲפִלּוּ שָׁהָה פָּחוֹת מִזֶּה, אֵין מִצְטָרְפוֹת.

סעיף ו' שָׁתָה מַשְׁקֶה חַם בִּמְעַט מְעַט, (כְּגוֹן טֵה אוֹ קַאפֶע), כֵּיוָן שֶׁאֵינוֹ שׁוֹתֶה בְּפַעַם אַחַת כַּשִּׁעוּר, אַף עַל פִּי שֶׁדַּרְכּוֹ שְׁתִיָּתוֹ בְּכָךְ, מִכָּל מָקוֹם אֵין מִצְטָרְפִין וְאֵינוֹ מְבָרֵךְ בְּרָכָה אַחֲרוֹנָה (ר"י).

סעיף ז' בְּשִׁבְעָה מִינִים נִשְׁתַּבְּחָה אֶרֶץ יִשְׂרָאֵל, דִּכְתִיב, אֶרֶץ חִטָּה וּשְׂעוֹרָה וְגֶפֶן וּתְאֵנָה וְרִמּוֹן, אֶרֶץ זֵית שֶׁמֶן וּדְבָשׁ וּבָתַר הָכִי כְּתִיב, אֶרֶץ אֲשֶׁר לֹא בְמִסְכֵּנֻת תֹּאכַל בָּהּ לֶחֶם וְאָכַלְתָּ וְשָׂבָעְתָּ וּבֵרַכְתָּ וְגוֹ' וְכֵיוָן שֶׁבְּלֶחֶם מְבֹאָר בַּתּוֹרָה, וְאָכַלְתָּ וְשָׂבָעְתָּ וּבֵרַכְתָּ, לָכֵן עַל הַלֶּחֶם מֵחֲמֵשֶׁת מִינֵי דָגָן, שֶׁהֵן חִטָּה וּשְׂעוֹרָה הַמְפֹרָשִׁין, וְכֻסְּמִים וְשִׁבֹּלֶת שׁוּעָל וְשִׁיפוֹן, שֶׁהֵם גַּם כֵּן נִכְלָלִין בְּחִטָּה וּשְׂעוֹרָה, מְבָרְכִין אַחֲרָיו בִּרְכַּת הַמָּזוֹן, שֶׁהֵן שָׁלֹשׁ בְּרָכוֹת שְׁלֵמוֹת וְגַם בִּרְכַּת הַטּוֹב וְהַמֵּטִיב (שֶׁנִּתְקְנָה אַחַר כָּךְ בְּיַבְנֶה). אֲבָל כָּל שֶׁאֵינוֹ לֶחֶם גָּמוּר אֶלָּא מִינֵי מְזוֹנוֹת מֵאֵלּוּ חֲמֵשֶׁת מִינֵי דָגָן, וְכֵן עַל הַגֶּפֶן דְּהַיְנוּ יַיִן, וְגַם עֲנָבִים בֵּין לַחִים בֵּין יְבֵשִׁים בֵּין גְּדוֹלִים בֵּין קְטַנִּים, וּתְאֵנִים וְרִמּוֹנִים וְזֵיתִים, וּתְמָרִים שֶׁהֵם דְּבַשׁ הָאָמוּר בַּתּוֹרָה, לְפִי שֶׁמֵּהֶם זָב הַדְּבַשׁ, עַל כָּל אֵלּוּ מְבָרְכִין בְּרָכָה אַחֲרוֹנָה בְּרָכָה אַחַת מֵעֵין שָׁלֹשׁ, שֶׁהִיא כּוֹלֶלֶת בְּקִצּוּר הַשָּׁלֹשׁ בְּרָכוֹת וְגַם הַטּוֹב וְהַמֵּטִיב שֶׁבְּבִרְכַּת הַמָּזוֹן.

סעיף ח' בִּבְרָכָה מֵעֵין שָׁלֹשׁ שֶׁלְּאַחַר מִינֵי מְזוֹנוֹת, פּוֹתֵחַ עַל הַמִּחְיָה וְעַל הַכַּלְכָּלָה, וְחוֹתֵם וְנוֹדֶה לְּךָ עַל הָאָרֶץ וְעַל הַמִּחְיָה, בָּרוּךְ אַתָּה ה' עַל הָאָרֶץ

וְעַל הַמִּחְיָה וְעַל הַכַּלְכָּלָה. וְעַל הַיַּיִן, פּוֹתֵחַ עַל הַגֶּפֶן וְעַל פְּרִי הַגֶּפֶן, וְחוֹתֵם [וְנוֹדֶה לְךָ] עַל הָאָרֶץ וְעַל פְּרִי הַגָּפֶן, בָּרוּךְ אַתָּה ה' עַל הָאָרֶץ וְעַל פְּרִי הַגָּפֶן. וְעַל הַפֵּרוֹת, פּוֹתֵחַ עַל הָעֵץ וְעַל פְּרִי הָעֵץ, וְחוֹתֵם [וְנוֹדֶה לְךָ] עַל הָאָרֶץ וְעַל הַפֵּרוֹת בָּרוּךְ אַתָּה ה' עַל הָאָרֶץ וְעַל הַפֵּרוֹת וּבְאֶרֶץ יִשְׂרָאֵל אוֹ אֲפִלּוּ בְּחוּץ לָאָרֶץ, אִם אָכַל מִפֵּרוֹת אֶרֶץ יִשְׂרָאֵל, אוֹמֵר, עַל הָאָרֶץ וְעַל פֵּרוֹתֶיהָ. אָכַל מִינֵי מְזוֹנוֹת וְגַם שָׁתָה יַיִן כּוֹלֵל שְׁנֵיהֶם בִּבְרָכָה אֶחָת. וְכֵן פֵּרוֹת וְיַיִן, וַאֲפִלּוּ עֲנָבִים וְיַיִן, פֵּרוֹת וּמִינֵי מְזוֹנוֹת, אוֹ אֲפִלּוּ מִינֵי מְזוֹנוֹת וְיַיִן וּפֵרוֹת, כּוֹלֵל שְׁלָשְׁתָּן, וְיַקְדִּים עַל הַמִּחְיָה, וְאַחַר כָּךְ עַל הַגֶּפֶן, וְאַחַר כָּךְ עַל הָעֵץ. וּכְשֶׁכּוֹלֵל עַל הַמִּחְיָה עִם שְׁאָר מִין, לֹא יֹאמַר בַּחֲתִימָה וְעַל הַכַּלְכָּלָה, אֶלָּא יֹאמַר, בָּרוּךְ אַתָּה ה', עַל הָאָרֶץ וְעַל הַמִּחְיָה וְעַל פְּרִי הַגָּפֶן, אוֹ עַל הַמִּחְיָה וְעַל הַפֵּרוֹת, אוֹעַל הַמִּחְיָה וְעַל פְּרִי הַגֶּפֶן וְעַל הַפֵּרוֹת. וּכְבָר נִדְפְּסָה הַנֻּסְחָא בַּסִּדּוּרִים, וְצָרִיךְ כָּל אִישׁ יִשְׂרָאֵל לִהְיוֹת בָּקִי בִּבְרָכָה זוֹ בְּעַל פֶּה.

סעיף ט' בְּשַׁבָּת וְיוֹם טוֹב וְרֹאשׁ חֹדֶשׁ מַזְכִּירִין בָּהּ מֵעִנְיָנָא דְיוֹמָא. וְאִם שָׁכַח וְלֹא הִזְכִּיר, אֵין מַחֲזִירִין אוֹתוֹ.

סעיף י' יֵשׁ לְהַחְמִיר בִּבְרָכָה זוֹ כְּמוֹ בְּבִרְכַּת הַמָּזוֹן בַּדְּבָרִים שֶׁנִּזְכְּרוּ בְּסִימָן מ"ד סָעִיף ו'.

סעיף יא' בְּבִרְכַּת בּוֹרֵא נְפָשׁוֹת יֵשׁ אוֹמְרִים, שֶׁבָּרָאתָ. וְיֵשׁ אוֹמְרִים שֶׁבָּרָא, וְכֵן עִקָּר. וּפֵרוּשָׁהּ שֶׁל הַבְּרָכָה הוּא, בּוֹרֵא נְפָשׁוֹת רַבּוֹת וְחֶסְרוֹנָן, שֶׁבָּרָא הַנְּפָשׁוֹת וְגַם מַחְסוֹרָם, דְּהַיְנוּ כָּל צָרְכֵי סִפּוּקָן, שֶׁהֵם דְּבָרִים הֶכְרֵחִיִּים לְצֹרֶךְ קִיּוּם חִיּוּתָן, כְּמוֹ הַלֶּחֶם וְהַמַּיִם, וְגַם עַל כָּל שְׁאָר הַדְּבָרִים שֶׁבָּרָא שֶׁאֵינָם הֶכְרֵחִיִּים כָּל כָּךְ אֶלָּא לְהִתְעַנֵּג בָּהֶם, כְּמוֹ פֵּרוֹת וְכַדּוֹמֶה, אָנוּ מְבָרְכִים אוֹתְךָ חַי הָעוֹלָמִים. וּצְרִיכִין לוֹמַר החי"ת בִּפְתַח (הַגָּאוֹן רַבִּי אֵלִיָּהוּ מִוִּילְנָא, זֵכֶר צַדִּיק לִבְרָכָה, הִסְכִּים עִם הַפּוֹסְקִים שֶׁכָּתְבוּ לַחְתֹּם הַבְּרָכָה בַּשֵּׁם, וְלוֹמַר בָּרוּךְ אַתָּה ה' חַי הָעוֹלָמִים) (סִימָן ר"ז).

סעיף יב' אָכַל פֵּרוֹת שֶׁבְּרָכָה אַחֲרוֹנָה שֶׁלָּהֶם בְּרָכָה מֵעֵין שָׁלֹשׁ, וְגַם פֵּרוֹת הָעֵץ שֶׁבְּרָכָה אַחֲרוֹנָה שֶׁלָּהֶן הוּא בּוֹרֵא נְפָשׁוֹת, מְבָרֵךְ בְּרָכָה מֵעֵין שָׁלֹשׁ. וְכֵיוָן שֶׁהוּא מַזְכִּיר בָּהֶם פְּרִי עֵץ, נִפְטָרִים בָּזֶה כָּל פְּרִי עֵץ שֶׁאָכַל. אֲבָל אִם נִתְחַיֵּב בְּבִרְכַּת בּוֹרֵא נְפָשׁוֹת עַל מִין אַחֵר, אֵינוֹ נִפְטָר בִּבְרָכָה מֵעֵין שָׁלֹשׁ, וִיבָרֵךְ תְּחִלָּה בִּרְכַּת מֵעֵין שָׁלֹשׁ וְאַחַר כָּךְ בּוֹרֵא נְפָשׁוֹת.

סעיף יג' לְכַתְּחִלָּה אָסוּר לְאָדָם לָצֵאת מִמְּקוֹמוֹ, אוֹ לַעֲסֹק בְּאֵיזֶה דָּבָר עַד שֶׁיְּבָרֵךְ בְּרָכָה אַחֲרוֹנָה, שֶׁמָּא יִשְׁכַּח מִלְּבָרֵךְ. וּבְדִיעֲבַד כְּשֶׁיָּצָא מִמְּקוֹמוֹ, אִם הוּא צָרִיךְ לְבָרֵךְ בּוֹרֵא נְפָשׁוֹת רַבּוֹת, יָכוֹל לְבָרֵךְ בַּמָּקוֹם שֶׁהוּא שָׁם. אֲבָל אִם צָרִיךְ לְבָרֵךְ בְּרָכָה מֵעֵין שָׁלֹשׁ, צָרִיךְ שֶׁיַּחֲזוֹר לִמְקוֹמוֹ, כְּמוֹ בְּבִרְכַּת הַמָּזוֹן לְעֵיל סִימָן מ"ד סָעִיף ט' (סִימָן קפ"ד וּבְחַיֵּי אָדָם).

סעיף יד' אָכַל וְשָׁתָה וְלֹא בֵּרַךְ מִיָּד בְּרָכָה אַחֲרוֹנָה, יָכוֹל לְבָרֵךְ עַד שְׁעַת עִכּוּל, דְּהַיְנוּ כָּל זְמַן שֶׁאֵינוֹ תָּאֵב לֶאֱכוֹל פֵּרוֹת. וּלְאַחַר שְׁתִיָּה, כָּל זְמַן שֶׁאֵינוֹ צָמֵא. וּלְאַחַר זְמַנִּים אֵלּוּ, אֵינוֹ

יָכוֹל לְבָרֵךְ עוֹד. וּמִי שֶׁאֵינוֹ בָּקִי לְשַׁעֵר, רָאוּי לוֹ כְּשֶׁנִּזְכַּר שֶׁלֹּא בֵּרֵךְ בְּרָכָה אַחֲרוֹנָה, לְבָרֵךְ עַל מִין מִמִּין שֶׁאָכַל וְיֹאכַל וִיבָרֵךְ בְּרָכָה אַחֲרוֹנָה, לִפְטוֹר גַּם אֶת הָרִאשׁוֹן (קפ"ד).

סעיף טו' אָכַל אוֹ שָׁתָה וְהֵקִיא, לֹא יְבָרֵךְ בְּרָכָה אַחֲרוֹנָה, דְּלֹא גָרַע מִנִּתְעַכֵּל (שע"ת רח).

סימן נב - דיני ברכת בורא פרי העץ ובורא פרי האדמה ושהכל ובו י"ח סעיפים:

סעיף א' עַל פֵּרוֹת הַגְּדֵלִים בָּאִילָן, מְבָרְכִין בּוֹרֵא פְּרִי הָעֵץ. וְעַל פֵּרוֹת הַגְּדֵלִים בָּאֲדָמָה, וְהֵם כָּל מִינֵי לְפְתָּן וִירָקוֹת וְקִטְנִיּוֹת וְטַאטָארְקֶע (תִּירַס) וַעֲשָׂבִים, מְבָרְכִין בּוֹרֵא פְּרִי הָאֲדָמָה. וְלֹא נִקְרָא אִילָן, אֶלָּא זֶה שֶׁהָעֲנָפִים שֶׁלּוֹ נִשְׁאָרִים גַּם בַּחֹרֶף וּמוֹצִיא אַחַר כָּךְ עָלִים מִן הָעֲנָפִים, וַאֲפִלּוּ הֵם דַּקִּין כִּגְבְעוֹלֵי פִשְׁתָּן. אֲבָל אִם הָעֲנָפִים כָּלִים לְגַמְרֵי בַּחֹרֶף וְאֵינוֹ נִשְׁאָר רַק הַשֹּׁרֶשׁ, לֹא נִקְרָא אִילָן, וּמְבָרְכִין עַל הַפֵּרוֹת בּוֹרֵא פְּרִי הָאֲדָמָה (ר"ב ר"ג)

סעיף ב' עַל דָּבָר שֶׁאֵין גִּדּוּלוֹ מִן הָאָרֶץ, כְּמוֹ בָּשָׂר, דָּגִים, חָלָב, גְּבִינָה, וְכֵן עַל כָּל מִינֵי מַשְׁקִים, חוּץ מִן הַיַּיִן וְשֶׁמֶן זַיִת, מְבָרְכִין שֶׁהַכֹּל נִהְיָה בִּדְבָרוֹ. וְתֵבַת נִהְיָה, יֵשׁ לוֹמַר הַיּוּ"ד בְּקָמַץ.

סעיף ג' כְּמֵהִין וּפִטְרִיּוֹת (שְׁוָואמֶען) אַף עַל פִּי שֶׁהֵן גְּדֵלִין מִלַּחְלוּחִית הָאָרֶץ, יְנִיקָתָן אֵינָהּ מִן הָאָרֶץ אֶלָּא מִן הָאֲוִיר, וְלָכֵן אֵינָן נִקְרָאִין פְּרִי הָאֲדָמָה, וּמְבָרְכִין עֲלֵיהֶן שֶׁהַכֹּל (ר"ד).

סעיף ד' אֵין מְבָרְכִין בּוֹרֵא פְּרִי הָעֵץ אוֹ בּוֹרֵא פְּרִי הָאֲדָמָה, אֶלָּא עַל דָּבָר שֶׁהוּא טוֹב לְאָכְלוֹ חַי וְגַם הַדֶּרֶךְ הוּא לְאָכְלוֹ חַי. אֲבָל אִם אֵין הַדֶּרֶךְ לְאָכְלוֹ חַי אֶלָּא מְבֻשָּׁל, אַף עַל פִּי שֶׁהוּא טוֹב לְמַאֲכָל גַּם כְּשֶׁהוּא חַי, מִכָּל מָקוֹם אֵינוֹ חָשׁוּב כָּל כָּךְ, וְאֵין מְבָרְכִין עָלָיו בִּרְכָתוֹ אֶלָּא כְּשֶׁאוֹכְלוֹ מְבֻשָּׁל. אֲבָל אִם אוֹכְלוֹ חַי, אֵינוֹ מְבָרֵךְ עָלָיו אֶלָּא שֶׁהַכֹּל. וְכָבוּשׁ הֲרֵי הוּא כִּמְבֻשָּׁל. וְלָכֵן עַל כְּרוּב (קְרוּיט) כָּבוּשׁ מְבָרְכִין בּוֹרֵא פְּרִי הָאֲדָמָה. וְכֵן מָלִיחַ הוּא כִּמְבֻשָּׁל לְעִנְיָן זֶה.

סעיף ה' עַל הַצְּנוֹן מְבָרְכִין בּוֹרֵא פְּרִי הָאֲדָמָה. וְכֵן עַל שׁוּמִים וּבְצָלִים כְּשֶׁהֵן רַכִּין וְדַרְכָּן לְאָכְלָן חַיִּין, אַף עַל פִּי שֶׁעַל פִּי הָרֹב אֵין אוֹכְלִין אוֹתָן רַק עִם פַּת, מִכָּל מָקוֹם גַּם אִם אוֹכְלָן בְּלֹא פַּת, מְבָרְכִין עֲלֵיהֶן בּוֹרֵא פְּרִי הָאֲדָמָה. אֲבָל אִם הִזְקִינוּ, שֶׁהֵם חֲרִיפִים מְאֹד, וְאֵין דַּרְכָּן לְאָכְלָן חַיִּין, מִי שֶׁאֲכָלָן חַיִּין, מְבָרֵךְ עֲלֵיהֶם שֶׁהַכֹּל.

סעיף ו' דְּבָרִים שֶׁהֵם טוֹבִים יוֹתֵר כְּשֶׁהֵם חַיִּין מִכְּשֶׁהֵם מְבֻשָּׁלִין, שֶׁהַבִּשּׁוּל מְגָרֵעַ אוֹתָן, אֵין מְבָרְכִין עֲלֵיהֶן כְּשֶׁהֵן מְבֻשָּׁלִין אֶלָּא שֶׁהַכֹּל. וְאַף עַל פִּי שֶׁבִּשְּׁלָן עִם בָּשָׂר וְעַל יְדֵי הַבָּשָׂר נִשְׁתַּבְּחוּ, מִכָּל מָקוֹם אָז הַבָּשָׂר הוּא הָעִקָּר, וְאֵין מְבָרְכִין עֲלֵיהֶן אֶלָּא שֶׁהַכֹּל. אֲבָל אִם בִּשְּׁלָן בְּאֹפֶן שֶׁהֵן הָעִקָּר וּמִכָּל מָקוֹם נִשְׁתַּבְּחוּ, כְּגוֹן שֶׁטִּגְּנָן בְּשֶׁמֶן אוֹ בִּדְבַשׁ וְכַיּוֹצֵא בּוֹ, מְבָרְכִין עֲלֵיהֶן הַבְּרָכָה הָרְאוּיָה לָהֶן, דָּמֵה לִי אִם נִתְבַּשְּׁלוּ בְּמַיִם אוֹ בְּשֶׁמֶן וּדְבַשׁ (ר"ה).

סעיף ז' מִינֵי פֵּרוֹת הַגְּרוּעִים, הַגְּדֵלִים עַל אֲטָדִים וְקוֹצִים אוֹ בִּשְׁאָר

אִילָנוֹת שֶׁיָּצְאוּ מֵאֲלֵיהֶן וְלֹא נְטָעוּם לְהוּ אֱנָשֵׁי, כְּמוֹ תַּפּוּחֵי יַעַר וְכַדּוֹמֶה, שֶׁכְּשֶׁהֵם חַיִּין אֵינָן רְאוּיִין לַאֲכִילָה, אַף עַל פִּי שֶׁבִּשְּׁלָן אוֹ טִגְּנָן בִּדְבַשׁ וְסֻכָּר וְהֵן רְאוּיִין לַאֲכִילָה, אֵין מְבָרְכִין עֲלֵיהֶן אֶלָּא שֶׁהַכֹּל. אֲבָל לוּזִין (הַאזֶעלְנוּס) אַף עַל פִּי שֶׁגְּדֵלִים בַּיַּעַר, חֲשׁוּבִים הֵם, וּמְבָרְכִין עֲלֵיהֶם בּוֹרֵא פְּרִי הָעֵץ (ר"ג).

סעיף ח' עֲשָׂבִים הַגְּדֵלִים מֵאֲלֵיהֶם בְּלִי זְרִיעָה, אַף עַל פִּי שֶׁהֵן רְאוּיִין לֶאֱכֹל חַיִּין, וַאֲפִלּוּ בִּשְּׁלָן וְהוּא מַאֲכָל חָשׁוּב, מִכָּל מָקוֹם כֵּיוָן שֶׁאֵין זוֹרְעִין אוֹתוֹ, אֵינוֹ חָשׁוּב פְּרִי וּמְבָרְכִין עָלָיו שֶׁהַכֹּל. אֲבָל חַסָּה [סֶעלָאט] וְכַדּוֹמֶה שֶׁנִּזְרַע, מְבָרְכִין עָלָיו בּוֹרֵא פְּרִי הָאֲדָמָה. וְגַם בַּעֲשָׂבִים הַגְּדֵלִים מֵאֲלֵיהֶן, אִם יֵשׁ בָּהֶם פֵּרוֹת חֲשׁוּבִים, כְּגוֹן יַאגְדֶעס וּמַאלִינֶעס מְבָרְכִין עֲלֵיהֶם בּוֹרֵא פְּרִי הָאֲדָמָה.

סעיף ט' דָּבָר שֶׁאֵינוֹ עִקַּר הַפְּרִי, אֵינוֹ חָשׁוּב כְּמוֹ הַפְּרִי עַצְמוֹ, אֶלָּא יוֹרֵד מַדְרֵגָה אַחַת, שֶׁאִם הוּא פְּרִי עֵץ, מְבָרְכִין עַל הַטָּפֵל בּוֹרֵא פְּרִי הָאֲדָמָה. וְאִם הוּא פְּרִי הָאֲדָמָה, מְבָרְכִין עַל הַטָּפֵל שֶׁהַכֹּל. וְלָכֵן אִילַן צְלָף (קַאפֶּערְנְבּוֹים) שֶׁהֶעָלִין שֶׁלּוֹ רְאוּיִין לַאֲכִילָה, וְיֵשׁ בְּעָלִים כְּמִין תְּמָרִים בּוֹלְטִים, כְּמוֹ בְּעָלִים שֶׁל עֲרָבָה, וַאֲבִיּוֹנוֹת הֵן עִקַּר הַפְּרִי, וְקַפְרִיסִין הֵן הַקְּלִפָּה שֶׁסְּבִיב הַפְּרִי, כְּמוֹ קְלִפּוֹת הָאֱגוֹזִים, וּרְאוּיִים גַּם כֵּן לַאֲכִילָה, עַל הָאֲבִיּוֹנוֹת שֶׁהֵן עִקַּר הַפְּרִי, מְבָרֵךְ בּוֹרֵא פְּרִי הָעֵץ, וְעַל הֶעָלִין וְעַל הַתְּמָרוֹת וְעַל הַקַּפְרִיסִין, בּוֹרֵא פְּרִי הָאֲדָמָה, וְכֵן עָלֵי וְרָדִים (רַאזֶענְבְּלֶעטֶער) שֶׁנִּרְקְחוּ בִּדְבַשׁ וְסֻכָּר, מְבָרְכִין בּוֹרֵא פְּרִי הָאֲדָמָה, אַף עַל פִּי שֶׁגְּדֵלִים בָּאִילָן, מִפְּנֵי שֶׁאֵינָן עִקַּר הַפְּרִי. וְכֵן קְלִפּוֹת תַּפּוּחֵי זָהָב שֶׁנִּרְקְחוּ בִּדְבַשׁ וְסֻכָּר, מְבָרְכִין עֲלֵיהֶם בּוֹרֵא פְּרִי הָאֲדָמָה. וְעַל קְלִפּוֹת קִשּׁוּאִין שֶׁמְּטֻגָּנִין בִּדְבַשׁ וְסֻכָּר, מְבָרְכִין שֶׁהַכֹּל. וְעַל הַשַּׁרְבִיטִין מֵהַקִּטְנִיּוֹת שֶׁזּוֹרְעִין בַּשָּׂדוֹת, אַף עַל פִּי שֶׁהֵן מְתוּקִים, אִם אֲכָלָן בְּלֹא הַקִּטְנִיּוֹת, מְבָרְכִין עֲלֵיהֶם שֶׁהַכֹּל. וְאֵלּוּ שֶׁזּוֹרְעִים בַּגַּנּוֹת עַל דַּעַת לְאָכְלָן חַיִּין בְּשַׁרְבִיטֵיהֶן, אֲפִלּוּ כְּשֶׁאוֹכֵל הַשַּׁרְבִיטִין לְחוּד, יֵשׁ לְבָרֵךְ בּוֹרֵא פְּרִי הָאֲדָמָה (ר"ב ר"ד).

סעיף י' גַּרְעִינִין שֶׁל פֵּרוֹת אִם הֵם מְתוּקִים, מְבָרֵךְ עֲלֵיהֶם בּוֹרֵא פְּרִי הָאֲדָמָה, אֲבָל גַּרְעִינִים הַמָּרִים אֵינָם נֶחְשָׁבִים כְּלָל, וְאִם אוֹכְלָן כָּךְ, אֵינוֹ מְבָרֵךְ עֲלֵיהֶם כְּלָל. וְאִם מְתֻקָּן עַל יְדֵי הָאוּר וְכַדּוֹמֶה, מְבָרֵךְ עֲלֵיהֶם שֶׁהַכֹּל.

סעיף יא' שְׁקֵדִים הַמָּרִים, כְּשֶׁהֵם קְטַנִּים שֶׁאָז עִקַּר אֲכִילָתָן הִיא הַקְּלִפָּה שֶׁאֵינָהּ מָרָה, וְעַל דַּעַת כֵּן נוֹטְעִין אוֹתָן, מְבָרֵךְ עֲלֵיהֶן בּוֹרֵא פְּרִי הָעֵץ. וּכְשֶׁהֵן גְּדוֹלִים שֶׁאָז עִקַּר הָאֲכִילָה הוּא מַה שֶּׁבִּפְנִים וְהוּא מַר, אִם אוֹכְלָן כָּךְ, אֵינוֹ מְבָרֵךְ כְּלָל. אֲבָל אִם מְתֻקָּן עַל יְדֵי הָאוּר אוֹ דָּבָר אַחֵר, כֵּיוָן דִּפְרִי נִינְהוּ וְגַם עַל דַּעַת כֵּן נוֹטְעִין אוֹתָן, מְבָרֵךְ עֲלֵיהֶן בּוֹרֵא פְּרִי הָעֵץ (ר"ב). שְׁקֵדִים הַמְחֻפִּין בְּסֻכָּר אַף עַל פִּי שֶׁהַסֻּכָּר הוּא הָרֹב, מִכָּל מָקוֹם מְבָרְכִין עֲלֵיהֶן בּוֹרֵא פְּרִי הָעֵץ. וְקַלְמוּס הַמְחֻפֶּה בְּסֻכָּר מְבָרְכִין רַק שֶׁהַכֹּל כִּי הַקַּלְמוּס אֵינוֹ פְּרִי.

סעיף יב' פֵּרוֹת שֶׁלֹּא נִגְמַר בִּשּׁוּלָן עַל הָאִילָן, אֲפִלּוּ בִשְּׁלָן אוֹ טִגְּנָן בִּדְבַשׁ וְכַדּוֹמֶה, כְּמוֹ שֶׁהוּא הַדֶּרֶךְ לְטַגֵּן פֵּרוֹת

שֶׁלֹּא נִגְמְרוּ, בִּדְבַשׁ אוֹ סֻכָּר, מְבָרֵךְ עֲלֵיהֶם שֶׁהַכֹּל. אַךְ עַל אֶתְרוֹג מְטֻגָּן בִּדְבַשׁ אוֹ בְּסֻכָּר יֵשׁ לְבָרֵךְ בּוֹרֵא פְּרִי הָעֵץ.

סעיף יג' נוֹבְלוֹת, וְהֵן פֵּרוֹת שֶׁנִּשְׂרְפוּ מִן הַחֹם וְנָבְלוּ וְנָפְלוּ מִן הָאִילָן קֹדֶם שֶׁנִּתְבַּשְּׁלוּ, כֵּיוָן שֶׁהוּא דָּבָר שֶׁנִּתְקַלְקֵל אֵין מְבָרְכִין עָלָיו רַק שֶׁהַכֹּל. וְכֵן פַּת שֶׁעִפְּשָׁה וְתַבְשִׁיל שֶׁנִּתְקַלְקֵל קְצָת מְבָרְכִין עֲלֵיהֶן שֶׁהַכֹּל. אֲבָל אִם נִתְקַלְקְלוּ לְגַמְרֵי עַד שֶׁאֵינָן רְאוּיִין לַאֲכִילָה, אֵין מְבָרְכִין עֲלֵיהֶן כְּלָל. וְכֵן חֹמֶץ גָּמוּר (שֶׁמְּבַעְבֵּעַ כְּשֶׁשּׁוֹפְכִין אוֹתוֹ עַל הָאָרֶץ) אֵין מְבָרְכִין עָלָיו כְּלָל. וְאִם עֵרְבוֹ בְּמַיִם עַד שֶׁרָאוּי לִשְׁתִיָּה מְבָרְכִין עָלָיו שֶׁהַכֹּל.

סעיף יד' וְיֵשׁ מִינֵי פֵּרוֹת שֶׁדַּרְכָּן בְּכָךְ שֶׁאֵינָן מִתְבַּשְּׁלִים לְעוֹלָם עַל הָאִילָן, אֶלָּא אַחַר שֶׁנּוֹטְלִין אוֹתָן מִן הָאִילָן מַנִּיחִין אוֹתָן בְּתוֹךְ קַשׁ וְתֶבֶן וְכַדּוֹמֶה וְעַל יְדֵי כָּךְ מִתְבַּשְּׁלִין, כְּגוֹן הָאַגָּסִים הַקְּטַנִּים (אַשְׁרִיצְן) כֵּיוָן שֶׁדַּרְכָּן בְּכָךְ, מְבָרְכִין עֲלֵיהֶן בּוֹרֵא פְּרִי הָעֵץ (ר"ב ר"ד)

סעיף טו' יֵשׁ מִינֵי פֵּרוֹת שֶׁאֵין בָּהֶם אֶלָּא שְׂרָף בְּעָלְמָא כָּנוּס בְּתוֹךְ הַחַרְצַנִּים (וְנִקְרָאִים קָאלִינֶעס) וְאֵינָן רְאוּיִין לַאֲכִילָה אֶלָּא מוֹצְצִין אוֹתָן וְזוֹרְקִין הַקְּלִפּוֹת, מְבָרְכִין עַל מְצִיצָה זוֹ שֶׁהַכֹּל, (דְּכֵיוָן שֶׁעִקָּרוֹ אֵינוֹ אֶלָּא לַמַּשְׁקֶה הַיּוֹצֵא מִמֶּנּוּ אֵין עָלָיו שֵׁם פְּרִי כְּלָל), וַאֲפִלּוּ הוּא בּוֹלֵעַ גַּם הַקְּלִפָּה וְהַגַּרְעִין, אֵינוֹ מְבָרֵךְ רַק שֶׁהַכֹּל.

סעיף טז' אֵין מְבָרְכִין בּוֹרֵא פְּרִי הָעֵץ וּבוֹרֵא פְּרִי הָאֲדָמָה אֶלָּא כְּשֶׁנִּכָּר בְּמִקְצָת שֶׁהוּא פְּרִי. אֲבָל אִם נִתְרַסֵּק עַד שֶׁאֵינוֹ נִכָּר כְּלָל מַה הוּא, כְּגוֹן, [רִבָּה] (לעקפאר) (פאוועדלא, לאטווערג) שֶׁמְּבַשְּׁלִין מִשְּׁזִיפִין וְקִטְנִיּוֹת שֶׁרִסְּקָן לְגַמְרֵי וְכַדּוֹמֶה, מְבָרְכִין עֲלֵיהֶם שֶׁהַכֹּל. וּבְדִיעֲבַד אִם בֵּרַךְ עֲלֵיהֶם בְּרָכָה הָרְאוּיָה לָהֶן יָצָא. וְאִם רֹב דֶּרֶךְ אֲכִילַת אוֹתָן פֵּרוֹת הוּא עַל יְדֵי רִסּוּק שֶׁמְּרַסְּקִין אוֹתָן לְגַמְרֵי, מְבָרְכִין אַף לְכַתְּחִלָּה בְּרָכָה הָרְאוּיָה לָהֶן (ר"ב ר"ד ר"ה).

סעיף יז' אֹרֶז וְדֹחַן (הירז ורייז) שֶׁנִּתְבַּשְּׁלוּ, אִם לֹא נִתְמַעֲכוּ, מְבָרֵךְ עֲלֵיהֶם בּוֹרֵא פְּרִי הָאֲדָמָה. וְאִם נִתְמַעֲכוּ אוֹ שְׁטָחָן וְעָשָׂה מֵהֶן פַּת, יֵשׁ חִלּוּק בֵּין אֹרֶז לְדֹחַן, כִּי מִצַּד הַדִּין עַל הָאֹרֶז מְבָרֵךְ בּוֹרֵא מִינֵי מְזוֹנוֹת, וְעַל הַדֹּחַן שֶׁהַכֹּל. אֶלָּא שֶׁיֵּשׁ לָנוּ סָפֵק אֵיזֶהוּ אֹרֶז וְאֵיזֶהוּ דֹחַן, לָכֵן יְרֵא שָׁמַיִם לֹא יֹאכַל בֵּין דֹּחַן בֵּין אֹרֶז שֶׁנִּתְמַעֲכוּ אֶלָּא בְּתוֹךְ הַסְּעוּדָה. וּבִשְׁעַת הַדְּחָק שֶׁאֵין לוֹ פַּת מְבָרֵךְ בֵּין עַל הַדֹּחַן בֵּין עַל אֹרֶז שֶׁהַכֹּל וּלְאַחֲרֵיהֶם בּוֹרֵא נְפָשׁוֹת רַבּוֹת. עַל פַּת הֶעָשׂוּי מִקִּטְנִיּוֹת (תֻּרְס) טֶעַנְגְרָא קוּקְרִיטְז. מַאלֵיי"עַ טִירְקְשֶׁען וֶוייטְץ, אֲפִלּוּ בִּמְקוֹמוֹת שֶׁדַּרְכָּן בְּלֶחֶם זֶה, מְבָרְכִין עָלָיו שֶׁהַכֹּל (עַיֵּן פְּרִי מְגָדִים סִמָן ר"ח, מִשְׁבְּצוֹת סָעִיף קָטָן י"א, וְשִׁיּוּרֵי בְּרָכָה סִימָן ר"ז). (דִּין עֵרֶב קִמְחִין, עַיֵּן בְּשֻׁלְחָן עָרוּךְ סִימָן ר"ח ס"ט).

סעיף יח' עַל הַסֻּכָּר מְבָרֵךְ שֶׁהַכֹּל. וְכֵן הַמּוֹצֵץ קָנִים מְתוּקִים, מְבָרֵךְ שֶׁהַכֹּל. וְכֵן [קִנָּמוֹן וְשׁוּשׁ] צימרינד ולאקריטץ שֶׁכּוֹסְסִין וּבוֹלְעִין רַק טַעַם וּפוֹלְטִין הָעִקָּר מְבָרְכִין עֲלֵיהֶן

שֶׁהַכֹּל.

סימן נג - דין רטב ומשקה של פרות וירקות ובו ו' סעיפים:

סעיף א' כָּל הַפֵּרוֹת וִירָקוֹת שֶׁסְּחָטָן וְהוֹצִיא מֵהֶן מַשְׁקִין, מְבָרֵךְ עַל הַמַּשְׁקִין שֶׁהַכֹּל. וְכֵן דְּבַשׁ הַזָּב מִן הַתְּמָרִים, כִּי אֵין שׁוּם מַשְׁקֶה נִקְרָא פְּרִי, רַק הַיַּיִן וְשֶׁמֶן זַיִת. וְהַיַּיִן שֶׁהוּא חָשׁוּב מְאֹד, קָבְעוּ לוֹ בְּרָכָה מְיֻחֶדֶת, בּוֹרֵא פְּרִי הַגָּפֶן. וְשֶׁמֶן זַיִת שֶׁהוּא גַּם כֵּן חָשׁוּב, אִם נֶהֱנֶה מִמֶּנּוּ, בְּעִנְיָן שֶׁהוּא צָרִיךְ לְבָרֵךְ עָלָיו, מְבָרְכִין עָלָיו בּוֹרֵא פְּרִי הָעֵץ (כְּדִלְקַמָּן סִימָן נ"ד סָעִיף ח')

סעיף ב' פֵּרוֹת שֶׁאֵין דַּרְכָּן לְבַשֵּׁל אֶלָּא לְאָכְלָן חַיִּין, אִם בִּשְּׁלָן, מְבָרֵךְ עַל הָרֹטֶב שֶׁהַכֹּל. אֲבָל פֵּרוֹת שֶׁדַּרְכָּן לְיַבְּשָׁן וּלְבַשְּׁלָן וְהֵן שְׁכִיחִים לְרֹב וְנָטְעֵי לְהוּ אַדַּעְתָּא דְּהָכִי, אִם בִּשְּׁלָן כְּדֵי לֶאֱכֹל הַפֵּרוֹת וְגַם לִשְׁתּוֹת אֶת הָרֹטֶב מְבָרֵךְ עַל הָרֹטֶב בּוֹרֵא פְּרִי הָעֵץ, וַאֲפִלּוּ אֵינוֹ אוֹכֵל מִן הַפֵּרוֹת. וְכֵן קִטְנִיּוֹת וִירָקוֹת, בְּמָקוֹם שֶׁדַּרְכָּן לְבַשְּׁלָם, לְאָכְלָם וְגַם לִשְׁתּוֹת הָרֹטֶב, מְבָרֵךְ עַל הָרֹטֶב בּוֹרֵא פְּרִי הָאֲדָמָה, וַאֲפִלּוּ אֵינוֹ אוֹכֵל מִן הַמַּאֲכָל (וְהַחִלּוּק שֶׁבֵּין זֶה לְמַה שֶּׁכָּתַבְתִּי בְּסָעִיף א', יֵשׁ אוֹמְרִים מִשּׁוּם דְּהָתָם אֵין דַּרְכָּן בְּכָךְ לִסְחוֹט אֶת הַפֵּרוֹת אוֹ יְרָקוֹת לְהוֹצִיא מֵימֵיהֶן, וְהָכָא דַּרְכָּן בְּכָךְ. וְיֵשׁ אוֹמְרִים, מִשּׁוּם דְּיוֹתֵר נִכְנָס טַעַם הַפְּרִי וְהַיָּרָק בְּמַיִם שֶׁמְּבַשְּׁלִין אוֹתָן בָּהֶם, מֵאֲשֶׁר הוּא בְּמַשְׁקֶה שֶׁזָּב מֵהֶן). אֲבָל אִם אֵין כַּוָּנַת הַבִּשּׁוּל רַק בִּשְׁבִיל הַפֵּרוֹת אוֹ הַיְרָקוֹת, אֲזַי כְּשֶׁאֵינוֹ אוֹכֵל מִן הַפֵּרוֹת וְהַיְרָקוֹת אֶלָּא שׁוֹתֶה אֶת הָרֹטֶב לְבַד, מְבָרֵךְ שֶׁהַכֹּל. וְאִם בִּשְּׁלָן עִם בָּשָׂר בְּיַחַד, אֲפִלּוּ אִם כַּוָּנַת הַבִּשּׁוּל גַּם בִּשְׁבִיל הָרֹטֶב, לְעוֹלָם מְבָרֵךְ עַל הָרֹטֶב שֶׁהַכֹּל, כִּי הַבָּשָׂר הוּא הָעִקָּר (ר"ב ר"ה).

סעיף ג' פֵּרוֹת שֶׁשְּׁרָאָן אוֹ בִּשְּׁלָן רַק בִּשְׁבִיל הָרֹטֶב, מְבָרֵךְ עָלָיו שֶׁהַכֹּל, וְלָכֵן מְבָרְכִין עַל קַאפֶע וְעַל טֵה שֶׁהַכֹּל. וְכֵן עַל הַשֵּׁכָר, בֵּין שֶׁהוּא מִתְּמָרִים בֵּין שֶׁהוּא מִשְּׂעוֹרִים.

סעיף ד' יְרָקוֹת אוֹ פֵּרוֹת שֶׁכּוֹבְשִׁין אוֹתָן בְּמַיִם שֶׁיִּתְחַמְּצוּ, אַף עַל פִּי שֶׁדַּרְכָּן בְּכָךְ, כְּגוֹן [קִשּׁוּאִים, מְלָפְפוֹנִים, סֶלֶק, כְּרוּב] גורקען, אוגרקיס, ראהטע ריבען, צוויקעל, בוראקיס קרויטס. מִכָּל מָקוֹם, אֵין מְבָרְכִין עַל הָרֹטֶב, כִּי אִם שֶׁהַכֹּל. וְאַף עַל פִּי שֶׁטַּעַם הַיָּרָק וְהַפְּרִי בָּרֹטֶב, מִכָּל מָקוֹם, הוֹאִיל וְאֵין עִקַּר הַכְּבִישָׁה בִּשְׁבִיל שֶׁיִּתְּנוּ טַעַם בַּמַּיִם, אֶלָּא בִּשְׁבִיל שֶׁגַּם הֵמָּה בְּעַצְמָם יְתֻקְּנוּ עַל יְדֵי הַכְּבִישָׁה, לָכֵן מְבָרְכִין רַק שֶׁהַכֹּל. וּמִכָּל מָקוֹם אִם אָכַל תְּחִלָּה אֶת הַיָּרָק וּבֵרַךְ בּוֹרֵא פְּרִי הָאֲדָמָה, וְאַחַר כָּךְ רוֹצֶה לִשְׁתּוֹת גַּם הָרֹטֶב, יֵשׁ סָפֵק אִם צָרִיךְ לְבָרֵךְ עַל הָרֹטֶב, כִּי שֶׁמָּא יָצָא בְּבִרְכַּת בּוֹרֵא פְּרִי הָאֲדָמָה, גַּם עַל הָרֹטֶב. לָכֵן לֹא יַעֲשֶׂה כֵּן.

סעיף ה' וְכֵן פֵּרוֹת וִירָקוֹת וְקִטְנִיּוֹת וְכַדּוֹמֶה, שֶׁבִּשְּׁלָן בְּמַשְׁקֶה, שֶׁיֵּשׁ לָהּ טַעַם בְּעַצְמוּתוֹ, כְּגוֹן בְּחֹמֶץ אוֹ בַּחֲמִיצָה (בָּארְשְׁט) אוֹ בֶּחָלָב, מְבָרְכִין עַל הָרֹטֶב שֶׁהַכֹּל. וְאִם אָכַל תְּחִלָּה אֶת הַמַּאֲכָל, יֵשׁ סָפֵק אִם אֵין הָרֹטֶב נִפְטְרָה בִּבְרָכָה זֹאת (שם).

סעיף ו' צִמּוּקִין שֶׁיֵּשׁ בָּהֶן לַחְלוּחִית כָּל כָּךְ, שֶׁאִם הָיוּ דּוֹרְכִין אוֹתָן יָצָא

מֵהֶן דִּבְשָׁן, אִם כְּתָשָׁן וְשָׁרָה אוֹתָן בְּמַיִם לְצֹרֶךְ שְׁתִיָּה וְלֹא לְצֹרֶךְ אֲכִילַת הַצִּמּוּקִין, אִם שָׁרָה שְׁלֹשָׁה יָמִים וְתוֹסֵס, וּלְאַחַר שְׁלֹשָׁה יָמִים עֵרָה מֵהֶם אֶת הַמַּשְׁקֶה לִכְלִי אַחֵר, הֲרֵי מַשְׁקֶה זֶה יַיִן גָּמוּר מְבָרְכִין עָלָיו בּוֹרֵא פְּרִי הַגָּפֶן, וּלְאַחֲרָיו בְּרָכָה מֵעֵין שָׁלֹשׁ. וּבְכָל מָקוֹם שֶׁצְּרִיכִין כּוֹס יַיִן יוֹצְאִין בּוֹ. וּצְרִיכִין לִרְאוֹת שֶׁיִּהְיוּ הַצִּמּוּקִין יוֹתֵר מֵחֵלֶק שִׁשִּׁית שֶׁבַּמַּיִם, וּמְשַׁעֲרִים אֶת הַצִּמּוּקִין כְּמוֹ שֶׁהָיוּ בְּלַחוּתָן קֹדֶם שֶׁנִּתְיַבְּשׁוּ (עַיֵּן שע"ת סִימָן ר"ד סָעִיף ה'). וְדַוְקָא כְּשֶׁנַּעֲשָׂה עַל יְדֵי שְׁרִיָּה כְּמוֹ שֶׁכָּתַבְתִּי, אֲבָל אִם בִּשֵּׁל אֶת הַצִּמּוּקִין בְּמַיִם, אֵינוֹ נַעֲשָׂה יַיִן עַל יְדֵי הַבִּשּׁוּל (כֵּן כָּתוּב בְּסֵפֶר הַחַיִּים וּדְלֹא כְּמוֹ שֶׁכָּתוּב בְּסֵפֶר חַיֵּי אָדָם הִלְכוֹת שַׁבָּת כְּלָל ו' סָעִיף ו'). (וְאִם שָׁרָה אוֹ בִּשֵּׁל אֶת הַצִּמּוּקִין עַל דַּעַת לֶאֱכוֹל גַּם אֶת הַצִּמּוּקִין, יֵשׁ כַּמָּה סְפֵקוֹת בִּבְרָכָה שֶׁעַל הַמַּשְׁקֶה) (ר"ב ר"ד).

סימן נד - דין עקר וטפל ובו ט' סעיפים:

סעיף א' אִם אָכַל שְׁנֵי דְּבָרִים אוֹ אוֹכֵל וְשׁוֹתֶה, וְהָאֶחָד עִקָּר אֶצְלוֹ וְהַשֵּׁנִי הוּא טָפֵל לוֹ, שֶׁאֵין כַּוָּנָתוֹ לְאָכְלוֹ, אֶלָּא בִּשְׁבִיל הָעִקָּר, וְאִם לֹא הָיָה לוֹ הָעִקָּר לֹא הָיָה אוֹכֵל כְּלָל אֶת הַטָּפֵל, כְּגוֹן שֶׁחָלַשׁ לִבּוֹ, וּכְדֵי לְחַזֵּק לִבּוֹ אוֹכֵל דָּג מָלִיחַ אוֹ צְנוֹן, אֶלָּא מִפְּנֵי שֶׁהֵם דְּבָרִים חֲרִיפִים אוֹכֵל גַּם מְעַט פַּת, אוֹ דָּבָר אַחֵר לְמַתֵּק הַחֲרִיפוּת, וְכֵן אִם מִתְאַוֶּה לִשְׁתּוֹת יַיִן שָׂרָף וְשׁוֹתֶה, וּבִכְדֵי לְמַתֵּק הַחֲרִיפוּת אוֹכֵל אַחֲרָיו מְעַט פַּת, אוֹ אֵיזֶה פְּרִי, מְבָרֵךְ רַק עַל הָעִקָּר, וְעַל הַטָּפֵל אֵינוֹ צָרִיךְ לְבָרֵךְ לֹא לְפָנָיו וְלֹא לְאַחֲרָיו, כִּי נִפְטָר בִּבְרָכָה שֶׁעַל הָעִקָּר, וְגַם נְטִילַת יָדַיִם אֵינוֹ צָרִיךְ.

סעיף ב' וְדַוְקָא אִם אוֹכֵל אֶת הָעִקָּר תְּחִלָּה וְאַחַר כָּךְ אֶת הַטָּפֵל, וּבְשָׁעָה שֶׁבֵּרַךְ עַל הָעִקָּר הָיָה דַּעְתּוֹ לֶאֱכוֹל גַּם אֶת הַטָּפֵל, אוֹ שֶׁהוּא רָגִיל בְּכָךְ, דַּהֲוֵי כְּאִלּוּ הָיְתָה דַּעְתּוֹ לְכָךְ וְאוֹכֵל אֶת הַטָּפֵל בְּאוֹתוֹ מַעֲמָד, לְאַפּוּקֵי אִם הָלַךְ בֵּינְתַיִם לְחֶדֶר אַחֵר, שֶׁאָז צָרִיךְ לְבָרֵךְ גַּם עַל הַטָּפֵל.

סעיף ג' וְכֵן אִם אוֹכֵל מִתְּחִלָּה אֶת הַטָּפֵל וְאַחַר כָּךְ אֶת הָעִקָּר, כְּגוֹן שֶׁרוֹצֶה לִשְׁתּוֹת יַיִן אוֹ יַיִן שָׂרָף, וּכְדֵי שֶׁלֹּא לִשְׁתּוֹת אַלִּיבָּא רֵיקָנָא אוֹכֵל תְּחִלָּה אֵיזֶה דָּבָר קָטָן, צָרִיךְ לְבָרֵךְ גַּם עַל הַטָּפֵל. וְאָמְנָם כֵּיוָן שֶׁהוּא רַק טָפֵל עַתָּה, יֵשׁ אוֹמְרִים, דְּיָרֵד מִבִּרְכָתוֹ וְאֵין מְבָרְכִין עָלָיו רַק שֶׁהַכֹּל, וְיֵשׁ חוֹלְקִין. וּלְהוֹצִיא אֶת עַצְמוֹ מִידֵי סְפֵקָא, יִשְׁתֶּה תְּחִלָּה קְצָת מִן הָעִקָּר וִיבָרֵךְ עָלָיו לִפְטוֹר אֶת הַטָּפֵל (רי"ב)

סעיף ד' אִם כַּוָּנָתוֹ לִשְׁנֵיהֶם, כְּגוֹן שֶׁהוּא שׁוֹתֶה יַיִן שָׂרָף וְאוֹכֵל גַּם מִינֵי כִּיסְנִין וְדֻבְשָׁנִין (האניג קוכען) אוֹ מִרְקַחַת וְכַדּוֹמֶה, צָרִיךְ לְבָרֵךְ עַל שְׁנֵיהֶם. וִיבָרֵךְ תְּחִלָּה עַל הַכִּיסְנִין אוֹ הַמִּרְקַחַת שֶׁהֵם חֲשׁוּבִים, וְאַחַר כָּךְ מְבָרֵךְ עַל הַיַּיִן שָׂרָף, וּמִכָּל שֶׁכֵּן אִם אוֹכֵל פַּת כִּיסְנִין וְשׁוֹתֶה גַּם כֵּן קָאפֶע שֶׁצָּרִיךְ לְבָרֵךְ עַל שְׁנֵיהֶם, דְּהַיְנוּ תְּחִלָּה עַל פַּת הַכִּיסְנִין וְאַחַר כָּךְ עַל הַקָּאפֶע שֶׁהֲרֵי כַּוָּנָתוֹ לִשְׁנֵיהֶם.

סעיף ה' שְׁנֵי מִינִים שֶׁנִּתְבַּשְּׁלוּ יַחַד, אִם כָּל מִין מֻבְדָּל לְעַצְמוֹ, מְבָרֵךְ עַל כָּל מִין בִּפְנֵי עַצְמוֹ בְּרָכָה הָרְאוּיָה לוֹ. אֲבָל אִם נִתְמַעֲכוּ וְנִדְבְּקוּ, אָזֵי אָזְלִינָן

בָּתַר רֻבָּא, וּמַה שֶּׁהוּא הָרֹב זֶהוּ הָעִקָּר וּמְבָרְכִין עָלָיו, וְהַשֵּׁנִי נִפְטָר. אַךְ אִם אֶחָד הוּא מֵחֲמֵשֶׁת מִינֵי דָּגָן, אַף עַל פִּי שֶׁהוּא הַמּוּעָט הוּא הָעִקָּר, כְּמוֹ שֶׁכָּתַבְתִּי בְּסִימָן מ"ח סָעִיף י' עַיֵּן שָׁם (ר"ח רי"ב).

סעיף ו' מַאֲכָל שֶׁנָּתַן לְתוֹכוֹ חָלָב אוֹ מָרָק לְאָכְלָם בְּיַחַד, אִם עִקַּר כַּוָּנָתוֹ הַמַּאֲכָל, אֲזַי מְבָרֵךְ רַק עָלָיו, וְהֶחָלָב אוֹ הַמָּרָק טְפֵלִים. וְאִם כַּוָּנָתוֹ רַק עַל הַמָּרָק וְהֶחָלָב, מְבָרֵךְ עֲלֵיהֶם, וְהַמַּאֲכָל הוּא טָפֵל. וְאִם כַּוָּנָתוֹ עַל שְׁנֵיהֶם (וְאֵין בִּרְכוֹתֵיהֶן שָׁווֹת), מְבָרֵךְ תְּחִלָּה עַל הַמַּאֲכָל וְאוֹכֵל מִמֶּנּוּ מְעַט, וְאַחַר כָּךְ מְבָרֵךְ עַל הַמָּרָק אוֹ עַל הֶחָלָב. וְאֵין הוֹלְכִין בָּזֶה אַחַר הָרֹב. וַאֲפִלּוּ אִם הַמַּאֲכָל הוּא מִין דָּגָן, אֵינוֹ נֶחְשָׁב עִקָּר לְעִנְיָן זֶה, (מַאֲכָל שֶׁנִּתְבַּשֵּׁל בְּמַיִם אוֹ בְּחָלָב, עַיֵּן לְעֵיל סִימָן מ"ח וסִימָן נ"ג) (סִימָן קס"ח ר"ב).

סעיף ז' בְּשָׂמִים שְׁחוּקִים שֶׁעֲרָבָן עִם סֻכָּר, הַבְּשָׂמִים הֵם הָעִקָּר וּמְבָרְכִין עֲלֵיהֶם בְּרָכָה הָרְאוּיָה לָהֶן. עַל אֱגוֹז מוּסְקָט בּוֹרֵא פְּרִי הָעֵץ. עַל קִנָּמוֹן (צימרינד) בּוֹרֵא פְּרִי הָאֲדָמָה. וְכֵן עַל זַנְגְּבִיל (אונגבער) בּוֹרֵא פְּרִי הָאֲדָמָה.

סעיף ח' הַשּׁוֹתֶה שֶׁמֶן זַיִת כְּמוֹ שֶׁהוּא, אֵינוֹ מְבָרֵךְ עָלָיו כְּלָל, מִפְּנֵי שֶׁהוּא מַזִּיק לוֹ. וְאִם עֲרָבוֹ עִם שְׁאָר דְּבָרִים, הוּא הַטָּפֵל וּמְבָרֵךְ רַק עַל הָעִקָּר. אַךְ אִם יֵשׁ לוֹ מֵחוֹשׁ שֶׁהוּא צָרִיךְ אֶת הַשֶּׁמֶן לִרְפוּאָה, וּבִכְדֵי שֶׁלֹּא יַזִּיק לוֹ הוּא מְעָרְבוֹ בִּשְׁאָר דָּבָר, מֵאַחַר שֶׁעִקַּר כַּוָּנָתוֹ עַל הַשֶּׁמֶן, אַף עַל פִּי שֶׁהוּא הַמְּעַט, מְבָרֵךְ עָלָיו בִּרְכָתוֹ שֶׁהִיא בּוֹרֵא פְּרִי הָעֵץ וּפוֹטֵר אֶת הַדָּבָר הָאַחֵר. וְאִם הוּא צָמֵא וְעִקַּר כַּוָּנָתוֹ לִשְׁתּוֹת לִצְמָאוֹ, אֶלָּא שֶׁאַגַּב הוּא נוֹתֵן בּוֹ שֶׁמֶן לִרְפוּאָה, מְבָרֵךְ רַק עַל הַמַּשְׁקֶה. וְכֵן הַדִּין אִם נוֹתֵן לְתוֹךְ הַמַּשְׁקֶה אֱגוֹז מוּסְקָט אוֹ קִנָּמוֹן (צִימְרִינד) אוֹ זַנְגְּבִיל, דְּאָזְלִינָן בָּתַר הַכַּוָּנָה.

סעיף ט' כָּל מִינֵי מֶרְקַחַת, הַדְּבַשׁ וְהַסֻּכָּר הֵן טְפֵלִים וּמְבָרְכִים עַל עִקַּר הַפְּרִי בִּרְכָתוֹ הָרְאוּיָה לוֹ (וְעַיֵּן לְעֵיל סִימָן נ"ב).

סימן נה - דין קדימה בברכות ובו ה' סעיפים:

סעיף א' מִי שֶׁיֵּשׁ לְפָנָיו מִינֵי פֵּרוֹת הַרְבֵּה, וְהוּא רוֹצֶה לֶאֱכוֹל מִכֻּלָּם, אִם בִּרְכוֹתֵיהֶן שָׁווֹת, יְבָרֵךְ עַל זֶה שֶׁהוּא חָבִיב לוֹ וְחָפֵץ בּוֹ יוֹתֵר. וְאִם שְׁנֵיהֶן שָׁוִים לוֹ בַּחֲבִיבוּת, אֲזַי אִם יֵשׁ בֵּינֵיהֶם מִמִּין שִׁבְעָה שֶׁנִּשְׁתַּבְּחָה בָּהֶן אֶרֶץ יִשְׂרָאֵל (עַיֵּן לְעֵיל סִימָן ז'), יְבָרֵךְ עַל זֶה, אַף עַל פִּי שֶׁאֵינוֹ אֶלָּא חֲצִי פְּרִי וְהַשְּׁאָר הֵן שְׁלֵמִים. וְאִם אֵין בֵּינֵיהֶם מִמִּין שִׁבְעָה, אִם אֶחָד שָׁלֵם וְאֶחָד אֵינוֹ שָׁלֵם, שָׁלֵם עָדִיף. וְכֵן אִם אֵין בִּרְכוֹתֵיהֶן שָׁווֹת אֶלָּא שֶׁאֶחָד בִּרְכָתוֹ בּוֹרֵא פְּרִי הָעֵץ, וְאֶחָד בִּרְכָתוֹ בּוֹרֵא פְּרִי הָאֲדָמָה, שֶׁצָּרִיךְ לְבָרֵךְ עַל שְׁנֵיהֶם, אִם הָאֶחָד חָבִיב עָלָיו, יְבָרֵךְ תְּחִלָּה עַל הֶחָבִיב. וְאִם שְׁנֵיהֶם שָׁוִים לוֹ, יְבָרֵךְ תְּחִלָּה עַל זֶה שֶׁהוּא מִמִּין שִׁבְעָה, אֲפִלּוּ הוּא חֲצִי. וְאִם אֵין בֵּינֵיהֶם מִמִּין שִׁבְעָה, שָׁלֵם עָדִיף. וְאִם שְׁנֵיהֶם שְׁלֵמִים אוֹ שְׁנֵיהֶם חֲסֵרִים, יַקְדִּים בּוֹרֵא פְּרִי הָעֵץ לְבוֹרֵא פְּרִי הָאֲדָמָה.

סעיף ב' אִם כֻּלָּן הֵן מִמִּין שִׁבְעָה

שֶׁלָּקַח בְּיָדוֹ כּוֹס קָסָבַר שֶׁהוּא יַיִן, וּבֵרַךְ עַל דַּעַת, שֶׁהוּא יַיִן, וְקֹדֶם שֶׁאָמַר בּוֹרֵא פְּרִי הַגָּפֶן נִזְכַּר שֶׁהוּא מַיִם אוֹ שֵׁכָר וְסִיֵּם שֶׁהַכֹּל נִהְיָה בִּדְבָרוֹ, אֵינוֹ צָרִיךְ לַחֲזוֹר וּלְבָרֵךְ, דְּמִשּׁוּם טָעוּת בְּכַוָּנָה אֵינוֹ צָרִיךְ לַחֲזוֹר וּלְבָרֵךְ. וְכָל שֶׁכֵּן אִם טָעָה בְּהִפּוּךְ, שֶׁהָיָה סָבוּר שֶׁהוּא שֵׁכָר אוֹ מַיִם וּבֵרַךְ עַל דַּעַת לוֹמַר שֶׁהַכֹּל, וְקֹדֶם שֶׁאָמַר שֶׁהַכֹּל נִזְכַּר שֶׁהוּא יַיִן, וְסִיֵּם בּוֹרֵא פְּרִי הַגָּפֶן, שֶׁיָּצָא. שֶׁהֲרֵי אֲפִלּוּ אִם הָיָה מְסַיֵּם כְּפִי הַכַּוָּנָה הָיָה יוֹצֵא.

סעיף ו' אֲפִלּוּ אִם סִיֵּם כָּל הַבְּרָכָה בְּטָעוּת, אֶלָּא שֶׁנִּזְכַּר תּוֹךְ כְּדֵי דִּבּוּר וְתִקֵּן אֲמִירָתוֹ, כְּגוֹן שֶׁלָּקַח כּוֹס מַיִם אוֹ שֵׁכָר קָסָבַר שֶׁהוּא יַיִן וּבֵרַךְ בּוֹרֵא פְּרִי הַגָּפֶן, וְנִזְכַּר מִיָּד שֶׁהוּא מַיִם אוֹ שֵׁכָר וְסִיֵּם שֶׁהַכֹּל נִהְיָה בִּדְבָרוֹ, וְכָךְ הָיְתָה אֲמִירָתוֹ, בּוֹרֵא פְּרִי הַגָּפֶן שֶׁהַכֹּל נִהְיָה בִּדְבָרוֹ, יָצָא.

סעיף ז' וְאִם לֹא נִזְכַּר תּוֹךְ כְּדֵי דִּבּוּר, צָרִיךְ לְבָרֵךְ מֵחָדָשׁ בִּרְכַּת שֶׁהַכֹּל אִם הוּא רוֹצֶה לִשְׁתּוֹת כּוֹס זֶה. וְאִם הָיָה בְּדַעְתּוֹ לִשְׁתּוֹת גַּם יַיִן אַחֵר, יִקַּח יַיִן וְיִשְׁתֶּה מִיָּד, וְאֵינוֹ צָרִיךְ בְּרָכָה שְׁנִיָּה כֹּל שֶׁלֹּא הִפְסִיק בְּדִבּוּר (עַיֵּן לְעֵיל סִימָן ב' סָעִיף ד' וְסָעִיף ה'). וַאֲפִלּוּ טָעַם תְּחִלָּה מִן הַכּוֹס וְעַל יְדֵי טְעִימָתוֹ נוֹדַע לוֹ שֶׁהוּא מַיִם אוֹ שֵׁכָר מִכָּל מָקוֹם לֹא הָוֵי הֶפְסֵק בְּדִיעֲבַד (ולענין קידוש ע"ל ס' עז ס' יב).

סימן נז - דין ברך על מאכל או משקה, ואחר כך הביאו לו עוד ובו ז' סעיפים:

סעיף א' בֵּרַךְ עַל הַלֶּחֶם וְלֹא הָיָה בְּדַעְתּוֹ לֶאֱכוֹל יוֹתֵר מִמַּה שֶּׁהֵכִין לוֹ, כְּגוֹן שֶׁקָּנָה לוֹ לֶחֶם אוֹ גְּלֶסְקָא וְסָבַר שֶׁיִּהְיֶה לוֹ דַּי, וְשׁוּב נִתְאַוָּה לֶאֱכוֹל יוֹתֵר וְשָׁלַח לִקְנוֹת לוֹ עוֹד, אֲפִלּוּ יֵשׁ לְפָנָיו עוֹד מִמַּה שֶּׁהֵכִין לוֹ בַּתְּחִלָּה, מִכָּל מָקוֹם, צָרִיךְ לְבָרֵךְ שֵׁנִית הַמּוֹצִיא עַל מַה שֶּׁהֵבִיאוּ לוֹ, מִשּׁוּם דַּהֲוֵי נִמְלָךְ. אֲבָל מִי שֶׁיֵּשׁ לוֹ לֶחֶם בְּבֵיתוֹ וְחָתַךְ לְעַצְמוֹ חֲתִיכָה, שֶׁהָיָה סָבוּר שֶׁיִּהְיֶה לוֹ דַּי וְאַחַר כָּךְ נִתְאַוָּה לְיוֹתֵר וְחָתַךְ לוֹ עוֹד, אַף עַל פִּי שֶׁאֵין לוֹ עוֹד מִן הָרִאשׁוֹן, אֵינוֹ צָרִיךְ לְבָרֵךְ שֵׁנִית, דְּזֶה לֹא מִקְרֵי נִמְלָךְ, כִּי הַדֶּרֶךְ הוּא כָּךְ.

סעיף ב' בֵּרֵךְ עַל הַפֵּרוֹת שֶׁהוּא אוֹכֵל וְהֵבִיאוּ לוֹ אַחַר כָּךְ עוֹד פֵּרוֹת, אִם בִּשְׁעַת הַבְּרָכָה הָיְתָה דַּעְתּוֹ עַל כָּל מַה שֶּׁיָּבִיאוּ לוֹ, אֲזַי אֲפִלּוּ אִם אֵין לוֹ עוֹד מֵהָרִאשׁוֹנִים, וַאֲפִלּוּ אֵינָן מִמִּין הָרִאשׁוֹן אֶלָּא שֶׁבִּרְכוֹתֵיהֶן שָׁווֹת, אֵינוֹ צָרִיךְ לְבָרֵךְ שֵׁנִית עַל אֵלּוּ שֶׁהֵבִיאוּ לוֹ. וְאִם הוּא נִמְלָךְ מַמָּשׁ, דְּהַיְנוּ שֶׁמִּתְּחִלָּה לֹא הָיְתָה דַּעְתּוֹ לֶאֱכוֹל רַק אֵלּוּ שֶׁהֵם לְפָנָיו, וְאַחַר כָּךְ נִמְלַךְ לֶאֱכוֹל יוֹתֵר, אֲזַי אֲפִלּוּ הֵם מִמִּין הָרִאשׁוֹן וְגַם יֵשׁ לְפָנָיו עוֹד גַּם מֵהָרִאשׁוֹנִים, מִכָּל מָקוֹם צָרִיךְ לְבָרֵךְ עַל אֵלּוּ שֶׁהֵבִיאוּ לוֹ.

סעיף ג' וְאִם בַּתְּחִלָּה הָיְתָה דַּעְתּוֹ סְתָם לֹא כָּךְ וְלֹא כָּךְ, אֲזַי יֵשׁ חִלּוּק, שֶׁאִם בְּשָׁעָה שֶׁהֵבִיאוּ לוֹ הַשְּׁנִיִּים לֹא הָיָה לוֹ עוֹד מֵהָרִאשׁוֹנִים צָרִיךְ לְבָרֵךְ שֵׁנִית. אֲבָל אִם הָיָה לוֹ אָז עוֹד מֵהָרִאשׁוֹנוֹת, יֵשׁ סָפֵק אִם צָרִיךְ לְבָרֵךְ שֵׁנִית עַל הַשְּׁנִיִּים אוֹ אֵינוֹ צָרִיךְ. לָכֵן טוֹב לִזָּהֵר שֶׁכְּשֶׁהוּא מְבָרֵךְ, תְּהֵא דַּעְתּוֹ עַל כָּל מַה שֶּׁיָּבִיאוּ לוֹ. וְאִם לֹא הָיְתָה דַּעְתּוֹ כָּךְ אֶלָּא

בִּסְתָמָא, כֵּיוָן דְּאִכָּא סְפֵקָא בִּבְרָכָה, יֵשׁ לוֹ לִמְנוֹעַ אֶת עַצְמוֹ מִלְּאָכְלָם.

סעיף ד' הֵבִיאוּ לוֹ פְּרִי שֶׁהוּא חָשׁוּב וְחָבִיב עָלָיו יוֹתֵר מִן הָרִאשׁוֹנִים אוֹ שֶׁהוּא מִמִּין שִׁבְעָה, אֲפִלּוּ יֵשׁ לְפָנָיו עוֹד מֵהָרִאשׁוֹנִים, צָרִיךְ לְבָרֵךְ עַל זֶה שֶׁהֵבִיאוּ לוֹ, כִּי מַה שֶּׁאֵינוֹ חָשׁוּב אֵינוֹ יָכוֹל לִפְטוֹר אֶת הֶחָשׁוּב דֶּרֶךְ גְּרָרָא, אֶלָּא דַּוְקָא כְּשֶׁנִּתְכַּוֵּן לְפָטְרוֹ (כִּדְלְעֵיל סִימָן נ' סָעִיף י"א).

סעיף ה' בֵּרַךְ עַל הַשֵּׁכָר וְנִתְכַּוֵּן לִפְטוֹר כָּל מַה שֶּׁיָּבִיאוּ לוֹ מִבִּרְכַּת שֶׁהַכֹּל, וְהֵבִיאוּ לוֹ דָּגִים, אֵינוֹ צָרִיךְ לְבָרֵךְ עַל הַדָּגִים. אֲבָל אִם הָיְתָה דַּעְתּוֹ סְתָם, אֲפִלּוּ אִם בְּשָׁעָה שֶׁהֵבִיאוּ לוֹ אֶת הַדָּגִים עֲדַיִן הָיָה שֵׁכָר לְפָנָיו, מִכָּל מָקוֹם צָרִיךְ לְבָרֵךְ עַל הַדָּגִים. וְלָא דָּמֵי לְפֵרוֹת, אֲפִלּוּ שֶׁאֵלּוּ תַּפּוּחִים וְאֵלּוּ אֱגוֹזִים, מִכָּל מָקוֹם הַכֹּל מִין אֹכֶל הוּא. אֲבָל שֵׁכָר וְדָגִים הֵמָּה לְגַמְרֵי שְׁנֵי מִינִים מְחֻלָּקִים. זֶה אֹכֶל וְזֶה מַשְׁקֶה, וְאֵינָן פּוֹטְרִין זֶה אֶת זֶה, אֶלָּא אִם כֵּן הָיוּ לְפָנָיו בִּשְׁעַת בְּרָכָה, אוֹ שֶׁהָיְתָה דַּעְתּוֹ עֲלֵיהֶם (סִימָן ר"ו).

סעיף ו' כָּל זֹאת לֹא מַיְרֵי אֶלָּא בְּאָדָם הָאוֹכֵל מִשֶּׁלּוֹ, אֲבָל אִם הוּא אוֹכֵל אֵצֶל חֲבֵרוֹ, כֵּיוָן שֶׁבֵּרַךְ עַל מִין אֶחָד, פּוֹטֵר כָּל מַה שֶּׁיָּבִיאוּ לוֹ אֲפִלּוּ אֵין לוֹ עוֹד מֵהָרִאשׁוֹנִים, דְּהַכֹּל תָּלוּי בְּדַעַת הַבַּעַל הַבַּיִת. אַךְ אִם נִמְלַךְ מַמָּשׁ, אָז צָרִיךְ לְבָרֵךְ שֵׁנִית. וְאִם לֹא הָיָה בְּדַעַת בַּעַל הַבַּיִת לְהָבִיא יוֹתֵר רַק לְבַקָּשַׁת הָאוֹרְחִים נָתַן לָהֶם, גַּם כֵּן אֵינָן צְרִיכִין לְבָרֵךְ, לְפִי שֶׁהָאוֹרְחִים סוֹמְכִין בְּדַעְתָּם שֶׁהַבַּעַל הַבַּיִת מִסְתָמָא יִתֵּן לָהֶם כָּל צָרְכָּם (סִימָן קע"ט ובחיי"א).

סעיף ז' מִי שֶׁבָּא לִסְעוּדָה וְנָתְנוּ לוֹ כּוֹס וּבֵרַךְ עָלָיו, וְאַחַר כָּךְ שׁוּב נָתְנוּ לוֹ כּוֹסוֹת, אִם הַמִּנְהָג הוּא כֵן, מִסְתָמָא הָיְתָה דַּעְתּוֹ עַל כֻּלָּם וְאֵינוֹ צָרִיךְ לְבָרֵךְ עוֹד (קעד).

סימן נח - דין ברכת הריח. ובו י"ד סעיפים:

סעיף א' כְּשֵׁם שֶׁאָסוּר לְאָדָם לֵהָנוֹת מִמַּאֲכָל אוֹ מַשְׁקֶה קֹדֶם שֶׁיְּבָרֵךְ, כָּךְ אָסוּר לוֹ לֵהָנוֹת מֵרֵיחַ טוֹב קֹדֶם שֶׁיְּבָרֵךְ, עָלָיו, שֶׁנֶּאֱמַר, כֹּל הַנְּשָׁמָה תְּהַלֵּל יָהּ. אֵיזֶהוּ דָּבָר שֶׁהַנְּשָׁמָה נֶהֱנֵית מִמֶּנּוּ וְאֵין הַגּוּף נֶהֱנֶה מִמֶּנּוּ. הֱוֵי אוֹמֵר, זֶה הָרֵיחַ. אֲבָל לְאַחֲרָיו אֵינוֹ צָרִיךְ לְבָרֵךְ, מִשּׁוּם דִּכְשֶׁמַּפְסִיק הָרֵיחַ מֵחָטְמוֹ, כְּבָר עָבְרָה הֲנָאָתוֹ וַהֲוֵי כְּמוֹ אֹכֶל שֶׁנִּתְעַכֵּל בְּמֵעָיו.

סעיף ב' כֵּיצַד מְבָרֵךְ עַל הָרֵיחַ הַטּוֹב. אִם זֶה שֶׁיּוֹצֵא מִמֶּנּוּ הָרֵיחַ הוּא פְּרִי שֶׁהוּא רָאוּי לַאֲכִילָה, בֵּין שֶׁהוּא פְּרִי הָעֵץ בֵּין שֶׁהוּא פְּרִי הָאֲדָמָה, אַף עַל פִּי שֶׁאֵינוֹ רָאוּי לַאֲכִילָה אֶלָּא עַל יְדֵי תַּעֲרוֹבוֹת, כְּגוֹן אֱגוֹז מוּסְקַט, צִיטְרָאן (לימון) וְאֶתְרוֹג (בִּשְׁאָר יְמוֹת הַשָּׁנָה, חוּץ מִסֻּכּוֹת שֶׁיִּתְבָּאֵר בְּסִימָן קל"ז סָעִיף ז') מִכָּל מָקוֹם כֵּיוָן שֶׁעִקָּרוֹ לַאֲכִילָה, מְבָרֵךְ אֲשֶׁר נָתַן (וְיֵשׁ אוֹמְרִים הַנּוֹתֵן) רֵיחַ טוֹב בַּפֵּרוֹת. וְדַוְקָא כְּשֶׁנִּתְכַּוֵּן לְהָרִיחַ בּוֹ. אֲבָל אִם לֹא נִתְכַּוֵּן לְהָרִיחַ אֶלָּא לַאֲכִילָה, וְהָרֵיחַ בָּא לוֹ מִמֵּילָא, אֵינוֹ צָרִיךְ לְבָרֵךְ עַל הָרֵיחַ. הַמֵּרִיחַ בְּקַאפֶע קָלוּי שֶׁיֵּשׁ לוֹ רֵיחַ טוֹב, מְבָרֵךְ אֲשֶׁר נָתַן רֵיחַ טוֹב בַּפֵּרוֹת.

סעיף ג' אִם זֶה שֶׁיּוֹצֵא מִמֶּנּוּ הָרֵיחַ הוּא עֵץ אוֹ מִין עֵץ, מְבָרֵךְ בּוֹרֵא עֲצֵי

בְּשָׂמִים. וְלָכֵן עַל הַהֲדַס וְעַל נֵרְד שֶׁקּוֹרִין ראזען וְעַל הַלְּבוֹנָה וְכַיּוֹצֵא בָּהֶם, מְבָרְכִין בּוֹרֵא עֲצֵי בְשָׂמִים, דְּכֵיוָן דְּעִקָּרוֹ אֵינוֹ לַאֲכִילָה אֶלָּא לְהָרִיחַ לֹא הָוֵי פְּרִי. עַל פִּלְפְּלִין וְעַל זַנְגְּבִיל (אונגבער) יֵשׁ אוֹמְרִים דִּמְבָרְכִין, וְיֵשׁ אוֹמְרִים דְּאֵין מְבָרְכִין, עַל כֵּן אֵין לְהָרִיחַ בָּהֶם.

סעיף ד' עַל עֵשֶׂב וְיֶרֶק מְבָרְכִין בּוֹרֵא עִשְׂבֵי בְשָׂמִים (העי"ן בְּחִירֵק וְהַבֵּי"ת רְפוּיָה, כִּי הַחִירֵק הִיא תְּנוּעָה קַלָּה וְגַם הַבֵּי"ת שֶׁל בְּשָׂמִים רְפוּיָה דִּסְמוּכָה לאהו"י) וְהַסִּימָן לֵידַע מַה הוּא עֵץ וּמַה הוּא יָרָק, כֹּל שֶׁהַגִּבְעוֹל הוּא קָשֶׁה כְּגִבְעוֹל שֶׁל פִּשְׁתָּן, וּמִתְקַיֵּם מִשָּׁנָה לְשָׁנָה וּמוֹצִיא עָלִין, זֶהוּ עֵץ. וְאוֹתָן שֶׁהַגִּבְעוֹל לְעוֹלָם רַךְ, הָוֵי עִשְׂבֵי בְשָׂמִים.

סעיף ה' אִם אֵינוֹ לֹא מִין עֵץ וְלֹא מִין עֵשֶׂב כְּמוֹ הַמּוּסְק (פִּיזַאם) מְבָרֵךְ עָלָיו בּוֹרֵא מִינֵי בְשָׂמִים. וְכֵן עַל פִּטְרִיּוֹת (שְׁוָועמְליך) יְבֵשׁוֹת שֶׁיֵּשׁ לָהֶן רֵיחַ טוֹב, אִם מֵרִיחַ בָּהֶן נִרְאֶה לִי דְּיֵשׁ לְבָרֵךְ בּוֹרֵא מִינֵי בְשָׂמִים.

סעיף ו' עַל שֶׁמֶן אֲפַרְסְמוֹן הַגָּדֵל בְּאֶרֶץ יִשְׂרָאֵל, לַחֲשִׁיבוּתוֹ שֶׁגָּדֵל בְּאֶרֶץ יִשְׂרָאֵל קָבְעוּ לוֹ בְרָכָה בִּפְנֵי עַצְמוֹ וּמְבָרְכִין עָלָיו בּוֹרֵא שֶׁמֶן עָרֵב.

סעיף ז' בֵּרַךְ עַל שֶׁל עֵץ עִשְׂבֵי בְשָׂמִים, וְכֵן לְהִפּוּךְ, לֹא יָצָא. אֲבָל אִם בֵּרַךְ בּוֹרֵא מִינֵי בְשָׂמִים עַל כָּל הַמִּינִים, יָצָא. וְלָכֵן בְּכָל דָּבָר שֶׁהוּא מְסֻפָּק בְּבִרְכָתוֹ, וְאִי אֶפְשָׁר לוֹ לְהִתְבָּרֵר, מְבָרֵךְ עָלָיו בּוֹרֵא מִינֵי בְשָׂמִים. וְנִרְאֶה לִי דְּאִם בֵּרַךְ עַל פְּרִי הָעֵץ בּוֹרֵא עֲצֵי בְשָׂמִים, יָצָא. וְעַל כֵּן נִרְאֶה לִי כִּי עַל צִפֹּרֶן (נֶעגְלִיךְ קרנפל) וְכֵן עַל קְלִפַּת תַּפּוּחַ זָהָב (מֶערַאנְצֶען) וְלִימוֹנִים (צִיטְרַאנִין) יֵשׁ לְבָרֵךְ בּוֹרֵא עֲצֵי בְשָׂמִים.

סעיף ח' שֶׁמֶן אוֹ מַיִם שֶׁבִּשְּׂמוּ בִּבְשָׂמִים, אִם בַּעֲצֵי בְשָׂמִים, מְבָרֵךְ בּוֹרֵא עֲצֵי בְשָׂמִים. וְאִם בְּעִשְׂבֵי בְשָׂמִים, מְבָרֵךְ בּוֹרֵא עִשְׂבֵי בְשָׂמִים. וְאִם הָיוּ בוֹ עֵצִים וַעֲשָׂבִים מְבָרֵךְ בּוֹרֵא מִינֵי בְשָׂמִים. וְכֵן בְּכָל מָקוֹם שֶׁיֵּשׁ רֵיחַ מְעֹרָב מִמִּינִים שׁוֹנִים, מְבָרֵךְ בּוֹרֵא מִינֵי בְשָׂמִים. אִם הוֹצִיאוּ הַבְּשָׂמִים מִן הַשֶּׁמֶן וּמִן הַמַּיִם, יֵשׁ סָפֵק אִם מְבָרְכִין עֲלֵיהֶם, כֵּיוָן שֶׁלֹּא נִשְׁאַר שָׁם הָעִקָּר. עַל כֵּן אֵין לְהָרִיחַ בָּהֶם.

סעיף ט' הָיוּ לְפָנָיו פְּרִי הַמֵּרִיחַ וַעֲצֵי בְשָׂמִים וְעִשְׂבֵי בְשָׂמִים וּמִינֵי בְשָׂמִים, מְבָרֵךְ עַל כָּל אֶחָד בְּרָכָה הָרְאוּיָה לוֹ, וּמַקְדִּים לְבָרֵךְ תְּחִלָּה עַל הַפְּרִי וְאַחַר כָּךְ עַל הָעֵץ, וְאַחַר כָּךְ עַל עִשְׂבֵי בְשָׂמִים וְאַחַר כָּךְ עַל מִינֵי בְשָׂמִים.

סעיף י' מֻגְמָר, דְּהַיְנוּ שֶׁמְּשִׂימִין בְּשָׂמִים עַל גֶּחָלִים שֶׁיַּעֲלֶה רֵיחַ טוֹב, מְבָרְכִין עָלָיו מִשֶּׁיַּעֲלֶה הֶעָשָׁן קֹדֶם שֶׁיַּגִּיעַ לוֹ הָרֵיחַ, כְּמוֹ בְּכָל בִּרְכַּת הַנֶּהֱנִין. אֲבָל לֹא יְבָרֵךְ קֹדֶם שֶׁעוֹלֶה הֶעָשָׁן, דִּבְעִינַן בְּרָכָה סְמוּכָה לַהֲנָאָה. אִם הַמֻּגְמָר הוּא מִין עֵץ, מְבָרֵךְ עֲצֵי בְשָׂמִים. וְאִם שֶׁל עֵשֶׂב, עִשְׂבֵי בְשָׂמִים. וְאִם שֶׁל שְׁאָר מִינִים, בּוֹרֵא מִינֵי בְשָׂמִים. וְדַוְקָא כְּשֶׁמֻּגְמָר בִּשְׁבִיל לְהָרִיחַ, אֲבָל מַה שֶּׁמְּעַשְּׁנִין בִּשְׁבִיל לְבַטֵּל הַסִּרְחוֹן כְּדֶרֶךְ שֶׁנּוֹתְנִין בְּשָׂמִים אֵצֶל הַמֵּתִים, אֵין מְבָרְכִין עָלָיו כְּלָל.

סעיף יא' וְכֵן כָּל דָּבָר שֶׁאֵינוֹ עוֹמֵד

לְהָרִיחַ, כְּגוֹן בְּשָׂמִים הַמֻּנָּחִים בַּחֶדֶר לִסְחוֹרָה, וְכֵן מֻגְמָר שֶׁמְּגַמְּרִין בּוֹ אֶת הַכֵּלִים, שֶׁלֹּא נַעֲשָׂה לְהָרִיחַ בְּעַצְמוֹ, רַק לִתֵּן רֵיחַ בַּכֵּלִים, אֵין מְבָרְכִין עֲלֵיהֶם, אַף עַל פִּי שֶׁהוּא מִתְכַּוֵּן לְהָרִיחַ.

סעיף יב' הַנִּכְנָס לְתוֹךְ חֲנוּת שֶׁל בְּשָׂמִים אוֹ (אַפָּאטְהעק) בֵּית מִרְקַחַת וְנִתְכַּוֵּן לְהָרִיחַ, מְבָרֵךְ בּוֹרֵא מִינֵי בְשָׂמִים, כִּי הַבְּשָׂמִים שֶׁבַּחֲנוּת עוֹמְדִין לְהָרִיחַ, דְּנִיחָא לֵיהּ, לְבַעַל הַחֲנוּת שֶׁיָּרִיחוּ בְּנֵי אָדָם וְיִקְנוּ. נִכְנָס וְיוֹצֵא נִכְנָס וְיוֹצֵא, אִם הָיְתָה דַּעְתּוֹ מִתְּחִלָּה לַחֲזוֹר, אֵינוֹ צָרִיךְ לְבָרֵךְ. וְאִם הִסִּיחַ דַּעְתּוֹ אוֹ שֶׁיָּצָא וְשָׁהָה זְמַן מְרֻבֶּה אוֹ שֶׁנִּכְנָס לַחֲנוּת אַחֶרֶת, צָרִיךְ לְבָרֵךְ בְּכָל פַּעַם.

סעיף יג' רֵיחַ שֶׁאֵין לוֹ עִקָּר, כְּגוֹן בְּגָדִים שֶׁהֵם מְגֻמָּרִים, אוֹ שֶׁהָיוּ בְשָׂמִים מֻנָּחִים בִּכְלִי וְקָלַט רֵיחַ, וְכֵן הַמְּמַשְׁמֵשׁ בְּאֶתְרוֹגִים אוֹ בִּשְׁאָר פֵּרוֹת הַמְּרִיחִים וְנִשְׁאַר בְּיָדוֹ אוֹ בְּבִגְדוֹ רֵיחַ, אֵין מְבָרְכִין עָלָיו.

סעיף יד' בְּסִימָן קנ"ב סָעִיף ח יְבֹאַר, דְּאָסוּר לְהָרִיחַ בִּבְשָׂמִים שֶׁל אִשָּׁה. וּבְסִימָן קס"ז סָעִיף ו' יְבֹאַר דְּאָסוּר לְהָרִיחַ בְּרֵיחַ שֶׁנַּעֲשָׂה לַעֲבוֹדַת כּוֹכָבִים, וּמִכָּל שֶׁכֵּן דְּאָסוּר לְבָרֵךְ עֲלֵיהֶם (רס"ז רי"ז).

סימן נט - דין ברכת שהחינו והטוב והמטיב ובו כ"א סעיפים:

סעיף א' עַל שְׁמוּעוֹת טוֹבוֹת שֶׁשָּׁמַע מִפִּי אָדָם נֶאֱמָן שֶׁרָאָה אֶת הַדָּבָר, וּמִכָּל שֶׁכֵּן אִם הוּא בְּעַצְמוֹ רָאָה אֶת הַדָּבָר, אִם הִיא טוֹבָה רַק לוֹ לְבַדּוֹ, מְבָרֵךְ שֶׁהֶחֱיָנוּ. וְאִם הִיא טוֹבָה לוֹ וְגַם לַאֲחֵרִים, מְבָרֵךְ בָּרוּךְ אַתָּה ה' אֱלֹקֵינוּ מֶלֶךְ הָעוֹלָם, הַטּוֹב וְהַמֵּטִיב. כְּלוֹמַר, טוֹב לוֹ וְגַם מֵטִיב לַחֲבֵרוֹ. אִם בְּשָׁעָה שֶׁהוּא רוֹאֶה אוֹ שׁוֹמֵעַ אֶת הַשְּׁמוּעָה אֵינוֹ יָכוֹל לְבָרֵךְ מֵחֲמַת גּוּפוֹ אוֹ מֵחֲמַת מְקוֹמוֹ, יָכוֹל לְבָרֵךְ אַחַר כָּךְ. וְכֵן בְּבִרְכַּת דַּיַּן הָאֱמֶת (רכ"ב רכ"ג).

סעיף ב' חַיָּב הָאָדָם לְבָרֵךְ אֶת ה' יִתְבָּרַךְ שְׁמוֹ גַּם עַל הָרָעָה, שֶׁנֶּאֱמַר, וְאָהַבְתָּ אֵת ה' אֱלֹהֶיךָ בְּכָל לְבָבְךָ וּבְכָל נַפְשְׁךָ וּבְכָל מְאֹדֶךָ. בְּכָל לְבָבְךָ, בִּשְׁנֵי יְצָרֶיךָ, בְּיֵצֶר טוֹב וּבְיֵצֶר הָרָע (פֵּרוּשׁ, גַּם כְּשֶׁהוּא עוֹסֵק בְּעִנְיְנֵי עוֹלָם הַזֶּה יְקַיֵּם בְּכָל דְּרָכֶיךָ דָעֵהוּ, עַיֵּן לְעֵיל סִימָן ל"א). וּבְכָל נַפְשְׁךָ, אֲפִלּוּ הוּא נוֹטֵל אֶת נַפְשְׁךָ. וּבְכָל מְאֹדֶךָ, בְּכָל מָמוֹנֶךָ. דָּבָר אַחֵר, בְּכָל מְאֹדֶךָ, בְּכָל מִדָּה וּמִדָּה שֶׁהוּא מוֹדֵד לְךָ, בֵּין מִדָּה טוֹבָה בֵּין מִדַּת פֻּרְעָנוּת, הֱוֵי מוֹדֶה לוֹ. מַה הוּא מְבָרֵךְ. עַל שְׁמוּעוֹת רָעוֹת מְבָרֵךְ, בָּרוּךְ אַתָּה ה' אֱלֹקֵינוּ מֶלֶךְ הָעוֹלָם דַּיַּן הָאֱמֶת. אִם בָּאוּ לוֹ כַּמָּה שְׁמוּעוֹת בְּבַת אַחַת, בֵּין טוֹבוֹת בֵּין רָעוֹת, דַּי לוֹ בִּבְרָכָה אַחַת. וְחַיָּב אָדָם לְבָרֵךְ גַּם עַל הָרָעָה בְּדֵעָה שְׁלֵמָה וּבְנֶפֶשׁ חֲפֵצָה, כְּמוֹ שֶׁהוּא מְבָרֵךְ עַל הַטּוֹבָה, שֶׁנֶּאֱמַר, חֶסֶד וּמִשְׁפָּט אָשִׁירָה לְךָ ה' אֲזַמֵּרָה. אִם חֶסֶד אָשִׁירָה וְאִם מִשְׁפָּט, אָשִׁירָה, כִּי גַּם הָרָעָה לְעוֹבְדֵי ה' יִתְבָּרַךְ שְׁמוֹ, הִיא שִׂמְחָתָם וְטוֹבָתָם, כֵּיוָן שֶׁמְּקַבֵּל בְּאַהֲבָה מַה שֶּׁגָּזַר עָלָיו ה' יִתְבָּרַךְ שְׁמוֹ, בֶּאֱמוּנָתוֹ, כִּי הַכֹּל כַּפָּרַת עֲוֹנוֹתָיו. נִמְצָא כִּי בְּקַבָּלַת רָעָה זוֹ, הוּא עוֹבֵד אֶת ה', וְהָעֲבוֹדָה הִיא שִׂמְחָה לוֹ (בְּרָכוֹת פ"ט. אוֹרַח חַיִּים סִימָן רכ"ב).

סעיף ג' הִגִּיעַ אֵלָיו טוֹבָה אוֹ שֶׁשָּׁמַע שְׁמוּעָה טוֹבָה, אַף עַל פִּי שֶׁהַדְּבָרִים מַרְאִין שֶׁטּוֹבָה זוֹ תִּגְרוֹם לוֹ רָעָה, כְּגוֹן שֶׁמָּצָא מְצִיאָה וְאִם יִשָּׁמַע הַדָּבָר לַמֶּלֶךְ יִקַּח כָּל אֲשֶׁר לוֹ, מִכָּל מָקוֹם מְבָרֵךְ הַטּוֹב וְהַמֵּטִיב. וְכֵן נָגְעָה אֵלָיו רָעָה אוֹ שָׁמַע שְׁמוּעָה רָעָה, אַף עַל פִּי שֶׁהַדְּבָרִים מַרְאִים שֶׁרָעָה זוֹ גּוֹרֶמֶת לוֹ טוֹבָה, כְּגוֹן, שֶׁבָּא לוֹ שֶׁטֶף עַל שָׂדֵהוּ וּמַזִּיק תְּבוּאָתוֹ, וּכְשֶׁיַּעֲבוֹר הַשֶּׁטֶף טוֹבָה הִיא לוֹ, שֶׁהִשְׁקָה אֶת שָׂדֵהוּ, מִכָּל מָקוֹם מְבָרֵךְ דַּיַּן הָאֱמֶת, שֶׁאֵין מְבָרְכִין עַל הֶעָתִיד לִהְיוֹת אֶלָּא עַל מַה שֶּׁאֵרַע עַתָּה (רכ"ב).

סעיף ד' לְעוֹלָם יְהֵא אָדָם רָגִיל לוֹמַר: כָּל מַה דְּעָבֵיד רַחְמָנָא לְטָב עָבֵיד.

סעיף ה' יָלְדָה אִשְׁתּוֹ זָכָר, מְבָרֵךְ הַטּוֹב וְהַמֵּטִיב, וְגַם הָאִשָּׁה תְּבָרֵךְ כֵּן. וְאִם מֵתָה הָאִשָּׁה בְּלִדְתָּהּ, מְבָרֵךְ שֶׁהֶחֱיָנוּ, דְּהָא לֵיכָּא הֲטָבָה לַאֲחֵרִינֵי. וְכֵן אִם מֵת הָאָב קוֹדֶם שֶׁיְּלָדַתּוּ, הִיא מְבָרֶכֶת שֶׁהֶחֱיָנוּ.

סעיף ו' מֵת אָבִיו אוֹ אֶחָד מִשְּׁאָר קְרוֹבָיו, אוֹ אֲפִלּוּ אֵינוֹ קְרוֹבוֹ אֶלָּא שֶׁהוּא אָדָם כָּשֵׁר, וּמִכָּל שֶׁכֵּן תַּלְמִיד חָכָם שֶׁהוּא מִצְטַעֵר עָלָיו, מְבָרֵךְ בָּרוּךְ אַתָּה ה' אֱלֹקֵינוּ מֶלֶךְ הָעוֹלָם, דַּיַּן הָאֱמֶת. וְעַל שְׁאָר אָדָם שֶׁאֵינוֹ מִצְטַעֵר כָּל כָּךְ, אוֹמֵר בָּרוּךְ דַּיַּן הָאֱמֶת בְּלֹא שֵׁם וּמַלְכוּת. אִם נִשְׁאַר מֵאָבִיו מָמוֹן לִירַשׁ, מְבָרֵךְ גַּם כֵּן שֶׁהֶחֱיָנוּ. וְאִם יֵשׁ לוֹ עוֹד אַחִים לַחֲלוֹק בִּירֻשָּׁה, אֲזַי בִּמְקוֹם בִּרְכַּת שֶׁהֶחֱיָנוּ מְבָרֵךְ הַטּוֹב וְהַמֵּטִיב.

סעיף ז' בָּנָה אוֹ קָנָה בַּיִת אוֹ קָנָה כֵּלִים אוֹ מַלְבּוּשִׁים חֲשׁוּבִים, אֲפִלּוּ הָיוּ לוֹ כַּיּוֹצֵא בְּאֵלּוּ תְּחִלָּה, אֶלָּא שֶׁאֵלּוּ לֹא הָיוּ שֶׁלּוֹ מֵעוֹלָם (לְאַפּוּקֵי מְכָרָן וְחָזַר וּקְנָאָן) וְהוּא שָׂמֵחַ בָּהֶם, מְבָרֵךְ שֶׁהֶחֱיָנוּ. וְיֵשׁ לְבָרֵךְ בִּשְׁעַת הַקִּנְיָן אוֹ גְּמַר הַבִּנְיָן, אַף עַל פִּי שֶׁעֲדַיִן לֹא נִשְׁתַּמֵּשׁ בָּהֶם, כִּי אֵין הַבְּרָכָה אֶלָּא עַל שִׂמְחַת הַלֵּב שֶׁהוּא שָׂמֵחַ בִּקְנִיָּתָן (רכ"ג).

סעיף ח' וּכְשֶׁיִּלְבַּשׁ הַמַּלְבּוּשׁ, יְבָרֵךְ מַלְבִּישׁ עֲרֻמִּים. וְאַף שֶׁכְּבָר בֵּרַךְ שַׁחֲרִית מַלְבִּישׁ עֲרֻמִּים, חוֹזֵר וּמְבָרֵךְ כְּשֶׁלּוֹבְשׁוֹ. אַךְ אִם לְבָשׁוֹ שַׁחֲרִית, נִפְטַר בִּבְרָכָה זֹאת. יֵשׁ אוֹמְרִים דְּהַקּוֹנֶה כּוֹבַע, כְּשֶׁמְּשִׂימוֹ בְּרֹאשׁוֹ יְבָרֵךְ עוֹטֵר יִשְׂרָאֵל בְּתִפְאָרָה, וּבָאֵזוֹר יְבָרֵךְ אוֹזֵר יִשְׂרָאֵל בִּגְבוּרָה. וְיֵשׁ חוֹלְקִין, עַל כֵּן טוֹב לְלָבְשָׁן פַּעַם הָרִאשׁוֹנָה שַׁחֲרִית וִיכַוֵּן לְפָטְרָן בְּבִרְכוֹת אֵלּוּ שֶׁאוֹמֵר אוֹתָן בְּסֵדֶר הַבְּרָכוֹת. קָנָה לוֹ טַלִּית שֶׁל מִצְוָה, אֲזַי לְאַחַר שֶׁעָשָׂה בּוֹ אֶת הַצִּיצִית, יְבָרֵךְ שֶׁהֶחֱיָנוּ. וְאִם לֹא בֵּרַךְ אָז, יְבָרֵךְ בְּעִטּוּף הָרִאשׁוֹן לְאַחַר שֶׁבֵּרַךְ לְהִתְעַטֵּף בְּצִיצִית.

סעיף ט' קָנָה כֵּלִים שֶׁיִּשְׁתַּמְּשׁוּ בָהֶם הוּא וּבְנֵי בֵּיתוֹ, מְבָרֵךְ הַטּוֹב וְהַמֵּטִיב.

סעיף י' אִם נָתְנוּ לוֹ בְּמַתָּנָה, מְבָרֵךְ הַטּוֹב וְהַמֵּטִיב, שֶׁהִיא טוֹבָה לוֹ, וְגַם לְהַנּוֹתֵן טוֹבָה, כִּי אִם זֶה הַמְקַבֵּל הוּא עָנִי, הֲרֵי הִיא טוֹבָה לְהַנּוֹתֵן שֶׁזִּכָּהוּ הַשֵּׁם יִתְבָּרֵךְ לִתֵּן צְדָקָה. וְאִם הַמְקַבֵּל הוּא עָשִׁיר, שָׂמֵחַ הַנּוֹתֵן, שֶׁזֶּה מְקַבֵּל מִמֶּנּוּ מַתָּנָה.

סעיף יא' עַל סְפָרִים חֲדָשִׁים שֶׁקָּנָה, אֵינוֹ מְבָרֵךְ שֶׁהֶחֱיָנוּ, מִשּׁוּם דְּמִצְוֹת

לָאו לֵהָנוֹת נִתְּנוּ.

סעיף יב' עַל דָּבָר שֶׁאֵינוֹ חָשׁוּב כָּל כָּךְ, כְּגוֹן חָלוּק, אוֹ מִנְעָלִים וְאַנְפְּלָאוֹת, אֵין לְבָרֵךְ, וַאֲפִלּוּ אִם הוּא עָנִי שֶׁשָּׂמֵחַ בָּהֶם. וְעָשִׁיר גָּדוֹל שֶׁקָּנָה כֵּלִים חֲדָשִׁים, שֶׁרָאוּי לְבֵינוֹנִי לִשְׂמֹחַ בָּהֶם, אֶלָּא שֶׁהוּא לְעָשְׁרוֹ אֵינָם חֲשׁוּבִים אֶצְלוֹ כָּל כָּךְ וְאֵינוֹ שָׂמֵחַ בָּהֶם, גַּם כֵּן לֹא יְבָרֵךְ.

סעיף יג' נוֹהֲגִין לוֹמַר לְמִי שֶׁלָּבַשׁ בֶּגֶד חָדָשׁ: תְּבַלֶּה וּתְחַדֵּשׁ. וְעַל מִנְעָלִים אוֹ שְׁאָר בְּגָדִים שֶׁנַּעֲשׂוּ מֵעוֹרוֹת, אֲפִלּוּ מִבְּהֵמוֹת וְחַיּוֹת טְמֵאוֹת, וַאֲפִלּוּ אִם הָעוֹרוֹת הֵם תְּפוּרִים רַק תַּחַת הַבֶּגֶד, אֵין אוֹמְרִים תְּבַלֶּה וּתְחַדֵּשׁ, כִּי אִם יְחַדֵּשׁ בֶּגֶד כָּזֶה, צְרִיכִין מִתְּחִלָּה לְהָמִית בַּעַל חַי, וּכְתִיב, וְרַחֲמָיו עַל כָּל מַעֲשָׂיו.

סעיף יד' פְּרִי שֶׁהוּא מִתְחַדֵּשׁ מִשָּׁנָה לְשָׁנָה, בַּפַּעַם הָרִאשׁוֹנָה שֶׁהוּא אוֹכְלוֹ, יְבָרֵךְ שֶׁהֶחֱיָנוּ, וִיבָרֵךְ תְּחִלָּה שֶׁהֶחֱיָנוּ וְאַחַר כָּךְ בִּרְכַּת הַפְּרִי. וְאִם שָׁכַח וּבֵרַךְ תְּחִלָּה בִּרְכַּת הַפְּרִי, יָכוֹל לְבָרֵךְ גַּם אַחַר כָּךְ שֶׁהֶחֱיָנוּ וְלֹא הָוֵי הֶפְסֵק. וְאִם לֹא בֵּרַךְ בַּאֲכִילָה הָרִאשׁוֹנָה, שׁוּב אֵינוֹ מְבָרֵךְ. אִם יֵשׁ לְפָנָיו כַּמָּה מִינִים חֲדָשִׁים, דַּי בְּבִרְכַּת שֶׁהֶחֱיָנוּ אַחַת לְכֻלָּם. שְׁנֵי מִינִים, אַף עַל פִּי שֶׁהֵם דּוֹמִים קְצָת, כְּמוֹ דֻּבְדְּבָנִים מְתוּקִים (קירשן) וְדֻבְדְּבָנִים חֲמוּצִים (וויינקסל), וַאֲפִלּוּ אֵינָן חֲלוּקִין בַּשֵּׁמוֹת אֶלָּא בַּטַּעַם, כְּמוֹ תְּאֵנִים לְבָנוֹת וּתְאֵנִים שְׁחוֹרוֹת, אִם בֵּרַךְ שֶׁהֶחֱיָנוּ עַל מִין אֶחָד, כְּשֶׁנִּזְדַּמֵּן לוֹ אַחַר כָּךְ מִין הַשֵּׁנִי, מְבָרֵךְ גַּם עָלָיו שֶׁהֶחֱיָנוּ כִּי שְׁתֵּי שְׂמָחוֹת הֵן.

סעיף טו' אִם בֵּרַךְ שֶׁהֶחֱיָנוּ עַל עֲנָבִים, יֵשׁ אוֹמְרִים, דְּאֵין צָרִיךְ לְבָרֵךְ עוֹד שֶׁהֶחֱיָנוּ עַל הַיַּיִן הֶחָדָשׁ, כִּי שִׂמְחָה אַחַת הִיא, שֶׁהַיַּיִן יוֹצֵא מִן הָעֲנָבִים, וְיֵשׁ אוֹמְרִים, דְּמִכָּל מָקוֹם צָרִיךְ לְבָרֵךְ שֶׁהֶחֱיָנוּ גַּם עַל הַיַּיִן הֶחָדָשׁ, מִשּׁוּם דְּיֵשׁ בּוֹ שִׂמְחָה יְתֵרָה מִבַּעֲנָבִים. וְעַל כֵּן טוֹב שֶׁאִם בֵּרַךְ שֶׁהֶחֱיָנוּ עַל עֲנָבִים, אֲזַי כְּשֶׁשּׁוֹתֶה יַיִן חָדָשׁ, יְבָרֵךְ תְּחִלָּה שֶׁהֶחֱיָנוּ עַל אֵיזֶה מִין חָדָשׁ לִפְטוֹר גַּם אֶת הַיַּיִן. אֲבָל אִם בֵּרַךְ תְּחִלָּה שֶׁהֶחֱיָנוּ עַל הַיַּיִן, לְכֻלֵּי עָלְמָא אֵינוֹ מְבָרֵךְ עוֹד עַל עֲנָבִים. וְכָל זֶה דַּוְקָא כְּשֶׁהוּא שׁוֹתֶה אֶת הַיַּיִן כְּשֶׁהוּא תִּירוֹשׁ, שֶׁהוּא נִכָּר שֶׁהוּא יַיִן חָדָשׁ. אֲבָל אִם אֵינוֹ שׁוֹתֵהוּ עַד שֶׁהוּא יַיִן, אֲפִלּוּ לֹא בֵּרַךְ שֶׁהֶחֱיָנוּ עַל עֲנָבִים, אֵינוֹ מְבָרֵךְ עָלָיו שֶׁהֶחֱיָנוּ, מִשּׁוּם דְּאֵינוֹ נִכָּר בֵּין חָדָשׁ לְיָשָׁן.

סעיף טז' אֵינוֹ מְבָרֵךְ שֶׁהֶחֱיָנוּ עַל הַבֹּסֶר אֶלָּא כְּשֶׁהִבְשִׁילוּ הָאֶשְׁכּוֹלוֹת עֲנָבִים, וְכֵן בְּכָל פְּרִי אַחַר גְּמָרוֹ.

סעיף יז' נוֹהֲגִין שֶׁאֵין מְבָרְכִין שֶׁהֶחֱיָנוּ עַל הַיְרָקוֹת וּמִינֵי לְפָתוֹת, מִפְּנֵי שֶׁהֵן מִתְקַיְּמִים זְמַן רַב עַל יְדֵי שֶׁמַּטְמִינִין אוֹתָן בְּקַרְקַע וּבְחוֹל, וְגַם הֵן מְצוּיִין וְגַם אֵין בָּהֶם שִׂמְחָה כָּל כָּךְ.

סעיף יח' אֵין מְבָרְכִין שֶׁהֶחֱיָנוּ עַל הָרֵיחַ, מִשּׁוּם דְּמִן הָרֵיחַ נֶהֱנֵית הַנְּשָׁמָה, וְהַנְּשָׁמָה הִיא נִצְחִית.

סעיף יט' עָתִיד אָדָם לִתֵּן דִּין וְחֶשְׁבּוֹן עַל כָּל מַה שֶּׁרָאֲתָה עֵינוֹ וְלֹא אָכַל. ר' אֶלְעָזָר הֲוָה מְצַמְצֵם לֵיהּ פְּרִיטֵי וְקָנָה לוֹ מִכָּל דָּבָר פַּעַם אַחַת בַּשָּׁנָה וְאָכַל. (יְרוּשַׁלְמִי סוֹף קִידּוּשִׁין)

וְשָׁוִים לוֹ בַּחֲבִיבוּת, צָרִיךְ לְהַקְדִּים אֶת זֶה שֶׁהִקְדִּימוֹ הַפָּסוּק. וְאֶרֶץ בַּתְרָא, שֶׁנֶּאֱמַר בַּפָּסוּק, הִפְסִיק אֶת הַסֵּדֶר. נִמְצָא לְפִי זֶה, כִּי תְּמָרִים קוֹדְמִים לַעֲנָבִים, לְפִי שֶׁתְּמָרִים הֵם שֵׁנִי לְאֶרֶץ בַּתְרָא, וַעֲנָבִים הוּא שְׁלִישִׁי לְאֶרֶץ קַמָּא. וְדַוְקָא עֲנָבִים. אֲבָל יַיִן, כֵּיוָן שֶׁהוּא דָּבָר חָשׁוּב וְקָבְעוּ לוֹ בְּרָכָה לְעַצְמוֹ, הוּא קוֹדֵם לְכָל הַפֵּרוֹת.

סעיף ג' הָא דְּיֵשׁ מַעֲלָה לְמִין שִׁבְעָה, דַּוְקָא כְּשֶׁנִּגְמְרָה הַפְּרִי. אֲבָל פְּרִי שֶׁלֹּא נִגְמְרָה אֵין לָהּ מַעֲלָה, דְּלָא מִשְׁתַּבַּח קְרָא בְּמִדֵּי דְּלָא חָזֵי. וְכֵן אִם אוֹכְלוֹ שֶׁלֹּא כְּדֶרֶךְ הֲנָאָתוֹ, כְּגוֹן הַכּוֹסֵס חִטָּה, אֵין לָהּ קְדִימָה.

סעיף ד' אִם יֵשׁ לְפָנָיו דָּבָר שֶׁבִּרְכָתוֹ בּוֹרֵא פְּרִי הָעֵץ אוֹ בּוֹרֵא פְּרִי הָאֲדָמָה, וְגַם דָּבָר שֶׁבִּרְכָתוֹ שֶׁהַכֹּל וְרוֹצֶה לֶאֱכוֹל מִשְּׁנֵיהֶם, בִּרְכַּת בּוֹרֵא פְּרִי הָעֵץ וּבִרְכַּת בּוֹרֵא פְּרִי הָאֲדָמָה קוֹדְמוֹת, שֶׁהֵן חֲשׁוּבוֹת, לְפִי שֶׁהֵן מְבֹרָרוֹת יוֹתֵר, שֶׁאֵינָן פּוֹטְרוֹת אֶלָּא מִין אֶחָד, וְשֶׁהַכֹּל הִיא בְּרָכָה כּוֹלֶלֶת הַרְבֵּה. וַאֲפִלּוּ אִם זֶה שֶׁבִּרְכָתוֹ שֶׁהַכֹּל הוּא חָבִיב לוֹ יוֹתֵר, מִכָּל מָקוֹם, צָרִיךְ לְהַקְדִּים בּוֹרֵא פְּרִי הָעֵץ אוֹ בּוֹרֵא פְּרִי הָאֲדָמָה (רי"א).

סעיף ה' בִּרְכַּת בּוֹרֵא מִינֵי מְזוֹנוֹת קוֹדֶמֶת גַּם לְבִרְכַּת הַיַּיִן, וּמִכָּל שֶׁכֵּן בִּרְכַּת הַמּוֹצִיא, שֶׁהֲרֵי הִיא קוֹדֶמֶת גַּם לְבִרְכַּת בּוֹרֵא מִינֵי מְזוֹנוֹת. וְלָכֵן בְּשַׁבָּת וְיוֹם טוֹב כְּשֶׁמְּקַדֵּשׁ עַל הַיַּיִן, צָרִיךְ לְכַסּוֹת אֶת הַפַּת, שֶׁלֹּא יִרְאֶה בָּשְׁתּוֹ, שֶׁמַּקְדִּימִין לוֹ בִּרְכַּת הַיַּיִן. וְכֵן בְּשַׁחֲרִית שֶׁמְּקַדֵּשׁ וְאוֹכֵל אַחַר כָּךְ מִינֵי מְזוֹנוֹת, צָרִיךְ לְכַסּוֹתָן בִּשְׁעַת הַקִּדּוּשׁ (רי"א רע"א רצ"ט).

סימן נו - דין טעות בברכות ובו ז' סעיפים:

סעיף א' טָעָה וּבֵרַךְ עַל לֶחֶם גָּמוּר בּוֹרֵא מִינֵי מְזוֹנוֹת אוֹ עַל פַּת כִּיסְנִין הַמּוֹצִיא, יָצָא. אֲבָל אִם בֵּרַךְ עַל תַּבְשִׁיל אֲפִלּוּ מִמִּינֵי דָּגָן הַמּוֹצִיא, לֹא יָצָא (חיי"א כלל נ"ח) טָעָה וּבֵרַךְ עַל עֲנָבִים בּוֹרֵא פְּרִי הַגָּפֶן, יָצָא. וְכֵן אִם טָעָה בִּבְרָכָה אַחֲרוֹנָה וּבֵרַךְ עַל הַגֶּפֶן, יָצָא. שֶׁהֲרֵי גַּם הָעֲנָבִים פְּרִי הַגֶּפֶן הֵם (ר"ח).

סעיף ב' טָעָה וּבֵרַךְ עַל פְּרִי הָעֵץ בּוֹרֵא פְּרִי הָאֲדָמָה, אוֹ שֶׁהָיוּ שְׁנֵיהֶם לְפָנָיו וְטָעָה וְהִקְדִּים לְבָרֵךְ עַל פְּרִי הָאֲדָמָה וְנִתְכַּוֵּן לִפְטוֹר בָּזֶה גַּם אֶת פְּרִי הָעֵץ, יָצָא, שֶׁהֲרֵי גַּם הָעֵץ יוֹנֵק מִן הָאֲדָמָה. אֲבָל אִם בֵּרַךְ עַל פְּרִי הָאֲדָמָה בּוֹרֵא פְּרִי הָעֵץ, לֹא יָצָא. וְלָכֵן אִם הוּא מְסֻפָּק בְּאֵיזֶה פְּרִי אִם הוּא פְּרִי הָעֵץ אוֹ פְּרִי הָאֲדָמָה וְאִי אֶפְשָׁר לוֹ לְבָרֵר בְּשׁוּם אֹפֶן, יְבָרֵךְ עָלָיו בּוֹרֵא פְּרִי הָאֲדָמָה.

סעיף ג' טָעָה וּבֵרַךְ עַל הַיַּיִן בּוֹרֵא פְּרִי הָעֵץ, אִם נִזְכַּר מִיָּד, יֹאמַר תּוֹךְ כְּדֵי דִּבּוּר, בּוֹרֵא פְּרִי הַגָּפֶן. וְאִם לֹא נִזְכַּר מִיָּד יָצָא בְּדִיעֲבַד (ר"ח).

סעיף ד' עַל כָּל דָּבָר אֲפִלּוּ עַל הַפַּת וְעַל הַיַּיִן, אִם טָעָה וּבֵרַךְ שֶׁהַכֹּל יָצָא (וְעַיֵּן לְעֵיל סִימָן נ' ס"ב).

סעיף ה' אַף עַל פִּי שֶׁלְּכַתְּחִלָּה צָרִיךְ לְדַקְדֵּק וּלְכַוֵּן עַל מַה שֶּׁהוּא מְבָרֵךְ (כְּמוֹ שֶׁכָּתַבְתִּי בְּסִימָן נ' סָעִיף ג') מִכָּל מָקוֹם בְּדִיעֲבַד אִם טָעָה בְּכַוָּנָה, כְּגוֹן

סעיף כ' הָרוֹאֶה אֶת חֲבֵרוֹ לְאַחַר שְׁלֹשִׁים יוֹם (עַיֵּן סִימָן שֶׁאַחַר זֶה סָעִיף י"ב) וְהוּא חָבִיב עָלָיו מְאֹד, וּמִכָּל שֶׁכֵּן אָדָם שֶׁהוּא גָּדוֹל מִמֶּנּוּ, כְּגוֹן אָבִיו אוֹ רַבּוֹ, וְשָׂמֵחַ בִּרְאִיָּתוֹ, מְבָרֵךְ שֶׁהֶחֱיָנוּ, אַף עַל פִּי שֶׁבְּתוֹךְ הַזְּמַן קִבֵּל מִמֶּנּוּ מִכְתָּב. וְאִם רוֹאֵהוּ לְאַחַר שְׁנֵים עָשָׂר חֹדֶשׁ, מְבָרֵךְ בָּרוּךְ אַתָּה ה' אֱלֹקֵינוּ מֶלֶךְ הָעוֹלָם, מְחַיֵּה הַמֵּתִים, (מִפְּנֵי שֶׁנִּשְׁכַּח מִן הַלֵּב, כְּמוֹ שֶׁהַמֵּת נִשְׁכָּח לְאַחַר שְׁנֵים עָשָׂר חֹדֶשׁ, דִּכְתִיב נִשְׁכַּחְתִּי כְּמֵת מִלֵּב הָיִיתִי כִּכְלִי אוֹבֵד. מַה כְּלִי מִי שֶׁאָבַד אוֹתוֹ וְלֹא מְצָאוֹ בְּתוֹךְ שְׁנֵים עָשָׂר חֹדֶשׁ מִתְיָאֵשׁ מִמֶּנּוּ, אַף הַמֵּת נִשְׁכָּח מִן הַלֵּב לְאַחַר שְׁנֵים עָשָׂר חֹדֶשׁ), וְאֵינוֹ מְבָרֵךְ שֶׁהֶחֱיָנוּ. אֲבָל אִם קִבֵּל מִמֶּנּוּ מִכְתָּב בְּתוֹךְ הַזְּמַן, אוֹ שֶׁשָּׁמַע בְּתוֹךְ הַזְּמַן מִשְּׁלוֹמוֹ, אֵינוֹ מְבָרֵךְ מְחַיֵּה הַמֵּתִים, אֶלָּא שֶׁהֶחֱיָנוּ. וְאֵין חִלּוּק בֵּין זְכָרִים לִנְקֵבוֹת, דַּאֲפִלּוּ הָאִישׁ שֶׁהוּא רוֹאֶה אֶת אִשְׁתּוֹ אוֹ אִמּוֹ אוֹ אֲחוֹתוֹ אוֹ בִּתּוֹ, וְכֵן הָאִשָּׁה שֶׁהִיא רוֹאָה אֶת בַּעְלָהּ אוֹ אָבִיהָ אוֹ אָחִיהָ אוֹ בְּנָהּ, מְבָרְכִין כֵּן.

סעיף כא' חֲבֵרוֹ שֶׁלֹּא רָאָה אוֹתוֹ מֵעוֹלָם, אֶלָּא שֶׁעַל יְדֵי מִכְתָּבִים שֶׁהֵרִיצוּ מִזֶּה לָזֶה נַעֲשׂוּ אוֹהֲבִים, אִם רוֹאֵהוּ אַחַר כָּךְ, אֵינוֹ מְבָרֵךְ עַל רְאִיָּתוֹ, דְּכֵיוָן שֶׁלֹּא הִתְרָאוּ מֵעוֹלָם פָּנִים אֶל פָּנִים, אֵין הָאַהֲבָה גְּדוֹלָה כָּל כָּךְ, שֶׁיְּהֵא שָׂמֵחַ בִּרְאִיָּתוֹ (רכ"ה). (דִּין הַטּוֹב וְהַמֵּטִיב עַל שִׁנּוּי יַיִן, כָּתוּב בְּסִימָן מ"ט)

סימן ס - דין ברכות הראיה ובו ט"ו סעיפים:

סעיף א' הָרוֹאֶה אִילָנֵי מַאֲכָל שֶׁמּוֹצִיאִין פֶּרַח, מְבָרֵךְ בָּרוּךְ אַתָּה ה' אֱלֹקֵינוּ מֶלֶךְ הָעוֹלָם, שֶׁלֹּא חִסַּר בְּעוֹלָמוֹ כְּלוּם וּבָרָא בוֹ בְּרִיּוֹת טוֹבוֹת וְאִילָנוֹת טוֹבִים לְהָנוֹת בָּהֶם בְּנֵי אָדָם. וְאֵינוֹ מְבָרֵךְ אֶלָּא פַּעַם אַחַת בְּכָל שָׁנָה. וְאִם אִחֵר מִלְּבָרֵךְ עַד שֶׁגָּדְלוּ הַפֵּרוֹת, לֹא יִתְבָּרֵךְ עוֹד. יֵשׁ אוֹמְרִים דְּאִם לֹא בֵּרַךְ בַּפַּעַם הָרִאשׁוֹנָה שֶׁרָאָה אֶת הַפְּרָחִים, שׁוּב לֹא יְבָרֵךְ (מחה"ש סִימָן רכ"ו)

סעיף ב' עַל הַזִּיקִים, וְהוּא כּוֹכָב הַיּוֹרֶה כְּחֵץ בְּאֹרֶךְ הַשָּׁמַיִם מִמָּקוֹם לְמָקוֹם, וְנִמְשָׁךְ אוֹרוֹ כְּשֵׁבֶט, וְעַל הַכּוֹכָב שֶׁיֵּשׁ לוֹ זָנָב וְשֵׁבֶט שֶׁל אוֹרָה, וְעַל רְעִידַת הָאָרֶץ, וְעַל רוּחוֹת שֶׁנָּשְׁבוּ בְּזַעַף, וְעַל הַבְּרָקִים, עַל כָּל אַחַת מֵאֵלּוּ מְבָרֵךְ, בָּרוּךְ אַתָּה ה' אֱלֹקֵינוּ מֶלֶךְ הָעוֹלָם עוֹשֶׂה מַעֲשֵׂה בְרֵאשִׁית. (וְאֵינוֹ מְבָרֵךְ עַל הַזִּיקִים, כִּי אִם פַּעַם אַחַת בַּלַּיְלָה, אַף עַל פִּי שֶׁרָאָה עוֹד כּוֹכָב אַחֵר רָץ. וְעַל הַכּוֹכָב שֶׁיֵּשׁ לוֹ זָנָב, כֵּיוָן שֶׁבֵּרַךְ עָלָיו, אֵינוֹ מְבָרֵךְ עוֹד, אֶלָּא כְּשֶׁלֹּא רָאָהוּ עַד לְאַחַר שְׁלֹשִׁים יוֹם). וְעַל הָרַעַם, אִם שְׁמָעוֹ לְאַחַר שֶׁעָבַר הַבָּרָק מְבָרֵךְ, בָּרוּךְ אַתָּה ה' אֱלֹקֵינוּ מֶלֶךְ הָעוֹלָם שֶׁכֹּחוֹ וּגְבוּרָתוֹ מָלֵא עוֹלָם. וְאִם רָאָה אֶת הַבָּרָק וְשָׁמַע אֶת הָרַעַם בְּיַחַד, מְבָרֵךְ רַק בְּרָכָה אַחַת, עוֹשֶׂה מַעֲשֵׂה בְרֵאשִׁית. וְכֵן אִם בֵּרַךְ עַל הַבָּרָק עוֹשֶׂה מַעֲשֵׂה בְרֵאשִׁית, וּבְתוֹךְ כְּדֵי דִבּוּר לְהַבָּרָק נִשְׁמַע הָרַעַם, אֵינוֹ צָרִיךְ לְבָרֵךְ עָלָיו, כִּי נִפְטַר בַּבְּרָכָה שֶׁעַל הַבָּרָק. אֵין מְבָרְכִין עַל הַבָּרָק אוֹ עַל הָרַעַם אֶלָּא תּוֹךְ כְּדֵי דִבּוּר. אֲבָל אִם הִפְסִיק יוֹתֵר, שׁוּב לֹא יְבָרֵךְ.

סעיף ג' כָּל זְמַן שֶׁלֹּא נִתְפַּזְּרוּ הֶעָבִים, נִפְטַר בִּבְרָכָה אֶחָת. נִתְפַּזְּרוּ הֶעָבִים וְהַשָּׁמַיִם נִזְדַּכְּכוּ בֵּין בָּרָק לְבָרָק וּבֵין

רַעַם לְרַעַם, צָרִיךְ לַחֲזוֹר וּלְבָרֵךְ. וְהַבְּרָקִים שֶׁנִּרְאִים בְּלֹא רַעַם אֶלָּא מֵחֲמַת הַחֹם, אֵינָם כִּבְרָקִים מַמָּשׁ וְאֵין מְבָרְכִין עֲלֵיהֶם.

סעיף ד' הָרוֹאֶה קֶשֶׁת, מְבָרֵךְ, בָּרוּךְ אַתָּה ה' אֱלֹקֵינוּ מֶלֶךְ הָעוֹלָם, זוֹכֵר הַבְּרִית וְנֶאֱמָן בִּבְרִיתוֹ וְקַיָּם בְּמַאֲמָרוֹ. אָסוּר לְהִסְתַּכֵּל הַרְבֵּה בַּקֶּשֶׁת (רכ"ט).

סעיף ה' עַל הַיַּמִּים וְעַל הֶהָרִים הַגְּבוֹהִים הַמְפֻרְסָמִים בָּעוֹלָם מֵחֲמַת גָּבְהָם, מְבָרֵךְ עוֹשֶׂה מַעֲשֵׂה בְרֵאשִׁית.

סעיף ו' הָרוֹאֶה חַמָּה בִּתְקוּפָתָהּ וְהִיא מִשְּׁמֹנֶה וְעֶשְׂרִים לִשְׁמֹנֶה וְעֶשְׂרִים שָׁנָה, שֶׁתְּקוּפַת נִיסָן אָז בִּתְחִלַּת לֵיל רְבִיעִי, מְבָרְכִין בְּיוֹם הָרְבִיעִי בַּבֹּקֶר כְּשֶׁהִיא זוֹרַחַת, בָּרוּךְ אַתָּה ה' אֱלֹקֵינוּ מֶלֶךְ הָעוֹלָם, עוֹשֶׂה מַעֲשֵׂה בְרֵאשִׁית. וְקֹדֶם הַבְּרָכָה יֵשׁ לוֹמַר הַמִּזְמוֹר, הַלְלוּיָהּ, הַלְלוּ אֶת ה' מִן הַשָּׁמַיִם וְגוֹ', וְאַחַר כָּךְ אוֹמְרִים הַבְּרָכָה, וְאַחַר כָּךְ אֵל אָדוֹן וְכוּ', עַד וְחַיּוֹת הַקֹּדֶשׁ, וְאַחַר כָּךְ מִזְמוֹר הַשָּׁמַיִם מְסַפְּרִים כְּבוֹד אֵל וְגוֹ', וְאַחַר כָּךְ עָלֵינוּ לְשַׁבֵּחַ וְקַדִּישׁ.

סעיף ז' לְכַתְּחִלָּה יֵשׁ לְבָרֵךְ בַּבֹּקֶר מִיָּד בְּהָנֵץ הַחַמָּה מִשּׁוּם דִּזְרִיזִין מַקְדִּימִין לְמִצְוֹת. וְטוֹב אִם אֶפְשָׁר לְבָרֵךְ בַּאֲסֵפַת עָם, מִשּׁוּם דִּבְרָב עָם הַדְרַת מֶלֶךְ. (וְיֵשׁ לְהַכְרִיז בַּיּוֹם שֶׁלְּפָנָיו לְמַעַן יֵדְעוּ לְהִתְאַסֵּף). אִם אִי אֶפְשָׁר לְהִתְאַסֵּף תֵּכֶף בַּבֹּקֶר אַל יִתְאַחֲרוּ בִּשְׁבִיל זֶה, אֶלָּא כָּל אֶחָד יְבָרֵךְ מִיָּד כְּשֶׁרוֹאֶה זְרִיחַת הַשֶּׁמֶשׁ, כִּי עִנְיַן זְרִיזִין מַקְדִּימִין דָּחֵי לְעִנְיַן בְּרֹב עָם. וּבְדִיעֲבַד, אִם לֹא בֵּרַךְ בַּבֹּקֶר, יָכוֹל לְבָרֵךְ עַד שָׁלֹשׁ שָׁעוֹת שֶׁל הַיּוֹם, וּבִשְׁעַת הַדְּחַק עַד חֲצוֹת הַיּוֹם. וְלָכֵן אִם בַּבֹּקֶר יֵשׁ עֲנָנִים הַמְכַסִּים אוֹתָהּ, יַמְתִּין עַד קָרוֹב לַחֲצוֹת, אוּלַי תִּתְגַּלֶּה, וִיבָרֵךְ בְּשֵׁם וּמַלְכוּת. וְאִם לֹא נִתְגַּלְּתָה, יְבָרֵךְ בְּלֹא שֵׁם וּמַלְכוּת. (שְׁנַת קִדּוּשׁ הַחַמָּה הָיְתָה שְׁנַת תרכ"ט. וְתִהְיֶה אִם יִרְצֶה הַשֵּׁם בִּשְׁנַת תרנ"ז, תרפ"ה, תשי"ג, תשמ"א. יְהִי רָצוֹן שֶׁנִּזְכֶּה לָאוֹר שִׁבְעַת יְמֵי בְּרֵאשִׁית) (רכ"ט).

סעיף ח' מִי שֶׁעָשָׂה לוֹ הַקָּדוֹשׁ בָּרוּךְ הוּא נֵס שֶׁלֹּא כְּדֶרֶךְ הַטֶּבַע, כְּשֶׁרוֹאֶה אֶת הַמָּקוֹם שֶׁנַּעֲשָׂה לוֹ שָׁם הַנֵּס מְבָרֵךְ, בָּרוּךְ אַתָּה ה', אֱלֹקֵינוּ מֶלֶךְ הָעוֹלָם שֶׁעָשָׂה לִי נֵס בַּמָּקוֹם הַזֶּה (וְעַיֵּן לְקַמָּן סִימָן ס"א), וְגַם בְּנוֹ וּבֶן בְּנוֹ, אֲפִלּוּ אוֹתָם שֶׁנּוֹלְדוּ קֹדֶם שֶׁנַּעֲשָׂה הַנֵּס גַּם כֵּן מְבָרְכִין. כֵּיצַד מְבָרְכִין. בְּנוֹ מְבָרֵךְ, שֶׁעָשָׂה נֵס לְאָבִי בַּמָּקוֹם הַזֶּה. וְאִם הֵם רַבִּים, אוֹמְרִים לְאָבִינוּ. בֶּן בְּנוֹ אוֹמֵר לַאֲבוֹתַי. וְאִם הֵם רַבִּים, אוֹמְרִים לַאֲבוֹתֵינוּ. וּמִי שֶׁנַּעֲשָׂה לוֹ נִסִּים הַרְבֵּה, בְּהַגִּיעַ לְאַחַת מִכָּל הַמְּקוֹמוֹת שֶׁנַּעֲשָׂה לוֹ נֵס, צָרִיךְ לְהַזְכִּיר כָּל שְׁאָר הַמְּקוֹמוֹת, וְיִכְלוֹל כֻּלָּם בִּבְרָכָה אַחַת וְיֹאמַר, שֶׁעָשָׂה לִי נֵס בַּמָּקוֹם הַזֶּה, וּבְמָקוֹם פְּלוֹנִי. וְכֵן בָּנָיו מַזְכִּירִין כָּל שְׁאָר הַמְּקוֹמוֹת (רי"ח).

סעיף ט' הָרוֹאֶה חָכָם גָּדוֹל בַּתּוֹרָה מִיִּשְׂרָאֵל, מְבָרֵךְ, בָּרוּךְ אַתָּה ה' אֱלֹקֵינוּ מֶלֶךְ הָעוֹלָם שֶׁחָלַק מֵחָכְמָתוֹ לִירֵאָיו, (לְפִי שֶׁיִּשְׂרָאֵל הֵם חֵלֶק אֱלוֹהַּ וּדְבֵקִים בּוֹ, לָכֵן אוֹמֵר שֶׁחָלַק) וְהָרוֹאֶה חָכָם גָּדוֹל בְּחָכְמַת הָעוֹלָם מֵאֻמּוֹת הָעוֹלָם, מְבָרֵךְ בָּרוּךְ אַתָּה ה' אֱלֹקֵינוּ מֶלֶךְ הָעוֹלָם, שֶׁנָּתַן מֵחָכְמָתוֹ לְבָשָׂר וָדָם.

סעיף י' הָרוֹאֶה מֶלֶךְ מִמַּלְכֵי אֻמּוֹת הָעוֹלָם מְבָרֵךְ, בָּרוּךְ אַתָּה ה' אֱלֹקֵינוּ מֶלֶךְ הָעוֹלָם, שֶׁנָּתַן מִכְּבוֹדוֹ לְבָשָׂר וָדָם. וַאֲפִלּוּ אֵינוֹ רוֹאֶה אֶת הַמֶּלֶךְ מַמָּשׁ, אֶלָּא שֶׁהוּא רוֹאֶה בִּכְבוֹדוֹ וְיוֹדֵעַ בְּבֵרוּר שֶׁהַמֶּלֶךְ הוּא שָׁם, יָכוֹל לְבָרֵךְ בְּרָכָה זוֹ. וְסוּמָא יְבָרֵךְ בְּלֹא שֵׁם וּמַלְכוּת. וּמִצְוָה לְהִשְׁתַּדֵּל לִרְאוֹת בִּכְבוֹד מְלָכִים. וְאִם רָאָה אוֹתוֹ פַּעַם אַחַת, אַל יְבַטֵּל מִלִּמּוּדוֹ לִרְאוֹתוֹ, אֶלָּא אִם בָּא אַחַר כָּךְ בְּחַיִל יוֹתֵר וּבְכָבוֹד גָּדוֹל יוֹתֵר.

סעיף יא' הָרוֹאֶה קִבְרֵי יִשְׂרָאֵל, מְבָרֵךְ, בָּרוּךְ אַתָּה ה' אֱלֹקֵינוּ מֶלֶךְ הָעוֹלָם, אֲשֶׁר יָצַר אֶתְכֶם בַּדִּין וְכוּ', וְעַל קִבְרֵי עוֹבְדֵי כוֹכָבִים אוֹמֵר, בּוֹשָׁה אִמְּכֶם מְאֹד, חָפְרָה יוֹלַדְתְּכֶם, הִנֵּה אַחֲרִית גּוֹיִם מִדְבָּר צִיָּה וַעֲרָבָה (ירמיהו נ יב).

סעיף יב' כָּל בִּרְכוֹת הָרְאִיָּה הַנִּזְכָּרוֹת, אִם חָזַר וְרָאָה אוֹתָם הַדְּבָרִים בְּעַצְמָם, אֵינוֹ חוֹזֵר וּמְבָרֵךְ, אֶלָּא אִם כֵּן הָיְתָה בֵּין רְאִיָּה לִרְאִיָּה שְׁלֹשִׁים יוֹם, דְּהַיְנוּ חוּץ מִיּוֹם הָרְאִיָּה הָרִאשׁוֹנָה וְחוּץ מִיּוֹם הָרְאִיָּה הַזֹּאת, יִהְיֶה שְׁלֹשִׁים יוֹם, אֲבָל אִם רוֹאֶה דָּבָר אַחֵר כָּזֶה שֶׁרָאָה אָז, כְּגוֹן מֶלֶךְ אַחֵר, וּקְבָרִים אֲחֵרִים וְכַדּוֹמֶה, חוֹזֵר וּמְבָרֵךְ גַּם בְּתוֹךְ שְׁלֹשִׁים יוֹם (רכ"ד).

סעיף יג' הָרוֹאֶה כּוּשִׁי, וְגִחוֹר, דְּהַיְנוּ שֶׁהוּא אָדֹם הַרְבֵּה. וְהַלַּוְקָן, דְּהַיְנוּ שֶׁהוּא לָבָן הַרְבֵּה, וְהַקִּפֵּחַ, דְּהַיְנוּ שֶׁהוּא אָרֹךְ וְדַק, וְהַנַּנָּס, וְהַדַּרְקוֹנָה, דְּהַיְנוּ מִי שֶׁהוּא מָלֵא יַבָּלוֹת. וּפְתוּי הָרֹאשׁ, שֶׁכָּל שַׂעֲרוֹתָיו דְּבוּקוֹת זוֹ בָּזוֹ, וְאֶת הַפִּיל וְאֶת הַקּוֹף, מְבָרֵךְ בָּרוּךְ אַתָּה ה' אֱלֹקֵינוּ מֶלֶךְ הָעוֹלָם מְשַׁנֶּה הַבְּרִיּוֹת. וְאֵינוֹ מְבָרֵךְ אֶלָּא בַּפַּעַם הָרִאשׁוֹנָה, שֶׁהַשִּׁנּוּי עָלָיו גָּדוֹל מְאֹד.

סעיף יד' הָרוֹאֶה אֶת הַחִגֵּר, וְאֶת הַקִּטֵּעַ, דְּהַיְנוּ שֶׁנִּקְטְעוּ יָדָיו. וְאֶת הַסּוּמָא, וּמֻכֵּה שְׁחִין, וּבַהֲקָן, וְהוּא מִי שֶׁמְּנֻמָּר בִּנְקֻדּוֹת לְבָנוֹת, אִם הֵם מִמְּעֵי אִמָּם, מְבָרֵךְ בַּפַּעַם הָרִאשׁוֹנָה, שֶׁהוּא רוֹאֶה אוֹתָם, מְשַׁנֶּה הַבְּרִיּוֹת. וְאִם נִשְׁתַּנּוּ אַחַר כָּךְ וְהוּא מְצַעֵר עֲלֵיהֶם, מְבָרֵךְ דַּיַּן הָאֱמֶת.

סעיף טו' הָרוֹאֶה אִילָנוֹת טוֹבוֹת וּבְרִיּוֹת נָאוֹת, אֲפִלּוּ עוֹבֵד כּוֹכָבִים (שֶׁרָאָה אוֹתוֹ בִּרְאִיָּה בְּעָלְמָא, כִּי אָסוּר לְהִסְתַּכֵּל בּוֹ), אוֹ בְּהֵמָה, מְבָרֵךְ בָּרוּךְ אַתָּה ה' אֱלֹקֵינוּ מֶלֶךְ הָעוֹלָם, שֶׁכָּכָה לוֹ בְּעוֹלָמוֹ. וְאֵין מְבָרֵךְ עֲלֵיהֶם אֶלָּא פַּעַם רִאשׁוֹנָה וְלֹא יוֹתֵר, לֹא עֲלֵיהֶם וְלֹא עַל אֲחֵרִים, אֶלָּא אִם כֵּן הָיוּ נָאִים מֵהֶם (רכ"ה).

סימן סא - ברכת הגומל ועוד קצת ברכות פרטיות ובו י' סעיפים:

סעיף א' אַרְבָּעָה צְרִיכִים לְהוֹדוֹת. יוֹרְדֵי הַיָּם כְּשֶׁיַּגִּיעוּ לִמְחוֹז חֶפְצָם, וְכֵן הוֹלְכֵי מִדְבָּרִיּוֹת אוֹ בִּשְׁאָר דֶּרֶךְ שֶׁמֻּחְזָק שֶׁיֵּשׁ בּוֹ סַכָּנָה, כְּשֶׁיַּגִּיעוּ לִמְחוֹז חֶפְצָם, וּבִכְלָל זֶה גַּם מִי שֶׁהָיָה בְּסַכָּנָה אַחֶרֶת וְנִצַּל הֵימֶנָּה, כְּגוֹן שֶׁנָּפַל עָלָיו כֹּתֶל אוֹ נְגָחוֹ שׁוֹר אוֹ שֶׁבָּאוּ עָלָיו לִסְטִים בַּדֶּרֶךְ וְשׁוֹדְדֵי לַיְלָה וְנִצַּל מֵהֶם וְכַדּוֹמֶה, וּמִי שֶׁהָיָה חוֹלֶה שֶׁיֵּשׁ בּוֹ סַכָּנָה, כְּגוֹן מַכָּה שֶׁל חָלָל, אוֹ שֶׁהָיָה מוּטָל בַּמִּטָּה שְׁלֹשָׁה יָמִים מֵחֲמַת הַחֹלִי וְנִתְרַפֵּא וְהוֹלֵךְ עַל בָּרְיוֹ. וּמִי שֶׁהָיָה חָבוּשׁ בְּבֵית הָאֲסוּרִים, אֲפִלּוּ רַק עַל עִסְקֵי מָמוֹן

ויצא. וסימנך וכל החיי"ם יודוך סלה, חולה, יסורים, ים, מדבר. מה מברך. ברוך אתה ה' אלקינו מלך העולם, הגומל לחיבים טובות שגמלני כל טוב. והשומעים אומרים, מי שגמלך טוב הוא יגמלך כל טוב סלה.

סעיף ב' צריך לברך ברכה זאת בפני עשרה, חוץ ממנו, ושנים מהם יהיו תלמידי חכמים שעוסקים בהלכות, שנאמר, וירוממוהו בקהל עם ובמושב זקנים יהללוהו. ואם אינם נמצאים לו תלמידי חכמים, אינו מעכב. ונוהגין לברך כשעולה לתורה, לאחר שבירך ברכה אחרונה. ולכתחלה אין לאחרה יותר משלשה ימים. ולכן אם נצל ביום ב', יברך מיד בלא ספר תורה, ולא ימתין עד יום ה'. וכן אם היה אבל, שאינו רשאי לעלות לתורה, לא ימתין אלא יברך מיד. אך יברך מעמד בפני עשרה כמו שכתבתי. ובדיעבד אם אחר יותר משלשה ימים, יכול לברך גם אחר כך (רי"ט).

סעיף ג' מי שנעשה לו נס, יש לו להפריש לצדקה ממון כפי השגת ידו, ויחלק ללומדי תורה. ויאמר: הריני נותן מעות אלו לצדקה, ויהי רצון שיהא נחשב כאלו הקרבתי תודה (ועין סדר אמירת קרבן תודה בספר חיי אדם סוף חלק ראשון). וטוב וראוי לו לתקן איזה צרכי רבים בעיר, ובכל שנה ביום הזה יתבודד להודות לה' יתברך שמו ולשמוח ולספר את הנס (סימן ר"ח ובחיי"א).

סעיף ד' הנכנס להקיז דם, וכן קודם שיאכל או ישתה או יעשה איזה דבר לרפואה, יתפלל קודם תפלה קצרה, ויאמר: יהי רצון מלפניך ה' אלהינו ואלהי אבותינו, שיהיה לי עסק זה לרפואה, כי רופא חנם אתה. ואם דבר זה שהוא אוכל או שותה לרפואה צריכין לברך עליו (עין לעיל סימן נ' סעיף ח'), יאמר תחלה תפלה זאת, ואחר כך יברך (כן נראה לי, שלא להפסיק בין הברכה לאכילה). לאחר שהקיז דם, מברך ואומר: ברוך אתה ה' אלקינו מלך העולם, רופא חולים.

סעיף ה' המתעטש אומר לו חברו: אסותא. והוא יאמר לו: ברוך תהיה. ואחר כך אומר, לישועתך קויתי ה', דהמתפלל על חברו, הוא נענה תחלה.

סעיף ו' המתפלל על מה שעבר, כגון ששמע קול צוחה בעיר, ואומר: יהי רצון שלא יהא קול זה בתוך ביתי. או שהיתה אשתו מעוברת ולאחר ארבעים יום מעבורה מתפלל ואומר: יהי רצון שתלד אשתי זכר, הרי זו תפלת שוא, כי מה שהיה היה. אבל בתוך ארבעים יום מועילה תפלה ויכול להתפלל. ולאחר ארבעים יום יכול להתפלל, שיהא הולד זרע של קימא, טוב לשמים וטוב לבריות.

סעיף ז' הנכנס למד את גרנו וכיוצא בו יתפלל ויאמר, יהי רצון מלפניך ה' אלהי שתשלח ברכה בכרי הזה. התחיל למד, אומר, ברוך השולח ברכה בכרי הזה (ואומר בלא שם ומלכות). מדד ואחר כך התפלל, הרי זו תפלת שוא, שאין הברכה מצויה אלא בדבר הנעלם מן העין (ר"ל).

סעיף ח' מִי שֶׁנַּעֲשָׂה בְּנוֹ בַּר מִצְוָה, כְּשֶׁעוֹלֶה לַתּוֹרָה בַּפַּעַם הָרִאשׁוֹנָה, לְאַחַר שֶׁבֵּרַךְ בְּרָכָה אַחֲרוֹנָה עַל סֵפֶר הַתּוֹרָה, מְבָרֵךְ הָאָב וְאוֹמֵר, בָּרוּךְ אַתָּה ה' אֱלֹקֵינוּ מֶלֶךְ הָעוֹלָם, אֲשֶׁר פְּטָרַנִי מֵעָנְשׁוֹ שֶׁל זֶה (עַיֵּן בספר חיי"א). וּמִצְוָה עַל הָאָדָם לַעֲשׂוֹת סְעוּדָה בְּיוֹם שֶׁנַּעֲשָׂה בְּנוֹ בַּר מִצְוָה, דְּהַיְנוּ בְּיוֹם שֶׁנִּכְנַס לִשְׁנַת הָאַרְבַּע עֶשְׂרֵה. וְאִם הַנַּעַר דּוֹרֵשׁ, הֲוֵי סְעוּדַת מִצְוָה אֲפִלּוּ אֵינָהּ בְּאוֹתוֹ יוֹם (רכה).

סעיף ט' אִם הָיְתָה עֲצִירַת גְּשָׁמִים, אֲפִלּוּ בִּמְדִינוֹתֵינוּ שֶׁהַגְּשָׁמִים תְּדִירִים וְאֵינָן נֶעֱצָרִין כָּל כָּךְ, אִם אֵרַע שֶׁנֶּעֶצְרוּ כָּל כָּךְ עַד שֶׁהָיָה הָעוֹלָם בְּצַעַר, אֲזַי כְּשֶׁיָּרְדוּ הַגְּשָׁמִים, אִם יָרְדוּ כָּל כָּךְ וְרַבּוּ עַל הָאָרֶץ שֶׁמַּעֲלִים אֲבַעְבּוּעוֹת מִן הַמָּטָר וְהוֹלְכִין זֶה לִקְרַאת זֶה, צְרִיכִין לְבָרֵךְ עֲלֵיהֶם.

סעיף י' מַה מְבָרֵךְ. אִם אֵין לוֹ שָׂדֶה, אוֹמֵר: מוֹדִים אֲנַחְנוּ לָךְ ה' אֱלֹהֵינוּ, עַל כָּל טִפָּה וְטִפָּה שֶׁהוֹרַדְתָּ לָּנוּ, וְאִלּוּ פִינוּ מָלֵא שִׁירָה כַּיָּם וְכוּ' (כְּמוֹ שֶׁהוּא בְּבִרְכַּת נִשְׁמַת) עַד וְיַקְדִּישׁוּ וְיַמְלִיכוּ אֶת שִׁמְךָ מַלְכֵּנוּ. בָּרוּךְ אַתָּה ה', אֵל רֹב הַהוֹדָאוֹת וְתִשְׁבָּחוֹת. וְאִם יֵשׁ לוֹ שָׂדֶה בְּשֻׁתָּפוּת עִם יִשְׂרָאֵל אַחֵר, מְבָרֵךְ הַטּוֹב וְהַמֵּטִיב. וְאִם אֵין לוֹ שֻׁתָּף יִשְׂרָאֵל בַּשָּׂדֶה, אַף עַל פִּי שֶׁיֵּשׁ לוֹ אִשָּׁה וּבָנִים, מְבָרֵךְ שֶׁהֶחֱיָנוּ. בִּרְכַּת הַטּוֹב וְהַמֵּטִיב וּבִרְכַּת שֶׁהֶחֱיָנוּ, מְבָרֵךְ אַף עַל פִּי שֶׁאֵינוֹ רוֹאֶה אֶת הַגְּשָׁמִים, אֶלָּא שֶׁהוּא שׁוֹמֵעַ שֶׁיּוֹרְדִים גְּשָׁמִים. אֲבָל בִּרְכַּת מוֹדִים אֲנַחְנוּ, אֵינוֹ אוֹמֵר אֶלָּא מִי שֶׁהוּא רוֹאֶה אֶת הַגְּשָׁמִים.

סימן סב - הלכות משא ומתן ובו י"ח סעיפים:

סעיף א' צָרִיךְ לִזָּהֵר מְאֹד שֶׁלֹּא לְהוֹנוֹת אֶת חֲבֵרוֹ. וכל הַמְאַנֶּה אֶת חֲבֵרוֹ, בֵּין שֶׁהַמּוֹכֵר מְאַנֶּה אֶת הַלּוֹקֵחַ, בֵּין שֶׁהַלּוֹקֵחַ מְאַנֶּה אֶת הַמּוֹכֵר, עוֹבֵר בְּלָאו, שֶׁנֶּאֱמַר, וְכִי תִמְכְּרוּ מִמְכָּר לַעֲמִיתֶךָ אוֹ קָנֹה מִיַּד עֲמִיתֶךָ אַל תּוֹנוּ אִישׁ אֶת אָחִיו. וְהִיא הַשְּׁאֵלָה הָרִאשׁוֹנָה שֶׁשּׁוֹאֲלִין אֶת הָאָדָם בְּשָׁעָה שֶׁמַּכְנִיסִין אוֹתוֹ לַדִּין, נָשָׂאתָ וְנָתַתָּ בֶּאֱמוּנָה (חו"מ רכז, שַׁבָּת לא. וְעַיֵּן באוֹרַח חַיִּים קנה, וביו"ד רמו).

סעיף ב' כְּשֵׁם שֶׁיֵּשׁ אִסּוּר אוֹנָאָה בְּמַשָּׂא וּמַתָּן, כָּךְ יֵשׁ אִסּוּר אוֹנָאָה בִּשְׂכִירוּת וּבְקַבְּלָנוּת וּבְחִילּוּף מַטְבֵּעַ.

סעיף ג' הַנּוֹשֵׂא וְנוֹתֵן בֶּאֱמוּנָה, אֵינוֹ חוֹשֵׁשׁ לְאוֹנָאָה. כֵּיצַד. חֵפֶץ זֶה בְּכָךְ וְכָךְ לְקַחְתִּיו, כָּךְ וְכָךְ אֲנִי רוֹצֶה לְהִשְׂתַּכֵּר בּוֹ, אַף עַל פִּי שֶׁהוּא נִתְאַנָּה בִּלְקִיחָתוֹ, וְכָל הַמִּתְאַנֶּה אֵינוֹ רַשַּׁאי לְהוֹנוֹת אֲחֵרִים בִּשְׁבִיל זֶה, מִכָּל מָקוֹם זֶה מֻתָּר, שֶׁהֲרֵי זֶה כִּמְפָרֵשׁ לוֹ, שֶׁלֹּא יִסְמֹךְ עַל שֹׁוִי הַמִּקָּח אֶלָּא עַל הַדָּמִים שֶׁנָּתַן הוּא בַּעֲדוֹ.

סעיף ד' מִי שֶׁיֵּשׁ לוֹ אֵיזֶה דָּבָר לִמְכּוֹר, אָסוּר לוֹ לְיַפּוֹתוֹ כְּדֵי לְרַמּוֹת בּוֹ, כְּגוֹן לְהַשְׁקוֹת בְּהֵמָה מֵי סֻבִּין שֶׁמְּנַפְּחִין וְזוֹקְפִין שְׂעָרוֹתֶיהָ כְּדֵי שֶׁתֵּרָאֶה שְׁמֵנָה, אוֹ לִצְבּוֹעַ כֵּלִים יְשָׁנִים כְּדֵי שֶׁיִּתְרָאוּ כַּחֲדָשִׁים, וְכָל כַּיּוֹצֵא בָּזֶה.

סעיף ה' וְכֵן אָסוּר לְעָרֵב מְעַט פֵּרוֹת רָעִים בְּהַרְבֵּה פֵּרוֹת יָפִים כְּדֵי לְמָכְרָם בְּחֶזְקַת יָפִים, אוֹ לְעָרֵב מַשְׁקֶה רַע

בְּיָפֶה. וְאִם הָיָה טַעְמוֹ נִכָּר, מֻתָּר לְעָרֵב, כִּי הַלּוֹקֵחַ יַרְגִּישׁ.

סעיף ו' מֻתָּר לְחֶנְוָנִי לְחַלֵּק קְלָיוֹת וֶאֱגוֹזִים לְתִינוֹקוֹת, כְּדֵי לְהַרְגִּילָם שֶׁיִּקְנוּ מִמֶּנּוּ. וְכֵן יָכוֹל לִמְכּוֹר בְּזוֹל יוֹתֵר מֵהַשַּׁעַר, כְּדֵי שֶׁיִּקְנוּ מִמֶּנּוּ, וְאֵין בְּנֵי הַשּׁוּק יְכוֹלִין לְעַכֵּב עָלָיו.

סעיף ז' הַמּוֹדֵד אוֹ שׁוֹקֵל חָסֵר לַחֲבֵרוֹ אוֹ אֲפִילוּ לְנָכְרִי, עוֹבֵר בְּלָאו, שֶׁנֶּאֱמַר, לֹא תַעֲשׂוּ עָוֶל בַּמִּדָּה בַּמִּשְׁקָל וּבַמְּשׂוּרָה (וְעַיֵּן לְקַמָּן סִימָן קפ"ב סָעִיף א' וְסָעִיף ד'). וְעֹנֶשׁ הַמִּדּוֹת וְהַמִּשְׁקָלוֹת קָשֶׁה מְאֹד, שֶׁאִי אֶפְשָׁר לַמּוֹדֵד אוֹ לַשּׁוֹקֵל שֶׁקֶר לָשׁוּב בִּתְשׁוּבָה הֲגוּנָה, שֶׁאֵינוֹ יוֹדֵעַ מָה וּלְמִי יָשִׁיב. וְאַף שֶׁיַּעֲשֶׂה צָרְכֵי רַבִּים, אֵין זֹאת תְּשׁוּבָה הֲגוּנָה. (רל"א).

סעיף ח' כְּתִיב, לֹא יִהְיֶה לְךָ בְּכִיסְךָ אֶבֶן וָאָבֶן גְּדוֹלָה וּקְטַנָּה, לֹא יִהְיֶה לְךָ בְּבֵיתְךָ אֵיפָה וְאֵיפָה גְּדוֹלָה וּקְטַנָּה, אֶבֶן שְׁלֵמָה וָצֶדֶק יִהְיֶה לָּךְ, אֵיפָה שְׁלֵמָה וּצֶדֶק יִהְיֶה לָּךְ וְגוֹ'. וְתֵבַת בְּכִיסְךָ וְכֵן תֵּבַת בְּבֵיתְךָ, נִרְאוֹת לִכְאוֹרָה כְּמְיֻתָּרוֹת, וְדָרְשׁוּ רַבּוֹתֵינוּ זִכְרוֹנָם לִבְרָכָה, לֹא יִהְיֶה לְךָ בְּכִיסְךָ, מָמוֹן. מַה טַּעַם, מִשּׁוּם אֶבֶן וָאָבֶן. לֹא יִהְיֶה לְךָ בְּבֵיתְךָ, צְרָכֶיךָ. מַה טַּעַם, מִשּׁוּם אֵיפָה וְאֵיפָה. אֲבָל אֶבֶן שְׁלֵמָה וָצֶדֶק אִם יִהְיוּ בְּבֵיתְךָ, יִהְיֶה לְךָ מָמוֹן. וְכֵן אֵיפָה שְׁלֵמָה וָצֶדֶק אִם יִהְיוּ בְּבֵיתְךָ, יִהְיוּ לְךָ צְרָכֶיךָ. עוֹד אָמְרוּ רַבּוֹתֵינוּ זִכְרוֹנָם לִבְרָכָה, מַה יַּעֲשֶׂה אָדָם וְיִתְעַשֵּׁר. יִשָּׂא וְיִתֵּן בֶּאֱמוּנָה, וִיבַקֵּשׁ רַחֲמִים מִמִּי שֶׁהָעֹשֶׁר שֶׁלּוֹ, שֶׁנֶּאֱמַר, לִי הַכֶּסֶף וְלִי הַזָּהָב (נדה דף ע').

סעיף ט' צָרִיךְ לִמְדּוֹד וְלִשְׁקוֹל בְּעַיִן יָפָה, שֶׁיִּהְיֶה עוֹדֵף עַל הַמִּדָּה, שֶׁנֶּאֱמַר, אֵיפָה שְׁלֵמָה וָצֶדֶק יִהְיֶה לָּךְ. מַה תַּלְמוּד לוֹמַר וָצֶדֶק. אָמְרָה תוֹרָה, צַדֵּק מִשֶּׁלְּךָ וְתֵן לוֹ (בבא בתרא פח: חושן משפט סִימָן רל"א סָעִיף י"ד)

סעיף י' צָרִיךְ לִמְדּוֹד כְּמִנְהַג הַמְּדִינָה וְלֹא יְשַׁנֶּה כְּלָל. מָקוֹם שֶׁנָּהֲגוּ לִגְדּוֹשׁ, לֹא יִמְחוֹק אֲפִילוּ בִּרְצוֹן הַלּוֹקֵחַ שֶׁפִּחֵת לוֹ מִדָּמִים. וּמָקוֹם שֶׁנָּהֲגוּ לִמְחוֹק, לֹא יִגְדּוֹשׁ אֲפִילוּ בִּרְצוֹן הַמּוֹכֵר שֶׁמּוֹסִיף לוֹ דָמִים, כִּי הַתּוֹרָה הִקְפִּידָה עַל עִוּוּת הַמִּדּוֹת, פֶּן תֵּצֵא תַקָּלָה עַל יְדֵי זֶה, שֶׁיִּרְאֶה הָרוֹאֶה שֶׁמּוֹדְדִין כָּךְ וְיִדָּמֶה לוֹ שֶׁכָּךְ הִיא מִדַּת הָעִיר, וְיִמְדֹּד כֵּן לְאַחֵר שֶׁאֵינוֹ יוֹדֵעַ גַּם כֵּן אֶת הַמִּנְהָג וְיַטְעֵהוּ.

סעיף יא' חַיָּבִים רָאשֵׁי הַקָּהָל לְהַעֲמִיד מְמֻנִּים שֶׁיִּהְיוּ מְחַזְּרִים עַל הַחֲנֻיּוֹת. וְכָל מִי שֶׁנִּמְצָא אִתּוֹ מִדָּה חֲסֵרָה אוֹ מִשְׁקָל חָסֵר אוֹ מֹאזְנַיִם מְקֻלְקָלִים, רַשָּׁאִים לְהַכּוֹתוֹ וּלְקָנְסוֹ כַּנִּרְאֶה בְּעֵינֵיהֶם.

סעיף יב' אָסוּר לְאָדָם לְהַשְׁהוֹת מִדָּה חֲסֵרָה בְּבֵיתוֹ אוֹ בַּחֲנוּתוֹ, אַף עַל פִּי שֶׁאֵינוֹ מוֹדֵד בָּהּ. וְאִם מַשְׁהֶה, עוֹבֵר בְּלָאו, שֶׁנֶּאֱמַר, לֹא יִהְיֶה לְךָ בְּכִיסְךָ אֶבֶן וָאָבֶן גְּדוֹלָה וּקְטַנָּה, לֹא יִהְיֶה בְּבֵיתְךָ אֵיפָה וְאֵיפָה גְּדוֹלָה וּקְטַנָּה. וַאֲפִלּוּ לַעֲשׂוֹת אֶת הַמִּדָּה עָבִיט לְמֵי רַגְלַיִם, אָסוּר, שֶׁמָּא יָבֹא מִי שֶׁאֵינוֹ יוֹדֵעַ וְיִמְדֹּד בָּהּ. וְאִם יֵשׁ מִנְהָג בָּעִיר שֶׁאֵין מוֹדְדִין אֶלָּא בְּמִדָּה הָרְשׁוּמָה בְּרֹשֶׁם הַיָּדוּעַ וְזוֹ אֵינָהּ רְשׁוּמָה, מֻתָּר לְהַשְׁהוֹתָהּ.

סעיף יג' הַמְחַזֵּר אַחַר דָּבָר לִקְנוֹתוֹ

אוֹ לְשָׂכְרוֹ, בֵּין קַרְקַע בֵּין מִטַּלְטְלִים, בֵּין מִנָּכְרִי בֵּין מִיִּשְׂרָאֵל, וּכְבָר הֻשְׁווּ עַל הַדָּמִים, וְקֹדֶם שֶׁגָּמְרוּ אֶת הַקִּנְיָן, בָּא אַחֵר וּקְנָאוֹ אוֹ שְׂכָרוֹ, נִקְרָא רָשָׁע. אֲבָל אִם עֲדַיִן לֹא הֻשְׁווּ עַל הַדָּמִים, אֶלָּא שֶׁהַמּוֹכֵר רוֹצֶה בְּכָךְ וְהַקּוֹנֶה רוֹצֶה בְּפָחוֹת, מֻתָּר לְאַחֵר לִקְנוֹתוֹ. וְאָסוּר לְהַשִּׂיג גְּבוּל רֵעֵהוּ בִּשְׂכִירוּת בָּתִּים וְכַדּוֹמֶה מִנָּכְרִי (רל"ז).

סעיף יד' הַנּוֹתֵן מָעוֹת לַחֲבֵרוֹ לִקְנוֹת לוֹ קַרְקַע אוֹ מִטַּלְטְלִין, וְהָלַךְ הַשָּׁלִיחַ וְקָנָה אֶת הַחֵפֶץ בִּמְעוֹתָיו בִּשְׁבִיל עַצְמוֹ, הֲרֵי זֶה רַמַּאי. וְאִם קְנָאוֹ מִמָּעוֹת שֶׁל הַמְשַׁלֵּחַ, מְחֻיָּב לִתְּנוֹ לוֹ, אַף עַל פִּי שֶׁקְּנָאוֹ לְעַצְמוֹ.

סעיף טו' מִי שֶׁנָּתַן אֲפִילוּ רַק מִקְצָת דָּמִים עַל הַמִּקָּח אוֹ שֶׁרָשַׁם עַל הַמִּקָּח סִימָן בִּפְנֵי הַמּוֹכֵר, אוֹ שֶׁאָמַר לוֹ הַמּוֹכֵר רְשֹׁם מִקָּחֲךָ, אַף עַל פִּי שֶׁהוּא בְּעִנְיָן שֶׁלֹּא קָנָה בָּזֶה, מִכָּל מָקוֹם כָּל הַחוֹזֵר בּוֹ, בֵּין הַלּוֹקֵחַ בֵּין הַמּוֹכֵר, לֹא עָשָׂה מַעֲשֵׂה יִשְׂרָאֵל וְחַיָּב לְקַבֵּל מִי שֶׁפָּרַע, דְּהַיְנוּ שֶׁאוֹרְרִין אוֹתוֹ בְּבֵית דִּין וְאוֹמְרִים, מִי שֶׁפָּרַע מֵאַנְשֵׁי דוֹר הַמַּבּוּל וּמֵאַנְשֵׁי דוֹר הַפַּלָּגָה וּמֵאַנְשֵׁי סְדוֹם וַעֲמוֹרָה וּמִמִּצְרַיִם שֶׁטָּבְעוּ בַּיָּם, הוּא יִפָּרַע מִמִּי שֶׁאֵינוֹ עוֹמֵד בְּדִבּוּרוֹ.

סעיף טז' וְרָאוּי לוֹ לְאָדָם לַעֲמֹד בְּדִבּוּרוֹ, שֶׁאֲפִלּוּ לֹא נָתַן עֲדַיִן מָעוֹת, וְלֹא רָשַׁם אֶת הַדָּבָר וְלֹא נִגְמַר הַקִּנְיָן, אִם הֻשְׁווּ עַל הַמְּחִיר, אֵין לְשׁוּם אֶחָד מֵהֶם לַחֲזוֹר, וּמִי שֶׁהוּא חוֹזֵר, בֵּין הַלּוֹקֵחַ וּבֵין הַמּוֹכֵר, הֲרֵי זֶה מִמְּחֻסְּרֵי אֲמָנָה, וְאֵין רוּחַ חֲכָמִים נוֹחָה הֵימֶנּוּ, כִּי רָאוּי לְאִישׁ יִשְׂרָאֵל לַעֲמֹד בְּדִבּוּרוֹ, כְּמוֹ שֶׁנֶּאֱמַר שְׁאֵרִית יִשְׂרָאֵל לֹא יַעֲשׂוּ עַוְלָה וְלֹא יְדַבְּרוּ כָזָב. וִירֵא שָׁמַיִם יֵשׁ לוֹ לְקַיֵּם אֲפִלּוּ מַחְשֶׁבֶת לִבּוֹ, שֶׁאִם חָשַׁב וְגָמַר בְּלִבּוֹ לִמְכֹּר לוֹ בִּסְכוּם זֶה, וְהַלָּה לֹא יָדַע מִמַּחֲשַׁבְתּוֹ, וְהוֹסִיף לוֹ עַל סְכוּם זֶה, לֹא יִקַּח מִמֶּנּוּ כִּי אִם סְכוּם זֶה שֶׁגָּמַר בְּלִבּוֹ, לְקַיֵּם מַה שֶּׁכָּתוּב, וְדוֹבֵר אֱמֶת בִּלְבָבוֹ. וְכֵן הַלּוֹקֵחַ שֶׁגָּמַר בְּלִבּוֹ לִקְנוֹת בִּסְכוּם כָּךְ וְכָךְ, אֵין לוֹ לַחֲזֹר בּוֹ. וְכֵן כָּל כַּיּוֹצֵא בָּזֶה בִּשְׁאָר דְּבָרִים שֶׁבֵּין אָדָם לַחֲבֵרוֹ, יֵשׁ לוֹ לְקַיֵּם מַחְשְׁבוֹת לִבּוֹ, אִם גָּמַר בְּלִבּוֹ לַעֲשׂוֹת אֵיזֶה טוֹבָה וְיֵשׁ בְּיָדוֹ לַעֲשׂוֹתָהּ. אֲבָל צָרְכֵי עַצְמוֹ, כָּל שֶׁאֵין בָּהֶם סֶרֶךְ מִצְוָה, אֵין צָרִיךְ לְקַיֵּם אֲפִלּוּ מוֹצָא שְׂפָתָיו (סִימָן ר"א ר"ד וז"ש הלכות מכירה).

סעיף יז' וְכֵן מִי שֶׁאוֹמֵר לַחֲבֵרוֹ, לִתֵּן לוֹ אֵיזֶה מַתָּנָה קְטַנָּה, שֶׁזֶּה סָמַךְ בְּדַעְתּוֹ שֶׁבְּוַדַּאי יִתֵּן לוֹ, אִם חָזַר וְלֹא נָתַן לוֹ, הֲרֵי זֶה מִמְּחֻסְּרֵי אֲמָנָה. אֲבָל בְּמַתָּנָה מְרֻבָּה אֵין בָּהּ חֶסְרוֹן אֲמָנָה, שֶׁהֲרֵי זֶה לֹא סָמַךְ דַּעְתּוֹ עַל זֶה. וּמִכָּל מָקוֹם בְּשָׁעָה שֶׁהוּא אוֹמֵר לִתֵּן לוֹ, צָרִיךְ לִהְיוֹת בְּדַעַת גְּמוּרָה, וְלֹא יְהֵא בְּדַעְתּוֹ לְשַׁנּוֹת, כִּי לְדַבֵּר אֶחָד בַּפֶּה וְאֶחָד בַּלֵּב, אָסוּר מִן הַתּוֹרָה, שֶׁנֶּאֱמַר אֵיפַת צֶדֶק וְהִין צֶדֶק יִהְיֶה לָכֶם. מַה תַּלְמוּד לוֹמַר הִין צֶדֶק, וַהֲלֹא הִין בִּכְלַל אֵיפָה הוּא, אֶלָּא שֶׁיְּהֵא הֵן שֶׁלְּךָ וְלָאו שֶׁלְּךָ צֶדֶק. וְכָל זֹאת לֶעָשִׁיר. אֲבָל הָאוֹמֵר לִתֵּן לֶעָנִי, בֵּין מַתָּנָה מֻעֶטֶת בֵּין מַתָּנָה מְרֻבָּה, אֵינוֹ יָכוֹל לַחֲזֹר בּוֹ מִן הַדִּין, מִפְּנֵי שֶׁנַּעֲשָׂה כְּמוֹ נֶדֶר. וַאֲפִלּוּ גָּמַר בְּלִבּוֹ לִתֵּן, צָרִיךְ לְקַיֵּם מַחְשַׁבְתּוֹ (סִימָן ר"ד רי"ב רמ"ט. וביורה דעה סימן רנ"ח וז"ש).

סעיף יח' הָרוֹצֶה לִמְכֹּר קַרְקַע אוֹ בַּיִת, וּבָאוּ שְׁנַיִם, כָּל אֶחָד אוֹמֵר: אֲנִי

אֶקַּח בְּדָמִים אֵלּוּ, וְאֵין אֶחָד מֵהֶם בַּעַל הַמֶּצֶר, אִם הָיָה אֶחָד מֵהֶם מִיּוֹשְׁבֵי עִירוֹ וְהַשֵּׁנִי מֵעִיר אַחֶרֶת, בֶּן עִירוֹ קוֹדֵם. הָיוּ שְׁנֵיהֶם מִיּוֹשְׁבֵי עִירוֹ וְאֶחָד מֵהֶם שְׁכֵנוֹ, שְׁכֵנוֹ קוֹדֵם. וְאִם הַשֵּׁנִי הוּא חֲבֵרוֹ הָרָגִיל עִמּוֹ וּשְׁכֵנוֹ אֵינוֹ רָגִיל עִמּוֹ כְּלָל, חֲבֵרוֹ קוֹדֵם. הָיָה אֶחָד מֵהֶם חֲבֵרוֹ וְאֶחָד מֵהֶם קְרוֹבוֹ, חֲבֵרוֹ קוֹדֵם, שֶׁנֶּאֱמַר טוֹב שָׁכֵן קָרוֹב מֵאָח רָחוֹק. אֲבָל לִשְׁאָר כָּל אָדָם, קְרוֹבוֹ קוֹדֵם, חוּץ מִתַּלְמִיד חָכָם שֶׁקּוֹדֵם וַאֲפִלּוּ לִשְׁכֵנוֹ וַחֲבֵרוֹ הָרָגִיל אֶצְלוֹ. אֲבָל אִם הָיָה אֶחָד מֵהֶם בַּעַל הַמֶּצֶר, הוּא קוֹדֵם לְכֻלָּם. וַאֲפִלּוּ לְאֶחָד שֶׁמְּכָרוֹ לְאַחֵר, יָכוֹל בַּעַל הַמֶּצֶר לִתֵּן אֶת הַדָּמִים לְהַלּוֹקֵחַ וּלְסַלֵּק אוֹתוֹ. וַאֲפִלּוּ לְאַחַר שֶׁמְּכָרוֹ לְאַחֵר, יָכוֹל בַּעַל הַמֶּצֶר לִתֵּן אֶת הַדָּמִים לְהַלּוֹקֵחַ וּלְסַלֵּק אוֹתוֹ. וַאֲפִלּוּ הַלּוֹקֵחַ הוּא תַּלְמִיד חָכָם וְשָׁכֵן וְקָרוֹב לַמּוֹכֵר, וְהַמִּצְרָן הוּא עַם הָאָרֶץ וְרָחוֹק מִן הַמּוֹכֵר, הַמִּצְרָן קוֹדֵם וּמְסַלֵּק אֶת הַלּוֹקֵחַ. וְכָל קְדִימוֹת אֵלּוּ, מִצְוַת חֲכָמִים הֵם, לְקַיֵּם מַה שֶּׁנֶּאֱמַר וְעָשִׂיתָ הַיָּשָׁר וְהַטּוֹב בְּעֵינֵי ה' (סִימָן קע"ה ורז"ש).

סימן סג - אסור להונות בדברים ולגנב דעת הבריות ובו ה' סעיפים:

סעיף א' כְּשֵׁם שֶׁאוֹנָאָה אֲסוּרָה בְּמִקָּח וּמִמְכָּר, כָּךְ אֲסוּרָה אוֹנָאָה בִּדְבָרִים, שֶׁנֶּאֱמַר וְלֹא תוֹנוּ אִישׁ אֶת עֲמִיתוֹ וְיָרֵאתָ מֵאֱלֹהֶיךָ, זוֹ אוֹנָאַת דְּבָרִים. וּגְדוֹלָה אוֹנָאַת דְּבָרִים מֵאוֹנָאַת מָמוֹן, שֶׁזֶּה נִתָּן לְהִשָּׁבוֹן וְזֶה לֹא נִתָּן לְהִשָּׁבוֹן, זֶה בְּמָמוֹנוֹ וְזֶה בְּגוּפוֹ. וְהַצּוֹעֵק עַל אוֹנָאַת דְּבָרִים, נַעֲנֶה מִיָּד. וְצָרִיךְ לִזָּהֵר בְּיוֹתֵר מֵאוֹנָאַת אִשְׁתּוֹ, שֶׁלֹּא לְצַעֲרָהּ בִּדְבָרִים, לְפִי שֶׁהָאִשָּׁה רַכָּה בְּטֶבַע, וְעַל צַעַר מְעַט הִיא בּוֹכָה, וְהַשֵּׁם יִתְבָּרַךְ מַקְפִּיד עַל הַדְּמָעוֹת, וְשַׁעֲרֵי דְמָעוֹת לֹא נִנְעֲלוּ.

סעיף ב' כֵּיצַד הוּא אוֹנָאַת דְּבָרִים. לֹא יֹאמַר לַחֲבֵרוֹ, בְּכַמָּה אַתָּה רוֹצֶה לִתֵּן חֵפֶץ זֶה, וְהוּא אֵינוֹ רוֹצֶה לִקְנֹתוֹ. הָיָה אֶחָד מְבַקֵּשׁ לִקְנוֹת תְּבוּאָה, לֹא יֹאמַר לוֹ, לֵךְ אֵצֶל פְּלוֹנִי, וְהוּא יוֹדֵעַ שֶׁאֵין לוֹ לִמְכֹּר. אִם הָיָה חֲבֵרוֹ בַּעַל תְּשׁוּבָה לֹא יֹאמַר לוֹ, זְכוֹר מַעֲשֶׂיךָ הָרִאשׁוֹנִים. אִם בָּאוּ יִסּוּרִים עַל חֲבֵרוֹ, רַחֲמָנָא לִצְּלָן, לֹא יֹאמַר לוֹ כְּדֶרֶךְ שֶׁאָמְרוּ חַבְרֵי אִיּוֹב לְאִיּוֹב, הֲלֹא יִרְאָתְךָ כִּסְלָתֶךָ וְגוֹ', זְכָר נָא מִי הוּא נָקִי אָבָד, (וְהֵם שֶׁאָמְרוּ לוֹ כֵּן, מִפְּנֵי שֶׁהָיָה מְעַוֵּת דְּבָרִים כְּלַפֵּי הַשְׁגָּחַת הַשֵּׁם יִתְבָּרַךְ וּמִדּוֹתָיו). אִם שֶׁאֲלוּ מֵאִתּוֹ אֵיזֶה דְּבַר חָכְמָה, לֹא יֹאמַר לְמִי שֶׁאֵינוֹ יוֹדֵעַ אוֹתָהּ חָכְמָה, מָה אַתָּה תָּשִׁיב בְּדָבָר הַזֶּה. וְכֵן כָּל כַּיּוֹצֵא בִּדְבָרִים אֵלּוּ שֶׁהֵם צַעַר הַלֵּב.

סעיף ג' מִי שֶׁיֵּשׁ לוֹ שֵׁם כִּנּוּי לִגְנַאי, אַף עַל פִּי שֶׁהוּא רָגִיל בְּאוֹתוֹ כִּנּוּי, וְאֵינוֹ מִתְבַּיֵּשׁ בּוֹ, אִם זֶה כַּוָּנָתוֹ לְבַיְּשׁוֹ, אָסוּר לִקְרֹתוֹ בְּכִנּוּי זֶה, מִשּׁוּם אוֹנָאַת דְּבָרִים.

סעיף ד' אָסוּר לִגְנֹב דַּעַת הַבְּרִיּוֹת (פֵּרוּשׁ לְרַמּוֹת בִּדְבָרִים, אַף עַל פִּי שֶׁאֵין בּוֹ חֶסְרוֹן מָמוֹן), אֲפִלּוּ דַּעַת עוֹבֵד כּוֹכָבִים. וְלָכֵן אָסוּר לִמְכֹּר לוֹ בְּשַׂר נְבֵלָה בְּחֶזְקַת שְׁחוּטָה. אִם מוֹכֵר אֵיזֶה דָּבָר שֶׁיֵּשׁ בּוֹ מוּם, אַף עַל פִּי שֶׁהַדָּבָר שָׁוֶה כְּמוֹ שֶׁהוּא מוֹכְרוֹ לוֹ, מִכָּל מָקוֹם צָרִיךְ לְהוֹדִיעַ לְהַלּוֹקֵחַ אֶת הַמּוּם (וְעַיֵּן לְקַמָּן סִימָן קפ"ב סָעִיף ד') (וּבְמַתָּנָה לֵיכָּא מִשּׁוּם גְּנֵבַת דַּעַת).

סעיף ה' לֹא יְבַקֵּשׁ מֵחֲבֵרוֹ שֶׁיֹּאכַל אֶצְלוֹ כְּשֶׁהוּא יוֹדֵעַ שֶׁלֹּא יֹאכַל. לֹא יִתֵּן לוֹ מַתָּנָה כְּשֶׁהוּא יוֹדֵעַ שֶׁלֹּא יְקַבֵּל, וְכֵן כָּל כַּיּוֹצֵא בָּזֶה, שֶׁהוּא אֶחָד בַּפֶּה וְאֶחָד בַּלֵּב, יֵרָאֶה לַחֲבֵרוֹ שֶׁהוּא מְכַבְּדוֹ, וְאֵין כַּוָּנָתוֹ שְׁלֵמָה, אָסוּר, אֶלָּא יְהֵא תָּמִיד פִּיו וְלִבּוֹ שָׁוִים, וְיִנְהַג בִּשְׂפַת אֱמֶת וְרוּחַ נָכוֹן וְלֵב טָהוֹר.

סימן סד - שלא לעשות סחורה בדבר האסור ובו ד' סעיפים:

סעיף א' כָּל דָּבָר שֶׁאָסוּר מִן הַתּוֹרָה בַּאֲכִילָה, אַף עַל פִּי שֶׁהוּא מֻתָּר בַּהֲנָאָה, אִם הוּא דָּבָר הַמְיֻחָד לְמַאֲכָל, אָסוּר לַעֲשׂוֹת בּוֹ סְחוֹרָה אוֹ לְהַלְווֹת עָלָיו. וַאֲפִלּוּ לִקְנוֹתוֹ לְהַאֲכִילוֹ לְפוֹעֲלוֹ אֵינוֹ יְהוּדִי, אָסוּר. אֲבָל דָּבָר שֶׁאֵינוֹ עוֹמֵד לַאֲכִילָה, כְּגוֹן סוּסִים וַחֲמוֹרִים, מֻתָּר לַעֲשׂוֹת בָּהֶם סְחוֹרָה. וְחֵלֶב גַּם כֵּן מֻתָּר בִּסְחוֹרָה, שֶׁהֲרֵי נֶאֱמַר בּוֹ, יֵעָשֶׂה לְכָל מְלָאכָה.

סעיף ב' אִם נִזְדַּמֵּן לְאָדָם בְּאַקְרַאי דָּבָר אָסוּר, כְּגוֹן, שֶׁצָּד דָּגִים וְעָלָה בִּמְצוֹדָתוֹ דָּג טָמֵא, וְכֵן מִי שֶׁנִּזְדַּמְּנָה לוֹ נְבֵלָה וּטְרֵפָה בְּבֵיתוֹ, מֻתָּר לְמָכְרָן, כֵּיוָן שֶׁלֹּא נִתְכַּוֵּן לְכָךְ. וְצָרִיךְ לְמָכְרָן מִיָּד, וְלֹא יַמְתִּין עַד שֶׁתְּהֵא שְׁמֵנָה אֶצְלוֹ. וְיָכוֹל לְמָכְרָן גַּם עַל יְדֵי שָׁלִיחַ, אַף עַל פִּי שֶׁהַשָּׁלִיחַ יַרְוִיחַ בּוֹ. אֲבָל לֹא שֶׁיִּקְנֶה הַשָּׁלִיחַ לַחֲלוּטִין, דְּאִם כֵּן, הוּא אֶצְלוֹ סְחוֹרָה.

סעיף ג' וְכֵן מֻתָּר לִגְבּוֹת בְּחוֹבוֹ דְּבָרִים טְמֵאִים וְיִמְכְּרֵם מִיָּד, דְּאָסוּר לְהַשְׁהוֹתָן כְּדֵי לְהִשְׂתַּכֵּר בָּהֶם, אֲבָל מֻתָּר לְהַשְׁהוֹתָן בִּכְדֵי שֶׁלֹּא יַפְסִיד מִן הַקֶּרֶן.

סעיף ד' דָּבָר שֶׁאֵין אִסּוּרוֹ אֶלָּא מִדְּרַבָּנָן, כְּגוֹן גְּבִינוֹת שֶׁל נָכְרִי, מֻתָּר לַעֲשׂוֹת בּוֹ סְחוֹרָה.

סימן סה - הלכות רבית ובו ל' סעיפים:

סעיף א' לְפִי שֶׁנַּפְשׁוֹ שֶׁל אָדָם בְּטִבְעוֹ חוֹמֵד וּמִתְאַוֶּה אֶל הַמָּמוֹן, וְקָרוֹב יוֹתֵר שֶׁיְּהֵא הָאָדָם נִכְשָׁל בְּאִסּוּר רִבִּית מִבִּשְׁאָר אִסּוּרִין שֶׁבְּמָמוֹן, כִּי בְּגָזֵל וְאוֹנָאָה וְכַדּוֹמֶה, הֲרֵי מַשְׁגִּיחַ עַל עַצְמוֹ שֶׁלֹּא יְהֵא נִגְזָל וְשֶׁלֹּא יִתְאַנֶּה, וְגַם זֶה שֶׁהוּא רוֹצֶה לִגְזוֹל אוֹ לְהוֹנוֹת אֶת חֲבֵרוֹ, לִפְעָמִים הוּא נִמְנָע מֵחֲמַת בּוּשָׁה אוֹ מֵחֲמַת יִרְאָה, מַה שֶּׁאֵין כֵּן בְּרִבִּית, כִּי הַלֹּוֶה נוֹתֵן לוֹ בִּרְצוֹנוֹ הַטּוֹב, וְהוּא שָׂמֵחַ, כִּי מָצָא מָקוֹם לִלְווֹת עַל כָּל פָּנִים בְּרִבִּית, וְגַם הַמַּלְוֶה חוֹשֵׁב בְּדַעְתּוֹ, כִּי הֲרֵי הוּא עוֹשֶׂה טוֹבָה גְּדוֹלָה עִם הַלֹּוֶה שֶׁיּוּכַל לְהַרְוִיחַ בְּמָמוֹן זֶה כִּפְלֵי כִּפְלַיִם יוֹתֵר מִן הָרִבִּית, וְלָכֵן נָקֵל מְאֹד שֶׁיְּהֵא אָדָם נִתְפַּתֶּה חַס וְשָׁלוֹם מִן הַיֵּצֶר הָרָע לִהְיוֹת נִכְשָׁל בְּאִסּוּר זֶה. עַל כֵּן הֶחְמִירָה תּוֹרָתֵנוּ הַקְּדוֹשָׁה מְאֹד בְּאִסּוּר זֶה, וְהַרְבֵּה לָאוִין נֶאֶמְרוּ בּוֹ, הַמַּלְוֶה עוֹבֵר בְּשִׁשָּׁה לָאוִין, וְלֹא יָקוּם בִּתְחִיַּת הַמֵּתִים, שֶׁנֶּאֱמַר בַּנֶּשֶׁךְ נָתַן וְתַרְבִּית לָקַח וָחָי, לֹא יִחְיֶה. הַלֹּוֶה עוֹבֵר בִּשְׁלֹשָׁה לָאוִין, הַסּוֹפֵר, וְהָעֵדִים וְהֶעָרֵב עוֹבְרִים כָּל אֶחָד בְּלָאו אֶחָד. וְכֵן הַסַּרְסוּר שֶׁהָיָה בֵּינֵיהֶם אוֹ שֶׁסִּיֵּעַ לְאֶחָד מֵהֶם, כְּגוֹן שֶׁהוֹרָה מָקוֹם לְהַלֹּוֶה לִלְווֹת אוֹ שֶׁהוֹרָה מָקוֹם לְהַמַּלְוֶה לְהַלְווֹת, גַּם כֵּן עוֹבֵר בְּלָאו אֶחָד (יו"ד קס).

סעיף ב' מִי שֶׁנִּכְשַׁל וְלָקַח רִבִּית, מְחֻיָּב לְהַחֲזִירָהוּ (מִלְּבַד רִבִּית

מֻקְדֶּמֶת וְרִבִּית מְאֻחֶרֶת דִּלְקַמָּן עַיֵּן סָעִיף ו') (קס"א).

סעיף ג' אֲפִלּוּ לֹא פָּסַק עִמּוֹ אֶת הָרִבִּית בִּשְׁעַת הַלְוָאָה, אֶלָּא שֶׁהִלְוָה לוֹ בְּחִנָּם עַד זְמַן פְּלוֹנִי, אוֹ שֶׁמָּכַר לוֹ אֵיזֶה סְחוֹרָה בְּהַקָּפָה עַד זְמַן פְּלוֹנִי, אוֹ שֶׁחַיָּב לוֹ בְּעִנְיָן אַחֵר לְשַׁלֵּם לוֹ, יִהְיֶה מֵאֵיזֶה עִנְיָן שֶׁיִּהְיֶה, וּבְהַגִּיעַ זְמַן הַפֵּרָעוֹן פּוֹסֵק לוֹ אֵיזֶה דָּבָר בִּשְׁבִיל שֶׁיַּרְחִיב לוֹ אֶת הַזְּמָן, גַּם זֹאת הִיא רִבִּית.

סעיף ד' אֲפִלּוּ אִם הַלֹּוֶה נוֹתֵן לוֹ יוֹתֵר מִדַּעְתּוֹ בִּשְׁעַת הַפֵּרָעוֹן, שֶׁלֹּא הִתְנָה עִמּוֹ, וְאֵינוֹ אוֹמֵר שֶׁנּוֹתְנוֹ לוֹ בִּשְׁבִיל רִבִּית, גַּם כֵּן אָסוּר.

סעיף ה' אֲפִלּוּ אוֹמֵר לוֹ הַלֹּוֶה בִּשְׁעַת נְתִינַת הָרִבִּית שֶׁהוּא נוֹתְנָהּ לוֹ בְּמַתָּנָה, גַּם כֵּן אָסוּר לְקַבְּלָהּ מִמֶּנּוּ. אֲבָל אִם כְּבָר לָקַח מִמֶּנּוּ רִבִּית, וְהַמַּלְוֶה עוֹשֶׂה תְשׁוּבָה, וְרוֹצֶה לְהַחֲזִירָהּ לְהַלֹּוֶה וְהוּא מוֹחֵל לוֹ, מֻתָּר.

סעיף ו' אָסוּר לְהַקְדִּים אֶת הָרִבִּית אוֹ לְאַחֵר אוֹתָהּ. כֵּיצַד. הָיָה רְאוּבֵן רוֹצֶה לִלְווֹת מִשִּׁמְעוֹן מָעוֹת, וּמַקְדִּים וְשׁוֹלֵחַ לוֹ מַתָּנָה וּפֵרֵשׁ לוֹ בִּשְׁבִיל שֶׁיַּלְוֵהוּ, אוֹ שֶׁהִיא מַתָּנָה מְרֻבָּה, דְּמִסְתָמָא הֲוֵי כְּאִלּוּ פֵּרֵשׁ לוֹ שֶׁהִיא בִּשְׁבִיל שֶׁיַּלְוֵהוּ, זוֹהִי רִבִּית מֻקְדֶּמֶת. לָוָה מִמֶּנּוּ וְהֶחֱזִיר לוֹ מְעוֹתָיו, וְהָיָה שׁוֹלֵחַ לוֹ מַתָּנָה בִּשְׁבִיל מְעוֹתָיו שֶׁהָיוּ בְּטֵלוֹת אֶצְלוֹ, זוֹהִי רִבִּית מְאֻחֶרֶת.

סעיף ז' אִם אֶחָד מַלְוֶה מְעוֹתָיו לַחֲבֵרוֹ עַל זְמַן מָה, כְּדֵי שֶׁיַּחֲזוֹר זֶה וְיַלְוֵהוּ פַּעַם אַחֶרֶת סַךְ יוֹתֵר לִזְמַן כָּזֶה אוֹ סַךְ כָּזֶה לִזְמַן אָרֹךְ יוֹתֵר, זוֹהִי רִבִּית גְּמוּרָה. וְאִם מַלְוֶה לוֹ עַל מְנָת שֶׁיַּלְוֶה לוֹ פַּעַם אַחֶרֶת סַךְ כָּזֶה לִזְמַן כָּזֶה, יֵשׁ אוֹמְרִים שֶׁגַּם כֵּן אָסוּר, וְיֵשׁ אוֹמְרִים דְּמֻתָּר. וְיֵשׁ לְהַחְמִיר. אַךְ אִם לֹא הִתְנוּ כֵּן אֶלָּא שֶׁהוּא מַלְוֶה לוֹ בִּרְצוֹנוֹ פַּעַם אַחֶרֶת, אַף עַל פִּי שֶׁאֵינוֹ עוֹשֶׂה כֵן, אֶלָּא מֵחֲמַת שֶׁזֶּה גַּם כֵּן כְּבָר הִלְוָהוּ, בָּזֶה יֵשׁ לְהָקֵל.

סעיף ח' צָרִיךְ הַמַּלְוֶה לִזָּהֵר שֶׁלֹּא לֵהָנוֹת מִן הַלֹּוֶה, שֶׁלֹּא מִדַּעְתּוֹ כָּל זְמַן שֶׁמְּעוֹתָיו בְּיָדוֹ, אֲפִלּוּ בְּדָבָר שֶׁהָיָה עוֹשֶׂה לוֹ אַף אִם לֹא הִלְוָהוּ. שֶׁכֵּיוָן שֶׁנֶּהֱנָה שֶׁלֹּא בִּרְשׁוּתוֹ, נִרְאֶה שֶׁסּוֹמֵךְ עָלָיו שֶׁבִּשְׁבִיל מְעוֹתָיו שֶׁבְּיָדוֹ יִמְחַל לוֹ. אֲבָל אִם נֶהֱנָה מִמֶּנּוּ מִדַּעְתּוֹ, מֻתָּר בְּדָבָר שֶׁהָיָה עוֹשֶׂה לוֹ אַף אִם לֹא הִלְוָהוּ, וּבִלְבַד שֶׁלֹּא יְהֵא דָּבָר שֶׁל פַּרְהֶסְיָא (ק"ס).

סעיף ט' אִם לֹא הָיָה הַלֹּוֶה רָגִיל לְהַקְדִּים לְהַמַּלְוֶה שָׁלוֹם בְּפַעַם אַחֶרֶת, אָסוּר לְהַקְדִּים לוֹ, וְאָסוּר לְכַבְּדוֹ בְּאֵיזֶה כִּבּוּד בְּבֵית הַכְּנֶסֶת אוֹ בְּמָקוֹם אַחֵר, אִם לֹא הָיָה רָגִיל כֵּן גַּם בְּפַעַם אַחֶרֶת. וְכֵן שְׁאָר רִבִּית דְּבָרִים בְּעָלְמָא אָסוּר, שֶׁנֶּאֱמַר נֶשֶׁךְ כָּל דָּבָר אֲשֶׁר יִשָּׁךְ, אֲפִלּוּ דִּבּוּר אָסוּר. וְכֵן הַמַּלְוֶה מֻזְהָר עַל רִיבִּית דְּבָרִים, כְּגוֹן אִם אוֹמֵר לְהַלֹּוֶה, הוֹדִיעֵנִי אִם יָבֹא פְּלוֹנִי מִמָּקוֹם פְּלוֹנִי, אַף עַל פִּי שֶׁאֵינוֹ מַטְרִיחוֹ אֶלָּא בַּאֲמִירָה בְּעָלְמָא, אִם לֹא הָיָה רָגִיל עִמּוֹ בָּזֶה קֹדֶם לָכֵן, וְעַתָּה סוֹמֵךְ עַל הַלְוָאָתוֹ לְצַוּוֹת עָלָיו, מִפְּנֵי שֶׁהוּא נִכְנָע לוֹ, הֲרֵי זֶה רִבִּית. וְאִם תֹּאמַר, וְהָא כְּתִיב, עֶבֶד לֹוֶה לְאִישׁ מַלְוֶה, זֶהוּ אֵינוֹ אֶלָּא לְעִנְיָן אִם נָפַל בֵּינֵיהֶם דִּין וּדְבָרִים, וְאוֹמֵר הַמַּלְוֶה, נֵלֵךְ לְבֵית דִּין הַגָּדוֹל לָדוּן

שָׁם, וְהַלֹּוֶה אוֹמֵר לָדוּן כָּאן, מְחֻיָּב הַלֹּוֶה לֵילֵךְ כְּמוֹ שֶׁרוֹצֶה הַמַּלְוֶה, וְהַמַּלְוֶה אֵינוֹ מְחֻיָּב לָלֶכֶת לְבֵית דִּין הַגָּדוֹל שֶׁבְּמָקוֹם אַחֵר, מִשּׁוּם שֶׁנֶּאֱמַר עֶבֶד לֹוֶה לְאִישׁ מַלְוֶה (סִימָן ק"ס וסִימָן קס"ו, ובחו"מ סִימָן י"ד).

סעיף י' אֲפִלּוּ טוֹבַת הֲנָאָה שֶׁאֵינָהּ מָמוֹן, אָסוּר לְהַמַּלְוֶה לֵהָנוֹת מִן הַלֹּוֶה, כְּגוֹן שֶׁאִם הַמַּלְוֶה הוּא בַּעַל מְלָאכָה, וְהַלֹּוֶה הַזֶּה אֵין דַּרְכּוֹ לִתֵּן לוֹ מְלָאכָה בְּפַעַם אַחֶרֶת, רַק עַתָּה מֵחֲמַת שֶׁהִלְוָהוּ רוֹצֶה לָתֵת לוֹ מְלַאכְתּוֹ, אָסוּר (קס).

סעיף יא' אָסוּר לְהַלְווֹת לְאֶחָד סְאָה תְבוּאָה שֶׁיַּחֲזִיר לוֹ אַחַר כָּךְ סְאָה תְבוּאָה, אֲפִלּוּ מִין בְּמִינוֹ, כִּי שֶׁמָּא תִתְיַקֵּר בֵּינְתַיִם הַתְּבוּאָה וְנִמְצָא זֶה מַחֲזִיר יוֹתֵר מִמַּה שֶּׁלָּוָה. אַךְ יַעֲשֶׂנּוּ דָמִים, שֶׁאִם תִּתְיַקֵּר הַתְּבוּאָה לֹא יִתֵּן לוֹ רַק הַדָּמִים. וְאִם יֵשׁ לַלֹּוֶה אֲפִלּוּ רַק מְעַט מִמִּין זֶה, מֻתָּר לִלְווֹת אֲפִלּוּ כַּמָּה כּוֹרִין. וְכֵן אִם יֵשׁ לְאוֹתוֹ מִין שַׁעַר קָבוּעַ בַּשּׁוּק, מֻתָּר לִלְווֹת, אַף עַל פִּי שֶׁאֵין לַלֹּוֶה כְּלוּם מִזֶּה הַמִּין. וְכָל זֶה, בְּמִין בְּמִינוֹ. אֲבָל מִין בְּשֶׁאֵינוֹ מִינוֹ, כְּגוֹן לְהַלְווֹת סְאָה חִטִּין בִּסְאָה דֹּחַן, אָסוּר בְּכָל עִנְיָן, אַף עַל פִּי שֶׁהֵן בְּשַׁעַר אֶחָד וְיֵשׁ לוֹ דֹּחַן. וּבְדָבָר קָטָן שֶׁאֵין דֶּרֶךְ לְהַקְפִּיד בְּיוּקְרָא וְזוּלָא, מֻתָּר בְּכָל עִנְיָן. וְלָכֵן מֻתֶּרֶת אִשָּׁה לְהַלְווֹת כִּכַּר לֶחֶם לַחֲבֶרְתָּהּ (קס"ב).

סעיף יב' הַמַּלְוֶה מָעוֹת עַל מַשְׁכּוֹן בַּיִת אוֹ שָׂדֶה אוֹ מָקוֹם בְּבֵית הַכְּנֶסֶת וְהַמַּלְוֶה יִקַּח אֶת הַפֵּרוֹת מֵהַמַּשְׁכּוֹן, צָרִיךְ לִהְיוֹת בְּנִכְיָתָא, דְּהַיְנוּ שֶׁיְּנַכֶּה לוֹ מִן הַחוֹב דָּבָר קָצוּב לְכָל שָׁנָה, שֶׁזּוֹ תִהְיֶה הַשְּׂכִירוּת שֶׁנּוֹתֵן הַמַּלְוֶה. וַאֲפִלּוּ הַשְּׂכִירוּת שָׁוֶה יוֹתֵר מִמַּה שֶּׁקָּצְבוּ בֵּינֵיהֶם, מֻתָּר. אֲבָל לֹא יַחֲזוֹר הַמַּלְוֶה וְיַשְׂכִּירוֹ לְהַלֹּוֶה עַצְמוֹ. וְעוֹד יֵשׁ בְּעִנְיַן מַשְׁכַּנְתָּא, הַרְבֵּה חִלּוּקֵי דִּינִים, וְאֵין לַעֲשׂוֹת כִּי אִם עַל פִּי שְׁאֵלַת חָכָם.

סעיף יג' דָּבָר שֶׁיֵּשׁ לוֹ שַׁעַר יָדוּעַ, אָסוּר לְמָכְרוֹ בְּיוֹתֵר מִן הַשַּׁעַר מִפְּנֵי שֶׁמַּמְתִּין לוֹ אֶת הַמָּעוֹת. אֲבָל דָּבָר שֶׁאֵין לוֹ שַׁעַר יָדוּעַ, אַף עַל פִּי שֶׁאִם הָיָה נוֹתֵן לוֹ עַתָּה אֶת הַמָּעוֹת, הָיָה נוֹתְנוֹ לוֹ בְּפָחוֹת, וּבִשְׁבִיל שֶׁהוּא מַמְתִּין אֶת הַמָּעוֹת מוֹכֵר לוֹ קְצָת בְּיוֹתֵר, מֻתָּר. וּבִלְבַד שֶׁלֹּא יַעֲלֵהוּ הַרְבֵּה (וְכָתוּב בְּחַוּוֹת דַּעַת, דְּהַיְנוּ שְׁתוּת אוֹ יוֹתֵר) עַד שֶׁנִּכָּר לַכֹּל שֶׁבִּשְׁבִיל הַמְתָּנַת הַמָּעוֹת הוּא מַעֲלֵהוּ. וְגַם אִם לֹא מַעֲלֵהוּ הַרְבֵּה, אֶלָּא שֶׁהוּא מְפָרֵשׁ וְאוֹמֵר, אִם תִּתֵּן לִי מִיָּד אֶת הַמָּעוֹת, הֲרֵי הוּא לְךָ בַּעֲשָׂרָה, וְאִם בְּהַקָּפָה, תִּתֵּן לִי בְּאַחַד עָשָׂר, אָסוּר. וְכֵן אִם הַקּוֹנֶה קוֹנֶה אֶת הַסְּחוֹרָה בְּיֹקֶר כְּדֵי לְמָכְרָהּ מִיָּד וּלְהַפְסִיד בִּשְׁבִיל שֶׁיִּהְיוּ הַמָּעוֹת בְּיָדוֹ אֵיזֶה זְמַן, גַּם כֵּן אָסוּר (מהרלב"ח וְעַיֵּן חתם סופר סִימָן קל"ז).

סעיף יד' מִי שֶׁיֵּשׁ לוֹ שְׁטַר חוֹב עַל חֲבֵרוֹ מֻתָּר לְמָכְרוֹ לְאַחֵר בְּפָחוֹת, וַאֲפִלּוּ קֹדֶם זְמַן הַפֵּרָעוֹן. וְיִכְתֹּב הַמּוֹכֵר לְהַלּוֹקֵחַ, אֲנִי מוֹכֵר לְךָ שְׁטָר זֶה, וּקְנֵי לְךָ אִיהוּ וְכָל שִׁעְבּוּדוֹ. וְצָרִיךְ שֶׁיְּהֵא הָאַחְרָיוּת עַל הַלּוֹקֵחַ. רַק אַחְרָיוּת שֶׁבָּא מֵחֲמַת הַמּוֹכֵר, כְּגוֹן שֶׁהַשְּׁטָר פָּרוּעַ וְכַדּוֹמֶה, יָכוֹל לִהְיוֹת עַל הַמּוֹכֵר. וּכְשֵׁם שֶׁיָּכוֹל לִמְכֹּר אֶת הַשְּׁטָר לְאַחֵר בְּפָחוֹת, כְּמוֹ כֵן יָכוֹל לְמָכְרוֹ גַּם לְהַלֹּוֶה בְּעַצְמוֹ.

סעיף טו' וּבְאֹפֶן זֶה יְכוֹלִין לְהוֹעִיל, כְּגוֹן רְאוּבֵן שֶׁצָּרִיךְ לְמָעוֹת בְּנִיסָן, הוֹלֵךְ אֵצֶל שִׁמְעוֹן, וְשִׁמְעוֹן נוֹתֵן לוֹ שְׁטַר חוֹב עַל עַצְמוֹ, שֶׁהוּא חַיָּב לִפְרֹעַ לִרְאוּבֵן מֵאָה זְהוּבִים בְּחֹדֶשׁ תִּשְׁרֵי (וּכְנֶגֶד זֶה נוֹתֵן גַּם רְאוּבֵן שְׁטַר חוֹב כָּזֶה לְשִׁמְעוֹן, שֶׁהוּא חַיָּב לִפְרוֹעַ לוֹ מֵאָה זְהוּבִים בְּתִשְׁרֵי, כְּדֵי שֶׁיְּהֵא שִׁמְעוֹן בָּטוּחַ), וְהוֹלֵךְ רְאוּבֵן וּמוֹכֵר אֶת שְׁטַר הַחוֹב שֶׁיֵּשׁ לוֹ עַל שִׁמְעוֹן לְלֵוִי עַתָּה בְּנִיסָן בְּעַד תִּשְׁעִים זְהוּבִים (חוות דעת) (וּמִכָּל שֶׁכֵּן שֶׁאִם יֵשׁ לְשִׁמְעוֹן שְׁטַר חוֹב עַל יְהוּדָה אֲשֶׁר זְמַן הַפֵּרָעוֹן הוּא לְאַחַר זְמָן, שֶׁהוּא יָכוֹל לְמָכְרוֹ לִרְאוּבֵן בְּהַקָּפָה עַד הַזְּמַן וּרְאוּבֵן יִתֵּן לוֹ שְׁטַר חוֹב עַל זֹאת, וְשׁוּב יִמְכֹּר רְאוּבֵן אֶת שְׁטַר הַחוֹב הַזֶּה בְּעַד כַּמָּה שֶׁיּוּכַל). אֲבָל אִם רְאוּבֵן יִכְתּוֹב שְׁטַר חוֹב עַל עַצְמוֹ לְמָכְרוֹ לְשִׁמְעוֹן, אֲפִלּוּ עַל יְדֵי שָׁלִיחַ, אָסוּר (חכמת אדם כלל קמ"ג).

סעיף טז' אָסוּר לִקְנוֹת תְּבוּאָה אוֹ שְׁאָר דָּבָר בְּהַקְדָּמַת מָעוֹת, וְשֶׁיִּתֵּן לוֹ אֶת הַתְּבוּאָה לְאַחַר זְמַן, דְּחַיְשִׁינָן שֶׁמָּא בֵּינְתַיִם תִּתְיַקֵּר הַתְּבוּאָה אַחַר כָּךְ בִּזְמַן שֶׁיִּתֵּן לוֹ אֶת הַתְּבוּאָה, וְנִמְצָא הַלּוֹקֵחַ נוֹטֵל יוֹתֵר מִשִּׁעוּר מְעוֹתָיו בִּשְׁבִיל שֶׁהִקְדִּים אֶת הַמָּעוֹת. אֲבָל אִם יֵשׁ לְהַמּוֹכֵר גַּם עַתָּה כָּל הַתְּבוּאָה שֶׁהוּא מוֹכֵר, אַף עַל פִּי שֶׁלֹּא יִתְּנֶנָּה לַלּוֹקֵחַ עַד לְאַחַר זְמַן מֻתָּר, כִּי מַה שֶּׁיֵּשׁ לְהָאָדָם יָכוֹל לִמְכּוֹר אֲפִלּוּ בְּזוֹל הַרְבֵּה כִּרְצוֹנוֹ, וַאֲפִלּוּ הַתְּבוּאָה לֹא נִגְמְרָה עֲדַיִן לִגְמְרֵי כָּרָאוּי, אֶלָּא שֶׁצְּרִיכָה עוֹד מְלָאכָה אַחַת אוֹ שְׁתֵּי מְלָאכוֹת, נֶחְשֶׁבֶת כְּאִלּוּ הִיא גְּמוּרָה וּמֻתָּר. אֲבָל אִם מְחֻסֶּרֶת עוֹד שָׁלֹשׁ מְלָאכוֹת, אָסוּר. (וְעַיֵּן בְּסִימָן שֶׁלְּאַחַר זֶה הֶתֵּר לְהַקְדָּמַת מָעוֹת עַל סְחוֹרָה)

סעיף יז' וְאִם הֻקְבַּע הַשַּׁעַר לַתְּבוּאָה, יָכוֹל לִקְנוֹת בְּהַקְדָּמַת מָעוֹת כְּפִי הַשַּׁעַר, אַף עַל פִּי שֶׁאֵין לְהַמּוֹכֵר כְּלוּם, שֶׁהֲרֵי אֲפִלּוּ תִּתְיַקֵּר אַחַר כָּךְ הַתְּבוּאָה, אֵין הַלּוֹקֵחַ מַרְוִיחַ בְּמַה שֶּׁהִקְדִּים אֶת הַמָּעוֹת, כֵּיוָן שֶׁהָיָה יָכוֹל לִקְנוֹת אָז תְּבוּאָה בִּמְעוֹתָיו בְּשַׁעַר זֶה. וּמֵאַחַר שֶׁפָּסַק בְּהֶתֵּר, אַף עַל פִּי שֶׁנִּתְיַקְּרָה אַחַר כָּךְ הַתְּבוּאָה, בִּשְׁעַת הַפֵּרָעוֹן, וְאֵינוֹ רוֹצֶה לָתֵת לוֹ אֶת הַתְּבוּאָה שֶׁפָּסַק עָלֶיהָ, יָכוֹל לְשׁוּמָהּ עַל סְחוֹרָה אַחֶרֶת שֶׁיִּתֵּן לוֹ, אוֹ שֶׁיִּתֵּן לוֹ מָעוֹת כְּשׁוֹוִי שֶׁל עַתָּה (סִימָן תמ"ה) (וְעַיֵּן בְּקוּנְטְרֵס שַׁעַר דֵּעָה בְּסוֹף הַסֵּפֶר שַׁעַר מִשְׁפָּט סִימָן קע"ה סָעִיף קָטָן ב'. וּדְלֹא כְּמוֹ שֶׁכָּתוּב בְּשֻׁלְחָן עָרוּךְ שֶׁל הַתַּנְיָא סָעִיף כ"ח).

סעיף יח' מִי שֶׁיֵּשׁ לוֹ סְחוֹרָה שֶׁנִּמְכֶּרֶת כָּאן בְּזוֹל וּבְמָקוֹם אַחֵר בְּיֹקֶר, וְאָמַר לוֹ חֲבֵרוֹ: תְּנָה לִי סְחוֹרָה זֹאת וְאוֹלִיכֶנָּה לְמָקוֹם הַיֹּקֶר וְאֶמְכְּרֶנָּה שָׁם וְאֶעֱשֶׂה צְרָכַי בַּמָּעוֹת עַד זְמַן פְּלוֹנִי, וְאֶפְרָעֶנָּה לְךָ כְּפִי מַה שֶּׁהָיָה שָׁוֶה שָׁם לְאַחַר נִכְּיוֹן הַהוֹצָאוֹת שֶׁעָלוּ עַל הַסְּחוֹרָה, אִם הָאַחְרָיוּת בַּהֲלִיכָה הָיְתָה עַל הַלּוֹקֵחַ, אָסוּר. וְאִם הָאַחְרָיוּת עַל הַמּוֹכֵר, מֻתָּר. וְהוּא שֶׁיִּתֵּן לְהַלּוֹקֵחַ אֵיזֶה דָּבָר בִּשְׁבִיל טָרְחוֹ.

סעיף יט' מֻתָּר לְהַלְווֹת לַחֲבֵרוֹ מֵאָה דִּינָרִין שֶׁיִּקְנֶה בָּהֶם סְחוֹרָה עַל הַיָּרִיד, וּבְשׁוּבָם לְבֵיתָם יִתֵּן לוֹ הַלֹּוֶה מֵאָה וְעֶשְׂרִים דִּינָרִין בַּעֲדָהּ, וּבִלְבַד שֶׁיְּקַבֵּל הַמַּלְוֶה אֶת הַסְּחוֹרָה וְיוֹלִיכֶנָּה לְבֵיתוֹ וְתִהְיֶה אַחְרָיוּת הַדֶּרֶךְ עַל הַמַּלְוֶה, דַּהֲוֵי כְּמוֹ שֶׁיֵּשׁ לוֹ חֵלֶק בְּרֶוַח הַסְּחוֹרָה, הוֹאִיל וּמְקַבֵּל עָלָיו אַחְרָיוּת (קע"ג).

סעיף כ' רְאוּבֵן שֶׁהוֹלֵךְ לְמָקוֹם שֶׁקּוֹנִים סְחוֹרָה בְּזוֹל, יָכוֹל שִׁמְעוֹן לוֹמַר לוֹ, הָבֵא לִי סְחוֹרָה מִשָּׁם וַאֲנִי אֶתֵּן לְךָ רֶוַח כָּךְ וְכָךְ, וּבִלְבַד שֶׁתְּהֵא אַחֲרָיוּת הַסְּחוֹרָה עַל רְאוּבֵן עַד שֶׁהוּא מוֹסְרָהּ לְשִׁמְעוֹן.

סעיף כא' מֻתָּר לְהַרְבּוֹת שְׂכַר הַקַּרְקַע. כֵּיצַד הִשְׂכִּיר לוֹ אֶת הֶחָצֵר וְאָמַר לוֹ קֹדֶם שֶׁהֶחֱזִיק בּוֹ, אִם תִּתֵּן לִי אֶת הַשְּׂכִירוּת מִיָּד, הֲרֵי הוּא לְךָ בַּעֲשָׂרָה זְהוּבִים לְשָׁנָה. וְאִם תְּשַׁלֵּם לִי בְּכָל חֹדֶשׁ, תִּתֵּן לִי בְּעַד כָּל חֹדֶשׁ זָהוּב אֶחָד, מֻתָּר. וְהַטַּעַם בָּזֶה, מִשּׁוּם דְּמִצַּד הַדִּין שְׂכִירוּת אֵינָהּ מִשְׁתַּלֶּמֶת אֶלָּא לְבַסּוֹף. הִלְכָּךְ כַּאֲשֶׁר לוֹקֵחַ מִמֶּנּוּ זָהוּב בְּכָל חֹדֶשׁ, דַּהֲווֹ לְהוּ שְׁנֵים עָשָׂר זְהוּבִים, אֵין זֶה שְׂכַר הַמְתָּנַת הַמָּעוֹת, שֶׁהֲרֵי אֵינוֹ מְחֻיָּב לְשַׁלֵּם בְּמֻקְדָּם, וּמַה שֶּׁאָמַר לוֹ אִם תִּתֵּן לִי מִיָּד, הֲרֵי הִיא לְךָ בַּעֲשָׂרָה, אָז מוֹחֵל לוֹ שְׁנֵי זְהוּבִים, לְפִי שֶׁמַּקְדִּים לוֹ לְשַׁלֵּם קֹדֶם זְמַן הַפֵּרָעוֹן, וְזֶה מֻתָּר.

סעיף כב' וְדַוְקָא בִּשְׂכִירוּת קַרְקַע מֻתָּר לוֹ לְהַרְבּוֹת בְּעִנְיָן הַזֶּה, מִפְּנֵי שֶׁהַקַּרְקַע נִקְנֵית לוֹ מִיָּד. אֲבָל לְהַרְבּוֹת בִּשְׂכִירוּת פּוֹעֵל, אָסוּר בְּעִנְיָן זֶה, דְּהַיְנוּ שֶׁאִם שׂוֹכֵר אֶת הָאָדָם שֶׁיַּעֲשֶׂה לוֹ מְלַאכְתּוֹ לְאַחַר זְמַן וּמַקְדִּים לוֹ שְׂכָרוֹ הַיּוֹם קֹדֶם שֶׁנִּכְנַס לַמְּלָאכָה וּבִשְׁבִיל זֶה יַעֲשֶׂה לוֹ אֶת הַמְּלָאכָה בְּפָחוֹת מִן הָרָאוּי, זֹאת אָסוּר, דְּכֵיוָן דְּהַפּוֹעֵל אֵינוֹ מִשְׁתַּעְבֵּד מֵהַשְׁתָּא הָוֵי לֵיהּ כְּמוֹ הַלְוָאָה. אַךְ אִם הַפּוֹעֵל נִכְנַס לִמְלַאכְתּוֹ מִיָּד, אַף עַל פִּי שֶׁלֹּא יִגְמֹר אֶת הַמְּלָאכָה עַד לְאַחַר יָמִים הַרְבֵּה, מֻתָּר לְהַקְדִּים לוֹ שְׂכָרוֹ בִּשְׁבִיל שֶׁיַּעֲשֶׂה בְּזוֹל, דְּכֵיוָן שֶׁיַּתְחִיל מִיָּד בַּמְּלָאכָה הָוֵי לֵיהּ שְׂכִירוּת וְלֹא הַלְוָאָה (סִימָן קע"ו וחו"מ ססימָן קצ"ה).

סעיף כג' מֻתָּר לְהַרְבּוֹת בִּנְדוּנְיַת חֲתָנִים, כְּגוֹן שֶׁפָּסַק נְדוּנְיָא לְבִתּוֹ וְהִתְנָה עִם חֲתָנוֹ שֶׁכָּל שָׁנָה שֶׁיַּנִּיחַ אֶצְלוֹ אֶת הַנְּדוּנְיָא יִתֵּן לוֹ כָּךְ וְכָךְ שָׂכָר, מֻתָּר, שֶׁאֵין זֶה אֶלָּא כְּמוֹסִיף לוֹ נְדוּנְיָא, וּכְאִלּוּ אָמַר לוֹ אֲנִי נוֹתֵן לְךָ מַתָּנָה כָּךְ וְכָךְ לִזְמַן פְּלוֹנִי. וְאִם לֹא אֶתֵּן לְךָ לִזְמַן פְּלוֹנִי, עוֹד אֲנִי מוֹסִיף לְךָ כָּךְ וְכָךְ, דְּמֻתָּר. וְדַוְקָא כְּשֶׁהִתְנוּ כֵן מִיָּד בִּשְׁעַת כְּתִיבַת הַתְּנָאִים. דְּכֵיוָן דְּעַד עַתָּה לֹא הָיָה עָלָיו שׁוּם חִיּוּב, אִם כֵּן הַכֹּל הוּא חִיּוּב אֶחָד. אֲבָל אִם בִּשְׁעַת כְּתִיבַת הַתְּנָאִים, נִתְחַיֵּב בִּסְתָם סַךְ נְדוּנְיָא וּבִשְׁעַת הַחֲתֻנָּה רוֹצִים לְהִתְפַּשֵּׁר לָתֵת לוֹ דָּבָר מַה בִּשְׁבִיל הַרְחָבַת הַזְּמַן, אָסוּר, וּצְרִיכִין לַעֲשׂוֹת בְּדֶרֶךְ הֶתֵּר.

סעיף כד' יִשְׂרָאֵל שֶׁלָּוָה מֵעוֹבֵד כּוֹכָבִים בְּרִבִּית, וְיִשְׂרָאֵל אַחֵר יִהְיֶה עָרֵב, אִם הוּא בְּעִנְיָן שֶׁאֵין הָעוֹבֵד כּוֹכָבִים יָכוֹל לִתְבּוֹעַ תְּחִלָּה אֶלָּא אֶת הַלֹּוֶה, וְאַךְ כְּשֶׁלֹּא יִהְיֶה אֶפְשָׁר לִגְבּוֹת מִן הַלֹּוֶה, אָז יָכוֹל לִתְבּוֹעַ מִן הֶעָרֵב, מֻתָּר. אֲבָל אִם הוּא בְּעִנְיָן שֶׁהָעוֹבֵד כּוֹכָבִים יָכוֹל לִתְבּוֹעַ תְּחִלָּה אֶת הֶעָרֵב, אִם כֵּן, הָוֵי כְּאִלּוּ הֶעָרֵב לָוָה מִן הָעוֹבֵד כּוֹכָבִים וְהִלְוָה לְיִשְׂרָאֵל הַלֹּוֶה וְאָסוּר. וְכֵן עוֹבֵד כּוֹכָבִים שֶׁלָּוָה מִיִּשְׂרָאֵל בְּרִבִּית וְיִשְׂרָאֵל אַחֵר הוּא עָרֵב, אִם הוּא בְּעִנְיָן שֶׁאֵין הַמַּלְוֶה יָכוֹל לִתְבּוֹעַ תְּחִלָּה אֶלָּא אֶת הָעוֹבֵד כּוֹכָבִים הַלֹּוֶה, וְאַךְ כַּאֲשֶׁר לֹא יִמְצָא אֵצֶל הָעוֹבֵד כּוֹכָבִים הַלֹּוֶה אָז יִגְבֶּה מִן הֶעָרֵב, מֻתָּר. אֲבָל אִם הוּא בְּעִנְיָן שֶׁיָּכוֹל לִתְבּוֹעַ תְּחִלָּה גַּם אֶת הֶעָרֵב, אִם כֵּן הֶעָרֵב הוּא כְּמוֹ לֹוֶה, וְאָסוּר.

וְאִם הַיִשְׂרָאֵל עָרֵב רַק בְּעַד הַקֶּרֶן וְלֹא בְעַד הָרִבִּית מֻתָּר (בְּדִין יִשְׂרָאֵל שֶׁלָּוָה מִיִּשְׂרָאֵל וְיִשְׂרָאֵל אַחֵר יִהְיֶה עָרֵב, וְהַלֹּוֶה מְשַׁלֵּם לוֹ עֲבוּר זֶה שֶׁהַ"טּוּרֵי זָהָב" וְהַ"שִּׂפְתֵי כֹּהֵן" בְּ"נְקֻדּוֹת הַכֶּסֶף" מְקִלִּין, הִנֵּה דַעַת הַ"חַוּוֹת דַּעַת" לְהַחְמִיר, עַיֵּן שָׁם) (ק"ע).

סעיף כה' עוֹבֵד כּוֹכָבִים שֶׁאָמַר לְיִשְׂרָאֵל, לְוֵה בִּשְׁבִילִי מָעוֹת בְּרִבִּית מִיִּשְׂרָאֵל עַל מַשְׁכּוֹן זֶה, אוֹ אֲפִלּוּ אֵינוֹ נוֹתֵן לוֹ מַשְׁכּוֹן אֶלָּא שְׁטַר חוֹב, וְהַמַּלְוֶה סוֹמֵךְ אֶת עַצְמוֹ רַק עַל הַמַּשְׁכּוֹן אוֹ עַל הַשְּׁטָר שֶׁל עוֹבֵד כּוֹכָבִים, וְעַל הַשָּׁלִיחַ אֵין שׁוּם אַחְרָיוּת, מֻתָּר. וַאֲפִלּוּ אִם הַיִשְׂרָאֵל הַשָּׁלִיחַ מֵבִיא אֶת הָרִבִּית לְהַמַּלְוֶה, מֻתָּר לְקַבְּלָהּ, וּבִלְבַד שֶׁהַמַּלְוֶה יִגְמֹר זֹאת בְּדַעְתּוֹ, שֶׁכָּל אַחְרָיוּת הַמַּשְׁכּוֹן וְהַמָּעוֹת, בֵּין בַּהֲבָאָה בֵּין בַּחֲזָרָה הַכֹּל עַל אַחְרָיוּתוֹ, וְעַל הַשָּׁלִיחַ לֹא יִהְיֶה שׁוּם אַחְרָיוּת.

סעיף כו' וְכֵן יִשְׂרָאֵל שֶׁנָּתַן מַשְׁכּוֹן אוֹ שְׁטַר חוֹב לְיִשְׂרָאֵל חֲבֵרוֹ, שֶׁיִּלְוֶה בִּשְׁבִילוֹ עַל זֶה מָעוֹת בְּרִבִּית מֵעוֹבֵד כּוֹכָבִים, אִם הָעוֹבֵד כּוֹכָבִים אֵינוֹ סוֹמֵךְ רַק עַל הַמַּשְׁכּוֹן אוֹ עַל הַשְּׁטָר. וְעַל הַשָּׁלִיחַ אֵין שׁוּם אַחְרָיוּת, מֻתָּר. וְכֵן אִם הַיִשְׂרָאֵל הַלֹּוֶה תְּחִלָּה לְיִשְׂרָאֵל חֲבֵרוֹ עַל מַשְׁכּוֹן, וְאַחַר כָּךְ אָמַר לְהַמַּלְוֶה, לְוֵה מָעוֹת מֵעוֹבֵד כּוֹכָבִים בְּרִבִּית עַל מַשְׁכּוֹן זֶה וְעָלַי לְשַׁלֵּם הַקֶּרֶן וְהָרִבִּית, אִם הָעוֹבֵד כּוֹכָבִים סוֹמֵךְ אֶת עַצְמוֹ עַל הַמַּשְׁכּוֹן בִּלְבַד, מֻתָּר.

סעיף כז' יִשְׂרָאֵל שֶׁהִלְוָה לְעוֹבֵד כּוֹכָבִים עַל מַשְׁכּוֹן בְּרִבִּית כָּךְ וְכָךְ לְחֹדֶשׁ, וְאַחַר כָּךְ בָּא הַיִשְׂרָאֵל לַחֲבֵרוֹ שֶׁהוּא יַלְוֶה לוֹ אֶת הַמָּעוֹת עַל מַשְׁכּוֹן זֶה, וְשֶׁהוּא יִטּוֹל אֶת הָרִבִּית שֶׁתַּעֲלֶה מֵהַיּוֹם עַד הַפֵּרָעוֹן, מֻתָּר. אֲבָל אִם הַיִשְׂרָאֵל הָרִאשׁוֹן כְּבָר זָקַף אֶת הַקֶּרֶן עִם הָרִבִּית לְכָל זְמַן הַהַלְוָאָה הֲרֵי הַכֹּל הִיא כְּקֶרֶן שֶׁל יִשְׂרָאֵל, וְאָסוּר לִלְוֹת עַל מַשְׁכּוֹן זֶה מִיִּשְׂרָאֵל חֲבֵרוֹ בְּרִבִּית, דַּהֲוֵי כְּאִלּוּ נָתַן אֶת הָרִבִּית מִכִּיסוֹ.

סעיף כח' מְעוֹתָיו שֶׁל יִשְׂרָאֵל מֻפְקָדוֹת בְּיַד עוֹבֵד כּוֹכָבִים, וְהִלְוָה אוֹתָם לְיִשְׂרָאֵל בְּרִבִּית, אִם הָיוּ בְּאַחְרָיוּת הָעוֹבֵד כּוֹכָבִים שֶׁאִם יֹאבַד הַחוֹב יִתְחַיֵּב הוּא לְשַׁלֵּם בִּמְעוֹתָיו, מֻתָּר. וְאִם אֵינוֹ בְּאַחְרָיוּת הָעוֹבֵד כּוֹכָבִים, אָסוּר (קסט). וְלָכֵן בְּמָקוֹם שֶׁיֵּשׁ קְבוּצוֹת מָעוֹת, (קֻפּוֹת חִסָּכוֹן) (שְׁפָּארְקַאסֶע) וְכַדּוֹמֶה, שֶׁיֵּשׁ לְיִשְׂרְאֵלִים חֲלָקִים (מְנָיוֹת) (אַקְצְיֶען) שָׁמָּה וְיִשְׂרְאֵלִים לֹוִים מִשָּׁם בְּרִבִּית, אַף עַל פִּי שֶׁהַמְּמֻנִּים הֵמָּה עוֹבְדֵי כּוֹכָבִים, מִכָּל מָקוֹם נִרְאֶה לִי דְּאִסּוּר גָּמוּר הוּא. וְלָכֵן אָסוּר לִתֵּן לְשָׁם מָעוֹת, כִּי שֶׁמָּא יִלְוֶה יִשְׂרָאֵל שֶׁאֵינוֹ הָגוּן. וְכֵן אָסוּר לִלְווֹת מִשָּׁם, כִּי שֶׁמָּא נָתַן לְשָׁם יִשְׂרָאֵל שֶׁאֵינוֹ הָגוּן.

סעיף כט' שֻׁתָּפִין שֶׁצְּרִיכִין לִלְווֹת מָעוֹת בְּרִבִּית מֵעוֹבֵד כּוֹכָבִים, יַעֲשׂוּ שְׁאֵלַת חָכָם אֵיךְ לַעֲשׂוֹת (עַיֵּן "טוּרֵי זָהָב" סִימָן ק"ע סָעִיף קָטָן ג'. "חַוּוֹת דַּעַת" שָׁם סָעִיף קָטָן א'. וּבְשֻׁלְחָן עָרוּךְ "הַתַּנְיָא" הִלְכוֹת רִבִּית סָעִיף ס"ד).

סעיף ל' מוּמָר אָסוּר לִלְווֹת מִמֶּנּוּ בְּרִבִּית, וְגַם לְהַלְווֹת לוֹ בְּרִבִּית יֵשׁ לְהַחְמִיר (קנט).

סימן סו - הלכות עסקא ובו י"ב סעיפים:

סעיף א' הַנּוֹתֵן לַחֲבֵרוֹ מָעוֹת שֶׁיִּתְעַסֵּק בָּהֶן וְהָרֶוַח יִהְיֶה לַחֲצָאִין, וְגַם הַהֶפְסֵד יִהְיֶה עַל שְׁנֵיהֶם בְּשָׁוֶה, זֶהוּ נִקְרָא עִסְקָא וְאָסוּר, מִפְּנֵי כִּי הַחֲצִי מִמָּעוֹת אֵלּוּ הִיא מִלְוָה בְּיַד הַמְקַבֵּל, שֶׁהֲרֵי הִיא בְּאַחֲרָיוּת שֶׁלּוֹ וְהוּא נוֹטֵל אֶת הָרֶוַח, וְגַם הַהֶפְסֵד עָלָיו. וְהַחֲצִי הוּא פִּקָּדוֹן אֶצְלוֹ, שֶׁהֲרֵי הוּא בְּאַחֲרָיוּת הַנּוֹתֵן, וְהוּא לוֹקֵחַ אֶת הָרֶוַח מֵחֲצִי זֶה, וְגַם הַהֶפְסֵד מֵחֲצִי זֶה עָלָיו. וְהַמְקַבֵּל שֶׁהוּא מִתְעַסֵּק וְטוֹרֵחַ בַּחֲצִי הַפִּקָּדוֹן שֶׁהוּא שַׁיָּךְ לְהַנּוֹתֵן, זֶהוּ רַק מִפְּנֵי שֶׁנּוֹתֵן לוֹ אֶת הַחֲצִי בְּהַלְוָאָה, וַהֲרֵי רִבִּית וְאָסוּר. וְיֵשׁ הֶתֵּר לָזֶה, אִם הַנּוֹתֵן נוֹתֵן לְהַמְקַבֵּל אֵיזֶה שָׂכָר בִּשְׁבִיל הֶעָמָל וְהַטֹּרַח שֶׁהוּא מִתְעַסֵּק בְּחֶלְקוֹ. וְיֵשׁ לִקְצוֹץ, אוֹ שֶׁיִּתֵּן לוֹ מִיָּד בִּשְׁעַת נְתִינַת הַמָּעוֹת שְׂכָרוֹ. וְדַי אֲפִלּוּ בְּדָבָר מוּעָט (קעז).

סעיף ב' יְכוֹלִין לְהִתְנוֹת, שֶׁלֹּא יְהֵא הַמְקַבֵּל נֶאֱמָן לוֹמַר שֶׁהִפְסִיד מִן הַקֶּרֶן כִּי אִם עַל פִּי עֵדִים כְּשֵׁרִים, וְעַל הָרֶוַח לֹא יְהֵא נֶאֱמָן כִּי אִם בִּשְׁבוּעָה (קס"ז).

סעיף ג' גַּם יְכוֹלִין לְהִתְנוֹת שֶׁהַבְּרֵרָה הִיא בְּיַד הַמְקַבֵּל, שֶׁאִם יִרְצֶה לָתֵת לְהַנּוֹתֵן כָּךְ וְכָךְ בְּעַד הַחֵלֶק הָרֶוַח שֶׁלּוֹ, תְּהֵא הָרְשׁוּת בְּיָדוֹ, וְכָל מוֹתַר הָרֶוַח יִשָּׁאֵר לוֹ. וְדֶרֶךְ זֶה הוּא נָכוֹן, כִּי מִסְתָמָא הַמְקַבֵּל לֹא יִרְצֶה לִשָּׁבַע, וְיִתֵּן לַנּוֹתֵן כְּפִי מַה שֶּׁיִּקָּצְבוּ בֵּינֵיהֶם, וְזֶהוּ הֶתֵּר עִסְקָא הַנָּהוּג בֵּינֵינוּ. וַאֲפִלּוּ אִם הַמְקַבֵּל יוֹדֵעַ אַחַר כָּךְ בְּעַצְמוֹ שֶׁלֹּא הִרְוִיחַ, אוֹ אֲפִלּוּ אִם הִפְסִיד, יָכוֹל לִתֵּן לְהַנּוֹתֵן אֶת הַקֶּרֶן עִם הָרֶוַח שֶׁקָּצְבוּ בֵּינֵיהֶם, וְאֵין כָּאן שׁוּם אִסּוּר, דְּכֵיוָן שֶׁיֵּשׁ עָלָיו חִיּוּב שְׁבוּעָה, יָכוֹל לִפְטֹר אֶת עַצְמוֹ בְּמָמוֹנוֹ מִן הַשְּׁבוּעָה.

סעיף ד' אֲבָל שֶׁיִּקְנֶה הַמְקַבֵּל אֶת חֵלֶק הָרֶוַח שֶׁל הַנּוֹתֵן בְּכָךְ וְכָךְ, שֶׁיִּהְיֶה מְחֻיָּב לָתֵת לוֹ אַחַר כָּךְ כָּךְ וְכָךְ בְּכָל אֹפֶן, זֶהוּ אָסוּר, אֶלָּא צָרִיךְ שֶׁיִּהְיֶה לְהַמְקַבֵּל הַבְּרֵרָה.

סעיף ה' נָתַן לוֹ עִסְקָא עַל זְמַן, וְנִתְעַכֵּב אֶצְלוֹ הַמָּעוֹת גַּם אַחַר זְמַן הַפֵּרָעוֹן, צָרִיךְ הַמִּתְעַסֵּק לִתֵּן לוֹ רֶוַח גַּם בְּעַד הַזְּמַן שֶׁאַחַר כָּךְ, כִּי מִסְתָמָא נִשְׁאַר בְּיָדוֹ עַל תְּנַאי הָרִאשׁוֹן. וּמִכָּל מָקוֹם טוֹב יוֹתֵר לִכְתֹּב תֵּכֶף בְּתוֹךְ שְׁטַר עִסְקָא, שֶׁאִם יִשָּׁאֵר הַמָּעוֹת אֵצֶל הַמְקַבֵּל לְאַחַר הַזְּמַן, יִהְיֶה גַּם כֵּן בִּתְנַאי זֶה.

סעיף ו' נֹסַח שְׁטַר עִסְקָא:
מוֹדֶה אֲנִי חָתוּם מַטָּה שֶׁקִּבַּלְתִּי לְיָדִי מֵאֵת ר' רְאוּבֵן הוֹרְוִיץ מֵאוּנְגְוַאר סַךְ מֵאָה זְהוּבִים (אעס"וו) בְּתוֹרַת עִסְקָא לַחֲצִי שָׁנָה מִיּוֹם דִּלְמַטָּה, וְהִתְחַיַּבְתִּי אֶת עַצְמִי שֶׁכָּל סְחוֹרָה טוֹבָה שֶׁתְּהֵא נִרְאֵית בְּעֵינַי שֶׁהִיא הַיּוֹתֵר קְרוֹבָה לְהַרְוִיחַ בָּהּ, מְחֻיָּב אֲנִי לִקְנוֹת בְּעַד סַךְ הַנִּזְכָּר לְעֵיל, וְהֵם קוֹדְמִין לִמְעוֹתַי. וְכָל הָרֶוַח שֶׁיִּתֵּן ה' לְיָדִי מֵאוֹתָהּ סְחוֹרָה, יִהְיֶה מֶחֱצָה הָרֶוַח לִי וְהַמֶּחֱצָה לְר' רְאוּבֵן הַנִּזְכָּר לְעֵיל, וְכֵן חַס וְשָׁלוֹם לְהֶפְסֵד הוּא חֵלֶק כְּחֵלֶק. וּמִיָּד לְאַחַר כְּלוֹת חֲצִי שָׁנָה מִיּוֹם דִּלְמַטָּה אֲנִי מְחֻיָּב לְהַחֲזִיר לְר' רְאוּבֵן הַנִּזְכָּר לְעֵיל אֶת הַקֶּרֶן וְגַם חֲצִי רֶוַח שֶׁלּוֹ, וְלֹא יְהֵא לִי נֶאֱמָנוּת לוֹמַר הִפְסַדְתִּי אֶלָּא עַל פִּי שְׁנֵי עֵדִים כְּשֵׁרִים, וְעַל הָרֶוַח לֹא אֱהֵא נֶאֱמָן, רַק בִּשְׁבוּעָה. וְאוּלָם תְּנַאי הָיָה בֵּינֵינוּ

שֶׁאִם אֶרְצֶה לִתֵּן לוֹ בְּעַד חֵלֶק רֶוַח שֶׁלּוֹ י' זְהוּבִים, אֲזַי אֵין לוֹ עָלַי שׁוּם תְּבִיעָה, כִּי הַמּוּתָר שֶׁיַּגִּיעַ לִי לְבַד אֲפִלּוּ יִבָּרֵר שֶׁהָיָה הַרְבֵּה רֶוַח, וְכָל דִּין תּוֹרַת נֶאֱמָנוּת לְבַעַל הַשְּׁטָר אַף לְאַחַר זְמַן הַפֵּרָעוֹן. וְכָל זְמַן שֶׁלֹּא אַחֲזִיר אֶת הַמָּעוֹת הַנִּזְכָּרוֹת לְעֵיל, הֵם בְּיָדִי בְּעִסְקָא בָּאֹפֶן הַנִּזְכָּר לְעֵיל.

אוּנְגְוָואר כ"ח שבט תרל"א לפ"ק.

שמעון אייזנשטיין

בפנינו עדים:

לוי בלוישטיין יהודה הויכבערגער

סעיף ז' אִם הַשָּׁעָה דְּחוּקָה וְאִי אֶפְשָׁר לָהֶם לִכְתֹּב שְׁטַר עִסְקָא, יְכוֹלִין לְהִתְנוֹת כָּל הַדְּבָרִים הַנִּזְכָּרִים לְעֵיל בְּעַל פֶּה.

סעיף ח' אִם מַקְדִּים מָעוֹת עַל סְחוֹרָה, יִכְתְּבוּ שְׁטַר הֶתֵּר עִסְקָא בְּעִנְיָן זֶה:

מוֹדֶה אֲנִי חָתוּם מַטָּה, שֶׁקִּבַּלְתִּי מֵאֵת ר' רְאוּבֵן וַוייִנְשְׁטָאק מֵאוּנְגְוָאר סַךְ מֵאָה זְהוּבִים (אעס"וו) לְהִתְעַסֵּק בְּמָעוֹת אֵלּוּ, (בְּמַאשִׁין) [בִּמְכוֹנָה] שֶׁאֲנִי מַחְזִיק בִּכְפַר זאהאן עַד רֹאשׁ חֹדֶשׁ נִיסָן, הַבָּא עָלֵינוּ לְטוֹבָה, וְהָרֶוַח שֶׁיַּעֲלֶה לְעֵרֶךְ מָעוֹת אֵלּוּ, לְאַחַר נִכּוּי כָּל הַהוֹצָאוֹת, יִהְיֶה מֶחֱצָה שֶׁלִּי וּמֶחֱצָה לְר' רְאוּבֵן הַנִּזְכָּר לְעֵיל, וְכֵן חַס וְשָׁלוֹם הַהֶפְסֵד יִהְיֶה חֵלֶק כְּחֵלֶק. וּמִיָּד בְּרֹאשׁ חֹדֶשׁ נִיסָן, הַבָּא עָלֵינוּ לְטוֹבָה, אֲנִי מְחֻיָּב לְהַחֲזִיר לְר' רְאוּבֵן הַנִּזְכָּר לְעֵיל אֶת הַקֶּרֶן עִם חֵלֶק הָרֶוַח שֶׁלּוֹ. וְלֹא אֱהֵא נֶאֱמָן לוֹמַר הִפְסַדְתִּי אֶלָּא בְּבֵרוּר, עַל פִּי שְׁנֵי עֵדִים כְּשֵׁרִים, וְעַל הָרֶוַח לֹא אֱהֵא נֶאֱמָן כִּי אִם בִּשְׁבוּעָה. אַךְ זֹאת הַתְּנָה בֵּינֵינוּ שֶׁאִם אֶרְצֶה בְּרֹאשׁ חֹדֶשׁ נִיסָן הַבָּא עָלֵינוּ לְטוֹבָה לִתֵּן לְר' רְאוּבֵן הַנִּזְכָּר לְעֵיל בְּעַד הַקֶּרֶן וְגַם בְּעַד חֵלֶק הָרֶוַח שֶׁלּוֹ סַךְ חָמֵשׁ מִדּוֹת סְפִּירְט, אֲזַי אֵין לוֹ עָלַי עוֹד שׁוּם תְּבִיעָה יוֹתֵר. וְכָל דִּין תּוֹרַת נֶאֱמָנוּת לְבַעַל הַשְּׁטָר, אַף לְאַחַר זְמַן הַפֵּרָעוֹן. וְקִבַּלְתִּי שְׂכַר עֲמָלִי:

אוּנְגְוָאר י"א תשרי תרל"א לפ"ק.

שמעון בלומנטאהל

בפנינו עדים:

לוי בלוישטיין יהודה הלוי טויב

סעיף ט' אִם הַנּוֹתֵן רוֹצֶה שֶׁהַמְקַבֵּל יִתֵּן לוֹ שְׁטַר חוֹב פָּשׁוּט וְאַמִּיץ, כְּחֹק הַמְּדִינָה, בִּכְדֵי שֶׁאִם הַמְקַבֵּל יְסָרֵב מִלִּפְרוֹעַ אוֹ יָמוּת, יְהֵא לוֹ נָקֵל לִגְבּוֹת מְעוֹתָיו עַל יְדֵי עַרְכָּאוֹת, אֶלָּא שֶׁבְּבַעַל פֶּה הֵם מַתְנִים שֶׁמָּעוֹת אֵלּוּ הֵן בְּתוֹרַת עִסְקָא, לֹא מַהֲנֵי, וַאֲפִלּוּ הַשְּׁטָר אֵינוֹ אֶלָּא עַל הַקֶּרֶן לְבַד, דְּכֵיוָן שֶׁהַנּוֹתֵן יָכוֹל לִגְבּוֹת כָּל הַמָּעוֹת בִּשְׁטַר חוֹב שֶׁבְּיָדוֹ אֲפִלּוּ אִם יִהְיֶה הֶפְסֵד בָּרוּר, אָסוּר. וַאֲפִלּוּ אִם הַמְקַבֵּל מַאֲמִין לְהַנּוֹתֵן וְהוּא אָדָם חָסִיד, מִכָּל מָקוֹם לֹא מַהֲנֵי. וַאֲפִלּוּ אִם הַמְקַבֵּל נוֹתֵן לְהַנּוֹתֵן גַּם שְׁטַר עִסְקָא, שֶׁכָּתוּב בּוֹ כִּי הַמָּעוֹת שֶׁנִּכְתְּבוּ בִּשְׁטַר חוֹב הֵן בְּתוֹרַת עִסְקָא, גַּם כֵּן לֹא מַהֲנֵי, דְּאִכָּא לְמֵיחַשׁ שֶׁמָּא הַנּוֹתֵן אוֹ יוֹרְשָׁיו יַעֲלִימוּ אַחַר כָּךְ אֶת שְׁטַר הָעִסְקָא וְיִגְבּוּ בִּשְׁטַר חוֹב. וְאֵין הֶתֵּר לָזֶה, אֶלָּא שֶׁיַּשְׁלִישׁוּ אֶת שְׁטַר הָעִסְקָא בְּיַד שָׁלִישׁ, אוֹ שֶׁהַנּוֹתֵן יַחְתֹּם אֶת עַצְמוֹ עַל שְׁטַר הָעִסְקָא וִיהֵא מֻנָּח בְּיַד הַמְקַבֵּל, אוֹ שֶׁיִּכְתְּבוּ עַל שְׁטַר הַחוֹב, שֶׁהוּא עַל פִּי אֹפֶן הַמְבֹאָר בִּשְׁטַר עִסְקָא, אוֹ לְכָל הַפָּחוֹת יְיַחֲדוּ עֵדִים שֶׁשְּׁטַר הַחוֹב הוּא בְּתוֹרַת עִסְקָא. וּבְכָל אֳפָנִים אֵלּוּ, אֲפִלּוּ אִם נִכְלַל בִּשְׁטַר הַחוֹב הַקֶּרֶן עִם הָרֶוַח, שַׁפִּיר

דָּמֵי (סִימָן קס"ז קע"ז ובחכמת אדם).

סעיף י' שְׁטַר עִסְקָא לֹא מַהֲנֵי לְהַתִּיר אֶלָּא אִם הָאֱמֶת כֵּן הוּא, שֶׁהוּא נוֹטֵל אֶת הַמָּעוֹת לַעֲשׂוֹת בּוֹ אֵיזֶה עֵסֶק. אֲבָל אִם אֵינוֹ נוֹטֵל אֶת הַמָּעוֹת לְצֹרֶךְ עֵסֶק אֶלָּא לִפְרֹעַ אֵיזֶה חוֹב וְכַדּוֹמֶה, אָז לֹא מַהֲנֵי שְׁטַר עִסְקָא, כֵּיוָן שֶׁהוּא שֶׁקֶר. אֲבָל יְכוֹלִין לַעֲשׂוֹת בְּאֹפֶן זֶה, כְּגוֹן רְאוּבֵן שֶׁהוּא צָרִיךְ לְמָעוֹת, וְיֵשׁ לוֹ אֵיזֶה סְחוֹרָה אֲפִלּוּ בְּמָקוֹם אַחֵר, יָכוֹל לְמָכְרָהּ לְשִׁמְעוֹן אֲפִלּוּ בְּזוֹל גָּדוֹל, ובִתְנַאי שֶׁהַבְּרֵרָה בְּיַד רְאוּבֵן, שֶׁאִם לֹא יְמָסְרֶנָּה לִידֵי שִׁמְעוֹן עַד יוֹם פְּלוֹנִי, יִתֵּן לוֹ בַעֲדָהּ כָּךְ וְכָךְ, (שֶׁיִּהְיֶה לְשִׁמְעוֹן רֶוַח כָּרָאוּי), וְשִׁמְעוֹן יִתֵּן לִרְאוּבֵן אֶת הַמָּעוֹת וְיַעֲשׂוּ קִנְיָן סוּדָר לְקִיּוּם הַמִּקָּח, דְּהַיְנוּ שֶׁשִּׁמְעוֹן הַלּוֹקֵחַ יִתֵּן קְצָת מִבִּגְדוֹ לִרְאוּבֵן שֶׁיִּתְפֹּס בּוֹ, וּבָזֶה הוּא קוֹנֶה אֶת הַסְּחוֹרָה שֶׁל רְאוּבֵן, וַאֲפִלּוּ, שֶׁלֹּא בִּפְנֵי עֵדִים, וְהַסְּחוֹרָה הִיא בְּאַחֲרָיוּתוֹ שֶׁל שִׁמְעוֹן הַקּוֹנֶה.

סעיף יא' וְכֵן רְאוּבֵן שֶׁהָיָה חַיָּב לְשִׁמְעוֹן מָעוֹת, וּבְהַגִּיעַ זְמַן הַפֵּרָעוֹן אֵין לוֹ מָעוֹת לִרְאוּבֵן, וְהִתְפַּשְּׁרוּ שֶׁשִּׁמְעוֹן יַמְתִּין לוֹ אֵיזֶה זְמַן, בָּזֶה גַּם כֵּן אֵין תַּקָּנָה בִּשְׁטַר עִסְקָא, אֶלָּא שֶׁרְאוּבֵן יִמְכֹּר לְשִׁמְעוֹן אֵיזֶה סְחוֹרָה שֶׁיֵּשׁ לוֹ בָּאֹפֶן הַנִּזְכָּר לְעֵיל, וְשִׁמְעוֹן יַחְזִיר לוֹ אֶת שְׁטַר הַחוֹב שֶׁהָיָה לוֹ עָלָיו מִכְּבָר, וּרְאוּבֵן יִתֵּן לוֹ שְׁטָר עַל הַסְּחוֹרָה אֲשֶׁר קָנָה מֵאִתּוֹ בָּאֹפֶן הַנִּזְכָּר לְעֵיל.

סעיף יב' יִשְׂרָאֵל שֶׁנָּתַן לַחֲבֵרוֹ בְּהֵמָה לְגַדְּלָהּ וְשֶׁיַּחֲלְקוּ אַחַר כָּךְ בָּרֶוַח, דִּינוֹ כְּמוֹ שֶׁנָּתַן לוֹ מָעוֹת בְּעִסְקָא (עַיֵּן ביורה דעה סִימָן קע"ז).

סימן סז - הלכות נדרים ושבועות ובו י"א סעיפים:

סעיף א' אַל תְּהִי רָגִיל בִּנְדָרִים. כָּל הַנּוֹדֵר, כְּאִלּוּ בּוֹנֶה בָּמָה בִּשְׁעַת אִסּוּר הַבָּמוֹת. וְהַמְקַיְּמוֹ, כְּאִלּוּ הִקְרִיב עָלֶיהָ קָרְבָּן, שֶׁחַיָּב מִשּׁוּם שְׁחוּטֵי חוּץ, כִּי טוֹב יוֹתֵר שֶׁיִּשְׁאַל עַל נִדְרוֹ וְיַתִּירוּ לוֹ. וְהָנֵי מִלֵּי בִּשְׁאָר נְדָרִים. אֲבָל נִדְרֵי הֶקְדֵּשׁ, מִצְוָה לְקַיְּמָן, שֶׁנֶּאֱמַר נְדָרַי לַה' אֲשַׁלֵּם. וְלֹא יִשְׁאַל עָלָיו אֶלָּא בִּשְׁעַת הַדְּחָק (ר"ג, ר"ל).

סעיף ב' וְכֵן יִתְרַחֵק מִן הַשְּׁבוּעָה. אֲבָל אִם עָבַר וְנִשְׁבַּע עַל אֵיזֶה דָּבָר, לֹא יִשְׁאַל עָלָיו אֶלָּא יַעֲמוֹד בִּשְׁבוּעָתוֹ, אַף עַל פִּי שֶׁהוּא מִצְטַעֵר, שֶׁנֶּאֱמַר, נִשְׁבַּע לְהָרַע וְלֹא יָמִיר. וּכְתִיב אַחֲרָיו, עוֹשֵׂה אֵלֶּה לֹא יִמּוֹט לְעוֹלָם. וְאֵין נִשְׁאָלִין עַל הַשְּׁבוּעָה אֶלָּא בִּשְׁעַת הַדְּחַק (ר"ג ר"ל).

סעיף ג' צָרִיךְ לִזָּהֵר שֶׁלֹּא יִדּוֹר שׁוּם דָּבָר. וַאֲפִלּוּ לִצְדָקָה אֵין טוֹב לִדּוֹר, אֶלָּא אִם יֵשׁ לוֹ בְּיָדוֹ מַה שֶּׁהוּא רוֹצֶה לִתֵּן, יִתֵּן מִיָּד. וְאִם אֵין לוֹ, יַמְתִּין עַד שֶׁיִּהְיֶה לוֹ וְיִתֵּן בְּלֹא נֶדֶר. וְאִם פּוֹסְקִים צְדָקָה, וְצָרִיךְ לִפְסוֹק עִמָּהֶם, יֹאמַר בְּפֵרוּשׁ, שֶׁהוּא פּוֹסֵק בְּלִי נֶדֶר. וְכֵן כְּשֶׁמַּזְכִּירִין נְשָׁמוֹת, שֶׁנּוֹדְרִין לִצְדָקָה, יֵשׁ לוֹמַר בְּלִי נֶדֶר (וְעַיֵּן לְעֵיל סִימָן ט). אִם הוּא בְּעֵת צָרָה, מֻתָּר לוֹ לִנְדּוֹר.

סעיף ד' אִם דַּעְתּוֹ לִקְבֹּעַ לוֹ אֵיזֶה לִמּוּד בַּתּוֹרָה אוֹ לַעֲשׂוֹת אֵיזֶה מִצְוָה, וְהוּא יָרֵא פֶּן יִתְרַשֵּׁל אַחַר כָּךְ, אוֹ שֶׁהוּא מִתְיָרֵא פֶּן יְסִיתֵהוּ הַיֵּצֶר

לַעֲשׂוֹת אֵיזֶה אִסּוּר אוֹ לְמָנְעוֹ מִלַּעֲשׂוֹת אֵיזֶה מִצְוָה, מֻתָּר לוֹ לְזָרְזֵי נַפְשֵׁהּ בְּנֶדֶר אוֹ בִּשְׁבוּעָה, דְּאָמַר רַב, מִנַּיִן שֶׁנִּשְׁבָּעִין לְקַיֵּם אֶת הַמִּצְוָה לְזָרֵז אֶת עַצְמוֹ אַף עַל פִּי שֶׁהוּא מֻשְׁבָּע וְעוֹמֵד מֵהַר סִינַי, שֶׁנֶּאֱמַר, נִשְׁבַּעְתִּי וָאֲקַיֵּמָה לִשְׁמֹר מִשְׁפְּטֵי צִדְקֶךָ. וַאֲפִלּוּ אִם לֹא אָמַר בִּלְשׁוֹן נֶדֶר אוֹ שְׁבוּעָה, אֶלָּא בְּדִבּוּר בְּעָלְמָא, הֲוֵי נֶדֶר וּמְחֻיָּב לְקַיֵּם. וְלָכֵן צָרִיךְ הָאָדָם לִזָּהֵר כְּשֶׁהוּא אוֹמֵר שֶׁיַּעֲשֶׂה אֵיזֶה דְּבַר מִצְוָה, שֶׁיֹּאמַר בְּלִי נֶדֶר. וְטוֹב שֶׁיַּרְגִּיל הָאָדָם אֶת עַצְמוֹ כֵּן, אֲפִלּוּ בְּאָמְרוֹ לַעֲשׂוֹת דְּבַר רְשׁוּת, כְּדֵי שֶׁלֹּא יִכָּשֵׁל, חַס וְשָׁלוֹם, בַּעֲוֹן נְדָרִים.

סְעִיף ה' מִי שֶׁנּוֹדֵר נְדָרִים כְּדֵי לְתַקֵּן מִדּוֹתָיו, הֲרֵי זֶה זָרִיז וּמְשֻׁבָּח. כֵּיצַד. הֲרֵי שֶׁהָיָה זוֹלֵל, וְנָדַר שֶׁלֹּא יֹאכַל בָּשָׂר אֵיזֶה זְמַן, אוֹ שֶׁהָיָה שׁוֹגֶה בְּיַיִן, וְאָסַר עָלָיו אֶת הַיַּיִן וּשְׁאָר מַשְׁקִין הַמְשַׁכְּרִין וְכֵן מִי שֶׁהָיָה מִתְגָּאֶה בְּיָפְיוֹ וְקִבֵּל עָלָיו נְזִירוּת וְכַיּוֹצֵא בָּזֶה, נְדָרִים כָּאֵלּוּ, הֵמָּה עֲבוֹדַת הַשֵּׁם יִתְבָּרַךְ שְׁמוֹ, וְעַל אֵלּוּ אָמְרוּ חֲכָמֵינוּ זִכְרוֹנָם לִבְרָכָה, נְדָרִים סְיָג לִפְרִישׁוּת. וּמִכָּל מָקוֹם גַּם בִּנְדָרִים כָּאֵלּוּ אֵין לוֹ לָאָדָם לְהַרְגִּיל אֶת עַצְמוֹ, אֶלָּא יֵשׁ לוֹ לְהִתְגַּבֵּר עַל יִצְרוֹ גַּם בְּלֹא נְדָרִים (ר"ג).

סְעִיף ו' אֵין הַנֶּדֶר חָל אֶלָּא אִם הָיָה פִּיו וְלִבּוֹ שָׁוִים. אֲבָל אִם נָדַר בְּטָעוּת, שֶׁלֹּא הָיָה דַּעְתּוֹ כְּמוֹ שֶׁהוֹצִיא בִּשְׂפָתָיו, אוֹ שֶׁהִרְהֵר בְּלִבּוֹ נֶדֶר וְלֹא הוֹצִיאוֹ בִּשְׂפָתָיו, אֵין זֶה נֶדֶר.

סְעִיף ז' מִי שֶׁנָּהַג אֵיזֶה חֻמְרָא בִּדְבָרִים הַמֻּתָּרִים מִדִּינָא, מֵחֲמַת סְיָג וּפְרִישׁוּת, כְּגוֹן תַּעֲנִיּוֹת שֶׁבִּימֵי הַסְּלִיחוֹת, אוֹ שֶׁלֹּא לֶאֱכוֹל בָּשָׂר וְשֶׁלֹּא לִשְׁתּוֹת יַיִן מִשִּׁבְעָה עָשָׂר בְּתַמּוּז וָאֵילָךְ, וְכַיּוֹצֵא בָּזֶה, אֲפִלּוּ לֹא נָהַג כֵּן רַק פַּעַם הָרִאשׁוֹנָה, אֶלָּא שֶׁהָיָה בְּדַעְתּוֹ לִנְהוֹג כֵּן לְעוֹלָם, אוֹ שֶׁנָּהַג כֵּן שָׁלֹשׁ פְּעָמִים, אַף עַל פִּי שֶׁלֹּא הָיָה בְּדַעְתּוֹ לִנְהוֹג כֵּן לְעוֹלָם, וְלֹא הִתְנָה שֶׁיְּהֵא בְּלִי נֶדֶר, וְרוֹצֶה לַחֲזוֹר מִפְּנֵי שֶׁאֵינוֹ בָּרִיא, צָרִיךְ הַתָּרָה, וְיִפְתַּח בַּחֲרָטָה, שֶׁהוּא מִתְחָרֵט עַל מַה שֶּׁנָּהַג כֵּן לְשֵׁם נֶדֶר. לָכֵן מִי שֶׁהוּא רוֹצֶה לִנְהוֹג בְּאֵיזֶה חֻמְרוֹת לִסְיָג וּפְרִישׁוּת, יֹאמַר בִּתְחִלָּה שֶׁאֵינוֹ מְקַבֵּל עָלָיו כֵּן בְּנֶדֶר, וְגַם יֹאמַר שֶׁאֵין בְּדַעְתּוֹ לִנְהוֹג כֵּן אֶלָּא בַּפַּעַם הַהִיא, אוֹ בִּפְעָמִים שֶׁיִּרְצֶה וְלֹא לְעוֹלָם (רי"ד).

סְעִיף ח' כֵּיצַד מַתִּירִין אֶת הַנֶּדֶר אוֹ הַשְּׁבוּעָה, הוֹלֵךְ אֵצֶל שְׁלֹשָׁה אֲנָשִׁים בְּנֵי תוֹרָה, וְאֶחָד מֵהֶם יִהְיֶה בָּקִי בְּהִלְכוֹת נְדָרִים, שֶׁיֵּדַע אֵיזֶה נֶדֶר יְכוֹלִין לְהַתִּיר וְאֵיזֶה מֵהֶן אֵינָן יְכוֹלִין לְהַתִּיר, וְאֵיךְ מַתִּירִין, וְהֵם יַתִּירוּ לוֹ. וּמִי שֶׁנָּדַר בַּחֲלוֹם, טוֹב שֶׁיַּתִּירוּ לוֹ עֲשָׂרָה בְּנֵי תוֹרָה.

סְעִיף ט' אַף עַל פִּי שֶׁלְּעִנְיַן כָּל הַמִּצְוֹת שֶׁבַּתּוֹרָה אֵין הַבֵּן נַעֲשֶׂה גָּדוֹל עַד שֶׁיִּהְיוּ לוֹ שְׁלֹשׁ עֶשְׂרֵה וְהֵבִיא שְׂעָרוֹת, וְהַבַּת אֵינָהּ גְּדוֹלָה עַד שֶׁיִּהְיוּ לָהּ שְׁתֵּים עֶשְׂרֵה שָׁנָה וְהֵבִיאָה סִימָנִים, אֲבָל לְעִנְיַן נֶדֶר וּשְׁבוּעָה, יֵשׁ לָהֶם קְדִימָה שָׁנָה אֶחָת. שֶׁהַקָּטָן בֶּן שְׁתֵּים עֶשְׂרֵה שָׁנָה וְיוֹם אֶחָד, וְהַקְּטַנָּה בַּת אַחַת עֶשְׂרֵה שָׁנָה וְיוֹם אֶחָד, אֲפִלּוּ לֹא הֵבִיאוּ סִימָנִים, אִם מְבִינִים לְשֵׁם מִי נָדְרוּ וְנִשְׁבְּעוּ, נִדְרָם נֶדֶר וּשְׁבוּעָתָן שְׁבוּעָה. אֲבָל פְּחוּתִים מִזְּמַן זֶה, אֲפִלּוּ מְבִינִים, אֵין דִּבְרֵיהֶם כְּלוּם. וּמִכָּל מָקוֹם גּוֹעֲרִין בָּהֶם וּמַכִּין אוֹתָן שֶׁלֹּא

יַרְגִּילוּ לְשׁוֹנָם בִּנְדָרִים וּשְׁבוּעוֹת. וְאִם הוּא דָּבָר קָטָן וְקַל שֶׁאֵין בּוֹ עִנּוּי נֶפֶשׁ, גּוֹזְרִין עֲלֵיהֶם שֶׁיְּקַיְּמוּהוּ.

סעיף י' הָאָב מֵפֵר נִדְרֵי בִּתּוֹ עַד שֶׁתִּתְבַּגֵּר, דְּהַיְנוּ שֶׁיִּהְיוּ לָהּ שְׁתֵּים עֶשְׂרֵה שָׁנָה וְשִׁשָּׁה חֳדָשִׁים. וְהוּא שֶׁלֹּא נִשֵּׂאת. וְהַבַּעַל מֵפֵר נִדְרֵי אִשְׁתּוֹ. כֵּיצַד מְפִירִין. אוֹמֵר שָׁלֹשׁ פְּעָמִים, מוּפָר אוֹ בָּטֵל אוֹ שְׁאָר לָשׁוֹן הַמּוֹרֶה שֶׁהוּא עוֹקֵר אֶת הַנֶּדֶר מֵעִקָּרוֹ, בֵּין שֶׁאוֹמֵר כֵּן בְּפָנֶיהָ אוֹ שֶׁלֹּא בְּפָנֶיהָ. אֲבָל לְשׁוֹן הַתָּרָה, לֹא מַהֲנֵי בְּאָב וּבְבַעַל, וְגַם אֵין יְכוֹלִין לְהָפֵר רַק בְּיוֹם שָׁמְעָם. דְּהַיְנוּ אִם שָׁמְעוּ בִּתְחִלַּת הַלַּיְלָה, מְפִירִין כָּל הַלַּיְלָה וְכָל הַיּוֹם שֶׁלְּאַחֲרָיו. וְאִם שָׁמְעוּ בַּיּוֹם סָמוּךְ לְצֵאת הַכּוֹכָבִים, אֵין מְפִירִין רַק עַד צֵאת הַכּוֹכָבִים, וְיוֹתֵר אֵינָן יְכוֹלִין לְהָפֵר. בְּשַׁבָּת לֹא יֹאמַר לָהּ מוּפָר לִיכִי כְּמוֹ בְּחֹל, אֶלָּא מְבַטֵּל בְּלִבּוֹ, וְאוֹמֵר לָהּ, טְלִי אִכְלִי, וְכַיּוֹצֵא בָּזֶה. וְאִם הָאָב אוֹ הַבַּעַל אָמְרוּ תְּחִלָּה שֶׁהוּא מְרֻצֶּה מִן הַנֶּדֶר, אַף עַל פִּי שֶׁלֹּא אָמַר בְּפֵרוּשׁ, אֶלָּא שֶׁאָמַר לָשׁוֹן שֶׁהוּא מוֹרֶה שֶׁהוּא מְרֻצֶּה, וַאֲפִלּוּ אִם רַק בְּלִבּוֹ חָשַׁב שֶׁהוּא מְרֻצֶּה בְּנִדְרָהּ, שׁוּב אֵינוֹ יָכוֹל לְהָפֵר (וְאִם תָּלְתָה הַנֶּדֶר בְּמַעֲשֶׂה, עַיֵּן "שִׂפְתֵי כֹהֵן" סִימָן רלד סָעִיף קָטָן מה).

סעיף יא' אֵיזֶה נְדָרִים יְכוֹלִין הָאָב אוֹ הַבַּעַל לְהָפֵר. דַּוְקָא דְּבָרִים שֶׁיֵּשׁ בָּהֶם עִנּוּי נֶפֶשׁ, כְּגוֹן רְחִיצָה, קִשּׁוּט, כְּחוֹל וּפִרְכּוּס, וְכַיּוֹצֵא בָּזֶה. וְהַבַּעַל יָכוֹל לְהָפֵר גַּם דְּבָרִים שֶׁאֵין בָּהֶם עִנּוּי נֶפֶשׁ, אִם הֵן מִן הַדְּבָרִים שֶׁבֵּין אִישׁ לְאִשְׁתּוֹ וְגוֹרְמִים אֵיבָה בֵּינֵיהֶם. אֲבָל אֵלּוּ, אֵינָן מֻתָּרִים אֶלָּא כָּל זְמַן שֶׁהִיא יוֹשֶׁבֶת תַּחְתָּיו. וּלְאַחַר שֶׁנִּתְאַלְמְנָה אוֹ נִתְגָּרְשָׁה, אֲסוּרָה בָּהֶן.

סימן סח - דין תפלת הדרך ושאר דברים שצריכין לזהר בדרך ובו י"ב סעיפים:

סעיף א' הַיּוֹצֵא לַדֶּרֶךְ, בֵּין מִבֵּיתוֹ בֵּין מִמָּקוֹם שֶׁהָיָה לָן בַּדֶּרֶךְ, וְכֵן בַּחֲזָרָתוֹ לְבֵיתוֹ, לְאַחַר שֶׁיָּצָא מֵעִבּוּרָהּ שֶׁל הָעִיר, דְּהַיְנוּ שִׁבְעִים אַמָּה וּשְׁנֵי שְׁלִישֵׁי אַמָּה לְאַחַר שֶׁכָּלוּ כָּל הַבָּתִּים, מִתְפַּלֵּל תְּפִלַּת הַדֶּרֶךְ, יְהִי רָצוֹן מִלְּפָנֶיךָ ה' אֱלֹקֵינוּ וֵאלֹקֵי אֲבוֹתֵינוּ, שֶׁתּוֹלִיכֵנוּ לְשָׁלוֹם וְכוּ'. אוֹמְרָהּ בִּלְשׁוֹן רַבִּים, רַק "וְתִתְּנֵנִי לְחֵן, אוֹמֵר בִּלְשׁוֹן יָחִיד. וְיוֹתֵר טוֹב לְאָמְרָהּ לְאַחַר שֶׁיָּצָא מִיל מֵעִבּוּרָהּ שֶׁל עִיר. וּכְשֶׁהוּא כְּבָר בַּדֶּרֶךְ וְלָן בְּאֵיזֶה עִיר, יָכוֹל לְאָמְרָהּ בַּבֹּקֶר גַּם קֹדֶם שֶׁיֵּצֵא.

סעיף ב' אֵין לְהִתְפַּלֵּל אוֹתָהּ אֶלָּא אִם כֵּן יֵשׁ לוֹ לָלֶכֶת לְכָל הַפָּחוֹת פַּרְסָה. וּלְכַתְּחִלָּה יֵשׁ לוֹ לְהִתְפַּלֵּל בְּתוֹךְ פַּרְסָה הָרִאשׁוֹנָה. וְאִם שָׁכַח, יָכוֹל לְהִתְפַּלֵּל כָּל זְמַן שֶׁהוּא בַּדֶּרֶךְ, וּבִלְבַד שֶׁעֲדַיִן לֹא הִגִּיעַ לְתוֹךְ פַּרְסָה הַסְּמוּכָה לָעִיר שֶׁהוּא רוֹצֶה לָלוּן בָּהּ.

סעיף ג' תְּפִלַּת הַדֶּרֶךְ צְרִיכִין לְאָמְרָהּ סָמוּךְ לִבְרָכָה אַחֶרֶת. וְלָכֵן אִם יוֹצֵא בַּבֹּקֶר וְאוֹמֵר בַּדֶּרֶךְ בִּרְכַּת הַשַּׁחַר, אוֹ שֶׁהָיָה לָן בַּדֶּרֶךְ בְּאֵיזֶה עִיר (שֶׁאָז יָכוֹל לוֹמַר תְּפִלַּת הַדֶּרֶךְ גַּם קֹדֶם שֶׁיֵּצֵא) וְאוֹמֵר אֲפִלּוּ קֹדֶם שֶׁיֵּצֵא בִּרְכַּת הַשַּׁחַר, יֹאמְרָהּ אַחַר בִּרְכַּת הַגּוֹמֵל חֲסָדִים טוֹבִים לְעַמּוֹ יִשְׂרָאֵל. וְאִם הוֹלֵךְ לְאַחַר הַתְּפִלָּה מִבֵּיתוֹ, יֹאכַל אוֹ יִשְׁתֶּה אֵיזֶה דָּבָר עַל הַדֶּרֶךְ, וִיבָרֵךְ בְּרָכָה אַחֲרוֹנָה, וְסָמוּךְ לָהּ יֹאמַר תְּפִלַּת הַדֶּרֶךְ, אוֹ יַטִּיל מַיִם וִיבָרֵךְ

אֲשֶׁר יָצַר, וְיִסְמְכֶהָ לָהּ.

סעיף ד' יֵשׁ לְאָמְרָהּ בַּעֲמִידָה, וְאִם הוּא רוֹכֵב אוֹ הוֹלֵךְ בַּעֲגָלָה, אִם אֶפְשָׁר לְהַעֲמִיד הַבְּהֵמָה, יַעֲמִידֶנָּה, מִשּׁוּם דְּרוֹכֵב כִּמְהַלֵּךְ דָּמֵי. וְאִם לָאו, יֹאמְרָהּ כָּךְ.

סעיף ה' אֵין אוֹמְרִים אוֹתָהּ אֶלָּא פַּעַם אַחַת בְּכָל יוֹם שֶׁהוּא הוֹלֵךְ. אֲבָל אִם חָנָה בְּאֵיזֶה עִיר עַל דַּעַת לָלוּן שָׁם, וְאַחַר כָּךְ נִמְלַךְ וְיָצָא מִמֶּנָּהּ לַעֲבוּר חוּצָה לָהּ אוֹ לָשׁוּב לְבֵיתוֹ, אוֹמְרָהּ פַּעַם שֵׁנִית. אִם הוֹלֵךְ בַּיּוֹם וּבַלַּיְלָה אוֹ שֶׁהָיָה לָן שֶׁלֹּא בִּמְקוֹם יִשּׁוּב, פַּעַם הָרִאשׁוֹנָה אוֹמְרָהּ בַּחֲתִימָה, וּבִשְׁאָר הַיָּמִים אוֹמְרָהּ בְּלֹא חֲתִימָה. כִּי כָּל זְמַן שֶׁלֹּא לָן בִּמְקוֹם יִשּׁוּב, נֶחְשָׁב הַכֹּל לְדֶרֶךְ אֶחָד.

סעיף ו' טֶרֶם צֵאתוֹ לַדֶּרֶךְ, יֵשׁ לוֹ לִתֵּן צְדָקָה, שֶׁנֶּאֱמַר, צֶדֶק לְפָנָיו יְהַלֵּךְ וְיָשֵׂם לְדֶרֶךְ פְּעָמָיו. וְיֵשׁ לִטּוֹל רְשׁוּת מֵהַגְּדוֹלִים שֶׁבָּעִיר שֶׁיְּבָרְכוּ אוֹתוֹ שֶׁיַּצְלִיחַ בְּדַרְכּוֹ. וְיֵשׁ לְהִשְׁתַּדֵּל שֶׁיְּלַוּוּ אוֹתוֹ אֵיזֶה אֲנָשִׁים. וְהַמְלַוֶּה אֶת חֲבֵרוֹ, כְּשֶׁהוּא פּוֹרֵשׁ מִמֶּנּוּ, צָרִיךְ לַעֲמֹד בִּמְקוֹמוֹ עַד שֶׁהַהוֹלֵךְ יִתְעַלֵּם מֵעֵינָיו (מהריעב"ץ). הַמְבָרְכִים לְהַהוֹלֵךְ בַּדֶּרֶךְ לֹא יֹאמְרוּ לוֹ לֵךְ בְּשָׁלוֹם אֶלָּא לֵךְ לְשָׁלוֹם. שֶׁהֲרֵי דָּוִד אָמַר לְאַבְשָׁלוֹם, לֵךְ בְּשָׁלוֹם, הָלַךְ וְנִתְלָה. וְיִתְרוֹ שֶׁאָמַר לְמֹשֶׁה, לֵךְ לְשָׁלוֹם, עָלָה וְהִצְלִיחַ. כְּשֶׁהוּא בַּדֶּרֶךְ, יַעֲסֹק בַּתּוֹרָה, שֶׁנֶּאֱמַר, וּבְלֶכְתְּךָ בַדֶּרֶךְ. וְיֹאמַר בְּכָל יוֹם אֵיזֶה מִזְמוֹרֵי תְהִלִּים בְּכַוָּנָה וְהַכְנָעָה. וְיִזָּהֵר שֶׁתְּהֵא לוֹ פַּת עִמּוֹ, אֲפִלּוּ הוֹלֵךְ בְּמָקוֹם קָרוֹב. גַּם יֵשׁ לוֹ לִקַּח עִמּוֹ צִיצִית, שֶׁמָּא תִּפָּסֵל לוֹ צִיצָה וְלֹא יַשִּׂיג אַחֶרֶת וְיִתְבַּטֵּל מִמִּצְוָה. לְעוֹלָם יִכָּנֵס אָדָם בְּכִי טוֹב וְיֵצֵא בְּכִי טוֹב. פֵּרוּשׁ, כְּשֶׁיִּכָּנֵס עַרְבִית לְבֵית הַמָּלוֹן, יִכָּנֵס בְּעוֹד הַחַמָּה זוֹרַחַת, וּלְמָחָר יַמְתִּין עַד הָנֵץ הַחַמָּה וְיֵצֵא, וְאָז טוֹב לוֹ, כְּמוֹ שֶׁכָּתוּב וַיַּרְא אֱלֹהִים אֶת הָאוֹר כִּי טוֹב. לֹא יֹאכַל הַרְבֵּה כְּשֶׁהוּא בַּדֶּרֶךְ (אוֹרַח חַיִּים סִימָן ק"י).

סעיף ז' בְּאַכְסַנְיָא שֶׁהוּא אוֹכֵל שָׁמָּה, צָרִיךְ לְדַקְדֵּק אִם בַּעַל הַבַּיִת וְאַנְשֵׁי בֵיתוֹ הֵמָּה כְּשֵׁרִים וְנֶאֱמָנִים. וְאִם רוֹצֶה לֶאֱכוֹל בָּשָׂר בְּמָקוֹם שֶׁאֵינוֹ יָדוּעַ לוֹ, צָרִיךְ לַחְקוֹר וְלִדְרוֹשׁ הֵיטֵב מִי הוּא הַשּׁוֹחֵט וּמִי הוּא הָרַב הַמַּשְׁגִּיחַ עָלָיו, כִּי בַּעֲוֹנוֹתֵינוּ הָרַבִּים רַבָּה הַמִּכְשֵׁלָה, וְהַמַּשְׂכִּיל יָבִין. וּמִכָּל שֶׁכֵּן בַּיַּיִן, אֲשֶׁר בַּעֲוֹנוֹתֵינוּ הָרַבִּים רַבּוּ הַמִּתְפָּרְצִים, וּצְרִיכִין חֲקִירָה וּדְרִישָׁה (יו"ד סִימָן קי"ט).

סעיף ח' כְּשֶׁהוּא מִתְפַּלֵּל תְּפִלַּת שַׁחֲרִית בַּדֶּרֶךְ, יִזָּהֵר לְהִתְעַטֵּף בְּטַלִּית גָּדוֹל כְּמוֹ שֶׁהוּא מִתְפַּלֵּל בְּבֵית הַכְּנֶסֶת, כִּי הַטַּלִּית הַקָּטָן, רָחוֹק שֶׁיִּהְיֶה כַּשִּׁעוּר. אִם הוֹלֵךְ בְּרַגְלָיו, אֲזַי כְּשֶׁאוֹמֵר הַפָּסוּק שְׁמַע יִשְׂרָאֵל וְכוּ', וּבָרוּךְ שֵׁם כְּבוֹד מַלְכוּתוֹ לְעוֹלָם וָעֶד, צָרִיךְ לַעֲמוֹד, שֶׁיְּכַוֵּן לִבּוֹ הֵיטֵב. וְאִם רוֹכֵב אוֹ יוֹשֵׁב בַּעֲגָלָה, מֻתָּר. וּבִתְפִלַּת שְׁמוֹנֶה עֶשְׂרֵה יַעֲמוֹד. וְאִם הוּא נָחוּץ לְדַרְכּוֹ, אִם יָכוֹל לַעֲמֹד, לְכָל הַפָּחוֹת בְּשָׁלֹשׁ בְּרָכוֹת רִאשׁוֹנוֹת וּבְשָׁלֹשׁ בְּרָכוֹת אַחֲרוֹנוֹת, מוּטָב. וְאִם לָאו, יִתְפַּלֵּל מְיֻשָּׁב בַּעֲגָלָה, וְיַעֲשֶׂה הַכְּרִיעוֹת מְיֻשָּׁב. וְאָמְנָם טוֹב יוֹתֵר שֶׁיִּתְפַּלֵּל אֲפִלּוּ מִיָּד בַּעֲלוֹת הַשַּׁחַר, וְגַם מִנְחָה אֲפִלּוּ מִיָּד חֲצִי שָׁעָה אַחַר חֲצוֹת הַיּוֹם, כְּדֵי שֶׁיּוּכַל לְהִתְפַּלֵּל מְעֻמָּד וְכָרָאוּי. (הַשִּׁעוּר שֶׁהוּא מְחֻיָּב

לַחֲזוֹר אַחַר מַיִם וּכְדֵי לְהִתְפַּלֵּל בַּעֲשָׂרָה, כָּתוּב בְּסִימָן י"ב סָעִיף ה' וְסָעִיף ח עַיֵּן שָׁם) (אוֹרַח חַיִּים סִימָן סג פט צד רלג ובחיי"א).

סעיף ט' הַמְהַלֵּךְ בַּדֶּרֶךְ וְהִגִּיעַ עֵת הָאֹכֶל וְלֹא מָצָא מַיִם, נִתְבָּאֵר בְּסִימָן מ' סָעִיף י"ד. וּבְסִימָן מ"ב סָעִיף י"ט נִתְבָּאֵר, שֶׁהָאוֹכֵל פַּת, אָסוּר לָצֵאת מִמְּקוֹמוֹ, עַד שֶׁיְּבָרֵךְ בִּרְכַּת הַמָּזוֹן. וּבְסִימָן מ"ד סָעִיף ו' נִתְבָּאֵר, שֶׁצָּרִיךְ לְבָרֵךְ מְיֻשָּׁב דַּוְקָא. וְאָמְנָם אִם אָכַל בַּדֶּרֶךְ כְּשֶׁהוּא מְהַלֵּךְ, מֻתָּר לְבָרֵךְ בִּרְכַּת הַמָּזוֹן גַּם כֵּן כְּשֶׁהוּא מְהַלֵּךְ, מִפְּנֵי שֶׁאֵין דַּעְתּוֹ מְיֻשֶּׁבֶת עָלָיו אִם יִצְטָרֵךְ לְהִתְעַכֵּב. אֲבָל אִם אָכַל מְיֻשָּׁב, גַּם בִּרְכַּת הַמָּזוֹן צָרִיךְ לְבָרֵךְ מְיֻשָּׁב (קפ"ג).

סעיף י' קְצָת נוֹהֲגִין שֶׁבִּהְיוֹתָם בַּדֶּרֶךְ וְאוֹכְלִים בְּבֵית עוֹבֵד כּוֹכָבִים, אֵין מְבָרְכִין בְּזִמּוּן, מִשּׁוּם דְּלֹא הֲוֵי קְבִיעוּת. וּמִכָּל מָקוֹם אִם קָבְעוּ עַצְמָן שָׁם לֶאֱכוֹל בְּיַחַד, אֵינוֹ נָכוֹן לְבַטֵּל הַזִּמּוּן. וְיֹאמְרוּ, הָרַחֲמָן הוּא יִשְׁלַח לָנוּ בְּרָכָה מְרֻבָּה בְּמָקוֹם הֲלִיכָתֵנוּ וּבְמָקוֹם יְשִׁיבָתֵנוּ עַד עוֹלָם. וְאִם אוֹכְלִים מִשֶּׁל אֶחָד, יְכוֹלִין לוֹמַר, הָרַחֲמָן הוּא יְבָרֵךְ אֶת בַּעַל הַבַּיִת הַזֶּה, וְקָאֵי עַל בַּעַל הַסְּעוּדָה, וְאִם לָאו, יֹאמְרוּ, הָרַחֲמָן הוּא יְבָרֵךְ אוֹתָנוּ. וְעַיֵּן לְעֵיל סוֹף סִימָן מ"ד (קצ"ג).

סעיף יא' מִדִּינָא, אָסוּר לֵילֵךְ בְּעֶרֶב שַׁבָּת יוֹתֵר מִשָּׁלֹשׁ פַּרְסָאוֹת, בֵּין לְבֵיתוֹ בֵּין לְמָקוֹם אַחֵר כְּדֵי שֶׁיּוּכְלוּ לְהָכִין צָרְכֵי סְעוּדוֹת שַׁבָּת כָּרָאוּי. וּבִמְדִינוֹת אֵלּוּ אֵין נִזְהָרִין בָּזֶה, מִפְּנֵי שֶׁרֹב בְּנֵי אָדָם מְכִינִים בְּרֶוַח. וּמִכָּל מָקוֹם צָרִיךְ כָּל אָדָם לִזָּהֵר מְאֹד שֶׁיִּכָּנֵס לְאֻשְׁפִּיזָא בְּעוֹד הַיּוֹם גָּדוֹל, כִּי הַרְבֵּה חִלּוּל שַׁבָּת בָּא עַל יְדֵי מַה שֶּׁמִּתְאַחֲרִים. לָכֵן יְהֵא נִזְהָר מְאֹד, וְלֹא יַסִּיתֶנּוּ הַיֵּצֶר לוֹמַר, עוֹד הַיּוֹם גָּדוֹל וְהַדֶּרֶךְ טוֹב (רמ"ט).

סעיף יב' מִי שֶׁהוּא בְּיוֹם שַׁבָּת קֹדֶשׁ בַּדֶּרֶךְ בַּמָּלוֹן וְיֵשׁ לוֹ מָעוֹת, אִם יָכוֹל לְהַפְקִידָן אוֹ לְהַצְנִיעָן, אָסוּר לְהַחֲזִיקָן בְּכִיסוֹ, שֶׁהֲרֵי הֵם מֻקְצֶה. וְאִם מִתְיָרֵא שֶׁמָּא יִגְנְבוּן מִמֶּנּוּ, יִתְפְּרֵן בְּעֶרֶב שַׁבָּת בְּבִגְדוֹ וְיֵשֵׁב בַּבַּיִת, וְלֹא יֵצֵא בָּהֶן בְּמָקוֹם שֶׁאֵין עֵרוּב. אַךְ אִם יֵשׁ לָחוּשׁ שֶׁמָּא מֵחֲמַת זֶה שֶׁאֵינוֹ יוֹצֵא כָּל הַיּוֹם מִבֵּיתוֹ, יַרְגִּישׁוּ שֶׁיֵּשׁ לוֹ מָעוֹת וְיִגְזְלוּן מִמֶּנּוּ, מֻתָּר לָצֵאת בָּהֶן כְּשֶׁהֵן תְּפוּרוֹת בְּבִגְדוֹ. אֲבָל אִם הֵן בְּכִיסוֹ, בְּכָל עִנְיָן אָסוּר (סִימָן ש"א) (עַיֵּן עוֹד בְּסִימָן קפ"ט, דְּבָרִים שֶׁצְּרִיכִין לִזָּהֵר בַּדֶּרֶךְ).

סימן סט - דיני תפלת מנחה ובו ט' סעיפים:

סעיף א' אָמַר רַבִּי חֶלְבּוֹ אָמַר רַב הוּנָא, לְעוֹלָם יִזָּהֵר אָדָם בִּתְפִלַּת הַמִּנְחָה, שֶׁהֲרֵי לֹא נַעֲנָה אֵלִיָּהוּ אֶלָּא בִּתְפִלַּת הַמִּנְחָה, שֶׁנֶּאֱמַר וַיְהִי בַּעֲלוֹת הַמִּנְחָה וַיִּגַּשׁ אֵלִיָּהוּ. וְהַטַּעַם שֶׁתְּפִלַּת הַמִּנְחָה הִיא חֲשׁוּבָה כָּל כָּךְ, מִפְּנֵי כִּי תְּפִלַּת הַשַּׁחַר זְמַנָּהּ יָדוּעַ, בַּבֹּקֶר בְּקוּמוֹ מִמִּטָּתוֹ יִתְפַּלֵּל מִיָּד קֹדֶם שֶׁיְּהֵא טָרוּד בַּעֲסָקָיו. וְכֵן תְּפִלַּת עַרְבִית בַּלַּיְלָה זְמַנָּהּ יָדוּעַ, בְּבֹאוֹ לְבֵיתוֹ וְהוּא פָּנוּי מֵעֲסָקָיו. אֲבָל תְּפִלַּת הַמִּנְחָה, הוּא בְּעוֹד שֶׁהַיּוֹם גָּדוֹל וְהָאָדָם טָרוּד בַּעֲסָקָיו וְהוּא צָרִיךְ לָשׂוּם אֶל לִבּוֹ וְלִפְנוֹת מִכָּל עֲסָקָיו וּלְהִתְפַּלֵּל, עַל כֵּן שְׂכָרָהּ הַרְבֵּה מְאֹד (טור רלב).

סעיף ב' עִקַּר זְמַנָּהּ הוּא בְּתֵשַׁע שָׁעוֹת וּמֶחֱצָה וּלְמַעְלָה, וְהִיא נִקְרֵאת מִנְחָה קְטַנָּה. וּבִשְׁעַת הַדְּחָק, כְּגוֹן שֶׁהוּא צָרִיךְ לָצֵאת לַדֶּרֶךְ אוֹ שֶׁהוּא צָרִיךְ לֶאֱכוֹל. יָכוֹל לְהִתְפַּלֵּל מִיָּד לְאַחַר שֵׁשׁ שָׁעוֹת וּמֶחֱצָה, וְהִיא נִקְרֵאת מִנְחָה גְּדוֹלָה. וְהֶמְשֵׁךְ זְמַנָּהּ הוּא לְכַתְּחִלָּה עַד שָׁעָה וּרְבִיעִית שָׁעָה קֹדֶם הַלַּיְלָה וְלֹא יוֹתֵר, וְזֶה נִקְרָא פְּלַג הַמִּנְחָה, כִּי מִשְּׁעַת מִנְחָה קְטַנָּה עַד הַלַּיְלָה הוּא שְׁתֵּי שָׁעוֹת וּמֶחֱצָה, וְהַחֲצִי מִזֶּה הִיא שָׁעָה וּרְבִיעִית. וּבְדִיעֲבַד אוֹ בִּשְׁעַת הַדְּחָק, יָכוֹל לְהִתְפַּלֵּל עַד צֵאת הַכּוֹכָבִים. וְכֵן נוֹהֲגִין עַתָּה בְּרֹב הַקְּהִלּוֹת, שֶׁמִּתְפַּלְּלִין מִנְחָה סָמוּךְ לַלַּיְלָה. וְשָׁעוֹת אֵלּוּ הֵמָּה שָׁעוֹת זְמַנִּיּוֹת, דְּהַיְנוּ לְפִי עֵרֶךְ הַיּוֹם, מִזְּרִיחַת הַחַמָּה עַד שְׁקִיעָתָהּ מִתְחַלֵּק הַיּוֹם לִשְׁנֵים עָשָׂר חֲלָקִים, וְאִם הַיּוֹם גָּדוֹל שְׁמוֹנֶה עֶשְׂרֵה שָׁעוֹת, אֲזַי שָׁעָה וּמֶחֱצָה נֶחְשֶׁבֶת לְשָׁעָה.

סעיף ג' אָסוּר לְהַתְחִיל לֶאֱכוֹל אֲפִלּוּ סְעוּדָה קְטַנָּה סָמוּךְ לְמִנְחָה קְטַנָּה. וְסָמוּךְ, הַיְנוּ חֲצִי שָׁעָה קֹדֶם. וְאִם אֵינוֹ קוֹבֵעַ עַצְמוֹ לִסְעוּדָה, אֶלָּא שֶׁאוֹכֵל אוֹ שׁוֹתֶה דֶּרֶךְ אֲרָעִי פֵּרוֹת אוֹ תַּבְשִׁיל, אֲפִלּוּ מֵחֲמֵשֶׁת מִינֵי דָּגָן, יֵשׁ מַתִּירִין. אֲבָל יֵשׁ לְהַחְמִיר גַּם בָּזֶה. וְכֵן אָסוּר לִכָּנֵס לַמֶּרְחָץ אוֹ לְהִסְתַּפֵּר סָמוּךְ לְמִנְחָה קְטַנָּה. וּסְעוּדָה גְּדוֹלָה, כְּגוֹן סְעוּדַת נִשּׂוּאִין אוֹ בְּרִית מִילָה וְכַדּוֹמֶה, אָסוּר לְהַתְחִיל אֲפִלּוּ סָמוּךְ לְמִנְחָה גְּדוֹלָה, דְּהַיְנוּ מֵחֲצוֹת הַיּוֹם אָסוּר, אֶלָּא יַמְתִּינוּ עַד זְמַן מִנְחָה גְּדוֹלָה, וְיִתְפַּלְּלוּ קוֹדֶם הַסְּעֻדָּה. וּבְמָקוֹם שֶׁקּוֹרִין לְבֵית הַכְּנֶסֶת וְהוּא רָגִיל לֵילֵךְ לְבֵית הַכְּנֶסֶת לְהִתְפַּלֵּל בְּצִבּוּר, מֻתָּר לְהַתְחִיל סְעוּדָה קְטַנָּה סָמוּךְ לְמִנְחָה קְטַנָּה, וְגַם אַחַר כָּךְ, וּבִלְבַד שֶׁמִּיָּד שֶׁקּוֹרִין לְבֵית הַכְּנֶסֶת, יַפְסִיק מִמַּה שֶּׁהוּא עָסוּק, לְהִתְפַּלֵּל. וּסְעוּדָה גְּדוֹלָה סָמוּךְ לְמִנְחָה קְטַנָּה, אָסוּר לְהַתְחִיל אֲפִלּוּ בְּמָקוֹם שֶׁקּוֹרִין לְבֵית הַכְּנֶסֶת, וַאֲפִלּוּ סָמוּךְ לְמִנְחָה גְּדוֹלָה יֵשׁ לְהַחְמִיר.

סעיף ד' לִתְפִלַּת מִנְחָה, צְרִיכִין גַּם כֵּן נְטִילַת יָדַיִם עַד הַפֶּרֶק כְּמוֹ לִתְפִלַּת שַׁחֲרִית, וְכַמְבֹאָר לְעֵיל בְּסִימָן י"ב סָעִיף ה' וְסָעִיף ו'. (עַיֵּן חַיֵּי אָדָם כְּלָל ל"ג סָעִיף ו' וּבְשֻׁלְחָן עָרוּךְ שֶׁל הַתַּנְיָא סִימָן צ"ב בְּמַרְאֵה מָקוֹם אוֹת כ"ג) וְכֵן לִתְפִלַּת מַעֲרִיב אִם הִפְסִיק אַחַר מִנְחָה, וְכֵן לְמוּסָף אִם הִפְסִיק אַחַר שַׁחֲרִית, צָרִיךְ לִטֹּל יָדָיו.

סעיף ה' אֵין לוֹמַר אַשְׁרֵי שֶׁקֹּדֶם מִנְחָה עַד שֶׁיְּהֵא מִנְיָן בְּבֵית הַכְּנֶסֶת, כְּדֵי שֶׁהַשְּׁלִיחַ צִבּוּר יֹאמַר הַקַּדִּישׁ עַל מַה שֶּׁאָמְרוּ בַּעֲשָׂרָה. וְאִם אָמְרוּ אַשְׁרֵי בְּלֹא מִנְיָן וְאַחַר כָּךְ נִשְׁלַם הַמִּנְיָן, יֹאמְרוּ אֵיזֶה מִזְמוֹר וְאַחַר כָּךְ יֹאמַר הַשְּׁלִיחַ צִבּוּר קַדִּישׁ. וְיֵשׁ לִשְׁלִיחַ הַצִּבּוּר לְהִתְעַטֵּף בְּטַלִּית קֹדֶם אַשְׁרֵי, שֶׁלֹּא לְהַפְסִיק בֵּין אַשְׁרֵי לְקַדִּישׁ. וְאִם לֹא הָיְתָה טַלִּית עַד לְאַחַר שֶׁאָמַר אַשְׁרֵי, יִתְעַטֵּף וְיֹאמַר אֵיזֶה פְּסוּקִים שֶׁעֲלֵיהֶם יֹאמַר קַדִּישׁ.

סעיף ו' אִם הַשָּׁעָה דְּחוּקָה וְקָרוֹב לַלַּיְלָה, מַתְחִיל שְׁלִיחַ הַצִּבּוּר מִיָּד אַחַר קַדִּישׁ, הַשְּׁמוֹנֶה עֶשְׂרֵה בְּקוֹל רָם. וְהַצִּבּוּר לֹא יִתְפַּלְּלוּ אֶלָּא שׁוֹמְעִים וְעוֹנִים עַד שֶׁיֹּאמַר הָאֵל הַקָּדוֹשׁ, אָז עוֹנִים אָמֵן וּמִתְפַּלְּלִים בְּלַחַשׁ. וְאִם הַשָּׁעָה דְּחוּקָה בְּיוֹתֵר וְיֵשׁ לָחוּשׁ שֶׁאִם יַמְתִּינוּ עַל שְׁלִיחַ הַצִּבּוּר עַד לְאַחַר שֶׁיֹּאמַר הָאֵל הַקָּדוֹשׁ, לֹא יְסַיְּמוּ תְּפִלָּתָם בְּעוֹד יוֹם, יְכוֹלִין לְהִתְפַּלֵּל

מִיָּד עִם שְׁלִיחַ הַצִּבּוּר בְּלַחַשׁ מִלָּה בְּמִלָּה עַד הָאֵל הַקָּדוֹשׁ. וְטוֹב אִם אֶפְשָׁר שֶׁיְּהֵא לְכָל הַפָּחוֹת אֶחָד שֶׁיַּעֲנֶה עַל בִּרְכוֹת שְׁלִיחַ הַצִּבּוּר אָמֵן (קכ"ד רל"ב).

סעיף ז' מִי שֶׁבָּא לְבֵית הַכְּנֶסֶת וּמָצָא צִבּוּר מִתְפַּלְּלִין שְׁמוֹנֶה עֶשְׂרֵה, מִתְפַּלֵּל עִמָּהֶם שְׁמוֹנֶה עֶשְׂרֵה וְיֹאמַר אַשְׁרֵי לְאַחַר הַשְּׁמוֹנֶה עֶשְׂרֵה. וְאִם לֹא יוּכַל לִגְמוֹר שְׁמוֹנֶה עֶשְׂרֵה, קֹדֶם שֶׁיָּבֹא שְׁלִיחַ הַצִּבּוּר לִקְדֻשָּׁה, וְאִם יַמְתִּין עַד לְאַחַר שֶׁיִּגְמוֹר שְׁלִיחַ הַצִּבּוּר כָּל הַשְּׁמוֹנֶה עֶשְׂרֵה עִם הַקַּדִּישׁ, יַעֲבוֹר זְמַן הַתְּפִלָּה, יַמְתִּין וְיִתְפַּלֵּל בְּלַחַשׁ עִם שְׁלִיחַ הַצִּבּוּר בַּחֲזָרַת הַתְּפִלָּה מִלָּה בְּמִלָּה, וְאוֹמֵר עִמּוֹ כָּל נֹסַח הַקְּדֻשָּׁה, וְגַם לְדוֹר וָדוֹר וְכוּ', כְּמוֹ שֶׁהוּא אוֹמֵר, וִיסַיֵּם עִמּוֹ בְּשָׁוֶה בִּרְכַּת הָאֵל הַקָּדוֹשׁ וּבִרְכַּת שׁוֹמֵעַ תְּפִלָּה. וְגַם מוֹדִים יֹאמַר בְּשָׁוֶה, כְּדֵי שֶׁיִּשְׁחֶה עִם הַצִּבּוּר. רַק בְּיוֹם תַּעֲנִית צִבּוּר, לֹא יֹאמַר עִם שְׁלִיחַ הַצִּבּוּר עֲנֵנוּ, אֶלָּא אוֹמְרוֹ בְּשׁוֹמֵעַ תְּפִלָּה, כְּמוֹ שְׁאָר יָחִיד. וְכֵן אִם רוֹצֶה לְהִתְפַּלֵּל מַעֲרִיב עִם הַצִּבּוּר, וְאִם יַמְתִּין עַד אַחַר חֲזָרַת שְׁלִיחַ הַצִּבּוּר אֶת הַתְּפִלָּה יִצְטָרֵךְ לְהִתְפַּלֵּל עַרְבִית בִּיחִידוּת יִתְפַּלֵּל מִנְחָה עִם חֲזָרַת הַשְּׁלִיחַ צִבּוּר, וְאִם בָּא סָמוּךְ לִקְדֻשָּׁה יַמְתִּין עַד לְאַחַר שֶׁיֹּאמַר שְׁלִיחַ הַצִּבּוּר הָאֵל הַקָּדוֹשׁ, וְיַעֲנֶה אָמֵן, וְאָז יִתְפַּלֵּל. וְאַף שֶׁיַּפְסִיד עֲנִיַּת אָמֵן שֶׁלְּאַחַר שׁוֹמֵעַ תְּפִלָּה וְגַם מוֹדִים (שֶׁהֵם חִיּוּבִים), מִכָּל מָקוֹם הָכִי עָדִיף טְפֵי, מִלְּהַפְסִיד תְּפִלַּת עַרְבִית עִם הַצִּבּוּר, וּמִכָּל שֶׁכֵּן, אִם הַשָּׁעָה עוֹבֶרֶת מִזְּמַן מִנְחָה (וְעַיֵּן לְעֵיל סִימָן כ' סָעִיף י"א).

סעיף ח' אִם נִמְשְׁכָה תְּפִלַּת הַמִּנְחָה עַד הַלַּיְלָה, לֹא יֹאמְרוּ תַּחֲנוּן, כִּי אֵין אוֹמְרִים תַּחֲנוּן בַּלַּיְלָה. וּצְרִיכִין לִזָּהֵר וּלְהַשְׁגִּיחַ שֶׁלֹּא תִּמָּשֵׁךְ עַד הַלַּיְלָה מַמָּשׁ, כִּי אָז אֵין אוֹמְרִים קַדִּישׁ תִּתְקַבֵּל עַל הַתְּפִלָּה שֶׁהִתְפַּלְּלוּ בַּיּוֹם, כֵּיוָן שֶׁהַלַּיְלָה שַׁיָּךְ לַיּוֹם הַמָּחֳרָת (קל"א רלד).

סעיף ט' מִי שֶׁבָּא בְּעֶרֶב שַׁבָּת לְמִנְחָה בְּבֵית הַכְּנֶסֶת, וְהַקָּהָל כְּבָר קִבְּלוּ שַׁבָּת אוֹ יוֹם טוֹב, דְּהַיְנוּ בְּשַׁבָּת אָמְרוּ מִזְמוֹר שִׁיר לְיוֹם הַשַּׁבָּת, וּבְיוֹם טוֹב אָמְרוּ בָּרְכוּ, לֹא יִתְפַּלֵּל מִנְחָה בְּבֵית הַכְּנֶסֶת הַזֹּאת, אֶלָּא יֵלֵךְ חוּץ לְבֵית הַכְּנֶסֶת וְיִתְפַּלֵּל. וְאִם שׁוֹמֵעַ שֶׁשְּׁלִיחַ הַצִּבּוּר אוֹמֵר בָּרְכוּ, לֹא יַעֲנֶה עִם הַצִּבּוּר, שֶׁאִם יַעֲנֶה בָּרְכוּ שׁוּב אֵינוֹ רַשַּׁאי לְהִתְפַּלֵּל אַחַר כָּךְ תְּפִלָּה שֶׁל חֹל. (אִם טָעָה וְעָנָה, יִתְפַּלֵּל עַרְבִית שְׁתַּיִם, כִּדְלְעֵיל סִימָן כ"א) וְאִם בָּא סָמוּךְ לְקַבָּלַת שַׁבָּת וְיוֹם טוֹב, אַף עַל פִּי שֶׁלֹּא יוּכַל לִגְמֹר הַשְּׁמוֹנֶה עֶשְׂרֵה קוֹדֶם שֶׁיְּקַבְּלוּ שַׁבָּת אוֹ יוֹם טוֹב, יָכוֹל לְהִתְפַּלֵּל כֵּיוָן שֶׁמַּתְחִיל בְּהֶתֵּר (רס"א רס"ג).

סימן ע - דיני תפלת מעריב ובו ה' סעיפים:

סעיף א' זְמַן קְרִיאַת שְׁמַע שֶׁל תְּפִלַּת עַרְבִית הוּא מִשֶּׁנִּרְאִין שְׁלֹשָׁה כּוֹכָבִים קְטַנִּים, וּבְיוֹם הַמְעֻנָּן יַמְתִּין עַד שֶׁיֵּצֵא הַסָּפֵק מִלִּבּוֹ. וְעַכְשָׁו נוֹהֲגִין לְהִתְפַּלֵּל בְּצִבּוּר מַעֲרִיב תֵּכֶף אַחַר מִנְחָה, אַף עַל פִּי שֶׁעֲדַיִן אֵינוֹ לַיְלָה, מִפְּנֵי טֹרַח הַצִּבּוּר, שֶׁהוּא טֹרַח לֶאֱסֹף הַצִּבּוּר שֵׁנִית, וּבִלְבַד שֶׁלֹּא יְהֵא קֹדֶם פְּלַג הַמִּנְחָה, כִּי אָז אֲפִלּוּ בְּדִיעֲבַד אֵינָם יוֹצְאִין. וְאַשְׁרֵי לְמִי שֶׁמִּתְפַּלֵּל עַרְבִית בְּצִבּוּר בַּלַּיְלָה, וּבֵין מִנְחָה לְמַעֲרִיב

עוֹסֵק בַּתּוֹרָה, לְחַבֵּר הַלַּיְלָה עִם הַיּוֹם בַּתּוֹרָה, שֶׁהוּא עִנְיָן גָּדוֹל. וְעַל כָּל פָּנִים רָאוּי לְכָל יְרֵא שָׁמַיִם, שֶׁאִם הִתְפַּלֵּל בְּצִבּוּר קֹדֶם הַלַּיְלָה, לֹא יֹאכַל קֹדֶם הַלַּיְלָה אֶלָּא יַמְתִּין, וּמִיָּד לְאַחַר צֵאת הַכּוֹכָבִים יִקְרָא שָׁלֹשׁ הַפָּרָשִׁיּוֹת שֶׁל קְרִיאַת שְׁמַע. וּמִי שֶׁאֵינוֹ מִתְפַּלֵּל בְּצִבּוּר, אָסוּר לוֹ לְהִתְפַּלֵּל תְּפִלַּת עַרְבִית קֹדֶם צֵאת הַכּוֹכָבִים.

סעיף ב' לְכַתְּחִלָּה צָרִיךְ לְהִתְפַּלֵּל עַרְבִית מִיָּד בְּצֵאת הַכּוֹכָבִים. וְאָסוּר לְהַתְחִיל לֶאֱכֹל אוֹ לַעֲשׂוֹת שׁוּם דָּבָר, וַאֲפִלּוּ לִלְמֹד, חֲצִי שָׁעָה קוֹדֶם צֵאת הַכּוֹכָבִים, כְּמוֹ סָמוּךְ לְמִנְחָה קְטַנָּה (וְעַיֵּן לְעֵיל סִימָן ס"ט סָעִיף ג'). וְאִם אֵין לוֹ פְּנַאי, כְּגוֹן שֶׁהוּא לוֹמֵד בָּרַבִּים, עַל כָּל פָּנִים לֹא יְאַחֵר יוֹתֵר מֵחֲצוֹת הַלַּיְלָה. וּבְדִיעֲבַד אֲפִלּוּ אַחַר חֲצוֹת עַד שֶׁלֹּא עָלָה עַמּוּד הַשַּׁחַר יָצָא (פ"ט רל"ב רל"ה).

סעיף ג' מִי שֶׁבָּא לְבֵית הַכְּנֶסֶת לִתְפִלַּת עַרְבִית וּמָצָא שֶׁהַצִּבּוּר עוֹמְדִין לְהִתְפַּלֵּל שְׁמֹנֶה עֶשְׂרֵה, אֲפִלּוּ עֲדַיִן אֵינוֹ לַיְלָה, אֶלָּא מִפְּלַג הַמִּנְחָה וּלְמַעְלָה, מִתְפַּלֵּל עִמָּהֶם שְׁמֹנֶה עֶשְׂרֵה, וְאַחַר כָּךְ כְּשֶׁיִּהְיֶה לַיְלָה יֹאמַר קְרִיאַת שְׁמַע עִם הַבְּרָכוֹת. וְאִם הַצִּבּוּר עוֹמְדִין בְּאֶמְצַע קְרִיאַת שְׁמַע וּבִרְכוֹתֶיהָ, וְיֵשׁ לוֹ שֶׁהוּת לוֹמַר קֹדֶם שֶׁיַּגִּיעוּ לִתְפִלַּת שְׁמֹנֶה עֶשְׂרֵה, קְרִיאַת שְׁמַע עִם הַבְּרָכוֹת עַד שׁוֹמֵר עַמּוֹ יִשְׂרָאֵל לָעַד יַעֲשֶׂה כֵן, וִידַלֵּג בָּרוּךְ ה' לְעוֹלָם וְכוּ', וְאֵינוֹ צָרִיךְ לְאָמְרוֹ אַחַר כָּךְ לְאַחַר הַתְּפִלָּה (מהריעב"ץ), וְאִם הוּא לֹא הִתְפַּלֵּל עֲדַיִן מִנְחָה, יִתְפַּלֵּל תְּפִלַּת שְׁמֹנֶה עֶשְׂרֵה שֶׁל מִנְחָה, בְּשָׁעָה שֶׁהַצִּבּוּר אוֹמְרִים קְרִיאַת שְׁמַע עִם הַבְּרָכוֹת, וְיִשְׁהֶה מְעַט לְכָל הַפָּחוֹת כְּדֵי הִלּוּךְ ד' אַמּוֹת, וְיִתְפַּלֵּל אַחַר כָּךְ שְׁמֹנֶה עֶשְׂרֵה עִם הַצִּבּוּר לְמַעֲרִיב. וְאַחַר כָּךְ כְּשֶׁיִּהְיֶה לַיְלָה, יֹאמַר קְרִיאַת שְׁמַע עִם הַבְּרָכוֹת.

סעיף ד' מִן בָּרוּךְ ה' לְעוֹלָם עַד יִרְאוּ עֵינֵינוּ, יֵשׁ לוֹמַר בִּישִׁיבָה. וְאָסוּר לְהַפְסִיק מִן תְּחִלַּת וְהוּא רַחוּם עַד לְאַחַר הַשְּׁמֹנֶה עֶשְׂרֵה. וּמַה שֶּׁהַשַּׁמָּשׁ מַכְרִיז יַעֲלֶה וְיָבֹא וְטַל וּמָטָר לֹא הָוֵי הֶפְסֵק, מִשּׁוּם דַּהֲוֵי צֹרֶךְ הַתְּפִלָּה.

סעיף ה' אִם נִשְׁאַר אָדָם יְחִידִי מִתְפַּלֵּל מַעֲרִיב בְּבֵית הַכְּנֶסֶת בַּלַּיְלָה, חַיָּב חֲבֵרוֹ לְהַמְתִּין עַד שֶׁיְּסַיֵּם תְּפִלָּתוֹ, כְּדֵי שֶׁלֹּא תִתְבַּלְבֵּל מַחֲשַׁבְתּוֹ. וְאִם הִתְחִיל לְהִתְפַּלֵּל בְּשָׁעָה שֶׁלֹּא יוּכַל לְסַיֵּם תְּפִלָּתוֹ עִם הַצִּבּוּר, אֵינוֹ חַיָּב לְהַמְתִּין עָלָיו, שֶׁהֲרֵי מוֹכְחָא מִלְּתָא דְּאַדַּעְתָּא דְּהָכִי נִכְנַס, שֶׁאֵינוֹ מְפַחֵד.

סימן עא - סדר הלילה ובו ה' סעיפים:

סעיף א' אַחַר תְּפִלַּת עַרְבִית צָרִיךְ לִקְבֹּעַ עֵת לַתּוֹרָה, לְקַיֵּם וְהָגִיתָ בּוֹ יוֹמָם וָלַיְלָה. וְיֵשׁ לָחוּשׁ בַּלַּיְלָה שֶׁאִם יֹאכַל תְּחִלָּה תַּחְטְפֶנּוּ שֵׁנָה, מִתּוֹךְ שֶׁהוּא יָגֵעַ, וְהַטֶּבַע מְבַקֶּשֶׁת מְנוּחָה, וְנִמְצָא מִתְבַּטֵּל מִתּוֹרָה. עַל כֵּן יֵשׁ לִזָּהֵר שֶׁיִּקְבַּע לוֹ עֵת לִלְמֹד קוֹדֶם הָאֲכִילָה. אַךְ אִם הוּא רָעֵב וְלִבּוֹ חַלָּשׁ, שֶׁלֹּא אָכַל בַּיּוֹם לָשֹׂבַע, יִטְעַם מְעַט כְּדֵי לְיַשֵּׁב דַּעְתּוֹ, וְאַחַר כָּךְ יִלְמַד קְצָת, וְאַחַר כָּךְ יֹאכַל סְעֻדָּתוֹ דֵּי צָרְכּוֹ, וְיַחְזֹר לִלְמוֹד תּוֹרָה אִישׁ אִישׁ כְּפִי הַשָּׂגָתוֹ. אָמְרוּ רַבּוֹתֵינוּ זִכְרוֹנָם לִבְרָכָה, לֹא אִבְרָא לַיְלָה אֶלָּא לְגִרְסָא, וְהַיְנוּ בְּלֵילֵי חֹרֶף, וּמִכָּל מָקוֹם גַּם בַּלֵּילוֹת הַקְּצָרִים צָרִיךְ לִלְמוֹד מְעַט

בְּכָל לַיְלָה, לְקַיֵּם וְהָגִיתָ בּוֹ יוֹמָם וָלַיְלָה. וּמִן חֲמִשָּׁה עָשָׂר בְּאָב וְאֵילָךְ יוֹסִיף מְעַט מְעַט. וְאָמַר רֵישׁ לָקִישׁ, כָּל הָעוֹסֵק בַּתּוֹרָה בַּלַּיְלָה, חוּט שֶׁל חֶסֶד נִמְשָׁךְ עָלָיו בַּיּוֹם, שֶׁנֶּאֱמַר, יוֹמָם יְצַוֶּה ה' חַסְדּוֹ וּבַלַּיְלָה שִׁירֹה עִמִּי. מַה טַּעַם יוֹמָם יְצַוֶּה ה' חַסְדּוֹ, מִשּׁוּם וּבַלַּיְלָה שִׁירֹה עִמִּי. וְאִכָּא דְּאָמְרֵי, אָמַר רֵישׁ לָקִישׁ, כָּל הָעוֹסֵק בַּתּוֹרָה בָּעוֹלָם הַזֶּה, שֶׁהוּא דּוֹמֶה לְלַיְלָה, הַקָּדוֹשׁ בָּרוּךְ הוּא מוֹשֵׁךְ עָלָיו חוּט שֶׁל חֶסֶד בָּעוֹלָם הַבָּא שֶׁהוּא יוֹם, שֶׁנֶּאֱמַר, יוֹמָם יְצַוֶּה ה' חַסְדּוֹ וּבַלַּיְלָה שִׁירֹה עִמִּי. וּמִכָּל שֶׁכֵּן מִי שֶׁיֵּשׁ לוֹ חֹק קָבוּעַ לִלְמוֹד בְּכָל יוֹם וְנִתְבַּטֵּל בַּיּוֹם, שֶׁהוּא צָרִיךְ לְהַשְׁלִים חֻקּוֹ בַּלַּיְלָה.

סעיף ב' רָאוּי לְאָדָם בֵּינוֹנִי הַבָּרִיא לְמַעֵט בִּסְעוּדַּת הַלַּיְלָה, וּתְהֵא קַלָּה מִסְּעוּדַּת הַיּוֹם, וְיִרְוִיחַ בָּזֶה אַרְבָּעָה דְּבָרִים, א. יִשְׁמֹר בְּרִיאוּתוֹ ב. יְהֵא נִשְׁמָר מִדָּבָר רַע, שֶׁלֹּא יָבֹא לִידֵי מִקְרֵה לַיְלָה, שֶׁבָּא מֵחֲמַת אֲכִילָה גַּסָּה וּדְבָרִים הַמְחַמְּמִים. ג. שֶׁיִּהְיוּ חֲלוֹמוֹתָיו נָחִים וּמְיֻשָּׁבִים, כִּי מֵרֹב אֲכִילָה וּשְׁתִיָּה הַרְבֵּה, פְּעָמִים בָּאִים חֲלוֹמוֹת קָשִׁים וְזָרִים ד. שֶׁלֹּא תִּכְבַּד שְׁנָתוֹ עָלָיו, וְיָקִיץ בִּזְמַן הָרָאוּי, וְדַי לְאָדָם הַבָּרִיא לִישֹׁן שֵׁשׁ שָׁעוֹת. וְיִזָּהֵר שֶׁלֹּא לִישֹׁן בְּחֶדֶר יְחִידִי, וְלֹא לִישֹׁן בְּמָקוֹם חַם בְּיוֹתֵר וְלֹא בְּמָקוֹם קַר בְּיוֹתֵר.

סעיף ג' רָאוּי לְכָל יְרֵא שָׁמַיִם שֶׁקֹּדֶם הֲלִיכָתוֹ לִישֹׁן, יְפַשְׁפֵּשׁ בְּמַעֲשָׂיו שֶׁעָשָׂה כָּל הַיּוֹם, וְאִם יִמְצָא שֶׁעָשָׂה עֲבֵרָה יִתְחָרֵט וְיִתְוַדֶּה עָלֶיהָ וִיקַבֵּל עַל עַצְמוֹ בְּלֵב שָׁלֵם, שֶׁלֹּא לַעֲשׂוֹתָהּ עוֹד, וּבִפְרָט בַּעֲבֵרוֹת הַמְּצוּיוֹת, כְּגוֹן חֲנִיפוּת שְׁקָרִים, לֵיצָנוּת, וְלָשׁוֹן הָרָע, צְרִיכִין בְּדִיקָה בְּיוֹתֵר. גַּם יִתֵּן הָאָדָם אֶל לִבּוֹ לִמְחֹל לְכָל אָדָם שֶׁחָטָא כְּנֶגְדּוֹ, שֶׁלֹּא יֵעָנֵשׁ שׁוּם אָדָם מֵחֲמָתוֹ. דְּאִיתָא בַּגְּמָרָא, כָּל מִי שֶׁחֲבֵרוֹ נֶעֱנָשׁ עַל יָדוֹ, אֵין מַכְנִיסִין אוֹתוֹ בִּמְחִצָּתוֹ שֶׁל הַקָּדוֹשׁ בָּרוּךְ הוּא. וְיֹאמַר שָׁלֹשׁ פְּעָמִים, שָׁרֵי לְכָל מָאן דִּי צַעֲרָן. וְאַחַר כָּךְ יֹאמַר רִבּוֹנוֹ שֶׁל עוֹלָם הֲרֵינִי מוֹחֵל וְכוּ'.

סעיף ד' אִם לֹא קָרָא שָׁלֹשׁ הַפָּרָשִׁיּוֹת שֶׁל קְרִיאַת שְׁמַע כְּשֶׁהָיָה לַיְלָה, אֲזַי יֹאמַר כָּל הַשָּׁלֹשׁ פָּרָשִׁיּוֹת בִּקְרִיאַת שְׁמַע שֶׁעַל הַמִּטָּה. אֲבָל אִם אֲמָרָם בַּלַּיְלָה, אֵינוֹ צָרִיךְ לוֹמַר בִּקְרִיאַת שְׁמַע שֶׁעַל הַמִּטָּה, כִּי אִם פָּרָשָׁה הָרִאשׁוֹנָה בִּלְבָד. וּמִכָּל מָקוֹם לְמִצְוָה מִן הַמֻּבְחָר יֹאמַר כָּל שָׁלֹשׁ הַפָּרָשִׁיּוֹת, וְאַחַר כָּךְ אוֹמְרִים מִזְמוֹרֵי וּפְסוּקֵי דְּרַחֲמֵי, כְּמוֹ שֶׁנִּדְפַּס בַּסִּדּוּרִים. וְאוּלָם בְּרֹב הַסִּדּוּרִים נִדְפַּס בִּרְכַּת הַמַּפִּיל קֹדֶם קְרִיאַת שְׁמַע. וְיוֹתֵר טוֹב לוֹמַר בִּרְכַּת הַמַּפִּיל בַּסּוֹף, שֶׁתְּהֵא הַבְּרָכָה סְמוּכָה לַשֵּׁנָה. וְיֹאמַר קְרִיאַת שְׁמַע עִם הַמִּזְמוֹרִים קֹדֶם שֶׁהוֹלֵךְ לְמִטָּתוֹ, וּבִרְכַּת הַמַּפִּיל יֹאמַר כְּשֶׁהוּא עַל מִטָּתוֹ (עַיֵּן לְעֵיל סוֹף סִימָן ה'), וְקֹדֶם שֶׁיֵּלֵךְ לְמִטָּתוֹ יֵלֵךְ אֶל הַמְּזוּזָה וְיַנִּיחַ אֶצְבְּעוֹתָיו עָלֶיהָ וְיֹאמַר, ה' שׁוֹמְרִי וְגוֹ', וְאַחַר כָּךְ יֹאמַר שֶׁבַע פְּעָמִים, בְּכָל דְּרָכֶיךָ גוֹ' וּלְאַחַר שֶׁאָמַר בִּרְכַּת הַמַּפִּיל, לֹא יֹאכַל וְלֹא יִשְׁתֶּה וְלֹא יְדַבֵּר עַד שֶׁיִּישַׁן. אִם אֵינוֹ יָכוֹל לִישֹׁן יֹאמַר עוֹד הַפַּעַם קְרִיאַת שְׁמַע וְהַמִּזְמוֹרִים וּפְסוּקֵי דְּרַחֲמֵי, וְחוֹזֵר וְקוֹרֵא עַד שֶׁתַּחְטְפֶנּוּ שֵׁנָה, אוֹ יֹאמַר כַּמָּה פְּעָמִים פְּסוּקִים אֵלּוּ, תּוֹרָה צִוָּה לָנוּ וְגוֹ' אֵשׁ תָּמִיד וְגוֹ' סֵעֲפִים שָׂנֵאתָ וְגוֹ', אוֹר זָרוּעַ וְגוֹ' עַד שֶׁתַּחְטְפֶנּוּ שֵׁנָה, וְהִיא

סְגֻלָּה לְהִנָּצֵל מִמִּקְרֶה לַיְלָה רַחֲמָנָא לִצְלַן. וּתְהֵא כַּוָּנָתוֹ בַּשֵּׁנָה לְחַזֵּק כֹּחוֹ לַעֲבוֹדַת קוֹנוֹ וַאֲזַי נֶחְשֶׁבֶת לוֹ לַעֲבוֹדַת שָׁמַיִם. אִם צָרִיךְ לְשַׁמֵּשׁ מִטָּתוֹ, לֹא יֹאמַר תְּחִלָּה בִּרְכַּת הַמַּפִּיל, אֶלָּא אַחַר כָּךְ קוֹרֵא לְכָל הַפָּחוֹת פָּרָשָׁה הָרִאשׁוֹנָה שֶׁל קְרִיאַת שְׁמַע וְאוֹמֵר בִּרְכַּת הַמַּפִּיל (סִימָן סָעִיף א רל"א רל"ה רל"ט).

סעיף ה' יַפְשִׁיט מַלְבּוּשָׁיו מֵעָלָיו וְלֹא יִישַׁן בְּמַלְבּוּשָׁיו. כְּשֶׁחוֹלֵץ מִנְעָלָיו וּפוֹשֵׁט בְּגָדָיו, חוֹלֵץ וּפוֹשֵׁט שֶׁל שְׂמֹאל תְּחִלָּה. וְלֹא יַנִּיחַ מַלְבּוּשָׁיו תַּחַת מְרַאֲשׁוֹתָיו, כִּי מְשַׁכֵּחַ לִמּוּדוֹ, וְצָרִיךְ לִזָּהֵר מְאֹד לְהַרְגִּיל אֶת עַצְמוֹ לִשְׁכַּב עַל צִדּוֹ. וְאִסּוּר גָּדוֹל לִשְׁכַּב פְּרַקְדָּן, דְּהַיְנוּ גַּבּוֹ לְמַטָּה וּפָנָיו לְמַעְלָה, אוֹ בְּהִפּוּךְ פָּנָיו לְמַטָּה וְגַבּוֹ לְמַעְלָה, אֶלָּא דַּוְקָא עַל צִדּוֹ. וְטוֹב שֶׁיִּשְׁכַּב בִּתְחִלַּת שְׁנָתוֹ עַל צַד שְׂמֹאל, וּבְסוֹף עַל צַד יָמִין, וְהוּא טוֹב לִבְרִיאוּת הַגּוּף, כִּי הַכָּבֵד מֻנָּח בְּצַד יָמִין, וְהָאִצְטוֹמְכָא בְּצַד שְׂמֹאל. וְכַאֲשֶׁר יַטֶּה עַל צַד שְׂמֹאל, אֲזַי יְהֵא הַכָּבֵד עַל הָאִיצְטוֹמְכָא וִיחַמְּמֶהָ בְּחֻמּוֹ, וּבָזֶה יִתְעַכֵּל הַמָּזוֹן מְהֵרָה. וְאַחֲרֵי שֶׁנִּתְעַכֵּל הַמָּזוֹן רָאוּי לוֹ שֶׁיַּטֶּה עַל צַד יָמִין, כְּדֵי שֶׁתָּנוּחַ הָאִיצְטוֹמְכָא וְתֵרֵד פְּסֹלֶת הַמַּאֲכָל. וְלֹא יִתְהַפֵּךְ מִצַּד אֶל צַד פְּעָמִים הַרְבֵּה (אוֹרַח חַיִּים סִימָן ב', רמב"ם פרק ד' מהלכות דעות, מהריעב"ץ אה"ע סִימָן כג, שבילי אמונה). (הִלְכוֹת צְנִיעוּת תְּבֹאַרְנָה אִם יִרְצֶה הַשֵּׁם בְּסִימָן ק"ב).

סימן עב - גדל קדשת שבת והמחללו הרי הוא כמו עובד כוכבים ודיני הכנסת שבת ובו כ"ג סעיפים:

סעיף א' שַׁבָּת קֹדֶשׁ הוּא הָאוֹת הַגָּדוֹל וְהַבְּרִית, שֶׁנָּתַן לָנוּ הַקָּדוֹשׁ בָּרוּךְ הוּא, לָדַעַת כִּי בְּשֵׁשֶׁת יָמִים עָשָׂה ה' אֶת הַשָּׁמַיִם וְאֶת הָאָרֶץ וְכָל אֲשֶׁר בָּהֶם וְשָׁבַת בַּיּוֹם הַשְּׁבִיעִי, וְהוּא יְסוֹד הָאֱמוּנָה. וְאָמְרוּ רַבּוֹתֵינוּ זִכְרוֹנָם לִבְרָכָה, שְׁקוּלָה שַׁבָּת כְּכָל הַמִּצְוֹת. כָּל הַמְשַׁמֵּר אֶת הַשַּׁבָּת כְּהִלְכָתוֹ, כְּאִלּוּ מְקַיֵּם כָּל הַתּוֹרָה כֻּלָּהּ. וְכָל הַמְחַלֵּל אֶת הַשַּׁבָּת, כְּאִלּוּ כָּפַר בְּכָל הַתּוֹרָה כֻּלָּהּ (רמב"ם סוף הלכות שַׁבָּת ומגיד משנה שָׁם, וחיי"א ריש הלכות שַׁבָּת). וְכֵן הוּא אוֹמֵר בְּעֶזְרָא, וְעַל הַר סִינַי יָרַדְתָּ וְגוֹ' וַתִּתֵּן לָהֶם מִשְׁפָּטִים יְשָׁרִים וְתוֹרוֹת אֱמֶת וְגוֹ', וְאֶת שַׁבַּת קָדְשְׁךָ הוֹדַעְתָּ לָהֶם.

סעיף ב' וְכָל הַמְחַלֵּל אֶת הַשַּׁבָּת בְּפַרְהֶסְיָא, הֲרֵי הוּא כְּעוֹבֵד כּוֹכָבִים לְכָל דְּבָרָיו. אִם נוֹגֵעַ בְּיַיִן אוֹסְרוֹ. וְהַפַּת שֶׁהוּא אוֹפֶה הֲוֵי כְּמוֹ פַּת שֶׁל עוֹבֵד כּוֹכָבִים. וְכֵן הַתַּבְשִׁיל שֶׁהוּא מְבַשֵּׁל, הֲוֵי כְּמוֹ בִּשּׁוּלֵי עוֹבֵד כּוֹכָבִים (וְעַיֵּן לְעֵיל סִימָן ל"ח). וּפַרְהֶסְיָא הֲוֵי בִּפְנֵי עֲשָׂרָה מִיִּשְׂרָאֵל. וְלָאו דַּוְקָא שֶׁעוֹשֶׂה בִּפְנֵיהֶם מַמָּשׁ, אֶלָּא שֶׁיּוֹדְעִין מֵהָעֲבֵרָה (ש"ך סִימָן קנ"ז סָעִיף קטן ד'), דְּהָכִי מוּכָח בְּשַׁ"ס וּפוֹסְקִים, גַּבֵּי וְהָא אֶסְתֵּר פַּרְהֶסְיָא הֲוָה. וְכֵן כָּתַב הַפְּרִי מְגָדִים (יו"ד סִימָן ב'. שפ"ד סָעִיף קטן י"ז), פִּרְסוּם הֲוֵי עֲשָׂרָה מִיִּשְׂרָאֵל אוֹ שֶׁיֵּדַע שֶׁיִּתְפַּרְסֵם (יו"ד סִימָן ב').

סעיף ג' לְפִיכָךְ מְשַׁבֵּחַ הַנָּבִיא וְאוֹמֵר, אַשְׁרֵי אֱנוֹשׁ יַעֲשֶׂה זֹּאת וּבֶן אָדָם יַחֲזִיק בָּהּ שׁוֹמֵר שַׁבָּת מֵחַלְּלוֹ וְגוֹ' וְכָל הַשּׁוֹמֵר אֶת הַשַּׁבָּת כְּהִלְכָתוֹ וּמְכַבְּדוֹ וּמְעַנְּגוֹ כְּפִי כֹּחוֹ, גַּם כֵּן מְפֹרָשׁ עַל פִּי הַנָּבִיא שְׂכָרוֹ גַּם בָּעוֹלָם הַזֶּה, חוּץ מִן

הַשָּׂכָר הָרַב הַצָּפוּן לָעוֹלָם הַבָּא, שֶׁנֶּאֱמַר, אִם תָּשִׁיב מִשַּׁבָּת רַגְלֶךָ עֲשׂוֹת חֲפָצֶךָ בְּיוֹם קָדְשִׁי, וְקָרָאתָ לַשַּׁבָּת עֹנֶג לִקְדוֹשׁ ה' מְכֻבָּד, וְכִבַּדְתּוֹ מֵעֲשׂוֹת דְּרָכֶיךָ, מִמְּצוֹא חֶפְצְךָ וְדַבֵּר דָּבָר, אָז תִּתְעַנַּג עַל ה', וְהִרְכַּבְתִּיךָ עַל בָּמֳתֵי אָרֶץ, וְהַאֲכַלְתִּיךָ נַחֲלַת יַעֲקֹב אָבִיךָ כִּי פִּי ה' דִּבֵּר (רמב"ם שָׁם).

סעיף ד' כְּתִיב זָכוֹר אֶת יוֹם הַשַּׁבָּת לְקַדְּשׁוֹ. פֵּרוּשׁ שֶׁיִּזְכּוֹר בְּכָל יוֹם וָיוֹם אֶת יוֹם הַשַּׁבָּת לְקַדְּשׁוֹ, שֶׁאִם נִזְדַּמֵּן לוֹ דָּבָר מַאֲכָל חָשׁוּב שֶׁאֵינוֹ שָׁכִיחַ בְּכָל יוֹם וְהוּא דָּבָר שֶׁאֵינוֹ מִתְקַלְקֵל, יִקְנֵהוּ לִכְבוֹד שַׁבָּת. וּבְעֶרֶב שַׁבָּת, מִצְוָה שֶׁיַּשְׁכִּים בַּבֹּקֶר לִקְנוֹת צָרְכֵי שַׁבָּת. וְיָכוֹל לִקְנוֹת גַּם קֹדֶם הַתְּפִלָּה וּבִלְבַד שֶׁלֹּא יְאַחֵר עַל יְדֵי זֶה תְּפִלַּת צִבּוּר. וְטוֹב יוֹתֵר לִקְנוֹת בְּעֶרֶב שַׁבָּת לִכְבוֹד שַׁבָּת, מִלִּקְנוֹת בְּיוֹם ה'. אַךְ דָּבָר שֶׁצָּרִיךְ הֲכָנָה, יִקְנֶה בְּיוֹם ה'. וְעַל כָּל דָּבָר שֶׁהוּא קוֹנֶה, יֹאמַר לִכְבוֹד שַׁבָּת. מִתַּקָּנַת עֶזְרָא, שֶׁיִּהְיוּ מְכַבְּסִין הַבְּגָדִים בַּחֲמִישִׁי בְּשַׁבָּת לִכְבוֹד שַׁבָּת. וְלֹא בְּעֶרֶב שַׁבָּת, מִפְּנֵי שֶׁבְּעֶרֶב שַׁבָּת צָרִיךְ לְהִתְעַסֵּק בְּצָרְכֵי שַׁבָּת.

סעיף ה' מִצְוָה עַל כָּל אָדָם שֶׁאַף עַל פִּי שֶׁיֵּשׁ לוֹ כַּמָּה מְשָׁרְתִים, מִכָּל מָקוֹם יַעֲשֶׂה גַּם הוּא בְּעַצְמוֹ אֵיזֶה דָּבָר לִכְבוֹד שַׁבָּת כְּדֵי לְכַבְּדוֹ, כִּדְמָצִינוּ בָּאֲמוֹרָאִים, רַב חִסְדָּא הָיָה מְחַתֵּךְ אֶת הַיָּרָק דַּק דַּק, וְרַבָּה וְרַב יוֹסֵף הָיוּ מְבַקְּעִים עֵצִים, וְר' זֵירָא הָיָה מַדְלִיק אֶת הָאֵשׁ, וְרַב נַחְמָן הָיָה מְתַקֵּן אֶת הַבַּיִת וּמַכְנִיס כֵּלִים הַצְּרִיכִים לַשַּׁבָּת, וּמְפַנֶּה כְּלֵי הַחֹל. וּמֵהֶם יִלְמַד כָּל אָדָם וְלֹא יֹאמַר לֹא אֶפְגֹּם בִּכְבוֹדִי, כִּי זֶהוּ כְּבוֹדוֹ שֶׁהוּא מְכַבֵּד אֶת הַשַּׁבָּת (ר"נ).

סעיף ו' הַמִּנְהָג בְּכָל יִשְׂרָאֵל לֶאֱפוֹת בְּבָתֵּיהֶם לֶחָמִים לִכְבוֹד שַׁבָּת, לֹא מִבַּעְיָא אִם אוֹכְלִים בִּימֵי הַחֹל פַּת פַּלְטֵר עוֹבֵד כּוֹכָבִים, שֶׁיֵּשׁ לִזָּהֵר לֶאֱכוֹל בְּיוֹם הַשַּׁבָּת קֹדֶשׁ פַּת יִשְׂרָאֵל, אֶלָּא אֲפִלּוּ אִם בְּחֹל אוֹכֵל פַּת פַּלְטֵר יִשְׂרָאֵל, מִכָּל מָקוֹם לִכְבוֹד שַׁבָּת יֹאפוּ בְּבֵיתָם כְּדֵי שֶׁתְּקַיֵּם הָאִשָּׁה מִצְוַת הַפְרָשַׁת חַלָּה, כִּי אָדָם הָרִאשׁוֹן נִבְרָא בְּעֶרֶב שַׁבָּת וְהָיָה חַלָּתוֹ שֶׁל עוֹלָם, וְהָאִשָּׁה בְּחֶטְאָהּ אִבְּדַתּוּ, וְעַל כֵּן צְרִיכָה הִיא לְתַקֵּן דָּבָר זֶה. וְעוֹשִׂין שְׁלֹשָׁה לֶחָמִין, גָּדוֹל וּבֵינוֹנִי וְקָטָן. הַבֵּינוֹנִי לִסְעוּדַת הַלַּיְלָה, וְהַגָּדוֹל לִסְעוּדַת הַיּוֹם, לְהַרְאוֹת כִּי כְּבוֹד הַיּוֹם עָדִיף, וְהַקָּטָן לִסְעוּדָה שְׁלִישִׁית.

סעיף ז' יָכִין בָּשָׂר וְדָגִים יָפִים וּמַטְעַמִּים וְיַיִן מְשֻׁבָּח כְּפִי יְכָלְתּוֹ, כִּי מִצְוָה לֶאֱכוֹל בְּכָל סְעוּדָה מִסְּעוּדוֹת שַׁבָּת דָּגִים, אִם אֵינָם מַזִּיקִין לוֹ. אֲבָל אִם מַזִּיקִין לוֹ אוֹ שֶׁאֵינָם עֲרֵבִים לוֹ, לֹא יֹאכְלֵם, כִּי הַשַּׁבָּת לְעֹנֶג נִתַּן וְלֹא לְצַעַר. וְיַשְׁחִיז אֶת הַסַּכִּין, שֶׁזֶּהוּ גַּם כֵּן מִכְּבוֹד הַשַּׁבָּת, וִיתַקֵּן אֶת הַבַּיִת, וְיַצִּיעַ אֶת הַמִּטּוֹת, וְיִפְרֹס מַפָּה עַל הַשֻּׁלְחָן, וּתְהֵא פְּרוּסָה כָּל יוֹם הַשַּׁבָּת. וְיֵשׁ מְדַקְדְּקִין לִפְרֹס שְׁתֵּי מַפּוֹת. וְיִשְׂמַח בְּבִיאַת הַשַּׁבָּת. וְיַחְשׁוֹב בְּדַעְתּוֹ, אִלּוּ הָיָה מְצַפֶּה שֶׁיָּבוֹא אֵלָיו אֵיזֶה אָדָם יָקָר וְחָשׁוּב, אֵיךְ הָיָה מְתַקֵּן אֶת הַבַּיִת לִכְבוֹדוֹ, וּמִכָּל שֶׁכֵּן לִכְבוֹד שַׁבָּת מַלְכְּתָא, בִּקְצָת מְקוֹמוֹת עוֹשִׂין פַּשְׁטִידָא אוֹ מְלִיְתָא לִסְעוּדַת לֵיל שַׁבָּת, זֵכֶר לַמָּן שֶׁהָיָה מֻנָּח כְּמוֹ בְּקֻפְסָה, טַל לְמַטָּה וְטַל לְמַעְלָה. יֵשׁ לִטְעֹם בְּעֶרֶב שַׁבָּת אֶת הַתַּבְשִׁילִין שֶׁנַּעֲשׂוּ לַשַּׁבָּת (רמ"ב ר"נ רס"ב).

סעיף ח' אֲפִלּוּ עָנִי שֶׁבְּיִשְׂרָאֵל יִזְדָּרֵז

וְיִתְאַמֵּץ לְעַנֵּג אֶת הַשַּׁבָּת. וִיצַמְצֵם בְּכָל הַשָּׁבוּעַ כְּדֵי שֶׁיִּהְיֶה לוֹ מָעוֹת לִכְבוֹד שַׁבָּת. וְאִם אֵין לוֹ מָעוֹת, יִלְוֶה אֲפִלּוּ עַל מַשְׁכּוֹנוֹת לְצָרְכֵי שַׁבָּת. וְעַל זֶה אָמְרוּ רַבּוֹתֵינוּ זִכְרוֹנָם לִבְרָכָה, בָּנַי, לְווּ עָלַי וַאֲנִי פּוֹרֵעַ. וְכָל מְזוֹנוֹתָיו שֶׁל אָדָם, קְצוּבִים לוֹ מֵרֹאשׁ הַשָּׁנָה, חוּץ מֵהוֹצָאוֹת שַׁבָּת וְיוֹם טוֹב שֶׁאִם מוֹסִיף מוֹסִיפִין לוֹ. וְאִם הַשָּׁעָה דְּחוּקָה לוֹ בְּיוֹתֵר, עַל זֶה אָמְרוּ רַבּוֹתֵינוּ זִכְרוֹנָם לִבְרָכָה, עֲשֵׂה שַׁבָּתְךָ חֹל וְאַל תִּצְטָרֵךְ לַבְּרִיּוֹת. וּמִכָּל מָקוֹם אִם אֶפְשָׁר לוֹ, יִרְאֶה עַל כָּל פָּנִים לַעֲשׂוֹת לִכְבוֹד שַׁבָּת אֵיזֶה דָּבָר מְעַט, כְּגוֹן דָּגִים קְטַנִּים וְכַדּוֹמֶה. מִי שֶׁשָּׁלְחוּ לוֹ אֵיזֶה דָּבָר לְאָכְלוֹ בְּשַׁבָּת, יֵשׁ לוֹ לְאָכְלוֹ בְשַׁבָּת וְלֹא לְהַשְׁאִירוֹ לְחֹל.

סעיף ט' אֵין לַעֲשׂוֹת מְלָאכָה בְּדֶרֶךְ קֶבַע בְּעֶרֶב שַׁבָּת, מִמִּנְחָה קְטַנָּה וּלְמַעְלָה (עַיֵּן לְעֵיל סִימָן ס"ט סָעִיף ב'). אֲבָל בְּדֶרֶךְ אֲרָעִי, מֻתָּר. וּלְצֹרֶךְ שַׁבָּת, גַּם אַחַר כָּךְ מֻתָּר. וְלַעֲשׂוֹת בִּגְדֵי חֲבֵרוֹ בְּשָׂכָר, אָסוּר. אַךְ מִי שֶׁהוּא עָנִי וְרוֹצֶה לְהַשְׂתַּכֵּר לְצֹרֶךְ שַׁבָּת, מֻתָּר לוֹ כָּל הַיּוֹם, כְּמוֹ בְּחֹל הַמּוֹעֵד. לְסַפֵּר אֶת יִשְׂרָאֵל, מֻתָּר כָּל הַיּוֹם, אֲפִלּוּ מַעֲשֵׂה אֻמָּן, אֲפִלּוּ בְּשָׂכָר, מִפְּנֵי שֶׁהַתִּסְפֹּרֶת נִכֶּרֶת שֶׁנַּעֲשֵׂית עַכְשָׁו בִּשְׁבִיל הַשַּׁבָּת. יֵשׁ לְהַסְגִּיר אֶת הַחֲנֻיּוֹת שָׁעָה אַחַת לִפְנֵי הַשַּׁבָּת (אִם הוּא בַּדֶּרֶךְ, עַיֵּן לְעֵיל סִימָן ס"ח סָעִיף י"ב רנ"א רנ"ו).

סעיף י' מִתֵּשַׁע שָׁעוֹת זְמַנִּיּוֹת וּלְמַעְלָה, מִצְוָה לְהִמָּנַע מִסְּעוּדָּה, אֲפִלּוּ מַה שֶּׁהוּא רָגִיל בְּחֹל. וּסְעוּדָּה שֶׁאֵינוֹ רָגִיל בָּהּ בְּחֹל אֲפִלּוּ הִיא סְעוּדַּת מִצְוָה, אִם הָיָה אֶפְשָׁר לַעֲשׂוֹתָהּ בְּיוֹם אַחֵר, אָסוּר לַעֲשׂוֹתָהּ בְּעֶרֶב שַׁבָּת כָּל הַיּוֹם, אֲפִלּוּ בַּבֹּקֶר. אַךְ סְעוּדַּת מִצְוָה שֶׁזְּמַנָּהּ קָבוּעַ הַיּוֹם, כְּגוֹן מִילָה וּפִדְיוֹן הַבֵּן וְכַדּוֹמֶה, מֻתָּר. וּמִכָּל מָקוֹם נָכוֹן לְהַקְדִּימָהּ בַּבֹּקֶר וְלֹא יַרְבֶּה בָּהּ, וּמִכָּל שֶׁכֵּן שֶׁלֹּא לֶאֱכוֹל אֲכִילָה גַּסָּה, כְּדֵי שֶׁיֹּאכְלוּ סְעוּדַּת שַׁבָּת לְתֵאָבוֹן (רמ"ט).

סעיף יא' חַיָּב כָּל אָדָם לְהַשְׁלִים פָּרָשִׁיּוֹתָיו עִם הַצִּבּוּר, דְּהַיְנוּ שֶׁיִּקְרָא בְּכָל שָׁבוּעַ פָּרָשַׁת הַשָּׁבוּעַ שְׁנַיִם מִקְרָא וְאֶחָד תַּרְגּוּם. וּמִיּוֹם רִאשׁוֹן וָאֵילָךְ חָשׁוּב עִם הַצִּבּוּר, (שֶׁכְּבָר הִתְחִילוּ הַצִּבּוּר פָּרָשָׁה זוֹ בְּשַׁבָּת בְּמִנְחָה). אֲבָל הַמִּצְוָה מִן הַמֻּבְחָר הִיא לְקָרְתָהּ בְּעֶרֶב שַׁבָּת אַחַר חֲצוֹת הַיּוֹם. וְיֵשׁ לִקְרוֹת כָּל פָּרָשָׁה, דְּהַיְנוּ פְּתוּחָה אוֹ סְתוּמָה, שְׁנֵי פְּעָמִים, וְאַחַר כָּךְ הַתַּרְגּוּם עָלֶיהָ, (כֵּן הִסְכִּים הַגָּאוֹן הָרַב רַבִּי אֵלִיָּהוּ מִוִּילְנָא זֵכֶר צַדִּיק לִבְרָכָה) וַאֲפִלּוּ הַפָּרָשָׁה מְסַיֶּמֶת בְּאֶמְצַע פָּסוּק, יַפְסִיק שָׁם. וּבִגְמָר יֵשׁ לוֹמַר אַחַר הַתַּרְגּוּם פָּסוּק אֶחָד בַּתּוֹרָה, כְּדֵי לְסַיֵּם בַּתּוֹרָה. וְטוֹב שֶׁלֹּא יַפְסִיק בְּשִׂיחָה בֵּין הַקְּרִיאָה. וְנוֹהֲגִין לִקְרוֹת גַּם הַהַפְטָרָה. וְיֵשׁ נוֹהֲגִין עוֹד לוֹמַר אַחַר כָּךְ שִׁיר הַשִּׁירִים. וּמִי שֶׁהוּא בַּדֶּרֶךְ וְאֵין לוֹ רַק חֻמָּשׁ בְּלִי תַּרְגּוּם, יִקְרָא שְׁתֵּי פְּעָמִים מִקְרָא. וּכְשֶׁיָּבוֹא לְמָקוֹם שֶׁיִּהְיֶה לוֹ תַּרְגּוּם, יִקְרָא הַתַּרְגּוּם (רפ"ה). גַּם יֵשׁ לוֹ לְכָל יְרֵא שָׁמַיִם, לִלְמוֹד פֵּרוּשׁ רַשִׁ"י עַל הַסִּדְרָה, וְאִם לָאו בַּר הָכִי הוּא יִלְמַד פֵּרוּשׁ אַשְׁכְּנַזִּי (לוֹעֲזִי) עַל הַסִּדְרָה, כְּגוֹן סֵפֶר "צְאֶינָה וּרְאֶינָה" וְכַדּוֹמֶה, שֶׁיָּבִין עִנְיַן הַסִּדְרָה.

סעיף יב' מִצְוָה עַל כָּל אָדָם לִרְחוֹץ בְּכָל עֶרֶב שַׁבָּת פָּנָיו יָדָיו וְרַגְלָיו בְּחַמִּין. וְאִם אֶפְשָׁר, יִרְחַץ כָּל גּוּפוֹ

בְּחַמִּין (ר"מ), וְיִטְבֹּל אֶת עַצְמוֹ בְּמִקְוֶה (וְהַגָּאוֹן מהריעב"ץ כָּתַב, שֶׁלֹּא יִרְחַץ כָּל גּוּפוֹ, מִשּׁוּם דְּקָשֶׁה לְתַשְׁמִישׁ בְּאוֹתוֹ יוֹם).

סעיף יג' אָסוּר לִרְחוֹץ עִם אָבִיו וְחָמִיו וּבַעַל אִמּוֹ וּבַעַל אֲחוֹתוֹ. וּבְמָקוֹם שֶׁנּוֹהֲגִין לְכַסּוֹת עֶרְוָתָן בְּבֵית הַמֶּרְחָץ, מֻתָּר. וְכֵן הַתַּלְמִיד לֹא יִרְחַץ עִם רַבּוֹ, וְאִם צָרִיךְ לוֹ שֶׁיְּשַׁמְּשֶׁנּוּ, מֻתָּר.

סעיף יד' וּמִצְוָה לָחֹף אֶת הָרֹאשׁ וְלָקֹץ אֶת הַצִּפָּרְנַיִם, וְכֵן לְגַלֵּחַ שַׂעֲרוֹת רֹאשׁוֹ אִם הָיוּ גְּדוֹלוֹת. וְאֵין לָקֹץ צִפָּרְנֵי יָדָיו וְרַגְלָיו בְּיוֹם אֶחָד. גַּם אֵין לָקֹץ צִפָּרְנָיו אוֹ לְגַלֵּחַ שַׂעֲרוֹת בְּרֹאשׁ חֹדֶשׁ, אֲפִלּוּ חָל בְּעֶרֶב שַׁבָּת. יֵשׁ מַקְפִּידִין שֶׁלֹּא לִטּוֹל אֶת הַצִּפָּרְנַיִם כְּסִדְרָן אֶלָּא בְּדִלּוּג, דְּהַיְנוּ בְּיָמִין מַתְחִילִין בְּאֶצְבַּע הַסְּמוּכָה לַאֲגוּדָל, וְהַסִּימָן בְּדָאָג"ה וּבִשְׂמֹאל מַתְחִילִין בָּאֶצְבַּע הָרְבִיעִית וְהַסִּימָן דְּבַהֶג"א. גַּם יֵשׁ מַקְפִּידִין שֶׁלֹּא לִטּוֹל אֶת הַצִּפָּרְנַיִם בְּיוֹם ה', כִּי מַתְחִילִין לִגְדּוֹל בְּיוֹם שַׁבָּת, שֶׁהוּא יוֹם הַשְּׁלִישִׁי. טוֹב לִזָּהֵר לִשְׂרֹף אֶת הַצִּפָּרְנַיִם (אוֹרַח חַיִּים סִימָן ר"ס).

סעיף טו' בְּכָל עֶרֶב שַׁבָּת יְפַשְׁפֵּשׁ בְּמַעֲשָׂיו, וְיִתְעוֹרֵר בִּתְשׁוּבָה לְתַקֵּן כָּל הַקִּלְקוּלִים שֶׁעָשָׂה בְּשֵׁשֶׁת יְמֵי הַמַּעֲשֶׂה, כִּי עֶרֶב שַׁבָּת כּוֹלֵל כָּל יְמֵי הַשָּׁבוּעַ, כְּמוֹ עֶרֶב רֹאשׁ חֹדֶשׁ כּוֹלֵל כָּל הַחֹדֶשׁ (ספרי מוסר).

סעיף טז' יִשְׁתַּדֵּל שֶׁיִּהְיוּ לוֹ בְּגָדִים נָאִים, וְגַם טַלִּית שֶׁל מִצְוָה נָאָה לִכְבוֹד שַׁבָּת, דִּכְתִיב וְכִבַּדְתּוֹ, וְדָרְשִׁינָן, שֶׁלֹּא יְהֵא מַלְבּוּשְׁךָ שֶׁל שַׁבָּת כְּמַלְבּוּשְׁךָ שֶׁל חֹל (רס"ב). וַאֲפִלּוּ הוּא בַּדֶּרֶךְ בֵּין הַנָּכְרִים, מִכָּל מָקוֹם יִלְבַּשׁ בִּגְדֵי שַׁבָּת, כִּי אֵין הַמַּלְבּוּשִׁים לִכְבוֹד הָרוֹאִים אֶלָּא לִכְבוֹד הַשַּׁבָּת (חַיֵּי אָדָם).

סעיף יז' הַתַּבְשִׁילִין צְרִיכִין לְהַשְׁגִּיחַ לַהֲסִירָן מִן הַגֶּחָלִים קֹדֶם שַׁבָּת, (עַיֵּן לְקַמָּן סִימָן פ' סָעִיף ה'). וְאִם שָׁכַח וְלֹא הֱסִירָן, אֲזַי אִם יָבֹא בְּשַׁבָּת לָקַחַת אֶת הַקְּדֵרָה וְגֶחָלִים בּוֹעֲרוֹת סָבִיב לָהּ, שֶׁאִם יִקַּח אֶת הַקְּדֵרָה יָזִיז אֶת הַגֶּחָלִים אָסוּר לְיִשְׂרָאֵל לָקַחַת אוֹתָהּ. וְעַל יְדֵי אֵינוֹ יְהוּדִי, מֻתָּר.

סעיף יח' הַתַּבְשִׁילִין שֶׁמַּטְמִינִין בַּתַּנּוּר לְיוֹם הַשַּׁבָּת כַּנָּהוּג, אַף עַל פִּי שֶׁהַפֶּתַח אֵינוֹ טוּחַ בְּטִיט, מֻתָּר. וְאָסוּר לִפְתֹּחַ אֶת הַתַּנּוּר בַּלַּיְלָה, כִּי שֶׁמָּא יֵשׁ קְדֵרוֹת שֶׁעֲדַיִן לֹא נִתְבַּשְּׁלוּ כָּל צָרְכָּן. וְעַל יְדֵי שֶׁיִּסְתֹּם אַחַר כָּךְ אֶת הַתַּנּוּר, יִגְרֹם בִּשּׁוּל.

סעיף יט' הָא דְּמֻתָּר לְהַטְמִין גַּם כְּשֶׁאֵין הַתַּנּוּר טוּחַ בְּטִיט, זֶהוּ דַּוְקָא כְּשֶׁמַּטְמִינִין בָּשָׂר, וְכֵן אֲפִלּוּ כְּשֶׁמַּטְמִינִין מִינֵי קִטְנִיּוֹת וּמִינֵי בָּצֵק, אֶלָּא שֶׁמַּטְמִינִים זְמַן הַרְבֵּה קֹדֶם הַלַּיְלָה בְּאֹפֶן שֶׁיּוּכְלוּ לְהִתְבַּשֵּׁל קֹדֶם הַלַּיְלָה קְצָת עַד שֶׁיִּהְיוּ רְאוּיִים לַאֲכִילָה עַל יְדֵי הַדְּחָק. אֲבָל כְּשֶׁמַּטְמִינִין מִינֵי קִטְנִיּוֹת וּמִינֵי בָּצֵק סָמוּךְ לַלַּיְלָה, צְרִיכִין דַּוְקָא לָטוּחַ אֶת הַתַּנּוּר בְּטִיט (כִּי מִן הַסְּתָם אֵינוֹ גָּרוּף וְקָטוּם כָּרָאוּי). וּצְרִיכִין לִזָּהֵר בָּזֶה. כִּי אִם לֹא עָשׂוּ כֵן, אָז אֲפִלּוּ בְּדִיעֲבַד הַמַּאֲכָלִים אֲסוּרִים עַד לְמוֹצָאֵי שַׁבָּת בִּכְדֵי שֶׁיֵּעָשׂוּ.

סעיף כ' בְּשַׁבָּת כְּשֶׁפּוֹתְחִין אֶת

הַתַּנּוּר שֶׁהוּא טוּחַ בְּטִיט, יֵשׁ לְפָתְחוֹ עַל יְדֵי אֵינוֹ יְהוּדִי. וְאִם אֵין אֵינוֹ יְהוּדִי יֵשׁ לְפָתְחוֹ עַל יְדֵי קָטָן. וְאִם אֵין קָטָן, מֻתָּר גַּם לְגָדוֹל לְפָתְחוֹ, וְיֵשׁ לַעֲשׂוֹת עַל יְדֵי שִׁנּוּי (רנ"ט).

סעיף כא' הַמַּטְמִין קַאפֶע בְּעֶרֶב שַׁבָּת בְּתוֹךְ הַגּוּמָּה לְצֹרֶךְ שַׁבָּת וּמְכַסֵּהוּ בְּכָרִים וְכַדּוֹמֶה, שֶׁיְּהֵא חַם, אִם הוּא מַטְמִינוֹ בְּתוֹךְ הַחוֹל, אָסוּר לְהַטְמִין כָּל הַכְּלִי בְּתוֹךְ הַחוֹל. וַאֲפִלּוּ אֵינוֹ מַטְמִין כָּל הַכְּלִי אֶלָּא מִקְצָתוֹ וְעַל מִקְצָתוֹ מְכַסֶּה בִּבְגָדִים וְכַדּוֹמֶה בְּאֹפֶן שֶׁכָּל הַכְּלִי מְכֻסֶּה מִכָּל הַצְּדָדִים, גַּם זֶה אָסוּר, אֶלָּא צָרִיךְ לַעֲשׂוֹת בְּאֹפֶן זֶה, שֶׁהַכְּלִי אֲשֶׁר בְּתוֹכוֹ הַקַּאפֶע יַטְמִינוֹ רַק עַד חֶצְיוֹ אוֹ עַד שְׁלִישִׁיתוֹ בְּתוֹךְ הַחוֹל, וְהַמּוֹתָר יְהֵא בָּאֲוִיר, וְיִתֵּן עַל הַגּוּמָּה דַּף אוֹ יִכְפֶּה עָלָיו כְּלִי, שֶׁיְּהֵא אֲוִיר בֵּינוֹ וּבֵין הַכְּלִי שֶׁבְּתוֹכוֹ הַקַּאפֶע, וְאָז יָכוֹל לִתֵּן עֲלֵיהֶם בְּגָדִים וְכָרִים וְכַדּוֹמֶה (היי"א). (יֶתֶר דִּינֵי הַטְמָנָה בְּשֻׁלְחָן עָרוּךְ סִימָן רנ"ז, רנ"ח, רנ"ט.)

סעיף כב' סָמוּךְ לַחֲשֵׁכָה יִשְׁאַל לְאַנְשֵׁי בֵּיתוֹ בְּלָשׁוֹן רַכָּה, הִפְרַשְׁתֶּם חַלָּה. וְיֹאמַר לָהֶם, הַדְלִיקוּ אֶת הַנֵּר.

סעיף כג' חַיָּב אָדָם לְמַשְׁמֵשׁ בִּבְגָדָיו בְּעֶרֶב שַׁבָּת קֹדֶם חֲשֵׁכָה אִם אֵין מַחַט תְּחוּבָה בָּהֶם אוֹ אִם אֵין אֵיזֶה דָּבָר בַּכִּיסִים, וַאֲפִלּוּ בְּמָקוֹם שֶׁיֵּשׁ עֵרוּב, שֶׁמָּא יֵשׁ בָּהֶם אֵיזֶה דָּבָר מֻקְצֶה (רנ"ב).

סימן עג - באיזה אפן מתר לתת קודם שבת מלאכה לאינו יהודי ולהשאיל ולהשכיר לו כלים ובו י"א סעיפים:

סעיף א' אָסוּר לְהַנִּיחַ לְאֵינוֹ יְהוּדִי שֶׁיַּעֲשֶׂה מְלֶאכֶת יִשְׂרָאֵל בְּשַׁבָּת, וּסְמָכוּהוּ עַל הַפָּסוּק, כָּל מְלָאכָה לֹא יֵעָשֶׂה, דְּמַשְׁמַע אֲפִלּוּ עַל יְדֵי אֵינוֹ יְהוּדִי. וְאִם מוֹסֵר לְאֵינוֹ יְהוּדִי אֶת הַמְּלָאכָה בְּעֶרֶב שַׁבָּת, אַף עַל פִּי שֶׁהָאֵינוֹ יְהוּדִי עוֹשֶׂה בְּשַׁבָּת, מֻתָּר. אֲבָל רַק בְּאֵלּוּ הָאֳפָנִים א. שֶׁהָאֵינוֹ יְהוּדִי יִקַּח אֶת הַחֵפֶץ מִבֵּיתוֹ שֶׁל יִשְׂרָאֵל קֹדֶם הַשַּׁבָּת וְלֹא בְּשַׁבָּת.

סעיף ב' (ב) שֶׁיִּקְצֹץ לְאֵינוֹ יְהוּדִי שְׂכָרוֹ, שֶׁאָז הוּא עוֹשֶׂה אֶת הַמְּלָאכָה בִּשְׁבִיל עַצְמוֹ, שֶׁיְּקַבֵּל שְׂכָרוֹ. וְלָכֵן מִי שֶׁיֵּשׁ לוֹ מְשָׁרֵת אֵינוֹ יְהוּדִי לִזְמַן יָדוּעַ, אָסוּר לְהַנִּיחַ לוֹ לַעֲשׂוֹת מְלָאכָה בְּשַׁבָּת, מִפְּנֵי שֶׁהַמְּלָאכָה הִיא רַק לְתוֹעֶלֶת הַיִּשְׂרָאֵל. וְאֵינוֹ יְהוּדִי הַנּוֹסֵעַ לְאֵיזֶה מָקוֹם וְיִשְׂרָאֵל נוֹתֵן לוֹ אִגֶּרֶת שֶׁיִּשָּׂאֶהָ שָׁמָּה. וְיִשָּׂאֶהָ גַּם בְּשַׁבָּת, צָרִיךְ הַיִּשְׂרָאֵל לָתֵת לוֹ אֵיזֶה שָׂכָר, כְּדֵי שֶׁהָאֵינוֹ יְהוּדִי יַעֲשֶׂה בִּשְׁבִיל שְׂכָרוֹ וְלֹא בְּחִנָּם.

סעיף ג' (ג). הַשָּׂכָר יְהֵא קָצוּב לְכָל הַמְּלָאכָה, וְלֹא יְהֵא הָאֵינוֹ יְהוּדִי שְׂכִיר יוֹם (רמג רנב).

סעיף ד' (ד). אָסוּר לִקְבֹּעַ לְהָאֵינוֹ יְהוּדִי שֶׁיַּעֲשֶׂה הַמְּלָאכָה בְּשַׁבָּת. וַאֲפִלּוּ אִם אֵינוֹ קוֹבֵעַ לוֹ בְּפֵרוּשׁ שֶׁיַּעֲשֶׂה בְּשַׁבָּת, אֶלָּא שֶׁהוּא קוֹבֵעַ לוֹ זְמַן שֶׁיִּגָּמֵר הַמְּלָאכָה סָמוּךְ לְאַחַר הַשַּׁבָּת, וְיָדוּעַ כִּי אִי אֶפְשָׁר שֶׁיִּגְמֹר אֶת הַמְּלָאכָה עַד יוֹם זֶה, אִם לֹא יַעֲשֶׂה גַּם בְּשַׁבָּת, גַּם כֵּן אָסוּר. וְכֵן אִם שׁוֹלֵחַ בְּיָדוֹ אִגֶּרֶת וְאוֹמֵר לוֹ, רְאֵה שֶׁתְּבִיאֵהוּ שָׁמָּה בְּיוֹם פְּלוֹנִי, וְיָדוּעַ כִּי אִי אֶפְשָׁר לְהַגִּיעַ שָׁמָּה אֶלָּא אִם כֵּן יֵלֵךְ גַּם בְּשַׁבָּת, גַּם כֵּן אָסוּר. וְכֵן אִם יוֹם

הַשּׁוּק הוּא בְּיוֹם הַשַּׁבָּת, אָסוּר לָתֵת לְנָכְרִי מָעוֹת בְּעֶרֶב שַׁבָּת שֶׁיִּקְנֶה לוֹ אֵיזֶה דָּבָר שֶׁיָּדוּעַ שֶׁאֵינוֹ מוֹצֵא לִקְנוֹתוֹ כִּי אִם בְּשַׁבָּת. וְכֵן אָסוּר לִתֵּן לוֹ אֵיזֶה דָּבָר לְמָכְרוֹ בְּעִנְיָן זֶה. וְאוּלָם אֹפֶן זֶה שֶׁאֵינוֹ קוֹבֵעַ לוֹ בְּפֵרוּשׁ שֶׁיַּעֲשֶׂה בַּשַּׁבָּת, אֵינוֹ אָסוּר, אֶלָּא בְּנוֹתֵן לוֹ בְּעֶרֶב שַׁבָּת, אֲבָל קוֹדֶם לָכֵן, מֻתָּר לָתֵת לוֹ הַחֵפֶץ לַעֲשׂוֹת אוֹ מָעוֹת לִקְנוֹת, וְטוֹב שֶׁלֹּא לָדוּר כְּלָל בְּעִיר שֶׁיּוֹם הַשּׁוּק הוּא בְּשַׁבָּת, כִּי אִי אֶפְשָׁר שֶׁלֹּא יֶחֱטָא. וְאִם הַשּׁוּק אֵינוֹ בִּשְׁכוּנַת הַיְּהוּדִים, אֵין לָחוּשׁ.

סעיף ה' (ה). הַמְּלָאכָה לֹא תְהֵא בִּמְחֻבָּר לַקַּרְקַע, כְּגוֹן בִּנְיָן אוֹ עֲבוֹדַת הַשָּׂדֶה. אֲבָל עֲבוֹדַת הַבִּנְיָן, אָסוּר שֶׁיַּעֲשֶׂה אֵינוֹ יְהוּדִי בַּשַּׁבָּת, אַף עַל פִּי שֶׁהַיִּשְׂרָאֵל קָצַץ עִמּוֹ כָּל שְׂכַר הַבִּנְיָן לִגְמָרֵי. וּבִשְׁעַת דְּחָק גָּדוֹל יַעֲשֶׂה שְׁאֵלַת חָכָם. וַאֲפִלּוּ לְסַתֵּת אֲבָנִים אוֹ לְתַקֵּן קוֹרוֹת לְצֹרֶךְ בִּנְיָן, אִם יָדוּעַ שֶׁהֵמָּה שֶׁל יִשְׂרָאֵל, וְהַנָּכְרִי עוֹשֶׂה בָּרְחוֹב בְּמָקוֹם פַּרְהֶסְיָא, אָסוּר שֶׁיַּעֲשֶׂה בְּשַׁבָּת. וְכֵן עֲבוֹדַת הַשָּׂדֶה, כְּגוֹן לַחֲרוֹשׁ וְלִקְצוֹר וְכַדּוֹמֶה, אֲפִלּוּ אִם שָׂכַר אֶת הָאֵינוֹ יְהוּדִי שֶׁיַּעֲשֶׂה כָּל הַמְּלָאכָה בְּעַד סְכוּם יָדוּעַ וְאֵינוֹ שְׂכִיר יוֹם, אָסוּר. אֲבָל אִם הָאֵינוֹ יְהוּדִי נוֹטֵל חֵלֶק מִן הַתְּבוּאָה, וְהַמִּנְהָג הוּא כֵּן בְּאוֹתָן הַמְּקוֹמוֹת, שֶׁהָעוֹבֵד אֶת הָאֲדָמָה נוֹטֵל חֵלֶק בַּתְּבוּאָה, מֻתָּר. וְאִם הַשָּׂדֶה הוּא בְּמָקוֹם רָחוֹק שֶׁאֵין יִשְׂרָאֵל דָּר בְּתוֹךְ תְּחוּם שַׁבָּת מִמֶּנּוּ, מֻתָּר גַּם בִּשְׂכִירוּת בִּסְכוּם יָדוּעַ, וּבִלְבַד שֶׁלֹּא יְהֵא הָאֵינוֹ יְהוּדִי שְׂכִיר יוֹם.

סעיף ו' אִם בָּנוּ גוֹיִם לְיִשְׂרָאֵל בַּיִת בְּשַׁבָּת בְּאִסּוּר, נָכוֹן לְהַחְמִיר שֶׁלֹּא יִכָּנֵס בּוֹ (וְיֵשׁ בָּזֶה כַּמָּה חִלּוּקֵי דִינִים).

סעיף ז' מִי שֶׁיֵּשׁ לוֹ שָׂדֶה אוֹ רֵיחַיִם, מֻתָּר לְהַשְׂכִּירָן לְאֵינוֹ יְהוּדִי, וְאַף עַל פִּי שֶׁאֵינוֹ יְהוּדִי עוֹשֶׂה בָּהֶם מְלָאכָה בַּשַּׁבָּת. אֲבָל מֶרְחָץ אָסוּר לְהַשְׂכִּיר לוֹ. וְאִם הַמֶּרְחָץ אֵינוֹ שֶׁל יִשְׂרָאֵל אֶלָּא בִּשְׂכִירוּת מֵאֵינוֹ יְהוּדִי, יַעֲשֶׂה שְׁאֵלַת חָכָם אֵיךְ יִנְהַג בּוֹ. וְכֵן מִי שֶׁהוּא מַחְזִיק מֶכֶס פֻּנְדָּק (ווירטסהויז), מַלְבֵּנָה (ציגעל הוטע) בֵּית יְצִיקָה לִזְכוּכִית (גלאז הוטטע) וְכַדּוֹמֶה, צָרִיךְ שְׁאֵלַת חָכָם אֵיךְ יִנְהַג בָּהֶם (רמ"ג רמ"ד).

סעיף ח' בְּבֵיתוֹ שֶׁל יִשְׂרָאֵל, אָסוּר לְהַנִּיחַ לְאֵינוֹ יְהוּדִי שֶׁיַּעֲשֶׂה מְלָאכָה בְּשׁוּם אֹפֶן. וַאֲפִלּוּ מְשָׁרֶתֶת אֵינוֹ יְהוּדִי שֶׁרוֹצָה לַעֲשׂוֹת מְלָאכָה בִּשְׁבִיל עַצְמוֹ צְרִיכִין לִמְחוֹת בּוֹ (רנב שה).

סעיף ט' אֻמָּן אֵינוֹ יְהוּדִי שֶׁעָשָׂה מַלְבּוּשׁ בִּשְׁבִיל יִשְׂרָאֵל, וְהֵבִיאוּ לוֹ בַּשַּׁבָּת, מֻתָּר לְלָבְשׁוֹ. וְאִם יָדוּעַ שֶׁגְּמָרוֹ בְּשַׁבָּת, אֵין לְלָבְשׁוֹ כִּי אִם לְצֹרֶךְ גָּדוֹל. אֲבָל אָסוּר לִקַּח כֵּלִים וּמַלְבּוּשִׁים מִבֵּית הָאֻמָּן, אֲפִלּוּ מֵאֻמָּן יִשְׂרָאֵל בַּשַּׁבָּת וְיוֹם טוֹב. וְאֵינוֹ יְהוּדִי שֶׁאֵינוֹ אֻמָּן, אֶלָּא שֶׁיֵּשׁ לוֹ חֲנוּת שֶׁמּוֹכֵר מִנְעָלִים וְכַדּוֹמֶה, מֻתָּר לְיִשְׂרָאֵל הַמַּכִּירוֹ לִקַּח מִמֶּנּוּ בַּשַּׁבָּת וּלְנָעֳלָם, וּבִלְבַד שֶׁלֹּא יִקְצֹץ עִמּוֹ דְּמֵי הַמִּקָּח, וְגַם לֹא יִהְיוּ דְּבָרִים שֶׁהוּבְאוּ מִחוּץ לַתְּחוּם (רנ"ב).

סעיף י' כֵּלִים שֶׁעוֹשִׂין בָּהֶם מְלָאכָה, כְּגוֹן מַחֲרֵשָׁה וְכַיּוֹצֵא בָּהּ, אָסוּר לְהַשְׂכִּיר לְאֵינוֹ יְהוּדִי בְּעֶרֶב שַׁבָּת. וְאַף עַל פִּי שֶׁאֵין אָנוּ מְצֻוִּים עַל שְׁבִיתַת כֵּלִים, מִכָּל מָקוֹם כֵּיוָן שֶׁהוּא

נוֹטֵל שָׂכָר וְהִשְׂכִּירוֹ בְּעֶרֶב שַׁבָּת, מִחְזֵי כְּאִלּוּ הָאֵינוֹ יְהוּדִי הוּא שְׁלוּחוֹ. וּבְיוֹם ה' מֻתָּר לוֹ לְהַשְׂכִּירוֹ. וּלְהַשְׁאִיל לוֹ, מֻתָּר אֲפִלּוּ בְּעֶרֶב שַׁבָּת, וַאֲפִלּוּ כֵּלִים שֶׁעוֹשִׂין בָּהֶם מְלָאכָה, וּבִלְבַד שֶׁיִּקָּחֵם הָאֵינוֹ יְהוּדִי מִבֵּיתוֹ שֶׁל יִשְׂרָאֵל קֹדֶם הַכְנָסַת שַׁבָּת. אֲפִלּוּ אִם מַתָּנָה עִם הָאֵינוֹ יְהוּדִי שֶׁהוּא יַשְׁאִיל לוֹ עֲבוּר זֹאת כֵּלָיו בְּפַעַם אַחֶרֶת, מֻתָּר, וְלֹא אָמְרִינַן בְּכִי הַאי גַּוְנָא דַּהֲוֵי כִּשְׂכִירוּת. וְכֵן לְהַשְׂכִּיר לוֹ כֵּלִים שֶׁאֵין עוֹשִׂין בָּהֶם מְלָאכָה, מֻתָּר אֲפִלּוּ בְּעֶרֶב שַׁבָּת כְּשֶׁאֵינוֹ יְהוּדִי מוֹצִיאָם קֹדֶם שַׁבָּת (רמ"ו).

סעיף יא' הָא דְּמֻתָּר לְהַשְׂכִּיר כֵּלִים לְאֵינוֹ יְהוּדִי בָּאֳפָנִים הַנִּזְכָּרִים, דַּוְקָא כְּשֶׁאֵינוֹ נוֹטֵל שְׂכַר שַׁבָּת בִּפְנֵי עַצְמוֹ אֶלָּא בְּהַבְלָעָה תּוֹךְ שְׁאָר יָמִים, כְּגוֹן שֶׁמַּשְׂכִּיר לְחֹדֶשׁ אוֹ לְשָׁבוּעַ, וְאוֹמֵר לוֹ: בְּעַד כָּל שָׁבוּעַ אוֹ בְּעַד כָּל חֹדֶשׁ תִּתֵּן לִי כָּךְ וְכָךְ, אוֹ אֲפִלּוּ בְּעַד כָּל ב' יָמִים אוֹ כָּל ג' יָמִים. אֲבָל שְׂכַר שַׁבָּת בִּפְנֵי עַצְמוֹ, אָסוּר לִטּוֹל. אֲפִלּוּ הִשְׂכִּיר לוֹ לְשָׁנָה וְחוֹשְׁבִים יָמִים נִפְרָדִים, שֶׁאוֹמֵר: אֲנִי מַשְׂכִּיר לְךָ לְשָׁנָה אוֹ לְחֹדֶשׁ, וּבְעַד כָּל יוֹם וָיוֹם תִּתֵּן לִי כָּךְ וְכָךְ, אַף עַל פִּי שֶׁאַחַר כָּךְ מְשַׁלֵּם הָאֵינוֹ יְהוּדִי בְּעַד כָּל הַיָּמִים בְּבַת אַחַת, אָסוּר לִטּוֹל שְׂכַר הַמַּגִּיעַ לַשַּׁבָּתוֹת, כֵּיוָן שֶׁמְּחַשְּׁבִין יָמִים נִפְרָדִים. וְאָסוּר לִטֹּל שְׂכַר שַׁבָּת שֶׁלֹּא בְּהַבְלָעָה, אֲפִלּוּ בְּעַד כֵּלִים שֶׁאֵין עוֹשִׂין בָּהֶן מְלָאכָה, וַאֲפִלּוּ בְּעַד חֶדֶר לָדוּר בּוֹ (רמו מו). וְאִסּוּר שְׂכַר שַׁבָּת הוּא בֵּין מֵאֵינוֹ יְהוּדִי בֵּין מִיִּשְׂרָאֵל.

סימן עד - דין המפליג בספינה ובו ד' סעיפים:

סעיף א' אֵין מַפְלִיגִין בִּסְפִינָה עַל הַיָּם פָּחוֹת מִשְּׁלֹשָׁה יָמִים קֹדֶם שַׁבָּת, דְּהַיְנוּ מִיּוֹם ד' וְאֵילָךְ אָסוּר. אֲבָל אִם הוֹלֵךְ לִדְבַר מִצְוָה, מֻתָּר, אֲפִלּוּ בְּעֶרֶב שַׁבָּת.

סעיף ב' עַל הַנְּהָרוֹת, מֻתָּר לְהַפְלִיג בִּסְפִינָה בְּכָל עִנְיָן, אֲפִלּוּ בְּעֶרֶב שַׁבָּת, וּבִלְבַד שֶׁלֹּא יִצְטָרֵךְ הַיִּשְׂרָאֵל לַעֲשׂוֹת שָׁם מְלָאכָה בְּשַׁבָּת, וַאֲפִלּוּ אִם בְּהֵמוֹת מוֹלִיכוֹת אֶת הַסְּפִינָה, מֻתָּר.

סעיף ג' הֵיכָא דְּמֻתָּר לְהַפְלִיג בִּסְפִינָה בְּעֶרֶב שַׁבָּת, אִם נִכְנַס בָּהּ בְּעֶרֶב שַׁבָּת וְיָשַׁב שָׁם עַד חֲשֵׁכָה, אַף עַל פִּי שֶׁחָזַר לְבֵיתוֹ וְלָן בְּבֵיתוֹ, מֻתָּר לִכָּנֵס בָּהּ אַחַר כָּךְ בְּיוֹם הַשַּׁבָּת, וּבִלְבַד שֶׁלֹּא תֵלֵךְ הַסְּפִינָה בִּשְׁבִיל יִשְׂרְאֵלִים לְחוּד. אַךְ מֵאַחַר שֶׁהָיָה בְּבֵיתוֹ בַּשַּׁבָּת, קָנָה שְׁבִיתָה בְּבֵיתוֹ, וְלָכֵן אִם הָלְכָה הַסְּפִינָה יוֹתֵר מִתְּחוּם שַׁבָּת וּבָאָה בְּשַׁבָּת לַיַּבָּשָׁה, אֵין לוֹ שָׁם אֶלָּא ד' אַמּוֹת, וְיוֹתֵר מִזֶּה אָסוּר לוֹ לָלֶכֶת שָׁמָּה. וְעַיֵּן לְקַמָּן סִימָן צ"ה.

סעיף ד' לָלֶכֶת בִּסְפִינָה בְּשַׁבָּת כְּדֵי לְהִתְפַּלֵּל בַּעֲשָׂרָה אוֹ לְמִצְוָה אַחֶרֶת, אִם הַסְּפִינָה הוֹלֶכֶת גַּם בִּשְׁבִיל אֲחֵרִים, יֵשׁ לְהַתִּיר. וּמִכָּל מָקוֹם יֵשׁ לְהַיִּשְׂרָאֵל לִכָּנֵס לְתוֹךְ הַסְּפִינָה בְּעֶרֶב שַׁבָּת בְּעוֹד יוֹם לֵישֵׁב שָׁמָּה עַד שֶׁתֶּחְשַׁךְ, וְאַחַר כָּךְ יָכוֹל לַחֲזוֹר לְבֵיתוֹ, וְחוֹזֵר בַּשַּׁבָּת לְתוֹךְ הַסְּפִינָה. אֲבָל שֶׁתֵּלֵךְ הַסְּפִינָה בִּשְׁבִיל הַיִּשְׂרָאֵל לְבַד, אֵין לְהַתִּיר (עַיֵּן בְּסֵפֶר נְתִיב חַיִּים סִימָן רמ"ח שֶׁהֶאֱרִיךְ בְּעִנְיָן זֶה) (רמה).

סימן עה - דין הדלקת הנרות ובו י"ד סעיפים:

סעיף א' חַיָּב כָּל אָדָם לְהַפְרִישׁ עַצְמוֹ מִמְּלָאכָה וּלְהַדְלִיק אֶת הַנֵּרוֹת לְכָל הַפָּחוֹת חֲצִי שָׁעָה קֹדֶם צֵאת הַכּוֹכָבִים. וְאִם אָמְרוּ בְּבֵית הַכְּנֶסֶת מִזְמוֹר שִׁיר לְיוֹם הַשַּׁבָּת, אַף עַל פִּי שֶׁעֲדַיִן יֵשׁ שְׁתֵּי שָׁעוֹת עַד הַלַּיְלָה, מִכָּל מָקוֹם חָל שַׁבָּת עַל הַמְּעַט וַאֲסוּרִים בְּכָל הַמְּלָאכוֹת. וַאֲפִלּוּ מִי שֶׁבָּא מֵעִיר אַחֶרֶת לְכָאן, חָל עָלָיו שַׁבָּת מִיָּד כְּשֶׁאָמְרוּ בְּצִבּוּר מִזְמוֹר שִׁיר לְיוֹם הַשַּׁבָּת. וּבְעִיר שֶׁיֵּשׁ בָּהּ שְׁנֵי בָּתֵּי כְנֵסִיּוֹת אֵין אֶחָד נִגְרָר אַחַר חֲבֵרוֹ.

סעיף ב' מִצְוָה לְהַרְבּוֹת בְּנֵרוֹת לִכְבוֹד שַׁבָּת. יֵשׁ נוֹהֲגִין לְהַדְלִיק עֲשָׂרָה, וְיֵשׁ מַדְלִיקִין שִׁבְעָה. וְעַל כָּל פָּנִים רָאוּי שֶׁלֹּא לִפְחוֹת מִשְּׁתֵּי נֵרוֹת, נֶגֶד זָכוֹר וְשָׁמוֹר, וְאַךְ בִּשְׁעַת הַדְּחָק, גַּם בְּחַד סַגִּי. וְיִהְיוּ אֲרֻכִּים שֶׁיִּדָּלְקוּ לְכָל הַפָּחוֹת עַד לְאַחַר הָאֲכִילָה. וִיהַדֵּר לִקְנוֹת נֵרוֹת יָפִים, דְּאָמַר רַב הוּנָא הָרָגִיל בְּנֵר שַׁבָּת לְהִשְׁתַּדֵּל בּוֹ לַעֲשׂוֹתוֹ יָפֶה, הָוְיָן לוֹ בָּנִים תַּלְמִידֵי חֲכָמִים, שֶׁנֶּאֱמַר כִּי נֵר מִצְוָה וְתוֹרָה אוֹר. עַל יְדֵי נֵר מִצְוָה, בָּא אוֹר תּוֹרָה. וְלָכֵן רָאוּי שֶׁתִּתְפַּלֵּל הָאִשָּׁה בִּשְׁעַת הַדְלָקָה, שֶׁיִּתֵּן לָהּ הַקָּדוֹשׁ בָּרוּךְ הוּא בָּנִים זְכָרִים מְאִירִים בַּתּוֹרָה (רס"ג), וְטוֹב שֶׁתִּתֵּן מִקֹּדֶם אֵיזֶה פְּרוּטוֹת לִצְדָקָה. וְאִשָּׁה קָשַׁת רוּחַ בְּגִדּוּל בָּנִים אוֹ שֶׁאֵין לָהּ כְּלָל, סְגֻלָּה שֶׁתֹּאמַר לְאַחַר הַדְלָקַת הַנֵּרוֹת, הַהַפְטָרָה שֶׁל יוֹם רִאשׁוֹן דְּרֹאשׁ הַשָּׁנָה. וְטוֹב שֶׁתָּבִין מַה שֶּׁהִיא אוֹמֶרֶת, וְתֹאמַר בְּכַוָּנָה.

סעיף ג' מִצְוָה מִן הַמֻּבְחָר לְהַדְלִיק בְּשֶׁמֶן זַיִת. וְגַם שֶׁמֶן הָרָגִיל בֵּינֵינוּ שֶׁקּוֹרִין שֶׁמֶן פְּרָחִים (בלומענעהל) כָּשֵׁר. אֲבָל שְׁאָר שְׁמָנִים, יֵשׁ מֵהֶם שֶׁאֵינָם כְּשֵׁרִים, וְגַם הַפְּתִילָה יְהַדֵּר שֶׁתְּהֵא מִצֶּמֶר גֶּפֶן אוֹ פִּשְׁתָּן אוֹ קַנְבּוֹס, כִּי בִּשְׁאָר דְּבָרִים, יֵשׁ מֵהֶם שֶׁאֵינָם כְּשֵׁרִים. וּבִמְדִינָתֵנוּ נוֹהֲגִין לְהַדְלִיק בְּנֵרוֹת הָעֲשׂוּיִים מֵחֵלֶב, וְהֵן כְּשֵׁרוֹת אֲבָל לְהַנִּיחַ חֲתִיכַת חֵלֶב בְּתוֹךְ כְּלִי וּבְתוֹכוֹ פְּתִילָה, אָסוּר לְהַדְלִיק כֵּן. הַמַּדְלִיק צָרִיךְ שֶׁיַּדְלִיק עַד שֶׁיֶּאֱחֹז הָאוּר בְּרֹב אוֹתָהּ חֲתִיכַת פְּתִילָה הַיּוֹצְאָה מִן הַנֵּר. וְכֵן בְּנֵרוֹת הָעֲשׂוּיִם מֵחֵלֶב צָרִיךְ שֶׁיֶּאֱחֹז הָאוּר בְּרֹב הַפְּתִילָה הַיּוֹצֵאת.

סעיף ד' כְּבָר יָדוּעַ שֶׁכָּל הַמִּצְוֹת מְבָרְכִין עֲלֵיהֶם עוֹבֵר לַעֲשִׂיָּתָן. אֲבָל בְּהַדְלָקַת הַנֵּרוֹת לְשַׁבָּת, כֵּיוָן שֶׁבְּהַדְלָקָה מְקַבֶּלֶת הָאִשָּׁה שַׁבָּת עַל עַצְמָהּ, וְהַבְּרָכָה הֲרֵי הִיא הַתְחָלָה לְהַדְלָקָה, וְאִם כֵּן אִם תְּבָרֵךְ תְּחִלָּה, לֹא תּוּכַל עוֹד לְהַדְלִיק, עַל כֵּן הִיא מַדְלֶקֶת תְּחִלָּה. וּכְדֵי שֶׁתְּהֵא הַבְּרָכָה עוֹבֵר לַעֲשִׂיָּתָן, פּוֹרֶשֶׂת יָדֶיהָ כְּנֶגֶד פָּנֶיהָ שֶׁלֹּא תִּרְאֶה הַנֵּרוֹת, וּמְבָרֶכֶת וּמְסִירָה אֶת הַיָּדַיִם וְרוֹאָה אֶת הַנֵּרוֹת, וַהֲוֵי כְּאִלּוּ בֵּרְכָה קֹדֶם הַהַדְלָקָה. (וּמִשּׁוּם לֹא פְּלוּג, נוֹהֲגוֹת כָּךְ גַּם בְּיוֹם טוֹב). וְעִקַּר הַנֵּרוֹת שֶׁבָּהֶן הֲוֵי קַבָּלַת שַׁבָּת, הֵן אֵלּוּ שֶׁעַל הַשֻּׁלְחָן שֶׁאוֹכְלִין עָלָיו, וְעַל כֵּן תַּדְלִיק אוֹתָן בָּאַחֲרוֹנָה. וּבִשְׁעַת הַצֹּרֶךְ, כְּגוֹן שֶׁהִיא צְרִיכָה לָלֶכֶת לִטְבִילָה אוֹ לַחֻפָּה, אוֹ לִשְׁאָר דָּבָר נָחוּץ, תּוּכַל לְהַתְנוֹת שֶׁאֵינָהּ מְקַבֶּלֶת שַׁבָּת בַּהַדְלָקָה (עַיֵּן לְקַמָּן ק"ס סְעִיף ה'), וְאָז תּוּכַל לְבָרֵךְ קֹדֶם הַדְלָקָה. וַאֲפִלּוּ תְּנַאי בַּלֵּב, סַגִּי.

סעיף ה' מִצְוַת הַדְלָקַת הַנֵּרוֹת חָלָה בֵּין עַל הָאֲנָשִׁים בֵּין עַל הַנָּשִׁים, אֶלָּא

שֶׁהַנָּשִׁים מֻזְהָרוֹת בָּהּ יוֹתֵר, מִפְּנֵי שֶׁהֵן מְצוּיוֹת בַּבַּיִת. וְעוֹד מִפְּנֵי שֶׁהָאִשָּׁה כִּבְּתָה נֵרוֹ שֶׁל עוֹלָם, שֶׁהֶחֱטִיאָה לְאָדָם הָרִאשׁוֹן וְהֶחְשִׁיכָה נִשְׁמָתוֹ שֶׁקְּרוּיָה נֵר, כְּמוֹ שֶׁכָּתוּב, נֵר אֱלֹהִים נִשְׁמַת אָדָם, וְלָכֵן צְרִיכָה הִיא לְתַקֵּן זֹאת בְּהַדְלָקַת הַנֵּרוֹת לִכְבוֹד שַׁבָּת. וְלָכֵן אִם הָאִשָּׁה בְּבֵיתָהּ, הִיא קוֹדֶמֶת לְמִצְוָה זֹאת. וּמִכָּל מָקוֹם יֵשׁ לוֹ לְהָאִישׁ גַּם כֵּן לְסַיֵּעַ בַּמִּצְוָה וִיתַקֵּן אֶת הַנֵּרוֹת וִיהַבְהֵב אוֹתָן, דְּהַיְנוּ שֶׁיַּדְלִיקֵן וִיכַבֵּן, כְּדֵי שֶׁיִּהְיוּ נוֹחִים אַחַר כָּךְ לְהַדָּלֵק. וְאִשָּׁה יוֹלֶדֶת, בַּשַּׁבָּת הָרִאשׁוֹן יַדְלִיק הַבַּעַל וִיבָרֵךְ. אֲבָל אַחַר כָּךְ וְגַם בְּכָל פַּעַם שֶׁהִיא נִדָּה, הִיא מַדְלֶקֶת וּמְבָרֶכֶת.

סעיף ו' נוֹהֲגוֹת הַנָּשִׁים שֶׁקֹּדֶם הַדְלָקַת הַנֵּרוֹת, רוֹחֲצוֹת וְלוֹבְשׁוֹת בִּגְדֵי שַׁבָּת, וְאַשְׁרֵי לָהֶן. וּצְרִיכִין לְהִתְפַּלֵּל מִנְחָה תְּחִלָּה, כִּי בְּהַדְלָקַת הַנֵּרוֹת הִיא מְקַבֶּלֶת שַׁבָּת עַל עַצְמָהּ וְאֵינָהּ יְכוֹלָה לְהִתְפַּלֵּל אַחַר כָּךְ מִנְחָה שֶׁל חֹל. וְאִשָּׁה שֶׁנִּתְאַחֲרָה בַּעֲסָקֶיהָ וּבָאָה לְבֵיתָהּ קָרוֹב לַחֲצִי שָׁעָה קֹדֶם שַׁבָּת, שֶׁאִם תִּרְחַץ וְתִלְבַּשׁ, תּוּכַל לָבֹא לִידֵי סְפֵק חִלּוּל שַׁבָּת, מִצְוָה יוֹתֵר שֶׁתַּדְלִיק כְּמוֹת שֶׁהִיא מְשֻׁתָּבוֹא חַס וְשָׁלוֹם לִידֵי סְפֵק חִלּוּל שַׁבָּת. וְאִם הַבַּעַל רוֹאֶה שֶׁהִיא מִתְאַחֶרֶת מִלָּבוֹא, מִצְוָה גְּדוֹלָה שֶׁיַּדְלִיק הוּא וְאַל יַשְׁגִּיחַ בְּרָגְזָהּ.

סעיף ז' אִם הָאִישׁ מַדְלִיק הַנֵּרוֹת, וְהוּא צָרִיךְ לַעֲשׂוֹת אַחַר כָּךְ אֵיזֶה מְלָאכָה, טוֹב גַּם כֵּן שֶׁיַּתְנֶה שֶׁאֵינוֹ מְקַבֵּל שַׁבָּת בְּהַדְלָקָה זוֹ. אֲבָל בְּדִיעֲבַד אִם לֹא הִתְנָה, יָכוֹל לַעֲשׂוֹת אַחַר כָּךְ מְלָאכָה, כִּי בְּהַדְלָקַת הַבַּעַל אֵין מִנְהָג שֶׁהוּא מְקַבֵּל שַׁבָּת.

סעיף ח'

צְרִיכִין לְהַדְלִיק בְּמָקוֹם שֶׁיֹּאכְלוּ, שֶׁיְּהֵא נִכָּר שֶׁמַּדְלִיקִין לִכְבוֹד שַׁבָּת, וְלֹא לְהַדְלִיק בְּמָקוֹם אַחֵר וּלְהַנִּיחָם אַחַר כָּךְ בְּמָקוֹם אַחֵר. אַךְ בִּשְׁעַת הַדְּחָק, כְּגוֹן שֶׁהָאִשָּׁה חוֹלָה וְאֵינָהּ יְכוֹלָה לָלֶכֶת אֶל הַשֻּׁלְחָן, מַדְלֶקֶת כְּשֶׁהִיא בַּמִּטָּה, וּמַעֲמִידִין אוֹתָם אַחַר כָּךְ עַל הַשֻּׁלְחָן בְּבַיִת זֶה, כִּי כָּל הַבַּיִת נֶחְשָׁב מְקוֹמָן. וְנָשִׁים שֶׁמַּדְלִיקִין הַנֵּרוֹת בַּסֻּכָּה, וְאַחַר כָּךְ נוֹשְׂאוֹת אוֹתָן לְתוֹךְ הַבַּיִת, לֹא יָפֶה הֵן עוֹשׂוֹת. נֵר שֶׁהוּא דוֹלֵק מֵעֶרֶב שַׁבָּת, צְרִיכִין לְכַבּוֹתוֹ וְלַחֲזוֹר וּלְהַדְלִיקוֹ לִכְבוֹד שַׁבָּת, כְּדֵי שֶׁיְּהֵא נִכָּר שֶׁמַּדְלִיק לִכְבוֹד שַׁבָּת.

סעיף ט' צָרִיךְ לְהַדְלִיק הַנֵּרוֹת בְּכָל הַחֲדָרִים שֶׁמִּשְׁתַּמֵּשׁ שָׁם. מִי שֶׁהוּא בְּבֵיתוֹ אֵצֶל אִשְׁתּוֹ, כֵּיוָן שֶׁהִיא מְבָרֶכֶת עַל הַנֵּרוֹת שֶׁבְּחֶדֶר אֶחָד, אֵין צְרִיכִין לְבָרֵךְ עַל הַהַדְלָקָה שֶׁבִּשְׁאָר חֲדָרִים. אֲבָל אִם הוּא בְּמָקוֹם אַחֵר, אִם יֵשׁ לוֹ שָׁם חֶדֶר מְיֻחָד, צָרִיךְ לְהַדְלִיק וּלְבָרֵךְ. וְאִם הֵם רַבִּים שֶׁנִּתְאַכְסְנוּ בְּחֶדֶר אֶחָד, יִשְׁתַּתְּפוּ לִקְנוֹת נֵרוֹת, וְיַדְלִיק אֶחָד וִיבָרֵךְ וִיכַוֵּן לְהוֹצִיא אֶת כֻּלָּם בְּבִרְכָתוֹ, וְגַם הֵם יְכַוְּנוּ לָצֵאת בְּבִרְכָתוֹ. וְאִם אֵין לוֹ חֶדֶר מְיֻחָד, אֶלָּא שֶׁהוּא בְּחֶדֶר אֶחָד עִם בַּעַל הָאַכְסַנְיָא יִשְׂרָאֵל, אֵינוֹ צָרִיךְ לְהַדְלִיק, כֵּיוָן שֶׁאִשְׁתּוֹ מַדְלֶקֶת עָלָיו בְּבֵיתוֹ. וּבַחוּרִים הַלּוֹמְדִים בְּמָקוֹם אַחֵר, אִם יֵשׁ לָהֶם חֶדֶר מְיֻחָד, צְרִיכִין לְהַדְלִיק בִּבְרָכָה. וְיִשְׁתַּתְּפוּ גַּם כֵּן לִקְנוֹת נֵרוֹת וְאֶחָד יְבָרֵךְ וְיוֹצִיא אֶת כֻּלָּם. וּצְרִיכִין שֶׁיִּהְיוּ הַנֵּרוֹת דוֹלְקִים עַד שֶׁיָּבֹאוּ שָׁמָּה. וְאִם אֵין לָהֶם חֶדֶר מְיֻחָד, כֵּיוָן שֶׁאֵין לָהֶם נָשִׁים

שֶׁמַּדְלִיקוֹת, צְרִיכִין לָתֵת פְּרוּטָה לְבַעַל הַבַּיִת, שֶׁתִּהְיֶה לָהֶם שֻׁתָּפוּת בַּנֵּרוֹת. וּמִי שֶׁהוּא סָמוּךְ עַל שֻׁלְחַן בַּעַל הַבַּיִת, הוּא בִּכְלַל בְּנֵי בֵּיתוֹ וְאֵינוֹ צָרִיךְ לְהִשְׁתַּתֵּף.

סעיף י' נוֹהֲגִין שֶׁאֲפִלּוּ כַּמָּה נָשִׁים, מַדְלִיקִין נֵרוֹת בְּבַיִת אֶחָד וְכָל אַחַת מְבָרֶכֶת עַל נֵרוֹת שֶׁלָּהּ, כִּי כַּמָּה שֶׁנִּתּוֹסֵף אוֹרָה, יֵשׁ בָּהּ שִׂמְחָה יְתֵרָה. וְאַךְ יֵשׁ לִזָּהֵר שֶׁלֹּא תַּדְלִיקֶנָה שְׁתַּיִם בִּמְנוֹרָה אֶחָת. וּבִשְׁעַת הַדְּחַק מְקִלִּין גַּם בָּזֶה.

סעיף יא' אֵין לִתֵּן מַיִם אֲפִלּוּ מִבְּעוֹד יוֹם לְתוֹךְ נֶקֶב הַמְּנוֹרָה שֶׁמַּכְנִיסִין שָׁם אֶת הַנֵּר שֶׁל חֵלֶב אוֹ שֶׁל שַׁעֲוָה, כְּדֵי שֶׁכְּשֶׁיַּגִּיעַ לְשָׁם יִתְכַּבֶּה. וּבִמְקוֹם צֹרֶךְ, יֵשׁ לְהָקֵל אִם נוֹתֵן מִבְּעוֹד יוֹם. אֲבָל לְהַעֲמִיד כְּלִי עִם מַיִם תַּחַת מְנוֹרָה הַתְּלוּיָה, כְּדֵי שֶׁאִם יִפְּלוּ נִיצוֹצוֹת יִתְכַּבּוּ, אִסּוּר גָּמוּר הִיא, אֲפִלּוּ לְהַעֲמִידוֹ מִבְּעוֹד יוֹם. וּלְהַעֲמִיד כְּלִי בְּלִי מַיִם לְקַבֵּל הַנִּיצוֹצוֹת מֻתָּר, אֲפִלּוּ מִשֶּׁחָשְׁכָה, כִּי נִיצוֹצוֹת אֵין בָּהֶם מַמָּשׁ. וּלְהַעֲמִיד הַכְּלִי בִּשְׁבִיל שֶׁיְּטַפְטֵף לְשָׁם הַשֶּׁמֶן אוֹ הַחֵלֶב מִשֶּׁחָשְׁכָה, אָסוּר, דְּכֵיוָן שֶׁאִם יְטַפְטֵף יֵאָסֵר הַכְּלִי בְּטִלְטוּל, נִמְצָא שֶׁהוּא מְבַטֵּל כְּלִי מֵהֵיכָנוֹ וְאָסוּר, מִשּׁוּם דַּהֲוֵי כְּאִלּוּ דְּבָקוֹ שָׁם. אֲבָל לְהַעֲמִידוֹ מִבְּעוֹד יוֹם, מֻתָּר. וְאִם נָטַף לְתוֹכוֹ שֶׁמֶן, אָסוּר לְהִסְתַּפֵּק מִמֶּנּוּ בְּשַׁבָּת, וְהַכְּלִי אָסוּר בְּטִלְטוּל. וְאִם לֹא נָטַף לְתוֹכוֹ, לֹא נֶאֱסַר הַכְּלִי בְּטִלְטוּל עַל יְדֵי מַחְשָׁבָה בְּעָלְמָא.

סעיף יב' טוֹב לְהַנִּיחַ אֶת הַחַלּוֹת עַל הַשֻּׁלְחָן קֹדֶם שֶׁמַּדְלִיקִין אֶת הַנֵּרוֹת, כִּדְלְקַמָּן סִימָן פ"ט סָעִיף ב'.

סעיף יג' אִשָּׁה סוּמָא אִם יֵשׁ לָהּ בַּעַל, יַדְלִיק הַבַּעַל וִיבָרֵךְ. וְאִם אֵין לָהּ בַּעַל וְהִיא דָּרָה לְבַדָּהּ מַדְלֶקֶת וּמְבָרֶכֶת. וְאִם דָּרָה עִם אֲחֵרִים בְּבַיִת אֶחָד וְהָאֲחֵרִים מַדְלִיקִין, מַדְלֶקֶת הַסּוּמָא בְּלֹא בְּרָכָה. אַךְ אִם הִיא עֲקֶרֶת הַבַּיִת תַּדְלִיק הִיא תְּחִלָּה וּתְבָרֵךְ, וְאַחַר כָּךְ יַדְלִיקוּ הָאֲחֵרִים וִיבָרְכוּ.

סעיף יד' אִשָּׁה שֶׁשָּׁכְחָה פַּעַם אַחַת לְהַדְלִיק, תַּדְלִיק כָּל יָמֶיהָ נֵר אֶחָד יוֹתֵר מִמַּה שֶּׁהָיְתָה רְגִילָה. וְכֵן אִם שָׁכְחָה כַּמָּה פְּעָמִים תַּדְלִיק תָּמִיד נֵר אֶחָד יוֹתֵר, וְהוּא מִשּׁוּם הֶכֵּר, שֶׁתְּהֵא זְהִירָה מִכָּאן וּלְהַבָּא. וְלָכֵן אִם מֵחֲמַת אֹנֶס לֹא הִדְלִיקָה, אֵינָהּ צְרִיכָה לְהוֹסִיף.

סימן עו - דיני התפלות בשבת וביום טוב ובו כ"ג סעיפים:

סעיף א' נוֹהֲגִין לְהַקְדִּים תְּפִלַּת עַרְבִית שֶׁל שַׁבָּת יוֹתֵר מִבִּימוֹת הַחֹל, וְנָכוֹן הוּא כְּדֵי לְהַקְדִּים קַבָּלַת שַׁבָּת בְּכָל מַה שֶּׁאֶפְשָׁר, רַק שֶׁיְּהֵא מִפְּלַג הַמִּנְחָה וּלְמַעְלָה. וְאַף הַנּוֹהֲגִין לְהִתְפַּלֵּל כָּל יְמֵי הַחֹל מַעֲרִיב בִּזְמַנָּהּ, דְּהַיְנוּ בְּצֵאת הַכּוֹכָבִים, יְכוֹלִין לְהַקְדִּים בְּשַׁבָּת. וַאֲפִלּוּ שֶׁלִּפְעָמִים בִּימוֹת הַחֹל מִתְפַּלְּלִין מִנְחָה בְּשָׁעָה שֶׁמִּתְפַּלְּלִין עַתָּה עַרְבִית, אֵין חוֹשְׁשִׁין בָּזֶה בִּתְפִלַּת עַרְבִית שֶׁל שַׁבָּת, שֶׁיֵּשׁ בָּהּ מִצְוָה, שֶׁמּוֹסִיף מֵחֹל עַל הַקֹּדֶשׁ.

סעיף ב' בְּבִרְכַּת הַשְׁכִּיבֵנוּ אֵין חוֹתְמִין כְּמוֹ בְּחֹל שׁוֹמֵר עַמּוֹ יִשְׂרָאֵל, כֵּיוָן שֶׁבְּרָכָה זוֹ הִיא עַל כְּלָלוּת עַם יִשְׂרָאֵל, וּכְלָלוּת עַם יִשְׂרָאֵל אֵינָם צְרִיכִים שְׁמִירָה בַּשַּׁבָּת, כִּי הַשַּׁבָּת מָגֵן עָלֵינוּ, אֶלָּא אוֹמְרִים, וּפְרוֹס.

וְחוֹתְמִין, בָּרוּךְ אַתָּה ה' הַפּוֹרֵס וְכוּ' וְכֵן בְּיוֹם טוֹב. אִם טָעָה וְסִיֵּם כְּמוֹ בְּחֹל, אִם נִזְכַּר מִיָּד לְאַחַר תֵּבַת לָעַד, יֹאמַר מִיָּד, הַפּוֹרֵס סֻכַּת שָׁלוֹם וְכוּ', אֲבָל אִם לֹא נִזְכַּר עַד לְאַחַר כְּדֵי דִבּוּר, אֵינוֹ צָרִיךְ לְאָמְרוֹ עוֹד.

סעיף ג' נוֹהֲגִין לוֹמַר בִּתְפִלַּת עַרְבִית, וְיָנוּחוּ בָהּ, וּבְשַׁחֲרִית וּמוּסָף, וְיָנוּחוּ בוֹ. וּבְמִנְחָה, שַׁבְּתוֹת קָדְשֶׁךָ וְיָנוּחוּ בָם.

סעיף ד' אַחַר תְּפִלַּת הַלַּחַשׁ בְּעַרְבִית בְּשַׁבָּת אוֹמְרִים כֻּלָּם בְּיַחַד, וַיְכֻלּוּ. וְיֵשׁ לְאָמְרוֹ מְעֻמָּד, לְפִי שֶׁבָּזֶה אָנוּ מְעִידִים לְהַקָּדוֹשׁ בָּרוּךְ הוּא בְּמַעֲשֵׂה בְרֵאשִׁית, וְהָעֵדִים צְרִיכִין לְהָעִיד מְעֻמָּד.

סעיף ה' אַחַר כָּךְ אוֹמֵר שְׁלִיחַ הַצִּבּוּר בְּרָכָה אַחַת מֵעֵין שֶׁבַע, דְּהַיְנוּ, בָּרוּךְ אַתָּה ה' אֱלֹקֵינוּ וֵאלֹקֵי אֲבוֹתֵינוּ וְכוּ', מָגֵן אָבוֹת וְכוּ' אֱלֹקֵינוּ וֵאלֹקֵי אֲבוֹתֵינוּ וְכוּ', וּמְסַיֵּם בָּרוּךְ אַתָּה ה' מְקַדֵּשׁ הַשַּׁבָּת. וְיֵשׁ לְהַקָּהָל לַעֲמֹד בְּשָׁעָה שֶׁ שְׁלִיחַ הַצִּבּוּר אוֹמֵר בְּרָכָה זֹאת, וְיִשְׁמְעוּ הֵיטֵב. וְנוֹהֲגִין שֶׁאוֹמְרִים עִמּוֹ מָגֵן אָבוֹת, עַד זֵכֶר לְמַעֲשֵׂה בְרֵאשִׁית. וְגַם הַמִּתְפַּלֵּל בְּיְחִידוּת, יָכוֹל לוֹמַר מָגֵן אָבוֹת עַד זֵכֶר לְמַעֲשֵׂה בְרֵאשִׁית, אֲבָל יוֹתֵר לֹא יֹאמַר.

סעיף ו' בְּכָל שַׁבְּתוֹת הַשָּׁנָה אוֹמְרִים בְּרָכָה זֹאת, אֲפִלּוּ בְּיוֹם טוֹב, וּבְשַׁבָּת שֶׁחָל לְאַחַר יוֹם טוֹב. אַךְ כְּשֶׁחַל יוֹם טוֹב רִאשׁוֹן שֶׁל פֶּסַח בְּשַׁבָּת, אֵין אוֹמְרִים אוֹתָהּ.

סעיף ז' אֵין אוֹמְרִים אוֹתָהּ אֶלָּא בְּמִנְיָן קָבוּעַ. אֲבָל בְּמָקוֹם שֶׁאֵין מִתְפַּלְּלִין בַּעֲשָׂרָה אֶלָּא בְּאַקְרַאי, כְּגוֹן בְּבֵית הֶחָתָן אוֹ בְּבֵית הָאָבֵל, אֵין אוֹמְרִים אוֹתָהּ. וְאִם קָבְעוּ מָקוֹם לְהִתְפַּלֵּל בַּעֲשָׂרָה אֵיזֶה שָׁבוּעוֹת, כְּמוֹ בִּירִדִים, יֵשׁ לְאָמְרָהּ (רסח).

סעיף ח' בִּמְדִינוֹת אֵלּוּ נוֹהֲגִין שֶׁשְּׁלִיחַ הַצִּבּוּר מְקַדֵּשׁ בְּבֵית הַכְּנֶסֶת בְּלֵילֵי שַׁבָּתוֹת וְיָמִים טוֹבִים (חוּץ מִשְּׁנֵי לֵילוֹת הָרִאשׁוֹנִים שֶׁל פֶּסַח). וְכֵיוָן שֶׁהוּא אֵינוֹ יוֹצֵא בְּקִדּוּשׁ זֶה, וְאָסוּר לוֹ לִטְעֹם קֹדֶם קִדּוּשׁ, לָכֵן כְּדֵי שֶׁלֹּא תְּהֵא בִּרְכָתוֹ לְבַטָּלָה, נוֹתְנִים לִטְעֹם לְקָטָן שֶׁהִגִּיעַ לְחִנּוּךְ, וְהַקָּטָן יִשְׁמַע אֶת הַבְּרָכָה מִמֶּנּוּ וְיוֹצֵא בָּהּ, וְנִמְצָא שֶׁלֹּא בֵּרֵךְ לְבַטָּלָה (דְּמֻתָּר לְהַאֲכִיל אֶת הַקָּטָן קֹדֶם קִדּוּשׁ, כְּמוֹ שֶׁיִּתְבָּאֵר לְקַמָּן בְּסִימָן קס"ה, אִם יִרְצֶה הַשֵּׁם) וְאִם אֵין קָטָן בְּבֵית הַכְּנֶסֶת, יְכַוֵּן הַמְקַדֵּשׁ אוֹ אָדָם אַחֵר, לָצֵאת בְּקִדּוּשׁ זֶה. וְיִשְׁתֶּה שִׁעוּר רְבִיעִית כְּדֵי לְבָרֵךְ בְּרָכָה אַחֲרוֹנָה, וְאַף עַל פִּי כֵן יָכוֹל הוּא לַחֲזוֹר וּלְקַדֵּשׁ בְּבֵיתוֹ לְהוֹצִיא אֶת אִשְׁתּוֹ וּבְנֵי בֵיתוֹ אִם אֵינָן יוֹדְעִין לְקַדֵּשׁ בְּעַצְמָן. וְהָא דְּיוֹצֵא בְּקִדּוּשׁ שֶׁבְּבֵית הַכְּנֶסֶת, אַף עַל גַּב דְּאֵין קִדּוּשׁ אֶלָּא בִּמְקוֹם סְעוּדָה בִּשְׁעַת הַדְּחָק סוֹמְכִין עַל הַפּוֹסְקִים דִּסְבִירָא לְהוּ, דְּדֵי אִם שׁוֹתֶה רְבִיעִית שְׁלֵמָה מִן הַכּוֹס. וְטוֹב שֶׁיִּשְׁתֶּה רְבִיעִית חוּץ מִכִּמְלֹא לֻגְמָיו, דְּהַיְנוּ כִּמְלֹא לֻגְמָיו מִשּׁוּם קִדּוּשׁ, וְעוֹד רְבִיעִית מִשּׁוּם סְעוּדָה.

סעיף ט' נוֹהֲגִין לוֹמַר פֶּרֶק בַּמֶּה מַדְלִיקִין. וְאֵין אוֹמְרִים אוֹתוֹ בְּיוֹם טוֹב שֶׁחָל בְּשַׁבָּת, וְלֹא כְּשֶׁחָל יוֹם טוֹב בְּעֶרֶב שַׁבָּת, וְלֹא בְּשַׁבָּת חֹל הַמּוֹעֵד (ע"ר).

סעיף י' נוֹהֲגִין שֶׁבְּשַׁבָּת אֵין מַשְׁכִּימִין כָּל כָּךְ לָבֹא לְבֵית הַכְּנֶסֶת כְּמוֹ בְּחֹל, מִשּׁוּם דְּשֵׁינָה מֵעֹנֶג שַׁבָּת הִיא, וְאַסְמְכוּהָ אַקְּרָא, דִּבְקָרְבַּן הַתָּמִיד שֶׁל יְמוֹת הַחֹל נֶאֱמַר בַּבֹּקֶר, וּבְשַׁבָּת נֶאֱמַר וּבְיוֹם הַשַּׁבָּת, דְּמַשְׁמַע אֵחוּר. וּמִכָּל מָקוֹם צְרִיכִין לִזָּהֵר שֶׁלֹּא לְאַחֵר זְמַן קְרִיאַת שְׁמַע וּתְפִלָּה.

סעיף יא' זְמַן תְּפִלַּת מוּסָף הוּא מִיָּד אַחַר תְּפִלַּת שַׁחֲרִית, וְאֵין לְאַחֲרָהּ יוֹתֵר מֵעַד סוֹף שֶׁבַע שָׁעוֹת. וְאִם הִתְפַּלֵּל אוֹתָהּ אַחַר שֶׁבַע שָׁעוֹת, נִקְרָא פּוֹשֵׁעַ, וְאַף עַל פִּי כֵן יָצָא יְדֵי חוֹבָתוֹ, מִפְּנֵי שֶׁזְּמַנָּהּ כָּל הַיּוֹם.

סעיף יב' הָיוּ לְפָנָיו לְהִתְפַּלֵּל שְׁתֵּי תְפִלּוֹת, אַחַת שֶׁל מִנְחָה וְאַחַת שֶׁל מוּסָף, כְּגוֹן שֶׁאִחֵר מִלְּהִתְפַּלֵּל מוּסָף עַד שֵׁשׁ שָׁעוֹת וּמֶחֱצָה, צָרִיךְ לְהִתְפַּלֵּל תְּחִלָּה מִנְחָה וְאַחַר כָּךְ מוּסָף, מִשּׁוּם דְּמִנְחָה תְּדִירָה יוֹתֵר, וְקַיְמָא לָן תָּדִיר וְשֶׁאֵינוֹ תָדִיר, תָּדִיר קוֹדֵם. וּמִכָּל מָקוֹם בְּצִבּוּר אֵין לַעֲשׂוֹת כֵּן (רפ"ו).

סעיף יג' בִּקְדֻשָּׁה דְּמוּסָף שֶׁאוֹמְרִים, שְׁמַע יִשְׂרָאֵל ה' אֱלֹהֵינוּ ה' אֶחָד, וּמִיָּד אוֹמְרִים הַקָּהָל, אֶחָד הוּא אֱלֹקֵינוּ וְכוּ', הוּא טָעוּת, כִּי אָסוּר לוֹמַר תֵּבַת אֶחָד שְׁתֵּי פְּעָמִים רְצוּפוֹת. אֶלָּא יֹאמַר ה' אֶחָד, הוּא אֱלֹקֵינוּ וְכוּ', אַךְ שְׁלִיחַ הַצִּבּוּר שֶׁהוּא מַמְתִּין עַל הַצִּבּוּר, יָכוֹל הוּא לְהַתְחִיל בְּתֵבַת אֶחָד, כֵּיוָן שֶׁהִפְסִיק בֵּינְתַיִם (עַיֵּן בסידור).

סעיף יד' בְּמִנְחָה קוֹדֶם קְרִיאַת הַתּוֹרָה, אוֹמְרִים וַאֲנִי תְפִלָּתִי וְגוֹ', וְהוּא עַל פִּי מַה שֶּׁדָּרְשׁוּ רַבּוֹתֵינוּ זִכְרוֹנָם לִבְרָכָה בַּפָּסוּק, יָשִׂיחוּ בִּי יוֹשְׁבֵי שַׁעַר וּנְגִינוֹת שׁוֹתֵי שֵׁכָר. וּכְתִיב אַחֲרָיו, וַאֲנִי תְפִלָּתִי וְגוֹ', אָמַר דָּוִד לִפְנֵי הַקָּדוֹשׁ בָּרוּךְ הוּא, רִבּוֹנוֹ שֶׁל עוֹלָם, אֵין אֻמָּה זוֹ כִּשְׁאָר אֻמּוֹת הָעוֹלָם. אֻמּוֹת הָעוֹלָם כְּשֶׁהֵם שׁוֹתִים וּמִשְׁתַּכְּרִים הוֹלְכִין וּפוֹחֲזִין. וְאָנוּ לֹא כֵן, אֶלָּא אַף עַל פִּי שֶׁשָּׁתִינוּ, וַאֲנִי תְפִלָּתִי וְגוֹ' וְלָכֵן אוֹמְרִים אוֹתוֹ לִפְנֵי קְרִיאַת הַתּוֹרָה, לְהוֹדוֹת לְיוֹצְרֵנוּ, שֶׁלֹּא שָׂם חֶלְקֵנוּ כָּהֶם, וַאֲפִלּוּ הָרֵקִים שֶׁבָּנוּ, בָּאִים לִשְׁמֹעַ תּוֹרָה. וּבְיוֹם טוֹב שֶׁחָל בְּחֹל, שֶׁאֵין קוֹרִין בַּתּוֹרָה, אֵין אוֹמְרִים אוֹתוֹ. אֲבָל בְּשַׁבָּת, אַף עַל פִּי שֶׁאֵין סֵפֶר תּוֹרָה לִקְרוֹת, מִכָּל מָקוֹם אוֹמְרִים אוֹתוֹ. וְאוֹמְרִים אוֹתוֹ אָז קֹדֶם הַחֲצִי קַדִּישׁ, כְּדֵי שֶׁלֹּא לְהַפְסִיק בֵּין הַקַּדִּישׁ לִתְפִלַּת שְׁמוֹנֶה עֶשְׂרֵה.

סעיף טו' לְאַחַר חֲזָרַת הַשְּׁמוֹנֶה עֶשְׂרֵה נוֹהֲגִין לוֹמַר צִדְקָתְךָ צֶדֶק, וְהֵמָּה שְׁלֹשָׁה פְּסוּקִים, כְּעֵין צִדּוּק הַדִּין עַל שְׁלֹשָׁה צַדִּיקִים שֶׁנִּפְטְרוּ בְּשָׁעָה זֹאת, יוֹסֵף, מֹשֶׁה וְדָוִד. וְאִם הוּא בַּיּוֹם שֶׁאִם הָיָה חֹל לֹא הָיוּ אוֹמְרִים תַּחֲנוּן, אֵין אוֹמְרִים אוֹתוֹ. אַךְ כְּשֶׁמִּתְפַּלְּלִים בְּצִבּוּר בְּבֵית אָבֵל, אוֹמְרִים אוֹתוֹ, דְּאִם לֹא יֹאמְרוּהוּ, הָוֵי פַּרְהֶסְיָא, וְאֵין אֲבֵלוּת פַּרְהֶסְיָא בְּשַׁבָּת.

סעיף טז' אִם טָעָה בְּשַׁבָּת אוֹ בְּיוֹם טוֹב וְהִתְחִיל בְּרָכוֹת אֶמְצָעִיּוֹת שֶׁל חֹל וְנִזְכַּר בְּאֶמְצַע בְּרָכָה, צָרִיךְ לִגְמֹר כָּל אוֹתָהּ בְּרָכָה שֶׁהִתְחִיל, וְאַחַר כָּךְ מַתְחִיל בְּרָכָה אֶמְצָעִית שֶׁל שַׁבָּת אוֹ שֶׁל יוֹם טוֹב. וְהַטַּעַם הוּא, מִשּׁוּם דְּמִן הַדִּין הָיָה רָאוּי לְתַקֵּן גַּם בְּשַׁבָּת וְיוֹם טוֹב כָּל בִּרְכוֹת הָאֶמְצָעִיּוֹת כְּמוֹ בְּחֹל, וּלְהַזְכִּיר קְדֻשַּׁת הַיּוֹם בְּבִרְכַּת רְצֵה כְּמוֹ בְּרֹאשׁ חֹדֶשׁ וְחֹל הַמּוֹעֵד. אֶלָּא מִפְּנֵי כְּבוֹד שַׁבָּת וְיוֹם טוֹב לֹא הִטְרִיחוּ

חֲכָמִים, וְתִקְּנוּ בְּרָכָה אַחַת אֶמְצָעִית לִקְדֻשַּׁת הַיּוֹם. אֲבָל זֶה שֶׁהִתְחִיל בְּרָכָה שֶׁל חֹל, יֵשׁ לוֹ לִגְמוֹר אוֹתָהּ בְּרָכָה, כֵּיוָן שֶׁהִיא רְאוּיָה לְאָמְרָהּ עַתָּה מִן הַדִּין.

סעיף יז' אֲפִלּוּ לֹא הִתְחִיל רַק תֵּבָה אַחַת מִן הַבְּרָכָה וְנִזְכַּר מִיָּד, צָרִיךְ לִגְמֹר כָּל הַבְּרָכָה, חוּץ מִבִּרְכַּת אַתָּה חוֹנֵן, שֶׁאִם לֹא אָמַר עֲדַיִן רַק תֵּבַת אַתָּה, כֵּיוָן שֶׁגַּם תְּפִלּוֹת עַרְבִית וּמִנְחָה, מַתְחִילִין אַתָּה, לָכֵן אִם בִּתְפִלַּת עַרְבִית אוֹ מִנְחָה אַף עַל פִּי שֶׁשָּׁכַח שֶׁהוּא שַׁבָּת וְהִתְחִיל תֵּבַת אַתָּה עַל דַּעַת לוֹמַר אַתָּה חוֹנֵן, אִם נִזְכַּר מִיָּד שֶׁהוּא שַׁבָּת, אֵינוֹ צָרִיךְ לוֹמַר בִּרְכַּת אַתָּה חוֹנֵן, אֶלָּא גּוֹמֵר וְאוֹמֵר קִדַּשְׁתָּ וְכוּ'. [וּבְמִנְחָה, אֶחָד וְכוּ'] וְאִם אֵרַע לוֹ כֵּן בְּשַׁחֲרִית, אֲזַי אִם הָיָה הַטָּעוּת מֵחֲמַת שֶׁהָיָה סוֹבֵר שֶׁהוּא חֹל, צָרִיךְ לִגְמוֹר בִּרְכַּת אַתָּה חוֹנֵן. אֲבָל אִם יָדַע שֶׁהוּא שַׁבָּת וְשֶׁצָּרִיךְ לוֹמַר יִשְׂמַח מֹשֶׁה, אֶלָּא שֶׁנִּכְשַׁל בִּלְשׁוֹנוֹ מֵחֲמַת הֶרְגֵּלוֹ וְאָמַר תֵּבַת אַתָּה, אֵינוֹ צָרִיךְ לִגְמוֹר בִּרְכַּת אַתָּה חוֹנֵן, אֶלָּא אוֹמֵר יִשְׂמַח מֹשֶׁה. דְּכֵיוָן שֶׁיֵּשׁ בִּתְפִלּוֹת שַׁבָּת גַּם כֵּן תְּפִלּוֹת שֶׁמַּתְחִילִין אַתָּה, הֲוֵי לֵיהּ כְּמוֹ שֶׁטָּעָה בִּתְפִלַּת שַׁבָּת מִזּוֹ לָזוֹ, מֵאַחַר שֶׁיָּדַע שֶׁהוּא שַׁבָּת וְלֹא אָמַר עֲדַיִן רַק תֵּבַת אַתָּה.

סעיף יח' אִם לֹא נִזְכַּר עַד בִּבְרָכוֹת הָאַחֲרוֹנוֹת, (דְּהַיְנוּ מִן רְצֵה וּלְהַלָּן) פּוֹסֵק בְּאֶמְצַע בְּרָכָה בַּמָּקוֹם שֶׁנִּזְכַּר, וּמַתְחִיל בְּשֶׁל שַׁבָּת אוֹ יוֹם טוֹב וְגוֹמֵר כַּסֵּדֶר. וְאִם לֹא נִזְכַּר עַד לְאַחַר שֶׁהִתְחִיל לוֹמַר יִהְיוּ לְרָצוֹן, חוֹזֵר לְרֹאשׁ הַתְּפִלָּה.

סעיף יט' בִּתְפִלַּת הַמּוּסָפִין אִם טָעָה בִּבְרָכוֹת אֶמְצָעִיּוֹת שֶׁל חֹל, פּוֹסֵק בְּאֶמְצַע בְּרָכָה בַּמָּקוֹם בְּרָכָה שֶׁנִּזְכַּר בָּהּ וּמַתְחִיל בְּרָכָה אֶמְצָעִית שֶׁל תְּפִלַּת מוּסָף, כִּי בִּתְפִלַּת מוּסָף לֹא הָיָה כְּלָל מִן הַדִּין לְהִתְפַּלֵּל כָּל הַבְּרָכוֹת הָאֶמְצָעִיּוֹת כְּמוֹ בַחֹל, אֶלָּא בְּרָכָה אַחַת שֶׁל מוּסָף.

סעיף כ' מִי שֶׁטָּעָה וְהִתְחִיל תְּפִלָּה שֶׁל חֹל בְּשַׁבָּת, סִימָן רַע לוֹ, וִיפַשְׁפֵּשׁ בְּמַעֲשָׂיו כָּל יְמֵי הַשָּׁבוּעַ הַבָּא, וְיַעֲשֶׂה תְּשׁוּבָה.

סעיף כא' טָעָה בִּבְרָכָה אֶמְצָעִית שֶׁל תְּפִלּוֹת הַשַּׁבָּת מִזּוֹ לָזוֹ, אִם נִזְכַּר קֹדֶם שֶׁאָמַר אֶת הַשֵּׁם מֵחֲתִימַת הַבְּרָכָה, חוֹזֵר לִתְחִלַּת הַבְּרָכָה שֶׁהָיָה לוֹ לְהִתְפַּלֵּל עַתָּה. אֲבָל אִם לֹא נִזְכַּר עַד לְאַחַר שֶׁאָמַר אֶת ה', גּוֹמֵר וְאוֹמֵר מְקַדֵּשׁ הַשַּׁבָּת וְיוֹצֵא בְּדִיעֲבַד לְפִי שֶׁהָעִקָּר מִבְּרָכוֹת הָאֶמְצָעִיּוֹת הִיא רְצֵה נָא בִמְנוּחָתֵנוּ, וְהִיא שָׁוָה בְּכָל הַתְּפִלּוֹת.

סעיף כב' בַּמֶּה דְּבָרִים אֲמוּרִים, בִּתְפִלּוֹת עַרְבִית שַׁחֲרִית וּמִנְחָה. אֲבָל בִּתְפִלַּת מוּסָף, אִם הִתְפַּלֵּל בִּמְקוֹמָהּ תְּפִלָּה אַחֶרֶת, לֹא יָצָא, הוֹאִיל וְלֹא הִזְכִּיר קָרְבַּן מוּסָף. וְכֵן אִם בִּמְקוֹם עַרְבִית אוֹ שַׁחֲרִית אוֹ מִנְחָה הִתְפַּלֵּל מוּסָף, לֹא יָצָא, הוֹאִיל וְהִזְכִּיר קָרְבַּן מוּסָף, וְאָמַר שֶׁקֶר לִפְנֵי הַמָּקוֹם בָּרוּךְ הוּא (רסח).

סעיף כג' אִם טָעָה בִּתְפִלַּת יוֹם טוֹב שֶׁהָיָה לוֹ לַחְתּוֹם מְקַדֵּשׁ יִשְׂרָאֵל וְהַזְּמַנִּים, וְחָתַם מְקַדֵּשׁ הַשַּׁבָּת, אִם חָזַר בְּתוֹךְ כְּדֵי דִבּוּר וְאָמַר מְקַדֵּשׁ יִשְׂרָאֵל וְהַזְּמַנִּים, יָצָא. וְאִם לָאו,

צָרִיךְ לַחֲזוֹר וּלְהַתְחִיל אַתָּה בְחַרְתָּנוּ וְכוּ' (תפ"ז).

סימן עז - דיני הקדוש והסעודות בלילה וביום ובו כ"ד סעיפים:

סעיף א' מִצְוַת עֲשֵׂה מִן הַתּוֹרָה לְקַדֵּשׁ אֶת יוֹם הַשַּׁבָּת בִּדְבָרִים, שֶׁנֶּאֱמַר זָכוֹר אֶת יוֹם הַשַּׁבָּת לְקַדְּשׁוֹ, כְּלוֹמַר זָכְרֵהוּ זְכִירַת שַׁבָּת בַּקִּדּוּשׁ. וְצָרִיךְ לְזָכְרֵהוּ בִּכְנִיסָתוֹ בְּקִדּוּשׁ וְגַם בִּיצִיאָתוֹ בְּהַבְדָּלָה. וְתִקְּנוּ חֲכָמִים שֶׁתְּהֵא זְכִירָה עַל כּוֹס יַיִן, בֵּין בִּכְנִיסָתוֹ בֵּין בִּיצִיאָתוֹ (רע"א).

סעיף ב' יְכוֹלִין לְקַדֵּשׁ וְלֶאֱכוֹל אַף עַל פִּי שֶׁעֲדַיִן אֵינוֹ לַיְלָה. אַךְ הַנּוֹהֲגִין כָּל יְמוֹת הַחֹל לְהִתְפַּלֵּל מַעֲרִיב בִּזְמַנָּהּ וּבְשַׁבָּת מַקְדִּימִין (כְּמוֹ שֶׁכָּתַבְתִּי בְּסִימָן שֶׁלִּפְנֵי זֶה), אֵלּוּ אֲסוּרִין לֶאֱכוֹל מִשֶּׁהִגִּיעַ חֲצִי שָׁעָה קֹדֶם צֵאת הַכּוֹכָבִים. וְלָכֵן אִם אֵין יוֹתֵר מֵחֲצִי שָׁעָה עַד הַלַּיְלָה, צְרִיכִין לְהַמְתִּין עַד הַלַּיְלָה, וְאָז יִקְרְאוּ תְּחִלָּה שָׁלשׁ פָּרָשִׁיּוֹת שֶׁל קְרִיאַת שְׁמַע, וְאַחַר כָּךְ יְקַדֵּשׁ. וְאָסוּר לִטְעֹם כְּלוּם וַאֲפִלּוּ מַיִם קֹדֶם קִדּוּשׁ.

סעיף ג' מִצְוָה לְקַדֵּשׁ עַל יַיִן יָשָׁן, וּמִצְוָה לִבְרוֹר יַיִן יָפֶה. וְאִם אֶפְשָׁר, יֵשׁ לְהַדֵּר אַחַר יַיִן אָדֹם. וּבְמָקוֹם שֶׁאֵין יַיִן כָּשֵׁר כָּרָאוּי מָצוּי, מְקַדְּשִׁין גַּם עַל יַיִן צִמּוּקִים (עַיֵּן לְעֵיל סִימָן נ"ג סָעִיף ו). נִיכְלוּ, יֵשׁ לוֹמַר מְעֻמָּד. וּמִסְתַּכֵּל בַּנֵּרוֹת, וְאַחַר כָּךְ יֵשֵׁב. וּמִסְתַּכֵּל בַּכּוֹס וּמְבָרֵךְ בּוֹרֵא פְּרִי הַגָּפֶן וַאֲשֶׁר קִדְּשָׁנוּ וְכוּ'. וְאִם אֵין לוֹ יַיִן, מְקַדְּשִׁין עַל הַפַּת וְלֹא עַל שְׁאָר מַשְׁקִין (רע"א רע"ב).

סעיף ד' גַּם הַנָּשִׁים חַיָּבוֹת בְּקִדּוּשׁ. עַל כֵּן יִשְׁמְעוּ הֵיטֵב אֶת הַקִּדּוּשׁ וְיַעֲנוּ אָמֵן, אֲבָל בָּרוּךְ הוּא וּבָרוּךְ שְׁמוֹ לֹא יֹאמְרוּ (עַיֵּן לְעֵיל סִימָן ו' סָעִיף ט). וְקָטָן אֲפִלּוּ הוּא בֶּן שָׁלשׁ עֶשְׂרֵה שָׁנָה, אִם אֵינוֹ יָדוּעַ שֶׁהֵבִיא שְׁתֵּי שְׂעָרוֹת, אֵינוֹ מוֹצִיא אֶת הָאִשָּׁה, וְלָכֵן תְּקַדֵּשׁ הָאִשָּׁה בְּעַצְמָהּ. וְאִם אֵינָהּ יוֹדַעַת, תֹּאמַר עִם הַקָּטָן מִלָּה בְּמִלָּה. וְגַם אִם שׁוֹמַעַת אֶת הַקִּדּוּשׁ מִן הַבַּעַל אוֹ מֵאִישׁ אַחֵר, יוֹתֵר נָכוֹן הוּא שֶׁתֹּאמַר עִם הַמְקַדֵּשׁ מִלָּה בְּמִלָּה (עַיֵּן דָּגוּל מֵרְבָבָה. וְעַיֵּן בְּשֻׁלְחָן עָרוּךְ הַתַּנְיָא). (אִם יֵשׁ כַּמָּה בַּעֲלֵי בָתִּים בְּבַיִת אֶחָד, אֵיךְ יִתְנַהֲגוּ בַּקִּדּוּשׁ, עַיֵּן לְקַמָּן סִימָן קל"ה סָעִיף ו') (רע"א).

סעיף ה' יַיִן שֶׁנִּתְחַמֵּץ, אֵין מְקַדְּשִׁין עָלָיו. וְכֵן יַיִן שֶׁיֵּשׁ לוֹ רֵיחַ רָע, אַף עַל פִּי שֶׁלֹּא נִתְחַמֵּץ, אֶלָּא רֵיחוֹ וְטַעְמוֹ יַיִן, שֶׁמְּבָרְכִין עָלָיו בּוֹרֵא פְּרִי הַגָּפֶן, רַק שֶׁמַּסְרִיחַ קְצָת מֵחֲמַת שֶׁהָיָה בִּכְלִי מָאוּס, וְכֵן אִם הוּא מֵרִיחַ אַחַר הֶחָבִית (תוספת שַׁבָּת בשם ש"א) אֵין מְקַדְּשִׁין עָלָיו. וְכֵן יַיִן שֶׁעָמַד מְגֻלֶּה אֵיזֶה שָׁעוֹת (אַף עַל גַּב דְּהָאִידָּנָא לָא קְפִּדִינַן אגִלּוּי), אֵין מְקַדְּשִׁין עָלָיו מִשּׁוּם הַקְרִיבֵהוּ נָא לְפֶחָתֶךָ הֲיִרְצְךָ אוֹ הֲיִשָּׂא פָּנֶיךָ. יַיִן שֶׁיֵּשׁ בּוֹ קְמָחִין, יֵשׁ לְסַנְּנוֹ. וְאִם אִי אֶפְשָׁר לְסַנְּנוֹ, מְקַדְּשִׁין עָלָיו כָּךְ. אֲבָל אִם יֵשׁ עָלָיו קְרוּם לָבָן, אֵין מְקַדְּשִׁין עָלָיו דְּמִסְתָּמָא פָּג טַעְמוֹ.

סעיף ו' מְקַדְּשִׁין עַל יַיִן מְבֻשָּׁל וְעַל יַיִן שֶׁיֵּשׁ בּוֹ דְּבַשׁ. אַךְ יֵשׁ אוֹמְרִים, שֶׁאֵין מְקַדְּשִׁין עֲלֵיהֶם, כֵּיוָן דְּאֵינָן רְאוּיִין לְמִזְבֵּחַ. עַל כֵּן אִם אֶפְשָׁר, יֵשׁ לְהַדֵּר אַחַר יַיִן אַחֵר (ער"ב).

סעיף ז' הַכּוֹס צָרִיךְ לִהְיוֹת שָׁלֵם

וְנָקִי. וְכָל הַדִּינִים שֶׁהֵן בַּכּוֹס שֶׁל בִּרְכַּת הַמָּזוֹן (לְעֵיל סִימָן מ"ה סָעִיף ג' וְסָעִיף ד') יֵשׁ גַּם בַּכּוֹס שֶׁל קִדּוּשׁ בֵּין בַּיּוֹם בֵּין בַּלַּיְלָה, וְכֵן בַּכּוֹס שֶׁל הַבְדָּלָה. וְטוֹב לְקַדֵּשׁ בַּלַּיְלָה עַל כּוֹס גָּדוֹל שֶׁיְּשַׁיֵּר מִמֶּנּוּ לְקִדּוּשׁ הַיּוֹם וּלְהַבְדָּלָה.

סעיף ח' הַחַלּוֹת תִּהְיֶינָה מְכֻסּוֹת בִּשְׁעַת קִדּוּשׁ. וַאֲפִלּוּ הוּא מְקַדֵּשׁ עֲלֵיהֶן, תִּהְיֶינָה מְכֻסּוֹת בִּשְׁעַת קִדּוּשׁ זֵכֶר לַמָּן שֶׁהָיָה מְכֻסֶּה בְּטַל מִלְּמַטָּה וּמִלְמַעְלָה.

סעיף ט' הַמְקַדֵּשׁ, יִשְׁתֶּה מִן הַכּוֹס לְכָל הַפָּחוֹת כִּמְלֹא לֻגְמָיו בְּלִי הֶפְסֵק. וּמִצְוָה שֶׁיִּטְעֲמוּ כֻּלָּם מִכּוֹס שֶׁל בְּרָכָה. מִי שֶׁאֵינוֹ שׁוֹתֶה יַיִן מֵחֲמַת נֶדֶר אוֹ מֵחֲמַת שֶׁמַּזִּיק לוֹ וְכַדּוֹמֶה, אֵין לוֹ לְקַדֵּשׁ עַל הַיַּיִן עַל סָמַךְ שֶׁיִּשְׁתּוּ הַמְסֻבִּין (רעא רעב).

סעיף י' יַיִן שֶׁל קִדּוּשׁ, לְפִי שֶׁהוּא מִצָּרְכֵי הַסְּעוּדָה, אֵינוֹ טָעוּן בְּרָכָה לְאַחֲרָיו, דְּבִרְכַּת הַמָּזוֹן פּוֹטַרְתּוֹ. אַךְ יֵשׁ פּוֹסְקִים דִּסְבִירָא לְהוּ, דְּאֵינוֹ פּוֹטַרְתּוֹ. עַל כֵּן אִם אֶפְשָׁר, יֵשׁ לוֹ לְהַדֵּר, שֶׁלְּאַחַר בִּרְכַּת הַמָּזוֹן יְבָרֵךְ עַל כּוֹס יַיִן וְיִשְׁתֶּה רְבִיעִית, וִיבָרֵךְ בְּרָכָה אַחֲרוֹנָה לִפְטוֹר גַּם אֶת הַכּוֹס שֶׁל קִדּוּשׁ.

סעיף יא' עַל הַיַּיִן שֶׁבְּתוֹךְ הַסְּעוּדָה אֵינוֹ צָרִיךְ לְבָרֵךְ, שֶׁנִּפְטַר בְּבִרְכַּת בּוֹרֵא פְּרִי הַגָּפֶן שֶׁבְּקִדּוּשׁ (ער"ב).

סעיף יב' קִדֵּשׁ עַל הַכּוֹס סָבַר שֶׁהוּא יַיִן, וְאַחַר כָּךְ נִמְצָא שֶׁהוּא מַיִם אוֹ שְׁאָר מַשְׁקֶה, יַחֲזוֹר וִיקַדֵּשׁ עַל הַיַּיִן. וְאִם עָמַד לְפָנָיו יַיִן עַל הַשֻּׁלְחָן. וְהָיְתָה דַּעְתּוֹ לִשְׁתּוֹת יַיִן גַּם בְּתוֹךְ הַסְּעוּדָה, אֵינוֹ צָרִיךְ לְקַדֵּשׁ שֵׁנִית, דַּהֲוֵי כְּאִלּוּ קִדֵּשׁ עַל הַיַּיִן. וְאִם לֹא הָיָה יַיִן לְפָנָיו עַל הַשֻּׁלְחָן, אֲבָל הָיָה יַיִן בְּבֵיתוֹ וְהָיְתָה דַּעְתּוֹ לִשְׁתּוֹת בְּתוֹךְ הַסְּעוּדָה, אֵין צָרִיךְ לְבָרֵךְ בּוֹרֵא פְּרִי הַגָּפֶן, אֶלָּא אֲשֶׁר קִדְּשָׁנוּ וְכוּ' (וְעַיֵּן לְעֵיל סִימָן נ"ו סָעִיף ז'), וְאִם הָיָה הַכּוֹס שֶׁל שֵׁכָר אוֹ מֵי דְבַשׁ (מעד) בְּמָקוֹם שֶׁהוּא חֲמַר מְדִינָה (עַיֵּן לְעֵיל סִימָן מ"ה סָעִיף א'), בְּכָל אֹפֶן אֵין צָרִיךְ לְקַדֵּשׁ שֵׁנִית, אֶלָּא יְבָרֵךְ שֶׁהַכֹּל וְיִשְׁתֶּה. וּבִמְקוֹמוֹת שֶׁנּוֹהֲגִין לְקַדֵּשׁ אַחַר נְטִילַת יָדַיִם קֹדֶם בְּצִיעַת הַפַּת, גַּם כֵּן אֵין צָרִיךְ לַחֲזוֹר וּלְקַדֵּשׁ, אֶלָּא מְבָרֵךְ הַמּוֹצִיא. וַהֲוֵי כְּאִלּוּ קִדֵּשׁ עַל הַפַּת (רע"א).

סעיף יג' גַּם בַּיּוֹם בִּסְעוּדַת שַׁחֲרִית צָרִיךְ לְקַדֵּשׁ עַל הַכּוֹס, דְּהַיְנוּ שֶׁמְּבָרֵךְ עָלָיו בּוֹרֵא פְּרִי הַגָּפֶן, וְזֶהוּ הַקִּדּוּשׁ. וְגַם נָשִׁים חַיָּבוֹת בְּקִדּוּשׁ זֶה (פרמ"ג). וְגַם קֹדֶם קִדּוּשׁ זֶה, אָסוּר לִטְעֹם כְּלוּם, וַאֲפִלּוּ מַיִם, כְּמוֹ בְּקִדּוּשׁ הַלַּיְלָה (וְעַיֵּן לְעֵיל סִימָן ח' סָעִיף ב') וּמִצְוָה מִן הַמֻּבְחָר שֶׁיִּהְיֶה קִדּוּשׁ זֶה גַּם כֵּן עַל הַיַּיִן דַּוְקָא. וְאִם חָבִיב לוֹ יֵין שָׂרָף וּמְקַדֵּשׁ עָלָיו, גַּם כֵּן יוֹצֵא, אַךְ שֶׁיְּהֵא הַכּוֹס מַחֲזִיק רְבִיעִית, וְיִשְׁתֶּה מְלֹא לֻגְמָיו בְּלִי הֶפְסֵק וְאִם מְקַדֵּשׁ עַל הַיַּיִן וְרוֹצֶה לִשְׁתּוֹת גַּם יֵין שָׂרָף אוֹ קָאפֶע, (עַיֵּן לְעֵיל סִימָן מ"ט סָעִיף ו').

סעיף יד' בֵּין בַּלַּיְלָה בֵּין בַּיּוֹם, אֵין קִדּוּשׁ אֶלָּא בִּמְקוֹם סְעוּדָה, שֶׁנֶּאֱמַר, וְקָרָאתָ לַשַּׁבָּת עֹנֶג, וְדָרְשׁוּ רַבּוֹתֵינוּ זִכְרוֹנָם לִבְרָכָה, בְּמָקוֹם שֶׁאַתָּה קוֹרֵא לַשַּׁבָּת, כְּלוֹמַר, קְרִיאָה דְּקִדּוּשׁ, שָׁם יְהֵא עֹנֶג. וְאִם קִדֵּשׁ בְּבַיִת זֶה וְאוֹכֵל בְּבַיִת אַחֵר, אֲפִלּוּ אִם בִּשְׁעַת קִדּוּשׁ הָיָה בְּדַעְתּוֹ כֵּן, אֵינוֹ יוֹצֵא יְדֵי קִדּוּשׁ,

וְגַם צָרִיךְ לֶאֱכוֹל מִיָּד לְאַחַר הַקִּדּוּשׁ. וְאִם לֹא אָכַל מִיָּד לְאַחַר הַקִּדּוּשׁ, לֹא יָצָא יְדֵי קִדּוּשׁ. וּבַיּוֹם אַף שֶׁאֵינוֹ רוֹצֶה לֶאֱכוֹל מִיָּד סְעוּדָה קְבוּעָה, יָכוֹל לְקַדֵּשׁ וְלֶאֱכוֹל קְצָת פַּת כִּיסָנִין, וְאָז צָרִיךְ לִשְׁתּוֹת מִן הַכּוֹס רְבִיעִית, כְּדֵי לְבָרֵךְ בְּרָכָה עַל הַמִּחְיָה וְעַל פְּרִי הַגֶּפֶן. וְזֹאת יָכוֹל לַעֲשׂוֹת גַּם קֹדֶם מוּסָף אִם לִבּוֹ חָלוּשׁ (עַיֵּן סָעִיף שֶׁאַחַר זֶה) וּמוֹהֵל שֶׁהוּא צָרִיךְ לְבָרֵךְ עַל כּוֹס הַמִּילָה וַעֲדַיִן לֹא קִדֵּשׁ, יִשְׁתֶּה מִן הַכּוֹס כִּמְלֹא לֻגְמָיו וְעוֹד רְבִיעִית (עַיֵּן סִימָן שֶׁלְּפְנֵי זֶה סָעִיף ח').

סעיף טו' מֻתָּר לִטְעֹם אַחַר תְּפִלַּת שַׁחֲרִית קֹדֶם תְּפִלַּת מוּסָף. וּטְעִימָה, הַיְנוּ פַּת כַּבֵּיצָה וְלֹא יוֹתֵר. וּפֵרוֹת, אֲפִלּוּ הַרְבֵּה, כְּדֵי לִסְעוֹד אֶת הַלֵּב, וּבִלְבַד שֶׁיְּקַדֵּשׁ תְּחִלָּה וְיִשְׁתֶּה כִּמְלֹא לֻגְמָיו וְעוֹד רְבִיעִית יַיִן, (דִּלְעֵת הַצֹּרֶךְ סָמְכִינָן, דְּזֹאת הָוֵי קִדּוּשׁ בִּמְקוֹם סְעוּדָה), אוֹ יִשְׁתֶּה רְבִיעִית יַיִן וְיֹאכַל כַּזַּיִת מֵחֲמֵשֶׁת מִינֵי דָּגָן (רע"ג רפ"ו).

סעיף טז' כָּל אָדָם מִיִּשְׂרָאֵל בֵּין אִישׁ אוֹ אִשָּׁה, חַיָּבִים לֶאֱכֹל בְּשַׁבָּת שָׁלֹשׁ סְעוּדוֹת, אַחַת בַּלַּיְלָה וּשְׁתַּיִם בַּיּוֹם. וְחַיָּב לֶאֱכוֹל בְּכָל סְעוּדָה פַּת, וַאֲפִלּוּ בִּסְעוּדָה שְׁלִישִׁית יִזָּהֵר מְאֹד לֶאֱכוֹל פַּת דַּוְקָא. (וְכֵיוָן שֶׁהוּא נוֹטֵל יָדָיו וּמְבָרֵךְ עַל הַנְּטִילָה, צָרִיךְ לֶאֱכוֹל פַּת כַּבֵּיצָה, עַיֵּן לְעֵיל סִימָן מ' סָעִיף א'). לָכֵן יִזָּהֵר כָּל אָדָם, שֶׁלֹּא לְמַלֹּאת כְּרֵסוֹ בִּסְעוּדַּת שַׁחֲרִית, כְּדֵי שֶׁיּוּכַל לְקַיֵּם מִצְוַת שָׁלֹשׁ סְעוּדוֹת, וְאִם אִי אֶפְשָׁר לוֹ כְּלָל לֶאֱכוֹל פַּת גְּמוּרָה, יֹאכַל לְכָל הַפָּחוֹת פַּת כִּיסָנִין אוֹ שְׁאָר מַאֲכָל הֶעָשׂוּי מֵחֲמֵשֶׁת מִינֵי דָּגָן שֶׁמְּבָרְכִין עָלָיו בּוֹרֵא מִינֵי מְזוֹנוֹת, שֶׁהוּא נִקְרָא מָזוֹן. וְאִם גַּם זֹאת אִי אֶפְשָׁר לוֹ, יֹאכַל עַל כָּל פָּנִים דְּבָרִים שֶׁדֶּרֶךְ לְלַפֵּת בָּהֶם אֶת הַפַּת, כְּגוֹן בָּשָׂר וְדָגִים וְכַיּוֹצֵא בָּהֶם. וְאִם גַּם זֹאת אִי אֶפְשָׁר לוֹ, יֹאכַל עַל כָּל פָּנִים פֵּרוֹת מְבֻשָּׁלִים. זְמַן סְעוּדָה שְׁלִישִׁית הוּא מִשֶּׁיַּגִּיעַ זְמַן מִנְחָה גְּדוֹלָה, דְּהַיְנוּ מִשֵּׁשׁ שָׁעוֹת וּמֶחֱצָה וָאֵילָךְ.

סעיף יז' וְחַיָּב לִבְצוֹעַ בְּכָל סְעוּדָה עַל שְׁתֵּי כִּכָּרוֹת שְׁלֵמוֹת, וְאוֹחֵז שְׁתֵּיהֶן בְּיָדוֹ בִּשְׁעַת בִּרְכַּת הַמּוֹצִיא וּבוֹצֵעַ אַחַת מֵהֶן. וְנוֹהֲגִין לִרְשׁוֹם בַּסַּכִּין עַל הַכִּכָּר בִּמְקוֹם שֶׁרוֹצֶה לִבְצוֹעַ, וְהַטַּעַם, מִפְּנֵי שֶׁבְּחֹל צְרִיכִין לַחְתֹּךְ קְצָת סְבִיב הַפַּת קֹדֶם בִּרְכַּת הַמּוֹצִיא, כְּמוֹ שֶׁכָּתַבְתִּי בְּסִימָן מ"א סָעִיף ג', וּבְשַׁבָּת אִי אֶפְשָׁר, מִשּׁוּם דְּבָעֵינָן שֶׁיִּהְיֶה הַפַּת שְׁלֵמָה בִּשְׁעַת הַבְּרָכָה, וְלָכֵן עַל כָּל פָּנִים רוֹשְׁמִין מְקוֹם הַחֲתָךְ, כְּדֵי שֶׁיֵּדְעוּ הֵיכָן יַחְתְּכוּ וְלֹא יִצְטָרְכוּ לְהַפְסִיק הַרְבֵּה וּלְעַיֵּן בְּאֵיזֶה מָקוֹם יַחְתְּכוּ. וְיֵשׁ לְהַנִּיחַ הַכִּכָּרוֹת שֶׁתְּהֵא זוֹ שֶׁהוּא רוֹצֶה לִבְצוֹעַ אוֹתָהּ לְפָנָיו, כְּדֵי שֶׁלֹּא יִצְטָרֵךְ לְהַעֲבִיר עַל הַמִּצְוָה. וַאֲפִלּוּ אוֹכֵל כַּמָּה סְעוּדוֹת צָרִיךְ בְּכָל סְעוּדָה שְׁתֵּי כִּכָּרוֹת שְׁלֵמוֹת. וְכֵן כְּשֶׁמְּקַדֵּשׁ בַּיּוֹם בְּשַׁחֲרִית קֹדֶם הַסְּעוּדָה הַקְּבוּעָה וְאוֹכֵל פַּת כִּיסָנִין, יֵשׁ לָקַחַת שְׁתַּיִם שְׁלֵמוֹת (כֵּן רָאִיתִי לִנְהוֹג אֵצֶל גָּדוֹל אֶחָד).

סעיף יח' אִם אֵין לְכָל הַמְּסֻבִּין בַּשֻּׁלְחָן לֶחֶם מִשְׁנֶה, אֶלָּא לִפְנֵי אֶחָד, יִבְצַע הוּא לְהוֹצִיא אֶת כֻּלָּם, וְגַם בְּבִרְכַּת הַמּוֹצִיא יֵצְאוּ בְּמָה שֶׁבֵּרֵךְ הַבּוֹצֵעַ. וְקֹדֶם שֶׁיְּבָרֵךְ הַמּוֹצִיא, יֹאמַר: בִּרְשׁוּת מוֹרַי וְרַבּוֹתַי, וּלְאַחַר שֶׁטָּעַם הוּא מִפְּרוּסַת הַמּוֹצִיא, נוֹתֵן לְכָל אֶחָד פְּרוּסָה וְאוֹכְלִים (רע"ד רצ"א).

סעיף יט' אִם לֹא קָרָא הַפָּרָשָׁה בְּעֶרֶב שַׁבָּת, לֹא יֹאכַל שַׁבָּת בְּשַׁחֲרִית עַד שֶׁיִּקְרָאֶהָ, וְאִם לֹא קְרָאָהּ קֹדֶם הָאֲכִילָה, יִקְרָא עַל כָּל פָּנִים קֹדֶם מִנְחָה, וּבְדִיעֲבַד, עַד סוֹף יוֹם שְׁלִישִׁי (רפ"ה).

סעיף כ' אָסוּר לְהִתְעַנּוֹת בְּשַׁבָּת לְשֵׁם תַּעֲנִית, אֲפִלּוּ זְמַן קָצָר. וַאֲפִלּוּ שֶׁלֹּא לְשֵׁם תַּעֲנִית, אָסוּר עַל כָּל פָּנִים לְהִתְעַנּוֹת עַד חֲצוֹת.

סעיף כא' אָסוּר לְהִצְטַעֵר, חַס וְשָׁלוֹם, עַל אֵיזֶה צָרָה רַחֲמָנָא לִצְלָן, אֶלָּא יְבַקֵּשׁ רַחֲמִים מִבַּעַל הָרַחֲמִים.

סעיף כב' מִצְוָה לְהַרְבּוֹת בְּפֵרוֹת וּמִגְדָּנוֹת וּמִינֵי רֵיחַ, כְּדֵי לְהַשְׁלִים מֵאָה בְּרָכוֹת וּמִצְוָה לְעַנְּגוֹ בְּכָל דָּבָר שֶׁהוּא לוֹ לְעֹנֶג, שֶׁנֶּאֱמַר, וְקָרָאתָ לַשַּׁבָּת עֹנֶג.

סעיף כג' אַחַר סְעוּדַּת שַׁחֲרִית, אִם רָגִיל לִישֹׁן, יִישַׁן. אֲבָל אַל יֹאמַר: אִישַׁן מִפְּנֵי שֶׁאֲנִי צָרִיךְ לַעֲשׂוֹת מְלָאכָה אוֹ לָלֶכֶת בַּדֶּרֶךְ בַּלַּיְלָה.

סעיף כד' אַחַר כָּךְ קוֹבְעִים לִלְמוֹד תּוֹרָה. בְּפָרָשַׁת שַׁבָּת נֶאֱמַר, וַיַּקְהֵל מֹשֶׁה, וְדָרְשׁוּ רַבּוֹתֵינוּ זִכְרוֹנָם לִבְרָכָה, לָמָּה נֶאֱמַר בְּפָרָשָׁה זוֹ וַיַּקְהֵל, וְלֹא נֶאֱמַר כֵּן בְּבְכָל הַתּוֹרָה כֻּלָּהּ. אָמַר הַקָּדוֹשׁ בָּרוּךְ הוּא לְמֹשֶׁה, רֵד וַעֲשֵׂה לִי קְהִלּוֹת גְּדוֹלוֹת בַּשַּׁבָּת, כְּדֵי שֶׁיִּלְמְדוּ הַדּוֹרוֹת הַבָּאִים אַחֲרֶיךָ לְהַקְהִיל קְהִלּוֹת בְּכָל שַׁבָּת לִלְמֹד תּוֹרָה בָּרַבִּים. עוֹד אָמְרוּ, לֹא נִתְּנוּ שַׁבָּתוֹת וְיָמִים טוֹבִים לְיִשְׂרָאֵל אֶלָּא לַעֲסוֹק בָּהֶם בַּתּוֹרָה, כִּי הַרְבֵּה אֲנָשִׁים טְרוּדִים כָּל יְמֵי הַחֹל בִּמְלַאכְתָּם וְאֵין לָהֶם פְּנַאי לַעֲסוֹק בַּתּוֹרָה בִּקְבִיעוּת, וּבְשַׁבָּת וְיוֹם טוֹב שֶׁהֵם פְּנוּיִים מִמְּלַאכְתָּם, יְכוֹלִין לַעֲסוֹק בַּתּוֹרָה כָּרָאוּי. לְפִיכָךְ בַּעֲלֵי מְלָאכָה וּבַעֲלֵי בָּתִּים שֶׁאֵינָם עוֹסְקִים בַּתּוֹרָה כָּל יְמֵי הַשָּׁבוּעַ, הֵמָּה מְחֻיָּבִים יוֹתֵר לַעֲסוֹק בַּתּוֹרָה בְּיוֹם שַׁבָּת קֹדֶשׁ, אִישׁ אִישׁ כְּפִי הַשָּׂגָתוֹ וִיכָלְתּוֹ (ר"צ).

סימן עח - הלכות קריאת ספר תורה בשבת ויום טוב והחיובים ובו י"א סעיפים:

סעיף א' כְּשֶׁמּוֹסִיפִין בַּשַּׁבָּת, יְכוֹלִין לִקְרֹת כֹּהֵן אוֹ לֵוִי לְאַחֲרוֹן, כֵּיוָן שֶׁכְּבָר הִשְׁלִימוּ שִׁבְעָה גַּבְרֵי. וְגַם שֶׁהוּא הָאַחֲרוֹן מֵעִקַּר הַקְּרוּאִים (חוּץ מִן הַמַּפְטִיר) וְכֵן הַמַּפְטִיר יְכוֹלִין לִקְרֹת כֹּהֵן אוֹ לֵוִי, וַאֲפִלּוּ כֹּהֵן אֶחָד לְאַחֲרוֹן וְכֹהֵן אֶחָד לְמַפְטִיר, יְכוֹלִין לִקְרוֹת, כֵּיוָן שֶׁהַקַּדִּישׁ מַפְסִיק בֵּינֵיהֶם. וּבְשִׂמְחַת תּוֹרָה שֶׁמּוֹצִיאִין שְׁלֹשָׁה סִפְרֵי תּוֹרָה, יְכוֹלִין לִקְרוֹת כֹּהֵן אֶחָד לַחֲתַן תּוֹרָה וְאֶחָד לַחֲתַן בְּרֵאשִׁית וְאֶחָד לְמַפְטִיר, כֵּיוָן שֶׁכָּל אֶחָד קוֹרֵא בְּסֵפֶר תּוֹרָה אַחֵר. אֲבָל בְּרֹאשׁ חֹדֶשׁ טֵבֵת שֶׁחָל לִהְיוֹת בְּשַׁבָּת, אַף עַל פִּי שֶׁמּוֹצִיאִין גַּם כֵּן שְׁלֹשָׁה סִפְרֵי תוֹרָה, אֲפִלּוּ אִם רוֹצִים לִקְרוֹת בַּסֵּפֶר תּוֹרָה הָרִאשׁוֹן שְׁמֹנָה גַּבְרֵי, אֵין רַשָּׁאִין לִקְרוֹת לְהַכֹּהֵן שֶׁיִּהְיֶה הַשְּׁמִינִי, כֵּיוָן שֶׁעֲדַיִן אֵין מַשְׁלִימִין הַקְּרִיאָה בְּסֵפֶר זֶה. וְהַמַּשְׁלִים הוּא בַּסֵּפֶר הַשֵּׁנִי שֶׁקּוֹרִין בּוֹ פָּרָשַׁת רֹאשׁ חֹדֶשׁ וְאָז יְכוֹלִין לִקְרוֹתוֹ. וְכֵן הַדִּין בְּשַׁבָּת שְׁקָלִים וּפָרָשַׁת הַחֹדֶשׁ כְּשֶׁהֵן בְּרֹאשׁ חֹדֶשׁ (סִימָן קל"ה ובסד"ה).

סעיף ב' אִם קָרְאוּ לְכֹהֵן אוֹ לְלֵוִי בְּאֶמְצַע הַמִּנְיָן, יַעֲלֶה אַחֵר בִּמְקוֹמוֹ

וְהוּא יַמְתִּין אֵצֶל הַתֵּבָה וְיַעֲלֶה לַמַּפְטִיר אוֹ לְאַחֲרוֹן לְאַחַר מִנְיַן הַקְּרוּאִים.

סעיף ג' בְּשַׁבָּת שֶׁקּוֹרִין שְׁתֵּי סְדָרוֹת, יֵשׁ לְחַבֵּר הַסְּדָרוֹת עִם הָעוֹלֶה הָרְבִיעִי (שם).

סעיף ד' קְלָלוֹת שֶׁבְּפָרָשַׁת בְּחֻקֹּתַי וּבְפָרָשַׁת כִּי תָבֹא, אֵין מַפְסִיקִין בֵּינֵיהֶן. וְצָרִיךְ לְהַתְחִיל פָּסוּק אֶחָד מִקֹּדֶם. אַךְ לְמַעַן לֹא יַתְחִיל בְּפָרָשָׁה פָּחוֹת מִשְּׁלֹשָׁה פְּסוּקִים, צָרִיךְ שֶׁיַּתְחִיל שְׁלֹשָׁה פְּסוּקִים קֹדֶם הַקְּלָלוֹת, וּלְבַסּוֹף צָרִיךְ גַּם כֵּן לִקְרוֹת לְכָל הַפָּחוֹת פָּסוּק אֶחָד אַחַר הַקְּלָלוֹת, אַךְ יִרְאֶה שֶׁלֹּא יְסַיֵּם פָּחוֹת מִשְּׁלֹשָׁה פְּסוּקִים מִן הַתְחָלַת הַפָּרָשָׁה (עַיֵּן לְעֵיל סִימָן כ' כ"א כ"ב) בְּפָרָשַׁת כִּי תִשָּׂא קוֹרִין עִם הַלֵּוִי כָּל פָּרָשַׁת הָעֵגֶל עַד וּמְשָׁרְתוֹ יְהוֹשֻׁעַ וְגוֹ' וְהַטַּעַם, כִּי בְּנֵי לֵוִי לֹא הָיוּ בַּעֲשִׂיַּת הָעֵגֶל. וְנוֹהֲגִין לִקְרוֹת בְּקוֹל נָמוּךְ מִן וַיִּתֵּן אֶל מֹשֶׁה כְּכַלֹּתוֹ עַד וַיְחַל מֹשֶׁה. וּכְשֶׁמַּתְחִיל וַיְחַל, חוֹזֵר וְקוֹרֵא בְּקוֹל רָם עַד וַיִּפֶן וַיֵּרֶד מֹשֶׁה, וּכְשֶׁמַּתְחִיל וַיִּפֶן חוֹזֵר וְקוֹרֵא בְּקוֹל נָמוּךְ עַד וּמֹשֶׁה יִקַּח אֶת הָאֹהֶל, וְחוֹזֵר וְקוֹרֵא בְּקוֹל רָם עַד סוֹף הַפָּרָשָׁה. וְגַם הַקְּלָלוֹת שֶׁבְּפָרָשַׁת בְּחֻקֹּתַי וּפָרָשַׁת כִּי תָבֹא קוֹרִין בְּקוֹל נָמוּךְ. וְאֶת הַפָּסוּק וְזָכַרְתִּי אֶת בְּרִיתִי יַעֲקוֹב קוֹרִין בקוֹל רָם. וְאַחַר כָּךְ הַפָּסוּק וְהָאָרֶץ תֵּעָזֵב וְגוֹ' נָמוּךְ, וְאַף גַּם זֹאת בְּקוֹל רָם עַד הַסּוֹף. וּבְפָרָשַׁת כִּי תָבֹא לְיִרְאָה אֶת הַשֵּׁם הַנִּכְבָּד עַד סוֹף הַפָּסוּק בְּקוֹל רָם, וְאַחַר כָּךְ נָמוּךְ. וְאַף גַּם זֹאת, בְּקוֹל רָם עַד הַסּוֹף. וּבְפָרָשַׁת כִּי תָבוֹא, לְיִרְאָה אֶת הַשֵּׁם הַנִּכְבָּד עַד סוֹף הַפָּסוּק, בְּקוֹל רָם, וְאַחַר כָּךְ נָמוּךְ עַד וְאֵין קוֹנֶה. וְגַם בְּפָרָשַׁת בְּהַעֲלֹתְךָ נוֹהֲגִין לִקְרוֹת בְּקוֹל נָמוּךְ מִן וַיְהִי הָעָם כְּמִתְאוֹנְנִים עַד וְהַמָּן כִּזְרַע גַּד. וְהַטַּעַם לְהַרְאוֹת שֶׁהֵם מִתְחָרְטִים. וְכָל מַה שֶׁקּוֹרֵא בְּקוֹל נָמוּךְ, צָרִיךְ שֶׁיְּהֵא עַל כָּל פָּנִים הַקּוֹל נִשְׁמָע לַצִּבּוּר, וְאִם לֹא כֵּן אֵינָם יוֹצְאִים יְדֵי חוֹבַת קְרִיאָה (פרי חדש). אַרְבָּעִים וּשְׁנַיִם מַסָּעוֹת שֶׁבְּפָרָשַׁת וְאֵלֶּה מַסְעֵי, אֵין לְהַפְסִיק בָּהֶם, שֶׁהֵם נֶגֶד שֵׁם מ"ב (מגן אברהם) (תכ"ח).

סעיף ה' בֵּין גַּבְרָא לְגַבְרָא צְרִיכִין לְגַלֵּל אֶת הַסֵּפֶר תּוֹרָה, וְאֵין צְרִיכִין לְכַסּוֹתוֹ. אַךְ קֹדֶם מַפְטִיר שֶׁאוֹמְרִים קַדִּישׁ וְיֵשׁ זְמַן אָרֹךְ צָרִיךְ לְכַסּוֹתוֹ בִּמְעִיל שֶׁלּוֹ, וְכֵן בְּכָל מָקוֹם שֶׁיֵּשׁ זְמַן אָרֹךְ כְּגוֹן שֶׁמְּזַמְּרִין לְחָתָן וְכַיּוֹצֵא בּוֹ. וְנִרְאֶה דְּהוּא הַדִּין כְּשֶׁמַּאֲרִיכִין בְּמִי שֶׁבֵּרַךְ (סִימָן קל"ט ובסד"ה).

סעיף ו' אִם טָעוּ בְּשַׁבָּת וְקָרְאוּ עִם הַשִּׁשִּׁי עַד גְּמַר הַסִּדְרָה, לֹא יֹאמַר קַדִּישׁ, אֶלָּא יִקְרְאוּ מִיָּד אֶת הַמַּפְטִיר, וְיַשְׁלִים גַּם לְמִנְיַן שִׁבְעָה קְרוּאִים. וּלְאַחַר שֶׁיֹּאמַר הַהַפְטָרָה עִם הַבְּרָכוֹת, אָז יֹאמַר הַקַּדִּישׁ. וְכֵן בְּיוֹם טוֹב אִם טָעוּ וְקָרְאוּ עִם הָרְבִיעִי עַד הַגְּמַר, לֹא יֹאמְרוּ קַדִּישׁ, אֶלָּא יִקְרְאוּ מִיָּד אֶת הַמַּפְטִיר לְסֵפֶר תּוֹרָה הַשֵּׁנִי וְאַחֲרֵי הַהַפְטָרָה וְהַבְּרָכוֹת יֹאמְרוּ הַקַּדִּישׁ (סִימָן רפ"ב ובסד"ה).

סעיף ז' כְּשֶׁצְּרִיכִין לְהוֹצִיא שְׁלֹשָׁה סִפְרֵי תּוֹרָה וְאֵין לָהֶם אֶלָּא שְׁנַיִם לֹא יְגוֹלְלוּ אֶת הַשֵּׁנִי לִקְרוֹת בּוֹ מַה שֶּׁצְּרִיכִין לִקְרוֹת בַּשְּׁלִישִׁי, אֶלָּא יִקְחוּ אֶת הָרִאשׁוֹן לִקְרוֹת בּוֹ (שם).

סעיף ח' אִם נִמְצָא פָּסוּל בְּסֵפֶר תּוֹרָה נִתְבָּאֲרוּ הַדִּינִים בְּסִימָן כ"ד. וְאִם

נִמְצָא הַפְּסוּל בְּאֶמְצַע קְרִיאַת הַמַּפְטִיר, אִם הוּא מַפְטִיר שֶׁל חוֹבַת הַיּוֹם, כְּגוֹן בְּיוֹם טוֹב וּבְשַׁבָּת רֹאשׁ חֹדֶשׁ אוֹ שְׁקָלִים וְכַדּוֹמֶה שֶׁמּוֹצִיאִין סֵפֶר תּוֹרָה אַחֵר לְמַפְטִיר, אָז דִּינוֹ כְּמוֹ בְּפָרָשָׁה אַחֶרֶת. אֲבָל בְּשַׁבָּת, פָּשׁוּט שֶׁהַמַּפְטִיר חוֹזֵר וְקוֹרֵא מַה שֶּׁקָּרָא הַשְּׁבִיעִי, שֶׁאֵין זֹאת אֶלָּא מִשּׁוּם כְּבוֹד הַתּוֹרָה (שֶׁלֹּא יְהֵא כְּבוֹד הַתּוֹרָה וּכְבוֹד הַנָּבִיא שָׁוִים, שֶׁהַקּוֹרֵא בַּתּוֹרָה מְבָרֵךְ תְּחִלָּה וָסוֹף, וְגַם הַקּוֹרֵא בַּנָּבִיא מְבָרֵךְ תְּחִלָּה וָסוֹף, לָכֵן תִּקְּנוּ שֶׁהַמַּפְטִיר יִקְרָא תְּחִלָּה גַּם בַּתּוֹרָה, לְהַרְאוֹת שֶׁהַקְּרִיאָה בַּתּוֹרָה הִיא הָעִקָּר), בָּזֶה אֵין מוֹצִיאִין סֵפֶר תּוֹרָה אַחֵר, אֶלָּא גּוֹמְרִין בְּסֵפֶר תּוֹרָה זֶה, וְאֵינוֹ מְבָרֵךְ בְּרָכָה אַחֲרוֹנָה, וְהַהַפְטָרָה אוֹמֵר בִּבְרָכוֹת. וְאִם נִמְצָא הַפְּסוּל קֹדֶם שֶׁבֵּרֵךְ בְּרָכָה רִאשׁוֹנָה, נִרְאֶה דְּיֵשׁ לְהוֹצִיא סֵפֶר תּוֹרָה אַחֵר. וְאִם אֵין סֵפֶר תּוֹרָה אַחֵר, אֲזַי מִי שֶׁיַּעֲלֶה בָּאַחֲרוֹנָה הוּא יֹאמַר הַהַפְטָרָה עִם הַבְּרָכוֹת. וְאִם עֲדַיִן לֹא אָמְרוּ הַקַּדִּישׁ, יֹאמְרוּהוּ לְאַחַר הַהַפְטָרָה (כְּדִלְעֵיל סָעִיף ו').

סעיף ט' בְּסִימָן כ"ד סָעִיף א' נִתְבָּאֵר, דְּאִם נִמְצָאָה טָעוּת בְּחָסֵר וְיָתֵר, כָּל שֶׁאֵינוֹ מִשְׁתַּנֶּה לֹא הַקְּרִיאָה וְלֹא הַפֵּרוּשׁ, אֵין מוֹצִיאִין סֵפֶר תּוֹרָה אַחֵר. מִכָּל מָקוֹם אִם נִמְצָא כֵּן בְּשַׁבָּת, אַף עַל פִּי שֶׁאֵין מוֹצִיאִין סֵפֶר תּוֹרָה אַחֵר עַל כָּל פָּנִים לֹא יִקְרְאוּ בְּסֵפֶר תּוֹרָה זֶה יוֹתֵר מִשִּׁבְעָה קְרוּאִים, וְהַשְּׁבִיעִי יִקְרָא הַהַפְטָרָה בִּבְרָכוֹת, וְלֹא יֹאמְרוּ קַדִּישׁ עַד לְאַחַר קְרִיאַת הַהַפְטָרָה וְהַבְּרָכוֹת, (וְהַיְנוּ בְּשַׁבָּת פָּשׁוּט, אֲבָל כְּשֶׁהַמַּפְטִיר הוּא מֵחוֹבַת הַיּוֹם, כְּמוֹ בַּסָּעִיף שֶׁלִּפְנֵי זֶה וַדַּאי צְרִיכִין לִקְרוֹת לְמַפְטִיר) וּבְמִנְחָה לֹא יוֹצִיאוּהוּ (תְּשׁוּבָה מֵאַהֲבָה חֵלֶק רִאשׁוֹן סִימָן נ"א. וְעַיֵּן לְעֵיל בְּסִימָן כ"ד סָעִיף א' בַּהֶעָרָה הַשְּׁנִיָּה בְּסוֹפָהּ).

סעיף י' בְּיוֹם שֶׁמּוֹצִיאִין שְׁנֵי סִפְרֵי תּוֹרָה וְנִמְצָא פְּסוּל בָּרִאשׁוֹן, וְיֵשׁ עוֹד סֵפֶר תּוֹרָה בַּהֵיכָל, וְרוֹצִים לָקַחַת עַתָּה אֶת הַסֵּפֶר הַשֵּׁנִי לִקְרוֹת מִתּוֹכוֹ, וְאַחַר כָּךְ יוֹצִיאוּ סֵפֶר תּוֹרָה אַחֵר לִקְרִיאָה הַשְּׁנִיָּה, לֹא יַעֲשׂוּ כֵן, כִּי צְרִיכִין לִקְרוֹת מִתּוֹךְ סֵפֶר הַתּוֹרָה מַה שֶּׁהוּכַן בִּשְׁבִילוֹ. וְכֵן בְּיוֹם שֶׁמּוֹצִיאִין שְׁלֹשָׁה סִפְרֵי תוֹרָה (עַיֵּן פְּרִי מְגָדִים אֵשֶׁל אַבְרָהָם סוֹף סִימָן קמ"ג). וְכֵן אִם הֶחְלִפוּ סִפְרֵי הַתּוֹרָה, שֶׁלָּקְחוּ תְּחִלָּה אֶת הַמּוּכָן לְאַחַר כָּךְ, יְגַלְלוּהוּ וְיִקְחוּ אֶת הַשֵּׁנִי [כְּדֵי] לִקְרוֹת מִתּוֹךְ כָּל סֵפֶר תּוֹרָה לְמַה שֶּׁהוּכָן.

סעיף יא' סֵדֶר הַחִיּוּבִים, הַקֹּדֶם קוֹדֵם. **א.** חָתָן בְּיוֹם חֻפָּתוֹ. **ב.** וְחָתָן, בְּשַׁבָּת שֶׁלִּפְנֵי הַחֲתֻנָּה שֶׁמְּזַמְּרִים לוֹ, דְּהַיְנוּ שֶׁהוּא בָּחוּר. וְנַעַר שֶׁנַּעֲשָׂה בַּר מִצְוָה בְּאוֹתוֹ שָׁבוּעַ, הֵמָּה שָׁוִים. **ג.** סַנְדָּק בְּיוֹם הַמִּילָה וְהוּא הַתּוֹפֵס אֶת הַתִּינוֹק בִּשְׁעַת הַמִּילָה. **ד.** סַנְדָּק בְּיוֹם הַמִּילָה, שֶׁמַּכְנִיס אֶת הַתִּינוֹק לְבֵית הַכְּנֶסֶת לְמוּלוֹ. **ה.** בַּעַל הַיּוֹלֶדֶת שֶׁיָּלְדָה בַּת וְהוֹלֶכֶת לְבֵית הַכְּנֶסֶת. **ו.** בַּעַל הַיּוֹלֶדֶת שֶׁיָּלְדָה בֵּן וְהוֹלֶכֶת לְבֵית הַכְּנֶסֶת. וְאִם אֵינָן הוֹלְכוֹת לְבֵית הַכְּנֶסֶת, אֵין הַבְּעָלִים חִיּוּבִים, אֶלָּא אִם הוּא יוֹם אַרְבָּעִים וְאֶחָד לְזָכָר אוֹ יוֹם שְׁמוֹנִים וְאֶחָד לִנְקֵבָה, שֶׁאָז הוּא זְמַן הֲבָאַת הַקָּרְבָּן. **ז.** חָתָן שֶׁהָיְתָה חֲתֻנָּתוֹ מִיּוֹם רְבִיעִי וָאֵילָךְ, בְּשַׁבָּת שֶׁלְּאַחַר הַחֲתֻנָּה. וְדַוְקָא כְּשֶׁהָיָה בַּחוּר אוֹ הִיא בְּתוּלָה. **ח.** יוֹם הַשָּׁנָה (יארצייט) בּוֹ בַיּוֹם. **ט.** אֲבִי הַתִּינוֹק בְּיוֹם הַמִּילָה. **י.**

יָאַרְצַייט שֶׁיִּהְיֶה לוֹ בְּשָׁבוּעַ שֶׁלְּאַחַר הַשַּׁבָּת. **יא.** מוֹהֵל בְּיוֹם הַמִּילָה. **יב.** הַסַּנְדָּק, וְאַחֲרָיו אֲבִי הַבֵּן, וְאַחֲרָיו הַמּוֹהֵל בַּשַּׁבָּת שֶׁלִּפְנֵי הַמִּילָה. שְׁנֵי בַּעֲלֵי חִיּוּבִים שָׁוִים, תָּלוּי בְּדַעַת הַסְּגָן אוֹ יָטִילוּ גּוֹרָל. מִי שֶׁאֵין לוֹ עֵירוֹנוּת, אֵינוֹ דּוֹחֶה שׁוּם חִיּוּב. נוֹהֲגִין לִקְרוֹת לְמִי שֶׁעָתִיד לָצֵאת לַדֶּרֶךְ אַחַר שַׁבָּת, אוֹ שֶׁבָּא מִן הַדֶּרֶךְ. וְכֵן נוֹהֲגִין לַחֲלוֹק כָּבוֹד לְאוֹרֵחַ נִכְבָּד לְקָרְתוֹ, אֲבָל אֵין דּוֹחִין שׁוּם חִיּוּב (רפ"ב ובסד"ה).

סימן עט - דיני מפטיר ובו י' סעיפים:

סעיף א' קֹדֶם שֶׁקּוֹרִין לַמַּפְטִיר, אוֹמְרִים חֲצִי קַדִּישׁ. וּכְשֶׁאוֹמְרִים הַקַּדִּישׁ יִהְיֶה סֵפֶר הַתּוֹרָה שֶׁקָּרְאוּ בּוֹ עַתָּה וְגַם סֵפֶר הַתּוֹרָה שֶׁיִּקְרְאוּ בּוֹ מַפְטִיר, שְׁנֵיהֶם עַל הַשֻּׁלְחָן. וּבְיוֹם שֶׁיֵּשׁ שְׁלֹשָׁה סִפְרֵי תוֹרָה, אֵין צְרִיכִין לְהַנִּיחַ גַּם אֶת הָרִאשׁוֹן.

סעיף ב' הַמַּפְטִיר לֹא יַתְחִיל בְּבִרְכוֹת הַהַפְטָרָה, עַד לְאַחַר שֶׁהַגּוֹלֵל כָּרַךְ אֶת סֵפֶר הַתּוֹרָה בְּמִטְפַּחַת.

סעיף ג' בַּבְּרָכָה הָרִאשׁוֹנָה (לפני ההפטרה) לְאַחַר הַנֶּאֱמָרִים בֶּאֱמֶת, אֵין עוֹנִין אָמֵן עַד לְבַסּוֹף שֶׁמְּסַיֵּם וָצֶדֶק, כִּי הַכֹּל בְּרָכָה אַחַת הִיא. וְכֵן בַּבְּרָכָה הָרִאשׁוֹנָה מִבִּרְכוֹת הָאַחֲרוֹנוֹת, אֵין עוֹנִין אָמֵן אַחַר אֱמֶת וָצֶדֶק, כִּי גַּם נֶאֱמָן אַתָּה וְכוּ', שַׁיָּךְ לִבְרָכָה זוֹ. וּלְפִי שֶׁיֵּשׁ טוֹעִים לַעֲנוֹת אָמֵן בִּמְקוֹמוֹת אֵלּוּ, לָכֵן טוֹב שֶׁהַמַּפְטִיר לֹא יַעֲשֶׂה שָׁם שׁוּם הֶפְסֵק, לְמַעַן יֵדְעוּ כִּי אֵין שָׁם סִיּוּם הַבְּרָכָה (ס' רפד ובסד"ה).

סעיף ד' אָסוּר לְדַבֵּר בְּשָׁעָה שֶׁהַמַּפְטִיר קוֹרֵא אֶת הַהַפְטָרָה (קמ"ו).

סעיף ה' עִקַּר הַדִּין, שֶׁזֶּה שֶׁעָלָה לַמַּפְטִיר הוּא בִּלְבַד יֹאמַר הַהַפְטָרָה, וְהַצִּבּוּר יֹאמְרוּ אַחֲרָיו בְּלַחַשׁ. וּמַה שֶּׁנָּהֲגוּ שֶׁהַצִּבּוּר אוֹמְרִים בְּקוֹל רָם עִם הַמַּפְטִיר, אֵין זֶה רַק מֵחֲמַת חֶסְרוֹן יְדִיעָה, וְנָכוֹן לְבַטֵּל הַמִּנְהָג. וְגַם יֵשׁ שֶׁעוֹשִׂין שְׁהִיּוֹת בַּאֲמִירַת הַפְטָרָה, שֶׁאַף אַחַר שֶׁסִּיֵּם הַמַּפְטִיר הַהַפְטָרָה וְהִתְחִיל הַבְּרָכוֹת אֵין רוֹצִים לְהַפְסִיק בַּאֲמִירַת הַהַפְטָרָה, וְלֹא יָפֶה הֵם עוֹשִׂים, שֶׁאִם אוֹמְרִים בְּקוֹל רָם, אֵינָם שׁוֹמְעִים קוֹל דְּבָרִים בְּהַתְחָלַת בִּרְכוֹת הַמַּפְטִיר, וְלִפְעָמִים גּוֹרְמִים שֶׁגַּם אֲחֵרִים הַסְּמוּכִים לָהֶם אֵין שׁוֹמְעִין, וְאַף אִם מַנְמִיכִים קוֹלָם קְצָת בִּתְחִלַּת הַבְּרָכוֹת, מִכָּל מָקוֹם הֵם בְּעַצְמָם אֵינָם שׁוֹמְעִין. לָכֵן יֵשׁ לִנְהֹג, כִּי מִיָּד שֶׁיִּשְׁמַע שֶׁהַמַּפְטִיר סִיֵּם הַהַפְטָרָה וּמַתְחִיל הַבְּרָכוֹת, אַף עַל פִּי שֶׁהוּא עֲדַיִן לֹא סִיֵּם, יִהְיֶה מָתוּן בִּשְׁתִיקָה עַד שֶׁיְּסַיֵּם הַמַּפְטִיר הַבְּרָכוֹת, וְאַחַר כָּךְ יְסַיֵּם הוּא אֲמִירַת הַהַפְטָרָה. גַּם הַמַּפְטִיר יִהְיֶה זָהִיר, שֶׁלֹּא לְהַתְחִיל אֲמִירַת הַבְּרָכוֹת, עַד שֶׁיִּפְסוֹק קוֹל הֶהָמוֹן הָרַב לְגַמְרֵי.

סעיף ו' בְּשַׁבָּת שֶׁשְּׁתֵּי פָּרָשִׁיּוֹת מְחֻבָּרוֹת מַפְטִירִין בַּהַפְטָרָה שֶׁל פָּרָשָׁה שְׁנִיָּה, לְבַד בְּאַחֲרֵי קְדוֹשִׁים כְּשֶׁהֵן מְחֻבָּרוֹת, שֶׁאָז מַפְטִירִין הֲלֹא כִּבְנֵי כֻשִׁיִּים, בִּקְצָת חֲמִשִּׁים נִרְשְׁמָה לְפָרָשַׁת וַיִּשְׁלַח הַהַפְטָרָה וַיִּבְרַח יַעֲקֹב. וְהִיא טָעוּת, כִּי הַפְטָרָה זוֹ שַׁיֶּכֶת לְפָרָשַׁת וַיֵּצֵא, וְהַפְטָרַת וַיִּשְׁלַח הוּא חֲזוֹן עוֹבַדְיָה (רפ"ד תכ"ה).

סעיף ז' רֹאשׁ חֹדֶשׁ שֶׁחָל לִהְיוֹת בְּשַׁבָּת, מַפְטִירִין הַשָּׁמַיִם כִּסְאִי, וְאִם טָעָה וְקָרָא הַהַפְטָרָה שֶׁל פָּרָשַׁת הַשָּׁבוּעַ, אִם עֲדַיִן לֹא אָמַר הַבְּרָכוֹת הָאַחֲרוֹנוֹת, יֹאמַר גַּם הַשָּׁמַיִם כִּסְאִי וִיבָרֵךְ אַחַר כָּךְ. וְאִם לֹא נִזְכַּר עַד לְאַחַר הַבְּרָכוֹת, יֹאמַר הַשָּׁמַיִם כִּסְאִי בְּלֹא בְּרָכוֹת. וְאִם חָל רֹאשׁ חֹדֶשׁ בְּאֶחָד בְּשַׁבָּת, מַפְטִירִין מָחָר חֹדֶשׁ. וְאִם טָעָה, דִּינוֹ כְּמוֹ בְּשַׁבָּת רֹאשׁ חֹדֶשׁ, חָל רֹאשׁ חֹדֶשׁ בְּשַׁבָּת וּבְיוֹם הָרִאשׁוֹן, מַפְטִירִין הַשָּׁמַיִם כִּסְאִי.

סעיף ח' בְּשַׁבָּת חֹל הַמּוֹעֵד פֶּסַח, אֵין מַזְכִּירִין בְּבִרְכוֹת הַפְטָרָה שֶׁל פֶּסַח, לֹא בְּאֶמְצַע וְלֹא בַּחֲתִימָה, אֶלָּא מְסַיֵּם מְקַדֵּשׁ הַשַּׁבָּת. אֲבָל בְּחֹל הַמּוֹעֵד סֻכּוֹת (כֵּיוָן שֶׁאוֹמְרִים הַלֵּל שָׁלֵם וְגַם חָלוּק בְּקָרְבָּנוֹת), מַזְכִּירִין כְּמוֹ בְּיוֹם טוֹב שֶׁל סֻכּוֹת שֶׁחָל בְּשַׁבָּת.

סעיף ט' קָטָן שֶׁהִגִּיעַ לְחִנּוּךְ שֶׁיּוֹדֵעַ לְמִי מְבָרְכִין, וְיוֹדֵעַ לְהַתִּךְ אֶת הָאוֹתִיּוֹת בְּטוֹב, עוֹלֶה לְמַפְטִיר בְּשַׁבָּת וּבְיוֹם טוֹב, מִלְּבַד בְּפָרָשַׁת זָכוֹר וּבְפָרָשַׁת פָּרָה (כִּדְלְקַמָּן סִימָן ק"מ) וּבְשַׁבָּת שׁוּבָה, וְכֵן בְּיוֹם שְׁבִיעִי שֶׁל פֶּסַח שֶׁמַּפְטִירִין הַשִּׁירָה, נוֹהֲגִין שֶׁאֵין קָטָן עוֹלֶה לְמַפְטִיר. וְכֵן בְּיוֹם רִאשׁוֹן דְּשָׁבוּעוֹת, שֶׁמַּפְטִירִין בַּמֶּרְכָּבָה דִּיחֶזְקֵאל, נוֹהֲגִין לִקְרוֹא דַּוְקָא גָּדוֹל וְחָכָם. וְכֵן בְּשַׁבָּת חֲזוֹן נוֹהֲגִין לִקְרוֹא אֶת הָרַב לְמַפְטִיר (עַיֵּן מָגֵן אַבְרָהָם סִימָן רס"ב סָעִיף קָטָן י"ב).

סעיף י' לֹא נִתְקְנָה קְרִיאַת הַפְטָרָה עִם בְּרָכוֹת, אֶלָּא לְאַחַר שֶׁקָּרְאוּ בַּתּוֹרָה בִּבְרָכוֹת, כָּל הַקְּרוּאִים הָרְאוּיִים. אֲבָל אִם נִמְצָא פְּסוּל בְּסֵפֶר תּוֹרָה בְּשַׁבָּת פְּשׁוּטָה, אֲפִלּוּ בַּשְּׁבִיעִי, וְלֹא הָיָה סֵפֶר תּוֹרָה אַחֵר וְלָכֵן לֹא בֵּרַךְ בָּאַחֲרוֹנָה, וְכֵן כְּשֶׁמַּפְטִירִין בְּחוּבַת הַיּוֹם (עַיֵּן לְעֵיל סִימָן ע"ה סָעִיף ח) אֲפִלּוּ נִמְצָא בַּמַּפְטִיר אֲזַי אֵין מְבָרְכִין בִּרְכוֹת הַהַפְטָרָה, אֶלָּא אוֹמְרִים אוֹתָהּ בְּלֹא בְּרָכוֹת. אֲבָל בְּשַׁבָּת פְּשׁוּטָה, אִם לְאַחַר שֶׁקָּרְאוּ שִׁבְעָה קְרוּאִים בִּבְרָכוֹת, נִמְצָא הַפְּסוּל, הֵן בַּקְּרוּאִים שֶׁהוֹסִיפוּ, הֵן בַּמַּפְטִיר, נִרְאֶה דְּיֵשׁ לִקְרוֹת הַהַפְטָרָה בִּבְרָכוֹת (וְעַיֵּן לְעֵיל סִימָן ע"ח סוֹף סָעִיף ח').

סימן פ - קצת ממלאכות האסורות בשבת ובו צ"ג סעיפים:

עִקַּר הַמְּלָאכוֹת שֶׁנֶּאֶסְרוּ לָנוּ לַעֲשׂוֹתָם בַּשַּׁבָּת, כְּבָר נוֹדְעוּ לְרֹב בְּנֵי יִשְׂרָאֵל, וְלֹא נִכְתַּב כָּאן רַק מִדְּבָרִים שֶׁלֹּא נוֹדְעוּ לָרַבִּים וְהֵמָּה דְּבָרִים שְׁכִיחִים.

סעיף א' אָסוּר לְהִשְׁתַּמֵּשׁ לְאוֹר הַנֵּר דָּבָר שֶׁצָּרִיךְ עִיּוּן קְצָת, דְּגָזְרוּ רַבָּנָן, שֶׁמָּא יִשְׁכַּח וְיַטֶּה אֶת הַנֵּר, לְקָרֵב אֶת הַשֶּׁמֶן אֶל הַפְּתִילָה, וְיִתְחַיֵּב מִשּׁוּם מַבְעִיר וּשְׁנַיִם, מֻתָּרִין לִקְרוֹת מִתּוֹךְ סֵפֶר אֶחָד בְּעִנְיָן אֶחָד, שֶׁאִם יָבֹא אֶחָד לְהַטּוֹת, חֲבֵרוֹ יַזְכִּירֵהוּ. וּבַנֵּרוֹת שֶׁלָּנוּ שֶׁהַחֵלֶב אוֹ הַשַּׁעֲוָה כָּרוּךְ עַל הַפְּתִילָה, נוֹהֲגִין לְהַתִּיר. אַךְ צָרִיךְ לַעֲשׂוֹת אֵיזֶה הֶכֵּר, שֶׁלֹּא יָבֹא לִקְצֹץ רֹאשׁ הַפְּתִילָה שֶׁנַּעֲשָׂה פֶּחָם. וּלְהָרַמְבַּ"ם, הָוֵי אִסּוּר דְּאוֹרַיְתָא. וַאֲפִלּוּ עַל יְדֵי אֵינוֹ יְהוּדִי אָסוּר לִקְצוֹץ רֹאשׁ הַפְּתִילָה (סִימָן ער"ה רע"ח).

סעיף ב' אָסוּר לִפְתּוֹחַ דֶּלֶת אוֹ חַלּוֹן נֶגֶד נֵר דּוֹלֵק כְּשֶׁהוּא קָרוֹב לָהֶם, שֶׁמָּא יִכְבֶּה עַל יְדֵי זֶה. אֲבָל מֻתָּר

לִסְגּוֹר דֶּלֶת וְחַלּוֹן. וּפֶתַח הַתַּנּוּר שֶׁיֵּשׁ בּוֹ אֵשׁ, אָסוּר, בֵּין לִפְתּוֹחַ בֵּין לִסְגּוֹר, כִּי עַל יְדֵי זֶה הוּא מַבְעִיר אוֹ מְכַבֶּה (רעז רגט).

סעיף ג' אָסוּר לְעָרוֹת רֹטֶב רוֹתֵחַ עַל חֲתִיכוֹת לֶחֶם אוֹ מַצּוֹת, אֶלָּא יְעָרֶה תְּחִלָּה אֶת הָרֹטֶב לְתוֹךְ הַקְּעָרָה וְיִתְקָרֵר קְצָת עַד שֶׁיְּהֵא רָאוּי לַאֲכִילָה, וְאַחַר כָּךְ יִתֵּן שָׁמָּה אֶת הַלֶּחֶם אוֹ הַמַּצּוֹת. אֲבָל כָּל זְמַן שֶׁהָרֹטֶב הוּא רוֹתֵחַ, אֲפִלּוּ הוּא בַּקְּעָרָה, אָסוּר לִתֵּן לְתוֹכוֹ לֶחֶם אוֹ מַצּוֹת. וְכֵן אֵין לִתֵּן מֶלַח אוֹ תַּבְלִין לְתוֹךְ הָרֹטֶב אֲפִלּוּ הוּא בַּקְּעָרָה וּמִכָּל שֶׁכֵּן לְתוֹךְ הַקְּדֵרָה, כָּל זְמַן שֶׁהוּא רוֹתֵחַ, אֶלָּא יַמְתִּין עַד שֶׁתִּתְקָרֵר קְצָת שֶׁיְּהֵא רָאוּי לַאֲכִילָה. וּבְמֶלַח שֶׁנַּעֲשָׂה עַל יְדֵי בִּשּׁוּל יֵשׁ מְקִלִּין. וְהַמַּחְמִיר גַּם בָּזֶה, תָּבֹא עָלָיו בְּרָכָה. וְכֵן אֵין לְעָרוֹת קַאפֶע אוֹ טֵה רוֹתֵחַ לְהַכְּלִי שֶׁרוֹצִים לִשְׁתּוֹת בּוֹ אִם יֵשׁ שָׁם צוּקֶר (סֻכָּר) אֶלָּא יְעָרֶה תְּחִלָּה אֶת הַקַּאפֶע וְהַטֵּה, וְאַחַר כָּךְ יִתֵּן לְתוֹכוֹ אֶת הַצּוּקֶר. וּבִמְקוֹם צֹרֶךְ יֵשׁ לְהָקֵל.

סעיף ד' אָסוּר לִתֵּן פְּרִי אוֹ מַיִם עַל הַתַּנּוּר לְאַחַר שֶׁהֻסַּק, מִשּׁוּם דְּאֶפְשָׁר שֶׁיַּרְתִּיחַ הַמַּיִם וְשֶׁיִּצָּלֶה הַפְּרִי. וַאֲפִלּוּ אֵין דַּעְתּוֹ אֶלָּא לְחַמֵּם אוֹתָם קְצָת, מִכָּל מָקוֹם אִם בַּמָּקוֹם הַזֶּה אֶפְשָׁר שֶׁיִּתְבַּשְּׁלוּ אוֹ יִצָּלוּ, אָסוּר לְחַמְּמָן שָׁם. וְכֵן פַּשְׁטִידָה שֶׁיֵּשׁ בָּהּ שֻׁמָּן אֵין לְהַעֲמִידָהּ נֶגֶד הַמְּדוּרָה אוֹ עַל הַתַּנּוּר בְּמָקוֹם שֶׁתּוּכַל לְהַרְתִּיחַ, אַף עַל פִּי שֶׁאֵין דַּעְתּוֹ אֶלָּא לְחַמְּמָהּ. אֲבָל בְּמָקוֹם שֶׁאִי אֶפְשָׁר שֶׁיִּתְבַּשְּׁלוּ אֶלָּא יִתְחַמְּמוּ קְצָת שָׁם, מֻתָּר לִתְּנָם, וַאֲפִלּוּ נִקְרַשׁ הַשֻּׁמָּן אוֹ הַמַּיִם מֵחֲמַת הַקֹּר. אֲבָל לְתוֹךְ הַתַּנּוּר שֶׁהִטְמִינוּ בּוֹ, אָסוּר לִתֵּת שׁוּם דָּבָר צוֹנֵן שֶׁיִּתְחַמֵּם, אַף עַל פִּי שֶׁאִי אֶפְשָׁר לְהַרְתִּיחַ שָׁם. וּלְצֹרֶךְ קְצָת חוֹלֶה, יַעֲשֶׂה שְׁאֵלַת חָכָם (עַיֵּן נִשְׁמַת אָדָם) (רנ"ג רנ"ט שי"ח ש"כ). וּקְצָת נוֹהֲגִין לְהַחֲזִיר בַּשַּׁבָּת הַמַּאֲכָלִים לְתוֹךְ הַתַּנּוּר שֶׁהִטְמִינוּ בּוֹ, כֵּיוָן שֶׁהֵם עֲדַיִן חַמִּים. אַךְ אִם נִצְטַנְּנוּ לְגַמְרֵי, אוֹסְרִים. וּבַעַל נֶפֶשׁ יֵשׁ לוֹ לְהַחְמִיר בְּכָל עִנְיָן.

סעיף ה' בְּשַׁבָּת אָסוּר לְהַטְמִין בְּשׁוּם דָּבָר, (אֲפִלּוּ בְּדָבָר שֶׁאֵינוֹ מוֹסִיף הֶבֶל). לָכֵן אִם נוֹטֵל קְדֵרָה שֶׁיֵּשׁ בָּהּ תַּבְשִׁיל שֶׁנִּתְבַּשֵּׁל בָּהּ אוֹ שֶׁנִּתְחַמֵּם בָּהּ, אָסוּר לְכָרְכָהּ אוֹ לְכַסּוֹתָהּ בְּכָרִים וּכְסָתוֹת וְכַדּוֹמֶה לִשְׁמוֹר חֻמָּהּ.

סעיף ו' דָּבָר שֶׁאִי אֶפְשָׁר כְּלָל לְאָכְלוֹ בְּלִי הֲדָחָה, אָסוּר לַהֲדִיחוֹ בַּשַּׁבָּת אֲפִלּוּ בְּצוֹנֵן. וְדָג מָלוּחַ (הערינג) מֻתָּר לִשְׁרוֹתוֹ בְּמַיִם צוֹנְנִים, לְפִי שֶׁגַּם קֹדֶם הַשְּׁרִיָּה רָאוּי לַאֲכִילָה.

סעיף ז' חַרְדָּל וְתַמְכָּא וּשְׁאָר מִינֵי טִבּוּלִין שֶׁלֹּא נָתַן בָּהֶם חֹמֶץ מִבְּעוֹד יוֹם, אָסוּר לִתֵּן בָּהֶם בַּשַּׁבָּת, אֶלָּא בְּשִׁנּוּי, דְּהַיְנוּ, שֶׁיִּתֵּן תְּחִלָּה אֶת הַחֹמֶץ בַּכְּלִי, וְאַחַר כָּךְ יִתֵּן לְתוֹכוֹ אֶת הַחַרְדָּל אוֹ הַתַּמְכָּא. וְלֹא יַעֲשֶׂנּוּ בְּלִילָה עָבָה, אֶלָּא יִשְׁפּוֹךְ הַרְבֵּה, שֶׁתְּהֵא בְּלִילָתוֹ רַכָּה, וְגַם לֹא יְעָרְבוֹ בְּכַף וְכַדּוֹמֶה, אֶלָּא בְּאֶצְבָּעוֹ אוֹ שֶׁיְּנַעֲנֵעַ בִּכְלִי עַד שֶׁיִּתְעָרֵב (שכ"א).

סעיף ח' פֵּרוֹת שֶׁנִּמְצְאוּ תַּחַת אִילָן, אֲסוּרִים אֲפִלּוּ בְּטִלְטוּל, שֶׁמָּא נָפְלוּ הַיּוֹם. וְכֵן כָּל פֵּרוֹת שֶׁאֵצֶל אֵינוֹ יְהוּדִי, אִם יֵשׁ לְהִסְתַּפֵּק שֶׁמָּא נִתְלְשׁוּ הַיּוֹם, אֲסוּרִים אֲפִלּוּ בְּטִלְטוּל (וּלְעִנְיַן חֲשַׁשׁ חוּץ לַתְּחוּם, עַיֵּן לְקַמָּן סִימָן צ"ה

סָעִיף י"ז) (שכ"ב שכ"ה ובחיי"א).

סעיף ט' אָסוּר לִרְדּוֹת דְּבַשׁ הַמְחֻבָּר בְּכַוֶּרֶת. וְכֵן אָסוּר לְרַסֵּק חַלּוֹת דְּבַשׁ, אֲפִלּוּ נִתְלְשׁוּ אֶתְמוֹל מֵהַכַּוֶּרֶת. וְאִם לֹא רִסֵּק אוֹתָן קֹדֶם שַׁבָּת, אֲזַי הַדְּבַשׁ הַזָּב מֵהֶן בְּשַׁבָּת אָסוּר. אֲבָל הַדְּבַשׁ הַזָּב בְּכַוֶּרֶת, מֻתָּר (סִימָן שכ"א ובחיי"א).

סעיף י' פֵּרוֹת שֶׁנִּתְפַּזְּרוּ בְּמָקוֹם אֶחָד בְּבַיִת אוֹ בְּחָצֵר מֻתָּר לְקַבְּצָם. אֲבָל אִם נִתְפַּזְּרוּ אַחַת הֵנָּה וְאַחַת הֵנָּה דְּאִכָּא טִרְחָא לְקַבְּצָם, אָסוּר לְקַבְּצָם לְתוֹךְ הַסַּל, אֶלָּא מְלַקֵּט וְאוֹכֵל (שכ"ה).

סעיף יא' קִטְנִיּוֹת וְכַדּוֹמֶה שֶׁהֵן בִּקְלִפָּתָן, שֶׁקּוֹרִין שַׁרְבִיטִין (שויטין), אִם הַקְּלִפּוֹת עֲדַיִן לַחוֹת וּרְאוּיוֹת גַּם כֵּן לַאֲכִילָה, מֻתָּר לְפָתְחָן וְלָקַחַת מֵהֶן אֶת הַקִּטְנִיּוֹת, (דַּהֲוֵי כִּמְפָרֵיד אֹכֶל מֵאֹכֶל). אֲבָל אִם הַקְּלִפּוֹת נִתְיַבְּשׁוּ וְאֵינָן רְאוּיוֹת עוֹד לַאֲכִילָה, אָסוּר לָקַחַת מֵהֶן אֶת הַקִּטְנִיּוֹת. וְכֵן יֵשׁ לִזָּהֵר מִלְּהוֹצִיא אֶת הָאֱגוֹזִים מִתּוֹךְ הַקְּלִפָּה הַיְרֻקָּה שֶׁלָּהֶן, וְכֵן הַשֻּׁמְשְׁמִים מִתּוֹךְ הַקְּלִפָּה (ס' שיט).

סעיף יב' אָסוּר לִסְחֹט פֵּרוֹת לְצֹרֶךְ הַמַּשְׁקִין. וְלָכֵן אָסוּר לִסְחֹט לִימוֹנִים (ציטראנען) לְתוֹךְ הַמַּיִם לַעֲשׂוֹת מַשְׁקֶה שֶׁקּוֹרִין לִימוֹנָדָה. וַאֲפִלּוּ לִמְצוֹץ פְּרִי בְּפִיו, יֵשׁ אוֹסְרִין. וְיֵשׁ לִזָּהֵר עַל כָּל פָּנִים בַּעֲנָבִים, שֶׁלֹּא לִמְצוֹץ אֶת הַמַּשְׁקֶה וְלִזְרוֹק אֶת הַקְּלִפּוֹת. אֲבָל אִם אֵינוֹ צָרִיךְ לַמַּשְׁקִין הַיּוֹצְאִין, מֻתָּר לְסָחֳטָן, וְלָכֵן מֻתָּר לִסְחוֹט חַסָּה (סעלאט) וְקִשּׁוּאִים מְלֻפְּפוֹנִים (גורקען) שֶׁהַמַּיִם הוֹלְכִין לְאִבּוּד.

סעיף יג' לֹא תְּקַלַּח אִשָּׁה חָלָב מִדַּדֶּיהָ לְתוֹךְ הַכּוֹס אוֹ לְתוֹךְ הַקְּדֵרָה וְתֵינִיק אֶת בְּנָהּ. אֲבָל מֻתֶּרֶת לְקַלֵּחַ מֵהֶחָלָב כְּדֵי שֶׁיֹּאחֵז הַתִּינוֹק אֶת הַדַּד וְיִינָק. וְאָסוּר לְהַתִּיז מֵחֲלָבָהּ עַל אֵיזֶה דָּבָר לִרְפוּאָה בְּמָקוֹם שֶׁאֵין בּוֹ סַכָּנָה וְלֹא צַעֲרָא יְתֵרָה.

סעיף יד' מֻתָּר לִתֵּן שֶׁמֶן קָרוּשׁ עַל מַאֲכָל חַם, אַף עַל פִּי שֶׁהוּא נִימּוֹחַ. הַשֶּׁלֶג וְהַבָּרָד, אֵין מְרַסְּקִין אוֹתָן בְּיָדַיִם, דְּהַיְנוּ לְשַׁבְּרָם לַחֲתִיכוֹת, כְּדֵי שֶׁיָּזוּבוּ מֵימֵיהֶם. אֲבָל נוֹתֵן הוּא לְתוֹךְ הַכּוֹס שֶׁל יַיִן אוֹ מַיִם כְּדֵי לְצַנְּנָם וְהֵם נִימּוֹחִים מֵאֲלֵיהֶם וְאֵינוֹ חוֹשֵׁשׁ. וְצָרִיךְ לִזָּהֵר בַּחֹרֶף, שֶׁלֹּא יִטֹּל יָדָיו בְּמַיִם שֶׁיֵּשׁ בָּהֶם שֶׁלֶג אוֹ בָּרָד. וְאִם יִטּוֹל, יִזָּהֵר שֶׁלֹּא יְדַחֲקֵם בֵּין יָדָיו, שֶׁלֹּא יְהֵא מְרַסֵּק. וּמֻתָּר לִשְׁבּוֹר קֶרַח כְּדֵי לִטּוֹל מַיִם מִתַּחְתָּיו. וּלְהַשְׁתִּין בְּתוֹךְ הַשֶּׁלֶג, טוֹב לִזָּהֵר אִם אֶפְשָׁר. וְכֵן יֵשׁ לִזָּהֵר, שֶׁלֹּא לְהַשְׁתִּין עַל גַּבֵּי טִיט אוֹ לְתוֹךְ עָפָר תִּחוּחַ (שיח שכ).

סעיף טו' אֹכֶל הַמְעֹרָב עִם פְּסֹלֶת, מֻתָּר לִבְרוֹר אֶת הָאֹכֶל מִתּוֹךְ הַפְּסֹלֶת, אֲבָל לֹא אֶת הַפְּסֹלֶת מִתּוֹךְ הָאֹכֶל. וְגַם אֶת הָאֹכֶל, אָסוּר לִבְרוֹר עַל יְדֵי כְּלִי, אֶלָּא דַּוְקָא בְּיָד. וְדַוְקָא מַה שֶּׁהוּא צָרִיךְ לֶאֱכוֹל מִיָּד. וַאֲפִלּוּ בְּמַאֲכָלִים שֶׁרוֹצִים לִבְרוֹר מַה שֶּׁיֹּאכְלוּ עַתָּה מִמַּה שֶּׁיַּשְׁאִירוּ, צְרִיכִין לִזָּהֵר לִבְרוֹר מַה שֶּׁרוֹצִים לֶאֱכוֹל עַתָּה, וְלֹא לִבְרוֹר מַה שֶּׁרוֹצִים לְהַנִּיחַ. כִּי מַה שֶּׁרוֹצִים לֶאֱכוֹל עַתָּה, חָשׁוּב אֹכֶל. וּמַה שֶּׁרוֹצִים לְהַנִּיחַ, חָשׁוּב פְּסֹלֶת. אֲפִלּוּ לִקְלוֹף שׁוּם אוֹ בְּצָלִים וּלְהַנִּיחָם, אָסוּר מִשּׁוּם בּוֹרֵר, וְאֵינוֹ מֻתָּר לִקְלוֹף

אֶלָּא מַה שֶּׁצְּרִיכִין לֶאֱכוֹל מִיָּד (שי"ט שכ"א). וְהַקְּלִפָּה הָעֶלְיוֹנָה שֶׁעַל הַשּׁוּם הַמְסַבֶּבֶת כָּל הַחֲלָקִים, יֵשׁ לֶאֱסוֹר לַהֲסִירָהּ אֲפִלּוּ לְצֹרֶךְ אֲכִילָה מִיָּד, מִשּׁוּם דַּהֲוֵי מְפָרֵק, תּוֹלָדָה דְּדִישָׁה (פְּרִי מְגָדִים סִימָן שי"ט. אֵשֶׁל אַבְרָהָם סְעִיף קָטָן ח'. הַנִּיחַ בְּצָרִיךְ עִיּוּן, עַיֵּן שָׁם)

סעיף טז' אֲפִלּוּ בְּמִדֵּי דְּלָאו בַּר אֲכִילָה שַׁיָּךְ אִסּוּר בְּרֵירָה, כְּגוֹן בְּכֵלִים וְכַיּוֹצֵא בָּהֶם דְּמַה שֶּׁהוּא רוֹצֶה לְהִשְׁתַּמֵּשׁ בּוֹ עַתָּה, הֲוֵי כְּמוֹ אֹכֶל, וְהַשְּׁאָר הֲוֵי כְּמוֹ פְּסֹלֶת.

סעיף יז' אֵין לְסַנֵּן שׁוּם מַשְׁקֶה, כִּי יֵשׁ בָּזֶה כַּמָּה חִלּוּקֵי דִּינִים. אֲבָל מֻתָּר לִשְׁתּוֹת עַל יְדֵי מַפָּה, דְּלֹא שַׁיָּךְ בּוֹרֵר אֶלָּא בִּמְתַקֵּן הָעִנְיָן קֹדֶם אֲכִילָה אוֹ שְׁתִיָּה. אֲבָל בְּעִנְיָן זֶה, אֵינוֹ אֶלָּא מְעַכֵּב אֶת הַפְּסֹלֶת שֶׁלֹּא תִּכָּנֵס לְתוֹךְ פִּיו. וּמִכָּל מָקוֹם לִשְׁתּוֹת מַיִם כָּךְ עַל יְדֵי מַפָּה, יֵשׁ אוֹסְרִין מִשּׁוּם כִּבּוּס. וְיֵשׁ לְהָקֵל בִּשְׁעַת הַדְּחָק כְּשֶׁאֵין לוֹ מַיִם נְקִיִּים לִשְׁתּוֹת. וּמִכָּל מָקוֹם לֹא יִשְׁתֶּה דֶּרֶךְ בֵּית יָד מִן הַכְּתֹנֶת שֶׁלּוֹ, דְּבָזֶה אִכָּא לְמֵיחַשׁ טְפֵי, שֶׁמָּא יִסְחֹט.

סעיף יח' מַשְׁקֶה קַאפֶע שֶׁיֵּשׁ בְּתַחְתִּיתוֹ הַקָּאפֶע מַמָּשׁ שֶׁהוּא הַפְּסֹלֶת, וְכֵן שְׁאָר מַשְׁקֶה שֶׁיֵּשׁ בְּתַחְתִּיתוֹ שְׁמָרִים אוֹ שְׁאָר פְּסֹלֶת כְּשֶׁמְּעָרִין אוֹתוֹ, צְרִיכִין לִזָּהֵר שֶׁלֹּא לְעָרוֹת כָּל הַצָּלוּל, אֶלָּא יַשְׁאִיר מְעַט אֵצֶל הַפְּסֹלֶת. וְחָלָב שֶׁהֶעֱמַד אָסוּר לִקְלוֹט מַה שֶּׁלְּמַעְלָה הַנִּקְרָא סְמֶעטִין, רַק מַה שֶּׁצָּרִיךְ לֶאֱכוֹל עַתָּה וְגַם בָּזֶה יִזָּהֵר שֶׁלֹּא יִקַּח הַכֹּל, רַק יַשְׁאִיר קְצָת עַל הֶחָלָב הַתַּחְתּוֹן (שיט).

סעיף יט' אִם נָפַל זְבוּב וְכַדּוֹמֶה לְתוֹךְ הַמַּאֲכָל אוֹ הַמַּשְׁקֶה, לֹא יָסִיר אֶת הַזְּבוּב לְבַדּוֹ, אֶלָּא יִקַּח גַּם קְצָת מֵהַמַּאֲכָל אוֹ מֵהַמַּשְׁקֶה וְיִזְרֹק עִמּוֹ (שיט).

סעיף כ' אִם צָרִיךְ לָדוּךְ פִּלְפְּלִין אוֹ מֶלַח וְכַיּוֹצֵא בּוֹ לָתֵת לְתוֹךְ הַמַּאֲכָל, מֻתָּר לָדוּךְ בְּקַתָּא דְּסַכִּינָא עַל הַשֻּׁלְחָן וְכַיּוֹצֵא בּוֹ, אֲבָל לֹא בִּמְדוֹכָה וְלֹא בְּמַכְתֶּשֶׁת.

סעיף כא' אָסוּר לַחְתּוֹךְ בְּצָלִים וּשְׁאָר יְרָקוֹת אֶלָּא דַּוְקָא סָמוּךְ לִסְעוּדָה וְגַם אָז לֹא יַחְתְּכֵם דַּק דַּק מְאֹד.

סעיף כב' דָּבָר שֶׁהַמֶּלַח פּוֹעֵל בּוֹ לְרַכְּכוֹ אוֹ לְהָפִיג חֲרִיפוּתוֹ, אָסוּר לְמָלְחוֹ מִשּׁוּם דַּהֲוֵי כְּמוֹ מְעַבֵּד. וְלָכֵן אָסוּר לִמְלוֹחַ (גורקען) חַיִּין, וְכֵן צְנוֹן אוֹ בְּצָלִים אָסוּר לִמְלוֹחַ, אֲפִלּוּ מַה שֶּׁצָּרִיךְ לְאוֹתָהּ סְעוּדָה, אֶלָּא מַטְבִּיל בְּמֶלַח חֲתִיכָה חֲתִיכָה וְאוֹכֵל. אֲבָל בֵּיצִים וּבָשָׂר מְבֻשָּׁל וְכַיּוֹצֵא בָּהֶם שֶׁאֵין הַמֶּלַח מוֹעִיל לָהֶן אֶלָּא שֶׁיִּתֵּן בָּהֶם טַעַם מֶלַח, מֻתָּר לְמָלְחָם לְאָכְלָם בְּאוֹתָהּ סְעוּדָה. אֲבָל בִּשְׁבִיל לְהַנִּיחָם לִסְעוּדָה אַחֶרֶת, אָסוּר.

סעיף כג' אֵין לִמְלוֹחַ בְּיַחַד הַרְבֵּה פּוֹלִין וְקִטְנִיּוֹת מְבֻשָּׁלִים כִּי הַמְּלִיחָה מוֹעִילָה בָּהֶן לְרַכְּכָן. וַאֲפִלּוּ כְּדֵי לְאָכְלָן לְאַלְתַּר, אָסוּר.

סעיף כד' "סאַלאַט", "גּוּרְקֶען", וְכֵן שְׁאָר מִינֵי טִבּוּלִין שֶׁעוֹשִׂין מִבְּצָלִים וְכַדּוֹמֶה, מֻתָּר לְמָלְחָן סָמוּךְ לִסְעוּדָה, שֶׁכֵּיוָן שֶׁנּוֹתְנִים לְתוֹכָן מִיָּד שֶׁמֶן וְחֹמֶץ מַחְלִישִׁין כֹּחַ הַמֶּלַח. אֲבָל

אָסוּר לְמָלְחָן וּלְהַשְׁהוֹתָן אֵיזֶה זְמַן.

סעיף כה' אִסּוּר בּוֹנֶה, שַׁיָּךְ גַּם בְּמַאֲכָל, כְּגוֹן הַמְגַבֵּן גְּבִינָה אוֹ שֶׁמְּדַבֵּק פֵּרוֹת וּמְשַׁוֶּה אוֹתָן שֶׁיִּהְיוּ יָפִין וְלָכֵן כְּשֶׁחוֹתְכִין בְּצָלִים עִם בֵּיצִים אוֹ עִם חֵלֶב מִדָּג מָלוּחַ (הערינג) יֵשׁ לִזָּהֵר שֶׁלֹּא לְהַשְׁווֹתָן וּלְיַפּוֹתָן, אֶלָּא יַנִּיחֵם כְּמוֹ שֶׁהֵם. (עין מגן אברהם סימן שי"ט סעיף קטן י"ח, וסימן שי"ט סעיף קטן י"ח, וסימן ש"מ סעיף קטן י"ז).

סעיף כו' כְּשֶׁמְּדִיחִין כֵּלִים בְּמַיִם רוֹתְחִין לֹא יְעָרֶה הַמַּיִם עַל הַכֵּלִים אֶלָּא יְעָרֶה אֶת הַמַּיִם לְתוֹךְ כְּלִי אַחֵר וְאַחַר כָּךְ יִתֵּן בָּהֶם אֶת הַכֵּלִים. וְלֹא יְדִיחֵם בְּמַפָּה, מִשּׁוּם אִסּוּר סְחִיטָה, אֶלָּא מְדִיחָם בִּסְמַרְטוּט הַמְיֻחָד לְכָךְ, שֶׁאֵינוֹ מַקְפִּיד עָלָיו לְסָחֲטוֹ גַּם בְּחֹל. וּכְשֶׁמֵּדִיחַ כְּלֵי זְכוּכִית, לֹא יְדִיחֵם בְּשִׁבֹּלֶת שׁוּעָל וְכַדּוֹמֶה. וְאָסוּר לְהָדִיחַ כֵּלִים בַּשַּׁבָּת אֶלָּא אוֹתָן שֶׁצְּרִיכִין לַשַּׁבָּת (דִּין טְבִילַת כֵּלִים בְּשַׁבָּת וְיוֹם טוֹב, עַיֵּן לְעֵיל סוֹף סִימָן ל"ז) (רנ"ב ש"ב שכ"ג).

סעיף כז' כָּל דָּבָר שֶׁהַיִּשְׂרָאֵל אָסוּר לַעֲשׂוֹתוֹ, אָסוּר גַּם כֵּן עַל יְדֵי אֵינוֹ יְהוּדִי. וּמִכָּל מָקוֹם בִּימֵי הַחֹרֶף, כֵּיוָן שֶׁמַּתִּירִין לְהַסִּיק אֶת הַתַּנּוּר כְּדֵי לְחַמֵּם אֶת הַבַּיִת עַל יְדֵי אֵינוֹ יְהוּדִי, (כְּמוֹ שֶׁאֶכְתֹּב לְקַמָּן סִימָן צ' סָעִיף יח), נוֹהֲגִין שֶׁהָאֵינוֹ יְהוּדִי מַעֲמִיד אֶת הַתַּבְשִׁילִין שֶׁנִּצְטַנְּנוּ, עַל הַתַּנּוּר קֹדֶם שֶׁהוּא מַסִּיקוֹ, וְאַחַר כָּךְ מַסִּיקוֹ. דִּכֵיוָן שֶׁאֵין הַכַּוָּנָה בְּהַסָּקָה זֹאת לְחַמֵּם אֶת הַתַּבְשִׁילִין, אֶלָּא לְחַמֵּם אֶת הַבַּיִת, יֵשׁ מַתִּירִין. וְדַוְקָא שֶׁיַּעַמִידֵם קֹדֶם הַהַסָּקָה וְלֹא אַחַר כָּךְ. וּפְשִׁיטָא שֶׁאִם אֵין הַכַּוָּנָה בַּהַסָּקָה בִּשְׁבִיל הַבַּיִת אֶלָּא בִּשְׁבִיל הַתַּבְשִׁילִין, וַדַּאי אָסוּר בְּכָל עִנְיָן. וְיֵשׁ אוֹסְרִין אֲפִלּוּ אִם הַכַּוָּנָה הִיא בִּשְׁבִיל לְחַמֵּם אֶת הַבַּיִת. וְאַף עַל פִּי שֶׁהַמִּנְהָג כְּהַמַּתִּירִין, מִכָּל מָקוֹם כָּל בַּעַל נֶפֶשׁ יֵשׁ לוֹ לְהַחְמִיר עַל עַצְמוֹ בְּמָקוֹם שֶׁאֵין שָׁם צֹרֶךְ כָּל כָּךְ. וּמִכָּל שֶׁכֵּן בְּאוֹתָן תַּנּוּרֵי בַּרְזֶל הָעֲשׂוּיִין לְבַשֵּׁל עֲלֵיהֶן תָּמִיד (שפאר קיכע), אַף עַל פִּי שֶׁמַּסִּיקִים בָּהֶן בַּשַּׁבָּת לְצֹרֶךְ חִמּוּם הַבַּיִת, וְגַם הָאֵינוֹ יְהוּדִי מַעֲמִיד עָלָיו אֶת הַתַּבְשִׁילִין קֹדֶם הַהַסָּקָה, מִכָּל מָקוֹם הַיְּרֵא אֶת ה' יִמָּנַע מִזֶּה.

סעיף כח' הַשּׁוֹפֵךְ מַשְׁקִים בְּמָקוֹם שֶׁהַקַּרְקַע מַצְמַחַת, חַיָּב מִשּׁוּם זוֹרֵעַ, שֶׁהֲרֵי הַמַּשְׁקֶה גּוֹרֵם שֶׁתַּצְמִחַ הַקַּרְקַע. וְעַל כֵּן יֵשׁ לִזָּהֵר מִלֶּאֱכוֹל בְּגִנָּה, כִּי בְּקֹשִׁי יָכוֹל לִזָּהֵר שֶׁלֹּא לִשְׁפּוֹךְ מַשְׁקִים עַל הָאָרֶץ. וּמִלְּבַד זֹאת, יֵשׁ בַּגִּנָּה אִסּוּר טִלְטוּל (עַיֵּן סִימָן פ"ג) (של"ו שנ"ח).

סעיף כט' סְפוֹג שֶׁאֵין לוֹ בֵּית אֲחִיזָה, אֵין מְקַנְּחִין בּוֹ (ש"כ).

סעיף ל' אָסוּר לָרֹק בְּמָקוֹם שֶׁהָרוּחַ יְפַזֵּר אֶת הָרֹק (שי"ט).

סעיף לא' בְּתוּלָה, אֲסוּרָה לִקְלוֹעַ שַׂעֲרוֹתֶיהָ בַּשַּׁבָּת, וְלֹא לְהַתִּיר קְלִיעָתָהּ, אֲבָל יְכוֹלָה לְתַקֵּן שַׂעֲרוֹתֶיהָ בְּיָדֶיהָ. וּבְמַסְרֵק הֶעָשׂוּי מִשְּׂעַר חֲזִיר, אִם הוּא קָשֶׁה מְאֹד שֶׁאִי אֶפְשָׁר שֶׁלֹּא יַעֲקוֹר שְׂעָרוֹת, אָסוּר לִסְרֹק בּוֹ. אֲבָל אִם אֵינוֹ קָשֶׁה, מֻתֶּרֶת לְתַקֵּן בּוֹ שַׂעֲרוֹתֶיהָ, וּמִכָּל שֶׁכֵּן אִם הִיא מְיַחֶדֶת אוֹתוֹ לְכָךְ (שג שכז).

סעיף לב' בֶּגֶד וְכַיּוֹצֵא בוֹ שֶׁיֵּשׁ עָלָיו אֵיזֶה לִכְלוּךְ, מְקַנְּחוֹ בִּסְמַרְטוּט וְכַיּוֹצֵא בוֹ. אֲבָל לֹא יִשְׁפּוֹךְ עָלָיו מַיִם. מִשּׁוּם דִּנְתִינַת הַמַּיִם, הָוֵי כְּמוֹ כִּבּוּס. וְלָכֵן אִם תִּינוֹק הִשְׁתִּין עַל אֵיזֶה בֶּגֶד, אָסוּר לִשְׁפּוֹךְ עָלָיו מַיִם. (אֲבָל הִשְׁתִּין עַל הַקַּרְקַע אוֹ עַל כְּלִי עֵץ אוֹ עוֹר, מֻתָּר לִשְׁפֹּךְ שָׁם מַיִם), וּכְשֶׁאָדָם נוֹטֵל יָדָיו וְרוֹצֶה לְנַגְּבָן בְּמַפָּה, טוֹב לְשַׁפְשְׁפָן הֵיטֵב זוֹ בְּזוֹ לְהָסִיר הַמַּיִם, כְּדֵי שֶׁלֹּא יִשָּׁאֵר עֲלֵיהֶם רַק מְעַט מַיִם, (דִּבְמְעַט מַיִם שֶׁהוּא מְנַגְּבָן, כֵּיוָן שֶׁהוּא דֶּרֶךְ לִכְלוּךְ, לֹא הָוֵי כִּבּוּס). וּבְמַפָּה צְבוּעָה אֵין לָחוּשׁ בְּכָל עִנְיָן (דְּלֹא שַׁיָּךְ בָּהּ כִּבּוּס כָּל כָּךְ).

סעיף לג' חָבִית שֶׁיֵּשׁ בָּהּ מַיִם וְכַיּוֹצֵא בוֹ, אָסוּר לִפְרֹס עָלָיו בֶּגֶד שֶׁאֵינוֹ מְיֻחָד לָהּ, לְכַסּוֹתוֹ בּוֹ, דְּחַיְשִׁינַן שֶׁמָּא יָבוֹא לִידֵי סְחִיטָה. אֲבָל בְּבֶגֶד הַמְיֻחָד לָהּ מֻתָּר לְכַסּוֹתָהּ, דְּכֵיוָן דִּמְיֻחָד לָהּ, לֹא חַיְשִׁינַן שֶׁיִּסְחוֹט (וְעַיֵּן לְקַמָּן סָעִיף פ) (שכ).

סעיף לד' אִם נִשְׁפְּכוּ מַיִם עַל הַשֻּׁלְחָן וְכַדּוֹמֶה, אָסוּר לְקַנְּחוֹ בְּבֶגֶד שֶׁהוּא מַקְפִּיד עָלָיו, דְּכֵיוָן דְּאִכָּא מַיִם מְרֻבִּים, חַיְשִׁינַן שֶׁמָּא יִסְחוֹט. וְכֵן לֹא יְנַגֵּב בְּמַפָּה כּוֹסוֹת אוֹ שְׁאָר כֵּלִים שֶׁפִּיהֶן צַר, דְּמֵחֲמַת דְּחָקָם נִסְחָט הַמַּשְׁקֶה (ש"ב).

סעיף לה' הָיָה הוֹלֵךְ וְיָרְדוּ גְּשָׁמִים עָלָיו וְעַל בְּגָדָיו, מֻתָּר לֵילֵךְ לְבֵיתוֹ. וּכְשֶׁפּוֹשְׁטָן, אָסוּר לְשָׁטְחָן כְּדֵי שֶׁיִּתְיַבְּשׁוּ. וַאֲפִלּוּ הָיוּ לַחִים רַק מִן הַזֵּעָה, אָסוּר לְשָׁטְחָן, וְכָל שֶׁכֵּן דְּאָסוּר לְשָׁטְחָן נֶגֶד הָאֵשׁ. וַאֲפִלּוּ אִם לָבוּשׁ בָּהֶם, אָסוּר לַעֲמֹד נֶגֶד הָאֵשׁ בְּמָקוֹם שֶׁהוּא חַם הַרְבֵּה. וְכֵן אָסוּר לְנַעֵר בֶּגֶד מִן הַמַּיִם, וּבֶגֶד שֶׁהוּא מַקְפִּיד עַל מֵימָיו, אָסוּר אֲפִלּוּ לְטַלְטְלוֹ לְאַחַר שֶׁפְּשָׁטוֹ מֵעָלָיו, דְּחַיְשִׁינַן שֶׁמָּא יִסְחָטֶנּוּ.

סעיף לו' הָיָה הוֹלֵךְ וְהִגִּיעַ לְאַמַּת הַמַּיִם, יָכוֹל לְדַלֵּג וְלִקְפֹּץ עָלֶיהָ, אֲפִלּוּ הוּא רְחָבָה. וּמוּטָב שֶׁיְּדַלֵּג מִמַּה שֶׁיַּקִּיף, מִפְּנֵי שֶׁמַּרְבֶּה בַּהִלּוּךְ. וְאָסוּר לַעֲבוֹר בָּהּ, שֶׁלֹּא יָבוֹא לִידֵי סְחִיטָה. וַאֲפִלּוּ בְּמָקוֹם אַחֵר בְּמָקוֹם שֶׁיָּכוֹל לְהַחֲלִיק וְלִפּוֹל בַּמַּיִם, אָסוּר לֵילֵךְ בְּשַׁבָּת, שֶׁמָּא יִשְׁרוּ בְּגָדָיו וְיָבוֹא לִידֵי סְחִיטָה.

סעיף לז' הָיָה הוֹלֵךְ לִדְבַר מִצְוָה, כְּגוֹן לְהַקְבִּיל פְּנֵי אָבִיו אוֹ רַבּוֹ אוֹ מִי שֶׁגָּדוֹל מִמֶּנּוּ בְּחָכְמָה, יָכוֹל לַעֲבוֹר בַּנָּהָר, וּבִלְבַד שֶׁיַּעֲשֶׂה שִׁנּוּי, כְּגוֹן שֶׁלֹּא יוֹצִיא יָדוֹ מִתַּחַת לִשְׂפַת חֲלוּקוֹ, כְּדֵי שֶׁיִּזְכּוֹר וְלֹא יָבוֹא לִידֵי סְחִיטָה. וְאָסוּר לַעֲבוֹר בְּסַנְדָּלוֹ, דְּכֵיוָן דְּאֵינוֹ יָכוֹל לְהַדְּקוֹ וּלְקָשְׁרוֹ יָפֶה, חַיְשִׁינַן דִּלְמָא נָפֵל וְאָתֵי לְאַתּוּיֵי (לְטַלְטְלוֹ). אֲבָל בְּמִנְעָלוֹ, מֻתָּר. וְכֵיוָן שֶׁהָלַךְ לִדְבַר מִצְוָה, מֻתָּר לוֹ אַף לַחֲזוֹר. וְאִם הוֹלֵךְ לִשְׁמוֹר פֵּרוֹתָיו (דִּשְׁמִירַת מָמוֹנוֹ, הָוֵי גַּם כֵּן קְצָת מִצְוָה), מֻתָּר לוֹ לַעֲבוֹר בַּהֲלִיכָה, אֲבָל לֹא בַּחֲזָרָה (ש"א).

סעיף לח' טִיט שֶׁעַל בִּגְדוֹ, אִם הוּא לַח, מְגָרְדוֹ בְּצִפֹּרֶן אוֹ בְּסַכִּין. אֲבָל אִם הוּא יָבֵשׁ, אָסוּר לְגָרְדוֹ, מִשּׁוּם דַּהֲוֵי כְּטוֹחֵן.

סעיף לט' בֶּגֶד שָׁחוֹר, אָסוּר לְנַעֲרוֹ מִן הַשֶּׁלֶג אוֹ מִן הָאָבָק. אֲבָל לְהָסִיר מֵעָלָיו הַנּוֹצוֹת בְּיָדוֹ, מֻתָּר. וְיֵשׁ חוֹשְׁשִׁין גַּם בְּזֹאת.

סעיף מ' טִיט שֶׁעַל רַגְלוֹ אוֹ מִנְעָלָיו, יָכוֹל לְהָסִירוֹ בְּדָבָר שֶׁמֻּתָּר לְטַלְטְלוֹ, אוֹ שֶׁיְקַנְּחוֹ בְּקוֹרָה, אֲבָל לֹא יְקַנְּחוֹ לֹא בַכֹּתֶל וְלֹא בַקַּרְקַע. וּבִשְׁעַת הַדְּחָק כְּגוֹן שֶׁצּוֹאָה עַל רַגְלוֹ אוֹ עַל מִנְעָלָיו, וְאֵין לוֹ דָבָר שֶׁמֻּתָּר לְטַלְטְלוֹ, יָכוֹל לְקַנֵּחַ בַּכֹּתֶל. וְאִם אֵין כֹּתֶל, יְקַנֵּחַ בַּקַּרְקַע. וְאִם יֵשׁ לוֹ מַיִם, יָכוֹל לִרְחֹץ הַמִּנְעָל גַּם בַּמַּיִם אִם הוּא שֶׁל עוֹר, (כִּי בְעוֹר, שִׁכְשׁוּךְ בְּעָלְמָא לֹא הֲוֵי כִּבּוּס, אֶלָּא כְּשֶׁמְּשַׁפְשְׁפוֹ צַד זֶה עַל צַד זֶה כְּדֶרֶךְ הַכּוֹבְסִים). אֲבָל בְּסַכִּין, אָסוּר לְגָרֵד הַטִּיט וְהַצּוֹאָה מִן הַמִּנְעָל שֶׁל עוֹר. וְהַבַּרְזֶל שֶׁלִּפְנֵי הַבַּיִת שֶׁעָשׂוּי לְכָךְ, אִם הוּא חַד, אָסוּר לְגָרֵד בּוֹ. וְאִם אֵינוֹ חַד, מֻתָּר.

סעיף מא' נִתְלַכְלְכָה יָדוֹ בְּטִיט, לֹא יְקַנְּחָהּ בְּמַפָּה שֶׁמְּקַנְּחִין בָּהּ הַיָּדַיִם (דְּחָיְשִׁינָן שֶׁמָּא יְכַבְּסָהּ) (ש"ב).

סעיף מב' אָסוּר לִצְבּוֹעַ שׁוּם דָּבָר, אֲפִלּוּ בְּצֶבַע שֶׁאֵינוֹ מִתְקַיֵּם, וְלָכֵן אָסוּר לְאִשָּׁה לִצְבּוֹעַ פָּנֶיהָ וְיֵשׁ לְזָהֵר כְּשֶׁיָּדָיו צְבוּעוֹת מִפֵּרוֹת שֶׁאָכַל, שֶׁלֹּא יִגַּע בְּבִגְדוֹ, מִפְּנֵי שֶׁצּוֹבְעוֹ. וְכֵן דַּם חָטְמוֹ וְדַם מַכָּתוֹ לֹא יְקַנֵּחַ בְּמַפָּה (וְעַיֵּן לְקַמָּן סִימָן צ"א סָעִיף י"א) (ש"כ שכ"ח).

סעיף מג' אֵין לִתֵּן כַּרְכֹּם לְתוֹךְ הַתַּבְשִׁיל מִפְּנֵי שֶׁצּוֹבְעוֹ, (כָּךְ כָּתוּב בְּסֵפֶר חַיֵּי אָדָם).

סעיף מד' אָסוּר לִקְלוֹעַ אוֹ לִשְׁזוֹר אֲפִלּוּ שְׁנֵי חוּטִין אוֹ שְׂעָרוֹת הַתְּלוּשׁוֹת (שג שיז).

סעיף מה' הַדֶּרֶךְ הוּא כְּשֶׁצְּרִיכִין לִקְשֹׁר אֵיזֶה דָּבָר בִּשְׁנֵי חוּטִין אוֹ מְשִׁיחוֹת, אוֹ שֶׁמְּסַבְּבִים חוּט אוֹ מְשִׁיחָה אַחַת וְקוֹשְׁרִין שְׁנֵי הַקְּצָווֹת יַחַד כְּדֶרֶךְ הַחֲגוֹרָה, עוֹשִׂין שְׁנֵי קְשָׁרִים זֶה עַל גַּב זֶה, כִּי בְּקֶשֶׁר אֶחָד לֹא יִתְחַזֵּק. וְאָסוּר לַעֲשׂוֹת כֵּן בַּשַּׁבָּת, שְׁנֵי קְשָׁרִים זֶה עַל גַּב זֶה, אֲפִלּוּ בְּדָבָר שֶׁדַּרְכּוֹ לְהַתִּירוֹ בּוֹ בַּיּוֹם, וּצְרִיכִין לְזָהֵר בַּמִּטְפַּחַת שֶׁכּוֹרְכִין סְבִיב הַצַּוָּאר (האלזטוך) שֶׁלֹּא לַעֲשׂוֹת בָּהּ בַּשַּׁבָּת שְׁנֵי קְשָׁרִים. וְכֵן בְּעֶרֶב שַׁבָּת לֹא יִהְיוּ בָהּ שְׁנֵי קְשָׁרִים, דְּאִם כֵּן אָסוּר לְהַתִּירוֹ בַּשַּׁבָּת כִּדְלְקַמָּן. וְכֵן לַעֲשׂוֹת אֲפִלּוּ קֶשֶׁר אֶחָד בְּרֹאשׁ אֶחָד שֶׁל חוּט אוֹ מְשִׁיחָה, אוֹ לִטּוֹל שְׁנֵי הַקְּצָווֹת זֶה אֵצֶל זֶה וְלַעֲשׂוֹת בִּשְׁנֵיהֶם בְּיַחַד קֶשֶׁר אֶחָד, אָסוּר. כֵּיוָן דְּבָזֶה גַּם קֶשֶׁר אֶחָד מִתְקַיֵּם. וְלַעֲשׂוֹת בִּשְׁנֵי קְצָווֹת זֶה עִם זֶה קֶשֶׁר אֶחָד וְעָלָיו עֲנִיבָה, אִם הוּא דָּבָר שֶׁדַּרְכּוֹ לְהַתִּירוֹ בּוֹ בַּיּוֹם מֻתָּר. וְאִם לָאו, אָסוּר, אֲפִלּוּ אִם הוּא דַּעְתּוֹ לְהַתִּירוֹ בּוֹ בַּיּוֹם. אֲבָל לַעֲשׂוֹת שְׁתֵּי עֲנִיבוֹת זוֹ עַל גַּבֵּי זוֹ, מֻתָּר, וַאֲפִלּוּ הַרְבֵּה, וַאֲפִלּוּ אִם דַּעְתּוֹ שֶׁיַּעֲמוֹד כֵּן יָמִים רַבִּים (סִימָן שי"ז, וּבְחַיֵּי אָדָם).

סעיף מו' קֶשֶׁר שֶׁאֲסוּרִין לַעֲשׂוֹתוֹ, קֶשֶׁר כָּזֶה אֲסוּרִין גַּם כֵּן לְהַתִּיר. וּבִמְקוֹם צַעַר, יֵשׁ לְהַתִּיר עַל יְדֵי אֵינוֹ יְהוּדִי (שי"ז).

סעיף מז' דֶּרֶךְ הַחַיָּטִים, שֶׁקֹּדֶם שֶׁתּוֹפְרִין אֶת הַבֶּגֶד כָּרָאוּי, מְחַבְּרִים אֶת הַחֲתִיכוֹת בִּתְפִירוֹת מְרֻוָּחוֹת, וְאַחַר כָּךְ מְסִירִין אֶת הַחוּטִין מֵאֵלּוּ הַתְּפִירוֹת, וְאָסוּר לַהֲסִירָן בְּשַׁבָּת (ש"ב).

סעיף מח' בְּגָדִים הָעֲשׂוּיִם לְהַכְנִיס בָּהֶם מְשִׁיחָה אוֹ רְצוּעָה, כְּגוֹן מִכְנָסַיִם

אוֹ מִנְעָלִים אוֹ חָלוּק, אִם הַבֶּגֶד חָדָשׁ, אָסוּר לְהַכְנִיסוֹ בָּהֶם, מִשּׁוּם דַּהֲוֵי תִקּוּן מָנָא. וּבְיָשָׁן אִם אֵין הַנֶּקֶב צָר, שֶׁאֵין טֹרַח לְהַכְנִיסָהּ מֻתָּר. וְאִם יֵשׁ טֹרַח, אָסוּר.

סעיף מט' לִפְעָמִים אֵיזֶה תְּפִירָה מִתְקַלְקֶלֶת וּמִתְפָּרְדוֹת הַחֲתִיכוֹת קְצָת זוֹ מִזּוֹ, וּמוֹשְׁכִין בְּחוּט הַתְּפִירָה וְהֵן מִתְהַדְּקוֹת וּמִתְחַבְּרוֹת, אָסוּר לַעֲשׂוֹת כֵּן בַּשַּׁבָּת מִשּׁוּם דַּהֲוֵי תוֹפֵר (ש"מ).

סעיף נ' נְיָרוֹת שֶׁנִּדְבְּקוּ שֶׁלֹּא בְּכַוָּנָה, כְּמוֹ שֶׁלִּפְעָמִים נִדְבְּקוּ דַּפֵּי סְפָרִים מֵחֲמַת הַצֶּבַע שֶׁצְּבָעָן הַכּוֹרֵךְ אוֹ שֶׁנִּדְבְּקוּ אֵיזֶה דַּפִּין בְּשַׁעֲוָה מֻתָּר לְפָתְחָן (ש"מ).

סעיף נא' כֵּלִים שֶׁכָּרְכוּ סְבִיב פִּיהֶם בְּמַטְלִית וּקְשָׁרוּהוּ בִּמְשִׁיחָה, מֻתָּר לְקָרְעָן בַּשַּׁבָּת, שֶׁזֶּהוּ מְקַלְקֵל, וּמֻתָּר לְצֹרֶךְ שַׁבָּת (סִימָן שי"ד ובחיי"א).

סעיף נב' אָסוּר לָצוּד שׁוּם בַּעַל חַי בַּשַּׁבָּת, (וְעַיֵּן לְקַמָּן סִימָן פ"ז סָעִיף כ', כ"א). וַאֲפִלּוּ פַּרְעוֹשׁ אָסוּר לִתְפּוֹס, וְאַף אִם הִיא עַל גּוּף הָאָדָם וְעוֹקְצוֹ, מִשּׁוּם צַעֲרָא דְּגוּפָא מֻתָּר לְטָלוֹ וּלְזָרְקוֹ. אֲבָל אָסוּר לְהָרְגוֹ כִּי אָסוּר לַהֲרוֹג שׁוּם בַּעַל חָי. אַךְ הַכִּנִּים כֵּיוָן שֶׁהֵן מִתְהַוּוֹת רַק מִן הַזֵּעָה, מֻתָּר לְהָרְגָן. וּמִכָּל מָקוֹם אֵלּוּ שֶׁבַּבְּגָדִים אָסוּר לְהָרְגָן, אֶלָּא נוֹטְלָן וְזוֹרְקָן. רַק אֵלּוּ שֶׁנִּמְצְאוּ בָּרֹאשׁ, מֻתָּר לְהָרְגָן.

סעיף נג' יֵשׁ לְזָהֵר, כְּשֶׁרוֹצֶה לִסְתּוֹם תֵּבָה אוֹ כְּלִי שֶׁיֵּשׁ שָׁם זְבוּבִים, שֶׁיַּפְרִיחֵם תְּחִלָּה מִשָּׁם, כִּי כַּאֲשֶׁר הוּא סוֹתֵם, הֵמָּה נִצּוֹדִים שָׁמָּה. וּמִכָּל מָקוֹם אֵינוֹ צָרִיךְ לְדַקְדֵּק וְלִבְדּוֹק שֶׁלֹּא יִשָּׁאֵר שָׁם כְּלָל, אֶלָּא יַפְרִיחַ מַה שֶּׁנִּרְאֶה לוֹ.

סעיף נד' אָסוּר לְהוֹצִיא דָּם. וַאֲפִלּוּ דָּם שֶׁבֵּין הַשִּׁנַּיִם אָסוּר לִמְצוֹץ. וְכֵן אָסוּר לְהַנִּיחַ עַל הַמַּכָּה רְטִיָּה הַמּוֹצִיאָה דָּם וְלֵחָה. וּמִכָּל שֶׁכֵּן דְּאָסוּר לִדְחוֹק אֶת הַמַּכָּה לְהוֹצִיא דָּם אוֹ לֵחָה (עַיֵּן לְקַמָּן סִימָן צ"א סָעִיף י"א).

סעיף נה' צִיצִין שֶׁהֵן כְּמִין רְצוּעוֹת דַּקּוֹת שֶׁפֵּרְשׁוּ מֵעוֹר הָאֶצְבַּע סְבִיב הַצִּפֹּרֶן, אָסוּר לַהֲסִירָן, בֵּין בִּכְלִי בֵּין בְּיָד בֵּין בְּשִׁנַּיִם. וְצִפֹּרֶן שֶׁנִּפְרַשׁ רֻבּוֹ וְקָרוֹב לְהִנָּתֵק וּמְצַעֲרוֹ, מֻתָּר לַהֲסִירוֹ בְּיָד, אֲבָל לֹא בִּכְלִי. וְאִם לֹא פֵּרַשׁ רֻבּוֹ, אָסוּר לַהֲסִירוֹ אֲפִלּוּ בְּיָד (שכ"ח).

סעיף נו' אָסוּר לִשְׁפּוֹךְ לְתוֹךְ הַחֹמֶץ שְׁאָר מַשְׁקִים, שֶׁיִּתְהַוּוּ גַּם כֵּן חֹמֶץ.

סעיף נז' בָּשָׂר שֶׁלֹּא נִמְלַח וְחָל יוֹם שְׁלִישִׁי שֶׁלּוֹ בַּשַּׁבָּת, שֶׁאִם לֹא יְדִיחוּהוּ יְהֵא נֶאֱסָר, יֵשׁ לַהֲדִיחוֹ עַל יְדֵי אֵינוֹ יְהוּדִי. אֲבָל עַל יְדֵי יִשְׂרָאֵל, אָסוּר.

סעיף נח' אָסוּר לְמָרֵחַ רְטִיָּה, וְכֵן שַׁעֲוָה אוֹ זֶפֶת. לָכֵן אָסוּר לִתֵּן שַׁעֲוָה אוֹ שֶׁמֶן עָב בַּנֶּקֶב לְסָתְמוֹ אוֹ לְדַבְּקוֹ עַל אֵיזֶה דָּבָר לְסִימָן. אֲבָל אֹכֶל מֻתָּר לְמָרֵחַ, כְּגוֹן חֶמְאָה עַל הַלֶּחֶם וְכַדּוֹמֶה (שי"ד שכ"א).

סעיף נט' אָסוּר לִשְׁבּוֹר אוֹ לַחְתּוֹךְ כָּל דָּבָר שֶׁאֵינוֹ מַאֲכָל. אֲבָל מַה שֶּׁהוּא מַאֲכָל, אֲפִלּוּ רַק לִבְהֵמָה, מֻתָּר. וְלָכֵן מֻתָּר לַחְתּוֹךְ קַשׁ לַחֲצוֹץ בּוֹ שִׁנָּיו. וַעֲצֵי בְּשָׂמִים, מֻתָּר לִמְלוֹל וְלִקְטוֹם

כְּדֵי לְהָרִיחַ בָּהֶם, וַאֲפִלּוּ הֵם קָשִׁים כָּעֵץ. אֲבָל לִקְטוֹם אוֹתָם כְּדֵי לַחֲצוֹץ שִׁנָּיו, אָסוּר.

סעיף ס' אִילָן בֵּין שֶׁהוּא לַח בֵּין שֶׁהוּא יָבֵשׁ, אֵין מִשְׁתַּמְּשִׁין בּוֹ שׁוּם תַּשְׁמִישׁ, וְאַף עַל פִּי שֶׁאֵינוֹ מְנִידוֹ. (דְּאִם מְנִידוֹ, בְּלָאו הָכִי אִכָּא אִסּוּר מֻקְצֶה). אֵין עוֹלִין בּוֹ, וְאֵין נִתְלִין בּוֹ. וְאָסוּר לְהַנִּיחַ עָלָיו אֵיזֶה חֵפֶץ אוֹ לִטְּלוֹ מִמֶּנּוּ אוֹ לִקְשׁוֹר בּוֹ בְּהֵמָה וְכָל כַּיּוֹצֵא בָּהֶם. וַאֲפִלּוּ בְּצִדְדֵי הָאִילָן, אָסוּר לְהִשְׁתַּמֵּשׁ. וְלָכֵן אִם סַל תָּלוּי עָלָיו, אָסוּר לִטּוֹל אֵיזֶה דָּבָר מִתּוֹךְ הַסַּל, אוֹ לִתֵּן לְתוֹכוֹ, דְּהַסַּל הָוֵי צְדָדֵי הָאִילָן. אֲבָל אִם יָתֵד תְּקוּעָה בָּאִילָן וְעָלֶיהָ תָּלוּי סַל, מֻתָּר לִטּוֹל מִתּוֹכוֹ אוֹ לִתֵּן לְתוֹכוֹ, מִשּׁוּם דְּאָז הָוֵי הַסַּל צִדֵּי צְדָדִין. וְהַסַּל, אָסוּר לִקַּח מִשָּׁם אוֹ לְתָלוֹתוֹ שָׁם, מִשּׁוּם דְּמִשְׁתַּמֵּשׁ בַּיָּתֵד דַּהֲוֵי צִדְדֵי הָאִילָן.

סעיף סא' כְּלִי שֶׁזּוֹרְעִין בּוֹ מִינֵי עֲשָׂבִים אוֹ שׁוֹשַׁנִּים לְנוֹי אוֹ לְהָרִיחַ, אָסוּר לְתָלוֹשׁ מִמֶּנּוּ, כְּמוֹ שֶׁאָסוּר לְתָלוֹשׁ מִן הָאִילָן. וּצְרִיכִין לִזָּהֵר שֶׁלֹּא לְטַלְטְלוֹ מֵעַל גַּבֵּי קַרְקַע לְהַעֲמִידוֹ בְּמָקוֹם אַחֵר. דְּכֵיוָן שֶׁכְּשֶׁהוּא עוֹמֵד עַל הַקַּרְקַע, מֵרִיחַ הָאָרֶץ הוּא גָּדֵל, אִם כֵּן הַנּוֹטְלוֹ מִשָּׁם, הָוֵי כְּמוֹ תּוֹלֵשׁ. וְכֵן אִם עוֹמֵד בְּמָקוֹם אַחֵר, אָסוּר לִטְּלוֹ וּלְהַעֲמִידוֹ עַל הַקַּרְקַע, מִשּׁוּם דְּבָזֶה הָוֵי כְּמוֹ זוֹרֵעַ. וּצְרִיכִין לִזָּהֵר בְּכָל זֶה, בֵּין שֶׁהוּא שֶׁל עֵץ בֵּין שֶׁהוּא שֶׁל חֶרֶס, בֵּין שֶׁהוּא נָקוּב, בֵּין שֶׁאֵינוֹ נָקוּב (של"ו).

סעיף סב' אָסוּר לִכְתֹּב אוֹ לַעֲשׂוֹת אֵיזֶה צִיּוּר אֲפִלּוּ בְּאֶצְבָּעוֹ עִם הַמַּשְׁקִין שֶׁעַל הַשֻּׁלְחָן אוֹ עַל הַהֶבֶל שֶׁעַל חַלּוֹן זְכוּכִית (שִׁמְשַׁת הַחַלּוֹן) וְכֵן בְּכָל דָּבָר, אַף עַל פִּי שֶׁאֵינוֹ מִתְקַיֵּם. וַאֲפִלּוּ לַעֲשׂוֹת רֹשֶׁם בְּעָלְמָא בְּצִפָּרְנוֹ עַל אֵיזֶה דָּבָר לְסִימָן, אָסוּר. נִמְצָאָה שַׁעֲוָה וְכַדּוֹמֶה שֶׁנִּטְפָה עַל הַסֵּפֶר, אֲפִלּוּ רַק עַל אוֹת אַחַת, אָסוּר לַהֲסִירָהּ (וְעַיֵּן לְעֵיל סִימָן כ"ד סָעִיף י"ב).

סעיף סג' כְּשֵׁם שֶׁאָסוּר לִכְתּוֹב, כָּךְ אָסוּר לִמְחוֹק כָּל מַה שֶּׁנִּכְתַּב. וּמִכָּל מָקוֹם אוֹתָן עוּגוֹת שֶׁעָשׂוּ עֲלֵיהֶן אוֹתִיּוֹת וְצִיּוּרִים, מֻתָּר לְשָׁבְרָן וּלְאָכְלָן בְּשַׁבָּת. אַךְ אִם נַעֲשׂוּ כֵּן לִסְגֻלָּה לִקְטַנִּים, יֵשׁ לְהַחְמִיר בָּהֶם.

סעיף סד' סְפָרִים, שֶׁעַל חֻדֵּי הַגִּלְיוֹנוֹת מִבַּחוּץ נִכְתְּבוּ אוֹתִיּוֹת, יֵשׁ אוֹסְרִין לְפָתְחָן אוֹ לְסָגְרָן בְּשַׁבָּת וְיֵשׁ מַתִּירִין, וְכֵן נוֹהֲגִים. וּמִכָּל מָקוֹם מֵאַחַר שֶׁיֵּשׁ אוֹסְרִין יֵשׁ לִמְנוֹעַ מִלִּכְתּוֹב כֵּן (ש"מ).

סעיף סה' מֻתָּר לוֹמַר לַחֲבֵרוֹ, מַלֵּא לִי כְּלִי זֶה אֲפִלּוּ הוּא מְיֻחָד לְמִדָּה, וַאֲפִלּוּ הוּא שֶׁל מוֹכֵר, אֶלָּא שֶׁהַלּוֹקֵחַ נוֹטְלוֹ וּמוֹלִיכוֹ לְבֵיתוֹ. וּמִכָּל שֶׁכֵּן שֶׁאִם הַלּוֹקֵחַ מֵבִיא כְּלִי שֶׁלּוֹ וְאוֹמֵר, מַלֵּא לִי כְּלִי זֶה, דְּוַדַּאי מֻתָּר. אֲבָל לִמְדּוֹד בִּכְלִי הַמְיֻחָד לְמִדָּה שֶׁל הַמּוֹכֵר וְלִשְׁפּוֹךְ לְתוֹךְ כְּלִי שֶׁל לוֹקֵחַ, אָסוּר. וְכֵן מֻתָּר לוֹמַר לַחֲבֵרוֹ: תֵּן לִי חֲמִשִּׁים אֱגוֹזִים וְכַדּוֹמֶה, וּבִלְבַד שֶׁלֹּא יַזְכִּיר לוֹ שֵׁם מִדָּה וְלֹא דָּמִים, וְגַם לֹא יַעֲשֶׂה חֶשְׁבּוֹן, לוֹמַר, הֲרֵי שֶׁיֵּשׁ לְךָ בְּיָדִי חֲמִשִּׁים אֱגוֹזִים, תֵּן לִי עוֹד חֲמִשִּׁים וְיִהְיוּ לְךָ בְּיָדִי מֵאָה. וּמִכָּל שֶׁכֵּן שֶׁלֹּא יַזְכִּיר לְשׁוֹן מֶכֶר, אֲפִלּוּ אֵינוֹ קוֹצֵץ הַדָּמִים, וַאֲפִלּוּ לְצֹרֶךְ שַׁבָּת. וְעַל יְדֵי אֵינוֹ יְהוּדִי, אָסוּר לִקְנוֹת בְּשַׁבָּת,

וְהוּא הַדִּין בִּשְׂכִירוּת (ש"ו שכ"ג שכ"ה).

סעיף סו' מֻתָּר לוֹמַר לַחֲבֵרוֹ, מַלֵּא לִי כְּלִי זֶה אוֹ תֵּן לִי בּוֹ עַד הָרֹשֶׁם הַזֶּה, וּלְמָחָר נִמְדּוֹד אוֹתוֹ אוֹ נִשְׁקוֹל אוֹתוֹ (שכ"ג).

סעיף סז' כְּשֵׁם שֶׁאָסוּר לַעֲשׂוֹת אֲפִלּוּ בִּנְיָן עֲרַאי בְּשַׁבָּת, כָּךְ אָסוּר לְהוֹסִיף עַל בִּנְיָן קָבוּעַ, אֲפִלּוּ תּוֹסֶפֶת עֲרַאי. וְלָכֵן פֶּתַח שֶׁאֵינוֹ עָשׂוּי לִכְנִיסָה וִיצִיאָה תָּדִיר אֶלָּא לְעִתִּים רְחוֹקוֹת, אִם עָשָׂה לָהּ דֶּלֶת שֶׁאֵינָהּ סוֹבֶבֶת עַל צִירֶיהָ (צִיר, הוּא עֵץ אוֹ בַּרְזֶל הַבּוֹלֵט מִן הַדֶּלֶת שֶׁמַּכְנִיסִין בְּחוֹר שֶׁלְּמַטָּה בָּאַסְקֻפָּה, וּלְמַעְלָה בַּמַּשְׁקוֹף, שֶׁתְּהֵא הַדֶּלֶת חוֹזֶרֶת לְכָאן וּלְכָאן, וְהוּא הַדִּין בְּמַה שֶּׁנּוֹהֲגִין בִּמְדִינָתֵנוּ לְתַקֵּן אֶת הַדְּלָתוֹת באנגלען) בְּצִירִים קְטַנִּים הַמִּתְחַבְּרִים לִמְזוּזַת הַפֶּתַח. אֶלָּא שֶׁקְּשָׁרָהּ שָׁם וּתְלָאָהּ שָׁם לִנְעוֹל בָּהּ, אִם יֵשׁ צִיר בְּדֶלֶת זוֹ, אוֹ אֲפִלּוּ אֵין בָּהּ עַתָּה, אֶלָּא שֶׁהָיָה לָהּ צִיר וְנִשְׁבַּר וּמְקוֹמוֹ נִכָּר, מֻתָּר לִנְעוֹל בָּהּ בְּשַׁבָּת. וַאֲפִלּוּ אִם הִיא בְּעִנְיָן שֶׁכְּשֶׁפּוֹתְחִים אוֹתָהּ הִיא נִגְרֶרֶת עַל הָאָרֶץ, וּכְשֶׁנּוֹעֲלִין בָּהּ מַגְבִּיהִין אוֹתָהּ וּמַעֲמִידִין אוֹתָהּ עַל הָאַסְקֻפָּה, מִכָּל מָקוֹם מֻתָּר, דְּכֵיוָן שֶׁהִיא קְשׁוּרָה וּתְלוּיָה, וְגַם יֵשׁ בָּהּ הֶכֵּר צִיר, נִכָּר שֶׁהִיא דֶּלֶת הָעֲשׂוּיָה לִנְעִילָה וּפְתִיחָה וְאֵינוֹ נִרְאֶה כְּבוֹנֶה. וּמִכָּל שֶׁכֵּן אִם יֵשׁ לָהּ עֲדַיִן צִיר. וּבִלְבַד שֶׁלֹּא יַחֲזִיר אֶת הַצִּיר לִמְקוֹמוֹ, דִּבְזֶה הֲוֵי בּוֹנֶה.

סעיף סח' אֲבָל אִם אֵין לָהּ הֶכֵּר צִיר, אָסוּר לִנְעוֹל בָּהּ בְּשַׁבָּת, דְּכֵיוָן שֶׁהַפֶּתַח אֵינוֹ עָשׂוּי לְהִפָּתֵחַ אֶלָּא לְעִתִּים רְחוֹקוֹת וְהַדֶּלֶת אֵינָהּ נִכֶּרֶת כְּדֶלֶת, נִרְאֵית הַנְּעִילָה כְּמוֹ בִנְיָן. אַךְ אִם הִיא קְשׁוּרָה וּתְלוּיָה יָפֶה בְּעִנְיָן שֶׁאַף כְּשֶׁהִיא פְּתוּחָה אֵינָהּ נִגְרֶרֶת עַל הָאָרֶץ, אֲפִלּוּ אֵינָהּ גְּבוֹהָה מִן הָאָרֶץ אֶלָּא כִּמְלֹא נִימָה, נִכֶּרֶת הִיא שֶׁהִיא דֶּלֶת וּמֻתָּר לִנְעוֹל בָּהּ.

סעיף סט' אִם אֵינָהּ קְשׁוּרָה וּתְלוּיָה כְּלָל, וּכְשֶׁפּוֹתְחִין שׁוֹמְטִין אוֹתָהּ לְגַמְרֵי, אָסוּר לִנְעוֹל בָּהּ בְּשׁוּם אֹפֶן פֶּתַח שֶׁאֵינוֹ עָשׂוּי לִכְנִיסָה וִיצִיאָה תָּדִיר. אֲבָל פֶּתַח הֶעָשׂוּי לִכְנִיסָה וִיצִיאָה תָּדִיר, מֻתָּר לִנְעֹל בָּהּ, וַאֲפִלּוּ אֵין בָּהּ הֶכֵּר צִיר.

סעיף ע' דֶּלֶת הָעֲשׂוּיָה מִלּוּחַ אֶחָד, אֵין נוֹעֲלִין בָּהּ פֶּתַח שֶׁאֵינוֹ עָשׂוּי לִכְנִיסָה וְלִיצִיאָה תָּדִיר. וַאֲפִלּוּ יֵשׁ לָהּ צִיר, אִם אֵינָהּ סוֹבֶבֶת עַל צִירֶיהָ, דְּכֵיוָן שֶׁאֵינָהּ אֶלָּא מִלּוּחַ אֶחָד וְאֵינָהּ סוֹבֶבֶת עַל צִירֶיהָ, נִרְאָה כְּבוֹנֶה וְסוֹתֵם מְקוֹם הַפָּתוּחַ, אֲבָל בְּפֶתַח הֶעָשׂוּי לִכְנִיסָה וִיצִיאָה תָּדִיר, יֵשׁ לְהָקֵל לִנְעוֹל בָּהּ. וְדַוְקָא כְּשֶׁיֵּשׁ שָׁם אַסְקֻפָּה, דְּאָז נִכָּר שֶׁהוּא פֶּתַח.

סעיף עא' פְּקַק הַחַלּוֹן, כְּגוֹן לוּחַ אוֹ שְׁאָר כָּל דָּבָר שֶׁסּוֹתְמִין בּוֹ אֶת הַחַלּוֹן, יְכוֹלִין לִסְתּוֹם בּוֹ אֲפִלּוּ אִם אֵינוֹ קָשׁוּר שָׁם. וְהוּא שֶׁכְּבָר סָתַם בּוֹ פַּעַם אַחַת קֹדֶם הַשַּׁבָּת, אוֹ שֶׁחָשַׁב עָלָיו קֹדֶם הַשַּׁבָּת לִסְתּוֹם בּוֹ. אֲבָל אִם לֹא סָתַם בּוֹ מֵעוֹלָם, וְגַם לֹא חָשַׁב עָלָיו, אָסוּר לִסְתּוֹם בּוֹ בְּשַׁבָּת, אִם הוּא דָּבָר שֶׁדַּרְכּוֹ לְבַטְּלוֹ שָׁם שֶׁיְּהֵא שָׁם לִזְמַן אָרֹךְ. אֲבָל דָּבָר שֶׁאֵין דַּרְכּוֹ לְבַטְּלוֹ שָׁם אֶלָּא לִזְמַן קָצָר, כְּגוֹן בֶּגֶד וְכַיּוֹצֵא בוֹ, מֻתָּר לִסְתּוֹם בּוֹ בְּכָל עִנְיָן (עַיֵּן בחַיֵּי אָדָם).

סעיף עב' דְּלָתוֹת וְחַלּוֹנוֹת, אַף עַל פִּי שֶׁהֵן תְּלוּיִים עַל צִירֵי בַּרְזֶל שֶׁנָּקֵל לַהֲסִירָן וּלְהַחֲזִירָן, מִכָּל מָקוֹם אָסוּר בְּשַׁבָּת לַהֲסִירָן אוֹ לִתְלוֹתָן, כִּי הַתּוֹלֶה אוֹתָן הָוֵי כְּבוֹנֶה וְהַמְּסִירָן הָוֵי כְּסוֹתֵר (סִימָן שי"ג ובחיי"א).

סעיף עג' אָסוּר לְכַבֵּד אֶת הַבַּיִת, אֲפִלּוּ הוּא מְרֻצָּף בַּאֲבָנִים אוֹ בִנְסָרִים. וְעַל יְדֵי אֵינוֹ יְהוּדִי, מֻתָּר. וְאִם עוֹשֶׂה עַל יְדֵי שִׁנּוּי גָּדוֹל, כְּגוֹן עַל יְדֵי כְּנַף אַוָּז וְכַדּוֹמֶה, מֻתָּר אֲפִלּוּ עַל יְדֵי יִשְׂרָאֵל (של"ז).

סעיף עד' לֹא יְשַׁפְשֵׁף בְּרַגְלוֹ רֹק שֶׁעַל גַּבֵּי הַקַּרְקַע, אֲבָל מֻתָּר לִדְרֹס עָלָיו בְּלֹא שִׁפְשׁוּף.

סעיף עה' אָסוּר לִפְנוֹת בְּשָׂדֶה נִיר בְּשַׁבָּת. (וּבְשֶׁל חֲבֵרוֹ, אָסוּר אֲפִלּוּ לִכָּנֵס [בּוֹ], וַאֲפִלּוּ בְּחֹל כִּדְלְקַמָּן סִימָן קפ"ג סְעִיף ה').

סעיף עו' מְחִצָּה אֲפִלּוּ הִיא עֲרָאִית, אִם נַעֲשֵׂית לְהַתִּיר אֵיזֶה דָּבָר, אָסוּר לַעֲשׂוֹתָהּ בְּשַׁבָּת וּבְיוֹם טוֹב. וְלָכֵן אָסוּר לַעֲשׂוֹת מְחִצָּה עַל יְדֵי וִילוֹן, וְכַדּוֹמֶה בִּפְנֵי אוֹר הַנֵּר, כְּדֵי שֶׁיְּשַׁמֵּשׁ מִטָּתוֹ. וְכֵן לִפְנֵי סְפָרִים, כְּדֵי לְשַׁמֵּשׁ אוֹ לַעֲשׂוֹת צְרָכָיו (עַיֵּן לְקַמָּן סִימָן ק"ג סְעִיף ו'). דְּכֵיוָן שֶׁמְּחִצָּה מַתֶּרֶת, הִיא, חוֹלֶקֶת שֵׁם רְשׁוּת בִּפְנֵי עַצְמָהּ, וַהֲרֵי זֶה כְּעוֹשֶׂה אֹהֶל. אֲבָל מֻתָּר לְכַסּוֹת הַסְּפָרִים בִּשְׁנֵי כִּסּוּיִין זֶה עַל גַּב זֶה, שֶׁאֵין בָּזֶה מִשּׁוּם אֹהֶל. וְאִם הַוִּילוֹן הַתָּלוּי לִפְנֵי הַמִּטָּה הָיָה פָּרוּס מִבְּעוֹד יוֹם, בֵּין מִן הַצַּד בֵּין מִלְמַעְלָה, מֻתָּר בְּשַׁבָּת לְפָרְסוֹ כֻּלּוֹ, מִשּׁוּם דַּהֲוֵי רַק תּוֹסֶפֶת אֹהֶל עֲרַאי. אֲבָל מַה שֶּׁהַוִּילוֹן תָּלוּי תָּמִיד בְּקָצֶה אֶחָד מְקֻפָּל, לֹא מִצְטָרֵף לְטֶפַח, כֵּיוָן שֶׁאֵינוֹ לְשֵׁם אֹהֶל. וְכֵן מְחִיצָה הַמִּתְקַפֶּלֶת (שֶׁקּוֹרִין שְׁפַּאנִישׁ וואנד), אָסוּר לְפָתְחָהּ, אֶלָּא אִם כֵּן הָיְתָה פְּתוּחָה קְצָת מֵעֶרֶב שַׁבָּת. אֲבָל מַה שֶּׁהִיא עוֹמֶדֶת מְקֻפֶּלֶת, אַף עַל פִּי שֶׁהַדֹּפֶן רָחָב יוֹתֵר מִטֶּפַח, לֹא מַהֲנֵי. אֲבָל מְחִצַּת עֲרַאי שֶׁאֵינָהּ עֲשׂוּיָה לְהַתִּיר אֵיזֶה דָּבָר, אֶלָּא לְהָגֵן בִּפְנֵי הַחַמָּה, אוֹ בִּפְנֵי הָרוּחַ שֶׁלֹּא יִכְבֶּה הַנֵּרוֹת וְכַדּוֹמֶה, מֻתָּר לַעֲשׂוֹתָהּ.

סעיף עז' וְאֹהֶל, דְּהַיְנוּ גַּג הַמַּאֲהִיל, אַף עַל פִּי שֶׁאֵינוֹ נַעֲשֶׂה אֶלָּא לְהָגֵן מִפְּנֵי הַחַמָּה אוֹ מִפְּנֵי הַגְּשָׁמִים וְכַדּוֹמֶה, וַאֲפִלּוּ הוּא אֹהֶל עֲרַאי, אִם הוּא טֶפַח עַל טֶפַח בְּרוּם טֶפַח, אָסוּר לַעֲשׂוֹתוֹ. וְלָכֵן עֲרִיסָה שֶׁל תִּינוֹק שֶׁנּוֹתְנִים בָּהּ הַחִשּׁוּקִים שֶׁל עֵץ וּפוֹרְסִין עֲלֵיהֶם סָדִין, אָסוּר לִפְרוֹס אוֹתוֹ בְּשַׁבָּת וּבְיוֹם טוֹב, אֶלָּא אִם כֵּן הָיָה מִבְּעוֹד יוֹם פָּרוּס טֶפַח, דַּהֲוֵי רַק תּוֹסֶפֶת אֹהֶל עֲרַאי דְּמֻתָּר. וְכֵן אִם הַחִשּׁוּקִים סְמוּכִין זֶה לָזֶה בְּפָחוֹת מִשְּׁלֹשָׁה טְפָחִים, נֶחְשָׁבִים כְּאֹהֶל, (כִּי הֲלָכָה לְמֹשֶׁה מִסִּינַי הִיא, שֶׁכָּל פָּחוֹת מִשְּׁלֹשָׁה טְפָחִים, חָשׁוּב כְּלָבוּד, פֵּרוּשׁ כִּמְחֻבָּר וְסָתוּם), וּמֻתָּר לִפְרוֹס עֲלֵיהֶם סָדִין.

סעיף עח' תֵּבָה שֶׁהַכִּסּוּי שֶׁלָּהּ אֵינָהּ מְחֻבֶּרֶת לָהּ בְּצִירִים, אָסוּר לִטְּלוֹ מִשָּׁם, מִשּׁוּם דַּהֲוֵי סוֹתֵר אֹהֶל. וְכֵן אָסוּר לְכַסּוֹת בּוֹ, מִשּׁוּם דְּעוֹשֶׂה אֹהֶל. וּכְשֶׁנּוֹתְנִין טַבְלָא עַל חָבִית לִהְיוֹת לְשֻׁלְחָן, צְרִיכִין לְהַעֲמִיד אֶת הֶחָבִית בְּצַד הַפָּתוּחַ לְמַטָּה, שֶׁאִם יִתֵּן אֶת הַדַּף עַל הַצַּד הַפָּתוּחַ, הֲרֵי הוּא עוֹשֶׂה אֹהֶל.

סעיף עט' פִּי הֶעָשָׁן (אֲרֻבָּה) (קוימן רויכפאנג) אִם הוּא מִן הַצַּד, שֶׁהַסְּתִימָה הִיא כְּמוֹ תּוֹסֶפֶת מְחִצָּה, מֻתָּר לְסָתְמוֹ. אֲבָל אִם הוּא לְמַעְלָה, אָסוּר לְסָתְמוֹ בְּשַׁבָּת וּבְיוֹם טוֹב, מִשּׁוּם דְּעוֹשֶׂה אֹהֶל. וְאִם קְבוּעָה שָׁם דֶּלֶת שֶׁל בַּרְזֶל סוֹבֶבֶת עַל צִירִים, מֻתָּר לִסְתּוֹם בָּהּ, דְּכֵיוָן שֶׁהִיא קְבוּעָה שָׁם, הֲוֵי לָהּ כְּדֶלֶת הַסּוֹבֶבֶת עַל צִירִים (עַיֵּן פְּרִי מְגָדִים סִימָן שט"ו, אֵשֶׁל אַבְרָהָם סָעִיף קָטָן ז').

סעיף פ' בֶּגֶד שֶׁשּׁוֹטְחִין עַל פְּנֵי חָבִית לְכַסּוֹתָהּ, אִם הֶחָבִית אֵינָהּ מְלֵאָה לְגַמְרֵי, אֶלָּא שֶׁיֵּשׁ בֵּין הַמַּשְׁקִים שֶׁבְּתוֹכָהּ לְהַכִּסּוּי חֲלַל טֶפַח, אֲזַי לֹא יְכַסֶּה אוֹתָהּ עַל פְּנֵי כֻּלָּהּ, מִשּׁוּם אֹהֶל, אֶלָּא יַנִּיחַ מִקְצָת פִּיהָ מְגֻלֶּה (וְעַיֵּן לְעֵיל סָעִיף ל"ג).

סעיף פא' כָּל מְחִצָּה אוֹ אֹהֶל שֶׁאֲסוּרִין לַעֲשׂוֹתוֹ, אִם הוּא עָשׂוּי, אֲסוּרִין לַהֲסִירוֹ, מִשּׁוּם דַּהֲוֵי סוֹתֵר אֹהֶל.

סעיף פב' אָסוּר לָשֵׂאת מִכְסֶה הֶעָשׂוּי לְהָגֵן מִפְּנֵי הַחַמָּה אוֹ מִפְּנֵי הַגְּשָׁמִים, שֶׁקּוֹרִין שִׁירֶם (שִׁמְשִׁיָּה/מִטְרִיָּה) מִפְּנֵי שֶׁהוּא עוֹשֶׂה אֹהֶל (חיי"א, וְעַיֵּן שע"ת סִימָן ש"א).

סעיף פג' כֵּלִים שֶׁהֵם שֶׁל פְּרָקִים תְּחוּבִים זֶה בָּזֶה וְנִפְרְדוּ, אִם דַּרְכָּם לִהְיוֹת תָּמִיד רְפוּיִים, מֻתָּר לְהַחֲזִירָם כָּךְ. אֲבָל אִם דַּרְכָּם לִהְיוֹת מְהֻדָּקִים בְּחֹזֶק, אָסוּר לְהַחֲזִירָם אֲפִלּוּ בְּרִפְיוֹן. וְכֵן אִם הֵם מְחֻבָּרִים עַל יְדֵי חֲרִיצִים (בְּרָגִים) (שְׂרוּיף) כֵּיוָן שֶׁדַּרְכָּם לִהְיוֹת מְהֻדָּקִים בְּחֹזֶק, אִם הֵם פְּרוּדִים, אָסוּר לְחַבְּרָם אֲפִלּוּ בְּרִפְיוֹן. אַךְ כִּסּוּי כֵּלִים, מֻתָּר לַהֲסִירָן וְכֵן לְחַבְּרָן, כֵּיוָן שֶׁאֵינָן עֲשׂוּיִין לְקִיּוּם, רַק לְפָתְחָן וּלְסָתְמָן תָּדִיר.

סעיף פד' מַכְבֵּשׁ (פרעס) וְהֵם שְׁנֵי לוּחוֹת זֶה עַל זֶה וְכוֹבְשִׁין בֵּינֵיהֶן בְּגָדִים, אִם הַמַּכְבֵּשׁ הוּא שֶׁל בַּעַל הַבַּיִת, מֻתָּר לְפָתְחוֹ לָקַחַת הַבְּגָדִים לְצֹרֶךְ שַׁבָּת וְיוֹם טוֹב. אֲבָל אֵין כּוֹבְשִׁין אוֹתוֹ, לְפִי שֶׁהוּא לְצֹרֶךְ חֹל. וּמַכְבֵּשׁ שֶׁל כּוֹבְסִין אוֹ שְׁאָר אֻמָּנִין, אָסוּר לִפְתּוֹחַ, דְּכֵיוָן שֶׁהוּא מְהֻדָּק בְּחֹזֶק, פְּתִיחָתוֹ דּוֹמֶה לִסְתִירָה, וַאֲפִלּוּ אִם הָיָה פָּתוּחַ מִבְּעוֹד יוֹם, אָסוּר לָקַחַת מִשָּׁם אֶת הַבְּגָדִים בְּשַׁבָּת וְיוֹם טוֹב גְּזֵרָה, שֶׁמָּא יָבוֹא לְפָתְחוֹ עַתָּה.

סעיף פה' סַפְסָל שֶׁנִּשְׁמְטָה אַחַת מֵרַגְלָיו, אָסוּר לְהַחֲזִירָהּ, וְגַם אָסוּר לְסָמְכוֹ עַל סַפְסָל אַחֵר, אֶלָּא אִם כֵּן כְּבָר יָשַׁב עָלָיו כָּךְ, אֲבָל מֻתָּר לְהַנִּיחַ דַּף עַל סַפְסָלִים אוֹ עַל חֲתִיכוֹת עֵצִים שֶׁהֱכִינָם מֵעֶרֶב שַׁבָּת לְכָךְ.

סעיף פו' כְּלִי הַמּוֹרֶה אֶת הַשָּׁעוֹת (שָׁעוֹן) (אוהר זייגער), אֲפִלּוּ שֶׁעֲדַיִן הוֹלֵךְ, אָסוּר לְהַעֲרִיכוֹ בְּשַׁבָּת וְיוֹם טוֹב, שֶׁלֹּא יַפְסִיק הֲלִיכָתוֹ. וּבְיוֹם טוֹב שֵׁנִי, יֵשׁ לְהָקֵל כָּל זְמַן שֶׁעֲדַיִן הוֹלֵךְ, לְהַעֲרִיכוֹ לְצֹרֶךְ הַיּוֹם, אֲבָל לֹא לְצֹרֶךְ יוֹם שֶׁלְּאַחֲרָיו. וּלְצֹרֶךְ חוֹלֶה, יֵשׁ לְהַתִּיר בְּכָל עִנְיָן, אִם אֵינוֹ נִמְצָא אֵינוֹ יְהוּדִי בְּנָקֵל.

סעיף פז' אָסוּר לְהַשְׁמִיעַ קוֹל שֶׁל שִׁיר בְּשַׁבָּת בִּכְלִי אוֹ בְּאֵבָרָיו (חוּץ מִבְּפִיו), אֲפִלּוּ לְהַכּוֹת בְּאֶצְבְּעוֹתָיו זוֹ עַל זוֹ אוֹ עַל הַלּוּחַ לְהַשְׁמִיעַ קוֹל אוֹ לְקַשְׁקֵשׁ בֶּאֱגוֹז אוֹ בְּזוּג לְתִינוֹק שֶׁלֹּא יִבְכֶּה. וְלֹא מְטַפְּחִין יָד עַל יָד,

וְלֹא מְרַקְּדִין. וְלִכְבוֹד הַתּוֹרָה מֻתָּר לְטַפֵּחַ וּלְרַקֵּד. וְגַם הָעוֹשֶׂה לְתִינוֹק כְּדֵי שֶׁלֹּא יִבְכֶּה, אֵין מוֹחִין, כֵּיוָן שֶׁיֵּשׁ מַתִּירִין.

סעיף פח' קוֹל שֶׁאֵינוֹ דֶּרֶךְ שִׁיר, מֻתָּר לְהַשְׁמִיעַ, וְלָכֵן מֻתָּר לְהַקִּישׁ עַל הַדֶּלֶת כְּדֵי שֶׁיִּפְתְּחוּ לוֹ, וְכַיּוֹצֵא בָּזֶה. וְיֵשׁ אוֹמְרִים, שֶׁאַף עַל פִּי כֵן אָסוּר לְהַשְׁמִיעַ קוֹל בִּכְלִי הַמְיֻחָד לְכָךְ, כְּגוֹן לְהַקִּישׁ עַל הַדֶּלֶת בְּטַבַּעַת הַקְּבוּעָה בָּהּ, אוֹ בְּפַעֲמוֹן הַמְיֻחָד לָזֶה. וְכֵן אוֹתָן כְּלֵי שָׁעוֹת (שְׁעוֹנִים) (אוּהְר זֵייגֶער), שֶׁהֵן עֲשׂוּיוֹת לְקַשְׁקֵשׁ הַשָּׁעוֹת עַל יְדֵי מַה שֶּׁדּוֹחֲקִין בָּהֶן אוֹ שֶׁמּוֹשְׁכִין בְּחוּט הַמְיֻחָד לְכָךְ, אֵין לַעֲשׂוֹת כֵּן בְּשַׁבָּת וְיוֹם טוֹב.

סעיף פט' הַמְשַׁמֵּר פֵּרוֹת אוֹ זְרָעִים מִפְּנֵי חַיָּה וָעוֹף, לֹא יְסַפֵּיק כַּף אֶל כַּף, וְלֹא יְטַפֵּחַ כַּפָּיו עַל יְרֵכוֹ, וְלֹא יְרַקֵּד בְּרַגְלָיו כְּדֵי לְהַבְרִיחָם כְּדֶרֶךְ שֶׁהוּא עוֹשֶׂה בַּחֹל.

סעיף צ' אֵין שׂוֹחֲקִין בָּאֱגוֹזִים וְכַיּוֹצֵא בָּהֶם עַל גַּבֵּי קַרְקַע, אֲפִלּוּ מְרֻצָּף, וּמִכָּל מָקוֹם אֵין לִמְחוֹת בְּנָשִׁים וּקְטַנִּים, לְפִי שֶׁבְּוַדַּאי לֹא יִשְׁמְעוּ, וּמוּטָב שֶׁיִּהְיוּ שׁוֹגְגִים וְאַל יִהְיוּ מְזִידִים (של"ח).

סעיף צא' בְּעִנְיַן קִפּוּל בְּגָדִים, יֵשׁ הַרְבֵּה חִלּוּקֵי דִּינִים, וְאֵין לְקַפֵּל שׁוּם בֶּגֶד (ש"ב).

סעיף צב' טַלִּית שֶׁאָחַז בּוֹ הָאוּר, מֻתָּר לִשְׁפֹּךְ עָלָיו שְׁאָר מַשְׁקִין שֶׁלֹּא בִּמְקוֹם אֵשׁ, כְּדֵי שֶׁכְּשֶׁיַּגִּיעַ לִמְקוֹם הַמַּשְׁקִים, תִּכְבֶּה, אֲבָל מַיִם, אָסוּר לִשְׁפֹּךְ עָלֶיהָ.

סעיף צג' אֵין מַצִּיעִין אֶת הַמִּטָּה מִשַּׁבָּת לְמוֹצָאֵי שַׁבָּת. אַף עַל פִּי שֶׁיֵּשׁ שָׁהוּת בַּיּוֹם שֶׁיּוּכַל לִישֹׁן עָלֶיהָ בְּשַׁבָּת עַצְמוֹ, מִכָּל מָקוֹם כֵּיוָן שֶׁאֵין דַּעְתּוֹ לִישֹׁן עָלֶיהָ עַד לְמוֹצָאֵי שַׁבָּת, הֲרֵי הוּא מֵכִין מִשַּׁבָּת לְחֹל וְאָסוּר (ש"ב).

סימן פא - ארבע רשיות לשבת ובו ה' סעיפים:

סעיף א' אַרְבַּע רְשֻׁיּוֹת לְשַׁבָּת, רְשׁוּת הַיָּחִיד, רְשׁוּת הָרַבִּים, כַּרְמְלִית, וּמְקוֹם פְּטוּר. וּנְבָאֵר קְצָת מֵהֶן בִּקְצָרָה.

סעיף ב' אֵיזֶה רְשׁוּת הַיָּחִיד. מָקוֹם שֶׁהוּא לְכָל הַפָּחוֹת אַרְבָּעָה טְפָחִים עַל אַרְבָּעָה טְפָחִים, (שֶׁזֶּהוּ מָקוֹם חָשׁוּב שֶׁרָאוּי לְהִשְׁתַּמֵּשׁ בּוֹ), וּמֻקָּף בִּמְחִיצוֹת גְּבוֹהוֹת לְכָל הַפָּחוֹת עֲשָׂרָה טְפָחִים (אֲפִלּוּ אֵינָן שְׁלֵמוֹת לְגַמְרֵי). וְחָרִיץ עָמֹק עֲשָׂרָה טְפָחִים וְרָחָב אַרְבָּעָה טְפָחִים, גַּם כֵּן דִּינוֹ כִּמְחִיצָה (עַיֵּן חָכָם צְבִי סִימָן ה'). וְכֵן בּוֹר שֶׁהוּא עָמֹק עֲשָׂרָה וְרָחָב אַרְבָּעָה עַל אַרְבָּעָה, וְכֵן תֵּל שֶׁהוּא גָּבוֹהַּ וְרָחָב אַרְבָּעָה עַל אַרְבָּעָה. וַאֲפִלּוּ כְּלִי, כְּגוֹן תֵּבָה, אִם גְּבוֹהָה עֲשָׂרָה אוֹ חָבִית שֶׁהִיא עֲגֻלָּה וְיֵשׁ בָּהּ לְרַבֵּעַ אַרְבָּעָה עַל אַרְבָּעָה, כָּל אֵלּוּ אֲפִלּוּ הֵן בִּרְשׁוּת הָרַבִּים אוֹ בְּכַרְמְלִית, הֲרֵי הֵן נֶחְלָקוֹת לְעַצְמָן וְהֵן רְשׁוּת הַיָּחִיד. וַאֲוִיר רְשׁוּת הַיָּחִיד הוּא רְשׁוּת הַיָּחִיד עַד לָרָקִיעַ. וְהַמְּחִיצוֹת עַצְמָן שֶׁהֵן מַקִּיפוֹת לִרְשׁוּת הַיָּחִיד עַל גַּבֵּיהֶן גַּם כֵּן דִּין רְשׁוּת הַיָּחִיד לָהֶן. וְהַחוֹרִים שֶׁבַּמְּחִיצוֹת שֶׁכְּלַפֵּי רְשׁוּת הַיָּחִיד, אֲפִלּוּ הֵן מְפֻלָּשִׁים מֵעֵבֶר לְעֵבֶר, כֵּיוָן שֶׁיְּכוֹלִין לְהִשְׁתַּמֵּשׁ בָּהֶן בִּרְשׁוּת הַיָּחִיד, הֲרֵי הֵן בְּטֵלִין אֶצְלָהּ וְנֶחְשָׁבִים כִּרְשׁוּת

הַיָּחִיד. (וְאִם הֵם רַק כְּלַפֵּי חוּץ, יִתְבָּאֵר בְּסָעִיף שֶׁלְּאַחַר זֶה).

סעיף ג' אֵיזוֹהִי רְשׁוּת הָרַבִּים. רְחוֹבוֹת וּשְׁוָקִים שֶׁהֵן שֵׁשׁ עֶשְׂרֵה אַמָּה עַל שֵׁשׁ עֶשְׂרֵה אַמָּה, שֶׁכֵּן הָיָה רֹחַב הַדֶּרֶךְ בְּמַחֲנֵה לְוִיָּה שֶׁבַּמִּדְבָּר. וְכֵן דְּרָכִים שֶׁעוֹבְרִין בָּהֶם מֵעִיר לְעִיר וּרְחָבִים שֵׁשׁ עֶשְׂרֵה אַמָּה, הֲרֵי הֵן רְשׁוּת הָרַבִּים. וְכָל דָּבָר שֶׁהוּא בִּרְשׁוּת הָרַבִּים, אִם אֵינוֹ גָּבוֹהַּ שְׁלֹשָׁה טְפָחִים מִן הַקַּרְקַע, אֲפִלּוּ הוּא קוֹצִים אוֹ צוֹאָה שֶׁאֵין רַבִּים דּוֹרְסִים עֲלֵיהֶם, מִכָּל מָקוֹם בָּטֵל הוּא לְגַבֵּי הַקַּרְקַע וַהֲרֵי הוּא כִּרְשׁוּת הָרַבִּים. וְכֵן גּוּמָּא בִּרְשׁוּת הָרַבִּים, אִם אֵינָהּ עֲמֻקָּה שְׁלֹשָׁה טְפָחִים, הֲרֵי הוּא כִּרְשׁוּת הָרַבִּים. וְהַחוֹרִים שֶׁבַּכְּתָלִים כְּלַפֵּי רְשׁוּת הָרַבִּים וְאֵינָם מְפֻלָּשִׁים לְפָנִים לִרְשׁוּת הַיָּחִיד, אִם הֵם נְמוּכִים מִשְּׁלֹשָׁה טְפָחִים לַקַּרְקַע, בְּטֵלֵי לְגַבֵּי רְשׁוּת הָרַבִּים, וַהֲרֵי הֵן כִּרְשׁוּת הָרַבִּים. וְאִם הֵן לְמַעְלָה מִשְּׁלֹשָׁה טְפָחִים נִדּוֹנִין לְפִי מִדּוֹתֵיהֶן, אִם יֵשׁ בָּהֶם אַרְבָּעָה עַל אַרְבָּעָה וְהֵם לְמַטָּה מֵעֲשָׂרָה טְפָחִים, הֲרֵי הוּא כַּרְמְלִית. וּלְמַעְלָה מֵעֲשָׂרָה טְפָחִים, הָוֵי רְשׁוּת הַיָּחִיד. וְאִם אֵין בָּהֶם אַרְבָּעָה עַל אַרְבָּעָה הֲרֵי הֵם מְקוֹם פְּטוּר, בֵּין שֶׁהֵם לְמַעְלָה מֵעֲשָׂרָה בֵּין שֶׁהֵם לְמַטָּה מֵעֲשָׂרָה. הַמְּבוֹאוֹת שֶׁנִּכְנָסִין לִרְשׁוּת הָרַבִּים, לִפְעָמִים הֵן רְשׁוּת הָרַבִּים וְלִפְעָמִים הֵן כַּרְמְלִית, וְיֵשׁ בָּזֶה הַרְבֵּה חִלּוּקֵי דִינִים. יֵשׁ אוֹמְרִים, שֶׁכָּל שֶׁאֵין שִׁשִּׁים רִבּוֹא אֲנָשִׁים עוֹבְרִים בּוֹ בְּכָל יוֹם כְּדִגְלֵי מִדְבָּר, אֵינוֹ רְשׁוּת הָרַבִּים אֶלָּא כַּרְמְלִית. וְלָכֵן בַּזְּמַן הַזֶּה, אֵין לָנוּ רְשׁוּת הָרַבִּים. וְכָל יְרֵא שָׁמַיִם יַחְמִיר לְעַצְמוֹ.

סעיף ד' אֵיזֶהוּ כַּרְמְלִית. מָקוֹם שֶׁאֵין הִלּוּךְ לָרַבִּים, וְגַם אֵינוֹ מֻקָּף בִּמְחִיצוֹת כָּרָאוּי, כְּגוֹן הַשָּׂדוֹת וְנָהָר שֶׁהוּא עָמֹק לְכָל הַפָּחוֹת עֲשָׂרָה טְפָחִים וְרָחָב לְכָל הַפָּחוֹת אַרְבָּעָה טְפָחִים. וּמְבוֹאוֹת שֶׁיֵּשׁ לָהֶן שָׁלֹשׁ מְחִצּוֹת, וְאִצְטְוָנִית (הוּא מָקוֹם שֶׁלִּפְנֵי הַחֲנֻיּוֹת שֶׁהַסּוֹחֲרִים יוֹשְׁבִים), וְאִיצְטַבָּא (הוּא מָקוֹם שֶׁמַּנִּיחִים עָלָיו פְּרַקְמַטְיָא) שֶׁלִּפְנֵי הָעַמּוּדִים בִּרְשׁוּת הָרַבִּים, וְהִיא רְחָבָה אַרְבָּעָה וּגְבוֹהָה שְׁלֹשָׁה טְפָחִים אוֹ יוֹתֵר עַד עֲשָׂרָה טְפָחִים. וְכֵן מָקוֹם שֶׁיֵּשׁ בּוֹ אַרְבָּעָה עַל אַרְבָּעָה מֻקָּף בִּמְחִצּוֹת שֶׁאֵינָן גְּבוֹהוֹת עֲשָׂרָה, וְתֵל שֶׁיֵּשׁ בּוֹ אַרְבָּעָה עַל אַרְבָּעָה וְגָבוֹהַּ מִשְּׁלֹשָׁה וְעַד עֲשָׂרָה, וּבוֹר שֶׁהוּא אַרְבָּעָה עַל אַרְבָּעָה וְעָמֹק מִשְּׁלֹשָׁה וְעַד עֲשָׂרָה, וְעוֹד יֵשׁ הַרְבֵּה שֶׁהֵן כַּרְמְלִית. (וּלְשׁוֹן כַּרְמְלִית הוּא לְשׁוֹן רַךְ מָל, פֵּרוּשׁ לֹא לַח וְלֹא יָבֵשׁ, אֶלָּא בֵּינוֹנִי. הָכָא נַמִּי לֹא רְשׁוּת הַיָּחִיד, לְפִי שֶׁאֵין לוֹ מְחִצּוֹת כָּרָאוּי. וְגַם לֹא רְשׁוּת הָרַבִּים, לְפִי שֶׁאֵין רַבִּים הוֹלְכִים שָׁם) (שמה שנו).

סעיף ה' אֵיזֶהוּ מְקוֹם פְּטוּר. כָּל מָקוֹם בִּרְשׁוּת הָרַבִּים שֶׁאֵין בּוֹ אַרְבָּעָה עַל אַרְבָּעָה וְהוּא גָּבוֹהַּ מִשְּׁלֹשָׁה וּלְמַעְלָה, אוֹ בּוֹר שֶׁאֵין בּוֹ אַרְבָּעָה עַל אַרְבָּעָה וְעָמֹק מִשְּׁלֹשָׁה לְמַטָּה, וְכֵן מָקוֹם שֶׁאֵין בּוֹ אַרְבָּעָה עַל אַרְבָּעָה וּמֻקָּף בִּמְחִצּוֹת מִשְּׁלֹשָׁה וּלְמַעְלָה. וְכָל אֵלּוּ דַּוְקָא כְּשֶׁהֵן בִּרְשׁוּת הָרַבִּים הֵן מְקוֹם פְּטוּר. אֲבָל אִם הֵן בְּכַרְמְלִית, הֲרֵי הֵן גַּם כֵּן כַּרְמְלִית (שמ"ה).

סימן פב - אסור העברה והוצאה מרשות לרשות ובו י"ג סעיפים:

סְעִיף א' בִּרְשׁוּת הָרַבִּים וּבְכַרְמְלִית אָסוּר לְטַלְטֵל שׁוּם דָּבָר אַרְבַּע אַמּוֹת, בֵּין לָשֵׂאת אוֹתוֹ בֵּין לִזְרוֹק אוֹתוֹ בֵּין לְהוֹשִׁיט אוֹתוֹ. וּלְטַלְטְלוֹ אֵיזֶה פְּעָמִים פָּחוֹת פָּחוֹת מֵאַרְבַּע אַמּוֹת, גַּם כֵּן אָסוּר.

סְעִיף ב' אָסוּר לָשֵׂאת אוֹ לִזְרוֹק אוֹ לְהוֹשִׁיט שׁוּם דָּבָר מֵרְשׁוּת הַיָּחִיד לִרְשׁוּת הָרַבִּים אוֹ לְכַרְמְלִית, וְכֵן מֵרְשׁוּת הָרַבִּים אוֹ מִכַּרְמְלִית לִרְשׁוּת הַיָּחִיד, וְכֵן מֵרְשׁוּת הָרַבִּים לְכַרְמְלִית אוֹ מִכַּרְמְלִית לִרְשׁוּת הָרַבִּים. אֲבָל מְקוֹם פְּטוּר מֻתָּר לְהוֹצִיא וּלְהַכְנִיס מִמֶּנּוּ לִרְשׁוּת הַיָּחִיד וְלִרְשׁוּת הָרַבִּים וּלְכַרְמְלִית וּמֵהֶם לְתוֹכוֹ, וּבִלְבַד שֶׁלֹּא יְטַלְטֵל אֶת הַחֵפֶץ אַרְבַּע אַמּוֹת בִּרְשׁוּת הָרַבִּים אוֹ בְּכַרְמְלִית. וּלְפִי שֶׁיֵּשׁ הַרְבֵּה חִלּוּקִים מַהִי רְשׁוּת הָרַבִּים וּמַהִי כַּרְמְלִית וּמַהִי רְשׁוּת הַיָּחִיד, (מִלְּבַד אֵלּוּ שֶׁכָּתַבְנוּ בַּסִּימָן שֶׁלְּפָנֵי זֶה), לָכֵן בְּעִיר שֶׁאֵינָהּ מְתֻקֶּנֶת בְּעֵרוּבִין, מִי שֶׁאֵינוֹ בָּקִי, צָרִיךְ לִזָּהֵר שֶׁלֹּא לְטַלְטֵל שׁוּם חֵפֶץ מִמָּקוֹם שֶׁהוּא מֻנָּח לְמָקוֹם הֶחָלוּק מִמֶּנּוּ, כִּי אִם בִּמְקוֹמוֹת שֶׁהַהֶתֵּר בָּרוּר לוֹ.

סְעִיף ג' נְטִילַת הַחֵפֶץ מִמָּקוֹם שֶׁהוּא מֻנָּח, נִקְרָא עֲקִירָה, וְהַנָּחַת הַחֵפֶץ נִקְרֵאת הַנָּחָה. וְגַם עֲקִירָה בְּלֹא הַנָּחָה אוֹ הַנָּחָה בְּלֹא עֲקִירָה, אָסוּר לַעֲשׂוֹת. וְלָכֵן אָסוּר לְיִשְׂרָאֵל שֶׁיִּתֵּן אֵיזֶה חֵפֶץ לְיָדוֹ שֶׁל נָכְרִי, שֶׁיּוֹצִיאוֹ מֵרְשׁוּת הַיָּחִיד לִרְשׁוּת הָרַבִּים אוֹ לְכַרְמְלִית, כִּי הַיִּשְׂרָאֵל עוֹשֶׂה בָּזֶה אֶת הָעֲקִירָה, אֶלָּא הַנָּכְרִי בְּעַצְמוֹ יִקַּח אֶת הַחֵפֶץ. וְכֵן כְּשֶׁמֵּבִיא הַנָּכְרִי אֵיזֶה חֵפֶץ, לֹא יִקָּחֵהוּ הַיִּשְׂרָאֵל מִיָּדוֹ, כִּי בָּזֶה עוֹשֶׂה הַיִּשְׂרָאֵל אֶת הַהַנָּחָה, אֶלָּא הַנָּכְרִי בְּעַצְמוֹ יַנִּיחַ אֶת הַחֵפֶץ. וּצְרִיכִין לִזָּהֵר בָּזֶה בְּתִינוֹק שֶׁהָעֲרֵלִית נוֹשֵׂאת אוֹתוֹ לְבֵית הַכְּנֶסֶת לָמוּל שֶׁתִּקַּח בְּעַצְמָהּ אֶת הַתִּינוֹק בַּבַּיִת, וּבְבֹאָהּ אֶל הֶחָצֵר אוֹ עֶזְרַת בֵּית הַכְּנֶסֶת וְתִקָּחֵהוּ יִשְׂרְאֵלִית (ש"ז שכ"ה שמ"ו שמ"ז שמ"ט).

סְעִיף ד' חָצֵר שֶׁיֵּשׁ בּוֹ פִּרְצָה, אִם נִשְׁאַר מִן הַמְּחִצָּה בְּצַד אֶחָד רֹחַב אַרְבָּעָה טְפָחִים בְּגָבְהָהּ עֲשָׂרָה טְפָחִים מִן הַקַּרְקַע, אוֹ שֶׁנִּשְׁאַר מִשְּׁנֵי צִדֵּי הַמְּחִצָּה בְּכָל צַד רֹחַב טֶפַח בְּגָבְהָהּ עֲשָׂרָה טְפָחִים מִן הַקַּרְקַע, אוֹ שֶׁנִּשְׁאַר מִשְּׁנֵי צִדֵּי הַמְּחִצָּה בְּכָל צַד רֹחַב טֶפַח בְּגָבְהָהּ עֲשָׂרָה טְפָחִים, אֲזַי אִם אֵין בַּפִּרְצָה יוֹתֵר מֵעֶשֶׂר אַמּוֹת, אֵינוֹ צָרִיךְ שׁוּם תִּקּוּן, כִּי הַפִּרְצָה הַזֹּאת נֶחְשֶׁבֶת כְּמוֹ פֶּתַח. אֲבָל אִם הַפִּרְצָה יְתֵרָה מֵעֶשֶׂר אַמּוֹת, וְכֵן אִם לֹא נִשְׁאַר מִן הַמְּחִצָּה מִצַּד אֶחָד רֹחַב אַרְבָּעָה טְפָחִים אוֹ מִשְּׁנֵי הַצְּדָדִים מִכָּל צַד רֹחַב טֶפַח, וּמִכָּל שֶׁכֵּן אִם נִפְרַץ בִּמְלוֹאוֹ, דְּהַיְנוּ שֶׁאֵין שׁוּם מְחִצָּה בְּצַד אֶחָד כָּזֶה |_|, אֲזַי אֲפִלּוּ אִם אֵין בַּפִּרְצָה רַק שְׁלֹשָׁה טְפָחִים, אֲסוּרִין לְטַלְטֵל בֶּחָצֵר זֶה עַד שֶׁיְּתַקְּנוּ אוֹתָהּ שָׁם, (וְהַתִּקּוּן הַמֻּבְחָר הוּא) בְּצוּרַת הַפֶּתַח. (וְאִם דָּרִים שָׁם שְׁנֵי בַּעֲלֵי בָּתִּים אוֹ יוֹתֵר, צְרִיכִין עוֹד לַעֲשׂוֹת עֵרוּבֵי חֲצֵרוֹת, וִיבֹאַר, אִם יִרְצֶה הַשֵּׁם בְּסִימָן צ"ד).

סְעִיף ה' זֶה שֶׁאָמַרְנוּ דְּאִם אֵין בַּפִּרְצָה שֶׁבֶּחָצֵר יוֹתֵר מֵעֶשֶׂר אַמּוֹת נֶחְשֶׁבֶת כְּמוֹ פֶּתַח וְאֵינוֹ צָרִיךְ תִּקּוּן, זֶהוּ רַק בְּפִרְצָה אַחַת. אֲבָל בִּשְׁתַּיִם אוֹ יוֹתֵר, צָרִיךְ שֶׁיְּהֵא הָעוֹמֵד הַנִּשְׁאָר עַל כָּל פָּנִים כְּמוֹ הַפָּרוּץ. אֲבָל אִם הָיָה הַפָּרוּץ מְרֻבֶּה עַל הָעוֹמֵד, כָּל שֶׁהַפִּרְצָה יְתֵרָה מִשְּׁלֹשָׁה טְפָחִים,

צְרִיכָה תִקּוּן.

סעיף ו' מַהוּ צוּרַת הַפֶּתַח. נוֹעֵץ קָנֶה מִכָּאן וְקָנֶה מִכָּאן, כָּל אֶחָד לֹא פָּחוּת מִגָּבְהַּ עֲשָׂרָה טְפָחִים. וְנוֹתֵן עֲלֵיהֶם קָנֶה אוֹ חוּט. וְצָרִיךְ שֶׁיִּהְיֶה הַקָּנֶה אוֹ הַחוּט דַּוְקָא עַל רָאשֵׁיהֶן וְלֹא מִן הַצְּדָדִין. וְאִם תָּחַב מַסְמְרוֹת בְּרָאשֵׁי הַקָּנִים וְכָרַךְ הַחוּט עֲלֵיהֶם, שַׁפִּיר דָּמֵי, (פְּרִי מְגָדִים מִשְׁבְּצוֹת סִימָן שס"ג סָעִיף קָטָן י"ט). וְצָרִיךְ שֶׁכָּל קָנֶה לֹא יְהֵא רָחוֹק מִן הַמְּחִצָּה שְׁלֹשָׁה טְפָחִים, וְגַם לֹא יְהֵא גָּבוֹהַּ מִן הַקַּרְקַע שְׁלֹשָׁה טְפָחִים, (עַיֵּן שַׁעֲרֵי תְשׁוּבָה סִימָן שס"ג) וּבִשְׁעַת הַדְּחָק שֶׁאִי אֶפְשָׁר לַעֲשׂוֹת צוּרַת הַפֶּתַח רַק בְּעִנְיָן שֶׁהַקָּנִים יִהְיוּ רְחוֹקִים מִן הַכְּתָלִים שְׁלֹשָׁה טְפָחִים יֵשׁ לְהָקֵל (תְּשׁוּבוֹת רַבִּי עֲקִיבָא אֵיגֶר סִימָן י"ח, עַיֵּן שָׁם) (שסב שסג).

סעיף ז' חָצֵר אוֹ בַּיִת שֶׁפִּתְחֵיהֶם לְתוֹךְ הָרְחוֹב, וְהַדֶּלֶת נִפְתַּחַת לְפָנִים, וְהַמְּזוּזוֹת עִם הַמַּשְׁקוֹף שֶׁעַל גַּבֵּיהֶם, וְהָאַסְקֻפָּה שֶׁבְּתַחְתִּית הֵן לְצַד הָרְחוֹב, הִנֵּה הַמָּקוֹם הַזֶּה לִפְעָמִים הוּא רְשׁוּת הַיָּחִיד, וְלִפְעָמִים הוּא כַּרְמְלִית. וּלְפִי שֶׁאֵין הַכֹּל בְּקִיאִין בָּזֶה, לָכֵן מְטִילִין עָלָיו מִסָּפֵק חֹמֶר רְשׁוּת הַיָּחִיד וְחֹמֶר כַּרְמְלִית, אָסוּר לְהוֹצִיא מִשָּׁם לְהָרְחוֹב שֶׁהוּא רְשׁוּת הָרַבִּים אוֹ כַּרְמְלִית, וְלֹא מִן הָרְחוֹב לְשָׁם, כִּי שֶׁמָּא הוּא רְשׁוּת הַיָּחִיד. וְכֵן אָסוּר לְהוֹצִיא מִן הַבַּיִת אוֹ מִן הֶחָצֵר לְשָׁם, וְלֹא מִשָּׁם לְתוֹכָם, כִּי שֶׁמָּא הוּא כַּרְמְלִית. וְלָכֵן אִם הַפֶּתַח נָעוּל וּצְרִיכִין לְפָתְחוֹ, צְרִיכִין לִזָּהֵר שֶׁהָאֵינוֹ יְהוּדִי יַכְנִיס אֶת הַמַּפְתֵּחַ בְּתוֹךְ הַמַּנְעוּל, וּלְאַחַר שֶׁיִּפְתְּחוּ אֶת הַמַּנְעוּל, טֶרֶם יִפְתַּח יִשְׂרָאֵל אֶת הַדֶּלֶת, יָסִיר הָאֵינוֹ יְהוּדִי אֶת הַמַּפְתֵּחַ, כִּי אִם יִפְתַּח יִשְׂרָאֵל אֶת הַדֶּלֶת בְּעוֹד שֶׁהַמַּפְתֵּחַ תּוֹךְ הַמַּנְעוּל, הֲרֵי הִכְנִיס אֶת הַמַּפְתֵּחַ מִכַּרְמְלִית לִרְשׁוּת הַיָּחִיד.

סעיף ח' בְּהַרְבֵּה מְקוֹמוֹת יֵשׁ בָּתִּים אֲשֶׁר הַגַּג נִמְשָׁךְ מִן כֹּתֶל הַבַּיִת לְתוֹךְ הָרְחוֹב וְנִסְמָךְ שָׁם עַל עַמּוּדִים, אָסוּר לְהוֹצִיא מִן הַבַּיִת לְשָׁם אוֹ לְהַכְנִיס מִשָּׁם לַבַּיִת. וְכֵן אָסוּר לְטַלְטֵל שָׁם אַרְבַּע אַמּוֹת, מִשּׁוּם דְּדִינוֹ כְּמוֹ הָרְחוֹב, רְשׁוּת הָרַבִּים אוֹ כַּרְמְלִית. וְאַף שֶׁהַגַּג נָתוּן עַל הָעַמּוּדִים, דַּהֲוֵי צוּרַת הַפֶּתַח דְּדִינָהּ כִּמְחִצָּה, מִכָּל מָקוֹם הֲרֵי מִן הַצְּדָדִים אֵין מְחִצָּה, וְלָכֵן צָרִיךְ לְהַעֲמִיד מִקָּצֶה מִזֶּה קָנֶה אֶחָד אֵצֶל הַכֹּתֶל שֶׁל הַבַּיִת נֶגֶד הָעַמּוּד שֶׁהַגַּג עָלָיו, שֶׁיְּהֵא גַּם כָּאן צוּרַת הַפֶּתַח, וְכֵן מִן מִקָּצֶה הַשֵּׁנִי. וְאִם כַּמָּה בָּתִּים סְמוּכִים זֶה אֵצֶל זֶה, בְּעִנְיָן זֶה, דַּי לָהֶם שֶׁיַּעֲשׂוּ כֵּן בִּקְצֵה הַבַּיִת אֲשֶׁר מִקָּצֶה מִזֶּה, וּבִקְצֵה הַבַּיִת אֲשֶׁר מִקָּצֶה מִזֶּה, וְיַעֲשׂוּ עֵרוּבֵי חֲצֵרוֹת (מ"ו).

סעיף ט' מֻתָּר לִתֵּן לִפְנֵי אֵינוֹ יְהוּדִי מְזוֹנוֹת בֶּחָצֵר אוֹ בַּבַּיִת, אַף עַל פִּי שֶׁיּוֹדֵעַ שֶׁיּוֹצִיאֵם לַחוּץ, רַק שֶׁלֹּא יִתְּנֵם לְתוֹךְ יָדוֹ, דְּאִם כֵּן, הוּא עוֹשֶׂה אֶת הָעֲקִירָה. וְדַוְקָא כְּשֶׁיֵּשׁ לְהָאֵינוֹ יְהוּדִי רְשׁוּת לְאָכְלָם שָׁם אִם יִרְצֶה. אֲבָל אִם אֵין לוֹ רְשׁוּת לְאָכְלָם שָׁם אוֹ שֶׁהֵם מְזוֹנוֹת מְרֻבִּים, שֶׁאִי אֶפְשָׁר שֶׁיֹּאכְלֵם שָׁם, וְכֵן שְׁאָר חֲפָצִים שֶׁנִּכָּר הַדָּבָר שֶׁיּוֹצִיאֵם לַחוּץ, אָסוּר, מִפְּנֵי שֶׁנִּרְאֶה כְּנוֹתֵן לוֹ עַל מְנָת לְהוֹצִיא.

סעיף י' הָאִשָּׁה מְדַדָּה אֶת בְּנָהּ אֲפִלּוּ בִּרְשׁוּת הָרַבִּים, וּבִלְבַד שֶׁלֹּא תְּגָרְרֵהוּ, אֶלָּא יְהֵא מַגְבִּיהַּ רַגְלוֹ הָאַחַת וּמַנִּיחַ הַשְּׁנִיָּה עַל הָאָרֶץ וְיִשָּׁעֵן

עָלֶיהָ עַד שֶׁיַּחֲזוֹר וְיַנִּיחַ רַגְלוֹ שֶׁהִגְבִּיהַּ, שֶׁנִּמְצָא לְעוֹלָם הוּא נִשְׁעָן עַל רַגְלוֹ הָאֶחָת. אֲבָל כְּשֶׁהִיא גּוֹרֶרֶת שְׁתֵּי רַגְלָיו הֲרֵי זֶה כְּנוֹשְׂאתוֹ וְאָסוּר אֲפִלּוּ בְּכַרְמְלִית. וְלָשֵׂאת אוֹתוֹ מַמָּשׁ אֲפִלּוּ אִם הוּא גָּדוֹל כָּל כָּךְ שֶׁיָּכוֹל לֵילֵךְ בְּרַגְלָיו לְבַדּוֹ, אָסוּר אֲפִלּוּ בְּכַרְמְלִית, שֶׁלֹּא אָמְרוּ הַחַי נוֹשֵׂא אֶת עַצְמוֹ אֶלָּא לִפְטוֹר מֵחַטָּאת. אֲבָל עַל כָּל פָּנִים שְׁבוּת אִכָּא, וּבְכַרְמְלִית הִיא שְׁבוּת דִּשְׁבוּת, וּצְרִיכִין לְהַזְהִיר לָרַבִּים, שֶׁטּוֹעִין בָּזֶה (שֻׁלְחָן עָרוּךְ שֶׁל הַתַּנְיָא סִימָן שח סָעִיף פא. וְעַיֵּן תְּשׁוּבַת ר' עֲקִיבָא אֵיגֶר סִימָן כח).

סעיף יא' אַמַּת הַמַּיִם הָעוֹבֶרֶת בְּתוֹךְ הֶחָצֵר, אָסוּר לְמַלֹּאת מַיִם מִמֶּנָּה. (וּבְשֻׁלְחָן עָרוּךְ סִימָן שנ"ו מְבֹאָר אֵיךְ יְתַקְּנָהּ).

סעיף יב' לֹא יַעֲמֹד אָדָם בִּרְשׁוּת הַיָּחִיד וְיַשְׁתִּין אוֹ יָרֹק לִרְשׁוּת הָרַבִּים אוֹ לְכַרְמְלִית, וְכֵן מֵרְשׁוּת הָרַבִּים אוֹ מִכַּרְמְלִית לִרְשׁוּת הַיָּחִיד, וְכֵן מֵרְשׁוּת הָרַבִּים לְכַרְמְלִית, אוֹ מִכַּרְמְלִית לִרְשׁוּת הָרַבִּים. וְכֵן לֹא יֵלֵךְ אַרְבַּע אַמּוֹת בִּרְשׁוּת הָרַבִּים אוֹ בְּכַרְמְלִית אוֹ מֵרְשׁוּת לִרְשׁוּת וְרֻקּוֹ בְּפִיו, אִם כְּבָר תִּלְּשׁוֹ בְּפִיו מִמָּקוֹם לְמָקוֹם (ש"נ).

סעיף יג' מֻתָּר לִשְׁפּוֹךְ שׁוֹפְכִין בְּחָצֵר שֶׁיֵּשׁ בָּהּ אַרְבַּע אַמּוֹת עַל אַרְבַּע אַמּוֹת, אַף עַל פִּי שֶׁיּוֹצְאִין לִרְשׁוּת הָרַבִּים (שנ"ז).

סימן פג - הקף מחצות לא מהני אלא כשהקף לדירה ובו ו' סעיפים:

סעיף א' הֶקֵּף מְחִצּוֹת לְטַלְטֵל בְּתוֹכָן, לֹא מַהֲנֵי אֶלָּא כְּשֶׁהֻקַּף לְדִירָה. וּמַהוּ נִקְרָא מֻקָּף לְדִירָה. זֶה שֶׁבָּנָה לוֹ בֵּית דִּירָה, אוֹ שֶׁפָּתַח פֶּתַח מִבֵּיתוֹ וְאַחַר כָּךְ הִקִּיף שָׁם בִּמְחִצּוֹת, כְּדֶרֶךְ שֶׁעוֹשִׂין הַחֲצֵרוֹת לְבָתִּים, אָז אֲפִלּוּ אִם הוּא גָּדוֹל הַרְבֵּה מְאֹד, הֲוֵי רְשׁוּת הַיָּחִיד גְּמוּרָה. אֲבָל כָּל שֶׁהֻקַּף שֶׁלֹּא לְשֵׁם דִּירָה, כְּגוֹן גַּנּוֹת וּפַרְדֵּסִים, שֶׁאֵין הַמְּחִצּוֹת עֲשׂוּיוֹת אֶלָּא לִשְׁמוֹר מַה שֶּׁבְּתוֹכָן, בְּאֵלּוּ יֵשׁ חִלּוּק בְּגָדְלָן. אִם אֵינוֹ גָּדוֹל מִבֵּית סָאתַיִם (שֶׁיְּבֹאַר בְּסָעִיף שֶׁלְּאַחַר זֶה), מֻתָּרִין לְטַלְטֵל בְּתוֹכוֹ (וְעַיֵּן לְקַמָּן סָעִיף ג) אֲבָל אִם הוּא גָּדוֹל מִבֵּית סָאתַיִם דִּינוֹ כְּכַרְמְלִית.

סעיף ב' כַּמָּה הוּא שִׁעוּר סָאתַיִם. כְּמוֹ שֶׁהָיָה חֲצַר הַמִּשְׁכָּן, מֵאָה אַמָּה אֹרֶךְ וַחֲמִשִּׁים אַמָּה רֹחַב. וְאִם הוּא מְרֻבָּע, עוֹלֶה בְּחֶשְׁבּוֹן שִׁבְעִים אַמָּה וְאַרְבָּעָה טְפָחִים עַל שִׁבְעִים אַמָּה וְאַרְבָּעָה טְפָחִים (וּבְאַמּוֹת שֶׁלָּנוּ חֲמִשִּׁים וְשָׁלֹשׁ עַל חֲמִשִּׁים וְשָׁלֹשׁ וּמְעַט יוֹתֵר). וְאִם הַמָּקוֹם עָגֹל אוֹ בִּשְׁאָר צִיּוּר צְרִיכִין גַּם כֵּן לַחְשׁוֹב כֵּן שֶׁיַּעֲלֶה בְּתִשְׁבֹּרֶת (בִּמְרֻבָּע), חֲמֵשֶׁת אֲלָפִים אַמָּה. (וּבְאַמּוֹת שֶׁלָּנוּ שְׁלֹשֶׁת אֲלָפִים שְׁבַע מֵאוֹת וַחֲמִשִּׁים). אַךְ אִם אָרְכּוֹ יוֹתֵר עַל פִּי שְׁנַיִם בְּרָחְבּוֹ אֲפִלּוּ רַק אַמָּה אַחַת, אָז נֶחְשָׁב כְּיוֹתֵר מִבֵּית סָאתַיִם כֵּיוָן שֶׁאֵינוֹ דּוֹמֶה לַחֲצַר הַמִּשְׁכָּן.

סעיף ג' מָקוֹם שֶׁמֻּקָּף שֶׁלֹּא לְשֵׁם דִּירָה, וְהוּא אֵינוֹ גָּדוֹל מִבֵּית סָאתַיִם, שֶׁמֻּתָּר לְטַלְטֵל בְּתוֹכוֹ, אִם יֵשׁ בְּסָמוּךְ לוֹ חָצֵר, מֻתָּר גַּם כֵּן לְהוֹצִיא מִתּוֹכוֹ לֶחָצֵר וּמֵחָצֵר לְתוֹכוֹ, כֵּלִים שֶׁשָּׁבְתוּ בְּתוֹכוֹ אוֹ בֶּחָצֵר, כִּי נֶחְשָׁב לִרְשׁוּת אַחַת עִם הֶחָצֵר. אֲבָל אֵינוֹ רְשׁוּת אַחַת

עִם הַבַּיִת, שֶׁהַכֵּלִים שֶׁשָּׁבְתוּ בְּתוֹכוֹ, אָסוּר לְהַכְנִיסָן לְתוֹךְ הַבַּיִת וְהַכֵּלִים שֶׁשָּׁבְתוּ בַּבַּיִת, אָסוּר לְהַכְנִיסָן לְשָׁם.

סעיף ד' מָקוֹם שֶׁהֻקַּף שֶׁלֹּא לְשֵׁם דִּירָה, דְּהַיְנוּ שֶׁמִּתְּחִלָּה הִקִּיף בִּמְחִצּוֹת, וְאַחַר כָּךְ בָּנָה שָׁם בֵּית דִּירָה אוֹ שֶׁפָּתַח לְשָׁם פֶּתַח מִבֵּיתוֹ, מַאי תַּקַּנְתֵּיהּ לַעֲשׂוֹתוֹ מֻקָּף לְדִירָה. יִפְרֹץ בַּמְּחִצּוֹת מָקוֹם יָתֵר עַל עֶשֶׂר אַמּוֹת, (כִּי עֶשֶׂר אַמּוֹת חֲשׁוּבוֹת כְּפֶתַח, וְיָתֵר מִכֵּן הָוֵי פִּרְצָה), וְנִתְבַּטְּלוּ הַמְּחִצּוֹת, וְאַחַר כָּךְ יִגְדּוֹר אוֹתָהּ, וְנֶחְשָׁב מֻקָּף לְדִירָה.

סעיף ה' חָצֵר שֶׁהִיא יוֹתֵר מִבֵּית סָאתַיִם, וְנָטַע בָּהּ אִילָנוֹת, אֲפִלּוּ בְּרֻבָּהּ, לֹא נִתְבַּטְּלָה בָּזֶה הַדִּירָה וַעֲדַיִן חֲשׁוּבָה מֻקֶּפֶת לְדִירָה, שֶׁכֵּן דֶּרֶךְ הָאָדָם לְהִסְתּוֹפֵף בְּצֵל אִילָנוֹת. אֲבָל אִם זָרַע בָּהּ זְרָעִים, אִם זֶה בְּרֹב הֶחָצֵר, (אֲפִלּוּ אֵינוֹ בְּמָקוֹם אֶחָד אֶלָּא מְפֻזָּר), נִתְבַּטְּלָה בָּזֶה הַדִּירָה וַחֲשׁוּבָה כֻּלָּהּ כְּגִנָּה. וְאִם זֶה בְּמוּעַט הֶחָצֵר, אִם הוּא פָּחוּת מִבֵּית סָאתַיִם, בָּטֵל לְגַבֵּי הֶחָצֵר וְכֻלּוֹ דִּינוֹ כְּחָצֵר. אֲבָל אִם הוּא יוֹתֵר מִבֵּית סָאתַיִם (בְּמָקוֹם אֶחָד), הֲרֵי מְקוֹם הַזֶּרַע כְּמוֹ כַּרְמְלִית, וְהַשְּׁאָר מִן הֶחָצֵר הֲרֵי הוּא פָּרוּץ בִּמְלוֹאוֹ לַמָּקוֹם הָאָסוּר, וְאָסוּר לְטַלְטֵל גַּם בּוֹ רַק בְּאַרְבַּע אַמּוֹת.

סעיף ו' וְכֵן חָצֵר שֶׁאֵין בָּהּ אֶלָּא בֵּית סָאתַיִם אוֹ פָּחוֹת וְזָרַע בְּמִקְצָתָהּ, גַּם כֵּן נִדּוֹן אַחַר הָרֹב. וְאִם רֻבָּהּ זָרוּעַ, אַף עַל פִּי שֶׁמֻּתָּרִין לְטַלְטֵל שָׁם, כֵּיוָן שֶׁאֵינָהּ יוֹתֵר מִבֵּית סָאתַיִם, מִכָּל מָקוֹם כֵּלִים שֶׁשָּׁבְתוּ בַּבַּיִת, אָסוּר לְהוֹצִיא לְשָׁם (כְּמוֹ שֶׁכָּתַבְתִּי בְּסָעִיף ג'). וְלָכֵן צָרִיךְ לַעֲשׂוֹת מְחִצָּה בִּפְנֵי הַגִּנָּה, שֶׁיְּהֵא מֻתָּר לוֹ לְהוֹצִיא מִן הַבַּיִת אֶל הֶחָצֵר (שנ"ח).

סימן פד - דיני הוצאה דרך מלבוש ותכשיט ובו י"ט סעיפים:

סעיף א'

כָּל דָּבָר שֶׁאֵינוֹ לֹא מַלְבּוּשׁ וְלֹא תַּכְשִׁיט, אָסוּר לָצֵאת בּוֹ לִרְשׁוּת הָרַבִּים אוֹ לְכַרְמְלִית. וְלָכֵן אָסוּר לָצֵאת בְּמַחַט הַתְּחוּבָה בְּבִגְדוֹ, וַאֲפִלּוּ בְּמַחַט שֶׁאֵין בָּהּ נֶקֶב. וַאֲפִלּוּ לְצֹרֶךְ לְבִישָׁה, יֵשׁ לְהַחְמִיר בְּאִישׁ. אֲבָל אִשָּׁה, כֵּיוָן שֶׁדֶּרֶךְ הַנָּשִׁים לְהַעֲמִיד קִשּׁוּרֵיהֶן, כְּגוֹן הַצְּעִיפִים וְכַדּוֹמֶה בְּמְחָטִין, מֻתֶּרֶת לָצֵאת בָּהֶן לְצֹרֶךְ הַלְּבִישָׁה. וְדַוְקָא בְּמַחַט שֶׁאֵינָהּ נְקוּבָה. אֲבָל לֹא בְּמַחַט נְקוּבָה.

סעיף ב' בְּתַכְשִׁיטִין, יֵשׁ גַּם כֵּן דְּבָרִים שֶׁאָסְרוּ רַבּוֹתֵינוּ זִכְרוֹנָם לִבְרָכָה לָצֵאת בָּהֶם בְּשַׁבָּת לִרְשׁוּת הָרַבִּים. יֵשׁ תַּכְשִׁיטִין שֶׁאָסְרוּ לַאֲנָשִׁים, וְיֵשׁ תַּכְשִׁיטִין שֶׁאָסְרוּ לְנָשִׁים, וְהַיְנוּ תַּכְשִׁיטִין שֶׁיֵּשׁ לָחוּשׁ שֶׁמָּא תְּסִירֵם לְהַרְאוֹתָן. וְעַכְשָׁו נִתְפַּשֵּׁט הַמִּנְהָג לְהַתִּיר, וְהַפּוֹסְקִים כָּתְבוּ טְעָמִים לָזֶה. וִירֵא שָׁמַיִם יֵשׁ לוֹ לְהַחְמִיר עַל עַצְמוֹ (עַיֵּן שֻׁלְחָן עָרוּךְ סִימָן ש"א וְסִימָן ש"ג). וּבִפְרָט יֵשׁ לִזָּהֵר, שֶׁלֹּא יֵצֵא אִישׁ בְּטַבַּעַת שֶׁאֵין עָלֶיהָ חוֹתָם מַפְתֵּחַ (עַיֵּן תּוֹסֶפֶת שַׁבָּת סִימָן ש"ג סְעִיף קָטָן ל"ט). וּמִכָּל שֶׁכֵּן שֶׁלֹּא יִשָּׂא אֶצְלוֹ כְּלִי הַשָּׁעוֹת (שָׁעוֹן) (אוהר, זייגער), וַאֲפִלּוּ קָשׁוּר בְּרָבִיד הַזָּהָב שֶׁהוּא נוֹשֵׂא עַל צַוָּארוֹ וְהוּא תַּכְשִׁיט. אֲבָל כְּלִי הַשָּׁעוֹת (שָׁעוֹן) הַמֻּנָּח בְּתוֹךְ הַכִּיס, הָוֵי מַשָּׂא [מַמָּשׁ] וְאֵין לוֹ הֶתֵּר.

סעיף ג' מַפְתֵּחַ שֶׁל כֶּסֶף, אַף עַל פִּי שֶׁהוּא נַעֲשָׂה לְהִשְׁתַּמֵּשׁ בּוֹ, כֵּיוָן שֶׁהוּא גַּם לְתַכְשִׁיט, נוֹהֲגִין לָצֵאת בּוֹ בְּשַׁבָּת, אֲבָל בָּתֵּי עֵינַיִם (מִשְׁקָפַיִם) (ברילל) אַף עַל פִּי שֶׁהֵן מְשֻׁבָּצוֹת בְּכֶסֶף, אָסוּר לָצֵאת בָּהֶן.

סעיף ד' אָסוּר לְאִשָּׁה לָתֵת בֶּגֶד עַל צְעִיפָהּ, וְכֵן הָאִישׁ עַל הַכּוֹבַע שֶׁלּוֹ מִפְּנֵי הַגְּשָׁמִים, שֶׁאֵין זֶה דֶּרֶךְ מַלְבּוּשׁ. וְאִם כַּוָּנָתָן שֶׁלֹּא יְצַעֲרוּ אוֹתָן הַגְּשָׁמִים מֻתָּר.

סעיף ה' הַחִגֵּר, וְכֵן הַחוֹלֶה שֶׁעָמַד מֵחָלְיוֹ, וְכֵן זָקֵן מֻפְלָג, שֶׁאִי אֶפְשָׁר לוֹ לֵילֵךְ בְּלֹא מַקֵּל, מֻתָּר לוֹ לֵילֵךְ בְּמַקֵּל בְּיָדוֹ. אֲבָל אִם אֶפְשָׁר לוֹ לֵילֵךְ בְּלֹא מַקֵּל, וּבְתוֹךְ בֵּיתוֹ הוֹלֵךְ בְּלֹא מַקֵּל, אֶלָּא כְּשֶׁהוֹלֵךְ לַחוּץ נוֹטֵל אוֹתוֹ לְהַחֲזִיק בּוֹ, אָסוּר. וְכֵן הַסּוּמָא אָסוּר לָצֵאת בְּמַקֵּל בְּעִיר שֶׁאֵינָהּ מְתֻקֶּנֶת בְּעֵרוּבִין. וּמִי שֶׁאֵינוֹ צָרִיךְ כְּלָל לַמַּקֵּל, אָסוּר לוֹ לָצֵאת בּוֹ אֲפִלּוּ בְּמָקוֹם שֶׁיֵּשׁ עֵרוּבִין, מִשּׁוּם זִילוּתָא דְּשַׁבָּת.

סעיף ו' מִי שֶׁהוּא אָסוּר בְּשַׁלְשְׁלָאוֹת, מֻתָּר לָצֵאת בָּהֶן.

סעיף ז' אֵין יוֹצְאִים בְּקַשְּׁרִים וְהֵם עֵצִים גְּבוֹהִים שֶׁיֵּשׁ בָּהֶם מוֹשָׁב לְכַף הָרֶגֶל, וְהוֹלְכִין בָּהֶם בְּטִיט וּבְמַיִם.

סעיף ח' יוֹצְאִים בִּרְטִיָּה שֶׁעַל הַמַּכָּה, (וּבִלְבַד שֶׁלֹּא יַנִּיחַ אוֹתָהּ בְּשַׁבָּת עַל גַּבֵּי הַמַּכָּה, כִּדְלְקַמָּן סימן צ"א סָעִיף י') כִּי לְפִי שֶׁהִיא מְרַפֵּאת, הֲרֵי הִיא כְּתַכְשִׁיט. וְיָכוֹל לְכָרְכָהּ בְּמַטְלִית שֶׁאֵינָהּ חֲשׁוּבָה וּבְטֵלָה לְגַבֵּי הָרְטִיָּה. אֲבָל דָּבָר חָשׁוּב כְּגוֹן מִטְפַּחַת וְכַדּוֹמֶה, אָסוּר לִכְרֹךְ עָלֶיהָ, לְפִי שֶׁאֵינוֹ בָּטֵל לְגַבֵּי הָרְטִיָּה וְגַם לֹא הֲוֵי דֶּרֶךְ מַלְבּוּשׁ, וַהֲוֵי מַשּׂא.

סעיף ט' יוֹצְאִין בְּמוֹךְ שֶׁנּוֹתְנִים בָּאֹזֶן לִבְלֹעַ לֵחָה שֶׁל צוֹאַת הָאֹזֶן, וְדַוְקָא כְּשֶׁהוּא קָשׁוּר וּמְהֻדָּק שָׁם הֵיטֵב שֶׁלֹּא יוּכַל לִפֹּל. וְכֵן יוֹצְאִין בְּמוֹךְ שֶׁבְּסַנְדָּל, אִם הוּא בְּאֹפֶן שֶׁאֵינוֹ יָכוֹל לִפּוֹל מִשָּׁם.

סעיף י' לֹא תֵצֵא אִשָּׁה בְּמוֹךְ שֶׁהִתְקִינָה לְנִדָּתָהּ, שֶׁלֹּא לְטַנֵּף בְּגָדֶיהָ. וְכֵן לֹא תֵצֵא בְּסִינָר שֶׁהִיא לוֹבֶשֶׁת בִּשְׁבִיל זֹאת, אֶלָּא אִם כֵּן הוּא מַלְבּוּשׁ גָּמוּר. אֲבָל אִם נוֹתֶנֶת אֶת הַמּוֹךְ אוֹ אֶת הַסִּינָר בִּשְׁבִיל לְהַצִּיל אֶת עַצְמָהּ מִן הַצַּעַר שֶׁאִם יִפּוֹל הַדָּם עַל בְּשָׂרָהּ וְיִתְיַבֵּשׁ, יְהֵא לָהּ צַעַר, מֻתֶּרֶת לָצֵאת בָּהֶן.

סעיף יא' בְּמָקוֹם רֶפֶשׁ וָטִיט, מֻתָּר לְהַגְבִּיהַּ קְצָת בְּגָדָיו, שֶׁלֹּא יִתְלַכְלְכוּ. אֲבָל לְהַגְבִּיהָם לְגַמְרֵי אָסוּר.

סעיף יב' מֻתָּר לָצֵאת בְּשַׁבָּת בִּשְׁנֵי מַלְבּוּשִׁים זֶה עַל גַּב זֶה, וְאַף עַל פִּי שֶׁאֵינוֹ צָרִיךְ לְעַצְמוֹ אֶת הַמַּלְבּוּשׁ הַשֵּׁנִי, אֶלָּא שֶׁמּוֹצִיאוֹ לְצֹרֶךְ חֲבֵרוֹ וְכַדּוֹמֶה. וְדַוְקָא כְּשֶׁדַּרְכּוֹ לִפְעָמִים גַּם בַּחֹל לִלְבּוֹשׁ שְׁנֵי מַלְבּוּשִׁים כָּאֵלּוּ, דַּהֲוֵי דֶּרֶךְ מַלְבּוּשׁ (וְאַף עַל פִּי שֶׁבְּרֹב פְּעָמִים אֵינוֹ לוֹבֵשׁ כֵּן). אֲבָל אִם אֵין הַדֶּרֶךְ לְעוֹלָם לִלְבּוֹשׁ שְׁנֵי מַלְבּוּשִׁים כָּאֵלּוּ, אָסוּר לָצֵאת בָּהֶן בְּשַׁבָּת מִשּׁוּם דְּהַשֵּׁנִי הֲוֵי כְּמוֹ מַשּׂא. וְכֵן הַדִּין בִּשְׁנֵי אַנְפְּלָאוֹת (גרבים) וּבְכוֹבַע גָּדוֹל עַל כּוֹבַע קָטָן (קאפל) וְכַדּוֹמֶה.

סעיף יג' וּשְׁתֵּי חֲגוֹרוֹת זוֹ עַל גַּב זוֹ, אִם מִנְהַג הַמָּקוֹם לַחְגּוֹר כָּךְ, לְמַטָּה חֲגוֹרָה גְּרוּעָה וְעָלֶיהָ חֲגוֹרָה חֲשׁוּבָה, מֻתָּר לַחְגּוֹר כָּךְ גַּם בְּשַׁבָּת, וְאַף עַל פִּי שֶׁעַתָּה אֵין לוֹ צֹרֶךְ רַק בְּאַחַת, וְהַשְּׁנִיָּה מוֹצִיאָהּ לְצֹרֶךְ חֲבֵרוֹ. אֲבָל אִם אֵין הַדֶּרֶךְ לַחְגּוֹר בִּשְׁתֵּי חֲגוֹרוֹת, אַף עַל פִּי שֶׁהוּא רוֹצֶה לַחְגּוֹר כָּךְ בִּשְׁבִיל עַצְמוֹ, אָסוּר, דִּכֵיוָן שֶׁיֵּשׁ לוֹ דַּי בְּאַחַת, הָוֵי הַשְּׁנִיָּה כְּמוֹ מַשָּׂא. וּבְכָל מָקוֹם מֻתָּר לָצֵאת בִּשְׁתֵּי חֲגוֹרוֹת, כְּשֶׁיֵּשׁ מַלְבּוּשׁ מַפְסִיק בֵּינֵיהֶן, כְּגוֹן הַתַּחְתּוֹנָה עַל הַמִּכְנָסַיִם, וְהָעֶלְיוֹנָה עַל גַּבֵּי הַסַּרְבָּל, שֶׁאָז יֵשׁ לוֹ הֲנָאָה וְתוֹעֶלֶת מִשְּׁתֵּיהֶן.

סעיף יד' מִטְפַּחַת שֶׁמְּקַנְּחִים בָּהּ אֶת הָאַף, נוֹהֲגִין לְכָרְכָהּ תַּחַת בֶּגֶד הָעֶלְיוֹן עַל הַמִּכְנָסַיִם. וְיִזָּהֵר שֶׁלֹּא לַעֲשׂוֹת בָּהּ שְׁנֵי קְשָׁרִים זֶה עַל גַּב זֶה (עַיֵּן לְעֵיל סִימָן פ' סָעִיף מ"ה) וִירֵא שָׁמַיִם אִם הוּא נוֹהֵג לָשֵׂאת רְצוּעוֹת הַמַּחְזִיקוֹת אֶת הַמִּכְנָסַיִם (הויזענטרעגער) יְסִירֵן בְּשַׁבָּת, כְּדֵי שֶׁתְּהֵא לוֹ הַמִּטְפַּחַת לְצֹרֶךְ. וְיֵשׁ נוֹהֲגִין לְכָרְכָהּ סְבִיב הַצַּוָּאר. וְזֶה אֵינוֹ מֻתָּר, אֶלָּא אִם אֵין לוֹ שָׁם מִטְפַּחַת אַחֶרֶת וְהוּא רָגִיל לִפְעָמִים לִכְרוֹךְ שָׁם מִטְפַּחַת מִפְּנֵי הַקֹּר, וְיִקְשְׁרֶהוּ בְּהֶתֵּר. אֲבָל אִם נוֹתְנָהּ רַק עַל הַצַּוָּאר וְהַקְּצָווֹת תְּלוּיוֹת לוֹ לְפָנָיו, זֶהוּ אִסּוּר גָּמוּר. וְכֵן לְכָרְכָהּ סְבִיב הָרֶגֶל אוֹ סְבִיב הַיָּד וְלָצֵאת בָּהּ, אָסוּר.

סעיף טו' בָּתֵּי יָדַיִם [כְּסָיוֹת, כְּפָפוֹת (האנדשוה), יֵשׁ מַתִּירִין לָצֵאת בָּהֶן בְּשַׁבָּת וְיֵשׁ אוֹסְרִין. וּבָזֶה הֶעָשׂוּי לְחַמֵּם שְׁתֵּי הַיָּדַיִם בְּיַחַד [יְדוֹנִית (מוּף) יֵשׁ לְהָקֵל טְפֵי.

סעיף טז' מֻתָּר לָצֵאת בְּטַלִּית מְצֻיֶּצֶת בְּדֶרֶךְ מַלְבּוּשׁ. אֲבָל אִם מְקַפְּלָהּ סָבִיב צַוָּארוֹ בְּמָקוֹם שֶׁאֵין הַדֶּרֶךְ לְלָבְשָׁהּ כָּךְ, אָסוּר.

סעיף יז' בֶּגֶד שֶׁיֵּשׁ לוֹ שְׁתֵּי רְצוּעוֹת אוֹ מְשִׁיחוֹת לְקָשְׁרוֹ בָּהֶן, אוֹ שֶׁיֵּשׁ לוֹ קְרָסִים לְחַבְּרוֹ וְנִפְסַק אֶחָד מֵהֶן, אַף עַל פִּי שֶׁהַשֵּׁנִי שֶׁנִּשְׁאַר כְּנֶגְדּוֹ אֵינוֹ חָשׁוּב, מִכָּל מָקוֹם אִם דַּעְתּוֹ לְתַקְּנוֹ אַחַר כָּךְ לְהָבִיא לוֹ בֶּן זוּגוֹ, אִם כֵּן זֶה שֶׁנִּשְׁאַר אֵינוֹ בָּטֵל לְגַבֵּי הַבֶּגֶד וַהֲוֵי כְּמוֹ מַשָּׂא. וְאָסוּר לָצֵאת בְּבֶגֶד זֶה. אֲבָל אִם אֵין דַּעְתּוֹ לְתַקְּנוֹ, אִם כֵּן, כֵּיוָן שֶׁזֶּה שֶׁנִּשְׁאַר אֵינוֹ דָּבָר חָשׁוּב, הֲרֵי הוּא בָּטֵל לְגַבֵּי הַבֶּגֶד וּמֻתָּר לָצֵאת בּוֹ. וְאִם הוּא דָּבָר חָשׁוּב, כְּגוֹן מְשִׁיחָה שֶׁל מֶשִׁי אוֹ קֶרֶס שֶׁל כֶּסֶף, אַף עַל פִּי שֶׁאֵין דַּעְתּוֹ לְתַקְּנוֹ, אֵינוֹ בָּטֵל לְגַבֵּי הַבֶּגֶד וְאָסוּר לָצֵאת בּוֹ.

סעיף יח' בַּעֲלֵי הַקָּרְחָה שֶׁמַּנִּיחִין עַל רָאשֵׁיהֶן פִּשְׁתָּן סָרוּק אוֹ צֶמֶר מְנֻפָּץ שֶׁיְּהֵא נִרְאֶה כְּשֵׂעָר בְּרָאשֵׁיהֶן [פֵּאָה נָכְרִית] (פרוק) מֻתָּרִין לָצֵאת בּוֹ בְּשַׁבָּת לִרְשׁוּת הָרַבִּים, שֶׁתַּכְשִׁיט שֶׁלָּהֶם הוּא (וּבִלְבַד שֶׁהוּכַן מֵעֶרֶב שַׁבָּת).

סעיף יט' הַנּוֹשֵׂא קָמֵיעַ, צָרִיךְ לַעֲשׂוֹת שְׁאֵלַת חָכָם, אִם מֻתָּר לָצֵאת בָּהּ בְּשַׁבָּת אוֹ לֹא, כִּי לֹא כָּל הַקְּמֵעוֹת שָׁוִים. וְאִשָּׁה הַנּוֹשֵׂאת אֶבֶן הַנִּקְרֵאת שְׁטֶערְנְשׁוּס כְּדֵי שֶׁלֹּא תַּפִּיל, מֻתֶּרֶת לָצֵאת בָּהּ בְּשַׁבָּת (ש"א ש"ג).

סימן פה - דין אם נפלה דלקה בשבת ובו ח' סעיפים:

סעיף א' אִם חַס וְשָׁלוֹם נָפְלָה דְּלֵקָה

בַּשַּׁבָּת, חָשׁוּ רַבּוֹתֵינוּ זִכְרוֹנָם לִבְרָכָה, כִּי בַּעַל הַבַּיִת וּבְנֵי בֵּיתוֹ אֲשֶׁר שָׁם הַדְּלֵקָה, אִם יִתְעַסְּקוּ בְּהַצָּלָה, וְהֵמָּה נֶחְפָּזִים וּבְהוּלִים עַל מָמוֹנָם, שֶׁמָּא מִתּוֹךְ כָּךְ יִשְׁכְּחוּ שֶׁהַיּוֹם שַׁבָּת וִיכַבּוּ אֶת הַדְּלֵקָה, עַל כֵּן אָסְרוּ לְהַצִּיל אֲפִלּוּ חֲפָצִים שֶׁהֵן מֻתָּרִין בְּטַלְטוּל לְמָקוֹם שֶׁמֻּתָּרִין לְהוֹצִיא, וְרַק מַה שֶּׁהוּא צָרִיךְ לוֹ לְהַיּוֹם, מֻתָּר לוֹ לְהַצִּיל. כֵּיצַד. נָפְלָה דְּלֵקָה בְּלֵיל שַׁבָּת קֹדֶם הַסְּעוּדָה, מַצִּיל מְזוֹן שָׁלֹשׁ סְעוּדוֹת, הָרָאוּי לְאָדָם, לְאָדָם. הָרָאוּי לִבְהֵמָה, לִבְהֵמָה. וּבְשַׁחֲרִית, מְזוֹן שְׁתֵּי סְעוּדוֹת. וּבְמִנְחָה, מְזוֹן סְעוּדָה אַחַת. וְאִם יֵשׁ בִּכְלִי אֶחָד מַאֲכָלִים הַרְבֵּה, כְּגוֹן סַל מָלֵא כִּכָּרוֹת, וְחָבִית מְלֵאָה יַיִן וְכַדּוֹמֶה, כֵּיוָן שֶׁמּוֹצִיאָם בְּפַעַם אַחַת, מֻתָּר. וְכֵן אִם פֵּרֵשׂ סָדִין וְכַדּוֹמֶה וְקִבֵּץ בּוֹ כָּל מַה שֶּׁיָּכוֹל לְהוֹצִיא מִמַּאֲכָלִים וּמַשְׁקָאוֹת וּמוֹצִיאָן בְּפַעַם אַחַת, מֻתָּר. גַּם מֻתָּר לוֹ לְהוֹצִיא כָּל הַכֵּלִים שֶׁהוּא צָרִיךְ לְהִשְׁתַּמֵּשׁ בָּהֶם הַיּוֹם.

סעיף ב' וְאוֹמֵר לַאֲחֵרִים בֹּאוּ וְהַצִּילוּ לָכֶם, וְכָל אֶחָד וְאֶחָד מַצִּיל מָזוֹן שֶׁהוּא צָרִיךְ לוֹ אוֹ כְּלִי אֶחָד שֶׁמַּחְזִיק אֲפִלּוּ הַרְבֵּה וַהֲרֵי הוּא שֶׁל הַמַּצִּיל, כֵּיוָן שֶׁבַּעַל הַבַּיִת הִפְקִיר וְזָכָה זֶה מִן הַהֶפְקֵר. וְאִם הוּא יְרֵא שָׁמַיִם וּמַחֲזִיר לְבַעַל הַבַּיִת מַה שֶּׁהִצִּיל, כֵּיוָן שֶׁיּוֹדֵעַ שֶׁלֹּא הִפְקִיר בִּרְצוֹנוֹ, מֻתָּר לוֹ לָקַחַת שְׂכַר הַהַצָּלָה, וְאֵין זֶה שְׂכַר שַׁבָּת, כֵּיוָן שֶׁמִּצַּד הַדִּין הַכֹּל הוּא שֶׁלּוֹ. וּמִכָּל מָקוֹם מִדַּת חֲסִידוּת שֶׁלֹּא לִטּוֹל שָׂכָר עַל טֹרַח הַצָּלָה שֶׁבְּשַׁבָּת, אַף עַל פִּי שֶׁאֵינוֹ שְׂכַר שַׁבָּת, כִּי הֶחָסִיד יֵשׁ לוֹ לְוַתֵּר מִשֶּׁלּוֹ בְּכָל דָּבָר שֶׁיֵּשׁ בּוֹ נִדְנוּד עֲבֵרָה.

סעיף ג' וְכָל זֹאת, רַק לְמָקוֹם שֶׁמֻּתָּרִין לְהוֹצִיא לְשָׁם. אֲבָל לְמָקוֹם שֶׁאֲסוּרִין לְהוֹצִיא, אָסוּר לְהַצִּיל שׁוּם דָּבָר. אַךְ בְּגָדִים שֶׁיְּכוֹלִין לְלָבְשָׁם, מֻתָּר לוֹ לִלְבּוֹשׁ, וְלַעֲטֹף כָּל מַה שֶּׁיָּכוֹל, וּמוֹצִיא אֲפִלּוּ לִרְשׁוּת הָרַבִּים, וּפוֹשֵׁט וְחוֹזֵר וְלוֹבֵשׁ וּמוֹצִיא אֲפִלּוּ כָּל הַיּוֹם. וְיָכוֹל לוֹמַר גַּם לַאֲחֵרִים, בֹּאוּ וְהַצִּילוּ, וּמַצִּילִין כֵּן.

סעיף ד' וְהַבָּתִּים שֶׁאֵין שָׁם הַדְּלֵקָה, אֶלָּא שֶׁהֵם קְרוֹבִים וְיֵרְאִים שֶׁתַּגִּיעַ גַּם לָהֶם, כֵּיוָן שֶׁהֵם אֵינָם בְּהוּלִים כָּל כָּךְ, מֻתָּרִין לְהַצִּיל כָּל דָּבָר לַמָּקוֹם שֶׁמֻּתָּרִין לְהוֹצִיא לְשָׁם. יֵשׁ אוֹמְרִים, דְּגַם מָעוֹת וּשְׁאָר דְּבָרִים יְקָרִים אַף עַל פִּי שֶׁהֵן מֻקְצִין, מֻתָּר לְהַצִּילָן מִן הַהֶפְסֵד הַגָּדוֹל הַפִּתְאוֹמִי, כְּגוֹן דְּלֵקָה אוֹ שֶׁטֶף מַיִם אוֹ גְּזֵלָה, עַל יְדֵי מַה שֶּׁמַּנִּיחִין עֲלֵיהֶם אֵיזֶה דְּבַר מַאֲכָל וּמְטַלְטְלִין אוֹתָן כֵּן בְּיַחַד. (אֲבָל בְּמָקוֹם אַחֵר, אֵין שׁוּם הֶתֵּר לְטַלְטֵל כֵּן מֻקְצֶה). וְיֵשׁ מְקִלִּין עוֹד יוֹתֵר, שֶׁאֲפִלּוּ לְבַדָּן יְכוֹלִין לְטַלְטְלָן, מִשּׁוּם דִּבְמָקוֹם הֶפְסֵד גָּדוֹל פִּתְאוֹמִי, נִדְחֶה אִסּוּר מֻקְצֶה, וּבִלְבַד שֶׁלֹּא יוֹצִיא לַמָּקוֹם שֶׁאֲסוּרִין לְהוֹצִיא.

סעיף ה' כָּל סִפְרֵי קֹדֶשׁ, בֵּין שֶׁהֵן בִּכְתָב בֵּין שֶׁהֵן בִּדְפוּס, מַצִּילִין אוֹתָן מִפְּנֵי הַדְּלֵקָה אוֹ שֶׁטֶף מַיִם וְכַדּוֹמֶה, אֲפִלּוּ לֶחָצֵר אוֹ לְמָבוֹי שֶׁאֲסוּרִין לְהוֹצִיא לְשָׁם מֵחֲמַת שֶׁלֹּא עָשׂוּ עֵרוּב. וְהוּא כְּשֶׁהֵן מְתֻקָּנִין בְּעִנְיָן שֶׁהָיוּ מוֹעִילִים עֵרוּבֵי חֲצֵרוֹת אוֹ שִׁתּוּפֵי מְבוֹאוֹת. וְעַל יְדֵי אֵינוֹ יְהוּדִי, מֻתָּר לְהַצִּילָן אֲפִלּוּ דֶּרֶךְ רְשׁוּת הָרַבִּים (הַצָּלַת הַמֵּת מִן הַדְּלֵקָה, עַיֵּן לְקַמָּן סִימָן פ"ח סָעִיף ט"ז).

סעיף ו' מַצִּילִין תִּיק הַסֵּפֶר עִם הַסֵּפֶר, וְתִיק הַתְּפִלִּין עִם הַתְּפִלִּין.

סעיף ז' סֵפֶר תּוֹרָה קוֹדֵם לְהַצִּיל לִשְׁאָר סְפָרִים.

סעיף ח' כְּשֶׁיֵּשׁ חֲשַׁשׁ סְפֵק סַכָּנַת נְפָשׁוֹת, מֻתָּר לְכַבּוֹת אֶת הַדְּלֵקָה. וְלָכֵן בִּמְקוֹמוֹת שֶׁהַיִּשְׂרְאֵלִים דָּרִים בֵּין הַנָּכְרִים, מֻתָּר לְכַבּוֹת אֶת הַדְּלֵקָה, אֲפִלּוּ הוּא בְּבֵית נָכְרִי, וְהַכֹּל לְפִי הָעִנְיָן. וְדַוְקָא לְכַבּוֹת מֻתָּר. אֲבָל אָסוּר לְחַלֵּל שַׁבָּת כְּדֵי לְהַצִּיל מָמוֹן. וְאִם עָבַר וְחִלֵּל, יֵלֵךְ אֶל הָרַב לְבַקֵּשׁ שֶׁיּוֹרֵהוּ תְּשׁוּבָה.

סימן פו - דין רחיצה ובו ז' סעיפים:

סעיף א' אָסוּר לִרְחוֹץ כָּל גּוּפוֹ אוֹ אֲפִלּוּ רֹב גּוּפוֹ בְּמַיִם חַמִּים, אֲפִלּוּ הוּחַמּוּ בְּעֶרֶב שַׁבָּת. וַאֲפִלּוּ לִרְחוֹץ שֶׁלֹּא בְּפַעַם אַחַת, אֶלָּא אֵבֶר אֵבֶר, אָסוּר בְּרֹב גּוּפוֹ. וַאֲפִלּוּ לִכָּנֵס לַמֶּרְחָץ רַק לְהַזִּיעַ, גַּם כֵּן אָסוּר. אֲבָל מֻתָּר לִרְחוֹץ פָּנָיו יָדָיו וְרַגְלָיו בְּחַמִּין שֶׁהוּחַמּוּ בְּעֶרֶב שַׁבָּת.

סעיף ב' הַמַּיִם שֶׁהֵם מִמְּקוֹרָם נוֹבְעִים חַמִּים, כְּמוֹ חַמֵּי טְבֶרְיָה וְכַדּוֹמֶה, אִם הֵם בְּקַרְקַע וְאֵין הַמָּקוֹם מְקוֹרֶה, מֻתָּר לִרְחוֹץ בָּהֶם אֲפִלּוּ כָּל גּוּפוֹ. אֲבָל אִם הֵם בִּכְלִי אוֹ שֶׁהַמָּקוֹם מְקוֹרֶה אָסוּר. וַאֲפִלּוּ לִכָּנֵס לְבֵית הַמֶּרְחָץ רַק לְהַזִּיעַ, אָסוּר. וְיֵשׁ אוֹמְרִים, דְּכָל שֶׁהֵם בְּקַרְקַע, אֲפִלּוּ הַמָּקוֹם מְקֹרֶה, מֻתָּר לִרְחֹץ בָּהֶם.

סעיף ג' מֻתָּר לִטְבֹּל כָּל גּוּפוֹ בְּצוֹנֵן. אֲבָל לֹא יַעֲמֹד אַחַר כָּךְ נֶגֶד הַתַּנּוּר לְהִתְחַמֵּם, מִשּׁוּם דַּהֲוֵי כְּרוֹחֵץ בְּחַמִּין. וַאֲפִלּוּ רָחַץ רַק יָדָיו בְּמַיִם צוֹנְנִים לֹא יְחַמְּמֵן אֵצֶל הַתַּנּוּר בְּעוֹדָן לַחוֹת, מִשּׁוּם דַּהֲוֵי כְּרוֹחֵץ בְּמַיִם שֶׁהוּחַמּוּ הַיּוֹם, דְּאָסוּר לִרְחוֹץ בָּהֶם אֲפִלּוּ אֵבֶר אֶחָד, אֶלָּא צָרִיךְ לְנַגְּבָן תְּחִלָּה יָפֶה. וְעַיֵּן לְעֵיל סִימָן פ' סָעִיף ל"ב, שֶׁיְּשַׁפְשְׁפֵן קוֹדֵם הַנִּגּוּב, שֶׁלֹּא יִשָּׁאֵר עֲלֵיהֶן רַק מְעַט מַיִם (שב שכו).

סעיף ד' הָרוֹחֵץ צָרִיךְ לִזָּהֵר שֶׁלֹּא לִסְחוֹט שְׂעָרוֹ. וְכֵן צָרִיךְ לִזָּהֵר שֶׁלֹּא לָשׁוּט, כִּי אָסוּר לָשׁוּט בְּשַׁבָּת וּבְיוֹם טוֹב. וְכֵן אָסוּר לְהָשִׁיט אֵיזֶה דָּבָר, כְּגוֹן הַקִּסְמִין שֶׁעַל הַמָּיִם. וְאִם רוֹחֵץ בְּמָקוֹם שֶׁאֲסוּרִין לְטַלְטֵל, צָרִיךְ עוֹד לִזָּהֵר, שֶׁקֹּדֶם צֵאתוֹ יָסִיר תְּחִלָּה הַמַּיִם שֶׁעַל גּוּפוֹ וּשְׂעָרוֹתָיו, וִינַגְּבֵם יָפֶה שֶׁלֹּא יִשָּׁאֲרוּ עָלָיו מַיִם וְיוֹצִיאֵם מֵרְשׁוּת לִרְשׁוּת. וְגַם בַּנָּהָר עַצְמוֹ צָרִיךְ לִזָּהֵר, שֶׁלֹּא יִשָּׂא אֶת הַמַּיִם שֶׁעָלָיו, אַרְבַּע אַמּוֹת, כִּי הַנָּהָר הוּא כַּרְמְלִית. וּלְפִי שֶׁאֵין כֻּלָּם יוֹדְעִים לִזָּהֵר, עַל כֵּן נִתְפַּשֵּׁט הַמִּנְהָג בִּמְדִינוֹת אֵלּוּ, שֶׁלֹּא לִרְחוֹץ כְּלָל בְּשַׁבָּת אֲפִלּוּ בְּצוֹנֵן, כִּי אִם לְצֹרֶךְ מִצְוָה, כְּגוֹן אִשָּׁה נִדָּה (כִּדְלְקַמָּן סִימָן קס"ב סָעִיף ז') וְאִישׁ לְקֶרִיו.

סעיף ה' מֻתָּר לַעֲמֹד עַל שְׂפַת הַנָּהָר וְלִרְחוֹץ יָדָיו בַּנָּהָר, וְאֵין זֶה אִסּוּר בְּמָה שֶׁהוּא מוֹצִיא אֶת הַמַּיִם שֶׁעַל יָדָיו מִן הַנָּהָר עַל שְׂפָתוֹ, לְפִי שֶׁהַנָּהָר הוּא כַּרְמְלִית וּשְׂפַת הַנָּהָר הוּא גַּם כֵּן כַּרְמְלִית, וּמֻתָּר לְהוֹצִיא מִכַּרְמְלִית לְכַרְמְלִית בְּפָחוֹת מֵאַרְבַּע אַמּוֹת, רַק שֶׁיִּזָּהֵר לְנַגֵּב יָדָיו הֵיטֵב קוֹדֶם שֶׁיֵּלֵךְ אַרְבַּע אַמּוֹת.

סעיף ו' מֻתָּר לָשׁוּף יָדָיו בְּמֻרְסָן אַף

עַל פִּי שֶׁהַיָּדַיִם רְטֻבּוֹת, וּבִלְבַד שֶׁלֹּא יִתֵּן אֶת הַמַּיִם עַל הַמֻּרְסָן מַמָּשׁ. אֲבָל אָסוּר לָשׁוּף יָדָיו בְּמֶלַח וְכָל שֶׁכֵּן בְּבוֹרִית [סַבּוֹן] (זייף) מִשּׁוּם דְּנִמּוֹחַ (שכ"ו).

סעיף ז' מַיִם שֶׁאֵין הַדֶּרֶךְ לִרְחוֹץ בָּהֶם אֶלָּא לִרְפוּאָה, כְּגוֹן שֶׁהֵם רָעִים אוֹ מְאוּסִים, אָסוּר לִרְחוֹץ בָּהֶם בַּשַּׁבָּת, כֵּיוָן שֶׁהוּא מְכַוֵּן לִרְפוּאָה (עַיֵּן לְקַמָּן סִימָן צ"א). בַּמֶּה דְּבָרִים אֲמוּרִים, כְּשֶׁשּׁוֹהֶה בָּהֶם. אֲבָל אִם אֵינוֹ שׁוֹהֶה בָּהֶם, מֻתָּר, שֶׁאֵינוֹ נִרְאֶה אֶלָּא כְּמֵקֵר. וּבְחַמֵּי טְבֶרְיָא וְכַדּוֹמֶה, אִם אֵין הַדֶּרֶךְ לִרְחוֹץ בָּהֶם אֶלָּא לִרְפוּאָה, אָסוּר לִרְחוֹץ בָּהֶם בַּשַּׁבָּת לִרְפוּאָה, אֲפִלּוּ אֵינוֹ שׁוֹהֶה בָּהֶם.

סימן פז - דברים שצריכין לזהר בבהמות חיות ועופות ובו כ"ד סעיפים:

סעיף א' כְּתִיב לְמַעַן יָנוּחַ שׁוֹרְךָ וַחֲמוֹרְךָ וְגוֹ', הֲרֵי כִּי הִזְהִירָה הַתּוֹרָה, שֶׁגַּם הַבְּהֵמָה שֶׁל יִשְׂרָאֵל תָּנוּחַ. וְלֹא בְּהֵמָה בִלְבַד, אֶלָּא כָּל בַּעֲלֵי חַיִּים. וְלָכֵן אָסוּר לְהַנִּיחַ לִבְהֶמְתּוֹ שֶׁתּוֹצִיא אֵיזֶה מַשָּׂא, שֶׁאֲפִלּוּ יָצְאָה מֵאֵלֶיהָ לִרְשׁוּת הָרַבִּים וְהוֹצִיאָה מַשָּׂא, עָבַר הוּא עָלֶיהָ עַל מִצְוַת עֲשֵׂה שֶׁל תּוֹרָה. וְאַף דָּבָר שֶׁהוּא לָהּ לְנוֹי, מִכָּל מָקוֹם הֲוֵי מַשָּׂא. אֲבָל דָּבָר שֶׁהוּא לִרְפוּאָתָהּ, כְּמוֹ אֶגֶד[תַּחְבֹּשֶׁת] שֶׁעַל הַמַּכָּה מֻתֶּרֶת לָצֵאת בּוֹ. וְכֵן דָּבָר שֶׁהִיא צְרִיכָה לִשְׁמִירָתָהּ, הֲוֵי לָהּ כְּמוֹ מַלְבּוּשׁ לָאָדָם וּמֻתֶּרֶת לָצֵאת בּוֹ. וְאַךְ מַה שֶּׁהוּא רַק לִשְׁמִירָה יְתֵרָה, אָסוּר. וְכֵן דָּבָר שֶׁבְּהֵמָה זוֹ אֵינָהּ מִשְׁתַּמֶּרֶת בָּזֶה, אַף עַל פִּי שֶׁבְּהֵמָה אַחֶרֶת מִשְׁתַּמֶּרֶת בּוֹ, הֲוֵי לָהּ לְגַבֵּי בְּהֵמָה זוֹ מַשָּׂא וְאָסוּר.

סעיף ב' הַסּוּס יוֹצֵא בְּאַפְסָר אוֹ בְּרֶסֶן, אֲבָל לֹא בִּשְׁנֵיהֶם. וּמֻתָּר לִכְרֹךְ חֶבֶל הָאַפְסָר סְבִיב צַוָּארוֹ וְיֵצֵא בוֹ, רַק שֶׁיְּהֵא כָּרוּךְ בְּרִפְיוֹן קְצָת כְּדֵי שֶׁיּוּכַל לְהַכְנִיס יָדוֹ מְהֵרָה בֵּין הַכְּרִיכָה לְצַוָּארוֹ כְּדֵי לְמָשְׁכוֹ אִם יִרְצֶה לְהִשָּׁמֵט. וּמֻתָּר לְטַלְטֵל בָּאַפְסָר וְלִתְּנוֹ עָלָיו, וּבִלְבַד שֶׁלֹּא יִשָּׁעֵן עָלָיו, מִשּׁוּם דְּאָסוּר לִסְמֹךְ בַּשַּׁבָּת עַל בַּעַל חַי. אֲבָל הַחֲמוֹר, לֹא יֵצֵא בְרֶסֶן שֶׁל בַּרְזֶל, לְפִי שֶׁזֶּהוּ לִשְׁמִירָה יְתֵרָה אֵצֶל הַחֲמוֹר, וְשׁוֹר וּפָרָה שֶׁאֵינָן צְרִיכִין שִׁמּוּר אֲסוּרִין לָצֵאת בְּחֶבֶל סְבִיב צַוָּארָם, אֶלָּא אִם רְגִילִין לִבְרוֹחַ. אִם קָשַׁר חֶבֶל בְּפִי הַסּוּס, הֲרֵי זֶה מַשָּׂא, לְפִי שֶׁאֵינוֹ מִשְׁתַּמֵּר בּוֹ, שֶׁהוּא נִשְׁמַט מִפִּיו, וְאֵינוֹ דּוֹמֶה לָאַפְסָר, שֶׁהוּא קָשׁוּר בְּרֹאשׁוֹ.

סעיף ג' סוּס וְכֵן שְׁאָר בְּהֵמוֹת, לֹא יֵצְאוּ בְּמַרְדַּעַת. וְאַךְ הַחֲמוֹר, יוֹצֵא בְּמַרְדַּעַת שֶׁלֹּא יִתְקָרֵר, מִפְּנֵי שֶׁטִּבְעוֹ לְהִתְקָרֵר. וְאִם קָשַׁר לוֹ הַמַּרְדַּעַת מֵעֶרֶב שַׁבָּת, מֻתָּר שֶׁיֵּצֵא בוֹ בְּשַׁבָּת, שֶׁמַּלְבּוּשׁוֹ הִיא. אֲבָל אִם אֵינָהּ קְשׁוּרָה לוֹ, לֹא יֵצֵא בָהּ, גְּזֵרָה שֶׁמָּא תִּפֹּל מֵעָלָיו וִיבִיאֶנָּהּ בְּיָדוֹ, וּבְשַׁבָּת אִי אֶפְשָׁר לְקָשְׁרָהּ לוֹ, מִפְּנֵי שֶׁצָּרִיךְ לְהִתְקָרֵב אֵלָיו וְלִסְמֹךְ עָלָיו. וְאַךְ כְּשֶׁהַחֲמוֹר בֶּחָצֵר, מֻתָּר לָתֵת עָלָיו מַרְדַּעַת מִפְּנֵי הַצִּנָּה, וּבִלְבַד שֶׁלֹּא יֵצֵא בָהּ. אֲבָל עַל הַסּוּס, לֹא יִתֵּן מַרְדַּעַת כְּלָל, אִם לֹא כְּשֶׁהַקֹּר גָּדוֹל שֶׁמַּזִּיק גַּם לְהַסּוּס. וְכֵן בִּימוֹת הַחַמָּה שֶׁהַזְּבוּבִים רַבִּים וּמְצַעֲרִים אוֹתוֹ, מֻתָּר לָתֵת עָלָיו מַרְדַּעַת, וּבִלְבַד שֶׁיְּהֵא נִזְהָר שֶׁלֹּא יִסָּמֵךְ עַצְמוֹ עַל הַבְּהֵמָה בִּשְׁעַת הַכִּסּוּי. וּלְהָסִיר מַרְדַּעַת בַּשַּׁבָּת, בֵּין מִן הַחֲמוֹר בֵּין מִן הַסּוּס, אָסוּר, כֵּיוָן דְּלֵית לֵיהּ צַעַר אִם לֹא יְסִירֶנָּה.

סעיף ד' אֲסוּרָה לָצֵאת בְּזוּג, אַף עַל פִּי שֶׁהוּא פָּקוּק וְאֵינוֹ מְקַשְׁקֵשׁ. וַאֲפִלּוּ בְּעִיר שֶׁהִיא מְתֻקֶּנֶת בְּעֵרוּבִין, אָסוּר שֶׁתֵּצֵא בּוֹ. רַק בֶּחָצֵר, מֻתָּר שֶׁיִּהְיֶה עָלֶיהָ. וְאִם אֵינוֹ פָּקוּק, וּמְקַשְׁקֵשׁ, אֲפִלּוּ בֶּחָצֵר, אָסוּר לִהְיוֹת עָלֶיהָ.

סעיף ה' מֻתָּר לְהוֹלִיךְ אֶת הַסּוּס בְּחֶבֶל שֶׁבָּרֶסֶן, וּבִלְבַד שֶׁיֹּאחֵז בִּקְצֵה הַחֶבֶל, שֶׁלֹּא יֵצֵא מִיָּדוֹ טֶפַח, וְגַם לֹא יַגִּיעַ הַחֶבֶל שֶׁבֵּין יָדוֹ לַבְּהֵמָה עַד טֶפַח סָמוּךְ לָאָרֶץ. וְאִם הַחֶבֶל אָרֹךְ הַרְבֵּה, יִכְרְכוֹ עַל צַוַּאר הַסּוּס.

סעיף ו' שְׁתֵּי בְּהֵמוֹת אוֹ יוֹתֵר שֶׁהֵן קְשׁוּרוֹת זוֹ בָּזוֹ, וְהוּא תּוֹפֵס בְּיָדוֹ אַפְסָר אֶחָד וְכֻלָּן נִמְשָׁכוֹת זוֹ אַחַר זוֹ, אָסוּר לַעֲשׂוֹת כֵּן בְּשַׁבָּת, אֲפִלּוּ בְּעִיר הַמְתֻקֶּנֶת בְּעֵרוּבִין. אֲבָל מֻתָּר לִתְפּוֹס כַּמָּה אַפְסָרֵי בְהֵמוֹת בְּיָדוֹ לְהוֹלִיכָן, כְּדֶרֶךְ שֶׁנִּתְבָּאֵר בְּסָעִיף שֶׁלְּפְנֵי זֶה.

סעיף ז' אֵין הַתַּרְנְגוֹלִין יוֹצְאִין בְּחוּטִין שֶׁקּוֹשְׁרִין בָּהֶם לְסִימָן, אוֹ שֶׁלֹּא יִשְׁבְּרוּ כֵּלִים. אֲבָל אִם קוֹשְׁרִין רַגְלֵיהֶן שֶׁלֹּא יוּכְלוּ לִבְרוֹחַ, וְכֵן סוּסִים הָרוֹעִים בַּשָּׂדֶה וְקוֹשְׁרִין שְׁתֵּי יְדֵיהֶן יַחַד, שֶׁלֹּא יוּכְלוּ לִבְרוֹחַ, מֻתָּר, וּבִלְבַד שֶׁלֹּא יִקְשׁוֹר עָקוּד אוֹ רָגוּל. עָקוּד, הַיְנוּ שֶׁקּוֹשֵׁר יָד עִם רֶגֶל. וְרָגוּל, הַיְנוּ שֶׁקּוֹשֵׁר אַחַת מֵרַגְלָיו כְּלַפֵּי מַעְלָה, שֶׁלֹּא תֵּלֵךְ רַק עַל שָׁלֹשׁ, שֶׁזֶּה אֲפִלּוּ בַּחֹל אָסוּר, מִשּׁוּם צַעַר בַּעֲלֵי חַיִּים.

סעיף ח' מִי שֶׁיֵּשׁ לוֹ מְשָׁרֵת אֵינוֹ יְהוּדִי וְרוֹכֵב עַל הַבְּהֵמָה בַּשַּׁבָּת, כְּשֶׁמּוֹלִיכָהּ לְהַשְׁקוֹתָהּ אֵינוֹ צָרִיךְ לְמָנְעוֹ, כִּי אִסּוּר הָרְכִיבָה בְּשַׁבָּת, אֵינוֹ מִשּׁוּם מַשָּׂא הַבְּהֵמָה, כִּי הַחַי נוֹשֵׂא אֶת עַצְמוֹ, (וְאֵינוֹ אָסוּר רַק מִדְּרַבָּנָן, וּבִבְהֵמָה לֹא גָּזְרוּ), אֶלָּא הָאִסּוּר הוּא עַל הָאָדָם, שֶׁהַיִּשְׂרָאֵל אָסוּר לִרְכֹּב בְּשַׁבָּת וְאֵינוֹ יְהוּדִי לֵית לָן בָּהּ. וַאֲפִלּוּ הוּא נוֹתֵן אֻכָּף אוֹ בֶּגֶד לִרְכֹּב עָלָיו הֵם בְּטֵלִים לְגַבֵּי הָרוֹכֵב, רַק שְׁאָר דָּבָר לֹא יַנִּיחַ עַל הַבְּהֵמָה.

סעיף ט' מֻתָּר לוֹמַר לְאֵינוֹ יְהוּדִי לַחְלוֹב הַבְּהֵמוֹת בַּשַּׁבָּת, מִשּׁוּם צַעַר בַּעֲלֵי חַיִּים, כִּי הֶחָלָב מְצַעֲרָהּ. וְהֶחָלָב אָסוּר בּוֹ בַּיּוֹם אֲפִלּוּ בְּטִלְטוּל, אֶלָּא הָאֵינוֹ יְהוּדִי יַעֲמִידֶנּוּ בְּמָקוֹם הַמִּשְׁתַּמֵּר. וְכֵן מֻתָּר לוֹמַר לְאֵינוֹ יְהוּדִי, לְהַבְרוֹת הָאַוָּזוֹת פַּעַם אַחַת בַּיּוֹם, מִשּׁוּם צַעַר בַּעֲלֵי חַיִּים (סִימָן ש"ה).

סעיף י' אָסוּר לְהַשְׁאִיל אוֹ לְהַשְׂכִּיר בְּהֶמְתּוֹ לְאֵינוֹ יְהוּדִי, אֶלָּא בִּתְנַאי שֶׁיַּחֲזִירֶנָּה לוֹ קֹדֶם שַׁבָּת. וְאִם אֵרַע שֶׁלֹּא הֶחֱזִירָהּ יַפְקִירָהּ הַיִּשְׂרָאֵל קֹדֶם הַשַּׁבָּת אֲפִלּוּ בֵּינוֹ לְבֵין עַצְמוֹ, כְּדֵי לְהִנָּצֵל מֵאִסּוּר. אֲבָל לְכַתְּחִלָּה אָסוּר לְהַשְׁאִיל אוֹ לְהַשְׂכִּיר עַל סָמַךְ זֶה (רמ"ו).

סעיף יא' לֹא יִמְדּוֹד אָדָם שְׂעוֹרִים לָתֵת לִפְנֵי בְּהֶמְתּוֹ, אֶלָּא מְשַׁעֵר בְּאֻמֶּד דַּעְתּוֹ.

סעיף יב' אֲגֻדַּת שַׁחַת, אִם אֵינוֹ קָשׁוּר בְּקֶשֶׁר שֶׁל קַיָּמָא (דְּהַיְנוּ שְׁנֵי קְשָׁרִים זֶה עַל גַּב זֶה), מֻתָּר לְהַתִּירָהּ וְלִתְּנָהּ לִפְנֵי בְהֵמָה. וּמֻתָּר לַחְתּוֹךְ דְּלוּעִין קָשׁוֹת לִפְנֵי בְּהֵמָה, וְהוּא כְּשֶׁנִּתְלְשׁוּ מֵאֶתְמוֹל. וְאִם הַדְּלוּעִין רַכּוֹת וִיכוֹלָה לְאָכְלָן כָּךְ, אָסוּר לְחָתְכָן.

סעיף יג' - מֻתָּר לְהַעֲמִיד בְּהֶמְתּוֹ עַל

גַּבֵּי עֲשָׂבִים מְחֻבָּרִים כְּדֵי שֶׁתֹּאכַל, כִּי אֵין זֹאת מְלָאכָה אֶצְלָהּ מַה שֶּׁתְּעַקֵּר הָעֲשָׂבִים, אַדְּרַבָּה נִיחָא לָהּ, אֲבָל עֲשָׂבִים שֶׁתְּלָשָׁן אֵינוֹ יְהוּדִי בְּשַׁבָּת, שֶׁהֵם מֻקְצִים, אָסוּר לְהַעֲמִיד שָׁם בְּהֵמָה שֶׁתֹּאכַל, אֶלָּא אִם כֵּן אֵין לָהּ מַה לֶּאֱכוֹל, אָז מֻתָּר מִשּׁוּם צַעַר בַּעֲלֵי חַיִּים. וְכֵן אִם אֵין לָהּ מַה לִּשְׁתּוֹת, מֻתָּר לוֹמַר לְאֵינוֹ יְהוּדִי לְהָבִיא לָהּ מַיִם מִן הַבְּאֵר שֶׁבְּכַּרְמְלִית (שכד שכה).

סעיף יד' אֵין תּוֹלִין עַל הַבְּהֵמָה כִּיס אוֹ כְּלִי שֶׁתֹּאכַל מִתּוֹכוֹ, כֵּיוָן שֶׁזֶּה אֵינוֹ אֶלָּא לְתַעֲנוּג בְּעָלְמָא לַבְּהֵמָה, שֶׁלֹּא תִּצְטָרֵךְ לָשׁוּחַ צַוָּארָהּ, וְאָסוּר לְטְרוֹחַ בְּשַׁבָּת בִּשְׁבִיל תַּעֲנוּג הַבְּהֵמָה. אֲבָל עֲגָלִים וּסְיָחִים שֶׁצַּוָּארָן קָצָר וּמִצְטַעֲרִים לֶאֱכוֹל מִן הַקַּרְקַע, מֻתָּר לִתְלוֹת לָהֶן כְּלִי עִם מַאֲכָל בֶּחָצֵר. אֲבָל לֹא יֵצְאוּ בּוֹ, מִפְּנֵי שֶׁמַּשּׂא הוּא לָהֶן (ש"ה).

סעיף טו' אֵין לְהַשְׁלִיךְ תְּבוּאָה לְעוֹפוֹת בְּמָקוֹם לַח, שֶׁיָּכוֹל לִהְיוֹת שֶׁתִּשָּׁאֵר שָׁם קְצָת וְתִצְמַח אַחַר כָּךְ.

סעיף טז' הַנּוֹתֵן מִסְפּוֹא לִבְהֵמוֹת, אָסוּר לִתְּנוֹ תְּחִלָּה בִּכְבָרָה לְהוֹצִיא הַמּוֹץ וְלְנַקּוֹתוֹ. אֲבָל אִם אֵינוֹ מְכֻוָּן לְכָךְ, מֻתָּר לָקַחַת אוֹתוֹ בִּכְבָרָה וְלִתְּנוֹ בְּאֵבוּס.

סעיף יז' הַנּוֹתֵן מֻרְסָן לִבְהֵמוֹת אוֹ לְעוֹפוֹת, אָסוּר לָתֵת לְתוֹכוֹ מַיִם. וְאִם נָתַן בּוֹ מַיִם עֶרֶב שַׁבָּת, אָסוּר לְגַבְּלוֹ בְּשַׁבָּת. אֲבָל מֻתָּר לְנַעֲרוֹ מִכְּלִי אֶל כְּלִי, כְּדֵי שֶׁיִּתְעָרֵב.

סעיף יח' בְּהֵמוֹת, חַיּוֹת וְעוֹפוֹת הַגְּדֵלִים בַּבַּיִת, שֶׁמְּזוֹנוֹתֵיהֶן מוּטָלִין עָלֶיךָ, מֻתָּר לָתֵת לָהֶם מְזוֹנוֹת בְּשַׁבָּת. אֲבָל אוֹתָן שֶׁאֵינָן גְּדֵלִים בַּבַּיִת וְאֵין מְזוֹנוֹתֵיהֶן עָלֶיךָ, אָסוּר לִטְרוֹחַ בִּשְׁבִיל לִתֵּן לָהֶם מְזוֹנוֹת. וַאֲפִלּוּ לְהַשְׁלִיךְ לִפְנֵיהֶם, אָסוּר. וְלָכֵן אָסוּר לִתֵּן מְזוֹנוֹת לִפְנֵי הַיּוֹנִים, לְפִי שֶׁיּוֹצְאִין וְאוֹכְלִין בַּשָּׂדֶה. נוֹתְנִין מְזוֹנוֹת לִפְנֵי כֶּלֶב. וַאֲפִלּוּ שֶׁל הֶפְקֵר, יֵשׁ קְצָת מִצְוָה לִתֵּן לוֹ מְעַט מְזוֹנוֹת, שֶׁהֲרֵי הַקָּדוֹשׁ בָּרוּךְ הוּא חָס עָלָיו עַל שֶׁמְּזוֹנוֹתָיו מוּעָטִין, וּמַשְׁהֶה אֲכִילָתוֹ בְּמֵעָיו שְׁלֹשָׁה יָמִים. יֵשׁ נוֹהֲגִין לָתֵת חִטִּים לִפְנֵי הָעוֹפוֹת בְּשַׁבָּת שִׁירָה, וְאֵינוֹ נָכוֹן, שֶׁהֲרֵי אֵין מְזוֹנוֹתֵיהֶן עָלֶיךָ (שכ"ד).

סעיף יט' מֻתָּר לְהַזְמִין אֵינוֹ יְהוּדִי לְבֵיתוֹ לֶאֱכֹל עִמּוֹ בְּשַׁבָּת. וְאַף עַל פִּי שֶׁאָסוּר בְּיוֹם טוֹב מִשּׁוּם גְּזֵרָה שֶׁמָּא יַרְבֶּה בִּשְׁבִילוֹ (כִּדְלְקַמָּן סִימָן צ"ח) אֲבָל בְּשַׁבָּת אֵין לָחוּשׁ לְזֹאת, וּמֻתָּר לָתֵת אֲפִלּוּ לוֹ לְבַדּוֹ מְזוֹנוֹת. וְאַף עַל פִּי שֶׁאֵין מְזוֹנוֹתָיו עָלֶיךָ, מִכָּל מָקוֹם כֵּיוָן שֶׁמְּפַרְנְסִין עוֹבְדֵי כּוֹכָבִים מִפְּנֵי דַּרְכֵי שָׁלוֹם, חָשׁוּב כִּמְזוֹנוֹתָיו עָלֶיךָ (וְעַיֵּן לְעֵיל סִימָן פ"ב סָעִיף ט').

סעיף כ' בְּהֵמָה חַיָּה וָעוֹף שֶׁלֹּא הֻרְגְּלוּ עֲדַיִן לָבוֹא בָּעֶרֶב לִכְלוּב שֶׁלָּהֶם. וְכֵן אֲפִלּוּ אִם הֻרְגְּלוּ, אֶלָּא שֶׁעַתָּה מָרְדוּ וּבָרְחוּ, אָסוּר לְהַכְנִיסָן לְתוֹךְ הַכְּלוּב אוֹ לְתוֹךְ הַבַּיִת. וַאֲפִלּוּ אִם הֵם בַּבַּיִת אוֹ בִּכְלוּב, אֶלָּא שֶׁהַדֶּלֶת פְּתוּחָה, אָסוּר לִסְגְרָהּ, מִשּׁוּם דְּבָזֶה הֵמָּה נִצּוֹדִים וַהֲוֵי אִסּוּר צֵידָה.

סעיף כא' וְאִם כְּבָר הֻרְגְּלוּ וְהֵמָּה בְּנֵי תַּרְבּוּת שֶׁדַּרְכָּן לָבוֹא בָּעֶרֶב לִמְקוֹמָם וְיָצְאוּ, וְהוּא חוֹשֵׁשׁ שֶׁלֹּא יִגְנְבוּ אוֹתָם,

מֻתָּר לְדַחוֹתָן שֶׁיֵּלְכוּ לְמָקוֹם הַמִּשְׁתַּמֵּר. אֲבָל לֹא יִקַּח אוֹתָם בְּיָדַיִם, שֶׁהֲרֵי הֵם מֻקְצִים.

סעיף כב' אֵין מְיַלְּדִין אֶת הַבְּהֵמָה בְּשַׁבָּת, וַאֲפִלּוּ לְסַעֲדָהּ, הַיְנוּ שֶׁאוֹחֵז אֶת הַוָּלָד שֶׁלֹּא יִפּוֹל לָאָרֶץ, אָסוּר.

סעיף כג' מַכָּה בִּתְחִלָּתָהּ שֶׁיֵּשׁ לְהַבְּהֵמָה צַעַר מִמֶּנָּה, סָכִין אוֹתָהּ בְּשֶׁמֶן. אֲבָל בַּסּוֹף, שֶׁאֵין הַסִּיכָה אֶלָּא מִשּׁוּם תַּעֲנוּג, אָסוּר.

סעיף כד' אִם אָכְלָה כַּרְשִׁינִין הַרְבֵּה וְכַדּוֹמֶה וּמִצְטַעֶרֶת, יָכוֹל לְהָרִיצָהּ בֶּחָצֵר כְּדֵי שֶׁתִּתְיַגַּע וְתִתְרַפֵּא. אִם אֲחָזָהּ דָּם, יָכוֹל לְהַעֲמִידָהּ בַּמַּיִם כְּדֵי שֶׁתִּצְטַנֵּן. וְאִם הוּא סָפֵק, שֶׁמָּא אִם לֹא יַקִּיזוּ לָהּ דָּם, תָּמוּת, מֻתָּר לוֹמַר לְאֵינוֹ יְהוּדִי לְהַקִּיזָהּ. וְכֵן שְׁאָר רְפוּאוֹת, עוֹשִׂין לָהּ עַל יְדֵי אֵינוֹ יְהוּדִי (של"ב).

סימן פח - דיני מקצה בשבת ובו י"ח סעיפים:

סעיף א' מֻקְצֶה מִדַּעַת, דְּהַיְנוּ שֶׁהִקְצָהוּ הָאָדָם מִדַּעְתּוֹ מִלְּאָכְלוֹ בְּשַׁבָּת, מֵחֲמַת שֶׁאֵינוֹ רָאוּי לַאֲכִילָה אֶלָּא עַל יְדֵי הַדְּחָק, אוֹ שֶׁרָאוּי לַאֲכִילָה אֲפִלּוּ בְּלֹא דְּחָק, אֶלָּא שֶׁהִקְצָהוּ לִסְחוֹרָה, אַף עַל פִּי שֶׁנְּתָנוֹ לָאוֹצָר, וְכֵן דָּבָר שֶׁהוּא רָאוּי הַיּוֹם לְמַאֲכַל כְּלָבִים, אַף עַל פִּי שֶׁבְּעֶרֶב שַׁבָּת לֹא הָיָה עוֹמֵד לְכָךְ, כְּגוֹן בְּהֵמָה וָעוֹף שֶׁנִּתְנַבְּלוּ בְּשַׁבָּת, וְכֵן דָּבָר שֶׁנִּשְׁתַּנָּה הַיּוֹם מִמַּה שֶּׁהָיָה אֶתְמוֹל, אֲבָל מִכָּל מָקוֹם גַּם הַיּוֹם עֲדַיִן רָאוּי לְאֵיזֶה תַּשְׁמִישׁ, כְּגוֹן כֵּלִים שֶׁנִּשְׁתַּבְּרוּ הַיּוֹם וַעֲדַיִן רְאוּיִין לְהִשְׁתַּמֵּשׁ בָּהֶן מֵעֵין תַּשְׁמִישָׁן הָרִאשׁוֹן לְקַבֵּל בָּהֶן אֵיזֶה מַאֲכָל אוֹ מַשְׁקֶה, וְכֵן עֲצָמוֹת שֶׁנִּתְפָּרְקוּ הַיּוֹם מִן הַבָּשָׂר וְהֵן רְאוּיִין לִכְלָבִים, כָּל אֵלּוּ מֻתָּרִין לְטַלְטֵל בְּשַׁבָּת, חוּץ מִמַּה שֶּׁדָּחָה בְּיָדַיִם כְּגוֹן גְּרוֹגָרוֹת וְצִמּוּקִין.

סעיף ב' דְּבָרִים שֶׁאֵינָם רְאוּיִים כְּלָל לַאֲכִילַת אָדָם כְּמוֹ שֶׁהֵן אֲפִלּוּ עַל יְדֵי הַדְּחָק, שֶׁצְּרִיכִין בִּשּׁוּל, וְאַף עַל גַּב שֶׁרְאוּיִים לִבְהֵמוֹת אוֹ לִכְלָבִים, הֲרֵי כֵּיוָן שֶׁהֵם מוּכָנִים לְמַאֲכַל אָדָם לְאַחַר זְמַן, אֵינָם עוֹמְדִין לִבְהֵמוֹת וְלִכְלָבִים, וְכֵן דְּבָרִים שֶׁאֵינָם רְאוּיִין בְּשַׁבָּת לְשׁוּם תַּשְׁמִישׁ, כְּגוֹן עֵצִים וְנוֹצוֹת שֶׁל עוֹפוֹת, וְעוֹרוֹת בְּהֵמוֹת, וְצֶמֶר אוֹ פִּשְׁתָּן, וְכָל בַּעֲלֵי חַיִּים אֲפִלּוּ שֶׁהֵן בְּתוֹךְ בֵּיתוֹ, וּקְלִפֵּי אֱגוֹזִים וּקְלִפֵּי בֵּיצִים, וַעֲצָמוֹת קָשׁוֹת, שֶׁאֵינָן רְאוּיוֹת אֲפִלּוּ לִכְלָבִים, וּדְלָתוֹת וְחַלּוֹנוֹת הַבַּיִת, (דְּאָסוּר לְתָלְתָן בְּשַׁבָּת), וְכֵן שִׁבְרֵי כֵּלִים שֶׁאֵינָן רְאוּיִין עוֹד לְשׁוּם תַּשְׁמִישׁ, כָּל אֵלּוּ וְהַדּוֹמֶה לָהֶם, אֲסוּרִין בְּטִלְטוּל. וּמִכָּל מָקוֹם כְּלֵי זְכוּכִית שֶׁנִּשְׁתַּבְּרוּ בְּמָקוֹם שֶׁיְּכוֹלִין לְהַזִּיק, מֻתָּר לְפַנּוֹת הַשְּׁבָרִים (ש"ח).

סעיף ג' מַאֲכָל שֶׁהוּא אָסוּר בַּאֲכִילָה וּמֻתָּר בַּהֲנָאָה, וְהוּא רָאוּי לְאֵינוֹ יְהוּדִי כְּמוֹ שֶׁהוּא, כְּגוֹן בָּשָׂר מְבֻשָּׁל וְכַדּוֹמֶה, וְיָכוֹל הוּא לִתְּנוֹ לְאֵינוֹ יְהוּדִי שֶׁהוּא שֶׁלּוֹ, מֻתָּר לְטַלְטְלוֹ. אֲבָל אִם אֵינוֹ רָאוּי לְאֵינוֹ יְהוּדִי כְּמוֹ שֶׁהוּא, כְּגוֹן בָּשָׂר חַי, (וְגַם לִכְלָבִים אֵינוֹ עוֹמֵד, כֵּיוָן שֶׁרָאוּי לְאֵינוֹ יְהוּדִי), אוֹ שֶׁאֵינוֹ יָכוֹל לִתְּנוֹ לְאֵינוֹ יְהוּדִי מִפְּנֵי שֶׁאֵינוֹ שֶׁלּוֹ אֶלָּא שֶׁל אַחֵר, אָסוּר לְטַלְטְלוֹ.

סעיף ד' נוֹלָד, וְהַיְנוּ דָּבָר שֶׁנִּתְחַדֵּשׁ הַיּוֹם, כְּגוֹן אֵפֶר מִן אֵשׁ שֶׁהֻסְּקָה הַיּוֹם עַל יְדֵי אֵינוֹ יְהוּדִי, וְכֵן בֵּיצָה שֶׁנּוֹלְדָה

הַיּוֹם, וּמַיִם הַזּוֹחֲלִין מִן הָאִילָנוֹת בִּימֵי נִיסָן, וְכֵן אֲפִלּוּ לֹא נִתְחַדֵּשׁ הַיּוֹם, אֶלָּא שֶׁבָּא מִכֹּחַ מַעֲשֶׂה, שֶׁהָיוּ אֲסוּרִין לַעֲשׂוֹת הַיּוֹם, כְּגוֹן פֵּרוֹת שֶׁנָּפְלוּ מִן הָאִילָן אוֹ שֶׁתְּלָשָׁן אֵינוֹ יְהוּדִי, וְחָלָב שֶׁנֶּחֱלַב הַיּוֹם וְכַדּוֹמֶה, גַּם כֵּן אֲסוּרִין בְּטִלְטוּל. וּפַת שֶׁאֲפָאָהּ אֵינוֹ יְהוּדִי בַּשַּׁבָּת בְּעִיר שֶׁרֻבָּהּ נָכְרִים, דְּמִסְתָּמָא אַדַּעְתָּא דְּאֵינוֹ יְהוּדִי אֲפָאָהּ, אִם הוּא שְׁעַת הַדְּחָק אוֹ לְצֹרֶךְ מִצְוָה, מֻתָּר לְיִשְׂרָאֵל לְאָכְלָהּ בַּשַּׁבָּת.

סעיף ה' כֵּלִים שֶׁהֵם מְיֻחָדִים לַעֲשׂוֹת בָּהֶם מְלָאכָה הָאֲסוּרָה לַעֲשׂוֹת בַּשַּׁבָּת, כְּגוֹן מַכְתֶּשֶׁת וְרֵחַיִם וְקֻרְנָס [פַּטִּישׁ (האמר)] וְקַרְדֹּם, וּמַכְבֵּדוֹת, שֶׁמְּכַבְּדִין בָּהֶן אֶת הַבַּיִת, וְשׁוֹפָר, וּמְנוֹרָה, וּמַחַט שֶׁתּוֹפְרִין בָּהּ, וְנֵרוֹת שְׁלֵמִים, בֵּין שֶׁל חֵלֶב בֵּין שֶׁל שַׁעֲוָה, וּפְתִילוֹת מִצֶּמֶר גֶּפֶן וּבֶגֶד שַׁעַטְנֵז שֶׁאָסוּר לְלָבְשׁוֹ, וְכֵן כָּל כַּיּוֹצֵא בְּאֵלּוּ מֻתָּר לְטַלְטְלָן לְצֹרֶךְ גּוּפָם, כְּגוֹן קֻרְנָס לִפְצוֹעַ בּוֹ אֱגוֹזִים, קַרְדֹּם לַחְתּוֹךְ בּוֹ דְּבַר מַאֲכָל, מַחַט שְׁלֵמָה לִטּוֹל בָּהּ אֶת הַקּוֹץ. (אֲבָל אִם נִטַּל עֻקְצָהּ אוֹ חֻדָּהּ, אֲסוּרָה בְּכָל טִלְטוּל). וְכֵן מֻתָּר לְטַלְטְלָן לְצֹרֶךְ מְקוֹמָן, דְּהַיְנוּ שֶׁצָּרִיךְ לְהִשְׁתַּמֵּשׁ בַּמָּקוֹם שֶׁהַכְּלִי מֻנָּח שָׁם. וְכֵיוָן שֶׁנְּטָלוֹ בְּהֶתֵּר, וְכֵן אִם שָׁכַח וּנְטָלוֹ בְּיָדוֹ, מֻתָּר לְטַלְטְלוֹ גַּם יוֹתֵר וּלְהַנִּיחוֹ בְּמָקוֹם שֶׁיִּרְצֶה. אֲבָל שֶׁלֹּא לְצֹרֶךְ גּוּפָן וְשֶׁלֹּא לְצֹרֶךְ מְקוֹמָן, אֶלָּא לְטַלְטְלָן בִּשְׁבִיל עַצְמָן לְבַד, שֶׁלֹּא יִגָּנְבוּ אוֹ יִתְקַלְקְלוּ, אָסוּר לְטַלְטְלָן. וּתְפִלִּין גַּם כֵּן אֲסוּרִין לְטַלְטֵל. אַךְ אִם מֻנָּחִים בְּמָקוֹם בִּזָּיוֹן שֶׁיּוּכְלוּ לְהִתְלַכְלֵךְ, מֻתָּר לְטַלְטְלָן וּלְהַנִּיחָם בְּמָקוֹם דְּמִשְׁתַּמְּרִין (ש"ח).

סעיף ו' מֻקְצֶה מֵחֲמַת חֶסְרוֹן כִּיס, דְּהַיְנוּ דְּבָרִים שֶׁהָאָדָם מַקְצֶה מִדַּעְתּוֹ לְהִשְׁתַּמֵּשׁ בָּהֶם, מִפְּנֵי שֶׁהוּא מַקְפִּיד עֲלֵיהֶם שֶׁלֹּא יִתְקַלְקְלוּ, כְּגוֹן כְּלֵי אֻמָּנוּת שֶׁמַּקְפִּיד עֲלֵיהֶם שֶׁלֹּא יִפָּגְמוּ, וְסַכִּין שֶׁמְּתַקְּנִים בּוֹ אֶת הַקֻּלְמוֹס, וְסַכִּין שֶׁל שְׁחִיטָה, וְסַכִּין שֶׁל מִילָה, וְכֵן נְיָר הָעוֹמֵד לִכְתִיבָה, וְשִׁטְרֵי חוֹבוֹת, וְכִתְבֵי חֶשְׁבּוֹנוֹת, וְאִגְּרוֹת שֶׁהוּא מַקְפִּיד עֲלֵיהֶן לְשָׁמְרָן, וְכֵלִים הַיְקָרִים שֶׁאֵינוֹ מִשְׁתַּמֵּשׁ בָּהֶם כְּלָל, וְכֵן כָּל דָּבָר שֶׁמֵּחֲמַת שֶׁמַּקְפִּיד עָלָיו, הוּא מְיַחֵד לוֹ מָקוֹם וְאֵינוֹ מִשְׁתַּמֵּשׁ בּוֹ, וְכֵן כֵּלִים שֶׁבַּחֲנוּת שֶׁעוֹמְדִים לִמְכִירָה, אֲפִלּוּ הֵם כְּלֵי סְעוּדָה, אִם אֵין דַּרְכּוֹ לְהַשְׁאִילָן, (אֲבָל אִם דַּרְכּוֹ לְהַשְׁאִילָן לִפְעָמִים, אֵינָן מֻקְצִים) כָּל אֵלּוּ וְהַדּוֹמֶה לָהֶם, וְכֵן כִּיס הַמְיֻחָד לְמָעוֹת, הֲוָיָן מֻקְצִים מֵחֲמַת חֶסְרוֹן כִּיס וַאֲסוּרִין בְּטִלְטוּל אֲפִלּוּ לְצֹרֶךְ גּוּפָן אוֹ לְצֹרֶךְ מְקוֹמָן.

סעיף ז' דָּבָר שֶׁאֵין עָלָיו שֵׁם כְּלִי כְּלָל, כְּגוֹן עֵצִים וַאֲבָנִים וַחֲתִיכוֹת בַּרְזֶל וְכַדּוֹמֶה, אָסוּר גַּם כֵּן בְּכָל טִלְטוּל, אֲפִלּוּ לְצֹרֶךְ גּוּפוֹ וְצֹרֶךְ מְקוֹמוֹ, אֶלָּא אִם כֵּן יִחֲדוֹ בְּעֶרֶב שַׁבָּת לְאֵיזֶה תַּשְׁמִישׁ שֶׁיִּשְׁתַּמֵּשׁ בּוֹ לְעוֹלָם. וְלָכֵן אָסוּר לִטּוֹל קֵיסָם לַחֲצוֹץ בּוֹ שִׁנָּיו. נֵרוֹת שֶׁאֵינָן שְׁלֵמִים, גַּם כֵּן אֵין שֵׁם כְּלִי עֲלֵיהֶם וַאֲסוּרִין בְּכָל טִלְטוּל. וְכֵן סֻלָּם שֶׁל עֲלִיָּה, אֵין עָלָיו תּוֹרַת כֶּלִי.

סעיף ח' כְּלִי שֶׁמְּלַאכְתּוֹ לְהֶתֵּר אוֹ אֲפִלּוּ לְאִסּוּר וּלְהֶתֵּר, כְּגוֹן קְדֵרוֹת, וַאֲפִלּוּ כֵּלִים מְאוּסִים (דְּבְשַׁבָּת מֻקְצֶה מֵחֲמַת מֵאוּס מֻתָּר) מֻתָּר לְטַלְטְלָן אֲפִלּוּ רַק בִּשְׁבִיל הַכְּלִי שֶׁלֹּא יִגָּנֵב אוֹ יִשָּׁבֵר. אֲבָל שֶׁלֹּא לְצֹרֶךְ כְּלָל, אָסוּר לְטַלְטְלָן. וְכִתְבֵי הַקֹּדֶשׁ וַאֳכָלִין, מֻתָּר לְטַלְטְלָן, אֲפִלּוּ שֶׁלֹּא לְצֹרֶךְ כְּלָל

(ש"ח).

סעיף ט' כְּשֵׁם שֶׁאָסוּר לְטַלְטֵל אֶת הַמֻּקְצֶה אוֹ אֶת הַנּוֹלָד, כָּךְ אָסוּר לִתֵּן כְּלִי תַּחְתֵּיהֶן כְּדֵי שֶׁיִּפְּלוּ לְתוֹכוֹ, כֵּיוָן שֶׁעַל יְדֵי זֶה הוּא מְבַטֵּל אֶת הַכְּלִי שֶׁלֹּא יוּכַל לְטַלְטְלוֹ עוֹד, וַהֲרֵי זֶה כְּאִלּוּ חִבְּרוֹ שָׁם בְּטִיט, אֲבָל מֻתָּר לִכְפּוֹת סַל לִפְנֵי הָאֶפְרוֹחִים כְּדֵי שֶׁיַּעֲלוּ וְיֵרְדוּ בוֹ, כִּי לְאַחַר שֶׁלֹּא יִהְיוּ עָלָיו, מֻתָּר לְטַלְטְלוֹ. וְאִם הָיוּ עָלָיו בֵּין הַשְּׁמָשׁוֹת, נֶאֱסַר הַסַּל בְּטִלְטוּל לְכָל הַיּוֹם.

סעיף י' עָפָר וְחוֹל הַצָּבוּר בְּזָוִיּוֹת בֶּחָצֵר אוֹ בַבַּיִת, מֻתָּר לְטַלְטְלוֹ, דְּכֵיוָן דִּצְבָרוֹ זוֹ הוּא הַזְמָנָתוֹ לְתַשְׁמִישׁ. אֲבָל אִם הוּא מְפֻזָּר, בָּטֵל לְגַבֵּי קַרְקַע וְאָסוּר בְּטִלְטוּל. וְכֵן אִם חָתַךְ קֹדֶם שַׁבָּת עָנָף מִן הָאִילָן לְהָנִיף בּוֹ וּלְהַבְרִיחַ הַזְּבוּבִים וְכַיּוֹצֵא בוֹ, מֻתָּר לְהִשְׁתַּמֵּשׁ בּוֹ בַּשַּׁבָּת, כֵּיוָן שֶׁיִּחֲדוֹ לְכָךְ וַעֲשָׂאוֹ כְּלִי. אֲבָל אָסוּר לִקַּח בַּשַּׁבָּת בַּד מִן הַמִּכְבָּדוֹת, שֶׁהֲרֵי הוּא מֻקְצֶה. וַאֲפִלּוּ נְטָלוֹ אֵינוֹ יְהוּדִי, אָסוּר לְטַלְטְלוֹ.

סעיף יא' נְסָרִים שֶׁל בַּעֲלֵי בָּתִּים שֶׁאֵינָם עוֹמְדִין לִסְחוֹרָה מֻתָּר לְטַלְטְלָן. וְשֶׁל אֻמָּן, אָסוּר, אֶלָּא אִם כֵּן חָשַׁב עֲלֵיהֶם מִבְּעוֹד יוֹם לְהִשְׁתַּמֵּשׁ בָּהֶם בַּשַּׁבָּת (שח).

סעיף יב' =כָּל מֻקְצֶה, אֵינוֹ אָסוּר אֶלָּא בְּטִלְטוּל. אֲבָל בִּנְגִיעָה בְּעָלְמָא שֶׁאֵינוֹ מְנַדְנְדוֹ שָׁרֵי. וְלָכֵן מֻתָּר לִגַּע בִּמְּנוֹרָה הָעוֹמֶדֶת, אֲפִלּוּ נֵרוֹת דּוֹלְקִים בָּהּ, וְכֵן מֻתָּר לִקַּח דָּבָר הֶתֵּר הַמֻּנָּח עַל גַּבֵּי מֻקְצֶה. אֲבָל אָסוּר לִגַּע בִּמְּנוֹרָה הַתְּלוּיָה, כִּי גַּם בִּנְגִיעָה בְּעָלְמָא הוּא מְנַדְנְדָהּ. וּמֻתָּר לְכַסּוֹת דָּבָר מֻקְצֶה בְּדָבָר שֶׁאֵינוֹ מֻקְצֶה, מִפְּנֵי הַגְּשָׁמִים וְכַדּוֹמֶה (רס"ה ש"ח של"ח).

סעיף יג' טִלְטוּל כִּלְאַחַר יָד, מֻתָּר בְּמֻקְצֶה. וְלָכֵן אִם שָׁכַח אֵיזֶה דָּבָר מֻקְצֶה עַל אֵיזֶה כְּלִי אוֹ שֶׁנָּפְלָה שָׁם בַּשַּׁבָּת, אִם צָרִיךְ לַכְּלִי הַמֻּתָּר אוֹ לִמְקוֹמוֹ, מֻתָּר לְנַעֲרוֹ אוֹ לִשָּׂא אֶת הַכְּלִי לְמָקוֹם אַחֵר וּלְנַעֵר אֶת הַמֻּקְצֶה. וְכֵן יָכוֹל לַעֲשׂוֹת אִם שָׁכַח מָעוֹת בַּכִּיס שֶׁבְּבִגְדוֹ וְהוּא צָרִיךְ לְבִגְדוֹ. אֲבָל בִּשְׁבִיל הַמֻּקְצֶה לְחוּד, אָסוּר לַעֲשׂוֹת כֵּן. (וְאִם הִנִּיחַ קֹדֶם שַׁבָּת בְּכַוָּנָה דָּבָר מֻקְצֶה עַל כְּלִי, נַעֲשָׂה בָּסִיס לְדָבָר הָאָסוּר, וִיבֹאַר אִם יִרְצֶה הַשֵּׁם בְּסִימָן שֶׁאַחַר זֶה).

סעיף יד' אֲבָל בְּשֶׁאֵינוֹ צָרִיךְ לְהַכְּלִי הַמֻּתָּר, אָסוּר לְטַלְטְלוֹ אִם יֵשׁ עָלָיו דָּבָר מֻקְצֶה. וְלָכֵן אָסוּר לִטּוֹל בְּיָדָיו תִּינוֹק אֲפִלּוּ בִּרְשׁוּת הַיָּחִיד, אִם יֵשׁ בְּיָדוֹ אֶבֶן אוֹ שְׁאָר דָּבָר מֻקְצֶה. אַךְ אִם יֵשׁ לְהַתִּינוֹק גַּעְגּוּעִין שֶׁאִם לֹא יִטְּלוּהוּ יֶחֱלֶה, וְגַם אִי אֶפְשָׁר לְהַשְׁלִיךְ מִיָּדוֹ הָאֶבֶן וְכַדּוֹמֶה, מִפְּנֵי שֶׁיִּצְעַק וְיִבְכֶּה, אָז מֻתָּר לְטָלוֹ עַל יָדָיו בִּרְשׁוּת הַיָּחִיד, וְאִם יֵשׁ בִּידֵי הַתִּינוֹק אֵיזֶה מַטְבֵּעַ, אָסוּר אֲפִלּוּ לֶאֱחֹז בְּיָדוֹ וְהוּא מְהַלֵּךְ בְּרַגְלָיו, וַאֲפִלּוּ בִּרְשׁוּת הַיָּחִיד, וַאֲפִלּוּ יֵשׁ לוֹ גַּעְגּוּעִין, מִשּׁוּם דְּאִכָּא לְמֵיחַשׁ, שֶׁמָּא יִפּוֹל הַמַּטְבֵּעַ מִידֵי הַתִּינוֹק וְזֶה יִשְׁכַּח שֶׁהַיּוֹם שַׁבָּת וְיַגְבִּיהוּ, וְנִמְצָא מְטַלְטֵל מֻקְצֶה בְּטִלְטוּל גָּמוּר. וְאָסוּר אֲפִלּוּ בִּמְקוֹם סַכָּנַת חֹלִי, כֵּיוָן שֶׁאֵין שָׁם שׁוּם סַכָּנַת נֶפֶשׁ אִם לֹא יִטְּלֶנּוּ (ש"ט ש"י שי"א).

סעיף טו' מֵת, אָסוּר לְטַלְטְלוֹ בַּשַּׁבָּת. אֲבָל מֻתָּר לִשְׁמוֹט אֶת הַכַּר מִתַּחְתָּיו, שֶׁלֹּא יַסְרִיחַ, וּבִלְבַד שֶׁלֹּא יָזִיז בּוֹ שׁוּם

אֵבֶר. וְאִם הָיָה פִּיו נִפְתָּח וְהוֹלֵךְ, קוֹשֵׁר אֶת הַלְּחִי בְּעִנְיָן שֶׁלֹּא יוֹסִיף לְהִפָּתַח, אֲבָל לֹא כְּדֵי שֶׁיִּסָּגֵר מַה שֶּׁכְּבָר נִפְתַּח, שֶׁאִם כֵּן הָיָה מֵזִיז אֵבֶר (וְעַיֵּן לְקַמָּן סוֹף סִימָן קכ"ד).

סעיף טז' אִם נָפְלָה דְּלֵקָה וְיִרְאִים שֶׁלֹּא יִשָּׂרֵף הַמֵּת, מֻתָּרִין לְטַלְטְלוֹ אַגַּב דָּבָר הֶתֵּר, דְּהַיְנוּ שֶׁמַּנִּיחִין עָלָיו אוֹ אֶצְלוֹ אֵיזֶה דְּבַר מַאֲכָל, וּמְטַלְטֵל שְׁנֵיהֶם בְּיַחַד. וְאִם אֵין דְּבַר מַאֲכָל, מַנִּיחִין עָלָיו אֵיזֶה כְּלִי אוֹ מַלְבּוּשׁ שֶׁמֻּתָּר בְּטִלְטוּל. וְאִם גַּם זֶה אֵין, אֲזַי מְטַלְטְלִין אוֹתוֹ לְבַדּוֹ. בֵּין כָּךְ וּבֵין כָּךְ אֵין מְטַלְטְלִין אוֹתוֹ אֶלָּא לְמָקוֹם שֶׁמֻּתָּרִין לְהוֹצִיא לְשָׁם. אֲבָל לְמָקוֹם שֶׁאֲסוּרִין לְהוֹצִיא, אֵין לְהוֹצִיאוֹ כִּי אִם עַל יְדֵי אֵינוֹ יְהוּדִי (שי"א).

סעיף יז' כָּל דָּבָר מְטֻנָּף, כְּגוֹן רְעִי וְקִיא צוֹאָה, בֵּין שֶׁל אָדָם בֵּין שֶׁל תַּרְנְגוֹלִים, אִם הֵם בְּבַיִת אוֹ בֶּחָצֵר שֶׁיּוֹשְׁבִים שָׁם בְּנֵי אָדָם, מֻתָּר לְהוֹצִיאָם לָאַשְׁפָּה. וּכְשֶׁמּוֹצִיא גְּרָף שֶׁל רְעִי אוֹ עָבִיט שֶׁל מֵי רַגְלַיִם, כָּל זְמַן שֶׁהַכְּלִי עֲדַיִן בְּיָדוֹ, מֻתָּר לְהַחֲזִירוֹ, כְּדִין כָּל מֻקְצֶה שֶׁבְּעוֹדוֹ בְּיָדוֹ, מֻתָּר לְטַלְטְלוֹ לְהַנִּיחוֹ בְּמָקוֹם שֶׁיִּרְצֶה. אֲבָל לְאַחַר שֶׁהִנִּיחוֹ מִיָּדוֹ, אָסוּר לְטַלְטְלוֹ, מִשּׁוּם דְּמָאִיס טְפֵי (וְגָרַע מִשְּׁאָר מֻקְצֶה מֵחֲמַת מֵאוּס). וְאַף כְּשֶׁצְּרִיכִין לוֹ מִשּׁוּם כְּבוֹד הַבְּרִיּוֹת, מֻתָּר לְהַחֲזִירוֹ (ש"ח). וְכֵן אִם יָכוֹל לָתֵת בְּתוֹכוֹ מַיִם, שֶׁיִּהְיוּ רְאוּיִין לִשְׁתִיַּת בְּהֵמָה, יָכוֹל לְהַחֲזִירוֹ כָּךְ.

סעיף יח' מֻתָּר לִתֵּן כְּלִי תַּחַת הַדֶּלֶף בַּשַּׁבָּת. וְאִם נִתְמַלֵּא, שׁוֹפְכוֹ וּמַחֲזִירוֹ לִמְקוֹמוֹ, וְהוּא שֶׁיְּהֵא הַדֶּלֶף רָאוּי לִרְחִיצָה. אֲבָל אִם הַמַּיִם מְאוּסִים, אָסוּר לִתֵּן שָׁם כְּלִי, מִשּׁוּם דְּאֵין עוֹשִׂין גְּרָף שֶׁל רְעִי לְכַתְּחִלָּה. וְאִם עָבַר וּנְתָנוֹ וְהוּא בְּמָקוֹם דְּמָאִיס עָלָיו, מֻתָּר לְהוֹצִיאוֹ (דִּין מֻקְצֶה בִּמְקוֹם הֶפְסֵד גָּדוֹל, עַיֵּן לְעֵיל סִימָן פ"ה סָעִיף ד'. וְדִינֵי מֻקְצֶה בְּיוֹם טוֹב וְדִין מֻקְצֶה מֵחֲמַת מִצְוָה, יְבֹאֲרוּ אִם יִרְצֶה הַשֵּׁם בִּמְקוֹמָם).

סימן פט - דין בסיס לדבר האסור ובו ו' סעיפים:

סעיף א' כְּלִי שֶׁלּוֹ שֶׁהִנִּיחַ עָלָיו בְּעֶרֶב שַׁבָּת דָּבָר מֻקְצֶה בְּכַוָּנָה, וְהָיְתָה דַּעְתּוֹ שֶׁיְּהֵא מֻנָּח שָׁם בְּהִכָּנֵס שַׁבָּת, נַעֲשָׂה הַכְּלִי בָּסִיס לְדָבָר הָאָסוּר. וַאֲפִלּוּ נִטַּל מִשָּׁם הַמֻּקְצֶה בְּיוֹם הַשַּׁבָּת, מִכָּל מָקוֹם כֵּיוָן שֶׁהָיָה מֻנָּח שָׁם בֵּין הַשְּׁמָשׁוֹת וְנַעֲשָׂה אָז הַכְּלִי בָּסִיס לְדָבָר הָאָסוּר, אָסוּר לְטַלְטְלוֹ גַּם אַחַר כָּךְ כָּל הַיּוֹם, אֲפִלּוּ לְצֹרֶךְ גּוּפוֹ וּלְצֹרֶךְ מְקוֹמוֹ.

סעיף ב' הָיָה מֻנָּח שָׁם בְּהִכָּנֵס שַׁבָּת גַּם דָּבָר הֶתֵּר, וְנַעֲשָׂה הַכְּלִי בָּסִיס לְדָבָר הָאָסוּר וְלְדָבָר הַמֻּתָּר, אִם הַדָּבָר הַמֻּתָּר יוֹתֵר חָשׁוּב לוֹ, מֻתָּר לְטַלְטְלוֹ. וְאִם הַדָּבָר הָאָסוּר יוֹתֵר חָשׁוּב לוֹ, אָסוּר לְטַלְטְלוֹ. וְלָכֵן טוֹב לְהַנִּיחַ אֶת הַחַלּוֹת עַל הַשֻּׁלְחָן קוֹדֶם בֵּין הַשְּׁמָשׁוֹת, כְּדֵי שֶׁיִּהְיוּ הַמַּפָּה וְהַשֻּׁלְחָן בָּסִיס לַנֵּרוֹת וְלַחַלּוֹת, וְיִהְיוּ מֻתָּרִין בְּטִלְטוּל. וְאִם לֹא עָשָׂאוֹ כֵּן, הֲרֵי נַעֲשׂוּ הַמַּפָּה וְהַשֻּׁלְחָן בָּסִיס לְדָבָר הָאָסוּר לְחוּד וַאֲסוּרִין בְּטִלְטוּל. וּמִכָּל מָקוֹם בְּדִיעֲבַד אִם יֵשׁ צֹרֶךְ גָּדוֹל, כְּגוֹן, שֶׁנָּפַל נֵר עַל הַשֻּׁלְחָן וּצְרִיכִין לְנַעֲרוֹ, יֵשׁ לִסְמֹךְ עַל הַפּוֹסְקִים דִּסְבִירָא לְהוּ, דְּלֹא נַעֲשָׂה בָּסִיס, אֶלָּא אִם דַּעְתּוֹ שֶׁתִּשָּׁאֵר שָׁם הַמֻּקְצֶה כָּל

יוֹם הַשַּׁבָּת, וַהֲרֵי הַמִּנְהָג לְהָסִיר בְּשַׁחֲרִית אֶת הַמְּנוֹרוֹת עַל יְדֵי אֵינוֹ יְהוּדִי וְלֹא נַעֲשָׂה בָּסִיס (וּבְשֻׁלְחָן עָרוּךְ שֶׁל הַתַּנְיָא כָּתוּב, דְּהַמַּפָּה בְּלָאו הָכִי לֹא הָוֵי בָּסִיס, עַיֵּן שָׁם בְּסִימָן שט ס"ט).

סעיף ג' הָיוּ מָעוֹת בְּכִיס הַתָּפוּר בְּבִגְדוֹ מֻתָּר לְטַלְטֵל אֶת הַבֶּגֶד, שֶׁאֵין כָּל הַבֶּגֶד נַעֲשָׂה בָּסִיס אֶלָּא הַכִּיס, וְהַכִּיס בָּטֵל לְגַבֵּי הַבֶּגֶד. אֲבָל אֵין לְלָבְשׁוֹ אֲפִלּוּ בְּבֵיתוֹ, דְּחַיְשִׁינָן שֶׁמָּא יֵצֵא בּוֹ לִרְשׁוּת הָרַבִּים (וְאִם הוּא בְּדֶרֶךְ וְיֵשׁ לוֹ מָעוֹת, עַיֵּן לְעֵיל סִימָן ס"ח סְעִיף י"ב). אֲבָל תֵּבָה שֶׁבְּתוֹךְ הַשֻּׁלְחָן [מְגֵרָה] (שובלאד) וְיֵשׁ מָעוֹת בַּתֵּבָה, אָסוּר לְטַלְטֵל אֶת הַשֻּׁלְחָן, מִשּׁוּם דְּהַתֵּבָה הוּא כְּלִי בִּפְנֵי עַצְמוֹ וְאֵינָהּ בְּטֵלָה לְגַבֵּי הַשֻּׁלְחָן.

סעיף ד' לֹא נַעֲשָׂה בָּסִיס, אֶלָּא אִם כֵּן הַמֻּקְצֶה הָיָה מֻנָּח שָׁם בֵּין הַשְּׁמָשׁוֹת. אֲבָל אִם לֹא הָיָה שָׁם בֵּין הַשְּׁמָשׁוֹת רַק אַחַר כָּךְ הִנִּיחוֹ שָׁם, לֹא נַעֲשָׂה בָּסִיס, וּמֻתָּר לְטַלְטֵל אֶת הַכְּלִי אֲפִלּוּ בְּשָׁעָה שֶׁהַמֻּקְצֶה עָלָיו. וְלָכֵן מֻתָּר לְנַעֵר אֶת הַשֻּׁלְחָן אוֹ אֶת הַמַּפָּה מֵעֲצָמוֹת וּקְלִפִּין, כְּשֶׁאֵין הַשֻּׁלְחָן וְהַמַּפָּה נַעֲשׂוּ בָּסִיס מִכֹּחַ הַנֵּרוֹת, כְּמוֹ שֶׁכָּתַבְתִּי לְעֵיל סְעִיף ב'.

סעיף ה' וְלֹא נַעֲשָׂה בָּסִיס אֶלָּא אִם הִנִּיחוֹ בְּכַוָּנָה שֶׁיְּהֵא מֻנָּח שָׁם בֵּין הַשְּׁמָשׁוֹת. אֲבָל אִם נִשְׁאַר שָׁם מֵחֲמַת שִׁכְחָה אוֹ שֶׁנָּפַל מֵעַצְמוֹ לְשָׁם, לֹא נַעֲשָׂה בָּסִיס.

סעיף ו' וְלֹא נַעֲשָׂה בָּסִיס אֶלָּא כְּלִי שֶׁלּוֹ. אֲבָל אִם הִנִּיחַ דָּבָר מֻקְצֶה עַל כְּלִי שֶׁל אַחֵר, לֹא נַעֲשָׂה בָּסִיס, דְּאֵין אָדָם אוֹסֵר דָּבָר שֶׁאֵינוֹ שֶׁלּוֹ בִּדְלָא נִיחָא לֵיהּ לְחַבְרֵיהּ.

סימן צ - דין עשית חפציו בלא מלאכה ומלאכה על ידי גוי ובו כ"ג סעיפים:

סעיף א' יֵשׁ דְּבָרִים שֶׁהֵן אֲסוּרִין בְּשַׁבָּת, אַף עַל פִּי שֶׁאֵינָן דּוֹמִין לִמְלָאכָה וְאֵינָם מְבִיאִין לִידֵי מְלָאכָה. וּמִפְּנֵי מָה נֶאֶסְרוּ. מִשּׁוּם שֶׁנֶּאֱמַר, אִם תָּשִׁיב מִשַּׁבָּת רַגְלֶךָ עֲשׂוֹת חֲפָצֶךָ בְּיוֹם קָדְשִׁי וְגוֹ', וְכִבַּדְתּוֹ מֵעֲשׂוֹת דְּרָכֶיךָ מִמְּצוֹא חֶפְצְךָ וְדַבֵּר דָּבָר. מֵהָא דִּכְתִיב, "וְכִבַּדְתּוֹ מֵעֲשׂוֹת דְּרָכֶיךָ" דָּרְשׁוּ רַבּוֹתֵינוּ זִכְרוֹנָם לִבְרָכָה, שֶׁלֹּא יְהֵא הִלּוּכְךָ בְּשַׁבָּת כְּהִלּוּכְךָ בְּחֹל. לְפִיכָךְ אָסוּר לָרוּץ בְּשַׁבָּת. אֲבָל לִדְבַר מִצְוָה, מֻתָּר לָרוּץ, (מִדִּכְתִיב דְּרָכֶיךָ, מַשְׁמַע, דְּרָכֶיךָ אֲסוּרִים, אֲבָל דַּרְכֵי שָׁמַיִם מֻתָּרִין) וּמִצְוָה לָרוּץ (עַיֵּן לְעֵיל סִימָן י"ב סְעִיף יא) (סִימָן צ' ש"א).

סעיף ב' וּמֵהָא דִּכְתִיב, מִמְּצוֹא חֶפְצְךָ, דָּרְשׁוּ רַבּוֹתֵינוּ זִכְרוֹנָם לִבְרָכָה, חֲפָצֶיךָ אֲסוּרִים, אֲפִלּוּ אֵינְךָ עוֹשֶׂה מְלָאכָה, כְּגוֹן שֶׁהוּא מְעַיֵּן בִּנְכָסָיו, מָה הֵם צְרִיכִין לְמָחָר, גַּם זֹאת אָסוּר. וְכֵן אָסוּר לְטַיֵּל בָּעִיר כְּדֵי לִמְצוֹא סוּס אוֹ סְפִינָה אוֹ קָרוֹן לִשְׂכְּרָם אַחַר הַשַּׁבָּת, אִם נִכָּר הַדָּבָר שֶׁהוֹלֵךְ בִּשְׁבִיל כָּךְ. אֲבָל לִשְׁמוֹר חֲפָצָיו אוֹ חֶפְצֵי חֲבֵרוֹ, מֻתָּר.

סעיף ג' אָסוּר לְהַחְשִׁיךְ עַל הַתְּחוּם, דְּהַיְנוּ לֵילֵךְ בְּשַׁבָּת עַד סוֹף הַתְּחוּם אוֹ פָּחוֹת וּלְהִתְעַכֵּב שָׁם עַד שֶׁתֶּחְשַׁךְ כְּדֵי לְמַהֵר דַּרְכּוֹ לֵילֵךְ מִשָּׁם וָהָלְאָה, שֶׁכֵּיוָן שֶׁהוֹלֵךְ מִשָּׁם וָהָלְאָה בְּמוֹצָאֵי

שַׁבָּת, נִכָּר הַדָּבָר שֶׁעִקַּר הִלּוּכוֹ הָיָה בִּשְׁבִיל כָּךְ. וְדַוְקָא כְּשֶׁמַּחְשִׁיךְ שָׁם, כְּדֵי לֵילֵךְ וְלַעֲשׂוֹת דָּבָר שֶׁאִי אֶפְשָׁר בְּשׁוּם אֹפֶן לַעֲשׂוֹתוֹ בְּשַׁבָּת, כְּגוֹן לִשְׂכּוֹר פּוֹעֲלִים אוֹ לִתְלוֹשׁ פֵּרוֹת אוֹ לְהָבִיא פֵּרוֹת הַמֻּקְצִין, שֶׁאֵין שׁוּם הֶתֵּר לַעֲשׂוֹת דְּבָרִים אֵלּוּ בְּשַׁבָּת. אֲבָל מֻתָּר לְהַחְשִׁיךְ עַל הַתְּחוּם כְּדֵי לְהָבִיא בְּהֶמְתּוֹ, כֵּיוָן שֶׁאִם הָיוּ בָּתִּים עַד שָׁם קְרוֹבִים זֶה לָזֶה שִׁבְעִים אַמָּה, הָיָה מֻתָּר לַהֲבִיאָם גַּם בְּשַׁבָּת. וְכֵן לְהָבִיא פֵּרוֹת הַתְּלוּשִׁין שֶׁאֵינָן מֻקְצִין, מֻתָּר, כֵּיוָן שֶׁאִם הָיוּ מְחִצּוֹת מַקִּיפוֹת כָּל הַדֶּרֶךְ, הָיָה מֻתָּר, גַּם בְּשַׁבָּת, וְכָל כַּיּוֹצֵא בָּזֶה. וְכֵן מֻתָּר לֵילֵךְ בְּשַׁבָּת תּוֹךְ הַתְּחוּם אֶל הַגִּנָּה, לִתְלוֹשׁ שָׁם פֵּרוֹת בְּמוֹצָאֵי שַׁבָּת, מִשּׁוּם דְּאֵינוֹ נִכָּר שֶׁהָלַךְ בִּשְׁבִיל זֶה, אֶלָּא הָרוֹאִים יֹאמְרוּ שֶׁהָלַךְ לְטַיֵּל אוֹ לְבַקֵּשׁ בְּהֶמְתּוֹ שֶׁנֶּאֶבְדָה לוֹ, וְאַחַר כָּךְ כְּשֶׁהָיָה שָׁם, נִמְלַךְ וְנִשְׁאַר עַד הַלַּיְלָה כְּדֵי לִתְלוֹשׁ פֵּרוֹתָיו (ש"ו ש"ז).

סעיף ד' וּמֵהָא דִּכְתִיב, וְדַבֵּר דָּבָר, דָּרְשׁוּ רַבּוֹתֵינוּ זִכְרוֹנָם לִבְרָכָה, שֶׁלֹּא יְהֵא דִּבּוּרְךָ שֶׁל שַׁבָּת כְּדִבּוּרְךָ שֶׁל חֹל. הִלְכָּךְ אָסוּר לוֹמַר: דָּבָר פְּלוֹנִי אֶעֱשֶׂה לְמָחָר, אוֹ סְחוֹרָה פְּלוֹנִית אֶקְנֶה לְמָחָר. וְהַיְנוּ דָּבָר שֶׁהַיּוֹם אִי אֶפְשָׁר לַעֲשׂוֹתוֹ בְּשׁוּם אֹפֶן. אֲבָל דָּבָר שֶׁהָיָה אֵיזֶה צַד לַעֲשׂוֹתוֹ הַיּוֹם, אַף עַל פִּי שֶׁעַתָּה אֵין זֶה הַצַּד, מֻתָּר (כְּמוֹ שֶׁכָּתַבְתִּי בְּסָעִיף ג). וְלָכֵן מֻתָּר לוֹמַר, לְמָקוֹם פְּלוֹנִי אֵלֵךְ לְמָחָר, רַק שֶׁלֹּא יֹאמַר לָשׁוֹן הַמַּשְׁמָע שֶׁיֵּלֵךְ בְּקָרוֹן, וְגַם לֹא יַרְבֶּה לְדַבֵּר בָּזֶה. וַאֲפִלּוּ בְּשִׂיחַת דְּבָרִים בְּטֵלִים, אָסוּר לְהַרְבּוֹת. וְאָסוּר לְסַפֵּר בְּשַׁבָּת דָּבָר שֶׁל צַעַר. אָסוּר לְאָדָם לְחַשֵּׁב חֶשְׁבּוֹנוֹת בְּפִיו בְּשַׁבָּת, בֵּין חֶשְׁבּוֹן שֶׁעָתִיד לִהְיוֹת בֵּין חֶשְׁבּוֹן שֶׁכְּבָר עָבַר, אֶלָּא שֶׁצָּרִיךְ לוֹ עֲדַיִן לֵידַע אוֹתוֹ, כְּגוֹן כָּךְ וְכָךְ הוֹצֵאתִי עַל בִּנְיָן פְּלוֹנִי לִשְׂכַר פּוֹעֲלִים, וַעֲדַיִן נִשְׁאַר בְּיָדוֹ מִשְּׂכַר הַפּוֹעֲלִים, שֶׁצָּרִיךְ הוּא לָדַעַת אֶת הַחֶשְׁבּוֹן, אָסוּר. אֲבָל חֶשְׁבּוֹנוֹת שֶׁאֵין לוֹ בָּהֶם צֹרֶךְ, מֻתָּר לְחַשְּׁבָן, וּבִלְבַד שֶׁלֹּא יַרְבֶּה בָּהֶם, שֶׁאָסוּר לְהַרְבּוֹת בְּשִׂיחָה בְּטֵלָה בְּשַׁבָּת, כְּמוֹ שֶׁכָּתַבְתִּי לְעֵיל.

סעיף ה' מִדִּכְתִיב חֶפְצְךָ לָמְדוּ רַבּוֹתֵינוּ זִכְרוֹנָם לִבְרָכָה, דְּאֵין אֲסוּרִין אֶלָּא חֶפְצֵי הָאָדָם, אֲבָל חֶפְצֵי שָׁמַיִם מֻתָּרִין. לְפִיכָךְ מַחְשִׁיכִין עַל הַתְּחוּם מִשּׁוּם צָרְכֵי מִצְוָה, וְכֵן מֻתָּר לְפַקֵּחַ עַל עִסְקֵי רַבִּים בְּשַׁבָּת, כְּגוֹן לֵילֵךְ לְשִׁלְטוֹן, אוֹ לְבֵית וַעַד הַשָּׂרִים לְדַבֵּר בִּשְׁבִילָם, שֶׁצָּרְכֵי הָרַבִּים הֵם כְּמוֹ חֶפְצֵי שָׁמַיִם. וְכֵן מֻתָּר לְדַבֵּר עִם מְלַמֵּד אוֹדוֹת תִּינוֹק, אִם יִרְצֶה לְקָחְתּוֹ לְלַמְּדוֹ סֵפֶר אוֹ אֲפִלּוּ אֻמָּנוּת, שֶׁזּוֹהִי גַּם כֵּן מִצְוָה, שֶׁאִם לֹא תְהֵא לוֹ אֻמָּנוּת לְפַרְנֵס אֶת עַצְמוֹ, יְלַסְטֵם אֶת הַבְּרִיּוֹת. אֲבָל אָסוּר לִשְׂכּוֹר אֶת הַמְלַמֵּד בְּשַׁבָּת, כִּי הַשְּׂכִירוּת הִיא שְׁבוּת גְּמוּרָה, וְלֹא הֻתְּרָה אֲפִלּוּ בִּשְׁבִיל מִצְוָה, וְרַק מַה שֶּׁאֵינוֹ אָסוּר אֶלָּא מִפְּנֵי מִמְּצֹא חֶפְצְךָ וְדַבֵּר דָּבָר, זֶה הֻתַּר בִּשְׁבִיל מִצְוָה. וּמֻתָּר לְהַכְרִיז עַל אֲבֵדָה בְּשַׁבָּת, שֶׁהֲשָׁבַת אֲבֵדָה מִצְוָה הִיא.

סעיף ו' מִדִּכְתִיב וְדַבֵּר דָּבָר, לָמְדוּ רַבּוֹתֵינוּ זִכְרוֹנָם לִבְרָכָה, דְּדַוְקָא דִּבּוּר אָסוּר. אֲבָל הִרְהוּר, מֻתָּר. וְלָכֵן הִרְהוּר בַּעֲסָקָיו מֻתָּר. וּמִכָּל מָקוֹם מִשּׁוּם עֹנֶג שַׁבָּת, מִצְוָה שֶׁלֹּא יַחְשֹׁב בָּהֶם כְּלָל, וִיהֵא בְּעֵינָיו כְּאִלּוּ כָּל מְלַאכְתּוֹ עֲשׂוּיָה. וְזֶהוּ שֶׁכָּתוּב, שֵׁשֶׁת

יָמִים תַּעֲבֹד וְעָשִׂיתָ כָּל מְלַאכְתֶּךָ, וַהֲרֵי אֵין אָדָם יָכוֹל לַעֲשׂוֹת כָּל מְלַאכְתּוֹ בְּשָׁבוּעַ אֶחָד. אֶלָּא יֵרָאֶה הָאָדָם בְּכָל שַׁבָּת כְּאִלּוּ מְלַאכְתּוֹ עֲשׂוּיָה, וְאֵין לְךָ עֹנֶג גָּדוֹל מִזֶּה (ש"ו). וּמִכָּל שֶׁכֵּן שֶׁלֹּא יְהַרְהֵר בְּדָבָר שֶׁגּוֹרֵם לוֹ טִרְדָּה אוֹ דְאָגָה.

סעיף ז' מֻתָּר לוֹמַר לְפוֹעֵל, הֲנִרְאֶה בְּעֵינֶיךָ שֶׁתּוּכַל לַעֲמוֹד עִמִּי לָעֶרֶב, אַף עַל פִּי שֶׁמִּתּוֹךְ כָּךְ מֵבִין שֶׁצָּרִיךְ לוֹ לָעֶרֶב לִשְׂכָרוֹ לִמְלָאכָה, לְפִי שֶׁלֹּא נֶאֱסַר אֶלָּא דִּבּוּר מְפֹרָשׁ. אֲבָל לֹא יֹאמַר לוֹ, הֱיֵה נָכוֹן עִמִּי לָעֶרֶב, שֶׁזֶּהוּ כִּמְדַבֵּר בְּפֵרוּשׁ שֶׁרוֹצֶה לִשְׂכָרוֹ (ש"ז).

סעיף ח' הַשּׂוֹכֵר אֶת הַפּוֹעֵל לִשְׁמֹר לוֹ אֵיזֶה דָּבָר, אָסוּר לְהַפּוֹעֵל לִקַּח שְׂכַר שַׁבָּת בִּפְנֵי עַצְמוֹ. אֲבָל אִם הָיָה מֻשְׂכָּר לְשָׁבוּעַ אוֹ לְחֹדֶשׁ, מֻתָּר לִטּוֹל בְּהַבְלָעָה גַּם שְׂכַר שַׁבָּת (וְעַיֵּן לְעֵיל סִימָן ע"ג) (ש"ו).

סעיף ט' אָסוּר לִתֵּן מַתָּנָה לַחֲבֵרוֹ, אֶלָּא דָּבָר שֶׁהוּא לְצֹרֶךְ שַׁבָּת. וְכֵן אָסוּר לִתֵּן מַשְׁכּוֹן לַחֲבֵרוֹ, אֶלָּא אִם כֵּן הוּא לְצֹרֶךְ מִצְוָה אוֹ לְצֹרֶךְ שַׁבָּת. וְלֹא יֹאמַר לוֹ הֵילָךְ מַשְׁכּוֹן, אֶלָּא נוֹתֵן סְתָם.

סעיף י' שִׁטְרֵי הֶדְיוֹטוֹת, דְּהַיְנוּ שִׁטְרֵי חוֹבוֹת וְחֶשְׁבּוֹנוֹת וְאִגְּרוֹת שֶׁל שְׁאֵלַת שָׁלוֹם, אָסוּר אֲפִלּוּ לְעַיֵּן בָּהֶם בְּלִי קְרִיאָה (בפיו), וְאַף עַל פִּי שֶׁאֵינוֹ אֶלָּא מְהַרְהֵר, מִכָּל מָקוֹם אָסוּר. וְלֹא אָמְרוּ דְּהִרְהוּר מֻתָּר, אֶלָּא כְּשֶׁאֵינוֹ נִכָּר שֶׁמְּהַרְהֵר בַּחֲפָצִים הָאֲסוּרִים. אֲבָל כָּאן שֶׁנִּכָּר לַכֹּל שֶׁמְּהַרְהֵר בַּחֲפָצִים הָאֲסוּרִים, הֲרֵי זֶה בִּכְלַל אִסּוּר מִמְּצוֹא חֶפְצְךָ. וּמִי שֶׁנִּשְׁתַּלְּחָה לוֹ אִגֶּרֶת וְאֵינוֹ יוֹדֵעַ מַה כָּתוּב בָּהּ, מֻתָּר לְעַיֵּן בָּהּ, כִּי שֶׁמָּא יֵשׁ בָּהּ דָּבָר שֶׁצָּרִיךְ לוֹ לְגוּפוֹ, אֲבָל לֹא יִקְרָא בְּפִיו. וְאִם יוֹדֵעַ שֶׁאֵינוֹ רַק מֵעִנְיְנֵי מַשָּׂא וּמַתָּן, אָסוּר אֲפִלּוּ לְעַיֵּן בָּהּ, וְגַם אָסוּר בְּטִלְטוּל מִשּׁוּם מֻקְצֶה.

סעיף יא' כֹּתֶל אוֹ טַבְלָא שֶׁיֵּשׁ בּוֹ אֵיזֶה צוּרוֹת אוֹ דְּיוֹקְנָאוֹת (פאטרעטן) וְכָתוּב תַּחְתֵּיהֶן, זוֹ צוּרַת פְּלוֹנִי וְזֶה דְּיוֹקָן פְּלוֹנִי, אָסוּר לִקְרוֹת כְּתָב זֶה בְּשַׁבָּת. וַאֲפִלּוּ לְעַיֵּן בּוֹ בְּלִי קְרִיאָה, אָסוּר. וְכֵן סִפְרֵי מִלְחָמוֹת וְסִפְרֵי דִּבְרֵי הַיָּמִים שֶׁל מַלְכֵי אֻמּוֹת הָעוֹלָם, וְכֵן מְלִיצוֹת וּמְשָׁלִים שֶׁל שִׂיחַת חֻלִּין, כְּגוֹן סֵפֶר עִמָּנוּאֵל, וּמִכָּל שֶׁכֵּן דִּבְרֵי חֵשֶׁק, אָסוּר לִקְרוֹתָן בְּשַׁבָּת, וַאֲפִלּוּ לְעַיֵּן בָּהֶם בְּלִי קְרִיאָה בְּפִיו. וְאַף בְּחֹל אָסוּר מִשּׁוּם מוֹשַׁב לֵצִים, אֲפִלּוּ הֵם כְּתוּבִים בִּלְשׁוֹן הַקֹּדֶשׁ. וּבְדִבְרֵי חֵשֶׁק יֵשׁ עוֹד אִסּוּר, שֶׁמְּגָרֶה יֵצֶר הָרָע בְּעַצְמוֹ. אֲבָל אוֹתָן סִפְרֵי דִּבְרֵי הַיָּמִים, שֶׁיּוֹצְאִים מֵהֶם עִנְיְנֵי מוּסָר וְיִרְאַת שָׁמַיִם, כְּגוֹן סֵפֶר יוֹסִיפוֹן וְכַיּוֹצֵא בּוֹ, אֲפִלּוּ כְּתוּבִים בִּלְשׁוֹן לַעַז, מֻתָּר לִקְרוֹתָם אֲפִלּוּ בְּשַׁבָּת. וּמִכָּל מָקוֹם אֵין רָאוּי לְהַרְבּוֹת בָּהֶם.

סעיף יב' אָסוּר לִמְדֹּד בְּשַׁבָּת אֵיזֶה דָּבָר אִם הוּא לְצֹרֶךְ, אֶלָּא אִם כֵּן הוּא לְצֹרֶךְ מִצְוָה.

סעיף יג' בִּמְקוֹם פְּסֵדָא מֻתָּר לְדַבֵּר בִּצְרָכָיו, בֵּין עִם יִשְׂרָאֵל בֵּין עִם אֵינוֹ יְהוּדִי.

סעיף יד' כָּל דָּבָר שֶׁהַיִּשְׂרָאֵל אָסוּר לַעֲשׂוֹתוֹ, אָסוּר לוֹמַר לְאֵינוֹ יְהוּדִי

לַעֲשׂוֹתוֹ, דַּאֲמִירָה לְאֵינוֹ יְהוּדִי הָוֵי שְׁבוּת. וַאֲפִלּוּ לִרְמוֹז לוֹ לַעֲשׂוֹתוֹ, אָסוּר. וַאֲפִלּוּ לוֹמַר לוֹ קֹדֶם שַׁבָּת שֶׁיַּעֲשֶׂה בְּשַׁבָּת, גַּם כֵּן אָסוּר. וְכֵן אָסוּר לוֹמַר לְאֵינוֹ יְהוּדִי בְּשַׁבָּת שֶׁיַּעֲשֶׂה לְאַחַר שַׁבָּת. וְדָבָר זֶה אֵינוֹ מִשּׁוּם שְׁבוּת, כֵּיוָן דְּהַמְּלָאכָה נַעֲשֵׂית בִּשְׁעַת הֶתֵּר, אֶלָּא אָסוּר מִשּׁוּם מִמְּצוֹא חֶפְצְךָ. וְלָכֵן לְצֹרֶךְ מִצְוָה מֻתָּר (ש"ו ש"ז).

סעיף טו' אֲפִלּוּ אִם הַנָּכְרִי בָּא מֵעַצְמוֹ לַעֲשׂוֹת אֵיזֶה מְלָאכָה בִּשְׁבִיל יִשְׂרָאֵל, צָרִיךְ הַיִּשְׂרָאֵל לִמְחוֹת בּוֹ. וְלָכֵן אֵינוֹ יְהוּדִי שֶׁרוֹצֶה לְהָסִיר הַפֶּחָם מִנֵּרוֹת שֶׁל יִשְׂרָאֵל כְּדֵי שֶׁיַּדְלִיקוּ יָפֶה, צְרִיכִין לִמְחוֹת בּוֹ.

סעיף טז' אִם רוֹאֶה אָדָם שֶׁיּוּכַל לָבוֹא לִידֵי הֶפְסֵד, כְּגוֹן שֶׁנִּתְרוֹעֲעָה לוֹ חָבִית שֶׁל יַיִן וְכַדּוֹמֶה, מֻתָּר לִקְרוֹת לְנָכְרִי לְשָׁם, אַף עַל פִּי שֶׁיּוֹדֵעַ שֶׁהַנָּכְרִי בְּוַדַּאי יְתַקְּנוֹ, וַאֲפִלּוּ בִּמְלָאכָה גְּמוּרָה, וּבִלְבַד שֶׁיִּזָּהֵר הַיִּשְׂרָאֵל שֶׁלֹּא לוֹמַר לוֹ שׁוּם רֶמֶז צִוּוּי לְתַקֵּן. אֲבָל מֻתָּר לוֹמַר לְפָנָיו, כָּל מִי שֶׁיַּצִּיל הֶפְסֵד זֶה, לֹא יַפְסִיד שְׂכָרוֹ. וְאֵין לַעֲשׂוֹת זֹאת אֶלָּא בִּמְקוֹם הֶפְסֵד מְרֻבֶּה (ש"ז).

סעיף יז' דָּבָר שֶׁאֵינוֹ מְלָאכָה גְּמוּרָה וְאֵינוֹ אָסוּר אֶלָּא מִשּׁוּם שְׁבוּת, אִם הוּא צֹרֶךְ מִצְוָה אוֹ בִּמְקְצַת חוֹלִי, מֻתָּר לוֹמַר לְאֵינוֹ יְהוּדִי לַעֲשׂוֹתוֹ. וּמִזֶּה נָהֲגוּ לִשְׁלוֹחַ אֵינוֹ יְהוּדִי בְּשַׁבָּת לְהָבִיא שֵׁכָר אוֹ שְׁאָר דָּבָר לְצֹרֶךְ שַׁבָּת אַף בִּמְקוֹם שֶׁאֵין עֵרוּב. וְאֵין לְהַתִּיר אֶלָּא בִּשְׁעַת הַדְּחַק, שֶׁאֵין לוֹ מַה לִּשְׁתּוֹת. אֲבָל בִּשְׁבִיל תַּעֲנוּג בְּעָלְמָא, אֵין לְהַתִּיר. וְלוֹמַר לְאֵינוֹ יְהוּדִי לְהָבִיא מִחוּץ לַתְּחוּם, אֲפִלּוּ בְּדִיעֲבַד אָסוּר בְּשַׁבָּת מַה שֶּׁהֵבִיא. וְיֵשׁ אוֹמְרִים, דְּהוּא הַדִּין בִּמְקוֹם הֶפְסֵד, כְּגוֹן לְטַלְטֵל סְחוֹרָה הַנִּפְסֶדֶת מִן הַגְּשָׁמִים, מֻתָּר עַל יְדֵי אֵינוֹ יְהוּדִי. וְיֵשׁ לִסְמוֹךְ עַל דִּבְרֵיהֶם בִּמְקוֹם הֶפְסֵד גָּדוֹל (ש"ז שכ"ה ובנ"א).

סעיף יח' בְּעֵת הַקֹּר, מֻתָּר לוֹמַר לְגוֹי לְהַסִּיק אֶת הַתַּנּוּר, מִשּׁוּם דְּהַכֹּל חוֹלִים אֵצֶל הַצִּנָּה. אֲבָל אִם אֵינוֹ מֻכְרָח כָּל כָּךְ, אֵין לַעֲשׂוֹת זֹאת. וְגַם אָסוּר לְהַנִּיחַ לְאֵינוֹ יְהוּדִי שֶׁיַּסִּיק אֶת הַתַּנּוּר בְּשַׁבָּת אַחַר חֲצוֹת הַיּוֹם כְּדֵי שֶׁיְּהֵא חַם בַּלַּיְלָה (רע"ו).

סעיף יט' אָסוּר לִשְׁלוֹחַ אֵינוֹ יְהוּדִי חוּץ לַתְּחוּם בִּשְׁבִיל קְרוֹבֵי הַמֵּת אוֹ בִּשְׁבִיל סַפְדָּן, (וְעַיֵּן לְקַמָּן סִימָן קצ"ג סָעִיף ח')

סעיף כ' נָכְרִי הַמֵּבִיא תְּבוּאָה לְיִשְׂרָאֵל בְּחוֹבוֹ וְהַיִּשְׂרָאֵל נוֹתֵן לוֹ אֶת הַמַּפְתֵּחַ לְאוֹצָרוֹ, וְהָאֵינוֹ יְהוּדִי מוֹדֵד וּמוֹנֶה לְשָׁם, מֻתָּר, מִשּׁוּם דְּהָאֵינוֹ יְהוּדִי בִּמְלֶאכֶת עַצְמוֹ הוּא עוֹסֵק, כִּי אֵין הַתְּבוּאָה שֶׁל יִשְׂרָאֵל עַד לְאַחַר הַמְּדִידָה. וְהַיִּשְׂרָאֵל מֻתָּר לוֹ לַעֲמֹד שָׁם, שֶׁלֹּא יַטְעֶה אוֹתוֹ, וּבִלְבַד שֶׁלֹּא יְדַבֵּר עִמּוֹ כְּלָל מִן הָעֵסֶק. אֲבָל אִם הֵבִיאוּ לוֹ תְּבוּאָה שֶׁלּוֹ, אָסוּר לוֹמַר לָהֶם לְפַנּוֹתָהּ מִן הָעֲגָלוֹת לְתוֹךְ אוֹצָרוֹ. וַאֲפִלּוּ אִם מֵעַצְמָם רוֹצִים לְפַנּוֹתָהּ, צָרִיךְ לִמְחוֹת בָּהֶם (רמ"ד ש"ז).

סעיף כא' נָכְרִי הָעוֹשֶׂה גְּבִינָה מֵחָלָב שֶׁלּוֹ וְהַיִּשְׂרָאֵל רוֹאֶה אֶת הַחֲלִיבָה וְהַגִּבּוּן, כְּדֵי שֶׁתְּהֵא מֻתֶּרֶת לְיִשְׂרָאֵל וְיוּכַל לִקְנוֹתָהּ לְאַחַר שַׁבָּת, אַף עַל פִּי

שֶׁהַנָּכְרִי מְכַוֵּן בִּשְׁבִיל הַיִּשְׂרָאֵל לְמָכְרָהּ לוֹ, הֲרֵי זֶה מֻתָּר, כֵּיוָן שֶׁהַגְּבִינָה עֲדַיִן שֶׁל הַנָּכְרִי הִיא וּלְטוֹבַת עַצְמוֹ הוּא עוֹשֶׂה. וּמֻתָּר לְיִשְׂרָאֵל אֲפִלּוּ לוֹמַר לוֹ שֶׁיַּעֲשֶׂה וַאֲפִלּוּ בְּשַׁבָּת, שֶׁמֻּתָּר לוֹמַר לְנָכְרִי עֲשֵׂה מְלַאכְתְּךָ, אַף עַל פִּי שֶׁמַּגִּיעַ מִזֶּה רֶוַח לְיִשְׂרָאֵל.

סעיף כב' אֵינוֹ יְהוּדִי שֶׁקָּנָה סְחוֹרָה מִיִּשְׂרָאֵל וּבָא בְּשַׁבָּת לְקַחְתָּהּ, אִם אֶפְשָׁר יֵשׁ לְמָנְעוֹ.

סעיף כג' מִי שֶׁיֵּשׁ לוֹ יָארְצַייט (יום זכרון הוריו) בְּשַׁבָּת וְשָׁכַח לְהַדְלִיק נֵר שֶׁל יַארְצַייט, יָכוֹל לוֹמַר לְאֵינוֹ יְהוּדִי בֵּין הַשְּׁמָשׁוֹת שֶׁיַּדְלִיק, אֲבָל לֹא בְּשַׁבָּת (מג"א סימן רס"א סק"ו).

סימן צא - דין מי שיש לו מחוש וחולה שאין בו סכנה ובו י"ח סעיפים:

סעיף א' מִי שֶׁיֵּשׁ לוֹ מֵחוּשׁ בְּעָלְמָא וְהוּא מִתְחַזֵּק וְהוֹלֵךְ כְּמוֹ בָרִיא, אָסוּר לַעֲשׂוֹת לוֹ שׁוּם רְפוּאָה, אֲפִלּוּ בְּדָבָר שֶׁאֵין בּוֹ מִשּׁוּם מְלָאכָה, וַאֲפִלּוּ לָסוּךְ בְּשֶׁמֶן, בֵּין בְּעַצְמוֹ בֵּין עַל יְדֵי אֲחֵרִים, וַאֲפִלּוּ עַל יְדֵי אֵינוֹ יְהוּדִי.

סעיף ב' כָּל אֳכָלִים וּמַשְׁקִין שֶׁהֵם מַאֲכַל בְּרִיאִים, מֻתָּר לְאָכְלָן וְלִשְׁתּוֹתָן לִרְפוּאָה, אַף עַל פִּי שֶׁהֵם קָשִׁים לִקְצָת דְּבָרִים וּמוּכְחָא מִלְּתָא דְּלִרְפוּאָה עָבֵיד, אֲפִלּוּ הָכִי שָׁרֵי. וְכֹל שֶׁאֵינוֹ מַאֲכַל וּמַשְׁקֶה בְּרִיאִים, אָסוּר לְאָכְלוֹ וְלִשְׁתּוֹתוֹ לִרְפוּאָה. מֻתָּר לֶאֱכוֹל שְׂרָפִים מְתוּקִים (מיצים סמיכים) (זעפטל) וְלִגְמוֹעַ בֵּיצָה חַיָּה כְּדֵי לְהַנְעִים אֶת הַקּוֹל, וְאֵין בּוֹ מִשּׁוּם רְפוּאָה, כֵּיוָן שֶׁאֵין לוֹ מַכָּה בִּגְרוֹנוֹ.

סעיף ג' הַחוֹשֵׁשׁ בְּשִׁנָּיו בְּמֵחוּשׁ בְּעָלְמָא וְאֵין לוֹ צַעַר גָּדוֹל (וְעַיֵּן בְּסִימָן שֶׁאַחַר זֶה סָעִיף ד) לֹא יִגְמַע בָּהֶן חֹמֶץ אוֹ שְׁאָר מַשְׁקֶה לִרְפוּאָה וְיִפְלוֹט אֶת הַמַּשְׁקֶה, אֶלָּא מְגַמֵּעַ וּבוֹלֵעַ אוֹ טוֹבֵל בּוֹ פַּת וְאוֹכְלוֹ כְּדַרְכּוֹ. וְכֵן הַחוֹשֵׁשׁ בִּגְרוֹנוֹ לֹא יְעַרְעֲרֶנּוּ בְּאֵיזֶה מַשְׁקֶה, אֶלָּא בּוֹלֵעַ. וְאִם נִתְרַפֵּא, נִתְרַפֵּא (שכ"ח).

סעיף ד' הַחוֹשֵׁשׁ בְּמָתְנָיו וְכַדּוֹמֶה, וְכֵן מִי שֶׁיֵּשׁ לוֹ חֲטָטִין בְּרֹאשׁוֹ, בִּמְדִינוֹת אֵלּוּ, כֵּיוָן שֶׁאֵין נוֹהֲגִין לָסוּךְ בְּשֶׁמֶן, כִּי אִם לִרְפוּאָה, אָסוּר לָסוּךְ בְּשַׁבָּת, מִשּׁוּם דְּמוּכְחָא מִלְּתָא דְּלִרְפוּאָה קָעָבֵיד.

סעיף ה' הַגּוֹנֵחַ מִכְּאֵב לֵב שֶׁרְפוּאָתוֹ לִינוֹק בְּפִיו מִן הָעֵז, מֻתָּר לוֹ לִינוֹק בְּשַׁבָּת, (מִשּׁוּם דִּינִיקָה, הָוֵי מְפָרֵק כִּלְאַחַר יָד, וּמִשּׁוּם צַעֲרָא דְּחוֹלִי, לֹא גָּזְרוּ רַבָּנָן) (שכח).

סעיף ו' הַחוֹשֵׁשׁ בְּמֵעָיו, מֻתָּר לִתֵּן עֲלֵיהֶם כּוֹס שֶׁעֵרוּ מִמֶּנּוּ חַמִּין, אַף עַל פִּי שֶׁעֲדַיִן יֵשׁ בּוֹ הֶבֶל (וְעַיֵּן לְעֵיל סִימָן לג סָעִיף יב). וְכֵן מֻתָּר לְהָחֵם בְּגָדִים וּלְהַנִּיחַ עָלָיו.

סעיף ז' מִי שֶׁנִּגְפָּה יָדוֹ אוֹ רַגְלוֹ, צוֹמְתָהּ בְּיַיִן כְּדֵי לְהַעֲמִיד הַדָּם, אֲבָל לֹא בְּחֹמֶץ, מִפְּנֵי שֶׁהוּא חָזָק וְיֵשׁ בּוֹ מִשּׁוּם רְפוּאָה. וְאִם הוּא מְעֻנָּג, אַף הַיַּיִן לוֹ כְּמוֹ הַחֹמֶץ, וְאָסוּר. וְאִם הוּא עַל גַּב הַיָּד אוֹ גַּב הָרֶגֶל אוֹ שֶׁנַּעֲשָׂה

עַל יְדֵי בַּרְזֶל, מֻתָּר לְרַפֹּאת בְּכָל דָּבָר, כִּדְלְקַמָּן סִימָן צ"ב סָעִיף ה'.

סעיף ח' יֵשׁ לוֹ אֵיזֶה מֵחוּשׁ בְּעֵינָיו, לֹא יִתֵּן עֲלֵיהֶם רֹק תָּפֵל. (פֵּרוּשׁ רֹק שֶׁבְּפִיו בְּעוֹד שֶׁלֹּא טָעַם כְּלוּם) דְּמוֹכְחָא מִלְּתָא דִּלְרְפוּאָה, אֲבָל מִי שֶׁאֵינוֹ יָכוֹל לִפְתֹּחַ עֵינָיו, מֻתָּר לְהַלְחִלָן בְּרֹק תָּפֵל, כִּי אֵין זֹאת לִרְפוּאָה, אֶלָּא לִפְתֹּחַ הָעֵינַיִם קָמְכַּוֵּן.

סעיף ט' מִי שֶׁמִּצְטַעֵר מֵרֹב הַמַּאֲכָל שֶׁאָכַל, מֻתָּר לִתְחֹב אֶצְבָּעוֹ לְתוֹךְ גְּרוֹנוֹ כְּדֵי שֶׁיָּקִיא.

סעיף י' מַכָּה שֶׁאֵין בָּהּ סַכָּנָה, לֹא יַנִּיחַ עָלֶיהָ רְטִיָּה, אֲפִלּוּ עֲשָׂאָהּ מֵאֶתְמוֹל, וְלֹא כָּל דָּבָר שֶׁהוּא מִשּׁוּם רְפוּאָה, אֲפִלּוּ עָלֶה אוֹ חֲתִיכַת בֶּגֶד יָבֵשׁ וְיָשָׁן, שֶׁהוּא מְרַפֵּא גַּם כֵּן. אֲבָל נוֹתֵן עָלֶיהָ אֵיזֶה דָּבָר לְשָׁמְרָהּ שֶׁלֹּא תִּסָּרֵט. הָיְתָה עָלֶיהָ רְטִיָּה מֵאֶתְמוֹל, מְגַלֶּה קְצָתָהּ וּמְקַנֵּחַ פִּי הַמַּכָּה וְחוֹזֵר וּמְגַלֶּה קְצָתָהּ הַשְּׁנִיָּה וּמְקַנְּחָהּ, וּרְטִיָּה עַצְמָהּ לֹא יְקַנֵּחַ, מִפְּנֵי שֶׁהוּא מְמָרֵחַ. נָפְלָה הָרְטִיָּה מֵעַל גַּבֵּי הַמַּכָּה עַל גַּבֵּי הַקַּרְקַע לֹא יַחֲזִירֶנָּה. נָפְלָה עַל גַּבֵּי כְּלִי, יַחֲזִירֶנָּה. וְאִם מִצְטַעֵר הַרְבֵּה, מֻתָּר לוֹמַר לְאֵינוֹ יְהוּדִי לְהַחֲזִירָהּ. אֲבָל אָסוּר לוֹמַר לְאֵינוֹ יְהוּדִי לַעֲשׂוֹת רְטִיָּה בְּשַׁבָּת, כִּי מֵרוּחַ הָרְטִיָּה הוּא אִסּוּר דְּאוֹרַיְתָא וְאָסוּר אֲפִלּוּ עַל יְדֵי אֵינוֹ יְהוּדִי, אִם לֹא כְּשֶׁחָלָה כָּל גּוּפוֹ. (כִּדְלְקַמָּן סָעִיף ט"ז)

סעיף יא' אָסוּר לְהַנִּיחַ בֶּגֶד עַל מַכָּה שֶׁיּוֹצֵא מִמֶּנָּה דָּם, מִפְּנֵי שֶׁהַדָּם יִצְבַּע אוֹתוֹ, וּמִכָּל שֶׁכֵּן בֶּגֶד אָדֹם, שֶׁהוּא מְתַקְּנוֹ. וְגַם אָסוּר לִדְחוֹק בַּמַּכָּה לְהוֹצִיא אֶת הַדָּם. אֶלָּא כֵּיצַד עוֹשֶׂה. רוֹחֵץ בְּמַיִם אוֹ בְּיַיִן לְהַעֲבִיר הַדָּם, וְאַחַר כָּךְ יִכְרֹךְ עָלֶיהָ סְמַרְטוּט. וְאִם אֵין הַדָּם פּוֹסֵק עַל יְדֵי רְחִיצָה, יַנִּיחַ שָׁמָּה קוּרֵי עַכָּבִישׁ וְיִכְרֹךְ עָלֶיהָ סְמַרְטוּט. אַךְ יֵשׁ מְפַקְפְּקִים בָּזֶה, מִשּׁוּם דְּקוּרֵי עַכָּבִישׁ מְרַפְּאִים, עַל כֵּן אִם אֶפְשָׁר, יֵשׁ לַעֲשׂוֹת עַל יְדֵי אֵינוֹ יְהוּדִי (שכ"ח).

סעיף יב' הַפּוֹתֵחַ מֻרְסָא כְּדֵי לְהַרְחִיב פִּי הַמַּכָּה, כְּדֶרֶךְ שֶׁהָרוֹפְאִים עוֹשִׂים, שֶׁהֵם מִתְכַּוְּנִים לִרְפוּאָה לְהַרְחִיב פִּי הַמַּכָּה, הֲרֵי זֶה חַיָּב, שֶׁזּוֹ הִיא מְלֶאכֶת הָרוֹפֵא. וְאִם פְּתָחָהּ רַק כְּדֵי לְהוֹצִיא מִמֶּנָּה אֶת הַלֵּחָה שֶׁמְּצַעַרְתּוֹ, וְאֵינוֹ חוֹשֵׁשׁ אִם תַּחֲזוֹר וְתִסָּתֵם מִיָּד, הֲרֵי זֶה מֻתָּר מִשּׁוּם צַעֲרוֹ. וְדַוְקָא לְנָקְבָהּ עַל יְדֵי מַחַט וְכַדּוֹמֶה אֲבָל לֹא בְּצִפָּרְנָיו, מִשּׁוּם דְּתוֹלֵשׁ קְצָת מֵעוֹר הַמֻּרְסָא, וְיֵשׁ בָּזֶה חִיּוּב. וְגַם עַל יְדֵי מַחַט וְכַדּוֹמֶה, כֵּיוָן שֶׁיֵּשׁ לָחוּשׁ, שֶׁמָּא יִתְכַּוֵּן שֶׁתִּשָּׁאֵר פְּתוּחָה, כְּדֵי שֶׁתּוֹצִיא לֵחָה גַּם אַחַר כָּךְ עַל כֵּן אִם אֶפְשָׁר יֵשׁ לַעֲשׂוֹת עַל יְדֵי נָכְרִי.

סעיף יג' מִי שֶׁיֵּשׁ לוֹ נֶקֶב בַּזְּרוֹעַ שֶׁקּוֹרִין "אַפְּטוֹרָא" (פונטינעללע, אימפעראטור), אִם נִסְתַּם הַנֶּקֶב קְצָת, אָסוּר לִתֵּן לְתוֹכוֹ קִטְנִית שֶׁיִּפָּתַח, דְּהָא כַּוָּנָתוֹ שֶׁיִּשָּׁאֵר פָּתוּחַ. וּרְטִיָּה (שֶׁנַּעֲשֵׂית מֵאֶתְמוֹל) מֻתָּר לִתֵּן עַל הָאַפְּטוֹרָא שֶׁהִיא רַק לְשָׁמְרוֹ. אַךְ אִם יוֹדֵעַ שֶׁהָרְטִיָּה מוֹצִיאָה לֵחָה אוֹ דָּם, אָסוּר. וְכֵן אִם בָּא לְקַנְּחָהּ, אִם יוֹדֵעַ שֶׁעַל יְדֵי הַקִּנּוּחַ יֵצֵא דָּם אוֹ לֵחָה, אָסוּר לְקַנְּחָהּ, (וְלֹא דָּמֵי לְפוֹתֵחַ מֻרְסָא, דְּהָתָם בְּמֻרְסָא, הַלֵּחָה וְהַדָּם כָּנוּס וְעוֹמֵד בִּפְנֵי עַצְמוֹ וְאֵינוֹ עוֹשֶׂה חַבּוּרָה. אֲבָל כָּאן שֶׁהַלֵּחָה וְהַדָּם מֻבְלָעִים בַּבָּשָׂר, אִם מוֹצִיאָם עוֹשֶׂה

חַבּוּרָה).

סעיף יד' מַכָּה שֶׁנִּתְרַפְּאָה, נוֹתְנִין עָלֶיהָ רְטִיָּה שֶׁעֲשָׂאָה מֵאֶתְמוֹל, שֶׁאֵינָהּ אֶלָּא לְשָׁמְרָהּ. וּמֻתָּר לְהָסִיר גִּלְדֵי מַכָּה.

סעיף טו' נִתְחַב לוֹ קוֹץ, מֻתָּר לְהוֹצִיאוֹ בְּמַחַט, וּבִלְבַד שֶׁיִּזָּהֵר שֶׁלֹּא יוֹצִיא דָּם, דְּעָבֵיד חַבּוּרָה.

סעיף טז' חוֹלֶה שֶׁנָּפַל מֵחֲמַת חָלְיוֹ לְמִשְׁכָּב וְאֵין בּוֹ סַכָּנָה, אוֹ שֶׁיֵּשׁ לוֹ מֵחוֹשׁ שֶׁמִּצְטַעֵר וְחָלָה מִמֶּנּוּ כָּל גּוּפוֹ, שֶׁאָז אַף עַל פִּי שֶׁהוּא הוֹלֵךְ, כְּנָפַל לְמִשְׁכָּב דָּמֵי, אוֹמְרִים לְאֵינוֹ יְהוּדִי לַעֲשׂוֹת לוֹ רְפוּאָה וּלְבַשֵּׁל בִּשְׁבִילוֹ. וּמֻתָּר לוֹ לֶאֱכוֹל בַּשַּׁבָּת בִּשּׁוּלֵי אֵינוֹ יְהוּדִי, כֵּיוָן שֶׁהֻתַּר לוֹ הַיּוֹם הַבִּשּׁוּל עַל יְדֵי אֵינוֹ יְהוּדִי (וְעַיֵּן לְעֵיל סִימָן ל"ח סָעִיף ט').

סעיף יז' וּמֻתָּר לוֹ לֶאֱכֹל וְלִשְׁתּוֹת סַמֵּי רְפוּאָה, וְכֵן לַעֲשׂוֹת לוֹ אֵיזֶה רְפוּאָה, בֵּין הוּא בְּעַצְמוֹ בֵּין אֲחֵרִים, וּבִלְבַד שֶׁלֹּא יְהֵא בַּדָּבָר אֵיזֶה אִסּוּר מְלָאכָה, אֲפִלּוּ אִסּוּר דְּרַבָּנָן. אֲבָל כָּל שֶׁיֵּשׁ בּוֹ אֲפִלּוּ אִסּוּר דְּרַבָּנָן, אָסוּר לַעֲשׂוֹתוֹ כִּי אִם עַל יְדֵי אֵינוֹ יְהוּדִי. וְאִם אֵין אֵינוֹ יְהוּדִי, יֵשׁ לְהַתִּיר לַעֲשׂוֹת עַל יְדֵי יִשְׂרָאֵל אִסּוּר דְּרַבָּנָן עַל יְדֵי שִׁנּוּי (שכ"ח).

סעיף יח' רוֹפֵא אֵינוֹ יְהוּדִי שֶׁהוּא מַצְמִיחַ [מַרְכִּיב] אֲבַעְבּוּעוֹת (בלאטרן אומפפען) לִילָדִים אִם יָכוֹל הַיִּשְׂרָאֵל לְפַיְּסוֹ בְּמָמוֹן שֶׁיַּעֲשֶׂה לְאַחַר הַשַּׁבָּת יַעֲשֶׂה כֵּן. וְאִם לָאו, וּצְרִיכִין לַעֲשׂוֹת בַּשַּׁבָּת, אַל יַחֲזִיק יִשְׂרָאֵל אָז אֶת הַיֶּלֶד, אֶלָּא אֵינוֹ יְהוּדִי יַחֲזִיקוֹ (כֵּן כָּתוּב בְּסֵפֶר תְּשׁוּבָה מֵאַהֲבָה).

סימן צב - דין חולה שיש בו סכנה ודין אנוס לעברה. ובו י' סעיפים:

סעיף א' דְּחוּיָה הִיא שַׁבָּת אֵצֶל סַכָּנַת נְפָשׁוֹת, כְּמוֹ שְׁאָר כָּל הַמִּצְוֹת שֶׁבַּתּוֹרָה. לָכֵן חוֹלֶה שֶׁיֵּשׁ בּוֹ סַכָּנָה וְהוּא אָדָם כָּשֵׁר, וְאַף עַל פִּי שֶׁלִּפְעָמִים עוֹשֶׂה עֲבֵרָה לְתֵאָבוֹן (עַיֵּן יו"ד סִימָן קנ"ח וחו"מ סִימָן תכ"ה). וַאֲפִלּוּ הוּא תִּינוֹק בֶּן יוֹמוֹ, מִצְוָה לְחַלֵּל עָלָיו אֶת הַשַּׁבָּת. וְאִם הַחוֹלֶה אֵינוֹ רוֹצֶה, כּוֹפִין אוֹתוֹ עַל כָּךְ. וְעָוֹן גָּדוֹל הוּא בְּיָדוֹ לִהְיוֹת חָסִיד שׁוֹטֶה, שֶׁלֹּא לְהִתְרַפֵּא בִּשְׁבִיל אֵיזֶה אִסּוּר, וְעָלָיו נֶאֱמַר וְאַךְ אֶת דִּמְכֶם לְנַפְשֹׁתֵיכֶם אֶדְרֹשׁ. וְהַזָּרִיז לְחַלֵּל ; בִּשְׁבִיל חוֹלֶה שֶׁיֵּשׁ בּוֹ סַכָּנָה, הֲרֵי זֶה מְשֻׁבָּח. וַאֲפִלּוּ יֵשׁ אֵינוֹ יְהוּדִי לְפָנֵינוּ, מִשְׁתַּדְּלִין לַעֲשׂוֹת עַל יְדֵי יִשְׂרָאֵל. וְכָל מִי שֶׁחִלֵּל שַׁבָּת בִּשְׁבִיל חוֹלֶה שֶׁיֵּשׁ בּוֹ סַכָּנָה, אַף עַל פִּי שֶׁלֹּא הֻצְרַךְ לוֹ, הֲרֵי זֶה יֵשׁ לוֹ שָׂכָר, כְּגוֹן שֶׁאָמַר הָרוֹפֵא, חוֹלֶה זֶה צָרִיךְ גְּרוֹגֶרֶת אַחַת, וְרָצוּ תִּשְׁעָה אֲנָשִׁים וְתָלַשׁ כָּל אֶחָד גְּרוֹגֶרֶת וְהֵבִיא, כֻּלָּם יֵשׁ לָהֶם שָׂכָר טוֹב מֵאֵת ה' יִתְבָּרַךְ שְׁמוֹ, אֲפִלּוּ הִבְרִיא הַחוֹלֶה בָּרִאשׁוֹנָה. וְכֵן בִּשְׁבִיל כָּל פִּקּוּחַ נֶפֶשׁ, וַאֲפִלּוּ סְפֵק פִּקּוּחַ נֶפֶשׁ, מִצְוָה לְחַלֵּל עָלָיו אֶת הַשַּׁבָּת, וְלַעֲשׂוֹת בִּשְׁבִילוֹ כָּל אִסּוּרֵי דְּאוֹרָיְתָא, שֶׁאֵין לְךָ דָּבָר שֶׁעוֹמֵד בִּפְנֵי פִּקּוּחַ נֶפֶשׁ, כִּי לֹא נִתְּנָה הַתּוֹרָה אֶלָּא לְמַעַן הַחַיִּים, שֶׁנֶּאֱמַר אֲשֶׁר יַעֲשֶׂה אוֹתָם הָאָדָם וָחַי בָּהֶם, וְלֹא שֶׁיָּמוּת בָּהֶם, חוּץ מֵעֲבוֹדָה זָרָה גִּלּוּי עֲרָיוֹת וּשְׁפִיכַת דָּמִים, שֶׁהֵם בְּיֵהָרֵג וְאַל יַעֲבֹר (סִימָן שכח שכט, וביו"ד סִימָן קנז).

סעיף ב' כָּל אָדָם שֶׁהוּא אוֹמֵר, מַכִּיר אֲנִי בְּאוֹתוֹ חוֹלֶה שֶׁהוּא מְסֻכָּן, אִם אֵין שָׁם רוֹפֵא מֻמְחֶה שֶׁמַּכְחִישׁוֹ, נֶאֱמָן וּמְחַלְּלִין עָלָיו אֶת הַשַּׁבָּת. וַאֲפִלּוּ אֵינוֹ אוֹמֵר בְּבֵרוּר, אֶלָּא אוֹמֵר שֶׁנִּרְאֶה לוֹ, שֶׁצְּרִיכִין לְחַלֵּל עָלָיו אֶת הַשַּׁבָּת, שׁוֹמְעִין לוֹ וּמְחַלְּלִין עָלָיו, מִשּׁוּם דִּסְפֵק נְפָשׁוֹת, לְהָקֵל. אִם רוֹפֵא אֶחָד אוֹמֵר שֶׁהוּא מְסֻכָּן וְשֶׁהוּא צָרִיךְ לִרְפוּאָה פְּלוֹנִית, וְרוֹפֵא אֶחָד אוֹמֵר שֶׁאֵינוֹ צָרִיךְ, אוֹ שֶׁהַחוֹלֶה אוֹמֵר שֶׁאֵינוֹ צָרִיךְ, שׁוֹמְעִין לְהָרוֹפֵא שֶׁאוֹמֵר שֶׁהוּא צָרִיךְ. וְאִם הַחוֹלֶה אוֹמֵר שֶׁהוּא צָרִיךְ לִרְפוּאָה פְּלוֹנִית, וְהָרוֹפֵא אוֹמֵר שֶׁאֵינוֹ צָרִיךְ, שׁוֹמְעִין לַחוֹלֶה. אַךְ אִם הָרוֹפֵא אוֹמֵר שֶׁרְפוּאָה זוֹ תַּזִּיקֵהוּ, שׁוֹמְעִין לָרוֹפֵא.

סעיף ג' אִם רוֹפֵא בָּקִי, אֲפִלּוּ הוּא אֵינוֹ יְהוּדִי, אוֹ שְׁאָר מֵבִין אוֹמֵר, שֶׁאַף עַל פִּי שֶׁעַתָּה עֲדַיִן אֵין הַחוֹלֶה בְּסַכָּנָה, מִכָּל מָקוֹם אִם לֹא יַעֲשׂוּ לוֹ רְפוּאָה זֹאת, אֶפְשָׁר שֶׁתִּכְבַּד עָלָיו הַחֹלִי וְיָכוֹל לָבֹא לִידֵי סַכָּנָה, אֲפִלּוּ הַחוֹלֶה אוֹמֵר שֶׁאֵינוֹ צָרִיךְ, שׁוֹמְעִין לָרוֹפֵא וּמְחַלְּלִין אֶת הַשַּׁבָּת. וְאִם הָרוֹפֵא אוֹמֵר, שֶׁאִם לֹא יַעֲשׂוּ לוֹ רְפוּאָה זֹאת וַדַּאי יָמוּת, וְאִם יַעֲשׂוּ לוֹ יָכוֹל לִהְיוֹת שֶׁיִּחְיֶה, מְחַלְּלִין גַּם כֵּן אֶת הַשַּׁבָּת. עַיֵּן עוֹד בְּסִימָן קל"ג מִן סְעִיף י"ג עַד סָעִיף י"ח (שכ"ח תרי"ח).

סעיף ד' כָּל מַכָּה שֶׁבְּפָנִים הַגּוּף, דְּהַיְנוּ מִן הַשָּׂפָה וְלִפְנִים וְגַם הַשִּׁנַּיִם בִּכְלָל, וְהַיְנוּ קִלְקוּל שֶׁמֵּחֲמַת מַכָּה אוֹ בוּעָה וְכַיּוֹצֵא בָזֶה, מְחַלְּלִין עָלָיו אֶת הַשַּׁבָּת וְאֵינוֹ צָרִיךְ אֹמֶד, שֶׁאֲפִלּוּ אֵין שָׁם בְּקִיאִים וְחוֹלֶה אֵינוֹ אוֹמֵר כְּלוּם, עוֹשִׂין לוֹ כָּל מַה שֶּׁרְגִילִים לַעֲשׂוֹת בְּחֹל. אֲבָל כְּשֶׁיּוֹדְעִים וּמַכִּירִים בְּאוֹתוֹ חֹלִי שֶׁמַּמְתִּין וְאֵינוֹ צָרִיךְ לְחִלּוּל שַׁבָּת אֵין מְחַלְּלִין. מֵחוּשִׁים אֵינָן נִקְרָאִין מַכָּה. וּמִי שֶׁחוֹשֵׁשׁ בְּשִׁנּוֹ וּמִצְטַעֵר עָלֶיהָ מְאֹד עַד שֶׁחָלָה מִמֶּנָּה כָּל גּוּפוֹ, מֻתָּר לוֹמַר לְאֵינוֹ יְהוּדִי שֶׁיּוֹצִיאָהּ.

סעיף ה' מַכָּה שֶׁעַל גַּב הַיָּד וְשֶׁעַל גַּב הָרֶגֶל, וְכֵן עַל כָּל מַכָּה שֶׁנַּעֲשְׂתָה מֵחֲמַת בַּרְזֶל, וְעַל שְׁחִין שֶׁבְּפִי הַטַּבַּעַת, וְכֵן מִי שֶׁבָּלַע עֲלוּקָה אוֹ שֶׁנְּשָׁכוֹ כֶּלֶב שׁוֹטֶה אוֹ אֶחָד מִזּוֹחֲלֵי עָפָר, אֲפִלּוּ סָפֵק אִם מֵמִית אִם לָאו, וְכֵן מִי שֶׁיֵּשׁ בּוֹ קַדַּחַת חָזָק בְּיוֹתֵר, מְחַלְּלִין עָלָיו אֶת הַשַּׁבָּת. אֲבָל עַל קַדַּחַת הַמְּצוּיָה, אֵין מְחַלְּלִין, אֶלָּא עוֹשִׂין עַל יְדֵי אֵינוֹ יְהוּדִי.

סעיף ו' מִי שֶׁאֲחָזוֹ דָּם, מְקִיזִין אוֹתוֹ מִיָּד. וְכָל שֶׁהִקִּיז דָּם וְנִצְטַנֵּן, עוֹשִׂין לוֹ מְדוּרָה לְהִתְחַמֵּם אֲפִלּוּ בִּתְקוּפַת תַּמּוּז.

סעיף ז' הַחוֹשֵׁשׁ בִּשְׁתֵּי עֵינָיו אוֹ שֶׁהָיָה בְּאַחַת מֵהֶן צִיר אוֹ שֶׁהָיוּ שׁוֹתְתוֹת אוֹ שֶׁהָיָה דָּם שׁוֹתֵת אוֹ שְׁאָר דָּבָר שֶׁהוּא סַכָּנָה לָעַיִן, מְחַלְּלִין עָלָיו אֶת הַשַּׁבָּת.

סעיף ח' חוֹלֶה שֶׁיֵּשׁ בּוֹ סַכָּנָה שֶׁצָּרִיךְ לְבָשָׂר, וְיֵשׁ כָּאן בָּשָׂר אָסוּר, שׁוֹחֲטִין עֲבוּרוֹ וְאֵין מַאֲכִילִין אוֹתוֹ בָּשָׂר אָסוּר, מִשּׁוּם דְּחַיְשִׁינָן, שֶׁמָּא כְּשֶׁיִּתְוַדַּע לוֹ שֶׁהֶאֱכִילוּ אוֹתוֹ בָּשָׂר אָסוּר, יָקוּץ בּוֹ. אֲבָל בְּמָקוֹם דְּלֵכָּא לְמֵיחַשׁ לְשֶׁמָּא יָקוּץ בּוֹ, כְּגוֹן שֶׁהוּא קָטָן אוֹ שֶׁדַּעְתּוֹ מְטֹרֶפֶת, מַאֲכִילִין אוֹתוֹ בָּשָׂר אָסוּר וְאֵין שׁוֹחֲטִין עֲבוּרוֹ בְּשַׁבָּת (שכ"ח).

סעיף ט' הַמְבַשֵּׁל בְּשַׁבָּת בִּשְׁבִיל

חוֹלֶה, אָסוּר לְבָרִיא לְאָכְלוֹ בְּשַׁבָּת, אֲבָל לְמוֹצָאֵי שַׁבָּת מֻתָּר מִיָּד גַּם לְבָרִיא אִם בִּשְּׁלוֹ יִשְׂרָאֵל, וְעַיֵּן לְעֵיל סִימָן לח סָעִיף ט (שיח).

סעיף י' מִי שֶׁרוֹצִים לֶאֱנֹס אוֹתוֹ שֶׁיַּעֲבֹר עֲבֵרָה לְפִי שָׁעָה, אֲפִלּוּ הִיא עֲבֵרָה חֲמוּרָה, אֵין מְחַלְּלִין עָלָיו שַׁבָּת, כְּדֵי לְהַצִּילוֹ מִן הָעֲבֵרָה. אֲבָל אִם רוֹצִים לֶאֱנֹס אוֹתוֹ לְהָמִיר אֶת הַדָּת וּלְהוֹצִיאוֹ מִכְּלַל יִשְׂרָאֵל אֲפִלּוּ הוּא קָטָן אוֹ קְטַנָּה הַחִיּוּב הוּא עַל כָּל מִי שֶׁבְּיָדוֹ לְהִשְׁתַּדֵּל לְהַצִּילוֹ, אֲפִלּוּ צָרִיךְ לְחַלֵּל שַׁבָּת בְּאִסּוּרֵי דְּאוֹרָיְתָא, כְּמוֹ שֶׁמְּחֻיָּבִין לְחַלֵּל שַׁבָּת בִּשְׁבִיל חוֹלֶה שֶׁיֵּשׁ בּוֹ סַכָּנָה, דִּכְתִיב וְשָׁמְרוּ בְנֵי יִשְׂרָאֵל אֶת הַשַּׁבָּת, אָמְרָה תּוֹרָה, חַלֵּל עָלָיו שַׁבָּת אַחַת כְּדֵי שֶׁיִּשְׁמוֹר שַׁבָּתוֹת הַרְבֵּה. וַאֲפִלּוּ אִם הוּא סָפֵק אִם תּוֹעִיל הַהִשְׁתַּדְּלוּת אוֹ לֹא, מִכָּל מָקוֹם חַיָּבִין לְחַלֵּל שַׁבָּת לְהִשְׁתַּדֵּל בְּכָל מַה דְּאֶפְשָׁר, כְּמוֹ שֶׁמְּחַלְּלִין בִּשְׁבִיל סְפֵק פִּקּוּחַ נֶפֶשׁ. אֲבָל מִי שֶׁפָּשַׁע וְרוֹצֶה לְהָמִיר, אֵין מְחַלְּלִין עָלָיו אֶת הַשַּׁבָּת בְּאִסּוּר דְּאוֹרָיְתָא, דְּכֵיוָן שֶׁפָּשַׁע, אֵין אוֹמְרִים לְאָדָם חֲטָא בִּשְׁבִיל שֶׁיִּזְכֶּה חֲבֵרְךָ. וּמִכָּל מָקוֹם בְּאִסּוּר דְּרַבָּנָן, כְּגוֹן לָלֶכֶת חוּץ לַתְּחוּם וְלִרְכּוֹב עַל גַּבֵּי סוּס אוֹ לֵילֵךְ בַּעֲגָלָה, וְכֵן לְטַלְטֵל מָעוֹת וְכַדּוֹמֶה, יֵשׁ מַתִּירִין לְחַלֵּל בִּשְׁבִיל לְהַצִּילוֹ (ש"ו).

סימן צג - דיני יולדת ובו ה' סעפים:

סעיף א' מִיָּד כְּשֶׁהִתְחִלָּה הָאִשָּׁה לְהַרְגִּישׁ סִימָנֵי לֵדָה, אֲפִלּוּ הִיא מְסֻפֶּקֶת, קוֹרְאִין לָהּ מְיַלֶּדֶת אֲפִלּוּ מִמָּקוֹם רָחוֹק כַּמָּה פַּרְסָאוֹת.

סעיף ב' יוֹלֶדֶת הֲרֵי הִיא כְּחוֹלָה שֶׁיֵּשׁ בּוֹ סַכָּנָה, וּמְחַלְּלִין עָלֶיהָ אֶת הַשַּׁבָּת לְכָל מַה שֶּׁהִיא צְרִיכָה. אַךְ אִם אֶפְשָׁר לַעֲשׂוֹת עַל יְדֵי שִׁנּוּי אוֹ עַל יְדֵי אֵינוֹ יְהוּדִי, עוֹשִׂין. וְנִקְרֵאת יוֹלֶדֶת מִשֶּׁתֵּשֵׁב עַל הַמַּשְׁבֵּר אוֹ מִשָּׁעָה שֶׁהַדָּם שׁוֹתֵת וְיוֹרֵד, אוֹ שֶׁאֵין בָּהּ כֹּחַ לָלֶכֶת בְּעַצְמָהּ. גַּם הַמַּפֶּלֶת לְאַחַר אַרְבָּעִים יוֹם מִטְּבִילָתָהּ דִּינָהּ כְּיוֹלֶדֶת.

סעיף ג' כָּל שְׁלֹשָׁה יָמִים הָרִאשׁוֹנִים, אֲפִלּוּ אוֹמֶרֶת שֶׁאֵינָהּ צְרִיכָה, מְחַלְּלִין עָלֶיהָ אֶת הַשַּׁבָּת. וְאַחַר כָּךְ אִם אֵין בָּהּ חֳלִי אַחֵר, רַק צַעַר הַלֵּדָה, עַד שִׁבְעָה יָמִים, אִם אוֹמֶרֶת צְרִיכָה אֲנִי, מְחַלְּלִין עָלֶיהָ. וְאִם אוֹמֶרֶת שֶׁאֵינָהּ צְרִיכָה, אֵין מְחַלְּלִין. מוֹנִין יָמִים אֵלּוּ מִיּוֹם הַלֵּדָה וְלֹא מֵעֵת לְעֵת, כְּגוֹן אִם יָלְדָה בְּיוֹם רְבִיעִי לְעֵת עֶרֶב, הֲרֵי הִיא בְּיוֹם שַׁבָּת לְאַחַר שְׁלֹשָׁה. וְאִם יָלְדָה בַּשַּׁבָּת לְעֵת עֶרֶב, הֲרֵי הִיא בַּשַּׁבָּת הַבָּאָה לְאַחַר שִׁבְעָה. וְאִם יֵשׁ קְצָת חֲשַׁשׁ סַכָּנָה, שֶׁהָאִשָּׁה חֲלוּשָׁה בְּטִבְעָהּ, הַמֵּקֵל לִמְנוֹת יָמִים אֵלּוּ מֵעֵת לְעֵת לֹא הִפְסִיד.

סעיף ד' לְאַחַר שִׁבְעָה יָמִים, אֲפִלּוּ אוֹמֶרֶת צְרִיכָה אֲנִי, אֵין מְחַלְּלִין עָלֶיהָ, אֶלָּא הֲרֵי הִיא עַד שְׁלֹשִׁים יוֹם כְּחוֹלָה שֶׁאֵין בּוֹ סַכָּנָה וְעוֹשִׂין כָּל צְרָכֶיהָ עַל יְדֵי אֵינוֹ יְהוּדִי. אֲבָל לְהַסִּיק עֲבוּרָהּ, מֻתָּר אֲפִלּוּ יִשְׂרָאֵל (כְּשֶׁלֹּא נִמְצָא אֵינוֹ יְהוּדִי בְּנָקֵל), וַאֲפִלּוּ בִּתְקוּפַת תַּמּוּז, מִשּׁוּם דְּיוֹלֶדֶת כָּל שְׁלֹשִׁים יוֹם מְסֻכֶּנֶת הִיא בַּצִּנָּה.

סעיף ה' הַוָּלָד שֶׁנּוֹלַד, מַרְחִיצִין אוֹתוֹ וְחוֹתְכִין אֶת טַבּוּרוֹ, וּמְיַשְּׁרִין אֵבָרָיו, וְעוֹשִׂין לוֹ כָּל צְרָכָיו. אַךְ אִם אֵינוֹ בֶּן קְיָמָא, כְּגוֹן שֶׁנּוֹלַד לִשְׁמוֹנָה חֳדָשִׁים,

אֲסוּרִין לְטַלְטְלוֹ, אֶלָּא אִמּוֹ שׁוֹחָה עָלָיו וּמֵנִיקָתוֹ, מִפְּנֵי צַעַר הֶחָלָב הַמְּצַעֵר אוֹתָהּ (של).

סימן צד - דיני ערובי חצרות. ובו כ"ז סעיפים:

סעיף א' שְׁנֵי יִשְׂרְאֵלִים אוֹ יוֹתֵר הַדָּרִים בְּחָצֵר אַחַת, כָּל אֶחָד בְּחֶדֶר בִּפְנֵי עַצְמוֹ, אָסוּר לְטַלְטֵל לֹא מִן הַבָּתִּים לֶחָצֵר, וְלֹא מִן הֶחָצֵר לַבָּתִּים וְלֹא מִבַּיִת לְבַיִת. וַאֲפִלּוּ בְּלֹא דֶּרֶךְ הֶחָצֵר, כְּגוֹן שֶׁיֵּשׁ פֶּתַח אוֹ חַלּוֹן בֵּין בֵּיתוֹ שֶׁל זֶה לְבֵיתוֹ שֶׁל זֶה, אֲסוּרִין לְטַלְטֵל דֶּרֶךְ שָׁם (עַיֵּן מגן אברהם סִימָן שס"ו סָעִיף קטן א). וּמִצְוָה עֲלֵיהֶם לַעֲשׂוֹת עֵרוּבֵי חֲצֵרוֹת, שֶׁלֹּא יָבֹאוּ לִידֵי מִכְשׁוֹל (שס"ו).

סעיף ב' שְׁתֵּי חֲצֵרוֹת שֶׁיֵּשׁ בֵּינֵיהֶם פֶּתַח, אִם רוֹצִים, עוֹשִׂים כָּל בְּנֵי חָצֵר עֵרוּב אֶחָד בִּפְנֵי עַצְמָם, וּמֻתָּרִים כָּל בְּנֵי הֶחָצֵר לְטַלְטֵל בְּחָצֵר שֶׁלָּהֶם. אֲבָל אֲסוּרִים לְטַלְטֵל מֵחָצֵר לְחָצֵר כֵּלִים שֶׁשָּׁבְתוּ בַּבַּיִת. וְאִם רוֹצִים, עוֹשִׂים כָּל הַדָּרִים בִּשְׁתֵּי חֲצֵרוֹת, עֵרוּב אֶחָד, כְּדֵי שֶׁיִּהְיוּ מֻתָּרִין לְטַלְטֵל גַּם מֵחָצֵר לְחָצֵר אֲפִלּוּ כֵּלִים שֶׁשָּׁבְתוּ בַּבַּיִת. וְאִם יֵשׁ בֵּין הַחֲצֵרוֹת אֲפִלּוּ רַק חַלּוֹן שֶׁהוּא לְכָל הַפָּחוֹת רֹחַב אַרְבָּעָה טְפָחִים וְגָבְהוֹ אַרְבָּעָה טְפָחִים וְהוּא בְּתוֹךְ עֲשָׂרָה טְפָחִים סָמוּךְ לָאָרֶץ וְאֵין בּוֹ סְרִיגָה, גַּם כֵּן יְכוֹלִין לְעָרֵב בְּיַחַד. אֲבָל בְּפָחוֹת מִזֶּה, אֵין יְכוֹלִין לְעָרֵב בְּיַחַד. וְאִם יֵשׁ חַלּוֹן בֵּין שְׁנֵי בָּתִּים, אֲפִלּוּ הוּא גָּבוֹהַּ לְמַעְלָה מֵעֲשָׂרָה טְפָחִים, יְכוֹלִין לְעָרֵב בְּיַחַד (מִשּׁוּם דְּבֵיתָא כְּמָאן דְּמַלְיָא דָּמֵי) (שעב).

סעיף ג' שְׁתֵּי חֲצֵרוֹת זוֹ לִפְנִים מִזּוֹ, וּבְנֵי הֶחָצֵר הַפְּנִימִית אֵין לָהֶם דֶּרֶךְ אֶל הָרְחוֹב, רַק דֶּרֶךְ הֶחָצֵר הַחִיצוֹנָה, שֶׁיֵּשׁ פֶּתַח בֵּין הַחֲצֵרוֹת וְדֶרֶךְ שָׁם הוֹלְכִין אִם רוֹצִים, מְעָרְבִים עֵרוּב אֶחָד בְּיַחַד. אִם לֹא עֵרְבוּ בְּיַחַד, אִם בְּנֵי הַפְּנִימִית לְבַדָּם עֵרְבוּ, הֵם מֻתָּרִים לְטַלְטֵל בְּחָצֵר שֶׁלָּהֶם, וּבְנֵי הַחִיצוֹנָה אֲסוּרִים. וְאִם בְּנֵי הַפְּנִימִית לֹא עֵרְבוּ אֶלָּא בְּנֵי הַחִיצוֹנָה לְבַדָּם עֵרְבוּ, לֹא מְהַנֵּי לָהֶם הָעֵרוּב, כִּי מֵאַחַר שֶׁבְּנֵי הַפְּנִימִית יֵשׁ לָהֶם דְּרִיסַת הָרֶגֶל דֶּרֶךְ הֶחָצֵר הַחִיצוֹנָה, הֵם אוֹסְרִים עֲלֵיהֶם. וְזֶהוּ דַּוְקָא אִם בְּנֵי הַפְּנִימִית לֹא עֵרְבוּ, דְּאָז כֵּיוָן שֶׁהֵם אוֹסְרִים זֶה עַל זֶה בִּמְקוֹמָם, דַּהֲוֵי לֵיהּ רֶגֶל הָאֲסוּרָה בִּמְקוֹמָהּ. וְרֶגֶל הָאֲסוּרָה בִּמְקוֹמָהּ, אוֹסֶרֶת גַּם בְּמָקוֹם אַחֵר. אֲבָל אִם עֵרְבוּ גַּם הֵם בִּפְנֵי עַצְמָם, שֶׁאָז מֻתָּרִים לְטַלְטֵל בִּמְקוֹמָם, וַהֲוֵי לָהּ רֶגֶל הַמֻּתֶּרֶת בִּמְקוֹמָהּ, אֵינָם אוֹסְרִים גַּם עַל הַחִיצוֹנָה. וְכֵן אִם בַּפְּנִימִית אֵינוֹ דָּר רַק יִשְׂרָאֵל אֶחָד, שֶׁאֵינוֹ אָסוּר בִּמְקוֹמוֹ, גַּם עַל הַחִיצוֹנָה אֵינוֹ אוֹסֵר. וְאִם בַּפְּנִימִית דָּרִים שְׁנַיִם וְלֹא עֵרְבוּ, אַף עַל פִּי שֶׁבַּחִיצוֹנָה אֵינוֹ דָּר אֶלָּא אֶחָד, כֵּיוָן דַּהֲוֵי לָהּ רֶגֶל הָאֲסוּרָה בִּמְקוֹמָהּ, אוֹסְרִים גַּם עַל הַיָּחִיד.

סעיף ד' בָּתִּים הַבְּנוּיִים בַּעֲלִיָּה (שטאק) וְלִפְנֵיהֶם מִרְפֶּסֶת (גאניג) שֶׁמִּמֶּנָּה יוֹרְדִים בְּמַדְרֵגוֹת לְתוֹךְ הֶחָצֵר וּמֵחָצֵר לִרְשׁוּת הָרַבִּים, דִּינָם גַּם כֵּן כִּשְׁתֵּי חֲצֵרוֹת זוֹ לִפְנִים מִזּוֹ, וְהַמִּרְפֶּסֶת הִיא כְּמוֹ חָצֵר פְּנִימִית (שע"ה).

סעיף ה' בַּיִת שֶׁיֵּשׁ בּוֹ שְׁתֵּי דִּירוֹת, דְּהַיְנוּ שֶׁיֵּשׁ פְּרוֹזְדוֹר (פאַרהויז, קיכע) אֲשֶׁר דֶּרֶךְ זֶה נִכְנָסִים לְדִירָה זוֹ וְגַם לְדִירָה זוֹ, וְדָרִים בִּשְׁתֵּי הַדִּירוֹת

שְׁנֵי בַּעֲלֵי בָתִּים, אֲסוּרִים לְהוֹצִיא אֲפִלּוּ מִבַּיִת לִפְרוֹזְדוֹר. וְכֵן אֲפִלּוּ בְּדִירָה אַחַת שֶׁהִיא חֲלוּקָה לִשְׁנֵי חֲדָרִים וְדָרִים בָּהֶם שְׁנַיִם, אַף עַל פִּי שֶׁהַפְּנִימִי אֵין לוֹ פֶּתַח אֶלָּא לְהַחִיצוֹן וּמִן הַחִיצוֹן יוֹצְאִין לֶחָצֵר, מִכָּל מָקוֹם אֲסוּרִין לְטַלְטֵל אֲפִלּוּ מֵחֶדֶר לְחֶדֶר עַד שֶׁיַּעֲשׂוּ עֵרוּב. (וְאִם שְׁנֵי הַבָּתִּים אוֹ הַדִּירוֹת שַׁיָּכִים לְאִישׁ אֶחָד וְהוּא הִשְׂכִּיר דִּירָה לַחֲבֵרוֹ וְיֵשׁ לוֹ גַּם כֵּן שָׁם תְּפִיסַת יָד, עַיֵּן בָּזֶה בְּשֻׁלְחָן עָרוּךְ סִימָן ש"ע, וּבְחַיֵּי אָדָם כְּלָל עג סִימָן ג' וְסִימָן ד')

סעיף ו' כֵּיצַד עוֹשִׂין אֶת הָעֵרוּב (מִן הַמֻּבְחָר). אֶחָד מִבַּעֲלֵי הַבָּתִּים שֶׁבֶּחָצֵר, לוֹקֵחַ בְּעֶרֶב שַׁבָּת כִּכַּר אֶחָד שָׁלֵם מִשֶּׁלּוֹ, וּמְזַכֶּה אוֹתוֹ עַל יְדֵי אַחֵר לְכָל הַדָּרִים בֶּחָצֵר, דְּהַיְנוּ שֶׁאוֹמֵר לְאַחֵר בְּלָשׁוֹן שֶׁהוּא מֵבִין עִנְיָן זֶה: קַח כִּכָּר זֶה וּזְכֵה בּוֹ בִּשְׁבִיל כָּל הַיִּשְׂרְאֵלִים הַדָּרִים בֶּחָצֵר זֶה (אוֹ בַּחֲצֵרוֹת אֵלּוּ). וְלוֹקֵחַ זֶה אֶת הַכִּכָּר וּמַגְבִּיהוֹ טֶפַח. וְהַמְעָרֵב לוֹקְחוֹ מִמֶּנּוּ וּמְבָרֵךְ בָּרוּךְ אַתָּה ה' אֱלֹהֵינוּ מֶלֶךְ הָעוֹלָם אֲשֶׁר קִדְּשָׁנוּ בְּמִצְוֹתָיו וְצִוָּנוּ עַל מִצְוַת עֵרוּב, וְאוֹמֵר בְּהַדֵּין עֵרוּבָא יְהֵא שָׁרֵי לָנָא לְאַפּוּקֵי וּלְעַיּוּלֵי מִן הַבָּתִּים לֶחָצֵר וּמִן הֶחָצֵר לַבָּתִּים וּמִבַּיִת לְבַיִת, לְכָל יִשְׂרָאֵל הַדָּרִים בַּבָּתִּים שֶׁבֶּחָצֵר הַזֹּאת. וְכֵיוָן שֶׁכֻּלָּם זָכוּ בְּכִכָּר זֶה, וּבִכְנִיסַת שַׁבָּת הוּא מֻנָּח בַּבַּיִת הַזֶּה שֶׁל הַמְעָרֵב, נֶחְשָׁבִים כְּאִלּוּ כֻּלָּם דָּרוּ בַּבַּיִת הַזֶּה, וְלָכֵן מֻתָּרִים לְטַלְטֵל מֵהַבָּתִּים לֶחָצֵר וּמֵהֶחָצֵר לַבָּתִּים וּבְכָל הֶחָצֵר.

סעיף ז' צָרִיךְ לְזַכּוֹת דַּוְקָא עַל יְדֵי אַחֵר. וְלָכֵן לֹא יְזַכֶּה עַל יְדֵי בְּנוֹ וּבִתּוֹ הַקְּטַנִּים אַף עַל פִּי שֶׁאֵינָם סְמוּכִים עַל שֻׁלְחָנוֹ, מִשּׁוּם דְּיָדָם כְּיָדוֹ. אֲבָל עַל יְדֵי קָטָן אַחֵר, יָכוֹל לְזַכּוֹת (דְּבְמִידֵי דְּרַבָּנָן, קָטָן זוֹכֶה לַאֲחֵרִים). וְאִם אֶפְשָׁר, לֹא יְזַכֶּה עַל יְדֵי אִשְׁתּוֹ, שֶׁמַּעֲלֶה לָהּ מְזוֹנוֹת, וְגַם לֹא עַל יְדֵי בְּנוֹ וּבִתּוֹ הַגְּדוֹלִים אִם הֵם סְמוּכִים עַל שֻׁלְחָנוֹ, מִשּׁוּם דְּיֵשׁ אוֹמְרִים, דְּגַם אֵלּוּ נֶחְשָׁבִים כְּיָדוֹ. וּמִכָּל מָקוֹם בִּדְלֵית לֵיהּ אִישׁ אַחֵר יָכוֹל לְזַכּוֹת עַל יְדֵיהֶן. וְאִם הַבֵּן נָשָׂא אִשָּׁה, אַף עַל פִּי שֶׁסָּמוּךְ עַל שֻׁלְחַן אָבִיו, לְכֻלֵּי עָלְמָא יָכוֹל לְזַכּוֹת עַל יָדוֹ (שס"ו).

סעיף ח' כַּמָּה הוּא שִׁעוּר הָעֵרוּב. בִּזְמַן שֶׁהֵם שְׁמוֹנָה עָשָׂר בַּעֲלֵי בָתִּים אוֹ פָּחוֹת, שִׁעוּרוֹ כִּגְרוֹגֶרֶת (שֶׁהִיא כְּמוֹ שְׁלִישׁ בֵּיצָה) לְכָל אֶחָד, חוּץ מִזֶּה שֶׁהוּא עוֹשֶׂה אֶת הָעֵרוּב וּמַנִּיחוֹ בְּתוֹךְ בֵּיתוֹ (כִּי הוּא אֵינוֹ צָרִיךְ לִתֵּן פַּת, כֵּיוָן שֶׁבְּלָאו הָכִי הוּא דָּר שָׁם) וְאִם הֵם יוֹתֵר מִשְּׁמוֹנָה עָשָׂר, אֲפִלּוּ הֵם אֶלֶף, שִׁעוּרוֹ מְזוֹן שְׁתֵּי סְעוּדּוֹת, שֶׁהֵם שְׁמוֹנָה עֶשְׂרֵה גְּרוֹגָרוֹת, שֶׁהֵן כְּמוֹ שֵׁשׁ בֵּיצִים. וְיֵשׁ אוֹמְרִים שֶׁהֵם כְּמוֹ שְׁמוֹנָה בֵּיצִים, (וּלְפִי זֶה כִּגְרוֹגֶרֶת, הוּא כִּשְׁלִישׁ וּתְשִׁיעִית בֵּיצָה) (שס"ח).

סעיף ט' צָרִיךְ שֶׁלֹּא יַקְפִּיד עַל הָעֵרוּב אִם יֹאכְלֶנּוּ חֲבֵרוֹ. וְאִם מַקְפִּיד עָלָיו, אֵינוֹ עֵרוּב. לָכֵן צָרִיךְ לִזָּהֵר שֶׁלֹּא לְעָרֵב בְּדָבָר שֶׁהֵכִין לְצֹרֶךְ שַׁבָּת (שס"ו).

סעיף י' הָעֵרוּב צָרִיךְ לִהְיוֹת מֻנָּח בְּמָקוֹם שֶׁכָּל אֶחָד מִן בַּעֲלֵי הַבָּתִּים שֶׁנַּעֲשָׂה בִּשְׁבִילָם, יָכוֹל לָבוֹא שָׁמָּה בֵּין הַשְּׁמָשׁוֹת. וְלָכֵן אִם הָיָה שָׁם אוֹ בִּשְׁכוּנָה מֵת, רַחֲמָנָא לִיצְּלַן, וְאֶחָד מִן בַּעֲלֵי הַבָּתִּים הוּא כֹּהֵן וְלֹא הָיָה יָכוֹל

לָבֹא בֵּין הַשְּׁמָשׁוֹת אֶל הָעֵרוּב, בָּטֵל הָעֵרוּב (עַיֵּן פרמ"ג משבצות סוֹף סִימָן שס"ו).

סעיף יא' יֵשׁ לַעֲשׂוֹת עֵרוּבֵי חֲצֵרוֹת בְּכָל עֶרֶב שַׁבָּת, וּבְשַׁבָּת יִבְצַע עָלָיו, כִּדְלְקַמָּן סִימָן ק"ב סָעִיף ב, (כִּי אֵינוֹ צָרִיךְ לִהְיוֹת קַיָּם רַק בִּכְנִסַת שַׁבָּת). אַךְ אִם יֵשׁ לָחוּשׁ פֶּן יִשְׁכַּח פַּעַם אַחַת, יָכוֹל לְעָרֵב בְּכִכָּר אֶחָד לְכָל הַשַּׁבָּתוֹת שֶׁעַד הַפֶּסַח. וּכְשֶׁאוֹמֵר בַּהֲדֵין וְכוּ' יְסַיֵּם בְּכָל הַשַּׁבָּתוֹת שֶׁעַד הַפֶּסַח הַבָּא עָלֵינוּ לְטוֹבָה. וְצָרִיךְ שֶׁיַּעֲשֶׂה הַכִּכָּר, דַּק וְאָפוּי הֵיטֵב שֶׁלֹּא יִתְקַלְקֵל. וּלְשַׁבָּת שֶׁבְּתוֹךְ הַפֶּסַח, יַעֲשֶׂה הָעֵרוּב בְּמַצָּה כְּשֵׁרָה (שס"ח שצ"ג).

סעיף יב' אֵין עוֹשִׂין עֵרוּבֵי חֲצֵרוֹת בְּיוֹם טוֹב. וְאִם חָל יוֹם טוֹב בְּעֶרֶב שַׁבָּת, צְרִיכִין לַעֲשׂוֹתוֹ בְּעֶרֶב יוֹם טוֹב.

סעיף יג' מִי שֶׁאוֹכֵל בְּמָקוֹם אֶחָד וְיָשֵׁן בְּמָקוֹם אַחֵר, מְקוֹם אֲכִילָתוֹ הִיא הָעִקָּר לְעִנְיָן זֶה, וְשָׁם הוּא אוֹסֵר אִם אוֹכֵל שָׁם מִשֶּׁלּוֹ בְּחֶדֶר מְיֻחָד. אֲבָל בְּמָקוֹם שֶׁהוּא יָשֵׁן, אֵינוֹ אוֹסֵר.

סעיף יד' הַמִּתְאָרֵחַ בְּחָצֵר, יֵשׁ אוֹמְרִים, דַּאֲפִלּוּ נִתְאָרַח בְּבַיִת בִּפְנֵי עַצְמוֹ, אִם לֹא נִתְאָרַח דֶּרֶךְ קֶבַע אֶלָּא לִשְׁלֹשִׁים יוֹם אוֹ לְפָחוֹת מִזֶּה, אֵינוֹ אוֹסֵר עַל בְּנֵי הֶחָצֵר, וְכֻלָּם מֻתָּרִין לְטַלְטֵל, בֵּין מִבָּתֵּי בַּעֲלֵי הַבָּתִּים בֵּין מִבֵּית הָאוֹרֵחַ, וַאֲפִלּוּ אִם הָאוֹרְחִים רַבִּים, וּבַעַל הַבַּיִת אֶחָד. וְדַוְקָא בִּדְאִכָּא בַּעַל הַבַּיִת קָבוּעַ, אֲפִלּוּ הוּא אֵינוֹ יְהוּדִי (עַיֵּן יַד אֶפְרַיִם), דְּאָז הָאוֹרְחִים בְּטֵלִים לְגַבֵּהּ. אֲבָל אִם כֻּלָּם הֵם אוֹרְחִים, אוֹסְרִין זֶה עַל זֶה אִם יֵשׁ לְכָל אֶחָד חֶדֶר מְיֻחָד לַאֲכִילָה. וְאִם יֵשׁ בֵּינֵיהֶם אֵינוֹ יְהוּדִי, צְרִיכִין לִשְׂכּוֹר רְשׁוּתוֹ כִּדְלְקַמָּן, וְיֵשׁ אוֹמְרִים, שֶׁאֵין חִלּוּק בֵּין אוֹרֵחַ לְבַעַל הַבַּיִת, דְּכָל שֶׁיֵּשׁ לוֹ חֶדֶר מְיֻחָד לֶאֱכֹל שָׁם, דִּינוֹ כְּבַעַל הַבַּיִת (עַיֵּן בס' אה"ע). וְכֵן יֵשׁ לְהַחְמִיר לְכַתְּחִלָּה. וְיֵשׁ לָהֶם לְעָרֵב בְּלֹא בְּרָכָה. וּבְדִיעֲבַד יֵשׁ לִסְמֹךְ עַל סְבָרָא הָרִאשׁוֹנָה.

סעיף טו' יִשְׂרָאֵל הַדָּר עִם אֵינוֹ יְהוּדִי בְּחָצֵר אַחַת, אֵין הָאֵינוֹ יְהוּדִי אוֹסֵר עָלָיו, מֻתָּר לְטַלְטֵל מִבַּיִת לְחָצֵר וּמֵחָצֵר לְבַיִת. וַאֲפִלּוּ הֵם שְׁנֵי יִשְׂרְאֵלִים אוֹ יוֹתֵר, רַק שֶׁהֵם דָּרִים בְּאֹפֶן שֶׁהֵם לֹא הָיוּ צְרִיכִין לְעֵרוּב, כַּמְבֹאָר לְעֵיל סָעִיף י"ג, אָז גַּם כֵּן אֵין הָאֵינוֹ יְהוּדִי אוֹסֵר עֲלֵיהֶם. אֲבָל אִם הֵם שְׁנֵי יִשְׂרְאֵלִים אוֹ יוֹתֵר שֶׁהָיוּ צְרִיכִין לְעָרֵב, אָז אִם דָּר שָׁם גַּם אֵינוֹ יְהוּדִי, הוּא אוֹסֵר עֲלֵיהֶם, וְאֵינָם יְכוֹלִים לְעָרֵב עַד שֶׁיִּשְׂכְּרוּ מִמֶּנּוּ אֶת הָרְשׁוּת. וְאִם דָּרִים שָׁם שְׁנֵי נָכְרִים אוֹ יוֹתֵר, צְרִיכִין לִשְׂכּוֹר מִכָּל אֶחָד וְאֶחָד.

סעיף טז' אֲפִלּוּ אִם הָאֵינוֹ יְהוּדִי דָּר בְּחָצֵר אַחֶרֶת, אֶלָּא שֶׁאֵין לוֹ דֶּרֶךְ לִרְשׁוּת הָרַבִּים רַק דֶּרֶךְ הֶחָצֵר שֶׁהַיִּשְׂרְאֵלִים דָּרִים בָּהּ, אוֹ שֶׁהוּא דָּר בַּעֲלִיָּה, וְהַמַּדְרֵגוֹת הֵן לְתוֹךְ הֶחָצֵר, גַּם כֵּן אוֹסֵר עֲלֵיהֶם.

סעיף יז' אִם הֶחָצֵר הִיא שֶׁל יִשְׂרָאֵל, אֶלָּא שֶׁהִשְׂכִּיר אוֹ הִשְׁאִיל שָׁם דִּירָה לְאֵינוֹ יְהוּדִי, אֵינוֹ אוֹסֵר, כִּי לֹא הִשְׂכִּיר אוֹ הִשְׁאִיל לוֹ עַל דַּעַת שֶׁיֶּאֱסוֹר עַל בְּנֵי יִשְׂרָאֵל, וַאֲפִלּוּ אִם בַּעַל הֶחָצֵר בְּעַצְמוֹ אֵינוֹ דָּר שָׁם.

סעיף יח' כֵּיצַד שׂוֹכְרִין. אוֹמֵר לוֹ

הַיִשְׂרָאֵל: הַשְׂכֵּר לִי רְשׁוּתְךָ בְּמָעוֹת אֵלּוּ. וְאֵינוֹ צָרִיךְ לְפָרֵשׁ לוֹ כְּדֵי לְהַתִּיר הַטִּלְטוּל. אֲבָל אִם אָמַר לוֹ, תֵּן לִי רְשׁוּתְךָ, אַף עַל פִּי שֶׁמְּפָרֵשׁ לוֹ כְּדֵי שֶׁאוּכַל לְטַלְטֵל בֶּחָצֵר, לֹא מַהֲנֵי.

סעיף יט' יָכוֹל לִשְׂכּוֹר אֲפִלּוּ מֵאִשְׁתּוֹ, וַאֲפִלּוּ מִמְּשָׁרְתוֹ.

סעיף כ' שָׂכַר אֶת הָרְשׁוּת סְתָם, מַהֲנֵי לְכָל זְמַן שֶׁלֹּא חָזַר בּוֹ הָאֵינוֹ יְהוּדִי וְהוּא דָּר שָׁם. אֲבָל אִם יָצָא מִשָּׁם אֵינוֹ יְהוּדִי זֶה וְנִכְנַס אַחֵר בִּמְקוֹמוֹ, צְרִיכִין לִשְׂכּוֹר מֵחָדָשׁ מִזֶּה הַשֵּׁנִי. וְאִם שָׂכַר לִזְמַן, וּבְתוֹךְ הַזְּמַן הִשְׂכִּיר הָאֵינוֹ יְהוּדִי דִּירָתוֹ לְאֵינוֹ יְהוּדִי אַחֵר, דַּי בִּשְׂכִירוּת הָרִאשׁוֹן. אֲבָל אִם מֵת אוֹ שֶׁמְּכָרָהּ לְאַחֵר בְּתוֹךְ הַזְּמַן, צָרִיךְ לַחֲזוֹר וְלִשְׂכּוֹר מֵהַיּוֹרֵשׁ אוֹ מֵהַלּוֹקֵחַ. וְאִם שָׂכַר מִמְּשָׁרְתוֹ, אִם שָׂכַר סְתָם, לֹא מַהֲנֵי אֶלָּא כָּל זְמַן שֶׁהַמְּשָׁרֶת הַזֶּה הוּא שָׁם. וְאִם שָׂכַר לִזְמַן אֲפִלּוּ נִסְתַּלֵּק הַמְּשָׁרֵת, מַהֲנֵי הַשְּׂכִירוּת עַד הַזְּמַן.

סעיף כא' בְּכָל מָקוֹם שֶׁנִּתְבַּטְּלָה הַשְּׂכִירוּת וּצְרִיכִין לַחֲזוֹר וְלִשְׂכּוֹר, צְרִיכִין גַּם כֵּן לַעֲשׂוֹת עֵרוּב מֵחָדָשׁ, דְּאֵין עֵרוּב חוֹזֵר וְנֵעוֹר.

סעיף כב' אִם אִי אֶפְשָׁר לִשְׂכֹּר מִמֶּנּוּ אֶת הָרְשׁוּת, יְבַקֵּשׁ מִמֶּנּוּ אֶחָד מִן הַיִשְׂרְאֵלִים שֶׁיַּשְׁאִיל לוֹ מָקוֹם בִּרְשׁוּתוֹ הַמְיֻחָד לוֹ לְהַנִּיחַ שָׁם אֵיזֶה חֵפֶץ, וְיַנִּיחַ שָׁם אֶת הַחֵפֶץ, וּבָזֶה קוֹנֶה הַיִשְׂרָאֵל אֶת הַמָּקוֹם. וַאֲפִלּוּ לָקַח אֶת הַחֵפֶץ מִשָּׁם קֹדֶם שַׁבָּת, מִכָּל מָקוֹם כֵּיוָן שֶׁהָיָה לְהַיִשְׂרָאֵל רְשׁוּת לְהַנִּיחַ שָׁם חֶפְצוֹ גַּם בְּשַׁבָּת, נֶחְשָׁב כְּאִלּוּ יֵשׁ לוֹ שָׁם חֵלֶק בְּדִירָה, וְיָכוֹל הַיִשְׂרָאֵל הַזֶּה לְהַשְׂכִּיר אֶת הָרְשׁוּת לְכָל בְּנֵי הֶחָצֵר.

סעיף כג' יִשְׂרָאֵל מוּמָר אוֹ שֶׁהוּא מְחַלֵּל שַׁבָּת בְּפַרְהֶסְיָא (יֵשׁ אוֹמְרִים, אֲפִלּוּ רַק בְּאִסּוּר דְּרַבָּנָן), הֲרֵי הוּא כְּאֵינוֹ יְהוּדִי וּצְרִיכִין לִשְׂכֹּר מִמֶּנּוּ רְשׁוּת (שפ"ה).

סעיף כד' בְּהַרְבֵּה קְהִלּוֹת מְתַקְּנִים כָּל הַמְּבוֹאוֹת וְהָרְחוֹבוֹת בְּעֵרוּבִין (דְּהַיְנוּ בְּצוּרַת הַפֶּתַח וְכַדּוֹמֶה) וְשׂוֹכְרִין רְשׁוּת מִן הַנָּכְרִי לְמַעַן יוּכְלוּ לְטַלְטֵל בְּכָל הָעִיר. וּצְרִיכִין לַעֲשׂוֹת כָּל הַתִּקּוּנִים עַל יְדֵי רַב מֻמְחֶה וּבָקִי. וּבִמְקוֹמוֹת אֵלּוּ נוֹהֲגִין לְהַנִּיחַ אֶת עֵרוּבֵי הַחֲצֵרוֹת בְּבֵית הַכְּנֶסֶת (מִשּׁוּם דְּיֵשׁ לוֹ דִּין שִׁתּוּף, וְאֵינוֹ צָרִיךְ דַּוְקָא בֵּית דִּירָה) (שס"ו שצ"א).

סעיף כה' אֲבָל בִּמְקוֹמוֹת שֶׁאֵין הָעִיר מְתֻקֶּנֶת בְּעֵרוּבִין, גַּם כְּשֶׁעוֹשִׂין עֵרוּבֵי חֲצֵרוֹת בִּשְׁבִיל הַדָּרִים שֶׁבֶּחָצֵר בֵּית הַכְּנֶסֶת, אָסוּר לְהַנִּיחַ אֶת הָעֵרוּב בְּבֵית הַכְּנֶסֶת, אֶלָּא צְרִיכִין לְהַנִּיחוֹ בְּבֵית דִּירָה (עַיֵּן מַחֲצִית הַשֶּׁקֶל סוֹף סִימָן שסה בְּשֵׁם חָכָם צְבִי).

סעיף כו' עִיר הַמְתֻקֶּנֶת בְּעֵרוּבִין וְנִתְקַלְקֵל הָעֵרוּב בְּשַׁבָּת, אָז כָּל הַחֲצֵרוֹת שֶׁהֵן כְּתִקּוּנָן וְאֵין בָּהֶן פִּרְצָה הָאוֹסֶרֶת (עַיֵּן לְעֵיל סִימָן פ"ב סָעִיף ד' ה'), אֲפִלּוּ יֵשׁ בֶּחָצֵר כַּמָּה בָּתִּים, מֻתָּרִין לְטַלְטֵל שָׁם כָּל אוֹתוֹ הַשַּׁבָּת. וְאַף עַל פִּי שֶׁעֵרוּב הַחֲצֵרוֹת הוּא בִּרְשׁוּת אַחֶרֶת שֶׁנֶּחְלְקָה עַתָּה מֵחָצֵר זֹה, מִכָּל מָקוֹם מֻתָּר, מִשּׁוּם דִּלְעִנְיָן זֶה אָמְרִינָן, שַׁבָּת כֵּיוָן דְּהֻתְּרָה, הֻתְּרָה. וְכֵיוָן שֶׁיֵּשׁ חֲשָׁשׁ גָּדוֹל שֶׁלֹּא יִכָּשְׁלוּ רַבִּים לָשֵׂאת גַּם בְּמָקוֹם שֶׁנֶּאֱסַר, כֵּיוָן

שֶׁהֶרְגֵּלוֹ בְּהֶתֵּר, עַל כֵּן אִם אֶפְשָׁר לְתַקְּנוֹ עַל יְדֵי אֵינוֹ יְהוּדִי, מֻתָּר. וְאִם נִקְרַע הַחֶבֶל שֶׁבְּצוּרַת הַפֶּתַח וְאֶפְשָׁר שֶׁהָאֵינוֹ יְהוּדִי יְתַקְּנוֹ בַּעֲנִיבָה אוֹ בְּקֶשֶׁר אֶחָד וַעֲנִיבָה עַל גַּבָּיו, מַה טּוֹב.

סעיף כז' אִם חָל יוֹם טוֹב בְּעֶרֶב שַׁבָּת וְנִתְקַלְקֵל אָז הָעֵרוּב, אַף עַל גַּב דְּהָעֵרוּב מוֹעִיל גַּם לְיוֹם טוֹב לְעִנְיַן דְּבָרִים שֶׁאֵינָם לְצֹרֶךְ (כִּדְלְקַמָּן סִימָן צ"ח סָעִיף ל"ד), לֹא אָמְרִינַן, הוֹאִיל וְהֻתַּר לְיוֹם טוֹב, הֻתַּר גַּם לְשַׁבָּת, מִשּׁוּם דְּיוֹם טוֹב וְשַׁבָּת, שְׁתֵּי קְדֻשּׁוֹת הֵן (מג"א סִימָן שס"ג).

סימן צה - דין ערובי תחומין ובו י"ח סעיפים:

סעיף א' אָסוּר לָצֵאת בַּשַּׁבָּת וּבְיוֹם טוֹב מִמָּקוֹם שֶׁשָּׁבַת, יוֹתֵר מִתְּחוּם, שֶׁהוּא שְׁנֵי אֲלָפִים אַמָּה. וּמְקוֹמוֹ שֶׁל אָדָם הוּא אַרְבַּע אַמּוֹת. וְהַיְנוּ אִם הָיָה בֵּין הַשְּׁמָשׁוֹת בַּשָּׂדֶה. אֲבָל אִם שָׁבַת בְּתוֹךְ הָעִיר, כָּל הָעִיר הִיא מְקוֹמוֹ. וְעִבּוּרָהּ שֶׁל עִיר, נֶחְשָׁב גַּם כֵּן לָעִיר. וְאֵיזֶה הוּא עִבּוּרָהּ. שִׁבְעִים אַמָּה וּשְׁנֵי שְׁלִישֵׁי אַמָּה, וְשַׁיָּךְ לָעִיר אַף עַל פִּי שֶׁאֵין שָׁם בִּנְיָן, וְהוּא הַנִּקְרָא קַרְפֵּף הָעִיר. וּמִמָּקוֹם שֶׁיִּכְלֶה, מַתְחִילִין לִמְדֹּד תְּחוּם שַׁבָּת.

סעיף ב' עִיר שֶׁהִיא מֻקֶּפֶת חוֹמָה, אֲפִלּוּ הִיא גְּדוֹלָה מְאֹד, מְהַלֵּךְ אֶת כֻּלָּהּ וְעִבּוּרָהּ וּמִשָּׁם תְּחוּם שַׁבָּת. וְכֵן עִיר שֶׁאֵינָהּ מֻקֶּפֶת חוֹמָה וְהַבָּתִּים סְמוּכִים זֶה לָזֶה, כָּל שֶׁאֵין בֵּין בַּיִת לְבַיִת יוֹתֵר מִן שִׁבְעִים אַמָּה וּשְׁנֵי שְׁלִישִׁים, נֶחְשָׁב חִבּוּר, וְשַׁיָּךְ לָעִיר, אֲפִלּוּ הוּא מַהֲלַךְ כַּמָּה יָמִים. וּמִבַּיִת הָאַחֲרוֹן, מוֹדְדִין אֶת הַקַּרְפֵּף וּתְחוּם שַׁבָּת.

סעיף ג' אֵין נוֹתְנִים קַרְפֵּף אֶלָּא לָעִיר. אֲבָל לְבַיִת אֶחָד, אֵין נוֹתְנִין קַרְפֵּף, אֶלָּא תֵּכֶף מִקִּיר הַבַּיִת וְחוּצָה מַתְחִיל לִמְדֹּד תְּחוּם שַׁבָּת.

סעיף ד' הָיוּ שְׁתֵּי עֲיָרוֹת סְמוּכוֹת זוֹ לָזוֹ, נוֹתְנִים קַרְפֵּף לָזוֹ וְקַרְפֵּף לָזוֹ. וְלָכֵן אִם אֵין בֵּינֵיהֶן יוֹתֵר מִשִּׁעוּר שְׁתֵּי קַרְפֵּפוֹת, נֶחְשָׁבוֹת שְׁתֵּיהֶן לְעִיר אַחַת.

סעיף ה' יֵשׁ כַּמָּה דְּבָרִים בְּעִנְיַן מְדִידַת תְּחוּם שַׁבָּת לְהָקֵל, וְאֵין לַעֲשׂוֹת כִּי אִם עַל יְדֵי בָקִי (שצ"ו שצ"ז שצ"ח שצ"ט).

סעיף ו' הַנִּצְרָךְ לָלֶכֶת בַּשַּׁבָּת אוֹ בְּיוֹם טוֹב יוֹתֵר מִתְּחוּם שַׁבָּת, צָרִיךְ לְהַנִּיחַ בְּעֶרֶב שַׁבָּת אוֹ בְּעֶרֶב יוֹם טוֹב עֵרוּבֵי תְּחוּמִין. וְצָרִיךְ לְהַנִּיחוֹ בְּתוֹךְ תְּחוּם הָעִיר בְּמָקוֹם שֶׁהָיָה מֻתָּר לוֹ לָלֶכֶת שָׁם (עַיֵּן מג"א סִימָן ת"ח סָעִיף קטן א'). וּבְמָקוֹם שֶׁהִנִּיחַ אֶת הָעֵרוּב, נֶחְשָׁב לוֹ כְּאִלּוּ הוּא דָּר שָׁם, וְלָכֵן יֵשׁ לוֹ מִמָּקוֹם הַהוּא שְׁנֵי אֲלָפִים אַמָּה לְכָל צַד. וּמִמֵּילָא מוּבָן, כִּי מַה שֶּׁהוּא מַרְוִיחַ בְּצַד זֶה שֶׁהוּא מַנִּיחַ אֶת הָעֵרוּב, הוּא מַפְסִיד מִצַּד הָאַחֵר. דֶּרֶךְ מָשָׁל, אִם הִנִּיחַ אֶת הָעֵרוּב בְּסוֹף שְׁנֵי אֲלָפִים אַמָּה לְצַד מִזְרָח, אָסוּר לוֹ לָלֶכֶת כְּלוּם לְצַד מַעֲרָב, שֶׁהֲרֵי כְּבָר הוּא רָחוֹק מִמְּקוֹם דִּירָתוֹ תְּחוּם שַׁבָּת (ת"ח תט"ז).

סעיף ז' כֵּיצַד עוֹשִׂין אֶת הָעֵרוּב. לוֹקֵחַ פַּת כְּדֵי מְזוֹן שְׁתֵּי סְעוּדוֹת אוֹ לִפְתָּן (כְּגוֹן בְּצָלִים אוֹ צְנוֹן וְכַדּוֹמֶה), שֶׁיֵּשׁ בּוֹ שִׁעוּר לֶאֱכֹל עִם פַּת, שֶׁהִיא כְּדֵי מְזוֹן שְׁתֵּי סְעוּדוֹת חוּץ מִן הַמֶּלַח וּמִן הַמַּיִם שֶׁאֵין מְעָרְבִין בָּהֶם, וְהוֹלֵךְ

אֶל הַמָּקוֹם שֶׁהוּא רוֹצֶה לְהַנִּיחוֹ, וּמְבָרֵךְ בָּרוּךְ אַתָּה ה' אֱלֹקֵינוּ מֶלֶךְ הָעוֹלָם אֲשֶׁר קִדְּשָׁנוּ בְּמִצְוֹתָיו וְצִוָּנוּ עַל מִצְוַת עֵרוּב. וְאוֹמֵר, בָּזֶה הָעֵרוּב, יְהֵא מֻתָּר לִי לֵילֵךְ מִמָּקוֹם זֶה אַלְפַּיִם אַמָּה לְכָל רוּחַ, וְחוֹזֵר לְבֵיתוֹ. יָכוֹל לְהַנִּיחַ עֵרוּב אֶחָד לְכַמָּה שַׁבָּתוֹת, וּבִלְבַד שֶׁיַּנִּיחֶנּוּ בְּמָקוֹם הַמִּשְׁתַּמֵּר, שֶׁלֹּא יְהֵא נֶאֱבָד אוֹ נִתְקַלְקֵל (שפ"ו ת"ח תט"ו תט"ז).

סעיף ח' יָכוֹל לִשְׁלוֹחַ אֶת הָעֵרוּב עַל יְדֵי שָׁלִיחַ שֶׁיַּנִּיחֵהוּ בִּשְׁבִילוֹ, וִיבָרֵךְ הַשָּׁלִיחַ וְיֹאמַר, בָּזֶה הָעֵרוּב יְהֵא מֻתָּר לִפְלוֹנִי לֵילֵךְ וְכוּ'. וְצָרִיךְ שֶׁיְּהֵא הַשָּׁלִיחַ גָּדוֹל וּבַר דַּעַת אֲבָל עַל יְדֵי קָטָן, אֵין שׁוֹלְחִין. וַאֲפִלּוּ לֹא חָזַר הַשָּׁלִיחַ אֶל מְשַׁלְּחוֹ, יָכוֹל לִסְמֹךְ עָלָיו, דַּחֲזָקָה שָׁלִיחַ עוֹשֶׂה שְׁלִיחוּתוֹ (ת"ט).

סעיף ט' יְכוֹלִין לְעָרֵב בְּעֵרוּב אֶחָד בִּשְׁבִיל כַּמָּה אֲנָשִׁים, וְהוּא שֶׁיְּהֵא בָּעֵרוּב שִׁעוּר לְכָל אֶחָד וְאֶחָד. וְצָרִיךְ לְזַכּוֹת לָהֶם עַל יְדֵי אַחֵר כְּמוֹ בְּעֵרוּבֵי חֲצֵרוֹת (סִימָן צ"ד סָעִיף ו' ז'). וְאֵין מְעָרְבִין עֵרוּבֵי תְּחוּמִין לְאָדָם אֶלָּא לְדַעְתּוֹ (עַיֵּן אוֹרַח חַיִּים סִימָן תי"ד). וְהַמַּנִּיחַ, אִם הוּא שָׁלִיחַ לְכֻלָּם, אוֹמֵר: יְהֵא מֻתָּר לִפְלוֹנִי וְלִפְלוֹנִי. וְאִם מַנִּיחוֹ גַּם בִּשְׁבִילוֹ, אוֹמֵר, לִי וְלִפְלוֹנִי וְלִפְלוֹנִי (תי"ג).

סעיף י' צָרִיךְ שֶׁיְּהֵא הָעֵרוּב מֻנָּח בְּמָקוֹם שֶׁאֶפְשָׁר לְאָכְלוֹ בֵּין הַשְּׁמָשׁוֹת, בְּלִי עֲשִׂיַּת אִסּוּר דְּאוֹרַיְתָא. וְלָכֵן אִם הִנִּיחוֹ בְּגוּמָּא וְכִסָּהוּ בְּעָפָר, לֹא הָוֵי עֵרוּב. כִּסָּהוּ בְּאֶבֶן הָוֵי עֵרוּב. נְתָנוֹ בְּאִילָן, אִם הָאִילָן קָשֶׁה הָוֵי עֵרוּב. הִנִּיחוֹ עַל אִילָן אוֹ קָנֶה רַךְ, אֵינוֹ עֵרוּב (סִימָן ת"ח וּבְחַיֵּי אָדָם).

סעיף יא' אִם נוֹתֵן אֶת הָעֵרוּב בְּתוֹךְ עִיר, אֲזַי כָּל הָעִיר נֶחְשֶׁבֶת לוֹ לְמָקוֹם עֵרוּבוֹ וְיָכוֹל לָלֶכֶת כָּל הָעִיר, אֲפִלּוּ הִיא גְּדוֹלָה מְאֹד, וְגַם חוּץ לָעִיר כְּדֵי עִבּוּרָהּ וּתְחוּם שַׁבָּת, שֶׁהֲרֵי נֶחְשָׁב כְּאִלּוּ הוּא דָר בְּאוֹתָהּ הָעִיר (ת"ח ובחי"א).

סעיף יב' אִם יֵשׁ בְּתוֹךְ הַתְּחוּם אֵיזֶה עִיר שֶׁהִיא מֻקֶּפֶת חוֹמָה אוֹ שֶׁהִיא מְתֻקֶּנֶת בְּעֵרוּבִין, אֵינָהּ נִמְדֶּדֶת וְאֵינָהּ עוֹלָה לְחֶשְׁבּוֹן אֶלָּא לְאַרְבַּע אַמּוֹת. וְדַוְקָא כְּשֶׁהַתְּחוּם שַׁבָּת מַגִּיעַ עַד חוּץ לָעִיר, כְּגוֹן שֶׁמִּן הָעֵרוּב עַד הָעִיר יֵשׁ חֲמֵשׁ מֵאוֹת אַמָּה, וְאֹרֶךְ הָעִיר הוּא אֶלֶף אַמָּה, אָז הָעִיר אֵינָהּ נֶחְשֶׁבֶת אֶלָּא לְאַרְבַּע אַמּוֹת, וְיֵשׁ לוֹ מִחוּץ לָעִיר עוֹד אֶלֶף וְאַרְבַּע מֵאוֹת וְתִשְׁעִים וָשֵׁשׁ אַמּוֹת. וְאֵין חִלּוּק בֵּין צַד זֶה שֶׁלִּפְנֵי הָעֵרוּב בֵּין הַצַּד שֶׁלְּאַחַר הָעֵרוּב. אֲבָל אִם תְּחוּם הַשַּׁבָּת כָּלֶה בְּאֶמְצַע הָעִיר, אָסוּר לוֹ לָלֶכֶת יוֹתֵר, כֵּיוָן שֶׁהוּא חוּץ לַתְּחוּם, כִּי בְּעִנְיָן זֶה לֹא נֶחְשֶׁבֶת לוֹ כָּל הָעִיר לְאַרְבַּע אַמּוֹת.

סעיף יג' וְכֵן הַדִּין כְּשֶׁהִנִּיחַ אֶת הָעֵרוּב קָרוֹב לִשְׁנֵי אֲלָפִים אַמָּה מִחוּץ לָעִיר, כְּשֶׁהוּא חוֹזֵר אַחַר כָּךְ לְעִירוֹ, כֻּלּוֹ אַלְפַּיִם הָאַמָּה מִמְּקוֹם עֵרוּבוֹ בִּתְחִלַּת הָעִיר קֹדֶם בֵּיתוֹ, אָסוּר לוֹ אֲפִלּוּ לָשׁוּב לְבֵיתוֹ. (כֵּן הוּא דַּעַת רֹב הַפּוֹסְקִים וְכֵן עִקָּר. עַיֵּן אֵלִיָּהוּ רַבָּה) (ת"ח).

סעיף יד' אֵין מְעָרְבִין עֵרוּבֵי תְּחוּמִין אֶלָּא לִדְבַר מִצְוָה, כְּגוֹן לְהִתְפַּלֵּל בַּעֲשָׂרָה, אוֹ לְהַקְבִּיל פְּנֵי רַבּוֹ, אוֹ

חֲבֵרוֹ שֶׁבָּא מִן הַדֶּרֶךְ, אוֹ לִסְעוּדַּת מִצְוָה, אוֹ לְפַקֵּחַ עַל עִסְקֵי רַבִּים, אוֹ שֶׁהוּא בָּא מִן הַדֶּרֶךְ וְרוֹצֶה לֵילֵךְ לְבֵיתוֹ וְכַדּוֹמֶה (תט"ו).

סעיף טו' אֵין מַנִּיחִין עֵרוּבֵי תְּחוּמִין לֹא בְּשַׁבָּת וְלֹא בְּיוֹם טוֹב. וְלָכֵן אִם חָל יוֹם טוֹב בְּעֶרֶב שַׁבָּת וְהוּא רוֹצֶה לָלֶכֶת בְּשַׁבָּת, צָרִיךְ לְהַנִּיחַ אֶת הָעֵרוּב בְּעֶרֶב יוֹם טוֹב. וְכֵן בְּיוֹם טוֹב לְאַחַר הַשַּׁבָּת וְרוֹצֶה לָלֶכֶת בְּיוֹם טוֹב צָרִיךְ לְהַנִּיחַ אֶת הָעֵרוּב בְּעֶרֶב שַׁבָּת. (דִּין הַמְעָרֵב בְּרַגְלָיו בְּשֻׁלְחָן עָרוּךְ סִימָן ת"ט סָעִיף ז'. וְדִין יוֹם טוֹב הַסָּמוּךְ לְשַׁבָּת אוֹ שְׁנֵי יָמִים טוֹבִים שֶׁל גָּלֻיּוֹת וְרוֹצֶה לְעָרֵב לְיוֹם הָרִאשׁוֹן לְצַד זֶה וּלְיוֹם הַשֵּׁנִי לְצַד זֶה, בְּסִימָן תט"ז).

סעיף טז' כֵּלָיו וּבְהֵמוֹתָיו שֶׁל אָדָם, הֲרֵי הֵם כְּרַגְלָיו. וּבְמָקוֹם שֶׁהוּא אֵינוֹ רַשַּׁאי לְהַלֵּךְ, גַּם אוֹתָן אֵין אָדָם רַשַּׁאי לְהוֹלִיכָן. וְאִם הִשְׁאִילָן לְאַחֵר אוֹ הִשְׂכִּירָן אוֹ מְסָרָן לִשְׁמִירָה, הֲרֵי הֵן כְּרַגְלָיו שֶׁל זֶה שֶׁהֵם אֶצְלוֹ. וַאֲפִלּוּ הוּא אֵינוֹ יְהוּדִי, קָנוּ הַבְּהֵמָה וְהַכֵּלִים שְׁבִיתָה אֶצְלוֹ. וְלֹא עוֹד, אֶלָּא גַּם הַחֲפָצִים שֶׁל אֵינוֹ יְהוּדִי קוֹנִים שְׁבִיתָה בִּמְקוֹמָם שֶׁהָיוּ בֵּין הַשְּׁמָשׁוֹת (שצ"ז ת"א).

סעיף יז' נָכְרִי שֶׁהֵבִיא פֵּרוֹת שֶׁאֵין לָחוּשׁ בָּהֶם שֶׁנִּתְלְשׁוּ הַיּוֹם, (וְכֵן בְּכָל דָּבָר שֶׁאֵין לָחוּשׁ שֶׁנַּעֲשְׂתָה בּוֹ הַיּוֹם מְלָאכָה) אֶלָּא שֶׁיֵּשׁ אִסּוּר תְּחוּמִים, אִם הֱבִיאָם בִּשְׁבִיל עַצְמוֹ אוֹ בִּשְׁבִיל אֵינוֹ יְהוּדִי אַחֵר, מֻתָּרִין לְיִשְׂרָאֵל מִיָּד אֲפִלּוּ בַּאֲכִילָה, אֶלָּא שֶׁאֲסוּרִין לְטַלְטְלָם חוּץ לְאַרְבַּע אַמּוֹת, אֶלָּא אִם כֵּן הֱבִיאָם לְתוֹךְ הַבַּיִת, אוֹ שֶׁהָעִיר מְתֻקֶּנֶת בְּעֵרוּבִין, אֲזַי מֻתָּרִין בְּטַלְטוּל בְּכָל הָעִיר, שֶׁכָּל מָקוֹם שֶׁמֻּתָּרִין לְטַלְטֵל שָׁם נֶחְשָׁב כְּמוֹ תּוֹךְ אַרְבַּע אַמּוֹת. וְאִם הֱבִיאָן בִּשְׁבִיל יִשְׂרָאֵל, אֲסוּרִין לְיִשְׂרָאֵל זֶה וּלְכָל בְּנֵי בֵּיתוֹ עַד לָעֶרֶב כְּדֵי שֶׁיֵּעָשׂוּ, דְּהַיְנוּ זְמַן שֶׁהָיוּ יְכוֹלִים לַהֲבִיאָם. וּמִכָּל מָקוֹם מֻתָּרִין לוֹ בְּטַלְטוּל תּוֹךְ אַרְבַּע אַמּוֹת אוֹ בְּמָקוֹם הַמֻּתָּר בְּטַלְטוּל. וּבְסָפֵק אִם הוּבְאוּ מִחוּץ לַתְּחוּם, גַּם כֵּן אֲסוּרִין, אֶלָּא אִם כֵּן יֵשׁ לִתְלוֹת יוֹתֵר שֶׁלֹּא הוּבְאוּ מִחוּץ לַתְּחוּם (שכ"ה תקט"ו).

סעיף יח' קַיְמָא לָן, דְּאֵין תְּחוּמִין לְמַעְלָה מֵעֲשָׂרָה טְפָחִים. וְלָכֵן מִי שֶׁבָּא לְתוֹךְ סְפִינָה בְּעֶרֶב שַׁבָּת קֹדֶם כְּנִיסַת שַׁבָּת וְהָלְכָה הַסְּפִינָה אֲפִלּוּ דֶּרֶךְ רְחוֹקָה, מִכָּל מָקוֹם כְּשֶׁהִגִּיעַ בְּשַׁבָּת לַנָּמֵל וְיָצָא, יֵשׁ לוֹ מִשָּׁם אַלְפַּיִם אַמָּה לְכָל צַד, כִּי מִסְתָמָא בַּהֲלִיכַת הַסְּפִינָה הוּא תָּמִיד לְמַעְלָה מֵעֲשָׂרָה טְפָחִים מֵהַקַּרְקַע, וְלֹא קָנָה שְׁבִיתָה עַד הַמָּקוֹם שֶׁהוּא בָּא לַיַּבָּשָׁה. אֲבָל אִם בְּתוֹךְ הַשַּׁבָּת יָצָא מֵהַסְּפִינָה וְחָזַר וְנִכְנַס לְתוֹכָהּ, מֵאַחַר שֶׁהָיָה בְשַׁבָּת בַּיַּבָּשָׁה, קָנָה שָׁם שְׁבִיתָה. וְאִם הָלְכָה הַסְּפִינָה אַחַר כָּךְ חוּץ לַתְּחוּם, אֲזַי אֵין לוֹ שָׁם אֶלָּא אַרְבַּע אַמּוֹת, כְּדִין יוֹצֵא חוּץ לַתְּחוּם. וְכֵן אִם הָיְתָה הַסְּפִינָה בְּשַׁבָּת בְּמָקוֹם אֶחָד שֶׁאֵין שָׁם עֲשָׂרָה טְפָחִים עַד הַקַּרְקַע, קָנָה שָׁם שְׁבִיתָה. וְאִם מִסְתַּפֵּק אִם הָיְתָה בְּמָקוֹם כָּזֶה אוֹ לֹא, אָזְלִינַן לְקֻלָּא (סִימָן רמ"ח ת"ד ת"ה וְעַיֵּן סִימָן ת"ו).

סימן צו - דיני תפלת ערבית ודיני הבדלה. ובו ט"ו סעיפים:

סעיף א' נוֹהֲגִין שֶׁמְּאַחֲרִין תְּפִלַּת עַרְבִית. וּבַאֲמִירַת וְהוּא רַחוּם וּבָרְכוּ,

מַמְשִׁיכִין בְּנִגּוּן, כְּדֵי לְהוֹסִיף מֵחֹל עַל הַקֹּדֶשׁ. בִּתְפִלַּת עַרְבִית אוֹמְרִים, אַתָּה חוֹנַנְתָּנוּ. וְאִם שָׁכַח וְלֹא אָמַר, אִם נִזְכַּר קֹדֶם שֶׁאָמַר אֶת הַשֵּׁם מִן הַבְּרָכָה, אוֹמְרוֹ בַּמָּקוֹם שֶׁנִּזְכַּר וְגוֹ', וְאוֹמֵר וְחָנֵּנוּ וְכוּ', אֲבָל אִם לֹא נִזְכַּר עַד לְאַחַר שֶׁאָמַר אֶת הַשֵּׁם, גּוֹמֵר אֶת הַבְּרָכָה חוֹנֵן הַדָּעַת, וְאֵינוֹ חוֹזֵר, שֶׁהֲרֵי יַבְדִּיל אַחַר כָּךְ עַל הַכּוֹס, רַק שֶׁיִּזָּהֵר מְאֹד שֶׁלֹּא לַעֲשׂוֹת שׁוּם מְלָאכָה, וְשֶׁלֹּא יִטְעַם כְּלוּם קֹדֶם שֶׁיַּבְדִּיל עַל הַכּוֹס. וְאִם עָשָׂה מְלָאכָה אוֹ טָעַם, צָרִיךְ לַחֲזוֹר וּלְהִתְפַּלֵּל. (וּמִי שֶׁאֵין לוֹ כּוֹס לְהַבְדִּיל עָלָיו וְשָׁכַח לוֹמַר אַתָּה חוֹנַנְתָּנוּ יֵשׁ לוֹ דִּינִים אֲחֵרִים).

סעיף ב' לְאַחַר שְׁמֹנֶה עֶשְׂרֵה, אוֹמְרִים חֲצִי קַדִּישׁ. אַחַר כָּךְ אוֹמְרִים וִיהִי נֹעַם, לְפִי שֶׁהוּא מִזְמוֹר שֶׁל בְּרָכָה, שֶׁבּוֹ בֵּרַךְ מֹשֶׁה אֶת יִשְׂרָאֵל בְּשָׁעָה שֶׁסִּיְּמוּ מְלֶאכֶת הַמִּשְׁכָּן. וְיֵשׁ לְאָמְרוֹ מְעֻמָּד. וְנוֹהֲגִין לִכְפּוֹל אֶת הַפָּסוּק הָאַחֲרוֹן אֹרֶךְ יָמִים וְגוֹ'. אַחַר כָּךְ אוֹמְרִים וְאַתָּה קָדוֹשׁ וְגוֹ', וְסֵדֶר קְדֻשָּׁה, שֶׁשַּׁיָּךְ לִויהִי נֹעַם, שֶׁעַל יְדֵי מְלֶאכֶת הַמִּשְׁכָּן, שָׁרְתָה שְׁכִינָה בְּיִשְׂרָאֵל, וְזֶהוּ, וְאַתָּה קָדוֹשׁ יוֹשֵׁב תְּהִלּוֹת יִשְׂרָאֵל. אִם חָל יוֹם טוֹב בְּשָׁבוּעַ הַבָּא, אֲפִלּוּ בְּעֶרֶב שַׁבָּת, אֵין אוֹמְרִים וִיהִי נֹעַם וְאַתָּה קָדוֹשׁ, דְּכֵיוָן שֶׁאוֹמְרִים בִּויהִי נֹעַם וּמַעֲשֵׂה יָדֵינוּ כּוֹנְנֵהוּ, צָרִיךְ שֶׁיִּהְיוּ כָּל שֵׁשֶׁת יָמִים רְאוּיִין לִמְלָאכָה, וְכֵיוָן שֶׁאֵין לוֹמַר וִיהִי נֹעַם, גַּם וְאַתָּה קָדוֹשׁ אֵין אוֹמְרִים, דְּשַׁיְּכֵי לַהֲדָדֵי. לְאַחַר וִיהִי נֹעַם וְאַתָּה קָדוֹשׁ אוֹמְרִים קַדִּישׁ שָׁלֵם, וְאַחַר כָּךְ אוֹמְרִים וְיִתֶּן לְךָ, וְעָלֵינוּ. וְכָל זֹאת הָאֲרִיכוּת שֶׁמַּאֲרִיכִין לְאַחַר תְּפִלַּת עַרְבִית בְּמוֹצָאֵי שַׁבָּת, הוּא כְּדֵי שֶׁיִּשְׁהוּ יִשְׂרָאֵל בְּהַשְׁלָמַת סִדְרֵיהֶם, כְּדֵי לְהַאֲרִיךְ לָרְשָׁעִים מִלַּחֲזֹר לַגֵּיהִנָּם, כִּי מַמְתִּינִים לָהֶם עַד שֶׁתַּשְׁלִים כְּנֵסִיָּה הָאַחֲרוֹנָה שֶׁבְּיִשְׂרָאֵל אֶת סִדְרָהּ (רצ"ה).

סעיף ג' כְּשֵׁם שֶׁמִּצְוָה לְקַדֵּשׁ אֶת הַשַּׁבָּת בִּכְנִיסָתָהּ עַל כּוֹס יַיִן, כָּךְ מִצְוָה לְקַדְּשָׁהּ בִּיצִיאָתָהּ עַל כּוֹס יַיִן, דְּהַיְנוּ בְּהַבְדָּלָה. וּמְבָרְכִים גַּם עַל הַבְּשָׂמִים וְעַל הַנֵּר. וְגַם נָשִׁים חַיָּבוֹת בְּהַבְדָּלָה, וְעַל כֵּן יִשְׁמְעוּ הֵיטֵב בִּרְכַּת הַבְדָּלָה. בְּמָקוֹם שֶׁאֵין לִמְצוֹא יַיִן מַבְדִּילִין עַל שֵׁכָר אוֹ מֵעֵד [מֵי דְבַשׁ] אוֹ שְׁאָר מַשְׁקֶה, שֶׁהוּא חֲמַר מְדִינָה (עַיֵּן לְעֵיל סִימָן מ"ה סָעִיף א'), חוּץ מִן הַמַּיִם (רצ"ו).

סעיף ד' כֵּיוָן שֶׁהִגִּיעַ בֵּין הַשְּׁמָשׁוֹת, אָסוּר לֶאֱכוֹל אוֹ לִשְׁתּוֹת שׁוּם דָּבָר, חוּץ מִן הַמַּיִם, קֹדֶם הַבְדָּלָה. אַךְ מִי שֶׁמַּאֲרִיךְ בִּסְעוּדָה שְׁלִישִׁית, אֲפִלּוּ עַד תּוֹךְ הַלַּיְלָה, מֻתָּר, כֵּיוָן שֶׁהִתְחִיל בְּהֶתֵּר. וּמֻתָּר לוֹ לִשְׁתּוֹת גַּם מִכּוֹס שֶׁל בִּרְכַּת הַמָּזוֹן, מִפְּנֵי שֶׁהוּא גַּם כֵּן שַׁיָּךְ לַסְּעֻדָּה. וְדַוְקָא כְּשֶׁדַּרְכּוֹ לְבָרֵךְ תָּמִיד עַל הַכּוֹס. אֲבָל מִי שֶׁמְּבָרֵךְ לִפְעָמִים בְּלֹא כּוֹס (מִפְּנֵי שֶׁסּוֹמֵךְ עַל הַפּוֹסְקִים דְּבִרְכַּת הַמָּזוֹן אֵינָהּ טְעוּנָה כּוֹס), אָסוּר לוֹ לִשְׁתּוֹת עַתָּה מִכּוֹס בִּרְכַּת הַמָּזוֹן קֹדֶם הַבְדָּלָה.

סעיף ה' גַּם מְלָאכָה אֵין לַעֲשׂוֹת קֹדֶם הַבְדָּלָה, וְהַנָּשִׁים שֶׁצְּרִיכוֹת לְהַדְלִיק נֵרוֹת קֹדֶם הַבְדָּלָה, יֹאמְרוּ תְּחִלָּה, בָּרוּךְ הַמַּבְדִּיל בֵּין קֹדֶשׁ לְחֹל, בֵּין אוֹר לְחֹשֶׁךְ, בֵּין יִשְׂרָאֵל לָעַמִּים, בֵּין יוֹם הַשְּׁבִיעִי לְשֵׁשֶׁת יְמֵי הַמַּעֲשֶׂה, בָּרוּךְ הַמַּבְדִּיל בֵּין קֹדֶשׁ לְחֹל. וְאִם חָל יוֹם טוֹב בְּיוֹם רִאשׁוֹן, יְסַיְּמוּ הַמַּבְדִּיל בֵּין

קֹדֶשׁ לְקֹדֶשׁ.

סעיף ו' מִי שֶׁמְּאַחֵר לְהִתְפַּלֵּל עַרְבִית בְּמוֹצָאֵי שַׁבָּת אוֹ שֶׁמַּמְשִׁיךְ סְעוּדָּתוֹ בַּלַּיְלָה, מֻתָּר לוֹ לוֹמַר אֲפִלּוּ לְיִשְׂרָאֵל שֶׁכְּבָר הִתְפַּלֵּל וְהִבְדִּיל בַּתְּפִלָּה, שֶׁיַּעֲשֶׂה לוֹ מְלָאכָה. וּמֻתָּר לוֹ לֵהָנוֹת וְלֶאֱכוֹל מִמְּלַאכְתּוֹ, אַף עַל פִּי שֶׁאַחַר כָּךְ מַזְכִּיר עֲדַיִן שֶׁל שַׁבָּת בְּבִרְכַּת הַמָּזוֹן (רס"ג).

סעיף ז' כְּשֶׁמּוֹזֵג אֶת הַכּוֹס לְהַבְדָּלָה, יְמַלְּאוֹ עַל כָּל גְּדוֹתָיו עַד שֶׁיִּשָּׁפֵךְ קְצָת מִמֶּנּוּ, וְזֶהוּ לְסִימָן בְּרָכָה. וְנוֹטֵל אֶת הַכּוֹס בַּיָּמִין וְאֶת הַבְּשָׂמִים בַּשְּׂמֹאל עַד אַחַר שֶׁמְּבָרֵךְ בּוֹרֵא פְּרִי הַגָּפֶן, וְאַחַר כָּךְ נוֹטֵל אֶת הַכּוֹס בַּשְּׂמֹאל וְהַבְּשָׂמִים בַּיָּמִין וּמְבָרֵךְ בּוֹרֵא מִינֵי בְשָׂמִים, וְאַחַר כָּךְ מְבָרֵךְ עַל הַנֵּר, וְאַחַר כָּךְ שׁוּב נוֹטֵל אֶת הַכּוֹס בִּימִינוֹ וּמְבָרֵךְ בִּרְכַּת הַמַּבְדִּיל. וּלְאַחַר הַגְּמָר, יוֹשֵׁב וְשׁוֹתֶה כָּל הַכּוֹס כֻּלּוֹ בְּעַצְמוֹ, וְהַמְּעַט שֶׁנִּשְׁאַר בַּכּוֹס, שׁוֹפְכוֹ וּמְכַבֶּה בּוֹ אֶת הַנֵּר, וְרוֹחֵץ בּוֹ עֵינָיו לְחִבּוּב מִצְוָה. וְנוֹהֲגִין שֶׁאֵין הַנָּשִׁים שׁוֹתוֹת מִכּוֹס הַבְדָּלָה.

סעיף ח' יֵשׁ לִתֵּן בְּתוֹךְ הַבְּשָׂמִים קְצָת פִּיזְעם [מוּשְׁק], לְפִי שֶׁעָלָיו מְבָרְכִין לְכֻלֵּי עָלְמָא בּוֹרֵא מִינֵי בְשָׂמִים. וְיֵשׁ לִקַּח גַּם הֲדַס, הוֹאִיל וְאִתְעֲבִיד בֵּהּ מִצְוָה חֲדָא זִמְנָא, לִתְעֲבִיד בֵּהּ נַמִּי מִצְוָה אַחֲרִיתָא.

סעיף ט' הַנֵּר, מִצְוָה שֶׁיְּהֵא מְשֻׁנָּה מֵאֵיזֶה נֵרוֹת קְלוּעִים יַחַד, שֶׁהוּא אֲבוּקָה. וְאִם אֵין לוֹ, יְבָרֵךְ עַל שְׁנֵי נֵרוֹת אֲחֵרִים שֶׁיִּתְקָרְבוּ יַחַד בְּשַׁלְהֶבֶת, שֶׁתְּהֵא אֲבוּקָה. וְנוֹהֲגִין שֶׁלְּאַחַר בּוֹרֵא מְאוֹרֵי הָאֵשׁ, מִסְתַּכְּלִין בַּצִּפָּרְנַיִם. וְיֵשׁ לִרְאוֹת בְּצִפָּרְנֵי יַד יָמִין. גַּם נוֹהֲגִין לְהִסְתַּכֵּל בְּכַף יַד יָמִין. וְיֵשׁ לִכְפֹּף אַרְבַּע הָאֶצְבָּעוֹת עַל הָאֲגוּדָל לְתוֹךְ כַּף הַיָּד, וְיִסְתַּכֵּל בַּצִּפָּרְנַיִם וּבְכַף הַיָּד בְּבַת אַחַת, וְאַחַר כָּךְ פּוֹשֵׁט אֶת הָאֶצְבָּעוֹת וּמִסְתַּכֵּל בַּצִּפָּרְנַיִם מֵאֲחוֹרֵיהֶן (רצ"ט).

סעיף י' סוּמָא אֵינוֹ מְבָרֵךְ עַל הַנֵּר. וּמִי שֶׁאֵינוֹ מֵרִיחַ לֹא יְבָרֵךְ עַל הַבְּשָׂמִים (רצז רצח).

סעיף יא' אִם לְאַחַר שֶׁבֵּרַךְ עַל הַיַּיִן וְאוֹחֵז אֶת הַבְּשָׂמִים בְּיָדוֹ וְנִתְכַּוֵּן לְבָרֵךְ עֲלֵיהֶם, טָעָה בִּלְשׁוֹנוֹ וְאָמַר, בּוֹרֵא מְאוֹרֵי הָאֵשׁ, וְתוֹךְ כְּדֵי דִּבּוּר נִזְכַּר וְסִיֵּם עוֹד בּוֹרֵא מִינֵי בְשָׂמִים, עָלְתָה לוֹ הַבְּרָכָה לְהַבְּשָׂמִים, וּמְבָרֵךְ אַחַר כָּךְ עַל הַנֵּר. אֲבָל אִם נִתְכַּוֵּן בְּבִרְכָתוֹ עַל הַנֵּר, עָלְתָה לוֹ עַל הַנֵּר, וּמְבָרֵךְ אַחַר כָּךְ עַל הַבְּשָׂמִים.

סעיף יב' מִצְוָה לְהַרְבּוֹת קְצָת בְּנֵרוֹת בְּמוֹצָאֵי שַׁבָּת, וְלוֹמַר הַזְּמִירוֹת לְלַוּוֹת אֶת הַשַּׁבָּת בִּיצִיאָתָהּ דֶּרֶךְ כָּבוֹד כְּדֶרֶךְ שֶׁמְּלַוִּין אֶת הַמֶּלֶךְ בִּיצִיאָתוֹ מִן הָעִיר. וּמַזְכִּירִין אֵלִיָּהוּ הַנָּבִיא וּמִתְפַּלְּלִין שֶׁיָּבֹא וִיבַשֵּׂר לָנוּ הַגְּאֻלָּה, לְפִי שֶׁאֵין אֵלִיָּהוּ בָּא בְּעֶרֶב שַׁבָּת, שֶׁלֹּא לְבַטֵּל אֶת יִשְׂרָאֵל מֵעִסְקֵי צָרְכֵי הַשַּׁבָּת. וְגַם בַּשַּׁבָּת אֵין מִתְפַּלְּלִין שֶׁיָּבֹא, כֵּיוָן דִּמְסַפְּקָא לָן, דִּלְמָא יֵשׁ תְּחוּמִין לְמַעְלָה מֵעֲשָׂרָה וְאֵינוֹ יָכוֹל לָבֹא בַּשַּׁבָּת, וְעַל כֵּן לְאַחַר שֶׁעָבְרָה הַשַּׁבָּת שֶׁיָּכוֹל לָבוֹא, אָנוּ מִתְפַּלְּלִים שֶׁיָּבוֹא וִיבַשֵּׂר לָנוּ טוֹב. וְעוֹד אִיתָא בַּמִּדְרָשׁ, דִּבְכָל מוֹצָאֵי שַׁבָּת אֵלִיָּהוּ נִכְנָס לְגַן עֵדֶן וְיוֹשֵׁב תַּחַת עֵץ חַיִּים, וְכוֹתֵב זְכוּתָן שֶׁל יִשְׂרָאֵל הַמְשַׁמְּרִים אֶת הַשַּׁבָּת, וְלָכֵן מַזְכִּירִין אוֹתוֹ אָז

לְטוֹבָה.

סעיף יג' מִי שֶׁאֶפְשָׁר לוֹ, יְקַיֵּם סְעוּדַּת מְלַוֶּה מַלְכָּה בְּפַת וְתַבְשִׁיל חַם, וִיסַדֵּר שֻׁלְחָנוֹ יָפֶה לִכְבוֹד הַלְוָיַת הַשַּׁבָּת. וּמִי שֶׁאִי אֶפְשָׁר לוֹ לֶאֱכֹל פַּת, יֹאכַל לְכָל הַפָּחוֹת מִינֵי מְזוֹנוֹת אוֹ פֵּרוֹת (סִימָן ש').

סעיף יד' מִי שֶׁהִבְדִּיל כְּבָר, יָכוֹל לְהַבְדִּיל בִּשְׁבִיל בָּנָיו שֶׁהִגִּיעוּ לְחִנּוּךְ לְהוֹצִיאָן יְדֵי חוֹבָתָן, וּמִכָּל שֶׁכֵּן בִּשְׁבִיל גָּדוֹל. וְדַוְקָא כְּשֶׁאֵינָן יְכוֹלִין לְהַבְדִּיל בְּעַצְמָן. אֲבָל מִי שֶׁיּוֹדֵעַ לְהַבְדִּיל בְּעַצְמוֹ, יַבְדִּיל בְּעַצְמוֹ. וְהַמַּבְדִּיל בִּשְׁבִיל אֲחֵרִים, כְּשֶׁמְּבָרֵךְ בּוֹרֵא מִינֵי בְשָׂמִים, צָרִיךְ לְהָרִיחַ בָּהֶם, שֶׁלֹּא תְּהֵא בִרְכָתוֹ לְבַטָּלָה, (דְּבִרְכַּת בּוֹרֵא מִינֵי בְשָׂמִים בְּהַבְדָּלָה, לֹא נִתְקְנָה אֶלָּא בִּשְׁבִיל הֲנָאַת אָדָם). וּבִשְׁבִיל נָשִׁים לְחוּד, אֵין לְהַבְדִּיל מִי שֶׁהִבְדִּיל כְּבָר (מִשּׁוּם דְּיֵשׁ אוֹמְרִים דִּפְטוּרוֹת).

סעיף טו' שָׁכַח אוֹ נֶאֱנַס אוֹ הֵזִיד וְלֹא הִבְדִּיל בְּמוֹצָאֵי שַׁבָּת, יָכוֹל לְהַבְדִּיל עַד סוֹף יוֹם שְׁלִישִׁי. אֲבָל לֹא יְבָרֵךְ לֹא עַל הַבְּשָׂמִים וְלֹא עַל הַנֵּר, רַק בִּרְכַּת בּוֹרֵא פְּרִי הַגָּפֶן וּבִרְכַּת הַמַּבְדִּיל. וּלְאַחַר שֶׁכָּלָה יוֹם הַשְּׁלִישִׁי, אֵינוֹ יָכוֹל לְהַבְדִּיל עוֹד, כִּי שְׁלֹשָׁה יָמִים הָרִאשׁוֹנִים שֶׁל הַשָּׁבוּעַ, נִקְרָאִים יָמִים שֶׁלְּאַחַר שַׁבָּת, וַהֲרֵי הֵן בִּכְלַל מוֹצָאֵי שַׁבָּת. אֲבָל שְׁלֹשָׁה יָמִים הָאַחֲרוֹנִים, נִקְרָאִים, יָמִים שֶׁלִּפְנֵי שַׁבָּת הַבָּאָה, וְאֵין לָהֶם עִנְיָן לְשַׁבָּת שֶׁעָבְרָה (רצ"ט).

סימן צז - הלכות ראש חדש וקדוש לבנה ובו ט"ו סעיפים:

סעיף א' יֵשׁ נוֹהֲגִין לְהִתְעַנּוֹת בְּעֶרֶב רֹאשׁ חֹדֶשׁ. וְאוֹמְרִים סֵדֶר יוֹם כִּפּוּר קָטָן, לְפִי שֶׁבּוֹ מִתְכַּפְּרִין כָּל הָעֲוֹנוֹת שֶׁל כָּל הַחֹדֶשׁ, דּוּמְיָא דִּשְׂעִיר רֹאשׁ חֹדֶשׁ. וּכְמוֹ שֶׁאָנוּ אוֹמְרִים בְּמוּסָף, זְמַן כַּפָּרָה לְכָל תּוֹלְדוֹתָם. וְכָל מָקוֹם לְפִי מִנְהָגוֹ (עַיֵּן פרי חדש) (תי"ז).

סעיף ב' מִצְוָה לְהַרְבּוֹת בִּסְעוּדָה בְּרֹאשׁ חֹדֶשׁ. וְאִם חָל בְּשַׁבָּת, יַעֲשֶׂה תַּבְשִׁיל אֶחָד יוֹתֵר מִבִּשְׁאָר שַׁבָּתוֹת.

סעיף ג' רֹאשׁ חֹדֶשׁ, מֻתָּר בַּעֲשִׂיַּת מְלָאכָה. וְנָשִׁים נוֹהֲגוֹת שֶׁלֹּא לַעֲשׂוֹת בּוֹ מְלָאכָה, וּמִנְהָג הָגוּן הוּא וְאֵין לְהָקֵל לָהֶם.

סעיף ד' הַלֵּל צָרִיךְ לְאָמְרוֹ בַּעֲמִידָה וְלֹא יַפְסִיק בּוֹ. וְיִשְׁתַּדֵּל לְאָמְרוֹ עִם הַצִּבּוּר. וְלָכֵן אִם בָּא לְבֵית הַכְּנֶסֶת סָמוּךְ לְהַלֵּל, יֹאמַר הַלֵּל עִם הַצִּבּוּר וְאַחַר כָּךְ יִתְפַּלֵּל. וְאִם הוּא עוֹמֵד בִּפְסוּקֵי דְזִמְרָה, (דְּהַיְנוּ מִן הוֹדוּ עַד לְאַחַר אָז יָשִׁיר) יִקְרָא הַלֵּל עִם הַצִּבּוּר וְלֹא יְבָרֵךְ לֹא בִּתְחִלָּה וְלֹא בְּסוֹף, כִּי בִּרְכַּת בָּרוּךְ שֶׁאָמַר וּבִרְכַּת יִשְׁתַּבַּח, עָלוּ לוֹ גַּם לְהַלֵּל. וְדַוְקָא בְּרֹאשׁ חֹדֶשׁ יָכוֹל לַעֲשׂוֹת כֵּן, שֶׁאוֹמְרִים הַהַלֵּל רַק בְּדִלּוּג, וְכֵן בְּחֹל הַמּוֹעֵד וְיָמִים הָאַחֲרוֹנִים שֶׁל פֶּסַח. אֲבָל כְּשֶׁאוֹמְרִים הַלֵּל שָׁלֵם, אֵינוֹ יָכוֹל לַעֲשׂוֹת כֵּן. וּמִי שֶׁאָמַר הַלֵּל שֶׁלֹּא בְצִבּוּר, אִם יֵשׁ שָׁם שְׁנַיִם אֲחֵרִים, יֹאמַר לִפְנֵיהֶם הוֹדוּ לַה' וְגוֹ' כְּדֵי שֶׁיַּעֲנוּ הֵם. דְּכֵיוָן שֶׁאוֹמֵר הוֹדוּ, מַשְׁמַע שֶׁאוֹמֵר לַאֲחֵרִים. (דִּין אֲמִירַת הַלֵּל בְּבֵית הָאָבֵל רַחֲמָנָא לִיצְלָן עַיֵּן לְקַמָּן סִימָן ר"ז).

סעיף ה' לְאַחַר הַלֵּל, אוֹמְרִים קַדִּישׁ

שָׁלֵם, וּמוֹצִיאִין סֵפֶר תּוֹרָה וְקוֹרִין אַרְבָּעָה. הַכֹּהֵן קוֹרֵא שְׁלֹשָׁה פְּסוּקִים, שֶׁהֵם: וַיְדַבֵּר, צַו, וְאָמַרְתָּ. וְהַלֵּוִי חוֹזֵר וְקוֹרֵא וְאָמַרְתָּ, וְקוֹרֵא אֶת הַכֶּבֶשׂ אֶחָד, וַעֲשִׂירִית הָאֵיפָה. וְיִשְׂרָאֵל קוֹרֵא עוֹלַת תָּמִיד עַד וּבְרָאשֵׁי חָדְשֵׁיכֶם. וּרְבִיעִי קוֹרֵא וּבְרָאשֵׁי חָדְשֵׁיכֶם וגו (תכ"ג).

סעיף ו' רֹאשׁ חֹדֶשׁ, אָסוּר בְּתַעֲנִית וּבְהֶסְפֵּד, וְאֵין אוֹמְרִים בּוֹ צִדּוּק הַדִּין (עַיֵּן בְּשֻׁלְחָן עָרוּךְ אֹרַח חַיִּים סִימָן ת"כ, בְּטוּרֵי זָהָב וּמָגֵן אַבְרָהָם וּמְפָרְשִׁים).

סעיף ז' חַיָּבִין לְקַדֵּשׁ אֶת הַלְּבָנָה בְּכָל חֹדֶשׁ. וְאֵין מְקַדְּשִׁין אוֹתָהּ אֶלָּא כְּשֶׁהוּא וַדַּאי לַיְלָה, שֶׁנִּרְאֵית זְרִיחָתָהּ עַל גַּבֵּי הַקַּרְקַע וְרָאוּי לֵהָנוֹת מֵאוֹרָהּ. אִם נִתְכַּסְּתָה בְּעָב, אֵין מְקַדְּשִׁין אוֹתָהּ, אֶלָּא אִם כֵּן הוּא דַּק וְקָלוּשׁ. וְאִם הִתְחִיל לְבָרֵךְ וְאַחַר כָּךְ נִתְכַּסְּתָה בְּעָב, גּוֹמֵר אֶת הַבְּרָכָה. אֲבָל אִם הוּא מְשַׁעֵר שֶׁלֹּא יוּכַל לִגְמוֹר אֶת הַבְּרָכָה קֹדֶם שֶׁתִּתְכַּסֶּה, אָסוּר לוֹ לְהַתְחִיל.

סעיף ח' אֵין לְקַדְּשָׁהּ רַק תַּחַת הַשָּׁמַיִם וְלֹא תַּחַת גַּג. אֲבָל אִם אֵין לוֹ מָקוֹם נָקִי אוֹ מֵחֲמַת אֹנֶס אַחֵר, יָכוֹל לְקַדְּשָׁהּ גַּם בְּתוֹךְ הַבַּיִת בְּעַד הַחַלּוֹן.

סעיף ט' מִצְוָה מִן הַמֻּבְחָר לְקַדְּשָׁהּ בְּמוֹצָאֵי שַׁבָּת כְּשֶׁהוּא מְבֻשָּׂם וּמְלֻבָּשׁ בִּבְגָדִים נָאִים. אַךְ אִם מוֹצָאֵי שַׁבָּת יִהְיֶה לְאַחַר עֲשָׂרָה יָמִים מִן הַמּוֹלָד, אוֹ שֶׁיֵּשׁ אֵיזֶה חֲשָׁשׁ שֶׁמָּא לֹא יוּכַל לְקַדְּשָׁהּ, אֵין מַמְתִּינִין לְמוֹצָאֵי שַׁבָּת. מִצְוָה לְקַדְּשָׁהּ בַּאֲסֵפַת עָם, מִשּׁוּם דִּבְרָב עַם הַדְרַת מֶלֶךְ. אֲבָל אַל יִתְעַכֵּב בִּשְׁבִיל זֶה, כִּי מִצְוַת זְרִיזִין מַקְדִּימִין, דָּחֵי לְמִצְוֹת בְּרָב עָם (עַיֵּן לְעֵיל סִימָן ס' סָעִיף ז).

סעיף י' אֵין מְקַדְּשִׁין אוֹתָהּ עַד שֶׁיַּעַבְרוּ עָלֶיהָ לְכָל הַפָּחוֹת שְׁלֹשָׁה יָמִים מִן הַמּוֹלָד. וְיֵשׁ מַמְתִּינִין שִׁבְעָה יָמִים. וּכְשֶׁחָל מוֹצָאֵי שַׁבָּת קֹדֶם שִׁבְעָה יָמִים, אֵין לְהַמְתִּין, אֶלָּא יְקַדְּשׁוּהָ בְּמוֹצָאֵי שַׁבָּת. וְאֵין מְקַדְּשִׁין אוֹתָהּאֶלָּא עַד חֲצִי תִּשְׁע וְעֶשְׂרִים יוֹם, שְׁנֵים עָשָׂר שָׁעוֹת, וּשְׁבַע מֵאוֹת וְתִשְׁעִים וּשְׁלֹשָׁה חֲלָקִים שֶׁהוּא אַרְבָּעָה עָשָׂר מֵעֵת לְעֵת וּשְׁמוֹנֶה עֶשְׂרֵה שָׁעוֹת וְעֶשְׂרִים וּשְׁתַּיִם דַּקּוֹת (מִנּוּטִין) מִן הַמּוֹלָד.

סעיף יא' אֵין לְקַדְּשָׁהּ קוֹדֶם תִּשְׁעָה בְּאָב, וְכֵן כְּשֶׁהוּא אָבֵל אֶלָּא אִם כֵּן לֹא יַשְׁלִים אֲבֵלוּתוֹ עַד שֶׁיִּהְיוּ עֲשָׂרָה מֵעֵת לְעֵת מִן הַמּוֹלָד, אָז יְקַדְּשָׁהּ בִּימֵי אֶבְלוֹ. וְאֵין לְקַדְּשָׁהּ כְּשֶׁהוּא בְּתַעֲנִית עַד שֶׁיִּטְעַם מִקֹּדֶם. וּמִכָּל מָקוֹם בְּמוֹצָאֵי יוֹם הַכִּפּוּרִים, כֵּיוָן שֶׁאָז יוֹצְאִים מִבֵּית הַכְּנֶסֶת בְּשִׂמְחָה עַל מְחִילַת הָעֲוֹנוֹת מְקַדְּשִׁין אוֹתָהּ מִיָּד.

סעיף יב' אֵין לְקַדְּשָׁהּ, לֹא בְּלֵיל שַׁבָּת וְלֹא בְּלֵיל יוֹם טוֹב, אֶלָּא בִּשְׁעַת הַדְּחָק, שֶׁבְּמוֹצָאֵי שַׁבָּת יַעֲבוֹר הַזְּמָן.

סעיף יג' סוּמָא מֻתָּר לְקַדְּשָׁהּ (תכ"ו).

סעיף יד' אִם הַלְּבָנָה זוֹרַחַת בִּתְחִלַּת הַלַּיְלָה קֹדֶם שֶׁהִתְחִילוּ לְהִתְפַּלֵּל מַעֲרִיב, אִם יֵשׁ עוֹד זְמַן אֵיזֶה לֵילוֹת לְקַדְּשָׁהּ, מִתְפַּלְּלִין תְּחִלָּה מַעֲרִיב, וְאַחַר כָּךְ מְקַדְּשִׁין אוֹתָהּ, מִשּׁוּם דְּתָדִיר וְשֶׁאֵינוֹ תָדִיר תָּדִיר קוֹדֵם, וְעוֹד דִּקְרִיאַת שְׁמַע הֲוֵי דְּאוֹרַיְתָא.

אֲבָל אִם אֵין עוֹד זְמַן רַק שְׁנַיִם אוֹ שְׁלֹשָׁה לֵילוֹת, בִּזְמַן קָצָר כָּזֶה יֵשׁ לָחוּשׁ שֶׁמָּא תִּתְכַּסֶּה בֶּעָבִים. וּבְעֵת הַגְּשָׁמִים, גַּם כְּשֶׁיֵּשׁ עוֹד זְמַן אַרְבָּעָה לֵילוֹת, יֵשׁ לָחוּשׁ לְכִסּוּי עֲנָנִים, וְיֵשׁ לְהַקְדִּים קִדּוּשׁ לְבָנָה. וְאִם נִרְאֲתָה הַלְּבָנָה בְּעֵת שֶׁאוֹמְרִים קְרִיאַת שְׁמַע וּבִרְכוֹתֶיהָ, אִם הַזְּמַן מְצֻמְצָם כָּל כָּךְ שֶׁבְּעוֹד שֶׁיִּגְמְרוּ שְׁמֹנֶה עֶשְׂרֵה יַעֲבֹר זְמַן קִדּוּשָׁהּ, יְכוֹלִין לְהַפְסִיק אֲפִלּוּ בְּאֶמְצַע בִּרְכוֹת קְרִיאַת שְׁמַע אוֹ אוֹ בְּאֶמְצַע קְרִיאַת שְׁמַע לְקַדֵּשׁ אוֹתָהּ. אַךְ אִם אֶפְשָׁר, יִגְמְרוּ אֶת הַפֶּרֶק, לְקַדְּשָׁהּ בֵּין הַפְּרָקִים (עַיֵּן לעיל סִימָן טז סָעִיף א) (נוב"ק סִימָן מא).

סעיף טו' אִם בְּחֹדֶשׁ אֲדָר לֹא נִרְאֲתָה עַד לֵיל אַרְבָּעָה עָשָׂר שֶׁהוּא זְמַן קְרִיאַת הַמְּגִלָּה, יְקַדְּשׁוּ תְּחִלָּה אֶת הַלְּבָנָה, וְאַחַר כָּךְ יִקְרְאוּ אֶת הַמְּגִלָּה. וְאִם נִרְאֲתָה בְּאֶמְצַע קְרִיאַת הַמְּגִלָּה, אִם הוּא בִּזְמַן שֶׁגַּם לְאַחַר שֶׁיִּגְמְרוּ אֶת הַקְּרִיאָה, יִהְיֶה עוֹד שָׁהוּת לְקַדְּשָׁהּ, אֵין מַפְסִיקִין בְּאֶמְצַע קְרִיאַת הַמְּגִלָּה. אֲבָל אִם עַד שֶׁיִּגְמְרוּ אֶת הַמְּגִלָּה יַעֲבֹר זְמַנָּהּ, אֲזַי אִם כָּל הַקָּהָל עֲדַיִן לֹא קִדְּשׁוּ אוֹתָהּ, יַפְסִיקוּ לְקַדֵּשׁ אוֹתָהּ, וְאַחַר כָּךְ יִגְמְרוּ אֶת הַמְּגִלָּה. אֲבָל אִם רַק יָחִיד לֹא קִדֵּשׁ אוֹתָהּ, שֶׁאִם יַפְסִיק לְקַדְּשָׁהּ, יִצְטָרֵךְ אַחַר כָּךְ לִגְמוֹר אֶת הַמְּגִלָּה בִּיחִידוּת, לֹא יַפְסִיק, מִשּׁוּם דְּפִרְסוּמֵי נִסָּא עָדִיף (נודע ביהודה שָׁם).

סימן צח - הלכות יום טוב ובו ל"ז סעיפים:

סעיף א' כָּל מְלָאכָה שֶׁאָסוּר לַעֲשׂוֹתָהּ בְּשַׁבָּת, אָסוּר לַעֲשׂוֹתָהּ בְּיוֹם טוֹב. וּכְמוֹ שֶׁבְּשַׁבָּת אָסוּר לַעֲשׂוֹת אֲפִלּוּ עַל יְדֵי אֵינוֹ יְהוּדִי, כְּמוֹ כֵן בְּיוֹם טוֹב. וּכְשֵׁם שֶׁאָדָם מְצֻוֶּה עַל שְׁבִיתַת בְּהֶמְתּוֹ בַּשַּׁבָּת, כָּךְ הוּא מְצֻוֶּה בְּיוֹם טוֹב. וְאֵין בֵּין יוֹם טוֹב לְשַׁבָּת אֶלָּא אֹכֶל נֶפֶשׁ בִּלְבָד, שֶׁנֶּאֱמַר, אַךְ אֲשֶׁר יֵאָכֵל לְכָל נֶפֶשׁ הוּא לְבַדּוֹ יֵעָשֶׂה לָכֶם, דְּהַיְנוּ, לִישָׁה, אֲפִיָּה, שְׁחִיטָה וּבִשּׁוּל. וְהוֹצָאָה וְהַבְעָרָה מֻתָּרוֹת בְּיוֹם טוֹב גַּם שֶׁלֹּא לְצֹרֶךְ אֹכֶל נֶפֶשׁ, אֶלָּא לְצֹרֶךְ אַחֵר, כְּמוֹ שֶׁקִּבְּלוּ רַבּוֹתֵינוּ זִכְרוֹנָם לִבְרָכָה, דְּאָמְרִינַן בְּהוּ, מִתּוֹךְ שֶׁהֻתְּרוּ לְצֹרֶךְ אֹכֶל נֶפֶשׁ הֻתְּרוּ נַמִּי שֶׁלֹּא לְצֹרֶךְ אֹכֶל נֶפֶשׁ, אֶלָּא לְצֹרֶךְ אַחֵר (תצה). וְנֵר שֶׁל יָארְצַיְיט (יום זכרון להוריו), אֵין לְהַדְלִיק בְּיוֹם טוֹב (עַיֵּן ספר שו"ת אמרי אש, אורח חַיִּים סִימָן מ', וְעַיֵּן לעיל ס"ס צ')

סעיף ב' אֵין עוֹשִׂין גְּבִינָה בְּיוֹם טוֹב, וְאֵין עוֹשִׂין חֶמְאָה בְּיוֹם טוֹב. וְכֵן אֵין מַעֲמִידִין חָלָב עַל יְדֵי קֵבָה אוֹ שְׁאָר דְּבָרִים, שֶׁיִּתְקַבֵּץ הֶחָלָב וְיִקָּפֶה. וְכֵן אָסוּר לִקְלוֹט שֻׁמַּן הֶחָלָב (סמעטען) מִן הֶחָלָב, אֶלָּא שֶׁיַּנִּיחַ מְעַט עַל הֶחָלָב הַתַּחְתּוֹן, כְּמוֹ בְּשַׁבָּת. וְגַם זֶה, אֵינוֹ מֻתָּר אֶלָּא מַה שֶּׁהוּא צָרִיךְ לְבוֹ בַּיּוֹם. אֲבָל לְצֹרֶךְ מָחָר, אָסוּר, מִשּׁוּם הֲכָנָה. וְאִם חוֹשֵׁשׁ לְהֶפְסֵד, מֻתָּר לִקְלוֹט בְּעִנְיָן הַנִּזְכָּר עַל יְדֵי אֵינוֹ יְהוּדִי (תק"י).

סעיף ג' תַּבְלִין שֶׁאִם יִטְחַן אוֹתָם קֹדֶם יוֹם טוֹב יָפִיגוּ טַעֲמָן, מֻתָּר לְדוּכָן בְּיוֹם טוֹב עַל יְדֵי שִׁנּוּי, כְּגוֹן שֶׁיַּטֶּה אֶת הַמַּכְתֶּשֶׁת לְצִדָּדִין אוֹ שֶׁיָּדוּךְ עַל הַשֻּׁלְחָן וְכַיּוֹצֵא בּוֹ. וְכֵן תַּמְכָּא (קריין) שֶׁגּוֹרְרִין אוֹתוֹ עַל הַמּוֹרֵג (ריבאייזען), לֹא יִגְרוֹר לְתוֹךְ קְעָרָה כְּדַרְכּוֹ בְּחֹל, אֶלָּא עַל מַפָּה. וְקָאפֶע אֵין לִטְחוֹן בְּרֵיחַיִם, אֶלָּא יְדוּכוּ

בִּמְדוֹכָה וְעַל יְדֵי שִׁנּוּי. אֲבָל טוֹב יוֹתֵר לַעֲשׂוֹת הַכֹּל מֵעֶרֶב יוֹם טוֹב. וּדְבָרִים שֶׁאֵינָם מְפִיגִין טַעֲמָם, וַדַּאי צְרִיכִין לִזָּהֵר לְדוֹכָן מֵעֶרֶב יוֹם טוֹב, אַךְ אִם שָׁכַח, יֵשׁ לְהַתִּיר גַּם כֵּן עַל יְדֵי שִׁנּוּי. וְכָל הַנִּזְכָּר, אֵינוֹ מֻתָּר אֶלָּא מַה שֶּׁהוּא צָרִיךְ לְאוֹתוֹ הַיּוֹם וְלֹא לְמָחָר. וְיֵשׁ לְהַחְמִיר, שֶׁלֹּא לַעֲשׂוֹת אֶלָּא מַה שֶּׁצָּרִיךְ לוֹ עַתָּה לְאוֹתָהּ סְעוּדָה. וְגַם בְּדִיכַת מַצָּה, יֵשׁ לִזָּהֵר בָּזֶה.

סעיף ד' אָסוּר לְבַקֵּעַ עֵצִים אוֹ אֲפִלּוּ לְשָׁבְרָן בַּיָּד. וְאָסוּר לְלַקֵּט עֵצִים מִמָּקוֹם שֶׁהֵם מְפֻזָּרִין.

סעיף ה' כְּשֶׁהוּא עוֹרֵךְ אֶת הָעֵצִים עַל הָאֲבָנִים לְהַבְעִיר אֵשׁ, אָסוּר, מִשּׁוּם דְּעוֹשֶׂה אֹהֶל, דַּהֲוֵי כְּמוֹ שְׁתֵּי מְחִצּוֹת וְגַג עַל גַּבֵּיהֶן. וְצָרִיךְ שֶׁיַּעֲשֶׂה שִׁנּוּי, דְּהַיְנוּ שֶׁיֹּאחֵז אֶת הָעֵצִים בְּיָדוֹ וְיִתֵּן אֶת הָאֲבָנִים תַּחְתֵּיהֶם. וְכֵן כְּשֶׁמַּעֲמִיד קְדֵרָה עַל אֲבָנִים לְהַבְעִיר תַּחְתֶּיהָ, צָרִיךְ שֶׁיֹּאחֵז אֶת הַקְּדֵרָה בְּיָדוֹ וְיַכְנִיס אֶת הָאֲבָנִים תַּחְתֶּיהָ, אֲבָל לֹא יַנִּיחֶנָּה עַל גַּבֵּי הָאֲבָנִים.

סעיף ו' אֵין נוֹפְחִין אֵשׁ בְּמַפּוּחַ, כְּדֵי שֶׁלֹּא יַעֲשֶׂה כְּדֶרֶךְ שֶׁהָאֻמָּנִין עוֹשִׂין. וְהָעוֹלָם נוֹהֲגִין הֶתֵּר בְּמַפּוּחַ שֶׁל בַּעֲלֵי בָּתִּים עַל יְדֵי שִׁנּוּי לְהָפְכוֹ מִלְמַעְלָה לְמַטָּה. אֲבָל בְּמַפּוּחַ שֶׁל אֻמָּנִין, אֲפִלּוּ עַל יְדֵי שִׁנּוּי אָסוּר (תק"ב).

סעיף ז' מֻתָּר לִבְרֹר קִטְנִיּוֹת מַה שֶּׁהוּא צָרִיךְ לְאוֹתוֹ הַיּוֹם, אֲבָל לֹא בְּנָפָה וְלֹא בִּכְבָרָה, וְגַם לֹא יִתְּנֵם לְתוֹךְ הַמַּיִם כְּדֵי שֶׁיָּצוּף הַפְּסֹלֶת אוֹ הָאֹכֶל, אֶלָּא יְבָרֵר בְּיָדוֹ וִילַקֵּט מַה שֶּׁהוּא נַח לוֹ יוֹתֵר. אִם נַח לוֹ לְלַקֵּט הַפְּסֹלֶת, יְלַקֵּט הַפְּסֹלֶת. וְאִם נַח לוֹ לְלַקֵּט הָאֹכֶל יְלַקֵּט הָאֹכֶל (תק"י).

סעיף ח' קֶמַח שֶׁכְּבָר הָיָה מְרֻקָּד אֶלָּא שֶׁהוּא רוֹצֶה לְרַקְּדוֹ שֵׁנִית, יֵשׁ לְרַקְּדוֹ עַל יְדֵי אֵינוֹ יְהוּדִי אוֹ עַל יְדֵי שִׁנּוּי, דְּהַיְנוּ שֶׁיְּרַקֵּד בַּאֲחוֹרֵי הַנָּפָה. וְכֵן יַעֲשֶׂה בְּמַצּוֹת דּוּכוֹת. וְקֶמַח שֶׁעֲדַיִן לֹא הָיָה מְרֻקָּד, אָסוּר לְרַקְּדוֹ אֶלָּא עַל יְדֵי אֵינוֹ יְהוּדִי וּבְשִׁנּוּי. אָסוּר לִבְרֹר פְּסֹלֶת מִתּוֹךְ הַקֶּמַח, כְּגוֹן, שֶׁנָּפַל לְתוֹכוֹ צְרוֹרוֹת וְכַדּוֹמֶה. וַאֲפִלּוּ לִבְרֹר מִתּוֹךְ מַצּוֹת כְּתוּתוֹת אֶת הַפֵּרוּרִים הַגְּדוֹלִים, אָסוּר (תק"ד תק"ו).

סעיף ט' לִישָׁה מֻתֶּרֶת בְּיוֹם טוֹב, וּמִכָּל מָקוֹם לֹא יִמְדּוֹד אֶת הַקֶּמַח, אֶלָּא יִקַּח בְּאֹמֶד הַדַּעַת. וְאִם אֵינוֹ מְצַמְצֵם אֶת הַמִּדָּה, אֶלָּא פּוֹחֵת אוֹ מוֹסִיף, מֻתָּר (תק"ו).

סעיף י' בָּצֵק מְחֻתָּךְ (אִטְרִיּוֹת, פְּתִיתִים) שֶׁמְּבַשְּׁלִים לְאָכְלוֹ עִם רֹטֶב (נודעל, פערפיל), יֵשׁ לָלוּשׁ בְּעֶרֶב יוֹם טוֹב, כִּי הַיְשָׁנִים יוֹתֵר טוֹבִים. וְאִם לֹא לָשׁ מֵעֶרֶב יוֹם טוֹב, יָלוּשׁ בְּיוֹם טוֹב עַל יְדֵי שִׁנּוּי. דְּהַיְנוּ שֶׁאִם דַּרְכּוֹ לָלוּשׁ עַל דַּף, יָלוּשׁ עַל מַפָּה וְכַדּוֹמֶה. וְגַם תַּבְשִׁיל שֶׁאֵינוֹ מִתְקַלְקֵל, כְּגוֹן פֵּרוֹת יְבֵשִׁים וְכַדּוֹמֶה, יֵשׁ לְבַשְּׁלָם בְּעֶרֶב יוֹם טוֹב (תצ"ה).

סעיף יא' עִסָּה שֶׁלָּשָׁה בְּיוֹם טוֹב מֻתָּר לְהַפְרִישׁ מִמֶּנָּה חַלָּה. אֲבָל אָסוּר לְשָׂרְפָהּ, דְּאֵין שׂוֹרְפִין קָדָשִׁים בְּיוֹם טוֹב. וְגַם אָסוּר לַאֲפוֹתָהּ, מִשּׁוּם דְּאֵינָהּ רְאוּיָה לַאֲכִילָה, שֶׁהֲרֵי כֻּלָּנוּ טְמֵאֵי מֵתִים. וַאֲסוּרָה גַּם בְּטִלְטוּל. רַק בְּעוֹדָהּ בְּיָדוֹ, יַנִּיחֶנָּה בְּמָקוֹם הַמִּשְׁתַּמֵּר עַד מוֹצָאֵי יוֹם טוֹב וְיִשְׂרְפֶנָּה. וְעִסָּה שֶׁלָּשׁ בְּעֶרֶב יוֹם טוֹב,

אָסוּר לְהַפְרִישׁ מִמֶּנָּה חַלָּה בְּיוֹם טוֹב, אֶלָּא אוֹפֶה וְאוֹכֵל וּמַנִּיחַ קְצָת פַּת שֶׁיַּפְרִישׁ מִמֶּנּוּ בְּמוֹצָאֵי יוֹם טוֹב. וְצָרִיךְ שֶׁיַּנִּיחַ פַּת כְּדֵי שֶׁיַּפְרִישׁ מִמֶּנּוּ וְיִשָּׁאֵר עוֹד קְצָת (עַיֵּן לְעֵיל סִימָן ל"ה סָעִיף ט') (תק"ו).

סעיף יב' אָסוּר לְגַבֵּל טִיט בְּיוֹם טוֹב, וַאֲפִלּוּ עַל יְדֵי אֵינוֹ יְהוּדִי. וְלָכֵן אִם צָרִיךְ לִסְתּוֹם אֶת הַתַּנּוּר שֶׁמְּטַמְנִין בּוֹ לְצֹרֶךְ שַׁבָּת, צָרִיךְ שֶׁיָּכִין לוֹ טִיט מְגֻבָּל מֵעֶרֶב יוֹם טוֹב, גַּם לִקַּח רֶפֶשׁ מֵהָרְחוֹב, אָסוּר, אֶלָּא אִם כֵּן הֱכִינוֹ בְּעֶרֶב יוֹם טוֹב וְהִנִּיחוֹ בְּקֶרֶן זָוִית. וְנָכוֹן לִזָּהֵר שֶׁלֹּא לָטוּחַ אֶת הַטִּיט אוֹ הָרֶפֶשׁ, אֶלָּא יִסְתְּמוּהוּ בְּלֹא טִיחָה, מִשּׁוּם דְּיֵשׁ אוֹסְרִים אֲפִלּוּ לְצֹרֶךְ אֹכֶל נֶפֶשׁ (עַיֵּן חכ"א כלל צב סָעִיף א).

סעיף יג' עוֹפוֹת שֶׁהֵם בְּבֵיתוֹ אוֹ בֶּחָצֵר הָעוֹמְדִים לַאֲכִילָה, וְהֵם כְּבָר הֻרְגְּלוּ בַּבַּיִת, שֶׁאֲפִלּוּ יוֹצְאִין לַחוּץ בָּאִים לָעֶרֶב לְבֵיתוֹ, מֻתָּר לְצוּדָן אֲפִלּוּ חוּץ לֶחָצֵר לְצֹרֶךְ יוֹם טוֹב לְשָׁחֳטָן. אֲבָל שֶׁלֹּא לְצֹרֶךְ אֲכִילָה, אָסוּר לְצוּדָן. וְאִם הֵם חֲדָשִׁים שֶׁלֹּא הֻרְגְּלוּ, אָסוּר לְצוּדָן אֲפִלּוּ לְצֹרֶךְ אֲכִילָה, אֲפִלּוּ כְּשֶׁהֵן בְּבֵיתוֹ. אַךְ בַּלַּיְלָה כְּשֶׁהֵן יוֹשְׁבִין, מֻתָּר לְקַחְתָּן. וּבְכָל עִנְיָן יֵשׁ לִזָּהֵר שֶׁיִּבְרוֹר מֵעֶרֶב יוֹם טוֹב אֵיזֶה שֶׁהוּא רוֹצֶה לִשְׁחֹט בְּיוֹם טוֹב, כִּי שֶׁמָּא זֶה שֶׁיִּטּוֹל יִמָּצֵא כָּחוּשׁ, וְנִמְצָא שֶׁטִּלְטֵל שֶׁלֹּא לְצֹרֶךְ. וְעוֹפוֹת שֶׁאֵינָן עוֹמְדִין לַאֲכִילָה אֶלָּא לְבֵיצִים, הֵן מֻקְצִים.

סעיף יד' יוֹנֵי שׁוֹבָךְ וְיוֹנֵי עֲלִיָּה, אַף עַל פִּי שֶׁכְּבָר הֻרְגְּלוּ לָבֹא לְקִנֵּיהֶן, אָסוּר לְצוּדָן, אֲפִלּוּ הִזְמִינָן מֵעֶרֶב יוֹם טוֹב.

סעיף טו' הָאֶגֶד שֶׁעַל רַגְלֵי הָעוֹפוֹת, מֻתָּר לְאַחַר שְׁחִיטָה לְחָתְכוֹ אוֹ לְשָׂרְפוֹ. וּמֻתָּר לִתְפּוֹר עוֹפוֹת שֶׁמְּמַלְּאִין אוֹתָן, אַךְ צָרִיךְ לִזָּהֵר לְהַכְנִיס אֶת הַחוּט בְּתוֹךְ הַמַּחַט בְּעֶרֶב יוֹם טוֹב. וְאִם לֹא הִכְנִיסוֹ מֵעֶרֶב יוֹם טוֹב, אָסוּר לְהַכְנִיסוֹ בְּיוֹם טוֹב. לְאַחַר שֶׁתְּפָרוֹ, מֻתָּר לִשְׂרוֹף אֶת הַחוּט הַנִּשְׁאָר (תק"ט).

סעיף טז' דָּגִים שֶׁבְּבֵיבָר, אִם אִי אֶפְשָׁר לְתָפְסָן בְּיָדַיִם אֶלָּא בִּכְלִי, אָסוּר לְתָפְסָן. אֲבָל אִם אֶפְשָׁר לְתָפְסָן בְּיָדַיִם מֻתָּר לְתָפְסָן אֲפִלּוּ בִּכְלִי. וְאִם יֵשׁ שָׁם דָּגִים הַרְבֵּה, צָרִיךְ שֶׁיַּזְמִין בְּעֶרֶב יוֹם טוֹב אֶת זֶה שֶׁהוּא רוֹצֶה לָקַחַת בְּיוֹם טוֹב שֶׁיַּעֲשֶׂה בּוֹ אֵיזֶה סִימָן. וְאִם צָרִיךְ לְכֻלָּם, יַזְמִין אֶת כֻּלָּם, דְּהַיְנוּ שֶׁיֹּאמַר בְּעֶרֶב יוֹם טוֹב: כָּל אֵלּוּ הַדָּגִים אֲנִי מַזְמִין לְיוֹם טוֹב (סִימָן תצ"ז ובחיי"א).

סעיף יז' סְפֵק צֵידָה וּסְפֵק מוּכָן, אָסוּר. וּלְצֹרֶךְ גָּדוֹל, יֵשׁ לְהָקֵל בְּיוֹם טוֹב שֵׁנִי, אַךְ לֹא בְּרֹאשׁ הַשָּׁנָה.

סעיף יח' כָּל בַּעֲלֵי חַיִּים שֶׁהֵם מֻקְצִין, אָסוּר לְהַשְׁקוֹתָן אוֹ לִתֵּן לָהֶם מְזוֹנוֹת בְּסָמוּךְ לָהֶם, אֶלָּא בְּרָחוֹק קְצָת.

סעיף יט' שָׁחַט עוֹף וְנִמְצָא טְרֵפָה, אָסוּר לְטַלְטְלוֹ, כְּמוֹ שְׁאָר מֻקְצֶה. אֲבָל אִם שָׁחַט בְּהֵמָה וְנִמְצֵאת טְרֵפָה, מֻתָּר לְהַצְנִיעָהּ בְּמָקוֹם שֶׁלֹּא תִּתְקַלְקֵל. וְאִם אִי אֶפְשָׁר לְהַצְנִיעָהּ שֶׁלֹּא תִּתְקַלְקֵל, מֻתָּר לְמָכְרָהּ לְאֵינוֹ יְהוּדִי בְּאֹפֶן שֶׁלֹּא יִקְצֹץ דָּמִים וְלֹא יִשְׁקוֹל. וְאוּלַי גַּם בְּאַוָּזִים מְפֻטָּמִים דִּשְׁכִיחַ בְּהוּ טְרֵפוֹת, יֵשׁ לְהָקֵל.

סעיף כ' אֵין לִשְׁחֹט בְּהֵמָה בְּיוֹם טוֹב, אֶלָּא לְצֹרֶךְ גָּדוֹל. וְאָסוּר לִמְכּוֹר אֶת הַבָּשָׂר בְּמִשְׁקָל וְלֹא בִקְצִיצַת דָּמִים, אֶלָּא נוֹתֵן לוֹ אֵיזֶה חֵלֶק סְתָם וּלְאַחַר יוֹם טוֹב יְשַׁלֵּם לוֹ (תצ"ח ת"ק).

סעיף כא' הַשּׁוֹחֵט בְּהֵמָה בְּיוֹם טוֹב, טוֹב שֶׁלֹּא לִבְדֹּק אֶת הָרֵאָה עַד לְאַחַר שֶׁיַּפְשִׁיט אֶת הָעוֹר, כִּי אִם יִבְדֹּק וְתִמָּצֵא טְרֵפָה, אָסוּר לְהַפְשִׁיטָהּ. מֻתָּר לְטַלְטֵל אֶת הָעוֹר מִבְּהֵמָה שֶׁשְּׁחָטָהּ הַיּוֹם כְּדֵי לְהַצְנִיעָהּ, אֲבָל לֹא לְשָׁטְחָהּ עַל גַּבֵּי יְתֵדוֹת. וּשְׁאָר עוֹרוֹת, אֲסוּרִין בְּטִלְטוּל. וְכֵן הַנּוֹצוֹת מֵעוֹף שֶׁשְּׁחָטוֹ הַיּוֹם, מֻתָּר לְטַלְטְלָן לְהַצְנִיעָן. אֲבָל שְׁאָר נוֹצוֹת, אָסוּר לְטַלְטְלָן (תצ"ז תצ"ט).

סעיף כב' מֻתָּר לִמְלוֹחַ בָּשָׂר לְהַכְשִׁירוֹ מִדָּמוֹ, אֲפִלּוּ הָיָה אֶפְשָׁר לְמָלְחוֹ מֵאֶתְמוֹל. וְדַוְקָא אִם יֵשׁ בּוֹ לְצֹרֶךְ הַיּוֹם. וְאִם יֵשׁ לוֹ בָּשָׂר יוֹתֵר וְהוּא מִתְיָרֵא שֶׁלֹּא יִתְקַלְקֵל מֻתָּר לִמְלוֹחַ הַכֹּל בְּיַחַד אֲפִלּוּ הַרְבֵּה. גַּם מַה שֶּׁאֵינוֹ לְצֹרֶךְ הַיּוֹם, דְּהַכֹּל חֲדָא טִרְחָא הִיא, אֲבָל בָּשָׂר שֶׁכְּבָר נִמְלַח מִדָּמוֹ, וְכֵן דָּגִים שֶׁהָיָה אֶפְשָׁר לְמָלְחָן בְּעֶרֶב יוֹם טוֹב, אָסוּר לְמָלְחָן בְּיוֹם טוֹב (ת"ק).

סעיף כג' כְּשֶׁעוֹשֶׂה מַעֲשֵׂה אוֹפֶה בְּיוֹם טוֹב, אָסוּר לַעֲשׂוֹת בּוֹ צִיּוּרִים עַל יְדֵי דְּפוּס, אוֹ בְּיָד לַעֲשׂוֹת מִן הָעִסָּה אֵיזֶה צִיּוּרִים כְּעוֹפוֹת וְכַדּוֹמֶה (חיי"א כלל צ"ב).

סעיף כד' אָסוּר לְמָרֵחַ שׁוּם דָּבָר בְּיוֹם טוֹב כְּמוֹ בְשַׁבָּת. וְלָכֵן אָסוּר לְחַמֵּם נֵר שֶׁל שַׁעֲוָה אוֹ שֶׁל חֵלֶב לְדַבְּקוֹ בִּמְנוֹרָה אוֹ בַכֹּתֶל, שֶׁמָּא יְמָרֵחַ. וְאִם הַשְּׁפוֹפֶרֶת מְמֻלֵּאת בְּחֵלֶב, יָכוֹל לְנַקּוֹתוֹ בְּדָבָר שֶׁאֵינוֹ מְקַצֶּה.

סעיף כה' אָסוּר לְכַבּוֹת אֵשׁ בְּיוֹם טוֹב. וַאֲפִלּוּ לִגְרֹם כִּבּוּי, אָסוּר. וְלָכֵן אָסוּר לְהַעֲמִיד נֵר דּוֹלֵק בְּמָקוֹם שֶׁיָּכוֹל לִנְשֹׁב הָרוּחַ וּלְכַבּוֹתוֹ. וְאַף עַל פִּי שֶׁעַתָּה אֵין הָרוּחַ מְנַשֶּׁבֶת. וְכֵן אָסוּר לִפְתּוֹחַ דֶּלֶת אוֹ חַלּוֹן כְּנֶגֶד הַנֵּר הַדּוֹלֵק, כִּדְלְעֵיל סִימָן פ סָעִיף ב' (ת ו).

סעיף כו' מֻתָּר לְכַסּוֹת אֶת הָאֵשׁ בִּכְלִי אוֹ בְּאֵפֶר מוּכָן (עַיֵּן לְקַמָּן סִימָן צ"ט סָעִיף ד). וְאַף עַל פִּי שֶׁאֶפְשָׁר שֶׁיִּכָּבֶה קְצָת עַל יְדֵי הַכִּסּוּי, מִכָּל מָקוֹם כֵּיוָן שֶׁאֵינוֹ מְכַוֵּן לְכִבּוּי (וְגַם הָוֵי מְלָאכָה שֶׁאֵינָהּ צְרִיכָה לְגוּפָהּ), מֻתָּר לְצֹרֶךְ יוֹם טוֹב. וְדַוְקָא לְצֹרֶךְ אוֹתוֹ הַיּוֹם. אֲבָל לְצֹרֶךְ הַלַּיְלָה אָסוּר דְּהָא הַלַּיְלָה שַׁיָּךְ לְיוֹם שֵׁנִי.

סעיף כז' אֵין מַגְעִילִין וְאֵין מְלַבְּנִין כֵּלִים שֶׁנֶּאֶסְרוּ וְדִין טְבִילַת כֵּלִים עַיֵּן לְעֵיל סוֹף סִימָן ל"ז.

סעיף כח' דִּין הֲדָחַת כֵּלִים בְּיוֹם טוֹב כְּמוֹ בְּשַׁבָּת, וְאָסוּר לַהֲדִיחָן מִיּוֹם טוֹב רִאשׁוֹן לְיוֹם טוֹב שֵׁנִי.

סעיף כט' אָסוּר לְהַסִּיק כְּדֵי לְחַמֵּם אֶת הַבַּיִת, אֶלָּא אִם הַקֹּר גָּדוֹל, שֶׁהַמַּאֲכָלִים נִקְרָשִׁים, וַהֲוֵי צֹרֶךְ אֹכֶל נֶפֶשׁ. אֲבָל אִם אֵין הַקֹּר גָּדוֹל, אָסוּר. רַק עַל יְדֵי אֵינוֹ יְהוּדִי מֻתָּר.

סעיף ל' מֻתָּר לְחַמֵּם מַיִם לִרְחֹץ יָדָיו, אֲבָל לֹא כָּל גּוּפוֹ. וּלְצֹרֶךְ תִּינוֹק, אִם צְרִיכִין לִרְחָצוֹ, אָסוּר גַּם כֵּן לְחַמֵּם מַיִם בִּשְׁבִילוֹ, אֲפִלּוּ עַל יְדֵי אֵינוֹ

יְהוּדִי. אַךְ יְכוֹלִין לְהַרְבּוֹת בִּשְׁבִילוֹ, דְּהַיְנוּ כְּשֶׁצְּרִיכִין קְצָת מַיִם לְבִשּׁוּל, מֻתָּר לְחַמֵּם אֲפִלּוּ יוֹרָה גְּדוֹלָה, רַק שֶׁיִּתֵּן כָּל הַמַּיִם קֹדֶם שֶׁהֶעֱמִידָהּ עַל הָאֵשׁ, וְלֹא יוֹסִיף אַחַר כָּךְ. וְאִם הַתִּינוֹק חוֹלֶה קְצָת, מֻתָּר לְחַמֵּם בִּשְׁבִילוֹ עַל יְדֵי אֵינוֹ יְהוּדִי (סִימָן תקיא ובחיי"א).

סעיף לא' אָסוּר לְהוֹצִיא אֵשׁ, בֵּין מֵאֶבֶן בֵּין מִזְּכוּכִית (ברענגלאז) בֵּין מֵעֵצִים הַנַּעֲשִׂים בְּגָפְרִית [גַּפְרוּר] (צינדהעלצעל) (תק"ב).

סעיף לב' אֵין עוֹשִׂין מֻגְמָר, דְּהַיְנוּ לְפַזֵּר מִינֵי בְשָׂמִים עַל הַגֶּחָלִים, בֵּין לְהָרִיחַ בֵּין לְגַמֵּר אֶת הַבַּיִת אוֹ כֵלִים, דִּכְתִיב לְכָל נֶפֶשׁ, וּבְעִינַן דָּבָר הַשָּׁוֶה לְכָל נֶפֶשׁ. אֲבָל מֻגְמָר אֵינוֹ נִצְרָךְ אֶלָּא לִמְפֻנָּקִים וּמְעֻנָּגִים. וּבְעִנְיַן עִשּׁוּן הַטִּיטוּן (טאבאק רויכען), נֶחְלְקוּ הַפּוֹסְקִים זִכְרוֹנָם לִבְרָכָה. וְגַם לְהַמְּקִלִּים צְרִיכִים לִזָּהֵר שֶׁלֹּא לְהַדְלִיק בִּנְיָר וְלֹא בְּגַחֶלֶת, מִשּׁוּם כְּשֶׁזּוֹרְקָן עַל הָאָרֶץ נַעֲשֶׂה כִּבּוּי, וּבְנָקֵל יוּכַל לִטְעוֹת לַעֲשׂוֹת כֵּן בְּיוֹם טוֹב, כֵּיוָן שֶׁרָגִיל לַעֲשׂוֹת כֵּן בַּחֹל. וְאִם כְּתוּבִים עַל הַנְּיָר אוֹתִיּוֹת בִּכְתָב אוֹ בִדְפוּס וְהוּא שׂוֹרְפוֹ, אִכָּא גַּם אִסּוּר מְחִיקָה (עַיֵּן פרמ"ג) אֶלָּא צָרִיךְ לְהַדְלִיק מִשַּׁלְהֶבֶת. וְגַם אֵין לְעַשֵּׁן מִתּוֹךְ כְּלִי (פייף) [מִקְטֶרֶת] חֲדָשָׁה. גַּם אָסוּר לַחְתֹּךְ אֶת הַטִּיטוּן [הַטַּבַּק] בְּיוֹם טוֹב, וְנִרְאֶה דְּהוּא הַדִּין דְּאָסוּר לְהָסִיר אֶת הַקְּצָווֹת מִן סִיגָרִין [הַסִּיגָרוֹת].

סעיף לג' דָּבָר שֶׁאֵינוֹ מְלָאכָה גְּמוּרָה וְאָסוּר לַעֲשׂוֹתוֹ בַּשַּׁבָּת, מִשּׁוּם רְפוּאָה לְחוֹלֶה שֶׁאֵין בּוֹ סַכָּנָה (כִּמְבֹאָר לְעֵיל סִימָן צ"א) גַּם בְּיוֹם רִאשׁוֹן שֶׁל יוֹם טוֹב וְכֵן בִּשְׁנֵי יָמִים טוֹבִים שֶׁל רֹאשׁ הַשָּׁנָה. (עַיֵּן לְקַמָּן צ"ט סָעִיף ב'), אָסוּר לַעֲשׂוֹתוֹ כִּי אִם עַל יְדֵי אֵינוֹ יְהוּדִי. אֲבָל בְּיוֹם טוֹב שֵׁנִי (חוּץ מֵרֹאשׁ הַשָּׁנָה), מֻתָּר לַעֲשׂוֹתוֹ גַּם עַל יְדֵי יִשְׂרָאֵל. אֲבָל מְלָאכָה גְּמוּרָה, אָסוּר לַעֲשׂוֹתָהּ לְחוֹלֶה שֶׁאֵין בּוֹ סַכָּנָה, אֲפִלּוּ בְּיוֹם טוֹב שֵׁנִי, כִּי אִם עַל יְדֵי אֵינוֹ יְהוּדִי (עַיֵּן שֻׁלְחָן עָרוּךְ סִימָן תצ"ו סָעִיף ב'. וְיֵשׁ לַעֲשׂוֹת שְׁאֵלַת חָכָם) (תצ"ו).

סעיף לד' הוֹצָאָה, מֻתֶּרֶת בְּיוֹם טוֹב, אֲפִלּוּ מַה שֶּׁאֵינוֹ לְצֹרֶךְ אֹכֶל נֶפֶשׁ, וּבִלְבַד שֶׁיְּהֵא בָּהּ אֵיזֶה צֹרֶךְ אַחֵר (כְּמוֹ שֶׁכָּתַבְתִּי בְּסָעִיף א'), אֲבָל שֶׁלֹּא לְצֹרֶךְ כְּלָל, אָסוּר לְהוֹצִיא כִּי אִם בְּמָקוֹם שֶׁמֻּתָּר לְהוֹצִיא בַּשַּׁבָּת. וְגַם לְצֹרֶךְ אֹכֶל נֶפֶשׁ, כְּגוֹן כַּדֵּי יַיִן, לֹא יִשָּׂא מַשָּׂא גָּדוֹל כְּמוֹ שֶׁהוּא עוֹשֶׂה בַּחֹל, אֶלָּא יְשַׁנֶּה. וְאִם אִי אֶפְשָׁר לְשַׁנּוֹת, כְּגוֹן שֶׁיֵּשׁ לוֹ הַרְבֵּה אוֹרְחִים עוֹשֶׂה כְּדַרְכּוֹ (תק"י תקי"ח).

סעיף לה' כָּל הַמְּלָאכוֹת הַמֻּתָּרוֹת לַעֲשׂוֹת בְּיוֹם טוֹב זֶהוּ דַּוְקָא לְצֹרֶךְ אָדָם, אֲבָל לֹא לְצֹרֶךְ בְּהֵמָה, דִּכְתִיב, יֵעָשֶׂה לָכֶם, וְדָרְשִׁינָן לָכֶם וְלֹא לִבְהֵמָה. וְלָכֵן אָסוּר לְבַשֵּׁל אוֹ לְהוֹצִיא אֵיזֶה דָּבָר לְצֹרֶךְ בְּהֵמָה, כְּמוֹ בַּשַּׁבָּת.

סעיף לו' אָסוּר לְבַשֵּׁל אוֹ לֶאֱפוֹת לְצֹרֶךְ אֵינוֹ יְהוּדִי. אַךְ מִי שֶׁיֵּשׁ לוֹ מְשָׁרֶת אֵינוֹ יְהוּדִי, יָכוֹל לְהוֹסִיף וּלְבַשֵּׁל בִּקְדֵרָה אַחַת, שֶׁיְּהֵא בָּהּ גַּם בִּשְׁבִיל הַמְשָׁרֵת. אֲבָל בִּשְׁבִיל אֵינוֹ יְהוּדִי מְכֻבָּד, אָסוּר אֲפִלּוּ לְהוֹסִיף. וְלֹא עוֹד, אֶלָּא אֲפִלּוּ אִם בִּשֵּׁל הַיִּשְׂרָאֵל אוֹ אָפָה בִּשְׁבִיל עַצְמוֹ,

אָסוּר לְהַזְמִין אֵינוֹ יְהוּדִי שֶׁיֹּאכַל עִמּוֹ. וְאַף אֵינוֹ יְהוּדִי שֶׁאֵינוֹ מִתְכַּבֵּד בּוֹ, מֻתָּר לָתֵת לוֹ אֵיזֶה דָּבָר מִמַּה שֶּׁבִּשֵּׁל אוֹ אָפָה. וְלֶאֱפוֹת פַּת אֲפִלּוּ בִּשְׁבִיל אֵינוֹ יְהוּדִי מְשָׁרְתוֹ, אָסוּר.

סעיף לז' אָסוּר לְהוֹצִיא שׁוּם דָּבָר בִּשְׁבִיל אֵינוֹ יְהוּדִי כִּי אִם בְּמָקוֹם שֶׁמֻּתָּר לְהוֹצִיא בְּשַׁבָּת.

סימן צט - דיני מקצה ביום טוב ובו ה' סעיפים:

סעיף א' כָּל מֻקְצֶה הָאָסוּר בְּטִלְטוּל בְּשַׁבָּת, אָסוּר גַּם בְּיוֹם טוֹב. וְיֵשׁ אוֹמְרִים, דְּגַם מֻקְצֶה מִדַּעַת, וּמֻקְצֶה מֵחֲמַת מֵאוּס, אַף עַל פִּי שֶׁמֻּתָּרִין בְּשַׁבָּת, אֲסוּרִין בְּיוֹם טוֹב. וְלָכֵן פֵּרוֹת שֶׁהִקְצָה אוֹתָם לִסְחוֹרָה, אֲסוּרִין בְּיוֹם טוֹב, אֶלָּא צָרִיךְ שֶׁיַּזְמִינֵם בְּעֶרֶב יוֹם טוֹב, דְּהַיְנוּ שֶׁיֹּאמַר, מִפֵּרוֹת אֵלּוּ אֹכַל לְמָחָר. וּבְפֵרוֹת הָעוֹמְדִין לְמֶכֶר מְעַטְמְעַט, יֵשׁ לְהָקֵל (תצ"ה).

סעיף ב' בֵּיצָה שֶׁנּוֹלְדָה בְּיוֹם טוֹב, אֲסוּרָה אֲפִלּוּ בְּטִלְטוּל. אֲבָל מֻתָּר לִכְפּוֹת עָלֶיהָ כְּלִי שֶׁלֹּא תִּשָּׁבֵר. וְאִם נוֹלְדָה בְּיוֹם רִאשׁוֹן, מֻתֶּרֶת בְּיוֹם שֵׁנִי. וְאִם יוֹם טוֹב שֵׁנִי הוּא שַׁבָּת, אֲסוּרָה גַּם בְּשַׁבָּת. וְכֵן אִם יוֹם רִאשׁוֹן הוּא שַׁבָּת וְנוֹלְדָה בּוֹ, אֲסוּרָה גַּם לְמָחָר שֶׁהוּא יוֹם טוֹב שֵׁנִי. וְכֵן שַׁבָּת הַסָּמוּךְ לְיוֹם טוֹב, בֵּין לְפָנָיו בֵּין לְאַחֲרָיו, נוֹלְדָה בָּזֶה אֲסוּרָה בָּזֶה. וּבְרֹאשׁ הַשָּׁנָה, גַּם אִם נוֹלְדָה בְּיוֹם רִאשׁוֹן, אֲסוּרָה גַּם בַּשֵּׁנִי (כִּי שְׁנֵי הַיָּמִים שֶׁל רֹאשׁ הַשָּׁנָה, כְּיוֹמָא אֲרִיכְתָּא דָּמְיָא. וְהַיְנוּ לְחֻמְרָא כְּמוֹ הָכָא. אֲבָל לְעִנְיַן מַה שֶּׁבִּשְׁאָר יָמִים טוֹבִים אָסוּר לַעֲשׂוֹת מִיּוֹם רִאשׁוֹן לְיוֹם שֵׁנִי כִּדְלְקַמָּן בְּסִימָן ק"א, אֵין חִלּוּק בֵּין שְׁאָר יָמִים טוֹבִים לְרֹאשׁ הַשָּׁנָה, דְּגַם בְּרֹאשׁ הַשָּׁנָה אָסוּר, דִּלְקֻלָּא לֹא אָמְרִינָן כְּיוֹמָא אֲרִיכְתָּא דָּמְיָא). וְאִם חָל רֹאשׁ הַשָּׁנָה בְּיוֹם ה' וּבְיוֹם ו', אֲפִלּוּ נוֹלְדָה בְּיוֹם ה', אֲסוּרָה גַּם בְּשַׁבָּת. שָׁחַט תַּרְנְגֹלֶת וּמָצָא בָהּ בֵּיצִים, אֲפִלּוּ הֵן גְּמוּרוֹת, מֻתָּרוֹת אֲפִלּוּ בּוֹ בַיּוֹם. (דִּין הֶחָלָב עַיֵּן לְקַמָּן קא סָעִיף ה) (תקג תקיג)

סעיף ג' עֵצִים, לֹא הֻתְּרוּ בְּטִלְטוּל אֶלָּא לְצֹרֶךְ הַסָּקָה. אֲבָל שֶׁלֹּא לְצֹרֶךְ הַסָּקָה, אֲסוּרִים בְּטִלְטוּל. וְלָכֵן אֵין סוֹמְכִין לֹא אֶת הַקְּדֵרָה וְלֹא אֶת הַדֶּלֶת בִּבְקַעַת (תק"ב).

סעיף ד' אֵפֶר כִּירָה שֶׁהֻסְּקָה מֵעֶרֶב יוֹם טוֹב, מֻתָּר לְטַלְטְלוֹ בְּיוֹם טוֹב, מִפְּנֵי שֶׁהוּא מוּכָן לְכָל צָרְכֵי הָאָדָם, לְכַסּוֹת בּוֹ צוֹאָה אוֹ רֹק וְכַדּוֹמֶה. וְאִם הֻסְּקָה בְּיוֹם טוֹב, אִם הוּא עֲדַיִן חַם שֶׁרָאוּי לִצְלֹת בּוֹ בֵּיצָה, מֻתָּר לְטַלְטְלוֹ לְכָל צָרְכֵי הָאָדָם. אֲבָל אִם נִצְטַנֵּן, אָסוּר בְּטִלְטוּל, מִשּׁוּם דַּהֲוֵי לֵהּ נוֹלָד, אֶתְמוֹל הָיָה עֵצִים וְהַיּוֹם אֵפֶר, וְגָרוּעַ מִמֻּקְצֶה (עַיֵּן לְעֵיל סִימָן פ"ח סָעִיף ד') (תצ"ח).

סעיף ה' אֱגוֹזִים שֶׁאֲכָלָן קֹדֶם יוֹם טוֹב, מֻתָּר לְהַסִּיק בִּקְלִפֵּיהֶן, אֲבָל אִם אֲכָלָן בְּיוֹם טוֹב, אָסוּר לְהַסִּיק בִּקְלִפֵּיהֶן. וַאֲפִלּוּ לְטַלְטְלָן, אָסוּר. וְכֵן שְׁאָר קְלִפּוֹת אַף עַל פִּי שֶׁרְאוּיוֹת לִבְהֵמָה, מִשּׁוּם דַּהֲוֵי לֵהּ נוֹלָד, דְּאֶתְמוֹל הָיוּ עוֹמְדוֹת לָאָדָם.

סימן ק - הלכות נשיאת כפים ובו כ"ב סעיפים:

סעיף א' מִצְוַת עֲשֵׂה מִן הַתּוֹרָה עַל הַכֹּהֲנִים שֶׁיְּבָרְכוּ אֶת הָעָם, שֶׁנֶּאֱמַר, כֹּה תְבָרְכוּ אֶת בְּנֵי יִשְׂרָאֵל. וְכָל כֹּהֵן שֶׁאֵין בּוֹ מִדְּבָרִים הַמְעַכְּבִים אוֹתוֹ וְאֵינוֹ עוֹלֶה לַדּוּכָן, עוֹבֵר בַּעֲשֵׂה. וְאֵינוֹ עוֹבֵר אֶלָּא כְּשֶׁקּוֹרְאִין אוֹתוֹ, שֶׁנֶּאֱמַר, אָמוֹר לָהֶם וְתִרְגֵּם אוּנְקְלוֹס, כַּד תֵּימְרוּן לְהוֹן, (וְעַיֵּן לְקַמָּן סָעִיף ח'). וְהַמִּנְהָג בִּמְדִינוֹתֵינוּ, שֶׁאֵין נְשִׂיאַת כַּפַּיִם אֶלָּא בְּיוֹם טוֹב, מִשּׁוּם דְּאָז שְׁרוּיִים בְּשִׂמְחַת יוֹם טוֹב, וּבְיוֹם הַכִּפּוּרִים יֵשׁ בּוֹ שִׂמְחַת מְחִילָה וּסְלִיחָה, וְטוֹב לֵב הוּא יְבָרֵךְ (וְעַיֵּן לְעֵיל סִימָן מ"ה סָעִיף ה'), מַה שֶּׁאֵין כֵּן בִּשְׁאָר יָמִים, אֲפִלּוּ בְּשַׁבָּתוֹת הַשָּׁנָה, שֶׁטְּרוּדִים בְּהִרְהוּרִים עַל מִחְיָתָם וְעַל בִּטּוּל מְלַאכְתָּם. וַאֲפִלּוּ בְּיוֹם טוֹב אֵין נוֹשְׂאִין כַּפֵּיהֶם אֶלָּא בִּתְפִלַּת מוּסָף, שֶׁיּוֹצְאִין אַחַר כָּךְ מִבֵּית הַכְּנֶסֶת וְיִשְׂמְחוּ בְּשִׂמְחַת יוֹם טוֹב (וְעַיֵּן לְקַמָּן סִימָן קל"ח סָעִיף ח'). עוֹד נוֹהֲגִין בִּמְדִינוֹתֵינוּ, שֶׁבְּיוֹם טוֹב שֶׁחָל לִהְיוֹת בְּשַׁבָּת, אֵין נְשִׂיאַת כַּפַּיִם, אֶלָּא בְּיוֹם הַכִּפּוּרִים, שֶׁאֲפִלּוּ חָל בְּשַׁבָּת, נוֹשְׂאִין כַּפֵּיהֶם. וְיֵשׁ מְקוֹמוֹת שֶׁנּוֹהֲגִין שֶׁבְּכָל יוֹם טוֹב, אֲפִלּוּ חָל בְּשַׁבָּת, נוֹשְׂאִין כַּפֵּיהֶם, וְכֵן נָכוֹן יוֹתֵר.

סעיף ב' אֵין נְשִׂיאַת כַּפַּיִם אֶלָּא בַּעֲשָׂרָה, וְהַכֹּהֲנִים מִן הַמִּנְיָן, לְפִי שֶׁגַּם הֵם בִּכְלַל הַבְּרָכָה, שֶׁנֶּאֱמַר וַאֲנִי אֲבָרְכֵם.

סעיף ג' קֹדֶם נְשִׂיאַת כַּפַּיִם, לֹא יִשְׁתֶּה הַכֹּהֵן לֹא יַיִן וְלֹא שְׁאָר מַשְׁקֶה מִמַּשְׁקִים הַמְשַׁכְּרִין. וְאִם לִבּוֹ חָלוּשׁ וְרוֹצֶה לֶאֱכוֹל פַּת כִּסְנִין קֹדֶם מוּסָף, יִשְׁמַע קִדּוּשׁ מֵאַחֵר (עַיֵּן לְעֵיל סִימָן ע"ז סָעִיף ט"ו).

סעיף ד' קֹדֶם הַדּוּכָן, צָרִיךְ הַכֹּהֵן לִטּוֹל יָדָיו עַד הַפֶּרֶק, שֶׁהוּא חִבּוּר הַיָּד עִם הַזְּרוֹעַ, כְּדֶרֶךְ שֶׁהָיוּ מְקַדְּשִׁין אֶת יְדֵיהֶם בַּמִּקְדָּשׁ לַעֲבוֹדָה, שֶׁנֶּאֱמַר, שְׂאוּ יְדֵיכֶם קֹדֶשׁ וּבָרְכוּ אֶת ה'. וְיֵשׁ סָפֵק אִם צְרִיכִין לְבָרֵךְ עַל נְטִילָה זוֹ אוֹ אֵין צְרִיכִין לְבָרֵךְ, כֵּיוָן שֶׁבֵּרֵךְ עַל נְטִילַת יָדַיִם בְּקוּמוֹ מִמִּטָּתוֹ. וּמִסְּפֵקָא נוֹהֲגִין שֶׁלֹּא יְבָרֵךְ. וְאִם נָגַע בֵּינְתַיִם בְּמָקוֹם מְטֻנָּף, הָיָה רָאוּי לְבָרֵךְ עַל נְטִילָה זוֹ, אֶלָּא שֶׁלֹּא נָהֲגוּ. וְרָאוּי לְכָל כֹּהֵן יְרֵא שָׁמַיִם, לִשְׁמוֹר הֵיטֵב יָדָיו מִנְּטִילַת יָדַיִם שַׁחֲרִית, שֶׁלֹּא לִגַּע בְּמָקוֹם הַמְלֻכְלָךְ, כְּדֵי שֶׁלֹּא יִצְטָרֵךְ לְבָרֵךְ שֵׁנִית.

סעיף ה' הַלֵּוִי יוֹצֵק אֶת הַמַּיִם עַל יְדֵי הַכֹּהֲנִים, עַל שֵׁם שֶׁנֶּאֱמַר, וְגַם אֶת אַחֶיךָ מַטֵּה לֵוִי וְגוֹ' הַקְרֵב אִתָּךְ וְיִלָּווּ עָלֶיךָ וִישָׁרְתוּךָ. וְאִם אֵין שָׁם לֵוִי, יִצּוֹק בְּכוֹר פֶּטֶר רֶחֶם שֶׁהוּא קָדוֹשׁ, עַל יָדוֹ. וְאִם גַּם בְּכוֹר אֵינוֹ, מוּטָב שֶׁהַכֹּהֵן בְּעַצְמוֹ יִצֹּק, וְלֹא יִצֹּק יִשְׂרָאֵל. הַלֵּוִי אוֹ הַבְּכוֹר אֲשֶׁר יִצֹּק מַיִם עַל יְדֵי הַכֹּהֲנִים, אִם אֵין יָדָיו נְקִיּוֹת, יֵשׁ לוֹ לִרְחוֹץ יָדָיו תְּחִלָּה.

סעיף ו' אָסוּר לַעֲלוֹת לַדּוּכָן בְּמִנְעָלִים. וְיַחֲלֹץ הַמִּנְעָלִים קֹדֶם נְטִילַת יָדַיִם, וְטוֹב לִזָּהֵר לְהַצְנִיעַ הַמִּנְעָלִים תַּחַת הַסַּפְסָלִים, שֶׁלֹּא יִהְיוּ מְגֻלִּין וְנִרְאִין, מִפְּנֵי כְּבוֹד הַצִּבּוּר.

סעיף ז' כְּשֶׁשְּׁלִיחַ הַצִּבּוּר מַתְחִיל רְצֵה, צְרִיכִין כָּל הַכֹּהֲנִים לַעֲקֹר מִמְּקוֹמוֹתֵיהֶם לַעֲלוֹת לַדּוּכָן. וְעַל כֵּן יִטְּלוּ אֶת יְדֵיהֶם קֹדֶם לָכֵן, כְּדֵי שֶׁכְּשֶׁיֹּאמַר שְׁלִיחַ הַצִּבּוּר רְצֵה, יַעַקְרוּ מִמְּקוֹמָם לַעֲלוֹת לַדּוּכָן עִם יָדַיִם רְאוּיוֹת לִבְרָכָה. וּבְדִיעֲבַד גַּם אִם

נָטְלוּ יְדֵיהֶם אַחַר כָּךְ, שַׁפִּיר דָּמֵי.

סעיף ח' כְּשֶׁעָלוּ לַדּוּכָן, עוֹמְדִים וּפְנֵיהֶם כְּנֶגֶד אֲרוֹן הַקֹּדֶשׁ שֶׁבַּמִּזְרָח, וְאוֹמְרִים מוֹדִים דְּרַבָּנָן עִם הַצִּבּוּר, וְאַחַר כָּךְ אוֹמְרִים, יְהִי רָצוֹן מִלְּפָנֶיךָ ה' אֱלֹקֵינוּ וֵאלֹקֵי אֲבוֹתֵינוּ שֶׁתְּהֵא בְּרָכָה זוֹ שֶׁצִּוִּיתָנוּ לְבָרֵךְ אֶת עַמְּךָ יִשְׂרָאֵל, בְּרָכָה שְׁלֵמָה, וְלֹא יִהְיֶה בָּהּ שׁוּם מִכְשׁוֹל וְעָוֹן מֵעַתָּה וְעַד עוֹלָם. וּמַאֲרִיכִין בִּתְפִלָּה זוֹ עַד שֶׁיְּכַלֶּה שְׁלִיחַ הַצִּבּוּר וּלְךָ נָאֶה לְהוֹדוֹת, כְּדֵי שֶׁיַּעֲנוּ הַצִּבּוּר אָמֵן גַּם עַל תְּפִלָּה זֹאת. הַשְּׁלִיחַ צִבּוּר אוֹמֵר אֱלֹקֵינוּ וֵאלֹקֵי אֲבוֹתֵינוּ, בָּרְכֵנוּ בַבְּרָכָה וְכוּ' בְּלַחַשׁ, וְתֵיבַת כֹּהֲנִים אוֹמֵר בְּקוֹל רָם, וּבָזֶה הוּא קוֹרֵא אֶת הַכֹּהֲנִים שֶׁיְּבָרְכוּ. וְשׁוּב אוֹמֵר בְּלַחַשׁ, עַם קְדוֹשֶׁךָ כָּאָמוּר. וּלְאַחַר שֶׁקָּרָא שְׁלִיחַ הַצִּבּוּר כֹּהֲנִים, מַתְחִילִים וּמְבָרְכִים כֻּלָּם בְּיַחַד, בָּרוּךְ אַתָּה ה' אֱלֹקֵינוּ מֶלֶךְ הָעוֹלָם, אֲשֶׁר קִדְּשָׁנוּ בִּקְדֻשָּׁתוֹ שֶׁל אַהֲרֹן, וְהוֹפְכִין פְּנֵיהֶם כְּלַפֵּי הָעָם, וּמְסַיְּמִים אֶת הַבְּרָכָה, וְצִוָּנוּ לְבָרֵךְ אֶת עַמּוֹ יִשְׂרָאֵל בְּאַהֲבָה. וְעוֹנִין הַצִּבּוּר אָמֵן. אֲבָל שְׁלִיחַ הַצִּבּוּר לֹא יַעֲנֶה אָמֵן, מִשּׁוּם דַּהֲוֵי הֶפְסֵק. מַה שֶּׁאוֹמְרִים בְּאַהֲבָה, הוּא לְאַפּוֹקֵי שֶׁאִם הַצִּבּוּר שׂוֹנְאִים אֶת הַכֹּהֵן אוֹ הַכֹּהֵן שׂוֹנֵא אֶת הַצִּבּוּר, לֹא יִשָּׂא אֶת כַּפָּיו, וְסַכָּנָה הוּא לַכֹּהֵן אִם יִשָּׂא אֶת כַּפָּיו, וְעַל כֵּן, יֵשׁ לוֹ לָצֵאת מִבֵּית הַכְּנֶסֶת. אִם אֵין בְּבֵית הַכְּנֶסֶת אֶלָּא כֹּהֵן אֶחָד, אֵינוֹ אוֹמֵר שְׁלִיחַ הַצִּבּוּר כֹּהֲנִים בְּקוֹל רָם, אֶלָּא הוּא מֵעַצְמוֹ מַחֲזִיר אֶת פָּנָיו.

סעיף ט' מַגְבִּיהִים אֶת יְדֵיהֶם נֶגֶד כִּתְפֵיהֶם, וּפוֹשְׁטִים אוֹתָן, וְחוֹלְקִין אֶצְבְּעוֹתֵיהֶם שֶׁיִּהְיוּ בֵינֵיהֶן חֲמִשָּׁה אֲוִירִים, דְּהַיְנוּ בֵּין שְׁתֵּי אֶצְבָּעוֹת לִשְׁתֵּי אֶצְבָּעוֹת אֲוִיר אֶחָד, וּבֵין שְׁתֵּי אֶצְבָּעוֹת לָאֲגוּדָל גַּם כֵּן אֲוִיר אֶחָד, וְכֵן בַּיָּד הַשְּׁנִיָּה, הֲרֵי אַרְבָּעָה אֲוִירִים. וּבֵין אֲגוּדָל לַאֲגוּדָל גַּם כֵּן אֲוִיר אֶחָד, הֲרֵי חֲמִשָּׁה אֲוִירִים. וְצָרִיךְ לַעֲשׂוֹת כֵּן, מִשּׁוּם דִּכְתִיב, מֵצִיץ מִן הַחֲרַכִּים, ה' חֲרַכִּים. וְצָרִיךְ לִזָּהֵר מְאֹד, שֶׁלֹּא יִגְּעוּ רָאשֵׁי הָאֲגוּדָלִין זֶה בָּזֶה, שֶׁלֹּא יִתְקַלְקֵל הַחִלּוּן. וְצָרִיךְ לְהַגְבִּיהַּ אֶת הַיָּד הַיְמָנִית קְצָת לְמַעְלָה מֵהַשְּׂמָאלִית, וִיהֵא אֲגוּדָל יָמִין עַל אֲגוּדָל שְׂמֹאל, (עַיֵּן מָגֵן אַבְרָהָם וּלְבוּשֵׁי שְׂרָד). וּפוֹרְשִׂין כַּפֵּיהֶם, שֶׁיִּהְיֶה תּוֹךְ כַּפֵּיהֶם כְּנֶגֶד הָאָרֶץ, וַאֲחוֹרֵי יְדֵיהֶם כְּנֶגֶד הַשָּׁמָיִם.

סעיף י' בְּשָׁעָה שֶׁהַכֹּהֲנִים מְבָרְכִים אֶת הָעָם, לֹא יַבִּיטוּ וְלֹא יַסִּיחוּ דַּעְתָּם, אֶלָּא יִהְיוּ עֵינֵיהֶם כְּלַפֵּי מַטָּה, כְּמוֹ בִּתְפִלָּה, וְהָעָם יְכַוְּנוּ לַבְּרָכָה, וְיִהְיוּ פְּנֵיהֶם נֶגֶד פְּנֵי הַכֹּהֲנִים, אֲבָל לֹא יִסְתַּכְּלוּ בָּהֶם. וְגַם הַכֹּהֲנִים בְּעַצְמָם לֹא יִסְתַּכְּלוּ בִּידֵיהֶם. וְנָהֲגוּ לְשַׁלְשֵׁל אֶת הַטַּלִּית עַל פְּנֵיהֶם, וִידֵיהֶם חוּץ לַטַּלִּית. וְגַם הַצִּבּוּר מְשַׁלְשְׁלִין אֶת הַטַּלִּיתִים עַל פְּנֵיהֶם שֶׁלֹּא יִסְתַּכְּלוּ.

סעיף יא' הָעָם שֶׁאֲחוֹרֵי הַכֹּהֲנִים, אֵינָם בִּכְלַל הַבְּרָכָה, אֶלָּא אִם כֵּן הָיוּ אֲנוּסִים. אֲבָל הָעָם שֶׁמִּן הַצְּדָדִים לִפְנֵיהֶם, הֵמָּה בִּכְלַל הַבְּרָכָה. וּבְמָקוֹם שֶׁאֲרוֹן הַקֹּדֶשׁ בּוֹלֵט מִן הַכֹּתֶל, אִם כֵּן הָאֲנָשִׁים שֶׁעוֹמְדִין אֵצֶל הַכֹּתֶל הַמִּזְרָחִי, הֵמָּה מִן הַצְּדָדִין שֶׁאֲחוֹרֵי הַכֹּהֲנִים, צְרִיכִין לָלֶכֶת מִשָּׁם וְלַעֲמוֹד בְּמָקוֹם שֶׁיִּהְיוּ לְכָל הַפָּחוֹת מִן הַצְּדָדִין שֶׁלִּפְנֵי הַכֹּהֲנִים. וְאִם אִי אֶפְשָׁר, הֲרֵי הֵן כְּמוֹ אֲנוּסִים, וְהֵם בִּכְלַל הַבְּרָכָה.

סעיף יב' שְׁלִיחַ הַצִּבּוּר מַקְרֵא אוֹתָם

בִּרְכַּת כֹּהֲנִים מִלָּה בְּמִלָּה, וְהֵם אוֹמְרִים אַחֲרָיו כָּל מִלָּה, עַד שֶׁמְּסַיְּמִים פָּסוּק רִאשׁוֹן, וְעוֹנִין הַצִּבּוּר אָמֵן, וְכֵן אַחַר הַפָּסוּק הַשֵּׁנִי וְאַחַר הַפָּסוּק הַשְּׁלִישִׁי. לֹא יִקְרָא שְׁלִיחַ הַצִּבּוּר בְּעַל פֶּה, אֶלָּא מִתּוֹךְ הַסִּדּוּר, שֶׁלֹּא יִתְבַּלְבֵּל. וְיָכוֹל לוֹמַר גַּם הוּא הָאֲמֵנִים שֶׁלְּאַחַר הַפְּסוּקִים וְלֹא הָוֵי הֶפְסֵק, שֶׁזֶּהוּ צֹרֶךְ תְּפִלָּה. אֵלּוּ תֵּבוֹת שֶׁהַכֹּהֲנִים הוֹפְכִים בָּהֶן לְדָרוֹם וְלַצָּפוֹן, יְבָרֶכְךָ, וְיִשְׁמְרֶךָ, אֵלֶיךָ, וִיחֻנֶּךָּ, אֵלֶיךָ, לְךָ מִשּׁוּם דְּתֵבוֹת אֵלּוּ הֵן לְנֹכַח, לָכֵן הוֹפְכִין אֶת עַצְמָם גַּם לִצְדָדִין, כְּדֵי לְבָרֵךְ אֶת כֻּלָּם. וְכֵן הוֹפְכִין גַּם בְּתֵבַת שָׁלוֹם, לְפִי שֶׁהִיא סִיּוּם הַבְּרָכוֹת. וּבְשָׁעָה שֶׁמַּאֲרִיכִין בְּנִגּוּן שֶׁל הַתֵּבוֹת שֶׁבְּסוֹף הַפְּסוּקִים, דְּהַיְנוּ, וְיִשְׁמְרֶךָ, וִיחֻנֶּךָּ, שָׁלוֹם, אוֹמְרִים הַצִּבּוּר רִבּוֹנוֹ שֶׁל עוֹלָם וְכוּ'. וְהַמַּקְרֵא, אֲפִלּוּ אֵינוֹ שְׁלִיחַ הַצִּבּוּר, לֹא יֹאמַר, רִבּוֹנוֹ שֶׁל עוֹלָם, מִפְּנֵי הַטֵּרוּף. וּמִכָּל שֶׁכֵּן שֶׁאִם הוּא שְׁלִיחַ הַצִּבּוּר, שֶׁלֹּא יֹאמְרוֹ מִפְּנֵי הֶפְסֵק בַּתְּפִלָּה. וְלֹא יְנַגְּנוּ הַכֹּהֲנִים אֶלָּא נִגּוּן הַמְיֻחָד, מִפְּנֵי טֵרוּף הַדַּעַת.

סעיף יג' בְּשָׁעָה שֶׁהַכֹּהֲנִים אוֹמְרִים אֶת הַתֵּבוֹת, אֵין לַצִּבּוּר לוֹמַר שׁוּם פָּסוּק, רַק יִשְׁמְעוּ הֵיטֵב בְּכַוָּנָה אֶת הַתֵּבוֹת מִפִּי הַכֹּהֲנִים, כִּי כְּלוּם יֵשׁ עֶבֶד שֶׁמְּבָרְכִים אוֹתוֹ וְאֵינוֹ מַאֲזִין וּמְכַוֵּן לִבְרָכָה. וְאִם אוֹמְרִים הַפְּסוּקִים, אֵינָם יְכוֹלִים לְכַוֵּן לִבְרָכָה. אַךְ קְצָת, נוֹהֲגִים לוֹמַר פְּסוּקִים. וְיִזָּהֲרוּ שֶׁלֹּא לְאָמְרָם אֶלָּא בְּשָׁעָה שֶׁשְּׁלִיחַ הַצִּבּוּר אוֹ הַכֹּהֲנִים מְנַגְּנִים, וְלֹא בְּשָׁעָה שֶׁאוֹמְרִים אֶת הַתֵּבוֹת.

סעיף יד' אַחַר כָּךְ מַתְחִיל שְׁלִיחַ הַצִּבּוּר שִׂים שָׁלוֹם, וְאָז הַכֹּהֲנִים מַחֲזִירִים אֶת פְּנֵיהֶם כְּלַפֵּי אֲרוֹן הַקֹּדֶשׁ שֶׁבַּמִּזְרָח, וְאוֹמְרִים, רִבּוֹן הָעוֹלָמִים וְכוּ', וְיַאֲרִיכוּ בִּתְפִלָּה זוֹ עַד שֶׁיְּסַיֵּם שְׁלִיחַ הַצִּבּוּר, הַמְבָרֵךְ אֶת עַמּוֹ יִשְׂרָאֵל בַּשָּׁלוֹם, כְּדֵי שֶׁיַּעֲנוּ הַצִּבּוּר אָמֵן גַּם עַל תְּפִלָּתָם. וְאִם אֵינָם יְכוֹלִים לְהַאֲרִיךְ כָּל כָּךְ יֹאמְרוּ עוֹד, אַדִּיר בַּמָּרוֹם וְכוּ', וּבְרֹאשׁ הַשָּׁנָה וְיוֹם הַכִּפּוּרִים שֶׁמְּנַגְּנִים הַיּוֹם תְּאַמְּצֵנוּ וְכוּ', לֹא יַתְחִילוּ הַכֹּהֲנִים רִבּוֹן הָעוֹלָמִים וְכוּ', עַד קָרוֹב לַסּוֹף, כְּדֵי שֶׁיְּסַיְּמוּ בְּשָׁוֶה עִם שְׁלִיחַ הַצִּבּוּר.

סעיף טו' אֵין הַכֹּהֲנִים רַשָּׁאִים לְהַתְחִיל בִּרְכַּת אֲשֶׁר קִדְּשָׁנוּ וְכוּ', עַד שֶׁתִּכְלֶה לְגַמְרֵי תֵּבַת כֹּהֲנִים מִפִּי הַמַּקְרֵא. וְאֵין הַמַּקְרֵא רַשַּׁאי לְהַתְחִיל יְבָרֶכְךָ, עַד לְאַחַר שֶׁיִּכְלֶה אָמֵן מִפִּי כָּל הַצִּבּוּר. וְכֵן בְּאָמֵן שֶׁעוֹנִים אַחַר וְיִשְׁמְרֶךָ, וִיחֻנֶּךָּ, שָׁלוֹם, יַמְתִּין הַמַּקְרֵא וְלֹא יַתְחִיל יָאֵר, יִשָּׂא, שִׂים שָׁלוֹם, עַד לְאַחַר שֶׁיִּכְלֶה אָמֵן מִפִּי כָּל הַצִּבּוּר. וְאֵין הַכֹּהֲנִים רַשָּׁאִים לְהַחֲזִיר פְּנֵיהֶם מִן הַצִּבּוּר לַהֵיכָל, עַד שֶׁיַּתְחִיל שְׁלִיחַ הַצִּבּוּר שִׂים שָׁלוֹם. וְאֵינָם רַשָּׁאִים לִכֹּף אֶצְבְּעוֹתֵיהֶן מִפְּשִׁיטָתָן, עַד שֶׁיַּחֲזִירוּ פְּנֵיהֶם מִן הַצִּבּוּר. וְאֵינָם רַשָּׁאִים לַעֲבוֹר מִן הַדּוּכָן, עַד שֶׁיְּסַיְּמוּ הַצִּבּוּר אָמֵן, לְאַחַר הַמְבָרֵךְ אֶת עַמּוֹ יִשְׂרָאֵל בַּשָּׁלוֹם.

סעיף טז' כְּשֶׁמַּחֲזִירִין הַכֹּהֲנִים אֶת פְּנֵיהֶם, בֵּין בַּתְּחִלָּה בֵּין בַּסּוֹף, לֹא יַחֲזִירוּ אֶלָּא דֶּרֶךְ יָמִין. לָכֵן בַּתְּחִלָּה כְּשֶׁעוֹמְדִים וּפְנֵיהֶם לַמִּזְרָח, יִפְנוּ לַדָּרוֹם וְאַחַר כָּךְ לַמַּעֲרָב. וְאַחַר הַדּוּכָן כְּשֶׁהוֹפְכִין פְּנֵיהֶם לַמִּזְרָח, פּוֹנִים דֶּרֶךְ צָפוֹן. וּכְשֶׁהֵם יוֹרְדִין מִן הַדּוּכָן, יִהְיֶה פְּנֵיהֶם קְצָת לְנֶגֶד אֲרוֹן הַקֹּדֶשׁ, וְיִפְסְעוּ לַאֲחוֹרֵיהֶם כְּתַלְמִיד

הַנִּפְטָר מִלִּפְנֵי רַבּוֹ. כְּשֶׁנּוֹעָלִין הַמִּנְעָלִים, לֹא יִגְּעוּ בָּהֶם. וְאִם נָגְעוּ, צְרִיכִין לִטּוֹל יְדֵיהֶם.

סעיף יז' מִשְׁתַּדְּלִים שֶׁשְּׁלִיחַ הַצִּבּוּר לֹא יִהְיֶה כֹּהֵן. וְאִם הוּא כֹּהֵן, לֹא יַעֲלֶה לַדּוּכָן, וְגַם לֹא יִקְרָא לִפְנֵי הַכֹּהֲנִים, אֶלָּא אִישׁ אַחֵר יַעֲמֹד אֶצְלוֹ שֶׁיִּקְרָא כֹּהֲנִים, וְגַם יִקְרָא לִפְנֵיהֶם אֶת הַתֵּבוֹת יְבָרֶכְךָ וְגוֹ', וּשְׁלִיחַ הַצִּבּוּר עוֹמֵד וְשׁוֹתֵק עַד שִׂים שָׁלוֹם. וְאֵינוֹ עוֹבֵר בְּמָה שֶׁאֵינוֹ עוֹלֶה לַדּוּכָן, אַף שֶׁזֶּה קָרָא כֹּהֲנִים בְּקוֹל, כִּי אֵין הַכַּוָּנָה אֶלָּא עַל מִי שֶׁאֵינוֹ עוֹמֵד בִּתְפִלָּה וְעָקַר רַגְלָיו בִּרְצֵה. וְאִם אֵין שָׁם כֹּהֵן אַחֵר אֶלָּא הוּא, אֲזַי כְּדֵי שֶׁלֹּא תִּתְבַּטֵּל מִצְוַת נְשִׂיאַת כַּפַּיִם, יַעֲלֶה הוּא לַדּוּכָן וְסוֹמֵךְ עַל נְטִילַת יָדַיִם שֶׁל שַׁחֲרִית. כֵּיצַד עוֹשֶׂה. עוֹקֵר רַגְלָיו קְצָת כְּשֶׁאוֹמֵר רְצֵה, וְאוֹמֵר עַד וּלְךָ נָאֶה לְהוֹדוֹת, וְאַחַר אוֹמֵר, אֱלֹקֵינוּ וֵאלֹקֵי אֲבוֹתֵינוּ בָּרְכֵנוּ בַּבְּרָכָה וְכוּ', וּשְׁלִיחַ הַצִּבּוּר עוֹלֶה לַדּוּכָן, וְזֶה הָאַחֵר מַקְרָא לוֹ, וְחוֹזֵר שְׁלִיחַ הַצִּבּוּר וְאוֹמֵר שִׂים שָׁלוֹם, וְלֹא יֹאמַר רִבּוֹן הָעוֹלָמִים וְכוּ', עַד לְאַחַר הַקַּדִּישׁ. וְאִם לֹא עָקַר רַגְלָיו בִּרְצֵה, אֵינוֹ רַשַּׁאי לַעֲלוֹת.

סעיף יח' צִבּוּר שֶׁכֻּלָּם כֹּהֲנִים, אִם אֵין שָׁם אֶלָּא עֲשָׂרָה, כֻּלָּם עוֹלִים לַדּוּכָן. לְמִי מְבָרְכִין. לַאֲחֵיהֶם שֶׁבַּשָּׂדוֹת. וּמִי עוֹנֶה אַחֲרֵיהֶם אָמֵן. נָשִׁים וָטַף. וַאֲפִלּוּ אֵין נָשִׁים וָטַף, עֲנִיַּת אָמֵן אֵינָהּ מְעַכֶּבֶת. וְאִם יֵשׁ יוֹתֵר מֵעֲשָׂרָה, הַיְתֵרִים מֵעֲשָׂרָה יַעֲלוּ לַדּוּכָן, וַעֲשָׂרָה יִשָּׁאֲרוּ לַעֲנוֹת אָמֵן.

סעיף יט' כֹּהֵן שֶׁנָּשָׂא אֶת כַּפָּיו וְאַחַר כָּךְ הָלַךְ לְבֵית הַכְּנֶסֶת אַחֵר, אִם רוֹצֶה, יָכוֹל לַעֲלוֹת לַדּוּכָן גַּם כָּאן. וְאִם אֵינוֹ רוֹצֶה, אַף שֶׁשּׁוֹמֵעַ קוֹרְאִין כֹּהֲנִים אֵינוֹ צָרִיךְ לַעֲלוֹת כֵּיוָן שֶׁכְּבָר עָלָה.

סעיף כ' מִי שֶׁיֵּשׁ לוֹ מוּם בְּפָנָיו, בִּמְדִינוֹתֵינוּ שֶׁנּוֹהֲגִים שֶׁכָּל הַכֹּהֲנִים מְשַׁלְשְׁלִים אֶת הַטַּלִּיתִים עַל פְּנֵיהֶם, מֻתָּר לִשָּׂא אֶת כַּפָּיו. אֲבָל מִי שֶׁיֵּשׁ לוֹ מוּם בְּיָדָיו, כְּגוֹן שֶׁהֵן בֶּהֳקָנִיּוֹת (פֵּרוּשׁ מִין נֶגַע לָבָן), אוֹ מְנֻמָּרוֹת בִּנְקֻדּוֹת דַּקּוֹת, אוֹ שֶׁהֵן עֲקֻמּוֹת, אוֹ שֶׁאֵינוֹ יָכוֹל לְחַלֵּק אֶת אֶצְבְּעוֹתָיו, לֹא יִשָּׂא אֶת כַּפָּיו מִפְּנֵי שֶׁהָעָם יִסְתַּכְּלוּ בוֹ וְיַסִּיחוּ דַּעְתָּם. וְאִם הוּא רָגִיל בְּעִירוֹ, שֶׁכְּבָר שֶׁהָה שָׁם שְׁלֹשִׁים יוֹם וּמַכִּירִים אוֹתוֹ, נוֹשֵׂא אֶת כַּפָּיו. הָיוּ יָדָיו צְבוּעוֹת, לֹא יִשָּׂא אֶת כַּפָּיו, מִפְּנֵי שֶׁהָעָם מִסְתַּכְּלִין בָּהֶם. וְאִם רֹב הָעִיר מְלַאכְתָּן בְּכָךְ, יִשָּׂא אֶת כַּפָּיו. מִי שֶׁאֵינוֹ יוֹדֵעַ לַחְתֹּךְ הָאוֹתִיּוֹת הֵיטֵב וְקוֹרֵא שִׁי"ן יְמָנִית כְּמוֹ שְׂמָאלִית, לֹא יִשָּׂא אֶת כַּפָּיו, אִם לֹא שֶׁכָּל הַקָּהָל קוֹרִין כֵּן. וְכָל כֹּהֵן שֶׁאֵינוֹ נוֹשֵׂא אֶת כַּפָּיו, יֵצֵא קֹדֶם רְצֵה מִבֵּית הַכְּנֶסֶת לַחוּץ, עַד שֶׁיִּגְמְרוּ נְשִׂיאַת כַּפַּיִם.

סעיף כא' הָרַג אֶת הַנֶּפֶשׁ בְּמֵזִיד, אֲפִלּוּ עָשָׂה תְּשׁוּבָה, לֹא יִשָּׂא אֶת כַּפָּיו. וְאִם הָרַג בִּשְׁגָגָה וְעָשָׂה תְּשׁוּבָה, נוֹשֵׂא אֶת כַּפָּיו. וְכֵן מוּמָר שֶׁעָשָׂה תְשׁוּבָה, נוֹשֵׂא אֶת כַּפָּיו. נָשָׂא גְּרוּשָׁה אוֹ חֲלוּצָה אוֹ שֶׁנִּטְמָא לְמֵת שֶׁאָסוּר לוֹ לִטַּמֵּא אֵלָיו, לֹא יִשָּׂא אֶת כַּפָּיו, עַד שֶׁיַּעֲשֶׂה תְשׁוּבָה עַל פִּי תַּלְמִיד חָכָם. וּשְׁאָר עֲבֵרוֹת, אֵינָן מוֹנְעוֹת מִנְּשִׂיאַת כַּפַּיִם. חָלָל, אֵינוֹ נוֹשֵׂא אֶת כַּפָּיו.

סעיף כב' אוֹנֵן אֵינוֹ נוֹשֵׂא אֶת כַּפָּיו. וְאָבֵל תּוֹךְ שְׁנֵים עָשָׂר חֹדֶשׁ עַל אָבִיו וְאִמּוֹ אוֹ תוֹךְ שְׁלֹשִׁים עַל שְׁאָר

קְרוֹבִים, אֵינוֹ נוֹשֵׂא אֶת כַּפָּיו, וְצָרִיךְ לָצֵאת מִבֵּית הַכְּנֶסֶת קֹדֶם רְצֵה עַד אַחַר נְשִׂיאַת כַּפַּיִם. וְאִם אֵין בְּבֵית הַכְּנֶסֶת שְׁנֵי כֹּהֲנִים אֲחֵרִים, מֻתָּר לְאָבֵל לִשָּׂא אֶת כַּפָּיו תּוֹךְ שְׁנֵים עָשָׂר חֹדֶשׁ עַל אָבִיו וְאִמּוֹ וְתוֹךְ שְׁלֹשִׁים עַל שְׁאָר קְרוֹבִים. אֲבָל תּוֹךְ שִׁבְעָה, כְּגוֹן הַקּוֹבֵר מֵתוֹ בָּרֶגֶל, אֲפִלּוּ אִם אֵין שָׁם שְׁנֵי כֹּהֲנִים אֲחֵרִים, אֵינוֹ נוֹשֵׂא אֶת כַּפָּיו (קכ"ח).

סימן קא - דין הכנה מיום טוב ראשון ליום טוב שני או לחל ובו ו' סעיפים:

סעיף א' כָּל הַמְּלָאכוֹת הַמֻּתָּרוֹת לַעֲשׂוֹתָן בְּיוֹם טוֹב, זֶה דַּוְקָא לְצֹרֶךְ אוֹתוֹ הַיּוֹם. אֲבָל לְהָכִין מִיּוֹם רִאשׁוֹן לְיוֹם שֵׁנִי (אֲפִלּוּ בְּרֹאשׁ הַשָּׁנָה), וּמִכָּל שֶׁכֵּן לְיוֹם חֹל, אָסוּר. אַךְ אִם הוּא צָרִיךְ לְבַשֵּׁל בִּשְׁבִיל הַיּוֹם, מֻתָּר לוֹ לִקַּחַת קְדֵרָה יוֹתֵר גְּדוֹלָה וּלְמַלֵּא אוֹתָהּ בָּשָׂר וְכַיּוֹצֵא בוֹ, אַף עַל פִּי שֶׁאֵינוֹ צָרִיךְ הַיּוֹם כָּל כָּךְ, וְיוֹתִיר גַּם לַלַּיְלָה אוֹ לְמָחָר. וְדַוְקָא בְּתַבְשִׁיל בִּקְדֵרָה מֻתָּר, מִפְּנֵי שֶׁהַתַּבְשִׁיל מִטְעַם יוֹתֵר כְּשֶׁמִּתְבַּשֵּׁל הַרְבֵּה בָּשָׂר בְּיַחַד, וּבִלְבַד שֶׁלֹּא יֹאמַר בַּפֶּה, שֶׁהַמּוֹתָר יִהְיֶה לְצֹרֶךְ הַלַּיְלָה אוֹ לְצֹרֶךְ מָחָר, אֶלָּא יְבַשֵּׁל סְתָם. אֲבָל בִּשְׁאָר מַאֲכָלִים, אָסוּר לְהוֹסִיף בְּדָבָר שֶׁיֵּשׁ קְצָת טִרְחָא בְּמַה שֶּׁהוּא מוֹסִיף.

סעיף ב' אֲפִלּוּ דָּבָר שֶׁאֵינוֹ מְלָאכָה, כְּגוֹן לְהָבִיא מַיִם אוֹ אֲפִלּוּ יַיִן לְקִדּוּשׁ אוֹ לְהַבְדָּלָה, אָסוּר לְהָכִין. וְכֵן אָסוּר לְהַעֲמִיד אֶת הַנֵּרוֹת בַּמְּנוֹרָה אוֹ לְתַקֵּן אֶת הַפְּתִילוֹת וְהָעֲשָׁשִׁיּוֹת בְּיוֹם טוֹב רִאשׁוֹן לְצֹרֶךְ הַלַּיְלָה, אֶלָּא אִם הוּא צָרִיךְ לְהִשְׁתַּמֵּשׁ בָּהֶם גַּם קֹדֶם הַלַּיְלָה אוֹ לִכְבוֹד בֵּית הַכְּנֶסֶת.

סעיף ג' נָכְרִי שֶׁהֵבִיא בְּיוֹם טוֹב רִאשׁוֹן דָּגִים אוֹ פֵּרוֹת שֶׁיֵּשׁ לָחוּשׁ שֶׁמָּא נִצּוֹדוּ הַיּוֹם אוֹ נִתְלְשׁוּ הַיּוֹם, אוֹ הוּבְאוּ מִחוּץ לַתְּחוּם, אֲסוּרִים הַיּוֹם בְּטִלְטוּל, וְלָעֶרֶב מֻתָּרִים. שֶׁאִם הָאֵינוֹ יְהוּדִי מַכִּירוֹ וְנוֹתְנָם לוֹ בְּלֹא קְצִיצַת דָּמִים, מֻתָּר לְקַחְתָּם וּלְאָכְלָם (וְעַיֵּן עוֹד בְּסִימָן צ"ט סָעִיף ב' וְתִלְמַד לְכָאן) חוּץ מִיּוֹם טוֹב שֶׁל רֹאשׁ הַשָּׁנָה, שֶׁאֲפִלּוּ הוּבְאוּ בְּיוֹם רִאשׁוֹן, אֲסוּרִים בְּיוֹם שֵׁנִי.

סעיף ד' אִם הֱבִיאָם הַנָּכְרִי בִּשְׁבִיל יִשְׂרָאֵל לְדוֹרוֹן אוֹ לְמָכְרָם לוֹ, יֵשׁ לֶאֱסוֹר גַּם בְּיוֹם טוֹב שֵׁנִי. וְאַף אִם חָל יוֹם טוֹב בַּיּוֹם הַחֲמִישִׁי וּבַיּוֹם הַשִּׁשִּׁי וְהֵבִיא בַּיּוֹם הַחֲמִישִׁי, אִם יֵשׁ צֹרֶךְ גָּדוֹל, מֻתָּר לְטַלְטְלָן בַּיּוֹם הַשִּׁשִּׁי וּלְבַשְּׁלָם לִכְבוֹד שַׁבָּת. וּבְיוֹם טוֹב שֶׁל רֹאשׁ הַשָּׁנָה, גַּם זֶה אָסוּר (תקט"ו).

סעיף ה' חָלָב שֶׁחֲלָבוֹ אֵינוֹ יְהוּדִי בְּיוֹם רִאשׁוֹן וְיִשְׂרָאֵל רוֹאֵהוּ, מֻתָּר בְּיוֹם שֵׁנִי. וְאִם חֲלָבוֹ בְּשַׁבָּת, וְיוֹם רִאשׁוֹן הוּא יוֹם טוֹב אָסוּר בְּיוֹם רִאשׁוֹן (וְעַיֵּן עוֹד בְּסִימָן צ"ט סָעִיף ב' וְתִלְמַד גַּם לְכָאן). וּבְרֹאשׁ הַשָּׁנָה, אִם חֲלָבוֹ בְּיוֹם רִאשׁוֹן שֶׁל יוֹם טוֹב, אָסוּר גַּם בְּיוֹם שֵׁנִי, וְגַם בַּשַּׁבָּת הַסְּמוּכָה לוֹ (כְּמוֹ שֶׁכָּתַבְתִּי בְּסִימָן צט סָעִיף ב) (תקה).

סעיף ו' פְּתִילוֹת שֶׁהִדְלִיק בָּהֶן בְּיוֹם טוֹב רִאשׁוֹן וְכָבוּ, מֻתָּר לְהַדְלִיק בָּהֶן בְּיוֹם טוֹב שֵׁנִי. אַךְ בִּשְׁנֵי יָמִים טוֹבִים שֶׁל רֹאשׁ הַשָּׁנָה, אָסוּר לְהַדְלִיק בְּיוֹם טוֹב שֵׁנִי בִּפְתִילָה שֶׁכָּבְתָה בְּיוֹם רִאשׁוֹן, וַאֲפִלּוּ בַּקָּצֶה הַשֵּׁנִי. וּמִכָּל

מָקוֹם מֻתָּרוֹת בְּטִלְטוּל לַהֲסִירָן וְלָתֵת חֲדָשׁוֹת. וְכֵן בְּיוֹם טוֹב שֶׁלְּאַחַר שַׁבָּת (ט"ז סוֹף סִימָן תקא).

סימן קב - דיני ערוב תבשילין ובו ז' סעיפים:

סעיף א' יוֹם טוֹב שֶׁחָל לִהְיוֹת בְּעֶרֶב שַׁבָּת, אָסוּר לֶאֱפוֹת אוֹ לְבַשֵּׁל בִּקְדֵרָה מְיֻחֶדֶת לְשַׁבָּת, אֶלָּא עַל יְדֵי עֵרוּב תַּבְשִׁילִין, שֶׁעוֹשֶׂה בְּעֶרֶב יוֹם טוֹב, דְּהַיְנוּ שֶׁלּוֹקֵחַ אֵיזֶה תַּבְשִׁיל אוֹ צְלִי שֶׁרָאוּי לְלַפֵּת בּוֹ אֶת הַפַּת, וְגַם פַּת, וּמְבָרֵךְ אֲשֶׁר קִדְּשָׁנוּ בְּמִצְוֹתָיו וְצִוָּנוּ עַל מִצְוַת עֵרוּב. וְאוֹמֵר, בַּהֲדֵין עֵרוּבָא יְהֵא שָׁרֵא לָנָא לַאֲפוּיֵי, וּלְבַשּׁוּלֵי, וּלְאַטְמוּנֵי, וּלְאַדְלוּקֵי שְׁרָגָא, וּלְמֶעְבַּד כָּל צָרְכָּנָא מִיּוֹמָא טָבָא לְשַׁבְּתָא. וְאִם אֵינוֹ מֵבִין לָשׁוֹן זֶה, יֹאמַר בְּלָשׁוֹן שֶׁהוּא מֵבִין, [בְּעֵרוּב זֶה יְהֵא מֻתָּר לָנוּ לֶאֱפוֹת וּלְבַשֵּׁל וּלְהַטְמִין וּלְהַדְלִיק נֵר וְלַעֲשׂוֹת כָּל צְרָכֵינוּ מִיּוֹם טוֹב לְשַׁבָּת]. (דוּרךְ דִיזֶען עֵירוּב זייא אוּנְז עֶרְלוֹיבְּט צוּ בַּאקֶען צוּ קָאכֶען. דִי שְׁפֵּייזֶע ווַארֶם צוּ עֶרְהַאלְטֶען. לִיכְטֶער אָנְצוּצִינְדֶען, אוּנְד אִיבֶּערְהוֹיפְּט אַללֶעס נֶעטְהִיגֶע פָאן יוֹם טוֹב אוֹיף שַׁבָּת צוּ פֶערְרִיכְטֶען)

סעיף ב' צָרִיךְ שֶׁיְּהֵא הַתַּבְשִׁיל דָּבָר שֶׁדַּרְכּוֹ לְאָכְלוֹ עִם פַּת, כְּגוֹן בָּשָׂר דָּגִים, וּבֵיצִים. אֲבָל דָּבָר שֶׁאֵין דַּרְכּוֹ לְאָכְלוֹ עִם פַּת, לֹא מְהַנֵּי. שִׁעוּר הַתַּבְשִׁיל, כַּזַּיִת. וְהַפַּת, כַּבֵּיצָה. וְיֵשׁ לְהַדֵּר אַחַר מָנָה יָפָה לִכְבוֹד הַמִּצְוָה. וְגַם הַפַּת תְּהֵא שְׁלֵמָה וְיַנִּיחֶהָ בְּשַׁבָּת לְלֶחֶם מִשְׁנֶה, וּבִסְעוּדָה שְׁלִישִׁית יִבְצַע עָלֶיהָ, שֶׁכֵּיוָן דְּאִתְעֲבִיד בֵּהּ מִצְוָה חֲדָא זִימְנָא, יִתְעֲבִיד בֵּהּ נַמִּי מִצְוָה אַחֲרִיתָא.

סעיף ג' אֵין עֵרוּב תַּבְשִׁילִין מוֹעִיל אֶלָּא לְהַתִּיר לַעֲשׂוֹת כָּל צָרְכֵי שַׁבָּת בְּיוֹם טוֹב בְּעוֹד הַיּוֹם גָּדוֹל, דְּהַיְנוּ שֶׁיֵּשׁ שֶׁהוּת בַּיּוֹם, שֶׁאִם הָיוּ מִזְדַּמְּנִים לוֹ אוֹרְחִים שֶׁלֹּא אָכְלוּ הַיּוֹם, הָיוּ אוֹכְלִים וְנֶהֱנִים בּוֹ בַּיּוֹם קֹדֶם בֵּין הַשְּׁמָשׁוֹת מִמְּלַאכְתּוֹ שֶׁעָשָׂה בְּיוֹם טוֹב. אֲבָל אִם אֵין שֶׁהוּת בַּיּוֹם לֵהָנוֹת מִמְּלַאכְתּוֹ, אֵינוֹ מוֹעִיל עֵרוּב הַתַּבְשִׁילִין. וְלָכֵן נוֹהֲגִין כְּשֶׁחָל יוֹם טוֹב בְּעֶרֶב שַׁבָּת, מַקְדִּימִין לְהִתְפַּלֵּל עַרְבִית שֶׁל שַׁבָּת מִבְּעוֹד יוֹם, שֶׁיִּהְיוּ זְרִיזִין לְמַהֵר לִגְמוֹר הַכֹּל קֹדֶם שֶׁאוֹמְרִים מִזְמוֹר שִׁיר לְיוֹם הַשַּׁבָּת. וְהַתַּבְשִׁילִין שֶׁמַּטְמִינִים לְשַׁבָּת, צְרִיכִין לְהַטְמִינָם בְּעוֹד הַיּוֹם גָּדוֹל, שֶׁיִּתְבַּשְּׁלוּ קוֹדֶם בֵּין הַשְּׁמָשׁוֹת לְכָל הַפָּחוֹת שְׁלִישׁ בִּשּׁוּלָן.

סעיף ד' לֹא הֻתַּר לֶאֱפוֹת וּלְבַשֵּׁל עַל יְדֵי עֵרוּב תַּבְשִׁילִין אֶלָּא בְּעֶרֶב שַׁבָּת. אֲבָל אִם חָל יוֹם טוֹב בְּיוֹם ה' וּבְיוֹם ו', אָסוּר לְבַשֵּׁל אוֹ לֶאֱפוֹת בְּיוֹם ה' בִּשְׁבִיל שַׁבָּת.

סעיף ה' צָרִיךְ שֶׁיְּהֵא הָעֵרוּב קַיָּם עַד שֶׁהֵכִין כָּל צָרְכֵי שַׁבָּת. אִם נֶאֶבְדָה אוֹ נֶאֶכְלָה הַפַּת, אֵין בְּכָךְ כְּלוּם, וּמֻתָּר אֲפִלּוּ לֶאֱפוֹת. וְאִם נֶאֱבַד אוֹ נֶאֱכַל הַתַּבְשִׁיל, אִם נִשְׁאַר כַּזַּיִת, גַּם כֵּן לֹא הִפְסִיד. אֲבָל אִם לֹא נִשְׁתַּיֵּר מִמֶּנּוּ כַּזַּיִת, אָסוּר לוֹ לְבַשֵּׁל, כְּאִלּוּ לֹא עֵרַב כְּלָל. וְכֵיצַד עוֹשֶׂה מִי שֶׁלֹּא עֵרַב. אִם לֹא נִזְכַּר עַד אַחַר סְעוּדַּת שַׁחֲרִית, וְאֵין שָׁם בַּמָּקוֹם הַהוּא יִשְׂרָאֵל אַחֵר שֶׁעֵרַב, אֵינוֹ מֻתָּר לוֹ אֶלָּא לְבַשֵּׁל קְדֵרָה אַחַת, וְלֶאֱפוֹת פַּת אַחַת, וּלְהַדְלִיק נֵר אֶחָד לְשַׁבָּת. וְאִם נִזְכַּר קֹדֶם שֶׁמְּבַשֵּׁל לִסְעוּדַּת שַׁחֲרִית, יָכוֹל

לְבַשֵּׁל מִכָּל מִין בִּקְדֵרָה גְּדוֹלָה וּלְהוֹתִיר לְשַׁבָּת. וְאִם יֵשׁ שָׁם מִי שֶׁעֵרַב, יִתֵּן לְזֶה בְּמַתָּנָה קִמְחוֹ וּבְשָׂרוֹ וְכָל הַשַּׁיָּךְ לָזֶה. וְהוּא יִזְכֶּה בִּדְבָרִים אֵלּוּ בְּהַגְבָּהָה, וִיבַשֵּׁל וְיֹאפֶה עֲבוּרוֹ, וַאֲפִלּוּ בְּבֵיתוֹ שֶׁל זֶה שֶׁלֹּא עֵרַב.

סעיף ו' כָּל בַּעַל הַבַּיִת צָרִיךְ לַעֲשׂוֹת עֵרוּב תַּבְשִׁילִין בְּעַצְמוֹ. וַאֲפִלּוּ אִשָּׁה שֶׁאֵין לָהּ בַּעַל, אִם יוֹדַעַת, מְחֻיֶּבֶת לַעֲשׂוֹת בְּעַצְמָהּ, וְאָסוּר לִסְמֹךְ עַל הָעֵרוּב שֶׁל גְּדוֹל הָעִיר. וּמִי שֶׁשָּׁכַח מֵחֲמַת אֹנֶס וְלֹא עָשָׂה עֵרוּב תַּבְשִׁילִין, אוֹ שֶׁעָשָׂה וְנֶאֱבַד, אִם יֵשׁ בָּעִיר מִי שֶׁמְּעָרֵב בִּשְׁבִיל כָּל בְּנֵי הָעִיר (דְּהַיְנוּ שֶׁמְּזַכֶּה לָהֶם אֶת הַתַּבְשִׁיל וְאֶת הַפַּת, כַּמְבֹאָר בְּשֻׁלְחָן עָרוּךְ) יָכוֹל זֶה לִסְמוֹךְ עַל עֵרוּב זֶה. אֲבָל מִי שֶׁשָּׁכַח מֵחֲמַת עַצְלוּת אוֹ שֶׁסָּמַךְ עַצְמוֹ לְכַתְּחִלָּה עַל עֵרוּב זֶה, לֹא מַהֲנֵי לֵהּ וְדִינוֹ כִּדְלְעֵיל סָעִיף ה'.

סעיף ז' אִם חָל יוֹם טוֹב בְּיוֹם ה' וּבְיוֹם ו', וְנִזְכַּר בְּיוֹם ה' שֶׁלֹּא עָשָׂה עֵרוּב תַּבְשִׁילִין, יָכוֹל לַעֲשׂוֹת הַיּוֹם, וִיבָרֵךְ אֶת הַבְּרָכָה, וְאַחַר כָּךְ יֹאמַר, אִם הַיּוֹם קֹדֶשׁ, אֵינִי צָרִיךְ לַעֲשׂוֹת עֵרוּב, וְאִם הַיּוֹם חֹל, בַּהֲדֵין עֵרוּבָא וְכוּ', אֲבָל בְּרֹאשׁ הַשָּׁנָה אֵינוֹ יָכוֹל לַעֲשׂוֹת כֵּן (עַיֵּן לְעֵיל סִימָן צט סָעִיף ב) (תקכז).

סימן קג - דיני שמחת יום טוב ובו י"ד סעיפים:

סעיף א' כְּשֵׁם שֶׁמִּצְוָה לְכַבֵּד אֶת הַשַּׁבָּת וּלְעָנְגוֹ, כָּךְ מִצְוָה לְכַבֵּד כָּל יָמִים טוֹבִים וּלְעָנְגָן, שֶׁנֶּאֱמַר לִקְדוֹשׁ ה' מְכֻבָּד. וְכָל יָמִים טוֹבִים, נֶאֱמַר בָּהֶם מִקְרָא קֹדֶשׁ.

סעיף ב' אֵיזֶהוּ כִּבּוּד. זֶה שֶׁאָמְרוּ רַבּוֹתֵינוּ זִכְרוֹנָם לִבְרָכָה, שֶׁמִּצְוָה עַל הָאָדָם לְגַלֵּחַ בְּעֶרֶב יוֹם טוֹב, כְּדֵי שֶׁלֹּא יִכָּנֵס לָרֶגֶל כְּשֶׁהוּא מְנֻוָּל. וְכֵן מִצְוָה לִרְחוֹץ בְּחַמִּין וְלָחֹף רֹאשׁוֹ וְלִטּוֹל צִפָּרְנָיו בְּעֶרֶב יוֹם טוֹב, כְּמוֹ בְּעֶרֶב שַׁבָּת. וְכֵן מִצְוָה לָלוּשׁ פַּת בְּבֵיתוֹ בְּעֶרֶב יוֹם טוֹב לִכְבוֹד יוֹם טוֹב כְּמוֹ בְּעֶרֶב שַׁבָּת. וְכֵן אָסוּר לֶאֱכוֹל בְּעֶרֶב יוֹם טוֹב מִן הַמִּנְחָה וּלְמַעְלָה כְּמוֹ בְּעֶרֶב שַׁבָּת, כְּדֵי שֶׁיֹּאכַל סְעוּדַּת יוֹם טוֹב לְתֵאָבוֹן. וְאִם חָל עֶרֶב יוֹם טוֹב בְּשַׁבָּת, יֹאכַל סְעוּדָּה שְׁלִישִׁית קֹדֶם מִנְחָה קְטַנָּה. וְכֵן הַדִּין בְּיוֹם טוֹב רִאשׁוֹן שֶׁהוּא עֶרֶב יוֹם טוֹב שֵׁנִי.

סעיף ג' אֵיזֶהוּ עֹנֶג. זֶה שֶׁאָמְרוּ רַבּוֹתֵינוּ זִכְרוֹנָם לִבְרָכָה, שֶׁחַיָּב לֶאֱכוֹל בְּיוֹם טוֹב בְּכָל יוֹם שְׁתֵּי סְעוּדוֹת, אַחַת בַּלַּיְלָה וְאַחַת בַּיּוֹם. אֲבָל סְעוּדָּה שְׁלִישִׁית, אֵין נוֹהֲגִין בּוֹ. וְחַיָּב לְקַדֵּשׁ עַל הַיַּיִן קֹדֶם סְעוּדָּה וְיִבְצַע עַל שְׁתֵּי כִּכָּרוֹת שְׁלֵמוֹת כְּמוֹ בְּשַׁבָּת. וְיַרְבֶּה בְּבָשָׂר וְיַיִן וּמִגְדָּנוֹת כְּפִי יְכָלְתּוֹ (וְעַיֵּן לְעֵיל ס' עב סע"ז ח).

סעיף ד' בְּכָל יוֹם טוֹב, בַּקִּדּוּשׁ שֶׁבַּלַּיְלָה אוֹמְרִים לְאַחֲרָיו בִּרְכַּת שֶׁהֶחֱיָנוּ עַל שִׂמְחַת הֶחָג, חוּץ מִלֵּיל שְׁבִיעִי שֶׁל פֶּסַח וְלֵיל שְׁמִינִי, שֶׁאֵין מְבָרְכִין שֶׁהֶחֱיָנוּ, כֵּיוָן שֶׁאֵינוֹ רֶגֶל בִּפְנֵי עַצְמוֹ. וְהַנָּשִׁים, בִּשְׁעַת הַדְלָקַת הַנֵּרוֹת אֵין לָהֶן לְבָרֵךְ שֶׁהֶחֱיָנוּ בְּשׁוּם יוֹם טוֹב. וּקְצָתָן נוֹהֲגוֹת לְבָרֵךְ שֶׁהֶחֱיָנוּ (חוּץ מִלֵּיל ז' וְלֵיל ח' שֶׁל פֶּסַח) וְלָא מְחַיְּנָן לְהוּ (שְׁאֵילַת יַעְבֵּ"ץ) (סִימָן רס"ג ת"צ תרס"ח תרס"ט).

סעיף ה' חַיָּב לְשַׂמֵּחַ אֶת אִשְׁתּוֹ וּבָנָיו וְכָל הַנִּלְוִים אֵלָיו, כָּל אֶחָד כָּרָאוּי לוֹ. הַקְּטַנִּים נוֹתֵן לָהֶם אֱגוֹזִים וּמִגְדָּנוֹת. וְהַנָּשִׁים, בִּבְגָדִים וְתַכְשִׁיטִים כְּפִי יְכָלְתּוֹ. וְהָאֲנָשִׁים, בְּבָשָׂר וְיַיִן. וְנוֹהֲגִין לְהַרְבּוֹת בְּמִינֵי מַאֲכָלִים בְּיוֹם טוֹב יוֹתֵר מִבְּשַׁבָּת, כִּי בְּיוֹם טוֹב נֶאֱמַר בּוֹ שִׂמְחָה. וְלֹא בְּשַׁבָּת. וְגַם בִּגְדֵי יוֹם טוֹב יִהְיוּ יְקָרִים יוֹתֵר מִשֶּׁל שַׁבָּת (תקכ"ט).

סעיף ו' בְּיוֹם שֵׁנִי שֶׁל פֶּסַח, יֵשׁ לַעֲשׂוֹת בִּסְעוּדָה אֵיזֶה דָּבָר, לִזְכֶּר סְעוּדַּת אֶסְתֵּר שֶׁהָיְתָה בְּיוֹם זֶה, שֶׁבּוֹ בַּיּוֹם נִתְלָה הָמָן (ת"צ).

סעיף ז' בְּיוֹם רִאשׁוֹן שֶׁל שָׁבוּעוֹת, נוֹהֲגִין לֶאֱכוֹל מַאַכְלֵי חָלָב. וְיֵשׁ בָּזֶה כַּמָּה טְעָמִים. וְרֶמֶז, מִנְחָה חֲדָשָׁה לַה' בְּשָׁבֻעֹתֵיכֶם, רָאשֵׁי תֵּבוֹת, מֵחָלָב. וְיֵשׁ לֶאֱכוֹל גַּם מַאַכְלֵי דְּבַשׁ, מִפְּנֵי שֶׁהַתּוֹרָה נִמְשְׁלָה לָהֶם, שֶׁנֶּאֱמַר, דְּבַשׁ וְחָלָב תַּחַת לְשׁוֹנֵךְ (פְּרִי חָדָשׁ בְּשֵׁם כָּל בּוֹ). וְכֵיוָן שֶׁאוֹכְלִים מַאַכְלֵי חָלָב וּצְרִיכִין גַּם כֵּן לֶאֱכוֹל בָּשָׂר, שֶׁהֲרֵי מִצְוָה לֶאֱכוֹל בָּשָׂר בְּכָל יוֹם טוֹב, צְרִיכִין לִזָּהֵר שֶׁלֹּא יָבֹאוּ לִידֵי אִסּוּר. (וְעַיֵּן לְעֵיל סִימָן ז' י"א, י"ב, תצ"ד).

סעיף ח' אַף עַל פִּי שֶׁהָאֲכִילָה וְהַשְּׁתִיָּה בַּמּוֹעֲדוֹת הִיא מִצְוַת עֲשֵׂה, לֹא יְהֵא אוֹכֵל וְשׁוֹתֶה כָּל הַיּוֹם כֻּלּוֹ, שֶׁהֲרֵי כְּבָר נֶאֱמַר, עֲצֶרֶת לַה' אֱלֹהֶיךָ. וְאַף עַל פִּי שֶׁנֶּאֱמַר, עֲצֶרֶת תִּהְיֶה לָכֶם, כְּבָר פֵּרְשׁוּ רַבּוֹתֵינוּ זִכְרוֹנָם לִבְרָכָה, חֶצְיוֹ לַה' וְחֶצְיוֹ לָכֶם. לְפִיכָךְ צְרִיכִין לַעֲסֹק גַּם בַּתּוֹרָה.

סעיף ט' וּכְשֶׁהוּא אוֹכֵל וְשׁוֹתֶה, חַיָּב לְהַאֲכִיל גַּם לַגֵּר לַיָּתוֹם וְלָאַלְמָנָה עִם שְׁאָר הָעֲנִיִּים הָאֻמְלָלִים, שֶׁנֶּאֱמַר, וְהַלֵּוִי וְהַגֵּר וְהַיָּתוֹם וְגוֹ'. אֲבָל מִי שֶׁנּוֹעֵל דַּלְתֵי חֲצֵרוֹ, וְאוֹכֵל וְשׁוֹתֶה הוּא וְאִשְׁתּוֹ וּבָנָיו, וְאֵינוֹ מַאֲכִיל וּמַשְׁקֶה לָעֲנִיִּים וּלְמָרֵי נֶפֶשׁ, אֵין זוֹ שִׂמְחַת מִצְוָה אֶלָּא שִׂמְחַת כְּרֵסוֹ, וְעַל אֵלּוּ נֶאֱמַר זִבְחֵיהֶם כְּלֶחֶם אוֹנִים לָהֶם, כָּל אוֹכְלָיו יִטַּמָּאוּ כִּי לַחְמָם לְנַפְשָׁם. וְשִׂמְחָה כָּזֹאת, קָלוֹן הִיא לָהֶם, שֶׁנֶּאֱמַר וְזֵרִיתִי פֶרֶשׁ עַל פְּנֵיכֶם פֶּרֶשׁ חַגֵּיכֶם.

סעיף י' כְּשֶׁאָדָם אוֹכֵל וְשׁוֹתֶה וְשָׂמֵחַ בָּרֶגֶל, לֹא יִמָּשֵׁךְ בַּיַּיִן וּבִשְׂחוֹק וּבְקַלּוּת רֹאשׁ וְיֹאמַר כָּל מַה שֶּׁיּוֹסִיף בָּזֶה, יַרְבֶּה בְּמִצְוַת שִׂמְחָה, כִּי הַשִּׁכְרוּת וְהַשְּׂחוֹק וְקַלּוּת הָרֹאשׁ אֵינָהּ שִׂמְחָה, אֶלָּא הוֹלְלוּת וְסִכְלוּת. וְלֹא נִצְטַוִּינוּ עַל הַהוֹלְלוּת וְהַסִּכְלוּת, אֶלָּא עַל הַשִּׂמְחָה שֶׁיֵּשׁ בָּהּ עֲבוֹדַת יוֹצֵר הַכֹּל, שֶׁנֶּאֱמַר תַּחַת אֲשֶׁר לֹא עָבַדְתָּ אֶת ה' אֱלֹהֶיךָ בְּשִׂמְחָה וּבְטוּב לֵבָב מֵרֹב כֹּל. הָא לָמַדְתָּ שֶׁהָעֲבוֹדָה הִיא בְּשִׂמְחָה, וְאִי אֶפְשָׁר לַעֲבוֹד אֶת ה' לֹא מִתּוֹךְ שְׂחוֹק וְלֹא מִתּוֹךְ קַלּוּת רֹאשׁ וְלֹא מִתּוֹךְ שִׁכְרוּת.

סעיף יא' מִדַּת הַחֲסִידִים אֲשֶׁר ה' לְנֶגְדָּם תָּמִיד וּבְכָל דַּרְכֵיהֶם יְדָעוּהוּ, בְּעֵת שִׂמְחָתָם אָז יוֹתֵר וְיוֹתֵר מְבָרְכִין וּמְשַׁבְּחִין לְהַקָּדוֹשׁ בָּרוּךְ הוּא אֲשֶׁר שִׂמַּח אוֹתָם, וְיֹאמַר הָאָדָם בְּלִבּוֹ בְּעֵת שִׂמְחָתוֹ וַהֲנָאָתוֹ, אִם כָּךְ הוּא שִׂמְחַת הָעוֹלָם הַזֶּה אֲשֶׁר הִיא הֶבֶל, כִּי אַחֲרֶיהָ תּוּגָה וָצַעַר, מַה תִּהְיֶה שִׂמְחַת הָעוֹלָם הַבָּא הַתְּמִידִית, שֶׁאֵין אַחֲרֶיהָ תּוּגָה. וְיִתְפַּלֵּל לְהַקָּדוֹשׁ בָּרוּךְ הוּא שֶׁיַּטֶּה לִבּוֹ לְעָבְדוֹ וְלַעֲשׂוֹת רְצוֹנוֹ בְּלֵב שָׁלֵם, וְשֶׁיְּשַׂמְּחֵנוּ בְּשִׂמְחַת עוֹלָם, וִיזַכֵּנוּ לְחַיֵּי הָעוֹלָם הַבָּא לָאוֹר בְּאוֹר

פְּנֵי מֶלֶךְ חַיִּים.

סעיף יב' חַיָּב כָּל אָדָם לְהַשְׁגִּיחַ עַל בְּנֵי בֵיתוֹ, שֶׁלֹּא יָטִילוּ בְּמָקוֹם שֶׁיָּבֹאוּ חַס וְשָׁלוֹם לִידֵי קַלּוּת רֹאשׁ בְּהִתְעָרְבָם עִם קַלֵּי הַדַּעַת, רַק יִהְיוּ קְדוֹשִׁים כִּי קָדוֹשׁ הַיּוֹם (תקכ"ט).

סעיף יג' בְּמוֹצָאֵי יוֹם טוֹב לְחֹל אוֹ לְחֹל הַמּוֹעֵד אוֹמֵר בַּתְּפִלָּה, אַתָּה חוֹנַנְתָּנוּ, וּמַבְדִּיל עַל הַכּוֹס, אֲבָל לֹא עַל הַנֵּר וְלֹא עַל הַבְּשָׂמִים (תצ"א).

סעיף יד' נוֹהֲגִין לְהַרְבּוֹת קְצָת בַּאֲכִילָה וּשְׁתִיָּה בְּיוֹם שֶׁלְּאַחַר הֶחָג בְּכָל שָׁלֹשׁ רְגָלִים, וְהוּא אִסְרוּ חַג. וְנוֹהֲגִין שֶׁאֵין מִתְעַנִּין בּוֹ, אֲפִלּוּ חָתָן וְכַלָּה בְּיוֹם חֻפָּתָן, וְלֹא יָארְצַייט (יום זכרון להוריו), וּבְאִסְרוּ חַג שֶׁלְּאַחַר חַג הַשָּׁבוּעוֹת, גַּם מִצַּד הַדִּין אָסוּר לְהִתְעַנּוֹת בּוֹ, לְפִי שֶׁבִּזְמַן שֶׁבֵּית הַמִּקְדָּשׁ הָיָה קַיָּם, אִם חָל שָׁבוּעוֹת בְּשַׁבָּת, הָיָה יוֹם טְבוֹחַ הַקָּרְבָּנוֹת בְּיוֹם שֶׁלְּאַחֲרָיו. אֲבָל שֶׁל פֶּסַח וְשֶׁל סֻכּוֹת, הָיוּ מַקְרִיבִין בְּיוֹם רִאשׁוֹן דְּחֹל הַמּוֹעֵד (תכ"ט תצ"ד).

סימן קד - דיני חל המועד ובו כ"א סעיפים:

סעיף א' חֹל הַמּוֹעֵד אָסוּר בִּקְצָת מְלָאכוֹת וּמֻתָּר בִּקְצָתָן, דְּהַיְנוּ כָּל מַה שֶּׁהוּא לְצֹרֶךְ אֲכִילָה לְחֹל הַמּוֹעֵד אוֹ לְיוֹם טוֹב. וְכֵן מְלָאכָה בְּדָבָר הָאָבֵד, דְּהַיְנוּ שֶׁאִם לֹא יַעֲשֶׂנָּה יָבֹא לִידֵי הֶפְסֵד, מֻתָּר לַעֲשׂוֹתָהּ. וּצְרִיכִין לִזָּהֵר מְאֹד, שֶׁלֹּא לַעֲשׂוֹת בְּחֹל הַמּוֹעֵד מְלָאכָה הָאֲסוּרָה, כִּי אָמְרוּ רַבּוֹתֵינוּ זִכְרוֹנָם לִבְרָכָה, הַמְחַלֵּל אֶת חֹל הַמּוֹעֵד, כְּאִלּוּ עוֹבֵד עֲבוֹדָה זָרָה (תק"ל תקל"ג תקל"ז).

סעיף ב' עוֹד אָמְרוּ רַבּוֹתֵינוּ זִכְרוֹנָם לִבְרָכָה, הַמְבַזֶּה אֶת חֹל הַמּוֹעֵד, אַף עַל פִּי שֶׁיֵּשׁ בְּיָדוֹ תּוֹרָה וּמַעֲשִׂים טוֹבִים, אֵין לוֹ חֵלֶק לָעוֹלָם הַבָּא. וְהַמְבַזֶּה, הַיְנוּ, שֶׁאֵינוֹ מְכַבְּדוֹ בְּמַאֲכָל וּבְמִשְׁתֶּה וּבִכְסוּת. וְלָכֵן כָּל אָדָם חַיָּב לְכַבְּדוֹ כְּפִי כֹּחוֹ, וְלִלְבּוֹשׁ בְּגָדִים מְכֻבָּדִים (אבות פרק ג. וּבְחַיֵּי אָדָם, וְסִימָן תק"ל).

סעיף ג' מְלֶאכֶת דָּבָר הָאָבֵד יָכוֹל לַעֲשׂוֹת גַּם עַל יְדֵי יִשְׂרָאֵל אַחֵר, אֲפִלּוּ בְּשָׂכָר. אֲבָל מַה שֶּׁאֵינוֹ דָּבָר הָאָבֵד, אֶלָּא שֶׁהוּא לְצֹרֶךְ הַמּוֹעֵד, אֵין לַעֲשׂוֹת עַל יְדֵי יִשְׂרָאֵל אַחֵר בְּשָׂכָר, אֶלָּא עַל יְדֵי אֵינוֹ יְהוּדִי. וְאִם אֵינוֹ מוֹצֵא אֵינוֹ יְהוּדִי, וְגַם בְּעַצְמוֹ אֵינוֹ יָכוֹל לַעֲשׂוֹת, מֻתָּר אֲפִלּוּ עַל יְדֵי יִשְׂרָאֵל בְּשָׂכָר (סִימָן תקמ"ב ובחיי"א ונ"א).

סעיף ד' הָא דְּמֻתָּר לַעֲשׂוֹת דָּבָר הָאָבֵד, זֶהוּ דַּוְקָא אִם לֹא הָיָה אֶפְשָׁר לוֹ לַעֲשׂוֹתוֹ קֹדֶם יוֹם טוֹב. אֲבָל אִם הָיָה אֶפְשָׁר לוֹ לַעֲשׂוֹתוֹ קֹדֶם יוֹם טוֹב וְהִנִּיחוֹ עַד חֹל הַמּוֹעֵד, אָסוּר לַעֲשׂוֹתוֹ בְּחֹל הַמּוֹעֵד (תקל"ח).

סעיף ה' כָּל מְלָאכוֹת הָאֲסוּרוֹת לַעֲשׂוֹת בְּחֹל הַמּוֹעֵד, אִם יֵשׁ כָּאן יִשְׂרָאֵל שֶׁאֵין לוֹ מַה לֶּאֱכֹל כָּרָאוּי לְחֹל הַמּוֹעֵד וְיוֹם טוֹב, מֻתָּר לַעֲשׂוֹתָן עַל יָדוֹ, כְּדֵי שֶׁיְּהֵא לוֹ מַה לֶּאֱכוֹל. וּמִכָּל מָקוֹם יַעֲשֶׂה בְּצִנְעָא, וְאָסוּר לַעֲשׂוֹתָן עַל יְדֵי אֵינוֹ יְהוּדִי. אַךְ לְצֹרֶךְ מִצְוָה, מֻתָּר (תקל"ד תקמ"ב תקמ"ג).

סעיף ו' אֲפִלּוּ מְלָאכוֹת הַמֻּתָּרוֹת, אָסוּר לַעֲשׂוֹתָן בִּשְׁבִיל אֵינוֹ יְהוּדִי

(חַיֵּי אָדָם).

סעיף ז' אָסוּר לְזַבֵּל שָׂדֵהוּ. וַאֲפִלּוּ לְהַכְנִיס שָׁם צֹאן בִּשְׁבִיל שֶׁיַּעֲשׂוּ שָׁם זֶבֶל, אָסוּר. וַאֲפִלּוּ עַל יְדֵי אֵינוֹ יְהוּדִי, אָסוּר.

סעיף ח' זְרִיעָה, אֲסוּרָה. וְאִם יֵשׁ לוֹ זְרָעִים, שֶׁאִם לֹא יַשְׁקֵם בְּמַיִם יִפָּסְדוּ לְגַמְרֵי, מֻתָּר לְהַשְׁקוֹתָם.

סעיף ט' אָסוּר לִתְלוֹשׁ אוֹ לִקְצוֹץ שׁוּם דָּבָר מִן הַמְחֻבָּר אִם לֹא יִתְקַלְקְלוּ הַפֵּרוֹת עַד לְאַחַר יוֹם טוֹב, כִּי אִם מַה שֶּׁהוּא צָרִיךְ לֶאֱכוֹל בַּמּוֹעֵד. וְאֵינוֹ צָרִיךְ לְצַמְצֵם, אֶלָּא תּוֹלֵשׁ בְּהַרְוָחָה, וְאִם יוֹתִיר, יוֹתִיר. וְכֵן עֵצִים שֶׁהוּא צָרִיךְ לְהַסָּקָה בַּמּוֹעֵד, מֻתָּר לְקָצְצָם מִמְחֻבָּר. וְאִם צָרִיךְ לִתְלוֹשׁ בִּשְׁבִיל לְהַאֲכִיל לִבְהֵמָה, יַעֲשֶׂה בְּשִׁנּוּי (תקל"ב תקל"ז) וְאָסוּר לְלַקֵּט עֵצִים מִן הַשָּׂדֶה לְיַפּוֹתוֹ לַחֲרִישָׁה. וְאִם נִכָּר שֶׁמִּכַּוֵּן לְצָרְכּוֹ שֶׁצָּרִיךְ לָעֵצִים, כְּגוֹן שֶׁנּוֹטֵל הַגְּדוֹלִים וּמַנִּיחַ הַקְּטַנִּים, מֻתָּר. וְכֵן אָסוּר לִקְצוֹץ עַנְפֵי הָאִילָן לְתַקְּנוֹ. וְאִם נִכָּר שֶׁמִּכַּוֵּן בִּשְׁבִיל הָעֲנָפִים לְהַאֲכִילָן לִבְהֶמְתּוֹ וְלֹא לְתַקְּנוֹ, כְּגוֹן שֶׁקּוֹצֵץ כֻּלָּן מִצַּד אֶחָד, מֻתָּר.

סעיף י' מִי שֶׁיֵּשׁ לוֹ גַּן אֵצֶל גַּן אֵינוֹ יְהוּדִי, וְהָאֵינוֹ יְהוּדִי לוֹקֵט פֵּרוֹתָיו, וְאִם הַיִּשְׂרָאֵל לֹא יְלַקֵּט, יָבוֹא לִידֵי הֶפְסֵד, מֻתָּר לוֹ לְלַקְּטָם. וְאִם הֵמָּה דְּבָרִים שֶׁיִּתְקַלְקְלוּ בִּתְלוּשׁ אִם לֹא יַעֲשֶׂה לְצָרְכָּם גַּם מְלָאכָה אַחֶרֶת, מֻתָּר לַעֲשׂוֹת הַכֹּל, אֲפִלּוּ לִדְרוֹךְ עֲנָבִים לַעֲשׂוֹת יַיִן וְכַדּוֹמֶה לָזֶה, וּבִלְבַד שֶׁלֹּא יַנִּיחַ בְּכַוָּנָה מְלַאכְתּוֹ לְחֹל הַמּוֹעֵד.

סעיף יא' אָסוּר לְגַלֵּחַ בְּחֹל הַמּוֹעֵד, אֲפִלּוּ גִּלֵּחַ אֶת עַצְמוֹ גַּם בְּעֶרֶב יוֹם טוֹב, אֶלָּא מִי שֶׁיָּצָא מִבֵּית הָאֲסוּרִים. וַאֲפִלּוּ יָצָא בְּעֶרֶב יוֹם טוֹב, אֶלָּא שֶׁלֹּא הָיָה לוֹ פְּנַאי לְגַלֵּחַ אָז (וְעַיֵּן עוֹד לְקַמָּן סִימָן ר"כ סָעִיף ו) (תקנ"א).

סעיף יב' וְלִקְצוֹץ הַצִּפָּרְנַיִם, גַּם כֵּן אָסוּר. אַךְ אִם קְצָצָן בְּעֶרֶב יוֹם טוֹב, מֻתָּר לְקָצְצָן גַּם בְּחֹל הַמּוֹעֵד וְכֵן אִשָּׁה לְצֹרֶךְ טְבִילָה מֻתֶּרֶת (ס' תקלב. וְעַיֵּן באה"ט שָׁם).

סעיף יג' אָסוּר לְכַבֵּס שׁוּם דָּבָר, אֲפִלּוּ לְצֹרֶךְ הַמּוֹעֵד, אֶלָּא אִם לֹא הָיָה אֶפְשָׁר לוֹ בְּשׁוּם אֹפֶן לְכַבֵּס קֹדֶם יוֹם טוֹב. וְכֵן מִטְפָּחוֹת שֶׁמְּלַפְּפִין בָּהֶן אֶת הַתִּינוֹקוֹת (חִתּוּלִים), כֵּיוָן שֶׁמַּשְׁתִּינִין תָּדִיר וּצְרִיכִין לָהֶם הַרְבֵּה, מֻתָּר לְכַבְּסָן, וְיִזָּהֲרוּ לְכַבְּסָן בְּצִנְעָא (תקלב).

סעיף יד' כָּל דָּבָר שֶׁהוּא לְצֹרֶךְ רְפוּאָה, מֻתָּר לַעֲשׂוֹת, בֵּין לְאָדָם בֵּין לִבְהֵמָה (תקלב).

סעיף טו' חֶשְׁבּוֹנוֹת וְכַיּוֹצֵא בָזֶה, שֶׁאִם לֹא יִכְתְּבֵם, יִשְׁכָּחֵם, מֻתָּר לְכָתְבָם, מִשּׁוּם דַּהֲוֵי דָּבָר הָאָבֵד. וְכֵן מַה שֶּׁהוּא לְצֹרֶךְ הַמּוֹעֵד, מֻתָּר לִכְתֹּב. אֲבָל שְׁאָר דָּבָר, אָסוּר לִכְתֹּב. וְאִגֶּרֶת שְׁלוֹמִים שֶׁכּוֹתֵב אָדָם לַחֲבֵרוֹ, נוֹהֲגִין לִכְתֹּב בְּשִׁנּוּי קְצָת, דְּהַיְנוּ שֶׁכּוֹתְבִין שׁוּרָה רִאשׁוֹנָה עֲקֻמָּה. וּלְכָל מַה שֶּׁמֻּתָּר לִכְתּוֹב, מֻתָּר גַּם כֵּן לְתַקֵּן קֻלְמוֹס וּדְיוֹ.

סעיף טז' מִי שֶׁצָּרִיךְ לְמָעוֹת אֲפִלּוּ שֶׁלֹּא לְצֹרֶךְ הַמּוֹעֵד, אֶלָּא שֶׁהוּא חוֹשֵׁשׁ פֶּן לֹא יִמְצָא לִלְווֹת לְאַחַר

הַמּוֹעֵד, וְהַמַּלְוֶה אֵינוֹ רוֹצֶה לְהַלְווֹת לוֹ בְּלִי שְׁטָר, מֻתָּר לוֹ לִכְתֹּב אֶת הַשְּׁטָר (תקמ"ה).

סעיף יז' אֵין נוֹשְׂאִין נָשִׁים בְּחֹל הַמּוֹעֵד מִשּׁוּם דְּאֵין מְעָרְבִין שִׂמְחָה בְּשִׂמְחָה. אֲבָל מֻתָּר לְהַחֲזִיר גְּרוּשָׁתוֹ. וּמֻתָּר לַעֲשׂוֹת מִשְׁתֶּה לִבְרִית מִילָה וּלְפִדְיוֹן הַבֵּן. גַּם מֻתָּר לַעֲשׂוֹת מִשְׁתֶּה לִכְתִיבַת תְּנָאִים.

סעיף יח' מֻתָּר לִשְׂכּוֹר פּוֹעֲלִים, וַאֲפִלּוּ יִשְׂרְאֵלִים, שֶׁיַּעֲשׂוּ מְלַאכְתּוֹ לְאַחַר הַמּוֹעֵד.

סעיף יט'

מֻתָּר לָלֶכֶת חוּץ לַתְּחוּם, בֵּין בְּרַגְלָיו בֵּין בְּקָרוֹן בֵּין רָכוּב.

סעיף כ'

אֵין מַעֲלִין בְּהֵמָה זָכָר עַל נְקֵבָה לְהַרְבִּיעָהּ, מִשּׁוּם דְּלֹא הָוֵי דָּבָר הָאָבֵד.

סעיף כא'

אֵין מוֹשִׁיבִין תַּרְנְגֹלֶת עַל בֵּיצִים לְגַדֵּל אֶפְרוֹחִים. וְאִם הוֹשִׁיבָהּ קֹדֶם הַמּוֹעֵד וּבָרְחָה, אִם הוּא בְּתוֹךְ שְׁלֹשָׁה יָמִים לִבְרִיחָה, מֻתָּר לְהַחֲזִירָהּ. אֲבָל לְאַחַר שְׁלֹשָׁה יָמִים, אָסוּר לְהַחֲזִירָהּ, אֲפִלּוּ אִם יִפָּסְדוּ הַבֵּיצִים. וּלְהוֹשִׁיב אַחֶרֶת תַּחְתֶּיהָ, אֲפִלּוּ תּוֹךְ שְׁלֹשָׁה יָמִים, אָסוּר (תקל"ו).

סימן קה - דברים האסורים משום טרחא ובו ב' סעיפים:

סעיף א'

אָסוּר לְהַסִּיעַ וְלָשֵׂאת מִטַּלְטְלָיו וּכְלֵי בֵּיתוֹ בְּחֹל הַמּוֹעֵד מִדִּירָה שֶׁבְּחָצֵר זוֹ לְדִירָה שֶׁבְּחָצֵר אַחֶרֶת, אֲפִלּוּ מִדִּירָה כְּעוּרָה לְדִירָה נָאָה. אֲבָל מִבַּיִת לְבַיִת בְּחָצֵר אַחַת, מֻתָּר. וְכֵן אִם שְׁתֵּי הַחֲצֵרוֹת סְמוּכוֹת וְיֵשׁ פֶּתַח בֵּינֵיהֶן, מֻתָּר לְהוֹצִיא הַחֲפָצִים דֶּרֶךְ שָׁם. וּבִמְקוֹם פְּסֵידָא, מֻתָּר אֲפִלּוּ מֵעִיר לְעִיר. וְכֵן מִדִּירָה שֶׁאֵינָהּ שֶׁלּוֹ לְדִירָה שֶׁהִיא שֶׁלּוֹ, מֻתָּר מִשּׁוּם שִׂמְחַת יוֹם טוֹב, שֶׁשִּׂמְחָה הִיא לוֹ לָדוּר בְּדִירָה שֶׁהִיא שֶׁלּוֹ (תקל"ה).

סעיף ב'

אִם צָרִיךְ לְהַכְנִיס פֵּרוֹתָיו אוֹ שְׁאָר סְחוֹרָה מִפְּנֵי שֶׁהוּא יָרֵא מִפְּנֵי גַּנָּבִים אוֹ מִשְּׁאָר הֶפְסֵד, כָּל מַה שֶּׁאֶפְשָׁר לַעֲשׂוֹת בְּצִנְעָה יַעֲשֶׂה. וְאִם אִי אֶפְשָׁר לַעֲשׂוֹת בְּצִנְעָא, מֻתָּר לַעֲשׂוֹת אֲפִלּוּ בְּפַרְהֶסְיָא.

סימן קו - דיני מקח וממכר בחל המועד ובו ח' סעיפים:

סעיף א' כָּל סְחוֹרָה, אֲסוּרָה, בֵּין לִקְנוֹת בֵּין לִמְכּוֹר. רַק אִם נִזְדַּמֵּן לוֹ רֶוַח מְרֻבֶּה יָכוֹל לִקְנוֹת וְלִמְכֹּר בְּצִנְעָא, וְיוֹצִיא לִכְבוֹד יוֹם טוֹב יוֹתֵר מִמַּה שֶּׁהָיָה בְּדַעְתּוֹ לְהוֹצִיא.

סעיף ב' אִם יֵשׁ לוֹ סְחוֹרָה, שֶׁיֵּשׁ לָחוּשׁ שֶׁאִם לֹא יִמְכְּרֶנָּה עַתָּה יַפְסִיד מִן הַקֶּרֶן, מֻתָּר לְמָכְרָהּ מִשּׁוּם דַּהֲוֵי דָּבָר הָאָבֵד, אֲבָל אִם אֵין לָחוּשׁ שֶׁיַּפְסִיד אֶלָּא שֶׁלֹּא יַרְוִיחַ אַחַר כָּךְ, אָסוּר לְמָכְרָהּ כִּי מְנִיעַת רֶוַח לֹא מִקְרֵי הֶפְסֵד.

סעיף ג' אִם חָל יָרִיד, שֶׁהוּא יוֹם הַשּׁוּק הַבָּא לִפְרָקִים, אוֹ יוֹם הַשּׁוּק שֶׁבְּכָל שָׁבוּעַ, אֶלָּא שֶׁעַתָּה הוּא קוֹדֶם הַחַגָּאוֹת שֶׁמִּתְאַסְּפִין קוֹנִים הַרְבֵּה,

מֻתָּר לְמְכֹּר דְּכֵיוָן שֶׁהוּא דָּבָר שֶׁאֵינוֹ תָּדִיר חַשְׁבִינָן גַּם מְנִיעַת הָרֶוַח כְּמוֹ הֶפְסֵד, אֲבָל בְּיוֹם הַשּׁוּק שֶׁבְּכָל שָׁבוּעַ אָסוּר, וּכְשֶׁבָּאִים לִפְעָמִים סוֹחֲרִים אוֹ סְפִינוֹת שֶׁמּוֹכְרִים בְּזוֹל אוֹ קוֹנִים בְּיֹקֶר מַה שֶּׁאֵינָם שְׁכִיחַ תָּמִיד, גַּם כֵּן מֻתָּר לִקְנוֹת מֵהֶם וְלִמְכֹּר לָהֶם.

סעיף ד' וְכֵן מִי שֶׁצָּרִיךְ לִקְנוֹת יַיִן בְּעֵת הַבָּצִיר, שֶׁיְּהֵא לוֹ לְצָרְכֵי בֵיתוֹ לִשְׁתּוֹת כָּל הַשָּׁנָה וְאַחַר כָּךְ יִתְיַקֵּר הַיַּיִן מֻתָּר לוֹ לִקְנוֹת בְּחֹל הַמּוֹעֵד, אֲבָל לְמַשָּׂא וּמַתָּן אָסוּר לִקְנוֹת.

סעיף ה' דְּבָרִים הַנִּצְרָכִים לַמּוֹעֵד, כְּגוֹן פֵּרוֹת וְתַבְלִין מוֹכְרִין כְּדַרְכָּן אֲפִלּוּ בְּפַרְהֶסְיָא, וְכֵיוָן שֶׁמֻּתָּרִין לִפְתֹּחַ הַחֲנוּת בִּשְׁבִיל יִשְׂרָאֵל מֻתָּרִין לִמְכֹּר גַּם לְאֵינוֹ יְהוּדִי.

סעיף ו' לִתְבֹּעַ חוֹבוֹת, נָהֲגוּ לְהָקֵל אֲפִלּוּ מִיִּשְׂרָאֵל, מִשּׁוּם דְּחוֹשְׁבִין לְדָבָר הָאָבֵד.

סעיף ז' לְהַלְווֹת בְּרִבִּית לַגּוֹי הָרָגִיל אֶצְלוֹ, מֻתָּר, מִפְּנֵי דַּהֲוֵי דָּבָר הָאָבֵד, שֶׁלֹּא יַרְגִּיל אֶת עַצְמוֹ אֵצֶל אַחֵר. וְאִם מַלְוֶה לַגּוֹי שֶׁאֵינוֹ רָגִיל אֶצְלוֹ, יוֹצִיא הָרִבִּית מִשָּׁבוּעַ אֶחָד לְשִׂמְחַת יוֹם טוֹב. וְלִמְכֹּר סְחוֹרָה לְמִי שֶׁאֵינוֹ רָגִיל אֶצְלוֹ, אָסוּר, וְלָא מַהֲנֵי מַה שֶּׁיּוֹסִיף לְשִׂמְחַת יוֹם טוֹב. אֲבָל לְמִי שֶׁרָגִיל אֶצְלוֹ, מֻתָּר, מִשּׁוּם דַּהֲוֵי דָּבָר הָאָבֵד, שֶׁלֹּא יַרְגִּיל אֶת עַצְמוֹ אֵצֶל אֲחֵרִים (תקל"ט)

סעיף ח' חִלּוּף מַטְבְּעוֹת, אָסוּר (שם וּבְחַיֵּי אָדָם).

סימן קז - דיני חדש ניסן ובו ג' סעיפים:

סעיף א' כָּל חֹדֶשׁ נִיסָן אֵין אוֹמְרִים תַּחֲנוּן, וְלֹא צִדּוּק הַדִּין, וְאֵין אוֹמְרִים צִדְקָתְךָ בְּשַׁבָּת בְּמִנְחָה. נוֹהֲגִין מֵרֹאשׁ חֹדֶשׁ וְאֵילָךְ לִקְרוֹת בְּכָל יוֹם פָּרָשַׁת הַנָּשִׂיא שֶׁהִקְרִיב בּוֹ בַּיּוֹם, וּבְיוֹם שְׁלֹשָׁה עָשָׂר קוֹרִין פָּרָשַׁת בְּהַעֲלֹתְךָ, עַד כֵּן עָשָׂה אֶת הַמְּנוֹרָה, שֶׁהִיא כְּנֶגֶד שֵׁבֶט לֵוִי.

סעיף ב' אֵין מִתְעַנִּין בּוֹ אֲפִלּוּ תַּעֲנִית יַארְצַייט (יוֹם זִכָּרוֹן לְהוֹרָיו). אֲבָל תַּעֲנִית חֲלוֹם, מִתְעַנִּין. וְהַבְּכוֹרִים, מִתְעַנִּין בְּעֶרֶב פֶּסַח, כַּאֲשֶׁר יְבֹאַר אִם יִרְצֶה הַשֵּׁם בְּסִימָן קי"ג. וְחָתָן וְכַלָּה גַּם כֵּן מִתְעַנִּין בּוֹ, וַאֲפִלּוּ בְּרֹאשׁ חֹדֶשׁ נִיסָן (תכט).

סעיף ג' בְּשַׁבַּת הַגָּדוֹל לְמִנְחָה, נוֹהֲגִין שֶׁאֵין אוֹמְרִים בָּרְכִי נַפְשִׁי, אֶלָּא עֲבָדִים הָיִינוּ וְכוּ'. לְפִי שֶׁבְּשַׁבָּת הַגָּדוֹל הָיְתָה הַתְחָלַת הַגְּאֻלָּה וְהַנִּסִּים (סִימָן ת"ל).

סימן קח - דיני החטין והקמח למצות ובו ז' סעיפים:

סעיף א' כְּתִיב וּשְׁמַרְתֶּם אֶת הַמַּצּוֹת, מִכָּאן, שֶׁצְּרִיכִין לִשְׁמוֹר אֶת הַחִטִּין לְשֵׁם מַצּוֹת מִצְוָה, שֶׁלֹּא יָבוֹאוּ עֲלֵיהֶם מַיִם. וּלְדַעַת קְצָת מִגְּדוֹלֵי הַפּוֹסְקִים זִכְרוֹנָם לִבְרָכָה, צְרִיכִין שְׁמִירָה זוֹ מִיָּד מִשְּׁעַת קְצִירָה וְאֵילָךְ. אֲבָל הַמִּנְהָג הוּא כְּהַפּוֹסְקִים דְּסַגֵּי לְהוּ בִּשְׁמִירָה מִשָּׁעָה שֶׁמּוֹלִיכִין אוֹתָן לִטְחוֹן וְאֵילָךְ. וְאַךְ הַמְדַקְדְּקִין בְּמִצְווֹת, חוֹשְׁשִׁין לִשְׁמִירָה מִשְּׁעַת קְצִירָה, וְכֵן נָכוֹן לַעֲשׂוֹת. וְרָאוּי לְדַקְדֵּק

שֶׁלֹּא יַעַמְדוּ הַשִּׁבֳּלִים בִּמְחֻבָּר עַד שֶׁיִּתְיַבְּשׁוּ כָּל צָרְכָּן וְיַלְבִּינוּ, כִּי אָז אִם יֵרְדוּ עֲלֵיהֶן גְּשָׁמִים, יַחְמִיצוּ אֲפִלּוּ בִּמְחֻבָּר, כֵּיוָן שֶׁאֵינָן צְרִיכוֹת עוֹד לַקַּרְקַע. עַל כֵּן רָאוּי וְנָכוֹן לִקְצוֹר בְּעוֹד שֶׁיֵּשׁ בָּהֶן עוֹד קְצָת מַרְאֵה יַרְקוּת. וּמִי שֶׁאֶפְשָׁר לוֹ בְּחִטִּין שְׁמוּרוֹת מִשְּׁעַת קְצִירָה לְכָל יְמֵי הֶחָג, מַה טּוֹב. וְאִם לָאו, רָאוּי לוֹ עַל כָּל פָּנִים לְהַדֵּר בָּזֶה לְמַצּוֹת שֶׁעַל הַסֵּדֶר בִּשְׁנֵי הַלֵּילוֹת (עַיֵּן חַיֵּי אָדָם כְּלָל קכ"ח סִימָן ל').

סעיף ב' חִטִּים שֶׁנִּמְצְאוּ בָהֶן מְבֻקָּעוֹת אוֹ מְצֻמָּחוֹת, הַשְּׁאָר מֻתָּר. וּבִלְבַד שֶׁיְּבָרְרוּ אוֹתָן, אוֹ צְרִיכִין לְדַקְדֵּק הֵיטֵב, אִם יֵשׁ שָׁם עַל כָּל פָּנִים שִׁשִּׁים כְּנֶגֶד הַמְבֻקָּעוֹת וְהַמְצֻמָּחוֹת. וּלְכַתְּחִלָּה יֵשׁ לְהַדֵּר לִבְרֹר גַּם מִן הַחִטִּים שֶׁאָכְלוּ מֵהֶן עַכְבָּרִים אוֹ שֶׁיִּהְיֶה שִׁשִּׁים כְּנֶגְדָּן. וְהַחִטִּים שֶׁבָּאוּ בִּסְפִינָה אוֹ שֶׁהָיוּ מֻנָּחוֹת בְּבוֹרוֹת, אִם הֵן יְבֵשׁוֹת וְקָשׁוֹת וְלֹא נִשְׁתַּנָּה מַרְאֵיהֶן, כְּשֵׁרוֹת. וְאִם הָיוּ מֻנָּחוֹת בַּעֲלִיָּה וְיָרְדוּ עֲלֵיהֶן גְּשָׁמִים דֶּרֶךְ הַגַּג בִּקְצָת מְקוֹמוֹת, אֲסוּרוֹת. אֲבָל אִם נָפַל עֲלֵיהֶן קְצָת שֶׁלֶג אוֹ קְצָת מַיִם בְּמָקוֹם אֶחָד, מְסַלֵּק אוֹתָן שֶׁיֵּשׁ לְהִסְתַּפֵּק בָּהֶן. וְהַשְּׁאָר מֻתָּרוֹת (תנ"ג תס"ז).

סעיף ג' כְּבָר נָהֲגוּ יִשְׂרָאֵל לְדַקְדֵּק בְּהֶכְשֵׁר הָרֵחַיִם, לְנַקֵּר הֵיטֵב וּלְנַקּוֹת בְּכָל הָאֶפְשָׁרִי. וְכִיסִים לוֹקְחִים חֲדָשִׁים וּבְמָקוֹם שֶׁיֵּשׁ תַּלְמִידֵי חֲכָמִים הֵמָּה הוֹלְכִים אֶל הָרֵחַיִם לְהַשְׁגִּיחַ שֶׁיְּהֵא הַהֶכְשֵׁר כָּרָאוּי, וּבְמָקוֹם שֶׁאֵין תַּלְמִידֵי חֲכָמִים רָאוּי לְכָל יְרֵא שָׁמַיִם שֶׁיֵּלֵךְ בְּעַצְמוֹ לְהַשְׁגִּיחַ עַל הַהֶכְשֵׁר דְּמִצְוָה בּוֹ יוֹתֵר מִבִּשְׁלוּחוֹ, וְנוֹהֲגִין שֶׁהַקֶּמַח הָרִאשׁוֹן שֶׁנִּטְחַן לְאַחַר הַהֶכְשֵׁר אֵין אוֹכְלִין אוֹתוֹ בְּפֶסַח, אִם טוֹחֲנִין בָּרֵחַיִם גַּם תְּבוּאָה לְתוּתָה, צְרִיכִין לְהַפְסִיק בִּמְחִצָּה, שֶׁלֹּא יִתְעָרֵב בּוֹ מִן הָאָבָק הַהוּא (תנ"ג).

סעיף ד' שַׂק עִם קֶמַח שֶׁנִּתְלַחְלֵחַ מִמַּיִם, אִם הוּא בְּמָקוֹם אֶחָד, בֵּין שֶׁהוּא עֲדַיִן לַח בֵּין שֶׁנִּתְיַבֵּשׁ, יֹאחַז אֶת הַמָּקוֹם הַזֶּה בְּיָדוֹ וְיָרִיק הַשְּׁאָר, וּמֻתָּר. רַק זֶה שֶׁנִּתְלַחְלַח, אָסוּר. וְאִם נִתְלַחְלַח בְּכַמָּה מְקוֹמוֹת שֶׁאִי אֶפְשָׁר לוֹ לַעֲשׂוֹת כֵּן, אֲזַי אִם עֲדַיִן הוּא לַח, יְרַקֵּד אֶת הַקֶּמַח. וּמַה שֶּׁנִּשְׁאָר עַל הַנָּפָה פֵּרוּרִין, זֶהוּ לְבַד חָמֵץ וְהַשְּׁאָר מֻתָּר. וְכֵן אִם אָכְלוּ עַכְבָּרִים מִן הַקֶּמַח, יְרַקְּדֵנוּ. אֲבָל אִם כְּבָר נִתְיַבֵּשׁ, לֹא מַהֲנֵי לֵהּ הַרְקָדָה וְכָל הַקֶּמַח אָסוּר (תס"ו).

סעיף ה' בַּיּוֹם שֶׁטָּחֲנוּ אֶת הַקֶּמַח, אָסוּר לַאֲפוֹתוֹ, מִפְּנֵי שֶׁאָז הַקֶּמַח הוּא חַם וּמְמַהֵר לְהַחְמִיץ כְּשֶׁנּוֹתְנִים בּוֹ אֶת הַמַּיִם, עַל כֵּן יִשְׁהֶה אַחַר הַטְּחִינָה לְכָל הַפָּחוֹת מֵעֵת לְעֵת.

סעיף ו' הַשַּׂקִּים שֶׁמַּנִּיחִים בָּהֶם אֶת הַקֶּמַח, טוֹב לַעֲשׂוֹתָן חֲדָשִׁים, אוֹ לְכָל הַפָּחוֹת לְהַתִּיר אֶת הַתְּפִירוֹת וּלְכַבֵּס הֵיטֵב הֵיטֵב בְּחַמִּין וּבְאֵפֶר וּבְשִׁפְשׁוּף וַחֲבִיטָה.

סעיף ז' אָסוּר לְהַנִּיחַ שַׂק עִם קֶמַח עַל גַּבֵּי בְּהֵמָה, אֶלָּא אִם יֵשׁ עוֹר עָבֶה תַּחְתָּיו, דְּאִם לֹא כֵּן יִתְחַמֵּם וְיִתְלַחְלֵחַ מִן הַזֵּעָה. וְאִם אֶפְשָׁר, יִזָּהֵר גַּם כֵּן שֶׁלֹּא לְהַנִּיחַ הַרְבֵּה שַׂקִּים זֶה עַל זֶה, מִפְּנֵי שֶׁעַל יְדֵי זֶה מִתְחַמֵּם וְיַחְמִיץ בְּלִישָׁה.

סימן קט - דין המים ובו ט' סעיפים:

סעיף א' אֵין לָשִׁין אֶת הַמַּצּוֹת אֶלָּא בְּמַיִם שֶׁלָּנוּ הַלַּיְלָה, דְּהַיְנוּ שֶׁיִּשְׁאַב אוֹתָם בֵּין הַשְּׁמָשׁוֹת וְיַעַמְדוּ בְּתָלוּשׁ כָּל הַלַּיְלָה, וַאֲפִלּוּ אִם הַלַּיְלָה אָרֹךְ יוֹתֵר מִשְּׁנֵים עָשָׂר שָׁעוֹת, אָסוּר לָלוּשׁ בָּהֶן עַד אוֹר הַיּוֹם. וְאִם הַלַּיְלָה קָצָר וְאֵין שְׁתֵּים עֶשְׂרֵה שָׁעוֹת עַד אוֹר הַיּוֹם, צְרִיכִין לְהַמְתִּין עַד שֶׁיַּעַבְרוּ שְׁתֵּים עֶשְׂרֵה שָׁעוֹת מִשָּׁעָה שֶׁנִּשְׁאָבוּ. וְעַמָּא דְּאַרְעָא נוֹהֲגִין שֶׁמִּיָּד בְּאוֹר הַיּוֹם לָשִׁין בַּמַּיִם שֶׁלָּנוּ, אַף שֶׁעֲדַיִן לֹא עָבְרוּ שְׁתֵּים עֶשְׂרֵה שָׁעוֹת. וְאַף שֶׁיֵּשׁ לָהֶם עַל מַה שֶּׁיִּסְמֹכוּ, אֲבָל רֹב הַפּוֹסְקִים מַחְמִירִים בָּזֶה. וְעַל כֵּן צָרִיךְ לִזָּהֵר בַּדָּבָר (עפמ"ג ומחה תנה).

סעיף ב' אִם לֹא יוּכַל לְשַׁעֵר אֶת זְמַן בֵּין הַשְּׁמָשׁוֹת יַקְדִּים קְצָת, וּבִלְבַד שֶׁלֹּא יִשְׁאַב קֹדֶם שְׁקִיעַת הַחַמָּה. וְהַמִּנְהָג לְסַנֵּן אֶת הַמַּיִם וּלְכַסּוֹתָן. וּצְרִיכִין לְהַעֲמִידָם בְּמָקוֹם קָר. וּכְשֶׁהוּא נוֹשְׂאָם בַּיּוֹם לַבַּיִת, יִזָּהֵר שֶׁלֹּא יָבֹא עֲלֵיהֶם הַשֶּׁמֶשׁ.

סעיף ג' יָכוֹל לִשְׁאוֹב בְּפַעַם אַחַת לְכַמָּה יָמִים, אֲבָל הַמִּצְוָה הִיא לִשְׁאוֹב בִּשְׁבִיל כָּל יוֹם וָיוֹם בִּפְנֵי עַצְמוֹ. וְנוֹהֲגִין שֶׁלֹּא לִשְׁאֹב בִּכְלִי חֶרֶס יָשָׁן אֲפִלּוּ הוּא שֶׁל פֶּסַח אֶלָּא אִם כֵּן הוּא מְצֻפֶּה (גלעזירט) דִּכְלִי חֶרֶס יָשָׁן שֶׁאֵינוֹ מְצֻפֶּה, אֵינוֹ הַדּוּר מִצְוָה, וְאֵין לְשַׁנּוֹת הַמִּנְהָג.

סעיף ד' הַנְּהָרוֹת בִּימֵי נִיסָן, עַל פִּי הָרֹב הֵן יוֹתֵר קָרִים מִן הַבְּאֵרוֹת, וְעַל כֵּן יִשְׁאַב מִן הַנָּהָר. אַךְ לִפְעָמִים הַנְּהָרוֹת גְּדוֹלִים מֵהַפְשָׁרַת שְׁלָגִים וְאֵינָם קָרִים כָּל כָּךְ, אָז טוֹב יוֹתֵר לִשְׁאוֹב מִן הַבְּאֵרוֹת.

סעיף ה'
לֹא יִשְׁאָבֵם עַל יְדֵי אֵינוֹ יְהוּדִי, אֶלָּא עַל יְדֵי יִשְׂרָאֵל.

סעיף ו'
לֹא יִתְּנֵם בִּכְלִי שֶׁהָיָה בּוֹ דְּבַשׁ אוֹ שְׁאָר מֵי פֵּרוֹת, אֶלָּא אִם הִגְעִילוֹ קֹדֶם, מִכָּל שֶׁכֵּן שֶׁלֹּא יִתְּנֵם בִּכְלִי שֶׁהָיָה בּוֹ דָּבָר חָרִיף אֲפִלּוּ לֹא הָיָה חָמֵץ, מִשּׁוּם דְּעַל יְדֵי דָּבָר חָרִיף, מְמַהֵר לְהַחְמִיץ, וַאֲפִלּוּ הַגְעָלָה לָא מְהַנֵּי לָזֶה, גַּם לֹא יִתְּנֵם בִּכְלִי נְחֹשֶׁת, שֶׁאֵינוֹ מְצַנֵּן כְּמוֹ שְׁאָר כֵּלִים.

סעיף ז' אִם רוֹאֶה שֶׁלֹּא יַסְפִּיקוּ לוֹ הַמַּיִם שֶׁלָּנוּ, מֻתָּר לְהוֹסִיף לְתוֹכָן שְׁאָר מַיִם, וּבִלְבַד שֶׁיְּהֵא הָרֹב מִמַּיִם שֶׁלָּנוּ, וּלְכַתְּחִלָּה טוֹב שֶׁיִּהְיוּ שְׁנֵי שְׁלִישִׁים מִמַּיִם שֶׁלָּנוּ. וְיֵשׁ לְהַדֵּר, אִם אֶפְשָׁר, לִשְׁאֹב אֶת הַמַּיִם שֶׁמּוֹסִיפִין מִתּוֹךְ [מַשְׁאֵבָה] (פְּלוּמְפּ) אוֹ שְׁאָר בְּאֵר מְכֻסָּה, שֶׁאֵין הַשֶּׁמֶשׁ בָּאָה עַל הַמַּיִם.

סעיף ח' כְּשֶׁאוֹפִין בְּיוֹם רִאשׁוֹן, צְרִיכִין לִשְׁאוֹב בְּיוֹם חֲמִישִׁי בָּעֶרֶב, כִּי בְּיוֹם עֶרֶב שַׁבָּת אִי אֶפְשָׁר לְצַמְצֵם בֵּין הַשְּׁמָשׁוֹת. וּבִשְׁעַת הַדְּחָק, אִם לֹא שָׁאַב בְּיוֹם חֲמִישִׁי, יִשְׁאַב בְּעֶרֶב שַׁבָּת לְאַחַר מִנְחָה, אוֹ בְּשַׁבָּת עַל יְדֵי אֵינוֹ יְהוּדִי.

סעיף ט' אֵין לִשְׁפֹּךְ אֶת הַמַּיִם מִפְּנֵי הַמֵּת, וְלֹא מִפְּנֵי הַתְּקוּפָה, שֶׁנֶּאֱמַר, שׁוֹמֵר מִצְוָה לֹא יֵדַע דָּבָר רָע. וּמִכָּל מָקוֹם לְכַתְּחִלָּה כְּשֶׁיּוֹדֵעַ שֶׁהַתְּקוּפָה

תִּפּוֹל, יַנִּיחַ בְּתוֹךְ הַמַּיִם חֲתִיכַת בַּרְזֶל קְטַנָּה וּנְקִיָּה, כְּמוֹ מַחַט, וּתְהֵא תְּלוּיָה בְּחוּט, שֶׁלֹּא יִצְטָרֵךְ אַחַר כָּךְ לְהַכְנִיס אֶת הַיָּד לְתוֹךְ הַמַּיִם לָקַחַת אוֹתָהּ, אֶלָּא יִמְשְׁכֶנָּה עִם הַחוּט.

סימן קי - דיני הלשה ואפית המצות ובו ט"ו סעיפים:

סעיף א' תַּנּוּר שֶׁאָפוּ בּוֹ חָמֵץ כְּשֶׁרוֹצֶה לֶאֱפוֹת בּוֹ מַצּוֹת צָרִיךְ לְהַכְשִׁירוֹ עַל יְדֵי לִבּוּן בָּאוּר, דְּהַיְנוּ שֶׁיַּסִּיקוּ כָּל כָּךְ עַד שֶׁיִּהְיוּ נִיצוֹצוֹת נִתָּזִין מִמֶּנּוּ, כִּי בְּפָחוֹת מִזֶּה לֹא הָוֵי לִבּוּן גָּמוּר. וְצָרִיךְ לִזָּהֵר שֶׁיֵּלְכוּ הַגֶּחָלִים עַל פְּנֵי כֻלּוֹ. וְטוֹב וְיָשָׁר הוּא, לְגָרְפוֹ וּלְנַקּוֹתוֹ הֵיטֵב אַחַר הַהֶסֵּק, וּלְהַמְתִּין עַד שֶׁיִּצְטַנֵּן קְצָת, וְאַחַר כָּךְ יַחֲזוֹר וְיַסִּיקֵהוּ לַאֲפִיַּת הַמַּצּוֹת, וְלֹא מִיָּד אַחַר הַלִּבּוּן.

סעיף ב' יֵשׁ נוֹהֲגִין לָטוּחַ אֶת הַתַּנּוּר בְּקַרְקַע חָדָשׁ, כְּדֵי שֶׁלֹּא יִצְטָרְכוּ לְהַכְשִׁירוֹ עַל יְדֵי הֶסֵּק. שֶׁהֶחָמֵץ הַבָּלוּעַ בְּגַגּוֹ וּבְקִירוֹתָיו, הוּא נִפְלָט עַל יְדֵי לִבּוּן מֵהַשַּׁלְהֶבֶת שֶׁמַּסִּיקִין לַאֲפִיַּת הַמַּצּוֹת, וּמִנְהָג יָפֶה הוּא, וּבִלְבַד שֶׁיְּטוּחוּ אוֹתוֹ בְּקַרְקַע עָבֶה כְּעֳבִי אֶצְבַּע אוֹ יוֹתֵר עַל פְּנֵי כֻלּוֹ. אֲבָל טִיחַ מוּעָט אֵינוֹ מוֹעִיל כְּלוּם.

סעיף ג' אֵין לָשִׁין וְאֵין עוֹשִׂין אֶת הַמַּצּוֹת אֶלָּא בְּבַיִת מְקֹרֶה, וְלֹא כְּנֶגֶד חַלּוֹן פָּתוּחַ, אֲפִלּוּ אִם אֵין הַחַמָּה זוֹרַחַת שָׁמָּה. אֲבָל אִם הַחַלּוֹנוֹת נְעוּלִים וְיֵשׁ בָּהֶן זְכוּכִית, מֻתָּר אִם אֵין הַחַמָּה זוֹרַחַת שָׁמָּה. אֲבָל אִם הַחַמָּה זוֹרַחַת שָׁמָּה, לֹא מַהֲנֵי חַלּוֹן זְכוּכִית, אֶלָּא צָרִיךְ לִפְרֹס וִילוֹן בִּמְקוֹם זְרִיחַת הַחַמָּה. וְכֵן צְרִיכִין לִזָּהֵר שֶׁלֹּא יְהֵא הַבַּיִת מֻסָּק וְחַם (תנ"ט).

סעיף ד' אֵין לָשִׁין עִסָּה גְּדוֹלָה יוֹתֵר מִשִּׁעוּר חַלָּה. וְטוֹב לְמַעֵט, כִּי שֶׁעָרוּ רַבּוֹתֵינוּ זִכְרוֹנָם לִבְרָכָה, שֶׁאִם הָעִסָּה גְּדוֹלָה יוֹתֵר מִשִּׁעוּר חַלָּה, אִי אֶפְשָׁר לַעֲסֹק בָּהּ בְּפַעַם אַחַת, וְחֵלֶק מִמֶּנָּה מֻנָּח בְּלֹא עֵסֶק, וְיֵשׁ לָחוּשׁ פֶּן יִתְחַמֵּץ. אִם לָשׁ עִסָּה רַכָּה, לֹא יוֹסִיף קֶמַח לְעַבּוֹתָהּ (תנ"ו תנ"ז תנ"ט).

סעיף ה' לֹא יִדְחוֹק אֶת הַקֶּמַח לְתוֹךְ הַמִּדָּה, כִּי יֵשׁ לָחוּשׁ שֶׁלֹּא יְהֵא נִלּוֹשׁ יָפֶה וְיִשָּׁאֵר בְּתוֹךְ הַמַּצָּה מַשֶּׁהוּ קֶמַח. וּכְשֶׁיָּבוֹא אַחַר כָּךְ בַּתַּבְשִׁיל, יִתְחַמֵּץ. גַּם יִזָּהֲרוּ שֶׁלֹּא לְהַנִּיחַ אֶת הַקֶּמַח סָמוּךְ לַמַּיִם, שֶׁלֹּא יִפּוֹל מֵאֲבַק הַקֶּמַח לְתוֹךְ הַמָּיִם, וְכֵן הַמּוֹדֵד אֶת הַקֶּמַח, לֹא יִתְקָרֵב אֶל הָעִסָּה אוֹ אֶל הַמָּיִם. וְטוֹב לִזָּהֵר שֶׁלֹּא לְהַנִּיחַ אֶת הַיָּד עַל הַקֶּמַח שֶׁלֹּא לְצֹרֶךְ, כִּי הַיָּד מְחַמֶּמֶת קְצָת (תנו תנט).

סעיף ו' הַכְּלִי שֶׁלָּשִׁין בּוֹ, צְרִיכִין לְהַשְׁגִּיחַ שֶׁלֹּא יְהֵא בָּהּ שׁוּם נֶקֶב אוֹ סֶדֶק, שֶׁיּוּכַל לְהִשָּׁאֵר שָׁם מַשֶּׁהוּ עִסָּה וְתִתְחַמֵּץ. וְלֹא יַנִּיחַ הַכְּלִי בִּשְׁעַת לִישָׁה עַל כָּרִים וּכְסָתוֹת פֶּן תִּתְחַמֵּם. וְיִזָּהֵר שֶׁלְּאַחַר כָּל שְׁמֹנֶה עֶשְׂרֵה [דַקָּה] (מִנּוּטִין) יְנַקֶּה אֶת הַכְּלִי הֵיטֵב, וְגַם יִרְחַץ יָדָיו הֵיטֵב. וְכֵן הַדַּפִּין וְהָעֵצִים שֶׁמְּגַלְגְּלִין בָּהֶם, יַשְׁגִּיחוּ עֲלֵיהֶם שֶׁלֹּא יְהֵא בָּהֶם שׁוּם נֶקֶב אוֹ סֶדֶק. וּלְכָל הַפָּחוֹת לְאַחַר שְׁמֹנֶה עֶשְׂרֵה [דַקָּה] (מִנּוּטִין) יְנַקּוּ אוֹתָם הֵיטֵב. וְכֵן הַכֵּלִים שֶׁמְּנַקְּבִים בָּהֶם, שֶׁלֹּא יְהֵא עֲלֵיהֶם אֲפִלּוּ מַשֶּׁהוּ עִסָּה. וְכֵן הַמַּרְדֶּה

שֶׁמַּכְנִיסִין בּוֹ אֶת הַמַּצּוֹת לְתוֹךְ הַתַּנּוּר, צְרִיכִין לְהַשְׁגִּיחַ שֶׁלֹּא יְהֵא בָּהּ שׁוּם סֶדֶק, שֶׁלֹּא יִכָּנֵס בָּהּ עִסָּה וְיִתְחַמֵּץ (תנ"ט).

סעיף ז' אִם נָפַל לְתוֹךְ הָעִסָּה אֵיזֶה דָּבָר חָרִיף, כְּגוֹן מֶלַח אוֹ תַּבְלִין אוֹ סִיד חַי, אֲפִלּוּ מַשֶּׁהוּ, וְנִלּוֹשׁ בְּתוֹכָהּ, כָּל הָעִסָּה אֲסוּרָה, מִשּׁוּם דְּמִתְחַמֶּמֶת שָׁם. וְאִם נִמְצָא בְּתוֹךְ הָעִסָּה גַּרְעִין תְּבוּאָה, יִטּוֹל מִן הָעִסָּה כָּעֳבִי אֶצְבַּע סְבִיב הַגַּרְעִין וְיַשְׁלִיךְ, וְהַשְּׁאָר מֻתָּר (תנ"ה תס"ז).

סעיף ח' יִזָּהֲרוּ שֶׁלֹּא לְהַנִּיחַ אֶת הָעִסָּה אֲפִלּוּ רֶגַע אֶחָד בְּלִי עֵסֶק. וּמִיָּד כְּשֶׁנִּגְמְרָה הָעִסָּה, יְחַלְּקָהּ כֻּלָּהּ לְהַמְגַלְגְּלִים. וְעַל כֵּן יֵשׁ לְהַשְׁגִּיחַ שֶׁלֹּא לַעֲשׂוֹת עִסָּה גְּדוֹלָה רַק כְּפִי עֵרֶךְ הַמְגַלְגְּלִים. וְאִם נִשְׁאַר מִן הָעִסָּה בִּידֵי הַמְחַלֵּק, יְלוּשְׁנָּה וְיַעֲסֹק בָּהּ, שֶׁלֹּא תָנוּחַ אֲפִלּוּ רֶגַע בְּלִי עֵסֶק.

סעיף ט' הַמְגַלְגְּלִים יְגַלְגְּלוּ בִּזְרִיזוּת, וְאַל יִשְׁהוּ לַעֲשׂוֹת אֶת הַמַּצָּה כִּדְמוּת אֵיזוֹ צוּרָה. וְיַשְׁגִּיחוּ שֶׁלֹּא יִהְיוּ פֵּרוּרִין מִן הָעִסָּה עַל הַדַּף. וְגַם שֶׁלֹּא יְהֵא מְדֻבָּק בִּידֵיהֶם שׁוּם עִסָּה. וּמִיָּד כְּשֶׁרוֹאִין שֶׁנִּדְבְּקָה בָּהֶן קְצָת עִסָּה, יִרְחֲצוּ יְדֵיהֶם הֵיטֵב.

סעיף י' מִיָּד לְאַחַר שֶׁנִּגְמְרָה הַמַּצָּה, יְנַקְּבוּהָ בִּזְרִיזוּת. וְלֹא יַעֲשׂוּ אֵיזֶה צִיּוּר בְּמַה שֶּׁמְּנַקְּבִים, אֶלָּא יְמַהֲרוּ בְּכָל מַה דְּאֶפְשָׁר, וּמִיָּד יִתְּנוּהָ לְתוֹךְ הַתַּנּוּר. וְיִזָּהֵר מְאֹד שֶׁלֹּא יַשְׁהֶה אוֹתָהּ אֲפִלּוּ מְעַט נֶגֶד פִּי הַתַּנּוּר, כִּי שָׁם תְּמַהֵר לְהַחְמִיץ. וְעַל כֵּן צְרִיכִין לְהַדֵּר שֶׁזֶּה שֶׁהוּא מוֹשִׁיט אֶת הַמַּצּוֹת לָאוֹפֶה יִהְיֶה בַּעַל תּוֹרָה וִירֵא שָׁמַיִם שֶׁיְּדַקְדֵּק בָּזֶה (תנ"ט ת"צ).

סעיף יא' הַיְרֵא דְּבַר ה', יִזָּהֵר שֶׁקֹּדֶם אֲפִיַּת הַמַּצּוֹת שֶׁלּוֹ, יַסִּיקוּ הֵיטֵב מֵחָדָשׁ אֶת הַתַּנּוּר וִיפַזְּרוּ אֶת הַגֶּחָלִים עַל פְּנֵי כֻלּוֹ, כִּי מִי יוֹדֵעַ אִם זֶה אֲשֶׁר אָפָה קֹדֶם לוֹ הָיָה נִזְהָר בְּכָל הַזְּהִירוּת (חַיֵּי אָדָם).

סעיף יב' הָאוֹפֶה יִזָּהֵר מְאֹד לְהַשְׁגִּיחַ שֶׁלֹּא תִּתְכַּפֵּל אֵיזוֹ מַצָּה, וְגַם שֶׁלֹּא תִגַּע אַחַת בַּחֲבֶרְתָּהּ, כִּי בְּמָקוֹם הַנְּגִיעָה, וְכֵן בְּמָקוֹם שֶׁמִּתְכַּפֶּלֶת, אֵינָהּ נֶאֱפֵית מַהֵר וּמִתְחַמֶּצֶת. וְאִם אֵרַע שֶׁנִּתְכַּפְּלָה אוֹ שֶׁנִּתְנַפְּחָה אֵיזוֹ מַצָּה, צְרִיכִין לִשְׁבּוֹר [וּלְהַשְׁלִיךְ] אֶת הַמָּקוֹם הַהוּא וְהוּא חָמֵץ, וְהַשְּׁאָר מֻתָּר. אֲבָל אִם נָגְעוּ זוֹ בָּזוֹ בַּתַּנּוּר כְּשֶׁהֵן עֲדַיִן לַחוֹת, יֵשׁ לְהַתִּיר בְּדִיעֲבַד. מַצָּה נְפוּחָה, הַיְנוּ שֶׁנִּכָּר שֶׁנִּתְחַלְּקָה הַמַּצָּה בְּעָבְיָהּ, וְהֶחָלָל הוּא כְּמוֹ רֹחַב אֲגוּדָל.

סעיף יג' צְרִיכִין לִזָּהֵר שֶׁלֹּא לְהוֹצִיא מִן הַתַּנּוּר כָּל זְמַן שֶׁלֹּא נֶאֶפְתָה קְצָת, עַד שֶׁאִם הָיוּ פּוֹרְסִין אוֹתָהּ לֹא הָיוּ כְּעֵין חוּטִין נִמְשָׁכִין. כִּי קֹדֶם שִׁעוּר זֶה, הֲרֵי עֲדַיִן כְּמוֹ עִסָּה. וּכְשֶׁהִיא חוּץ לַתַּנּוּר, תְּמַהֵר לְהַחְמִיץ. וְגַם הַמַּרְדֶּה שֶׁהוֹצִיאוּהָ עָלָיו, גַּם כֵּן אֲסוּרָה עוֹד לְמַצּוֹת. וְאִם אִי אֶפְשָׁר לֵידַע אִם הָיוּ חוּטִין נִמְשָׁכִין מִמֶּנָּה אוֹ לֹא, יֵשׁ לְהַחְמִיר מִסָּפֵק. אַךְ אִם קָרְמוּ פָּנֶיהָ, יֵשׁ לְהָקֵל.

סעיף יד' רָאוּי לְכָל יְרֵא שָׁמַיִם שֶׁיְּהֵא הוּא בְּעַצְמוֹ עוֹמֵד וּמַשְׁגִּיחַ בַּעֲשִׂיַּת וַאֲפִיַּת הַמַּצּוֹת שֶׁלּוֹ וּלְהַזְהִירָם שֶׁיַּעֲשׂוּ בִּזְרִיזוּת וּבְהַשְׁגָּחָה. וְכָךְ הָיוּ עוֹשִׂים

גְּדוֹלֵי יִשְׂרָאֵל הָרִאשׁוֹנִים זִכְרוֹנָם לִבְרָכָה, וְכֵן עוֹשִׂין גַּם בִּזְמַנֵּנוּ (ת"ס).

סעיף טו' הַמַּצּוֹת שֶׁהֵם לָצֵאת בָּהֶן יְדֵי חוֹבַת אֲכִילַת מַצָּה בִּשְׁנֵי לֵילוֹת הָרִאשׁוֹנִים, נִקְרָאוֹת מַצּוֹת מִצְוָה. וּצְרִיכִין לַעֲשׂוֹתָן לְשֵׁם מִצְוָה, עַל יְדֵי יִשְׂרָאֵל גָּדוֹל בֶּן דַּעַת, שֶׁהוּא בֶּן שְׁלֹשׁ עֶשְׂרֵה שָׁנָה וְיוֹם אֶחָד, וְאִשָּׁה בַּת שְׁתֵּים עֶשְׂרֵה שָׁנָה וְיוֹם אֶחָד. וּבְכָל הָעֲשִׂיּוֹת יֹאמַר הָעוֹשֶׂה, לְשֵׁם מַצַּת מִצְוָה, אֲפִלּוּ בִּשְׁאִיבַת הַמַּיִם. (כָּל הַדִּינִים שֶׁכָּתַבְנוּ בְּעִנְיַן אֲפִיַּת הַמַּצּוֹת, זֶהוּ לְמִנְהָגֵנוּ שֶׁאוֹפִין הַכֹּל לִפְנֵי הַפֶּסַח. אֲבָל בִּמְקוֹם הַדְּחָק שֶׁאוֹפִין גַּם בְּפֶסַח, יֵשׁ בָּזֶה עוֹד חֻמְרוֹת יְתֵרוֹת עַל מַה שֶּׁכָּתַבְנוּ. וְכֵן הַנּוֹהֲגִין לֶאֱפוֹת מַצּוֹת מִצְוָה בְּעֶרֶב פֶּסַח לְאַחַר חֲצוֹת הַיּוֹם, צְרִיכִין זְהִירוּת יְתֵרָה).

סימן קיא - הלכות בדיקת ובטול חמץ ובו י"ז סעיפים:

סעיף א' בַּלַּיְלָה שֶׁלִּפְנֵי עֶרֶב פֶּסַח בּוֹדְקִין אֶת הֶחָמֵץ. וְחַיָּבִין לִבְדּוֹק מִיָּד בִּתְחִלַּת הַלַּיְלָה. וְאָסוּר לְהַתְחִיל לֶאֱכֹל אוֹ לַעֲשׂוֹת שׁוּם מְלָאכָה חֲצִי שָׁעָה קֹדֶם הַלַּיְלָה.

סעיף ב' אֵין בּוֹדְקִין אֶלָּא בְּנֵר שֶׁל שַׁעֲוָה יְחִידִי, וְלֹא קָלוּעַ מִשּׁוּם דַּהֲוֵי כַּאֲבוּקָה. וּבִשְׁעַת הַדְּחַק שֶׁאֵין לוֹ נֵר שֶׁל שַׁעֲוָה, יִבְדֹּק בְּנֵר שֶׁל חֵלֶב.

סעיף ג' בּוֹדֵק כָּל הַחֲדָרִים שֶׁיֵּשׁ לָחוּשׁ שֶׁמָּא הִכְנִיסוּ בָּהֶם חָמֵץ, אֲפִלּוּ הַמַּרְתְּפִים וְהָעֲלִיּוֹת וְהַחֲנֻיּוֹת וּבֵית הָעֵצִים. כֹּל שֶׁיֵּשׁ לָחוּשׁ שֶׁמָּא הִכְנִיסוּ שָׁם חָמֵץ, צְרִיכִין לְבָדְקוֹ. וְכֵן צְרִיכִין לִבְדּוֹק כָּל הַכֵּלִים שֶׁמַּחְזִיקִים בָּהֶם חָמֵץ. וְקֹדֶם הַבְּדִיקָה יְכַבְּדוּ הֵיטֵב כָּל הַמְּקוֹמוֹת וִינַקּוּ אוֹתָם מִכָּל חָמֵץ, לְמַעַן יְהֵא נָקֵל לוֹ אַחַר כָּךְ לְבָדְקָם.

סעיף ד' רֶפֶת שֶׁל בָּקָר, שֶׁנּוֹתְנִים שָׁמָּה תְּבוּאָה לַבְּהֵמוֹת לֶאֱכֹל, וְכֵן לוּל שֶׁל תַּרְנְגוֹלִים שֶׁנּוֹתְנִים לָהֶם שָׁם תְּבוּאָה, אֵינָן צְרִיכִין בְּדִיקָה, כִּי שֶׁמָּא לֹא נִתְחַמְּצָה כְּלָל הַתְּבוּאָה. וְאִם תִּמְצָא לוֹמַר נִתְחַמְּצָה, שֶׁמָּא אָכְלוּ הַכֹּל וְלֹא שִׁיְּרוּ כְּלוּם. אֲבָל אִם נָתְנוּ לָהֶם שָׁמָּה תְּבוּאָה חֲמוּצָה, שֶׁאֵין כָּאן אֶלָּא סָפֵק אֶחָד, שֶׁמָּא אָכְלוּ הַכֹּל, אֵין סוֹמְכִין עַל זֶה, וּצְרִיכִין בְּדִיקָה.

סעיף ה' צְרִיכִין לִבְדּוֹק בְּכָל הַמְּקוֹמוֹת בַּחוֹרִין וּבַסְּדָקִין, כָּל מַה שֶּׁאֶפְשָׁר. וְגַם הַכִּיסִים שֶׁבִּבְגָדִים שֶׁלּוֹ וְשֶׁל תִּינוֹקוֹת, שֶׁלִּפְעָמִים נוֹתְנִים בָּהֶן חָמֵץ, צְרִיכִין בְּדִיקָה. וִינַעֲרֵם הֵיטֵב לְמָחָר בִּשְׁעַת הַבִּעוּר (תל"ג).

סעיף ו' הַחֲדָרִים שֶׁמּוּכְרִים לְאֵינוֹ יְהוּדִי עִם הֶחָמֵץ, כֵּיוָן שֶׁאֵין מוֹכְרִים עַד לְמָחָר, אִם כֵּן חָל עָלָיו בַּלַּיְלָה חִיּוּב בְּדִיקָה וְחַיָּב לְבָדְקָם (חיי"א כלל קיט מקור הַחַיִּים סוֹף סוֹף סִימָן תלו).

סעיף ז' קֹדֶם שֶׁמַּתְחִיל לִבְדֹּק, יְבָרֵךְ אֲשֶׁר קִדְּשָׁנוּ בְּמִצְוֹתָיו וְצִוָּנוּ עַל בִּעוּר חָמֵץ. וְאַף עַל פִּי שֶׁעַתָּה עֲדַיִן אֵינוֹ מְבַעֲרוֹ, מִכָּל מָקוֹם מְבָרֵךְ עַל בִּעוּר, לְפִי שֶׁמִּיָּד לְאַחַר הַבְּדִיקָה יְבַטֵּל אֶת הֶחָמֵץ שֶׁאֵינוֹ יָדוּעַ לוֹ, וְהוּא הַבִּעוּר לְחָמֵץ שֶׁאֵינוֹ יָדוּעַ לוֹ. וְלֹא יַפְסִיק בֵּין הַבְּרָכָה לִתְחִלַּת הַבְּדִיקָה. וְטוֹב שֶׁלֹּא יַפְסִיק עַד גְּמַר כָּל הַבְּדִיקָה, אֶלָּא בְּמַה שֶּׁהוּא מֵעִנְיַן הַבְּדִיקָה. וְיָכוֹל לִבְדּוֹק כַּמָּה בָתִּים בִּבְרָכָה אֶחָת.

סעיף ח' יֵשׁ נוֹהֲגִין שֶׁקֹּדֶם הַבְּדִיקָה מַנִּיחִין פְּתִיתֵי לֶחֶם בִּמְקוֹמוֹת שֶׁיִּמְצָאֵם הַבּוֹדֵק, כִּי חוֹשְׁשִׁין שֶׁמָּא לֹא יִמְצָא כְּלוּם וּתְהֵא בְּרָכָה לְבַטָּלָה. וּפְשִׁיטָא כִּי מִי שֶׁאֵינוֹ בּוֹדֵק כָּרָאוּי, אֶלָּא שֶׁהוּא מְקַבֵּץ אֵלּוּ הַפְּתִיתִים, לֹא קִיֵּם מִצְוַת בְּדִיקָה, וּבֵרַךְ בְּרָכָה לְבַטָּלָה (תל"ב).

סעיף ט' הֶחָמֵץ שֶׁהוּא מְשַׁיֵּר לַאֲכִילָה אוֹ לִמְכִירָה, יַנִּיחַ קֹדֶם הַבְּדִיקָה בְּמָקוֹם הַמְשֻׁמָּר הֵיטֵב. וְכֵן הֶחָמֵץ שֶׁהוּא מוֹצֵא בִּבְדִיקָתוֹ, וְצָרִיךְ לְשָׂרְפוֹ לְמָחָר, יַנִּיחַ בְּמָקוֹם מְשֻׁמָּר וּמְקֻשָּׁר, שֶׁלֹּא יֹאבַד מִמֶּנּוּ, וְיַנִּיחֶנּוּ בְּמָקוֹם שֶׁיִּרְאֵהוּ לְמָחָר וְלֹא יִשְׁכַּח לְשָׂרְפוֹ.

סעיף י' אַחַר הַבְּדִיקָה מִיָּד יְבַטְּלֶנּוּ, וְעִקַּר הַבִּטּוּל הוּא בַּלֵּב, שֶׁיִּגְמֹר בְּלִבּוֹ שֶׁכָּל חָמֵץ שֶׁבִּרְשׁוּתוֹ הֲרֵי הוּא כְּאִלּוּ אֵינוֹ, וְאֵינוֹ חָשׁוּב כְּלוּם, וַהֲרֵי הוּא כְּמוֹ עָפָר, וּכְדָבָר שֶׁאֵין בּוֹ צֹרֶךְ כְּלָל. וְתִקְּנוּ חֲכָמִים שֶׁיּוֹצִיא דְּבָרִים אֵלּוּ גַּם בְּפִיו, וְיֹאמַר: כָּל חֲמִירָא וְכוּ'. וּמִי שֶׁאֵינוֹ יוֹדֵעַ פֵּרוּשׁוֹ, יֹאמַר בְּלָשׁוֹן שֶׁהוּא מֵבִין (אַלֶער זוֹיעֶרְטֵייג, אוּנְד אַלֶעס גֶעזֵייעֶרְטֶע וֶועלְכֶעס זִיךְ אִין מֵיינֶעם רְשׁוּת בֶּעפִינְדֶעט, דַאס אִיךְ נִיכְט גֶעזֶעהֶן אוּנְד נִיכְט וֶועגְגֶעשַׁאפְט הָאבֶּע, זָאל פֶערְנִיכְטֶעט אוּנְד דֶעם שְׁטוֹיבֶּע דֶער עֶרְדֶע גְלַייךְ גֶעהַאלְטֶען זַיין) (תל"ד).

סעיף יא' אַף עַל פִּי שֶׁבִּטֵּל אֶת הֶחָמֵץ בַּלַּיְלָה לְאַחַר הַבְּדִיקָה, מִכָּל מָקוֹם גַּם בַּיּוֹם לְאַחַר שֶׁשָּׂרַף אוֹתוֹ יַחֲזוֹר וִיבַטְּלֶנּוּ, וְיִכְלוֹל כָּל הֶחָמֵץ וְיֹאמַר: כָּל חֲמִירָא וְכוּ'. אוֹ בְּלָשׁוֹן שֶׁהוּא מֵבִין [כָּל שְׂאוֹר וְכָל חָמֵץ שֶׁבִּרְשׁוּתִי שֶׁרְאִיתִיו וְשֶׁלֹּא רְאִיתִיו, שֶׁבִּעַרְתִּיו וְשֶׁלֹּא בִּעַרְתִּיו, יְהֵא בָטֵל וְהֶפְקֵר וְחָשׁוּב כְּעַפְרָא דְאַרְעָא) (אַלֶער זוֹיעֶרְטֵייג אוּנְד אַלֶעס גֶעזֵייעֶרְטֶע, וֶועלְכֶעס זִיךְ אִין מֵיינֶעם רְשׁוּת בֶּעפִינְדֶעט. דַאס אִיךְ גֶעזֶעהֶן אָדֶער נִיכְט גֶעזֶעהֶן. דַאס אִיךְ וֶועגְגֶעשַׁאפְט אָדֶער נִיכְט וֶועגְגֶעשַׁאפְט הָאבֶּע, זָאל פֶערְנִיכְטֶעט אוּנְד דֶעם שְׁטוֹיבֶּע דֶער עֶרְדֶע גְלַייךְ גֶעהַאלְטֶען זַיין).

סעיף יב' חֶדֶר שֶׁצָּרִיךְ בְּדִיקַת חָמֵץ, וְרוֹצֶה לַעֲשׂוֹתוֹ אוֹצָר, פֵּרוּשׁ שֶׁרוֹצֶה לֶאֱצוֹר בְּתוֹכוֹ פֵּרוֹת אוֹ עֵצִים אוֹ שְׁאָר דְּבָרִים, שֶׁמֵּחֲמַת זֶה לֹא יוּכַל לְבָדְקוֹ, כְּשֶׁיַּגִּיעַ לֵיל אַרְבָּעָה עָשָׂר, צָרִיךְ לִבְדּוֹק תְּחִלָּה אֶת הֶחָמֵץ שָׁם בַּלַּיְלָה, כְּמוֹ שֶׁבּוֹדְקִין אֶת הֶחָמֵץ לֵיל אַרְבָּעָה עָשָׂר. וַאֲפִלּוּ יֵשׁ עוֹד זְמַן רַב עַד הַפֶּסַח, וַאֲפִלּוּ מִיָּד לְאַחַר פֶּסַח שֶׁעָבַר. וּבְדִיעֲבַד אִם לֹא בְדָקוֹ קֹדֶם שֶׁעֲשָׂאוֹ אוֹצָר, אִם דַּעְתּוֹ לְפַנּוֹתוֹ קֹדֶם שֶׁיַּגִּיעַ זְמַן בְּדִיקַת חָמֵץ, אֵינוֹ צָרִיךְ לִטְרוֹחַ עַתָּה לְפַנּוֹתוֹ וּלְבָדְקוֹ. אֲבָל אִם דַּעְתּוֹ לְפַנּוֹתוֹ בְּתוֹךְ יְמֵי פֶּסַח, צָרִיךְ לְפַנּוֹתוֹ עַתָּה וּלְבָדְקוֹ, וְאַף עַל פִּי שֶׁיֵּשׁ טֹרַח רַב וְחֶסְרוֹן כִּיס.

סעיף יג' וְאִם עוֹשֶׂה אֶת הָאוֹצָר עַל דַּעַת שֶׁלֹּא לְפַנּוֹתוֹ עַד לְאַחַר הַפֶּסַח, אֲזַי יֵשׁ חִלּוּק בַּזְּמַן. אִם הוּא קֹדֶם שְׁלֹשִׁים יוֹם שֶׁלִּפְנֵי הַפֶּסַח, אֵינוֹ צָרִיךְ לְבָדְקוֹ (אֶלָּא שֶׁאִם יֵשׁ שָׁם חָמֵץ יָדוּעַ, יְבַעֲרֶנּוּ תְּחִלָּה) וְיוֹעִיל לוֹ הַבִּטּוּל, שֶׁיְּבַטֵּל כָּל חָמֵץ בִּזְמַנּוֹ. אֲבָל אִם הוּא תּוֹךְ שְׁלֹשִׁים יוֹם שֶׁלִּפְנֵי הַפֶּסַח, חָל עָלָיו חִיּוּב בְּדִיקָה, (כֵּיוָן שֶׁשּׁוֹאֲלִין וְדוֹרְשִׁין בְּהִלְכוֹת פֶּסַח קֹדֶם לַפֶּסַח שְׁלֹשִׁים יוֹם) וְצָרִיךְ לְבָדְקוֹ. וַאֲפִלּוּ בְּדִיעֲבַד אִם שָׁכַח וְלֹא בְדָקוֹ, צָרִיךְ לְפַנּוֹת אֶת הָאוֹצָר וּלְבָדְקוֹ בַּלַּיְלָה

תֵּכֶף לְאַחַר שֶׁנִּזְכַּר.

סעיף יד' וְאִם עוֹשֶׂה אוֹצָר בַּבּוֹר מֵחִטִּים שֶׁאֵינָן מְחֻמָּצוֹת, וְאַחַר כָּךְ מֵחֲמַת לַחוּת הַבּוֹר נִתְחַמְּצוּ הַחִטִּים שֶׁבְּקַרְקָעִית הַבּוֹר וְשֶׁבְּקִירוֹתָיו, אַף עַל פִּי שֶׁאֲצָרָן בְּתוֹךְ שְׁלֹשִׁים יוֹם, אֵין צָרִיךְ לְפַנּוֹת אֶת הַבּוֹר בְּלֵיל אַרְבָּעָה עָשָׂר וּלְבָדְקוֹ, אֶלָּא דַּי לוֹ בְּבִטּוּל, כֵּיוָן שֶׁבְּשָׁעָה שֶׁאָצַר, אָצַר בְּהֶתֵּר. וְאִם יֵשׁ בֵּינֵיהֶם חִטִּים מְחֻמָּצוֹת, יֵשׁ בָּזֶה כַּמָּה חִלּוּקֵי דִּינִים, וְיַעֲשֶׂה שְׁאֵלַת חָכָם (תל"ו).

סעיף טו' לֹא יַשְׁלִיךְ גַּרְעִינֵי תְּבוּאָה לְתַּרְנְגוֹלִים בְּמָקוֹם לַח תּוֹךְ שְׁלֹשִׁים יוֹם, שֶׁמָּא יִשְׁכַּח מִלְּבַעֲרָם.

סעיף טז' הַיּוֹצֵא לַדֶּרֶךְ, קֹדֶם לֶכְתּוֹ יְמַנֶּה שָׁלִיחַ שֶׁיִּבְדֹּק וִיבַטֵּל חֲמֵצוֹ, וְיֹאמַר לוֹ בְּפֵרוּשׁ, שֶׁהוּא מְמַנֶּה אוֹתוֹ לְשָׁלִיחַ עַל הַבְּדִיקָה וְגַם עַל הַבִּטּוּל. וְהַשָּׁלִיחַ יֹאמַר בַּבִּטּוּל: חֲמֵצוֹ שֶׁל פְּלוֹנִי וְכוּ'. וּמִכָּל מָקוֹם גַּם הוּא בַּאֲשֶׁר הוּא שָׁם, בְּעֶרֶב פֶּסַח בַּבֹּקֶר יְבַטֵּל חֲמֵצוֹ שֶׁבִּרְשׁוּתוֹ (תל"ב תל"ד תל"ו).

סעיף יז' מָצָא חָמֵץ בְּבֵיתוֹ בְּחֹל הַמּוֹעֵד יוֹצִיאוֹ וְיִשְׂרְפֶנּוּ. וְאִם יֵשׁ בּוֹ כַּזַּיִת, יְבָרֵךְ מִתְּחִלָּה עַל בִּעוּר חָמֵץ. אֲבָל עַל פָּחוֹת מִכַּזַּיִת לֹא יְבָרֵךְ. וְאִם מְצָאוֹ בְּיוֹם טוֹב אוֹ בְּשַׁבָּת חֹל הַמּוֹעֵד, וְכֵן בַּשַּׁבָּת שֶׁחָל בְּעֶרֶב פֶּסַח דְּאָסוּר לְטַלְטְלוֹ מִשּׁוּם דַּהֲוֵי מֻקְצֶה, יִכְפֶּה עָלָיו כְּלִי עַד מוֹצָאֵי יוֹם טוֹב אוֹ מוֹצָאֵי שַׁבָּת וְאָז יִשְׂרְפֶנּוּ. וְאִם מְצָאוֹ בַּיָּמִים הָאַחֲרוֹנִים, שֶׁאָז בְּמוֹצָאֵי יוֹם טוֹב כְּבָר עָבַר הַפֶּסַח, אֵינוֹ מְבָרֵךְ עָלָיו, אֶלָּא שׂוֹרְפוֹ בְּלֹא בְּרָכָה, אֲפִלּוּ יֵשׁ בּוֹ כַּזַּיִת (תל"ה תמ"ו).

סימן קיב - איזה חמץ אסור להשהות בפסח ואיזה מתר להשהותו ובו ו' סעיפים:

סעיף א' כָּל דָּבָר שֶׁיֵּשׁ בּוֹ תַּעֲרֹבֶת חָמֵץ, וַאֲפִלּוּ אֵין בּוֹ חָמֵץ בָּעַיִן, רַק הַטַּעַם מֵחָמֵץ, כְּגוֹן שֶׁהֵסִירוּ אֶת הֶחָמֵץ, מִכָּל מָקוֹם אָסוּר לְהַשְׁהוֹתוֹ בְּפֶסַח. אֲבָל דָּבָר שֶׁלֹּא הָיָה בּוֹ חָמֵץ כְּלָל, אֶלָּא שֶׁנִּתְבַּשֵּׁל בִּכְלֵי חָמֵץ, אֲפִלּוּ הָיָה הַכְּלִי בֶּן יוֹמוֹ, אוֹ שֶׁנִּכְבַּשׁ בִּכְלִי חָמֵץ, מֻתָּר לְהַשְׁהוֹתוֹ בְּפֶסַח. וְדַוְקָא שֶׁנִּתְבַּשֵּׁל אוֹ נִכְבַּשׁ קֹדֶם הַפֶּסַח, אֲבָל אִם נִתְבַּשֵּׁל אוֹ נִכְבַּשׁ בְּפֶסַח בִּכְלִי חָמֵץ, חַיָּבִין לְבַעֲרוֹ.

סעיף ב' תְּבוּאָה שֶׁיֵּשׁ בָּהּ גַּרְעִינִים צְמוּחִים אוֹ מְבֻקָּעִים, וַאֲפִלּוּ הֵם מְעֹרָבִים מְעַט בְּהַרְבֵּה. וְכֵן תְּבוּאָה שֶׁנָּפְלוּ עָלֶיהָ מַיִם אוֹ שֶׁרְחָצָהּ בְּמַיִם, אָסוּר לְהַשְׁהוֹתָהּ. וְכֵן כָּל הַדְּבָרִים שֶׁנַּעֲשׂוּ מִתְּבוּאָה זוֹ, אָסוּר לְהַשְׁהוֹתָן. וּמִי שֶׁמּוֹכֵר לַחֲבֵרוֹ תְּבוּאָה שֶׁנִּתְלַחְלְחָה, צָרִיךְ לְהוֹדִיעַ לוֹ שֶׁלֹּא יַשְׁהֶה אוֹתָהּ בַּפֶּסַח. וּלְנָכְרִי אָסוּר לְמָכְרָהּ בְּמָקוֹם שֶׁיֵּשׁ חֲשָׁשׁ שֶׁיִּמְכְּרֶנָּה הַנָּכְרִי לְיִשְׂרָאֵל וְיַשְׁהֶה אוֹתָהּ בַּפֶּסַח.

סעיף ג' בְּגָדִים שֶׁנִּתְכַּבְּסוּ וְנִתְקְנוּ בַּחֲלַב חִטָּה (שטערק), מֻתָּר לְלָבְשָׁן בְּפֶסַח. אֲבָל אֵין לְהַצִּיעָן עַל הַשֻּׁלְחָן אִם יֵשׁ עֲלֵיהֶם אֵיזֶה מַמָּשׁוּת, שֶׁיֵּשׁ לָחוּשׁ שֶׁיִּתְפָּרֵר מֵהֶם אֵיזֶה פֵּרוּר, וְכָל שֶׁכֵּן שֶׁאָסוּר לָתֵת לְתוֹכָן קֶמַח שֶׁל פֶּסַח.

סעיף ד' מֻתָּר לְדַבֵּק נְיָרוֹת בַּחַלּוֹן, אֲפִלּוּ בְּתוֹךְ שְׁלֹשִׁים יוֹם לַפֶּסַח,

וּבִלְבַד שֶׁלֹּא יְהֵא הֶחָמֵץ נִרְאֶה, דְּכֵיוָן שֶׁהַדֶּבֶק אֵינוֹ חָמֵץ גָּמוּר, וְגַם הוּא מְכֻסֶּה, לֹא הֶחְמִירוּ בּוֹ. אֲבָל אִם נִרְאֶה בַּחוּץ, אָסוּר. וְקֹדֶם שְׁלֹשִׁים יוֹם, בְּכָל עִנְיָן מֻתָּר.

סעיף ה' דְּיוֹ שֶׁנִּתְבַּשְּׁלָה בְּשֵׁכָר קֹדֶם פֶּסַח, מֻתָּר לִכְתֹּב בָּהּ בְּחֹל הַמּוֹעֵד פֶּסַח, כֵּיוָן שֶׁנִּפְסְלָה מֵאֲכִילַת הַכֶּלֶב קֹדֶם הַפֶּסַח. וְכֵן כָּל כַּיּוֹצֵא בָּזֶה, שֶׁנִּפְסַל וְנִפְסַד הֶחָמֵץ לְגַמְרֵי קֹדֶם הַפֶּסַח, מֻתָּר בְּפֶסַח בַּהֲנָאָה וּבִשְׁהִיָּה. אֲבָל אֵינוֹ יְהוּדִי שֶׁבִּשֵּׁל בְּפֶסַח דְּיוֹ בְּשֵׁכָר, אָסוּר לְיִשְׂרָאֵל בַּהֲנָאָה, מִשּׁוּם דְּחָמֵץ שֶׁל אֵינוֹ יְהוּדִי גַּם כֵּן אָסוּר לְיִשְׂרָאֵל בַּהֲנָאָה בְּפֶסַח (סִימָן תמ"ב ובחיי"א).

סעיף ו' כָּל הַכֵּלִים שֶׁאֵינוֹ מַכְשִׁירָן לַפֶּסַח, צָרִיךְ לְשַׁפְשְׁפָן הֵיטֵב בְּעֶרֶב פֶּסַח קֹדֶם שָׁעָה שִׁשִּׁית וּלְהַדִּיחָן בְּעִנְיָן שֶׁלֹּא יְהֵא חָמֵץ נִכָּר, וְיַצְנִיעֵם בְּמָקוֹם צָנוּעַ שֶׁאֵינוֹ רָגִיל לֵילֵךְ לְשָׁם בַּפֶּסַח. וְטוֹב לְסָגְרָם בְּחֶדֶר מְיֻחָד וּלְהַצְנִיעַ אֶת הַמַּפְתֵּחַ עַד לְאַחַר הַפֶּסַח (תנ"א).

סימן קיג - דיני ערב פסח ודיני אפית המצות ובו ט' סעיפים:

סעיף א' אֵין אוֹמְרִים מִזְמוֹר לְתוֹדָה וְלֹא לַמְנַצֵּחַ (תכ"ט).

סעיף ב' מֻתָּר לֶאֱכוֹל חָמֵץ רַק עַד שְׁלִישׁ הַיּוֹם, (וְהַיּוֹם נֶחְשָׁב מִן עֲלוֹת הַשַּׁחַר עַד צֵאת הַכּוֹכָבִים). וּבַהֲנָאָה מֻתָּר עוֹד שָׁעָה אַחַת. וּמֻתָּר לְמָכְרוֹ אָז לְאֵינוֹ יְהוּדִי, אֲבָל אַחַר כָּךְ אָסוּר גַּם בַּהֲנָאָה. וְצָרִיךְ לִשְׂרוֹף אֶת הֶחָמֵץ וּלְבַטְּלוֹ כָּל זְמַן שֶׁהוּא מֻתָּר בַּהֲנָאָה (תל"ד תמ"ג).

סעיף ג' מֵחֲצוֹת הַיּוֹם וְאֵילָךְ אָסוּר בַּעֲשִׂיַּת מְלָאכָה. וְאֵינוֹ מֻתָּר לַעֲשׂוֹת, רַק מַה שֶּׁמֻּתָּר לַעֲשׂוֹת בְּחֹל הַמּוֹעֵד. וְעַל יְדֵי אֵינוֹ יְהוּדִי נוֹהֲגִין לְהַתִּיר. וְיֵשׁ מְקוֹמוֹת שֶׁנּוֹהֲגִין לֶאֱסוֹר כָּל הַיּוֹם בִּמְלָאכָה.

סעיף ד' לְהִסְתַּפֵּר וְכֵן לִקְצֹץ הַצִּפָּרְנַיִם, צְרִיכִין קֹדֶם חֲצוֹת. וְאִם שָׁכַח, יָכוֹל לִקְצֹץ צִפָּרְנָיו גַּם לְאַחַר חֲצוֹת. אֲבָל לְהִסְתַּפֵּר אָסוּר, כִּי אִם עַל יְדֵי אֵינוֹ יְהוּדִי.

סעיף ה' אָסוּר לֶאֱכוֹל מַצָּה כָּל הַיּוֹם. וַאֲפִלּוּ הַקְּטַנִּים וְהַקְּטַנּוֹת, כָּל שֶׁמְּבִינִים עִנְיַן יְצִיאַת מִצְרַיִם, אָסוּר לָתֵת לָהֶם מַצָּה. אֲבָל תַּבְשִׁילִין שֶׁעוֹשִׂין מִמַּצּוֹת טְחוּנוֹת, מֻתָּר כָּל אָדָם לֶאֱכוֹל עַד תְּחִלַּת שָׁעָה עֲשִׂירִית, דְּהַיְנוּ עַד הָרְבִיעִית הָאַחֲרוֹנָה שֶׁל הַיּוֹם. וּמִשָּׁם וְאֵילָךְ אָסוּר לֶאֱכוֹל, כִּי אִם לְעֵת הַצֹּרֶךְ מְעַט פֵּרוֹת אוֹ בָּשָׂר וְדָגִים. וְיִזָּהֵר שֶׁלֹּא יְמַלֵּא כְּרֵסוֹ כְּדֵי שֶׁיֹּאכַל בַּלַּיְלָה מַצָּה לְתֵאָבוֹן (תעא).

סעיף ו' הַבְּכוֹרִים בֵּין בְּכוֹר לָאָב בֵּין בְּכוֹר לָאֵם, מִתְעַנִּים בְּעֶרֶב פֶּסַח, אֲפִלּוּ חָל בְּעֶרֶב שַׁבָּת. וְגַם הַבָּא אַחַר הַנְּפָלִים, צָרִיךְ לְהִתְעַנּוֹת (עַיֵּן דָּגוּל מֵרְבָבָה). וְכָל זְמַן שֶׁהַבְּכוֹר קָטָן, הָאָב מִתְעַנֶּה תַּחְתָּיו. בִּסְעוּדַת מִצְוָה אִם מֻתָּרִים לֶאֱכוֹל, תַּלְיָא בְּמִנְהַג הַמְּקוֹמוֹת.

סעיף ז' בְּכוֹר הַמִּתְעַנֶּה, אוֹמֵר בִּתְפִלַּת הַמִּנְחָה, עֲנֵנוּ, וְאִם הֵם כַּמָּה בְּכוֹרִים וּמִתְפַּלְּלִין בְּצִבּוּר, לֹא יֵרֵד בְּכוֹר לִפְנֵי הַתֵּבָה, כִּי אֵין לוֹמַר עֲנֵנוּ בַּחֲזָרַת הַתְּפִלָּה בְּקוֹל, כֵּיוָן שֶׁהוּא חֹדֶשׁ נִיסָן (ת"ע).

סעיף ח' הַמְהַדְּרִים אוֹפִין הַמַּצּוֹת שֶׁל מִצְוָה בְּעֶרֶב פֶּסַח אַחַר חֲצוֹת הַיּוֹם, שֶׁהוּא זְמַן הַקְרָבַת קָרְבַּן פֶּסַח. וְכֵיוָן שֶׁאָז הוּא אַחַר זְמַן אִסּוּר חָמֵץ, טוֹב שֶׁיְּבַטֵּל בְּפֵרוּשׁ אֶת הַפֵּרוּרִים, וְיֹאמַר בְּלָשׁוֹן שֶׁהוּא מֵבִין עִנְיָן זֶה: כָּל פֵּרוּרִים שֶׁיִּפְּלוּ בִּשְׁעַת לִישָׁה וַעֲרִיכָה, וְכֵן הַבָּצֵק שֶׁיִּדָּבֵק בַּכֵּלִים, אֲנִי מְבַטֵּל וּמַפְקִיר אוֹתָם.

סעיף ט' וְהַמַּיִם שֶׁרוֹחֲצִין בָּהֶם אֶת הַכֵּלִים, צְרִיכִין לְשָׁפְכָן בְּמָקוֹם מִדְרוֹן, וְשֶׁלֹּא תִהְיֶה רִצְפַּת אֲבָנִים, כְּדֵי שֶׁיִּבָּלְעוּ מְהֵרָה בַּקַּרְקַע, שֶׁאִם יִשְׁפְּכֵן שֶׁלֹּא בְּמָקוֹם מִדְרוֹן אוֹ אֲפִלּוּ בְּמָקוֹם מִדְרוֹן וְהוּא רִצְפַּת אֲבָנִים, יֵשׁ לָחוּשׁ שֶׁמָּא יִתְקַבְּצוּ בְּמָקוֹם אֶחָד וְיַחְמִיצוּ קֹדֶם שֶׁיִּבָּלְעוּ בַּקַּרְקַע, וְנִמְצָא שֶׁיִּהְיֶה חָמֵץ בִּרְשׁוּתוֹ.

סימן קיד - דיני מכירת חמץ ובו י"ג סעיפים:

סעיף א' יִשְׂרָאֵל שֶׁהָיָה לוֹ חָמֵץ שֶׁלּוֹ בִּרְשׁוּתוֹ בַּפֶּסַח, עוֹבֵר בְּכָל רֶגַע וָרֶגַע עַל בַּל יֵרָאֶה וּבַל יִמָּצֵא. וְהֶחָמֵץ אָסוּר בַּהֲנָאָה לְעוֹלָם, וַאֲפִלּוּ בִּטְּלוֹ קֹדֶם פֶּסַח. וְלָכֵן מִי שֶׁיֵּשׁ לוֹ הַרְבֵּה חָמֵץ שֶׁאֵינוֹ יָכוֹל לְבַעֲרוֹ מִן הָעוֹלָם, צָרִיךְ לְמָכְרוֹ לְאֵינוֹ יְהוּדִי קֹדֶם הַפֶּסַח בְּשָׁעָה שֶׁהוּא עֲדַיִן מֻתָּר בַּהֲנָאָה. וְלֹא יְהֵא עִנְיַן מְכִירַת חָמֵץ אֵצֶל הָאָדָם כְּמוֹ מִצְוַת אֲנָשִׁים מְלֻמָּדָה, אֶלָּא צָרִיךְ שֶׁיִּגְמוֹר בְּדַעְתּוֹ שֶׁהוּא מוֹכְרוֹ בֶּאֱמֶת לְהָאֵינוֹ יְהוּדִי מְכִירָה גְּמוּרָה וַחֲלוּטָה. וְלֹא יִמְכּוֹר בְּיֹקֶר מִן הַמְּחִיר הָרָאוּי. וּלְאַחַר הַפֶּסַח יְבַקֵּשׁ מֵאֵת הָאֵינוֹ יְהוּדִי שֶׁיְּשַׁלֵּם לוֹ אֶת הַחוֹב. וְכַאֲשֶׁר יְשִׁיבֵהוּ שֶׁאֵין לוֹ כֶּסֶף, יְבַקֵּשׁ מִמֶּנּוּ שֶׁיַּחֲזוֹר וְיִמְכּוֹר לוֹ אֶת הֶחָמֵץ עִם (הַחֶדֶר) בְּעַד כָּךְ וְכָךְ. וְלֹא יְהֵא הַדָּבָר כְּחוּכָא בְּעָלְמָא, אֶלָּא כְּדֶרֶךְ הַסּוֹחֲרִים מַמָּשׁ (תמ"ח).

סעיף ב' הֶחָמֵץ שֶׁהוּא מוֹכֵר לְאֵינוֹ יְהוּדִי, צָרִיךְ שֶׁלֹּא יְהֵא בְּבֵיתוֹ שֶׁל יִשְׂרָאֵל. וְאִם הָאֵינוֹ יְהוּדִי לוֹקֵחַ אֶת הֶחָמֵץ לְתוֹךְ בֵּיתוֹ, מַה טּוֹב. וְאִם אִי אֶפְשָׁר שֶׁיִּקָּחֵהוּ לְבֵיתוֹ, צָרִיךְ לְהַשְׂכִּיר לוֹ אֶת הַחֶדֶר שֶׁהֶחָמֵץ מֻנָּח בּוֹ. וְצָרִיךְ לִכְתּוֹב בִּשְׁטָר שֵׁם הַקּוֹנֶה, וּבְכַמָּה הִשְׂכִּיר לוֹ אֶת הַחֶדֶר, וְשֶׁאַגַּב קַרְקַע הִקְנָה לוֹ אֶת הֶחָמֵץ הַמֻּנָּח שָׁם, וְיִפְרוֹט אֶת כָּל הֶחָמֵץ בְּכַמָּה מָכַר לוֹ, אֲבָל אֵינוֹ צָרִיךְ לִפְרוֹט סְכוּם הַמִּדּוֹת, וְיוּכַל לִכְתֹּב רַק בְּעַד כַּמָּה כָּל מִדָּה עַד לַמְּדִידָה (עַיֵּן פְּרִי מְגָדִים). וְכָל מַה שֶּׁכָּתוּב בַּשְּׁטָר, יְדַבֵּר עִם הַקּוֹנֶה גַּם בְּעַל פֶּה. וִיקַבֵּל מִמֶּנּוּ עֵרָבוֹן (דראנגאבע) וּשְׁאָר הַמָּעוֹת יִזְקוֹף עָלָיו בְּמִלְוָה; וִיהֵא הַכֹּל כָּתוּב בִּשְׁטָר, וְגַם יִמְסוֹר לוֹ אֶת הַמַּפְתֵּחַ מִן הַחֶדֶר. חָמֵץ שֶׁהוּא בְּתוֹךְ כְּלִי הַצָּרִיךְ טְבִילָה (כְּשֶׁלּוֹקְחוֹ מִן הָאֵינוֹ יְהוּדִי), לֹא יִמְכְּרֶנּוּ עִם הַכְּלִי, כִּי לְאַחַר הַפֶּסַח כְּשֶׁיַּחֲזוֹר וְיִקְנֵהוּ מִן הָאֵינוֹ יְהוּדִי יִצְטָרֵךְ טְבִילָה מֵחָדָשׁ (סִימָן תמ"ח. ופתחי תשובה ביורה דעה סִימָן ק"כ).

סעיף ג' לְאַחַר שֶׁמָּכַר לוֹ אֶת הֶחָמֵץ; אִם יָרֵא פֶּן יְקַלְקֵל שֵׁם הַקּוֹנֶה, יָכוֹל גַּם הוּא לִתְלוֹת שָׁם מִסְגֶּרֶת לִשְׁמִירָה; אוֹ אִם הַקּוֹנֶה רוֹצֶה לְהַפְקִיד אֵצֶל הַיִּשְׂרָאֵל אֶת הַמַּפְתֵּחַ, רַשַּׁאי. אֲבָל אָסוּר שֶׁיַּנִּיחַ הַיִּשְׂרָאֵל חוֹתָם עַל הֶחָמֵץ (עַיֵּן פרמ"ג).

סעיף ד' אִם אֵינוֹ יָכוֹל לְהַשְׂכִּיר לוֹ כָּל הַחֶדֶר, מִפְּנֵי שֶׁהוּא צָרִיךְ גַּם כֵּן

לְהִשְׁתַּמֵּשׁ בּוֹ, יַעֲשֶׂה מְחִצָּה לִפְנֵי הֶחָמֵץ, וְיַשְׂכִּיר לוֹ אֶת הַמָּקוֹם שֶׁעַד הַמְּחִצָּה, וְיִכְתֹּב כֵּן בְּתוֹךְ הַשְּׁטָר. גַּם יִכְתֹּב שֶׁיֵּשׁ לְהַקּוֹנֶה דְּרִיסַת הָרֶגֶל לָלֶכֶת כִּרְצוֹנוֹ אֶל הַמָּקוֹם הַהוּא; וְגַם שֶׁאִם יִרְצֶה הָאֵינוֹ יְהוּדִי הַזֶּה הַקּוֹנֶה לִמְכּוֹר אֶת הֶחָמֵץ לְאֵינוֹ יְהוּדִי אַחֵר בְּתוֹךְ הַפֶּסַח אוֹ לְיִשְׂרָאֵל בְּאִסְרוּ חַג דְּפֶסַח, יֵשׁ לְכֻלָּם דְּרִיסַת הָרֶגֶל לָלֶכֶת שָׁמָּה. וְכֵן אִם מַשְׂכִּיר אוֹ מוֹכֵר לְהָאֵינוֹ יְהוּדִי חֶדֶר שֶׁצְּרִיכִין לָלֶכֶת שָׁמָּה דֶּרֶךְ רְשׁוּתוֹ שֶׁל הַמּוֹכֵר, צָרִיךְ לִכְתּוֹב כֵּן בַּשְּׁטָר, שֶׁיֵּשׁ לְהָאֵינוֹ יְהוּדִי הַקּוֹנֶה וּלְכָל הַקּוֹנִים שֶׁיָּבִיא שָׁמָּה, דְּרִיסַת הָרֶגֶל לָלֶכֶת שָׁמָּה.

סעיף ה' אִם הַבַּיִת הוּא אֵצֶל הַיִּשְׂרָאֵל רַק בִּשְׂכִירוּת מִיִּשְׂרָאֵל אַחֵר, אֲזַי אֵינוֹ יָכוֹל לְהַשְׂכִּירוֹ לְאֵינוֹ יְהוּדִי לְבֵית דִּירָה בְּלִי רְשׁוּת הַמַּשְׂכִּיר, לָכֵן יַתְנֶה בְּפֵרוּשׁ עִם הָאֵינוֹ יְהוּדִי שֶׁאֵינוֹ מַשְׂכִּירוֹ לוֹ לָדוּר בּוֹ, רַק לְהַחְזִיק בּוֹ כֵּלָיו וּמִטַּלְטְלָיו, אֲבָל לֹא יַשְׂכִּירוֹ בְּפֵרוּשׁ לְהַחְזִיק בּוֹ אֶת הֶחָמֵץ, רַק סְתָם לְהַחְזִיק בּוֹ כֵּלָיו וּמִטַּלְטְלָיו כִּרְצוֹנוֹ. וּמִכָּל מָקוֹם אִם הַמַּשְׂכִּיר בָּעִיר, יִקַּח מִמֶּנּוּ רְשׁוּת לְהַשְׂכִּירוֹ, וְכֵן מִי שֶׁנּוֹסֵעַ לַדֶּרֶךְ קֹדֶם פֶּסַח, וְאִשְׁתּוֹ תִּמְכֹּר אֶת הֶחָמֵץ, יִתֵּן לָהּ רְשׁוּת בְּפֵרוּשׁ שֶׁתַּשְׂכִּיר אֶת הַחֶדֶר (תמ"ח ת"ג).

סעיף ו' אָסוּר לַעֲשׂוֹת תְּנַאי עִם הָאֵינוֹ יְהוּדִי, שֶׁלְּאַחַר הַפֶּסַח מְחֻיָּב הָאֵינוֹ יְהוּדִי לְמָכְרוֹ לוֹ, אוֹ שֶׁהַיִּשְׂרָאֵל מְחֻיָּב לַחֲזוֹר וְלִקְנוֹתוֹ מִמֶּנּוּ. אֲבָל יָכוֹל לְהַבְטִיחוֹ, שֶׁיַּחֲזוֹר לִקְנוֹתוֹ מִמֶּנּוּ וְשֶׁיִּתֵּן לוֹ רֶוַח.

סעיף ז' אָסוּר לִמְכּוֹר אֶת הֶחָמֵץ לְמוּמָר אוֹ לְמוּמֶרֶת; וְלֹא לְבֶן מוּמֶרֶת, אַף עַל פִּי שֶׁיְּלָדַתּוּ מֵאֵינוֹ יְהוּדִי לְאַחַר שֶׁהֵמִירָה, כִּי לְעִנְיָן זֶה דִּינָם כְּמוֹ יִשְׂרָאֵל, וַהֲוֵי לֵהּ חֲמֵצוֹ שֶׁל יִשְׂרָאֵל שֶׁעָבַר עָלָיו הַפֶּסַח דְּאָסוּר בַּהֲנָאָה.

סעיף ח' מִי שֶׁיֵּשׁ לוֹ חָמֵץ בְּמָקוֹם אַחֵר אוֹ בַּדֶּרֶךְ בָּעֲגָלוֹת אוֹ בִּסְפִינָה, יָכוֹל לְמָכְרוֹ גַּם כֵּן אַגַּב קַרְקַע שֶׁבִּמְקוֹמוֹ. וּמִכָּל מָקוֹם יַפְקִירוֹ גַּם כֵּן בִּפְנֵי בֵּית דִּין אוֹ שְׁלֹשָׁה אֲנָשִׁים. וְאִם הוּבָא לוֹ הֶחָמֵץ בַּפֶּסַח, הָאֵינוֹ יְהוּדִי הַקּוֹנֶה הוּא יְשַׁלֵּם שְׂכַר הָעֲגָלָה וְיֶתֶר הַהוֹצָאוֹת. וְאִם הוּבָא לוֹ חָמֵץ אֲשֶׁר שָׁלַח לוֹ אֵינוֹ יְהוּדִי סְחוֹרָה, וְהוּא לֹא בִקְּשָׁה וְלֹא יָדַע, יְקַבְּלָהּ גַּם כֵּן הָאֵינוֹ יְהוּדִי וִישַׁלֵּם מַה שֶּׁמַּגִּיעַ לְהַמֵּבִיא, וְהַיִּשְׂרָאֵל לֹא יִתְעַסֵּק בָּהּ כְּלָל, וְאַדְּרַבָּה יַפְקִירֶהָ גַּם כֵּן בִּפְנֵי בֵּית דִּין אוֹ בִּפְנֵי שְׁלֹשָׁה אֲנָשִׁים (תמ"ח).

סעיף ט' מִי שֶׁיֵּשׁ לוֹ רֵיחַיִם, וְהַטּוֹחֲנִים נוֹתְנִים מֶכֶס תְּבוּאָה מְחֻמֶּצֶת, צָרִיךְ לִמְכֹּר אוֹ לְהַשְׂכִּיר אֶת הָרֵיחַיִם קֹדֶם פֶּסַח לְאֵינוֹ יְהוּדִי (ת"נ).

סעיף י' בְּעִנְיַן מְכִירַת בְּהֵמוֹת שֶׁיַּאֲכִילֵם הָאֵינוֹ יְהוּדִי חָמֵץ, יֵשׁ מַחֲלֹקֶת בֵּין הַגְּדוֹלִים זִכְרוֹנָם לִבְרָכָה, וּמִי שֶׁאֶפְשָׁר לוֹ לְהִזָּהֵר, טוֹב לוֹ. וְאִם אִי אֶפְשָׁר לוֹ יַעֲשֶׂה עַל פִּי הוֹרָאַת חָכָם (תמ"ח ת"נ).

סעיף יא' מֻתָּר לְהַלְווֹת לְיִשְׂרָאֵל כִּכַּר חָמֵץ קֹדֶם הַפֶּסַח שֶׁיַּחֲזִיר לוֹ לְאַחַר הַפֶּסַח. וְיֵשׁ מְקוֹמוֹת שֶׁנּוֹהֲגִין בָּזֶה אִסּוּר (ת"נ).

סעיף יב' אִם חֲמֵצוֹ שֶׁל יִשְׂרָאֵל הוּא

בִּרְשׁוּת אֵינוֹ יְהוּדִי, אוֹ בְּהִפּוּךְ, חֲמֵצוֹ שֶׁל אֵינוֹ יְהוּדִי בִּרְשׁוּת יִשְׂרָאֵל, יַעֲשֶׂה שְׁאֵלָה הֵיאַךְ יִתְנַהֵג בּוֹ, כִּי יֵשׁ בָּזֶה הַרְבֵּה חִלּוּקֵי דִּינִים (תם תמא).

סעיף יג' צְרִיכִין לִזָּהֵר שֶׁלֹּא לֵהָנוֹת לְאַחַר הַפֶּסַח מֵחֲמֵצוֹ שֶׁל יִשְׂרָאֵל שֶׁהוּא חָשׁוּד שֶׁלֹּא מְכָרוֹ כַּדָּת.

נֹסַח שְׁטַר מְכִירַת חָמֵץ:

אָנֹכִי הֶחָתוּם מַטָּה, מָכַרְתִּי לְהֶעָרֵל (פְּלוֹנִי) אֶת כָּל סְפִּירְט שֶׁיֵּשׁ לִי בְּמַרְתֵּף (קעללער) בַּדִּירָה שֶׁאֲנִי דָּר בָּהּ. וְהַמַּרְתֵּף הוּא בְּתוֹךְ הֶחָצֵר מִצַּד צָפוֹן הַשֵּׁנִי מִצַּד מִזְרָח. וְכָל סְפִּירְט שֶׁיֵּשׁ לִי שָׁם, הֵן בַּחֲבִיתִין בֵּינוֹנִיּוֹת הֵן בַּחֲבִיתִין גְּדוֹלוֹת (קיפעס) הַכֹּל מָכַרְתִּי לְהַנִּזְכָּר לְעֵיל עִם הַכֵּלִים בְּעַד מָאתַיִם וְעֶשְׂרִים זְהוּבִים (אעס"וו). וְגַם אַרַאק שֶׁיֵּשׁ לִי שָׁם בִּצְלוֹחִית גְּדוֹלָה, לְעֵרֶךְ שֶׁבַע מִדּוֹת מָכַרְתִּי לוֹ בְּעַד חֲמִשָּׁה זְהוּבִים (אעס"וו) בְּלִי הַכֵּלִים. וְגַם [יֵין פֵּרוֹת] (שְׁלִיוָואוִויץ) (שֶׁאֵינוֹ נָקִי) שֶׁיֵּשׁ לִי שָׁם בְּחָבִית קְטַנָּה (אנטיל) מָכַרְתִּי לוֹ בְּעַד שְׁנֵים עָשָׂר זְהוּבִים (אעס"וו) וַחֲמִשִּׁים [צ"ל] (אגורות) עִם הַכְּלִי. וְגַם מָכַרְתִּי לוֹ שֵׁשׁ חָבִיּוֹת רֵיקָנוֹת שֶׁהָיָה בָּהֶם סְפִּירְט. וּשְׁתֵּי חָבִיּוֹת גְּדוֹלוֹת (קיפעס) בַּחֲשׁוּקֵי בַּרְזֶל, גַּם כֵּן רֵיקָנוֹת מִסְּפִּירְט שֶׁיֵּשׁ לִי שָׁם, כֻּלָּן מָכַרְתִּי לוֹ בְּעַד שְׁמוֹנָה זְהוּבִים וַחֲמִשִּׁים [צ"ל] (אגורות) (אעס"וו). גַּם חֲמִשָּׁה שַׂקִּים קֶמַח חִטִּים שֶׁיֵּשׁ לִי בְּתוֹךְ הַחֶדֶר הַנִּקְרָא שְׁפֵּייז (מזוה) [מחסן] הַשַּׁיָּךְ לַדִּירָה שֶׁאֲנִי דָּר בָּהּ, מָכַרְתִּי לְהַנִּזְכָּר לְעֵיל עִם הַשַּׂקִּים בְּעַד שְׁלֹשִׁים וְתִשְׁעָה זְהוּבִים (אעס"וו). וְגַם כָּל הַכֵּלִים מֵחָמֵץ שֶׁיֵּשׁ לִי שָׁם, דְּהַיְנוּ עֲרֵבוֹת וְתֵבוֹת מִקֶּמַח, מָכַרְתִּי לוֹ בְּעַד אַרְבָּעָה זְהוּבִים וַחֲמִשִּׁים [צ"ל] (אגורות) (אעס"וו). גַּם גְּרִיסֵי שְׂעוֹרִים (גערשטל) בְּשַׂק קָטָן שֶׁיֵּשׁ לִי שָׁם, מָכַרְתִּי לוֹ בְּעַד זָהוּב אֶחָד וַחֲמִשִּׁים [צ"ל] (אגורות) (אעס"וו) עִם הַשַּׂק. וְקִבַּלְתִּי מֵאִתּוֹ עֵרָבוֹן, (דְּמֵי קְדִימָה) (דראנגאבע) עֲשָׂרָה זְהוּבִים (אעס"וו) וְהַמּוֹתָר זָקַפְתִּי עָלָיו בְּמִלְוֶה. וּזְמַן הַפֵּרָעוֹן לֹא יְאַחֵר מִן עֲשָׂרָה יָמִים מִיּוֹם הָרִשּׁוּם דִּלְמַטָּה. וְהִשְׂכַּרְתִּי לְהַקּוֹנֶה הַנִּזְכָּר לְעֵיל אֶת הַמַּרְתֵּף הַנִּזְכָּר לְעֵיל וְאֶת הַחֶדֶר הַנִּזְכָּר לְעֵיל מֵעַכְשָׁו עַד עֲשָׂרָה יָמִים מִיּוֹם הָרִשּׁוּם דִּלְמַטָּה בְּעַד אַרְבָּעָה זְהוּבִים (אעס"וו), וְקִבַּלְתִּי עֵרָבוֹן (דְּמֵי קְדִימָה) שְׁלֹשָׁה זְהוּבִים (אעס"וו), וְהַמּוֹתָר זָקַפְתִּי עָלָיו בְּמִלְוֶה, שֶׁיְּשַׁלֵּם לִי, לֹא יְאַחֵר מֵעֲשָׂרָה יָמִים מִיּוֹם דִּלְמַטָּה, וְאַגַּב קַרְקַע הַמֻּשְׂכָּר לוֹ, דְּהַיְנוּ הַמַּרְתֵּף וְהַחֶדֶר הַנִּזְכָּרִים לְעֵיל, הִקְנֵיתִי לוֹ כָּל הַמִּטַּלְטְלִין הַנִּזְכָּרִים לְעֵיל. וַאֲנִי מוֹדֶה בְּהוֹדָאָה גְּמוּרָה, שֶׁהִשְׂכַּרְתִּי לוֹ הַמַּרְתֵּף וְהַחֶדֶר הַנִּזְכָּרִים לְעֵיל, וְהִקְנֵיתִי לוֹ כָּל הַמִּטַּלְטְלִין הַנִּזְכָּרִים לְעֵיל בְּכָל מִינֵי קִנְיָנִים הַמּוֹעִילִים, בְּאֵיזֶה מֵהֶם שֶׁיִּהְיֶה הַקִּנְיָן חָל עַל פִּי דִּין תּוֹרָתֵנוּ הַקְּדוֹשָׁה, וְעַל פִּי נִמּוּסֵי הַמְּדִינָה בְּלִי שׁוּם טַעֲנָה וּמַעֲנָה. וּרְשׁוּת בְּיָדוֹ לַעֲשׂוֹת בְּכָל הַנִּזְכָּר לְעֵיל כְּכָל חֶפְצוֹ וּרְצוֹנוֹ לִמְכּוֹר וְלִתֵּן בְּמַתָּנָה, וּלְהַשְׂכִּיר בְּלִי שׁוּם מוֹחֶה. וְכֵן יֵשׁ רְשׁוּת בְּיָדוֹ לִקַּח מִיָּד כָּל הַנִּזְכָּר לְעֵיל לְבֵיתוֹ. וְאַף אִם יַשְׁאִיר אוֹתָם כַּאֲשֶׁר הֵמָּה שָׁמָּה, מֵעַתָּה הַכֹּל הוּא בְּאַחֲרָיוּתוֹ שֶׁל הַקּוֹנֶה, וְאֵין עָלַי שׁוּם אַחֲרָיוּת, וַאֲפִלּוּ אַחֲרָיוּת אֹנֶס. וְנָתַתִּי לוֹ דְּרִיסַת הָרֶגֶל דֶּרֶךְ חֲצֵרִי וְדֶרֶךְ בֵּיתִי לֵילֵךְ לַמַּרְתֵּף וְלַחֶדֶר הַנִּזְכָּרִים לְעֵיל הַמֻּשְׂכָּרִים לוֹ. וְכֵן אִם יִרְצֶה בְּתוֹךְ מֶשֶׁךְ יְמֵי הַשְּׂכִירוּת

לִמְכּוֹר מֵהַמְּטַלְטְלִין לְאִישׁ אַחֵר, לְכָל הַבָּאִים מִדַּעְתּוֹ, לְכֻלָּם יֵשׁ לָהֶם דְּרִיסַת הָרֶגֶל. גַּם מָסַרְתִּי לוֹ אֶת הַמַּפְתְּחוֹת שֶׁל הַמַּרְתֵּף וְשֶׁל הַחֶדֶר הַנִּזְכָּרִים לְעֵיל. [כָּל זֶה] נַעֲשָׂה בְּכָל אֹפֶן הַיּוֹתֵר מוֹעִיל עַל פִּי דִין תּוֹרָתֵנוּ הַקְּדוֹשָׁה, וְעַל פִּי נִמּוּסֵי הַקֵּיסָר"ה וְהַמְּדִינָה.

אונגוואר י"ד נִיסָן תרל"ד

ראובן בן רבי שמעון

איזראעלאוויטש

סימן קטו - דיני ערב פסח שחל להיות בשבת. ובו ו' סעיפים:

סעיף א'

עֶרֶב פֶּסַח שֶׁחָל לִהְיוֹת בְּשַׁבָּת, בּוֹדְקִין אֶת הֶחָמֵץ בְּלֵיל שְׁלֹשָׁה עָשָׂר, דְּהַיְנוּ בַּלַּיְלָה הַשַּׁיָּךְ לְיוֹם הַשִּׁשִּׁי. וְאַחַר הַבְּדִיקָה מְבַטְּלוֹ, וְאוֹמֵר, כָּל חֲמִירָא וְכוּ', כְּמוֹ בְּפַעַם אַחֶרֶת, וּבְיוֹם הַשִּׁשִּׁי שׂוֹרְפוֹ גַּם כֵּן בִּזְמַן שֶׁהוּא שָׂרְפוֹ בְּכָל עֶרֶב פֶּסַח. אֲבָל אֵינוֹ צָרִיךְ לוֹמַר כָּל חֲמִירָא, אֶלָּא בְּשַׁבָּת לְאַחַר הָאֲכִילָה מְבַטְּלוֹ וְאוֹמֵר, כָּל חֲמִירָא וְכוּ'.

סעיף ב' הַבְּכוֹרִים מִתְעַנִּין בְּיוֹם הַחֲמִישִׁי. וְאִם קָשֶׁה לוֹ לְהִתְעַנּוֹת עַד לְאַחַר בְּדִיקַת חָמֵץ, יָכוֹל לִטְעֹם אֵיזֶה דָּבָר מוּעָט קֹדֶם הַבְּדִיקָה אוֹ יַעֲשֶׂה שָׁלִיחַ לִבְדֹּק (תע).

סעיף ג' אֵין מְבַשְּׁלִין לְשַׁבָּת זוֹ תַּבְשִׁילֵי קֶמַח וּגְרִיסִין, שֶׁיְּכוֹלִין לְהִדָּבֵק בַּקְּדֵרוֹת, וְאָסוּר לַהֲדִיחָן. עַל כֵּן יְבַשֵּׁל רַק מַאֲכָלִים שֶׁאֵינָם מִתְדַּבְּקִים. וְאַחַר הָאֲכִילָה מְנַעֵר הֵיטֵב אֶת הַמַּפָּה וּמַצְנִיעַ אוֹתָהּ עִם כָּל כְּלֵי הֶחָמֵץ בְּחֶדֶר, שֶׁאֵינוֹ רָגִיל לָלֶכֶת שָׁמָּה בְּפֶסַח. וְאִם נִשְׁאַר לוֹ מְעַט פַּת, יִתְּנֶנּוּ לְאֵינוֹ יְהוּדִי, רַק יִזָּהֵר מֵאִסּוּר הוֹצָאָה (עַיֵּן לְעֵיל סִימָן פ"ב סָעִיף ט'). וּמְכַבְּדִין אֶת הַבַּיִת עַל יְדֵי אֵינוֹ יְהוּדִי אוֹ בְּדָבָר הַמֻּתָּר.

סעיף ד' בַּבֹּקֶר מִתְפַּלְּלִין בְּהַשְׁכָּמָה, שֶׁלֹּא לְאַחֵר הַזְּמַן שֶׁמֻּתָּרִין בַּאֲכִילַת חָמֵץ. וְנָכוֹן לְחַלֵּק סְעוּדָתוֹ לִשְׁתַּיִם, דְּהַיְנוּ שֶׁיְּבָרֵךְ בִּרְכַּת הַמָּזוֹן, וּמַפְסִיק מְעַט בַּהֲלִיכָה וּבְדִבְרֵי תּוֹרָה אוֹ בְּטִיּוּל, וְחוֹזֵר וְנוֹטֵל יָדָיו וְאוֹכֵל קְצָת וּמְבָרֵךְ שֵׁנִית בִּרְכַּת הַמָּזוֹן, כְּדֵי לְקַיֵּם מִצְוַת סְעוּדָה שְׁלִישִׁית (תמ"ד).

סעיף ה' נוֹהֲגִין לְהַפְטִיר בְּמַלְאָכִי וְעָרְבָה וְגוֹ' לְפִי שֶׁכָּתוּב שָׁם, הָבִיאוּ אֶת כָּל הַמַּעֲשֵׂר אֶל בֵּית הָאוֹצָר וְגוֹ' וְהוּא מֵעִנְיָנָא. כִּי (לְפִי יֵשׁ אוֹמְרִים) הָיָה זְמַן הַבִּעוּר בְּעֶרֶב פֶּסַח שֶׁל שָׁנָה הָרְבִיעִית שֶׁבַּשְּׁמִיטָּה, וּבְעֶרֶב פֶּסַח שֶׁל הַשָּׁנָה הַשְּׁבִיעִית שֶׁבַּשְּׁמִיטָּה, שֶׁכָּל הַמַּעַשְׂרוֹת שֶׁהִפְרִישׁ כָּל שָׁלֹשׁ שָׁנִים מִתְּבוּאָתוֹ וְהָיוּ מֻנָּחִים בְּבֵיתוֹ, מְחֻיָּב אָז לִתְּנָם לַלֵּוִי (ת"ל).

סעיף ו' בְּעֶרֶב שַׁבָּת [זֶה] יִזָּהֵר כָּל אָדָם בִּמְאֹד מְאֹד לִשְׁאֹל, אִם הִפְרִישׁוּ חַלָּה מִן הַחַלּוֹת שֶׁאָפוּ לִכְבוֹד שַׁבָּת. כִּי אִם לֹא הִפְרִישׁוּ חַלָּה וְנִזְכְּרוּ בְּשַׁבָּת, יֵשׁ בָּזֶה מְבוּכָה גְּדוֹלָה מַה לַּעֲשׂוֹת, כִּי אָסוּר לְהַפְרִישׁ חַלָּה בְּשַׁבָּת, וְגַם אָסוּר לְהַשְׁהוֹת אֶת הַחַלּוֹת. וְדַעַת הַ"מָּגֵן אַבְרָהָם", שֶׁצָּרִיךְ לִתֵּן כָּל הַחַלּוֹת לְאֵינוֹ יְהוּדִי בְּמַתָּנָה גְּמוּרָה קֹדֶם שָׁעָה שֶׁנֶּאֱסָרוֹת בַּהֲנָאָה. וְיֵשׁ חוֹלְקִין וְכָתְבוּ תַּקָּנוֹת אֲחֵרוֹת וְכֻלָּן דְּחוּקוֹת. וְעַל כֵּן צְרִיכִין לִזָּהֵר בַּדָּבָר (סִימָן תמ"ד תק"ו ופת"ש ביו"ד סִימָן שכ"ג).

סימן קטז - דיני הגעלה ובו י"ח סעיפים:

סעיף א' כָּל כְּלִי חֶרֶס שֶׁנִּשְׁתַּמֵּשׁ בּוֹ חָמֵץ, לָא מַהֲנֵי לֵהּ, לֹא הַגְעָלָה וְלֹא לִבּוּן. אֲבָל הַתַּנּוּרִים וְהַכִּירוֹת הַבְּנוּיִים מֵאֲבָנִים וּלְבֵנִים, מַהֲנֵי לְהוּ לִבּוּן (וְעַיֵּן לְעֵיל סִימָן קי סָעִיף א וְסָעִיף ב). בְּתַנּוּרִים שֶׁהֵם בְּבֵית הַחֹרֶף, נוֹהֲגִין דְּלָא מַהֲנֵי לְהוּ הֶכְשֵׁר. וּכְשֶׁרוֹצִים לְהַעֲמִיד עַל הַתַּנּוּר אֵיזֶה קְדֵרָה בְּפֶסַח, צְרִיכִין לְהַנִּיחַ תְּחִלָּה טַס שֶׁל בַּרְזֶל וְעָלֶיהָ מַעֲמִידִין הַקְּדֵרָה, וְזֶה מַהֲנֵי גַּם בְּתַנּוּר הֶעָשׂוּי מֵחֲרָסִים (קאכלען).

סעיף ב' כְּלִי עֵץ וּכְלֵי מַתָּכוֹת וּכְלֵי אֶבֶן וּכְלֵי עֶצֶם מַהֲנֵי לְהוּ הַגְעָלָה. אַךְ אִם הוּא דָּבָר שֶׁמִּתְקַלְקֵל בְּרוֹתְחִין, כְּגוֹן כֵּלִים הַמְּדֻבָּקִים בְּדֶבֶק (ליים), וַאֲפִלּוּ אִם רַק הַקַּתָּא מְדֻבֶּקֶת בְּאֵיזֶה דֶּבֶק, לֹא מַהֲנֵי לֵיהּ הַגְעָלָה, מִשּׁוּם דַּחֲיְשִׁינָן שֶׁמָּא לֹא יַגְעִילוֹ יָפֶה.

סעיף ג' קֹדֶם שֶׁמַּגְעִיל אֶת הַכְּלִי, צָרִיךְ לְנַקּוֹתוֹ הֵיטֵב מִן הַחֲלוּדָה (ראסט) וְכַדּוֹמֶה, שֶׁיְּהֵא נָקִי לְגַמְרֵי. אֲבָל מַרְאוֹת [כְּתָמִים] (פלעקן) אֵין בָּהֶם קְפִידָא. וְאִם יֵשׁ גּוּמוֹת בַּכְּלִי, צָרִיךְ לְנַקְּרָן הֵיטֵב. וְאִם הוּא כְּלִי מַתֶּכֶת, יָשִׂים עַל הַגֻּמּוֹת גֶּחָלִים לְלַבֵּן שָׁם, וְאַחַר כָּךְ יַגְעִילוֹ. וְאִם אִי אֶפְשָׁר לְנַקּוֹת הֵיטֵב הַגֻּמּוֹת וְהַסְּדָקִים, וְגַם אִי אֶפְשָׁר לְלַבֵּן שָׁם, אֵין לוֹ תַּקָּנָה. וְלָכֵן בְּסַכִּינִים עִם קַתּוֹת, צְרִיכִין לְדַקְדֵּק הֵיטֵב אִם מוֹעִילָה לָהֶן הַגְעָלָה. וּמִצְוָה מִן הַמֻּבְחָר לְמִי שֶׁאֶפְשָׁר לוֹ, שֶׁיִּקְנֶה לוֹ סַכִּינִים חֲדָשִׁים לְפֶסַח.

סעיף ד' כֵּלִים שֶׁמִּשְׁתַּמְּשִׁין בָּהֶם עַל יְדֵי הָאוּר בְּלִי מַיִם, צְרִיכִין לִבּוּן. וְלָכֵן הָאַגָּנוֹת וְהַמַּחֲבוֹת שֶׁאוֹפִין בָּהֶן חָמֵץ, צְרִיכִין לִבּוּן. וְהַלִּבּוּן צָרִיךְ לִהְיוֹת לְכַתְּחִלָּה לִבּוּן חָזָק, עַד שֶׁיִּהְיוּ נִיצוֹצוֹת נִתָּזִין מִמֶּנּוּ. וְהַמַּרְדֶּה (שויפעל) שֶׁל עֵץ אֵין לָהּ תַּקָּנָה.

סעיף ה' כְּלִי שֶׁיֵּשׁ בּוֹ טְלַאי, אִם הוּא בְּעִנְיָן שֶׁיֵּשׁ לָחוּשׁ שֶׁמָּא יֵשׁ תַּחַת הַטְּלַאי מַשֶּׁהוּ חָמֵץ בְּעַיִן, אֲזַי צָרִיךְ מִקֹּדֶם לְלַבֵּן אוֹתוֹ מָקוֹם, עַד שֶׁיֵּדַע בְּבֵרוּר, שֶׁאִם הָיָה שָׁם מַשֶּׁהוּ חָמֵץ הָיָה נִשְׂרָף, וְאַחַר כָּךְ יַגְעִילוֹ. וְאִם אֵין חֲשָׁשׁ שֶׁיְּהֵא שָׁם חָמֵץ בְּעַיִן, אֲזַי אִם הָיָה הַטְּלַאי נַעֲשָׂה קֹדֶם שֶׁהִשְׁתַּמְּשׁוּ בּוֹ חָמֵץ, יָכוֹל לְהַגְעִילוֹ כְּמוֹ שֶׁהוּא, דִּכְמוֹ שֶׁבָּלַע אֶת הֶחָמֵץ, כָּךְ יִפְלָטֶנּוּ בְּהַגְעָלָה. אֲבָל אִם נִשְׁתַּמֵּשׁ תְּחִלָּה בִּכְלִי חָמֵץ, וְאַחַר כָּךְ שָׂמוּ אֶת הַטְּלַאי, אֲזַי לֹא מַהֲנֵי לֵהּ הַהַגְעָלָה לַמָּקוֹם שֶׁתַּחַת הַטְּלַאי, אֶלָּא צָרִיךְ לִתֵּן גַּם כֵּן קֹדֶם הַהַגְעָלָה גֶּחָלִים עַל הַטְּלַאי לְלַבֵּן אֶת הַמָּקוֹם הַהוּא. וְאִם הַטְּלַאי נִתְחַבֵּר בְּהַתָּכַת בְּדִיל אוֹ כֶּסֶף וְכַדּוֹמֶה, יָכוֹל לְהַגְעִילוֹ כְּמוֹ שֶׁהוּא, כִּי בְּלִיעַת הֶחָמֵץ נִשְׂרְפָה אָז בַּהַתָּכָה.

סעיף ו' מְדוֹכָה בְּמָקוֹם שֶׁדַּרְכּוֹ לָדוּךְ בּוֹ דְּבָרִים חֲרִיפִים עִם חָמֵץ בְּיַחַד, צְרִיכָה לִבּוּן קַל, דְּהַיְנוּ שֶׁמְּמַלְּאִין אוֹתָהּ גֶּחָלִים בּוֹעֲרוֹת שֶׁתִּתְרַתַּח כָּל כָּךְ עַד שֶׁהַקַּשׁ נִשְׂרָף עָלֶיהָ מִבַּחוּץ. וּבְמָקוֹם שֶׁאֵין דַּרְכּוֹ לָדוּךְ בָּהּ רַק פִּלְפְּלִין וְכַדּוֹמֶה, סַגֵּי בְּהַגְעָלָה.

סעיף ז' כֵּלִים שֶׁהֶחֱזִיק בָּהֶם יַיִן שָׂרָף לְקִיּוּם, אֵין טַעַם וְרֵיחַ יַיִן הַשָּׂרָף נִפְלָט עַל יְדֵי הַגְעָלָה, רַק אִם בִּשֵּׁל אוֹתָן הֵיטֵב בְּמַיִם עִם אֵפֶר עַד שֶׁנִּסְתַּלֵּק מֵהֶם הָרֵיחַ לְגַמְרֵי, מוֹעִילָה

לָהֶם אַחַר כָּךְ הַגְעָלָה.

סעיף ח' הַגְעָלַת הֶחָבִית יַעֲשֶׂה בְּדֶרֶךְ זֶה, יְלַבֵּן אֲבָנִים וְיָשִׂימֵן בָּהּ, וִיעָרֶה עֲלֵיהֶן מַיִם רוֹתְחִין מִכְּלִי רִאשׁוֹן, וִיגַלְגֵּל אֶת הֶחָבִית כְּדֵי שֶׁתַּגִּיעַ הַהַגְעָלָה לְכָל מָקוֹם. וְחָבִיּוֹת שֶׁלָּנוּ שֶׁהֵן עֲשׂוּיוֹת מִכַּמָּה דַּפִּים מְחֻבָּרִים בַּחֲשׁוּקִים, אִם עָמַד בָּהֶם חָמֵץ, כְּגוֹן יֵין שָׂרָף אוֹ שֶׁהֶחְזִיק בָּהֶן קֶמַח, לֹא מַהֲנֵי לְהוּ הַגְעָלָה.

סעיף ט' כָּל דָּבָר שֶׁצָּרִיךְ הַגְעָלָה, לֹא מַהֲנֵי לֵיהּ קְלִפָּה, אֶלָּא דַּוְקָא הַגְעָלָה.

סעיף י' כָּל כְּלִי שֶׁאִי אֶפְשָׁר לְנַקּוֹתוֹ הֵיטֵב, כְּגוֹן הַנָּפָה, וְכִיס שֶׁל רֵיחַיִם, וְכֵן סַלִּים שֶׁמִּשְׁתַּמְּשִׁים בָּהֶם חָמֵץ, וְכֵן [מַגְרֶרֶת] (ריב אייזען), וְכֵן כְּלִי שֶׁפִּיו צַר וְאִי אֶפְשָׁר לְשַׁפְשְׁפוֹ מִבִּפְנִים, אוֹ שֶׁיֵּשׁ לוֹ קָנִים, לֹא מַהֲנֵי לָהּ הַגְעָלָה.

סעיף יא' הַתֵּבוֹת שֶׁמַּצְנִיעִים בָּהֶם מַאֲכָלִים כָּל הַשָּׁנָה, וּלְפְעָמִים נִשְׁפָּךְ שָׁם מָרָק מִן הַקְּדֵרוֹת, צְרִיכִין הֶכְשֵׁר קַל, דְּהַיְנוּ שֶׁמְּעָרִין עֲלֵיהֶן רוֹתְחִין. וְדַוְקָא מִתּוֹךְ הַכְּלִי שֶׁהִרְתִּיחוּ בּוֹ אֶת הַמַּיִם. וְלֹא יִזְרוֹק אֶת הַמַּיִם, אֶלָּא יִשְׁפְּכֵם עֲלֵיהֶן בְּקִלּוּחַ. וְהַשֻּׁלְחָנוֹת, נוֹהֲגִין גַּם כֵּן לְלַבֵּן אֲבָנִים, וּמַנִּיחִין עַל הַשֻּׁלְחָן, וְשׁוֹפְכִין עֲלֵיהֶם רוֹתְחִין, וּמוֹלִיכִין אֶת הָאֲבָנִים מִמָּקוֹם לְמָקוֹם, בְּאֹפֶן שֶׁיִּהְיוּ מַיִם רוֹתְחִים עַל פְּנֵי כֻלּוֹ. וּצְרִיכִין לְשַׁפְשְׁפָן מִקֹּדֶם, וְאַחַר מְעַט לְעֵת יַכְשִׁירוּם. וּמִכָּל מָקוֹם יֵשׁ נוֹהֲגִין שֶׁלֹּא לְהִשְׁתַּמֵּשׁ גַּם אַחַר הַהֶכְשֵׁר בְּשֻׁלְחָנוֹת וּבְתֵבוֹת, אֶלָּא בִּפְרִיסַת מַפָּה אוֹ דָּבָר אַחֵר.

סעיף יב' יְדוֹת הַכֵּלִים צְרִיכוֹת גַּם כֵּן הֶכְשֵׁר. וּמִכָּל מָקוֹם אִם אֵין הַיָּד נִכְנֶסֶת לְתוֹךְ הַיּוֹרָה, יָכוֹל לְהַכְשִׁיר אֶת הַיָּד בִּשְׁפִיכַת רוֹתְחִין עָלֶיהָ.

סעיף יג' כָּל כְּלֵי שְׁתִיָּה וּכְלֵי הַמִּדּוֹת צְרִיכִין גַּם כֵּן הַגְעָלָה. וּכְלֵי זְכוּכִית, נוֹהֲגִין בִּמְדִינוֹת אֵלּוּ דְּלָא מַהֲנֵי לְהוּ הַגְעָלָה, וְכֵן כְּלֵי מַתֶּכֶת שֶׁהֵם מְתֻכִּין מִבִּפְנִים בְּהִתּוּךְ זְכוּכִית (שמעלץ) אֵין לָהֶם תַּקָּנָה בְּהַגְעָלָה, אֲבָל סַגֵּי לְהוּ בְּלִבּוּן קַל, כְּמוֹ מְדוּבָּר בְּסָעִיף ו' (עַיֵּן חֲתַם סוֹפֵר, יוֹרֶה דֵעָה סִימָן קי"ג).

סעיף יד' אֵין מַגְעִילִין אֶלָּא בְּמַיִם, וְלֹא יְהֵא בָּהֶם שׁוּם תַּעֲרֹבֶת, אֲפִלּוּ אֵפֶר וְכַדּוֹמֶה. אִם הִגְעִיל הַרְבֵּה בְּיוֹרָה עַד שֶׁנֶּעְכְּרוּ הַמַּיִם כְּעֵין צִיר, אֵין מַגְעִילִין עוֹד בָּהֶם.

סעיף טו' אִם מַגְעִיל עַל יְדֵי צְבַת, שֶׁמַּחֲזִיק בָּהּ אֶת הַכְּלִי, צָרִיךְ לְרַפּוֹת אֶת הַכְּלִי וְלַחֲזוֹר וְלְתָפְסוֹ. דְּאִם לֹא כֵן, הֲרֵי בָּאוּ מֵימֵי הַהַגְעָלָה בְּמָקוֹם הַצְּבָת, וְטוֹב יוֹתֵר לָשִׂים אֶת הַכְּלִי בִּמְחֲרוֹזָה [שְׂבָכָה] (נעטץ) אוֹ בְּתוֹךְ סַל. וְלֹא יַנִּיחַ כֵּלִים הַרְבֵּה בְּפַעַם אַחַת לְתוֹךְ הַכְּלִי שֶׁהוּא מַגְעִיל בּוֹ, כְּדֵי שֶׁלֹּא יִגְעוּ זֶה בָּזֶה. דְּאִם כֵּן, בִּמְקוֹם נְגִיעָתָן אֵינָן נִגְעָלִין.

סעיף טז' אֵין לְהַגְעִיל אֶלָּא כְּלִי שֶׁאֵינוֹ בֶּן יוֹמוֹ, דְּהַיְנוּ שֶׁכְּבָר עָבַר מֵעֵת לְעֵת, מִשָּׁעָה שֶׁבִּשְּׁלוּ בּוֹ חָמֵץ. וְכֵן הַיּוֹרָה שֶׁמַּגְעִילִין בָּהּ לֹא תְהֵא בַּת יוֹמָהּ. וְיַשְׁגִּיחַ שֶׁבְּכָל פַּעַם שֶׁהוּא נוֹתֵן אֶת הַכְּלִי לְתוֹךְ הַיּוֹרָה, יַעֲלוּ הַמַּיִם רְתִיחוֹת. וְאִם צָרִיךְ לְהַגְעִיל אֶת הַיּוֹרָה, אֲזַי כְּשֶׁהַמַּיִם מַעֲלִין רְתִיחוֹת, תְּהֵא הַיּוֹרָה מְלֵאָה, וְיִזְרוֹק בָּהּ אֲבָנִים

מְלֻבָּנוֹת, כְּדֵי שֶׁיִּשְׁטְפוּ הַמַּיִם הָרוֹתְחִין עַל שְׂפָתָהּ. וְאֵין לְהַגְעִיל [בְּעֶרֶב פֶּסַח] רַק עַד חֲצוֹת הַיּוֹם.

סעיף יז' נוֹהֲגִין שֶׁאַחַר הַהַגְעָלָה שׁוֹטְפִים אֶת הַכֵּלִים בְּמַיִם קָרִים.

סעיף יח' אִם אֶפְשָׁר יֵשׁ לְהַגְעִיל בִּפְנֵי בַּעַל תּוֹרָה הַבָּקִי בְּדִינֵי הַגְעָלָה (תנ"א תנ"ב).

סימן קיז - קצת דינים מלקטים לפסח ובו י"ג סעיפים:

סעיף א' אִם נִמְצְאָה אֵיזוֹ תַּעֲרֹבֶת חָמֵץ בְּעֶרֶב פֶּסַח, עַד הַלַּיְלָה, הֲרֵי הוּא כְּמוֹ שְׁאָר אִסּוּרִין שֶׁבְּטֵלִים בְּשִׁשִּׁים. וְלָכֵן אִם נִמְצָא גַּרְעִין בְּעוֹף וּבְתַבְשִׁיל, זוֹרְקוֹ, וְהַשְּׁאָר מֻתָּר לֶאֱכוֹל אֲפִלּוּ בְּפֶסַח. אֲבָל בְּתוֹךְ הַפֶּסַח חָמֵץ אוֹסֵר אֲפִלּוּ בְּמַשֶּׁהוּ גַּם בַּהֲנָאָה. וּבְכָל מָקוֹם שֶׁנִּמְצָא אֵיזֶה גַּרְעִין מֵחֲמֵשֶׁת מִינֵי דָּגָן אוֹ מַשֶּׁהוּ חָמֵץ, צְרִיכִין לַעֲשׂוֹת שְׁאֵלָה.

סעיף ב' בְּאֵר מַיִם שֶׁנִּמְצְאוּ בָּהּ גַּרְעִינֵי תְבוּאָה, אֵין לְהִסְתַּפֵּק מֵהַמַּיִם הָאֵלּוּ אֶלָּא בְּדֹחַק גָּדוֹל, כְּגוֹן שֶׁאֵין מַיִם אֲחֵרִים בַּנִּמְצָא. וְאִם נִמְצְאָה בָּהּ חֲתִיכַת פַּת, אָסוּר, אֲפִלּוּ אֵין מַיִם אֲחֵרִים. וְגַם סִנּוּן לֹא מַהֲנֵי (תמ"ז תס"ז).

סעיף ג' נוֹהֲגִין שֶׁלֹּא לְהַבְהֵב אֶת הָעוֹפוֹת בְּקַשׁ שֶׁעִם הַשִּׁבֳּלִים, כִּי חַיְשִׁינָן שֶׁמָּא יֵשׁ בָּהֶן גַּרְעִין מְחֻמָּץ. וְלָכֵן מְהַבְהֲבִין בַּעֲשָׂבִים, אוֹ חוֹתְכִין אֶת הַשִּׁבֳּלִים מִן הַקַּשׁ. וּבְדִיעֲבַד מֻתָּר. וְיִזָּהֲרוּ לִטֹּל אֶת הַזֶּפֶק מִן הָעוֹף קֹדֶם שֶׁמְּהַבְהֲבִין אוֹתוֹ.

סעיף ד' כָּל מִינֵי קִטְנִיּוֹת, אֲסוּרִים. וְכֵן כָּל פֵּרוֹת יְבֵשִׁים, אֲסוּרִין, אֶלָּא אִם כֵּן נוֹדַע שֶׁנִּתְיַבְּשׁוּ בְּהֶכְשֵׁר עַל גַּבֵּי קָנִים, אוֹ בְּתַנּוּר שֶׁהֻכְשַׁר לְשֵׁם פֶּסַח (עַיֵּן לְעֵיל סִימָן ק"י סָעִיף א' וְסָעִיף ב'). אֲפִלּוּ תְּאֵנִים יְבֵשׁוֹת וְצִמּוּקִים, בֵּין גְּדוֹלִים בֵּין קְטַנִּים, אֲסוּרִין. וְכֵן קְלִפּוֹת [תַּפּוּחֵי זָהָב] (פאמעראנצען). וּמִכָּל מָקוֹם הַמַּשְׁקֶה שֶׁעוֹשִׂין מִן הַצִּמּוּקִי, נוֹהֲגִין הֶתֵּר לִשְׁתּוֹתוֹ. נוֹהֲגִין שֶׁלֹּא לִתֵּן לְתוֹךְ הַתַּבְשִׁיל [צִפֹּרֶן] (נעגליך) [וְכַרְכֹּם] (זאפערן) מִפְּנֵי שֶׁיֵּשׁ בָּהֶם חֲשַׁשׁ חִמּוּץ, וַאֲפִלּוּ זָאפֶערִין הַגְּדֵלָה בִּמְדִינָתֵנוּ בַּגַּנּוֹת אֲסוּרִין מִשּׁוּם לֹא פְלוּג, וּשְׁאָר בְּשָׂמִים שֶׁאֵין בָּם חֲשַׁשׁ חִמּוּץ. וְכֵן הַמֶּלַח, קֹדֶם שֶׁנּוֹתְנִים אוֹתָם לְתַבְשִׁיל, צְרִיכִים לְבָדְקָם אִם אֵין אֵיזֶה גַּרְעִין תְּבוּאָה מְעֹרָב בָּהֶם (תנ"ג תמ"ב תס"ז).

סעיף ה' דְּבַשׁ, אֵין אוֹכְלִין אֶלָּא מַה שֶּׁלֹּא נִתְרַסֵּק, אוֹ שֶׁנִּתְרַסֵּק עַל יְדֵי יִשְׂרָאֵל לְשֵׁם פֶּסַח (תס"ז).

סעיף ו' בִּשְׁעַת הַדְּחָק, כְּגוֹן לְצֹרֶךְ חוֹלֶה אוֹ זָקֵן, מֻתָּרִין לֶאֱפוֹת מַצּוֹת עִם מֵי בֵיצִים אוֹ שְׁאָר מֵי פֵרוֹת, כְּגוֹן חָלָב אוֹ יַיִן וְכַדּוֹמֶה, וְהִיא נִקְרֵאת מַצָּה עֲשִׁירָה, וּבִלְבַד שֶׁיִּזָּהֲרוּ שֶׁלֹּא יִתְעָרֵב בָּהֶם אֲפִלּוּ מְעַט מָיִם. אֲבָל בִּשְׁנֵי הַלֵּילוֹת הָרִאשׁוֹנִים צְרִיכִין לֶאֱכוֹל מַצָּה מַמָּשׁ, וְאֵין יוֹצְאִין בְּמַצָּה עֲשִׁירָה. וְשֶׁלֹּא לְצֹרֶךְ גָּדוֹל, אָסוּר לֶאֱפוֹת מַצָּה עֲשִׁירָה אֲפִלּוּ קֹדֶם פֶּסַח לְשֵׁם פֶּסַח (תס"ב).

סעיף ז' הַנּוֹתֵן תְּבוּאָה אוֹ מֻרְסָן לִפְנֵי עוֹפוֹת, יִזָּהֵר לִתְּנָם בְּמָקוֹם יָבֵשׁ, שֶׁלֹּא יִתְלַחְלְחוּ. אֲבָל לִבְהֵמָה, אָסוּר

לִתֵּן מַרְסָן, כִּי יִתְלַחְלַח מִן הָרֹק. וְגַם אִם נוֹתֵן לָהּ תְּבוּאָה, יִזָּהֵר לָתֵת לָהּ מְעַט מְעַט, שֶׁלֹּא תַשְׁאִיר מִלַּחְלָחִים. וְאִם הִשְׁאִירָה, יְבַעֲרֵם מִיָּד (תס"ה תס"ו ובחיי"א).

סעיף ח' בְּעֶרֶב פֶּסַח, מִשָּׁעָה שֶׁהֶחָמֵץ נֶאֱסָר בַּהֲנָאָה, וְכֵן בְּכָל יְמֵי הַפֶּסַח, אָסוּר לֵהָנוֹת אֲפִלּוּ מֵחֲמֵצוֹ שֶׁל אֵינוֹ יְהוּדִי. וְלָכֵן אָסוּר לְיִשְׂרָאֵל לְהוֹלִיךְ אוֹ לִשְׁמוֹר חֲמֵצוֹ שֶׁל אֵינוֹ יְהוּדִי. וּמִכָּל שֶׁכֵּן דְּאָסוּר לִקְנוֹת חָמֵץ בִּשְׁבִיל אֵינוֹ יְהוּדִי, וַאֲפִלּוּ בִּמְעוֹתָיו שֶׁל אֵינוֹ יְהוּדִי.

סעיף ט' וְכֵן אָסוּר לְהַשְׂכִּיר אָז לְאֵינוֹ יְהוּדִי בְּהֵמָה שֶׁתָּבִיא לוֹ חָמֵץ, אוֹ חֶדֶר לָשׂוּם בּוֹ חָמֵץ, מִפְּנֵי שֶׁאָסוּר לְהִשְׂתַּכֵּר בְּאִסּוּרֵי הֲנָאָה. אֲבָל מֻתָּר לְהַשְׂכִּיר לוֹ בְּהֵמָה לִשְׁבוּעַ שֶׁל פֶּסַח (חוּץ מִשַּׁבָּת וְיוֹם טוֹב) בִּסְתָם, שֶׁאֵין הָאֵינוֹ יְהוּדִי מְפָרֵשׁ לוֹ שֶׁהוּא צָרִיךְ אוֹתָהּ לְהָבִיא חָמֵץ, אַף עַל פִּי שֶׁהוּא יוֹדֵעַ שֶׁהָאֵינוֹ יְהוּדִי יוֹלִיךְ עָלֶיהָ חָמֵץ, אֵין בְּכָךְ כְּלוּם. דְּכֵיוָן שֶׁאַף אִם לֹא יוֹלִיךְ עָלֶיהָ כְּלוּם, יִצְטָרֵךְ לִפְרוֹעַ לְיִשְׂרָאֵל כָּל שְׂכָרוֹ מְשֻׁלָּם, אֵין הַיִּשְׂרָאֵל מִשְׂתַּכֵּר כְּלוּם מֵהֶחָמֵץ. וְכֵן מֻתָּר לְהַשְׂכִּיר לוֹ חֶדֶר שֶׁיָּדוּר בּוֹ בַּפֶּסַח, אַף עַל פִּי שֶׁיּוֹדֵעַ שֶׁיַּכְנִיס לְתוֹכוֹ חָמֵץ, מִכָּל מָקוֹם הַיִּשְׂרָאֵל אֵינוֹ נוֹטֵל מִמֶּנּוּ שְׂכַר הַכְנָסַת הֶחָמֵץ, אֶלָּא שְׂכַר הַדִּירָה, שֶׁאַף אִם לֹא יַכְנִיס לְשָׁם חָמֵץ, לֹא יְנַכֶּה מִשְּׂכָרוֹ.

סעיף י' אָסוּר לִמְסוֹר אֲפִלּוּ זְמַן הַרְבֵּה קֹדֶם פֶּסַח בְּהֶמְתּוֹ לְאֵינוֹ יְהוּדִי, כְּשֶׁיּוֹדֵעַ שֶׁיַּאֲכִילֶנָּה חָמֵץ בַּפֶּסַח.

סעיף יא' מֻתָּר לוֹמַר לִמְשָׁרְתוֹ אֵינוֹ יְהוּדִי, אֲפִלּוּ בְּשָׁעָה שֶׁהֶחָמֵץ אָסוּר בַּהֲנָאָה: הֵילֵךְ מָעוֹת וּקְנֵה לְךָ מְזוֹנוֹת וֶאֱכוֹל, אַף עַל פִּי שֶׁהוּא יוֹדֵעַ שֶׁיִּקְנֶה חָמֵץ. וּבִשְׁעַת הַדְּחָק, מֻתָּר גַּם כֵּן לוֹמַר לוֹ, צֵא וֶאֱכוֹל אֵצֶל אֵינוֹ יְהוּדִי וַאֲנִי אֶפְרַע לוֹ, אוֹ לוֹמַר לְאֵינוֹ יְהוּדִי אַחֵר, תֵּן לִמְשָׁרְתִי לֶאֱכוֹל וַאֲנִי אֲשַׁלֵּם לָךְ. אֲבָל אָסוּר לְהַקְדִּים לוֹ אֶת הַמָּעוֹת, בִּשְׁבִיל מַה שֶּׁיִּתֵּן לִמְשָׁרְתוֹ.

סעיף יב' וְכֵן מִי שֶׁהוּא צָרִיךְ לְהַאֲכִיל לְתִינוֹק חָמֵץ, יִשָּׂאֵהוּ אֶל הָאֵינוֹ יְהוּדִי וְיַאֲכִילֵהוּ הָאֵינוֹ יְהוּדִי חָמֵץ וְיִפְרַע לוֹ הַיִּשְׂרָאֵל אַחַר כָּךְ. אֲבָל הַיִּשְׂרָאֵל, לֹא יַאֲכִילֵהוּ חָמֵץ. וְאִם הַתִּינוֹק מְסֻכָּן, פְּשִׁיטָא דְּהַכֹּל מֻתָּר, כְּמוֹ שֶׁכָּתַבְתִּי סִימָן צב וּלְקַמָּן סִימָן קצב.

סעיף יג' לִשְׁתּוֹת חָלָב מִבְּהֶמַת אֵינוֹ יְהוּדִי הָאוֹכֶלֶת חָמֵץ בַּפֶּסַח, יֵשׁ אוֹסְרִין וְיֵשׁ מַתִּירִין. וְשׁוֹמֵר נַפְשׁוֹ, יַחְמִיר. וּבִפְרָט בְּמָקוֹם שֶׁנָּהֲגוּ לֶאֱסוֹר, חָלִילָה לְהַתִּיר (אוֹרַח חַיִּים תמח יו"ד ס).

סימן קיח - דיני הכנת הסדר ובו י"א סעיפים:

סעיף א' יְהַדֵּר אַחַר יַיִן יָפֶה לְמִצְוַת אַרְבָּעָה כּוֹסוֹת. וְאִם יֵשׁ בַּנִּמְצָא יַיִן אָדֹם יָפֶה כְּמוֹ הַלָּבָן, וְגַם הוּא כָּשֵׁר כְּמוֹ הַלָּבָן, מִצְוָה בּוֹ יוֹתֵר מִבַּלָּבָן, שֶׁנֶּאֱמַר, אַל תֵּרֶא יַיִן כִּי יִתְאַדָּם, מַשְׁמַע שֶׁחֲשִׁיבוּתוֹ שֶׁל יַיִן הוּא כְּשֶׁהוּא אָדֹם. וְעוֹד, לְפִי שֶׁיֵּשׁ בּוֹ זֵכֶר לַדָּם, שֶׁהָיָה פַּרְעֹה שׁוֹחֵט יַלְדֵי בְּנֵי יִשְׂרָאֵל. וּבִמְדִינוֹת שֶׁהָאֻמּוֹת טִפְּשִׁים וְסִכְלִים לְהַעֲלִיל עֲלִילוֹת שְׁקָרִים, נִמְנְעוּ מִלִּקַּח יַיִן אָדֹם לְפֶסַח (תעב).

סעיף ב' לְצֹרֶךְ טִבּוּל הָרִאשׁוֹן שֶׁהוּא כַּרְפַּס, נוֹהֲגִין הַרְבֵּה לִקַּח פֶּטְרוֹזִילְיָה. וְטוֹב יוֹתֵר לָקַחַת צֶעלֶלער [סֶלֶרִי] שֶׁיֵּשׁ לוֹ טַעַם טוֹב כְּשֶׁהוּא חַי. וְהַמֻּבְחָר הוּא לָקַחַת צְנוֹן.

סעיף ג' לְצֹרֶךְ מָרוֹר, נוֹהֲגִין לִקַּח תַּמְכָא (קריין) וְכֵיוָן שֶׁהוּא חָרִיף מְאֹד, יְכוֹלִין לְפָרְרוֹ [בִּמְגֶרֶרֶת] (ריבאייזען), רַק שֶׁיִּזָּהֲרוּ שֶׁלֹּא יָפוּג לְגַמְרֵי. וְיֵשׁ לְפָרְרוֹ כְּשֶׁבָּאִין מִבֵּית הַכְּנֶסֶת (וְעַיֵּן לְעֵיל סִימָן צ"ח סָעִיף ג', שֶׁצְּרִיכִין לְפָרְרוֹ עַל יְדֵי שִׁנּוּי) וּבְשַׁבָּת, אֲסוּרִין לְפָרְרוֹ, אֶלָּא שֶׁצְּרִיכִין לְפָרְרוֹ קֹדֶם הַלַּיְלָה, וִיכַסֵּהוּ עַד הַלַּיְלָה. אֲבָל יוֹתֵר טוֹב לָקַחַת חֲזֶרֶת שֶׁהִיא חַסָּה [סַלָט] שֶׁנּוֹחַ לַאֲכִילָה, וְנִקְרֵאת מָרוֹר, לְפִי שֶׁכְּשֶׁשּׁוֹהָה בַּקַּרְקַע, נַעֲשֶׂה הַקֶּלַח מַר. וְיוֹצְאִין גַּם בְּלַעֲנָה הַנִּקְרָא וֶוערְמוּטָה. (עֻלְשִׁין וְחַרְחֲבִינָא אֵינָם שְׁכִיחִים בִּמְדִינוֹתֵינוּ), כָּל הַמִּינִים שֶׁיּוֹצְאִין בָּהֶם מִצְטָרְפִין זֶה עִם זֶה לִכְזַיִת. וְיוֹצְאִין בֵּין בֶּעָלִים בֵּין בַּקְּלָחִין, אֲבָל לֹא בַשָּׁרָשִׁים, דְּהַיְנוּ שָׁרָשִׁים הַקְּטַנִּים הַמִּתְפַּצְּלִים לְכָאן וּלְכָאן. אֲבָל הַשֹּׁרֶשׁ הַגָּדוֹל שֶׁבּוֹ גְּדֵלִים הֶעָלִים, אַף שֶׁהוּא טָמוּן בַּקַּרְקַע, הֲרֵי הוּא בִּכְלַל קֶלַח. וּמִכָּל מָקוֹם טוֹב יוֹתֵר לִטּוֹל הֶעָלִים, וְהַקֶּלַח הַיּוֹצֵא חוּץ לַקַּרְקַע, כִּי יֵשׁ אוֹמְרִים, שֶׁמַּה שֶּׁהוּא בַּקַּרְקַע נִקְרָא שֹׁרֶשׁ. הֶעָלִים אֵין יוֹצְאִין בָּהֶם אֶלָּא אִם כֵּן הֵם לַחִים, אֲבָל הַקְּלָחִים יוֹצְאִין בָּהֶן, בֵּין הֵם לַחִים בֵּין יְבֵשִׁים, אַךְ לֹא בִּמְבֻשָּׁלִין אוֹ כְּבוּשִׁין.

סעיף ד' הַחֲרֹסֶת צָרִיךְ שֶׁתִּהְיֶה עָבָה זֵכֶר לַטִּיט. וּבְשָׁעָה שֶׁהוּא צָרִיךְ לִטְבֹּל אֶת הַמָּרוֹר, יִשְׁפֹּךְ לְתוֹכָהּ יַיִן אוֹ חֹמֶץ, שֶׁתִּהְיֶה רַכָּה, זֵכֶר לַדָּם, וְגַם שֶׁתְּהֵא רְאוּיָה לִטְבֹּל בָּהּ. יֵשׁ לַעֲשׂוֹת אֶת הַחֲרֹסֶת מִפֵּרוֹת שֶׁנִּמְשְׁלָה בָּהֶם כְּנֶסֶת יִשְׂרָאֵל, כְּגוֹן תְּאֵנִים, שֶׁנֶּאֱמַר, הַתְּאֵנָה חָנְטָה פַגֶּיהָ. וֶאֱגוֹזִים, שֶׁנֶּאֱמַר, אֶל גִּנַּת אֱגוֹז. וּתְמָרִים, שֶׁנֶּאֱמַר, אֶעֱלֶה בְתָמָר. וְרִמּוֹנִים, שֶׁנֶּאֱמַר, כְּפֶלַח הָרִמּוֹן. וְתַפּוּחִים, זֵכֶר לְמַה שֶּׁכָּתוּב, תַּחַת הַתַּפּוּחַ עוֹרַרְתִּיךָ, שֶׁהָיוּ הַנָּשִׁים יוֹלְדוֹת שָׁם בְּנֵיהֶן בְּלֹא עֶצֶב. וּשְׁקֵדִים עַל שֵׁם שֶׁשָּׁקַד הַקָּדוֹשׁ בָּרוּךְ הוּא עַל הַקֵּץ לַעֲשׂוֹת. וְצָרִיךְ לִתֵּן בְּתוֹכָהּ תְּבָלִין הַדּוֹמִין לְתֶבֶן, כְּגוֹן קִנָּמוֹן וְזַנְגְּבִיל, שֶׁאֵינָן נִדּוֹכִין הֵדֵק הֵיטֵב. וְיֵשׁ בָּהֶן חוּטִין כְּמוֹ תֶּבֶן, זֵכֶר לַתֶּבֶן שֶׁהָיוּ מְגַבְּלִין בְּתוֹךְ הַטִּיט. בְּשַׁבָּת, לֹא יִשְׁפּוֹךְ אֶת הַיַּיִן אוֹ הַחֹמֶץ לְתוֹךְ הַחֲרֹסֶת, כִּי צָרִיךְ לַעֲשׂוֹת בְּשִׁנּוּי, וְיִתֵּן אֶת הַחֲרֹסֶת לְתוֹךְ הַיַּיִן וְהַחֹמֶץ. וְאֶת מֵי הַמֶּלַח (אֲפִלּוּ כְּשֶׁלֹּא חָל יוֹם טוֹב בְּשַׁבָּת) יַעֲשֶׂה מֵעֶרֶב יוֹם טוֹב וְאִם עוֹשֵׂהוּ בְּיוֹם טוֹב צָרִיךְ לַעֲשׂוֹתוֹ בְּשִׁנּוּי, שֶׁיִּתֵּן תְּחִלָּה אֶת הַמַּיִם וְאַחַר כָּךְ הַמֶּלַח.

סעיף ה' מִשֶּׁחָרַב בֵּית הַמִּקְדָּשׁ, תִּקְּנוּ חֲכָמִים שֶׁיִּהְיוּ עַל הַשֻּׁלְחָן בִּשְׁעַת אֲמִירַת הַהַגָּדָה שְׁנֵי מִינֵי תַּבְשִׁילִין, אֶחָד זֵכֶר לְקָרְבַּן פֶּסַח וְאֶחָד זֵכֶר לְקָרְבַּן חֲגִיגָה, שֶׁהָיוּ מַקְרִיבִין בִּזְמַן שֶׁבֵּית הַמִּקְדָּשׁ הָיָה קַיָּם. וְנָהֲגוּ שֶׁאֶחָד מִן הַתַּבְשִׁילִין יִהְיֶה בָּשָׂר, וְיִהְיֶה מִפֶּרֶק הַנִּקְרָא זְרוֹעַ, לְזֵכֶר שֶׁגְּאָלָם הַקָּדוֹשׁ בָּרוּךְ הוּא בִּזְרוֹעַ נְטוּיָה, וְיִהְיֶה נִצְלֶה עַל הַגֶּחָלִים, זֵכֶר לְפֶסַח שֶׁהָיָה צְלִי אֵשׁ. וְהַשֵּׁנִי יִהְיֶה בֵּיצָה, מִשּׁוּם דְּבֵיצָה בִּלְשׁוֹן אֲרָמִי בֵּיעָה, כְּלוֹמַר, דְּבָעֵי רַחֲמָנָא לְמִפְרַק יָתָנָא בִּדְרָעָא מְרוֹמְמָא, (שֶׁרָצָה ה' לִפְדּוֹת אוֹתָנוּ בִּזְרוֹעַ נְטוּיָה). וְעוֹשִׂין הַבֵּיצָה, בֵּין צְלוּיָה בֵּין מְבֻשֶּׁלֶת. וְצָרִיךְ לִצְלוֹתָן

וּלְבַשְּׁלָן מֵעֶרֶב יוֹם טוֹב בְּעוֹד יוֹם. וְאִם שָׁכַח אוֹ שֶׁהָיָה שַׁבָּת, יִצְלֶה וִיבַשֵּׁל אוֹתָם בַּלַּיְלָה, אֲבָל צָרִיךְ לְאָכְלָן בְּיוֹם טוֹב רִאשׁוֹן. וְכֵן בְּלֵיל שֵׁנִי, יִצְלֵם וִיבַשְּׁלֵם וְיֹאכְלֵם בְּיוֹם טוֹב שֵׁנִי, כִּי אֵין מְבַשְּׁלִין מִיּוֹם טוֹב לַחֲבֵרוֹ, וְלֹא מִיּוֹם טוֹב לְחֹל. וּלְפִי שֶׁאֵין אוֹכְלִין בָּשָׂר צָלִי בִּשְׁנֵי לֵילוֹת אֵלּוּ, עַל כֵּן צָרִיךְ לֶאֱכוֹל אֶת הַזְּרוֹעַ דַּוְקָא בַּיּוֹם. וְאַף כְּשֶׁצּוֹלִין אוֹתָן בְּעֶרֶב יוֹם טוֹב אֵין לְזָרְקָן אַחַר כָּךְ, אֶלָּא יִתְּנֵם בְּיוֹם טוֹב שֵׁנִי תּוֹךְ הַמַּאֲכָל שֶׁמְּבַשְּׁלִין וְיֹאכְלֵם (תע"ג).

סעיף ו' יָכִין מוֹשָׁבוֹ מִבְּעוֹד יוֹם בְּמַצָּעוֹת נָאִים כְּפִי יְכָלְתּוֹ, וּבְאֹפֶן שֶׁיּוּכַל לְהַטּוֹת וּלְהָסֵב בִּשְׂמֹאלוֹ. וַאֲפִלּוּ הוּא אִטֵּר, יָסֵב בִּשְׂמֹאל שֶׁל כָּל אָדָם. גַּם אֶת הַקְּעָרָה יָכִין מִבְּעוֹד יוֹם, כְּדֵי שֶׁמִּיָּד בְּבוֹאוֹ מִבֵּית הַכְּנֶסֶת יוּכַל לַעֲשׂוֹת אֶת הַסֵּדֶר בְּלִי עִכּוּב.

סעיף ז' אַף עַל פִּי שֶׁבְּכָל הַשָּׁנָה טוֹב לְמַעֵט בְּכֵלִים נָאִים זֵכֶר לְחֻרְבָּן, מִכָּל מָקוֹם בְּלֵיל פֶּסַח טוֹב לְהַרְבּוֹת בְּכֵלִים נָאִים כְּפִי כֹּחוֹ. וַאֲפִלּוּ הַכֵּלִים שֶׁאֵינָן צְרִיכִין לִסְעֻדָּה, יְסַדְּרֵם יָפֶה עַל הַשֻּׁלְחָן לְנוֹי, זֵכֶר לְחֵרוּת (תע"ב).

סעיף ח' סֵדֶר הַקְּעָרָה כָּךְ הוּא, מַנִּיחַ שָׁלֹשׁ מַצּוֹת עַל הַקְּעָרָה וּפוֹרֵס עֲלֵיהֶם מַפָּה נָאָה, וְעָלֶיהָ מַנִּיחַ אֶת הַזְּרוֹעַ נֶגֶד הַיָּמִין שֶׁלּוֹ, וְאֶת הַבֵּיצָה מִשְּׂמֹאל. הַמָּרוֹר לִבְרָכָה, בָּאֶמְצַע. חֲרֹסֶת תַּחַת הַזְּרוֹעַ. כַּרְפַּס, תַּחַת הַבֵּיצָה. וּמָרוֹר לִכְרִיכָה בְּאֶמְצַע כָּזֶה.

זְרוֹעַ בֵּיצָה

מָרוֹר (לברכה)

חֲרֹסֶת כַּרְפַּס

מָרוֹר (לִכְּרִיכָה)

סעיף ט' הַכּוֹסוֹת יִהְיוּ שְׁלֵמִים בְּלִי שׁוּם פְּגִימָה, וּמוּדָחִים יָפֶה, וְיַחֲזִיקוּ לְכָל הַפָּחוֹת רְבִיעִית (תע"ב תע"ט תפ"ו).

סעיף י' מִנְהָגֵנוּ לִלְבּוֹשׁ אֶת הַקִּיטֶל (חָלוּק לָבָן) וְיָכִינוּ גַּם כֵּן מִבְּעוֹד יוֹם. וּמִי שֶׁהוּא אָבֵל, רַחֲמָנָא לִצְּלָן, אֵינוֹ לוֹבְשׁוֹ. אֲבָל בַּהֲסִבָּה, חַיָּב. רַק אִם לֹא נָהַג אֲבֵלוּת כְּלָל קֹדֶם יוֹם טוֹב, כְּגוֹן שֶׁקָּבַר מֵתוֹ בְּיוֹם טוֹב, נוֹהֲגִין שֶׁאֵינוֹ מֵסֵב. וְהַלֵּל, אוֹמֵר, כִּי הַהַלֵּל הוּא חִיּוּב.

סעיף יא' בֵּן אֵצֶל אָבִיו חַיָּב בַּהֲסִבָּה. אֲבָל תַּלְמִיד אֵצֶל רַבּוֹ אֵינוֹ צָרִיךְ (תע"ב).

סימן קיט - סדר ליל פסח ובו י"ב סעיפים:

סעיף א' אַף עַל פִּי שֶׁבְּכָל שַׁבָּת וְיוֹם טוֹב יְכוֹלִין לְקַדֵּשׁ וְלֶאֱכֹל מִבְּעוֹד יוֹם לְהוֹסִיף מֵחֹל עַל הַקֹּדֶשׁ, בְּפֶסַח אֵינוֹ כֵן, לְפִי שֶׁמִּצְוַת אֲכִילַת מַצָּה הִיא דַּוְקָא בַּלַּיְלָה, כְּמוֹ קָרְבַּן פֶּסַח, דִּכְתִיב בֵּיהּ וְאָכְלוּ אֶת הַבָּשָׂר בַּלַּיְלָה הַזֶּה. וְכֵן מִצְוַת אַרְבַּע כּוֹסוֹת הִיא דַּוְקָא בַּלַּיְלָה. וְכֵיוָן שֶׁגַּם הַכּוֹס שֶׁל קִדּוּשׁ הוּא אֶחָד מֵאַרְבַּעַת הַכּוֹסוֹת, לָכֵן אֵין מְקַדְּשִׁין עַד שֶׁהוּא וַדַּאי לַיְלָה. יִלְבַּשׁ אֶת הַקִּיטֶל (חָלוּק לָבָן) וְיִתְיַשֵּׁב עַל מוֹשָׁבוֹ לַעֲשׂוֹת אֶת הַסֵּדֶר. וּמִצְוָה לְחַלֵּק לַתִּינוֹקוֹת שְׁקֵדִים וֶאֱגוֹזִים וְכַדּוֹמֶה, כְּדֵי שֶׁיִּרְאוּ שִׁנּוּי וְיִשְׁאֲלוּ, וְעַל יְדֵי זֶה יִתְעוֹרְרוּ לִשְׁאוֹל גַּם כֵּן עַל מַצָּה וּמָרוֹר וַהֲסִבָּה. וְתִינוֹק וְתִינֹקֶת שֶׁהִגִּיעוּ לְחִנּוּךְ, דְּהַיְנוּ שֶׁהֵם יוֹדְעִים בִּקְדֻשַּׁת יוֹם טוֹב, וּמְבִינִים מַה שֶּׁמְּסַפְּרִים מִיצִיאַת מִצְרַיִם, נוֹתְנִים

לָהֶם גַּם כֵּן כּוֹס שֶׁיִּשְׁתּוּ מִמֶּנּוּ. נוֹהֲגִין לִמְזוֹג כּוֹס אֶחָד מִן הַמְסֻבִּין, וְקוֹרִין אוֹתוֹ כּוֹס שֶׁל אֵלִיָּהוּ הַנָּבִיא (תע"ב ת"פ).

סעיף ב' מְשָׁרְתוֹ אוֹ אֶחָד מִבְּנֵי בֵיתוֹ, יִמְזְגוּ אֶת הַכּוֹסוֹת. וְכֵן בְּכָל פַּעַם שֶׁמּוֹזְגִין, יִמְזְגוּ הֵם וְלֹא הוּא בְּעַצְמוֹ, כְּדֵי לְהַרְאוֹת דֶּרֶךְ חֵרוּת. וְיַזְהִיר לִבְנֵי בֵיתוֹ, שֶׁיִּשְׁתּוּ מִכָּל כּוֹס לְכָל הַפָּחוֹת אֶת הָרֹב בְּפַעַם אַחַת, וּמִכּוֹס רְבִיעִי יִשְׁתּוּ רְבִיעִית בְּפַעַם אֶחָת. וִיכַוְּנוּ כֻּלָּם לְמִצְוַת אַרְבַּע כּוֹסוֹת וְסִפּוּר יְצִיאַת מִצְרַיִם וַאֲכִילַת מַצָּה וּמָרוֹר, כִּי גַּם הַנָּשִׁים חַיָּבוֹת בְּמִצְוֹת אֵלּוּ, רַק בַּהֲסִבָּה אֵינָן נוֹהֲגוֹת. יַעֲשֶׂה קִדּוּשׁ כַּכָּתוּב בַּהַגָּדָה, וְיִשְׁתֶּה בַּהֲסִבַּת שְׂמֹאל. וְטוֹב אִם אֶפְשָׁר לַעֲשׂוֹת כְּדַעַת הַפּוֹסְקִים לִשְׁתּוֹת כּוֹס שָׁלֵם בְּכָל אַרְבַּעַת הַכּוֹסוֹת (תעב תעג תעט).

סעיף ג' אַחַר כָּךְ יִרְחַץ יָדָיו וְלֹא יְבָרֵךְ עֲלֵיהֶן, וּמְנַגְּבָן. וְחוֹתֵךְ מִן הַכַּרְפַּס לְעַצְמוֹ וּלְכָל בְּנֵי בֵיתוֹ לְכָל אֶחָד פָּחוֹת מִכַּזַּיִת, וְטוֹבְלִין בְּמֵי מֶלַח, וּמְבָרְכִין בּוֹרֵא פְּרִי הָאֲדָמָה, וּמְכַוְּנִין לִפְטֹר בִּבְרָכָה זוֹ גַּם אֶת הַמָּרוֹר, וְאוֹכֵל גַּם כֵּן בַּהֲסִבַּת שְׂמֹאל. אַחַר כָּךְ נוֹטֵל אֶת הַמַּצָּה הָאֶמְצָעִית וְחוֹלְקָהּ לִשְׁנֵי חֲלָקִים, וּמַנִּיחַ אֶת הַחֵלֶק הַגָּדוֹל אֵצֶל מוֹשָׁבוֹ לַאֲפִיקוֹמָן. וְנוֹהֲגִין לְכָרְכוֹ בְּמַפָּה, זֵכֶר לְמַה שֶּׁכָּתוּב, מִשְׁאֲרוֹתָם צְרֻרֹת בְּשִׂמְלוֹתָם. וְיֵשׁ שֶׁמְּשִׂימִים אוֹתוֹ כָּךְ עַל שִׁכְמָם, זֵכֶר לִיצִיאַת מִצְרַיִם. וּלְפִי שֶׁהָאֲפִיקוֹמָן הוּא בִּמְקוֹם הַפֶּסַח, לָכֵן הוּא חָשׁוּב וְיִהְיֶה הַחֵלֶק הַגָּדוֹל. וְהַחֵלֶק הַקָּטָן מַחֲזִירוֹ לַקְּעָרָה לִמְקוֹמוֹ, וּמְגַלֶּה קְצָת אֶת הַמַּצּוֹת, וּמַגְבִּיהַּ אֶת הַקְּעָרָה, וְאוֹמְרִים, הָא לַחְמָא עַנְיָא דִּי אֲכָלוּ וְכוּ', עַד לְשָׁנָה הַבָּאָה בְּנֵי חוֹרִין. וְהָאוֹמְרִים כְּהָא לַחְמָא עַנְיָא לֹא יֹאמְרוּ תֵּבַת דִּי.

סעיף ד' אַחַר כָּךְ מוֹזְגִין כּוֹס שֵׁנִי, וְהַתִּינוֹק שׁוֹאֵל מַה נִּשְׁתַּנָּה. וְאִם אֵין תִּינוֹק, יִשְׁאַל בֵּן אַחֵר, אוֹ בִּתּוֹ, אוֹ חֲבֵרוֹ אוֹ אִשְׁתּוֹ, וְאַחַר כָּךְ אוֹמְרִים, עֲבָדִים הָיִינוּ וְכוּ'. וְהַנָּכוֹן לְפָרֵשׁ לִבְנֵי בֵיתוֹ דִּבְרֵי הַהַגָּדָה בְּלָשׁוֹן שֶׁמְּבִינִים. וְאִם גַּם בְּעַצְמוֹ אֵינוֹ מֵבִין לְשׁוֹן הַקֹּדֶשׁ, יֹאמַר מִתּוֹךְ הַהַגָּדָה, שֶׁהוּא עִם פֵּרוּשׁ אַשְׁכְּנַז (לוֹעֲזִי), וּלְאַחַר כָּל פִּסְקָא, יֹאמַר בִּלְשׁוֹן אַשְׁכְּנַז (לוֹעֲזִי), וּמִכָּל שֶׁכֵּן הַמַּאֲמָר רַבָּן גַּמְלִיאֵל הָיָה אוֹמֵר וְכוּ', שֶׁצְּרִיכִין לְהָבִין אֶת הַטַּעַם שֶׁל פֶּסַח מַצָּה וּמָרוֹר. כְּשֶׁמַּגִּיעַ לְוְהִיא שֶׁעָמְדָה וְכוּ', יְכַסֶּה אֶת הַמַּצּוֹת, (שֶׁלֹּא תִרְאֶה הַפַּת בָּשְׁתּוֹ, שֶׁמַּנִּיחִין אוֹתָהּ, וְנוֹטְלִין אֶת הַכּוֹס), וְנוֹטְלִין אֶת הַכּוֹסוֹת בִּידֵיהֶם וְאוֹמְרִים וְהִיא שֶׁעָמְדָה וְכוּ' עַד מִיָּדָם, וְחוֹזֵר וּמְגַלֶּה אֶת הַמַּצּוֹת. וּכְשֶׁמַּגִּיעַ לְמַצָּה זוֹ, נוֹטֵל אֶת הַמֶּחֱצִית הַמַּצָּה שֶׁבַּקְּעָרָה וּמַרְאָהּ לִבְנֵי בֵיתוֹ וְאוֹמֵר מַצָּה זוֹ וְכוּ'. וְכֵן בְּמָרוֹר זֶה, מַגְבִּיהַּ אֶת הַמָּרוֹר. אֲבָל כְּשֶׁאוֹמֵר פֶּסַח שֶׁהָיוּ אֲבוֹתֵינוּ אוֹכְלִים וְכוּ' לֹא יַגְבִּיהַּ אֶת הַזְּרוֹעַ שֶׁהוּא זֵכֶר לְפֶסַח, שֶׁלֹּא יְהֵא נִרְאֶה כְּאִלּוּ הִקְדִּישׁוֹ לְכָךְ. וּכְשֶׁמַּגִּיעַ לִלְפִיכָךְ, מְכַסֶּה אֶת הַמַּצּוֹת, וְנוֹטֵל כָּל אֶחָד אֶת הַכּוֹס בְּיָדוֹ וּמַגְבִּיהוֹ עַד שֶׁחוֹתֵם גָּאַל יִשְׂרָאֵל, וּמְבָרְכִין עַל הַכּוֹס בּוֹרֵא פְּרִי הַגָּפֶן, וְשׁוֹתִין בַּהֲסִבַּת שְׂמֹאל.

סעיף ה' אַחַר כָּךְ רוֹחֲצִין יְדֵיהֶם וּמְבָרְכִין עַל נְטִילַת יָדַיִם, וּמְבָרֵךְ הַמּוֹצִיא עַל הַמַּצּוֹת. וּלְפִי שֶׁבְּיוֹם טוֹב צָרִיךְ לִבְצוֹעַ עַל שְׁתֵּי כִּכָּרוֹת שְׁלֵמוֹת,

וּמִצְוַת אֲכִילַת מַצָּה הִיא מִן הַפְּרוּסָה, לְפִי שֶׁהַמַּצָּה נִקְרֵאת לֶחֶם עֹנִי, וְדַרְכּוֹ שֶׁל עָנִי בִּפְרוּסָה, עַל כֵּן בְּשָׁעָה שֶׁהוּא מְבָרֵךְ הַמּוֹצִיא, אוֹחֵז שְׁתֵּי הַמַּצּוֹת הַשְּׁלֵמוֹת בְּיָדָיו וְהַפְּרוּסָה בֵּינֵיהֶן, וּמְבָרֵךְ הַמּוֹצִיא, וּמַנִּיחַ אֶת הַמַּצָּה הַתַּחְתּוֹנָה מִיָּדָיו, וְאוֹחֵז רַק בָּעֶלְיוֹנָה וְגַם בַּפְּרוּסָה וּמְבָרֵךְ עַל אֲכִילַת מַצָּה, וּבוֹצֵעַ מִן הָעֶלְיוֹנָה וְגַם מִן הַפְּרוּסָה מִכָּל אַחַת כַּזַּיִת, וְכֵן הוּא נוֹתֵן לְכָל אֶחָד מִבְּנֵי בֵיתוֹ וְאוֹכֵל שְׁנֵיהֶם יַחַד בְּהַסִבָּה שְׂמָאלִית. וְאִם קָשֶׁה לוֹ לְאָכְלָם בְּפַעַם אַחַת, אוֹכֵל תְּחִלָּה אֶת הַכַּזַּיִת הַמּוֹצִיא, וְאַחַר כָּךְ הַכַּזַּיִת מִן הַפְּרוּסָה, רַק שֶׁלֹּא יְשַׁהֶה בֵּינֵיהֶם כְּלָל, וְיֹאכַל שְׁתֵּיהֶן בְּהַסִבָּה. וְנוֹהֲגִין בִּמְדִינוֹת אֵלּוּ, שֶׁבְּלֵילֵי פֶּסַח אֵין טוֹבְלִין אֶת הַמַּצָּה בְּמֶלַח לֹא שֶׁל הַמּוֹצִיא וְלֹא שֶׁל מַצָּה.

סעיף ו' מִי שֶׁאֵינוֹ יָכוֹל לִלְעֹס מַצָּה, מֻתָּר לִשְׁרוֹתָהּ בְּמַיִם לִרְכָּכָהּ, וּבִלְבַד שֶׁלֹּא תְהֵא נִמּוֹחָה לְגַמְרֵי. וּמִי שֶׁהוּא זָקֵן אוֹ חוֹלֶה וְאֵינוֹ יָכוֹל לְאָכְלָהּ שְׁרוּיָה בְּמַיִם, יָכוֹל לִשְׁרוֹתָהּ בְּיַיִן אוֹ בִּשְׁאָר מַשְׁקִים. כְּשֶׁשּׁוֹרִין אֶת הַמַּצָּה לָצֵאת בָּהּ, צְרִיכִין לִזָּהֵר שֶׁלֹּא לִשְׁרוֹתָהּ מֵעֵת לְעֵת כִּי אָז נֶחְשֶׁבֶת כִּמְבֻשֶּׁלֶת וְאֵין יוֹצְאִין בָּהּ. וְגַם צְרִיכִין לִזָּהֵר בִּשְׁאָר דְּבָרִים, שֶׁלֹּא יַפְסִיד דִּין לֶחֶם. עַיֵּן לְעֵיל סִימָן מ"ח סְעִיף ה'.

סעיף ז' אַחַר כָּךְ נוֹטֵל כַּזַּיִת מָרוֹר, וְכֵן הוּא נוֹתֵן לְכָל אֶחָד מִבְּנֵי בֵיתוֹ, וְטוֹבְלוֹ בַּחֲרֹסֶת וּמְנַעֵר אֶת הַחֲרֹסֶת מֵעָלָיו, שֶׁלֹּא יִתְבַּטֵּל הַמָּרוֹר, וּמְבָרֵךְ עַל אֲכִילַת מָרוֹר, וְאוֹכְלוֹ בְּלֹא הַסִבָּה. אַחַר כָּךְ נוֹטֵל מִן הַמַּצָּה הַתַּחְתּוֹנָה גַּם כֵּן כַּזַּיִת, וְגַם כַּזַּיִת מָרוֹר, וְנָכוֹן לְטָבְלוֹ גַּם כֵּן בַּחֲרֹסֶת וּלְנָעֲרוֹ מֵעָלָיו, וּמַנִּיחַ אֶת הַמָּרוֹר תּוֹךְ הַמַּצָּה וְאוֹמֵר, כֵּן עָשָׂה הִלֵּל וְכוּ', וְאוֹכֵל בַּהֲסִבָּה. שִׁעוּר כַּזַּיִת כָּתַבְנוּ בִּכְלָלִים, שֶׁהוּא כְּמוֹ חֲצִי בֵּיצָה. אָמְנָם יֵשׁ אוֹמְרִים שֶׁהוּא קְצָת פָּחוֹת מִכְּשְׁלִישׁ בֵּיצָה. וְכֵיוָן דְּמָרוֹר בִּזְמַן הַזֶּה מִדְּרַבָּנָן, לָכֵן מִי שֶׁקָּשֶׁה עָלָיו לֶאֱכוֹל מָרוֹר יָכוֹל לִסְמוֹךְ עַל דֵּעָה זֹאת לֶאֱכוֹל רַק פָּחוֹת קְצָת מִכְּמוֹ שְׁלִישׁ בֵּיצָה וִיבָרֵךְ עָלָיו (עַיֵּן שֻׁלְחָן עָרוּךְ תַּנְיָא) וּמִי שֶׁהוּא חוֹלֶה, שֶׁאֵינוֹ יָכוֹל לֶאֱכוֹל מָרוֹר כְּלָל, יִלְעוֹס עַל כָּל פָּנִים קְצָת מֵהַמִּינִים שֶׁיּוֹצְאִין בָּהֶם, אוֹ שְׁאָר עֵשֶׂב מַר עַד שֶׁיַּרְגִּישׁ טַעַם מְרִירוּת בְּפִיו לְזֵכֶר בְּעָלְמָא, בְּלֹא בְּרָכָה (תע"ג תע"ה תפ"ו).

סעיף ח' אַחַר כָּךְ אוֹכְלִין הַסְּעוּדָה. וְיֵשׁ לֶאֱכוֹל כָּל הַסְּעוּדָה בַּהֲסִבָּה. וְנוֹהֲגִין לֶאֱכֹל בֵּיצִים. וְהֶחָכָם עֵינָיו בְּרֹאשׁוֹ, שֶׁלֹּא לְמַלֹּאת כְּרֵסוֹ, לְמַעַן יוּכַל לֶאֱכוֹל אֶת הָאֲפִיקוֹמָן כְּמִצְוָתוֹ, וְלֹא לַאֲכִילָה גַּסָּה. וְאֵין אוֹכְלִין בָּשָׂר צָלִי בִּשְׁתֵּי הַלֵּילוֹת, אֲפִלּוּ שֶׁל עוֹף. וַאֲפִלּוּ בִּשְׁלוּהוּ וְאַחַר כָּךְ צְלוּהוּ בִּקְדֵרָה, אֵין אוֹכְלִין. יֵשׁ נוֹהֲגִין שֶׁלֹּא לֶאֱכוֹל בַּלֵּילוֹת אֵלּוּ שׁוּם טִבּוּל, חוּץ מִשְּׁנֵי טִבּוּלִים שֶׁל מִצְוָה, כְּדֵי שֶׁיְּהֵא נִכָּר שֶׁאֵלּוּ הֵם לְשֵׁם מִצְוָה. לְאַחַר גְּמַר הַסְּעוּדָה אוֹכְלִין אֲפִיקוֹמָן, זֵכֶר לְקָרְבַּן פֶּסַח, שֶׁהָיָה נֶאֱכַל בְּסוֹף הַסְּעוּדָה שֶׁיְּהֵא גְּמַר כָּל הַשְּׂבִיעָה. וְיֵשׁ לֶאֱכוֹל כִּשְׁנֵי זֵיתִים, אֶחָד זֵכֶר לְפֶסַח וְאֶחָד זֵכֶר לְמַצָּה, שֶׁהָיְתָה נֶאֱכֶלֶת עִם הַפֶּסַח. וְעַל כָּל פָּנִים לֹא יִפְחוֹת מִכַּזַּיִת, וְאוֹכְלוֹ בַּהֲסִבָּה. וְאַחַר הָאֲפִיקוֹמָן, אָסוּר לֶאֱכוֹל שׁוּם דָּבָר. אַחַר כָּךְ מוֹזְגִין כּוֹס שְׁלִישִׁי לְבִרְכַּת הַמָּזוֹן. וְצָרִיךְ לְדַקְדֵּק בּוֹ אִם הוּא נָקִי מִשְּׁיוּרֵי כוֹסוֹת, דְּהַיְנוּ אִם אֵין בּוֹ

שִׁיּוּרֵי יַיִן שֶׁשָּׁרָה בּוֹ מַצָּה בִּשְׁעַת הַסְּעוּדָה. כִּי אִם אֵינוֹ נָקִי, צָרִיךְ שְׁטִפָה וַהֲדָחָה (עַיֵּן לְעֵיל סִימָן מ"ה סָעִיף ד'). וּמִצְוָה לְהַדֵּר שֶׁיְּבָרְכוּ בְּזִמּוּן. אֲבָל לֹא יֵלְכוּ מִבַּיִת לְבַיִת לְצֹרֶךְ זִמּוּן, כִּי כָל אֶחָד צָרִיךְ לְבָרֵךְ בִּרְכַּת הַמָּזוֹן בְּמָקוֹם שֶׁאָכַל. וְנוֹהֲגִין שֶׁבַּעַל הַבַּיִת מְבָרֵךְ בְּזִמּוּן, שֶׁנֶּאֱמַר, טוֹב עַיִן הוּא יְבֹרָךְ (עַיֵּן לְעֵיל סִימָן מה סָעִיף ה), וְהוּא מְקָרֵי טוֹב עַיִן, שֶׁאָמַר, כָּל דִּכְפִין יֵיתֵי וְיֵיכוֹל וְכוּ', וְאַחַר כָּךְ מְבָרְכִין עַל הַכּוֹס וְשׁוֹתִין בַּהֲסִבָּה. וְאָסוּר לִשְׁתּוֹת בֵּין כּוֹס זֶה לְכוֹס רְבִיעִי (סִימָן תעב).

סעיף ט' אַחַר בִּרְכַּת הַמָּזוֹן מוֹזְגִין כּוֹס רְבִיעִי. וְנוֹהֲגִין לִפְתּוֹחַ אֶת הַדֶּלֶת, לִזְכֹּר שֶׁהוּא לֵיל שִׁמּוּרִים, וְאֵין מִתְיָרְאִין מִשּׁוּם דָּבָר. וּבִזְכוּת הָאֱמוּנָה, יָבוֹא מְשִׁיחַ צִדְקֵנוּ, וְהַקָּדוֹשׁ בָּרוּךְ הוּא יִשְׁפֹּךְ חֲמָתוֹ עַל עוֹבְדֵי כּוֹכָבִים, וְלָכֵן אוֹמְרִים שְׁפֹךְ חֲמָתְךָ וְכוּ'. אַחַר כָּךְ מַתְחִילִין לֹא לָנוּ, וְאוֹמְרִים כַּסֵּדֶר. וּכְשֶׁמַּגִּיעַ לְהוֹדוּ, אִם הֵם שְׁלֹשָׁה, אֲפִלּוּ עִם אִשְׁתּוֹ וּבָנָיו שֶׁהִגִּיעוּ לְחִנּוּךְ, יֹאמַר הוֹדוּ, וְהַשְּׁנַיִם יַעֲנוּ, כְּמוֹ שֶׁאוֹמְרִים בְּצִבּוּר. מִן הַכּוֹס הָרְבִיעִי, צְרִיכִין לִשְׁתּוֹת רְבִיעִית שְׁלֵמָה, וּמְבָרְכִים אַחֲרָיו בְּרָכָה אַחֲרוֹנָה, וְאַחַר כָּךְ גּוֹמְרִין כְּסֵדֶר הַהַגָּדָה. וְאַחַר אַרְבַּעַת הַכּוֹסוֹת אָסוּר לִשְׁתּוֹת שׁוּם מַשְׁקֶה רַק מַיִם. אִם אֵין שֵׁנָה חוֹטַפְתּוֹ, יֹאמַר אַחַר הַהַגָּדָה שִׁיר הַשִּׁירִים. וְנוֹהֲגִין שֶׁאֵין קוֹרִין קְרִיאַת שְׁמַע שֶׁעַל הַמִּטָּה, רַק פָּרָשַׁת שְׁמַע (עַיֵּן לְעֵיל סִימָן ע"א סָעִיף ד') וּבִרְכַּת הַמַּפִּיל, לְהוֹרוֹת שֶׁהוּא לֵיל שִׁמּוּרִים מִן הַמַּזִּיקִין וְאֵינוֹ צָרִיךְ שְׁמִירָה.

סעיף י' מִי שֶׁאֵינוֹ שׁוֹתֶה יַיִן כָּל הַשָּׁנָה מִפְּנֵי שֶׁמַּזִּיק לוֹ, אַף עַל פִּי כֵן צָרִיךְ לִדְחֹק אֶת עַצְמוֹ לִשְׁתּוֹת אַרְבַּע כּוֹסוֹת, כְּמוֹ שֶׁאָמְרוּ רַבּוֹתֵינוּ זִכְרוֹנָם לִבְרָכָה, עַל ר' יְהוּדָה בּ"ר אִילְעַי, שֶׁהָיָה שׁוֹתֶה אַרְבַּע כּוֹסוֹת שֶׁל פֶּסַח, וְהָיָה צָרִיךְ לַחֲגוֹר צְדָעָיו עַד שָׁבוּעוֹת. וּמִכָּל מָקוֹם יָכוֹל לְמָזְגוֹ בְּמַיִם, אוֹ לִשְׁתּוֹת יַיִן צִמּוּקִים (עַיֵּן לְעֵיל סִימָן ו) אוֹ שֶׁיִּשְׁתֶּה מֶעד [מֵי דְבַשׁ] אִם הֵם חֲמַר מְדִינָה.

סעיף יא' אִם נֶאֱבַד הָאֲפִיקוֹמָן, אִם יֵשׁ לוֹ עוֹד מַצָּה מֵאֵלּוּ שֶׁנַּעֲשׂוּ לְשֵׁם מַצַּת מִצְוָה, יֹאכַל מִמֶּנּוּ כַּזַּיִת. וְאִם לָאו, יֹאכַל מִמַּצָּה אַחֶרֶת כַּזַּיִת.

סעיף יב' מִי שֶׁשָּׁכַח לֶאֱכוֹל אֶת הָאֲפִיקוֹמָן, אִם נִזְכַּר קֹדֶם בִּרְכַּת הַמָּזוֹן, אַף עַל פִּי שֶׁכְּבָר נָטַל מַיִם אַחֲרוֹנִים אוֹ שֶׁאָמַר, הַב לָן וּנְבָרֵךְ, אוֹכְלוֹ וְאֵינוֹ צָרִיךְ לְבָרֵךְ בִּרְכַּת הַמּוֹצִיא. וְאַף עַל גַּב דְּאַסַּח דַּעְתֵּיהּ מִלֶּאֱכוֹל, לֹא חָשִׁיב הֶסַּח הַדַּעַת, כֵּיוָן שֶׁהוּא מְחֻיָּב לֶאֱכוֹל, וְאַתְּכָא דְּרַחֲמָנָא קָסָמְכִינָן. וּמִכָּל מָקוֹם יֵשׁ לוֹ לִטּוֹל יָדָיו וְלֹא יְבָרֵךְ עַל נְטִילַת יָדַיִם. וְאִם לֹא נִזְכַּר עַד לְאַחַר בִּרְכַּת הַמָּזוֹן קֹדֶם שֶׁבֵּרַךְ בּוֹרֵא פְּרִי הַגֶּפֶן עַל כּוֹס שְׁלִישִׁי, יִטּוֹל יָדָיו, וְגַם כֵּן לֹא יְבָרֵךְ עַל נְטִילַת יָדַיִם (פרי מגדים), וִיבָרֵךְ בִּרְכַּת הַמּוֹצִיא, וְיֹאכַל כַּזַּיִת, וְאַחַר כָּךְ יְבָרֵךְ בִּרְכַּת הַמָּזוֹן, וִיבָרֵךְ עַל כּוֹס שְׁלִישִׁי וְיִשְׁתֶּה. אֲבָל אִם לֹא נִזְכַּר עַד לְאַחַר שֶׁבֵּרַךְ בּוֹרֵא פְּרִי הַגֶּפֶן עַל כּוֹס שְׁלִישִׁי, יִשְׁתֶּה אֶת הַכּוֹס. וְאִם רָגִיל בְּפַעַם אַחֶרֶת לְבָרֵךְ בִּרְכַּת הַמָּזוֹן בְּלֹא כּוֹס, יִטֹּל יָדָיו וְיֹאכַל אֲפִיקוֹמָן וִיבָרֵךְ בִּרְכַּת הַמָּזוֹן בְּלֹא כּוֹס. אֲבָל אִם הוּא נִזְהָר לְבָרֵךְ תָּמִיד בִּרְכַּת הַמָּזוֹן עַל הַכּוֹס, וְעַתָּה לֹא יוּכַל לְבָרֵךְ עַל הַכּוֹס,

מִשּׁוּם דַּהֲוֵי מוֹסִיף עַל הַכּוֹסוֹת, לָכֵן לֹא יֹאכַל אֲפִיקוֹמָן, וְיִסְמוֹךְ עַל הַמַּצָּה שֶׁאָכַל תְּחִלָּה (תע"ז).

סימן קכ - הלכות ספירת העמר וימי הספירה ובו י"א סעיפים:

סעיף א' בְּלֵיל שֵׁנִי שֶׁל פֶּסַח, מַתְחִילִין לִסְפֹּר סְפִירַת הָעֹמֶר. וְסוֹפְרִין מְעֻמָּד. הַמִּצְוָה הוּא לִסְפּוֹר תֵּכֶף בְּהַתְחָלַת הַלַּיְלָה, אַחַר צֵאת הַכּוֹכָבִים. וּבְדִיעֲבַד, זְמַנָּהּ כָּל הַלַּיְלָה. בְּבֵית הַכְּנֶסֶת בְּלֵילֵי שַׁבָּת וְיוֹם טוֹב סוֹפְרִין לְאַחַר הַקִּדּוּשׁ, כְּדֵי לְהַקְדִּים קְדֻשַּׁת הַיּוֹם. וּבְמוֹצָאֵי שַׁבָּת וְיוֹם טוֹב, סוֹפְרִין קֹדֶם הַבְדָּלָה כְּדֵי לְאַחֵר יְצִיאַת הַיּוֹם. וּכְשֶׁחַל יוֹם טוֹב הָאַחֲרוֹן בְּמוֹצָאֵי שַׁבָּת, שֶׁאוֹמְרִים קִדּוּשׁ וְהַבְדָּלָה עַל כּוֹס אֶחָד, סוֹפְרִין גַּם כֵּן קֹדֶם כְּדֵי לְאַחֵר אֶת הַהַבְדָּלָה.

סעיף ב' מִי שֶׁשָּׁכַח כָּל הַלַּיְלָה וְלֹא סָפַר, יִסְפֹּר בַּיּוֹם בְּלֹא בְּרָכָה, וּבַלֵּילוֹת שֶׁאַחַר כָּךְ יִסְפֹּר בִּבְרָכָה. וְאִם שָׁכַח גַּם כָּל הַיּוֹם, יִסְפּוֹר אַחַר כָּךְ בְּכָל הַלֵּילוֹת בְּלֹא בְרָכָה. וְאִם נִסְתַּפֵּק לוֹ אִם סָפַר בַּלַּיְלָה אוֹ לֹא, אַף עַל פִּי שֶׁלֹּא סָפַר בַּיּוֹם שֶׁלְּאַחֲרָיו, מִכָּל מָקוֹם יָכוֹל לִסְפּוֹר שְׁאָר הַלֵּילוֹת בִּבְרָכָה.

סעיף ג' הַשּׁוֹאֵל מֵחֲבֵרוֹ בֵּין הַשְּׁמָשׁוֹת אוֹ אַחַר כָּךְ, כַּמָּה מוֹנִים הַיּוֹם, יֹאמַר לוֹ, אֶתְמוֹל הָיָה כָּךְ וְכָךְ. שֶׁאִם יֹאמַר לוֹ כַּמָּה מוֹנִים הַיּוֹם, אֵינוֹ רַשַּׁאי לְבָרֵךְ אַחַר כָּךְ עַל הַסְּפִירָה.

סעיף ד' לְכַתְּחִלָּה קֹדֶם שֶׁיְּבָרֵךְ, צָרִיךְ שֶׁיֵּדַע עַל מַה הוּא מְבָרֵךְ, דְּהַיְנוּ שֶׁיֵּדַע כַּמָּה יָמִים הוּא בַּסְּפִירָה, וּבְדִיעֲבַד אִם לֹא יָדַע וּפָתַח וּבֵרַךְ עַל דַּעַת שֶׁיִּסְפּוֹר כְּמוֹ שֶׁיִּשְׁמַע מֵחֲבֵרוֹ, גַּם כֵּן יָצָא. וְכֵן אִם בֵּרַךְ עַל דַּעַת לִסְפּוֹר אַרְבָּעָה יָמִים, וּלְאַחַר שֶׁבֵּרַךְ נִזְכַּר שֶׁצָּרִיךְ לִסְפּוֹר חֲמִשָּׁה, סוֹפֵר חֲמִשָּׁה וְאֵינוֹ צָרִיךְ לְבָרֵךְ שֵׁנִית. וְכֵן אִם טָעָה בַּסְּפִירָה, כְּגוֹן שֶׁהָיָה צָרִיךְ לוֹמַר שִׁשָּׁה יָמִים וְאָמַר חֲמִשָּׁה יָמִים, אִם נִזְכַּר מִיָּד, סוֹפֵר כָּרָאוּי וְאֵין צָרִיךְ לְבָרֵךְ שֵׁנִית. אֲבָל אִם הִפְסִיק קְצָת, צָרִיךְ לְבָרֵךְ שֵׁנִית.

סעיף ה' בְּכָל יוֹם טוֹב אִם חָל לֵיל רִאשׁוֹן בַּשַּׁבָּת שֶׁאֵין אוֹמְרִים אָז מַעֲרָבִית, אֲזַי בְּלֵיל שֵׁנִי אוֹמְרִים הַמַּעֲרָבִית מִלֵּיל רִאשׁוֹן, חוּץ מִפֶּסַח, שֶׁאֲפִלּוּ חָל לֵיל רִאשׁוֹן בַּשַּׁבָּת, מִכָּל מָקוֹם בְּלֵיל שֵׁנִי אוֹמְרִים מַעֲרָבִית שֶׁשַּׁיֶּכֶת לוֹ, מִפְּנֵי שֶׁמְּדַבֵּר בִּקְצִירַת הָעֹמֶר, שֶׁהָיָה בְּלֵיל זֶה (תפ"ט).

סעיף ו' בִּימֵי הַסְּפִירָה מֵתוּ תַּלְמִידֵי רַבִּי עֲקִיבָא בְּל"ג יוֹם, וְלָכֵן נוֹהֲגִין בְּיָמִים אֵלּוּ קְצָת אֲבֵלוּת, שֶׁאֵין נוֹשְׂאִין נָשִׁים וְאֵין מִסְתַּפְּרִים. וְיֵשׁ חִלּוּקֵי מִנְהָגִים בְּמִסְפַּר ל"ג יָמִים הָאֵלֶּה, יֵשׁ מְקוֹמוֹת נוֹהֲגִין שֶׁחוֹשְׁבִין אוֹתָן מִיּוֹם רִאשׁוֹן דִּסְפִירָה, וְלָכֵן אוֹסְרִין עַד ל"ג בָּעֹמֶר. אַךְ כְּשֶׁחַל רֹאשׁ חֹדֶשׁ אִיָּר בַּשַּׁבָּת, דְּיֵשׁ בּוֹ שְׁתֵּי קְדֻשּׁוֹת, קְדֻשַּׁת שַׁבָּת וּקְדֻשַּׁת רֹאשׁ חֹדֶשׁ, אָז מַתִּירִין לִשָּׂא, וְכֵן לְהִסְתַּפֵּר בְּעֶרֶב שַׁבָּת. וּבְיוֹם ל"ג בָּעֹמֶר, וְכֵן מִשָּׁם וְאֵילָךְ מַתִּירִין, מִפְּנֵי שֶׁבְּיוֹם ל"ג בָּעֹמֶר פָּסְקוּ מִלָּמוּת, וְלָכֵן מַרְבִּים בּוֹ קְצָת שִׂמְחָה, וְאֵין אוֹמְרִים בּוֹ תַּחֲנוּן. וְאַף שֶׁגַּם בּוֹ בַּיּוֹם מֵתוּ קְצָת, אָמְרִינָן מִקְצָת הַיּוֹם כְּכֻלּוֹ, וְלָכֵן אֵין לְהִסְתַּפֵּר אוֹ לִשָּׂא עַד לְאַחַר שֶׁהֵאִיר הַיּוֹם, וְלֹא מִבָּעֶרֶב. אַךְ כְּשֶׁחַל ל"ג

בָּעֹמֶר בְּיוֹם רִאשׁוֹן, מִסְתַּפְּרִין בְּעֶרֶב שַׁבָּת שֶׁלְּפָנָיו, לִכְבוֹד הַשַּׁבָּת.

סעיף ז' וְיֵשׁ מְקוֹמוֹת שֶׁמַּתִּירִין עַד רֹאשׁ חֹדֶשׁ אִיָּר וְעַד בִּכְלָל, שֶׁהֵן שִׁשָּׁה עָשָׂר יוֹם, וְנִשְׁאָרִים ל"ג יוֹם בְּאִסּוּר עַד חַג הַשָּׁבוּעוֹת (וּמִסְתַּפְּרִין בְּעֶרֶב הֶחָג). וּמִכָּל מָקוֹם בְּיוֹם ל"ג בָּעֹמֶר בְּעַצְמוֹ מַתִּירִין. (וּכְשֶׁחָל בְּיוֹם רִאשׁוֹן, מַתִּירִין בְּעֶרֶב שַׁבָּת, כְּמוֹ שֶׁכָּתַבְתִּי לְעֵיל). וְיֵשׁ מְקוֹמוֹת שֶׁמַּתִּירִין עַד רֹאשׁ חֹדֶשׁ אִיָּר וְלֹא עַד בִּכְלָל, וּבְיוֹם רִאשׁוֹן דְּרֹאשׁ חֹדֶשׁ מַתְחִיל הָאִסּוּר, וְיוֹם רִאשׁוֹן דְּהַגְבָּלָה הוּא יוֹם הַל"ג, וְאָמְרִינַן בּוֹ, מִקְצָת הַיּוֹם כְּכֻלּוֹ, וּמֻתָּרִין לִשָּׂא וּלְהִסְתַּפֵּר בָּהֶן, וְגַם בְּיוֹם ל"ג בָּעֹמֶר מֻתָּרִין (וּכְמוֹ שֶׁכָּתַבְתִּי לְעֵיל), וּצְרִיכִין לִנְהֹג בְּכָל קְהִלָּה מִנְהָג אֶחָד, וְלֹא יְשַׁנּוּ לַעֲשׂוֹת מִקְצָתָן כָּךְ וּמִקְצָתָן כָּךְ.

סעיף ח' הַסַּנְדָּק (הוּא הַתּוֹפֵס אֶת הַתִּינוֹק בִּשְׁעַת מִילָה) וְהַמּוֹהֵל, וַאֲבִי הַבֵּן, מֻתָּרִין לְהִסְתַּפֵּר בְּיוֹם שֶׁלִּפְנֵי הַמִּילָה סָמוּךְ לָעֶרֶב קֹדֶם הֲלִיכָה לְבֵית הַכְּנֶסֶת.

סעיף ט' לַעֲשׂוֹת שִׁדּוּכִין אֲפִלּוּ בִּסְעוּדָה, מֻתָּרִין בְּכָל הַיָּמִים. אַךְ רִקּוּדִין וּמְחוֹלוֹת, אֲסוּרִין.

סעיף י' נוֹהֲגִים שֶׁלֹּא לַעֲשׂוֹת מְלָאכָה, אֶחָד אֲנָשִׁים וְאֶחָד נָשִׁים כָּל יְמֵי הַסְּפִירָה מִשְּׁקִיעַת הַחַמָּה עַד לְאַחַר סְפִירַת הָעֹמֶר, וְרֶמֶז לָזֶה, שֶׁנֶּאֱמַר, שֶׁבַע שַׁבָּתוֹת, מִלְּשׁוֹן שְׁבוּת, שֶׁבִּזְמַן הַסְּפִירָה, דְּהַיְנוּ מִשְּׁקִיעַת הַחַמָּה וְאֵילָךְ, יֵשׁ לִשְׁבֹּת מִמְּלָאכָה עַד לְאַחַר הַסְּפִירָה (סִימָן תצ"ג).

סעיף יא' בְּלֵיל רִאשׁוֹן דְּשָׁבוּעוֹת, מְאַחֲרִין מִלְּהִתְפַּלֵּל עַד צֵאת הַכּוֹכָבִים. שֶׁאִם יִתְפַּלְּלוּ קֹדֶם וִיקַבְּלוּ קְדֻשַּׁת יוֹם טוֹב, חָסֵר מְעַט מִמ"ט יְמֵי הַסְּפִירָה. וְהַתּוֹרָה אָמְרָה שֶׁבַע שַׁבָּתוֹת תְּמִימוֹת תִּהְיֶינָה.

סימן קכא - הלכות תענית צבור ובו י"א סעיפים:

סעיף א' מִצְוַת עֲשֵׂה מִדִּבְרֵי הַנְּבִיאִים לְהִתְעַנּוֹת בַּיָּמִים שֶׁאֵרְעוּ צָרוֹת לַאֲבוֹתֵינוּ. וְתַכְלִית הַתַּעֲנִית הִיא, כְּדֵי לְעוֹרֵר אֶת הַלְּבָבוֹת לִפְקֹחַ עַל דַּרְכֵי הַתְּשׁוּבָה, וּתְהִי זֹאת זִכָּרוֹן לְמַעֲשֵׂינוּ הָרָעִים, וּמַעֲשֵׂה אֲבוֹתֵינוּ שֶׁהָיוּ כְּמַעֲשֵׂינוּ עַתָּה, עַד שֶׁגָּרַם לָהֶם וְלָנוּ אוֹתָן הַצָּרוֹת. וּבְזִכְרוֹן הַדְּבָרִים הָאֵלֶּה, נָשׁוּב לְהֵיטִיב, כְּמוֹ שֶׁנֶּאֱמַר וְהִתְוַדּוּ אֶת עֲוֹנָם וְאֶת עֲוֹן אֲבוֹתָם. וְלָכֵן חַיָּב כָּל אִישׁ לָשׂוּם אֶל לִבּוֹ בְּאוֹתָן הַיָּמִים וּלְפַשְׁפֵּשׁ בְּמַעֲשָׂיו וְלָשׁוּב מֵהֶן, כִּי אֵין הָעִקָּר בְּתַעֲנִית, כְּמוֹ שֶׁנֶּאֱמַר בְּאַנְשֵׁי נִינְוֵה, וַיַּרְא הָאֱלֹהִים אֶת מַעֲשֵׂיהֶם, וְאָמְרוּ רַבּוֹתֵינוּ זִכְרוֹנָם לִבְרָכָה, וַיַּרְא אֶת שַׂקָּם וְאֶת תַּעֲנִיתָם לֹא נֶאֱמַר, אֶלָּא וַיַּרְא הָאֱלֹהִים אֶת מַעֲשֵׂיהֶם כִּי שָׁבוּ מִדַּרְכָּם הָרָעָה. וְאֵין הַתַּעֲנִית אֶלָּא הֲכָנָה לִתְשׁוּבָה. לָכֵן אוֹתָן אֲנָשִׁים שֶׁכְּשֶׁמִּתְעַנִּים הוֹלְכִים בְּטִיּוּל וּמְבַלִּים אֶת הַיּוֹם בִּדְבָרִים בְּטֵלִים, תָּפְסוּ אֶת הַטָּפֵל וְהִנִּיחוּ אֶת הָעִקָּר.

סעיף ב' וְאֵלּוּ הֵן הַיָּמִים: א. שְׁלֹשָׁה בְּתִשְׁרֵי בּוֹ נֶהֱרַג גְּדַלְיָה בֶּן אֲחִיקָם. שֶׁלְּאַחַר שֶׁחָרַב בֵּית הַמִּקְדָּשׁ, הִשְׁאִירוֹ נְבוּכַדְנֶצַּר בְּאֶרֶץ יִשְׂרָאֵל, וַיְשִׂימֵהוּ לְרֹאשׁ עַל יִשְׂרָאֵל. וְעַל יְדֵי שֶׁנֶּהֱרַג, גָּלוּ כֻּלָּן וְנֶהֶרְגוּ מֵהֶם

לַאֲלָפִים, וְנִכְבְּתָה גַּחֶלֶת יִשְׂרָאֵל הַנִּשְׁאֶרֶת.

סעיף ג' ב. עֲשָׂרָה בְּטֵבֵת, סָמַךְ מֶלֶךְ בָּבֶל, נְבוּכַדְנֶצַּר הָרָשָׁע עַל יְרוּשָׁלַיִם וֶהֱבִיאָהּ בְּמָצוֹר וּבְמָצוֹק, וּמִזֶּה נִמְשַׁךְ הַחֻרְבָּן.

סעיף ד' ג. שִׁבְעָה עָשָׂר בְּתַמּוּז, בּוֹ אֵרְעוּ חָמֵשׁ צָרוֹת, נִשְׁתַּבְּרוּ הַלּוּחוֹת כְּשֶׁיָּרַד מֹשֶׁה מִן הָהָר כְּמוֹ שֶׁנֶּאֱמַר בַּתּוֹרָה, וְזֶה הָיָה בְּשִׁבְעָה עָשָׂר בְּתַמּוּז. וְנִתְבַּטֵּל קָרְבַּן הַתָּמִיד. וְהָבְקְעָה הָעִיר בְּחֻרְבַּן בַּיִת שֵׁנִי. אַע"ג דִּבְחֻרְבָּן הָרִאשׁוֹן הָבְקְעָה בְּתִשְׁעָה לַחֹדֶשׁ, דִּכְתִיב (ירמיה נב), בַּחֹדֶשׁ הָרְבִיעִי בְּתִשְׁעָה לַחֹדֶשׁ וַיֶּחֱזַק הָרָעָב בָּעִיר וְגוֹ' וַתִּבָּקַע הָעִיר וְגוֹ'. אֲבָל בַּחֻרְבָּן הַשֵּׁנִי, בְּשִׁבְעָה עָשָׂר בּוֹ הָבְקְעָה הָעִיר. וְחֻרְבַּן בַּיִת שֵׁנִי חֲמִירָא לָן. (וְעוֹד אִיתָא בִּירוּשַׁלְמִי, דְּגַם בָּרִאשׁוֹן הָיָה בְּשִׁבְעָה עָשָׂר אֶלָּא שֶׁמִּפְּנֵי הַצָּרוֹת, טָעוּ בַּחֶשְׁבּוֹן). וְשָׂרַף אַפּוֹסְטוּמוֹס הָרָשָׁע אֶת הַתּוֹרָה, וְהֶעֱמִיד צֶלֶם בַּהֵיכָל עַל יְדֵי רִשְׁעֵי יִשְׂרָאֵל, וְזֶה גָּרַם חֻרְבָּנוֹ וְגָלְיוֹתֵנוּ.

סעיף ה' ד. וְתִשְׁעָה בְּאָב, בּוֹ בַּיּוֹם נִגְזַר עַל אֲבוֹתֵינוּ שֶׁבַּמִּדְבָּר שֶׁלֹּא יִכָּנְסוּ לְאֶרֶץ יִשְׂרָאֵל, כִּי אָז חָזְרוּ הַמְרַגְּלִים, וּבָכוּ יִשְׂרָאֵל בְּכִיָּה שֶׁל חִנָּם, וְנִקְבַּע לִבְכִיָּה לְדוֹרוֹת. וּבוֹ בַיּוֹם הָיָה הַחֻרְבָּן הַגָּדוֹל שֶׁנֶּחֱרַב בּוֹ בֵּית הַמִּקְדָּשׁ הָרִאשׁוֹן וְגַם הַשֵּׁנִי, וְנִלְכְּדָה הָעִיר בֵּיתָר, שֶׁהָיְתָה עִיר גְּדוֹלָה, וְהָיוּ בָהּ אֲלָפִים וּרְבָבוֹת מִיִּשְׂרָאֵל. וּבוֹ בַּיּוֹם חָרַשׁ טוּרְנוּסְרוּפוּס אֶת הַהֵיכָל וְאֶת סְבִיבָיו, וְנִתְקַיֵּם הַפָּסוּק צִיּוֹן שָׂדֶה תֵחָרֵשׁ. (וְעוֹד יֵשׁ תַּעֲנִית צִבּוּר, תַּעֲנִית אֶסְתֵּר, לְקַמָּן סִימָן קמ"א סָעִיף ב'). א) נקרא "צום השביעי". ב) נקרא "צום העשירי". ג) נקרא "צום הרביעי". ד) נקרא "צום החמישי".

סעיף ו' אִם חָלוּ תַּעֲנִיּוֹת אֵלּוּ בַּשַּׁבָּת, דּוֹחִין אוֹתָן לְאַחַר הַשַּׁבָּת. אֲבָל אִם חָל עֲשָׂרָה בְּטֵבֵת בְּעֶרֶב שַׁבָּת, מִתְעַנִּין וּמַשְׁלִימִין.

סעיף ז' חָתָן שֶׁחָלָה אַחַת מִד' תַּעֲנִיּוֹת אֵלּוּ בְּתוֹךְ שִׁבְעַת יְמֵי הַמִּשְׁתֶּה שֶׁלּוֹ, אַף עַל גַּב שֶׁאֵלּוּ הַיָּמִים הֵמָּה לוֹ כְּמוֹ רֶגֶל, מִכָּל מָקוֹם חַיָּב לְהִתְעַנּוֹת. כֵּיוָן דְּהָרֶגֶל שֶׁלּוֹ הֲוֵי רֶגֶל דְּיָחִיד, אָתֵי אֲבֵלוּת וְתַעֲנִית דְּרַבִּים וְדָחֵי לֵהּ. וְעוֹד הָא כְּתִיב, אִם לֹא אַעֲלֶה אֶת יְרוּשָׁלַיִם עַל רֹאשׁ שִׂמְחָתִי (ריטב"א סוף מס' תענית).

סעיף ח' חִלּוּק יֵשׁ בֵּין שָׁלֹשׁ תַּעֲנִיּוֹת הָרִאשׁוֹנוֹת לְתִשְׁעָה בְּאָב. בְּשָׁלֹשׁ תַּעֲנִיּוֹת הָרִאשׁוֹנוֹת אוֹכְלִים בַּלַּיְלָה שֶׁלִּפְנֵיהֶן עַד שֶׁיַּעֲלֶה עַמּוּד הַשַּׁחַר, וְהוּא שֶׁלֹּא יָשֵׁן שְׁנַת קֶבַע. אֲבָל אִם יָשֵׁן שְׁנַת קֶבַע, אָסוּר אַחַר כָּךְ לֶאֱכֹל אוֹ לִשְׁתּוֹת, אֶלָּא אִם כֵּן הִתְנָה קֹדֶם שֶׁיָּשַׁן. וְאִם הוּא רָגִיל לִשְׁתּוֹת לְאַחַר הַשֵּׁנָה, אֵינוֹ צָרִיךְ לְהַתְנוֹת עַל הַשְּׁתִיָּה. וּבְתִשְׁעָה בְּאָב, צְרִיכִין לְהַפְסִיק מִבְּעוֹד יוֹם שֶׁלְּפָנָיו. שָׁלֹשׁ תַּעֲנִיּוֹת הָרִאשׁוֹנוֹת, מֻתָּרוֹת בִּרְחִיצָה וְסִיכָה וּנְעִילַת הַסַּנְדָּל וְתַשְׁמִישׁ הַמִּטָּה. וּבְתִשְׁעָה בְּאָב, אֲסוּרִים בְּכֻלָּן. וּמִי שֶׁהוּא בַּעַל נֶפֶשׁ וְאָדָם בָּרִיא, יַחְמִיר בְּכֻלָּן כְּמוֹ בְּתִשְׁעָה בְּאָב, וְרַק בִּנְעִילַת הַסַּנְדָּל לֹא יַחְמִיר, מִשּׁוּם חוּכָא וּטְלוּלָא. וּבְתַשְׁמִישׁ הַמִּטָּה אִם הוּא לֵיל טְבִילָה, יְקַיֵּם עוֹנָתוֹ בְּג' תַּעֲנִיּוֹת הָרִאשׁוֹנוֹת.

סעיף ט' עוֹד יֵשׁ קֻלָּא בְּג' הַתַּעֲנִיּוֹת הָרִאשׁוֹנוֹת, דְּעֻבָּרוֹת וּמֵינִיקוֹת הַמִּצְטַעֲרוֹת, פְּטוּרוֹת מִלְּהִתְעַנּוֹת. וְכֵן חוֹלֶה, אַף עַל פִּי שֶׁאֵין בּוֹ סַכָּנָה, לֹא יִתְעַנֶּה. וּמִכָּל מָקוֹם אַף מִי שֶׁמֻּתָּר לוֹ לֶאֱכֹל, לֹא יִתְעַנֵּג אֶת עַצְמוֹ, אֶלָּא יֹאכַל מַה שֶּׁהוּא צָרִיךְ לִבְרִיאוּת גּוּפוֹ (תק"נ תקנ"ד). וְכֵן הַקְּטַנִּים, אַף עַל פִּי שֶׁאֵינָם חַיָּבִים לְהִתְעַנּוֹת, מִכָּל מָקוֹם אִם יֵשׁ בָּהֶם דַּעַת לְהִתְאַבֵּל, רָאוּי לְחַנְּכָם, שֶׁלֹּא לְהַאֲכִילָם רַק לֶחֶם וּמַיִם, לְהִתְאַבֵּל עִם הַצִּבּוּר.

סעיף י' לִרְחוֹץ פִּיו בְּמַיִם בְּשַׁחֲרִית, אָסוּר בְּכָל תַּעֲנִית צִבּוּר. וְהָרֹק, אִם אֶפְשָׁר לִפְלֹט, יִפְלֹט. וְאִם אִי אֶפְשָׁר, בּוֹלְעוֹ אֲפִלּוּ בְּיוֹם הַכִּפּוּרִים, כֵּיוָן שֶׁאֵינוֹ מְכַוֵּן לַהֲנָאָתוֹ. לִטְעֹם הַמַּאֲכָל, אֲפִלּוּ אִם יִפְלֹט, אָסוּר בְּתַעֲנִית צִבּוּר. אֲבָל בְּתַעֲנִית שֶׁהוּא מְקַבֵּל עַל עַצְמוֹ, מֻתָּר לִטְעֹם וְלִפְלוֹט. וְכֵן רְחִיצַת הַפֶּה, מֻתֶּרֶת בְּתַעֲנִית יָחִיד תקס"ז.

סעיף יא' מִצְוָה עַל כָּל עֲדַת יִשְׂרָאֵל, שֶׁעַל כָּל צָרָה שֶׁלֹּא תָבוֹא, יִתְעַנּוּ וְיִתְפַּלְּלוּ עַל צָרָתָם לִפְנֵי ה' יִתְבָּרַךְ שְׁמוֹ. וְאִם אֵין הָעֵת מַכְשֶׁרֶת לְהִתְעַנּוֹת, כְּגוֹן הַנִּרְדָּפִים שֶׁאֵינָם רַשָּׁאִים לְהִתְעַנּוֹת, שֶׁלֹּא לִשְׁבֹּר כֹּחָם, יְקַבְּלוּ עֲלֵיהֶם לְהִתְעַנּוֹת כָּךְ וְכָךְ תַּעֲנִיּוֹת לִכְשֶׁיִּנָּצְלוּ, וְנֶחְשָׁב לָהֶם כְּאִלּוּ הִתְעַנּוּ עַתָּה, כִּדְמָצִינוּ בְּדָנִיֵּאל דִּכְתִיב, וַיֹּאמֶר אֵלַי אַל תִּירָא דָנִיֵּאל כִּי מִן הַיּוֹם אֲשֶׁר נָתַתָּ אֶת לִבְּךָ לְהָבִין וּלְהִתְעַנּוֹת לִפְנֵי אֱלֹהֶיךָ נִשְׁמְעוּ דְבָרֶיךָ (תקע"א תקע"ו).

סימן קכב - דינים מן שבעה עשר בתמוז עד תשעה באב ובו י"ז סעיפים:

סעיף א' כֵּיוָן שֶׁבְּשִׁבְעָה עָשָׂר בְּתַמּוּז הִתְחִילוּ צָרוֹת הַחֻרְבָּן, לָכֵן נוֹהֲגִין קְצָת אֲבֵלוּת מִיּוֹם זֶה עַד אַחַר תִּשְׁעָה בְּאָב. וְרָאוּי לְכָל יְרֵא שָׁמַיִם לַעֲשׂוֹת תִּקּוּן חֲצוֹת בְּכָל יוֹם לְאַחַר חֲצוֹת הַיּוֹם. אֵין נוֹשְׂאִין נָשִׁים, אֲפִלּוּ מִי שֶׁעֲדַיִן לֹא קִיֵּם מִצְוַת פְּרוּ וּרְבוּ. אֲבָל לַעֲשׂוֹת שִׁדּוּכִין, אֲפִלּוּ בִּסְעוּדָה, מֻתָּר עַד רֹאשׁ חֹדֶשׁ אָב. וּמֵרֹאשׁ חֹדֶשׁ וָאֵילָךְ, אַף עַל גַּב דְּמֻתָּר גַּם כֵּן לַעֲשׂוֹת שִׁדּוּכִין, מִכָּל מָקוֹם אָסוּר לַעֲשׂוֹת סְעוּדָה, אַךְ יְכוֹלִין לֶאֱכֹל מִינֵי מִרְקַחַת וְכַדּוֹמֶה. יִשְׂרָאֵל שֶׁפַּרְנָסָה שֶׁלּוֹ בִּכְלֵי זֶמֶר, מֻתָּר לְנַגֵּן בְּבֵית אֵינוֹ יְהוּדִי בִּכְדֵי פַּרְנָסָתוֹ עַד רֹאשׁ חֹדֶשׁ. אֲבָל מֵרֹאשׁ חֹדֶשׁ עַד אַחַר הַתַּעֲנִית, אָסוּר. וְיוֹם שִׁבְעָה עָשָׂר בְּתַמּוּז עַצְמוֹ גַּם כֵּן אָסוּר, וְכֵן עֲשָׂרָה בְּטֵבֵת. וְיֵשׁ נוֹהֲגִין שֶׁלֹּא לֶאֱכֹל בָּשָׂר וְשֶׁלֹּא לִשְׁתּוֹת יַיִן מִשִּׁבְעָה עָשָׂר בְּתַמּוּז עַד אַחַר תִּשְׁעָה בְּאָב, אִם לֹא בְּשַׁבָּת אוֹ סְעוּדַת מִצְוָה.

סעיף ב' נוֹהֲגִין שֶׁאֵין מְבָרְכִין שֶׁהֶחֱיָנוּ בַּיָּמִים אֵלּוּ. וְלָכֵן אֵין קוֹנִין וְאֵין לוֹבְשִׁין בֶּגֶד חָדָשׁ, מִשּׁוּם דַּהֲוָה צָרִיךְ לְבָרֵךְ שֶׁהֶחֱיָנוּ. וְעַל פִּדְיוֹן הַבֵּן, מְבָרְכִין שֶׁהֶחֱיָנוּ, שֶׁלֹּא לְהַחְמִיץ אֶת הַמִּצְוָה. וְעַל פְּרִי, יֵשׁ לְהָקֵל לְבָרֵךְ שֶׁהֶחֱיָנוּ בְּשַׁבָּת, אוֹ אֲפִלּוּ בְּחֹל, אִם לֹא יִמָּצֵא פְּרִי זֶה לְאַחַר תִּשְׁעָה בְּאָב. לֹא יַכּוּ הַמְּלַמְּדִים אוֹ הַבָּנִים בַּיָּמִים אֵלּוּ.

סעיף ג' וְכֵן נוֹהֲגִין שֶׁאֵין מִסְתַּפְּרִין בַּיָּמִים אֵלּוּ, לֹא שַׂעֲרוֹת הָרֹאשׁ וְלֹא שַׂעֲרוֹת הַזָּקָן וְלֹא כָּל שֵׂעָר שֶׁבְּגוּפוֹ. וְאָסוּר לַגְּדוֹלִים לְסַפֵּר אֶת הַקְּטַנִּים.

סעיף ד' הַשָּׂפָה הָעֶלְיוֹנָה שֶׁבַּזָּקָן, כָּל שֶׁמְּעַכֵּב אֶת הָאֲכִילָה, נִרְאֶה לִי דְּיֵשׁ

לְהַתִּיר לְגַלְּחוֹ עַד הַשָּׁבוּעַ שֶׁחָל בּוֹ תִּשְׁעָה בְּאָב. אֲבָל בַּשָּׁבוּעַ שֶׁחָל בּוֹ תִּשְׁעָה בְּאָב, יֵשׁ לֶאֱסֹר.

סעיף ה' קְצִיצַת הַצִּפָּרְנַיִם, אֵין לֶאֱסֹר, רַק בַּשָּׁבוּעַ שֶׁחָל בּוֹ תִּשְׁעָה בְּאָב. וְאִשָּׁה לְצֹרֶךְ טְבִילָתָהּ מֻתֶּרֶת גַּם אָז. וְכֵן הַמּוֹהֵל יָכוֹל לְתַקֵּן צִפָּרְנָיו לְצֹרֶךְ הַפְּרִיעָה.

סעיף ו' בִּשְׁלֹשֶׁת הַשַּׁבָּתוֹת שֶׁבֵּין שִׁבְעָה עָשָׂר בְּתַמּוּז לְתִשְׁעָה בְּאָב, מַפְטִירִין ג' דְּפֻרְעָנוּתָא, שֶׁהֵן, דִּבְרֵי יִרְמְיָהוּ, שִׁמְעוּ דְּבַר ה', חֲזוֹן יְשַׁעְיָהוּ, וְסִימָנָם דש"ח. וְאִם טָעָה וְקָרָא בַּשַּׁבָּת הָרִאשׁוֹנָה אֶת הַהַפְטָרָה שֶׁל פָּרָשָׁה דְּיוֹמָא, מַפְטִירִין בַּשַּׁבָּת הַבָּאָה, דִּבְרֵי יִרְמְיָהוּ וְגַם, שִׁמְעוּ, מִפְּנֵי שֶׁהֵן סְמוּכוֹת זוֹ לָזוֹ. (סִימָן תכ"ח). חָל רֹאשׁ חֹדֶשׁ אָב לִהְיוֹת בַּשַּׁבָּת, מַפְטִירִין הַשָּׁמַיִם כִּסְאִי. וְיֵשׁ מְקוֹמוֹת שֶׁמַּפְטִירִין שִׁמְעוּ.

סעיף ז' מִשֶּׁנִּכְנַס אָב, מְמַעֲטִין בְּשִׂמְחָה. אֵין בּוֹנִין בִּנְיָן שֶׁל שִׂמְחָה אוֹ בִּנְיָן שֶׁהוּא רַק לִרְוָחָה. וְאִם קָצַץ עִם אֵינוֹ יְהוּדִי לְצַיֵּר לוֹ אֶת בֵּיתוֹ, אִם יָכוֹל לְפַיְּסוֹ בְּדָבָר מוּעָט שֶׁיַּמְתִּין עַד אַחַר תִּשְׁעָה בְּאָב, נָכוֹן הַדָּבָר. וְאִם לָאו מֻתָּר. וּבַר יִשְׂרָאֵל דְּאִית לֵיהּ דִּינָא בַּהֲדֵי אֵינוֹ יְהוּדִי, לִשְׁתַּמִּיט מִינֵּהּ, מִשּׁוּם דְּרִיעַ מַזָּלֵהּ. אִם אֶפְשָׁר, יִשְׁתַּמֵּט כָּל הַחֹדֶשׁ, וּלְכָל הַפָּחוֹת עַד לְאַחַר תִּשְׁעָה בְּאָב. אֵין מְקַדְּשִׁין אֶת הַלְּבָנָה עַד לְאַחַר תִּשְׁעָה בְּאָב.

סעיף ח' מִנְהָג בְּכָל יִשְׂרָאֵל שֶׁלֹּא לֶאֱכֹל בָּשָׂר וְשֶׁלֹּא לִשְׁתּוֹת יַיִן בְּתִשְׁעַת יָמִים שֶׁמִּן רֹאשׁ חֹדֶשׁ עַד לְאַחַר תִּשְׁעָה בְּאָב, וְאָסוּר אֲפִלּוּ בְּתַבְשִׁיל שֶׁנִּתְבַּשֵּׁל בּוֹ בָּשָׂר אוֹ שֶׁיֵּשׁ בּוֹ שֻׁמָּן. וַאֲפִלּוּ בְּשַׂר עוֹף, אָסוּר. וְאַף מִי שֶׁמַּאַכְלֵי חָלָב מַזִּיקִין לוֹ יָכוֹל לֶאֱכֹל בְּשַׂר עוֹף. וּלְצֹרֶךְ חוֹלֶה, הַכֹּל מֻתָּר. וּמִכָּל מָקוֹם אִם אֵינוֹ קָשֶׁה לוֹ, יֵשׁ לוֹ לְהַפְסִיק, שֶׁלֹּא לֶאֱכֹל מִן ז' בְּאָב וּלְהַלָּן. וְכֵן נוֹהֲגוֹת קְצָת יוֹלְדוֹת לְהִמָּנַע מִבָּשָׂר וְיַיִן מִז' בְּאָב וְאֵילָךְ, כִּי בְּאוֹתוֹ הַיּוֹם נִכְנְסוּ הָעוֹבְדֵי כוֹכָבִים לַהֵיכָל (כִּדְלְקַמָּן סִימָן קכ"ד סָעִיף ב'). וּבִסְעוּדַּת מִצְוָה, כְּגוֹן מִילָה וּפִדְיוֹן הַבֵּן, וְסִיּוּם מַסֶּכְתָּא גַּם כֵּן, מֻתָּרִין בְּבָשָׂר וְיַיִן. וְחוּץ מֵאֲבוֹתָיו וְאֶחָיו וּבָנָיו, וְחוּץ מֵאֵלּוּ שֶׁיֵּשׁ לָהֶם שַׁיָּכוּת לַמִּצְוָה, יָכוֹל לְהַזְמִין עוֹד עֲשָׂרָה אֲנָשִׁים לְרֵעוּת. אֲבָל רַק אוֹתָן שֶׁגַּם בְּפַעַם אַחֶרֶת הָיוּ בָּאִין אֵלָיו אֶל הַמִּשְׁתֶּה. וְכָל זֹאת מֻתָּר אֲפִלּוּ בְּעֶרֶב תִּשְׁעָה בְּאָב רַק אוֹתָם שֶׁגַּם בְּפַעַם אַחֵר הָיוּ בָּאִין אֵלָיו אֶל הַמִּשְׁתֶּה. וְכָל זֹאת מֻתָּר אֲפִלּוּ בְּעֶרֶב תִּשְׁעָה בְּאָב קֹדֶם חֲצוֹת הַיּוֹם, אֲבָל לֹא אַחַר כָּךְ. וְהַסְּעֻדָּה שֶׁנּוֹהֲגִין לַעֲשׂוֹת בַּלַּיְלָה שֶׁלִּפְנֵי הַמִּילָה, אֵינָהּ סְעֻדַּת מִצְוָה (עַיֵּן לְקַמָּן סִימָן קסג סָעִיף ח) וַאֲסוּרִין בְּבָשָׂר וְיַיִן, אֶלָּא יֵשׁ לַעֲשׂוֹתָהּ בְּמַאַכְלֵי חָלָב. וְכוֹס שֶׁל הַבְדָּלָה בְּמוֹצָאֵי שַׁבָּת, אִם יֵשׁ תִּינוֹק שֶׁיִּשְׁתֶּה רֹב הַכּוֹס, נוֹתְנִין לוֹ. וְאִם לָאו, יָכוֹל הַמַּבְדִּיל בְּעַצְמוֹ לִשְׁתּוֹת.

סעיף ט' וְכֵן אֵין מְכַבְּסִין בְּתִשְׁעָה יָמִים אֵלּוּ. וַאֲפִלּוּ חָלוּק אוֹ בֶּגֶד שֶׁאֵינוֹ רוֹצֶה לְלָבְשׁוֹ עַד אַחַר הַתַּעֲנִית. וַאֲפִלּוּ לְתִתָּם לְכוֹבֶסֶת אֵינוֹ יְהוּדִי אָסוּר. וְיִשְׂרְאֵלִית, מֻתֶּרֶת לְכַבֵּס בִּגְדֵי אֵינָם יְהוּדִים. וּמִכָּל מָקוֹם בַּשָּׁבוּעַ שֶׁחָל בָּהּ תִּשְׁעָה בְּאָב יֵשׁ לָהּ לִזָּהֵר. וְכֵן אָסוּר בְּתִשְׁעָה יָמִים אֵלּוּ לִלְבּוֹשׁ אוֹ לְהַצִּיעַ אֲפִלּוּ הַמְכֻבָּסִין מִקֹּדֶם. רַק

לִכְבוֹד שַׁבָּת, מֻתָּר לִלְבּוֹשׁ בִּגְדֵי פִּשְׁתָּן, וּלְהַצִּיעַ עַל הַשֻּׁלְחָנוֹת לְבָנִים, וּלְהַחֲלִיף מִטְפְּחוֹת הַיָּדַיִם וּמַגָּבוֹת, כְּדֶרֶךְ שֶׁעוֹשִׂין בִּשְׁאָר שַׁבָּתוֹת. אֲבָל סְדִינִים לְבָנִים, אָסוּר לְהַצִּיעַ. וְאִשָּׁה שֶׁצְּרִיכָה לִלְבּוֹשׁ לְבָנִים לִסְפֹּר ז' נְקִיִּים, מֻתֶּרֶת לְכַבֵּס וְלִלְבּוֹשׁ. וְכֵן הַמִּטְפָּחוֹת שֶׁמְּלַפְּפִין בָּהֶן אֶת הַתִּינוֹקוֹת [הַחִתּוּלִים], שֶׁמְּלַכְלְכִין אוֹתָן תָּדִיר, מֻתָּר לְכַבְּסָן.

סעיף י' אֵין עוֹשִׂין בְּתִשְׁעָה יָמִים אֵלּוּ בְּגָדִים חֲדָשִׁים, אוֹ מִנְעָלִים חֲדָשִׁים, אוֹ לֶאֱרֹג אַנְפְּלָאוֹת (זאקקען שטרומפף), אֲפִלּוּ עַל יְדֵי אֻמָּן אֵינוֹ יְהוּדִי. וּלְצֹרֶךְ גָּדוֹל, כְּגוֹן לְנִשּׂוּאִין שֶׁיִּהְיוּ מִיָּד אַחַר תִּשְׁעָה בְּאָב, מֻתָּר עַל יְדֵי אֻמָּן אֵינוֹ יְהוּדִי, אֲבָל לֹא עַל יְדֵי יִשְׂרָאֵל. וְקֹדֶם רֹאשׁ חֹדֶשׁ, מֻתָּר בְּכָל עִנְיָן לְתִתָּן אֲפִלּוּ לְאֻמָּן יִשְׂרָאֵל, וּמֻתָּר לוֹ לַעֲשׂוֹתָן אֲפִלּוּ אַחַר כָּךְ.

סעיף יא' נָשִׁים שֶׁנּוֹהֲגוֹת שֶׁלֹּא לְסַדֵּר הַחוּטִין לַאֲרִיגָה, מִשּׁוּם דְּזֶה נִקְרָא שְׁתִי, וְכֵיוָן שֶׁבָּטְלָה אֶבֶן הַשְּׁתִיָּה שֶׁהָיְתָה בְּבֵית הַמִּקְדָּשׁ, הֶחְמִירוּ עֲלֵיהֶן בָּזֶה, אָסוּר לְהַתִּיר לָהֶן.

סעיף יב' אֵין רוֹחֲצִין בְּתִשְׁעָה יָמִים אֵלּוּ אֲפִלּוּ בְּצוֹנֵן. אַךְ לִרְפוּאָה, כְּגוֹן יוֹלֶדֶת אוֹ מְעֻבֶּרֶת שֶׁקְּרוֹבָה לָלֶדֶת, שֶׁטּוֹב לָהּ לִרְחוֹץ, וְכֵן אָדָם חָלוּשׁ שֶׁצִּוָּה אוֹתוֹ הָרוֹפֵא לִרְחוֹץ, מֻתָּרִין לִרְחוֹץ אֲפִלּוּ בְּחַמִּין. וְכֵן נִדָּה, רוֹחֶצֶת וְטוֹבֶלֶת כְּדַרְכָּהּ. וְאִם טוֹבֶלֶת בְּלַיְלָה שֶׁאַחַר תִּשְׁעָה בְּאָב וְאִי אֶפְשָׁר לָהּ לִרְחוֹץ אָז, יְכוֹלָה לִרְחוֹץ בְּעֶרֶב תִּשְׁעָה בְּאָב. וְכֵן כְּשֶׁלּוֹבֶשֶׁת לְבָנִים, יְכוֹלָה לִרְחוֹץ מְעַט כְּדַרְכָּהּ, כֵּיוָן שֶׁאֵינָהּ עוֹשָׂה לְתַעֲנוּג.

סעיף יג' רֹאשׁ חֹדֶשׁ אָב שֶׁחָל בְּעֶרֶב שַׁבָּת, מִי שֶׁרָגִיל לִרְחוֹץ בְּחַמִּין בְּכָל עֶרֶב שַׁבָּת, מֻתָּר גַּם עַתָּה לִרְחוֹץ אֲפִלּוּ בְּחַמִּין. אֲבָל בְּעֶרֶב שַׁבָּת חֲזוֹן, אָסוּר לִרְחוֹץ בְּחַמִּין אֲפִלּוּ לְמִי שֶׁרָגִיל בְּכָךְ, כִּי אִם פָּנָיו יָדָיו וְרַגְלָיו. וְכֵן מִי שֶׁרָגִיל בַּחֲפִיפַת הָרֹאשׁ כָּל עֶרֶב שַׁבָּת, מֻתָּר לוֹ גַּם עַתָּה, אַךְ לֹא בְּבוֹרִית [בְּסַבּוֹן] (זייף), וְלֹא בְּמֵי אֵפֶר (לויג). וּמִי שֶׁרָגִיל לִטְבּוֹל כָּל עֶרֶב שַׁבָּת, מֻתָּר לוֹ גַּם עַתָּה לִטְבּוֹל בְּצוֹנֵן. אֲבָל מִי שֶׁמְּבַטְּלָהּ לִפְעָמִים, אָסוּר לוֹ.

סעיף יד' אָבֵל שֶׁחָל יוֹם שְׁלֹשִׁים שֶׁלּוֹ בְּי"ח בְּתַמּוּז אוֹ אַחַר כָּךְ עַד עֶרֶב רֹאשׁ חֹדֶשׁ אָב, מֻתָּר לוֹ לְהִסְתַּפֵּר. אֲבָל מֵרֹאשׁ חֹדֶשׁ וְאֵילָךְ, גַּם בְּכַהַאי גַּוְנָא, אָסוּר בְּכִבּוּס וּבְתִסְפֹּרֶת (עַיֵּן אליהו רבא סִימָן תקנ"א סָעִיף קטן ל"ב).

סעיף טו' מִילָה שֶׁהִיא בְּתִשְׁעָה יָמִים אֵלּוּ, נוֹהֲגִין שֶׁהַמּוֹהֵל וְהַסַּנְדָּק וַאֲבִי הַבֵּן וְאִמּוֹ לוֹבְשִׁין בִּגְדֵי שַׁבָּת. אֲבָל הַמַּכְנִיס אֶת הַתִּינוֹק (געפאטער), אָסוּר. אַךְ הָאִשָּׁה הַמַּכְנֶסֶת אֶת הַתִּינוֹק, נוֹהֶגֶת לִלְבּוֹשׁ בִּגְדֵי שַׁבָּת, כֵּיוָן שֶׁזּוֹהִי כָּל מִצְוָתָהּ. וְגִלּוּחַ, יֵשׁ לְהַתִּיר לָהֶם קֹדֶם שַׁבָּת חֲזוֹן. אֲבָל אַחַר כָּךְ אָסוּר.

סעיף טז' כְּבָר כָּתַבְנוּ בְּסָעִיף ט', כִּי בְּשַׁבָּת חֲזוֹן לוֹבְשִׁין בִּגְדֵי פִּשְׁתָּן לָבָן, דְּהַיְנוּ הַכֻּתֹּנֶת וּפוּזְמְקָאוֹת [וְהַגַּרְבַּיִם], שֶׁאֵינָן אֶלָּא מִפְּנֵי הַזֵּעָה. אֲבָל שְׁאָר בִּגְדֵי שַׁבָּת, תַּלְיָא בְּמִנְהַג הַמְּקוֹמוֹת אִם לְהַחֲלִיפָן אוֹ לֹא. וּבְבֵית הַכְּנֶסֶת מַחֲלִיפִין אֶת הַפָּרֹכֶת וְהַמַּפּוֹת וְהַמְּעִילִים בְּשַׁבָּת חֲזוֹן, אַךְ לֹא בְּשַׁבָּת שֶׁחָל בּוֹ תִּשְׁעָה בְּאָב.

סעיף יז' נוֹהֲגִין בְּשַׁבַּת חָזוֹן לִקְרוֹת לְמַפְטִיר אֶת הָרַב שֶׁהוּא יוֹדֵעַ לְקוֹנֵן, וְלֹא יַעֲלֶה אָז לִשְׁלִישִׁי (מגן אברהם סִימָן רפב סָעִיף קָטָן יד).

סימן קכג - דיני ערב תשעה באב ובו ה' סעיפים:

סעיף א' בְּרִית מִילָה וְכֵן פִּדְיוֹן הַבֵּן שֶׁחָל בְּעֶרֶב תִּשְׁעָה בְּאָב, עוֹשִׂין הַסְּעוּדָה קֹדֶם חֲצוֹת הַיּוֹם (וְעַיֵּן לְעֵיל סִימָן קכב סָעִיף ח) (תקנא).

סעיף ב' לֹא יְטַיֵּל בְּעֶרֶב תִּשְׁעָה בְּאָב. וְנוֹהֲגִין שֶׁלֹּא לִלְמֹד אַחַר צָהֳרַיִם, כִּי אִם בִּדְבָרִים שֶׁמֻּתָּרִים לִלְמֹד בְּתִשְׁעָה בְּאָב (תקנג).

סעיף ג' בְּעִנְיַן סְעוּדָה הַמַּפְסֶקֶת יֵשׁ כַּמָּה דִינִים, וְהַמִּנְהָג הַיָּשָׁר הוּא לֶאֱכֹל קֹדֶם מִנְחָה סְעוּדַת קֶבַע, וְאַחַר כָּךְ מִתְפַּלְּלִין מִנְחָה, וְאֵין אוֹמְרִים תַּחֲנוּן, מִשּׁוּם דְּתִשְׁעָה בְּאָב אִקְרֵי מוֹעֵד, דִּכְתִיב, קָרָא עָלַי מוֹעֵד. וְסָמוּךְ לָעֶרֶב, יוֹשְׁבִין עַל הָאָרֶץ וְאֵין צְרִיכִים לַחֲלֹץ הַמִּנְעָלִים. וְלֹא יֵשְׁבוּ שְׁלֹשָׁה בְּיַחַד, שֶׁלֹּא יִתְחַיְּבוּ בְּזִמּוּן. וְאוֹכְלִין רַק פַּת עִם בֵּיצָה מְבֻשֶּׁלֶת קָשָׁה וְקָרָה. וְטוֹבְלִין קְצָת פַּת בְּאֵפֶר וְאוֹכְלִין. וְצָרִיךְ לִזָּהֵר לְהַפְסִיק מִבְּעוֹד יוֹם (אִם מֻתָּר לֶאֱכֹל אַחַר כָּךְ, עַיֵּן לְקַמָּן סִימָן קלא סָעִיף יב) (תקנב תקנג).

סעיף ד' מִי שֶׁמִּתְעַנֶּה כָּל יְמוֹת הַשָּׁנָה שֵׁנִי וַחֲמִישִׁי וְאֵרַע בּוֹ עֶרֶב תִּשְׁעָה בְּאָב, יִשְׁאַל עַל נִדְרוֹ. וּמִי שֶׁיֵּשׁ לוֹ יָאר צַייט [יוֹם זִכָּרוֹן לְהוֹרָיו] בְּעֶרֶב תִּשְׁעָה בְּאָב, יִתְעַנֶּה בַּפַּעַם הָרִאשׁוֹנָה שֶׁלֹּא לְהִתְעַנּוֹת רַק עַד אַחַר חֲצוֹת הַיּוֹם, וְיִתְפַּלֵּל מִנְחָה גְּדוֹלָה, דְּהַיְנוּ חֲצִי שָׁעָה לְאַחַר הַצָּהֳרַיִם, וְיֹאכַל סְעוּדָה, וְאַחַר כָּךְ סָמוּךְ לָעֶרֶב יֹאכַל סְעוּדָה הַמַּפְסֶקֶת (תקנב).

סעיף ה' בֵּין הַשְּׁמָשׁוֹת, אָסוּר בְּכָל מַה שֶּׁאָסוּר בְּתִשְׁעָה בְּאָב, וְלָכֵן צְרִיכִין לַחֲלֹץ אֶת הַמִּנְעָלִים קֹדֶם בֵּין הַשְּׁמָשׁוֹת.

סימן קכד - הלכות תשעה באב ובו כ"ב סעיפים:

סעיף א' עַרְבִית, נִכְנָסִין לְבֵית הַכְּנֶסֶת וְחוֹלְצִין הַמִּנְעָלִים (כְּמוֹ שֶׁכָּתַבְנוּ בְּסוֹף סִימָן הַקּוֹדֵם). וְנוֹהֲגִין לְהָסִיר אֶת הַפָּרֹכֶת מֵאֲרוֹן הַקֹּדֶשׁ, מִשּׁוּם דִּכְתִיב, בִּצַּע אֶמְרָתוֹ. וְאֵין מַדְלִיקִין רַק נֵר אֶחָד לִפְנֵי שְׁלִיחַ הַצִּבּוּר וּמִתְפַּלְּלִין עַרְבִית בְּנַחַת וְדֶרֶךְ בְּכִי כַּאֲבֵלִים. וְאֵין אוֹמְרִים נַחֵם עַד לְמָחֳרַת בְּמִנְחָה. וְאַחַר תְּפִלַּת שְׁמֹנֶה עֶשְׂרֵה אוֹמְרִים קַדִּישׁ שָׁלֵם עִם תִּתְקַבֵּל, וְיוֹשְׁבִים לָאָרֶץ, וּמַדְלִיקִין קְצָת נֵרוֹת רַק בִּכְדֵי שֶׁיּוּכְלוּ לוֹמַר אֵיכָה וְקִינוֹת. וְאוֹמְרִים אֵיכָה וְקִינוֹת גַּם כֵּן בְּנַחַת וְדֶרֶךְ בְּכִי, וּמַפְסִיק בְּאֵיכָה מְעַט בֵּין כָּל פָּסוּק וּפָסוּק, וּמְעַט יוֹתֵר בֵּין כָּל אֵיכָה וְאֵיכָה. וּבְכָל אֵיכָה, מַגְבִּיהַּ שְׁלִיחַ הַצִּבּוּר קוֹלוֹ קְצָת יוֹתֵר. וּפָסוּק הָאַחֲרוֹן שֶׁבְּכָל אֵיכָה, אוֹמְרִים בְּקוֹל רָם. וּכְשֶׁמַּגִּיעַ לְפָסוּק הֲשִׁיבֵנוּ וְגוֹ' אוֹמְרִים אוֹתוֹ הַקָּהָל בְּקוֹל רָם, וְאַחַר כָּךְ מְסַיֵּם שְׁלִיחַ הַצִּבּוּר, וְחוֹזֵר הַקָּהָל וְאוֹמֵר הֲשִׁיבֵנוּ וְגוֹ' בְּקוֹל רָם, וְכֵן שְׁלִיחַ הַצִּבּוּר. וְאַחַר כָּךְ אוֹמְרִים וְאַתָּה קָדוֹשׁ וְקַדִּישׁ שָׁלֵם בְּלֹא תִּתְקַבֵּל, לְפִי שֶׁאָמַר בְּאֵיכָה, שָׂתַם תְּפִלָּתִי. וְכֵן לְמָחָר בְּשַׁחֲרִית מְדַלְּגִין תִּתְקַבֵּל עַד לְמִנְחָה (תקנז תקנט). גַּם מִי שֶׁהוּא בִּיחִידוּת,

שֶׁאֵין לוֹ מִנְיָן, אוֹמֵר אֵיכָה וְקִינוֹת (חַיֵּי אָדָם).

סעיף ב' יֵשׁ לָאָדָם לְהִצְטַעֵר בְּעִנְיַן מִשְׁכָּבוֹ, שֶׁאִם רָגִיל לִשְׁכַּב עַל ב' כָּרִים, יִשְׁכַּב עַתָּה עַל אֶחָד. וְיֵשׁ נוֹהֲגִין לִשְׁכַּב בְּלֵיל תִּשְׁעָה בְּאָב עַל הָאָרֶץ, וְשָׂם אֶבֶן תַּחַת רֹאשׁוֹ, זֵכֶר לְמַה שֶּׁנֶּאֱמַר, וַיִּקַּח מֵאַבְנֵי הַמָּקוֹם וְגוֹ' שֶׁרָאָה אֶת הַחֻרְבָּן וְאָמַר, מַה נּוֹרָא וְגוֹ' וְהַכֹּל לְפִי מַה שֶּׁהוּא אָדָם (תקנה).

סעיף ג' בְּשַׁחֲרִית אֵין מַנִּיחִין תְּפִלִּין, מִשּׁוּם דִּתְפִלִּין נִקְרָאִים פְּאֵר. וְגַם אֵין לוֹבְשִׁין טַלִּית גָּדוֹל, מִשּׁוּם דִּכְתִיב, בִּצַּע אֶמְרָתוֹ, וּמְתַרְגְּמִינַן, בְּזַע פּוֹרְפִירָא דִּילֵהּ. אֶלָּא לוֹבְשִׁין טַלִּית קָטָן בְּלֹא בְרָכָה, וּמַשְׁכִּימִין קְצָת לְבֵית הַכְּנֶסֶת, וְאֵין מַדְלִיקִין נֵר תְּפִלָּה כְּלָל, וּמִתְפַּלְּלִין גַּם כֵּן בְּנַחַת וְדֶרֶךְ בְּכִי, וְאוֹמְרִים מִזְמוֹר לְתוֹדָה. וּשְׁלִיחַ הַצִּבּוּר, בַּחֲזָרַת הַתְּפִלָּה אוֹמֵר עֲנֵנוּ בֵּין גּוֹאֵל לְרוֹפֵא, כְּמוֹ בְּכָל תַּעֲנִית צִבּוּר, וְאֵינוֹ אוֹמֵר בִּרְכַּת כֹּהֲנִים. וּלְאַחַר הַתְּפִלָּה אוֹמֵר חֲצִי קַדִּישׁ. אֵין אוֹמְרִים לֹא תַּחֲנוּן וְלֹא אֵל אֶרֶךְ אַפַּיִם מִשּׁוּם דְּאִקְּרֵי מוֹעֵד. וּמוֹצִיאִין סֵפֶר תּוֹרָה וְקוֹרִין כִּי תוֹלִיד בָּנִים וְגוֹ' תְּלָתָא גַּבְרֵי. וְנָכוֹן שֶׁהָעוֹלֶה יֹאמַר בְּלַחַשׁ קֹדֶם הַבְּרָכָה, בָּרוּךְ דַּיַּן הָאֱמֶת. אַחַר קְרִיאַת הַתּוֹרָה אוֹמְרִים חֲצִי קַדִּישׁ, וּמַפְטִירִין אָסֹף אֲסִיפֵם בְּנִגּוּן אֵיכָה, וּמַחֲזִירִין אֶת סֵפֶר הַתּוֹרָה, וְיוֹשְׁבִים עַל הָאָרֶץ וְאוֹמְרִים קִינוֹת, וְיֵשׁ לְהַאֲרִיךְ בָּהֶן עַד סָמוּךְ לַצָּהֳרַיִם. אַחַר כָּךְ אוֹמְרִים אַשְׁרֵי, וְאֵין אוֹמְרִים לַמְנַצֵּחַ, אֶלָּא וּבָא לְצִיּוֹן וְגוֹ', וּמְדַלְּגִין אֶת הַפָּסוּק וַאֲנִי זֹאת וְגוֹ' לְפִי שֶׁהָיָה נִרְאֶה כִּמְקַיֵּם בְּרִית עַל הַקִּינוֹת. וְעוֹד, דְּלֹא שַׁיָּךְ לוֹמַר וַאֲנִי זֹאת בְּרִיתִי וְגוֹ' לֹא יָמוּשׁוּ מִפִּיךָ וְגוֹ' כֵּיוָן שֶׁהַכֹּל בְּטֵלִים וַאֲסוּרִים בְּדִבְרֵי תוֹרָה. אֲבָל בְּבֵית הָאָבֵל, בְּכָל הַשָּׁנָה חוּץ מִתִּשְׁעָה בְּאָב, אוֹמְרִים אוֹתוֹ, שֶׁאַף עַל גַּב שֶׁהָאָבֵל בָּטֵל מִדִּבְרֵי תוֹרָה, הַמְנַחֲמִים אֵינָן בְּטֵלִין. וְאוֹמְרִים וְאַתָּה קָדוֹשׁ וְגוֹ' וְאוֹמְרִים קַדִּישׁ שָׁלֵם בְּדִלּוּג תִּתְקַבַּל, עָלֵינוּ קַדִּישׁ יָתוֹם, וְאֵין אוֹמְרִים לֹא שִׁיר הַיִּחוּד וְלֹא שִׁיר שֶׁל יוֹם וְלֹא פִּטּוּם הַקְּטֹרֶת. וְנָכוֹן שֶׁכָּל אֶחָד יִקְרָא אַחַר כָּךְ מְגִלַּת אֵיכָה (תקנד תקנה תקנט).

סעיף ד' אִם יֵשׁ אָבֵל בָּעִיר, הוֹלֵךְ לְבֵית הַכְּנֶסֶת בַּלַּיְלָה וְגַם בַּיּוֹם עַד שֶׁיִּגָּמְרוּ הַקִּינוֹת, וּמֻתָּר לוֹ לַעֲלוֹת לַתּוֹרָה וְלִקְרוֹת הַהַפְטָרָה, שֶׁהֲרֵי כֻּלָּם אֲבֵלִים הֵם.

סעיף ה' דִּבְרֵי תוֹרָה מְשַׂמְּחִין אֶת הַלֵּב, שֶׁנֶּאֱמַר פִּקּוּדֵי ה' יְשָׁרִים מְשַׂמְּחֵי לֵב. וְלָכֵן אָסוּר בְּתִשְׁעָה בְּאָב לִלְמֹד תּוֹרָה, כִּי אִם בִּדְבָרִים שֶׁמַּעֲצִיבִים אֶת לִבּוֹ, כְּגוֹן בְּסֵפֶר יִרְמְיָה בַּדְּבָרִים הָרָעִים שֶׁבּוֹ, וּפְסוּקֵי נֶחָמָה שֶׁבּוֹ יְדַלֵּג. וְכֵן פֻּרְעָנִיּוֹת עַל אֻמּוֹת הָעוֹלָם שֶׁכְּתוּבוֹת שָׁם יְדַלֵּג. וְכֵן מֻתָּר לִלְמֹד בְּסֵפֶר אִיּוֹב, וּמִדְרַשׁ אֵיכָה, וּגְמָרָא פֶּרֶק אֵלּוּ מְגַלְּחִין וְכוּ', דְּמַיְרֵי בְּדִינֵי אָבֵל וּמְנֻדֶּה, וּבְהַגָּדָה דְּפֶרֶק הַנִּזָּקִין, וִירוּשַׁלְמִי סוֹף מַסֶּכֶת תַּעֲנִית, דְּמַיְרֵי מֵחֻרְבָּן. וְאַף בְּאֵלּוּ שֶׁהוּא מֻתָּר לִלְמֹד, אָסוּר לְעַיֵּן בָּהֶם אֵיזֶה קֻשְׁיָא וְתֵרוּץ אוֹ דְרוּשׁ, כִּי מְשַׂמְּחִים אֶת הַלֵּב. וְכָל מַה שֶּׁמֻּתָּר הָאָדָם לִלְמֹד בְּעַצְמוֹ, מֻתָּר לִלְמֹד גַּם עִם תִּינוֹקוֹת. מֻתָּר לִקְרוֹת כָּל סֵדֶר הַיּוֹם, אֲפִלּוּ אֵיזֶהוּ מְקוֹמָן. וְסֵדֶר מַעֲמָדוֹת אֵין לוֹמַר, אֲפִלּוּ מִי שֶׁרָגִיל

לְאָמְרוֹ בְּכָל יוֹם (תקנד).

סעיף ו' אֲפִלּוּ עֻבָּרוֹת וּמֵינִיקוֹת, אַף עַל פִּי שֶׁמִּצְטַעֲרוֹת הַרְבֵּה, צְרִיכוֹת לְהַשְׁלִים הַתַּעֲנִית, אִם לֹא בְּמָקוֹם שֶׁיֵּשׁ לָחוּשׁ חַס וְשָׁלוֹם לְסַכָּנָה. אֲבָל חוֹלֶה, אַף עַל פִּי שֶׁאֵין בּוֹ סַכָּנָה, יֵשׁ לְהָקֵל שֶׁלֹּא יַשְׁלִים הַתַּעֲנִית, רַק יִתְעַנֶּה אֵיזֶה שָׁעוֹת, וּמִכָּל שֶׁכֵּן אִם חָלוּשׁ בְּטִבְעוֹ. וְיוֹלֶדֶת לְאַחַר שִׁבְעָה יָמִים עַד שְׁלֹשִׁים יוֹם נַמִּי דִּינָהּ כְּחוֹלֶה שֶׁאֵין בּוֹ סַכָּנָה, אַף עַל פִּי שֶׁאֵינָהּ חוֹלָה. אַךְ אִם מַרְגֶּשֶׁת בְּעַצְמָהּ שֶׁהִיא בְּרִיאָה לְגַמְרֵי וְהַתַּעֲנִית לֹא יַזִּיק לָהּ, יֵשׁ לָהּ לְהַשְׁלִים. וְאֵלּוּ שֶׁצְּרִיכִין לֶאֱכֹל בְּתִשְׁעָה בְּאָב, לֹא יִתְעַנְּגוּ בְּמַאֲכָלִים, אֶלָּא בִּכְדֵי צֹרֶךְ בְּרִיאוּת הַגּוּף.

סעיף ז' רְחִיצָה, אֲסוּרָה בֵּין בְּחַמִּין בֵּין בְּצוֹנֵן. וַאֲפִלּוּ לְהוֹשִׁיט אֶצְבָּעוֹ לְתוֹךְ מַיִם, אָסוּר. וְאֵינָהּ אֲסוּרָה רַק רְחִיצָה שֶׁל תַּעֲנוּג. אֲבָל שֶׁלֹּא לְתַעֲנוּג, מֻתָּר. וְלָכֵן רוֹחֵץ יָדָיו בְּשַׁחֲרִית, וְיִזָּהֵר שֶׁלֹּא יִרְחַץ רַק אֶצְבְּעוֹתָיו, שֶׁזֶּהוּ עִקַּר הָרְחִיצָה בְּשַׁחֲרִית, מִפְּנֵי שֶׁרוּחַ רָעָה שׁוֹרָה עַל הָאֶצְבָּעוֹת. וּלְאַחַר שֶׁנִּגְּבָן קְצָת וַעֲדַיִן לַחוֹת קְצָת, מַעֲבִירָן עַל עֵינָיו. וְאִם עֵינָיו מְלֻכְלָכוֹת וְדַרְכּוֹ לִרְחֹץ בַּמַּיִם, רוֹחֲצָן גַּם עַתָּה כְּדַרְכּוֹ וְאֵינוֹ חוֹשֵׁשׁ. וְכֵן אִם הָיוּ יָדָיו מְלֻכְלָכוֹת בְּטִיט וְכַדּוֹמֶה, מֻתָּר לִרְחוֹץ בִּמְקוֹם הַמְלֻכְלָךְ. וְכֵן כְּשֶׁעוֹשֶׂה צְרָכָיו, מֻתָּר לִרְחוֹץ יָדָיו קְצָת כְּדַרְכּוֹ תָּמִיד. וְכֵן לִתְפִלַּת מִנְחָה, יִרְחַץ אֶצְבְּעוֹתָיו (תקנד תריג תריד).

סעיף ח' נָשִׁים הַמְבַשְּׁלוֹת וּצְרִיכוֹת לְהָדִיחַ הַמַּאֲכָלִים, מֻתָּרוֹת. דְּהָא אֵינָן מִתְכַּוְּנוֹת לִרְחִיצָה. הַהוֹלֵךְ לְצָרְכֵי מִצְוָה וְאֵין לְפָנָיו דֶּרֶךְ אַחֶרֶת, רַק לַעֲבֹר בַּמַּיִם, עוֹבֵר בַּמַּיִם, בֵּין בַּהֲלִיכָתוֹ בֵּין בַּחֲזִירָתוֹ וְאֵינוֹ חוֹשֵׁשׁ. אֲבָל אִם הוֹלֵךְ בִּשְׁבִיל מָמוֹנוֹ, בַּהֲלִיכָתוֹ מֻתָּר, וּבַחֲזִירָתוֹ אָסוּר. הַבָּא מִן הַדֶּרֶךְ וְרַגְלָיו כֵּהוֹת, מֻתָּר לְרָחֲצָן בַּמַּיִם (תקנד תריג).

סעיף ט' אַף עַל פִּי שֶׁאֵינָהּ אֲסוּרָה כִּי אִם רְחִיצָה שֶׁל תַּעֲנוּג, מִכָּל מָקוֹם אִשָּׁה שֶׁחָלָה טְבִילָתָהּ בְּלֵיל תִּשְׁעָה בְּאָב, לֹא תִּטְבֹּל, כֵּיוָן דַּאֲסוּרִין בְּתַשְׁמִישׁ (וּלְעִנְיַן לְבִישַׁת הַלָּבוּן, עַיֵּן לְקַמָּן סִימָן קנט) (תקנד).

סעיף י' סִיכָה גַּם כֵּן אֵינָהּ אֲסוּרָה אֶלָּא שֶׁל תַּעֲנוּג, אֲבָל מִי שֶׁיֵּשׁ לוֹ חֲטָטִין אוֹ לְצֹרֶךְ שְׁאָר רְפוּאָה, מֻתָּר לָסוּךְ (תקנד תריד).

סעיף יא' נְעִילַת הַסַּנְדָּל, אֵינָהּ אֲסוּרָה אֶלָּא שֶׁל עוֹר. אֲבָל שֶׁל בֶּגֶד וְכַדּוֹמֶה, אִם אֵינוֹ מְחֻפֶּה בַּשּׁוּלַיִם בְּעוֹר מֻתָּר. הַהוֹלְכִים בֵּין הָאֵינָם יְהוּדִים, נוֹהֲגִים לִלְבּוֹשׁ מִנְעָלִים. וּמִכָּל מָקוֹם בַּעַל נֶפֶשׁ יַחְמִיר עַל עַצְמוֹ. וְהַיּוֹשְׁבִים בַּחֲנֻיּוֹת, וַדַּאי אֲסוּרִים. הַמְהַלֵּךְ בְּדֶרֶךְ רְחוֹקָה בְּרַגְלָיו, כֵּיוָן שֶׁהוּא טֹרַח גָּדוֹל, לֹא אָסְרוּ חֲכָמֵינוּ זִכְרוֹנָם לִבְרָכָה, וּמֻתָּר בִּנְעִילַת הַסַּנְדָּל. אַךְ כְּשֶׁמַּגִּיעַ לָעִיר, חוֹלֵץ. וְאִם יוֹשֵׁב בַּעֲגָלָה, אָסוּר בִּנְעִילַת הַסַּנְדָּל.

סעיף יב' תַּשְׁמִישׁ הַמִּטָּה אָסוּר. וְיֵשׁ לְהַחְמִיר אֲפִלּוּ בִּנְגִיעָה בְּאִשְׁתּוֹ.

סעיף יג' אָסוּר לִשְׁאוֹל בִּשְׁלוֹם חֲבֵרוֹ בְּתִשְׁעָה בְּאָב. וַאֲפִלּוּ לוֹמַר: צַפְרָא טָבָא וְכַיּוֹצֵא בּוֹ אָסוּר. וְאִם עַם הָאָרֶץ אוֹ אֵינוֹ יְהוּדִי שׁוֹאֲלִין

בִּשְׁלוֹמוֹ, מֵשִׁיב בְּשָׂפָה רָפָה שֶׁלֹּא יַקְפִּידוּ עָלָיו. וְכֵן אָסוּר לִשְׁלוֹחַ דּוֹרוֹן לַחֲבֵרוֹ, שֶׁזֶּהוּ בִּכְלַל שְׁאִילַת שָׁלוֹם (תקנד).

סעיף יד' לֹא יְטַיֵּל בַּשּׁוּק, שֶׁלֹּא יָבוֹא לִידֵי שְׂחוֹק וְשִׂמְחָה. עִשּׁוּן טַבַּק, יֵשׁ אוֹסְרִין, וְיֵשׁ מַתִּירִין לְאַחַר הַצָּהֳרַיִם בְּצִנְעָא בְּתוֹךְ בֵּיתוֹ (תקנד ובח"א ובשע"ת תקנ"ט).

סעיף טו' בְּעִנְיַן מְלָאכָה, אָנוּ נוֹהֲגִים שֶׁכָּל מְלָאכָה שֶׁיֵּשׁ בָּהּ שְׁהוּי קְצָת, אֲפִלּוּ אֵינָהּ מַעֲשֵׂה אֻמָּן אֶלָּא מַעֲשֵׂה הֶדְיוֹט, אֲסוּרִין בַּלַּיְלָה וּבַיּוֹם עַד הַצָּהֳרָיִם. אֲבָל דָּבָר שֶׁאֵין בּוֹ שְׁהוּי, כְּגוֹן הַדְלָקַת נֵרוֹת וּקְשִׁירָה וְכַיּוֹצֵא בוֹ, מֻתָּר. וּלְאַחַר הַצָּהֳרַיִם עוֹשִׂים כָּל הַמְּלָאכוֹת. וְכֵן מַשָּׂא וּמַתָּן נוֹהֲגִים לֶאֱסוֹר קֹדֶם הַצָּהֳרַיִם, וּלְאַחַר הַצָּהֳרַיִם מַתִּירִים. אֲבָל מִי שֶׁהוּא יְרֵא שָׁמַיִם, יֵשׁ לוֹ לְהַחְמִיר כָּל הַיּוֹם, בֵּין בִּמְלָאכָה, בֵּין בְּמַשָּׂא וּמַתָּן, שֶׁלֹּא יַסִּיחַ דַּעְתּוֹ מִן הָאֲבֵלוּת. וְעַל יְדֵי אֵינוֹ יְהוּדִי, מֻתָּר לַעֲשׂוֹת כָּל מְלָאכָה. דָּבָר הָאָבֵד, מֻתָּר לַעֲשׂוֹת גַּם בְּעַצְמוֹ. לַחֲלֹב הַפָּרוֹת, טוֹב לַעֲשׂוֹת עַל יְדֵי אֵינוֹ יְהוּדִי. וְאִם אִי אֶפְשָׁר, מֻתָּר בְּעַצְמוֹ (תקנד).

סעיף טז' נוֹהֲגִין שֶׁאֵין יוֹשְׁבִין עַל סַפְסָל לֹא בַלַּיְלָה וְלֹא בַיּוֹם עַד לְאַחַר הַצָּהֳרַיִם, כִּי אִם עַל הָאָרֶץ, וּלְאַחַר הַצָּהֳרַיִם מֻתָּרִין. אֲבָל שְׁאָר דְּבָרִים הָאֲסוּרִים, אֲסוּרִים עַד צֵאת הַכּוֹכָבִים (תקנד תקנט).

סעיף יז' נוֹהֲגִין שֶׁלֹּא לְהָכִין צָרְכֵי סְעוּדָה עַד אַחַר הַצָּהֳרַיִם אֲבָל לְצֹרֶךְ מִצְוָה, מֻתָּר.

סעיף יח' אִם יֵשׁ תִּינוֹק לָמוּל, מָלִין אוֹתוֹ אַחַר שֶׁגָּמְרוּ אֶת הַקִּינוֹת. וַאֲבִי הַבֵּן וְאִמּוֹ וְהַסַּנְדָּק וְהַמּוֹהֵל, מֻתָּרִין לִלְבּוֹשׁ בִּגְדֵי שַׁבָּת לִכְבוֹד הַמִּילָה, וְאַחַר כָּךְ פּוֹשְׁטִין אוֹתָן. וּמַדְלִיקִין נֵרוֹת לִכְבוֹד הַמִּילָה. וְהַכּוֹס נוֹתְנִין לְתִינוֹק לִשְׁתּוֹת.

סעיף יט' בְּמִנְחָה מַנִּיחִין טַלִּית וּתְפִלִּין בִּבְרָכוֹת, וְאוֹמְרִים שִׁיר שֶׁל יוֹם וּשְׁאָר הַדְּבָרִים שֶׁחִסְּרוּ בְּשַׁחֲרִית, וְאוֹמְרִים אַשְׁרֵי וַחֲצִי קַדִּישׁ, וְקוֹרִין בַּתּוֹרָה, וּמַפְטִירִין כְּמוֹ בִּשְׁאָר תַּעֲנִית צִבּוּר, וּמַכְנִיסִין אֶת סֵפֶר הַתּוֹרָה, וְאוֹמֵר שְׁלִיחַ הַצִּבּוּר חֲצִי קַדִּישׁ, וּמִתְפַּלְּלִין שְׁמוֹנֶה עֶשְׂרֵה, וְאוֹמְרִים נַחֵם בְּבִרְכַּת וְלִירוּשָׁלַיִם, וְאִם שָׁכְחוּ שָׁם, אוֹמְרוֹ אַחַר עֲנֵנוּ. וְלֹא יְסַיֵּם בָּרוּךְ מְנַחֵם וְכוּ', אֶלָּא כִּי אַתָּה שׁוֹמֵעַ וְכוּ'. וְאִם גַּם שָׁם לֹא נִזְכַּר עַד לְאַחַר שֶׁאָמַר בָּרוּךְ אַתָּה ה', גּוֹמֵר הַבְּרָכָה שׁוֹמֵעַ תְּפִלָּה וּמִתְפַּלֵּל כַּסֵּדֶר, וְאֵינוֹ צָרִיךְ לַחֲזוֹר (עַיֵּן פרי מגדים). שְׁלִיחַ הַצִּבּוּר, בַּחֲזָרַת הַתְּפִלָּה אוֹמֵר בִּרְכַּת כֹּהֲנִים, וְאַחַר הַתְּפִלָּה קַדִּישׁ שָׁלֵם תִּתְקַבַּל, וְחוֹלְצִין הַתְּפִלִּין, וּמִתְפַּלְּלִין מַעֲרִיב (תקנד תקנה תקנז תקנט). וְאִם הַלְּבָנָה זוֹרַחַת, מְקַדְּשִׁין אוֹתָהּ. וְעַיֵּן לְעֵיל סִימָן צ"ז סָעִיף י"א, שֶׁצְּרִיכִים לִטְעֹם תְּחִלָּה (תכו).

סעיף כ' תַּנְיָא, בְּז' בְּאָב נִכְנְסוּ הַגּוֹיִם לְהֵיכָל, וְאָכְלוּ וְשָׁתוּ וְקִלְקְלוּ בוֹ שְׁבִיעִי וּשְׁמִינִי, וּתְשִׁיעִי לְעֵת עֶרֶב הִצִּיתוּ בוֹ אֶת הָאֵשׁ, וְהָיְתָה דוֹלֶקֶת וְהוֹלֶכֶת כָּל יוֹם הָעֲשִׂירִי עַד שְׁקִיעַת הַחַמָּה. וְהָא דְּלֹא קָבְעוּ אֶת הַתַּעֲנִית לְיוֹם הָעֲשִׂירִי, אַף שֶׁרֻבּוֹ שֶׁל הֵיכָל נִשְׂרַף בּוֹ, מִפְּנֵי שֶׁהַתְחָלַת הַפֻּרְעָנִיּוֹת חָמִיר טְפֵי. וְאִיתָא בִּירוּשַׁלְמִי, ר' אָבִין

הִתְעַנָּה תְּשִׁיעִי וַעֲשִׂירִי. ר' לֵוִי הִתְעַנָּה תְּשִׁיעִי וְלֵיל עֲשִׂירִי, מִפְּנֵי שֶׁלֹּא הָיָה בּוֹ כֹּחַ לְהִתְעַנּוֹת כָּל הַיּוֹם הָעֲשִׂירִי, הִתְעַנָּה רַק הַלַּיְלָה. וַאֲנוּ תַּשׁ כֹּחֵנוּ, וְאֵין מִתְעַנִּין רַק תְּשִׁיעִי לְבַד, אַךְ מַחְמִירִין שֶׁלֹּא לֶאֱכֹל בָּשָׂר וְשֶׁלֹּא לִשְׁתּוֹת יַיִן בְּלֵיל י' וְלֹא בַּיּוֹם י' עַד חֲצוֹת הַיּוֹם, כִּי אִם בִּסְעוּדַת מִצְוָה. וְכֵן אֵין לְבָרֵךְ שֶׁהֶחֱיָנוּ. גַּם אֵין לִרְחוֹץ וְלֹא לְהִסְתַּפֵּר וּלְכַבֵּס עַד חֲצוֹת יוֹם י'. וּמִי שֶׁמַּחְמִיר עַל עַצְמוֹ בְּכָל הַדְּבָרִים הַנִּזְכָּרִים כָּל יוֹם י', הֲרֵי זֶה מְשֻׁבָּח. אִם הַיּוֹם הָעֲשִׂירִי חָל בְּעֶרֶב שַׁבָּת, מֻתָּר לִרְחוֹץ וּלְהִסְתַּפֵּר וּלְכַבֵּס מִיָּד בְּשַׁחֲרִית, מִפְּנֵי כְּבוֹד הַשַּׁבָּת.

סעיף כא' יוֹלֶדֶת אַף שֶׁמִּתְעַנָּה לְאַחַר שִׁבְעָה, מֻתֶּרֶת בְּלֵיל עֲשִׂירִי בְּבָשָׂר וָיַיִן.

סעיף כב' נָכוֹן שֶׁלֹּא לְשַׁמֵּשׁ מִטָּתוֹ בְּלֵיל עֲשִׂירִי, אִם לֹא כְּשֶׁהוּא לֵיל טְבִילָה אוֹ כְּשֶׁהוּא יוֹצֵא לַדֶּרֶךְ אוֹ בָּא מִן הַדֶּרֶךְ (שע"ת סִימָן תקנח סָעִיף קָטָן ב).

סימן קכה - דיני תשעה באב שחל בשבת או באחד בשבת ובו ח' סעיפים:

סעיף א' תִּשְׁעָה בְּאָב שֶׁחָל בְּאֶחָד בְּשַׁבָּת אוֹ שֶׁחָל בַּשַּׁבָּת וְנִדְחָה לְאֶחָד בְּשַׁבָּת, אוֹכְלִין בַּשַּׁבָּת בָּשָׂר וְשׁוֹתִין יַיִן. וַאֲפִלּוּ בִּסְעוּדָה שְׁלִישִׁית שֶׁלְּאַחַר מִנְחָה, מֻתָּר בַּכֹּל, אַךְ לֹא יֵשֵׁב אָז בִּסְעוּדַת חֲבֵרִים. אִם חָל בְּרִית מִילָה, יַעֲשׂוּ הַסְּעוּדָה קֹדֶם מִנְחָה. אֲבָל מֻתָּר לֶאֱכוֹל עִם בְּנֵי בֵיתוֹ, וְיָכוֹל לְבָרֵךְ בְּזִמּוּן. וְצָרִיךְ לְהַפְסִיק מִבְּעוֹד יוֹם, כִּי בְּבֵין הַשְּׁמָשׁוֹת אָסוּר בַּאֲכִילָה וּשְׁתִיָּה וּרְחִיצָה. אַךְ הַמִּנְעָלִים לֹא יַחֲלוֹץ עַד לְאַחַר בָּרְכוּ. וּשְׁלִיחַ הַצִּבּוּר חוֹלֵץ קֹדֶם שֶׁמַּתְחִיל וְהוּא רַחוּם, כְּדֵי שֶׁלֹּא לְבַלְבֵּל דַּעְתּוֹ, וְיֹאמַר מִתְּחִלָּה בִּרְכַּת הַמַּבְדִּיל בֵּין קֹדֶשׁ לְחֹל בְּלֹא שֵׁם וּמַלְכוּת (תקנב תקנג).

סעיף ב' לֵיל שַׁבָּת שֶׁחָל בּוֹ תִּשְׁעָה בְּאָב, אָסוּר בְּתַשְׁמִישׁ הַמִּטָּה, אִם לֹא כְּשֶׁחָל אָז לֵיל טְבִילָתָהּ (תקנד).

סעיף ג' אוֹמְרִים אָב הָרַחֲמִים וּמַזְכִּירִין נְשָׁמוֹת בְּשַׁחֲרִית. אֲבָל בְּמִנְחָה אֵין אוֹמְרִים צִדְקָתְךָ צֶדֶק.

סעיף ד' תִּשְׁעָה בְּאָב שֶׁחָל בַּשַּׁבָּת יֵשׁ לְהַחְמִיר שֶׁלֹּא לִלְמֹד כִּי אִם דְּבָרִים הַמֻּתָּרִים לִלְמֹד בְּתִשְׁעָה בְּאָב, וְלָכֵן אֵין אוֹמְרִים פִּרְקֵי אָבוֹת. אֲבָל לִקְרוֹת הַסִּדְרָה שְׁנַיִם מִקְרָא וְאֶחָד תַּרְגּוּם, מֻתָּר וּמִכָּל שֶׁכֵּן קֹדֶם חֲצוֹת הַיּוֹם. וְאִם חָל (בְּ) עֶרֶב תִּשְׁעָה בְּאָב [בַּשַּׁבָּת] אָסוּר לְאַחַר חֲצוֹת הַיּוֹם בְּלִמּוּד כְּמוֹ בִּשְׁאָר תִּשְׁעָה בְּאָב.

סעיף ה' קֹדֶם עַרְבִית אֵין אוֹמְרִים לַמְנַצֵּחַ בִּנְגִינוֹת. וְאֵין אוֹמְרִים וִיהִי נֹעַם קֹדֶם וְאַתָּה קָדוֹשׁ מִשּׁוּם דְּנִתְיַסֵּד עַל הֲקָמַת הַמִּשְׁכָּן וְעַתָּה נֶחְרָב. גַּם אֵין אוֹמְרִים וְיִתֶּן לְךָ, וְאֵין מְבָרְכִין אֶת הַבָּנִים (תקנ"ט ובסד"ה).

סעיף ו' מִשֶּׁמְּתְחַשֵּׁךְ, כְּשֶׁהוּא רוֹאֶה אֶת הַנֵּר, מְבָרֵךְ בּוֹרֵא מְאוֹרֵי הָאֵשׁ. וּבִשְׁמוֹנֶה עֶשְׂרֵה, אוֹמְרִים אַתָּה חוֹנַנְתָּנוּ. אֲבָל אֵין מַבְדִּילִין עַל הַכּוֹס עַד מוֹצָאֵי תִּשְׁעָה בְּאָב, וְאָז הוּא מַבְדִּיל עַל הַכּוֹס. אֲבָל אֵינוֹ מְבָרֵךְ לֹא עַל הַבְּשָׂמִים וְלֹא עַל הַנֵּר, אֲפִלּוּ לֹא בֵרֵךְ עָלָיו בְּמוֹצָאֵי שַׁבָּת. וְיַזְהִיר לִבְנֵי

בֵּיתוֹ שֶׁלֹּא יַעֲשׂוּ מְלָאכָה עַד שֶׁיֹּאמְרוּ הַמַּבְדִּיל בֵּין קֹדֶשׁ לְחֹל בְּלֹא שֵׁם וּמַלְכוּת. וְאִם שָׁכַח לוֹמַר אַתָּה חוֹנַנְתָּנוּ, אֵין צָרִיךְ לַחֲזוֹר אֶלָּא גּוֹמֵר תְּפִלָּתוֹ (כְּמוֹ שֶׁכָּתַבְנוּ לְעֵיל סִימָן צו) שֶׁהֲרֵי יַבְדִּיל בְּמוֹצָאֵי תִּשְׁעָה בְּאָב עַל הַכּוֹס, וְלֹא יִטְעֹם קֹדֶם. וְאִם צָרִיךְ לַעֲשׂוֹת מְלָאכָה, יֹאמַר תְּחִלָּה הַמַּבְדִּיל בֵּין קֹדֶשׁ וְכוּ' בְּלֹא שֵׁם וּמַלְכוּת.

סעיף ז' תִּשְׁעָה בְּאָב שֶׁחָל בְּשַׁבָּת וְנִדְחָה לְיוֹם רִאשׁוֹן, בַּלַּיְלָה שֶׁלְּאַחַר הַתַּעֲנִית, אֲסוּרִים בְּבָשָׂר וָיַיִן כְּמוֹ בִּשְׁאָר תִּשְׁעָה בְּאָב, מִפְּנֵי אֲבֵלוּת הַיּוֹם. אֲבָל לְמָחָר, מֻתָּרִים מִיָּד בַּכֹּל (תקנ"ח).

סעיף ח' אִם יֵשׁ מִילָה בְּתִשְׁעָה בְּאָב שֶׁנִּדְחָה, מֻתָּר לְבַעֲלֵי הַבְּרִית דְּהַיְנוּ אֲבִי הַבֵּן וְאִמּוֹ וְהַמּוֹהֵל וְהַסַּנְדָּק לְהִתְפַּלֵּל מִנְחָה גְּדוֹלָה, הַיְנוּ חֲצִי שָׁעָה אַחַר הַצָּהֳרַיִם, וְאָז מֻתָּר לְהַבְדִּיל עַל הַכּוֹס וְלֶאֱכוֹל וְלִרְחוֹץ, אֲבָל סְעוּדָה, לֹא יַעֲשׂוּ עַד הַלַּיְלָה. וְכֵן בְּפִדְיוֹן הַבֵּן בִּזְמַנּוֹ, הָאָב וְהַכֹּהֵן לֹא יַשְׁלִימוּ (תקנ"ט).

סימן קכו - לעשות זכר לחרבן ובו ד' סעיפים:

סעיף א' מִשֶּׁחָרַב בֵּית הַמִּקְדָּשׁ תִּקְּנוּ חֲכָמֵינוּ זִכְרוֹנָם לִבְרָכָה שֶׁבְּכָל שִׂמְחָה יְהֵא בָּהּ זֵכֶר לַחֻרְבָּן, כְּמוֹ שֶׁכָּתוּב, אִם אֶשְׁכָּחֵךְ יְרוּשָׁלָיִם וְגוֹ' אִם לֹא אַעֲלֶה אֶת יְרוּשָׁלַיִם עַל רֹאשׁ שִׂמְחָתִי. וְגָזְרוּ שֶׁלֹּא יִבְנֶה לוֹ יִשְׂרָאֵל בִּנְיָן מְסֻיָּד וּמְצֻיָּר כְּבִנְיַן הַמְּלָכִים. וְלֹא יְסַיֵּד אֶת כָּל בֵּיתוֹ בְּסִיד, אֶלָּא טָח בֵּיתוֹ בְּטִיט וְסָד בְּסִיד, וּמַנִּיחַ בּוֹ אַמָּה עַל אַמָּה כְּנֶגֶד הַפֶּתַח בְּלֹא סִיד, כְּדֵי לִזְכֹּר הַחֻרְבָּן. וּמַה שֶּׁלֹּא נָהֲגוּ כֵן עַתָּה, לֹא יָדַעְנוּ טַעַם בָּרוּר.

סעיף ב' וְכֵן תִּקְּנוּ שֶׁהָעוֹרֵךְ שֻׁלְחָן לַעֲשׂוֹת סְעוּדָה לָאוֹרְחִים, אֲפִלּוּ סְעוּדַת מִצְוָה, לֹא יִתֵּן כָּל הַתַּבְשִׁילִין הָרְאוּיִין לַסְּעוּדָה, וְכֵן הָאִשָּׁה לֹא תִתְקַשֵּׁט בְּכָל תַּכְשִׁיטֶיהָ בְּפַעַם אַחַת. וְהֶחָתָן קֹדֶם חֻפָּתוֹ, נוֹתְנִים אֵפֶר עַל רֹאשׁוֹ בִּמְקוֹם הַנָּחַת תְּפִלִּין. וְהַמִּכְסֶה שֶׁמְּכַסִּים בָּהּ אֶת הַכַּלָּה, לֹא יִהְיוּ בוֹ חוּטֵי כֶסֶף אוֹ זָהָב. גַּם נוֹהֲגִין שֶׁבִּשְׁעַת כְּתִיבַת הַתְּנָאִין, אַחַר קְרִיאָתָן, שׁוֹבְרִין קְדֵרָה לַעֲשׂוֹת זֵכֶר לַחֻרְבָּן, אֲבָל יֵשׁ לִקַּח קְדֵרָה שְׁבוּרָה. וְתַחַת הַחֻפָּה שׁוֹבֵר הֶחָתָן כְּלִי זְכוּכִית, וְזֶה יָכוֹל לִהְיוֹת כּוֹס שָׁלֵם.

סעיף ג' וְכֵן גָּזְרוּ שֶׁלֹּא לִשְׁמוֹעַ שׁוּם כְּלֵי שִׁיר, וַאֲפִלּוּ שִׁיר בַּפֶּה. וְאֵין לְשׁוֹרֵר בִּסְעוּדָה אֶלָּא הַזְּמִירוֹת שֶׁנִּתְקְנוּ, כְּמוֹ בְּשַׁבָּת. אֲבָל פִּיּוּטִים אֲחֵרִים, אָסוּר לְשׁוֹרֵר.

סעיף ד' הִשָּׁמֵר לְךָ מִלִּקְרָאוֹת קְנִיגְנָאוֹת (תרגום: צֵיד חַיּוֹת) שֶׁל עוֹבְדֵי כוֹכָבִים, וְכֵן מְחוֹלָתָם אוֹ שׁוּם דָּבָר עַל שִׂמְחָתָם. וְאִם תִּשְׁמַע קוֹלָם שְׂמֵחִים, תֵּאָנַח וְתִצְטַעֵר עַל חֻרְבַּן יְרוּשָׁלַיִם, וְתִתְפַּלֵּל לְהַקָּדוֹשׁ בָּרוּךְ הוּא עָלֶיהָ, וַאֲפִלּוּ לִקְנִיגְנָאוֹת שֶׁל יִשְׂרָאֵל, אָסוּר לָלֶכֶת, מִשּׁוּם דַּהֲוֵי מוֹשַׁב לֵצִים (ב"ח חיי"א כלל סג). וְכָל מִינֵי שִׂמְחָה, אָסוּר. אֶלָּא לְשַׂמֵּחַ חָתָן וְכַלָּה, מֻתָּר. בֵּין בְּשִׁיר בַּפֶּה, בֵּין בְּכֵלִים, וְגַם אֵין לְשַׂמֵּחַ בְּיוֹתֵר. וְאָסוּר לְאָדָם שֶׁיְּמַלֵּא שְׂחוֹק פִּיו בָּעוֹלָם הַזֶּה, אֲפִלּוּ בְּשִׂמְחָה שֶׁל מִצְוָה, שֶׁנֶּאֱמַר, אָז יִמָּלֵא שְׂחוֹק פִּינוּ (סימן תקס ובחיי"א).

סימן קכז - הלכות תענית יחיד ובו י"ח סעיפים:

סעיף א' כְּשֵׁם שֶׁמִּצְוָה עַל הַצִּבּוּר לְהִתְעַנּוֹת וּלְהִתְפַּלֵּל עַל כָּל צָרָה שֶׁלֹּא תָבוֹא, כָּךְ מִצְוָה עַל כָּל יָחִיד שֶׁאִם בָּאָה עָלָיו חַס וְשָׁלוֹם אֵיזוֹ צָרָה, כְּגוֹן שֶׁהָיָה לוֹ חוֹלֶה בְּתוֹךְ בֵּיתוֹ, אוֹ שֶׁהוּא תּוֹעֶה בַּדֶּרֶךְ, אוֹ חָבוּשׁ בְּבֵית הָאֲסוּרִים עַל יְדֵי עֲלִילָה, מִצְוָה עָלָיו שֶׁיִּתְעַנֶּה וְיִתְפַּלֵּל אֶל ה' וִיבַקֵּשׁ רַחֲמִים מֵאִתּוֹ יִתְבָּרַךְ שְׁמוֹ שֶׁיּוֹשִׁיעַ לוֹ. וְדָבָר זֶה מִדַּרְכֵי תְשׁוּבָה הוּא, שֶׁלֹּא יֹאמַר הָאָדָם, חַס וְשָׁלוֹם מִקְרֶה הִיא הַצָּרָה, שֶׁנֶּאֱמַר וַהֲלַכְתֶּם עִמִּי בְּקֶרִי, וְהָלַכְתִּי גַם אֲנִי עִמָּכֶם בַּחֲמַת קֶרִי. פֵּרוּשׁ, כְּשֶׁאָבִיא עֲלֵיכֶם צָרָה כְּדֵי שֶׁתָּשׁוּבוּ, אִם תֹּאמְרוּ שֶׁהוּא קֶרִי, אוֹסִיף עֲלֵיכֶם חֲמַת אוֹתוֹ קֶרִי, אֲבָל צָרִיךְ הָאָדָם לָדַעַת כִּי בַּחֲטָאָיו הֵבִיא עָלָיו הָאֱלֹהִים אֶת כָּל הָרָעָה הַזֹּאת, וִיפַשְׁפֵּשׁ בְּמַעֲשָׂיו, וְיָשׁוּב אֶל ה' וִירַחֲמֵהוּ (סִימָן תקעח וברמב"ם ובמגיד משנה).

סעיף ב' יָחִיד שֶׁהוּא רוֹצֶה לְהִתְעַנּוֹת, צָרִיךְ לְקַבֵּל עָלָיו בַּיּוֹם שֶׁלְּפָנָיו בִּתְפִלַּת הַמִּנְחָה, דְּהַיְנוּ בְּבִרְכַּת שְׁמַע קוֹלֵנוּ, יְהַרְהֵר בְּלִבּוֹ שֶׁהוּא מְקַבֵּל עָלָיו לְהִתְעַנּוֹת. וְקֹדֶם יִהְיוּ לְרָצוֹן יֹאמַר, רִבּוֹן הָעוֹלָמִים, הֲרֵי אֲנִי לְפָנֶיךָ בְּתַעֲנִית וְכוּ' (כְּמוֹ שֶׁנִּדְפַּס בַּסִּדּוּרִים). וְאַף עַל פִּי שֶׁאוֹכֵל וְשׁוֹתֶה אַחַר כָּךְ עַד שֶׁיַּעֲלֶה עַמּוּד הַשַּׁחַר (עַיֵּן לְעֵיל סִימָן קכא סָעִיף ח) אֵין בְּכָךְ כְּלוּם. וְכֵן אִם רוֹצֶה לְהִתְעַנּוֹת אֵיזֶה יָמִים זֶה אַחַר זֶה אַף עַל פִּי שֶׁיֹּאכַל וְיִשְׁתֶּה בַּלֵּילוֹת שֶׁבֵּינֵיהֶם, סַגֵּי בְּקַבָּלָה אֶחָת. אֲבָל אִם מְקַבֵּל עָלָיו אֵיזֶה יָמִים שֶׁאֵינָם רְצוּפִין, כְּגוֹן שֵׁנִי חֲמִישִׁי וְשֵׁנִי, יֵשׁ לְקַבֵּל עָלָיו כָּל יוֹם בַּמִּנְחָה שֶׁלְּפָנָיו (תקסב).

סעיף ג' מִי שֶׁהוּא רָגִיל לְהִתְעַנּוֹת בַּעֲשֶׂרֶת יְמֵי תְּשׁוּבָה אוֹ בְּיוֹם רִאשׁוֹן דִּסְלִיחוֹת וְעֶרֶב רֹאשׁ הַשָּׁנָה, אֵינוֹ צָרִיךְ לְקַבְּלָם, שֶׁהֵם מְקֻבָּלִים מִכֹּחַ הַמִּנְהָג. וְכֵן תַּעֲנִית חֲלוֹם, אֵינָהּ צְרִיכָה קַבָּלָה. וְכֵן תַּעֲנִית שֵׁנִי חֲמִישִׁי וְשֵׁנִי שֶׁלְּאַחַר פֶּסַח וְסֻכּוֹת, אִם עָנָה אָמֵן אַחַר מִי שֶׁבֵּרַךְ וְהָיָה דַעְתּוֹ לְהִתְעַנּוֹת, דַּי בְּכָךְ וְאֵינוֹ צָרִיךְ קַבָּלָה אַחֶרֶת. וּמִכָּל מָקוֹם אִם מִתְחָרֵט וְאֵינוֹ רוֹצֶה לְהִתְעַנּוֹת, רַשַּׁאי, כֵּיוָן שֶׁלֹּא קִבֵּל עָלָיו בְּפֵרוּשׁ וְלֹא הוֹצִיא בְּפִיו שֶׁהוּא רוֹצֶה לְהִתְעַנּוֹת (תצב).

סעיף ד' אַף אִם לֹא קִבֵּל עָלָיו אֶת הַתַּעֲנִית בְּפִיו, אֶלָּא בְּהִרְהוּר קִבֵּל עָלָיו וְגָמַר בְּדַעְתּוֹ לְהִתְעַנּוֹת לְמָחָר, וַאֲפִלּוּ שֶׁלֹּא בִּשְׁעַת תְּפִלַּת מִנְחָה, אֶלָּא קֹדֶם תְּפִלַּת מִנְחָה אוֹ אַחַר כָּךְ בְּעוֹד שֶׁהוּא יוֹם, הָוֵי קַבָּלָה וְחַיָּב לְהִתְעַנּוֹת (תקסב).

סעיף ה' כָּל הַשָּׁרוּי בְּתַעֲנִית, לֹא יִנְהַג עִדּוּנִין בְּעַצְמוֹ, וְלֹא יָקֵל רֹאשׁוֹ, וְלֹא יְהֵא שָׂמֵחַ וְטוֹב לֵב, אֶלָּא דּוֹאֵג וְאוֹנֵן, כְּמוֹ שֶׁנֶּאֱמַר מַה יִּתְאוֹנֵן אָדָם חַי גֶּבֶר עַל חֲטָאָיו (תקסח).

סעיף ו' בְּתַעֲנִית יָחִיד, מֻתָּר לִרְחוֹץ אֶת פִּיו בְּמַיִם בְּשַׁחֲרִית (תקסז).

סעיף ז' אִם קִבֵּל עָלָיו סְתָם לְהִתְעַנּוֹת, חַיָּב לְהַשְׁלִים עַד צֵאת הַכּוֹכָבִים, אֲפִלּוּ בְּעֶרֶב שַׁבָּת (תקסב).

סעיף ח' הַמִּתְעַנֶּה וּמְפַרְסֵם אֶת עַצְמוֹ לְהִתְפָּאֵר, הוּא נֶעֱנָשׁ עַל כָּךְ. אֲבָל אִם

מַפְצִירִין בּוֹ לֶאֱכֹל, מֻתָּר לְגַלּוֹת שֶׁהוּא מִתְעַנֶּה (תקסה).

סעיף ט' הַמִּתְעַנֶּה אֲפִלּוּ תַּעֲנִית יָחִיד, בֵּין תַּעֲנִית נְדָבָה, בֵּין תַּעֲנִית חֲלוֹם, אוֹמֵר בִּתְפִלַּת הַמִּנְחָה בְּשֹׁמֵעַ קוֹלֵנוּ, עֲנֵנוּ, כְּמוֹ בְּתַעֲנִית צִבּוּר (וְאַף עַל פִּי שֶׁהוּא יָחִיד, אוֹמְרוֹ בִּלְשׁוֹן רַבִּים, וְאַל יְשַׁנֶּה מִמַּטְבֵּעַ שֶׁטָּבְעוּ חֲכָמִים) וְקֹדֶם יִהְיוּ לְרָצוֹן אוֹמֵר רִבּוֹן הָעוֹלָמִים וְכוּ' (תקסב תקסה).

סעיף י' מִי שֶׁנָּדַר לְהִתְעַנּוֹת יוֹם אֶחָד אוֹ עֲשָׂרָה יָמִים, וְלֹא פֵּרֵט אֵיזֶה יוֹם אוֹ יָמִים, אֶלָּא שֶׁאָמַר סְתָם, אַף עַל פִּי שֶׁקִּבֵּל עָלָיו בִּשְׁעַת מִנְחָה לְהִתְעַנּוֹת לְמָחָר, אִם אֵרַע לוֹ צֹרֶךְ גָּדוֹל לֶאֱכֹל, כְּגוֹן שֶׁקּוֹרִין אוֹתוֹ לִסְעוּדַת מִצְוָה, אַף עַל פִּי שֶׁאֵינוֹ שַׁיָּךְ לַסְּעוּדָה, אוֹ שֶׁאָדָם גָּדוֹל מַפְצִיר בּוֹ לֶאֱכוֹל וְקָשֶׁה לוֹ לְסָרֵב כְּנֶגְדּוֹ, אוֹ שֶׁהוּא מִצְטַעֵר, הֲרֵי זֶה לֹוֶה תַעֲנִיתוֹ, וְיָכוֹל לֶאֱכוֹל הַיּוֹם אַף עַל פִּי שֶׁכְּבָר הִתְחִיל לְהִתְעַנּוֹת, וּמִתְעַנֶּה תַּחַת יוֹם זֶה, יוֹם אַחֵר. וְדַוְקָא בְּעִנְיָן זֶה, דְּמָה שֶׁקִּבֵּל עָלָיו הַתַּעֲנִית, הָיָה רַק בִּשְׁבִיל לְקַיֵּם אֶת הַנֶּדֶר. אֲבָל אִם לֹא נָדַר מִתְּחִלָּה, רַק שֶׁקִּבֵּל עָלָיו בִּשְׁעַת מִנְחָה לְהִתְעַנּוֹת לְמָחָר, אֲפִלּוּ מִצְטַעֵר אַחַר כָּךְ הַרְבֵּה, אֵינוֹ רַשַּׁאי לִלְווֹת תַּעֲנִיתוֹ לְפָרְעָהּ בְּיוֹם אַחֵר (וְעַיֵּן בְּסָעִיף יב).

סעיף יא' וְכֵן אִם בִּשְׁעַת נִדְרוֹ פֵּרֵט יָמִים יְדוּעִים, וְגַם קִבֵּל עָלָיו בִּשְׁעַת מִנְחָה, שׁוּב אֵינוֹ יָכוֹל לִלְווֹת תַּעֲנִיתוֹ.

סעיף יב' מִי שֶׁקִּבֵּל עָלָיו לְהִתְעַנּוֹת וּמִצְטַעֵר הַרְבֵּה בְּתַעֲנִיתוֹ, יָכוֹל לִפְדּוֹתָהּ בְּמָמוֹן כְּפִי עָשְׁרוֹ, וְנוֹתֵן אֶת הַדָּמִים לַעֲנִיִּים. אֲבָל בְּתַעֲנִית שֶׁמֵּחֲמַת נֶדֶר, לֹא מְהַנֵּי פִּדְיוֹן. וְכֵן בְּתַעֲנִית שֶׁגָּזְרוּ הַצִּבּוּר, לֹא מְהַנֵּי פִּדְיוֹן, אֶלָּא אִם כֵּן הִתְנוּ כֵן הַצִּבּוּר.

סעיף יג' מִי שֶׁנָּדַר לְהִתְעַנּוֹת שֵׁנִי חֲמִישִׁי וְשֵׁנִי, מֻתָּר לוֹ לְהַחֲלִיף וּלְהִתְעַנּוֹת חֲמִישִׁי שֵׁנִי וַחֲמִישִׁי, אֲבָל לֹא יָמִים אֲחֵרִים, כִּי מִסְּתָמָא הָיְתָה כַּוָּנָתוֹ לָהֶם מִפְּנֵי שֶׁהֵם יוֹמֵי דְּדִינָא.

סעיף יד' תַּעֲנִית שֵׁנִי חֲמִישִׁי וְשֵׁנִי שֶׁלְּאַחַר פֶּסַח וְשֶׁלְּאַחַר סֻכּוֹת, וְכֵן בַּעֲשֶׂרֶת יְמֵי תְשׁוּבָה, שֶׁלֹּא קִבְּלָהּ בִּשְׁעַת מִנְחָה, אֶלָּא שֶׁהוּא מִתְעַנֶּה מִכֹּחַ הַמִּנְהָג, וַאֲפִלּוּ כִּוֵּן בִּשְׁעַת עֲנִיַּת אָמֵן עַל מִי שֶׁבֵּרַךְ, כָּל שֶׁלֹּא קִבְּלָהּ בִּשְׁעַת מִנְחָה, אִם אֵרְעָה בְּרִית מִילָה אוֹ פִּדְיוֹן הַבֵּן אוֹ שְׁאָר סְעוּדַת מִצְוָה, מִצְוָה לֶאֱכוֹל וְאֵינוֹ צָרִיךְ הַתָּרָה. כִּי כָּל הַמִּתְעַנֶּה בְּיָמִים אֵלּוּ, עַל דַּעַת הַמִּנְהָג הוּא מִתְעַנֶּה, וְהַמִּנְהָג לֹא נִתְיַסֵּד לְהִתְעַנּוֹת בִּמְקוֹם סְעוּדַת מִצְוָה.

סעיף טו' בְּמָקוֹם שֶׁמַּתִּירִין לֶאֱכוֹל בִּסְעוּדַת מִצְוָה נִפְסֶקֶת הַתַּעֲנִית לְגַמְרֵי, וּמֻתָּר לֶאֱכֹל אַחַר כָּךְ גַּם בְּבֵיתוֹ. אֲבָל קֹדֶם הַסְּעוּדָה, אָסוּר לֶאֱכֹל. רַק אֲבִי הַבֵּן בְּיוֹם הַמִּילָה וְהַסַּנְדָּק, יְכוֹלִין לֶאֱכוֹל גַּם לִפְנֵי הַסְּעֻדָּה, כֵּיוָן שֶׁהוּא כְּמוֹ יוֹם טוֹב לָהֶם.

סעיף טז' אֲבָל אִם אָכַל שֶׁלֹּא בְּהֶתֵּר בְּיוֹם הַתַּעֲנִית, בֵּין בְּשׁוֹגֵג בֵּין בְּמֵזִיד, חַיָּב לְהַשְׁלִים אֶת הַתַּעֲנִית גַּם לְאַחַר הָאֲכִילָה. וְיֵשׁ לוֹ לְהִתְעַנּוֹת אַחַר כָּךְ שֵׁנִי חֲמִישִׁי וְשֵׁנִי לְכַפָּרָה עַל מַה שֶּׁאָכַל בְּיוֹם הַתַּעֲנִית. וּמִכָּל שֶׁכֵּן, אִם הָיָה יוֹם הַתַּעֲנִית מֵחֲמַת נֶדֶר, שֶׁצָּרִיךְ

לְהַשְׁלִים נִדְרוֹ אַחַר כָּךְ (תקסט).

סעיף יז' יָחִיד הַמִּתְעַנֶּה עַל צָרָתוֹ וְעָבְרָה, אוֹ שֶׁמִּתְעַנֶּה בִּשְׁבִיל חוֹלֶה וְנִתְרַפֵּא אוֹ מֵת, צָרִיךְ לְהַשְׁלִים כָּל הַתַּעֲנִיּוֹת שֶׁקִּבֵּל עָלָיו. וְכֵן אִם קִבֵּל עָלָיו תַּעֲנִיּוֹת אוֹ שְׁאָר מִצְוָה, עַד שֶׁיַּעֲשֶׂה בְּנוֹ בַּר מִצְוָה, וּמֵת הַבֵּן קֹדֶם, צָרִיךְ הוּא לְקַיֵּם אֶת נִדְרוֹ עַד הַשָּׁעָה שֶׁהָיָה רָאוּי לִהְיוֹת בְּנוֹ בַּר מִצְוָה (עַיֵּן יורה דעה סִימָן רכ ברמ"א סָעִיף טו), אֲבָל אִם נוֹדַע לוֹ שֶׁקֹּדֶם שֶׁקִּבֵּל עָלָיו לְהִתְעַנּוֹת, כְּבָר עָבְרָה הַסִּבָּה, דַּהֲוָה קַבָּלָה בְּטָעוּת, אֵינוֹ צָרִיךְ לְהַשְׁלִים (תקסט).

סעיף יח' יָפָה תַּעֲנִית עִם הַתְּשׁוּבָה לְבַטֵּל חֲלוֹם רָע כְּאֵשׁ לִנְעֹרֶת. וְדַוְקָא בּוֹ בַּיּוֹם. וּמִכָּל מָקוֹם אֵינוֹ מְחֻיָּב לְהִתְעַנּוֹת, דְּאָמַר שְׁמוּאֵל, הַחֲלוֹמוֹת שָׁוְא יְדַבֵּרוּ. אֲבָל מְחֻיָּב לַעֲשׂוֹת תְּשׁוּבָה, וְיַעֲסֹק כָּל הַיּוֹם בַּתּוֹרָה וּתְפִלָּה. וּלְעִנְיַן תַּעֲנִית חֲלוֹם בַּשַּׁבָּת, עַיֵּן בְּאֹרַח חַיִּים סִימָן רפח.

סימן קכח - דיני חדש אלול ובו ט"ז סעיפים:

סעיף א' מֵרֹאשׁ חֹדֶשׁ אֱלוּל עַד אַחַר יוֹם הַכִּפּוּרִים, הֵמָּה יְמֵי רָצוֹן. וְאַף כִּי בְּכָל הַשָּׁנָה הַקָּדוֹשׁ בָּרוּךְ הוּא מְקַבֵּל תְּשׁוּבָה מִן הַשָּׁבִים אֵלָיו בְּלֵב שָׁלֵם, מִכָּל מָקוֹם יָמִים אֵלּוּ מֻבְחָרִים יוֹתֵר וּמְזֻמָּנִים לִתְשׁוּבָה, לִהְיוֹתָם יְמֵי רַחֲמִים וִימֵי רָצוֹן, כִּי בְּרֹאשׁ חֹדֶשׁ אֱלוּל, עָלָה מֹשֶׁה אֶל הַר סִינַי לְקַבֵּל לוּחוֹת שְׁנִיִּים, וְנִשְׁתַּהָה שָׁם אַרְבָּעִים יוֹם, וְיָרַד בַּעֲשָׂרָה בְּתִשְׁרֵי, שֶׁהָיָה אָז גְּמַר כַּפָּרָה. וּמִן אָז הֻקְדְּשׁוּ יָמִים אֵלּוּ לִימֵי רָצוֹן, וְיוֹם עֲשִׂירִי בְּתִשְׁרֵי לְיוֹם הַכִּפּוּרִים. וּמִנְהָג בְּרֹב הַמְּקוֹמוֹת לְהִתְעַנּוֹת בְּעֶרֶב רֹאשׁ חֹדֶשׁ אֱלוּל וְלַעֲשׂוֹת סֵדֶר יוֹם כִּפּוּר קָטָן, כְּדֵי שֶׁיָּכִינוּ לִבָּם לִתְשׁוּבָה. וְאִם חָל רֹאשׁ חֹדֶשׁ בַּשַּׁבָּת, מַקְדִּימִין לְיוֹם חֲמִישִׁי שֶׁלְּפָנָיו. הָרַב אֲדוֹנֵנוּ רַבִּי יִצְחָק לוּרְיָא זִכְרוֹנוֹ לִבְרָכָה כָּתַב, וַאֲשֶׁר לֹא צָדָה וְהָאֱלֹהִים אִנָּה לְיָדוֹ וְשַׂמְתִּי לְךָ, רָאשֵׁי תֵּבוֹת אֱלוּל, לוֹמַר כִּי חֹדֶשׁ זֶה, הוּא עֵת רָצוֹן לְקַבֵּל תְּשׁוּבָה עַל הַחֲטָאִים שֶׁעָשָׂה בְּכָל הַשָּׁנָה. וְגַם רֶמֶז שֶׁגַּם עַל הַשְּׁגָגוֹת צָרִיךְ לַעֲשׂוֹת תְּשׁוּבָה בַּחֹדֶשׁ הַזֶּה. עוֹד אָמְרוּ דּוֹרְשֵׁי רְשׁוּמוֹת, וּמָל ה' אֱלֹהֶיךָ אֶת לְבָבְךָ וְאֶת לְבַב זַרְעֶךָ, רָאשֵׁי תֵּבוֹת אֱלוּל. וְכֵן אֲנִי לְדוֹדִי וְדוֹדִי לִי, רָאשֵׁי תֵּבוֹת אֱלוּל. וְכֵן אִישׁ לְרֵעֵהוּ וּמַתָּנוֹת לָאֶבְיוֹנִים רָאשֵׁי תֵּבוֹת אֱלוּל. רֶמֶז לִשְׁלֹשָׁה דְּבָרִים, שֶׁהֵם, תְּשׁוּבָה, תְּפִלָּה וּצְדָקָה, שֶׁצְּרִיכִין לְהִזָּהֵר בָּהֶם בְּחֹדֶשׁ זֶה. וּמָל ה' וְגוֹ' רוֹמֵז לִתְשׁוּבָה. אֲנִי לְדוֹדִי וְגוֹ' רוֹמֵז לִתְפִלָּה, שֶׁהִיא רִנַּת דּוֹדִים. אִישׁ לְרֵעֵהוּ וּמַתָּנוֹת לָאֶבְיוֹנִים, רוֹמֵז לִצְדָקָה.

סעיף ב' נוֹהֲגִין לִתְקֹעַ שׁוֹפָר בְּחֹדֶשׁ זֶה. וּמַתְחִילִין בְּיוֹם ב' דְּרֹאשׁ חֹדֶשׁ וְתוֹקְעִין בְּכָל יוֹם לְאַחַר תְּפִלַּת שַׁחֲרִית תְּקִיעָה שְׁבָרִים תְּרוּעָה תְּקִיעָה, חוּץ מֵעֶרֶב רֹאשׁ הַשָּׁנָה, שֶׁמַּפְסִיקִין בּוֹ, כְּדֵי לְהַפְסִיק בֵּין תְּקִיעוֹת רְשׁוּת לִתְקִיעוֹת מִצְוָה. וְטַעַם הַתְּקִיעוֹת בְּחֹדֶשׁ זֶה כְּדֵי לְעוֹרֵר אֶת הָעָם לִתְשׁוּבָה, כִּי כֵן הוּא הַטֶּבַע שֶׁל הַשּׁוֹפָר לְעוֹרֵר וּלְהַחֲרִיד, כְּמוֹ שֶׁאָמַר הַכָּתוּב, אִם יִתָּקַע שׁוֹפָר בָּעִיר וְעָם לֹא יֶחֱרָדוּ. עוֹד נוֹהֲגִין בִּמְדִינוֹת אֵלּוּ מִיּוֹם ב' דְּרֹאשׁ חֹדֶשׁ אֱלוּל עַד שְׁמִינִי עֲצֶרֶת, אוֹמְרִים בַּבֹּקֶר וּבָעֶרֶב לְאַחַר הַתְּפִלָּה, אֶת הַמִּזְמוֹר לְדָוִד ה' אוֹרִי

וְיִשְׁעִי. וְהוּא עַל פִּי הַמִּדְרָשׁ, ה' אוֹרִי, בְּרֹאשׁ הַשָּׁנָה. וְיִשְׁעִי בְּיוֹם הַכִּפּוּרִים. כִּי יִצְפְּנֵנִי בְּסֻכֹּה, רֶמֶז לְסֻכּוֹת. עוֹד נוֹהֲגִין לוֹמַר תְּהִלִּים בְּצִבּוּר בְּכָל מָקוֹם לְפִי מִנְהָגוֹ. מִשֶּׁנִּכְנַס אֱלוּל עַד יוֹם הַכִּפּוּרִים, כְּשֶׁכּוֹתֵב אָדָם אִגֶּרֶת לַחֲבֵרוֹ, צָרִיךְ לִרְמֹז בָּהּ בִּתְחִלָּתָהּ אוֹ בְסוֹפָהּ שֶׁהוּא מְבַקֵּשׁ עָלָיו וּמְבָרְכוֹ, שֶׁיִּזְכֶּה בִּימֵי הַדִּין, הַבָּאִים לְטוֹבָה, לְהִכָּתֵב וּלְהֵחָתֵם בְּסֵפֶר חַיִּים טוֹבִים (תקפא).

סעיף ג' אַנְשֵׁי מַעֲשֶׂה, נוֹהֲגִין לִבְדֹּק בְּחֹדֶשׁ זֶה תְּפִלִּין וּמְזוּזוֹת שֶׁלָּהֶן. וְכָל אֲשֶׁר יִמָּצֵא שָׁם בֶּדֶק בִּשְׁאָר מִצְוֹת, יְתַקְּנוּ (מטה אפרים).

סעיף ד' מִשַּׁבָּת שֶׁלְּאַחַר תִּשְׁעָה בְּאָב וּלְהַלָּן, מַפְטִירִין בְּשֶׁבַע שַׁבָּתוֹת, שִׁבְעָה דְּנֶחָמְתָא. וְאִם חָל א' דְּרֹאשׁ חֹדֶשׁ אֱלוּל בַּשַּׁבָּת, דּוֹחִין עֲנִיָּה סוֹעֲרָה וּמַפְטִירִין הַשָּׁמַיִם כִּסְאִי, מִפְּנֵי שֶׁיֵּשׁ בָּהּ גַּם כֵּן מְנַחֲמוֹת יְרוּשָׁלַיִם. וּבְשַׁבָּת פָּרָשַׁת כִּי תֵצֵא, שֶׁאָז מַפְטִירִין רָנִּי עֲקָרָה, מַשְׁלִימִין עָלֶיהָ גַּם עֲנִיָּה סוֹעֲרָה, שֶׁהִיא סְמוּכָה לָהּ. אִם טָעָה בְּשַׁבָּת רֹאשׁ חֹדֶשׁ אֱלוּל וְאָמַר עֲנִיָּה סוֹעֲרָה, אִם נִזְכַּר קֹדֶם שֶׁבֵּרַךְ לְאַחֲרֶיהָ, יֹאמַר גַּם הַשָּׁמַיִם כִּסְאִי, וִיבָרֵךְ לְאַחֲרֶיהָ. וְאִם לֹא נִזְכַּר עַד לְאַחַר הַבְּרָכוֹת, יֹאמַר הַשָּׁמַיִם כִּסְאִי בְּלֹא בְּרָכוֹת. וְאִם חָל רֹאשׁ חֹדֶשׁ אֱלוּל בְּאֶחָד בַּשַּׁבָּת, דּוֹחִין הַפְטָרַת מָחָר חֹדֶשׁ, שֶׁאֵין בָּהּ מְנַחֲמוֹת יְרוּשָׁלַיִם, וּמַפְטִירִין עֲנִיָּה סוֹעֲרָה.

סעיף ה' מִיּוֹם רִאשׁוֹן [בַּשַּׁבָּת שֶׁקֹּדֶם רֹאשׁ הַשָּׁנָה וָאֵילָךְ, מַשְׁכִּימִין לִסְלִיחוֹת. וְאִם חָל רֹאשׁ הַשָּׁנָה בְּיוֹם שֵׁנִי אוֹ בְּיוֹם שְׁלִישִׁי, מַתְחִילִין מִיּוֹם רִאשׁוֹן בַּשָּׁבוּעַ הַקּוֹדֵם. וּכְשֶׁמַּשְׁכִּימִין, צְרִיכִין לִטּוֹל יְדֵיהֶם וּלְבָרֵךְ עַל נְטִילַת יָדַיִם וּבִרְכַּת הַתּוֹרָה. וְאַחַר הַסְּלִיחוֹת יִטּוֹל יָדָיו שֵׁנִית בְּלֹא בְּרָכָה.

סעיף ו' שְׁלִיחַ הַצִּבּוּר שֶׁאוֹמֵר סְלִיחוֹת, יִתְעַטֵּף בְּטַלִּית מְצֻיֶּצֶת קֹדֶם שֶׁמַּתְחִיל אַשְׁרֵי. וּלְפִי שֶׁיֵּשׁ סָפֵק אִם יְבָרֵךְ בְּרָכָה עַל טַלִּית שֶׁלּוֹ כְּשֶׁלּוֹבְשׁוֹ בַּלַּיְלָה אוֹ לֹא יְבָרֵךְ, עַל כֵּן לֹא יִטֹּל אֶת שֶׁלּוֹ, וְגַם לֹא טַלִּית הַקָּהָל, אֶלָּא יִשְׁאַל לוֹ טַלִּית מֵאַחֵר. וְאִם אֵין בְּנִמְצָא טַלִּית כְּלָל, יְכוֹלִין לוֹמַר סְלִיחוֹת וּשְׁלֹשׁ עֶשְׂרֵה מִדּוֹת גַּם בְּלֹא טַלִּית. יֵשׁ מְקוֹמוֹת נוֹהֲגִין שֶׁהַמִּתְפַּלֵּל סְלִיחוֹת, מִתְפַּלֵּל גַּם שַׁחֲרִית וּמִנְחָה וְגַם מַעֲרִיב שֶׁלְּפָנָיו, וְהוּא קוֹדֵם לְאָבֵל וּלְמוֹהֵל וּל"יָאר צַייט" [לְבַעַל יוֹם זִכָּרוֹן] (תקפא). טוֹב לַעֲמֹד בַּאֲמִירַת הַסְּלִיחוֹת. וּמִי שֶׁקָּשֶׁה לוֹ, יַעֲמֹד לְכָל הַפָּחוֹת בַּאֲמִירַת אֵל מֶלֶךְ יוֹשֵׁב וְגוֹ' וּשְׁלֹשׁ עֶשְׂרֵה מִדּוֹת (עַיֵּן סִימָן נו). דִּין אֲמִירַת הַוִּדּוּי, עַיֵּן לְקַמָּן סִימָן קלא סָעִיף ט.

סעיף ז' יְדַקְדְּקוּ לִבְחוֹר שְׁלִיחַ צִבּוּר שֶׁיִּתְפַּלֵּל סְלִיחוֹת וּבְיָמִים הַנּוֹרָאִים, אִישׁ שֶׁהוּא הָגוּן וְגָדוֹל בַּתּוֹרָה וּבְמַעֲשִׂים טוֹבִים, כְּפִי מַה שֶּׁאֶפְשָׁר לִמְצֹא. וְגַם שֶׁיִּהְיֶה בֶּן שְׁלֹשִׁים שָׁנָה, שֶׁאָז כְּבָר נָחָה רְתִיחַת הַדָּם שֶׁל בַּחֲרוּתוֹ וְנִכְנַע לִבּוֹ. וְגַם יְהֵא נָשׂוּי וְיִהְיוּ לוֹ בָנִים, שֶׁהוּא שׁוֹפֵךְ לִבּוֹ וּמַפִּיל תַּחֲנוּנִים מִקִּירוֹת הַלֵּב. וְכֵן יְדַקְדְּקוּ לִבְחוֹר תּוֹקֵעַ שֶׁיִּתְקַע שׁוֹפָר בְּרֹאשׁ הַשָּׁנָה, וְכֵן הַמַּקְרֵא לִפְנֵי הַתּוֹקֵעַ, שֶׁיִּהְיוּ בַּעֲלֵי תוֹרָה וְיִרְאָה, כְּפִי מַה שֶּׁאֶפְשָׁר לָהֶם לִמְצֹא. מִיהוּ כָּל יִשְׂרָאֵל כְּשֵׁרִים לַכֹּל, רַק שֶׁיְּהֵא מְרֻצֶּה לַקָּהָל. וְאִם רוֹאֶה מַחֲלֹקֶת בַּדָּבָר,

יִמָּנַע עַצְמוֹ אַף עַל פִּי שֶׁיִּהְיֶה מִי שֶׁאֵינוֹ הָגוּן (תקפא תקפה ובס"ח).

סעיף ח' אָבֵל כָּל שְׁנֵים עָשָׂר חֹדֶשׁ אַחַר אָבִיו וְאִמּוֹ, לֹא יְהֵא שְׁלִיחַ צִבּוּר בְּרֹאשׁ הַשָּׁנָה וְיוֹם הַכִּפּוּרִים, וְלֹא תוֹקֵעַ בְּרֹאשׁ הַשָּׁנָה, אֶלָּא אִם אֵין אַחֵר הָגוּן כָּמוֹהוּ. וְאִם הוּא תּוֹךְ שְׁלֹשִׁים עַל שְׁאָר קְרוֹבִים, אִם הֶחְזִיק מִכְּבָר לְהִתְפַּלֵּל אוֹ לִתְקֹעַ, מֻתָּר, כֵּיוָן שֶׁרֹאשׁ הַשָּׁנָה וְיוֹם הַכִּפּוּרִים מְבַטְּלִין גְּזֵרַת שְׁלֹשִׁים. אֲבָל אִם לֹא הֶחְזִיק, וְיֵשׁ אַחֵר הָגוּן כָּמוֹהוּ, יֵשׁ לְהַחְמִיר. אֲבָל כָּל יְמֵי הַסְּלִיחוֹת, אֲפִלּוּ בְּעֶרֶב רֹאשׁ הַשָּׁנָה מֻתָּר לְכָל אָבֵל לִהְיוֹת שְׁלִיחַ צִבּוּר, אַךְ לֹא בְּתוֹךְ שִׁבְעָה.

סעיף ט' יָחִיד הָאוֹמֵר סְלִיחוֹת, אֵינוֹ רַשַּׁאי לוֹמַר שְׁלֹשׁ עֶשְׂרֵה מִדּוֹת דֶּרֶךְ תְּפִלָּה וּבַקָּשָׁה, אֶלָּא דֶּרֶךְ קְרִיאָה בַּתּוֹרָה בְּנִגּוּן וּבִטְעָמִים. וְכֵן בַּמָּקוֹם שֶׁנִּזְכָּרוֹת שְׁלֹשׁ עֶשְׂרֵה מִדּוֹת, כְּגוֹן וּזְכָר לָנוּ הַיּוֹם בְּרִית שְׁלֹשׁ עֶשְׂרֵה וְכַדּוֹמֶה, יֵשׁ לוֹ לְדַלֵּג. וְכֵן הַבַּקָּשׁוֹת שֶׁהֵן בִּלְשׁוֹן אֲרָמִית, כְּגוֹן מַחֵי וּמַסֵּי וְכוּ', מָרָן דִּי בִשְׁמַיָּא וְכוּ' לֹא יֹאמְרָן אֶלָּא בַּעֲשָׂרָה (סִימָן קא תקסה תקפא).

סעיף י' אָבֵל אָסוּר לָצֵאת מִבֵּיתוֹ לָלֶכֶת לְבֵית הַכְּנֶסֶת לוֹמַר סְלִיחוֹת, מִלְּבַד בְּעֶרֶב רֹאשׁ הַשָּׁנָה, שֶׁמַּרְבִּים בִּסְלִיחוֹת.

סעיף יא' שְׁלִיחַ הַצִּבּוּר שֶׁיִּתְפַּלֵּל בְּיָמִים הַנּוֹרָאִים וְכֵן הַתּוֹקֵעַ, צְרִיכִין לִפְרוֹשׁ אֶת עַצְמָן שְׁלֹשָׁה יָמִים לִפְנֵי רֹאשׁ הַשָּׁנָה מִכָּל דָּבָר הַמֵּבִיא לִידֵי טֻמְאָה, וְיִלְמְדוּ כְּפִי יְכָלְתָּם פֵּרוּשֵׁי הַתְּפִלּוֹת וְהַפִּיּוּטִים וְהִלְכוֹת תְּקִיעוֹת (תקפא). וְגַם יִלְמְדוּ סִפְרֵי מוּסָר הַמְעוֹרְרִים אֶת לֵב הָאָדָם, וְיִירְאוּ מִפַּחַד ה' וּמֵהֲדַר גְּאוֹנוֹ בְּקוּמוֹ לִשְׁפֹּט אֶת הָאָרֶץ. וְאִם לֹא נִמְצָא לָהֶם תּוֹקֵעַ שֶׁהוּא בַּעַל תּוֹרָה, יִרְאוּ עַל כָּל פָּנִים שֶׁיְּהֵא הַמַּקְרֵא בַּעַל תּוֹרָה, וִיהֵא בָּקִי בְּהִלְכוֹת תְּקִיעַת שׁוֹפָר, שֶׁאִם תֶּאֱרַע אֵיזֶה טָעוּת בַּתְּקִיעוֹת, יֵדַע מַה לַּעֲשׂוֹת, וְגַם שֶׁיֵּדַע לִבְדֹּק אֶת הַשּׁוֹפָר אִם הוּא כָּשֵׁר (עַיֵּן סִימָן תקפה ובסידור).

סעיף יב' הַרְבֵּה נוֹהֲגִין לְהִתְעַנּוֹת בַּעֲשֶׂרֶת יְמֵי תְּשׁוּבָה, וּלְפִי שֶׁחֲסֵרִים ד' יָמִים שֶׁאֵינָם מִתְעַנִּים בָּהֶם, דְּהַיְנוּ ב' יָמִים שֶׁל רֹאשׁ הַשָּׁנָה, שַׁבָּת, וְעֶרֶב יוֹם הַכִּפּוּרִים. עַל כֵּן מִתְעַנִּין תְּמוּרָתָן ד' יָמִים בִּימֵי הַסְּלִיחוֹת שֶׁקֹּדֶם רֹאשׁ הַשָּׁנָה, דְּהַיְנוּ יוֹם א' דִּסְלִיחוֹת. וְעֶרֶב רֹאשׁ הַשָּׁנָה, וְעוֹד ב' יָמִים בֵּינְתַיִם, וּבוֹחֲרִים בְּיוֹם ב' וְה. וְאִם אֵרְעָה לָהֶם סְעוּדַת מִצְוָה, יְכוֹלִין לֶאֱכוֹל וְיִתְעַנּוּ יוֹם אַחֵר תְּמוּרָתוֹ. אוֹ אִם יוֹדְעִים שֶׁתִּהְיֶה לָהֶם סְעוּדַת מִצְוָה, יִתְעַנּוּ מִקֹּדֶם יוֹם אֶחָד תְּמוּרָתוֹ (עַיֵּן לְעֵיל סִימָן קכז סָעִיף ג וְסָעִיף יד) (תקסח תקפא).

סעיף יג' נוֹהֲגִין לֵילֵךְ בְּעֶרֶב רֹאשׁ הַשָּׁנָה אַחַר תְּפִלַּת שַׁחֲרִית לְבֵית הַקְּבָרוֹת לְהִשְׁתַּטֵּחַ עַל קִבְרֵי הַצַּדִּיקִים, וְנוֹתְנִים שָׁם צְדָקָה לַעֲנִיִּים, וּמַרְבִּים תַּחֲנוּנִים לְעוֹרֵר אֶת הַצַּדִּיקִים הַקְּדוֹשִׁים אֲשֶׁר בָּאָרֶץ הֵמָּה, שֶׁיַּמְלִיצוּ טוֹב בַּעֲדֵנוּ בְּיוֹם הַדִּין. וְגַם מֵחֲמַת שֶׁהוּא מְקוֹם קְבוּרַת הַצַּדִּיקִים, הַמָּקוֹם הוּא קָדוֹשׁ וְטָהוֹר, וְהַתְּפִלָּה מְקֻבֶּלֶת שָׁם בְּיוֹתֵר, בִּהְיוֹתָהּ עַל אַדְמַת קֹדֶשׁ, וְיַעֲשֶׂה הַקָּדוֹשׁ בָּרוּךְ הוּא חֶסֶד בִּזְכוּת הַצַּדִּיקִים. אֲבָל אַל

יָשִׂים מְגַמָּתוֹ נֶגֶד הַמֵּתִים הַשּׁוֹכְנִים שָׁם, כִּי קָרוֹב הַדָּבָר שֶׁיִּהְיֶה בִּכְלַל וְדוֹרֵשׁ אֶל הַמֵּתִים. אַךְ יְבַקֵּשׁ מֵהַשֵּׁם, יִתְבָּרַךְ שְׁמוֹ, שֶׁיְּרַחֵם עָלָיו בִּזְכוּת הַצַּדִּיקִים שׁוֹכְנֵי עָפָר (תקפא). כְּשֶׁבָּא אֶל בֵּית הַקְּבָרוֹת, אִם לֹא רָאָה אֶת הַקְּבָרִים שְׁלֹשִׁים יוֹם, צָרִיךְ לְבָרֵךְ, אֲשֶׁר יָצַר אֶתְכֶם בַּדִּין וְכוּ' (לְעֵיל סִימָן ס סָעִיף יא). כְּשֶׁבָּא אֶל הַקֶּבֶר, יֵשׁ לוֹ לוֹמַר, יְהִי רָצוֹן שֶׁתְּהֵא מְנוּחָתוֹ שֶׁל (פְּלוֹנִי) הַקָּבוּר פֹּה בְּכָבוֹד, וּזְכוּתוֹ יַעֲמֹד לִי. כְּשֶׁמְּשִׂים יָדוֹ עַל הַקֶּבֶר, יֵשׁ לָשׂוּם יַד שְׂמֹאלוֹ דַּוְקָא וְלֹא יְמִינוֹ, וְיֹאמַר אֶת הַפָּסוּק, וְנָחֲךָ ה' תָּמִיד וְהִשְׂבִּיעַ בְּצַחְצָחוֹת נַפְשֶׁךָ וְעַצְמוֹתֶיךָ יַחֲלִיץ וְהָיִיתָ כְּגַן רָוֶה וּכְמוֹצָא מַיִם אֲשֶׁר לֹא יְכַזְּבוּ מֵימָיו. תִּשְׁכַּב בְּשָׁלוֹם, וְתִישַׁן בְּשָׁלוֹם, עַד בּוֹא מְנַחֵם מַשְׁמִיעַ שָׁלוֹם. (וּכְשֶׁשָּׂם יָדוֹ, יְכַוֵּן בַּפָּסוּק וְנָחֲךָ, שֶׁיֵּשׁ בּוֹ ט"ו תֵּבוֹת כְּמִנְיַן קִשְׁרֵי הַיָּד) (ברכי יוסף סִימָן רכד). אֵין לֵילֵךְ עַל קֶבֶר אֶחָד שְׁתֵּי פְּעָמִים בְּיוֹם אֶחָד. הַקּוֹרֵא כְּתָב שֶׁעַל גַּבֵּי הַמַּצֵּבָה, אִם הוּא כְּתָב בּוֹלֵט, קָשֶׁה לְשִׁכְחָה. וּסְגֻלָּה לוֹמַר, אַהֲבָה רַבָּה עַד וּלְיַחֶדְךָ בְּאַהֲבָה (רכד).

סעיף יד' בְּעֶרֶב רֹאשׁ הַשָּׁנָה נָהֲגוּ כֻּלָּם לְהִתְעַנּוֹת עַד אַחַר מִנְחָה, שֶׁאָז טוֹעֲמִין אֵיזֶה דָּבָר, שֶׁלֹּא לִכָּנֵס לְיוֹם טוֹב כְּשֶׁהוּא מְעֻנֶּה. וְכָל הַיּוֹם, יַעֲסֹק בַּתּוֹרָה וּבְמִצְוֹת וּבִתְשׁוּבָה, וּמִכָּל שֶׁכֵּן בַּעֲבֵרוֹת שֶׁבֵּין אָדָם לַחֲבֵרוֹ. וְלֹא יַמְתִּין עַד עֶרֶב יוֹם הַכִּפּוּרִים אֶלָּא יַקְדִּים אֶת עַצְמוֹ הַיּוֹם לְבַקֵּשׁ מֵחֲבֵרוֹ מְחִילָה.

סעיף טו' מְכַבְּסִין וּמִסְתַּפְּרִין בְּעֶרֶב רֹאשׁ הַשָּׁנָה לִכְבוֹד יוֹם טוֹב, וְיֵשׁ לְזָהֵר לְגַלֵּחַ קֹדֶם חֲצוֹת הַיּוֹם וְטוֹבְלִים וְלוֹבְשִׁים בִּגְדֵי שַׁבָּת בְּרֹאשׁ הַשָּׁנָה, לְהַרְאוֹת שֶׁאָנוּ בְּטוּחִים בְּחַסְדּוֹ יִתְבָּרַךְ שְׁמוֹ, שֶׁיּוֹצִיא לָאוֹר מִשְׁפָּטֵנוּ.

סעיף טז'
נוֹהֲגִין לַעֲשׂוֹת הַתָּרַת נְדָרִים בְּעֶרֶב רֹאשׁ הַשָּׁנָה (וְהֶרְמֵז לֹא יַחֵל דְּבָרוֹ כְּכָל, סוֹפֵי תֵּבוֹת אֱלוּל) וּמִי שֶׁאֵינוֹ מֵבִין מַה שֶּׁהוּא אוֹמֵר בִּלְשׁוֹן הַקֹּדֶשׁ, יֹאמַר בִּלְשׁוֹן (אַשְׁכְּנַז) [לַעַז], כְּמוֹ שֶׁהוּא מֵבִין (סִימָן תקפא ובחיי"א).

סימן קכט - הלכות ראש השנה ובו כ"ג סעיפים:

סעיף א' בְּכָל הַקַּדִּישִׁים שֶׁאוֹמְרִים מֵרֹאשׁ הַשָּׁנָה עַד יוֹם הַכִּפּוּרִים, כּוֹפְלִין תֵּבַת לְעֵלָּא, הַיְנוּ שֶׁאוֹמְרִים לְעֵלָּא לְעֵלָּא (וְלֹא בְּוָא"ו וּלְעֵלָּא) וְכֵיוָן שֶׁבְּקַדִּישׁ צְרִיכוֹת לִהְיוֹת שְׁמֹנֶה וְעֶשְׂרִים תֵּבוֹת וּבְכָל הַשָּׁנָה אוֹמְרִים, לְעֵלָּא מִן כָּל בִּרְכָתָא, אוֹמְרִים עַתָּה, לְעֵלָּא מִכָּל בִּרְכָתָא (שע"ת סִימָן נו).

סעיף ב' יֵשׁ נוֹהֲגִין לְהִתְפַּלֵּל בְּרֹאשׁ הַשָּׁנָה וּבְיוֹם הַכִּפּוּרִים כָּל תְּפִלּוֹת שְׁמוֹנֶה עֶשְׂרֵה בִּכְרִיעָה וּבִכְפִיפַת הָרֹאשׁ. וְאָמְנָם כֵּיוָן שֶׁצְּרִיכִין לִכְרוֹעַ בְּבִרְכַּת מָגֵן אַבְרָהָם וּבְמוֹדִים בִּתְחִלָּה וּבְסוֹף, עַל כֵּן קֹדֶם שֶׁמַּגִּיעַ לִמְקוֹמוֹת אֵלּוּ צָרִיךְ לִזְקֹף אֶת עַצְמוֹ כְּדֵי שֶׁיִּכְרַע בְּמִצְוַת חֲכָמֵינוּ זִכְרוֹנָם לִבְרָכָה. גַּם אָסוּר לִכְרוֹעַ בִּתְחִלַּת בְּרָכָה וּבְסוֹף בְּרָכָה בְּמָקוֹם שֶׁלֹּא תִקְּנוּ חֲכָמֵינוּ זִכְרוֹנָם לִבְרָכָה. וטוֹב יוֹתֵר לְהִתְפַּלֵּל בָּאֵבָרִים זְקוּפִים וּבְלֵב כָּפוּף וּבְדִמָעוֹת. וּמַה שֶּׁנּוֹהֲגִין לְהִתְפַּלֵּל בְּקוֹל רָם, יֵשׁ לְבַטֵּל, כִּי יֵשׁ לְהִתְפַּלֵּל בְּלַחַשׁ כְּמוֹ בְּכָל הַשָּׁנָה. וְיֵשׁ מַתִּירִין

לְהַגְבִּיהַּ קוֹלוֹ מְעַט, אֲבָל לֹא הַרְבֵּה. יִזָּהֵר לְדַקְדֵּק בִּתְפִלָּתוֹ הֵיטֵב, שֶׁלֹּא יְשַׁנֶּה שׁוּם נְקֻדָּה. וִיהַדֵּר אַחַר סִדּוּר אוֹ מַחְזוֹר שֶׁהוּא מְדֻיָּק הֵיטֵב, לְהִתְפַּלֵּל מִתּוֹכוֹ.

סעיף ג' כָּל הַשָּׁנָה, אוֹמְרִים בַּתְּפִלָּה, הָאֵל הַקָּדוֹשׁ, מֶלֶךְ אוֹהֵב צְדָקָה וּמִשְׁפָּט, חוּץ מִן רֹאשׁ הַשָּׁנָה עַד לְאַחַר יוֹם הַכִּפּוּרִים, שֶׁצְּרִיכִין לוֹמַר, הַמֶּלֶךְ הַקָּדוֹשׁ, הַמֶּלֶךְ הַמִּשְׁפָּט. לְפִי שֶׁבְּיָמִים הָאֵלּוּ הַקָּדוֹשׁ בָּרוּךְ הוּא מַרְאֶה מַלְכוּתוֹ לִשְׁפֹּט אֶת הָעוֹלָם. אִם טָעָה וְאָמַר הָאֵל הַקָּדוֹשׁ, אוֹ שֶׁהוּא מְסֻפָּק אִם אָמַר הָאֵל הַקָּדוֹשׁ אוֹ הַמֶּלֶךְ הַקָּדוֹשׁ, אִם נִזְכַּר תּוֹךְ כְּדֵי דִּבּוּר, אוֹמֵר הַמֶּלֶךְ הַקָּדוֹשׁ, וְאֵינוֹ צָרִיךְ לַחֲזוֹר לָרֹאשׁ, וְכֵן הַדִּין בְּהַמֶּלֶךְ הַמִּשְׁפָּט. אֲבָל אִם לֹא נִזְכַּר עַד לְאַחַר כְּדֵי דִּבּוּר, אֲזַי בְּהַמֶּלֶךְ הַקָּדוֹשׁ צָרִיךְ לַחֲזֹר לְרֹאשׁ הַתְּפִלָּה, (אֲפִלּוּ מִסְפֵּקָא), מִפְּנֵי שֶׁשָּׁלֹשׁ הַבְּרָכוֹת הָרִאשׁוֹנוֹת נֶחְשָׁבוֹת כְּאֶחָת (כְּמוֹ שֶׁכָּתוּב בְּסִימָן יט סְעִיף ב). וַאֲפִלּוּ שְׁלִיחַ הַצִּבּוּר בַּחֲזָרַת הַתְּפִלָּה צָרִיךְ לַחֲזוֹר לָרֹאשׁ, וּצְרִיכִין לוֹמַר קְדֻשָּׁה שֵׁנִית. אֲבָל בְּהַמֶּלֶךְ הַמִּשְׁפָּט, אֲפִלּוּ יָחִיד, אֵינוֹ צָרִיךְ לַחֲזוֹר אֲפִלּוּ לְאוֹתָהּ בְּרָכָה, כֵּיוָן שֶׁהִזְכִּיר תֵּבַת מֶלֶךְ בִּבְרָכָה זֹאת. בְּכָל הַשָּׁנָה אִם טָעָה וְאָמַר, הַמֶּלֶךְ הַקָּדוֹשׁ, הַמֶּלֶךְ הַמִּשְׁפָּט, אֵינוֹ צָרִיךְ לַחֲזוֹר (קיח תקפב).

סעיף ד' בְּשַׁבָּת עַרְבִית, בְּבִרְכַּת מֵעֵין שֶׁבַע מָגֵן אָבוֹת וְכוּ', אוֹמְרִים גַּם כֵּן בִּמְקוֹם הָאֵל הַקָּדוֹשׁ, הַמֶּלֶךְ הַקָּדוֹשׁ. וְאִם טָעָה שְׁלִיחַ הַצִּבּוּר וְאָמַר הָאֵל הַקָּדוֹשׁ, אִם נִזְכַּר מִיָּד תּוֹךְ כְּדֵי דִּבּוּר, חוֹזֵר וְאוֹמֵר הַמֶּלֶךְ הַקָּדוֹשׁ וְכוּ', אֲבָל לְאַחַר כָּךְ, אֵינוֹ חוֹזֵר (פרי חדש ופרי מגדים).

סעיף ה'
אִם שָׁכַח זָכְרֵנוּ, אוֹ מִי כָמוֹךָ, וּכְתֹב, בְּסֵפֶר חַיִּים, וְלֹא נִזְכַּר עַד שֶׁאָמַר בָּרוּךְ אַתָּה ה', כֵּיוָן שֶׁאָמַר אֶת הַשֵּׁם, גּוֹמֵר אֶת הַבְּרָכָה וּמִתְפַּלֵּל כַּסֵּדֶר, וְאֵינוֹ צָרִיךְ לַחֲזוֹר. וְכֵן אִם שָׁכַח לוֹמַר וּבְכֵן תֵּן פַּחְדְּךָ וְחָתַם הַמֶּלֶךְ הַקָּדוֹשׁ, וַאֲפִלּוּ לֹא אָמַר עֲדַיִן רַק בָּרוּךְ אַתָּה ה', חוֹתֵם הַמֶּלֶךְ הַקָּדוֹשׁ וְאוֹמֵר אַתָּה בְחַרְתָּנוּ וְכוּ'.

סעיף ו' בְּסִיּוּם הַשְּׁמוֹנֶה עֶשְׂרֵה, יֵשׁ מְסַיְּמִים עוֹשֵׂה הַשָּׁלוֹם, וְיֵשׁ שֶׁאֵינָם מְשַׁנִּין אֶלָּא אוֹמְרִים הַמְבָרֵךְ אֶת עַמּוֹ יִשְׂרָאֵל בַּשָּׁלוֹם. וְאַף בְּקַדִּישִׁים אוֹמְרִים עוֹשֶׂה הַשָּׁלוֹם בִּמְרוֹמָיו וְכוּ' (מטה אפרים).

סעיף ז' אִם חָל רֹאשׁ הַשָּׁנָה בְּשַׁבָּת, יֵשׁ מְקוֹמוֹת שֶׁאוֹמְרִים לְכוּ נְרַנְּנָה, כְּמוֹ בִּשְׁאָר שַׁבָּת. וְיֵשׁ מְקוֹמוֹת שֶׁמַּתְחִילִין, מִזְמוֹר לְדָוִד. וְיֵשׁ מְקוֹמוֹת שֶׁמַּתְחִילִין, מִזְמוֹר שִׁיר לְיוֹם הַשַּׁבָּת. וְכָל מָקוֹם יַחֲזִיק מִנְהָגָיו.

סעיף ח' לְאַחַר גְּמַר תְּפִלַּת מַעֲרִיב בְּלֵיל רִאשׁוֹן, נוֹהֲגִין לוֹמַר כָּל אֶחָד לַחֲבֵרוֹ, לְשָׁנָה טוֹבָה תִּכָּתֵב וְתֵחָתֵם. וְלִנְקֵבָה אוֹמְרִים, תִּכָּתְבִי וְתֵחָתֵמִי. אֲבָל בַּיּוֹם, אֵין אוֹמְרִים, לְפִי שֶׁכְּבָר נִגְמְרָה הַכְּתִיבָה קֹדֶם חֲצוֹת הַיּוֹם, וּבְלֵיל שֵׁנִי, יֵשׁ נוֹהֲגִין לְאָמְרוֹ, כִּי לִפְעָמִים נִדּוֹנִין בְּיוֹם שֵׁנִי (תקפב).

סעיף ט' בִּסְעוּדַּת הַלַּיְלָה, נוֹהֲגִין לַעֲשׂוֹת סִימָנִים לְשָׁנָה טוֹבָה. טוֹבְלִין פְּרוּסַת הַמּוֹצִיא בִּדְבַשׁ. וְאַחַר שֶׁאָכַל כַּזַּיִת, אוֹמֵר, יְהִי רָצוֹן שֶׁתְּחַדֵּשׁ עָלֵינוּ

שָׁנָה טוֹבָה וּמְתוּקָה. וְאַחַר כָּךְ טוֹבֵל קְצָת תַּפּוּחַ מָתוֹק בִּדְבַשׁ וּמְבָרֵךְ עָלָיו בּוֹרֵא פְּרִי הָעֵץ וְאוֹכְלוֹ, וְאַחַר כָּךְ אוֹמֵר גַּם כֵּן יְהִי רָצוֹן וְכוּ', וְנוֹהֲגִין לֶאֱכֹל רֹאשׁ שֶׁל בַּעַל חַי וְאוֹמְרִים, יְהִי רָצוֹן שֶׁנִּהְיֶה לְרֹאשׁ. וְיֵשׁ לְהַדֵּר אַחַר רֹאשׁ כֶּבֶשׂ, שֶׁיִּהְיֶה גַּם כֵּן זֵכֶר לְאֵילוֹ שֶׁל יִצְחָק. וְגַם יְרָקוֹת אוֹכְלִים אוֹתָן שֶׁיֵּשׁ לָהֶן בִּמְדִינָה הַהוּא שֵׁם הַמּוֹרֶה לְטוֹבָה. כְּמוֹ זֵכֶר לְאֵילוֹ שֶׁל יִצְחָק. גַּם אוֹכְלִים אוֹתָן הַיְרָקוֹת שֶׁיֵּשׁ לָהֶם בִּמְדִינָה הַהִיא שֵׁם הַמּוֹרֶה לְטוֹבָה, כְּמוֹ בִּמְדִינָתֵנוּ מֶעהְרֶען (גֶּזֶר), וְאוֹמְרִים יְהִי רָצוֹן שֶׁיִּרְבּוּ זְכֻיּוֹתֵינוּ. וְיֵשׁ נוֹהֲגִין גַּם כֵּן לְהַדֵּר לֶאֱכֹל דָּגִים, שֶׁיֵּשׁ רֶמֶז לִפְרוֹת וְלִרְבּוֹת כְּמוֹ הַדָּגִים. וְאֵין לְבַשֵּׁל אוֹתָם בְּחֹמֶץ, כִּי אֵין אוֹכְלִים דְּבָרִים חֲמוּצִים אוֹ מְרִירִים בְּרֹאשׁ הַשָּׁנָה. וְאוֹכְלִין בָּשָׂר שָׁמֵן וְכָל מִינֵי מְתִיקָה. גַּם נוֹהֲגִין שֶׁלֹּא לֶאֱכֹל אֱגוֹזִים וְלוּזִים, כִּי אֱגוֹז בְּגִמַטְרִיָּא ח"ט, וְגַם מַרְבִּים כִּיחָה וְנִיעָה הַמְבַטְּלִים אֶת הַתְּפִלָּה (תקפג). וְיֵשׁ לִלְמֹד עַל הַשֻּׁלְחָן תּוֹרָה. וְנוֹהֲגִין קְצָת לִלְמֹד מִשְׁנָיוֹת מַסֶּכֶת רֹאשׁ הַשָּׁנָה (חיי"א).

סעיף י' נָכוֹן שֶׁלֹּא לְשַׁמֵּשׁ מִטָּתוֹ בִּשְׁנֵי לֵילוֹת דְּרֹאשׁ הַשָּׁנָה, אֲפִלּוּ כְּשֶׁחָל בְּשַׁבָּת. אַךְ אִם הוּא לֵיל טְבִילָתָהּ, אַל יְבַטֵּל עוֹנָתָהּ. וְיִטְבֹּל אֶת עַצְמוֹ בַּבֹּקֶר מִטֻּמְאָתוֹ (תקפא).

סעיף יא' בְּרֹאשׁ הַשָּׁנָה כְּשֶׁאוֹמֵר אָבִינוּ מַלְכֵּנוּ חָטָאנוּ לְפָנֶיךָ, אֵין לְהַכּוֹת בָּאֶגְרוֹף עַל הֶחָזֶה כְּמוֹ בְּחֹל וּבְיוֹם הַכִּפּוּרִים, כִּי אֵין אוֹמְרִים וִדּוּי בְּרֹאשׁ הַשָּׁנָה שֶׁהוּא יוֹם טוֹב. אֶלָּא יְכַוֵּן הַפֵּרוּשׁ, אָבִינוּ מַלְכֵּנוּ חָטָאנוּ לְפָנֶיךָ, כְּלוֹמַר, אֲבוֹתֵינוּ חָטְאוּ לְפָנֶיךָ שֶׁעָבְדוּ עֲבוֹדָה זָרָה, אֲבָל אֲנַחְנוּ אֵין לָנוּ מֶלֶךְ אֶלָּא אָתָּה. לָכֵן אָבִינוּ מַלְכֵּנוּ, עֲשֵׂה עִמָּנוּ לְמַעַן שְׁמֶךָ (תקפד).

סעיף יב' בִּשְׁעַת הוֹצָאַת סֵפֶר תּוֹרָה, נוֹהֲגִין לוֹמַר שְׁלֹשׁ עֶשְׂרֵה מִדּוֹת, וְיֵשׁ לְהַתְחִיל מִן וַיַּעֲבֹר. וַיֹּאמַר, וַיַּעֲבֹר ה' עַל פָּנָיו וַיִּקְרָא, ה', ה' וְגוֹ' (עַיֵּן מ"א סִימָן תכב וְעַיֵּן בנ"א כלל ה סִימָן ב). וּבְשַׁבָּת, יֵשׁ מְקוֹמוֹת שֶׁאֵין אוֹמְרִים שְׁלֹשׁ עֶשְׂרֵה מִדּוֹת, וְלֹא רִבּוֹנוֹ שֶׁל עוֹלָם.

סעיף יג' שִׁעוּר הַתְּקִיעוֹת, לְכַתְּחִלָּה צָרִיךְ לִהְיוֹת כָּךְ, הַתְּרוּעָה הִיא ט' כּחוֹת קְצָרִים. וְהַשְּׁבָרִים יַעֲשֶׂה ג' שְׁבָרִים זֶה אַחַר זֶה, וְכָל שֶׁבֶר יְהֵא אָרוֹךְ כְּמוֹ ג' כּחוֹת קְצָרִים מִן הַתְּרוּעָה, וְנִמְצָא שֶׁגַּם הַשְּׁבָרִים הֵם כְּמוֹ ט' כּחוֹת. וְיִזָּהֵר מְאֹד שֶׁלֹּא לְהַאֲרִיךְ בִּשְׁבָרִים עַד שֶׁיְּהֵא כָּל שֶׁבֶר כְּמוֹ ט' כּחוֹת. כִּי בָזֶה, אֲפִלּוּ בְּדִיעֲבַד אֵינוֹ יוֹצֵא. וְהַתְּקִיעוֹת הֵמָּה הֲבָרוֹת פְּשׁוּטוֹת. וּבְסֵדֶר תְּקִיעָה שְׁבָרִים תְּרוּעָה תְּקִיעָה, תְּהֵא כָּל תְּקִיעָה, אֲרֻכָּה כְּמוֹ הַשְּׁבָרִים עִם הַתְּרוּעָה, דְּהַיְנוּ כְּמוֹ ח"י כּחוֹת. וּבְסֵדֶר תְּקִיעָה שְׁבָרִים תְּקִיעָה, תְּהֵא כָּל תְּקִיעָה, אֲרֻכָּה כְּמוֹ הַשְּׁבָרִים, דְּהַיְנוּ כְּמוֹ ט' כּחוֹת. וְכֵן בְּסֵדֶר תְּקִיעָה תְּרוּעָה תְּקִיעָה. בַּתְּקִיעוֹת שֶׁקֹּדֶם תְּפִלַּת מוּסָף, יֵשׁ לַעֲשׂוֹת הַשְּׁבָרִים עִם הַתְּרוּעָה בִּנְשִׁימָה אַחַת. וְלָכֵן הַמַּקְרֵא יִקְרָא בְּפַעַם אַחַת שְׁבָרִים תְּרוּעָה. וּבַתְּקִיעוֹת שֶׁבְּתוֹךְ חֲזָרַת הַתְּפִלָּה יֵשׁ לַעֲשׂוֹתָם בִּשְׁתֵּי נְשִׁימוֹת. וּמִכָּל מָקוֹם לֹא יַפְסִיק בֵּינֵיהֶם אֶלָּא יִהְיוּ תְּכוּפִים זֶה לָזֶה, וְהַמַּקְרֵא יִקְרָא גַּם כֵּן שְׁנֵיהֶם בְּפַעַם אַחַת (תקצ).

סעיף יד' כְּשֶׁהַתּוֹקֵעַ אוֹמֵר אֶת הַבְּרָכוֹת, אַל יֹאמְרוּ הַקָּהָל, בָּרוּךְ הוּא וּבָרוּךְ שְׁמוֹ (עַיֵּן לְעֵיל סִימָן ו סָעִיף ה), אַךְ יִשְׁמְעוּ הֵיטֵב אֶת הַבְּרָכוֹת, וְאַחַר כָּל בְּרָכָה יֹאמְרוּ בְּכַוָּנָה אָמֵן. וְאָסוּר לְהַפְסִיק מִכָּאן עַד לְאַחַר כָּל הַתְּקִיעוֹת שֶׁבַּחֲזָרַת הַתְּפִלָּה (קכד תקצב). וְעַל כֵּן אֵין לַשַּׁמָּשׁ לְהַכְרִיז, שְׁתִיקָה יָפָה בִּשְׁעַת הַתְּפִלָּה, אַף שֶׁהוּא נוֹהֵג כֵּן בְּפַעַם אַחֶרֶת (מטה אפרים).

סעיף טו' נוֹהֲגִין הָעוֹלָם לוֹמַר בֵּין הַסְּדָרִים יְהִי רָצוֹן וְכוּ', כְּמוֹ שֶׁנִּדְפַּס בַּמַּחֲזוֹרִים. וּצְרִיכִין לִזָּהֵר מְאֹד, שֶׁלֹּא לְהוֹצִיא בַּפֶּה שְׁמוֹת הַמַּלְאָכִים הַנִּזְכָּרִים שָׁם. וּבְהַרְבֵּה קְהִלּוֹת אֵין אוֹמְרִים כְּלָל אֶת הַיְהִי רָצוֹן, וְכֵן נָכוֹן יוֹתֵר. וְהָעִקָּר הוּא לְהִתְעוֹרֵר אָז בִּתְשׁוּבָה בְּלֵב שָׁלֵם (תקצב תקפד ובסד"ה) וּכְמוֹ שֶׁכָּתַב הָרַמְבַּ"ם זִכְרוֹנוֹ לִבְרָכָה (בְּהִלְכוֹת תְּשׁוּבָה פֶּרֶק ג הֲלָכָה ד), וְזֶה לְשׁוֹנוֹ, אַף עַל פִּי שֶׁתְּקִיעַת שׁוֹפָר בְּרֹאשׁ הַשָּׁנָה גְּזֵרַת הַכָּתוּב, רֶמֶז יֵשׁ בָּהּ, כְּלוֹמַר, עוּרוּ יְשֵׁנִים מִשְּׁנַתְכֶם, וְנִרְדָּמִים הָקִיצוּ מִתַּרְדֵּמַתְכֶם, וְחַפְּשׂוּ בְּמַעֲשֵׂיכֶם, וְחִזְרוּ בִּתְשׁוּבָה, וְזִכְרוּ בּוֹרַאֲכֶם אֵלּוּ הַשּׁוֹכְחִים אֶת הָאֱמֶת בְּהַבְלֵי הַזְּמַן וְשׁוֹגִים כָּל שְׁנָתָם בְּהֶבֶל וָרִיק אֲשֶׁר לֹא יוֹעִיל וְלֹא יַצִּיל, הַבִּיטוּ לְנַפְשׁוֹתֵיכֶם, וְהֵטִיבוּ דַּרְכֵיכֶם וּמַעַלְלֵיכֶם. יַעֲזֹב כָּל אֶחָד מִכֶּם דַּרְכּוֹ הָרָעָה וּמַחְשַׁבְתּוֹ אֲשֶׁר לֹא טוֹבָה וְכוּ', עַד כָּאן לְשׁוֹנוֹ.

סעיף טז' בַּחֲזָרַת הַתְּפִלָּה, כְּשֶׁאוֹמֵר שְׁלִיחַ הַצִּבּוּר וַאֲנַחְנוּ כּוֹרְעִים, נוֹהֲגִין שֶׁגַּם הַצִּבּוּר אוֹמְרִים עִמּוֹ, וְגַם כּוֹרְעִים וּמִשְׁתַּחֲוִים, אֲבָל אֵין נוֹפְלִים עַל פְּנֵיהֶם, רַק בְּיוֹם הַכִּפּוּרִים בְּסֵדֶר הָעֲבוֹדָה. וְגַם שְׁלִיחַ הַצִּבּוּר כּוֹרֵעַ עַל בִּרְכָּיו, אֲבָל אָסוּר לַעֲקֹר מִמְּקוֹמוֹ בִּשְׁעַת הַתְּפִלָּה. וְלָכֵן נוֹהֲגִין שֶׁיַּעֲמֹד קְצָת רָחוֹק מִן הָעַמּוּד, כְּדֵי שֶׁיּוּכַל לִכְרֹעַ עַל בִּרְכָּיו בְּלִי עֲקִירָה מִמְּקוֹמוֹ, וְהָעוֹמְדִים אֶצְלוֹ מְסַיְּעִים אוֹתוֹ לַעֲמוֹד, שֶׁלֹּא יִצְטָרֵךְ לַעֲקֹר רַגְלָיו. הַתְּקִיעוֹת שֶׁבְּתוֹךְ חֲזָרַת הַתְּפִלָּה, אֵין לִשְׁלִיחַ הַצִּבּוּר לִתְקֹעַ, אֶלָּא אִם הוּא בָּטוּחַ שֶׁלֹּא תִתְבַּלְבֵּל דַּעְתּוֹ עַל יְדֵי כָּךְ (קלה תקפה תרכא).

סעיף יז' בַּתְּקִיעוֹת שֶׁבְּתוֹךְ חֲזָרַת הַתְּפִלָּה, יֵשׁ מִנְהָגִים שׁוֹנִים כַּמָּה תּוֹקְעִין, וְכָל מָקוֹם יַחֲזִיק מִנְהָגוֹ. וְכֵן בַּתְּקִיעוֹת שֶׁלְּאַחַר הַתְּפִלָּה, יֵשׁ מִנְהָגִים שׁוֹנִים. וּלְאַחַר שֶׁגָּמְרוּ כָּל הַתְּקִיעוֹת כְּפִי מִנְהַג הַמָּקוֹם, יֵשׁ לְהַצְנִיעַ אֶת הַשּׁוֹפָר וְלֹא יִתְקְעוּ יוֹתֵר. אֲפִלּוּ מִי שֶׁרוֹצֶה לִהְיוֹת תּוֹקֵעַ בְּיוֹם שֵׁנִי, אֵין לוֹ לִתְקֹעַ בְּיוֹם רִאשׁוֹן לְהִתְלַמֵּד (תקצב תקצו).

סעיף יח' אִם יֵשׁ מִילָה, מָלִין לְאַחַר הַהַפְטָרָה קֹדֶם תְּקִיעַת שׁוֹפָר. וְהָרֶמֶז, זָכֹר בְּרִית אַבְרָהָם (זוֹ מִילָה). וַעֲקֵדַת יִצְחָק (זֶה שׁוֹפָר). וּבְשַׁבָּת, מָלִין אַחַר אַשְׁרֵי. וְאִם צְרִיכִין לָמוּל אֵצֶל הַיּוֹלֶדֶת, מָלִין אַחַר הַיְצִיאָה מִבֵּית הַכְּנֶסֶת.

סעיף יט' מִי שֶׁיָּצָא בִּתְקִיעַת שׁוֹפָר וְצָרִיךְ לִתְקֹעַ בִּשְׁבִיל אֲחֵרִים, יָכוֹל גַּם כֵּן לְבָרֵךְ אֶת הַבְּרָכוֹת. וּמִכָּל מָקוֹם יוֹתֵר נָכוֹן שֶׁזֶּה שֶׁצָּרִיךְ לָצֵאת, הוּא יְבָרֵךְ אֶת הַבְּרָכוֹת. וְהַתּוֹקֵעַ בִּשְׁבִיל נָשִׁים, אִם הוּא כְּבָר יָצָא, לֹא יְבָרֵךְ אֶת הַבְּרָכוֹת, אֶלָּא הָאִשָּׁה תְּבָרֵךְ, כֵּיוָן דְּמִצַּד הַדִּין נָשִׁים פְּטוּרוֹת מִתְּקִיעַת

שׁוֹפָר, מִשּׁוּם דַּהֲוֵי מִצְוַת עֲשֵׂה שֶׁהַזְּמַן גְּרָמָהּ. וְיֵשׁ אוֹמְרִים, דְּמִי שֶׁיָּצָא, לֹא יִתְקַע כְּלָל בִּשְׁבִיל נָשִׁים. וְהָרוֹצֶה לִתְקֹעַ בִּשְׁבִיל נָשִׁים, יִתְקַע קֹדֶם שֶׁיִּשְׁמַע הַתְּקִיעוֹת בְּבֵית הַכְּנֶסֶת, וִיבָרֵךְ עַל הַתְּקִיעוֹת וִיכַוֵּן שֶׁיֵּצֵא בָּהֶן, וּבִלְבַד שֶׁלֹּא יִהְיֶה זֶה בְּשָׁלֹשׁ שָׁעוֹת הָרִאשׁוֹנוֹת שֶׁל הַיּוֹם, כִּי אָז אֵין לִתְקֹעַ בִּיחִידוּת, אוֹ שֶׁיִּתְקַע לָהֶן בְּשָׁעָה שֶׁתּוֹקְעִין בְּבֵית הַכְּנֶסֶת, אוֹ לְאַחַר הַתְּקִיעוֹת שֶׁבְּבֵית הַכְּנֶסֶת, אֶלָּא שֶׁיְּכַוֵּן שֶׁלֹּא לָצֵאת בִּתְקִיעוֹת אֵלּוּ, אֶלָּא בִּתְקִיעוֹת שֶׁהוּא יִתְקַע לִפְנֵי הָאִשָּׁה וִיבָרֵךְ עֲלֵיהֶן. וְאַף עַל גַּב שֶׁהוֹלֵךְ אַחַר כָּךְ לְבֵית הַכְּנֶסֶת לְהִתְפַּלֵּל מוּסָף וְלִשְׁמֹעַ הַתְּקִיעוֹת שֶׁבַּתְּפִלָּה, אֵין הַהֶפְסֵק מַצְרִיכוֹ לְבָרֵךְ שֵׁנִית, דְּכֻלְּהוּ תְּקִיעוֹת חֲדָא מִצְוָה נִינְהוּ. וְאִם הָאִשָּׁה חֲלוּשָׁה וּצְרִיכָה לֶאֱכוֹל קֹדֶם הַתְּקִיעוֹת, יְכוֹלָה לֶאֱכוֹל (תקפה תקפט).

סעיף כ' כְּשֶׁיּוֹצְאִין מִבֵּית הַכְּנֶסֶת, יֵשׁ לָלֶכֶת בְּשׁוּבָה וָנַחַת, שָׂמֵחַ וְטוֹב לֵב, בְּבִטָּחוֹן כִּי שָׁמַע ה' בְּקוֹל תְּפִלָּתֵנוּ וּתְקִיעוֹתֵינוּ בְּרַחֲמִים, וְאוֹכְלִין וְשׁוֹתִין כְּיַד ה' הַטּוֹבָה. וּמִכָּל מָקוֹם יִזָּהֵר שֶׁלֹּא לֶאֱכֹל אֲכִילָה גַּסָּה, וּתְהֵא יִרְאַת ה' עַל פָּנָיו. וְיֵשׁ לִלְמֹד תּוֹרָה עַל הַשֻּׁלְחָן. לְאַחַר בִּרְכַּת הַמָּזוֹן, אֵין לִישׁוֹן, אֶלָּא הוֹלְכִין לְבֵית הַכְּנֶסֶת וְאוֹמְרִים תְּהִלִּים בְּצִבּוּר עַד תְּפִלַּת מִנְחָה. וְאַךְ מִי שֶׁרֹאשׁוֹ כָּבֵד עָלָיו, יָכוֹל לִישׁוֹן מְעַט קֹדֶם שֶׁיֵּלֵךְ לְבֵית הַכְּנֶסֶת.

סעיף כא' לְאַחַר תְּפִלַּת מִנְחָה, הוֹלְכִין אֶל הַנָּהָר (לִזְכֹּר זְכוּת הָעֲקֵדָה, דְּאִיתָא בְּמִדְרָשׁ כְּשֶׁהָלַךְ אַבְרָהָם אָבִינוּ עִם יִצְחָק בְּנוֹ לַעֲקֵדָה, עָשָׂה הַשָּׂטָן אֶת עַצְמוֹ כְּמוֹ נָהָר לְעַכְּבוֹ, וְעָבַר אַבְרָהָם אָבִינוּ, עָלָיו הַשָּׁלוֹם, בַּנָּהָר עַד צַוָּארוֹ וְאָמַר, הוֹשִׁיעֵנִי אֱלֹהִים כִּי בָאוּ מַיִם עַד נָפֶשׁ. וְעוֹד יֵשׁ טַעַם, מִפְּנֵי שֶׁאָנוּ מַמְלִיכִין הַיּוֹם אֶת הַקָּדוֹשׁ בָּרוּךְ הוּא עָלֵינוּ, וְהַדֶּרֶךְ הוּא לִמְשֹׁחַ אֶת הַמְּלָכִים אֵצֶל הַנָּהָר, לִרְמֹז שֶׁתִּמָּשֵׁךְ מַלְכוּתָם) וְטוֹב שֶׁיִּהְיֶה מִחוּץ לָעִיר וְיֵשׁ בּוֹ דָּגִים (לִזְכֹּר שֶׁאָנוּ מְשׁוּלִים כְּדָגִים חַיִּים הַלָּלוּ שֶׁנֶּאֱחָזִים בִּמְצוֹדָה, כָּךְ אָנוּ נֶאֱחָזִים בִּמְצוּדַת הַמָּוֶת וְהַדִּין, וּמִתּוֹךְ כָּךְ נְהַרְהֵר יוֹתֵר בִּתְשׁוּבָה. עוֹד טַעַם, סִימָן שֶׁלֹּא תִּשְׁלֹט בָּנוּ עַיִן רָעָה כְּמוֹ בְּדָגִים, וְנִפְרֶה וְנִרְבֶּה כְּדָגִים. וְיֵשׁ אוֹמְרִים, הַטַּעַם, כִּי לְדָגִים אֵין גְּבִינִים [עַפְעַפַּיִם] וְעֵינֵיהֶם תָּמִיד פְּתוּחוֹת, כְּדֵי לְהִתְעוֹרֵר עֵינָא פְּקִיחָא דִּלְעֵילָא) וְאִם אֵין שָׁם נָהָר שֶׁיֵּשׁ בּוֹ דָּגִים, הוֹלְכִין לְנָהָר אַחֵר אוֹ לִבְאֵר, וְאוֹמְרִים הַפְּסוּקִים מִי אֵל כָּמוֹךָ וְכוּ' כַּכָּתוּב בַּסִּדּוּרִים בְּסֵדֶר תַּשְׁלִיךְ. וּמְנַעֲרִים שׁוּלֵי הַבְּגָדִים, וְהוּא לְרֶמֶז בְּעָלְמָא, לִתֵּן לֵב לְהַשְׁלִיךְ אֶת הַחֲטָאִים וּלְחַפֵּשׂ וְלַחְקֹר דְּרָכָיו מֵהַיּוֹם וָהָלְאָה, שֶׁיִּהְיוּ בְּגָדָיו לְבָנִים וּנְקִיִּים מִכָּל חֵטְא. אִם חָל יוֹם רִאשׁוֹן בְּשַׁבָּת הוֹלְכִין בְּיוֹם שֵׁנִי (תקפג ובסידור).

סעיף כב' לְאַחַר שֶׁחוֹזְרִין לְבֵית הַכְּנֶסֶת וַעֲדַיִן לֹא הִגִּיעַ זְמַן עַרְבִית, יִזָּהֵר מֵחֶבְרַת מְרֵעִים, שֶׁלֹּא יָבוֹא חַס וְשָׁלוֹם, לִדְבָרִים בְּטֵלִים. אַךְ יַעֲסֹק בַּתּוֹרָה אוֹ בִּתְהִלִּים אוֹ בְּסִפְרֵי מוּסָר, כִּי קָדוֹשׁ הַיּוֹם לַאֲדוֹנֵנוּ.

סעיף כג' שְׁנֵי יָמִים טוֹבִים שֶׁל רֹאשׁ הַשָּׁנָה, כְּיוֹם אֶחָד הֵן חֲשׁוּבִים, וּקְדֻשָּׁה אַחַת הֵן (עַיֵּן לְעֵיל סִמָּן צט סְעִיף ב) וְלָכֵן נֶחְלְקוּ הַפּוֹסְקִים, אִם לְבָרֵךְ בְּלֵיל שֵׁנִי בַּקִּדּוּשׁ וְכֵן בְּהַדְלָקַת

הַנֵּרוֹת וְכֵן בִּתְקִיעוֹת שֶׁל הַיּוֹם שֵׁנִי שֶׁהֶחֱיָנוּ אוֹ לֹא, כִּי יֵשׁ אוֹמְרִים, כֵּיוָן דִּקְדֻשָּׁה אַחַת הֵן וּכְבָר בֵּרֵךְ שֶׁהֶחֱיָנוּ בָּרִאשׁוֹן, אֵינוֹ צָרִיךְ לְבָרֵךְ עוֹד בַּשֵּׁנִי. וְעַל כֵּן נוֹהֲגִים שֶׁבְּקִדּוּשׁ לֵיל שֵׁנִי, מַנִּיחִין עַל הַשֻּׁלְחָן פְּרִי חָדָשׁ, שֶׁתְּהֵא בִרְכַּת שֶׁהֶחֱיָנוּ שֶׁבְּקִדּוּשׁ גַּם עַל הַפְּרִי, אוֹ שֶׁלּוֹבֵשׁ בֶּגֶד חָדָשׁ. וְאִם אֵין לוֹ אֵינוֹ מְעַכֵּב, וְאוֹמֵר שֶׁהֶחֱיָנוּ בְּקִדּוּשׁ (כִּי אָנוּ תּוֹפְסִין הָעִקָּר כְּהַפּוֹסְקִים שֶׁאוֹמְרִים שֶׁצָּרִיךְ לְבָרֵךְ שֶׁהֶחֱיָנוּ) וְכֵן הָאִשָּׁה בְּהַדְלָקַת הַנֵּרוֹת בְּלֵיל שֵׁנִי (אִם נוֹהֶגֶת לְבָרֵךְ שֶׁהֶחֱיָנוּ אֲזַי עַל כָּל פָּנִים) אִם אֶפְשָׁר, תִּלְבַּשׁ בֶּגֶד חָדָשׁ אוֹ תַּנִּיחַ פְּרִי חָדָשׁ, שֶׁתְּהֵא בִּרְכַּת שֶׁהֶחֱיָנוּ גַּם עַל זֶה. וְאִם אֵין לָהּ, אֵינוֹ מְעַכֵּב. וְכֵן הַתּוֹקֵעַ בְּיוֹם שֵׁנִי, אִם אֶפְשָׁר, יֵשׁ לוֹ לִלְבּוֹשׁ בֶּגֶד חָדָשׁ. וְאִם חָל יוֹם רִאשׁוֹן בְּשַׁבָּת אֵינוֹ צָרִיךְ, דְּהָא עֲדַיִן לֹא בֵּרְכוּ שֶׁהֶחֱיָנוּ עַל הַשּׁוֹפָר (סִימָן תר).

סימן קל - דיני עשרת ימי תשובה ובו ו' סעיפים:

סעיף א' עֲשֶׂרֶת יְמֵי תְשׁוּבָה, שְׁמָם מוֹרֶה עֲלֵיהֶם, שֶׁהֵם מְיֻחָדִים לִתְשׁוּבָה. וְכָל אָדָם מְחֻיָּב אָז לָשׁוּב בִּתְשׁוּבָה שְׁלֵמָה לִפְנֵי ה', יִתְבָּרַךְ שְׁמוֹ, קֹדֶם בּוֹא הַיּוֹם הַגָּדוֹל וְהַנּוֹרָא יוֹם הַכִּפּוּרִים, שֶׁנֶּאֱמַר לִפְנֵי ה' תִּטְהָרוּ, וְנֶאֱמַר דִּרְשׁוּ ה' בְּהִמָּצְאוֹ. וְאָמְרוּ רַבּוֹתֵינוּ, זִכְרוֹנָם לִבְרָכָה, אֵלּוּ עֲשָׂרָה יָמִים שֶׁבֵּין רֹאשׁ הַשָּׁנָה לְיוֹם הַכִּפּוּרִים. לָכֵן צָרִיךְ הָאָדָם בַּיָּמִים הָאֵלּוּ לְפַשְׁפֵּשׁ בְּמַעֲשָׂיו וְלָשׁוּב מִמַּעֲשָׂיו הָרָעִים. וּסְפֵק עֲבֵרָה צָרִיךְ יוֹתֵר תְּשׁוּבָה מֵעֲבֵרָה וַדָּאִית, כִּי יוֹתֵר מִתְחָרֵט הָאָדָם כְּשֶׁהוּא יוֹדֵעַ שֶׁעָשָׂה עֲבֵרָה מֵאִם אֵינוֹ יוֹדֵעַ. וְלָכֵן קָרְבַּן אָשָׁם תָּלוּי צָרִיךְ לִהְיוֹת יוֹתֵר בְּיֹקֶר מִקָּרְבַּן חַטָּאת. וְיַרְבֶּה בַּתּוֹרָה וּבְמִצְוֹת וּבִצְדָקָה, וִימַעֵט בַּעֲסָקָיו. וְכָתַב הרמ"ק, זִכְרוֹנוֹ לִבְרָכָה, שֶׁיִּהְיוּ יָמִים אֵלּוּ כְּמוֹ חֹל הַמּוֹעֵד, שֶׁלֹּא יַעֲשֶׂה בָהֶם אֶלָּא מְלָאכָה הֶכְרֵחִית. וּבְיוֹתֵר צָרִיךְ הָאָדָם לְתַקֵּן דְּבָרִים שֶׁבֵּינוֹ לְבֵין חֲבֵרוֹ, אֲשֶׁר עֲלֵיהֶם אֵין כַּפָּרָה עַד שֶׁיַּחֲזִיר אֶת הַגָּזֵל וְאֶת הָעֹשֶׁק, וִיפַיְּסוֹ שֶׁיִּמְחוֹל לוֹ.

סעיף ב' רָאוּי לְאָדָם שֶׁיִּתְנַהֵג בַּיָּמִים הָאֵלּוּ גַּם בְּחֻמְרוֹת שֶׁאֵינוֹ נוֹהֵג בָּהֶם כָּל הַשָּׁנָה, כִּי גַם אָנוּ מְבַקְשִׁים מֵאֵת ה', יִתְבָּרַךְ שְׁמוֹ, שֶׁיִּתְנַהֵג עִמָּנוּ בַּחֲסָדוּת. וְהָאוֹכֵל כָּל הַשָּׁנָה פַּת פַּלְטֵר, לֹא יֹאכַל בַּיָּמִים הָאֵלּוּ כִּי אִם פַּת יִשְׂרָאֵל, וְכַדּוֹמֶה לָזֶה (סִימָן תרג ובחיי"א).

סעיף ג' בְּבִרְכַּת הַמָּזוֹן, יֵשׁ נוֹהֲגִין לוֹמַר הָרַחֲמָן הוּא יְחַדֵּשׁ וְכוּ', כְּמוֹ בְּרֹאשׁ הַשָּׁנָה.

סעיף ד' נוֹהֲגִין שֶׁלֹּא לַעֲשׂוֹת נִשּׂוּאִין בַּיָּמִים הָאֵלּוּ (מטה אפרים)

סעיף ה' בְּשַׁבַּת שׁוּבָה, יֵשׁ לִקְרוֹת לַמַּפְטִיר, אָדָם חָשׁוּב (תרב).

סעיף ו' יֵשׁ נוֹהֲגִין שֶׁאֵין מְקַדְּשִׁין אֶת הַלְּבָנָה עַד מוֹצָאֵי יוֹם הַכִּפּוּרִים, שֶׁאָז שְׂמֵחִים, וּמִקֹּדֶם הָיוּ בִּדְאָגָה. וְיֵשׁ אוֹמְרִים, דְּאַדְּרַבָּה, טוֹב לְקַדְּשָׁהּ קֹדֶם, כְּדֵי לְהוֹסִיף בִּזְכֻיּוֹת. וְהַכֹּל לְפִי הַזְּמַן (תכו תרב). בְּמָקוֹם שֶׁמָּצוּי לִקְנוֹת אֶתְרוֹגִים, לוּלָבִין וַהֲדַסִּים, נוֹהֲגִין אַנְשֵׁי מַעֲשֶׂה לִהְיוֹת זְרִיזִין מַקְדִּימִים לִקְנוֹת בַּיָּמִים הָאֵלּוּ, כְּדֵי שֶׁתִּצְטָרֵף גַּם הַמִּצְוָה הַיְקָרָה הַזֹּאת לִזְכֻיּוֹתֵינוּ

(מטה אפרים).

סימן קלא - דיני ערב יום כפור ובו י"ז סעיפים:

סעיף א' נוֹהֲגִין לַעֲשׂוֹת כַּפָּרוֹת בְּעֶרֶב יוֹם כִּפּוּרִים בְּאַשְׁמֹרֶת הַבֹּקֶר, שֶׁאָז הָרַחֲמִים גּוֹבְרִין. לוֹקְחִין תַּרְנְגוֹל שֶׁאֵינוֹ מְסֹרָס, לְזָכָר, וְתַרְנְגֹלֶת לִנְקֵבָה. וּלְאִשָּׁה מְעֻבֶּרֶת, תַּרְנְגוֹל וְתַרְנְגֹלֶת. תַּרְנְגוֹל, שֶׁמָּא הַוָּלָד הוּא זָכָר. וְאִם הַוָּלָד הוּא נְקֵבָה, דַּי לְאִמָּהּ וּלְבִתָּהּ בְּתַרְנְגֹלֶת אַחַת. וַאֲפִלּוּ שְׁאָר בְּנֵי אָדָם, יְכוֹלִין שְׁנַיִם לִקַּח כַּפָּרָה אֶחָת. וּבוֹחֲרִים בִּלְבָנִים, עַל שֵׁם שֶׁנֶּאֱמַר, אִם יִהְיוּ חֲטָאֵיכֶם כַּשָּׁנִים כַּשֶּׁלֶג יַלְבִּינוּ. אֲבָל אֵין לַחֲזֹר בְּפֵרוּשׁ בִּשְׁעַת קְנִיָּה אַחַר לְבָנִים וְלִקְנוֹתָם בְּיֹקֶר, כִּי זֶהוּ כְּעֵין דַּרְכֵי הָאֱמוֹרִי, אֶלָּא כְּשֶׁיִּזְדַּמֵּן לוֹ לָבָן (אוֹ) שֶׁקָּנָה אוֹתוֹ בֵּין אֲחֵרִים, יִבְחַר בּוֹ. לוֹקֵחַ כָּל אֶחָד כַּפָּרָתוֹ בְּיָדוֹ הַיְמָנִית, וְאוֹמֵר הַפְּסוּקִים, בְּנֵי אָדָם וְגוֹ', וּמְסַבְּבָהּ סָבִיב רֹאשׁוֹ וְאוֹמֵר, זֶה חֲלִיפָתִי וְכוּ' שָׁלֹשׁ פְּעָמִים. אִם מְסַבֵּב לְאַחֵר, אוֹמֵר, זֶה חֲלִיפָתְךָ. וְיֵשׁ לוֹ לְסַבֵּב תְּחִלָּה לְעַצְמוֹ וְאַחַר כָּךְ לַאֲחֵרִים. וְטוֹב שֶׁתְּהֵא הַשְּׁחִיטָה גַּם כֵּן בְּאַשְׁמֹרֶת הַבֹּקֶר תֵּכֶף לְאַחַר הַסִּבּוּב. וְאַל יַחְשׁוֹב הָאָדָם שֶׁזּוֹהִי כַּפָּרָתוֹ מַמָּשׁ, אֶלָּא יַחְשֹׁב כִּי כָל מַה שֶּׁעוֹשִׂין בָּעוֹף הַזֶּה, הָיָה רָאוּי לָבוֹא עָלָיו בַּעֲוֹנוֹתָיו. וְיִתְאוֹנֵן עַל חֲטָאָיו, וְהַקָּדוֹשׁ בָּרוּךְ הוּא בְּרַחֲמָיו יְקַבֵּל תְּשׁוּבָתוֹ. וְנוֹהֲגִין לִזְרוֹק בְּנֵי הַמֵּעַיִם וְהַכָּבֵד וְהַכְּלָיוֹת שֶׁל הַכַּפָּרוֹת עַל הַגַּגּוֹת אוֹ בֶּחָצֵר, מָקוֹם שֶׁהָעוֹפוֹת יְכוֹלִים לָקַחַת מִשָּׁם, לְפִי שֶׁרָאוּי לְרַחֵם עַל הַבְּרִיּוֹת בְּיוֹם זֶה, כְּדֵי שֶׁיְּרַחֲמוּ עָלָיו מִן הַשָּׁמַיִם. וְעוֹד, מִפְּנֵי שֶׁאָכְלוּ גָּזֵל, כְּדֵי שֶׁיִּתֵּן הָאָדָם אֶל לִבּוֹ לְהַרְחִיק אֶת עַצְמוֹ מִן הַגָּזֵל. אִם אֵין תַּרְנְגוֹלִים מְצוּיִים, יָכוֹל לִקַּח אַוָּז אוֹ שְׁאָר בַּעַל חַי שֶׁאֵינוֹ רָאוּי לְהַקְרָבָה. וְיֵשׁ אוֹמְרִים, אֲפִלּוּ דָגִים, אַךְ לֹא תוֹרִין וּבְנֵי יוֹנָה, שֶׁהֵם רְאוּיִין לְהַקְרָבָה, וִיהֵא נִרְאֶה כְּאִלּוּ מַקְדִּישׁ קָדָשִׁים בַּחוּץ. יֵשׁ נוֹהֲגִים לִתֵּן אֶת הַכַּפָּרוֹת לָעֲנִיִּים, אֲבָל יוֹתֵר טוֹב לִפְדּוֹת אֶת הַכַּפָּרוֹת בְּמָמוֹן וְלִתֵּן אֶת הַמָּמוֹן לָעֲנִיִּים. (תרה)

סעיף ב' אֵין אוֹמְרִים מִזְמוֹר לְתוֹדָה, וְלֹא תַחֲנוּן, וְלֹא לַמְנַצֵּחַ. גַּם אֵין אוֹמְרִים אָבִינוּ מַלְכֵּנוּ. וְרַק כְּשֶׁחָל יוֹם הַכִּפּוּרִים בְּשַׁבָּת, אָז אוֹמְרִים עֶרֶב יוֹם הַכִּפּוּרִים בְּשַׁחֲרִית אָבִינוּ מַלְכֵּנוּ (תרד).

סעיף ג' מִצְוָה לְהַרְבּוֹת בִּסְעוּדָה וְלֶאֱכֹל וְלִשְׁתּוֹת. וְכָל הָאוֹכֵל וְשׁוֹתֶה בְּעֶרֶב יוֹם הַכִּפּוּרִים לְשֵׁם מִצְוָה, נֶחְשָׁב לוֹ כְּאִלּוּ הִתְעַנָּה גַּם הַיּוֹם. וּמִצְוָה לֶאֱכֹל דָּגִים בַּסְּעוּדָה הָרִאשׁוֹנָה (תרד תרח).

סעיף ד' עֲבֵרוֹת שֶׁבֵּין אָדָם לַחֲבֵרוֹ, אֵין יוֹם הַכִּפּוּרִים מְכַפֵּר עַד שֶׁיְּרַצֶּה אֶת חֲבֵרוֹ, שֶׁנֶּאֱמַר, מִכֹּל חַטֹּאתֵיכֶם לִפְנֵי ה' תִּטְהָרוּ. כְּלוֹמַר, חַטֹּאתֵיכֶם שֶׁהֵם לִפְנֵי ה' בִּלְבַד, יוֹם הַכִּפּוּרִים מְכַפֵּר. אֲבָל מַה שֶּׁבֵּין אָדָם לַחֲבֵרוֹ, אֵין יוֹם הַכִּפּוּרִים מְכַפֵּר, עַד שֶׁיְּרַצֶּה אֶת חֲבֵרוֹ. לָכֵן צָרִיךְ כָּל אָדָם לְדַקְדֵּק, שֶׁאִם יֵשׁ בְּיָדוֹ מָמוֹן שֶׁל אֲחֵרִים שֶׁלֹּא כַדִּין, יַחֲזִיר לוֹ וִיפַיֵּס אוֹתָן. וְאִם יֵשׁ בְּיָדוֹ מָמוֹן שֶׁהוּא מְסֻפָּק בּוֹ, אִם הוּא שֶׁלּוֹ עַל פִּי הַדִּין אוֹ לֹא, יוֹדִיעַ לַחֲבֵרוֹ שֶׁהוּא רוֹצֶה לַעֲמֹד עִמּוֹ מִיָּד לְאַחַר יוֹם הַכִּפּוּרִים לְדִין הַתּוֹרָה הַקְּדוֹשָׁה,

וִיקַבֵּל עָלָיו בֶּאֱמֶת לְקַיֵּם כַּאֲשֶׁר יֵצֵא מִפִּי בֵית הַדִּין. וְגַם אִם לֹא חָטָא כְּנֶגֶד חֲבֵרוֹ אֶלָּא בִּדְבָרִים, צָרִיךְ לְפַיְּסוֹ, וּמְחֻיָּב לָלֶכֶת בְּעַצְמוֹ לְפַיְּסוֹ. אַךְ אִם קָשֶׁה עָלָיו, אוֹ שֶׁהוּא מֵבִין כִּי יוֹתֵר קָרוֹב שֶׁיִּתְפַּיֵּס עַל יְדֵי אֶמְצָעִי, יַעֲשֶׂה עַל יְדֵי אֶמְצָעִי. וְהָאִישׁ אֲשֶׁר מְבַקְשִׁין מִמֶּנּוּ מְחִילָה, יִמְחוֹל בְּלֵב שָׁלֵם וְלֹא יְהֵא אַכְזָרִי, כִּי אֵין זֶה מִמִּדַּת יִשְׂרָאֵל, אֶלָּא מִמִּדַּת עֵשָׂו, שֶׁעָלָיו נֶאֱמַר, וְעֶבְרָתוֹ שְׁמָרָה נֶצַח. וְכֵן הוּא אוֹמֵר עַל הַגִּבְעוֹנִים, לְפִי שֶׁלֹּא מָחֲלוּ וְלֹא נִתְפַּיְּסוּ, וְהַגִּבְעוֹנִים לֹא מִבְּנֵי יִשְׂרָאֵל הֵמָּה. אֲבָל דַּרְכָּן שֶׁל זֶרַע יִשְׂרָאֵל הוּא לִהְיוֹת קָשֶׁה לִכְעֹס וְנוֹחַ לִרְצוֹת. וּכְשֶׁהַחוֹטֵא מְבַקֵּשׁ מִמֶּנּוּ לִמְחוֹל, יִמְחוֹל בְּלֵב שָׁלֵם וּבְנֶפֶשׁ חֲפֵצָה. וַאֲפִלּוּ הֵצֵר לוֹ הַרְבֵּה, לֹא יִקֹּם וְלֹא יִטֹּר. וְאַדְּרַבָּה, אִם הַחוֹטֵא אֵינוֹ מִתְעוֹרֵר לָבוֹא אֵלָיו לְבַקֵּשׁ מְחִילָה, יֵשׁ לוֹ לְהָאִישׁ הֶעָלוּב לְהַמְצִיא אֶת עַצְמוֹ לְאוֹתוֹ שֶׁחָטָא, כְּדֵי שֶׁיְּבַקֵּשׁ מִמֶּנּוּ מְחִילָה. וּמִי שֶׁאֵינוֹ מַעֲבִיר שִׂנְאָה בְּיוֹם הַכִּפּוּרִים, אֵין תְּפִלָּתוֹ נִשְׁמַעַת, חַס וְשָׁלוֹם. וְכָל הַמַּעֲבִיר עַל מִדּוֹתָיו, מַעֲבִירִין לוֹ עַל כָּל פְּשָׁעָיו.

סעיף ה' אִם מֵת זֶה הָאִישׁ אֲשֶׁר חָטָא כְּנֶגְדּוֹ, מֵבִיא עֲשָׂרָה אֲנָשִׁים וּמַעֲמִידָן עַל קִבְרוֹ, וְאוֹמֵר, חָטָאתִי לֵאלֹהֵי יִשְׂרָאֵל וּלְזֶה הָאִישׁ [פְּלוֹנִי] שֶׁחָטָאתִי לוֹ. וְהֵם יָשִׁיבוּ לוֹ, מָחוּל לָךְ, מָחוּל לָךְ, מָחוּל לָךְ. וְיֵשׁ לוֹ לֵילֵךְ יָחֵף. גַּם יֵשׁ לוֹ לְפָרֵט אֶת הַחֵטְא אִם אֵינוֹ בִּזָּיוֹן לְהַמֵּת. אִם קֶבֶר הַמֵּת הוּא חוּץ לְשָׁלֹשׁ פַּרְסָאוֹת מִן הַמָּקוֹם שֶׁדָּר בּוֹ הַחוֹטֵא, אֵינוֹ צָרִיךְ לֵילֵךְ בְּעַצְמוֹ לְשָׁם, אֶלָּא יִשְׁלַח שְׁלִיחוֹ, וְהַשָּׁלִיחַ יִקַּח שָׁם עֲשָׂרָה אֲנָשִׁים וְיֵלֵךְ עַל קִבְרוֹ, וְיֹאמַר, הִנְנִי שְׁלִיחַ שֶׁל פְּלוֹנִי, מוֹדֶה בָּרַבִּים, שֶׁשְּׁלָחַנִי פְּלוֹנִי לְבַקֵּשׁ מְחִילָה עַל מַה שֶּׁחָטָא וְכוּ'. אִם חֵרֵף אָדָם לְאַחַר מוֹתוֹ, אֵינוֹ צָרִיךְ לֵילֵךְ עַל קִבְרוֹ, אֶלָּא יְבַקֵּשׁ מִמֶּנּוּ מְחִילָה בַּמָּקוֹם שֶׁחֵרְפוֹ. וְאִם הוֹצִיא עָלָיו שֵׁם רָע, צָרִיךְ לְקַבֵּל עַל עַצְמוֹ תְּשׁוּבָה, עַל שֶׁעָבַר חֵרֶם הַקַּדְמוֹנִים שֶׁלֹּא לְהוֹצִיא שֵׁם רָע עַל מֵתִים.

סעיף ו' מִצְוָה עַל כָּל אָדָם לִטְבֹּל אֶת עַצְמוֹ בְּעֶרֶב יוֹם הַכִּפּוּרִים לְטַהֵר מִטֻּמְאַת קֶרִי. וְעוֹד, מִשּׁוּם תְּשׁוּבָה, וּכְמוֹ גֵר שֶׁנִּתְגַּיֵּר שֶׁצָּרִיךְ טְבִילָה. וְלָכֵן גַּם נְעָרִים וּבְתוּלוֹת, יֵשׁ לָהֶם לִטְבֹּל. וְיֵשׁ לְדַקְדֵּק שֶׁלֹּא תְהֵא עָלָיו שׁוּם חֲצִיצָה (עַיֵּן לְקַמָּן סִימָן קסא). וְעִקַּר זְמַן הַטְּבִילָה הוּא לְאַחַר חֲצוֹת הַיּוֹם. אִשָּׁה שֶׁשִּׁמְּשָׁה מִטָּתָהּ, יְכוֹלָה לִפְלֹט שִׁכְבַת זֶרַע בְּתוֹךְ שְׁלֹשָׁה יָמִים לְאַחַר כָּךְ, וַהֲרֵי הִיא כְּמוֹ בַּעַל קֶרִי, וְלֹא הוֹעִילָה לָהּ הַטְּבִילָה לְעִנְיָן זֶה. וְהַתַּקָּנָה הִיא, שֶׁקֹּדֶם הַטְּבִילָה תִּרְחַץ הֵיטֵב בְּחַמִּין וְלֹא תִפְלֹט אַחַר כָּךְ עוֹד. וְאָמְנָם אִם שִׁמְּשָׁה מִטָּתָהּ סָמוּךְ לִטְבִילָה אוֹ סָמוּךְ לְוֶסְתָּהּ, שֶׁאָז רְגִילָה לְהִתְעַבֵּר, אָסוּר לָהּ לְהַשְׁחִית זֶרַע הַהֵרָיוֹן, וְלָכֵן לֹא תִרְחַץ בְּחַמִּין. וּמִכָּל מָקוֹם יֵשׁ לָהּ לִטְבֹּל בְּצוֹנֵן. מִי שֶׁהוּא אָבֵל, רַחֲמָנָא לִצְלַן, אֲפִלּוּ בְּתוֹךְ שִׁבְעָה, יָכוֹל לִרְחוֹץ וְלִטְבּוֹל אֶת עַצְמוֹ כְּמוֹ שָׁעָה אוֹ שְׁתֵּי שָׁעוֹת קֹדֶם הַלַּיְלָה, אֲפִלּוּ קֹדֶם מִנְחָה. אֲבָל שְׁאָר כָּל דִּינֵי אֲבֵלוּת, כְּגוֹן יְשִׁיבָה עַל גַּבֵּי קַרְקַע וּבְלֹא מִנְעָלִים, נוֹהֵג עַד הַלַּיְלָה.

סעיף ז' נוֹהֲגִין שֶׁכָּל בַּעַל הַבַּיִת עוֹשֶׂה נֵר לְבֵיתוֹ, מִפְּנֵי שֶׁבְּיוֹם הַכִּפּוּרִים יָרַד מֹשֶׁה עִם הַלּוּחוֹת הַשְּׁנִיּוֹת, וְהַתּוֹרָה נִקְרֵאת נֵר, וְעוֹד נֵר אֶחָד בִּשְׁבִיל נִשְׁמוֹת אָבִיו וְאִמּוֹ

שֶׁמֵּתוּ, לְכַפֵּר עֲלֵיהֶם. וְנוֹהֲגִין שֶׁמַּדְלִיקִין אֶחָד בְּבֵיתוֹ, שֶׁיִּדְלַק עַד שְׁעַת הַבְדָּלָה וְיַבְדִּיל עָלָיו (עַיֵּן לְקַמָּן סִימָן קלג סָעִיף כח), וְאֶחָד מַדְלִיקִין בְּבֵית הַכְּנֶסֶת. וְלֹא יַעֲשׂוּ נֵרוֹת אֵלּוּ מִשַּׁעֲוָה שֶׁל בָּתֵּי עֲבוֹדָה זָרָה. וּמֵהְיוֹת שֶׁקְּצָת מַקְפִּידִים אִם אֵרַע שֶׁכָּבָה נֵרוֹ בְּיוֹם הַכִּפּוּרִים, אַף כִּי בֶּאֱמֶת אֵין בָּזֶה שׁוּם חֲשָׁשׁ, מִכָּל מָקוֹם טוֹב לִמְנוֹעַ מִזֶּה, וְיִתֵּן אֶת הַנֵּר לַשַּׁמָּשׁ, שֶׁהוּא יַעֲמִידוֹ בְּמָקוֹם שֶׁיִּרְצֶה, וְהָאִישׁ לֹא יֵדַע כְּלָל מְקוֹם נֵרוֹ. וְיֵשׁ לָשֵׂאת אֶת הַנֵּר לְבֵית הַכְּנֶסֶת, כְּשֶׁהוֹלֵךְ לִתְפִלַּת מִנְחָה לְהַעֲמִידוֹ עַל מְכוֹנוֹ וּלְהַדְלִיקוֹ אַחַר כָּךְ קֹדֶם בֵּין הַשְּׁמָשׁוֹת, כִּי בְּעֵת שֶׁבָּאִים אַחַר כָּךְ לְבֵית הַכְּנֶסֶת לְעַרְבִית, הַזְּמַן בָּהוּל.

סעיף ח' כְּשֶׁהוֹלְכִין לְבֵית הַכְּנֶסֶת לִתְפִלַּת מִנְחָה, נוֹהֲגִין לִלְבּוֹשׁ בִּגְדֵי שַׁבָּת. בִּתְפִלַּת הַמִּנְחָה, אוֹמְרִים לְאַחַר שְׁמוֹנֶה עֶשְׂרֵה אֶת הַוִּדּוּי. דְּהַיְנוּ, קֹדֶם אֱלֹהַי נְצֹר, אוֹמְרִים אֶת הַפָּסוּק יִהְיוּ לְרָצוֹן וְגוֹ', וּמַתְחִילִין אֱלֹהֵינוּ וֵאלֹהֵי אֲבוֹתֵינוּ תָּבוֹא לְפָנֶיךָ, עַד וָחֳלָיִים רָעִים, וְאַחַר כָּךְ אוֹמְרִים אֱלֹהַי נְצֹר וכו', וְאוֹמְרִים עוֹד הַפַּעַם הַפָּסוּק יִהְיוּ לְרָצוֹן וְגוֹ'. אִם בְּעוֹד שֶׁהוּא אוֹמֵר אֶת הַוִּדּוּי, חוֹזֵר שְׁלִיחַ הַצִּבּוּר אֶת הַתְּפִלָּה, כֵּיוָן שֶׁהוּא כְּבָר אָמַר אֶת הַפָּסוּק יִהְיוּ לְרָצוֹן, יָכוֹל לַעֲנוֹת אָמֵן וְלוֹמַר קְדֻשָּׁה וּמוֹדִים (עַיֵּן לְעֵיל סִימָן יח סָעִיף יד)

סעיף ט' צָרִיךְ לוֹמַר אֶת הַוִּדּוּי מְעֻמָּד, וְיִשְׁחֶה כְּמוֹ בְּמוֹדִים. וּכְשֶׁמַּזְכִּיר אֶת הַחֵטְא, יַכֶּה בָּאֶגְרוֹף עַל הַלֵּב, כְּלוֹמַר, אַתָּה גָּרַמְתָּ לִי שֶׁחָטָאתִי. סֵדֶר הַוִּדּוּי כַּכָּתוּב בַּסִּדּוּרִים, אוֹמְרִים כֻּלָּם בְּשָׁוֶה. וּמִי שֶׁהוּא יוֹדֵעַ בְּעַצְמוֹ חֵטְא שֶׁלֹּא נִזְכַּר בַּוִּדּוּי, כֵּיוָן שֶׁהוּא אוֹמֵר אֶת הַוִּדּוּי בְּלַחַשׁ, נָכוֹן שֶׁיְּפָרֵט אֶת הַחֵטְא הַהוּא וְיִתְוַדֶּה עָלָיו בִּמְרִירוּת הַלֵּב וּבְדִמְעוֹת שָׁלִישׁ. וְכֵן אִם הַחֵטְא הוּא אֶחָד מֵהַמְפֹרָשִׁים בַּוִּדּוּי, אֲזַי כְּשֶׁמַּגִּיעַ אֵלָיו, יִתְמַרְמֵר עָלָיו בְּיוֹתֵר. עֲוֹנוֹת שֶׁהִתְוַדָּה עֲלֵיהֶם בְּיוֹם הַכִּפּוּרִים שֶׁעָבַר, אַף עַל פִּי שֶׁהוּא יוֹדֵעַ שֶׁלֹּא עָשָׂה אוֹתָם יוֹתֵר, מִכָּל מָקוֹם יָכוֹל לַחֲזוֹר וּלְהִתְוַדּוֹת עֲלֵיהֶם, וַהֲרֵי זֶה מְשֻׁבָּח, שֶׁנֶּאֱמַר, וְחַטָּאתִי נֶגְדִּי תָמִיד.

סעיף י' לְאַחַר תְּפִלַּת הַמִּנְחָה, אֵין אוֹמְרִים אָבִינוּ מַלְכֵּנוּ, בֵּין שֶׁחָל יוֹם הַכִּפּוּרִים בְּחֹל בֵּין שֶׁחָל בְּשַׁבָּת (תרד).

סעיף יא' לְאַחַר תְּפִלַּת הַמִּנְחָה נוֹהֲגִין לְהַלְקוֹת, וְאַף עַל פִּי שֶׁאֵין מַלְקוֹת אֵלּוּ מַלְקוֹת מַמָּשׁ, מִכָּל מָקוֹם מִתּוֹךְ כָּךְ יָשִׂים אֶל לִבּוֹ לָשׁוּב מֵעֲבֵרוֹת שֶׁבְּיָדוֹ. וְיֵשׁ לִקַּח רְצוּעָה שֶׁל עֵגֶל, אַף עַל פִּי שֶׁאֵינָהּ רְחָבָה טֶפַח. הַנִּלְקֶה יְהֵא מֻטֶּה וְשׁוֹחֶה עַל בִּרְכָּיו, פָּנָיו לְצָפוֹן וַאֲחוֹרָיו לַדָּרוֹם. וְנוֹהֲגִין לוֹמַר וִדּוּיִים בְּשָׁעָה שֶׁלּוֹקֶה. וְהַמַּלְקֶה אוֹמֵר וְהוּא רַחוּם וְגוֹ' שָׁלֹשׁ פְּעָמִים, שֶׁהֵן שְׁלֹשִׁים וָתֵשַׁע תֵּבוֹת כְּנֶגֶד שְׁלֹשִׁים וָתֵשַׁע מַלְקוֹת (תרז).

סעיף יב' לְעֵת הָעֶרֶב אוֹכְלִין סְעוּדָה הַמַּפְסֶקֶת. וְנוֹהֲגִין לִטְבּוֹל פְּרוּסַת הַמּוֹצִיא בִּדְבַשׁ, כְּמוֹ בְּרֹאשׁ הַשָּׁנָה. וְאֵין לֶאֱכֹל אֶלָּא דְּבָרִים שֶׁהֵם קַלִּים לְהִתְעַכֵּל, כְּגוֹן בְּשַׂר עוֹף. וְנוֹהֲגִין שֶׁאֵין אוֹכְלִים דָּגִים בִּסְעוּדָה זוֹ. וְלֹא יֹאכַל וְלֹא יִשְׁתֶּה דְּבָרִים הַמְחַמְּמִים, כְּגוֹן מַאֲכָלִים הַמְתֻבָּלִים בִּבְשָׂמִים וְכַרְכֹּם. וְצָרִיךְ לִזָּהֵר מְאֹד לְהוֹסִיף

מֵחֹל עַל הַקֹּדֶשׁ, דְּהַיְנוּ שֶׁיַּפְסִיק מִלֶּאֱכֹל בְּעוֹד יוֹם, קְצָת קֹדֶם בֵּין הַשְּׁמָשׁוֹת. וּזְרִיזִין מַקְדִּימִין לְהַפְסִיק כְּמוֹ שָׁעָה קֹדֶם הַלַּיְלָה. וְאִם מַפְסִיק מִלֶּאֱכֹל בְּעוֹד הַיּוֹם גָּדוֹל וְדַעְתּוֹ לֶאֱכֹל אוֹ לִשְׁתּוֹת אַחַר כָּךְ, צָרִיךְ שֶׁיַּתְנֶה קֹדֶם בִּרְכַּת הַמָּזוֹן וְיֹאמַר בְּפֵרוּשׁ אוֹ לְכָל הַפָּחוֹת יְהַרְהֵר בְּלִבּוֹ, שֶׁאֵינוֹ מְקַבֵּל עָלָיו עֲדַיִן אֶת הַתַּעֲנִית (תקנג תרח)

סעיף יג' הַמִּנְהָג בִּמְדִינוֹת אֵלּוּ, שֶׁאֵין מַטְמִינִין בְּעֶרֶב יוֹם הַכִּפּוּרִים לְצֹרֶךְ מוֹצָאֵי יוֹם הַכִּפּוּרִים כְּדֶרֶךְ שֶׁמַּטְמִינִין בְּעֶרֶב שַׁבָּת לְשַׁבָּת, מִשּׁוּם דַּהֲוֵי כְּמֵכִין מִיּוֹם הַכִּפּוּרִים לְחֹל, וְגַם מִשּׁוּם דְּמִחְזֵי כְּרַעַבְתָנוּתָא (תרט).

סעיף יד' כְּתִיב, לִקְדוֹשׁ ה' מְכֻבָּד, וְדָרְשִׁינָן, זֶה יוֹם הַכִּפּוּרִים, שֶׁאֵין בּוֹ אֲכִילָה וּשְׁתִיָּה, מִצְוָה לְכַבְּדוֹ בִּכְסוּת נְקִיָּה וּבְנֵרוֹת. לָכֵן מַצִּיעִין גַּם בְּבֵית הַכְּנֶסֶת מַצָּעוֹת נָאוֹת וּמַרְבִּין בְּנֵרוֹת, שֶׁנִּקְרָאוּ כָּבוֹד, שֶׁנֶּאֱמַר, בָּאֻרִים כַּבְּדוּ ה', וּמְתַרְגְּמִינָן, בְּפַנְסַיָּא יַקָּרוּ ה'. קֹדֶם בֵּין הַשְּׁמָשׁוֹת, פּוֹרְשִׂין מַפּוֹת עַל הַשֻּׁלְחָנוֹת, וּמַדְלִיקִין נֵרוֹת בַּבַּיִת כְּמוֹ בְּעֶרֶב שַׁבָּת. וְיֵשׁ לְהַדְלִיק נֵר בְּחֶדֶר שֶׁאִשְׁתּוֹ שׁוֹכֶבֶת שָׁם, כְּדֵי שֶׁלֹּא יָבוֹא לִידֵי תַשְׁמִישׁ. וּמְבָרְכִין עַל הַנֵּרוֹת, לְהַדְלִיק נֵר שֶׁל יוֹם הַכִּפּוּרִים. וְאִם חָל בְּשַׁבָּת, מְבָרְכִין לְהַדְלִיק נֵר שֶׁל שַׁבָּת וְשֶׁל יוֹם הַכִּפּוּרִים (סִימָן תרי בחיי"א). (וּלְעִנְיַן בִּרְכַּת שֶׁהֶחֱיָנוּ, עַיֵּן לְעֵיל סִימָן קג סָעִיף ד)

סעיף טו' נוֹהֲגִין לִלְבּוֹשׁ אֶת הַקִּיטֶל, שֶׁהוּא בֶּגֶד מֵתִים, וְעַל יְדֵי זֶה לֵב הָאָדָם נִכְנָע וְנִשְׁבָּר. וְגַם הָאָבֵל יָכוֹל לְלָבְשׁוֹ. וְכֵיוָן שֶׁהוּא בֶּגֶד מְיֻחָד לִתְפִלָּה, לֹא יֵלֵךְ בּוֹ לְבֵית הַכִּסֵּא. גַּם הַנָּשִׁים לוֹבְשׁוֹת בְּגָדִים לְבָנִים וּנְקִיִּים לִכְבוֹד הַיּוֹם, אַךְ לֹא יִקַשְּׁטוּ אֶת עַצְמָן בְּתַכְשִׁיטִין, מִפְּנֵי אֵימַת הַדִּין (סִימָן תרי).

סעיף טז' הַמִּנְהָג שֶׁהָאָב וְהָאֵם מְבָרְכִין אֶת הַבָּנִים וְאֶת הַבָּנוֹת קֹדֶם שֶׁנִּכְנָסִין לְבֵית הַכְּנֶסֶת, שֶׁאָז כְּבָר חָלָה קְדֻשַּׁת הַיּוֹם, וְשַׁעֲרֵי רַחֲמִים נִפְתָּחוּ. וּמִתְפַּלְּלִים בִּבְרָכָה זוֹ, שֶׁיֵּחָתְמוּ לְחַיִּים טוֹבִים, וְשֶׁיְּהֵא לִבָּם נָכוֹן בְּיִרְאַת ה', וּמִתְחַנְּנִים בִּבְכִי וּבְדִמָעוֹת שֶׁתְּקֻבַּל תְּפִלָּתָם. וְגַם הַבָּנִים וְהַבָּנוֹת מִתְעוֹרְרִים שֶׁיֵּלְכוּ בְּדֶרֶךְ טוֹבִים וְאָרְחוֹת צַדִּיקִים יִשְׁמֹרוּ. וְיֵשׁ שֶׁהוֹלְכִים גַּם לִקְרוֹבֵיהֶם שֶׁהֵם תַּלְמִידֵי חֲכָמִים וְצַדִּיקִים שֶׁיְּבָרְכוּ אוֹתָם, וּמְבַקְשִׁים מֵהֶם, שֶׁיִּתְפַּלְּלוּ גַּם בַּעֲדָם בְּיוֹם הַקָּדוֹשׁ וְהַנּוֹרָא. וְיֵשׁ לְהַקְדִּים לַעֲשׂוֹת כֵּן בְּעוֹד הַיּוֹם גָּדוֹל, כִּי לְעֵת עֶרֶב רָאוּי שֶׁיִּהְיוּ נְכוֹנִים לְקַבֵּל קְדֻשַּׁת הַיּוֹם בְּהַשְׁקֵט וְיִשּׁוּב הַדַּעַת. נֹסַח הַבְּרָכָה, יְשִׂימְךָ וְגוֹ', יְבָרֶכְךָ וְגוֹ', וְעוֹד מוֹסִיף כָּל אֶחָד כְּפִי צָחוּת לְשׁוֹנוֹ. וְיֵשׁ לוֹמַר תְּפִלָּה זֹאת, וִיהִי רָצוֹן מִלִּפְנֵי אָבִינוּ שֶׁבַּשָּׁמַיִם, שֶׁיִּתֵּן בְּלִבְּךָ אַהֲבָתוֹ וְיִרְאָתוֹ, וּתְהֵא יִרְאַת ה' עַל פָּנֶיךָ כָּל יְמֵי חַיֶּיךָ שֶׁלֹּא תֶחֱטָא, וִיהֵא חֶשְׁקְךָ בַּתּוֹרָה וּבְמִצְוֹת, עֵינֶיךָ לְנֹכַח יַבִּיטוּ, פִּיךָ יְדַבֵּר חָכְמוֹת, וְלִבְּךָ יֶהְגֶּה אֵימוֹת, יָדֶיךָ תִּהְיֶינָה עוֹסְקוֹת בְּמִצְוֹת, רַגְלֶיךָ יָרוּצוּ לַעֲשׂוֹת רְצוֹן אָבִיךָ שֶׁבַּשָּׁמַיִם, וְיִתֵּן לְךָ בָּנִים וּבָנוֹת צַדִּיקִים וְצַדְקָנִיּוֹת עוֹסְקִים בַּתּוֹרָה וּבְמִצְוֹת כָּל יְמֵיהֶם, וִיהִי מְקוֹרְךָ בָּרוּךְ, וְיַזְמִין לְךָ פַּרְנָסָתְךָ בְּהֶתֵּר וּבְנַחַת וּבְרֶוַח מִתַּחַת יָדוֹ הָרְחָבָה, וְלֹא עַל יְדֵי מַתְּנַת בָּשָׂר וָדָם, פַּרְנָסָה שֶׁתְּהֵא פָּנוּי לַעֲבוֹדַת ה',

וְתִכָּתֵב וְתֵחָתֵם לְחַיִּים טוֹבִים וַאֲרֻכִּים בְּתוֹךְ כָּל צַדִּיקֵי יִשְׂרָאֵל, אָמֵן

סעיף יז' נוֹהֲגִין לִלְבּוֹשׁ אֶת הַטַּלִּית. וְיֵשׁ לִזָּהֵר לְלָבְשׁוֹ בְּעוֹד יוֹם וּלְבָרֵךְ עָלָיו. וְאִם נִתְאַחֵר עַד בֵּין הַשְּׁמָשׁוֹת, לֹא יְבָרֵךְ עָלָיו (סִימָן יח).

סימן קלב - סדר ליל יום הכפורים ובו ה' סעיפים:

סעיף א' בִּמְדִינוֹת אֵלּוּ נוֹהֲגִין, שֶׁקֹּדֶם כָּל נִדְרֵי, מוֹצִיא הַגָּדוֹל שֶׁבַּקָּהָל סֵפֶר תּוֹרָה וּמְסַבֵּב עִמּוֹ סְבִיב הַבִּימָה, וְהָאֲנָשִׁים מְחַבְּקִים וּמְנַשְּׁקִים אֶת סֵפֶר הַתּוֹרָה, וּמְבַקְשִׁים מְחִילָה וּסְלִיחָה עַל מַה שֶּׁפָּגְמוּ בִּכְבוֹד הַתּוֹרָה, וּמְקַבְּלִים עֲלֵיהֶם מֵהַיּוֹם וָאֵילָךְ לָלֶכֶת בְּדַרְכָּהּ וְאוֹמְרִים כַּמָּה פְּעָמִים הַפָּסוּק אוֹר זָרוּעַ וְגוֹ', וְעוֹמֵד עִם סֵפֶר הַתּוֹרָה אֵצֶל שְׁלִיחַ הַצִּבּוּר מִימִינוֹ, וְעוֹד אֶחָד מֵחֲשׁוּבֵי הַקָּהָל עוֹמֵד אֶצְלוֹ מִשְּׂמֹאלוֹ גַּם כֵּן עִם סֵפֶר הַתּוֹרָה, וְאוֹמְרִים שְׁלָשְׁתָּן, בִּישִׁיבָה שֶׁל מַעְלָה וְכוּ', וּשְׁלִיחַ הַצִּבּוּר אוֹמֵר כָּל נִדְרֵי שָׁלֹשׁ פְּעָמִים בְּנִגּוּן הַיָּדוּעַ, וְיֵשׁ לְכָל אָדָם לוֹמַר עִם שְׁלִיחַ הַצִּבּוּר בְּלַחַשׁ. וְיֵשׁ לְהַתְחִיל כָּל נִדְרֵי בְּעוֹד יוֹם, וּלְהַמְשִׁיךְ בּוֹ עַד הַלַּיְלָה. וּלְאַחַר שֶׁאָמַר שְׁלִיחַ הַצִּבּוּר בָּרְכוּ, וְעָנוּ בָּרוּךְ וְכוּ', מַחֲזִירִין אֶת סֵפֶר הַתּוֹרָה לַהֵיכָל וְחוֹזְרִין לִמְקוֹמָן. וּבְשַׁבָּת, יְכוֹלִין לַחֲזוֹר לִמְקוֹמָן בִּתְחִלַּת מִזְמוֹר שִׁיר לְיוֹם הַשַּׁבָּת (סִימָן תריט, ובסידור בשם מטה אפרים).

סעיף ב' כְּשֶׁשְּׁלִיחַ הַצִּבּוּר אוֹמֵר בִּרְכַּת שֶׁהֶחֱיָנוּ, יְכַוֵּן לְהוֹצִיא אֶת הַצִּבּוּר. וּמִכָּל מָקוֹם נָכוֹן שֶׁהַשּׁוֹמֵעַ יְכַוֵּן שֶׁלֹּא יֵצֵא בְּבִרְכַּת שְׁלִיחַ הַצִּבּוּר, אֶלָּא יְבָרֵךְ בְּעַצְמוֹ בְּלַחַשׁ, וִימַהֵר לְסַיֵּם קֹדֶם שְׁלִיחַ הַצִּבּוּר, כְּדֵי שֶׁיַּעֲנֶה אָמֵן. וְהַנָּשִׁים שֶׁבֵּרְכוּ בְּהַדְלָקַת הַנֵּרוֹת שֶׁהֶחֱיָנוּ, וְכֵן אִישׁ אִם הִדְלִיק וּבֵרֵךְ אָז שֶׁהֶחֱיָנוּ, לֹא יְבָרְכוּ עַתָּה שֶׁהֶחֱיָנוּ (שם).

סעיף ג' לֵיל יוֹם הַכִּפּוּרִים וְיוֹמוֹ, אוֹמְרִים, בָּרוּךְ שֵׁם כְּבוֹד מַלְכוּתוֹ לְעוֹלָם וָעֶד, בְּקוֹל רָם.

סעיף ד' יֵשׁ שֶׁעוֹמְדִים עַל רַגְלֵיהֶם בְּכָל סֵדֶר תְּפִלַּת עַרְבִית וְכָל הַיּוֹם. וְאִם נֶחְלָשׁוּ, יְכוֹלִים לִסְמֹךְ לְאֵיזֶה דָּבָר. וְטַעַם הָעֲמִידָה, לִהְיוֹת דֻּגְמַת הַמַּלְאָכִים. וְלָכֵן הַנָּשִׁים לֹא תַעֲמֹדְנָה. מִי שֶׁעָמַד פַּעַם אַחַת עַל דַּעַת לַעֲשׂוֹת כֵּן כָּל יָמָיו וְאַחַר כָּךְ רוֹצֶה לַחֲזוֹר, צָרִיךְ הַתָּרָה.

סעיף ה' יֵשׁ נוֹהֲגִין לָלוּן בְּבֵית הַכְּנֶסֶת וְלוֹמַר שִׁירוֹת וְתִשְׁבָּחוֹת כָּל הַלַּיְלָה. וּכְשֶׁצָּרִיךְ לִישׁוֹן, יַרְחִיק אֶת עַצְמוֹ מִן אֲרוֹן הַקֹּדֶשׁ. וְהַחַזָּנִים לֹא יֵעֹרוּ, כִּי עַל יְדֵי זֶה מְאַבְּדִין קוֹלָן. קֹדֶם הַשְּׁכִיבָה יֹאמַר אַרְבָּעָה מִזְמוֹרֵי תְהִלִּים הָרִאשׁוֹנִים, שֶׁהֵם מְסֻגָּלִים לְהִנָּצֵל מִקֶּרִי, רַחֲמָנָא לִצְּלָן, כִּי יֵשׁ בָּהֶם שְׁלֹשׁ מֵאוֹת וָשֵׁשׁ תֵּבוֹת וְאַרְבָּעָה מִזְמוֹרִים, עוֹלִין שְׁלֹשׁ מֵאוֹת וָעֶשֶׂר כְּמִנְיַן קֶרִי. וְרָאשֵׁי וְסוֹפֵי הַמִּזְמוֹרִים, עוֹלִים מֵאָה עֶשְׂרִים וָשֵׁשׁ, וְאַרְבָּעָה מִזְמוֹרִים וְהַכּוֹלֵל, בְּיַחַד עוֹלִים מֵאָה שְׁלֹשִׁים וְאַחַת, כְּמִנְיַן סַמָּאֵל, וִיכַוֵּן לְסַלְּקוֹ מֵעָלָיו. וְטוֹב שֶׁלֹּא יִתְעַטֵּף בִּבְגָדִים וּכְסָתוֹת הַמְחַמְּמִין, וְעַל כָּל פָּנִים לֹא יְכַסֶּה רַגְלָיו (תריט)

סימן קלג - הלכות יום הכפורים ובו ל''א סעיפים:

סעיף א' יוֹם הַכִּפּוּרִים, אָסוּר בַּאֲכִילָה וּבִשְׁתִיָּה, בִּרְחִיצָה, בְּסִיכָה, בִּנְעִילַת הַסַּנְדָּל, וּבְתַשְׁמִישׁ הַמִּטָּה. וְאָסוּר בְּכָל מְלָאכָה וְטִלְטוּל, כְּמוֹ בְּשַׁבָּת. וְכֵיוָן שֶׁצְּרִיכִין לְהוֹסִיף מֵחֹל עַל הַקֹּדֶשׁ, לָכֵן אֲסוּרִים בְּכָל אֵלּוּ מִבְּעוֹד יוֹם אֵיזֶה זְמַן קֹדֶם בֵּין הַשְּׁמָשׁוֹת, וְכֵן בְּמוֹצָאֵי יוֹם הַכִּפּוּרִים זְמַן מְעַט לְאַחַר צֵאת הַכּוֹכָבִים.

סעיף ב' לִגַּע בָּאֳכָלִין וּמַשְׁקִין כְּשֶׁצְּרִיכִין לָתֵת לִקְטַנִּים, יֵשׁ מַתִּירִין, וְיֵשׁ מַחְמִירִין. וְאִם אֶפְשָׁר, יֵשׁ לִזָּהֵר (תריא תריב).

סעיף ג' אִסּוּר רְחִיצָה, עַיֵּן סִימָן קכד סָעִיף ז, ח, ט. וְגַם בְּיוֹם הַכִּפּוּרִים אֵינוֹ אָסוּר רַק בִּרְחִיצָה שֶׁל תַּעֲנוּג (וְעַיֵּן עוֹד בְּסִימָן קנט). וְצָרִיךְ לִזָּהֵר מְאֹד שֶׁלֹּא יִרְחַץ יוֹתֵר מִמַּה שֶּׁמֻּכְרָח לוֹ. וְלִתְפִלַּת נְעִילָה וּמִנְחָה וּמַעֲרִיב, כֵּיוָן שֶׁעוֹמֵד כָּל הַיּוֹם בְּבֵית הַכְּנֶסֶת וְעוֹסֵק בִּתְפִלּוֹת וּפִיּוּטִים, הֲרֵי הוּא מְשַׁמֵּר יָדָיו, וְלֹא יִרְחָצֵם.

סעיף ד' הַכֹּהֲנִים שֶׁעוֹלִים לַדּוּכָן, כֵּיוָן שֶׁלַּדּוּכָן צְרִיכִין נְטִילַת יָדַיִם עַד הַזְּרוֹעַ, וְאִם לֹא נָטְלוּ יְדֵיהֶם בְּשַׁחֲרִית רַק הָאֶצְבָּעוֹת, אַף שֶׁבֵּרְכוּ אָז עַל נְטִילַת יָדַיִם, מִכָּל מָקוֹם כֵּיוָן שֶׁהַנְּטִילָה הַהִיא לֹא הוֹעִילָה לָהֶם לַדּוּכָן, אִם כֵּן כְּשֶׁנּוֹטְלִין עַתָּה עַד הַזְּרוֹעַ, צְרִיכִין לְבָרֵךְ שֵׁנִית עַל נְטִילַת יָדַיִם. וְטוֹב יוֹתֵר, שֶׁיִּטְּלוּ יְדֵיהֶם גַּם בְּשַׁחֲרִית עַד הַזְּרוֹעַ, וְלֹא יִצְטָרְכוּ עַתָּה לְבָרֵךְ שֵׁנִית.

סעיף ה' הַחוֹלֶה, אֲפִלּוּ אֵין בּוֹ סַכָּנָה, רוֹחֵץ כְּדַרְכּוֹ. כַּלָּה בְּתוֹךְ שְׁלֹשִׁים יוֹם מִשֶּׁנִּשֵּׂאָה, רוֹחֶצֶת פָּנֶיהָ, כְּדֵי שֶׁלֹּא תִתְגַּנֶּה עַל בַּעְלָהּ (תריג).

סעיף ו' הָרוֹאֶה, חַס וְשָׁלוֹם, קֶרִי בְּיוֹם הַכִּפּוּרִים, אִם לַח הוּא, מְקַנְּחוֹ בְּמַפָּה. וְאִם כְּבָר נִתְיַבֵּשׁ, רוֹחֵץ מְקוֹמוֹת הַמְלֻכְלָכִים לְבַד, דְּדִינוֹ כְּצוֹאָה. וְלֹא יִרְחַץ בְּבֶגֶד, שֶׁלֹּא יָבוֹא לִידֵי סְחִיטָה. וְאָסוּר לִטְבֹּל, אַף עַל פִּי שֶׁהוּא רָגִיל לִטְבֹּל בִּשְׁאָר יְמוֹת הַשָּׁנָה. וִיגַלֶּה צַעֲרוֹ לְתַלְמִיד חָכָם מַה שֶּׁאֵרַע לוֹ בַּיּוֹם הַקָּדוֹשׁ וְהַנּוֹרָא, וְהוּא יוֹרֵהוּ מַה לַּעֲשׂוֹת, שֶׁיִּתְכַּפֵּר לוֹ וְיַאֲרִיךְ יָמִים. (עַיֵּן בקרבן נתנאל שעל הרא"ש פרק יום הכפורים סִימָן כא, ובספר עבודת הקודש החדש קונטרס יוסף בסדר סִימָן א, וְעַיֵּן בהגהות הגאון מורנו הרב ברוך פרנקל זצ"ל לאורח חַיִּים סִימָן תרטו)

סעיף ז' סִיכָה, אֲסוּרָה, אֲפִלּוּ בִּשְׁבִיל לְהַעֲבִיר הַזֻּהֲמָה, וַאֲפִלּוּ עַל מִקְצָת גּוּפוֹ. אַךְ חוֹלֶה, אֲפִלּוּ אֵין בּוֹ סַכָּנָה, סָךְ כְּדַרְכּוֹ. וּמִי שֶׁיֵּשׁ בּוֹ חֲטָטִים, בִּמְדִינוֹתֵינוּ שֶׁאֵין נוֹהֲגִין הַבְּרִיאִים לָסוּךְ בַּחֹל, אָסוּר לוֹ לָסוּךְ, מִשּׁוּם דְּמוּכָח שֶׁהִיא מִשּׁוּם רְפוּאָה (כֵּן כָּתוּב בְּדֶרֶךְ הַחַיִּים), וְעַיֵּן לְעֵיל סִימָן צא.

סעיף ח' נְעִילַת הַסַּנְדָּל, יֵשׁ אוֹסְרִין אֲפִלּוּ בְּסַנְדָּל שֶׁל עֵץ שֶׁאֵינוֹ חָפוּי בְּעוֹר. אֲבָל שֶׁל גֶּמִי אוֹ קַשׁ אוֹ בֶּגֶד, מֻתָּר. וְיֵשׁ לְהַחְמִיר בִּנְעִילַת הַסַּנְדָּל אֲפִלּוּ בִּמְקוֹם רֶפֶשׁ וְטִיט וּגְשָׁמִים. וַאֲפִלּוּ הוֹלֵךְ בֵּין הַגּוֹיִם, אָסוּר. וְאִם הוּא מִצְטַעֵר הַרְבֵּה לֵילֵךְ בִּמְקוֹם רֶפֶשׁ וְטִיט וּגְשָׁמִים בְּלִי סַנְדָּל, יִנְעֹל סַנְדָּלִים שֶׁהֵם בְּלִי עָקֵב, אוֹ מִנְעָלִים שֶׁהֵם עִם עָקֵב אֶלָּא יַחֲלִיפֵם שֶׁל שְׂמֹאל לְיָמִין וְשֶׁל יָמִין לִשְׂמֹאל אִם יֵשׁ חִלּוּק בֵּינֵיהֶם, וְלִפְנֵי פֶּתַח בֵּית

הַכְּנֶסֶת יַחֲלִיץ אוֹתָם וְיַצְנִיעֵם. וְיִזָּהֵר שֶׁלֹּא לִגַּע בָּהֶם לֹא בִנְעִילָה וְלֹא בַחֲלִיצָה, שֶׁלֹּא יִצְטָרֵךְ לִרְחוֹץ יָדָיו.

סעיף ט' מֻתָּר לַעֲמֹד עַל כָּרִים וּכְסָתוֹת, אֲפִלּוּ הֵן שֶׁל עוֹר, אֲבָל בִּתְפִלַּת שְׁמוֹנֶה עֶשְׂרֵה, אָסוּר לַעֲמֹד עַל שׁוּם דָּבָר. אַךְ מִי שֶׁהוּא אִישׁ מְצֻנָּן, מֻתָּר לוֹ לַעֲמֹד עַל קְצָת עֲשָׂבִים (סִימָן צ תרימ"ד ובחיי"א)

סעיף י' כָּל חוֹלֶה, אַף עַל פִּי שֶׁאֵין בּוֹ סַכָּנָה, אוֹ מִי שֶׁיֶּשׁ לוֹ מַכָּה בְּרַגְלוֹ, וְכֵן הַיּוֹלֶדֶת כָּל שְׁלֹשִׁים, מֻתָּרִין בִּנְעִילַת הַסַּנְדָּל.

סעיף יא' אָסוּר לִגַּע בְּאִשְׁתּוֹ, אֲפִלּוּ בַּיּוֹם, וְיַחֲזִיקֶהָ כָּל יוֹם הַכִּפּוּרִים כְּמוֹ נִדָּה (תרטו).

סעיף יב' מְעֻבָּרוֹת וּמֵינִיקוֹת מִתְעַנּוֹת וּמַשְׁלִימוֹת כְּכָל אָדָם. וּמֵינִיקָה שֶׁוְּלָדָהּ חוֹלֶה וּמְסֻכָּן וְאֵינוֹ רוֹצֶה לִינֹק כִּי אִם מִמֶּנָּה, וְאִם תִּתְעַנֶּה, תְּהֵא סַכָּנָה לַוָּלָד, לֹא תִתְעַנֶּה.

סעיף יג' מְעֻבֶּרֶת שֶׁהֵרִיחָה אֵיזֶה מַאֲכָל וּמִתְאַוָּה לוֹ, וְיָדוּעַ שֶׁאִם אֵין נוֹתְנִין לָהּ מִמַּה שֶּׁהִיא מִתְאַוָּה, הִיא וּוְלָדָהּ מְסֻכָּנִים, לָכֵן אִם אָמְרָה צְרִיכָה אֲנִי לֶאֱכֹל, אַף עַל פִּי שֶׁאֵין פָּנֶיהָ מִשְׁתַּנִּים, אוֹ שֶׁרוֹאִים שֶׁפָּנֶיהָ מִשְׁתַּנִּים, אַף עַל פִּי שֶׁאֵינָהּ אוֹמֶרֶת כְּלוּם, לוֹחֲשִׁין לָהּ בְּאָזְנָהּ, שֶׁהַיּוֹם יוֹם הַכִּפּוּרִים, כִּי לִפְעָמִים מִתְיַשֶּׁבֶת דַּעְתָּהּ בְּכָךְ. וְאִם לֹא נִתְיַשְּׁבָה דַעְתָּהּ, מַאֲכִילִין אוֹתָהּ בְּעִנְיָן זֶה, מִתְּחִלָּה נוֹתְנִין לָהּ דָּבָר מְעַט, שֶׁטּוֹבְלִין אֶצְבַּע בָּרֹטֶב וְכַדּוֹמֶה וְנוֹתְנִין לְתוֹךְ פִּיהָ, כִּי לִפְעָמִים בְּטִפָּה אַחַת מִתְיַשֶּׁבֶת דַּעְתָּהּ. וְאִם לָאו, נוֹתְנִין לָהּ פָּחוֹת מִכַּשִּׁעוּר (עַיֵּן לְקַמָּן סָעִיף טו). וְאִם עֲדַיִן לֹא נִתְיַשְּׁבָה, נוֹתְנִין לָהּ דֵּי צָרְכָּהּ. וְכֵן כָּל אָדָם שֶׁהֵרִיחַ מַאֲכָל וְנִשְׁתַּנּוּ פָּנָיו, מְסֻכָּן הוּא (וְעַיֵּן לְעֵיל סִימָן לג סָעִיף ד), וְנוֹהֲגִין בּוֹ כְּמוֹ שֶׁכָּתַבְתִּי. אֲבָל כָּל זְמַן שֶׁלֹּא נִשְׁתַּנּוּ פָּנָיו, אֵין מַאֲכִילִין אוֹתוֹ, אַף עַל פִּי שֶׁאוֹמֵר שֶׁצָּרִיךְ אָנִי.

סעיף יד' יוֹלֶדֶת וְכֵן חוֹלֶה שֶׁיֵּשׁ בּוֹ סַכָּנָה, לְעִנְיַן אֲכִילָה וּשְׁתִיָּה וְחִלּוּל יוֹם הַכִּפּוּרִים, דִּינָם כְּמוֹ בְּחִלּוּל שַׁבָּת (עַיֵּן לְעֵיל סִימָן צג). אֶלָּא דִּלְעִנְיַן אֲכִילָה וּשְׁתִיָּה, אֲפִלּוּ כַּמָּה רוֹפְאִים אוֹמְרִים שֶׁאֵינוֹ צָרִיךְ, וַאֲפִלּוּ אוֹמְרִים שֶׁהָאֲכִילָה אוֹ הַשְּׁתִיָּה תַּזִּיק לוֹ, וְהַחוֹלֶה אוֹמֵר שֶׁהוּא צָרִיךְ, וַאֲפִלּוּ הוּא אוֹמֵר שֶׁעֲדַיִן אֵינוֹ מְסֻכָּן, אֶלָּא שֶׁאִם לֹא יֹאכַל, יִכְבַּד עָלָיו הַחֹלִי וְיִסְתַּכֵּן, שׁוֹמְעִין לוֹ וּמַאֲכִילִין אוֹתוֹ. כִּי לְעִנְיַן אֲכִילָה וּשְׁתִיָּה, הוּא יוֹתֵר מֵבִין עַל עַצְמוֹ, וְלֵב יוֹדֵעַ מָרַת נַפְשׁוֹ.

סעיף טו' כְּשֶׁמַּאֲכִילִין אֶת הַמְעֻבֶּרֶת אוֹ אֶת הַיּוֹלֶדֶת אוֹ אֶת הַחוֹלֶה, מַנִּיחִין לִפְנֵיהֶם אֶת הַמַּאֲכָל וְאוֹמְרִים לָהֶם, אִם יוֹדֵעַ אַתָּה שֶׁאֶפְשָׁר שֶׁתִּסְתַּכֵּן אִם לֹא תֹאכַל דֵּי מַחְסוֹרְךָ, תֹּאכַל כְּסֵדֶר, עַד שֶׁתָּבִין כִּי דֵי לָךְ. אֲבָל אִם אֶפְשָׁר לְךָ שֶׁלֹּא תֹאכַל בְּפַעַם אַחַת כַּשִּׁעוּר, עֲשֵׂה כָּךְ. וְיֹאכַל בְּפַעַם אַחַת כְּשִׁעוּר שְׁנֵי שְׁלִישֵׁי בֵיצָה, (כִּי שִׁעוּר אֲכִילָה לְהִתְחַיֵּב כָּרֵת בְּיוֹם הַכִּפּוּרִים הוּא כַּכּוֹתֶבֶת הַגַּסָּה, שֶׁהוּא פָּחוֹת מְעַט מִכַּבֵּיצָה בֵינוֹנִית בְּלֹא קְלִפָּתָהּ). וְיִשְׁהֶה קְצָת וְשׁוּב יֹאכַל כָּךְ, וְיִשְׁהֶה בֵּין אֲכִילָה לַאֲכִילָה עַד שֶׁיְּהֵא מִסּוֹף הָאֲכִילָה הָרִאשׁוֹנָה עַד תְּחִלַּת הָאֲכִילָה הַשְּׁנִיָּה לְכָל הַפָּחוֹת שִׁעוּר כְּדֵי אֲכִילַת פְּרָס. וְכֵן יָכוֹל לֶאֱכֹל אֲפִלּוּ הַרְבֵּה

פְּעָמִים, רַק שֶׁלֹּא יִהְיוּ שְׁתֵּי אֲכִילוֹת בְּתוֹךְ שִׁעוּר אֲכִילַת פְּרָס אִם אֶפְשָׁר, וְדַי לוֹ, (כִּי שְׁתֵּי אֲכִילוֹת, שֶׁהֵן בִּכְדֵי אֲכִילַת פְּרָס, מִצְטָרְפוֹת וְנֶחְשָׁבוֹת כַּאֲכִילָה אֶחָת). וּבִשְׁתִיָּה, יִשְׁתֶּה בְּפַעַם אַחַת קְצָת פָּחוֹת מִמְּלֹא לֻגְמָיו, וְיִשְׁהֶה גַּם כֵּן קְצָת וְיַחֲזוֹר וְיִשְׁתֶּה. וּשְׁהִיּוֹת אֵלּוּ תִּהְיֶינָה גַּם כֵּן לְכָל הַפָּחוֹת כְּדֵי אֲכִילַת פְּרָס, אוֹ עַל כָּל פָּנִים לְפָחוֹת כְּדֵי שְׁתִיַּת רְבִיעִית. וְיֵשׁ לְשַׁעֵר קֹדֶם יוֹם הַכִּפּוּרִים שִׁעוּרִים אֵלּוּ לְפִי כְּלִי שָׁעוֹת [הַשָּׁעוֹן] (אוהר, זייגער), כְּדֵי שֶׁיֵּדְעוּ אוֹתָם עַל נָכוֹן (תריב תריח).

סעיף טז' מִי שֶׁאֲחָזוֹ בֻּלְמוּס, וְהוּא חֹלִי מֵחֲמַת רְעָבוֹן, וְסִימָנָיו שֶׁעֵינָיו כֵּהוֹת וְאֵינוֹ יָכוֹל לִרְאוֹת, מַאֲכִילִין אוֹתוֹ עַד שֶׁיֵּאוֹרוּ עֵינָיו.

סעיף יז' בְּכָל אֵלּוּ שֶׁמַּאֲכִילִין אוֹתָן מִשּׁוּם סַכָּנָה, אִם אֵין שָׁם מַאֲכָל הֶתֵּר, מַאֲכִילִין אוֹתָן מַאֲכָל אִסּוּר. (וְעַיֵּן בְּשֻׁלְחָן עָרוּךְ סִימָן תריח סָעִיף ט). וְאִם מַאֲכִילִין אוֹתָן דָּבָר אִסּוּר, נִרְאֶה דְּיֵשׁ לְהַאֲכִילָן פָּחוֹת פָּחוֹת מִכַּזַּיִת, אִם דַּי לָהֶם בְּכָךְ.

סעיף יח' אִם דַּעְתּוֹ מְיֻשֶּׁבֶת, מְבָרֵךְ לִפְנֵיהֶם וּלְאַחֲרֵיהֶם, אֲבָל קִדּוּשׁ לֹא יַעֲשֶׂה, וּבְבִרְכַּת הַמָּזוֹן אוֹמֵר יַעֲלֶה וְיָבוֹא. וְאִם חָל בְּשַׁבָּת, אוֹמֵר גַּם רְצֵה. וְאִם שָׁכַח, אֵינוֹ צָרִיךְ לַחֲזוֹר וּלְבָרֵךְ, שֶׁאֵין חִיּוּב הַיּוֹם לֶאֱכוֹל פַּת (תריח)

סעיף יט' קָטָן וּקְטַנָּה פְּחוּתִים מִתֵּשַׁע שָׁנִים, אֲפִילוּ אִם רוֹצִים לְהִתְעַנּוֹת קְצָת, אֵין מַנִּיחִין אוֹתָן, שֶׁלֹּא יָבוֹאוּ, חַס וְשָׁלוֹם, לִידֵי סַכָּנָה. אֲבָל מִשֶּׁיֵּשׁ לָהֶם תֵּשַׁע שָׁנִים שְׁלֵמוֹת וְהֵם בְּרִיאִים, מְחַנְּכִין אוֹתָן שֶׁיִּתְעַנּוּ קְצָת, וְלֹא יֹאכְלוּ עַד לְאַחַר אֵיזוֹ שָׁעוֹת מִמַּה שֶּׁהֵם רְגִילִים לֶאֱכוֹל. וּבִנְעִילַת הַסַּנְדָּל וּרְחִיצָה וְסִיכָה, יֵשׁ לְחַנְּכָם גַּם קֹדֶם תֵּשַׁע שָׁנִים (תרטז).

סעיף כ' טוֹב לְהָרִיחַ אֵיזֶה פְּעָמִים בִּבְשָׂמִים וּלְבָרֵךְ עֲלֵיהֶם, כְּדֵי לְהַשְׁלִים מֵאָה בְּרָכוֹת. וְאָמְנָם כָּל זְמַן שֶׁלֹּא הִסִּיחַ דַּעְתּוֹ, אָסוּר לְבָרֵךְ שֵׁנִית, דַּהֲוֵי בְּרָכָה לְבַטָּלָה. עַל כֵּן צָרִיךְ לְהַפְסִיק בֵּינְתַיִם זְמַן גָּדוֹל, שֶׁיְּהֵא הֶסַּח הַדַּעַת בֵּינְתַיִם. וְטוֹב שֶׁיָּרִיחַ בְּכָל פַּעַם בִּבְשָׂמִים אֲחֵרִים, אַף שֶׁהֵן מִמִּין אֶחָד. וּמִכָּל שֶׁכֵּן אִם יֵשׁ לוֹ שְׁלֹשָׁה מִינִים, כְּגוֹן עֲצֵי בְשָׂמִים, עִשְּׂבֵי בְשָׂמִים, וּמִינֵי בְשָׂמִים. וְאִם יְכַוֵּן לְכָל בִּרְכוֹת שְׁלִיחַ הַצִּבּוּר וְהַקּוֹרְאִים בַּתּוֹרָה וְהַמַּפְטִירִין, לֹא יֶחְסְרוּ לוֹ רַק שָׁלֹשׁ בְּרָכוֹת לְתַשְׁלוּם מֵאָה, וְיַשְׁלִים בְּאֵלּוּ שֶׁעַל הַבְּשָׂמִים.

סעיף כא' מַזְכִּירִין נְשָׁמוֹת בְּיוֹם הַכִּפּוּרִים, מִשּׁוּם דִּזְכִירַת הַמֵּתִים מְשַׁבֶּרֶת וּמַכְנִיעָה לִבּוֹ שֶׁל אָדָם. וְעוֹד, לְפִי שֶׁגַּם הַמֵּתִים צְרִיכִין כַּפָּרָה, כִּדְאִיתָא בְּסִפְרֵי, כַּפֵּר לְעַמְּךָ יִשְׂרָאֵל, אֵלּוּ הַחַיִּים. אֲשֶׁר פָּדִיתָ, אֵלּוּ הַמֵּתִים. מְלַמֵּד, שֶׁהַמֵּתִים צְרִיכִין כַּפָּרָה. וְנוֹדְרִים צְדָקָה בַּעֲבוּרָם (וְעַיֵּן לְעֵיל סִימָן סז סָעִיף ג, שֶׁיֵּשׁ לוֹמַר בְּלִי נֶדֶר). וְסָמְךְ לָזֶה, בְּסוֹף פָּרָשַׁת תְּצַוֶּה כְּתִיב, אַחַת בַּשָּׁנָה יְכַפֵּר, וְסָמִיךְ לֵהּ, וְנָתְנוּ אִישׁ כֹּפֶר נַפְשׁוֹ לַה'. וּמוֹעִילָה הַצְּדָקָה בַּעֲבוּר הַמֵּתִים, כִּי ה' בּוֹחֵן לְבָבוֹת, שֶׁאִם הָיָה זֶה הַמֵּת חַי, גַּם כֵּן הָיָה נוֹתֵן צְדָקָה. וְהַחַי יָכוֹל לְבַקֵּשׁ לְהָקֵל דִּין הַמֵּת, כְּמוֹ דָּוִד שֶׁהִתְפַּלֵּל עַל אַבְשָׁלוֹם

(סוטה דף י ע"ב). וְהַמֵּתִים הַצַּדִּיקִים מְלִיצִים עַל צֶאֱצָאֵיהֶם (תרכא). גַּם בְּיוֹם אַחֲרוֹן שֶׁל פֶּסַח וּבְיוֹם שֵׁנִי דְּשָׁבוּעוֹת וּבִשְׁמִינִי עֲצֶרֶת, מַזְכִּירִין נְשָׁמוֹת, לְפִי שֶׁקּוֹרִין בָּהֶם כָּל הַבְּכוֹר, וּכְתִיב שָׁם, אִישׁ כְּמַתְּנַת יָדוֹ. לָכֵן נוֹדְרִין מַתָּנוֹת לִצְדָקָה. וְכֵיוָן שֶׁנּוֹדְרִין לִצְדָקָה, נָהֲגוּ לִתְּנָהּ בַּעֲבוּר הַנְּשָׁמוֹת, שֶׁיִּזְכֹּר אוֹתָן אֱלֹקִים לְטוֹבָה, וְגַם אוֹתָנוּ יִזְכֹּר עִמָּהֶן לְטוֹבָה בִּזְכִיּוֹתֵיהֶן. וְנוֹהֲגִין כִּי מִי שֶׁיֵּשׁ לוֹ אָב וָאֵם, יוֹצֵא מִבֵּית הַכְּנֶסֶת בִּשְׁעַת הַזְכָּרַת נְשָׁמוֹת. גַּם נוֹהֲגִין שֶׁבְּתוֹךְ שָׁנָה רִאשׁוֹנָה לְמִיתַת הָאָב אוֹ הָאֵם, יוֹצֵא גַּם כֵּן מִבֵּית הַכְּנֶסֶת (וְעַיֵּן הַטַּעַם בְּסֵפֶר כֶּרֶם שְׁלֹמֹה, אֹרַח חַיִּים סִימָן תרסח, וּבְסֵפֶר שַׁעֲרֵי אֶפְרַיִם פִּתְחֵי שְׁעָרִים שַׁעַר יו"ד אוֹת לא).

סעיף כב' אִם יֵשׁ תִּנּוֹק לָמוּל, מָלִין קֹדֶם אַשְׁרֵי, וּמְבָרְכִין בִּרְכַּת הַמִּילָה בְּלֹא כּוֹס. וּבִמְדִינוֹתֵינוּ נוֹהֲגִין לְבָרֵךְ עַל הַכּוֹס, וְנוֹתְנִין מִמֶּנּוּ מְעַט לְתִינוֹק הַנִּמּוֹל, מִלְּבַד מַה שֶּׁנּוֹתְנִים לוֹ כְּשֶׁאוֹמְרִים בְּדָמַיִךְ חֲיִי. אֲבָל לְתִינוֹק אַחֵר, אֵין לִתֵּן לִטְעֹם מִן הַכּוֹס, (דְּחָמִיר מִתִּשְׁעָה בְּאָב). הַנּוֹהֵג לְמָצֵץ בְּיַיִן, לֹא יְזַלְּפוֹ בַּפֶּה אֶלָּא בַּיָּד, וּמוֹצֵץ בַּפֶּה כְּדַרְכּוֹ (תריב תרכא).

סעיף כג' נוֹהֲגִין לִשְׁטֹחַ עֲשָׂבִים בְּבֵית הַכְּנֶסֶת. וְהַטַּעַם הוּא, לְפִי שֶׁנּוֹהֲגִין לְהִשְׁתַּחֲווֹת וְלִפֹּל עַל הַפָּנִים בִּשְׁעַת הָעֲבוֹדָה, זֵכֶר לַמִּקְדָּשׁ. וּבְמָקוֹם שֶׁהַקַּרְקַע מְרֻצָּף בַּאֲבָנִים, אָסוּר לְהִשְׁתַּחֲווֹת כֵּן. וַאֲפִלּוּ בְּמָקוֹם שֶׁאֵינוֹ מְרֻצָּף, יֵשׁ קְצָת אִסּוּר, עַל כֵּן שׁוֹטְחִין עֲשָׂבִים לְהַפְסִיק בֵּין הַקַּרְקַע. וְאִם אֵין שָׁם עֲשָׂבִים, יַפְסִיק בְּטַלִּיתוֹ אוֹ בְּדָבָר אַחֵר.

סעיף כד' זְמַן תְּפִלַּת נְעִילָה הוּא, כְּשֶׁהַחַמָּה הִיא בְּרֹאשׁ הָאִילָנוֹת, כְּדֵי שֶׁיַּשְׁלִים אוֹתָהּ עִם צֵאת הַכּוֹכָבִים. וְלִפְעָמִים נִמְשֶׁכֶת קְצָת בְּתוֹךְ הַלַּיְלָה, וַאֲפִלּוּ הָכִי אוֹמְרִים חָתְמֵנוּ, לְפִי שֶׁאֵין הַדִּין מִסְתַּלֵּק עַד שֶׁיִּגְמְרוּ יִשְׂרָאֵל אֶת סִדְרֵיהֶם לְמַטָּה. וְהַחַרוּז:הַיּוֹם יִפְנֶה וְכוּ', אִם יָצְאוּ הַכּוֹכָבִים, לֹא יֹאמַר כֵּן, מִשּׁוּם דַּהֲוֵי דּוֹבֵר שְׁקָרִים. אֶלָּא יֹאמַר, הַיּוֹם פָּנָה, הַשֶּׁמֶשׁ בָּא וּפָנָה. שְׁלִיחַ הַצִּבּוּר אוֹמֵר בִּרְכַּת כֹּהֲנִים וְשִׂים שָׁלוֹם, אַף עַל פִּי שֶׁהוּא לַיְלָה.

סעיף כה' יֵשׁ לְבַטֵּל הַמִּנְהָג שֶׁהַגּוֹי מַדְלִיק נֵרוֹת לְצֹרֶךְ אֲמִירַת הַפִּיּוּטִים בִּנְעִילָה, אֶלָּא הַנֵּרוֹת הַדּוֹלְקִים, יְפֻזְּרַם בְּכָל בֵּית הַכְּנֶסֶת, דְּזֶה הֲוֵי שְׁבוּת דִּשְׁבוּת.

סעיף כו' לְאַחַר תְּפִלַּת נְעִילָה, אֲפִלּוּ חָל בְּשַׁבָּת וּגְמָרָהּ בַּיּוֹם, מִכָּל מָקוֹם אוֹמְרִים אָבִינוּ מַלְכֵּנוּ. וְאוֹמְרִים שְׁמַע יִשְׂרָאֵל, פַּעַם אֶחָת. בָּרוּךְ שֵׁם כְּבוֹד מַלְכוּתוֹ לְעוֹלָם וָעֶד, שָׁלֹשׁ פְּעָמִים. ה' הוּא הָאֱלֹהִים, שֶׁבַע פְּעָמִים, לְלַוּוֹת אֶת הַשְּׁכִינָה, שֶׁמִּתְעַלָּה לְמַעְלָה מִשִּׁבְעָה רְקִיעִים. וְאוֹמֵר שְׁלִיחַ הַצִּבּוּר קַדִּישׁ שָׁלֵם בְּנִגּוּן שֶׁל שִׂמְחָה. וְאַחַר כָּךְ תּוֹקְעִין תְּקִיעָה אַחַת וְהִיא סִימָן לְסִילּוּק שְׁכִינָה לְמַעְלָה, כְּמוֹ שֶׁהָיָה בְּמַתַּן תּוֹרָה. שֶׁכְּשֶׁעָלְתָה הַשְּׁכִינָה, נֶאֱמַר, בִּמְשֹׁךְ הַיֹּבֵל וְגוֹ'. וְנֶאֱמַר, עָלָה אֱלֹהִים בִּתְרוּעָה. וְגַם הוּא זֵכֶר לִתְקִיעַת יוֹם הַכִּפּוּרִים בַּיּוֹבֵל. וִיכוֹלִין לִתְקֹעַ אַף עַל פִּי שֶׁעֲדַיִן לֹא יָצְאוּ כּוֹכָבִים, אֶלָּא שֶׁהוּא בֵּין הַשְּׁמָשׁוֹת, וַאֲפִלּוּ הוּא שַׁבָּת. אֲבָל בְּעוֹד יוֹם אֵין לִתְקֹעַ (תרכג). לְאַחַר הַתְּקִיעָה, אוֹמְרִים כֻּלָּם שָׁלֹשׁ פְּעָמִים, לְשָׁנָה הַבָּאָה בִּירוּשָׁלַיִם (סידור).

סעיף כז' לְאַחַר צֵאת הַכּוֹכָבִים מִתְפַּלְּלִין מַעֲרִיב. וְיֵשׁ לְהַעֲמִיד שְׁלִיחַ צִבּוּר הָגוּן, וְיִתְפַּלְּלוּ בְּנַחַת וּבְכַוָּנָה, וְיֵשׁ לִגְעֹר בַּחוֹטְפִים. אוֹמְרִים בִּתְפִלַּת שְׁמֹנֶה עֶשְׂרֵה אַתָּה חוֹנַנְתָּנוּ. אִם חָל בְּשַׁבָּת, אוֹמְרִים: וְיִתֶּן לְךָ, אֲבָל אֵין אוֹמְרִים וִיהִי נֹעַם, וְאַתָּה קָדוֹשׁ. וּלְאַחַר הַתְּפִלָּה מְקַדְּשִׁין אֶת הַלְּבָנָה וּפוֹקְדִין אִישׁ אֶת רֵעֵהוּ בְּשִׂמְחָה וְטוּב לֵב, כְּמוֹ בְּיוֹם טוֹב.

סעיף כח' בְּהַבְדָּלָה שֶׁל מוֹצָאֵי יוֹם הַכִּפּוּרִים, צְרִיכִין לְבָרֵךְ דַּוְקָא עַל נֵר שֶׁשָּׁבַת, וְלֹא עַל נֵר שֶׁהוֹצִיאוּ עַתָּה מִן הָאֲבָנִים וְכַדּוֹמֶה, וְלֹא בְּמַה שֶּׁהֻדְלַק מִמֶּנּוּ. וְהַמֻּבְחָר הוּא, לְהַדְלִיק נֵר אַחֵר מִן הַנֵּר שֶׁהִדְלִיק אֶתְמוֹל בְּבֵיתוֹ וּלְבָרֵךְ עַל שְׁנֵיהֶם. וְאִם אֵין לוֹ נֵר בְּבֵיתוֹ, יָבִיא אֶת הַנֵּר הַדּוֹלֵק מִבֵּית הַכְּנֶסֶת, וּלְהַדְלִיק עוֹד אֶחָד מִזֶּה הַנֵּר וּלְבָרֵךְ עֲלֵיהֶם. וּבִשְׁעַת הַדְּחָק, מְבָרְכִין עַל הַנֵּר שֶׁהֻדְלַק מִנֵּר שֶׁל גּוֹי, אוֹ מֵהָאוּר שֶׁהוֹצִיאוּ מֵאֲבָנִים וְכַדּוֹמֶה. וְאֵין מַתְחִילִין הִנֵּה אֵל יְשׁוּעָתִי, אֶלָּא מְבָרְכִין עַל הַכּוֹס וְעַל הַנֵּר וְהַמַּבְדִּיל, וְאֵין מְבָרְכִים עַל הַבְּשָׂמִים. וְאִם הָיְתָה שַׁבָּת, מְבָרְכִין גַּם עַל הַבְּשָׂמִים, וְגַם מַתְחִילִין הִנֵּה אֵל יְשׁוּעָתִי כְּמוֹ בִּשְׁאָר מוֹצָאֵי שַׁבָּת.

סעיף כט' אוֹכְלִים וְשׁוֹתִים וּשְׂמֵחִים בְּמוֹצָאֵי יוֹם הַכִּפּוּרִים, דְּאִיתָא בַּמִּדְרָשׁ, בְּמוֹצָאֵי יוֹם הַכִּפּוּרִים, בַּת קוֹל יוֹצֵאת וְאוֹמֶרֶת, לֵךְ אֱכֹל בְּשִׂמְחָה לַחְמֶךָ וּשְׁתֵה בְלֶב טוֹב יֵינֶךָ כִּי כְבָר רָצָה הָאֱלֹהִים אֶת מַעֲשֶׂיךָ.

סעיף ל' הַמְדַקְדְּקִין בַּמִּצְוֹת, מַתְחִילִין מִיָּד בְּמוֹצָאֵי יוֹם הַכִּפּוּרִים בַּעֲשִׂיַּת הַסֻּכָּה, לְקַיֵּם יֵלְכוּ מֵחַיִל אֶל חָיִל.

סעיף לא' בַּיּוֹם שֶׁלְּאַחַר יוֹם הַכִּפּוּרִים, נוֹהֲגִין לְהַשְׁכִּים לְבֵית הַכְּנֶסֶת. וּבַיָּמִים שֶׁבֵּין יוֹם הַכִּפּוּרִים לְסֻכּוֹת, אֵין מִתְעַנִּין אֲפִלּוּ תַּעֲנִית יָאר צַייט וְאֵין אוֹמְרִים תַּחֲנוּן, לְפִי שֶׁהֵם יְמֵי שִׂמְחָה, שֶׁהָיוּ מְחַנְּכִין בָּהֶם אֶת הַמִּזְבֵּחַ בִּימֵי שְׁלֹמֹה. וְגַם אֲנַחְנוּ עוֹסְקִים בְּמִצְוַת בִּנְיַן סֻכָּה וַהֲכָנַת אֶתְרוֹג וּשְׁאָר הַמִּינִים, לִכְבוֹד אֲדוֹן הָאֲדוֹנִים מְקַדֵּשׁ יִשְׂרָאֵל וְהַזְּמַנִּים.

סימן קלד - הלכות סכה ובו ט"ו סעיפים:

סעיף א' מִצְוָה לִבְנוֹת הַסֻּכָּה מִיָּד בַּיּוֹם שֶׁלְּאַחַר יוֹם הַכִּפּוּרִים, וַאֲפִלּוּ הוּא עֶרֶב שַׁבָּת, דְּמִצְוָה הַבָּאָה לְיָדוֹ אַל יַחְמִיצֶנָּה. וְיִבְחַר מָקוֹם נָקִי לְהַעֲמִידָהּ שָׁם. וּמִצְוָה עַל כָּל אָדָם שֶׁיַּעֲסֹק בְּעַצְמוֹ בַּעֲשִׂיַּת הַסֻּכָּה וּבְהַנָּחַת הַסְּכָךְ. וְאַף עַל פִּי שֶׁהוּא אָדָם נִכְבָּד, זֶה כְּבוֹדוֹ, שֶׁעוֹסֵק בְּעַצְמוֹ בְּמִצְוָה. וּמִן הָרָאוּי הָיָה לְבָרֵךְ שֶׁהֶחֱיָנוּ עַל עֲשִׂיַּת הַסֻּכָּה, אֶלָּא שֶׁאָנוּ סוֹמְכִין עַל שֶׁהֶחֱיָנוּ שֶׁאוֹמְרִים בְּקִדּוּשׁ. וִיהַדֵּר לְיַפּוֹת אֶת הַסֻּכָּה וּלְהַנְאוֹתָהּ בְּכֵלִים נָאִים וּמַצָּעוֹת נָאוֹת כְּפִי כֹחוֹ.

סעיף ב' בְּעִנְיַן דָּפְנוֹת הַסֻּכָּה, יֵשׁ הַרְבֵּה חִלּוּקֵי דִינִים, וְאֵין הַכֹּל בְּקִיאִים. עַל כֵּן צְרִיכִין לַעֲשׂוֹת דָּפְנוֹת שְׁלֵמוֹת וַחֲזָקוֹת, שֶׁלֹּא יְהֵא הָרוּחַ מֵנִיעַ אוֹתָן, וְגַם שֶׁלֹּא יְכַבֶּה הָרוּחַ אֶת הַנֵּרוֹת. וּמִי שֶׁאֵין לוֹ דֵּי צָרְכּוֹ לְדָפְנוֹת, מוּטָב שֶׁיַּעֲשֶׂה שָׁלֹשׁ שְׁלֵמוֹת, מֵאַרְבַּע שֶׁאֵינָן שְׁלֵמוֹת. וּמִי שֶׁיָּדוֹ מַשֶּׂגֶת, מִצְוָה לוֹ שֶׁתִּהְיֶה לוֹ סֻכָּה בְּנוּיָה עִם גַּגּוֹת, שֶׁנִּפְתָּחִים וְנִסְגָּרִים עַל יְדֵי צִירִים, לְסָגְרָם בִּשְׁעַת הַגְּשָׁמִים,

וּכְשֶׁפָּסְקוּ הַגְּשָׁמִים, נִפְתָּחִים הַגַּגּוֹת, וְהַסְּכָךְ הוּא נָגוּב, וְיָכוֹל לְקַיֵּם מִצְוַת סֻכָּה כָּרָאוּי.

סעיף ג' גַּם בַּסְּכָךְ יֵשׁ כַּמָּה דִּינִים. וְכֵיוָן שֶׁאָנוּ נוֹהֲגִין לְסַכֵּךְ בְּעַנְפֵי אִילָנוֹת אוֹ בְקָנִים, כֵּיוָן שֶׁהֵם גִּדּוּלֵי קַרְקַע וְהֵמָּה תְלוּשִׁים וְאֵינָם מְקַבְּלִים טֻמְאָה וְאֵינָם קְשׁוּרִים יַחַד, אֵין בָּהֶם שׁוּם חֲשָׁשׁ.

סעיף ד' לְכַתְּחִלָּה רָאוּי לְהַחְמִיר, שֶׁלֹּא לְהַנִּיחַ עַל הַסֻּכָּה דָּבָר הַמְקַבֵּל טֻמְאָה, שֶׁיַּנִּיחַ עָלָיו אֶת הַסְּכָךְ, כְּגוֹן סֻלָּמוֹת שֶׁיֵּשׁ בָּהֶם בֵּית קִבּוּל הַשְּׁלִיבוֹת, וְכָל שֶׁכֵּן שְׁאָר כֵּלִים, כְּגוֹן מָרָה [מְעַדֵּר] וּמַגְרֵפָה, וַאֲפִלּוּ לִתֵּן אוֹתָם עַל הַסְּכָךְ לְהַחֲזִיקוֹ, יֵשׁ לְהַחְמִיר. וּבְדִיעֲבַד אוֹ שֶׁאֵין לוֹ שְׁאָר דְּבָרִים, הַכֹּל מֻתָּר, דְּקַיְמָא לָן, דְּמֻתָּר לְהַעֲמִיד אֶת הַסְּכָךְ בְּדָבָר הַמְקַבֵּל טֻמְאָה (תרכט).

סעיף ה' צָרִיךְ לְהַנִּיחַ סְכָךְ, עַד שֶׁתְּהֵא צִלָּתָהּ מְרֻבָּה מֵחַמָּתָהּ, שֶׁאִם הָיְתָה חַמָּתָהּ מְרֻבָּה מִצִּלָּתָהּ, פְּסוּלָה מִן הַתּוֹרָה. וְלָכֵן צְרִיכִין לִזָּהֵר לְהַנִּיחַ כָּל כָּךְ, שֶׁאֲפִלּוּ כְּשֶׁיִּתְיַבֵּשׁ, תְּהֵא צִלָּתָהּ מְרֻבָּה. גַּם צְרִיכִין לִזָּהֵר, שֶׁלֹּא יְהֵא בְּמָקוֹם אֶחָד אֲוִיר שְׁלֹשָׁה טְפָחִים. וּלְכַתְּחִלָּה צְרִיכָה שֶׁיְּהֵא אֲוִיר קְצָת בֵּין הַסְּכָךְ, כְּדֵי שֶׁיֵּרָאוּ הַכּוֹכָבִים. וּמִכָּל מָקוֹם, אִם הָיְתָה מְעֻבָּה, שֶׁאֵין הַכּוֹכָבִים נִרְאִים, כְּשֵׁרָה. אֲבָל אִם הָיְתָה מְעֻבָּה כָּל כָּךְ, שֶׁאֲפִלּוּ אִם יוֹרְדִים גְּשָׁמִים הַרְבֵּה, אֵינָם יוֹרְדִים לְתוֹכָהּ, אִם כֵּן הֲוָיָא כְּעֵין בַּיִת, וּפְסוּלָה.

סעיף ו' בַּסֻּכּוֹת הַבְּנוּיוֹת, לִפְעָמִים בּוֹלְטִים דַּפִּים לְמַעְלָה עַל הַכְּתָלִים, וְעַל דַּפִּים אֵלּוּ מֻנָּחִים הַכְּלוֹנָסָאוֹת שֶׁעֲלֵיהֶם הַסְּכָךְ. וּמֵאַחַר שֶׁאֵין הַדַּף רָחָב אַרְבַּע אַמּוֹת, אֵינוֹ פּוֹסֵל אֶת הַסֻּכָּה מִשּׁוּם סְכָךְ פָּסוּל, כִּי הֲלָכָה לְמֹשֶׁה מִסִּינַי הִיא, דִּבְפָחוֹת מֵאַרְבַּע אַמּוֹת, אָמְרִינַן דֹּפֶן עֲקֻמָּה. פֵּרוּשׁ, שֶׁנֶּחְשָׁב אֶל הַדֹּפֶן, וְחָשְׁבִינַן לֵהּ כְּאִלּוּ הַדֹּפֶן נִתְעַקְּמָה שָׁם לְמַעְלָה, אֶלָּא שֶׁאֵין יוֹשְׁבִים וְאֵין יְשֵׁנִים שָׁם תַּחַת הַדַּף, כִּי שָׁם אֵין לוֹ דִּין סֻכָּה, וַאֲפִלּוּ אֵינוֹ רָחָב אֶלָּא אַרְבָּעָה טְפָחִים. אֲבָל יֶתֶר הַסֻּכָּה, כְּשֵׁרָה. אַךְ אִם מֻנָּחִים אֵצֶל הַדֹּפֶן דַּפִּים בְּרֹחַב אַרְבַּע אַמּוֹת אוֹ יוֹתֵר, זֶהוּ נִקְרָא סְכָךְ פָּסוּל, וּפוֹסֵל אֶת כָּל הַסֻּכָּה. וּמִכָּל מָקוֹם אִם אֵינוֹ כֵן אֶלָּא בְּצַד אֶחָד, כְּמוֹ שֶׁהַדֶּרֶךְ הוּא בִּקְצָת סֻכּוֹת בְּנוּיוֹת שֶׁעוֹשִׂין קְצָת תִּקְרָה מִצַּד אֶחָד (כְּדֵי לְפַנּוֹת לְשָׁם אֶת הַכֵּלִים תֵּכֶף בְּהַתְחָלַת הַגְּשָׁמִים), זֶה אֵינוֹ מַזִּיק, דְּכֵיוָן שֶׁאֵינוֹ אֶלָּא מִצַּד אֶחָד, הֲרֵי יֵשׁ כָּאן עוֹד שָׁלֹשׁ דְּפָנוֹת כְּשֵׁרוֹת שֶׁמֻּנָּח עֲלֵיהֶן סְכָךְ כָּשֵׁר, וְסֻכָּה מִשָּׁלֹשׁ דְּפָנוֹת גַּם כֵּן כְּשֵׁרָה, וּבִלְבַד שֶׁיְּהֵא שָׁם שִׁעוּר סֻכָּה, דְּהַיְנוּ לְכָל הַפָּחוֹת שִׁבְעָה טְפָחִים עַל שִׁבְעָה טְפָחִים בִּמְרֻבָּע, וְלֹא יֵשְׁבוּ תַּחַת הַתִּקְרָה.

סעיף ז' הָעוֹשֶׂה סֻכָּתוֹ תַּחַת עַנְפֵי אִילָן, הֲרֵי הִיא פְּסוּלָה. וַאֲפִלּוּ אִם מֵחֲמַת הָעֲנָפִים בִּלְבַד הָיְתָה חַמָּתָהּ מְרֻבָּה מִצִּלָּתָהּ, וְאִם כֵּן בַּסְּכָךְ שֶׁהִנִּיחַ עָלֶיהָ, עָשָׂה אֶת הַסֻּכָּה, מִכָּל מָקוֹם פְּסוּלָה. וַאֲפִלּוּ אִם יָקֹץ אַחַר כָּךְ עַנְפֵי הָאִילָן, מִכָּל מָקוֹם הַסֻּכָּה נִשְׁאֶרֶת בִּפְסוּלָהּ, דִּכְתִיב, חַג הַסֻּכּוֹת תַּעֲשֶׂה לְךָ, וְדָרְשִׁינַן, תַּעֲשֶׂה, וְלֹא מִן הֶעָשׂוּי (עַיֵּן לְעֵיל סִימָן ט סָעִיף ו). וְלָכֵן לְאַחַר שֶׁקָּצַץ אֶת הָעֲנָפִים, צָרִיךְ

הוּא לְהַגְבִּיהַּ כָּל עָנָף מִן הַסְּכָךְ וְיַחֲזוֹר וְיַנִּיחֶנּוּ לְשֵׁם סֻכָּה. וְכֵן אָסוּר לְהַנִּיחַ אֶת הַסְּכָךְ קֹדֶם שֶׁעָשָׂה אֶת הַדְּפָנוֹת, דִּבְעֵינַן שֶׁבְּהַנָּחַת הַסְּכָךְ תְּהֵא סֻכָּה כְּשֵׁרָה.

סעיף ח' וְכֵן בְּסֻכָּה הָעֲשׂוּיָה בְּגַגּוֹת הַנִּפְתָּחִים, צָרִיךְ לִפְתֹּחַ אֶת הַגַּגּוֹת קֹדֶם שֶׁמַּנִּיחַ אֶת הַסְּכָךְ, וְאַף שֶׁאַחַר כָּךְ סוֹגֵר אֶת הַגַּג וְחוֹזֵר וּפוֹתֵחַ, אֵינוֹ מַזִּיק, דַּהֲוֵי כְּאִלּוּ פּוֹרֵס עָלֶיהָ סָדִין וְחוֹזֵר וְנוֹטְלוֹ. וּמִכָּל מָקוֹם יֵשׁ לְהַחְמִיר, שֶׁיְּהֵא הַגַּג פָּתוּחַ בְּהִכָּנְסַת הֶחָג (מטה אפרים). עוֹד צְרִיכִין לִזָּהֵר בְּאֵלּוּ הַסֻּכּוֹת, שֶׁיְּהֵא הַגַּג פָּתוּחַ הֵיטֵב עוֹמֵד בְּשָׁוֶה עִם דֹּפֶן הַסֻּכָּה. שֶׁאִם אֵינוֹ עוֹמֵד בְּשָׁוֶה, אֶלָּא נוֹטֶה קְצָת עַל הַסְּכָךְ, אֲפִלּוּ אֵינוֹ שִׁעוּר גָּדוֹל שֶׁתִּפָּסֵל הַסֻּכָּה בְּכָךְ, מִכָּל מָקוֹם צָרִיךְ לִזָּהֵר שֶׁלֹּא יֵשֵׁב בַּמָּקוֹם הַזֶּה שֶׁהַגַּג מְשֻׁפָּע, שֶׁנִּמְצָא יוֹשֵׁב תַּחַת הַגַּג (עַיֵּן לְעֵיל סָעִיף ו). אַף עַל פִּי שֶׁסֻּכַּת הֶחָג פְּטוּרָה מִן הַמְּזוּזָה, מִכָּל מָקוֹם אֵלּוּ הַסֻּכּוֹת הַבְּנוּיוֹת שֶׁמִּשְׁתַּמְּשִׁים בָּהֶן כָּל הַשָּׁנָה וְנִתְחַיְּבוּ בִּמְזוּזָה, גַּם בֶּחָג לֹא נִפְטְרוּ, וְאֵין צְרִיכִין אַחַר הֶחָג לִקְבֹּעַ אֶת הַמְּזוּזָה מֵחָדָשׁ.

סעיף ט' יוֹצְאִין בְּסֻכָּה שְׁאוּלָה, אֲבָל לֹא בְּסֻכָּה גְזוּלָה. וְלָכֵן אָסוּר לַעֲשׂוֹת סֻכָּה בִּרְשׁוּת הָרַבִּים. וּבִשְׁעַת הַדְּחָק שֶׁאֵין לוֹ סֻכָּה אַחֶרֶת בְּשׁוּם אֹפֶן, יוֹשֵׁב בָּהּ וּמְבָרֵךְ עָלֶיהָ.

סעיף י' יֵשׁ לִזָּהֵר שֶׁלֹּא יִקְצֹץ הַיִּשְׂרָאֵל בְּעַצְמוֹ סְכָךְ לְסֻכָּתוֹ, אֶלָּא יִקְנֶה מֵאַחֵר. וּבִשְׁעַת הַדְּחָק יָכוֹל לִקְצֹץ בְּעַצְמוֹ, אֶלָּא שֶׁיִּטּוֹל רְשׁוּת מִבַּעַל הַקַּרְקַע.

סעיף יא' מֻתָּר לַעֲשׂוֹת סֻכָּה בְּחֹל הַמּוֹעֵד.

סעיף יב' עֲצֵי סֻכָּה, בֵּין מֵהַדְּפָנוֹת בֵּין מֵהַסְּכָךְ, אֲסוּרִין בַּהֲנָאָה עַד לְאַחַר שִׂמְחַת תּוֹרָה, כֵּיוָן שֶׁהֻקְצוּ לְמִצְוָה. וַאֲפִלּוּ לִטֹּל מֵהֶם קֵיסָם לַחֲצֹץ שִׁנָּיו, אָסוּר. וַאֲפִלּוּ אִם נָפְלוּ, אֲסוּרִין, וְלָא מַהֲנֵי בְּהוּ תְּנָאֵי. וְאִם חָל שִׂמְחַת תּוֹרָה בְּעֶרֶב שַׁבָּת, אֲסוּרִין גַּם בְּשַׁבָּת. וְכֵן נוֹיֵי סֻכָּה אֲסוּרִין בַּהֲנָאָה אֲפִלּוּ אִם נָפְלוּ. וְכֵיוָן שֶׁאֲסוּרִין בַּהֲנָאָה, לָכֵן בְּשַׁבָּת וּבְיוֹם טוֹב, אֲסוּרִין בְּטִלְטוּל מִשּׁוּם מֻקְצֶה. וּמִכָּל מָקוֹם אֶתְרוֹג הַתָּלוּי בַּסֻּכָּה לְנוֹי, מֻתָּר לְהָרִיחַ בּוֹ, דְּלֹא הֻקְצָה מֵרֵיחַ. וּבְנוֹי הַתָּלוּי בַּסְּכָךְ, נוֹהֲגִין שֶׁאֲפִלּוּ תְּנַאי לָא מַהֲנֵי. אֲבָל בְּנוֹי הַתָּלוּי בַּדְּפָנוֹת, מַהֲנֵי תְּנָאִי. וְהַסְּדִינִין הַמְּצֻיָּרִים שֶׁתְּלוּיִים בַּסֻּכָּה לְנוֹי, נוֹהֲגִין לְטַלְטְלָן, שֶׁלֹּא יִתְקַלְקְלוּ מִן הַגְּשָׁמִים, וַאֲפִלּוּ לֹא הִתְנָה בְּפֵרוּשׁ, כִּי מִסְתָמָא מִתְּחִלָּה אַדַּעְתָּא דְּהָכִי תְּלָאָן. וּמִכָּל מָקוֹם טוֹב לְהִתְנוֹת תְּחִלָּה בְּפֵרוּשׁ, דְּהַיְנוּ קֹדֶם בֵּין הַשְּׁמָשׁוֹת הָרִאשׁוֹן יַעֲמֹד שָׁם וְיֹאמַר, אֲנִי מַתְנֶה שֶׁאֲהֵא מֻתָּר לֶאֱכֹל וּלְהִשְׁתַּמֵּשׁ בְּנוֹיֵי סֻכָּה זוֹ מָתַי שֶׁאֶרְצֶה. וְצָרִיךְ לִזָּהֵר בְּנוֹיֵי סֻכָּה אֲשֶׁר בְּדַעְתּוֹ לִטְּלוֹ בְּתוֹךְ יוֹם טוֹב, שֶׁלֹּא לְקָשְׁרוֹ בְּקֶשֶׁר, אֶלָּא בַעֲנִיבָה (עַיֵּן לְעֵיל סִימָן פ סָעִיף מ"ה, מ"ו).

סעיף יג' גַּם לְאַחַר הֶחָג, כְּשֶׁסּוֹתֵר אֶת הַסֻּכָּה, לֹא יִפְסַע עַל הָעֵצִים, וְלֹא יִשְׁתַּמֵּשׁ בָּהֶם לְדָבָר מְגֻנֶּה, מִשּׁוּם דְּתַשְׁמִישֵׁי מִצְוָה נִינְהוּ, כְּמוֹ צִיצִית (עַיֵּן לְעֵיל סִימָן ט סָעִיף יט).

סעיף יד' אָסוּר לַחֲקוֹק פָּסוּק בַּסֻּכּוֹת תֵּשְׁבוּ וְגוֹ' אוֹ שְׁאָר פָּסוּק עַל דֶּלֶת

וְכַיּוֹצֵא בָּהּ לִנְוֵי סֻכָּה, מִשּׁוּם דְּיָבוֹא אַחַר כָּךְ לִידֵי בִזָּיוֹן. וְעוֹד, דְּאָסוּר לִכְתֹּב פָּסוּק שֶׁלֹּא לְצֹרֶךְ.

סעיף טו' עֶרֶב סֻכּוֹת לְאַחַר חֲצוֹת הַיּוֹם, לֹא יֹאכַל פַּת, כְּדֵי שֶׁיֹּאכַל בַּסֻּכָּה לְתֵאָבוֹן. וְיֵשׁ לְהַרְבּוֹת בִּצְדָקָה בְּעֶרֶב סֻכּוֹת.

סימן קלה - דיני ישיבת סכה ובו כ"ב סעיפים:

סעיף א' כְּתִיב, בַּסֻּכֹּת תֵּשְׁבוּ שִׁבְעַת יָמִים, פֵּרוּשׁ, תָּדוּרוּ בַּסֻּכּוֹת. אָמְרָה תוֹרָה, שֶׁיָּדוּר בַּסֻּכָּה שִׁבְעַת יָמִים. כְּמוֹ שֶׁהוּא דָּר בְּבֵיתוֹ כָּל הַשָּׁנָה, כֵּן תְּהֵא עַתָּה עִקַּר דִּירָתוֹ בַּסֻּכָּה, שֶׁיַּכְנִיס לְתוֹכָהּ כֵּלָיו הַנָּאִים וּמַצָּעוֹת הַנָּאוֹת, וְאוֹכֵל וְשׁוֹתֶה וְלוֹמֵד וּמְטַיֵּל וְיָשֵׁן בַּסֻּכָּה. וַאֲפִלּוּ אִם מְסַפֵּר עִם חֲבֵרוֹ, יְסַפֵּר בַּסֻּכָּה. וְכֵן אִם מִתְפַּלֵּל בִּיחִידוּת, יִתְפַּלֵּל בְּתוֹךְ הַסֻּכָּה. כְּתִיב, לְמַעַן יֵדְעוּ דֹרֹתֵיכֶם כִּי בַסֻּכּוֹת הוֹשַׁבְתִּי אֶת בְּנֵי יִשְׂרָאֵל בְּהוֹצִיאִי אוֹתָם מֵאֶרֶץ מִצְרָיִם, וְלָכֵן צְרִיכִין לְכַוֵּן בִּישִׁיבַת הַסֻּכָּה, שֶׁצִּוָּנוּ הַקָּדוֹשׁ בָּרוּךְ הוּא לֵישֵׁב בַּסֻּכָּה זֵכֶר לִיצִיאַת מִצְרָיִם. וְסֻכּוֹת אֵלּוּ שֶׁאָמַר הַכָּתוּב כִּי בַסֻּכּוֹת הוֹשַׁבְתִּי, נֶחְלְקוּ בָּהֶם תַּנָּאִים. רַבִּי אֱלִיעֶזֶר אוֹמֵר, הֵמָּה עַנְנֵי הַכָּבוֹד, שֶׁהִקִּיף בָּהֶם הַקָּדוֹשׁ בָּרוּךְ הוּא אֶת אֲבוֹתֵינוּ, לְבַל יַכֵּם שָׁרָב וָשָׁמֶשׁ. וְרַבִּי עֲקִיבָא אוֹמֵר, סֻכּוֹת מַמָּשׁ, שֶׁעָשׂוּ לָהֶם בִּשְׁעַת חֲנִיָּתָן מִפְּנֵי הַחַמָּה. וְאַף עַל פִּי שֶׁיָּצָאנוּ מִמִּצְרַיִם בְּחֹדֶשׁ נִיסָן, לֹא צִוָּנוּ לַעֲשׂוֹת הַסֻּכָּה בְּאוֹתוֹ הַזְּמַן, לְפִי שֶׁהוּא הַתְחָלַת יְמוֹת הַקַּיִץ, וְדֶרֶךְ כָּל אָדָם לַעֲשׂוֹת אָז סֻכָּה לְצֵל, וְלֹא הָיְתָה נִכֶּרֶת שֶׁהִיא בְּמִצְוַת הַבּוֹרֵא יִתְבָּרַךְ שְׁמוֹ. לָכֵן צִוָּה אוֹתָנוּ לַעֲשׂוֹתָהּ בַּחֹדֶשׁ הַשְּׁבִיעִי, שֶׁהוּא זְמַן הַגְּשָׁמִים, וְדֶרֶךְ כָּל אָדָם לָצֵאת מִסֻּכָּתוֹ וְלֵישֵׁב בְּבֵיתוֹ. וַאֲנַחְנוּ יוֹצְאִין מִן הַבַּיִת לֵישֵׁב בַּסֻּכָּה, בָּזֶה יֵרָאֶה לַכֹּל, כִּי מִצְוַת הַמֶּלֶךְ הִיא עָלֵינוּ לַעֲשׂוֹתָהּ.

סעיף ב' צָרִיךְ לְהַחֲזִיק אֶת הַסֻּכָּה בְּכָבוֹד, שֶׁלֹּא יִהְיוּ מִצְוֹת בְּזוּיוֹת עָלָיו. וְלָכֵן לֹא יַכְנִיס לְתוֹכָהּ כֵּלִים שֶׁאֵינָם מְכֻבָּדִים, כְּגוֹן קְדֵרוֹת, וְכַד שֶׁשּׁוֹאֲבִים בּוֹ מַיִם, וְכֵלִים שֶׁמְּשַׁמְּשִׁים בָּהֶם קֶמַח, וַעֲרֵבָה וְיוֹרָה וּמַחֲבַת וּמַכְתֶּשֶׁת וְכַיּוֹצֵא בָהֶן. וְגַם הַקְּעָרוֹת, לְאַחַר הָאֲכִילָה צָרִיךְ לְהוֹצִיאָן לַחוּץ. אֲבָל כְּלֵי שְׁתִיָּה, יִהְיוּ בַּסֻּכָּה. וְנוֹהֲגִין שֶׁלֹּא לְהַכְנִיס לְתוֹכָהּ נֵר שֶׁל חֶרֶס, מִשּׁוּם דְּמָאִיס. וְכֵן לֹא יַעֲשֶׂה בָּהּ תַּשְׁמִישׁ בָּזוּי, כְּגוֹן שְׁטִיפַת קְדֵרוֹת וּקְעָרוֹת. אֲבָל כּוֹסוֹת, מֻתָּר לִשְׁטֹף. וְכָל שֶׁכֵּן דְּאָסוּר לְהַשְׁתִּין בָּהּ, אֲפִלּוּ לְתוֹךְ כְּלִי, אַף עַל פִּי שֶׁעוֹשֶׂה כֵן בְּתוֹךְ בֵּיתוֹ. אֲבָל תַּשְׁמִישׁ הַמִּטָּה, מֻתָּר בַּסֻּכָּה, שֶׁהֲרֵי עִקַּר מִצְוָתָהּ אִישׁ וְאִשְׁתּוֹ. אִם הִכְנִיס לְתוֹכָהּ כֵּלִים בְּזוּיִים, אֵינָהּ נִפְסֶלֶת בְּכָךְ. אַךְ בְּשָׁעָה שֶׁהֵם בָּהּ, אֵין לְבָרֵךְ לֵישֵׁב בַּסֻּכָּה, עַד שֶׁיּוֹצִיאוּם.

סעיף ג' אֲכִילָה בַּסֻּכָּה בַּלַּיְלָה הָרִאשׁוֹן הִיא חוֹבָה, שֶׁצָּרִיךְ לֶאֱכֹל בַּסֻּכָּה פַּת לְכָל הַפָּחוֹת כְּזַיִת. וַאֲפִלּוּ מִצְטַעֵר, חַיָּב לֶאֱכֹל בַּסֻּכָּה. וְאִם יוֹרְדִים גְּשָׁמִים (עַיֵּן לְקַמָּן סָעִיף ט), אִם מְדַמֶּה שֶׁיִּפְסְקוּ לְאַחַר שָׁעָה אוֹ שְׁתֵּי שָׁעוֹת, יַמְתִּין וְאַחַר כָּךְ יְקַדֵּשׁ וְיֹאכַל בַּסֻּכָּה כָּרָאוּי. וְאִם רוֹאֶה שֶׁלֹּא יִפָּסְקוּ הַגְּשָׁמִים, אוֹ שֶׁהִמְתִּין וְלֹא פָסְקוּ, מְקַדֵּשׁ בַּסֻּכָּה וּמְבָרֵךְ שֶׁהֶחֱיָנוּ, וּמְכַוֵּן בְּשֶׁהֶחֱיָנוּ גַּם עַל הַסֻּכָּה, אֲבָל אֵינוֹ מְבָרֵךְ לֵישֵׁב בַּסֻּכָּה. וְנוֹטֵל יָדָיו וּמְבָרֵךְ הַמּוֹצִיא, וְאוֹכֵל שָׁם כְּזַיִת פַּת

בְּלִי הֶפְסֵק, וְהוֹלֵךְ לְתוֹךְ הַבַּיִת וְגוֹמֵר סְעוּדָתוֹ. וְיֵשׁ לוֹ לְכַוֵּן בִּשְׁעַת נְטִילַת יָדַיִם וּבִשְׁעַת בִּרְכַּת הַמּוֹצִיא, שֶׁדַּעְתּוֹ לֶאֱכֹל גַּם בַּבַּיִת (עַיֵּן לְעֵיל סִימָן מב סָעִיף יט, כא). וְאִם פָּסְקוּ הַגְּשָׁמִים קֹדֶם שֶׁבֵּרַךְ בִּרְכַּת הַמָּזוֹן, הוֹלֵךְ שׁוּב לְתוֹךְ הַסֻּכָּה וּמְבָרֵךְ לֵישֵׁב בַּסֻּכָּה, וְאוֹכֵל קְצָת יוֹתֵר מִכַּבֵּיצָה פַּת, וּמְבָרֵךְ בִּרְכַּת הַמָּזוֹן. וְאִם פָּסְקוּ הַגְּשָׁמִים לְאַחַר שֶׁבֵּרַךְ בִּרְכַּת הַמָּזוֹן, הוֹלֵךְ גַּם כֵּן לְתוֹךְ הַסֻּכָּה, וְנוֹטֵל יָדָיו שֵׁנִית, וְאוֹכֵל יוֹתֵר מִכַּבֵּיצָה פַּת בְּבִרְכַּת לֵישֵׁב בַּסֻּכָּה, וּמְבָרֵךְ בִּרְכַּת הַמָּזוֹן. אִם בְּסֻכָּה שֶׁלּוֹ אַף לְאַחַר שֶׁפָּסְקוּ הַגְּשָׁמִים עֲדַיִן הַמַּיִם מְטַפְטְפִין מִן הַסְּכָךְ, וְיֵשׁ בִּשְׁכוּנָתוֹ סֻכָּה שֶׁהָיְתָה מְסֻגֶּרֶת בְּגַג, וּלְאַחַר הַגְּשָׁמִים נִפְתְּחָה, יֵלֵךְ שָׁמָּה וְיֹאכַל פִּתּוֹ בְּטוּב לֵבָב.

סעיף ד' בַּלַּיְלָה הַשֵּׁנִי גַּם כֵּן חוֹבָה לֶאֱכֹל בַּסֻּכָּה, וַאֲפִלּוּ הוּא מִצְטַעֵר, וְדִינוֹ כְּמוֹ בַּלַּיְלָה הָרִאשׁוֹן, וּכְמוֹ שֶׁכָּתַבְנוּ, אֶלָּא חִלּוּק אֶחָד יֵשׁ בֵּינֵיהֶן, שֶׁאִם רָאָה שֶׁלֹּא יִפָּסְקוּ הַגְּשָׁמִים, אוֹ הַמְתִּין וְלֹא פָּסְקוּ, מְקַדֵּשׁ בַּבַּיִת וְאוֹכֵל שָׁם, וְקֹדֶם בִּרְכַּת הַמָּזוֹן הוֹלֵךְ לְתוֹךְ הַסֻּכָּה וְאוֹכֵל שָׁם לְכָל הַפָּחוֹת כַּזַּיִת פַּת בְּלֹא בְּרָכַת לֵישֵׁב בַּסֻּכָּה, וְחוֹזֵר לְבֵיתוֹ וּמְבָרֵךְ בִּרְכַּת הַמָּזוֹן.

סעיף ה' עַרְבִית, כְּשֶׁבָּא מִבֵּית הַכְּנֶסֶת, נִכְנָס לַסֻּכָּה וּמְקַדֵּשׁ מִיָּד, רַק לֹא יְקַדֵּשׁ אֶלָּא כְּשֶׁהוּא וַדַּאי לַיְלָה. וּכְשֶׁהוּא מְבָרֵךְ בְּקִדּוּשׁ לֵישֵׁב בַּסֻּכָּה, יְכַוֵּן לִפְטֹר בִּבְרָכָה זוֹ, סְעוּדָה זוֹ וְגַם הַשֵּׁנָה וּשְׁאָר צְרָכָיו שֶׁיַּעֲשֶׂה בַּסֻּכָּה, עַד הַקִּדּוּשׁ שֶׁבַּיּוֹם הַמָּחֳרָת. וּבְבִרְכַּת שֶׁהֶחֱיָנוּ יְכַוֵּן, שֶׁהוּא מְבָרֵךְ שֶׁהֶחֱיָנוּ עַל הֶחָג וְגַם עַל הַסֻּכָּה. וְלָכֵן בַּלַּיְלָה הָרִאשׁוֹן מְבָרְכִין תְּחִלָּה לֵישֵׁב בַּסֻּכָּה וְאַחַר כָּךְ שֶׁהֶחֱיָנוּ, שֶׁתְּהֵא בִּרְכַּת שֶׁהֶחֱיָנוּ גַּם עַל הַסֻּכָּה. וּבַלַּיְלָה הַשֵּׁנִי מְבָרֵךְ תְּחִלָּה שֶׁהֶחֱיָנוּ, וְאַחַר כָּךְ לֵישֵׁב בַּסֻּכָּה.

סעיף ו' כְּשֶׁאוֹכְלִים כַּמָּה בַּעֲלֵי בָתִּים בְּסֻכָּה אַחַת, וְיֵשׁ שָׁם גַּם הַנָּשִׁים וּשְׁאָר בְּנֵי בַיִת שֶׁצְּרִיכִין לִשְׁמֹעַ הֵיטֵב אֶת הַקִּדּוּשׁ לָצֵאת בּוֹ, אִם יְקַדְּשׁוּ כָּל בַּעֲלֵי הַבָּתִּים בְּיַחַד, תְּרֵי קָלֵי לָא מִשְׁתַּמְעֵי, וְלֹא יִשְׁמְעוּ הֵיטֵב אֶת הַקִּדּוּשׁ. עַל כֵּן טוֹב יוֹתֵר שֶׁיְּקַדְּשׁוּ בָּזֶה אַחַר זֶה. וְאִם מְקַדְּשִׁין בְּיַחַד, כְּגוֹן אִם אֵין שָׁם מִי שֶׁצָּרִיךְ לָצֵאת בִּשְׁמִיעַת קִידּוּשׁ, אִם קָדַם אֶחָד וְסִיֵּם בִּרְכַּת בּוֹרֵא פְּרִי הַגָּפֶן אוֹ בְּרָכָה אַחֶרֶת, וְאַחַר כָּךְ סִיֵּם חֲבֵרוֹ, אֵין לְהָרִאשׁוֹן לַעֲנוֹת אָמֵן אַחַר בִּרְכַּת חֲבֵרוֹ, מִשּׁוּם דְּאָמֵן, הָוֵי הֶפְסֵק בֵּין בִּרְכַּת בּוֹרֵא פְּרִי הַגָּפֶן לִשְׁתִיָּה. וְהָעוֹלָם נוֹהֲגִים לְהַמְתִּין זֶה עַל זֶה וְעוֹנִין אָמֵן, וְזֶהוּ שֶׁלֹּא כַּדִּין, אֶלָּא יֵשׁ לָהֶם לוֹמַר הַכֹּל בְּיַחַד.

סעיף ז' בִּשְׁאָר הַלֵּילוֹת וְכֵן בְּכָל הַיָּמִים, אֵין חִיּוּב לֶאֱכֹל בַּסֻּכָּה, אֶלָּא שֶׁאִם הוּא רוֹצֶה לֶאֱכֹל אֲכִילַת קֶבַע אוֹ לִישַׁן, צָרִיךְ לֶאֱכֹל אוֹ לִישַׁן בַּסֻּכָּה. וּמַהִי אֲכִילַת קֶבַע. פַּת יוֹתֵר מִכַּבֵּיצָה, אֲפִלּוּ לֹא קָבַע עָלֶיהָ, וַאֲפִלּוּ הִיא פַּת כִּסְנִין. וְכֵן תַּבְשִׁיל הֶעָשׂוּי מֵחֲמֵשֶׁת מִינֵי דָגָן יוֹתֵר מִכַּבֵּיצָה וְקָבַע עָלָיו, חַיָּב בַּסֻּכָּה וּלְבָרֵךְ עָלָיו לֵישֵׁב בַּסֻּכָּה. אֲבָל פֵּרוֹת, אֲפִלּוּ אָכַל הַרְבֵּה וְקָבַע עֲלֵיהֶם, מֻתָּר לֶאֱכוֹל חוּץ לַסֻּכָּה. וְכֵן יַיִן אוֹ שְׁאָר מַשְׁקִין אוֹ בָשָׂר וּגְבִינָה, מֻתָּר לֶאֱכוֹל וְלִשְׁתּוֹת חוּץ לַסֻּכָּה. וְדַוְקָא כְּשֶׁלֹּא קָבַע עֲלֵיהֶם. אֲבָל אִם רוֹצֶה לִשְׁתּוֹת יַיִן אוֹ שְׁאָר מַשְׁקִים

בְּדֶרֶךְ קֶבַע, אוֹ שֶׁרוֹצֶה לֶאֱכֹל בָּשָׂר אוֹ גְבִינָה דֶּרֶךְ קֶבַע, צָרִיךְ סֻכָּה, וְלֹא יְבָרֵךְ עֲלֵיהֶם לֵישֵׁב בַּסֻּכָּה. וְטוֹב שֶׁיֹּאכַל קֹדֶם, פַּת, כְּדֵי שֶׁיְּבָרֵךְ. וְכָל זֹאת, מִדִּינָא. אֲבָל מִי שֶׁמַּחְמִיר עַל עַצְמוֹ שֶׁאֲפִלּוּ מַיִם אֵינוֹ שׁוֹתֶה חוּץ לַסֻּכָּה, הֲרֵי זֶה מְשֻׁבָּח.

סעיף ח' שֵׁנָה, אֲפִלּוּ אַרְעַי, מִדִּינָא צְרִיכָה סֻכָּה. וְכֵן עוֹשִׂין הַמְדַקְדְּקִין בְּמִצְוֹת, שֶׁאֲפִלּוּ שְׁנַת אַרְעַי אֵינָם יְשֵׁנִים חוּץ לַסֻּכָּה. וְעַתָּה שֶׁנּוֹהֲגִים הַרְבֵּה לְהָקֵל בַּשֵּׁנָה, כָּתְבוּ הָאַחֲרוֹנִים, זִכְרוֹנָם לִבְרָכָה, כַּמָּה טְעָמִים, לְלַמֵּד קְצָת זְכוּת עֲלֵיהֶם. אֲבָל כָּל יְרֵא שָׁמַיִם, רָאוּי לוֹ לְהַחְמִיר וְלַעֲשׂוֹת סֻכָּה, שֶׁיּוּכַל לָדוּר שָׁם עִם אִשְׁתּוֹ, כְּמוֹ שֶׁהוּא דָר בְּכָל הַשָּׁנָה כֻּלָּהּ, אִם אֶפְשָׁר לוֹ. וּלְכָל הַפָּחוֹת שֶׁתְּהֵא רְאוּיָה לִישֹׁן שָׁם הוּא לְבַדּוֹ. וְאִם אֵינָהּ כֵּן, אֲפִלּוּ בְדִיעֲבַד, הִיא פְסוּלָה.

סעיף ט' יָרְדוּ גְשָׁמִים, פָּטוּר מִן הַסֻּכָּה. בְּאֵיזֶה גְשָׁמִים פָּטוּר? אִם יָרְדוּ כָּל כָּךְ, שֶׁהוּא מְשַׁעֵר, שֶׁאִם הָיוּ נוֹפְלִים כָּךְ לְתוֹךְ הַתַּבְשִׁיל, הָיָה מִתְקַלְקֵל, אֲפִלּוּ אֵין לְפָנָיו הַתַּבְשִׁיל, אוֹ שֶׁהוּא מְשַׁעֵר, שֶׁאִם הָיוּ נוֹפְלִים לְתוֹךְ הַחֶדֶר שֶׁהוּא בּוֹ, הָיָה יוֹצֵא מִשָּׁם לְחֶדֶר אַחֵר, אָז יוֹצֵא גַּם מִן הַסֻּכָּה לַבַּיִת. וְאִם הִתְחִיל לֶאֱכֹל בַּסֻּכָּה, וְאַחַר כָּךְ יָרְדוּ גְשָׁמִים וְנִכְנַס לְתוֹךְ הַבַּיִת, וְהִתְחִיל לֶאֱכֹל גַּם בַּבַּיִת, אוֹ שֶׁמֵּחֲמַת הַגְּשָׁמִים הִתְחִיל מִתְּחִלָּה לֶאֱכֹל בַּבַּיִת, וְאַחַר כָּךְ פָּסְקוּ הַגְּשָׁמִים, גּוֹמֵר סְעוּדָתוֹ בַּבַּיִת וְאֵינוֹ מְחֻיָּב לָלֶכֶת בְּאֶמְצַע הַסְּעוּדָה מִבֵּיתוֹ לְתוֹךְ הַסֻּכָּה. וְכֵן כְּשֶׁהָעֵת קַר וְהַמַּאֲכָלִים נִקְרָשִׁים בְּתוֹךְ הַסֻּכָּה, פָּטוּר מִן הַסֻּכָּה וְאוֹכֵל בַּבַּיִת.

סעיף י' לְעִנְיַן שֵׁנָה בַּסֻּכָּה, גַּם גְּשָׁמִים מֻעָטִין הֲוֵי צַעַר לִישֹׁן, וְיָכוֹל לָצֵאת. וְאִם יָצָא לְבֵיתוֹ וְשָׁכַב לִישֹׁן, וְאַחַר כָּךְ פָּסְקוּ הַגְּשָׁמִים, אוֹ שֶׁמִּתְּחִלָּה שָׁכַב בְּבֵיתוֹ לִישֹׁן מִפְּנֵי הַגְּשָׁמִים, וְאַחַר כָּךְ פָּסְקוּ, אֵין מַטְרִיחִין אוֹתוֹ לֵילֵךְ לַסֻּכָּה כָּל הַלַּיְלָה, אֶלָּא יָשֵׁן בְּבֵיתוֹ עַד הַבֹּקֶר.

סעיף יא' כְּשֶׁהוּא פָּטוּר מִן הַסֻּכָּה, וְאֵינוֹ יוֹצֵא מִשָּׁם, נִקְרָא הֶדְיוֹט, וְאֵינוֹ מְקַבֵּל שָׂכָר עָלֶיהָ, וְאֵינוֹ רַשַּׁאי לְבָרֵךְ, מִשּׁוּם דַּהֲוֵי בְּרָכָה לְבַטָּלָה. וּכְשֶׁיּוֹצֵא מִן הַסֻּכָּה בִּשְׁבִיל הַגְּשָׁמִים, לֹא יְבַעֵט בְּסֻכָּתוֹ וְיֵצֵא, אֶלָּא יֵצֵא בְּהַכְנָעָה, כְּעֶבֶד שֶׁמָּזַג כּוֹס לְרַבּוֹ, וְשָׁפַךְ לוֹ רַבּוֹ קִיתוֹן עַל פָּנָיו.

סעיף יב' נוֹהֲגִין שֶׁאֵין מְבָרְכִין לֵישֵׁב בַּסֻּכָּה אֶלָּא בַּאֲכִילַת קֶבַע. וְנוֹהֲגִין שֶׁמְּבָרְכִין תְּחִלָּה הַמּוֹצִיא, וְאַחַר כָּךְ לֵישֵׁב בַּסֻּכָּה, קֹדֶם שֶׁטּוֹעֵם. וּשְׁאָר דְּבָרִים שֶׁהוּא אוֹכֵל בַּסֻּכָּה כָּל הַיּוֹם, וְכָל מַה שֶּׁהוּא יוֹשֵׁב וְעוֹשֶׂה שָׁם, וַאֲפִלּוּ אִם יָשֵׁן שָׁם נִפְטָר הַכֹּל בַּבְּרָכָה שֶׁבֵּרַךְ בִּשְׁעַת אֲכִילַת קֶבַע, עַד שֶׁיֹּאכַל שֵׁנִית בְּקֶבַע. וְאִם לֹא יָצָא מִן הַסֻּכָּה לַעֲסָקָיו אוֹ לְבֵית הַכְּנֶסֶת בֵּין סְעוּדָה לִסְעוּדָה, כֵּיוָן שֶׁבֵּרַךְ פַּעַם אַחַת, שׁוּב אֵינוֹ צָרִיךְ לְבָרֵךְ בִּסְעוּדָה שְׁנִיָּה שֶׁאוֹכֵל. וַאֲפִלּוּ כָּל שִׁבְעַת יְמֵי הֶחָג, אִם יָשַׁב וְאָכַל וְלָמַד וְהִתְפַּלֵּל וְיָשַׁן תּוֹךְ סֻכָּתוֹ, אֵינוֹ צָרִיךְ לְבָרֵךְ רַק פַּעַם אַחַת, כֵּיוָן שֶׁלֹּא הִסִּיחַ דַּעְתּוֹ מִן הַסֻּכָּה. וַאֲפִלּוּ יָצָא יְצִיאַת אַרְעַי וְדַעְתּוֹ לַחֲזוֹר מִיָּד, לֹא הֲוֵי הֶסֵּחַ הַדַּעַת, וְאֵינוֹ צָרִיךְ לְבָרֵךְ בִּסְעוּדָה שְׁנִיָּה, רַק כְּשֶׁיָּצָא לַעֲסָקָיו אוֹ לְבֵית הַכְּנֶסֶת וְכַדּוֹמֶה. וַאֲפִלּוּ הָלַךְ לְתוֹךְ בֵּיתוֹ לִלְמֹד שָׁם אוֹ לַעֲשׂוֹת שָׁם אֵיזֶה דָּבָר

שֶׁהוּא שׁוֹהֶה בּוֹ, גַּם כֵּן הָוֵי הֶסַּח הַדַּעַת, וְצָרִיךְ לְבָרֵךְ בִּסְעוּדָה שְׁנִיָּה.

סעיף יג' מִי שֶׁהוֹלֵךְ אֲפִלּוּ בְּאֶמְצַע סְעוּדָתוֹ לְסֻכַּת חֲבֵרוֹ וְאוֹכֵל שָׁם שִׁעוּר דְּחִיָּב בְּסֻכָּה, צָרִיךְ לְבָרֵךְ גַּם שָׁם לֵישֵׁב בַּסֻּכָּה.

סעיף יד' מִי שֶׁשָּׁכַח לְבָרֵךְ לֵישֵׁב בַּסֻּכָּה, וְנִזְכַּר בְּאֶמְצַע הַסְּעוּדָה, אוֹ אֲפִלּוּ לְאַחַר שֶׁגָּמַר אֲכִילָתוֹ, צָרִיךְ לְבָרֵךְ, כִּי גַּם הַיְשִׁיבָה שֶׁיֵּשֵׁב שָׁם אַחַר כָּךְ, הִיא מִצְוָה.

סעיף טו' נָשִׁים פְּטוּרוֹת מִסֻּכָּה, וְאַף עַל פִּי כֵן רַשָּׁאִין לְבָרֵךְ. קְטַנִּים, גַּם כֵּן פְּטוּרִים. וּמִכָּל מָקוֹם כֹּל שֶׁהוּא מִבֶּן חָמֵשׁ שָׁנִים וּלְמַעְלָה, חַיָּב אָבִיו לְחַנְּכוֹ שֶׁיֹּאכַל בַּסֻּכָּה. וַאֲפִלּוּ אֵין אָבִיו בְּבֵיתוֹ, אֵין לְהַנִּיחוֹ שֶׁיֹּאכַל חוּץ לַסֻּכָּה.

סעיף טז' חוֹלֶה וּמְשַׁמְּשָׁיו, פְּטוּרִים מִסֻּכָּה. וְאִם הוּא חוֹלֶה שֶׁאֵין בּוֹ סַכָּנָה, אֵין הַמְשַׁמְּשִׁין פְּטוּרִין אֶלָּא בְּשָׁעָה שֶׁהוּא צָרִיךְ לָהֶם. אִם הוּא חוֹלֶה שֶׁיֵּשׁ בּוֹ סַכָּנָה, פְּטוּרִין גַּם בְּשָׁעָה שֶׁאֵינוֹ צָרִיךְ לָהֶן כָּל כָּךְ.

סעיף יז' מִצְטַעֵר, גַּם כֵּן פָּטוּר מִן הַסֻּכָּה בִּשְׁאָר הַלֵּילוֹת, וְכֵן בְּכָל הַיָּמִים. וְהַיְנוּ שֶׁמִּצְטַעֵר מֵחֲמַת צִנָּה אוֹ מֵרוּחַ אוֹ מֵרֵיחַ רָע וְכַיּוֹצֵא בּוֹ. וְכֵן אִם כָּבוּ לוֹ הַנֵּרוֹת בְּסֻכָּתוֹ בְּשַׁבָּת וְיֵשׁ לוֹ טֹרַח גָּדוֹל לֵילֵךְ לְסֻכַּת חֲבֵרוֹ, יָכוֹל לֵילֵךְ לְבֵיתוֹ בְּמָקוֹם שֶׁיֵּשׁ לוֹ נֵרוֹת דּוֹלְקִים. וְדַוְקָא אִם מִתְּחִלָּה עָשָׂה סֻכָּתוֹ כָּרָאוּי, וְאַךְ בְּמִקְרֶה בָּא לוֹ הָעִנְיָן שֶׁהוּא מִצְטַעֵר לֵישֵׁב אוֹ לִישֹׁן בְּתוֹכָהּ. אֲבָל אִם מִתְּחִלָּה עֲשָׂאָהּ בְּמָקוֹם רֵיחַ רָע וְכַדּוֹמֶה, אוֹ בְּמָקוֹם שֶׁיִּתְיָרֵא לִישֹׁן בָּהּ, אֵינוֹ יוֹצֵא בָהּ אֲפִלּוּ בַאֲכִילָה בַּיּוֹם. אִם בָּא הָרוּחַ לְכַבּוֹת הַנֵּרוֹת דֶּרֶךְ הַדְּפָנוֹת, מֻתָּר לִפְרוֹשׂ שָׁם סָדִין אוֹ בֶגֶד.

סעיף יח' הוֹלְכֵי דְרָכִים בַּיּוֹם, פְּטוּרִין מִן הַסֻּכָּה בַּיּוֹם, כֵּיוָן שֶׁאֵין לָהֶם שֶׁהוּת לִטְרֹחַ אַחַר סֻכָּה, כֵּיוָן שֶׁצְּרִיכִין לֵילֵךְ תֵּכֶף לְדַרְכָּן. אֲבָל אִם יְכוֹלִים לֵישֵׁב בַּסֻּכָּה בְּלִי טֹרַח, חַיָּבִים לֵישֵׁב בַּסֻּכָּה. וּבַלַּיְלָה, כְּשֶׁהֵם בַּמָּלוֹן שֶׁהֵם רוֹצִים לָלוּן שָׁם, צְרִיכִים לְהַטְרִיחַ אֶת עַצְמָם לֵישֵׁב בַּסֻּכָּה. וַאֲפִלּוּ אִם הֵם בְּמָקוֹם שֶׁאֵין שָׁם סֻכָּה, אִם יְכוֹלִים לַעֲשׂוֹת סֻכָּה בִּמְעַט מָמוֹן, חַיָּבִים לְהִשְׁתַּדֵּל שֶׁתְּהֵא לָהֶם סֻכָּה לִישֹׁן בְּתוֹכָהּ. וְאִם הוֹלְכִים גַּם בַּלַּיְלָה, דִּינָם כְּמוֹ בַיּוֹם. וְהַהוֹלְכִים בַּכְּפָרִים לִגְבּוֹת חוֹבוֹת בְּחֹל הַמּוֹעֵד, אִם אֵינָם יְכוֹלִין לַעֲשׂוֹת לָהֶם סֻכָּה, יַחְמִירוּ עַל עַצְמָם לַחֲזוֹר לְבָתֵּיהֶם בְּכָל לַיְלָה לְקַיֵּם מִצְוַת סֻכָּה.

סעיף יט' שְׁלוּחֵי מִצְוָה, אֲפִלּוּ בַּלַּיְלָה, כְּשֶׁהֵם בַּמָּלוֹן, אִם צְרִיכִים לִטְרֹחַ אַחַר סֻכָּה אוֹ שֶׁאֵין נוֹחַ לָהֶם לִישֹׁן בַּסֻּכָּה, וְאִם יִישְׁנוּ, יִהְיוּ לְמָחָר יְגֵעִים וְיִתְעַכְּבוּ מִן הַמִּצְוָה, פְּטוּרִין מִן הַסֻּכָּה. אֲבָל בְּלָאו הָכִי, חַיָּבִים.

סעיף כ' שׁוֹמְרֵי גַּנּוֹת וּפַרְדֵּסִים וּתְבוּאָה וְכַיּוֹצֵא בָזֶה, אִם אֶפְשָׁר לִשְׁמֹר הַכֹּל בְּמָקוֹם אֶחָד, יַעֲשֶׂה לוֹ שָׁם סֻכָּה וְיֵשֵׁב בָּהּ.

סעיף כא' הָעוֹשִׂים יַיִן אֵצֶל גּוֹיִם, פְּטוּרִין מִן הַסֻּכָּה, בֵּין בַּיּוֹם בֵּין בַּלַּיְלָה, מִשּׁוּם דִּצְרִיכִים לִשְׁמוֹר שֶׁלֹּא יִגַּע בּוֹ גּוֹי. וְאִם הוּא בְּעִנְיָן שֶׁאֵינוֹ

צָרִיךְ שִׁמּוּר, חַיָּבִין.

סעיף כב' הַיּוֹשְׁבִים בַּחֲנוּת, אַף עַל פִּי שֶׁהֵם דָּרִים חוּץ לָעִיר וְהַחֲנוּת הִיא בָּעִיר וּרְגִילִין כָּל הַשָּׁנָה בְּרֹב פְּעָמִים לֶאֱכוֹל שָׁם בַּיּוֹם, מִכָּל מָקוֹם בְּסֻכּוֹת חַיָּבִים לֶאֱכוֹל בַּסֻּכָּה.

סימן קלו - הלכות לולב ושאר המינים ובו י' סעיפים:

סעיף א' כְּבָר נָהֲגוּ יִשְׂרָאֵל, שֶׁמִּי שֶׁהוּא קוֹנֶה אֶתְרוֹג וְלוּלָב וְהוּא אֵינוֹ מֵבִין, מַרְאֶה אוֹתָן לְמוֹרֶה הוֹרָאָה אִם הֵם כְּשֵׁרִים אוֹ לֹא, כִּי יֵשׁ הַרְבֵּה חִלּוּקֵי דִּינִים. וְיֵשׁ לְהַדֵּר לִקְנוֹת לוּלָב חָדָשׁ, כִּי לוּלָב הַיָּבֵשׁ אֵינוֹ כָּשֵׁר אֶלָּא בִּשְׁעַת הַדְּחָק. וְיֵשׁ אוֹמְרִים, דְּכֹל שֶׁכָּלְתָה הַיַּרְקוּת שֶׁבּוֹ, הֲוֵי יָבֵשׁ. שִׁעוּר הַלּוּלָב, שֶׁתְּהֵא הַשִּׁדְרָה חוּץ מִן הֶעָלִין הָעֶלְיוֹנִים, אַרְבָּעָה טְפָחִים. וּבִשְׁעַת הַדְּחָק, שְׁלֹשָׁה עָשָׂר אֲגוּדָלִין וּשְׁלִישׁ גּוּדָל סָגֵי.

סעיף ב' הַהֲדַס צָרִיךְ לִהְיוֹת מְשֻׁלָּשׁ, דְּהַיְנוּ שֶׁיּוֹצְאִין בּוֹ מִכָּל קֵן וָקֵן שְׁלֹשָׁה עָלִין בְּשׁוּרָה אַחַת בְּשָׁוֶה, שֶׁלֹּא יִהְיֶה אֶחָד גָּבוֹהַּ אוֹ נָמוּךְ מֵחֲבֵרָיו. וּצְרִיכִין שֶׁיִּהְיוּ הֶעָלִין חוֹפִין אֶת עֵצוֹ, דְּהַיְנוּ שֶׁרֹאשׁ כָּל עָלֶה, יַגִּיעַ לְמַעְלָה מֵעֻקְצָהּ שֶׁל הֶעָלֶה שֶׁלְּמַעְלָה. וּבְתוֹךְ אֵלּוּ הַהֲדַסִּים הַמּוּבָאִים מִמֶּרְחָק, בִּדְחַק שֶׁיִּמָּצְאוּ כְּשֵׁרִים, וּצְרִיכִין לְבָדְקָם. וִירֵא דְבַר ה', יְהַדֵּר לִקְנוֹת הֲדַסִּים לַחִים יְרֻקִּים מְשֻׁלָּשִׁים וּמְהֻדָּרִים. וְהַגְּדֵלִים בִּמְדִינָתֵנוּ, צְרִיכִין לְדַקְדֵּק בָּהֶם אִם אֵינָם מֻרְכָּבִים, וְאִם לֹא גָּדְלוּ בְּעָצִיץ שֶׁאֵינוֹ נָקוּב. וְכֵן צְרִיכִין לְדַקְדֵּק בָּזֶה בַּלּוּלָבִין הַגְּדֵלִים בִּמְדִינָתֵנוּ. אִם אֵין בְּנִמְצָא הֲדַסִּים מְשֻׁלָּשִׁים, יִטֹּל שֶׁאֵינָם מְשֻׁלָּשִׁים, וְלֹא יְבָרֵךְ.

סעיף ג' שִׁעוּר הַהֲדַס, שְׁלֹשָׁה טְפָחִים. וּבִשְׁעַת הַדְּחָק, סָגֵי בַּעֲשָׂרָה גוּדָלִין. וְיִהְיֶה כָּל הַהֲדַס מִלְּמַטָּה עַד לְמַעְלָה, מְשֻׁלָּשׁ. וּבִשְׁעַת הַדְּחָק, אִם לְמַטָּה הַמְּעַט אֵינוֹ מְשֻׁלָּשׁ, וְהָרֹב שֶׁלְּמַעְלָה מְשֻׁלָּשׁ, גַּם כֵּן כָּשֵׁר. צְרִיכִין לְדַקְדֵּק, שֶׁלֹּא יִשָּׁרוּ הֶעָלִין מִן הַהֲדַס, כִּי אִם נָשְׁרוּ אֲפִלּוּ מִקְצָת עָלִין, יֵשׁ כַּמָּה חִלּוּקֵי דִּינִים, וּצְרִיכִין לַעֲשׂוֹת שְׁאֵלַת חָכָם.

סעיף ד' צְרִיכִין לְהַשְׁגִּיחַ, שֶׁלֹּא יְהֵא נִקְטָם רֹאשׁוֹ, דְּהַיְנוּ רֹאשׁ הָעֵץ. וְאִם אֵין לוֹ רַק קְטוּמִים, יַעֲשֶׂה שְׁאֵלַת חָכָם. אֲבָל הָעֲנָפִים הַקְּטַנִּים שֶׁיּוֹצְאִין בֵּין הַקִּנִּים, צְרִיכִים לִקְטוֹם אוֹתָם, שֶׁלֹּא יַפְסִיקוּ בֵּין הַקִּנִּים

סעיף ה' הָעֲרָבָה, יְדוּעָה. הֶעָלֶה מָשׁוּךְ, וּפִיו חָלָק, וְהַקָּנֶה אָדֹם. וַאֲפִלּוּ בְּעוֹדוֹ יָרוֹק, כָּשֵׁר, כֵּיוָן שֶׁכְּשֶׁהוּא שׁוֹהֶה בְּאִילָן, מִתְאַדֵּם. וְרֹב מִין זֶה גָּדֵל אֵצֶל הַנְּחָלִים, וְעַל כֵּן נִקְרָא עַרְבֵי נָחַל. וַאֲפִלּוּ הַגְּדֵלִים בְּמָקוֹם אַחֵר, כְּשֵׁרִים, אֶלָּא שֶׁאִם אֶפְשָׁר, יֵשׁ לְהַדֵּר לִקַּח מֵאוֹתָן הַגְּדֵלִים אֵצֶל נָחַל. שִׁעוּר הָעֲרָבָה, כְּשִׁעוּר הַהֲדַס.

סעיף ו' עֲרָבָה שֶׁיָּבְשָׁה, אוֹ שֶׁנָּשְׁרוּ רֹב הֶעָלִין שֶׁלָּהּ, אוֹ שֶׁנִּקְטַם רֹאשׁ הָעֵץ שֶׁלָּהּ, פְּסוּלָה. וְיֵשׁ אוֹמְרִים, דְּגַם אִם נִדַּלְדְּלוּ הֶעָלִין מִן הַקָּנֶה וּתְלוּיִים לְמַטָּה, פְּסוּלָה. וּצְרִיכִין לְהַשְׁגִּיחַ מְאֹד גַּם בָּעֲרָבָה, כִּי לִפְעָמִים מֵחֲמַת שֶׁתּוֹחֲבִין אוֹתָהּ אֶל הַלּוּלָב אוֹ עַל יְדֵי הַנִּעְנוּעִין, נוֹשְׁרִין הֶעָלִין, וְאָז פְּסוּלָה.

סעיף ז' צָרִיךְ לִזָּהֵר שֶׁלֹּא יִקְצֹץ הַיִּשְׂרָאֵל בְּעַצְמוֹ מִן הָאִילָן אֶחָד מֵאַרְבַּעַת הַמִּינִים לְצָרְכּוֹ, אֲפִלּוּ נָתַן לוֹ בַּעַל הַקַּרְקַע רְשׁוּת, אֶלָּא גּוֹי אוֹ יִשְׂרָאֵל אַחֵר יִקְצְצֵם וְיִקַּח מִמֶּנּוּ.

סעיף ח' לוֹקְחִין שְׁלֹשָׁה בַּדֵּי הֲדַס וּשְׁנֵי בַדֵּי עֲרָבָה, (וְאֵין לְהוֹסִיף), וְאוֹגְדִין אוֹתָם עִם הַלּוּלָב, שֶׁיִּהְיוּ כֻּלָּן אֲגֻדָּה אַחַת. וּצְרִיכִין לְהַשְׁגִּיחַ שֶׁיִּהְיוּ כֻּלָּם כְּדֶרֶךְ גְּדִילָתָן, דְּהַיְנוּ מְקוֹם הַחֲתָךְ לְמַטָּה, שֶׁאִם נִתְהַפֵּךְ אֲפִלּוּ רַק בַּד אֶחָד, גַּם בְּדִיעֲבַד אֵינוֹ יוֹצֵא. וְיֵשׁ לֶאֱגוֹד אֶת הַהֲדַס מִימִין הַשִּׁדְרָה אֶל הַלּוּלָב, וְאֶת הָעֲרָבָה מִשְּׂמֹאלוֹ, דְּהַיְנוּ שֶׁכְּשֶׁיִּטֹּל אֶת הַלּוּלָב וְהַשִּׁדְרָה נֶגֶד פָּנָיו, יִהְיֶה הַהֲדַס נֶגֶד יְמִינוֹ, וְהָעֲרָבָה נֶגֶד שְׂמֹאלוֹ. וְיִהְיוּ לְמַטָּה כֻּלָּם שָׁוִים, כְּדֵי שֶׁכְּשֶׁיִּטּוֹל אֶת הַלּוּלָב, יֹאחַז כֻּלָּם. וּמִכָּל מָקוֹם יֵשׁ לִרְאוֹת שֶׁיִּהְיֶה הַהֲדַס מְעַט גָּבוֹהַּ מִן הָעֲרָבָה. וְצָרִיךְ לְהַשְׁגִּיחַ שֶׁתֵּצֵא הַשִּׁדְרָה מִן הַלּוּלָב לְמַעְלָה מִן הַהֲדַס לְכָל הַפָּחוֹת טֶפַח. קוֹשֵׁר כֻּלָּם בְּיַחַד בְּקֶשֶׁר גָּמוּר, דְּהַיְנוּ שְׁנֵי קְשָׁרִים זֶה עַל גַּב זֶה. וּמִלְּבַד מַה שֶּׁקָּשַׁר אֵלּוּ הַמִּינִים בְּיַחַד, יַעֲשֶׂה עוֹד בַּלּוּלָב שְׁלֹשָׁה קְשָׁרִים, וְרַק טֶפַח אֶחָד מִן הַלּוּלָב לְמַעְלָה יִהְיֶה בְּלִי קֶשֶׁר, כְּדֵי לְכַסְכֵּס בּוֹ בִּשְׁעַת הַנִּעְנוּעִים. אִם יֵשׁ חוּט כָּרוּךְ עַל הַהֲדַס, צָרִיךְ לַהֲסִירוֹ קֹדֶם הָאִגּוּד, שֶׁלֹּא תְהֵא חֲצִיצָה. אִם הִתְּרָה הָאֲגֻדָּה בְּיוֹם טוֹב, אָסוּר לְאָגְדָהּ בְּיוֹם טוֹב בְּקֶשֶׁר, אֶלָּא בַּעֲנִיבָה, אוֹ כְּמוֹ שֶׁנּוֹהֲגִין שֶׁכּוֹרְכִין סְבִיבוֹתָם וְתוֹחֲבִין רֹאשׁ הַכְּרִיכָה לְתוֹךְ הָעִגּוּל הַכָּרוּךְ.

סעיף ט' עֲרָבָה שֶׁנִּתְלְשָׁה בְּיוֹם טוֹב, בֵּין בְּיוֹם טוֹב רִאשׁוֹן בֵּין בְּיוֹם טוֹב שֵׁנִי, אֲסוּרָה הַיּוֹם אֲפִלּוּ בְּטִלְטוּל בְּעָלְמָא, כִּי הִיא מֻקְצֶה גָּמוּר. וְאִם נִתְלְשָׁה בְּיוֹם טוֹב רִאשׁוֹן, כְּשֵׁרָה בְּיוֹם טוֹב שֵׁנִי. אַךְ אִם חָל יוֹם רִאשׁוֹן בְּשַׁבָּת וְנִתְלְשָׁה, אֲסוּרָה גַּם בְּיוֹם שֵׁנִי. אִם הוּבְאוּ מִחוּץ לַתְּחוּם אֶתְרוֹג אוֹ שְׁאָר מִינִים, מֻתָּרִין לְטַלְטְלָן וְלָצֵאת בָּהֶם. אַךְ אִם אֵין הָעִיר מְתֻקֶּנֶת בְּעֵרוּבִין, אֲסוּרִין לְטַלְטֵל לַחוּץ מִן הַבַּיִת שֶׁהֵם שָׁם, וְיֵלְכוּ כֻּלָּם שָׁמָּה לָצֵאת בָּהֶם.

סעיף י' מִי שֶׁאֵין לוֹ כָּל אַרְבַּעַת הַמִּינִים מֻבְחָרִים, טוֹב לוֹ יוֹתֵר לָצֵאת בְּשֶׁל חֲבֵרוֹ (וְעַיֵּן סִימָן שֶׁלְּאַחַר זֶה סָעִיף ח). וּמִכָּל מָקוֹם מִצְוָה לוֹ שֶׁיִּהְיוּ לוֹ גַּם כֵּן אַרְבָּעָה מִינִים כְּפִי הַשָּׂגַת יָדוֹ לַעֲשׂוֹת בָּהֶם הַנִּעְנוּעִים.

סימן קלז - דיני נטילתן וסדר ההקפות ובו י"ג סעיפים:

סעיף א' נוֹטֵל אֶת הַלּוּלָב עִם הָאִגּוּד וְשִׁדְרַת הַלּוּלָב כְּנֶגֶד פָּנָיו בִּימִינוֹ, וְאֶת הָאֶתְרוֹג בִּשְׂמֹאלוֹ. וְכֵיוָן שֶׁבְּכָל הַמִּצְוֹת צְרִיכִין לְבָרֵךְ עֲלֵיהֶן קֹדֶם עֲשִׂיָּתָן, וְגַם הָאֶתְרוֹג צְרִיכִין לְהַחֲזִיק דֶּרֶךְ גְּדִילָתוֹ, דְּהַיְנוּ שֶׁהָעֹקֶץ שֶׁבּוֹ נֶחְתָּךְ מִן הָאִילָן יִהְיֶה לְמַטָּה, וְהַשּׁוֹשַׁנְתָּא לְמַעְלָה, עַל כֵּן כְּשֶׁהוּא נוֹטֵל אֶת הָאֶתְרוֹג קֹדֶם שֶׁמְּבָרֵךְ, יִטְּלֵהוּ בְּהִפּוּךְ, הָעֹקֶץ לְמַעְלָה וְהַשּׁוֹשַׁנְתָּא לְמַטָּה, שֶׁלֹּא יֵצֵא בּוֹ. וּמְבָרֵךְ מְעֻמָּד עַל נְטִילַת לוּלָב. (לְפִי שֶׁהַלּוּלָב גָּבוֹהַּ מִכֻּלָּן, חָשׁוּב הוּא וְנִקְרֵאת כָּל הָאֲגוּדָּה עַל שְׁמוֹ). וּבַיּוֹם הָרִאשׁוֹן, מְבָרֵךְ גַּם שֶׁהֶחֱיָנוּ. וְאִם חָל הַיּוֹם הָרִאשׁוֹן בְּשַׁבָּת, שֶׁאֵין נוֹטְלִין בּוֹ לוּלָב, אֲזַי מְבָרֵךְ שֶׁהֶחֱיָנוּ בַּיּוֹם הַשֵּׁנִי. וּמְנַעֲנֵעַ לְאַרְבַּע רוּחוֹת כַּסֵּדֶר הַזֶּה, מִזְרָח, דָּרוֹם, מַעֲרָב, צָפוֹן, מַעְלָה,

מַטָּה. וְכֵן בַּנִּעֲנוּעִים שֶׁבְּהַלֵּל, וְכֵן בַּהֲקָפָה, יִזָּהֵר לְקָרֵב אֶת הָאֶתְרוֹג אֶל הַלּוּלָב, שֶׁלֹּא יִהְיֶה פֵּרוּד בֵּינֵיהֶם. אִם הָפַךְ וְנָטַל אֶת הָאֶתְרוֹג בְּיָמִין וְאֶת הַלּוּלָב בִּשְׂמֹאל, יַחֲזוֹר וְיִטְּלֵם בְּלֹא בְרָכָה.

סעיף ב' אִטֵּר, נוֹטֵל אֶת הַלּוּלָב בִּימִינוֹ שֶׁהִיא שְׂמֹאל כָּל אָדָם, וְאֶת הָאֶתְרוֹג בִּשְׂמֹאלוֹ. וְאִם הָפַךְ, חוֹזֵר וְנוֹטְלָם בְּלֹא בְּרָכָה. וּמִי שֶׁהוּא שׁוֹלֵט בִּשְׁתֵּי יָדָיו, הֲרֵי הוּא כְּכָל אָדָם.

סעיף ג' נָכוֹן שֶׁיַּחֲלֹץ אֶת הַתְּפִלִּין קֹדֶם נְטִילַת לוּלָב. וּלְכָל הַפָּחוֹת יָסִיר אֶת הָרְצוּעָה מֵעַל יָדוֹ, שֶׁלֹּא תְהֵא חֲצִיצָה. גַּם נָכוֹן לְהָסִיר הַטַּבָּעוֹת שֶׁבְּאֶצְבְּעוֹתָיו.

סעיף ד' סֵדֶר הַנִּעֲנוּעִים בְּהַלֵּל, כָּךְ הֵם: בְּהוֹדוּ יֵשׁ שֵׁשׁ תֵּבוֹת חוּץ מִן הַשֵּׁם, וִינַעְנַע בְּכָל תֵּבָה לְרוּחַ אֶחָד, וּבַשֵּׁם לֹא יְנַעְנַע. בְּהוֹדוּ, לַמִּזְרָח, כִּי, לַדָּרוֹם, טוֹב, לַמַּעֲרָב. כִּי לַצָּפוֹן. לְעוֹלָם, לְמַעְלָה. חַסְדּוֹ, לְמַטָּה. שְׁלִיחַ הַצִּבּוּר אֵינוֹ מְנַעְנֵעַ אֶלָּא בְּהוֹדוּ וּבִיאֹמַר נָא יִשְׂרָאֵל. וְהַצִּבּוּר, בְּכָל פַּעַם שֶׁאוֹמְרִים הוֹדוּ. וּבְאָנָּא שְׁלִיחַ הַצִּבּוּר גַּם הַצִּבּוּר, מְנַעְנְעִים רַק בְּאָנָּא ה' הוֹשִׁיעָה נָּא. וְכֵיוָן שֶׁמִּלְּבַד הַשֵּׁם יֵשׁ בּוֹ שָׁלֹשׁ תֵּבוֹת, מְנַעְנְעִים בְּכָל תֵּבָה לִשְׁתֵּי רוּחוֹת. וּבְהוֹדוּ שֶׁבְּסוֹף הַלֵּל גַּם כֵּן מְנַעְנְעִים שְׁלִיחַ הַצִּבּוּר וְהַצִּבּוּר. כְּשֶׁמְּנַעְנֵעַ לְמַטָּה, יַשְׁפִּיל רַק יָדָיו לְמַטָּה, וְהַלּוּלָב עִם שְׁאָר הַמִּינִים יִשָּׁאֲרוּ כְּדֶרֶךְ גְּדִילָתָן. וְיֵשׁ נוֹהֲגִין שֶׁמְּהַפְּכִין אֶת הַלּוּלָב לְצַד מַטָּה. וְאַל יְשַׁנֶּה אָדָם מִן הַמִּנְהָג. אֵינוֹ צָרִיךְ לַהֲפֹךְ פָּנָיו לְצַד שֶׁהוּא מְנַעְנֵעַ, רַק רֹאשׁ הַלּוּלָב יַטֶּה. וְהַנִּעְנוּעַ אֵינוֹ צָרִיךְ שֶׁיִּהְיֶה בְּחֹזֶק, אֶלָּא כִּסְכּוּס מְעַט כְּדֵי שֶׁיִּתְנַעְנְעוּ הֶעָלִין, סַגֵּי.

סעיף ה' אָסוּר לֶאֱכֹל קֹדֶם נְטִילַת לוּלָב. וּמִי שֶׁהוּא בַּדֶּרֶךְ וּמְצַפֶּה שֶׁיָּבוֹא לְמָקוֹם שֶׁיֵּשׁ שָׁם אֶתְרוֹג וְלוּלָב, וְכֵן הַדָּרִים בַּיִּשׁוּבִים וּמְשַׁלְּחִים לָהֶם אֶתְרוֹג וְלוּלָב, צְרִיכִין לְהַמְתִּין עַד חֲצוֹת וְלֹא יוֹתֵר, כִּי אָסוּר לְהִתְעַנּוֹת בְּיוֹם טוֹב וּבְחֹל הַמּוֹעֵד, יוֹתֵר. וּמִי שֶׁחָלַשׁ לִבּוֹ לְהַמְתִּין עַד חֲצוֹת הַיּוֹם, יָכוֹל לִטְעוֹם אֵיזֶה דָּבָר קֹדֶם. אֲבָל מִי שֶׁאֵין לִבּוֹ חַלָּשׁ יֵשׁ לוֹ לְהַחְמִיר אֲפִלּוּ בִּטְעִימָה.

סעיף ו' מֻתָּר לְהַחֲזִיר הַלּוּלָב בְּיוֹם טוֹב לַמַּיִם וּלְהוֹסִיף עָלָיו מַיִם, אֲבָל לֹא יַחֲלִיף. וּבְחֹל הַמּוֹעֵד, מִצְוָה לְהַחֲלִיף אֶת הַמַּיִם, כְּדֵי שֶׁיִּשָּׁאֵר הַלּוּלָב לַח וּמְהֻדָּר. וְנוֹהֲגִין לִקַּח בְּחֹל הַמּוֹעֵד בְּכָל יוֹם עֲרָבָה חֲדָשָׁה לַלּוּלָב, וְהוּא הִדּוּר מִצְוָה.

סעיף ז' הֲדַס שֶׁל מִצְוָה, אָסוּר לְהָרִיחַ בּוֹ בְּכָל שִׁבְעַת יְמֵי הֶחָג, אֲפִילוּ בְּשַׁבָּת. אֲבָל בְּאֶתְרוֹג, מֻתָּר לְהָרִיחַ בּוֹ בְּשַׁבָּת, וּמְבָרְכִין עָלָיו, הַנּוֹתֵן רֵיחַ טוֹב בַּפֵּרוֹת. וּבִשְׁאָר יְמֵי הֶחָג, אֵין לְהָרִיחַ בּוֹ אֲפִילוּ שֶׁלֹּא בִּשְׁעַת נְטִילָתוֹ לָצֵאת בּוֹ, מִשּׁוּם דְּיֵשׁ סָפֵק בְּבְרָכָה. הַלּוּלָב, אָסוּר לְטַלְטְלוֹ בְּשַׁבָּת אֲפִלּוּ לְצֹרֶךְ גּוּפוֹ וּמְקוֹמוֹ, מִשּׁוּם דַּהֲוֵי מֻקְצֶה. אֲבָל הָאֶתְרוֹג, כֵּיוָן שֶׁיְּכוֹלִין לְהָרִיחַ בּוֹ, אֵינוֹ מֻקְצֶה, וּמֻתָּר לְטַלְטְלוֹ. וּמֻתָּר לִתְּנוֹ לְתוֹךְ הַמּוֹכִין שֶׁהָיָה בָּהֶם קֹדֶם יוֹם טוֹב, שֶׁכְּבָר קָלְטוּ הָרֵיחַ. אֲבָל לֹא יִתְּנֵנוּ לְתוֹךְ מוֹכִין חֲדָשִׁים אוֹ לְבֶגֶד, מִשּׁוּם דְּמוֹלִיד רֵיחָא.

סעיף ח' בְּיוֹם טוֹב הָרִאשׁוֹן, אֵין יוֹצְאִין בְּלוּלָב וּשְׁאָר מִינִים שְׁאוּלִים, אֶלָּא צְרִיכִין שֶׁיִּהְיוּ שֶׁלּוֹ מַמָּשׁ, דִּכְתִיב, וּלְקַחְתֶּם לָכֶם בַּיּוֹם הָרִאשׁוֹן, וְדָרְשִׁינָן, לָכֶם, מִשֶּׁלָּכֶם, לְהוֹצִיא אֶת הַשָּׁאוּל. וּבְנֵי חוּץ לָאָרֶץ שֶׁעוֹשִׂין שְׁנֵי יָמִים טוֹבִים מִסְּפֵקָא, גַּם בַּיּוֹם טוֹב שֵׁנִי אֵין מְבָרְכִין עָלָיו. וְאִם אַחֵר נוֹתְנָם לוֹ בְּמַתָּנָה עַל מְנָת לְהַחֲזִיר, הָוֵי מַתָּנָה וְיוֹצֵא בָהֶם. וַאֲפִילוּ נוֹתְנָם לוֹ סְתָם לָצֵאת בָּהֶם, נֶחְשָׁב כְּאִלּוּ אָמַר לוֹ בְּפֵרוּשׁ שֶׁהוּא נוֹתְנָם לוֹ בְּמַתָּנָה עַל מְנָת לְהַחֲזִיר. אִם אֵין הָאִישׁ בְּבֵיתוֹ וְהָאִשָּׁה רוֹצָה לִתְּנָם לְאַחֵר לָצֵאת בָּהֶם, תַּלְיָא בְּאֻמְדַּן דַּעַת הַבַּעַל, אִם הוּא גַּבְרָא דְּקָפִיד אוֹ לָא.

סעיף ט' שֻׁתָּפִים שֶׁקָּנוּ לָהֶם אֶתְרוֹג וּשְׁאָר הַמִּינִים, מִסְתָמָא אַדַּעְתָּא דְהָכִי קְנָאוּם, דִּבְשְׁעַת מִצְוָתָן כָּל אֶחָד מַקְנֶה חֶלְקוֹ לַחֲבֵרוֹ. וְלָכֵן הַמִּנְהָג שֶׁהַקָּהָל קוֹנִים אֶתְרוֹג, וְכָל הַקָּהָל יוֹצְאִין בּוֹ. וְכָל מִי שֶׁיָּדוֹ מַשֶּׂגֶת, מְחֻיָּב לָתֵת דְּמֵי אֶתְרוֹג. וְעִם כָּל זֹאת, מוּטָב לָצֵאת בְּאֶתְרוֹג שֶׁל יָחִיד, אֲשֶׁר לוֹ כָּל הַמִּינִים מְהֻדָּרִים. כִּי מַה שֶּׁהַיָּחִיד מַקְנֶה לַחֲבֵרוֹ, עָדִיף טְפֵי.

סעיף י' בַּיּוֹם הָרִאשׁוֹן לֹא יִתְּנוּ לִקְטַנִּים לִטּוֹל לוּלָב וְאֶתְרוֹג עַד לְאַחַר שֶׁיִּטְּלוּ הַגְּדוֹלִים, כִּי הַקָּטָן קוֹנֶה וְאֵינוֹ מַקְנֶה מִן הַתּוֹרָה.

סעיף יא' בְּכָל יְמֵי הֶחָג לְאַחַר תְּפִלַּת מוּסָף, נוֹהֲגִים לְהַעֲלוֹת סֵפֶר תּוֹרָה עַל הַבִּימָה, וּמַנִּיחִין אֶת אֲרוֹן הַקֹּדֶשׁ פָּתוּחַ עַד לְאַחַר אֲמִירַת הַהוֹשַׁעְנוֹת, שֶׁאָז מַחֲזִירִין אֶת סֵפֶר הַתּוֹרָה. וְכָל מִי שֶׁיֵּשׁ לוֹ אֶתְרוֹג וְלוּלָב, מַקִּיף אֶת הַבִּימָה שֶׁעָלֶיהָ סֵפֶר הַתּוֹרָה בִּשְׁעַת אֲמִירַת הַהוֹשַׁעְנוֹת. בְּכָל יוֹם, מַקִּיפִין פַּעַם אֶחָת. וּבַיּוֹם הַשְּׁבִיעִי שֶׁהוּא הוֹשַׁעְנָא רַבָּה, מוֹצִיאִין אֶת כָּל סִפְרֵי הַתּוֹרָה וּמַעֲלִין אוֹתָן עַל הַבִּימָה, וּמַקִּיפִין שֶׁבַע פְּעָמִים, זֵכֶר לַמִּקְדָּשׁ, שֶׁבְּכָל יוֹם הָיוּ מַקִּיפִין אֶת הַמִּזְבֵּחַ פַּעַם אַחַת, וּבַיּוֹם הַשְּׁבִיעִי שֶׁבַע פְּעָמִים. הַהַקָּפוֹת צְרִיכוֹת לִהְיוֹת לְצַד יָמִין. וּלְפִי שֶׁסֵּפֶר הַתּוֹרָה עַל הַבִּימָה, וְכָל הַצִּבּוּר צְרִיכִין לַהֲפֹךְ פְּנֵיהֶם כְּלַפֵּי סֵפֶר הַתּוֹרָה שֶׁעַל הַבִּימָה קֹדֶם שֶׁיַּתְחִילוּ לְהַקִּיף, וְאָז הָוֵי צָפוֹן, יָמִין שֶׁלָּהֶם, לָכֵן מַקִּיפִין דֶּרֶךְ צָפוֹן. כָּל מִי שֶׁיֵּשׁ לוֹ אֶתְרוֹג וְלוּלָב וְאֵינוֹ מַקִּיף, רָעָה הוּא עוֹשֶׂה. בִּקְצָת מְקוֹמוֹת נוֹהֲגִין בְּהוֹשַׁעְנָא רַבָּה וּבְשִׂמְחַת תּוֹרָה, שֶׁלְּאַחַר שֶׁהוֹצִיאוּ אֶת כָּל סִפְרֵי הַתּוֹרָה מִן אֲרוֹן הַקֹּדֶשׁ, מַעֲמִידִין לְתוֹכוֹ נֵר דּוֹלֵק, (לְרֶמֶז תּוֹרָה אוֹר, שֶׁכְּשֶׁאֵין שָׁם תּוֹרָה, צְרִיכִין לְאוֹר אַחֵר). וְאֵין זֶה מִנְהָג יָפֶה, וְיֵשׁ לְבַטְּלוֹ, כִּי אָסוּר לְהִשְׁתַּמֵּשׁ בַּאֲרוֹן הַקֹּדֶשׁ תַּשְׁמִישׁ חֹל, אֲפִלּוּ לְפִי שָׁעָה (ט"ז סִימָן קנד סְעִיף קָטָן ז, אבל בא"ר סִימָן תרסט מביא מנהג זה בשם הספר מ"צ).

סעיף יב' בַּשַּׁבָּת, אֵין מַקִּיפִין, שֶׁגַּם בַּמִּקְדָּשׁ לֹא הָיוּ מַקִּיפִין, וְלָכֵן אֵין מַעֲלִים סֵפֶר תּוֹרָה עַל הַבִּימָה, אֶלָּא פּוֹתְחִין אֶת אֲרוֹן הַקֹּדֶשׁ עַד לְאַחַר אֲמִירַת הַהוֹשַׁעְנוֹת.

סעיף יג' מִי שֶׁאֵרַע לוֹ אֵבֶל בֶּחָג, וְכֵן אָבֵל כָּל שְׁנֵים עָשָׂר חֹדֶשׁ עַל אָבִיו אוֹ אִמּוֹ, נוֹהֲגִין שֶׁאֵינוֹ מַקִּיף. וְיֵשׁ לוֹ לְכַבֵּד בְּאֶתְרוֹג וְלוּלָב שֶׁלּוֹ אֶת מִי שֶׁאֵין לוֹ, שֶׁיַּקִּיף הוּא.

סימן קלח - דיני הושענא רבא

ושמיני עצרת ושמחת תורה ובו י' סעיפים:

סעיף א' בַּיּוֹם חֲמִישִׁי (ובא"י ביום ששי) שֶׁל חֹל הַמּוֹעֵד, הוּא הוֹשַׁעְנָא רַבָּא, נוֹהֲגִין לִהְיוֹת נֵעוֹרִים בַּלַּיְלָה שֶׁלְּפָנָיו לַעֲסֹק בַּתּוֹרָה, כְּמוֹ שֶׁנִּדְפַּס הַסֵּדֶר, לְפִי שֶׁבֶּחָג נִדּוֹנִין עַל הַמַּיִם, שֶׁכָּל חַיֵּי הָאָדָם תְּלוּיִים בַּמַּיִם, וְהַיּוֹם הוּא יוֹם הָאַחֲרוֹן שֶׁל הֶחָג, וְהַכֹּל הוֹלֵךְ אַחַר הַחִתּוּם. בְּשַׁחֲרִית, מַרְבִּים קְצָת בְּנֵרוֹת בְּבֵית הַכְּנֶסֶת כְּמוֹ בְּיוֹם הַכִּפּוּרִים, וּשְׁלִיחַ הַצִּבּוּר לוֹבֵשׁ אֶת הַקִּיטֶל. אוֹמְרִים לַמְנַצֵּחַ כְּמוֹ בְּיוֹם טוֹב, וְאוֹמְרִים גַּם מִזְמוֹר לְתוֹדָה, וְאֵין אוֹמְרִים נִשְׁמַת. אוֹמְרִים אֵין כָּמוֹךָ, שְׁמַע יִשְׂרָאֵל, כְּמוֹ בְּיוֹם טוֹב. וּבִקְדֻשַּׁת מוּסָף, נַעֲרִיצְךָ.

סעיף ב' מִנְהַג נְבִיאִים, שֶׁכָּל אֶחָד יִטּוֹל בְּיוֹם זֶה עֲרָבָה מְיֻחֶדֶת, מִלְּבַד הָעֲרָבָה שֶׁבַּלּוּלָב. וְכָל הַפּוֹסֵל בָּעֲרָבָה שֶׁבַּלּוּלָב, פּוֹסֵל גַּם בַּעֲרָבָה זוֹ. לָכֵן לֹא יְקַצְּצָהּ הַיִּשְׂרָאֵל בְּעַצְמוֹ לְצָרְכּוֹ, (כְּמוֹ שֶׁכָּתַבְתִּי לְעֵיל סִימָן קלו סָעִיף ז), אֶלָּא שֶׁאִם נָשְׁרוּ אֲפִלּוּ רֹב הֶעָלִין, כְּשֵׁרָה. וַאֲפִלּוּ נִשְׁאַר רַק עָלֶה אֶחָד בְּבַד אֶחָד, כְּשֵׁרָה. וּמִכָּל מָקוֹם הִדּוּר מִצְוָה הוּא, שֶׁיִּהְיוּ בָהּ עָלִין הַרְבֵּה, וְהַבַּדִּים אֲרֻכִּים. וְהַמִּנְהָג הַיָּפֶה, לָקַחַת חֲמִשָּׁה בַדִּין, וְאוֹגְדִין אוֹתָם בַּעֲלֵי לוּלָב.

סעיף ג' אֵין לוֹקְחִין אוֹתָהּ עִם הַלּוּלָב בְּיַחַד, אֶלָּא כְּשֶׁמַּגִּיעִין לְתַעֲנֶה אֱמוּנִים, מַנִּיחִין אֶת הַלּוּלָב וְהָאֶתְרוֹג וְנוֹטְלִין אוֹתָהּ, לְפִי שֶׁאָז מִתְפַּלְּלִין עַל הַמַּיִם. וּלְאַחַר גְּמַר הַהוֹשַׁעְנוֹת, מְנַעְנְעִין בָּהּ, וְאַחַר כָּךְ חוֹבְטִין אוֹתָהּ בַּקַּרְקַע חָמֵשׁ פְּעָמִים, וְדֵי בָּזֶה, אֲפִלּוּ אִם לֹא נֶחְסְרוּ עָלֶיהָ. וּלְאַחַר הַחֲבָטָה, לֹא יִזְרְקֶנָּה עַל הַקַּרְקַע, מִשּׁוּם בִּזּוּי מִצְוָה. וְטוֹב לְהַצְנִיעָהּ לְהַשְׁלִיכָהּ בְּתוֹךְ הָאֵשׁ שֶׁאוֹפִין מַצּוֹת, הוֹאִיל וְאִתְעֲבֵד בָּהּ חֲדָא מִצְוָה, לִתְעֲבֵד בָּהּ מִצְוָה אַחֲרִיתָא.

סעיף ד' לֵיל שְׁמִינִי עֲצֶרֶת, יֵשׁ לְהַמְתִּין שֶׁלֹּא לְקַדֵּשׁ עַד הַלַּיְלָה. וּמְבָרְכִין בְּקִדּוּשׁ שֶׁהֶחֱיָנוּ, לְפִי שֶׁהוּא רֶגֶל בִּפְנֵי עַצְמוֹ. וְאֵין מְבָרְכִין לֵישֵׁב בַּסֻּכָּה, לְפִי שֶׁבַּתְּפִלָּה וּבַקִּדּוּשׁ אוֹמְרִים, יוֹם הַשְּׁמִינִי חַג הָעֲצֶרֶת הַזֶּה. וְאִם הָיוּ מְבָרְכִין לֵישֵׁב בַּסֻּכָּה, הָוֵי תַּרְתֵּי דְסָתְרֵי.

סעיף ה' לֵיל שְׁמִינִי עֲצֶרֶת וְכָל הַיּוֹם, אוֹכְלִין בַּסֻּכָּה, אֶלָּא שֶׁאֵין מְבָרְכִין, כְּמוֹ שֶׁכָּתַבְנוּ. וּלְאַחַר הַגְּמַר, אוֹמְרִים יְהִי רָצוֹן וְכוּ'. וּבְעִנְיַן הַשֵּׁנָה בַּסֻּכָּה, יֵשׁ מְקִלִּין, וְכֵן נוֹהֲגִין. אֲבָל הַנָּכוֹן, לְהַחְמִיר.

סעיף ו' בַּשְּׁמִינִי סָמוּךְ לַחֲשֵׁכָה, יָכוֹל לְפַנּוֹת אֶת הַכֵּלִים מִן הַסֻּכָּה לְתוֹךְ הַבַּיִת. אֲבָל לֹא יְסַדְּרֵם בַּיּוֹם, מִשּׁוּם דַּהֲוֵי כְמֵכִין מִיּוֹם טוֹב לַחֲבֵרוֹ.

סעיף ז' יוֹם אַחֲרוֹן שֶׁל הֶחָג, שֶׁהוּא גַּם כֵּן שְׁמִינִי עֲצֶרֶת, נִקְרָא שִׂמְחַת תּוֹרָה, לְפִי שֶׁמְּסַיְּמִין בּוֹ אֶת הַתּוֹרָה וּשְׂמֵחִים בָּהּ. עַרְבִית, לְאַחַר הַתְּפִלָּה, עוֹשִׂין הַקָּפוֹת, וְאַחַר כָּךְ מַכְנִיסִין סִפְרֵי הַתּוֹרָה, וּמְשַׁיְּרִין אֶחָד שֶׁקּוֹרִין בּוֹ תְּלָתָא גַּבְרֵי בְּפָרָשַׁת וְזֹאת הַבְּרָכָה. וְיֵשׁ מְקוֹמוֹת שֶׁנּוֹהֲגִין לִקְרוֹת בְּפָרָשַׁת נְדָרִים. אַחַר קְרִיאַת הַתּוֹרָה, אוֹמְרִים חֲצִי קַדִּישׁ, וּמַכְנִיסִין אֶת סִפְרֵי הַתּוֹרָה וְאוֹמְרִים עָלֵינוּ.

סעיף ח'

בְּיוֹם שִׂמְחַת תּוֹרָה, נוֹהֲגִין בְּהַרְבֵּה מְקוֹמוֹת, שֶׁהַכֹּהֲנִים נוֹשְׂאִים כַּפֵּיהֶם בִּתְפִלַּת שַׁחֲרִית וְלֹא בְּמוּסָף, מִשּׁוּם דִּבְמוּסָף יֵשׁ חֲשַׁשׁ שִׁכְרוּת. וְאֵין אוֹמְרִים וְתֶעֱרַב בִּתְפִלַּת שַׁחֲרִית.

סעיף ט'

בַּיּוֹם, אַחַר הַהַקָּפוֹת, מַשִּׁירִין שְׁלֹשָׁה סִפְרֵי תוֹרָה וּמַרְבִּים בִּקְרוּאִים בְּסֵפֶר תּוֹרָה אֶחָד בְּפָרָשַׁת וְזֹאת הַבְּרָכָה כַּמָּה פְּעָמִים עַד מְעֹנָה, וּבְסוֹף קוֹרְאִין כָּל הַנְּעָרִים. וְהַנָּכוֹן, שֶׁהַגָּדוֹל שֶׁבָּהֶם יְבָרֵךְ וְהַשְּׁאָר יִשְׁמְעוּ. וְקוֹרִין לָהֶם פָּסוּק הַמַּלְאָךְ הַגֹּאֵל וְגוֹ'. אַחַר כָּךְ קוֹרְאִין לַחֲתַן תּוֹרָה, וְקוֹרֵא מִן מְעֹנָה עַד גְּמִירָא. וּבְסֵפֶר הַתּוֹרָה הַשֵּׁנִי קוֹרֵא חֲתַן בְּרֵאשִׁית, וְאוֹמְרִים חֲצִי קַדִּישׁ, וְקוֹרִין בַּשְּׁלִישִׁי מַפְטִיר (וְעַיֵּן לְעֵיל סִימָן עט סָעִיף א). וְנוֹהֲגִין בְּהַרְבֵּה מְקוֹמוֹת לְדַקְדֵּק לִקְרוֹת לַחֲתַן תּוֹרָה אָדָם חָשׁוּב. וַאֲפִלּוּ מִי שֶׁעָלָה כְּבָר בְּפָרָשַׁת וְזֹאת הַבְּרָכָה, מִכָּל מָקוֹם עוֹלֶה לַחֲתַן תּוֹרָה אוֹ לַחֲתַן בְּרֵאשִׁית. בְּמָקוֹם שֶׁאֵין לָהֶם אֶלָּא שְׁנֵי סִפְרֵי תוֹרָה, קוֹרִין בָּרִאשׁוֹן וְזֹאת הַבְּרָכָה, וּבַשֵּׁנִי בְּרֵאשִׁית, וְחוֹזְרִין וְלוֹקְחִין אֶת הָרִאשׁוֹן לְמַפְטִיר.

סעיף י'

נוֹהֲגִין שֶׁחֲתַן הַתּוֹרָה וַחֲתַן בְּרֵאשִׁית נוֹדְרִין נְדָבוֹת, וְקוֹרִין לְכָל מֵרֵעֵיהֶם וְעוֹשִׂין מִשְׁתֶּה וְשִׂמְחָה לְסִיּוּמָהּ שֶׁל תּוֹרָה וּלְהַתְחָלָתָהּ. דְּאִיתָא בַּמִּדְרָשׁ (תְּחִלַּת קֹהֶלֶת), וַיָּבֹא יְרוּשָׁלִַם וַיַּעֲמֹד לִפְנֵי אֲרוֹן בְּרִית ה' וכו' וַיַּעַשׂ מִשְׁתֶּה לְכָל עֲבָדָיו, אָמַר רַבִּי יִצְחָק, מִכָּאן, שֶׁעוֹשִׂין סְעוּדָה לִגְמָרָהּ שֶׁל תּוֹרָה.

סימן קלט - הלכות חנכה ובו כ"ו סעיפים:

סעיף א' בְּבַיִת שֵׁנִי, כְּשֶׁמָּלְכָה מַלְכוּת יָוָן, גָּזְרוּ גְזֵרוֹת עַל יִשְׂרָאֵל, וּבִטְּלוּ דָּתָם, וְלֹא הִנִּיחוּ אוֹתָם לַעֲסֹק בַּתּוֹרָה וּבְמִצְוֹת, וּפָשְׁטוּ יְדֵיהֶם בְּמָמוֹנָם וּבִבְנוֹתֵיהֶם, וְנִכְנְסוּ לַהֵיכָל וּפָרְצוּ בוֹ פְּרָצוֹת, וְטִמְּאוּ אֶת הַטָּהֳרוֹת, וְצַר לָהֶם לְיִשְׂרָאֵל מְאֹד מִפְּנֵיהֶם, וּלְחָצוּם לַחַץ גָּדוֹל, עַד שֶׁרִחֵם עֲלֵיהֶם אֱלֹהֵי אֲבוֹתֵינוּ וְהוֹשִׁיעָם מִיָּדָם וְהִצִּילָם וְגָבְרוּ בְּנֵי חַשְׁמוֹנַאי הַכֹּהֲנִים הַגְּדוֹלִים וַהֲרָגוּם, וְהוֹשִׁיעוּ אֶת יִשְׂרָאֵל מִיָּדָם, וְהֶעֱמִידוּ מֶלֶךְ מִן הַכֹּהֲנִים, וְחָזְרָה מַלְכוּת יִשְׂרָאֵל יוֹתֵר מִמָּאתַיִם שָׁנָה עַד הַחֻרְבָּן הַשֵּׁנִי. וּכְשֶׁגָּבְרוּ יִשְׂרָאֵל עַל אוֹיְבֵיהֶם וְאִבְּדוּם, בַּחֲמִשָּׁה וְעֶשְׂרִים בְּחֹדֶשׁ כִּסְלֵו הָיָה. וְנִכְנְסוּ לַהֵיכָל, וְלֹא מָצְאוּ שֶׁמֶן טָהוֹר בַּמִּקְדָּשׁ אֶלָּא פַּךְ אֶחָד, שֶׁהָיָה מֻנָּח בְּחוֹתָמוֹ שֶׁל כֹּהֵן גָּדוֹל, וְלֹא הָיָה בוֹ לְהַדְלִיק אֶלָּא יוֹם אֶחָד בִּלְבָד, וְהִדְלִיקוּ מִמֶּנּוּ נֵרוֹת הַמַּעֲרָכָה שְׁמוֹנָה יָמִים, עַד שֶׁכָּתְשׁוּ זֵיתִים וְהוֹצִיאוּ שֶׁמֶן טָהוֹר. וּמִפְּנֵי זֶה הִתְקִינוּ חֲכָמִים שֶׁבְּאוֹתוֹ הַדּוֹר, שֶׁיִּהְיוּ שְׁמוֹנַת הַיָּמִים הָאֵלּוּ שֶׁמַּתְחִילִין בַּחֲמִשָּׁה וְעֶשְׂרִים בְּכִסְלֵו, יְמֵי שִׂמְחָה וְהַלֵּל, וּמַדְלִיקִים בָּהֶם הַנֵּרוֹת בָּעֶרֶב עַל פִּתְחֵי הַבָּתִּים בְּכָל לַיְלָה וְלַיְלָה בִּשְׁמוֹנַת הַלֵּילוֹת, לְהַרְאוֹת וּלְגַלּוֹת הַנֵּס. וְהַיָּמִים הָאֵלּוּ, נִקְרָאִים חֲנֻכָּה, רוֹצֶה לוֹמַר, חֲנוּ כ"ה, שֶׁבְּיוֹם כ"ה חָנוּ מֵאוֹיְבֵיהֶם. וְעוֹד, מִפְּנֵי שֶׁבַּיָּמִים הָאֵלּוּ עָשׂוּ חֲנֻכַּת הַבַּיִת שֶׁהַצּוֹרְרִים טִמְּאוּהוּ. וְלָכֵן יֵשׁ אוֹמְרִים, שֶׁמִּצְוָה לְהַרְבּוֹת קְצָת בִּסְעוּדָה בַּחֲנֻכָּה. וְעוֹד, מִפְּנֵי שֶׁמְּלֶאכֶת הַמִּשְׁכָּן נִגְמְרָה בַּיָּמִים הָאֵלּוּ. וְיֵשׁ לְסַפֵּר לִבְנֵי בֵיתוֹ עִנְיַן הַנִּסִּים שֶׁנַּעֲשׂוּ לַאֲבוֹתֵינוּ בַּיָּמִים הָאֵלּוּ (עַיֵּן יוֹסִיפוֹן). וּמִכָּל מָקוֹם לֹא הָוֵי

סְעוּדַת מִצְוָה, אֶלָּא אִם כֵּן אוֹמְרִים בַּסְּעוּדָה שִׁירוֹת וְתִשְׁבָּחוֹת. וּמַרְבִּים בִּצְדָקָה בִּימֵי חֲנֻכָּה, כִּי הֵם מְסֻגָּלִים לְתַקֵּן בָּהֶם פְּגָמֵי נַפְשׁוֹ עַל יְדֵי הַצְּדָקָה, וּבְיִחוּד לְלוֹמְדֵי תוֹרָה הָעֲנִיִּים לְהַחֲזִיקָם.

סעיף ב' אֵין מִתְעַנִּין בִּימֵי חֲנֻכָּה. אֲבָל בַּיּוֹם שֶׁלִּפְנֵיהֶם וּבַיּוֹם שֶׁלְּאַחֲרֵיהֶם, מֻתָּרִין בְּהֶסְפֵּד וּבְתַעֲנִית.

סעיף ג' בַּחֲנֻכָּה, מֻתָּר בַּעֲשִׂיַּת מְלָאכָה. אַךְ הַנָּשִׁים נוֹהֲגוֹת שֶׁלֹּא לַעֲשׂוֹת מְלָאכָה כָּל זְמַן שֶׁהַנֵּרוֹת בַּבַּיִת דּוֹלְקִים, וְאֵין לְהָקֵל לָהֶן. וְהַטַּעַם שֶׁהַנָּשִׁים מַחְמִירוֹת יוֹתֵר, מִפְּנֵי שֶׁהַגְּזֵרָה הָיְתָה קָשָׁה עַל בְּנוֹת יִשְׂרָאֵל, שֶׁגָּזְרוּ, בְּתוּלָה הַנִּשֵּׂאת, תִּבָּעֵל לַהֶגְמוֹן תְּחִלָּה. וְעוֹד, מִפְּנֵי שֶׁהַנֵּס נַעֲשָׂה עַל יְדֵי אִשָּׁה, בַּת יוֹחָנָן כֹּהֵן גָּדוֹל הָיְתָה יְפַת תֹּאַר מְאֹד, וּבִקֵּשׁ הַמֶּלֶךְ הַצּוֹרֵר שֶׁתִּשְׁכַּב עִמּוֹ, וְאָמְרָה לוֹ, שֶׁתְּמַלֵּא בַקָּשָׁתוֹ, וְהֶאֱכִילַתּוּ תַּבְשִׁילֵי גְבִינָה, כְּדֵי שֶׁיִּצְמָא וְיִשְׁתֶּה יַיִן וְיִשְׁתַּכֵּר וְיִישַׁן וְיֵרָדֵם. וְכֵן הָיָה, וְחָתְכָה אֶת רֹאשׁוֹ וֶהֱבִיאַתּוּ לִירוּשָׁלַיִם. וְכִרְאוֹת שַׂר צְבָאָם כִּי אָבַד מַלְכָּם, וַיָּנוּסוּ. וְלָכֵן קְצָת נוֹהֲגִין לֶאֱכֹל מַאַכְלֵי חָלָב בַּחֲנֻכָּה, זֵכֶר לַנֵּס שֶׁנַּעֲשָׂה עַל יְדֵי חָלָב.

סעיף ד' כָּל הַשְּׁמָנִים כְּשֵׁרִים לְנֵר חֲנֻכָּה. וּמִכָּל מָקוֹם מִצְוָה מִן הַמֻּבְחָר לִקַּח שֶׁמֶן זַיִת דְּמְיָא לְנֵס שֶׁבַּמִּקְדָּשׁ, שֶׁהָיָה בְּשֶׁמֶן זַיִת. וְאִם אֵינוֹ מָצוּי, יִבְרוֹר שְׁאָר שֶׁמֶן שֶׁאוֹרוֹ זַךְ וְנָקִי, אוֹ נֵרוֹת שֶׁל שַׁעֲוָה, שֶׁגַּם כֵּן אוֹרָן זַךְ. וְלֹא יִהְיוּ שְׁנַיִם קְלוּעִים בְּיַחַד, מִשּׁוּם דַּהֲוֵי כִּמְדוּרָה, אֶלָּא כָּל נֵר, יְחִידִי. וְלֹא יַעֲשֶׂה מִשַּׁעֲוָה שֶׁל בָּתֵּי עֲבוֹדָה זָרָה, מִשּׁוּם דְּמָאִיס. וְכֵן כָּל הַפְּתִילוֹת כְּשֵׁרוֹת לְנֵר חֲנֻכָּה, וּמִצְוָה מִן הַמֻּבְחָר, לִקַּח צֶמֶר גֶּפֶן (בוים וואל). וְאֵין צָרִיךְ בְּכָל לַיְלָה פְּתִילוֹת חֲדָשׁוֹת, אֶלָּא מַדְלִיק גַּם בָּרִאשׁוֹנוֹת, עַד שֶׁיִּכְלוּ.

סעיף ה' אִם מַדְלִיק בְּנֵר שֶׁל חֶרֶס, כֵּיוָן שֶׁהִדְלִיק בּוֹ לַיְלָה אֶחָד, נַעֲשָׂה יָשָׁן, וְאֵין מַדְלִיקִין בּוֹ בַּלַּיְלָה הַשֵּׁנִי, מִשּׁוּם דְּמָאִיס. וְעַל כֵּן תִּהְיֶה לוֹ מְנוֹרָה נָאָה שֶׁל מִינֵי מַתֶּכֶת. וּמִי שֶׁיָּדוֹ מַשֶּׂגֶת, יִקְנֶה מְנוֹרָה שֶׁל כֶּסֶף לְהִדּוּר מִצְוָה.

סעיף ו' מִנְהָג פָּשׁוּט בִּמְדִינָתֵנוּ כִּמְהַדְּרִין מִן הַמְהַדְּרִין, שֶׁמַּדְלִיקִין כָּל אֶחָד וְאֶחָד מִבְּנֵי הַבַּיִת בַּלַּיְלָה הָרִאשׁוֹן נֵר אֶחָד, וּבַשֵּׁנִי, שְׁנֵי נֵרוֹת, וְכֵן מוֹסִיפִין, עַד שֶׁבַּלֵּיל שְׁמִינִי מַדְלִיק שְׁמוֹנָה. וּצְרִיכִין לִזָּהֵר, שֶׁיִּתֵּן כָּל אֶחָד וְאֶחָד נֵרוֹתָיו בְּמָקוֹם מְיֻחָד, כְּדֵי שֶׁיִּהְיֶה הֶכֵּר שֶׁהֵם נֵרוֹת חֲנֻכָּה.

סעיף ז' מִצְוַת נֵר חֲנֻכָּה, לְהַדְלִיק בַּפֶּתַח הַסָּמוּךְ לִרְשׁוּת הָרַבִּים, מִשּׁוּם פִּרְסוּמֵי נִסָּא, וְכָךְ הָיוּ עוֹשִׂין בִּזְמַן הַמִּשְׁנָה וְהַגְּמָרָא. וּבִזְמַן הַזֶּה שֶׁאָנוּ דָּרִים בֵּין הָאֻמּוֹת, מַדְלִיקִין בַּבַּיִת שֶׁהוּא דָּר בּוֹ. וְאִם יֵשׁ לוֹ חַלּוֹן לִרְשׁוּת הָרַבִּים, יַדְלִיקֵם שָׁם. וְאִם לָאו, מַדְלִיקָן אֵצֶל הַפֶּתַח. וּמִצְוָה שֶׁיַּנִּיחֵם בְּטֶפַח הַסָּמוּךְ לַפֶּתַח מִשְּׂמֹאל, שֶׁתְּהֵא מְזוּזָה מִיָּמִין, וְנֵר חֲנֻכָּה מִשְּׂמֹאל, וְנִמְצָא שֶׁהוּא מְסֻבָּב בְּמִצְוֹת. וְיוֹתֵר טוֹב לְהַנִּיחָם בַּחֲלַל הַפֶּתַח.

סעיף ח' מִצְוָה לְהַנִּיחָם לְמַעְלָה מִשְּׁלֹשָׁה טְפָחִים מִן הַקַּרְקַע, וּלְמַטָּה מֵעֲשָׂרָה טְפָחִים. וְאִם הִנִּיחָם לְמַעְלָה

מֵעֲשָׂרָה, יָצָא. אֲבָל אִם הִנִּיחָם לְמַעְלָה מֵעֶשְׂרִים אַמָּה, לֹא יָצָא, מִשּׁוּם דִּלְמַעְלָה מֵעֶשְׂרִים אַמָּה לָא שָׁלְטָא עֵינָא. וּמִי שֶׁהוּא דָּר בַּעֲלִיָּה, יָכוֹל לְהַנִּיחָם בַּחַלּוֹן, אַף עַל פִּי שֶׁהוּא גָּבוֹהַּ מֵעֲשָׂרָה טְפָחִים. אֲבָל אִם הַחַלּוֹן לְמַעְלָה מֵעֶשְׂרִים אַמָּה מִקַּרְקַע רְשׁוּת הָרַבִּים, דְּלָא שָׁלְטָא בְּהוּ עֵינָא מֵהַהוֹלְכִים בִּרְשׁוּת הָרַבִּים, אֲזַי טוֹב יוֹתֵר לְהַנִּיחָם אֵצֶל הַפֶּתַח.

סעיף ט' הַנֵּרוֹת, יִהְיוּ בְּשׁוּרָה אַחַת בְּשָׁוֶה, לֹא אֶחָד גָּבוֹהַּ וְאֶחָד נָמוּךְ. וְיִהְיֶה הֶפְסֵק בֵּין נֵר לְנֵר, שֶׁלֹּא יִתְקָרֵב הַלַּהַב שֶׁל זֶה לָזֶה וְיִהְיֶה כְּמוֹ מְדוּרָה. וּבְנֵרוֹת שֶׁל שַׁעֲוָה, יִהְיֶה הֶפְסֵק, שֶׁלֹּא יִתְחַמֵּם זֶה מִזֶּה וְתִטֹּף הַשַּׁעֲוָה וְיִתְקַלְקְלוּ. מִלֵּא קְעָרָה שֶׁמֶן וְהִקִּיפָהּ פְּתִילוֹת, אִם כָּפָה עָלֶיהָ כְּלִי, כָּל פְּתִילָה עוֹלָה בִּשְׁבִיל נֵר אֶחָד. לֹא כָּפָה עָלֶיהָ כְּלִי, אֲפִלּוּ לְנֵר אֶחָד, אֵינָהּ עוֹלָה, לְפִי שֶׁהִיא כִּמְדוּרָה. נֵר שֶׁיֵּשׁ לוֹ שְׁנֵי פִּיּוֹת אוֹ יוֹתֵר, לֹא יַדְלִיקוּ בוֹ שְׁנַיִם אֲפִלּוּ בַּלַּיְלָה הָרִאשׁוֹן, מִשּׁוּם דְּלֵיכָּא הֶכֵּר כַּמָּה נֵרוֹת מַדְלִיקִין.

סעיף י' זְמַן הַדְלָקָתָן, מִיָּד בְּצֵאת הַכּוֹכָבִים, וְלֹא יְאַחֵר. וְאָסוּר לַעֲשׂוֹת שׁוּם דָּבָר קֹדֶם הַהַדְלָקָה, אֲפִלּוּ לִלְמֹד. רַק אִם לֹא הִתְפַּלֵּל מַעֲרִיב, יִתְפַּלֵּל תְּחִלָּה וְאַחַר כָּךְ יַדְלִיק. וְקֹדֶם שֶׁיַּדְלִיק, יְקַבֵּץ כָּל בְּנֵי בֵיתוֹ לְפַרְסוּמֵי מִלְּתָא. וְצָרִיךְ לָתֵת שֶׁמֶן, שֶׁיִּדְלְקוּ לְכָל הַפָּחוֹת חֲצִי שָׁעָה. וּבְדִיעֲבַד אִם לֹא הִדְלִיק מִיָּד, יָכוֹל לְהַדְלִיק בִּבְרָכָה כָּל זְמַן שֶׁבְּנֵי בֵיתוֹ נֵעוֹרִים. אֲבָל לְאַחַר שֶׁבְּנֵי בֵיתוֹ יְשֵׁנִים, תּוּ לֵיכָּא פִּרְסוּמֵי נִסָּא, וְיַדְלִיק בְּלֹא בְרָכָה. אִם לֹא יִהְיֶה לוֹ פְּנַאי לְהַדְלִיק בַּלַּיְלָה, יָכוֹל לְהַקְדִּים אֶת עַצְמוֹ וּלְהַדְלִיק מִפְּלַג הַמִּנְחָה וּלְמַעְלָה, דְּהַיְנוּ שָׁעָה וּרְבִיעִית קֹדֶם צֵאת הַכּוֹכָבִים, וְהַיְנוּ שָׁעָה זְמַנִּית, לְפִי עֶרֶךְ הַיּוֹם, (עַיֵּן לְעֵיל סִימָן סט סָעִיף ב). וּבִימֵי חֲנֻכָּה שֶׁהַיָּמִים קְצָרִים, אִם הַיּוֹם אָרֹךְ רַק עֶשֶׂר שָׁעוֹת עַל הָאוּהר (עַל הַשָּׁעוֹן), אֲזַי פְּלַג הַמִּנְחָה, הֲוֵי שָׁעָה אַחַת וּשְׁתֵּי מִינוּטִין (דַקּוֹת) וָחֵצִי וּבִלְבַד שֶׁיִּתֵּן שֶׁמֶן כְּדֵי שֶׁיִּהְיוּ דוֹלְקִים עַד חֲצִי שָׁעָה לְאַחַר צֵאת הַכּוֹכָבִים. וְאִם אֵינָם דוֹלְקִים כָּךְ, לֹא קִיֵּם הַמִּצְוָה.

סעיף יא' סֵדֶר הַדְלָקָתָן כְּפִי מִנְהָגֵנוּ, בַּלַּיְלָה הָרִאשׁוֹן מַדְלִיק הַנֵּר שֶׁכְּנֶגֶד יְמִינוֹ, וּבַלַּיְלָה הַשֵּׁנִי מוֹסִיף עָלָיו נֵר כְּנֶגֶד שְׂמֹאלוֹ, וְכֵן בְּכָל לַיְלָה מוֹסִיף כְּנֶגֶד שְׂמֹאלוֹ, וְזֶה שֶׁהוּא מוֹסִיף, מַדְלִיק בָּרִאשׁוֹנָה וּפוֹנֶה וְהוֹלֵךְ לִימִינוֹ.

סעיף יב' בְּלֵיל רִאשׁוֹן מְבָרֵךְ הַמַּדְלִיק קֹדֶם הַהַדְלָקָה שָׁלֹשׁ בְּרָכוֹת, לְהַדְלִיק, שֶׁעָשָׂה נִסִּים, שֶׁהֶחֱיָנוּ. וּבִשְׁאָר הַלֵּילוֹת, אֵינוֹ מְבָרֵךְ שֶׁהֶחֱיָנוּ. לְאַחַר שֶׁבֵּרַךְ הַבְּרָכוֹת, מַדְלִיק נֵר אֶחָד. וּבְעוֹד שֶׁמַּדְלִיק הָאֲחֵרִים, אוֹמֵר, הַנֵּרוֹת הַלָּלוּ וְכוּ'. גֵּר אוֹמֵר, שֶׁעָשָׂה נִסִּים לְיִשְׂרָאֵל. וְאִם אָמַר לַאֲבוֹתֵינוּ, יָצָא. אוֹנֵן, רַחֲמָנָא לִצְּלַן, אִם יֵשׁ אַחֵר, יַדְלִיק הָאַחֵר בִּבְרָכוֹת וְהוּא יַעֲנֶה אָמֵן. וְאִי לֵיכָּא אַחֵר, יַדְלִיק הוּא בְּלֹא בְרָכוֹת.

סעיף יג' קַיְמָא לָן, הַדְלָקָה עוֹשָׂה מִצְוָה. פֵּרוּשׁ, הַהַדְלָקָה הִיא הַמִּצְוָה, וּבִשְׁעַת הַהַדְלָקָה, צְרִיכִין לִהְיוֹת הַנֵּרוֹת בִּמְקוֹמָן הָרָאוּי וּכְשִׁעוּר הָרָאוּי, לְאַפּוּקֵי אִם הִדְלִיקָן לְמַטָּה מִשְּׁלֹשָׁה טְפָחִים אוֹ לְמַעְלָה מֵעֶשְׂרִים

אִמָּה וְאַחַר כָּךְ כְּשֶׁהֵן דּוֹלְקִים הֱנִּיחָן בִּמְקוֹמָן, פְּסוּלִים. וְכֵן אִם בִּשְׁעַת הַהַדְלָקָה לֹא הָיָה שֶׁמֶן כַּשִּׁעוּר וְאַחַר כָּךְ הוֹסִיף, לָא מַהֲנֵי. וְכֵן אִם הֶעֱמִידָן בְּמָקוֹם שֶׁהָרוּחַ שׁוֹלֵט וְעוֹמְדִין לִכְבּוֹת, לֹא קִיֵּם הַמִּצְוָה, וְחַיָּב לְהַדְלִיקָן שֵׁנִית, אֲבָל לֹא יְבָרֵךְ. אֲבָל אִם הֶעֱמִידָן כָּרָאוּי וְעַל יְדֵי מִקְרֶה כָּבוּ, כְּבָר קִיֵּם הַמִּצְוָה. וּמִכָּל מָקוֹם נוֹהֲגִין שֶׁחוֹזֵר וּמַדְלִיקָן. וְנוֹהֲגִין לְהַחְמִיר שֶׁלֹּא לְהַדְלִיק נֵר מִנֵּר, אֶלָּא מַדְלִיקָן מִן הַשַּׁמָּשׁ אוֹ מִנֵּר אַחֵר.

סעיף יד' כָּל זְמַן מִצְוָתָן, דְּהַיְנוּ חֲצִי שָׁעָה, אָסוּר לֵהָנוֹת מֵאוֹרָן. וְלָכֵן נוֹהֲגִין לְהַנִּיחַ אֶצְלָן אֶת הַשַּׁמָּשׁ שֶׁהִדְלִיקוּ בּוֹ, כְּדֵי שֶׁאִם יִשְׁתַּמֵּשׁ אֶצְלָן, יִשְׁתַּמֵּשׁ לְאוֹר הַשַּׁמָּשׁ, וּצְרִיכִין לְהַנִּיחוֹ קְצָת לְמַעְלָה מִן הַנֵּרוֹת, שֶׁיְּהֵא נִכָּר, שֶׁאֵינוֹ מִמִּנְיַן הַנֵּרוֹת.

סעיף טו' מַדְלִיקִין נֵרוֹת בְּבֵית הַכְּנֶסֶת מִשּׁוּם פִּרְסוּמֵי נִסָּא, וּמְבָרְכִין עֲלֵיהֶן. וּמַנִּיחָן בְּכֹתֶל דָּרוֹם, וּמַדְלִיקָן בֵּין מִנְחָה לְמַעֲרִיב. וְאֵין אָדָם יוֹצֵא בַּנֵּרוֹת שֶׁל בֵּית הַכְּנֶסֶת. וְצָרִיךְ לַחֲזוֹר וּלְהַדְלִיק בְּבֵיתוֹ. וּמִי שֶׁהוּא אָבֵל, רַחֲמָנָא לִצְלַן, לֹא יַדְלִיק בַּלַּיְלָה הָרִאשׁוֹן בְּבֵית הַכְּנֶסֶת, מִשּׁוּם דְּצָרִיךְ לוֹמַר שֶׁהֶחֱיָנוּ. וְאָבֵל, אֵין לוֹ לוֹמַר שֶׁהֶחֱיָנוּ בְּצִבּוּר. אֲבָל בְּבֵיתוֹ, מְבָרֵךְ שֶׁהֶחֱיָנוּ.

סעיף טז' נָשִׁים, חַיָּבוֹת בְּנֵר חֲנֻכָּה, שֶׁאַף הֵן הָיוּ בְּאוֹתוֹ הַנֵּס (עַיֵּן לְעֵיל סָעִיף ג). וִיכוֹלָה אִשָּׁה לְהַדְלִיק בְּעַד כָּל בְּנֵי בֵיתָהּ. וְקָטָן שֶׁהִגִּיעַ לְחִנּוּךְ, גַּם כֵּן חַיָּב. סוּמָא, אִם יָכוֹל לְהִשְׁתַּתֵּף עִם אַחֵר בִּפְרוּטָה, מוּטָב. וְאִם יֵשׁ לוֹ אִשָּׁה, הִיא מַדְלֶקֶת בִּשְׁבִילוֹ. וְאִם אֵין לוֹ אִשָּׁה וְיֵשׁ לוֹ דִּירָה מְיֻחֶדֶת, שֶׁאֵין לוֹ עִם מִי לְהִשְׁתַּתֵּף, מַדְלִיק עַל יְדֵי סִיּוּעַ אַחֵר.

סעיף יז' בְּעֶרֶב שַׁבָּת, מַדְלִיקִין תְּחִלָּה נֵר חֲנֻכָּה, וְאַחַר כָּךְ נֵר שַׁבָּת, וּבִלְבַד שֶׁיְּהֵא לְאַחַר פְּלַג הַמִּנְחָה. וּמִתְפַּלְּלִין תְּחִלָּה מִנְחָה. וְצָרִיךְ שֶׁיִּתֵּן שֶׁמֶן כְּדֵי שֶׁיִּדְלְקוּ עַד חֲצִי שָׁעָה לְאַחַר צֵאת הַכּוֹכָבִים. דְּאִם לֹא כֵן, הָוֵי לֵהּ בְּרָכָה לְבַטָּלָה. וְאִם מַדְלִיק אֵצֶל הַפֶּתַח, צָרִיךְ לִזָּהֵר לְהַפְסִיק בְּאֵיזֶה דָּבָר בֵּינָם לְבֵין הַדֶּלֶת, שֶׁלֹּא יְכַבֶּם הָרוּחַ בִּפְתִיחַת וּנְעִילַת הַדֶּלֶת.

סעיף יח' בְּמוֹצָאֵי שַׁבָּת, מַבְדִּילִין וְאַחַר כָּךְ מַדְלִיקִין נֵר חֲנֻכָּה. וּבְבֵית הַכְּנֶסֶת, מַדְלִיקִין קֹדֶם וְיִתֶּן לְךָ.

סעיף יט' מִי שֶׁהוּא אֵינוֹ בְּבֵיתוֹ, אֶלָּא בְמָקוֹם אַחֵר, אִם יוֹדֵעַ שֶׁאִשְׁתּוֹ מַדְלֶקֶת בְּבֵיתוֹ, יַדְלִיק הוּא בְּמָקוֹם שֶׁהוּא בְּלֹא בְרָכוֹת. וְטוֹב אִם אֶפְשָׁר שֶׁיִּשְׁמַע תְּחִלָּה אֶת הַבְּרָכוֹת מִמִּי שֶׁמַּדְלִיק שָׁם, וִיכַוֵּן לָצֵאת בְּבִרְכוֹתָיו וְיַעֲנֶה אָמֵן, וְאַחַר כָּךְ יַדְלִיק הוּא בְּלֹא בְרָכוֹת. וְאִם אֵין אִשְׁתּוֹ מַדְלֶקֶת בְּבֵיתוֹ, וְכֵן הַבַּחוּרִים בְּאַכְסַנְיָא שֶׁלָּהֶן צְרִיכִין לְהַדְלִיק בִּבְרָכוֹת, אוֹ יִשְׁתַּתְּפוּ עִם בַּעַל הַבַּיִת שֶׁיִּתְּנוּ לוֹ אֵיזֶה פְּרוּטָה, שֶׁיִּהְיֶה לָהֶם גַּם כֵּן חֵלֶק בַּשֶּׁמֶן וּפְתִילָה. וּבַעַל הַבַּיִת, יוֹסִיף קְצָת שֶׁמֶן עַל הַשִּׁעוּר בִּשְׁבִיל הַשִּׁתּוּף. אֲבָל יֵשׁ לָהֶם לְהַדֵּר שֶׁיַּדְלִיקוּ כָּל אֶחָד בִּפְנֵי עַצְמוֹ. וּמִי שֶׁהוּא בְּעִירוֹ אֶלָּא בְּבֵית אַחֵר, כְּשֶׁהִגִּיעַ זְמַן הַהַדְלָקָה, צָרִיךְ לָשׁוּב לְבֵיתוֹ וּלְהַדְלִיק.

סעיף כ' הַשֶּׁמֶן שֶׁנִּשְׁאַר בַּמְּנוֹרָה

לְאַחַר חֲנֻכָּה וְכֵן הַפְּתִילוֹת, עוֹשֶׂה לָהֶן מְדוּרָה וְשׂוֹרְפָן, מִשּׁוּם דְּהֻקְצוּ לְמִצְוָתָן. וְאָסוּר לֵהָנוֹת מֵהֶן, אֶלָּא אִם כֵּן הִתְנָה מִתְּחִלָּה שֶׁאֵינוֹ מַקְצֶה מַה שֶּׁיִּשָּׁאֵר.

סעיף כא' כָּל שְׁמוֹנַת יְמֵי חֲנֻכָּה, אוֹמְרִים בִּשְׁמוֹנֶה עֶשְׂרֵה, עַל הַנִּסִּים. וְאִם שָׁכַח וְלֹא אֲמָרוֹ, אִם נִזְכַּר קֹדֶם שֶׁאָמַר אֶת הַשֵּׁם מִן בִּרְכַּת הַטּוֹב שִׁמְךָ וְכוּ', חוֹזֵר וּמַתְחִיל עַל הַנִּיסִּים. אֲבָל אִם לֹא נִזְכַּר עַד לְאַחַר שֶׁאָמַר אֶת הַשֵּׁם, גּוֹמֵר אֶת הַבְּרָכָה וְאֵינוֹ חוֹזֵר. (וּבְבִרְכַּת הַמָּזוֹן, עַיֵּן לְעֵיל סִימָן מד, סָעִיף טז).

סעיף כב' כָּל שְׁמוֹנַת יְמֵי חֲנֻכָּה, גּוֹמְרִים אֶת הַהַלֵּל, וְאֵין אוֹמְרִים, לֹא תַחֲנוּן, וְלֹא אֵל אֶרֶךְ אַפַּיִם, וְלֹא לַמְנַצֵּחַ, וְלֹא צִדְקָתְךָ צֶדֶק. (דִּין הַלֵּל בְּבֵית הָאָבֵל, רַחֲמָנָא לִצְּלָן, עַיֵּן לְקַמָּן סִימָן רז, סָעִיף ו).

סעיף כג' קוֹרִין בְּכָל יוֹם תְּלָתָא גַּבְרֵי בְּקָרְבְּנוֹת הַנְּשִׂיאִים שֶׁבְּפָרָשַׁת נָשֹׂא. בַּיּוֹם הָרִאשׁוֹן מַתְחִילִין לַכֹּהֵן מִן וַיְהִי בְּיוֹם כַּלּוֹת מֹשֶׁה, עַד לַחֲנֻכַּת הַמִּזְבֵּחַ. לַלֵּוִי, וַיְהִי הַמַּקְרִיב בַּיּוֹם הָרִאשׁוֹן וְגוֹ', עַד מְלֵאָה קְטֹרֶת. וּלְיִשְׂרָאֵל, פַּר אֶחָד וְגוֹ', עַד בֶּן עַמִּינָדָב. בַּיּוֹם הַשֵּׁנִי, לַכֹּהֵן וְלַלֵּוִי, בַּיּוֹם הַשֵּׁנִי וְגוֹ'. וּלְיִשְׂרָאֵל, בַּיּוֹם הַשְּׁלִישִׁי וְגוֹ'. וְכֵן בְּכָל יוֹם, לַכֹּהֵן וְלַלֵּוִי, הַיּוֹם שֶׁעוֹמְדִים בּוֹ. וּלְיִשְׂרָאֵל הַיּוֹם שֶׁלְּאַחֲרָיו. וּבַיּוֹם הַשְּׁמִינִי, לַכֹּהֵן וְלַלֵּוִי, בַּיּוֹם הַשְּׁמִינִי. וּלְיִשְׂרָאֵל, מַתְחִילִים בַּיּוֹם הַתְּשִׁיעִי, וְגוֹמְרִים כָּל הַסֵּדֶר וְגַם בְּפָרָשַׁת בְּהַעֲלֹתְךָ, עַד כֵּן עָשָׂה אֶת הַמְּנֹרָה.

סעיף כד' בְּשַׁבָּת חֲנֻכָּה, מוֹצִיאִין שְׁנֵי סִפְרֵי תוֹרָה. בָּרִאשׁוֹן, קוֹרִין פָּרָשַׁת הַשָּׁבוּעַ. וּבַשֵּׁנִי, הַמַּפְטִיר בְּשֶׁל חֲנֻכָּה יוֹמוֹ, וּמַפְטִירִין רָנִּי וְשִׂמְחִי. וְאִם יֵשׁ עוֹד שַׁבָּת אַחַת, מַפְטִירִין בָּהּ בִּמְלָכִים, בַּנֵּרוֹת דִּשְׁלֹמֹה. בְּרֹאשׁ חֹדֶשׁ טֵבֵת בַּחֹל, מוֹצִיאִין שְׁנֵי סִפְרֵי תוֹרָה. בָּרִאשׁוֹן קוֹרִין תְּלָתָא גַּבְרֵי בְּשֶׁל רֹאשׁ חֹדֶשׁ, וְאַחַר כָּךְ הָרְבִיעִי בְּסֵפֶר תּוֹרָה הַשֵּׁנִי בְּשֶׁל חֲנֻכָּה יוֹמוֹ, מִשּׁוּם דְּרֹאשׁ חֹדֶשׁ תָּדִיר טְפֵי, וְקַיְמָא לָן תָּדִיר וְשֶׁאֵינוֹ תָּדִיר, תָּדִיר קוֹדֵם, וְלָכֵן מַקְדִּימִין רֹאשׁ חֹדֶשׁ. וְאִם טָעוּ וְהִתְחִילוּ לִקְרוֹת בְּשֶׁל חֲנֻכָּה, וַאֲפִלּוּ עֲדַיִן לֹא הִתְחִילוּ לִקְרוֹת, אֶלָּא שֶׁכְּבָר בֵּרַךְ הָעוֹלֶה, אֵין צְרִיכִין לְהַפְסִיק, אֶלָּא הָעוֹלֶה גּוֹמֵר קְרִיאָתוֹ, וְאַחַר כָּךְ קוֹרִין לַנִּשְׁאָרִים בְּשֶׁל רֹאשׁ חֹדֶשׁ. אִם קָרְאוּ בָּרִאשׁוֹנָה בְּשֶׁל רֹאשׁ חֹדֶשׁ כָּרָאוּי, אֶלָּא שֶׁטָּעוּ וְקָרְאוּ גַּם אֶת הָרְבִיעִי בְּשֶׁל רֹאשׁ חֹדֶשׁ, אֲפִלּוּ נִזְכְּרוּ מִיָּד לְאַחַר שֶׁבֵּרֵךְ הַקּוֹרֵא, אִם לֹא הוֹצִיאוּ רַק סֵפֶר תּוֹרָה אֶחָד, אֵין צְרִיכִין לִקְרוֹת יוֹתֵר. אֲבָל אִם הוֹצִיאוּ שְׁנֵי סִפְרֵי תוֹרָה, שֶׁיֵּשׁ כָּאן חֲשַׁשׁ מִשּׁוּם פְּגָמוֹ שֶׁל סֵפֶר הַתּוֹרָה, שֶׁלֹּא יֹאמְרוּ פָּסוּל הוּא, צְרִיכִין לִקְרוֹת בּוֹ חֲמִישִׁי בְּשֶׁל חֲנֻכָּה, וְאַחַר הַחֲמִישִׁי יֹאמְרוּ חֲצִי קַדִּישׁ.

סעיף כה' חָל רֹאשׁ חֹדֶשׁ טֵבֵת בְּשַׁבָּת, מוֹצִיאִין שְׁלֹשָׁה סִפְרֵי תוֹרָה, בָּרִאשׁוֹן קוֹרִין שִׁשָּׁה גַּבְרֵי בְּפָרָשַׁת הַשָּׁבוּעַ. בַּשֵּׁנִי, שְׁבִיעִי בְּשֶׁל רֹאשׁ חֹדֶשׁ, וּמַתְחִילִין וּבְיוֹם הַשַּׁבָּת (וְעַיֵּן לְעֵיל סִימָן עח סָעִיף א וְסִימָן עט סָעִיף א). וְאוֹמְרִים חֲצִי קַדִּישׁ. וּבַשְּׁלִישִׁי מַפְטִיר בְּשֶׁל חֲנֻכָּה יוֹמוֹ, וּמַפְטִירִין רָנִּי וְשִׂמְחִי. וְאַף עַל גַּב דְּתָדִיר קוֹדֵם, זֶהוּ בַּקְּרִיאָה, שֶׁקּוֹרִין שְׁנֵיהֶם. אֲבָל בְּהַפְטָרָה שֶׁאֵין מַפְטִירִין

אֶלָּא אַחַת, דּוֹחִין שֶׁל רֹאשׁ חֹדֶשׁ וְקוֹרִין שֶׁל חֲנֻכָּה, מִשּׁוּם פִּרְסוּמֵי נִסָּא.

סעיף כו' בַּחֲמִשָּׁה עָשָׂר בִּשְׁבָט, רֹאשׁ הַשָּׁנָה לָאִילָנוֹת. אֵין אוֹמְרִים בּוֹ תַּחֲנוּן. וְנוֹהֲגִין לְהַרְבּוֹת בּוֹ בְּמִינֵי פֵּרוֹת אִילָנוֹת.

סימן קמ - סדר ארבע פרשיות ובו ג' סעיפים:

סעיף א' שַׁבָּת שֶׁלִּפְנֵי רֹאשׁ חֹדֶשׁ אֲדָר הַסָּמוּךְ לְנִיסָן, הִיא שַׁבַּת פָּרָשַׁת שְׁקָלִים. וְאִם חָל רֹאשׁ חֹדֶשׁ בַּשַּׁבָּת, אֲזַי הִיא שַׁבַּת שְׁקָלִים. וּמוֹצִיאִין שְׁלֹשָׁה סִפְרֵי תוֹרָה, בָּרִאשׁוֹן קוֹרִין שִׁשָּׁה בְּפָרָשַׁת הַשָּׁבוּעַ. בַּשֵּׁנִי, קוֹרִין לַשְּׁבִיעִי בְּשֶׁל רֹאשׁ חֹדֶשׁ, וּמַתְחִילִין וּבְיוֹם הַשַּׁבָּת, וְאוֹמְרִים חֲצִי קַדִּישׁ (עַיֵּן לְעֵיל סִימָן עח סָעִיף א וְסִימָן עט סָעִיף א). וּבַשְּׁלִישִׁי, קוֹרִין מַפְטִיר בְּפָרָשַׁת שְׁקָלִים, וּמַפְטִירִין הַפְטָרַת שְׁקָלִים. אִם טָעוּ וְהִתְחִילוּ לִקְרוֹת תְּחִלָּה בְּפָרָשַׁת שְׁקָלִים, גּוֹמְרִים, וְהַמַּפְטִיר קוֹרֵא בְּשֶׁל רֹאשׁ חֹדֶשׁ, וּמַפְטִיר גַּם כֵּן הַפְטָרַת שַׁבָּת וְרֹאשׁ חֹדֶשׁ.

סעיף ב' שַׁבָּת שֶׁלִּפְנֵי פּוּרִים הוּא שַׁבַּת פָּרָשַׁת זָכוֹר. וְהַשַּׁבָּת שֶׁלִּפְנֵי רֹאשׁ חֹדֶשׁ נִיסָן, הִיא שַׁבַּת פָּרָשַׁת הַחֹדֶשׁ. וְאִם חָל רֹאשׁ חֹדֶשׁ בַּשַּׁבָּת, אָז הִיא פָּרָשַׁת הַחֹדֶשׁ, וְדִינָהּ כְּמוֹ רֹאשׁ חֹדֶשׁ אֲדָר שֶׁחָל בַּשַּׁבָּת. וְהַשַּׁבָּת שֶׁלִּפְנֵי פָּרָשַׁת הַחֹדֶשׁ, הִיא שַׁבַּת פָּרָשַׁת פָּרָה.

סעיף ג' יֵשׁ אוֹמְרִים, כִּי פָּרָשַׁת זָכוֹר וּפָרָשַׁת פָּרָה, חַיָּבִים לְקָרוֹתָן מִדְּאוֹרַיְתָא, וְאֵין קוֹרִין בָּהֶם קָטָן לְמַפְטִיר. וּבְנֵי הַיִּשּׁוּבִים שֶׁאֵין לָהֶם מִנְיָן, צְרִיכִין שֶׁיָּבוֹאוּ לְמָקוֹם שֶׁיֵּשׁ בּוֹ מִנְיָן. וְאִם אִי אֶפְשָׁר לָהֶם, לְכָל הַפָּחוֹת יִקְרְאוּ אוֹתָן בִּנְגִינוֹת כָּרָאוּי.

סימן קמא - הלכות מגלה ובו כ"ג סעיפים:

סעיף א' מִשֶּׁנִּכְנַס אֲדָר, מַרְבִּים בְּשִׂמְחָה. וְיִשְׂרָאֵל שֶׁיֵּשׁ לוֹ דִּין וּדְבָרִים עִם גּוֹי, יִשָּׁפֵט עִמּוֹ בְּחֹדֶשׁ זֶה.

סעיף ב' בִּימֵי מָרְדְּכַי וְאֶסְתֵּר, נִקְהֲלוּ הַיְּהוּדִים בִּשְׁלֹשָׁה עָשָׂר לְחֹדֶשׁ אֲדָר לַעֲמֹד עַל נַפְשָׁם וּלְהִנָּקֵם מֵאוֹיְבֵיהֶם, וְהָיוּ צְרִיכִין לְבַקֵּשׁ רַחֲמִים מֵאֵת ה' יִתְבָּרַךְ שְׁמוֹ, שֶׁיַּעַזְרֵם. וּמָצִינוּ שֶׁכַּאֲשֶׁר הָיוּ יִשְׂרָאֵל בַּמִּלְחָמָה, הִתְעַנּוּ שֶׁיַּעַזְרֵם ה'. וְגַם מֹשֶׁה רַבֵּנוּ עָלָיו הַשָּׁלוֹם, בְּיוֹם שֶׁנִּלְחַם עִם עֲמָלֵק, הִתְעַנָּה. וְאִם כֵּן, מִסְתָּמָא גַּם אָז בִּימֵי מָרְדְּכַי וְאֶסְתֵּר, הִתְעַנּוּ בְּיוֹם שְׁלֹשָׁה עָשָׂר בַּאֲדָר. וְלָכֵן קִבְּלוּ עֲלֵיהֶם כָּל יִשְׂרָאֵל יוֹם זֶה לְתַעֲנִית צִבּוּר. וְנִקְרָא תַּעֲנִית אֶסְתֵּר, כְּדֵי לִזְכֹּר שֶׁהַבּוֹרֵא יִתְבָּרַךְ שְׁמוֹ, רוֹאֶה וְשׁוֹמֵעַ תְּפִלַּת כָּל אִישׁ בְּעֵת צָרָתוֹ, כַּאֲשֶׁר יִתְעַנֶּה וְיָשׁוּב אֶל ה' בְּכָל לְבָבוֹ, כְּמוֹ שֶׁעָשָׂה לַאֲבוֹתֵינוּ בַּיָּמִים הָהֵם. וּמִכָּל מָקוֹם אֵין תַּעֲנִית זוֹ חוֹבָה כָּל כָּךְ כְּמוֹ אַרְבַּע הַתַּעֲנִיּוֹת שֶׁכְּתוּבוֹת בַּמִּקְרָא (עַיֵּן לְעֵיל סִימָן קכא), וְלָכֵן יֵשׁ לְהָקֵל בָּהּ בְּעֵת הַצֹּרֶךְ, כְּגוֹן מְעֻבָּרוֹת וּמֵינִיקוֹת אוֹ אֲפִלּוּ חוֹלֶה קְצָת בִּכְאֵב עֵינַיִם, שֶׁאִם מִצְטַעֲרִים הַרְבֵּה, לֹא יִתְעַנּוּ. וְכֵן יוֹלֶדֶת כָּל שְׁלֹשִׁים יוֹם, וְכֵן חָתָן בְּתוֹךְ שִׁבְעַת יְמֵי הַמִּשְׁתֶּה שֶׁלּוֹ, אֵינָן צְרִיכִין לְהִתְעַנּוֹת, וְיִפְרְעוּ אֶת הַתַּעֲנִית אַחַר כָּךְ. אֲבָל שְׁאָר הַבְּרִיאִים, לֹא יִפְרְשׁוּ

(אֶת) עַצְמָם מִן הַצִּבּוּר. וַאֲפִלּוּ מִי שֶׁהוֹלֵךְ בַּדֶּרֶךְ וְקָשֶׁה עָלָיו הַתַּעֲנִית, מִכָּל מָקוֹם צָרִיךְ לְהִתְעַנּוֹת.

סעיף ג' בְּיוֹם אַרְבָּעָה עָשָׂר לְחֹדֶשׁ אֲדָר, הוּא פּוּרִים. וְאִם חָל פּוּרִים בְּיוֹם רִאשׁוֹן, מַקְדִּימִין לְהִתְעַנּוֹת בַּיּוֹם הַחֲמִישִׁי. וְאִם יֵשׁ אָז בְּרִית מִילָה, יַעֲשׂוּ אֶת הַסְּעוּדָה בַּלַּיְלָה. אֲבָל הַסַּנְדָּק וַאֲבִי הַבֵּן, מֻתָּרִין לֶאֱכֹל בַּיּוֹם, וְאֵין צְרִיכִין לְהִתְעַנּוֹת בַּיּוֹם הַשִּׁשִּׁי. אֲבָל אָדָם אַחֵר שֶׁשָּׁכַח וְאָכַל בַּיּוֹם הַחֲמִישִׁי, יִתְעַנֶּה בַּיּוֹם הַשִּׁשִּׁי.

סעיף ד' לִכְבוֹד הַמְּגִלָּה, יֵשׁ לִלְבּוֹשׁ בִּגְדֵי שַׁבָּת מִבָּעֶרֶב. וּכְשֶׁבָּא מִבֵּית הַכְּנֶסֶת, יִמְצָא בְבֵיתוֹ נֵרוֹת דּוֹלְקִים וְשֻׁלְחָן עָרוּךְ וּמִטָּה מֻצַּעַת. עַרְבִית, לְאַחַר שְׁמוֹנֶה עֶשְׂרֵה, אוֹמְרִים קַדִּישׁ שָׁלֵם עִם תִּתְקַבֵּל, וְקוֹרִין אֶת הַמְּגִלָּה. אַחַר כָּךְ אוֹמְרִים וְאַתָּה קָדוֹשׁ וְגוֹ', (שֶׁהוּא בְּמִזְמוֹר לַמְנַצֵּחַ עַל אַיֶּלֶת הַשַּׁחַר, שֶׁנֶּאֱמַר עַל אֶסְתֵּר, וְשָׁם נֶאֱמַר, אֱלֹהַי אֶקְרָא וְגוֹ', דְּנֶאֱמַר עַל מִקְרָא מְגִלָּה, דְּאָמַר רַבִּי יְהוֹשֻׁעַ בֶּן לֵוִי, חַיָּב אָדָם לִקְרוֹת אֶת הַמְּגִלָּה בַּלַּיְלָה וְלִשְׁנוֹתָהּ בַּיּוֹם, שֶׁנֶּאֱמַר, אֱלֹהַי אֶקְרָא יוֹמָם וְלֹא תַעֲנֶה וְלַיְלָה וְלֹא דוּמִיָּה לִי, וְסָמִיךְ לֵהּ, וְאַתָּה קָדוֹשׁ וְגוֹ') וְאַחַר כָּךְ קַדִּישׁ שָׁלֵם בְּלֹא תִּתְקַבֵּל. וּבְמוֹצָאֵי שַׁבָּת, וִיהִי נֹעַם, וְאַתָּה קָדוֹשׁ, וְקַדִּישׁ שָׁלֵם בְּלֹא תִּתְקַבֵּל, וְיִתֶּן לְךָ, וּמַבְדִּילִין עַל הַכּוֹס, עָלֵינוּ.

סעיף ה' נוֹהֲגִין לִתֵּן קֹדֶם פּוּרִים מַחֲצִית מִן הַמַּטְבֵּעַ הַקָּבוּעַ בְּאוֹתוֹ מָקוֹם וּבְאוֹתוֹ זְמַן, זֵכֶר לְמַחֲצִית הַשֶּׁקֶל שֶׁהָיוּ נוֹתְנִים בַּאֲדָר לְצֹרֶךְ קָרְבְּנוֹת הַצִּבּוּר. וּמִנְהָג לִתֵּן שָׁלֹשׁ מַחֲצִיּוֹת, מִשּׁוּם דִּבְפָרָשַׁת כִּי תִשָּׂא כְּתִיב שָׁלֹשׁ פְּעָמִים תְּרוּמָה. וְנוֹתְנִין בָּעֶרֶב לִפְנֵי קְרִיאַת הַמְּגִלָּה, וּמְחַלְּקִין אוֹתָם לַעֲנִיִּים. קָטָן, פָּטוּר. וְאִם אָבִיו נָתַן בִּשְׁבִילוֹ פַּעַם אַחַת, חַיָּב לְעוֹלָם. בֶּן שָׁלֹשׁ עֶשְׂרֵה שָׁנָה, יֵשׁ אוֹמְרִים דְּחַיָּב, וְיֵשׁ אוֹמְרִים דְּפָטוּר, עַד שֶׁיְּהֵא בֶּן עֶשְׂרִים.

סעיף ו' בְּפוּרִים, עַרְבִית שַׁחֲרִית וּמִנְחָה, אוֹמְרִים עַל הַנִּסִּים, וְאִם שָׁכַח, דִּינוֹ כְּמוֹ בַּחֲנֻכָּה (עַיֵּן לְעֵיל סִימָן קלט סָעִיף כא).

סעיף ז' חַיָּב כָּל אָדָם, בֵּין אִישׁ בֵּין אִשָּׁה, לִשְׁמֹעַ קְרִיאַת הַמְּגִלָּה בַּלַּיְלָה וּבַיּוֹם. וְלָכֵן גַּם הַבְּתוּלוֹת, יֵשׁ לָהֶן לָלֶכֶת לְבֵית הַכְּנֶסֶת. וְאִם אֵינָן הוֹלְכוֹת, צְרִיכִין לִקְרוֹת לִפְנֵיהֶן בַּבַּיִת. וְגַם אֶת הַקְּטַנִּים חַיָּבִים לְחַנֵּךְ אוֹתָם שֶׁיִּשְׁמְעוּ קְרִיאַת הַמְּגִלָּה. וּמִכָּל מָקוֹם לֹא יָבִיאוּ לְבֵית הַכְּנֶסֶת קְטַנִּים בְּיוֹתֵר, שֶׁמְּבַלְבְּלִים דַּעַת הַשּׁוֹמְעִים.

סעיף ח' מְגִלָּה שֶׁל לַיְלָה, אָסוּר לִקְרוֹת קֹדֶם צֵאת הַכּוֹכָבִים, אַף עַל פִּי שֶׁמִּצְטַעֵר הַרְבֵּה מֵחֲמַת הַתַּעֲנִית. אַךְ יָכוֹל לִטְעֹם קְצָת קֹדֶם הַמְּגִלָּה, כְּגוֹן קַאפֶע וְכַדּוֹמֶה, כְּדֵי לְהִתְחַזֵּק מְעַט מֵחֻלְשַׁת הַתַּעֲנִית.

סעיף ט' מִצְוָה מִן הַמֻּבְחָר לִשְׁמוֹעַ אֶת הַמְּגִלָּה בְּבֵית הַכְּנֶסֶת בְּמָקוֹם שֶׁיֵּשׁ רֹב אֲנָשִׁים, מִשּׁוּם דִּבְרָב עָם הַדְרַת מֶלֶךְ. וּלְכָל הַפָּחוֹת יִשְׁתַּדֵּל לִשְׁמֹעַ אוֹתָהּ בְּמִנְיַן עֲשָׂרָה. וְאִם אִי אֶפְשָׁר לִקְרוֹתָהּ בְּמִנְיָן, יִקְרָא אוֹתָהּ כָּל יָחִיד מִתּוֹךְ מְגִלָּה כְּשֵׁרָה עִם הַבְּרָכוֹת שֶׁלְּפָנֶיהָ. וְאִם אֶחָד יוֹדֵעַ לִקְרוֹתָהּ וְהַשְּׁאָר אֵינָם יוֹדְעִים, יִקְרָא זֶה

שֶׁיּוֹדֵעַ, וְהֵם יִשְׁמְעוּ וְיוֹצְאִין, אַף עַל פִּי שֶׁאֵינָם עֲשָׂרָה. אֲבָל בְּרָכָה שֶׁלְּאַחֲרֶיהָ, אֵין אוֹמְרִים רַק בַּעֲשָׂרָה. וְאַךְ בְּלֹא שֵׁם וּמַלְכוּת, יָכוֹל גַּם יָחִיד לְאָמְרָהּ.

סעיף י' מִנְהָג בְּכָל יִשְׂרָאֵל, שֶׁהַקּוֹרֵא אֵינוֹ קוֹרֵא מִתּוֹךְ מְגִלָּה כְּרוּכָה, אֶלָּא פּוֹשֵׁט אוֹתָהּ וְכוֹפְלָהּ דַּף עַל דַּף כְּמוֹ אִגֶּרֶת, מִפְּנֵי שֶׁנִּקְרֵאת אִגֶּרֶת הַפּוּרִים, אֲבָל הַשּׁוֹמְעִים, אֵינָם צְרִיכִים לְפָשְׁטָהּ.

סעיף יא' הַקּוֹרֵא אֶת הַמְּגִלָּה, בֵּין בַּיּוֹם בֵּין בַּלַּיְלָה, מְבָרֵךְ לְפָנֶיהָ שָׁלֹשׁ בְּרָכוֹת, עַל מִקְרָא מְגִלָּה, שֶׁעָשָׂה נִסִּים, וְשֶׁהֶחֱיָנוּ. וּלְאַחַר קְרִיאָתָהּ, כּוֹרְכָהּ כֻּלָּהּ וּמַנִּיחָהּ לְפָנָיו, וּמְבָרְכִין בִּרְכַּת הָרָב אֶת רִיבֵנוּ וְכוּ'. אִם אָבֵל קוֹרֵא אֶת הַמְּגִלָּה, יְבָרֵךְ אַחֵר אֶת הַבְּרָכוֹת, מִשּׁוּם בִּרְכַּת שֶׁהֶחֱיָנוּ.

סעיף יב' בְּבִרְכַּת שֶׁהֶחֱיָנוּ שֶׁל יוֹם, יְכַוְּנוּ גַּם עַל מִצְוַת מִשְׁלוֹחַ מָנוֹת וּמַתָּנוֹת לָאֶבְיוֹנִים וּסְעוּדַת פּוּרִים. וְכֵן שְׁלִיחַ הַצִּבּוּר, צָרִיךְ שֶׁיְּכַוֵּן לְהוֹצִיא אֶת הַצִּבּוּר עַל מִצְוֹת אֵלּוּ.

סעיף יג' הַקּוֹרֵא אֶת הַמְּגִלָּה, צָרִיךְ לְכַוֵּן לְהוֹצִיא אֶת כָּל הַשּׁוֹמְעִים. וְגַם הַשּׁוֹמֵעַ צָרִיךְ לְכַוֵּן לָצֵאת וְלִשְׁמֹעַ כָּל תֵּבָה וְתֵבָה, שֶׁאֲפִלּוּ אִם רַק תֵּבָה אַחַת לֹא שָׁמַע, אֵינוֹ יוֹצֵא. וְלָכֵן צָרִיךְ הַקּוֹרֵא לְהַשְׁגִּיחַ מְאֹד, שֶׁבְּשָׁעָה שֶׁמַּרְעִישִׁין וּמְבַלְבְּלִין בְּהַכָּאַת הָמָן, יִשְׁתֹּק עַד יַעֲבֹר הָרַעַשׁ לְגַמְרֵי. וּמִכָּל מָקוֹם רָאוּי וְנָכוֹן שֶׁיִּהְיֶה לְכָל אֶחָד מְגִלָּה כְּשֵׁרָה, כְּדֵי שֶׁיֹּאמַר בְּעַצְמוֹ מִלָּה בְמִלָּה בְּלַחַשׁ, פֶּן לֹא יִשְׁמַע תֵּבָה אַחַת מִן הַקּוֹרֵא. וְכֵן כָּל אִשָּׁה חַכְמַת לֵב שֶׁעוֹמֶדֶת בְּעֶזְרַת נָשִׁים, אִם אֶפְשָׁר, מַה טּוֹב לִהְיוֹת לָהּ מְגִלָּה כְּשֵׁרָה לִקְרוֹת מִתּוֹכָהּ, כִּי שָׁם קָשֶׁה לִשְׁמֹעַ, וְהַנָּשִׁים חַיָּבוֹת כְּמוֹ הָאֲנָשִׁים. (אִם לֹא קִדְּשׁוּ אֶת הַלְּבָנָה וְנִרְאֵתָה בִּשְׁעַת קְרִיאַת הַמְּגִלָּה, עַיֵּן לְעֵיל סוֹף סִימָן צז).

סעיף יד' הַקּוֹרֵא צָרִיךְ שֶׁיֹּאמַר אֶת עֲשֶׂרֶת בְּנֵי הָמָן וְגַם תֵּבַת עֲשֶׂרֶת, הַכֹּל בִּנְשִׁמָה אַחַת, לְהוֹדִיעַ שֶׁכֻּלָּם נֶהֶרְגוּ וְנִתְלוּ כְּאֶחָד. וְנוֹהֲגִין לְכַתְּחִלָּה לוֹמַר מִן חֲמֵשׁ מֵאוֹת אִישׁ, הַכֹּל בִּנְשִׁימָה אַחַת. וּבְדִיעֲבַד, אֲפִלּוּ הִפְסִיק בֵּין עֲשֶׂרֶת בְּנֵי הָמָן, יָצָא. וּמַה שֶּׁנּוֹהֲגִין בִּקְצָת מְקוֹמוֹת שֶׁכָּל הַקָּהָל אוֹמְרִים עֲשֶׂרֶת בְּנֵי הָמָן, אֵינוֹ מִנְהָג נָכוֹן, אֶלָּא הַקּוֹרֵא לְבַד יֹאמְרֵם, וְהַקָּהָל יִשְׁמְעוּ כְּמוֹ כָּל הַמְּגִלָּה. כְּשֶׁאוֹמֵר הַקּוֹרֵא בַּלַּיְלָה הַהוּא נָדְדָה וְגוֹ', יַגְבִּיהַּ קוֹלוֹ, כִּי שָׁם מַתְחִיל עִקַּר הַנֵּס. וּכְשֶׁאוֹמֵר הָאִגֶּרֶת הַזֹּאת, יְנַעְנֵעַ אֶת הַמְּגִלָּה.

סעיף טו' מִי שֶׁיֵּשׁ לְפָנָיו מְגִלָּה פְּסוּלָה אוֹ חֻמָּשׁ, לֹא יִקְרָא עִם שְׁלִיחַ הַצִּבּוּר. כִּי אִם הוּא קוֹרֵא, אֵינוֹ יָכוֹל לְכַוֵּן לִשְׁמֹעַ מִן שְׁלִיחַ הַצִּבּוּר. וַאֲפִלּוּ אִם הוּא יְכַוֵּן, שֶׁמָּא יִשְׁמַע אַחֵר מַה שֶּׁהוּא קוֹרֵא, וְלֹא יְכַוֵּן לִקְרִיאַת שְׁלִיחַ הַצִּבּוּר. וְכֵן לֹא יְסַיֵּעַ שׁוּם אָדָם בְּעַל פֶּה לִשְׁלִיחַ הַצִּבּוּר. וְלָכֵן אוֹתָן אַרְבָּעָה פְּסוּקֵי גְּאֻלָּה שֶׁאוֹמְרִים הַקָּהָל בְּקוֹל רָם, צָרִיךְ שְׁלִיחַ הַצִּבּוּר לַחֲזוֹר וּלְקָרוֹתָם מִתּוֹךְ הַמְּגִלָּה הַכְּשֵׁרָה.

סעיף טז' מִי שֶׁכְּבָר יָצָא בִּקְרִיאַת הַמְּגִלָּה, וְקוֹרֵא לְהוֹצִיא אַחֵר, אִם זֶה שֶׁצָּרִיךְ לָצֵאת יוֹדֵעַ בְּעַצְמוֹ לְבָרֵךְ אֶת הַבְּרָכוֹת, יְבָרֵךְ בְּעַצְמוֹ. וְאִם הִיא אִשָּׁה, טוֹב יוֹתֵר שֶׁהַקּוֹרֵא יְבָרֵךְ,

וְאוֹמֵר, אֲשֶׁר קִדְּשָׁנוּ בְּמִצְוֹתָיו וְצִוָּנוּ לִשְׁמֹעַ מְגִלָּה.

סעיף יז' בְּשַׁבָּת (שֶׁאֵינוֹ פּוּרִים) מֻתָּרִין לְטַלְטֵל אֶת הַמְּגִלָּה. וּמִכָּל מָקוֹם אִם חָל פּוּרִים בְּיוֹם הָרִאשׁוֹן, אֵין לְהָבִיא בְּשַׁבָּת אֶת הַמְּגִלָּה לְבֵית הַכְּנֶסֶת, וַאֲפִלּוּ בְּעִיר שֶׁהִיא מְתֻקֶּנֶת בְּעֵרוּבִין, מִשּׁוּם דַּהֲוֵי מֵכִין מִשַּׁבָּת לְחֹל.

סעיף יח' צִבּוּר שֶׁאֵין לָהֶם שְׁלִיחַ צִבּוּר שֶׁיָּכוֹל לִקְרוֹת אֶת הַמְּגִלָּה עִם הַטְּעָמִים כָּרָאוּי, יָכוֹל לִקְרוֹת גַּם בְּלֹא טְעָמִים, רַק שֶׁיִּקְרָא אֶת הַתֵּבוֹת כָּרָאוּי, שֶׁלֹּא יִשְׁתַּנֶּה הָעִנְיָן. שֶׁאִם קָרָא בְּמָקוֹם וּמָרְדְּכַי יוֹשֵׁב, יָשַׁב. אוֹ בְּמָקוֹם וְהָמָן נוֹפֵל, נָפַל, וְכַדּוֹמֶה, אֲפִלּוּ בְּדִיעֲבַד אֵינוֹ יוֹצֵא. וִיכוֹלִין לַעֲשׂוֹת בַּמְּגִלָּה נְקֻדּוֹת וּטְעָמִים, שֶׁיִּקְרָא כְּהֹגֶן, כֵּיוָן שֶׁהִיא שְׁעַת הַדְּחָק, וְהָכִי עָדִיף טְפֵי מִמַּה שֶׁיִּקְרָא אֶחָד מִתּוֹךְ הַחֻמָּשׁ בְּלַחַשׁ, דְּכֵיוָן שֶׁזֶּה הַקּוֹרֵא מִתּוֹךְ הַחֻמָּשׁ, אֲפִלּוּ הוּא קוֹרֵא בְּלַחַשׁ, אֵינוֹ יָכוֹל לְכַוֵּן דַּעְתּוֹ שֶׁיִּשְׁמַע מִשְּׁלִיחַ הַצִּבּוּר, וְנִמְצָא שֶׁקָּרָא רַק מִתּוֹךְ הַחֻמָּשׁ, וְאֵינוֹ יוֹצֵא. וְאִם אֵרַע כָּךְ, צָרִיךְ לַחֲזוֹר וּלְשָׁמְעָהּ מִתּוֹךְ מְגִלָּה כְּשֵׁרָה.

סעיף יט' צִבּוּר שֶׁאֵין לָהֶם מְגִלָּה כְּשֵׁרָה כְּדִינָהּ, מִכָּל מָקוֹם אִם הִיא כְּתוּבָה עַל קְלַף כְּהִלְכָתָהּ, רַק שֶׁחֲסֵרוֹת אֵיזוֹ תֵבוֹת בָּאֶמְצָעָה, כֵּיוָן שֶׁלֹּא חָסֵר בָּהּ עִנְיָן אֶחָד שָׁלֵם, יְכוֹלִין לִקְרוֹת מִתּוֹכָהּ עִם הַבְּרָכוֹת, וְהַטָּעוּת יִקְרָא הַקּוֹרֵא בְּעַל פֶּה, אוֹ יֹאמַר לְפָנָיו בְּלַחַשׁ מִתּוֹךְ הַחֻמָּשׁ. אֲבָל אִם אֵין מְגִלָּה כְּלָל אוֹ שֶׁחָסֵר בָּהּ עִנְיָן אֶחָד שָׁלֵם אוֹ שֶׁחָסֵר בָּהּ בַּתְּחִלָּה אוֹ בַסּוֹף, קוֹרִין מִתּוֹךְ הַחֻמָּשׁ כָּל אֶחָד בִּפְנֵי עַצְמוֹ וְאֵין מְבָרְכִין. וְיָחִיד שֶׁאֵין לוֹ רַק מְגִלָּה פְּסוּלָה, קוֹרֵא בָהּ בְּלֹא בְרָכוֹת.

סעיף כ' אֲבֵל תּוֹךְ שִׁבְעָה, נוֹהֵג בְּכָל דִּינֵי אֲבֵלוּת, וְאָסוּר לִרְאוֹת כָּל מִינֵי שִׂמְחָה. אַךְ בִּנְעִילַת הַסַּנְדָּל וִישִׁיבָה עַל גַּבֵּי סַפְסָל, מֻתָּר, מִפְּנֵי שֶׁהֵם דְּבָרִים הַנִּרְאִים לַכֹּל. בַּלַּיְלָה, אִם יָכוֹל לֶאֱסוֹף מִנְיָן בְּבֵיתוֹ לִקְרוֹת הַמְּגִלָּה, מוּטָב. וְאִם לָאו, יִתְפַּלֵּל בְּבֵיתוֹ וְיֵלֵךְ לְבֵית הַכְּנֶסֶת לִשְׁמוֹעַ הַמְּגִלָּה. וְאִם חָל בְּמוֹצָאֵי שַׁבָּת, יֵלֵךְ לְבֵית הַכְּנֶסֶת לְאַחַר סְעוּדָה שְׁלִישִׁית בְּעוֹד יוֹם. וּבַיּוֹם, הוֹלֵךְ לְבֵית הַכְּנֶסֶת לַתְּפִלָּה וְלַמְּגִלָּה.

סעיף כא' מִי שֶׁמֵּת לוֹ מֵת בְּתַעֲנִית אֶסְתֵּר וּבַלַּיְלָה הוּא אוֹנֵן קֹדֶם הַקְּבוּרָה, יִשְׁמַע קְרִיאַת הַמְּגִלָּה מֵאַחֵר. וְלֹא יֹאכַל בָּשָׂר וְלֹא יִשְׁתֶּה יַיִן, כִּי בַלַּיְלָה אֵינוֹ חַיָּב בְּמִשְׁתֶּה. וּבַיּוֹם לְאַחַר יְצִיאָה מִבֵּית הַכְּנֶסֶת, קוֹבְרִין אֶת הַמֵּת וְאַחַר כָּךְ יִתְפַּלֵּל וְיִקְרָא אֶת הַמְּגִלָּה אוֹ יִשְׁמַע מֵאַחֵר. וְאִם שָׁמַע קְרִיאַת הַמְּגִלָּה קֹדֶם הַקְּבוּרָה, יָצָא. וּמִכָּל מָקוֹם נָכוֹן שֶׁיַּחֲזוֹר וְיִקְרָאֶהָ בְּלֹא בְרָכוֹת. וּתְפִלִּין לֹא יַנִּיחַ אֲפִלּוּ אַחַר הַקְּבוּרָה, כֵּיוָן שֶׁהוּא יוֹם רִאשׁוֹן בְּאֶבְלוֹ. וְאוֹנֵן בְּפוּרִים בַּיּוֹם, מֻתָּר בְּבָשָׂר וְיַיִן.

סעיף כב' שַׁחֲרִית, מַשְׁכִּימִין לְבֵית הַכְּנֶסֶת. לְאַחַר שְׁמוֹנֶה עֶשְׂרֵה אוֹמְרִים חֲצִי קַדִּישׁ וְקוֹרִין בַּתּוֹרָה בְּפָרָשַׁת וַיָּבֹא עֲמָלֵק תְּלָתָא גַבְרֵי, וְאַחַר כָּךְ חֲצִי קַדִּישׁ וּלְאַחַר שֶׁמַּכְנִיסִין אֶת סֵפֶר הַתּוֹרָה, קוֹרִין אֶת הַמְּגִלָּה. לְאַחַר בְּרָכָה אַחֲרוֹנָה אֵין אוֹמְרִים בְּשַׁחֲרִית אֲשֶׁר הֵנִיא. וּלְאַחַר שֶׁסִּיֵּם הָאֵל

הַמּוֹשִׁיעַ, אוֹמְרִים שׁוֹשַׁנַּת יַעֲקֹב וְכוּ'. וְאוֹמְרִים אַשְׁרֵי, וּבָא לְצִיּוֹן, קַדִּישׁ שָׁלֵם עִם תִּתְקַבַּל. וְאֵין לַחֲלוֹץ אֶת הַתְּפִלִּין עַד לְאַחַר קְרִיאַת הַמְּגִלָּה, מִשּׁוּם דִּכְתִיב בָּהּ, וִיקָר, וְדָרְשִׁינָן, אֵלּוּ תְּפִלִּין. אִם יֵשׁ מִילָה, מָלִין קֹדֶם קְרִיאַת הַמְּגִלָּה, מִשּׁוּם דִּכְתִיב, וְשָׂשׂוֹן, זוֹ מִילָה.

סעיף כג' עִיר שֶׁהִיא מֻקֶּפֶת חוֹמָה מִימוֹת יְהוֹשֻׁעַ בִּן נוּן, קוֹרִין בָּהּ בַּחֲמִשָּׁה עָשָׂר וְלֹא שְׁכִיחִי בִּמְדִינוֹתֵינוּ.

סימן קמב - הלכות משלוח מנות איש לרעהו ומתנות לאביונים וסעודת פורים ובו י' סעיפים:

סעיף א' חַיָּב כָּל אָדָם לִשְׁלוֹחַ לְכָל הַפָּחוֹת לְאָדָם אֶחָד שְׁתֵּי מָנוֹת, דִּכְתִיב, וּמִשְׁלוֹחַ מָנוֹת אִישׁ לְרֵעֵהוּ, מַשְׁמַע שְׁתֵּי מַתָּנוֹת לְאֶחָד. וְכָל הַמַּרְבֶּה לִשְׁלוֹחַ מָנוֹת לְרֵעִים, הֲרֵי זֶה מְשֻׁבָּח. וּמִכָּל מָקוֹם מוּטָב לְהַרְבּוֹת בְּמַתָּנוֹת לָאֶבְיוֹנִים מִלְּהַרְבּוֹת בִּסְעוּדָתוֹ וּבְמִשְׁלוֹחַ מָנוֹת לְרֵעִים, כִּי אֵין שִׂמְחָה גְּדוֹלָה וּמְפֹאֶרֶת לִפְנֵי הַקָּדוֹשׁ בָּרוּךְ הוּא אֶלָּא לְשַׂמֵּחַ לֵב עֲנִיִּים וִיתוֹמִים וְאַלְמָנוֹת. וְהַמְשַׂמֵּחַ לֵב הָאֻמְלָלִים הָאֵלּוּ, דּוֹמֶה לַשְּׁכִינָה, שֶׁנֶּאֱמַר, לְהַחֲיוֹת רוּחַ שְׁפָלִים וּלְהַחֲיוֹת לֵב נִדְכָּאִים.

סעיף ב' לֹא נִקְרָא מָנוֹת אֶלָּא דָּבָר שֶׁרָאוּי לֶאֱכוֹל כְּמוֹת שֶׁהוּא בְּלִי תִּקּוּן, כְּגוֹן בָּשָׂר וְדָגִים מְבֻשָּׁלִים וְלֹא חַיִּים, אוֹ מִינֵי מְתִיקָה אוֹ פֵּרוֹת, אוֹ כּוֹס יַיִן וּמֵי דְּבַשׁ וְכַיּוֹצֵא בָּהֶם.

סעיף ג' כָּל אָדָם אֲפִלּוּ עָנִי שֶׁבְּיִשְׂרָאֵל הַמְקַבֵּל צְדָקָה, חַיָּב לִתֵּן לְכָל הַפָּחוֹת שְׁתֵּי מַתָּנוֹת לִשְׁנֵי עֲנִיִּים, דְּהַיְנוּ מַתָּנָה אַחַת לְכָל אֶחָד, דִּכְתִיב, וּמַתָּנוֹת לָאֶבְיוֹנִים, מַשְׁמַע שְׁתֵּי מַתָּנוֹת לִשְׁנֵי עֲנִיִּים. וְאֵין מְדַקְדְּקִים בִּמְעוֹת פּוּרִים, אֶלָּא כָּל הַפּוֹשֵׁט יָד לִטּוֹל, נוֹתְנִים לוֹ. וּמִי שֶׁהוּא בְּמָקוֹם שֶׁאֵין שָׁם עֲנִיִּים, יְעַכֵּב אֶת הַמָּעוֹת אֶצְלוֹ, עַד שֶׁיִּזְדַּמְּנוּ לוֹ עֲנִיִּים אוֹ יִשְׁלָחֵם לָהֶם.

סעיף ד' גַּם הַנָּשִׁים חַיָּבוֹת בְּמִשְׁלוֹחַ מָנוֹת וּמַתָּנוֹת לָאֶבְיוֹנִים. מִשְׁלוֹחַ מָנוֹת, תִּשְׁלַח אִשָּׁה לְאִשָּׁה וְאִישׁ לְאִישׁ. אֲבָל מַתָּנוֹת לָאֶבְיוֹנִים, יְכוֹלָה גַּם אִשָּׁה לִשְׁלוֹחַ לְאִישׁ, וְכֵן בְּהֵפֶךְ. קְצָת נָשִׁים סוֹמְכוֹת עַל בַּעֲלֵיהֶן שֶׁהֵם שׁוֹלְחִים גַּם בִּשְׁבִילָן, וְאֵינוֹ נָכוֹן, אֶלָּא יֵשׁ לְהַחְמִיר.

סעיף ה' חַיָּבִים לֶאֱכוֹל וְלִשְׁתּוֹת וְלִשְׂמוֹחַ בַּפּוּרִים. גַּם בְּלֵיל אַרְבָּעָה עָשָׂר יִשְׂמַח וְיַרְבֶּה קְצָת בִּסְעוּדָה. וּכְשֶׁחָל בְּמוֹצָאֵי שַׁבָּת, אַף שֶׁצָּרִיךְ לַעֲשׂוֹת בְּשַׁבָּת סְעוּדָה שְׁלִישִׁית, יְמַעֵט קְצָת בַּאֲכִילָתוֹ בַּיּוֹם, לִתֵּן מָקוֹם לִסְעוּדַת לֵיל פּוּרִים. וּמִכָּל מָקוֹם בִּסְעוּדָה שֶׁעוֹשִׂין בַּלַּיְלָה, אֵין יוֹצְאִין יְדֵי חוֹבָתָן, דְּעִקַּר הַסְּעוּדָה מִצְוָתָהּ שֶׁתְּהֵא בַיּוֹם, דִּכְתִיב, יְמֵי מִשְׁתֶּה. וְיֵשׁ לְהַדְלִיק נֵרוֹת דֶּרֶךְ שִׂמְחָה וְיוֹם טוֹב גַּם כְּשֶׁעוֹשִׂים הַסְּעוּדָה בַּיּוֹם. וְגַם בְּלֵיל חֲמִשָּׁה עָשָׂר, צָרִיךְ לִשְׂמוֹחַ קְצָת. גַּם מַתָּנוֹת לָאֶבְיוֹנִים וּמָנוֹת לְרֵעֵהוּ, צָרִיךְ לִהְיוֹת בַּיּוֹם. וּמִשּׁוּם דִּטְרִידֵי בְּמִשְׁלוֹחַ מָנוֹת, עוֹשִׂים מִקְצָת סְעוּדָה בַּלַּיְלָה. וּמִתְפַּלְּלִים מִנְחָה בְּעוֹד הַיּוֹם גָּדוֹל, וְעוֹשִׂין אֶת הַסְּעוּדָה לְאַחַר מִנְחָה. וּצְרִיכִין לַעֲשׂוֹת עַל כָּל פָּנִים רֹב הַסְּעוּדָה בַּיּוֹם. וּכְשֶׁחָל

בְּעֶרֶב שַׁבָּת, עוֹשִׂין אוֹתָהּ בְּשַׁחֲרִית, מִפְּנֵי כְּבוֹד שַׁבָּת. וְטוֹב לַעֲסֹק קְצָת בַּתּוֹרָה קֹדֶם שֶׁמַּתְחִיל הַסְּעוּדָה. וְסֶמֶךְ לַדָּבָר, לַיְּהוּדִים הָיְתָה אוֹרָה, וְדָרְשִׁינָן, אוֹרָה, זוֹ תּוֹרָה. יֵשׁ אוֹמְרִים, שֶׁיֵּשׁ לֶאֱכֹל מִינֵי זֵרְעוֹנִין בְּפוּרִים, זֵכֶר לְזֵרְעוֹנִין שֶׁאָכְלוּ דָנִיאֵל וַחֲבֵרָיו בְּבָבֶל, וְזֵכֶר לְזֵרְעוֹנִין שֶׁאָכְלָה אֶסְתֵּר. דְּאִיתָא בַּגְּמָרָא, וַיְשַׁנֶּהָ וְאֶת נַעֲרוֹתֶיהָ לְטוֹב, שֶׁהֶאֱכִילָהּ זֵרְעוֹנִים. (דִּינֵי עַל הַנִּסִּים בְּבִרְכַּת הַמָּזוֹן, עַיֵּן סִימָן מד סָעִיף טז, יז).

סעיף ו' כֵּיוָן שֶׁכָּל הַנֵּס הָיָה עַל יְדֵי הַיַּיִן, וַשְׁתִּי נִטְרְדָה בְּמִשְׁתֵּה הַיַּיִן וּבָאָה אֶסְתֵּר בִּמְקוֹמָהּ, וְכֵן עִנְיַן הָמָן וּמַפַּלְתּוֹ הָיָה עַל יְדֵי יַיִן, לָכֵן חִיְּבוּ רַבּוֹתֵינוּ זִכְרוֹנָם לִבְרָכָה, לְהִשְׁתַּכֵּר בְּיַיִן, וְאָמְרוּ, חַיָּב אֱנָשׁ לְבַסּוּמֵי בְּפוּרַיָּא עַד דְּלָא יָדַע בֵּין אָרוּר הָמָן לְבָרוּךְ מָרְדְּכַי. וְלְפָחוֹת יִשְׁתֶּה יוֹתֵר מֵהֶרְגֵּלוֹ, כְּדֵי לִזְכֹּר אֶת הַנֵּס הַגָּדוֹל, וְיִישַׁן. וּמִתּוֹךְ שֶׁיָּשֵׁן, אֵינוֹ יוֹדֵעַ בֵּין אָרוּר הָמָן לְבָרוּךְ מָרְדְּכַי. וְאוּלָם מִי שֶׁהוּא חָלוּשׁ בְּטִבְעוֹ, וְכֵן מִי שֶׁיּוֹדֵעַ בְּעַצְמוֹ שֶׁעַל יְדֵי כֵן יְזַלְזֵל חַס וְשָׁלוֹם בְּאֵיזוֹ מִצְוָה, בִּבְרָכָה, אוֹ בִתְפִלָּה, אוֹ שֶׁיָּבוֹא חַס וְשָׁלוֹם לְקַלּוּת רֹאשׁ, מוּטָב שֶׁלֹּא יִשְׁתַּכֵּר, וְכָל מַעֲשָׂיו יִהְיוּ לְשֵׁם שָׁמָיִם.

סעיף ז' הָאָבֵל, אֲפִלּוּ תּוֹךְ שִׁבְעָה, חַיָּב בְּמַתָּנוֹת לָאֶבְיוֹנִים, וְגַם לִשְׁלוֹחַ מָנוֹת לְרֵעֵהוּ. וּמִכָּל מָקוֹם לֹא יִשְׁלַח דָּבָר שֶׁל שִׂמְחָה. אֲבָל לָאָבֵל, אֵין שׁוֹלְחִין מָנוֹת כָּל שְׁנֵים עָשָׂר חֹדֶשׁ, אֲפִלּוּ דָבָר שֶׁאֵינוֹ שֶׁל שִׂמְחָה. אִם הוּא עָנִי, מֻתָּר לִשְׁלוֹחַ לוֹ מָעוֹת אוֹ שְׁאָר דָּבָר שֶׁאֵינוֹ שֶׁל שִׂמְחָה. וְאִם אֵין בַּמָּקוֹם הַהוּא רַק הָאָבֵל עִם אַחֵר, חַיָּב לִשְׁלוֹחַ לוֹ, כְּדֵי לְקַיֵּם מִצְוַת מִשְׁלוֹחַ מָנוֹת (דִּין הָאוֹנֵן, עַיֵּן לְעֵיל סִימָן קמא סָעִיף כא).

סעיף ח' אֵין לַעֲשׂוֹת מְלָאכָה בְּפוּרִים. וּמִי שֶׁעוֹשֶׂה בּוֹ מְלָאכָה, אֵינוֹ רוֹאֶה מֵאוֹתָהּ מְלָאכָה סִימַן בְּרָכָה לְעוֹלָם. וְעַל יְדֵי גוֹי, מֻתָּר. וּמֻתָּר לַעֲסֹק בִּפְרַקְמַטְיָא. וְכֵן מֻתָּר לִכְתֹּב אֲפִלּוּ אִגֶּרֶת שָׁלוֹם, וְכֵן חוֹבוֹתָיו וְכָל דָּבָר שֶׁאֵינוֹ צָרִיךְ עִיּוּן גָּדוֹל, וְכָל שֶׁכֵּן לִכְתֹּב דְּבַר מִצְוָה אוֹ לַעֲשׂוֹת שְׁאָר דְּבַר מִצְוָה. וְכֵן לְצֹרֶךְ פּוּרִים, מֻתָּר לַעֲשׂוֹת אֲפִלּוּ מְלָאכוֹת גְּמוּרוֹת.

סעיף ט' יוֹם חֲמִשָּׁה עָשָׂר בַּאֲדָר נִקְרָא אֶצְלֵנוּ שׁוּשַׁן פּוּרִים. אֵין אוֹמְרִים בּוֹ תַּחֲנוּן, וְלֹא אֵל אֶרֶךְ אַפַּיִם, וְלֹא לַמְנַצֵּחַ. וְאָסוּר גַּם כֵּן בְּהֶסְפֵּד וְתַעֲנִית. וְנוֹהֲגִין בּוֹ קְצָת מִשְׁתֶּה וְשִׂמְחָה, אֲבָל אֵין אוֹמְרִים עַל הַנִּסִּים. וּמֻתָּרִין לַעֲשׂוֹת בּוֹ נִשּׂוּאִין, כֵּיוָן שֶׁאֵין אָנוּ קוֹרִין בּוֹ אֶת הַמְּגִלָּה. אֲבָל בְּיוֹם שֶׁקּוֹרִין אֶת הַמְּגִלָּה, שֶׁאָז עִקַּר הַשִּׂמְחָה, אֵין עוֹשִׂין בּוֹ נִשּׂוּאִין, מִשּׁוּם דְּאֵין מְעָרְבִין שִׂמְחָה בְּשִׂמְחָה.

סעיף י' יוֹם אַרְבָּעָה עָשָׂר וַחֲמִשָּׁה עָשָׂר שֶׁבַּאֲדָר הָרִאשׁוֹן גַּם כֵּן אֵין אוֹמְרִים בָּהֶם לֹא תַחֲנוּן, וְלֹא אֵל אֶרֶךְ אַפַּיִם, וְלֹא לַמְנַצֵּחַ, וַאֲסוּרִין בְּהֶסְפֵּד וְתַעֲנִית. וּבְיוֹם אַרְבָּעָה עָשָׂר, מַרְבִּים קְצָת בִּסְעוּדָה.

סימן קמג - הלכות כבוד אב ואם ובו כ"ב סעיפים:

סעיף א' צָרִיךְ לִזָּהֵר מְאֹד בִּכְבוֹד אָבִיו וְאִמּוֹ וּבְמוֹרָאָם, שֶׁהִשְׁוָה אוֹתָן הַכָּתוּב לִכְבוֹדוֹ וּלְמוֹרָאוֹ, יִתְבָּרַךְ

שְׁמוֹ. כְּתִיב, כַּבֵּד אֶת אָבִיךָ וְאֶת אִמֶּךָ. וּכְתִיב, כַּבֵּד אֶת ה' מֵהוֹנֶךָ. בְּאָבִיו וְאִמּוֹ כְּתִיב, אִישׁ אִמּוֹ וְאָבִיו תִּירָאוּ. וּכְתִיב, אֶת ה' אֱלֹהֶיךָ תִּירָא. כְּדֶרֶךְ שֶׁצִּוָּה עַל כְּבוֹד שְׁמוֹ הַגָּדוֹל וּמוֹרָאוֹ, כֵּן צִוָּה עַל כְּבוֹדָם וּמוֹרָאָם. שְׁלֹשָׁה שֻׁתָּפִין הֵם בָּאָדָם, הַקָּדוֹשׁ בָּרוּךְ הוּא וְאָבִיו וְאִמּוֹ. (אִישׁ מַזְרִיעַ לֹבֶן שֶׁבּוֹ, אִשָּׁה מַזְרַעַת אֹדֶם שֶׁבּוֹ, וְהַקָּדוֹשׁ בָּרוּךְ הוּא נוֹפֵחַ בּוֹ נְשָׁמָה, מַרְאֵה עַיִן, וּשְׁמִיעַת אֹזֶן, וְדִבּוּר) בִּזְמַן שֶׁאָדָם מְכַבֵּד אֶת אָבִיו וְאֶת אִמּוֹ, אוֹמֵר הַקָּדוֹשׁ בָּרוּךְ הוּא, מַעֲלֶה אֲנִי עֲלֵיכֶם, כְּאִלּוּ דַּרְתִּי בֵּינֵיהֶם וְכִבְּדוּנִי.

סעיף ב' אֵיזֶהוּ מוֹרָא. לֹא יַעֲמֹד בִּמְקוֹמוֹ הַמְיֻחָס לוֹ לַעֲמֹד שָׁם בְּסוֹד זְקֵנִים עִם חֲבֵרָיו אוֹ מָקוֹם הַמְיֻחָד לוֹ לְהִתְפַּלֵּל, וְלֹא יֵשֵׁב בְּמָקוֹם הַמְיֻחָד לוֹ לְהָסֵב בְּבֵיתוֹ, וְלֹא יִסְתֹּר אֶת דְּבָרָיו, וְלֹא יַכְרִיעַ אֶת דְּבָרָיו בְּפָנָיו, אֲפִלּוּ לוֹמַר, נִרְאִין דִּבְרֵי אַבָּא. עַד הֵיכָן מוֹרָאָם. הָיָה הַבֵּן לָבוּשׁ חֲמוּדוֹת וְיוֹשֵׁב בְּרֹאשׁ הַקָּהָל, וּבָאוּ אָבִיו אוֹ אִמּוֹ וְקָרְעוּ אֶת בְּגָדָיו, וְהִכּוּהוּ עַל רֹאשׁוֹ, וְיָרְקוּ בְּפָנָיו, לֹא יַכְלִים אוֹתָם וְלֹא יִצְטַעֵר בִּפְנֵיהֶם וְלֹא יִכְעַס כְּנֶגְדָּם, אֶלָּא יִשְׁתֹּק וְיִירָא מִמֶּלֶךְ מַלְכֵי הַמְּלָכִים הַקָּדוֹשׁ בָּרוּךְ הוּא שֶׁצִּוָּה בְּכָךְ. אֲבָל יָכוֹל לִתְבֹּעַ אוֹתָם לַדִּין עַל הֶהֶפְסֵד.

סעיף ג' אֵיזֶהוּ כָּבוֹד? מַאֲכִילוֹ וּמַשְׁקֵהוּ, מַלְבִּישׁ וּמְכַסֶּה, מַכְנִיס וּמוֹצִיא (וְעַיֵּן לְעֵיל סִימָן לד סָעִיף ו). וְיִתְּנֶנּוּ לוֹ בְּסֵבֶר פָּנִים יָפוֹת. שֶׁאֲפִלּוּ מַאֲכִילוֹ בְּכָל יוֹם פְּטוּמוֹת, וְהֶרְאָה לוֹ פָּנִים זוֹעֲפוֹת, נֶעֱנָשׁ עָלָיו.

סעיף ד' הָיוּ אָבִיו אוֹ אִמּוֹ יְשֵׁנִים וּמַפְתֵּחַ חֲנוּתוֹ שֶׁל הַבֵּן תַּחַת רָאשֵׁיהֶם, אָסוּר לַהֲקִיצָם מִשְּׁנָתָם, אַף עַל פִּי שֶׁיַּפְסִיד רֶוַח הַרְבֵּה. אֲבָל אִם יַגִּיעַ רֶוַח לְאָבִיו אִם יְקִיצוֹ, וְאִם לֹא יְקִיצוֹ יִצְטַעֵר עַל מְנִיעַת הָרֶוַח, מִצְוָה לַהֲקִיצוֹ, כֵּיוָן שֶׁיִּשְׂמַח בָּזֶה. וְכֵן מִצְוָה לַהֲקִיצוֹ לָלֶכֶת לְבֵית הַכְּנֶסֶת אוֹ לִשְׁאָר דְּבַר מִצְוָה, מִפְּנֵי שֶׁכֻּלָּם חַיָּבִים בִּכְבוֹד הַמָּקוֹם בָּרוּךְ הוּא (חיי"א בשם ספר חסידים).

סעיף ה' הָיָה צָרִיךְ לְאֵיזֶה דָּבָר בָּעִיר, וְיוֹדֵעַ שֶׁיַּשְׁלִימוּ חֶפְצוֹ בִּשְׁבִיל אָבִיו, אַף עַל פִּי שֶׁיּוֹדֵעַ שֶׁגַּם בִּשְׁבִילוֹ יַעֲשׂוּהוּ לוֹ, לֹא יֹאמַר, עֲשׂוּ לִי בִּשְׁבִילִי, אֶלָּא יֹאמַר, עֲשׂוּ לִי בִּשְׁבִיל אַבָּא, כְּדֵי לִתְלוֹת הַכָּבוֹד בְּאָבִיו.

סעיף ו' אָמְרָה לוֹ אִמּוֹ, עֲשֵׂה זֹאת וְעָשָׂה, וְאַחַר כָּךְ בָּא אָבִיו וְשָׁאַל אוֹתוֹ, מִי אָמַר לְךָ לַעֲשׂוֹת זֹאת. וְהוּא מַרְגִּישׁ, שֶׁאִם יֹאמַר שֶׁאִמּוֹ אָמְרָה לוֹ, יִכְעַס אָבִיו עַל אִמּוֹ, אַל יֹאמַר לוֹ שֶׁאִמּוֹ אָמְרָה לוֹ לַעֲשׂוֹת הַדָּבָר, אַף עַל פִּי שֶׁעַל יְדֵי כֵן יִכְעַס הָאָב עָלָיו (חַיֵּי אָדָם בשם ספר חסידים)

סעיף ז' חַיָּב לַעֲמֹד בִּפְנֵי אָבִיו וּבִפְנֵי אִמּוֹ.

סעיף ח' חַיָּב לְכַבְּדָם גַּם לְאַחַר מוֹתָם. וְאִם מַזְכִּירָם בְּתוֹךְ שְׁנֵים עָשָׂר חֹדֶשׁ בַּפֶּה אוֹ בִכְתָב, אוֹמֵר אוֹ כּוֹתֵב, הֲרֵינִי כַּפָּרַת מִשְׁכָּבוֹ (פֵּרוּשׁ, עָלַי יְהֵא כָּל רַע הָרָאוּי לָבוֹא עַל נַפְשׁוֹ) אוֹ מִשְׁכָּבָהּ. וּלְאַחַר שְׁנֵים עָשָׂר חֹדֶשׁ (כְּבָר קִבֵּל מַה שֶּׁקִּבֵּל, שֶׁאֵין מִשְׁפַּט רִשְׁעֵי יִשְׂרָאֵל בַּגֵּיהִנֹּם אֶלָּא י"ב חֹדֶשׁ) אוֹמֵר אוֹ כּוֹתֵב, זִכְרוֹנוֹ לִבְרָכָה לְחַיֵּי הָעוֹלָם הַבָּא אוֹ זִכְרוֹנָהּ לִבְרָכָה לְחַיֵּי

הָעוֹלָם הַבָּא (וְעַיֵּן לְעֵיל סִימָן כו סָעִיף כב).

סעיף ט' אֲפִלּוּ אָבִיו רָשָׁע וּבַעַל עֲבֵרוֹת, מְכַבְּדוֹ וּמִתְיָרֵא מִמֶּנּוּ. וַאֲפִלּוּ מַמְזֵר, חַיָּב בִּכְבוֹד אָבִיו וּמוֹרָאוֹ. וְיֵשׁ אוֹמְרִים, דְּאֵינוֹ מְחֻיָּב לְכַבֵּד אָבִיו רָשָׁע כָּל זְמַן שֶׁלֹּא עָשָׂה תְּשׁוּבָה. וְאַךְ לְצַעֲרוֹ, אָסוּר. וְיֵשׁ לְהַחְמִיר כַּסְּבָרָה הָרִאשׁוֹנָה.

סעיף י' רָאָה לְאָבִיו שֶׁעוֹבֵר עַל דִּבְרֵי תוֹרָה, לֹא יֹאמַר לוֹ, עָבַרְתָּ עַל דִּבְרֵי תוֹרָה, אֶלָּא יֹאמַר לוֹ, אַבָּא, כְּתִיב בַּתּוֹרָה כָּךְ וְכָךְ, כְּאִלּוּ הוּא שׁוֹאֵל מִמֶּנּוּ, וְלֹא כְּמַזְהִירוֹ, וְהָאָב יָבִין מֵעַצְמוֹ וְלֹא יִתְבַּיֵּשׁ.

סעיף יא' אָמַר לוֹ אָבִיו לַעֲבֹר עַל דִּבְרֵי תוֹרָה, בֵּין עַל מִצְוַת עֲשֵׂה בֵּין עַל מִצְוַת לֹא תַעֲשֶׂה, אֲפִלּוּ עַל מִצְוָה שֶׁל דִּבְרֵיהֶם, לֹא יִשְׁמַע לוֹ, דִּכְתִיב, אִישׁ אִמּוֹ וְאָבִיו תִּירָאוּ וְאֶת שַׁבְּתוֹתַי תִּשְׁמֹרוּ אֲנִי ה' אֱלֹהֵיכֶם, סָמַךְ שַׁבָּת לְמוֹרָא אָב וָאֵם, לוֹמַר, אַף עַל פִּי שֶׁהִזְהַרְתִּיךָ עַל מוֹרָא אָב וָאֵם, אִם אָמַר לְךָ חַלֵּל אֶת הַשַּׁבָּת, אַל תִּשְׁמַע לוֹ. וְכֵן בִּשְׁאָר כָּל הַמִּצְוֹת. אֲנִי ה' אֱלֹהֵיכֶם, אַתָּה וְאָבִיךָ חַיָּבִים בִּכְבוֹדִי. לְפִיכָךְ לֹא תִשְׁמַע לוֹ לְבַטֵּל אֶת דְּבָרָי. וְגַם מִצְוֹת דְּרַבָּנָן, דִּבְרֵי הַשֵּׁם יִתְבָּרַךְ שְׁמוֹ הֵן, דִּכְתִיב, לֹא תָסוּר וְגוֹ'. אָמַר לוֹ אָבִיו, שֶׁלֹּא יְדַבֵּר עִם פְּלוֹנִי וְשֶׁלֹּא יִמְחוֹל לוֹ, וְהַבֵּן הָיָה רוֹצֶה לְהִתְפַּיֵּס, אֵין לוֹ לָחוּשׁ לִפְקֻדַּת אָבִיו, כִּי אָסוּר לִשְׂנֹא שׁוּם יְהוּדִי אִם לֹא כְּשֶׁרוֹאֵהוּ שֶׁהוּא עוֹבֵר עֲבֵרָה, וְנִמְצָא שֶׁהָאָב צִוָּהוּ לַעֲבוֹר עַל דִּבְרֵי תוֹרָה.

סעיף יב' אִם הַבֵּן רוֹצֶה לָלֶכֶת לְאֵיזֶה מָקוֹם לִלְמֹד תּוֹרָה, מִפְּנֵי שֶׁשָּׁם תִּהְיֶה לוֹ תוֹעֶלֶת יוֹתֵר מִבְּכָאן, וְהָאָב מוֹחֶה בְּיָדוֹ מֵאֵיזֶה טַעַם, אֵינוֹ חַיָּב לִשְׁמֹעַ לְאָבִיו, דְּתַלְמוּד תּוֹרָה גָּדוֹל מִכִּבּוּד אָב וָאֵם, (כִּדְמָצִינוּ בְּיַעֲקֹב אָבִינוּ עָלָיו הַשָּׁלוֹם, כְּשֶׁהָלַךְ מִיִּצְחָק, נִטְמַן בְּבֵית הַמִּדְרָשׁ שֶׁל עֵבֶר אַרְבַּע עֶשְׂרֵה שָׁנָה וְעָסַק בַּתּוֹרָה, וְאַחַר כָּךְ הָלַךְ לְבֵית לָבָן וְנִשְׁתַּהָה שָׁם וּבַדֶּרֶךְ עֶשְׂרִים וּשְׁתַּיִם שָׁנָה, וְנֶעֱנַשׁ עַל אֵלּוּ עֶשְׂרִים וּשְׁתַּיִם שָׁנָה, שֶׁלֹּא קִיֵּם כִּבּוּד אָב, וְנֶעְלַם מִמֶּנּוּ יוֹסֵף עֶשְׂרִים וּשְׁתַּיִם שָׁנָה. וְעַל אֵלּוּ אַרְבַּע עֶשְׂרֵה שָׁנָה שֶׁעָסַק בַּתּוֹרָה, לֹא נֶעֱנַשׁ). וְכֵן אִם הַבֵּן רוֹצֶה לִשָּׂא אִשָּׁה, וְהָאָב אֵינוֹ מִתְרַצֶּה, אֵין הַבֵּן חַיָּב לִשְׁמֹעַ לוֹ.

סעיף יג' אֶחָד הָאִישׁ וְאֶחָד הָאִשָּׁה, חַיָּבִים בִּכְבוּד אָב וָאֵם, אֶלָּא שֶׁהָאִשָּׁה הַנְּשׂוּאָה לְבַעַל, כֵּיוָן שֶׁהִיא מְשֻׁעְבֶּדֶת לְבַעַל, לְפִיכָךְ הִיא פְּטוּרָה מִכִּבּוּד אָב וָאֵם. וְאַךְ אִם בַּעְלָהּ אֵינוֹ מַקְפִּיד עָלֶיהָ, מְחֻיֶּבֶת בְּכָל דָּבָר שֶׁאֶפְשָׁר לָהּ.

סעיף יד' כָּל הַמְבַזֶּה אָבִיו אוֹ אִמּוֹ, וַאֲפִלּוּ בִּדְבָרִים, וַאֲפִילוּ בִּרְמִיזָה, הֲרֵי זֶה בִּכְלַל אָרוּר מִפִּי הַגְּבוּרָה, שֶׁנֶּאֱמַר, אָרוּר מַקְלֶה אָבִיו וְאִמּוֹ.

סעיף טו' הָיָה קוֹץ תָּחוּב לְאָבִיו אוֹ לְאִמּוֹ, לֹא יוֹצִיאֶנּוּ, שֶׁמָּא יַעֲשֶׂה בָּהֶם חַבּוּרָה, (שֶׁהוּא בְּאִסּוּר חִיּוּב חֶנֶק). וְכֵן אִם הַבֵּן הוּא רוֹפֵא, לֹא יַקִּיז לָהֶם דָּם, וְלֹא יַחְתֹּךְ בָּהֶם אֵבֶר, אַף עַל פִּי שֶׁהוּא מְכֻוָּן לִרְפוּאָה. בַּמֶּה דְּבָרִים אֲמוּרִים, כְּשֶׁיֵּשׁ אַחֵר לַעֲשׂוֹת. אֲבָל אִם אֵין שָׁם אַחֵר לַעֲשׂוֹת וְהֵן מִצְטַעֲרִין, הֲרֵי הוּא מַקִּיז וְחוֹתֵךְ כְּפִי צֹרֶךְ הָרְפוּאָה.

סעיף טז' מִי שֶׁנִּטְרְפָה דַּעְתּוֹ שֶׁל אָבִיו אוֹ שֶׁל אִמּוֹ, מִשְׁתַּדֵּל לִנְהֹג עִמָּהֶם כְּפִי דַעְתָּם, עַד שֶׁיְּרַחֵם ה' עֲלֵיהֶם. וְאִם אִי אֶפְשָׁר לוֹ לַעֲמֹד מִפְּנֵי שֶׁנִּשְׁתַּטּוּ בְּיוֹתֵר, יַנִּיחֵם וְיֵלֵךְ לוֹ וִיצַוֶּה לַאֲחֵרִים, לְהַנְהִיגָם כָּרָאוּי לָהֶם.

סעיף יז' אָסוּר לָאָדָם לְהַכְבִּיד עֻלּוֹ עַל בָּנָיו וּלְדַקְדֵּק בִּכְבוֹדוֹ עִמָּהֶם, שֶׁלֹּא יְבִיאֵם לִידֵי מִכְשׁוֹל, אֶלָּא יִמְחוֹל וְיַעְלִים עֵינָיו מֵהֶם. שֶׁהָאָב שֶׁמָּחַל עַל כְּבוֹדוֹ, כְּבוֹדוֹ מָחוּל.

סעיף יח' אָסוּר לְהַכּוֹת אֶת בְּנוֹ הַגָּדוֹל. וְאֵין גַּדְלוּת זוֹ תְּלוּיָה בְּשָׁנִים, אֶלָּא הַכֹּל לְפִי טִבְעוֹ שֶׁל הַבֵּן, כֹּל שֶׁיֵּשׁ לָחוּשׁ שֶׁיִּתְרִיס כְּנֶגְדּוֹ בְּדִבּוּר אוֹ בְמַעֲשֶׂה, אֲפִלּוּ אֵינוֹ בַר מִצְוָה, אָסוּר לְהַכּוֹתוֹ, אֶלָּא יוֹכִיחוֹ בִדְבָרִים. וְכָל הַמַּכֶּה אֶת בְּנוֹ הַגָּדוֹל, מְנַדִּין אוֹתוֹ, שֶׁהֲרֵי הוּא עוֹבֵר עַל לִפְנֵי עִוֵּר לֹא תִתֵּן מִכְשׁוֹל.

סעיף יט' חַיָּב אָדָם לְכַבֵּד אֵשֶׁת אָבִיו, אַף עַל פִּי שֶׁאֵינָהּ אִמּוֹ, כָּל זְמַן שֶׁאָבִיו קַיָּם. וְכֵן חַיָּב לְכַבֵּד בַּעַל אִמּוֹ, כָּל זְמַן שֶׁאִמּוֹ קַיֶּמֶת. וְדָבָר הָגוּן הוּא לְכַבְּדָם גַּם לְאַחַר מִיתַת אָבִיו וְאִמּוֹ.

סעיף כ' חַיָּב אָדָם בִּכְבוֹד אָחִיו הַגָּדוֹל מִמֶּנּוּ, בֵּין שֶׁהוּא אָחִיו מִן הָאָב בֵּין מִן הָאֵם. וְחַיָּב אָדָם בִּכְבוֹד חָמִיו וַחֲמוֹתוֹ, (כִּדְמָצִינוּ בְּדָוִד הַמֶּלֶךְ עָלָיו הַשָּׁלוֹם, שֶׁחָלַק כָּבוֹד לְשָׁאוּל הַמֶּלֶךְ שֶׁהָיָה חָמִיו וּקְרָאוֹ אָבִי, שֶׁאָמַר לוֹ, אָבִי רְאֵה גַּם רְאֵה). וְחַיָּב בִּכְבוֹד אֲבִי אָבִיו. אֶלָּא שֶׁכְּבוֹד אָבִיו, גָּדוֹל מִכְּבוֹד אֲבִי אָבִיו.

סעיף כא' מִי שֶׁהוּא רוֹצֶה בֶּאֱמֶת לְכַבֵּד אֶת אָבִיו וְאֶת אִמּוֹ, יַעֲסֹק בַּתּוֹרָה וּבְמַעֲשִׂים טוֹבִים, שֶׁזֶּהוּ הַכָּבוֹד הַגָּדוֹל לָאָבוֹת, שֶׁאוֹמְרִים הַבְּרִיּוֹת, אַשְׁרֵי לָאָב וָאֵם שֶׁגִּדְּלוּ בֵּן כָּזֶה. אֲבָל אִם אֵין הַבֵּן הוֹלֵךְ בַּדֶּרֶךְ הַיָּשָׁר, הֲרֵי אֲבוֹתָיו יִשְׂאוּ חֶרְפָּה עָלָיו, וְהוּא מְבַיֵּשׁ אוֹתָם בְּבוּשָׁה שֶׁאֵין גְּדוֹלָה הֵימֶנָּה. וְכֵן הָאָב שֶׁרוֹצֶה לְרַחֵם עַל בָּנָיו בֶּאֱמֶת, יַעֲסֹק בַּתּוֹרָה וּבְמַעֲשִׂים טוֹבִים, וִיהֵא נוֹחַ לַשָּׁמַיִם וְנוֹחַ לַבְּרִיּוֹת, וְיִתְכַּבְּדוּ בָּנָיו בּוֹ. אֲבָל מִי שֶׁאֵינוֹ הוֹלֵךְ בַּדֶּרֶךְ הַיָּשָׁר, גַּם זַרְעוֹ מְגֻנֶּה אַחֲרָיו. וְגַם בַּעֲוֹן אָבוֹת, בָּנָיו מֵתִים, כְּדִכְתִיב, פּוֹקֵד עֲוֹן אָבוֹת עַל בָּנִים. וְאֵין אַכְזָרִיּוּת גְּדוֹלָה מִזּוֹאת, שֶׁהוּא גוֹרֵם בַּחֲטָאָיו שֶׁיָּמוּתוּ בָּנָיו. וְאֵין לְךָ מְרַחֵם עַל בָּנָיו, יוֹתֵר מִן הַצַּדִּיק, כִּי זְכוּתוֹ עוֹמֶדֶת לְאֶלֶף דּוֹר.

סעיף כב' גֵּר אָסוּר לְקַלֵּל אָבִיו הַגּוֹי וְלֹא יְבַזֵּהוּ, שֶׁלֹּא יֹאמְרוּ, בָּאנוּ מִקְּדֻשָּׁה חֲמוּרָה לִקְדֻשָּׁה קַלָּה, אֶלָּא נוֹהֵג בָּהֶם מִקְצָת כָּבוֹד.

סימן קמד - הלכות כבוד רבו וזקן ותלמיד חכם וכהן ובו ט' סעיפים:

סעיף א' חַיָּב אָדָם בִּכְבוֹד רַבּוֹ וְיִרְאָתוֹ יוֹתֵר מִבְּשֶׁל אָבִיו, כִּי אָבִיו הֱבִיאוֹ לְחַיֵּי הָעוֹלָם הַזֶּה, וְרַבּוֹ מְבִיאוֹ לְחַיֵּי הָעוֹלָם הַבָּא.

סעיף ב' כְּתִיב, מִפְּנֵי שֵׂיבָה תָּקוּם וְהָדַרְתָּ פְּנֵי זָקֵן. זָקֵן זֶה, פֵּרוּשׁוֹ תַּלְמִיד חָכָם, כְּמוֹ שֶׁנֶּאֱמַר, אֶסְפָה לִּי שִׁבְעִים אִישׁ מִזִּקְנֵי יִשְׂרָאֵל, (וְהָתָם וַדַּאי בְּחָכְמָה תַּלְיָא מִלְּתָא, כְּדִכְתִיב, אֲשֶׁר יָדַעְתָּ כִּי הֵם זִקְנֵי הָעָם וְשֹׁטְרָיו). לָכֵן מִצְוַת עֲשֵׂה לָקוּם מִפְּנֵי תַלְמִיד חָכָם מֻפְלָג בַּתּוֹרָה, אֲפִלּוּ אֵינוֹ זָקֵן

בְּשָׁנִים וְאֵינוֹ רַבּוֹ. וְכֵן מִצְוָה לָקוּם מִפְּנֵי שֵׂיבָה, דְּהַיְנוּ בֶּן שִׁבְעִים שָׁנָה, וַאֲפִלּוּ הוּא עַם הָאָרֶץ, וּבִלְבַד שֶׁלֹּא יְהֵא רָשָׁע. וַאֲפִלּוּ זָקֵן גּוֹי, מְהַדְּרִים אוֹתוֹ בִּדְבָרִים וְנוֹתְנִים לוֹ יָד לְסָמְכוֹ.

סעיף ג' שְׁלשָׁה שֶׁהָיוּ מְהַלְּכִין בַּדֶּרֶךְ, הָרַב בְּאֶמְצַע, וְהַשְּׁנַיִם לַאֲחוֹרָיו, וְכָל אֶחָד מְצַדֵּד עַצְמוֹ לְצִדָּדִין, הַגָּדוֹל לַיָּמִין וְהַקָּטָן לַשְּׂמֹאל.

סעיף ד' עָוֹן גָּדוֹל הוּא לְבַזּוֹת תַּלְמִידֵי חֲכָמִים אוֹ לְשָׂנְאוֹתָן. לֹא חָרְבָה יְרוּשָׁלַיִם, עַד שֶׁבִּזּוּ בָהּ תַּלְמִידֵי חֲכָמִים, שֶׁנֶּאֱמַר, וַיִּהְיוּ מַלְעִיבִים בְּמַלְאֲכֵי הָאֱלֹהִים וּבוֹזִים דְּבָרָיו וּמִתַּעְתְּעִים בִּנְבִיאָיו, כְּלוֹמַר, בּוֹזִים מְלַמְּדֵי דְבָרָיו. וְכֵן זֶה שֶׁאָמְרָה תוֹרָה, וְאִם בְּחֻקֹּתַי תִּמְאָסוּ, מְלַמְּדֵי חֻקּוֹתַי תִּמְאָסוּ. וְכָל הַמְבַזֶּה אֶת הַחֲכָמִים, אֵין לוֹ חֵלֶק לָעוֹלָם הַבָּא, וְהוּא בִּכְלָל כִּי דְבַר ה' בָּזָה. וְאָסוּר לְשַׁמֵּשׁ בְּמִי שֶׁהוּא שׁוֹנֶה הֲלָכוֹת.

סעיף ה' תַּלְמִיד חָכָם שֶׁיֵּשׁ לוֹ סְחוֹרָה לִמְכֹּר, אֵין מַנִּיחִין לָשׁוּם אָדָם לִמְכֹּר מֵאוֹתָהּ סְחוֹרָה עַד שֶׁיִּמְכֹּר הוּא תְּחִלָּה אֶת שֶׁלּוֹ. וְדַוְקָא בִּדְלֵיכָּא גּוֹיִם דִּמְזַבְּנֵי, אֲבָל אִי אִכָּא גּוֹיִם דִּמְזַבְּנֵי, לָא, דְּהָא לֵית לֵהּ רַוְחָא לְתַלְמִיד חָכָם, וְאַפְסוּדֵי לְהָנָךְ בִּכְדִי לָא מַפְסְדִינַן.

סעיף ו' מִי שֶׁהוּא מֻחְזָק לְתַלְמִיד חָכָם בְּדוֹרוֹ, דְּהַיְנוּ שֶׁיּוֹדֵעַ לִשָּׂא וְלִתֵּן בַּתּוֹרָה, וּמֵבִין מִדַּעְתּוֹ בְּרֹב מְקוֹמוֹת הַשַּׁ"ס וּפוֹסְקִים, וְתוֹרָתוֹ אֻמָּנוּתוֹ, וַאֲפִלּוּ יֵשׁ לוֹ מְעַט אֻמָּנוּת אוֹ מְעַט מַשָּׂא וּמַתָּן לְהִתְפַּרְנֵס בּוֹ כְּדֵי צָרְכֵי בְּנֵי בֵיתוֹ וְלֹא לְהִתְעַשֵּׁר, וּבְכָל שָׁעָה שֶׁהוּא פָּנוּי מֵעֲסָקָיו הוּא עוֹסֵק בַּתּוֹרָה, מִצַּד הַדִּין הוּא פָּטוּר מִכָּל מִינֵי מִסִּים וּמְכָסִים, וְאַף עַל פִּי שֶׁהוּא עָשִׁיר. וַאֲפִלּוּ מַס הַמֻּטָּל עַל כָּל אִישׁ בִּפְרָטוּת, חַיָּבִים בְּנֵי הָעִיר לְשַׁלֵּם עֲבוּרוֹ. וְהַכֹּל תָּלוּי בִּרְאוֹת עֵינֵי טוֹבֵי הָעִיר.

סעיף ז' תַּלְמִיד חָכָם הַמְזַלְזֵל בַּמִּצְוֹת וְאֵין בּוֹ יִרְאַת שָׁמַיִם, הֲרֵי הוּא כְּקַל שֶׁבַּצִּבּוּר.

סעיף ח' כֹּהֵן וְיִשְׂרָאֵל שֶׁהֵם שָׁוִים בְּחָכְמָה, מִצְוַת עֲשֵׂה מִן הַתּוֹרָה לְהַקְדִּים אֶת הַכֹּהֵן, שֶׁנֶּאֱמַר, וְקִדַּשְׁתּוֹ, וְדָרְשׁוּ רַבּוֹתֵינוּ זִכְרוֹנָם לִבְרָכָה, לְכָל דָּבָר שֶׁבִּקְדֻשָּׁה. כְּלוֹמַר, בְּכָל דָּבָר שֶׁיֵּרָאֶה גָּדוֹל, הוּא מְקֻדָּשׁ, לִהְיוֹת רִאשׁוֹן לִקְרִיאַת הַתּוֹרָה, וְלִהְיוֹת רֹאשׁ הַמְדַבְּרִים בְּכָל קִבּוּץ עָם, לְדַבֵּר וְלִדְרוֹשׁ תְּחִלָּה. וְכֵן בִּישִׁיבָה יְדַבֵּר בָּרֹאשׁ. וְכֵן בִּסְעוּדָה הוּא קוֹדֵם לְבָרֵךְ הַמּוֹצִיא וּבִרְכַּת הַמָּזוֹן, וְלִתֵּן לוֹ מָנָה יָפָה תְּחִלָּה לְכָל הַמְסֻבִּין, אֶלָּא אִם כֵּן יֵשׁ יִשְׂרָאֵל גָּדוֹל מִמֶּנּוּ בְּחָכְמָה, אֲזַי יִתְּנוּ לְהֶחָכָם הַמָּנָה הַיָּפָה תְּחִלָּה. אֲבָל כְּשֶׁהַכֹּהֵן חוֹלֵק אֵיזוֹ שֻׁתָּפוּת עִם חֲבֵרוֹ יִשְׂרָאֵל, אֵינוֹ צָרִיךְ לִתֵּן הַחֵלֶק הַיָּפֶה, שֶׁאֵין זֶה דֶּרֶךְ כָּבוֹד שֶׁיִּטּוֹל אֶת הַחֵלֶק הַיָּפֶה. שֶׁכָּל הַנּוֹתֵן עֵינָיו בְּחֵלֶק הַיָּפֶה, אֵינוֹ רוֹאֶה סִימַן בְּרָכָה לְעוֹלָם. בְּמָקוֹם שֶׁאֵין כֹּהֵן, טוֹב לְהַקְדִּים הַלֵּוִי בְּכָל אֵלּוּ, אִם הֵם שָׁוִים בְּחָכְמָה.

סעיף ט' אָסוּר לְהִשְׁתַּמֵּשׁ בְּכֹהֵן אֲפִלּוּ בִּזְמַן הַזֶּה, וּכְמוֹעֵל בְּהֶקְדֵּשׁ הוּא, שֶׁנֶּאֱמַר, וְקִדַּשְׁתּוֹ כִּי אֶת לֶחֶם אֱלֹהֶיךָ הוּא מַקְרִיב. וְאַף עַכְשָׁו, שֶׁאֵין לָנוּ קָרְבָּנוֹת, בִּקְדֻשָּׁתוֹ הוּא עוֹמֵד. וְאִם הַכֹּהֵן מוֹחֵל עַל כְּבוֹדוֹ, מֻתָּר, כִּי הַכְּהֻנָּה שֶׁלּוֹ הִיא, וְיָכוֹל לִמְחוֹל עַל

כְּבוֹדָהּ וְלִתֵּן רְשׁוּת לְיִשְׂרָאֵל לְהִשְׁתַּמֵּשׁ בּוֹ. וּמִכָּל שֶׁכֵּן שֶׁיָּכוֹל לַחֲלוֹק כָּבוֹד לְיִשְׂרָאֵל לְהַקְדִּימוֹ בַּדְּבָרִים הַנֶּאֱמָרִים לְעֵיל.

סימן קמה - הלכות אישות ובו כ"ו סעיפים:

סעיף א' חַיָּב כָּל אָדָם לִשָּׂא אִשָּׁה, כְּדֵי לִפְרוֹת וְלִרְבּוֹת. וּמִצְוָה זוֹ חָלָה עַל הָאָדָם מִשֶּׁנִּכְנַס לִשְׁנַת הַשְּׁמוֹנֶה עֶשְׂרֵה. וְעַל כָּל פָּנִים לֹא יַעֲבוֹר מֵעֶשְׂרִים שָׁנָה בְּלֹא אִשָּׁה, רַק אִם עוֹסֵק בַּתּוֹרָה בְּהַתְמָדָה וּמִתְיָרֵא לִשָּׂא אִשָּׁה, כְּדֵי שֶׁלֹּא יִתְבַּטֵּל עַל יְדֵי כָךְ מִלִּמּוּדוֹ, מֻתָּר לוֹ לְהִתְאַחֵר. וְהוּא, כְּשֶׁאֵין יִצְרוֹ מִתְגַּבֵּר עָלָיו.

סעיף ב' כֵּיוָן שֶׁהוֹלִיד בֵּן וּבַת, קִיֵּם מִצְוַת פְּרִיָּה וּרְבִיָּה. וְהוּא, שֶׁלֹּא יְהֵא הַבֵּן סָרִיס אוֹ הַבַּת אַיְלוֹנִית. נוֹלְדוּ לוֹ בֵּן וּבַת וָמֵתוּ, אִם הִנִּיחוּ בָנִים, הֲרֵי זֶה קִיֵּם מִצְוַת פְּרִיָּה וּרְבִיָּה. בַּמֶּה דְּבָרִים אֲמוּרִים, כְּשֶׁהָיוּ בְּנֵי הַבָּנִים בֵּן וּבַת, וְנוֹלְדוּ מִן הַבֵּן וּמִן הַבַּת. אַף עַל פִּי שֶׁבְּנוֹ הוֹלִיד בַּת וּבִתּוֹ יָלְדָה בֵּן, הוֹאִיל וּבָאִים מִבְּנוֹ וּבִתּוֹ, קִיֵּם מִצְוַת פְּרִיָּה וּרְבִיָּה. אֲבָל אִם אֶחָד מֵהֶם לֹא הִנִּיחַ זֶרַע, אַף עַל פִּי שֶׁהַשֵּׁנִי הִנִּיחַ כַּמָּה בָּנִים וּבָנוֹת, לֹא קִיֵּם הַמִּצְוָה.

סעיף ג' אַף עַל פִּי שֶׁקִּיֵּם מִצְוַת פְּרִיָּה וּרְבִיָּה, אָסוּר לוֹ לַעֲמֹד בְּלֹא אִשָּׁה. וְצָרִיךְ שֶׁיִּשָּׂא אִשָּׁה בַּת בָּנִים אִם אֶפְשָׁר לוֹ. אַךְ אִם הוּא מֵבִין בְּעַצְמוֹ שֶׁאֵינוֹ רָאוּי עוֹד לְהוֹלִיד, טוֹב לוֹ יוֹתֵר לִשָּׂא אִשָּׁה שֶׁאֵינָהּ בַּת בָּנִים, וְכֵן אִם יֵשׁ לוֹ בָּנִים הַרְבֵּה, וּמִתְיָרֵא שֶׁאִם יִשָּׂא אִשָּׁה בַּת בָּנִים, יָבוֹאוּ קְטָטוֹת וּמְרִיבוֹת בֵּין הַבָּנִים וּבֵין אִשְׁתּוֹ, מֻתָּר לוֹ לִשָּׂא אִשָּׁה שֶׁאֵינָהּ בַּת בָּנִים. אֲבָל אָסוּר לוֹ לֵישֵׁב בְּלֹא אִשָּׁה מִשּׁוּם חֲשָׁשָׁא זָאת.

סעיף ד' נָשָׂא אִשָּׁה וְשָׁהֲתָה עִמּוֹ עֶשֶׂר שָׁנִים וְלֹא יָלְדָה, יֵשׁ לוֹ לְגָרְשָׁהּ, וְיֵשׁ בָּזֶה כַּמָּה חִלּוּקֵי דִינִים.

סעיף ה' אִשָּׁה אֵינָהּ מְצֻוָּה עַל פְּרִיָּה וּרְבִיָּה. וּמִכָּל מָקוֹם לֹא תַעֲמֹד בְּלֹא בַעַל, מִשּׁוּם חֲשָׁדָא.

סעיף ו' יִשְׁתַּדֵּל כָּל אָדָם לִקַּח אִשָּׁה הֲגוּנָה מִמִּשְׁפָּחָה הֲגוּנָה. שְׁלֹשָׁה סִימָנִים יֵשׁ לָהֶם לְיִשְׂרָאֵל, בַּיְשָׁנִים, רַחֲמָנִים, גּוֹמְלֵי חֲסָדִים. וּמִי שֶׁאֵין לוֹ סִימָנִים אֵלּוּ, אֵינוֹ רָאוּי לְדָבֵק בּוֹ.

סעיף ז' אִשָּׁה כְּשֵׁרָה, אַף עַל פִּי שֶׁהוּא נוֹשֵׂא אוֹתָהּ בִּשְׁבִיל הַמָּמוֹן שֶׁיֵּשׁ לָהּ, מֻתָּר. וְדַוְקָא כְּשֶׁנּוֹתְנִים לוֹ אֶת הַמָּמוֹן בְּרָצוֹן טוֹב. אֲבָל אִם מְעַגֵּן אֶת עַצְמוֹ וּמַמְתִּין עַד שֶׁיִּמְצָא אִשָּׁה עִם מָמוֹן כְּחֶפְצוֹ, אוֹ שֶׁעָשָׂה שִׁדּוּכִין וּפָסְקוּ לוֹ מָמוֹן הַרְבֵּה וְחָזְרוּ בָהֶם וְהוּא מְעַגֵּן אֶת כַּלָּתוֹ בִּשְׁבִיל זֶה, אוֹ שֶׁהוּא מִתְקוֹטֵט בַּעֲבוּר זֶה, כָּל הָעוֹשֶׂה כֵּן, מִקְרֵי נוֹשֵׂא אִשָּׁה לְשֵׁם מָמוֹן, דְּהָוְיָן לוֹ בָּנִים שֶׁאֵינָם מְהֻגָּנִים, וְאֵינוֹ מַצְלִיחַ, וְאֵין זִוּוּגוֹ עוֹלֶה יָפֶה. כִּי הַמָּמוֹן שֶׁהָאָדָם לוֹקֵחַ עִם אִשְׁתּוֹ, אֵינוֹ מָמוֹן שֶׁל יֹשֶׁר, אֶלָּא כָּל מַה שֶּׁיִּתֵּן לוֹ חָמִיו וַחֲמוֹתוֹ, יִקַּח בְּעַיִן טוֹבָה, וְאָז יַצְלִיחַ.

סעיף ח' עַם הָאָרֶץ, לֹא יִשָּׂא בַּת כֹּהֵן, שֶׁאֵין זִוּוּגָם עוֹלֶה יָפֶה. וּמַאן דְּקָפִיד, יֵשׁ לוֹ לְדַקְדֵּק שֶׁלֹּא יִשָּׂא אִשָּׁה שֶׁשְּׁמָהּ כְּשֵׁם אִמּוֹ.

סעיף ט' מִצְוָה לִשָּׂא בַּת אֲחוֹתוֹ אוֹ בַּת אָחִיו. אֲבָל שְׁאָר קְרוֹבָה, בֵּין שֶׁהִיא קְרוֹבָה לוֹ אוֹ לְאִשְׁתּוֹ שֶׁמֵּתָה אוֹ שֶׁגֵּרְשָׁהּ אוֹ שֶׁהִיא קְרוֹבָה לְאִשָּׁה שֶׁחָלַץ לָהּ, לֹא יִשָּׂא בְּלִי שְׁאֵלַת חָכָם.

סעיף י' לְעוֹלָם יְהֵא אָדָם זָהִיר בִּכְבוֹד אִשְׁתּוֹ, שֶׁאֵין בְּרָכָה מְצוּיָה בְּבֵיתוֹ שֶׁל אָדָם אֶלָּא בִּשְׁבִיל אִשְׁתּוֹ, וְכָךְ אָמְרוּ לִבְנֵי דוֹרָם, כַּבְּדוּ אֶת נְשׁוֹתֵיכֶם כְּדֵי שֶׁתִּתְעַשְּׁרוּ (עַיֵּן לְעֵיל סִימָן סג סָעִיף א).

סעיף יא' אָסוּר לִשְׁהוֹת עִם אִשְׁתּוֹ אֲפִלּוּ שָׁעָה אַחַת בְּלֹא כְּתֻבָּה. וְאִם אָבְדָה הַכְּתֻבָּה, צָרִיךְ לִזָּהֵר מְאֹד, שֶׁיֵּלֵךְ מִיָּד לְבֵית הַדִּין לִכְתֹּב לָהּ כְּתֻבָּה אַחֶרֶת.

סעיף יב' כֹּהֵן אָסוּר בִּגְרוּשָׁה, בְּזוֹנָה, בַּחֲלָלָה, וּבַחֲלוּצָה. זוֹנָה, הַיְנוּ אֲפִלּוּ נִבְעֲלָה בְּאֹנֶס בְּעִילַת אִסּוּר, וְנַעֲשְׂתָה זוֹנָה וַאֲסוּרָה לַכֹּהֵן. וַחֲלָלָה, הַיְנוּ שֶׁנּוֹלְדָה מִכֹּהֵן שֶׁנָּשָׂא אִשָּׁה הָאֲסוּרָה לוֹ.

סעיף יג' כָּל אִשָּׁה שֶׁנִּתְאַלְמְנָה אוֹ שֶׁנִּתְגָּרְשָׁה, לֹא תִנָּשֵׂא לְאִישׁ אַחֵר עַד שֶׁתַּמְתִּין תִּשְׁעִים יוֹם, חוּץ מִיּוֹם הַגֵּרוּשִׁין אוֹ מִתַּת בַּעְלָהּ, וְחוּץ מִיּוֹם הַנִּשּׂוּאִין וַאֲפִלּוּ אִם הִיא אִשָּׁה שֶׁאֵינָהּ רְאוּיָה לָלֶדֶת. וַאֲפִלּוּ הָיָה בַּעְלָהּ הָרִאשׁוֹן בִּמְדִינַת הַיָּם אוֹ חָבוּשׁ בְּבֵית הָאֲסוּרִין, אֵין חִלּוּק. וַאֲפִלּוּ הִפִּילָה נֵפֶל בֵּינְתַיִם, לָא מַהֲנֵי לָהּ. וַאֲפִלּוּ לְהִתְקַשֵּׁר בְּשִׁדּוּכִין, אֲסוּרָה, אֶלָּא אִם כֵּן יִשָּׁבַע הַמְשַׁדֵּךְ, שֶׁלֹּא יִכָּנֵס לְתוֹךְ בֵּיתָהּ תּוֹךְ הַזְּמַן. אֲבָל הַמַּחֲזִיר גְּרוּשָׁתוֹ, אֵינוֹ צָרִיךְ לְהַמְתִּין.

סעיף יד' אִם הִיא מְעֻבֶּרֶת אוֹ מֵינִיקָה, לֹא תִנָּשֵׂא לְאִישׁ אַחֵר, עַד שֶׁיְּהֵא לַוָּלָד אַרְבָּעָה וְעֶשְׂרִים חֹדֶשׁ. וַאֲפִלּוּ יָלְדָה לְאַחַר שֶׁנִּתְגָּרְשָׁה אוֹ שֶׁנִּתְאַלְמְנָה, וְלֹא הִתְחִילָה לְהָנִיק, צְרִיכָה לְהַמְתִּין. וְאִם יֵשׁ אֵיזֶה עִנְיָן גָּדוֹל בַּדָּבָר, יַעֲשׂוּ שְׁאֵלַת חָכָם.

סעיף טו' אִשָּׁה שֶׁמֵּתוּ לָהּ שְׁנֵי אֲנָשִׁים, לֹא תִנָּשֵׂא לִשְׁלִישִׁי בְּלִי שְׁאֵלַת חָכָם.

סעיף טז' אִשָּׁה שֶׁשָּׁמְעָה שֶׁמֵּת בַּעְלָהּ בְּמָקוֹם אַחֵר, אֲפִלּוּ שָׁמְעָה מִכַּמָּה אֲנָשִׁים כְּשֵׁרִים, לֹא תִנָּשֵׂא בְּלִי שְׁאֵלַת חָכָם.

סעיף יז' הַנֶּחְשָׁד עַל אֵשֶׁת אִישׁ וְגֵרְשָׁהּ בַּעְלָהּ אוֹ שֶׁמֵּת, הֲרֵי זוֹ אֲסוּרָה לָזֶה הַנֶּחְשָׁד. שֶׁכְּשֵׁם שֶׁנֶּאֶסְרָה לַבַּעַל, כָּךְ נֶאֶסְרָה לַבּוֹעֵל. וַאֲפִלּוּ גֵּרְשָׁהּ בַּעְלָהּ רַק מֵחֲמַת דָּבָר מְכֹעָר שֶׁשָּׁמַע עָלֶיהָ עִם הַנֶּחְשָׁד, אָסוּר לְהַנֶּחְשָׁד שֶׁיִּשָּׂא אוֹתָהּ.

סעיף יח' הַנֶּחְשָׁד עַל נָכְרִית וְנִתְגַּיְּרָה, לֹא יִשָּׂאֶנָּה.

סעיף יט' נָכְרִי הַבָּא עַל בַּת יִשְׂרָאֵל וְאַחַר כָּךְ נִתְגַּיֵּר, לֹא יִשָּׂאֶנָּה.

סעיף כ' הַמְגָרֵשׁ אֶת הָאִשָּׁה כְּדֵי שֶׁיִּשָּׂא אוֹתָהּ חֲבֵרוֹ, אֲפִלּוּ לֹא הִתְנָה עִמָּהּ בְּפֵרוּשׁ, אֶלָּא שֶׁנִּכָּר שֶׁנִּתְגָּרְשָׁה בִּשְׁבִיל זֶה, אָסוּר לוֹ שֶׁיִּשָּׂא אוֹתָהּ.

סעיף כא' אוֹתָן שֶׁאָמְרוּ רַבּוֹתֵינוּ זִכְרוֹנָם לִבְרָכָה, שֶׁלֹּא יִשָּׂא אוֹתָן, אֲפִלּוּ בְּאוֹתוֹ מָבוֹי שֶׁהוּא דָר, לֹא תָדוּר הִיא.

סעיף כב' מִי שֶׁשָּׁמַע עַל אִשְׁתּוֹ שֶׁזִּנְּתָה, אַף עַל פִּי שֶׁאֵין הַדָּבָר בָּרוּר לוֹ, צָרִיךְ לַעֲשׂוֹת שְׁאֵלַת חָכָם, אִם מֻתָּר לוֹ לָדוּר עִמָּהּ.

סעיף כג' אִשָּׁה שֶׁנִּתְגָּרְשָׁה מִשּׁוּם פְּרִיצוּת, אֵין רָאוּי לְאָדָם כָּשֵׁר שֶׁיִּשָּׂאֶנָּה.

סעיף כד' אִשָּׁה רָעָה בְּדֵעוֹתֶיהָ, שֶׁהִיא בַּעֲלַת מְרִיבָה, וְשֶׁאֵינָהּ צְנוּעָה כִּבְנוֹת יִשְׂרָאֵל הַכְּשֵׁרוֹת, מִצְוָה לְגָרְשָׁהּ, אֲפִלּוּ בְּזִוּוּג רִאשׁוֹן.

סעיף כה' מִצְוַת חֲכָמִים, שֶׁיַּשִּׂיא אָדָם בָּנָיו וּבְנוֹתָיו סָמוּךְ לְפִרְקָן, שֶׁאִם יַנִּיחֵן, יָבוֹאוּ לִידֵי זְנוּת אוֹ לִידֵי הִרְהוּר. וְעַל זֶה נֶאֱמַר וּפָקַדְתָּ נָוְךָ וְלֹא תֶחֱטָא. וְכֵן מִצְוַת חֲכָמִים עַל בְּנֵי יִשְׂרָאֵל, שֶׁמִּי שֶׁרוֹאֶה שֶׁאִשְׁתּוֹ אֵינָהּ הוֹלֶכֶת בְּדֶרֶךְ יְשָׁרָה וְיֵשׁ לָהּ אֵיזוֹ קְרֵבוּת עִם אֲנָשִׁים אֲחֵרִים, שֶׁיּוֹכִיחַ אוֹתָהּ וְיַזְהִיר אוֹתָהּ בֵּינוֹ לְבֵינָהּ בְּנַחַת וּבְדֶרֶךְ טָהֳרָה, כְּדֵי לְהָסִיר אֶת הַמִּכְשׁוֹל וּלְהַדְרִיכָהּ בְּדֶרֶךְ יְשָׁרָה. אֲבָל אַל יֹאמַר לָהּ בְּפֵרוּשׁ, אַל תִּסָּתְרִי עִם פְּלוֹנִי, וַאֲפִלּוּ בֵּינוֹ לְבֵינָהּ, (מֵאַחַר שֶׁעַכְשָׁו אֵין לָנוּ מֵי סוֹטָה, וְיֵשׁ בָּזֶה מְבוּכָה). וְכָל מִי שֶׁאֵינוֹ מַקְפִּיד עַל אִשְׁתּוֹ וְעַל בָּנָיו וְעַל בְּנֵי בֵיתוֹ וּמַזְהִיר וּפוֹקֵד דַּרְכֵיהֶם תָּמִיד עַד שֶׁיֵּדַע שֶׁהֵם שְׁלֵמִים מִכָּל חֵטְא וְעָוֹן הֲרֵי זֶה חוֹטֵא, שֶׁנֶּאֱמַר, וְיָדַעְתָּ כִּי שָׁלוֹם אָהֳלֶךָ וּפָקַדְתָּ נָוְךָ וְלֹא תֶחֱטָא.

סעיף כו' אָסוּר לַעֲשׂוֹת שְׁתֵּי חֻפּוֹת לִשְׁנֵי אַחִים אוֹ לִשְׁתֵּי אֲחָיוֹת בְּיוֹם אֶחָד, מִשּׁוּם דְּאֵין מְעָרְבִין שִׂמְחָה בְּשִׂמְחָה. וְיֵשׁ אוֹמְרִים, דַּאֲפִלּוּ בְּשָׁבוּעַ אֶחָד אֵין לַעֲשׂוֹתָן, וּרְאָיָה מִיַּעֲקֹב אָבִינוּ, דִּכְתִיב, מַלֵּא שְׁבֻעַ זֹאת (עַיֵּן טורי זהב ובאר היטב אורח חַיִּים סִימָן תקמו סָעִיף קטן א).

סימן קמו - מנהגי תענית חתן וכלה ובו ד' סעיפים:

סעיף א' נוֹהֲגִין שֶׁהֶחָתָן וְהַכַּלָּה מִתְעַנִּין בְּיוֹם חֻפָּתָן, מִפְּנֵי שֶׁבְּאוֹתוֹ יוֹם מוֹחֲלִין לָהֶם עֲוֹנוֹתֵיהֶם. וְאוֹמְרִים בִּתְפִלַּת הַמִּנְחָה עֲנֵנוּ, כְּמוֹ בִּשְׁאָר תַּעֲנִיּוֹת. וְנוֹהֲגִין בִּמְדִינוֹת אֵלּוּ, שֶׁאֵין מִתְעַנִּין אֶלָּא עַד לְאַחַר הַחֻפָּה. וְאִם נִתְאַחֲרָה הַחֻפָּה בַּלַּיְלָה, אֲזַי לְאַחַר צֵאת הַכּוֹכָבִים, יְכוֹלִים לֶאֱכֹל אֵיזֶה דָּבָר, וּבִלְבַד שֶׁלֹּא יִשְׁתּוּ מַשְׁקֶה הַמְשַׁכֵּר.

סעיף ב' בְּרֹאשׁ חֹדֶשׁ, וּבְאִסְרוּ חַג דְּשָׁבוּעוֹת, וּבַחֲמִשָּׁה עָשָׂר בְּאָב, וּבַחֲמִשָּׁה עָשָׂר בִּשְׁבָט, וְכֵן בַּחֲנֻכָּה, וּבְשׁוּשַׁן פּוּרִים, אֵין מִתְעַנִּין. אֲבָל בְּנִיסָן, אֲפִלּוּ בְּרֹאשׁ חֹדֶשׁ נִיסָן, מִתְעַנִּין. וְכֵן בְּל"ג בָּעֹמֶר, וּבְיָמִים שֶׁבֵּין רֹאשׁ חֹדֶשׁ סִיוָן לְשָׁבוּעוֹת, וּבְיָמִים שֶׁבֵּין יוֹם הַכִּפּוּרִים לְסֻכּוֹת, מִתְעַנִּין.

סעיף ג' בְּיָמִים שֶׁאֵין מִתְעַנִּין, צְרִיכִין לִזָּהֵר שֶׁלֹּא לִרְדֹּף אַחֲרֵי מוֹתְרוֹת מַאֲכָל וּמִשְׁתֶּה. וּמִכָּל שֶׁכֵּן שֶׁיִּזָּהֲרוּ מְאֹד מִמַּשְׁקֶה הַמְשַׁכֵּר, (כִּי יֵשׁ אוֹמְרִים, טַעַם הַתַּעֲנִית, מִשּׁוּם דְּחָיְשִׁינָן שֶׁמָּא יִשְׁתַּכְּרוּ וְלֹא תְהֵא דַּעְתָּם מְיוּשֶּׁבֶת).

סעיף ד' צְרִיכִין הֶחָתָן וְהַכַּלָּה לְקַדֵּשׁ עַצְמָם בִּמְאֹד מְאֹד בְּהִכָּנְסָם לַחֻפָּה, וְיַעֲשׂוּ תְשׁוּבָה בַּיּוֹם הַהוּא, וִיפַשְׁפְּשׁוּ בְּמַעֲשֵׂיהֶם מִיּוֹם הִוָּלְדָם עַד הַיּוֹם הַזֶּה,

וְיִתְוַדּוּ וִיבַקְשׁוּ מְחִילָה וּסְלִיחָה וְכַפָּרָה מֵהַשֵּׁם יִתְבָּרַךְ, וְיִהְיוּ מוֹדִים וְעוֹזְבִים, וְיִתְחָרְטוּ חֲרָטָה גְמוּרָה בְּשִׁבְרוֹן לֵב, וְיַעֲשׂוּ הַסְכָּמָה חֲזָקָה מֵהַיּוֹם וָהָלְאָה לַעֲבוֹד אֶת ה' בֶּאֱמֶת וּבְתָמִים וְלִהְיוֹתָם קְדוֹשִׁים וּטְהוֹרִים. וְאַחַר כָּךְ יִכָּנְסוּ לַחֻפָּה, וְיִתְפַּלְּלוּ שֶׁהַקָּדוֹשׁ בָּרוּךְ הוּא יַשְׁרֶה שְׁכִינָתוֹ בֵּינֵיהֶם, וּכְמוֹ שֶׁאָמְרוּ חֲכָמֵינוּ זִכְרוֹנָם לִבְרָכָה, אִישׁ וְאִשָּׁה, שְׁכִינָה בֵּינֵיהֶם (שני לוחות הברית דף קא ע"ב, וע"ש עוד) וְנוֹהֲגִין שֶׁאוֹמְרִים הַוִּדּוּי בִּתְפִלַּת מִנְחָה, כְּמוֹ בְּעֶרֶב יוֹם הַכִּפּוּרִים.

סימן קמז - מנהגי החפה ובו ה' סעיפים:

סעיף א' נוֹהֲגִין לַעֲשׂוֹת הַחֻפָּה תַּחַת הַשָּׁמַיִם לְסִימָן בְּרָכָה, כֹּה יִהְיֶה זַרְעֲךָ כְּכוֹכְבֵי הַשָּׁמָיִם. וְכֵן נוֹהֲגִין שֶׁאֵין נוֹשְׂאִין נָשִׁים אֶלָּא בְּמִלּוּי הַלְּבָנָה, לְסִימָן טוֹב (וְעַיֵּן לְקַמָּן סִימָן קסו סָעִיף ג)

סעיף ב' כָּשֵׁר הַדָּבָר שֶׁלֹּא תִּנָּשֵׂא, עַד שֶׁתִּטְהַר. וְעַכְשָׁו הַמִּנְהָג שֶׁלֹּא לְדַקְדֵּק (וְעַיֵּן לְקַמָּן סִימָן קנט סָעִיף י) וּמִכָּל מָקוֹם טוֹב לְהוֹדִיעַ לֶחָתָן קֹדֶם הַחֻפָּה, שֶׁהִיא נִדָּה (וְעַיֵּן לְקַמָּן סִימָן קמט סָעִיף יא).

סעיף ג' הַמִּנְהָג בִּמְדִינוֹת אֵלּוּ בְּנִשּׂוּאֵי בְתוּלָה, שֶׁחֲשׁוּבֵי הָעִיר פּוֹרְסִין סוּדָר עַל רֹאשׁ הַכַּלָּה, וּמְבָרְכִים אוֹתָהּ וְאוֹמְרִים לָהּ, אֲחוֹתֵנוּ, אַתְּ הֲיִי לְאַלְפֵי רְבָבָה. וְחֻפָּה קוֹרִין מַה שֶּׁאַחַר כָּךְ פּוֹרְסִין יְרִיעָה עַל גַּבֵּי כְּלוּנְסָאוֹת, וּמַכְנִיסִין תַּחְתֶּיהָ הֶחָתָן וְהַכַּלָּה בָּרַבִּים, וּמְקַדְּשָׁהּ שָׁם, וּמְבָרְכִין שָׁם בִּרְכוֹת אֵרוּסִין וְנִשּׂוּאִין. אֲבָל עִקַּר הַחֻפָּה הוּא הַיִּחוּד, שֶׁיִּתְבָּאֵר אִם יִרְצֶה הַשֵּׁם בְּסִימָן שֶׁאַחַר זֶה.

סעיף ד' הַשּׁוֹשְׁבִינִים מַלְבִּישִׁים אֶת הֶחָתָן בְּקִיטְל, כְּדֵי שֶׁיִּזְכֹּר אֶת יוֹם הַמִּיתָה וְיִתְעוֹרֵר בִּתְשׁוּבָה. גַּם נוֹהֲגִין לָתֵת אֵפֶר בְּרֹאשׁ הֶחָתָן בִּמְקוֹם הֲנָחַת הַתְּפִלִּין (וְעַיֵּן לְעֵיל סִימָן קכו סָעִיף ב). גַּם נוֹהֲגִין שֶׁהָאָבוֹת וְהַקְּרוֹבִים אַנְשֵׁי צוּרָה מְבָרְכִים אֶת הֶחָתָן וְאֶת הַכַּלָּה וּמִתְפַּלְּלִים עֲלֵיהֶם, שֶׁזִּוּוּגָם יַעֲלֶה יָפֶה.

סעיף ה' אַחַר כָּךְ מוֹלִיכִין אֶת הֶחָתָן תַּחַת הַחֻפָּה, (שֶׁפּוֹרְסִין יְרִיעָה עַל גַּבֵּי כְּלוּנְסָאוֹת, שֶׁאָנוּ קוֹרִין חֻפָּה), וּמַעֲמִידִין אוֹתוֹ פָּנָיו לַמִּזְרָח, וּשְׁלִיחַ הַצִּבּוּר מְנַגֵּן כְּמִנְהַג הַמָּקוֹם, וְהַשּׁוֹשְׁבִינוֹת מוֹלִיכוֹת אֶת הַכַּלָּה, וְהַשּׁוֹשְׁבִינִים וַאֲנָשִׁים חֲשׁוּבִים הוֹלְכִים לִקְרָאתָהּ. וּכְשֶׁמִּתְקָרְבִים אֵלֶיהָ, חוֹזְרִים לַאֲחוֹרֵיהֶם לַחֻפָּה, וְהַשּׁוֹשְׁבִינוֹת מְבִיאוֹת אֶת הַכַּלָּה וּמְסוֹבְבוֹת עִמָּהּ שֶׁבַע פְּעָמִים אֶת הֶחָתָן, וּשְׁלִיחַ הַצִּבּוּר מְנַגֵּן גַּם כֵּן כְּפִי הַמִּנְהָג. אַחַר כָּךְ מַעֲמִידִין אֶת הַכַּלָּה לִימִין הֶחָתָן, וְהַמְבָרֵךְ מְצַדֵּד אֶת עַצְמוֹ וּפָנָיו לַמִּזְרָח.

סימן קמח - יחוד שאחר הקדושין ובו ד' סעיפים:

סעיף א' עִקַּר הַחֻפָּה הוּא מַה שֶּׁאַחַר הַקִּדּוּשִׁין מוֹלִיכִין אֶת הֶחָתָן וְהַכַּלָּה לְחֶדֶר מְיֻחָד, וְאוֹכְלִים שָׁם יַחַד בְּמָקוֹם צָנוּעַ. וְיֵשׁ לִמְנֹעַ, שֶׁלֹּא יִכָּנֵס לְשָׁם שׁוּם אָדָם, כְּדֵי שֶׁיִּהְיֶה יִחוּד גָּמוּר, וְזוֹהִי הַחֻפָּה הַקּוֹנָה וְעוֹשָׂה נִשּׂוּאִין.

סעיף ב' בִּבְתוּלָה, קוֹנֶה יִחוּד זֶה, אַף עַל גַּב דְּאֵינוֹ רָאוּי לְבִיאָה, כְּגוֹן שֶׁהִיא נִדָּה, אוֹ שֶׁבְּנֵי אָדָם נִכְנָסִין וְיוֹצְאִין שָׁם. (וּכְשֶׁהִיא נִדָּה, בְּעַל כָּרְחוֹ צְרִיכִין שֶׁיִּהְיוּ בְּנֵי אָדָם נִכְנָסִין וְיוֹצְאִין שָׁם, דְּאִם לֹא כֵן, אֲסוּרִין לְהִתְיַחֵד קֹדֶם בִּיאָה רִאשׁוֹנָה).

סעיף ג' אֲבָל בְּאַלְמָנָה, אֵינוֹ קוֹנֶה אֶלָּא יִחוּד הָרָאוּי לְבִיאָה, דְּהַיְנוּ שֶׁהִיא טְהוֹרָה וְאֵין אָדָם נִכְנָס לְשָׁם.

סעיף ד' אֵין עוֹשִׂין קִנְיָן בְּשַׁבָּת. וְלָכֵן אִם הַנִּשּׂוּאִין בְּעֶרֶב שַׁבָּת, צְרִיכִין לִזָּהֵר מְאֹד שֶׁיִּהְיֶה יִחוּד הַקּוֹנֶה קֹדֶם שַׁבָּת. וַאֲזַי כְּשֶׁנַּעֲשָׂה הַיִּחוּד הַקּוֹנֶה מִבְּעוֹד יוֹם, מֻתָּר לָבוֹא עָלֶיהָ בִּאָה רִאשׁוֹנָה בְּשַׁבָּת, בֵּין בִּבְתוּלָה בֵּין בְּאַלְמָנָה. אֲבָל אִם לֹא נַעֲשָׂה הַיִּחוּד הַקּוֹנֶה מִבְּעוֹד יוֹם, אָז אָסוּר לָבוֹא עָלֶיהָ בְּשַׁבָּת בִּיאָה רִאשׁוֹנָה, מִשּׁוּם דְּהַבִּיאָה עוֹשָׂה אֶת הַקִּנְיָן, וְאֵין קוֹנִין בְּשַׁבָּת (דִּין בְּעִילַת בְּתוּלָה, עַיֵּן לְקַמָּן סִימָן קנז)

סימן קמט - דיני ברכת המזון בנשואין ומצות שמחת חתן וכלה ובו י"ג סעיפים:

סעיף א' קֹדֶם בִּרְכַּת הַמָּזוֹן בַּעֲשָׂרָה אוֹמֵר הַמְבָרֵךְ, דְּוַי הָסֵר וְכוּ'. וְאוֹמְרִים שֶׁהַשִּׂמְחָה בִּמְעוֹנוֹ. וְיֵשׁ לוֹמַר, שֶׁאָכַלְנוּ מִשֶּׁלּוֹ בְּלֹא וָא"ו, וְלֹא וְשֶׁאָכַלְנוּ מִשֶּׁלּוֹ. וְאַחַר בִּרְכַּת הַמָּזוֹן לוֹקֵחַ כּוֹס שֵׁנִי וְאוֹמֵר עָלָיו שֵׁשׁ בְּרָכוֹת, וְאַחַר כָּךְ מְבָרֵךְ עַל הַכּוֹס שֶׁל בִּרְכַּת הַמָּזוֹן בּוֹרֵא פְּרִי הַגָּפֶן. וְטוֹב שֶׁלֹּא לְמַלֹּאת אֶת הַכּוֹס לְשֵׁשׁ הַבְּרָכוֹת עַד לְאַחַר בִּרְכַּת הַמָּזוֹן. צְרִיכִין לִזָּהֵר שֶׁלֹּא יֹאכְלוּ אֲנָשִׁים וְנָשִׁים בְּחֶדֶר אֶחָד. שֶׁאִם אוֹכְלִים אֲנָשִׁים וְנָשִׁים בְּחֶדֶר אֶחָד, אֵין אוֹמְרִים שֶׁהַשִּׂמְחָה בִּמְעוֹנוֹ, כִּי אֵין שִׂמְחָה כְּשֶׁיֵּצֶר הָרָע שׁוֹלֵט.

סעיף ב' בָּחוּר שֶׁנָּשָׂא בְתוּלָה אוֹ אַלְמָנָה, וְכֵן אַלְמָן שֶׁנָּשָׂא בְתוּלָה, מְבָרְכִין כֵּן בִּסְעוּדָה הָרִאשׁוֹנָה שֶׁאַחֲרֵי הַנִּשּׂוּאִין, אֲפִלּוּ לֹא אֲכָלוּהָ בַּיּוֹם, רַק בַּלַּיְלָה שֶׁלְּאַחַר יוֹם הַנִּשּׂוּאִין, אוֹ אֲפִלּוּ בַּיּוֹם שֶׁלְּאַחֲרָיו, (מִשּׁוּם דְּהַסְּעוּדָה הָרִאשׁוֹנָה הָוֵי כְּפָנִים חֲדָשׁוֹת). אֲבָל אַחַר הַסְּעוּדָה הָרִאשׁוֹנָה, וְכֵן בְּכָל שִׁבְעַת יְמֵי הַמִּשְׁתֶּה, אִם בָּאוּ פָּנִים חֲדָשׁוֹת, מְבָרְכִין כֵּן.

סעיף ג' וּכְשֶׁאֵין פָּנִים חֲדָשׁוֹת, אִם סוֹעֲדִים עִם הֶחָתָן אֲנָשִׁים שֶׁאֵינָם מִבְּנֵי בֵיתוֹ מֵחֲמַת שִׂמְחַת מֵרֵעוּת, אֵין אוֹמְרִים דְּוַי הָסֵר וְכוּ', וְאוֹמְרִים נוֹדֶה לְשִׁמְךָ וְכוּ', וְהַשִּׂמְחָה בִּמְעוֹנוֹ. וְאַחַר בִּרְכַּת הַמָּזוֹן, לוֹקֵחַ כּוֹס שֵׁנִי וְאוֹמֵר בִּרְכַּת אֲשֶׁר בָּרָא שָׂשׂוֹן וְשִׂמְחָה וְכוּ', וְאַחַר כָּךְ לוֹקֵחַ הַכּוֹס שֶׁל בִּרְכַּת הַמָּזוֹן וְאוֹמֵר עָלָיו בּוֹרֵא פְּרִי הַגָּפֶן, וְלָזֶה אֵינוֹ צָרִיךְ עֲשָׂרָה, רַק גַּם בִּשְׁלשָׁה, מְבָרְכִין. אֲבָל אִם אֵינוֹ סוֹעֵד רַק עִם בְּנֵי בֵיתוֹ לְבַד, אֵינוֹ אוֹמֵר כְּלוּם מִזֶּה.

סעיף ד' אַלְמָן שֶׁנָּשָׂא אַלְמָנָה, אִם אָכְלוּ סְעוּדָה הָרִאשׁוֹנָה בַּיּוֹם הַנִּשּׂוּאִין, אַף עַל פִּי שֶׁנִּמְשְׁכָה הַסְּעוּדָה גַּם בַּלַּיְלָה, מְבָרְכִין, כְּמוֹ שֶׁכָּתַבְתִּי בִּסְעִיף א. אֲבָל אִם לֹא אָכְלוּ עַד הַלַּיְלָה, אִי אִיכָּא אֲנָשִׁים שֶׁאוֹכְלִים מֵחֲמַת שִׂמְחַת מֵרֵעוּת, מְבָרְכִין, כְּמוֹ שֶׁכָּתַבְתִּי בִּסְעִיף ג (וַאֲפִלּוּ אִיכָּא פָּנִים חֲדָשׁוֹת), וְכֵן בְּכָל הַסְּעוּדוֹת שְׁלשָׁה הַיָּמִים הָרִאשׁוֹנִים.

סעיף ה' פָּנִים חֲדָשׁוֹת מִקְרֵי, אִם בָּא לְשָׁם אָדָם מֵחֲמַת שִׂמְחַת מֵרֵעוּת, וְרוֹצִים לְהַרְבּוֹת בִּשְׁבִילוֹ, וְאַף עַל פִּי שֶׁאֵינוֹ אוֹכֵל. שַׁבָּת וְיוֹם טוֹב רִאשׁוֹן וְיוֹם טוֹב שֵׁנִי, הֲוֵי כְּפָנִים חֲדָשׁוֹת. וְדַוְקָא סְעוּדַת הַלַּיְלָה וּסְעוּדַת שַׁחֲרִית. אֲבָל סְעוּדָה שְׁלִישִׁית, לֹא הֲוֵי כְּפָנִים חֲדָשׁוֹת, אֶלָּא אִם הֶחָתָן דּוֹרֵשׁ.

סעיף ו' אִם אָדָם מְזַמִּין אֶת הֶחָתָן וְאֶת הַכַּלָּה לֶאֱכֹל שָׁם, אִם מְיַחֲדִין לָהֶם שָׁם חֶדֶר בִּפְנֵי עַצְמָם, שֶׁיְּכוֹלִין לִהְיוֹת בְּיַחַד לְבַד וְלִשְׂמֹחַ שָׁם, הֲוֵי שָׁם כְּמוֹ חֻפָּה דִּדְהוּ וּמְבָרְכִין שָׁם שֶׁבַע בְּרָכוֹת. וְאִם לָאו, אֵין מְבָרְכִין אֲפִלּוּ אֲשֶׁר בָּרָא וְכוּ', וְשֶׁהַשִּׂמְחָה בִּמְעוֹנוֹ.

סעיף ז' בְּנֵי הַחֻפָּה שֶׁנֶּחְלְקוּ לַחֲבוּרוֹת הַרְבֵּה, אֲפִלּוּ לְבָתִּים שֶׁאֵינָם פְּתוּחִים לַמָּקוֹם שֶׁהֶחָתָן שָׁם, מִכָּל מָקוֹם מְבָרְכִים בְּכָל חֲבוּרָה וַחֲבוּרָה בְּרָכוֹת אֵלוּ, כֵּיוָן שֶׁאוֹכְלִים מִסְּעוּדָה שֶׁהִתְקִינוּ לַחֻפָּה. אֲבָל הַשַּׁמָּשִׁים הָאוֹכְלִים אַחַר סְעוּדַת נִשּׂוּאִין, אֵין מְבָרְכִין בְּרָכוֹת אֵלוּ.

סעיף ח' מַחֲזִיר גְּרוּשָׁתוֹ, אֵין אוֹמְרִים שֶׁהַשִּׂמְחָה בִּמְעוֹנוֹ. וּבִסְעוּדָה הָרִאשׁוֹנָה בְּיוֹם הַנִּשּׂוּאִין, אוֹמְרִים שֶׁבַע בְּרָכוֹת, וּמִכָּאן וְאֵילָךְ אֵין אוֹמְרִים כְּלוּם.

סעיף ט' מִצְוָה לְשַׂמֵּחַ חָתָן וְכַלָּה וְלִרְקֹד לְפָנֶיהָ וְלוֹמַר, שֶׁהִיא נָאָה וַחֲסוּדָה (מִלְּשׁוֹן וַתִּשָּׂא חֵן וָחֶסֶד לְפָנָיו). וּמָצִינוּ, שֶׁרַבִּי יְהוּדָה בַּר אִלְעַי הָיָה מְרַקֵּד לִפְנֵי הַכַּלָּה.

סעיף י' אָסוּר לְהִסְתַּכֵּל בַּכַּלָּה, אֲבָל מֻתָּר לְהִסְתַּכֵּל בְּתַכְשִׁיטִין שֶׁעָלֶיהָ וּבִפְרִיעַת רֹאשָׁהּ.

סעיף יא' יֵשׁ נוֹהֲגִין, שֶׁאִם הַכַּלָּה הָיְתָה טְמֵאָה בִּשְׁעַת הַנִּשּׂוּאִין, אָז אַחַר כָּךְ בְּלֵיל טְבִילָתָהּ עוֹשִׂין סְעוּדָה וּמַזְמִינִים גַּם אֲנָשִׁים אֲחֵרִים. וְאֵין זֶה נָכוֹן. וְיֵשׁ לְבַטֵּל מִנְהָג זֶה, מִשּׁוּם צְנִיעוּת. אַךְ אִם עוֹשִׂים עוֹשִׂים קְצָת סְעוּדָה לְאַנְשֵׁי הַבַּיִת וְאוֹמְרִים שֶׁהַשִּׂמְחָה בִּמְעוֹנוֹ, אֵין לִמְחוֹת. אֲבָל שֶׁבַע בְּרָכוֹת, אָסוּר לְבָרֵךְ, רַק בְּאֹפֶן שֶׁנִּתְבָּאֵר לְעֵיל (עַיֵּן תְּשׁוּבָה מֵאַהֲבָה חֵלֶק רִאשׁוֹן סִימָן סב)

סעיף יב' הַנּוֹשֵׂא בְּתוּלָה, צָרִיךְ לִשְׂמֹחַ עִמָּהּ שִׁבְעָה יָמִים, וְנִקְרָאִים שִׁבְעַת יְמֵי מִשְׁתֶּה. לֹא יַעֲשֶׂה מְלָאכָה, וְלֹא יִשָּׂא וְיִתֵּן בַּשּׁוּק, אֶלָּא אוֹכֵל וְשׁוֹתֶה וְשָׂמֵחַ עִמָּהּ, בֵּין אִם הוּא בָחוּר אוֹ אַלְמָן. וַאֲפִלּוּ הִיא מוֹחֶלֶת, מִכָּל מָקוֹם אָסוּר בַּעֲשִׂיַּת מְלָאכָה. וְאָסוּר לָצֵאת יְחִידִי בַּשּׁוּק. וְהַנּוֹשֵׂא בְּעוּלָה, אִם הוּא אַלְמָן, לִכְלֵי עָלְמָא אֵינוֹ צָרִיךְ שִׂמְחָה אֶלָּא שְׁלשָׁה יָמִים. וְאִם הוּא בָחוּר, יֵשׁ אוֹמְרִים דְּצָרִיךְ לִשְׂמוֹחַ עִמָּהּ שִׁבְעָה יָמִים, כֵּיוָן שֶׁמְּבָרְכִין בִּשְׁבִילוֹ שֶׁבַע בְּרָכוֹת. וּמִכָּל מָקוֹם בָּזֶה אִשָּׁה יְכוֹלָה לִמְחֹל עַל שִׂמְחָתָהּ (חָתָן שֶׁחָלָה תַּעֲנִית צִבּוּר בְּשִׁבְעַת יְמֵי הַמִּשְׁתֶּה שֶׁלּוֹ, עַיֵּן לְעֵיל סִימָן קכא סְעִיף ז וְסִימָן קמא סְעִיף ב).

סעיף יג' הַנּוֹשֵׂא אִשָּׁה, צָרִיךְ לַעֲמוֹד בְּעִירוֹ שָׁנָה תְּמִימָה לִשְׂמוֹחַ עִמָּהּ, שֶׁנֶּאֱמַר, לֹא יֵצֵא בַצָּבָא וְגוֹ' נָקִי יִהְיֶה לְבֵיתוֹ שָׁנָה אֶחָת וְשִׂמַּח אֶת אִשְׁתּוֹ. אֲבָל הָאִשָּׁה, יְכוֹלָה לִמְחוֹל.

סימן קנ - הלכות צניעות ובו י"ז

סעיפים:

סעיף א' רָאוּי לְאָדָם לְהַרְגִּיל אֶת עַצְמוֹ בִּקְדֻשָּׁה יְתֵרָה וּבְמַחֲשָׁבָה טְהוֹרָה וּבְדֵעָה נְכוֹנָה בִּשְׁעַת תַּשְׁמִישׁ. לֹא יָקֵל רֹאשׁוֹ עִם אִשְׁתּוֹ, וְלֹא יְנַבֵּל פִּיו בְּדִבְרֵי הֲבַאי אֲפִלּוּ בֵּינוֹ לְבֵינָהּ. הֲרֵי הַכָּתוּב אוֹמֵר, וּמַגִּיד לְאָדָם מַה שֵּׂחוֹ, וְאָמְרוּ רַבּוֹתֵינוּ זִכְרוֹנָם לִבְרָכָה, אֲפִלּוּ שִׂיחָה קַלָּה שֶׁבֵּין אִישׁ לְאִשְׁתּוֹ, מַגִּידִין לוֹ בִּשְׁעַת הַדִּין. לֹא יְסַפֵּר עִמָּהּ בִּשְׁעַת תַּשְׁמִישׁ וְלֹא קֹדֶם לָכֵן, אֶלָּא מַה שֶּׁהוּא צָרִיךְ בְּעִנְיַן תַּשְׁמִישׁ. וְאִם הָיוּ בְכַעַס שֶׁאָסוּר לְשַׁמֵּשׁ אָז עִמָּהּ, יָכוֹל לְדַבֵּר עִמָּהּ לְרַצּוֹתָהּ שֶׁתִּתְפַּיֵּס. וִישַׁמֵּשׁ בְּהַצְנֵעַ הָאֶפְשָׁרִי. הוּא לְמַטָּה וְהִיא לְמַעְלָה, זֶהוּ דֶּרֶךְ עַזּוּת. שִׁמְּשׁוּ שְׁנֵיהֶם כְּאֶחָד, זֶהוּ דֶּרֶךְ עִקֵּשׁ. אָמְרוּ עָלָיו עַל רַבִּי אֱלִיעֶזֶר, שֶׁכָּל כָּךְ הָיָה מְשַׁמֵּשׁ בְּאֵימָה וּבְיִרְאָה, עַד שֶׁהָיָה דּוֹמֶה כְּאִלּוּ כְּפָאוֹ שֵׁד.

סעיף ב' בִּשְׁעַת הַזִּוּוּג, יֵשׁ לוֹ לְהַרְהֵר בְּדִבְרֵי תוֹרָה וּבִשְׁאָר דָּבָר שֶׁבִּקְדֻשָּׁה. וְאַף עַל פִּי שֶׁאָסוּר לִקְרוֹת בְּפִיו, הִרְהוּר מֻתָּר וּמִצְוָה, כִּי הִרְהוּר אֵינוֹ כְּדִבּוּר לְעִנְיָן זֶה. אַף עַל פִּי דִּבִמְבוֹאוֹת הַמְטֻנָּפִים אָסוּר אֲפִילוּ לְהַרְהֵר בְּדָבָר שֶׁבִּקְדֻשָּׁה, זֶהוּ מִשּׁוּם דִּבְעִינַן וְהָיָה מַחֲנֶיךָ קָדוֹשׁ. אֲבָל הֵיכָא דְּהָאִסּוּר הוּא מִשּׁוּם עֶרְוָה, מִדִּכְתִיב עֶרְוַת דָּבָר דָּרְשׁוּ רַבּוֹתֵינוּ, זִכְרוֹנָם לִבְרָכָה, דִּבּוּר אָסוּר, הִרְהוּר מֻתָּר.

סעיף ג' אָסוּר לְשַׁמֵּשׁ לְאוֹר הַנֵּר, אַף עַל פִּי שֶׁמַּאֲפִיל בְּטַלִּיתוֹ. אֲבָל אִם עוֹשֶׂה מְחִצָּה גְבוֹהָה עֲשָׂרָה טְפָחִים לִפְנֵי הַנֵּר, מֻתָּר (וְעַיֵּן לְעֵיל סִימָן פ סָעִיף עו). וְכֵן אָסוּר לְשַׁמֵּשׁ בַּיּוֹם, אֶלָּא בְּבַיִת אָפֵל. וּבַלַּיְלָה, אִם הַלְּבָנָה מְאִירָה עֲלֵיהֶם, אַף עַל פִּי שֶׁמְּאִירָה לְתוֹךְ הַבַּיִת, מַאֲפִיל בְּטַלִּיתוֹ, וּמֻתָּר. וְכֵן אִם יֵשׁ נֵר בְּחֶדֶר אַחֵר, וּמֵאִיר לְחֶדֶר זֶה, צָרִיךְ הַאֲפָלַת טַלִּית.

סעיף ד' אָסוּר לְאָדָם לְשַׁמֵּשׁ מִטָּתוֹ בִּפְנֵי כָל אָדָם אִם הוּא נֵעוֹר, וַאֲפִלּוּ עַל יְדֵי הֶפְסֵק מְחִצַּת עֲשָׂרָה. וּבִפְנֵי תִינוֹק שֶׁאֵינוֹ יוֹדֵעַ לְדַבֵּר, מֻתָּר.

סעיף ה' אָסוּר לְהִסְתַּכֵּל בְּאוֹתוֹ מָקוֹם, שֶׁכָּל הַמִּסְתַּכֵּל שָׁם, אֵין לוֹ בֹשֶׁת פָּנִים, וְעוֹבֵר עַל וְהַצְנֵעַ לֶכֶת, וּמַעֲבִיר הַבּוּשָׁה מֵעַל פָּנָיו. שֶׁכָּל הַמִּתְבַּיֵּשׁ, אֵינוֹ חוֹטֵא, דִּכְתִיב, וּבַעֲבוּר תִּהְיֶה יִרְאָתוֹ עַל פְּנֵיכֶם, זוֹ הַבּוּשָׁה, לְבִלְתִּי תֶחֱטָאוּ. וְעוֹד, דְּקָא מְגָרֶה יֵצֶר הָרָע בְּנַפְשֵׁהּ. וְכָל שֶׁכֵּן הַנּוֹשֵׁק שָׁם, שֶׁעוֹבֵר עַל כָּל אֵלֶּה, וְעוֹבֵר גַּם עַל בַּל תְּשַׁקְּצוּ אֶת נַפְשׁוֹתֵיכֶם.

סעיף ו' בַּיִת שֶׁיֵּשׁ בּוֹ סֵפֶר תּוֹרָה, אָסוּר לְשַׁמֵּשׁ שָׁם, אֶלָּא צָרִיךְ שֶׁיּוֹצִיאוֹ לְחֶדֶר אַחֵר. וְאִם אֵין לוֹ חֶדֶר אַחֵר, יַעֲשֶׂה לְפָנָיו מְחִיצָּה גְבוֹהָה עֲשָׂרָה טְפָחִים. וּתְהֵא מְחִיצָּה סְתוּמָה, שֶׁלֹּא יֵרָאֶה סֵפֶר הַתּוֹרָה. וְהַיְרִיעָה שֶׁסָּבִיב הַמִּטָּה לֹא חֲשִׁיבָה מְחִצָּה, כֵּיוָן שֶׁהִיא נָדָה, אֶלָּא אִם כֵּן קָשַׁר אוֹתָהּ מִלְּמַטָּה (וְעַיֵּן לְעֵיל סִימָן פ סָעִיף עו). וּבִתְפִלִּין וַחֲמִשִּׁים וּשְׁאָר כִּתְבֵי הַקֹּדֶשׁ, כְּגוֹן גְּמָרָא וּמִדְרָשִׁים וּמְפָרְשֵׁיהֶם, בֵּין שֶׁהֵם בִּכְתָב בֵּין שֶׁהֵם בִּדְפוּס, יָכוֹל לְהַנִּיחָן בִּכְלִי תּוֹךְ כְּלִי. וְדַוְקָא כְּשֶׁהַכְּלִי הַשֵּׁנִי אֵינוֹ מְיֻחָד לָהֶם. אֲבָל כֵּלִים הַמְיֻחָדִים לָהֶם, אֲפִלּוּ הֵם עֲשָׂרָה, כֻּלָּם כְּחַד חֲשִׁיבֵי. וְאִם פָּרַשׂ אֵיזֶה מְכַסֶּה עַל הָאַרְגָּז שֶׁהַסְּפָרִים בּוֹ, חָשׁוּב כִּכְלִי בְּתוֹךְ כְּלִי.

וְכֵן הַמְּזוּזָה, אִם הִיא קְבוּעָה בִּפְנִים הַחֶדֶר, צְרִיכִין לְכַסּוֹתָהּ בִּשְׁנֵי כִסּוּיִין, שֶׁתְּהֵא כִּכְלִי תּוֹךְ כְּלִי, וְהַשֵּׁם יְהֵא גַם כֵּן מְכֻסֶּה. וְכִסּוּי זְכוּכִית, לָא מְהַנֵּי, דְּצָרִיךְ שֶׁלֹּא יְהֵא נִרְאֶה.

סעיף ז' לֹא יְהֵא רָגִיל בְּיוֹתֵר עִם אִשְׁתּוֹ, אֶלָּא בְּעוֹנָה, שֶׁהוּא חַיָּב לִפְרֹעַ לָהּ עוֹנָתָהּ, דִּכְתִיב, וְעוֹנָתָהּ לֹא יִגְרָע. הָאֲנָשִׁים הַבְּרִיאִים וְהַמְּעֻנָּגִים שֶׁפַּרְנָסָתָן בִּמְקוֹמָם בְּרֶוַח וְאֵין פּוֹרְעִין מַס, עוֹנָתָן בְּכָל לַיְלָה. הַפּוֹעֲלִים שֶׁעוֹשִׂים מְלָאכָה בְּעִירָם, עוֹנָתָן שְׁתֵּי פְעָמִים בְּכָל שָׁבוּעַ. וְאִם עוֹשִׂין מְלָאכָה בְּעִיר אַחֶרֶת, עוֹנָתָן פַּעַם אַחַת בַּשָּׁבוּעַ. וְכֵן הַסּוֹחֲרִים שֶׁיּוֹצְאִין לַכְּפָרִים עִם חֲמוֹרִים לְהָבִיא תְבוּאָה לִמְכּוֹר וְכֵן כַּיּוֹצֵא בָהֶם, עוֹנָתָן פַּעַם אַחַת בַּשָּׁבוּעַ. וְהַמְּבִיאִים חֲבִילוֹת עַל הַגְּמַלִּים מִמָּקוֹם רָחוֹק, עוֹנָתָן פַּעַם אַחַת בִּשְׁלֹשִׁים יוֹם. וְעוֹנַת תַּלְמִידֵי חֲכָמִים מִלֵּיל שַׁבָּת לְלֵיל שַׁבָּת. וְצָרִיךְ לְקַיֵּם אֶת הָעוֹנָה גַּם כְּשֶׁהִיא מְעֻבֶּרֶת אוֹ מֵינִיקָה. וְלֹא יְבַטֵּל עוֹנָתָהּ, אֶלָּא מִדַּעְתָּהּ כְּשֶׁהִיא מוֹחֶלֶת לוֹ וּכְבָר קִיֵּם מִצְוַת פְּרִיָּה וּרְבִיָּה. וְאִם מוֹנֵעַ עוֹנָתָהּ כְּדֵי לְצַעֲרָהּ, עוֹבֵר בְּלֹא תַעֲשֶׂה, שֶׁנֶּאֱמַר, וְעוֹנָתָהּ לֹא יִגְרָע.

סעיף ח' כָּל אָדָם צָרִיךְ לִפְקֹד אֶת אִשְׁתּוֹ בְּלֵיל טְבִילָתָהּ וּבַלַּיְלָה שֶׁלִּפְנֵי יְצִיאָתוֹ לַדֶּרֶךְ, אִם אֵינוֹ הוֹלֵךְ לִדְבַר מִצְוָה. וְכָל שֶׁרוֹאֶה שֶׁאִשְׁתּוֹ מְשַׁדַּלְתּוֹ וּמְרַצָּה אוֹתוֹ וּמְקַשֶּׁטֶת עַצְמָהּ לְפָנָיו כְּדֵי שֶׁיִּתֵּן דַּעְתּוֹ עָלֶיהָ, חַיָּב לְפָקְדָהּ אֲפִלּוּ שֶׁלֹּא בִּשְׁעַת עוֹנָתָהּ, וְהָוְיָן לָהּ בָּנִים הֲגוּנִים. אֲבָל אִם תְּבָעַתּוּ בַּפֶּה מַמָּשׁ, הִיא חֲצוּפָה וַהֲרֵי הִיא כְּזוֹנָה וְאָסוּר לְקַיְּמָהּ.

סעיף ט' וְאַף כְּשֶׁהוּא אֶצְלָהּ, לֹא יְכַוֵּן לַהֲנָאָתוֹ, אֶלָּא כְּאָדָם שֶׁהוּא פּוֹרֵעַ חוֹבוֹ, שֶׁהוּא חַיָּב בְּעוֹנָתָהּ, וּלְקַיֵּם מִצְוַת בּוֹרְאוֹ, שֶׁיִּהְיוּ לוֹ בָּנִים עוֹסְקִים בַּתּוֹרָה וּמְקַיְּמִים מִצְוֹת בְּיִשְׂרָאֵל. וְכֵן אִם הוּא מְכַוֵּן לְתִקּוּן הַוָּלָד, דְּאָמְרוּ רַבּוֹתֵינוּ זִכְרוֹנָם לִבְרָכָה, שְׁלֹשָׁה חֳדָשִׁים (מֵהֵרָיוֹן) תַּשְׁמִישׁ קָשֶׁה לָאִשָּׁה וְקָשֶׁה לַוָּלָד. אֶמְצָעִים, קָשֶׁה לָאִשָּׁה וְיָפֶה לַוָּלָד. אַחֲרוֹנִים, יָפֶה לָאִשָּׁה וְיָפֶה לַוָּלָד, שֶׁמִּתּוֹךְ כָּךְ יֵצֵא מְלֻבָּן וּמְזֹרָז שַׁפִּיר דָּמֵי. וְאִם הוּא מְכַוֵּן לִגְדֹּר עַצְמוֹ בָּהּ כְּדֵי שֶׁלֹּא יִתְאַוֶּה לַעֲבֵרָה, כִּי רוֹאֶה יִצְרוֹ גוֹבֵר וּמִתְאַוֶּה אֶל הַדָּבָר הַהוּא, גַּם בָּזֶה יֵשׁ קִבּוּל שָׂכָר. אַךְ יוֹתֵר טוֹב הָיָה לוֹ לִדְחוֹת אֶת יִצְרוֹ וְלִכְבּוֹשׁ אוֹתוֹ, כִּי אֵבֶר קָטָן יֵשׁ בָּאָדָם. מַרְעִיבוֹ, שָׂבֵעַ. מַשְׂבִּיעוֹ, רָעֵב. אֲבָל מִי שֶׁאֵינוֹ צָרִיךְ לַדָּבָר, אֶלָּא שֶׁמְּעוֹרֵר תַּאֲוָתוֹ כְּדֵי לְמַלֹּאת תַּאֲוָתוֹ, זוֹ הִיא עֲצַת יֵצֶר הָרָע.

סעיף י' מִי שֶׁנּוֹחַ לוֹ, יֵשׁ לוֹ לִזָּהֵר, שֶׁלֹּא לְשַׁמֵּשׁ לֹא בִּתְחִלַּת הַלַּיְלָה וְלֹא בְּסוֹפוֹ אֶלָּא בְּאֶמְצָעִיתוֹ. לֹא יִגַּע בָּאַמָּה אֲפִלּוּ לְצֹרֶךְ זִווּג, עַד שֶׁיִּטּוֹל יָדָיו כָּרָאוּי, דְּהַיְנוּ שָׁלֹשׁ פְּעָמִים בְּסֵרוּגִין, כִּמְבֹאָר בְּסִימָן ב.

סעיף יא' אָסוּר לְשַׁמֵּשׁ בַּשְּׁוָקִים וּבָרְחוֹבוֹת וּבַגַּנִּים וּבַפַּרְדֵּסִים, אֶלָּא בְּבֵית דִּירָה, שֶׁלֹּא יִהְיֶה כְּדֶרֶךְ זְנוּת.

סעיף יב' כְּשֶׁיֵּשׁ חַס וְשָׁלוֹם רָעָב בַּמְּדִינָה, שֶׁהוּקְרָה הַתְּבוּאָה בְּכֶפֶל, אַף עַל פִּי שֶׁהוּא יֵשׁ לוֹ תְבוּאָה בְּתוֹךְ בֵּיתוֹ, אוֹ שֶׁיֵּשׁ חַס וְשָׁלוֹם שְׁאָר צָרָה, אָסוּר לְשַׁמֵּשׁ מִטָּתוֹ כִּי אִם בְּלֵיל טְבִילָתָהּ. וְלַחֲשׂוּכֵי בָנִים, מֻתָּר בְּכָל עוֹנָה.

סעיף יג' לֹא יְשַׁמֵּשׁ עִם אִתּוֹ אֶלָּא מֵרְצוֹנָהּ. אֲבָל כְּשֶׁאֵינָהּ מְרֻצָּה, לֹא יְשַׁמֵּשׁ עִמָּהּ, וּמִכָּל שֶׁכֵּן דְּאָסוּר לְאָנְסָהּ. וְכֵן לֹא יְשַׁמֵּשׁ כְּשֶׁהִיא שְׂנוּאָה לוֹ אוֹ שֶׁהוּא שָׂנוּי לָהּ דְּאָמְרָה לֵהּ לָא בָּעֵינָא לָךְ, אַף עַל פִּי שֶׁרְצוּיָה בַּתַּשְׁמִישׁ. וְכֵן אִם גָּמַר בְּלִבּוֹ לְגָרְשָׁהּ וְהִיא אֵינָהּ יוֹדַעַת, אַף עַל פִּי שֶׁאֵינָהּ שְׂנוּאָה לוֹ, אָסוּר לְשַׁמֵּשׁ עִמָּהּ. גַּם לֹא יְשַׁמֵּשׁ עִמָּהּ כְּשֶׁהִיא יְשֵׁנָה מַמָּשׁ. גַּם לֹא יְשַׁמֵּשׁ כְּשֶׁהוּא שִׁכּוֹר אוֹ הִיא שִׁכּוֹרָה.

סעיף יד' אַכְסְנַאי, אָסוּר לְשַׁמֵּשׁ. וְאִם יִחֲדוּ לוֹ וּלְאִשְׁתּוֹ בֵּית מְיֻחָד, מֻתָּר, וּבִלְבַד שֶׁלֹּא יִישַׁן עַל סָדִין שֶׁל בַּעַל הַבַּיִת.

סעיף טו' מִדַּרְכֵי הָרְפוּאָה, שֶׁלֹּא לִבְעֹל לֹא כְּשֶׁהוּא שָׂבֵעַ וְלֹא כְּשֶׁהוּא רָעֵב, אֶלָּא כְּשֶׁיִּתְעַכֵּל הַמָּזוֹן שֶׁבְּמֵעָיו. וְלֹא יִבְעֹל מְעֻמָּד, וְלֹא מְיֻשָּׁב, וְלֹא בְּיוֹם שֶׁנִּכְנַס לַמֶּרְחָץ, וְלֹא בְּיוֹם הַקָּזָה, וְלֹא בְּיוֹם יְצִיאָה לַדֶּרֶךְ אוֹ בִּיאָה מִן הַדֶּרֶךְ כְּשֶׁהוֹלֵךְ בְּרַגְלָיו, וְלֹא לִפְנֵיהֶם וְלֹא לְאַחֲרֵיהֶם.

סעיף טז' לֹא יְשַׁמֵּשׁ עַל מִטָּה שֶׁיֵּשׁ שָׁם תִּינוֹק לְרַגְלֵיהֶם, כְּשֶׁאֵין הַתִּינוֹק בֶּן שָׁנָה. כְּשֶׁיּוֹצֵא מִבֵּית כִּסֵּא קָבוּעַ, לֹא יְשַׁמֵּשׁ עַד לְאַחַר שָׁעָה. אִשָּׁה מֵינִיקָה, לֹא תְּשַׁמֵּשׁ אֶלָּא בְּשָׁעָה שֶׁהַתִּינוֹק יָשֵׁן, וְאַחַר כָּךְ לֹא תְּנִיקֵהוּ עַד לְאַחַר שְׁנֵי שְׁלִישֵׁי שָׁעָה, אִם לֹא כְּשֶׁהַתִּינוֹק בּוֹכֶה. הוא ט' רגעים ולכל היותר י"ב רגעים (מסגה"ש).

סעיף יז' שִׁכְבַת זֶרַע הִיא כֹּחַ הַגּוּף וּמְאוֹר הָעֵינַיִם. וּכְשֶׁתֵּצֵא בְּיוֹתֵר, הַגּוּף כָּלֶה וְחַיָּיו אוֹבְדִים. וְכָל הַשָּׁטוּף בִּבְעִילָה, זִקְנָה קוֹפֶצֶת עָלָיו, וְכֹחוֹ תָּשֵׁשׁ, וְעֵינָיו כֵּהוֹת, וְרֵיחַ רַע נוֹדֵף מִפִּיו, וּשְׂעַר רֹאשׁוֹ וְגַבּוֹת עֵינָיו וְרִיסֵי עֵינָיו נוֹשְׁרִים, וּשְׂעַר זְקָנוֹ וְשֶׁחְיוֹ וּשְׂעַר רַגְלָיו רָבֶה, וְשִׁנָּיו נוֹשְׁרוֹת, וְהַרְבֵּה כְּאֵבִים חוּץ מֵאֵלּוּ בָּאִים עָלָיו. אָמְרוּ חַכְמֵי הָרוֹפְאִים, אֶחָד מֵאֶלֶף, מֵת מִשְּׁאָר חֳלָאִים, וְהָאֶלֶף מֵרֹב תַּשְׁמִישׁ. לְפִיכָךְ צָרִיךְ הָאָדָם לִזָּהֵר.

סימן קנא - אסור הוצאת זרע לבטלה ותקונים למי שנכשל בו ובו ז' סעיפים:

סעיף א' אָסוּר לְהוֹצִיא זֶרַע לְבַטָּלָה. וְעָוֹן זֶה חָמוּר מִכָּל עֲבֵרוֹת שֶׁבַּתּוֹרָה. וְאֵלּוּ שֶׁמְּנָאֲפִים בַּיָּד וּמוֹצִיאִים זֶרַע לְבַטָּלָה, לֹא דַי לָהֶם שֶׁאִסּוּר גָּדוֹל הוּא, אֶלָּא שֶׁהָעוֹשֶׂה זֹאת, הוּא בְנִדּוּי, וַעֲלֵיהֶם נֶאֱמַר, יְדֵיכֶם דָּמִים מָלֵאוּ, וּכְאִלּוּ הוֹרֵג אֶת הַנֶּפֶשׁ. וּרְאֵה מַה שֶּׁכָּתַב רַשִׁ"י בְּפָרָשַׁת וַיֵּשֶׁב בְּעֵר וְאוֹנָן שֶׁמֵּתוּ בְּחֵטְא זֶה. וְלִפְעָמִים בְּעֹנֶשׁ זֶה, חַס וְשָׁלוֹם, בָּנָיו מֵתִים כְּשֶׁהֵם קְטַנִּים, אוֹ שֶׁיִּהְיוּ רְשָׁעִים, וְהוּא בָּא לִידֵי עֲנִיּוּת.

סעיף ב' אָסוּר לְאָדָם שֶׁיַּקְשֶׁה אֶת עַצְמוֹ לָדַעַת, אוֹ שֶׁיָּבִיא אֶת עַצְמוֹ לִידֵי הִרְהוּר אִשָּׁה. וְאִם בָּא לוֹ אֵיזֶה הִרְהוּר, יַסִּיעַ אֶת לִבּוֹ מִדִּבְרֵי הַבַאי לְדִבְרֵי תוֹרָה, שֶׁהִיא אַיֶּלֶת אֲהָבִים וְיַעֲלַת חֵן. וְאֵין מַחְשֶׁבֶת עֲרָיוֹת מִתְגַּבֶּרֶת אֶלָּא בְּלֵב פָּנוּי מִן הַחָכְמָה. וְיִזָּהֵר מְאֹד שֶׁלֹּא יָבוֹא לִידֵי קִשּׁוּי. לְפִיכָךְ אָסוּר לְאָדָם לִישֹׁן עַל עָרְפּוֹ וּפָנָיו לְמַעְלָה, אוֹ לִישֹׁן וּפָנָיו לְמַטָּה, אֶלָּא יִישַׁן עַל הַצְּדָדִין, שֶׁלֹּא יָבוֹא לִידֵי קִשּׁוּי. וְלֹא יִישְׁנוּ שְׁנֵי רַוָּקִים יַחַד. וְלֹא יִסְתַּכֵּל בִּבְהֵמָה חַיָּה וָעוֹף

כְּשֶׁמִּזְדַּקְּקִין זָכָר לִנְקֵבָה. וְאָסוּר לִרְכֹּב עַל בְּהֵמָה בְּלֹא אֻכָּף.

סעיף ג' כְּשֶׁמַּשְׁתִּין, אָסוּר לֶאֱחֹז בַּמִּילָה לְהַשְׁתִּין. וְאִם הוּא נָשׂוּי וְאִשְׁתּוֹ עִמּוֹ בָּעִיר וְהִיא טְהוֹרָה, מִצַּד הַדִּין מֻתָּר לוֹ, דְּכֵיוָן שֶׁיֵּשׁ לוֹ פַּת בְּסַלּוֹ, אֵינוֹ בָא לִידֵי הִרְהוּר וְחִמּוּם. אַךְ מִמִּידַת חֲסִידוּת, לְהַחְמִיר. וְשֶׁלֹּא לְצֹרֶךְ הַשְׁתָּנָה, גַּם מִצַּד הַדִּין אָסוּר לוֹ.

סעיף ד' בִּסְעוּדַת הַלַּיְלָה, לֹא יַרְבֶּה בַּאֲכִילָה וּבִשְׁתִיָּה, וְלֹא יֹאכַל דְּבָרִים הַמְחַמְּמִים אֶת הַגּוּף, כְּגוֹן בָּשָׂר שָׁמֵן וְכָל מַאַכְלֵי חָלָב וּגְבִינָה וּבֵיצִים וָשׁוּם. גַּם לֹא יִשְׁתֶּה מַשְׁקֶה הַמְחַמֵּם, כִּי דְּבָרִים אֵלּוּ גּוֹרְמִים לְחֵטְא זֶה.

סעיף ה' מִי שֶׁרָאָה, חַס וְשָׁלוֹם, קֶרִי בַּלַּיְלָה, כְּשֶׁנֵּעוֹר מִשְּׁנָתוֹ, יִטּוֹל יָדָיו וְיֹאמַר בְּשִׁבְרוֹן לֵב, רִבּוֹנוֹ שֶׁל עוֹלָם, עָשִׂיתִי זֹאת שֶׁלֹּא בְּכַוָּנָה, רַק בְּהִרְהוּרִים רָעִים וּבְמַחֲשָׁבוֹת רָעוֹת. לָכֵן יְהִי רָצוֹן מִלְּפָנֶיךָ, ה' אֱלֹהַי וֵאלֹהֵי אֲבוֹתַי, מְחֹק בְּרַחֲמֶיךָ הָרַבִּים עָוֹן זֶה, וְתַצִּילֵנִי מֵהִרְהוּרִים רָעִים וְכַיּוֹצֵא בָּהֶם לְעוֹלָם וָעֶד, אָמֵן וְכֵן יְהִי רָצוֹן.

סעיף ו' הָרוֹצֶה לִשְׁמֹר אֶת עַצְמוֹ מֵחֵטְא זֶה, יִשְׁמֹר אֶת פִּיו מִנִּבּוּל פֶּה, מִשְּׁקָרִים, מֵרְכִילוּת וּמִלָּשׁוֹן הָרָע וּמִלֵּיצָנוּת. וְכֵן יִשְׁמֹר אֶת אָזְנוֹ מִשְּׁמֹעַ דְּבָרִים כָּאֵלּוּ. גַּם יְהֵא זָהִיר לְקַיֵּם נְדָרָיו, וְלֹא יַרְבֶּה בִּדְאָגָה, וְגַם יְהֵא זָהִיר מֵהִרְהוּרִים רָעִים. וְקֹדֶם שֶׁהוֹלֵךְ לִישַׁן, יַעֲסֹק בַּתּוֹרָה, אוֹ יֹאמַר אַרְבָּעָה מִזְמוֹרֵי תְהִלִּים הָרִאשׁוֹנִים (עַיֵּן לְעֵיל סִימָן קלב סָעִיף ה), וְיִזָּהֵר שֶׁלֹּא לִישַׁן בַּחֶדֶר יְחִידִי.

סעיף ז' תִּקּוּנִים לְמִי שֶׁנִּכְשַׁל בְּחֵטְא זֶה כְּתוּבִים בְּסֵפֶר יְסוֹד יוֹסֵף, אֲשֶׁר לִקֵּט וְאָסַף מִסְּפָרִים קְדוֹשִׁים וְקַדְמוֹנִים. וְאֶכְתֹּב פֹּה קְצָת מֵהֶם בְּקִצּוּר, לְהַדֵּר לִהְיוֹת סַנְדָּק, שֶׁיִּמּוֹלוּ יְלָדִים עַל בִּרְכָּיו, וּבִפְרָט לִהְיוֹת סַנְדָּק אֵצֶל עֲנִיִּים, לְהַרְבּוֹת בִּצְדָקָה לָעֲנִיִּים, לִשְׁמֹר שַׁבָּת כְּהִלְכָתָהּ וּלְעָנְגָהּ וּלְהַדְלִיק נֵרוֹת הַרְבֵּה, לְכַבֵּד וְלֶאֱהֹב לוֹמְדֵי תוֹרָה, לְהִתְפַּלֵּל בְּכַוָּנָה וּבִבְכִי, לִבְחוֹר בְּמִדַּת הָעֲנָוָה. וְכַאֲשֶׁר יִשְׁמַע שֶׁמְּחָרְפִים אוֹתוֹ, יִשְׁתֹּק וְיִמְחֹל. כַּאֲשֶׁר יַעֲשֶׂה אֵיזוֹ מִצְוָה, יַעֲשֶׂהָ בְכֹחַ וּבִזְרִיזוּת עַד שֶׁיִּתְחַמֵּם בָּהּ, וּבִפְרָט בַּעֲשִׂיַּת הַמַּצּוֹת לְפֶסַח. לְגַדֵּל בָּנָיו לְתַלְמוּד תּוֹרָה וּלְהַדְרִיכָם בְּיִרְאַת שָׁמַיִם. לְגַדֵּל יָתוֹם בְּתוֹךְ בֵּיתוֹ, וְיִתְנַהֵג עִמּוֹ כְּמוֹ עִם בְּנוֹ. לַעֲסֹק בְּמִצְוַת הַכְנָסַת כַּלָּה. לַעֲלוֹת לַתּוֹרָה לְכָל הַפָּחוֹת פַּעַם אַחַת בְּכָל חֹדֶשׁ, וִיבָרֵךְ הַבְּרָכוֹת בְּקוֹל רָם. גַּם יִסְתַּכֵּל בַּתּוֹרָה וְיִקְרָא בְּלַחַשׁ עִם הַקּוֹרֵא. לִהְיוֹת מִן הָעֲשָׂרָה הָרִאשׁוֹנִים בְּבֵית הַכְּנֶסֶת. לַעֲמֹד בַּחֲצוֹת לַיְלָה לַעֲשׂוֹת תִּקּוּן חֲצוֹת בִּבְכִי. וְאִם אִי אֶפְשָׁר לוֹ לָקוּם בַּחֲצוֹת הַלַּיְלָה, יַעֲשֶׂה אַחַר כָּךְ תִּקּוּן חֲצוֹת. לֶאֱהֹב שָׁלוֹם וְלִרְדֹּף שָׁלוֹם (עַיֵּן לְקַמָּן בס' קצ"ח ס"ז).

סימן קנב - אסור יחוד ושאר קרבות בנשים ובו יז סעיפים:

סעיף א'

אָסוּר לְהִתְיַחֵד עִם שׁוּם אִשָּׁה, בֵּין יַלְדָּה בֵּין זְקֵנָה, בֵּין יִשְׂרְאֵלִית בֵּין גּוֹיָה, בֵּין קְרוֹבָתוֹ בֵּין אֵינָהּ קְרוֹבָתוֹ, חוּץ מִן הָאָב שֶׁמֻּתָּר לְהִתְיַחֵד עִם בִּתּוֹ, וְהָאֵם עִם בְּנָהּ, וְהַבַּעַל עִם אִשְׁתּוֹ, אַף עַל פִּי שֶׁהִיא נִדָּה. (וְכַלָּה שֶׁהִיא נִדָּה, עַיֵּן לְקַמָּן סִימָן קנז).

סעיף ב' אִם הָיְתָה אִשְׁתּוֹ שָׁמָּה, מֻתָּר לוֹ לְהִתְיַחֵד גַּם עִם אַחֶרֶת, מִפְּנֵי שֶׁאִשְׁתּוֹ מְשַׁמַּרְתּוֹ. אֲבָל יִשְׂרְאֵלִית, לֹא תִתְיַחֵד עִם גּוֹי, אֲפִילוּ אִשְׁתּוֹ עִמּוֹ. וַאֲפִלּוּ הֵם הַרְבֵּה גוֹיִם וּנְשׁוֹתֵיהֶם עִמָּהֶם, לֹא תִתְיַחֵד עִמָּהֶם.

סעיף ג' אִשָּׁה אַחַת, מִתְיַחֶדֶת עִם שְׁנֵי אֲנָשִׁים כְּשֵׁרִים. וְדַוְקָא בָּעִיר וּבַיּוֹם. אֲבָל בַּשָּׂדֶה, אוֹ בַלַּיְלָה אֲפִילוּ בָעִיר, בָּעֵינָן שְׁלֹשָׁה אֲנָשִׁים כְּשֵׁרִים. וְעִם פְּרִיצִים, לְעוֹלָם לֹא תִתְיַחֵד, אֲפִלּוּ הֵם כַּמָּה, אֶלָּא אִם כֵּן נְשׁוֹתֵיהֶם עִמָּהֶם. וְאִישׁ אֶחָד, עִם שְׁתֵּי נָשִׁים אָסוּר לְהִתְיַיחֵד. וְעִם שָׁלֹשׁ אוֹ יוֹתֵר, יֵשׁ מַתִּירִין אִם אֵין אֻמְנוּתוֹ אוֹ סְחוֹרָתוֹ בִּדְבָרִים הַמְיֻחָדִים לְנָשִׁים. וְיֵשׁ אוֹסְרִין בְּכָל עִנְיָן.

סעיף ד' אִשָּׁה שֶׁבַּעְלָהּ בָּעִיר, אֵין חוֹשְׁשִׁין לְהִתְיַחֵד עִמָּהּ, מִפְּנֵי שֶׁאֵימַת בַּעְלָהּ עָלֶיהָ.

סעיף ה' בַּיִת שֶׁפִּתְחוֹ פָּתוּחַ לִרְשׁוּת הָרַבִּים, אֵין שָׁם אִסּוּר יִחוּד בַּיּוֹם וּבִתְחִלַּת הַלַּיְלָה, כָּל זְמַן שֶׁבְּנֵי אָדָם עוֹבְרִים וְשָׁבִים בָּרְחוֹב. וְאִם הָיָה זֶה רָגִיל בָּהּ, כְּגוֹן שֶׁגָּדְלָה עִמּוֹ, אוֹ שֶׁהִיא קְרוֹבָתוֹ, אוֹ שֶׁבַּעְלָהּ הִזְהִיר אוֹתָהּ שֶׁלֹּא תִתְיַחֵד עִמּוֹ, הֲרֵי זוֹ לֹא תִתְיַחֵד עִמּוֹ, אֲפִלּוּ בַּעְלָהּ בָּעִיר, וַאֲפִלּוּ בְּבַיִת שֶׁהַפֶּתַח פָּתוּחַ לִרְשׁוּת הָרַבִּים.

סעיף ו' תִּינֹקֶת שֶׁהִיא פְּחוּתָה מִשָּׁלֹשׁ שָׁנִים, מֻתָּרִין לְהִתְיַחֵד עִמָּהּ. וְכֵן תִּינוֹק פָּחוֹת מִתֵּשַׁע שָׁנִים, מֻתָּר לְאִשָּׁה שֶׁתִּתְיַחֵד עִמּוֹ.

סעיף ז' מִי שֶׁאֵין לוֹ אִשָּׁה, לֹא יְהֵא מְלַמֵּד תִּינוֹקוֹת, מִפְּנֵי שֶׁאִמּוֹתֵיהֶן בָּאוֹת לְבֵית הַסֵּפֶר, וְנִמְצָא מִתְיַחֵד עִם אִשָּׁה. וְאֵינוֹ צָרִיךְ שֶׁתִּהְיֶה אִשְׁתּוֹ שְׁרוּיָה עִמּוֹ בְּבֵית הַסֵּפֶר, אֶלָּא שֶׁתְּהֵא עִמּוֹ בָּעִיר, אֲפִלּוּ הִיא בְּבֵיתָהּ וְהוּא מְלַמֵּד בִּמְקוֹמוֹ. אֲבָל אִשָּׁה לֹא תְלַמֵּד תִּנוֹקוֹת, אֲפִלּוּ יֵשׁ לָהּ בַּעַל בָּעִיר, אֶלָּא אִם הוּא דָר עִמָּהּ בְּאוֹתוֹ בַיִת (ט"ז יו"ד סִימָן רמה), מִפְּנֵי אֲבוֹתֵיהֶם שֶׁמְּבִיאִים אֶת בְּנֵיהֶם.

סעיף ח' צָרִיךְ הָאָדָם לְהִתְרַחֵק מִן הַנָּשִׁים מְאֹד מְאֹד. אָסוּר לִקְרֹץ בְּיָדָיו אוֹ בְרַגְלָיו וְלִרְמֹז בְּעֵינָיו לְאִשָּׁה. וְאָסוּר לִשְׂחוֹק עִמָּהּ, לְהָקֵל רֹאשׁוֹ כְּנֶגְדָּהּ אוֹ לְהַבִּיט בְּיָפְיָהּ. וְאָסוּר לְהָרִיחַ בִּבְשָׂמִים הַמְיֻחָדִים לְאִשָּׁה. וְכָל שֶׁכֵּן כְּשֶׁהִיא אוֹחַזְתָּן בְּיָדֶיהָ אוֹ שֶׁהֵן תְּלוּיִין עָלֶיהָ. וְאָסוּר לְהִסְתַּכֵּל בְּבִגְדֵי צִבְעוֹנִין שֶׁל אִשָּׁה שֶׁהוּא מַכִּיר אוֹתָהּ, אֲפִלּוּ הַבְּגָדִים אֵינָם עָלֶיהָ, שֶׁמָּא יָבוֹא לְהַרְהֵר בָּהּ. פָּגַע אִשָּׁה בַּשּׁוּק, אָסוּר לְהַלֵּךְ אַחֲרֶיהָ, אֶלָּא רָץ, שֶׁתִּשָּׁאֵר לִצְדָדִין אוֹ לְאַחֲרָיו. וְלֹא יַעֲבוֹר בְּפֶתַח זוֹנָה, אֲפִלּוּ בְּרִחוּק אַרְבַּע אַמּוֹת. וְהַמִּסְתַּכֵּל אֲפִלּוּ בְּאֶצְבַּע קְטַנָּה שֶׁל אִשָּׁה וְנִתְכַּוֵּן לֵהָנוֹת מִמֶּנָּה, עֲוֹנוֹ גָּדוֹל מְאֹד. וְאָסוּר לִשְׁמֹעַ קוֹל זֶמֶר שֶׁל אִשָּׁה אוֹ לְהִסְתַּכֵּל בִּשְׂעָרָהּ.

סעיף ט' אֵין שׁוֹאֲלִין בִּשְׁלוֹם אִשָּׁה כְּלָל. וַאֲפִלּוּ עַל יְדֵי בַעְלָהּ, אָסוּר לִשְׁלֹחַ לָהּ דִּבְרֵי שְׁלוֹמִים. וְלָכֵן כְּשֶׁכּוֹתֵב אִגֶּרֶת לַחֲבֵרוֹ, אָסוּר לִכְתּוֹב, וְלוֹמַר שָׁלוֹם לְזוּגָתֶךָ. אֲבָל מֻתָּר לִשְׁאֹל לְבַעְלָהּ אוֹ לְאַחֵר, אֵיךְ שְׁלוֹמָהּ. וְכֵן מֻתָּר לִכְתֹּב לַחֲבֵרוֹ, הוֹדִיעֵנִי מִשְּׁלוֹם זוּגָתֶךָ.

סעיף י' הַמְחַבֵּק אוֹ הַמְנַשֵּׁק אֲפִלּוּ אַחַת מִן הַקְּרוֹבוֹת, שֶׁאֵין לוֹ שׁוּם

הֲנָאָה, הֲרֵי זֶה עוֹשֶׂה אִסּוּר, שֶׁאֵין קְרֵבִים לְעֶרְוָה כְּלָל, חוּץ מִן הָאָב עִם בִּתּוֹ וְהָאֵם עִם בְּנָהּ, שֶׁהֵם מֻתָּרִין בְּחִבּוּק וְנִשּׁוּק.

סעיף יא' אֵין לִנְהֹג אֲפִלּוּ עִם אִשְׁתּוֹ בִּדְבָרִים שֶׁל חִבָּה, כְּגוֹן לְעַיֵּן בְּרֵישָׁהּ וְכַדּוֹמֶה בִּפְנֵי אֲחֵרִים, שֶׁלֹּא יָבוֹא הָרוֹאֶה לִידֵי הִרְהוּר.

סעיף יב' אָסוּר לְאִישׁ שֶׁיָּדוּר בְּבֵית חָמִיו, אֶלָּא כְּשֶׁיֵּשׁ לוֹ חֶדֶר מְיֻחָד לִשְׁכִיבָה.

סעיף יג' כְּבָר הֶאֱרִיכוּ גְּדוֹלֵי יִשְׂרָאֵל זִכְרוֹנָם לִבְרָכָה בְּסִפְרֵיהֶם הַקְּדוֹשִׁים בְּתוֹכָחוֹת מוּסָרִים עַל הַמִּנְהָג הָרַע בְּאֵיזֶה מְקוֹמוֹת שֶׁאֵינָן בְּנֵי תוֹרָה וְיִרְאָה, שֶׁמִּתְקָרְבִים הֶחָתָן עִם הַכַּלָּה בְּחִיבּוּק וְנִשּׁוּק, וְכֵן עוֹשִׂין רִקּוּדִים בַּחוּרִים עִם בְּתוּלוֹת יַחַד. וּמִלְּבַד הָאִיסּוּר הַגָּדוֹל, אִסּוּר נִדָּה, שֶׁהֲרֵי כָּל הַבְּתוּלוֹת מִסְתָמָא נִדּוֹת הֵן, וְאֵין חִלּוּק בְּאִיסּוּר נִדָּה בֵּין פְּנוּיָה לִנְשׂוּאָה, וְכָל הַנּוֹגֵעַ בָּהּ דֶּרֶךְ חִבָּה, חַיָּב מַלְקוּת, עוֹד מְגָרֶה יֵצֶר הָרַע בְּנַפְשֵׁהּ, וּמֵבִיא אֶת עַצְמוֹ לִידֵי קִשּׁוּי לָדַעַת וְהוֹצָאַת זֶרַע לְבַטָּלָה, רַחֲמָנָא לִצְּלָן. וּבְוַדַּאי כָּל מִי שֶׁיֵּשׁ בְּיָדוֹ לִמְחוֹת, צָרִיךְ לְהִתְאַמֵּץ בְּכָל כֹּחוֹ לִמְחוֹת, וּלְכָל הַפָּחוֹת צָרִיךְ כָּל אִישׁ אֲשֶׁר יִרְאַת ה' בִּלְבָבוֹ, לִהְיוֹת שׂוֹרֵר בְּבֵיתוֹ וּלְהַשְׁגִּיחַ עַל בְּנֵי בֵיתוֹ, שֶׁיִּתְרַחֲקוּ מִן הַכִּעוּר הַגָּדוֹל הַזֶּה. וְכָל מִי שֶׁיֵּשׁ בְּיָדוֹ לִמְחוֹת וְאֵינוֹ מוֹחֶה, חַס וְשָׁלוֹם, הוּא נִתְפָּס בְּעָוֹן זֶה. וְכָל הַמַּצִּיל אֶת אֲחֵרִים מִן הַחֵטְא, הִצִּיל אֶת נַפְשׁוֹ וְטוֹב לוֹ.

סעיף יד' אִשָּׁה שֶׁהוּא רוֹצֶה לִשָּׂא אוֹתָהּ, מֻתָּר לוֹ וְרָאוּי לוֹ לִרְאוֹתָהּ אִם הִיא לִרְצוֹנוֹ. אֲבָל לֹא יִסְתַּכֵּל בָּהּ דֶּרֶךְ זְנוּת. וְעַל זֶה נֶאֱמַר, בְּרִית כָּרַתִּי לְעֵינָי, וּמָה אֶתְבּוֹנֵן עַל בְּתוּלָה.

סעיף טו' מִי שֶׁגֵּרַשׁ אֶת אִשְׁתּוֹ מִן הַנִּשּׂוּאִין, לֹא תָדוּר עִמּוֹ בֶּחָצֵר. וְאִם הוּא כֹּהֵן, וְכֵן אֲפִלּוּ אִם הוּא יִשְׂרָאֵל, וְהִיא נִשֵּׂאת לְאַחֵר וְנִתְגָּרְשָׁה גַּם מִמֶּנּוּ, וְכֵן מִי שֶׁגֵּרַשׁ אֶת אִשְׁתּוֹ מִשּׁוּם שֶׁהִיא אֲסוּרָה לוֹ, כָּל אֵלּוּ צְרִיכִין הַרְחָקָה יְתֵרָה, וְלֹא תָדוּר עִמּוֹ בְּמָבוֹי, אִם הוּא מָבוֹי סָתוּם. אֲבָל בְּמָבוֹי מְפֻלָּשׁ שֶׁדֶּרֶךְ הָרַבִּים עוֹבֵר בֵּינֵיהֶם, מֻתָּרִים לָדוּר. וּגְרוּשָׁה שֶׁנִּשֵּׂאת וְדָרָה עִם בַּעְלָהּ הַשֵּׁנִי, אֵלּוּ צְרִיכִין עוֹד הַרְחָקָה יְתֵרָה, וְלֹא תָדוּר עִם בַּעְלָהּ הָרִאשׁוֹן בְּכָל הַשְּׁכוּנָה. בְּכָל אֵלּוּ הַהַרְחָקוֹת, הִיא נִדְחֵית מִפָּנָיו. אַךְ אִם הָיְתָה הֶחָצֵר שֶׁלָּהּ, הוּא נִדְחֶה מִפָּנֶיהָ.

סעיף טז' מֻתָּר לְאָדָם לָזוּן גְּרוּשָׁתוֹ, וּמִצְוָה הִיא יוֹתֵר מִבִּשְׁאָר עָנִי, שֶׁנֶּאֱמַר, וּמִבְּשָׂרְךָ לֹא תִתְעַלָּם. וּבִלְבַד שֶׁלֹּא יְהֵא לוֹ עֵסֶק עִמָּהּ, רַק יְזוּנָהּ עַל יְדֵי שָׁלִיחַ.

סעיף יז' אָמַר רַב בְּרוּנָא אָמַר רַב, כָּל הַיָּשֵׁן בְּקִלְעָא (בְּחֶדֶר) שֶׁאִישׁ וְאִשְׁתּוֹ שְׁרוּיִין בָּהּ, עָלָיו הַכָּתוּב אוֹמֵר, נְשֵׁי עַמִּי תְּגָרְשׁוּן מִבֵּית תַּעֲנֻגֶיהָ (שֶׁבּוֹשִׁין הֵן מִמֶּנּוּ). וְאָמַר רַב יוֹסֵף, אֲפִלּוּ בְּאִשְׁתּוֹ נִדָּה.

סימן קנג - הלכות נדה ובו ט"ז סעיפים:

סעיף א' כָּל אִשָּׁה שֶׁנֶּעֶקְרָה מִמְּקוֹרָהּ טִפַּת דָּם, אֲפִלּוּ כָּל שֶׁהִיא, יִהְיֶה בְּאֵיזֶה אֹפֶן שֶׁיִּהְיֶה, בֵּין בְּטִבְעָהּ, כְּדֶרֶךְ

הַנָּשִׁים לִרְאוֹת בִּזְמַנִּים יְדוּעִים, אוֹ שֶׁלֹּא בִזְמַנָּהּ וַאֲפִלּוּ אֵרַע לָהּ אֵיזֶה אֹנֶס, אֲשֶׁר מֵחֲמַת זֶה יָצָא מִמְּקוֹרָהּ דָּם, הֲרֵי הִיא טְמֵאָה נִדָּה, עַד שֶׁתִּסְפֹּר שִׁבְעָה נְקִיִּים וְתִטְבֹּל כָּרָאוּי. וְכָל הַבָּא עָלֶיהָ בְּטֻמְאָתָהּ, חַיָּב כָּרֵת, וְכֵן הִיא חַיֶּבֶת כָּרֵת. וְעַל הַנְּגִיעָה דֶּרֶךְ חִבָּה, חַיָּבִים מַלְקוּת.

סְעִיף ב' אֲפִלּוּ לֹא הִרְגִּישָׁה שֶׁיָּצָא דָם מִמְּקוֹרָהּ, אֶלָּא שֶׁמָּצְאָה כֶּתֶם דָּם בִּבְשָׂרָהּ, אוֹ בַחֲלוּקָהּ אוֹ בִסְדִינָהּ אוֹ בִשְׁאָר מָקוֹם, וְאֵין לָהּ לִתְלוֹת שֶׁבָּא מִמָּקוֹם אַחֵר, אֶלָּא שֶׁבָּא מִמְּקוֹרָהּ, הֲרֵי הִיא טְמֵאָה. וְכָל אִשָּׁה שֶׁמָּצְאָה אֵיזֶה כֶּתֶם, אֲפִלּוּ אֵינוֹ אָדֹם מַמָּשׁ, אֶלָּא שֶׁאֵינוֹ לָבָן מַמָּשׁ, צְרִיכָה לַעֲשׂוֹת שְׁאֵלַת חָכָם, כִּי יֵשׁ בָּזֶה הַרְבֵּה חִלּוּקֵי דִינִים בְּעִנְיַן גַּדְלוּת וְקַטְנוּת הַכֶּתֶם, וְגַם בְּעִנְיַן הַתְּלִיָּה, בַּמֶּה יְכוֹלִין לְתָלוֹתוֹ וּבַמֶּה אֵין יְכוֹלִין לְתָלוֹתוֹ, וְגַם יֵשׁ חִלּוּק בְּאֵיזֶה זְמַן שֶׁמָּצְאָה אוֹתוֹ, אִם בְּיָמִים שֶׁהִיא טְהוֹרָה אוֹ בַיָּמִים הָרִאשׁוֹנִים מִשִּׁבְעָה נְקִיִּים.

סְעִיף ג' אִשָּׁה שֶׁהִרְגִּישָׁה שֶׁנִּפְתַּח מְקוֹרָהּ, אֲפִלּוּ בָּדְקָה אֶת עַצְמָהּ מִיָּד וְלֹא מָצְאָה כְלוּם, הֲרֵי הִיא טְמֵאָה. (וּצְרִיכִין לְהוֹדִיעַ זֹאת לַנָּשִׁים, כִּי הַרְבֵּה נָשִׁים אֵינָן יוֹדְעוֹת זֹאת). אֲבָל אִם מָצְאָה שֶׁיָּצְאָה מִמֶּנָּה אֵיזוֹ לֵחָה לְבָנָה בְּלִי שׁוּם תַּעֲרֹבֶת אַדְמוּמִית, הֲרֵי הִיא טְהוֹרָה.

סְעִיף ד' כְּתִיב, וְאֶל אִשָּׁה בְּנִדַּת טֻמְאָתָהּ לֹא תִקְרַב, מִדִּכְתִיב לֹא תִקְרַב, דָּרְשִׁינָן, שֶׁכָּל מִינֵי קְרִיבָה אֲסוּרִים, שֶׁלֹּא יִשְׂחוֹק וְלֹא יָקֵל רֹאשׁוֹ עִמָּהּ אֲפִלּוּ בִדְבָרִים, הַמַּרְגִּילִין לַעֲבֵרָה. אֲבָל מֻתָּר לְהִתְיַחֵד עִמָּהּ, דְּכֵיוָן שֶׁכְּבָר בָּא עָלֶיהָ, וְגַם יֵשׁ לָהּ הֶתֵּר לְאַחַר שֶׁתִּטְבֹּל, לֹא תַקִּיף יִצְרֵהּ, וְלָא חָיְשִׁינָן שֶׁמָּא יָבוֹא עָלֶיהָ בְּאִיסּוּר.

סְעִיף ה' לֹא יִגַּע בָּהּ אֲפִלּוּ בְּאֶצְבַּע קְטַנָּה, וְלֹא יוֹשִׁיט מִיָּדוֹ לְיָדָהּ אֲפִלּוּ דָּבָר אָרֹךְ, וְכֵן לֹא יְקַבֵּל מִיָּדָהּ. וְכֵן זְרִיקָה מִיָּדוֹ לְיָדָהּ אוֹ מִיָּדָהּ לְיָדוֹ, אֲסוּרָה.

סְעִיף ו' לֹא יֹאכַל עִמָּהּ עַל הַשֻּׁלְחָן, אֶלָּא אִם כֵּן יֵשׁ אֵיזֶה שִׁנּוּי, דְּהַיְנוּ שֶׁיִּהְיֶה אֵיזֶה דָּבָר מַפְסִיק בֵּין קְעָרָה שֶׁלּוֹ לִקְעָרָה שֶׁלָּהּ, דָּבָר שֶׁאֵין דַּרְכּוֹ לְהַנִּיחוֹ שָׁם בְּפַעַם אַחֶרֶת, אוֹ שֶׁתְּשַׁנֶּה אֶת מְקוֹמָהּ. וְאִם דַּרְכָּן שֶׁכְּשֶׁהִיא טְהוֹרָה אוֹכְלִין מִתּוֹךְ קְעָרָה אַחַת, וְעַתָּה אוֹכְלִין כָּל אֶחָד מִתּוֹךְ קְעָרָה אַחֶרֶת, סַגִּי בְּהָכִי.

סְעִיף ז' לֹא יִשְׁתֶּה מִשִּׁיּוּרֵי הַכּוֹס שֶׁשָּׁתְתָה הִיא. וְאִם הִפְסִיק אָדָם אַחֵר בֵּינֵיהֶם, אוֹ שֶׁהוּרַק אֶל כּוֹס אַחֵר, שָׁרֵי. וְאִם שָׁתְתָה וְהוּא אֵינוֹ יוֹדֵעַ, וְרוֹצֶה לִשְׁתּוֹת מִכּוֹס זֶה, אֵינָהּ צְרִיכָה לְהַגִּיד לוֹ שֶׁשָּׁתְתָה הִיא מִמֶּנּוּ. (אֲבָל אִם יָדַע שֶׁשָּׁתְתָה הִיא, אֶלָּא שֶׁלֹּא יָדַע שֶׁהִיא נִדָּה, כָּתַבְתִּי בִּסְפָרִי לֶחֶם וְשִׂמְלָה, כִּי נִרְאֶה דִּצְרִיכָה לְהַגִּיד לוֹ). הִיא מֻתֶּרֶת לִשְׁתּוֹת מִשִּׁיּוּרֵי כּוֹס שֶׁלּוֹ. יֵשׁ אוֹמְרִים, דִּכְשֵׁם שֶׁאָסוּר לִשְׁתּוֹת מִשִּׁיּוּרֵי כּוֹס שֶׁלָּהּ, כָּךְ אָסוּר לֶאֱכוֹל מִשִּׁיּוּרֵי מַאֲכָל שֶׁלָּהּ.

סְעִיף ח' לֹא יִישַׁן עִמָּהּ בְּמִטָּה אַחַת, אֲפִלּוּ אֵין הַמִּטָּה מְיֻחֶדֶת לָהּ. וַאֲפִלּוּ כָּל אֶחָד בְּבִגְדוֹ וְאֵין נוֹגְעִין זֶה בָזֶה. וַאֲפִלּוּ יֵשׁ שׁוֹכְבִים בִּשְׁתֵּי מִטּוֹת, וְהַמִּטּוֹת נוֹגְעוֹת זוֹ בְזוֹ, אָסוּר. וְאִם שׁוֹכְבִין עַל הָאָרֶץ, לֹא יִשְׁכְּבוּ פָּנִים

כְּנֶגֶד פָּנִים, אֶלָּא אִם כֵּן יֵשׁ מֶרְחָק רַב בֵּינֵיהֶם. וְהוּא הַדִּין אִם יְשֵׁנִים בִּשְׁתֵּי מִטּוֹת סְמוּכוֹת זוֹ לָזוֹ בְּאָרְכָּן בְּאֹפֶן שֶׁלִּפְעָמִים הֵם פָּנִים כְּנֶגֶד פָּנִים, אַף עַל פִּי שֶׁיֵּשׁ הֶפְסֵק בֵּין הַמִּטּוֹת, יֵשׁ לֶאֱסֹר, אֶלָּא אִם כֵּן יֵשׁ מֶרְחָק רַב בֵּינֵיהֶם. וְאָסוּר לְבַעַל אֲפִלּוּ לֵישֵׁב עַל הַמִּטָּה הַמְיֻחֶדֶת לָהּ, וַאֲפִלּוּ שֶׁלֹּא בְּפָנֶיהָ. וְהִיא, אֲסוּרָה לִישַׁן עַל הַמִּטָּה הַמְיֻחֶדֶת לוֹ. אֲבָל לֵישֵׁב עָלֶיהָ, אֵין לְהַחְמִיר.

סעיף ט' אֲסוּרִין לֵישֵׁב עַל סַפְסָל אָרֹךְ שֶׁהוּא מִתְנַדְנֵד. וְאִם אָדָם אַחֵר מַפְסִיק בֵּינֵיהֶם, מֻתָּר. וְלֹא יֵלְכוּ בַּעֲגָלָה אַחַת אוֹ בִּסְפִינָה אַחַת, אִם הוֹלְכִין רַק דֶּרֶךְ טִיּוּל, כְּגוֹן לְגַנּוֹת וּלְפַרְדֵּסִים וְכַיּוֹצֵא בָזֶה. אֲבָל אִם הוֹלְכִין מֵעִיר לְעִיר לְעִסְקֵיהֶם, מֻתָּר. אַף עַל פִּי שֶׁהֵן לְבַדָּם, וּבִלְבַד שֶׁיֵּשְׁבוּ בְּאֹפֶן שֶׁלֹּא יִגְּעוּ זֶה בָזֶה.

סעיף י' לֹא יִסְתַּכֵּל בְּשׁוּם מָקוֹם מְגוּפָהּ בְּמָקוֹם שֶׁדַּרְכָּהּ לְכַסּוֹת. אֲבָל בִּמְקוֹמוֹת הַגְּלוּיִים, מֻתָּר לוֹ לְהִסְתַּכֵּל, אַף עַל פִּי שֶׁהוּא נֶהֱנֶה. אָסוּר לְהָרִיחַ בִּבְשָׂמִים הַמְיֻחָדִים לָהּ, וְאָסוּר לִשְׁמֹעַ קוֹל זֶמֶר שֶׁלָּהּ.

סעיף יא' רָאוּי שֶׁתְּיַחֵד לָהּ בְּגָדִים לִימֵי נִדָּתָהּ, כְּדֵי שֶׁיִּהְיוּ שְׁנֵיהֶם זוֹכְרִים תָּמִיד שֶׁהִיא נִדָּה. וּבִקְשִׁי הִתִּירוּ לָהּ שֶׁתְּכַחֵל וְתִפְקֹס וְתִתְקַשֵּׁט בְּבִגְדֵי צִבְעוֹנִין בִּימֵי נִדָּתָהּ, אֶלָּא כְּדֵי שֶׁלֹּא תִתְגַּנֶּה עַל בַּעְלָהּ.

סעיף יב' לֹא תִמְזֹג לוֹ כּוֹס יַיִן בְּפָנָיו אוֹ לְהָבִיאוֹ לוֹ וּלְהַנִּיחוֹ לְפָנָיו עַל הַשֻּׁלְחָן, וְלֹא תַצִּיעַ לוֹ מִטָּתוֹ בְּפָנָיו. אֲבָל שֶׁלֹּא בְּפָנָיו, הַכֹּל מֻתָּר, אַף עַל פִּי שֶׁהוּא יוֹדֵעַ שֶׁהִיא עָשְׂתָה. וַאֲסוּרָה לִצוֹק לוֹ מַיִם לִרְחוֹץ פָּנָיו יָדָיו וְרַגְלָיו, וַאֲפִלּוּ מַיִם צוֹנְנִים.

סעיף יג' כְּשֵׁם שֶׁהִיא אֲסוּרָה לִמְזֹג לוֹ אֶת הַכּוֹס, כָּךְ הוּא אָסוּר לִמְזֹג לָהּ. וְלֹא עוֹד, אֶלָּא אֲפִלּוּ לִשְׁלֹחַ לָהּ כּוֹס יַיִן הַמְיֻחָד לָהּ, אֲפִלּוּ הוּא כּוֹס שֶׁל בְּרָכָה, אָסוּר.

סעיף יד' אִם הוּא חוֹלֶה וְאֵין לוֹ מִי שֶׁיְּשַׁמֵּשׁ אוֹתוֹ זוּלָתָהּ, מֻתֶּרֶת לְשַׁמְּשׁוֹ שִׁמּוּשׁ שֶׁאֵין בּוֹ נְגִיעָה, רַק עַל יְדֵי דָּבָר אַחֵר, אֲפִלּוּ לַהֲקִימוֹ וּלְהַשְׁכִּיבוֹ וּלְתָמְכוֹ, רַק שֶׁתִּזָּהֵר בְּיוֹתֵר מֵהַרְחָצַת פָּנָיו יָדָיו וְרַגְלָיו וְהַצָּעַת הַמִּטָּה בְּפָנָיו. וְאִם הָאִשָּׁה חוֹלָה, אָסוּר לְבַעְלָהּ לְשַׁמְּשָׁהּ, אֲפִלּוּ בְּלֹא נְגִיעָה, אֶלָּא אִם כֵּן בִּשְׁעַת דֹּחַק גָּדוֹל, שֶׁאִי אֶפְשָׁר לִמְצֹא מִי שֶׁיְּשַׁמְּשֶׁנָּה. וְאִם הַבַּעַל הוּא רוֹפֵא וְאֵין שָׁם רוֹפֵא אַחֵר מֻמְחֶה כָּמוֹהוּ, מֻתָּר לוֹ לְמַשֵּׁשׁ לָהּ אֶת הַדֹּפֶק, כֵּיוָן שֶׁאֵינוֹ עוֹשֶׂה דֶּרֶךְ תַּאֲוָה וְחִבָּה.

סעיף טו' בְּכָל הַהַרְחָקוֹת הַנִּזְכָּרוֹת, צְרִיכִין לִזָּהֵר גַּם בִּימֵי לִבּוּנָהּ, דְּהַיְנוּ בִּימֵי סְפִירַת שִׁבְעָה נְקִיִּים, וְגַם אַחַר כָּךְ, אִם נִתְאַחֲרָה מִלִּטְבֹּל בִּזְמַנָּהּ, אֲסוּרִים בְּכָל הַנִּזְכָּר עַד לְאַחַר שֶׁתִּטְבֹּל.

סעיף טז' אִשָּׁה נִדָּה, בִּימֵי רְאִיָּתָהּ קֹדֶם יְמֵי לִבּוּנָהּ, נוֹהֲגִין שֶׁאֵינָהּ נִכְנֶסֶת לְבֵית הַכְּנֶסֶת וְאֵינָהּ מִתְפַּלֶּלֶת. אַךְ בַּיָּמִים הַנּוֹרָאִים, דְּהַיְנוּ מִיּוֹם רִאשׁוֹן דִּסְלִיחוֹת וּלְהַלָּן שֶׁרַבִּים מִתְאַסְּפִים בְּבֵית הַכְּנֶסֶת, וְיִהְיֶה לָהּ עִצָּבוֹן גָּדוֹל אִם לֹא תֵלֵךְ, מֻתֶּרֶת לָלֶכֶת וּלְהִתְפַּלֵּל. וְכֵן כְּשֶׁהִיא מַשִּׂיאָה אֶת בְּנָהּ אוֹ אֶת בִּתָּהּ, אוֹ כְּשֶׁהִיא יוֹלֶדֶת שֶׁהִגִּיעַ זְמַנָּהּ

לָלֶכֶת לְבֵית הַכְּנֶסֶת, וְכַיּוֹצֵא בָזֶה, מֻתֶּרֶת.

סימן קנד - סדר קביעת הוסת ודין בדיקה לפני תשמיש ולאחר תשמיש ובו ז' סעיפים:

סעיף א' כָּל וֶסֶת נִקְבָּע בְּשָׁלֹשׁ פְּעָמִים רְצוּפוֹת, שֶׁאִם רָאֲתָה שָׁלֹשׁ פְּעָמִים רְצוּפוֹת בִּזְמַן שָׁוֶה כְּפַעַם בְּפַעַם, אֲזַי זְמַן זֶה הוּא לָהּ לְוֶסֶת קָבוּעַ. יֵשׁ נָשִׁים שֶׁהֵן קוֹבְעוֹת וֶסְתָּן בְּיָמִים שָׁוִים בַּחֹדֶשׁ, כְּגוֹן שֶׁרָאֲתָה שָׁלֹשׁ פְּעָמִים רְצוּפוֹת, כָּל פַּעַם בְּרֹאשׁ חֹדֶשׁ, וַהֲרֵי לָהּ וֶסֶת קָבוּעַ בְּרֹאשׁ חֹדֶשׁ. וְכֵן אִם רָאֲתָה שָׁלֹשׁ פְּעָמִים בַּחֲמִשָּׁה יָמִים בַּחֹדֶשׁ, אֲזַי יוֹם חֲמִישִׁי בַּחֹדֶשׁ הוּא יוֹם וֶסֶת קָבוּעַ שֶׁלָּהּ, וְזֶה נִקְרָא וֶסֶת הַיָּמִים, שֶׁקְּבָעָהּ בְּיוֹם יָדוּעַ בַּחֹדֶשׁ. וְאַף עַל פִּי שֶׁמִּסְפַּר הַיָּמִים אֲשֶׁר בֵּין רְאִיָּה לִרְאִיָּה אֵינָם שָׁוִים, כִּי יֵשׁ חֳדָשִׁים שֶׁאֵין לָהֶם רַק תִּשְׁעָה וְעֶשְׂרִים יוֹם, וְיֵשׁ מִשְּׁלֹשִׁים יוֹם, מִכָּל מָקוֹם כֵּיוָן שֶׁהִיא לְמוּדָה לִרְאוֹת בְּיוֹם קָבוּעַ בַּחֹדֶשׁ, הֲוֵי לָהּ יוֹם זֶה וֶסֶת קָבוּעַ.

סעיף ב' אֲבָל רֹב הַנָּשִׁים, דַּרְכָּן לִקְבֹּעַ וֶסְתָּן בְּהַפְלָגוֹת שָׁווֹת, דְּהַיְנוּ שֶׁהִיא מַפְלֶגֶת וּמְחַלֶּקֶת בֵּין רְאִיָּה לִרְאִיָּה, יָמִים שָׁוִים בְּמִסְפָּר. כְּגוֹן שֶׁהִיא רוֹאָה פַּעַם אַחַת וּמַפְסֶקֶת חֲמִשָּׁה וְעֶשְׂרִים יוֹם אוֹ שְׁלֹשִׁים יוֹם אוֹ שְׁנַיִם וּשְׁלֹשִׁים יוֹם וְכַדּוֹמֶה, וְחוֹזֶרֶת וְרוֹאָה. אִם עָשְׂתָה שָׁלֹשׁ הַפְלָגוֹת שָׁווֹת וּרְצוּפוֹת, הֲוֵי לָהּ וֶסֶת קָבוּעַ. וְזֶה נִקְרָא וֶסֶת הַפְלָגוֹת. וּלְאַחַר שֶׁתַּפְלִיג שׁוּב יָמִים בְּמִסְפָּר אֵלּוּ, אֲזַי הַיּוֹם הַבָּא הוּא יוֹם וֶסֶת קָבוּעַ שֶׁלָּהּ. וְכֵיוָן שֶׁכָּל וֶסֶת אֵינוֹ נִקְבָּע בְּפָחוֹת מִשָּׁלֹשׁ פְּעָמִים, וְהַפְלָגָה אֵינָהּ נִכֶּרֶת אֶלָּא בִּשְׁתֵּי רְאִיּוֹת, לָכֵן לְוֶסֶת הַפְלָגוֹת צְרִיכוֹת אַרְבַּע רְאִיּוֹת, כְּגוֹן שֶׁרָאֲתָה הַיּוֹם, וְהִפְלִיגָה חֲמִשָּׁה וְעֶשְׂרִים יוֹם וְרָאֲתָה, וְשׁוּב הִפְלִיגָה חֲמִשָּׁה וְעֶשְׂרִים יוֹם וְרָאֲתָה, וְשׁוּב הִפְלִיגָה חֲמִשָּׁה וְעֶשְׂרִים יוֹם וְרָאֲתָה הֲרֵי רָאֲתָה אַרְבַּע פְּעָמִים, אֲשֶׁר בֵּינֵיהֶן שָׁלֹשׁ הַפְלָגוֹת שָׁווֹת, וְקָבְעָה וֶסֶת.

סעיף ג' וְיֵשׁ נָשִׁים, שֶׁאֵין לָהֶן יוֹם קָבוּעַ לִרְאוֹת, לֹא בִּימֵי הַחֹדֶשׁ, וְלֹא בְהַפְלָגוֹת שָׁווֹת, אֲבָל יֵשׁ לָהֶן סִימָנִים בְּגוּפָן, כְּגוֹן שֶׁדַּרְכָּהּ הִיא, שֶׁקֹּדֶם רְאִיָּתָהּ הִיא מְפַהֶקֶת, דְּהַיְנוּ, כְּאָדָם שֶׁפּוֹשֵׁט זְרוֹעוֹתָיו מֵחֲמַת כֹּבֶד, אוֹ כְּאָדָם שֶׁפּוֹתֵחַ פִּיו מֵחֲמַת כֹּבֶד, אוֹ כְּאָדָם שֶׁמּוֹצִיא קוֹל דֶּרֶךְ הַגָּרוֹן מֵחֲמַת הַמַּאֲכָל שֶׁאָכַל, כָּל אֵלּוּ עִנְיְנֵי פִהוּק הֵן. וְכֵן אִם מִתְעַטֶּשֶׁת דֶּרֶךְ מַטָּה אוֹ דֶּרֶךְ מַעְלָה, אוֹ מַרְגֶּשֶׁת אֵיזֶה מֵחוֹשׁ נֶגֶד טַבּוּרָהּ אוֹ בְּבֵית הָרֶחֶם, אוֹ שֶׁאֲחָזוּהָ צִירֵי הַקַּדַּחַת, אוֹ סָמְרוּ שַׂעֲרוֹת בְּשָׂרָהּ, אוֹ שֶׁרֹאשָׁהּ וְאֵבָרֶיהָ כְּבֵדִים עָלֶיהָ, כֹּל שֶׁהֶחְזָקָה שָׁלֹשׁ פְּעָמִים רְצוּפוֹת שֶׁבָּא לָהּ אֶחָד מִן הַמִּקְרִים הַנִּזְכָּרִים, וְאַחַר כָּךְ רָאֲתָה דָם, הֲרֵי זוֹ קָבְעָה וֶסֶת, וְזֶה נִקְרָא וֶסֶת הַגּוּף. וְדַוְקָא פִּהוּק וְעִטּוּשׁ כַּמָּה פְּעָמִים זוֹ אַחַר זוֹ הֲוֵי סִימָן וֶסֶת, וְקָבְעָה בָּהֶם. אֲבָל מִשּׁוּם פִּהוּק וְעִטּוּשׁ פַּעַם אַחַת, אֵין הַוֶּסֶת נִקְבָּע, כִּי זֶה דֶּרֶךְ כָּל הָאָדָם. וְדַוְקָא שֶׁקָּבְעָה כָּל שָׁלֹשׁ הַפְּעָמִים עַל יְדֵי מִקְרֶה אֶחָד. אֲבָל אִם פַּעַם בְּמִקְרֶה זֶה וּפַעַם בְּמִקְרֶה זֶה, לֹא הֲוֵי קְבִיעוּת.

סעיף ד' וְיֵשׁ שֶׁקּוֹבְעוֹת לְיָמִים אוֹ לְהַפְלָגוֹת שָׁווֹת בְּצֵרוּף פִּהוּק וְעִטּוּשׁ וְכַדּוֹמֶה. דְּהַיְנוּ שֶׁבְּכָל חֲמִשָּׁה יָמִים

בַּחֹדֶשׁ, הִיא מְפַהֶקֶת אוֹ מִתְעַטֶּשֶׁת וְאַחַר כָּךְ הִיא רוֹאָה, אוֹ כְּשֶׁהִיא מַפְלֶגֶת מֵרְאִיָּה חֲמִשָּׁה וְעֶשְׂרִים יוֹם, הִיא מְפַהֶרֶת אוֹ מִתְעַטֶּשֶׁת וְאַחַר כָּךְ הִיא רוֹאָה. וְזֶה נִקְרָא וֶסֶת הַמֻּרְכָּב, דְּהַיְנוּ שֶׁהוּא מֻרְכָּב מִיּוֹם שָׁוֶה עִם סִימָן הַגּוּף. אִם קָבְעָה כֵן שָׁלֹשׁ פְּעָמִים, אֲזַי כְּשֶׁמַּגִּיעַ הַיּוֹם הַמֻּגְבָּל וְהִיא מְפַהֶקֶת אוֹ מִתְעַטֶּשֶׁת, חוֹשֶׁשֶׁת לוֹ. אֲבָל בְּיוֹם גְּרִידָא אוֹ בְּפִהוּק וְעִטּוּשׁ גְּרִידָא, אֵינָהּ צְרִיכָה לָחוּשׁ, כֵּיוָן שֶׁלֹּא קָבְעָה אֶלָּא בְּתַרְוַיְהוּ כַּהֲדָדֵי.

סעיף ה' כָּל אִשָּׁה שֶׁיֵּשׁ לָהּ וֶסֶת קָבוּעַ, הֲרֵי זוֹ שֶׁלֹּא בִּשְׁעַת וְסָתָהּ בְּחֶזְקַת טְהוֹרָה, וּבַעְלָהּ בָּא עָלֶיהָ, וְאֵינוֹ צָרִיךְ לִשְׁאֹל אוֹתָהּ כְּלוּם. וַאֲפִלּוּ הִיא יְשֵׁנָה קְצָת, יָכוֹל לָבוֹא עָלֶיהָ, וְאֵינָהּ צְרִיכָה בְּדִיקָה לֹא לִפְנֵי תַּשְׁמִישׁ וְלֹא לְאַחַר תַּשְׁמִישׁ. וְאַדְּרַבָּא, אֵין לָהּ לִבְדֹּק אֶת עַצְמָהּ בִּפְנֵי בַעְלָהּ, שֶׁלֹּא יְהֵא לִבּוֹ נוֹקְפוֹ לַחְשֹׁב מִסְתָּמָא הִרְגִּישָׁה, שֶׁאִם לֹא הִרְגִּישָׁה לֹא הָיְתָה בוֹדֶקֶת. וְלָכֵן אִם תִּבְדֹּק בְּפָנָיו לִפְנֵי תַּשְׁמִישׁ, אִכָּא לְמֵיחַשׁ, שֶׁמָּא מֵחֲמַת שֶׁיִּהְיֶה לִבּוֹ נוֹקְפוֹ יִפְרוֹשׁ אֶת עַצְמוֹ מִמֶּנָּה. וְאִם תִּבְדֹּק בְּפָנָיו לְאַחַר תַּשְׁמִישׁ, אִכָּא לְמֵיחַשׁ, שֶׁמָּא יְהֵא לִבּוֹ נוֹקְפוֹ לַחְשֹׁב, דְּמִסְתָּמָא הִרְגִּישָׁה בִּשְׁעַת תַּשְׁמִישׁ, וְיִפְרוֹשׁ אֶת עַצְמוֹ בְּפַעַם אַחֶרֶת. וְעַל כֵּן לֹא תִבְדֹּק בִּפְנֵי בַעְלָהּ. אֲבָל שֶׁלֹּא בִּפְנֵי בַעְלָהּ, כָּל אִשָּׁה שֶׁמַּרְבָּה לִבְדֹּק אֶת עַצְמָהּ, הֲרֵי זוֹ מְשֻׁבַּחַת.

סעיף ו' אִשָּׁה שֶׁאֵין לָהּ וֶסֶת קָבוּעַ כְּלָל, יֵשׁ לָהּ לִבְדֹּק אֶת עַצְמָהּ לִפְנֵי תַּשְׁמִישׁ וּלְאַחַר תַּשְׁמִישׁ, וְגַם הַבַּעַל יֵשׁ לוֹ לְקַנֵּחַ אֶת עַצְמוֹ לְאַחַר תַּשְׁמִישׁ וְלִרְאוֹת אִם לֹא נִמְצֵאת אֵיזוֹ טִפַּת דָּם. וְאַף כְּשֶׁהִיא בְּחֶזְקַת מְסֻלֶּקֶת מִדָּמִים, כְּגוֹן מְעֻבֶּרֶת לְאַחַר שְׁלֹשָׁה חֳדָשִׁים, אוֹ מֵינִיקָה אוֹ זְקֵנָה, אֵלּוּ אֵינָן צְרִיכוֹת בְּדִיקָה.

סעיף ז'

וְיֵשׁ נָשִׁים שֶׁאֵין לָהֶן וֶסֶת קָבוּעַ מַמָּשׁ, אֲבָל יֵשׁ לָהֶן עַל כָּל פָּנִים מִסְפַּר יָמִים יְדוּעִים שֶׁבָּהֶם אֵינָן רוֹאוֹת, כְּגוֹן אִשָּׁה שֶׁהִיא מַחְזֶקֶת שֶׁבְּכָל חֲמִשָּׁה וְעֶשְׂרִים יוֹם לְאַחַר רְאִיָּתָהּ אֵינָהּ חוֹזֶרֶת וְרוֹאָה, אֶלָּא אַחַר כָּךְ, וְאָז אֵין לָהּ יוֹם קָבוּעַ, שֶׁלִּפְעָמִים הִיא מְאַחֶרֶת יוֹם אוֹ יוֹמַיִם אוֹ שְׁלֹשָׁה יָמִים, אִשָּׁה כָּזוֹ עַד חֲמִשָּׁה וְעֶשְׂרִים יוֹם, כֵּיוָן שֶׁהֶחְזְקָה שָׁלֹשׁ פְּעָמִים שֶׁבְּיָמִים אֵלּוּ אֵינָהּ רוֹאָה, דִּינָהּ בַּיָּמִים הָאֵלּוּ כְּמוֹ אִשָּׁה שֶׁיֵּשׁ לָהּ וֶסֶת קָבוּעַ. וּבַיָּמִים שֶׁלְּאַחַר כָּךְ, שֶׁהִיא נְבוֹכָה בָהֶם וְאֵין לָהּ בָּהֶם חֶזְקַת טָהֳרָה, אָסוּר לְבַעְלָהּ (וְעַיֵּן יו"ד סִימָן קפה סָעִיף ב ברמ"א, ובספרי לחם ושמלה סִימָן קפו, לחם, סָעִיף קטן ו)

סימן קנה - דין פרישה סמוך לוסת והחלוקים שבין וסת קבוע לאינו קבוע ובו י"ב סעיפים:

סעיף א' תָּנוּ רַבָּנָן, וְהִזַּרְתֶּם אֶת בְּנֵי יִשְׂרָאֵל מִטֻּמְאָתָם, אָמַר רַבִּי יֹאשִׁיָּה, מִכָּאן אַזְהָרָה לִבְנֵי יִשְׂרָאֵל, שֶׁיִּפְרְשׁוּ מִנְּשׁוֹתֵיהֶן סָמוּךְ לְוִסְתָּן. וְכַמָּה. אָמַר רָבָא, עוֹנָה. וְעוֹנָה הִיא אוֹ יוֹם אוֹ לַיְלָה. שֶׁאִם זְמַן וְסָתָהּ הוּא בַּיּוֹם, אַף עַל פִּי שֶׁרְגִילָה לִרְאוֹת בְּסוֹף הַיּוֹם, מִכָּל מָקוֹם נֶאֶסְרָה מִתְּחִלַּת הַיּוֹם. וְכֵן אִם רְגִילָה לִרְאוֹת בַּבֹּקֶר וְלֹא רָאֲתָה, מִכָּל מָקוֹם עֲדַיִן הִיא אֲסוּרָה כָּל הַיּוֹם עַד הַלַּיְלָה. וְכֵן אִם וְסָתָהּ בַּלַּיְלָה, אַף

עַל פִּי שֶׁהִיא רְגִילָה לִרְאוֹת בִּתְחִלַּת הַלַּיְלָה, אוֹ שֶׁהִיא רְגִילָה לִרְאוֹת בְּסוֹף הַלַּיְלָה, מִכָּל מָקוֹם הִיא אֲסוּרָה כָּל הַלַּיְלָה. וּלְהַרְבֵּה פּוֹסְקִים, לֹא לְבַד בְּתַשְׁמִישׁ הִיא נֶאֱסְרָה, אֶלָּא גַּם בִּשְׁאָר מִינֵי קְרֵבוּת הִיא אֲסוּרָה. וְכֵן יֵשׁ לְהַחְמִיר.

סעיף ב' יֵשׁ אוֹמְרִים, דְּעוֹנָה זוֹ שֶׁהוּא צָרִיךְ לִפְרוֹשׁ אֶת עַצְמוֹ, זוֹהִי עוֹנָה שֶׁלִּפְנֵי הָעוֹנָה שֶׁהַוֶּסֶת בָּהּ, דְּהַיְנוּ אִם וֶסְתָּהּ בַּלַּיְלָה, אֲסוּרָה גַּם כָּל הַיּוֹם שֶׁלְּפָנֶיהָ. וְאִם וֶסְתָּהּ בַּיּוֹם, אֲסוּרָה גַּם כָּל הַלַּיְלָה שֶׁלְּפָנֶיהָ. וְכֵן יֵשׁ לִנְהֹג. וְאַף כְּשֶׁהוּא יוֹצֵא לַדֶּרֶךְ, אוֹ שֶׁהוּא בָּא מִן הַדֶּרֶךְ, אוֹ שֶׁחָלָה טְבִילָתָהּ בַּלַּיְלָה שֶׁלִּפְנֵי עוֹנַת הַוֶּסֶת, לֹא יַחְמִיר.

סעיף ג' אִשָּׁה שֶׁאֵין לָהּ וֶסֶת קָבוּעַ, אֲזַי תָּמִיד יוֹם שְׁלֹשִׁים שֶׁלְּאַחַר יוֹם רְאִיָּתָהּ, הוּא לָהּ כְּמוֹ וֶסֶת קָבוּעַ, וְנִקְרֵאת עוֹנָה בֵּינוֹנִית. כְּגוֹן שֶׁרָאֲתָה בְּיוֹם שֵׁנִי פָּרָשַׁת נֹחַ, אֲזַי יוֹם רְבִיעִי פָּרָשַׁת תּוֹלְדוֹת הוּא לָהּ כְּמוֹ וֶסֶת קָבוּעַ. וּמִלְּבַד זֹאת, עוֹד צְרִיכָה לָחוּשׁ לְכָל רְאִיָּה שֶׁתִּרְאֶה, אִם לְהַפְלָגוֹת אוֹ לִימֵי הַחֹדֶשׁ, כַּאֲשֶׁר יְבֹאַר אִם יִרְצֶה הַשֵּׁם. וְכָל זְמַן שֶׁהִיא צְרִיכָה לָחוּשׁ שֶׁמָּא תִרְאֶה, צָרִיךְ הַבַּעַל לִפְרוֹשׁ מִמֶּנָּה בָּעוֹנָה הַסְּמוּכָה, כָּאָמוּר.

סעיף ד' כָּל אִשָּׁה שֶׁרָאֲתָה דָּם, צְרִיכָה הִיא לָחוּשׁ, שֶׁמָּא גַּם בְּפַעַם אַחֶרֶת תִּרְאֶה בַּיּוֹם הַהוּא וּבַזְּמַן הַזֶּה. לֹא מִבַּעְיָא אִם אֵין לָהּ עַתָּה וֶסֶת קָבוּעַ, פְּשִׁיטָא שֶׁהִיא צְרִיכָה לָחוּשׁ, שֶׁמָּא תִרְאֶה עוֹד בַּזְּמַן הַזֶּה וְתִקְבַּע וֶסֶת אֶלָּא אֲפִלּוּ אִשָּׁה שֶׁיֵּשׁ לָהּ וֶסֶת קָבוּעַ, אִם אֵרַע לָהּ שֶׁשִּׁנְּתָה וֶסְתָּהּ וְרָאֲתָה שֶׁלֹּא בִּשְׁעַת וֶסְתָּהּ, צְרִיכָה הִיא לָחוּשׁ גַּם לָרְאִיָּה הַזֹּאת, כִּי שֶׁמָּא תְּשַׁנֶּה וֶסְתָּהּ לַזְּמַן אַחֵר. אֲבָל אִם לֹא שִׁנְּתָה וֶסְתָּהּ, אֶלָּא שֶׁאֵרַע לָהּ גַּם רְאִיָּה אַחֶרֶת שֶׁלֹּא בִּשְׁעַת וֶסְתָּהּ, אָז אֵינָהּ צְרִיכָה לָחוּשׁ לָרְאִיָּה הַזֹּאת, דְּכֵיוָן דְּיֵשׁ לָהּ וֶסֶת קָבוּעַ, אֵינָהּ צְרִיכָה לָחוּשׁ לְוֶסֶת שֶׁאֵינוֹ קָבוּעַ.

סעיף ה' וְנַנְקֹט דֻּגְמָא בְּאִשָּׁה שֶׁאֵין לָהּ וֶסֶת. רָאֲתָה (יוֹם שֵׁנִי שֶׁל) רֹאשׁ חֹדֶשׁ אִיָּר וּבְיוֹם חֲמִשָּׁה וְעֶשְׂרִים בּוֹ, צְרִיכָה הִיא לָחוּשׁ לְרֹאשׁ חֹדֶשׁ סִיוָן, כִּי יֵשׁ לָהּ לָחוּשׁ, שֶׁמָּא תִקְבַּע וֶסְתָּהּ לְרֹאשׁ חֹדֶשׁ (וְגַם בְּיוֹם שֵׁנִי שֶׁל סִיוָן צְרִיכָה לָחוּשׁ, מִשּׁוּם עוֹנָה בֵּינוֹנִית). בָּא רֹאשׁ חֹדֶשׁ סִיוָן, (וְגַם יוֹם שֵׁנִי שֶׁל סִיוָן) וְלֹא רָאֲתָה, צְרִיכָה הִיא לָחוּשׁ, שֶׁמָּא תִקְבַּע לְהַפְלָגוֹת. וְכֵיוָן שֶׁהִפְלִיגָה בֵּין רְאִיָּה לִרְאִיָּה שְׁלֹשָׁה וְעֶשְׂרִים יוֹם (מִלְּבַד יוֹם הָרְאִיָּה הָרִאשׁוֹנָה וְיוֹם הָרְאִיָּה הַשְּׁנִיָּה), צְרִיכָה גַם עַתָּה לִמְנוֹת שְׁלֹשָׁה וְעֶשְׂרִים יוֹם, וְאַחַר כָּךְ תָּחוּשׁ, וְהַיְנוּ בְּחֹדֶשׁ אִיָּר יֵשׁ לָהּ אַרְבָּעָה יָמִים, תּוֹסִיף תִּשְׁעָה עָשָׂר יוֹם מֵחֹדֶשׁ סִיוָן, וְחוֹשֶׁשֶׁת לְיוֹם עֶשְׂרִים בּוֹ. בָּא יוֹם עֶשְׂרִים סִיוָן וְלֹא רָאֲתָה, חוֹשֶׁשֶׁת לְיוֹם חֲמִשָּׁה וְעֶשְׂרִים בּוֹ, שֶׁמָּא תִקְבַּע יוֹם חֲמִשָּׁה וְעֶשְׂרִים בַּחֹדֶשׁ, (וְגַם בְּיוֹם שִׁשָּׁה וְעֶשְׂרִים צְרִיכָה לָחוּשׁ, מִשּׁוּם עוֹנָה בֵּינוֹנִית). אֲבָל לְרֹאשׁ חֹדֶשׁ תַּמּוּז אֵינָהּ צְרִיכָה לָחוּשׁ, כִּי רְאִיַּת רֹאשׁ חֹדֶשׁ אִיָּר כְּבָר נֶעֶקְרָה עַל יְדֵי מַה שֶּׁלֹּא רָאֲתָה בְּרֹאשׁ חֹדֶשׁ סִיוָן (דְּכָל שֶׁלֹּא קְבָעָה בְּשָׁלֹשׁ פְּעָמִים, נֶעֱקָר בְּפַעַם אַחַת, כִּדְלְקַמָּן).

סעיף ו' וְדֻגְמָא לְאִשָּׁה שֶׁיֵּשׁ לָהּ וֶסֶת, הָיָה לָהּ וֶסֶת קָבוּעַ לִרְאוֹת בְּהַפְלָגָה לְיוֹם הַחֲמִשָּׁה וְעֶשְׂרִים, וְשִׁנְּתָה פַּעַם

אַחַת, וְלֹא רָאֲתָה עַד יוֹם הַשְּׁמוֹנָה וְעֶשְׂרִים, צְרִיכָה הִיא לָחוּשׁ לְיוֹם חֲמִשָּׁה וְעֶשְׂרִים מֵרְאִיָּה זוֹ, מִשּׁוּם וֶסְתָּהּ. וְאִם בָּא יוֹם הַחֲמִשָּׁה וְעֶשְׂרִים וְלֹא רָאֲתָה, צְרִיכָה לָחוּשׁ לְיוֹם הַשְּׁמוֹנָה וְעֶשְׂרִים, מִשּׁוּם רְאִיָּה שֶׁעָבְרָה. רָאֲתָה גַּם עַתָּה בְּיוֹם הַשְּׁמוֹנָה וְעֶשְׂרִים, עֲדַיִן הִיא אֲסוּרָה גַּם בְּיוֹם הַחֲמִשָּׁה וְעֶשְׂרִים לִרְאִיָּה זוֹ, מִשּׁוּם וֶסְתָּהּ. לֹא רָאֲתָה גַם עַתָּה בְּיוֹם הַחֲמִשָּׁה וְעֶשְׂרִים, אֶלָּא בְּיוֹם הַשְּׁמוֹנָה וְעֶשְׂרִים, הֻקְבַּע יוֹם הַשְּׁמוֹנָה וְעֶשְׂרִים לְוֶסְתָּהּ, וְיוֹם הַחֲמִשָּׁה וְעֶשְׂרִים נֶעֱקַר (דְּהָא עֲקַרְתֵּהּ שָׁלֹשׁ פְּעָמִים) וְהֻתַּר. וְאִם לֹא הִשְׁוְתָה רְאִיּוֹתֶיהָ הָאַחֲרוֹנוֹת, כְּגוֹן שֶׁרָאֲתָה לִשְׁמוֹנָה וְעֶשְׂרִים, לְתִשְׁעָה וְעֶשְׂרִים, לְאֶחָד וּשְׁלֹשִׁים, עָקְרָה וֶסְתָּהּ הָרִאשׁוֹן, וְאֵין לָהּ וֶסֶת חָדָשׁ, וּצְרִיכָה תָּמִיד לָחוּשׁ מֵרְאִיָּה הָאַחֲרוֹנָה לְהַפְלָגָה וּלְיוֹם הַחֹדֶשׁ וּלְעוֹנָה בֵּינוֹנִית, עַד שֶׁתִּקְבַּע וֶסֶת חָדָשׁ.

סעיף ז' הַכְּלָל הוּא לְכָל יְרֵא שָׁמַיִם, אִם הָאִשָּׁה אֵין לָהּ וֶסֶת קָבוּעַ, יֵשׁ לוֹ לִכְתֹּב תָּמִיד יוֹם רְאִיָּתָהּ, וְיִרְאֶה אֵיזֶה יוֹם בַּחֹדֶשׁ הוּא, וְכַמָּה יָמִים הֵם בֵּין רְאִיָּה לִרְאִיָּה, וְיָחוּשׁ תָּמִיד לְהַבָּא לְיוֹם הַפְלָגָה כְּהַפְלָגָה הָאַחֲרוֹנָה, וְכֵן לְיוֹם הַחֹדֶשׁ, כְּמוֹ שֶׁהָיְתָה הָרְאִיָּה הָאַחֲרוֹנָה, וְגַם צָרִיךְ לָחוּשׁ לְעוֹנָה בֵּינוֹנִית. כָּכָה יִנְהַג עַד שֶׁתִּקְבַּע לָהּ וֶסֶת קָבוּעַ. וּלְאַחַר שֶׁתִּקְבַּע וֶסֶת, אִם יֶאֱרַע שֶׁתְּשַׁנֶּה וֶסְתָּהּ, צָרִיךְ גַּם כֵּן לִזָּהֵר לָחוּשׁ לִרְאִיָּה הַחֲדָשָׁה, הֵן לְהַפְלָגָה הֵן לִימֵי הַחֹדֶשׁ. וְגַם צָרִיךְ לִזָּהֵר לִזְכֹּר יוֹם וֶסֶת קָבוּעַ שֶׁלָּהּ, כִּי הַוֶּסֶת הַקָּבוּעַ אֵינוֹ נֶעֱקָר אֶלָּא בְּשָׁלֹשׁ פְּעָמִים, כִּדְלְקַמָּן.

סעיף ח' אִשָּׁה שֶׁיֵּשׁ לָהּ וֶסֶת קָבוּעַ, אַף אִם הִגִּיעַ פַּעַם אַחַת אוֹ שְׁתֵּי פְעָמִים יוֹם וֶסְתָּהּ אוֹ סִימָן וֶסְתָּהּ וְלֹא רָאֲתָה, אַף עַל פִּי שֶׁבָּרוּר לָהּ בְּבֵרוּר גָּמוּר שֶׁלֹּא רָאֲתָה, כְּגוֹן שֶׁהָיָה לָהּ כָּל מֶשֶׁךְ הַוֶּסֶת מוֹךְ דָּחוּק, מִכָּל מָקוֹם עֲדַיִן לֹא נֶעֱקַר וֶסְתָּהּ, וּצְרִיכָה עֲדַיִן לָחוּשׁ גַּם לַפַּעַם הַשְּׁלִישִׁית. אֲבָל אִם הִגִּיעָה גַּם הַפַּעַם הַשְּׁלִישִׁית וְלֹא רָאֲתָה, אִם בָּרוּר לָהּ בְּבֵרוּר גָּמוּר שֶׁלֹּא רָאֲתָה בְּכָל שְׁלֹשֶׁת הַפְּעָמִים, כְּגוֹן שֶׁבְּכָל פַּעַם הָיָה לָהּ מוֹךְ דָּחוּק כָּל מֶשֶׁךְ הַוֶּסֶת, מֵעַתָּה נֶעֱקַר וֶסְתָּהּ, וְאֵינָהּ צְרִיכָה לָחוּשׁ לוֹ עוֹד, כִּי כָל וֶסֶת נֶעֱקָר בְּשָׁלֹשׁ פְּעָמִים, אֲפִלּוּ הָיָה קָבוּעַ כַּמָּה שָׁנִים. אֲבָל וֶסֶת שֶׁאֵינוֹ קָבוּעַ, דְּהַיְנוּ רְאִיָּה שֶׁלֹּא קְבָעַתָּהּ רַק פַּעַם אַחַת אוֹ שְׁתֵּי פְעָמִים, אִם הִגִּיעַ פַּעַם אַחַת הַיּוֹם הַזֶּה אוֹ הַסִּימָן הַזֶּה וְלֹא רָאֲתָה, וְאַף עַל פִּי שֶׁלֹּא בָדְקָה אֶת עַצְמָהּ, אֶלָּא שֶׁלֹּא הִרְגִּישָׁה שׁוּם רְאִיָּה, שׁוּב אֵינָהּ צְרִיכָה לָחוּשׁ לָהּ, כִּי כָל מַה שֶׁלֹּא נִקְבַּע בְּשָׁלֹשׁ פְּעָמִים, נֶעֱקָר בְּפַעַם אַחַת, וַאֲפִלּוּ בְּלֹא בְדִיקָה.

סעיף ט' אִשָּׁה שֶׁיֵּשׁ לָהּ וֶסֶת קָבוּעַ, קֹדֶם שֶׁבָּאָה לָהּ הַשָּׁעָה שֶׁהִיא רְגִילָה לִרְאוֹת, יֵשׁ לָהּ לְהַכְנִיס מוֹךְ דָּחוּק, לְמַעַן תֵּדַע בְּבֵרוּר, כִּי יֵשׁ לָחוּשׁ, שֶׁמָּא תֵּצֵא מִמֶּנָּה אֵיזוֹ טִפַּת דָּם וְתֹאבַד, וְהִיא לֹא תֵדָע. וְאִם לֹא עָשְׂתָה כֵן, וְעָבַר זְמַן וֶסְתָּהּ, אֲסוּרָה לְבַעְלָהּ, עַד שֶׁתִּבְדֹּק אֶת עַצְמָהּ הֵיטֵב. וְאִם בְּתוֹךְ הַזְּמַן רָחֲצָה אֶת עַצְמָהּ, שׁוּב לֹא מַהֲנֵי לָהּ בְּדִיקָה. וְיֵשׁ לָהּ לְהַחְמִיר וּלְהַחֲזִיק אֶת עַצְמָהּ טְמֵאָה, כִּי חֲזָקָה הִיא, שֶׁהַדָּם בָּא בִּזְמַנּוֹ הַקָּבוּעַ. אֲבָל אִם אֵין לָהּ וֶסֶת קָבוּעַ, אֶלָּא שֶׁהִיא חוֹשֶׁשֶׁת לְוֶסֶת שֶׁאֵינוֹ קָבוּעַ, אִם עָבַר הַזְּמַן

וְלֹא הִרְגִּישָׁה, אַף עַל פִּי שֶׁלֹּא בָדְקָה אֶת עַצְמָהּ, הֲרֵי הִיא אַחַר כָּךְ בְּחֶזְקַת טְהוֹרָה. אַךְ עוֹנָה בֵינוֹנִית, שֶׁהִיא יוֹם הַשְּׁלשִׁים, דִּינָהּ כְּמוֹ וֶסֶת קָבוּעַ, וּכְמוֹ שֶׁכָּתַבְתִּי לְעֵיל (סְעִיף ג).

סעיף י' אִשָּׁה שֶׁרְאִיָּתָהּ נִמְשֶׁכֶת שְׁנַיִם אוֹ שְׁלשָׁה יָמִים, שֶׁהִיא שׁוֹפַעַת אוֹ מְזַלֶּפֶת, יוֹם הַתְחָלַת הָרְאִיָּה הוּא הָעִקָּר. וְיֵשׁ אוֹמְרִים, דְּמִכָּל מָקוֹם צְרִיכָה הִיא לָחוּשׁ תָּמִיד לְכָל הַיָּמִים עַד שֶׁיֵּעָקְרוּ.

סעיף יא' כְּשֵׁם שֶׁהָאִשָּׁה חוֹשֶׁשֶׁת לְוֶסֶת הַיָּמִים וּלְוֶסֶת הַהַפְלָגוֹת בְּפַעַם אַחַת, כְּמוֹ כֵן חוֹשֶׁשֶׁת גַּם לְוֶסֶת הַגּוּף וּלְוֶסֶת הַמֻּרְכָּב בְּפַעַם אֶחָת. וּכְשֵׁם שֶׁוֶּסֶת הַיָּמִים וְוֶסֶת הַהַפְלָגוֹת שֶׁאֵינָן קְבוּעִין, נֶעֱקָרִין בְּפַעַם אַחַת, כְּמוֹ כֵן וֶסֶת הַגּוּף וְוֶסֶת הַמֻּרְכָּב, נֶעֱקָרִין בְּפַעַם אֶחָת. וּכְשֵׁם שֶׁוֶּסֶת הַיָּמִים וְוֶסֶת הַהַפְלָגוֹת הַקְּבוּעִים אֵינָן נֶעֱקָרִין אֶלָּא בְּשָׁלשׁ פְּעָמִים, כָּךְ וֶסֶת הַגּוּף וְוֶסֶת הַמֻּרְכָּב הַקְּבוּעִים אֵינָן נֶעֱקָרִין אֶלָּא בְּשָׁלשׁ פְּעָמִים, דְּהַיְנוּ אִם הָיָה לָהּ וֶסֶת הַגּוּף גְּרִידָא, כֵּיוָן שֶׁפִּהֲקָה אַחַר כָּךְ שָׁלשׁ פְּעָמִים וְלֹא רָאֲתָה, שׁוּב אֵינָהּ צְרִיכָה לָחוּשׁ כַּאֲשֶׁר תְּפַהֵק. וְאִם הוּא וֶסֶת הַמֻּרְכָּב, כְּשֶׁהִגִּיעַ שָׁלשׁ שָׁלשׁ פְּעָמִים יוֹם זֶה וּפִהֲקָה וְלֹא רָאֲתָה, אָז הַוֶּסֶת נֶעְקָר. אֲבָל הַיָּמִים בְּלֹא פִּהוּק אוֹ פִהוּק בְּלֹא יָמִים, אֵינָן עוֹקְרִין אֶת הַוֶּסֶת הַמֻּרְכָּב, דִּבְעֵינָן עֲקִירָתוֹ דֻּמְיָא דִּקְבִיעָתוֹ.

סעיף יב' מְעֻבֶּרֶת, לְאַחַר שְׁלשָׁה חֳדָשִׁים מִתְּחִלַּת עִבּוּרָהּ, וְכֵן מֵינִיקָה, הֵן בְּחֶזְקַת מְסֻלָּקוֹת מִדָּמִים וְאֵינָן חוֹשְׁשׁוֹת לְוֶסְתָּן, אַף עַל פִּי שֶׁהָיָה לָהֶן וֶסֶת קָבוּעַ. וּמִכָּל מָקוֹם חוֹשֶׁשֶׁת לִרְאִיָּה שֶׁתִּרְאֶה כְּדֶרֶךְ שֶׁחוֹשֶׁשֶׁת לְוֶסֶת שֶׁאֵינוֹ קָבוּעַ. עָבְרוּ יְמֵי הַנְּקָתָהּ, חוֹזֶרֶת לָחוּשׁ לְוֶסְתָּהּ הָרִאשׁוֹן, כְּגוֹן אִם הָיָה לָהּ וֶסֶת לְרֹאשׁ חֹדֶשׁ, צְרִיכָה לָחוּשׁ מִיָּד לְרֹאשׁ חֹדֶשׁ הָרִאשׁוֹן. אֲבָל אִם הָיָה לָהּ וֶסֶת לְהַפְלָגוֹת, אֵינָהּ חוֹשֶׁשֶׁת עַד שֶׁתִּרְאֶה פַּעַם אַחַת, וְאָז חוֹשֶׁשֶׁת לְהַפְלָגָה שֶׁהָיְתָה רְגִילָה לִרְאוֹת.

סימן קנו - דין ראתה דם מחמת תשמיש ובו ג' סעיפים:

סעיף א' אִשָּׁה שֶׁרָאֲתָה דָם מֵחֲמַת תַּשְׁמִישׁ, אֲפִלּוּ שֶׁלֹּא בִשְׁעַת תַּשְׁמִישׁ אֶלָּא אַחַר כָּךְ בְּאוֹתוֹ הַלַּיְלָה, מֻתֶּרֶת לְשַׁמֵּשׁ פַּעַם שֵׁנִית לְאַחַר שֶׁתִּטְהַר, אֲבָל מֵיחַשׁ חָיְשָׁא גַּם בַּחֲדָא זִמְנָא. שֶׁאִם אֵרַע לָהּ כֵּן בְּלֵיל טְבִילָה, אֲזַי כְּשֶׁתִּטְבֹּל, צָרִיךְ לִפְרוֹשׁ מִמֶּנָּה לֵיל טְבִילָה, כִּי חָיְשִׁינָן שֶׁמָּא הַטְּבִילָה בְּצֵרוּף הַתַּשְׁמִישׁ, גּוֹרְמִים לָהּ לִרְאוֹת דָּם, וְשֶׁמָּא תִרְאֶה בְּלֵיל טְבִילָה שֵׁנִית בִּשְׁעַת תַּשְׁמִישׁ מַמָּשׁ. אֲבָל בְּלֵיל טְבִילָה שְׁלִישִׁית, אֵין צָרִיךְ לִפְרוֹשׁ, מִשּׁוּם דְּעִקַּר הַחֲשָׁשׁ הָיָה מִשּׁוּם הַטְּבִילָה. וְכֵיוָן דִּבְטְבִילָה שְׁנִיָּה לֹא רָאֲתָה, תּוּ לָא חָיְשִׁינָן. וְכֵן אִם אֵרַע לָהּ שֶׁרָאֲתָה בְּלֵיל שֵׁנִי שֶׁל טְבִילָה, צָרִיךְ לִפְרוֹשׁ בִּטְבִילָה שְׁנִיָּה לֵיל שֵׁנִי וְלֹא בִטְבִילָה שְׁלִישִׁית.

סעיף ב' וְכֵיוָן דְּאִתְיְלִיד רֵעוּתָא בְּאִשָּׁה זוֹ, לָכֵן אֲפִלּוּ אִם יֵשׁ לָהּ וֶסֶת קָבוּעַ, מִכָּל מָקוֹם כְּשֶׁתְּשַׁמֵּשׁ פַּעַם שֵׁנִית, צְרִיכָה בְדִיקָה לִפְנֵי תַשְׁמִישׁ וּלְאַחַר תַּשְׁמִישׁ, לְבָרֵר אִם לֹא רָאֲתָה עוֹד מֵחֲמַת תַּשְׁמִישׁ. וְתִזָּהֵר הָאִשָּׁה לַעֲסוֹק מִיָּד בִּרְפוּאוֹת. וּמִכָּל שֶׁכֵּן אִם אֵרַע לָהּ שֶׁרָאֲתָה בִּשְׁעַת תַּשְׁמִישׁ

מַמָּשׁ אוֹ בְּסָמוּךְ לְאַחַר תַּשְׁמִישׁ. כִּי אִם יֶאֱרַע לָהּ כֵּן שָׁלֹשׁ פְּעָמִים רְצוּפוֹת, נָפְלָה בִּמְצוּדָה גְּדוֹלָה, וּבְקֹשִׁי גָּדוֹל יִמָּצֵא לָהּ הֶתֵּר שֶׁתִּשָּׁאֵר אֵצֶל בַּעְלָהּ.

סעיף ג' אִשָּׁה שֶׁהִרְגִּישָׁה בִּשְׁעַת תַּשְׁמִישׁ שֶׁנִּטְמָאָה, מְחֻיֶּבֶת לוֹמַר מִיָּד לְבַעְלָהּ נִטְמֵאתִי, וְלֹא יִפְרוֹשׁ אֶת עַצְמוֹ מִיָּד בְּאֵבֶר חַי, כִּי גַם זֹאת הֲנָאָה הִיא לוֹ, אֶלָּא יִסְמוֹךְ עַל יָדָיו וְרַגְלָיו וְלֹא עָלֶיהָ, וְיִמָּלֵא פַּחַד וּרְתֵת עַל הָעֲבֵרָה שֶׁבָּאָה לְיָדוֹ. וּכְשֶׁיָּמוּת הָאֵבֶר, יִפְרוֹשׁ אֶת עַצְמוֹ, וְיִשְׁאַל לְמוֹרֶה הוֹרָאָה שֶׁיּוֹרֶה לוֹ תְּשׁוּבָה עַל הָעֲבֵרָה.

סימן קנז - דיני כלה הנכנסת לחפה ובו ח' סעיפים:

סעיף א' אִשָּׁה שֶׁהִיא מְכִינָה אֶת עַצְמָהּ לַנִּשּׂוּאִין, צְרִיכָה לִסְפֹּר תְּחִלָּה שִׁבְעָה נְקִיִּים, בֵּין שֶׁהִיא קְטַנָּה שֶׁעֲדַיִן לֹא רָאֲתָה דָּם מֵעוֹלָם, בֵּין שֶׁהִיא זְקֵנָה שֶׁכְּבָר פָּסְקָה מִלִּרְאוֹת, מִכָּל מָקוֹם חָיְשִׁינָן, שֶׁמָּא מֵחֲמַת חִמּוּד יָצְאָה מִמֶּנָּה אֵיזוֹ טִפַּת דָּם וְנֶאֶבְדָה, לָכֵן מַחֲזִיקִים אוֹתָהּ כְּמוֹ נִדָּה מַמָּשׁ. וְגַם לְאַחַר סְפִירַת שִׁבְעָה נְקִיִּים, יֵשׁ לָהּ לִבְדֹּק אֶת עַצְמָהּ בְּכָל יוֹם עַד הַטְּבִילָה, וְכֵן לְאַחַר הַטְּבִילָה עַד בְּעִילַת מִצְוָה.

סעיף ב' אִם נִדְחוּ הַנִּשּׂוּאִין מֵחֲמַת אֵיזוֹ סִבָּה, וְאַחַר כָּךְ שׁוּב נִתְפַּשְּׁרוּ לַעֲשׂוֹת הַנִּשּׂוּאִין, אַף עַל פִּי שֶׁסָּפְרָה שִׁבְעָה נְקִיִּים בָּרִאשׁוֹנָה, מִכָּל מָקוֹם צְרִיכָה לִסְפֹּר מֵחָדָשׁ, כֵּיוָן שֶׁנּוֹלַד לָהּ חִמּוּד חָדָשׁ. וַאֲפִלּוּ בָּדְקָה אֶת עַצְמָהּ בְּכָל הַיָּמִים שֶׁבֵּינְתַיִם, לֹא מַהֲנֵי לָהּ. וְאִם לֹא הָיָה דִחוּי גָּמוּר, אֶלָּא שֶׁלֹּא יָכְלוּ לְהִשְׁתַּוּוֹת בְּעֵסֶק הַנְּדֻנְיָא וְכַדּוֹמֶה, וּמֵחֲמַת זֶה נִתְעַכְּבוּ עַד שֶׁנִּתְפַּשְּׁרוּ, אוֹ שֶׁמֵּרְצוֹנָם דָּחוּ הַנִּשּׂוּאִין מִיּוֹם שֶׁקְּבָעוּם וְהִגְבִּלוּ יוֹם אַחֵר, יַעֲשׂוּ שְׁאֵלַת חָכָם, אִם שִׁבְעָה נְקִיִּים הָרִאשׁוֹנִים מַהֲנֵי לָהּ. אִם נִתְקוֹטְטוּ בִּשְׁעַת הַנִּשּׂוּאִין, וְנִכְנַס חָתָן אַחֵר תַּחַת הָרִאשׁוֹן, פְּשִׁיטָא דְּלָא מַהֲנֵי לָהּ שִׁבְעָה נְקִיִּים שֶׁסָּפְרָה עַל דַּעַת חָתָן אַחֵר, אֶלָּא אֲפִלּוּ אִם לְאַחַר שֶׁנִּתְרַצּוּ לְחָתָן אַחֵר, שׁוּב נִתְפַּיֵּס הָרִאשׁוֹן, לָא מַהֲנֵי לָהּ שִׁבְעָה נְקִיִּים הָרִאשׁוֹנִים, כֵּיוָן שֶׁהִסִּיחָה דַעְתָּהּ מִמֶּנּוּ, אֶלָּא צְרִיכָה לִסְפֹּר מֵחָדָשׁ.

סעיף ג' יֵשׁ לִזָּהֵר שֶׁלֹּא תִנָּשֵׂא אִשָּׁה עַד שֶׁתִּטְהַר מִטֻּמְאָתָהּ (וְעַיֵּן לְקַמָּן סִימָן קנט סָעִיף י וְסִימָן קסב סָעִיף ב וְסִימָן קסו סָעִיף ג) וְאִם הָעֵת דְּחוּקָה וּצְרִיכִין לַעֲשׂוֹת הַנִּשּׂוּאִין בְּעוֹדָהּ בְּטֻמְאָתָהּ, אוֹ אִם אֵרַע שֶׁפֵּרְסָה נִדָּה לְאַחַר הַחֻפָּה קֹדֶם שֶׁנִּבְעֲלָה, לֹא יִתְיַחֲדוּ בְּלִי שְׁמִירָה עַד שֶׁתִּטְבֹּל. וְנוֹהֲגִין לִקַּח קָטָן אֵצֶל הֶחָתָן וּקְטַנָּה אֵצֶל הַכַּלָּה, וְאֵין מִתְיַחֲדִין אֲפִלּוּ בַּיּוֹם בְּלֹא קָטָן אוֹ קְטַנָּה. וּצְרִיכִין שֶׁיִּהְיוּ גְּדוֹלִים קְצָת שֶׁיּוֹדְעִין עִנְיְנֵי בִיאָה, וְלֹא גְּדוֹלָה מַמָּשׁ שֶׁכְּבָר לָבְשָׁה יִצְרָהּ שֶׁיֵּשׁ לָחוּשׁ שֶׁתִּתְפַּתֶּה, אֶלָּא בֵּינוֹנִים. וְאֵין חִלּוּק בָּזֶה בֵּין בָּחוּר לְאַלְמָן וּבֵין בְּתוּלָה לְאַלְמָנָה, שֶׁכֹּל שֶׁלֹּא בָעַל אִשָּׁה זוֹ מִיָּמָיו, חָיְשִׁינָן דְּתָקִיף יִצְרֵהּ, וַאֲסוּרִין לְהִתְיַחֵד בְּלִי שְׁמִירָה.

סעיף ד' מַחֲזִיר גְּרוּשָׁתוֹ, צְרִיכָה לִסְפֹּר שִׁבְעָה נְקִיִּים, אֲפִלּוּ גֵּרְשָׁהּ כְּשֶׁהָיְתָה מְעֻבֶּרֶת וְהֶחֱזִירָהּ כְּשֶׁהִיא מְעֻבֶּרֶת, אוֹ גֵּרְשָׁהּ כְּשֶׁהָיְתָה מְעֻבֶּרֶת וְהֶחֱזִירָהּ כְּשֶׁהִיא מְעֻבֶּרֶת, אוֹ גֵּרְשָׁהּ כְּשֶׁהִיא מֵינֶקֶת וְהֶחֱזִירָהּ כְּשֶׁהִיא

מֵינֶקֶת. וְאִם עָבַר וּכְנָסָהּ קֹדֶם, מֻתָּרִין לְהִתְיַחֵד, דְּכֵיוָן שֶׁכְּבָר בָּא עָלֶיהָ, תּוּ לָא תַקִּיף יִצְרֵהּ כָּל כָּךְ.

סעיף ה' צְרִיכִין לִזָּהֵר בִּמְאֹד מְאֹד, שֶׁלֹּא יִשְׁכַּב הֶחָתָן אֵצֶל הַכַּלָּה עַד הַלַּיְלָה שֶׁהוּא רוֹצֶה לִבְעֹל.

סעיף ו' הַכּוֹנֵס אֶת הַבְּתוּלָה, בּוֹעֵל בְּעִילַת מִצְוָה. וְאַף עַל פִּי שֶׁהַדָּם שׁוֹתֵת וְיוֹרֵד, גּוֹמֵר בִּיאָתוֹ כִּרְצוֹנוֹ, וְאֵינוֹ חוֹשֵׁשׁ. אֲבָל לְאַחַר שֶׁגָּמַר בִּיאָתוֹ, פּוֹרֵשׁ אֶת עַצְמוֹ מִמֶּנָּה. וְהִיא טְמֵאָה. וַאֲפִלּוּ לֹא נִרְאָה שׁוּם דָּם, חָיְשִׁינָן שֶׁמָּא יָצְאָה טִפַּת דָּם וְנֶחְפְּתָה בְּשִׁכְבַת זֶרַע, וְעַל כֵּן מַחֲזִיקִין אוֹתָהּ כְּנִדָּה גְּמוּרָה.

סעיף ז' בְּתוּלָה, שֶׁלְּאַחַר הַבְּעִילָה הָרִאשׁוֹנָה טָבְלָה, וְגַם בַּבְּעִילָה הַשְּׁנִיָּה רָאֲתָה דָּם, וְכֵן בְּפַעַם שְׁלִישִׁית וּרְבִיעִית, יֵשׁ בָּזֶה שְׁאֵלָה אִם מֻתֶּרֶת לְהִשָּׁאֵר אֵצֶל בַּעְלָהּ.

סעיף ח' מֻתָּר לִבְעֹל בְּתוּלָה בְּשַׁבָּת, אַף עַל פִּי שֶׁהוּא עוֹשֶׂה חַבּוּרָה (וְעַיֵּן לעיל ס' קמח ס"ד).

סימן קנח - דין יולדת ומפלת ובו ד' סעיפים:

סעיף א' יוֹלֶדֶת, בֵּין יָלְדָה וָלָד חַי בֵּין וָלָד מֵת, וַאֲפִלּוּ נֵפֶל, אֲפִלּוּ לֹא רָאֲתָה דָּם, הֲרֵי הִיא טְמֵאָה טֻמְאַת לֵדָה. וּמִצַּד הַדִּין אִם הָיָה הַנּוֹלָד זָכָר, הִיא טְמֵאָה שִׁבְעַת יָמִים מִשּׁוּם לֵדָה, וְאַחַר כָּךְ יְכוֹלָה לִסְפֹּר שִׁבְעָה נְקִיִּים וְתִטְבֹּל. וְאִם הָיָה נְקֵבָה, הִיא טְמֵאָה אַרְבָּעָה עָשָׂר יוֹם מִשּׁוּם לֵדָה, וְאַחַר כָּךְ סוֹפֶרֶת שִׁבְעָה נְקִיִּים וְטוֹבֶלֶת. וְיֵשׁ מְקוֹמוֹת שֶׁנּוֹהֲגִין שֶׁאֵינָן טוֹבְלוֹת תּוֹךְ אַרְבָּעִים יוֹם לְזָכָר וּשְׁמוֹנִים יוֹם לִנְקֵבָה. וּבְמָקוֹם שֶׁהַמִּנְהָג הַזֶּה הוּא מֻסְכָּם אֵצֶל כֻּלָּם, אֵין לְהָקֵל, כִּי יֵשׁ קְצָת טַעַם בָּזֶה. וְעַל כָּזֶה נֶאֱמַר, שְׁמַע בְּנִי מוּסַר אָבִיךָ וְאַל תִּטֹּשׁ תּוֹרַת אִמֶּךָ. אֲבָל בִּמְדִינוֹתֵינוּ, אֵין בָּזֶה מִנְהָג קָבוּעַ. וּמַה שֶּׁיֵּשׁ בִּקְצָת מְקוֹמוֹת מִנְהָג, שֶׁלֹּא לִטְבֹּל עַד לְאַחַר שִׁשָּׁה שָׁבוּעוֹת לְזָכָר וְתִשְׁעָה שָׁבוּעוֹת לִנְקֵבָה וְכַדּוֹמֶה, לְמִנְהָגִים כָּאֵלּוּ אֵין לָהֶם שׁוּם טַעַם, וּכְבָר נִתְבַּטְּלוּ בִּקְהִלּוֹת קְדוֹשׁוֹת עַל יְדֵי גְאוֹנִים זִכְרוֹנָם לִבְרָכָה.

סעיף ב' יֵשׁ אוֹמְרִים, שֶׁצָּרִיךְ לִפְרוֹשׁ מֵאִשְׁתּוֹ לֵיל אַרְבָּעִים וְאֶחָד לְזָכָר וְלֵיל שְׁמוֹנִים וְאֶחָד לִנְקֵבָה, מִפְּנֵי שֶׁאָז אִכָּא חֲשָׁשָׁא, שֶׁמָּא תִרְאֶה דָּם כְּמוֹ בִּשְׁעַת וֶסֶת, וְיֵשׁ חוֹלְקִין. וּבַעַל נֶפֶשׁ יָחוּשׁ לְעַצְמוֹ. וְאִם הִפִּילָה סָפֵק זָכָר סָפֵק נְקֵבָה, יִפְרוֹשׁ לֵיל אַרְבָּעִים וְאֶחָד וְלֵיל שְׁמוֹנִים וְאֶחָד.

סעיף ג' אִשָּׁה שֶׁהִפִּילָה אֵיזֶה דָּבָר, אֲפִילוּ אֵין בּוֹ צוּרַת וָלָד כְּלָל, אֶלָּא כְּמוֹ חֲתִיכַת בָּשָׂר אוֹ עוֹר וְכַדּוֹמֶה, צְרִיכָה לְהַחְמִיר וּלְהַחֲזִיק אֶת עַצְמָהּ בְּטֻמְאַת לֵדַת נְקֵבָה, אוֹ תַעֲשֶׂה שְׁאֵלַת חָכָם, כִּי לִפְעָמִים יֵשׁ לְהָקֵל. וְכֵן אִם הִפִּילָה וָלָד וְאַחַר כָּךְ שִׁלְיָא, אַף עַל פִּי שֶׁהַנּוֹלָד הָיָה זָכָר, צְרִיכָה לָחוּשׁ לְטֻמְאַת לֵדַת נְקֵבָה מִשּׁוּם הַשִּׁלְיָא, אוֹ תַעֲשֶׂה שְׁאֵלַת חָכָם.

סעיף ד' אִשָּׁה שֶׁבָּרוּר לָהּ שֶׁאֵינָהּ מְעֻבֶּרֶת וְטָבְלָה לְבַעְלָהּ, וּבְתוֹךְ אַרְבָּעִים יוֹם הִפִּילָה, אֵינָהּ חוֹשֶׁשֶׁת לְלֵדָה, כִּי אֵין הַוָּלָד נוֹצָר בְּפָחוֹת מֵאַרְבָּעִים יוֹם, אֲבָל טְמֵאָה נִדָּה.

וַאֲפִלּוּ לֹא נִרְאָה דָם, מִסְתָּמָא הָיָה קְצָת דָּם, אֶלָּא שֶׁנֶּאֱבַד, כִּי אִי אֶפְשָׁר לִפְתִיחַת הָרֶחֶם בְּלֹא דָם.

סימן קנט - דיני לבישת הלבון וספירת הנקיים ובו י' סעיפים:

סעיף א' כָּל אִשָּׁה שֶׁרָאֲתָה דָם בִּימֵי טָהֳרָתָהּ, צְרִיכָה לִמְנוֹת חֲמִשָּׁה יָמִים עִם יוֹם זֶה, דְּהַיְנוּ יוֹם הָרְאִיָּה וְעוֹד אַרְבָּעָה יָמִים. וַאֲפִלּוּ רָאֲתָה בְּסוֹף הַיּוֹם לְאַחַר שֶׁהִתְפַּלְּלוּ הַקָּהָל וְגַם הִיא עַרְבִית, אוֹ קִבְּלוּ שַׁבָּת, אִם עֲדַיִן הוּא יוֹם, עוֹלֶה לָהּ יוֹם זֶה לְמִנְיָן. וּבְיוֹם הַחֲמִישִׁי לְעֵת עֶרֶב קֹדֶם בֵּין הַשְּׁמָשׁוֹת תִּבְדֹּק אֶת עַצְמָהּ הֵיטֵב וְתִרְחַץ לְכָל הַפָּחוֹת פָּנֶיהָ שֶׁלְּמַטָּה, וְתִלְבַּשׁ כֻּתֹּנֶת לְבָנָה וּנְקִיָּה, וְגַם שְׁאָר בְּגָדֶיהָ יִהְיוּ נְקִיִּים, וְזֶה נִקְרָא הֶפְסֵק טָהֳרָה. וּבַלַּיְלָה, תַּצִּיעַ עַל מִטָּתָהּ גַּם כֵּן סָדִין לָבָן וְנָקִי, וְגַם הַכָּרִים וְהַכְּסָתוֹת כֻּלָּם יִהְיוּ נְקִיִּים, וּמִיּוֹם הַמָּחֳרָת מַתְחֶלֶת לִסְפֹּר שִׁבְעָה נְקִיִּים. וְאֵין חִלּוּק בֵּין רְאִיָּה מְרֻבָּה לִרְאִיָּה מֻעֶטֶת, שֶׁאֲפִילוּ לֹא רָאֲתָה אֶלָּא טִפָּה אַחַת, אוֹ שֶׁמָּצְאָה רַק כֶּתֶם בִּימֵי טָהֳרָתָהּ, לְעוֹלָם צְרִיכָה לְהַמְתִּין חֲמִשָּׁה יָמִים. וְכֵן אֲפִלּוּ רָאֲתָה דָם כָּל חֲמֵשֶׁת הַיָּמִים. אֶלָּא שֶׁפָּסְקָה קֹדֶם בֵּין הַשְּׁמָשׁוֹת, מִיָּד לְאַחַר שֶׁפָּסַק הַדָּם, יְכוֹלָה לְהַפְסִיק בְּטָהֳרָה.

סעיף ב' בִּשְׁעַת הַדְּחָק, כְּגוֹן שֶׁהִיא בַּדֶּרֶךְ וְאֵין לָהּ מַיִם כְּלָל אֲפִלּוּ לִרְחוֹץ פָּנֶיהָ שֶׁלְּמַטָּה, אֵינוֹ מְעַכֵּב, רַק שֶׁתְּקַנֵּחַ אֶת עַצְמָהּ הֵיטֵב בְּכָל מַה דְּאֶפְשָׁר. וְאִם יְכוֹלָה לִרְחוֹץ בְּמֵי רַגְלַיִם, שַׁפִּיר דָּמֵי. וְאִם אֵין לָהּ כֻּתֹּנֶת לְבָנָה, יְכוֹלָה לִלְבּוֹשׁ גַּם כֻּתֹּנֶת יְשָׁנָה, רַק שֶׁתְּהֵא בְּדוּקָה, שֶׁאֵין עָלֶיהָ כִּתְמֵי דָם.

סעיף ג' יֵשׁ אוֹמְרִים, דְּאִם הִתְפַּלְּלוּ הַקָּהָל עַרְבִית, אַף עַל פִּי שֶׁעוֹד הַיּוֹם גָּדוֹל, אֵינָהּ יְכוֹלָה עוֹד לְהַפְסִיק בְּטָהֳרָה, שֶׁתִּמְנֶה מִיּוֹם הַמָּחֳרָת, מֵאַחַר שֶׁהַקָּהָל כְּבָר עָשׂוּ אוֹתוֹ, לַיְלָה. וְיֵשׁ אוֹמְרִים, דְּמֻתֶּרֶת, וַאֲפִלּוּ עָשׂוּ הַקָּהָל שַׁבָּת. וְיֵשׁ לִזָּהֵר לְכַתְּחִלָּה. וּבְדִיעֲבַד אֵין לְהַחְמִיר, וִיכוֹלָה לְהַפְסִיק בְּטָהֳרָה כֹּל שֶׁעֲדַיִן אֵינוֹ בֵּין הַשְּׁמָשׁוֹת אֲבָל אִם גַּם הִיא הִתְפַּלְּלָה עַרְבִית, וּמִכָּל שֶׁכֵּן כְּשֶׁהִדְלִיקָה נֵרוֹת לְשַׁבָּת אוֹ לְיוֹם טוֹב, אַף עַל פִּי שֶׁעֲדַיִן הַיּוֹם גָּדוֹל. אֵינָהּ יְכוֹלָה עוֹד לְהַפְסִיק בְּטָהֳרָה. בְּקַיִץ אֲשֶׁר בְּהַרְבֵּה קְהִלּוֹת מִתְפַּלְּלִין עַרְבִית בְּעוֹד הַיּוֹם גָּדוֹל, שֶׁהִיא צְרִיכָה לְכַתְּחִלָּה לְהַפְסִיק בְּטָהֳרָה קֹדֶם לָכֵן, כְּמוֹ שֶׁכָּתַבְתִּי, אֲזַי כְּשֶׁיַּגִּיעַ סָמוּךְ לְבֵין הַשְּׁמָשׁוֹת, יֵשׁ לָהּ לִבְדֹּק אֶת עַצְמָהּ עוֹד הַפַּעַם, כִּי עִקַּר הֶפְסֵק טָהֳרָה הוּא בְּעֵת הַיּוֹתֵר סְמוּכָה לְבֵין הַשְּׁמָשׁוֹת וּבְדִיעֲבַד, אִם לֹא בָדְקָה אֶת עַצְמָהּ שֵׁנִית, אֵין לְהַקְפִּיד. וַאֲפִלּוּ לֹא בָּדְקָה אֶת עַצְמָהּ אֶלָּא שַׁחֲרִית וּמָצְאָה טְהוֹרָה, בְּדִיעֲבַד סַגֵּי בְּכָךְ.

סעיף ד' לְעוֹלָם יְלַמֵּד אָדָם בְּתוֹךְ בֵּיתוֹ לְהַחְמִיר לְכַתְּחִלָּה, שֶׁתְּהֵא בְּדִיקַת הֶפְסֵק טָהֳרָתָהּ בְּמוֹךְ דָּחוּק, וְשֶׁיְּהֵא שָׁם כָּל בֵּין הַשְּׁמָשׁוֹת, שֶׁבְּדִיקָה זוֹ מוֹצִיאָה מִידֵי כָּל סָפֵק.

סעיף ה' יֵשׁ מְקוֹמוֹת שֶׁנּוֹהֲגִים, שֶׁאִם זְמַן לְבִישַׁת לְבָנִים הוּא בְּשַׁבָּת אוֹ בְּיוֹם טוֹב, דּוֹחִין עַד לְאַחַר כָּךְ, מִפְּנֵי שֶׁאֵין כָּל אִשָּׁה יוֹדַעַת לִזָּהֵר בְּאִסּוּר רְחִיצָה וְאִסּוּר סְחִיטָה. וּבִמְקוֹמוֹת שֶׁנּוֹהֲגִין לְהָקֵל, אִם רוֹחֶצֶת בְּצוֹנֵן, יְכוֹלָה לִרְחוֹץ אֲפִלּוּ כָּל גּוּפָהּ. אֲבָל בְּחַמִּין, צְרִיכָה לִזָּהֵר שֶׁלֹּא לִרְחוֹץ

אֶלָּא בְּאוֹתוֹ מָקוֹם וּבֵין יְרֵכוֹתֶיהָ, וְדַוְקָא בְּחַמִּין שֶׁהוּחַמּוּ בְּעֶרֶב שַׁבָּת וּבְעֶרֶב יוֹם טוֹב. גַּם צְרִיכָה לִזָּהֵר מֵאִסּוּר סְחִיטָה, שֶׁלֹּא תִּרְחַץ בְּבֶגֶד, רַק בְּיָדֶיהָ. וּבְיוֹם הַכִּפּוּרִים לֹא תִרְחַץ כְּלָל, רַק תְּקַנֵּחַ אֶת עַצְמָהּ יָפֶה יָפֶה, (דַּהֲוֵי שְׁעַת הַדְּחָק, כְּמוֹ שֶׁכָּתַבְתִּי בְּסָעִיף ב, דְּהָא אֲסוּרָה בִּרְחִיצָה) וְתִלְבַּשׁ כֻּתֹּנֶת לְבָנָה. וּבְתִשְׁעָה בְּאָב וְכֵן בְּשִׁבְעַת יְמֵי אֲבֵלָה, גַּם כֵּן לֹא תִרְחַץ, רַק תְּקַנֵּחַ. וְגַם כֻּתֹּנֶת לְבָנָה לֹא תִלְבַּשׁ, רַק כֻּתֹּנֶת יְשָׁנָה, שֶׁהִיא בְדוּקָה שֶׁאֵין עָלֶיהָ כִּתְמֵי דָם (עַיֵּן אֵלִיָּהוּ רַבָּא שִׁימָן תקנא סָעִיף קָטָן ב). אֲבָל לְאַחַר שִׁבְעָה, אַף עַל פִּי שֶׁאֲסוּרָה בִּרְחִיצָה כָּל שְׁלֹשִׁים, מִכָּל מָקוֹם יְכוֹלָה לִרְחוֹץ קְצָת לְצֹרֶךְ לְבִישַׁת לְבָנִים, וְתוּכַל לִלְבּוֹשׁ כֻּתֹּנֶת לְבָנָה.

סעיף ו' בְּכָל יוֹם מִשִּׁבְעַת יְמֵי הַסְּפִירָה, צְרִיכָה לְכַתְּחִלָּה לִבְדֹּק אֶת עַצְמָהּ שְׁתֵּי פְעָמִים בְּכָל יוֹם, אַחַת שַׁחֲרִית וְאַחַת סָמוּךְ לְבֵין הַשְּׁמָשׁוֹת. וּבְדִיעֲבַד, אֲפִלּוּ לֹא בָדְקָה רַק פַּעַם אַחַת בַּיּוֹם הָרִאשׁוֹן וּפַעַם אַחַת בַּיּוֹם הַשְּׁבִיעִי, יֵשׁ לְהָקֵל. וְדַוְקָא בַּיּוֹם הָרִאשׁוֹן וּבַיּוֹם הַשְּׁבִיעִי. אֲבָל אִם בָּדְקָה בַּיּוֹם הָרִאשׁוֹן וּבַיּוֹם הַשְּׁמִינִי, אֵין לָהּ אֶלָּא יוֹם שְׁמִינִי בִּלְבָד, וּצְרִיכָה לְהוֹסִיף עוֹד שִׁשָּׁה יָמִים.

סעיף ז' כָּל בְּדִיקוֹת אֵלּוּ, בֵּין בְּהֶפְסֵק טָהֳרָה בֵּין בְּשִׁבְעַת יְמֵי נְקִיִּים, צְרִיכִין לִהְיוֹת בְּבֶגֶד פִּשְׁתָּן לָבָן אוֹ בְּצֶמֶר גֶּפֶן אוֹ בְּצֶמֶר לָבָן, נָקִי וָרַךְ, וְתַכְנִיסֶנּוּ בְּעֹמֶק לַחוֹרִים וְלַסְּדָקִים עַד מְקוֹם שֶׁהַשַּׁמָּשׁ דָּשׁ, וְתִרְאֶה אִם אֵין בּוֹ אֵיזֶה מַרְאֶה אַדְמוּמִית. וְאִם אִי אֶפְשָׁר לָהּ לְהַכְנִיס כָּל כָּךְ בְּעֹמֶק, תִּבְדֹּק עַל כָּל פָּנִים כְּפִי כֹחָהּ הָאֶפְשָׁרִי. וְטוֹב שֶׁלְּכָל הַפָּחוֹת. בְּדִיקָה אַחַת תִּהְיֶה עַד מְקוֹם שֶׁהַשַּׁמָּשׁ דָּשׁ. (וְצָרִיךְ כָּל אִישׁ לְלַמֵּד אֶת אִשְׁתּוֹ דִּין הַבְּדִיקוֹת, כִּי הַרְבֵּה אֵינָן יוֹדְעוֹת). וּבְתוּלוֹת שֶׁבּוֹדְקוֹת קֹדֶם הַנִּשּׂוּאִין, יִבְדְּקוּ גַּם כֵּן כְּפִי כֹחָן הָאֶפְשָׁרִי.

סעיף ח' הַבְּדִיקוֹת צְרִיכוֹת לִהְיוֹת לְאוֹר הַיּוֹם, וְלֹא לְאוֹר הַנֵּר. וְיֵשׁ מַחְמִירִין אֲפִלּוּ בְדִיעֲבַד אִם לֹא הָיְתָה לְכָל הַפָּחוֹת בְּדִיקָה אַחַת בַּיּוֹם הָרִאשׁוֹן וּבְדִיקָה אַחַת בַּיּוֹם הַשְּׁבִיעִי לְאוֹר הַיּוֹם.

סעיף ט' אִם מָצְאָה כֶּתֶם בִּימֵי סְפִירַת הַנְּקִיִּים, אוֹ אֲפִלּוּ רָאֲתָה דָם מַמָּשׁ, יְכוֹלָה לְהַפְסִיק בְּטָהֳרָה וְלִלְבּוֹשׁ לְבָנִים גַּם בְּיוֹם זֶה, כֹּל שֶׁפָּסְקָה קֹדֶם בֵּין הַשְּׁמָשׁוֹת, וּמִיּוֹם הַמָּחֳרָת תִּסְפֹּר שִׁבְעָה נְקִיִּים מֵחָדָשׁ.

סעיף י' וְכֵן כַּלָּה שֶׁרָאֲתָה דָם קֹדֶם הַנִּשּׂוּאִין, וְאִם תַּמְתִּין חֲמִשָּׁה יָמִים, יִהְיֶה יוֹם הַנִּשּׂוּאִין קֹדֶם זְמַן טְבִילָתָהּ וְקָשֶׁה לָהֶם לִדְחוֹת הַנִּשּׂוּאִין, אֲזַי תּוּכַל לְהַפְסִיק בְּטָהֳרָה מִיָּד בְּיוֹם שֶׁפָּסְקָה קֹדֶם בֵּין הַשְּׁמָשׁוֹת וְלִסְפֹּר מִמָּחֳרָת שִׁבְעָה נְקִיִּים, כְּדֵי שֶׁתּוּכַל לִטְבֹּל קֹדֶם הַחֻפָּה. וְזֶה עָדִיף טְפֵי מִלַּעֲשׂוֹת הַחֻפָּה בְּעוֹדָהּ נִדָּה.

סימן קס - הלכות חפיפה ובו ו' סעיפים:

סעיף א' בַּיּוֹם הַשְּׁבִיעִי בְּעוֹד יוֹם קֹדֶם בֵּין הַשְּׁמָשׁוֹת תִּרְחַץ בְּחַמִּין כָּל גּוּפָהּ הֵיטֵיב, וּבִפְרָט בִּמְקוֹמוֹת הַקְּמָטִין וּבְבֵית הַסְּתָרִים תִּרְחַץ הֵיטֵב, וְתִבְדֹּק כָּל גּוּפָהּ בְּמָקוֹם שֶׁיְּכוֹלָה לִרְאוֹת וּלְמַשְׁמֵשׁ בְּיָדֶיהָ הֵיטֵב, שֶׁלֹּא

יִשָּׁאֵר עָלֶיהָ שׁוּם חֲצִיצָה אוֹ שׁוּם לִכְלוּךְ, וְגַם תָּחֹף וְתִסְרֹק הֵיטֵב בְּמַסְרֵק כָּל שַׂעֲרוֹתֶיהָ וּתְפַסְפְּסֵן, שֶׁלֹּא תִהְיֶינָה מְדֻבָּקוֹת אוֹ קְשׁוּרוֹת. וְזֹאת נִקְרֵאת חֲפִיפָה. וּצְרִיכָה לַעֲסֹק בַּחֲפִיפָה עַד שֶׁתֶּחְשַׁךְ, שֶׁתִּטְבֹּל מִיָּד לְאַחַר הַחֲפִיפָה, כִּי לְכַתְּחִלָּה צְרִיכָה לִהְיוֹת הַחֲפִיפָה סָמוּךְ לִטְבִילָה, וְגַם שֶׁתְּהֵא הַחֲפִיפָה בַּיּוֹם. עַל כֵּן הַמִּנְהָג הַכָּשֵׁר הוּא, שֶׁתַּתְחִיל בַּחֲפִיפָה בְּעוֹד יוֹם וְתַמְשִׁיךְ עַד הַלָּיְלָה.

סעיף ב' חֲפִיפָה שֶׁבִּמְקוֹם הַשְּׂעָרוֹת, לֹא תְהֵא בְּדָבָר שֶׁמְּסַבֵּךְ אֶת הַשְּׂעָרוֹת. וּבְבוֹרִית שֶׁאָנוּ קוֹרִין זֵייף [סַבּוֹן], נוֹהֲגִין לְהָקֵל, שֶׁהוּא מְנַקֶּה הֵיטֵב וְאֵינוֹ מְסַבֵּךְ.

סעיף ג' בְּמָקוֹם שֶׁאֵין מֶרְחָץ בְּבֵית הַטְּבִילָה, אֶלָּא שֶׁחוֹפֶפֶת בְּבֵיתָהּ וְאַחַר כָּךְ הוֹלֶכֶת לִטְבֹּל, תִּשָּׂא עִמָּהּ מַסְרֵק וְתִסְרֹק שָׁמָּה שַׂעֲרוֹתֶיהָ עוֹד הַפַּעַם.

סעיף ד' בִּשְׁעַת הַדְּחָק שֶׁאִי אֶפְשָׁר לָהּ לַעֲשׂוֹת הַחֲפִיפָה בַּיּוֹם, תּוּכַל לַעֲשׂוֹתָהּ בַּלַּיְלָה, רַק תִּזָּהֵר לָחֹף כָּרָאוּי וְלֹא תְמַהֵר. וְכֵן אִם אִי אֶפְשָׁר לָהּ לָחֹף גַּם בַּלַּיְלָה, תּוּכַל לַעֲשׂוֹת כָּל הַחֲפִיפָה בַּיּוֹם.

סעיף ה' חָלָה טְבִילָתָהּ בְּלֵיל שַׁבָּת, תַּעֲשֶׂה הַחֲפִיפָה בַּיּוֹם, וְתִזָּהֵר מְאֹד לִגְמֹר כָּל הַחֲפִיפָה קֹדֶם בֵּין הַשְּׁמָשׁוֹת, שֶׁלֹּא תָבוֹא חַס וְשָׁלוֹם לִידֵי חִלּוּל שַׁבָּת. וּלְעִנְיַן הַדְלָקַת הַנֵּרוֹת, הַמֻּבְחָר הוּא, אִם אֶפְשָׁר, שֶׁתֵּלֵךְ לְבֵיתָהּ לְאַחַר הַחֲפִיפָה, אוֹ שֶׁתַּעֲשֶׂה הַחֲפִיפָה בְּבֵיתָהּ, וּלְאַחַר הַחֲפִיפָה קֹדֶם בֵּין הַשְּׁמָשׁוֹת, תַּדְלִיק אֶת הַנֵּרוֹת, וְאַחַר כָּךְ תִּטְבֹּל. וְאִם אִי אֶפְשָׁר, יַדְלִיק הַבַּעַל. וְאִם גַּם זֹאת אִי אֶפְשָׁר, תַּדְלִיק וּתְבָרֵךְ עַל הַנֵּרוֹת בְּעוֹד הַיּוֹם גָּדוֹל, וְתֹאמַר קֹדֶם הַהַדְלָקָה שֶׁאֵינָהּ מְקַבֶּלֶת שַׁבָּת בְּהַדְלָקָה זֹאת, כִּי בִּמְקוֹם הַצֹּרֶךְ, מַהֲנֵי תְנַאי (כִּדְלְעֵיל סִימָן עה סָעִיף ד). אֲבָל מַה שֶּׁקְּצָת נוֹהֲגוֹת לְבָרֵךְ אַחַר הַטְּבִילָה עַל נֵרוֹת דּוֹלְקִים, צְרִיכִין לְבַטֵּל, כִּי הִיא מְבָרֶכֶת בְּרָכָה לְבַטָּלָה.

סעיף ו' בְּמָקוֹם שֶׁנּוֹהֲגִין לִטְבֹּל בְּמוֹצָאֵי שַׁבָּת וּבְמוֹצָאֵי יוֹם טוֹב, צְרִיכִין לִשְׁאֹל לְמוֹרֶה הוֹרָאָה אֵיךְ יִתְנַהֲגוּ בַּחֲפִיפָה.

סימן קסא - דיני חציצה ובו כ' סעיפים:

סעיף א' צְרִיכָה שֶׁתִּטְבֹּל כָּל גּוּפָהּ עִם כָּל שַׂעֲרוֹתֶיהָ בְּפַעַם אֶחָת. וְלָכֵן צְרִיכָה לְהַשְׁגִּיחַ בִּמְאֹד מְאֹד, שֶׁלֹּא יְהֵא עָלֶיהָ בִּשְׁעַת טְבִילָה שׁוּם דָּבָר הַחוֹצֵץ, שֶׁאֲפִלּוּ אִם הוּא מַשֶּׁהוּ, לִפְעָמִים הוּא חוֹצֵץ, וְלֹא עָלְתָה לָהּ טְבִילָה. לֹא מִבַּעְיָא עַל גּוּפָהּ מִבַּחוּץ שֶׁצְּרִיכִין הַמַּיִם לָבוֹא שָׁמָּה, וְכֵיוָן שֶׁיֵּשׁ חֲצִיצָה, הֲרֵי אֵין הַמַּיִם בָּאִים שָׁמָּה, אֶלָּא אֲפִלּוּ בְּבֵית הַסְּתָרִים, שֶׁאֵין הַמַּיִם בָּאִים שָׁמָּה, מִכָּל מָקוֹם צְרִיכִין שֶׁיִּהְיוּ רְאוּיִים לְבִיאַת מָיִם. דֶּרֶךְ מָשָׁל, הַשִּׁנַּיִם, אַף עַל פִּי שֶׁאֵין צְרִיכִין שֶׁיָּבוֹאוּ הַמַּיִם לְתוֹךְ פִּיהָ, מִכָּל מָקוֹם אִם יֵשׁ חֲצִיצָה בֵּין שִׁנֶּיהָ, לֹא עָלְתָה לָהּ טְבִילָה, כַּאֲשֶׁר יְבֹאַר אִם יִרְצֶה הַשֵּׁם. וּצְרִיכָה כָּל אִשָּׁה לָדַעַת כְּלָל זֶה, שֶׁכָּל הַמְּקוֹמוֹת שֶׁבְּגוּפָהּ, צְרִיכִין שֶׁיִּהְיוּ נְקִיִּים וּרְאוּיִין לְבִיאַת הַמַּיִם בִּשְׁעַת טְבִילָה.

סעיף ב' צוֹאַת הָעַיִן שֶׁחוּץ לָעַיִן,

חוֹצֶצֶת, אַף עַל פִּי שֶׁהִיא לַחָה. וְשֶׁבְּתוֹךְ הָעַיִן, לַחָה אֵינָהּ חוֹצֶצֶת. וִיבֵשָׁה שֶׁהִתְחִילָה לְהוֹרִיק, חוֹצֶצֶת.

סעיף ג' הַדָּם הַיָּבֵשׁ שֶׁעַל הַמַּכָּה, חוֹצֵץ. וְרִיר שֶׁבְּתוֹכָהּ, אֵינוֹ חוֹצֵץ. יָצָא הָרִיר, אִם לַח, אֵינוֹ חוֹצֵץ. יָבֵשׁ, חוֹצֵץ. לְפִיכָךְ אִשָּׁה בַּעֲלַת חֲטָטִים, צְרִיכָה לָחֹף אוֹתָם בְּמַיִם עַד שֶׁיִּתְרַכְּכוּ. וְכֵן גֶּלֶד שֶׁעַל גַּבֵּי הַמַּכָּה, אֲפִלּוּ אִם הִיא מִצְטַעֶרֶת לַהֲסִירוֹ, אוֹ אֲבַעְבּוּעוֹת שְׁחִין, צְרִיכָה לַהֲסִירָן אוֹ לְרַכְּכָן הֵיטֵב בְּמַיִם.

סעיף ד' רְטִיָּה שֶׁעַל גַּבֵּי הַמַּכָּה, חוֹצֶצֶת. וְגַם רְטִיּוֹת שֶׁמַּנִּיחִין אוֹתָן לִזְמַן שְׁלֹשָׁה אוֹ אַרְבָּעָה חֳדָשִׁים וְאַחַר כָּךְ נוֹפְלוֹת מֵעַצְמָן וּבְתוֹךְ הַזְּמַן אִי אֶפְשָׁר לַהֲסִירָן אֶלָּא בִּקְרִיעַת הָעוֹר עִמָּהֶן וְהָאִשָּׁה אוֹמֶרֶת שֶׁהֻרְגְּלָה עִמָּהֶן וְאֵינָהּ מַקְפֶּדֶת, מִכָּל מָקוֹם חוֹצְצוֹת. וְכֵן אִשָּׁה שֶׁיֵּשׁ לָהּ מַכָּה וְנִפְתְּחָה, וְנוֹתְנִים בְּתוֹךְ הַנֶּקֶב תַּחַת הָרְטִיָּה גֶּרֶר מִבְּגָדִים עֲדִים שֶׁל פִּשְׁתָּן, וְאַף כְּשֶׁמְּסִירִין אֶת הָרְטִיָּה אֵינוֹ נִרְאֶה, כִּי הוּא בָּעֹמֶק, מִכָּל מָקוֹם חוֹצֵץ.

סעיף ה' לִכְלוּכֵי צוֹאָה שֶׁעַל הַבָּשָׂר שֶׁנַּעֲשׂוּ מֵחֲמַת זֵעָה, אִם נִתְיַבְּשׁוּ, חוֹצְצִין. מִלְמוּלִין שֶׁעַל הַבָּשָׂר, וְהוּא מַה שֶּׁלִּפְעָמִים יָדָיו שֶׁל אָדָם מְלֻכְלָכוֹת בְּטִיט אוֹ בְּבָצֵק אוֹ בְּזֵעָה, וּמוֹלֵל יָדוֹ הָאַחַת עַל חֲבֶרְתָּהּ וְנַעֲשִׂים כְּעֵין גַּרְגְּרִין, חוֹצְצִין.

סעיף ו' הַדְּיוֹ, הֶחָלָב וְהַדְּבַשׁ, שְׂרַף הַתְּאֵנָה וּשְׂרַף הַתּוּת וּשְׂרַף הֶחָרוּב וּשְׂרַף הַשִּׁקְמָה (הוּא מִין תְּאֵנָה), יְבֵשִׁים, חוֹצְצִין. וּשְׁאָר כָּל הַשְּׂרָפִים, אֲפִלּוּ לַחִים, חוֹצְצִין. וְכֵן הַדָּם, אֲפִלּוּ לַח, חוֹצֵץ.

סעיף ז' צֶבַע שֶׁצּוֹבְעוֹת הַנָּשִׁים פְּנֵיהֶן וִידֵיהֶן וּשְׂעַר רֹאשָׁן, אֵינוֹ חוֹצֵץ. וְכֵן אִשָּׁה שֶׁאֻמָּנוּת שֶׁלָּהּ לִצְבֹּעַ בְּגָדִים וְכַדּוֹמֶה, וּמֵחֲמַת זֶה יָדֶיהָ צְבוּעוֹת, וְכָל הַנָּשִׁים שֶׁיֵּשׁ לָהֶן אֻמָּנוּת זוֹ דַּרְכָּן שֶׁלֹּא לְהַקְפִּיד בְּכָךְ, אֵינוֹ חוֹצֵץ.

סעיף ח' בְּצוֹאָה שֶׁתַּחַת הַצִּפֹּרֶן, יֵשׁ חִלּוּקִים. וּכְבָר נָהֲגוּ לַחְתֹּךְ צִפָּרְנֵי יְדֵיהֶן וְרַגְלֵיהֶן קֹדֶם הַטְּבִילָה. וְתִזָּהֵר לְשָׂרְפָן, כִּי אִם יִדְרֹךְ עֲלֵיהֶן בַּעְלָהּ אוֹ אָדָם אַחֵר, מְסֻכָּן. וּבְשַׁבָּת וְיוֹם טוֹב אִם שָׁכְחָה לַחְתְּכָן קֹדֶם, יֵשׁ מַתִּירִין לַחְתְּכָן עַל יְדֵי גוֹיָה. אִם יֵשׁ לָהּ נֶפַח עַל מְקוֹם הַצִּפֹּרֶן, וְאֵינָהּ יְכוֹלָה לֹא לַחְתְּכוֹ וְלֹא לְנַקֵּר תַּחְתָּיו, אִם נָפוּחַ כָּל כָּךְ שֶׁאֵין הַטִּיט שֶׁתַּחְתָּיו נִרְאֶה, אֵינוֹ חוֹצֵץ. אִשָּׁה שֶׁשָּׁכְחָה לַחְתֹּךְ צִפֹּרֶן וְטָבְלָה כָּךְ, אִם נִזְכְּרָה קֹדֶם שֶׁנִּזְקְקָה לְבַעְלָהּ, צְרִיכָה טְבִילָה אַחֶרֶת. וְאִם לֹא נִזְכְּרָה עַד לְאַחַר שֶׁנִּזְקְקָה לְבַעְלָהּ, תַּעֲשֶׂה שְׁאֵלַת חָכָם.

סעיף ט' תִּזָּהֵר לְהָסִיר קֹדֶם טְבִילָה, הַנְּזָמִים וְהַטַּבָּעוֹת.

סעיף י' צְרִיכָה לְנַקֵּר שִׁנֶּיהָ קֹדֶם טְבִילָה, מִשּׁוּם דְּמָצוּי הוּא שֶׁיִּמָּצְאוּ בֵּין שִׁנֶּיהָ שִׁיּוּרֵי מַאֲכָל. וְאִם טָבְלָה וְנִמְצָא אֵיזֶה דָּבָר בֵּינֵיהֶן אוֹ דָבוּק בָּהֶן, לֹא עָלְתָה לָהּ טְבִילָה. וְיֵשׁ נוֹהֲגוֹת שֶׁלֹּא לֶאֱכֹל בָּשָׂר בְּיוֹם לֶכְתָּן לְבֵית הַטְּבִילָה, מִפְּנֵי שֶׁהַבָּשָׂר נִכְנָס בֵּין הַשִּׁנַּיִם יוֹתֵר מִשְּׁאָר אֹכֶל, וְיֵשׁ לָחוּשׁ, שֶׁאֲפִלּוּ תְּנַקֵּר שִׁנֶּיהָ, שֶׁמָּא יִשָּׁאֵר מִמֶּנּוּ, וּמִנְהָג יָפֶה הוּא. וּבְשַׁבָּת וְיוֹם טוֹב שֶׁאוֹכְלִין בָּשָׂר, תִּזָּהֵר לְנַקֵּר בְּיוֹתֵר. וּצְרִיכָה כָּל אִשָּׁה לִזָּהֵר, שֶׁלֹּא

תֹּאכַל שׁוּם מַאֲכָל בֵּין הַחֲפִיפָה לַטְּבִילָה. וְכָל יוֹם הַטְּבִילָה לֹא תַּעֲסֹק בְּבָצֵק אוֹ בְּנֵרוֹת שֶׁל שַׁעֲוָה, שֶׁלֹּא יִדָּבֵק בָּהּ שׁוּם דָּבָר. אַךְ בְּעֶרֶב שַׁבָּת, אִם דַּרְכָּהּ לָלוּשׁ בְּעַצְמָהּ לִכְבוֹד שַׁבָּת, אַל תִּמָּנַע, רַק תִּזָּהֵר לִרְחוֹץ אַחַר כָּךְ יָדֶיהָ יָפֶה יָפֶה.

סעיף יא' אִשָּׁה שֶׁיֵּשׁ לָהּ שֵׁן תּוֹתֶבֶת, תִּשְׁאַל לְמוֹרֵה הוֹרָאָה אֵיךְ תִּתְנַהֵג בִּטְבִילָה. (עַיֵּן בְּסֵפֶר גְּדוֹלֵי טָהֳרָה שְׁאֵלוֹת וּתְשׁוּבוֹת אִמְרֵי אֵשׁ סִימָן עה עו, וּבְסֵפֶר חָכְמַת אָדָם, וְעַיֵּן שָׁם בְּאִשָּׁה שֶׁיֵּשׁ לָהּ סְתִימַת אֵבֶר [מַתֶּכֶת] (פְּלָאמְבֶּע) בְּנִקְבֵי שִׁנֶּיהָ. וְעַיֵּן בְּסֵפֶר מֵי נִדָּה סִימָן קצח, וּבְסֵפֶר שְׁאֵלוֹת וּתְשׁוּבוֹת בִּנְיַן צִיּוֹן הַחֲדָשׁוֹת סִימָן נז). וְכֵן אִשָּׁה שֶׁהִיא מֻכָּה בְּשֶׁבֶר וְנוֹשֵׂאת טַבַּעַת בְּרַחְמָהּ, תַּעֲשֶׂה שְׁאֵלַת חָכָם. (עַיֵּן נוֹדָע בִּיהוּדָה קַמָּא סִימָן סד, וְתִנְיָנָא סִימָן קלה, וְסִדְרֵי טָהֳרָה סִימָן קצח סָעִיף קָטָן כג).

סעיף יב' לֹא תֹּאחַז בָּהּ חֲבֶרְתָּהּ בִּשְׁעַת טְבִילָה, לְפִי שֶׁלֹּא יָבוֹאוּ הַמַּיִם בִּמְקוֹם הָאֲחִיזָה. וּבִשְׁעַת הַדְּחָק, תַּטְבִּיל הָאִשָּׁה, שֶׁהִיא רוֹצָה לֶאֱחוֹז אוֹתָהּ, תְּחִלָּה יָדֶיהָ בְּמִקְוֶה, וְאַחַר כָּךְ תֹּאחַז אוֹתָהּ, לֹא בְּכֹחַ וּבְדִבּוּק חָזָק. אֶלָּא בְּדִבּוּק בֵּינוֹנִי כְּדֶרֶךְ כָּל אָדָם.

סעיף יג' הֵיכָא דְּאֶפְשָׁר, אֵין לִטְבֹּל בְּמָקוֹם שֶׁיֵּשׁ בְּקַרְקָעִיתוֹ טִיט, מִשּׁוּם חֲשַׁשׁ חֲצִיצָה. וּבִשְׁעַת הַדְּחָק נוֹהֲגִין לְהָקֵל, מִשּׁוּם דִּסְתָם טִיט שֶׁבַּמַּיִם אֵינוֹ עָב כָּל כָּךְ. אֲבָל הַטִּיט שֶׁעַל שְׂפַת הַנָּהָר שֶׁמִּתְדַּבֵּק בְּרַגְלֶיהָ, הָוֵי חֲצִיצָה. וְלָכֵן צְרִיכָה לִזָּהֵר, שֶׁבְּבוֹאָהּ אֶל תּוֹךְ הַנָּהָר, קֹדֶם שֶׁתִּטְבֹּל, תָּדִיחַ הֵיטֵב רַגְלֶיהָ מִן הַטִּיט שֶׁנִּדְבַּק בָּהּ בִּשְׂפַת הַנָּהָר. אִם תִּרְצֶה לְהָנִיחַ בְּתוֹךְ הַנָּהָר תַּחַת כַּפּוֹת רַגְלֶיהָ אֵיזֶה דָּבָר שֶׁתַּעֲמֹד עָלָיו בִּשְׁעַת טְבִילָה, צְרִיכָה לִשְׁאֹל לְמוֹרֵה הוֹרָאָה כִּי יֵשׁ הַרְבֵּה דְּבָרִים שֶׁאָסוּר לַעֲמֹד עֲלֵיהֶם בִּשְׁעַת טְבִילָה.

סעיף יד' לֹא תִּטְבֹּל בְּקוֹמָה זְקוּפָה, מִפְּנֵי שֶׁיֵּשׁ מְקוֹמוֹת שֶׁמִּסְתַּתְּרִים בָּהּ עַל יְדֵי כָּךְ. וְאַל תִּשְׁחֶה הַרְבֵּה עַד שֶׁיִּדָּבְקוּ סְתָרֶיהָ זֶה בָּזֶה, אֶלָּא שׁוֹחָה מְעַט, עַד שֶׁיִּהְיוּ סִתְרֵי בֵּית הָעֶרְוָה נִרְאִים, כְּדֶרֶךְ שֶׁנִּרְאִים בְּשָׁעָה שֶׁהִיא לָשָׁה אֶת הַפַּת שֶׁמְּפַסֶּקֶת רַגְלֶיהָ מְעַט לְהִתְחַזֵּק וְלָלוּשׁ בְּחֹזֶק. וְתַחַת דַּדֶּיהָ יְהֵא נִרְאֶה, כְּדֶרֶךְ שֶׁנִּרְאֶה בְּשָׁעָה שֶׁהִיא מֵינִיקָה אֶת הַתִּינוֹק. וְאֵינָהּ צְרִיכָה לְהַרְחִיק יַרְכוֹתֶיהָ זֶה מִזֶּה יוֹתֵר מִדַּי, וְגַם לֹא לְהַרְחִיק זְרוֹעוֹתֶיהָ מֵהַגּוּף יוֹתֵר מִדַּי, אֶלָּא יִהְיוּ כְּדֶרֶךְ שֶׁהֵם בְּעֵת הִלּוּכָהּ. וְאִם שָׁחָה בְּיוֹתֵר אוֹ זְקֻפָה בְּיוֹתֵר, לֹא עָלְתָה לָהּ טְבִילָה, מִפְּנֵי שֶׁנַּעֲשִׂים קְמָטִים בְּגוּפָהּ וְאֵין הַמַּיִם בָּאִים שָׁמָּה. וְלָכֵן צְרִיכִין לְהַשְׁגִּיחַ שֶׁיִּהְיוּ הַמַּיִם לְמַעְלָה מִטַּבּוּרָהּ שְׁלֹשָׁה טְפָחִים, דִּבְעִנְיָן זֶה יְכוֹלָה לִטְבּוֹל כָּרָאוּי. וּבִשְׁעַת הַדְּחָק שֶׁאֵין הַמַּיִם גְּבוֹהִים כָּל כָּךְ, תֵּשֵׁב מִתְּחִלָּה לְאַט לְאַט בַּמַּיִם עַד צַוָּארָהּ וְאַחַר כָּךְ תִּטְבֹּל, בְּאֹפֶן שֶׁלֹּא יִתְהַוֶּה תְּחִלָּה בְּגוּפָהּ שֶׁחוּץ לַמַּיִם שׁוּם קֶמֶט. וּמַה שֶּׁנַּעֲשָׂה אַחַר כָּךְ אֵיזֶה קֶמֶט בְּגוּפָהּ שֶׁבְּתוֹךְ הַמַּיִם, אֵינוֹ מַזִּיק, מִפְּנֵי שֶׁכְּבָר קָדְמוּ הַמַּיִם שָׁם. וְאִם הַמַּיִם נְמוּכִים מְאֹד, בִּשְׁעַת הַדְּחָק תִּטְבֹּל בִּשְׁכִיבָה כְּמוֹ דָג, רַק שֶׁיִּתְכַּסֶּה כָּל גּוּפָהּ עִם שְׂעָרוֹתֶיהָ בְּפַעַם אַחַת בַּמַּיִם.

סעיף טו' אֵינָהּ צְרִיכָה לִפְתּוֹחַ פִּיהָ כְּדֵי שֶׁיִּכָּנְסוּ הַמַּיִם, וְלֹא תִקְפֹּץ אוֹתוֹ

יוֹתֵר מִדַּי. וְאִם קָפְצָה, לֹא עָלְתָה לָהּ טְבִלָה, אֶלָּא תַּשִּׁיק שְׂפָתוֹתֶיהָ זוֹ לָזוֹ דִּבּוּק בֵּינוֹנִי. נָתְנָה שְׂעָרָהּ בְּפִיהָ וְטָבְלָה, לֹא עָלְתָה לָהּ טְבִילָה, מִפְּנֵי שֶׁלֹּא בָאוּ הַמַּיִם עַל שְׂעָרָהּ.

סעיף טז' לֹא תַעֲצוֹם עֵינֶיהָ בְּיוֹתֵר, כִּי עַל יְדֵי זֶה נַעֲשִׂים קְמָטִים לְמַטָּה. וְגַם לֹא תִפְתְּחֵם בְּיוֹתֵר, כִּי נַעֲשִׂים קְמָטִים לְמַעְלָה, אֶלָּא תִּסְגְּרֵן בְּרִפְיוֹן.

סעיף יז' צְרִיכָה לְהָסִיר הַצּוֹאָה מִשְּׂפַת הַחֹטֶם גַּם מִבִּפְנִים. אֲבָל מַה שֶּׁהִיא לְמַעְלָה בְּתוֹךְ הַחֹטֶם, לָא חָיִיץ. וְכֵן צְרִיכָה לְהוֹצִיא צוֹאַת הָאֹזֶן. יֵשׁ אוֹמְרִים שֶׁהָאִשָּׁה צְרִיכָה לְהַטִּיל מַיִם קֹדֶם טְבִילָה אִם הִיא צְרִיכָה לְכָךְ. גַּם צְרִיכָה לִבְדּוֹק עַצְמָהּ בִּגְדוֹלִים וּבִקְטַנִּים, שֶׁלֹּא תְהֵא צְרִיכָה לַעֲצוֹר עַצְמָהּ וְלֹא יִהְיוּ רְאוּיִים לְבִיאַת מָיִם. וּבְדִיעֲבַד, אֵינוֹ מְעַכֵּב.

סעיף יח' לֹא תִטְבֹּל בְּאָבָק שֶׁעַל רַגְלֶיהָ. וְאִם טָבְלָה, אִם הָיָה אָבָק דַּק שֶׁהֶעֱבִירוּהוּ הַמַּיִם, עָלְתָה לָהּ טְבִילָה.

סעיף יט' סְתָם כִּנִּים וּפַרְעוֹשִׁים, אֵינָם נִדְבָּקִים בַּגּוּף, וְהַמַּיִם נִכְנָסִים שָׁמָּה וְלָא חָיְצֵי. אֲבָל מִין כִּנִּים הַדְּבוּקִים בַּבָּשָׂר וְנוֹשְׁכִים בָּעוֹר בִּמְקוֹם שֵׂעָר וְנִדְבָּקִים בְּחֹזֶק בַּבָּשָׂר, צְרִיכָה לַהֲסִירָן עַל יְדֵי חַמִּין וּלְגָרְרָן בְּצִפָּרְנָן. וְאִם אֵינָהּ יְכוֹלָה לַהֲסִירָן, אֵינָן חוֹצְצִין. וְאוֹתָן כִּנִּים קְטַנִּים הַדְּבוּקִים בַּשְּׂעָרוֹת, צְרִיכָה לַהֲסִירָן, מִשּׁוּם דְּהַוְיָן חֲצִיצָה.

סעיף כ' אִשָּׁה שֶׁיֵּשׁ לָהּ קְלִיעוֹת שְׂעָרוֹת דְּבוּקוֹת זוֹ בָּזוֹ, שֶׁקּוֹרִין בִּלְשׁוֹן אַשְׁכְּנַז מאָהר צֶעפּ אוֹ מאָר לאָקֶען, וּבִלְשׁוֹן פּוֹלִין וְרוּסְיָא קאָלטֶנִיס, וְיֵשׁ סַכָּנָה לְגַלְּחָן, לָא חָיְצֵי. וַאֲפִלּוּ יֵשׁ בְּתוֹכָן אֵיזֶה חוּטִין שֶׁאִי אֶפְשָׁר לַהֲסִירָן, אִם אֵינָן נִרְאִין מִבַּחוּץ, לָא חָיְצֵי.

סימן קסב - הלכות טבילה ובו י"ד סעיפים:

סעיף א' אִם בַּעְלָהּ בָּעִיר, מִצְוָה עַל הָאִשָּׁה שֶׁתִּטְבֹּל בִּזְמַנָּהּ, שֶׁלֹּא לְבַטֵּל מִפְּרִיָּה וּרְבִיָּה אֲפִלּוּ לַיְלָה אֶחָד, שֶׁהֲרֵי מָצִינוּ בִּיהוֹשֻׁעַ שֶׁנֶּעֱנַשׁ עַל שֶׁבִּטֵּל אֶת יִשְׂרָאֵל מִפְּרִיָּה וּרְבִיָּה לַיְלָה אֶחָד. וְאִשָּׁה שֶׁמִּתְאַחֶרֶת מִלִּטְבֹּל כְּדֵי לְצַעֵר אֶת בַּעְלָהּ, עָנְשָׁהּ גָּדוֹל מְאֹד, רַחֲמָנָא לִצְלַן.

סעיף ב' אֲסוּרָה לִטְבֹּל בַּיּוֹם הַשְּׁבִיעִי, עַד צֵאת הַכּוֹכָבִים. וַאֲפִלּוּ לִטְבֹּל סָמוּךְ לַחֲשֵׁכָה בְּאֹפֶן שֶׁלֹּא תָבוֹא לְבֵיתָהּ עַד שֶׁתֶּחְשַׁךְ, נַמִּי אָסוּר. וַאֲפִלּוּ נִתְאַחֲרָה שֶׁלֹּא טָבְלָה בַּלַּיְלָה שֶׁלְּאַחַר יוֹם הַשְּׁבִיעִי, וְטוֹבֶלֶת אַחַר כָּךְ, אֲסוּרָה גַם כֵּן לִטְבֹּל בַּיּוֹם. וְגַם בְּעִנְיָן זֶה, יֵשׁ לְהַחְמִיר שֶׁלֹּא תִטְבֹּל אֲפִלּוּ סָמוּךְ לַחֲשֵׁכָה, וְשֶׁלֹּא תָבוֹא לְבֵיתָהּ עַד שֶׁתֶּחְשַׁךְ, אֶלָּא תִטְבֹּל דַּוְקָא בַּלַּיְלָה. וְהַכַּלּוֹת הַטּוֹבְלוֹת קֹדֶם הַחֻפָּה, יְכוֹלוֹת לִטְבֹּל בַּיּוֹם הַשְּׁמִינִי אוֹ אַחַר כָּךְ בַּיּוֹם. וּבִשְׁעַת הַדְּחָק אֲפִילוּ אִם טוֹבֶלֶת בַּיּוֹם הַשְּׁבִיעִי, יְכוֹלָה גַם כֵּן לִטְבֹּל בַּיּוֹם, וַאֲפִלּוּ בַּבֹּקֶר לְאַחַר הָנֵץ הַחַמָּה, אֲבָל לֹא יַעֲמִידוּ אֶת הַחֻפָּה עַד צֵאת הַכּוֹכָבִים. אֲבָל אִם טוֹבֶלֶת לְאַחַר הַחֻפָּה, אַף עַל פִּי שֶׁהִיא טְבִילָה הָרִאשׁוֹנָה לְבַעְלָהּ, דִּינָהּ כְּמוֹ שְׁאָר אִשָּׁה.

סעיף ג' הֵיכָא דְּאִכָּא אֹנֶס, כְּגוֹן

שֶׁיִּרְאָה לִטְבֹּל בַּלַּיְלָה מֵחֲמַת צִנָּה אוֹ פַחַד אוֹ שֶׁבֵּית הַטְּבִילָה הוּא חוּץ לָעִיר וְשַׁעֲרֵי הָעִיר נִנְעָלִין בַּלַּיְלָה, יְכוֹלָה לִטְבֹּל בַּשְּׁמִינִי בְּעוֹד יוֹם. אֲבָל בַּשְּׁבִיעִי, לֹא תִטְבֹּל בַּיּוֹם אֲפִלּוּ בִּמְקוֹם אֹנֶס. וְהָא דְמֻתֶּרֶת לִטְבֹּל בִּמְקוֹם אֹנֶס בַּשְּׁמִינִי בַּיּוֹם, דַּוְקָא שֶׁתַּעֲשֶׂה גַּם הַחֲפִיפָה אָז סָמוּךְ לַטְּבִילָה. אֲבָל אִם יוֹם הַשְּׁמִינִי הוּא שַׁבָּת אוֹ יוֹם טוֹב שֶׁתִּצְטָרֵךְ לַעֲשׂוֹת הַחֲפִיפָה בַּיּוֹם שֶׁקֹּדֶם הַטְּבִילָה וְגַם תִּטְבֹּל בַּיּוֹם, זֶהוּ אָסוּר, מִשּׁוּם דִּתְרֵי קֻלֵּי בַּהֲדָדֵי לָא מְקַלִּינָן (דְּהַיְנוּ טְבִילָה בַּיּוֹם וְגַם הַרְחָקַת חֲפִיפָה מִטְּבִילָה).

סעיף ד' לֹא תַעֲמֹד עַל שׁוּם דָּבָר בִּשְׁעַת טְבִילָה. וְאִם מֵי הַמִּקְוֶה עֲמֻקִּים וּצְרִיכָה לַעֲמֹד עַל שְׁלִיבָה, תַּעֲשֶׂה שְׁאֵלַת חָכָם.

סעיף ה' לֹא תִטְבֹּל בְּמָקוֹם שֶׁיֵּשׁ חֲשָׁשׁ שֶׁיִּרְאוּ אוֹתָהּ בְּנֵי אָדָם, מִפְּנֵי שֶׁמִּתּוֹךְ כָּךְ הִיא מְמַהֶרֶת לִטְבֹּל, וְחָיְשִׁינָן שֶׁמָּא לֹא תִטְבֹּל יָפֶה. וּבְדִיעֲבַד אִם טָבְלָה וְיָדְעִינָן בְּבֵרוּר שֶׁטָּבְלָה כָּרָאוּי, עָלְתָה לָהּ טְבִילָה.

סעיף ו' כְּשֶׁהִיא טוֹבֶלֶת, צְרִיכָה לַעֲמֹד אֶצְלָהּ אִשָּׁה יְהוּדִית גְּדוֹלָה יוֹתֵר מִשְׁתֵּים עֶשְׂרֵה שָׁנָה וְיוֹם אֶחָד, שֶׁתִּרְאֶה שֶׁלֹּא יִשָּׁאֵר מִשֵּׂעַר רֹאשָׁהּ צָף עַל פְּנֵי הַמַּיִם. וְאִם אֵין לָהּ אִשָּׁה, יָכוֹל גַּם בַּעְלָהּ לַעֲמֹד אֶצְלָהּ לִרְאוֹת שֶׁתִּטְבֹּל יָפֶה.

סעיף ז' מֻתֶּרֶת לִטְבֹּל בְּלֵיל שַׁבָּת (וְעַיֵּן לְעֵיל סִימָן פו), אִם עַתָּה הִגִּיעַ זְמַן טְבִילָתָהּ שֶׁלֹּא יָכְלָה לִטְבֹּל מִקֹּדֶם, וּבַעְלָהּ בָּעִיר. אֲבָל אִם אֵין בַּעְלָהּ בָּעִיר, אוֹ שֶׁהָיְתָה יְכוֹלָה לִטְבֹּל קֹדֶם, אֲסוּרָה לִטְבֹּל בְּלֵיל שַׁבָּת. וְאִם הִיא אַחַר לֵדָה, יֵשׁ חִלּוּקֵי דִינִים אִם מֻתֶּרֶת לִטְבֹּל בְּלֵיל שַׁבָּת אוֹ לֹא, וְתַעֲשֶׂה שְׁאֵלַת חָכָם. וְאִשָּׁה שֶׁזְּמַן טְבִילָתָהּ בָּא קֹדֶם, אֶלָּא שֶׁלֹּא טָבְלָה, מֵחֲמַת שֶׁלֹּא הָיָה בַעְלָהּ בָּעִיר, וּבָא בְּעֶרֶב שַׁבָּת, יֵשׁ מְקוֹמוֹת שֶׁמַּחְמִירִין שֶׁלֹּא לִטְבֹּל בְּלֵיל שַׁבָּת. וּבְמָקוֹם שֶׁאֵין מִנְהָג קָבוּעַ, אֵין לְהַחְמִיר. וּבִמְקוֹמוֹת שֶׁנּוֹהֲגִין לְהַחְמִיר בְּלֵיל שַׁבָּת, גַּם בְּמוֹצָאֵי שַׁבָּת לֹא תִטְבֹּל. וְאַלְמָנָה שֶׁנִּשֵּׂאת, אֲסוּרָה לִטְבֹּל טְבִילָה הָרִאשׁוֹנָה בְּלֵיל שַׁבָּת, דְּהָא אָסוּר לָבוֹא עָלֶיהָ בִּיאָה רִאשׁוֹנָה בַּשַּׁבָּת (עַיֵּן לְעֵיל סִימָן קמח). וּבְמוֹצָאֵי שַׁבָּת יֵשׁ מְקִלִּין שֶׁתִּטְבֹּל.

סעיף ח' לְאַחַר שֶׁטָּבְלָה כָּרָאוּי, בְּעוֹדָהּ עוֹמֶדֶת תּוֹךְ הַמַּיִם, תְּבָרֵךְ אֲשֶׁר קִדְּשָׁנוּ בְּמִצְוֹתָיו וְצִוָּנוּ עַל הַטְּבִילָה. וְיֵשׁ לְהַחְמִיר שֶׁקֹּדֶם הַבְּרָכָה תְּכַסֶּה אֶת עַצְמָהּ לְמַטָּה בְּאֵיזוֹ מִטְפַּחַת, אוֹ לְכָל הַפָּחוֹת תְּחַבֵּק זְרוֹעוֹתֶיהָ עַל גּוּפָהּ לְהַפְסִיק. וְלֹא תִסְתַּכֵּל לְתוֹךְ הַמַּיִם בְּשָׁעָה שֶׁהִיא מְבָרֶכֶת. וְאִם טוֹבֶלֶת בְּמָקוֹם שֶׁתּוּכַל לַעְכֹּר אֶת הַמַּיִם בְּרַגְלֶיהָ, טוֹב לַעֲשׂוֹת כֵּן קֹדֶם הַבְּרָכָה. יֵשׁ נוֹהֲגוֹת שֶׁלְּאַחַר הַבְּרָכָה טוֹבֶלֶת עוֹד פַּעַם אַחַת, וּמִנְהָג נָכוֹן הוּא, רַק תַּשְׁגִּיחַ שֶׁגַּם הַטְּבִילָה הַשְּׁנִיָּה תִּהְיֶה כְּהֹגֶן.

סעיף ט' לְאַחַר שֶׁטָּבְלָה בְּמִקְוֶה כָּרָאוּי, מֻתֶּרֶת לִכָּנֵס לְבֵית הַמֶּרְחָץ לְחַמֵּם אֶת עַצְמָהּ, וַאֲפִלּוּ הוּא מֶרְחָץ שֶׁל זֵעָה. אֲבָל לַחֲזוֹר וְלִרְחוֹץ בְּאַמְבָּטִי, יֵשׁ אוֹסְרִים, וְכֵן נָהֲגוּ. וְלִשְׁפֹּךְ עָלֶיהָ מַיִם חַמִּים לְחַמֵּם אֶת גּוּפָהּ, יֵשׁ לְהָקֵל. אַךְ בְּמָקוֹם שֶׁנָּהֲגוּ לֶאֱסֹר גַּם זֹאת, אֵין לְהָקֵל.

סעיף י' יֵשׁ לָאִשָּׁה לִהְיוֹת צְנוּעָה בִּטְבִילָתָהּ לְהַסְתִּיר לֵיל טְבִילָתָהּ, וְלֹא תֵלֵךְ בִּפְנֵי הַבְּרִיּוֹת, שֶׁלֹּא יַרְגִּישׁוּ בָהּ בְּנֵי אָדָם. וּמִי שֶׁאֵינָהּ עוֹשָׂה כֵן, נֶאֱמַר עָלֶיהָ, אָרוּר שׁוֹכֵב עִם כָּל בְּהֵמָה. עוֹד יֵשׁ לָהּ לִזָּהֵר, כְּשֶׁתֵּצֵא מִן הַטְּבִילָה, שֶׁתִּפְגַּע בָּהּ חֲבֶרְתָּהּ וְתִגַּע בָּהּ, שֶׁלֹּא יִפְגַּע בָּהּ תְּחִלָּה דָּבָר טָמֵא, כְּגוֹן כֶּלֶב אוֹ חֲמוֹר אוֹ חֲזִיר אוֹ סוּס אוֹ מְצֹרָע וְכַיּוֹצֵא בָהֶן, אוֹ עַם הָאָרֶץ אוֹ גוֹי. וְאִם פָּגְעוּ בָהּ דְּבָרִים אֵלּוּ, אִם הִיא יִרְאַת שָׁמַיִם, תַּחֲזוֹר וְתִטְבּוֹל. מִי שֶׁפָּגַע בְּאִשָּׁה יוֹצֵאת מִן הַטְּבִילָה, אִיכָּא לְמֵיחַשׁ, חַס וְשָׁלוֹם, לְתַקָּלָה. וְהַתַּקָּנָה הִיא שֶׁיֹּאמַר שְׁנֵי פְסוּקִים אֵלּוּ, שׁוֹפֵךְ בּוּז עַל נְדִיבִים וַיַּתְעֵם בְּתֹהוּ לֹא דָרֶךְ (תהלים קז), שׁוֹפֵךְ בּוּז עַל נְדִיבִים וּמְזִיחַ אֲפִיקִים רִפָּה (איוב יב).

סעיף יא' לְחַמֵּם אֶת מֵי הַמִּקְוֶה, יֵשׁ אוֹסְרִין וְיֵשׁ מַתִּירִין. וּכְבָר נִתְפַּשֵּׁט הַמִּנְהָג בְּהַרְבֵּה מְקוֹמוֹת לְהֶתֵּר. אֲבָל בְּמָקוֹם שֶׁאֵין מִנְהָג, אֵין לְהָקֵל. וּבְמָקוֹם שֶׁנָּהֲגוּ לְהָקֵל, צְרִיכִין לְהַשְׁגִּיחַ שֶׁבְּלֵיל שַׁבָּת כְּשֶׁטּוֹבְלִין, לֹא יִהְיוּ הַמַּיִם חַמִּין מַמָּשׁ, אֶלָּא פוֹשְׁרִים.

סעיף יב' בְּעִנְיַן הַטְּבִילָה בִּנְהָרוֹת, לְדַעַת הַרְבֵּה גְדוֹלֵי הַפּוֹסְקִים זִכְרוֹנָם לִבְרָכָה, אֵין הַטְּבִילָה מוֹעֶלֶת בְּנָהָר אֶלָּא בִזְמַן שֶׁהוּא קָטֹן כָּל כָּךְ, שֶׁיָּדוּעַ בְּבֵרוּר, שֶׁלֹּא נִתְגַּדֵּל מֵחֲמַת מֵי גְשָׁמִים אוֹ מֵי שְׁלָגִים, כִּי מֵי גְשָׁמִים וּמֵי שְׁלָגִים אֵינָם מְטַהֲרִין אֶלָּא בִזְמַן שֶׁהֵם נְקוּוִים וְעוֹמְדִים כַּמִּקְוֶה. אֲבָל כְּשֶׁהֵם זוֹחֲלִים עַל הָאָרֶץ, אֵינָם מְטַהֲרִין, אֶלָּא מֵי מַעְיָן מְטַהֲרִין גַּם בְּזוֹחֲלִין. וְאַךְ בִּשְׁעַת הַדְּחָק, בְּמָקוֹם שֶׁאֵין מִקְוֶה, נוֹהֲגִין לְהָקֵל וְלִסְמוֹךְ עַל הַפּוֹסְקִים דִּסְבִירָא לְהוּ כְּמַאן דְּאָמַר, דַּאֲפִלּוּ רוֹאִים שֶׁהַנָּהָר מִתְגַּדֵּל מִן הַגְּשָׁמִים, מִכָּל מָקוֹם עִקַּר גִּדּוּלוֹ הוּא מִמְּקוֹרוֹ מִן הַתְּהוֹם, כִּי בְּעֵת הַגְּשָׁמִים, הָאֲוִיר מְלֻחְלָח וּמְקוֹרֵי הַמַּעְיָנוֹת מִתְרַבִּים וּמִתְגַּבְּרִים, וְנִמְצָא לְעוֹלָם, שֶׁהַמַּיִם שֶׁבַּנָּהָר רֻבָּם מִמַּעְיָן, וּמֵי הַגְּשָׁמִים מִתְבַּטְּלִים בְּתוֹכוֹ, וּמְטַהֲרִין גַּם בְּזוֹחֲלִין. אֲבָל בְּמָקוֹם שֶׁיֵּשׁ מִקְוֶה, חָלִילָה לְהָקֵל. וְגַם בְּמָקוֹם שֶׁאֵין מִקְוֶה, אִם בְּאֶפְשָׁרִי, יֵשׁ לְהַחְמִיר, שֶׁאִם הַנָּהָר נִתְרַבָּה מִמֵּי גְּשָׁמִים, תַּמְתִּין בִּטְבִילָתָהּ שְׁנַיִם אוֹ שְׁלֹשָׁה יָמִים, עַד שֶׁיָּשׁוּב לְאֵיתָנוֹ. וְטוֹב אִם בְּאֶפְשָׁרִי, שֶׁלֹּא תִטְבּוֹל בְּמָקוֹם שֶׁנִּתְרַחֵב, אֶלָּא בְּמָקוֹם שֶׁהוֹלֵךְ תָּמִיד, דִּבְזֶה יֵשׁ קְצָת לְהָקֵל טְפֵי.

סעיף יג' וּבְנָהָר שֶׁמִּתְהַוֶּה לְגַמְרֵי עַל יְדֵי גְּשָׁמִים וְלִפְעָמִים מִתְיַבֵּשׁ, אַף עַל פִּי שֶׁבִּשְׁעַת הַגְּשָׁמִים גַּם שְׁאָר נְהָרוֹת שׁוֹפְכִים לְתוֹכוֹ, מִכָּל מָקוֹם הוֹאִיל וְלִפְעָמִים פּוֹסֵק לְגַמְרֵי, אֵין שׁוּם הֶתֵּר לִטְבּוֹל בּוֹ כְּשֶׁהוּא זוֹחֵל, עַד שֶׁיִּקָּווּ הַמַּיִם וְיַעַמְדוּ.

סעיף יד' דִּינֵי הַמִּקְוֶה, רַבִּים הֵם מְאֹד. וּבְכָל מָקוֹם שֶׁעוֹשִׂין מִקְוֶה, אֵין לַעֲשׂוֹתוֹ כִּי אִם עַל יְדֵי רַב מֻמְחֶה לָרַבִּים, גָּדוֹל בַּתּוֹרָה וּבְיִרְאָה. וְכַאֲשֶׁר יִתְהַוֶּה בוֹ אֵיזֶה שִׁנּוּי גָּדוֹל אוֹ קָטָן, יַעֲשׂוּ מִיָּד שְׁאֵלַת חָכָם. וְכֵן כַּאֲשֶׁר יִצְטָרְכוּ לִשְׁאֹב אוֹתוֹ לְנַקּוֹתוֹ, יִשְׁאֲלוּ אֵיךְ יִתְנַהֲגוּ.

סימן קסג - הלכות מילה ובו ח' סעיפים:

סעיף א' מִצְוַת עֲשֵׂה עַל הָאָב לָמוּל אֶת בְּנוֹ, אוֹ לְכַבֵּד וְלַעֲשׂוֹת שָׁלִיחַ

לְיִשְׂרָאֵל אַחֵר שֶׁיָּמוּל אוֹתוֹ. וְיֵשׁ לוֹ לְהָאָב לָתֵת אֶת הַיֶּלֶד עַל בִּרְכֵּי הַסַּנְדָּק (עַיֵּן שַׁעֲרֵי תְּשׁוּבָה סִימָן תקנא סָעִיף קָטָן ג) וּלְהוֹשִׁיט אֶת הָאִזְמֵל לִידֵי הַמּוֹהֵל, וְלַעֲמֹד אֶצְלוֹ בִּשְׁעַת הַמִּילָה לְהַרְאוֹת שֶׁהוּא שְׁלוּחוֹ. וּבֵין הַחִתּוּךְ לִפְרִיעָה, מְבָרֵךְ הָאָב אֲשֶׁר קִדְּשָׁנוּ בְּמִצְוֹתָיו וְצִוָּנוּ לְהַכְנִיסוֹ וְכוּ'. וְיֵשׁ לְאָדָם לַחֲזוֹר וּלְהַדֵּר אַחַר מוֹהֵל וְסַנְדָּק הַיּוֹתֵר טוֹב וְצַדִּיק. נוֹהֲגִין שֶׁאֵין נוֹתְנִין סַנְדְּקָאוּת לְאִישׁ אֲשֶׁר כְּבָר הָיָה אֶצְלוֹ סַנְדָּק בְּבֵן אַחֵר. אִם כִּבֵּד לְמוֹהֵל אֶחָד, אָסוּר לַחֲזוֹר בּוֹ וּלְכַבֵּד לְאַחֵר, שֶׁנֶּאֱמַר, שְׁאֵרִית יִשְׂרָאֵל לֹא יַעֲשׂוּ עַוְלָה וְלֹא יְדַבְּרוּ כָזָב. וְאִם כִּבֵּד לְאֶחָד וּבְתוֹךְ כָּךְ הָלַךְ זֶה הַמּוֹהֵל מִן הָעִיר וְחָשַׁב הָאָב כִּי לֹא יָבוֹא לִזְמַן הַמִּילָה וְעַל כֵּן כִּבֵּד לְאַחֵר וּבְתוֹךְ כָּךְ בָּא הָרִאשׁוֹן, יְמוּלֶנּוּ הָרִאשׁוֹן.

סעיף ב' נוֹהֲגִין שֶׁכָּל הָעָם שֶׁאֵצֶל הַמִּילָה, עוֹמְדִים, שֶׁנֶּאֱמַר, וַיַּעֲמֹד כָּל הָעָם בַּבְּרִית, מִלְּבַד הַסַּנְדָּק שֶׁהוּא תּוֹפֵס אֶת הַתִּינוֹק, וְהוּא יוֹשֵׁב. וּלְאַחַר שֶׁבֵּרַךְ הָאָב לְהַכְנִיסוֹ וְעָנוּ אָמֵן, אוֹמְרִים כֻּלָּם, כְּשֵׁם שֶׁנִּכְנַס לַבְּרִית, כֵּן יִכָּנֵס לַתּוֹרָה וְלַחֻפָּה וּלְמַעֲשִׂים טוֹבִים.

סעיף ג' הַמּוֹהֵל, צָרִיךְ שֶׁיֵּדַע הִלְכוֹת מִילָה (הַמְּבֹאָרוֹת בְּיוֹרֶה דֵעָה). וְצָרִיךְ שֶׁיַּחְקֹר אִם הַיֶּלֶד הוּא בָּרִיא. וְגַם לְהַמְיַלֶּדֶת יֵשׁ לְהַזְהִיר, שֶׁאִם תִּרְאֶה אֵיזֶה מֵחוֹשׁ בַּיֶּלֶד, תּוֹדִיעַ.

סעיף ד' וּצְרִיכִין לִזָּהֵר בִּמְאֹד מְאֹד שֶׁלֹּא לָמוּל וָלָד שֶׁיֵּשׁ בּוֹ חֲשַׁשׁ חֹלִי, כִּי סַכָּנַת נְפָשׁוֹת דּוֹחָה אֶת הַכֹּל, שֶׁאֶפְשָׁר לוֹ לָמוּל לְאַחַר זְמַן, וְאִי אֶפְשָׁר לְהַחֲזִיר נֶפֶשׁ אַחַת מִיִּשְׂרָאֵל לְעוֹלָם. וְעַיֵּן יוֹרֶה דֵעָה סִימָן רסב וְסִימָן רסג, מָתַי מָלִין תִּינוֹק שֶׁהָיָה חוֹלֶה וְהִבְרִיא. וּמִיָּד כְּשֶׁהַתִּינוֹק רָאוּי לָמוּל, אָסוּר לְעַכֵּב אֶת הַמִּצְוָה מֵאֵיזֶה טַעַם לְהַרְבּוֹת שִׂמְחָה וְכַדּוֹמֶה, אֶלָּא יָמוּל מִיָּד כְּשֶׁהוּא רָאוּי (תשובת דב"ש סִימָן קצב) אַךְ לֹא בְשַׁבָּת וְלֹא בְּיוֹם טוֹב, כְּמוֹ שֶׁכָּתוּב בְּיוֹרֶה דֵעָה סִימָן רסו.

סעיף ה' אִשָּׁה שֶׁמֵּתוּ שְׁנֵי בָנֶיהָ מֵחֲמַת מִילָה, שֶׁנִּרְאֶה כִּי הַמִּילָה הִכְחִישָׁה אֶת כֹּחָם, אֵין מָלִין אֶת הַשְּׁלִישִׁי, עַד שֶׁיִּגְדַּל וְיִתְחַזֵּק כֹּחוֹ. וְכֵן אִשָּׁה שֶׁמֵּת לָהּ יֶלֶד אֶחָד מֵחֲמַת מִילָה וְגַם לַאֲחוֹתָהּ אֵרַע כֵּן, אֲזַי גַּם שְׁאָר הָאֲחָיוֹת לֹא יָמוּלוּ בְנֵיהֶן, עַד שֶׁיִּגְדְּלוּ וְיִתְחַזְּקוּ.

סעיף ו' תִּינוֹק שֶׁנּוֹלַד בֵּין הַשְּׁמָשׁוֹת אוֹ קְצָת קֹדֶם, יַעֲשׂוּ שְׁאֵלַת חָכָם, מָתַי יִמּוֹל.

סעיף ז' תִּינוֹק שֶׁמֵּת קֹדֶם שֶׁנִּמּוֹל (בֵּין בְּתוֹךְ שְׁמוֹנָה יָמִים בֵּין אַחַר כָּךְ), מָלִין אוֹתוֹ אֵצֶל קִבְרוֹ לְהָסִיר חֶרְפָּתוֹ מִמֶּנּוּ, שֶׁלֹּא יִקָּבֵר בְּעָרְלָתוֹ, כִּי חֶרְפָּה הִיא לוֹ. וְאֵין מְבָרְכִין עַל הַמִּילָה, אֲבָל קוֹרְאִין לוֹ שֵׁם, לְזֵכֶר שֶׁיְּרַחֲמוּהוּ מִן הַשָּׁמַיִם וְיִחְיֶה בִּתְחִיַּת הַמֵּתִים, וְתִהְיֶה בּוֹ דֵעָה לְהַכִּיר אָבִיו וְאִמּוֹ. (וְאִם מֵת בְּיוֹם טוֹב, עַיֵּן לְקַמָּן סִימָן ר סָעִיף ח וְסָעִיף ט). אִם שָׁכְחוּ לְמוּלוֹ וּקְבָרוּהוּ בְּעָרְלָתוֹ, אִם נִזְכְּרוּ מִיָּד, שֶׁעֲדַיִן אֵין לָחוּשׁ שֶׁנִּתְנַוֵּל בַּקֶּבֶר, צְרִיכִין לִפְתֹּחַ אֶת הַקֶּבֶר וּלְמוּלוֹ. אֲבָל אִם לֹא נִזְכְּרוּ עַד אֵיזֶה יָמִים לְאַחַר מוֹתוֹ, אֵין לִפְתֹּחַ אֶת הַקֶּבֶר (נוֹדָע בִּיהוּדָה תִּנְיָנָא סִימָן קסד).

סעיף ח' נוֹהֲגִין לַעֲשׂוֹת סְעוּדָה בְּיוֹם הַמִּילָה. שֶׁכָּל מִצְוָה שֶׁקִּבְּלוּ יִשְׂרָאֵל בְּשִׂמְחָה (כְּמוֹ מִצְוַת מִילָה), עֲדַיִן עוֹשִׂין בְּשִׂמְחָה. וּכְתִיב, שָׂשׂ אָנֹכִי עַל אִמְרָתֶךָ וְגוֹ', וְדָרְשִׁינָן, זוֹ מִילָה. וּמִי שֶׁאֶפְשָׁר לוֹ לַעֲשׂוֹת סְעוּדָה הֲגוּנָה וּמְקַמֵּץ וְאֵינוֹ עוֹשֶׂה אֶלָּא בְּקַאפֶע וּמִינֵי מְתִיקָה וְכַדּוֹמֶה, לֹא יָפֶה עוֹשֶׂה. מִי שֶׁמְּזַמְּנִין אוֹתוֹ לִסְעוּדַת בְּרִית מִילָה, וְיוֹדֵעַ שֶׁיֵּשׁ שָׁם אֲנָשִׁים מְהֻגָּנִים, מְחֻיָּב גַּם הוּא לָלֶכֶת. עוֹד נוֹהֲגִין לַעֲשׂוֹת סְעוּדָה בְּמִינֵי פֵּרוֹת וּמַשְׁקִין בְּלֵיל שַׁבָּת שֶׁקֹּדֶם הַמִּילָה, וְגַם זוֹהִי סְעוּדַת מִצְוָה. עוֹד נוֹהֲגִין, שֶׁבַּלַּיְלָה שֶׁלִּפְנֵי הַמִּילָה, מִתְקַבְּצִין בְּבֵית הַתִּינוֹק וְעוֹסְקִין בַּתּוֹרָה וְעוֹשִׂין קְצָת סְעוּדָה, וְזוֹ אֵין לָהּ דִּין סְעוּדַת מִצְוָה, שֶׁאֵינָהּ אֶלָּא מִנְהָג בְּעָלְמָא.

סימן קסד - הלכות פדיון בכור ובו י' סעיפים:

סעיף א' מִצְוַת עֲשֵׂה עַל כָּל אִישׁ מִיִּשְׂרָאֵל, שֶׁיִּפְדֶּה מִכֹּהֵן אֶת בְּנוֹ שֶׁהוּא בְּכוֹר לְאִמּוֹ בַּחֲמִשָּׁה סְלָעִים. וּבְמַטְבְּעוֹת שֶׁלָּנוּ צָרִיךְ שֶׁיִּהְיוּ כָּל כָּךְ עַד שֶׁיְּהֵא בְּכֻלָּם חֲמִשָּׁה לויט וּשְׁלִישׁ כֶּסֶף צָרוּף (בראנדזילבער) (עַיֵּן חֲתַ"ם סוֹפֵר סִימָן רפט). וְיָכוֹל לִתֵּן לַכֹּהֵן, אֲפִלּוּ שְׁאָר חֲפָצִים שֶׁיִּהְיוּ שָׁוִים כָּךְ, אֲבָל לֹא קַרְקָעוֹת אוֹ שְׁטָרוֹת. וְלָכֵן אֵין פּוֹדִין [שְׁטָרוֹת כֶּסֶף]. וְנוֹהֲגִין לַעֲשׂוֹת סְעוּדָה לְמִצְוָה זֹאת.

סעיף ב' אָמַר לְכֹהֵן אֶחָד שֶׁיִּפְדֶּה מִמֶּנּוּ אֶת בְּנוֹ, אָסוּר לַחֲזוֹר בּוֹ. וְאִם חָזַר וּפָדָה אוֹתוֹ מִכֹּהֵן אַחֵר, הֲרֵי זֶה פָּדוּי.

סעיף ג' אֵין פּוֹדִין אֶת הַבְּכוֹר, עַד שֶׁיַּעַבְרוּ עָלָיו שְׁלֹשִׁים יוֹם. וּבְיוֹם שְׁלֹשִׁים וְאֶחָד יִפְדֵּהוּ מִיָּד, שֶׁלֹּא לְהַשְׁהוֹת אֶת הַמִּצְוָה. וְאֵין פּוֹדִין בְּשַׁבָּת וּבְיוֹם טוֹב. אֲבָל בְּחֹל הַמּוֹעֵד פּוֹדִין. נוֹהֲגִין לַעֲשׂוֹת אֶת הַפִּדְיוֹן בַּיּוֹם. וּמִכָּל מָקוֹם אִם עָבַר יוֹם שְׁלֹשִׁים וְאֶחָד וְלֹא פָּדָה, אוֹ שֶׁחָל בְּשַׁבָּת אוֹ בְּיוֹם טוֹב אוֹ בְּתַעֲנִית, יֵשׁ לִפְדּוֹתוֹ תֵּכֶף בַּלַּיְלָה שֶׁלְּאַחֲרָיו, וְלֹא יַמְתִּינוּ עַד לְמָחָר לְהַשְׁהוֹת הַמִּצְוָה יוֹתֵר.

סעיף ד' הָאָב, מַיְיתֵי לֵהּ לִבְכוֹר קַמֵּי כֹּהֵן, וּמוֹדִיעַ לוֹ שֶׁהוּא בְּכוֹר פֶּטֶר רֶחֶם לְאִמּוֹ הַיִּשְׂרְאֵלִית. וּמַיְיתֵי כֶּסֶף אוֹ שָׁוֶה כֶּסֶף חֲמִשָּׁה סְלָעִים וּמַנִּיחַ לִפְנֵי הַכֹּהֵן, וְאוֹמֵר לַכֹּהֵן, זֶה בְּנִי בְכוֹרִי וְכוּ', וְאַחַר כָּךְ מַנִּיחוֹ לִפְנֵי הַכֹּהֵן, וְהַכֹּהֵן שׁוֹאֵל אוֹתוֹ, בְּמַאי בָּעֵית טְפֵי לִתֵּן לִי בִּנְךָ בְּכוֹרְךָ וְכוּ'. וְהוּא מֵשִׁיב לוֹ וְאוֹמֵר, חָפֵץ אֲנִי לִפְדּוֹת אֶת בְּנִי וְכוּ'. וּבְעוֹד שֶׁהָאָב מַחֲזִיק אֶת הַמַּטְבְּעוֹת בְּיָדוֹ, קֹדֶם שֶׁיִּתְּנֵם לַכֹּהֵן, מְבָרֵךְ, אֲשֶׁר קִדְּשָׁנוּ בְּמִצְוֹתָיו וְצִוָּנוּ עַל פִּדְיוֹן הַבֵּן, וְגַם שֶׁהֶחֱיָנוּ, וְנוֹתֵן מִיָּד אֶת הַמַּטְבְּעוֹת לַכֹּהֵן, וְהַכֹּהֵן נוֹטֵל אֶת הַכֶּסֶף וּמוֹלִיכוֹ בְּיָדוֹ עַל רֹאשׁ הַבֵּן, וְאוֹמֵר, זֶה תַּחַת זֶה וְכוּ'. וְאַחַר כָּךְ נוֹתֵן אֶת יָדוֹ עַל רֹאשׁ הַבֵּן וּמְבָרְכוֹ וְאוֹמֵר, יְשִׂמְךָ אֱלֹהִים וְגוֹ', יְבָרֶכְךָ ה' וְיִשְׁמְרֶךָ וְגוֹ', כִּי אֹרֶךְ יָמִים וּשְׁנוֹת חַיִּים וְגוֹ', ה' יִשְׁמָרְךָ מִכָּל רָע וְגוֹ'. וְאַחַר כָּךְ מְבָרֵךְ הַכֹּהֵן עַל כּוֹס יַיִן. וְאִם אֵין יַיִן, מְבָרֵךְ עַל שְׁאָר מַשְׁקֶה שֶׁרְגִילִין לִשְׁתּוֹת שָׁם, אֲבָל אָז צְרִיכִין לַעֲשׂוֹת הַפִּדְיוֹן קֹדֶם נְטִילַת יָדַיִם לַסְּעוּדָה, כִּי בְּתוֹךְ הַסְּעוּדָה אֵין מְבָרְכִין עַל שְׁאָר מַשְׁקִים, מַה שֶּׁאֵין כֵּן כְּשֶׁיֵּשׁ יַיִן, שֶׁאָז עוֹשִׂין הַפִּדְיוֹן אַחַר בִּרְכַּת הַמּוֹצִיא.

סעיף ה' אִם אֵין הָאָב בִּמְקוֹם הַיֶּלֶד, יָכוֹל גַּם כֵּן לִפְדּוֹתוֹ מִכֹּהֵן בַּאֲשֶׁר הוּא שָׁם. וְאוֹמֵר לַכֹּהֵן, יֵשׁ לִי בֵּן בְּכוֹר לִפְדּוֹתוֹ. וְהַכֹּהֵן אוֹמֵר לוֹ, בְּמַאי בָּעִית טְפֵי וְכוּ'.

סעיף ו' בְּעִנְיַן מַה שֶּׁנּוֹהֲגִין, שֶׁהַכֹּהֵן מַחֲזִיר אַחַר כָּךְ אֶת דְּמֵי הַפִּדְיוֹן כֻּלּוֹ אוֹ מִקְצָתוֹ לָאָב, כָּתַב טוּרֵי זָהָב טַעַם (וְצָרִיךְ עִיּוּן). וּמִי שֶׁרוֹצֶה לַעֲשׂוֹת הַמִּצְוָה כִּדְבָעֵי לְמֶהֱוֵי, יִבְחַר לוֹ כֹּהֵן עָנִי בַּעַל תּוֹרָה וְיִרְאָה, וְהָאָב וְגַם הַכֹּהֵן יִגְמְרוּ בְּדַעְתָּם שֶׁלֹּא לְהַחֲזִיר אוֹ יִתֵּן לוֹ בְּמַתָּנָה עַל מְנָת לְהַחֲזִיר (עַיֵּן מגדל עוז למהריעב"ץ זכרונו לברכה).

סעיף ז' הָאֵם, אֵינָהּ חַיֶּבֶת לִפְדּוֹת אֶת בְּנָהּ. וְאִם מֵת הָאָב, בֵּית הַדִּין פּוֹדִין אוֹתוֹ (עַיֵּן נְקֻדּוֹת הַכֶּסֶף).

סעיף ח' עָבַר הָאָב וְלֹא פָּדָה אֶת בְּנוֹ, אוֹ שֶׁמֵּת הָאָב וּבֵית הַדִּין לֹא פָּדוּ אוֹתוֹ, חַיָּב הוּא בְּעַצְמוֹ לִפְדּוֹת אֶת עַצְמוֹ כְּשֶׁיִּגְדַּל, וּמְבָרֵךְ, אֲשֶׁר קִדְּשָׁנוּ בְּמִצְוֹתָיו וְצִוָּנוּ עַל פִּדְיוֹן בְּכוֹר, וְשֶׁהֶחֱיָנוּ (וְעַיֵּן בְּסֵפֶר תְּשׁוּבָה מֵאַהֲבָה).

סעיף ט' כֹּהֲנִים וּלְוִיִּם, פְּטוּרִים מִפִּדְיוֹן הַבֵּן. וַאֲפִלּוּ בַּת כֹּהֵן אוֹ בַּת לֵוִי שֶׁנִּשֵּׂאת לְיִשְׂרָאֵל, הַבֵּן פָּטוּר מִפִּדְיוֹן. וְאִם בַּת כֹּהֵן נִבְעֲלָה לְגוֹי וְנִתְעַבְּרָה מִמֶּנּוּ, אוֹ אֲפִלּוּ נִתְעַבְּרָה אַחַר כָּךְ בְּהֶתֵּר, הַבֵּן חַיָּב בְּפִדְיוֹן, שֶׁהֲרֵי אִמּוֹ נִתְחַלְּלָה מִן הַכְּהֻנָּה עַל יְדֵי בְּעִילַת הַגּוֹי. וְכֵן עַל יְדֵי שְׁאָר בְּעִילַת אִסּוּר, שֶׁהִיא מִתְחַלֶּלֶת.

סעיף י' אִשָּׁה שֶׁהִפִּילָה וְאַחַר כָּךְ יָלְדָה בֵּן קַיָּמָא, צְרִיכִין לַעֲשׂוֹת שְׁאֵלָה.

סימן קסה - דין חנוך קטנים וקצת דיני מלמד ובו ט"ז סעיפים:

סעיף א' כָּל אָב, חַיָּב לְחַנֵּךְ אֶת בָּנָיו הַקְּטַנִּים בְּכָל הַמִּצְוֹת, בֵּין בְּמִצְוָה דְאוֹרָיְתָא בֵּין בְּמִצְוָה דְרַבָּנָן, כָּל מִצְוָה וּמִצְוָה לְפִי דַעַת הַקָּטָן וְהַקְּטַנָּה. וְכֵן לְהַפְרִישָׁם מִכָּל דָּבָר אִסּוּר, כְּמוֹ שֶׁאָמַר הַכָּתוּב, חֲנֹךְ לַנַּעַר עַל פִּי דַרְכּוֹ וְגוֹ'. וְאִם לֹא יִוָּסֵר בִּדְבָרִים, יַכֵּהוּ בְּשֵׁבֶט וְכַדּוֹמֶה, אֲבָל לֹא יַכֵּהוּ מַכּוֹת אַכְזָרִיּוֹת כְּמוֹ הַשּׁוֹטִים. וְכָל עָרוּם יַעֲשֶׂה בְדָעַת. וּבְיוֹתֵר צְרִיכִים לְהַשְׁגִּיחַ עֲלֵיהֶם שֶׁלֹּא יְדַבְּרוּ שְׁקָרִים, וּלְלַמֵּד לְשׁוֹנָם דִּבְרֵי אֱמֶת, וּלְהַרְחִיקָם מִן הַשְּׁבוּעוֹת (עַיֵּן לְעֵיל סִימָן סז סָעִיף ט). וּדְבָרִים אֵלּוּ מֻטָּלִים עַל הָאָבוֹת וְעַל הַמְלַמְּדִים.

סעיף ב' הַגָּעַת זְמַן הַחִנּוּךְ לְמִצְוֹת עֲשֵׂה, הִיא בְּכָל תִּינוֹק לְפִי חָכְמָתוֹ וַהֲבָנָתוֹ. כְּגוֹן הַיּוֹדֵעַ מֵעִנְיַן שַׁבָּת, חַיָּב לִשְׁמוֹעַ קִדּוּשׁ וְהַבְדָּלָה, וְכֹל כַּיּוֹצֵא בָזֶה. וְהַחִנּוּךְ בְּמִצְוֹת לֹא תַעֲשֶׂה, בֵּין בִּדְאוֹרָיְתָא בֵּין בִּדְרַבָּנָן, הוּא בְּכָל תִּינוֹק שֶׁהוּא בַר הֲבָנָה שֶׁמֵּבִין כְּשֶׁאוֹמְרִים לוֹ שֶׁזֶּה אָסוּר לַעֲשׂוֹת אוֹ אָסוּר לֶאֱכוֹל. וְיֵשׁ לְחַנֵּךְ הַקְּטַנִּים שֶׁיַּעֲנוּ בְּבֵית הַכְּנֶסֶת אָמֵן וּשְׁאָר הַדְּבָרִים. וּמִשָּׁעָה שֶׁהַתִּינוֹק עוֹנֶה אָמֵן, יֵשׁ לוֹ חֵלֶק לָעוֹלָם הַבָּא. וּצְרִיכִים לְחַנְּכָם שֶׁיַּעַמְדוּ בְּבֵית הַכְּנֶסֶת בְּאֵימָה וּבְיִרְאָה. אֲבָל אוֹתָן שֶׁהֵם רָצִים וְשָׁבִים וּמְבַלְבְּלִים, מוּטָב שֶׁלֹּא לַהֲבִיאָם.

סעיף ג' אֲפִלּוּ מִי שֶׁאֵינוֹ אָבִיו שֶׁל

קָטָן, אָסוּר לוֹ שֶׁיִּתֵּן לוֹ דָּבָר אָסוּר לֶאֱכָלוֹ, אוֹ לְצוֹצוֹ, שֶׁיַּעֲשֶׂה אֵיזֶה אִסּוּר. וּלְרֹב הַפּוֹסְקִים אֲפִלּוּ דָּבָר הָאָסוּר רַק מִדְּרַבָּנָן, אָסוּר לִתֵּן לוֹ לֶאֱכוֹל אוֹ לְצַוּוֹתוֹ שֶׁיַּעֲשֶׂה. וְאִם הַתִּינוֹק חוֹלֶה קְצָת וְצָרִיךְ לֶאֱכוֹל דָּבָר אִסּוּר, יֵשׁ לְהַתִּיר לָתֵת לוֹ עַל יְדֵי גּוֹי דָּבָר שֶׁאֵינוֹ אָסוּר רַק מִדְּרַבָּנָן. (וּלְעִנְיַן חָמֵץ בַּפֶּסַח, עַיֵּן בְּהִלְכוֹת פֶּסַח).

סעיף ד' דָּבָר שֶׁאֵין בּוֹ אִסּוּר מִצַּד עַצְמוֹ אֶלָּא שֶׁהַיּוֹם גּוֹרֵם, אֵין בּוֹ מִצְוַת חִנּוּךְ. וּלְפִיכָךְ מֻתָּר לִתֵּן לְתִינוֹק לֶאֱכֹל קֹדֶם קִדּוּשׁ, אַף עַל גַּב דְּחַיָּב לְחַנְּכוֹ בְּקִדּוּשׁ. אֲבָל אָסוּר לִתֵּן לוֹ לֶאֱכֹל חוּץ לַסֻּכָּה. דְּדַוְקָא בְּקִדּוּשׁ שֶׁהוּא כְּמוֹ אִסּוּר לָאו, שֶׁאָסוּר לֶאֱכֹל קֹדֶם קִדּוּשׁ, בָּזֶה קִיל. אֲבָל לַעֲבוֹר עַל עֲשֵׂה, אָסוּר לִתֵּן לוֹ.

סעיף ה' אָסוּר לִתֵּן לְתִינוֹק, אֲפִלּוּ הוּא פָּחוֹת מִתֵּשַׁע שָׁנִים, שֶׁיּוֹצִיא אֵיזֶה דָּבָר בַּשַּׁבָּת אֲפִלּוּ לְצֹרֶךְ מִצְוָה, כְּגוֹן סִדּוּר וְחֻמָּשׁ לְבֵית הַכְּנֶסֶת וְכַדּוֹמֶה (תְּשׁוּבוֹת רַבִּי עֲקִיבָא אֵיגֶר סִימָן טו, עַיֵּן שָׁם).

סעיף ו' קָטָן שֶׁגָּנַב אֵיזֶה דָּבָר, אִם הוּא בְּעַיִן, מְחַיְּבִין לְהַחֲזִירוֹ. וְאִם אֵינוֹ בְּעַיִן, פָּטוּר מִדִּינֵי אָדָם אַף לְאַחַר שֶׁיִּגְדַּל. אַךְ לָצֵאת יְדֵי שָׁמַיִם, חַיָּב לְשַׁלֵּם כְּשֶׁיִּגְדַּל. וְכֵן אִם עָשָׂה שְׁאָר עֲבֵרוֹת בְּקַטְנוּתוֹ כְּשֶׁהוּא בַּר הֲבָנָה, טוֹב שֶׁיְּקַבֵּל עָלָיו אֵיזֶה דָּבָר לִתְשׁוּבָה. וְעַל זֶה נֶאֱמַר, גַּם בְּלֹא דַעַת נֶפֶשׁ לֹא טוֹב.

סעיף ז' לֹא יְאַיֵּם עַל הַתִּינוֹק שֶׁיַּכֵּהוּ לְאַחַר זְמַן. אֶלָּא אִם רוֹאֵהוּ עוֹשֶׂה אֵיזֶה מַעֲשֶׂה, יַכֵּהוּ מִיָּד אוֹ יִשְׁתֹּק לְגַמְרֵי. מַעֲשֶׂה בְּתִינוֹק שֶׁבָּרַח מִבֵּית הַסֵּפֶר, וְהִפְחִידוֹ אָבִיו שֶׁיַּכֵּהוּ, הָלַךְ הַתִּינוֹק וְהֵמִית אֶת עַצְמוֹ (מַסֶּכֶת שְׂמָחוֹת פֶּרֶק שֵׁנִי). אָמְרוּ רַבּוֹתֵינוּ זִכְרוֹנָם לִבְרָכָה, יֵצֶר, תִּינוֹק, וְאִשָּׁה, תְּהֵא שְׂמֹאל דּוֹחָה וְיָמִין מְקָרֶבֶת. לֹא יַעֲשֶׂה מוֹרָא לְתִינוֹק בְּדָבָר טָמֵא (כְּמוֹ שֶׁכָּתַבְתִּי לְעֵיל סִימָן לג סָעִיף יד)

סעיף ח' מִדִּינָא, מֻתָּר לְתִינוֹק יִשְׂרָאֵל לִינֹק מִגּוֹיָה (וְעַיֵּן לְקַמָּן סִימָן קסז סָעִיף יח). מִכָּל מָקוֹם אִם אֶפְשָׁר עַל יְדֵי יִשְׂרְאֵלִית, לֹא יַנְּחוּהוּ לִינֹק מִגּוֹיָה, מִשּׁוּם דִּמְטַמְטֵם אֶת הַלֵּב וּמוֹלִיד מֶזֶג רָע. וְכֵן מֵינֶקֶת יִשְׂרְאֵלִית שֶׁצְּרִיכָה לֶאֱכֹל מַאַכְלֵי אִסּוּר לִרְפוּאָה, אִם אֶפְשָׁר, לֹא תָּנִיק בַּיָּמִים הָהֵם אֶת הַתִּינוֹק.

סעיף ט' כָּל אָב, מְחֻיָּב לְלַמֵּד אֶת בְּנוֹ תּוֹרָה, שֶׁנֶּאֱמַר, וְלִמַּדְתֶּם אֹתָם אֶת בְּנֵיכֶם לְדַבֵּר בָּם. וּכְשֵׁם שֶׁמִּצְוָה לְלַמֵּד אֶת בְּנוֹ, כָּךְ מִצְוָה לְלַמֵּד אֶת בֶּן בְּנוֹ, שֶׁנֶּאֱמַר, וְהוֹדַעְתָּם לְבָנֶיךָ וְלִבְנֵי בָנֶיךָ.

סעיף י' מִיָּד כְּשֶׁהַתִּינוֹק מַתְחִיל לְדַבֵּר, יְלַמְּדוֹ הַפָּסוּק תּוֹרָה צִוָּה לָנוּ מֹשֶׁה מוֹרָשָׁה וְגוֹ', וְכֵן פָּסוּק שְׁמַע יִשְׂרָאֵל וְגוֹ' (רַק יִזָּהֵר מְאֹד שֶׁיְּהֵא הַתִּינוֹק נָקִי בְּשָׁעָה שֶׁהוּא מְלַמֵּד אוֹתוֹ) (עַיֵּן לְעֵיל סִימָן ה סָעִיף ג). וְכֵן מְלַמְּדוֹ מְעַט מְעַט אֵיזֶה פְּסוּקִים עַד שֶׁיַּגִּיעַ בְּכֹחוֹ לָלֶכֶת אֶל בֵּית הַסֵּפֶר, וְאָז יִשְׂכֹּר לוֹ מְלַמֵּד. וִידַקְדֵּק לִבְחוֹר מְלַמֵּד שֶׁהוּא יְרֵא שָׁמַיִם, לְמַעַן יַרְגִּיל אֶת הַתִּינוֹק מִנְּעוּרָיו בְּיִרְאַת שָׁמַיִם. וּכְשֶׁהִגִּיעַ הַתִּינוֹק לִלְמֹד מִקְרָא, נוֹהֲגִין לְהַתְחִיל עִמּוֹ פָּרָשַׁת וַיִּקְרָא,

שֶׁהִיא פָּרָשַׁת הַקָּרְבָּנוֹת, דְּאָמְרוּ רַבּוֹתֵינוּ זִכְרוֹנָם לִבְרָכָה, יָבוֹאוּ טְהוֹרִים (דְּהַיְנוּ תִּינוֹקוֹת שֶׁל בֵּית רַבָּן) וְיַעַסְקוּ בַּטְּהוֹרִים.

סעיף יא' הַמְלַמֵּד, צָרִיךְ לֵישֵׁב וּלְלַמֵּד אֶת הַתִּינוֹקוֹת כָּל הַיּוֹם וּקְצָת מִן הַלַּיְלָה, כְּדֵי לְחַנְּכָם לִלְמֹד בַּיּוֹם וּבַלַּיְלָה. וְלֹא יְבַטְּלוּ הַתִּינוֹקוֹת כְּלָל, חוּץ מֵעֶרֶב שַׁבָּת וְעֶרֶב יוֹם טוֹב בְּסוֹף הַיּוֹם. אֵין מְבַטְּלִין אֶת הַתִּינוֹקוֹת אֲפִלּוּ לְבִנְיַן בֵּית הַמִּקְדָּשׁ.

סעיף יב' מְלַמֵּד תִּינוֹקוֹת שֶׁמַּנִּיחַ אֶת הַתִּינוֹקוֹת וְיוֹצֵא, אוֹ שֶׁעוֹשֶׂה מְלָאכָה אַחֶרֶת עִמָּהֶם, אוֹ שֶׁמִּתְרַשֵּׁל בְּתַלְמוּדוֹ, הֲרֵי זֶה בִּכְלַל אָרוּר עוֹשֶׂה מְלֶאכֶת ה' רְמִיָּה. לְפִיכָךְ אֵין לְהוֹשִׁיב מְלַמֵּד אֶלָּא בַּעַל יִרְאָה, מָהִיר לִקְרֹא וּלְדַקְדֵּק. וְאֵין לַמְלַמֵּד לִהְיוֹת נֵעוֹר בַּלַּיְלָה יוֹתֵר מִדַּי, שֶׁלֹּא יִהְיֶה עָצֵל בַּיּוֹם לְלַמֵּד. וְכֵן לֹא יִתְעַנֶּה אוֹ יַעֲצֹר אֶת עַצְמוֹ מִמַּאֲכָל וּמִשְׁתֶּה אוֹ יֹאכַל יוֹתֵר מִדַּי, כִּי כָּל אֵלּוּ הַדְּבָרִים, גּוֹרְמִים שֶׁלֹּא יוּכַל לְלַמֵּד הֵיטֵב. וְכָל הַמְשַׁנֶּה, יָדוֹ עַל הַתַּחְתּוֹנָה וּמְסַלְּקִין לֵהּ.

סעיף יג' לֹא יַכֶּה אוֹתָם מַכַּת אוֹיֵב, מוּסָר אַכְזָרִי, לֹא בְשׁוֹטִים וְלֹא בְמַקֵּל, אֶלָּא בִּרְצוּעָה קְטַנָּה.

סעיף יד' אֵין מְלַמְּדִין אֶת הַתִּינוֹקוֹת בְּשַׁבָּת דָּבָר חָדָשׁ מַה שֶּׁלֹּא לָמְדוּ עֲדַיִן, מִשּׁוּם טֹרַח שַׁבָּת. אֲבָל מַה שֶּׁקָּרְאוּ פַּעַם אַחַת, שׁוֹנִים אוֹתוֹ לָהֶם בְּשַׁבָּת (עַיֵּן עוֹד יוֹרֶה דֵּעָה סִימָן רמה, וְעַיֵּן לְעֵיל סִימָן קנב סָעִיף ז).

סעיף טו' קָטָן שֶׁמָּצָא מְצִיאָה, וּמִכָּל שֶׁכֵּן אִם נָתַן לוֹ אַחֵר אֵיזֶה דָּבָר בְּמַתָּנָה, אָסוּר לְגָזְלוֹ מִמֶּנּוּ.

סעיף טז' אֵין מוֹסְרִין תִּינוֹק לְגוֹי לְלַמְּדוֹ סֵפֶר אוֹ לְלַמְּדוֹ אֻמָּנוּת, וּמִכָּל שֶׁכֵּן דְּאָסוּר לְמָסְרוֹ לְאֶפִּיקוֹרוֹס יִשְׂרָאֵל, דְּגָרַע טְפֵי, וְאִיכָּא לְמֵיחַשׁ דִּלְמָא מַמְשִׁיךְ אֲבַתְרֵהּ.

סימן קסו - שלא לנחש לעונן ולכשף ובו ה' סעיפים:

סעיף א' כְּתִיב, לֹא תְנַחֲשׁוּ וְלֹא תְעוֹנֵנוּ. כֵּיצַד הוּא מְנַחֵשׁ. הָאוֹמֵר, הוֹאִיל וְנָפְלָה פִּתִּי מִפִּי, אוֹ נָפַל מַקְלִי מִיָּדִי, אוֹ בְּנִי קָרָא לִי מֵאֲחוֹרַי, עוֹרֵב קָרָא לִי, צְבִי הִפְסִיקַנִי בַּדֶּרֶךְ, נָחָשׁ מִימִינִי, שׁוּעָל מִשְּׂמֹאלִי, לֹא אֵלֵךְ בַּדֶּרֶךְ הַזֶּה כִּי לֹא אַצְלִיחַ: וְכֵן אֵלּוּ שֶׁשּׁוֹמְעִים צִפְצוּף הָעוֹף וְאוֹמְרִים, יִהְיֶה כָּךְ אוֹ לֹא יִהְיֶה כָּךְ, טוֹב לַעֲשׂוֹת דָּבָר זֶה וְרַע לַעֲשׂוֹת דָּבָר זֶה: וְכֵן מִי שֶׁמְּבַקְשִׁין מִמֶּנּוּ מָעוֹת, וְאוֹמֵר, בְּבַקָּשָׁה מִמְּךָ הַנִּיחֵנִי, עַתָּה שַׁחֲרִית הִיא, וְלֹא אַתְחִיל תְּחִלַּת הַיּוֹם בְּפֵרָעוֹן, אוֹ מוֹצָאֵי שַׁבָּת הוּא, אוֹ רֹאשׁ חֹדֶשׁ הוּא: וְכֵן אֵלּוּ שֶׁאוֹמְרִים, צְרִיכִין לִשְׁחוֹט תַּרְנְגוֹל זֶה, מִפְּנֵי שֶׁקָּרָא עַרְבִית, אוֹ תַּרְנְגֹלֶת זֹאת, מִפְּנֵי שֶׁקָּרְאָה כְּמוֹ תַרְנְגוֹל, וְכֵן כָּל כַּיּוֹצֵא בִדְבָרִים אֵלּוּ הַכֹּל אָסוּר. וְהָעוֹשֶׂה דָּבָר מִדְּבָרִים אֵלּוּ, עוֹבֵר בְּלָאו. יֵשׁ אוֹמְרִים, דְּאִם אֵינוֹ אוֹמֵר הַטַּעַם לָמָּה הוּא מְצַוֶּה לִשְׁחוֹט אֶת הַתַּרְנְגֹלֶת אוֹ אֶת הַתַּרְנְגוֹל, אֶלָּא אוֹמֵר סְתָם, שֶׁחֲטוּ תַּרְנְגֹלֶת זֹאת אוֹ תַּרְנְגוֹל זֶה, מֻתָּר לְשָׁחֳטָם. וְכֵן הוּא הַמִּנְהָג.

סעיף ב' בַּיִת, תִּינוֹק, וְאִשָּׁה, אַף עַל פִּי שֶׁאֵין נִחוּשׁ, יֵשׁ סִימָן. פֵּרוּשׁ, שֶׁאִם

בָּנָה בַיִת, אוֹ נוֹלַד לוֹ תִינוֹק, אוֹ נָשָׂא אִשָּׁה, אִם הִצְלִיחַ אַחַר כָּךְ שָׁלֹשׁ פְּעָמִים אוֹ לֹא, הוּא סִימָן לוֹ לְהַבָּא, וְיָכוֹל לוֹמַר, בַּיִת זֶה מַצְלִיחַ לִי וְכוּ'. וְכֵן מֻתָּר לִשְׁאֹל לְתִינוֹק, אֵיזֶה פָּסוּק לָמַד, וְלִסְמֹךְ עָלָיו לַעֲשׂוֹת מַעֲשֶׂה, דְּחָשִׁיב קְצָת כְּמוֹ נְבוּאָה. יֵשׁ אוֹמְרִים, דְּמֻתָּר לַעֲשׂוֹת לוֹ סִימָן בְּדָבָר שֶׁיָּבוֹא לֶעָתִיד, כְּמוֹ שֶׁעָשָׂה אֱלִיעֶזֶר עֶבֶד אַבְרָהָם אוֹ יְהוֹנָתָן בֶּן שָׁאוּל, וְיֵשׁ אוֹסְרִין. וְהַהוֹלֵךְ בְּתֹם וּבוֹטֵחַ בַּה', חֶסֶד יְסוֹבְבֶנּוּ.

סעיף ג' אֵיזֶהוּ מְעוֹנֵן. זֶה שֶׁנּוֹתֵן עִתִּים, שֶׁאוֹמֵר בְּאִצְטַגְנִינוּת, יוֹם פְּלוֹנִי טוֹב וְיוֹם פְּלוֹנִי רָע, יוֹם פְּלוֹנִי רָאוּי לַעֲשׂוֹת בּוֹ מְלָאכָה פְּלוֹנִית, שָׁנָה פְּלוֹנִית אוֹ חֹדֶשׁ פְּלוֹנִי רַע לְדָבָר פְּלוֹנִי. וּמַה שֶּׁנּוֹהֲגִין שֶׁאֵין נוֹשְׂאִין נָשִׁים אֶלָּא בְּמִלּוּי הַלְּבָנָה, אֵין זֶה בִּכְלַל מְנַחֵשׁ וּמְעוֹנֵן, שֶׁאֵין עוֹשִׂין זֹאת אֶלָּא לְסִימָן טוֹב, כְּדֶרֶךְ שֶׁמּוֹשְׁחִין אֶת הַמְּלָכִים עַל הַמַּעְיָן לְסִימָן שֶׁתִּמָּשֵׁךְ מַלְכוּתָם, כֵּן עוֹשִׂין לְסִימָן טוֹב כְּמוֹ שֶׁהַלְּבָנָה הוֹלֶכֶת וּמִתְמַלֵּאת. וּמִכָּל מָקוֹם אֵין לְעַכֵּב אֶת הַנִּשּׂוּאִין בִּשְׁבִיל זֶה, וּמִכָּל שֶׁכֵּן שֶׁאֵין לַעֲשׂוֹת חֻפַּת נִדָּה בַּעֲבוּר זֶה. וְכֵן נוֹהֲגִין לְהַתְחִיל לִלְמֹד בְּרֹאשׁ חֹדֶשׁ. וּמַה שֶּׁנּוֹהֲגִין שֶׁאֵין מַתְחִילִין בְּשֵׁנִי וּבִרְבִיעִי, יֵשׁ מַתִּירִין גַּם כֵּן.

סעיף ד' עוֹד אָמְרוּ רַבּוֹתֵינוּ זִכְרוֹנָם לִבְרָכָה אֵיזֶהוּ מְעוֹנֵן, זֶה הָאוֹחֵז אֶת הָעֵינַיִם. פֵּרוּשׁ, שֶׁהוּא כְּאִלּוּ אוֹחֵז עֵינֵי בְנֵי אָדָם וְסוֹגְרָן, שֶׁהוּא מַטְעֶה אוֹתָן, שֶׁנִּדְמֶה לָהֶם כְּאִלּוּ עוֹשֶׂה דְבָרִים נִפְלָאִים חוּץ מִדֶּרֶךְ הַטֶּבַע, וּבֶאֱמֶת אֵינוֹ עוֹשֶׂה כְלוּם, אֶלָּא בְּקַלּוּת יָדָיו וּבְתַחְבּוּלוֹת הוּא מַטְעֶה אוֹתָן. וְהַבַּדְחָנִין שֶׁעוֹשִׂין כְּמַעֲשִׂים אֵלּוּ בַּחֲתֻנּוֹת, עוֹבְרִים בְּלָאו. וְהַמְּצַוֶּה לַעֲשׂוֹתָן, עוֹבֵר עַל לִפְנֵי עִוֵּר. וְלָכֵן מִי שֶׁיֵּשׁ בְּיָדוֹ לִמְחוֹת, מְחֻיָּב לִמְחוֹת, וְכָל שֶׁכֵּן שֶׁאָסוּר לְהִסְתַּכֵּל וְלִרְאוֹתָן. אֲבָל אִם נָכְרִי עוֹשֶׂה כֵּן, מֻתָּר לִרְאוֹת.

סעיף ה' אָסוּר לִדְרוֹשׁ בִּמְכַשְּׁפִים אֶלָּא בִּמְקוֹם סַכָּנַת נְפָשׁוֹת, אוֹ אִם בָּא לוֹ אֵיזֶה חֳלִי עַל יְדֵי כִשּׁוּף אוֹ מִקְרֶה וְרוּחַ רָעָה, מֻתָּר לְהִתְרַפְּאוֹת עַל יְדֵי מְכַשֵּׁף גּוֹי.

סימן קסז - הלכות עבודה זרה ובו כ' סעיפים:

סעיף א' עֲבוֹדָה זָרָה, אֲסוּרָה בַהֲנָאָה, הִיא וְתַשְׁמִישָׁהּ וְנוֹיָהּ וְתִקְרָבְתָּהּ. וְאִם נִתְעָרֵב מִדְּבָרִים אֵלּוּ אֲפִלּוּ אֶחָד בְּאֶלֶף שֶׁל הֶתֵּר, אוֹסֵר אֶת כָּל הַתַּעֲרוֹבוֹת בַּהֲנָאָה. אֵיזֶהוּ תַשְׁמִישָׁהּ. הַכֵּלִים שֶׁהַכֹּהֵן מַקְטִיר בָּהֶם לְפָנֶיהָ, כְּגוֹן הַמַּחְתָּה וְהַגְּבִיעִים, וְכֵן הַבַּיִת שֶׁמְּיַחֲדִים לָהּ, וְהַבָּסִיס◦ שֶׁמַּעֲמִידִין אוֹתָהּ עָלָיו, וְכֵן כְּלֵי הַשִּׁיר שֶׁמְּזַמְּרִים בָּהֶם לְפָנֶיהָ וְכַדּוֹמֶה. וְאֵיזֶהוּ נוֹיָהּ. כְּגוֹן הַנֵּרוֹת שֶׁמַּדְלִיקִין לְפָנֶיהָ, וְהַמַּלְבּוּשִׁים שֶׁמַּלְבִּישִׁים אוֹתָהּ, אוֹ שֶׁשָּׁטַח לְפָנֶיהָ בְּגָדִים וְכֵלִים נָאִים לְנוֹי, וְכֵן הָאִילָנוֹת שֶׁרְגִילִין לִטַּע לִפְנֵי עֲבוֹדָה זָרָה לִהְיוֹת לָהּ לְנוֹי, הֲוָיָן נוֹיֶיהָ, וַאֲסוּרִין בַּהֲנָאָה, וְלָכֵן אָסוּר לֵישֵׁב בְּצִלָּן. וְאֵיזוֹהִי תִקְרָבְתָּהּ, כְּגוֹן מִנֵּי מַאֲכָל שֶׁמַּנִּיחִין לְפָנֶיהָ. (עַיֵּן יוֹרֶה דֵעָה סִימָן קלט וְסִימָן ק"מ סָעִיף א').

סעיף ב'
עֲבוֹדָה זָרָה שֶׁל גּוֹי, וְכֵן תַּשְׁמִישָׁהּ וְנוֹיָהּ, יֵשׁ לָהֶן בִּטּוּל. כְּשֶׁמְּבַטֵּל אוֹתָהּ

הַגּוֹי בְּיָדַיִם, שֶׁלֹּא תְהֵא עוֹד עֲבוֹדָה זָרָה אוֹ תַשְׁמִישׁ אוֹ נוֹי לַעֲבוֹדָה זָרָה, הֻתְּרוּ. וְשֶׁל יִשְׂרָאֵל מוּמָר, אֵין לָהֶם בִּטּוּל.

סעיף ג' נֵרוֹת שֶׁהִדְלִיקוּ לְפָנֶיהָ, וְאַחַר כָּךְ כִּבָּן הַגּוֹי לְצֹרֶךְ עַצְמוֹ וּמְכָרָן לְיִשְׂרָאֵל, מֻתָּרִין, דְּכֵיוָן שֶׁכִּבָּן לְצֹרֶךְ עַצְמוֹ, זֶהוּ בִּטּוּלָן. וּמִכָּל מָקוֹם אֵין לַעֲשׂוֹת מֵהֶן נֵרוֹת שֶׁל מִצְוָה. וְכֵן כָּל דָּבָר שֶׁל עֲבוֹדָה זָרָה, אַף עַל פִּי שֶׁנִּתְבַּטֵּל וּמֻתָּר לְהֶדְיוֹט, אָסוּר לִדְבַר מִצְוָה, מִשּׁוּם דְּמָאִיסֵי לְגָבוֹהַּ.

סעיף ד' הַמַּלְבּוּשִׁים שֶׁלּוֹבְשִׁים הַכֹּהֲנִים כְּשֶׁנִּכְנָסִים לְבֵית עֲבוֹדָה זָרָה, יֵשׁ אוֹמְרִים, דְּנוֹי שֶׁלָּהֶם הֵן, וְלֹא נוֹי שֶׁל עֲבוֹדָה זָרָה, וְאֵינָן צְרִיכִין בִּטּוּל. וְיֵשׁ שֶׁמַּצְרִיךְ בִּטּוּל.

סעיף ה' צוּרַת שְׁתִי וָעֵרֶב שֶׁמִּשְׁתַּחֲוִים לָהּ, אֲסוּרָה בְּלֹא בִטּוּל. אֲבָל שְׁתִי וָעֵרֶב שֶׁתּוֹלִין בַּצַּוָּאר לְזִכָּרוֹן בְּעָלְמָא, מֻתָּר.

סעיף ו' אָסוּר לַעֲשׂוֹת שׁוּם דָּבָר לְצֹרֶךְ עֲבוֹדָה זָרָה, וַאֲפִלּוּ חַלּוֹנוֹת לְהַבַּיִת. וְאָסוּר לִמְכֹּר לָהֶם סְפָרִים הַמְיֻחָדִים לַעֲבוֹדָה זָרָה. [וְכֵן סִפְרֵי תנ"ך הַמֻּעְתָּקִים בְּשִׁנּוּיִים, כְּדֵי לְפַקְּרָם וּלְהַחֲזִיק אֱמוּנָתָם]. וְכֵן לִמְכֹּר לָהֶם דָּבָר לְצֹרֶךְ עֲבוֹדָתָם, אָסוּר אִם לֹא יוּכְלוּ לִקְנוֹת בְּמָקוֹם אַחֵר. וְיֵשׁ אוֹסְרִין אֲפִילוּ אִם יוּכְלוּ לִקְנוֹת בְּמָקוֹם אַחֵר. וְכָל בַּעַל נֶפֶשׁ, יַחְמִיר לְעַצְמוֹ.

סעיף ז' אָסוּר לְהִסְתַּכֵּל בָּאֱלִיל וּבְנוֹי שֶׁלּוֹ, שֶׁנֶּאֱמַר, אַל תִּפְנוּ אֶל הָאֱלִילִים. וּצְרִיכִין לְהִתְרַחֵק מִן הַבַּיִת וּמִכָּל שֶׁכֵּן מִן הָאֱלִיל עַצְמוֹ אַרְבַּע אַמּוֹת, שֶׁלֹּא לַעֲבֹר שָׁם. וְאָסוּר לִשְׁמֹעַ כְּלֵי הַשִּׁיר אוֹ לְהָרִיחַ בְּרֵיחַ שֶׁלָּהֶם. וְאִם שׁוֹמֵעַ כְּלֵי הַשִּׁיר, יַאְטֵם אָזְנָיו. וְכֵן אִם בָּא רֵיחַ, יְכַוֵּן שֶׁלֹּא לֵהָנוֹת מִמֶּנּוּ.

סעיף ח' הָרוֹאֶה בָּתֵּי עֲבוֹדָה זָרָה בְּיִשּׁוּבָן, אוֹמֵר, בֵּית גֵּאִים יִסַּח ה' (משלי טו). בְּחֻרְבָּנָן, אוֹמֵר, אֵל נְקָמוֹת ה', אֵל נְקָמוֹת הוֹפִיעַ (תהלים צד).

סעיף ט' יָשַׁב לוֹ קוֹץ בְּרַגְלוֹ, אוֹ נִתְפַּזְּרוּ לוֹ מָעוֹת בִּפְנֵי עֲבוֹדָה זָרָה, לֹא יָשׁוּחַ לְהָסִיר אֶת הַקּוֹץ אוֹ לִטּוֹל אֶת הַמָּעוֹת, מִפְּנֵי שֶׁנִּרְאֶה כְּמִשְׁתַּחֲוֶה לָהּ. וַאֲפִלּוּ אֵין אָדָם רוֹאֶה, מִכָּל מָקוֹם אָסוּר, אֶלָּא יֵשֵׁב אוֹ יַפְנֶה אֲחוֹרָיו אוֹ צִדּוֹ לְצַד הָעֲבוֹדָה הַזָּרָה, וְאַחַר כָּךְ יִטּוֹל.

סעיף י' יֵשׁ מִי שֶׁאוֹמֵר, שֶׁאָסוּר לְהַלְווֹת לְצֹרֶךְ בִּנְיַן עֲבוֹדָה זָרָה אוֹ לְתַכְשִׁיטֶיהָ אוֹ לִמְשַׁמְּשֶׁיהָ, וְכָל שֶׁכֵּן דְּאָסוּר לִמְכֹּר לָהֶם תַּשְׁמִישִׁים. וְהַנִּמְנָע, מַצְלִיחַ. וְאֵין לִכְרֹךְ סִפְרֵי עֲבוֹדָה זָרָה, חוּץ מִסִּפְרֵי הַדַּיָּנִים וְהַסּוֹפְרִים. וְאִם חוֹשֵׁשׁ מִשּׁוּם אֵיבָה, עַל כָּל פָּנִים כָּל מַה שֶׁיָּכוֹל לְהִשָּׁמֵט, יִשָּׁמֵט.

סעיף יא' מָקוֹם שֶׁמִּתְקַבְּצִים גּוֹיִם וְאוֹמְרִים שֶׁשָּׁם מוֹחֲלִים לָהֶם עֲוֹנוֹתֵיהֶם, אָסוּר לָשֵׂאת וְלָתֵת שָׁם עִמָּהֶם (כֵּן כָּתַב הַטּוּרֵי זָהָב, וּבְחָכְמַת אָדָם כְּלָל פז סִימָן ה כָּתַב דִּצָרִיךְ עִיּוּן).

סעיף יב' אָסוּר לְהַזְכִּיר שֵׁם עֲבוֹדָה זָרָה, בֵּין לְצֹרֶךְ, כְּגוֹן לוֹמַר לַחֲבֵרוֹ,

הַמִּתְּן לִי בְּצַד עֲבוֹדָה זָרָה פְּלוֹנִית, בֵּין שֶׁלֹּא לְצָרְךָ, שֶׁנֶּאֱמַר, וְשֵׁם אֱלֹהִים אֲחֵרִים לֹא תַזְכִּירוּ. וְאָסוּר לִגְרֹם לְגוֹי, שֶׁיַּזְכִּיר שֵׁם עֲבוֹדָה זָרָה, שֶׁנֶּאֱמַר, לֹא יִשָּׁמַע עַל פִּיךָ, לֹא יִשָּׁמַע בְּגְרָמָא שֶׁלְּךָ. וְאִם נִתְחַיֵּב לוֹ הַגּוֹי שְׁבוּעָה, יֵשׁ מְקִלִּין לְהַנִּיחַ לוֹ לִשָּׁבַע (עַיֵּן אוֹרַח חַיִּים סִימָן קנו). שֵׁם הַחַגִּים שֶׁלָּהֶם שֶׁהֵם כִּשְׁמוֹת בְּנֵי אָדָם, אֵין חֲשָׁשׁ לְהַזְכִּירָם. וְהוּא, שֶׁלֹּא יִקְרָאֵם כְּמוֹ שֶׁהַגּוֹיִם מַזְכִּירִים אוֹתָם בִּלְשׁוֹן חֲשִׁיבוּת.

סעיף יג' כָּל לֵיצָנוּתָא אֲסִירָא, חוּץ מִלֵּיצָנוּתָא דַעֲבוֹדָה זָרָה דְּשַׁרְיָא.

סעיף יד' אָסוּר לִתֵּן מַתְּנַת חִנָּם לְגוֹי שֶׁאֵינוֹ מַכִּירוֹ, דִּכְתִיב, וְלֹא תְחָנֵּם, וְדָרְשִׁינָן לֹא תִתֵּן לָהֶם מַתְּנַת חִנָּם. אֲבָל אִם הוּא מַכִּירוֹ, לֹא הָוֵי מַתְּנַת חִנָּם, שֶׁגַּם הוּא יְשַׁלֵּם גְּמוּלוֹ, אוֹ כְּבָר שִׁלֵּם לוֹ, וַהֲוֵי כְּמוֹ מְכִירָה.

סעיף טו' אָסוּר לְסַפֵּר בְּשִׁבְחָן, אֲפִלּוּ לוֹמַר, כַּמָּה נָאֶה גוֹי זֶה בְּצוּרָתוֹ. וּמִכָּל שֶׁכֵּן שֶׁלֹּא לְסַפֵּר בְּשֶׁבַח מַעֲשָׂיו אוֹ שֶׁיְּחַבֵּב דָּבָר מִדְּבָרָיו, שֶׁזֶּהוּ גַם כֵּן בִּכְלָל וְלֹא תְחָנֵּם, לֹא תִתֵּן לָהֶם חֵן. אֲבָל אִם מְכַוֵּן בְּשִׁבְחוֹ לְהוֹדוֹת לְהַקָּדוֹשׁ בָּרוּךְ הוּא שֶׁבָּרָא בְּרִיָּה נָאָה כָּזוֹ, מֻתָּר.

סעיף טז' מֻתָּר לְפַרְנֵס עֲנִיֵּיהֶם וּלְבַקֵּר חוֹלֵיהֶם וְלִקְבּוֹר מֵתֵיהֶם וּלְהַסְפִּידָן וּלְנַחֵם אֲבֵלֵיהֶם, מִשּׁוּם דַּרְכֵי שָׁלוֹם.

סעיף יז' לֹא יִתְיַחֵד יִשְׂרָאֵל עִם גּוֹי, מִפְּנֵי שֶׁהֵם חֲשׁוּדִים עַל שְׁפִיכוּת דָּמִים (וְעַיֵּן יוֹרֶה דֵעָה סִימָן קנג)

סעיף יח' גּוֹיָה לֹא תָנִיק לְיֶלֶד יִשְׂרָאֵל בְּבֵיתָהּ, וַאֲפִלּוּ אֲחֵרִים עוֹמְדִים עַל גַּבָּהּ. אֲבָל בְּבֵית יִשְׂרָאֵל, מֻתֶּרֶת לְהֵנִיקוֹ (וְעַיֵּן לְעֵיל סִימָן קסה סָעִיף ח) אִם אֲחֵרִים עוֹמְדִים עַל גַּבָּהּ אוֹ נִכְנָסִים וְיוֹצְאִים. וְהוּא שֶׁלֹּא יַנִּיחֻהוּ עִמָּהּ לְבַדּוֹ בַּלַּיְלָה.

סעיף יט' יִשְׂרְאֵלִית לֹא תְיַלֵּד לְגוֹיָה, אֶלָּא אִם כֵּן הִיא יְדוּעָה לִמְיַלֶּדֶת, שֶׁאָז מֻתֶּרֶת (מִשּׁוּם אֵיבָה). וְדַוְקָא בְּשָׂכָר וּבְחֹל. וְלֹא תָנִיק יִשְׂרְאֵלִית לְבֶן גּוֹיָה אֲפִלּוּ בְּשָׂכָר, אֶלָּא אִם כֵּן יֵשׁ לָהּ חָלָב הַרְבֵּה וּמְצַעֵר אוֹתָהּ, אָז מֻתֶּרֶת לְהֵנִיקוֹ.

סעיף כ' אָסוּר לְלַמֵּד אֻמָּנוּת לְגוֹי.

סימן קסח - צורות האסורות ובו ז' סעיפים:

סעיף א' כְּתִיב, לֹא תַעֲשׂוּן אִתִּי אֱלֹהֵי כֶסֶף וְגוֹ', וְקִבְּלוּ רַבּוֹתֵינוּ זִכְרוֹנָם לִבְרָכָה, דְּזוֹהִי אַזְהָרָה שֶׁלֹּא לְצַיֵּר צוּרוֹת שֶׁבַּמָּדוֹר הָעֶלְיוֹן וְשֶׁבַּמָּדוֹר הַתַּחְתּוֹן, וְהַיְנוּ, לֹא תַעֲשׂוּן כִּדְמוּת שַׁמָּשַׁי הַמְשַׁמְּשִׁין לְפָנַי. וְלָכֵן אָסוּר לְצַיֵּר צוּרוֹת אַרְבָּעָה פָּנִים שֶׁבַּמֶּרְכָּבָה וְצוּרוֹת שְׂרָפִים וְאוֹפַנִּים וּמַלְאֲכֵי הַשָּׁרֵת, וְכֵן אָסוּר לְצַיֵּר צוּרוֹת חַמָּה וּלְבָנָה וְכוֹכָבִים. וַאֲפִלּוּ אֵינָן בּוֹלְטוֹת, אָסוּר לַעֲשׂוֹתָן, וַאֲפִלּוּ בִּשְׁבִיל גּוֹי. אֲבָל לְהַשְׁהוֹתָן בַּבַּיִת, אִם אֵינָן בּוֹלְטוֹת, מֻתָּר, רַק שֶׁלֹּא יֹאמַר לְגוֹי לַעֲשׂוֹתָן. מִשּׁוּם דַּאֲמִירָה לְגוֹי, אֲסוּרָה בְּכָל הָאִסּוּרִין כְּמוֹ בְּאִסּוּרֵי שַׁבָּת.

סעיף ב' וְכֵן אָסוּר לְצַיֵּר צוּרַת אָדָם. וַאֲפִלּוּ רַק פַּרְצוּף פְּנֵי אָדָם לְחוּד, נַמִּי

אָסוּר. וַאֲפִלּוּ לְהַשְׁהוֹתָהּ, אָסוּר, עַד שֶׁיְּקַלְקֵל אוֹתָהּ קְצָת. וְדַוְקָא בְּצוּרָה שְׁלֵמָה, דְּהַיְנוּ בִּשְׁתֵּי עֵינַיִם וְחֹטֶם שָׁלֵם. אֲבָל אִם אֵינָהּ רַק חֲצִי הַצּוּרָה מִצַּד אֶחָד, כְּדֶרֶךְ קְצָת הַמְצַיְּרִים צַד אֶחָד שֶׁל הַצּוּרָה, זֶה אֵינוֹ אָסוּר.

סעיף ג' טַבַּעַת שֶׁיֵּשׁ עָלֶיהָ חוֹתָם שֶׁהוּא צוּרַת אָדָם, אִם הָיְתָה הַצּוּרָה בּוֹלֶטֶת, אָסוּר לְהַשְׁהוֹתָהּ, וּמֻתָּר לַחְתֹּם בָּהּ, מִפְּנֵי שֶׁנַּעֲשֵׂית שְׁקוּעָה. וְאִם הָיְתָה הַצּוּרָה שׁוֹקַעַת, מֻתָּר לְהַשְׁהוֹתָהּ, וְאָסוּר לַחְתֹּם בָּהּ, מִפְּנֵי שֶׁנַּעֲשֵׂית בּוֹלֶטֶת.

סעיף ד' אָסוּר לְהִסְתַּכֵּל בְּצוּרַת אָדָם, שֶׁהֲרֵי נִקְרָא פֶּסֶל, וְעוֹבֵר מִשּׁוּם, אַל תִּפְנוּ אֶל הָאֱלִילִים. אֲבָל בְּצוּרוֹת שֶׁעַל הַמַּטְבְּעוֹת, כֵּיוָן שֶׁרְגִילִין בָּהֶן, מֻתָּר. וְהֶחָסִיד נִזְהָר גַּם בָּזֶה

סעיף ה' אָסוּר לַעֲשׂוֹת בַּיִת תַּבְנִית הֵיכָל כְּשִׁעוּר אָרְכּוֹ וְגָבְהוֹ וְרָחְבּוֹ, אַכְסַדְרָה תַּבְנִית אוּלָם, חָצֵר תַּבְנִית עֲזָרָה, שֻׁלְחָן תַּבְנִית הַשֻּׁלְחָן שֶׁהָיָה בְּבֵית הַמִּקְדָּשׁ, מְנוֹרָה תַּבְנִית הַמְּנוֹרָה שֶׁהָיְתָה בְּבֵית הַמִּקְדָּשׁ. אֲבָל עוֹשֶׂה שֶׁל חֲמִשָּׁה קָנִים אוֹ שֶׁל שִׁשָּׁה אוֹ שֶׁל שְׁמוֹנָה. אֲבָל שֶׁל שִׁבְעָה לֹא יַעֲשֶׂה, אֲפִלּוּ מִשְּׁאָר מִינֵי מַתָּכוֹת, וַאֲפִלּוּ בְּלֹא גְבִיעִים וְכַפְתּוֹרִים וּפְרָחִים, וַאֲפִלּוּ אֵינָהּ גְּבוֹהָה שְׁמוֹנָה עָשָׂר טְפָחִים, מִשּׁוּם דְּכָל אֵלּוּ הַדְּבָרִים, גַּם בַּמְּנוֹרָה שֶׁבַּמִּקְדָּשׁ לֹא הָיוּ מְעַכְּבִין.

סעיף ו' יֵשׁ נוֹהֲגִין לַעֲשׂוֹת מְנוֹרָה לְשִׁבְעָה נֵרוֹת, דְּהַיְנוּ שִׁשָּׁה בְּעִגּוּל וְאֶחָד בָּאֶמְצַע. אֲבָל הַרְבֵּה פּוֹסְקִים אוֹסְרִים זֹאת. וְיֵשׁ לְהַחְמִיר בִּסְפֵק אִסּוּר דְאוֹרַיְתָא.

סעיף ז' הָעוֹשֶׂה שֶׁמֶן הַמִּשְׁחָה בְּמַעֲשֶׂה וּבְמִשְׁקָל הָאָמוּר בַּתּוֹרָה, חַיָּב כָּרֵת. וּבְשׁוֹגֵג, חַיָּב חַטָּאת, וְהוּא שֶׁעוֹשֶׂה אוֹתוֹ כְּדֵי לְהִמָּשֵׁחַ. וְהָעוֹשֶׂה קְטֹרֶת מֵאַחַד עָשָׂר סַמָּנִין שֶׁבַּתּוֹרָה לְפִי הַמִּשְׁקָל, אֲפִלּוּ לֹא עָשָׂה אֶלָּא חֶצְיָהּ אוֹ שְׁלִישִׁיתָהּ, חַיָּב כָּרֵת. עָשָׂה לְהִתְלַמֵּד בָּהּ, פָּטוּר.

סימן קסט - אסור כתבת קעקע וקרחה על מת ובו ג' סעיפים:

סעיף א' כָּתוּב בַּתּוֹרָה, וּכְתֹבֶת קַעֲקַע לֹא תִתְּנוּ בָּכֶם. מַהִי כְּתֹבֶת קַעֲקַע. כְּתָב הַמְּחֻקֶּה וְשָׁקוּעַ שֶׁאֵינוֹ נִמְחָק לְעוֹלָם, זֶהוּ הַשּׂוֹרֵט עַל בְּשָׂרוֹ וּמְמַלֵּא מְקוֹם הַשְּׂרִיטָה בִּכְחוֹל אוֹ בִּדְיוֹ אוֹ בִּשְׁאָר צִבְעוֹנִים הָרוֹשְׁמִים. וְכֵן אִם צוֹבֵעַ תְּחִלָּה בְּצֶבַע וְאַחַר כָּךְ שׂוֹרֵט בִּמְקוֹם הַצֶּבַע, עוֹבֵר בְּלָאו. וּמִכָּל מָקוֹם מֻתָּר לִתֵּן אֵפֶר וּשְׁאָר דְּבָרִים עַל הַמַּכָּה לִרְפוּאָה, אַף עַל פִּי שֶׁיִּשָּׁאֵר הָרֹשֶׁם, כִּי גַם מִמַּכָּתוֹ יִשָּׁאֵר רֹשֶׁם הַמּוֹכִיחַ עָלָיו, שֶׁלֹּא עָשָׂה מִשּׁוּם כְּתֹבֶת קַעֲקַע.

סעיף ב' כְּתִיב, וְשֶׂרֶט לָנֶפֶשׁ לֹא תִתְּנוּ בִּבְשַׂרְכֶם. וּכְתִיב, לֹא תִתְגֹּדְדוּ וְלֹא תָשִׂימוּ קָרְחָה בֵּין עֵינֵיכֶם לָמֵת. וּגְדִידָה וּשְׂרִיטָה אַחַת הֵן, וַאֲסוּרוֹת בֵּין בִּפְנֵי הַמֵּת בֵּין שֶׁלֹּא בִּפְנֵי הַמֵּת. וַאֲפִלּוּ לְהַכּוֹת בְּיָדוֹ עַל בְּשָׂרוֹ עַד שֶׁדָּם יוֹצֵא, אָסוּר. וַאֲפִלּוּ עַל צַעַר אַחֵר, אָסוּר.

סעיף ג' קָרְחָה, הוּא שֶׁתּוֹלֵשׁ מִשֵּׂעַר רֹאשׁוֹ עַל מֵת. וַאֲפִלּוּ בְּשַׂעֲרָה אַחַת, אִיכָּא אִסּוּרָא, וְגַם הַנָּשִׁים מֻזְהָרוֹת

בְּבַל יִקְרָחוּ, וּמִכָּל שֶׁכֵּן בְּבַל יִשְׂרְטוּ.

סימן קע - אסור גלוח פאות הראש והזקן ובו ב' סעיפים:

סעיף א' פְּאוֹת הָרֹאשׁ הֵן שְׁתַּיִם בְּסוֹף הָרֹאשׁ, וְהוּא מְקוֹם חִבּוּרוֹ לַלֶּחִי מִיָּמִין וּמִשְּׂמֹאל אֵצֶל הָאֹזֶן. וַאֲפִלּוּ לְגַלְּחָן בְּמִסְפָּרַיִם כְּעֵין תַּעַר, דְּהַיְנוּ סָמוּךְ לַבָּשָׂר, שֶׁאֵינוֹ מַשְׁיֵר כְּלוּם מִן הַשְּׂעָרוֹת סָמוּךְ לַבָּשָׂר, יֵשׁ אוֹסְרִין. וְלָכֵן אִם צָרִיךְ לְגַלְּחָן לִרְפוּאָה, יִזָּהֵר שֶׁלֹּא לְגַלְּחֵן סָמוּךְ לַבָּשָׂר מַמָּשׁ. וְשִׁעוּר הַפֵּאָה מִכְּנֶגֶד שֵׂעָר שֶׁעַל פַּדַּחְתּוֹ וְעַד לְמַטָּה מִן הָאֹזֶן, מָקוֹם שֶׁהַלֶּחִי הַתַּחְתּוֹנָה יוֹצֵאת וּמִתְפָּרֶדֶת שָׁם.

סעיף ב' פְּאוֹת הַזָּקָן לֹא אָסְרָה תוֹרָה לְהַשְׁחִית אֶלָּא בְּתַעַר. וְהַפֵּאוֹת הֵן חָמֵשׁ, וְרַבּוּ בָהֶן הַדֵּעוֹת, לְפִיכָךְ יְרֵא שָׁמַיִם לֹא יַעֲבִיר תַּעַר עַל כָּל זְקָנוֹ כְּלָל, וַאֲפִלּוּ עַל הַשָּׂפָה הָעֶלְיוֹנָה אוֹ תַּחַת הַגָּרוֹן. וְאֵין חִלּוּק בֵּין תַּעַר לְאֶבֶן חַדָּה שֶׁחוֹתֶכֶת אֶת הַשְּׂעָרוֹת, כְּגוֹן פִּיגְמֶאנְט אוֹ פִּימְסֶענְשְׁטֵיין, שֶׁאָסוּר גַּם כֵּן. וְאוֹתָן שֶׁמְּסִירִין שְׂעַר הַזָּקָן עַל יְדֵי מִשְׁחָה מְסִיד עִם אוּירעם, יֵשׁ לָהֶם לִזָּהֵר, שֶׁלֹּא לִגְרֹר אֶת הַמִּשְׁחָה בְּסַכִּין, שֶׁמָּא יַחְתֹּךְ שֵׂעָר, רַק יְגָרְרוּ בְּקֵיסָם וְכַדּוֹמֶה (נוֹדָע בִּיהוּדָה תִּנְיָנָא סִימָן פ).

סימן קעא - דברים האסורים משום לא ילבש גבר שמלת אשה ובו ג' סעיפים:

סעיף א' אָסוּר לְאִישׁ לִלְבּוֹשׁ אֲפִלּוּ מַלְבּוּשׁ אֶחָד שֶׁל אִשָּׁה, אַף עַל פִּי שֶׁהוּא נִכָּר בִּשְׁאָר מַלְבּוּשָׁיו שֶׁהוּא אִישׁ. וְכֵן אָסוּר לְאִשָּׁה לִלְבּוֹשׁ אֲפִלּוּ מַלְבּוּשׁ אֶחָד שֶׁל אִישׁ. וְלֹא לְבַד מַלְבּוּשִׁים אֲסוּרִים, אֶלָּא אֲפִלּוּ כָּל תַּכְשִׁיט וְכָל תִּקּוּן נוֹי וְיֹפִי הַמְיֻחָד לְאִשָּׁה לְפִי מִנְהַג הַמָּקוֹם, אָסוּר לְאִישׁ שֶׁיִּתְקַשֵּׁט וְיִתְיַפֶּה בּוֹ. וְכֵן כָּל מַה שֶּׁמְּיֻחָד לְאִישׁ, אָסוּר לְאִשָּׁה.

סעיף ב' אָסוּר לְאִישׁ לְהַעֲבִיר שְׂעַר בֵּית הַשֶּׁחִי וּבֵית הָעֶרְוָה אֲפִלּוּ בְּמִסְפָּרַיִם כְּעֵין תַּעַר, דְּהַיְנוּ שֶׁמְּגַלְּחָן סָמוּךְ לַבָּשָׂר מַמָּשׁ, מִפְּנֵי שֶׁזֶּהוּ תִּקּוּן לְנָשִׁים. וְאָסוּר לָחֹף בְּיָדוֹ בִּשְׂעַר בֵּית הַשֶּׁחִי וּבֵית הָעֶרְוָה כְּדֵי לְהַשִּׁירָן. אֲבָל עַל יְדֵי בִגְדוֹ, מֻתָּר. וּמִי שֶׁיֵּשׁ לוֹ חֲטָטִין בְּבֵית הַשֶּׁחִי וּבְבֵית הָעֶרְוָה וּמִצְטַעֵר מֵחֲמַת הַשְּׂעָרוֹת, מֻתָּר לְהַעֲבִירָן.

סעיף ג' אָסוּר לְאִישׁ לְלַקֵּט אֲפִלּוּ שַׂעֲרָה אַחַת לְבָנָה מִתּוֹךְ הַשְּׁחוֹרוֹת, שֶׁזֶּהוּ נוֹי אִשָּׁה, וְאָסוּר מִשּׁוּם לֹא יִלְבַּשׁ גֶּבֶר. וְכֵן אָסוּר לוֹ לִצְבּוֹעַ אֲפִלּוּ שַׂעֲרָה אַחַת לְבָנָה שֶׁתְּהֵא שְׁחוֹרָה. וְכֵן אָסוּר לְאִישׁ לְהִסְתַּכֵּל בַּמַּרְאָה. וְאִם רוֹאֶה מִשּׁוּם רְפוּאָה, אוֹ שֶׁמְּסַפֵּר אֶת עַצְמוֹ, אוֹ כְּדֵי לְהָסִיר הַכְּתָמִים מֵעַל פָּנָיו אוֹ הַנּוֹצוֹת מֵרֹאשׁוֹ, מֻתָּר. וּבְמָקוֹם שֶׁהַדֶּרֶךְ הוּא שֶׁגַּם הָאֲנָשִׁים רוֹאִים בַּמַּרְאָה, בְּכָל עִנְיָן מֻתָּר.

סימן קעב - הלכות חדש ובו ג' סעיפים:

סעיף א' כְּתִיב, וְלֶחֶם וְקָלִי וְכַרְמֶל לֹא תֹאכְלוּ עַד עֶצֶם הַיּוֹם הַזֶּה וְגוֹ'. פֵּרוּשׁ, שֶׁאֲסוּרִין לֶאֱכֹל מִתְּבוּאָה חֲדָשָׁה מֵחֲמֵשֶׁת הַמִּינִים עַד לְאַחַר הַקְרָבַת הָעֹמֶר שֶׁהִקְרִיבוּ בְּשִׁשָּׁה עָשָׂר בְּנִיסָן. וּבִזְמַן שֶׁאֵין עֹמֶר, כָּל הַיּוֹם

אֲסוּרִין. וְלִבְנֵי חוּץ לָאָרֶץ שֶׁעוֹשִׂין יוֹם טוֹב שְׁנֵי יָמִים מֵחֲמַת סְפֵקָא, גַּם כָּל יוֹם שִׁבְעָה עָשָׂר, אָסוּר עַד תְּחִלַּת לֵיל שְׁמוֹנָה עָשָׂר. וּתְבוּאָה שֶׁנִּזְרְעָה וְנִשְׁרְשָׁה קֹדֶם ט"ז בְּנִיסָן, הָעֹמֶר הַזֶּה הִתִּירָהּ, וּמֻתֶּרֶת מִיָּד לְאַחַר קְצִירָתָהּ. אֲבָל אִם לֹא נִשְׁרְשָׁה קֹדֶם שִׁשָּׁה עָשָׂר בְּנִיסָן, אֲסוּרָה עַד שֶׁיָּבוֹא הָעֹמֶר הַבָּא.

סעיף ב' לְדַעַת רֹב גְּדוֹלֵי הַפּוֹסְקִים, אִסּוּר זֶה גַּם בְּחוּץ לָאָרֶץ הוּא מִן הַתּוֹרָה. וְלָכֵן צְרִיכִין לְהַשְׁגִּיחַ מְאֹד בִּתְבוּאָה שֶׁנִּזְרְעָה לִפְעָמִים אַחַר הַפֶּסַח אוֹ סָמוּךְ לִפְנֵי הַפֶּסַח, שֶׁלֹּא הִשְׁרִישָׁה קֹדֶם שִׁשָּׁה עָשָׂר בְּנִיסָן, כְּגוֹן שְׂעוֹרִים וְשִׁבֹּלֶת שׁוּעָל, וּבִקְצָת מְקוֹמוֹת גַּם חִטִּין, שֶׁהֵן אֲסוּרוֹת עַד לְאַחַר שִׁבְעָה עָשָׂר בְּנִיסָן הַבָּא. (וְאִם הִשְׁרִישָׁה בְּיוֹם שִׁשָּׁה עָשָׂר, מֻתֶּרֶת בִּתְחִלַּת לֵיל שִׁבְעָה עָשָׂר בְּנִיסָן הַבָּא, מִכֹּחַ מִמָּה נַפְשָׁךְ). וְגַם הַשֵּׁכָר שֶׁנַּעֲשָׂה מִתְּבוּאָה זוֹ, אָסוּר עַד לְאַחַר הַפֶּסַח הַבָּא. וְכֵן הַשְּׁמָרִים, אֲסוּרִים. וְאִם חִמְּצוּ בָהֶם עִסָּה, אֲפִלּוּ מִתְּבוּאָה יְשָׁנָה, כָּל הָעִסָּה אֲסוּרָה מֵחֲמַת הַשְּׁמָרִים. תְּבוּאָה שֶׁמִּסְתַּפְּקִים בָּהּ אִם הִיא יְשָׁנָה אוֹ חֲדָשָׁה, יַעֲשׂוּ עָלֶיהָ שְׁאֵלַת חָכָם.

סעיף ג' יֵשׁ אוֹמְרִים, דְּאֵין אִסּוּר חָדָשׁ אֶלָּא בִּתְבוּאָה שֶׁגָּדְלָה בִּרְשׁוּת יִשְׂרָאֵל. וַאֲפִלּוּ הַשָּׂדֶה שַׁיֶּכֶת לְגוֹי, אֶלָּא שֶׁהַיִּשְׂרָאֵל שְׂכָרָהּ, יֵשׁ בִּתְבוּאָה זוֹ אִסּוּר חָדָשׁ. אֲבָל בִּתְבוּאָה שֶׁגָּדְלָה בִּרְשׁוּת הַגּוֹי, אֵין בָּהּ אִסּוּר חָדָשׁ. וְעַל זֶה סוֹמְכִים הַרְבֵּה בִּשְׁעַת הַדְּחָק. וּמִכָּל מָקוֹם בִּתְבוּאָה שֶׁגָּדְלָה בִּרְשׁוּת יִשְׂרָאֵל, אֵין שׁוּם הֶתֵּר. אֲבָל רַבּוּ הַחוֹלְקִים וְאוֹמְרִים, דְּגַם בְּשֶׁל גּוֹי אִיכָּא אִסּוּר חָדָשׁ. וְהַמַּחְמִיר תָּבוֹא עָלָיו בְּרָכָה.

סימן קעג - הלכות ערלה ובו ד' סעיפים:

סעיף א' כָּל עֵץ מַאֲכָל, בֵּין שֶׁל יִשְׂרָאֵל בֵּין שֶׁל גּוֹי, וַאֲפִלּוּ בְּעָצִיץ שֶׁאֵינוֹ נָקוּב, שָׁלֹשׁ שָׁנִים הָרִאשׁוֹנוֹת מִנְּטִיעָתוֹ, הַפֵּרוֹת וְהַגַּרְעִינִין וְהַקְּלִפּוֹת, הַכֹּל אָסוּר בַּהֲנָאָה. וְשָׁלֹשׁ שָׁנִים אֵלּוּ, אֵין מוֹנִים מִיּוֹם לְיוֹם, אֶלָּא אִם נָטַע קֹדֶם שִׁשָּׁה עָשָׂר בְּאָב, כֵּיוָן שֶׁיֵּשׁ אַרְבָּעָה וְאַרְבָּעִים יוֹם עַד רֹאשׁ הַשָּׁנָה, נֶחְשֶׁבֶת לוֹ הַשָּׁנָה, מִשּׁוּם דְּאַרְבָּעָה עָשָׂר יוֹם הֵמָּה יְמֵי קְלִיטָה, וְאַחַר כָּךְ שְׁלֹשִׁים יוֹם בַּשָּׁנָה נֶחֱשָׁבִים שָׁנָה, וְשׁוּב מוֹנֶה שְׁתֵּי שָׁנִים מִתִּשְׁרֵי. אֲבָל אִם נָטַע מִיּוֹם שִׁשָּׁה עָשָׂר בְּאָב וְאֵילָךְ, לֹא נֶחְשֶׁבֶת שָׁנָה זֹאת לִכְלוּם, וּמוֹנֶה מִתִּשְׁרֵי שָׁלֹשׁ שָׁנִים.

סעיף ב' בַּשָּׁנָה הָרְבִיעִית, נִקְרָאוּ הַפֵּרוֹת נֶטַע רְבָעִי, וּצְרִיכִין פִּדְיוֹן. כֵּיצַד פּוֹדֶה אוֹתָן. תּוֹלְשָׁן לְאַחַר שֶׁנִּגְמְרוּ כָּל צָרְכָּן, וְנוֹטֵל מַטְבֵּעַ כֶּסֶף אוֹ פֵּרוֹת שֶׁל הֶתֵּר שֶׁוִּין פְּרוּטָה, וְאוֹמֵר, בָּזֶה אֲנִי פּוֹדֶה פֵּרוֹת נֶטַע רְבָעִי אֵלּוּ. וְנוֹטֵל הַמַּטְבֵּעַ אוֹ הַפֵּרוֹת וְשׁוֹחֲקָן וְזוֹרְקָן בַּנָּהָר. וְאֵין מְבָרְכִין בְּחוּץ לָאָרֶץ עַל הַפִּדְיוֹן.

סעיף ג' אֶחָד הַנּוֹטֵעַ גַּרְעִין אוֹ עָנָף אוֹ שֶׁעָקַר אִילָן וּנְטָעוֹ בְּמָקוֹם אַחֵר, חַיָּבִים בְּעָרְלָה. אֲבָל הַמַּרְכִּיב עָנָף בְּאִילָן אַחֵר, וְכֵן הַמַּבְרִיךְ, דְּהַיְנוּ שֶׁעוֹשֶׂה גּוּמָא בָאָרֶץ וּמַשְׁפִּיל אֶחָד מֵעַנְפֵי הָאִילָן וּמַטְמִין אֶמְצָעִיתוֹ בָּאָרֶץ וְרֹאשׁוֹ יוֹצֵא מִצַּד אַחֵר, אַף עַל פִּי שֶׁחֲתָכוֹ מֵעִקַּר הָאִילָן, בְּחוּץ לָאָרֶץ אֵין בּוֹ מִשּׁוּם עָרְלָה.

סעיף ד' אִילָן שֶׁנִּקְצַץ, אִם נִשְׁאַר גָּבוֹהַּ מֵהָאָרֶץ טֶפַח, אֲזַי מַה שֶּׁגָּדֵל אַחַר כָּךְ, אֵינוֹ חַיָּב בְּעָרְלָה. אֲבָל אִם לֹא נִשְׁאַר טֶפַח, חַיָּב בְּעָרְלָה. וּמוֹנִין הַשָּׁנִים מִשְּׁעַת הַקְּצִיצָה. וְאִילָן שֶׁנֶּעֱקַר וְנִשְׁאַר מִשָּׁרָשָׁיו מְחֻבָּר, אֲפִלּוּ רַק כְּעֳבִי הַמַּחַט שֶׁמּוֹתְחִין בָּהּ הַבֶּגֶד, לְאַחַר אֲרִיגָה, בְּיָדוּעַ שֶׁיָּכוֹל לִחְיוֹת בְּלִי תּוֹסֶפֶת עָפָר וּפָטוּר, וַאֲפִלּוּ הוֹסִיף עָלָיו עָפָר הַרְבֵּה.

סימן קעד - הלכות כלאי אילן ובו ג סעיפים:

סעיף א' כִּלְאֵי אִילָנוֹת, הֲרֵי הֵם בִּכְלַל מַה שֶּׁנֶּאֱמַר, שָׂדְךָ לֹא תִזְרַע כִּלְאָיִם. וְעַל כֵּן אָסוּר לְהַרְכִּיב מִין בְּשֶׁאֵינוֹ מִינוֹ, כְּגוֹן עָנָף שֶׁל תַּפּוּחַ בְּאֶתְרוֹג, אוֹ אֶתְרוֹג בְּתַפּוּחַ. וַאֲפִלּוּ מִינִים הַדּוֹמִים זֶה לָזֶה, כְּגוֹן תַּפּוּחַ בְּתַפּוּחַ יַעֲרִי וְכַיּוֹצֵא, כֵּיוָן שֶׁהֵם שְׁנֵי מִינִים, אֲסוּרִים זֶה בָּזֶה. וְאָסוּר לְיִשְׂרָאֵל לְהַנִּיחַ לְגוֹי שֶׁיַּרְכִּיב לוֹ אִילָנוֹ כִּלְאָיִם.

סעיף ב' אָסוּר לְקַיֵּם הַמֻּרְכָּב כִּלְאָיִם. אֲבָל הַפְּרִי הַגָּדֵל מִמֶּנּוּ, מֻתָּר. וּמֻתָּר לִקַּח עָנָף מִן הַמֻּרְכָּב וּלְנָטְעוֹ בְּמָקוֹם אַחֵר.

סעיף ג' כִּלְאֵי הַכֶּרֶם וְכִלְאֵי זְרָעִים אֵינָם אֲסוּרִים בְּחוּץ לָאָרֶץ, אֶלָּא אִם כֵּן זָרַע שְׁנֵי מִינֵי תְבוּאָה אוֹ שְׁנֵי מִינֵי יָרָק עִם זֶרַע הַכֶּרֶם בְּיַחַד.

סימן קעה - הלכות כלאי בהמה ובו ו' סעיפים:

סעיף א' אָסוּר לְהַרְכִּיב זָכָר עַל נְקֵבָה מִשְּׁנֵי מִינִים, בֵּין בִּבְהֵמוֹת בֵּין בְּחַיּוֹת בֵּין בְּעוֹפוֹת. וַאֲפִלּוּ לִגְרוֹם שֶׁיַּרְכִּבוּ, אָסוּר.

סעיף ב' אָסוּר לַעֲשׂוֹת מְלָאכָה בִּשְׁנֵי מִינִים, כְּגוֹן לַחֲרוֹשׁ אוֹ שֶׁיִּמְשְׁכוּ אֶת הַקָּרוֹן. וַאֲפִלּוּ לְהַנְהִיגָם בְּקוֹל בִּלְבַד, שֶׁהוּא צוֹעֵק עֲלֵיהֶם, אָסוּר, אִם הֵם קְשׁוּרִים יַחַד. וְלָכֵן עֲגָלָה שֶׁל גּוֹי שֶׁכִּלְאַיִם מוֹשְׁכִים אוֹתָהּ, וּמַשָּׂא שֶׁל יִשְׂרָאֵל עַל הָעֲגָלָה, אָסוּר לְיִשְׂרָאֵל שֶׁיֵּלֵךְ סָמוּךְ לָהָעֲגָלָה, דְּחָיְשִׁינָן שֶׁמָּא יִצְעַק עֲלֵיהֶם שֶׁיֵּלְכוּ מַהֵר, וְזֶה אָסוּר מִשּׁוּם מַנְהִיג בְּכִלְאָיִם.

סעיף ג' עֲגָלָה שֶׁהַכִּלְאַיִם מוֹשְׁכִים אוֹתָהּ, אָסוּר לֵישֵׁב בָּהּ, אֲפִלּוּ אֵינוֹ מַנְהִיג.

סעיף ד' עֲגָלָה שֶׁמּוֹשֵׁךְ אוֹתָהּ מִין אֶחָד, לֹא יִקְשֹׁר מִין אַחֵר לֹא בְּצִדָּהּ וְלֹא לְאַחֲרֶיהָ.

סעיף ה' אָסוּר לִקְשֹׁר שְׁנֵי מִינִים יַחַד, אֲפִלּוּ רַק מִשּׁוּם שְׁמִירָה שֶׁלֹּא יִבְרְחוּ. וְיֵשׁ לִזָּהֵר בָּזֶה בְּעוֹפוֹת, שֶׁלֹּא לִקְשֹׁר שְׁנֵי מִינִים יַחַד, שֶׁקְּצָת טוֹעִין בָּזֶה.

סעיף ו' פֶּרֶד, הוּא הַבָּא מִן הַסּוּס וְהַחֲמוֹר, וְיֵשׁ בּוֹ שְׁנֵי מִינִים. יֵשׁ שֶׁאָבִיו סוּס וְאִמּוֹ חֲמוֹרָה, וְיֵשׁ שֶׁאִמּוֹ סוּסָה וְאָבִיו חֲמוֹר, וְהֵם כִּלְאַיִם זֶה בָּזֶה. וְלָכֵן הַבָּא לִקְשֹׁר שְׁתֵּי פְרָדוֹת, בּוֹדֵק בְּסִימָנֵי אָזְנַיִם וְזָנָב וְקוֹל, אִם דּוֹמִין זֶה לָזֶה, בְּיָדוּעַ שֶׁאִמָּן מִמִּין אֶחָד, וּמֻתָּרִים. וְיֵשׁ אוֹמְרִים, דַּאֲפִלּוּ פֶּרֶד אֶחָד, הֲוֵי כִּלְאַיִם, מִשּׁוּם דְּבָא מִשְּׁנֵי מִינִים, וְאָסוּר לַעֲשׂוֹת בּוֹ מְלָאכָה אוֹ לִרְכֹּב עָלָיו.

סימן קעו - הלכות כלאי בגדים (שעטנז) ובו ח' סעיפים:

סעיף א' צֶמֶר רְחֵלִים וְאֵילִים עִם פִּשְׁתָּן, אָסוּר מִשּׁוּם כִּלְאַיִם, בֵּין שֶׁתָּפַר בֶּגֶד צֶמֶר עִם בֶּגֶד פִּשְׁתָן אֲפִלּוּ בְּחוּטֵי מֶשִׁי אוֹ בְּחוּטֵי קַנְבּוֹס, בֵּין שֶׁתָּפַר בֶּגֶד צֶמֶר בְּחוּטֵי פִּשְׁתָּן אוֹ בְהִפּוּךְ, בֵּין שֶׁקָּשַׁר חוּטֵי פִשְׁתָּן עִם חוּטֵי צֶמֶר אוֹ שֶׁקְּלָעָן יַחַד, כָּל אֵלּוּ אֲסוּרִין מִשּׁוּם כִּלְאַיִם. הַתּוֹכֵף תְּכִיפָה אַחַת וְקָשַׁר אוֹ שֶׁתָּכַף שְׁתֵּי תְכִיפוֹת אַף עַל פִּי שֶׁלֹּא קָשַׁר, הֲוֵי חִבּוּר לְכִלְאַיִם. וְעַל כֵּן אָסוּר לְחַבֵּר בֶּגֶד צֶמֶר בְּבֶגֶד פִּשְׁתָּן אֲפִלּוּ עַל יְדֵי מַחַט (שפיננאדל) בְּלֹא חוּט (חוות יאיר קמג).

סעיף ב' עוֹרוֹת הַכְּבָשִׂים שֶׁעוֹשִׂין מֵהֶן בְּגָדִים, מֻתָּר לְתָפְרָן בְּחוּטֵי פִשְׁתָּן וְאֵין חוֹשְׁשִׁין לְנִימוֹת שֶׁל הַצֶּמֶר אֵינָן חוּטִין, וְלָא חֲשִׁיבֵי, וּבָטְלֵי.

סעיף ג' לְחַבֵּר צֶמֶר וּפִשְׁתָּן עַל יְדֵי אֶמְצָעִי, דְּהַיְנוּ חֲתִיכַת עוֹר, לִתְפֹּר אוֹ לִקְשֹׁר מִצִּדּוֹ הָאֶחָד צֶמֶר וּמִצִּדּוֹ הַשֵּׁנִי פִּשְׁתָּן, לְהָרַמְבַּ"ם אָסוּר מִן הַתּוֹרָה, וְיֵשׁ מְקִלִּין. וְלָכֵן לְדִידְהוּ עוֹרוֹת הַתְּפוּרִין יַחַד בְּחוּטֵי פִשְׁתָּן, מֻתָּר לְחַבְּרָם תַּחַת בֶּגֶד צֶמֶר, (וְאַף עַל פִּי שֶׁאֶפְשָׁר שֶׁהַחוּט שֶׁל קַנְבּוֹס, שֶׁהוּא תּוֹפֵר אֶת הָעוֹרוֹת תַּחַת הַבֶּגֶד שֶׁל צֶמֶר, יִכָּנֵס בְּתוֹךְ חוּטֵי פִּשְׁתָּן שֶׁתְּפוּרִין בָּהֶן הָעוֹרוֹת, לֵית לָן בָּהּ), וְהָכִי נוֹהֲגִין. אֲבָל בַּעַל נֶפֶשׁ, יֵשׁ לוֹ לְהַחְמִיר כְּדַעַת הָרַמְבַּ"ם.

סעיף ד' אֲפִלּוּ עֲשָׂרָה מַצָּעוֹת זֶה עַל גַּב זֶה, וְהַתַּחְתּוֹן כִּלְאַיִם, אָסוּר לֵישֵׁב עַל הָעֶלְיוֹן.

סעיף ה' בֶּגֶד גָּדוֹל, שֶׁכִּלְאַיִם בְּקָצֶה אֶחָד מִמֶּנּוּ, אָסוּר לְכַסּוֹת עַצְמוֹ בּוֹ אֲפִלּוּ בְּקָצֶה הַשֵּׁנִי, אַף עַל פִּי שֶׁהַכִּלְאַיִם מֻנָּחִים עַל הָאָרֶץ.

סעיף ו' הַתּוֹפֵר כְּסוּת כִּלְאַיִם בִּשְׁבִיל גּוֹי, תּוֹפְרוֹ כְּדַרְכּוֹ, אַף עַל פִּי שֶׁהַכְּסוּת מֻנַּחַת עַל אַרְכּוּבוֹתָיו, וּבִלְבַד שֶׁלֹּא יְכַוֵּן לֵהָנוֹת מִמַּה שֶּׁמֻּנַּחַת עָלָיו. וְכֵן מוֹכְרֵי כְסוּיוֹת שֶׁנּוֹשְׂאִין אוֹתָן עַל כִּתְפֵיהֶן לְמָכְרָן, מֻתָּר, וּבִלְבַד שֶׁלֹּא יְכַוְּנוּ שֶׁיָּגֵנּוּ עֲלֵיהֶם מִפְּנֵי הַצִּנָּה אוֹ מִפְּנֵי הַגְּשָׁמִים. וּמִכָּל מָקוֹם, הַיְרֵאִים נוֹשְׂאִין אוֹתָן עַל גַּבֵּי מַקֵּל.

סעיף ז' מִטְפַּחַת הַיָּדַיִם, וְכֵן מִטְפַּחַת שֶׁמְּקַנְּחִין בָּהּ אַחַר הָרְחִיצָה, וּמִטְפַּחַת הַשֻּׁלְחָן שֶׁאוֹכְלִין עָלָיו וְכַיּוֹצֵא בָזֶה, וְכֵן מַפָּה שֶׁעַל הַשֻּׁלְחָן בְּבֵית הַכְּנֶסֶת שֶׁקּוֹרִין עָלָיו, אֲסוּרוֹת מִשּׁוּם כִּלְאַיִם. וְכֵן וִילוֹן, אָסוּר לַעֲשׂוֹת מִכִּלְאַיִם. אֲבָל פָּרֹכֶת שֶׁלִּפְנֵי אֲרוֹן הַקֹּדֶשׁ, מֻתָּר.

סעיף ח' עֲגָלוֹת (קוטש, קאללעס) שֶׁיֵּשׁ לָהֶן מִכְסֶה שֶׁהַשָּׂרִים הוֹלְכִין בָּהֶן, וְיֵשׁ מֵהֶן מְחֻפּוֹת מִבִּפְנִים בְּבִגְדֵי צֶמֶר שֶׁהֵם כִּלְאַיִם, כִּי מִסְתָמָא נִתְפְּרוּ בְּחוּטֵי פִשְׁתָן, מֻתָּר לָלֶכֶת בָּהֶם, וּבִלְבַד שֶׁיִּזָּהֵר שֶׁלֹּא לְהִשָּׁעֵן בַּצְּדָדִים שֶׁיֵּשׁ שָׁם כִּלְאַיִם. וּמִכָּל שֶׁכֵּן שֶׁיִּזָּהֵר שֶׁלֹּא לָשֶׁבֶת עַל הַכָּרִים, שֶׁהֵן כִּלְאַיִם (עַיֵּן באר היטב סִימָן שא סָעִיף קטן ב). וְיֵשׁ מַתִּירִין אֲפִלּוּ לֵישֵׁב עַל הַכָּרִים, כֵּיוָן שֶׁעֲשׂוּיִים בְּאֹפֶן שֶׁאֵינָם נִכְפָּפִים עַל צִדְדֵי הָאָדָם (עַיֵּן פתחי תשובה בשם פנים מאירות).

סימן קעז - הלכות בכור בהמה

טהורה ובו ט"ו סעיפים:

סעיף א' יִשְׂרָאֵל שֶׁיָּלְדָה לוֹ בְּהֵמָה טְהוֹרָה שֶׁלּוֹ בְּכוֹר, מִצְוָה לְהַקְדִּישׁוֹ וְלוֹמַר, הֲרֵי זֶה קֹדֶשׁ, שֶׁנֶּאֱמַר, תַּקְדִּישׁ לַה' אֱלֹהֶיךָ. וְאִם לֹא הִקְדִּישׁוֹ, מִתְקַדֵּשׁ מֵאֵלָיו מֵרֶחֶם. וְנוֹתְנִים אוֹתוֹ לַכֹּהֵן, בֵּין שֶׁהוּא תָם, בֵּין שֶׁנָּפַל בּוֹ מוּם, וַאֲפִלּוּ נוֹלַד בְּמוּמוֹ. אֲבָל לֹא יִתְּנֵהוּ לַכֹּהֵן בְּעוֹדוֹ קָטָן מְאֹד, שֶׁאֵין זוֹ גְּדֻלָּה לַכֹּהֵן, אֶלָּא הַבְּעָלִים מְטַפְּלִים בּוֹ עַד שֶׁיִּגְדַּל מְעַט, דְּהַיְנוּ, בְּדַקָּה שְׁלשִׁים יוֹם, וּבְגַסָּה חֲמִשִּׁים יוֹם. וְאִם אֵין לוֹ כֹּהֵן מָצוּי, חַיָּב לְטַפֵּל בּוֹ עַד שֶׁיִּזְדַּמֵּן לוֹ כֹּהֵן.

סעיף ב' אָמַר לוֹ הַכֹּהֵן תּוֹךְ הַזְּמַן, תְּנֵהוּ לִי וַאֲנִי אֲטַפֵּל בּוֹ, אִם אֵין בּוֹ מוּם, אֵינוֹ רַשַּׁאי לִתְּנוֹ לוֹ, מִפְּנֵי שֶׁזֶּהוּ כְּמוֹ שֶׁעוֹשֶׂה לוֹ טוֹבָה לְיִשְׂרָאֵל, (שֶׁהוּא יְטַפֵּל בּוֹ תַּחְתָּיו), בִּשְׁבִיל שֶׁיִּתְּנֵהוּ לוֹ, וְזֶה אָסוּר, דַּהֲוֵי כְּגוֹזֵל אֲחֵרִים. אֲבָל אִם נָפַל בּוֹ מוּם תּוֹךְ הַזְּמַן וְאָמַר לוֹ הַכֹּהֵן תְּנֵהוּ לִי שֶׁאוֹכְלֶנּוּ, מֻתָּר, שֶׁהֲרֵי יָכוֹל לְשָׁחֲטוֹ מִיָּד.

סעיף ג' אִם הַכֹּהֵן אֵינוֹ רוֹצֶה לְקַבְּלוֹ, מִפְּנֵי כִּי בַּזְּמַן הַזֶּה יֵשׁ בּוֹ טֹרַח גָּדוֹל לְגַדְּלוֹ עַד שֶׁיִּפּוֹל בּוֹ מוּם, אֵינוֹ רַשַּׁאי, מִפְּנֵי שֶׁנִּרְאֶה כִּמְבַזֶּה מַתְּנוֹת כְּהֻנָּה. וּמִכָּל מָקוֹם הַיִּשְׂרָאֵל אָסוּר לוֹ לִתְּנוֹ לַכֹּהֵן כְּדֵי לְהַקְנִיטוֹ אוֹ לִנְקֹם מִמֶּנּוּ. וְאִם עוֹשֶׂה כֵן, אֵין הַכֹּהֵן צָרִיךְ לְקַבְּלוֹ. וְכֵן אִם פָּשַׁע הַיִּשְׂרָאֵל, שֶׁהָיָה יָכוֹל לִמְכֹּר אֶת הַבְּהֵמָה לְגוֹי קֹדֶם שֶׁיָּלְדָה וְלֹא מְכָרָהּ, אֵין הַכֹּהֵן צָרִיךְ לְקַבֵּל אֶת הַבְּכוֹר, אֶלָּא הוּא בְּעַצְמוֹ יְטַפֵּל בּוֹ עַד שֶׁיִּפּוֹל בּוֹ מוּם, וְאָז יִתְּנֵהוּ לַכֹּהֵן (עַיֵּן חוּט הַשָּׁנִי סִימָן כו).

סעיף ד' הַבְּכוֹר בַּזְּמַן הַזֶּה, צְרִיכִין לְהַשְׁהוֹתוֹ עַד שֶׁיִּפּוֹל בּוֹ מוּם. וּכְשֶׁנָּפַל בּוֹ מוּם, מַרְאִין אוֹתוֹ לִשְׁלשָׁה בַּעֲלֵי תוֹרָה, וְאֶחָד מֵהֶם יִהְיֶה בָקִי לָדַעַת אִם הוּא מוּם קָבוּעַ, וּמַתִּירִין אוֹתוֹ, וְאַחַר כָּךְ שׁוֹחֲטִין אוֹתוֹ. וְאִם הוּא כָּשֵׁר, אוֹכְלִין אוֹתוֹ, וּמֻתָּר גַּם לְיִשְׂרָאֵל. אֲבָל אֵינוֹ נִמְכָּר בְּמָקוּלִין, וְאֵינוֹ נִשְׁקָל בְּלִיטְרָא, וְאֵין נוֹתְנִין מִמֶּנּוּ לִכְלָבִים, וְאֵין מוֹכְרִין אוֹ נוֹתְנִין מִמֶּנּוּ לְגוֹי.

סעיף ה' הַבְּכוֹר שֶׁנּוֹלַד בּוֹ מוּם, אִם יֵשׁ בַּמָּקוֹם הַהוּא אֲנָשִׁים הָרְאוּיִים לְהַתִּירוֹ, מַרְאִין אוֹתוֹ לָהֶם מִיָּד. וּמִשֶּׁהֻתַּר, אֵין מַשְׁהִין אוֹתוֹ הַרְבֵּה, אֶלָּא אִם הֻתַּר תּוֹךְ שְׁנָתוֹ, יְכוֹלִין לְהַשְׁהוֹתוֹ עַד שֶׁתְּהֵא לוֹ שָׁנָה. וְאִם הֻתַּר סָמוּךְ לִשְׁנָתוֹ אוֹ לְאַחַר שְׁנָתוֹ, אֵין מַשְׁהִין אוֹתוֹ יוֹתֵר מִשְּׁלשִׁים יוֹם. עָבַר וְהִשְׁהָה אוֹתוֹ יוֹתֵר, אֵינוֹ נִפְסָל בְּכָךְ.

סעיף ו' הַכֹּהֵן צָרִיךְ לְגַדֵּל אֶת הַבְּכוֹר עַד שֶׁיִּפֹּל בּוֹ מוּם. וְיָכוֹל לְמָכְרוֹ לְיִשְׂרָאֵל, בֵּין שֶׁיֵּשׁ בּוֹ מוּם בֵּין שֶׁאֵין בּוֹ מוּם, רַק שֶׁהַיִּשְׂרָאֵל יִנְהַג בּוֹ בִּקְדֻשַּׁת בְּכוֹרָה, וְגַם לֹא יִקְנֵהוּ לִסְחוֹרָה.

סעיף ז' אֵין מַרְגִּילִין בִּבְכוֹר, דְּהַיְנוּ לְהַפְשִׁיט עוֹרוֹ שָׁלֵם דֶּרֶךְ מַרְגְּלוֹתָיו, דְּנִרְאֶה כִּבְזָיוֹן, שֶׁבְּעוֹד שֶׁהָעוֹר עַל הַקֳּדָשִׁים, חוֹשֵׁב לַעֲשׂוֹת מִמֶּנּוּ מַפּוּחַ.

סעיף ח' שְׁחָטוֹ וְנִמְצָא טְרֵפָה, עוֹרוֹ וּבְשָׂרוֹ אֲסוּרִים בַּהֲנָאָה, וְטָעוּן קְבוּרָה. וְהוּא הַדִּין אִם מֵת מֵעַצְמוֹ, טָעוּן קְבוּרָה. וְנוֹהֲגִין שֶׁכּוֹרְכִין אוֹתוֹ בִּסְדִין וְקוֹבְרִין אוֹתוֹ בְּבֵית הַקְּבָרוֹת בָּעֵמֶק (תשובה מאהבה)

סעיף ט' הַבְּכוֹר, בֵּין תָּם בֵּין בַּעַל מוּם, אָסוּר בִּגְזָּה וַעֲבוֹדָה. וַאֲפִלּוּ נִתְלַשׁ מִמֶּנּוּ צֶמֶר מֵעַצְמוֹ, אוֹתוֹ הַצֶּמֶר, אָסוּר בַּהֲנָאָה לְעוֹלָם. אֲבָל הַצֶּמֶר שֶׁעַל גּוּפוֹ, אִם נִשְׁחַט בְּמוּמוֹ, הַשְּׁחִיטָה מַתֶּרֶת גַּם אֶת הַצֶּמֶר, כְּמוֹ שֶׁהִיא מַתֶּרֶת אֶת הַבָּשָׂר וְאֶת הָעוֹר.

סעיף י' הַבְּכוֹר, אֵין לוֹ הֶתֵּר אֶלָּא בְּמוּם. וְאָסוּר לְכָנְסוֹ לְכִפָּה כְּדֵי שֶׁיָּמוּת מֵעַצְמוֹ, מִשּׁוּם דְּמַפְסִיד קָדָשִׁים.

סעיף יא' אָסוּר לַעֲשׂוֹת מוּם בִּבְכוֹר. וַאֲפִלּוּ לִגְרֹם לוֹ מוּם, כְּגוֹן לִתֵּן בָּצֵק עַל גַּבֵּי אָזְנוֹ כְּדֵי שֶׁיִּטְּלֶנּוּ הַכֶּלֶב מִשָּׁם וְיִקְטַע אָזְנוֹ עִמּוֹ, וְכַיּוֹצֵא בָּזֶה, אוֹ שֶׁיֹּאמַר לְגוֹי לַעֲשׂוֹת בּוֹ מוּם, אָסוּר. וּמֻתָּר לִתְּנוֹ לְגוֹי לְגַדְּלוֹ אוֹ לְשָׁמְרוֹ.

סעיף יב' הַלּוֹקֵחַ בְּהֵמָה מִן הַגּוֹי, וְאֵין יָדוּעַ אִם כְּבָר יָלְדָה אוֹ לֹא, וְיָלְדָה עַתָּה בְּבֵית יִשְׂרָאֵל, הֲרֵי זֶה סְפֵק בְּכוֹר. וַאֲפִלּוּ הַגּוֹי מֵסִיחַ לְפִי תֻמּוֹ שֶׁכְּבָר יָלְדָה, לֹא מַהֲנֵי. וְגַם הַסִּימָנִים שֶׁבְּסִדְקֵי קַרְנַיִם, לָא מַהֲנֵי. וַאֲפִלּוּ אִם הִיא חוֹלֶבֶת, לָא מַהֲנֵי, אֶלָּא אִם כֵּן רוֹאִין שֶׁמֵּנִיקָה עֵגֶל. וְאִם הִיא חוֹלֶבֶת וְגַם הַגּוֹי מֵסִיחַ לְפִי תֻמּוֹ שֶׁלֹּא לְהַשְׁבִּיחַ אֶת מִקָּחוֹ וְאוֹמֵר שֶׁכְּבָר יָלְדָה, מַהֲנֵי בְּפָרוֹת, אֲבָל לֹא בְּעִזִּים (שטז).

סעיף יג' כֹּהֲנִים וּלְוִיִּם, חַיָּבִים גַּם כֵּן בִּבְכוֹר בְּהֵמָה טְהוֹרָה, אֶלָּא שֶׁהַכֹּהֵן מַפְרִישׁוֹ וּמְעַכְּבוֹ לְעַצְמוֹ וּמַחֲזִיקוֹ בִּקְדֻשַּׁת בְּכוֹר.

סעיף יד' אִם יֵשׁ לְגוֹי שֻׁתָּפוּת עִם יִשְׂרָאֵל בִּבְהֵמָה, וְכֵן הַמְקַבֵּל בְּהֵמָה מִן הַגּוֹי לְגַדְּלָהּ וְשֶׁיַּחְלְקוּ בִּוְלָדוֹת, פְּטוּרִין מִן הַבְּכוֹרָה, שֶׁנֶּאֱמַר, פֶּטֶר כָּל רֶחֶם בִּבְנֵי יִשְׂרָאֵל, עַד שֶׁיִּהְיֶה הַכֹּל מִיִּשְׂרָאֵל. וְגוֹי הַמְקַבֵּל בְּהֵמָה מִיִּשְׂרָאֵל לְגַדְּלָהּ וְשֶׁיַּחְלְקוּ בִּוְלָדוֹת, לְהַרְבֵּה פּוֹסְקִים לָא מַהֲנֵי. אֶלָּא צָרִיךְ הַיִּשְׂרָאֵל לִמְכֹּר אֶת הָאֵם לְגוֹי.

סעיף טו' מִצְוָה לִמְכֹּר לְגוֹי אֶת הַבְּהֵמָה הַטְּהוֹרָה אוֹ לְהִשְׁתַּתֵּף עִמּוֹ בָּהּ קֹדֶם שֶׁתֵּלֵד, כְּדֵי לְפָטְרָהּ מֵהַבְּכוֹרָה. וְאַף עַל פִּי שֶׁמַּפְקִיעַ קְדֻשַּׁת הַבְּכוֹר, הָכִי עָדִיף טְפֵי, שֶׁלֹּא יָבוֹא לִידֵי מִכְשׁוֹל בִּגְזָּה וַעֲבוֹדָה. וְאִם יַקְנֶה לְגוֹי אֶת הָעֻבָּר, לֹא מַהֲנֵי, כֵּיוָן דַּהֲוֵי דָּבָר שֶׁלֹּא בָא לָעוֹלָם, אֶלָּא צָרִיךְ לְהַקְנוֹת לוֹ אֶת הָאֵם. וְהַקִּנְיָן יִהְיֶה בְּאֹפֶן זֶה, יִשְׁתַּוֶּה עִם הַגּוֹי עַל מְחִיר הַפָּרָה, וְגַם יַשְׂכִּיר לוֹ אֶת הַמָּקוֹם אֲשֶׁר הַפָּרָה עוֹמֶדֶת שָׁם, וְהַגּוֹי יִתֵּן לוֹ פְּרוּטָה, וְיֹאמַר לוֹ הַיִּשְׂרָאֵל, בְּזוֹ הַפְּרוּטָה, תִּקְנֶה אֶת הַמָּקוֹם אֲשֶׁר הַפָּרָה עוֹמֶדֶת שָׁמָּה, וְהַמָּקוֹם הַזֶּה יַקְנֶה לְךָ אֶת הַפָּרָה. אוֹ יַעֲשֶׂה כֵּן, שֶׁלְּאַחַר שֶׁהִשְׁתַּוּוּ עַל מְחִיר הַפָּרָה, יִתֵּן לוֹ הַגּוֹי פְּרוּטָה, וְגַם יִמְשֹׁךְ הַגּוֹי אֶת הַפָּרָה לִרְשׁוּתוֹ אוֹ לְסִמְטָא, וְקוֹנֶה אוֹתָהּ בִּמְשִׁיכָה וּמָעוֹת. וַאֲפִלּוּ אִם מַחֲזִירָהּ אַחַר כָּךְ לִרְשׁוּת יִשְׂרָאֵל, לֹא אִכְפַּת לָן.

סימן קעח - הלכות פטר חמור ובו ה' סעיפים:

סעיף א' יִשְׂרָאֵל שֶׁיֵּשׁ לוֹ חֲמוֹרָה וְיָלְדָה בְכוֹר, מִצְוָה לִפְדּוֹתוֹ. וּבַמֶּה פּוֹדֶה אוֹתוֹ. בְּשֶׂה מִן הַכְּבָשִׂים אוֹ מִן הָעִזִּים, בֵּין זָכָר בֵּין נְקֵבָה, בֵּין גָּדוֹל בֵּין קָטָן, בֵּין תָּם בֵּין בַּעַל מוּם, וּבִלְבַד שֶׁלֹּא יְהֵא טְרֵפָה וְלֹא שָׁחוּט וְלֹא בֶּן

פְּקוּעָה, וְיִתֵּן אֶת הַשֶּׂה לַכֹּהֵן. וּמֵאֵימָתַי חַיָּב לִפְדּוֹתוֹ. מִשֶּׁיִּוָּלֵד עַד שֶׁיָּמוּת, אֶלָּא שֶׁמִּצְוָה לִפְדּוֹתוֹ מִיָּד, שֶׁלֹּא לְהַשְׁהוֹת אֶת הַמִּצְוָה. וּלְאַחַר שֶׁפָּדָה אוֹתוֹ, הֲרֵי הוּא בְּיַד הַיִּשְׂרָאֵל חֻלִּין גְּמוּרִים, וְגַם הַשֶּׂה הוּא בְּיַד הַכֹּהֵן חֻלִּין גְּמוּרִים.

סעיף ב' מִיָּד כְּשֶׁהִפְרִישׁ אֶת הַטָּלֶה שֶׁיְּהֵא תַּחַת פֶּטֶר הַחֲמוֹר, נַעֲשָׂה פֶּטֶר הַחֲמוֹר חֻלִּין, אֲפִלּוּ קֹדֶם שֶׁנְּתָנוֹ אֶת הַטָּלֶה לַכֹּהֵן. לְפִיכָךְ מִיָּד כְּשֶׁמַּפְרִישׁוֹ, מְבָרֵךְ אֲשֶׁר קִדְּשָׁנוּ בְּמִצְוֹתָיו וְצִוָּנוּ עַל פִּדְיוֹן פֶּטֶר חֲמוֹר.

סעיף ג' קֹדֶם שֶׁנִּפְדָּה, אָסוּר בַּהֲנָאָה, וַאֲפִלּוּ נְתָנוֹ לַכֹּהֵן. גַּם הַכֹּהֵן אָסוּר לְהִשְׁתַּמֵּשׁ בּוֹ, עַד שֶׁיִּפְדֶּה אוֹתוֹ וְיִקַּח אֶת הַשֶּׂה לְעַצְמוֹ. וְאִם מֵת קֹדֶם שֶׁנִּפְדָּה, יִקָּבֵר.

סעיף ד' אִם אֵינוֹ רוֹצֶה לִפְדּוֹתוֹ, מַכֵּהוּ בְּקוֹפִיץ בְּעָרְפּוֹ עַד שֶׁיָּמוּת וְיִקְבְּרֵנּוּ, מִפְּנֵי שֶׁאָסוּר בַּהֲנָאָה. וּמִצְוַת פְּדִיָּה, קוֹדֶמֶת לְמִצְוַת עֲרִיפָה.

סעיף ה' כֹּהֲנִים וּלְוִיִּם, פְּטוּרִים מִפֶּטֶר חֲמוֹר. וְכֵן בַּת כֹּהֵן וּבַת לֵוִי. אֲבָל בַּעֲלֵיהֶן, חַיָּבִים בְּפֶטֶר חֲמוֹר שֶׁלָּהֶם. וְשֻׁתָּפוּת כֹּהֵן וְלֵוִי וְכֵן שֻׁתָּפוּת גּוֹי, גַּם כֵּן פּוֹטֶרֶת. אֲבָל אָסוּר לְהִשְׁתַּתֵּף עִמָּהֶם אוֹ לִמְכֹּר לָהֶם כְּדֵי לְהַפְקִיעַ קְדֻשָּׁתוֹ, כֵּיוָן דְּאֶפְשָׁר בִּפְדִיָּה אוֹ בַעֲרִיפָה.

סימן קעט - הלכות הלואה ובו ט"ו סעיפים:

סעיף א' מִצְוַת עֲשֵׂה לְהַלְווֹת לַעֲנִיֵּי יִשְׂרָאֵל, שֶׁנֶּאֱמַר, אִם כֶּסֶף תַּלְוֶה אֶת עַמִּי אֶת הֶעָנִי עִמָּךְ וְגוֹ'. וְאַף עַל גַּב דִּכְתִיב אִם, קִבְּלוּ חֲכָמֵינוּ זִכְרוֹנָם לִבְרָכָה, דְּאִם זֶה, אֵינוֹ רְשׁוּת אֶלָּא חוֹבָה. הָכִי אָמְרִינָן בִּמְכִלְתָּא, אִם כֶּסֶף תַּלְוֶה אֶת עַמִּי, חוֹבָה. אַתָּה אוֹמֵר חוֹבָה, אוֹ אֵינוֹ אֶלָּא רְשׁוּת (מִדִּכְתִיב אִם), תַּלְמוּד לוֹמַר, הַעֲבֵט תַּעֲבִיטֶנּוּ, חוֹבָה וְלֹא רְשׁוּת. וְהָא דִּכְתִיב בִּלְשׁוֹן אִם, פֵּרוּשׁוֹ, אִם כֶּסֶף תַּלְוֶה, אֶת עַמִּי תַּלְוֵהוּ וְלֹא לְגוֹי. וּלְאֵיזֶה מֵעַמִּי, לְאוֹתוֹ שֶׁעִמָּךְ. מִכָּאן אָמְרוּ, עָנִי שֶׁהוּא קְרוֹבוֹ, קוֹדֵם לַעֲנִיִּים אֲחֵרִים. וַעֲנִיֵּי עִירוֹ, קוֹדְמִים לַעֲנִיֵּי עִיר אַחֶרֶת. וּגְדוֹלָה מִצְוַת הַלְוָאָה לֶעָנִי, יוֹתֵר מִמִּצְוַת צְדָקָה לֶעָנִי הַשּׁוֹאֵל, שֶׁזֶּה כְּבָר נִצְרַךְ לִשְׁאֹל, וְזֶה עֲדַיִן לֹא הִגִּיעַ לְמִדָּה זוֹ. וְהַתּוֹרָה הִקְפִּידָה עַל מִי שֶׁהוּא נִמְנָע מִלְּהַלְווֹת לֶעָנִי, שֶׁנֶּאֱמַר, וְרָעָה עֵינְךָ בְּאָחִיךָ הָאֶבְיוֹן וְגוֹ'. וְהַמַּלְוֶה לֶעָנִי בִּשְׁעַת דָּחְקוֹ, עָלָיו הַכָּתוּב אוֹמֵר, אָז תִּקְרָא וַה' יַעֲנֶה.

סעיף ב' אֲפִלּוּ עָשִׁיר, אִם צָרִיךְ לִלְווֹת, מִצְוָה לְהַלְווֹת לוֹ וּלְהַנּוֹתוֹ אַף בִּדְבָרִים וּלְיָעֲצוֹ עֵצָה הַהוֹגֶנֶת לוֹ.

סעיף ג' אָסוּר לְהַלְווֹת בְּלֹא עֵדִים וַאֲפִלּוּ לְתַלְמִיד חָכָם, אֶלָּא אִם כֵּן מַלְוֵהוּ עַל הַמַּשְׁכּוֹן. וְהַמַּלְוֶה בִּשְׁטָר, מְשֻׁבָּח יוֹתֵר.

סעיף ד' אָסוּר לִנְגֹּשׂ אֶת הַלֹּוֶה כְּשֶׁיּוֹדֵעַ שֶׁאֵין לוֹ לִפְרֹעַ. וַאֲפִלּוּ לַעֲבוֹר לְפָנָיו, אָסוּר, מִפְּנֵי שֶׁהוּא נִכְלָם בִּרְאוֹתוֹ לַמַּלְוֶה וְאֵין יָדוֹ מַשֶּׂגֶת לִפְרֹעַ, וְעַל זֶה נֶאֱמַר, לֹא תִהְיֶה לוֹ כְּנֹשֶׁה.

סעיף ה' וּכְשֵׁם שֶׁאָסוּר לַמַּלְוֶה לִנְגֹּשׂ אֶת הַלֹּוֶה, כָּךְ אָסוּר לַלֹּוֶה לִכְבּוֹשׁ

מָמוֹן חֲבֵרוֹ שֶׁבְּיָדוֹ וְלוֹמַר לוֹ, לֵךְ וָשׁוּב, כְּשֶׁיֵּשׁ לוֹ, שֶׁנֶּאֱמַר, אַל תֹּאמַר לְרֵעֲךָ לֵךְ וָשׁוּב.

סעיף ו' אָסוּר לַלֹּוֶה לִקַּח אֶת הַהַלְוָאָה וּלְהוֹצִיאָהּ שֶׁלֹּא לְצֹרֶךְ עַד שֶׁתּוּכַל לְהֵאָבֵד וְלֹא יִמְצָא הַמַּלְוֶה מִמַּה לִּגְבּוֹת, וַאֲפִלּוּ אִם הַמַּלְוֶה הוּא עָשִׁיר גָּדוֹל. וְהָעוֹשֶׂה כֵּן, נִקְרָא רָשָׁע, שֶׁנֶּאֱמַר, לֹוֶה רָשָׁע וְלֹא יְשַׁלֵּם. וְצִוּוּ חֲכָמִים, יְהִי מָמוֹן חֲבֵרְךָ חָבִיב עָלֶיךָ כְּשֶׁלָּךְ. וּכְשֶׁהַמַּלְוֶה מַכִּיר אֶת הַלֹּוֶה שֶׁהוּא בַּעַל מִדָּה זֹאת שֶׁלֹּא לְהַשְׁגִּיחַ עַל מָמוֹן אֲחֵרִים, מוּטָב שֶׁלֹּא לְהַלְווֹת לוֹ, מִמַּה שֶּׁיַּלְוֶהוּ וְיִצְטָרֵךְ לְנָגְשׂוֹ אַחַר כָּךְ וְיַעֲבוֹר בְּכָל פַּעַם מִשּׁוּם לֹא תִהְיֶה לוֹ כְּנֹשֶׁה.

סעיף ז' הַמַּלְוֶה עַל הַמַּשְׁכּוֹן, צָרִיךְ לִזָּהֵר שֶׁלֹּא יִשְׁתַּמֵּשׁ בּוֹ, מִפְּנֵי שֶׁהוּא כְּמוֹ רִבִּית. וְאִם הִלְוָה לֶעָנִי עַל מָרָא וְקַרְדֹּם וְכַיּוֹצֵא בּוֹ, שֶׁשְּׂכָרוֹ מְרֻבָּה וְאֵינוֹ נִפְחָת אֶלָּא מְעַט, יָכוֹל לְהַשְׂכִּירוֹ אַף בְּלִי נְטִילַת רְשׁוּת מֵהַלֹּוֶה, וּלְנַכּוֹת לוֹ דְּמֵי הַשְּׂכִירוּת בְּחוֹבוֹ, דְּמִסְתָּמָא נִיחָא לֵהּ לַלֹּוֶה בְּכָךְ. וְיֵשׁ מִי שֶׁאוֹמֵר, דְּדַוְקָא לַאֲחֵרִים יָכוֹל לְהַשְׂכִּירוֹ, אֲבָל לֹא לְעַצְמוֹ, שֶׁלֹּא יַחְשְׁדוּהוּ דְּמִשְׁתַּמֵּשׁ בּוֹ בְּחִנָּם, רַק בִּשְׁבִיל הַהַלְוָאָה.

סעיף ח' אִם רוֹצֶה הַמַּלְוֶה לִקַּחַת מַשְׁכּוֹן מִן הַלֹּוֶה שֶׁלֹּא בִּשְׁעַת הַלְוָאָה אֶלָּא אַחַר כָּךְ, לֹא יַעֲשֶׂה כִּי אִם עַל פִּי בֵּית דִּין.

סעיף ט' לְעוֹלָם יַרְחִיק אָדָם אֶת עַצְמוֹ מִן הָעֲרֵבוּת וּמִן הַפִּקְדוֹנוֹת בְּכָל מַה דְּאֶפְשָׁר.

סעיף י' מִי שֶׁיֵּשׁ לוֹ שְׁטַר חוֹב עַל חֲבֵרוֹ, וְהַשְּׁטָר בָּלָה וְהוֹלֵךְ לְהִמָּחֵק, יָבוֹא לְבֵית דִּין וְיַעֲשׂוּ לוֹ קִיּוּם.

סעיף יא' אָסוּר לְהַשְׁהוֹת שְׁטָר פָּרוּעַ בְּתוֹךְ בֵּיתוֹ, שֶׁנֶּאֱמַר, וְאַל תַּשְׁכֵּן בְּאֹהָלֶיךָ עַוְלָה.

סעיף יב' כְּמוֹ שֶׁצָּרִיךְ לִזָּהֵר בִּשְׁמִירַת פִּקָּדוֹן, כָּךְ צָרִיךְ לִזָּהֵר בִּשְׁמִירַת הַמַּשְׁכּוֹן בְּיוֹתֵר, מִפְּנֵי שֶׁהוּא כְּמוֹ שׁוֹמֵר שָׂכָר עַל הַמַּשְׁכּוֹן. וּכְשֵׁם שֶׁהַנִּפְקָד אֵינוֹ רַשַּׁאי לִמְסֹר אֶת הַפִּקָּדוֹן לְאַחֵר לְשָׁמְרוֹ, כְּמוֹ שֶׁיִּתְבָּאֵר בְּסִימָן קפח, כָּךְ אֵין הַמַּלְוֶה רַשַּׁאי לְהַפְקִיד אֶת הַמַּשְׁכּוֹן בְּיַד אַחֵר אוֹ לְמַשְׁכְּנוֹ שֶׁלֹּא מִדַּעַת הַבְּעָלִים.

סעיף יג' הַמַּלְוֶה אֶת חֲבֵרוֹ עַל הַמַּשְׁכּוֹן, שֶׁאִם לֹא יִפְרָעֶנּוּ לִזְמַן פְּלוֹנִי, יְהֵא הַמַּשְׁכּוֹן חָלוּט לוֹ, יִזָּהֵר לוֹמַר לוֹ בִּשְׁעַת הַלְוָאָה, אִם לֹא תִפְדֶּה אוֹתוֹ עַד זְמַן פְּלוֹנִי, יְהֵא קָנוּי לִי מֵעַכְשָׁו.

סעיף יד' מִי שֶׁהוּא יוֹדֵעַ שֶׁחַיָּב לַחֲבֵרוֹ, וַחֲבֵרוֹ אוֹמֵר לוֹ, וַדַּאי לִי שֶׁאֵינְךָ חַיָּב לִי, פָּטוּר מִלְּשַׁלֵּם לוֹ, שֶׁהֲרֵי מָחַל לוֹ.

סעיף טו' לֹוֶה שֶׁבָּא לִפְרוֹעַ לַמַּלְוֶה עַל יְדֵי שָׁלִיחַ, מִיָּד כְּשֶׁמָּסַר אֶת הַמָּעוֹת לִידֵי הַשָּׁלִיחַ, זָכָה הַשָּׁלִיחַ בַּמָּעוֹת עֲבוּר הַמַּלְוֶה, וּכְשֶׁהַלֹּוֶה מִתְחָרֵט וְרוֹצֶה לְקַחְתָּן מִיַּד הַשָּׁלִיחַ וְשֶׁיִּפְרַע לוֹ אַחַר כָּךְ, אָסוּר מִשּׁוּם דַּהֲוֵי לֵהּ שֶׁלֹּא מִדַּעַת, וְגַם עַל הַשָּׁלִיחַ יֵשׁ אִסּוּר לְהַחֲזִירָן לַלֹּוֶה.

סימן קפ - הלכות שמטת כספים ובו ט"ז סעיפים:

סעיף א' הַסְכָּמַת רֹב הַפּוֹסְקִים דִשְׁמִטַּת כְּסָפִים נוֹהֶגֶת גַּם בַּזְּמַן הַזֶּה, וַאֲפִלּוּ בְּחוּץ לָאָרֶץ. וְהָעוֹלָם נָהֲגוּ לְהָקֵל. וּכְבָר הִרְעִישׁוּ עַל זֹאת גְּדוֹלֵי יִשְׂרָאֵל זִכְרוֹנָם לִבְרָכָה, וּקְצָת מֵהֶם טָרְחוּ לְלַמֵּד זְכוּת עַל הַמִּנְהָג שֶׁסּוֹמְכִין עַל קְצָת מְקִלִּין. אֲבָל מִי שֶׁרוֹצֶה לְדַקְדֵּק בַּמִּצְוֹת, בְּוַדַּאי מְחֻיָּב לַעֲשׂוֹת כְּדַעַת רֹב הַפּוֹסְקִים זִכְרוֹנָם לִבְרָכָה. וּבִפְרָט שֶׁיּוּכַל לְתַקֵּן אֶת הַדָּבָר עַל יְדֵי פְּרוֹזְבּוּל וְלֹא יָבוֹא לִידֵי פְּסִידָא. וּשְׁנַת הַשְּׁמִטָּה הָיְתָה בִּשְׁנַת תרל"ה, וְתִהְיֶה אִם יִרְצֶה הַשֵּׁם בִּשְׁנַת תרמ"ב. [וְהַבָּאוֹת, אי"ה, תש"מ, תשמ"ז, תשנ"ד, תשס"א, תשס"ח, תשע"ה, תשפ"ב, תשפ"ט, תשצ"ו, תת"ג. וְכוּ'].

סעיף ב' שְׁבִיעִית, מְשַׁמֶּטֶת כָּל מִלְוֶה, בֵּין מִלְוֶה עַל פֶּה, בֵּין מִלְוֶה בִּשְׁטָר, וַאֲפִלּוּ יֵשׁ בּוֹ אַחֲרָיוּת נְכָסִים. וּמִי שֶׁנָּתַן לַחֲבֵרוֹ מָעוֹת בְּתוֹרַת עִסְקָא, שֶׁהַדִּין הוּא שֶׁחֶצְיָן מִלְוֶה וְחֶצְיָן פִּקָּדוֹן, הַחֵצִי שֶׁהוּא מִלְוֶה מְשַׁמֵּט, וְהַחֵצִי שֶׁהוּא פִּקָּדוֹן אֵינוֹ מְשַׁמֵּט.

סעיף ג' הַמַּלְוֶה אֶת חֲבֵרוֹ עַל הַמַּשְׁכּוֹן, אֵינוֹ מְשַׁמֵּט. וְאִם הִלְוָהוּ עַל מַשְׁכּוֹן קַרְקַע, יֵשׁ בָּזֶה חִלּוּקֵי דִינִים.

סעיף ד' עָרֵב שֶׁפָּרַע לַמַּלְוֶה, וְקֹדֶם שֶׁפָּרַע הַלֹּוֶה לְהֶעָרֵב הִגִּיעָה שְׁנַת הַשְּׁמִטָּה, מְשַׁמֵּט.

סעיף ה' מִי שֶׁנִּתְחַיֵּב לַחֲבֵרוֹ שְׁבוּעָה עַל מָמוֹן, שֶׁאִלּוּ הָיָה מוֹדֶה לוֹ הָיְתָה שְׁבִיעִית מְשַׁמֶּטֶת אֶת הַמָּמוֹן, מְשַׁמֶּטֶת גַּם כֵּן אֶת הַשְּׁבוּעָה.

סעיף ו' מִי שֶׁהָיָה חַיָּב לַחֲבֵרוֹ מָמוֹן וְכָפַר, וְעָמְדוּ לַדִּין וְנִתְחַיֵּב, וְכָתְבוּ בֵּית הַדִּין פְּסַק דִּין וּנְתָנוּהוּ לְיַד הַמַּלְוֶה, אֵין הַשְּׁבִיעִית מְשַׁמַּטְתּוֹ.

סעיף ז' הַמַּלְוֶה אֶת חֲבֵרוֹ וְהִתְנָה עִמּוֹ שֶׁלֹּא תְשַׁמְּטֶנּוּ שְׁבִיעִית, אֲפִלּוּ הָכֵי מְשַׁמַּטְתּוֹ. אֲבָל אִם הִתְנָה עִמּוֹ שֶׁלֹּא יַשְׁמִיט הוּא חוֹב זֶה, אֲפִלּוּ הָיָה זֶה בִּשְׁנַת הַשְּׁמִטָּה, אֵינָהּ מְשַׁמַּטְתּוֹ. וְכֵן אִם כָּתַב בִּשְׁטָר לְשׁוֹן פִּקָּדוֹן, אֵינָהּ מְשַׁמֶּטֶת.

סעיף ח' הַמַּלְוֶה אֶת חֲבֵרוֹ לְאֵיזֶה שָׁנִים וְהִגִּיעַ זְמַן הַפֵּרָעוֹן לְאַחַר שְׁמִטָּה, אֵינָהּ מְשַׁמַּטְתּוֹ, כֵּיוָן שֶׁלֹּא הָיָה יָכוֹל לְתָבְעוֹ קֹדֶם.

סעיף ט' הַמּוֹסֵר שְׁטָרוֹתָיו לְבֵית דִּין וְאָמַר לָהֶם, אַתֶּם גְּבוּ לִי חוֹבִי, אֵינוֹ נִשְׁמָט.

סעיף י' הַמּוֹכֵר אֵיזֶה דָּבָר לַחֲבֵרוֹ בְּהַקָּפָה, הָוֵי לֵהּ כְּאִלּוּ הִלְוָהוּ מָעוֹת, וּמְשַׁמֵּט. אֲבָל חֶנְוָנֵי הַמּוֹכֵר לַאֲחֵרִים בְּהַקָּפָה, וְאֵין דַּרְכּוֹ לִתְבֹּעַ עַד שֶׁמִּתְקַבֵּץ אֵיזֶה סַךְ, אֵינוֹ מְשַׁמֵּט. וְאִם זְקָפָן עָלָיו בְּמִלְוֶה, דְּהַיְנוּ שֶׁחָשַׁב הַכֹּל בְּיַחַד וְכָתַב בְּפִנְקָסוֹ סַךְ הַכּוֹלֵל, אֲזַי הָוֵי כְּהַלְוָאָה וּמְשַׁמֵּט.

סעיף יא' שְׂכַר שָׂכִיר, אֵינוֹ מְשַׁמֵּט. וְאִם זְקָפוֹ עָלָיו בְּמִלְוֶה, מְשַׁמֵּט.

סעיף יב' הַבָּא מִכֹּחַ הַגּוֹי, הֲרֵי הוּא כְּגּוֹי. לָכֵן מִי שֶׁקָּנָה מִגּוֹי שְׁטַר חוֹב עַל יִשְׂרָאֵל, אֵינוֹ מְשַׁמֵּט, שֶׁהֲרֵי הַגּוֹי הָיָה גּוֹבֶה בִּשְׁטָרוֹ לְעוֹלָם. וְכֵן מִי שֶׁעָרַב לְגוֹי בְּעַד יִשְׂרָאֵל, וְלֹא פָרַע הַיִּשְׂרָאֵל, וְהֻצְרַךְ הַיִּשְׂרָאֵל הֶעָרֵב לִפְרֹעַ לְגּוֹי, וְנָטַל מִן הַגּוֹי אֶת הַשְּׁטָר שֶׁעַל הַלֹּוֶה,

אֵינוֹ מְשַׁמֵּט. אֲבָל אִם לֹא הָיָה שְׁטָר, אֶלָּא שֶׁתּוֹבֵעַ לַחֲבֵרוֹ בְּעַל פֶּה, עַל שֶׁהֻצְרַךְ לִפְרֹעַ בַּעֲדוֹ לַגּוֹי, הֲרֵי זֶה פָּטוּר.

סעיף יג' אֵין שְׁבִיעִית מְשַׁמֶּטֶת כְּסָפִים, אֶלָּא בְּסוֹפָהּ. לְפִיכָךְ הַמַּלְוֶה אֶת חֲבֵרוֹ בִּשְׁנַת הַשְּׁמִטָּה עַצְמָהּ, גּוֹבֶה חוֹבוֹ כָּל הַשָּׁנָה. וּכְשֶׁתִּשְׁקַע הַחַמָּה בְּעֶרֶב רֹאשׁ הַשָּׁנָה, אָבַד הַחוֹב.

סעיף יד' לֹוֶה שֶׁבָּא לִפְרֹעַ לַמַּלְוֶה חוֹב שֶׁעָבַר עָלָיו שְׁמִטָּה, יֹאמַר לוֹ הַמַּלְוֶה, מְשַׁמֵּט אֲנִי אֶת הַחוֹב וּכְבָר נִפְטַרְתָּ מִמֶּנִּי. אִם אָמַר לוֹ הַלֹּוֶה, אַף עַל פִּי כֵן רוֹצֶה אֲנִי שֶׁתְּקַבֵּל מִמֶּנִּי, מֻתָּר לַמַּלְוֶה לְקַבְּלוֹ מִמֶּנּוּ. וְאַל יֹאמַר הַלֹּוֶה, בְּחוֹבִי אֲנִי נוֹתֵן לְךָ, אֶלָּא יֹאמַר לוֹ, שֶׁלִּי הֵם וּבְמַתָּנָה אֲנִי נוֹתְנָם לְךָ. וְיָכוֹל הַמַּלְוֶה לַעֲשׂוֹת הִשְׁתַּדְּלוּת וְהִתְפַּעֲלוּת, שֶׁיֹּאמַר הַלֹּוֶה שֶׁהוּא נוֹתְנָם לוֹ בְּמַתָּנָה. וְאִם אֵינוֹ יָכוֹל לִפְעֹל זֹאת, אַל יִקָּחֵם.

סעיף טו' פְּרוֹזְבּוּל אֵינוֹ מְשַׁמֵּט. וּמַהוּ פְּרוֹזְבּוּל. הַמַּלְוֶה הוֹלֵךְ אֵצֶל שְׁלֹשָׁה בְּנֵי תוֹרָה שֶׁיִּהְיוּ בֵּית דִּין, וְיֹאמַר אֲלֵיהֶם, אַתֶּם דַּיָּנִים, מוֹסֵר אֲנִי לָכֶם, שֶׁכָּל חוֹב שֶׁיֵּשׁ לִי עַל פְּלוֹנִי וְעַל פְּלוֹנִי, שֶׁאֶגְבֶּה אוֹתָן חוֹבוֹת כָּל זְמַן שֶׁאֶרְצֶה. וְהֵמָּה כּוֹתְבִים לוֹ פְּרוֹזְבּוּל בְּזוֹ הַלָּשׁוֹן, בְּמוֹתַב תְּלָתָא כַּחֲדָא הֲוֵינָא, וַאֲתָא פְּלוֹנִי הַמַּלְוֶה וְאָמַר לְפָנֵינוּ, מוֹסֵר אֲנִי וְכוּ'. וּשְׁלָשְׁתָּן חוֹתְמִין לְמַטָּה, בִּלְשׁוֹן דַּיָּנִים אוֹ בִּלְשׁוֹן עֵדִים. וִיכוֹלִין לַעֲשׂוֹת זֹאת גַּם בְּסוֹף הַשָּׁנָה, דְּהַיְנוּ בְּעֶרֶב רֹאשׁ הַשָּׁנָה קֹדֶם שְׁקִיעַת הַחַמָּה. וְיֵשׁ אוֹמְרִים, שֶׁאֵינָן צְרִיכִין דַּוְקָא לִכְתֹּב אֶת הַפְּרוֹזְבּוּל, אֶלָּא דַּי בְּמַה שֶּׁהוּא אוֹמֵר לִפְנֵיהֶם. וַאֲפִלּוּ אִם אֵין בִּמְקוֹמוֹ בֵּית דִּין, יָכוֹל לוֹמַר, אֲנִי מוֹסֵר שְׁטָרוֹתַי לְבֵית דִּין שֶׁבִּמְקוֹם פְּלוֹנִי.

סעיף טז' לֹא מַהֲנֵי פְּרוֹזְבּוּל אֶלָּא אִם יֵשׁ לַלֹּוֶה קַרְקַע. וַאֲפִלּוּ כָּל שֶׁהוּא, סַגֵּי. וַאֲפִלּוּ אֵין לוֹ אֶלָּא עֲצִיץ נָקוּב, סַגֵּי. וַאֲפִלּוּ אֵין לַלֹּוֶה כְּלוּם, אֶלָּא שֶׁיֵּשׁ לֶעָרֵב אוֹ שֶׁיֵּשׁ לְמִי שֶׁהוּא חַיָּב לוֹ לַלֹּוֶה זֶה, נַמֵּי מַהֲנֵי. וְאִם גַּם לְאֵלּוּ אֵין לָהֶם כְּלָל, אִם יֵשׁ לַמַּלְוֶה קַרְקַע כָּל שֶׁהוּא, יָכוֹל לְזַכּוֹת לוֹ לַלֹּוֶה, וַאֲפִלּוּ עַל יְדֵי אַחֵר, וַאֲפִלּוּ שֶׁלֹּא בְּפָנָיו, וּמַהֲנֵי לִפְרוֹזְבּוּל.

סימן קפא - הלכות טוען ונטען ועדות ובו כ"ב סעיפים:

סעיף א' כְּשֶׁנָּפַל בֵּין שְׁנֵי בְנֵי אָדָם אֵיזֶה סִכְסוּךְ, רָאוּי לָהֶם לְהִתְפַּשֵּׁר בְּטוֹב וְשֶׁיְּוַתֵּר כָּל אֶחָד נֶגֶד חֲבֵרוֹ, כְּדֵי לְהִתְרַחֵק מִזִּילוּתָא דְּבֵי דִינָא בְּכָל מַה דְּאֶפְשָׁר.

סעיף ב' אִם אִי אֶפְשָׁר לָהֶם לְהִתְפַּשֵּׁר בְּטוֹב, וּמֻכְרָחִים לָבוֹא בַּמִּשְׁפָּט, יָבוֹאוּ לִפְנֵי בֵית דִּין יִשְׂרָאֵל. וְאָסוּר לָדוּן בִּפְנֵי דַיָּנֵי גוֹיִם וּבְעַרְכָּאוֹת שֶׁלָּהֶם, אֲפִלּוּ בְּדִין שֶׁדָּנִים כְּדִינֵי יִשְׂרָאֵל. וַאֲפִלּוּ נִתְרַצּוּ שְׁנֵי בַעֲלֵי דִינִים לָדוּן בִּפְנֵיהֶם, אָסוּר. וַאֲפִלּוּ נִתְקַשְּׁרוּ בְּקִנְיָן עַל זֶה אוֹ שֶׁכָּתְבוּ כֵן בִּשְׁטָר, אֵינוֹ כְלוּם. וְכָל הַבָּא לָדוּן בִּפְנֵיהֶם, הֲרֵי זֶה רָשָׁע, וּכְאִלּוּ חֵרֵף וְגִדֵּף וְהֵרִים יָד בְּתוֹרַת מֹשֶׁה רַבֵּנוּ עָלָיו הַשָּׁלוֹם. וַאֲפִלּוּ בְּדָבָר הַמֻּתָּר לְמֶעְבַּד דִּינָא לְנַפְשֵׁהּ, כַּאֲשֶׁר יִתְבָּאֵר אִם יִרְצֶה הַשֵּׁם בְּסָעִיף ט, מִכָּל מָקוֹם אָסוּר לַעֲשׂוֹתוֹ עַל יְדֵי גוֹיִם. וַאֲפִלּוּ אֵינוֹ דָן לִפְנֵי הַגּוֹיִם, אֶלָּא שֶׁכּוֹפֵהוּ עַל יְדֵי גוֹי

שֶׁיַּעֲמֹד עִמּוֹ לְדִין יִשְׂרָאֵל, רָאוּי לְמָתְחוֹ עַל הָעַמּוּד.

סעיף ג' הָיְתָה יָדָם תַּקִּיפָה וּבַעַל דִּינוֹ גֶּבֶר אַלָּם, יִתְבָּעֵנּוּ לְדַיָּנֵי יִשְׂרָאֵל תְּחִלָּה. אִם לֹא רָצָה לָבוֹא, נוֹטֵל רְשׁוּת מִבֵּית דִּין וּמַצִּיל בְּדִינֵיהֶם.

סעיף ד' מִי שֶׁתּוֹבְעִים אוֹתוֹ מָמוֹן שֶׁהוּא מֻחְזָק בּוֹ, אָסוּר לוֹ לְבַקֵּשׁ צְדָדִים לְהִשָּׁמֵט, כְּדֵי שֶׁיִּתְרַצֶּה הַלָּה לַעֲשׂוֹת עִמּוֹ פְּשָׁרָה וְיִמְחוֹל לוֹ עַל הַשְּׁאָר. וְאִם עָבַר וְעָשָׂה כֵּן, אֵינוֹ יוֹצֵא יְדֵי שָׁמַיִם, עַד שֶׁיִּתֵּן לוֹ אֶת שֶׁלּוֹ.

סעיף ה' אָסוּר לְבַעַל דִּין לְסַפֵּר עִנְיַן הַמִּשְׁפָּט לִפְנֵי הַדַּיָּן שֶׁלֹּא בִּפְנֵי בַּעַל הַדִּין חֲבֵרוֹ. וְלֹא יַקְדִּים אֶת עַצְמוֹ לָבוֹא לִפְנֵי הַדַּיָּן קֹדֶם לַחֲבֵרוֹ, שֶׁלֹּא יְהֵא נֶחְשָׁד שֶׁמַּקְדִּים כְּדֵי לְסַדֵּר טַעֲנוֹתָיו שֶׁלֹּא בִּפְנֵי חֲבֵרוֹ (ספר מאירת עינים).

סעיף ו' כְּשֵׁם שֶׁהַדַּיָּן הַלּוֹקֵחַ שֹׁחַד אֲפִלּוּ לְזַכּוֹת אֶת הַזַּכַּאי עוֹבֵר בְּלֹא תַעֲשֶׂה, כָּךְ הַנּוֹתֵן אֶת הַשֹּׁחַד עוֹבֵר בְּלֹא תַעֲשֶׂה דְּלִפְנֵי עִוֵּר לֹא תִתֵּן מִכְשֹׁל.

סעיף ז' אָסוּר לִטְעֹן שֶׁקֶר בְּכָל עִנְיָן. וַאֲפִלּוּ אִם יוֹדֵעַ בְּעַצְמוֹ שֶׁהוּא זַכַּאי, וְאִם יִטְעַן הָאֱמֶת יִתְחַיֵּב בַּדִּין, מִכָּל מָקוֹם לֹא יִטְעַן שֶׁקֶר. הָכִי אִיתָא בַּגְּמָרָא, תָּנוּ רַבָּנָן, מִנַּיִן לְנוֹשֶׁה בַּחֲבֵרוֹ (פֵּרוּשׁ שֶׁהִלְוָה לַחֲבֵרוֹ) מָנֶה, שֶׁלֹּא יֹאמַר אֶטְעָנֶנּוּ בְּמָאתַיִם כְּדֵי שֶׁיּוֹדֶה לִי בְּמָנֶה וְיִתְחַיֵּב לִי שְׁבוּעָה וַאֲגַלְגֵּל עָלָיו שְׁבוּעָה מִמָּקוֹם אַחֵר תַּלְמוּד לוֹמַר, מִדְּבַר שֶׁקֶר תִּרְחָק. מִנַּיִן לְנוֹשֶׁה בַּחֲבֵרוֹ מָנֶה וּטְעָנוֹ מָאתַיִם. שֶׁלֹּא יֹאמַר הַלֹּוֶה, אֶכְפְּרֶנּוּ בְּבֵית דִּין וְאוֹדֶה לוֹ חוּץ לְבֵית הַדִּין כְּדֵי שֶׁלֹּא אֶתְחַיֵּב לוֹ שְׁבוּעָה וְלֹא יְגַלְגֵּל עָלַי שְׁבוּעָה מִמָּקוֹם אַחֵר תַּלְמוּד לוֹמַר, מִדְּבַר שֶׁקֶר תִּרְחָק. מִנַּיִן לִשְׁלֹשָׁה שֶׁנּוֹשִׁין מָנֶה בְּאֶחָד, שֶׁלֹּא יְהֵא אֶחָד בַּעַל דִּין וּשְׁנַיִם עֵדִים כְּדֵי שֶׁיּוֹצִיאוּ הַמָּנֶה וְיַחֲלֹקוּ תַּלְמוּד לוֹמַר, מִדְּבַר שֶׁקֶר תִּרְחָק.

סעיף ח' לִפְעָמִים בַּעֲלֵי הַדִּין בּוֹרְרִים לָהֶם אֲנָשִׁים שֶׁיַּעֲשׂוּ פְּשָׁרָה בֵּינֵיהֶם, אִם בְּצֵרוּף בֵּית הַדִּין אוֹ שֶׁלֹּא בְּבֵית דִּין. וְדָבָר זֶה, הַגּוּן הוּא, שֶׁכָּל אֶחָד הוּא מְצַדֵּד בִּזְכוּתוֹ שֶׁל זֶה אֲשֶׁר בְּחָרוֹ וְיֵצֵא הַפְּשָׁר כָּרָאוּי. וְדַוְקָא לְצַדֵּד בְּדֶרֶךְ הַיָּשָׁר. אֲבָל חָלִילָה לוֹ לְעַוֵּת אֶת הַפְּשָׁר. שֶׁכְּשֵׁם שֶׁמֻּזְהָרִין שֶׁלֹּא לְהַטּוֹת אֶת הַדִּין, כָּךְ מֻזְהָרִין שֶׁלֹּא לְהַטּוֹת אֶת הַפְּשָׁר.

סעיף ט' יָכוֹל אָדָם לַעֲשׂוֹת דִּין לְעַצְמוֹ. אִם רוֹאֶה חֵפֶץ שֶׁלּוֹ בְּיַד אַחֵר שֶׁגְּזָלוֹ, יָכוֹל לְקַחְתּוֹ מִיָּדוֹ. וְאִם הָאַחֵר עוֹמֵד כְּנֶגְדּוֹ, יָכוֹל לְהַכּוֹתוֹ עַד שֶׁיַּנִּיחֶנּוּ, אִם לֹא יוּכַל לְהַצִּיל בְּעִנְיָן אַחֵר, אֲפִלּוּ הוּא דָּבָר שֶׁאֵין בּוֹ הֶפְסֵד, אִם יַמְתִּין עַד שֶׁיַּעֲמִידֶנּוּ בַּדִּין. וְאִם יֵשׁ עֵדִים הָרוֹאִים שֶׁהוּא תּוֹפֵס אֶת הַחֵפֶץ מִיַּד הָאַחֵר, אֵינוֹ יָכוֹל לְתָפְסוֹ עַל יְדֵי הַכָּאָה, אֶלָּא אִם כֵּן יָכוֹל לְבָרֵר אַחַר כָּךְ שֶׁנָּטַל אֶת שֶׁלּוֹ. כִּי אִם לֹא יְבָרֵר, לֹא מַהֲנֵי לֵהּ תְּפִיסָתוֹ, כֵּיוָן שֶׁהָיוּ עֵדִים בַּדָּבָר. אֲבָל אִם אֵין עֵדִים, דְּאָז מַהֲנֵי תְּפִיסָתוֹ, יָכוֹל לַעֲשׂוֹת כֵּן, אַף עַל פִּי שֶׁלֹּא יוּכַל לְבָרֵר.

סעיף י' בְּנֵי הָעִיר שֶׁמַּעֲמִידִין לָהֶם בֵּית דִּין, צְרִיכִין לֵידַע שֶׁיֵּשׁ בְּכָל אֶחָד מֵהֶם שִׁבְעָה דְּבָרִים אֵלּוּ, חָכְמָה

בַּתּוֹרָה, עֲנָוָה, יִרְאָה, שֹׂנְאַת מָמוֹן אֲפִלּוּ שֶׁלָּהֶם, אַהֲבַת הָאֱמֶת, אַהֲבַת הַבְּרִיּוֹת לָהֶם, בַּעֲלֵי שֵׁם טוֹב בְּמַעֲשֵׂיהֶם. וְכָל הַמַּעֲמִיד דַּיָּן שֶׁאֵינוֹ הָגוּן, עוֹבֵר בְּלֹא תַעֲשֶׂה, שֶׁנֶּאֱמַר, לֹא תַכִּירוּ פָנִים בַּמִּשְׁפָּט, כְּלוֹמַר, לֹא תַכִּירוּ פְּנֵי הָאִישׁ לוֹמַר, פְּלוֹנִי עָשִׁיר הוּא, קְרוֹבִי הוּא, אוֹשִׁיבֶנּוּ בַּדִּין. וְכָל דַּיָּן שֶׁנִּתְמַנָּה בִּשְׁבִיל כֶּסֶף וְזָהָב, אָסוּר לַעֲמֹד לְפָנָיו אוֹ לְכַבְּדוֹ בִּשְׁאָר כִּבּוּד, וְעָלָיו דָּרְשׁוּ רַבּוֹתֵינוּ זִכְרוֹנָם לִבְרָכָה, אֱלֹהֵי כֶסֶף וֵאלֹהֵי זָהָב לֹא תַעֲשׂוּ לָכֶם.

סעיף יא' עֲיָרוֹת שֶׁאֵין בָּהֶם חֲכָמִים הָרְאוּיִים לִהְיוֹת דַּיָּנִים, מְמַנִּים הַטּוֹבִים וְהַחֲכָמִים שֶׁבָּהֶם לָדַעַת אַנְשֵׁי הָעִיר, וְהֵם יָדוּנוּ אַף עַל פִּי שֶׁאֵינָם רְאוּיִים לְדַיָּנִים, כְּדֵי שֶׁלֹּא יֵלְכוּ לִפְנֵי עַרְכָּאוֹת שֶׁל גּוֹיִם. וְכֵיוָן שֶׁקִּבְּלוּם עֲלֵיהֶם בְּנֵי הָעִיר, אֵין אַחֵר יָכוֹל לְפָסְלָן. וְכָל מַעֲשֵׂיהֶם יִהְיוּ לְשֵׁם שָׁמָיִם.

סעיף יב' כָּל מִי שֶׁיּוֹדֵעַ עֵדוּת לַחֲבֵרוֹ וְרָאוּי לַהֲעִידוֹ וְיֵשׁ לַחֲבֵרוֹ תּוֹעֶלֶת בְּעֵדוּתוֹ וְהוּא תוֹבְעוֹ שֶׁיָּעִיד לוֹ בִּפְנֵי בֵּית דִּין חַיָּב לְהָעִיד לוֹ, בֵּין שֶׁיֵּשׁ עוֹד עֵד אַחֵר עִמּוֹ, בֵּין שֶׁהוּא לְבַדּוֹ. וְאִם כָּבַשׁ עֵדוּתוֹ, חַיָּב בְּדִינֵי שָׁמָיִם. וְאָסוּר לְאָדָם לְהָעִיד בְּדָבָר שֶׁאֵינוֹ יוֹדֵעַ, אַף עַל פִּי שֶׁאָמַר לוֹ אָדָם שֶׁיּוֹדֵעַ בּוֹ שֶׁאֵינוֹ מְשַׁקֵּר. וַאֲפִלּוּ אָמַר לוֹ בַּעַל הַדִּין, בּוֹא וַעֲמֹד עִם עֵד אֶחָד שֶׁיֵּשׁ לִי, וְלֹא תָעִיד, רַק שֶׁיִּפְחַד בַּעַל חוֹבִי וְיִסְבּוֹר שֶׁיֵּשׁ לִי שְׁנֵי עֵדִים, וְיוֹדֶה לִי לֹא יִשְׁמַע לוֹ, שֶׁנֶּאֱמַר, מִדְּבַר שֶׁקֶר תִּרְחָק.

סעיף יג' הָא דְּעֵד אֶחָד מֵעִיד, זֶהוּ דַּוְקָא בְּדָבָר שֶׁבְּמָמוֹן, דְּמַהֲנֵי גַם עֵד אֶחָד לְעִנְיַן שְׁבוּעָה. וְכֵן בְּדָבָר אִסּוּר, אִם עֲדַיִן לֹא נַעֲשָׂה הָאִסּוּר, יָעִיד כְּדֵי לְאַפְרוּשֵׁי מֵאִסּוּרָא. אֲבָל אִם כְּבָר נַעֲשָׂה הָאִסּוּר, לֹא יָעִיד עֵד אֶחָד. דְּכֵיוָן דְּעֵד אֶחָד אֵינוֹ נֶאֱמָן, אֵינוֹ אֶלָּא כְּמוֹצִיא שֵׁם רָע עַל חֲבֵרוֹ.

סעיף יד' הַנּוֹטֵל שָׂכָר לְהָעִיד, עֵדוּתוֹ בְּטֵלָה. וְדַוְקָא כְּשֶׁכְּבָר רָאָה הַמַּעֲשֶׂה, דִּמְחֻיָּב לְהָעִיד בְּחִנָּם. אֲבָל לֵילֵךְ לִרְאוֹת אֶת הָעִנְיָן שֶׁיִּהְיֶה אַחַר כָּךְ עֵד בַּדָּבָר, מֻתָּר לוֹ לִקַּח שָׂכָר, אֲבָל רַק שְׂכַר הָרָאוּי לְפִי הַטִּרְחָא שֶׁלּוֹ וְלֹא יוֹתֵר. וְכֵן אִם יֵשׁ לוֹ טִרְחָא לָלֶכֶת לִפְנֵי בֵּית הַדִּין, יָכוֹל לִטּוֹל שְׂכַר טִרְחָא כְּפִי הָרָאוּי בְּעַד טִרְחָא זוֹ, וְלֹא יוֹתֵר.

סעיף טו' כָּל עֵדוּת שֶׁיֵּשׁ לְאָדָם הֲנָאָה בָּהּ, וְאֵיזֶה צַד נְגִיעָה אֲפִלּוּ בְּדֶרֶךְ רְחוֹקָה, פָּסוּל לְהָעִיד.

סעיף טז' כְּתִיב, וַאֲשֶׁר לֹא טוֹב עָשָׂה בְּתוֹךְ עַמָּיו, וְדָרְשִׁינָן, זֶה הַבָּא בְּהַרְשָׁאָה וּמִתְעַבֵּר עַל רִיב לֹא לוֹ. וְדַוְקָא כְּשֶׁשְּׁנֵי בַּעֲלֵי הַדִּין הֵמָּה בָעִיר, אֶלָּא כְּגוֹן שֶׁהַלֹּוֶה הוּא אַלָּם וּבַעַל טְעָנוֹת, וְיָרֵא הַמַּלְוֶה לִטְעֹן עִמּוֹ וּמַרְשֶׁה לְאַחֵר, זֶהוּ מִתְעַבֵּר עַל רִיב לֹא לוֹ. אֲבָל אִם הַנִּתְבָּע הוּא בְּעִיר אַחֶרֶת, וְהַתּוֹבֵעַ אֵינוֹ יָכוֹל לְהַטְרִיחַ אֶת עַצְמוֹ וּמַרְשֶׁה לְאַחֵר, זֶה הַמֻּרְשֶׁה מִצְוָה קָעָבֵיד לְהַצִּיל עָשׁוּק מִיַּד עוֹשְׁקוֹ. וְיֵשׁ אוֹמְרִים, דְּהַבָּא בְּהַרְשָׁאָה כְּדֵי לֵהָנוֹת מִן הַשָּׂכָר וְלֹא בִּשְׁבִיל אַלְּמוּת, מֻתָּר.

סעיף יז' לְעוֹלָם יַרְחִיק אָדָם אֶת עַצְמוֹ אֲפִלּוּ מִשְּׁבוּעַת אֱמֶת בְּכָל מַה דְּאֶפְשָׁר.

סעיף יח' מִי שֶׁחֲבֵרוֹ נִתְחַיֵּב לוֹ שְׁבוּעָה, וְרוֹאֶה בוֹ שֶׁהוּא רוֹצֶה לִשָּׁבַע לַשֶּׁקֶר, חַס וְשָׁלוֹם יִתְפַּשֵּׁר עִמּוֹ כְּפִי הָאֶפְשָׁרִי וְלֹא יַנִּיחֶנּוּ לִשָּׁבַע לַשֶּׁקֶר, שֶׁנֶּאֱמַר, שְׁבוּעַת ה' תִּהְיֶה בֵּין שְׁנֵיהֶם, וְדָרְשִׁינַן, מְלַמֵּד שֶׁהַשְּׁבוּעָה חָלָה עַל שְׁנֵיהֶם.

סעיף יט' יִשְׂרָאֵל הַיּוֹדֵעַ עֵדוּת לְגוֹי לוֹ דִין עִם יִשְׂרָאֵל בְּעַרְכָּאוֹתֵיהֶם, אִם יִגְרֹם בְּעֵדוּתוֹ לְחַיֵּב אֶת הַיִּשְׂרָאֵל יוֹתֵר מִמַּה שֶּׁהָיָה חַיָּב בְּדִינֵי יִשְׂרָאֵל, אָסוּר לְהָעִיד לוֹ. וְאִם לָאו, מֻתָּר לְהָעִיד לוֹ. וְאִם מִתְּחִלָּה יִחֲדוֹ הַגּוֹי לְהַיִּשְׂרָאֵל שֶׁיִּהְיֶה לוֹ עֵד, הוֹאִיל וְיִהְיֶה חִלּוּל הַשֵּׁם אִם לֹא יָעִיד לוֹ, יָעִיד לוֹ בְּכָל עִנְיָן.

סעיף כ' כָּל זְמַן שֶׁהָאָדָם זוֹכֵר, יָכוֹל לְהָעִיד לְעוֹלָם, וְאֵינוֹ חוֹשֵׁשׁ שֶׁמָּא מִתּוֹךְ שֶׁנִּתְיַשֵּׁן הַדָּבָר הַרְבֵּה אֵינוֹ זוֹכְרוֹ עַל בֻּרְיוֹ. וַאֲפִלּוּ אֵינוֹ נִזְכָּר לְעֵדוּת אֶלָּא מִתּוֹךְ הַכְּתָב, שֶׁכְּשֶׁמְּסָרוּהוּ לוֹ, כְּתָבוֹ בְּפִנְקָסוֹ לְזִכְרוֹן דְּבָרִים וְשָׁכַח אֶת הַדָּבָר וְאֵינוֹ נִזְכָּר אֶלָּא מִתּוֹךְ הַכְּתָב יָכוֹל לְהָעִיד. וְדַוְקָא שֶׁכַּאֲשֶׁר רָאָה אֶת הַכְּתָב נִזְכַּר בַּדָּבָר. וְכֵן אִם נִזְכַּר בַּדָּבָר עַל יְדֵי אַחֵר שֶׁהִזְכִּירוֹ לוֹ, יָכוֹל לְהָעִיד, וַאֲפִלּוּ הָיָה הַמַּזְכִּיר הָעֵד הַשֵּׁנִי. אֲבָל אִם בַּעַל הַדִּין בְּעַצְמוֹ מַזְכִּירוֹ וְנִזְכַּר, לֹא יָעִיד. אַךְ יָכוֹל בַּעַל הַדִּין לִמְסֹר אֶת הַדְּבָרִים לְאַחֵר וְהוּא יַזְכִּירוֹ, דַּהֲוֵי לֵהּ נִזְכָּר עַל יְדֵי אַחֵר.

סעיף כא' עֵד שֶׁהוּא קָרוֹב לְאֶחָד מִבַּעֲלֵי הַדִּין, אוֹ לְאֶחָד מֵהַדַּיָּנִים, אוֹ שֶׁהָעֵדִים קְרוֹבִים זֶה לָזֶה, וַאֲפִלּוּ קֻרְבָה עַל יְדֵי נְשׁוֹתֵיהֶם לִפְעָמִים פְּסוּלִים לְהָעִיד. וַאֲפִלּוּ קְרוֹבִים רַק לָעָרֵב וְלֹא לַלֹּוֶה, גַּם כֵּן פְּסוּלִים לְהָעִיד לַלֹּוֶה. וְזֶה שֶׁפָּסְלָה הַתּוֹרָה עֵדוּת הַקְּרוֹבִים, לֹא מִפְּנֵי שֶׁחֶזְקָתָם אוֹהֲבִים זֶה אֶת זֶה, שֶׁהֲרֵי פְּסוּלִים לְהָעִיד, בֵּין לִזְכוּתוֹ בֵּין לְחוֹבָתוֹ, אֶלָּא גְּזֵרַת הַכָּתוּב הִיא. וַאֲפִלּוּ מֹשֶׁה וְאַהֲרֹן, לֹא הָיוּ כְּשֵׁרִים לְהָעִיד זֶה לָזֶה. לָכֵן כָּל עֵד שֶׁיֵּשׁ לוֹ אֵיזֶה קֻרְבָה לְאֶחָד מִן הַנִּזְכָּרִים אוֹ שֶׁהָיָה קָרוֹב וְנִתְרַחֵק וְהַדַּיָּנִים אֵינָם יוֹדְעִים, צָרִיךְ לְהוֹדִיעַ לָהֶם, וְהֵם יַגִּידוּ לוֹ עַל פִּי הַתּוֹרָה אִם יֵשׁ בְּקֻרְבָה זוֹ כְּדֵי לְפָסְלוֹ אוֹ לֹא.

סעיף כב' שְׁנֵי עֵדִים, שֶׁאֶחָד יוֹדֵעַ בַּחֲבֵרוֹ שֶׁהוּא רָשָׁע וּפָסוּל לְעֵדוּת מִן הַתּוֹרָה וְאֵין הַדַּיָּנִים מַכִּירִים בְּרִשְׁעוֹ, אָסוּר לוֹ לְהָעִיד עִמּוֹ, אַף עַל פִּי שֶׁהִיא עֵדוּת אֱמֶת, שֶׁנֶּאֱמַר, אַל תָּשֶׁת יָדְךָ עִם רָשָׁע לִהְיוֹת עֵד חָמָס. וּגְזֵרַת הַכָּתוּב הִיא, שֶׁכָּל הָעֵדוּת בְּטֵלָה, אֲפִלּוּ הֵם רַבִּים, אִם אֶחָד בֵּינֵיהֶם פָּסוּל. וְאֵיזֶהוּ רָשָׁע שֶׁפָּסוּל לְעֵדוּת מִן הַתּוֹרָה. כֹּל שֶׁעָבַר עַל דָּבָר שֶׁפָּשַׁט בְּיִשְׂרָאֵל שֶׁהוּא עֲבֵרָה, וְהוּא דָבָר שֶׁבְּלֹא תַעֲשֶׂה מִן הַתּוֹרָה, וְעָבַר בְּזָדוֹן וְלֹא עָשָׂה תְּשׁוּבָה. אֲבָל אִם יֵשׁ לִתְלוֹת שֶׁעָשָׂה בִּשְׁגָגָה אוֹ בְטָעוּת, שֶׁלֹּא יָדַע אֶת הָאִסּוּר, לֹא נִפְסַל לְעֵדוּת.

סימן קפב - הלכות גנבה וגזלה ובו ט"ז סעיפים:

סעיף א' אָסוּר לִגְזוֹל אוֹ לִגְנוֹב אֲפִלּוּ כָּל שֶׁהוּא, בֵּין מִיִּשְׂרָאֵל בֵּין מִגּוֹי. אִיתָא בְּתַנָּא דְבֵי אֵלִיָּהוּ, מַעֲשֶׂה בְּאֶחָד שֶׁסִּפֵּר לִי, שֶׁעָשָׂה עַוְלָה לְגוֹי בִּמְדִידַת הַתְּמָרִים שֶׁמָּכַר לוֹ, וְאַחַר כָּךְ קָנָה בְּכָל הַמָּעוֹת שֶׁמֶן, וְנִשְׁבַּר הַכַּד וְנִשְׁפַּךְ הַשֶּׁמֶן. וְאָמַרְתִּי, בָּרוּךְ הַמָּקוֹם שֶׁאֵין

לְפָנָיו מַשּׂוֹא פָּנִים. הַכָּתוּב אוֹמֵר, לֹא תַעֲשֹׁק אֶת רֵעֲךָ וְלֹא תִגְזֹל. וְגֶזֶל הַנָּכְרִי, גָּזֵל.

סעיף ב' אִם הוּא דָבָר מֻעָט כָּל כָּךְ שֶׁאֵין מִי שֶׁיַּקְפִּיד עָלָיו כְּלָל, כְּגוֹן לִטּוֹל מֵהַחֲבִילָה קֵיסָם לַחֲצוֹץ בּוֹ שִׁנָּיו, מֻתָּר. וּמִדַּת חֲסִידוּת לְהִמָּנַע גַּם מִזֶּה.

סעיף ג' אֲפִלּוּ לִגְנוֹב עַל דַּעַת לְהַחֲזִיר, אֶלָּא שֶׁרוֹצֶה לְצַעֲרוֹ קְצָת אוֹ בְּדֶרֶךְ שְׂחוֹק, גַּם כֵּן אָסוּר.

סעיף ד' אָסוּר לַעֲשֹׁק אֶת חֲבֵרוֹ אֲפִלּוּ כָּל שֶׁהוּא, שֶׁנֶּאֱמַר, לֹא תַעֲשֹׁק אֶת רֵעֲךָ. וְאֵיזֶהוּ עוֹשֵׁק. זֶה שֶׁבָּא מָמוֹן חֲבֵרוֹ לְיָדוֹ בִּרְצוֹן חֲבֵרוֹ, כְּגוֹן שֶׁיֵּשׁ לוֹ בְּיָדוֹ הַלְוָאָה אוֹ שְׂכִירוּת, וְאֵינוֹ רוֹצֶה לְשַׁלֵּם לוֹ, אוֹ שֶׁדּוֹחֵהוּ בְּלֵךְ וָשׁוּב, לֵךְ וָשׁוּב. וְכֵיוָן דִּכְתִיב רֵעֲךָ, אֵינוֹ אָסוּר בְּגוֹי. וְהוּא שֶׁאֵין חִלּוּל הַשֵּׁם בַּדָּבָר, כְּגוֹן שֶׁלָּוָה מִגּוֹי וָמֵת, רַשַּׁאי לְכַחֵשׁ לִבְנוֹ, שֶׁאֵינוֹ יוֹדֵעַ בְּבֵרוּר שֶׁהוּא מְשַׁקֵּר. אֲבָל כְּשֶׁהַגּוֹי יוֹדֵעַ שֶׁהוּא מְשַׁקֵּר, אָסוּר, מִפְּנֵי חִלּוּל הַשֵּׁם. וְאַף בְּמָקוֹם שֶׁאֵינוֹ יוֹדֵעַ, אֵינוֹ רַשַּׁאי אֶלָּא לְהַפְקִיעַ הַלְוָאָתוֹ אוֹ שְׁאָר חוֹב שֶׁהוּא חַיָּב לוֹ. אֲבָל חֵפֶץ שֶׁהוּא בְּעַיִן, אָסוּר לְכַפֵּר, שֶׁהֲרֵי זֶה הָוֵי גָזֵל מַמָּשׁ. וְלֹא עוֹד, אֶלָּא אֲפִלּוּ קָנָה מִמֶּנּוּ חֵפֶץ, אָסוּר לְהַטְעוֹת אוֹתוֹ בְּחֶשְׁבּוֹן בִּנְתִינַת הַמָּעוֹת, כְּמוֹ שֶׁנֶּאֱמַר, וְחִשַּׁב עִם קוֹנֵהוּ, דְּמַיְרֵי בְּגוֹי, שֶׁהֲרֵי אֵינוֹ מַקְנֶה לוֹ הַחֵפֶץ אֶלָּא בְּעַד הַסְּכוּם שֶׁהִשְׁתַּוּוּ. וְהַמַּטְעֵהוּ בְּחֶשְׁבּוֹן הַמָּעוֹת, הֲרֵי זֶה כְּגוֹנֵב אֶת הַחֵפֶץ וְלֹא כְּמַפְקִיעַ חוֹבוֹ. וַאֲפִלּוּ גְּנֵבַת דַּעַת שֶׁאֵין בָּהּ חֶסְרוֹן מָעוֹת, אָסוּר בְּמַשָּׂא וּמַתָּן, כְּמוֹ שֶׁכָּתַבְתִּי בְּסִימָן סג. וּמִכָּל מָקוֹם אִם הַגּוֹי טָעָה בְּעַצְמוֹ, מֻתָּר אִם לֹא יִהְיֶה חִלּוּל הַשֵּׁם בַּדָּבָר, שֶׁלֹּא יִוָּדַע לוֹ. וְנָכוֹן שֶׁיֹּאמַר לוֹ הַיִשְׂרָאֵל, רְאֵה שֶׁעַל חֶשְׁבּוֹנְךָ אֲנִי סוֹמֵךְ.

סעיף ה' כָּל הַחוֹמֵד בֵּיתוֹ אוֹ כֵּלָיו שֶׁל חֲבֵרוֹ, אוֹ כָּל דָּבָר שֶׁאֵין בְּדַעַת חֲבֵרוֹ לְמָכְרוֹ, וְהוּא הִרְבָּה עָלָיו רֵעִים אוֹ שֶׁהִפְצִיר בּוֹ בְּעַצְמוֹ עַד שֶׁמְּכָרוֹ לוֹ, הֲרֵי זֶה עוֹבֵר בְּלֹא תַחְמֹד. וּמִשָּׁעָה שֶׁנִּפְתָּה בְּלִבּוֹ וְחָשַׁב אֵיךְ יִקְנֶה חֵפֶץ זֶה, עָבַר בְּלֹא תִתְאַוֶּה, כִּי אֵין תַּאֲוָה אֶלָּא בַלֵּב בִּלְבָד, וְהַתַּאֲוָה מְבִיאָה לִידֵי חִמּוּד. וְהַקּוֹנֶה אֶת הַדָּבָר שֶׁהִתְאַוָּה לוֹ, עוֹבֵר בִּשְׁנֵי לָאוִין. וּלְכָךְ נֶאֱמַר, לֹא תַחְמֹד וְלֹא תִתְאַוֶּה.

סעיף ו' מִצְוַת עֲשֵׂה עַל הַגּוֹזֵל לְהַחֲזִיר אֶת הַגְּזֵלָה עַצְמָהּ אִם הִיא בְעֵינָהּ וְלֹא נִשְׁתַּנֵּית, שֶׁנֶּאֱמַר, וְהֵשִׁיב אֶת הַגְּזֵלָה אֲשֶׁר גָּזָל. וְהוּא הַדִּין לְגַנָּב. וְאֵינוֹ יוֹצֵא יְדֵי חוֹבָתוֹ בִּנְתִינַת דָּמִים, אֲפִלּוּ אִם כְּבָר נִתְיָאֲשׁוּ הַבְּעָלִים. אֲבָל אִם אָבְדָה אוֹ שֶׁנִּשְׁתַּנֵּית בְּשִׁנּוּי שֶׁאֵינוֹ חוֹזֵר לִבְרִיָּתוֹ אוֹ שֶׁשְּׁקָעָהּ בְּבִנְיָן, שֶׁיִּהְיֶה לוֹ הֶפְסֵד גָּדוֹל לִסְתֹּר אֶת הַבִּנְיָן, יוֹצֵא יְדֵי חוֹבָתוֹ בִּנְתִינַת דָּמִים, כְּמוֹ שֶׁהָיְתָה שָׁוָה בִּשְׁעַת הַגְּזֵלָה. וְאִם הַנִּגְזָל הוּא בְּמָקוֹם אַחֵר, אֵינוֹ צָרִיךְ לִשְׁלוֹחַ אֶת הַמָּעוֹת לִמְקוֹמוֹ, אֶלָּא מוֹדִיעוֹ שֶׁיָּבוֹא וִישַׁלֵּם לוֹ. אִם מֵת הַנִּגְזָל, יַחֲזִיר לְיוֹרְשָׁיו.

סעיף ז' הַגּוֹזֵל אֶת הָרַבִּים, כְּגוֹן שֶׁהָיָה חֶנְוָנִי וּמָדַד בְּמִדָּה חֲסֵרָה אוֹ שֶׁשָּׁקַל בְּמִשְׁקָל חָסֵר וְכַדּוֹמֶה, אוֹ שֶׁהָיָה מְמֻנֶּה בַּקָּהָל וְהֵקֵל עַל קְרוֹבָיו וְהִכְבִּיד עַל אֲחֵרִים, וְכֵן מִי שֶׁנָּטַל רִבִּית מֵרַבִּים, תְּשׁוּבָתוֹ קָשָׁה. לְפִיכָךְ יַעֲשֶׂה צָרְכֵי רַבִּים, שֶׁגַּם הַנִּגְזָלִים יֵהָנוּ

מֵהֶם. וּמִכָּל מָקוֹם לָאֵלֶּה שֶׁהוּא יוֹדֵעַ שֶׁגָּזַל מֵהֶם, מְחֻיָּב לְהַחֲזִיר לָהֶם, וְאֵינוֹ יוֹצֵא יְדֵי חוֹבָתוֹ בְּמַה שֶּׁעָשָׂה צָרְכֵי רַבִּים.

סעיף ח' אָסוּר לִקְנוֹת מֵהַגַּנָּב אוֹ מֵהַגַּזְלָן אֶת הַחֵפֶץ שֶׁגָּנַב אוֹ גָּזַל. וְאֵין חִלּוּק בֵּין שֶׁהוּא יִשְׂרָאֵל אוֹ נָכְרִי, כִּי גַּם הַנָּכְרִי נִצְטַוָּה עַל אִסּוּר גְּנֵבָה וּגְזֵלָה אֲפִלּוּ מִנָּכְרִי חֲבֵרוֹ, וְהוּא מִשֶּׁבַע מִצְוֹת שֶׁנִּצְטַוּוּ עֲלֵיהֶם. וְעָוֹן גָּדוֹל הוּא לִקְנוֹת מִן הַגַּנָּב אוֹ מִן הַגַּזְלָן, שֶׁהֲרֵי הוּא מַחֲזִיק יְדֵי עוֹבְרֵי עֲבֵרָה. וְעַל זֶה נֶאֱמַר, חוֹלֵק עִם גַּנָּב שׂוֹנֵא נַפְשׁוֹ, וְגוֹרֵם לַגַּנָּב שֶׁיִּגְנוֹב עוֹד גַּם גְּנֵבוֹת אֲחֵרוֹת, וְאִם לֹא יִמְצָא לוֹקֵחַ, לֹא יִגְנוֹב. וְאַף עַל פִּי שֶׁאֶפְשָׁר לוֹ לְהוֹלִיךְ אֶת הַגְּנֵבָה לְמָקוֹם שֶׁאֵין מַכִּירִין אוֹתוֹ, אֵין זֶה מָצוּי לוֹ כָּל כָּךְ. וְאִם הַקּוֹנֶה מִתְכַּוֵּן לְטוֹבַת הַבְּעָלִים לְהַחֲזִירוֹ לָהֶם כְּשֶׁיַּחֲזִירוּ לוֹ מְעוֹתָיו, מֻתָּר. וְדַוְקָא כְּשֶׁלֹּא הָיָה אֶפְשָׁרִי לַבְּעָלִים בְּעַצְמָם לְהַצִּיל. וְכֵן אָסוּר לְקַבֵּל בְּפִקָּדוֹן דָּבָר שֶׁנִּרְאֶה שֶׁהוּא גָּנוּב אוֹ גָּזוּל.

סעיף ט' אֲפִלּוּ לֵהָנוֹת שׁוּם הֲנָאָה מִן הַגְּנֵבָה אוֹ מִן הַגְּזֵלָה כָּל זְמַן שֶׁהִיא בְּיַד הַגַּנָּב אוֹ הַגַּזְלָן, אָסוּר. וַאֲפִלּוּ הֲנָאָה מֻעֶטֶת שֶׁגַּם בְּעָלֶיהָ לֹא הָיוּ מַקְפִּידִים עָלֶיהָ, כְּגוֹן חִלּוּף מַטְבְּעוֹת בְּשָׁוֶה, אָסוּר בְּמָעוֹת גְּנוּבוֹת אוֹ גְּזוּלוֹת. וְכֵן לִכָּנֵס לְבַיִת גָּזוּל, בַּחַמָּה מִפְּנֵי הַחַמָּה וּבַגְּשָׁמִים מִפְּנֵי הַגְּשָׁמִים, אוֹ לַעֲבוֹר בְּשָׂדֶה גְּזוּלָה, אָסוּר.

סעיף י' וְלָכֵן מִי שֶׁהוּא גַּנָּב אוֹ גַּזְלָן מְפֻרְסָם, שֶׁאֵין לוֹ מְלָאכָה אַחֶרֶת אֶלָּא זֹאת, וְכָל מָמוֹנוֹ בְּחֶזְקַת גָּנוּב אוֹ גָּזוּל, אָסוּר לֵהָנוֹת מִמֶּנּוּ, וְאָסוּר לַעֲנִי לָקַחַת מִמֶּנּוּ צְדָקָה.

סעיף יא' וְכֵן אִם אֶחָד רוֹצֶה לִמְכֹּר אֵיזֶה חֵפֶץ שֶׁנִּרְאֶה שֶׁהוּא גָּנוּב, כְּגוֹן שׁוֹמְרֵי פֵּרוֹת שֶׁמּוֹכְרִים פֵּרוֹת בְּמָקוֹם צָנוּעַ, אוֹ מוֹכֵר אַחֵר שֶׁנּוֹשֵׂא אֵיזֶה דָּבָר בְּהַצְנֵעַ לְמָכְרוֹ, אוֹ שֶׁאוֹמֵר לְהַקּוֹנֶה, הַטְמֵן, אָסוּר לִקְנוֹת. וַאֲפִלּוּ לִקְנוֹת מֵאִשָּׁה אֵיזֶה דָּבָר שֶׁיֵּשׁ לָחוּשׁ שֶׁהִיא מוֹכֶרֶת שֶׁלֹּא מִדַּעַת בַּעְלָהּ, אוֹ לִקְנוֹת מֵאִישׁ דָּבָר מִתַּכְשִׁיטֵי הָאִשָּׁה וּמִלְּבוּשֶׁיהָ, שֶׁיֵּשׁ לָחוּשׁ שֶׁהוּא מוֹכְרוֹ שֶׁלֹּא מִדַּעַת אִשְׁתּוֹ, אָסוּר.

סעיף יב' מִי שֶׁנִּתְחַלְּפוּ לוֹ כֵּלָיו בְּבֵית הַמִּשְׁתֶּה וְכַדּוֹמֶה, הֲרֵי זֶה לֹא יִשְׁתַּמֵּשׁ בְּכֵלִים אֵלּוּ שֶׁבָּאוּ לְיָדוֹ וְאֵינָם שֶׁלּוֹ. וּכְשֶׁיָּבוֹא בַּעַל הַחֵפֶץ, צָרִיךְ לְהַחֲזִירוֹ לוֹ, וְאַף עַל פִּי שֶׁהַחֵפֶץ שֶׁלּוֹ נֶאֱבַד. וְכֵן כּוֹבֶסֶת הַמְכַבֶּסֶת לָרַבִּים וְהֵבִיאָה לוֹ חָלוּק שֶׁאֵינוֹ שֶׁלּוֹ, אָסוּר לְלָבְשׁוֹ, אֶלָּא צָרִיךְ לְהַחֲזִירוֹ לִבְעָלָיו, וְאַף עַל פִּי שֶׁשֶּׁלּוֹ נֶאֱבַד. אַךְ אִם מֻנָּח אֶצְלוֹ יָמִים רַבִּים, עַד שֶׁאִי אֶפְשָׁר שֶׁלֹּא חָקְרוּ הַבְּעָלִים בֵּינְתַיִם אַחַר שֶׁלָּהֶם, אָז מֻתָּר לוֹ לְלָבְשׁוֹ, כִּי מִסְתָמָא סִלְּקָה הַכּוֹבֶסֶת אֶת בְּעָלָיו וְשִׁלְּמָה בְּעַד הֶחָלוּק הַזֶּה.

סעיף יג' אָסוּר לֵהָנוֹת מִשּׁוּם דָּבָר שֶׁל חֲבֵרוֹ שֶׁלֹּא מִדַּעְתּוֹ. אַף עַל פִּי שֶׁבָּרוּר לוֹ שֶׁכְּשֶׁיִּוָּדַע לִבְעָלָיו יִשְׂמְחוּ וְיָגִילוּ מִפְּנֵי אַהֲבָתָם אוֹתוֹ. מִכָּל מָקוֹם אָסוּר. לְפִיכָךְ הַנִּכְנָס לְפַרְדֵּס אוֹ לְגִנַּת חֲבֵרוֹ, אָסוּר לוֹ לְלַקֵּט פֵּרוֹת שֶׁלֹּא מִדַּעַת הַבְּעָלִים. אַף עַל פִּי שֶׁבַּעַל הַפַּרְדֵּס וּבַעַל הַגִּנָּה אוֹהֲבוֹ וְרֵעוֹ אֲשֶׁר כְּנַפְשׁוֹ, וּבְוַדַּאי יִשְׂמַח וְיָגִיל כְּשֶׁיִּוָּדַע לוֹ שֶׁנֶּהֱנָה זֶה מִפֵּרוֹתָיו, מִכָּל מָקוֹם כֵּיוָן שֶׁעַכְשָׁו אֵינוֹ יוֹדֵעַ מִזֶּה, הֲרֵי הוּא

נֶהֱנֶה בְּאִסּוּר. וְצָרִיךְ לְהַזְהִיר לָרַבִּים, שֶׁנִּכְשָׁלִין בָּזֶה מֵחֲמַת חֶסְרוֹן יְדִיעָה.

סעיף יד' וּמִכָּל מָקוֹם מֻתָּר לִבֶן בֵּיתוֹ שֶׁל אָדָם לִתֵּן פְּרוּסָה לְעָנִי אוֹ לִבְנוֹ שֶׁל אוֹהֲבוֹ שֶׁל בַּעַל הַבַּיִת שֶׁלֹּא מִדַּעְתּוֹ, לְפִי שֶׁכָּךְ נָהֲגוּ בַּעֲלֵי הַבָּתִּים. וְאֵין זֶה נִקְרָא שֶׁלֹּא מִדַּעַת הַבְּעָלִים, כֵּיוָן שֶׁכָּךְ נָהֲגוּ, וְהַבְּעָלִים יוֹדְעִין מִזֶּה הַמִּנְהָג. וּמִטַּעַם זֶה, מֻתָּר לְקַבֵּל צְדָקָה מִן הַנָּשִׁים דָּבָר מֻעָט שֶׁלֹּא מִדַּעַת הַבְּעָלִים, הוֹאִיל וְדַרְכָּן בְּכָךְ, וְיוֹדְעִין הַבְּעָלִים שֶׁדַּרְכָּן בְּכָךְ. וְכֵן בְּפַרְדֵּס, אִם הוּא רָגִיל בּוֹ לֶאֱכֹל מִפֵּרוֹתָיו מִדַּעַת הַבְּעָלִים, מֻתָּר. וְכֵן כָּל כַּיּוֹצֵא בָזֶה.

סעיף טו' הַמּוֹצֵא פֵּרוֹת בַּדֶּרֶךְ תַּחַת אִילָן שֶׁהוּא נוֹטֶה עַל הַדֶּרֶךְ, אִם הֵם פֵּרוֹת שֶׁדַּרְכָּן לִפֹּל מִן הָאִילָן וּבִנְפִילָתָם הֵם נִמְאָסִים, אוֹ אֲפִלּוּ אֵינָם נִמְאָסִים אֶלָּא שֶׁרֹב הָעוֹבְרִים שָׁמָּה הֵמָּה גּוֹיִם, אוֹ שֶׁהֵם פֵּרוֹת שֶׁדֶּרֶךְ הַבְּהֵמוֹת לֶאֱכֹל אוֹתָם, וְהֵן עוֹבְרוֹת דֶּרֶךְ שָׁם, הֲרֵי הַבְּעָלִים כְּבָר נִתְיָאֲשׁוּ מֵהֶם וּמֻתָּרִים. אֲבָל אִם הֵם פֵּרוֹת שֶׁאֵינָם נִמְאָסִים בִּנְפִילָתָם, וְרֹב הָעוֹבְרִים שָׁמָּה הֵמָּה יִשְׂרְאֵלִים, אֲסוּרִים מִשּׁוּם גָּזֵל. וְאִם הֵם שֶׁל יְתוֹמִים קְטַנִּים, אֲסוּרִים בְּכָל עִנְיָן, כִּי הַקְּטַנִּים, אֵין הַיֵּאוּשׁ וְהַמְּחִילָה שֶׁלָּהֶם כְּלוּם

סעיף טז' דִּינָא דְּמַלְכוּתָא דִּינָא.

סימן קפג - הלכות נזקי ממון ובו ז' סעיפים:

סעיף א' אָסוּר לְהַזִּיק מָמוֹן חֲבֵרוֹ, אֲפִלּוּ עַל דַּעַת לְשַׁלֵּם, כְּמוֹ שֶׁאָסוּר לִגְנֹב וְלִגְזֹל עַל דַּעַת לְשַׁלֵּם. וַאֲפִלּוּ לִגְרֹם נֶזֶק לַחֲבֵרוֹ, בֵּין בְּמַעֲשֶׂה בֵּין בְּדִבּוּר, אָסוּר, כְּגוֹן רְאוּבֵן שֶׁמּוֹכֵר סְחוֹרָה לְגוֹי, וּבָא שִׁמְעוֹן וְאוֹמֵר לוֹ, שֶׁאֵינָהּ שָׁוָה כָּל כָּךְ אַף עַל פִּי שֶׁהָאֱמֶת כֵּן, אָסוּר, שֶׁהֲרֵי אוֹנָאָתוֹ מֻתֶּרֶת. וְכָל הַגּוֹרֵם נֶזֶק לַחֲבֵרוֹ, אֲפִלּוּ בְּעִנְיָן שֶׁפָּטוּר מִדִּינֵי אָדָם, חַיָּב בְּדִינֵי שָׁמַיִם, עַד שֶׁיְּפַיֵּס אֶת חֲבֵרוֹ.

סעיף ב' אֲפִלּוּ מִי שֶׁבָּא אֵיזֶה נֶזֶק עָלָיו, אָסוּר לְסַלְּקוֹ מֵעָלָיו, אִם עַל יְדֵי זֶה יִגְרוֹם שֶׁיָּבוֹא עַל חֲבֵרוֹ, כִּי אָסוּר לְהַצִּיל אֶת עַצְמוֹ אֲפִלּוּ בִּגְרַם נֶזֶק מָמוֹן שֶׁל חֲבֵרוֹ. אֲבָל קֹדֶם שֶׁבָּא הַנֶּזֶק עָלָיו, מֻתָּר לִדְחוֹתוֹ שֶׁלֹּא יָבוֹא עָלָיו, אַף עַל פִּי שֶׁעַל יְדֵי זֶה יָבוֹא עַל חֲבֵרוֹ. כְּגוֹן אַמַּת הַמַּיִם שֶׁבָּאָה לִשְׁטֹף שָׂדֵהוּ, עַד שֶׁלֹּא נִכְנְסָה לְשָׂדֵהוּ, מֻתָּר לִגְדֹּר בְּפָנֶיהָ, אַף עַל פִּי שֶׁעַל יְדֵי זֶה הִיא שׁוֹטֶפֶת שְׂדֵה חֲבֵרוֹ. אֲבָל מִשֶּׁנִּכְנְסָה לְשָׂדֵהוּ, אָסוּר לְהוֹצִיאָהּ בְּעִנְיָן שֶׁתַּגִּיעַ לִשְׂדֵה חֲבֵרוֹ, שֶׁכֵּיוָן שֶׁהַנֶּזֶק מֻטָּל עָלָיו, אֵינוֹ רַשַּׁאי לְסַלְּקוֹ מֵעָלָיו וּלְהַטִּילוֹ עַל חֲבֵרוֹ.

סעיף ג' וְכֵן חֵיל מֶלֶךְ שֶׁבָּא לָעִיר, וּבְנֵי הָעִיר מְחֻיָּבִים לָתֵת לָהֶם אַכְסַנְיָא, אָסוּר לְאֶחָד לִתֵּן שָׂכָר לְשַׂר הַחַיִל לְפָטְרוֹ, כִּי עַל יְדֵי זֶה יִגְרֹם נֶזֶק לְיִשְׂרָאֵל אַחֵר. וְכֵן בְּכָל שְׁאָר עִנְיְנֵי מִסִּים, אָסוּר לְהִשְׁתַּדֵּל אֵצֶל הַשַּׂר לְפָטְרוֹ, אִם עַל יְדֵי זֶה יַכְבִּיד עַל אֲחֵרִים. וְהָעוֹשֶׂה כֵּן, נִקְרָא מָסוֹר.

סעיף ד' אָסוּר לִמְסֹר יִשְׂרָאֵל בְּיַד גּוֹיִם, בֵּין גּוּפוֹ בֵּין מָמוֹנוֹ, בֵּין בְּמַעֲשֶׂה בֵּין בְּדִבּוּר, לְהַלְשִׁין עָלָיו אוֹ לְגַלּוֹת מַצְפּוּנָיו. וְכָל הַמּוֹסֵר, אֵין לוֹ חֵלֶק לָעוֹלָם הַבָּא. וַאֲפִלּוּ רָשָׁע

וּבַעַל עֲבֵרוֹת, אָסוּר לְמָסְרוֹ לֹא גּוּפוֹ וְלֹא מָמוֹנוֹ, וַאֲפִלּוּ הוּא מֵצֵר לוֹ וּמְצַעֲרוֹ תָּמִיד בִּדְבָרִים. אֲבָל אִם חֲבֵרוֹ מוֹסֵר אוֹתוֹ וְאִי אֶפְשָׁר לְהַצִּיל אֶת עַצְמוֹ אֶלָּא עַל יְדֵי שֶׁיִּמְסֹר אוֹתוֹ, מֻתָּר.

סעיף ה' אָסוּר לִכָּנֵס לְתוֹךְ שְׂדֵה נִיר שֶׁל חֲבֵרוֹ, מִפְּנֵי שֶׁהוּא דָּשׁ נִירוֹ וּמְקַלְקְלוֹ.

סעיף ו' אָסוּר לַעֲמֹד עַל שְׂדֵה חֲבֵרוֹ לְהִסְתַּכֵּל בָּהּ בְּשָׁעָה שֶׁהִיא עוֹמֶדֶת בְּקָמוֹתֶיהָ, שֶׁלֹּא יַזִּיקֶנָּה בְּעַיִן הָרָע. וּמִכָּל שֶׁכֵּן שֶׁאָסוּר לְהִסְתַּכֵּל בַּחֲבֵרוֹ בְּעִנְיָן שֶׁיֵּשׁ לָחוּשׁ שֶׁיַּזִּיקֶנּוּ בְּעַיִן הָרָע. וַאֲפִלּוּ בַּעֲסָקָיו וּבְמַעֲשָׂיו שֶׁאֵין בָּהֶם חֲשַׁשׁ הֶזֵּק עַיִן הָרָע, אִם עוֹשֶׂה בְּבֵיתוֹ וּבִרְשׁוּתוֹ, אָסוּר לִרְאוֹת שֶׁלֹּא מִדַּעְתּוֹ, כִּי שֶׁמָּא אֵינוֹ חָפֵץ שֶׁיֵּדְעוּ אֲחֵרִים מִמַּעֲשָׂיו וַעֲסָקָיו. וְדֶרֶךְ אֶרֶץ הוּא כְּשֶׁאֶחָד רוֹאֶה שֶׁחֲבֵרוֹ עוֹסֵק בִּמְלַאכְתּוֹ, יְבָרְכֶנּוּ וְיֹאמַר לוֹ, תַּצְלִיחַ בְּמַעֲשֶׂיךָ.

סעיף ז' אֲפִלּוּ לַעֲשׂוֹת בִּרְשׁוּת שֶׁלּוֹ דָּבָר שֶׁהוּא מַזִּיק לִשְׁכֵנוֹ, אָסוּר. לֹא יַנִּיחַ בַּחֲצֵרוֹ סָמוּךְ לְכֹתֶל שֶׁל חֲבֵרוֹ כָּל דָּבָר שֶׁיֵּשׁ בּוֹ חֲמִימוּת וּמוֹצִיא הֶבֶל וּמַזִּיק אֶת הַחוֹמָה, כְּגוֹן זֶבֶל וְכַדּוֹמֶה, אֶלָּא אִם כֵּן הִרְחִיק שְׁלֹשָׁה טְפָחִים. וְכֵן צָרִיךְ לְהַרְחִיק שֶׁלֹּא לִשְׁפֹּךְ מַיִם סָמוּךְ לְכֹתֶל חֲבֵרוֹ. וְלָכֵן צִנּוֹר הַמְקַלֵּחַ מִן הַגַּג, צָרִיךְ לְהַרְחִיקוֹ מִכֹּתֶל חֲבֵרוֹ שְׁלֹשָׁה טְפָחִים. וּמִכָּל שֶׁכֵּן שֶׁלֹּא לִשְׁפֹּךְ עָבִיט שֶׁל מֵי רַגְלַיִם סָמוּךְ לְכֹתֶל חֲבֵרוֹ. וּלְהַשְׁתִּין מַיִם סָמוּךְ לְכֹתֶל חֲבֵרוֹ, אִם הוּא כֹּתֶל שֶׁל אֲבָנִים אוֹ שֶׁל עֵץ בְּלִי טִיט, דַּי כְּשֶׁמַּרְחִיק טֶפַח אֶחָד. וְאִם הָיוּ הָאֲבָנִים צְחִיחַ סֶלַע, אֵינוֹ צָרִיךְ לְהַרְחִיק כְּלָל, וּמַשְׁתִּין אֲפִלּוּ עַל הַכֹּתֶל. וְאִם הוּא כֹּתֶל שֶׁל לְבֵנִים אוֹ שֶׁל עֵץ מְחֻפֶּה בְּטִיט, צָרִיךְ לְהַרְחִיק שְׁלֹשָׁה טְפָחִים. וְעַיֵּן עוֹד בְּסִימָן שֶׁאַחַר זֶה.

סימן קפד - הלכות נזקי הגוף ובו י"א סעיפים:

סעיף א' אָסוּר לְאָדָם לְהַכּוֹת אֶת חֲבֵרוֹ. וְאִם הִכָּהוּ, עוֹבֵר בְּלֹא תַעֲשֶׂה, שֶׁנֶּאֱמַר, וְהָיָה אִם בִּן הַכּוֹת הָרָשָׁע וְגוֹ', אַרְבָּעִים יַכֶּנּוּ לֹא יֹסִיף פֶּן יֹסִיף וְגוֹ', אִם הִקְפִּידָה הַתּוֹרָה בְּהַכָּאַת הָרָשָׁע שֶׁלֹּא לְהַכּוֹתוֹ יוֹתֵר עַל רִשְׁעוֹ, קַל וָחֹמֶר בְּהַכָּאַת צַדִּיק. וְכָל הַמֵּרִים יַד עַל חֲבֵרוֹ לְהַכּוֹתוֹ, אַף עַל פִּי שֶׁלֹּא הִכָּהוּ, נִקְרָא רָשָׁע, שֶׁנֶּאֱמַר, וַיֹּאמֶר לָרָשָׁע לָמָּה תַכֶּה רֵעֶךָ, לָמָּה הִכִּיתָ לֹא נֶאֱמַר, אֶלָּא לָמָּה תַכֶּה, אַף עַל פִּי שֶׁעֲדַיִן לֹא הִכָּהוּ, נִקְרָא רָשָׁע. וְכָל מִי שֶׁהִכָּה אֶת חֲבֵרוֹ, הֲרֵי הוּא מֻחְרָם בְּחֵרֶם הַקַּדְמוֹנִים, וְאֵין לְצָרְפוֹ לְמִנְיַן עֲשָׂרָה לְכָל דָּבָר שֶׁבִּקְדֻשָּׁה, עַד שֶׁיַּתִּירוּ לוֹ בֵּית דִּין אֶת הַחֵרֶם, כְּשֶׁמְּקַבֵּל עָלָיו לִשְׁמֹעַ דִּינָם. וְאִם אֶחָד מַכֶּה אוֹתוֹ אוֹ לְיִשְׂרָאֵל אַחֵר וְאִי אֶפְשָׁר לְהַצִּיל אֶת עַצְמוֹ אוֹ אֶת חֲבֵרוֹ מִיַּד מַכֵּהוּ אֶלָּא עַל יְדֵי שֶׁיַּכֶּה אוֹתוֹ, מֻתָּר לְהַכּוֹתוֹ.

סעיף ב' אֲפִלּוּ מְשָׁרְתוֹ שֶׁאֵינוֹ שׁוֹמֵעַ בְּקוֹלוֹ, אָסוּר לְהַכּוֹתוֹ. אֲבָל מֻתָּר לְהַכּוֹת בָּנָיו הַקְּטַנִּים אוֹ יָתוֹם שֶׁהוּא מְגַדֵּל בְּתוֹךְ בֵּיתוֹ, כְּדֵי לְהַדְרִיכָם בְּדֶרֶךְ יְשָׁרָה, שֶׁזּוֹהִי טוֹבָתָם.

סעיף ג' צָרִיךְ לְזָּהֵר שֶׁלֹּא לְהַשְׁלִיךְ שִׁבְרֵי כְּלֵי זְכוּכִית וְכַדּוֹמֶה בְּמָקוֹם שֶׁיּוּכְלוּ לְהַזִּיק.

סעיף ד' אִם יֵשׁ לִשְׁכֵנוֹ חֳלִי הָרֹאשׁ, רַחֲמָנָא לִצְּלָן, וְקוֹל הַהַכָּאָה מַזִּיק לוֹ, לֹא יַכְתּוּשׁ אֲפִלּוּ בְּבֵיתוֹ רִיפוֹת וְכַיּוֹצֵא בָהֶן, דְּבָרִים שֶׁקּוֹל הַכָּאָתָם מַגִּיעַ לְבֵית שְׁכֵנוֹ וּמַזִּיק לוֹ.

סעיף ה' יֵשׁ עוֹד הַרְבֵּה דְּבָרִים בְּעִנְיַן נִזְקֵי שְׁכֵנִים אוֹ לִבְנֵי רְשׁוּת הָרַבִּים. וְהַכְּלָל הוּא, שֶׁאָסוּר לַעֲשׂוֹת שׁוּם דָּבָר אֲפִלּוּ בִרְשׁוּתוֹ, וּמִכָּל שֶׁכֵּן בִּרְשׁוּת הָרַבִּים, דָּבָר שֶׁיָּכוֹל לְהַגִּיעַ מִמֶּנּוּ אֵיזֶה הֶזֵּק לִשְׁכֵנוֹ אוֹ לְעוֹבְרִים בִּרְשׁוּת הָרַבִּים. אִם לֹא בְדָבָר שֶׁפָּשַׁט הַמִּנְהָג שֶׁעוֹשֶׂה כֵּן כָּל מִי שֶׁרוֹצֶה, שֶׁהֲרֵי זֶה, כְּאִלּוּ מָחֲלוּ כָּל אַנְשֵׁי הָעִיר, כְּדֵי שֶׁיּוּכַל כָּל אֶחָד לַעֲשׂוֹת כֵּן כְּשֶׁיִּצְטָרֵךְ לָזֶה, הוּא אוֹ בָנָיו אַחֲרָיו.

סעיף ו' הַמַּבְעִית אֶת חֲבֵרוֹ, כְּגוֹן שֶׁצָּעַק עָלָיו מֵאַחֲרָיו אוֹ שֶׁנִּרְאָה לוֹ בָּאֲפֵלָה וְכַיּוֹצֵא בָזֶה, חַיָּב בְּדִינֵי שָׁמָיִם.

סעיף ז' הַחוֹבֵל בַּחֲבֵרוֹ, אַף עַל פִּי שֶׁנָּתַן אֶת הַמָּמוֹן לַנֶּחְבָּל מַה שֶּׁנִּתְחַיֵּב לוֹ עֲבוּר הַחֲבָלָה, וְכֵן גַּנָּב אוֹ גַזְלָן, אַף עַל פִּי שֶׁהֶחֱזִירוּ אוֹ שִׁלְּמוּ, מִכָּל מָקוֹם אֵין מִתְכַּפֵּר לָהֶם עַד שֶׁיְּבַקְשׁוּ מְחִילָה מֵאֵת הַנֶּחְבָּל אוֹ הַנִּגְזָל אוֹ הַנִּגְנָב עַל הַצַּעַר שֶׁהָיָה לָהֶם. וְהֵם יִמְחֲלוּ וְלֹא יִהְיוּ אַכְזָרִים. (עַיֵּן לְעֵיל סִימָן קלא סָעִיף ד)

סעיף ח' הָרוֹאֶה אֶת חֲבֵרוֹ בְּצָרָה, רַחְמָנָא לִצְּלָן, וְיָכוֹל לְהַצִּילוֹ הוּא בְעַצְמוֹ אוֹ לִשְׂכֹּר אֲחֵרִים לְהַצִּילוֹ, חַיָּב לִטְרֹחַ וְלִשְׂכֹּר וּלְהַצִּילוֹ, וְחוֹזֵר וְנִפְרָע מִמֶּנּוּ אִם יֵשׁ לוֹ. וְאִם אֵין לוֹ, מִכָּל מָקוֹם לֹא יִמָּנַע בִּשְׁבִיל זֶה, וְיַצִּילֶנּוּ בְּמָמוֹן שֶׁלּוֹ. וְאִם נִמְנַע, עוֹבֵר עַל לֹא תַעֲמֹד עַל דַּם רֵעֶךָ. וְכֵן אִם שָׁמַע מֵאֵיזֶה רְשָׁעִים מְחַשְּׁבִים רָעָה עַל חֲבֵרוֹ אוֹ טוֹמְנִים לוֹ פַּח וְלֹא גִלָּה אָזְנוֹ לְהוֹדִיעוֹ, אוֹ שֶׁיָּכוֹל לְפַיְּסָם בְּמָמוֹן בִּגְלַל חֲבֵרוֹ וּלְהָסִיר מַה שֶּׁבִּלְבָבָם וְלֹא פִיְּסָם, וְכַיּוֹצֵא בִדְבָרִים אֵלּוּ, עוֹבֵר עַל לֹא תַעֲמֹד עַל דַּם רֵעֶךָ. וְכָל הַמְקַיֵּם נֶפֶשׁ אַחַת מִיִּשְׂרָאֵל, כְּאִלּוּ קִיֵּם עוֹלָם מָלֵא (וְעַיֵּן יורה דעה סִימָן קנח).

סעיף ט' מִי שֶׁעוֹסֵק בְּזִיּוּפִים וְיֵשׁ לָחוּשׁ שֶׁיְּסַכֵּן בָּזֶה רַבִּים, דִּינוֹ כְּמוֹ רוֹדֵף, וּמַתְרִין בּוֹ שֶׁלֹּא יַעֲשֶׂה. וְאִם אֵינוֹ מַשְׁגִּיחַ, מֻתָּר לְמָסְרוֹ לַמַּלְכוּת וְלוֹמַר, שֶׁאֵין אַחֵר מִתְעַסֵּק בָּזֶה אֶלָּא פְּלוֹנִי לְבַדּוֹ. וְכֵן יָחִיד שֶׁמַּעֲלִילִים עָלָיו בִּגְלָלוֹ, יָכוֹל לוֹמַר לָהֶם, אֲנִי אֵינִי עוֹשֶׂה, אֶלָּא פְּלוֹנִי לְבַדּוֹ.

סעיף י' נוֹהֲגִין שֶׁשִּׁבְעָה טוּבֵי הָעִיר דָּנִין דִּינֵי קְנָסוֹת, כְּגוֹן עַל חֲבָלוֹת וְחֵרוּפִים וְכַדּוֹמֶה, וְאֵין לָהֶם לַעֲשׂוֹת דָּבָר בְּלִי בֵית דִּין, כִּי יֵשׁ בְּעִנְיָנִים אֵלּוּ הַרְבֵּה חִלּוּקֵי דִינִים, וְאֵין לַעֲשׂוֹת יוֹתֵר מִן הָרָאוּי עַל פִּי הַדָּת, וְאַל יְהִי קַל בְּעֵינֵיהֶם כְּבוֹד הַבְּרִיּוֹת.

סעיף יא' מְעֻבֶּרֶת שֶׁהִיא מַקְשָׁה לֵילֵד, כָּל זְמַן שֶׁהֶעֻבָּר בְּתוֹךְ מֵעֶיהָ, מֻתָּרִין לַחְתְּכוֹ בֵּין בְּסַם בֵּין בְּיָד, שֶׁכָּל שֶׁלֹּא יָצָא לַאֲוִיר הָעוֹלָם, אֵין שֵׁם נֶפֶשׁ עָלָיו. וּבִשְׁבִיל לְהַצִּיל אֶת הָאֵם, מֻתָּרִין לַחְתְּכוֹ, מִשּׁוּם דַּהֲוֵי לָהּ כְּמוֹ רוֹדֵף אַחַר חֲבֵרוֹ לְהָרְגוֹ. אֲבָל כְּשֶׁהוֹצִיא רֹאשׁוֹ, אֵין נוֹגְעִין בּוֹ, שֶׁאֵין דּוֹחִין נֶפֶשׁ מִפְּנֵי נֶפֶשׁ, וְזֶהוּ טִבְעוֹ שֶׁל עוֹלָם.

סימן קפה - הלכות שאלה

ושכירות ובו ו' סעיפים:

סעיף א' הַשּׁוֹאֵל אוֹ הַשּׂוֹכֵר בְּהֵמָה אוֹ מִטַּלְטְלִין מֵחֲבֵרוֹ, אֵינוֹ רַשַּׁאי, לֹא לְהַשְׁאִילָם וְלֹא לְהַשְׂכִּירָם לְאַחֵר שֶׁלֹּא מִדַּעַת בְּעָלִים. אֲפִלּוּ סְפָרִים שֶׁיֵּשׁ מִצְוָה בְּהַשְׁאָלָתָן, אֵין אוֹמְרִים, מִן הַסְּתָם נִיחָא לִבְעָלִים שֶׁתֵּעָשֶׂה מִצְוָה בְּמָמוֹנָם, כִּי שֶׁמָּא אֵין רְצוֹנָם שֶׁיְּהֵא דָּבָר שֶׁלָּהֶם בְּיַד אַחֵר שֶׁאֵינוֹ נֶאֱמָן בְּעֵינֵיהֶם. אֲבָל מֻתָּר לַשּׁוֹאֵל סֵפֶר לְהַנִּיחַ לְאַחֵר לִלְמֹד בּוֹ בְּתוֹךְ בֵּיתוֹ, וּבִלְבַד שֶׁלֹּא יִלְמַד, רַק יְחִידִי, וְלֹא שְׁנֵיהֶם בְּיַחַד. וְאִם יָדוּעַ שֶׁדַּרְכָּן שֶׁל הַבְּעָלִים לְהַאֲמִין לָזֶה הַשֵּׁנִי בִּדְבָרִים כָּאֵלּוּ, מֻתָּר הַשּׁוֹאֵל לְהַשְׁאִיל לוֹ וְהַשּׂוֹכֵר לְהַשְׂכִּיר לוֹ.

סעיף ב' מִצְוָה לָתֵת שְׂכַר פְּעֻלַּת שָׂכִיר בִּזְמַנּוֹ. וְאִם אֵחַר, עוֹבֵר בְּלֹא תַעֲשֶׂה, שֶׁנֶּאֱמַר, בְּיוֹמוֹ תִתֵּן שְׂכָרוֹ וְלֹא תָבוֹא עָלָיו הַשֶּׁמֶשׁ. וּכְמוֹ כֵן מִצְוָה לָתֵת שְׂכַר בְּהֵמָה אוֹ כְלִי בִּזְמַנּוֹ. וְאִם אִחֲרוֹ, עוֹבֵר בְּלָאו, שֶׁנֶּאֱמַר, לֹא תַעֲשֹׁק שָׂכִיר עָנִי וְאֶבְיוֹן וְגוֹ' בְּיוֹמוֹ תִתֵּן שְׂכָרוֹ. וְאֵיזֶהוּ זְמַנּוֹ. אִם כָּלְתָה הַמְּלָאכָה בַּיּוֹם, זְמַנּוֹ כָּל הַיּוֹם. וְאִם עָבַר הַיּוֹם וְלֹא נָתַן לוֹ, עוֹבֵר עַל בְּיוֹמוֹ תִתֵּן שְׂכָרוֹ וְלֹא תָבוֹא עָלָיו הַשֶּׁמֶשׁ. וְאִם כָּלְתָה הַמְּלָאכָה לְאַחַר שֶׁיָּצָא הַיּוֹם וְנִכְנַס הַלַּיְלָה, זְמַנּוֹ כָּל הַלַּיְלָה. עָבַר הַלַּיְלָה וְלֹא נָתַן לוֹ, עוֹבֵר עַל לֹא תָלִין פְּעֻלַּת שָׂכִיר אִתְּךָ עַד בֹּקֶר. וְכֵן שְׂכִיר שָׁבוּעַ, שְׂכִיר חֹדֶשׁ, שְׂכִיר שָׁנָה, יָצָא מִמְּלַאכְתּוֹ בַּיּוֹם, יֵשׁ לוֹ זְמַן כָּל הַיּוֹם. יָצָא מִמְּלַאכְתּוֹ בַּלַּיְלָה, יֵשׁ לוֹ זְמַן כָּל הַלַּיְלָה וְלֹא יוֹתֵר.

סעיף ג' וְכֵן אִם נָתַן טַלִּיתוֹ לְאֻמָּן לְתַקְּנָהּ בְּקַבְּלָנוּת וֶהֱבִיאָהּ לוֹ בַּיּוֹם, יֵשׁ לוֹ זְמַן כָּל הַיּוֹם בִּלְבַד. הֱבִיאָהּ לוֹ בַּלַּיְלָה, יֵשׁ לוֹ זְמַן כָּל הַלַּיְלָה בִּלְבַד. אֲבָל כָּל זְמַן שֶׁהַטַּלִּית בְּיַד הָאֻמָּן, אַף עַל פִּי שֶׁנִּגְמְרָה וְכָלְתָה מְלַאכְתָּהּ, אֵין בַּעַל הַבַּיִת עוֹבֵר, אֲפִלּוּ הִיא אֵצֶל הָאֻמָּן כַּמָּה יָמִים. וַאֲפִלּוּ הוֹדִיעוֹ שֶׁיָּבִיא לוֹ מָעוֹת וְיִטּוֹל אֶת שֶׁלּוֹ, מִכָּל מָקוֹם אֵינוֹ עוֹבֵר.

סעיף ד' אֵינוֹ עוֹבֵר מִשּׁוּם בַּל תָּלִין וְלֹא תָבוֹא עָלָיו הַשֶּׁמֶשׁ, אֶלָּא אִם כֵּן תְּבָעוֹ הַשָּׂכִיר וְיֵשׁ לוֹ מָעוֹת לִתֵּן לוֹ. אֲבָל אִם לֹא תְבָעוֹ הַשָּׂכִיר, אוֹ שֶׁתְּבָעוֹ וְאֵין לוֹ מָעוֹת, אֵינוֹ עוֹבֵר. וּמִכָּל מָקוֹם מִדַּת חֲסִידוּת הִיא לִלְווֹת וְלִפְרֹעַ לַשָּׂכִיר בִּזְמַנּוֹ, כִּי הוּא עָנִי וְאֵלָיו הוּא נוֹשֵׂא אֶת נַפְשׁוֹ. וּמִי שֶׁדַּרְכּוֹ שֶׁלֹּא לִפְרֹעַ לַפּוֹעֲלִים עַד לְאַחַר הַחֶשְׁבּוֹן, אֲפִלּוּ תְבָעוּ מִמֶּנּוּ דָּבָר מְעַט שֶׁבְּוַדַּאי מַגִּיעַ לָהֶם, מִכָּל מָקוֹם אֵינוֹ עוֹבֵר, שֶׁכֵּיוָן שֶׁיָּדוּעַ שֶׁדַּרְכּוֹ כֵן, עַל דַּעַת כֵּן נִשְׂכְּרוּ אֶצְלוֹ.

סעיף ה' שָׂכִיר שֶׁעָשָׂה מְלָאכָה לְבַעַל הַבַּיִת וְהִפְסִידָהּ, אֲפִלּוּ בִּפְשִׁיעָה, בְּאֹפֶן שֶׁעַל פִּי הַדִּין הוּא חַיָּב בְּתַשְׁלוּמִין, מִצְוָה עַל בַּעַל הַבַּיִת לְהִכָּנֵס עִמּוֹ לִפְנִים מִשּׁוּרַת הַדִּין וְלִמְחוֹל לוֹ, שֶׁנֶּאֱמַר, לְמַעַן תֵּלֵךְ בְּדֶרֶךְ טוֹבִים. וְאִם הַשָּׂכִיר עָנִי הוּא וְאֵין לוֹ מַה יֹּאכַל, מִצְוָה לִתֵּן לוֹ שְׂכָרוֹ, שֶׁנֶּאֱמַר, וְאָרְחוֹת צַדִּיקִים תִּשְׁמֹר. וְזֶה הוּא אֹרַח צַדִּיקִים, לִשְׁמֹר דֶּרֶךְ ה' לַעֲשׂוֹת צְדָקָה וּמִשְׁפָּט לִפְנִים מִשּׁוּרַת הַדִּין.

סעיף ו' כְּדֶרֶךְ שֶׁבַּעַל הַבַּיִת מֻזְהָר שֶׁלֹּא לִגְזֹל שְׂכַר הֶעָנִי וְלֹא לְאַחֲרוֹ, כָּךְ הֶעָנִי מֻזְהָר שֶׁלֹּא יְבַטֵּל מִמְּלֶאכֶת בַּעַל

הַבַּיִת. וְחַיָּב לַעֲבוֹד בְּכָל כֹּחוֹ, כְּמוֹ שֶׁאָמַר יַעֲקֹב אָבִינוּ עָלָיו הַשָּׁלוֹם, כִּי בְּכָל כֹּחִי עָבַדְתִּי אֶת אֲבִיכֶן. לְפִיכָךְ אֵין הַפּוֹעֵל רַשַּׁאי לַעֲשׂוֹת מְלָאכָה בַּלַּיְלָה וּלְהַשְׂכִּיר עַצְמוֹ בַּיּוֹם, (שֶׁכְּבָר נֶחֱלַשׁ מֵהַלַּיְלָה), וְכֵן אֵינוֹ רַשַּׁאי לַעֲשׂוֹת מְלָאכָה בִּבְהֶמְתּוֹ בַּלַּיְלָה וּלְהַשְׂכִּירָהּ בַּיּוֹם. וְאֵין הַפּוֹעֵל רַשַּׁאי לְהַרְעִיב וּלְסַגֵּף עַצְמוֹ, שֶׁהֲרֵי מַחֲלִישׁ כֹּחוֹ וְלֹא יוּכַל לַעֲשׂוֹת מְלֶאכֶת בַּעַל הַבַּיִת כָּרָאוּי. וְכֵן הוּא דִּין הַמְלַמֵּד (עַיֵּן לְעֵיל סִימָן קסה סָעִיף יב).

סימן קפו - הלכות לא תחסם ובו ד' סעיפים:

סעיף א' כָּל הַמּוֹנֵעַ אֶת הַבְּהֵמָה מִלֶּאֱכֹל בִּשְׁעַת מְלַאכְתָּהּ, לוֹקֶה, שֶׁנֶּאֱמַר, לֹא תַחְסֹם שׁוֹר בְּדִישׁוֹ. אֶחָד שׁוֹר וְאֶחָד כָּל מִינֵי בְהֵמָה וְחַיָּה, בֵּין טְמֵאִים בֵּין טְהוֹרִים, וְאֶחָד הַדִּישָׁה וְאֶחָד כָּל שְׁאָר מְלָאכוֹת שֶׁל גִּדּוּלֵי קַרְקַע. וְלֹא נֶאֱמַר שׁוֹר בְּדִישׁוֹ, אֶלָּא בַּהֹוֶה. וַאֲפִלּוּ חֲסָמָהּ בְּקוֹל, דְּהַיְנוּ שֶׁצָּעַק עָלֶיהָ וְעַל יְדֵי זֶה לֹא תֹאכַל, חַיָּב מַלְקוֹת.

סעיף ב' יִשְׂרָאֵל הַדָּשׁ אֲפִלּוּ בְּפָרָתוֹ שֶׁל גּוֹי וּתְבוּאָה שֶׁל גּוֹי, עוֹבֵר מִשּׁוּם לֹא תַחְסֹם.

סעיף ג' אִם הַבְּהֵמָה אֵינָהּ יְכוֹלָה לֶאֱכֹל, מִפְּנֵי שֶׁהִיא צְמֵאָה, צָרִיךְ לְהַשְׁקוֹתָהּ.

סעיף ד' בְּהֵמָה שֶׁהִיא עוֹשָׂה בְּדָבָר שֶׁהוּא רַע לִבְנֵי מֵעֶיהָ, מֻתָּר לַחֲסָמָהּ, שֶׁלֹּא הִקְפִּידָה הַתּוֹרָה אֶלָּא עַל הֲנָאָתָהּ, וַהֲרֵי אֵינָהּ נֶהֱנֵית.

סימן קפז - הלכות אבדה ומציאה ובו ה' סעיפים:

סעיף א' הָרוֹאֶה אֲבֵדַת יִשְׂרָאֵל, חַיָּב לְטַפֵּל בָּהּ לַהֲשִׁיבָהּ לִבְעָלֶיהָ, שֶׁנֶּאֱמַר, הָשֵׁב תְּשִׁיבֵם. וְכֵן כָּל מָמוֹן שֶׁל חֲבֵרוֹ שֶׁאָדָם יָכוֹל לְהַצִּיל שֶׁלֹּא יֹאבַד, חַיָּב לְהַצִּיל, וְהוּא בִּכְלַל הֲשָׁבַת אֲבֵדָה.

סעיף ב' אַף עַל פִּי שֶׁמִּן הַדִּין בְּמָקוֹם שֶׁרֹב גּוֹיִם מְצוּיִים, אֲפִלּוּ נָתַן בָּהּ יִשְׂרָאֵל סִימָן, אֵינוֹ חַיָּב לְהַחֲזִיר, מִשּׁוּם דְּמִסְתָמָא כְּבָר נִתְיָאֵשׁ הֵימֶנָּה, מִכָּל מָקוֹם טוֹב וְיָשָׁר לַעֲשׂוֹת לִפְנִים מִשּׁוּרַת הַדִּין לְהַחֲזִיר לְיִשְׂרָאֵל שֶׁנָּתַן בָּהּ סִימָן. וְכוֹפִין עַל זֶה. וְאִם הַמּוֹצֵא הוּא עָנִי, וּבַעַל הָאֲבֵדָה הוּא עָשִׁיר, אֵינוֹ צָרִיךְ לַעֲשׂוֹת לִפְנִים מִשּׁוּרַת הַדִּין. וּבְמָקוֹם שֶׁיֵּשׁ דִּינָא דְמַלְכוּתָא לְהַחֲזִיר אֲבֵדָה, חַיָּב בְּכָל עִנְיָן לְהַחֲזִיר.

סעיף ג' כָּל הַמּוֹצֵא אֲבֵדָה, בֵּין שֶׁיֵּשׁ בָּהּ סִימָן בֵּין שֶׁאֵין בָּהּ סִימָן, אִם מְצָאָהּ דֶּרֶךְ הַנָּחָה, כְּגוֹן טַלִּית וְקַרְדֹּם בְּצַד הַגָּדֵר, וַאֲפִלּוּ יֵשׁ לְהִסְתַּפֵּק אִם הִנִּיחָם שָׁם בְּכַוָּנָה אוֹ אִבְּדָם שָׁם, אָסוּר לִגַּע בָּהֶם.

סעיף ד' מִי שֶׁהוּא זָקֵן מְכֻבָּד, וּמָצָא אֲבֵדָה וְהוּא דָּבָר מְבֻזֶּה, שֶׁאֲפִלּוּ הָיָה שֶׁלּוֹ, לֹא הָיָה נוֹטְלוֹ לַהֲבִיאוֹ לְבֵיתוֹ, מִשּׁוּם דַּהֲוֵי לֵהּ בִּזָּיוֹן, אֵינוֹ חַיָּב לְטַפֵּל בָּהּ. וּמִכָּל מָקוֹם יֵשׁ לוֹ לַעֲשׂוֹת לִפְנִים מִשּׁוּרַת הַדִּין וּלְטַפֵּל בָּהּ, אַף עַל פִּי שֶׁאֵינָהּ לְפִי כְבוֹדוֹ.

סעיף ה' מָצָא מְצִיאָה וְאֵינוֹ יוֹדֵעַ מִי אִבְּדָהּ, בֵּין שֶׁיֵּשׁ בָּהּ סִימָן בֵּין שֶׁאֵין בָּהּ סִימָן, יֵשׁ בְּעִנְיָנִים אֵלּוּ הַרְבֵּה

חִלּוּקֵי דִינִים, וְיַעֲשֶׂה שְׁאֵלַת חָכָם אֵיךְ יַעֲשֶׂה.

סימן קפח - הלכות פקדון ובו ה' סעיפים:

סעיף א' הַמַּפְקִיד מָעוֹת אֵצֶל חֲבֵרוֹ, עַתָּה בַּזְּמַן הַזֶּה שֶׁכָּל עֲסָקֵינוּ בְּמַשָּׂא וּמַתָּן וְהַכֹּל צְרִיכִין לְמָעוֹת, מִן הַסְּתָם נִתְרַצָּה הַמַּפְקִיד, שֶׁהַנִּפְקָד יוֹצִיאָן כְּשֶׁיִּצְטָרֵךְ. וְלָכֵן מֻתָּר לוֹ לְהוֹצִיאָן, וַהֲרֵי הֵן אֶצְלוֹ כְּמוֹ מִלְוֶה, אֶלָּא אִם כֵּן גִּלָּה הַמַּפְקִיד דַּעְתּוֹ שֶׁאֵין רְצוֹנוֹ בְּכָךְ, כְּגוֹן שֶׁחֲתָמָן אוֹ קְשָׁרָן בְּקֶשֶׁר מְשֻׁנֶּה, אָז אֵין הַנִּפְקָד רַשַּׁאי לְהוֹצִיאָן.

סעיף ב' הַמַּפְקִיד שְׁאָר חֵפֶץ אֵצֶל חֲבֵרוֹ, אָסוּר לְהַנִּפְקָד לְהִשְׁתַּמֵּשׁ בְּהַחֵפֶץ זֶה לְצָרְכּוֹ. וְאַף עַל פִּי שֶׁאֵין הַחֵפֶץ מִתְקַלְקֵל כְּלָל בְּתַשְׁמִישׁ זֶה, מִכָּל מָקוֹם הָוֵי שׁוֹאֵל שֶׁלֹּא מִדַּעַת. וְשׁוֹאֵל שֶׁלֹּא מִדַּעַת, גַּזְלָן הוּא. וְאִם יָדוּעַ בְּבֵרוּר שֶׁאֵין הַמַּפְקִיד מַקְפִּיד עָלָיו, מֻתָּר. וְיֵשׁ אוֹסְרִין גַּם בָּזֶה, מִשּׁוּם דְּפִקָּדוֹן אֲפִלּוּ בְּדָבָר שֶׁאֵין דֶּרֶךְ בְּנֵי אָדָם לְהַקְפִּיד, אָסוּר, מִשּׁוּם דַּהֲוֵי שׁוֹלֵחַ יָד בַּפִּקָּדוֹן גַּם בְּכְהַאי גַּוְנָא. וְיֵשׁ לְהַחְמִיר.

סעיף ג' חַיָּב לִשְׁמֹר אֶת הַפִּקָּדוֹן בְּאֹפֶן הַיּוֹתֵר טוֹב כְּפִי הַדֶּרֶךְ לִשְׁמֹר חֲפָצִים כָּאֵלּוּ. וַאֲפִלּוּ אִם הוּא אֵינוֹ מְדַקְדֵּק כָּל כָּךְ בִּשְׁמִירַת חֲפָצִים שֶׁלּוֹ בְּפִקָּדוֹן, חַיָּב לְדַקְדֵּק יוֹתֵר.

סעיף ד' אֵין הַנִּפְקָד רַשַּׁאי לְהַפְקִיד אֶת הַפִּקָּדוֹן בְּיַד אֲחֵרִים, אֲפִלּוּ כְּשֵׁרִים וְנֶאֱמָנִים יוֹתֵר מִמֶּנּוּ, אֶלָּא אִם כֵּן הַמַּפְקִיד גַּם כֵּן רָגִיל לְהַפְקִיד דְּבָרִים כָּאֵלּוּ אֶצְלָם.

סעיף ה' כְּשֶׁבָּא לְהַחֲזִיר אֶת הַפִּקָּדוֹן, לֹא יַחֲזִירֶנּוּ לְאֶחָד מִבְּנֵי בֵיתוֹ שֶׁל הַמַּפְקִיד שֶׁלֹּא מִדַּעְתּוֹ. וְכֵן כְּשֶׁבָּא לְהַחֲזִיר לוֹ אֵיזֶה חֵפֶץ שֶׁהִשְׁאִיל לוֹ אוֹ לִפְרֹעַ חוֹבוֹ. אֲבָל יָכוֹל לְהַחֲזִיר לְאִשְׁתּוֹ, כִּי מִן הַסְּתָם הִיא נוֹשֵׂאת וְנוֹתֶנֶת בְּתוֹךְ הַבַּיִת, וְהַבַּעַל מַפְקִיד כָּל אֲשֶׁר לוֹ בְּיָדָהּ.

סימן קפט - הלכות פריקה וטעינה ובו ו' סעיפים:

סעיף א' מִי שֶׁפָּגַע בַּחֲבֵרוֹ בַּדֶּרֶךְ וּבְהֶמְתּוֹ רוֹבֶצֶת תַּחַת מַשָּׂאָהּ, בֵּין שֶׁהָיָה עָלֶיהָ מַשָּׂא הָרָאוּי לָהּ, בֵּין שֶׁהָיָה עָלֶיהָ יוֹתֵר מִמַּה שֶּׁרָאוּי לָהּ, הֲרֵי זֶה מְצֻוֶּה לְסַיְּעוֹ לִפְרֹק מֵעָלֶיהָ, שֶׁנֶּאֱמַר, עָזֹב תַּעֲזֹב עִמּוֹ. וּלְאַחַר שֶׁפָּרַק, לֹא יַנִּיחַ אֶת חֲבֵרוֹ בְּצַעַר וְיֵלֵךְ לוֹ, אֶלָּא יַעֲזוֹר לוֹ לַחֲזוֹר וְלִטְעוֹן עָלֶיהָ, שֶׁנֶּאֱמַר, הָקֵם תָּקִים. וְאִם הִנִּיחַ אֶת חֲבֵרוֹ וְלֹא פָּרַק וְלֹא טָעַן, בִּטֵּל מִצְוַת עֲשֵׂה וְעָבַר עַל מִצְוַת לֹא תַעֲשֶׂה, שֶׁנֶּאֱמַר, לֹא תִרְאֶה אֶת חֲמוֹר אָחִיךָ וְגוֹ'.

סעיף ב' פָּרַק וְטָעַן וְחָזַר וְנָפַל, חַיָּב לִפְרֹק וְלִטְעֹן פַּעַם אַחֶרֶת, וַאֲפִלּוּ מֵאָה פְּעָמִים, שֶׁנֶּאֱמַר, עָזֹב תַּעֲזֹב, הָקֵם תָּקִים עִמּוֹ. לְפִיכָךְ צָרִיךְ לֵילֵךְ עִמּוֹ עַד פַּרְסָה, שֶׁמָּא יִצְטָרֵךְ לוֹ, אֶלָּא אִם כֵּן אוֹמֵר לוֹ בַּעַל הַמַּשָּׂא, אֵינִי צָרִיךְ לָךְ.

סעיף ג' מִצְוַת פְּרִיקָה, צָרִיךְ לַעֲשׂוֹת בְּחִנָּם. אֲבָל לִטְעֹן, אֵינוֹ מְחֻיָּב אֶלָּא בְּשָׂכָר, וְכֵן בְּעַד מַה שֶּׁהוֹלֵךְ עִמּוֹ, מְחֻיָּב לְשַׁלֵּם לוֹ.

סעיף ד' בְּהֶמַת גּוֹי, אִם הָיָה הַגּוֹי מְחַמֵּר אַחַר בְּהֶמְתּוֹ, בֵּין שֶׁהַמַּשָּׂא הוּא

שֶׁל יִשְׂרָאֵל בֵּין שֶׁהוּא שֶׁל גּוֹי, אֵינוֹ חַיָּב, רַק לִפְרֹק, מִשּׁוּם צַעַר בַּעֲלֵי חַיִּים, וְיָכוֹל לְקַבֵּל שָׂכָר עַל זֶה. אֲבָל לִטְעֹן, אֵינוֹ חַיָּב כְּלָל, רַק אִי אִיכָּא מִשּׁוּם אֵיבָה. וְאִם אֵין שָׁם גּוֹי, אֶלָּא יִשְׂרָאֵל מְחַמֵּר אַחַר הַבְּהֵמָה, חַיָּב גַּם כֵּן לִטְעֹן מִשּׁוּם צַעַר הַיִּשְׂרָאֵל. וְכֵן בֶּהֱמַת יִשְׂרָאֵל וְהַמַּשָּׂא שֶׁל גּוֹי, חַיָּב לִפְרֹק וְלִטְעֹן מִשּׁוּם צַעַר הַיִּשְׂרָאֵל.

סעיף ה' כְּתִיב, כִּי תִרְאֶה חֲמוֹר שֹׂנַאֲךָ רֹבֵץ תַּחַת מַשָּׂאוֹ וְגוֹ', שׂוֹנֵא זֶה לֹא מֵהַגּוֹיִם הוּא, (שֶׁהֲרֵי אֵינָם בְּמִצְוַת טְעִינָה וּפְרִיקָה, אֶלָּא מִשּׁוּם צַעַר בַּעֲלֵי חַיִּים), אֶלָּא מִיִּשְׂרָאֵל. וְהֵיאַךְ יִהְיֶה יִשְׂרָאֵל שׂוֹנֵא לְיִשְׂרָאֵל, וְהַכָּתוּב אוֹמֵר, לֹא תִשְׂנָא אֶת אָחִיךָ בִּלְבָבֶךָ. אָמְרוּ חֲכָמִים, כְּגוֹן שֶׁהוּא לְבַדּוֹ רָאָהוּ שֶׁעָבַר עֲבֵרָה, וְהִתְרָה בוֹ וְלֹא חָזַר, הֲרֵי מִצְוָה לְשָׂנְאוֹ עַד שֶׁיַּעֲשֶׂה תְשׁוּבָה וְיָשׁוּב מֵרִשְׁעָתוֹ. וְאַף עַל פִּי שֶׁעֲדַיִן לֹא עָשָׂה תְשׁוּבָה, אִם מְצָאוֹ בְּצַעַר עַל מַשָּׂאוֹ, מִצְוָה לִפְרֹק וְלִטְעֹן עִמּוֹ וְלֹא יַנִּיחֶנּוּ כָּךְ, כִּי שֶׁמָּא יִשְׁהֶה בִּשְׁבִיל מָמוֹנוֹ וְיָבוֹא לִידֵי סַכָּנָה, וְהַתּוֹרָה הִקְפִּידָה עַל נַפְשׁוֹת יִשְׂרָאֵל, בֵּין רְשָׁעִים בֵּין צַדִּיקִים, מֵאַחַר שֶׁהֵם נִלְוִים אֶל ה' וּמַאֲמִינִים בְּעִקַּר הַדָּת, שֶׁנֶּאֱמַר, אֱמֹר אֲלֵיהֶם חַי אָנִי נְאֻם ה' אֱלֹהִים אִם אֶחְפֹּץ בְּמוֹת הָרָשָׁע כִּי אִם בְּשׁוּב רָשָׁע מִדַּרְכּוֹ וְחָיָה.

סעיף ו' בְּנֵי חֲבוּרָה שֶׁאֵרַע לְאֶחָד מֵהֶם שֶׁרַגְלֵי חֲמוֹרוֹ רְעוּעוֹת, אֵין בְּנֵי חֲבוּרָה רַשָּׁאִים לִפָּרֵד עִם חֲמוֹרֵיהֶם וּלְהַנִּיחוֹ לְבַדּוֹ בַּדֶּרֶךְ. אֲבָל אִם נָפַל חֲמוֹרוֹ וְאֵינוֹ יָכוֹל עוֹד לֵילֵךְ כְּלָל, רַשָּׁאִים לִפָּרֵד מִמֶּנּוּ, וְאֵין צְרִיכִין לְהִתְעַכֵּב בִּשְׁבִילוֹ יוֹתֵר מִדַּי. וְכֵן בְּנֵי חֲבוּרָה שֶׁנּוֹסְעִין בַּעֲגָלוֹת, וְאֵרַע לְאֶחָד מֵהֶם אֵיזֶה קִלְקוּל, שֶׁצָּרִיךְ לִשְׁהוֹת מְעַט לְתַקֵּן, אֵין חֲבֵרָיו רַשָּׁאִים לִפָּרֵד מִמֶּנּוּ, אֶלָּא אִם כֵּן צָרִיךְ לְהִתְעַכֵּב הַרְבֵּה יוֹתֵר מִדַּי.

סימן קצ - הלכות [מעקה] שמירת הגוף ובל תשחית ובו ג' סעיפים:

סעיף א' מִצְוַת עֲשֵׂה לַעֲשׂוֹת מַעֲקֶה לְגַגּוֹ, שֶׁנֶּאֱמַר, וְעָשִׂיתָ מַעֲקֶה לְגַגֶּךָ. גֹּבַהּ הַמַּעֲקֶה אֵינוֹ פָּחוֹת מֵעֲשָׂרָה טְפָחִים, וִיהֵא חָזָק כְּדֵי שֶׁיִּשָּׁעֵן אָדָם עָלָיו וְלֹא יִפּוֹל. גַּגּוֹת שֶׁלָּנוּ שֶׁאֵין מִשְׁתַּמְּשִׁין בָּהֶם, פְּטוּרִין. וְאֻמְנָם לֹא הַגַּג בִּלְבַד חַיָּב בְּמַעֲקֶה, אֶלָּא כָּל דָּבָר שֶׁיֵּשׁ בּוֹ סַכָּנָה, שֶׁיִּכָּשֵׁל בּוֹ אָדָם וְיָמוּת, חַיָּב בְּמַעֲקֶה וְתִקּוּן. וְכָל הַמַּנִּיחוֹ בְּלִי מַעֲקֶה, בִּטֵּל מִצְוַת עֲשֵׂה וְעָבַר עַל לֹא תַעֲשֶׂה, שֶׁנֶּאֱמַר, וְלֹא תָשִׂים דָּמִים בְּבֵיתֶךָ. כְּגוֹן מִי שֶׁיֵּשׁ לוֹ בּוֹר בְּתוֹךְ חֲצֵרוֹ, חַיָּב לַעֲשׂוֹת לוֹ חֻלְיָא גְּבוֹהָה עֲשָׂרָה טְפָחִים אוֹ לַעֲשׂוֹת לוֹ כִּסּוּי שֶׁלֹּא יִפּוֹל בּוֹ אָדָם.

סעיף ב' וְכֵן כָּל מִכְשׁוֹל שֶׁיֵּשׁ בּוֹ סַכָּנַת נְפָשׁוֹת, מִצְוַת עֲשֵׂה לַהֲסִירוֹ וּלְהִשָּׁמֵר מִמֶּנּוּ וּלְהִזָּהֵר בַּדָּבָר יָפֶה, שֶׁנֶּאֱמַר, הִשָּׁמֶר לְךָ וּשְׁמֹר נַפְשְׁךָ מְאֹד. וְאִם הִנִּיחַ וְלֹא הֵסִיר אֶת הַמִּכְשׁוֹלִים הַמְבִיאִים לִידֵי סַכָּנָה, בִּטֵּל מִצְוַת עֲשֵׂה וְעָבַר בְּלֹא תָשִׂים דָּמִים, כְּגוֹן אִם סֻלָּם רָעוּעַ עוֹמֵד בְּבֵיתוֹ וַחֲצֵרוֹ, וְכֵן הַמְגַדֵּל כֶּלֶב רָע.

סעיף ג' כְּשֵׁם שֶׁצָּרִיךְ הָאָדָם לְהִזָּהֵר בְּגוּפוֹ שֶׁלֹּא לְאַבְּדוֹ וְשֶׁלֹּא לְקַלְקְלוֹ וְשֶׁלֹּא לְהַזִּיקוֹ, כְּמוֹ שֶׁנֶּאֱמַר, הִשָּׁמֶר לְךָ וּשְׁמֹר נַפְשְׁךָ מְאֹד, כָּךְ צָרִיךְ לְהִזָּהֵר בְּמָמוֹנוֹ שֶׁלֹּא לְאַבְּדוֹ וְשֶׁלֹּא לְקַלְקְלוֹ וְשֶׁלֹּא לְהַזִּיקוֹ. וְכָל הַמְשַׁבֵּר

כְּלִי, אוֹ קוֹרֵעַ בֶּגֶד, אוֹ מְאַבֵּד מַאֲכָל אוֹ מַשְׁקֶה אוֹ מְמָאֲסָם, אוֹ זוֹרֵק מָעוֹת לְאִבּוּד, וְכֵן הַמְקַלְקֵל שְׁאָר כָּל דָּבָר שֶׁהָיָה רָאוּי שֶׁיֵּהָנוּ בּוֹ בְּנֵי אָדָם, עוֹבֵר בְּלֹא תַעֲשֶׂה, שֶׁנֶּאֱמַר, לֹא תַשְׁחִית אֶת עֵצָהּ וְגוֹ'.

סימן קצא - אסור צער בעלי חיים ואסור סרוס ובו ו' סעיפים:

סעיף א' אָסוּר מִן הַתּוֹרָה לְצַעֵר כָּל בַּעַל חַי. וְאַדְּרַבָּא, חַיָּב לְהַצִּיל כָּל בַּעַל חַי מִצַּעַר, אֲפִלּוּ שֶׁל הֶפְקֵר, וַאֲפִלּוּ שֶׁל נָכְרִי. אַךְ אִם הֵם מְצַעֲרִין לְאָדָם, אוֹ שֶׁצָּרִיךְ הָאָדָם לָהֶם לִרְפוּאָה אוֹ לִשְׁאָר דָּבָר, מֻתָּר אֲפִלּוּ לְהָרְגָן, וְאֵין חוֹשְׁשִׁין לְצַעֲרָן, שֶׁהֲרֵי הַתּוֹרָה הִתִּירָה שְׁחִיטָה. וְלָכֵן מֻתָּר לְמֹרֵט נוֹצוֹת מֵאֲוָזוֹת חַיּוֹת אִם אֵין לוֹ נוֹצָה אַחֶרֶת, רַק שֶׁהָעוֹלָם נִמְנָעִים מִשּׁוּם אַכְזְרִיּוּת.

סעיף ב' סוּסִים הַמּוֹשְׁכִים בָּעֲגָלָה וְהִגִּיעוּ לְמָקוֹם מְקֻלְקָל אוֹ לְהַר גָּבוֹהַּ, וְאֵינָן יְכוֹלִין לִמְשֹׁךְ בְּלִי עֵזֶר, מִצְוָה לַעֲזוֹר אַף לְנָכְרִי מִשּׁוּם צַעַר בַּעֲלֵי חַיִּים, שֶׁלֹּא יַכֶּה אוֹתָם הַנָּכְרִי מַכָּה רַבָּה לִמְשֹׁךְ יוֹתֵר מֵאֲשֶׁר בְּכֹחָם.

סעיף ג' אָסוּר לִקְשֹׁר רַגְלֵי בְהֵמָה חַיָּה וָעוֹף בְּעִנְיָן שֶׁיִּהְיֶה לָהֶם צַעַר (עַיֵּן לְעֵיל סִימָן פז סָעִיף ז).

סעיף ד' אָסוּר לְהוֹשִׁיב עוֹף עַל בֵּיצִים מִשֶּׁאֵינוֹ מִינוֹ, מִשּׁוּם צַעַר בַּעֲלֵי חַיִּים.

סעיף ה' אָסוּר לְסָרֵס בֵּין אָדָם וּבֵין בְּהֵמָה חַיָּה וָעוֹף, אֶחָד טְמֵאִים וְאֶחָד טְהוֹרִים, בֵּין בְּאֶרֶץ יִשְׂרָאֵל בֵּין בְּחוּץ לָאָרֶץ. וְכָל הַמְסָרֵס, חַיָּב מַלְקוֹת. וַאֲפִלּוּ לְהַשְׁקוֹת כּוֹס שֶׁל עִקָּרִין לְאִישׁ אוֹ לִשְׁאָר בַּעֲלֵי חַיִּים הַזְּכָרִים, אָסוּר.

סעיף ו' אָסוּר לוֹמַר לְגוֹי לְסָרֵס בְּהֵמָה שֶׁלָּנוּ. וְיֵשׁ אוֹמְרִים, דַּאֲפִלּוּ לְמָכְרָהּ לְגוֹי אוֹ לִתְּנָהּ לוֹ לְמַחֲצִית שָׂכָר, אִם יָדוּעַ שֶׁיְּסָרְסֶנָּה, אָסוּר. מִשּׁוּם דְּגוֹי גַּם כֵּן מְצֻוֶּה עַל אִסּוּר סֵרוּס, וְאִם כֵּן הַיִּשְׂרָאֵל עוֹבֵר עַל לִפְנֵי עִוֵּר. וּמִיהוּ אִם אֵין הַגּוֹי הַקּוֹנֶה מְסָרֵס בְּעַצְמוֹ, רַק נוֹתֵן לְגוֹי אַחֵר לְסָרֵס, לְכֻלֵּי עָלְמָא שָׁרֵי, דְּאָז הָוֵי לִפְנֵי דְלִפְנֵי וּמֻתָּר.

סימן קצב - דין החולה והרופא ובמה מתרפאין ובו י' סעיפים:

סעיף א' אָמַר רַב יִצְחָק בְּרֵהּ דְּרַב יְהוּדָה, לְעוֹלָם יְבַקֵּשׁ אָדָם רַחֲמִים שֶׁלֹּא יֶחֱלֶה. שֶׁאִם חָלָה, אוֹמְרִים לוֹ, הָבֵא זְכוּת וְהִפָּטֵר. אָמַר מַר עֻקְבָא, מַאי קְרָאָה. כִּי יִפֹּל הַנֹּפֵל מִמֶּנּוּ, מִמֶּנּוּ לְהָבִיא רְאָיָה. פֵּרוּשׁ, מֵאַחַר שֶׁהוּא נוֹפֵל, צָרִיךְ לִמְצוֹא מִמֶּנּוּ וּמִמַּעֲשָׂיו רְאָיָה לִזְכוּת. עוֹד אִיתָא בַּגְּמָרָא, חָשׁ בְּרֹאשׁוֹ, יְהִי דוֹמֶה בְעֵינָיו כְּמִי שֶׁנְּתָנוּהוּ בְקוֹלָר. עָלָה לַמִּטָּה וְנָפַל לְמִשְׁכָּב, יְהִי דוֹמֶה בְעֵינָיו כְּמִי שֶׁהֶעֱלוּהוּ לַגַּרְדּוֹם (מָקוֹם שֶׁדָּנִין דִּינֵי נְפָשׁוֹת) לָדוֹן, שֶׁכָּל הָעוֹלֶה לַגַּרְדּוֹם לָדוֹן, אִם יֵשׁ לוֹ פְּרַקְלִיטִין גְּדוֹלִים, נִצּוֹל. וְאִם לָאו, אֵינוֹ נִצּוֹל. וְאֵלּוּ הֵן פְּרַקְלִיטִין שֶׁל אָדָם, תְּשׁוּבָה וּמַעֲשִׂים טוֹבִים. וַאֲפִלּוּ תְּשַׁע מֵאוֹת וְתִשְׁעִים וְתִשְׁעָה מְלַמְּדִים עָלָיו חוֹבָה, וְאֶחָד מְלַמֵּד עָלָיו זְכוּת, נִצּוֹל, שֶׁנֶּאֱמַר, אִם יֵשׁ עָלָיו מַלְאָךְ מֵלִיץ אֶחָד מִנִּי אָלֶף לְהַגִּיד לְאָדָם יָשְׁרוֹ, וַיְחֻנֶּנּוּ וַיֹּאמֶר,

פְּדָעֵהוּ מֵרֶדֶת שַׁחַת וְגוֹ'.

סעיף ב' דָּרַשׁ רַבִּי פִּינְחָס בַּר חָמָא, כָּל מִי שֶׁיֵּשׁ לוֹ חוֹלֶה בְּתוֹךְ בֵּיתוֹ, יֵלֵךְ אֵצֶל חָכָם וִיבַקֵּשׁ עָלָיו רַחֲמִים, שֶׁנֶּאֱמַר, חֲמַת מֶלֶךְ מַלְאֲכֵי מָוֶת, וְאִישׁ חָכָם יְכַפְּרֶנָּה. וְנוֹהֲגִין לָתֵת צְדָקָה לַעֲנִיִּים בַּעֲדוֹ, כִּי תְּשׁוּבָה וּתְפִלָּה וּצְדָקָה, מַעֲבִירִין אֶת רֹעַ הַגְּזֵרָה. גַּם נוֹהֲגִין לְבָרֵךְ אֶת הַחוֹלִים בְּבֵית הַכְּנֶסֶת. וְאִם הוּא מְסֻכָּן, מְבָרְכִין אוֹתוֹ אֲפִלּוּ בְּשַׁבָּת וְיוֹם טוֹב. וְלִפְעָמִים מְשַׁנִּים אֶת שֵׁם הַחוֹלֶה, כִּי גַּם שִׁנּוּי הַשֵּׁם, קוֹרֵעַ גְּזַר דִּינוֹ.

סעיף ג' הַתּוֹרָה נָתְנָה רְשׁוּת לָרוֹפֵא שֶׁיְּרַפֵּא, שֶׁנֶּאֱמַר, וְרַפֹּא יְרַפֵּא. וְלָכֵן אֵין לוֹ לַחוֹלֶה לִסְמֹךְ עַל הַנֵּס, אֶלָּא חַיָּב לְהִתְנַהֵג בְּדֶרֶךְ הָעוֹלָם לִקְרוֹא לָרוֹפֵא שֶׁיְּרַפְּאֵהוּ. וּכְבָר כַּמָּה חֲסִידֵי עוֹלָם נִתְרַפְּאוּ עַל יְדֵי רוֹפְאִים. וּמִי שֶׁמּוֹנֵעַ אֶת עַצְמוֹ מִלִּקְרוֹא לָרוֹפֵא, שְׁתַּיִם רָעוֹת הִנֵּהוּ עוֹשֶׂה, הָאַחַת, דְּאָסוּר לִסְמֹךְ עַל הַנֵּס בְּמָקוֹם שֶׁיֵּשׁ סַכָּנָה, וְדָבָר זֶה גּוֹרֵם שֶׁיִּזָּכְרוּ עֲוֹנוֹתָיו בִּשְׁעַת חָלְיוֹ. וְעוֹד, דַּהֲוֵי יְהֻרָא וְגַאֲוַת שֶׁסּוֹמֵךְ עַל צִדְקָתוֹ שֶׁיִּתְרַפֵּא בְּדֶרֶךְ הַנֵּס. וְיֵשׁ לוֹ לִקְרוֹא לָרוֹפֵא הַיּוֹתֵר מֻמְחֶה, וּבְכָל זֹאת לִבּוֹ יְהֵא לַשָּׁמַיִם, וִיבַקֵּשׁ רַחֲמִים מֵאֵת הָרוֹפֵא הַנֶּאֱמָן יִתְבָּרַךְ שְׁמוֹ, וְאַךְ בּוֹ יִבְטַח לִבּוֹ (ברכי יוסף) (וְעַיֵּן לְעֵיל סִימָן סא סָעִיף ד).

סעיף ד' וּמִצְוָה הוּא עַל הָרוֹפֵא הַבָּקִי לְרַפֵּא, וּבִכְלַל פִּקּוּחַ נֶפֶשׁ הוּא. וְאִם מוֹנֵעַ אֶת עַצְמוֹ, הֲרֵי זֶה שׁוֹפֵךְ דָּמִים, וַאֲפִלּוּ יֵשׁ לַחוֹלֶה רוֹפֵא אַחֵר, כִּי לֹא מִן כָּל אָדָם זוֹכֶה לְהִתְרַפֵּא, וְאוּלַי הוּא מִן הַשָּׁמַיִם שֶׁיִּתְרַפֵּא עַל יָדוֹ. אֲבָל לֹא יִתְעַסֵּק בִּרְפוּאוֹת, אֶלָּא אִם כֵּן הוּא בָקִי, וְאֵין שָׁם גָּדוֹל מִמֶּנּוּ, שֶׁאִם לֹא כֵן, הֲרֵי זֶה שׁוֹפֵךְ דָּמִים.

סעיף ה' חוֹלֶה שֶׁאֵין בּוֹ סַכָּנָה, אִם יוּכַל לְהִתְרַפְּאוֹת בְּדָבָר הֶתֵּר, אַף עַל פִּי שֶׁצְּרִיכִין לִשְׁהוֹת קְצָת עַד שֶׁיַּשִּׂיגוּהוּ, אֵין מַתִּירִין לוֹ שׁוּם דָּבָר אִסּוּר. וְאִם צָרִיךְ דַּוְקָא לְדָבָר אִסּוּר, אִם צָרִיךְ לְאָכְלוֹ כְּמוֹ שֶׁהַדֶּרֶךְ הוּא לֶאֱכֹל דָּבָר זֶה, אָסוּר לוֹ לְאָכְלוֹ, אֲפִלּוּ הוּא רַק אִסּוּר דְּרַבָּנָן, כֵּיוָן שֶׁאֵין בּוֹ סַכָּנָה. אֲבָל שֶׁלֹּא כְּדֶרֶךְ הֲנָאָתוֹ, כְּגוֹן שֶׁמְּעֹרָב בּוֹ דָּבָר מַר, וְכֵן לַעֲשׂוֹת מִמֶּנּוּ רְטִיָּה וְכַדּוֹמֶה, מֻתָּר, אֲפִלּוּ הוּא דָּבָר הָאָסוּר בַּהֲנָאָה מִדְּאוֹרַיְתָא, חוּץ מִכִּלְאֵי הַכֶּרֶם וּבָשָׂר בְּחָלָב, שֶׁאֲסוּרִין אֲפִלּוּ שֶׁלֹּא כְּדֶרֶךְ הֲנָאָתָן בְּמָקוֹם שֶׁאֵין סַכָּנָה. (דִּין הַבְּרָכָה עַל מַה שֶּׁאוֹכֵל וְשׁוֹתֶה לִרְפוּאָה, עַיֵּן לְעֵיל סִימָן ג סָעִיף ח וְסִימָן סא סָעִיף ד. וְדִין תִּינוֹק שֶׁצָּרִיךְ לֶאֱכֹל חָמֵץ בְּפֶסַח, עַיֵּן לְעֵיל סוֹף סִימָן קיז).

סעיף ו' יֵשׁ אוֹמְרִים, דְּכָל אִסּוּרֵי הֲנָאָה מִדְּרַבָּנָן מֻתָּר לְהִתְרַפְּאוֹת בָּהֶן, אֲפִלּוּ חוֹלֶה שֶׁאֵין בּוֹ סַכָּנָה, וַאֲפִלּוּ כְּדֶרֶךְ הֲנָאָתָן (עַיֵּן לְעֵיל סִימָן מז סָעִיף ב), וּבִלְבַד שֶׁלֹּא יֹאכַל וְלֹא יִשְׁתֶּה אֶת הָאִסּוּר.

סעיף ז' חוֹלֶה שֶׁיֵּשׁ בּוֹ סַכָּנָה, מִתְרַפֵּא בְּכָל הָאִסּוּרִין, שֶׁאֵין לְךָ דָּבָר הָעוֹמֵד בִּפְנֵי פִּקּוּחַ נֶפֶשׁ (וְעַיֵּן לְעֵיל סִימָן צב), חוּץ מֵעֲבוֹדָה זָרָה, גִּלּוּי עֲרָיוֹת, וּשְׁפִיכוּת דָּמִים, שֶׁהֵן בְּיֵהָרֵג וְאַל יַעֲבוֹר, וְאֵין מִתְרַפְּאִין בָּהֶן.

סעיף ח' מֻתָּר לָרוֹפֵא לְהַקִּיז דָּם וּלְמַשֵּׁשׁ הַדֹּפֶק וּשְׁאָר מְקוֹמוֹת שֶׁבָּאִשָּׁה, אֲפִלּוּ בְּאֵשֶׁת אִישׁ, וַאֲפִלּוּ

בְּמְקוֹם תְּרֻפָּה כְּדֶרֶךְ הָרוֹפְאִים, כֵּיוָן שֶׁאֵינוֹ עוֹשֶׂה דֶּרֶךְ תַּאֲוָה וְחִבָּה, אֶלָּא שֶׁבִּמְלַאכְתּוֹ הוּא עוֹסֵק. וְאַף בְּאִשְׁתּוֹ נִדָּה, יֵשׁ לְהַחְמִיר כְּשֶׁאֵין סַכָּנָה בַּדָּבָר וְיֵשׁ שָׁם רוֹפֵא אַחֵר בָּקִי כָּמוֹהוּ (וְעַיֵּן לְעֵיל סִימָן קנג סָעִיף יד וְשָׁם מְבֹאָר, אִם אִשָּׁה נִדָּה יְכוֹלָה לְשַׁמֵּשׁ אֶת בַּעְלָהּ כְּשֶׁהוּא חוֹלֶה אוֹ הוּא אוֹתָהּ. וְעַיֵּן לְעֵיל סִימָן קמג סָעִיף טו, אִם הַבֵּן מֻתָּר לְהַקִּיז דָּם לְאָבִיו וְכַיּוֹצֵא בּוֹ).

סעיף ט' בְּחֳלִי מֵעַיִם, אֵין הָאִישׁ מְשַׁמֵּשׁ אֶת הָאִשָּׁה, פֶּן יִתְגַּבֵּר יִצְרוֹ, כֵּיוָן שֶׁהוּא בָרִיא. אֲבָל הָאִשָּׁה, מְשַׁמֶּשֶׁת אֶת הָאִישׁ, כֵּיוָן שֶׁהוּא חוֹלֶה.

סעיף י' מִי שֶׁיֵּשׁ לוֹ סַמָּמָנִים, וַחֲבֵרוֹ חוֹלֶה וְצָרִיךְ לָהֶם, אָסוּר לוֹ לְהַעֲלוֹת בְּדָמֵיהֶם יוֹתֵר מִן הָרָאוּי.

סימן קצג - הלכות בקור חולים ובו י"ד סעיפים:

סעיף א' כְּשֶׁחָלָה הָאָדָם, מִצְוָה עַל כָּל אָדָם לְבַקְּרוֹ, שֶׁכֵּן מָצִינוּ בְּהַקָּדוֹשׁ בָּרוּךְ הוּא שֶׁמְּבַקֵּר חוֹלִים, כְּמוֹ שֶׁדָּרְשׁוּ רַבּוֹתֵינוּ, זִכְרוֹנָם לִבְרָכָה, בְּפָסוּק וַיֵּרָא אֵלָיו ה' בְּאֵלֹנֵי מַמְרֵא, מְלַמֵּד שֶׁבָּא אֵלָיו לְבַקֵּר הַחוֹלֶה. הַקְּרוֹבִים וְהַחֲבֵרִים שֶׁרְגִילִים לִכָּנֵס לְבֵיתוֹ תָּמִיד, הֵמָּה הוֹלְכִים לְבַקְּרוֹ מִיָּד כְּשֶׁשָּׁמְעוּ שֶׁהוּא חוֹלֶה. אֲבָל הָרְחוֹקִים שֶׁאֵינָם רְגִילִים בְּבֵיתוֹ, לֹא יִכָּנְסוּ מִיָּד, כִּי הֵיכִי דְּלָא לְתָרַע מַזָּלֵהּ לְהַטִּיל עָלָיו שֵׁם חוֹלֶה. וְאֵינָם נִכְנָסִים עַד לְאַחַר שְׁלֹשָׁה יָמִים. וְאִם קָפַץ עָלָיו הַחוֹלִי, גַּם הָרְחוֹקִים נִכְנָסִים מִיָּד. אֲפִלּוּ הַגָּדוֹל, יֵלֵךְ לְבַקֵּר אֶת הַקָּטָן, וַאֲפִלּוּ כַּמָּה פְּעָמִים בַּיּוֹם. וְכָל הַמּוֹסִיף, הֲרֵי זֶה מְשֻׁבָּח, וּבִלְבַד שֶׁלֹּא יְהֵא לְטֹרַח עַל הַחוֹלֶה. הַשּׂוֹנֵא לֹא יְבַקֵּר אֶת שׂוֹנְאוֹ הַחוֹלֶה, וְלֹא יְנַחֲמֶנּוּ כְּשֶׁהוּא אָבֵל, שֶׁלֹּא יַחְשֹׁב שֶׁשָּׂמֵחַ לְאֵידוֹ. אֲבָל מֻתָּר לְלַוּוֹתוֹ, וְלֵיכָּא לְמֵיחַשׁ, שֶׁיֹּאמְרוּ כִּי הוּא שָׂמֵחַ לְאֵידוֹ, בַּאֲשֶׁר זֶהוּ סוֹף כָּל אָדָם. (עַיֵּן לְקַמָּן סִימָן רז סָעִיף ב, דְּהַחוֹלֶה אֵינוֹ צָרִיךְ לַעֲמֹד אֲפִלּוּ מִפְּנֵי נָשִׂיא. וְאִם רוֹצֶה לַעֲמֹד, אֵין אוֹמְרִים לוֹ שֵׁב).

סעיף ב' כְּשֶׁהַחוֹלֶה שׁוֹכֵב עַל הָאָרֶץ, לֹא יֵשֵׁב הַמְבַקֵּר עַל גַּבֵּי כִּסֵּא שֶׁגָּבֹהַּ מִמֶּנּוּ, לְפִי שֶׁהַשְּׁכִינָה לְמַעְלָה מְרַאֲשׁוֹתָיו שֶׁל חוֹלֶה, שֶׁנֶּאֱמַר, ה' יִסְעָדֶנּוּ עַל עֶרֶשׂ דְּוָי. אֲבָל כְּשֶׁהַחוֹלֶה שׁוֹכֵב בְּמִטָּה, מֻתָּר לַמְבַקֵּר לֵישֵׁב עַל כִּסֵּא וְסַפְסָל (עַיֵּן לְקַמָּן סִימָן רז סָעִיף ב).

סעיף ג' עִקַּר מִצְוַת בִּקּוּר חוֹלִים הוּא לְעַיֵּן בְּצָרְכֵי הַחוֹלֶה מַה הוּא צָרִיךְ לַעֲשׂוֹת לוֹ, וְשֶׁיִּמְצָא נַחַת רוּחַ עִם חֲבֵרָיו, וְגַם שֶׁיִּתֵּן דַּעְתּוֹ עָלָיו וִיבַקֵּשׁ רַחֲמִים עָלָיו. וְאִם בִּקֵּר וְלֹא בִקֵּשׁ, לֹא קִיֵּם אֶת הַמִּצְוָה. וְלָכֵן אֵין מְבַקְּרִין בְּשָׁלֹשׁ שָׁעוֹת הָרִאשׁוֹנוֹת שֶׁל הַיּוֹם, מִפְּנֵי שֶׁאָז כָּל חוֹלֶה מֵקֵל עָלָיו חָלְיוֹ וְלֹא יָחוּשׁ לְבַקֵּשׁ עָלָיו רַחֲמִים. וְלֹא בְּשָׁלֹשׁ שָׁעוֹת הָאַחֲרוֹנוֹת שֶׁל הַיּוֹם, שֶׁאָז מַכְבִּיד עָלָיו חָלְיוֹ וְיִתְיָאֵשׁ מִלְּבַקֵּשׁ עָלָיו רַחֲמִים.

סעיף ד' כְּשֶׁמְּבַקֵּשׁ עָלָיו רַחֲמִים, אִם מְבַקֵּשׁ בְּפָנָיו, יָכוֹל לְבַקֵּשׁ בְּכָל לָשׁוֹן שֶׁיִּרְצֶה, שֶׁהֲרֵי מְבַקֵּשׁ כִּבְיָכוֹל לִפְנֵי הַשְּׁכִינָה, שֶׁהִיא אֵצֶל הַחוֹלֶה. אֲבָל כְּשֶׁמְּבַקֵּשׁ שֶׁלֹּא בְּפָנָיו, דְּאָז מַלְאֲכֵי הַשָּׁרֵת נִזְקָקִין לְהַעֲלוֹת תְּפִלָּתוֹ, וְאֵינָם נִזְקָקִין לְכָל הַלְּשׁוֹנוֹת, עַל כֵּן יְבַקֵּשׁ בִּלְשׁוֹן הַקֹּדֶשׁ, וְיִכְלוֹל אוֹתוֹ בְּתוֹךְ כָּל

חוֹלֵי יִשְׂרָאֵל, שֶׁמִּתּוֹךְ שֶׁכּוֹלְלוֹ עִם הָאֲחֵרִים, תְּפִלָּתוֹ נִשְׁמַעַת יוֹתֵר בִּזְכוּתָן שֶׁל רַבִּים. וְיֹאמַר, הַמָּקוֹם יְרַחֵם עָלֶיךָ בְּתוֹךְ כָּל חוֹלֵי יִשְׂרָאֵל. וּבְשַׁבָּת יֹאמַר, שַׁבָּת הִיא מִלִּזְעֹק, וּרְפוּאָה קְרוֹבָה לָבוֹא, וְרַחֲמָיו מְרֻבִּים, וְשִׁבְתוּ בְּשָׁלוֹם.

סעיף ה' הַמְבַקְּרִים יְדַבְּרוּ אִתּוֹ בְּהַשְׂכֵּל וָדַעַת, וְיֹאמְרוּ לוֹ, דְּבָרִים מְחַיִּים, וְלֹא דְּבָרִים מְמִיתִים. וְיֹאמְרוּ לוֹ, שֶׁיִּתֵּן דַּעְתּוֹ עַל עִנְיָנָיו, אִם הִלְוָה אוֹ הִפְקִיד אֵצֶל אֲחֵרִים אוֹ אֲחֵרִים אֶצְלוֹ, וְאַל יְפַחֵד מִפְּנֵי זֶה מֵהַמָּוֶת.

סעיף ו' אֵין לִתֵּן נְכָסָיו בְּמַתָּנָה לַאֲחֵרִים וַאֲפִלּוּ לִצְדָקָה וּלְהַנִּיחַ אֶת הַיּוֹרְשִׁים בְּלֹא כְלוּם. וְכָל הָעוֹשֶׂה כֵּן, אֵין רוּחַ חֲכָמִים נוֹחָה הֵימֶנּוּ, וַאֲפִלּוּ אֵין הַיּוֹרְשִׁים נוֹהֲגִין כַּשּׁוּרָה. אֲבָל אִם מַנִּיחַ גַּם לַיּוֹרְשִׁים דָּבָר הַמַּסְפִּיק לָהֶם, מֻתָּר (וְעַיֵּן לְעֵיל סִימָן לד סָעִיף ד). וּמִדַּת חֲסִידוּת, שֶׁלֹּא לַחְתֹּם אֶת עַצְמוֹ עֵד וְלֹא לִהְיוֹת בְּעֵצָה בְּצַוָּאָה שֶׁמַּעֲבִירִין בָּהּ אֶת הַיְרֻשָּׁה מֵהַיּוֹרֵשׁ, אֲפִלּוּ מִבֵּן שֶׁאֵינוֹ נוֹהֵג כַּשּׁוּרָה, לְאָחִיו חָכָם וְנוֹהֵג כַּשּׁוּרָה, כִּי שֶׁמָּא יֵצֵא מִמֶּנּוּ זֶרַע טוֹב וְהָגוּן. וַאֲפִלּוּ לְמַעֵט מִזֶּה וּלְהַרְבּוֹת לָזֶה, יֵשׁ מִי שֶׁאוֹסֵר, וְרָאוּי לָחוּשׁ לִדְבָרָיו. עַיֵּן סוֹף סִימָן כו.

סעיף ז' אִם יֵשׁ לוֹ בָּנִים קְטַנִּים, אוֹ קְטַנִּים וּגְדוֹלִים, אוֹ שֶׁאִשְׁתּוֹ מְעֻבֶּרֶת, צָרִיךְ לְמַנּוֹת אַפּוֹטְרוֹפּוֹס שֶׁיִּתְעַסֵּק בִּשְׁבִיל הַקְּטַנִּים עַד שֶׁיִּגְדְּלוּ.

סעיף ח' חוֹלֶה שֶׁבִּקֵּשׁ לַעֲשׂוֹת קַבָּלַת קִנְיָן לְחַזֵּק אֶת הַצַּוָּאָה, קוֹנִין מִמֶּנּוּ אֲפִלּוּ בְּשַׁבָּת. וְכֵן אִם מְבַקֵּשׁ לִשְׁלֹחַ לִקְרוֹבָיו, מֻתָּר לִשְׂכֹּר גּוֹי בְּשַׁבָּת וּלְשָׁלְחוֹ (וְעַיֵּן לְעֵיל סִימָן צ סָעִיף יט).

סעיף ט' חוֹלֶה שֶׁמֵּת לוֹ מֵת, אֵין מוֹדִיעִין לוֹ, שֶׁלֹּא תִּטָּרֵף דַּעְתּוֹ עָלָיו. וַאֲפִלּוּ נוֹדַע לוֹ, אֵין אוֹמְרִים לוֹ לִקְרֹעַ, שֶׁמָּא תִגְדַּל דַּאֲגָתוֹ. וְאֵין בּוֹכִין וְאֵין מַסְפִּידִין בְּפָנָיו, בֵּין עַל מֵתוֹ בֵּין עַל מֵת אַחֵר, אַף עַל פִּי שֶׁאֵינוֹ קְרוֹבוֹ, פֶּן יְפַחֵד שֶׁגַּם הוּא יָמוּת. וּמַשְׁתִּיקִין אֶת הַמְנַחֲמִים בְּפָנָיו.

סעיף י' אֵין מְבַקְּרִין לֹא לְחוֹלֵי מֵעַיִם, מִשּׁוּם כִּסּוּפָא, וְלֹא לְחוֹלֵי הָעַיִן, וְלֹא לְחוֹלֵי הָרֹאשׁ. וְכֵן כָּל חוֹלֶה דְּתַקִּיף לֵהּ עָלְמָא וְקָשֶׁה לֵהּ דִּבּוּרָא, אֵין מְבַקְּרִין אוֹתוֹ בְּפָנָיו, אֶלָּא נִכְנָסִין לַבַּיִת הַחִיצוֹן וְשׁוֹאֲלִין וְדוֹרְשִׁין בּוֹ אִם צָרִיךְ לְאֵיזֶה דָבָר, וְשׁוֹמְעִין צַעֲרוֹ, וּמְבַקְשִׁים עָלָיו רַחֲמִים.

סעיף יא' מִי שֶׁיֵּשׁ לְפָנָיו שְׁתֵּי מִצְוֹת, בִּקּוּר חוֹלִים וְנִחוּם אֲבֵלִים, אִם אֶפְשָׁר לוֹ לְקַיֵּם שְׁתֵּיהֶן, בִּקּוּר חוֹלִים קוֹדֵם, כְּדֵי לְבַקֵּשׁ רַחֲמִים עָלָיו. וְאִם אִי אֶפְשָׁר לוֹ לְקַיֵּם שְׁתֵּיהֶן, נִחוּם אֲבֵלִים קוֹדֵם, שֶׁהוּא גְּמִילוּת חֶסֶד עִם הַחַיִּים וְעִם הַמֵּתִים.

סעיף יב' מְבַקְּרִין חוֹלֵה גּוֹי, מִפְּנֵי דַרְכֵי שָׁלוֹם.

סעיף יג' תַּנְיָא בְּסִפְרֵי, רַבִּי נָתָן אוֹמֵר, וְאָשְׁמָה הַנֶּפֶשׁ הַהִיא וְהִתְוַדָּה, זֶה בָּנָה אָב עַל כָּל הַמֵּתִים שֶׁיִּטְעֲנוּ וִדּוּי. וְאִיתָא בַּמִּשְׁנָה, שֶׁכָּל הַמִּתְוַדֶּה יֵשׁ לוֹ חֵלֶק לָעוֹלָם הַבָּא, שֶׁכֵּן מָצִינוּ בְעָכָן, שֶׁאָמַר לוֹ יְהוֹשֻׁעַ, בְּנִי שִׂים נָא כָבוֹד לַה' אֱלֹקֵי יִשְׂרָאֵל וְתֶן לוֹ תוֹדָה

וְהַגֶּד נָא לִי מֶה עָשִׂיתָ אַל תְּכַחֵד מִמֶּנִּי. וַיַּעַן עָכָן אֶת יְהוֹשֻׁעַ וַיֹּאמַר אָמְנָה אָנֹכִי חָטָאתִי לַה אֱלֹקֵי יִשְׂרָאֵל וְכָזֹאת וְכָזֹאת עָשִׂיתִי. וּמִנַּיִן שֶׁכִּפֵּר לוֹ וִדּוּיוֹ. שֶׁנֶּאֱמַר, וַיֹּאמֶר יְהוֹשֻׁעַ מֶה עֲכַרְתָּנוּ יַעְכָּרְךָ ה' בַּיּוֹם הַזֶּה, בַּיּוֹם הַזֶּה אַתָּה עָכוּר, וְאִי אַתָּה עָכוּר לָעוֹלָם הַבָּא. לָכֵן חוֹלֶה שֶׁרוֹאִין בּוֹ שֶׁהוּא נוֹטֶה לָמוּת, מְסַבְּבִים עִמּוֹ בִּדְבָרִים וְאוֹמְרִים לוֹ, הִתְוַדֵּה וְאַל תִּדְאַג מִזֶּה, הַרְבֵּה הִתְוַדּוּ וְעָמְדוּ מֵחָלְיָם וְהֵמָּה בַחַיִּים, וְהַרְבֵּה שֶׁלֹּא הִתְוַדּוּ וּמֵתוּ. וּבִשְׂכַר שֶׁאַתָּה מִתְוַדֶּה, אַתָּה חַי. וְכָל הַמִּתְוַדֶּה, יֶשׁ לוֹ חֵלֶק לָעוֹלָם הַבָּא. וְאִם אֵינוֹ יָכוֹל לְהִתְוַדּוֹת בְּפִיו, יִתְוַדֶּה בְּלִבּוֹ. וְאִם יָכוֹל לְדַבֵּר אַךְ מְעַט, אוֹמְרִים לוֹ, אֱמֹר, תְּהֵא מִיתָתִי כַּפָּרָה עַל כָּל עֲוֹנוֹתַי. וְגַם יֹאמְרוּ לוֹ, שֶׁיְּבַקֵּשׁ מְחִילָה מִכָּל אָדָם שֶׁחָטָא כְּנֶגְדּוֹ, בֵּין בְּמָמוֹן בֵּין בִּדְבָרִים. וְכָל אֵלּוּ הַדְּבָרִים, אֵין אוֹמְרִים לוֹ, לֹא בִּפְנֵי עַמֵּי הָאָרֶץ, וְלֹא בִּפְנֵי נָשִׁים, וְלֹא בִּפְנֵי קְטַנִּים, שֶׁמָּא יִבְכּוּ וְיִשְׁבְּרוּ לִבּוֹ.

סעיף יד' סֵדֶר הַוִּדּוּי בִּקְצָרָה, מוֹדֶה אֲנִי לְפָנֶיךָ, ה' אֱלֹהַי וֵאלֹהֵי אֲבוֹתַי, שֶׁרְפוּאָתִי בְּיָדְךָ וּמִיתָתִי בְּיָדֶךָ. יְהִי רָצוֹן מִלְּפָנֶיךָ שֶׁתְּרַפְּאֵנִי רְפוּאָה שְׁלֵמָה. וְאִם אָמוּת, תְּהֵא מִיתָתִי כַּפָּרָה עַל כָּל חֲטָאִים וַעֲוֹנוֹת וּפְשָׁעִים, שֶׁחָטָאתִי וְשֶׁעָוִיתִי וְשֶׁפָּשַׁעְתִּי לְפָנֶיךָ, וְתֵן חֶלְקִי בְּגַן עֵדֶן, וְזַכֵּנִי לָעוֹלָם הַבָּא הַצָּפוּן לַצַּדִּיקִים. וְאִם רוֹצֶה לְהַאֲרִיךְ כְּוִדּוּי יוֹם הַכִּפּוּרִים, הָרְשׁוּת בְּיָדוֹ. וּכְבָר מְסֻדָּרִים הַוִּדּוּיִים בַּסֵּפֶר מַעֲבַר יַבֹּק. וּבְסֵפֶר חָכְמַת אָדָם הֶעְתִּיק גַּם כֵּן סֵדֶר הַוִּדּוּי מֵהָרַמְבַּ"ן זִכְרוֹנוֹ לִבְרָכָה.

סימן קצד - דיני גוסס ושמירת המת ובו י"ב סעיפים:

סעיף א' הַגּוֹסֵס (פֵּרוּשׁ, הַמַּעֲלֶה לֵחָה בִּגְרוֹנוֹ מִפְּנֵי צָרוּת הֶחָזֶה, וְזֶה יִקְרֶה סָמוּךְ לַמִּיתָה, וּלְשׁוֹן גּוֹסֵס הוּא מִלְּשׁוֹן מֵגִיס בִּקְדֵרָה, שֶׁהַלֵּחָה מִתְהַפֶּכֶת בִּגְרוֹנוֹ, כְּמוֹ הַמֵּגִיס בִּקְדֵרָה תוספת יום טוב, פרק א דערכין) הֲרֵי הוּא כְּחַי לְכָל דְּבָרָיו. וְלָכֵן אָסוּר לִגַּע בּוֹ, שֶׁכָּל הַנּוֹגֵעַ בּוֹ, הֲרֵי זֶה שׁוֹפֵךְ דָּמִים. לְמָה הַדָּבָר דּוֹמֶה. לְנֵר מְטַפְטֵף, שֶׁכֵּיוָן שֶׁנּוֹגֵעַ בּוֹ אָדָם, מִיָּד נִכְבֶּה. וְאַף עַל פִּי שֶׁהוּא גּוֹסֵס זְמַן אָרֹךְ וְיֵשׁ צַעַר גָּדוֹל לוֹ וְלִקְרוֹבָיו, מִכָּל מָקוֹם אָסוּר לִגְרֹם שֶׁיָּמוּת מְהֵרָה, כְּגוֹן לְהַשְׁמִיט הַכַּר וְהַכֶּסֶת מִתַּחְתָּיו, מֵחֲמַת שֶׁאוֹמְרִים, שֶׁיֵּשׁ נוֹצוֹת מִקְצָת עוֹפוֹת שֶׁגּוֹרְמִים לְעַכֵּב אֶת הַמִּיתָה, אוֹ לָשׂוּם מַפְתְּחוֹת בֵּית הַכְּנֶסֶת תַּחַת רֹאשׁוֹ, כָּל זֶה אָסוּר. אֲבָל אִם יֵשׁ שָׁם דָּבָר שֶׁגּוֹרֵם עִכּוּב יְצִיאַת הַנֶּפֶשׁ, כְּגוֹן קוֹל דּוֹפֵק וְכַיּוֹצֵא בָזֶה, מֻתָּר לַהֲסִירוֹ, דְּאֵין בָּזֶה מַעֲשֶׂה, אֶלָּא שֶׁמֵּסִיר אֶת הַמּוֹנֵעַ וְאֵינוֹ נוֹגֵעַ בּוֹ.

סעיף ב' אַף עַל פִּי שֶׁאָסוּר לִגַּע בְּגוֹסֵס, מִכָּל מָקוֹם אִם נָפְלָה דְלֵקָה, אֵין מַנִּיחִין אוֹתוֹ בַּבַּיִת, אֶלָּא מוֹצִיאִין אוֹתוֹ. וְהוּא קוֹדֵם לְהַצָּלַת סִפְרֵי קֹדֶשׁ. (וְעַיֵּן לְעֵיל סִימָן פח סָעִיף טז)

סעיף ג' הָעוֹמְדִים אֵצֶל הַגּוֹסֵס, יַשְׁגִּיחוּ שֶׁלֹּא יוֹצִיא שׁוּם אֵבֶר חוּץ לַמִּטָּה, כְּמוֹ שֶׁנֶּאֱמַר בְּיַעֲקֹב, וַיֶּאֱסֹף רַגְלָיו אֶל הַמִּטָּה. וְלָכֵן יַעֲמִידוּ כִּסְאוֹת אֵצֶל הַמִּטָּה, שֶׁלֹּא יוּכַל לְהוֹצִיא יָד אוֹ רֶגֶל. וּמִכָּל מָקוֹם אִם לֹא עָשׂוּ כֵן וְהוֹצִיא, אָסוּר לִגַּע בּוֹ לַהֲחֲזִירוֹ.

סעיף ד' כֵּיוָן שֶׁנָּטָה אָדָם לָמוּת, אֵין שׁוּם אָדָם רַשַּׁאי לִפָּרֵד מִמֶּנּוּ, שֶׁלֹּא

תֵּצֵא נַפְשׁוֹ וְהוּא יְחִידִי, מִפְּנֵי שֶׁהַנֶּפֶשׁ מִשְׁתּוֹמֶמֶת בְּשָׁעָה שֶׁיּוֹצֵאת מִן הַגּוּף, וּמִצְוָה לַעֲמֹד עַל הָאָדָם בִּשְׁעַת יְצִיאַת נְשָׁמָה, שֶׁנֶּאֱמַר, וִיחִי עוֹד לָנֶצַח לֹא יִרְאֶה הַשָּׁחַת כִּי יִרְאֶה חֲכָמִים יָמוּתוּ, וְגוֹ'. וְרָאוּי לְקַבֵּץ עֲשָׂרָה, שֶׁיִּהְיוּ בִּשְׁעַת יְצִיאַת נְשָׁמָה, וְלֹא יַעַסְקוּ, חַס וְשָׁלוֹם, בִּדְבָרִים בְּטֵלִים אֶלָּא יַעַסְקוּ בַּתּוֹרָה וּבִתְהִלִּים וּבִשְׁאָר מִזְמוֹרִים, כִּמְסֻדָּר בְּסֵפֶר מַעֲבַר יַבֹּק. וְנוֹהֲגִין לְהַדְלִיק נֵרוֹת בִּפְנֵי הַגּוֹסֵס.

סעיף ה' לְאַחַר יְצִיאַת נְשָׁמָה, מַנִּיחִין אֵצֶל חָטְמוֹ נוֹצָה קַלָּה, וְאִם אֵינָהּ מִתְנַדְנֶדֶת, בְּיָדוּעַ שֶׁמֵּת, וְאָז פּוֹתְחִין אֶת הַחַלּוֹנוֹת, וְהָאֲבֵלִים אוֹמְרִים צִדּוּק הַדִּין, וּכְשֶׁמַּגִּיעִים לְבָרוּךְ דַּיַּן הָאֱמֶת, אוֹמְרִים בְּשֵׁם וּמַלְכוּת וְקוֹרְעִין, כְּדִין שֶׁיִּתְבָּאֵר בְּסִימָן שֶׁלְּאַחַר זֶה.

סעיף ו'

וְכָל הָעוֹמְדִין עַל הַמֵּת בִּשְׁעַת יְצִיאַת נְשָׁמָה, חַיָּבִין לִקְרֹעַ. הָא לְמָה זֶה דּוֹמֶה, לְסֵפֶר תּוֹרָה שֶׁנִּשְׂרָף, שֶׁאֵין רֵיק בְּיִשְׂרָאֵל שֶׁאֵין בּוֹ תּוֹרָה וּמִצְוֹת. וַאֲפִלּוּ עַל קָטָן שֶׁלָּמַד מִקְרָא אוֹ עַל אִשָּׁה חַיָּבִין לִקְרֹעַ. וַאֲפִלּוּ הָיָה זֶה הַמֵּת לִפְעָמִים עוֹשֶׂה עֲבֵרָה לְתֵאָבוֹן, חַיָּבִין לִקְרֹעַ עָלָיו. אֲבָל אִם הָיָה רָגִיל לַעֲשׂוֹת עֲבֵרָה, אֲפִלּוּ רַק לְתֵאָבוֹן, הֲרֵי זֶה בִּכְלַל הַפּוֹרְשִׁים מִדַּרְכֵי הַצִּבּוּר, שֶׁאֵין קוֹרְעִין עָלָיו. וּקְרִיעָה זוֹ שֶׁעַל הַמֵּת שֶׁאֵין מִתְאַבְּלִים עָלָיו אֶלָּא שֶׁקּוֹרְעִין מִפְּנֵי שֶׁעוֹמְדִין בִּשְׁעַת יְצִיאַת נְשָׁמָה, סַגֵּי בִּקְרִיאָה מֻעֶטֶת. וַאֲפִלּוּ מִן הַצַּד אוֹ בְּשׁוּלֵי הַבֶּגֶד סַגֵּי.

סעיף ז' מְעַצְּמִין עֵינָיו שֶׁל הַמֵּת. וּמִי שֶׁיֵּשׁ לוֹ בָּנִים, יַעֲשֶׂה זֹאת בְּנוֹ, כְּמוֹ שֶׁנֶּאֱמַר, וְיוֹסֵף יָשִׁית יָדוֹ עַל עֵינֶיךָ. וְאִם יֵשׁ בְּכוֹר, יַעֲשֶׂה הוּא.

סעיף ח' כְּשֶׁנּוֹשְׂאִין אוֹתוֹ מִמִּטָּתוֹ לְהַשְׁכִּיבוֹ עַל הָאָרֶץ, יַשְׁגִּיחוּ שֶׁיְּהֵא מְכֻסֶּה, כִּי כָּל מַה שֶּׁנּוֹהֵג בַּחַי מִשּׁוּם צְנִיעוּת, נוֹהֵג גַּם בַּמֵּת.

סעיף ט' מִנְהָג לִשְׁפֹּךְ כָּל הַמַּיִם הַשְּׁאוּבִים שֶׁבִּשְׁכוּנַת הַמֵּת, דְּהַיְנוּ שְׁלֹשָׁה בָתִּים (עִם הַבַּיִת אֲשֶׁר שָׁם הַמֵּת), וַאֲפִלּוּ מֵת יֶלֶד בְּתוֹךְ שְׁלֹשִׁים יוֹם לְלֵדָתוֹ. וּבְשַׁבָּת, אֵין צְרִיכִין לִשְׁפֹּךְ (וְהַבִּרְכֵּי יוֹסֵף כָּתַב, דְּיֵשׁ לְהַחְמִיר גַּם בְּשַׁבָּת).

סעיף י' הַמְשַׁמֵּר אֶת הַמֵּת אֲפִלּוּ אֵינוֹ מֵתוֹ, פָּטוּר מִקְּרִיאַת שְׁמַע וּמִתְּפִלָּה וּמִכָּל מִצְוֹת הָאֲמוּרוֹת בַּתּוֹרָה, כִּי הָעוֹסֵק בְּמִצְוָה, פָּטוּר מִמִּצְוָה אַחֶרֶת (וְעַיֵּן לְקַמָּן סִימָן קצו סָעִיף ב). הָיוּ שְׁנַיִם, זֶה מְשַׁמֵּר, וְזֶה קוֹרֵא וּמִתְפַּלֵּל.

סעיף יא' אָסוּר לֶאֱכֹל בְּחֶדֶר שֶׁהַמֵּת שָׁם, אִם לֹא עַל יְדֵי מְחִצָּה (כִּדְלְקַמָּן סִימָן קצו סָעִיף א). וַאֲפִלּוּ אֲכִילַת אַרְעַי. וַאֲפִלּוּ אֲכִילַת פֵּרוֹת אוֹ שְׁתִיַּת מַיִם, אָסוּר. וּצְרִיכִין לְהַזְהִיר אֶת הַשּׁוֹמְרִים עַל זֹאת. וְגַם אָסוּר לְבָרֵךְ שָׁם אֵיזוֹ בְּרָכָה. (וְעַיֵּן לְקַמָּן סִימָן קצט סָעִיף טו)

סעיף יב' אָסוּר לְטַלְטֵל אֶת הַמֵּת בְּשַׁבָּת (עין לעיל סִימָן פח סָעִיף טו, טז) אֲפִלּוּ לְצֹרֶךְ כֹּהֲנִים אוֹ לְצֹרֶךְ מִצְוָה, רַק עַל יְדֵי גוֹיִם, אִם הַקְּרוֹבִים רוֹצִים. (וְעַיֵּן לְקַמָּן סִימָן רב סָעִיף טז).

סימן קצה - הלכות קריעה ובו י"ד סעיפים:

סעיף א' מִי שֶׁמֵּת לוֹ מֵת שֶׁהוּא חַיָּב לְהִתְאַבֵּל עָלָיו (וְעַיֵּן לְקַמָּן סִימָן רג), חַיָּב לִקְרֹעַ עָלָיו. וְחַיָּב לִקְרֹעַ מְעֻמָּד, שֶׁנֶּאֱמַר, וַיָּקָם הַמֶּלֶךְ וַיִּקְרַע אֶת בְּגָדָיו. וְאִם קָרַע מְיֻשָּׁב, לֹא יָצָא, וְצָרִיךְ לַחֲזוֹר וְלִקְרֹעַ מְעֻמָּד. לְכַתְּחִלָּה צָרִיךְ לִקְרֹעַ קֹדֶם שֶׁיִּסָּתְמוּ פְּנֵי הַמֵּת בַּקֶּבֶר בְּעוֹד חִמּוּם צַעֲרוֹ.

סעיף ב' עַל הַמֵּתִים שֶׁהוּא מִתְאַבֵּל עֲלֵיהֶם, צָרִיךְ לִקְרֹעַ בְּבֵית הַצַּוָּאר לְפָנָיו. וְצָרִיךְ לִקְרֹעַ מִן הַשָּׂפָה וּלְמַטָּה, וְלֹא לְרֹחַב הַבֶּגֶד. וְצָרִיךְ לִקְרֹעַ בְּמָקוֹם שֶׁהַבֶּגֶד שָׁלֵם מִתְּחִלָּתוֹ, וְלֹא בִּמְקוֹם הַתֶּפֶר.

סעיף ג' חִלּוּקִים יֵשׁ בֵּין הַקְּרִיעָה שֶׁעַל אָבִיו וְאִמּוֹ לַקְּרִיעָה שֶׁעַל שְׁאָר קְרוֹבִים. עַל כָּל הַמֵּתִים, קוֹרֵעַ טֶפַח בַּבֶּגֶד הָעֶלְיוֹן וְדַיּוֹ, וְאֵין לִקְרֹעַ יוֹתֵר, מִשּׁוּם בַּל תַּשְׁחִית. וְעַל אָבִיו וְאִמּוֹ, צָרִיךְ לִקְרֹעַ כָּל הַבְּגָדִים עַד כְּנֶגֶד לִבּוֹ, (וְעַיֵּן לְעֵיל סִימָן י סָעִיף ג, שֶׁהַלֵּב הוּא כְּנֶגֶד הַבָּשָׂר הַגָּבוֹהַּ שֶׁעַל הַזְּרוֹעַ), חוּץ מִן הַכֻּתֹּנֶת שֶׁאֵינוֹ קוֹרֵעַ. וְכֵן הַבֶּגֶד שֶׁהוּא לוֹבֵשׁ רַק לְעִתִּים לְמַעְלָה מִכָּל בְּגָדָיו, וְלִפְעָמִים הוּא יוֹצֵא לַשּׁוּק גַּם בִּלְעָדָיו, (כְּגוֹן מאנְטִיל מְעִיל), בֶּגֶד זֶה גַּם כֵּן אֵינוֹ צָרִיךְ לִקְרֹעַ, וְאִם לֹא קָרַע כָּל בְּגָדָיו שֶׁהוּא צָרִיךְ לִקְרֹעַ לֹא יָצָא. וְהָאִשָּׁה, מִשּׁוּם צְנִיעוּת תִּקְרַע תְּחִלָּה אֶת הַבֶּגֶד הַתַּחְתּוֹן לְפָנֶיהָ, וְתַחֲזִיר אֶת הַקֶּרַע לִצְדָדִין, וְאַחַר כָּךְ תִּקְרַע אֶת הַבֶּגֶד הָעֶלְיוֹן, שֶׁלֹּא יִתְגַּלֶּה לִבָּהּ, (וְאַף שֶׁהִיא לְבוּשָׁה חָלוּק, מִכָּל מָקוֹם אִיכָּא מִשּׁוּם פְּרִיצוּת)

סעיף ד' נוֹהֲגִין שֶׁעַל שְׁאָר קְרוֹבִים, קוֹרְעִין בְּצַד יָמִין, וְעַל אָבִיו וְאִמּוֹ בְּצַד שְׂמֹאל, לְפִי שֶׁצָּרִיךְ לְגַלּוֹת אֶת לִבּוֹ שֶׁהוּא בְּצַד שְׂמֹאל. וּבְדִיעֲבַד, אֵין זֶה מְעַכֵּב.

סעיף ה' עַל כָּל הַמֵּתִים, רָצָה קוֹרֵעַ בַּיָּד, רָצָה קוֹרֵעַ בִּכְלִי. עַל אָבִיו וְאִמּוֹ, דַּוְקָא בַּיָּד. וְהַמִּנְהָג שֶׁאֶחָד מֵאַנְשֵׁי חֶבְרָא קַדִּישָׁא חוֹתֵךְ קְצָת בְּסַכִּין, וְהָאָבֵל תּוֹפֵס בִּמְקוֹם הַחֲתָךְ וְקוֹרֵעַ. וְצָרִיךְ לְהַשְׁגִּיחַ, שֶׁיִּקְרַע בְּאֹרֶךְ הַבֶּגֶד וְלֹא בְּרָחְבּוֹ.

סעיף ו' עַל כָּל הַמֵּתִים, אִם מַחֲלִיף בְּגָדָיו בְּתוֹךְ שִׁבְעָה, אֵינוֹ צָרִךְ לִקְרֹעַ בָּאֵלּוּ שֶׁהוּא לוֹבֵשׁ עַתָּה. וְעַל אָבִיו וְאִמּוֹ, אִם הוּא מַחֲלִיף בְּגָדָיו בִּימֵי הַחֹל שֶׁבְּתוֹךְ שִׁבְעָה, צָרִיךְ לִקְרֹעַ בָּהֶם. אַךְ לִכְבוֹד שַׁבָּת, יַחֲלִיף בְּגָדָיו וְלֹא יִלְבַּשׁ אֶת הַבֶּגֶד הַקָּרוּעַ. וְאִם אֵין לוֹ בְּגָדִים אֲחֵרִים לְהַחֲלִיף, יַחֲזִיר אֶת הַקֶּרַע לַאֲחוֹרָיו. וְהָא דְּמַחֲלִיף בְּשַׁבָּת, הַיְנוּ שֶׁלּוֹבֵשׁ בִּגְדֵי חֹל אֲחֵרִים. אֲבָל לִלְבּוֹשׁ בִּגְדֵי שַׁבָּת, אָסוּר. (כִּדְלְקַמָּן סִימָן ריא סָעִיף י).

סעיף ז' עַל כָּל הַמֵּתִים, (מִצַּד הַדִּין) שׁוֹלֵל (דְּהַיְנוּ שֶׁתּוֹפֵר תְּפִירָה בִּלְתִּי שָׁוָה) לְאַחַר שִׁבְעָה, וּמְאַחֶה (דְּהַיְנוּ שֶׁתּוֹפְרוֹ כָּרָאוּי) לְאַחַר שְׁלֹשִׁים. עַל אָבִיו וְאִמּוֹ, שׁוֹלֵל לְאַחַר שְׁלֹשִׁים, וְאֵינוֹ מְאַחֶה לְעוֹלָם. וַאֲפִילוּ אִם בָּא לַחְתֹּךְ סְבִיבוֹת הַקְּרִיעָה וְלָשׂוּם שָׁם חֲתִיכַת בֶּגֶד אַחֵר וּלְתָפְרוֹ, אָסוּר. אֲבָל נוֹהֲגִין, כִּי בְּתוֹךְ שְׁלֹשִׁים, אֲפִילוּ עַל שְׁאָר מֵתִים, אֲפִילוּ לִשְׁלֹל, אָסוּר. וַאֲפִלּוּ לְחַבֵּר רָאשֵׁי הַקְּרִיעָה עַל יְדֵי מַחַט, אָסוּר. וְאִשָּׁה, אֲפִלּוּ עַל אָבִיהָ וְאִמָּהּ, שׁוֹלֶלֶת לְאַלְתַּר, מִפְּנֵי הַצְּנִיעוּת. וְכָל הַקְּרָעִים שֶׁאֲסוּרִין לְתָפְרָן, אֲפִלּוּ אִם מָכַר אֶת הַבֶּגֶד לְאַחֵר, אָסוּר הַלּוֹקֵחַ לְתָפְרוֹ. וְלָכֵן

צָרִיךְ הַמּוֹכֵר לְהוֹדִיעַ לַלּוֹקֵחַ. וְאָסוּר לְמָכְרוֹ לְגוֹי.

סעיף ח' עַל כָּל הַמֵּתִים, אִם לֹא שָׁמַע עַד לְאַחַר שְׁלֹשִׁים, אֵינוֹ קוֹרֵעַ. עַל אָבִיו וְאִמּוֹ, קוֹרֵעַ לְעוֹלָם בִּגְדָיו שֶׁהֵם עָלָיו בִּשְׁעַת שְׁמִיעָה. אַךְ הַבְּגָדִים שֶׁהוּא מַחֲלִיף אַחַר כָּךְ, אֵינוֹ צָרִיךְ לִקְרֹעַ.

סעיף ט' הָרֶגֶל מְבַטֵּל גְּזֵרַת שְׁלֹשִׁים גַּם לְעִנְיַן קְרִיעָה. וְלָכֵן אִם פָּגַע הָרֶגֶל בְּתוֹךְ שְׁלֹשִׁים, בִּשְׁאָר קְרוֹבִים יָכוֹל לְתַפֵּר לְגַמְרֵי בְּעֶרֶב הָרֶגֶל לְאַחַר מִנְחָה. וְעַל אָבִיו וְאִמּוֹ, יָכוֹל לְשְׁלוֹל.

סעיף י' קָרַע עַל מֵת, וּבְתוֹךְ שִׁבְעָה מֵת לוֹ מֵת אַחֵר, מַרְחִיק כְּמוֹ שָׁלֹשׁ אֶצְבָּעוֹת מִן הַקֶּרַע הָרִאשׁוֹן וְקוֹרֵעַ טֶפַח, אוֹ שֶׁמּוֹסִיף עַל הַקֶּרַע הָרִאשׁוֹן טֶפַח. אֲבָל לְאַחַר שִׁבְעָה, כָּל זְמַן שֶׁהַבֶּגֶד הַקָּרוּעַ עָלָיו, מוֹסִיף עָלָיו כָּל שֶׁהוּא וְדַיּוֹ. אַךְ אִם הָרִאשׁוֹן הָיָה מִשְּׁאָר הַקְּרוֹבִים, וְהַשֵּׁנִי הוּא אָבִיו אוֹ אִמּוֹ, אֲזַי אֲפִלּוּ לְאַחַר שִׁבְעָה, צָרִיךְ לְהַרְחִיק שָׁלֹשׁ אֶצְבָּעוֹת וְלִקְרֹעַ כְּדִינָא, שֶׁאֵין דִּין אָבִיו וְאִמּוֹ בְּתוֹסֶפֶת. וְהוּא הַדִּין בְּמֵת אָבִיו תְּחִלָּה וְאַחַר כָּךְ אִמּוֹ, אוֹ בְּהֶפּוּךְ.

סעיף יא' שָׁמַע בְּפַעַם אַחַת שֶׁמֵּתוּ אָבִיו וְאִמּוֹ אוֹ שְׁנֵי קְרוֹבִים אֲחֵרִים, קוֹרֵעַ קֶרַע אֶחָד לִשְׁנֵיהֶם. אֲבָל אָבִיו אוֹ אִמּוֹ עִם אֶחָד מִשְּׁאָר הַקְּרוֹבִים, קוֹרֵעַ תְּחִלָּה עַל אָבִיו אוֹ אִמּוֹ, וְאַחַר כָּךְ מַרְחִיק שָׁלֹשׁ אֶצְבָּעוֹת וְקוֹרֵעַ עַל הָאַחֵר.

סעיף יב' חוֹלֶה שֶׁמֵּת לוֹ מֵת, אִם דַּעְתּוֹ צְלוּלָה, אֶלָּא שֶׁאֵינוֹ יָכוֹל לִקְרֹעַ מֵחֲמַת שֶׁהוּא מְסֻכָּן בְּחָלְיוֹ, פָּטוּר אַחַר כָּךְ מִלִּקְרֹעַ, אֶלָּא אִם כֵּן הוּא עֲדַיִן בְּתוֹךְ שִׁבְעָה, דְּחָשִׁיב שְׁעַת חִמּוּם. אֲבָל אִם לֹא יָכוֹל לִקְרוֹעַ, מֵחֲמַת שֶׁלֹּא הָיְתָה דַּעְתּוֹ צְלוּלָה, אֲזַי כְּשֶׁתָּבוֹא לוֹ דֵּעָה צְלוּלָה, הָוֵי אָז שְׁעַת חִמּוּם שֶׁלּוֹ, וְחַיָּב אָז לִקְרוֹעַ אִם הוּא בְּתוֹךְ שְׁלֹשִׁים. וְעַל אָבִיו וְאִמּוֹ, לְעוֹלָם.

סעיף יג' קָטָן שֶׁמֵּת לוֹ מֵת, אֲפִלּוּ לֹא הִגִּיעַ לְחִנּוּךְ, מְקָרְעִין לוֹ קְרָעָה קְצָת, מִשּׁוּם עָגְמַת נֶפֶשׁ לְהַרְבּוֹת הָאֵבֶל. וְאִם הִגִּיעַ לְחִנּוּךְ, מִצְוָה לִקְרוֹעַ כְּמוֹ גְּדוֹלִים.

סעיף יד' בְּחֹל הַמּוֹעֵד, נוֹהֲגִים בִּמְדִינוֹת אֵלּוּ, שֶׁאֵין קוֹרְעִין כִּי אִם עַל אָבִיו וְאִמּוֹ, בֵּין בְּיוֹם הַקְּבוּרָה, בֵּין בְּיוֹם הַשְּׁמוּעָה, וַאֲפִלּוּ בִּשְׁמוּעָה רְחוֹקָה. אַךְ אִם מֵתוּ אָבִיו אוֹ אִמּוֹ בְּיוֹם טוֹב, הוֹאִיל וְנִדְחֲתָה הַקְּרִיעָה, לֹא יִקְרַע בְּחֹל הַמּוֹעֵד עַד לְאַחַר הָרֶגֶל כְּשֶׁמַּתְחִיל לְהִתְאַבֵּל. וְעַל שְׁאָר קְרוֹבִים, אֵין קוֹרְעִין בְּחֹל הַמּוֹעֵד עַד לְאַחַר הָרֶגֶל. אַךְ אִם שָׁמַע בְּחֹל הַמּוֹעֵד שְׁמוּעָה קְרוֹבָה, שֶׁלְּאַחַר יוֹם טוֹב תְּהֵא רְחוֹקָה, בְּכִי הַאי גַּוְנָא יִקְרַע בְּחֹל הַמּוֹעֵד. (אִסּוּר שְׂרִיטָה וְקָרְחָה עַל הַמֵּת, כָּתוּב בְּסִימָן קסט).

סימן קצו - הלכות אונן בחל ובשבת וביום טוב ובו כ"ב סעיפים:

סעיף א' מִי שֶׁמֵּת לוֹ מֵת שֶׁהוּא חַיָּב לְהִתְאַבֵּל עָלָיו, הֲרֵי זֶה אוֹנֵן עַד לְאַחַר הַקְּבוּרָה. לֹא יִנְהַג קַלּוּת רֹאשׁ, כְּדֵי שֶׁלֹּא יֹאמְרוּ עַל הַמֵּת, שֶׁהָיָה אָדָם קַל וְלָכֵן אֵין זֶה טָרוּד בִּקְבוּרָתוֹ וּבְאֶבְלוֹ וְאֵינוֹ חוֹשֵׁשׁ בְּמִיתָתוֹ. וְזֶהוּ

גְּנַאי גָּדוֹל לַמֵּת, וְהוּא בִּכְלַל לוֹעֵג לָרָשׁ, אֶלָּא יִתְרָאֶה לַכֹּל, שֶׁהוּא טָרוּד וְנִבְהָל עַל מִיתָתוֹ וּקְבוּרָתוֹ. לֹא יֹאכַל בַּחֶדֶר שֶׁהַמֵּת בּוֹ, אֶלָּא בְּחֶדֶר אַחֵר. וְאִם אֵין לוֹ חֶדֶר אַחֵר, יֹאכַל בְּבֵית חֲבֵרוֹ. וְאִם אֵין לוֹ בֵּית חָבֵר, יַעֲשֶׂה בִּפְנֵי הַמֵּת מְחִצָּה גְּבֹהָה עֲשָׂרָה טְפָחִים, וְלֹא יְהֵא רֶוַח פָּתוּחַ תַּחְתֶּיהָ שְׁלֹשָׁה טְפָחִים, וּתְהֵא רְאוּיָה לַעֲמֹד בִּפְנֵי הָרוּחַ. וְאִם אֵין לוֹ דָּבָר לַעֲשׂוֹת בּוֹ מְחִצָּה, מַחֲזִיר פָּנָיו וְאוֹכֵל. בֵּין כָּךְ וּבֵין כָּךְ, וַאֲפִלּוּ הוּא בְּעִיר אַחֶרֶת, אֵינוֹ מֵסֵב וְאוֹכֵל דֶּרֶךְ קְבִיעוּת, אֶלָּא דֶּרֶךְ אַרְעַי, וְאֵינוֹ אוֹכֵל בָּשָׂר וְאֵינוֹ שׁוֹתֶה יַיִן.

סעיף ב' אוֹנֵן, פָּטוּר מִכָּל הַמִּצְוֹת שֶׁבַּתּוֹרָה, וַאֲפִלּוּ אִם אֵינוֹ צָרִיךְ לַעֲסֹק בְּצָרְכֵי הַמֵּת, כְּגוֹן שֶׁיֵּשׁ לוֹ אֲחֵרִים שֶׁעוֹסְקִים בִּשְׁבִילוֹ. וַאֲפִלּוּ אִם רוֹצֶה לְהַחְמִיר עַל עַצְמוֹ, אֵינוֹ רַשַּׁאי, מִפְּנֵי כְּבוֹד הַמֵּת. אֵינוֹ מְבָרֵךְ לֹא הַמּוֹצִיא וְלֹא בִּרְכַּת הַמָּזוֹן. וַאֲפִילוּ אִם אֲחֵרִים אוֹכְלִין וּמְבָרְכִין, אֵינוֹ עוֹנֶה אָמֵן. וְאֵינוֹ מִצְטָרֵף לֹא לְזִמּוּן וְלֹא לַעֲשָׂרָה. אֲבָל מַה שֶּׁהוּא מִצְוַת לֹא תַעֲשֶׂה, אֲפִילוּ מִדְּרַבָּנָן, אָסוּר גַּם לוֹ. וְלָכֵן אִם בָּא לֶאֱכֹל פַּת, צָרִיךְ לִטּוֹל יָדָיו, וְלֹא יְבָרֵךְ עַל נְטִילַת יָדַיִם, כְּמוֹ שֶׁאֵינוֹ מְבָרֵךְ הַמּוֹצִיא. וְכֵן בִּנְטִילַת יָדַיִם שַׁחֲרִית נוֹטֵל יָדָיו שָׁלֹשׁ פְּעָמִים כְּדַרְכּוֹ, וְאֵינוֹ מְבָרֵךְ (עַיֵּן בהלכות אונן להגאון מוהרא"ז מרגליות זצ"ל אות ו).

סעיף ג' אִם אָכַל קֹדֶם שֶׁנִּקְבַּר הַמֵּת, וּלְאַחַר שֶׁנִּקְבַּר עֲדַיִן לֹא נִתְעַכֵּל הַמָּזוֹן, יְבָרֵךְ בִּרְכַּת הַמָּזוֹן. וְכֵן אִם עָשָׂה צְרָכָיו קֹדֶם הַקְּבוּרָה, יְבָרֵךְ אַחַר כָּךְ בִּרְכַּת אֲשֶׁר יָצַר, אֲפִלּוּ כָּל הַיּוֹם.

סעיף ד' אִם הָאוֹנֵן הוּא בְּעִיר אַחֶרֶת, וּבִמְקוֹם הַמֵּת יֵשׁ גַּם כֵּן קְרוֹבִים שֶׁחַיָּבִים לְהִתְאַבֵּל, אֲזַי עַל זֶה שֶׁהוּא בְּמָקוֹם אַחֵר, אֵין עָלָיו דִּין אוֹנֵן. אֲבָל אִם אֵין קְרוֹבִים בִּמְקוֹם הַמֵּת, חָל עַל זֶה דִּין אוֹנֵן.

סעיף ה' בְּמָקוֹם שֶׁיֵּשׁ חֶבְרָא קַדִּישָׁא, וּלְאַחַר שֶׁהַקְּרוֹבִים נִתְעַסְּקוּ בְּצָרְכֵי הַקְּבוּרָה וְהִתְפַּשְּׁרוּ עִם אַנְשֵׁי חֶבְרָא קַדִּישָׁא, אֵין עֲלֵיהֶם שׁוּם דָּבָר לַעֲשׂוֹת, אַךְ אַנְשֵׁי חֶבְרָא קַדִּישָׁא עוֹשִׂין הַכֹּל, אֲזַי אֵין עוֹד עַל הַקְּרוֹבִים דִּין אוֹנֵן, וּמֻתָּרִין בְּבָשָׂר וְיַיִן, וּמִכָּל שֶׁכֵּן שֶׁמֻּתָּרִין וְחַיָּבִין בִּקְרִיאַת שְׁמַע וּבִתְפִלָּה וּבְכָל הַמִּצְוֹת. וּמִכָּל מָקוֹם נוֹהֲגִין שֶׁאֵין הָאוֹנְנִין מִתְפַּלְּלִין עַד לְאַחַר הַקְּבוּרָה, וְהַיְנוּ מִפְּנֵי שֶׁגַּם הֵם הוֹלְכִין וּמְלַוִּין אֶת הַמֵּת עַד בֵּית הַקְּבָרוֹת. וְהָרוֹצֶה לְהַחְמִיר וּלְהִתְפַּלֵּל תֵּכֶף לְאַחַר שֶׁמָּסַר אֶת הַמֵּת לְאַנְשֵׁי חֶבְרָא קַדִּישָׁא, יָכוֹל לְהַחְמִיר עַל עַצְמוֹ.

סעיף ו' כָּל זְמַן שֶׁלֹּא נִקְבַּר הַמֵּת, אֵינוֹ חוֹלֵץ מִנְעָלָיו, וּמֻתָּר לָצֵאת מִבֵּיתוֹ לְצָרְכֵי הַמֵּת. אֲבָל אָסוּר לֵישֵׁב אוֹ לִישֹׁן עַל כִּסֵּא אוֹ מִטָּה, וְכָל שֶׁכֵּן שֶׁאָסוּר בְּתַשְׁמִישׁ הַמִּטָּה, וְאָסוּר בִּרְחִיצָה וְסִיכָה וְשִׂמְחָה וּשְׁאִילַת שָׁלוֹם וּבְתִסְפֹּרֶת וּבְתַלְמוּד תּוֹרָה, וְאָסוּר בִּמְלָאכָה אֲפִלּוּ עַל יְדֵי אֲחֵרִים, וַאֲפִלּוּ בְּדָבָר הָאָבֵד. וּבְהֶפְסֵד גָּדוֹל, יַעֲשֶׂה שְׁאֵלַת חָכָם (עַיֵּן חָכְמַת אָדָם וּבְקֻנְטְרֵס הַנִּדְפָּס בְּתוֹךְ הַיּוֹרֶה דֵעָה הֶחָדָשׁ הִלְכוֹת אוֹנֵן לְהַגָּאוֹן מוֹרֵנוּ הָרַב אֶפְרַיִם זַלְמָן מַרְגָּלִיּוֹת. זֵכֶר צַדִּיק לִבְרָכָה. סָעִיף יח, יט, וּבְחָתָם סוֹפֵר סִימָן שכד, וְצָרִיךְ עִיּוּן).

סעיף ז' מִי שֶׁהוּא אוֹנֵן בִּשְׁעַת קְרִיאַת שְׁמַע וּתְפִלָּה, וּלְאַחַר שֶׁנִּקְבַּר הַמֵּת עָבְרָה רְבִיעִית הַיּוֹם שֶׁהוּא זְמַן קְרִיאַת שְׁמַע, מִכָּל מָקוֹם אוֹמֵר גַּם קְרִיאַת שְׁמַע וּבִרְכוֹתֶיהָ (בְּלֹא תְּפִלִּין) עַד שְׁלִישׁ הַיּוֹם. אֲבָל אִם עָבַר גַּם שְׁלִישׁ הַיּוֹם, אוֹמֵר קְרִיאַת שְׁמַע בְּלֹא הַבְּרָכוֹת (עַיֵּן לְעֵיל סִימָן יז סוֹף סָעִיף א, וְצָרִיךְ עִיּוּן). וּתְפִלַּת שְׁמוֹנֶה עֶשְׂרֵה, מֻתָּר לְהִתְפַּלֵּל עַד חֲצוֹת הַיּוֹם. וּמוּסָף בְּרֹאשׁ חֹדֶשׁ, יָכוֹל לְהִתְפַּלֵּל גַּם אַחַר כָּךְ, שֶׁזְּמַנָּהּ כָּל הַיּוֹם. וּמִבִּרְכוֹת הַשַּׁחַר לֹא יֹאמַר כִּי אִם שָׁלֹשׁ בְּרָכוֹת, שֶׁלֹּא עָשַׂנִי גוֹי, שֶׁלֹּא עָשַׂנִי עָבֶד, שֶׁלֹּא עָשַׂנִי אִשָּׁה, וּבִרְכוֹת הַתּוֹרָה, שֶׁאֵלּוּ זְמַנָּן כָּל הַיּוֹם. וּשְׁאָר הַבְּרָכוֹת, לֹא יֹאמַר לְאַחַר שֶׁעָבַר זְמַנָּן, כֵּיוָן שֶׁבִּשְׁעַת חוֹבָתָן, הַיְנוּ בַּבֹּקֶר, הָיָה פָּטוּר. וְאִם נִקְבַּר הַמֵּת קֹדֶם שְׁלִישׁ הַיּוֹם וּבֵיתוֹ רָחוֹק מִבֵּית הַקְּבָרוֹת שֶׁעַד שֶׁיַּגִּיעַ לְבֵיתוֹ יַעֲבֹר שְׁלִישׁ הַיּוֹם, טוֹב יוֹתֵר שֶׁיִּכָּנֵס לְאֵיזֶה בַּיִת סָמוּךְ לְבֵית הַקְּבָרוֹת לִקְרוֹא קְרִיאַת שְׁמַע וּלְהִתְפַּלֵּל בִּזְמַן הָרָאוּי, אוֹ אֲפִלּוּ בַּחוּץ בְּמָקוֹם נָקִי. וּמִיָּד כְּשֶׁמַּתְחִילִין לְהַשְׁלִיךְ עָפָר עַל הַמֵּת, יָכוֹל לִקְרוֹא קְרִיאַת שְׁמַע וּלְהִתְפַּלֵּל, אַף עַל פִּי שֶׁהָאֲבֵלוּת עֲדַיִן אֵינָהּ חָלָה (כִּדְלְקַמָּן רֵישׁ סִימָן רד)

סעיף ח' מִי שֶׁמֵּת לוֹ מֵת, וְנַעֲשָׂה אוֹנֵן לְאַחַר שֶׁכְּבָר הִגִּיעַ זְמַן תְּפִלַּת שַׁחֲרִית אוֹ מִנְחָה אוֹ עַרְבִית, וְהוּא לֹא הִתְפַּלֵּל מִקֹּדֶם שֶׁנַּעֲשָׂה אוֹנֵן, וְנִמְשְׁכָה הָאֲנִינוּת עַד לְאַחַר זְמַן הַתְּפִלָּה, אַף עַל פִּי כֵן אֵינוֹ צָרִיךְ תַּשְׁלוּמִין לְהִתְפַּלֵּל בִּתְפִלָּה שֶׁלְּאַחֲרֶיהָ שְׁתַּיִם.

סעיף ט' מִי שֶׁמֵּת לוֹ מֵת בְּשַׁבָּת, כֵּיוָן דְּאָסוּר לְקָבְרוֹ הַיּוֹם, לֹא חָלָה עָלָיו אֲנִינוּת, וּמֻתָּר בְּבָשָׂר וְיַיִן, וְחַיָּב בְּכָל הַמִּצְוֹת, חוּץ מִתַּשְׁמִישׁ הַמִּטָּה שֶׁאָסוּר לוֹ. וְגַם אָסוּר בְּתַלְמוּד תּוֹרָה, דְּהָוְיָן דְּבָרִים שֶׁבְּצִנְעָא. וְאִם הוּא שְׁלִיחַ צִבּוּר, אִם יֵשׁ אַחֵר לְהִתְפַּלֵּל, לֹא יִתְפַּלֵּל הוּא. וְאִי לֵיכָּא אַחֵר, יִתְפַּלֵּל הוּא. אִם הַמֵּת הוּא אָבִיו אוֹ אִמּוֹ, יָכוֹל לוֹמַר קַדִּישׁ בְּמָקוֹם שֶׁאֵין שְׁאָר אֲבֵלִים. אֲבָל בְּמָקוֹם שֶׁשְּׁאָר אֲבֵלִים, לֹא יֹאמַר קַדִּישׁ קֹדֶם הַקְּבוּרָה (עַיֵּן בספר שערי דעה). וְאִם הָאוֹנֵן הוּא אָבֵל מִכְּבָר עַל אָבִיו אוֹ עַל אִמּוֹ, אוֹ שֶׁיֵּשׁ לוֹ יָארְצַייט, יֹאמַר קַדִּישׁ כְּמוֹ שְׁאָר אָבֵל אוֹ יָארְצַייט.

סעיף י' סָמוּךְ לָעֶרֶב, קוֹרֵא קְרִיאַת שְׁמַע בְּלֹא בְרָכוֹת, וְאֵינוֹ מִתְפַּלֵּל עַרְבִית, וְאֵינוֹ מַבְדִּיל בְּמוֹצָאֵי שַׁבָּת, וּמֻתָּר לוֹ לֶאֱכֹל בְּלֹא הַבְדָּלָה. וּלְאַחַר שֶׁיִּקָּבֵר הַמֵּת, יַבְדִּיל עַל הַכּוֹס. וַאֲפִלּוּ לֹא נִקְבַּר עַד לְמָחָר, יָכוֹל לְהַבְדִּיל עַל הַכּוֹס, וְלֹא יְבָרֵךְ עַל הַנֵּר וְהַבְּשָׂמִים, דְּמֻתָּר לְהַבְדִּיל עַד יוֹם שְׁלִישִׁי בְּשַׁבָּת (כִּדְלְעֵיל סִימָן צו). וּבִתְפִלַּת שַׁחֲרִית שֶׁהוּא מִתְפַּלֵּל כְּשֶׁלֹּא עָבַר זְמַנָּהּ, אֵינוֹ אוֹמֵר אַתָּה חוֹנַנְתָּנוּ.

סעיף יא' אִם צָרִיךְ לְעֵת עֶרֶב לָלֶכֶת מִבֵּיתוֹ עַד סָמוּךְ לִתְחוּם שַׁבָּת כְּדֵי שֶׁיֵּלֵךְ בְּמוֹצָאֵי שַׁבָּת לְמָקוֹם אַחֵר בִּשְׁבִיל צָרְכֵי הַמֵּת, אוֹ שֶׁהוּא צָרִיךְ לְעֵת עֶרֶב לֶאֱסֹף אֶת הַגַּבָּאִים דְּחֶבְרָא קַדִּישָׁא לְהִשְׁתַּוּוֹת עִמָּהֶם בְּעַד מְקוֹם הַקְּבוּרָה, אֲזַי מִיָּד כְּשֶׁהִתְחִיל לָלֶכֶת וְלַעֲסֹק בְּצָרְכֵי הַמֵּת, חָלָה עָלָיו אֲנִינוּת.

סעיף יב' מֵת בְּעֶרֶב שַׁבָּת לְעֵת מִנְחָה, בְּעִנְיָן שֶׁאִי אֶפְשָׁר לְקָבְרוֹ קֹדֶם שַׁבָּת, מִתְפַּלֵּל גַּם מִנְחָה בְּעֶרֶב שַׁבָּת.

סעיף יג' מֵת בְּיוֹם רִאשׁוֹן שֶׁל יוֹם טוֹב, אִם רוֹצֶה לְקָבְרוֹ הַיּוֹם עַל יְדֵי גוֹי, חָלָה עָלָיו מִיָּד אֲנִינוּת. וּמִכָּל שֶׁכֵּן בְּיוֹם שֵׁנִי, שֶׁיָּכוֹל לְקָבְרוֹ גַּם בְּעַצְמוֹ, דְּחָלָה עָלָיו מִיָּד אֲנִינוּת, וַאֲפִלּוּ הוּא אֵינוֹ רוֹצֶה לְקָבְרוֹ הַיּוֹם.

סעיף יד' מִי שֶׁמֵּתוֹ מוּטָל לְפָנָיו בְּלֵיל יוֹם טוֹב שֵׁנִי, מָקוֹם שֶׁנָּהֲגוּ לְקָבְרוֹ עַל יְדֵי יִשְׂרָאֵל, נוֹהֵג דִּין אֲנִינוּת אֲפִלּוּ בַּלַּיְלָה, וְאֵינוֹ אוֹמֵר קִדּוּשׁ, וְאֵינוֹ אוֹכֵל בָּשָׂר, וְאֵינוֹ שׁוֹתֶה יַיִן. אֲבָל בְּלֵיל יוֹם טוֹב רִאשׁוֹן, אוֹ אֲפִלּוּ בְּלֵיל יוֹם טוֹב שֵׁנִי בְּמָקוֹם שֶׁנָּהֲגוּ לְהִתְעַסֵּק גַּם בְּיוֹם טוֹב שֵׁנִי דַּוְקָא עַל יְדֵי גוֹיִם, אֵין לִנְהֹג דִּין אֲנִינוּת בַּלָּיְלָה.

סעיף טו' מִי שֶׁהָיָה אוֹנֵן בְּמוֹצָאֵי יוֹם טוֹב, יַבְדִּיל בְּיוֹם שֶׁלְּאַחֲרָיו, אֲבָל לֹא אַחַר כָּךְ, כִּי הַבְדָּלָה שֶׁל יוֹם טוֹב אֵין זְמַנָּהּ אֶלָּא עַד סוֹף הַיּוֹם שֶׁלְּאַחֲרָיו.

סעיף טז' אוֹנֵן שֶׁיֵּשׁ לוֹ בֵּן לָמוּל, אִם אֶפְשָׁר לִקְבֹּר אֶת הַמֵּת קֹדֶם שֶׁיֵּצְאוּ מִבֵּית הַכְּנֶסֶת שַׁחֲרִית, אֲזַי יִתְפַּלְלוּ הַקַּבְּרָנִים תְּחִלָּה, וְיִקְבְּרוּ אֶת הַמֵּת, וְיָמוּלוּ אֶת הַתִּינוֹק. וְאִם אִי אֶפְשָׁר, מִכָּל מָקוֹם יָמוּלוּ אֶת הַתִּינוֹק שַׁחֲרִית בְּבֵית הַכְּנֶסֶת, וְהַסַּנְדָּק יְבָרֵךְ בִּרְכַּת לְהַכְנִיסוֹ, מִשּׁוּם דְּמֵת וּמִילָה, מִילָה קוֹדֶמֶת.

סעיף יז' אוֹנֵן בְּאוֹר לְאַרְבָּעָה עָשָׂר בְּנִיסָן, יַעֲשֶׂה שָׁלִיחַ לִבְדֹּק אֶת הֶחָמֵץ, וְכָל חֲמִירָא וְכוּ' יֹאמַר בְּעַצְמוֹ.

סעיף יח' אוֹנֵן בְּלֵיל סְפִירַת הָעֹמֶר, לֹא יִסְפֹּר בַּלַּיְלָה, אֶלָּא בַּיּוֹם לְאַחַר הַקְּבוּרָה יִסְפֹּר בְּלֹא בְרָכָה. וּבִשְׁאָר הַלֵּילוֹת, יִסְפֹּר אַחַר כָּךְ בִּבְרָכָה. וְאִם רוֹאֶה בַּיּוֹם כִּי הָאֲנִינוּת תִּמָּשֵׁךְ עַד הַלַּיְלָה, יִסְפֹּר אֲפִלּוּ בַּאֲנִינוּת בְּלֹא בְרָכָה, כְּדֵי שֶׁיִּסְפֹּר שְׁאָר הַלֵּילוֹת בִּבְרָכָה (אוֹנֵן בְּפוּרִים, עַיֵּן לְעֵיל סִימָן קמא סָעִיף כא).

סעיף יט' מִי שֶׁמֵּת בְּתְפִיסָה וְהַמּוֹשֵׁל אֵינוֹ רוֹצֶה לִתְּנוֹ לִקְבוּרָה עַד שֶׁיִּתְּנוּ לוֹ מָמוֹן הַרְבֵּה, לֹא חָלָה עַל הַקְּרוֹבִים אֲנִינוּת, וְגַם אֲבֵלוּת לֹא חָלָה עֲלֵיהֶם, כֵּיוָן שֶׁלֹּא נִתְיָאֲשׁוּ מִלְּקָבְרוֹ, וּמְצַפִּים לְהִתְפַּשֵּׁר עִם הַמּוֹשֵׁל. וְכֵן אִם קְרוֹבֵי הַמֵּת הֵם בִּתְפִיסָה וְאֵינָם יְכוֹלִים לַעֲסֹק בְּצָרְכֵי הַמֵּת, אֵין אֲנִינוּת חָלָה עֲלֵיהֶם.

סעיף כ' בִּמְקוֹמוֹת אֲשֶׁר נִתְּנָה הַדָּת שֶׁלֹּא לִקְבּוֹר אֶת הַמֵּת עַד לְאַחַר אַרְבָּעִים וּשְׁמוֹנֶה שָׁעוֹת, אַף עַל פִּי כֵן לֹא נִפְטַר הָאוֹנֵן מִדִּין אֲנִינוּת, כֵּיוָן שֶׁלְּאַחַר עֲבוּר הַזְּמַן וַדַּאי יִקְבְּרוּהוּ, מֻטָּל עֲלֵיהֶם בֵּינְתַיִם לְהִתְעַסֵּק בִּכְבוֹדוֹ, לְהָכִין תַּכְרִיכִין וְאָרוֹן, וּלְהָכִין אֲנָשִׁים. אַךְ בְּיוֹם טוֹב שֵׁנִי, יֵשׁ לְהָקֵל וּלְפָטְרוֹ מִדִּין אֲנִינוּת בָּזֶה שֶׁאִי אֶפְשָׁר לְקָבְרוֹ מֵחֲמַת פְּקֻדַּת הַמַּלְכוּת.

סעיף כא' בִּמְקוֹמוֹת הַנִּזְכָּרִים, לְפִי שֶׁחוֹשְׁשִׁין שֶׁלֹּא יִמְצְאוּ אֲנָשִׁים לְטַהֵר אֶת הַמֵּת בְּקֵרוּב שְׁנֵי מֵעֵת לְעֵת לְאַחַר מוֹתוֹ, וְעַל כֵּן הִמְצִיאוּ לְטַהֲרוֹ תֵּכֶף לְאַחַר מוֹתוֹ וּלְשׂוּמוֹ בְּאָרוֹן שָׁלֵם וְנָקוּב מִלְּמַטָּה, אֲזַי לְאַחַר שֶׁהוּשָׂם בָּאָרוֹן, פְּטוּרִין מִדִּין אֲנִינוּת, וְנוֹהֵג דִּין אֲבֵלוּת. וּמִכָּל מָקוֹם צְרִיכִין לִמְנוֹת שִׁבְעָה יָמִים מִשָּׁעָה שֶׁיִּסָּתֵם הַגּוֹלֵל בַּקֶּבֶר.

סעיף כב' מִי שֶׁמֵּת לוֹ מֵת וְהוּא אֵינוֹ יוֹדֵעַ, אִם אֵין מִי שֶׁיִּתְעַסֵּק בּוֹ, צְרִיכִין

לְהַגִּיד לוֹ. אֲבָל אִם יֵשׁ מִתְעַסְּקִין אֲחֵרִים, אֵין לְהַגִּיד לוֹ עַד לְאַחַר שֶׁיִּתְפַּלֵּל. וּמִי שֶׁלְּאִשְׁתּוֹ מֵת לָהּ מֵת, וְהִיא אֵינָהּ יוֹדַעַת, יֵשׁ לוֹ לְהַבַּעַל לְהַחְמִיר שֶׁלֹּא לְשַׁמֵּשׁ עִמָּהּ (עַיֵּן לְקַמָּן סִימָן רו סָעִיף ט, וַאֲנִינוּת חָמִיר טְפֵי).

סימן קצז - דין התכריכין והטהרה. ואסור הנאה במת ובו י"ג סעיפים:

סעיף א' נוֹהֲגִין לְהַדֵּר אַחַר בִּגְדֵי פִּשְׁתָּן לְבָנִים לְתַכְרִיכִין, וְיִהְיוּ נָאִים, לְסִימָן שֶׁמּוֹדִים בִּתְחִיַּת הַמֵּתִים, דְּאָמַר רַב חִיָּא בַּר יוֹסֵף, עֲתִידִין הַצַּדִּיקִים שֶׁיַּעַמְדוּ בִּלְבוּשֵׁיהֶן. אֲבָל לֹא יִהְיוּ חֲשׁוּבִים יוֹתֵר מִדַּי, כִּי זֶה אָסוּר. אֵין לַעֲשׂוֹת בַּתַּכְרִיכִין לֹא אִמְרָא וְלֹא שׁוּם קֶשֶׁר, הֵן בְּחוּטִין שֶׁתּוֹפְרִין בָּהֶם, הֵן בִּלְבִישָׁה. קוֹבְרִין אֶת הָאִישׁ בְּטַלִּית שֶׁיֵּשׁ בָּהּ צִיצִית, אַךְ פּוֹסְלִין אֶחָת. וְהַיּוֹתֵר נָכוֹן, שֶׁכְּשֶׁמַּנִּחַ בַּקֶּבֶר, אָז יַכְנִיסוּ צִיצָה בְּתוֹךְ הַכָּנָף. אִם הָיְתָה לוֹ טַלִּית נָאָה שֶׁהִתְפַּלֵּל בָּהּ בְּחַיָּיו, אֵינוֹ רָאוּי לְהַחֲלִיפָהּ לְאַחַר מוֹתוֹ בְּטַלִּית אַחֶרֶת שֶׁאֵינָהּ נָאָה, כִּי נִיחָא לוֹ לְאָדָם לְהִקָּבֵר בַּטַּלִּית שֶׁהִתְפַּלֵּל בָּהּ בְּחַיָּיו. כְּשֶׁמַּלְבִּישִׁין אֶת הַמֵּת, יְכַוְּנוּ שֶׁכְּשֵׁם שֶׁהֵם מַלְבִּישִׁים אֶת הַגּוּף, כָּךְ תִּתְלַבֵּשׁ נִשְׁמָתוֹ בְּמַלְבּוּשִׁים רוּחָנִיִּים בְּגַן עֵדֶן.

סעיף ב' סֵדֶר הַטָּהֳרָה, מַרְחִיצִין בְּמַיִם חַמִּים כָּל גּוּפוֹ וְרֹאשׁוֹ, וּמְנַקִּין אוֹתוֹ הֵיטֵב בֵּין אֶצְבְּעוֹת יָדָיו וְרַגְלָיו וּבְכָל מָקוֹם, וְחוֹפְפִין אֶת רֹאשׁוֹ, וְסוֹרְקִין וְגוֹזְזִין שַׂעֲרוֹת רֹאשׁוֹ, וְנוֹטְלִין צִפָּרְנֵי יָדָיו וְרַגְלָיו (וּבִמְדִינָתֵנוּ אֵין נוֹהֲגִין זֹאת). וּצְרִיכִין לִזָּהֵר שֶׁלֹּא יַהַפְכוּ אֶת הַמֵּת עַל פָּנָיו, שֶׁהוּא דֶּרֶךְ בִּזָּיוֹן, אֶלָּא יַטּוּ עָלָיו תִּשְׁעָה קַבִּין מַיִם, דְּהַיְנוּ שֶׁמַּעֲמִידִין אֶת הַמֵּת עַל הַקַּרְקַע אוֹ עַל גַּבֵּי קַשׁ וְשׁוֹפְכִין הַמַּיִם עַל רֹאשׁוֹ שֶׁיֵּרְדוּ עַל כָּל גּוּפוֹ.

סעיף ג' שִׁעוּר תִּשְׁעָה קַבִּין יֵשׁ בּוֹ מַחֲלֹקֶת. (וְיֵשׁ לִקַּח לְעֵרֶךְ עֶשְׂרִים וְאַרְבָּעָה קְוָארְט פּוֹילִישׁ). וְאֵין צְרִיכִין שֶׁיִּהְיוּ כֻּלָּם בִּכְלִי אֶחָד דַּוְקָא, אֶלָּא גַּם מִשְּׁנֵי כֵלִים אוֹ מִשְּׁלֹשָׁה, מִצְטָרְפִין, רַק שֶׁהַשֵּׁנִי יַתְחִיל לִצּוֹק בְּעוֹד שֶׁלֹּא הִפְסִיק הָרִאשׁוֹן, וְכֵן הַשְּׁלִישִׁי בְּעוֹד שֶׁלֹּא הִפְסִיק הַשֵּׁנִי. וְגַם אִם מְעָרֶה מִכְּלִי אֶחָד, לֹא יַפְסִיק הַקִּלּוּחַ. וּמִתּוֹךְ אַרְבָּעָה כֵלִים, אֲפִלּוּ שׁוֹפְכִין בְּפַעַם אַחַת, אֵין מִצְטָרְפִין.

סעיף ד' אַחַר כָּךְ טוֹרְפִין בֵּיצָה עִם יַיִן בְּיַחַד, וְטוֹרְפִין הַבֵּיצָה בִּקְלִפָּתָהּ, לְרֶמֶז שֶׁגַּלְגַּל הוּא שֶׁחוֹזֵר בָּעוֹלָם, (וּבְמָקוֹם שֶׁאֵין יַיִן מָצוּי, לוֹקְחִין מַיִם) וּמַרְחִיצִין בּוֹ רֹאשׁוֹ. וּמַה שֶּׁנּוֹהֲגִין בְּאֵיזֶה מְקוֹמוֹת שֶׁכָּל אֶחָד לוֹקֵחַ מְעַט וּמַזֶּה עַל הַמֵּת, אֵין זֶה נָכוֹן, וְיֵשׁ לְבַטֵּל מִנְהָג זֶה, כִּי דוֹמֶה לְחֻקּוֹת הָעַמִּים, אֶלָּא יִרְחֲצוּ בוֹ רֹאשׁוֹ.

סעיף ה' צְרִיכִין לְהַשְׁגִּיחַ שֶׁלֹּא יִקְמֹץ הַמֵּת אֶצְבְּעוֹת יָדָיו. וּמַה שֶּׁבִּקְצָת מְקוֹמוֹת נוֹהֲגִין לִקְמֹץ אֶת הָאֶצְבָּעוֹת, יֵשׁ לְבַטֵּל מִנְהָג זֶה. וּמַה שֶּׁקְּצָת אוֹמְרִים, שֶׁמְּרַמְּזִים בָּזֶה שֵׁמוֹת קְדוֹשִׁים, דָּבָר בָּדוּי הוּא. גַּם מַה שֶּׁנּוֹתְנִין בְּיָדוֹ שַׁרְבִיטִין שֶׁקּוֹרִין גֶּעפֶּלִיךְ, מִנְהַג שְׁטוּת הוּא. וְאִם רוֹצִים דַּוְקָא לָתֵת אוֹתָן, יַנִּיחוּם אֶצְלוֹ.

סעיף ו' לְאַחַר שֶׁטִּהֲרוּ אֶת הַמֵּת, לֹא

יַנִּיחוּ אוֹתוֹ בְּאוֹתוֹ מָקוֹם שֶׁטִּהֲרוּהוּ, אֶלָּא יַשְׁכִּיבוּהוּ כְּנֶגֶד הַפֶּתַח, לִפְנִים מִן הַבַּיִת. וְאֵין מְהַפְּכִין אֶת הַדַּף שֶׁטִּהֲרוּהוּ עָלָיו, כִּי יֵשׁ סַכָּנָה בַּדָּבָר.

סעיף ז' לֹא יְנַשֵּׁק אָדָם יְלָדָיו שֶׁמֵּתוּ, כִּי הִיא סַכָּנָה גְדוֹלָה. וּמִכָּל שֶׁכֵּן שֶׁלֹּא יֹאחַז בְּיָדוֹ שֶׁל מֵת וְיֹאמַר שֶׁיּוֹלִיכֵהוּ עִמּוֹ.

סעיף ח' כְּשֶׁמּוֹצִיאִין אֶת הַמֵּת מִן הַבַּיִת, יֵשׁ לִזָּהֵר שֶׁלֹּא יֵצֵא אָדָם רִאשׁוֹן. אַךְ הַמִּתְעַסְּקִים שֶׁצְּרִיכִין לֵילֵךְ רִאשׁוֹן מִן הַבַּיִת כְּדֵי לְנָשְׂאוֹ, אֵין קְפֵידָא.

סעיף ט' מִי שֶׁנָּפַל מֵאֵלָיו וּמֵת מִיָּד, אִם יֵשׁ פְּצָעִים בְּגוּפוֹ וְיָצָא מִמֶּנּוּ דָם, וְאִם כֵּן יֵשׁ לָחוּשׁ שֶׁמָּא נִבְלַע דַּם הַנֶּפֶשׁ בִּבְגָדָיו וּבְמִנְעָלָיו, לָכֵן אֵין מְטַהֲרִין אוֹתוֹ, אֶלָּא קוֹבְרִין אוֹתוֹ בִּבְגָדָיו וּבְמִנְעָלָיו, רַק לְמַעְלָה מִבְּגָדָיו כּוֹרְכִין אוֹתוֹ בְּסָדִין שֶׁקּוֹרִין סוֹבֵב. וְנוֹהֲגִין לַחְפֹּר בַּקַּרְקַע שֶׁנָּפַל שָׁם אִם יֵשׁ שָׁם דָּם, וְכֵן בְּקָרוֹב לוֹ, וְקוֹבְרִין עִמּוֹ אֶת כָּל הֶעָפָר שֶׁיֵּשׁ בּוֹ דָם. וְדַוְקָא בְּגָדָיו שֶׁהָיָה לָבוּשׁ בָּהֶם, קוֹבְרִין עִמּוֹ. אֲבָל אִם נִתַּז מִן הַדָּם עַל שְׁאָר בְּגָדִים שֶׁאֵינוֹ מְלֻבָּשׁ בָּהֶם, וְכֵן אִם הִנִּיחוּהוּ עַל כָּרִים וּכְסָתוֹת וַעֲדַיִן הַדָּם יוֹצֵא, אֵינָן צְרִיכִין קְבוּרָה, אֶלָּא יְכַבְּסוּם הֵיטֵב עַד שֶׁלֹּא יִשָּׁאֵר בָּהֶם רֹשֶׁם דָּם, וְהַמַּיִם יִשְׁפְּכוּ לְתוֹךְ קִבְרוֹ. אִם לֹא יָצָא מִמֶּנּוּ דָם, פּוֹשְׁטִין בְּגָדָיו, וּמְטַהֲרִין אוֹתוֹ, וּמַלְבִּישִׁין אוֹתוֹ תַכְרִיכִין כִּשְׁאָר מֵתִים. וְכֵן מִי שֶׁנִּטְבַּע בַּיָּם, פּוֹשְׁטִין בְּגָדָיו, וְדִינוֹ כִּשְׁאָר מֵתִים. וְיֵשׁ מְקוֹמוֹת שֶׁנּוֹהֲגִין לִקְבֹּר גַּם הַנִּטְבָּעִים בְּבִגְדֵיהֶם שֶׁנִּמְצְאוּ בָהֶם, וְהֵיכָא דְנָהוּג, נָהוּג.

סעיף י' אֲפִלּוּ יָצָא מִמֶּנּוּ דָם, אֶלָּא שֶׁכְּבָר פָּסַק, וּפָשְׁטוּ אֶת בְּגָדָיו, וְחַי אַחֲרֵי זֶה אֵיזֶה יָמִים, וְאַחַר כָּךְ מֵת, מְטַהֲרִין אוֹתוֹ, וְעוֹשִׂין לוֹ תַכְרִיכִין. וְאַף עַל פִּי שֶׁהוּא מְלֻכְלָךְ מִדָּם שֶׁיָּצָא מִמֶּנּוּ, אֲפִלּוּ הָכִי מְטַהֲרִין אוֹתוֹ, כִּי אֵין לָחוּשׁ לְדָם שֶׁיָּצָא מִמֶּנּוּ בַּחַיִּים, אֶלָּא לְדָם שֶׁיָּצָא מִמֶּנּוּ בִּשְׁעַת מִיתָה, חָיְישִׁינָן שֶׁמָּא הוּא דַם הַנֶּפֶשׁ, אוֹ שֶׁמָּא נִתְעָרֵב בּוֹ דַּם הַנֶּפֶשׁ.

סעיף יא' יוֹלֶדֶת שֶׁמֵּתָה מֵחֲמַת לֵדָה, דִּינָהּ כְּהָרוּג, שֶׁאִם יָדוּעַ שֶׁיָּצְאוּ מִמֶּנָּה דָּמִים מְרֻבִּים, אֵין מְטַהֲרִין אוֹתָהּ. אֲבָל אִם כְּבָר כָּלוּ הַדָּמִים לָצֵאת, וְאַחַר כָּךְ מֵתָה, שֶׁאֵין לְהִסְתַּפֵּק בְּדַם הַנֶּפֶשׁ, עוֹשִׂין לָהּ כְּמוֹ לִשְׁאָר מֵתִים. וּבְהַרְבֵּה קְהִלּוֹת נוֹהֲגִין לְטַהֵר כָּל יוֹלֶדֶת, וְעוֹד יֵשׁ אֵיזֶה מִנְהָגִים בְּיוֹלֶדֶת, וְהֵיכָא דְנָהוּג, נָהוּג.

סעיף יב' הַנֶּהֱרָג עַל יְדֵי גוֹיִם, אֲפִלּוּ לֹא יָצָא מִמֶּנּוּ דָם כְּלָל, כְּגוֹן שֶׁנֶּחֱנַק, קוֹבְרִין אוֹתוֹ כְּמוֹ שֶׁנִּמְצָא, כְּדֵי לְהַעֲלוֹת חֵמָה.

סעיף יג' מֵת, בֵּין גּוֹי בֵּין יִשְׂרָאֵל, וְתַכְרִיכָיו, אֲסוּרִין בַּהֲנָאָה. וְכֵן נוֹיֵי הַמֵּת הַמְחֻבָּרִים לְגוּפוֹ, כְּגוֹן פֵּאָה נָכְרִית שֶׁהִיא קְשׁוּרָה אוֹ קְלוּעָה בְּתוֹךְ שְׂעָרוֹתָיו, אֲסוּרִין בַּהֲנָאָה. וְכֵן אִם הָיְתָה לוֹ שֵׁן תּוֹתֶבֶת, תִּקָּבֵר עִמּוֹ. אֲבָל נוֹי שֶׁאֵינוֹ מְחֻבָּר לְגוּפוֹ, מֻתָּר. וְכֵן נוֹי שֶׁאֵינוֹ כְּעֵין גּוּפוֹ, כְּגוֹן הַתַּכְשִׁיטִין וְהַבְּגָדִים, מֻתָּרִים בְּכָל עִנְיָן.

סימן קצח - הלכות הוצאת המת והלויתו וצדוק הדין ובו ט"ז סעיפים:

סעיף א' אִם יֵשׁ מֵת בָּעִיר, כָּל בְּנֵי הָעִיר אֲסוּרִין בִּמְלָאכָה. וְאִם יֵשׁ בָּעִיר מְמֻנִּים לְהִתְעַסֵּק בַּמֵּת, אֵלּוּ שֶׁאֵינָן צְרִיכִין לְהִתְעַסֵּק בּוֹ, מֻתָּרִין בִּמְלָאכָה.

סעיף ב' בִּכְפָר קָטָן, אִם יֵשׁ שָׁם מֵת, אֵין שׁוֹאֲלִין בִּשְׁלוֹם זֶה לָזֶה, וּמִכָּל שֶׁכֵּן שֶׁאֵין שׁוֹאֲלִין בִּשְׁלוֹם בְּבֵית הַקְּבָרוֹת, כְּשֶׁיֵּשׁ שָׁם מֵת, אֲפִלּוּ בְעִיר גְּדוֹלָה. אֲבָל כְּשֶׁאֵין שָׁם מֵת, שׁוֹאֲלִין בְּרִחוּק אַרְבַּע אַמּוֹת מִן הַקְּבָרִים.

סעיף ג' אָסוּר לְהָלִין אֶת הַמֵּת, שֶׁנֶּאֱמַר, לֹא תָלִין וְגוֹ' כִּי קָבוֹר תִּקְבְּרֶנּוּ בַּיּוֹם הַהוּא. וְאִם מְלִינוֹ מִשּׁוּם כְּבוֹדוֹ לְהָבִיא לוֹ אָרוֹן וְתַכְרִיכִין אוֹ שֶׁיָּבוֹאוּ קְרוֹבָיו אוֹ סַפְדָּנִים, מֻתָּר, דְּלֹא אָסְרָה תוֹרָה אֶלָּא דֻּמְיָא דְתָלוּי, שֶׁהוּא דֶּרֶךְ בִּזָּיוֹן. אֲבָל לֹא כְּשֶׁהוּא לִכְבוֹדוֹ. וְכֵן אִם נִמְצָא אֵיזֶה מֵת וְלֹא נוֹדַע בְּבֵרוּר מִי הוּא, מֻתָּר לַהֲלִינוֹ עַד שֶׁיָּבוֹאוּ עֵדִים אוֹ אִשְׁתּוֹ לְהַכִּירוֹ.

סעיף ד' בְּכָל הַמֵּתִים, הַמְמַהֵר לְהוֹצִיאוֹ לִמְנוּחָתוֹ, הֲרֵי זֶה מְשֻׁבָּח. אֲבָל בְּאָבִיו וְאִמּוֹ שֶׁחַיָּב לְהַסְפִּידָם וּלְקוֹנֵן עֲלֵיהֶם הַרְבֵּה, הַמְמַהֵר לְהוֹצִיאָם, הֲרֵי זֶה מְגֻנֶּה, אֶלָּא אִם כֵּן הָיָה עֶרֶב שַׁבָּת אוֹ עֶרֶב יוֹם טוֹב, אוֹ שֶׁהָיוּ גְשָׁמִים מְזַלְּפִים עַל הַמִּטָּה.

סעיף ה' אִם יֵשׁ שְׁנֵי מֵתִים, זֶה שֶׁמֵּת תְּחִלָּה מוֹצִיאִין אוֹתוֹ תְּחִלָּה, וְאַחַר כָּךְ אֶת הַשֵּׁנִי. וּלְאַחַר שֶׁקְּבָרוּ אֶת הָרִאשׁוֹן, אֵין עוֹמְדִין עָלָיו בְּשׁוּרָה, וְאֵין אוֹמְרִים עָלָיו בִּרְכַּת אֲבֵלִים וְתַנְחוּמֵי אֲבֵלִים, כְּדֵי שֶׁלֹּא לְעַכֵּב קְבוּרַת הַשֵּׁנִי. אִם רוֹצִים לְהָלִין אֶת הָרִאשׁוֹן מִפְּנֵי כְבוֹדוֹ, אֵין מְעַכְּבִין אֶת הַשֵּׁנִי בִּשְׁבִיל זֶה, אֶלָּא קוֹבְרִין אוֹתוֹ מִיָּד.

סעיף ו' אִם אֶחָד תַּלְמִיד חָכָם וְאֶחָד עַם הָאָרֶץ, מוֹצִיאִין אֶת הַתַּלְמִיד חָכָם תְּחִלָּה, אֲפִלּוּ אִם עַם הָאָרֶץ מֵת תְּחִלָּה. אִישׁ וְאִשָּׁה, מוֹצִיאִין אֶת הָאִשָּׁה תְּחִלָּה, אֲפִלּוּ אִם הָאִישׁ מֵת תְּחִלָּה, דִּכְתִיב, וַתָּמָת שָׁם מִרְיָם וַתִּקָּבֵר שָׁם, סָמוּךְ לְמִיתָה קְבוּרָה.

סעיף ז' כָּל הַמּוֹרִיד דְּמָעוֹת עַל אָדָם כָּשֵׁר שֶׁמֵּת, הַקָּדוֹשׁ בָּרוּךְ הוּא סוֹפְרָן וּמַנִּיחָן בְּבֵית גְּנָזָיו, וְיֵשׁ בָּזֶה תִּקּוּן לַעֲוֹן קֶרִי, וְהַצָּלָה לְבָנָיו הַקְּטַנִּים מִן הַמִּיתָה רַחֲמָנָא לִצְּלַן.

סעיף ח' הָרוֹאֶה אֶת הַמֵּת וְאֵינוֹ מְלַוֶּה אוֹתוֹ, עוֹבֵר מִשּׁוּם לוֹעֵג לָרָשׁ, וּבַר נִדּוּי הוּא. וּלְפָחוֹת יְלַוֵּהוּ אַרְבַּע אַמּוֹת. וּבְמָקוֹם שֶׁאֵינוֹ צָרִיךְ לְלַוּוֹתוֹ (כְּדִלְקַמָּן סָעִיף ט), מִכָּל מָקוֹם צָרִיךְ לַעֲמֹד בְּפָנָיו. וְלֹא לִפְנֵי הַמֵּת הוּא עוֹמֵד, אֶלָּא מִפְּנֵי הָעוֹסְקִים בּוֹ, שֶׁהֵם עֲסוּקִים בַּמִּצְוָה. וְכֵן הַדִּין בְּכָל דְּבַר מִצְוָה שֶׁהָאָדָם עוֹסֵק בּוֹ, צְרִיכִין לַעֲמֹד בְּפָנָיו. וְכֵן הָיוּ בַעֲלֵי אֻמָּנִיּוֹת עוֹמְדִין בִּפְנֵי מְבִיאֵי בִכּוּרִים.

סעיף ט' בִּזְמַן הַזֶּה מִסְתָּמָא כָּל אִישׁ יִשְׂרָאֵל לָמַד מִקְרָא וּמִשְׁנָה. וְלָכֵן כְּשֶׁמֵּת, מְבַטְּלִין אֲפִלּוּ תַּלְמוּד תּוֹרָה כְּדֵי לְלַוּוֹת אוֹתוֹ. אַךְ לְאִשָּׁה אוֹ לְתִינוֹק, נוֹהֲגִין לְהָקֵל, שֶׁלֹּא לְבַטֵּל תַּלְמוּד תּוֹרָה בִּשְׁבִיל הַלְוָיָה. וְתִינוֹקוֹת שֶׁל בֵּית רַבָּן, לְעוֹלָם אֵין מְבַטְּלִין כְּלָל, דַּאֲפִלּוּ לְבִנְיַן בֵּית הַמִּקְדָּשׁ אֵין מְבַטְּלִין אוֹתָם.

סעיף י' צְרִיכִין לִזָּהֵר מְאֹד, לְבַל

יִתְרָאוּ הַנָּשִׁים עִם הָאֲנָשִׁים כְּשֶׁהוֹלְכִין לְבֵית הַקְּבָרוֹת, וּמִכָּל שֶׁכֵּן בַּחֲזָרָתָן, כִּי יֵשׁ, חַס וְשָׁלוֹם, סַכָּנָה בַּדָּבָר.

סעיף יא' נוֹשְׂאֵי הַמִּטָּה, אֵין לָהֶם לִנְעוֹל בְּרַגְלֵיהֶם סַנְדָּלִים, (שֶׁהֵם בְּלֹא עָקֵב, וִיכוֹלִין לִפּוֹל בְּקַל מֵעַל הָרֶגֶל). אֲבָל בְּמִנְעָלִים אֵין קְפִידָא.

סעיף יב' כְּשֶׁמַּגִּיעִים עִם הַמֵּת לְעֵרֶךְ שְׁלֹשִׁים אַמָּה מִן הַקֶּבֶר, יַעַמְדוּ עִמּוֹ כָּל אַרְבַּע אַמּוֹת, כְּדֵי שֶׁיַּעַמְדוּ שֶׁבַע פְּעָמִים כְּנֶגֶד שִׁבְעָה מַעֲמָדוֹת, שֶׁהֵם כְּנֶגֶד שִׁבְעָה הֲבָלִים שֶׁבְּקֹהֶלֶת, וְשִׁבְעָה מְדוֹרֵי גֵיהִנָּם, וְשִׁבְעָה דִּינִים הַחוֹלְפִים עַל הַמֵּת, וְיִשְׁהוּ מְעַט שָׁם, שֶׁזּוֹהִי קְצָת כַּפָּרָה לַמֵּת. וּבְיוֹם שֶׁאֵין אוֹמְרִים תַּחֲנוּן, אֵין צְרִיכִין לְהַעֲמִיד, כִּי אָז אֵין הַדִּין קָשֶׁה.

סעיף יג' כְּשֶׁבָּאִים לְבֵית הַקְּבָרוֹת, מִי שֶׁלֹּא רָאָה אֶת הַקְּבָרִים שְׁלֹשִׁים יוֹם, צָרִיךְ לְבָרֵךְ אֲשֶׁר יָצַר אֶתְכֶם בַּדִּין וְכוּ' (עַיֵּן לְעֵיל סִימָן ס סָעִיף יא), וְאַחַר כָּךְ אוֹמְרִים אַתָּה גִּבּוֹר וְכוּ' עַד לְהַחֲיוֹת מֵתִים.

סעיף יד' אַחַר כָּךְ אוֹמְרִים צִדּוּק הַדִּין, הַצּוּר תָּמִים פָּעֳלוֹ וְכוּ' (עַיֵּן בְּסִימָן שֶׁאַחַר זֶה סָעִיף ט). אֶחָד מִן הָאֲבֵלִים מַתְחִיל. וְאִם אֵין שָׁם אָבֵל, הַמֻּפְלָא אֲשֶׁר שָׁם מַתְחִיל. וּבְיָמִים שֶׁאֵין אוֹמְרִים בָּהֶם תַּחֲנוּן, אֵין אוֹמְרִים צִדּוּק הַדִּין. וְלָכֵן אֵין אוֹמְרִים בְּעֶרֶב שַׁבָּת לְאַחַר חֲצוֹת הַיּוֹם, וְכֵן בְּעֶרֶב יוֹם טוֹב. אֲבָל בְּעֶרֶב רֹאשׁ חֹדֶשׁ וְעֶרֶב חֲנֻכָּה וְעֶרֶב פּוּרִים, אוֹמְרִים גַּם לְאַחַר חֲצוֹת הַיּוֹם. וְעַל תַּלְמִיד חָכָם אוֹמְרִים גַּם בְּל"ג בָּעֹמֶר, וּבַיָּמִים שֶׁלְּאַחַר רֹאשׁ חֹדֶשׁ סִיוָן עַד שָׁבוּעוֹת, וּבְתִשְׁעָה בְּאָב, וּבְעֶרֶב רֹאשׁ הַשָּׁנָה קֹדֶם חֲצוֹת הַיּוֹם.

סעיף טו' בַּלַּיְלָה, אֵין אוֹמְרִים לֹא צִדּוּק הַדִּין וְלֹא קַדִּישׁ בְּבֵית הַקְּבָרוֹת (שָׁם).

סעיף טז' עַל תִּינוֹק פָּחוֹת מִשְּׁלֹשִׁים יוֹם, אֵין אוֹמְרִים צִדּוּק הַדִּין.

סימן קצט - דין הקבורה ובית הקברות ובו י"ז סעיפים:

סעיף א' קְבוּרָה הָאֲמוּרָה בַּתּוֹרָה, הִיא שֶׁיִּתֵּן אֶת הַמֵּת בְּקַרְקַע מַמָּשׁ. וּבְהַרְבֵּה מְקוֹמוֹת נוֹהֲגִין לְהַנִּיחַ אֶת הַמֵּת בְּאָרוֹן הֶעָשׂוּי מִנְּסָרִים וְכָךְ קוֹבְרִין אוֹתוֹ, דְּאִי אֶפְשָׁר שֶׁלֹּא יִהְיוּ נְקָבִים בְּאָרוֹן זֶה, וְסַגֵּי בְּהָכִי. וְיֵשׁ מְקוֹמוֹת שֶׁקּוֹבְרִין בְּלֹא אָרוֹן, אֶלָּא מַנִּיחִין אוֹתוֹ עַל הַקַּרְקַע מַמָּשׁ בְּלֹא דַּף תַּחְתָּיו, אֶלָּא מִן הַצְּדָדִין נוֹתְנִים שְׁנֵי דַפִּים, וְעַל אֵלּוּ נוֹתְנִים עוֹד דַּף אֶחָד, כְּדֵי שֶׁלֹּא יִפּוֹל הֶעָפָר עַל גּוּף הַמֵּת, שֶׁזֶּה בִזָּיוֹן לוֹ. וְיֵשׁ עוֹד מְקוֹמוֹת שֶׁקּוֹבְרִין שְׁאָר מֵתִים כָּךְ בְּלֹא אָרוֹן, וְרַק לְכֹהֲנִים וּבְכוֹרִים שֶׁהֵם חֲשׁוּבִים, עוֹשִׂים אָרוֹן. כְּשֶׁעוֹשִׂין אָרוֹן, יֵשׁ לִזָּהֵר בְּשִׁיּוּרֵי הַנְּסָרִים, שֶׁלֹּא לַעֲשׂוֹת מֵהֶם אֵיזֶה תַּשְׁמִישׁ, וְיֵשׁ לְהַסִּיק בָּהֶן תַּחַת הַכְּלִי שֶׁמְּחַמְּמִים אֶת הַמַּיִם לְטָהֳרָה. טוֹבֵי לֵבָב שֶׁהֶאֱכִילוּ עֲנִיִּים עַל שֻׁלְחָנָם, יֵשׁ לַעֲשׂוֹת לָהֶם אָרוֹן מִן הַשֻּׁלְחָן, כְּמוֹ שֶׁכָּתוּב, וְהָלַךְ לְפָנֶיךָ צִדְקֶךָ.

סעיף ב' מַנִּיחִין אֶת הַמֵּת עַל גַּבָּיו וּפָנָיו לְמַעְלָה, וּמִי שֶׁיֵּשׁ לוֹ עֲפַר אֶרֶץ יִשְׂרָאֵל, מְפַזְּרִין קְצָת תַּחְתָּיו וּקְצָת עָלָיו, עַל שֵׁם וְכִפֶּר אַדְמָתוֹ עַמּוֹ.

וְהָעִקָּר לָתֵת עַל בְּרִית הַקֹּדֶשׁ, וְגַם עַל פִּיו וְעַל עֵינָיו וְעַל כַּפָּיו.

סעיף ג' אֵין קוֹבְרִין אֶת הַמֵּתִים זֶה אֵצֶל זֶה, אֶלָּא אִם כֵּן הָיָה הַדֶּפֶן הַמַּפְסִיק בֵּינֵיהֶם יָכוֹל לַעֲמֹד בִּפְנֵי עַצְמוֹ, וְהוּא לְפָחוֹת שֵׁשׁ אֶצְבָּעוֹת. וְאִם אֶפְשָׁר, יֵשׁ לְהַחְמִיר שֶׁיִּהְיוּ שִׁשָּׁה טְפָחִים בֵּין זֶה לָזֶה. אֲבָל הָאִישׁ אוֹ הָאִשָּׁה, נִקְבָּרִים עִם בְּנָם אוֹ בִתָּם, אוֹ עִם בֶּן אוֹ בַּת בְּנָם וּבִתָּם. זֶה הַכְּלָל, כָּל קָטָן שֶׁיָּשֵׁן עִמּוֹ בְּחַיָּיו, נִקְבָּר עִמּוֹ בְּמוֹתוֹ. אֲבָל בֵּן גָּדוֹל עִם אָבִיו אוֹ בַּת גְּדוֹלָה עִם אִמָּהּ, אֵינָם נִקְבָּרִים יַחַד. וַאֲפִלּוּ בִּקְטַנִּים, דַּוְקָא לִקְבֹּר שְׁנֵיהֶם בְּבַת אַחַת, אֲבָל אִם כְּבָר נִקְבַּר אֶחָד, אָסוּר לִקְבֹּר אֶצְלוֹ אֶת הָאַחֵר.

סעיף ד' כְּבָר מְבֹאָר בְּסִימָן קסג סָעִיף ז, דְּתִינוֹק שֶׁמֵּת, מָלִין אוֹתוֹ אֵצֶל קִבְרוֹ וְקוֹרְאִין לוֹ שֵׁם, וְכֵן לְתִינֹקֶת גַּם כֵּן צְרִיכִין לִקְרוֹא לָהּ שֵׁם. וּצְרִיכִין לְהַזְהִיר אֶת הַקַּבְּרָנִים עַל זֶה (השיב משה אורח חַיִּים סִימָן יג)

סעיף ה' אֵין נוֹתְנִים שְׁנֵי אֲרוֹנוֹת זֶה עַל זֶה, אֶלָּא אִם יֵשׁ בֵּינֵיהֶן עָפָר שִׁשָּׁה טְפָחִים.

סעיף ו' אֵין קוֹבְרִים רָשָׁע אֵצֶל צַדִּיק, שֶׁנֶּאֱמַר, אַל תֶּאֱסֹף עִם חַטָּאִים נַפְשִׁי. וַאֲפִלּוּ רָשָׁע חָמוּר אֵצֶל רָשָׁע קַל, אֵין קוֹבְרִים. וְכֵן אֵין קוֹבְרִין צַדִּיק וְכָל שֶׁכֵּן בֵּינוֹנִי וְכָשֵׁר אֵצֶל חָסִיד מֻפְלָג. שְׁנַיִם שֶׁהָיוּ שׂוֹנְאִים זֶה לָזֶה, אֵין לְקָבְרָם יַחַד, שֶׁגַּם בְּמוֹתָם אֵין לָהֶם מְנוּחָה יַחַד.

סעיף ז' הַמִּנְהָג לְהַקְפִּיד שֶׁלֹּא לִקַּח מָרָא אוֹ חֲצִינָא מִיַּד חֲבֵרוֹ כְּשֶׁקּוֹבְרִין אֶת הַמֵּת, אֶלָּא זֶה זוֹרְקוֹ מִיָּדוֹ וְזֶה נוֹטְלוֹ.

סעיף ח' לְאַחַר שֶׁהִנִּיחוּ אֶת הַמֵּת בַּקֶּבֶר, מְהַפְּכִין אֶת הַמִּטָּה שָׁלֹשׁ פְּעָמִים, כִּי מִטָּה בְּגִימַטְרִיָּא דִין, לִרְמֹז שֶׁיִּתְהַפֵּךְ הַדִּין לְרַחֲמִים וְהֶסְפֵּד לְמָחוֹל. זֵכֶר לַדָּבָר, הָפַכְתָּ מִסְפְּדִי לְמָחוֹל לִי. וּבְיוֹם שֶׁאֵין אוֹמְרִים תַּחֲנוּן, אֵין עוֹשִׂין זֹאת.

סעיף ט' אִם יֵשׁ יָתוֹם בְּבֵית הַקְּבָרוֹת, אֲזַי לְאַחַר הַקְּבוּרָה (אִם הוּא יוֹם) מַרְחִיקִין לְכָל הַפָּחוֹת אַרְבַּע אַמּוֹת מֵהַקְּבָרִים, וְאוֹמְרִים אֶת הַמִּזְמוֹר לַמְנַצֵּחַ וְגוֹ' שִׁמְעוּ זֹאת וְגוֹ' (תהלים מט). וּבְיוֹם שֶׁאֵין אוֹמְרִים תַּחֲנוּן, אוֹמְרִים מִכְתָּם לְדָוִד וְגוֹ' (תהלים טז), וְהַיָּתוֹם אוֹמֵר קַדִּישׁ דְּהוּא עָתִיד לְאִתְחַדָּתָא, וְהַקָּהָל אוֹמְרִים עִמּוֹ עַד וִיקָרֵהּ. וְיֵשׁ מְקוֹמוֹת נוֹהֲגִין שֶׁגַּם הַקַּדִּישׁ אוֹמְרִים תְּחִלָּה קֹדֶם הַקְּבוּרָה לְאַחַר צִדּוּק הַדִּין. וְיֵשׁ מְקוֹמוֹת, שֶׁגַּם צִדּוּק הַדִּין אֵין אוֹמְרִים עַד לְאַחַר הַקְּבוּרָה.

סעיף י' נוֹהֲגִין שֶׁכְּשֶׁהוֹלְכִין מִבֵּית הַקְּבָרוֹת, תּוֹלְשִׁין עֲשָׂבִים וּמַשְׁלִיכִין אַחֲרֵי גֵוָם וְאוֹמְרִים, זָכוּר כִּי עָפָר אֲנָחְנוּ. וְגַם הוּא רֶמֶז לִתְחִיַּת הַמֵּתִים, שֶׁיִּחְיוּ מֵעַפְרָם, עַל דֶּרֶךְ, וְיָצִיצוּ מֵעִיר כְּעֵשֶׂב הָאָרֶץ. וִיכוֹלִין לַעֲשׂוֹת כֵּן גַּם בְּחֹל הַמּוֹעֵד (מבי"ט חלק א סִימָן רג). וְרוֹחֲצִין יְדֵיהֶם. וְיֵשׁ רֶמֶז, שֶׁאֵין טֻמְאָה זֹאת נִטְהֶרֶת אֶלָּא בִּשְׁלֹשָׁה דְבָרִים אֵלּוּ, מַיִם וְאֵפֶר פָּרָה וְאֵזוֹב. אֵין לִרְחוֹץ אֶת הַיָּדַיִם בַּנָּהָר אֶלָּא מִכְּלִי (א"ר סוֹף סִימָן רכד). וְאֵין לִטּוֹל אֶת הַכְּלִי מִיַּד מִי שֶׁרָחַץ, אֶלָּא זֶה מַעֲמִידוֹ וְזֶה נוֹטְלוֹ. וְאֵין לְנַגֵּב אֶת

הַיָּדַיִם. יֵשׁ אוֹמְרִים, שֶׁיּוֹשְׁבִים שֶׁבַע פְּעָמִים, מִפְּנֵי שֶׁהָרוּחוֹת מְלַוּוֹת אוֹתוֹ, וְכָל זְמַן שֶׁיּוֹשְׁבִין, בּוֹרְחִין מִמֶּנּוּ. וּבִקְצָת מְקוֹמוֹת נוֹהֲגִין לֵישֵׁב רַק שָׁלֹשׁ פְּעָמִים לְאַחַר שֶׁרָחֲצוּ אֶת הַיָּדַיִם, וְאוֹמְרִים בְּכָל פַּעַם וִיהִי נֹעַם וְגוֹ'. וְגַם כְּשֶׁנִּקְבַּר הַמֵּת בְּיוֹם טוֹב, יְכוֹלִין לֵישֵׁב כָּךְ שָׁלֹשׁ פְּעָמִים כְּמוֹ בַּחֹל. וְנוֹהֲגִין לְהַקְפִּיד, אִם יִכָּנֵס אָדָם לְבֵיתוֹ קֹדֶם שֶׁיִּרְחַץ יָדָיו וְיֵשֵׁב. וּמִנְהַג אֲבוֹתֵינוּ, תּוֹרָה.

סעיף יא' אֵין מוֹלִיכִין אֶת הַמֵּת מֵעִיר שֶׁיֵּשׁ בָּהּ קְבָרוֹת לְעִיר אַחֶרֶת, מִשּׁוּם דַּהֲוֵי לֵהּ בִּזָּיוֹן לְטַלְטְלוֹ מִמָּקוֹם לְמָקוֹם, אֶלָּא מִחוּץ לָאָרֶץ לְאֶרֶץ יִשְׂרָאֵל, אוֹ שֶׁמּוֹלִיכִין אוֹתוֹ לִמְקוֹם קִבְרוֹת אֲבוֹתָיו. וְכֵן אִם הוּא צִוָּה לְהוֹלִיכוֹ מִמָּקוֹם לְמָקוֹם, מֻתָּר.

סעיף יב' אָסוּר לִפְתֹּחַ קֶבֶר לְאַחַר שֶׁנִּסְתַּם הַגּוֹלֵל, דְּהַיְנוּ שֶׁכְּבָר נָתְנוּ עָפָר עַל כִּסּוּי הָאָרוֹן. אֲבָל כָּל זְמַן שֶׁלֹּא נָתְנוּ עָפָר, מֻתָּר לְפָתְחוֹ מִשּׁוּם אֵיזֶה דָּבָר. וְאִם מֵחֲמַת אֵיזֶה דָּבָר צְרִיכִין לְפַנּוֹת אֶת הַמֵּת מִקִּבְרוֹ, יַעֲשׂוּ שְׁאֵלַת חָכָם.

סעיף יג' אִם חָפְרוּ קֶבֶר, לֹא יַנִּיחוּהוּ פָּתוּחַ בַּלַּיְלָה, כִּי יֵשׁ סַכָּנָה בַּדָּבָר. וְאִם אֵין פְּנַאי לִקְבֹּר אֶת הַמֵּת, עַד לְמָחָר, יְמַלְּאוּ אֶת הַקֶּבֶר בֶּעָפָר.

סעיף יד' אָסוּר לִדְרוֹךְ עַל גַּבֵּי קְבָרִים, מִשּׁוּם דְּיֵשׁ אוֹמְרִים, דְּאָסוּר בַּהֲנָאָה. וּמִכָּל מָקוֹם אִם צָרִיךְ לְאֵיזֶה קֶבֶר וְאֵין לוֹ דֶּרֶךְ אֶלָּא אִם כֵּן יִדְרוֹךְ עַל גַּבֵּי קְבָרִים, מֻתָּר.

סעיף טו' לֹא יֵלֵךְ בְּבֵית הַקְּבָרוֹת אוֹ בְּתוֹךְ אַרְבַּע אַמּוֹת שֶׁל מֵת וְכֵן בְּכָל הַחֶדֶר שֶׁהַמֵּת הוּא שָׁם כְּשֶׁתְּפִלִּין בְּרֹאשׁוֹ אוֹ צִיצִית בְּבִגְדוֹ, מִשּׁוּם לוֹעֵג לָרָשׁ. וְאִם הֵם מְכֻסִּים, מֻתָּר. וְכֵן לֹא יִתְפַּלֵּל שָׁם וְלֹא יֹאמַר שָׁם מִזְמוֹרִים, אֶלָּא מַה שֶּׁהוּא לִכְבוֹד הַמֵּת.

סעיף טז' בֵּית הַקְּבָרוֹת, אֵין נוֹהֲגִין בּוֹ קַלּוּת רֹאשׁ, מִפְּנֵי כְּבוֹדָן שֶׁל הַמֵּתִים, כְּגוֹן לֶאֱכֹל וְלִשְׁתּוֹת שָׁם אוֹ לְהַפְנוֹת שָׁם. וְאֵין מַרְעִין שָׁם בְּהֵמוֹת, וְלֹא יְלַקֵּט מִמֶּנּוּ עֲשָׂבִים. אֲבָל אִילָנוֹת הַנְּטוּעִין בְּבֵית הַקְּבָרוֹת וְאֵינָן עַל הַקְּבָרִים, מֻתָּר לְלַקֵּט פֵּרוֹתֶיהָ.

סעיף יז' יֵשׁ מְקוֹמוֹת שֶׁנּוֹהֲגִין שֶׁאֵין מַצִּיבִין מַצֵּבָה עַד לְאַחַר שְׁנֵים עָשָׂר חֹדֶשׁ, מִשּׁוּם דְּהַמַּצֵּבָה נִרְאֵית לַחֲשִׁיבוּתָא, וּבְתוֹךְ שְׁנֵים עָשָׂר חֹדֶשׁ יֵשׁ לוֹ צַעַר. וְעוֹד, טַעַם הַמַּצֵּבָה, שֶׁלֹּא יִשָּׁכַח מִן הַלֵּב, וְהַמֵּת אֵינוֹ נִשְׁכָּח, עַד לְאַחַר שְׁנֵים עָשָׂר חֹדֶשׁ (א"ר סוֹף סִימָן רכד). וְיֵשׁ מְקוֹמוֹת שֶׁאֵין מְדַקְדְּקִין בָּזֶה.

סימן ר - דין הקבורה ביום טוב ובו י"א סעיפים:

סעיף א' מֵת הַמֻּטָּל לְקָבְרוֹ בְּיוֹם טוֹב, בַּיּוֹם הָרִאשׁוֹן לֹא יִתְעַסְּקוּ בוֹ יִשְׂרָאֵל. אֲפִלּוּ אִם אִי אֶפְשָׁר לְקָבְרוֹ עַל יְדֵי גוֹיִם וְיֵשׁ חֲשָׁשׁ שֶׁמָּא יַסְרִיחַ עַד לְמָחָר, מִכָּל מָקוֹם לֹא יִקְבְּרוּהוּ יִשְׂרָאֵל בַּיּוֹם הָרִאשׁוֹן. אַךְ אִם אֶפְשָׁר, לְקָבְרוֹ עַל יְדֵי גוֹיִם, דְּהַיְנוּ שֶׁהַגּוֹיִם יַעֲשׂוּ אֶת הַקֶּבֶר וְיַחְתְּכוּ אֶת הַדַּפִּין שֶׁל עֵץ, אוֹ יַעֲשׂוּ אָרוֹן בִּמְקוֹם שֶׁנָּהֲגוּ, וְגַם יִתְפְּרוּ אֶת הַתַּכְרִיכִין אִם צְרִיכִין. אֲבָל לְהַלְבִּישׁוֹ וּלְחַמֵּם מַיִם וּלְטַהֲרוֹ וּלְהוֹצִיאוֹ וּלְשׂוּמוֹ בַּקֶּבֶר, מֻתָּר עַל יְדֵי

יִשְׂרָאֵל. וְהַכִּסּוּי בֶּעָפָר, יַעֲשׂוּ גַּם כֵּן עַל יְדֵי גוֹיִם, וְאִם אֶפְשָׁר, יֵשׁ לִזָּהֵר לְטַהֲרוֹ בְּלֹא בֶגֶד, שֶׁלֹּא יָבוֹאוּ לִידֵי סְחִיטָה.

סעיף ב' יֵשׁ אוֹמְרִים, דְּאִם אֶפְשָׁר לַעֲשׂוֹת עַל יְדֵי גוֹיִם, כְּמוֹ שֶׁנִּתְבָּאֵר, אָסוּר לְהַשְׁהוֹתוֹ עַד לְמָחָר כְּדֵי שֶׁיִּתְעַסְּקוּ בוֹ יִשְׂרָאֵל. וַאֲפִלּוּ מֵת הַיּוֹם וִיכוֹלִין לְהַשְׁהוֹתוֹ עַד לְמָחָר, שֶׁלֹּא יַסְרִיחַ, מִכָּל מָקוֹם יִקְבְּרוּהוּ הַיּוֹם עַל יְדֵי גוֹיִם. אַךְ יֶלֶד שֶׁמֵּת, אַף עַל פִּי שֶׁחַי יוֹתֵר מִשְּׁלֹשִׁים יוֹם שֶׁיָּדוּעַ שֶׁאֵינוֹ נֵפֶל, מִכָּל מָקוֹם אִם הָעֵת קָרָה וְאֵין בִּזָּיוֹן לְהַשְׁהוֹתוֹ, דְּלָא אִשְׁתְּהֵי, אֵין לְקָבְרוֹ בְּיוֹם טוֹב רִאשׁוֹן, אֶלָּא מַשְׁהִינָן לֵהּ עַד יוֹם טוֹב שֵׁנִי. וְיֵשׁ אוֹמְרִים, דְּגַם בְּגָדוֹל אִי לָא אִשְׁתְּהֵי, מַשְׁהִינָן לֵהּ עַד יוֹם טוֹב שֵׁנִי. וּבְמָקוֹם שֶׁאֵין מִנְהָג יָדוּעַ, נִרְאֶה דְּיֵשׁ לִנְהֹג כֵּן.

סעיף ג' בְּיוֹם שֵׁנִי שֶׁל יוֹם טוֹב, וַאֲפִלּוּ שֶׁל רֹאשׁ הַשָּׁנָה, אִם אֶפְשָׁר לַעֲשׂוֹת בְּלִי שְׁהוּי עַל יְדֵי גוֹיִם דְּבָרִים הַנִּזְכָּרִים לְעֵיל, יַעֲשׂוּ עַל יְדֵי גוֹיִם, וּשְׁאָר הַדְּבָרִים יַעֲשׂוּ יִשְׂרְאֵלִים, כְּמוֹ שֶׁנִּתְבָּאֵר לְעֵיל. וִיכוֹלִין לְטַהֲרוֹ גַּם עַל יְדֵי בְגָדִים וּסְדִינִים, רַק שֶׁיִּזָּהֲרוּ שֶׁלֹּא לַעֲשׂוֹת סְחִיטָה בְּיָדַיִם. וְאִם אִי אֶפְשָׁר עַל יְדֵי גוֹיִם, יִתְעַסְּקוּ בוֹ יִשְׂרָאֵל לְכָל מַה שֶּׁצָּרִיךְ כְּדַרְכָּם בַּחֹל, כִּי יוֹם טוֹב שֵׁנִי לְגַבֵּי מֵת, כְּחֹל שַׁוְיוּהוּ רַבָּנָן. וּמִכָּל מָקוֹם אִם יֵשׁ בַּמָּקוֹם הַהוּא מִי שֶׁהֵכִין לְעַצְמוֹ תַּכְרִיכִין, יִקְחוּ אוֹתָן הַמְתֻקָּנִים, שֶׁלֹּא יִצְטָרְכוּ לִתְפֹּר. וְהָא דְּמֻתָּרִין לְהִתְעַסֵּק בּוֹ, דַּוְקָא כְּשֶׁרוֹצִין לְקָבְרוֹ בּוֹ בַיּוֹם. אֲבָל אִם אֵין רוֹצִין לְקָבְרוֹ בּוֹ בַיּוֹם, אֵין עוֹשִׂין בּוֹ שׁוּם דָּבָר. וַאֲפִלּוּ בְּטִלְטוּל, אָסוּר.

סעיף ד' הָא דְּשַׁוְיוּהוּ רַבָּנָן יוֹם טוֹב שֵׁנִי לְגַבֵּי מֵת כְּחֹל, זֶהוּ מִפְּנֵי כְּבוֹדוֹ שֶׁל מֵת. שֶׁלֹּא יְהֵא מֻטָּל בְּבִזָּיוֹן. אֲבָל לַעֲשׂוֹת שְׁאָר דָּבָר, אָסוּר. וְלָכֵן אָסוּר לִקְצֹץ עִם בַּעַל הַחֲנוּת דְּמֵי הַפִּשְׁתָּן שֶׁלּוֹקְחִין לְתַכְרִיכִין, אִם לֹא כְּשֶׁאִי אֶפְשָׁר בְּעִנְיָן אַחֵר, כְּגוֹן שֶׁלּוֹקְחִין מִגּוֹי. וְהַקַּבְּרָנִים אֲסוּרִין לִקַּח שְׂכַר קַבְּרָנוּת בְּיוֹם טוֹב, כִּי שְׂכַר שַׁבָּת וּשְׂכַר יוֹם טוֹב, אָסוּר. וְאִם אֵינָם רוֹצִים לַעֲשׂוֹת בְּחִנָּם, יִתְּנוּ לָהֶם שְׂכָרָם, וְהֵם עֲתִידִים לִתֵּן אֶת הַדִּין. וְאַנְשֵׁי חֶבְרָא קַדִּישָׁא, בְּעַד הַקַּרְקַע לֹא יִקְחוּ מָעוֹת, רַק מַשְׁכּוֹנוֹת בְּלִי קְצִיצַת דָּמִים.

סעיף ה' אִם אֵין בְּעִירוֹ בֵּית קְבָרוֹת יִשְׂרָאֵל, אַף עַל פִּי שֶׁיְּכוֹלִין לִקְבֹּר שָׁם זֶה הַמֵּת, מִכָּל מָקוֹם מֻתָּר לְהוֹלִיכוֹ לְעִיר אַחֶרֶת, בְּיוֹם טוֹב רִאשׁוֹן עַל יְדֵי גוֹי, וּבְיוֹם טוֹב שֵׁנִי גַּם עַל יְדֵי יִשְׂרָאֵל, לְקָבְרוֹ בְּקִבְרוֹת יִשְׂרָאֵל. אֲבָל אִם לֹא יִקְבְּרוּהוּ הַיּוֹם, אָסוּר לְיִשְׂרָאֵל לְהוֹלִיכוֹ בְּיוֹם טוֹב לְקָבְרוֹ לְאַחַר יוֹם טוֹב.

סעיף ו' מֻתָּר לְלַוּוֹת אֶת הַמֵּת בְּיוֹם טוֹב רִאשׁוֹן בְּתוֹךְ הַתְּחוּם, וּבְיוֹם טוֹב שֵׁנִי אֲפִלּוּ חוּץ לַתְּחוּם, וּמֻתָּרִין גַּם כֵּן לַחֲזוֹר לְבֵיתָם בּוֹ בַיּוֹם. אֲבָל אָסוּר לִרְכֹּב עַל גַּבֵּי בְהֵמָה כְּדֵי לְלַוּוֹת אֶת הַמֵּת בְּיוֹם טוֹב, אֲפִלּוּ בְּיוֹם טוֹב שֵׁנִי, וַאֲפִלּוּ הָאֲבֵלִים. אֲבָל הַקַּבְּרָנִים, אִם אִי אֶפְשָׁר לָהֶם לֵילֵךְ בְּרַגְלֵיהֶם, מֻתָּרִים לִרְכֹּב בְּיוֹם טוֹב שֵׁנִי. וּמִכָּל מָקוֹם לֹא יִרְכְּבוּ בְּתוֹךְ הָעִיר.

סעיף ז' מֵת בְּלֵיל יוֹם טוֹב שֵׁנִי, דְּמִתְעַסְּקִין בּוֹ יִשְׂרָאֵל אִם אֵין גּוֹי, מַשְׁכִּימִין עֲשָׂרָה בְּנֵי אָדָם, וְקוֹבְרִים

אוֹתוֹ בְּשָׁעָה שֶׁשְּׁלִיחַ הַצִּבּוּר אוֹמֵר פִּיּוּטִים. וְאִם הוּא אָדָם חָשׁוּב שֶׁרַבִּים צְרִיכִין לְלַוּוֹתוֹ, קוֹבְרִין אוֹתוֹ לְאַחַר הַיְצִיאָה מִבֵּית הַכְּנֶסֶת קֹדֶם הָאֲכִילָה, דְּאִיתָא בְּמִדְרָשׁ, לֹא תֹאכְלוּ עַל הַדָּם, שֶׁאָסוּר לֶאֱכֹל סְעוּדָה קְבוּעָה קֹדֶם שֶׁנִּקְבַּר הַמֵּת. וְאִם אִי אֶפְשָׁר לְהָכִין כָּל צָרְכֵי הַקְּבוּרָה עַד הַזְּמַן הַהוּא, קוֹבְרִין אוֹתוֹ לְאַחַר הָאֲכִילָה.

סעיף ח' יֶלֶד שֶׁמֵּת לְאַחַר שְׁלֹשִׁים יוֹם, שֶׁיָּדוּעַ שֶׁאֵינוֹ נֵפֶל, דִּינוֹ כְּמוֹ שְׁאָר מֵת. אַךְ אִם הוּא זָכָר וּמֵחֲמַת אֵיזוֹ סִבָּה עֲדַיִן לֹא נִמּוֹל, אַף עַל גַּב דְּאִשְׁתְּהֵי, אֵין קוֹבְרִים אוֹתוֹ בְּיוֹם טוֹב רִאשׁוֹן, מִשּׁוּם דִּצְרִיכִין לְהָסִיר עָרְלָתוֹ (כִּדְלְעֵיל סִימָן קסג סָעִיף ז), וְאֵין לַעֲשׂוֹת זֹאת עַל יְדֵי גּוֹי, אֶלָּא מַשְׁהִינַן לֵהּ עַד יוֹם טוֹב שֵׁנִי, דְּמֻתָּר לַהֲלִינוֹ לִכְבוֹדוֹ, וּבְיוֹם טוֹב שֵׁנִי מְסִירִין עָרְלָתוֹ וְקוֹבְרִין אוֹתוֹ.

סעיף ט' תִּינוֹק שֶׁמֵּת כְּשֶׁהוּא סְפֵק נֵפֶל (עַיֵּן לְקַמָּן סִימָן רג סָעִיף ג), אִי לָא אִשְׁתְּהֵי, אֵין קוֹבְרִין אוֹתוֹ בְּיוֹם טוֹב רִאשׁוֹן אֲפִלּוּ עַל יְדֵי גּוֹי, וּמַשְׁהִינַן לֵהּ עַד יוֹם טוֹב שֵׁנִי, וְקוֹבְרִין אוֹתוֹ עַל יְדֵי גּוֹי וְלֹא עַל יְדֵי יִשְׂרָאֵל. וְאִי אִשְׁתְּהֵי קוֹבְרִין אוֹתוֹ בְּיוֹם טוֹב רִאשׁוֹן עַל יְדֵי גּוֹי. וְאִם מֵת בְּיוֹם טוֹב שֵׁנִי, קוֹבְרִין אוֹתוֹ בּוֹ בַּיּוֹם עַל יְדֵי גּוֹי וְלֹא עַל יְדֵי יִשְׂרָאֵל. אִם הוּא זָכָר וַעֲדַיִן לֹא נִמּוֹל, אֲפִלּוּ אִשְׁתְּהֵי, אֵין קוֹבְרִין אוֹתוֹ אֲפִלּוּ בְּיוֹם טוֹב שֵׁנִי, אֲפִלּוּ עַל יְדֵי גּוֹי, אֶלָּא מַשְׁהִינַן לֵהּ עַד לְאַחַר יוֹם טוֹב, וּמְסִירִין עָרְלָתוֹ וְקוֹבְרִין אוֹתוֹ.

סעיף י' בְּשַׁבָּת וּבְיוֹם הַכִּפּוּרִים, לֹא יִתְעַסְּקוּ בַּמֵּת כְּלָל, אֲפִלּוּ עַל יְדֵי גּוֹי (עַיֵּן לְעֵיל סוֹף סִימָן קצד)

סעיף יא' בְּחֹל הַמּוֹעֵד, אֵין לְהוֹצִיא אֶת הַמֵּת לְבֵית הַקְּבָרוֹת, עַד שֶׁהַקֶּבֶר מְתֻקָּן, שֶׁלֹּא יִצְטָרְכוּ לְהַעֲמִיד אֶת הַמִּטָּה.

סימן רא - דין המאבד עצמו לדעת ושאר רשע שמת ובו ז' סעיפים:

סעיף א' הַמְאַבֵּד עַצְמוֹ לָדַעַת, הוּא רָשָׁע שֶׁאֵין לְמַעְלָה מִמֶּנּוּ, שֶׁנֶּאֱמַר, וְאַךְ אֶת דִּמְכֶם לְנַפְשֹׁתֵיכֶם אֶדְרשׁ. וּבִשְׁבִיל יָחִיד, נִבְרָא הָעוֹלָם. וְכָל הַמְאַבֵּד נֶפֶשׁ אַחַת מִיִּשְׂרָאֵל, מְאַבֵּד עוֹלָם מָלֵא. וְלָכֵן אֵין מִתְעַסְּקִין עִמּוֹ לְכָל דָּבָר. לֹא קוֹרְעִין וְלֹא מִתְאַבְּלִין עָלָיו, וְאֵין מַסְפִּידִין אוֹתוֹ. אֲבָל קוֹבְרִין אוֹתוֹ, וּמְטַהֲרִין אוֹתוֹ, וּמַלְבִּישִׁין אוֹתוֹ תַּכְרִיכִין. כְּלָלוֹ שֶׁל דָּבָר, כֹּל שֶׁהוּא מִשּׁוּם כְּבוֹד הַחַיִּים עוֹשִׂין לוֹ. (וּלְעִנְיַן אֲמִירַת קַדִּישׁ, עַיֵּן בַּחֲתַם סוֹפֵר יוֹרֶה דֵעָה סִימָן שכו, וְאִמְרֵי אֵשׁ סִימָן קכב. וְעַיֵּן תְּשׁוּבוֹת רדב"ז בַּיִת ל).

סעיף ב' מִסְתָמָא, לָא מַחְזְקִינַן אֱנָשֵׁי בְּרַשִׁיעֵי. וְלָכֵן אִם נִמְצָא אֶחָד חָנוּק אוֹ תָלוּי וְכַדּוֹמֶה, כֹּל שֶׁאֶפְשָׁר לִתְלוֹת שֶׁמָּא אַחֵר עָשָׂה לוֹ זֹאת, לָא תָלִינַן בֵּהּ.

סעיף ג' קָטָן הַמְאַבֵּד אֶת עַצְמוֹ, חָשׁוּב כְּשֶׁלֹּא לָדַעַת. וְכֵן גָּדוֹל אִם נִרְאֶה שֶׁעָשָׂה הַדָּבָר מֵחֲמַת רוּחַ רָעָה אוֹ שִׁגָּעוֹן וְכַדּוֹמֶה, הֲוֵי שֶׁלֹּא לָדַעַת. וְכֵן אִם עָשָׂה אֶת הַדָּבָר מֵחֲמַת אֹנֶס, שֶׁהָיָה מִתְיָרֵא מֵעִנּוּיִים קָשִׁים, כְּמוֹ שָׁאוּל שֶׁהָיָה מִתְיָרֵא שֶׁמָּא יַעֲשׂוּ בוֹ

הַפְּלִשְׁתִּים כִּרְצוֹנָם, הֲרֵי הוּא כִּשְׁאָר מֵת, וְאֵין מוֹנְעִין מִמֶּנּוּ שׁוּם דָּבָר.

סעיף ד' כָּל הַפּוֹרְשִׁים מִדַּרְכֵי הַצִּבּוּר, וְהֵם הָאֲנָשִׁים שֶׁפָּרְקוּ עֹל הַמִּצְוֹת מֵעַל צַוָּארָם, וְאֵין נִכְלָלִים בִּכְלַל יִשְׂרָאֵל בַּעֲשִׂיָּתָם, אֶלָּא הֲרֵי הֵם כִּבְנֵי חוֹרִין לְעַצְמָן, וְכֵן הַמּוּמָרִים וְהַמּוֹסְרִים וְהָאֶפִּיקוֹרְסִים, כָּל אֵלּוּ, אֵין אוֹנְנִים וְאֵין מִתְאַבְּלִים עֲלֵיהֶם, אֶלָּא אֲחֵיהֶם וּשְׁאָר קְרוֹבֵיהֶם לוֹבְשִׁים לְבָנִים וּמִתְעַטְּפִים לְבָנִים, וְאוֹכְלִים וְשׁוֹתִים וּשְׂמֵחִים עַל שֶׁאָבְדוּ שׂוֹנְאוֹ שֶׁל מָקוֹם. וַעֲלֵיהֶם הַכָּתוּב אוֹמֵר, הֲלֹא מְשַׂנְאֶיךָ ה', אֶשְׂנָא. וְאוֹמֵר, וּבַאֲבֹד רְשָׁעִים רִנָּה. (יו"ד סימן שמ"ה).

סעיף ה' אִם נֶהֱרַג, בֵּין בְּדִינָא דְמַלְכוּתָא בֵּין בְּעִנְיָן אַחֵר, אֲפִלּוּ הָיָה מוּמָר, מִתְאַבְּלִין עָלָיו, דְּכֵיוָן שֶׁנֶּהֱרַג בִּידֵי אָדָם וְלֹא מֵת כְּדֶרֶךְ כָּל הָאָרֶץ, הָוֵי לֵהּ כַּפָּרָה.

סעיף ו' מִי שֶׁהָיָה רָגִיל לַעֲשׂוֹת עֲבֵרָה אַחַת, אֲפִלּוּ רַק לְתֵאָבוֹן, וּמֵת, אִם לֹא הִתְוַדָּה קֹדֶם מוֹתוֹ, אֵין מִתְאַבְּלִין עָלָיו. אֲבָל אִם הִתְוַדָּה, מִתְאַבְּלִין עָלָיו, אֲפִלּוּ הָיָה גַּנָּב אוֹ גַזְלָן.

סעיף ז' קָטָן בֶּן שָׁנָה אוֹ שְׁנָתַיִם שֶׁהֵמִיר עִם אָבִיו אוֹ עִם אִמּוֹ, וּמֵת, אֵין מִתְאַבְּלִין עָלָיו.

סימן רב - הלכות טמאת כהן ובו ט"ז סעיפים:

סעיף א' הַכֹּהֵן מֻזְהָר שֶׁלֹּא לִטַּמֵּא לְמֵת. וַאֲפִלּוּ נֵפֶל שֶׁעֲדַיִן לֹא נִתְקַשְּׁרוּ אֵבָרָיו בְּגִידִין, חָשׁוּב מֵת. (אַךְ אִם הַפִּילָה תּוֹךְ אַרְבָּעִים יוֹם, לָא חָשִׁיב אֶלָּא כְּמַיָּא בְּעָלְמָא). וְלָאו דַּוְקָא לְמֵת שָׁלֵם, אֶלָּא אֲפִלּוּ לִדְבָרִים שֶׁנִּפְרָשִׁים מִמֶּנּוּ, כְּמוֹ דָּם וְכַדּוֹמֶה. וְכֵן אָסוּר לִטַּמֵּא לְאֵבֶר מִן הַחַי, אִם יֵשׁ עָלָיו בָּשָׂר כָּל כָּךְ, שֶׁאִם הָיָה מְחֻבָּר, הָיָה רָאוּי לְהַעֲלוֹת אֲרוּכָה. וַאֲפִלּוּ לְאֵבֶר שֶׁל עַצְמוֹ, אָסוּר לוֹ לִטַּמֵּא. וְאָסוּר לְכֹהֵן לִכָּנֵס לְבַיִת שֶׁיֵּשׁ שָׁם גּוֹסֵס. וְאַף עַל פִּי שֶׁהַגּוֹסֵס הֲרֵי הוּא כְחַי לְכָל דָּבָר וְאֵינוֹ מְטַמֵּא. מִכָּל מָקוֹם עוֹבֵר הַכֹּהֵן עַל לֹא יְחַלֵּל, שֶׁהוּא מֻזְהָר שֶׁיִּשְׁמֹר כְּהֻנָּתוֹ שֶׁלֹּא תִתְחַלֵּל, וְשֶׁמָּא יָמוּת זֶה תֵּכֶף.

סעיף ב' אָסוּר לְכֹהֵן לִכָּנֵס תַּחַת אֹהֶל שֶׁיֵּשׁ מֵת תַּחְתָּיו, אֲפִלּוּ הוּא אֹהֶל גָּדוֹל מְאֹד. וַאֲפִלּוּ יֵשׁ שְׁנֵי חֲדָרִים, אֲשֶׁר בְּחֶדֶר אֶחָד יֵשׁ מֵת וְיֵשׁ בַּמְּחִצָּה הַמַּפְסֶקֶת נֶקֶב שֶׁיֵּשׁ בּוֹ טֶפַח עַל טֶפַח, אָסוּר לִכָּנֵס גַּם לְחֶדֶר הַשֵּׁנִי, כִּי נֶקֶב טֶפַח עַל טֶפַח, מֵבִיא אֶת הַטֻּמְאָה. וְכֵן אִם אֵצֶל הַחֶדֶר הַשֵּׁנִי יֵשׁ עוֹד חֶדֶר שְׁלִישִׁי וּבֵינֵיהֶם גַּם כֵּן נֶקֶב טֶפַח עַל טֶפַח, הוֹלֶכֶת הַטֻּמְאָה גַּם לְחֶדֶר הַשְּׁלִישִׁי, וְכֵן לְעוֹלָם. וְנֶקֶב הֶעָשׂוּי לְאוֹרָה, אֲפִלּוּ אֵין בּוֹ אֶלָּא כְּפוּנְדְּיוֹן, מֵבִיא אֶת הַטֻּמְאָה.

סעיף ג' וְלָכֵן בִּמְדִינוֹתֵינוּ שֶׁגַּגּוֹת הַבָּתִּים בּוֹלְטִין לַחוּץ בְּרֹחַב טֶפַח, וְקַיְמָא לָן דְּרֹחַב טֶפַח מֵבִיא אֶת הַטֻּמְאָה, וְאִם כֵּן זֶה הַקָּצֶה מִן הַגַּג, הָוֵי אֹהֶל לְהָבִיא אֶת הַטֻּמְאָה. לְפִי זֶה שְׁנֵי בָתִּים סְמוּכִין זֶה לָזֶה, אִם יֵשׁ מֵת בְּאֶחָד מֵהֶן, הוֹלֶכֶת הַטֻּמְאָה דֶּרֶךְ פֶּתַח אוֹ חַלּוֹן תַּחַת הַקְּצָווֹת מִן הַגַּגִּין שֶׁבּוֹלְטִין לַחוּץ, וְנִכְנֶסֶת גַּם לְתוֹךְ הַבַּיִת הַשֵּׁנִי דֶּרֶךְ חַלּוֹן אוֹ פֶּתַח פָּתוּחַ, וְאָסוּר לְכֹהֵן לִכָּנֵס גַּם לְתוֹךְ הַבַּיִת

הַשֵּׁנִי. וְכֵן אֲפִלּוּ כַּמָּה בָתִּים הַסְּמוּכִים זֶה אֵצֶל זֶה.

סעיף ד' וַאֲפִלּוּ הַגַּגִּין אֵינָן שָׁוִין, אֶלָּא זֶה לְמַעְלָה מִזֶּה, וַאֲפִלּוּ הַגַּג שֶׁהַטֻּמְאָה שָׁם בַּבַּיִת הוּא גָּבוֹהַּ הַרְבֵּה מִן הַגַּג הַשֵּׁנִי אוֹ בְּהִפּוּךְ, הֲלָכָה לְמשֶׁה מִסִּינַי הִיא, דְּאָמְרִינָן, חָבֵט רְמִי. פֵּרוּשׁ, שֶׁאָנוּ רוֹאִים כְּאִלּוּ הָעֶלְיוֹן נֶחְבָּט וְנִשְׁפָּל עַד לְמַטָּה. וּמֵאַחַר שֶׁאִם הָיָה נִשְׁפָּל עַד הַתַּחְתּוֹן, הָיָה נוֹגֵעַ בּוֹ, עַל כֵּן הוֹלֶכֶת הַטֻּמְאָה מִזֶּה לָזֶה. אֲבָל אִם יֵשׁ הֶפְסֵק בֵּינֵיהֶם אֲפִלּוּ כָּל שֶׁהוּא, שׁוּב אֵינָהּ הוֹלֶכֶת הַטֻּמְאָה.

סעיף ה' וְכֵן כְּשֶׁיֵּשׁ קוֹרָה מֻנַּחַת עַל הַמָּבוֹי, כְּמוֹ שֶׁעוֹשִׂין לְעֵרוּב, וְהִיא רְחָבָה טֶפַח וְהַגַּגִּין מַאֲהִילִין עָלֶיהָ טֶפַח מִכָּאן וְטֶפַח מִכָּאן, אִם כֵּן בָּאָה הַטֻּמְאָה מִן תַּחַת הַגַּג אֶל תַּחַת הַקּוֹרָה, וְהִיא מְבִיאָה אֶת הַטֻּמְאָה אֶל תַּחַת גַּג הַבַּיִת שֶׁמִּצַּד הַשֵּׁנִי, וּמִתְפַּשֶּׁטֶת בְּכָל מָקוֹם שֶׁיֵּשׁ אֹהֶל טֶפַח עַד הַמָּקוֹם שֶׁיֵּשׁ הֶפְסֵק. וְכֵן כְּשֶׁיֵּשׁ בֵּין שְׁנֵי בָתִּים כִּפָּה מִבִּנְיָן (גֶעוֶועלבּוּנג), כְּדֶרֶךְ שֶׁעוֹשִׂין לְשַׁעַר הֶחָצֵר, הַדִּין כֵּן הוּא. וְאַף עַל פִּי שֶׁאֵין עַל הַכִּפָּה גַּג בּוֹלֵט, מִכָּל מָקוֹם הֲרֵי בָּאָה הַטֻּמְאָה מִתַּחַת גַּג הַבַּיִת לְתַחַת הַכִּפָּה. וְאוּלָם לִפְעָמִים בּוֹנִין אֶת הַכִּפָּה שֶׁיֵּשׁ לָהּ כְּמוֹ רַגְלַיִם מִן הַקַּרְקַע וּלְמַעְלָה, וְאִם כֵּן יֵשׁ סְתִימָה אֵצֶל כָּתְלֵי הַבָּתִּים אִם אֵין עָלֶיהָ גַּג בּוֹלֵט, וְהַסְּתִימָה שֶׁמִּן הַצַּד נִמְשֶׁכֶת יוֹתֵר מִן הַגַּג שֶׁלְּמַעְלָה, בְּזֶה הָעִנְיָן אֵין מָקוֹם לַטֻּמְאָה שֶׁתָּבוֹא, כֵּיוָן שֶׁיֵּשׁ קְצָת הֶפְסֵק בְּלִי אֹהֶל. וְלִפְעָמִים יֵשׁ בֵּין בַּיִת לְבַיִת כֹּתֶל סָתוּם בְּלִי פֶּתַח, אֶלָּא שֶׁיֵּשׁ עָלָיו גַּג בּוֹלֵט, וְהַטֻּמְאָה בָּאָה מִגַּג לְגַג. וְיֵשׁ תַּקָּנָה לְעֵת הַצֹּרֶךְ לְהָסִיר אֶת הָרְעָפִים בְּמָקוֹם אֶחָד שֶׁיִּהְיֶה קְצָת הֶפְסֵק בְּלִי אֹהֶל טֶפַח. וּצְרִיכִין לְהַשְׁגִּיחַ אִם אֵין מֵהַחוֹמָה עַצְמָהּ בּוֹלֵט טֶפַח כְּדֶרֶךְ שֶׁעוֹשִׂין לִפְעָמִים בְּלִיטָה לַחוֹמָה (געזימס).

סעיף ו' הֲלָכָה לְמשֶׁה מִסִּינַי הִיא שֶׁהַפֶּתַח אֲשֶׁר עֲתִידִים לְהוֹצִיא דֶּרֶךְ שָׁם אֶת הַמֵּת מִן הָאֹהֶל אֲשֶׁר הוּא שָׁם, שֶׁעַל יְדֵי הוֹצָאָה זֹאת יִטְהַר הָאֹהֶל, אַף עַל פִּי שֶׁהַפֶּתַח הַזֶּה הוּא סָתוּם, מִכָּל מָקוֹם נִדּוֹן כְּאִלּוּ הוּא פָּתוּחַ, וְלָכֵן אָסוּר לְכֹהֵן שֶׁיַּעֲמֹד שָׁם תַּחַת הַמַּשְׁקוֹף, אַף עַל פִּי שֶׁהַדֶּלֶת נְעוּלָה מִבִּפְנִים. וְכֵן אִם יֵשׁ שָׁם גַּג בּוֹלֵט טֶפַח נֶגֶד הַפֶּתַח, מֵבִיא אֶת הַטֻּמְאָה לְכָל מָקוֹם שֶׁאֶפְשָׁר, כְּאִלּוּ הָיָה הַפֶּתַח פָּתוּחַ. אַךְ אִם נִפְתַּח מִצַּד אַחֵר פֶּתַח אוֹ חַלּוֹן שֶׁהוּא אַרְבָּעָה טְפָחִים עַל אַרְבָּעָה טְפָחִים, אָז לֹא נֶחְשָׁב הַפֶּתַח הַסָּתוּם כְּאִלּוּ הָיָה פָּתוּחַ, וּמֻתָּר לְכֹהֵן לַעֲמוֹד שָׁם אִם אֵין הַטֻּמְאָה יְכוֹלָה לְהַגִּיעַ אֵלָיו דֶּרֶךְ הַפֶּתַח אוֹ הַחַלּוֹן הַפָּתוּחַ.

סעיף ז' כֹּהֵן שֶׁהוּא בַּבַּיִת אוֹ בְּחֶדֶר שֶׁהַדְּלָתוֹת וְהַחַלּוֹנוֹת סְגוּרִין בְּאֹפֶן שֶׁאֵין בַּפֶּתַח פָּתוּחַ טֶפַח וּבַחַלּוֹן אֵין נֶקֶב כְּפֻנְדְּיוֹן, וְשָׁמַע שֶׁיֵּשׁ בִּשְׁכוּנָתוֹ מֵת, בְּאֹפֶן שֶׁאִם יִפְתַּח פֶּתַח אוֹ חַלּוֹן, יְהֵא מָקוֹם לַטֻּמְאָה שֶׁתָּבוֹא עָלָיו, אָסוּר לִפְתּוֹחַ, אֶלָּא יִשָּׁאֵר שָׁם כְּמוֹ שֶׁהוּא עַד שֶׁיּוֹצִיאוּ אֶת הַמֵּת. כִּי כָּל זְמַן שֶׁאֵין פּוֹתֵחַ טֶפַח, אֵין הַטֻּמְאָה נִכְנֶסֶת, וּכְשֶׁיִּפְתַּח, תִּכָּנֵס.

סעיף ח' אָסוּר לְכֹהֵן לִקְרַב בְּתוֹךְ אַרְבַּע אַמּוֹת שֶׁל מֵת אוֹ שֶׁל קֶבֶר. וְדַוְקָא כְּשֶׁהַמֵּת מֻנָּח בִּמְקוֹם קְבִיעָתוֹ. אֲבָל כְּשֶׁהוּא בַּמִּטָּה שֶׁמּוֹצִיאִין אוֹתוֹ

וּבְעֵת אֲמִירַת צִדּוּק הַדִּין אַף כְּשֶׁמַּעֲמִידִין אוֹתוֹ, אֵין שָׁם קְבִיעָתוֹ, וְאֵין צְרִיכִין לְהִתְרַחֵק כִּי אִם אַרְבָּעָה טְפָחִים.

סעיף ט' כֹּהֵן שֶׁהוּא יָשֵׁן בְּאֹהֶל שֶׁיֵּשׁ בּוֹ מֵת שֶׁהַטֻּמְאָה נִכְנֶסֶת בּוֹ וְאִי אֶפְשָׁר לִסְגּוֹר בַּעֲדוֹ לִמְנוֹעַ אֶת הַטֻּמְאָה (כִּדְלְעֵיל סָעִיף ז), צְרִיכִין לַהֲקִיצוֹ וּלְהַפְרִישׁוֹ שֶׁיֵּלֵךְ מִשָּׁם. וְאִם הוּא שׁוֹכֵב עָרוֹם, אֵין לְהַגִּיד לוֹ, אֶלָּא יִקְרְאוּ לוֹ סְתָם שֶׁיֵּצֵא, בִּכְדֵי שֶׁיַּלְבִּישׁ אֶת עַצְמוֹ תְּחִלָּה, דְּגָדוֹל כְּבוֹד הַבְּרִיּוֹת. וּמִכָּל מָקוֹם לְאַחַר שֶׁנּוֹדַע לוֹ מִן הַטֻּמְאָה, אָסוּר לִשְׁהוֹת שָׁמָּה עַד שֶׁיַּלְבִּישׁ אֶת עַצְמוֹ, אֶלָּא צָרִיךְ לָצֵאת מִיָּד.

סעיף י' יֵשׁ אוֹמְרִים, דְּגַם מֵת גּוֹי מְטַמֵּא בְּאֹהֶל. וְיֵשׁ לִזָּהֵר כְּדִבְרֵיהֶם שֶׁלֹּא לֵילֵךְ עַל קֶבֶר גּוֹי. וּמִכָּל שֶׁכֵּן כְּשֶׁיֵּשׁ לָחוּשׁ שֶׁמָּא גַּם מוּמָר נִקְבַּר שָׁם, שֶׁהַמּוּמָר דִּינוֹ כְּיִשְׂרָאֵל. וְגַם הַוָּלָד שֶׁיָּלְדָה מוּמֶרֶת מִגּוֹי, דִּינוֹ כְּמוֹ יִשְׂרָאֵל.

סעיף יא' מֻתָּר הַכֹּהֵן לְטַמֵּא לִקְרוֹבִים, וּמִצְוָה לוֹ לְטַמֵּא לָהֶם. וְאֵלּוּ הֵן הַקְּרוֹבִים: אִשְׁתּוֹ הָרְאוּיָה לוֹ (שֶׁאֵינָהּ פְּסוּלָה לוֹ), אָבִיו וְאִמּוֹ, בְּנוֹ וּבִתּוֹ, וְאָחִיו וַאֲחוֹתוֹ מֵאָבִיו שֶׁהָיוּ בְּנֵי קַיָּמָא. אֲבָל לִסְפֵק נְפָלִים, אֵינוֹ מְטַמֵּא (וְעַיֵּן לְקַמָּן סִימָן ר"ג סָעִיף ג). וְאֵינוֹ מְטַמֵּא לַאֲחוֹתוֹ שֶׁנִּתְקַדְּשָׁה לְאִישׁ. יֵשׁ אוֹמְרִים הָא דְּמֻתָּר וּמִצְוָה לְטַמֵּא לִקְרוֹבִים, דַּוְקָא לְצֹרֶךְ קְבוּרָה אוֹ לְהָבִיא לוֹ אָרוֹן וְתַכְרִיכִין וְכַדּוֹמֶה. וְלָכֵן בְּשַׁבָּת שֶׁאִי אֶפְשָׁר לְקָבְרוֹ בּוֹ בַּיּוֹם, אָסוּר לְטַמְּאוֹת לוֹ אֲפִלּוּ כְּדֵי לְשָׁמְרוֹ, וְנָכוֹן לְהַחְמִיר כֵּן. מִיהוּ לְצָרְכֵי קְבוּרָה, וַדַּאי מִצְוָה לְטַמֵּא לָהֶם. וַאֲפִלּוּ יֵשׁ חֶבְרָא קַדִּישָׁא הַמִּתְעַסְּקִים וְהוּא אֵינוֹ מִתְעַסֵּק כְּלָל, מֻתָּר לוֹ לִהְיוֹת שָׁם בַּבַּיִת, שֶׁמָּא יִצְטָרְכוּ לְאֵיזֶה דָּבָר. וְאֵינוֹ מְטַמֵּא לִקְרוֹבִים אֶלָּא עַד שֶׁיִּסָּתֵם הַגּוֹלֵל וְלֹא אַחַר כָּךְ.

סעיף יב' כֹּהֵן שֶׁפֵּרְשׁוּ אֲבוֹתָיו מִדַּרְכֵי הַצִּבּוּר, אֵינוֹ מְטַמֵּא לָהֶם, וְלֹא לְמִי שֶׁאִבֵּד עַצְמוֹ לָדַעַת. וְכֵן כָּל מִי שֶׁאֵין מִתְאַבְּלִין עָלָיו, אֵין הַכֹּהֵן מְטַמֵּא לוֹ (וְעַיֵּן לְעֵיל סִימָן רא).

סעיף יג' אֵין הַכֹּהֵן מְטַמֵּא לְקָרוֹב אֶלָּא כְּשֶׁהוּא שָׁלֵם וְלֹא כְּשֶׁהוּא חָסֵר. וְלָכֵן יֵשׁ אוֹמְרִים, דְּאֵינוֹ מְטַמֵּא לַהֲרוּג, דְּמִקְרֵי חָסֵר. וְנָכוֹן לְהַחְמִיר.

סעיף יד' יֵשׁ כֹּהֲנִים הֶדְיוֹטִים נוֹהֲגִין לָלֶכֶת עַל קִבְרֵי צַדִּיקִים, בְּאָמְרָם שֶׁקִּבְרֵי צַדִּיקִים אֵינָם מְטַמְּאִים, וְטָעוּת הִיא בְּיָדֵיהֶם, וּצְרִיכִין לִמְחוֹת בָּהֶם (עַיֵּן בְּסֵפֶר פְּאַת הַשֻּׁלְחָן).

סעיף טו' כְּשֵׁם שֶׁהַכֹּהֵן מֻזְהָר שֶׁלֹּא לְטַמֵּא, כָּךְ מַזְהִירִים הַגְּדוֹלִים עַל הַקְּטַנִּים, שֶׁנֶּאֱמַר, אֱמֹר אֶל הַכֹּהֲנִים וְאָמַרְתָּ. וּמִדִּכְתִיב שְׁתֵּי אֲמִירוֹת, דָּרְשׁוּ רַבּוֹתֵינוּ, זִכְרוֹנָם לִבְרָכָה, לְהַזְהִיר גְּדוֹלִים עַל הַקְּטַנִּים. וְדַוְקָא לְטַמְּאוֹתָן בְּיָדַיִם. דְּהַיְנוּ לְהַכְנִיסָן לְאֹהֶל הַמֵּת. אֲבָל אִם הַקָּטָן מְטַמֵּא מֵעַצְמוֹ, אֵין צְרִיכִין לְהַפְרִישׁוֹ. אַךְ אִם הִגִּיעַ לְחִנּוּךְ, יֵשׁ לְהַפְרִישׁוֹ. וְאֵשֶׁת כֹּהֵן מְעֻבֶּרֶת, מֻתֶּרֶת לִכָּנֵס בְּאֹהֶל הַמֵּת.

סעיף טז' הַכֹּהֲנִים אֵינָם יְכוֹלִים לָכוֹף קְרוֹבֵי הַמֵּת שֶׁיְּמַהֲרוּ לְהוֹצִיא אֶת

הַמֵּת מִמְּקוֹמוֹ כְּדֵי שֶׁיִּכָּנְסוּ לְבָתֵּיהֶם, אִם לֹא כְּשֶׁהַכֹּהֵן הוּא חוֹלֶה שֶׁאֵינוֹ יָכוֹל לָצֵאת מִבֵּיתוֹ, כּוֹפִין אֶת הַקְּרוֹבִים לְהוֹצִיא אֶת הַמֵּת, כְּדֵי שֶׁלֹּא יָבֹא הַחוֹלֶה לִידֵי אִסּוּר דְּאוֹרַיְתָא. וְאִם הַמֵּת הוּא נֵפֶל, כּוֹפִין אוֹתוֹ בְּכָל עִנְיָן וַאֲפִלּוּ בְּשַׁבָּת, לְהוֹצִיאוֹ עַל יְדֵי גּוֹי.

סימן רג - על איזה קרוב ותינוק מתאבלים ובו ה' סעיפים:

סעיף א' עַל שִׁבְעָה קְרוֹבִים חַיָּבִים לְהִתְאַבֵּל, אָבִיו וְאִמּוֹ, בְּנוֹ וּבִתּוֹ, אָחִיו וַאֲחוֹתוֹ בֵּין מִן הָאָב בֵּין מִן הָאֵם, וַאֲפִלּוּ הָיְתָה אֲחוֹתוֹ נְשׂוּאָה לְאִישׁ; הָאִישׁ עַל אִשְׁתּוֹ, וְהָאִשָּׁה עַל בַּעְלָהּ.

סעיף ב' נוֹהֲגִין שֶׁגַּם שְׁאָר קְרוֹבִים, מַרְאִים קְצָת אֲבֵלוּת בְּעַצְמָם שָׁבוּעַ הָרִאשׁוֹן עַד אַחַר הַשַּׁבָּת, שֶׁאֵין רוֹחֲצִין בְּחַמִּין, וְאֵין מְשַׁנִּין קְצָת בִּגְדֵיהֶם כְּמוֹ בִּשְׁאָר שַׁבָּת. וְאֵין כָּל הַקְּרוֹבִים שָׁוִין בָּזֶה. אִם הָיוּ שֵׁנִי בְּשֵׁנִי, אוֹ בֶּן בְּנוֹ אוֹ בֶּן בִּתּוֹ, לוֹבֵשׁ כָּל בִּגְדֵי שַׁבָּת, חוּץ מִבֶּגֶד הָעֶלְיוֹן. וְעַל חָמִיו וַחֲמוֹתוֹ, אוֹ עַל אֲבִי אָבִיו וַאֲבִי אִמּוֹ, וְכֵן הָאִשָּׁה עַל חָמִיהָ וַחֲמוֹתָהּ, וַאֲבִי אָבִיהָ אוֹ אֲבִי אִמָּהּ, אֵינָן לוֹבְשִׁין רַק כְּתֹנֶת לְבָנָה, וְהָאִשָּׁה גַּם צָעִיף לָבָן. וְכֵן הַמִּנְהָג שֶׁלֹּא לֵילֵךְ לְבֵית הַמֶּרְחָץ, וְלֹא לָחֹף אֶת הָרֹאשׁ. גַּם אֵין לֶאֱכוֹל חוּץ לְבֵיתוֹ לֹא בִּסְעוּדַת מִצְוָה וְלֹא בִּסְעוּדַת מֵרֵעִים. וּלְאַחַר שַׁבָּת, מֻתָּר בְּכָל דָּבָר.

סעיף ג' תִּינוֹק, שֶׁאֵינוֹ יָדוּעַ אִם כָּלוּ חֳדָשָׁיו אִם לֹא, אִם מֵת בְּתוֹךְ שְׁלֹשִׁים יוֹם וַאֲפִלּוּ בְּיוֹם הַשְּׁלֹשִׁים, אֲפִלּוּ גָּמְרוּ שְׂעָרוֹ וְצִפָּרְנָיו, אֵין קוֹרְעִין עָלָיו, וְאֵין אוֹנְנִין עָלָיו, וְאֵין מִתְאַבְּלִין עָלָיו, מִשּׁוּם דַּהֲוֵי סְפֵק נֵפֶל. וְאִם מֵת לְאַחַר שְׁלֹשִׁים יוֹם וַאֲפִלּוּ בְּיוֹם שְׁלֹשִׁים וְאֶחָד קֹדֶם הַשָּׁעָה שֶׁנּוֹלַד בָּהּ (עַיֵּן חת"ס שמג), קוֹרְעִין עָלָיו, וְאוֹנְנִין עָלָיו, וּמִתְאַבְּלִין עָלָיו, אֶלָּא אִם כֵּן נוֹדַע בְּבֵרוּר שֶׁהוּא רַק בֶּן שְׁמוֹנָה חֳדָשִׁים (דְּלָאו בַּר קַיָּמָא הוּא) וְאִם יָדוּעַ בְּבֵרוּר שֶׁהוּא בֶּן תִּשְׁעָה חֳדָשִׁים, כְּגוֹן שֶׁבָּעַל וּפֵרַשׁ וְנוֹלַד חַי לְתִשְׁעָה חֳדָשִׁים גְּמוּרִים, אֲפִלּוּ מֵת בְּיוֹם שֶׁנּוֹלַד בּוֹ, קוֹרְעִין עָלָיו, וְאוֹנְנִין עָלָיו, וּמִתְאַבְּלִין עָלָיו.

סעיף ד' תְּאוֹמִים שֶׁמֵּת אֶחָד מֵהֶם תּוֹךְ שְׁלֹשִׁים וַאֲפִלּוּ בְּיוֹם הַשְּׁלֹשִׁים, וְהַשֵּׁנִי חַי לְאַחַר שְׁלֹשִׁים, לֹא אָמְרִינָן מִדְּזֶה חַי לְאַחַר שְׁלֹשִׁים, גַּם הָרִאשׁוֹן הָיָה בֶּן קַיָּמָא, אֶלָּא אֵין מִתְאַבְּלִין עָלָיו.

סעיף ה' גֵּר אוֹ גִּיֹּרֶת שֶׁנִּתְגַּיְּרוּ עִם בְּנֵיהֶם, אֵין מִתְאַבְּלִין זֶה עַל זֶה, דְּגֵר שֶׁנִּתְגַּיֵּר, כְּקָטָן שֶׁנּוֹלַד דָּמֵי, וְקֻרְבָה שֶׁהָיְתָה בְּגוֹיוּתָם אֵינָהּ קֻרְבָה.

סימן רד - אימתי מתחילה האבלות ובו י"א סעיפים:

סעיף א' מִשֶּׁנִּקְבַּר הַמֵּת וְנִגְמְרָה סְתִימַת הַקֶּבֶר בֶּעָפָר, מִיָּד מַתְחִילָה הָאֲבֵלוּת, וְחוֹלֵץ הַמִּנְעָלִים שָׁם בְּבֵית הַקְּבָרוֹת. וְאִם צָרִיךְ לֵילֵךְ לְבֵיתוֹ בֵּין שְׁכוּנַת גּוֹיִם, יָכוֹל לִנְעֹל, אֶלָּא שֶׁיִּתֵּן בָּהֶם קְצָת עָפָר (כִּדְלְקַמָּן סִימָן רט סָעִיף ז).

סעיף ב' אִם בֵּית הַקְּבָרוֹת סָמוּךְ לָעִיר, וְהָאָבֵל לֹא הָלַךְ שָׁמָּה אֶלָּא חָזַר לְבֵיתוֹ, אֵינוֹ צָרִיךְ לִנְהוֹג אֲבֵלוּת, אֶלָּא

מִשָּׁעָה שֶׁאוֹמְרִים לוֹ שֶׁנִּסְתַּם הַקֶּבֶר. וּמִכָּל מָקוֹם אִם הוּא סָמוּךְ לַלַּיְלָה וְרוֹצֶה שֶׁיַּעֲלֶה לוֹ יוֹם זֶה, אֲזַי מִשָּׁעָה שֶׁהוּא מְשַׁעֵר שֶׁנִּסְתַּם הַקֶּבֶר, יָכוֹל לִנְהוֹג אֲבֵלוּת (עַיֵּן לְשׁוֹן הריטב"א בְּמַסֶּכֶת מוֹעֵד קָטָן דף כב שֶׁכָּתַב, אֶלָּא מַמְתִּין עַד כְּדֵי שִׁעוּר וְכוּ'). וְאִם יֹאמְרוּ לוֹ אַחַר כָּךְ שֶׁנִּסְתַּם הַקֶּבֶר קֹדֶם הַלַּיְלָה, עוֹלֶה לוֹ זֶה הַיּוֹם. וְאִם הוּא עֶרֶב הָרֶגֶל, מְבַטֵּל הָרֶגֶל אֶת הָאֲבֵלוּת שֶׁל שִׁבְעָה.

סעיף ג' בִּמְקוֹמוֹת שֶׁשּׁוֹלְחִים אֶת הַמֵּת לְקָבְרוֹ בְּעִיר אַחֶרֶת וְאֵינָם יוֹדְעִים מָתַי יִקְבְּרוּהוּ, אֲזַי הָאֲבֵלִים הַנִּשְׁאָרִים בְּעִירָם, מִיָּד כְּשֶׁחָזְרוּ מִן הַלְּוָיָה, מַתְחִילִין לְהִתְאַבֵּל, וּמוֹנִים מֵאָז שִׁבְעָה וְגַם שְׁלֹשִׁים. וְהַהוֹלְכִים עִם הַמֵּת עַד מְקוֹם קְבוּרָתוֹ, מוֹנִים מִשֶּׁיִּקָּבֵר. וְיֵשׁ אוֹמְרִים, דְּאִם גְּדוֹל הַבַּיִת הוֹלֵךְ עִם הַמֵּת, אֲזַי גַּם הַנִּשְׁאָרִים אֵינָם מוֹנִים אֶלָּא מִשֶּׁיִּקָּבֵר. וּמְשַׁעֲרִין לְפִי אֹמֶד הַדַּעַת מָתַי נִקְבַּר, וּמַתְחִילִין לְהִתְאַבֵּל. (וְהַיָּמִים שֶׁבֵּינְתַיִם, דִּינָם כִּדְלְעֵיל סִימָן קצו סְעִיף ה' וְסְעִיף ו'). וְדַוְקָא לְחֻמְרָא אָזְלִינַן בָּתַר גְּדוֹל הַבַּיִת דְּגַם הַנִּשְׁאָרִים אֵינָם מוֹנִים אֶלָּא מִשֶּׁיִּקָּבֵר. אֲבָל אִם גְּדוֹל הַבַּיִת נִשְׁאַר בְּבֵיתוֹ, הַהוֹלְכִים עִם הַמֵּת אֵינָן נִגְרָרִין אַחֲרָיו, אֶלָּא מוֹנִין מִשֶּׁנִּקְבַּר.

סעיף ד' מִי שֶׁטָּבַע בַּמַּיִם אוֹ שֶׁהֲרָגוּהוּ גוֹיִם וְאֵינוֹ נִמְצָא לְקָבְרוֹ, כָּל זְמַן שֶׁלֹּא נִתְיָאֲשׁוּ מִלְּבַקְּשׁוֹ, לֹא חָלָה לֹא אֲנִינוּת וְלֹא אֲבֵלוּת, וּמֻתָּרִין אֲפִלּוּ בְּתַשְׁמִישׁ. וּמִשָּׁעָה שֶׁנִּתְיָאֲשׁוּ מִלְּבַקְּשׁוֹ עוֹד, מַתְחִילִין לְהִתְאַבֵּל. וְאִם לְאַחַר יְמֵי הָאֵבֶל נִמְצָא וְהוּבָא לִקְבוּרָה, אֵינָן צְרִיכִין לִנְהוֹג אֲבֵלוּת עוֹד, אֶלָּא שֶׁאִם הוּא אָבִיו אוֹ אִמּוֹ, צָרִיךְ לִקְרוֹעַ. וּמִי שֶׁטָּבַע בַּמַּיִם וְיֵשׁ לוֹ אִשָּׁה וְהוּא בְּעִנְיָן שֶׁאֵין מַתִּירִין אוֹתָהּ לְהִנָּשֵׂא, אֵין נוֹהֲגִין עָלָיו אֲבֵלוּת, וְאֵין אוֹמְרִים אַחֲרָיו קַדִּישׁ. וּמִכָּל מָקוֹם יִשְׁתַּדְּלוּ לַעֲשׂוֹת נַחַת רוּחַ לְנִשְׁמָה לְהִתְפַּלֵּל לִפְרָקִים לִפְנֵי הַתֵּבָה, וְלִקְרוֹת הַהַפְטָרָה, וּלְבָרֵךְ בְּזִמּוּן, וְלִתֵּן צְדָקָה, וְלִלְמוֹד אוֹ לִשְׂכּוֹר מִי שֶׁיִּלְמַד עֲבוּרוֹ.

סעיף ה' מִי שֶׁמֵּת לוֹ קָרוֹב וְהוּא אֵינֶנּוּ שָׁם וְנוֹדַע לוֹ בְּמָקוֹם אֲשֶׁר הוּא שָׁם, מוֹנֶה לְעַצְמוֹ מִשָּׁעָה שֶׁנּוֹדַע לוֹ. וַאֲפִלּוּ בָּא אַחַר כָּךְ לִמְקוֹם הַמֵּת אֶל שְׁאָר הָאֲבֵלִים שֶׁהִתְחִילוּ מִקֹּדֶם לְהִתְאַבֵּל, לֹא יְקַצֵּר אֲבֵלוּתוֹ בִּשְׁבִיל זֶה. וְכֵן אֲפִלּוּ אִם לֹא נוֹדַע לוֹ עַד שֶׁבָּא אֶל הָאֲבֵלִים, אֶלָּא שֶׁהָאֲבֵלִים אֵינָם בְּמָקוֹם שֶׁמֵּת הַמֵּת וְלֹא בִּמְקוֹם הַקְּבוּרָה, גַּם כֵּן מוֹנֶה לְעַצְמוֹ מִשָּׁעָה שֶׁנּוֹדַע לוֹ.

סעיף ו' אֲבָל אִם לֹא נוֹדַע לוֹ עַד שֶׁבָּא אֶל הָאֲבֵלִים שֶׁהֵם בִּמְקוֹם הַמֵּת אוֹ בִּמְקוֹם הַקְּבוּרָה, אֲזַי אִם הָיָה בִּשְׁעַת קְבוּרָה בְּמָקוֹם קָרוֹב, דְּהַיְנוּ לֹא יוֹתֵר מִמַּהֲלַךְ עֶשֶׂר פַּרְסָאוֹת שֶׁהוּא מַהֲלַךְ יוֹם אֶחָד, הֲרֵי זֶה כְּאִלּוּ הָיָה כָּאן בִּשְׁעַת קְבוּרָה וּמוֹנֶה עִמָּהֶם. וַאֲפִלּוּ בָּא בְּיוֹם שְׁבִיעִי קֹדֶם יְצִיאַת בֵּית הַכְּנֶסֶת, כֵּיוָן שֶׁעֲדַיִן נוֹהֲגִין קְצָת אֲבֵלוּת, מוֹנֶה עִמָּהֶם שִׁבְעָה וּשְׁלֹשִׁים. וְדַוְקָא כְּשֶׁגְּדוֹל הַבַּיִת אֶצְלָם שֶׁכֻּלָּם נִגְרָרִין אַחֲרָיו. אֲבָל אִם לֹא הָיָה שָׁם גְּדוֹל הַבַּיִת, מוֹנֶה לְעַצְמוֹ. וְכֵן אִם בָּא מִמָּקוֹם רָחוֹק, אַף עַל פִּי שֶׁיֵּשׁ שָׁם גְּדוֹל הַבַּיִת, מִכָּל מָקוֹם מוֹנֶה לְעַצְמוֹ.

סעיף ז' זֶה שֶׁהוּא מוֹנֶה עִם

הַנִּמְצָאִים, אֲפִלּוּ הוּא חוֹזֵר לְבֵיתוֹ, מִכָּל מָקוֹם מוֹנֶה עִמָּהֶם.

סעיף ח' גְּדוֹל הַבַּיִת שֶׁבָּא מִמָּקוֹם קָרוֹב אֵינוֹ נִגְרָר אַחַר הַקְּטַנִּים וּמוֹנֶה לְעַצְמוֹ.

סעיף ט' מִי הוּא נִקְרָא גְּדוֹל הַבַּיִת? זֶה אֲשֶׁר עַל פִּי הָאֹמֶד, אִם הָיוּ עוֹסְקִין בְּעִזְבוֹן הַמֵּת, הָיוּ הַדְּבָרִים נֶחְתָּכִין עַל פִּיו, וְהָיוּ כֻּלָּם הוֹלְכִין אַחַר עֲצָתוֹ אֲפִלּוּ הוּא קָטָן בַּשָּׁנִים, נִקְרָא גְּדוֹל הַבַּיִת. וַאֲפִלּוּ אֵינוֹ יוֹרֵשׁ, כְּגוֹן שֶׁהָאַלְמָנָה בְּכָאן וְהִיא מַנְהֶגֶת אֶת הַבַּיִת, הִיא נִקְרֵאת גְּדוֹל הַבַּיִת. מִי שֶׁהוּא דָר אֵצֶל חָמִיו וּמֵתָה אִשְׁתּוֹ, חָמִיו הוּא הַגָּדוֹל.

סעיף י' מִי שֶׁשָּׁמַע שֶׁמֵּת לוֹ מֵת, וּכְבָר הִתְפַּלְּלוּ הַצִּבּוּר עַרְבִית וַעֲדַיִן הוּא יוֹם, אִם הוּא עֲדַיִן לֹא הִתְפַּלֵּל עַרְבִית, אֵינוֹ נִגְרָר אַחַר הַצִּבּוּר, וְאוֹתוֹ הַיּוֹם עוֹלֶה לוֹ. אֲבָל אִם הִתְפַּלֵּל עַרְבִית, שׁוּב אֵינוֹ עוֹלֶה לוֹ אוֹתוֹ הַיּוֹם, וּמוֹנֶה שִׁבְעָה וּשְׁלֹשִׁים מִיּוֹם הַמָּחֳרָת. וְדַוְקָא לְחֻמְרָא אָמְרִינַן הָכִי, וְלָא לְקֻלָּא. שֶׁאִם שָׁמַע בַּיּוֹם הַשְּׁלֹשִׁים לְאַחַר שֶׁהִתְפַּלֵּל עַרְבִית, לָא אָמְרִינַן שֶׁכְּבָר הוּא לַיְלָה וַהֲוֵי לַהּ שְׁמוּעָה רְחוֹקָה (שֶׁיִּתְבָּאֵר דִּינָהּ בְּסִימָן רו) לְהָקֵל עָלָיו, אֶלָּא חָשְׁבִינַן לַהּ לְיוֹם, וַהֲוֵי לַהּ שְׁמוּעָה קְרוֹבָה, וְיוֹם זֶה עוֹלֶה לוֹ בְּמַמָּה נַפְשָׁךְ. וּלְעִנְיַן תְּפִלִּין בִּשְׁאָר הַיָּמִים, אִם שָׁמַע לְאַחַר שֶׁהִתְפַּלֵּל עַרְבִית וַעֲדַיִן הוּא יוֹם, יַנִּיחֵם לְמָחָר בְּלֹא בְּרָכָה וִיכַסֶּה אוֹתָם. וְאִם הָיָה כֵן בַּיּוֹם הַשְּׁלֹשִׁים, מֵנִיחַ לְמָחָר תְּפִלִּין וּמְבָרֵךְ עֲלֵיהֶם בְּמַמָּה נַפְשָׁךְ. וְאִשָּׁה שֶׁשָּׁמְעָה שֶׁמֵּת לָהּ מֵת וּכְבָר הִתְפַּלְּלוּ הַצִּבּוּר עַרְבִית, אֶלָּא שֶׁעֲדַיִן הוּא יוֹם, אִם אֵין דַּרְכָּהּ לְהִתְפַּלֵּל עַרְבִית, נִגְרֶרֶת אַחַר הַצִּבּוּר לְחֻמְרָא, וְאוֹתוֹ הַיּוֹם אֵינוֹ עוֹלֶה לָהּ.

סעיף יא' בִּשְׁעַת הַדֶּבֶר, רַחֲמָנָא לִצְלַן, נוֹהֲגִין שֶׁאֵין מִתְאַבְּלִין, מִשּׁוּם בַּעֲתוּתָא. וְאִם עָבַר הַזַּעַם בְּתוֹךְ שְׁלֹשִׁים, צָרִיךְ לְהִתְאַבֵּל אָז. אֲבָל אִם לֹא עָבַר עַד לְאַחַר שְׁלֹשִׁים אוֹ שֶׁהִפְסִיק רֶגֶל בֵּינְתַיִם, אֵינוֹ צָרִיךְ לְהִתְאַבֵּל אַחַר כָּךְ (עַיֵּן חת"ס סִימָן שמב).

סימן רה - דין סעודת הבראה ובו ט' סעיפים:

סעיף א' הָאָבֵל, בַּיּוֹם הָרִאשׁוֹן, אָסוּר לוֹ לֶאֱכוֹל סְעוּדָה הָרִאשׁוֹנָה מִשֶּׁלּוֹ. וּמִצְוָה עַל שְׁכֵנָיו שֶׁיִּשְׁלְחוּ לוֹ לִסְעוּדָה הָרִאשׁוֹנָה, וְנִקְרֵאת סְעוּדַת הַבְרָאָה. וּתְחִלַּת הַסְּעוּדָה, תְּהֵא בְּבֵיצִים אוֹ עֲדָשִׁים שֶׁהֵן עֲגֻלּוֹת וְאֵין לָהֶן פֶּה, כְּמוֹ שֶׁהָאָבֵל אֵין לוֹ פֶּה. וְאַחַר זֹאת, מֻתָּר לוֹ לֶאֱכוֹל כָּל מַאֲכָל וַאֲפִלּוּ בָשָׂר. וּמֻתָּר לִשְׁתּוֹת קְצָת יַיִן בְּתוֹךְ הַסְּעוּדָה כְּדֵי לִשְׁרוֹת הַמַּאֲכָל בְּמֵעָיו, אֲבָל לֹא לִרְווֹת. (יֵשׁ אוֹמְרִים, דְּכָל הַיּוֹם הָרִאשׁוֹן, אָסוּר לוֹ לֶאֱכוֹל מִשֶּׁלּוֹ, אֲפִלּוּ אוֹכֵל כַּמָּה פְּעָמִים בַּיּוֹם).

סעיף ב' אִם אֵינוֹ רוֹצֶה לֶאֱכוֹל בַּיּוֹם עַד הַלַּיְלָה, כֵּיוָן שֶׁעָבַר הַיּוֹם, הֻתַּר לוֹ לֶאֱכוֹל מִשֶּׁלּוֹ. וְלָכֵן מִי שֶׁהוּא דָר יְחִידִי בִּכְפָר וְאֵין מִי שֶׁיִּשְׁלַח לוֹ סְעוּדַת הַבְרָאָה, נָכוֹן שֶׁיִּתְעַנֶּה עַד הַלַּיְלָה. וּמִכָּל מָקוֹם אִם אֵינוֹ יָכוֹל לְהִתְעַנּוֹת, אֵינוֹ מְחֻיָּב לְצַעֵר אֶת עַצְמוֹ וּמֻתָּר לוֹ לֶאֱכוֹל מִשֶּׁלּוֹ.

סעיף ג' אִשָּׁה נְשׂוּאָה שֶׁאֵרְעָהּ אֵבֶל,

אָסוּר לָהּ לֶאֱכוֹל סְעוּדָה הָרִאשׁוֹנָה מִשֶּׁל בַּעְלָהּ, דְּכֵיוָן שֶׁהוּא מְחֻיָּב לְזוּנָהּ, שֶׁלָּהּ הִיא. וְכֵן מִי שֶׁיֵּשׁ לוֹ שָׂכִיר, אִם אוֹכֵל בִּשְׂכָרוֹ וְאֵרְעוֹ אֵבֶל, לֹא יֹאכַל סְעוּדָה הָרִאשׁוֹנָה מִשֶּׁל בַּעַל הַבַּיִת שֶׁלּוֹ. אֲבָל מִי שֶׁהוּא זָן יָתוֹם אוֹ בְנוֹ אוֹ בִתּוֹ בְּלֹא תְנַאי וְאֵרְעָם אֵבֶל, יְכוֹלִים לֶאֱכוֹל מִשֶּׁלּוֹ, שֶׁאֵין זֹאת שֶׁלָּהֶם.

סעיף ד' אִשָּׁה, אֵין לַאֲנָשִׁים לְהַבְרוֹת אוֹתָהּ, אֶלָּא נָשִׁים מַבְרוֹת אוֹתָהּ.

סעיף ה' אִם נִקְבַּר הַמֵּת בַּלַּיְלָה, אִם רוֹצֶה לֶאֱכוֹל בַּלַּיְלָה, אָסוּר לוֹ לֶאֱכוֹל מִשֶּׁלּוֹ, אֶלָּא מַבְרִין אוֹתוֹ. וְאִם אֵינוֹ רוֹצֶה לֶאֱכוֹל בַּלַּיְלָה, אָסוּר לוֹ לֶאֱכוֹל בַּיּוֹם סְעוּדָה הָרִאשׁוֹנָה מִשֶּׁלּוֹ, מִשּׁוּם דְּהַיּוֹם הוֹלֵךְ אַחַר הַלַּיְלָה, וַהֲוֵי לֵהּ יוֹם רִאשׁוֹן.

סעיף ו' אִם נִקְבַּר הַמֵּת בְּעֶרֶב שַׁבָּת מִתֵּשַׁע שָׁעוֹת וּלְמַעְלָה שֶׁאָז אָסוּר לִקְבּוֹעַ סְעוּדָה, אֵין מַבְרִין אוֹתוֹ, מִפְּנֵי כְּבוֹד שַׁבָּת, וְלֹא יֹאכַל כְּלוּם עַד הַלָּיְלָה.

סעיף ז' מַבְרִין עַל שְׁמוּעָה קְרוֹבָה, וְאֵין מַבְרִין עַל שְׁמוּעָה רְחוֹקָה (עַיֵּן סִימָן שֶׁאַחַר זֶה). שָׁמַע שְׁמוּעָה קְרוֹבָה בַּשַּׁבָּת, אֵין מַבְרִין אוֹתוֹ, וְאוֹכֵל מִשֶּׁלּוֹ. וְגַם בְּיוֹם רִאשׁוֹן שֶׁלְּאַחֲרָיו, אֵין מַבְרִין אוֹתוֹ, מִפְּנֵי שֶׁכְּבָר נִדְחָה יוֹם הַשְּׁמוּעָה.

סעיף ח' וְכֵן מִי שֶׁמֵּת לוֹ מֵת וְנִקְבַּר בְּיוֹם טוֹב, אֵין מַבְרִין אוֹתוֹ. וְגַם לְאַחַר יוֹם טוֹב אֵין מַבְרִין אוֹתוֹ, כֵּיוָן שֶׁכְּבָר נִדְחָה. אֲבָל אִם נִקְבַּר בְּחֹל הַמּוֹעֵד, מַבְרִין אוֹתוֹ, אֶלָּא שֶׁאוֹכֵל כְּשֶׁהוּא יוֹשֵׁב עַל הַסַּפְסָל אֵצֶל הַשֻּׁלְחָן כְּדַרְכּוֹ, כִּי אֵין אֲבֵלוּת בְּחֹל הַמּוֹעֵד.

סעיף ט' הָיוּ נוֹהֲגִין לְהִתְעַנּוֹת בְּיוֹם מִיתַת תַּלְמִיד חָכָם.

סימן רו - דין שמועה קרובה ושמועה רחוקה ובו י"א סעיפים:

סעיף א' מִי שֶׁבָּאָה לוֹ שְׁמוּעָה שֶׁמֵּת לוֹ קָרוֹב שֶׁהוּא חַיָּב לְהִתְאַבֵּל עָלָיו, אִם בָּאָה לוֹ בְּתוֹךְ שְׁלֹשִׁים וַאֲפִלּוּ בַּיּוֹם הַשְּׁלֹשִׁים עַצְמוֹ, הֲרֵי זוֹ שְׁמוּעָה קְרוֹבָה, וְקוֹרֵעַ. וְחַיָּב לִנְהוֹג שִׁבְעָה יְמֵי אֲבֵלוּת מִיּוֹם שֶׁהִגִּיעָה לוֹ הַשְּׁמוּעָה. וְגַם אֲבֵלוּת שֶׁנּוֹהֵג בִּשְׁלֹשִׁים, מוֹנֶה מִיּוֹם הַשְּׁמוּעָה. וְיוֹם הַשְּׁמוּעָה, דִּינוֹ כְּיוֹם הַקְּבוּרָה לְכָל דָּבָר. וְאוֹתָן שְׁלֹשִׁים יוֹם שֶׁנִּקְרָאָה בָהֶן שְׁמוּעָה קְרוֹבָה, מוֹנֶה מִיּוֹם הַקְּבוּרָה וְלֹא מִיּוֹם הַמִּיתָה.

סעיף ב' בָּאָה לוֹ הַשְּׁמוּעָה לְאַחַר שְׁלֹשִׁים יוֹם, זוֹהִי שְׁמוּעָה רְחוֹקָה, וְאֵינוֹ צָרִיךְ לִנְהוֹג אֲבֵלוּת רַק שָׁעָה אֶחָת. לֹא שְׁנָא שָׁמַע בַּיּוֹם, וְלָא שְׁנָא שָׁמַע בַּלַּיְלָה וְנָהַג שָׁעָה אַחַת, דַּיּוֹ, וַאֲפִלּוּ עַל אָבִיו וְאִמּוֹ (וּלְעִנְיַן קְרִיעָה, עַיֵּן לְעֵיל סִימָן קצה סָעִיף ח). אַךְ דְּבָרִים שֶׁנּוֹהֲגִין עַל אָבִיו וְעַל אִמּוֹ כָּל שְׁנֵים עָשָׂר חֹדֶשׁ, נוֹהֵג גַּם בִּשְׁמוּעָה רְחוֹקָה, וּמוֹנֶה שְׁנֵים עָשָׂר חֹדֶשׁ מִיּוֹם הַמִּיתָה. וְאִם בָּאָה לוֹ הַשְּׁמוּעָה עַל אָבִיו וְאִמּוֹ לְאַחַר שְׁנֵים עָשָׂר חֹדֶשׁ, אֵינוֹ נוֹהֵג אֲבֵלוּת אֶלָּא שָׁעָה אַחַת גַּם בִּדְבָרִים שֶׁנּוֹהֲגִין כָּל שְׁנֵים עָשָׂר חֹדֶשׁ.

סעיף ג' הַשּׁוֹמֵעַ שְׁמוּעָה רְחוֹקָה, אֵינוֹ צָרִיךְ לִנְהוֹג כָּל דִּין אֲבֵלוּת, אֶלָּא דַּיּוֹ

בַּחֲלִיצַת מִנְעָל לְבַד, וּמֻתָּר בִּמְלָאכָה וּרְחִיצָה וְסִיכָה וְתַשְׁמִישׁ הַמִּטָּה וְתַלְמוּד תּוֹרָה. וְאִם אֵין מִנְעָלִים בְּרַגְלָיו בִּשְׁעַת שְׁמוּעָה, צָרִיךְ לַעֲשׂוֹת מַעֲשֶׂה אַחֵר שֶׁיְּהֵא נִכָּר שֶׁהוּא עוֹשֶׂה מִשּׁוּם אֲבֵלוּת, כְּגוֹן שֶׁיֵּשֵׁב עַל הַקַּרְקַע שָׁעָה אֶחָת.

סעיף ד' בָּאָה לוֹ שְׁמוּעָה קְרוֹבָה בְּשַׁבָּת, יוֹם הַשַּׁבָּת עוֹלֶה לוֹ לְיוֹם אֶחָד, וּלְמוֹצָאֵי שַׁבָּת קוֹרֵעַ, וּמוֹנֶה לוֹ עוֹד שִׁשָּׁה יָמִים.

סעיף ה' בָּאָה לוֹ שְׁמוּעָה קְרוֹבָה בְּשַׁבָּת אוֹ בְרֶגֶל, וּלְמוֹצָאֵי שַׁבָּת אוֹ לְמוֹצָאֵי הָרֶגֶל נַעֲשֵׂית רְחוֹקָה, אָסוּר בְּיוֹם הַשַּׁבָּת אוֹ בִימֵי הָרֶגֶל בִּדְבָרִים שֶׁבְּצִנְעָא. וּלְמוֹצָאֵי שַׁבָּת וְהָרֶגֶל, נוֹהֵג שָׁעָה אַחַת אֲבֵלוּת כְּמוֹ בִּשְׁמוּעָה רְחוֹקָה.

סעיף ו' בָּאָה לוֹ שְׁמוּעָה קְרוֹבָה בְּשַׁבָּת וְהוּא עֶרֶב יוֹם טוֹב, כֵּיוָן שֶׁדְּבָרִים שֶׁבְּצִנְעָא נוֹהֵג בּוֹ, מְבַטֵּל הָרֶגֶל אֶת הַשִּׁבְעָה.

סעיף ז' הַשּׁוֹמֵעַ שְׁמוּעָה רְחוֹקָה בְּשַׁבָּת אוֹ בְרֶגֶל, אֵינוֹ נוֹהֵג אֲבֵלוּת. וַאֲפִלּוּ בִּדְבָרִים שֶׁבְּצִנְעָא, מֻתָּר. וּלְמוֹצָאֵי שַׁבָּת וָרֶגֶל, נוֹהֵג שָׁעָה אַחַת וְדַיּוֹ.

סעיף ח' מִי שֶׁשָּׁמַע לְאַחַר הָרֶגֶל שֶׁמֵּת לוֹ מֵת קֹדֶם הָרֶגֶל, אַף עַל גַּב דִּלְאוֹתָן שֶׁנָּהֲגוּ אֲבֵלוּת קֹדֶם הָרֶגֶל בָּא הָרֶגֶל וְהִפְסִיק, מִכָּל מָקוֹם לְדִידֵהּ כֵּיוָן שֶׁלֹּא נָהַג כְּלָל קֹדֶם הָרֶגֶל, כֹּל שֶׁשָּׁמַע אֲפִלּוּ בְּיוֹם הַשְּׁלֹשִׁים מִיּוֹם הַקְּבוּרָה, הָוֵי אֶצְלוֹ שְׁמוּעָה קְרוֹבָה, וְצָרִיךְ לִנְהוֹג שִׁבְעָה וּשְׁלֹשִׁים.

סעיף ט' מִי שֶׁמֵּת לוֹ מֵת וְלֹא נוֹדַע לוֹ, אֵין לְהַגִּיד לוֹ. וְעַל הַמַּגִּיד נֶאֱמַר, וּמוֹצִיא דִבָּה הוּא כְסִיל. וּמֻתָּרִין לְהַזְמִינוֹ לִסְעוּדַת אֵרוּסִין וּלְכָל שִׂמְחָה, כִּי כָּל זְמַן שֶׁהוּא אֵינוֹ יוֹדֵעַ, הֲרֵי הוּא כִּשְׁאָר כָּל אָדָם. וְכֵן בַּעַל שֶׁיּוֹדֵעַ שֶׁמֵּת אֵיזֶה קָרוֹב לְאִשְׁתּוֹ, מֻתָּר לוֹ לְשַׁמֵּשׁ עִמָּהּ, כֵּיוָן שֶׁהִיא אֵינָהּ יוֹדַעַת.

סעיף י' אָבֵל אִם אֶחָד שׁוֹאֵל אוֹתוֹ עַל קְרוֹבוֹ (שֶׁמֵּת) אִם הוּא חַי, אֵין לוֹ לְשַׁקֵּר וְלוֹמַר, חַי הוּא, שֶׁנֶּאֱמַר, מִדְּבַר שֶׁקֶר תִּרְחָק. אֶלָּא יֹאמַר בְּלָשׁוֹן דְּמַשְׁתְּמַע בִּתְרֵי אַנְפִּין, וְיַשְׁעֵר בְּעַצְמוֹ שֶׁמֵּת.

סעיף יא' לְבָנִים זְכָרִים, נוֹהֲגִין לְהוֹדִיעַ כְּשֶׁמֵּת הָאָב אוֹ הָאֵם, כְּדֵי שֶׁיֹּאמְרוּ קַדִּישׁ.

סימן רז - דיני ניחום אבלים ובו ז' סעיפים:

סעיף א' מִצְוָה גְדוֹלָה לְנַחֵם אֲבֵלִים. וּמָצִינוּ בְהַקָּדוֹשׁ בָּרוּךְ הוּא שֶׁנִּחֵם אֲבֵלִים, דִּכְתִיב, וַיְהִי אַחֲרֵי מוֹת אַבְרָהָם, וַיְבָרֶךְ אֱלֹהִים אֶת יִצְחָק בְּנוֹ. וְהוּא גְמִילוּת חֶסֶד עִם הַחַיִּים וְעִם הַמֵּתִים (וְעַיֵּן לְעֵיל סִימָן קצג סָעִיף יא). אֵין הַמְנַחֲמִים רַשָּׁאִים לִפְתּוֹחַ פִּיהֶם עַד שֶׁיִּפְתַּח הָאָבֵל תְּחִלָּה, כְּדְמָצִינוּ בְּאִיּוֹב, שֶׁנֶּאֱמַר, וְאֵין דֹּבֵר אֵלָיו דָּבָר. וּכְתִיב, אַחֲרֵי כֵן פָּתַח אִיּוֹב אֶת פִּיהוּ, וְהָדָר, וַיַּעַן אֱלִיפַז הַתֵּמָנִי. כְּשֶׁרוֹאִים הַמְנַחֲמִים שֶׁהָאָבֵל פּוֹטֵר אוֹתָם, אֵינָן רַשָּׁאִים לֵישֵׁב אֶצְלוֹ.

סעיף ב' אָבֵל אוֹ חוֹלֶה, אֵינָן צְרִיכִין לַעֲמוֹד אֲפִלּוּ מִפְּנֵי נָשִׂיא. דֶּרֶךְ אֶרֶץ

הוּא שֶׁאִם אֶחָד רוֹצֶה לְכַבֵּד אֶת חֲבֵרוֹ וְלָקוּם מִפָּנָיו, אוֹמֵר לוֹ חֲבֵרוֹ, שֵׁב. אֲבָל לְאָבֵל אוֹ לְחוֹלֶה, לֹא יֹאמַר כֵּן, מִשּׁוּם דְּמַשְׁמַע, שֵׁב בַּאֲבֵלוּת שֶׁלְּךָ, שֵׁב בָּחֳלִי שֶׁלְּךָ.

סעיף ג' לֹא יֹאמַר אָדָם, לֹא נִפְרַעְתִּי כְּפִי מַעֲשַׂי הָרָעִים, וְכַיּוֹצֵא בִּדְבָרִים אֵלּוּ, שֶׁלֹּא יִפְתַּח פֶּה לַשָּׂטָן (עַיֵּן לְעֵיל סוֹף סִימָן לג)

סעיף ד' לֹא יֹאמַר אָדָם לְאָבֵל, מַה לְּךָ לַעֲשׂוֹת, אִי אֶפְשָׁר לְשַׁנּוֹת מַה שֶּׁעָשָׂה הַקָּדוֹשׁ בָּרוּךְ הוּא, כִּי זֶהוּ כְּעֵין גִּדּוּף, דְּמַשְׁמַע, הָא אִם הָיָה אֶפְשָׁר לְשַׁנּוֹת, הָיָה מְשַׁנֶּה. אֶלָּא צָרִיךְ הָאָדָם לְקַבֵּל עָלָיו גְּזֵרַת הַשֵּׁם, יִתְבָּרַךְ שְׁמוֹ, בְּאַהֲבָה (עַיֵּן לְעֵיל סִימָן נט סָעִיף ב).

סעיף ה' הָאֲבֵלִים, יֵשׁ לָהֶם לְהִתְאַבֵּל בְּמָקוֹם שֶׁיָּצְאָה נִשְׁמָתוֹ שֶׁל הַמֵּת, כִּי בְּאוֹתוֹ מָקוֹם, נֶפֶשׁ הַמֵּת מִתְאַבֶּלֶת וְשָׁם צְרִיכִין לִתֵּן לָהּ תַּנְחוּמִין. וּמִצְוָה לְהִתְפַּלֵּל שָׁם בַּעֲשָׂרָה שַׁחֲרִית וְעַרְבִית (וְעַיֵּן לְעֵיל סִימָן ו', שֶׁאֵין אוֹמְרִים בְּבֵית הָאָבֵל, אֱלֹקֵינוּ וֵאלֹקֵי אֲבוֹתֵינוּ בָּרְכֵנוּ בַּבְּרָכָה וְכוּ'), וַאֲפִלּוּ אֵין שָׁם אָבֵל, כִּי יֵשׁ בָּזֶה נַחַת רוּחַ לַנְּשָׁמָה. וְאִם יֶשׁ שָׁם אָבֵל, מִצְטָרֵף לַמִּנְיָן. וְיָבִיאוּ לְשָׁם סֵפֶר תּוֹרָה מִקֹּדֶם, וְיָכִינוּ לוֹ מָקוֹם כָּרָאוּי עַל זְמַן שֶׁיִּתְפַּלְּלוּ שָׁם. אִם יֵשׁ בִּשְׁנֵי בָתִּים מֵתִים, בְּאֶחָד יֶשׁ שָׁם אָבֵל וּבְאֶחָד אֵין שָׁם אָבֵל, וְאֵין בָּעִיר הַהִיא כְּדֵי לְחַלֵּק שֶׁיִּתְפַּלְּלוּ כָּאן וְכָאן בַּעֲשָׂרָה, יִתְפַּלְּלוּ בְּבַיִת שֶׁאֵין שָׁם אָבֵל. נוֹהֲגִין לוֹמַר בְּבֵית הַנִּפְטָר לְאַחַר תְּפִלַּת שַׁחֲרִית וּמִנְחָה, אֶת הַמִּזְמוֹר לַמְנַצֵּחַ וְגוֹ' שִׁמְעוּ זֹאת כָּל הָעַמִּים וְגוֹ' (תהלים מט).

וּמַה טּוֹב לִלְמוֹד שָׁם מִשְׁנָיוֹת לְתִקּוּן הַנְּשָׁמָה (מִשְׁנָה אוֹתִיּוֹת נְשָׁמָה).

סעיף ו' אֵין אוֹמְרִים הַלֵּל בְּבֵית הַנִּפְטָר, אִם יֵשׁ שָׁם אָבֵל תּוֹךְ שִׁבְעָה (מִשּׁוּם דַּהֲוֵי כְּמוֹ לוֹעֵג לָרָשׁ, שֶׁאוֹמְרִים בּוֹ, לֹא הַמֵּתִים יְהַלְלוּ יָהּ). וְאִם יֶשׁ שָׁם חֶדֶר אַחֵר, יֵלֵךְ הָאָבֵל לְחֶדֶר אַחֵר, וְהַצִּבּוּר יֹאמְרוּ הַלֵּל. וְאִם אֵין חֶדֶר אַחֵר, אֲזַי בְּרֹאשׁ חֹדֶשׁ, אֵין צְרִיכִין לוֹמַר אַחַר כָּךְ הַלֵּל בְּבֵיתָם. אֲבָל בַּחֲנֻכָּה, צְרִיכִין לוֹמַר הַלֵּל בְּבֵיתָם. וְאִם מִתְפַּלְּלִים בְּבֵית הַנִּפְטָר וְאֵין שָׁם אָבֵל, אוֹ בְּבֵית הָאָבֵל שֶׁאֵינוֹ בְּבֵית הַנִּפְטָר, אוֹמְרִים גַּם בְּרֹאשׁ חֹדֶשׁ הַלֵּל, אֶלָּא שֶׁהָאָבֵל לֹא יֹאמַר (מִשּׁוּם שֶׁנֶּאֱמַר בּוֹ, זֶה הַיּוֹם עָשָׂה ה' נָגִילָה וְנִשְׂמְחָה בוֹ). אִם יוֹם הַשְּׁבִיעִי הוּא בַּחֲנֻכָּה, אֲזַי לְאַחַר שֶׁהָלְכוּ הַמְנַחֲמִים שֶׁפָּסְקָה הָאֲבֵלוּת, יֹאמַר גַּם הָאָבֵל הַלֵּל, מִפְּנֵי שֶׁהוּא חִיּוּב (עַיֵּן בְּפִתְחֵי תְּשׁוּבָה סִימָן שעו סָעִיף קָטָן ב). וְיֵשׁ אוֹמְרִים, דְּבַחֲנֻכָּה אוֹמְרִים הַלֵּל גַּם בְּבֵית הָאָבֵל בַּצִּבּוּר. בְּרֹאשׁ חֹדֶשׁ שֶׁחָל בְּשַׁבָּת, אוֹמְרִים הַלֵּל בַּצִּבּוּר גַּם בְּבֵית הָאָבֵל, דְּאֵין אֲבֵלוּת בְּשַׁבָּת.

סעיף ז' בִּרְכַּת אֲבֵלִים שֶׁבְּבִרְכַּת הַמָּזוֹן, לֹא נָהֲיגֵי עַכְשָׁו, כִּי סוֹמְכִים עַל הַפּוֹסְקִים דִּסְבִירָא לְהוּ דְּלָא נִתְקְנָה אֶלָּא כְּשֶׁמְּבָרְכִין בַּעֲשָׂרָה (עַיֵּן בְּאֵר הַגּוֹלָה סִימָן שעט).

סימן רח - שהאבל אסור במלאכה ובו ט"ו סעיפים:

סעיף א' אֵלּוּ דְּבָרִים שֶׁהָאָבֵל אָסוּר בָּהֶם כָּל שִׁבְעָה: בִּמְלָאכָה, בִּרְחִיצָה, בְּסִיכָה, בִּנְעִילַת הַסַּנְדָּל, וּבְתַשְׁמִישׁ

הַמִּטָּה. וְאָסוּר לִקְרוֹת בַּתּוֹרָה, וְאָסוּר בִּשְׁאִילַת שָׁלוֹם, וְאָסוּר בְּגִהוּץ וּבְתִסְפֹּרֶת וּבְכָל מִינֵי שִׂמְחָה. וְאָסוּר לְהָנִיחַ תְּפִלִּין בַּיּוֹם הָרִאשׁוֹן.

סעיף ב' מְלָאכָה כֵּיצַד. כָּל שְׁלֹשָׁה יָמִים הָרִאשׁוֹנִים, אָסוּר בִּמְלָאכָה, אֲפִלּוּ הוּא עָנִי הַמִּתְפַּרְנֵס מִן הַצְּדָקָה. מִיּוֹם הָרְבִיעִי וְאֵילָךְ, אִם הוּא עָנִי וְאֵין לוֹ מַה יֹּאכַל, עוֹשֶׂה בְּצִנְעָא בְּתוֹךְ בֵּיתוֹ. וְכֵן הָאִשָּׁה עוֹשָׂה מְלַאכְתָּהּ בְּתוֹךְ בֵּיתָהּ בְּצִנְעָא כְּדֵי פַּרְנָסָתָהּ. אֲבָל אָמְרוּ חֲכָמִים, תָּבוֹא מְאֵרָה לִשְׁכֵנָיו שֶׁהִצְרִיכוּהוּ לְכָךְ, כִּי עֲלֵיהֶם מֻטָּל לְהַשְׁגִּיחַ עַל הֶעָנִי, וּמִכָּל שֶׁכֵּן בִּימֵי אֶבְלוֹ.

סעיף ג' אֲפִלּוּ לַעֲשׂוֹת מְלַאכְתּוֹ עַל יְדֵי אֲחֵרִים וַאֲפִלּוּ עַל יְדֵי גוֹי, אָסוּר. וְאִם הַמְּלָאכָה דָּבָר נָחוּץ מְאֹד וְיָכוֹל לָבוֹא לִידֵי הֶפְסֵד, יַעֲשֶׂה שְׁאֵלַת חָכָם.

סעיף ד' כְּשֵׁם שֶׁאָסוּר בִּמְלָאכָה, כָּךְ אָסוּר לוֹ לִשָּׂא וְלִתֵּן בִּסְחוֹרָה. וְאִם יֵשׁ לוֹ סְחוֹרָה שֶׁאִם לֹא יִמְכְּרֶנָּה עַכְשָׁו יִהְיֶה לוֹ הֶפְסֵד מִן הַקֶּרֶן, יַעֲשֶׂה גַּם כֵּן שְׁאֵלַת חָכָם. וְאִם בָּאוּ שַׁיָּרוֹת אוֹ סְפִינוֹת שֶׁמּוֹכְרִים עַתָּה בְּזוֹל וְאַחַר כָּךְ לֹא יִמָּצֵא, וְכֵן אִם הוּא בְּיָרִיד וְשָׁמַע שְׁמוּעָה קְרוֹבָה, יָכוֹל לִמְכּוֹר וְלִקְנוֹת עַל יְדֵי אֲחֵרִים.

סעיף ה' מֻתָּר לְהַלְווֹת בְּרִבִּית עַל יְדֵי אֲחֵרִים לְגוֹיִם הָרְגִילִים לִלְווֹת מִמֶּנּוּ. וְהוּא הַדִּין לִמְכּוֹר סְחוֹרָה לָרְגִילִים אֶצְלוֹ, שֶׁלֹּא יַרְגִּילוּ אֶת עַצְמָם אֵצֶל אֲחֵרִים.

סעיף ו' מֻתָּר לוֹ לִשְׁלוֹחַ לִגְבּוֹת חוֹבוֹתָיו שֶׁיֵּשׁ בָּהֶם חֲשָׁשׁ שֶׁמָּא יִתְקַלְקְלוּ.

סעיף ז' כְּתִיבָה הַמֻּתֶּרֶת בְּחֹל הַמּוֹעֵד, מֻתֶּרֶת גַּם לְאָבֵל אִם אִי אֶפְשָׁר לוֹ עַל יְדֵי אַחֵר.

סעיף ח' אָבֵל, שֶׁשָּׂדֵהוּ בְּיַד אֲחֵרִים בַּאֲרִיסוּת (דְּהַיְנוּ לִשְׁלִישׁ אוֹ לִרְבִיעַ), אוֹ בַּחֲכִירוּת (שֶׁנּוֹתֵן הַמְקַבֵּל לְבַעַל הַשָּׂדֶה סְכוּם קָצוּב מִפֵּרוֹת הַשָּׂדֶה) אוֹ בְקַבְּלָנוּת (שֶׁנּוֹתֵן לוֹ מָעוֹת בִּשְׂכִירוּת), הֲרֵי אֵלּוּ עוֹבְדִין כְּדַרְכָּן בִּימֵי הָאֵבֶל שֶׁל בַּעַל הַשָּׂדֶה, דְּכֵיוָן שֶׁהָעֲבוֹדָה זֹאת לְתוֹעֶלֶת שֶׁלָּהֶם, אֵין לָהֶם לְהַפְסִיד בִּשְׁבִיל אֶבְלוֹ. אֲבָל אִם יֵשׁ לָאָבֵל שְׂכִיר יוֹם לַעֲשׂוֹת בְּשָׂדֵהוּ, אָסוּר אֲפִלּוּ אִם הַשָּׂדֶה בְּעִיר אַחֶרֶת, כֵּיוָן שֶׁעֲבוֹדָה זֹאת, הִיא לְתוֹעֶלֶת הָאָבֵל וְהִיא בְּפַרְהֶסְיָא (וְעַיֵּן לְעֵיל סָעִיף יג).

סעיף ט' אִם הָאָבֵל הוּא אָרִיס בְּשָׂדֶה שֶׁל אַחֵר, אָסוּר לוֹ לַעֲבוֹד בּוֹ בְּעַצְמוֹ. אֲבָל עַל יְדֵי אֲחֵרִים, מֻתָּר, מִשּׁוּם דְּאֵין זֹאת נִקְרֵאת מְלֶאכֶת הָאָבֵל אֶלָּא מְלֶאכֶת בַּעַל הַשָּׂדֶה. וְאִם יֵשׁ שְׁאָר דָּבָר שֶׁל אֲחֵרִים בְּיַד הָאָבֵל לַעֲשׂוֹתוֹ, לֹא יַעֲשֶׂה אֲפִלּוּ עַל יְדֵי אֲחֵרִים. אַךְ כְּשֶׁהוּא דָּבָר הָאָבֵד, יַעֲשֶׂה עַל יְדֵי אֲחֵרִים.

סעיף י' בְּהֵמוֹת שֶׁל הָאָבֵל הַמֻּשְׂכָּרִים לְאַחֵר, מֻתָּר הַשּׂוֹכֵר לַעֲשׂוֹת בָּהֶם מְלָאכָה, כֵּיוָן שֶׁשְּׂכָרָם קֹדֶם שֶׁנַּעֲשָׂה אָבֵל, וּשְׂכִירוּת קַנְיָא, וְהַוָּן שֶׁל הַשּׂוֹכֵר. וּלְאַחַר כְּלוֹת יְמֵי הַשְּׂכִירוּת, אָסוּר.

סעיף יא' מֻתָּר לָאָבֵל לְקַבֵּל מְלָאכָה לַעֲשׂוֹתָהּ אַחַר יְמֵי אֶבְלוֹ, וּבִלְבַד שֶׁלֹּא

יִשְׁקֹל וְלֹא יִמְדֹּד כְּדֶרֶךְ שֶׁהוּא עוֹשֶׂה בִּשְׁאָר פְּעָמִים.

סעיף יב' הָיְתָה לָאָבֵל אֵיזוֹ מְלָאכָה בְּיַד אַחֵר, כֵּיוָן שֶׁהִיא בְקַבְּלָנוּת וְקִבֵּל אֶת הַמְּלָאכָה קֹדֶם שֶׁנַּעֲשָׂה אָבֵל וְגַם הִיא בְצִנְעָא בְּבֵיתוֹ שֶׁל בַּעַל הַמְּלָאכָה, לָכֵן מֻתָּר לוֹ לַעֲשׂוֹתָהּ.

סעיף יג' מְלֶאכֶת בִּנְיַן שֶׁל הָאָבֵל, אֲפִלּוּ עַל יְדֵי גוֹי וּבְקַבְּלָנוּת וּבְמָקוֹם רָחוֹק שֶׁאֵין יִשְׂרְאֵלִים דָּרִים שָׁם, אָסוּר. וּמְלֶאכֶת שָׂדֵהוּ בְּיַד אֲחֵרִים בְּקַבְּלָנוּת, דְּהַיְנוּ שֶׁהוּא נוֹתֵן לַפּוֹעֵל שְׂכַר קָצוּב בְּעַד כָּל עֲבוֹדוֹת הַשָּׂדֶה, חֲרִישָׁה וּזְרִיעָה וּקְצִירָה וְכַדּוֹמֶה, יֵשׁ מַתִּירִין וְיֵשׁ אוֹסְרִין.

סעיף יד' מְלָאכוֹת הַבַּיִת, אֵין בָּהֶן מִשּׁוּם מְלָאכָה לָאָבֵל, וּמֻתָּר לְאִשָּׁה בִּימֵי אֶבְלָהּ לֶאֱפוֹת וּלְבַשֵּׁל וְלַעֲשׂוֹת כָּל צָרְכֵי הַבַּיִת מַה שֶּׁצָּרִיךְ לָהּ. אֲבָל מַה שֶּׁאֵינוֹ צָרִיךְ לָהּ, אָסוּר. וְכֵן מְשָׁרֶתֶת שֶׁאֵרַע לָהּ אֵבֶל, אַף עַל פִּי שֶׁהִיא מְשָׁרֶתֶת בְּשָׂכָר, מֻתָּר לָהּ לַעֲשׂוֹת כָּל צָרְכֵי הַבַּיִת. אֲבָל לֹא תַעֲשֶׂה מַה שֶּׁאֵינוֹ צָרְכֵי הַבַּיִת אֶלָּא לְהַרְוִיחַ, וְכָל שֶׁכֵּן שֶׁלֹּא תֵצֵא מִן הַבַּיִת, כְּמוֹ שְׁאָר אָבֵל.

סעיף טו' שְׁנֵי שֻׁתָּפִים חֶנְוָנִים שֶׁאֵרַע אֵבֶל לְאֶחָד מֵהֶם, נוֹעֲלִים חֲנוּתָם, שֶׁלֹּא יַעֲשֶׂה הַשֻּׁתָּף בְּפַרְהֶסְיָא. אֲבָל יָכוֹל לַעֲשׂוֹת בְּצִנְעָא בְּתוֹךְ בֵּיתוֹ אֲפִלּוּ בְעֵסֶק הַשֻּׁתָּפוּת. וְאִם הָאָבֵל הוּא אָדָם חָשׁוּב וְהַשֻּׁתָּפוּת נִקְרֵאת עַל שְׁמוֹ שֶׁיֵּשׁ לָאָבֵל חֵלֶק בּוֹ, אָסוּר לַשֵּׁנִי לַעֲשׂוֹת אֲפִלּוּ בְתוֹךְ בֵּיתוֹ. וּבְמָקוֹם שֶׁיֵּשׁ הֶפְסֵד גָּדוֹל אִם גַּם הַשֻּׁתָּף שֶׁל הָאָבֵל לֹא יִפְתַּח הַחֲנוּת, יַעֲשׂוּ שְׁאֵלַת חָכָם אִם לְהַתִּיר לְאַחַר שְׁלֹשָׁה יָמִים (וְעַיֵּן בְּהַגָּהוֹת הג' מהרב"פ זצ"ל ובחכ"א קונט' מַצֶּבֶת מֹשֶׁה סִימָן ד' ובברכ"י).

סימן רט - אסור רחיצה וסיכה ונעילת הסנדל ותשמיש המטה ובו ח' סעיפים:

סעיף א' אָסוּר לִרְחוֹץ כָּל גּוּפוֹ אֲפִלּוּ בְּצוֹנֵן. אֲבָל פָּנָיו יָדָיו וְרַגְלָיו, בְּחַמִּין אָסוּר וּבְצוֹנֵן מֻתָּר. וּרְחִיצָה בְּחַמִּין, אֲסוּרָה כָּל שְׁלֹשִׁים, וַאֲפִלּוּ לָחֹף הָרֹאשׁ. וְגַם רְחִיצַת כָּל הַגּוּף בְּצוֹנֵן אִם הִיא לְתַעֲנוּג, אֲסוּרָה כָּל שְׁלֹשִׁים. וְאִשָּׁה לְצֹרֶךְ חֲפִיפָה שֶׁקֹּדֶם טְבִילָה, מֻתֶּרֶת לִרְחוֹץ בְּחַמִּין לְאַחַר שִׁבְעָה. (וּלְעִנְיַן לְבִישַׁת לְבָנִים, עַיֵּן לְעֵיל סִימָן קנט סָעִיף ה)

סעיף ב' יוֹלֶדֶת שֶׁאֵרַע לָהּ אֵבֶל וְהִיא צְרִיכָה לִרְחוֹץ, מֻתֶּרֶת גַּם בְּתוֹךְ שִׁבְעָה. אַךְ בְּיוֹם רִאשׁוֹן, יֵשׁ לְהַחְמִיר אִם אֵין לָהּ צֹרֶךְ כָּל כָּךְ. וְכֵן מִי שֶׁהוּא אִסְטְנִיס שֶׁאִם לֹא יִרְחַץ, יִצְטַעֵר הַרְבֵּה וְיָבוֹא לִידֵי מֵחוֹשׁ, מֻתָּר לוֹ לִרְחוֹץ. וְכֵן מַאן דְּאִית לֵהּ עִרְבּוּבְיָא בְרֵישֵׁהּ, מֻתָּר לוֹ לָחֹף רֹאשׁוֹ בְּחַמִּין.

סעיף ג' אָסוּר לָסוּךְ אֲפִלּוּ כָּל שֶׁהוּא אִם מְכַוֵּן לְתַעֲנוּג. אֲבָל אִם הוּא מְכַוֵּן לְהַעֲבִיר הַזֻּהֲמָא, מֻתָּר. וּמִכָּל שֶׁכֵּן מִשּׁוּם רְפוּאָה, כְּגוֹן שֶׁיֵּשׁ לוֹ חֲטָטִין בְּרֹאשׁוֹ.

סעיף ד' מִי שֶׁתְּכָפוּהוּ אֲבָלָיו, שֶׁאֵרְעוּ לוֹ שְׁתֵּי אֲבֵלוּת זוֹ אַחַר זוֹ, מֻתָּר לוֹ לִרְחֹץ בְּצוֹנֵן.

סעיף ה' אִסּוּר נְעִילַת הַסַּנְדָּל, הוּא

דַּוְקָא בְּשֶׁל עוֹר. אֲבָל שֶׁל בֶּגֶד אוֹ שֶׁל גֶּמִי אוֹ שֶׁל שֵׂעָר אוֹ שֶׁל עֵץ, מֻתָּר. דְּלָא מִקְרֵי מִנְעָל אֶלָּא שֶׁל עוֹר. מִנְעָל שֶׁל עֵץ וּמְחֻפֶּה עוֹר, אָסוּר. אַף עַל פִּי שֶׁהָאָבֵל אָסוּר בִּנְעִילַת הַסַּנְדָּל, מִכָּל מָקוֹם מְבָרֵךְ בַּבֹּקֶר שֶׁעָשָׂה לִי כָּל צָרְכִּי.

סעיף ו' יוֹלֶדֶת, כָּל שְׁלֹשִׁים יוֹם לְלֵדָתָהּ, מֻתֶּרֶת בִּנְעִילַת הַסַּנְדָּל, וְכֵן חוֹלֶה [וּמִי] שֶׁיֵּשׁ לוֹ מַכָּה בְּרַגְלוֹ, מִפְּנֵי שֶׁהַצִּנָּה קָשָׁה לָהֶם.

סעיף ז' אָבֵל שֶׁהוֹלֵךְ בַּדֶּרֶךְ, מֻתָּר בִּנְעִילַת הַסַּנְדָּל, וְיָשִׂים קְצָת עָפָר בְּסַנְדָּלָיו. וְכֵן בְּכָל מָקוֹם שֶׁצָּרִיךְ לִנְעוֹל סַנְדָּל, יַעֲשֶׂה כֵּן.

סעיף ח' אָסוּר בְּתַשְׁמִישׁ הַמִּטָּה וְגַם בְּחִבּוּק וְנִשּׁוּק. אֲבָל שְׁאָר דְּבַר קֻרְבָה, כְּגוֹן מְזִיגַת הַכּוֹס וְהַצָּעַת הַמִּטָּה וְכַדּוֹמֶה, מֻתָּר, בֵּין בַּאֲבֵלוּת דִּידֵהּ, בֵּין בַּאֲבֵלוּת דִּידָהּ.

סימן רי - אסור תלמוד תורה ושאילת שלום ובו ט' סעיפים:

סעיף א' אָסוּר בְּתַלְמוּד תּוֹרָה, מִשּׁוּם דִּכְתִיב פִּקּוּדֵי ה' יְשָׁרִים מְשַׂמְּחֵי לֵב, וְאָבֵל אָסוּר בְּשִׂמְחָה. וְאָסוּר בַּתּוֹרָה, נְבִיאִים וּכְתוּבִים, מִשְׁנָה, תַּלְמוּד, הֲלָכוֹת וְאַגָּדוֹת. אֲבָל מֻתָּר לִקְרוֹת בְּאִיּוֹב וּבְקִינוֹת, וּבִדְבָרִים הָרָעִים שֶׁבְּסֵפֶר יִרְמְיָה, וּבִגְמָרָא פֶּרֶק אֵלּוּ מְגַלְּחִין, דְּמַיְרֵי מִדִּינֵי מְנֻדֶּה וְאָבֵל, וּבְמַסֶּכֶת שְׂמָחוֹת. וּבְסִפְרֵי פּוֹסְקִים, מֻתָּר לִלְמוֹד הִלְכוֹת אֲבֵלוּת. וְגַם בִּדְבָרִים שֶׁהוּא מֻתָּר לִלְמוֹד, אָסוּר לְעַיֵּן קֻשְׁיָא אוֹ תֵּרוּץ.

סעיף ב' מְלַמֵּד שֶׁהוּא אָבֵל, לְאַחַר שְׁלֹשָׁה יָמִים, מֻתָּר לוֹ לִלְמוֹד עִם הַתִּינוֹקוֹת כָּל הַדְּבָרִים שֶׁצְּרִיכִין, וְלֹא יִתְבַּטְּלוּ מִלִּמּוּדָם, כִּי תִינוֹקוֹת שֶׁל בֵּית רַבָּן אֲשֶׁר הֶבֶל פִּיהֶם נָקִי מֵחֵטְא, חָבִיב יוֹתֵר מִלִּמּוּד שֶׁל גְּדוֹלִים. וְכֵן אָבֵל שֶׁיֵּשׁ לוֹ בָּנִים קְטַנִּים, לֹא יִתְבַּטְּלוּ מִלִּמּוּדָם, שֶׁהֲרֵי אֵינָם חַיָּבִים בַּאֲבֵלוּת.

סעיף ג' אֲפִלּוּ הָאָבֵל הוּא כֹּהֵן וְאֵין בְּבֵית הַכְּנֶסֶת אַחֵר, אָסוּר לוֹ לַעֲלוֹת לַתּוֹרָה.

סעיף ד' בִּתְפִלָּתוֹ כָּל שִׁבְעָה, לֹא יֹאמַר פִּטּוּם הַקְּטֹרֶת, וְגַם לֹא יֹאמַר סֵדֶר מַעֲמָדוֹת. וּבְפֶרֶק אֵיזֶהוּ מְקוֹמָן, לֹא יֹאמַר יְהִי רָצוֹן כְּאִלּוּ הִקְרַבְתִּי וְכוּ' (דְּאָבֵל אֵינוֹ מְשַׁלֵּחַ קָרְבְּנוֹתָיו). וּכְשֶׁעוֹשֶׂה הַבְדָּלָה בְּמוֹצָאֵי שַׁבָּת עַל הַכּוֹס, לֹא יֹאמַר פְּסוּקֵי שִׂמְחָה שֶׁקּוֹדְמִים לָהּ, אֶלָּא יַתְחִיל מִן הַבְּרָכוֹת.

סעיף ה' אָבֵל תּוֹךְ שִׁבְעָה, אֵין לוֹ לְהִתְפַּלֵּל לִפְנֵי הַתֵּבָה אֶלָּא אִם אֵין שָׁם אַחֵר שֶׁיִּתְפַּלֵּל. אַךְ אִם הוּא אָבֵל עַל אָבִיו אוֹ אִמּוֹ, נוֹהֲגִין שֶׁמִּתְפַּלְּלִין לִפְנֵי הַתֵּבָה, אַף עַל פִּי שֶׁיֵּשׁ שָׁם אַחֵר. וּבְשַׁבָּתוֹת וְיָמִים טוֹבִים, נוֹהֲגִין שֶׁאֵינוֹ מִתְפַּלֵּל לִפְנֵי הַתֵּבָה כָּל הַשָּׁנָה אֶלָּא בִּדְלֵיכָּא אַחֵר. וְאִם הָיָה דַרְכּוֹ לְהִתְפַּלֵּל לִפְנֵי הַתֵּבָה גַּם קֹדֶם שֶׁנַּעֲשָׂה אָבֵל, יֵשׁ לְהַתִּיר בְּכָל עִנְיָן (מֵאִיר נְתִיבִים סִימָן פ). וְעַיֵּן לְעֵיל סִימָן קכח סָעִיף ח (שעו שפד)

סעיף ו' שְׁאִילַת שָׁלוֹם כֵּיצַד. שְׁלֹשָׁה יָמִים הָרִאשׁוֹנִים, אֵינוֹ שׁוֹאֵל בִּשְׁלוֹם כָּל אָדָם. וְאִם אֲחֵרִים שֶׁלֹּא יָדְעוּ

שֶׁהוּא אָבֵל שֶׁאֲלוּ בִשְׁלוֹמוֹ, לֹא יְשִׁיבֵם שָׁלוֹם, אֶלָּא יוֹדִיעֵם שֶׁהוּא אָבֵל. וּלְאַחַר שְׁלשָׁה עַד שִׁבְעָה, אֵינוֹ שׁוֹאֵל. וְאִם אֲחֵרִים שֶׁלֹּא יָדְעוּ שָׁאֲלוּ בִשְׁלוֹמוֹ, מֵשִׁיב לָהֶם. מִשִּׁבְעָה עַד שְׁלשִׁים, הוּא שׁוֹאֵל בִּשְׁלוֹם אֲחֵרִים, שֶׁהֲרֵי הָאֲחֵרִים שְׁרוּיִן בְּשָׁלוֹם. וְאֵין אֲחֵרִים שׁוֹאֲלִין בִּשְׁלוֹמוֹ, שֶׁהֲרֵי הוּא אֵינוֹ שָׁרוּי בְּשָׁלוֹם. וְאִם לֹא יָדְעוּ וְשָׁאֲלוּ, מֵשִׁיב לָהֶם. לְאַחַר שְׁלשִׁים, הֲרֵי הוּא כִּשְׁאָר כָּל אָדָם.

סעיף ז' כֵּיוָן שֶׁהוּא אָסוּר בִּשְׁאֵילַת שָׁלוֹם, מִכָּל שֶׁכֵּן שֶׁאָסוּר בִּשְׂחוֹק. וְלָכֵן כָּל שִׁבְעָה לֹא יֹאחַז תִּינוֹק בְּיָדוֹ, כְּדֵי שֶׁלֹּא יְבִאֶנּוּ לִידֵי שְׂחוֹק. וְכֵן אָסוּר לוֹ לְהַרְבּוֹת בִּדְבָרִים עִם הַבְּרִיּוֹת. אַךְ אִם עוֹשֶׂה לִכְבוֹד רַבִּים, כְּגוֹן שֶׁרַבִּים בָּאִים לְנַחֲמוֹ, מֻתָּר לוֹ לוֹמַר לָהֶם לְכוּ לְבָתֵּיכֶם לְשָׁלוֹם, דְּלִכְבוֹד רַבִּים שָׁרֵי.

סעיף ח' מָקוֹם שֶׁנָּהֲגוּ לִשְׁאוֹל בִּשְׁלוֹם אֲבֵלִים בְּשַׁבָּת, שׁוֹאֲלִים. וְהָאָבֵל נוֹתֵן שָׁלוֹם לְכָל אָדָם בַּשַּׁבָּת, כִּי דָבָר שֶׁבְּפַרְהֶסְיָא הוּא.

סעיף ט' מֻתָּר לְבָרֵךְ שֶׁהֶחֱיָנוּ אֲפִלּוּ תּוֹךְ שִׁבְעָה כְּשֶׁהוּא צָרִיךְ, כְּגוֹן בַּחֲנֻכָּה אוֹ עַל פְּרִי חָדָשׁ וְכַדּוֹמֶה.

סימן ריא - שאר דברים שהאבל אסור בהם ובו ט"ו סעיפים:

סעיף א' אָסוּר לֵישֵׁב כָּל שִׁבְעָה עַל גַּבֵּי סַפְסָל אוֹ עַל גַּבֵּי כָרִים וּכְסָתוֹת, כִּי אִם עַל גַּבֵּי קַרְקַע. אַךְ חוֹלֶה וְזָקֵן שֶׁיֵּשׁ לָהֶם צַעַר בִּישִׁיבָה עַל גַּבֵּי קַרְקַע, מֻתָּרִין לָשִׂים כַּר קָטֹן תַּחְתֵּיהֶם. מִיהוּ יָכוֹל לֵילֵךְ וְלַעֲמוֹד וְאֵינוֹ צָרִיךְ לֵישֵׁב כְּלָל, רַק כְּשֶׁהַמְנַחֲמִים אֶצְלוֹ צָרִיךְ לֵישֵׁב. וְכֵן אָסוּר לִישׁוֹן עַל גַּבֵּי מִטָּה אוֹ סַפְסָל, רַק עַל גַּבֵּי קַרְקַע. אֲבָל יָכוֹל לְהַצִּיעַ תַּחְתָּיו כָּרִים וּכְסָתוֹת עַל הַקַּרְקַע כְּמוֹ שֶׁהוּא רָגִיל לִשְׁכַּב בַּמִּטָּה (תְּשׁוּבָה מֵאַהֲבָה בְּשֵׁם הַגָּאוֹן בַּעַל נוֹדָע בִּיהוּדָה). וְיֵשׁ מַתִּירִין לִישׁוֹן בַּמִּטָּה. וְכֵן נוֹהֲגִין קְצָת, מִפְּנֵי שֶׁטִּבְעָם חָלוּשׁ וַהֲוָיָן כְּמוֹ חוֹלִים לְעִנְיָן זֶה.

סעיף ב' אָבֵל בַּיּוֹם הָרִאשׁוֹן אָסוּר לְהַנִּיחַ תְּפִלִּין, בֵּין שֶׁהוּא יוֹם מִיתָה וּקְבוּרָה, בֵּין שֶׁהוּא יוֹם קְבוּרָה לְחוּד. וְאִם נִקְבַּר בַּלַּיְלָה, אָסוּר לְהַנִּיחַ תְּפִלִּין בַּיּוֹם שֶׁלְּאַחֲרָיו, וּבַיּוֹם הַשֵּׁנִי מַנִּיחָן לְאַחַר הָנֵץ הַחַמָּה. וְיוֹם שְׁמוּעָה קְרוֹבָה, כְּיוֹם מִיתָה וּקְבוּרָה דָּמֵי. אֲבָל מִי שֶׁמֵּת לוֹ מֵת בָּרֶגֶל אוֹ שֶׁבָּאָה לוֹ שְׁמוּעָה קְרוֹבָה בָּרֶגֶל, אֲזַי בַּיּוֹם הָרִאשׁוֹן שֶׁלְּאַחַר הָרֶגֶל, מֵנִּיחַ תְּפִלִּין.

סעיף ג' עֲטִיפַת הָרֹאשׁ, אֵין נוֹהֲגִין בִּמְדִינוֹת אֵלּוּ. וּמִכָּל מָקוֹם יֵשׁ לִנְהוֹג בַּעֲטִיפָה קְצָת, דְּהַיְנוּ לִמְשׁוֹךְ אֶת הַכּוֹבַע לְמַטָּה לִפְנֵי הָעֵינַיִם כָּל שִׁבְעָה, חוּץ מִשַּׁבָּת, מִשּׁוּם דַּהֲוֵי דָּבָר שֶׁבְּפַרְהֶסְיָא.

סעיף ד' אָסוּר לִלְבּוֹשׁ בֶּגֶד מְכֻבָּס וַאֲפִלּוּ כֻּתֹּנֶת, בְּתוֹךְ שִׁבְעָה, וַאֲפִלּוּ לִכְבוֹד שַׁבָּת. אֲפִלּוּ סְדִינִים וּמַצָּעוֹת הַמִּטָּה וּמִטְפְּחוֹת יָדַיִם, אָסוּר לְהַצִּיעַ הַמְכֻבָּסִין. אַךְ לִכְבוֹד שַׁבָּת, מֻתָּר לְהַצִּיעַ עַל הַשֻּׁלְחָן, מִטְפָּחוֹת מְכֻבָּסוֹת מִכְּבָר.

סעיף ה' לְכַבֵּס כְּסוּתוֹ בְּעַצְמוֹ, אֲפִלּוּ לְהַנִּיחָהּ לְאַחַר שִׁבְעָה, אָסוּר מִשּׁוּם מְלָאכָה. וְאִם הָיְתָה כְּסוּתוֹ בִּידֵי

אֲחֵרִים, מֻתָּרִין לְכַבְּסָן כְּמוֹ שְׁאָר מְלָאכָה בְּקַבְּלָנוּת (לְעֵיל סִימָן רח סָעִיף יב)

סעיף ו' מִי שֶׁתְּכָפוּהוּ אֲבֵלִיּוֹת זוֹ אַחַר זוֹ, מֻתָּר לְכַבֵּס כְּסוּתוֹ בְּמַיִם לְבַד (אֲבָל לֹא בְּאֵפֶר וּבוֹרִית וְכַדּוֹמֶה) וּלְלָבְשׁוֹ.

סעיף ז' לְאַחַר שִׁבְעָה עַד שְׁלֹשִׁים, מִדִּינָא אֵינוֹ אָסוּר לִלְבּוֹשׁ אוֹ לְהַצִּיעַ תַּחְתָּיו אֶלָּא בֶּגֶד מְגֹהָץ (גְּהוּץ, וְיֵשׁ אוֹמְרִים דְּהַיְנוּ געמאנגעלט, געראלט, געביגלט. וְיֵשׁ אוֹמְרִים, דְּהַיְנוּ כִּבּוּס וָאֵפֶר אוֹ בְּנֶתֶר וּבוֹרִית). וְהוּא שֶׁיְּהֵא לָבָן וְחָדָשׁ. אֲבָל נוֹהֲגִין לֶאֱסוֹר גַּם בִּמְכֻבָּס אֲפִלּוּ בְּלֹא גְּהוּץ, אֶלָּא אִם כֵּן לוֹבְשׁוֹ אָדָם אַחֵר תְּחִלָּה זְמַן מָה. אַךְ אִם אֵינוֹ מְכֻבָּס אֶלָּא בְּמַיִם לְבָד, אֵין צָרִיךְ שֶׁיִּלְבְּשֶׁנּוּ אַחֵר תְּחִלָּה.

סעיף ח' אִם אֵינוֹ מַחֲלִיף לְתַעֲנוּג אֶלָּא לְצֹרֶךְ, כְּגוֹן שֶׁהַכֻּתֹּנֶת שֶׁעָלָיו מְלֻכְלֶכֶת אוֹ מִשּׁוּם עַרְבּוּבְיָא, מֻתָּר אֲפִלּוּ תּוֹךְ שִׁבְעָה, וּבִלְבַד, אִם לְבָשָׁהּ אַחֵר תְּחִלָּה.

סעיף ט' מוּתָּר לְכַבֵּס וּלְגַהֵץ לְאַחַר שִׁבְעָה לְלָבְשָׁם לְאַחַר שְׁלֹשִׁים, אוֹ לְלָבְשָׁם אֲפִלּוּ תּוֹךְ שְׁלֹשִׁים לְאַחַר שֶׁיִּלְבְּשֵׁם אַחֵר.

סעיף י' אָסוּר לִלְבּוֹשׁ תּוֹךְ שְׁלֹשִׁים בִּגְדֵי שַׁבָּת אֲפִלּוּ בְּשַׁבָּת, וּמִכָּל שֶׁכֵּן לִלְבּוֹשׁ בְּגָדִים חֲדָשִׁים. וְעַל אָבִיו וְאִמּוֹ, נָהֲגוּ אִסּוּר לִלְבּוֹשׁ בְּגָדִים חֲדָשִׁים כָּל שְׁנֵים עָשָׂר חֹדֶשׁ (עַיֵּן לְקַמָּן סִימָן רטז סָעִיף ג). אַךְ אִם צָרִיךְ לָהֶם, יִתֵּן לְאַחֵר לְלָבְשָׁם תְּחִלָּה שְׁנַיִם אוֹ שְׁלֹשָׁה יָמִים.

סעיף יא' אִשָּׁה בְּתוֹךְ שְׁלֹשִׁים וַאֲפִלּוּ בְּתוֹךְ שִׁבְעָה לְאֶבְלָהּ, שֶׁהִגִּיעַ זְמַנָּהּ לָלֶכֶת בְּשַׁבָּת לְבֵית הַכְּנֶסֶת לְאַחַר לֵדָתָהּ, וְנוֹהֲגוֹת שֶׁאוֹתָהּ שַׁבָּת הִיא לָהּ כְּמוֹ יוֹם טוֹב לִלְבּוֹשׁ בִּגְדֵי יְקָר וְעֶדְיֵי זָהָב, מֻתֶּרֶת לִלְבּוֹשׁ בְּשַׁבָּת זוֹ בִּגְדֵי שַׁבָּת, אַךְ לֹא בִּגְדֵי יוֹם טוֹב, שֶׁלֹּא תָזוּחַ דַּעְתָּהּ וְתִשְׁכַּח הָאֲבֵלוּת. וְאֵינָהּ צְרִיכָה לְשַׁנּוֹת מְקוֹמָהּ (שׁו"ת פמ"א ח"ב סִימָן קכג).

סעיף יב' אָסוּר לְגַלֵּחַ שְׂעָרוֹ כָּל שְׁלֹשִׁים, בֵּין שְׂעַר רֹאשׁוֹ, בֵּין שְׂעַר זְקָנוֹ, בֵּין שְׂעַר כָּל מָקוֹם. וְעַל אָבִיו וְאִמּוֹ, אָסוּר לְגַלֵּחַ עַד שֶׁיִּגְעֲרוּ בוֹ חֲבֵרָיו. וְשִׁעוּר גְּעָרָה, יֵשׁ בּוֹ מַחֲלֹקֶת הַפּוֹסְקִים. וְנוֹהֲגִין בִּמְדִינוֹת אֵלּוּ, שֶׁאֵין מְגַלְּחִין כָּל שְׁנֵים עָשָׂר חֹדֶשׁ אִם לֹא לְצֹרֶךְ, כְּגוֹן שֶׁהִכְבִּיד עָלָיו שְׂעָרוֹ אוֹ שֶׁהוֹלֵךְ בֵּין הַגּוֹיִם וּמִתְנַוֵּל בֵּינֵיהֶם בִּשְׂעָרוֹתָיו, אָז מֻתָּר לְגַלְּחָם, כִּי אֵין צְרִיכִים גְּעָרָה בְּפֵרוּשׁ, אֶלָּא כְּשֶׁיִּגְדַּל שְׂעָרוֹ עַד שֶׁיִּהְיֶה מְשֻׁנֶּה מֵחֲבֵרָיו שֶׁרָאוּי לוֹמַר עָלָיו כַּמָּה מְשֻׁנֶּה זֶה, אָז מֻתָּר לְגַלֵּחַ, וּבִלְבַד שֶׁיְּהֵא לְאַחַר שְׁלֹשִׁים.

סעיף יג' כְּשֵׁם שֶׁאָסוּר לְגַלֵּחַ כָּל שְׁלֹשִׁים, כָּךְ אָסוּר לִקְצוֹץ צִפָּרְנָיו בִּכְלִי. אֲבָל בְּיָדָיו אוֹ בְשִׁנָּיו, מֻתָּר אֲפִלּוּ תּוֹךְ שִׁבְעָה. וְאִם הוּא מוֹהֵל, אָסוּר לוֹ לְתַקֵּן אֶת הַצִּפָּרְנַיִם לְצֹרֶךְ הַפְּרִיעָה אֶלָּא אִם כֵּן שֶׁאֵין כָּאן מוֹהֵל אַחֵר, וְאָז מֻתָּר אֲפִלּוּ תּוֹךְ שִׁבְעָה. וְאִשָּׁה שֶׁאֵרְעָה טְבִילָתָהּ לְאַחַר שִׁבְעָה תּוֹךְ שְׁלֹשִׁים, תֹּאמַר לְאִשָּׁה נָכְרִית שֶׁתָּקוֹץ צִפָּרְנֶיהָ. וְאִי לֵיכָּא נָכְרִית, תָּקוֹץ לָהּ יִשְׂרְאֵלִית.

סעיף יד' מֻתָּר לִסְרוֹק רֹאשׁוֹ בְּמַסְרֵק

וַאֲפִלּוּ תּוֹךְ שִׁבְעָה.

סעיף טו' נוֹהֲגִין שֶׁהָאָבֵל מְשַׁנֶּה מְקוֹמוֹ בְּבֵית הַכְּנֶסֶת כָּל שְׁלֹשִׁים, וּלְאַחַר אָבִיו וְאִמּוֹ שְׁנֵים עָשָׂר חֹדֶשׁ. וְשִׁנּוּי מָקוֹם, הַיְנוּ לְכָל הַפָּחוֹת רָחוֹק אַרְבַּע אַמּוֹת מִמְּקוֹמוֹ, וְלִמְקוֹם שֶׁהוּא יוֹתֵר רָחוֹק מֵאֲרוֹן הַקֹּדֶשׁ מִמְּקוֹמוֹ.

סימן ריב - דברים האסורים משום שמחה גם לאחר שבעה ובו ה' סעיפים:

סעיף א' אָסוּר לֶאֱכוֹל בִּסְעוּדַת בְּרִית מִילָה אוֹ פִּדְיוֹן הַבֵּן וְסִיּוּם מַסֶּכְתָּא וְכָל שֶׁכֵּן בִּסְעוּדַת נִשּׂוּאִין כָּל שְׁלֹשִׁים עַל שְׁאָר קְרוֹבָיו, וְכָל שְׁנֵים עָשָׂר חֹדֶשׁ עַל אָבִיו וְאִמּוֹ (וַאֲפִלּוּ בְּשָׁנָה מְעֻבֶּרֶת, סָגֵי בִּשְׁנֵים עָשָׂר חֹדֶשׁ). וּבְתוֹךְ בֵּיתוֹ, אִם יֵשׁ סְעוּדַת מִצְוָה, מֻתָּר לוֹ לֶאֱכוֹל. אַךְ בִּסְעוּדַת נִשּׂוּאִין, יֵשׁ לְהַחְמִיר אֲפִלּוּ בְּתוֹךְ בֵּיתוֹ, אִם לֹא כְּשֶׁהוּא מַשִּׂיא יָתוֹם אוֹ יְתוֹמָה, שֶׁאִם לֹא יֹאכַל שָׁם, יִתְבַּטֵּל הַמַּעֲשֶׂה, אָז מֻתָּר לוֹ לֶאֱכוֹל אֲפִלּוּ אֵינָהּ בְּבֵיתוֹ. וְגַם לִלְבּוֹשׁ בִּגְדֵי שַׁבָּת לְאַחַר שְׁלֹשִׁים וַאֲפִלּוּ עַל אָבִיו וְאִמּוֹ, וְלִשְׁאָר קְרוֹבִים גַּם תּוֹךְ שְׁלֹשִׁים.

סעיף ב' אֵינוֹ רַשַּׁאי לְהַזְמִין אֲחֵרִים אוֹ לְהִזָּמֵן עִם אֲחֵרִים. לֹא יִשְׁלַח מָנוֹת לַאֲחֵרִים, וַאֲחֵרִים לֹא יִשְׁלְחוּ לוֹ, כָּל שְׁלֹשִׁים. וְהוּא הַדִּין כָּל שְׁנֵים עָשָׂר חֹדֶשׁ עַל אָבִיו וְאִמּוֹ. וּבְשַׁבָּת, תַּלְיָא בְּמִנְהָג דִּלְעֵיל סִימָן רי סָעִיף ח.

סעיף ג' אָבֵל שֶׁהוּא סַנְדָּק אוֹ מוֹהֵל לְאַחַר שְׁלֹשִׁים (אֲפִלּוּ עַל אָבִיו וְאִמּוֹ), יִלְבַּשׁ בִּגְדֵי שַׁבָּת עַד לְאַחַר הַמִּילָה, וְיָכוֹל לֶאֱכוֹל גַּם בַּסְּעוּדָה.

סעיף ד' אָסוּר לִכָּנֵס לְבֵית נִשּׂוּאִין כָּל שְׁלֹשִׁים עַל שְׁאָר קְרוֹבִים, וּשְׁנֵים עָשָׂר חֹדֶשׁ עַל אָבִיו וְאִמּוֹ, אֲפִלּוּ לִשְׁמוֹעַ אֶת הַבְּרָכוֹת שֶׁמְּבָרְכִין שָׁם. אֲבָל בַּחֻפָּה שֶׁעוֹשִׂין בַּחֲצַר בֵּית הַכְּנֶסֶת וּמְבָרְכִין שָׁם בִּרְכַּת אֵרוּסִין וְנִשּׂוּאִין, מֻתָּר לַעֲמוֹד וְלִשְׁמוֹעַ אֶת הַבְּרָכוֹת לְאַחַר שְׁלֹשִׁים אֲפִלּוּ עַל אָבִיו וְאִמּוֹ. וְגַם הוּא בְּעַצְמוֹ יָכוֹל לְבָרֵךְ אֶת הַבְּרָכוֹת. וְגַם יָכוֹל לִהְיוֹת שׁוֹשְׁבִין לְהַכְנִיס אֶת הֶחָתָן תַּחַת הַחֻפָּה. וְיָכוֹל לִלְבּוֹשׁ בִּגְדֵי שַׁבָּת. וּבִלְבַד שֶׁיְּהֵא לְאַחַר שְׁלֹשִׁים. אֲבָל לֹא יִכָּנֵס לֶאֱכוֹל עַל הַסְּעוּדָה. וְיֵשׁ מְקִלִּין גַּם לֶאֱכוֹל עַל הַסְּעוּדָה.

סעיף ה' מֻתָּר לְאָבֵל לָלֶכֶת אֶל הַמִּשְׁתֶּה לְשַׁמֵּשׁ, וְאוֹכֵל בְּבֵיתוֹ מַה שֶּׁשּׁוֹלְחִין לוֹ מִן הַסְּעוּדָה.

סימן ריג - שהאבל אסור לשא אשה, ודין חתן או כלה שנעשו אבלים ובו ה' סעיפים:

סעיף א' כָּל שְׁלֹשִׁים, אָסוּר לִשָּׂא אִשָּׁה. וְכֵן אִשָּׁה שֶׁהִיא אֲבֵלָה, אֲסוּרָה שֶׁתִּנָּשֵׂא עַד לְאַחַר שְׁלֹשִׁים. וּלְאַחַר שְׁלֹשִׁים, מֻתָּרִין אֲפִלּוּ עַל אָב וָאֵם. אֲבָל לְהִתְקַשֵּׁר בְּשִׁדּוּכִין וּבְלֹא סְעוּדָה, מֻתָּר אֲפִלּוּ תּוֹךְ שִׁבְעָה.

סעיף ב' מֵתָה אִשְׁתּוֹ, לֹא יִשָּׂא אַחֶרֶת, עַד לְאַחַר שָׁלֹשׁ רְגָלִים, כְּדֵי שֶׁעַל יְדֵי שִׂמְחַת הָרְגָלִים, תִּשְׁתַּכַּח מִמֶּנּוּ אַהֲבַת הָרִאשׁוֹנָה בְּשָׁעָה שֶׁיִּהְיֶה עִם הַשְּׁנִיָּה, שֶׁלֹּא יִשְׁתֶּה בְּכוֹס זֶה וְיִתֵּן דַּעְתּוֹ עַל הָרִאשׁוֹנָה. וְרֹאשׁ הַשָּׁנָה וְיוֹם הַכִּפּוּרִים, אֵינָם חֲשׁוּבִים כָּרְגָלִים לְעִנְיָן זֶה. וְגַם שְׁמִינִי עֲצֶרֶת אֵינוֹ נֶחְשָׁב לְרֶגֶל בִּפְנֵי עַצְמוֹ לְעִנְיָן זֶה (עַיֵּן

חֲתַם סוֹפֵר סִימָן שג). וְאִם עֲדַיִן לֹא קִיֵּם מִצְוַת פְּרִיָּה וְרִבְיָּה (עַיֵּן לְעֵיל סִימָן קמה סָעִיף ב) אוֹ שֶׁיֵּשׁ לוֹ בָּנִים קְטַנִּים, אוֹ שֶׁאֵין לוֹ מִי שֶׁיְּשַׁמְּשֵׁנוּ, אֵינוֹ צָרִיךְ לְהַמְתִּין שָׁלֹשׁ רְגָלִים. וּמִכָּל מָקוֹם נִרְאֶה דְּיֵשׁ לְהַמְתִּין עַד לְאַחַר שְׁלֹשִׁים. וְאִשָּׁה שֶׁמֵּת בַּעְלָהּ, צְרִיכָה לְהַמְתִּין תִּשְׁעִים יוֹם (כִּדְלְעֵיל סִימָן קמב סָעִיף יג).

סעיף ג' מִי שֶׁהֵכִין צָרְכֵי חֻפָּתוֹ, וּמֵת אֶחָד מִן הַקְּרוֹבִים שֶׁל הֶחָתָן אוֹ שֶׁל הַכַּלָּה, וַאֲפִלּוּ אֲבִי הֶחָתָן וְאֵם הַכַּלָּה, בַּזְּמַן הַזֶּה שֶׁיְּכוֹלִים גַּם אֲחֵרִים לְהָכִין צָרְכֵי נִשּׂוּאִין, דּוֹחִין אֶת הַנִּשּׂוּאִין עַד לְאַחַר יְמֵי הָאֵבֶל.

סעיף ד' אֲפִלּוּ מֵתוּ לְאַחַר שֶׁהֶעֱמִידוּ אֶת הַחֻפָּה, אָסוּר לוֹ לִבְעוֹל עַד לְאַחַר שִׁבְעַת יְמֵי הָאֵבֶל. וְכֵיוָן שֶׁעֲדַיִן לֹא בָּעַל וְאָסוּר לוֹ לִבְעוֹל, אֲסוּרִין לְהִתְיַחֵד בְּלִי שׁוֹמֵר (כִּדְלְעֵיל סִימָן קנז). וּלְאַחַר שִׁבְעַת יְמֵי הָאֵבֶל, בּוֹעֵל בְּעִילַת מִצְוָה, וְנוֹהֵג שִׁבְעַת יְמֵי מִשְׁתֶּה.

סעיף ה' אֲבָל אִם לְאַחַר שֶׁבָּעַל, מֵת קְרוֹבוֹ שֶׁל הֶחָתָן אוֹ שֶׁל הַכַּלָּה, כְּבָר חָלוּ עֲלֵיהֶם יְמֵי הַמִּשְׁתֶּה, וְהֵמָּה לָהֶם כְּמוֹ רֶגֶל שֶׁאֵין אֲבֵלוּת נוֹהֶגֶת בָּהֶם, וְעוֹד קַלִּים יוֹתֵר שֶׁמֻּתָּרִים בְּגִהוּץ וְתִסְפֹּרֶת, וְאֵין אֲסוּרִים אֶלָּא בִּדְבָרִים שֶׁבִּצְנְעָא. וּלְאַחַר שִׁבְעַת יְמֵי הַמִּשְׁתֶּה, אָז מַתְחִילִים שִׁבְעַת יְמֵי אֲבֵלוּת. וְגַם שְׁלֹשִׁים אֵינוֹ מוֹנֶה אֶלָּא מִימֵי הָאֲבֵלוּת וְאֵילָךְ. (וְאַף עַל גַּב דְּרֶגֶל עוֹלֶה לְמִנְיַן שְׁלֹשִׁים כִּדִלְקַמָּן סִימָן ריט סָעִיף ז, שִׁבְעַת יְמֵי הַמִּשְׁתֶּה אֵינָן עוֹלִין, כֵּיוָן שֶׁמֻּתָּר בְּתִסְפֹּרֶת).

סימן ריד - מתי האבל יכול לצאת מביתו ובו ג' סעיפים:

סעיף א' כָּל שִׁבְעָה, אֵינוֹ יוֹצֵא מִבֵּיתוֹ. אַךְ אִם מֵת לוֹ מֵת, אוֹ אֲפִלּוּ אֵצֶל אַחֵר, אֶלָּא שֶׁאֵין שָׁם כְּדֵי מִטָּה וְקוֹבְרֶיהָ, יוֹצֵא אֲפִלּוּ בַּיּוֹם הָרִאשׁוֹן. אִם שָׁלַח הַמּוֹשֵׁל לִקְרוֹא לוֹ, אוֹ שֶׁצָּרִיךְ לָלֶכֶת לִשְׁאָר דָּבָר שֶׁצָּרִיךְ לוֹ הַרְבֵּה, כְּגוֹן דָּבָר הָאָבֵד, מֻתָּר לוֹ לָצֵאת, וְיִתֵּן עָפָר בְּמִנְעָלָיו.

סעיף ב' אֲפִלּוּ לְבֵית הַכְּנֶסֶת לְהִתְפַּלֵּל, אֵינוֹ יוֹצֵא בְּתוֹךְ שִׁבְעָה, רַק בְּשַׁבָּת. אַךְ אִם אִי אֶפְשָׁר לֶאֱסוֹף עֲשָׂרָה וִיהֵא מֻכְרָח לְהִתְפַּלֵּל בִּיחִידוּת וּבִשְׁכוּנָתוֹ יֵשׁ מִנְיָן, יָכוֹל לָצֵאת לָלֶכֶת לְהִתְפַּלֵּל שָׁם, שֶׁלֹּא לְהִתְבַּטֵּל מִתְּפִלָּה בְּצִבּוּר.

סעיף ג' אִם הָאָבֵל צָרִיךְ לָמוּל אֶת בְּנוֹ, הוֹלֵךְ לְבֵית הַכְּנֶסֶת אֲפִלּוּ תּוֹךְ שְׁלֹשָׁה יָמִים. וְאִם הָאָבֵל הוּא סַנְדָּק אוֹ מוֹהֵל, לֹא יֵצֵא תּוֹךְ שְׁלֹשָׁה, וּלְאַחַר שְׁלֹשָׁה יִתְפַּלֵּל בְּבֵיתוֹ, וּכְשֶׁמְּבִיאִין אֶת הַתִּינוֹק לָמוּל, הוֹלֵךְ לְבֵית הַכְּנֶסֶת. וְאִם אֵין מוֹהֵל אַחֵר בָּעִיר, הוֹלֵךְ אֲפִלּוּ בַּיּוֹם הָרִאשׁוֹן.

סימן רטו - שלא להתקשות על המת יותר מדי ובו ג' סעיפים:

סעיף א' אֵין מִתְקַשִּׁין עַל הַמֵּת יוֹתֵר מִדַּי, שֶׁנֶּאֱמַר, אַל תִּבְכּוּ לְמֵת וְאַל תָּנֻדוּ לוֹ. וְאָמְרוּ חֲכָמֵינוּ, זִכְרוֹנָם לִבְרָכָה, וְכִי אֶפְשָׁר לוֹמַר כֵּן. אֶלָּא אַל תִּבְכּוּ לְמֵת יוֹתֵר מִדַּי, וְאַל תָּנֻדוּ לוֹ יוֹתֵר מִכְּשִׁעוּר. הָא כֵּיצַד. שְׁלֹשָׁה יָמִים לִבְכִי, שִׁבְעָה לְהֶסְפֵּד, וּשְׁלֹשִׁים לְגִהוּץ וּלְתִסְפֹּרֶת (וְכַמְבֹאָר לְעֵיל).

מִכָּאן וְאֵילָךְ, אָמַר הַקָּדוֹשׁ בָּרוּךְ הוּא, אִי אַתֶּם רַשָּׁאִים לְרַחֵם עָלָיו יוֹתֵר מִמֶּנִּי. וְאָמְרוּ חֲכָמֵינוּ, זִכְרוֹנָם לִבְרָכָה, כָּל הַמִּתְקַשֶּׁה עַל הַמֵּת יוֹתֵר מִדַּי, עַל מֵת אַחֵר הוּא בוֹכֶה. בַּמֶּה דְבָרִים אֲמוּרִים, בִּשְׁאָר הָעָם. אֲבָל תַּלְמִיד חָכָם, הַכֹּל לְפִי חָכְמָתוֹ. וּמִכָּל מָקוֹם, אֵין בּוֹכִין עָלָיו יוֹתֵר מִשְּׁלֹשִׁים יוֹם, דְּלָא עֲדִיף מִמֹּשֶׁה רַבֵּנוּ, עָלָיו הַשָּׁלוֹם, דִּכְתִיב בּוֹ, וַיִּבְכּוּ בְנֵי יִשְׂרָאֵל אֶת מֹשֶׁה וְגוֹ'. שְׁלֹשִׁים יוֹם.

סעיף ב' אָמְרוּ רַבּוֹתֵינוּ, זִכְרוֹנָם לִבְרָכָה, אֶחָד מִבְּנֵי הַמִּשְׁפָּחָה שֶׁמֵּת, יִדְאֲגוּ כָּל הַמִּשְׁפָּחָה. מָשָׁל לְמָה הַדָּבָר דּוֹמֶה, לְכִפָּה שֶׁל אֲבָנִים, כֵּיוָן שֶׁנִּזְדַּעְזְעָה אַחַת מֵהֶן, נִזְדַּעְזְעוּ כֻּלָּן. כְּלוֹמַר, שֶׁמִּדַּת הַדִּין מְתוּחָה כְּנֶגְדָּם עַד שֶׁתִּתְרַפֶּה מְעַט מְעַט. כִּי כָּל שִׁבְעָה, הַחֶרֶב שְׁלוּפָה, וְעַד שְׁלֹשִׁים, הִיא רוֹפֶפֶת, וְאֵינָהּ חוֹזֶרֶת לְתַעְרָהּ עַד אַחַר שְׁנֵים עָשָׂר חֹדֶשׁ. לְפִיכָךְ שְׁלֹשָׁה יָמִים הָרִאשׁוֹנִים, יִרְאֶה הָאָבֵל אֶת עַצְמוֹ, כְּאִלּוּ חֶרֶב מֻנַּחַת לוֹ בֵּין כְּתֵפָיו. מִשְּׁלֹשָׁה וְעַד שִׁבְעָה, כְּאִלּוּ זְקוּפָה כְנֶגְדּוֹ בְּקֶרֶן זָוִית. מִשִּׁבְעָה וְעַד שְׁלֹשִׁים, כְּאִלּוּ עוֹבֶרֶת לְפָנָיו בַּשּׁוּק. וְאַחַר כָּךְ כָּל אוֹתָהּ הַשָּׁנָה, עֲדַיִן מִדַּת הַדִּין מְתוּחָה כְּנֶגֶד אוֹתָהּ הַמִּשְׁפָּחָה. וְאִם נוֹלַד בֵּן זָכָר בְּאוֹתָהּ מִשְׁפָּחָה, נִתְרַפְּאָה כָּל הַמִּשְׁפָּחָה. וְדַוְקָא זָכָר. דְּזָכָר בָּא לָעוֹלָם, שָׁלוֹם בָּא לָעוֹלָם. וְכֵן אֶחָד מֵהַחֲבוּרָה שֶׁמֵּת, מִדַּת הַדִּין מְתוּחָה כְּנֶגֶד כָּל הַחֲבוּרָה וְיִדְאֲגוּ כֻּלָּם.

סעיף ג' כָּל מִי שֶׁאֵינוֹ מִתְאַבֵּל כְּמוֹ שֶׁצִּוּוּ חֲכָמִים, הֲרֵי זֶה אַכְזָר. אֶלָּא יָעוּר מִשְּׁנָתוֹ, וְיִפְחַד וְיִדְאַג וִיפַשְׁפֵּשׁ בְּמַעֲשָׂיו, וְיַחֲזֹר בִּתְשׁוּבָה, אוּלַי יִנָּצֵל מֵחַרְבּוֹ שֶׁל מַלְאַךְ הַמָּוֶת. הֲרֵי הוּא אוֹמֵר, הִכִּיתָה אֹתָם וְלֹא חָלוּ, מִכְּלָל שֶׁצָּרִיךְ לְהָקִיץ וְלָחוּל וְלַחֲזוֹר בִּתְשׁוּבָה.

סימן רטז - דין מקצת יום שביעי ומקצת יום שלשים ודין שנים עשר חדש ובו ג' סעיפים:

סעיף א' בַּיּוֹם הַשְּׁבִיעִי לְאַחַר שֶׁהָלְכוּ הַמְנַחֲמִים מִן הָאָבֵל, מֻתָּר בְּכָל הַדְּבָרִים שֶׁהָיָה אָסוּר תּוֹךְ שִׁבְעָה, דְּאָמְרִינָן מִקְצָת הַיּוֹם כְּכֻלּוֹ. חוּץ מִתַּשְׁמִישׁ הַמִּטָּה שֶׁאָסוּר כָּל הַיּוֹם (אֲפִלּוּ בְּבַיִת אָפֵל). וּבִמְדִינוֹת אֵלּוּ שֶׁאֵין הַמְנַחֲמִים רְגִילִים לָבוֹא בַּיּוֹם הַשְּׁבִיעִי, צָרִיךְ לְהַמְתִּין עַד שָׁעָה שֶׁרְגִילִין לָבוֹא בִּשְׁאָר הַיָּמִים, דְּהַיְנוּ לְאַחַר יְצִיאָה מִבֵּית הַכְּנֶסֶת, שֶׁרְגִילִין לָבוֹא מְנַחֲמִים. וְכֵן אִם חָל יוֹם הַשְּׁבִיעִי בְּשַׁבָּת, אֲזַי לְאַחַר יְצִיאָה מִבֵּית הַכְּנֶסֶת שַׁחֲרִית, מֻתָּר בְּתַלְמוּד תּוֹרָה.

סעיף ב' בְּיוֹם שְׁלֹשִׁים, אָמְרִינָן גַּם כֵּן מִקְצָת הַיּוֹם כְּכֻלּוֹ. וְכֵיוָן שֶׁאָז אֵין בָּאִים מְנַחֲמִים, לָכֵן תֵּכֶף כְּשֶׁתָּנֵץ הַחַמָּה, בָּטְלָה מִמֶּנּוּ גְּזֵרַת שְׁלֹשִׁים. חָל יוֹם שְׁלֹשִׁים בְּשַׁבָּת, מֻתָּר לוֹ לִרְחוֹץ בְּעֶרֶב שַׁבָּת בְּחַמִּין לִכְבוֹד שַׁבָּת, וְלוֹבֵשׁ בִּגְדֵי שַׁבָּת, וְחוֹזֵר לִמְקוֹמוֹ בְּבֵית הַכְּנֶסֶת, אֲבָל אָסוּר בְּגִלּוּחַ (דְּחָמִיר טְפֵי).

סעיף ג' בִּשְׁנֵים עָשָׂר חֹדֶשׁ שֶׁעַל אָבִיו וְאִמּוֹ, לֹא אָמְרִינָן מִקְצָת הַיּוֹם כְּכֻלּוֹ, וְאַדְּרַבָּא נוֹהֲגִין לְהוֹסִיף גַּם יוֹם הַיָּארְצַייט לִנְהוֹג בּוֹ כָּל דִּין שְׁנֵים עָשָׂר חֹדֶשׁ, וַאֲפִלּוּ חָל בְּשַׁבָּת. אַךְ אִם הָיְתָה הַשָּׁנָה מְעֻבֶּרֶת, גַּם כֵּן אֵין

נוֹהֲגִין בַּאֲבֵלוּת שֶׁלִּכְבוֹד אָבִיו וְאִמּוֹ, כִּי אִם שְׁנֵים עָשָׂר חֹדֶשׁ. וּמֵאַחַר שֶׁכְּבָר כָּלוּ שְׁנֵים עָשָׂר הֶחֳדָשִׁים קֹדֶם הַיָּארְצַייט, אָז בְּיוֹם הַיָּארְצַייט, אֵינוֹ חוֹזֵר עוֹד לַאֲבֵלוּת.

סימן ריז - דין מי שלא נהג אבלות ובו ג' סעיפים:

סעיף א' אָבֵל שֶׁלֹּא נָהַג אֲבֵלוּת תּוֹךְ שִׁבְעָה, בֵּין בְּשׁוֹגֵג בֵּין בְּמֵזִיד, מַשְׁלִים אוֹתָהּ כָּל שְׁלֹשִׁים, חוּץ מִן הַקְּרִיעָה, שֶׁאִם לֹא קָרַע בִּשְׁעַת חִמּוּם, אֵינוֹ קוֹרֵעַ אֶלָּא בְּתוֹךְ שִׁבְעָה, דְּחָשִׁיב שְׁעַת חִמּוּם. וְעַל אָבִיו וְאִמּוֹ, קוֹרֵעַ לְעוֹלָם.

סעיף ב' קָטָן שֶׁמֵּת לוֹ מֵת, אֲפִלּוּ גָּדַל תּוֹךְ שִׁבְעָה, כֵּיוָן שֶׁבִּשְׁעַת מִיתָה הָיָה פָּטוּר, בָּטֵל מִמֶּנּוּ כָּל דִּין אֲבֵלוּת, אַךְ בַּאֲבֵלוּת דִּשְׁנֵים עָשָׂר חֹדֶשׁ עַל אָבִיו וְאִמּוֹ שֶׁהִיא מִשּׁוּם כְּבוֹדָם, יֵשׁ לוֹ לִנְהוֹג.

סעיף ג' חוֹלֶה שֶׁמֵּת לוֹ מֵת שֶׁחַיָּב לְהִתְאַבֵּל עָלָיו וְנוֹדַע לוֹ, אִם הִבְרִיא תּוֹךְ שִׁבְעָה, גּוֹמֵר הַיָּמִים הַנִּשְׁאָרִים. וְכֵן תּוֹךְ שְׁלֹשִׁים, גּוֹמֵר הַיָּמִים הַנִּשְׁאָרִים. אֲבָל אֵינוֹ צָרִיךְ לְהַשְׁלִים הַיָּמִים שֶׁעָבְרוּ בְּחָלְיוֹ, מִשּׁוּם דְּאָז נָהַג גַּם כֵּן מִקְצָת אֲבֵלוּת, וְדוֹמֶה לְשַׁבָּת דְּעוֹלָה וְאֵינָהּ מַפְסֶקֶת (וּלְעִנְיַן הַקְּרִיעָה, עַיֵּן לְעֵיל סִימָן קצה סָעִיף יב). וְכֵן הַיּוֹלֶדֶת גַּם כֵּן אֵינָהּ צְרִיכָה לְהַשְׁלִים הַיָּמִים שֶׁעָבְרוּ עָלֶיהָ בְּלֵדָתָהּ, רַק גּוֹמֶרֶת הַיָּמִים הַנִּשְׁאָרִים.

סימן ריח - דין עדות לאבלות ובו ב' סעיפים:

סעיף א' מִתְאַבְּלִין עַל פִּי עֵד אֶחָד, וְעֵד מִפִּי עֵד, וּבְנָכְרִי מֵסִיחַ לְפִי תֻמּוֹ.

סעיף ב' מִי שֶׁקִּבֵּל אִגֶּרֶת שֶׁמֵּת קְרוֹבוֹ וְאֵין מְבֹאָר בָּהּ אִם הוּא עֲדַיִן תּוֹךְ שְׁלֹשִׁים אוֹ לְאַחַר שְׁלֹשִׁים, אִם הַכּוֹתֵב אֵינוֹ בַּעַל תּוֹרָה, מוֹקְמִינַן לְאָדָם בְּחֶזְקַת חַי, וְאָמְרִינַן שֶׁלֹּא מֵת עַד סָמוּךְ לִכְתִיבַת הָאִגֶּרֶת, וְחַיָּב לְהִתְאַבֵּל. אֲבָל אִם הַכּוֹתֵב הוּא בַּעַל תּוֹרָה, אָמְרִינַן מִסְתָמָא הוּא לְאַחַר שְׁלֹשִׁים. דְּאִם אִיתָא שֶׁהָיָה אֶפְשָׁר שֶׁתַּגִּיעַ הָאִגֶּרֶת לְיָדוֹ תּוֹךְ שְׁלֹשִׁים, לֹא הָיָה כּוֹתֵב בִּסְתָם. אַךְ אִם הוּא אָבִיו אוֹ אִמּוֹ, כֵּיוָן שֶׁהַמִּנְהָג הוּא לְהוֹדִיעַ מִיָּד (לְעֵיל סוֹף סִימָן רו), חַיָּב לְהִתְאַבֵּל.

סימן ריט - דין אבלות בשבת ויום טוב ובו ט' סעיפים:

סעיף א' שַׁבָּת שֶׁבְּתוֹךְ הַשִּׁבְעָה, נוֹהֵג בָּהּ דְּבָרִים שֶׁבְּצִנְעָא, דְּהַיְנוּ שֶׁאָסוּר בְּתַשְׁמִישׁ הַמִּטָּה וּבִרְחִיצָה. אֲבָל דְּבָרִים שֶׁבְּפַרְהֶסְיָא, אֵינוֹ נוֹהֵג. וְלָכֵן קֹדֶם מִזְמוֹר שִׁיר לְיוֹם הַשַּׁבָּת, נוֹעֵל אֶת הַמִּנְעָלִים, וְיוֹשֵׁב עַל כִּסֵּא, וּמַחֲלִיף אֶת הַבֶּגֶד הַקָּרוּעַ, כִּדְלְעֵיל סִימָן קצה, סָעִיף ו. וְתַלְמוּד תּוֹרָה, הָוֵי דָּבָר שֶׁבְּצִנְעָא. אֲבָל לַחֲזוֹר אֶת הַפָּרָשָׁה שְׁנַיִם מִקְרָא וְאֶחָד תַּרְגּוּם, מֻתָּר, דְּכֵיוָן שֶׁחַיָּב אָדָם לְהַשְׁלִים פָּרְשִׁיּוֹתָיו, הָוֵי לֵהּ כְּקוֹרֵא אֶת שְׁמַע וְכַדּוֹמֶה מִסֵּדֶר הַיּוֹם.

סעיף ב' אִם קָרְאוּ אֶת הָאָבֵל לַעֲלוֹת לַתּוֹרָה, צָרִיךְ לַעֲלוֹת. כִּי אִם הָיָה נִמְנָע, הָוֵי דָּבָר שֶׁבְּפַרְהֶסְיָא. וְרַבֵּינוּ תָּם הָיוּ קוֹרִין אוֹתוֹ בְּכָל שַׁבָּת לִשְׁלִישִׁי, וְאֵרַע לוֹ אֵבֶל וְלֹא קְרָאוֹ הַחַזָּן, וְעָלָה הוּא מֵעַצְמוֹ וְאָמַר, כֵּיוָן

שֶׁהֻרְגַּל לִקְרוֹת שְׁלִישִׁי בְּכָל שַׁבָּת, הָרוֹאֶה שֶׁאֵינוֹ עוֹלֶה הַיּוֹם, יֵדַע שֶׁהוּא מֵחֲמַת אֲבֵלוּת, וַהֲוֵי פַּרְהֶסְיָא. וְכֵן אִם הַכֹּהֵן הוּא אָבֵל וְאֵין כֹּהֵן אַחֵר בְּבֵית הַכְּנֶסֶת, צְרִיכִין לִקְרוֹתוֹ. אֲבָל יוֹתֵר טוֹב שֶׁיֵּצֵא מִבֵּית הַכְּנֶסֶת קֹדֶם הוֹצָאַת סֵפֶר הַתּוֹרָה. וְכֵן אִם יֵשׁ לְאָבֵל בֵּן לָמוּל וְהַמִּנְהָג שֶׁהוּא חִיּוּב לַעֲלוֹת לַתּוֹרָה, יִקְרָאוּהוּ. דְּאִם לֹא יִקְרָאוּהוּ, הֲוֵי פַּרְהֶסְיָא, וְיוֹתֵר טוֹב שֶׁלֹּא יְהֵא בְּבֵית הַכְּנֶסֶת בִּשְׁעַת קְרִיאַת הַתּוֹרָה. (אִשָּׁה שֶׁהִגִּיעַ זְמַנָּהּ לָלֶכֶת לְבֵית הַכְּנֶסֶת בְּשַׁבָּת שֶׁבִּימֵי אֶבְלָהּ, עַיֵּן לְעֵיל סִימָן ריא סָעִיף יא)

סעיף ג' הַמְמֻנֶּה מֵהַקָּהָל לִהְיוֹת קוֹרֵא בַּתּוֹרָה בְּבֵית הַכְּנֶסֶת בְּשַׁבָּת וְאֵרַע לוֹ אֵבֶל, לֹא יֵלֵךְ בְּשַׁבָּת שֶׁבְּתוֹךְ שִׁבְעָה לְבֵית כְּנֶסֶת זֶה. כִּי אִם יִהְיֶה שָׁם, יֵשׁ לְהִסְתַּפֵּק אִם יִקְרָא אוֹ לֹא.

סעיף ד' שַׁבָּת עוֹלָה לְמִנְיַן שִׁבְעָה. וַאֲפִלּוּ שָׁמַע שְׁמוּעָה קְרוֹבָה בְּיוֹם שַׁבָּת, שֶׁלֹּא הִתְחִיל עֲדַיִן כְּלָל בַּאֲבֵלוּת, עוֹלָה לוֹ גַּם כֵּן, וּבְמוֹצָאֵי שַׁבָּת קוֹרֵעַ.

סעיף ה' הַקּוֹבֵר אֶת מֵתוֹ אוֹ שָׁמַע שְׁמוּעָה קְרוֹבָה (עַיֵּן לְעֵיל סִימָן רו) בָּרֶגֶל, בֵּין בְּיוֹם טוֹב בֵּין בְּחֹל הַמּוֹעֵד, לֹא חָלָה עָלָיו אֲבֵלוּת עַד לְאַחַר הָרֶגֶל. (וְדִין אֲנִינוּת, עַיֵּן לְעֵיל סִימָן קצו). וְהָנֵי מִלֵּי, בִּדְבָרִים שֶׁל פַּרְהֶסְיָא. אֲבָל דְּבָרִים שֶׁבְּצִנְעָא, נוֹהֵג גַּם בָּרֶגֶל. לֹא יַחֲלִיף בְּגָדָיו, דְּזֶה הֲוֵי פַּרְהֶסְיָא. (וְאַף עַל גַּב דִּשְׁאָר אָבֵל מְשַׁנֶּה בְּגָדָיו גַּם בָּרֶגֶל, מִכָּל מָקוֹם זֶה שֶׁלֹּא הִתְחִיל עֲדַיִן אֲבֵלוּת, אֵין לוֹ לְשַׁנּוֹת בָּרֶגֶל). וּמִי שֶׁמַּנִּיחַ תְּפִלִּין בְּחֹל הַמּוֹעֵד, יַנִּיחַ גַּם בַּיּוֹם הָרִאשׁוֹן שֶׁלְּאַחַר הַקְּבוּרָה.

סעיף ו' לְאַחַר הָרֶגֶל, מַתְחִיל לִמְנוֹת שִׁבְעָה יְמֵי אֲבֵלוּת, וְיוֹם הָאַחֲרוֹן שֶׁל יוֹם טוֹב עוֹלֶה לוֹ לְמִנְיָן, וּמוֹנֶה אַחֲרָיו שִׁשָּׁה יָמִים. וַאֲפִלּוּ יוֹם שֵׁנִי שֶׁל רֹאשׁ הַשָּׁנָה גַּם כֵּן עוֹלֶה לוֹ לְמִנְיָן.

סעיף ז' אַף עַל פִּי שֶׁאֵין אֲבֵלוּת בְּיוֹם טוֹב וּבְחֹל הַמּוֹעֵד, וַאֲפִלּוּ גְּזֵרַת שְׁלֹשִׁים אֵין בָּהֶם, וּמֻתָּר לוֹ לִלְבּוֹשׁ בְּגָדִים מְגֹהָצִים, מִכָּל מָקוֹם כֵּיוָן דְּאָסוּר בָּהֶם בְּגִלּוּחַ מֵחֲמַת הַמּוֹעֵד (כִּדְלְעֵיל סִימָן קד סָעִיף יא), לָכֵן עוֹלִין לְמִנְיַן שְׁלֹשִׁים, וּמוֹנֶה שְׁלֹשִׁים מִיּוֹם הַקְּבוּרָה. וְיוֹם שְׁמִינִי עֲצֶרֶת, אַף עַל פִּי שֶׁהוּא רֶגֶל בִּפְנֵי עַצְמוֹ, מִכָּל מָקוֹם כֵּיוָן שֶׁלֹּא הִתְחִיל עֲדַיִן בַּאֲבֵלוּת, אֵינוֹ מְבַטֵּל, וְגַם בְּמִנְיַן הַשְּׁלֹשִׁים אֵינוֹ נִמְנֶה רַק לְיוֹם אֶחָד.

סעיף ח' אָבֵל חָתָן שֶׁנָּשָׂא אִשָּׁה קֹדֶם הָרֶגֶל, וּבָא הָרֶגֶל תּוֹךְ שִׁבְעַת יְמֵי הַמִּשְׁתֶּה, וּמֵת לוֹ מֵת בְּתוֹךְ הָרֶגֶל, אֲזַי כָּל שִׁבְעַת יְמֵי הַמִּשְׁתֶּה שֶׁלּוֹ, אֵינָן עוֹלִין לוֹ לְמִנְיַן שְׁלֹשִׁים (וְעַיֵּן לְעֵיל סוֹף סִימָן ריג).

סעיף ט' אַף עַל פִּי שֶׁאֵין אֲבֵלוּת בָּרֶגֶל, מִתְעַסְּקִין בּוֹ לְנַחֲמוֹ (וְאֵין בָּזֶה מִשּׁוּם אֲבֵלוּת, כֵּיוָן דְּהָאָבֵל לָאו מִדֵּי קָעָבֵד). וּלְאַחַר הָרֶגֶל כְּשֶׁיִּכְלוּ שִׁבְעָה מִיּוֹם הַקְּבוּרָה, אַף עַל פִּי שֶׁעֲדַיִן לֹא כָלוּ שִׁבְעַת יְמֵי הָאֲבֵלוּת, מְלַאכְתּוֹ נַעֲשֵׂית עַל יְדֵי אֲחֵרִים בְּבָתֵּיהֶם, וַעֲבָדָיו עוֹשִׂין לוֹ בְּצִנְעָא בְּתוֹךְ בֵּיתוֹ. וְאֵין צְרִיכִין לְנַחֲמוֹ אַחַר הָרֶגֶל מִנְיַן הַיָּמִים שֶׁנִּחֲמוּהוּ בָּרֶגֶל, אֲבָל מַרְאִין לוֹ פָּנִים (דִּין אָבֵל בְּפוּרִים, עַיֵּן לְעֵיל סִימָן קמא סָעִיף כ, וְסִימָן קמב סָעִיף ז).

סימן רכ - דין שהרגלים מבטלין גזרת שבעה ושלשים ובו י' סעיפים:

סעיף א' הָרֶגֶל, מְבַטֵּל גְּזֵרַת שִׁבְעָה וּגְזֵרַת שְׁלשִׁים. כֵּיצַד. הַקּוֹבֵר אֶת מֵתוֹ קֹדֶם הָרֶגֶל וְנָהַג אֲבֵלוּת, כֵּיוָן שֶׁבָּא הָרֶגֶל, מַפְסִיק אֶת הָאֲבֵלוּת. וַאֲפִלּוּ נִקְבַּר בְּעֶרֶב יוֹם טוֹב לְעֵת עֶרֶב בְּעִנְיָן שֶׁחָלָה עָלָיו אֲבֵלוּת, אֲפִלּוּ שֶׁחָלַץ מִנְעָלָיו רַק שָׁעָה מֻעֶטֶת קֹדֶם יוֹם טוֹב, מַפְסִיק אֶת הָאֲבֵלוּת וְנֶחְשָׁב לוֹ כְּאִלּוּ כְּבָר נָהַג אֲבֵלוּת כָּל שִׁבְעָה, וְיוֹם טוֹב הָרִאשׁוֹן הוּא שְׁמִינִי, וּמַשְׁלִים עַד שְׁלשִׁים (וְעַיֵּן לְקַמָּן סָעִיף ח). וַאֲפִלּוּ אִם הָיָה עֶרֶב יוֹם טוֹב בְּיוֹם שַׁבָּת וְשָׁמַע שְׁמוּעָה קְרוֹבָה סָמוּךְ לָעֶרֶב, אַף עַל פִּי שֶׁבְּשַׁבָּת אֵין נוֹהֵג אֶלָּא דְּבָרִים שֶׁבִּצְנְעָא, כֵּיוָן שֶׁנָּהַג אֲפִלּוּ רַק בָּזֶה, גַּם כֵּן הָרֶגֶל מְבַטֵּל אֶת הַשִּׁבְעָה.

סעיף ב' שָׁגַג אוֹ הֵזִיד וְלֹא נָהַג אֲבֵלוּת קֹדֶם הָרֶגֶל אוֹ שֶׁנִּקְבַּר הַמֵּת סָמוּךְ לַחֲשֵׁכָה וְלֹא הָיָה יָכוֹל לִנְהוֹג אֲבֵלוּת, אֵין הָרֶגֶל מְבַטֵּל, וְדִינוֹ כְּדִין קוֹבֵר מֵתוֹ בָּרֶגֶל.

סעיף ג' אִם חָל אֶחָד מִימֵי הָאֲבֵלוּת חוּץ מִיּוֹם הַשְּׁבִיעִי בְּעֶרֶב הָרֶגֶל, יֵשׁ מַתִּירִין לְכַבֵּס כְּסוּתוֹ, וְלֹא יִלְבָּשֶׁנָּה עַד הַלַּיְלָה, כֵּיוָן דְּהָרֶגֶל יְבַטֵּל גְּזֵרַת שִׁבְעָה. וְטוֹב לִזָּהֵר מִלְּכַבֵּס עַד לְאַחַר חֲצוֹת, כְּדֵי שֶׁיִּהְיֶה נִכָּר שֶׁמִּפְּנֵי הָרֶגֶל הוּא מְכַבֵּס. וְלִרְחוֹץ, אָסוּר עַד הַלַּיְלָה. וְיֵשׁ מַתִּירִין לִרְחוֹץ אַחַר תְּפִלַּת מִנְחָה סָמוּךְ לַחֲשֵׁכָה. וְהֵיכָא דְּנָהוּג, נָהוּג. וּבְגִלּוּחַ, לְכֻלֵּי עָלְמָא, אָסוּר.

סעיף ד' קָבַר אֶת מֵתוֹ שִׁבְעָה יָמִים לִפְנֵי הָרֶגֶל, כֵּיוָן שֶׁנָּהַג שִׁבְעָה קֹדֶם הָרֶגֶל, הָרֶגֶל מְבַטֵּל גְּזֵרַת שְׁלשִׁים. וַאֲפִלּוּ הָיָה יוֹם הַשְּׁבִיעִי בְּעֶרֶב יוֹם טוֹב, כֵּיוָן דְּאָמְרִינָן מִקְצָת הַיּוֹם כְּכֻלּוֹ, הֲרֵי לְאַחַר יְצִיאָה מִבֵּית הַכְּנֶסֶת, נִשְׁלְמוּ הַשִּׁבְעָה, וּשְׁאָר הַיּוֹם הוּא בְּתוֹרַת שְׁלשִׁים, וּבָא הָרֶגֶל וּמַפְסִיק, וּמֻתָּר לְכַבֵּס וְלִרְחוֹץ וּלְגַלֵּחַ בְּעֶרֶב הָרֶגֶל סָמוּךְ לַחֲשֵׁכָה, כֵּיוָן שֶׁהוּא עוֹשֶׂה לִכְבוֹד הָרֶגֶל, וְהָרֶגֶל מְבַטֵּל גְּזֵרַת שְׁלשִׁים. וּבְעֶרֶב פֶּסַח, כֵּיוָן דִּלְאַחַר חֲצוֹת שֶׁהוּא זְמַן שְׁחִיטַת הַפֶּסַח, נֶחְשָׁב קְצָת כְּמוֹ יוֹם טוֹב, מֻתָּר בִּרְחִיצָה תֵּכֶף לְאַחַר חֲצוֹת, וּבְגִלּוּחַ קֹדֶם חֲצוֹת (כֵּיוָן דִּלְאַחַר חֲצוֹת אָסוּר לְאַחֵר שֶׁיְּגַלֵּחַ אוֹתוֹ).

סעיף ה' חָל שְׁבִיעִי שֶׁלּוֹ בְּעֶרֶב שַׁבָּת, וְיוֹם הַשַּׁבָּת יִהְיֶה עֶרֶב יוֹם טוֹב, מֻתָּר לְכַבֵּס וְלִרְחוֹץ וּלְגַלֵּחַ בְּעֶרֶב שַׁבָּת.

סעיף ו' אִם לֹא גִלַּח אֶת עַצְמוֹ בְּעֶרֶב שַׁבָּת אוֹ בְּעֶרֶב יוֹם טוֹב, אָסוּר לוֹ לְגַלֵּחַ בְּחֹל הַמּוֹעֵד, כֵּיוָן שֶׁהָיָה יָכוֹל לְגַלֵּחַ מִקֹּדֶם. אֲבָל מֻתָּר לוֹ לְגַלֵּחַ לְאַחַר יוֹם טוֹב. וְאִם חָל שְׁבִיעִי שֶׁלּוֹ בְּשַׁבָּת שֶׁהוּא עֶרֶב יוֹם טוֹב, כֵּיוָן שֶׁמִּצַּד הָאֲבֵלוּת הָיָה יָכוֹל לְגַלֵּחַ אֶלָּא שֶׁהַשַּׁבָּת עִכְּבוֹ, אִם כֵּן הֲוֵי לֵהּ אָנוּס, וּמֻתָּר לְגַלֵּחַ אֶת עַצְמוֹ גַּם בְּחֹל הַמּוֹעֵד.

סעיף ז' הָא דְרֶגֶל מְבַטֵּל גְּזֵרַת שְׁלשִׁים, דַּוְקָא עַל שְׁאָר מֵתִים. אֲבָל עַל אָבִיו וְאִמּוֹ שֶׁאָסוּר לְגַלֵּחַ עַד שֶׁיִּגְעֲרוּ בוֹ חֲבֵרָיו, אֵין הָרֶגֶל מְבַטֵּל זֹאת.

סעיף ח' נָהַג שָׁעָה אַחַת (לָאו דַּוְקָא שָׁעָה אֶלָּא אֲפִלּוּ פָּחוֹת) לִפְנֵי פֶּסַח,

אוֹתָהּ שָׁעָה חֲשׁוּבָה כְּמוֹ שִׁבְעָה, וּשְׁמוֹנָה יְמֵי פֶּסַח (בְּחוּץ לָאָרֶץ) הֲרֵי לוֹ חֲמִשָּׁה עָשָׂר יוֹם, וּמַשְׁלִים עוֹד חֲמִשָּׁה עָשָׂר לְמִנְיַן שְׁלֹשִׁים. נָהַג שָׁעָה אַחַת לִפְנֵי שָׁבוּעוֹת, אוֹתָהּ שָׁעָה הִיא כְּמוֹ שִׁבְעָה, וְיוֹם הָרִאשׁוֹן שֶׁל שָׁבוּעוֹת נֶחְשָׁב גַּם כֵּן שִׁבְעָה יָמִים (כֵּיוָן שֶׁקָּרְבְּנוֹתָיו יֵשׁ לָהֶם תַּשְׁלוּמִין כָּל שִׁבְעָה). וְיוֹם שֵׁנִי שֶׁל שָׁבוּעוֹת הוּא לוֹ יוֹם חֲמִשָּׁה עָשָׂר, וּמַשְׁלִים אַחַר כָּךְ גַּם כֵּן עוֹד חֲמִשָּׁה עָשָׂר יוֹם. נָהַג שָׁעָה אַחַת לִפְנֵי חַג הַסֻּכּוֹת, הֲרֵי שִׁבְעָה. וְשִׁבְעָה יְמֵי סֻכּוֹת, הֲרֵי אַרְבָּעָה עָשָׂר יוֹם. וּשְׁמִינִי עֲצֶרֶת נֶחְשָׁב גַּם כֵּן לְשִׁבְעָה (שֶׁהוּא רֶגֶל בִּפְנֵי עַצְמוֹ, וְיֵשׁ לְקָרְבְּנוֹתָיו תַּשְׁלוּמִין) הֲרֵי עֶשְׂרִים וְאֶחָד יוֹם. וְיוֹם שִׂמְחַת תּוֹרָה, יוֹם הָעֶשְׂרִים וּשְׁנַיִם, וּמַשְׁלִים עוֹד שְׁמוֹנָה יָמִים.

סעיף ט' רֹאשׁ הַשָּׁנָה וְיוֹם הַכִּפּוּרִים, נֶחְשָׁבִים גַּם כֵּן כִּרְגָלִים לְעִנְיַן בִּטּוּל שִׁבְעָה וּשְׁלֹשִׁים. נָהַג שָׁעָה אַחַת לִפְנֵי רֹאשׁ הַשָּׁנָה, בִּטֵּל רֹאשׁ הַשָּׁנָה גְּזֵרַת שִׁבְעָה, וְיוֹם הַכִּפּוּרִים מְבַטֵּל גְּזֵרַת שְׁלֹשִׁים. נָהַג שָׁעָה אַחַת לִפְנֵי יוֹם הַכִּפּוּרִים, בִּטֵּל יוֹם הַכִּפּוּרִים שִׁבְעָה, וְחַג הַסֻּכּוֹת מְבַטֵּל שְׁלֹשִׁים.

סעיף י' אַף עַל גַּב דְּרֶגֶל מְבַטֵּל שִׁבְעָה, מִכָּל מָקוֹם מַה שֶּׁנּוֹהֲגִין לְהַדְלִיק נֵר בְּמָקוֹם שֶׁמֵּת לִכְבוֹד הַנְּשָׁמָה, יַדְלִיקוּ גַּם בְּיוֹם טוֹב. וּמִכָּל מָקוֹם טוֹב יוֹתֵר לְהַדְלִיק בְּבֵית הַכְּנֶסֶת (אוֹרַח חַיִּים סִימָן תקמח, יו"ד סִימָן שצט).

סימן רכא - דין תענית יארצייט ובו ח' סעיפים:

סעיף א' מִצְוָה לְהִתְעַנּוֹת בְּכָל שָׁנָה יוֹם שֶׁמֵּת בּוֹ אָבִיו אוֹ אִמּוֹ, כְּדֵי לְהִתְעוֹרֵר לִתְשׁוּבָה, לְפַשְׁפֵּשׁ בְּמַעֲשָׂיו בְּאוֹתוֹ הַיּוֹם וּלְהִתְחָרֵט עֲלֵיהֶם, וְעַל יְדֵי זֶה יִזְכֶּה אֶת אָבִיו וְאִמּוֹ שֶׁיִּתְעַלּוּ בְּגַן עֵדֶן. וְלָעֶרֶב בִּתְפִלַּת הַמִּנְחָה, אוֹמֵר עֲנֵנוּ כְּמוֹ בְּכָל תַּעֲנִית יָחִיד. אִם הִתְעַנָּה פַּעַם אַחַת, מִסְתָּמָא הָיְתָה דַעְתּוֹ לְהִתְעַנּוֹת כָּל יָמָיו. וְאִם כֵּן הֲרֵי הוּא עָלָיו כְּמוֹ נֶדֶר, שֶׁהוּא מִן הַתּוֹרָה, וְצָרִיךְ לְהִתְעַנּוֹת לְעוֹלָם. וּכְשֶׁהוּא חוֹלֶה אוֹ שֶׁהוּא בְּעִנְיָן אַחֵר שֶׁהוּא צָרִיךְ לֶאֱכוֹל, צָרִיךְ הַתָּרָה. וְאִם פֵּרֵשׁ שֶׁאֵינוֹ מְקַבֵּל עָלָיו בְּנֶדֶר, אֵינוֹ צָרִיךְ הַתָּרָה. נוֹהֲגִין לְהַדְלִיק נֵר יָארְצַייט (וְעַיֵּן לְעֵיל סִימָן צ וְסִימָן צח סוֹף סָעִיף א).

סעיף ב' מִתְעַנִּין לְעוֹלָם בְּיוֹם הַמִּיתָה, וַאֲפִלּוּ בַּשָּׁנָה הָרִאשׁוֹנָה. וַאֲפִלּוּ מֵת בְּסוֹף הַיּוֹם לְאַחַר שֶׁהִתְפַּלְּלוּ עַרְבִית, אִם עֲדַיִן הוּא יוֹם, נִקְבַּע זֶה הַיּוֹם לְיָארְצַייט. אַךְ אִם הַקְּבוּרָה נִמְשְׁכָה מִן הַמִּיתָה אֵיזֶה יָמִים, אֲזַי יִתְעַנֶּה שָׁנָה הָרִאשׁוֹנָה בְּיוֹם הַקְּבוּרָה, וְאַחַר כָּךְ תָּמִיד בְּיוֹם הַמִּיתָה.

סעיף ג' אִם מֵת לוֹ מֵת בְּשָׁנָה מְעֻבֶּרֶת בַּאֲדָר רִאשׁוֹן אוֹ בַּאֲדָר שֵׁנִי, אֲזַי בְּשָׁנָה פְּשׁוּטָה מִתְעַנֶּה כֵּן בַּאֲדָר, וּבְשָׁנָה מְעֻבֶּרֶת מִתְעַנֶּה בְּזֶה הָאֲדָר שֶׁמֵּת. אִם בָּרִאשׁוֹן, בָּרִאשׁוֹן. וְאִם בַּשֵּׁנִי, בַּשֵּׁנִי. וְאִם מֵת בְּשָׁנָה פְּשׁוּטָה, אֲזַי בְּשָׁנָה מְעֻבֶּרֶת, יִתְעַנֶּה בַּאֲדָר רִאשׁוֹן, וְגַם בַּאֲדָר שֵׁנִי יֹאמַר קַדִּישׁ, אַךְ אַל יַסִּיג גְּבוּל אֲחֵרִים.

סעיף ד' חֹדֶשׁ חֶשְׁוָן, לִפְעָמִים הוּא מָלֵא, דְּהַיְנוּ שֶׁיֵּשׁ לוֹ שְׁלֹשִׁים יוֹם, וְאָז

רֹאשׁ חֹדֶשׁ כִּסְלֵו שֶׁלְּאַחֲרָיו הוּא שְׁנֵי יָמִים. יוֹם רִאשׁוֹן דְּרֹאשׁ חֹדֶשׁ הוּא יוֹם הַשְּׁלֹשִׁים שֶׁל חֶשְׁוָן וְשַׁיָּךְ לוֹ, וְיוֹם שֵׁנִי דְּרֹאשׁ חֹדֶשׁ הוּא יוֹם הָרִאשׁוֹן שֶׁל כִּסְלֵו (וְכֵן בְּכָל רֹאשׁ חֹדֶשׁ שֶׁהוּא שְׁנֵי יָמִים, יוֹם הָרִאשׁוֹן הוּא יוֹם הַשְּׁלֹשִׁים שֶׁל חֹדֶשׁ שֶׁעָבַר וְשַׁיָּךְ לוֹ). וְלִפְעָמִים הוּא חָסֵר, דְּהַיְנוּ שֶׁאֵין לוֹ אֶלָּא תִּשְׁעָה וְעֶשְׂרִים יוֹם. וְרֹאשׁ חֹדֶשׁ כִּסְלֵו שֶׁלְּאַחֲרָיו הוּא אֵינוֹ אֶלָּא יוֹם אֶחָד. וְכֵן חֹדֶשׁ כִּסְלֵו לִפְעָמִים מָלֵא, וְרֹאשׁ חֹדֶשׁ טֵבֵת שֶׁלְּאַחֲרָיו הוּא רַק יוֹם אֶחָד. וּמִי שֶׁמֵּת לוֹ מֵת בְּרֹאשׁ חֹדֶשׁ כִּסְלֵו כְּשֶׁהָיָה רַק יוֹם אֶחָד, אֲזַי בְּשָׁנָה שֶׁיִּהְיֶה רֹאשׁ חֹדֶשׁ כִּסְלֵו שְׁנֵי יָמִים, יַחֲזִיק אֶת הַיָּארְצַייט בְּיוֹם שֵׁנִי דְּרֹאשׁ חֹדֶשׁ שֶׁהוּא יוֹם רִאשׁוֹן שֶׁל חֹדֶשׁ כִּסְלֵו, שֶׁגַּם הַמִּיתָה הָיְתָה בְּאֶחָד בְּכִסְלֵו. וְאָמְנָם מִי שֶׁמֵּת לוֹ מֵת בְּיוֹם רִאשׁוֹן דְּרֹאשׁ חֹדֶשׁ כִּסְלֵו כְּשֶׁהָיָה רֹאשׁ חֹדֶשׁ שְׁנֵי יָמִים, הִנֵּה בְּשָׁנָה שֶׁרֹאשׁ חֹדֶשׁ כִּסְלֵו אֵינוֹ רַק יוֹם אֶחָד, יֵשׁ לְהִסְתַּפֵּק מָתַי יַחֲזִיק אֶת הַיָּארְצַייט, אִם בְּתִשְׁעָה וְעֶשְׂרִים בְּחֶשְׁוָן כֵּיוָן שֶׁמֵּת בְּסוֹף חֶשְׁוָן, אוֹ כֵּיוָן דִּבִנְדָרִים הוֹלְכִין אַחַר לְשׁוֹן בְּנֵי אָדָם, יַחֲזִיק אֶת הַיָּארְצַייט בְּרֹאשׁ חֹדֶשׁ כִּסְלֵו כְּמוֹ שֶׁקּוֹרִין אוֹתוֹ. וְיֵשׁ לִנְהוֹג כֵּן: אִם בַּשָּׁנָה הָרִאשׁוֹנָה הַבָּאָה רֹאשׁ חֹדֶשׁ כִּסְלֵו הוּא רַק יוֹם אֶחָד, יַחֲזִיק אֶת הַיָּארְצַייט בְּתִשְׁעָה וְעֶשְׂרִים בְּחֶשְׁוָן, וְכֵן לְעוֹלָם כְּשֶׁיִּהְיֶה חֶשְׁוָן חָסֵר. וּמִכָּל מָקוֹם אִם לְמָחֳרָתוֹ בְּיוֹם רֹאשׁ חֹדֶשׁ אֵין שָׁם אֲבֵלִים, יֵשׁ לוֹ גַּם כֵּן לוֹמַר קַדִּישׁ וּלְהִתְפַּלֵּל לִפְנֵי הַתֵּבָה, רַק לֹא יַסִּיג גְּבוּל אֲחֵרִים. אֲבָל אִם גַּם בַּשָּׁנָה הָרִאשׁוֹנָה הַבָּאָה רֹאשׁ חֹדֶשׁ כִּסְלֵו הוּא שְׁנֵי יָמִים, אֲזַי קוֹבֵעַ אֶת הַיָּארְצַייט לְרֹאשׁ חֹדֶשׁ כִּסְלֵו וְיַחֲזִיקֶנּוּ כֵּן לְעוֹלָם. וְגַם כְּשֶׁיִּהְיֶה רֹאשׁ חֹדֶשׁ רַק יוֹם אֶחָד, יַחֲזִיקֶנּוּ אָז בְּרֹאשׁ חֹדֶשׁ. וְהוּא הַדִּין לְרֹאשׁ חֹדֶשׁ טֵבֵת.

סעיף ה' וְכֵיוָן שֶׁרֹאשׁ חֹדֶשׁ טֵבֵת הוּא לִפְעָמִים רַק יוֹם אֶחָד, דְּהַיְנוּ יוֹם שִׁשִּׁי דַּחֲנֻכָּה, נִהְיֵי יוֹם שִׁשִּׁי דַּחֲנֻכָּה אֶחָד בְּטֵבֵת, יוֹם שְׁבִיעִי שְׁנַיִם בְּטֵבֵת, וְיוֹם שְׁמִינִי שְׁלֹשָׁה בְּטֵבֵת, וְלִפְעָמִים שְׁנֵי יָמִים, דְּהַיְנוּ יוֹם שִׁשִּׁי וְיוֹם שְׁבִיעִי דַּחֲנֻכָּה, וְאָז הֲוֵי יוֹם שְׁבִיעִי דַּחֲנֻכָּה אֶחָד בְּטֵבֵת, וְיוֹם שְׁמִינִי שְׁנַיִם בְּטֵבֵת, לָכֵן מִי שֶׁיֵּשׁ לוֹ יָארְצַייט בְּיָמִים אֵלּוּ, לֹא יִטְעֶה לִמְנוֹת לִימֵי חֲנֻכָּה, כִּי צָרִיךְ לִמְנוֹת לִימֵי הַחֹדֶשׁ.

סעיף ו' בְּיוֹם שֶׁאֵין אוֹמְרִים בּוֹ תַּחֲנוּן, אֵין מִתְעַנִּין תַּעֲנִית יָארְצַייט. וְכֵן בְּיוֹם מִילָה, הָאָב וְהַסַּנְדָּק וְהַמּוֹהֵל אֵין מִתְעַנִּין. וְכֵן בְּפִדְיוֹן הַבֵּן, הָאָב וְהַכֹּהֵן אֵין מִתְעַנִּין. וְכֵן הֶחָתָן בְּשִׁבְעַת יְמֵי הַמִּשְׁתֶּה, אֵינוֹ מִתְעַנֶּה. אֲבָל בִּסְעוּדַת סִיּוּם, אָסוּר לֶאֱכוֹל בְּיוֹם הַיָּארְצַייט (ש"ך יו"ד סִימָן רמו סָעִיף קָטָן כז בשם תשובת מהרי"ל). וּבְיָמִים שֶׁאֵינוֹ מִתְעַנֶּה, עַל כָּל פָּנִים יַעֲסֹק בַּתּוֹרָה וּבְמִצְוֹת וּבִשְׁאָר מַעֲשִׂים טוֹבִים לִזְכּוּת נִשְׁמַת אָבִיו וְאִמּוֹ.

סעיף ז' בַּלַּיְלָה אֲשֶׁר בְּיוֹם הַמָּחֳרָת יִהְיֶה לוֹ יָארְצַייט, אֵין לוֹ לֶאֱכוֹל בִּסְעוּדַת חֲתֻנָּה שֶׁיֵּשׁ שָׁם מְזֻמּוּטֵי חָתָן וְכַלָּה וְיֵשׁ בָּהּ שִׂמְחָה. אֲבָל בִּסְעוּדַת בְּרִית מִילָה וּפִדְיוֹן הַבֵּן וְסִיּוּם מַסֶּכֶת, מֻתָּר.

סעיף ח' מִי שֶׁאֵינוֹ יוֹדֵעַ יוֹם מִיתַת אָבִיו אוֹ אִמּוֹ, יִבְרֹר לוֹ יוֹם אֶחָד בַּשָּׁנָה לְהִתְעַנּוֹת. אֲבָל לֹא יַסִּיג גְּבוּל אֲחֵרִים בְּקַדִּישִׁים. בִּלַּע הַמָּוֶת לָנֶצַח, וּמָחָה ה' אֱלֹהִים דִּמְעָה מֵעַל כָּל פָּנִים. בָּרוּךְ

הַנּוֹתֵן לַיָּעֵף כֹּחַ, וּלְאֵין אוֹנִים עָצְמָה יַרְבֶּה. בֵּית יַעֲקֹב לְכוּ וְנֵלְכָה בְּאוֹר ה' (ישעיה ב).

כללים. עַל אֵיזֶה דְּבָרִים שֶׁיָּבוֹאוּ כַּמָּה פְּעָמִים בַּסֵּפֶר הַזֶּה שֶׁלֹּא אֶצְטָרֵךְ לְפָרְשָׁם בְּכָל מָקוֹם.

אֲגוּדָל. הַיְנוּ שֶׁמּוֹדְדִים בְּאֶצְבַּע אֲגוּדָל (הוּא הָאֶצְבַּע הָעָב) בִּמְקוֹם הָרֹחַב שֶׁהוּא בִּמְקוֹם הַקֶּשֶׁר שֶׁבֵּין שְׁנֵי הַפְּרָקִים (וְעַיֵּן סִימָן ט' סְעִיף ג'). וּמוֹדְדִים בְּאֶצְבַּע שֶׁל אָדָם בֵּינוֹנִי, וְהוּא כְּמוֹ שִׁבְעָה גַּרְעִינֵי שְׂעוֹרָה מֻנָּחִים זֶה אֵצֶל זֶה בְּרָחְבָּן. וְכֵן בְּמָקוֹם שֶׁנִּזְכַּר סְתָם אֶצְבַּע - הַכַּוָּנָה הִיא לְרוֹחַב אֶצְבַּע אֲגוּדָל.

טֶפַח. הוּא אַרְבָּעָה אֲגוּדָלִים.

אַמָּה. הִיא שִׁשָּׁה טְפָחִים, (וְהִיא לְעֶרֶךְ אַמָּה בֶּעמִישׁ שֶׁהִיא שְׁלֹשָׁה רִבְעֵי אַמָּה ווינֶער הַנְּהוּגָה בִּמְדִינָתֵנוּ) לִפְעָמִים מְשַׁעֲרִים אֶת הָאַמָּה בְּשִׁשָּׁה טְפָחִים דְּחוּקִים זֶה לָזֶה וְנִקְרֵאת אַמָּה עֲצֵבָה וְלִפְעָמִים מְשַׁעֲרִים הָאַמָּה בְּשִׁשָּׁה טְפָחִים רְוָוחִים וְנִקְרֵאת אַמָּה שׂוֹחֶקֶת. זֶה וָזֶה לְהַחֲמִיר (רַמְבַּ"ם סוֹף פֶּרֶק יז מֵהִלְכוֹת שַׁבָּת).

מִיל. הוּא אַלְפַּיִם אַמָּה.

פַּרְסָה. הִיא אַרְבָּעָה מִילִין.

בֵּין הַשְּׁמָשׁוֹת. הוּא שְׁלֹשָׁה עָשָׂר מִינוּטִין וַחֲצִי קוֹדֶם צֵאת הַכּוֹכָבִים.

כְּדֵי דִּבּוּר. הַיְנוּ שִׁעוּר שֶׁיְּכוֹלִין לוֹמַר שָׁלֹשׁ תֵּבוֹת אֵלוּ: שָׁלוֹם עָלֶיךָ רַבִּי. וְתוֹךְ כְּדֵי דִּבּוּר פֵּרוּשׁוֹ שֶׁלֹּא שָׁהָה כָּל כָּךְ.

בֵּיצָה. הִיא שֶׁל תַּרְנְגֹלֶת עִם קְלִפָּתָהּ, לֹא גְּדוֹלָה וְלֹא קְטַנָּה אֶלָּא בֵּינוֹנִית.

כַּזַּיִת. הוּא כְּמוֹ חֲצִי בֵּיצָה.

רְבִיעִית. הִיא כְּמוֹ בֵּיצָה וּמֶחֱצָה. וְהַמְּדִידָה הִיא כָּךְ: מְמַלֵּא כְּלִי בַּמַּיִם וּמְעָרֶה אֶת הַמַּיִם לִכְלִי אַחֵר, וְאַחַר כָּךְ יִתֵּן לְתוֹךְ כְּלִי זֶה שֶׁעֵרָה מִמֶּנּוּ אֶת הַמַּיִם שָׁלֹשׁ בֵּיצִים וְאַחַר כָּךְ יַחֲזִיר לְתוֹכוֹ אֶת הַמַּיִם, וְהַמַּיִם שֶׁיִּוָּתְרוּ, הַחֲצִי מֵהֶם הֵם רְבִיעִית (עַיֵּן טוּר שֻׁלְחָן עָרוּךְ אוֹרַח חַיִּים סִמָּן תנ"ו).

פְּרָס. הוּא אַרְבַּע בֵּיצִים בֵּינוֹנִיּוֹת, וְיֵשׁ אוֹמְרִים שָׁלֹשׁ גְּדוֹלוֹת קְצָת.

יֵשׁ אוֹמְרִים: כִּי הַבֵּיצִים אֲשֶׁר בִּזְמַנֵּנוּ נִתְקַטְּנוּ הַרְבֵּה מִן הַבֵּיצִים אֲשֶׁר הָיוּ בִּזְמַן הַגְּמָרָא וְאֵינָהּ הַבֵּיצָה רַק חֲצִי בֵּיצָה שֶׁנִּזְכְּרָה בַּגְּמָרָא וּבַפּוֹסְקִים הָרִאשׁוֹנִים - זִכְרוֹנָם לִבְרָכָה! - וְנִמְצָא לְפִי זֶה, כִּי בְּכָל מָקוֹם שֶׁנִּזְכַּר "כַּזַּיִת" הוּא כְּמוֹ בֵּיצָה שְׁלֵמָה, "כְּבֵיצָה" הִיא כְּמוֹ שְׁתֵּי בֵּיצִים, וּרְבִיעִית הִיא כְּמוֹ שָׁלֹשׁ בֵּיצִים. וְהַמַּחְמִיר תָּבוֹא עָלָיו בְּרָכָה. (עַיֵּן צְלָ"ח פְּסָחִים דַּף קט"ז וַחֲתַם סוֹפֵר אוֹרַח חַיִּים סִמָּן קכ"ז וְסִמָּן קכ"א וְאִמְרֵי אֵשׁ אוֹרַח חַיִּים סִמָּן ל"ג, ל"ד).

כִּמְלֹא לוּגְמָיו. הוּא מַשְׁקֶה שֶׁנּוֹטֵל בְּפִיו וּמְסַלְּקָהּ לְצַד אֶחָד וְנִרְאֶה מָלֵא לוּגְמָיו. וְזֹאת מְשַׁעֲרִין בְּכָל אָדָם לְפִי מַה שֶּׁהוּא, הַגָּדוֹל לְפִי גָּדְלוֹ וְהַקָּטָן לְפִי קָטְנוֹ, וּבְאָדָם בֵּינוֹנִי הוּא רוֹב רְבִיעִית.

חֲמֵשֶׁת מִינֵי דָּגָן.

הֵן חִטָּה וּשְׂעוֹרָה, כֻּסְמִין, שִׁבֹּלֶת שׁוּעָל וְשִׁיפוֹן.